:)] n

ı:l] n **1** *(programme)*

ný účet

viation Authority úřad

. Kubě

ělař ...

í stíny kosmetický přípravek

..

...

occyges ['koksidži:z])

.

& pp **won** [wan]) **I** vt

vodítko; **serve as a g.**

...

(together) spojit se,

ake mix koláčová směs

ilná or nadměrná dávka
vat

[haŋ]) **I** vt **1** *(pic-*
e suspended) viset ...
I vi **1** *(loiter)* potlou-
ut the house okounět

ok) výhružný; *(cloud)*

KEY TO ENTRIES

1 **headword in colour**

2 **variant form of headw**

3 **American spelling of headword**

4 **pronunciation in a modified form of IPA**

5 **American pronunciation**

6 **abbreviations**

7 **acronyms** } **listed as headwords**

8 **proper names**

9 **single-word**

10 **hyphenated** } **given as separate headwords**

11 **and some two-word compounds**

12 **subscripts distinguish between homonyms**

13 **irregular plurals**

14 **comparatives and superlatives**

15 **verbal forms**

16 **the first letter or ~ (swung dash) representing the headword**

17 **optional elements in round brackets**

18 **grammatical categories separated by ● and grammatical labels**

19 **verbs – division by Roman letters in colour and grammatical labels**

20 **phrasal verbs (in colour) treated as sub-headwords each being introduced by ■**

21 **adverbs (in colour) treated as sub-headwords and introduced by ■**

LEDA

Josef Fronek, MA, PhD
University of Glasgow

ANGLICKO-ČESKÝ SLOVNÍK

S NEJNOVĚJŠÍMI VÝRAZY

1998

Tento slovník vydává LEDA, spol. s r.o. i v elektronické podobě spolu s vyhledávacím programem určeným pro počítače IBM PC. Elektronický slovník distribuuje LEDA, spol. s r.o., 263 01 Voznice 64.

This dictionary is published by LEDA in electronic form. The electronic dictionary is distributed with a software facilitating complex word/phrase search and a supporting program for computer-aided translation that can be used on any IBM-compatible PC, by LEDA, 263 01 Voznice 64.

Slovník lektoroval doc. PhDr. Jaroslav Peprník, CSc.

Odborná jazyková spolupráce/ English language consultants
John Dunn, PhD
Margaret Tejerizo, PhD
Elizabeth Morrison, MA

ISBN 80-85927-13-6

OBSAH

PŘEDMLUVA

Cílem tohoto zcela nového anglicko-českého slovníku je zaplnit určitou mezeru v lexikografickém popisu angličtiny a češtiny. Měl by být náhradou za už téměř 50 let starý a dnes již málo vyhovující slovník Osičkův a Poldaufův, který byl naposledy jen velmi kuse aktualizován koncem 60. let. Jde o větší typ středního slovníku, tedy o příručku užitečnou pro velmi široký okruh uživatelů, o praktickou pomůcku potřebnou jak pro české uživatele, tak i pro stále se rozšiřující obec anglicky mluvících zájemců o češtinu. Má být protějškem Poldaufova (SPN, 1986) a našeho vlastního (SPN, 1993), rozsahem menšího, česko-anglického slovníku.

Na rozdíl od monumentálního čtyřdílného anglicko-českého slovníku Haise a Hodka se v něm snažíme podat relativně ucelený popis lexika anglického jazyka v jednom svazku. Od zmíněného slovníku se však liší i v mnoha jiných ohledech. Je založen na zcela současném anglickém jazykovém materiálu, který mohl být díky počítačové sazbě až do poslední chvíle průběžně aktualizován. Naše práce byla ulehčena i nedávným vyjitím řady českých výkladových slovníků, zachycujících bouřlivý vývoj češtiny od sametové revoluce. Výběr materiálu je zacílen daleko více na hovorový jazyk v podobě, v jaké ho autor zná z každodenního přímého kontaktu s mladými Brity (včetně vlastních dětí v teenagerském věku). Dnešní angličtina je daleko tolerantnější k slangovým, a dokonce i zhrubělým výrazům, než tomu bylo v minulosti. V našem slovníku jsme se nevyhýbali ani těmto výrazům.

Slovník je založen na koncepci, která je radikálně odlišná od všech jeho předchůdců. Stejně jako v jeho česko-anglickém protějšku, dbáme daleko více na co nejpřehlednější prezentaci materiálu, a to s ohledem na potřeby nejen českých, ale i anglicky mluvících uživatelů. Jde o vůbec první anglicko-český slovník, který používá pro definici jednotlivých významových odstínů heslového slova angličtinu. Použití anglických kontextových charakteristik je však užitečné i pro českého uživatele; poskytuje mu cennou informaci o kolokacích, do kterých může příslušná lexikální jednotka vstupovat. Tato informace je dále umocněna širokým použitím konkrétních příkladů, pro které nabízíme vždy explicitní překlad; četná idiomata a frazeologická spojení jsou opatřena často několika ekvivalenty. Nemenší pozornost jsme věnovali i typografické prezentaci materiálu. Mezi díly tohoto druhu má náš slovník primát v tom, že je pro větší přehlednost vytištěn dvoubarevně. Současně s knižním vydáním vychází navíc i v elektronické podobě.

Slovník byl připraven na katedře slovanských jazyků a literatur, University of Glasgow. Před jeho odevzdáním přečetli pečlivě celý rukopis tři rodilí mluvčí angličtiny, Mrs Elizabeth Morrison, MA a kolegové dr. John Dunn a dr. Margaret Tejerizo, se zaměřením především na autentičnost anglického materiálu. Vděčím jim v tomto ohledu za mnoho užitečných připomínek. Mrs Morrison a dr. Dunn věnovali velkou pozornost i ostatním částem rukopisu a pomohli mi odhalit celou řadu nedůsledností.

Slovník se vzácnou pečlivostí recenzoval docent Jaroslav Peprník. Děkuji mu za četné opravy, doplňky, vylepšení a za mnohé cenné rady. Jeho vlídná slova v doporučení díla k tisku mne velmi potěšila. Velkého uznání si zaslouží nesmírně pečlivá a svědomitá práce redaktorky Tamary Götzové. Kromě důkladné a všestranné přípravy rukopisu k tisku jí vděčím za velké množství oprav, připomínek a upřesnění, zvláště pokud jde o české překlady.

Toto nesmírně náročné dílo by mohlo být jen stěží dokončeno, kdyby se mi nedostalo všestranné pomoci od mého zaměstnavatele – University of Glasgow – a všech kolegů z katedry slovanských jazyků této univerzity. Zvláště bych chtěl vyzvednout porozumění a podporu, kterou mi poskytli oba vedoucí katedry – dr. John Dunn (do 1994) a posléze prof. Michael Kirkwood. Stephen Woodruff, ředitel „jazykového střediska" (Language Centre), mi poskytl všestrannou a neocenitelnou pomoc při řešení nejrůznějších problémů týkajících se využití počítačové techniky.

Moje žena Anna a děti, které jsem dlouhodobě v návalu práce tak trestuhodně zanedbával, že si začaly říkat „dictionary widow" a „dictionary orphans", si zaslouží vřelé díky za příkladnou trpělivost, kterou se mnou po celá ta dlouhá léta měly.

Autor

FOREWORD

This completely new English-Czech dictionary is intended to fill a gap in English and Czech lexicography. It is envisaged as a substitute for the Osička-Poldauf dictionary, which first came out almost 50 years ago and which, in spite of undergoing a partial revision at the end of 1960s, is no longer really suitable for today's needs. As one of the larger of the middle-range dictionaries, this new work will serve as a valuable reference tool for a wide circle of users, and provide a practical help for Czechs and also for the ever-increasing number of English speakers interested in Czech. It should complement Poldauf (SPN, 1986) and our own smaller Czech-English dictionary (SPN, 1993). It differs from the monumental Hais-Hodek four-volume English-Czech dictionary in that we have tried to produce a relatively complete description of the lexis of English in a single volume. It also differs, however, from the afore-mentioned dictionary in other respects.

It is based on contemporary English and thanks to computerized type-setting we have continued to update it right up to the time of printing. Our work has been facilitated by the publication of Czech language dictionaries in response to the major changes in Czech since the Velvet Revolution. The material has been chosen with a much greater regard than in other dictionaries for colloquial English with which the author is well acquainted from daily contact with young Britons (including his own teenage children). English today is much more tolerant of slang and vulgarisms than in the past, and in our dictionary we have included such expressions.

The dictionary is based on a concept which differs radically from all its predecessors. As in the case of its Czech-English counterpart careful thought has been given to the presentation of the material, with the needs not only of Czech but also of English users in mind. It is the very first English-Czech dictionary which uses English to define the various shades of meaning of the English headword. The use of English contextual characteristics is, however, also helpful for the Czech user; it affords him valuable information about phrases in which the headword can appropriately be used. This information is enhanced by the wide use of examples, for which we always offer a full translation. Several equivalents are frequently given for the idioms and set phrases. Printed in two colours for ease of use, our dictionary must be in the forefront of all works of this kind. An electronic version is being published simultaneously with the book.

The dictionary was prepared in the Department of Slavonic Languages and Literatures at the University of Glasgow. Before it was given to the publishers the entire manuscript was carefully read by three native English speakers, Mrs. E. S. M. Morrison MA, and my colleagues Dr John Dunn and Dr Margaret Tejerizo, mainly to check the authenticity of the English material. I am grateful to them for their many useful observations. Mrs Morrison and Dr Dunn also paid great attention to other parts of the manuscript and helped to bring to light a number of inconsistencies.

The dictionary has been reviewed with great care by Dr Jaroslav Peprník, Reader at the University of Olomouc. I extend my thanks to him for his numerous corrections, amendments and improvements and for much valuable advice. His kind words in recommending the work for printing gave me great pleasure. I acknowledge with gratitude the enormously careful and conscientious work of the editor Tamara Götzová. Besides her thorough preparation of the book for printing, I am indebted to her for a great number of corrections and observations and also for the elimination of inaccuracies, especially in the Czech translations.

It would have been extremely difficult to complete this work if my employers – the University of Glasgow – and my colleagues in the Department of Slavonic Languages, had not afforded me assistance in all kinds of ways. I should like to give special thanks for their understanding and support to Professor Michael Kirkwood and to his predecessor Dr John

Dunn, Head of Department until the end of 1993. Stephen Woodruff, Head of the Language Centre, has given me all kinds of valuable help in solving the many and varied problems connected with computer technology.

Because of pressure of work I have long criminally neglected my wife Anna and the children, to such an extent that they have coined the phrases "dictionary widow" and "dictionary orphans". They have my warmest thanks, which they richly deserve, for their exemplary patience throughout these long years.

The author

POKYNY PRO UŽIVATELE

1 Heslové slovo

Heslová slova jsou řazena abecedně a tištěna barevně půltučnou antikvou. Je-li heslové slovo užito v exemplifikaci v nezměněné podobě, odkazujeme na ně prvním písmenem s tečkou. Před koncovkou je zastoupeno tildou (~).

shred n ... **not a s. of truth** ...; **tear sth to ~s**

Při odkazu k části heslového slova používáme spojovník.

watchman n (pl **-men**)

Vyskytuje-li se heslo v několika **pravopisných obměnách**, uvádíme vedle reprezentativních tvarů i méně běžné varianty – v plné nebo ve zkrácené podobě. Americké pravopisné varianty jsou označeny zkratkou Amer.

hairdrier, hairdryer
colour, Amer **color**
curts(e)y

Zkratky, akronyma, vlastní jména, jakož i většina **odvozených slov** se uvádějí jako samostatná záhlaví na příslušném místě podle abecedy.

CIA Amer abbr of **Central Intelligence Agency**
crushing adj
hammering n

Adverbia odvozená od adjektiv příponou **-ly** jsou zpravidla zařazena na konec adjektivních hesel po plném čtverčíku (■). Jsou tištěna polotučně a zvýrazněna barvou.

mad adj ... ■ **~ly** adv ...

Frázová slovesa jsou zařazena jako poslední pododdíl slovesných statí. Každé jednotlivé frázové sloveso je zpracováno jako samostatná lexikální jednotka. Je uvedeno plným čtverčíkem, tištěno polotučně a zvýrazněno barvou.

hang ... **I** vt ... **II** vi ... **III** phr vs ■ **hang about** vi ... ■ **hang behind** vi ... etc

Jednoslovná kompozita a **kompozita se spojovníkem** se uvádějí jako samostatná záhlaví. Složeniny, které se skládají **ze dvou nebo více samostatných slov**, se uvádějí v hesle, které tvoří jeho první složku. Nominální kompozita s adjektivní konverzí heslového slova jsou opět uvedena plným čtverčíkem.

crown n koruna ... ■ **c. prince** korunní princ

Homonyma se uvádějí jako samostatná záhlaví.

row$_1$ ... n řada
row$_2$ ... vi *(in boat)* veslovat ...

2 Stavba hesla

Přísluší-li slovo k několika **slovním druhům**, naznačuje se kategoriální změna plným kroužkem (●).

> **high** [hai] adj ... ● n ... ● adv ...

Slovesné statě se dále dělí potenciálně do tří podskupin: tranzitiva (slovesa přechodná), intranzitiva (slovesa nepřechodná) a frázová slovesa. Jsou označena barevnými polotučně tištěnými římskými číslicemi. Pokud jsou frázová slovesa dále dělena na tranzitiva a intranzitiva, jsou označena polotučnými římskými číslicemi tištěnými kurzivou.

> **hang** [hæŋ] **I** vt ... **II** vi **III** phr vs ■ **hang about** *I* vi ... *II* vt ...

U slov s více **významy** v rámci slovnědruhové podskupiny se označuje pořadí významů barevně a polotučně tištěnými arabskými číslicemi. V některých případech se užívá dalšího podrozdělení pomocí polotučných písmen **a)**, **b)**, ... apod.

> **home** n **1 a)** *(place where one lives)* domov, ... **b)** *(house)* dům **c) find a h. for sth** najít pro co místo **2** *(country)* domov, domovina, vlast ... etc

Charakteristiky významu

V závorkách se uvádí kurzivou **bližší výklad významu** pomocí **synonym, vysvětlivek, kontextových charakteristik** (typických subjektů a objektů sloves, typických podstatných jmen vyskytujících se s adjektivními hesly apod.) nebo jejich různých kombinací.

> **waver** vi *(person)* váhat, ...; *(temperature)* měnit se, kolísat ...
> **underhand** adj *(sly)* tajný, úskočný, lstivý ...
> **underlying** adj *(hidden: difficulty)* skrytý; *(basic: cause)* vlastní, základní
> **out** adv *(not inside)* venku; *(indicating motion)* ven ...
> **immediate** adj ... *(danger)* ..., hrozící bezprostředně

Oborové zkratky, stylistické charakteristiky a regionální značky, uvedené v seznamu zkratek, nevyžadují povětšinou bližší vysvětlení. Stylová zkratka sl se používá k označení silně hovorových výrazů. Jsou tištěny nonparejem.

> **mould**$_2$ n **1** Cook, Art, Techn etc forma; Typ matrice ...

Příklady a frazeologie

Bližšího definování jednotlivých významů heslového slova se dosahuje četným uváděním typických kolokací slov s jejich plným překladem. Frazeologie se uvádí u každého podvýznamu po značce ♦.

> **mouse** n Zool & Comput myš ♦ **play cat and m. with sb** fig hrát si s kým jako kočka s myší

Slůvko or, tištěné nonparejem, se klade mezi dvě části spojení, které jsou zaměnitelné beze změny jeho významu.

> **temptation** n ... **give way** or **yield to t.** podlehnout svodům or pokušení

Alternativy, které jsou sémanticky různé, ale syntakticky zaměnitelné, jsou od sebe odděleny lomítkem. U českých ekvivalentů se lomítko používá rovněž pro odlišení členů dvojic, které jsou v gramatické nebo sémantické opozici.

service n ... **bus/ train s.** autobusová/ vlaková doprava
cook n kuchař/ -ka

Slovo also, tištěné nonparejem po charakteristikách významu v závorce, naznačuje, že kromě ekvivalentu/ -ů uvedeného/ -ých na prvním místě v příslušném oddíle lze použít i ekvivalentů, jež následují.

gurgle n *(of liquid)* bublání, *(of stream* also*)* zurčení ...

Symbol ≅ označuje jen přibližný překlad.

grammar school ≅ gymnázium

3 Gramatické údaje

Ve slovníku uvádíme následující gramatické údaje:

a) slovní druhy u každého heslového slova a po ● (viz **2**)

b) nepravidelné plurály substantiv, nepravidelné komparativy a superlativy adjektiv a adverbií, nepravidelné slovesné tvary a různé pravopisné výjimky

wife n (pl **wives**)
happy adj (**-ier, -iest**) ...
sing v (**sang, sung**) ...
sin vt (**-nn-**) – poukazuje na zdvojování koncové souhlásky před **-ed** a **-ing** (např. **sinning**, **sinned**)

c) slovesné vazby – u českých překladů se uvádí explicitní informace o pádu závislého členu s výjimkou nepředložkových akuzativních doplnění.

grumble vi *(complain)* stěžovat si (**about sth** na co)
help vt pomoci komu
serve vt *(employer/ country, society)* sloužit komu/ čemu
hand vt ... **hand sth to sb** podat komu co
hint vi ... **what are you hinting at?** na co narážíte?

Hvězdičkou se u českých adjektiv naznačuje, že jde o gramatický tvar užívaný jen v hovorové češtině.

it is as easy as falling off a log je to jednoduchý* jak facka

4 Výslovnost

Výslovnost se uvádí hned za heslovým slovem v hranatých závorkách. V některých případech se uvádí několik variant. Pokud se výslovnostní varianty týkají jen určitých funkcí nebo významů slova, uvádějí se na příslušných místech v heslovém odstavci.

conduct ['kondakt] n ... ● [kən'dakt] v

Normou je tzv. „Received Pronunciation“, tj. výslovnost typická pro Jižní Anglii. Americkou výslovnost uvádíme vedle britské jen v případech, kdy se jedná o výrazný rozdíl, např.

clerk [kla:k, Amer klə:k]; **either** ['aiðə(r), Amer 'i:ðə(r)]

Opírali jsme se především o J. C. Wells's **Longman Pronunciation Dictionary** (1990) a o poslední vydání **Collins English Dictionary** (1991).

V souladu s českou slovníkářskou tradicí používáme modifikovanou verzi mezinárodní fonetické abecedy (IPA).

samohlásky		dvojhlásky		souhlásky	
a	cut	ai	line	č	chip
a:	park	au	now	dž	jam
ə:	bird	ei	late	ch	loch
i	bit	eə	fairly	š	ship
o	hot	iə	here	ž	leisure
o:	saw	oi	boil		
u	foot	əu, Amer ou	note		
		uə	poor		

Hlavní přízvuk je označen symbolem ['], kladeným před příslušnou slabiku, a to u všech slov s výjimkou slov jednoslabičných. Pokud má slovo vedlejší přízvuk, označuje se značkou [ˌ], a to pouze tehdy, pokud není na první slabice ([hjuˌmæni'teəriən]; ale [hə:kju'li:ən]).

Symbol (r) na konci fonetického přepisu naznačuje, že se koncové „r" vyslovuje pouze tehdy, když po něm následuje slovo začínající na samohlásku, jako např. v **here is . . ., her arm**.

USING THE DICTIONARY

1 Headwords

Headwords are listed in alphabetical order and printed in colour in bold Roman type. When a headword appears in an example in the same form, it is represented by its initial letter. If the form of the headword changes, it is represented by the swung dash (~).

shred n ... **not a s. of truth** ...; **tear sth to ~s**

When only a part of the headword is referred to, it is represented by a hyphen.

watchman n (pl **-men**)

Variant spellings are given alongside the preferred spelling in full or abbreviated form; American spellings are indicated by the designation Amer.

hairdrier, **hairdryer**
colour, Amer **color**
curts(e)y

Abbreviations, acronyms, proper names and most **derivatives** are included in the word list in alphabetical order.:

CIA Amer abbr of **Central Intelligence Agency**
crushing adj
hammering n

Adverbs in **-ly** are usually included within the respective adjectival entry and are marked by the black square (■). They are printed in colour and in bold type.

mad adj ... ■ **~ly** adv ...

Phrasal verbs are included as the last of the three possible subsections of the respective verb (sub)entry. Each individual phrasal verb is highlighted by the black square, printed in bold type and in colour and treated as a separate lexical unit.

hang ... **I** vt ... **II** vi ... **III** phr vs ■ **hang about** vi ... ■ **hang behind** vi ... etc

Hyphenated or **single-word compounds** are listed as separate headwords. Those **written as two (or more) words** are mostly listed under the headword which is the first element and are again highlighted by a black square.

crown n koruna ... ■ **c. prince** korunní princ

Lexical **homonyms** are given as separate headwords.

row$_1$ ... n řada
row$_2$ ... vi *(in boat)* veslovat ...

2 Division of entries

When a word can be used as different **parts of speech**, each change is highlighted by a black circle (●).

high [hai] adj ... ● n ... ● adv ...

Verb entries are subdivided potentially into transitive, intransitive and phrasal. They are marked by Roman numerals, printed in colour. When **phrasal verbs** are subdivided into vt & vi these are marked by bold Roman numerals in italic type.

hang [hæŋ] **I** vt ... **II** vi **III** phr vs ■ **hang about** *I* vi .... *II* vt ...

When a word has more than one **sense** (as a particular part of speech), the different senses are distinguished by bold Arabic numerals (in colour); in some cases further subdivisions are marked by letters in bold.

home n **1 a)** *(place where one lives)* domov, ... **b)** *(house)* dům **c) find a h. for sth** najít pro co místo **2** *(country)* domov, domovina, vlast ... etc

Indicating material

Indicators, printed in italics in parentheses, are used to identify the sense of the word which is being translated. They are typically: **partial synonyms**, **explanatory glosses, collocators** (typical subjects or objects of verbs, typical nouns modified by adjectival headwords etc) or various combinations of them.

waver vi *(person)* váhat, ...; *(temperature)* měnit se, kolísat ...
underhand adj *(sly)* tajný, úskočný, lstivý ...
underlying adj *(hidden: difficulty)* skrytý; *(basic: cause)* vlastní, základní
out adv *(not inside)* venku; *(indicating motion)* ven ...
immediate adj ... *(danger)* ..., hrozící bezprostředně

Field labels (in small print) are another means to differentiate meanings.

mould$_2$ n **1** Cook, Art, Techn etc forma; Typ matrice ...

Stylistic labels (inf, sl, pej, vulg, dated etc) and **regional labels** are mostly self-explanatory; the label sl indicates that the word is highly informal.

Examples and idioms

Examples of typical collocations with their full translations are given to further define the individual senses of the headword. Idioms are placed after a lozenge (♦).

mouse n Zool & Comput myš ♦ **play cat and m. with sb** fig hrát si s kým jako kočka s myší

The word or is used to separate parts of a phrase which are semantically interchangeable.

temptation n ... **give way** or **yield to t.** podlehnout svodům or pokušení

Alternatives which are semantically different but syntactically interchangeabe are linked with the oblique stroke. When used with the Czech equivalents, the oblique stroke is also used to separate the two members of a grammatically and semantically related pair of words.

service n ... **bus/ train s.** autobusová/ vlaková doprava
cook n kuchař/ -ka

The word also used after indicating material suggests that the equivalent(s) which follow it can be used in addition to the first equivalent in the respective section.

gurgle n *(of liquid)* bublání, *(of stream* also*)* zurčení ...

The symbol ≅ indicates that the translation is an approximate cultural equivalent.

grammar school ≅ gymnázium

3 Grammatical information

The following grammatical information is given:

a) **parts of speech** following the headword or after ● (see **2**)

b) **irregular plurals** (of nouns), comparatives and superlatives (of adjectives and adverbs), verbal forms and various orthographic irregularities.

wife n (pl **wives**)
happy adj (**-ier**, **-iest**) ...
sing v (**sang**, **sung**) ...
sin vt (**-nn-**) – showing the doubling of the final consonant before **-ed** and **-ing** (ie **sinning, sinned**)

c) **verbal government** and the use of **prepositions**; in Czech translations explicit information given about the case used (with the exception of nonprepositional accusative objects).

grumble vi *(complain)* stěžovat si (**about sth** na co)
help vt pomoci komu
serve vt *(employer/ country, society)* sloužit komu/ čemu
hand vt ... **hand sth to sb** podat komu co
hint vi ... **what are you hinting at?** na co narážíte?

The asterisk * after a Czech equivalent indicates that the ending is used only in informal styles.

it is as easy as falling off a log je to jednoduchý* jak facka

4 Pronunciation

The pronunciation of a headword is given in square brackets immediately after it. In some cases more than one variant is shown. When variant pronunciations apply only to certain functions or senses of a word, these are given at the appropriate point in the entry. For example:

conduct [ˈkondakt] n ... ● [kənˈdakt] v

Received pronunciation, ie the variety associated with southern England, has been taken as a norm. American pronunciation has been shown alongside the British where there is an unpredictable difference, for example

clerk [kla:k, Amer klə:k]; **either** [ˈaiðə(r), Amer ˈi:ðə(r)]

The principal sources used were J. C. Wells's **Longman Pronunciation Dictionary** and the latest edition of **Collins English Dictionary**.

In accordance with a long-established Czech lexicographical tradition a modified version of the International Phonetic Alphabet (IPA) is adopted.

vowels		diphthongs		consonants	
a	cut	ai	line	č	chip
a:	park	au	now	dž	jam
ə:	bird	ei	late	ch	loch
i	bit	eə	fairly	š	ship
o	hot	iə	here	ž	leisure
o:	saw	oi	boil		
u	foot	əu, Amer ou	note		
		uə	poor		

The primary or main stress is shown by the symbol ['] preceding the relevant syllable. It is shown on all words with the exception of the monosyllabic ones. Any secondary stress in polysyllabic words is shown by the symbol [ˌ], unless it falls on the first syllable (eg [hjuˌmæni'teəriən]; but [hə:kju'li:ən]).

The symbol (r) at the end of a word indicates that the final 'r' is sounded only when followed by a word beginning with a vowel, as in **here is ...**, **her arm**.

ZKRATKY UŽITÉ VE SLOVNÍKU
ABBREVIATIONS USED IN THE DICTIONARY

akuzativ	A	accusative
zkratka	abbr	abbreviation
abstraktní	abstr	abstract
adjektivum	adj	adjective
administrativa, administrativní	Admin	administration, administrative
adverbium	adv	adverb
zemědělství	Agr	agriculture
americký (výraz)	Amer	American
též	also	
anatomie	Anat	anatomy
antropologie	Anthrop	anthropology
a podobně	ap.	etc
pochvalný	approv	approving
přibližně	approx	approximately
archaický	arch	archaic
archeologie	Archeol	archeology
architektura	Archit	architecture
člen	art	article
umění	Art	art
astrologie	Astrol	astrology
astronomie	Astron	astronomy
astronautika	Astronaut	astronautics, space travel
atletika	Athlet	athletics
atributivní	attr	attributive
australský	Austr	Australian
automobilismus	Aut	automobiles
letectví	Aviat	aviation
biblický (výraz)	Bibl	biblical
biologie	Biol	biology
botanika	Bot	botany
box	Box	boxing
britský (výraz)	Br	British
stavitelství	Build	building
kanadský	Can	Canadian
karty	Cards	cards
tesařství	Carp	carpentry
chemie	Chem	chemistry
šachy	Chess	chess
srovnej	cf	compare
kino	Cine	cinema
anglikánská církev	C of E	Church of England
hovorový	coll	colloquial
hromadný	collect	collective
obchod	Comm	commerce
komparativ	comp	comparative

výpočetní technika	Comput	computers
podmiňovací způsob	cond	conditional
kuchařství	Cook	cooking
spojka	conj	conjunction
stažený tvar	contr	contracted form
dativ	D	dative
zastaralý	dated	dated
určitý	def	definite
ukazovací	dem	demonstrative
zubní lékařství	Dent	dentistry
determinativní (sloveso)	det	determinate (verb)
nářečí	dial	dialect
zdrobnělina	dim	diminutive
diplomacie	Dipl	diplomacy
přímý	dir	direct
církevní	Eccl	ecclesiastical
ekologie	Ecol	ecology
ekonomie	Econ	economy, economic
např.	eg	for example
školství	Educ	education
elektrotechnika	Elec	electricity
zdůrazňovací	emph	emphatic
strojírenství	Eng	engineering
anglický	Engl	English
entomologie	Ent	entomology
jezdectví	Equest	Equestrian sport
zvláště	esp	especially
atd.	etc	et cetera
etnologie	Ethnol	ethnology
eufemismus	euph	euphemism
zvolací	excl	exclamatory
expresivní	expr	expressive
vyjadřující	expres	expressing
femininum	fem	feminine
přenesený	fig	figurative
finance	Fin	finance
knižní	fml	formal
lesnictví	Forest	forestry
fotbal	Ftb	football
budoucí čas	fut	future
obecný (výraz)	gen	general
genitiv	G	genitive
zeměpis	Geog	geography
geometrie	Geom	geometry
gerundium	ger	gerund
gramatika	Gram	grammar
gymnastika	Gymn	gymnastics
holičství	Haidr	hairdressing
heraldika	Her	heraldry
historie	Hist	history
zahradnictví	Hort	horticulture

myslivectví	Hunt	hunting
instrumentál	I	instrumental
to jest	i.e.	that is
imperativ	imper	imperative
neosobní	impers	impersonal
průmysl	Ind	industry
nesklonný	indecl	indeclinable
neurčitý	indef	indefinite
indeterminativní	indet	indeterminate (verb)
nesklonný	indecl	indeclinable
oznamovací způsob	indic	indicative
nedokonavý	imperf	imperfective
nepřímý	indir	indirect
hovorový	inf	informal
infinitiv	infin	infinitive
pojišťovnictví	Ins	insurance
citoslovce	interj	interjection
tázací	interrog	interrogative
irský (výraz)	Ir	Irish
ironický	iron	ironical
žertovný	joc	jocular
žurnalistika	Journ	journalism
právo, právnický	Jur	law, legal
pletení	Knit	knitting
lokativ	L	locative
latinský	Lat	Latine
jazykověda	Ling	linguistics
doslovný	lit	literal
literatura	Liter	literature
logika	Log	logics
rod mužský	m	masculine
rod mužský životný	ma	masculine animate
matematika	Math	mathematics
lékařství	Med	medicine
metalurgie	Metal	metallurgy
meteorologie	Meteor	meteorology
rod mužský neživotný	mi	masculine inanimate
vojenství	Mil	military
mineralogie	Min	mineralogy
horolezectví	Mount	mountaineering
hudební věda	Mus	music
mytologie	Myth	mythology
nominativ	N	nominative
substantivum	n	noun
na příklad	např.	for example
námořní termín	Naut	nautical
zápor	neg	negative
severoangličtina	N Eng	Northern English
neutrální (výraz)	neutr	not expressive
jaderná fyzika	Nucl	nuclear physics
číslovka	num	numeral

Nový Zéland	NZ	New Zealand
předmět	Obj	object
obvykle	obv.	usually
silně pejorativní	offens	offensive
optika	Opt	optics
nebo	or	or
ornitologie	Orn	ornithology
parlament	Parl	parliament
příčestí	part	participle
pejorativní	pej	pejorative
dokonavý	perf	perfective
lékárnictví	Pharm	pharmacy
filatelie	Philat	philately
filozofie	Philos	philosophy
fonetika	Phon	phonetics
fotografování	Phot	photography
frázové sloveso	phr v	phrasal verb
fyzika	Phys	physics
fyziologie	Physiol	physiology
množné číslo	pl	plural
básnický výraz	poet	poetical
politika	Pol	politics
přivlastňovací	poss	possessive
minulé příčestí	pp	past participle
predikativní	pred	predicative
předpona	pref	prefix
předložka	prep	preposition
přítomný	pres	present
přítomné příčestí	pres p	present participle
zajmeno	pron	pronoun
psychologie	Psych	psychology
minulý čas	pt	past tense
rozhlas, rádio	Rad	radio
železnice, železniční doprava	Rail	railways
římsko-katolická církev	RC	Roman Catholic Church
zvratný	refl	reflexive
vztažný	rel	relative
náboženství	Relig	religion
rétorika	Rhetor	rhetoric
někdo	sb	somebody
škola	Sch	school
věda	Sci	science
skotský, Skotsko	Scot	Scottish, Scotland
sochařství	Sculpt	Sculpture
šití	Sew	sewing
jednotné číslo	sg	singular
loďařství	Shipb	shipbuilding
lyžování	Ski	skiing
slang	sl	slang
sociologie	Sociol	sociology
odborný	spec	specialist

sportovní	Sport	sport
statistika	Stat	statistics
burza, burzovní	St Ex	stock exchange
něco	sth	something
podmět	Subj	subject
přípona	suff	suffix
superlativ	superl	superlative
zeměměřičství	Surv	surveying
technický (termín), technika	Techn	technical term, technology
telefon(ování)	Tel	telephone
telekomunikace	Telec	telecommunications
textilní průmysl	Text	textiles
divadlo	Theat	theatre
teologie	Theol	theology
to jest	tj.	i.e.
obchodní značka	TM	trade mark
televize	TV	television
typografie	Typ	typography
univerzita	Univ	university
obvykle	usu	usually
vokativ	V	vocative
sloveso	v	verb
pomocné sloveso	v aux	auxiliary verb
veterinářství	Vet	veterinary medicine
nepřechodné sloveso	vi	intransitive verb
přechodné sloveso	vt	transitive verb
vulgární	vulg	vulgar
zápas	Wrest	wrestling
zoologie	Zool	zoology
zpravidla	zprav.	usually
zvláště	zvl.	especially

ANGLICKÁ NEPRAVIDELNÁ SLOVESA
IRREGULAR VERBS

Infinitive	Past Tense	Past Participle
abide	abided, abode	abided, abode
arise	arose	arisen
awake	awoke	awoken
be	was (sg), were (pl)	been
bear	bore	borne, born (narozený)
beat	beat	beaten
beget	begot, begat(†)	begotten
begin	began	begun
behold	beheld	beheld
bend	bent	bent
beseech	besought, beseeched	besought, beseeched
bet	bet, betted	bet, betted
bid	bid, bade[1]	bid, bidden[1]
bind	bound	bound
bite	bit	bitten
bleed	bled	bled
bless	blessed	blessed, blest
blow	blew	blown, blowed
break	broke	broken
breed	bred	bred
bring	brought	brought
broadcast	broadcast, broadcasted	broadcast, broadcasted
build	built	built
burn	burnt, burned	burnt, burned
burst	burst	burst
bust	bust, busted	bust, busted
buy	bought	bought
cast	cast	cast
catch	caught	caught
chide	chided, chid	chided, chid, chidden
choose	chose	chosen
cleave	cleaved, clove, cleft	cleaved, cloven, cleft
cling	clung	clung
come	came	come
cost	cost, costed[2]	cost, costed[2]
countersink	countersank	countersunk
creep	crept	crept
cut	cut	cut
deal	dealt	dealt
dig	dug	dug
dive	dived, Amer dove	dived
do	did	done
draw	drew	drawn

dream	dreamt, dreamed	dreamt, dreamed
drink	drank	drunk
drive	drove	driven
dwell	dwelt	dwelt
eat	ate	eaten
fall	fell	fallen
feed	fed	fed
feel	felt	felt
fight	fought	fought
find	found	found
flee	fled	fled
fling	flung	flung
floodlight	floodlighted, floodlit	floodlighted, floodlit
fly	flew	flown
forbear	forbore	forborne
forbid	forbade, forbad	forbidden
forecast	forecast, forecasted	forecast, forecasted
foretell	foretold	foretold
forget	forgot	forgotten
forgive	forgave	forgiven
forsake	forsook	forsaken
freeze	froze	frozen
gainsay	gainsaid	gainsaid
get	got	got, Amer gotten
gird	girded, girt	girded, girt
give	gave	given
go	went	gone
grind	ground	ground
grow	grew	grown
hamstring	hamstringed, hamstrung	hamstringed, hamstrung
hang	hung, hanged[3]	hung, hanged[3]
have	had	had
hear	heard	heard
heave	heaved, Naut hove	heaved, Naut hove
hew	hewed	hewed, hewn
hide	hid	hidden
hit	hit	hit
hold	held	held
hurt	hurt	hurt
inlay	inlaid	inlaid
input	input, inputted	input, inputted
inset	inset	inset
interweave	interwove	interwoven
keep	kept	kept
ken	kenned, kent	kenned
kneel	knelt, esp Amer kneeled	knelt, esp Amer kneeled
knit	knitted, knit	knitted, knit
know	knew	known
lay	laid	laid
lead	led	led
lean	leaned, Br leant	leaned, Br leant

leap	leapt, leaped	leapt, leaped
learn	learnt, learned	learnt, learned
leave	left	left
lend	lent	lent
let	let	let
lie	lay	lain
light	lighted, lit	lighted, lit
lose	lost	lost
make	made	made
mean	meant	meant
meet	met	met
mow	mowed	mown, mowed
output	output, outputted	ouput, outputted
outshine	outshone	outshone
overhang	overhung	overhung
pay	paid	paid
plead	pleaded, esp Amer pled	pleaded, esp Amer pled
prove	proved	proved, esp Amer proven
put	put	put
quit	quitted, Amer quit	quitted, Amer quit
read [ri:d]	read [red]	read [red]
rend	rent	rent
rid	rid	rid
ride	rode	ridden
ring	rang	rung
rise	rose	risen
run	ran	run
saw	sawed	sawn, Amer sawed
say	said	said
see	saw	seen
seek	sought	sought
sell	sold	sold
send	sent	sent
set	set	set
shake	shook	shaken
shear	sheared	shorn, sheared
shed	shed	shed
shine	shone, shined[4]	shone, shined[4]
shit	shitted, shit, shat	shitted, shit, shat
shoe	shod	shod
shoot	shot	shot
show	showed	shown, rarely showed
shrink	shrank, shrunk	shrunk
shrive	shrived, shrove	shrived, shriven
shut	shut	shut
sing	sang	sung
sink	sank	sunk
sit	sat	sat
slay	slew	slain
sleep	slept	slept
slide	slid	slid

sling	slung	slung
slink	slunk	slunk
slit	slit	slit
smell	smelt, smelled	smelt, smelled
smite	smote	smitten
sow	sowed	sown, sowed
speak	spoke	spoken
speed	sped, speeded	sped, speeded
spell	spelled, Br spelt	spelled, Br spelt
spend	spent	spent
spill	spilt, spilled	spilt, spilled
spin	spun	spun
spit	spat, esp Amer spit	spat, esp Amer spit
split	split	split
spoil	spoilt, spoiled	spoilt, spoiled
spread	spread	spread
spring	sprang	sprung
stand	stood	stood
stave	staved, stove	staved, stove
steal	stole	stolen
stick	stuck	stuck
sting	stung	stung
stink	stank, stunk	stunk
strew	strewed	strewed, strewn
stride	strode	stridden
strike	struck	struck
string	strung	strung
strive	strove	striven
sublet	sublet	sublet
swear	swore	sworn
sweep	swept	swept
swell	swelled	swollen, swelled
swim	swam	swum
swing	swung	swung
take	took	taken
teach	taught	taught
tear	tore	torn
tell	told	told
think	thought	thought
thrive	thrived, throve	thrived, thriven(†)
throw	threw	thrown
thrust	thrust	thrust
tread	trod	trodden, trod
unbend	unbent	unbent
undergo	underwent	undergone
understand	understood	understood
undo	undid	undone
unsay	unsaid	unsaid
wake	woke, waked(†)	woken, waked(†)
wear	wore	worn
weave	wove, weaved[5]	woven, weaved[5]

weep	wept	wept
wet	wet, wetted	wet, wetted
win	won	won
wind	wound	wound
work	worked, wrought[6](†)	worked, wrought[6](†)
wring	wrung	wrung
write	wrote	written

Značka † označuje archaické tvary.

1 Ve smyslu „vybídnout“ a „popřát“ (při zdravení)
2 Ve smyslu „odhadnout“ (cenu), „ocenit“
3 Ve smyslu „oběsit se“
4 Ve smyslu „leštit“ (boty ap.)
5 Ve smyslu „klikatit se“ (o cestě), „proplétat se“ (ulicemi, davy ap.)
6 Ve smyslu „opracovávat“, „tepat“ (kovy)

HLAVNÍ POUŽITÉ PRAMENY
PRINCIPAL SOURCES USED

Collins English Dictionary, New Edition, Collins, London & Glasgow, 1991
Oxford Advanced Learner's Dictionary of Current English, New Edition, Oxford University Press, Oxford, 1989
Longman Dictionary of Contemporary English, New Edition, Longman, London, 1987
The Concise Oxford Dictionary, The New Edition for the 1990s, Clarendon Press, Oxford, 1990
Collins English-German Dictionary, Second Edition, Collins, London & Glasgow, 1991
The Oxford Duden English-German Dictionary, Clarendon Press, Oxford, 1990
The Oxford-Hachette English-French Dictionary, Oxford University Press, Oxford, 1994
The Oxford English-Russian Dictionary, Oxford University Press, Oxford, 1993
Larousse English-French Dictionary, Larousse, Paris, 1993
J. C. Wells: *Longman Pronunciation Dictionary*, Longman, London, 1990
Rosemary Courtney: *Longman Dictionary of Phrasal Verbs*, Longman, 1983

Karel Hais, Břetislav Hodek: *Velký anglicko-český slovník*, Academia, Praha, 1984–1985
Jaroslav Peprník: *Slovník amerikanismů*, SPN, 1982
Josef Fronek: *Česko-anglický slovník*, SPN, Praha, 1993
Ivan Poldauf: *Česko-anglický slovník*, SPN, Praha, 1986
J. H. Adam: *Anglicko-český ekonomický slovník*, LEDA, Praha, 1995
Marta Chromá: *Anglicko-český právnický slovník*, LEDA, Praha, 1995
Patrik Ouředník: *Šmírbuch jazyka českého*, Ivo Železný, Praha, 1992
Akademický slovník cizích slov I, II, Academia, Praha, 1995
Slovník spisovné češtiny pro školu a veřejnost, Academia, Praha, 1994
Slovník spisovného jazyka českého, Nakladatelství Československé akademie věd, Praha, 1960–1971
Slovník české frazeologie a idiomatiky. Sv. 1–4, Academia, Praha, 1983–94

A

A$_1$, a [ei] n **1** *(letter)* A, a ♦ **know a subject from A to Z** znát něco dokonale, mít něco v malíčku; **an A to Z** plán města **2** Mus **A sharp/ A flat** ais/ as; **A major/ A minor** A dur/ A moll **3** Sch jednička, výborná; **she's got an A in physics** má jedničku z fyziky **4 A1** inf prvotřídní, výborný; **I am feeling absolutely A1** cítím se skvěle

a$_2$, an [ei, ə, æn, ən] **1** indef art **a book/ an apple** kniha/ jablko **2** *(one)* jeden; **a friend of mine** jeden můj přítel ♦ **in a word** jedním slovem; **she didn't say a word** neřekla ani slovo; **at a blow** jednou ranou; *(drink sth)* **at a draught** jedním douškem **3** *(the same)* **they are of an age** jsou stejně staří **4** fml jakýsi, nějaký; **a Mr Cliff** nějaký or jakýsi pan Cliff **5** *(each)* za; **twice a month** dvakrát za měsíc; **60 miles an hour** 60 mil (≅ 90 km) za hodinu

AA [ei'ei] n abbr of **1** Br **Automobile Association** autoklub **2 Alcoholics Anonymous** (anonymní) sdružení alkoholiků

AAA [eiei'ei] n abbr of **1** Br (also **the three A's**) = **Amateur Athletic Association** lehkoatletická amatérská asociace **2** Amer = **American Automobile Association** americká automobilová asociace

AB [ei'bi:] abbr of **1** Br **able(-bodied) seaman** kvalifikovaný námořník **2** Amer **Bachelor of Arts** bakalář svobodných umění

aback [ə'bæk] adv **be taken a.** být překvapen, být vyveden z konceptu

abacus ['æbəkəs] n (pl **~es** or **abaci** ['æbəsai]) n ruční počitadlo

abandon [ə'bændən] vt *(vehicle, ship; one's wife)* opustit; *(give up)* (za)nechat čeho, vzdát se čeho; Sport *(match)* přerušit ♦ **a. oneself to sth** propadnout čemu, oddat se vášnivě čemu; **a. oneself to despair** propadnout zoufalství ● n bezstarostnost; *(sing, dance* etc*)* **with a.** bezstarostně, bez zábran

abandonment [ə'bændənmənt] n *(of place, project)* opuštění; *(of right)* zřeknutí se čeho; *(of match)* přerušení

abase [ə'beis] vt **a. oneself** ponížit se; **a. oneself so far as** *(to do sth)* snížit se k tomu, že ...

abashed [ə'bæšt] adj zaražený, nesvůj, v rozpacích

abate [ə'beit] **I** vi *(of storm, pain* etc*)* polevit, utišit se **II** vt *(lessen)* zmírnit; *(noise, pollution)* snížit, omezit

abatement [ə'beitmənt] n *(of pollution* etc*)* snížení, omezení, redukce

abattoir ['æbətwa:(r)] n jatky

abbess ['æbes] n abatyše

abbey ['æbi] n **1** opatství; **Westminster Abbey** westminsterské opatství **2** *(church)* chrám při opatství

abbot ['æbət] n opat

abbreviate [ə'bri:vieit] vt *(word, phrase)* zkrátit

abbreviation [əˌbri:vi'eišn] n zkratka

ABC$_1$ [eibi:'si:] n sg **1** abeceda ♦ **it is as easy as ABC** je to úplná hračka **2** fig základy, úvod; **the ABC of engineering** úvod do strojírenství

ABC$_2$ [eibi:'si:] n abbr of **American Broadcasting Company** Americká rozhlasová a televizní společnost

abdicate ['æbdikeit] **I** vt *(throne* etc*)* zříci se čeho **II** vi *(king)* abdikovat, odstoupit

abdication [æbdi'keišn] n *(of right)* zřeknutí se; *(of the throne)* abdikace

abdomen ['æbdəmən] n Med břicho

abdominal [æb'dominl] adj Med břišní; **a. pain** bolení břicha, bolesti v krajině břišní

abduct [æb'dakt] vt *(child* etc*)* unést

abduction [æb'dakšn] n *(of child* etc*)* únos

abductor [æb'daktə(r)] n únosce

aberrant [æ'berənt] adj úchylný, aberantní, *(behaviour)* nenormální

aberration [æbə'reišn] n **1** Astron, Phys odchylka, úchylka, aberace **2** *(moral)* přechodné selhání; **mental a.** duševní úchylka

abet [ə'bet] vt **1 a. sb in sth** podporovat koho v čem, navádět koho k čemu; **a. sb in a crime** navádět koho ke spáchání zločinu, pomáhat komu při páchání trestného činu **2 aid and a.** see **aid** vt **(2)**

abeyance [ə'beiəns] n **be in a.** *(rule, law)* mít (dočasně) pozastavenou platnost; **the question is in a.** tato otázka zůstává nevyřízená

abhor [əb'ho:(r)] vt **(-rr-)** ošklivit si, nenávidět co, hrozit se čeho

abhorrence [əb'horəns] n **a. of sth** odpor k čemu, děs před čím, hrůza z čeho; **have an a. of sth** děsit se čeho, ošklivit si co

abhorrent [əb'horənt] adj odporný, hnusný; **be a. to sb** *(eg violence* etc*)* hnusit se komu

abide [ə'baid] v (pt & pp **abode** [ə'bəud]) **I** vt snést, snášet, vystát; **I can't a. him** já ho nesnáším, nemůžu ho vystát **II** vi **a. at a place** zůstat někde; **a. with sb** bydlet u koho **III** phr v ■ **abide by** vt *(promise)* splnit;

(rules, agreement) dodržet, dodržovat, držet se čeho

ability [ə'biləti] n **1** schopnost; *(of machines* also*)* kapacita **2** *(cleverness)* inteligence, nadání, talent; **a musician of great a.** velmi nadaný or talentovaný hudebník; **I'll do it to the best of my a.** udělám to, jak nejlíp dovedu

abject ['æbdžekt] adj **1** *(conditions)* bídný, žalostný, ubohý; **a. poverty** ponižující bída **2** *(person)* opovrženíhodný; *(servile)* patolízalský, servilní; *(behaviour)* hanebný; *(apology)* ponížený

ablaze [ə'bleiz] adj hořící, v plameni; **be a.** hořet, být v plameni; **set sth a.** zapálit co; **the town was a. with lights** město zářilo světly

able$_1$ [eibl] adj **be a. to do sth** moci něco udělat; **be a. to work** moci pracovat, být schopen pracovat

able$_2$ [eibl] adj **(~r, ~st)** *(student)* schopný, *(worker)* zdatný; *(speech)* znamenitý

able-bodied [eibl'bodid] adj tělesně schopný, zdatný ■ **a.-b. seaman** kvalifikovaný námořník

ablutions [æb'lu:šnz] n pl fml rituální omývání; joc **perform one's a.** umýt se

ABM [eibi:'em] abbr of **antiballistic missile** protibalistická střela

abnormal [æb'no:ml] adj **1** *(person, behaviour* etc*)* nenormální **2** *(specimen, height* etc*)* abnormální, mimořádný

abnormality [æbno:'mæləti] n nenormálnost, abnormálnost; Biol anomálie; Med vada, deformita

aboard [ə'bo:d] adv na palubě/ na palubu; *(on train/ bus)* ve vlaku/ v autobuse; **all a.!** nastupovat! ● prep **a. the ship** na palubě lodi; **a. the train/ bus** ve vlaku/ v autobuse

abode$_1$ [ə'bəud] pt & pp of **abide**

abode$_2$ [ə'bəud] n Jur **1 place of a.** bydliště; **of no fixed a.** bez trvalého bydliště **2** fml or joc příbytek; **our humble a.** joc náš skromný příbytek

abolish [ə'boliš] vt *(slavery, death penalty)* zrušit; *(law)* odvolat

abolition [æbə'lišn] n *(of slavery* etc*)* zrušení; *(of a law* also*)* odvolání

A-bomb ['eibom] n atomová puma

abominable [ə'bominəbl] adj odporný, ohavný; **the A. Snowman** sněžný muž, yetti ■ **abominably** adv hrozně, strašně; **you have behaved abominably** choval ses hrozně

abomination [əˌbomi'neišn] n **1** *(loathing)* opovržení; **hold sth in a.** opovrhovat čím **2** *(loathsome thing, act* etc*)* ohavnost, něco hrozného; **it's an a.** to je něco hrozného, to je hrůza, to je skandál

aboriginal [æbə'ridžənl] adj *(inhabitants, plants* etc*)* domorodý, původní ● n also **A.** usu pl **~s** domorodé obyvatelstvo, původní obyvatelstvo zvl. v Austrálii

aborigines [æbə'ridžəni:z] n pl *(in Australia)* **Aborigines** původní obyvatelé, domorodci

abort [ə'bo:t] **I** vt **1** Med *(foetus)* přivodit potrat, vyhnat; *(pregnancy)* přerušit **2** *(space mission* etc*)* předčasně ukončit, zrušit **3** Comput zrušit **II** vi *(undergo abortion)* potratit, mít potrat

abortion [ə'bo:šn] n potrat; **have** or **get an a.** dát si udělat potrat, jít na potrat

abortionist [ə'bo:šənist] n potratář/ -ka; **back-street a.** andělíčkářka

abortive [ə'bo:tiv] adj fig *(attempt* etc*)* nevydařený

abound [ə'baund] vi hojně se vyskytovat, být v hojnosti; **a. in** or **with sth** *(fish* etc*)* oplývat čím, být bohatý na co

about [ə'baut] adv **1** *(approximately)* asi, přibližně, kolem; **a. £50** asi 50 liber; **at a. 5 o'clock** kolem páté, asi v pět; **at a. midday** kolem or okolo poledne, k polednímu; **a. 50 people** asi (tak) 50 lidí, kolem padesáti lidí; **at a. that time** asi tou dobou ♦ **that's a. the size of it** tak takhle to asi je/ bude, takhle to vidím já **2** *(nearly)* skoro, téměř; **be just a. ready** (už) být skoro hotov; **it's a. time we went** už je na čase, abychom šli; *(he has finished the job)* **and a. time too** však už bylo na čase, už byl svrchovaný čas ♦ **be a. to do sth** chystat se něco udělat; **I've had about enough of this** už mi to začíná lézt krkem, už toho mám zrovna tak dost **3** *(all around)* **all a.** všude kolem, kolem dokola; **there were books lying a. everywhere** všude se povalovaly knihy; **throw one's arms a.** rozhazovat or rozkládat rukama **4** *(near)* **she is somewhere a.** je někde tady or poblíž, nemůže být daleko; **there was no one a.** nikdo tam nebyl; **there is a lot of flu a. at present** teď je všude plno chřipky; **there are rumours a. (that ...)** povídá se(, že ...), kolují zvěsti(, že ...) **5** *(in the opposite direction)* **it is the other way a., it is the wrong way a.** je to (právě) naopak, je to obráceně; Mil **a. turn!**, esp Amer **a. face!** čelem vzad! **6 be up and a.** být vzhůru, být na nohou ● prep **1** *(indicating place)* **books lying a. the room** knihy rozházené po pokoji; **have you any money a. you?** máš u sebe nějaké peníze? ♦ **have** or **keep one's wits a. one** neztratit hlavu, mít všech pět pohromadě **2** *(indicating movement)* **wander a. the town** potulovat se po městě; **look a. you**

podívej se kolem sebe **3** *(near)* **somewhere a. here** někde tady or poblíž **4** *(concerning)* o; **a book a. animals** kniha o zvířatech; **be brief a. it** řekni to stručně; **cry a. sth** plakat kvůli něčemu; **while you are a. it** když už o tom mluvíš ♦ **how/ what a. ...** co byste řekl na ...?, a co takhle ...?; **what a. a game of chess?** nedáme si partii (šachu)?; **what a. the children?** a co děti? co uděláme s nimi? apod.

about-turn [əˌbaut'tə:n], esp Amer **about-face** [əˌbaut'feis] n čelem vzad, obrat o 180°; **do an a.-t.** udělat čelem vzad, fig otočit změnit přístup

above [ə'bav] adv **1** nahoře; *(of motion)* nahoru; **from a.** shora; **the flat a.** byt o poschodí výš **2** *(in heaven)* na nebesích; **a voice from a.** hlas shůry **3** *(in text)* výše ● prep **1** *(higher than)* **a) a. sea level** nad mořem; **a. the clouds** nad mraky ♦ **a. all** především **b)** *(of direction)* nad + A; **the sun rose a. the horizon** slunce vystoupilo nad obzor **c)** *(in rank etc)* **he is a. me in rank** má vyšší hodnost než já **2** *(more than)* více než, nad, přes; **a. twenty tons** nad or přes dvacet tun; **a. £20** přes 20 liber, v ceně nad dvacet liber; **children a. 10 years of age** děti starší deseti let, děti nad deset let ♦ **a. (the) average** nad průměr/ nad průměrem **3** *(beyond)* **he is a. suspicion** je mimo veškeré podezření; **his behaviour was a. reproach** choval se bezvadně or vzorně; **he is living a. his means** žije nad poměry; **it is a. him** *(task)* je to nad jeho síly, nestačí na to; **he is getting a. himself** začíná si o sobě moc myslet; **she is a. that** je nad to povznesena, je nad věcí

above-board [əbav'bo:d] adj pred *(honourable)* čestný; *(open)* otevřený; *(conduct)* korektní, správný

above-mentioned [əbav'menšnd] adj výše zmíněný, výše uvedený

abracadabra [æbrəkə'dæbrə] interj abrakadabra

abrade [ə'breid] vt **1** Techn obrousit, obrušovat; *(skin, fabric)* odřít **2** Geol erodovat

abrasion [ə'breižn] n **1** Med oděrka, odřenina **2** Geol eroze

abrasive [ə'breisiv] adj **1** *(material)* brusný; *(surface)* drsný; **a. paper** smirkový papír **2** fig *(person)* neomalený, kousavý; *(tongue)* štiplavý, jedovatý; *(wit)* sžíravý ● n *(material)* brusný materiál, brusivo

abreast [ə'brest] adv vedle sebe, v jedné řadě, bok po boku; Mil **march three a.** pochodovat v trojstupu; **the ship came a. of us** loď nás dohnala, loď se dostala na naši úroveň ♦ **keep a. of the times** jít s duchem doby

abridge [ə'bridž] vt *(book)* zkrátit, *(text, speech also)* zestručnit

abridgement, also **abridgment** [ə'bridžmənt] n see **abridge 1** zkrácení, zestručnění **2** *(of book etc)* zkrácená verze

abroad [ə'bro:d] adv **1** *(be, live)* v cizině, v zahraničí; *(of motion)* do zahraničí, do ciziny; **from a.** z ciziny, ze zahraničí; **travel a.** jet do zahraničí **2 there is a rumour a. that ...** povídá se, že ...; **spread a.** *(news)* rozšířit se, dostat se na veřejnost

abrupt [ə'brapt] adj **1** *(sudden)* náhlý; *(steep)* příkrý; *(turn)* ostrý, prudký **2** *(disconnected)* přerývaný, trhaný, nesouvislý **3** *(brusque: manner etc)* strohý ■ **~ly** adv náhle; *(speak)* nesouvisle; *(act)* stroze

abscess ['æbses] n Med absces, hlíza; inf bolák, vřed

abscond [əb'skond] vi **1** uprchnout, skrýt se or uniknout před spravedlností **2 a. with the money** utéci s penězi

abseil ['æbseil] vi Mount spustit/ spouštět se po laně, slanit se ● n slaňování, spouštění se po laně

absence ['æbsəns] n **1** *(of person)* nepřítomnost, absence; **in sb's a.** v něčí nepřítomnosti ♦ **a. of mind** roztržitost **2** *(of information etc)* nedostatek; **in the a. of concrete evidence** vzhledem k nedostatku/ pro nedostatek konkrétních důkazů

absent ['æbsənt] adj **1** *(not present)* nepřítomný; **be a. from school** nepřijít do školy; **be a. from a meeting** nedostavit se na schůzi; **be a. without leave** Mil svévolně se vzdálit z kasáren **2** *(look, expression)* roztržitý, nepřítomný ● [əb'sent] vt **a. oneself from sth** *(meeting etc)* neúčastnit se čeho

absentee [æbsən'ti:] n nepřítomný; *(habitual)* absentér

absenteeism [æbsən'ti:izəm] n absentérství

absent-minded [æbsənt'maindid] adj roztržitý, zapomětlivý, duchem nepřítomný

absolute ['æbsəlu:t] adj **1** *(trust, freedom etc)* naprostý; *(fool)* vyložený; *(proof)* přesvědčivý, nevyvratitelný; *(failure)* totální; *(majority)* absolutní **2** *(monarchy)* absolutní, absolutistický; *(power)* absolutní **3** Math absolutní; Ling *(nominative, accusative, construction etc)* absolutní, samostatný **4** Chem *(alcohol)* čistý ■ **~ly** adv **1** naprosto, úplně; **~ly not!** ani nápad!, v žádném případě! **2** inf **(oh) ~ly!** (ale) ovšem, samozřejmě, jisté(že)

absolution [æbsə'lu:šn] n Relig rozhřešení, odpuštění hříchů

absolutism ['æbsəlu:tizəm] n Pol absolutismus

absolve [əb'zolv] vt **1** *(from sins)* dát rozhřešení, odpustit hříchy komu **2** *(from blame)* zprostit viny; **the court ~d him from guilt** soud ho zprostil viny **3** *(from oath)* zprostit; **a. sb from an obligation** vyvázat koho z povinnosti, zprostit závazku

absorb [əb'so:b] vt **1** *(liquid)* absorbovat, pohlcovat, (na)sát, vstřebávat; fig *(knowledge)* osvojit si, vstřebat; Techn *(heat)* spotřebo(vá)vat; *(shock, noise)* (z)tlumit, utlumit, mírnit, zmírňovat; *(sound)* (z)tlumit, pohltit/ pohlcovat **2** Econ *(incorporate: company, firm)* pohltit/ pohlcovat **3** *(engross)* plně zaměstnávat; **be completely ~ed in one's work** být plně zaujat svou prací, ponořit se plně do své práce; **become ~ed in one's study** pohroužit se or zabrat se do studia, ponořit se do studia

absorbency [əb'so:bənsi] n absorpční schopnost

absorbent [əb'so:bənt] adj absorpční, vstřebávající; *(paper)* savý; **a. cotton wool** vata ● n Med absorpční or vysušující prostředek; Chem absorpční činidlo, absorbent

absorbing [əb'so:biŋ] adj *(book, film)* poutavý, napínavý; *(work)* zabírající všechen čas

absorption [əb'so:pšn] n **1** pohlcení, vstřebá(vá)ní; *(of shocks)* tlumení **2** Econ *(of firms)* sloučení, fúze **3** *(concentration)* soustředěná pozornost, ponoření (se) do čeho

abstain [əb'stein] vi **1** zdržet se (**from sth** čeho); **a. from voting** zdržet se hlasování **2 a. from drinking** vystříhat se pití, nepít (alkohol), abstinovat

abstainer [əb'steinə(r)] n **1** *(teetotaller)* abstinent **2** Pol kdo se neúčastní hlasování

abstemious [əb'sti:miəs] adj *(person)* střídmý, zdrženlivý, nenáročný; *(in eating)* střídmý

abstemiousness [əb'sti:miəsnəs] n *(of person)* střídmost, zdrženlivost; *(in eating)* střídmost

abstention [əb'stenšn] n **1** Pol zdržení se; **a. from voting** zdržení se hlasování, abstence **2** *(from drinking)* abstinence, vystříhání se pití (alkoholu) **3** *(instance of a.)* abstence; **there were two ~s** dva se zdrželi hlasování; **with two ~s** při dvou abstencích

abstinence ['æbstinəns] n zdrženlivost, abstinence; **a. from smoking/ drinking** abstinence od kouření/ pití; **total a.** úplná abstinence, vystříhání se alkoholických nápojů

abstract ['æbstrækt] adj *(idea, art, artist)* abstraktní; Ling **a. noun** abstraktní jméno, abstraktum ● n **1** *(summary)* výtah, resumé, konspekt **2** *(painting)* abstraktní dílo **3 in the a.** čistě teoreticky; **consider sth in the a.** posoudit něco z teoretického hlediska ● [æb'strækt] vt **1** *(remove, separate)* oddělit, Chem uvolnit, extrahovat **2** euph *(steal)* odcizit, zcizit **3** *(book* etc*)* excerpovat, udělat výtah z čeho

abstracted ['æbstræktid] adj *(absent-minded)* roztržitý, nepozorný; *(lost in thought)* zamyšlený, zadumaný, zahloubaný ■ **~ly** adv roztržitě; zamyšleně

abstraction [əb'strækšn] n see **abstract** vt **1** oddělení, extrahování **2** euph odcizení, zcizení **3** *(abstract idea)* abstrakce; *(abstract term)* abstraktní pojem, abstraktum; **lose oneself in ~s** utápět se v planých úvahách **4** *(absent-mindedness)* roztržitost **5** Art abstraktní obraz/ socha

abstruse [æb'stru:s] adj nesrozumitelný, nejasný, těžko pochopitelný

abstruseness [æb'stru:snəs] n nesrozumitelnost, abstrúznost

absurd [əb'sə:d] adj **1** *(unreasonable)* absurdní, nesmyslný; **don't be a.!** neblázni!; **the theatre of the a.** absurdní divadlo **2** *(ridiculous)* směšný, nemožný; **you look a. in that hat** v tom klobouku vypadáš nemožně

absurdity [əb'sə:dəti] n absurdnost, nesmyslnost

absurdly [əb'sə:dli] adv absurdně, nesmyslně; **talk a.** mluvit nesmysly

ABTA ['æbtə] n abbr of **Association of British Travel Agents** Asociace britských cestovních kanceláří

abundance [ə'bandəns] n hojnost, nadbytek; **there was food in a.** byla tam hojnost jídla, jídla bylo vrchovatě; **live in a.** žít v nadbytku

abundant [ə'bandənt] adj **1** *(plentiful: supply* etc*)* hojný, bohatý, vydatný; *(hair, growth)* bujný; **have a. energy** překypovat energií; **a. proof** více než dost důkazů **2** pred **be a. in sth** oplývat čím, být bohatý nač ■ **~ly** adv hojně, bohatě; *(grow)* bujně ♦ **make it ~ly clear that ...** dát jasně na srozuměnou or najevo, že ...; **it was ~ly clear that ...** bylo víc než jasné, že ...

abuse [ə'bju:z] vt **1** *(authority, confidence, hospitality)* zneuží(va)t **2** *(insult)* nadávat or spílat komu, urážet koho **3** *(ill-treat)* špatně s kým zacházet or nakládat, trápit koho ● [ə'bju:s] n **1** *(of authority, trust* etc*)* zneužití; **drug a.** nemírné požívání drog, narkomanie; **a. of health** poškozování zdraví **2** *(ill treatment: of children* etc*)* týrání, špatné zacházení or nakládání s kým, *(sexual)* zneužívání; *(of animals)* týrání čeho **3** Pol usu pl ~s [ə'bju:siz] zlořády, nešvary 4 *(curses)* nadávky, urážky; **a stream of a.** příval nadávek; **shower a. on sb** zasypat koho nadávkami; **a term of a.** nadávka

abusive [ə'bju:siv] adj hanlivý, urážlivý; **a. language** nadávky, urážky; **use a. language** nadávat

abysmal [ə'bizməl] adj inf **1** *(conditions)* hrozný, otřesný; *(poverty)* nezměrný; *(weather)* hnusný, strašný; *(food)* odporný, hrozný; *(work, performance)* mizerný **2** *(ignorance)* nezměrný, bezmezný, děsný ■ **~ly** adv strašně, hrozně, děsně

abyss [ə'bis] n propast; **an a. of ignorance** nezměrná hloupost

AC, ac [ei'si:] abbr of **alternating current** střídavý proud; see **AC/DC**

a/c Fin abbr of **account** účet

acacia [ə'keišə] n Bot akát; **false a.** akát bílý, trnovník (obecný)

academic [ækə'demik] adj **1** *(study, career)* vysokoškolský, univerzitní; *(year)* studijní, vysokoškolský; *(freedom)* akademický **2** *(scholarly: approach, work)* vědecký **3** *(theoretical)* (čistě) teoretický, spekulativní; **be of purely a. interest** být zajímavý jen z čistě teoretického hlediska ● n vysokoškolský or univerzitní učitel

academician [əˌkædə'mišn] n akademik člen akademie

academy [ə'kædəmi] n **1** *(society of scholars)* also **Academy** akademie **2** *(special college)* **an a. of music** konzervatoř; **military/ naval a.** vojenská/ námořní akademie **3** *(in Scotland)* střední škola v názvu některých škol

Academy Award [əˌkædəmiə'wo:d] n cena filmové akademie

ACAS, Acas ['eikæs] Br abbr of **Advisory Conciliation and Arbitration Service** poradní smírčí a arbitrážní komise pro řešení konfliktů mezi odbory a zaměstnavateli

accede [ək'si:d] vi **1 a. to the throne** nastoupit na trůn; **a. to an office** nastoupit do funkce **2** *(agree)* **a. to a request** souhlasit s žádostí; **a. to a proposition** souhlasit s návrhem, akceptovat návrh

accelerate [ək'seləreit] **I** vt *(motion)* zrychlit; *(speed)* zvýšit; *(growth)* urychlit; *(work)* urychlit, popohnat; *(events)* uspíšit **II** vi **1** zrychlit se **2** Aut přidat plyn

acceleration [əkˌselə'reišn] n **1** zrychlení, *(of growth* also*)* urychlení, *(of work* also*)* uspíšení **2** Aut akcelerace; Phys urychlování **3** Biol rychlení

accelerator [ək'seləreitə(r)] n **1** Aut akcelerátor, pedál plynu, inf plyn; **press on the a.** šlápnout na plyn **2** Phys **particle a.** urychlovač částic **3** Chem katalyzátor, urychlovač

accent ['æksənt] n **1** *(on word, syllable* etc*)* přízvuk též diakritické znaménko **2** *(local, national)* akcent, přízvuk; **have an American a.** mít americkou výslovnost; **speak English without an a.** mluvit anglicky bez cizího přízvuku; **speak Czech with a foreign a.** mluvit česky s cizím přízvukem **3** fig **put the a. on sth** klást důraz na co, zdůraznit/ zdůrazňovat co; *(in our cars)* **the a. is on speed** zaměřujeme se především na rychlost ● [æk'sent] vt Ling přízvukovat, klást přízvuk (eg **the second syllable** na druhou slabiku)

accentuate [ək'sentjueit] vt *(word* etc*)* přízvukovat, klást přízvuk; fig *(draw attention to)* zvýraznit, zdůraznit, podtrhnout

accentuation [əkˌsentju'eišn] n see **accentuate 1** přízvukování **2** psaní or kladení přízvuků **3** *(drawing attention to)* zvýraznění, zdůraznění

accept [ək'sept] **I** vi *(say yes)* souhlasit; *(he proposed marriage)* **and she ~ed** a ona souhlasila **II** vt **1** *(gift, invitation)* přijmout; *(criticism* also*)* akceptovat **2** *(opinion, truth)* uznat, souhlasit s čím, smířit se s čím; *(story)* věřit čemu; **I cannot a. that he is guilty** nemohu uvěřit, že je vinen; **it is generally ~ed that ...** všeobecně se předpokládá, že ... **3** *(defeat)* přiznat

acceptable [ək'septəbl] adj přijatelný

acceptance [ək'septəns] n **1** *(of gift, invitation)* přijetí; *(of suggestion)* souhlas s čím **2** *(approval)* příznivé přijetí, příznivý ohlas **3** Comm *(of bill)* přijetí, akceptace

access ['ækses] n **1** přístup (**to sb/ sth** ke komu/ k čemu or kam); **have a. to sb** mít k někomu přístup ■ **a. road** přístupová cesta **2** Comput přístup, výběr místa v paměti

accessibility [əkˌsesə'biləti] n přístupnost, dostupnost

accessible [ək'sesəbl] adj přístupný, dostupný; *(person)* přístupný, laskavý

accession [ək'sešn] n **1** *(sb's)* **a. to the throne** nastoupení na trůn **2** *(in library* etc*)* usu pl **new ~s** nové přírůstky

accessory [ək'sesəri] n **1** usu pl **accessories** příslušenství, potřeby; **toilet accessories** toaletní potřeby; *(of clothing)* doplňky **2** Jur also **accessary** spoluviník/ spoluvinice (**to sth** čeho or při čem), spolupachatel/ -ka ● adj dodatečný, průvodní

accident ['æksidənt] n **1** *(mishap)* nehoda, neštěstí, úraz; **road a.** dopravní nehoda; **railway a.** železniční neštěstí; **a. at work, industrial a.** pracovní úraz; **without a.** bez nehody; **meet with an a., have an a.** mít nehodu; joc **~s will happen in the best-**

-regulated families to se stává i v nejlepších rodinách ▪ **a. insurance** úrazové pojištění 2 *(chance)* náhoda, náhodná událost; **by a.** náhodou

accidental [æksi'dentl] adj náhodný, nahodilý; *(secondary)* vedlejší ▪**~ly** adv náhodou, náhodně; *(because of bad luck)* nešťastnou náhodou

accident-prone ['æksidəntprəun] adj **be a.-p.** být smolař, mít jednu nehodu za druhou

acclaim [ə'kleim] vt aklamovat, uznávat, nadšeně vítat; **a much ~ed author** velmi uznávaný spisovatel ● n 1 *(praise)* chvála, uznání; **critical a.** nadšené přijetí u kritiky 2 *(cheering)* jásot, nadšený souhlas

acclamation [æklə'meišn] n 1 aklamace, manifestační hlasování; **elect sb by a.** zvolit koho aklamací or aklamačně 2 usu pl **~s** ovace, jásot

acclimate ['æklimeit]; **acclimation** [ækli'meišn] Amer = Br **acclimatize, acclimatization**

acclimatization [əˌklaimətai'zeišn] n aklimatizace, přizpůsobení se, zdomácnění

acclimatize [ə'klaimətaiz] **I** vt aklimatizovat, přizpůsobit, zdomácnit **II** vi also **become ~d** aklimatizovat se, přizpůsobit se, zdomácnět

accolade ['ækəleid] n 1 *(praise)* chvála, uznání; *(award)* vyznamenání 2 *(ceremony)* pasování na rytíře

accommodate [ə'komədeit] **I** vt 1 *(provide lodging for)* ubytovat, poskytnout ubytování komu, umístit 2 *(hold: hotel)* **a. 300 guests** mít kapacitu 300 lůžek; *(seat: hall)* **a. 2,000 people** pojmout 2000 lidí 3 **a. sb** vyhovět komu, uspokojit koho; **a. sb's wishes** vyhovět přáním koho 4 fml *(oblige)* **a. sb with a loan** poskytnout komu půjčku **II** vi *(of eye)* akomodovat se

accommodating [ə'komədeitiŋ] adj *(obliging)* úslužný, ochotný

accommodation [əˌkomə'deišn] n 1 Amer also **~s** *(lodging)* ubytování; **a. wanted** hledá se ubytování 2 *(space)* místo, místa; **seating a.** místa k sezení 3 *(adjustment)* přizpůsobení se 4 *(agreement)* dohoda, kompromis; **come to** or **reach an a.** dosáhnout kompromisu

accompaniment [ə'kampənimənt] n 1 *(concomitant)* průvodní jev 2 Mus doprovod; **with piano a.** s klavírním doprovodem 3 Cook příloha, obloha

accompanist [ə'kampənist] n Mus *(person)* hudební doprovod

accompany [ə'kampəni] vt (pt & pp **-nied**) 1 gen, Mus doprovodit/ doprovázet; **a. sb on the guitar** doprovodit koho na kytaru; **a meal accompanied by wine** jídlo spolu s vínem 2 **be accompanied with sth** být doprovázen čím, družit se k čemu; **some illnesses are accompanied by fever** některé nemoci jsou doprovázeny horečkou 3 *(provide)* přiložit k čemu; **the application should be accompanied with a letter of recommendation** k žádosti je nutno přiložit doporučující dopis

accomplice [ə'kamplis] n spolupachatel, spoluviník

accomplish [ə'kampliš] vt *(aim)* dosáhnout čeho; *(task)* uskutečnit, splnit; **a. one's object** dosáhnout svého cíle; **a. a great deal (in one's career)** dotáhnout to daleko

accomplished [ə'kamplišt] adj 1 *(musician, dancer)* vynikající; *(performance)* vynikající, skvělý, dokonalý; *(poet)* vyzrálý 2 *(person)* všestranný, všestranně vzdělaný

accomplishment [ə'kamplišmənt] n 1 *(of objective)* dosažení; *(of task)* uskutečnění; *(of duty)* splnění 2 usu pl **~s** *(achievements)* dosažené úspěchy; *(skills, talents)* schopnosti, dovednosti

accord [ə'ko:d] n 1 *(treaty)* smlouva, dohoda; **an a. between countries** dohoda mezi zeměmi 2 *(harmony)* shoda; **be in a. with sth** být v souladu s čím; **with one a.** jednohlasně, souhlasně 3 *(volition)* **of one's own a.** dobrovolně, z vlastní iniciativy or vůle; **of its own a.** samo ● **I** vt **(sb sth** komu co) *(honorary degree)* propůjčit, udělit; *(permission)* vyslovit **II** vi **a. with sth** odpovídat čemu, být v souladu s čím; **this does not a. with your earlier views** toto není v souladu s vašimi dřívějšími názory

accordance [ə'ko:dəns] n **in a. with sth** v souladu s čím, podle čeho; **act in a. with the regulations** postupovat podle předpisů

according [ə'ko:diŋ] **a. to** prep 1 *(as stated)* podle; **a. to Mary** podle Marie; podle toho, co říkala Marie; **a. to the newspapers** podle novin 2 *(in accordance with)* **a. to plan** podle plánu ● **a. as** conj podle toho, jak

accordingly [ə'ko:diŋli] adv 1 **act a.** jednat odpovídajícím způsobem, jednat podle toho co bylo řečeno, jaká je situace 2 *(therefore)* tudíž, proto

accordion [ə'ko:diən] n also **piano a.** (tahací) harmonika

accost [ə'kost] vt oslovit, zastavit a oslovit koho, navázat s kým hovor

account [ə'kaunt] n 1 *(invoice)* účet, faktura; **send in** or **render an a.** předložit účet; **keep the ~s** vést účty or účetnictví; **keep an a. of one's expenses** zaznamenávat si své výdaje 2 Comm konto, účet; **bank a.** bankovní konto; **current a.** běžný účet; **deposit a.** vkladní or depozitní účet; **joint a.**

sdružený účet; **statement of a.** výpis z účtu; **open/ close an a.** otevřít/ uzavřít účet; **have an a. with** or **at a bank** mít konto u banky; **settle an a.** vyrovnat účet; **charge** or **put sth to sb's a.** připsat co komu na účet ♦ **square** or **settle ~s with sb** fig vyřídit si to s kým, vyrovnat si s kým účty; **work on one's own a.** pracovat na svou vlastní pěst **3** *(report)* zpráva, popis; **by his own a.** podle jeho vlastních slov; **by all ~s** podle všeho; **give an a. of sth** podat zprávu or referovat o čem; **call sb to a.** volat koho k zodpovědnosti ♦ **give a good a. of oneself** vyznamenat se, ukázat se v dobrém světle; **give a poor a. of oneself** moc se nevyznamenat **4** *(importance)* **be of no a.** být bezvýznamný or irelevantní, nemít význam; **be of small/ great a.** nemít valnou důležitost/ být velmi důležitý **5** *(consideration)* **take sb/ sth into a., take a. of sb/sth** vzít někoho/ něco v úvahu; **take no a. of sth** nebrat něco v úvahu; **a person of no a.** bezvýznamný člověk **6** *(benefit)* **turn sth to (good) a.** (dobře) čeho využít; **do sth on a. of sb** udělat něco kvůli komu ● [ə'kaunt] **I** vt *(regard)* **a. sb innocent** považovat koho za nevinného **II** phr v ■ **account for** vt **1 a. for sth** vysvětlit co, zdůvodnit co; **how do you a. for your conduct?** jak omluvíte své chování? ♦ **there is no ~ing for tastes** proti gustu žádný dišputát **2** *(be the source of)* **melting snow ~s for spring floods** tající sníh je hlavní příčinou jarních záplav **3** inf *(shoot down: planes)* sestřelit, *(people, animals)* zastřelit

accountability [əˌkauntə'biləti] n povinnost odpovídat se (**to sb** komu)

accountable [ə'kauntəbl] adj pred **1** *(responsible)* zodpovědný (**for sth** za co); **he is not a. for his actions** neodpovídá za své jednání **2 be a. to sb** odpovídat se komu, skládat účty komu ze své činnosti

accountancy [ə'kauntənsi] n účetnictví

accountant [ə'kauntənt] n účetní

accredit [ə'kredit] vt **1** *(ambassador, official representative)* akreditovat **2** *(attribute: saying)* připisovat, přisuzovat (**to sb** komu) **3** *(recognize officially, approve)* (úředně) schválit

accredited [ə'kreditid] adj **1** *(journalist, representative)* akreditovaný **2** *(goods* etc*)* (úředně) uznaný **3** *(theories)* (všeobecně) uznávaný

accretion [ə'kri:šn] n **1** *(gradual increase)* růst, vzrůstání, narůstání **2** *(of soil)* nános, náplav

accrual [ə'kru:əl] n přírůstek, nárůst

accrue [ə'kru:] vi *(interest* etc*)* narůstat, přibývat

accumulate [ə'kju:mjəleit] **I** vt *(books, evidence, wealth)* (na)shromáždit, (na)hromadit **II** vi (na)hromadit se, *(dust)* usazovat se; *(interest)* narůstat, přibývat

accumulation [əˌkju:mjə'lejšn] n (na)hromadění, nashromáždění, akumulace; *(of interest)* nárůst, přírůstek

accumulative [ə'kju:mjələtiv] adj zvětšující se, rostoucí; *(effects)* kumulativní

accumulator [ə'kju:mjəleitə(r)] n Br akumulátor, baterie; Comput střádač

accuracy ['ækjərəsi] n přesnost, preciznost; *(of translation)* přesnost, výstižnost

accurate ['ækjərət] adj přesný, precizní; *(comment)* výstižný; **take a. aim** přesně zamířit ■ **~ly** adv přesně, precizně; výstižně

accusation [ækju'zeišn] n obvinění (**of sth** z čeho); *(reproach)* výčitka

accusative [ə'kju:zətiv] n akuzativ, čtvrtý pád ● adj akuzativní

accuse [ə'kju:z] vt obvinit; **a. sb of (doing) sth** obvinit koho z čeho; **stand ~d of sth** být obviněn z čeho

accused [ə'kju:zd] n **the a.** obžalovaný/ obžalovaná

accusing [ə'kju:ziŋ] adj *(look, tone)* vyčítavý ■ **~ly** adv vyčítavě

accustom [ə'kastəm] vt **1 a. oneself to sth** zvyknout si na co, přizpůsobit se čemu; **a. sb to sth** navykat or zvykat koho na něco **2 be ~ed to sth** být na co zvyklý; **get ~ed to sth** zvyknout si na co

accustomed [ə'kastəmd] adj *(habitual)* obvyklý, navyklý

AC/DC [eisi:'di:si:] abbr of **alternating current/ direct current** střídavý proud/ jednosměrný proud ● adj inf *(bisexual)* bisexuální

ace [eis] n **1** *(in cards, tennis)* eso; **a. of diamonds** kárové eso ♦ Br **have an a. up one's sleeve,** Amer **have an a. in the hole** fig mít eso v rukávě; **play one's a.** fig vynést trumf; **he was within an a. of death/ defeat** unikl jen o vlásek smrti/ jen málo chybělo a prohrál by **2** *(expert)* kanón ■ **an a. pilot** vynikající pilot; **an a. skier** lyžařské eso, vynikající lyžař ● adj inf senzační, bezvadný, třída, eso

acerbic [ə'sə:bik] adj *(wit)* jízlivý, sžíravý; *(remark, comment)* kousavý, jízlivý

acerbity [ə'sə:bəti] adj *(of remark, comment)* kousavost; *(of irony)* sžíravost

acetate ['æsətejt] n octan, acetát ■ **a. silk** acetátové hedvábí

acetic [ə'si:tik] adj octový; **a. acid** kyselina octová

acetone ['æsətəun] n aceton

acetylene [ə'setəli:n] n acetylén

ache [eik] n bolest also fig; **I am all ~s and pains** bolí mě celé tělo, všechno mě bolí ● vi **1** bolet; **my head ~s** bolí mě hlava; **I am aching all over** bolí mě celé tělo, jsem celý rozlámaný únavou; **it makes my heart a.** fig svírá se mi z toho srdce, rve mi to srdce **2 a. for sb/ sth** toužit po kom/ čem; **she was aching to go home** stýskalo se jí po domově; **he is aching** or **he ~s to try it** hrozně rád by to zkusil

achieve [ə'či:v] vt **1** *(attain)* dosáhnout (**sth** čeho); **a. success/ fame** dosáhnout úspěchu/ slávy; **he will never a. anything** nikdy nic nedokáže, ten to moc daleko nedotáhne **2** *(complete)* skončit, dokončit, uskutečnit

achievement [ə'či:vmənt] n **1** usu pl **~s** úspěchy; *(of science, technology)* vymoženosti; *(results)* dobré výsledky; **outstanding scientific ~s** vynikající vědecké úspěchy, vynikající výsledky vědecké práce **2** *(completion)* realizace, úspěšné dokončení, uskutečnění

Achilles [ə'kili:z] n Achilles ■ **one's A. heel** fig Achillova pata; Anat **A. tendon** Achillova šlacha

acid ['æsid] n **1** Chem kyselina ♦ **the a. test** fig zkouška ohněm **2** sl LSD ● adj *(taste;* also Chem*)* kyselý; *(remark, comment)* sarkastický, jízlivý, kousavý; **a. drops** kyselé bonbóny; **a. rain** kyselý déšť ■ **~ly** adv fig kousavě, sarkasticky

acidity [ə'sidəti] n kyselost, acidita; **suffer from a. of the stomach** mít překyselený žaludek

acknowledge [ək'nolidž] vt **1** *(mistake)* přiznat, uznat; *(sources)* uvést; **a. defeat** uznat svou porážku **2** *(greetings)* opětovat, poděkovat na pozdrav, reagovat na pozdrav; *(receipt of letter)* potvrdit příjem čeho **3** *(services, help)* vyjádřit vděčnost za co, ocenit, vyslovit uznání za co **4 a. sb as sth** uznat koho za koho/ co; **he is generally ~d to be the best singer** je všeobecně považován za nejlepšího zpěváka

acknowledgement, acknowledgment [ək'nolidžmənt] n **1** *(of sources)* uvedení; *(of services)* uznání, ocenění; **as an a. of our gratitude** jako výraz vděčnosti **2** *(letter)* potvrzení **3 ~s** pl *(in article, book)* poděkování, uznání

acme ['ækmi] n vrchol; **the a. of perfection** vrchol dokonalosti

acne ['ækni] n Med akné

acolyte ['ækəlait] n **1** Relig ministrant **2** *(follower)* přívrženec; pej přisluhovač, pomahač

aconite ['ækənait] n Bot oměj

acorn ['eiko:n] n žalud

acoustic [ə'ku:stik] adj akustický, zvukový; *(nerve)* sluchový; Mus **a. guitar** koncertní kytara ■ **~ally** adv akusticky ● n = **acoustics**

acoustics [ə'ku:stiks] n **1** pl *(of room* etc*)* akustika, akustičnost **2** sg Phys akustika

acquaint [ə'kweint] vt seznámit; **a. sb with sb/ sth** seznámit koho s kým/ čím or obeznámit koho s čím; **a. oneself with sb/ sth** seznámit or obeznámit se s kým/ čím; **a. oneself with the situation** obeznámit se se situací

acquaintance [ə'kweintəns] n **1 a. with sth** obeznámenost s čím, znalost čeho; **make sb's a.** seznámit se s kým ♦ **have a nodding a. with sb** znát se s kým od vidění; **for old a.'s sake** ze staré známosti **2** *(person)* známý; **he is an old a. of mine** je to můj starý známý; **have a wide circle of ~s** mít mnoho známých

acquainted [ə'kweintid] adj pred **1 be a. with sth** znát co; **are you a. with the regulations**? znáte předpisy? **2 be a. with sb** znát koho, znát se s kým; **get a.** seznámit se

acquiesce [ækwi'es] vi souhlasit; **a. in sth** souhlasit s čím, svolit k čemu, přijmout co, smířit se s čím

acquiescence [ækwi'esns] n svolení (**in sth** k čemu), rezignovaný souhlas (**in sth** s čím)

acquiescent [ækwi'esnt] adj povolný, ústupný

acquire [ə'kwaiə(r)] vt *(knowledge, experience)* získat/ získávat, shromažďovat; *(influence)* získat, nabýt čeho; *(language, habit)* osvojit si; *(car, house* etc*)* pořídit si, koupit si

acquired [ə'kwaiəd] adj *(taste, characteristics)* získaný, nabytý

acquisition [ækwi'zišn] n **1** získání, získávání; *(of knowledge)* osvojení si **2** *(thing acquired: new books* etc*)* přírůstek, něco nového; *(person)* přínos

acquisitive [ə'kwizətiv] adj shánčlivý; *(greedy)* zištný, ziskuchtivý, mamonářský

acquit [ə'kwit] vt (**-tt-**) **1** Jur **a. sb** zprostit koho viny, osvobodit koho; **he was ~ted of murder** byl shledán nevinným z trestného činu vraždy **2 a. oneself well/ badly** osvědčit se/ neosvědčit se, vést si dobře/ špatně

acquittal [ə'kwitl] n **1** Jur zproštění viny, osvobozující rozsudek **2** *(of duty)* splnění

acre ['eikə(r)] n akr (4050 m^2)

acreage ['eikəridž] n výměra v akrech

acrid ['ækrid] adj **1** *(smell)* ostrý; *(smoke)*

štiplavý; *(taste)* palčivý, štiplavý **2** *(manner, remark)* kousavý, jízlivý

acrimonious [ækri'məuniəs] adj *(quarrel)* prudký; *(person, remarks)* kousavý, jízlivý, uštěpačný, jedovatý

acrimony ['ækriməni] n roztrpčenost; kousavost, jízlivost, jedovatost

acrobat ['ækrəbæt] n akrobat, artista

acrobatic [ækrə'bætik] adj akrobatický, artistický

acrobatics [ækrə'bætiks] n pl/ sg akrobacie; fig **verbal a.** slovní akrobacie

acronym [ækrənim] n Ling akronym

across [ə'kros] adv **1** *(crosswise)* napříč; *(in crosswords)* vodorovně **2** *(on/ to the other side)* na druhé straně/ na druhou stranu; **we will be a. in two hours** za dvě hodiny budeme na druhé straně jezera, průplavu etc; **shall we swim a.?** přeplaveme na druhou stranu? **3** *(in width)* na šířku; **the river is 100 metres a.** řeka je 100 m široká ● prep **1** *(on/ to the other side)* na druhé straně/ na druhou stranu, *(direction* also*)* přes; **our house is a. the street** bydlíme na druhé straně ulice; **a bridge a. the river** most přes řeku; **go a. the bridge** přejít (přes) most; **go a. the square** přejít náměstí; **from a. the street** z druhé strany ulice **2** *(crosswise)* napříč (přes), přes; **he lay a. the bed** ležel (napříč) přes postel; **he sat with his arms folded a. his chest** seděl s rukama zkříženýma na prsou

across-the-board [əˌkrosðə'bo:d] adj *(wage increase, tax cuts* etc*)* paušální, všeobecný

acrostic [ə'krostik] n akrostich(on)

acrylic [ə'krilik] adj akrylový (**fibre** vlákno) ● n *(fibre)* akrylové vlákno; *(plastic)* akrylová plastická hmota

act [ækt] n **1** *(deed)* skutek, čin; **criminal/ illegal a.** trestné/ nezákonné jednání; **a. of aggression** agresívní jednání/ čin; **a. of violence** násilný čin; **a. of kindness** laskavost; **a. of folly** pošetilost; **a. of God** vyšší moc ♦ **catch sb in the a.** přistihnout koho při činu **2** Theat jednání, dějství; **a play in three ~s** hra o třech dějstvích **3** *(in cabaret, circus* etc*)* výstup, číslo ♦ **put on an a.** přetvařovat se, inf hrát divadýlko **4** *(document)* listina, smlouva, dokument; **a. of sale** prodejní smlouva **5** Parl zákon schválený parlamentem/ kongresem; **foreign exchange a.** devizový zákon ● **I** vt Theat **a. a part** hrát roli, fig hrát divadlo, hrát si na něco; **a. (the part of) Othello** hrát Othella ♦ **a. the fool** dělat ze sebe blázna ● **II** vi **1** *(take action)* jednat; **the government must a. promptly** vláda musí okamžitě jednat; **a. on sb's behalf** jednat za koho; **a. on sb's advice** řídit se něčí radou **2** *(behave)* chovat se, jednat; **a. like a fool** chovat se jako blázen; **she ~ed wisely** jednala moudře; **he ~ed as if he were the boss** choval se jako by byl šéfem; *(he is not angry,)* **he is only acting** on to jen tak hraje **3** *(work as)* **a. as (sb's) interpreter** dělat (komu) tlumočníka, tlumočit (komu); **a. as intermediary** dělat prostředníka; **a. as director** dělat ředitele **4** *(perform)* hrát; *(be an actor)* hrát (v divadle), být hercem; **she can't a.** neumí hrát; **a. well** hrát dobře; **a. in a film** hrát ve filmu **5** *(function: drug, medicine)* zabírat, působit; **alcohol ~s on the brain** alkohol působí na mozek **III** phr vs ■ **act out** vt *(express in actions)* zahrát; **children a. out their feelings in their games** děti vyjadřují své city při hře ■ **act up** vi *(children)* inf zlobit, vyvádět; *(car, washing machine)* zlobit; *(leg* etc*: be painful)* zlobit, pobolívat

acting ['æktiŋ] n **1** Theat hra; **have you done any a.?** už jste někdy vystupoval na jevišti?; **he wants to take up a.** chce být hercem **2** *(profession)* herectví ● adj attr *(president, manager* etc*)* úřadující, zastupující

action ['ækšn] n **1** *(acting)* akce, činnost; **in a.** při činnosti, při práci, Theat na jevišti etc; **put sth into a.** *(plan* etc*)* uskutečnit or realizovat něco; **take a.** jednat, podniknout kroky k čemu; **the time has come for a.** je třeba jednat; **course of a.** postup; **a man of a.** muž činu; **industrial a.** stávka ■ **a. group/ committee** akční skupina/ výbor; TV **a. replay** opakovaný záběr zprav. sportovní **2** *(deed)* čin ♦ **~s speak louder than words** méně slov, více práce; **judge sb by his ~s** posuzovat koho podle jeho činů **3** Theat *(of play, novel)* děj; **the play is full of a.** hra má spád; **the a. is set in Sicily** děj se odehrává na Sicílii **4** Mil akce, bitva, boj; **be killed in a.** padnout v boji; **he saw a. in North France** zúčastnil se bojů v severní Francii **5** *(operation, functioning)* činnost; *(of machine)* chod; **the telephone is out of a.** telefon nefunguje **6** Chem působení; **the a. of acids on metals** působení kyselin na kovy **7** Jur žaloba; **bring** or **file an a. against sb** podat na koho žalobu

action stations ['ækšnsteišnz] n pl Mil bojové postavení; *(command)* bojové postavení zaujmout!; fig joc pozor!, sl bacha!

activate ['æktiveit] vt **1** *(alarm* etc*)* spustit, uvést v činnost **2** Chem aktivovat; Phys (u)činit radioaktivním

activation [ækti'veišn] n Chem aktivace; Techn uvedení v činnost

active ['æktiv] adj **1** *(in operation)* činný, aktivní; **a. volcano** činná sopka; **a. army** aktivní armáda; **a. service** Mil činná or aktivní služba; **on a. service** or **duty** Mil v aktivní or činné službě **2** *(not passive)* aktivní; **a. resistance** aktivní odpor; **a. coal** Chem aktivní uhlí **3** *(medicine, remedy)* účinný **4** Ling činný; **a. voice** činný slovesný rod, aktivum **5** *(energetic)* aktivní, činorodý, čilý, agilní; *(mind)* bystrý; *(interest, imagination)* živý; **lead an a. life** žít činorodým životem; *(of elderly people)* **be still a.** být stále ještě (velmi) čilý; **take an a. part in sth** aktivně se čeho zúčastnit, aktivně se na čem podílet ● n also **a. voice** Ling činný rod, aktivum ■ **~ly** adv aktivně; **be ~ly involved in sth** aktivně se čeho zúčastnit

activist ['æktivist] n aktivista

activity [æk'tivəti] n **1** aktivita; *(of street, market* etc*)* ruch, pohyb **2** usu pl **activities** činnost, akce; **recreational/ sporting activities** rekreační/ sportovní činnost; **business activities** obchodní činnost

actor ['æktə] n lit & fig herec

actress ['æktrəs] n lit & fig herečka

actual ['ækčuəl] adj *(result, data)* skutečný; *(example)* konkrétní; **in a. fact** ve skutečnosti

actually ['ækčuəli] adv **1** *(in fact)* ve skutečnosti, vlastně; **what did he a. do?** co vlastně udělal? **2** *(even)* dokonce; **he a. wanted me to pay for him** on dokonce chtěl, abych za něho zaplatil

actuarial [ækču'eəriəl] adj *(calculations)* prováděný pojistným matematikem; **a. mathematics** pojistná matematika

actuary ['ækčuəri] n pojistný matematik, finanční matematik

actuate ['ækčueit] vt **1** *(machine* etc*)* uvést do chodu, uvést v činnost **2** *(motivate)* **be ~d by sth** být poháněn čím; **he was ~d by greed** byl hnán chamtivostí or hamižností

acuity [ə'kju:əti] n *(of mind)* bystrost, pronikavost

acumen ['ækjumən] n prozíravost, důvtip, předvídavost; **have business a.** mít obchodního ducha

acupuncture ['ækjupaŋkčə] n Med akupunktura

acute [ə'kju:t] adj **1** *(pain)* ostrý; *(illness)* akutní; *(shortage)* kritický **2** *(observer, hearing)* bystrý; *(sense of smell)* jemný **3** Math *(angle)* ostrý ■ **~ly** adv *(feel)* intenzívně; **be ~ly aware of sth** bolestně si něco uvědomovat

AD [ei'di:] abbr of **Anno Domini** *(Latin)* = **in the year of Our Lord** n.l., našeho letopočtu, po Kristu, léta Páně

ad [æd] n inf abbr of **advertisement** inzerát, reklama; **put an ad in a newspaper** dát do novin inzerát; **small ad** krátký inzerát; **small ads** malý oznamovatel (rubrika)

adage ['ædidž] n rčení, průpověď, pořekadlo

adagio [ə'da:džiəu] adv Mus adagio ● n adagio skladba nebo věta v tempu adagio

Adam ['ædəm] n Adam; **A.'s apple** Anat Adamovo jablko, ohryzek ♦ **I don't know him from A.** vůbec ho neznám, nemám tušení, kdo to je

adamant ['ædəmənt] adj neoblomný; **an a. refusal** kategorické odmítnutí; **be a. that** trvat na tom, že . . .; **be a. about sth** neoblomně or neústupně na čem trvat; **be a. to sb's pleas** být or zůstat hluchý k čím prosbám, nevyslyšet čí prosby

adapt [ə'dæpt] **I** vt **1** *(machine)* upravit, adaptovat (**for sth** k čemu, pro co); **a. oneself to circumstances** přizpůsobit se okolnostem; **a. a hall for use as a gymnasium** upravit sál na tělocvičnu **2 a. a novel for radio** adaptovat or upravit román pro rozhlasové vysílání; **a play ~ed from a novel** hra zpracovaná podle románu **II** vi **1** *(to circumstances, surroundings)* přizpůsobit/ přizpůsobovat se čemu **2** *(of eyes)* adaptovat se, přizpůsobit se

adaptability [ə,dæptə'biləti] n přizpůsobivost, adaptabilita

adaptable [ə'dæptəbl] adj přizpůsobivý, adaptabilní

adaptation [ædæp'teišn] n **1** gen & Biol adaptace, přizpůsobení **2** *(of a play, novel)* přepracování, úprava, adaptace

adapter, adaptor [ə'dæptə(r)] n **1** Elec rozdvojka; Techn nástavec, adaptér **2** *(of books* etc*)* upravovatel

ADC [eidi:'si:] n Mil abbr of **aide-de-camp** pobočník

add [æd] **I** vt **1 a. sth to sth** přidat co k čemu, *(in recipes* also*)* přimíchat co k čemu, smíchat co s čím; **a. water to milk** přimíchat or přidat do mléka vodu; **a. salt to sth** přisolit si co; **a. sugar to sth** přisladit si co, dát si do čeho cukr; **a. a veranda to a house** přistavět k domu verandu; **a. one's signature to a petition** podepsat petici ♦ **a. fuel to the flames** přilít oleje do ohně **2** Math **a. X and Y** sečíst X a Y; **a. X to Y** připočíst X k Y; **a. two numbers together** sečíst dvě čísla **3** *(say more)* dodat; **I have nothing to a.** nemám, co bych dodal **II** vi *(perform additions)* sečítat **III** phr vs ■ **add to** vt *(difficulties)* zvětšit, zhoršit; **to a. to one's income** přivydělat si ■ **add up** *I* vi **1** sečítat, sčítat; **he can't a. up** neumí sečítat ♦ **it is beginning to a. up** inf už to začíná dávat smysl; **it (just) doesn't a. up** *(make sense)* inf to nedává smysl, to nejde spolu dohromady **2 a. up to** *(be equal to)* rovnat se, činit ♦ **it doesn't a. up to much** není to nic zvláštního, není to zrovna nejslavnější *II* vt *(numbers)* sečíst, sečítat

added ['ædid] attr adj další, dodatečný; **a. to this ...** navíc, kromě toho

addendum [ə'dendəm] n (pl **-da** [-də]) dodatek, doplněk

adder ['ædə(r)] n Zool zmije

addict ['ædikt] n **1** *(drug a.)* narkoman, toxikoman **2** fig fanoušek, nadšenec; **a chess a.** vášnivý šachista; **a theatre a.** nadšenec pro divadlo, divadelní fanoušek ● vt [ə'dikt] see **~ed**

addicted [ə'diktid] pred adj **be(come) a. to sth** být závislý/ stát se závislým na čem, propadnout čemu; **be a. to drugs** být narkomanem; **be a. to smoking** být náruživý kuřák; **he is a. to alcohol** propadl alkoholu

addiction [ə'dikšn] n závislost (**to sth** na čem); *(to drugs)* narkomanie, toxikomanie; *(to alcohol)* sklon k čemu; *(to theatre* etc*)* nadšení pro co

addictive [ə'diktiv] adj *(drug* etc*)* návykový

addition [ə'dišn] n **1** *(adding)* přidání; *(calculating)* sčítání **2** *(supplement)* přídavek, dodatek; **an a. to the family** přírůstek v rodině; **an a. to sb's wardrobe** doplněk do něčí garderoby; **an a. to a team** nový hráč **3 in a.** kromě toho, mimoto, navíc; **in a. to sth** kromě čeho, mimo co

additional [ə'dišənl] adj další, dodatečný, přídavný; **a. charge** přirážka

additive ['ædətiv] n přísada; **food ~s** přísady do potravin

addled ['ædld] adj *(eggs)* zkažený; *(addle--headed)* zmatený, popletený

address [ə'dres; Amer 'ædres] n **1** *(on letter* etc*)* adresa **2** *(place of residence)* adresa, bydliště; **home/ business a.** soukromá adresa/ adresa pracoviště; **change of a.** změna adresy, změna bydliště; **of no fixed a.** bez trvalého bydliště **3** *(speech)* proslov, projev **4** Comput adresa odkaz na místo v paměti ● [ə'dres] vt **1 a. a letter** opatřit dopis adresou, napsat na dopis adresu; **a. a letter to sb** adresovat dopis na koho, poslat dopis komu; **the letter was wrongly ~ed** na dopise byla nesprávná adresa **2** *(direct: remarks, complaints* etc*)* určit, adresovat; **the remark was ~ed to you** tato poznámka byla určena vám; **a. a complaint to the boss** obrátit se se stížností na šéfa **3** *(speak to)* oslovit, promluvit ke komu; **a. a meeting** promluvit na schůzi, pronést projev na schůzi **4 a. sb as 'Your Majesty'/'General'** etc oslovit koho „Vaše veličenstvo"/ „pane generále" **5 a. oneself to sth** *(problem, task* etc*)* fml pustit se do čeho, zaměřit se na co **6** Golf zamířit míček **7** Comput adresovat odkázat na položku pomocí adresy

addressee [ædre'si:] n adresát

adduce [ə'dju:s] vt fml *(examples, reasons)* uvést

adenoidal [ædi'noidl] adj Med adenoidní, žlázovitý; *(voice)* nosový

adenoids ['ædinoidz] n pl Med nosní mandle, hltanové mandle, adenoidy

adept [ə'dept] adj **a. at sth** or **in doing sth** znalý čeho, zkušený v čem; **be a. at sth** (mistrně) něco ovládat, vyznat se (výborně) v čem ● ['ædept] n odborník (**at sth** na co), znalec (**at sth** čeho), expert (**at sth** v čem/ na co)

adequacy ['ædikwəsi] n adekvátnost, přiměřenost

adequate ['ædikwət] adj **1** *(sufficient)* adekvátní, přiměřený, dostačující; **be a.** stačit, postačovat **2** *(suitable)* vhodný, přiměřený; **he couldn't find a. words** neuměl se vhodně vyjádřit; **be a. to one's job** stačit na svou práci ■ **~ly** adv dostatečně, adekvátně, přiměřeně

adhere [əd'hiə(r)] vi **1** *(stick)* **a. to sth** lnout or přilínat k čemu; **a. to each other** *(two things)* držet pohromadě, přiléhat k sobě **2** fig **a. to a promise** dodržet or splnit slib, dostát slovu; **a. to a schedule** držet se programu; **a. to the original plan** přidržet se původního plánu

adherence [əd'hiərəns] n **1** *(to rules, programme, promise* etc*)* dodržování, dodržení **2** *(to party, leader)* oddanost; *(to principles)* věrnost

adherent [əd'hiərənt] n stoupenec, přívrženec

adhesion [əd'hi:žn] n **1** lnutí, přilnavost, adheze (**to sth** k čemu) **2** *(support)* **a. to sth** oddanost čemu, podpora čeho **3** Med srůst tkání

adhesive [əd'hi:siv] adj přilnavý, adhez(iv)ní; *(sticky)* lepivý; **a. tape** lepicí páska; **a. plaster** leukoplast, náplast ● n lepidlo

ad hoc [æd'hok] adj, adv ad hoc; **an ad hoc committee** komise sestavená ad hoc pro určitý konkrétní účel; **on an ad hoc basis** podle (konkrétní) situace

adieu [ə'dju:] n (pl **adieus** or **adieux** [ə'dju:z]) dated or fml sbohem, adié; **bid sb a.** rozloučit se s kým, dát komu sbohem; **make one's ~s** rozloučit se

ad infinitum [æd͵infiˈnaitəm] adv do nekonečna, na dobu neurčitou
adipose [ˈædipəus] attr adj *(tissue)* tukový
Adj abbr of **adjutant** adjutant, pobočník
adjacency [əˈdžeisənsi] n sousedství
adjacent [əˈdžeisnt] adj **1** přilehlý, sousední, sousedící; **be a. to sth** sousedit s čím, být vedle čeho **2** Geom **a. angles** přilehlé úhly
adjectival [ædžikˈtajvl] adj Ling adjektivní
adjective [ˈædžiktiv] n Ling přídavné jméno, adjektivum
adjoin [əˈdžoin] **I** vt **a. sth** sousedit s čím, být vedle čeho **II** vi *(buildings* etc*)* být vedle sebe, sousedit
adjoining [əˈdžoiniŋ] adj přilehlý, sousední, sousedící, vedlejší; **the a. room** sousední pokoj
adjourn [əˈdžə:n] **I** vt *(meeting)* odložit, odročit; **a. sth until the next day** odložit něco na následující den **II** vi *(stop proceedings)* udělat přestávku; **a. for lunch** udělat polední přestávku; **a. to ...** odebrat se kam, přesunout se kam
adjournment [əˈdžə:nmənt] n *(of meeting, trial* etc*)* přerušení, odročení; přestávka v jednání
adjudicate [əˈdžu:dikeit] **I** vi *(in competition)* posuzovat jako člen poroty, rozhodovat o umístění jako člen poroty **II** vt *(claim* etc*)* rozhodnout o čem soudně, vynést soudní nález o čem
adjudication [ə͵džu:diˈkeišn] n (soudní) rozhodnutí; **a. of bankruptcy** soudní vyhlášení úpadku or bankrotu
adjudicator [əˈdžu:dikeitə(r)] n **1** *(in competition)* člen poroty, rozhodčí **2** *(judge)* (smírčí) soudce
adjunct [ˈædžankt] n **1** *(addition)* doplněk, dodatek, přídavek (**to sth** k čemu) **2** Ling rozvíjející člen větný
adjust [əˈdžast] **I** vt **1** *(clothes, hair* etc*)* upravit/ upravovat (si), *(tie, hat* etc also*)* poopravit si; *(cushions)* urovnat **2** *(machine, brakes* etc*)* seřídit, seřizovat, nastavit; *(engine* also*)* (vy)regulovat; *(microscope)* nařídit, nařizovat, zaostřit; *(watch)* nařídit (si); *(radio, TV set)* (vy)ladit; *(scales)* adjustovat ♦ **'do not a. your set'** „omluvte laskavě poruchu" na obrazovce **3 a. sth to sth** uvádět co do souladu s čím, přizpůsobit co čemu; **a. oneself to sth** přizpůsobit se čemu **4** *(differences, conflict)* urovnat, odstranit **5** *(insurance claim)* vyřídit, likvidovat **II** vi *(person)* přizpůsobit se (**to sth** čemu)
adjustable [əˈdžastəbl] adj nastavitelný, seřiditelný, upravitelný; **a. spanner** francouzský klíč
adjustment [əˈdžastmənt] n *(of machine* etc*)* seřízení, nastavení, regulování; *(of focus)* zaostření; *(of differences)* urovnání; *(of plans* etc*)* úprava, modifikace; *(adaptation)* přizpůsobení, adaptace
adjutant [ˈædžutənt] n Mil adjutant, pobočník; **A. General** generál pobočník; **a. (bird)** Zool marabu velký druh čápa
ad lib [ædˈlib] adj *(performance, speech* etc*)* improvizovaný ● adv **1** *(speak, perform)* improvizovaně, spatra, bez přípravy **2** *(without restraint)* libovolně ● n improvizace ● vt(i) (**-bb-**) inf improvizovat; *(speak* also*)* mluvit spatra, (vtipně) poznamenat, komentovat
Adm abbr of **Admiral** admirál
adman [ˈædmæn] n (pl **admen** [ˈædmen]) inf odborník/ odbornice v reklamě, reklamní agent
admin [ˈædmin] Br abbr of **administration** administrace; *(paperwork)* administrativa
administer [ədˈministə(r)] vt **1** *(country)* vládnout zemi or v zemi; *(business* etc*)* spravovat, vést, řídit; *(estate)* spravovat **2** *(punishment)* ukládat; *(blows)* rozdávat; *(medicine)* podat/ podávat; *(sacraments)* udělit; *(relief, alms)* poskytnout/ poskytovat; **a. an oath to sb** vzít koho pod přísahu; **a. justice** vykonávat spravedlnost
administration [əd͵miniˈstreišn] n **1** *(management)* správa, řízení **2** esp Amer **The A.** vláda, státní správa; vládní úřad; **during the Bush a.** za funkčního období presidenta Bushe **3** *(paperwork)* administrativa **4** *(of justice)* vykonávání, výkon; *(of sacraments)* udělení, udělování; *(of medicine)* podávání, aplikace **5 College of Business A.** obchodní fakulta
administrative [ədˈministrətiv; Amer -streitiv] adj administrativní, správní; *(abilities)* organizační
administrator [ədˈministreitə(r)] n **1** *(business, public affairs)* správce, správní úředník; Jur *(of estate)* správce; opatrovník jmění nesvéprávné osoby **2 he is a good a.** má velké organizační schopnosti
admirable [ˈædmərəbl] adj obdivuhodný, úžasný; *(excellent)* znamenitý, vynikající ■ **admirably** adv obdivuhodně, úžasně; znamenitě, vynikajícím způsobem
admiral [ˈædmərəl] n admirál
admiralty [ˈædmərəlti] n **the A.** Br ministerstvo námořnictví
admiration [ædməˈreišn] n **1** obdiv; **have great a. for sth** chovat velký obdiv k čemu, být pln obdivu k čemu **2** předmět obdivu, pýcha; **the team was the a. of all the school** mužstvo bylo pýchou celé školy

admire [əd'maiə(r)] vt **1** *(regard highly)* obdivovat se čemu, obdivovat co; **a. sb for sth** obdivovat koho pro co **2** *(regard with pleasure: scenery, sunrise* etc*)* dívat se se zalíbením na co, kochat se pohledem na co; **a. oneself in a mirror** zhlížet se se zalíbením v zrcadle **3** *(express admiration)* chválit, vychvalovat, promluvit pochvalně o čem

admirer [əd'maiərə(r)] n ctitel/-ka, obdivovatel/-ka

admiring [əd'maiəriŋ] adj *(glances)* obdivný ■ **~ly** adv obdivně, s obdivem

admissible [əd'misəbl] adj *(evidence, witness)* přípustný; *(plan, behaviour)* přijatelný

admission [əd'mišn] n **1** *(entry)* přístup, vstup; **no a.** vstup zakázán; **a. to a university/ a club** přijetí na univerzitu/ do klubu; **a. by invitation** vstup jen pro zvané ■ **a. ticket** vstupenka; **a. fee** vstupné **2** *(charge)* vstupné **3** *(confession)* přiznání, doznání ♦ **by his own a.** podle jeho vlastního doznání, jak sám připouští

admit [əd'mit] **I** vt (**-tt-**) **1** *(let in)* vpustit, vpouštět; *(people* also*)* povolit vstup komu; **children not ~ted** dětem vstup zakázán; **this ticket ~s one** *(printed on ticket)* vstupenka pro jednu osobu **2** *(have room for: theatre, hall* etc*)* pojmout; **the hall ~s 300 persons** sál pojme 300 lidí, v sále je 300 míst **3** *(to school, university, hospital)* přijmout; **the university ~s 500 new students every year** univerzita přijímá každoročně 500 nových studentů **4** vt, vi *(confess; acknowledge)* přiznat, připustit; **a. one's guilt** přiznat or uznat svou vinu; **I a. my mistake** přiznávám svou chybu; **I a. (that) I was wrong** uznávám, že jsem se mýlil; **he ~ted lying** přiznal, že lhal; **it's difficult, I must a., but ...** připouštím, že je to těžké, ale ... **II** phr v ■ **admit of** vt připouštět, dovolovat; **his words a. of several interpretations** jeho slova dovolují několikerou interpretaci; **a. of exceptions** připouštět výjimky

admittance [əd'mitəns] n vstup, přístup; **no a. (except on business)** (nepovolaným) vstup zakázán; **gain a.** získat vstup or přístup

admittedly [əd'mitidli] adv ovšem; je pravda, že ...; připouštím, že ...; **they were somewhat late a., but ...** je pravda, že se poněkud opozdili, ale ...

admixture [əd'miksčə(r)] n příměs, přísada

admonish [əd'moniš] vt **1** *(reprimand)* napomenout, napomínat, (po)kárat; **a. sb for doing sth** napomenout koho za co **2** fml *(warn)* varovat; *(urge)* nabádat

admonishment [əd'monišmənt], **admonition** [ædmə'nišn] n **1** napomenutí, pokárání, důtka **2** fml varování

admonitory [əd'monitəri] adj káravý, výstražný

ad nauseam [æd'no:ziæm] adv do omrzení; **repeat sth ad nauseam** opakovat něco do omrzení

ado [ə'du:] n hluk, povyk; okolky; **without further a.** bez dalších okolků ♦ **much a. about nothing** mnoho povyku pro nic

adolescence [ædə'lesəns] n (léta) dospívání, adolescence; *(of boys)* jinošský věk, jinošství; *(puberty)* puberta

adolescent [ædə'lesnt] adj dospívající chlapec/ dívka, mladistvý, *(of boys)* jinošský; *(behaviour)* pej puberťácký ● n *(boy)* mladík, jinoch, inf výrostek, pej puberťák; *(girl)* dospívající dívka, pej puberťačka

adopt [ə'dopt] vt **1** *(child)* adoptovat, osvojit si, přijmout za vlastní(ho); **~ed child** adoptivní dítě, osvojenec; **her ~ed country** její nová or druhá vlast **2** *(acquire: habit)* přijmout, osvojit si **3** *(choose: candidate)* zvolit si, vybrat si; **he was ~ed as candidate** byl vybrán za kandidáta; *(method)* zavést, rozhodnout se pro, zvolit si; *(opinion)* hlásit se k čemu; *(attitude)* zaujmout **4** Pol *(resolution; measures)* schválit, odhlasovat

adoption [ə'dopšn] n **1** adopce, osvojení, přijetí za vlastní; **country of a.** nová or druhá vlast **2** *(of method* etc*)* přijetí, zavedení **3** *(of resolution* etc*)* schválení, odhlasování; see also **adopt**

adoptive [ə'doptiv] adj usu attr *(child, father)* adoptivní

adorable [ə'do:rəbl] adj *(child, puppy)* rozkošný, roztomilý; *(woman)* okouzlující; *(dress)* překrásný, okouzlující

adoration [ædə'reišn] n uctívání, zbožňování, adorace

adore [ə'do:(r)] vt **1** *(worship: God)* uctívat, klanět se komu; *(love)* zbožňovat, vroucně milovat **2** *(admire; film stars* etc*)* obdivovat koho, obdivovat se komu/ čemu; *(sth)* obdivovat, být nadšen čím **3** *(like very much)* inf **a. doing sth** strašně or hrozně rád něco dělat, zbožňovat něco; **I a. skiing** strašně rád lyžuji; **I a. chocolate** zbožňuji čokoládu

adoring [ə'do:riŋ] adj *(look)* zamilovaný, obdivný; *(person: full of love)* vroucně milující, zbožňující

adorn [ə'do:n] vt **1** (o)zdobit, (o)krášlit; **a. oneself with sth** ozdobit se čím, dát si na sebe co šperky etc **2** (Subj: *decorative objects* etc*)* zdobit, být ozdobou

adornment [ə'do:nmənt] n ozdoba, okrasa; *(of style)* příkrasa

adrenal [ə'dri:nl] adj Anat nadledvinkový, suprarenální ■ **a. gland** nadledvinky

adrenaline [ə'drenəlin] n adrenalin

Adriatic [eidri'ætik] adj adriatický, jaderský; **the A. Sea** Jaderské moře, Jadran ● n **the A.** Jadran

adrift [ə'drift] pred adj **1** *(of a boat)* nezakotvený, unášený větrem or proudem; **be a.** zmítat se na vlnách; **go a.** uvolnit se, odtrhnout se, vytrhnout kotvu; **set a boat a.** uvolnit člun vydat ho na pospas moři **2** fig **come a.** *(hair; wire)* uvolnit se; *(plans)* **go a.** zkrachovat, nevyjít; **turn sb a.** ponechat koho (na pospas) osudu

adroit [ə'droit] adj **1** *(skilful)* zručný, obratný, dovedný, šikovný; **be a. at (doing) sth** být zručný v čem, umět co (dobře) udělat **2** *(answer, argumentation)* pohotový, vynalézavý; *(politician)* schopný ■ **~ly** adv zručně, obratně; vynalézavě; pohotově

adsorb [æd'so:b] vt Phys adsorbovat

adsorbent [æd'so:bənt] adj Phys adsorbční

adulation [ædju'leišn] n *(admiration)* zbožňování, nekritický obdiv; *(flattery)* pochlebování, lichocení

adulatory [ædju'leitəri] adj lichotnický, pochlebnický

adult ['ædalt, ə'dalt] adj dospělý, zletilý, vyrostlý; *(mature)* vyspělý; **a. film** Euph pornofilm; **a. education** (další) vzdělání pro dospělé, osvěta; **a. classes** kursy pro dospělé ● n dospělý muž, dospělá žena; **~s** dospělí (lidé); **~s only** mládeži nepřístupno

adulterate [ə'daltəreit] vt padělat, falšovat, znehodnocovat; *(drinks)* pančovat, křtít

adulteration [əˌdaltə'reišn] n padělaní, falšování; *(of drinks)* pančování, křtění

adulterer [ə'daltərə(r)] n cizoložník

adulteress [ə'daltərəs] n cizoložnice

adulterous [ə'daltərəs] adj cizoložný, cizoložnický

adultery [ə'daltəri] n cizoložství

adulthood ['ædalthud, ə'dalthud] n dospělost, vyspělost

adumbrate ['ædambreit] vt **1** *(outline)* načrtnout or naznačit (v hrubých rysech), naskicovat **2** *(foreshadow)* být předzvěstí čeho, věštit co, ukazovat na co, ohlašovat co

advance [əd'va:ns] n **1** *(forward movement)* gen & Mil postup vpřed; **cover an a.** krýt or zajišťovat postup; **with the a. of old age** s přibývajícími lety ♦ **in a.** předem; **arrive half an hour in a.** přijít o půl hodiny dříve; **be (well) in a. of one's time** předstihnout svou dobu; **buy tickets in a.** koupit si lístky v předprodeji **2** *(progress)* pokrok; **~s in technology** technický pokrok; **make great ~s** dosáhnout velkého pokroku **3** *(personal overture)* **~s** pokusy o sblížení (**to sb** s kým); *(amorous)* pokusy o navázání známosti; **make ~s to sb** ucházet se o čí náklonnost, pokoušet se navázat s kým známost **4** *(increase)* zvýšení (**on an offer** nabídky), vyšší nabídka **5** *(money paid in a.)* záloha; **ask for an a. on one's salary** požádat o zálohu na plat **6** Techn předstih zážehu ● adj attr **1** *(sent in a.)* Mil předsunutý; **a. post** předsunutá polní stráž; **a. guard, a. party** předvoj **2** *(given/ received in a.)* předběžný; **give sb a. warning** varovat někoho předem; **a. copy** Typ signální výtisk ● **I** vt **1** *(move forward)* posunout, postrčit vpřed, dát dopředu; *(car)* popojet s čím; *(troops)* přesunout dopředu, postoupit s kým dopředu; Chess *(pawn)* táhnout s čím dopředu; *(time, date of an event)* posunout dopředu, přeložit na dřívější dobu; **a. one's work** dostat se s prací dopředu **2** *(promote)* napomáhat čemu, propagovat, podporovat **3** *(suggest)* předkládat (jako návrh), navrhovat; **a. a new theory** předstoupit s novou teorií **4** *(money)* dát komu zálohu, půjčit; *(salary)* dát or vyplatit předem **II** vi **1** *(move forward)* jít dopředu, postoupit dopředu; Mil postupovat/ postoupit dopředu **2** *(make progress)* dělat pokroky, vyvíjet se, jít vpřed **3** *(increase: prices, costs* etc*)* zvyšovat se, růst

advance booking office [ədva:ns'bukiŋofis] n předprodej, předprodejní pokladna

advanced [əd'va:nst] adj **1** *(age, years)* pokročilý **2** *(country, civilization)* vyspělý, rozvinutý; *(ideas, art)* moderní, pokrokový **3** *(student)* pokročilý; *(course)* pro pokročilé; **a. mathematics** vyšší matematika **4 Advanced level** see **A level**

advancement [əd'va:nsmənt] n **1** *(progress)* pokrok, vzestup, rozmach **2** *(furtherance)* podpora čeho, prosazování čeho **3** *(promotion: in rank)* povýšení, *(at work)* postup

advantage [əd'va:ntidž] n **1** *(better position)* výhoda, přednost; **have an a. over sb** mít oproti komu výhodu, být proti komu ve výhodě; **gain a. over sb** získat výhodu proti komu **2** *(benefit, profit)* prospěch, užitek; **take a. of sth** využít čeho, *(unfairly)* zneužít čeho, těžit z čeho; **take a. of sb** zneužít koho, využít koho, euph *(seduce)* svést koho; **turn sth to one's a.** využít čeho ve svůj prospěch **3** *(in tennis)* výhoda

advantageous [ædvən'teidžəs] adj výhodný, příznivý (**to sb** pro koho)

advent ['ædvənt] n **1 the a. of sth/ sb** *(arrival)* příchod čeho/ koho, nástup čeho/

koho *(of railways* etc*)* zavedení **2 Advent** Relig advent

Adventist ['ædvəntist, əd'ventist] n adventista

adventitious [ædven'tišəs] adj fml nahodilý, náhodný; Med akcidentální, náhodný, náhodně získaný

adventure [əd'venčə(r)] n **1** *(exciting experience)* dobrodružství, dobrodružný zážitek; **look for a.** vyhledávat dobrodružství; **a life full of a.** dobrodružný život ▪ **a. story** dobrodružný román; **a. playground** (dětské) hřiště plné dobrodružství vybavené různými překážkami, starými pneumatikami, průlezkami etc **2 spirit of a.** dobrodružnost, touha po dobrodružství **3** *(risky undertaking)* dobrodružný or riskantní podnik

adventurer [əd'venčərə(r)] n dobrodruh; pej also intrikán, spekulant, hochštapler

adventuress [əd'venčərəs] n dobrodružka; pej also intrikánka, hochštaplerka

adventurous [əd'venčərəs] adj **1** dobrodružný, vyhledávající dobrodružství **2** *(undertaking)* dobrodružný, riskantní; *(behaviour)* nerozvážný **3** *(enterprising)* podnikavý

adventurousness [əd'venčərəsnəs] n see **adventurous 1** dobrodružnost **2** riskantnost; nerozvážnost **3** podnikavost

adverb ['ædvə:b] n Ling příslovce, adverbium

adverbial [æd'və:biəl] adj adverbiální, příslovečný; **a. phrase** příslovečné určení; **a. clause** příslovečná věta ● n příslovečné určení

adversary ['ædvəsəri] n soupeř, protivník, sok; Sport also protihráč

adverse ['ædvə:s] adj usu attr **1** *(not favourable)* nepříznivý; *(balance of payments* also*)* pasivní; *(wind* also*)* opačný **2** *(hostile: report, comment)* nepříznivý; *(reaction)* nepřátelský, odmítavý **3** *(harmful: effects of drugs* etc*)* škodlivý ▪ **~ly** adv nepříznivě, nepřátelsky; **be ~ly affected by sth** utrpět čím; **his health was ~ly affected by his stay in Africa** pobyt v Africe mu velmi uškodil na zdraví

adversity [əd'və:səti] n protivenství, nepřízeň osudu; *(event)* neštěstí, nehoda; **in a.** v nouzi

advert ['ædvə:t] n inf abbr of **advertisement**

advertise ['ædvətaiz] **I** vt **1** *(goods, services* etc*)* dělat reklamu čemu, *(by small ad)* inzerovat co; **a. sth on television** dělat něčemu reklamu v televizi **2** *(make publicly known)* rozhlásit/ rozhlašovat, ohlásit, veřejně oznámit, dát na vědomí; pej stavět co na odiv; **a. a meeting** oznámit konání schůze; **a. one's intentions** netajit se se svými úmysly **II** vi dělat reklamu, inzerovat; **a. on television** vysílat v televizi reklamu; **a. for sb/ sth** hledat někoho/ něco inzerátem; **a. for a private teacher** hledat soukromého učitele inzerátem

advertisement [əd'və:tismənt, Amer ædvər'taizmənt] n also **advert** reklama, inzerát; **classified ~s** malý oznamovatel rubrika v novinách; **he is a good a. for his company** dělá své firmě dobrou reklamu svým vystupováním etc ▪ **a. column** inzertní rubrika

advertiser ['ædvətaizə(r)] n inzerent

advertising ['ædvətaiziŋ] n **1** *(action)* inzerce, reklama ▪ **a. agency** reklamní or inzertní kancelář; **a. campaign** reklamní kampaň **2** *(profession)* reklamní služby

advice [əd'vais] n (no pl) **1** rada; **a good piece of a.** dobrá rada; **he gave me some good a.** dal mi několik dobrých rad; **act on sb's a., follow sb's a.** jednat podle čí rady; **take sb's a.** dát si poradit; **take legal a.** poradit se s právníkem **2** Comm *(notification)* zpráva, oznámení, avízo; **a letter of a.** návěští, avízo

advisability [əd,vaizə'biləti] n vhodnost, příhodnost, doporučitelnost

advisable [əd'vaizəbl] adj doporučitelný, hodný doporučení, rozumný; **it is not a. to argue with him** není radno se s ním hádat; **it is a. to book tickets in advance** je záhodno or doporučuje se objednat si vstupenky dopředu or předem

advise [əd'vaiz] vt **1 a. sb to do sth** (po)radit or doporučit komu, aby něco udělal; **a. sb against doing sth** (po)radit komu, aby něco neudělal; varovat někoho před čím; **you would be well-~d to attend the meeting** udělal bys dobře, kdybys na tu schůzi šel; bylo by záhodno, abys na tu schůzi šel **2** *(be an adviser)* **a. the firm on legal matters** být právním poradcem firmy **3** Comm **a. sb of sth** podat komu zprávu o čem, vyrozumět or avizovat koho o čem, oznámit komu co

advisedly [əd'vaizidli] adv vědomě; po zralém uvážení

adviser, esp Amer **advisor** [əd'vaizə(r)] n poradce, rádce; **legal a.** právní poradce; **a. to the President on economic matters** ekonomický poradce prezidenta

advisory [əd'vaizəri] adj *(committee, board)* poradní, konzultativní; *(service)* poradenský

advocate ['ædvəkət] n **1** *(of a cause)* zastánce, *(of peace)* bojovník za co, obránce čeho 2 esp Scot právní zástupce, advokát ♦ **devil's a.** lit & fig advocatus diaboli ● ['ædvəkeit] vt 1 *(recommend)* doporučovat, přimlouvat se za co 2 *(support)* zastávat co, zasazovat se o co, prosazovat co

advt abbr of **advertisement** inzerát

Aegean [i'dži:ən] adj egejský; **the E. Sea** Egejské moře ● n **the A.** Egejské moře

aegis ['i:džis] n 1 záštita, ochrana; **under the a. of sth** pod záštitou or ochranou čeho 2 Hist egida

aeon ['i:ən] n éon, věčnost; **~s ago** strašně dávno

aerate ['eəreit] vt 1 *(water)* nasytit kysličníkem uhličitým; **~d water** sodovka, sodová voda 2 *(soil)* provzdušnit překopáním; *(blood)* okysličit dýcháním

aeration [eə'reišn] n *(of water)* nasycení kysličníkem uhličitým; *(of soil)* provzdušňování; *(of blood)* okysličení, okysličování

aerial ['eəriəl] adj vzdušný; *(photography, navigation)* letecký; **a. ropeway** or **railway** lanovka ● n *(for radio* or *TV)* anténa

aerobatics [eərəu'bætiks] n letecká akrobacie

aerobics [eə'rəubiks] n aerobní cvičení, aerobik

aerodrome ['eərədrəum] n Br dated menší, záložní letiště

aerodynamic [eərəudai'næmik] adj aerodynamický

aerodynamics [eərəudai'næmiks] n pl (+ usu sg v) aerodynamika

aerogram(me) ['eərəugræm] n radiogram, letecký dopis letecký papír bez obálky

aeronautics [eərə'no:tiks] n pl (+usu sg v) aeronautika, letectví

aeroplane ['eərəplein] n Br letadlo

aerosol ['eərəusol] n *(substance)* aerosol; *(container)* sprej, rozprašovač

aerospace ['eərəuspeis] adj letecký a kosmický; **a. technology** letecká a raketová technika ● n atmosféra a vnější kosmický prostor

aesthete ['i:sθi:t] n estét, estétka

aesthetic [i:s'θetik] adj 1 *(values, appeal* etc*)* estetický 2 *(tasteful)* krásný, vkusný, vzhledný ■ **~ally** adv esteticky, z estetického hlediska; **~ally pleasing** příjemný na pohled, vzhledný

aestheticism [i:s'θetisizəm] n estetismus

aesthetics [i:s'θetiks] n estetika obor

afar [ə'fa:(r)] adv v dálce, v dáli, daleko; **from a.** zdálky, zdáli, zdaleka

affability [æfə'biləti] n přívětivost, vlídnost, laskavost

affable ['æfəbl] adj přívětivý, vlídný, laskavý

affair [ə'feə(r)] n 1 *(matter)* záležitost; **it is not my a.** to se mě netýká; **it is your a.** to je vaše věc ♦ **a. of honour** věc cti, fml souboj 2 *(event)* událost, záležitost, aféra; **the Dreyfus a.** Dreyfusova aféra; **it is a sad a.** je to smutná záležitost; **it is a scandalous a.** je to skandál 3 pl **~s** *(business matters)* zaležitosti; **put one's ~s in order** dát si své záležitosti do pořádku; **current ~s** současné události; **Ministry of Foreign A~s** Ministerstvo zahraničních věcí 4 *(love a.)* aféra, poměr; **they are having an a.** mají spolu poměr; **he is having an a. with his secretary** má (milostný) poměr or má pletky se svou sekretářkou 5 inf *(thing)* **their house is a poor a.** bydlí v ubohém domečku; **the toy is an ingenious a.** je to velmi důmyslná hračka; **the party was a dull a.** večírek byl velice nudný

affect$_1$ [ə'fekt] vt 1 *(influence)* (za)působit na koho/ co, postihnout, ovlivnit; **the strike will a. all of us** stávka nás postihne všechny; **it will not a. our future** to neovlivní naši budoucnost 2 *(of disease)* zachvátit, zasáhnout; **a. sb's health** poškodit čí zdraví 3 *(emotionally)* dojmout, dojímat; **we were greatly ~ed by the news of her death** zpráva o její smrti na nás hluboce zapůsobila

affect$_2$ [ə'fekt] vt 1 *(show preference for)* okázale nosit, okázale dávat přednost čemu, stavět co na odiv 2 *(pretend)* předstírat; **a. indifference/ ignorance** předstírat lhostejnost/ neznalost 3 *(pose as)* dělat ze sebe koho; **he ~s the rebel** dělá ze sebe buřiče

affectation [æfek'teišn] n afektovanost, strojenost

affected [ə'fektid] adj 1 *(unnatural)* afektovaný; *(style)* strojený, vyumělkovaný 2 *(feigned)* předstíraný 3 *(by sad news)* dojatý

affection [ə'fekšn] n láska, náklonnost (**for, towards** k); **have a. for sb/ sth** mít koho/ co rád, cítit ke komu náklonnost/ mít co v oblibě

affectionate [ə'fekšənət] adj laskavý, něžný, oddaný; *(smile, look)* láskyplný; *(child)* citově založený ■ **~ly** adv laskavě, něžně ♦ **Yours ~ly ...** v dopisech Tvůj/ Tvá milující or oddaný/ -á, Líbá Tě Tvůj/ Tvá ...

affidavit [æfi'deivit] n Jur místopřísežné prohlášení; **make/ sign an a.** udělat/ podepsat místopřísežné prohlášení

affiliate [ə'filieit] **I** vt přičlenit, přidružit, připojit; **be ~d to** or **with sth** být přidružený k čemu; **a. oneself** or **become ~d to** or **with sth** přidružit se k čemu, sdružit se s čím **II** vi **a. to** or **with sth** sdružit se s čím, přidružit se k čemu ● [ə'filiət] n přidružený člen osoba or organizace

affiliated [ə'filieitid] adj přidružený, připojený, přičleněný; **a. company** filiální podnik, filiálka, sesterský podnik

affiliation [əˌfili'eišn] n **1** přičlenění, přidružení, afilace; **political ~s** členství v politických organizacích **2** určení paternity or otcovství ■ **a. order** Br alimentační příkaz soudní ustanovení o paternitě a o výši výživného

affinity [ə'finəti] n **1** Chem afinita, slučivost **2** Jur *(family relationship* esp *by marriage)* afinita, příbuzenský vztah, švagrovství **3** *(resemblance: between languages* etc*)* příbuznost, podobnost **4** *(liking) (between A and B)* sympatie; **have an a. for sth** mít zálibu v čem

affirm [ə'fə:m] **I** vt *(assert)* **a. sth** tvrdit co; **a. that ...** tvrdit, že ..., prohlásit/ prohlašovat, že ...; **a. the truth of sth** potvrdit pravdivost čeho **II** vi Jur prohlásit (před soudem)

affirmation [æfə'meišn] n **1** tvrzení, potvrzení pravdivosti **2** Jur výpověď (před soudem), prohlášení (před soudem)

affirmative [ə'fə:mətiv] adj *(answer, statement)* přisvědčující, kladný ● n kladná odpověď ♦ **answer in the a.** odpovědět kladně ■ **~ly** adv *(answer)* kladně

affix$_1$ [ə'fiks] vt *(stamp)* přilepit (**to** na); **a. a seal on a document** opatřit doklad pečetí; **a. one's signature to a treaty** podepsat smlouvu, opatřit smlouvu podpisem

affix$_2$ ['æfiks] n Ling afix

afflict [ə'flikt] vt postihnout; **be ~ed with rheumatism/ arthritis** etc být postižen or trpět revmatismem/ artritidou or zánětem kloubů

affliction [ə'flikšn] n nesnáz, trampota, pohroma, neštěstí; **the ~s of old age** neduhy stáří

affluence ['æfluəns] n blahobyt, hojnost, nadbytek; **rise to a.** zbohatnout; **live in a.** žít v hojnosti or blahobytu

affluent ['æfluənt] adj *(rich)* bohatý, blahobytný; **the a. society** společnost žijící v nadbytku, konzumní společnost ● n přítok řeky

afford [ə'fo:d] vt **1** *(usually with 'can', 'could', 'be able to')* dovolit si; **I can't a. it** nemohu si to dovolit; **I can't a. to wait** nemohu (si dovolit) čekat; **I can't a. a new car** nemohu si dovolit nové auto **2** fml *(provide)* poskytovat; **a. sb an opportunity to do sth** poskytnout někomu příležitost k něčemu

afforest [æ'forist, Amer ə'fo:rist] vt zalesnit

afforestation [æˌfori'steišn] n zalesnění, zalesňování

affray [ə'frei] n rvačka, výtržnost; **cause an a.** ztropit výtržnost

affront [ə'frant] n urážka, potupa, pohana (**to sb/ sth** koho/ čeho) ● vt urazit or potupit koho veřejně; usu pass **he felt ~ed** cítil se uražen (**at** or **by sth** čím)

Afghan ['æfgæn] n Afg(h)ánec/ Afg(h)ánka ● adj afg(h)ánský

afghan ['æfgæn] n usu **a. coat** perziánový kožich, perzián

aficionado [əˌfišiə'na:dəu] n (pl **~s**) nadšenec (**of bullfighting** pro býčí zápasy)

afield [ə'fi:ld] adv **far a.** (velmi) daleko; **go too far a.** jít příliš daleko

AFL-CIO [eief'elˌsi:ai'əu] abbr of **American Federation of Labor and Congress of Industrial Organizations** Americká dělnická federace odborových svazů

afloat [ə'fləut] adj pred **1** *(in water or air)* **be a.** *(boat, ship)* být na vodě, plout (po vodě), *(swimmer)* plavat; *(aeroplane* etc*)* letět, být ve vzduchu, vznášet se; **keep a.** udržovat se na hladině; **get a boat a.** vyprostit člun z mělčiny **2** fig **stay a.** *(firm, person)* držet se nad vodou; *(of rumours)* **there is a rumour a. that ...** povídá se, že ... **3** *(at sea)* na moři, na (palubě) lodi; **life a.** život na moři, *(as a sailor)* námořnický život **4** *(flooded: room* etc*)* zatopený, zaplavený, vyplavený, vytopený

afoot [ə'fut] adj pred **there is sth a.** něco se připravuje or chystá, něco se kuje; **what's a.?** co se děje?; **there is a plan a. to** (+infin) chystá se plán na ...

aforementioned [əˌfo:'menšənd], fml **aforesaid** [ə'fo:sed] adj usu attr shora or výše zmíněný, shora or výše uvedený

afraid [ə'freid] adj **1** *(frightened)* **be a. of sth** bát se čeho; **don't be a.** neboj se!; **I am a. to go there, I am a. of going there** bojím se tam jít; **I am a. of spoiling him, I am a. that I might spoil him** bojím se, že ho rozmazlím; **I am a. to wake him** bojím se ho probudit **2 be a. for sb/ sth** bát se or obávat se o koho/ co, mít strach o koho/ co **3** *(expressing regret)* **I am a.** bohužel, je mi líto; **I am a. I can't come, I can't come, I am a.** nemohu bohužel přijít; *(Have you missed the bus?)* – **I am a. so.** Bohužel (ano).; *(Have you any money on you?)* – **I am a. not.** Bohužel ne.

afresh [ə'freš] adv znovu (od začátku); **to start a.** začít znovu (od začátku)

Africa ['æfrikə] n Afrika

African ['æfrikən] adj africký ● n Afričan/ -ka

Afrikaans [æfri'ka:ns] n afrikánština

Afrikaner [æfri'ka:nə(r)] n Afrikánec/ Afrikánka

Afro ['æfrəu] adj **A. hairstyle** účes afro ● n účes afro

Afro-American [æfrəuə'merikən] adj afroamerický ● n Afroameričan/ -ka

Afro-Asian [æfrəu'eišən] adj afroasijský ● n Afroasijec/ Afroasijka

aft [a:ft, Amer æft] adv na zádi; *(of motion)* na záď lodi

after ['a:ftə(r), Amer 'æf-] adv 1 *(of time)* potom, poté, později; **soon/ shortly a.** brzy potom, brzy nato, zanedlouho (potom); **a year a.** za rok potom, po roce, o rok později; **the day a.** následujícího dne, o den později; **two days a.** za dva dny, o dva dny později 2 *(following)* vzadu; *(they drove off)* **with the dog running a.** a pes běžel vzadu or za nimi ● prep 1 *(later than)* **a. breakfast/ lunch** po snídani/ obědě; **a. six (o'clock)** po šesté (hodině); **the day a. tomorrow** pozítří; Amer **it is half a. five** je půl šesté, **it is a quarter a. six** je čtvrt na sedm; **day a. day** den co den, den po dni, denně; **time a. time** znovu a znovu, opět a opět, opětovně 2 *(behind)* za; **shut the door a. you** zavři za sebou dveře 3 *(following sb/sth)* za, po; **run a. sb** běžet za kým; **I was a. you** *(in a queue)* já jsem stál za vámi; **a. you** až po vás; **one a. another** jeden po druhém; **he takes a. his father** je po otci 4 *(in pursuit of)* **the police are a. him** inf jde po něm policie; **be a. sth** inf usilovat o co, snažit se něco získat; **what are you a.?** o co vám (vlastně) jde?; **he's only a. her money** jemu jde jen o její peníze 5 *(in spite of)* navzdory, přes; **a. all his effort** přes veškeré (jeho) úsilí 6 *(according to)* podle; **a portrait a. Rubens** portrét ve stylu Rubense; **he is a man a. my own heart** je to můj člověk, je mi velmi sympatický; **name a child a. sb** nazvat dítě po kom, dát dítěti jméno po kom 7 *(about)* **inquire a. sb** ptát se na koho 8 **a. all a)** přece jenom; **he didn't do it a. all** přece jenom to (nakonec) neudělal **b)** konec konců; *(he should pay for it)* **he is rolling in money a. all** vždyť neví co s penězi ● adj attr následující; **in a. years** v následujících letech ● conj až, když; **What will you do a. he has left?** Co budeš dělat, až odejde?

afterbirth ['a:ftəbə:θ] n placenta

aftercare ['a:ftəkeə(r)] n *(after hospital)* domácí ošetřování v rekonvalescenci; *(after prison)* ochranný dozor

aftereffect ['a:ftərifekt] n usu pl **~s** důsledky, následky čeho; dopad čeho; *(of drugs etc)* druhotné or vedlejší účinky

afterlife ['a:ftəlaif] n posmrtný život

aftermath ['a:ftəmæθ, Br also -ma:θ] n dozvuky, následky, důsledky; **the a. of war** nepříznivé důsledky války

afternoon [a:ftə'nu:n] n odpoledne; **in the a.** odpoledne; **this a.** dnes odpoledne; **on Monday a.** v pondělí odpoledne; **every a.** každé odpoledne; **good a.!** dobré odpoledne! ■ **an a. performance** odpolední představení

afternoons [a:ftə'nu:nz] adv Amer (vždy) odpoledne, po odpoledních

afters ['a:ftəz] n Br inf dezert, moučník; **we had ice cream for a.** jako dezert se podávala zmrzlina

after-sales service [a:ftəseilz'sə:vis] n služba zákazníkům, servis

aftershave ['a:ftəšeiv] n also **a. lotion** voda po holení

aftertaste ['a:ftəteist] n pachuť

afterthought ['a:ftəθo:t] n dodatečný nápad, dodatečná myšlenka

afterwards ['a:ftəwədz], Amer also **afterward** ['æftəwəd] adv potom, později; **many years a.** o mnoho let později

again [ə'gen, ə'gein] adv 1 *(another time)* opět, znovu, zase, ještě jednou; **a. and a.** opětovně, znovu a znovu; **now and a.** tu a tam, čas od času; **same a., please** *(drink)* ještě skleničku, prosím; **he is well a.** už je mu zase dobře; **he married a.** znovu se oženil; **it's me a.!** už jsem tu zase; **say it a.** řekněte to ještě jednou, opakujte to; **what's your name a.?** jakže se vlastně jmenujete?; **we must do it all over a.** musíme to udělat celé znovu, musíme to celé předělat 2 with neg už; **don't do that a.** ať už se to víckrát nestane; **I won't do it ever a.** už se to nikdy nestane; expr **not a.!** už zase?; **not you a.!** už jsi tu zase? 3 *(I'd like)* **as much a.** ještě jednou totéž 4 *(on the other hand)* also **then a.** na druhé straně; **but then a., I may be wrong** ale na druhé straně je možné, že se mýlím

against [ə'genst, ə'geinst] prep 1 *(in opposition)* proti; **a. the current/ wind** proti proudu/ větru; **it is a. the law** to je protizákonné; **there is no law a. it** na to není zákon; **be a. sth** být proti čemu; **be dead a. sth** inf absolutně s něčím nesouhlasit ♦ **race a. time** závodit s časem; **be up a. it** inf být v úzkých 2 *(in contact with, in collision with)* o, na; **lean a. a wall** opřít se o stěnu; **I banged my head a. the wall** uhodil or inf praštil jsem se hlavou o stěnu 3 *(in contrast to)* proti; **a. a white background** proti bílému pozadí; **a. the sky** proti obloze 4 **(as) a. sth** ve srovnání s čím, proti čemu; **100 car thefts this month (as) against**

200 last month 100 krádeží aut v tomto měsíci proti 200 v minulém **5** *(as a protection from)* proti, před; **insure one's house a. fire** pojistit si dům proti ohni; **warn sb a. sb/ sth** varovat koho před kým/ čím; **protect sth a. frost** chránit něco před mrazem **6** *(for)* **rate of exchange a. the pound** devizový kurs libry

agape [ə'geip] adj **with his/ her** etc **mouth a.** s otevřenými ústy; **be a.** žasnout (**with sth** nad čím)

agate ['ægət] n achát

age [eidž] n **1** věk, leta, stáří; **what a. are you?** kolik je ti let?; **he is seven years of a.** je mu sedm let, je sedm let starý; **at the a. of ten he ...** ve věku deseti let ..., když mu bylo deset (let) ...; **when I was your a.** když mi bylo tolik (let) jako tobě, když jsem byl tak starý jako ty; **she doesn't look her a.** nevypadá na svůj věk; **she is at an a. when ...** je ve věku, kdy ... ♦ **be** or **act your a.** inf nechovej se jako malé dítě, chovej se jako dospělý **2** *(of objects)* stáří; **what's the a. of that cathedral?** jak je stará ta katedrála?, kdy byla ta katedrála postavena? **3** **school a.** školní věk; **reach school a.** dosáhnout školního věku; Jur **a. of consent** věk pohlavní zodpovědnosti před zákonem **4** *(adulthood)* **come of a.** stát se plnoletým, dosáhnout zletilosti; **be of a.** být plnoletým or zletilým; **be under a.** být nezletilý **5** *(old a.)* stáří; **my a. is catching up with me** už se u mne hlásí stáří; **the wisdom of a.** moudrost stáří; **he lived to a ripe old a.** dožil se zralého věku **6** *(period)* doba, epocha, věk; **the present a.** současnost, dnešek; **the Middle A~s** středověk; **the Ice/ Stone/ Iron A.** doba ledová/ kamenná/ železná **7** inf *(very long time)* věčnost, dlouhá doba; **wait (for) ~s, wait an a.** čekat strašně dlouho; **it took him ~s** trvalo mu to (celou) věčnost (**finding it** než to našel); **I haven't seen you for ~s** už jsem tě neviděl ani nepamatuji ● **I** vi **1** *(person)* stárnout; **she has ~d a lot** hodně zestárla **2** *(wine)* stárnout, zrát; *(cheese)* uležet se, zrát **II** vt **1** dělat starším; **this hairstyle ~s you** tento účes tě dělá starší(m) **2** *(wine, cheese)* nechat uležet or dozrát

age bracket ['eidžbrækit], **age group** ['eidžgru:p] n věková skupina

aged$_1$ [eidžd] adj **1 be a. six** mít šest let, být šest let starý; **he died a. sixty** zemřel ve věku šedesáti let; zemřel, když mu bylo šedesát **2** *(cheese)* uleželý

aged$_2$ ['eidžid] adj **1** *(very old)* (velmi) starý, letitý **2 the a.** collect staří (lidé)

ageing, aging ['eidžiŋ] adj stárnoucí ● n stárnutí

ageism, agism ['eidžizəm] n diskriminace starých lidí

ageless ['eidžləs] adj **1** *(permanently young)* nestárnoucí **2** *(eternal)* věčný

agency ['eidžənsi] n **1** *(bureau)* agentura, kancelář; **advertising a.** reklamní kancelář; **employment a.** zprostředkovatelna práce; **travel a.** cestovní kancelář **2** *(means)* **through the a. of sb** prostřednictvím koho; **through the a. of sth** působením čeho

agenda [ə'džendə] n pořad jednání, program (schůze/ zasedání); **what's on the a.?** co je na programu?

agent ['eidžənt] n **1** Comm zástupce, agent; **estate a.** realitní agent; **insurance a.** pojišťovací agent ♦ **be a free a.** být svým vlastním pánem, mít svobodu rozhodování **2** *(secret a.)* konfident/ -ka, důvěrník policie, policejní agent/ -ka **3** Chem činidlo, chemický prostředek; **oxidizing a.** oxidační činidlo **4** Ling činitel, agens, původce děje

agent provocateur [æžõ, eidžənt prəˌvokə'tə:(r)] n (pl **agents provocateurs** [æžõ, eidžənt prəˌvokə'tə:(r)]) n agent provokatér

age-old ['eidžəuld] adj *(custom* etc*)* věkovitý, prastarý

agglomerate [ə'glomərеit] vt, vi (na)kupit (se), (na)hromadit (se), seskupit (se) ● [ə'glomərət] adj nahromaděný, *(population)* aglomerovaný

agglomeration [əˌglomə'reišn] n nakupení, seskupení; *(of population)* aglomerace

agglutinate [ə'glu:tineit, Amer -təneit] vt, vi Ling aglutinovat

agglutination [əˌglu:ti'neišn, Amer -tə'neišn] n Ling aglutinace

agglutinative [ə'glu:tinətiv, Amer -təneitiv] adj Ling aglutinační

aggravate ['ægrəveit] vt **1** zhoršit; *(situation* also*)* ztížit; *(tension* also*)* zostřit, vystupňovat **2 a. sb** inf *(annoy)* popouzet or rozčilovat koho, jít komu na nervy

aggravating ['ægrəveitiŋ] adj **1** *(circumstances)* přitěžující **2** inf *(annoying)* nepříjemný, otravný

aggravation [ægrə'veišn] n inf **1** zhoršení, ztížení; *(of conflict)* zostření **2** *(problem)* nepříjemnost **3** *(annoyance)* rozčilování, popuzování

aggregate ['ægrigət] n **1** *(total amount)* úhrn, souhrn, celkové množství, množina; **in the a.** celkem, úhrnem, v celku; **on a.** celkově, celkem **2** *(of minerals)* shluk **3** Build přísady do betonu písek apod. ● adj attr *(sum, amount)* celkový, úhrnný ● vt *(bring together)* shromáždit; *(add up to)* činit, dosahovat

aggression [əˈgrešn] n **1** *(attack)* agrese, napadení, přepadení; **war of a.** útočná válka **2** Psych agresivnost, agresivita

aggressive [əˈgresiv] adj **1** *(of people, nations)* agresivní, výbojný **2** *(of weapons* etc*)* útočný **3** *(forceful)* průbojný, podnikavý, asertivní, dynamický; Sport *(play)* důrazný

aggressor [əˈgresə(r)] n útočník, agresor

aggrieved [əˈgri:vd] adj dotčený, uražený; Jur **the a. party** poškozená strana

aggro [ˈægrəu] n sl **1** agresivnost; *(hassle, trouble)* nepříjemnosti, mrzutosti **2** *(fight)* výtržnost, rvačka, mela; *(racket)* rámus, brajgl, randál

aghast [əˈga:st] adj zděšený, užaslý, ohromený; **she was a. at the news** byla tou zprávou šokovaná

agile [ˈædžail] adj hbitý, čilý, mrštný; **have an a. mind** být duševně čilý

agility [əˈdžiləti] n hbitost, čilost, mrštnost, obratnost

aging [ˈeidžiŋ] adj, n see **ageing**

agitate [ˈædžiteit] **I** vt **1** *(shake: liquid)* protřepat/ protřepávat, třepat s čím **2** *(excite; disturb)* znepokojit, rozčilit, vyvést z míry **II** vi **a. for sth** agitovat pro co, vést kampaň za co

agitated [ˈædžiteitid] adj *(person)* rozrušený, znepokojený, rozčilený; **get a.** znervóznět

agitation [ædžiˈteišn] n **1** *(shaking: of liquid)* protřepávání **2** *(anxiety)* znepokojení, nervozita; **be in a state of a.** být rozrušený, být rozčilený **3** Pol agitace (**for/ against sth** pro/ proti čemu)

agitator [ˈædžiteitə(r)] n **1** Pol agitátor, buřič **2** *(device)* míchadlo, mísidlo, míchací stroj, míchačka

aglow [əˈgləu] adv, adj pred **be a.** *(fire)* hořet jasným plamenem; *(cheeks)* planout, hořet; *(sky)* planout září čeho; **be a. with health** kypět zdravím; **be a. with happiness** zářit štěstím

AGM [eidži:ˈem] abbr of **annual general meeting** výroční schůze všeho členstva, valná hromada

agnostic [ægˈnostik] n agnostik ● adj agnostický

agnosticism [ægˈnostisizəm] n agnosticismus

ago [əˈgəu] adv před ve vztahu k dnešku; **a year/ month/ week a.** před rokem/ měsícem/ týdnem; **a little while a.** před chvilkou; **how long a. is it that ...?** jak je to dlouho, co ...?; **not long ago** nedávno, **a long time a.** dávno

agog [əˈgog] adj pred **be all a. (to do sth)** být (do čeho) celý žhavý; **be (all) a. for news** nemoci se dočkat zpráv; **listen a.** dychtivě naslouchat, naslouchat se zatajeným dechem; **be a. with excitement** být rozrušením bez sebe

agonize [ˈægənaiz] vt, vi **a. over sth** lámat si nad čím hlavu, mořit si čím hlavu

agonized [ˈægənaizd] adj *(look)* zoufalý, plný úzkosti; *(scream* also*)* drásavý, srdcervoucí

agonizing [ˈægənaiziŋ] adj *(pain)* mučivý; *(uncertainty)* trýznivý; *(experience)* bolestný ■ **~ly** adv mučivě, trýznivě; **~ly slow** otřesně pomalý

agony [ˈægəni] n **1** utrpení, muka, nesnesitelná bolest; *(mental* also*)* žal, bol; **suffer a.** trpět or snášet muka; **suffer agonies of remorse** trápit se výčitkami svědomí ♦ **pile on the a.** inf chovat se melodramaticky, melodramatizovat něco ■ **a. column i)** soukromá oznámení v novinách **ii)** rubrika „Ptáte se – odpovídáme" or „Dopisy čtenářů"; **a. aunt** osoba odpovídající na dopisy čtenářů **2** *(death a.)* agónie, smrtelný zápas

agoraphobia [ægərəˈfəubiə] n agorafobie strach z otevřeného n. veřejného prostranství

agoraphobic [ægərəˈfəubik] adj agorafobický ● n agorafobik

agrarian [əˈgreəriən] adj usu attr zemědělský, rolnický; *(political party* also*)* agrární

agree [əˈgri:] **I** vi **1** *(consent)* souhlasit; **a. to sth** schválit co, přistoupit na co; **a. with sth** souhlasit s čím **2** *(be in ~ment)* souhlasit, být téhož názoru; **a. with sb about** or **on sth** souhlasit s kým v čem, shodovat se s kým v čem; **a. on sth** *(prices, conditions: mutually)* shodnout se na čem; **I do not a. with buying children expensive presents** já jsem proti tomu, aby se dětem kupovaly drahé dárky; **I couldn't a. more** naprosto s vámi souhlasím **3** *(correspond: ideas, reports, figures)* shodovat se, být v souladu; **his report does not a. with the facts** jeho zpráva se neshoduje se skutečností or neodpovídá skutečnosti **4** *(reach ~ment)* dohodnout se; **a. on sth** dohodnout se o čem, shodnout se na čem **5** Ling shodovat se; **adjectives a. with nouns in number** přídavná jména se shodují s podstatnými v čísle **6 a. with sb** *(climate, food)* svědčit komu, vyhovovat komu; **the climate here does not a. with me** zdejší podnebí mi nevyhovuje or nesvědčí; **wine doesn't a. with me** víno mi nedělá dobře **II** vt **1** *(price, conditions)* dohodnout se na čem **2** *(approve: figures, report* etc*)* schválit, *(accounts* also*)* odsouhlasit; *(theory)* přijmout **3** *(admit)* přiznat/ přiznávat, připustit/ připouštět; **I a. (that) I made a mistake** přiznávám, že jsem se mýlil **4** *(be in ~ment)* souhlasit, shodnout se; **a. that ...** souhlasit, že ..., shodnout se, že ...; **we ~d to differ** or **to disagree** rozhodli jsme se ponechat si každý svůj názor **5** *(consent)* souhlasit(, že), (při)slíbit(, že ...); **he ~d to do it** přislíbil, že to udělá

agreeable [ə'gri:əbl] adj **1** *(pleasant)* příjemný (**to sb** ke komu), *(person, company* also*)* sympatický, milý, *(voice* also*)* líbezný, *(taste* also*)* lahodný **2** pred *(ready to agree)* srozuměný (**to (doing) sth** s čím); **be a. to sb's proposal** souhlasit s čím návrhem ■ **agreeably** adv příjemně; **be agreeably surprised** být příjemně překvapen

agreement [ə'gri:mənt] n **1** *(arrangement)* dohoda, domluva; *(treaty, contract)* dohoda, smlouva, ujednání; **come to** or **reach an a. (with sb)** uzavřít dohodu (s kým), dosáhnout dohody or dohodnout se (s kým); **by mutual a.** po vzájemné dohodě **2** *(mutual harmony)* shoda, shodné mínění, soulad; **be in a. with the facts** shodovat se or být v souladu se skutečností; **be in a. about sth** být zajedno v čem, mít stejné mínění o čem; **we are in complete/ substantial a.** jsme zcela/ v podstatě zajedno (**as to** pokud jde o) **3** *(consent)* souhlas, svolení, schválení **4** *(grammatical)* shoda, kongruence

agricultural [ægri'kalčərəl] adj zemědělský; **a. worker** zemědělský dělník; **a. engineer** agrotechnik

agriculturalist [ægri'kalčərəlist] n see **agriculturist**

agriculture ['ægrikalčə(r)] n zemědělství

agriculturist [ægri'kalčərist] n zemědělský odborník; *(farmer)* zemědělec

agronomist [ə'gronəmist] n agronom

agronomy [ə'gronəmi] n agronomie

aground [ə'graund] pred adj, adv **run a.** *(of ships)* najet na mělčinu, uváznout na mělčině; fig *(plan, project)* uváznout (na mrtvém bodě), dostat se do (nepřekonatelných) potíží; **run a boat a.** najet s lodí na mělčinu

ah [a:] interj *(of surprise)* a, á, *(of pleasure, delight* also*)* o, ó, och

aha [a:'ha:] interj *(of surprise)* aha!, ahá!, á!

ahead [ə'hed] adv *(further forward in space and time)* vpředu, před námi; *(expressing motion)* dopředu, vpřed, kupředu; **far a.** daleko vpředu, daleko před námi; **run a.** běžet dopředu; **go a.** pokračovat; **go a.!** jděte dopředu!; *(do it!)* prosím!, posložte si!; *(start)* začněte!; Naut **full speed a.!** plnou parou or rychlostí vpřed ● **ahead of** prep *(forward in space or time)* před (kým/ čím), *(of motion)* před (koho/ co); **a. of us** před námi; **be a. of the others** být před ostatními, mít před ostatními předstih or náskok also fig ♦ **be a. of one's time** předběhnout svou dobu

ahem [ə'həm] interj ehm, hm

ahoy [ə'hoi] Naut ahoj!; **Land/ Ship a.!** Hola(hou), na obzoru pevnina/ loď!

AI [ei'ai] abbr of **artificial intelligence** umělá inteligence

aid [eid] n **1** *(assistance)* pomoc; **first a.** první pomoc; **with the a. of sb/ sth** za pomoci koho/ pomocí čeho; **he came to his a.** přišel mu na pomoc ♦ **in a. of sb/ sth** ve prospěch or na podporu koho/ čeho; *(collecting)* **in a. of charity** na or pro dobročinné or charitativní účely; **what's all this in a. of?** inf k čemu je tohle všechno dobré? **2** **foreign** or **overseas a.** zahraniční pomoc méně rozvinutým zemím **3** *(appliance)* pomůcka; **audio-visual ~s** audiovizuální pomůcky; **a hearing a.** sluchadlo (pro nedoslýchavé) ● vt **1** *(assist)* fml pomáhat, pomoci komu; **a. digestion** *(medicine* etc*)* podporovat trávení **2** Jur **a. and abet** napomáhat při páchání trestného činu

aide [eid] n **1** = **aide-de-camp** **2** esp Amer *(assistant of president* etc*)* poradce/ poradkyně

-aided [-eidid] in compounds **1** Comput **computer-aided** (eg *planning)* prováděný pomocí počítače **2** **grant-aided** *(school, industry)* subvencovaný

aide-de-camp [eid də'ka:mp, Amer -kæmp] n (pl **aides-de-camp** [eid də 'ka:mp, Amer -kæmp]) Mil pobočník

AIDS [eidz] n abbr of **Acquired Immune Deficiency Syndrome** Syndrom získané imunitní nedostatečnosti, AIDS, onemocnění AIDS

ail [eil] vt dated **what ~s him?** co ho trápí or sužuje?

ailing ['eiliŋ] adj churavý; **be a.** stonat, být churavý; fig *(economy, company)* churavějící, jsoucí ve svízelné situaci

ailment ['eilmənt] n lehčí nemoc, onemocnění, neduh; **minor ~s** lehčí onemocnění

aim [eim] **I** vt **1** *(gun* etc*)* **a. sth at sb/ sth** namířit or (za)mířit or (za)cílit co na koho/ co, *(camera* also*)* zaměřit co na koho/ co; **a. a blow/ stone/ shot at sb** uhodit koho/ hodit po kom kamenem/ vystřelit na někoho **2** *(criticism, remark)* **be ~ed at sb** týkat se koho, platit komu; *(campaign* etc*)* zaměřovat se na koho; **that remark was not ~ed at you** ta poznámka neplatila vám **II** vi **1** *(gun)* **a. at sb/ sth (with a gun)** (na)mířit na koho (puškou) **2** **a. at** or **for sth** snažit se dosáhnout čeho, usilovat o něco ♦ **a. high** fig mířit vysoko, stavět si vysoké cíle **3 a. to do sth** *(intend)* mít v úmyslu or hodlat něco udělat ● n **1** *(intention)* cíl, *(purpose)* účel **2** *(action of ~ing)* míření, cílení; **take a.** namířit, zacílit; **take a. at the target** namířit na cíl; **his a. was good** mířil dobře **3** *(target)* **he missed his a.** minul cíl, netrefil se do cíle

aimless ['eimləs] adj bezcílný, jsoucí bez cíle; *(life)* prázdný ■ **~ly** adv bez cíle

air [eə(r)] n **1** vzduch; *(breeze)* větřík, vánek; **fresh a.** čerstvý vzduch; **stale a.** zatuchlý vzduch; **light as a.** lehounký jako pírko; **go out for some fresh a.** or **for a breath of a.** vyjít si na vzduch, jít se trochu provětrat ♦ **a change of a.** fig změna prostředí or vzduchu; **a breath of fresh a.** doušek čerstvého vzduchu, fig vítaná změna, osvěžující změna, závan čerstvého vzduchu; **I can't live on a.** nemohu žít ze vzduchu or z ničeho; **it's all hot a.** fig to jsou všechno povídačky, to jsou všechno plané or jalové žvásty ■ **a. brake** vzduchová brzda; **a. chamber** Techn vzduchová komora; **a. pump** hustilka **2** *(open space, atmosphere)* ovzduší, volný prostor; **in the open a.** na čerstvém vzduchu, pod širým nebem, v přírodě; **the birds of the a.** nebeské ptactvo ♦ **build castles in the a.** stavět vzdušné zámky; **it is still (up) in the a. (at the moment)** není o tom ještě rozhodnuto, všechno je ještě otevřené; **there is sth in the a.** něco visí ve vzduchu, něco se připravuje; **there are rumours in the a.** povídá se, kolují řeči, šíří se zvěsti; **walk on a.** být v sedmém nebi; **clear the a.** fig vyčistit vzduch, vyjasnit situaci; **give sb the a.** Amer poslat někoho k čertu, vypakovat koho, *(reject: girlfriend, boyfriend)* pustit koho k vodě, sl dát komu kopačky; **beat the a.** sl vzít roha, zdrhnout; **vanish into thin a.** fig vypařit se zmizet; **go up** or **fly up in the a.** vybuchnout, vylítnout **3** Aer **by a.** *(travel)* letecky, *(send mail)* letecky, leteckou poštou; **from the a.** shora, z ptačí perspektivy ■ **a. letter** letecký dopis, aerogram; see also **a. base**, **a. cover**, **a. force**, **a. hole**, **a. hostess**, **a. pocket**, **a. raid** **4** Rad, TV éter; **be on/ off the a.** *(channel, station)* vysílat/ nevysílat; **go on the a.** zahájit vysílání; **be on the a.** *(programme)* vysílat se **5** *(appearance)* vzhled, vzezření, tvářnost; **have an a. of confidence/ innocence/ importance** vypadat sebejistě/ nevinně/ důležitě; **with a triumphant a.** vítězoslavně ♦ **~s and graces** afektované manýry, afektovanost; **give oneself ~s, put on ~s** dělat se důležitým, vytahovat se, naparovat se **6** Mus melodie, popěvek ● vt **1** *(clothes)* sušit, dosušit, provětrat; *(room)* (vy)větrat, provětrat **2** fig *(views)* vysvětlit, vyložit veřejně, uvést ve známost; *(grievances)* ventilovat; *(one's knowledge)* stavět na odiv, vystavovat, chlubit se čím

air bag ['eəbæg] vzduchový polštář v autě

air base ['eəbeis] n letecká základna

air-bed ['eəbed] n nafukovací matrace

air-bladder ['eəblædə(r)] n vzduchový měchýř u ryb

airborne ['eəbo:n] adj **1** attr *(seeds, bacteria, particles)* roznášený vzduchem, vznášející se ve vzduchu; **a. dust** poletavý prach **2** pred **be a.** nacházející se ve vzduchu; **become a.** *(aircraft)* vznést se, odpoutat se od země **3** Mil **a. troops** výsadkové vojsko

airbrick ['eəbrik] n děrovaná cihla

air bridge ['eəbridž] n letecký or vzdušný most

airbrush ['eəbraš] n stříkací pistole na barvu

air bubble ['eəbabl] n vzduchová bublina

airbus ['eəbas] n aerobus

Air Chief Marshal [eəči:f'ma:šl] n Br maršál letectva druhá nejvyšší hodnost v britském voj. letectvu

Air Commodore [eə'komədo:(r)] n Br ≡ brigádní generál voj. letectva

air-conditioned ['eəkəndišnd] adj *(office etc)* klimatizovaný, vybavený klimatizačním zařízením

air-conditioning ['eəkəndišəniŋ] n klimatizace

air-conditioner ['eəkəndišənə(r)] n klimatizační zařízení

air-cooled ['eəku:ld] adj chlazený vzduchem

air-cooling ['eəku:liŋ] adj chlazení vzduchem

air cover ['eəkavə] n letecká ochrana, letecké krytí

aircraft ['eəkra:ft] n (pl **aircraft**) vzdušný dopravní prostředek; *(aeroplane)* letadlo, letoun

aircraft-carrier ['eəkra:ftkæriə] n mateřská letadlová loď

aircraft(s)man ['eəkra:ft(s)mən] n (pl **-men** [-mən]) Br vojín (letec)

aircrew ['eəkru:] n posádka or osádka letounu

air-cushion ['eəkušn] n **1** nafukovací polštář **2** *(layer of air)* vzduchový polštář

airdrome ['eədrəum] n Amer = Br **aerodrome**

airfield ['eəfi:ld] n letiště zvl. vojenské

air force ['eəfo:s] n vojenské letectvo; Br **the Royal Air Force** Britské královské vojenské letectvo ■ **air force officers** letečtí důstojníci; **air force pilot** vojenský pilot

airgun ['eəgan] n *(air rifle)* vzduchovka

air hole ['eəhəul] n vzdušná díra or jáma

air hostess ['eəhəustəs] n letuška, stevardka

airily ['eərəli] adv see **airy**

airing ['eəriŋ] n (no pl) provětrání; **give sth a good a.** *(clothes, blanket* etc*)* řádně něco provětrat, fig *(views, problems)* ventilovat, vzít na přetřes, veřejně prodiskutovat ♦ **take an a.** jít na vycházku, jít se provětrat ■ **a. cupboard** větrací prádelník

airless ['eələs] adj **1** *(stuffy: room)* nevětraný, zatuchlý **2** *(still: day* etc*)* bezvětrný

airlift ['eəlift] n letecký most, doprava pomocí leteckého mostu ● vt přepravit vzdušným mostem

airline ['eəlain] n **1** (also pl **~s**) aerolinie, letecká dopravní společnost **2** Amer = Br **beeline** ■ **a. pilot** pilot osobní dopravy

airliner ['eəlainə(r)] n (linkové) dopravní letadlo

airmail ['eəmeil] n letecká pošta; **by a.** letecky, leteckou poštou ■ **a. letter** letecký dopis ● vt poslat or zaslat leteckou poštou or letecky

airman ['eəmən] n (pl **airmen** ['eəmən]) letec

Air Marshal [eə'ma:šəl] n Br ≅ generálporučík letectva

airplane ['eəplein] n Amer = **aeroplane**

air pocket ['eəpokit] n vzdušná díra or jáma

airport ['eəpo:t] n letiště civilní, mezinárodní

air raid ['eəreid] n nálet ■ **air raid precautions/ warning** protiletecká ochrana/ výstraha

air rifle ['eəraifl] n = **airgun**

airship ['eəšip] n vzducholoď

airsick ['eəsik] adj **be airsick** trpět nevolností v letadle

airsickness ['eəsiknəs] n nevolnost v letadle

airspace ['eəspeis] n vzdušný prostor

airspeed ['eəspi:d] n rychlost letu

airstrip ['eəstrip] n startovací a přistávací dráha

air terminal ['eətə:minl] n letištní terminál v centru města, Amer letiště

airtight ['eətait] adj vzduchotěsný

airtime ['eətaim] n vysílací čas

air-to-air [eətə'eə] adj **air-to-air missiles** rakety vzduch-vzduch; **air-to-air refuelling** tankování za letu

air-to-ground [eətə'graund] adj *(missiles)* vzduch-země

air traffic controller [eə,træfikkən'trəulə(r)] n letecký dispečer

Air Vice-Marshal [eəvais'ma:šl] n Br ≅ generálmajor letectva

airwaves ['eəweivz] n rozhlasové or rádiové vlny

airway ['eəwei] n **1** Aer *(route)* letecká trasa **2** *(company)* usu pl **~s** aerolinie **3** Mining větrací šachta

airwoman ['eəwumən] n (pl **airwomen** ['eəwimin]) letkyně, pilotka

airworthiness ['eəwə:ðinəs] n letová způsobilost, způsobilost k letu

airworthy ['eəwə:ði] adj *(of aircraft)* způsobilý k letu

airy ['eəri] adj **1** *(room, office)* vzdušný; *(coast)* větrný **2** *(gossamer)* lehounký; *(cake)* lehký **3** *(attitude, manner)* nonšalantní, ležérní; *(remark)* lehkomyslný, lehkovážný, ledabylý **4** *(promise)* jalový, planý ■ **airily** adv *(flippantly)* blazeovaně; *(casually: say)* ledabyle, ležérně

airy-fairy [eəri'feəri] adj inf *(ideas, notions, plan)* ztřeštěný, pošetilý; *(excuses)* planý

aisle [ail] n **1** *(part of church)* postranní or vedlejší loď chrámu ♦ **walk down the a. with sb** vést (si) koho k oltáři **2** *(between rows of seats)* ulička, *(in theatre* also*)* kuloár ♦ **roll in the ~s** válet se smíchy zvl. v divadle

aitch [eič] n (písmeno) h ♦ **drop one's ~es** nevyslovovat počáteční 'h' v Británii: příznak omezeného vzdělání a příslušnosti k nižším společenským vrstvám

ajar [ə'dža:(r)] adj pred *(door)* pootevřený, přivřený; **the door was** or **stood a.** dveře byly pootevřené; **leave the door a.** nechat pootevřené dveře, nedovřít dveře

akimbo [ə'kimbəu] adv **with arms a.** s rukama v bok

akin [ə'kin] adv pred fml **be a. to sth** být podobný čemu

alabaster ['æləba:stə(r)] n alabastr, úběl ■ **a. complexion** bělostná pleť

à la carte [a:la:'ka:t] adv, adj *(of a restaurant meal)* à la carte, podle výběru

alacrity [ə'lækrəti] n fml *(zeal)* horlivost, promptnost; *(willingness)* ochota; **with a.** promptně; s nevšední ochotou

à la mode [a:la:'məud] adv **1** módní, podle módy **2** Amer *(of food)* se zmrzlinou

alarm [ə'la:m] n **1** *(warning signal)* poplach, alarm; **give** or **raise** or **sound the a.** vyhlásit poplach; **false a.** planý poplach **2** *(apparatus)* poplašné zařízení; **fire a.** požární hlásič **3** *(a. clock)* budík, budíček **4** *(fear)* znepokojení, úzkost, strach; **there is no cause for a.** není třeba se znepokojovat ● vt **1** *(warn)* zalarmovat

2 *(disturb)* znepokojit, *(frighten)* vyděsit, vystrašit, vyplašit; **be ~ed at sth** *(news* etc*)* být čím zneklidněn or znepokojen

alarm clock [ə'la:mklok] n budík, budíček; **set the a. clock for five o'clock** nařídit budíka na pět hodin

alarming [ə'la:miŋ] adj *(worrying)* znepokojující, *(news)* poplašný; *(frightening)* hrozivý, zlověstný ■ **~ly** adv hrozivě, zlověstně

alarmist [ə'la:mist] n pej panikář, šiřitel poplašných zpráv ● adj panikářský

alas [ə'læs] interj usu fml běda!, bohužel!; **a. no!** bohužel ne!

albatross ['ælbətros] n albatros

albeit [o:l'bi:it] conj fml dated i když, ačkoliv, ač, jakkoli(v)

albino [æl'bi:nəu, Amer -'bai-] n (pl **~s**) albín/ -ka ● adj albínský

album ['ælbəm] n **1** album **2** *(LP record)* album, elpíčko dlouhohrající deska s výběrem nahrávek stejného zpěváka

albumen ['ælbjumin] n albumin

alchemist ['ælkəmist] n alchymista

alchemy ['ælkəmi] n alchymie

alcohol ['ælkəhol] n líh, alkohol

alcoholic [ælkə'holik] adj alkoholický, lihový; **a. drinks** alkoholické nápoje ● n alkoholik/ alkoholička

alcoholism ['ælkəholizəm] n alkoholismus, pijáctví

alcove ['ælkəuv] n *(niche, recess)* výklenek; *(in a garden wall)* přístěnek

alder ['o:ldə(r)] n olše

alderman ['o:ldəmən] n (pl **-men** [-mən]) **1** Hist Eng *(until 1974)* starší (radní) v městské radě **2** Amer *(in some cities)* městský radní, člen městské rady

ale [eil] n (anglické) pivo ♦ **life isn't all cakes and a.(, you know)** život není peříčko, život není procházka růžovou zahradou

alert [ə'lə:t] adj **1** *(quick to act)* bdělý, ostražitý; **be a. to a danger** být si vědom nebezpečí **2** *(lively)* čilý, živý, čiperný; *(mind)* bystrý; **he has an a. mind** je to chytrý člověk, inf je to hlava otevřená ● n **1** *(warning)* poplach; **give the a.** vyhlásit or udělat poplach **2** Mil pohotovost; **place the troops on full a.** uvést vojsko do stavu pohotovosti ♦ **be on the a.** být ve střehu; **be on the a. for pickpockets** mít se na pozoru před kapsáři ● vt **a. sb to sth** upozornit koho na co, varovat koho před čím

Aleutian [ə'lu:šən] adj aleutský; **the A. Islands** Aleuty

A level ['eilevl] n Eng (= **Advanced level**) ≅ maturitní zkouška na anglických středních školách – z jednoho předmětu; **A levels** ≅ maturita; **take one's A levels** ≅ skládat maturitní zkoušku, inf dělat maturitu

Alexandria [ælig'za:ndriə] n Alexandrie

Alexandrian [ælig'za:ndriən] adj alexandrijský

alexandrine [ælig'za:ndrin] n *(verse)* alexandrín

alfalfa [æl'fælfə] n vojtěška, lucin(k)a

alfresco [æl'freskəu] adj, adv pod širým nebem, ve volné přírodě

algae ['ældži: or 'ælgai] n pl (sg **alga** ['ælgə]) Bot řasy, chaluhy

algebra ['ældžibrə] n algebra

algebraic [ældži'breiik] adj algebraický

Algeria [æl'džiəriə] n Alžírsko

Algerian [æl'džiəriən] adj alžírský ● n Alžířan/ -ka

Algiers [æl'džiəz] n Alžír

ALGOL, Algol ['ælgol] n Comput abbr of **algorithmic oriented language** algol umělý vyšší programovací jazyk

algorithm ['ælgəriðəm] n Comput algoritmus soustava procedur pro řešení problémů

alias ['eiliəs] adv jinak zvaný, alias, přezdívkou ... ● n krycí jméno, falešné jméno

alibi ['æləbai] n **1** alibi; **produce an a.** uvádět alibi; **establish an a.** prokázat alibi **2** inf výmluva

alien ['eiliən] adj **1** *(foreign)* cizí, cizozemský, zahraniční **2** *(extraterrestrial)* mimozemský **3** pred *(contrary to)* **be a. to sb/ sth** být cizí komu/ čemu; **it is a. to his nature** to je mu (zcela) cizí ● n **1** *(foreigner)* cizinec, cizí státní příslušník **2** *(from another world)* mimozemšťan

alienate ['eiliəneit] vt **1 a. sb from sb** odcizit koho komu; **a. sb** *(a. o.s. from sb)* odcizit si koho, ztratit čí podporu or sympatie; **a. oneself from sb** odcizit se komu; **feel ~d from society** mít pocit odcizení od společnosti **2** Jur *(transfer: property)* převést

alienation [eiliə'neišn] n **1** *(feeling of not belonging)* odcizení, alienace **2** Psych **mental a.** pomatení smyslů, choromyslnost **3** Jur *(of property: transfer)* převod, převedení

alight$_1$ [ə'lait] adj pred **1** *(burning)* hořící, v plamenech; **be a.** hořet, být v plamenech; **become a.** vznítit se, začít hořet, chytnout; **set sth a.** zapálit co **2** *(illuminated)* osvětlený; **his eyes were a. with happiness** oči mu zářily štěstím, oči měl rozzářené štěstím

alight$_2$ [ə'lait] vi **1** *(dismount: from a horse)* sesednout, seskočit, slézt; *(from a bus* etc*)* vystoupit/ vystupovat **2** *(of birds)* snést se na co, posadit se na co; *(of aircraft)* přistát/ přistávat

align [ə'lain] vt **1** *(place in a line)* postavit do řady, seřadit, *(bring into line)* vyřídit, vyrovnat **2** Techn *(wheels* etc*)* seřídit, seřizovat **3** fig Pol **a. oneself with sb** přidat se na čí stranu, stát se spojencem koho

alignment [ə'lainmənt] n **1** seřazení, vyrovnání **2** Techn adjustace, *(of wheels* etc*)* seřízení, seřízenost; **be out of a.** být nesouosý **3** Pol připojení se (**with** k); Fin **a. of currencies** měnové přiřadění

alike [ə'laik] adj pred *(similar)* podobný; **they are very much a.** jsou si velmi podobní; *(as one)* (úplně) stejní, k nerozeznání; **they are as a. as two peas in a pod** jsou si podobni jako vejce vejci ● adv stejně; **treat everybody a.** chovat se ke všem stejně; **old and young a.** staří i mladí, staří stejně jako mladí

alimentary [æli'mentəri] adj **a. products** potraviny; **a. canal** zažívací trubice

alimony ['æliməni, Amer -məuni] n alimentační příspěvek, příspěvek na výživu, výživné

alive [ə'laiv] adj pred **1** *(not dead)* živ, naživu; **stay a.** zůstat naživu; **buried a.** pohřben zaživa; **he is still a.** je ještě naživu, ještě žije; **no man a.** nikdo na světě; **the greatest philosopher a.** největší žijící filozof **2** *(lively)* živý, čilý, při plné síle ♦ **be a. and kicking** mít se čile k světu; **look a.!** pospěš si!, inf hni sebou! **3 be a. with sth** *(be teeming with sth)* hemžit se čím; **the streets were a. with people** na ulicích se to hemžilo lidmi **4 keep sth a.** *(in existence: customs)* zachovávat co **5** *(aware)* **be a. to sth** být si vědom čeho, uvědomovat si co; **become a. to sth** uvědomit si co

alkali ['ælkəlai] n (pl **~s** or **~es** [-z]) Chem zásada, alkálie ■ **a. metal** alkalický kov

alkaline ['ælkəlain] adj Chem zásaditý, alkalický

all [o:l] adj **1** *(with plural nouns: the whole amount of)* všichni, všechny, všechna; **a. men are mortal** všichni lidé jsou smrtelní; **a. the books** všechny knihy; **a. nations** všechny národy; **a. my books** všechny mé knihy; **a. six men** všech šest mužů; **a. the others** všichni ostatní; **a. Smetana's works** všechna Smetanova díla; **a. manner of things, a. kinds** or **sorts of things** všechno možné ♦ **at a. events** určitě, v každém případě; **at a. costs** za každou cenu; *(they come in)* **at a. hours** kdy se jim zachce; **by a. accounts** podle všeho; **by a. means** určitě, rozhodně; **on a. fours** po čtyřech; **to a. intents and purposes** prakticky, vlastně; **why you of a. people?** proč zrovna ty?; **with a. his faults** přes všechny jeho chyby; **be a. things to a. men** být se všemi zadobře; *(of things)* být ideální pro všechny účely **2** *(with uncountable nouns: the whole quantity of)* všechen, veškerý, celý; **a. the snow** všechen sníh; **a. the rice** všechna rýže; **a. my money** všechny (mé) peníze; **a. the family** celá rodina; **a. Europe** celá Evropa ♦ **with a. respect** při vší úctě; **for a. his wealth** přes všechno své bohatství **3** *(in temporal expressions)* celý; **a. morning** celé dopoledne; **a. day long** celý den; **a. the year round** celý rok; **a. the time** stále, pořád, po celou tu dobu **4** *(maximum)* **with a. speed** co nejrychleji; *(I must admit)* **in a. honesty** or **sincerity** zcela upřímně **5** *(any whatever)* jakýkoliv, veškerý, všechen; **beyond a. doubt** nad vši pochybnost; **deny a. knowledge of sth** popírat jakoukoliv vědomost o čem **6** ♦ *(discos, parties ...)* **and a. that ...** a podobně, a tak dále; **it's not a. that hard/ expensive** etc, **it's not as hard/ expensive** etc **as a. that** inf tak hrozně těžké/ drahé etc to zas(e) není; **it's not a. that good** zas tak moc dobré to není; **he doesn't play a. that well** moc dobře zrovna nehraje ● pron **1** *(everybody)* všichni; **a. of us/ you** my/ vy všichni; **we a. love her** všichni ji máme rádi; **a. but he** or inf **him** všichni kromě něho ♦ **one and a.** všichni bez výjimky; **a. and sundry** kdekdo; **a. together now** *(when singing* etc*)* a teď všichni spolu **2** *(everything)* všechno, vše; **a. of it** všechno; **that's a.** to je všechno; **a. is well** všechno je v pořádku ♦ **when a. is said and done** konec konců; **it's a. one to me** mně je to jedno; **that's a. very well but ...** to je všechno hezké, ale ...; *(he came)* **after a.** přece jenom; **a. in good time** všechno má svůj čas; **a. in a.** celkem vzato; **for a. I care** pro mne za mne; **not at a.** vůbec ne; *(Thank you!)* — **Not at a.!** Rádo se stalo! **3** *(nothing)* Br vulg **damn a., bugger a.** vůbec nic, ani ň; **I have done damn a. today** dnes jsem neudělal vůbec nic ● n všechno; **he has lost his a.** ztratil všechno ● adv **1** *(completely)* úplně, zcela, docela; *(he lives)* **a. alone** úplně sám; *(she did it)* **a. by herself** udělala to úplně sama; **she was dressed a. in white** byla celá v bílém; **she was a. dressed up** byla celá vystrojená ♦ **I am a. fingers and thumbs today** dnes mi všechno padá z rukou; **he is not a. there** nemá všech pět pohromadě; **I am a. for it** jsem pro všemi deseti **2** *(very)* velmi, celý; **she was a. excited** byla celá rozčilená; **be a. kindness** rozplývat se laskavostí; **be a. smiles** být samý úsměv; **a. too soon** příliš brzy **3** *(with comparatives)* **a. the better!** tím lépe; **I feel a. the better for**

it udělalo mi to moc dobře, moc mi to prospělo **4** Sport *(the score is)* **three a.** tři – tři, po třech; *(tennis)* **thirty a.** třicet oba **5 a. along** celou tu dobu, už od začátku; **she knew it a. along** ona to věděla od samého začátku **6 a. but** téměř, skoro; **it's a. but finished** je to skoro hotové; **it was a. but impossible** bylo to skoro nemožné **7 be a. in** sl *(exhausted)* být úplně hotový, být strašně utahaný; **be a. of sth** *(of size, height* etc*)* být/ mít/ měřit dobrých ...; **he is a. of six feet tall** měří dobrých 180 cm **8 a. over a)** všude; **I looked a. over for it** hledal jsem to všude **b) it is John a. over** inf to je celý John **c) be a. over sb** velmi se ke komu mít

Allah ['ælə] n Alláh

allay [ə'lei] vt *(pain, suffering)* zmírnit, utišit; *(suspicion, fear)* zaplašit; *(hunger)* ukojit; *(thirst)* uhasit

all clear [o:l'kliə] n konec poplachu; **sound the all clear** vyhlásit konec poplachu

allegation [ælə'geišn] n neopodstatněné tvrzení; obvinění; **make ~s of corruption against sb** obvinit koho z korupce

allege [ə'ledž] vt **a. that ...** prohlašovat or tvrdit, že ...; trvat na tom, že ...; dovolávat se čeho; **it is ~d that ...** tvrdí se, že ...; **he is ~d to have claimed that ...** on prý tvrdil, že ...

alleged [ə'ledžd] adj attr údajný; **the a. murderer** údajný vrah ■ **~ly** [ə'ledžidli] adv údajně, prý

allegiance [ə'li:džəns] n věrnost, loajálnost, poslušnost; **oath of a.** přísaha věrnosti

allegorical [ælə'gorikl] adj alegorický, jinotajný, obrazný ■ **~ly** adv alegoricky

allegory ['æləgəri] n alegorie, jinotaj

allegretto [ælə'gretəu] adj, adv Mus allegreto

allegro [æ'legrəu] adj, adv Mus allegro

alleluia [ælə'lu:jə] n, interj aleluja

allergic [ə'lə:džik] adj **1** *(reaction, rash* etc*)* alergický **2** pred Med **be a. to sth** být na něco alergický **2** pred fig **be a. to sb/ sth** inf joc být na někoho/ něco alergický, někoho/ něco nesnášet; **I am a. to her** jsem na ni alergický, vůbec ji nesnáším

allergy ['ælədži] n alergie; **have an a. to sth** být na něco alergický

alleviate [ə'li:vieit] vt *(pain, sorrow)* zmírnit, zmenšit

alleviation [ə,li:vi'eišn] n zmírnění, zmenšení

alley ['æli] n **1** also **alleyway** *(between buildings)* ulička, průchod ♦ **blind a.** slepá ulička also fig; **it's right up his a.** inf v tom je kovaný, to je jeho parketa, to je jeho **2 skittle a.** kuželna, kuželník

All Fools' Day [o:l'fu:lzdei] n (prvního) apríla

all-girl ['o:lgə:l] adj *(team* etc*)* dívčí, ženský

All Hallows' (Day) [o:l'hæləuzdei] n Všech svatých 1. listopadu

alliance [ə'laiəns] n spojenecký svazek, aliance, spojenectví; **enter into an a. with sb** uzavřít s kým spojenectví ♦ **the Holy A.** Hist svatá aliance

allied [ə'laid, 'ælaid] adj **1** Pol *(countries, powers)* spojenecký; **the A. Powers** spojenci **2** *(languages, subjects)* spřízněný **3 be a. to sth** *(criminality to unemployment* etc*)* být v (úzké) souvislosti s čím, jít ruku v ruce

alligator ['æligeitə(r)] n aligátor ■ **a. wrench** hasák, klíč na trubky nastavitelný

all-important [o:lim'po:tənt] adj nanejvýš důležitý, neobyčejně důležitý

all-in [o:l'in] adj *(price)* paušální, celkový; Sport **all-in wrestling** zápas ve volném stylu

all-inclusive [o:link'lu:siv] adj *(cost)* paušální

alliteration [əlitə'reišn] n aliterace

all-metal [o:l'metl] adj celokovový

all-night [o:l'nait] adj *(café)* otevřený celou noc; *(vigil, party* etc*)* celonoční

allocate ['æləkeit] vt **1** *(allot: money, task)* přidělit; *(time)* určit, stanovit; **a. a sum of money to sb for sth** přidělit komu peníze na co **2** *(distribute)* rozdělit

allocation [ælə'keišn] n **1** *(action of allocating)* přidělení; rozdělení **2** *(amount allocated)* příděl, kvóta, kontingent

allot [ə'lot] vt **(-tt-) 1** *(time)* určit, stanovit; *(money, tasks, land)* přidělit **2** *(distribute)* rozdělit; *(time)* rozvrhnout

allotment [ə'lotmənt] n **1** přidělení, přidělování **2** *(amount allotted)* příděl, díl **3** esp Br malá parcela; zahrádka; pl **~s** zahrádkářská kolonie

all-out [o:l'aut] adj *(effort)* krajní, obrovský, maximální; *(offensive)* mohutný; *(war, strike)* totální; *(support)* bezvýhradný, neomezený ● adv **go all out (to do sth)** vyvinout maximální úsilí(, aby); napřít všechny své síly k čemu

allow [ə'lau] **I** vt **1** *(permit)* dovolit, povolit; **be ~ed** smět; **a. sb to smoke** dovolit komu kouřit; **he is not ~ed to smoke** nemá dovoleno kouřit, nesmí kouřit; **he is not ~ed out** nesmí chodit ven **2** *(permit: with non-personal subjects)* **No smoking ~ed!, Smoking is not ~ed!** Zde není dovoleno kouřit!, Kouření zakázáno! **3** *(let)* nechat; **a. the food to get cold** nechat jídlo vychladnout **4** *(give, grant)* poskytnout, povolit, dát k dispozici; **a. sb £ 500 spending money per year** dát komu 500 liber ročně na útratu; **a. sb 30 minutes for lunch** vyměřit komu 30 minut na oběd; **a. sb two months to pay his/ her debt** poskytnout komu dva měsíce na zaplacení dluhu; **a. sb a discount** poskytnout komu slevu **5** *(take into account)* počítat s čím, pamatovat na co, zakalkulovat; **a. 20 minutes to get there** počítat s 20 minutami na cestu **6** *(accept: claim* etc*)* uznat za správné, potvrdit; Sport **a. the goal** uznat branku **II** vi **1 a. of sth** fml připustit, uznat **2 a. for sth** pamatovat na co, počítat s čím; **a. for delays** počítat se zdržením

allowable [ə'lauəbl] adj přípustný; **a. expenses** odpočitatelné výdaje

allowance [ə'lauəns] n **1** *(amount of money given regularly)* finanční podpora; dávka; *(annuity)* renta; *(father to son)* dated apanáž; *(pocket money)* kapesné **2** *(extra sum granted)* příplatek; **family a.** formerly rodinné přídavky; **travel a.** cestovné; **subsistence a.** diety; **cost-of-living a.** vyrovnávací příspěvek **3 luggage a.** volná zavazadla **4** *(discount)* sleva; **tax a.** sleva na dani nezdanitelná částka **5 make an a. for sth** vzít něco v úvahu, přihlédnout k čemu; **make ~s for sb** být shovívavý ke komu, brát na koho (speciální) ohledy

alloy ['æloi] n slitina ■ **a. steel** legovaná ocel, slitinová ocel ● [ə'loi] vt *(metals)* legovat, slévat

all-powerful [o:l'pauəfəl] adj všemocný, všemohoucí

all-purpose [o:l'pə:pəs] adj univerzální, mnohoúčelový

all right, Amer **alright** [o:l'rait] adj **1** *(safe)* v pořádku; **everything is a. r.** všechno je v pořádku; **are you a. r.?** jste v pořádku?; nestalo se vám něco?; **it's a. r.** *(there is no need to worry)* to nic; *(Thank you.)* — **That's a. r.** Rádo se stalo; Prosím; **he is a. r. again** *(after being ill)* už se zotavil, už je zase zdráv or inf fit **2** *(satisfactory)* dobrý; *(suitable)* vhodný; **he is a. r.** inf je to správný chlap; **it's a. r.** ujde to; **is the toy a. r. for small children?** je ta hračka vhodná pro malé děti? **3 be (doing) a. r.** mít pěkné postavení, mít o sebe postaráno, nemít nedostatek čeho; **are you a. r. for food?** inf máš dost jídla? **4 she is a bit of a. r.** sl (páni,) to je (ale) kočka!, to je (ale) kost!, to je holka jako řemen!; **he is a bit of a. r.** sl to je sekáč ● adv **1** *(satisfactorily)* dobře, uspokojivě; *(safely)* dobře, v pořádku; **did you get home a. r.?** dostal ses v pořádku domů? **2** *(certainly, definitely)* zajisté, ovšem(že), bezesporu; **it is him a. r.** inf ovšemže je to on ● interj **1** (tak) ano, dobře, dobrá, v pořádku; **A. r., let's go.** Tak dobrá, pojďme!; *(Can you help me?)* — **Yes, a. r.** Ano, rád. **2** *(Thank you)* — **It's a. r.** Rádo se stalo. To je v pořádku.

all-round [o:l'raund] adj *(athlete)* všestranný; *(improvement)* všeobecný; *(education)* univerzální

all-rounder [o:l'raundə(r)] n Cricket všestranný hráč kriketu

All Saints' Day [o:l'seintsdei] n Všech svatých 1. listopadu

All Souls' Day [o:l'səulzdei] fml Památka zesnulých, inf Dušičky 2. listopadu

all-star [o:lsta:(r)] adj *(show)* obsazený samými hvězdami; hvězdný

all-time [o:l'taim] adj rekordní, nejvyšší vůbec; *(record)* absolutní; **reach an all-time high** *(prices* etc*)* dosáhnout rekordní úrovně vůbec; **reach an all-time low** klesnout na zatím nejnižší úroveň

allude [ə'lu:d] vi **a. to sb/ sth** zmínit se o kom/ čem; **a. to sth** *(covertly)* dělat na co narážky, narážet na co

allure [ə'l(j)uə(r)] vt vábit, lákat ● n přitažlivost, kouzlo; **the (false) a. of big city life** svody velkoměsta

allurement [ə'l(j)uəmənt] n **1** přitažlivost, kouzlo **2** lákadlo

alluring [ə'l(j)uəriŋ] adj svůdný, přitažlivý, lákavý; *(smile)* okouzlující

allusion [ə'lu:žn] n narážka (**to sth** na co)

allusive [ə'lu:siv] adj náznakový; *(style* etc*)* plný narážek

alluvial [ə'lu:viəl] adj Geol esp attr aluviální, naplaveninový, nánosový

ally ['ælai] n spojenec; **the Allies** Pol spojenci ● v(t)i **a. (o.s.) with** or **to sb/ sth** spojit or spolčit se s kým/ s čím

alma mater [ælmə'ma:tə(r)] n alma mater

almanac(k) ['o:lmənæk] n **1** *(calendar with information about the phases of the moon* etc*)* kalendář **2** ročenka, almanach

almighty [o:l'maiti] adj **1** všemohoucí; **A. God, God A.** všemohoucí Bůh, Všemohoucí **2** inf *(din)* pekelný, hurónský, příšerný; **a. disgrace** světová ostuda; **a. fool** korunovaný osel or vůl; **make an a. fool of oneself** uříznout si příšernou ostudu, strašně se blamovat ● n **the A.** Všemohoucí

almond ['a:mənd] n **1** also **a. tree** mandloň **2** *(nut)* mandle ■ **a. eyes** mandlové oči

almond-eyed [a:mənd'aid] adj mající mandlové oči, s mandlovýma očima

almond-shaped [a:mənd'šeipt] adj mandlovitý, mandlový, tvaru mandle

almost ['o:lməust] adv skoro, téměř, prakticky; **a. every evening** skoro každý večer; **it is a. finished** je to prakticky hotové; **he a. cried** málem se pustil do pláče, div se nerozplakal; **a. kill oneself working** div se neudřít k smrti; **his eyes a. popped out of his head** div si oči nevykoukal, div mu oči nevypadly z důlků

alms [a:mz] n pl almužna

aloe ['æləu] n aloe

aloft [ə'loft] adv nahoře, ve vzduchu; Naut ve stěžňoví, v ráhnoví

alone [ə'ləun] pred adj *(without company)* sám, osamocený, samotný; **be left a. (in the world)** zůstat opuštěný, zůstat sám (jako kůl v plotě); **I did it a.** udělal jsem to sám; **leave me a. for a while** nechte mne chvíli o samotě ● adv jenom, pouze, sám o sobě, už jen; **the shoes a. cost £30** už jen boty (samy o sobě) stály 30 liber

along [ə'loŋ] prep **1** *(from one end to the other)* po; **I walked a. the street** šel jsem po ulici **2** *(parallel with)* podél, podle; **the trees a. the river** stromy podél řeky; **sail a. the coast** plout podél pobřeží **3 they live somewhere a. this street** bydlí někde v této ulici; **it's somewhere a. here** je to někde tady ● adv **1** *(onwards)* dopředu, dále; **move a.** postupovat dál, jít dál; **move a.!** *(said by a policeman)* rozejděte se!, nestůjte zde!; **come a., children!** *(hurry up)* tak pojďte, děti!; děti, pospěšte si! ♦ *(I knew it)* **all a.** už od začátku, celou tu dobu **2** *(in company)* spolu, s sebou; **take sb a.** vzít někoho s sebou; **sing a. (with sb)** zpívat spolu (s kým); **get a. with you!** sl **i)** táhni!, kliď se! **ii)** *(expressing disbelief)* ale jdi!, to povídej někomu jinému! **3** *(there/ here)* **I'll be a. in ten minutes** budu tam za deset minut; **they are coming a. tomorrow** přijdou k nám zítra

alongside [əˌloŋ'said] prep podél, vedle, u; **he walked a. his mother** šel vedle matky; **the trees a. the river** stromy podél řeky; *(the car pulled up)* **a. the kerb** u (okraje) chodníku ● adv vedle; **a police car pulled a.** vedle nás/ nich etc zastavilo policejní auto

aloof [ə'lu:f] adv stranou; **keep oneself a.** fig držet se stranou, udržovat si odstup ● adj *(person)* odměřený, chladný, rezervovaný; **he kept very much a.** udržoval si odstup, s nikým se nepřátelil

aloofness [ə'lu:fnəs] n odstup, odměřenost, rezervovanost

aloud [ə'laud] adv **1** *(audibly)* nahlas; **to read/ think a.** číst/ myslet nahlas **2** *(in a loud voice)* hlasitě; **(to) cry a.** hlasitě vykřiknout

alp [ælp] n hora v Alpách

alpenhorn ['ælpənho:n] n alpský roh

alpenstock ['ælpənstok] n okovaná hůl, cepín

alpha ['ælfə] n *(Greek letter)* alfa ♦ **A. and Omega** alfa a omega, alfa i omega, počátek i konec čeho, úhelný kámen ■ **a. particles/ rays** částice/ paprsky alfa

alphabet ['ælfəbet] n abeceda; **the Latin a.** latinka, **Cyrillic a.** cyrilice

alphabetical [ælfə'betikl] adj abecední; **put sth in a. order** seřadit co podle abecedy ■ **~ly** adv abecedně, podle abecedy; **arrange sth ~ly** seřadit co podle abecedy

alpine ['ælpain] adj *(scenery, climate)* alpský; *(club)* alpský, alpínský, horolezecký; *(hut)* vysokohorský; **a. plants** alpské rostliny ● n **alpine** alpínka

Alps [ælps] n pl **the Alps** Alpy

already [o:l'redi] adv již, už **a)** *(by now)* **they have a. arrived** už přijeli **b)** *(before)* **I've been there a.** já už jsem tam byl **c)** *(in questions; expressing surprise)* **is it twelve o'clock a.?** to už je dvanáct hodin?

alright [o:l'rait] inf = **all right**

Alsace [æl'sæs] n Alsasko

Alsace-Lorraine [ælˌsæslə'rein] n Alsasko-Lotrinsko

Alsatian [æl'seišn] adj alsaský ● n **1** *(person)* Alsasan/ -ka **2** also **A. dog** vlčák, německý ovčák

also ['o:lsəu] adv **1** *(too)* také, též, rovněž; **not only ... but a.** nejen ... ale i; **I a. helped out** já jsem vypomohl také; **I was a. present** já jsem byl též přítomen; **not only Peter but a. Paul ...** nejen Petr, ale i Pavel ... **2** *(moreover)* navíc, mimoto, kromě toho; **I must a. stress that ...** mimoto musím zdůraznit, že ...

also-ran ['o:lsəuræn] n fig **be an a.-ran** být neúspěšný, ničeho nedosáhnout

alt written abbr of **altitude** výška

altar ['oltə(r)] n oltář ■ **a. boy** ministrant ♦ **lead sb to the a.** vést koho k oltáři

altarpiece ['oltəpi:s] n oltářní obraz, retabulum

alter ['oltə(r)] **I** vt **1** změnit, přeměnit, měnit; *(modify)* pozměnit, modifikovat, upravit; *(clothes)* upravit, přešít; **that ~s things** to mění situaci; **it doesn't a. the fact that ...** to nic nemění na tom, že ... **2** Amer, Austr *(animals: castrate, spay)* kastrovat **II** vi *(change)* změnit se; **you have ~ed a lot** hodně ses změnil

alteration [o:ltə'reišn] n změna; *(to clothes)* přešití, úprava; *(to houses etc)* adaptace; *(to project)* modifikace; *(of timetable etc)* **subject to ~s** změna jízdního řádu vyhrazena

altercation [oltə'keišn] n hádka, půtka, hlučná výměna názorů

alter ego [æltər'i:gəu] n (pl **a. egos**) alter ego

alternate₁ [o:l'tə:nət; Amer 'o:ltərnət] adj **1** střídavý; **a. angles/ leaves** střídavé úhly/ listy **2** *(every second)* každý druhý; **on a. days** každý druhý den, obden ■ **~ly** adv střídavě ● n *(deputy)* esp Amer náhradník/ náhradnice; zástupce/ zástupkyně

alternate₂ ['o:ltəneit] **I** vt střídat, používat/ klást etc střídavě; **a. crops** střídat zemědělské kultury **II** vi střídat se, vyskytovat se střídavě; **a. with sb** střídat se s kým; **a. in a part** *(actors)* alternovat v roli

alternating ['o:ltəneitiŋ] adj střídající se, střídavý; Elec **a. current** střídavý proud

alternation [o:ltə'neišn] n *(of crops, generations)* střídání

alternative [o:l'tə:nətiv] adj attr *(possibilities, plans)* alternativní, jiný (možný); **a. medicine/ society** alternativní medicína/ společnost; **a. suggestion** alternativní návrh, protinávrh ● n alternativa, jiná varianta or možnost; **to have no a.** nemít na výběr; **to have no other a.** nemít žádnou jinou volbu; **I have no a. but ...** nezbývá mi nic jiného, než ...

alternatively [o:l'tə:nətivli] adv alternativně, nebo (jinak), nebo v opačném případě; **a. we could watch TV** nebo se můžeme dívat na televizi

alternator ['o:ltəneitə(r)] n Elec alternátor, generátor na střídavý proud

although [ol'ðəu] conj ačkoli(v), třebaže, i když

altimeter ['æltimi:tə(r)] n výškoměr

altitude ['æltitju:d] n nadmořská výška; Aer výška (letu); **at this a.** v této výšce; **we are flying at an a. of 6,000 meters** letíme ve výšce 6000 metrů ...; **a. sickness** výšková nemoc

alto ['æltəu] n (pl **~s**) **1** *(voice)* alt, altový hlas, *(male* also*)* diskant, zvýšený tenor **2** *(singer)* altistka, altista **3** = **a. sax(ophone)** altsaxofon ● adj altový; **an a. voice** altový hlas; **a. clef** altový klíč ● adv **sing a.** zpívat alt

altogether [o:ltə'geðə] adv **1** *(in all)* dohromady, celkem, všehovšudy; **a. the bill came to £75** přišlo to celkem na 75 liber **2** *(entirely)* naprosto, úplně; **it's a. out of the question** to je absolutně vyloučeno; **it was not a. true** nebyla to tak docela pravda; **it is not a. bad** není to zrovna nejhorší **3** *(on the whole)* celkem vzato, vcelku, v podstatě; *(it was raining,)* **but a. it was a good holiday** ale vcelku to byla dobrá dovolená ● n **in the a.** fig joc v rouše Adamově/ Evině

altruism ['æltruizəm] n altruismus

altruist ['æltruist] n altruista/ altruistka

altruistic [æltru'istik] adj altruistický ■ **~ally** adv altruisticky

alum ['æləm] n kamenec

aluminium [æl(j)ə'miniəm], Amer **aluminum** [ə'lu:minəm] n aluminium, hliník ■ **a. foil** hliníková fólie

alumna [ə'lamnə] n (pl **alumnae** [-ni:]) Amer bývalá žákyně/ studentka stř. školy, univerzity, absolventka, abiturientka

alumnus [ə'lamnəs] n (pl **alumni** [ə'lamnai]) Amer, pl also Br bývalý žák/ student střední školy, univerzity, absolvent, abiturient

alveolar [ælvi'əulə(r)] adj Ling *(consonants)* alveolární, dásňový ● n alveolára, dásňová souhláska

always ['o:lweiz, '-wəz] adv **1** *(repeatedly)* vždy, vždycky, pokaždé; **nearly a.** skoro vždycky; **as a.** jako vždycky; **he is a. late** vždycky přichází pozdě **2** *(constantly)* stále, pořád, věčně, inf v jednom kuse; **he is a. complaining** věčně si stěžuje **3** *(for ever)* **I will love you a.** nikdy tě nepřestanu mít rád **4** *(with can/ could: as a last resort)* při nejhorším, v nejhorším případě, v krajním případě; **you can a. go by bus** při nejhorším můžeš jet autobusem

am [æm, əm] see **be**

am, a.m., Amer **AM** [ei'em] abbr of **ante meridiem** ráno/ dopoledne; **3 am** 3 hodiny ráno; **at 11 am** v 11 (hodin) dopoledne; *(we'll meet you at 6)* — **am or pm?** ráno nebo večer?, dopoledne nebo odpoledne?

amalgam [ə'mælgəm] n **1** Chem amalgám **2** *(mixture: of spices, doctrines* etc*)* fig směs, směsice

amalgamate [ə'mælgəmeit] **I** vt **1** *(metals)* amalgamovat **2** *(companies, schools)* sloučit, spojit **II** vi **1** Chem amalgamovat se **2** *(schools, companies)* spojit se, sloučit se, *(companies* also*)* fúzovat

amalgamation [əˌmælgə'meišn] n **1** Chem amalgamování, amalgamace **2** *(of companies)* sloučení, fúze

amass [ə'mæs] vt *(money, evidence)* shromáždit, nashromáždit; **a. a fortune** nahromadit majetek

amateur ['æmətə(r)] n **1** *(non-professional)* amatér; divadelní ochotník ■ **a. theatre** ochotnické divadlo; **a. photographer** fotograf amatér **2** pej amatér, diletant ■ **a. work** amatérská or diletantská práce

amateurish ['æmətəriš] adj pej amatérský, diletantský ■ **~ly** adv pej amatérsky, diletantsky, neodborně

amateurishness ['æmətərišnəs] n pej amatérství, diletantství

amaze [ə'meiz] vt udivit, uvést v úžas; **be ~d at sth** divit se čemu, žasnout nad čím

amazed [ə'meizd] adj *(expression, look)* udivený, užaslý

amazement [ə'meizmənt] n překvapení, údiv, úžas; **to my a.** k mému údivu; **to everybody's a.** ke všeobecnému údivu; **he looked at me in a.** udiveně se na mne podíval; **gape in a.** udiveně koukat, inf kulit or valit oči

amazing [ə'meiziŋ] adj *(surprising)* překvapivý; *(wonderful, admirable)* úžasný; *(player, feat)* vynikající; **it's a.** to je úžasné; **I find it a. that ...** udivuje or překvapuje mě, že ...

amazingly [ə'meiziŋli] adv **1** překvapivě; **a. no one was hurt** je až neuvěřitelné, že se nikomu nic nestalo **2** *(extremely)* úžasně; **he is a. clever** je úžasně chytrý

Amazon ['æməzən] n **1** *(river)* **the A.** Amazonka **2** Myth Amazonka **3** *(strong or aggressive woman)* also **amazon** amazonka, mužatka

ambassador [æm'bæsədə(r)] n velvyslanec; **a. extraordinary/ plenipotentiary** mimořádný/ zplnomocněný velvyslanec; **our a. to Slovakia** náš velvyslanec na Slovensku

ambassadorial [æmˌbæsə'do:riəl] adj velvyslanecký

ambassadress [æm'bæsədres] n **1** *(diplomat)* velvyslankyně; see **ambassador 2** *(ambassador's wife)* žena velvyslance

ambassador-at-large [æm'bæsədərət-'la:dž] n velvyslanec se zvláštním posláním často pro několik zemí

amber ['æmbə(r)] n **1** *(resin)* jantar **2** *(in traffic lights)* Br žlutá; **he crossed on a.** *(traffic light)* přejel na žlutou ● adj *(necklace* etc*)* jantarový; *(traffic lights)* žlutý

ambergris ['æmbəgri:s] n ambra

ambidextrous [æmbi'dekstrəs] adj **1** obouruký stejně obratný na obě ruce **2** sl bisexuální

ambience, also **ambiance** ['æmbiəns] n *(of a place, restaurant* etc*)* atmosféra, ovzduší, prostředí

ambient ['æmbiənt] adj okolní; **a. temperature** teplota okolí

ambiguity [æmbi'gju:əti] n **1** dvojsmyslnost, dvojznačnost, víceznačnost, nejasnost **2** *(instance of a.)* dvojsmysl

ambiguous [æm'bigjuəs] adj dvouznačný, víceznačný, nejasný; *(joke)* dvojsmyslný; *(smile)* neurčitý; *(response)* nejasný, pythický

ambiguousness [æm'bigjuəsnəs] n see **ambiguity**

ambit ['æmbit] n *(of town, land)* obvod, hranice; *(of power, authority)* rozsah, meze; *(of investigation)* rámec

ambition [æm'bišn] n **1** *(desire for success)* ctižádost, ctižádostivost, ambice pl **2** *(aspiration)* touha, (toužebné) přání, sen; **his lifelong a.** jeho životní sen; jeho celoživotní cíl or snaha; **it is her a. to become a singer** sní o tom, že se stane zpěvačkou

ambitious [æm'bišəs] adj **1** *(person)* ctižádostivý; **be a. for sb** mít s kým velké plány **2** *(plan, project)* grandiózní, smělý ■ **~ly** adv ctižádostivě

ambivalence [æm'bivələns] n dvojakost, nevyhraněnost, ambivalence

ambivalent [æm'bivələnt] adj dvojaký, nevyhraněný

amble ['æmbl] vi *(person)* loudat se; *(horse)* chodit mimochodem; **to a. in** *(person)* přiloudat se ● n loudavá chůze; *(horse)* mimochod

ambrosia [æm'brəuziə, Amer -'broužə] n *(food of the gods)* ambrózie; fig výtečné jídlo, výborná pochoutka

ambulance ['æmbjələns] n ambulance, sanitní vůz, sanitka

ambulanceman ['æmbjələnsmæn] n (pl **-men** [-men]) sanitář, obsluha sanitního vozu

ambulant ['æmbjələnt] adj *(patient)* chodící

ambush ['æmbuš] n **1** nástraha, léčka, záloha; **lay an a. (for sb)** nastrojit léčku (na koho); **fall into an a.** upadnout do léčky; **lie** or **wait in a.** číhat v záloze **2** *(troops)* oddíl v záloze **3** *(attack)* útok or napadení ze zálohy ● vt **a. sb** napadnout koho ze zálohy; vlákat koho do léčky

ameba [ə'mi:bə] see **amoeba**

ameliorate [ə'mi:liəreit] fml **I** vt *(conditions, circumstances)* zlepšit, vylepšit; *(living standards)* zvýšit; *(soil)* meliorovat **II** vi zlepšit se, *(living standards)* zvýšit se

amelioration [əˌmi:liə'reišn] n fml zlepšení, zlepšování; Agr meliorace

amen [a:'men, ei'men] interj amen; **a. to that!** fig inf zajisté!, určitě! ● n amen; **say a. to sth** něco odsouhlasit, dát k čemu souhlas

amenability [əˌmi:nə'biləti] n *(of people)* přístupnost; pej poddajnost; *(to rules, to a theory)* aplikovatelnost, vhodnost

amenable [ə'mi:nəble] adj **1** *(responsive)* **be a. to sth** *(of people)* být přístupný čemu; **be a. to advice** dát si poradit; **be a. to reason** být přístupný rozumné argumentaci; **he is not a. to reason** s ním se nedá rozumně hovořit **2** pej **(too) a.** *(tractable)* poddajný, ohebný, lehce ovladatelný; **a. character** ohebná or přizpůsobivá povaha

3 *(to authority, rules, laws)* podléhající čemu; *(of theories)* vhodný, aplikovatelný na co

amend [ə'mend] fml **I** vt *(law, bill)* pozměnit, doplnit, opatřit doplňky; *(text)* vylepšit; *(error)* opravit; *(behaviour)* zlepšit **II** vi polepšit se

amendment [ə'mendmənt] n fml *(to bill)* pozměňovací or doplňovací návrh; *(addition)* doplněk, novela

amends [ə'mendz] n pl **make a. to sb for sth** odškodnit koho za co; **how can I make a. for it?** *(for an insult* etc*)* jak to můžu napravit?, můžu to nějak napravit?

amenity [ə'mi:nəti] n **1** often pl **amenities** veřejná zařízení (poskytující služby); **the amenities of a town** kulturní a veřejné služby ve městě **2** *(in a hotel/ house)* **amenities** vybavení, komfort; **this hotel has every amenity ...** tento hotel je vybaven veškerým komfortem **3** *(pleasantness)* příjemnost, pohoda; *(pleasant features of a place)* výhodná poloha, krásné okolí **4** *(courtesies)* **amenities** pl dobré způsoby, bontón, uhlazenost

America [ə'merikə] n Amerika; **North/ Central/ South/ Latin A.** Severní/ Střední/ Jižní/ Latinská Amerika; **the ~s** americký kontinent

American [ə'merikən] adj americký; **North/ South/ Central American** severoamerický/ jihoamerický/ středoamerický; **the A. way of life** americký způsob života ● n **1** Američan/ -ka **2** also **A. English** americká angličtina

American plan [ə'merikənplæn] n penze hotelové ubytování se stravou

Americanism [ə'merikənizəm] n **1** Ling amerikanismus **2** *(attitude)* amerikanismus, amerikánství

Americanist [ə'merikənist] n amerikanista

Americanization [əˌmerikənai'zejšn] n amerikanizace

Americanize [ə'merikənaiz] **I** vt (po)amerikanizovat, poameričtit **II** vi (po)amerikanizovat se, poameričtit se

Amerindian [æme'rindiən] n also **American Indian** (americký) Indián ● adj indiánský

amethyst ['æməθist] n ametyst

amethystine [æmə'θistain] n ametystový

amiability [eimiə'biləti] n (**to/ towards sb** ke komu) přívětivost, vlídnost, laskavost

amiable ['eimiəbl] adj (**to/ towards sb** ke komu) přívětivý, vlídný, laskavý, přátelský ■ **amiably** adv laskavě, přívětivě

amicability [æmikə'biləti] n přátelskost

amicable ['æmikəbl] adj přátelský, kamarádský; *(discussion)* přátelský, klidný; Jur *(settlement)* smírný, přátelský ■ **amicably** adv přátelsky, kamarádsky; Jur *(settle)* smírně, přátelsky; **live together amicably** žít spolu v souladu; **get on quite amicably** celkem dobře spolu vycházet

amid [ə'mid], **amidst** [ə'midst] prep dated or fml uprostřed čeho; **a. all the confusion** uprostřed toho zmatku; **a. the mood of despondency** ve sklíčené atmosféře

amidships [ə'midšips] adv Naut uprostřed/ doprostřed lodi

amiss [ə'mis] adj pred **there is something a.** tady něco neklape; **what's a. with you?** arch co je ti?, co je s tebou?; **say something a.** říci něco nevhodného ● adv **take sth a.** brát něco ve zlém, vykládat si co ve zlém ♦ **not come** or **go a.** přijít vhod, hodit se; **a glass of wine wouldn't come a.** sklenička vína by mi přišla vhod; **it may not be a. to explain that ...** dated bylo by možná vhodné vysvětlit, že ...

amity ['æməti] n přátelství, přátelské vztahy

ammeter ['æmi:tə(r)] n ampérmetr

ammo ['æməu] inf abbr of **ammunition** munice, střelivo

ammonia [ə'məuniə] n čpavek, amoniak

ammunition [æmju'nišn] n **1** Mil munice, střelivo ■ **a. belt** pás na patrony; **a. dump** muniční sklad **2** fig *(facts to win an argument)* argumenty, důkazy

amnesia [æm'ni:ziə; Amer æm'ni:žə] n amnézie, ztráta paměti

amnesty ['æmnəsti] n amnestie; **a general a.** všeobecná amnestie; **declare an a.** vyhlásit amnestii; **grant sb an a.** udělit komu amnestii, amnestovat koho; **release sb under an a.** propustit koho na základě amnestie

Amnesty International [æmnəstiintə'næšənl] n Mezinárodní organizace pro amnestii bojující za osvobození zvl. politických vězňů

amoeba, Amer **ameba** [ə'mi:bə] n (pl also **amoebae** [-bi:]) améba, měnivka

amoebic, Amer **amebic** [ə'mi:bik] adj Med amébový; **amoebic dysentery** amébová úplavice

amok [ə'mok], **amuck** [ə'mak] adv **run a.** dostat záchvat amoku; *(gunman)* propadnout záchvatu vražedného šílenství; fig řádit jako zběsilý, šíleně vyvádět; *(inflation* etc*)* vymknout se vládě ap. z ruky, vymknout se kontrole

among [ə'maŋ], **amongst** [ə'maŋst] prep **1** *(surrounded by)* mezi; *(I found it)* **a. my things** mezi svými věcmi; **hide a. the bushes** schovat se v křovinách ♦ **chaff a. the wheat** koukol mezi pšenicí; **a queen a. the flowers** královna květin; **be like a rose a. the thorns** být jako růže mezi trním

2 *(included in)* **a. those present was ...** mezi přítomnými byl ...; **he was a. the last to leave** odešel jako jeden z posledních, byl mezi posledními; **a. other things** mezi jiným; **be a. the best** patřit k nejlepším 3 *(in parts)* **divide it a. you** rozdělte si to mezi sebou 4 *(between)* **they are always arguing ~st themselves** stále se spolu hádají ♦ **there is honour a. thieves** i zloději mají svou čest

amoral [ei'morəl] adj amorální

amorality [eimo'ræləti] n amorálnost

amorous ['æmərəs] adj *(letter, adventure, poetry)* milostný, *(glances* also*)* zamilovaný; **make a. advances to sb** *(to a girl)* dvořit se komu, namlouvat si koho, sl balit koho ■ **~ly** adv zamilovaně

amorousness ['æmərəsnəs] n zamilovanost

amorphous [ə'mo:fəs] adj 1 Chem, Geol amorfní, nemající (žádnou) strukturu, *(object)* beztvarý 2 *(ideas)* neuspořádaný, chaotický

amortization [əˌmo:tai'zeišn] n amortizace, umořování ■ **a. payments/ quota** amortizační platby/ kvóta

amortize [ə'mo:taiz] vt *(debt)* amortizovat, umořit/ umořovat

amount [ə'maunt] n 1 *(sum)* částka, obnos; **total a.** celková částka; **debts to the a. of £300** dluhy ve výši 300 liber 2 *(quantity)* množství, kvantum; míra, rozsah; **a large a. of work** velké množství práce; **a considerable a. of patience** značná dávka trpělivosti 3 **any a. of sth** velké množství čeho, obrovské kvantum čeho; **spend any a. of money** utratit hromadu peněz; **he has any a. of pride** je pyšný až bůh brání or až až or až běda ● vi **a. to** 1 gen, Fin *(bill, cost)* dělat, činit, obnášet; **the expenses/ debts ~ed to £70** výdaje/ dluhy činily 70 liber; **how much does our bill a. to?** kolik dělá náš účet?, kolik to dělá?; **an invoice ~ing to £200** faktura na 200 liber; **costs ~ing to ...** náklady ve výši ... 2 *(be equivalent to)* rovnat se čemu, znamenat co; **a statement ~ing to libel** prohlášení rovnající se urážce na cti; **it doesn't a. to much** za moc to nestojí; **he'll never a. to much** nikdy z něho nic pořádného nebude, nikdy to nikam nedotáhne ♦ **it ~s to the same thing** vyjde to na stejno

amour [ə'muə(r)] n joc or fml milostný poměr zprav. tajný, aféra

amour-propre [æmuə'proprə] n sebeláska, samolibost, ješitnost

amp [æmp] n abbr of **ampère** ampér

amperage ['æmpəridž] n Elec intenzita elektrického proudu

ampère ['æmpeə(r)] n ampér

ampersand ['æmpəsænd] n symbol &; as in **Smith & Brown** *(read as)* Smith a Brown

amphetamine [æm'fetəmin] n amfetamin

amphibian [æm'fibiən] n 1 Zool obojživelník 2 *(vehicle)* obojživelné vozidlo; *(aircraft)* obojživelný letoun

amphibious [æm'fibiəs] adj *(plants, animals, vehicles,* Mil *operation)* obojživelný

amphitheatre, Amer **amphitheater** ['æmfiθiətə(r)] n 1 amfiteátr 2 *(lecture hall)* posluchárna, aula

amphora ['æmfərə] n (pl **-s** or **-e** ['æmfəri:]) amfora

ample ['æmpl] adj 1 *(more than enough)* (více než) dost; **we have a. time/ money** máme dost(atek) or hromadu času/ peněz; **£20 will be a. for me** 20 liber mi bude naprosto stačit 2 *(spacious: boot of car* etc*)* prostorný, *(garden)* rozlehlý; *(large: bosom)* bujný ■ **amply** ['æmpli] adv hojně, bohatě, dostatečně, vrchovatou měrou; **be amply rewarded** být štědře odměněn, dostat štědrou odměnu

amplification [æmplifi'keišn] n 1 Phys *(of radio signal* etc*)* zesílení 2 *(of idea, statement* etc*)* rozvedení 3 *(of knowledge)* prohloubení, rozšíření

amplifier ['æmplifaiə(r)] n *(of radio signal* etc*)* zesilovač

amplify ['æmplifai] I vt 1 *(radio signal, electric current* etc*)* zesílit, zesilovat 2 *(theme, story)* rozvést, *(statement, idea)* rozvést, vysvětlit podrobněji 3 *(knowledge)* rozšířit (si), prohloubit (si) II vi **a. on sth** něco podrobněji rozvést, něco blíže vysvětlit

amplitude ['æmplitju:d; Amer -tu:d] n 1 Elec Phys amplituda, rozkmit 2 Astron amplituda 3 also fig velikost, rozsah, šíře

ampoule, Amer also **ampule** ['æmp(j)u:l] n Med ampulka, ampule

amputate ['æmpjuteit] vt, vi amputovat, odejmout např. nohu

amputation [æmpju'teišn] n amputace

amputee [æmpju'ti:] n osoba s amputovaným údem; osoba, která se podrobila amputaci

Amsterdam ['æmstədæm] n Amster(o)dam

amuck [ə'mak] = **amok**

amulet ['æmjulət] n amulet

amuse [ə'mju:z] vt 1 *(make sb laugh or smile)* obveselovat, bavit, zabavit; **he ~d us by telling us funny stories** bavil nás vyprávěním legračních příběhů; **I was ~d to hear that ...** pobavilo mě, když jsem se dověděl, že ... 2 *(entertain)* (po)bavit (se), rozptýlit (se)/ rozptylovat (se), krátit si volnou chvíli; **they ~d themselves by playing chess** bavili se hrou v šachy

amused [ə'mju:zd] adj pobavený; **a. smile** pobavený úsměv ■ **~ly** [ə'mju:zidli] adv pobaveně; **she looked at him a.** pobaveně se na něho podívala

amusement [ə'mju:zmənt] n 1 *(diversion, pastime)* zábava, kratochvíle, zábavný program ■ **a. column** přehled kulturních pořadů 2 *(state of being amused)* zábava, rozptýlení, pobavení, veselí; **source of a.** zdroj zábavy; **for a.** pro obveselení, pro zábavu 3 **fairground ~s** pouťové atrakce ■ **a. park** zábavní park; **a. arcade** herna s hracími automaty

amusing [ə'mju:ziŋ] adj zábavný; *(story* also*)* legrační; **I don't find it a.** já na tom nevidím nic komického ■ **~ly** adv zábavně, legračně, komicky

an [æn, ən] see **a**

Anabaptism [ænə'bæptizəm] n Relig anabaptismus, novokřtěnectví

Anabaptist [ænə'bæptist] n Relig anabaptista, novokřtěnec

anabolic steroid [ænəbolik'stiəroid] n anabolický steroid

anachronism [ə'nækrənizəm] n anachronismus, přežitek

anachronistic [əˌnækrə'nistik] adj anachronický, anachronistický, přežitý

anaconda [ænə'kondə] n Zool anakonda

anaemia, Amer **anemia** [ə'ni:miə] n anémie, chudokrevnost

anaemic, Amer **anemic** [ə'ni:mik] adj 1 anémický, chudokrevný 2 fig *(performance* etc*)* nedokrevný, bezbarvý

anaesthesia [ænəs'θi:ziə], Amer **anesthesia** [-'θi:žə] n Med anestézie, *(artificially induced)* narkóza; **general/ local a.** úplná/ místní or lokální anestézie

anaesthetic, Amer **anesthetic** [ænəs'θetik] n Med *(substance)* anestetikum; **be under an a.** mít narkózu ● adj anestetický, anestezující, působící znecitlivění

anaesthetist, Amer **anesthetist** [æ'ni:sθətist], **anesthesiologist** [ænisˌθi:zi'olədžist] n Med anesteziolog

anaesthetize, Amer **anesthetize** [ə'ni:sθətaiz] vt Med (z)anestezovat, znecitlivit, inf umrtvit, *(generally* also*)* uspat

anagram ['ænəgræm] n anagram

anal ['einl] adj Anat řitní, anální

analgesia [ænəl'dži:ziə] n Med analgezie, ztráta citlivosti

analgesic [ænəl'dži:zik] n Med analgetikum ● adj analgetický

analog ['ænəlog] adj Comput analogový; **a. computer** analogový počítač

analogous [ə'næləgəs] adj analogický, obdobný, podobný; **a. to** or **with sth** analogický or obdobný čemu, podobný čemu or s čím

analogue ['ænəlog] n analogon, protějšek

analogy [ə'nælədži] n analogie, podobnost, obdoba; **by a.** analogicky, obdobně; **argue by a.** argumentovat podle analogie; **draw an a.** provést srovnání (**between** mezi; **with** s)

analyse, Amer **analyze** ['ænəlaiz] vt, vi 1 *(samples)* analyzovat, podrobit analýze 2 *(situation)* prozkoumat, rozebrat, podrobit analýze 3 Ling *(sentence)* rozebrat 4 *(psychoanalyse)* provést psychoanalýzu koho

analysis [ə'næləsiz] n (pl **analyses** [ə'nælisi:z]) analýza; *(grammatical)* rozbor; *(psychoanalysis)* psychoanalýza ♦ **in the final a.** konec konců

analyst ['ænəlist] n Math analytik, Chem laborant; *(psychoanalyst)* psychoanalytik

analytic(al) [ænə'litik(l)] adj analytický ■ **~(al)ly** [ænə'litikli] adv analyticky

analyze Amer = **analyse**

anamnesis [ænæm'ni:sis] n Med anamnéza

anapaest ['ænəpi:st], Amer **anapest** ['ænəpest] n Liter anapest

anaphora [ə'næfərə] n Ling anafora

anaphoric [ænə'forik] adj Ling anaforický

anarchic(al) [æ'na:kik(l)] adj anarchický špatně organizovaný

anarchism ['ænəkizəm] n anarchismus

anarchist ['ænəkist] n anarchista/ anarchistka ● adj anarchistický

anarchistic [ænə'kistik] adj anarchistický

anarchy ['ænəki] n 1 anarchie, bezvládí 2 fig *(disorder)* anarchie, chaos

anathema [ə'næθəmə] n Relig klatba, anatéma; fig **it is a. to me** z duše se mi to příčí např. rasismus etc

anathematize, anathematise [ə'næθəmətaiz] vt Relig dát koho do klatby, proklít

anatomical [ænə'tomikl] adj anatomický

anatomist [ə'nætəmist] n anatom

anatomy [ə'nætəmi] n 1 *(science)* anatomie 2 *(dissection)* pitva, pitvání 3 joc euph tělo; **she revealed certain parts of her a.** obnažila určité partie (těla)

ANC [eien'si:] = **African National Congress** ANC jihoafrická osvobozenecká organizace

ancestor ['ænsestə(r)] n 1 předek; **~s** předkové, praotcové, dědové; **a. worship** kult předků 2 fig *(of a machine, mechanism* etc*)* předchůdce

ancestral [æn'sestrəl] adj zděděný po předcích; **a. portraits** obrazy předků, rodinné obrazy; **a. home** dům (zděděný) po předcích, dům or sídlo jeho/ našich etc předků

ancestress ['ænsestres] n pramáti, prabába

ancestry ['ænsestri] n **1** původ, rod; **be of noble a.** být urozeného rodu **2** *(ancestors)* předkové

anchor ['æŋkə(r)] n **1** Naut kotva; **at a.** zakotvený; **drop** or **cast a.** spustit kotvu; **weigh a.** zdvihnout kotvu, (chystat se) vyplout; **lie** or **ride** or **be at a.** kotvit; **come to a.** zakotvit **2** fig *(person/ thing that gives security)* útočiště, záchrana, spása ● **I** vt Naut zakotvit; Build *(girder)* zakotvit; fig *(tablecloth/ blanket with stones* etc*)* zatížit; *(fix securely)* upevnit **II** vi (za)kotvit, být zakotvený

anchorage ['æŋkəridž] n **1** *(place)* kotviště **2** *(dues)* kotevné, přístavní poplatek

anchorite ['æŋkərait] n poustevník

anchorman ['æŋkəmæn] n (pl **-men** [-men]) **1** TV, Rad moderátor **2** *(in a relay team)* finišman, poslední člen štafety

anchovy ['ænčəvi] n sardel, ančovička ■ **a. butter/ paste** sardelové máslo/ sardelová pasta

ancient ['einšənt] adj **1** *(belonging to the distant past: rights)* starý, starodávný, starobylý, pradávný; **a. city** historické město ♦ **a. monument** památkový objekt **2** *(pertaining to antiquity)* starý, starověký, antický; **a. Greece** staré Řecko; **a. Rome** starý Řím; **in a. times** ve starověku; **the a. world** antika ♦ **a. history** *(of Rome & Greece)* starověké dějiny; fig **that's a. history** to je stará historie **3** joc *(very old)* starý, letitý; *(old-fashioned: clothes* etc*)* staromódní, inf předpotopní **4** Jur vydržený ● n **the ~s a)** staří Řekové a Římané; starověké národy **b)** *(writers)* klasičtí spisovatelé zvl. řečtí a římští

ancillary [æn'siləri; Amer 'ænsəleri] adj **1** *(auxiliary)* pomocný; **a. staff** *(in hospital)* pomocný zdravotnický personál **2** *(subordinate: roads, subjects)* vedlejší

and [ənd, ən; strong form ænd] conj **1** *(also)* a; **John a. Peter** Jan a Petr; **she is young a. beautiful** je mladá a hezká; **eat a. drink** jíst a pít; **Mr a. Mrs Smith** manželé Smithovi **2** *(in numbers)* **two hundred a. sixty** dvě stě šedesát **3** *(with)* s, se; **bread a. butter** chléb s máslem; **ham a. eggs** šunka s vejci **4** *(plus)* a, plus; **four a. three are seven, four a. three make seven** čtyři a or plus tři je sedm **5** *(in order to)* inf **come a. see me** přijď mě navštívit; **try a. come** snaž se přijít; **stop a. think about it** zamysli se nad tím **6** *(intensive)* **it is better a. better** je to čím dál lepší; **he tried a. tried but ...** snažil se ze všech sil, ale ...; **for hours a. hours** celé hodiny; **for months a. months** celé měsíce; **it is nice a. warm today** dnes je hezky teplo, dnes je teploučko **7** *(then)* a pak, a potom; **he had his breakfast a. went to work** posnídal a (pak) šel do práce **8** *(contrast)* **there are doctors a. doctors** doktoři jsou různí, jsou doktoři a „doktoři"

andante [æn'dænti] adv Mus andante ● n *(piece of music)* andante

Andean ['ændi:ən] adj andský

Andes ['ændi:z] n pl **the A.** Andy

androgynous [æn'drodžənəs] adj **1** androgynický, oboupohlavní **2** Bot *(of plants)* jednodomý

android ['ændroid] n *(in science fiction)* robot

anecdotal [ænik'dəutl] adj anekdotický

anecdote ['ænikdəut] n anekdota o skutečné události, příběh, historka

anemia, anemic Amer = **anaemia, anaemic**

anemometer [æni'momitə(r)] n Meteor anemometr, větroměr

anemone [ə'neməni] n **1** Bot sasanka **2** Zool mořská sasanka, pramenatka živočich

aneroid barometer [ænəroidbə'romitə(r)] n aneroid, tlakoměr bez rtuti

anesthesia, anesthetic, anesthetize Amer see **anasthesia, anaesthetic, anaesthetize**

anew [ə'nju; Amer ə'nu:] adv fml **1** *(again)* znovu **2** *(differently)* jinak, novým způsobem, nově

angel ['eindžl] n **1** lit anděl; **guardian a.** anděl strážný; **a fallen a.** padlý anděl; **the a. of peace/ death** anděl míru/ smrti **2** fig inf *(nice person)* anděl; **she is an a. of a child** to dítě je učiněný andílek; **be an a. and make me a cup of coffee** buď tak hodný a udělej mi kávu; **you are no a.** ty nejsi zrovna vzor ctnosti; **a ministering a.** *(kind nurse* etc*)* učiněný anděl ■ **a. face** *(term of affection)* andílek, miláček

angel cake ['eindžlkeik] n ≅ piškotový koláč lehký

angelic [æn'dželik] adj andělský; *(music also)* božský; *(smile, expression)* blažený; **look a.** vypadat jako anděl or andílek ■ **~ally** adv andělsky, jako anděl or andílek; **the children behaved ~ally** děti se chovaly or byly jako andílci

angelica [æn'dželikə] n **1** Bot děhel lesní **2 A.** Angelika

angelus ['ændžələs] n Relig **1** *(bell-ringing)* klekání **2** *(prayer)* Anděl Páně

anger ['æŋgə(r)] n hněv, zlost, rozčilení;

(say sth) **in a.** v rozčilení, ve vzteku; **in a fit of a.** v záchvatu or v návalu hněvu; **be red with a.** být rudý vzteky; **he was filled with a. about the way they treated him** rozhněvalo ho (to), jak s ním zacházeli ● vt (roz)hněvat, (roz)zlobit, rozčilovat/ rozčilit; **what ~s me is that ...** rozčiluje mě, že ...; **he was ~ed by her remarks** její poznámky ho rozhněvaly

angina (pectoris) [æn͵džainə'pektəris] n Med angina pectoris, srdeční angína, stenokardie

angle$_1$ ['æŋgl] n **1** Geom úhel; **acute/ right/ obtuse/ adjacent a.** ostrý/ pravý/ tupý/ přilehlý úhel; **a. of climb** Aer úhel stoupání; **a. of incidence** úhel dopadu; **an a. of 30°** třicetistupňový úhel; **at an a. of 30°** pod úhlem 30°; **at an a.** šikmo **2** fig *(point of view)* hledisko, stanovisko, zorný úhel, stránka; **from another a.** z jiného hlediska, z druhého konce ♦ sl **know all the ~s** vyznat se, být všemi mastmi mazaný; **what's the a.?** v čem je ten fígl? **3** *(corner)* roh; *(recess)* kout; **he bumped himself against the a. of the desk** uhodil se o roh stolu ● **I** vt **1** *(camera, lamp)* nastavit or nařídit or natočit šikmo **2** *(news, information)* prezentovat/ interpretovat tendenčně, neinformovat objektivně **II** vi *(road)* zahýbat or odbočovat šikmo; **a. sharply to the right** zahnout ostře doprava

angle$_2$ ['æŋgl] **I** vi rybařit, lovit na udici; chodit na ryby **II** phr v ■ **angle for** vt **1 a. for trout** chytat or lovit pstruhy, chodit na pstruhy **2** fig inf **a. for sth** usilovat o něco, snažit se o něco; **a. for compliments** vynucovat si poklony, chtít slyšet poklony

angler ['æŋglə(r)] n rybář/ -ka na udici ♦ **~'s tales** rybářská latina

Angles ['æŋglz] n pl Hist Anglové

angling ['æŋgliŋ] n chytání ryb, rybaření na udici

Anglican ['æŋglikən] adj anglikánský ● n anglikán/ -ka

Anglicanism ['æŋglikənizəm] n Relig anglikanismus, anglikánství

Anglicism ['æŋglisizəm], also **a.** n anglicismus

Anglicize ['æŋglisaiz] vt also **a.** poangličtit/ poangličťovat

Anglo- ['ængləu-] pref anglo-

Anglophile ['æŋgləufail] n also **a.** anglofil

Anglophobe ['æŋgləufəub] n also **a.** anglofob

Anglophobia [æŋgləu'fəubiə] n also **a.** anglofobie, anglofobství

Anglophobic [æŋgləu'fəubik] n also **a.** anglofobský

Anglo-Saxon [æŋgləu'sæksn] adj anglosaský; fig euph **A.-S. expressions** or **words** hrubé výrazy, nadávky, kletby ● n **1** Anglosas/ -ka **2** *(language)* anglosaština

Angola [æŋ'gəulə] n Angola

Angolan [æŋ'gəulən] n angolský

angora [æŋ'go:rə] n *(wool)* angora, angorská vlna ■ **a. rabbit** angorský králík; **a. cat/ goat** angorská kočka/ koza

angrily ['æŋgrəli] adv rozzlobeně; zlostně, vztekle

angry ['æŋgri] adj **1** rozzlobený, rozhněvaný; *(look)* zlostný; *(animal)* vzteklý; **be a. with** or **at sb (about sth)** zlobit or hněvat se na koho (kvůli čemu); **make sb a.** rozzlobit or popudit koho, inf naštvat koho; **get a.** rozzlobit se, inf naštvat se; **give sb an a. look** zlostně or hněvivě na koho pohlédnout **2** *(sea)* rozbouřený, bouřlivý; *(sky)* zatažený **3** ♦ **an a. young man** rozhněvaný mladý muž

angst [æŋst] n *(existential)* pocit úzkosti

anguish ['æŋgwiš] n muka, útrapy, trýzeň; **mental a.** duševní útrapy or muka; **mortal a.** smrtelná úzkost; **the a. of uncertainty** útrapy or trýzeň nejistoty; **be in a.** trpět, prožívat muka, trápit se; **cause sb a.** soužit koho, působit komu muka

anguished ['æŋgwišt] adj *(look)* zmučený, ztrápený; *(cries)* srdcervoucí

angular ['æŋgjulə(r)] adj **1** *(shape)* hranatý; *(face, features)* ostře řezaný; *(handwriting)* kostrbatý **2** *(person: bony, thin)* kostnatý, vyhublý **3** fig *(movement)* neohrabaný **4** Techn úhlový; Math **a. distance** úhlová vzdálenost; Phys **a. velocity** úhlová rychlost

angularity [æŋgju'lærəti] n see **angular** **1** hranatost **2** kostnatost, vyhublost

aniline ['ænəlin] n anilin ■ **a. dye** anilinová barva

animal ['æniml] n **1** zvíře; *(creature)* živočich; **domestic a.** domácí zvíře **2** fig *(brutal person)* zvíře, bestie, dobytek; **behave** or **act like an a.** chovat se jako dobytek; **live like a wild a.** žít jako zvíře **3** fig *(creature, thing)* bytost, tvor; *(often empty of meaning)* **he is not a political a.** o politiku nemá zájem; **there is no such a.** inf nic takového neexistuje ● adj zvířecí, živočišný; **a. kingdom** živočišná říše; **a. warmth** živočišné teplo; **a. passion** zvířecí chtíč; **a. husbandry** chov zvířat, zootechnika

animalcule [æni'mælkju:l] n inf mikroskopický živočich

animate$_1$ ['ænimət] adj živý, živoucí; Ling životný

animate$_2$ ['ænimeit] vt **1** *(give life to)* vdechnout komu život; *(enliven)* oživit

2 *(inspire/ motivate)* **a. sb to sth** inspirovat koho k čemu, vybízet or pobízet koho k čemu 3 *(cartoons)* animovat

animated ['ænimeitid] adj 1 *(lively)* živý; *(discussion)* oživený, živý, vzrušený; **become a.** fig oživnout 2 *(film)* **a. cartoon** kreslený or animovaný film ■ **~ly** adv živě, oživeně; *(to speak)* vzrušeně

animation [æni'meišn] n 1 oživení, živost, *(of city life)* ruch 2 *(film)* animace

animator ['ænimeitə(r)] n *(film)* animátor/ -ka

animism ['ænimizəm] n Philos animismus

animosity [æni'mosəti] n animozita, nepřátelství, nevraživost (**against/ towards sb/ sth** proti/ vůči komu/ čemu; **between A and B** mezi A a B)

animus ['æniməs] n animozita, nevraživost, nevole

anise ['ænis] n *(plant)* anýz

aniseed ['ænisi:d] n *(seed)* anýz; **flavour sth with a.** ochutit co anýzem

anisette [æni'zet] n *(liqueur)* anýzovka, anýzová kořalka

Ankara ['æŋkərə] n Ankara

ankle ['æŋkl] n kotník ■ **a. socks** kotníčkové ponožky; **a. boots** kotní(č)kové boty

anklebone ['æŋklbəun] n hlezenní kost

ankle-deep ['æŋkldi:p] adv po kotníky; **be a.-deep in mud** být po kotníky v blátě

anklet ['æŋklət] n 1 *(ornament)* kotníkový náramek 2 Amer kotníčková ponožka

annalist ['ænəlist] n kronikář, letopisec

annals ['ænəlz] n 1 Hist anály, letopisy 2 *(of society)* zprávy

anneal [ə'ni:l] vt 1 Techn *(metal)* (vy)žíhat; *(glass)* (vy)chladit 2 *(character)* zocelit

annex [æ'neks] vt 1 *(territory)* anektovat, zabrat, násilně připojit 2 **a. sth (to sth)** připojit or přidat or *(building)* přistavět co (k čemu) ● ['æneks] n esp Amer = **annexe**

annexation [ænek'seišn] n anexe, zábor

annexe, esp Amer also **annex** ['æneks] n 1 *(addition: eg to a document)* příloha, doplněk; **an a. to a treaty** doplněk ke smlouvě 2 *(building)* přístavba, přístavek; vedlejší budova, křídlo

annihilate [ə'naiəleit] vt zničit úplně; *(army, fleet;* Sport *opponent, team)* rozdrtit; *(enemy)* potřít, rozprášit; *(population)* vyhladit; *(person)* zdeptat

annihilation [əˌnaiə'leišn] n zničení; *(of army; opponent)* rozdrcení, drtivá porážka; *(of enemy)* potření, rozprášení; *(of populations)* vyhlazení, genocida; *(of person)* zdeptání

anniversary [æni'və:səri] n výročí; *(25th, 50th* etc*)* jubileum; **wedding a.** výročí svatby; **the a. of sb's death** výročí úmrtí ■ **an a. dinner** slavnostní hostina na oslavu výročí

Anno Domini [ænəu'dominai] adv 1 (abbr **AD** [ei'di:]) léta Páně, našeho letopočtu, abbr n.l.; **in 863 A. D.** v roce 863 n.l., léta Páně 863 2 inf *(old age)* stáří

annotate ['ænəuteit] vt *(text, book)* opatřit poznámkami or vysvětlivkami or glosami, glosovat, komentovat; **~d text** text s komentářem, text opatřený poznámkami

annotation [ænəu'teišn] n 1 *(action, process)* komentování, glosování, komentář 2 *(note, comment)* poznámka, glosa, vysvětlivka; **~s** glosy, vysvětlivky, komentář

announce [ə'nauns] vt 1 *(declare)* oznámit, ohlásit, prohlásit; **he ~d that he was leaving** oznámil, že odchází 2 *(over Tannoy* etc*)* (o)hlásit, ohlašovat; *(in newspapers)* oznámit, inzerovat 3 *(introduce)* ohlásit; **a. the discovery** *(of sth)* ohlásit objev čeho 4 *(results, winner* etc*)* vyhlásit; *(verdict)* vynést 5 *(be a sign of)* věstit, ohlašovat, být předzvěstí čeho; **snowdrops a. the arrival of spring** sněženky ohlašují příchod jara

announcement [ə'naunsmənt] n 1 *(of births, weddings, deaths)* oznámení; **a. of death** úmrtní oznámení 2 *(news)* zpráva, sdělení; *(in newspaper)* inzerát; *(over Tannoy* etc*)* hlášení 3 *(public notice)* vyhláška 4 *(of guests)* ohlášení

announcer [ə'naunsə(r)] n TV, Rad hlasatel

annoy [ə'noi] vt 1 *(irritate)* dráždit, zlobit, jít na nervy, inf štvát; **what ~s me most is that ...** nejvíc mne zlobí, že ...; **his constant coughing ~s me** jeho neustálé pokašlávání mi jde na nervy 2 *(harass)* obtěžovat; **stop ~ing me** nech mě na pokoji

annoyance [ə'noiəns] n 1 *(being annoyed)* mrzutost, rozmrzelost, rozmrzení, nevole; **look of a.** mrzutý pohled 2 *(annoying thing)* svízel, nepříjemnost; **various little ~s** různé drobné nepříjemnosti

annoyed [ə'noid] adj rozmrzelý, nazlobený, inf naštvaný; **get ~ed** rozzlobit se, inf naštvat se; **be ~ed with sb because of sth** zlobit se na koho kvůli něčemu, být na koho naštvaný kvůli něčemu

annoying [ə'noiŋ] adj mrzutý; *(rain, person)* protivný; **how a.!** to je mrzuté or nemilé!, to je k zlosti!, inf to je hloupé! ■ **~ly** adv nepříjemně, protivně; **~ly, I've left my wallet at home** jako naschvál jsem zapomněl doma peněženku

annual ['ænjuəl] adj 1 *(income, production, subscription, rainfall)* roční 2 *(event, visit)* každoroční; *(meeting, report)* výroční ● n 1 *(book)* ročenka, almanach; *(children's* *book)* výběr z komiksů **2** *(plant)* jednoletá rostlina ■ **~ly** adv každoročně, každý rok, každým rokem

annuity [ə'nju:əti] n roční renta, anuita ■ **a. insurance** anuitní pojištění druh důchodového pojištění

annul [ə'nal] vt (pp, pt **~led**) anulovat, zrušit, *(marriage)* prohlásit za neplatné; *(contract)* vypovědět

annular ['ænjulə(r)] adj kroužkovitý, prstencovitý, prstencový ■ **a. eclipse** Astron prstencové zatmění

annulment [ə'nalmənt] n see **annul** *(of contract* etc*)* anulace, anulování, zrušení, vypovězení; prohlášení neplatným

annunciation [əˌnansi'eišn] n **the A.** Relig Zvěstování Panny Marie

anode ['ænəud] n Elec anoda

anodyne ['ænəudain] n Med utišující prostředek, uklidňující lék, analgetikum ● adj utišující, uklidňující, analgetický; fig *(remark* etc*)* bezbarvý, neutrální, nekonfrontační

anoint [ə'noint] vt Relig pomazat obřadně; **a. sb king** pomazat koho na krále

anomalous [ə'nomələs] adj anomální, neregulérní, nezvyklý

anomaly [ə'noməli] n anomálie, neregulérnost, odchylka

anon$_1$ [ə'non] adv dated or joc brzy; **ever and a.** dated občas, čas od času

anon$_2$ [ə'non] adj abbr of **anonymous** anonym; **A.** Anonymní autor, Anonym pod textem

anonymity [ænə'niməti] n anonymita; **preserve one's a.** zachovat si anonymitu

anonymous [æ'noniməs] adj anonymní, *(letter, denouncement* also*)* nepodepsaný; **a. writer** anonym, anonymní pisatel; **a. letter** anonym, anonymní dopis ■ **~ly** adv anonymně

anorak ['ænəræk] n bunda, větrovka teplá a zprav. nepromokavá s kapucí

anorexia [ænə'reksiə] n **1** Med nechutenství, ztráta chuti k jídlu **2** also **a. nervosa** [ænəreksiənə:'vəusə] anorexie Psych – chorobné nechutenství vedoucí ke kritické ztrátě váhy

anorexic [ænə'reksik], **anorectic** [ænə'rektik] adj anorektický; chorobně hubený ● n anorektik/ anorektička

another [ə'naðə(r)] adj **1** *(additional)* další, ještě jeden; **a. cup of tea** ještě šálek čaje; **a. drink?** dáš si ještě (skleničku)?; **for a. five days** dalších pět dní; **without a. word** bez dalšího slova; **one mistake after a.** chyba na chybě **2** *(different)* jiný, druhý; **you can have a. room** můžete mít jiný pokoj; **a. time** (někdy) jindy; **a. world** jiný svět; **that's quite a. matter** to je něco docela jiného **3** *(of the same kind)* druhý; **a. Masaryk** druhý Masaryk ● pron **1** *(additional one)* ještě jeden; *(the first piece of cake was so good)* **I'd like a.** dal bych si ještě jeden **2** *(different one)* **from one house to a.** od domu k domu ♦ **taking one thing with a.** když se vezme jedno s druhým, když se to vezme kolem a kolem **3** dated někdo jiný; **he told her that he loved a.** řekl jí, že miluje jinou **4 one a.** vzájemně, jeden – druhý; **they are the spitting image of one a.** jsou od sebe k nerozeznání, inf jsou na chlup stejní; **they love one another** mají se rádi, milují se

ansaphone TM ['a:nsəfəun] n see **answerphone**

answer ['a:nsə(r), Amer 'ænsər] n **1** *(reply)* odpověď (**to sth** na co); **compelling a.** pádná odpověď; **what was her a.?** jak odpověděla?; **get an a. to one's letter** dostat odpověď na svůj dopis; **in a. to your letter** v odpověď na Váš dopis; **she's always got an a.** vždy má po ruce odpověď **2** *(response)* reakce; *(I rang the bell/ I phoned)* **there was no a.** nikdo neotevřel/ nikdo to nebral; **if the a. is yes/ no** v kladném/ záporném případě **3** *(solution: to a chess problem* etc*)* řešení; **the only a. is to spend less** jediným řešením je méně utrácet ♦ **he thinks he knows all the ~s** myslí si, že snědl všechnu moudrost **4** *(equivalent)* obdoba; **England's a. to Pele** anglický Pelé ● **I** vt **1 a. sb** odpovědět/ odpovídat komu; **a. sth** *(question, letter, advertisement)* odpovědět/ odpovídat na co **2** *(react)* **a. the door** *(after sb has rung or knocked)* otevřít dveře; **a. the door, please** jděte prosím otevřít; **a. the telephone** zvednout telefon; **don't a. the telephone** neber (ten) telefon! ♦ **a. the call of nature** vykonat svou potřebu, jít na malou/ velkou stranu **3** *(conform to)* odpovídat čemu; **a. the description (of sb/ sth)** odpovídat popisu (koho/ čeho); **a. the requirements** splňovat požadavky; **a. the purpose** vyhovovat účelu **4** *(refute: charge)* vyvrátit **5** *(solve)* vyřešit, najít řešení **II** vi **1** *(reply)* odpovědět, odpovídat, *(letter)* odepsat; **he ~ed that ...** odpověděl, že ...; **he ~ed with a nod** přisvědčil kývnutím, v odpověď přikývl **2** *(react)* reagovat; *(if the phone rings/ if the bell rings)* **don't a.** neber to!/ neotvírej (dveře)! **III** phr vs ■ **answer back I** v(t)i **1** *(defend oneself)* bránit se; *(it is unfair to criticize people)* **who can't a. back** kteří se nemohou bránit **2** *(a. impertinently)* **a. (sb) back** odmlouvat (komu); **she is always ~ing her mother back** stále své matce odmlouvá; **don't**

a. back! neodmlouvej!, žádné odmlouvání! ▪ **answer for** vt **1** *(be responsible for)* zodpovídat za, být zodpovědný za; *(be blamed for)* odpovídat za, mít na svědomí; **he has a lot to a. for** má toho moc na svědomí; **he will have to a. for his crimes** bude se musit zodpovídat ze svých zločinů **2** *(vouch for)* ručit za, zaručit se za; **I can a. for her honesty** mohu se zaručit za její čestnost ▪ **answer to** vi **1** *(conform to)* **a. to a description** odpovídat popisu **2 a. to the name of ...** slyšet na jméno ...; **a. to the helm** reagovat na kormidlo **3** *(be responsible to)* **a. to sb for sth** skládat komu účty z čeho

answerable ['a:nsərəbl] adj **1** *(accountable)* zodpovědný; **be a. to sb for sth** být zodpovědný komu za co; **be a. for sb** zodpovídat za koho; **he is a. to no one** není nikomu podřízen, není povinen nikomu skládat účty **2** *(questions)* zodpověditelný

answering machine ['a:nsəriŋməši:n] n telefonní záznamník

answerphone ['a:nsəfəun; Amer 'ænsərfəun] n telefon se záznamníkem

ant [ænt] n mravenec; **human ~s** lidští mravenci ♦ **have ~s in one's pants** být neposedný or netrpělivý, nevydržet na jednom místě, být jako na jehlách

antacid [ænt'æsid] n Med antacid prostředek na snížení kyselosti v žaludku

antagonism [æn'tægənizəm] n **1** *(opposing force)* antagonismus, protiklad **2** *(hostility)* antagonismus, nepřátelství, nevraživost, odpor; **feel a. to(wards)** or **against** or **for sb** pociťovat ke komu nepřátelství; **the a. between them** nevraživost mezi nimi

antagonist [æn'tægənist] n **1** *(adversary)* protivník, soupeř, antagonista **2** Anat antagonista sval působící opačně než druhý

antagonistic [æn,tægə'nistik] adj **1** *(force, interests, ideas)* protichůdný, protikladný, antagonistický **2** *(hostile: attitude)* nepřátelský; **be a. towards sb** projevovat or chovat ke komu nepřátelství; **be a. towards sth** *(ideas* etc*)* nepřát čemu

antagonize [æn'tægənaiz] vt **a. sb** znepřátelit si koho, popudit si koho proti sobě, inf rozházet si to s kým

Antarctic [ænt'a:ktik] adj antarktický; **the A. Circle** jižní polární kruh; **the A. Pole** jižní pól ● n **the Antarctic** *(polar region)* Antarktida, Antarktis

Antarctica [ænt'a:ktikə] n Antarktida, Antarktis

ante ['ænti] n **1** *(in poker* etc*)* sázka před rozdáním karet; inf **up the a.** zvýšit sázku ● vt, vi also Amer **a. up** vsadit; fig (za)platit; inf zatáhnout, (vy)klopit

ante- [ænti-] prefix před-, pre-

anteater ['ænti:tə(r)] n mravenečník; **great a.** mravenečník veliký

antecedence [ænti'si:dəns] n priorita, prvenství; Geol antecedence říčního toku

antecedent [ænti'si:dnt] n **1** *(sb's)* **~s** *(ancestry)* původ, předkové, *(past history)* minulost, dřívější život **2** *(of things: piano* etc*)* předchůdce; *(of event)* **~s** dřívější historie, okolnosti vzniku **3** Phil první člen implikace **4** Ling antecedent, řídicí výraz na který se odkazuje vztažným zájmenem or příslovcem **5** Math první člen poměru **6** Mus první hlas (v kánonu) ● adj předchozí, dřívější

antechamber ['æntičeimbə(r)] n předsíň, předpokoj

antedate [ænti'deit] vt **1** *(letter, cheque)* antedatovat, opatřit něco: listinu etc dřívějším datem **2** *(precede: event)* předcházet čemu, být před čím, být dřívějšího data; **this church ~s the other one by 100 years** tento kostel je o sto let starší než ten druhý

antediluvian [æntidi'lu:viən] adj Geol antediluviální, předpotopní, also fig názory etc

antelope ['æntiləup] n antilopa

ante meridiem [æntimə'ridiəm] n (abbr **am**) adv ráno, dopoledne 0 – 12 hod.

antenatal [ænti'neitl] adj prenatální; **a. care** předporodní péče; **a. clinic** poradna pro nastávající matky

antenna [æn'tenə] n **1** (pl **-nae** [-ni:]) *(of insect* etc*)* tykadlo **2** (pl **~s**) Tel, Rad esp Amer anténa

anterior [æn'tiəriə(r)] adj usu attr **1** *(prior)* předcházející, dřívější, předešlý, starší; **be a. to sth** předcházet čemu **2** *(nearer to the front)* přední, umístěný vpředu

anteroom ['æntiru:m] n předsíň, předpokoj; *(waiting room)* čekárna

anthem ['ænθəm] n hymna, hymnus; *(by choir)* moteto, chorál; **national a.** národní or státní hymna

anther ['ænθə(r)] n Bot prašník

anthill ['ænthil] n mraveniště; **human a.** lidské mraveniště

anthology [æn'θolədži] n antologie, výbor z literárních děl

anthracite ['ænθrəsait] n antracit velmi kvalitní černé uhlí

anthrax ['ænθræks] n Vet, Med antrax, sněť slezinná, uhlák

anthropocentric [ænθrəpəu'sentrik] adj antropocentrický

anhtropocentrism [ænθrəpəu'sentrizəm] n antropocentrismus

anthropoid ['ænθrəupoid] n antropoid, lidoop ● adj antropoidní
anthropological [ænθrəpəu'lodžikl] adj antropologický
anthropologist [ænθrə'polədžist] n antropolog/ antropoložka
anthropology [ænθrə'polədži] n antropologie
anthropomorphic [ænθrəpə'mo:fik] adj antropomorfní
anthropomorphism [ænθrəpə'mo:fizəm] n antropomorfismus perzonifikace mimolidských situací
anti ['ænti] prep proti; **be a. sth/ everything** být proti čemu/ všemu ● adj inf **be a.** být v opozici, být proti ● n inf protivník, oponent, kdo je proti
anti-abortionist [æntiə'bo:šənist] n odpůrce potratů na požádání
anti-aircraft [ænti'eəkra:ft] n *(gun, fire)* protiletadlový; *(defence)* protivzdušný
antiballistic missile [æntibəlistik 'misail; Amer - 'misl] n protiraketová střela
antibiotic [æntibai'otik] adj antibiotický ● n antibiotikum
antibody ['æntibodi] n Med protilátka
antic ['æntik] n usu pl see **antics**
Antichrist ['æntikraist] n Antikrist; antikrist, neznaboh
anticipate [æn'tisipeit] **I** vt **1** *(expect, envisage)* očekávat, počítat s čím; **a. rain** očekávat déšť; **a. that ...**; předpokládat, že ... **2** *(foresee)* předvídat; *(foresee and act in advance)* předejít/ předcházet čemu, udělat opatření proti čemu **3** *(do sth earlier than sb else)* předejít, předběhnout, předstihnout; **the Vikings ~d Columbus in the discovery of America** Vikingové předstihli Kolumba v objevení Ameriky; *(inventions, new developments)* předjímat, anticipovat **4 a. sb's wishes** splnit předem čí přání, dříve než je vysloví **5** *(use in advance)* **a. one's salary** utratit/ utrácet předem **6** *(signal, come before)* urychlit; **the spread of nationalism ~d the disintegration of Eastern Europe** rozšíření nacionalismu urychlilo rozpad Východní Evropy **7** *(in telling a story)* předbíhat **II** vi *(driver, chess player* etc*)* předvídat
anticipation [æn,tisi'peišn] n **1** *(expectation)* očekávání; **in a. of sth** v očekávání čeho **2** *(foreseeing)* předvídání, předvídavost, odhad; *(of an invention, new developments)* předjímání, anticipace; see **anticipate**
anticipatory [æn'tisipətəri] adj předběžný, uskutečněný předem
anticlerical [ænti'klerikl] adj protiklerikální
anticlimax [ænti'klaimæks] n **1** lit antiklimax **2** *(disappointment)* zklamání, rozčarování; **the concert was a bit of an a.** *(for us)* koncert nás poněkud zklamal
anticlockwise [ænti'klokwaiz] adj, adv proti směru (otáčení) hodinových ručiček
antics ['æntiks] n pl šprýmy, opičky, kašpařiny, fóry; **he is up to his a. again** už zase vyvádí
anticyclone [ænti'saikləun] n Meteor anticyklóna, tlaková výše
antidepressant [æntidi'presənt] n Med antidepresívum ● adj antidepresívní
antidote ['æntidəut] n **1** protilátka, protijed (**against** or **for** or **to** proti); **an a. against snakebites** protijed proti hadímu uštknutí **2** fig lék na co
antifreeze ['æntifri:z] n nemrznoucí směs
antigen ['æntidžən] n antigen látka vyvolávající v organismu tvorbu protilátek
antihero ['æntihiərəu] n antihrdina
antihistamine [ænti'histəmi:n] n Med antihistaminikum
anti-marketeer [æntima:ki'tiə] n Br odpůrce setrvání Británie v Evropském společenství
antimatter ['æntimætə(r)] n Phys protihmota
antimony ['æntiməni; Amer 'æntiməuni] n antimon
antinomy [æn'tinəmi] n antinomie, protiklad
antinuclear [ænti'nju:kliə] adj *(lobby, protesters)* protiatomový
antipathetic [æntipə'θetik] adj nepříznivě nakloněný komu/ čemu; **be a. to sb** mít ke komu antipatii; **I am a. to him** je mi nesympatický
antipathy [æn'tipəθi] n antipatie (**to/ towards/ sb** k(e)/ vůči komu; **between A and B** mezi A a B); **a deep-rooted a.** nepřekonatelný odpor; **feel a. towards sb** cítit ke komu antipatii
antipersonnel [æntipə:sə'nel] adj *(bombs, explosives)* namířený proti živé síle nikoli proti objektům, vozidlům etc, protipěchotní
antiperspirant [ænti'pə:spərənt] n prostředek proti pocení ● adj protipotivý
antiphony [æn'tifəni] n Mus antifona
antipodean [æn,tipə'di:ən] n protinožec obyvatel Austrálie or Nového Zélandu ● adj *(cousin* etc*)* z Austrálie or z Nového Zélandu
antipodes [æn'tipədi:z] n, pl **1** protinožci protilehlé části zeměkoule; fig pravý opak **2 the A.** Br Austrálie a Nový Zéland
antiquarian [ænti'kweəriən] adj starožitnický; *(rare books* etc*)* antikvářský; **a. book-**

shop antikvariát • n starožitník, sběratel or znalec starožitností

antiquary ['æntikwəri] n starožitník, sběratel starožitností

antiquated ['æntikweitid] adj zastaralý; *(views, ideas* also*)* pej předpotopní, staromódní; *(cars, furniture* etc also*)* pej muzeální

antique [æn'ti:k] adj **1** *(philosophy, literature, ideas* etc*)* antický **2** *(furniture* etc*)* starožitný **3** *(antiquated)* staromódní, zastaralý • n starožitnost ■ **a. dealer** obchodník se starožitnostmi; **a. shop** starožitnictví

antiquity [æn'tikwəti] n **1** dávnověk, pravěk; *(Roman and Greek a.)* starověk, antika ♦ **the mists of a.** šerý dávnověk **2 antiquities** *(Ancient relics)* starověké památky **3** *(ancientness)* stáří, starodávnost; **of great a.** velmi starý, z dávných časů

antirrhinum [ænti'rainəm] n Bot hledík, inf lví tlam(k)a

anti-rust [ænti'rast] adj protikorozní

Anti-Semite [ænti'si:mait; Amer -semait] n antisemita/ antisemitka

Anti-Semitic [æntisə'mitik] adj antisemitský, protižidovský

Anti-Semitism [ænti'semətizəm] n antisemitismus

antiseptic [ænti'septik] adj antiseptický, dezinfekční • n antiseptikum

anti-skid [ænti'skid] adj protismykový

antisocial [ænti'səušl] adj **1** antisociální, protispolečenský **2** *(unsociable)* nespolečenský, nedružný, samotářský; **don't be a.** *(and come with us* etc*)* nekaz zábavu or partu

antistatic [ænti'stætik] adj antistatický

anti-tank [ænti'tæŋk] adj *(gun, missiles* etc*)* protitankový

antitheft [ænti'θeft] adj bezpečnostní, zajišťovací proti krádeži; **a. device** bezpečnostní zařízení (proti krádeži)

antithesis [æn'tiθəsis] n (pl **antitheses** [æn'tiθəsi:z]) **1** Phil, Liter *(contrast)* antiteze, antitéza **2** *(direct opposite)* protiklad, pravý opak

antithetic(al) [ænti'θetik(l)] adj antitetický, protikladný, protichůdný

antitoxin [ænti'toksin] n Biol antitoxin

antitrade [ænti'treid] n also **a. wind** antipasát

antitrust [ænti'trast] adj protitrustový, protikartelový; **a. legislation** protitrustové zákony

anti-wrinkle [ænti'riŋkl] adj *(cream)* jsoucí proti vráskám

antler ['æntlə(r)] n paroh; **(a pair) of ~s** parohy

antonym ['æntənim] n Ling antonymum, opozitum, slovo opačného významu

Antwerp ['æntwə:p] n Antverpy

anus ['einəs] n (pl **~es** [-is]) Anat řiť, anus

anvil ['ænvil] n **1** kovadlina **2** Anat kovadlinka kůstka v uchu

anxiety [æŋ'zaiəti] n (pl **-ties**) **1** *(worry)* úzkost, neklid, starost, znepokojení; **a sense of a.** pocit neklidu or znepokojení; **cause sb great a.** působit komu velké starosti; **feel a. for** or **over sth** znepokojovat or zneklidňovat se kvůli čemu; **there is no cause for a.** není třeba se znepokojovat **2** pl **anxieties** *(worries, cares)* starosti, obavy **3** *(strong desire)* **a. for sth, a. to do sth** touha or snaha or usilování oč, dychtění po čem; **a. to help** snaha pomoct; **his a. to win the race** jeho touha vyhrát závod **4** Med úzkost, úzkostlivost, tíseň, stres

anxious ['æŋkšəs] adj **1** *(worried, uneasy)* zneklidněný, znepokojený, pociťující starost; **be a. about sb/ sth** dělat si starosti kvůli komu/ čemu; **an a. mother** ustaraná matka; **she was a. about her future** strachovala se o svou budoucnost; **we were very a. about you** měli jsme o vás velký strach **2** *(causing anxiety)* úzkostný, znepokojující, plný obav; **I have had an a. day** celý den jsem se strachoval; **we had a few a. moments** *(before the plane landed safely)* zažili jsme několik horkých chvil ♦ Amer **sit on the a. seat** or **bench** být jako na trní **3** *(eager, keen)* **be a. for sth**, **be a. to do sth** snažit se o co, toužit po čem, velmi o co stát; **be a. for approval** toužit po uznání; **be a. to please** snažit se zalíbit, snažit se vyjít někomu vstříc ■ **~ly** adv **1** úzkostně, s úzkostí, s obavami, ustaraně **2** toužebně

any1 ['eni] adj **1** in questions; in conditional sentences; in negative sentences **a)** *(some)* nějaký, jakýkoliv; **a. questions?** máte nějaké dotazy?; **have you a. money on you?** máte u sebe nějaké peníze?; **if you have a. problems ...** budete-li mít (jakékoliv) problémy ...; *(we managed)* **without a. difficulty** bez (jakýchkoliv) problémů **b)** in negative sentences *(no)* žádný; **not under a. circumstances** za žádných okolností; **I can't see a. money anywhere** nikde žádné peníze nevidím **c) not just a., not a. old** ne lecjaký; **she is not just a. woman** *(– she is Elizabeth Taylor)* to není jen tak lecjaká žena ... **d)** often not translated **have you a. matches?** nemáte zápalky?; **a. news of your son yet?** syn se už ozval?, napsal vám už syn?; **there isn't a. handle on the door** na těch dveřích není klika **2** in affirmative sentences **a)** *(every)* každý; **a. fool knows that** to ví každý hlupák; **in a. case, at a. rate** v každém případě; **a. time now** každou chvíli, každým okamžikem; **be like a. other** být jako každý jiný **b)** *(no matter which)* kterýkoliv, každý, jakýkoliv etc; **choose a. two cards** vyberte si kterékoliv dvě karty; **a. child will tell you the way** kterékoliv or každé dítě vám ukáže cestu; *(you can get the book)* **at a. bookshop** v kterémkoliv or v každém knihkupectví; **without a. doubt** bez jakékoliv pochyby ♦ **a. time** kdykoliv; **come round a. time** přijď k nám kdykoliv (chceš); Amer **a. at all** jakýkoliv; **a. at all negotiations** Amer jakékoliv jednání **c) they didn't stay here a. length of time** moc dlouho se tu nezdrželi ● pron in questions, negative sentences, conditional sentences, after 'if', 'whether' etc **1** *(replacing 'some' persons/ things)* (vůbec) někdo; některý, nějaký; **if a. of you knows it** pokud to někdo z vás ví; **have you read a. of his novels?** četl jste některý z jeho románů?; *(I need some milk)* **do you have a.?** máš nějaké? **2** *(replacing 'none')* nikdo, nic, žádný, nijaký; **I haven't seen a. of them** neviděl jsem žádného z nich ♦ **she wasn't having a. (of that)** inf nechtěla o tom ani slyšet ● adv **1** in questions, conditional sentences, after 'if', 'whether' ještě (trochu), ještě více, trochu, poněkud, o něco; **are you a. better?** je vám (už) trochu lépe?; **do you want a. more coffee?** chcete ještě kávu? **2** in negative sentences nijak, o nic, už ne, *(often not translated)*; **I can't run a. faster** rychleji (už) běžet nemohu; **I can't stay a. longer** déle se (už) zdržet nemohu ♦ **they didn't behave a. too well** inf moc hezky se nechovali; **not a. more** už ne; **she doesn't live here a. more** už tu nebydlí **3** Amer inf *(at all)* **it didn't bother us a.** vůbec jsme si s tím nelámali hlavu; **you are not helping me a.** vůbec mi nepomáháš

anybody ['enibodi], **anyone** ['eniwan] pron **1** in interrogative or conditional sentences; after 'if', 'whether' někdo; **if a. rings** pokud někdo zatelefonuje; **did you meet a.?** setkal jste se s někým?; **would a. like some more tea?** chce ještě někdo čaj? **2** in negative sentences nikdo; **I did not speak to a.** s nikým jsem nemluvil **3** *(no matter who, a. at all)* kdokoliv, každý; **a. but him** kdokoliv kromě něho; **a. will tell you how to get there** každý vám řekne, jak se tam dostanete ♦ **it's a.'s guess** je to nejisté, je to ve hvězdách; **it is a.'s game** or **race** je to vyrovnaná hra/ závod, vyhrát může kdokoliv ● n *(person of importance)* někdo; **he's not just a.** on není jen tak někdo; **he will never be a.** nikdy z něho nic nebude; **everybody who was a. at all was there** každý, kdo aspoň trochu něco znamená, tam byl

anyhow ['enihau] adv **1** *(regardless)* stejně, tak jako tak; *(used to change the subject of conversation)* nicméně; **I shall go there a.** stejně tam půjdu **2** *(carelessly)* inf nedbale, ledabyle, všelijak, lajdácky; **do sth just a.** udělat něco ledabyle or lajdácky

anyone ['eniwan] = **anybody**

anyplace ['enipleis] adv Amer, Can = **anywhere**

anything ['eniθiŋ] pron **1** in questions and conditional sentences, after 'if', 'whether' něco; **do you know a. about it?** víte o tom něco?; **a. else?,** přejete si ještě něco?; **is there a. the matter?** stalo se něco? **2** *(in negative sentences)* nic; **he didn't say a.** nic neřekl; **hardly a.** skoro nic **3** *(no matter what)* cokoliv; **more than a. else** víc než cokoliv jiného; **not for a. in the world** za nic na světě, ani za živý svět ♦ **this is a. but pleasant** není to zrovna příjemné; **he is a. but a genius** není to zrovna genius ● adv **1 not a. like sb/ sth** nijak podobný komu/ čemu; **he doesn't look a. like his brother** svému bratru se vůbec nepodobá; **it was not a. like as bad as ...** nebylo to zdaleka tak špatné, jako ... **2 like a.** inf **he ran like a.** běžel, jako by mu za patami hořelo; **he screamed like a.** křičel, jako by ho na nože brali **3 or a.** inf a podobně; **if you want to call me or a.** pokud byste mi chtěli zavolat nebo něco takového ...

anyway, Amer **anyways** ['eniwei(z)] adv = **anyhow (1)**

anywhere ['eniweə(r); Amer -hweər] adv **1** in questions, in conditional sentences někde, *(of motion)* někam; **does he live a. near here?** bydlí tu někde blízko?; **if you go a. ...** pokud někam půjdete ... **2** in negative sentences nikde, *(of motion)* nikam; **I can't find it a.** nemohu to nikde najít; **we didn't go a.** nikam jsme nešli **3** *(no matter where)* kdekoliv; *(of motion)* kamkoli(v); **you can go a. you like** můžeš jít kam(koli) chceš ♦ **it is miles from a.** je to na konci světa; **he'll never get a.** z toho nikdy nic nebude; *(approximately)* **it can cost a. between £50 to £100** může to stát 50 ale i 100 liber, může to stát jakoukoli částku od 50 do 100 liber; **a. near** aspoň trochu, aspoň přibližně; **were his answers a. near right?** odpovídal aspoň přibližně správně? ● pron **have you got a. to stay?** máte kde spát?; **can you tell me a. where I could have a meal?** nevíte, kde bych se tu mohl najíst?

Anzac ['ænzæk] n australský or novozélandský voják

aorta [ei'o:tə] n aorta, srdečnice

Apache [ə'pæči] n Apač ● adj apačský ♦ **A. State** dated Arizona; **A. War** válka s Apači (1871-1887)

apart [ə'pa:t] adv **1** *(separated)* **the houses are twenty metres a.** domy jsou 20 metrů od sebe; **the chairs are too far a.** židle jsou příliš daleko od sebe; **be miles a.** *(far from agreement)* mít velmi odlišné názory **2** *(separated, separately)* odděleně; **stand with one's feet a.** stát s rozkročenýma nohama; **live a.** žít odděleně; **the shed stood a. from the house** kůlna stála odděleně od domu; **tell** or **know X from Z a.** rozeznat X od Y; **I can't tell them a.** *(twins* etc*)* nerozeznám je od sebe ♦ **they are poles a.** jsou naprosto jiní, *(we cannot compare them)* to je jako nebe a dudy **3** *(aside; on one side)* stranou; **he held himself a.** držel se stranou; **they set a room a. for the visitors** návštěvníkům vyhradili vlastní or samostatný pokoj ♦ **joking a.** žerty stranou **4** *(to pieces)* **come a.** *(clothes)* rozpárat se, roztrhnout se; **take sth a.** *(machine, toy, clock* etc*)* rozebrat co; fig **take sb/ sth a.** někoho/ něco ostře zkritizovat, *(book, play* etc*)* also inf ztrhat **5** *(except for)* **a. from** nepřihlížíme-li, necháme-li stranou; **a. from the fact that ...** kromě toho, že ...; **these problems a.** necháme-li stranou tyto problémy, kromě těchto problémů

apartheid [ə'pa:theit] n apartheid rasová segregace v Jižní Africe

apartment [ə'pa:tmənt] n (abbr **apt**) **1** Br garsoniéra, pokoj **2** Amer byt ■ **a. block**, Amer **a. house** or **building** činžovní dům, obytný dům

apathetic [æpə'θetik] adj apatický, lhostejný, netečný ■ **~ally** adv apaticky, lhostejně, netečně

apathy ['æpəθi] n apatie (**towards** k), lhostejnost, netečnost

ape [eip] n opice bezocasá: gorila, šimpanz, orangutan, gibon; **grin like an a.** šklebit se jako opice; **play a.** sl opičit se ♦ **go ape** začít blbnout, zbláznit se, inf splašit se ● vt **a. sb** pej opičit se po kom, napodobovat koho

Apennines ['æpənainz] n pl **the A.** Apeniny

aperient [ə'piəriənt] n projímadlo, laxativum

aperitif [əˌperə'ti:f] n aperitiv

aperture ['æpəčə(r)] n otvor; Phys apertura velikost otvoru optických přístrojů; Phot světelnost

apex ['eipeks] n (pl **apexes** or **apices** [eipisi:z]) vrchol, fig also vyvrcholení

aphasia [ə'feiziə; Amer -žə] n Med afázie

aphasic [ə'feizik] adj Med afatický ● n afatik/ afatička

aphid ['eifid] n mšice; **cabbage a.** mšice zelná

aphorism ['æfərizəm] n aforismus

aphoristic [æfə'ristik] adj aforistický

aphrodisiac [æfrə'diziæk] adj afrodiziakální, zvyšující pohlavní činnost ● n afrodiziakum, prostředek zvyšující pohlavní pud

Aphrodite [æfrə'daiti] n Afrodita

apian ['eipiən] adj včelí

apiarist ['eipiərist] n včelař

apiary ['eipiəri] n včelín

apices ['eipisi:z] = pl of **apex**

apiculture ['eipikalčə] n včelařství

apiece [ə'pi:s] adv **1** *(of thing)* za kus; **they cost ten crowns a.** stálo to 10 korun za kus **2** *(of person)* na osobu; **they had £20 a.** měli 20 liber na osobu

aplomb [ə'plom] n jistota ve vystupování, sebedůvěra; **with a.** sebejistě

apocalypse [ə'pokəlips] n apokalypsa, zjevení; Bibl **the A.** Apokalypsa, Zjevení sv. Jana

apocalyptic [əˌpokə'liptik] adj apokalyptický, hrůzný, děsný, hrůzostrašný

Apocrypha [ə'pokrifə] n (+sg or pl verb) **the A.** apokryfy

apocryphal [ə'pokrifl] adj apokryfický, vymyšlený

apogee ['æpəudži:] n **1** Astron apogeum **2** fml fig vrchol

apolitical [eipə'litikl] adj apolitický, nepolitický

Apollo [ə'poləu] n **1** Apollón; **be handsome as A.** být krásný jak Apollón **2** typ kosmické lodi **3 Project A.** americký projekt vyslání člověka na Měsíc

apologetic [əˌpolə'džetik] adj *(look, smile)* provinilý, zkroušený; *(voice, tone)* kajícný, omluvný; **be very a. about sth** velmi se za něco omlouvat ■ **~ally** adv s omluvami, omluvně; *(to look, to smile)* provinile, zkroušeně

apologetics [əˌpolə'džetiks] n (+sg verb) Relig apologetika

apologia [æpə'ləudžiə] n fml apologie

apologist [ə'polədžist] n apologeta, obhájce

apologize [ə'polədžaiz] vi omluvit se, omlouvat se; **a. to sb for sth** omluvit se komu za co

apology [ə'polədži] n **1** *(excuse)* omluva, omluvení; **an a. to sb for sth** omluva komu za co; **make** or **offer an a.** omluvit se, požádat o prominutí or odpuštění; **accept an a.** přijmout omluvu; **say sth by way of an a.** říci něco na omluvu; **no a. needed** není třeba se omlouvat **2** fml *(defence)* apologie **3** *(poor replacement)* fig ubohá náhražka; **an a. for a dinner** cosi jako oběd

apoplectic [æpə'plektik] adj Med apoplektický, mrtvičný, mrtvicový; **an a. fit** or **attack** záchvat mrtvice; **be a. with rage** inf soptit vzteky or zlostí

apoplexy ['æpəpleksi] n Med apoplexie, mrtvice

apostasy [ə'postəsi] n fml apostasie, odpadlictví zvl. od víry

apostate [ə'posteit] n fml apostata, odpadlík zvl. od víry

apostle [ə'posl] n also **Apostle** apoštol

apostolic [æpə'stolik] adj apoštolský, papežský ♦ **a. succession** posloupnost biskupů, apoštolská posloupnost, posloupnost papežských biskupů

apostrophe [ə'postrəfi] n **1** Liter apostrofa **2** Ling apostrof, odsuvník

apostrophize [ə'postrəfaiz] vt Ling klást někam apostrof or odsuvník, zkracovat něco pomocí apostrofu

apothecary [ə'poθəkəri] n dated lékárník

apotheosis [əˌpoθi'əusis] n (pl **-ses** [-si:z]) apoteóza, zbožnění

appal, Amer also **appall** [ə'po:l] vt (**-ll-**) konsternovat, šokovat, naplnit hrůzou; **be ~led by** or **at sth** být šokován or konsternován čím; **I was ~led at the cost** zhrozil jsem se, kolik to stálo

Appalachians [æpə'leičiənz], **Appalachian Mountains** [-'mauntinz] n pl Appalačské pohoří

appalling [ə'po:liŋ] adj hrozný, strašný, otřesný, příšerný, do nebe volající; **a. conditions** strašné podmínky ■ **~ly** adv hrozně, strašně, otřesně, příšerně; **~ly skinny** hrozně vyhublý

apparatus [æpə'reitəs] n (pl **~es** or **apparatus**) **1** aparatura, zařízení, vybavení; **laboratory a.** laboratorní zařízení **2** přístroj, aparát; **X-ray a.** rentgen, rentgenový přístroj; **breathing a.** dýchací přístroj **3** *(in gym)* (sg **a piece of gymnastic a.**) nářadí **4** Admin fig aparát; **the a. of the state** státní aparát

apparel [ə'pærəl] n dated or fml oděv, šaty, roucho ● vt (svátečně) oblékat/ obléci, odít, (na)strojit

apparent [ə'pærənt] adj **1** *(obvious)* zřejmý, evidentní, zjevný, patrný; **it was a. that ...** bylo zřejmé, že ...; **it soon became a. that ...** brzy se jasně ukázalo, že ... ♦ **heir a.** právoplatný dědic **2** *(seeming)* zdánlivý; **the a. success of their reforms** zdánlivý úspěch jejich reformy ■ **~ly** adv **1** *(evidently)* zřejmě; **a. she did not get my message** je zřejmé, že nedostala můj vzkaz **2** *(it appears)* vypadá to, že ...; **he is a. not coming** vypadá to, že nepřijde **3** *(allegedly)* prý

apparition [æpə'rišn] n **1** *(appearance)* objevení se **2** *(ghost, phantom)* strašidlo, duch, přízrak, zjevení

appeal [ə'pi:l] n **1** *(request)* žádost; **an a. for help** prosba o pomoc; **make an a. to sb for sth** obrátit se na koho s (naléhavou) žádostí; **an a. on behalf of the Red Cross** výzva ke sbírce prostřednictvím Červeného kříže; **an a. for funds** naléhavá žádost o finanční prostředky **2** *(to the public)* výzva, provolání; **a fervent a.** plamenná výzva **3** *(reference)* **make an a. to sth** odvolat se na co **4** Jur odvolání; **Court of A.** odvolací soud, apelační soud; **right of a.** odvolací právo; **an a. against judg(e)ment** odvolání proti rozsudku; **lodge an a. against sth** odvolat se proti čemu; **allow an a.** vyhovět odvolání **5** Sport reklamace, protest **6** *(attraction)* půvab, kouzlo, přitažlivost; **modern music has a wide a.** moderní hudba je velmi oblíbená; **it has little a. for me** příliš mě to nevábí ● vi **1** *(make earnest request)* **to a. to sb for sth** or **to do sth** obrátit se na koho s (naléhavou) žádostí o co or aby ..., apelovat na koho, aby ...; **a. for help** prosit o pomoc **2** Jur **to a. against sth** odvolat se proti čemu; **to a. to a court** odvolat se u soudu; **he decided not to a.** rozhodl se, že se nebude odvolávat **3 to a. to sb** *(be attractive)* líbit se komu, dělat na koho dobrý dojem, být podle něčího vkusu, zamlouvat se komu, *(art, literature* also*)* oslovovat koho, mít ohlas u koho **4** Sport podat protest (**to the referee** u rozhodčího)

appealing [ə'pi:liŋ] adj **1** *(attractive)* přitažlivý, půvabný; *(charming)* milý, příjemný; *(child)* hezoučký, roztomilý **2** *(imploring: look)* prosebný; *(voice)* úpěnlivý ■ **~ly** adv **1** *(attractively)* půvabně, roztomile **2** *(imploringly: look)* prosebně, *(speak)* úpěnlivým hlasem

appear [ə'piə(r)] vi **1** *(become visible)* objevit se, objevovat se; *(from darkness: stars etc)* vynořit se; *(sun)* vynořit se, vysvitnout z mraků etc, ukázat se; **a man ~ed in the doorway** ve dveřích se objevil nějaký muž ♦ **a. out of the blue** objevit se z čista jasna; **a. as if by magic** objevit se jako zázrakem **2** *(emerge)* ukázat se, vyjít najevo, vysvitnout, být zřejmo or zřejmé; **it ~s that they have made a mistake** ukázalo se, že udělali chybu **3** *(seem)* zdát se, jevit se, připadat; **it ~s strange to me** zdá se mi to podivné, připadá mi to podivné **4** *(arrive)* dostavit se, dorazit kam; **he didn't a. until five**

dostavil se až v pět; fig **a new problem then ~ed** pak vyvstal nový problém **5** *(occur: mistake, disease* etc*)* objevit se, vyskytnout se **6** *(perform)* vystoupit/ vystupovat, hrát v čem, zpívat, tančit etc; **a. in public** vystoupit na veřejnosti; **a. as the queen** *(in the play)* hrát roli královny **7** Jur **a. in court** dostavit se k soudu; **to a. for sb** zastupovat koho, hájit koho u soudu; **to a. as witness** vypovídat jako svědek (před soudem) **8** *(book, article)* vyjít

appearance [ə'piərəns] n see **appear 1** objevení se, vynoření se **2** *(outward look, aspect)* vzezření, vzhled; **outward a.** zevnějšek, pej zevní nátěr; **a pleasing a.** příjemný vzhled ♦ **at first a.** na první pohled; **by all ~s, to all a.** podle všeho (zdání), podle všech známek; **~s are deceptive** zdání klame; **(to) judge by ~s** posuzovat podle vzhledu; **keep up ~s** udržovat dekorum; **for ~s' sake** pro formu, na oko, pro efekt **3** *(arrival)* dostavení se; **put in an a.** ukázat se kde **4** *(of diseases, problems)* výskyt **5** *(in public)* vystoupení, vystupování **6** *(of book* etc*)* vydání, publikace, uveřejnění

appease [ə'pi:z] vt **1** *(make calm)* uklidnit; Pol usmířit (ústupky), provádět politiku ústupků **2** *(soothe)* uchlácholit; *(anger)* ukonejšit; *(pain, grief)* (z)tlumit, (z)mírnit; *(hunger)* ukojit, utišit, zahnat; *(thirst)* ukojit, uhasit; *(curiosity, desire)* uspokojit

appeasement [ə'pi:zmənt] n see **appease 1** uklidnění; usmíření; **(policy of) a.** appeasement, (politika) usmiřování ústupky, politika ústupků **2** uchlácholení; ukojení, zahnání hladu, uspokojení

appellant [ə'pelənt] n Jur odvolatel, odvolávající se strana

appellation [æpə'leišn] n fml pojmenování, název

append [ə'pend] vt fml *(notes)* připojit or připsat/ připisovat, Comput připisovat na konec souboru; *(seal)* přiložit, opatřit čím; **a. sth to sth** připojit or přidat co k čemu; **a. one's signature to a document** podepsat spis, opatřit spis svým podpisem

appendage [ə'pendidž] n **1** *(limb)* úd, končetina, přívěsek **2** fig pej *(hanger on)* příživník

appendectomy [æpən'dektəmi] (also **appendicectomy** [æpendi'sektəmi]) n Med operace slepého střeva, apendektomie

appendices [ə'pendisi:z] pl of **appendix**

appendicitis [əˌpendə'saitis] n zánět slepého střeva, Med apendicitis, apendicitida

appendix [ə'pendiks] n **1** (pl **appendices**) *(to book)* dodatek, příloha **2** (pl **appendixes**) also **vermiform a.** slepé střevo, Med apendix, červovitý přívěsek; **to have one's a. (taken) out** dát si operovat slepé střevo

apperception [æpə'sepšn] n Psych vnímání závislé na předešlé zkušenosti, apercepce

appertain [æpə'tein] vi fml **1** *(belong)* patřit, náležet (**to sb/ sth** komu/ k čemu) **2** *(relate)* týkat se čeho, mít vztah k čemu, vztahovat se na co or k čemu; *(be appropriate)* příslušet, připadat; **duties ~ing to his office** povinnosti příslušející k jeho úřadu

appetite ['æpitait] n **1** *(for food)* chuť (na jídlo, k jídlu); **have a good a.** jíst s chutí, mít chuť k jídlu, být (stále) při chuti; **lose one's a.** ztratit chuť k jídlu; **spoil one's a.** zkazit si chuť ♦ **have a hearty a.** mít požehnaný apetýt inf; **have an insatiable a.** mít kachní žaludek, mít bezedný žaludek, jíst jako nezavřený; **have the a. of a sparrow** jíst jako vrabec **2** *(desire)* chuť, touha, nálada; **sexual a.** smyslná žádostivost or vášeň, pej (sexuální) chtíč, smyslnost; **a. for life** chuť do života; **a. for knowledge** vědychtivost; **have no a. for sth** nemít do čeho chuť, nemít na co náladu; **whet sb's a. for sth** *(travel, study* etc*)* dodat někomu chuť k čemu, navnadit or nalákat koho na co, povzbudit koho k tomu, aby . . .

appetizer ['æpitaizə(r)] n chuťovka; *(hors d'oeuvre)* předkrm; *(drink)* aperitiv

appetizing ['æpitaiziŋ] adj chutný, lahodný; *(which increases appetite)* vzbuzující chuť (k jídlu); *(attractive)* vábný, přitažlivý; *(smell)* dráždivý ■ **~ly** adv chutně, lahodně, vábně

applaud [ə'plo:d] **I** vt **1 a. sb/ sth** tleskat or aplaudovat komu/ čemu; **a. an actor** tleskat herci; **a. sb vigorously** or **enthusiastically** odměnit koho bouřlivým potleskem **2** fig *(approve: decision* etc*)* schvalovat, fandit čemu **II** vi tleskat, aplaudovat

applause [ə'plo:z] n (no pl) **1** potlesk, aplaus; **thunderous a.** bouřlivý or frenetický potlesk; **spontaneous a.** potlesk při otevřené scéně **2** fig *(praise)* chvála, pochvala, uznání

apple ['æpl] n **1** jablko; **ripe/ green a.** zralé/ zelené jablko; **cooking ~s** jablka na vaření; **stewed ~s** jablečný kompot ■ **a. juice** jablečný mošt; **a. jam** jablečná marmeláda; **a. sauce** jablečná kaše ♦ **the Big A.** = New York; **Adam's apple** Adamovo jablko, ohryzek; **the a. of discord** jablko sváru; **she is the a. of her father's eye** otec se v ní vidí **2** also **a. tree** jabloň

applecart ['æplka:t] n **upset sb's a.** fig udělat komu čáru přes rozpočet

applejack [æpldžæk] n Amer jablečné brandy, calvados pálenka z jablečného moštu

apple-pie [æpl'pai] n koláč plněný jablky ♦ **in a.-pie order** ve vzorném pořádku

appliance [ə'plaiəns] n 1 zařízení, přístroj, stroj(ek); **household ~s** (mechanické) domácí přístroje; **electrical ~s** elektrické spotřebiče 2 *(fire engine)* požární stříkačka

applicability [æˌplikə'biləti] n použitelnost (**to sth** pro co, nač), upotřebitelnost

applicable [ə'plikəbl] adj *(rule, method)* použitelný (**to sth** nač, pro co), upotřebitelný; *(appropriate)* vhodný, odpovídající, příslušný; **be a. to sb/ sth** týkat se koho/ čeho; **strike out where not a.** *(on forms)* nehodící se škrtněte

applicant ['æplikənt] n *(for job)* uchazeč, zájemce, kandidát (**for sth** na co/ čeho); *(for grant, loan)* žadatel (**for sth** oč)

application [æpli'keišn] n 1 *(for job, loan, grant)* žádost (o); *(for university etc)* přihláška (na); **a. for a patent** patentová přihláška; **an a. (to sb) for sth** žádost o co (u koho); **~s are invited for ...** vypisuje se konkurs na ...; **samples available on a.** vzorky dodáme na požádání ■ **a. form** formulář žádosti 2 *(of paint, cream)* nanášení; *(of dressing)* přiložení; **hot and cold ~s** teplé a studené obklady 3 *(use)* použití, upotřebení, aplikace; **method** or **mode of a.** způsob použití; **scope** or **range of a.** rozsah použití; **three ~s a day** *(of ointment)* užívejte třikrát denně; **for external a. only** pouze pro zevní použití; **the invention will have a. in industry** vynález bude možno využít v průmyslu 4 *(applicability)* použitelnost, platnost, aplikovatelnost 5 Med *(poultice)* léčivá náplast; *(ointment)* mast 6 *(hard work)* píle; *(concentration)* soustředění; **he lacks a.** není dostatečně pilný 7 Comput aplikace ■ **a. programme** aplikační program

applicator ['æplikeitə(r)] n *(for medication)* aplikátor, *(for cosmetics)* štěteček

applied [ə'plaid] adj *(linguistics, mathematics etc)* aplikovaný

appliqué [æ'plikei] n aplikace, (našitá) ozdoba na šatech ● vt aplikovat, našívat

apply [ə'plai] v (pp, pt **-lied**) I vt 1 *(theory, rules, principles etc)* aplikovat; **a. a rule to an individual case** aplikovat pravidlo na konkrétní případ 2 *(use)* (po)užít, upotřebit; **a. a cure** použít léčení (**to sth** nač); **a. force** použít sílu; **a. all one's strength** vynaložit všechny své síly 3 *(devote)* **a. one's mind to sth, a. oneself to sth** soustředit se na co, věnovat svou pozornost čemu; oddat se čemu; **a. oneself to one's work** zaměřit se na svou práci 4 *(put on: paint, glue)* nanášet, nanést; *(sticking plaster)* přiložit; *(bandage)* dát; *(ointment)* aplikovat 5 *(embargo, sanctions)* uvalit (**to** na) II vi 1 *(be relevant)* **a. to sb/ sth** týkat se koho/ čeho, vztahovat se na koho/ co; *(laws, rules etc also)* platit o kom/ čem; **it does not a. to us** nás se to netýká, na nás se to nevztahuje; **it will a. here** v tomto případě or tady to bude platit 2 *(be valid)* platit; **does your offer still a.?** vaše nabídka stále platí? 3 *(ask)* žádat (**for sth** o co); **he applied to be sent abroad** požádal o cestu do zahraničí; **a. (to sb) for sth** podat si u koho žádost o co, obrátit se na koho s žádostí o co; **a. for university** podat si přihlášku na univerzitu; **a. for a job** ucházet se o místo; **a. for a clerical job** ucházet se o úřednické místo; **a. for a rise** or Amer **raise (in wages)** požádat o zvýšení platu

appoint [ə'point] vt 1 *(designate)* jmenovat, ustanovit, designovat; **a. a judge** jmenovat soudce; **a. sb (as) judge** jmenovat or ustanovit koho soudcem or za soudce; **a. a committee** ustavit výbor; **a. sb to a post** přijat koho na (nějaké) místo 2 *(fix: date, time, place etc)* (u)stanovit, určit/ určovat; **to a. a time for a meeting** určit termín schůze 3 *(furnish: house)* vybavit, zařídit

appointed [ə'pointid] adj 1 *(official)* jmenovaný, designovaný 2 *(date, time etc)* určený, stanovený; **on the a. day** ve stanovený den 3 *(house etc)* vybavený, zařízený; **a beautifully a. office** krásně zařízená kancelář

appointee [əˌpoin'ti:] n přijatý uchazeč, jmenovaný kandidát

appointive [ə'pointiv] adj esp Amer *(powers)* jmenovací; *(office)* obsazovaný jmenováním

appointment [ə'pointmənt] n 1 *(act of appointing)* jmenování; **fill a vacancy by a.** obsadit volné místo jmenováním 2 *(position)* funkce, úřad; **hold an a.** zastávat úřad 3 *(agreement for a meeting)* schůzka, úmluva; **make an a.** domluvit si schůzku, *(with doctor, dentist, hairdresser)* objednat se u koho; **I've got an a. with my dentist** jsem objednán k zubaři; **can I make an a.?** mohu se objednat? 4 *(meeting)* schůzka; **be late for one's a.** přijít pozdě na schůzku 5 usu **~s** *(furniture etc)* vybavení, zařízení

apportion [ə'po:šn] vt *(money, food etc)* rozdělit; *(duties)* rozvrhnout, přidělit; **a. the money among several people** rozdělit peníze několika lidem, podělit penězi několik lidí; **a. sth to sb** přidělit něco komu

apportionment [ə'po:šnmənt] n **1** rozdělení, rozvržení, přidělení; cf **apportion** **2** Amer stanovení počtu zástupců ve Sněmovně reprezentantů nebo v jiných zákonodárných sborech podle počtu obyvatel

apposite ['æpəzit] adj *(answer* etc*)* přiléhavý, výstižný; *(comment)* vhodný, příhodný

apposition [æpə'zišn] n Ling přístavek

appraisal [ə'preizl] n ocenění; *(of situation, work of art)* (z)hodnocení, posouzení; *(of value)* odhad

appraise [ə'preiz] vt *(value, damage)* odhadnout; *(house)* ocenit, odhadnout cenu čeho; *(character)* posoudit; *(situation)* posoudit, (z)hodnotit; **a. sb** udělat si o kom úsudek or obrázek, ohodnotit koho

appreciable [ə'pri:šəbl] adj *(perceptible)* znatelný, patrný, stojící za zmínku; *(change, difference)* citelný; *(considerable)* značný ■ **appreciably** adv znatelně, citelně; značně

appreciate [ə'pri:šieit] **I** vt **1** *(to value)* (vysoce) oceňovat, ocenit, cenit si čeho, vážit si čeho; **I a. all you have done for me** velmi si cením všeho, cos pro mne udělal **2** *(be grateful)* být vděčný; **we'd a. an early reply** prosíme o brzkou odpověď; **we would a. it if you would send us ...** prosíme vás, abyste nám poslali ... **3** *(be aware of)* uvědomovat si, být si vědom čeho; *(understand)* chápat, mít pochopení pro; **we a. the reasons for your anxiety** chápeme důvody vašeho znepokojení; **I a. that I may be wrong** uvědomuji si, že se můžu mýlit **4** *(enjoy intelligently)* těšit se z čeho, umět ocenit, umět poznat, mít smysl pro; **a. good poetry/ music** etc umět ocenit dobrou poezii/ hudbu etc **II** vi Fin *(property, investments)* stoupnout v ceně

appreciation [ə,pri:ši'eišn] n see **appreciate** **1** ocenění, uznání **2** vděčnost; **show a.** projevit uznání or vděčnost; *(a gift)* **in a. of sth** z vděčnosti za něco; **with candid a.** s nepředstíraným uznáním; **words of a.** slova uznání **3** *(awareness)* vědomí čeho, uvědomění si čeho, pochopení pro **4** *(enjoyment, understanding: of art, music* etc*)* smysl pro co, porozumění pro co, schopnost ocenit; *(review: of book, film* etc*)* (příznivá) kritika or recenze **5** *(of property)* stoupnutí v ceně; **a. of assets** zvýšení hodnoty aktiv

appreciative [ə'pri:šiətiv] adj *(grateful)* vděčný, uznalý; *(look)* plný porozumění; *(review)* pochvalný, příznivý; **an a. audience** vděčné obecenstvo; **be a. of sth** umět něco ocenit; **be a. of music** etc mít smysl pro hudbu, rozumět hudbě; **we are most a. of your generosity** velmi si vážíme vaší velkorysosti ■ **~ly** adv vděčně, pochvalně, uznale; *(smile, nod)* s porozuměním

appreciatory [ə'pri:šjətəri] adj see **appreciative**

apprehend [æpri'hend] vt **1** *(arrest)* zatknout, zadržet, vzít do vazby; *(escapee)* dopadnout, chytit **2** dated chápat, pochopit, porozumět čemu, zvl. intuitivně **3** fml *(anticipate with fear)* strachovat se, dělat si starosti, mít neblahé tušení, mít zlou předtuchu

apprehension [æpri'henšn] n **1** *(of thief)* zadržení, zatknutí, dopadení **2** *(fear)* strach, starost; **a feeling of a.** zlá předtucha, neblahé tušení **3** dated porozumění čemu, chápání **4** *(opinion)* názor

apprehensive [æpri'hensiv] adj znepokojený, naplněný úzkostí; **be a. of sth** mít strach před čím, obávat se or strachovat se, že ...; **be a. for sb** strachovat se o koho, mít o koho starost or strach ■ **~ly** adv ustrašeně, s obavami, se strachem

apprentice [ə'prentis] n **1** učeň, učedník ■ **a. tailor/ electrician** krejčovský/ elektrikářský učedník **2** fig *(beginner)* začátečník, nováček, zelenáč ● vt **a. sb to sb** dát koho do učení ke komu; **be ~d to sb** být u koho v učení; **be ~d to a tailor** být v učení u krejčího, (vy)učit se na krejčího

apprenticeship [ə'prentisšip] n učení, učební doba, učednická léta; **serve one's a. with sb** být v učení u koho, strávit svá učednická léta u koho

apprise [ə'praiz] vt fml **a. sb of sth** zpravit or informovat koho o čem; **I was ~d that ...** byl jsem informován, že ...; **I was ~d of his death** dostal jsem zprávu o tom, že zemřel

appro ['æprəu] n abbr of **approval**; **on a.** Br inf Comm na zkoušku, na ukázku

approach [ə'prəuč] n **1** *(act of ~ing)* přibližování, přiblížení, příchod, *(of vehicles* etc*)* příjezd **2** Aer přiblížení na přistání **3** golf also **a. shot** přibližovací or pomocný úder **4** *(approximation)* **it's the nearest a. to perfection** je to téměř dokonalé; **an a. to an apology** něco jako omluva **5** *(to sb, committee* etc*)* usu pl **~es** pokusy o navázání kontaktu; **make ~es to sb** obrátit se na koho, inf kontaktovat koho; *(to people)* pokusy o sblížení s kým; *(sexual advances)* snažit se s kým navázat známost, nadbíhat komu, *(usu to girls)* dvořit se komu, sl balit koho **6** *(roads* etc*)* **~es** přístupy, přístupové cesty ■ **a. ramp/ road** příjezdní rampa/ silnice **7** *(way of tackling)* přístup, metoda; **let's try a different a.** zkusme to jinak; **along two lines of a.** po dvojí koleji or linii ● **I** vt **1** *(come near to)* (při)blížit se k čemu, přibližovat se k čemu; **we are ~ing Prague**

blížíme se k Praze; **he is ~ing fifty** blíží se k padesátce, nechybí mu moc do padesátky **2** *(be similar in quality* etc*)* blížit se komu/ čemu, rovnat se komu/ čemu; **few composers can a. Mozart** jen málo skladatelů se může rovnat Mozartovi or srovnávat s Mozartem **3 a. sb with a request/ proposal** etc obrátit se na koho s požadavkem/ návrhem; **a. a bank for a loan** obrátit se na banku s žádostí o půjčku; **a. sb for money** *(of beggar, tramp* etc*)* žebrat or loudit na kom peníze; **a. a witness with a bribe** pokusit se podplatit svědka ♦ **he is difficult to a.** s ním se těžko mluví, je nepřístupný **4** *(tackle: problem, question)* přistoupit/ přistupovat k čemu **II** vi *(draw nearer)* blížit se; **Christmas is ~ing** blíží se vánoce; **a storm is ~ing** chystá se bouřka, vypadá to na bouřku

approachability [əˌprəučə'biləti] n see **approachable 1** přístupnost; dostupnost **2** přívětivost, vlídnost

approachable [ə'prəučəbl] adj **1** *(place, building)* přístupný, dostupný **2** *(person: friendly)* přístupný, přívětivý, vlídný

approaching [ə'prəučiŋ] adj přibližující se; *(event)* nadcházející, blížící se, blízký

approbate ['æprəubeit] vt Amer schválit, dát k čemu souhlas

approbation [æprə'beišn] n fml schválení, souhlas; **a smile of a.** úsměv na znamení souhlasu

appropriate$_1$ [ə'prəupriət] adj **1** *(suitable)* patřičný; *(measures)* náležitý, patřičný; *(means)* odpovídající, adekvátní, vhodný; *(measurements)* odpovídající; *(clothing)* vhodný; *(moment)* příhodný; *(answer, remark)* přiléhavý, případný, výstižný **2** *(relevant: body, authority)* příslušný; **delete as a.** nehodící se škrtněte ■ adv see **~ly**

appropriate$_2$ [ə'prəuprieit] vt fml **1** *(take possession)* přivlastnit si, přisvojit si; inf *(steal)* uzmout, přivlastnit si **2** *(set aside: funds)* určit, schválit, vyhradit (**for sth** na co)

appropriately [ə'prəupriətli] adv *(dressed)* vhodně; *(react)* adekvátně; *(answer)* případně, výstižně; *(designed)* účelně; *(named)* výstižně, přiléhavě

appropriation [əˌprəupri'eišn] n fml **1** *(taking)* přisvojení, přivlastnění **2** *(allocation: of funds)* přidělení, vyhrazení **3** *(allocated sum of money)* přidělená částka

approval [ə'pru:vl] n **1** *(of plans, proposal* etc*)* schválení; *(agreement)* souhlas; **give one's a. to sth** dát k čemu svůj souhlas; **give a nod of a.** přikývnout na souhlas, souhlasně přikývnout ♦ **on a.** *(of goods)* na zkoušku, na ukázku **2** *(favourable opinion)* souhlas, uznání, pochvala

approve [ə'pru:v] **I** vi souhlasit; *(I am not going to tell them)* **in case they don't a.** pro případ, že by nesouhlasili; **he said that he didn't a.** řekl, že nesouhlasí **II** vt *(project, plan* etc*)* schválit; *(decision)* potvrdit **III** phr v ■ **approve of** vi souhlasit s čím, schvalovat co; **I don't a. of men drinking** jsem proti tomu, aby muži pili (alkoholické nápoje); **I do not a. of her friends** její přátelé se mi nelíbí

approved school [əˌpru:vd'sku:l] n Br formerly ≅ polepšovna do roku 1971 výchovné zařízení pro mladistvé delikventy

approving [ə'pru:viŋ] adj souhlasný; *(words)* uznalý; *(glances)* obdivný ■ **~ly** adv souhlasně; *(speak)* uznale; *(look at sb)* obdivně

approx [ə'proks] abbr of **1 approximately** přibližně, asi, kolem **2** rarely **approximate** přibližný

approximate [ə'proksimət] adj přibližný, fml aproximativní; **an a. price** přibližná cena ■ **~ly** adv přibližně, kolem, tak, (tak) asi, asi tak, cirka; **there will be ~ly 200 people present** bude tam asi tak 200 lidí ● [ə'proksimeit] vi **a. to sth** (při)blížit se čemu; **a. to the truth** blížit se pravdě; **a. to an ideal** přiblížit se ideálu

approximation [əˌproksi'meišn] n **1** *(guess)* (přibližný) odhad; **this figure is just an a.** tato cifra je jen přibližná **2** přiblížení; **it was only an a. to the truth** bylo to jenom přibližně pravda, jenom se to blížilo pravdě

Apr abbr of **April** duben

apricot ['eiprikot] n meruňka plod ■ **a. tree** meruňka strom

April ['eiprəl] n abbr **Apr** duben; **in A.** (letos) v dubnu ■ **A. showers** aprílové spršky; **A. Fool's Day** apríl; **A. Fool!** Apríl!; **make an A. fool of sb** vyvést koho aprílem; see též **May**

a priori [eiprai'o:rai] adv a priori, apriorně ● adj *(reasoning)* apriorní; *(acceptance)* bezpodmínečný

apron ['eiprən] n **1** *(garment)* zástěra ♦ **he is tied to his mother's a. strings** stále se ještě drží maminčiných sukní **2** Aer parkovací plocha letiště **3** Theat also **a. stage** rampa, proscénium

apropos [æprə'pəu, 'æprəpəu] adv **1** *(suitably)* vhod, v pravý čas, jako na zavolanou; **she arrived very a.** přišla jako na zavolanou **2** *(by the way)* dated à propos, mimochodem, abych nezapomněl ● adj *(appropriate)* k věci, příhodný, relevantní; *(remark)* výstižný, přiléhavý, vhodný ● prep **a. (of)** inf pokud jde o, co se týká čeho, ohledně čeho; **a. of our talk** pokud jde o náš rozhovor

apse [æps] n Archit apsida

apt$_1$ [æpt] adj **1** *(suitable)* vhodný; *(remark, reply* also*)* výstižný, trefný, případný; *(description)* výstižný **2** *(able: student)* schopný, nadaný, inteligentní (**at** na); **be a. at doing sth** vyznat se v čem **3** *(inclined, liable)* **be a. to do sth** být náchylný k čemu, mít sklon k čemu; **she is a. to forget** ráda zapomíná; *(of material)* **be a. to break** snadno se lámat, mít tendenci se lámat, být křehký ■ **~ly** adv vhodně; výstižně; **~ly chosen words** vhodně volená slova

apt$_2$ abbr of **apartment** byt

aptitude ['æptitju:d; Amer -tu:d] n **1** *(ability)* nadání, vlohy, schopnost, dipozice; **an a. for learning languages** nadání na jazyky ■ **a. test** Psych zkouška způsobilosti **2** joc inf sklon, tendence, náchylnost, talent; **he has an a. for saying the wrong thing** má talent říct něco nevhodného

aptness ['æptnəs] n see **apt**$_1$ **1** vhodnost; výstižnost **2** nadání, inteligence **3** tendence, sklon(y)

aqualung ['ækwəlaŋ] n akvalung dýchací přístroj používaný při sportovním potápění

aquamarine [ækwəmə'ri:n] n Min akvamarín; *(colour)* akvamarínová modř ● adj akvamarínový; *(of colour: dress* etc*)* zelenomodrý

aquaplane ['ækwəplein] n vodní lyže jedna deska ● vi **1** jezdit na vodní lyži **2** *(of a vehicle)* dostat smyk na mokré vozovce

aquarelle [ækwə'rel] n akvarel

aquarellist [ækwə'relist] n akvarelista/ akvarelistka

aquarium [ə'kweəriəm] n (pl also **aquaria**) akvárium

Aquarius [ə'kweəriəs] n Astron, Astrol Vodnář

aquatic [ə'kwætik] adj *(life, animal, sports)* vodní

aqueduct ['ækwidakt] n akvadukt

aquiline ['ækwilain] adj orlí; **an a. nose** orlí nos

Arab ['ærəb] n **1** Arab; **the ~s** Arabové **2** *(horse)* arab ● adj *(countries, League)* arabský

arabesque [ærə'besk] n Archit, Art, Ballet arabeska

Arabian [ə'reibiən] adj *(camel, coffee, nomads)* arabský; **the A. Nights** Tisíc a jedna noc pohádky; **the A. Peninsula/ Gulf** Arabský poloostrov/ záliv ● n Arab

Arabic ['ærəbik] n *(language)* arabština ● adj *(language, literature, script, numeral, gum)* arabský

Arabist ['ærəbist] n arabista

arable ['ærəbl] adj *(land)* orný

Araby ['ærəbi] n Poet Arábie ♦ **live like a sheikh of A.** žít si jako paša, mít se jako prase v žitě

arbiter ['a:bitə(r)] n arbiter, arbitr, rozhodčí, rozhodce ve sporu; **a. of taste/ fashion** autorita ve věci vkusu a módy, fml arbiter elegantiarum

arbitral ['a:bitrəl] adj arbitrážní, rozhodčí; **a. decision** arbitrážní rozhodnutí; **a. procedure** arbitrážní or rozhodčí řízení

arbitrarily see **arbitrary**

arbitrariness ['a:bitrərinəs] n see **arbitrary** **1** náhodnost **2** svévolnost **3** despotičnost

arbitrary ['a:bitrəri; Amer a:rbətreri] adj **1** *(random: choice* etc*)* náhodný, nahodilý; *(number)* libovolný **2** svévolný **3** *(ruler)* absolutistický, despotický, tyranský ■ **arbitrarily** adv **1** náhodně **2** svévolně **3** despoticky

arbitrate ['a:bitreit] **I** vt *(dispute)* rozhodovat o čem, rozsuzovat **II** vi **1** rozhodovat spor rozhodčí cestou or arbitrážně; **a. between A and B** rozhodovat mezi A a B, rozsuzovat A a B **2** předložit spor k arbitrážnímu posouzení

arbitration [a:bi'treišn] n arbitráž ■ **a. court** arbitrážní or rozhodčí soud

arbitrator ['a:bitreitə(r)] n rozhodčí, rozhodce, arbiter, arbitr

arc [a:k] n oblouk ■ **a. lamp** oblouková lampa, obloukovka; **a. welding** obloukové svařování, svařování elektrickým obloukem

arcade [a:'keid] n **1** Archit arkáda podloubí **2** *(shopping a.)* pasáž

arch [a:č] n **1** Archit *(of bridge* etc*)* oblouk **2** also **archway** *(passage)* klenutá chodba; *(ornamental gateway)* **triumphal a.** vítězný or triumfální oblouk **3** Anat *(of foot)* klenba, vyklenutí ● **I** vt vyklenout (do oblouku); **a. its back** *(cat)* (vy)hrbit hřbet **II** vi *(bridge* etc*)* klenout se přes co

arch(-) [a:č] pref **1** *(chief)* arci-; cf **archbishop, archduke** **2** *(very bad)* cf **arch enemy**

archaeological, Amer **archeological** [a:kiə'lodžikl] adj archeologický

archaeologist, Amer **archeologist** [a:ki'olədžist] n archeolog

archaeology, Amer **archeology** [a:ki'olədži] n archeologie

archaic [a:'keiik] adj *(words, style* etc*)* zastaralý, archaický; fig *(car* etc*)* předpotopní

archaism ['a:keiizəm] n archaismus

archangel ['a:keindžl] n archanděl

archbishop [a:č'bišəp] n arcibiskup

archbishopric [a:č'bišəprik] n arcibiskupství

archdiocese [a:č'daiəsis] n arcidiecéze

archduchess [a:č'dačis] n arcivévodkyně
archduke [a:č'dju:k] n arcivévoda
arch enemy [a:č'enəmi] n úhlavní nepřítel
arched [a:čt] adj Archit *(bridge)* obloukový; *(vaulted)* klenutý
archeological, archeologist, archeology see **archaeological, archaeologist, archaeology**
archer [a:čə(r)] n **1** Sport lukostřelec; Hist lučištník **2** Astron, Astrol **The A.** Střelec
archery ['a:čəri] n lukostřelba
archetypal [a:ki'taipl] adj typický; **the a. villain** prototyp padoucha
archetype ['a:kitaip] n **1** *(model)* prototyp, archetyp, pravzor **2** *(example)* typický příklad
archipelago [aki'peləgəu] n (pl **-gos** or **-goes**) archipel, archipelag, souostroví
architect ['a:kitekt] n architekt, stavitel; fig *(of one's fate, happiness)* strůjce
architectural [a:ki'tekčərəl] adj architektonický, stavitelský ■ **~ly** adv architektonicky, po architektonické stránce
architecture ['a:kitəkčə(r)] n architektura, stavitelství
archival [a:'kaivl] adj archivní
archives ['a:kaivz] n pl archiv materiál i instituce
archivist ['a:kəvist] n archivář
archway ['a:čwei] n klenutý průchod; *(arch)* oblouk slavnostní brána
Arctic ['a:ktik] adj **1** Geog arktický, polární; **A. Circle** severní polární kruh; **A. Ocean** Severní ledový oceán **2** *(weather, conditions etc)* arktický, ledově studený, mrazivý also fig úsměv apod. ● n **the A.** Arktida
ardent ['a:dənt] adj *(temperament)* vášnivý; *(love)* vášnivý, horoucí, vroucí; *(wish)* horoucí, vroucí; *(supporter)* fanatický; *(sportsman, chess player etc)* vášnivý, náruživý; *(theatregoer)* horlivý; *(propagandist, activist)* horlivý, zanícený ■ **~ly** adv vášnivě, horoucně, vroucně, náruživě, zaníceně
ardour, Amer **ardor** ['a:də(r)] n *(passion)* vášeň k čemu, elán, vášnivé zaujetí, zápal pro co; *(zeal, fervour)* horlivost, zanícenost pro co; see **ardent**
arduous ['a:djuəs] adj obtížný, namáhavý; *(task also)* pracný, nesnadný; *(ascent)* obtížný, náročný
arduousness ['a:djuəsnəs] n obtížnost; náročnost; see **arduous**
are$_1$ [a:(r)] n ar
are$_2$ [a:(r)] see **be**
area ['eəriə] n **1** *(measurement)* plocha, plošný obsah, *(of land)* plošná výměra, rozloha; Math obsah; **the a. of a triangle** obsah trojúhelníku; **the room has an a. of 16 square metres, the room is 16 square metres in a.** pokoj má plochu 16 m^2; **the total a.** celková plocha, *(of land)* celková rozloha; **over a large a.** na velké ploše **2** *(territory)* území; *(region, district)* oblast; kraj; *(of town)* čtvrť; *(zone)* pásmo, zóna; **mountainous a.** horská oblast; **currency a.** Fin měnová oblast ♦ **danger a.** fig horká půda; **a. of friction** třecí plocha ■ **a. bombing** plošné bombardování **3** *(for a specific purpose)* prostor, prostranství, areál, plocha; Mil pole, operační prostor; **parking a.** parkoviště; **landing a.** Aer přistávací plocha **4** *(of activity)* pole, sféra; **a. of activity/ influence** sféra aktivity/ vlivu **5** *(areaway)* Br anglický dvorek snížený prostor kolem budovy k osvětlení a větrání suterénu **6** *(of body)* partie, krajina, místo **7** *(of cerebral cortex)* okrsek **8** Ftb území; **the goal a.** brankové území, brankoviště, malé vápno
arena [ə'ri:nə] n **1** Sport aréna, zápasiště; *(circus)* manéž; **indoor sports a.** sportovní hala **2** fig **the political a.** politická aréna, politické kolbiště; **enter the a.** vstoupit na kolbiště, pustit se do boje
aren't = **are not**; see **be**
Argentina [a:džən'ti:nə] n Argentina
Argentine ['a:džəntain] n **the A.** Argentina; **he lives in the A.** žije v Argentině ● adj argentinský ♦ **A. mica** or **silver** kočičí stříbro
Argentinian [a:džən'tiniən] n Argentinec/ Argentinka ● adj argentinský
argon ['a:gon] n Chem argon
arguable ['a:gjuəbl] adj **1** *(that can be asserted)* **it is a. that ...** je možno tvrdit, že ... **2** *(questionable)* diskutabilní, pochybný; **it is a. whether ...** je diskutabilní, zda ... ■ **arguably** adv je možno říct, patrně; **it is arguably his best film** je to patrně jeho nejlepší film
argue ['a:gju:] **I** vt **1** *(debate)* (pro)diskutovat, projednat, prodebatovat; Jur obhajovat, hájit; **a. one's case** obhájit svůj názor **2** *(claim)* **a. that ...** tvrdit or dokazovat, že ...; **it is ~d that ...** tvrdí se, že ... **3 a. sb out of doing sth** někomu něco vymluvit; přemluvit koho, aby něco nedělal; **a. sb into doing sth** přemluvit koho k čemu ♦ **he would a. the hind leg off a donkey** ten by vymámil na jalové krávě tele **II** vi **1** *(debate)* diskutovat, debatovat, polemizovat; *(quarrel)* hádat se, přít se, dohadovat se, *(about trivialities)* hašteřit se; **a. with sb about sth** hádat or dohadovat se s kým o čem; **they are always arguing** stále se hádají; **go to bed and don't a.** do postele, a žádné řeči; **don't a., just do it** nehá-

dej se or nediskutuj a udělej to ♦ **there's no arguing about it** to je bez debaty 2 *(give reasons)* argumentovat; **a. for sth** obhajovat co, argumentovat pro co; **a. for sb** hájit koho, zastávat se koho; **a. against sb** vystupovat proti komu; **it ~s well for her** to ji ukazuje v příznivém světle III phr vs ▪ **a. away** *I* vt **a. sth away** něco oddiskutovat, odbýt diskusí; **one can't a. it away** to se nedá oddiskutovat *II* vi diskutovat, debatovat ▪ **argue out** vt vyříkat; **you can a. it out between you** můžete si to vyříkat mezi sebou

argument ['a:gjumənt] n 1 *(reason)* argument, důvod (**for sth/ against sth** pro co/ proti čemu); **a compelling a.** pádný důkaz 2 *(process of reasoning)* argumentace; **line of a.** argumentační linie ♦ *(let's assume)* **for the sake of a.** jen čistě teoreticky 3 *(discussion)* debata, diskuse, polemika; **it's a futile** or **pointless a.** to jsou zbytečné debaty 4 *(quarrel)* spor, hádka, kontroverze, výstup mezi kým; **he had an a. with his wife** pohádal se se svou ženou; **settle an a.** urovnat spor 5 *(summary)* Liter shrnutí dějové zápletky 6 Math argument, nezávisle proměnná

argumentation [a:gjumən'teišn] n 1 *(reasoning)* argumentace, dokazování 2 *(discussion)* diskuse, debata

argumentative [a:gju'mentətiv] adj *(person)* svárlivý, hašteřivý, vyhledávající spory

aria ['a:riə] n árie

arid ['ærid] adj 1 *(land)* vyschlý, suchý, vyprahlý; *(climate* also*)* aridní 2 fig *(theme, discussion)* suchopárný, nezáživný

aridity [ə'ridəti] n see **arid** suchost, vyprahlost; fig suchopárnost

Aries ['eəri:z] n Astron, Astrol Skopec, Beran

arise [ə'raiz] vi (pt **arose** [ə'rəuz], pp **arisen** [ə'rizn]) 1 *(appear)* objevit se; *(difficulties, problems* also*)* vyvstat, vyvstávat; *(misunderstanding)* dojít k čemu; *(shouts)* zaznít; *(wind)* zvednout se; *(storm)* strhnout se, propuknout ♦ **should the need a.** v případě potřeby 2 **a. out of** or **from sth** vzniknout z čeho, být důsledkem čeho 3 dated *(stand up, get up)* vstát, povstávat, zvednout se

aristocracy [æri'stokrəsi] n aristokracie, šlechta

aristocrat ['æristəkræt; Amer ə'ristəkræt] n aristokrat, šlechtic

aristocratic [æristə'krætik] adj aristokratický, šlechtický

arithmetic [ə'riθmətik] n 1 *(subject)* aritmetika ▪ **a. book** Sch aritmetika kniha 2 *(calculation)* počty, počítání; **mental a.** počítání z hlavy; **simple a.** fig kupecké počty 3 *(knowledge of a.)* **your a. is pretty good/ bad** počítáš dost dobře/ počítat moc neumíš ● adj [æriθ'metik] also **arithmetical** aritmetický; **a. mean** aritmetický průměr

arithmetical [æriθ'metikl] adj aritmetický; **a. progression** aritmetická řada

ark [a:k] n Bibl archa ♦ **Noah's A.** archa Noemova; **the A. of the Covenant** archa úmluvy

arm$_1$ [a:m] n 1 paže celá horní končetina, ruka horní končetina, rámě horní část paže; fig **the (long) a. of the law** rameno spravedlnosti; **under one's a.** pod paží or paždím; **with one's ~s folded** also fig se založenýma rukama; **with ~s akimbo** s rukama v bok; **walk a. in a.** jít zavěšeni do sebe o dvou osobách; **carry a baby in one's ~s** nést dítě v náručí; **take sb in one's ~s** vzít někoho do náruče; **rush into sb's ~s** padnout komu do náruče; **throw one's ~s round sb** obejmout koho ♦ **open ~s** otevřená náruč 2 *(sleeve)* rukáv 3 *(of river, crane, of railway signal)* rameno; *(of armchair)* opěradlo; *(of balance)* rameno, vahadlo; *(of sea)* úžina, záliv; *(of record player)* raménko přenosky

arm$_2$ [a:m] n Mil druh vojska

arm$_3$ [a:m] n see **arms** ● vt *(army, police force, country)* vyzbrojit koho, *(person)* ozbrojit; **a. oneself** ozbrojit se

armadillo [a:mə'diləu] n (pl **-s**) pásovec

armament ['a:məmənt] n 1 *(weapons)* výzbroj 2 *(process of equipping)* vyzbrojování 3 *(military forces)* vojenský potenciál vyzbrojený

armband ['a:mbænd] n páska na rukávě

armchair ['a:mčeə(r)] n křeslo ● adj salónní, katedrový, od zeleného stolu; **a. strategist** pivní stratég; **a. critic/ socialist** salónní kritik/ socialista; **a. philosopher** katedrový filozof, nepraktický učenec

Armenia [a:'mi:njə] n Arménie

Armenian [a:'mi:njən] adj arménský ● n 1 *(person)* Armén/ -ka 2 *(language)* arménština

armed [a:md] adj ozbrojený; **the a. forces** or **services** branné síly, ozbrojená moc, armáda; **a. robber** ozbrojený lupič; **a. to the teeth** po zuby ozbrojený

armful ['a:mful] n náruč čeho; **~s of flowers** plné náruče květin

armistice ['a:mistis] n příměří ▪ **A. Day** Den příměří výročí příměří z 11. listopadu 1918

armour, Amer **armor** ['a:mə(r)] n 1 Hist brnění, zbroj, krunýř; **suit of a.** plná zbroj 2 *(of animal)* krunýř 3 Mil *(on vehicle, ships)* pancéřování ▪ **a. plate** pancéřová deska 4 *(vehicles)* obrněné vozy, *(units)* obrněné jednotky; **an attack by a.** útok obrněnými vozy ● vt Mil (o)pancéřovat, obrnit, opatřit pancířem

armoured, Amer **armored** ['a:məd] adj 1 *(protected with armour)* obrněný, pancéřový; **an a. car** obrněný vůz 2 *(division etc)* pancéřový, tankový

armour-plated, Amer **armor-plated** ['a:məpleitid] adj pancéřovaný

armoury, Amer **armory** ['a:məri] n 1 *(store)* zbrojnice, arzenál 2 Amer *(factory)* zbrojovka

armpit ['a:mpit] n podpaž(d)í

armrest ['a:mrest] n opěradlo pro ruce

arms [a:mz] n pl 1 *(weapons)* zbraně; **small a.** lehké střelné zbraně; **call to a.** povolat do zbraně; **take up a.** chopit se zbraně, nastoupit do zbraně ♦ **be up in a. about sth** resolutně se proti čemu postavit, důrazně proti čemu protestovat ■ **a. dealer** obchodník se zbraněmi; **a. race** závody ve zbrojení; **a. trade** obchod se zbraněmi 2 *(coat of a.)* erb

army ['a:mi] n 1 armáda; **be in the a.** být na vojně; **go into** or **join the a.** stát se vojákem, dát se na vojnu 2 fig *(of officials, workers etc)* armáda, zástup, spousta 3 *(army corps)* armádní sbor 4 **the Salvation A.** Armáda spásy

aroma [ə'rəumə] n *(of coffee, cigars etc)* aróma, vůně

aromatic [ærə'mætik] adj vonný, aromatický, kořenný

arose [ə'rəuz] pt of **arise**

around [ə'raund] adv 1 *(on every side)* kolem, okolo; **all a.** všude kolem; **for miles a.** na míle kolem 2 *(in different places)* kolem, sem a tam; **run a.** pobíhat sem a tam or kolem etc; **sit a.** posedávat kolem; **clothes left lying a. on the floor** šaty rozházené po podlaze ♦ **he has been a.** somewhat pej ten se vyzná, je světem protřelý, má už něco za sebou též o sexuálních zkušenostech 3 *(near)* v blízkosti, poblíž; **he is somewhere a.** je tu někde poblíž; **have you seen my umbrella anywhere a.?** neviděli jste tu někde můj deštník? 4 *(available)* **there is a lot of money a. these days** dnes mají lidé spoustu peněz 5 **turn a.** otočit se o 180° 6 **be a.** *(be prominent: star, champion etc)* být v popředí zájmu, udržet si popularitu ● prep 1 *(here and there)* **travel a. Europe** cestovat po Evropě 2 **walk a. the pond** obejít rybník 3 *(round)* esp Amer **the church a. the corner** kostel za rohem 4 *(approximately)* kolem, asi; **at a. 4 o'clock** kolem čtvrté (hodiny); **it will cost a. £200** bude to stát asi dvě stě liber 5 *(near)* **it is somewhere a. here** je to někde tady, je to tady někde v okolí

arousal [ə'rauzl] n *(sexual)* vzrušení

arouse [ə'rauz] vt 1 *(wake)* **a. sb from his sleep** probudit někoho ze spánku 2 *(stimulate: from apathy etc)* vyburcovat, *(sexually)* vzrušit 3 *(interest, suspicion)* vzbudit, vzbuzovat

arr abbr of 1 **(music) arranged (by) ...** hudebně upravil ...; **arr Benjamin Britten** (hudebně) upravil Benjamin Britten 2 = **arrival; arrive(s), arrived; arriving** příjezd, přílet; **arr Prague 13.50** příjezd do Prahy ve 13.50

arrange [ə'reindž] I vt 1 *(put into order) (furniture)* rozestavit/ rozestavovat, rozmístit/ rozmísťovat; *(books on shelves)* uspořádat, *(in library)* (se)řadit; *(flowers)* aranžovat, uspořádat; **a. sth in alphabetical order** seřadit něco podle abecedy; **a. one's hair** upravit si vlasy; **a. one's life** uspořádat si or zařídit si nějak život 2 *(organize) (exhibition, conference, meeting)* (z)organizovat, uspořádat; *(sale)* zařídit, dohodnout; **that can be easily ~d** to se dá snadno zařídit 3 *(settle) (dispute etc)* urovnat, urovnávat, dát/ dávat do pořádku 4 Mus aranžovat, upravit II vi 1 *(agree)* dohodnout se, domluvit; **a. with sb to do sth** domluvit se s kým na čem; **they ~d to meet** dohodli se, že se setkají 2 *(plan)* **a. for sb to do sth** postarat se o to, aby někdo něco udělal; **I will a. for sb to meet you at the station** zařídím, aby vás někdo čekal na nádraží; **can you a. to be at home?** můžete si to zařídit tak, abyste byl doma?

arrangement [ə'reindžmənt] n 1 *(putting in order) (of tables etc)* rozestavění, uspořádání; *(of flowers)* aranžování 2 *(plans)* pl plány; *(preparations)* přípravy, program; **seating ~s** zasedací pořádek; **travel ~s** přípravy na cestu; **make your own ~s for accommodation/ transport** ubytování/ dopravu si zařiďte sami; **I'll make ~s for you to be met** zařídím, aby vám někdo přišel naproti 3 *(agreement)* dohoda; **come to an a. over sth** dohodnout se o čem (**with sb** s kým); **the a. is that ...** dohodli jsme se, že ... 4 Mus úprava, aranžmá

arrant ['ærənt] adj attr vyložený, totální; **an a. fool** vyložený hlupák; **a. nonsense** vyložený or holý nesmysl

array [ə'rei] vt fml; esp pass 1 *(line up)* seřadit, sešikovat, rozvinout šiky 2 *(dress)* odít slavnostně ● n 1 Mil rozvinutí vojsk; **battle a.** bitevní postavení 2 *(collection)* sbírka, souprava, výběr, soubor; **a great a.**

of goods bohatá paleta *or* nabídka zboží **3** fml *(dress)* oděv, háv

arrears [ə'riəz] n pl **1** *(in wages* etc*)* nedoplatky; **rent a.** nezaplacená činže, resty v placení činže; **be in a. with the rent** být pozadu s placením činže **2** *(work)* resty, nedodělávky; **a. in correspondence** nevyřízená korespondence; **be in a. with one's work** být pozadu s prací

arrest [ə'rest] n **1** *(of criminal* etc*)* zatčení, vazba; **warrant of a.** zatykač; **house a.** domácí vězení; **be under a.** být zatčen, být ve vazbě; **several ~s were made** došlo k zatčení několika osob; **place** *or* **put sb under a.** zatknout koho, dát koho do vazby **2 a cardiac a.** srdeční zástava ● vt **1** *(criminal)* zatknout, vzít do vazby, fig *(attention)* upoutat **2** *(check: development)* zabrzdit, zpomalit; *(spread of a disease)* zastavit, zarazit

arresting [ə'restiŋ] adj **1** *(attractive)* poutavý; *(spectacle* etc*)* strhující; *(smile)* okouzlující **2** *(police officer)* zatýkající

arrival [ə'raivl] n **1** *(act of arriving) (on foot)* příchod, *(of vehicles; of persons on vehicles)* příjezd; *(by air)* přílet; *(of goods)* přivezení, dodání; **on a.** při příjezdu; *(of goods)* při dodávce; **time of a.** doba příjezdu; **~s and departures** příjezd a odjezd, Aer přílet/ odlet; **prior to his a.** před jeho příjezdem; **announce one's a.** ohlásit se při příchodu **2** *(person)* příchozí; **late ~s** opozdilci, pozdě příchozí; **new ~s** nově příchozí; **a new a.** *(baby)* přírůstek do rodiny; *(in firm)* nový spolupracovník; *(in hotel)* nový host

arrive [ə'raiv] vi **1** *(come)* přijít, přijet, přicestovat, dorazit; *(by air)* přiletět; *(goods, letter, packet)* dojít; *(time, new era* etc*)* nastat; *(baby)* narodit se; **a. home** přijet domů; **a. in Prague** přijet/ přiletět do Prahy; **a. at platform three** *(train)* přijet na třetí nástupiště; **a. at the age of 50** dosáhnout padesáti let *or* padesátky **2** fig **a. at a decision/ conclusion** dospět k rozhodnutí/ k závěru; **a. at a compromise** dosáhnout kompromisu; **a. at an agreement** docílit dohody; **a. at a price** *(agree)* dohodnout se o ceně **3** *(establish oneself)* dosáhnout svého (cíle), prosadit se

arrogance ['ærəgəns] n arogance, povýšenost, nadutost

arrogant ['ærəgənt] adj arogantní, povýšen(eck)ý, nadutý; **become a.** zpychnout; **adopt an a. tone** mluvit arogantním tónem ■ **~ly** adv arogantně, povýšeně, povýšenecky

arrow ['ærəu] n **1** *(missile)* šíp; **Cupid's a.** Amorův šíp; **be as swift as an a.** rychlý jako šíp *or* šipka **2** *(sign)* šipka; **follow the ~s** jít podle šipek ● vt *(direction)* označit šipkou/ šipkami

arse [a:s] n vulg **1** *(buttocks)* prdel; **be a pain in the a.** být drzý/ protivný jako štěnice; **he is a pain in the a.** mám ho plný* zuby; **get your a. in gear!** hoď (tou) prdelí!; *(twenty-six)* **my arse!** *(she is at least forty)* dovol, abych se zasmál; to má být vtip?; ani náhodou! to zrovna!; **lick sb's a.** lézt komu do řiti *or* prdele, euph lézt komu někam **2** vulg also **silly a.** kretén, debil ● phr vs ■ **a. about** *or* **around** vi vulg flákat se, dělat blbiny; **stop arsing about!** přestaň blbnout!

arsehole ['a:shəul] n vulg **1** lit díra do prdele **2** fig debil, idiot, kretén

arselicker ['a:slikə(r)] n vulg podlejzák, vlezprdelka

arsenal ['a:sənəl] n Mil arzenál; fig arzenál, výzbroj

arsenic ['a:sənik] n arzén

arson ['a:sn] n žhářství, paličství

arsonist ['a:sənist] n žhář/ -ka, palič/-ka

art [a:t] n **1** umění; **abstract/ applied a.** abstraktní/ užité umění; **a. for a.'s sake** umění pro umění, samoúčelné umění, l'art pour l'art; **plastic/ graphic a.** plastika/ grafika; **~s and crafts** umělecká řemesla; **work of a.** umělecké dílo ■ **A. Nouveau** secese; **a. museum** galerie; **a. form** umělecká forma **2** Sch kreslení **3 the (fine) ~s** výtvarné umění; **patron of the ~s** umělecký patron ■ **~s centre** kulturní středisko; **~s treasures** umělecké poklady **4 ~s** pl Univ společenské vědy, humanitní vědy, filozofie; **Arts Faculty, Faculty of Arts** filozofická fakulta **5** *(skill)* umění, inf kumšt; **culinary a.** kuchařské umění; **the black a.** magie, okultismus; **the a. of preaching** kazatelské umění ♦ **there's an a. to it** je to svého druhu umění, **there's an a. to making bread** upéct chléb je umění **6** *(trick)* arch usu pl **~s** úskoky, triky

artefact, artifact ['a:tifækt] n artefakt, lidský výrobek

arterial [a:'tiəriəl] adj **1** arteriální, tepenný; **a. bleeding** tepenné krvácení **2 a. road** magistrála, hlavní silnice *or* tepna; výpadová silnice

arteriosclerosis [a:ˌtiəriəusklə'rəusis] n (pl **arterioscleroses**) arterioskleróza, kornatění cév

artery ['a:təri] n **1** Anat tepna, artérie **2** fig **traffic a.** dopravní tepna

artesian well [a:ˌti:ziən'wel; Amer a:rˌti:žn-] n artéská studna

artful ['a:tful] adj usu attr *(person, actions)*

rafinovaný, mazaný, prohnaný; **a. dodger** kůže podšitá ■ **~ly** adv rafinovaně; důmyslně

artfulness [ˈa:tfulnəs] n rafinovanost, mazanost; důmyslnost

arthritic [a:ˈθritik] adj Med artritický, stižený artritidou or zánětem kloubů ● n artritik, člověk stižený artritidou

arthritis [a:ˈθraitis] n artritida, zánět kloubů

artichoke [ˈa:tičəuk] n artyčok

article [ˈa:tikl] n **1** *(item)* předmět, věc; *(of trade)* artikl, výrobek, druh zboží; *(in list)* položka; **a. of clothing** kus oděvu; **consumer ~s** spotřební zboží; **export a.** exportní artikl; **toilet ~s** toaletní potřeby **2** *(piece of writing)* článek, stať; **leading a.** úvodní článek, úvodník; **defamatory a.** pamflet **3** Jur *(of constitution)* článek; *(of law)* paragraf; **~s of faith** články víry **4** Ling člen; **definite/ indefinite a.** určitý/ neurčitý člen

articular [a:ˈtikjulə(r)] n kloubový; **a. rheumatism** kloubový revmatismus

articulate₁ [a:ˈtikjulət] adj **1** *(clear)* srozumitelný, jasný; **be a.** umět se (jasně) vyjadřovat, být výřečný **2** *(speech)* zřetelný, jasně artikulovaný **3** Zool článkovaný, členitý; Techn kloubový ■ see **~ly**

articulate₂ [a:ˈtikjuleit] vt **1** *(pronounce)* artikulovat, vyslovovat **2** *(ideas, views)* vyložit, vyjádřit **3** Anat **be ~d** být spojen klouby

articulated [a:ˈtikjuleitid] adj **a. bus** kloubový autobus; **a. lorry** tahač s návěsem

articulately [a:ˈtikjulətli] adv *(pronounce)* jasně, zřetelně; *(write, express oneself)* jasně

articulation [a:ˌtikjuˈleišn] n **1** Ling artikulace, výslovnost; **clear a.** jasná řeč **2** Anat spojení pomocí kloubů

artifact see **artefact**

artifice [ˈa:tifis] n *(cunning)* lstivost, rafinovanost; *(trick)* lest

artificial [a:tiˈfišl] adj **1** *(breathing, fertilizer, flowers, insemination, kidney, light, satellite, silk)* umělý; **a. intelligence** umělá inteligence; **a. tooth** umělý or falešný zub; **a. jewellery** bižutérie; **a. lake** přehrada, přehradní jezero; **a. leather** imitace kůže; **a. limb/ leg/ arm** protéza **2** *(feigned, affected)* líčený, nepřirozený, strojený, vyumělkovaný; *(forced: smile)* vynucený, umělý ■ **~ly** adv uměle; *(insincerely)* strojeně, nepřirozeně; **inseminate a cow ~ly** oplodnit uměle krávu

artificiality [a:tifišiˈæləti] n see **artificial** **1** umělost **2** *(insincerity)* strojenost, nepřirozenost, vyumělkovanost, *(behaviour)* nepřirozené chování

artillery [a:ˈtiləri] n Mil dělostřelectvo, artilérie; **light/ heavy a.** lehké/ těžké dělostřelectvo ■ **a. fire** palba z děl, kanonáda

artilleryman [a:ˈtilərimən] n dělostřelec, artilerista

artisan [a:tiˈzæn] n řemeslník; **scenic a.** Film scénograf

artist [ˈa:tist] n **1** umělec, inf kumštýř; **circus a.** artista; **performing a.** výkonný umělec; **make-up a.** maskér, maskérka **2** *(painter)* malíř; **visual a.** výtvarný umělec; **graphic a.** grafik **3** fig *(skilful person)* umělec, mistr

artiste [a:ˈti:st] n *(entertainer, singer, dancer* etc*)* umělec např. estrádní; **circus a.** artista, inf cirkusák

artistic [a:ˈtistik] adj umělecký; *(tasteful: arrangement)* estetický, vkusný; **a. personality** umělecká osobnost; **a. inclinations** umělecké sklony; **he is very a.** je umělecky nadaný; **I am not at all a.** nemám vůbec umělecké nadání ■ **~ly** adv umělecky; *(tastefully)* vkusně, esteticky

artistry [ˈa:tistri] n umění uměleckost, mistrovství; **a feat of circus a.** vynikající artistický výkon

artless [ˈa:tləs] adj *(comment, remark* etc*)* bezelstný, naivní, prostý, nelíčený

artlessness [ˈa:tlisnəs] n bezelstnost, naivita

arty [ˈa:ti] adj *(person)* bohémský; *(clothes)* výstřední, extravagantní; *(objects)* rádobyumělecký, pseudoumělecký

arty-crafty [ˈa:tiˈkra:fti], **artsy-craftsy** inf [a:tsi ˈkra:ftsi] adj pej módně umělecký a přitom nepraktický; nábytek etc, vypočítaný na efekt

arty-farty [a:tiˈfa:ti] adj vulg pseudoumělecký see **arty**

as [æz, unstressed əz] adv **1 as ... as** tak .... jako; **not as** or **so ... as** *(expressing comparison: before adjectives and adverbs)* **a)** *(the second as being a preposition)* **he is as tall as me/ he isn't as** or **so tall as me** je/ není tak vysoký jako já; **your car is twice as fast as mine** tvoje auto je dvakrát rychlejší než moje ♦ **it's as broad as it is long** je to prašť jako uhoď; **it's as different as chalk and cheese** to je jako nebe a dudy **b)** *(with the second as being a conjunction)* **walk as fast as you can** jdi co nejrychleji **2** *(not differently)* **as before** jako dříve **3** *(for example)* jako např.; **classical authors such as ...** klasikové, jako (+N) ...; **some flowers, such as the rose ...** některé květiny, jako např. růže ... **4 he did as he promised** jak slíbil, tak i udělal ● conj **1** *(while, when)* když, jak; **as I was opening the door ...** když jsem otvíral dveře, ... **2** *(since)* protože;

vzhledem k tomu, že; **as he has no car, he can't ...** protože nemá auto, nemůže ... 3 *(though)* ačkoli, i když, třebaže; **much as I like her, I couldn't marry her** i když ji mám rád, nemohl bych si ji vzít; **flattered as I was by his offer, I ...** třebaže mi jeho nabídka polichotila, ... ♦ **be that as it may** buď jak buď; **that's as may be, but all the same** budiž, ale stejně 4 *(however much)* jakkoli, sebevíc; **try as he might** or **would** ať se snažil sebevíc; **protest as they might** or **would** ať protestovali sebevíc 5 *(manner)* jak; **do as you like** dělej, jak uznáš za vhodné; **as we had expected** jak jsme očekávali; **as you might have heard** jak jsi už možná slyšel; **it is bad enough as it is** už i tak je to dost špatné ♦ **as it were** takříkajíc, abych tak řekl 6 **so as to** *(in order to)* aby; **they left early so as to avoid the rush hour** vyjeli brzy, aby se vyhnuli dopravní špičce 7 *(phrases)* **a) as against** na rozdíl od **b) as far as** pokud; **as far as I know** pokud vím; **as far as I can tell** pokud to mohu posoudit **c) as for**, **as to**, **as regards** pokud jde o, pokud se týká; **as for resigning***(, I wouldn't think of it)* pokud jde o rezignaci, ... **d) as good as i)** skoro, prakticky, jako; **it is as good as new** je to jako nové **ii) he was as good as his word** dodržel slovo **e) as if, as though** jakoby; **act as though** or **as if nothing had happened** dělat, jako by se nic nestalo **f) as from**, esp Amer **as of** počínaje čím, s platností od; **as from 1 May**, Amer **as of May 1** počínaje prvním květnem, (s platností) od prvního května **g) as such** jako takový **h) as yet** prozatím, dosud; **as yet little is known of ...** prozatím víme málo o ... ● rel pron *(that)* který; **the same lady as was here last week** stejná paní, která tu byla minulý týden ● prep 1 *(in the role of)* jako; **she worked as an interpreter** pracovala jako tlumočnice; **dressed as a policeman** oblečený za policajta; **as his manager** jako jeho manažér 2 *(when, while)* **as a child** v dětství

ASA [eies'ei] n abbr of **American Standards Association** Americké sdružení pro normalizaci

asap [eiesei'pi:] abbr of **as soon as possible** co nejdříve

asbestic [æs'bestik], **asbestine** [æz'bestin] adj azbestový, osinkový

asbestos [æs'bestəs, also æz'bestəs] n azbest, osinek

asbestosis [æsbe'stəusis] n azbestóza zaprášení plic vlákénky azbestu

ascend [ə'send] **I** vt **a. a hill/ tower** vystoupit or vyjít or inf vylézt na kopec/ na věž; **a. a mountain** also zlézt horu; fig **a. the throne** nastoupit or dosednout na trůn **II** vi vystoupit, vystupovat mlhy ap.; *(sun)* vyjít; *(balloon)* vystoupit or vzlétnout; *(slope)* stoupat; Relig **a. to heaven** vstoupit na nebesa

ascendancy, also **ascendency** [ə'sendənsi] n převaha, dominující postavení, nadvláda; **gain the a. over sb** získat nad kým převahu; **gain the a. over one's fears** překonat své obavy

ascendant, also **ascendent** [ə'sendənt] n Astron vzestup hvězdy nad obzor; fig **be in the a.** být na vzestupu

ascending [ə'sendiŋ] adj **a. curve** stoupající křivka

ascension [ə'senšn] n **1** stoupání, vzestup, výstup **2 the A. (of Christ)** Relig nanebevstoupení Páně ■ **A. Day** Nanebevstoupení Páně svátek

ascent [ə'sent] n **1** *(of mountain)* výstup; **the a. of Gerlach** výstup na Gerlach **2 balloon a.** vzlet balónu

ascertain [æsə'tein] vt zjistit, vyšetřit, dopátrat se čeho, ujistit se o čem

ascetic [ə'setik] adj usu attr asketický ● n asketa ■ **~ally** asketicky

asceticism [ə'setisizəm] n askeze, odříkavý způsob života

ASCII ['æski] n Comput = **American Standard Code for Information Interchange** ASCII, Americký normalizovaný kód pro výměnu informací ■ **ASCII file** soubor ASCII

ascorbic [əs'ko:bik] adj askorbový; **a. acid** kyselina askorbová, vitamin C

ascribe [ə'skraib] vt **a. sth to sb** připisovat co komu, *(play, book)* přisoudit/ přisuzovat; *(blame)* přičítat/ přičíst co komu

ascription [ə'skripšn] n fml připisování, přisuzování, přičítání; see **ascribe**

ASEAN ['æziən] abbr of **Association of South-East Asian Nations** Asociace zemí Jihovýchodní Asie

asepsis [ei'sepsis] n asepse

aseptic [ei'septik] adj aseptický, sterilní

asexual [ei'sekšuəl] adj **1** *(reproduction)* asexuální, bezpohlavní **2** *(person)* neprojevující zájem o sex; **an a. relationship** platonický vztah

ash$_1$ [æš] n **1** also **a. tree** jasan **2** *(wood)* jasanové dřevo, jasan

ash$_2$ [æš] n **1 ashes** popel; **cigarette a.** cigaretový popel; **be burnt** or **reduced to ~es** lehnout popelem, *(house* etc*)* vyhořet do základů; **reduce sth to ~es** něco vypálit; **this coal leaves a lot of a.** po tomto uhlí zůstává moc popela; **flue a.** popílek

■ Amer **a. can, a. bin** popelnice; Relig **A. Wednesday** Popeleční středa; **a. blonde** špinavá blondýna ♦ **go white as ~es** zblednout jako plátno; **rise from the ~es** povstat z popela; **wear sackcloth and ~es** sypat si popel na hlavu **2** *(of the dead)* popel, tělesné pozůstatky po kremaci **3** *(cricket)* **the Ashes** symbolická trofej testů mezi Británií a Austrálií; **win the Ashes** *(of Britain/ Australia)* vyhrát v testech s Austrálií/ s Británií

ashamed [ə'šeimd] adj zahanbený; **be** or **feel a.** (za)stydět se (**for sb** za koho); **aren't you a. of yourself?** není ti hanba?, nestydíš se?; **you ought to be a. of yourself**! že se nestydíš!, styď se!; **it's nothing to be a. of** za to se nemusíš stydět; **he is a. to be late** stydí se přijít pozdě ■ **~ly** [ə'šeimidli] adv zahanbeně

ashen [æšn] adj popelavý, *(face)* sinalý, bílý jako křída

ashen-faced [æšn'feist] adj sinalý, mrtvolně bledý, bledý jako křída

ashlar ['æšlə(r)] n kvádr

ashore [ə'šo:(r)] adv na souši, na zemi, na pevnině; **go a.** vstoupit na pevninu; **run a.** najet na mělčinu, ztroskotat poblíž pobřeží; **be washed a.** být vyvržen na břeh

ashpan ['æšpæn] n popelník v kamnech

ashtray ['æštrei] n popelník kuřácký, popelníček

ashy ['æši] adj (**-ier, -iest**) **1** *(in colour)* popelavý **2** *(covered in ash)* pokrytý popelem

Asia ['eišə] n Asie; **A. Minor** Malá Asie

Asian ['eišən] adj asijský; **A. flue** asijská chřipka ● n Asijec/ Asijka

Asiatic [eiši'ætik] adj asijský ● n pej Asiat/ Asiatka

aside [ə'said] adv **1** *(with verbs)* stranou, na stranu; **stand a.** stát stranou, ustoupit stranou; **stand a.!** ustupte!, uhněte!; **put this a. for me** *(in a shop)* schovejte mi to, prosím rezervujte mi to ♦ **put** or **set some money a.** dát si nějaké peníze na stranu, něco si ušetřit, inf dát si něco bokem; **brush sth a.** mávnout nad čím rukou **2** Theat stranou jen pro obecenstvo ● **a. from** prep Amer *(apart from)* kromě, až na; **a. from a few students** *(they were all factory workers)* až na několik studentů ● n **1** Theat slova stranou pronesená hercem jen pro obecenstvo **2** *(remark)* poznámka pronesená mimochodem, připomínka; **mention sth as an a.** říci něco mimochodem

asinine ['æsinain] adj *(stupid)* stupidní, idiotický, pitomý; **what an a. thing to say!** to je ale pěkná pitomost!

ask [a:sk] **I** vt **1** *(inquire)* tázat se, ptát se; **a. sb (about) sth** zeptat se or ptát se or optat se koho nač; **a. (sb) a question** položit (komu) otázku, otázat se, zeptat se; **a. questions** ptát se, klást otázky, vyptávat se, vyzvídat; **stop ~ing questions** přestaň se vyptávat; **don't a. such silly questions** přestaň se tak hloupě or pitomě ptát; **I'd like to a. a question** rád bych se na něco zeptal, **may I a. you a question?** mohu se vás na něco zeptat?; **you a. too many questions** moc se ptáš; **a. (sb) the way, a. one's way** (vy)ptat or zeptat se (koho) na cestu; **a. a parliamentary question** interpelovat v parlamentě; **a. sb his name** zeptat se koho na jméno; **a. sb a riddle** dát komu hádanku **2** *(request)* žádat, požádat, poprosit; **a. sb for sth, a. sth of sb** požádat or poprosit koho oč; **a. sb's forgiveness/ permission/ advice** poprosit koho o odpuštění/ dovolení/ radu; **a. sb to do sth** prosit koho o co, vyzvat or vybídnout koho k čemu; **a. to speak, a. to address the meeting** požádat o slovo; **that's a bit too much to a.** to chceš trochu moc; **don't wait to be ~ed** nedejte se pobízet **3** *(invite)* pozvat, *(in dancing)* vyzvat k čemu, požádat o; **a. sb round** pozvat koho k sobě; **a. sb out (for a meal)** pozvat koho zprav. dívku na oběd/ večeři or do restaurace; **a. sb (to come) in** pozvat koho dál; **a. sb to a party** pozvat koho na večírek; **a. a girl to dance** vyzvat dívku k tanci, požádat dívku o tanec **II** vi *(inquire)* zeptat se, (p)optat se; **a. about sth** zeptat/ ptát se na co; **has anybody ~ed about me?** nehledal mě někdo?; **a. away!** jen se ptej!; **I only ~ed** já se jen tak ptám **III** phr vs ■ **ask after** vt **a. after sb** ptát se na koho; chtít vědět, jak se někdo má ■ **ask around** vyptávat se ■ **ask back** vt **a. sb back for a drink** oplatit komu pozvání na skleničku ■ **ask for** vt *(request)* **a. for sth** požádat or poprosit or říct si o co; **a. for an appointment with the director** ohlásit se u ředitele; **a. for sb's hand in marriage** požádat koho o ruku ♦ **ask for trouble** koledovat si o malér or průšvih; **a. for the moon, a. for the earth** chtít modré z nebe, chtít hodinky s vodotryskem; **he was ~ing for it** inf ten si o to koledoval; **a. for sb** hledat koho, chtít s kým mluvit ■ **ask in, ask out, ask round** see vt (**3**)

askance [ə'skæns] adv **look a. at sb** podívat se na koho úkosem, podívat se na koho nedůvěřivě

askew [ə'skju:] adv šikmo, nakřivo; **the picture is hanging a.** obraz visí nakřivo or šikmo; **your tie is a.** máte nakřivo kravatu

asking ['a:skiŋ] n optání; **thanks for a.** děkuji za optání; **it's yours for the a.** stačí jen říct, a bude to tvoje; **there's no harm in**

a. za optání nic nedáš; **we took the liberty of a. for his help** opovážili jsme se ho požádat o pomoc ■ **a. price** požadovaná cena

asleep [ə'sli:p] adj **1** *(sleeping)* spící; **be a.** spát, *(baby* also*)* hajat; **be fast or sound a.** tvrdě spát, expr spát jako dudek; **fall a.** usnout; **be half a.** být v polospánku; **be still half a.** být rozespalý **2** *(numb)* zdřevěnělý; **my foot is a.** zdřevěněla mi noha

ASLEF ['æzlef] n Br abbr of **Associated Society of Locomotive Engineers and Firemen** železniční odborový svaz

asocial [ei'səušl] adj **1** *(unsociable)* samotářský, nespolečenský, nedružný **2** *(antisocial)* asociální

asp [æsp] n *(snake)* brejlovec

asparagus [ə'spærəgəs] n chřest

aspect ['æspekt] n **1** *(of problem* etc*)* aspekt, zřetel, stránka, moment **2** *(appearance)* fml vzhled, vzezření; **a man of serious a.** seriózně vyhlížející muž **3** *(of building)* výhled, poloha, vyhlídka; **the house has a southern a.** dům je obrácen směrem na jih or je orientován na jih **4** Astron aspekt **5** Ling slovesný vid, aspekt

aspectual [æ'spekčuəl] adj Ling vidový

aspen ['æspən] n osika; **tremble like an a.** chvět se jako osika ■ **a. leaf** osikový list

asperity [æ'sperəti] n fml *(of weather, climate)* drsnost, nevlídnost; *(of manner)* přísnost, tvrdost; *(of style)* kostrbatost

aspersions [ə'spə:šnz; Amer -žnz] n (špinavá) pomluva, urážka na cti; očerňování; **cast a. upon sb/ sth** očerňovat koho/ co

asphalt ['æsfælt] n asfalt ■ **a. surface/ road** asfaltový povrch/ asfaltová silnice ● vt asfaltovat

asphyxia [æs'fiksiə] n asfyxie, dušení nedostatkem kyslíku

asphyxiate [æs'fiksieit] vt esp pass dusit, zadusit; **be ~d** *(by smoke, gas)* udusit se, zadusit se

asphyxiation [æs,fiksi'eišn] n udušení, zadušení kouřem, plyny

aspic ['æspik] n Cook aspik, rosol; *(chicken* etc*)* **in a.** v aspiku

aspidistra [æspi'distrə] n Bot aspidistra u nás pokojová rostlina

aspirant [ə'spaiərənt] n kandidát nač, uchazeč oč

aspirate ['æspəreit] vt Ling aspirovat, vyslovit s přídechem ● ['æspərət] n Ling aspiráta, aspirovaná hláska

aspiration [æspə'reišn] n **1** Ling aspirace, přídech **2** *(ambition)* usu pl aspirace, tužba, ctižádost; **have ~s to sth** aspirovat na co

aspire [ə'spaiə(r)] vi **a. to** or **after sth** usilovat o co, dychtit po čem; **a. to do sth** snažit se o to, aby; **a. to greatness** dychtit po slávě

aspirin ['æspərin] n **1** *(drug)* aspirin **2** *(tablet of a.)* tabletka aspirinu, aspirin; **two ~s** dvě tabletky aspirinu, dva aspiriny

aspiring [ə'spaiəriŋ] adj **be an a. actor/ singer** etc mít ambice or ctižádost stát se hercem/ zpěvákem etc

ass$_1$ [æs] n **1** Zool osel; **jenny a.** oslice **2** fig osel, vůl, pitomec, hlupák; **you a!** ty vole!; **silly a.** starý osel; **utter** or **prize a.** korunovaný osel; **what an a. you are!** ty jsi ale osel!; **feel like an a.** cítit se jako úplný hlupák; **make an a. of oneself** shodit se, udělat ze sebe vola or osla

ass$_2$ [æs] n **1** vulg Amer for **arse** prdel; **a nice piece of a.** pěkná kost; **kiss sb's a.** lézt komu do prdele **2** *(sexual intercourse)* šoustačka; see also **arse**

assail [ə'seil] vt **1 a. sb** *(attack violently)* zaútočit na koho, napadnout koho **2** fig **a. sb** dotírat na koho, naléhat na koho; **a. sb with questions** bombardovat koho otázkami; **he was ~ed by doubts** zmocnily se ho pochybnosti

assailant [ə'seilənt] n útočník/ útočnice

assassin [ə'sæsin] n úkladný or zákeřný vrah, atentátník

assassinate [ə'sæsineit] vt (úkladně or zákeřně) zavraždit, spáchat na koho atentát

assassination [ə,sæsi'neišn] n (úkladná) vražda zvl. politická, atentát ■ **a. attempt** pokus o atentát

assault [ə'so:lt] n **1** Mil zteč, útok; **mount an a.** vyrazit ke zteči, zaútočit; **take sth by a.** vzít co ztečí **2** fig *(on nerves* etc*)* nápor **3** Jur **indecent** or **sexual a.** sexuální přepadení, pokus o znásilnění, *(rape)* znásilnění; **a. and battery** ublížení na těle ● vt **1** Mil zaútočit na koho/co **2** Jur přepadnout or napadnout koho; *(rape)* znásilnit; **a. a police officer** napadnout policistu

assemblage [ə'semblidž] n **1** *(assembling)* skládání, sestavování, montáž **2** often joc *(collection) (of people)* shromáždění, seskupení, *(of things, facts)* shluk, směsice, směs

assemble [ə'sembl] **I** vt **1** *(put together)* sestavit/ sestavovat, složit, skládat; *(machine, car* etc*)* (s)montovat; *(facts, material)* shromáždit, sesbírat, snést **2** *(people)* shromáždit/ shromažďovat; *(Parliament)* svolat, svolávat **II** vi *(of people)* shromáždit se, sejít se; *(of crowds)* shluknout se, shlukovat se; *(of mob)* srotit se

assembly [ə'sembli] n **1** *(of people)* shromáždění, sraz; *(in streets)* shluk; **riotous a.** srocení; **general a.** valné shromáždění; **constituent a.** ústavodárné shromáždění;

National A. Národní shromáždění; **right of a.** shromažďovací právo ■ **a. point** místo srazu; **a. hall** aula, sál, shromažďovací místnost **2** Techn *(putting together)* montáž ■ **a. line** montážní linka, běžící pás; **a. shop** or **hall** montážní hala; **a. pit** montážní jáma **3** Comput **a. language** jazyk symbolických instrukcí **4** *(group of assembled parts)* Techn agregát, mechanismus; **steering a.** mechanismus řízení

assent [ə'sent] n souhlas; *(consent)* svolení; *(approval)* schválení; **give one's a. to sth** dát souhlas k čemu ● vi **a. (to sth)** souhlasit (s čím), svolit (k čemu), schválit (co)

assert [ə'sə:t] vt **1** *(declare)* tvrdit, prohlašovat; **a. one's innocence** ujišťovat o své nevině, trvat na své nevině; **it is ~ed that she is very wealthy** tvrdí se o ní, že je velmi bohatá **2** *(claim) (authority, rights)* uplatňovat, prosazovat; **a. oneself** prosadit se

assertion [ə'sə:šn] n **1** *(statement)* tvrzení, prohlášení; **unsubstantiated a.** neopodstatněné tvrzení **2** *(of a right)* uplatňování

assertive [ə'sə:tiv] adj rozhodný, energický; průbojný, asertivní ■ **~ly** adv rozhodně, energicky

assertiveness [ə'sə:tivnəs] n rozhodnost, asertivita

assess [ə'ses] vt **1** *(people, abilities)* (o)hodnotit; *(prospects, advantages)* zvážit; *(situation, achievements)* posoudit, posuzovat **2** *(damage)* odhadnout; *(tax)* vyměřit; *(property)* odhadnout/ odhadovat, ocenit, oceňovat

assessment [ə'sesmənt] n **1** *(of persons, abilities* etc*)* (o)hodnocení; *(of situation)* posouzení; **what's your a. of the situation?** jak hodnotíte (současnou) situaci?, jak se díváte na (současnou) situaci? **2** *(of value)* odhad, ocenění; *(of damages)* odhad; **tax a.** daňový výměr **3** Sch **continuous a.** průběžná klasifikace

assessor [ə'sesə(r)] n **1 tax a.** daňový odhadce **2** *(insurance)* likvidátor **3** Jur přísedící soudce

asset ['æset] n **1** *(advantage)* přednost; **beauty is her only a.** jedinou její předností je, že je hezká; **he is a major a. to the company** pro firmu je velkou posilou **2** Fin **~s** aktiva; **personal ~s** movitý majetek; **current/ fixed/ frozen ~s** oběžné prostředky/ fixní kapitál/ zmrazená or zablokovaná aktiva; **~s and liabilities** aktiva a pasiva; fig **cultural ~s** kulturní statky ■ **a. stripping** spekulativní skupování krachujících firem s následným rozprodejem získaného majetku

ass-hole ['æshəul] n Amer vulg sl kretén, debil

assiduity [æsi'dju:əti] n fml píle, přičinlivost; **beaver-like a.** mravenčí píle

assiduous [æ'sidjuəs] adj fml pilný, snaživý, přičinlivý ■ **~ly** adv snaživě, pilně

assiduousness [æ'sidjuəsnəs] n přičinlivost, píle, snaživost

assign [ə'sain] vt **1** *(fix: time, date)* určit, stanovit; *(allot: job)* zadat, přidělit **(to sb** komu); *(tasks)* zadat, vytýčit, přidělit **(to sb** komu); *(allocate: flat* etc*)* přidělit; *(room to guest* etc*)* vyčlenit, vyhradit; **a. an animal to a species** přiřadit živočicha k živočišnému druhu **2** *(appoint)* **a. sb to a place** přidělit koho kam; **he was ~ed to the kitchen** byl přidělen do kuchyně **3** Jur *(property, rights* etc*)* převést, postoupit

assignation [æsig'neišn] n fml, dated or joc (tajné) dostaveníčko, tajná schůzka; **have an a. with sb** mít s kým dostaveníčko

assignment [ə'sainmənt] n **1** *(task)* úkol, zadání, práce; *(mission)* mise; Sch úkol(y), zadání; **his a. was to ...** měl za úkol ... **2** *(appointment)* přidělení **3** *(of property, rights)* převod, postup; **deed of a.** převodní listina

assimilate [ə'siməleit] **I** vt **1** *(absorb: food, knowledge)* asimilovat, vstřebat **2** *(immigrants* etc*)* asimilovat **3** Phon asimilovat, připodobnit **II** vi **1** *(food* etc*)* vstřebat se, asimilovat se **2** *(immigrants* etc*)* asimilovat se, *(lose one's national identity)* odnárodnit se **3** Phon připodobnit se, asimilovat se

assimilation [əˌsimə'leišn] n **1** *(of food, minorities* etc*)* asimilace **2** Phon asimilace, spodoba

assimilative [ə'simələtiv] adj asimilační

assist [ə'sist] **I** vt pomáhat, pomoci, asistovat; **a. sb in doing sth** pomáhat někomu s čím or při čem; **a. sb in words and deeds** přispět komu radou a pomocí **II** vi **1 a. in doing sth, a. with sth** pomáhat s čím **2** *(in church)* ministrovat; **a. in sth** *(in an operation* etc*)* asistovat při čem

assistance [ə'sistəns] n pomoc, asistence; **temporary a.** výpomoc; **medical a.** lékařská pomoc; *(do sth)* **without a.** bez pomoci, sám; **come/ rush to sb's a.** přijít/ přispěchat komu na pomoc; **be of a. to sb** být komu nápomocný; **our staff will give you every a.** naši pracovníci vám budou všemožně nápomocni; **can I be of any a.?** mohu vám v něčem pomoci?

assistant [ə'sistənt] n **1** *(helper)* pomocník, asistent; **shop a.** prodavač/ -ka; **language a.** lektor; **research a.** vědecký pracovník, formerly *(at East European universit-*

ies) aspirant; **hangman's a.** katův pacholek **2 a. director** zástupce ředitele, *(in cinematography)* asistent režie; **a. professor** Amer odborný asistent na univerzitě; **a. driver** závozník

ass-kisser ['æskisə(r)] n Amer vulg sl podlejzák, vlezprdelka; see Br **arselicker**

Assoc, assoc abbr of **associate(d), association**

associate$_1$ [ə'səušieit] **I** vt *(join)* spojit/ spojovat, sdružit/ sdružovat; *(ideas)* asociovat; **a. oneself with sth** připojit se k čemu, *(political party* also*)* fml přimknout se k čemu; *(with ideas)* ztotožňovat se s čím; **I don't a. him with extremism** nepředpokládám, že by měl něco společného s extrémismem **II** vi **a. with sb** stýkat se s kým, spolčovat se s kým, přátelit se s kým

associate$_2$ [ə'səušiət] adj **1** *(joined)* přidružený, přičleněný **2** *(member)* mimořádný; **a. professor** ≅ docent, mimořádný profesor; **a. partner** obchodní partner, společník; **a. judge** přísedící soudce; **a. producer** Film vedoucí výroby ● n **1** spolupracovník, partner, společník; **his business ~s** jeho (obchodní) společníci; **an a. in crime** spolupachatel **2** *(a. member)* mimořádný člen

association [ə,səusi'eišn] n **1** *(organization)* organizace, asociace, spolek, sdružení, klub, *(of trade unions* etc*)* svaz; *(of craftsmen* etc*)* družstvo; **Automobile A.** autoklub; **students' a.** studentský svaz; **breeders' a.** chovatelský spolek; **housing a.** bytové družstvo; **parent-teacher a.** rodičovské sdružení ■ **A. football** Br *(soccer)* fotbal **2** *(associating: with people)* sdružování, seskupování; *(being in sb's company)* styk, přátelství s kým, blízký vztah; **freedom of a.** svoboda shromažďování; **right of a.** spolčovací právo **3** Psych **a. of ideas** asociace představ; **free ~s** volné asociace představ; **it has pleasant ~s for me** mám na to hezké vzpomínky

associative [ə'səušiətiv] adj asociační, asociativní

assorted [ə'so:tid] adj *(mixed)* smíšený, míchaný; **a. sweets** směs bonbonů; **a bag with a. sweets** sáček s různými druhy bonbonů; see also **ill-assorted**

assortment [ə'so:tmənt] n směs; *(of goods)* sortiment, výběr, kolekce; **a wide a. of goods** široký sortiment zboží

asst abbr of **assistant**

assuage [ə'sweidž] vt *(hunger)* ukojit, utišit, zahnat; *(thirst)* uhasit; *(pain)* tišit, (z)mírnit; *(grief)* (z)mírnit; *(sb's anger)* tišit, uchlácholit or udobřit koho; *(gods)* usmířit

assume [ə'sju:m] vt **1** *(believe)* domnívat se, předpokládat; **I ~d (that) you knew** domníval jsem se, že to víte; **a. erroneously that** ... domnívat se mylně, že ...; **a. sb to be innocent** pokládat or považovat koho za nevinného; **one can a. that ...** lze se domnívat, že ... **2** *(take over)* převzít, ujmout se; **a. power** ujmout se moci, převzít moc, *(by force)* uchvátit moc, uzurpovat moc; **a. command** převzít velení; **a. the right** *(to do sth)* osobovat si právo na co **3** *(pretend: ignorance, indifference)* předstírat, přetvařovat se, že ... **4** *(take on: importance)* nabýt/ nabývat; **a. enormous proportions** *(problems* etc*)* nabývat obrovských rozměrů

assumed [ə'sju:md] adj **1** *(estimated: rate of growth* etc*)* předpokládaný **2** *(pretended: modesty, nonchalance)* předstíraný, hraný; **an a. name** falešné jméno, krycí jméno, *(of author)* pseudonym

assumption [ə'sampšn] n **1** *(supposition)* předpoklad, domněnka, dohad; **on the a. that ...** za předpokladu, že ...; **proceed from the a. that ...** vyjít/ vycházet z předpokladu, že ... **2** *(of power)* převzetí, uchopení, *(forcefully)* uchvácení, uzurpace **3** Relig **the A. (of the Virgin)** *(festival)* Nanebevzetí (Panny Marie)

assurance [ə'šo:rəns; Amer ə'šuərəns] n **1** *(confidence, self-a.)* sebejistota, sebedůvěra, sebevědomí; **show a.** vystupovat sebejistě **2** *(guarantee)* ujištění, ujišťování, ubezpečení, záruka; **she gave me her a. that ...** ubezpečila mne, že ...; ujistila mne, že ... **3** *(insurance)* Br pojištění, pojistka zvl. životní; **life a. policy** životní pojistka

assure [ə'šo:(r)] vt **1** ujistit, ujišťovat; *(promise)* slíbit, ubezpečit; **I can a. you that ...** ujišťuji vás, že ...; **a. sb of sth** ujistit koho o čem; **let me a. you** můžu tě ujistit; **a. oneself of sth** ujistit se o čem; **we were ~d that ...** ujišťovali nás, že ... **2** *(success, happiness* etc*)* zajistit, zabezpečit, zaručit; **they are ~ed of a warm welcome** určitě se jim dostane vřelého přijetí ♦ **rest ~d that ...** můžete být ujištěn, že ... **3** *(insure)* pojistit život

assured [ə'šo:d] adj **1** *(confident)* sebejistý, sebevědomý **2** *(insured)* pojištěný na život ■ **~ly** [ə'šo:ridli; Amer ə'šuərədli] adv arch jistě, zajisté; **most ~ly** bez nejmenší pochyby

Assyria [ə'siriə] n Hist Asýrie

Assyrian [ə'siriən] adj asyrský ● n Hist **1** *(person)* Asyřan, Asyřanka **2** *(language)* asyrština

AST [eies'ti:] Amer abbr of **Atlantic Standard Time** atlantický standardní čas

aster ['æstə(r)] n astra

asterisk ['æstərisk] n Typ hvězdička ● vt **a. sth** označit co hvězdičkou

astern [ə'stə:n] adv **1** *(of ship)* na zádi, vzadu **2** *(backwards)* zpět, dozadu; Naut **full speed a.** plnou (parou) zpět ● prep **astern (of)** za zádí lodi

asteroid ['æstəroid] n Astron asteroid, asteroida, planetka

asthma ['æsmə; Amer 'æzmə] n astma, záducha, (záchvatovitá) dušnost

asthmatic [æs'mætik; Amer æz'mætik] adj astmatický, zádušný, dýchavičný; **a. cough** astmatický or dušný kašel ● n astmatik/ astmatička

astigmatic [æstig'mætik] adj astigmatický

astigmatism [ə'stigmətizm] n astigmatismus

astonish [ə'stoniš] vt udivit, uvést v údiv; **you a. me** ty mě udivuješ; **be ~ed** užasnout **(by sth** nad čím); **he was ~ed to hear that ...** udivilo ho, když se dověděl, že ...; **we were ~ed by the news** ta zpráva nás velmi překvapila

astonishing [ə'stonišiŋ] adj překvapující, udivující, podivuhodný, (až) neuvěřitelný; **it is a. that ...** je s podivem, že ...; je kupodivu, že ...; **I find it (quite) a. that ...** udivuje mě, že ...; **it was an a. performance for a girl of her age** na tak mladé děvče to byl podivuhodný výkon; **that's a.!** to je fantastické! ■ **~ly** adv kupodivu, ku podivu; **a. enough, we won** k našemu velkému údivu or překvapení jsme vyhráli

astonishment [ə'stonišmənt] n údiv, podiv, překvapení; **to my a.** k mému velkému údivu; *(he looked at me)* **in a.** udiveně

astound [ə'staund] vt udivit, ohromit, uvést v úžas, šokovat; **we were ~ed** nevěřili jsme svým očím, velmi nás to udivilo; **you a. me!** iron neříkej!, to snad ne!

astounding [ə'staundiŋ] adj ohromující, zarážející, úžasný, neuvěřitelný

astrakhan [æstrə'kæn] n astrachán, perzián ● adj astrachánový, perziánový

astral ['æstrəl] adj hvězdný, astrální; **a. body** nebeské těleso

astray [ə'strei] adv **1** *(of person)* zbloudilý; **go a.** zabloudit; fig *(morally)* sejít s pravé cesty, dostat se na scestí; **lead sb a.** zavést koho na scestí **2** *(of things)* **go a.** ztratit se; **my wallet has gone a.** někde jsem si založil peněženku ● pred adv **be a.** mýlit se; *(of calculations)* přepočítat se

astride [ə'straid] adv **1 (with one's legs) a.** obkročmo, jako na koni; **ride a.** jet na koni obkročmo **2** *(with legs wide apart)* rozkročmo; **stand a.** stát rozkročmo ● prep obkročmo, jako na koni; **sit a. a chair** sedět obkročmo na židli; **sit a. sb's knee** sedět někomu obkročmo na koleně

astringent [ə'strindžənt] n Med adstringens, styptikum ● adj **1** Med adstringentní, styptický **2** fig *(harsh: criticism etc)* ostrý, nelítostný

astrologer [ə'strolədžə(r)] n astrolog, hvězdopravec

astrological [æstrə'lodžikl] adj astrologický

astrology [ə'strolədži] n astrologie, hvězdopravectví

astronaut ['æstrəno:t] n astronaut, *(*formerly *in Soviet spaceships)* kosmonaut

astronautics [æstrə'no:tiks] n astronautika, *(*formerly *in Soviet spaceships)* kosmonautika

astronomer [ə'stronəmə(r)] n astronom, hvězdář

astronomical [æstrə'nomikl] adj **1** astronomický, hvězdářský; **a. clock** orloj **2** fig inf also **astronomic** *(salary, sums of money etc)* astronomický; **an a. price** přemrštěná cena

astronomy [ə'stronəmi] n astronomie, hvězdářství

astrophysics [æstrəu'fiziks] n (+sg v) astrofyzika

astute [ə'stju:t; ə'stu:t] adj **1** *(shrewd)* šikovný, bystrý; *(observation)* vtipný, duchaplný **2** *(crafty)* rafinovaný ■ **~ly** adv bystře, šikovně; vtipně; rafinovaně

astuteness [ə'stju:tnəs] n see **astute**: šikovnost; vtip, ostrovtip; duchaplnost; rafinovanost

asunder [ə'sandə(r)] adv dated or fml *(apart)* od sebe; *(in pieces)* ve dví, na kusy; **cut sth a.** rozseknout or přetnout něco; **tear sth a.** přervat něco; fig *(family ties etc)* zpřetrhat

asylum [ə'sailəm] n **1** *(refuge)* azyl; **right of a.** právo azylu; **ask for** or **seek/ grant political a.** (po)žádat o/ udělit politický azyl **2** dated **lunatic a.** ústav pro choromyslné, inf blázinec

asymmetric(al) [eisi'metrik(l)] adj nesymetrický, nesouměrný, asymetrický

asymmetry [æ'simətri] n asymetrie, nesouměrnost, nesymetričnost

asynchronous [ei'siŋkrənəs] adj asynchronní; also Comput **a. procedure/ transmission** asynchronní procedura/ přenos

at [ət; strong form æt] prep *(expressing)* **1** *(position)* **a)** *(place)* na, u; **at the door** u dveří; **at the corner** na rohu; **at the seaside** na pláži; **at the end of the street** na konci ulice; **at the top/ bottom** nahoře/ dole; **at bottom** fig ve své podstatě; **at heart** v hloubi duše ♦ **at the graveside** nad otevřeným hrobem; **at the threshold of**

life na prahu života; **at death's door** na prahu smrti **b)** *(with towns)* v(e); **at Dover** v Doveru **c)** *(with shops* etc*)* v(e); **at the butcher's** v řeznictví; **at the chemist's** v drogerii **d)** *(with institutions)* v(e), na, u; **at school/ church/ university** ve škole/ v kostele/ na univerzitě; **at the theatre** v divadle; **at a party** na večírku; **at Court** u dvora; **at home** doma **e)** *(at the home of)* u; **at my aunt's** u tety; **at Peter's** u Petra **2** *(direction)* **a)** *(motion)* **aim/ point at sb** (na)mířit/ ukázat na koho; **fire at a target** střílet na cíl; **throw a stone at sb** hodit po kom kamenem; **look/ smile at sb** podívat se/ usmát se na koho; **shout at sb** zakřičet na koho ♦ **fly up at sb** inf vyletět na koho; **tilting at windmills** boj s větrnými mlýny **b)** *(arrival)* **arrive at Prague** přijet do Prahy **3** *(time)* v(e), o; **at noon** v poledne; **at midnight** o půlnoci; **at 5 o'clock** v pět hodin; **at dawn** za svítání; **at that time** v tu dobu; **at Christmas/ Easter** o vánocích/ velikonocích; **at the moment** momentálně; **at first** zpočátku, nejdřív; **at the first shot** první ranou ♦ **at the eleventh hour** v hodině dvanácté; **at the stroke of midnight** úderem dvanácté; **at that very moment** v tu ránu; **two/ three at a time** po dvou/ třech **4** *(indicating quantity)* **a)** *(age)* **at (the age of) sixty** v 60 letech; **babies at 5 – 8 months** děti ve věku 5 až 8 měsíců; **at an early age** v raném věku **b)** *(prices)* po, za; **five shirts at (a price** or **cost of) £5 each** pět košil po pěti librách, 5 košil à pět liber; **at 40 pence a pound** libra váhová po 40 pencích; **at a high price** za vysokou cenu ♦ **at all costs, at any price** za každou cenu; **at one's own expense** na vlastní náklad **c)** *(speed)* **at a speed of 100 km per hour** rychlostí 100 kilometrů za hodinu; **at a snail's pace** hlemýždím tempem; **at a trot** klusem; **at one go, at a go** na jeden doušek; **at full steam** na plné obrátky, plnou parou **d)** *(distance)* **at (a distance of) 2 km** vzdálený 2 km, na vzdálenost dvou kilometrů; **at a distance** na dálku; **at an altitude of 5,340 feet** ve výšce 5340 stop **5** *(indicating state, condition, manner)* **at work** v práci/ při práci; **at dinner/ breakfast/ supper** při obědě/ snídani/ večeři; **at table** u stolu, při jídle; **at war** ve válečném stavu; **at large** *(prisoner)* na svobodě, na útěku; **at every step** na každém kroku; **at one's own risk** na vlastní nebezpečí ♦ **let's leave it at that** nechme to tak, zůstaňme při tom; **take sth at (its) face value** brát co, jak to je; **at first sight/ hearing** na první pohled/ poslech **6** *(with superlatives)* **at best/ worst** při nejlepším/ nejhorším, v nejlepším/ v nejhorším případě; **be at one's best** být ve vrcholné formě; **at least** při nejmenším, alespoň **7** *(with adjectives expressing skills)* **be good/ bad at chess** být dobrý/ špatný šachista; **be a genius at physics** znát výborně fyziku, inf also být geniální na fyziku **8** *(cause)* **be delighted at sth** být potěšen čím; **be astonished at sth** být čím udiven; **be angry at sth** zlobit se kvůli čemu; **shudder at the thought of** otřást se při pomyšlení na co; **at the sight of** při pohledu na **9** *(phrases)* **a) at all** vůbec; **I don't like it at all** vůbec se mi to nelíbí **b) at length** podrobně, detailně; **describe sth at great length** něco dopodrobna vylíčit **c) at that** *(moreover)* a ještě k tomu; *(he had only one shirt)* **and a dirty one at that** a ještě k tomu špinavou; *(he had to sing)* **and play the piano at that** a ještě k tomu hrát na klavír **d) at it**; **while we are at it** když už o tom mluvíme; **they are at it again** inf (eg *they are making love)* už to zase dělají, už si zase dávají, *(they are arguing)* už jsou zase v sobě; **the washing machine is at it again** inf pračka už zase zlobí; **keep sb at it** dávat někomu zabrat, prohánět někoho

atavism ['ætəvizm] n atavismus

atavistic [ætə'vistik] adj atavistický

ate [et, eit] see **eat**

atelier [ə'teliei] n *(artist's)* ateliér

atheism ['eiθiizəm] n ateismus

atheist ['eiθiist] n ateista, bezvěrec, inf bezbožník ● adj attr ateistický

atheistic [eiθi'istik] adj ateistický

Athenian [ə'θi:niən] n Atéňan/ -ka ● adj aténský

Athens ['æθinz] n sg Atény pl

athlete ['æθli:t] n atlet/ -ka, sportovec/ sportovkyně; *(specializing in track and field events)* lehký atlet; **have the build of an a.** mít postavu jako atlet ■ **~'s foot** Med dermatofytóza nohou, plísňové onemocnění nohou

athletic [æθ'letik] adj **1** lehkoatletický, sportovní **2** *(strong)* atletický, silácký, robustní ■ **~ally** adv atleticky, sportovně

athletics [æθ'letiks] n lehká atletika

atishoo [ə'tišu:] interj hepčí

Atlantic [ət'læntik] n **the A.**, also **the A. Ocean** Atlantik, Atlantský oceán ● adj *(ocean)* atlantský; *(Charter)* atlantický

atlas ['ætləs] n atlas; **road a.** autoatlas

ATM [eiti:'em] Amer abbr of **automated teller machine** bezobslužný bankovní terminál, bankomat

atmosphere ['ætməsfiə(r)] n **1 the a.** atmosféra, ovzduší; **the earth's a.** zemská atmosféra 2 *(in room)* vzduch; **stuffy a.** těžký vzduch 3 fig atmosféra, ovzduší, nálada; **friendly/ hostile/ stifling a.** přátelská/ nepřátelská/ dusná atmosféra, přátelské/ nepřátelské/ dusné ovzduší; **strained** or **tense a.** napjatá atmosféra, napjaté ovzduší; **festive a.** slavnostní nálada; **Christmas a.** vánoční nálada

atmospheric [ætməs'ferik] adj atmosférický; **a. disturbances** atmosférické poruchy; **a. pressure** atmosférický tlak

atmospherics [ætməs'feriks] n pl Rad atmosférické poruchy

atoll ['ætol] n atol, korálový ostrov

atom ['ætəm] n atom; **split the a.** rozbít atom; fig **not an a. of truth** ani zrnko pravdy; **not an a. of common sense** ani špetka rozumu; **smash sth to ~s** rozbít něco na kousky ■ **a. bomb** atomová bomba

atomic [ə'tomik] adj atomový; **a.** or **atom bomb** atomová bomba; **a. energy/ mass/ warhead/ number/ reactor/ age** atomová energie/ hmota/ hlavice/ -é číslo/ -ý reaktor/ -ý věk; **a. bomb shelter** protiatomový kryt

atomism ['ætəmizəm] n Philos atomismus

atomistic [ætə'mistik] adj Philos atomistický

atomize ['ætəmaiz] vt atomizovat; *(spray)* rozstřikovat, rozprášit/ rozprašovat

atomizer ['ætəmaizə(r)] n atomizér, rozprašovač

atonal [ei'təunl] adj Mus atonální

atonality [eitəu'næləti] n Mus atonalita

atone [ə'təun] vi **a. for sth** *(sin, crime* etc*)* odčinit, činit pokání za co, *(mistake, wrong)* napravit, kát se z čeho

atonement [ə'təunmənt] n see **atone**: odčinění; náprava; pokání; **make a. for sth** činit za co pokání, kát se z čeho

atop [ə'top] prep fml **a. sth** (nahoře) na čem

atrocious [ə'trəušəs] adj 1 *(cruel)* krutý, ukrutný, brutální; *(wicked)* ohavný, hanebný; **a. crimes** otřesné zločiny 2 fig inf *(weather, accent* etc*)* hrozný, příšerný, otřesný ■ **~ly** adv hrozně, příšerně, otřesně

atrocity [ə'trosəti] n krutost, zvěrstvo, ukrutnost

atrophy ['ætrəfi] n Med atrofie; zakrňování, chřadnutí ● vi atrofovat; zakrňovat, chřadnout

Att abbr of **Attorney** Amer advokát, obhájce

attach [ə'tæč] **I** vt 1 *(fasten)* připojit, připevnit, upevnit; *(tie)* přivázat, uvázat; *(stick)* přilepit; *(documents to a letter)* přiložit, přikládat; *(with a pin)* přišpendlit; *(papers* etc*: to each other)* spojit, slepit etc; **a. sth to sth** připevnit etc co k čemu; **please find ~ed a copy of my CV, ~ed to this letter you will find a copy of my CV** v příloze vám zasílám svůj životopis; **a. oneself to a group** připojit se ke skupině ♦ **with no strings ~ed** bez podmínek 2 *(assign)* **be ~ed to sth** *(research unit to a university, person to a department* etc*)* být přičleněn k čemu, *(person)* být přidělen k čemu 3 **a. oneself to sb** *(uninvited)* pověsit se or věšet se na koho, inf lepit se na koho 4 *(attribute)* **a. great importance to sth** přikládat or připisovat čemu velký význam; **he doesn't a. much importance to food** jídlu nepřikládá velký význam **II** vi **no blame ~es to him** nelpí na něm or nepadá na něj žádná vina

attaché [ə'tæšei] n atašé, přidělenec; **cultural/ commercial/ military a.** kulturní/ obchodní/ vojenský atašé or přidělenec ■ **a. case** kufřík na dokumenty

attached [ə'tæčt] adj pred *(girl, boy)* zadaný; **be a. to sb/ sth** *(be fond of)* lpět na kom/ čem, mít v oblibě koho/ co, mít slabost pro koho/ co; **I've become a. to her** přirostla mi k srdci, přilnul jsem k ní; **be a. to money** viset na penězích, být na peníze

attachment [ə'tæčmənt] n 1 *(act of fastening)* připevnění, upevnění etc – see **attach** 2 *(means of fastening)* spoj, *(of muscle)* vaz 3 *(accessory)* nástavec, přídavné zařízení; pl **~s** příslušenství stroje etc 4 *(affection)* náklonnost or sympatie (**to/ for** k), příchylnost (**to/ for** k), láska (**to/ for** k); **form an a. for sb** oblíbit si koho 5 Jur *(of property)* zabavení, obstavení, exekuce

attack [ə'tæk] n 1 útok (**on** na), Mil also zteč, Sport útok, nápor, *(in fencing)* výpad; *(quick a.)* Mil přepad; fig *(verbal)* útok, výpad; **frontal/ flank a.** čelní or frontální/ boční útok; **lightning/ pre-emptive/ retaliatory a.** bleskový/ preventivní/ odvetný útok; **air raid a.** letecký útok; **plan of a.** útočný plán; **weapons of a.** útočné zbraně; **be on the a.** *(troops)* útočit; **launch an a.** zahájit útok; **withstand an a.** vydržet útok; **sound the a.** bubnovat do útoku; **a. is the best form of defence** nejlepší obrana je útok 2 Med záchvat; **heart a.** infarkt, (srdeční) mrtvice; **an a. of gout** záchvat dny; **have an a. of nerves** mít trému; **die of a heart a.** zemřít na infarkt ● **I** vt 1 Mil (za)útočit na koho/ co, napadnout; *(in street* etc*)* napadnout, přepadnout koho, (za)útočit, vrhnout se na koho; **a. the enemy from the rear** napadnout nepřítele v týlu 2 fig *(criticize)* napadnout, (za)útočit na koho, kritizovat 3 *(tackle: problems, poverty* etc*)* **a. sth** bojovat proti čemu; *(job)* pustit se do čeho, servat se s čím; *(meal)* pustit se do čeho, vrhnout se na co **4** *(of disease; rust* etc*)* zachvacovat, napadat **II** vi útočit

attacker [ə'tækə(r)] n útočník

attain [ə'tein] **I** vt **a. sth** dosáhnout or docílit čeho; **a. power** získat moc, nabýt moci; **a. one's goal** dosáhnout svého cíle; **a. maturity** dosáhnout zletilosti; **a. the rank of captain** dosáhnout hodnosti kapitána **II** vi fml **a. to perfection** dosáhnout dokonalosti

attainable [ə'teinəbl] adj *(goal)* dosažitelný

attainment [ə'teinmənt] n **1** *(of goal)* dosažení, uskutečnění, realizace; *(of knowledge, power)* získání, nabytí **2** *(things attained)* vymoženosti; *(knowledge)* znalosti; **his linguistic ~s** jeho znalosti jazyků, jeho jazyková výbava

attempt [ə'tempt] n pokus; **make an a. to do sth, make an a. at doing sth** pokusit se něco udělat; **make an a. at sth** pokusit se o co; **a half-hearted a.** nesmělý pokus; **assassination a.** pokus o atentát; **an a. at blackmailing** pokus o vyděračství or vydírání; **make an a. on sb's life** spáchat na koho atentát ● vt fml **a. sth** něco zkusit, pokusit se o co, pokoušet se o co; **a. to do sth** pokoušet se or zkoušet něco dělat

attempted [ə'temptid] adj **a. murder/ rape** pokus o vraždu/ znásilnění

attend [ə'tend] v **I** vt **1** *(school, course)* navštěvovat, chodit do čeho; *(meeting, wedding)* zúčastnit se čeho, být přítomen kde; **a. mass** být na mši; **a. a cookery class** chodit do kursu vaření; **his lectures are well ~ed** má na svých přednáškách dobrou návštěvnost **2** *(of doctors)* ošetřovat, léčit, být ošetřujícím lékařem koho **II** vi *(be present)* být přítomen; *(at a birth* etc*)* asistovat **III** phr vs ■ **attend on/ upon** fml vt **1** *(serve)* obsluhovat koho **2** *(sick people* etc*)* pečovat o, starat se o ■ **attend to** vt **1** *(pay attention: to teachers* etc*)* dávat pozor na co, poslouchat pozorně co **2** *(give help; esp medical)* starat se o, pečovat o **3** *(customer)* obsluhovat; **are you being ~ed to?** už dostáváte?; **a. to one's correspondence** vyřizovat si korespondenci; **I have sth to a. to in town** mám ve městě nějaké vyřizování

attendance [ə'tendəns] n **1** *(presence)* prezence; **school a.** školní docházka; **check the a.** kontrolovat účast **2** *(number of people present)* počet přítomných, účast; **poor a.** špatná návštěva or návštěvnost; slabá prezence; **a. list** prezenční listina **3 be in a.** mít službu, být k dispozici; **dance a. on sb** dělat někomu pomyšlení, předcházet si koho; **be in a. on sb** obsluhovat koho, pečovat o koho

attendant [ə'tendənt] n **1** gen obsluha, obsluhující osoba; *(in museums, art galleries)* dozorce; *(in car park)* hlídač; *(in theatre)* uvaděč/ -ka; *(in cloakroom)* šatnář/ -ka; **petrol-pump a.** pumpař/ -ka **2 ~s** *(retinue)* doprovod, služebnictvo ● adj *(of problems, risks* etc*)* doprovodný; **a. circumstances** doprovodné okolnosti

attention [ə'tenšn] n **1** pozor, pozornost; **pay a., please!, a., please** dávejte prosím pozor; **pay a. to sth** věnovat čemu pozornost, dbát na co, povšimnout si čeho; **don't pay a. to him** nevšímejte si ho; **be the centre of a.** být středem pozornosti; **draw sb's a. to sth** upozornit koho na co, připamatovat komu co; **it has come to my a. that ...** dozvěděl jsem se, že ... **2** *(consideration)* pozornost, péče; **need a lot of a.** vyžadovat velkou péči; **fix one's a. on sth** soustředit se na co; **direct one's a. to sth** orientovat se na co, zaměřit se na co; **a. will be given to the speedy delivery of the goods** postaráme se o urychlené dodání zboží; **for the a. of sb** na vědomí komu, k rukám koho **3** *(kind act)* usu pl pozornost, laskavost; dated **pay one's ~s to sb** dvořit se komu **4** Mil pozor; **stand at a.** stát v pozoru; *(command)* **a.!**, also **shun!** [šan] interj pozor!

attentive [ə'tentiv] adj *(pupils, audience)* pozorný, soustředěný; *(thoughtful)* pozorný, ohleduplný, všímavý; *(to ladies* also*)* galantní ■ **~ly** adv pozorně, soustředěně, ohleduplně

attenuate [ə'tenjueit] vt **1** *(make thin)* ztenčit; *(gas)* zředit **2** *(weaken)* zmírnit, ztlumit

attenuating [ə'tenjueitiŋ] adj **a. circumstances** Jur polehčující okolnosti

attest [ə'test] **I** vt **1** *(truth)* ověřit, dosvědčit, svědčit o čem; *(signature)* legalizovat, ověřit ■ **legally ~ed copy** úředně ověřený opis **2** Ling **be ~ed in texts** být doložen v textech **II** vi **a. to sth** dosvědčovat, že ..., svědčit o tom, že ...

attic ['ætik] n půda; *(room)* mansarda; **in the a.** na půdě ■ **a. room/ flat** podkroví, podkrovní světnice/ byt

attire [ə'taiə(r)] n fml oděv, háv, roucho; **formal a.** formální oděv ● vt usu pass **be ~d in ...** být oděný v čem

attitude ['ætitju:d] n **1** *(standpoint)* postoj, poměr, stanovisko, přístup (**to sth** k čemu); **a wait-and-see a.** vyčkávací postoj; **a threatening/ an uncompromising a.** výhrůžný/ nesmlouvavý postoj; **his a. to work/ life** jeho přístup k práci/ životu; **a hostile a. to work** nepřátelský poměr k práci; **that's an odd a. to take** to je podivný přístup; **what's your a. to ...?** jak se díváte na ...? 2 fml *(position of body)* držení těla, postoj, póza ♦ **strike an a.** zaujmout teatrální pózu

attitudinize [æti'tju:dinaiz] vi dělat pózy, chovat se afektovaně; mluvit or psát afektovaně

attn abbr of **for the attention of** Comm k rukám; **attn Mr D Smith** k rukám p. D. Smithe

attorney [ə'tə:ni] n **1** Jur zmocněnec, právní zástupce, zplnomocněnec; **power of a.** právo jednat jako právní zástupce **2** Amer advokát, obhájce; also Engl **A. General** (abbr **Atty-Gen**) generální prokurátor

attract [ə'trækt] vt **1** *(of magnet etc)* přitáhnout/ přitahovat **2** fig *(gain: interest etc)* (u)poutat, přitahovat, *(customers, tourists)* (při)vábit, (při)lákat, získat/ získávat; **a. sb's attention** upoutat čí pozornost; **a. criticism** stát se terčem kritiky; **opposites a. one another** protivy or protiklady se přitahují **3** *(appeal to)* líbit se; **these designs don't a. me** tyto vzory se mi nelíbí; **she is not ~ed to him** nelíbí se jí on ♦ **like ~s like** rovný rovného si hledá

attraction [ə'trækšn] n **1** *(power)* přitažlivá moc or síla, přitažlivost; **a. of gravity** gravitace; **capillary a.** vzlínavost; **money has little a. for me** peníze mě nevábí; **have an a. for sb** působit na koho přitažlivě **2** *(attractive thing)* půvab, kouzlo, lákadlo, atrakce; **physical ~s** tělesné půvaby; **~s of the big city** lákadla velkoměsta; **the main a. of this job is ...** nejzajímavější na této práci je ... **3** Ling atrakce

attractive [ə'træktiv] adj **1** Phys *(force etc)* přitažlivý **2** fig gen atraktivní, přitažlivý; *(girl)* hezký, půvabný; *(man)* přitažlivý, hezký; *(child, village)* roztomilý, hezoučký, hezounký; *(person)* příjemný, sympatický; *(sb's appearance)* příjemný; *(smile)* okouzlující, podmanivý; *(offer, price)* lákavý, zajímavý; **I don't find it a.** nelíbí se mi to vzhledově; *(of offer, prospect etc)* (nijak) mě to neláká, nepřipadá mi to zajímavé; *(goods for sale)* **at a. prices** za výhodné ceny ▪ **~ly** adv atraktivně, přitažlivě, roztomile; lákavě etc; **~ly priced** za výhodné ceny, levně

attractiveness [ə'træktivnis] n atraktivita, přitažlivost; see **attractive**

attributable [ə'tribjutəbl] adj co je možno připsat komu/ čemu, přičitatelný; **the composition is a. to Mozart** ta skladba se dá připsat Mozartovi; **this comment is not a.** autora této poznámky nelze určit

attribute$_1$ ['ætribju:t] n **1** *(typical quality)* atribut, rys, charakteristický znak, vlastnost **2** *(symbol, emblem)* znak, symbol **3** Ling atribut, přívlastek

attribute$_2$ [ə'tribju:t] vt **1 a. sth to sb** *(remark, poem, musical piece etc)* přisuzovat or připisovat komu co; *(qualities)* přisuzovat komu co **2 a. sth to sth** přičítat co čemu, vysvětlovat něco čím

attributive [ə'tribjutiv] adj Ling přívlastkový, atributivní

attrition [ə'trišn] n **1 war of a.** vyhlazovací válka **2** Relig nedokonalá lítost

attuned [ə'tju:nd] adj **become a. to sth** přizpůsobit se čemu, navyknout si na co; **I am not a. to your way of thinking** nejsem zvyklý na tvůj způsob myšlení

Atty-Gen esp Amer abbr of **Attorney General**

atypical [ei'tipikl] adj netypický, neobvyklý, atypický

aubergine ['əubəži:n] n baklažán, lilek, patlažán

auburn ['o:bən] adj *(hair)* kaštanový, kaštanově hnědý, tmavozrzavý

auction ['o:kšn] n aukce, dražba; **compulsory a.** nucená dražba; **sell sth by a.**, Amer **sell sth at a.** vydražit co, prodat co v dražbě; **put sth up for a.** dát co do dražby or do aukce; **Dutch a.** holandská aukce postupným snižováním ceny ▪ **a. bridge** dated licitovaný bridž; **a. room** aukční síň, dražební místnost ● vt dražit, licitovat; usu **a. off** vydražit, prodat v dražbě

auctioneer [o:kšə'niə(r)] n dražitel/ -ka

audacious [o:'deišəs] adj **1** *(daring)* smělý, troufalý, statečný; *(fearless)* nebojácný, neohrožený **2** *(impudent)* drzý, opovážlivý, nestoudný ▪ **~ly** adv směle; nebojácně; drze

audacity [o:'dæsəti] n see **audacious 1** smělost, troufalost; *(fearlessness)* nebojácnost, neohroženost **2** *(impudence)* drzost, opovážlivost, nestoudnost; **have the a. to do sth** opovážit se něco udělat, mít tu drzost a něco udělat

audibility [o:də'biləti] n slyšitelnost, zřetelnost

audible ['o:dəbl] adj slyšitelný, zřetelný; **be clearly a.** být dobře slyšet, být dobře slyšitelný; **be scarcely** or **barely a.** být sotva slyšitelný ▪ **audibly** adv slyšitelně, zřetelně

audience ['o:diəns] n **1** *(spectators)* publikum, obecenstvo, diváci, diváctvo; *(of speaker also)* posluchači, posluchačstvo, auditorium; *(readers)* čtenáři, čtenářstvo; **a thin a.** nečetné diváctvo; **carry the a.**, **grip the a.** uchvátit publikum; **take the a. by storm** strhnout obecenstvo; **hold the a. spellbound** fascinovat obecenstvo; **pander**

to the a. podbízet se publiku **2** *(formal interview)* audience, fml slyšení (**with sb** u koho); **grant sb an a.** udělit komu audienci ■ **a. chamber** audienční sál

audio cassette [o:diəukə'set] n audiokazeta

audio frequency [o:diəu'fri:kwənsi] n Phys zvukový kmitočet

audiovisual [o:diəu'vižuəl] adj audiovizuální (**aids** pomůcky)

audit ['o:dit] n revize or kontrola účtů, audit ● vt **1** *(accounts)* revidovat, kontrolovat, provádět revizi **2** Amer Univ provádět náslech, hospitovat

auditing ['o:ditiŋ] n revize (**of accounts** účtů)

audition [o:'dišn] n audice, konkurs; konkursní výstup/ hra/ zpěv herce, hudebníka, zpěváka, Mus předehrávka ● **I** vt vyzkoušet/ vyslechnout umělce zpěváka, herce, hudebníka při konkursu **II** vi zúčastnit se konkursu zazpívat/ zahrát na zkoušku, zúčastnit se audice

auditor ['o:ditə(r)] n *(of accounts)* revizor, kontrolor, auditor; **~s** revizní komise

auditorium [o:di'to:riəm] n (pl **~s** or **auditoria**) Univ auditorium, posluchárna; *(in theatre, cinema)* hlediště; *(in concert hall)* sál, síň

auditory ['o:ditəri] n sluchový; **a. nerve/ centre/ defect** sluchový nerv/ sluchové centrum/ sluchová vada; **a. canal** zvukovod

au fait [əu'fei] adj pred **be au fait with sth** být s čím obeznámen, být v čem zběhlý

au fond [əu'fõ] adv v podstatě

Aug abbr of **August** n srpen

Augean stables [o:ˌdži:ən'steiblz] n pl Augiášův chlév

auger ['o:gə(r)] n nebozez, vrták

augment [o:g'ment] v fml **I** vt **1** *(increase)* zvýšit/ zvyšovat, *(extend)* rozšířit; **a. one's income** finančně si přilepšit **2** Mus zvětšit interval etc **II** vi zvýšit se, rozšířit se, narůst

augmented [o:g'mentid] adj zvětšený; **a. interval** Mus zvětšený interval

augmentation [o:gmen'teišn] n zvýšení, rozšíření, zvětšení, vzrůst; Mus zvětšení, augmentace

augur ['o:gə] n augur, věštec ● **I** vt **a. sth** být předzvěstí čeho, předznamenat co **II** vi **a. well/ ill** být dobrým/ špatným znamením; **that doesn't a. well**, **it ~s no good** to nevěští nic dobrého, inf z toho nekouká nic dobrého

August ['o:gəst] n srpen

august [o:'gast] adj *(dignified)* důstojný, velebný; *(grand)* majestátní, vznešený

auld [o:ld] adj Scot dial starý; **a. lang syne** *(song: literally)* před dávnými časy, ≅ sbohem přátelé!

aunt [a:nt, Amer ænt] n teta ♦ **A. Sally** Br ≅ fackovací panák, terč všeobecné kritiky a posměchu dříve dřevěná pouťová figurína, na kterou se házelo koulemi nebo palicemi

auntie, aunty ['a:nti, Amer 'ænti] n teta, tetička

au pair [əu'peə] n also **au pair girl** „au pair" mladá pomocnice v domácnosti z ciziny pracující za byt, stravu a menší kapesné s cílem naučit se příslušnému jazyku v domácím prostředí

aura ['o:rə] n (pl **auras**, **aurae** ['o:ri:]) **1** nimbus, fluidum, Relig aureola, svatozář; *(of place)* atmosféra, ovzduší; **he had an a. of invincibility about him** byl obklopen nimbem neporazitelnosti; **surround oneself with an a. of saintliness** or **sanctity** obklopit se svatozáří; **he has an a. of calm about him** vyzařuje z něho klid **2** Med aura stav před záchvatem epilepsie

aural ['o:rəl] adj *(test, nerve)* sluchový, *(specialist, surgeon)* ušní

aureola [o:'ri:ələ], also **aureole** ['o:rəul] n **1** *(halo)* aureola, svatozář, gloriola **2** Astron okolek zář kolem slunce or měsíce

au revoir [əurə'vwa:(r)] interj na shledanou

auricle ['o:rikl] n **1** *(external ear)* ušní boltec or lalůček **2** *(of heart)* ouško srdeční

auricular [o:'rikjulə(r)] adj **1** *(of the ear)* ušní; **a. confession** Relig zpověď „do ucha" **2** *(like the ear)* boltcovitý, podobný boltci **3** *(of heart)* aurikulární

auriferous [o:'rifərəs] adj *(of rock)* zlatonosný

aurochs ['o:roks] n Zool pratur

aurora [o:'ro:rə] n **1** polární záře; **a. borealis** [bo:ri'eilis]/ **a. australis** [o'streilis] severní/ jižní polární záře **2** Poet ranní červánky

auspices ['o:spisiz] n pl **1** *(patronage, sponsorship)* patronát, záštita, podpora, ochrana; **under the a. of sb/ sth** pod patronátem koho/ čeho **2** *(omens)* znamení; **under favourable a.** za příznivých okolností

auspicious [o:'spišəs] adj slibný, nadějný, příznivý; **an a. start** nadějný začátek ■ **~ly** adv nadějně, slibně, šťastně

Aussie ['ozi] n inf **1** Australan/ -ka **2** *(country)* Austrálie; *(accent)* australská angličtina, inf australština ● adj australský

austere [o:'stiə(r)] adj strohý, přísný; *(way of life)* odříkavý, asketický; *(architecture)* prostý, jednoduchý; *(style)* strohý, přísný, nezdobný, úsporný ■ **~ly** adv přísně, stroze; *(furnish)* prostě, jednoduše; *(live)* asketickým or odříkavým životem

austerity [o:'sterəti] n **1** *(strictness)*

strohost, přísnost; *(of style)* jednoduchost, prostota **2** Econ ▪ **a. measures** úsporná opatření; **a. programme** vládní program ekonomické restrikce **3** pl **austerities** *(hardships)* strádání

Austerlitz ['o:stəlits] n Slavkov

Australasia [ostrə'leižə] n Australasie

Australasian [ostrə'leižən] adj australasijský ● n obyvatel Australasie

Australia [o'streiliə] n Austrálie

Australian [o'streiliən] adj australský ● n **1** Australan/ -ka **2** Ling australská angličtina

Austria ['ostriə] n Rakousko

Austria-Hungary ['ostriə'haŋgəri] n Hist Rakousko-Uhersko

Austrian ['ostriən] adj rakouský ● n Rakušan/ -ka

Austro-Hungarian [ostrəuhaŋ'geəriən] adj Hist rakousko-uherský

authentic [o:'θentik] adj *(signature)* autentický, *(genuine; accent, painting, manuscript)* pravý, nefalšovaný; *(joy)* opravdový, nepředstíraný, ryzí; *(trustworthy: source)* zaručený, důvěryhodný, hodnověrný; *(claim)* oprávněný ▪ **~ally** adv autenticky; hodnověrně; spolehlivě; zaručeně

authenticate [o:'θentikeit] vt *(document* etc*)* ověřit, legalizovat úředně; *(claim)* potvrdit; *(manuscript, painting* etc*)* prohlásit za pravý, potvrdit pravost čeho; **~d by a notary public** *(of document)* notářsky ověřený

authentication [o:ˌθenti'keišn] n *(of documents)* (úřední) ověření, legalizace; *(of manuscripts* etc*)* ověření pravosti čeho; **a. by a notary public** notářské ověření

authenticity [o:θen'tisəti] n see **authentic**: autentičnost; hodnověrnost; původnost; opravdovost; pravost etc

author ['o:θə(r)] n **1** *(writer)* autor/ -ka, pisatel/ – ka; *(professional)* spisovatel/ -ka; **anonymous a.** anonym; **classical ~s** klasikové; **a. of travel books** cestopisec; **prolific a.** plodný autor; **~'s royalties/ proof** autorský honorář/ obtah; **the a. of the book is . . .** tuto knihu napsal/ – a . . . **2** *(originator)* původce, tvůrce, *(of project, plan)* iniciátor; *(founder)* zakladatel; joc *(of one's own misfortunes)* strůjce; *(perpetrator)* pachatel ● vt esp Amer *(write)* napsat

authoress ['o:θərəs] n autorka; *(profession)* spisovatelka; see **author**

authorial [o:'θo:riəl] adj fml autorský

authoritarian [o:ˌθori'teəriən] adj autoritářský, panovačný; *(regime, government, system)* autoritativní ● n autoritář, panovačný člověk

authoritative [o:'θoritətiv; Amer -teitiv] adj **1** *(commanding)* autoritativní, autoritářský *(tone, voice)* rozkazovačný, velitelský **2** *(reliable: source* etc*)* spolehlivý; *(definitive)* směrodatný, autoritativní

authority [o:'θorəti] n **1** *(power)* moc, *(right to act)* kompetence, pravomoc; *(authorization)* plná moc; **legislative a.** zákonodárná moc; **royal a.** královská moc; **be in a.** být u moci; **on one's own a.** na vlastní zodpovědnost; **exceed one's a.** překročit svou kompetenci; **it goes beyond my a.** to přesahuje mou pravomoc **2** *(public bodies)* usu pl **authorities** orgán(y), instance, úřad(y), správa, vedení; **local/ municipal/ tax authorities** místní/ městský/ berní úřad; **local authorities elections** komunální volby **3 the authorities** úřady; **notify the authorities about sth** hlásit co úřadům; **take sth up with higher authorities** or **authority** hnát co výš **3** *(power to influence)* autorita, vážnost, váha; **have** or **carry a.** mít autoritu; **undermine sb's a.** podrýt/ podrývat čí autoritu; **speak with a.** mluvit přesvědčivě, mluvit se znalostí věci **4** *(expert)* znalec čeho, kapacita na co, veličina v čem; **be an a. on sth** být kapacitou na co; **he is an a. on physics** je veličinou ve fyzice **5** *(reliable source)* spolehlivý pramen; **know sth on good a.** mít co ze spolehlivého pramene; **quote sb as one's a.** odvolat se na koho

authorization [o:θərai'zeišn] n see **authorize** **1** *(empowering)* oprávnění, pověření, zmocnění, zplnomocnění **2** *(sanctioning)* schválení, povolení

authorize ['o:θəraiz] vt **1** *(give authority to)* zmocnit, zplnomocnit, oprávnit, pověřit; **a. sb to do sth** oprávnit koho k čemu; **he is not ~d to do that** nemá k tomu oprávnění **2** *(permit)* povolit; *(approve)* schválit; *(translation, biography* etc*)* autorizovat; **~d representative** zplnomocněnec ♦ **the A~d Version** (abbr **AV**) – anglický překlad bible z r. 1611

authorship ['o:θəšip] n autorství

autism ['o:tizəm] n Psych autismus chorobná zaměřenost k vlastní osobě

autistic [o:'tistik] adj Psych autistický

auto ['o:təu] n Amer inf auto

auto- ['o:təu] pref auto-

autobahn ['o:təuba:n] n autostráda, dálnice v Německu, Rakousku a Švýcarsku

autobiographic [o:təbaiə'græfik], **autobiographical** [o:təbaiə'græfikl] adj autobiografický

autobiography [o:təbai'ogrəfi] n autobiografie, vlastní životopis

autocracy [o:'tokrəsi] n autokracie, samovláda

autocrat ['o:təkræt] n autokrat, samovládce

autocratic [o:tə'krætik] adj autokratický, samovládný ▪ **~ally** adv autokraticky, samovládně

autocross ['o:təukros] n autokros, terénní automobilový závod

autocue TM ['o:təukju:] n TV čtecí zařízení, autocue [autokju:] nápověda ve studiu

autodidact ['o:təudaidækt] n samouk

autograph ['o:təgra:f] n 1 *(signature)* autogram 2 *(manuscript)* původní rukopis, originál rukopisu, autograf ● vt **a. sth** podepsat co, dát komu autogram do knihy etc

automat ['o:təmæt] n Amer restaurace s automatizovanou obsluhou ze skřínek na mince, automat

automate ['o:təmeit] vt (z)automatizovat, mechanizovat; **be fully ~d** být plně automatizovaný; **~d teller**, **~d telling machine** Amer bankomat; see **ATM**

automatic [o:tə'mætik] adj 1 automatický, samočinný; **a. machine** automat; **a. pilot** automatický pilot; **a. gear change** automatické řazení 2 fig automatický, *(movement)* mechanický pohyb ap., *(reaction)* bezděčný ♦ **I was on a. pilot** nesoustředil jsem se, jednal jsem bezděčně ▪ **~ally** adv 1 automaticky, samočinně 2 bezděčně, mechanicky ● n 1 *(washing machine)* automatická pračka; *(gun/ rifle)* automatická puška/ pistole 2 *(car)* auto s automatickou převodovkou

automation [o:tə'meišn] n automatizace, mechanizace

automaton [o:'tomətən] n (pl **~s** or **automata** [o:'tomətə]) robot, automat; fig *(person)* automat; **work like an a.** pracovat jako automat

automobile ['o:təuməubi:l] n esp Amer auto, automobil ▪ **Automobile Association** abbr **AA** autoklub, „žlutí andělé"

autonomous [o:'tonəməs] adj autonomní, samosprávný

autonomy [o:'tonəmi] n autonomie, samospráva

autopilot ['o:təupailət] n automatický pilot

autopsy ['o:topsi] n pitva

autostrada ['o:təustra:də] n autostráda italská dálnice

autosuggestion [o:təusə'džesčn] n Psych autosugesce

autumn ['o:təm] n podzim; **in (the) a.** na podzim; **the a. of one's days** podzim života; **in the a. of one's life** na sklonku života ▪ **a. flower/ colours/ weather** podzimní květina/ barvy/ počasí

autumnal [o:'tamnəl] adj podzimní; **a. equinox** podzimní rovnodennost

auxiliary [o:g'ziliəri] adj (pl **-ries**) 1 gen pomocný, výpomocný; **a. troops** pomocné vojenské sbory; **a. engine** pomocný motor 2 Ling **a. verb** pomocné sloveso ● n 1 pomocná síla, pomocník, výpomocný zaměstnanec; **medical auxiliaries** pomocný zdravotnický personál; **clerical a.** pomocná administrativní síla 2 Mil **auxiliaries** pl pomocné vojenské sbory 3 Ling also **a. verb** pomocné sloveso

AV [ei'vi:] abbr of 1 **audiovisual** audiovizuální 2 **Authorized Version** Bibl see **authorized**

av abbr of **average** průměrný

Av, Ave abbr of **Avenue** bulvár, třída

avail [ə'veil] I vt **a. oneself of sth** využít čeho, použít čeho; **a. oneself of an opportunity** využít příležitosti II vi dated or fml pomoci, být něco platný; **heroism could not a. against the enemy tanks** hrdinství nebylo nic platné proti nepřátelským tankům; **what ~s it?** čemu to prospěje?, k čemu to může být dobré?, jaký to má smysl? ♦ **a. sb nothing** nebýt komu k ničemu dobré ● n užitek, prospěch; **be of little a.** být málo platné; **be of no a.** nebýt nic platné, být zbytečné; **to no a.** zbytečně, marně

available [ə'veiləbl] adj 1 dostupný, dosažitelný; *(tickets, goods)* k dostání, *(in stock)* na skladě; *(time, room, seats)* volný; *(at one's disposal)* k dispozici, po ruce; *(person)* **be a.** mít volno, být k dispozici, přijímat; **be a. for comment** být ochoten odpovědět na dotazy; **it is not a. here** to se zde nedá dostat; **a. only on prescription** jen na lékařský předpis; **have sth a.** disponovat čím; **make sth a.** dát co k dispozici, *(buses, wagons, carriages)* přistavit; **make lists of candidates a.** *(for inspection)* vystavit or vyvěsit volební seznamy; **when are you a. to start work?** kdy budete moci nastoupit? 2 sl *(of a promiscuous woman)* být vstřícná, být povolná 3 *(valid: tickets, offer)* fml platný

availability [əˌveilə'biləti] n see also **available** 1 dostupnost, dosažitelnost, použitelnost 2 *(of promiscuous women)* vstřícnost, povolnost 3 *(of tickets)* fml platnost

avalanche ['ævəla:nš] n lavina; fig **a. of words/ curses** příval slov/ nadávek; **sweep forward like an a.** *(crowd)* valit se jako lavina

avant-garde [ævoŋ'ga:d] n avantgarda, předvoj ● adj avantgardní, průkopnický

avarice ['ævəris] n hrabivost, lakota, lakomství, skoupost

avaricious [ævə'rišəs] adj hrabivý, lakomý, skrblický, mamonářský ■ **~ly** adv lakotně, skoupě, mamonářsky

avdp abbr of **avoirdupois** see below

Ave abbr of **Avenue** široká ulice, bulvár, třída

avenge [ə'vendž] vt pomstít; **a. sb/ sth** pomstít koho/ co; **a. oneself, be ~d** pomstít se; **a. oneself for sth on sb** pomstít se na kom or komu za co

avenger [ə'vendžə(r)] n mstitel

avenue ['ævənju:] n **1** *(wide street)* třída, bulvár, avenue **2** *(road lined with trees)* alej, stromořadí zprav. vedoucí k domu **3** fig *(approach)* cesta, přístup, možnost; **to explore every a.** prozkoumat všechny možnosti or cesty

average ['ævəridž] n průměr, průměrná hodnota; **on (the) a.** průměrně, v průměru; **be above/ below a.** *(results* etc*)* být nadprůměrný, být lepší než průměr/ být podprůměrný ♦ **the law of ~s** zákon vysokých čísel ● adj průměrný, prostřední; *(ordinary)* obyčejný; **the a. Englishman** průměrný Angličan; **the a. speed/ temperature** průměrná rychlost/ teplota; **the a. age** průměrný věk; **of a. height** průměrně vysoký ● **I** vt **1** *(find the a. of)* zjistit průměr čeho, vypočítat průměr čeho; **to a. the results** vypočítat průměr výsledků **2** *(amount on a. to)* činit v průměru, dosahovat v průměru; **their profits a. £2000 a day** jejich zisky dosahují v průměru 2000 liber denně **3** *(do/ work* etc *on a.)* **he ~s 40 hours' work a week** pracuje průměrně 40 hodin týdně **II** phr v ■ **average out** *I* vt **we ~d our losses out at £500 a month** vypočítali jsme své průměrné ztráty na 500 liber měsíčně; **it will a. itself out** to se vyrovná *II* vi **the profit ~s out at £500 a day** zisk dosahuje v průměru 500 liber denně

averse [ə'və:s] adj pred fml **be a. to sth** být proti čemu, nepřát čemu, mít nechuť or averzi k čemu; **I am quite a. to doing it** vůbec se mi do toho nechce; **be a. to change** nepřát změnám; **I am not a. to a pint of beer** docela bych si dal pivo

aversion [ə'və:šn] n **1** *(strong dislike)* averze, odpor, nechuť (**to sb/ sth** ke komu/ k čemu); **have an a. to (doing) sth** mít odpor k čemu; **take an a. to sb** zošklivit si koho **2** *(object of a.)* **smoking is her pet a.** kouření se jí protiví ze všeho nejvíc, kouření ona nesnáší víc než cokoli jiného

avert [ə'və:t] vt **1** *(turn away)* odvrátit (**from** od); **a. one's eyes/ gaze from sth** odvrátit od čeho zrak/ pohled **2** *(prevent, avoid)* odvrátit co, zabránit čemu, předejít čemu; **a. a disaster** odvrátit katastrofu; **a. a crisis** předejít krizi; **a. suspicion from oneself** odvrátit od sebe podezření

aviary ['eiviəri] n voliéra

aviation [eivi'eišn] n **1** *(science)* letectví, aviatika; *(practice)* létání **2** *(industry)* letecký průmysl

aviator ['eivieitə(r)] n dated aviatik, letec

avid ['ævid] adj **1** *(greedy)* **a. for sth** chtivý čeho, dychtivý čeho; **be a. for pleasure** být chtivý radovánek or zábav **2** *(enthusiastic: reader, collector)* vášnivý, horlivý, zanícený ■ **~ly** adv *(read* etc*)* vášnivě, zaníceně, horlivě

avidity [ə'vidəti] n fml **1** *(greed)* **a. for sth** chtivost čeho, hlad po čem **2** *(enthusiasm)* nadšení, zanícenost (**for sth** pro co)

avionics [eivi'oniks] n pl letecká elektronika

avocado [ævə'ka:dəu] n (pl **~s**) also **a. pear** avokádo

avoid [ə'void] vt **1 a. sb/ sth** vyhýbat se komu/ čemu, stranit se koho/ čeho; **I think you are ~ing me** mám dojem, že se mi vyhýbáte; **they a. each other** vyhýbají se jeden druhému; **a. sb's look** uhýbat or uhnout očima ♦ **a. sb like the plague** vyhýbat se někomu jako čert kříži or jako malomocnému, vyhýbat se komu na sto honů; **everyone ~s him like the plague** od toho by ani pes kůrku nevzal ♦ **there is no ~ing it** není vyhnutí, nic naplat **2** *(prevent)* **a. sth** vyhnout se čemu, zabránit čemu, předejít čemu; **try to a. accidents** snažit se předcházet nehodám; **it's good policy to a. confrontations** je záhodno vyhýbat se konfliktům; **duck to a. the blow** sehnout se před ránou

avoidable [ə'voidəbl] adj odvratitelný, čemu se lze vyhnout, čemu se dá předejít; **if it is a.** pokud se tomu dá vyhnout, pokud je tomu možno předejít

avoidance [ə'voidəns] n vyhýbání se čemu; **tax a.** daňový únik

avoirdupois [ævədə'poiz, ævwa:'djupwa:] n abbr **avdp** anglická a americká soustava obchodních vah založená na libře o šestnácti uncích ♦ **he is putting on the a.** joc nahazuje na sebe kila

avow [ə'vau] vt fml *(declare)* přiznat se k čemu, vyznat se z čeho, hlásit se otevřeně k čemu; **a. oneself beaten** přiznat svou porážku

avowal [ə'vauəl] n přiznání, doznání

avowed [ə'vaud] adj *(supporter)* otevřený; *(enemy)* zapřisáhlý ■ **~ly** [ə'vauidli] adv podle vlastního prohlášení

avuncular [ə'vaŋkjulə(r)] adj shovívavý, blahosklonný

AWACS, awacs ['eiwæks] abbr of **airborne warning and control system** letecký varovný a navigační systém letoun pro elektronický průzkum

await [ə'weit] vt fml **1** *(of person: wait for)* čekat na koho/ co, očekávat koho/ co; **a. sb's instructions** čekat na čí pokyny; **parcels ~ing delivery** balíčky připravené na doručení **2** *(of surprise, future* etc*)* čekat, kynout komu; **I wish I knew what ~s me** kéž bych věděl, co mě čeká; **a rosy future is ~ing him** očekává ho skvělá budoucnost

awake$_1$ [ə'weik] v (pt **awoke** [ə'wəuk] or **awaked** [ə'weikt], pp **awoken** [ə'wəukn] or **awaked** [ə'weikt]) **I** vi **1** also fig probudit se, procitnout, vzbudit se, probrat se ze spánku; **a. from a deep sleep** probudit se z hlubokého spánku; fig **his conscience awoke** probudilo se v něm svědomí; **she awoke from her enchantment** procitla ze svého okouzlení **2** fig **a. to sth** uvědomit si co, poznat co, pochopit co; **a. to the dangers facing us** uvědomit si nebezpečí, které nám hrozí **II** vt **1 a. sb** probudit or vzbudit koho; **a. sb from his sleep** probudit koho ze spánku; fig also budit, vyvolat např. podezření, zájem **2** fig **a. sb to sth** upozornit koho na co, vyvolat v kom zájem o co

awake$_2$ [ə'weik] adj pred **1** probuzený, bdící; **be** or **lie a.** bdít, nespat, být vzhůru; **the children are still a.** děti ještě nespí; **be wide a.** být úplně or zcela probuzen; **stay a. all night** probdít celou noc; **he talked as if he weren't quite a.** mluvil jako ve snách **2 be a. to sth** *(dangers, opportunities)* být si čeho vědom, uvědomovat si co

awaken [ə'weikn] v see **awake**$_1$ **I** vi **1** vzbudit se, probudit se; *(memories)* ozvat se; **a. from a troubled sleep** probudit se z neklidného spánku; fig **a. to sth** uvědomit si co **II** vt **1 a. sb** probudit koho, vzbudit koho; **the noise would a. the dead** ten rámus by probudil i mrtvého **2** fig *(interest, passion, emotion)* (vz)budit, vyvolat, roznítit **3 a. sb to sth** upozornit koho na co; *(to becoming active* etc*)* vyburcovat koho k čemu

awakening [ə'weikniŋ] n probuzení, procitnutí; also fig **a rude a.** drsné procitnutí, trpké zklamání ● adj fig *(national life* etc*)* probouzející se, budící se

award [ə'wo:d] n **1** *(judicial decision)* výrok, rozhodnutí; **arbitration a.** arbitrážní výrok **2** *(grant)* stipendium; *(damages)* odškodné **3** *(act of ~ing: of prizes* etc*)* udělení; *(of military orders* etc*)* propůjčení; *(of fine)* uložení **4** *(prize)* cena, odměna, prémie, vyznamenání; *(medal)* medaile; **presentation of ~s** udílení cen; **make an a. to sb** přiřknout komu cenu ● vt *(prize)* přiřknout, udělit; *(fine, damages)* udělit; *(order, medal)* propůjčit; **a. a prize to sb** udělit komu cenu, vyznamenat koho cenou; **be ~ed a prize** dostat cenu; **he was ~ed the first prize** dostal první cenu, byla mu přiřčena první cena; **be ~ed one's degree** promovat

aware [ə'weə(r)] adj **1** pred **be a. of sth** uvědomovat si co, být si vědom(ý) čeho, vědět o čem, mít o čem povědomí; **as far as I am a.** pokud vím; **be a. of the fact that . . .** uvědomovat si, že . . .; **become a. of sth** uvědomit si co, povšimnout si čeho, postřehnout co; **are you a. of what this could mean?** uvědomujete si, jaké by to mohlo mít následky? **2** *(well-informed)* dobře informovaný, mající přehled o čem; **be a politically a. person** mít výborný přehled o politické situaci

awareness [ə'weənəs] n (see **aware**) **a. of sth** povědomí o čem, znalost čeho; **linguistic a.** jazykové povědomí

awash [ə'woš] adj pred *(flooded)* zaplavený, pod vodou; **be a. with money** mít peněz jako želez or šlupek, mít majlant; **the street is a. with rumours** v ulici se šíří pověsti, že . . .

away [ə'wei] adv **1** *(at a distance)* daleko, od; **it's only five miles a.** je to odsud jen pět mil; **it's barely an hour a.** je to slabá hodinka cesty; **a long way a., quite a distance a., a good way a.** hezky daleko; **10 miles a. from London** 10 mil od Londýna; **further a.** dál ♦ **it is (only) a stone's throw a.** je to co by kamenem dohodil; **nothing is further a. from my mind** jsem dalek toho, abych si to myslel; **far and a. the best** daleko nejlepší, nesrovnatelně lepší než cokoli jiného **2** *(to a distance)* **a)** pryč; *(aside)* stranou; **go a.** jít pryč, odejít; **send sb a., turn sb a.** poslat někoho pryč; **put some money a.** dát nějaké peníze stranou **b)** phrasal verbs translated often by the prefix od-; **carry/ chase/ clear/ hurl/ kick/ limp/ pull/ sail/ swim** etc **away** odnést/ odehnat/ odklidit/ odmrštit/ odkopnout/ odbelhat/ odtáhnout/ odplout/ odplavat etc **c)** *(in exclamations)* **a. with you!** zmizni!, táhni!, kliď se!; **a. with unemployment!** pryč s nezaměstnaností!; **a. to bed with you!** hajdy do postele!; **a. we go!** jde se!, odchod! ♦ **get a. with you!** nepovídej!, to snad ne? **3** *(distant in time)* za; **the exams are only two months a.** zkoušky budou už za dva měsíce, do zkoušek zbývají už jen dva měsíce; **be 4000 light years a.** *(planet)* být vzdálený 4000 světelných roků; **put sth a.** něco odložit or oddálit **4** *(not present)* **a)** *(not at home* etc*)* pryč, mimo domov; **be a. from home** nebýt doma; **sleep a. from home** nespat doma; **be a. on business** být na služební cestě; **be a. travelling** být na cestách **b)** *(of a sports team)* **play a.** hrát na cizím hřišti, inf hrát venku **c)** *(absent from work, school* etc*)* **he was a. from school with a cold** chyběl ve škole, protože byl nachlazen **5** *(out of existence – suggesting)* **a)** *(liquidation)* **do a. with sb** odklidit koho; **do a. with sth** zbavit se čeho **b)** *(gradual abrasion)* o-; **flake/ plane/ rub/ wear away** oprýskat/ ohoblovat/ odřít/ obrousit **c)** *(gradual disappearance)* **fade away** doznívat, ztrácet se **d)** *(wastage)* pro-; **fritter a. one's time** proflákat or prolelkovat čas; **gamble/ sleep/ squander a.** prohrát/ prospat/ prohospodařit, utratit, inf probšustrovat **6** *(continuously)* stále, v jednom kuse; **nag a. at sb** stále někoho sekýrovat; **slave a. at sth** pachtit se s čím, dřít se s čím **7** *(without delay)* **a) right a., straight a.** hned, ihned, okamžitě **b)** *(with imperative)* **ask a.!** jen se ptejte! ● adj Sport **an a. match** zápas na cizím hřišti; **the a. team** mužstvo hostí, mužstvo nehrající na vlastním hřišti

awe [o:] n *(fear)* posvátná hrůza, (velký) strach; *(respect)* respekt, hluboká úcta, zbožná úcta; **be** or **stand in a. of sb a)** mít z koho hrozný strach **b)** pociťovat ke komu posvátnou úctu, mít před kým nesmírný respekt; **be struck with a.** strnout hrůzou ● vt **a. sb** vzbudit v kom posvátnou hrůzu, vzbudit v kom hlubokou úctu; **be ~d into silence** zmlknout v nábožné úctě

awe-inspiring ['o:inspaiəriŋ] adj vzbuzující zbožnou úctu; naháněјící (posvátnou) hrůzu; *(view)* úchvatný; *(cathedral, sunset)* velkolepý

awesome ['o:səm] adj **1** *(silence)* působivý; *(sight)* úchvatný, velkolepý; *(person: commanding respect)* vzbuzující úctu; *(story)* hrůzný, děsivý **2** Amer sl fantastický

awestricken ['o:strikən], **awestruck** ['o:strak] adj jatý posvátnou hrůzou

awful ['o:fl] adj **1** *(terrible: accident, disaster, experience)* hrozný, strašný, děsný, otřesný; **work in a. conditions** pracovat v otřesných podmínkách; **he is in an a. state** je ve strašném stavu; **it was (just) a.!** byla to hrůza, inf byl to (úplný) horor **2** *(very bad)* inf strašný, děsný, příšerný; **a. weather** příšerné or hrozné počasí; **here is an a. stench** tady to hrozně smrdí; *(It never stopped raining.)* **How a.!** No to je teda strašné! **3** dated *(awe-inspiring)* vzbuzující posvátnou úctu, *(view)* úchvatný **4** pred *(ill)* **look/ feel a.** vypadat/ cítit se hrozně **5** attr inf *(as intensifier)* strašný, hrozný; **she is an a. nag** je to strašná xantipa; **an a. lot of money** strašně moc peněz ■ see **awfully** ● adv inf *(extremely)* strašně, příšerně; **it's a. hot here** tady je příšerně horko; **she was screaming something a.** příšerně vřeštěla

awfully ['o:fli] adv inf **1** *(very badly)* strašně, příšerně; **he behaved a.** choval se hrozně **2** *(very, extremely)* hrozně, šíleně, moc, hodně; **I was a. tired** byl jsem děsně or šíleně unavený; **a. early** strašně brzy; **it's a. kind of you** je to od vás moc laskavé; **I am a. sorry** strašně mě to mrzí, moc se omlouvám; **it was a. funny** bylo to hrozně legrační, byla to děsná sranda

awfulness ['o:fulnəs] n *(of a situation)* hrůza, děs, ohavnost; *(of war)* hrůzy; *(of person)* protivnost, odpudivost

awhile [ə'wail] adv fml chviličku, (na) chvilku; **wait a.** počkej chvilku

awkward ['o:kwəd] adj **1** *(clumsy: person, movement)* nešikovný, těžkopádný, neohrabaný, nemotorný; *(badly designed)* nešikovný, nevhodný; **an a. dancer** nemotorný tanečník **2** *(embarrassing)* trapný, *(joke, comment* etc also*)* nemístný, nejapný; **an a. silence** trapné ticho, rozpačité mlčení **3** *(embarrassed)* **feel a.** být v rozpacích, cítit se trapně **4** *(difficult, inconvenient:* eg *turning)* obtížný; *(question)* ožehavý, ošemetný, delikátní; *(situation)* nepříjemný, ošemetný, prekérní, trapný; **come at an a. time** přijít nevhod **5** *(person: difficult to deal with)* **he likes to be a.** rád dělá naschvály; **he is an a. customer** fig s ním se dá těžko vyjít ♦ **the a. age** klackovská or klackovitá léta, telecí léta ■ **~ly** adv **1** nešikovně, nemotorně **2** trapně, nejapně **3** rozpačitě **4** *(ask)* nevhodně, nepříjemně **5** *(behave)* klackovsky

awkwardness ['o:kwədnəs] n see **awkward 1** nešikovnost, neohrabanost; nevhodnost **2** trapnost, nemístnost, nejapnost **3** rozpačitost **4** ožehavost, ošemetnost, prekérnost **5** *(of behaviour)* klackovitost

awl [o:l] n šídlo

awning ['o:niŋ] n *(of door, window)* markýza ochranná stříška proti slunci or dešti; *(on boat, wagon)* plachta

awoke [ə'wəuk] pt of **awake**

awoken [ə'wəukn] pp of **awake**

AWOL ['eiwol] Mil abbr of **absent without leave** nedovolené opuštění kasáren or výcvikového prostoru; **go A.** inf opustit nedovoleně prostor kasáren; přetáhnout dovolenku

awry [ə'rai] adv pred adj *(out of position: tie, scarf, hat, picture* etc*)* nakřivo; **go a.** *(plans)* nevyjít, nepodařit se; **things went a. for him** sklaplo mu

axe, esp Amer **ax** [æks] n **1** sekyra, sekera; **ice a.** horolezecké kladívko ♦ **the executioner's a.** katanská sekyra; **have an a. to grind** přihřívat si svou polívčičku **2 the a.** Br fig drastická úsporná opatření; **apply the a. to sth** radikálně snížit výdaje na něco ♦ **get the a.** fig dostat vyhazov, dostat padáka ● vt **1** *(dismiss)* **a. sb's job** propustit koho z práce, dát komu padáka **2** *(reduce: grants, budget* etc*)* drasticky redukovat, oklestit, *(subsidies, allowances* etc also*)* odbourat; *(abandon: plans, projects)* odvolat, stornovat, upustit od čeho

axial ['æksiəl] adj axiální, osový, osní

axiom ['æksiəm] n axióm zásadní poučka

axiomatic [æksiə'mætik] adj axiomatický

axis ['æksis] n (pl **axes** ['æksi:z]) osa; **rotate on an a.** točit se kolem osy; **the A.** Osa aliance Německo – Itálie – Japonsko ■ **the A. powers** mocnosti Osy

axle ['æksl] n náprava, nosný hřídel; **driving a.** hnací hřídel

ayatollah [aiə'tolə] n ajatolláh muslimský duchovní vůdce

aye, also **ay** [ai] interj dated or Scot ano, ba; Naut **a., a., sir!** [ai'ai] rozkaz!, provedu! ● n usu pl **(the) ayes** *(at a meeting)* hlasy pro; **the ~s have it** většina je pro tj. návrh je přijat

azalea [ə'zeiliə] n Bot azalka

azimuth ['æziməθ] n Astron azimut

Aztec ['æztek] n Azték ● adj aztécký

azure ['eižə(r)] n azur, blankyt; *(colour)* blankytná modř ● adj azurový, blankytný

B

B, b [bi:] (pl **Bs** or **B's** [bi:z]) **1** *(the letter)* B, b ■ **B-road** Br vedlejší or okresní silnice; **B-film** předfilm dodatkový k hlavnímu **2** Mus *(note)* H, h; **B sharp** his; **B flat** hes, b; **B flat major/ minor** B dur/ B moll **3** Sch *(mark)* dvojka

BA [bi:'ei] abbr of **1 Bachelor of Arts** see **bachelor 2 British Airways** Britské aerolinie

baa [ba:] n *(of sheep, lamb)* bekot ● vi (pres p **baaing**; pt **baaed** or **baa'd**) bečet

baa-lamb ['ba:læm] n *(baby language)* ovečka, jehňátko

babble ['bæbl] n *(of baby)* žvatlání; *(of adult: thoughtless chatter)* blábolení, žvanění; *(of stream)* bublání ● **I** vi **1** *(baby)* žvatlat; *(adult)* blábolit; *(chatter)* kecat, žvanit **2** *(stream* etc*)* bublat, zurčet **II** phr v ■ **babble (out)** vt *(secret)* vyžvanit

babe [beib] n **b. in arms** nemluvně; Amer sl *(young woman)* kočička, kotě

baboon [bə'bu:n] n pavián

baby ['beibi] n **1** nemluvně, baby [bejbi], děťátko ♦ **the b. of the family** benjamínek, nejmladší člen rodiny; **leave sb holding the b.** nechat koho v rejži, hodit někomu něco na krk; **throw the b. out with the bathwater** vylít s vaničkou i dítě ■ **b. boy/ girl** chlapeček/ holčička; **b. food** dětská výživa; **b. buggy** or **carriage** Amer kočárek; **b. tooth** mléčný zub **2** Amer sl *(young woman)* děvče, holka

babyish ['beibiiš] adj *(appearance)* dětský; *(behaviour* etc*)* dětinský

babyhood ['beibihud] n útlé dětství

baby-sit ['beibisit] vi (pt, pp **baby-sat)** hlídat za úplatu cizí děti v době nepřítomnosti rodičů

baby-sitter ['beibisitə(r)] n domácí opatrovnice dětí v době, kdy nemohou být rodiče doma

baby-sitting ['beibisitiŋ] n hlídání dětí

baby-walker ['beibiwo:kə(r)] n chodítko dětské

bachelor ['bæčələ(r)] n **1** svobodný muž neženatý; **old b.** starý mládenec **2** Univ bakalář; **B. of Arts/ Science** bakalář svobodných umění/ přírodních věd

bacillus [bə'siləs] n (pl **bacilli** [bə'silai]) bacil

back [bæk] n **1** *(of person)* záda; *(of animal)* hřbet; **he lay on his b.** ležel na zádech; **stand b. to b.** postavit se/ stát zády k sobě ♦ **be with one's b. to the wall** být přitlačen ke zdi, být v úzkých; **I am glad to see the b. of him** jsem rád, že ho mám z krku; jsem rád, že jsem se ho zbavil; **she did it behind my b.** udělala to za mými zády, udělala to bez mého vědomí; **put sb's b. up** namíchnout koho **2** *(of hand, book)* hřbet; *(of chair)* opěradlo; **in the b.** *(of a car, room, house)* vzadu; **at the b. of the house** vzadu v domě **3** Ftb obránce, bek ● adj **1** zadní; **b. garden** zahrada za domem; **b. passage** *(rectum)* euf konečník, řitní otvor; **b. talk** Amer see **backchat**; see also **b. seat 2 b. number** *(of magazine* etc*)* starší číslo; **b. pay** doplatek dříve nevyplacené mzdy **3** Phon *(vowel)* zadopatrový ● adv **1** *(to the rear)* dozadu, zpět; **stand b.** ustoupit (dozadu); **b. and forth** sem a tam **2** *(to original condition)* zpátky, zpět, nazpět; **come b.** přijít zpět, vrátit se; **there and b.** tam a zpět; **I'll be b. in an hour** vrátím se za hodinu; **be b. in power** být znovu u moci **3** *(ago)* před; **a few years b.** před několika lety; **as far b. as 1940** už v roce 1940; **b. in 1940** Amer tehdy roku 1940 ● **I** vt **1 b. a car/ bus** (vy)couvat s autem/ autobusem; **b. a car into a wall** zacouvat do zdi **2** *(support)* podporovat, podpořit **3** *(bet)* **b. a horse** vsadit/ sázet na koně v dostizích ♦ **b. the wrong horse** fig vsadit na špatného koně **II** vi ustoupit; *(car, bus)* couvat, couvnout **III** phr vs ■ **back away** ustoupit; *(from a decision)* couvnout, vyvléci se z čeho ■ **back down** vi fig podvolit se, ustoupit, přestat na něčem trvat, rezignovat ■ **back out of sth** *(contract, agreement)* vykroutit or vyvléci se z čeho, ustoupit od čeho ■ **back up** vt podpořit, posílit; *(thesis, application)* doložit (**with sth** čím)

backache ['bækeik] n bolesti v zádech; **suffer from b.** mít bolesti v zádech

backbench [bæk'benč] n Parl zadní sedadla ■ **b. MP** see **backbencher**

backbencher [bæk'benčə(r)] n Br Parl poslanec bez vládní funkce nebo bez funkce v opozičním kabinetu – někdy i v částečné opozici k vlastní straně

backbite ['bækbait] vi (pt, pp **backbit, backbitten**) pomlouvat

backbiter ['bækbaitə(r)] n pomlouvač, nactiutrhač

backbiting ['bækbaitiŋ] n pomlouvání, nactiutrhání

backbone ['bækbəun] n páteř; fig opora, základní pilíř; **he has no b.** je to bezpáteřný člověk; **tourism is the b. of our economy** turistika je základním pilířem naší ekonomie; **to the b.** až do morku kosti, skrz naskrz

backbreaking ['bækbreikiŋ] adj *(job)* vyčerpávající, velice namáhavý

back burner [bæk'bə:nə(r)] n zadní hořák ♦ **put sth on the b. b.** inf *(project* etc*)* odsunout něco stranou, uložit něco k ledu

backchat ['bækčæt] n inf hrubé odmlouvání, odštěkávání; **none of your b.!, I don't want any b.!** (nechci slyšet) žádné odmluvy!

backcloth ['bækkloθ] n Theat jevištní pozadí, horizont, prospekt

backcomb ['bækkəum] vt *(hair)* tupírovat

backdate [bæk'deit] vt antedatovat; *(a pay rise)* **~d to the first of March** se zpětnou platností k prvnímu březnu

back door [bæk'do:(r)] n zadní dveře; fig zadní dvířka ♦ **get somewhere through the b. d.** dostat se kam postranními cestičkami

backdrop ['bækdrop] n = **backcloth**; fig pozadí

backer ['bækə(r)] n **1** Pol stoupenec, příznivec **2** Fin ručitel; *(of art* etc*)* mecenáš **3** *(of horse)* sázející

backfire [bæk'faiə(r)] vi *(car)* předčasně zapalovat; **it ~d on us** *(strategy, plan* etc*)* obrátilo se to proti nám

backgammon ['bækgæmən] n *(game)* ≅ vrhcáby, lurč

background ['bækgraund] n **1** *(of painting* etc*)* pozadí; **stay in the b.** držet se v pozadí ■ **b. music** hudební kulisa, hudební doprovod **2** *(of person)* původ, prostředí, zázemí rodinné, kulturní; **he comes from a working-class b.** je dělnického původu

backhand ['bækhænd] n **1** Sport backhand **2** *(handwriting)* rukopis s opačným sklonem

backhander [bæk'hændə(r)] n inf úplatek

backhanded [bæk'hændid] adj *(compliment)* dvojsmyslný

backing ['bækiŋ] n podpora

backlash ['bæklæš] n **1** Techn zpětný náraz, zpětné trhnutí; Techn *(play)* vůle, mrtvý chod **2** fig protireakce, odveta; **a right-wing b.** velké vzepětí pravicových sil

backlog ['bæklog] n *(of work)* resty, nedodělávky; **have a b. of work/ correspondence** být pozadu s prací/ mít mnoho nevyřízené korespondence

back number [bæk'nambə(r)] n **1** *(of periodical)* staré číslo **2** *(person)* staromódní člověk, odepsaný or vyřízený člověk; *(thing)* zastaralá věc; **that is a real b. n.** to je úplně pasé, to je velmi staromódní

backpack ['bækpæk] n Amer batoh, ruksak, krosna ● vi cestovat s ruksakem, trampovat; **go ~ing** jít na tramp

backpacking ['bækpækiŋ] n vandrování s ruksakem, trampování

backpacker ['bækpækə(r)] n turista s batohem

backpedal [bæk'pedl] vi (pt & pp **~led**) **1** otáčet pedály zpět; *(brake)* zabrzdit zpáteční brzdou **2** fig vytáčet se, vykrucovat se; *(on a promise)* zdráhat se splnit slib

backrest ['bækrest] n opěradlo, lenoch u židle ap.

back seat [bæk'si:t] n zadní sedadlo ♦ **take a b. s.** držet se zpátky ■ **back-seat driver** spolucestující v autě, který neustále radí řidiči

backside ['bæksaid] n inf zadnice, zadek; inf **get (up) off one's b.** hnout sebou, pohnout zadkem

backslapping ['bækslæpiŋ] n přátelíčkování, přílišná familiárnost ● adj přehnaně familiární, žoviální

backslash ['bækslæš] n Comput obrácené lomítko

backslide ['bækslaid] vi (pp, pt **backslid**) Eccl odpadnout od víry; fig vrátit se do dřívějších kolejí, vrátit se ke starému špatnému způsobu života

backslider ['bækslaidə(r)] n recidivista; Eccl odpadlík

backspacer ['bækspeisə(r)] n also **backspace key** *(on typewriter, word processor)* zpětná klávesa, klávesa zpětného chodu

backstage [bæk'steidž] n zákulisí also fig ● adj zákulisní (also fig) ● adv v zákulisí also fig

backstairs [bæk'steəz] n zadní schody or schodiště ♦ **b. gossip** pavlačové drby

backstitch ['bækstič] n štep, prošívací steh ● vt, vi štepovat, prošívat štepem

backstreet ['bækstri:t] n postranní ulička; **he comes from the ~s of Liverpool** pochází z chudinské čtvrti Liverpoolu ● adj pokoutní; **b. abortions** andělíčkářství; **b. abortionist** andělíčkář(ka)

backstroke ['bækstrəuk] n Sport znak; **swim** or **do the b.** plavat naznak

backtrack ['bæktræk] vi **1** lit vrátit se stejnou cestou po vlastní stopě, sledovat vlastní stopu zpět **2** fig **b. on sth** ustoupit od čeho; **b. on a promise** nesplnit slib

backup ['bækap] n **1** *(support)* podpora, zabezpečení; Mil posila ■ **b. crew** zabezpečovací tým; **b. supplies** rezervní zásoby **2** Comput **b. (copy)** náhradní kopie disku, souboru ap. **3** Amer **a b. of cars** fronta or šňůra aut při dopravní špičce ap.

backward ['bækwəd] adj **1 a b. glance** pohled zpět; fig **a b. step** krok zpět **2** *(country)* zaostalý, nerozvinutý; *(child)* (duševně) zaostalý, opožděný ve vývoji **3** *(reluctant)* Amer plachý, ostýchavý

backwardness ['bækwədnəs] n zaostalost; váhavost, otálení; see **backward**

backwards ['bækwədz] adv **1** dozadu,

zpět; **glance b.** podívat se dozadu ♦ **lean** or **bend over b.** *(to do sth)* inf div se nepotrhat, moci se potrhat **2 walk/ run b.** jít/ běžet pozpátku; fig **go b.** *(economy, country)* jít od desíti k pěti; **know sth b.** umět něco dokonale, umět něco jako když bičem mrská

backwash ['bækwoš] n vratný proud odražený; fig *(of events)* důsledky, následky

backwater ['bækwo:tə(r)] n stojatá voda; fig *(town, village)* hnízdo, díra, Zapadákov

backwoods ['bækwudz] n **1** lesní pustina, divočina **2** Zapadákov; místo, kde lišky dávají dobrou noc, „díra"

backwoodsman ['bækwudzmən] n **1** lit zálesák **2** fig Amer inf neotesanec, vesnický křupan; Br inf zarytý konzervativec

backyard [bæk'ja:d] n **1** Br zadní dvorek **2** Amer dvorek a zahrada za domem **3** fig **in our own b.** nemusíme chodit daleko, přímo mezi námi, přímo před našima očima

bacon ['beikən] n slanina; **b. and eggs** slanina s vejci ■ **b. rashers** plátky slaniny ♦ **save one's own b.** fig vyváznout se zdravou kůží; **bring home the b.** inf mít úspěch v čem; *(be the breadwinner)* vydělávat na denní chlebíček

bacteria [bæk'tiəriə] n pl baktérie

bactericide [bæk,tiəri'said] n baktericidní látka

bacteriological [bæk,tiəriə'lodžikəl] adj bakteriologický; **b. warfare** bakteriologická válka

bacteriologist [bæk,tiəri'olədžist] n bakteriolog

bacteriology [bæk,tiəri'olədži] n bakteriologie

bacterium [bæk'tiəriəm] n see **bacteria**

bad [bæd] adj (**worse, worst**) **1** *(wicked)* špatný, zlý; **a b. name** špatná pověst; **it is b. to lie** lhát je špatné; inf **he is a b. lot** je to mizera or ničema or neřád **2** *(poor, not efficient)* špatný (**driver/ translation** řidič/ překlad); *(light)* slabý; *(eyesight)* špatný, slabý; *(meal)* bídný ♦ **it's not b.** ujde to; **it's not b. at all** je to opravdu dobré; **things were not so b.** nebylo to zas tak zlé, bylo to docela dobré; *(How are you? – Thanks,)* **not so b.** není to nejhorší; **go from b. to worse** jít od desíti k pěti, být čím dál horší; **that's too b.** inf to je ale mrzuté!; **I feel b. about it** inf mrzí mě to **3** *(unpleasant)* *(news)* špatný; *(smell)* odporný **4** *(offensive)* **b. language** silná or hrubá slova, klení, nadávky **5** *(spoilt)* zkažený; **a b. egg** inf fig mizera, lump; **go b.** zkazit se **6** *(harmful: smoking* etc*)* (zdraví) škodlivý **7** *(serious: a cold)* silný; *(wound)* vážný, těžký; **it was a b. mistake** byla to velká chyba; **have a b. pain** mít silné bolesti **8** *(ill)* nemocný; **have a b. heart** mít nemocné or inf špatné srdce; **I am feeling b. today** dnes mi není dobře; **be in a b. way** být na tom zle zdravotně **9 a b. debt** nedobytný dluh **10** *(counterfeit: money* etc*)* falešný ■ see **~ly**

baddie, baddy ['bædi] n inf childish (usu *of films)* záporný hrdina; sl padouch, zlosyn

bade [bæd, beid] see **bid**

badge [bædž] n odznak; fig symbol

badger ['bædžə(r)] n Zool jezevec ● vt **b. sb** dotírat na koho, nedat komu pokoj, inf otravovat koho; **my children ~ed me into buying them a new toy** moje děti na mě tak dlouho dotíraly, až jsem jim koupil novou hračku; **b. sb with questions** dotírat na koho otázkami

badinage ['bædina:ž] n škádlení

bad-looking [bæd'lukiŋ] adj **she is not b.-l. (at all)** nevypadá (vůbec) špatně

badly ['bædli] adv (**worse, worst**) **1** *(not well)* špatně; **play chess very b.** být velmi špatný šachista; **he is b. off** daří se mu špatně je chudý, je na tom špatně materiálně **2** *(seriously)* vážně, těžce; **he was b. hurt** byl těžce zraněn **3** *(very much)* moc, strašně, hrozně; **we need it b.** potřebujeme to naléhavě or nutně; **I miss him b.** moc se mi po něm stýská

badminton ['bædmintən] n badminton

bad-mouth ['bædmauθ] vt sl pomlouvat, očerňovat, nadávat komu

badness ['bædnəs] n *(of person)* špatnost, zkaženost

bad-tempered [bæd'tempəd] adj popudlivý, mrzutý, nevrlý, špatně naladěný or naložený

baffle ['bæfl] vt **1** *(perplex)* (z)mást, vyvést z míry, být hádanka; **the police are ~d by it** pro policisty je to hádanka **2** *(frustrate: sb's plans* etc*)* zmařit, překazit; **it ~s (all) description** to se (vůbec) nedá popsat ● n Techn zvuková přepážka

baffling ['bæfliŋ] adj *(question)* záhadný; *(attitude, behaviour)* nepochopitelný; **I find it b.** je to pro mě hádanka

bag [bæg] n **1** taška, brašna, vak; *(handbag)* kabelka; **shopping b.** nákupní taška; **sleeping b.** spací pytel; **pack one's ~s** sbalit se ♦ **b. and baggage** se vším všudy; **be a b. of bones** být kost a kůže **2 by (diplomatic) b.** diplomatickou poštou **3 ~s under the eyes** váčky pod očima **4** *(hunting)* úlovek ♦ **it's in the b.** inf fig je to v kapse, mám(e) to v kapse **5 old b.** pej stará bába, stará škatule **6 ~s of** inf *(lots)* spousta; **~s of money/ time** fůra peněz/ času ● vt (**-gg-**) **1** *(put in ~s/ sacks)* nasáčkovat/

napytlovat **2** *(of hunters)* ulovit, *(enemy plane)* sestřelit, dostat; *(criminals)* sbalit **3** inf *(claim for o.s.)* urvat si; *(steal)* štípnout, šlohnout

bagatelle [bægə'tel] n **1** *(trifle)* maličkost **2** Mus bagatela

bagful ['bægful] n **a b. of books** plná taška knih

baggage ['bægidž] n **1** esp Amer zavazadla; fig **intellectual b.** intelektuální výzbroj ■ **b. check** lístek od zavazadla; **b. car** Amer zavazadlový vůz; **b. room** Amer úschovna zavazadel; **b. allowance** Aviat povolená váha zavazadel ♦ **bag and b.** se vším všudy, sakum prásk **2** Mil bagáž **3** pej děvka **4** *(pretty and provocative girl)* dated kost, kočka

bagginess ['bæginəs] n *(of clothes)* neforemnost, pytlovitý vzhled

baggy ['bægi] adj (**-ier, -iest**) *(clothing)* široký, pytlovitý; *(out of shape)* neforemný; **b. at the knees** *(trousers)* s vyboulenými koleny

Baghdad [bæg'dæd] n Bagdád

bagpiper ['bægpaipə(r)] n dudák

bagpipe(s) ['bægpaips] n dudy; **play the b.** hrát na dudy

Bahamas [bə'ha:məz] n pl **the B.** Bahamy, Bahamské ostrovy

Bahamian [bə'ha:miən] adj bahamský ● n Bahamec, Bahamka

Bahrain [ba:'rein] n Bahrain

bail$_1$ [beil] n **1** Jur kauce; **go** or **stand b. (for sb)** složit (za koho) kauci; **release sb on b.** propustit koho na kauci; **be out on b.** být propuštěn na kauci; **forfeit** or Amer inf **jump b.** nechat kauci propadnout, nedostavit se k líčení **2** *(permission)* propuštění na kauci; **grant sb b.** propustit koho na kauci dovolit propuštění ● **I** vt propustit koho na kauci **II** phr v ■ **bail sb out** zaplatit za koho kauci vymoci jeho propuštění, fig pomoci komu v tísni

bail$_2$, **bale** (also **b. out**) [beil] **I** vt, vi *(scoop)* vylévat vodu z člunu **II** phr v ■ **bail** or **bale out** Aviat *(in an emergency)* vyskočit padákem; vi **b. sb out of financial difficulties** zachránit koho před finančními problémy

bail$_3$ [beil] n Cricket příčný kolík na tyčkách branky

bailiff ['beilif] n **1** *(steward)* správce, šafář **2** *(law officer)* soudní zřízenec doručující obsílky

bairn [beən] n Scot & N Engl dítě

bait [beit] n návnada, vnadidlo; fig also lákadlo; **live b.** živá návnada malá rybička; **take the b., rise to the b.** *(of fish)* brát, zabrat; fig naletět, inf skočit na špek ● vt **1** *(hook/ trap)* nasadit návnadu na háček/ do pasti **2** *(animal)* štvát; fig *(person)* trápit, mučit; *(with taunts)* týrat, škádlit, dobírat si

baize [beiz] n kulečníkové sukno

bake [beik] **I** vt **1** *(bread etc)* péci; **~d potato** pečený brambor ve slupce **2** *(bricks, pottery)* (vy)pálit, vypalovat; *(soil etc)* vysušit, vysušovat, sežehnout **II** vi **1** *(cake etc)* péci se, být v troubě; **the bread is baking** chléb se peče **2** *(bricks)* vypalovat se, být v peci **3** inf **I am baking** je mi šíleně horko, můžu se upéct

bakelite ['beik(ə)lait] n bakelit

baker ['beikə(r)] n pekař; **she is a good b.** výborně peče; **b.'s (shop)** pekařství ♦ **b.'s dozen** třináct (kusů)

bakery ['beikəri] n pekárna, pekařství

baking$_1$ ['beikiŋ] adv **it is b. hot today** dnes je horko jako v peci

baking$_2$ ['beikiŋ] n pečení; *(of pottery)* pálení ■ **b. tin** forma na pečení; **b. powder** prášek do pečiva; **b. sheet** plech na pečení; **b. soda** jedlá soda ● adj *(hot: sands)* rozžhavený, žhavý

baking-hot [beikiŋ 'hot] adj inf *(day)* parný

baksheesh [bæk'ši:š] n bakšiš, spropitné

balaclava (helmet) [bælə'kla:və] n kukla vlněná čepice kryjící hlavu a krk; nezakrytý zůstává jen obličej

balalaika [bælə'laikə] n balalajka

balance ['bæləns] n **1** *(scales)* váha, váhy ♦ **be** or **hang in the b.** *(life etc)* fig viset na vlásku **2** *(equilibrium)* rovnováha; fig *(mental b.)* vnitřní vyrovnanost, duševní rovnováha; **b. of power** rovnováha sil; **keep one's b.** udržovat/ udržet rovnováhu ♦ **lose one's b.** ztratit rovnováhu, fig ztratit rozvahu; **catch sb off b.** zastihnout koho nepřipraveného, překvapit koho; **throw sb off b.** vyvést koho z rovnováhy **3** *(of shapes, colours, forms)* harmonie, vyváženost **4** *(counterpoise)* protiváha (**to sth** čeho) **5** Comm bilance; *(of account)* zůstatek; **b. of trade** obchodní bilance; **b. of payments** platební bilance ♦ **on b.** po bližší úvaze ● **I** vt **1** *(budget etc)* vyrovnat, uvést do rovnováhy **2** *(weigh up)* fig **b. sth against sth** porovnat/ porovnávat, srovnat/ srovnávat výhody a nevýhody čeho **3** *(on one foot etc)* balancovat, udržovat rovnováhu; **b. a ball on one's finger** balancovat s míčem na prstě **II** vi *(scales)* být v rovnováze, být vyvážený; *(account)* být v rovnováze **III** phr v ■ **balance out** vt, vi vyrovnat/ vyrovnávat se; *(people)* vi vzájemně se doplňovat

balanced ['bælənst] adj *(personality)* vyrovnaný; *(diet)* vyvážený; *(report)* objektivní

balcony ['bælkəni] n Archit, Theat balkón

bald [bo:ld] adj **1** *(person)* plešatý,

holohlavý, lysý; *(tree)* holý; **b. patch** lysina; **go b.** oplešatět, ztratit vlasy **2** *(style)* jednotvárný, suchý **3** *(tyre)* ojetý

baldachin, baldaquin ['bo:ldəkin] n baldachýn

balderdash ['bo(:)ldədæš] n inf somewhat dated *(nonsense)* nesmysl, hloupost; **talk b.** mluvit nesmysly

bald eagle [bo:ld'i:gl] n orel bělohlavý symbol ve státním znaku USA

bald-faced [bo:ld'feist] adj **a b.-f. lie** inf nestydatá lež

bald-headed [bo:ld'hedid] adj plešatý

balding ['bo:ldiŋ] adj plešatějící, s řídnoucími vlasy

baldness ['bo:ldnəs] n **1** lit plešatost, holohlavost **2** *(of style)* jednotvárnost, suchost

bale$_1$ [beil] n *(of cloth)* žok ● **I** vt balíkovat, balit do žoků **II b. out** vi, vt see **bail out**

Balearic [bæli'ærik] adj baleárský; **the B. Islands** Baleáry

baleful ['beilful] adj zlověstný, neblahý; *(influence)* zhoubný, škodlivý; *(person)* zlý, pomstychtivý

balk$_1$ [bo:k] (also **baulk**) n kláda silná, hrubě otesaná

balk$_2$ [bo:k] (also **baulk**) **I** vi **b. (at sth)** zaleknout se (čeho), couvnout (před čím), ustoupit (od čeho); *(horse)* zaleknout se (čeho), vzpínat se (před čím) **II** vt somewhat dated *(sb's plans)* zmařit, zhatit, překazit

Balkan ['bo(:)lkən] adj balkánský ● n **the ~s** Balkán, balkánské země

Balkanize ['bo(:)lkənaiz] vt balkanizovat

Balkanization [bo(:)lkənai'zeišn] n balkanizace

ball$_1$ [bo:l] n **1** Sport etc míč, inf balón; *(small)* míček; **golf/ tennis b.** golfový/ tenisový míček ♦ **play b.** fig inf spolupracovat (**with sb** s kým); **have the b. at one's feet** mít velkou příležitost, být pánem situace; **keep the b. rolling** udržovat rozhovor; **start the b. rolling** něco rozjet or spustit; **the b. is in your court** je řada na vás, teď jste na řadě vy; **be on the b.** zapalovat komu, být chytrý or mazaný **2** *(sphere)* koule; **billiard b.** kulečníková koule; Hist **cannon b.** dělová koule ♦ **be a b. of fire** inf *(person)* být nabitý energií **3** *(of wool* etc*)* klubko; *(of dog, cat* etc*)* **roll itself into a b.** stočit se do klubíčka **4 b. of the thumb** bříško palce ruky **5** usu **~s** *(testicles)* vulg koule, kulky ♦ **he has got us by the ~s** vulg má nás v hrsti; see also **balls** ● vt stočit/ zmuchlat etc něco v kouli ● interj **~s!** vulg hovadina!; **that's absolute ~s!** to je hovadina na druhou; **~s to him!** vulg ať mně políbí prdel!

ball$_2$ [bo:l] n **1** *(dance)* ples; **give a b.** pořádat ples ♦ **open the b.** zahájit ples; **set the b. rolling** fig začít tanec, spustit to **2 have a b.** esp Amer užívat si, výborně or prima se bavit

ballad ['bæləd] n balada populární píseň

ballade [bæ'la:d] n balada lyrickoepická báseň se specifickou veršovou formou

ball-and-socket joint [bo:lənd'sokit-džoint] n kulový kloub

ballast ['bæləst] n **1** Naut balast, zátěž **2** *(stone)* štěrk; Rail štět

ball-bearing [bo:l'beəriŋ] n kuličkové ložisko

ballboy ['bo:lboi] n Tennis sběrač míčků

ballcock ['bo:lkok] n Techn kohout s kulovým plovákem

ballerina [bælə'ri:nə] n baleína; **prima b.** primabalerína

ballet ['bælei] n balet ■ **b. dancer** tanečník v baletu, *(woman)* baletka

ball game ['bo:lgeim] n **1** míčová hra **2** Amer basebalový zápas **3** Amer situace ♦ **that's a completely new b. g.** Amer to je něco docela jiného; **No ball games!** *(notice in parks* etc*)* Hraní s míčem zakázáno!

ballgirl ['bo:lgə:l] n Tennis sběračka míčků

ballistic [bə'listik] adj balistický; **b. missile** balistická střela

ballistics [bə'listiks] n balistika

balloon [bə'lu:n] n **1** *(hot-air b.)* balón; *(toy)* balónek ♦ **when the b. goes up** fig až to vypukne **2** *(in strip cartoons)* bublina

ballot ['bælət] n **1** *(b.-paper)* hlasovací lístek **2** *(system)* (tajné) hlasování or volby; **voting is by b.** hlasování je tajné ■ **b. box** hlasovací urna **3** *(voting)* hlasování, *(election)* volby; **hold a b. about sth** hlasovat o něčem; **postal b.** tajné hlasování poštou **4** počet odevzdaných hlasů ● **I** vi volit (**for sb** koho), dát svůj hlas (**for sb** komu) **II** vt *(club members* etc*)* **b. sb on sth** dát komu o čem hlasovat, nechat koho o čem hlasovat

ballpark ['bo:lpa:k] n Amer basebalový stadion ■ **b. figure** přibližný odhad

ballpoint (pen) ['bo:lpoint (pen)] n *(biro)* propisovací tužka, inf propiska

ballroom ['bo:lru:m] n taneční sál; **b. dancing** společenský tanec

balls [bo:lz] n vulg **1** *(mess)* **make a b. of sth** něco zvrtat or posrat **2** *(nonsense)* pitomost, hovadina; **that's a load of b.!** to je ale hovadina! ● phr v ■ **balls up** vt Amer **b. sth up** něco zvrtat or zbodat ● interj *(nonsense)* hovadina, blbost

balls-up, Amer also **ball-up** ['bo:l(z)ap] n vulg sl zmatek, bordel; fušerská práce; **make a (proper** or **real) b.-up of sth** něco pořádně zmrvit

ballyhoo [bæli'hu:] n inf pej **1** *(noisy publicity)* dryáčnická or barnumská reklama **2** *(fuss)* povyk, zbytečný poprask

balm [ba:m] n balzám also fig; **her words were like b. to his hurt feelings** její slova byla balzámem na jeho zjitřenou mysl

balmy$_1$ ['ba:mi] adj (**-ier, -iest**) **1** *(yielding balm)* dávající balzám **2** *(fragrant)* aromatický, (balzámově) vonný **3** *(soft)* měkký; *(wind, air)* mírný **4** *(soothing)* uklidňující, hojivý; *(voice, words)* konejšivý

balmy$_2$ ['ba:mi] adj Amer sl = Br **barmy**

balneotherapy [bælniə'θerəpi] n balneoterapie

baloney [bə'ləuni] n Amer sl blbost, kecy, nesmysl (neutr); **it's all b.!** to je naprostý nesmysl!

balsa ['bo(:)lsə] n **1** *(tree)* balzový strom **2** *(wood)* balzové dřevo

balsam ['bo:lsəm] n **1** balzám also fig **2** Bot balzamina, netýkavka

Baltic ['bo:ltik] adj baltský; **the B. Sea** Baltské moře, Balt; **The B. Republics/ States** pobaltské republiky/ státy ● n **the B.** Balt, Baltské moře

balustrade [bælə'streid] n balustráda, sloupkové zábradlí

bamboo [bæm'bu:] n bambus ● adj bambusový, z bambusu; **a b. chair** židle z bambusu; **b. shoots** or **sprouts** bambusové výhonky

bamboozle [bæm'bu:zl] vt inf **1** *(puzzle)* (z)mást, (s)plést; **you have completely ~d me** jsem z tebe celý popletený, inf zamotals mi pěkně hlavu **2** *(hoodwink)* napálit, obalamutit; **b. sb into doing sth** nahecovat or navrtat někoho, aby něco udělal

ban [bæn] n Eccl klatba; *(úřední)* zákaz; **a b. on smoking** zákaz kouření; **put** or **impose a b. on sth** něco (úředně) zakázat ● vt (**-nn-**) úředně co zakázat; **b. sb from (doing) sth** něco někomu zakázat; **he was ~ned from attending the demonstration** měl zakázáno účastnit se demonstrace

banal [bə'na:l] adj banální, triviální

banality [bə'næləti] n **1** *(quality)* banálnost **2** *(banal remark)* banalita, otřepaná fráze

banana [bə'na:nə] n **1** *(fruit)* banán; **a hand** or **bunch of ~s** banánový trs; **peel a b.** oloupat banán ♦ sl **go ~s** zbláznit se; **drive sb ~s** přivádět koho k šílenství ■ **b. republic** pej banánová republika; **b. skin** banánová slupka; fig *(potential difficulty)* zdroj možných komplikací; **b. split** banán se zmrzlinou rozříznutý banán se zmrzlinou, šlehačkou a oříšky **2** also **b. tree** banánovník, banánová palma

band$_1$ [bænd] n **1** páska, pásek; *(ribbon)* stuha; *(on barrel)* obruč; *(on bird)* kroužek; **rubber b.** gumička **2** Techn (hnací) řemen ■ **b. saw** pásová pila, pásovka **3** *(stripe)* proužek, pruh **4** *(waveband)* (vlnové) pásmo; **frequency b.** kmitočtové pásmo

band$_2$ [bænd] n **1** *(of youths)* houf, skupina, pej banda **2** *(of thieves)* banda, tlupa **3 B. of Hope** organizace mladých abstinentů **4** Mus kapela, orchestr; **brass b.** dechová kapela, dechovka; *(pop group)* skupina ● vi **b. together** spolčit se, spojit se, sjednotit se; **b. together against the new government** spojit se proti nové vládě

bandage ['bændidž] n obvaz, obinadlo ● vt **b. sb/ sth (up)** obvázat koho/ co

Band-aid TM ['bændeid] n Amer leukoplast

B&B, B and B, b and b [bi:ən'bi:] = **bed and breakfast** pokoj se snídaní

bandan(n)a [bæn'dænə] n pestrý šátek na krk

bandeau ['bændəu] n stuha do vlasů

bandit ['bændit] n bandita, gangster; **one--armed b.** hrací automat na peníze

banditry ['bænditri] n banditismus

bandmaster ['bændma:stə(r)] n kapelník

bandolier, bandoleer [bændə'liə(r)] n náramenní pás na náboje

bandsman ['bændzmən] n (pl **-men**) člen kapely or orchestru, muzikant

bandstand ['bændstænd] n pódium or estráda pro hudebníky v parku ap.

bandwagon ['bændwægən] n **jump** or **climb on the b.** fig přidat se k úspěšné or vítězné straně, fig naskočit do rozjetého vlaku, fig přidat se k módnímu proudu

bandy ['bændi] **I** vt (pt, pp **-ied**) **1** *(jokes)* vyprávět si; **b. words with sb** vyměňovat si s kým názory; **don't b. words with me** nehádej se se mnou! **II** phr v ■ **bandy about** *(rumours* etc*)* rozšiřovat, dát do oběhu; **rumours are being ~ied about that ...** povídá se, že ...

bandy ['bændi] adj (**-ier, -iest**) **b. legs** nohy do O; **b.-legged** s nohama do O

bane [bein] n kletba, prokletí ♦ **be the b. of sb's life** být prokletím čího života, přivést koho do záhuby

baneful ['beinful] adj zhoubný, zkázonosný; **a b. influence** zhoubný vliv

bang$_1$ [bæŋ] n **1** bouchnutí, prásknutí, rána; **shut the door with a b.** zabouchnout dveře ♦ **go off with a b.,** Amer **go over with a b.** fig inf *(party, performance)* mít velký úspěch, vydařit se **2** *(blow)* rána, úder (**on the head** do hlavy) ♦ **get a b. out of sth** esp Amer mít z čeho psinu or vzrůšo **3** Amer vulg soulož; **have a b. with sb** rozdat si to s kým, vyspat se s kým ● adv **1** přesně; **b. on time** na vteřinu přesně; *(answer* etc*)* **b. on** inf na chlup přesný **2 b. went my hopes of a quiet evening** a mé naděje na poklidný večer se rozplynuly ● interj bum!, prásk! ● **I** vt **1 b. the door** bouchnout/ bouchat dveřmi; **b. the door shut** or **to** zabouchnout dveře; **b. one's fist on the table** praštit pěstí do stolu ♦ **b. one's head against a brick wall** jít hlavou proti zdi **2** *(hit o.s.)* **b. one's head against** or **on sth** praštit se do hlavy o co **II** vi **1** *(fireworks* etc*)* bouchat **2 b. on the door** bouchat na dveře **III** phr vs ▪ **bang away** *(work hard)* inf **b. away at sth** makat na čem; **b. away at the typewriter** mlátit or bušit do stroje jako divý ▪ **bang sth down** praštit s čím (**on the floor** na zem); **b. down the receiver** praštit se sluchátkem ▪ **bang out** vt *(tune on a piano)* vybrnkat

bang$_2$ [bæŋ] n *(hairstyle)* ofina

banger ['bæŋə(r)] n Br inf **1** *(sausage)* uzenka **2** *(firework)* petarda **3 old b.** *(car)* stará rachotina or šunka

Bangladesh [bæŋglə'deš] n Bangladéš

Bangladeshi [bæŋglə'deši] adj bangladéšský ● n Bangladéšan/ -ka

bangle ['bæŋgl] n náramek, nákotník, bengle

banish ['bæniš] vt **1** *(person)* vyhostit, vypovědět **2** *(fear)* rozptýlit; *(cares)* zapudit, zaplašit

banishment ['bænišmənt] n vyhoštění, vyhnanství

banister ['bænistə(r)] n usu pl **~s** zábradlí na schodech

banjo ['bændžəu] n (pl **banjos** or **banjoes**) bendžo

bank$_1$ [bæŋk] n **1** *(of river, lake)* břeh; **on the ~s of the Danube** na březích Dunaje **2** *(of earth)* násep; *(slope)* svah **3** *(sandb.)* mělčina, písčina, práh pod vodou **4** *(mass)* **b. of snow** sněhová závěj; **b. of clouds** hradba mraků **5** Min *(of coal)* plást, vrstva **6** Aviat náklon, naklonění **7** *(of road)* sklon zatáčky ● **I** vt **1** *(road)* obklopit náspem; *(river)* obehnat hrází **2** *(plane, car)* naklánět/ naklonit **II** vi *(plane, car)* naklonit se/ naklánět se **III** phr v ▪ **bank up** *I* vt *(earth* etc*)* nahromadit, nakupit; *(fire)* **b. up the fire with coal** přiložit do krbu uhlí *II* vi Aviat naklánět se/ naklonit se

bank$_2$ [bæŋk] n **1** banka; *(in gambling)* bank; **merchant b.** obchodní banka; **savings b.** spořitelna; **World B.** Světová banka; **b. of deposit** depozitní banka; **b. of issue** cedulová banka; **have money in the b.** mít peníze v bance ▪ **b. account** bankovní účet or konto; **b. balance** saldo, zůstatek na účtě; **b. credit** bankovní úvěr; **b. draft** Br bankovní směnka; Br **b. holiday** den pracovního volna, bankovní státní svátek; **b. rate** diskontní sazba; **b. statement** výpis z účtu ♦ **break the b.** *(in gambling)* rozbít bank **2** *(store)* zásoba, rezerva, banka; Med **blood b.** krevní banka, transfúzní stanice; Comput **data b.** databanka ● **I** vt *(money)* vplatit, složit v bance **II** vi **b. with** or **at** *(a particular b.)* mít konto u, mít bankovní spojení u; **b. with Abbey National** mít účet u Abbey National **III** phr v ▪ **bank on sb/sth** počítat s kým/čím, spoléhat se na koho/ co; **I ~ed on your help** počítal jsem s tvou pomocí

bank$_3$ [bæŋk] n **1** *(row: eg of cylinders, keys on typewriter or organ)* řada; **b. of lights** řada světel, několikažárovkové svítidlo **2** *(rower's bench)* lávka pro veslaře

bankbook ['baŋkbuk] n vkladní knížka

banker ['bæŋkə(r)] n bankéř; majitel or ředitel banky; peněžník; *(in gambling)* držitel banku; **b.'s card** bankovní karta; **b.'s order** trvalý bankovní příkaz

banking ['bæŋkiŋ] n bankovnictví; bankovní transakce; **be in b.** pracovat v bankovnictví ● adj bankovní ▪ **b. hours** úřední hodiny u bankovní přepážky

banknote ['bæŋknəut] n bankovka

bankroll ['bæŋkrəul] n Amer **1** *(banknotes)* svazek or svitek bankovek **2** finanční prostředky, fondy ● vt inf financovat co

bankrupt ['bæŋkrapt] n bankrotář, úpadce ● adj **1** insolventní, jsoucí v úpadku, bankrotující; **go b.** udělat úpadek or bankrot, inf přijít na mizinu, zkrachovat **2** fig *(politician* etc*)* zkrachovalý ● vt **b. sb** přivést koho na mizinu, zruinovat koho

bankruptcy ['bæŋkraptsi] n bankrot, úpadek, konkurs

banner ['bænə(r)] n **1** *(flag)* prapor, praporec ♦ **under the b. of ...** pod praporem čeho **2** *(in demonstrations)* transparent ▪ **b. headlines** palcové titulky zprav. na celou šířku strany

bannister see **banister**

banns [bænz] n ohlášky; **have one's b. called** mít ohlášky; **read the b.** číst ohlášky; **forbid the b.** vznést námitky proti sňatku

banquet ['bæŋkwit] n banket, recepce, hostina

banshee ['bænši:] n Ir, Scot víla ohlašující smrt, smrtka; **howl like a b.** lkát jako smrtka

bantam ['bæntəm] n *(hen)* bantamka, liliputka

bantamweight ['bæntəmweit] n bantamová váha; *(person)* boxér or zápasník bantamové váhy

banter ['bæntə(r)] n žertování, škádlení; **exchange b.** škádlit se, inf *(lovers)* kočkovat se ● vi žertovat, vtipkovat

bantering ['bæntəriŋ] adj *(remarks, tone of voice)* škádlivý, šprýmovný ■ **~ly** adv škádlivě

baobab ['beiəubæb] n baobab

bap [bæp] n Br bílý bochánek s měkkou kůrkou

baptise see **baptize**

baptism ['bæptizəm] n **1** Relig křest **2 b. of fire** Mil; also fig křest ohněm

baptismal [bæp'tizməl] adj *(name, certificate, water)* křestní; **b. font** křtitelnice

Baptist ['bæptist] n **1** *(member of church)* baptista/ baptistka **2 (St.) John the B.** svatý Jan Křtitel

baptize [bæp'taiz] vt křtít, pokřtít; **he was ~d John** byl pokřtěn John

bar$_1$ [ba:(r)] n **1** *(of metal, wood)* tyč; *(of chocolate)* tabulka; *(of soap)* kostka; *(of gold)* prut **2** *(of cage, prison)* mříž(e); **be behind ~s** sedět za mřížemi; **put sb behind ~s** uvěznit koho, posadit koho za mříže **3** *(bolt)* závora, zástrčka **4** *(of colour, light)* pruh **5** Sport *(for high jump)* laťka; **parallel/ wall ~s** bradla/ ribstol; **horizontal b.** hrazda **6** Mus takt; *(line)* taktová čára **7** *(of sand)* písčina, písečný práh **8** fig *(obstacle)* překážka; **a b. to success** překážka na cestě k úspěchu **9** *(room)* bar, výčep; *(counter)* pult; **milk b.** mléčný bar; **snack b.** bufet ■ **b. stool** barová stolička **10 the B.** advokacie, povolání advokáta; **be called to the B.** stát se advokátem; **be at the B.** být advokátem ● vt **(-rr-) 1** *(road)* přehradit, zatarasit **2** *(door)* zavřít na závoru **3 b. sb from doing sth** zabránit komu v čem, zakázat komu co; **she was ~red from the competition** měla na (té) soutěži zakázanou účast

bar$_2$ [ba:(r)] see **barring**

bar$_3$ [ba:(r)] Phys *(unit of pressure)* bar

barb [ba:b; ba:rb] n **1** *(of barbed wire)* osten; *(of arrow, fish-hook)* bodec, ozub **2** *(of fish)* vous **3** fig jízlivá poznámka or narážka

barbarian [ba:'beəriən] n barbar ● adj barbarský

barbaric [ba:'bærik] adj barbarský, primitivní; *(cruel: treatment)* krutý; *(conditions)* hrůzný, děsivý, nelidský; **to treat people in this manner is b.** takové zacházení s lidmi je barbarství ■ **~ally** adv barbarsky

barbarism ['ba:bərizəm] n **1** lit barbarství **2** Ling barbarismus

barbarity [ba:'bærəti] n barbarství, krutost, zvěrstvo; fig primitivnost, nekultivovanost

barbarous ['ba:bərəs] adj pej barbarský, *(taste, habits)* primitivní; *(cruel:* fig *soldiers, crimes)* krutý, nelidský

barbecue ['ba:bəkju:] n **1** *(grid)* rožeň **2** *(party)* piknik s opékáním masa na rožni ● vt opékat maso na rožni

barbed [ba:bd] adj **1** *(wire/ hook)* opatřený ostny/ ozubcem; **b. wire** ostnatý drát **2** *(remark)* kousavý, uštěpačný, jízlivý

barbel ['ba:bel] n Zool *(fish)* parma

barber ['ba:bə(r)] n holič; **b.'s (shop)** holičství; **the B. of Seville** Lazebník sevilský

barbershop ['ba:bəšop] n Amer holičství, holičský krám ■ **b. quartet** mužské pěvecké kvarteto bez hudebního doprovodu

barbiturate [ba:'bitjurət] n Med barbiturát

barcarole [ba:kə'rəul] n barkarola

bard [ba:d] n bard; **the B. of Avon** Shakespeare pěvec avonský

bare [beə(r)] adj **1** *(naked)* nahý, obnažený, nepokrytý; **b. legs** nahé nohy; **b. breasts** holá or obnažená or nezakrytá ňadra; **b. feet** bosé nohy; **b. to the waist** svlečený do pasu, po pás holý; **with his head b.** bez čepice/ klobouku, prostovlasý, inf s holou hlavou ♦ *(do sth)* **with one's b. hands** (s) holýma rukama bez nástrojů nebo zbraní **2** *(floor, wall, trees)* holý; *(sword)* obnažený; *(style)* suchý **3** *(shelves, room)* holý, prázdný; **a room b. of furniture** místnost téměř bez nábytku **4** *(carpet)* odřený **5** *(majority)* prostý, těsný **6 the b. truth** holá or čirá pravda; **the b. necessities of life** základní životní potřeby ♦ **lay sth b.** fig odhalit něco; **the b. bones (of sth)** základní fakta or body, podstata čeho ■ see **~ly** ● vt *(head, breasts)* obnažit; *(sword)* tasit; *(uncover)* odkrýt; **b. one's back to the sun** vystavit záda slunci; **b. its teeth** *(dog* etc*)* vycenit zuby ♦ **b. one's heart (to sb)** otevřít (komu) své srdce

bareback ['beəbæk] adj, adv bez sedla; **ride b.** jet or jezdit (na koni) bez sedla

barefaced [beə'feist] adj *(lie* etc*)* nestoudný, nestydatý, drzý

barefoot ['beəfut], **barefooted** [-id] adj bosý; **~(ed) children** bosé děti ● adv naboso; **go b.** jít/ chodit bosý

barehanded [beə'hændid] adj neozbrojený; *(without gloves)* bez rukavic

bareheaded [beə'hedid] adj prostovlasý, bez čepice, s holou hlavou

barelegged [beə'legd] adj, adv s holýma or nahýma nohama, bez punčoch

barely ['beəli] adv **1** *(only just)* sotva, (jen) taktak, stěží; **I b. know her** skoro ji neznám; **he's b. arrived and he wants to leave** ještě se ani neohřál, a už chce jet pryč

2 *(sparsely)* **the room is b. furnished** v místnosti je málo nábytku, pokoj je spoře zařízený

bareness ['beənəs] n see **bare 1** nahota, obnaženost **2** holost; *(of style)* suchost **3** holost, prázdnota

bargain ['ba:gin] n **1** *(deal, agreement)* smlouva, obchodní dohoda; **strike a b.** dohodnout se, inf plácnout si; **it's a b.!** platí! ♦ **into the b.**, Amer also **in the b.** a ještě k tomu (navíc), a navíc **2** *(good value)* **a good/ bad b.** výhodná/ nevýhodná koupě; **it's a real b.!** to je skoro zadarmo ■ **b. price** nízká or výhodná cena; **b. basement** *(in a department store)* suterén s prodejem zlevněného zboží; **b. counter** oddělení s výprodejovým zbožím ● **I** vt **1** *(discuss)* vyjednávat (**for sth** o co) **2** *(haggle)* smlouvat, handrkovat se (**over the price of sth** o cenu čeho) **II** phr vs ■ **bargain away** *(freedom, rights)* zaprodat ■ **bargain for** or inf **on sth** počítat s něčím, něco předpokládat or očekávat; **we didn't b. for that** s tím jsme nepočítali; **he got more than he had ~ed for** byl nepříjemně překvapen, čekalo ho nepříjemné překvapení; **it was more difficult than I had ~ed for** bylo to obtížnější, než jsem předpokládal

bargainer ['ba:ginə(r)] n **be a good b.** umět výborně smlouvat; **be a poor b.** neumět smlouvat

bargaining ['ba:giniŋ] n vyjednávání, dohadování se; *(haggling)* handrkování, smlouvání; **collective b.** *(between trade unions and employers)* kolektivní vyjednávání ■ **b. position** jednací pozice; **b. chip** or **counter** trumf při vyjednávání

barge [ba:dž] n (nákladní) říční člun, bárka, vlečná pramice ● **I** vi **b. into sb** vrazit or strčit do koho nešetrně, nešikovně; **b. into sth** vrazit or narazit do čeho; **b. past sb** protlačit se kolem koho nešetrně **II** phr vs ■ **barge about** lomozit, pobíhat s lomozem sem a tam ■ **barge in(to) 1** vrazit dovnitř; **he ~d in/ into the room without knocking** vpadl dovnitř/ do pokoje bez klepání **2 b. in on sb's conversation** přerušovat koho čí rozhovor, skákat komu do řeči

bargee [ba:'dži:] n bárkař, lodník na říčním člunu ♦ **swear like a b.** somewhat dated klít jako pohan

bargepole ['ba:džpəul] n bidlo or hák na odpichování ♦ **I wouldn't touch it with a b.** s tím nechci mít nic společného

baritone ['bæritəun] n baryton ■ **a b. aria** barytonová árie

barium ['beəriəm] n baryum; Med **b. meal** baryová kaše

bark$_1$ [ba:k] n **1** *(of dog)* štěkání, štěkot ♦ **his b. is worse than his bite** fig pes, který štěká, nekouše **2** *(of gunfire)* štěkot ● **I** vi **1** *(of dogs)* štěkat (**at sb** na koho); *(of people)* fig obořit se na koho; *(shout)* vřískat na koho ♦ **b. up the wrong tree** fig plakat na nesprávném hrobě, mýlit se, inf být vedle **2** *(cough)* úporně kašlat **II** phr v ■ **bark out orders** vyštěkávat povely

bark$_2$ [ba:k] n Bot kůra stromu ● vt **1** *(tree)* (o)loupat kůru ze stromu **2 b. one's knee/ shin** odřít si koleno/ nohu holeň

bark$_3$ also **barque** [ba:k] n **1** poet bárka **2** Naut plachetní loď

barker ['ba:kə(r)] n inf *(at fair)* vyvolávač; *(outside clubs)* nadháněč

barking ['ba:kiŋ] n štěkání, štěkot

barley ['ba:li] n ječmen; **peeled b.** kroupy; **pearl b.** perlové kroupy ■ **b. sugar** *(sweets)* ≅ ledovky; **b. water** Br limonáda osvěžující nápoj z krup s citronovou nebo pomerančovou příchutí

barmaid ['ba:meid] n barmanka, výčepní

barman ['ba:mən] n (pl **barmen** [-mən]) barman, výčepní

barmy, esp Amer **balmy** ['ba:mi] adj (**-ier, -iest**) Br inf pitomý, střelený, ťuknutý

barn [ba:n] n **1** *(for crops)* stodola; Amer stáj, chlév **2** Amer *(for trams* etc*)* vozovna, depo, remíza ■ **b. dance** tradiční lidový tanec **3** fig pej *(unattractive large house* or *room)* stodola; *(house in poor repair)* barabizna

barnacle ['ba:nəkl] n **1** Zool vilejš (Lepas) **2** fig *(of person)* dotěra, neodbytný člověk; **cling to sb like a b.** držet se koho jako klíště

barn owl ['ba:naul] n sova pálená

barnstorm ['ba:nsto:m] vi Amer **1** Theat objíždět venkov s divadlem, kočovat po venkově **2** Pol řečnit na venkově v předvolební kampani

barnstormer ['ba:nsto:mə(r)] n Amer 'kočovný' herec; Pol předvolební agitátor objíždějící venkov

barometer [bə'romitə(r)] n barometr

barometric [bærə'metrik] adj barometrický

baron ['bærən] n **1** lit baron **2** fig magnát, baron; **industrial/ press b.** průmyslový/ tiskový magnát; **coal b.** uhelný baron, uhlobaron

baroness ['bærənis] n baronka

baronet ['bærənit] n baronet

baronial [bə'rəuniəl] adj baronský; fig *(lifestyle)* velkopanský

baroque [bə'rok] adj barokní, barokový ● n barok, baroko

barrack ['bærək] vt *(speakers, players in a game)* pokřikovat or hvízdat (**sb** na koho)

barracking ['bærəkiŋ] n pokřikování,

pískot hlučné projevy nespokojenosti s řečníkem, hráčem ap.

barracks ['bærəks] n sg or pl kasárny; **be confined to b.** mít zaražené vycházky

barrage ['bæra:ž] n **1** *(dam)* přehrada **2** Mil palebná clona **3** *(of questions, words, insults* etc*)* příval, záplava

barrel ['bærəl] n **1** *(vessel)* sud ♦ **have sb over a b.** inf mít koho v hrsti; **scrape the bottom of the b.** mlít z posledního; **lock, stock and b.** se vším všudy **2** *(of firearms)* hlaveň

barrel organ ['bærəlo:gən] n flašinet, kolovrátek

barren ['bærən] adj neplodný, sterilní; *(field)* neúrodný; fig *(discussion)* planý

barrenness ['bærənnəs] n neplodnost, sterilnost; planost

barricade [bæri'keid] n barikáda ● vt zabarikádovat; **b. oneself in a room** zabarikádovat se v místnosti; **b. sth off** zatarasit co, uzavřít co barikádou

barrier ['bæriə(r)] n **1** závora, bariéra; **sound b.** zvuková bariéra ■ **b. cream** ochranný krém **2** fig překážka, zábrana, přehrada, bariéra; **a language b.** jazyková bariéra or přehrada; **be a b. to progress** bránit pokroku, stát v cestě pokroku

barring ['ba:riŋ], **bar** [ba:] prep pokud ne ..., s výjimkou čeho, až na; **b. accidents** pokud nedojde k nehodě; **everyone agreed, b. John** všichni kromě Johna souhlasili

barrister ['bæristə(r)] n Engl advokát, obhájce před vyšším soudem

barrow ['bærəu] n **1** *(wheelb.)* trakař, kolečko **2** *(cart)* dvoukolový vozík, dvoukolák

Bart [ba:t] n abbr of **baronet** baronet

bartender ['ba:tendə(r)] n Amer výčepní, barman/ -ka

barter ['ba:tə(r)] **I** vt vyměnit, vyměňovat; **b. oil for machinery** vyměnit naftu za stroje **II** vi provozovat výměnný or barterový obchod ♦ **the B~ed Bride** *(by Smetana)* Prodaná nevěsta ● n výměnný or barterový obchod

basalt ['bæso:lt] n Min čedič

base$_1$ [beis] n **1** gen základ, základna; *(of mountain)* úpatí; *(of statue)* podstavec, sokl **2** fig *(starting point)* výchozí bod **3** *(basic component)* základní složka or součást **4** Chem zásada **5** Math základ; Geom základna **6** Gram kmen **7** Mil základna **8** Sport startovní čára; *(baseball)* meta ♦ Amer **be off b.** být vedle, mýlit se; Amer **he didn't get to first b. with her** sl ničeho u ní nedosáhl, ani si u ní neškrt ● vt **1 b. sth on sth** založit/ zakládat co na čem; **what do you b. your accusations on?** na čem zakládáte svá obvinění? **2 be ~d in/ at ...** být umístěn někde, mít někde základnu; **they are ~d in Prague** *(staff)* bydlí v Praze, *(company)* sídlí v Praze, mají sídlo v Praze

base$_2$ [beis] adj **1** *(person)* nečestný; *(act)* hanebný; *(motives)* nízký **2 b. metals** obecné kovy

baseball ['beisbo:l] n baseball

baseboard ['beisbo:d] n Amer podlažní lišta

Basel ['ba:zəl], **Basle** [ba:l] n Basilej

baseless ['beisləs] adj *(accusations)* neopodstatněný; *(fear)* bezdůvodný, zbytečný

baseline ['beislain] n *(in tennis)* baselina [bejzlajna], základní čára

basement ['beismənt] n suterén ■ **b. flat** suterénní byt

baseness ['beisnəs] n nečestnost, hanebnost; *(of motives)* nízkost

bash [bæš] n inf **1** *(violent blow)* (silná) rána, (těžký) úder; **give sb a b. on the head** praštit koho do hlavy or přes hlavu **2** *(attempt)* **have a b. at sth** něco si zkusit or vyzkoušet, pustit se do čeho ● **I** vt **1** *(hit)* **b. sb** praštit koho (**on the head** do hlavy); **b. one's car** roztřískat si auto **2** *(collide)* **b. one's head against the table** praštit se hlavou o stůl **II** vi *(collide)* **b. into sb** vrazit do koho **III** phr vs ■ **bash away at sth** sl makat na čem jako šroub ■ **bash down/ in** *(door)* vyrazit; **b. in** *(car)* rozbít udělat si promáčklinu; **b. sb's head in** rozbít komu makovici ■ **bash on with sth** makat na čem dál ■ **bash up** Br sl *(car)* zdemolovat, rozsekat

bashful ['bæšful] adj stydlivý, ostýchavý

bashfulness ['bæšfulnəs] n stydlivost, ostýchavost

bashing ['bæšiŋ] n výprask; **give sb a b.** nařezat komu, zpráskat koho

-bashing ['bæšiŋ] *(in compounds)* **union--b.** ostré útoky na odbory s cílem jejich diskreditace; **queer-b.** útoky na homosexuály or sl teplouše

basic ['beisik] adj **1** *(principles, vocabulary, pay)* základní; *(knowledge)* elementární; **his knowledge of chemistry is rather** or **pretty b.** o chemii toho zrovna moc neví **2** *(fundamental)* nezbytný; **be absolutely b.** *(knowledge of foreign languages etc)* být základní podmínkou **3** Chem zásaditý, bazický ● n **the ~s 1** základy, základní znalosti; **the ~s of maths** základy matematiky **2** *(essential matter)* jádro věci; **get down to the ~s** přistoupit k jádru věci

BASIC ['beisik] n Comput BASIC, základní univerzální symbolický operační kód

Basic English [beisik'iŋgliš] n Basic English elementární typ angličtiny pro cizince

basically ['beisikli] adv v podstatě, v základě

basil ['bæzl] n Bot bazalka

basilica [bə'zilikə] n bazilika

basilisk ['bæzəlisk] n bazilišek

basin ['beisn] n **1** umývadlo; *(dish)* mísa, miska **2** Geol pánev; *(of river)* povodí; *(valley)* kotlina **3** *(harbour b.)* (přístavní) zátoka

basinful ['beisənful] n *(quantity)* mísa; **three ~s of water** tři mísy vody ♦ **I have had a b. (of your complaints)** už mám těch tvých stížností až po krk

basis ['beisis] n (pl **bases** [beisi:z]) **1** *(essential ingredient)* základní složka, základní ingredience; **the b. of this drink is lemon juice** základní složkou tohoto nápoje je citrónová šťáva **2** fig základ; **on the b. of this assumption** na základě tohoto předpokladu; **lay the b. of sth** položit základy čeho **3** Phon **b. of articulation** artikulační báze

bask [ba:sk] vi *(in the sunshine)* slunit se, vyhřívat se; fig **b. in sb's adulation** těšit se čímu obdivu

basket ['ba:skit] n **1** koš, košík; **shopping b.** nákupní košík; **wastepaper b.** koš na papír **2** *(~ful)* (plný) koš(ík); **two ~s of apples** dva košíky jablek **3** Basketball koš; **score a b.** dát koš

basketball ['ba:skitbo:l] n košíková, basketbal ■ **b. player** basketbalista/ -ka

basketful ['ba:skitful] see **basket (2)**

basketwork ['ba:skitwə:k] n proutěné zboží ■ **b. chair** proutěná židle

Basque [bæsk, ba:sk] n **1** Baskičan/ Baskičanka **2** *(language)* baskytština ● adj baskický; **the B. country** Baskicko

bas-relief [ba:ri'li:f] n basreliéf

bass$_1$ [bæs] n (pl **bass** or **basses**) *(fish)* okoun

bass$_2$ [beis] n **1** *(voice, part)* bas; **sing b.** zpívat bas **2** *(singer)* bas, basista **3** = **double b.** kontrabas, basa **4** (also **b. guitar**) baskytara ● adj attr basový; **b. voice** basový hlas, bas; **b. clef** basový klíč; **b. clarinet** basklarinet

basset ['bæsit] n also **basset-hound** baset

bassinet [bæsi'net] n proutěná kolébka; proutěný kočárek

bassoon [bə'su:n] n fagot

bassoonist [bə'su:nist] n fagotista

bast [bæst] n lýko

bastard ['ba:stəd; Amer 'bæstəd] n **1** *(illegitimate child)* nemanželské dítě; dated bastard ■ **a b. son/ daughter** nemanželský syn/ nemanželská dcera **2** *(hybrid)* kříženec, hybrid **3** sl pej grázl, mizera, svině **4** sl *(fellow)* **poor b.!** chudák!; **you old b.!** ty starý mizero! **5** sl *(unpleasant thing)* **a b. of a problem** zapeklitý problém; **it's a b. of a job** to je práce pro vraha ● adj *(child)* nemanželský; *(plant)* hybridní; *(animal)* křížený

bastardize ['ba:stədaiz; Amer 'bæ-] vt fig kazit, znehodnotit/ znehodnocovat; *(text)* (z)komolit

bastardization [ba:stədai'zeišən] n znehodnocení; (z)komolení

baste$_1$ [beist] vt Sew (na)stehovat

baste$_2$ [beist] vt Cook *(meat)* podlévat tukem or vodou

bastion ['bæstiən] n bašta also fig

bat$_1$ [bæt] n Zool netopýr ♦ **he has ~s in the belfry** straší mu ve věži; **blind as a b.** slepý jako krtek or kotě; *(run* etc*)* **like a b. out of hell** jako by ho čerti honili, jako by mu za zadkem hořela koudel

bat$_2$ [bæt] n **1** Sport pálka **2** = **batsman 3** ♦ **do sth off one's own b.** udělat něco na vlastní pěst or z vlastní iniciativy; Amer inf **right off the b.** okamžitě, bez váhání ● vi *(baseball, cricket)* (od)pálkovat, odpálit

bat$_3$ [bæt] vt ♦ **not to b. an eyelid** usu fig ani nemrknout

bat$_4$ [bæt] n sl *(speed)* rychlost; **at a terrific b.** dated velmi rychle

batch [bæč] n **1** *(of bread)* dávka, vsázka; *(goods)* série, várka; *(of people)* skupina, parta; *(group in children's camps)* turnus **2** Comput dávka ■ **b. file** dávkový soubor; **b. processing** zpracování v dávkách

bated ['beitid] adj ♦ **with b. breath** *(anxiously)* se zatajeným dechem

bath [ba:θ, Amer bæθ] n (pl **~s** [ba:ðz, Amer bæðz]) **1** koupel; **have** or **take a b.** vykoupat se ve vaně; **give sb a b.** někoho vykoupat ■ **b. towel** osuška; **b. mat** předložka v koupelně **2** *(~tub)* vana; **run a b.** napustit vanu, připravit koupel; **empty the b.** vypustit vanu ♦ **throw the baby out with the b. water** vylít s van(ičk)ou i dítě **3** Phot lázeň; **fixing b.** ustalovací lázeň; *(container)* tank **4 (public) ~s** veřejné lázně; **Turkish ~s** turecké lázně, parní lázně ● Br **I** vt koupat koho; **b. the baby** koupat dítě **II** vi koupat se; **I b. twice a week** koupu se dvakrát týdně

bathe [beið] **I** vi **1** Br *(go swimming)* koupat se rekreačně; **we often b. in the lake, we often go bathing in the lake** často se koupeme v jezeře **2** *(have a bath)* koupat se ve vaně **II** vt **1** Med *(wound, eye)* omývat **2** *(cover)* **be ~d in sweat** koupat se v potu; **her eyes were ~d in tears** oči se jí zalily slzami; fig **be ~d in sunlight** *(room* etc*)* být zalit slunečním světlem ● n **let's go for a b.** pojďme se (vy)koupat v moři ap.

bather ['beiðə(r)] n koupající se

bathing ['beiðiŋ] n esp Br koupání rekreační;

b. prohibited!, no b.! koupání zakázáno! ■ **b. cap** koupací čepice; **b. costume** plavky; **b. trunks** (pánské) plavky

bathos ['beiθos] n **1** *(sentimentality)* falešný patos **2** *(anticlimax)* náhlý přechod od vznešeného k směšnému nebo triviálnímu v řeči nebo v písemném projevu

bathrobe ['ba:θrəub] n **1** koupací plášť **2** Amer župan zvl. pánský

bathroom ['ba:θru:m] n koupelna; esp Amer euf záchod, toaleta; **he is in the b.** je na záchodě

bathtub ['ba:θtab] n vana

batik [bə'ti:k] n batikování

batiste [bæ'ti:st] n batist ● adj batistový

batman ['bætmən] n (pl **batmen** [-mən]) Mil důstojnický sluha

baton ['bæton] n **1** Mus taktovka; **under the b. of** pod taktovkou koho **2** *(policeman's)* obušek, pendrek **3** *(for relay race)* (štafetový) kolík

bats [bæts] adj pred inf *(batty)* praštěný

batsman ['bætsmən] n (pl **batsmen** [-mən]) *(in baseball)* pálkař

battalion [bə'tæljən] n Mil prapor

batten1 ['bætn] n prkno, lať

batten2 ['bætn] vi **b. on sb** pej žít na útraty koho, přiživovat se u koho; **b. on sth** týt z čeho

batter1 ['bætə(r)] **I** vt *(person: baby, wife)* tlouci, mlátit, bít, špatně s kým nakládat or zacházet; **b. sb to death** utlouct koho (k smrti) **II** vi **b. at** or **against the door** bušit na dveře **III** phr vs ■ **batter down** *(wall)* zbořit, strhnout; *(door)* vyrazit; *(resistance)* rozdrtit ■ **batter in** *(door)* vyrazit dovnitř

batter2 ['bætə(r)] n šlehané or třené těsto; *(for frying)* těstíčko; **fried in b.** smažený v těstíčku

batter3 ['bætə(r)] n Amer = Br **batsman**

battered ['bætəd] adj *(person)* zřízený; *(teapot, furniture)* otlučený; *(car)* zřízený, nabouraný; *(nerves)* přetažený, inf nabouraný; **b. wives/ babies** ženy/ děti, které jsou obětmi špatného zacházení; týrané or bité ženy/ děti

battering ['bætəriŋ] n mlácení, tlučení; Mil soustředěná ničivá palba; *(of wives)* bití koho, špatné zacházení s kým, týrání; **give sb a b.** důkladně komu natlouci; **take a (real) b.** pořádně si to schytat, dostat důkladný výprask ■ **b. ram** Techn beran, beranidlo

battery ['bætəri] n **1** Mil, Elec baterie; **flat b.** vypálená baterie; **a b. of lights** řada světel; **charge a b.** nabít/ nabíjet baterii; **face a b. of questions** fig být vystaven or čelit palbě otázek ♦ **recharge one's batteries** fig načerpat nových sil **2** Jur ublížení na těle, vztažení ruky; **assault and b.** těžké ublížení na těle

battery-operated [bætəri'opəreitid], **battery-powered** [bætəri'pauəd] adj bateriový

battle ['bætl] n **1** Mil bitva; *(struggle)* boj; **a fierce b.** prudká bitva, *(struggle)* lítý boj; **pitched b.** otevřená bitva; **the B. of Austerlitz** bitva u Slavkova; **the B. of Britain** bitva o Británii v druhé svět. válce; **fight a b.** svádět boj also fig; **fight a losing b.** bojovat předem prohranou bitvu, fig bojovat za předem ztracenou věc; **die in b.** padnout (v boji) **2** fig boj, zápas; **a b. of words** slovní potyčka; **a b. against poverty** boj s bídou ♦ **do b. with sb (about sth)** fig vést s kým (ostrý) spor (o co); **do b. for sb** fig bít se za koho, bránit koho; **persistence is half the b.** vytrvalost přináší ovoce

battle-axe ['bætlæks] n **1** Hist válečná sekera **2** pej *(woman)* semetrika, fúrie

battle-cruiser ['bætlkru:zə(r)] n Hist bitevní křižník

battle-cry ['bætlkrai] n válečný pokřik

battledress ['bætldres] n polní uniforma

battlefield ['bætlfi:ld], **battleground** ['bætlgraund] n bojiště

battlements ['bætlmənts] n cimbuří hradeb

battleship ['bætlšip] n bitevní loď

batty ['bæti] adj sl praštěný; **he is completely b.** je to úplný cvok; **go b.** (z)cvokatět

bauble ['bo:bl] n cetka, tretka

baulk [bo:lk] = **balk**

bauxite ['bo:ksait] n bauxit

Bavaria [bə'veəriə] n Bavorsko

Bavarian [bə'veəriən] adj bavorský ● n Bavor/ -ka, Bavořan/ -ka; inf Bavorák/ Bavoračka

bawdy ['bo:di] adj (**-ier, -iest**) *(jokes, stories)* oplzlý, lascívní ● n oplzlý vtip, oplzlá historka

bawl [bo:l] **I** vi **1** *(baby)* brečet, vřískat **2 b. at sb** zařvat/ řvát na koho, (za)hulákat na koho **II** vt *(song)* vyřvávat **III** phr v ■ **bawl out** vt **1** *(command)* zařvat; *(song)* vyřvávat **2 b. sb out** sl seřvat koho

bay1 [bei] n záliv, zátoka; **B. of Biscay** Biskajský záliv

bay2 [bei] n **1** Archit arkýř **2** *(compartment)* oddělení, oddíl; **parking b.** parkovací prostor, parkoviště; **loading b.** nákladiště; Mil **bomb b.** pumovnice, prostor pro pumy v letadle ■ **b. window** arkýřové okno

bay3 [bei] n Bot *(b. tree)* vavřín; *(b. leaf)* bobkový list

bay4 [bei] n, adj **b. (horse)** hnědák

bay5 [bei] n *(bark of hounds)* štěkot, štěkání ♦ **keep/ hold sb at b.** držet koho v šachu; držet si koho od těla; Hunt **bring to b.** *(animal)* stavět, vystavovat; **stand** or **be at b.** být v úzkých, být přitlačen ke zdi; **bring sb to b.** dated zahnat koho do úzkých, přitlačit koho ke zdi ● vi (esp *of hounds)* štěkat ♦ **b. at the moon** fig štěkat na měsíc, nepřetržitě si stěžovat

bayonet ['beiənit] n bajonet, bodák ● vi **b. sb** probodnout koho bodákem

bazaar [bə'za:(r)] n bazar

bazooka [bə'zu:kə] n pancéřová pěst

BBC [bi:bi:'si:] n = **British Broadcasting Corporation** Britská rozhlasová společnost, BBC

BC [bi:'si:] n abbr of **1 Before Christ** před naším letopočtem, př. n. l., př. Kr. **2 British Council** Britská rada **3 British Columbia** Britská Kolumbie

be [bi:; unstressed bi] v (pres **I am**; **he/ she/ it is**; **we/ you/ they are**; pres p **being**; pt **I/ he/ she/ it was**; **we/ you/ they were**; pp **been**) **I** vi **1** *(exist)* být, existovat; **to be or not to be** být či nebýt; **is there a God?** existuje Bůh; *(he is the greatest man)* **that ever was** jaký kdy existoval **2** *(be situated)* být, nacházet se; ležet, stát, viset etc; **the book is on the table** kniha je na stole; **there is a book on the table** na stole leží or je kniha; **there is a picture on the wall** na stěně je or visí obraz **3** *(originate)* **be from** být z, pocházet z; **he is from Scotland** je or pochází ze Skotska **4** *(visit: in the perfect tense)* **has the postman been?** už byla pošta? **5** *(attend: meeting* etc*)* být na čem, (z)účastnit se čeho **6** *(occur, happen)* být, konat se; **the party is at five** večírek bude v pět, večírek se bude konat v pět **7** *(remain)* zdržet se, zůstat; **don't be long** nezdrž se dlouho!, nebuď tam dlouho! **II** copula **1** *(with adjectives or nouns)* být, stát se; **he is a teacher** je učitel; **he wants to be a headmaster** chce se stát ředitelem; **time is money** čas jsou peníze; **unity is strength** v jednotě je síla **2** *(age)* **how old are you?** kolik je ti let?, jak jsi starý?; **I am twenty** je mi dvacet **3** *(cost)* stát; **how much is it?** kolik to stojí?, inf kolik to dělá?; **it is £20** stojí to dvacet liber **4** Math *(amount to)* být, činit, dělat; **altogether it is ...** celkem to činí or dělá ... **5** *(feel)* **how are you?** jak se máte or cítíte?; **I am hungry/ thirsty** mám hlad/ žízeň; **I am cold/ hot** je mi zima/ horko **6** *(belong)* být čí, patřit komu; **the money is not yours** ty peníze nepatří vám or nejsou vaše **III** *(impersonal)* **1 it is sunny/ windy** svítí slunce/ fouká vítr, je slunečno/ větrno; **it is my birthday today** dnes mám narozeniny; **it is the fifth today** dnes je pátého; **it is said that ...** říká se, že ...; slyšel jsem, že ... **2** *(supposition)* **if it were not for you** kdyby nebylo vás, nebýt vás **IV** *(auxiliary)* **1** *(in continuous tenses: not translated)* **he is/ was coming** přichází/ přicházel **2** *(in passive voice)* být; **he was murdered** byl zavražděn, zavraždili ho; **she was murdered by her husband** zavraždil ji její manžel **3** *(modal)* **you are to go there with me** máš tam jít se mnou **4** *(in tag questions)* že (ano/ ne)?, fml není-liž pravda?, co?; **you are very tired, aren't you?** ty jsi moc unavený, že?; **she is beautiful, isn't she?** ta je krásná, co?

beach [bi:č] n pláž; **on the b.** na pláži ♦ **she is not the only pebble on the beach** pro jedno kvítí slunce nesvítí ● vt **b. a boat** vytáhnout člun na břeh or na mělčinu

beachcomber ['bi:čkəumə(r)] n **1** paběrkovač věcí vyvržených na břeh **2** *(vagrant)* tulák or vagabund přespávající na pobřeží **3** *(wave)* velká příbojová vlna

beachhead ['bi:čhed] n Mil předmostí

beachwear ['bi:čweə(r)] n plážové oblečení

beacon ['bi:kən] n **1** *(fire)* signální oheň na kopci, vatra **2** *(light)* signální světlo; *(lighthouse)* maják **3** *(radio transmitter)* rádiový maják, naváděcí stanice **4** = **Belisha beacon**

bead [bi:d] n **1** *(jewellery)* korálek; *(of rosary)* kulička; **glass/ pearl ~s** skleněné korálky; **pearl ~s** perly; **(string of) ~s** náhrdelník; **say** or **tell one's ~s** modlit se růženec **2** *(drop)* kapka, krůpěj, perlička; **~s of sweat** krůpěje potu **3** *(of gun)* muška; **draw a b. on sb** namířit na koho, vzít si koho na mušku doslova

beading ['bi:diŋ] n **1** Sew vyšívání perličkami **2** Archit oblounek **3** *(on tyres)* patka

beadle ['bi:dl] n **1** Relig ≅ kostelník **2** Univ pedel

beady ['bi:di] adj (**-ier, -iest**) korálkovitý; **b. eyes** oči jako knoflíky; fig slídivé oči; **I have got my b. eyes on you** fig mám tě na mušce, všecko vidím

beagle ['bi:gl] n Zool beagle malý honicí pes

beak [bi:k] n **1** *(of bird)* zobák **2** joc *(nose)* skoba

beaker ['bi:kə(r)] n **1** *(for drinking)* pohár(ek), číška, šálek bez ouška **2** Chem kádinka

be-all and end-all [bi:o:lən'endo:l] n **the b.** alfa i omega, to hlavní, to podstatné

beam$_1$ [bi:m] n **1** Archit trám, nosník; *(of cart)* oj ♦ Bibl **the b. in one's own eye** břevno ve vlastním oku **2** Naut palubnice;

(width) největší šířka lodi ♦ **broad in the b.** *(person)* tlustý or rozložitý v bocích **3** Text *(in loom)* vratidlo **4** *(of scales)* rameno, vahadlo **5** Gymn kladina

beam$_2$ [bi:m] n **1** *(of light)* paprsek, kužel světla; **drive on full b.** jet s nesklopenými dálkovými světly **2** Aviat (radio)signál ♦ **be on the b.** držet kurs doslova, fig mít pravdu; **be off the b.** Aviat nedržet kurs, fig mýlit se, být vedle inf **3** fig *(smile)* zářivý úsměv ● **I** vi **1** *(sun)* svítit, zářit **2** fig *(person, face)* radostně se smát, zářit; **b. at sb** radostně se na koho (u)smát; **b. with joy/ satisfaction** zářit radostí/ spokojeností **II** vt Rad, TV *(programmes)* vysílat v určitém směru, přenášet

beam-ends [bi:m'endz] n pl **be on her b.-e.** *(ship)* ležet na boku ♦ **be on one's b.-e.** mlít z posledního, být bez groše

beaming ['bi:miŋ] adj *(sun)* zářící; *(face)* rozzářený, zářící štěstím

bean [bi:n] n **1** Hort, Cook fazole; *(of coffee)* zrn(k)o; *(of cocoa)* bob ♦ **not to have a b.** nemít ani vindru; **be full of ~s** inf být plný elánu, překypovat energií; **spill the ~s** podřeknout se, vyžvanit něco **2** Amer *(head)* šiška, palice, makovice ● vt Amer sl bacit koho do makovice

beanfeast ['bi:nfi:st], **beano** ['bi:nəu] n somewhat dated hostina, večírek, inf mejdan

beanpod ['bi:npod] n fazolový lusk

beanpole ['bi:npəul] n tyčka k fazolím; fig *(person)* čahoun, bidlo

beanstalk ['bi:nsto:k] n lodyha fazole, stonek fazole; **Jack and the B.** Jack a kouzelná fazole pohádka

bear$_1$ [beə(r)] n **1** Zool medvěd; fig mrzout, bručoun; **polar b.** polární medvěd ♦ **Great/ Little B.** Velký/ Malý medvěd, Velký/ Malý vůz; **teddy b.** *(toy)* medvídek; **be like a b. with a sore head** soptět zlostí, být velmi nevrlý ■ **b. cub** medvědí mládě, medvídě **2** Fin baissista, medvěd, spekulant na pokles kursu cenných papírů ● vi spekulovat na pokles cen akcií

bear$_2$ [beə(r)] **I** vt (pt **bore**, pp **borne**) **1** *(carry)* fml *(burden, arms)* nosit; **be borne along** *(by the current/ crowd* etc*)* být unášen ♦ **b. one's head high** fig nosit nos vysoko, chodit jako páv **2** *(show) (name, inscription, date* etc*)* nést, mít **3** *(support: weight)* podpírat, nést; unést; fig *(responsibility, costs)* nést, vzít si na sebe; **b. the roof** *(wall, column* etc*)* podpírat střechu; **the ice will not b. your weight** ten led tě neunese, ten led se pod tebou prolomí **4** *(endure)* snést, snášet; *(pain* also*)* vydržet; **I can't b. him** nesnáším ho; **he can't b. dogs in the house** nesnese v domě psy ♦ **it doesn't b. comparison/ repeating** to se nedá srovnat/ opakovat **5** *(fruit)* rodit, mít; **the tree ~s excellent fruit** strom má or rodí výborné ovoce ♦ **b. fruit** fig nést ovoce, přinášet užitek; **our efforts bore no results** naše úsilí nepřineslo žádné výsledky **6** *(give birth to)* (pass pp **born**) porodit; **be born** narodit se **7** *(in set phrases)* **b. sb a grudge, b. a grudge against sb** nevražit na koho; **b. sth in mind** mít něco na paměti **8 b. oneself with dignity** chovat se důstojně **II** vi **1** *(turn)* zatáčet, zahýbat; **b. right/ left** *(road)* zatáčet or zahýbat vpravo/ vlevo **2 bring to b.** *(influence)* uplatnit/ uplatňovat, *(pressure)* vyvíjet, vyvinout; **bring pressure to b. on sb** vyvíjet na někoho tlak **III** phr vs ■ **bear down** *I* vt *(overcome)* zdolat koho, přemoci koho *II* vi **b. down on sb/ sth** rychle se ke komu/ k čemu blížit, řítit se or hnát se na koho/ co; *(hawk* etc*)* **b. down on sth** vrhnout se střemhlav na co ■ **bear on** see **bear upon** ■ **bear out** vt *(theory)* potvrdit, podepřít; **b. sb out in sth** dát komu za pravdu v čem ■ **bear up** vi držet se; **b. up well against one's misfortunes** být statečný v neštěstí, snášet statečně rány osudu; **b. up!** hlavu vzhůru! ■ **bear (up)on** vt **1 b. (up)on sth** týkat se čeho, mít nějakou souvislost s čím **2 b. hard on sb** těžce koho postihnout, mít pro koho nepříjemné následky ■ **bear with sb** mít s kým trpělivost; **b. with me for a little while, please** chvíli (laskavě) posečkejte, mějte prosím trochu strpení

bearable ['beərəbl] adj snesitelný

beard [biəd] n **1** vousy, bradka, brada; *(full-face* also*)* plnovous; **grow a b.** nechat si narůst vousy; **a goat's b.** kozí brada **2** Bot osiny ● vt *(confront)* **b. sb** někomu se odvážně postavit ♦ **b. the lion in his den** odvážit se vkročit do jámy lvové

bearded ['biədid] adj vousatý

beardless ['biədləs] adj bezvousý; **a b. youth** fig zelenáč, cucák

bearer ['beərə(r)] n **1** *(carrier)* nosič/ -ka; *(of letter, message* etc*)* doručitel; **pay the b. on demand** *(of bonds)* na požádání splatno doručiteli; *(of title, passport)* držitel **2** *(of tree)* **this apple tree is a good/ poor b.** tato jabloň dobře/ špatně rodí

bearing ['beəriŋ] n **1** *(posture)* držení těla; **a soldierly b.** vojenské držení těla **2** *(manner)* chování, způsoby **3** *(relation)* vztah (**on** k); **have no b. on sth** nemít s čím nic společného **4** Techn also **~s** ložisko **5 get one's ~s** zorientovat se; **lose one's ~s** ztratit orientaci

bearish ['beəriš] adj *(stock market)* s klesající tendencí

beast [bi:st] n **1** *(animal)* zvíře; **b. of prey** šelma; **~s** *(cattle)* (jatečný) dobytek **2** fig *(brutal person)* surovec, bestie, zvíře; *(used reproachfully)* inf mizera, protiva

beastly ['bi:stli] adj (**-ier, -iest**) *(person)* protivný; *(weather)* šeredný, hnusný, psí

beat [bi:t] n **1** *(single)* úder; *(repeated: of heart)* tep, tlukot, *(of drum)* bubnování **2** Mus takt **3** *(of policeman)* obchůzka, rajón; **be on one's b.**, **be on the b.** být na obchůzce ● adj inf *(exhausted)* **be (dead) b.** být úplně vyřízený, sl být totálně vyplivnutý ● **I** vt (pt **beat**, pp **~en**) **1** *(person, animals)* (z)bít; *(carpet)* klepat; **b. a drum** tlouci na buben; **b. sb black and blue** zbít koho, až celý zmodrá ♦ **b. one's breast** bít se v prsa, fig kát se okázale; **b. the daylights out of sb** zmlátit koho do bezvědomí; **b. one's brains** lámat si hlavu; **b. it!** Amer sl vypadni! **2 b. sth flat** *(metal)* rozklepat něco **3** *(eggs, cream, batter)* šlehat **4** Mus **b. time** udávat takt **5** *(defeat)* porazit; *(record)* překonat; **b. sb at tennis** porazit koho v tenise, zvítězit nad kým v tenise; **b. inflation** vypořádat se s inflací ♦ **nothing ~s a good detective story** není nad detektivku; **b. sb hollow** porazit koho na hlavu; **that ~s everything!** to je tedy vrchol!; **that ~s me** to mi nejde na rozum; *(I wanted to do it)* **but he b. me to it** ale on mne předstihl **II** vi *(heart)* bít, tlouci; *(rain)* bubnovat ♦ **b. about the bush** chodit kolem horké kaše, být nerozhodný **III** phr vs ■ **beat back** *(enemy)* odrazit ■ **beat down** *I* vi *(sun)* pražit *II* vt *(crops)* potlouct; **b. the price down to £10** usmlouvat cenu na deset liber ■ **beat in** vt **b. sb's head in** rozbít komu hlavu ■ **beat off** *(attack)* odrazit ■ **beat out** *(flames)* utlouci; *(metal)* vyklepat/ vyklepávat; *(tune)* vyťukat; *(path)* vyšlapat ■ **beat sb up** zbít or zmlátit koho surově

beaten ['bi:tn] adj **1** zbitý; *(defeated)* poražený **2** *(egg)* (u)šlehaný **3** *(metal)* tepaný **4** *(path)* vyšlapaný ♦ **off the b. track** *(remote)* odlehlý, vzdálený; **keep to the b. track** fig chodit vyšlapanými cestami; **go off the b. track** fig sejít z vyšlapané cesty

beater ['bi:tə(r)] n **1** *(hunting)* honec, nadháněč **2** *(carpet b.)* klepačka; *(egg b.)* šlehač

beat generation ['bi:tˌdženə'reišn] n beatnická generace

beat group ['bi:tgru:p] n beatová skupina

beatific [biə'tifik] adj *(smile)* šťastný, blažený

beatification [biˌætifi'keišn] n Eccl blahořečení

beatify [bi'ætifai] vt Eccl prohlásit blahoslaveným, blahořečit

beating ['bi:tiŋ] n **1** *(punishment)* bití, výprask; **give sb a good b.** dát komu pořádný výprask; **get a b.** dostat výprask **2** inf *(defeat)* porážka; **get a sound b.** utrpět těžkou porážku; **take a b.** být poražen; **his plans took a b.** plány mu nevyšly **3 take some b., take a lot of b.** být těžko překonatelný; see also **beat**

beatitude [bi'ætitju:d] n blaženost

beatnik ['bi:tnik] n beatnik, bítník

beau [bəu] n (pl **~x** [bəuz]) **1** dated fešák, frajer **2** Amer *(boyfriend)* milý, nápadník

beautician [bju:'tišn] n kosmetik/ kosmetička, majitel/ -ka kosmetického salónu

beautiful ['bju:təfl] adj **1** *(face, baby; weather)* krásný **2** *(organization, timing, game)* vynikající, bezvadný; *(meal)* inf výborný, senzační ■ **~ly** adv **1** *(play, sing)* krásně **2** *(cook)* výborně, skvěle, senzačně

beautify ['bju:tifai] vt (**-ie-**) okrášlit, zkrášlit; *(adorn)* vyzdobit; **b. oneself** naparádit se

beauty ['bju:ti] n **1** krása ♦ **b. is only skin deep** krása není všechno, zdání klame; **the b. of this idea is that ...** nejkrásnější na této myšlence je (to), že ...; **that's the b. of it** to je na tom to nejlepší ■ **b. contest** soutěž krásy; **b. industry** Amer kosmetický průmysl; **b. queen** královna krásy **2** *(woman)* krasavice, kráska ♦ **Sleeping B.** Šípková Růženka; **B. and the Beast** Kráska a zvíře **3** *(excellent example)* nádherný kousek

beauty parlour ['bju:ti pa:lə], **beauty salon** ['bju:ti sælon] n kosmetický salón

beauty spot ['bju:tispot] n **1** *(on skin)* znaménko krásy, muška na tváři **2** *(place)* malebný koutek; Tourism výletní místo

beaux [bəuz] pl of **beau**

beaver ['bi:və(r)] n **1** Zool bobr ♦ **eager b.** snaživec, horlivec, „pilný mraveneček"; **work like a b.** pracovat jako včelička **2** *(fur)* bobr, bobří kožišina; *(hat)* bobří čepice ● vi **b. away at sth** horlivě na čem pracovat

became [bi'keim] pt of **become**

because [bi'koz] conj protože; poněvadž, ježto; **he doesn't want it b. it is too small** nechce to, protože je to moc malé; **b. he is ill, he cannot go out** poněvadž je nemocen, nemůže vycházet ● prep **b. of sth** kvůli čemu, pro co, vzhledem k čemu; **b. of you** kvůli tobě; *(he couldn't come)* **b. of his illness** pro nemoc

beckon ['bekən] **I** vi kývnout, pokynout rukou or hlavou; **b. to sb** kývnout na koho, pokynout komu; **b. sb to do sth** dát někomu znamení, aby něco udělal **II** vt **1** fig *(call, lure* – Subj: *city life, work)* lákat, vábit, volat

2 b. sb in/ back etc pokynout někomu, aby vešel/ aby se vrátil etc; **he ~ed me into the office** kývnutím ruky mne pozval do kanceláře

become [bi'kam] v (pt **became** [bi'keim], pp **become**) **I** copula **1** *(come to be)* stát se jakým; čím; **b. angry** rozhněvat se; **b. sad** zesmutnět; **b. rich** zbohatnout; **b. a doctor/ teacher** stát se lékařem/ učitelem; **b. used to sth** zvyknout si na co **2** *(begin to be)* **it is becoming difficult/ dangerous** etc + infin začíná být těžké/ nebezpečné + infin **II** vi **what has b. of her?/ of the book?** co se s ní stalo?/ co se stalo s tou knihou?, kam přišla ta kniha?; **what will b. of my son?** co bude s mým synem? **III** vt dated **1** *(suit)* slušet; **that dress really ~s her** ty šaty jí opravdu sluší **2** *(be appropriate)* fml hodit se, slušet se, patřit se; **it ~s children to obey their parents** patří se, aby děti poslouchaly rodiče

becoming [bi'kamiŋ] adj **1** *(dress)* slušivý, elegantní **2** *(behaviour)* vhodný, patřičný; **it is not b. for a man in your position to ...** nepatří se, aby člověk ve vašem postavení ...

B Ed [bi:'ed] abbr of **Bachelor of Education** bakalář pedagogických věd

bed [bed] n **1** *(place to sleep)* postel, lůžko; **single/ double b.** postel pro jednoho/ dvoupostel; **spare b.** volné lůžko; **b. and breakfast** (abbr **B & B**) nocleh se snídaní i typ hotelu; **be in b.** ležet, spát; *(through illness)* být nemocen, stonat; **be confined to b.** být upoután na lůžko; **go to b.** jít si lehnout, jít spát; **get out of b.** vstát/ vstávat z postele; **make the b.** ustlat postel; **put sb to b.** dát koho spát; **put a newspaper to b.** Typ dát noviny tisknout; **before b.** před spaním ♦ **jump into b. with sb**, **go to b. with sb** vyspat se s kým mít pohlavní styk; **get out of b. on the wrong side** fig vstávat ráno levou nohou; **as you make your b., so you must lie on it** jak si ustele, tak si lehneš; **life is no b. of roses, life is not a b. of roses** život není žádná procházka růžovým sadem; **her life is no b. of roses** nemá právě na růžích ustláno, nemá zrovna lehký život **2** *(seabed)* dno; *(riverbed)* dno, řečiště, koryto **3** *(of ore, coal)* ložisko, vrstva, sloj **4** *(vegetable/ flower b.)* záhon **5** *(of machine, road)* lože, podklad; **b. of ballast** štěrkové lože ● v (**-dd-**) **I** vt **1** *(plants)* zasadit **2 b. sb** dated or joc spávat/ spát s kým; vyspat se s kým **II** phr vs ■ **bed down** *I* vi *(for the night)* uložit se *II* vt *(cows* etc*)* podestlat slámu pod krávy ap., nastlat stelivo kravám ap. ■ **bed in** *(of machine)* zapustit ■ **bed out** *(plants)* rozsadit/ rozsazovat na záhony

bedaub [bi'do:b] vt zamazat, zmazat, zašpinit

bedbug ['bedbag] n štěnice

bedclothes ['bedkləuðz] n pl lůžkoviny, ložní prádlo

bedcover ['bedkavə(r)] n přehoz přes postel

bedding ['bediŋ] n **1** *(for humans)* ložní prádlo, lůžkoviny **2** *(for horses* etc*)* podestýlka

bedeck [bi'dek] vt vyzdobit; **b. oneself** vyparádit se; **streets ~ed with flags** ulice vyzdobené vlajkami

bedevil [bi'devl] v (**-ll-**, Amer **-l-**) esp pass **be ~led with sth** být čím pronásledován, mít s něčím neustálé potíže; **I was ~led by bad luck** lepila se mi smůla na paty, měl jsem pech

bedfellow ['bedfeləu] n fig spojenec, společník; **they are strange ~s** fig nejdou příliš do páru, moc se k sobě nehodí

bedlam ['bedləm] n *(uproar)* boží dopuštění, mela, blázinec; **utter b. broke out** vypukla vřava; **it's b. in here** je to tu jako v blázinci

bed-linen ['bedlinin] n ložní prádlo

bedouin, Bedouin ['beduin] n (pl coll **bedouin**) beduín, kočovník ● adj beduínský, kočovný

bedpan ['bedpæn] n ložní mísa

bedpost ['bedpəust] n sloupek postele

bedraggled [bi'drægld] adj urousaný, ucouraný

bedridden ['bedridn] adj upoutaný na lůžko

bedrock ['bedrok] n **1** Geol skalní podloží, matečná hornina **2** fig jádro or kořen (věci), podstata (věci); **get down to b.** jít ke kořeni věci

bedroom ['bedru:m] n ložnice ■ **b. furniture** ložnicový nábytek; **b. slippers** trepky

bedside ['bedsaid] n **1 be at one's father's b.** být u lůžka svého nemocného otce ■ **b. table** noční stolek **2 have a good b. manner** *(doctor)* umět to s pacienty, mít taktní přístup k pacientům

bedsit [bed'sit], **bedsitter** [bed'sitə(r)] n inf Br obývací ložnice zprav. k pronajímání

bedsore ['bedso:(r)] n proleženina

bedspread ['bedspred] n přehoz přes postel(e)

bedstead ['bedsted] n kostra postele, postel kostra

bedtime ['bedtaim] n čas ke spaní;

12 o'clock is my b. chodím spát ve 12 ■ **b. story** pohádka na dobrou noc

bedwetting ['bedwetiŋ] n noční pomočování

bee$_1$ [bi:] n včela; **queen b.** včelí matka or královna; **worker b.** včelí dělnice ♦ **busy as a b.** pilný jako včelička; **she thinks she's the b.'s knees** myslí si o sobě, že je ideál; myslí si, že není nad ni; **have a b. in one's bonnet about sth** mít brouka v hlavě, být posedlý myšlenkou na co, mít v hlavě jen co

bee$_2$ [bi:] n Amer inf beseda shromáždění sousedů ke společné práci nebo zábavě; **a sewing b.** sousedské posezení s šitím; **a husking b.** společné loupání kukuřice

Beeb [bi:b] n **the B.** inf = **the British Broadcasting Corporation** BBC britský rozhlas

beech [bi:č] n buk, bukové dřevo ■ **b. nut** bukvice

bee-eater ['bi:i:tə(r)] n Zool včelojed

beef [bi:f] n **1** *(meat)* hovězí, hovězí maso, hovězina ■ **b. cattle** krmný or žírný dobytek; **b. olives** masové závitky; **b. tea** bujón, hovězí vývar **2** dated (pl **beeves** [bi:vz]) kus hovězího dobytka krmného **3** inf *(fat)* špek(y); *(muscles)* svaly, svalstvo; **he's got plenty of b.** je samý sval, je velmi svalnatý **4** *(complaint)* (pl inf **~s**) sl stížnost; **his main b. is that ...** co mu nejvíc vadí, je že ... ● **I** vi inf **b. about sb/ sth** reptat or skuhrat na koho/ co **II** phr v ■ **beef sth up** inf posílit co

beefburger ['bi:fbə:gə(r)] n hovězí karbanátek

beefcake ['bi:fkeik] n Amer svalovec, kulturista

beefeater ['bi:fi:tə(r)] n Br strážce Toweru v Londýně

beefsteak ['bi:fsteik] n biftek, plátek hovězího masa

beefy ['bi:fi] adj inf robustní, masitý; *(muscular)* svalnatý; **a b. man** svalovec

beehive ['bi:haiv] n úl

beekeeper ['bi:ki:pə(r)] n včelař

beekeeping ['bi:ki:piŋ] n včelařství

beeline ['bi:lain] n **make a b. for sb/ sth** namířit si to přímo ke komu/ k čemu

been [bi:n] pp of **be**

beep [bi:p] n pípnutí; *(of car horn)* zatroubení ● vi (za)pípat; *(car horn)* (za)troubit, (za)houkat

beer ['biə(r)] n pivo; **a glass of b.** sklenice piva, jedno pivo; **three ~s, please** dejte mi tři piva, prosím; **draught b.** pivo od čepu, čepované pivo; **small b.** fig *(person)* bezvýznamný člověk, malý formát, malá ryba, *(thing)* prkotina, nedůležitá věc ♦ **life is not all b. and skittles** inf život nejsou jen samé radovánky, není každý den posvícení; **he thinks no small b. of himself** dost si o sobě myslí; myslí si, že je pupek světa ■ **b. belly, b. gut** pivní břich

beermat ['biəmæt] n pivní tácek

beery ['biəri] adj **1** *(voices)* pivní **2 have a b. smell/ taste** zapáchat/ chutnat po pivu **3** *(tipsy)* nachmelený

beeswax ['bi:zwæks] n včelí vosk

beet [bi:t] n **1** řepa; **sugar b.** cukrová řepa, cukrovka **2** Amer = **beetroot**

beetle$_1$ ['bi:tl] n Zool brouk; **Colorado b.** mandelinka bramborová ● phr vs ■ **beetle along** vi inf pádit or chvátat or upalovat kolem ■ **beetle off** vi sl uhánět or pelášit pryč, odpelášit; **b. off!** zmizni!

beetle$_2$ ['bi:tl] n Techn pěchovačka, pěchovadlo, tlouk

beetle-browed [bi:tl'braud] adj mající štětinaté a srostlé obočí

beetle-brows [bi:tl'brauz] n převislé štětinaté obočí

beetling ['bi:tliŋ] adj attr *(cliffs)* převislý

beetroot ['bi:tru:t] n = Amer **beet** červená řepa potravina ♦ **red as a b.** červený jako rak

beeves ['bi:vz] see **beef** (**2**)

befall [bi'fo:l] v fml (pt **befell**, pp **befallen**) **I** vt potkat, postihnout; **a disaster has ~en him** postihlo ho (velké) neštěstí **II** vi **whatever ~s** ať se stane cokoliv

befit [bi'fit] vt (**-tt-**) in 3rd p. sg fml hodit se, slušet se; **as ~s a lady** jak se sluší (a patří) na dámu

befitting [bi'fitiŋ] adj *(manner, modesty)* patřičný, náležitý

before [bi'fo:(r)] prep **1** *(time)* před; **b. lunch/ Christmas** před obědem/ Vánocemi; **the day b. yesterday** předevčírem; **b. long** brzy, zanedlouho; **it should have been done b. now** to už mělo být hotové (dříve) **2** *(place)* před; **you were b. me** *(in queue)* vy jste byl přede mnou; **b. my very eyes** před mýma očima; **b. the court** před soudem; **b. witnesses** před svědky; **b. God** před Bohem ● adv **1** *(time)* už, (už) dříve, předtím; **a moment b.** chvíli předtím; **long b.** dávno předtím, už dávno; **I've seen the film b.** ten film jsem už viděl; **you should have told me so b.** to jste mi měl říci dříve **2** *(place)* napřed; **go/ ride b.** jít/ jet na koni napřed ● conj **1** *(time)* (dříve) než, dokud; *(don't phone me)* **b. I phone you** dokud nezavolám já vám; *(come and see me)* **b. you leave** (dříve) než odjedete/ odejdete **2** *(rather than)* **they will die b. they surrender** než by se vzdali, raději zemřou

beforehand [bi'fo:hænd] adv předem, (už)

dříve; **tell me b.** dej mi vědět předem; **we knew about it b.** věděli jsme o tom už dříve; **pay b.** platit předem

befriend [bi'frend] vt **b. sb** *(be kind to)* ujmout se koho

befuddled [bi'fadld] adj **1** *(by drink)* podroušený, inf stříknutý **2** *(confused)* popletený, zmatený

beg [beg] v (**-gg-**) **I** vi **1** *(solicit)* žebrat; *(dog)* prosit, panáčkovat; **b. for money** žebrat o peníze; **go ~ging** jít/ chodit žebrat ♦ **this job is going ~ging** o toto místo není zájem **2** *(for help, forgiveness* etc*)* prosit or žádat o co **3 b. of sb to do sth** dated snažně or úpěnlivě někoho prosit, aby něco udělal **II** vt **1 beg sth** *(bread* etc*)* vyžebrat si **2** *(beseech)* **b. sb for sth** snažně koho o něco prosit or žádat; **he ~ged her not to go** úpěnlivě ji prosil, aby neodcházela **3** fml **I b. to inform you** dovoluji si vás informovat; **I b. to differ** dovoluji si nesouhlasit; see **pardon** **III** phr v ■ **beg off** omluvit se

began [bi'gæn] see **begin**

beget [bi'get] vt (pt **begot** [bi'got], Bibl **begat** [bi'gæt], pp **begotten** [bi'gotn]) arch or fml *(child)* zplodit; fig *(be the cause of)* plodit, způsobovat

beggar ['begə(r)] n **1** žebrák/ žebračka ♦ **~s can't be choosers** darovanému koni na zuby nehleď **2** inf *(fellow)* **poor b.!** chudák!; **you cheeky b.!** ty drzoune jeden! ● vt **1** *(impoverish)* ožebračit, přivést na mizinu **2** ♦ **b. description** být nepopsatelný

beggarly ['begəli] adj *(wages)* žebrácký

beggary ['begəri] n žebrota, velká bída; **be reduced to b.** přijít na žebráckou hůl

begin [bi'gin] v (**-nn-**; pt **began** [-'gæn], pp **begun** [-'gan]) **I** vt **1** *(start)* začít; *(conversation)* navázat; *(loaf of bread)* nakrojit, načít; *(new bottle)* otevřít, načít; *(new book)* začít číst, rozečíst, pustit se do; *(meeting, campaign)* zahájit; *(song)* začít zpívat, zanotovat; *(English, rehearsals, work)* začít s čím; **b. to work** začít pracovat, pustit se do práce **2** + infin *(indicates phases of action)* **b. to cry** začít plakat, rozplakat se; **b. to laugh** rozesmát se; **her heart began to thump** rozbušilo se jí srdce; **it began to rain** začalo pršet, rozpršelo se; **b. to talk about sth** rozpovídat se o čem **3** *(indicates phases of life)* **he began life in a village** první roky života prožil na vesnici; **b. school** začít školu, začít chodit do školy; **b. one's retirement** jít na penzi; **b. one's career as a teacher** začít jako učitel **4** *(movement* etc*)* založit; **b. a dynasty** založit dynastii, být zakladatelem dynastie; **b. a war** rozpoutat válku **5** *(indicates states of mind)* **I was ~ning to think you weren't coming** už jsem se začal obávat, že nepřijdeš; **b. to feel tired** pociťovat únavu **6** inf *(in neg sentences)* **the government didn't even b. to solve the problem** tento problém se vládě nepodařilo ani zdaleka vyřešit; **it doesn't even b. to compare with ...** nelze to ani zdaleka srovnávat s čím, to se ani zdaleka nevyrovná čemu **II** vi **1** *(of persons)* začít; **let's b.!** začněme!; **b. on sth** pustit se do čeho; **he began by saying that ...** úvodem řekl, že ... ♦ **to b. with ...** za prvé, především ...; **well begun is half done** s chutí do toho a půl je hotovo **2** *(of events)* začít, začínat, započít; *(river)* pramenit; *(the world)* vzniknout; **the meeting began** schůze začala; **when does it b.?** kdy to začíná?

beginner [bi'ginə(r)] n začátečník

beginning [bi'giniŋ] n **1** gen začátek, počátek; **at the b. of sth** na začátku čeho; **in the b.** na počátku; **from the (very) b.** od (samého) počátku; **from b. to end** od začátku (až) do konce; **the b. of the war** začátek války **2** often pl *(origin)* počátek, počátky; **the ~s of democracy** počátky demokracie ♦ **modest ~s** skromné začátky

begone [bi'gon] interj dated or fml pryč odtud!, jdi pryč!

begonia [bi'gəuniə] n Bot begónie

begot [bi'got], **begotten** [bi'gotn] see **beget**

begrudge [bi'gradž] vt **1** *(give reluctantly: money)* dávat nerad or s nechutí, *(food)* nepřát (**sb sth** komu co) **2 b. doing sth** dělat něco s nevolí nebo váhavě **3** *(envy)* nepřát or závidět (**sb sth** komu co)

begrudgingly [bi'gradžiŋli] adv váhavě, s nevolí, s nechutí

beguile [bi'gail] vt **1** *(deceive)* **b. sb (out) of sth** vymámit or vylákat na kom co; **b. sb into doing sth** zlákat koho k čemu **2** *(charm)* fml okouzlit; **her beauty ~d him** byl okouzlen její krásou **3** *(time)* fml krátit si příjemně (**by sth** čím)

beguiling [bi'gailiŋ] adj okouzlující, svůdný; lákavý; see **beguile**

begun [bi'gan] see **begin**

behalf [bi'ha:f] n **on/** Amer **in b. of sb, on/** Amer **in sb's b. 1** *(speak, act)* jménem koho, v zastoupení koho **2** *(in sb's interest)* ve prospěch koho, pro koho; **collect money on b. of the blind** sbírat peníze ve prospěch nevidomých; **don't put yourself out on my b.** neobtěžujte se kvůli mně

behave [bi'heiv] **I** vi **1** *(person)* chovat se; **b. well/ badly** chovat se dobře/ špatně; **know how to b.** umět se chovat; **he has ~d**

well/ shamefully towards her (za)choval se k ní dobře/ hanebně **2** *(machines* etc*)* fungovat, *(car* also*)* sl šlapat; *(chemicals)* reagovat, chovat se **II** v(t)i **b. (oneself)** chovat se slušně or jak se patří

behaviour, Amer **behavior** [bi'heivjə(r)] n **1** *(conduct)* chování, vystupování ■ **b. disorders** poruchy v chování ♦ **be on one's best b.** ukázat se v nejlepším světle **2** *(of machines* etc*)* fungování, funkce; *(of chemicals)* chování, způsob reakce; Techn *(of materials)* fyzikální vlastnosti

behavioural, Amer **behavioral** [bi'heivjərəl] adj týkající se chování; **b. psychology** psychologie chování, behaviourální psychologie

behaviourism, Amer **behaviorism** [bi'heivjərizəm] n behaviourismus

behaviourist, Amer **behaviorist** [bi'heivjərist] adj behaviourální

behead [bi'hed] vt **b. sb** stít koho, stít or setnout komu hlavu

beheld [bi'held] see **behold**

behest [bi'hest] n fml **at the b. of sb, at sb's b.** na čí příkaz or rozkaz

behind [bi'haind] prep **1** *(at rear of)* za; **b. the house** za domem; **put it b. the clock** dej to za hodiny; *(the sun came)* **from b. the clouds** zpoza mraků; **walk b. sb** jít za kým; **look b. you** podívej se za sebe! ♦ **b. his back** fig za jeho zády; **be b. sb** fig stát za kým; **he has the army b. him** podporuje ho armáda; **it is b. you now** fig už to máš za sebou **2** *(less advanced than)* **he is far b. us** je daleko za námi ♦ **fall** or **lag b. sb** zůstávat pozadu za kým, fig zaostávat za kým; **be b. the times** fig být staromódní, zaspat dobu **3** *(late)* **be** or **run b. time** mít zpoždění; **be two hours b. time** mít dvouhodinové zpoždění **4** *(remaining after departure)* **he left debt b. him** zůstaly po něm dluhy ● adv **1** *(at the back)* vzadu; *(to the back)* dozadu; **look b.** podívat se dozadu; **from b.** zezadu ♦ **stay b.** zůstat vzadu, fig zůstat doma, nikam nejít; **leave sth b.** zapomenout něco deštník etc **2** *(late)* **be b. in** or **with one's studies/ work** zaostávat ve studiu/ být pozadu s prací; **be b. with one's rent** být pozadu s placením nájemného ● n inf zadek, zadnice; **kick sb's b.** kopnout někoho do zadku

behindhand [bi'haindhænd] adv **1** *(in arrears)* **be b. with one's rent/ work** být pozadu s placením/ s prací **2** *(behind time)* zaostalý **3** *(late)* **be b.** mít zpoždění

behold [bi'həuld] vt (pt, pp **beheld**) dated or fml spatřit; (u)vidět ♦ **b.!** hle!; **Lo and b.** ejhle!

beholden [bi'həuldən] adj; dated or fml zavázaný komu; **be b. to sb for sth** být komu za něco zavázán

beige [beiž] n béžová barva ● adj béžový

being ['bi:iŋ] n **1** *(existence)* bytí, existence; **in b.** existující; **come into b.** vzniknout **2** *(living creature)* bytost, tvor; **human b.** člověk; **the Supreme B.** Bůh, nejvyšší bytost **3** *(essence)* podstata; **my very b.** moje nejniternější já

belated [bi'leitid] adj opožděný (**thanks** díky) ■ **~ly** adv opožděně

belay [bi'lei] vt **1** Naut *(rope, sail)* připevnit, přivázat **2** Sport *(climber)* jistit lanem horolezce

belch [belč] **I** vi říhat, říhnout **II** vt **b. forth** or **out** *(smoke, ashes, flames)* chrlit ● n říhnutí; **give a b.** říhnout

beleaguer [bi'li:gə(r)] vt **1** *(town)* obléhat; usu pass **a ~ed city** město v obležení **2** fig *(person)* obléhat, obtěžovat, dotírat na koho

belfry ['belfri] zvonice; see **bat**

Belgian ['beldžən] adj belgický ● n Belgičan/ -ka

Belgium ['beldžəm] n Belgie

Belgrade [bel'greid] n Bělehrad

belie [bi'lai] vt (pres p **belying,** pt, pp **belied**) **1** *(contradict)* být v rozporu s čím, neodpovídat čemu, zastírat co **2** *(disappoint: hopes, expectations)* zklamat

belief [bi'li:f] n **1** víra (**in sth** v co); **it's beyond b.** to je neuvěřitelné **2** Relig *(doctrine)* usu pl **~s** náboženská víra, náboženské přesvědčení or učení; **b. in God** víra v Boha; fig **political ~s** politické přesvědčení **3** *(trust)* důvěra (**in sb** v koho) **4** *(opinion)* domněnka, mínění; **it is my b. that ...** domnívám se, že ...; myslím si, že ...; **to the best of my b.** pokud vím; **in the b. that ...** v dobré víře, že ...

believable [bi'li:vəbl] adj *(plausible)* uvěřitelný, pravděpodobný, hodnověrný

believe [bi'li:v] **I** vi **1** Relig *(be a ~r)* věřit, být věřícím **2** *(have faith in)* **b. in God** věřit v Boha; **b. in ghosts** věřit na duchy; **b. in sb** důvěřovat komu, mít ke komu důvěru; **b. in doctors** mít důvěru k lékařům, inf věřit na doktory **3** *(be in favour of an idea)* věřit na, podporovat, být stoupencem čeho, být pro co; **b. in capital punishment** být stoupencem trestu smrti; **b. in taking exercise** přikládat velký význam cvičení **4** *(suppose, think)* myslet si, domnívat se; **I b. so** myslím, že ano; domnívám se, že ano; **I b. not, I don't b. so** myslím, že ne **II** vt **1 b. sb/ sth** věřit komu/ čemu ♦ **I don't b. a word of it** nevěřím tomu ani za mák; **I couldn't b. my eyes** nevěřil jsem svým očím; **he would have me b. that ...** rád by mi namluvil, že ...; **I'd never have ~d that of you** to bych do tebe nikdy neřekl; **I can well b. it** to mě (vůbec) nepřekvapuje; **make b. that ...** předstírat, že ...; dělat, že ...; **b. it or not** *(but he fell in love with her)* věř nebo nevěř; představ si, že; **seeing is believing** kdo neuvidí, neuvěří **2** *(think)* **I b. him to be innocent** věřím, že je nevinný; **he is ~d to be in Prague** je prý v Praze; **he ~s himself to be underpaid** myslí si, že mu v zaměstnání málo platí

believer [bi'li:və(r)] n **1** Relig věřící **2 be a (firm) b. in sth** být (přesvědčeným) zastáncem čeho; **he is a b. in taking exercise** přikládá velký význam (tělesnému) cvičení

Belisha beacon [bi,lišə'bi:kən] n blikavý světelný signál

belittle [bi'litl] vt znevažovat, bagatelizovat (**sb's achievements** čí úspěchy); **b. oneself** podceňovat se

bell [bel] n **1** zvon; *(small)* zvonek; *(on toys)* zvoneček; *(on cows)* zvonec; *(in boxing)* gong; *(on a sleigh)* pl rolničky; **electric b.** elektrický zvonek; **ring the b.** zazvonit ♦ **sound as a b.** zdravý jako ryba; **that rings a b. (with me)** inf to mi něco připomíná ■ **b. jar** skleněný poklop **2** *(sound of b.)* (za)zvonění, *(in boxing)* úder gongu; **there's the b.** (už) zvoní ♦ **answer the b.** jít otevřít na zazvonění **3** Bot *(of flower)* kalich ● vt opatřit zvonkem ♦ **b. the cat** odvážit se do jámy lvové, vzít na sebe velké riziko

bell-bottoms ['belbotəmz] n pl zvonové kalhoty, kalhoty do zvonu

bellboy ['belboi] n Amer hotelový zřízenec or sluha, poslíček

belle [bel] n krasavice, kráska

belles-lettres [bel'letrə] n sg or pl krásná literatura

bellflower ['belflauə(r)] n Bot zvonek

bellhop ['belhop] see **bellboy**

bellicose ['belikəus] adj *(nation)* válkychtivý, bojechtivý, výbojný; *(person)* svárlivý, hašteřivý

belligerence, belligerency [bi'lidžərəns/ bi'lidžərənsi] n **1** bojechtivost **2** agresívnost, svárlivost; see also **belligerent**

belligerent [bi'lidžərənt] adj **1** *(nation)* válkychtivý, agresívní; *(person)* svárlivý, hašteřivý **2** *(engaged in a conflict)* válčící ● n *(b. power or nation)* válčící strana

bellow ['beləu] **I** vi **1** *(bull etc)* bučet, řvát **2** *(at a person)* řvát, hulákat na někoho; **b. at sb** hulákat or řvát na koho **II** phr v ■ **bellow out** *(orders, song)* řvát, vyřvávat, hulákat

bellows ['beləuz] n pl **a pair of b.** měchy

bell-push ['belpuš] n tlačítko zvonku

bell-ringer ['belriŋə(r)] n zvoník

belly ['beli] n **1** gen břicho; *(stomach)* žaludek; **pot b.** panděro, pupek; **with an empty b.** s prázdným žaludkem ■ **b. button** inf pupek; **b. dance** břišní tanec; **b. flop** *(swimming)* skok na břicho ♦ **his eyes are bigger than his b.** oči by jedly, ale žaludek nemůže; inf **to go b. up** *(of a company)* položit se **2** *(of violin etc)* vrchní deska; *(of ship)* útroby ■ **b. landing** Aviat přistání bez vysunutého podvozku, inf přistání na břicho ● phr v ■ **belly out** *I* vi *(of sails etc)* nadouvat se, vzdouvat se *II* vt *(sails etc)* vzdouvat, nadouvat

bellyache ['belieik] n bolení břicha ● vi fňukat, reptat, runcat

bellybutton ['belibatn] n inf pupek

bellyful ['beliful] n sl **to have had a b. of sb/ sth** mít koho/ čeho plné zuby, mít koho/ čeho až po krk

belong [bi'long] vi **1** *(be sb's property)* patřit (**to sb** komu); **this car ~s to me** toto auto je moje, toto auto patří mně **2 b. to a club/ trade union** být členem klubu/ odborové organizace **3** *(be part of)* patřit kam, náležet kam, být součástí čeho; **the picture ~s in my room** ten obrázek patří do mého pokoje; **put it where it ~s** dej to, kam to patří; **I feel I don't b. here** necítím se tu doma, nesedí mi to tady

belongings [bi'loŋiŋz] n pl (movitý) majetek; **personal ~s** osobní věci, svršky

beloved 1 [bi'lavd] pred adj milovaný (**by sb** kým) **2** [bi'lavid] attr adj milovaný, drahý ● n [bi'lavid] drahý/ drahá, milenec/ milenka

below [bi'ləu] adv **1** *(of place/ motion)* dole/ dolů; **from b.** zdola, zespod(u); **down b.** *(downstream)* dále po proudu; **go b.** Naut sejít dolů **2** Naut v podpalubí/ do podpalubí **3** *(in a house)* **the flat/ the tenants b.** byt/ nájemníci o poschodí níž, byt/ nájemníci pod námi/ nimi etc **4** *(in text)* níže; **as stated b.** jak uvádíme níže, jak je uvedeno níže; **see (p. 75) b.** viz (str. 75) níže **5** *(b. freezing)* pod nulou; **five (degrees) b.** pět stupňů pod nulou **6** Relig **here b.** na zemi; **down b.** v pekle ● prep **1** *(of motion/ place)* pod +acc/ +loc; *(downstream from)* za; **b. the surface** pod povrchem; **the sun disappeared b. the horizon** slunce zmizelo za obzorem **2** *(underneath)* pod; **the people b. us** nájemníci pod námi **3** *(lower than)* **ten degrees b. zero** or **b. freezing** deset stupňů pod nulou **4 it is b. me** fig to je pod moji důstojnost

belt [belt] n **1** *(on clothes)* pásek, opasek,

řemen; *(for carrying)* popruh; *(seat b.)* (bezpečnostní) pás; *(cartridge b.)* pás na náboje; Sport *(in judo, karate)* **black b.** černý pás ♦ **hit below the b.** also fig udeřit pod pás; **tighten one's b.** fig utáhnout si opasek, uskrovnit se; **have sth under one's b.** inf *(achievement, qualifications)* dosáhnout čeho **2** Techn hnací řemen, řemenice; **conveyor b.** pásový dopravník **3** *(zone)* pás(mo), zóna, oblast; **forest b.** pásmo lesů, lesní pás **4** sl *(heavy blow)* šupa, pecka ● **I** vt **1** *(trousers* etc*)* upevnit opaskem or řemenem **2** sl *(thrash)* napráskat komu řemenem **3** *(hit)* praštit **II** vi sl *(move fast)* hnát se, řítit se, hasit si to; **b. along** řítit se kolem **III** phr vs ■ **belt out** *(song)* vyřvávat, hulákat ■ **belt up!** sl drž hubu!

belting ['beltiŋ] n **1** *(material)* materiál na výrobu řemenů **2** výprask; **give sb a b.** nařezat komu, dát komu výprask

bemoan [bi'məun] vt *(fate)* naříkat si na co

bemused [bi'mju:zd] adj zmatený, vyvedený z míry; *(expression* etc*)* zadumaný

bench [benč] n **1** *(seat)* lavice, lavička **2** Br Parl řada sedadel; **front b.** přední řada sedadel na obou stranách v britském parlamentu; fig vláda, stínová vláda u opozice; see **backbencher** **3** *(working-table)* stolice, pracovní stůl, ponk **4 the b.** *(judges)* soudci; *(court)* soud; **be appointed to the b.** být jmenován soudcem

bend [bend] n **1** ohyb, *(of river* also*)* ohbí, zákrut, *(of road* also*)* zatáčka, zákrut, *(of pipe* also*)* koleno, zahnutí; **hairpin b.** vlásenka ostrá serpentina ♦ **be round the b.** inf být praštěný; **go round the b.** zbláznit se, sl zcvokatět; **drive sb round the b.** dohnat koho k šílenství **2** Naut uzel **3 the ~s** pl inf kesonová nemoc, choroba z dekomprese ● v (pt, pp **bent**) **I** vt **1** ohnout, ohýbat; *(head)* sklonit, schýlit, sehnout; *(knee)* pokrčit, ohnout ♦ **do not b.!** neohýbejte, prosím!; **on ~ed knees** na kolenou, vkleče, fig s prosíkem; **b. sb to one's will** přimět koho k poslušnosti or povolnosti; **b. the rules** přimhouřit oči, uzpůsobit si pravidla ve svůj prospěch; **b. evidence** překroutit svědectví **2** *(steps, energies)* zaměřit ♦ **b. one's mind to sth** zaměřit se na co **II** vi **1** gen ohnout se, ohýbat se; *(pipe* etc also*)* pokřivit se; **~ing stress** Techn namáhání v ohybu **2** *(road)* zahýbat, zabočovat; *(river)* tvořit zákrut **3** *(submit)* podrobit se (**to sth** čemu) **III** phr vs ■ **bend back** ohnout/ ohýbat se nazpět ■ **bend down** sklonit se, sklánět se, shýbat se; *(branch)* sklánět se ■ **bend over** shýbat se, sehnout se ♦ **bend over backwards** + infin inf vynaložit veškeré úsilí, aby ..., moci se přetrhnout

bender ['bendə(r)] n sl pitka, flám, tah; **go on a b.** jít na flám, vyrazit na tah

beneath [bi'ni:θ] adv dole, vespod ● prep fml **1** *(place/ motion)* pod čím/co **2** fig *(not worthy of)* **it's b. me** to je pod moji důstojnost; **to marry b. one** uzavřít nerovný sňatek s partnerem/ partnerkou nižší společenské třídy; **it's b. contempt** to je opovrženíhodné

Benedictine [beni'diktin] n **1** Relig benediktýn **2** *(liqueur)* benediktýnka, benediktýnský likér ● adj benediktýnský

benediction [beni'dikšn] n Relig požehnání

benefactor ['benifæktə(r)] n dobrodinec; *(donor)* donátor, patron

benefactress ['benifæktris] n dobroditelka, patronka

benefice ['benifis] n Relig prebenda, beneficium

beneficence [bi'nefisəns] n fml dobročinnost, charitativní činnost

beneficent [bi'nefisənt] adj fml dobročinný, charitativní

beneficial [beni'fišl] adj fml **1** *(useful)* užitečný; *(climate)* příznivý, *(influence, effect)* blahodárný; **mutually b.** vzájemně výhodný **2** Jur **b. owner** uživatel

beneficiary [beni'fišəri] n příjemce; *(of insurance* etc*)* obmyšlený

benefit ['benifit] n **1** *(gain)* užitek, prospěch; **be of b. to sb** být pro koho prospěšný; **derive b. from sth** mít z čeho prospěch or užitek; **for the b. of one's health** v zájmu svého zdraví; *(she dressed up)* **for his b.** kvůli němu ♦ **give sb/ sth the b. of the doubt** rozhodnout v něčí prospěch/ ve prospěch čeho vzhledem k pochybnostem, uvěřit komu/ čemu vzhledem k nedostatku důkazů o opaku **2** *(allowance)* dávky, přídavky; **sickness b.** nemocenská, dávky v nemoci; **maternity b.** dávky v mateřství; **unemployment b.** podpora v nezaměstnanosti **3** *(special performance)* benefiční představení, benefice **4 without b. of clergy** bez církevního požehnání ■ **b. concert** benefiční koncert, *(for charity)* dobročinný koncert; **b. match** benefiční zápas ● v (Br **-t-**, Amer **-tt-**) **I** vt **b. sb** být komu k užitku or ku prospěchu, přinášet komu prospěch **II** vi **b. from** or **by sth** mít z čeho užitek or prospěch, profitovat z čeho

Benelux ['benilaks] n Benelux

benevolence [bi'nevələns] n see **benevolent** **1** laskavost; shovívavost **2** dobročinnost

benevolent [bi'nevələnt] adj **1** *(kind)* laskavý, vlídný; *(ruler)* shovívavý **2** *(charitable: institution, society)* dobročinný

Bengal [beŋ'go:l] n Bengálsko ■ **B. light** bengálský oheň; **B. tiger** bengálský tygr

Bengali [beŋ'go:li] n **1** Bengálec/ Bengálka **2** *(language)* bengálština ● adj bengálský

benighted [bi'naitid] adj dated or fml nevzdělaný, zaostalý

benign [bi'nain] adj **1** *(of people)* vlídný, laskavý, shovívavý **2** *(climate)* mírný, příznivý; *(influence)* blahodárný **3** Med *(tumour)* benigní

bent$_1$ [bent] n **1** *(inclination)* (**for** k) sklon, náklonnost, dispozice; záliba v čem; **be of a studious b.** mít zálibu ve studiu, být studijně zaměřený; **follow one's b.** oddávat se svým zálibám **2** *(aptitude)* (**for** k) nadání, vlohy, schopnosti; **he is of an artistic b.** je umělecky založený

bent$_2$ [bent] (pt, pp of **bend**) ● adj **1** *(metal)* ohnutý; zohýbaný **2** *(corrupt)* sl zkorumpovaný, křivácký **3** *(homosexual)* pej teplý, teploušský **4 be b. on (doing) sth** umínit si něco, vzít si co do hlavy, být posedlý čím

benumbed [bi'namd] adj **1** znecitlivělý; *(with cold)* prokřehlý, zkřehlý **2** *(mind)* otupělý

Benzedrine ['benzedri:n] n Med benzedrin

benzene ['benzi:n] n benzol

benzine ['benzi:n] n benzín na čistění

bequeath [bi'kwi:ð] vt Jur *(in will)* odkázat, zůstavit; fig *(knowledge, traditions* etc*)* předat

bequest [bi'kwest] n Jur závěť; *(legacy)* odkaz, dědictví

berate [bi'reit] vt fml (vy)spílat komu, (vy)hubovat koho

bereaved [bi'ri:vd] adj truchlící; **the b.** truchlící pozůstalí

bereavement [bi'ri:vmənt] n **1** *(death in family)* úmrtí v rodině; *(loss)* ztráta; *(grief)* smutek, zármutek; *(he couldn't come)* **because of a recent b.** vzhledem k nedávné bolestné ztrátě v rodině **2** *(mourning)* zármutek, žal

bereft [bi'reft] adj **be b. of speech** nebýt schopen promluvit; **be b. of hope** pozbýt naději; **be b. of reason** nemít rozum, postrádat rozum

beret ['berei] n baret, rádiovka

beriberi [beri'beri] n Med beri-beri

berk [bə:k] n Br sl hlupák, trouba

Berlin [bə:'lin] n Berlín

Berliner [bə:'linə(r)] n Berlíňan/ -ka

Bermuda [bə'mju:də] n **the ~s** Bermudy; **B. shorts** pl bermudy

berry ['beri] n (pl **berries**) Bot bobule, bobulovitý plod; *(coffee bean)* zrnko

berserk [bə'zə:k] adj šílený, nepříčetný; **go b.** *(get angry)* rozzuřit se (do nepříčetnosti); *(go mad)* dostat záchvat šílenství; *(audience)* začít šílet; **send sb b.** rozzuřit koho do nepříčetnosti

berth [bə:θ] n **1** Naut kotviště, přístaviště ♦ **give sb/ sth a wide b.** vyhnout se komu/ čemu na sto honů **2** *(bed: on train)* lůžko; *(on ship)* kóje ● vt, vi zakotvit

beryl ['beril] n Min beryl

beseech [bi'si:č] vt (pt, pp **beseeched** or **besought**) úpěnlivě koho prosit, zapřísahat koho; **b. sb to do sth** zapřísahat koho, aby něco udělal

beseeching [bi'si:čiŋ] adj *(look* etc*)* úpěnlivý, prosebný ■ **~ly** adv prosebně, úpěnlivě

beset [bi'set] vt (**-tt-**; pt, pp **beset**) fml usu pass; obklopit/ obklopovat ze všech stran; fig sužovat, trápit; **he was b. by doubts** trápily ho pochyby, zmocnily se ho pochyby; **be b. with dangers** *(of journey* etc*)* být provázen nebezpečími

besetting [bi'setiŋ] adj attr neodbytný; **a b. sin** zlozvyk, neřest

beside [bi'said] prep **1** *(next to)* vedle; *(near)* u, při; **sit b. the driver** sedět vedle řidiče; *(a town)* **b. the sea** u moře ♦ **this is b. the point** to s tím nemá nic společného **2** *(compared with)* ve srovnání s kým/ čím; **b. her sister she looks plain** ve srovnání se svou sestrou není hezká **3 be b. oneself with joy/ rage** být bez sebe radostí/ vzteky

besides [bi'saidz] prep **1** *(in addition to)* kromě, navíc k; **is anyone coming b. me?** bude tam ještě někdo kromě mě?; *(there were three of us)* **b. Peter** kromě Petra **2** *(except)* kromě, mimo, až na; **b. that he gave me nothing** mimo to mi nedal nic jiného ● adv **1** *(in addition)* nadto, mimoto, kromě toho, navíc; **and nothing b.** a vůbec nic jiného; *(he has two brothers)* **and two sisters b.** a mimoto dvě sestry **2** *(moreover)* mimoto, (a) vůbec; *(it is late)* **and b., I am awfully tired** a vůbec, (já) jsem strašně utahaný

besiege [bi'si:dž] vt **1** Mil obléhat **2** fig **he was ~d by reporters** byl obléhán novináři; **b. sb with questions** dorážet na koho or zasypávat koho otázkami; **b. sb with requests** dotírat na koho prosbami, obtěžovat koho prosbami

besmear [bi'smiə(r)] vt fml zašpinit, umazat zvl. mastnou špínou

besmirch [bi'smə:č] vt fml *(sb's reputation, good name)* pošpinit or očernit koho

besom ['bi:zəm] n metla, koště; fig *(woman)* čarodějnice

besotted [bi'sotid] adj **1** *(obsessed)* **be b. by** or **with an idea** být posedlý or zaujatý myšlenkou; **he is b. with her** je do ní zblázněný, je do ní celý blázen **2** *(with alcohol)* omámený, otupělý

besought [bi'so:t] see **beseech**

bespangled [bi'spæŋgld] adj ozdobený (**with sth** čím) lesklými předměty

bespatter [bi'spætə(r)] vt **1** lit postříkat (**with mud** blátem) **2** fig *(tarnish)* poskvrnit, znehodnotit

bespeak [bi'spi:k] vt (pt **bespoke**, pp **bespoke** [bi'spəuk] or **bespoken** [bi'spəukn]) somewhat dated or fml **1** *(indicate)* naznačovat, svědčit o čem **2** dated objednat si, rezervovat si

bespectacled [bi'spektəkld] adj fml obrýlený, nosící brýle

bespoke [bi'spəuk] adj Br usu attr **1** *(suit, shoes)* šitý na míru **2** *(tailor)* šijící na zakázku, *(shop)* zakázkové krejčovství, krejčovský salón

best [best] adj **1** *(the most desirable)* nejlepší; **my b. friend** můj nejlepší přítel; **the b. sportsman of the year** nejlepší sportovec roku; **the b. book I have ever read** nejlepší kniha, kterou jsem kdy četl ♦ **b. wishes** vše(chno) nejlepší **2** *(most advantageous: price, route)* nejvýhodnější, nejlepší; **I know what's b. for you** já vím, co je pro tebe nejlepší; **the b. thing would be to send them a fax** nejlépe bude, když jim pošleme fax **3** *(largest)* **the b. part of the year** větší část roku ● adv **1** nejlépe; **I study b. in the evenings** nejlépe se mi studuje večer; **she looks her b. when ...** nejlíp vypadá, když ...; **Sunday will suit me b.** v neděli se mi to bude hodit nejlépe; **as b. I/ you/ we** etc **can** co nejlépe **2** nejvíce, nej-; **I like him b. of all** on se mi líbí nejvíc(e), jeho mám nejraději **3 at b.** při nejlepším **4** *(better)* **we'd b. be going now** měli bychom už jít, bylo by nejlépe, kdybychom už šli ● n **1** (to) nejlepší; **all the b.!** vše(chno) nejlepší! přání, přípitek; **it will be all for the b.** všechno dobře dopadne; **I'll do** or **try my b.** vynasnažím se, udělám vše, co bude v mých silách; **get the b. out of sth** plně čeho (vy)užít; **have the b. of the argument** mít převahu v debatě; **to the b. of my knowledge** pokud vím; **turn out for the b.** dopadnout co nejlíp; **make the b. of a bad business i)** smířit se s nepříjemným **ii)** zachránit, co se dá **2** *(sb's b. clothes)* sváteční šaty; **people dressed in their Sunday b.** lidé (oblečení) ve svátečních šatech, svátečně oblečení lidé ● vt *(defeat)* porazit, přemoci; *(outwit)* přelstít, inf vypéci

bestial ['bestiəl] adj bestiální, brutální

bestiality [besti'æləti] n bestialita

bestir [bi'stə:(r)] (**-rr-**) vt fml expr **b. yourself!** hni sebou!

best maid [best'meid] n družička

best man [best'mæn] n družba, ženichův svědek

bestow [bi'stəu] vt *(title* etc*)* propůjčit, udělit (**sth on sb** komu co)

bestride [bi'straid] vt (pt **bestrode** [bi'strəud]; pp **bestridden** [bi'stridn]) **b. a horse** sedět na koni obkročmo

bestseller [best'selə(r)] n **1** *(book)* bestseler **2** *(author)* autor bestselerů

bestselling [best'seliŋ] adj jdoucí nejlépe na odbyt; **a b. author** autor bestseleru/ bestselerů, nejprodávanější autor

bet [bet] n **1** sázka; **make** or **have a b. with sb on sth** vsadit se s kým o co; **lay or place a b. on sth** vsadit na co **2** *(opinion)* **my b. is that ...** domnívám se, že ...; vsadil bych se, že ... ♦ **your best b. is to accept the offer** nejlépe uděláte, když nabídku přijmete ● v (pt, pp **bet** or **betted**) **I** vt **I b. you £20** vsadím se s tebou o 20 liber; **I b. £20 on a horse** vsadil jsem 20 liber na koně; **I b. he doesn't know it** vsadil bych se, že to neví ♦ **you can b. your bottom dollar on that** na to můžeš vzít jed, můžeš se vsadit o poslední groš **II** vi **b. on sth** vsadit/ sázet na co ♦ **you b.!** inf to víš, že jo!, aby ne!, to se ví!

beta ['bi:tə] n beta; **b. particles/ rays** částice/ paprsky beta

bête noire [beit'nwa:(r)] n (pl **bêtes noires** [beit'nwa:z]) **be sb's b. n.** protivit or hnusit se komu; **that man is my b. n.** ten člověk se mi z duše protiví; **spiders are my b. n.** pavouci se mi hnusí

Bethlehem ['beθlihem] n Betlém

betray [bi'trei] vt **1** *(country)* zradit; *(secrets)* prozradit/ prozrazovat, vyzradit/ vyzrazovat **2** *(reveal)* **b. oneself** prozradit se; **his accent ~ed him** prozradil ho jeho přízvuk **3 b. sb's hopes/ trust** zklamat čí naděje/ důvěru **4 b. one's wife/ husband** být nevěrný své manželce/ svému manželovi, podvádět svou ženu/ svého muže

betrayal [bi'treiəl] n zrada; **a b. of trust** porušení důvěry

betrayer [bi'treiə(r)] n zrádce/ zrádkyně

betroth [bi'trəuð] vt dated zasnoubit; **be ~ed to sb** být s někým zasnouben/ -a

betrothal [bi'trəuðl] n dated zásnuby, zasnoubení

betrothed [bi'trəuðd] adj dated zasnoubený ● n snoubenec/ snoubenka; **the b.** snoubenci

betted ['betid] see **bet**

better[1] ['betə(r)] adj comp of **good** **1** lepší; **he is a b. student than I am** (on) je lepší student než já; **I have nothing b. to do** nemám nic lepšího na práci ♦ **so much**

the b. tím lépe; **he is much the b. for it** velmi mu to prospělo; **he was b. than his word** udělal víc, než slíbil; **he is no b. than a common thief** není o nic lepší než obyčejný zloděj; **she is no b. than she should be** není to žádná světice; **the coat has seen b. days** ten kabát toho už hodně pamatuje 2 *(more suitable)* lepší; *(way, route, contract* also*)* výhodnější; *(word* also*)* výstižnější, přiléhavější, vhodnější, inf trefnější 3 *(healthier)* **he is b. now** už je mu lépe 4 *(bigger)* **the b. part of one's salary/ holiday** větší část platu/ dovolené ● adv comp of **well** 1 lépe, líp; **I know it b. than you** vím to lépe než ty; **b. and b.** líp a líp; **the sooner the b.** čím dříve, tím lépe; **he is b. off** je na tom lépe, daří se mu lépe ♦ **b. late than never** lépe pozdě než nikdy 2 *(healthier)* **I am feeling b.** cítím se lépe, je mi lépe 3 *(more)* víc(e); **I like this book b.** tato kniha se mi líbí víc; **I like him b.** mám ho raději, líbí se mi víc; **know sb b.** znát koho blíže or lépe ♦ **go one b. than sb** přetrumfnout někoho 4 *(more usefully)* raději; **you'd b. go** raději byste měl jít; **you'd b. take a bus** jeďte raději autobusem; **you'd be b. off going home** nejlépe bude, když půjdete domů ● n 1 lepší, něco lepšího; **a change for the b.** změna k lepšímu ♦ **for b., for worse** *(in marriage ceremony)* v dobrém i ve zlém 2 joc **(one's) betters** nadřízení or zámožnější or společensky výše postavení lidé, inf „lepší lidé"; **respect for one's ~s** úcta k nadřízeným/ k „lepším lidem" ● vt *(conditions* etc*)* zlepšit; *(record, result)* překonat; **b. oneself** *(educate oneself)* dále se vzdělávat; *(achieve more)* polepšit si

better$_2$ ['betə(r)] n Amer **bettor** sázkař, sázející

betterment ['betəmənt] n 1 *(improvement)* zlepšení; *(through education)* další vzdělání 2 *(of land)* meliorace

better-class ['betəklas] adj attr lepší; *(society)* vybraný

better-quality [betə'kwoliti] adj kvalitnější, hodnotnější

better-than-average [betəðən'ævəridž] adj nadprůměrný

betting ['betiŋ] n *(on horses* etc*)* sázení ■ **b. shop** Br sázková kancelář; **I am not a b. man** já nesázím na koně etc

between [bi'twi:n] prep 1 mezi; **he sat b. Peter and John** seděl mezi Petrem a Janem; **b. Sunday and Friday** mezi nedělí a pátkem ♦ **b. you and me (and the gatepost)** mezi námi (řečeno); **there's little** or **nothing to choose b. them** jeden je za osmnáct a druhý bez dvou za dvacet 2 *(shared by)* dohromady, spolu; **they drank two bottles b. them** dohromady vypili dvě láhve; **we only had three cases/ pounds b. us** dohromady jsme měli jen tři kufry/ libry; **we only had a pound b. us** měli jsme dohromady jenom jednu libru ● adv also **in between** 1 *(place)* uprostřed, vprostřed(ku); *(motion, direction)* doprostřed 2 *(time)* mezitím 3 **few and far b.** vzácný, řídký; **good surgeons are few and far b.** dobrých chirurgů je jako šafránu

betwixt [bi'twikst] dated or fml mezi ♦ **be b. and between** nebýt ani takový, ani makový; nebýt ani ryba, ani rak

bevel ['bevl] n Techn úkos, zkosení ■ **b. gear** kuželové ozubené kolo ● vt Techn šikmo seříznout

beverage ['bevəridž] n fml or joc nápoj

bevy ['bevi] n *(of birds)* hejno; fig *(of girls* etc*)* houf

bewail [bi'weil] vt fml **b. sth** naříkat nad čím, oplakávat co

beware [bi'weə(r)] vi *(used in the infin and imper)* dát si pozor (**of sb/ sth** na koho/ co); **B. of the dog!** Pozor, zlý pes!; **to b. of pickpockets** dát si pozor na kapsáře

bewilder [bi'wildə(r)] vt zmást, vyvést z míry; **be ~ed** být zaražený or zmatený (**by sth** čím)

bewildering [bi'wildəriŋ] adj zarážející, ohromující; *(complexity)* úžasný

bewilderment [bi'wildəmənt] n zmatek, úžas

bewitch [bi'wič] vt zaklít koho, očarovat; fig *(enchant)* okouzlit, učarovat komu

bewitching [bi'wičiŋ] adj okouzlující; *(smile* also*)* podmanivý

beyond [bi'jond] prep 1 *(of place/ of motion)* za, na druhé straně/ na druhou stranu; **b. the river** za řekou/ za řeku; **b. the horizon** za obzorem/ za obzor; **b. the seas** za mořem ♦ **be b. the pale** být společensky nepřijatelný 2 *(later than)* déle než, přes; **b. six o'clock** déle než do šesti hodin; **b. the age of 18** déle než do 18 let; **don't stay there b. midnight** nebuď tam déle než do půlnoci 3 *(surpassing)* **be b. dispute/ doubt/ belief/ cure/ hope** být nepopiratelný/ nepochybný/ neuvěřitelný/ nevyléčitelný/ beznadějný; **b. repair** neopravitelný; **it is b. me, it is b. my comprehension** to je nad mé chápání; **this is b. a joke** tady už přestávají žerty; **live b. one's means** žít nad poměry; **this assignment is b. me** tento úkol je nad mé síly 4 *(except)* kromě; **he has nothing b. his salary** nemá nic kromě svého platu

● adv *(on the other side)* na druhé straně/ *(of motion)* na druhou stranu; za čím; **the river and the fields b.** řeka a pole za ní ♦ **the world b.** onen svět, věčnost ● n ♦ **the b.** onen svět, věčnost; **at the back of b.** kde lišky dávají dobrou noc

biannual [bai'ænjuəl] adj *(journal)* vycházející dvakrát ročně, pololetní ■ **~ly** adv dvakrát ročně, pololetně

bias ['baiəs] n **1** *(inclination)* tendence, sklon; zaměření; **a conservative b.** konzervativní zaměření **2** *(prejudice)* předsudek, předpojatost, zaujatost; **have a b. against sth** být proti čemu zaujatý **3** Sew **cut on the b.** stříhat látku diagonálně ke směru vláken ● vt **(-s-, -ss-) b. sb** ovlivnit koho **(for sb/ sth** ve prospěch koho/ čeho; **against sb/ sth** v neprospěch koho/ čeho)

bias(s)ed ['baiəst] adj předpojatý or zaujatý (**against sb** proti komu)

bib [bib] n **1** *(baby's)* slintáček, bryndáček **2** *(of apron)* horní část zástěry ♦ **one's best b. and tucker** inf dated sváteční or nedělní ohoz

Bible ['baibl] n bible; **the Holy B.** Bible svatá ■ **b. class** hodina náboženství s výkladem bible; **b. basher** or **thumper** fanatický hlasatel evangelia

biblical ['biblikəl] adj biblický

bibliographer [bibli'ogrəfə(r)] n bibliograf

bibliographic(al) [bibliə'græfik(l)] adj bibliografický

bibliography [bibli'ogrəfi] n **1** *(list)* bibliografie **2** *(branch of study)* knihověda, bibliologie

bibliophile ['bibliəfail] n bibliofil

bibulous ['bibjuləs] adj joc *(person)* mající rád skleničku

bicameral [bai'kæmərəl] adj *(parliament)* dvoukomorový

bicarbonate [bai'ka:bənət] n Chem kyselý uhličitan; **b. of soda** jedlá soda; Chem kyselý uhličitan sodný

bicentenary [baisen'ti:nəri], Amer **bicentennial** [baisen'teniəl] n **1** *(anniversary)* dvousté výročí **2** *(celebration)* oslavy dvoustého výročí

bicentennial [baisen'teniəl] adj dvěstěletý, dvousetletý zvl. o výročí

biceps ['baiseps] n Anat biceps

bicker ['bikə(r)] vi hašteřit se (**with sb about** or **over sth** s kým o co)

bickering ['bikəriŋ] n hašteření

bicycle ['baisik(ə)l] n jízdní kolo; **ride a b.** jet na kole ■ **b. lane** pruh pro cyklisty; **b. pump** pumpička na kolo ● vi jet/ jezdit na kole

bid [bid] **I** vt **1** (**-dd-**, pt, pp **bid**) **a)** *(at auction)* nabídnout, nabízet; **he bid £100 for an old coin** nabídl sto liber za starou minci **b)** *(cards)* (o)hlásit **2** (**-dd-**, pt **bade** [bæd] or **bid**, pp **bidden**, [bidn] or **bid**) dated or fml **a)** *(command)* fml nařídit/ nařizovat, kázat, přikázat/ přikazovat; **b. sb do sth** kázat komu udělat co **b)** *(say a greeting)* **b. sb welcome** přivítat koho; **b. sb goodbye** or **farewell** rozloučit se s kým; **b. sth farewell** rozloučit se s něčím **c)** *(invite)* pozvat; **he bade her come in** pozval ji dál **II** vi **1** (**-dd-**, pt, pp **bid**) **a)** *(at auction)* nabízet, učinit nabídku, přihazovat **b)** *(cards)* hlásit **2** (**-dd-**, pt **bade** [bæd] or **bid**, pp **bidden** [bidn] or **bid**) **a) b. for re-election** ucházet se o znovuzvolení **b) b. fair to do sth** zdát se pravděpodobným; **our plan ~s fair to succeed** náš plán je velmi nadějný or slibný **III** phr v ■ **bid up** *(price)* vyhnat cenu při dražbě ● n **1** *(offer)* nabídka (**for** za); *(tender)* oferta; **make a b. of £100** nabídnout sto liber **2** *(attempt)* pokus; **rescue b.** pokus o záchranu; **make a b. for presidency** ucházet se o prezidentský úřad; **make a b. for power** pokusit se převzít or strhnout na sebe moc

biddable ['bidəbl] adj poddajný, povolný

bidden see **bid (2)**

bidder ['bidə(r)] n *(at auction)* nabízející, přihazovač, dražitel; **the highest b.** kdo podá nejvyšší nabídku

bidding ['bidiŋ] n **1** *(at auction)* licitace; přihazování; **the b. was brisk** nabídky se zvyšovaly v rychlém sledu **2** fml *(command)* příkaz, rozkaz; **at sb's b.** na čí příkaz; **to do sb's b.** splnit čí příkaz

biddy ['bidi] n inf *(hen)* slepice; fig *(old woman)* stará ženská, bába; *(gossip)* klepna

bide ['baid] vt **b. one's time** čekat na vhodnou příležitost

bidet ['bi:dei; Amer bi:'dei] n bidet

biennial [bai'eniəl] adj **1** *(event)* opakující se každé dva roky **2** *(lasting two years)* dvouletý ● n *(plant)* dvouletá rostlina

bier ['biə(r)] n máry

biff [bif] n inf dated rána, pecka zprav. pěstí; **he gave him a b. on the nose** dal mu jednu do nosu ● vt **biff sb** ubalit komu jednu, praštit koho (**on the nose** do nosu)

bifocal [bai'fəukl] adj bifokální, dvouohniskový ● n **~s** bifokální brýle

bifurcate ['baifə:keit] vi *(rivers, roads)* rozdvojit/ rozdvojovat se, rozdělit/ rozdělovat se vidlicovitě

bifurcation [baifə:'keišn] n rozdvojení

big [big] adj (**-gg-**) **1** *(in size)* velký; *(tall also)* vysoký; *(extensive)* rozsáhlý; *(shoulders,* *margin)* široký; **she is a b. girl** *(busty)* má velké poprsí, *(fat)* je macatá ♦ **b. with child** ve vysokém stupni těhotenství **2** *(in intensity: explosion)* silný, *(voice also)* mohutný, *(wind also)* prudký; *(competition)* velký, tvrdý; *(price)* vysoký ♦ **be a b. liar** strašně lhát; **be a b. spender** moc utrácet, být velký útrata or outrata **3** *(older/ grown up)* **my b. brother** můj starší bratr; **you're a b. girl** už jsi velká (holka); **he is b. enough to look after himself** je už dost starý na to, aby se o sebe postaral **4** *(important)* *(decision, match, news)* důležitý; *(story in a newspaper)* hlavní; **the B. Five** Pol velká pětka; see also **B. Brother**, **b. business**, **b. dipper**, **b. end**, **b. game**, **b. time(r)**, **b. top** ♦ **a b. bug** or **cheese** or **shot** or **noise** sl velké zvíře; **b. city** velkoměsto **5** *(ambitious: plans, ideas)* velký, ambiciózní, dalekosáhlý **6** inf *(boastful)* **b. words** velká slova; **b. talk** vychloubání, velkohubost, žvásty, kecy ♦ **be too b. for one's boots** or **breeches** strašně se naparovat; **have a b. head** být namyšlený; **b. deal!** a co má být! **7 be b.** esp Amer inf *(be popular)* být velkým šlágrem prodejním; **computer games are the b. thing this year** letos letí počítačové hry **8 be b. on sth** esp Amer inf přikládat čemu velký význam, dělat něco ve velkém **9** inf *(generous)* velkorysý, ušlechtilý; **that's b. of you** to je od tebe velkorysé, iron jak ušlechtilé! ● adv sl **1 think b.** mít velké or dalekosáhlé plány; **talk b.** chvástat se **2** *(successfully)* **come over b. with sb** Amer *(band etc)* mít u koho obrovský úspěch

bigamist ['bigəmist] n bigamista

bigamous ['bigəməs] adj bigamický

bigamy ['bigəmi] n bigamie

big bang [big'bæŋ] n velký třesk; **b. bang theory** teorie velkého třesku

Big Ben [big'ben] n Big Ben věžní hodiny na budově britského parlamentu

Big Brother [big'braðə] n **1** Velký bratr v totalitárních režimech, zvl. Sovětský svaz ovládající satelitní socialistické státy **2 b. brother** lit starší bratr

big business [big'biznis] n velký byznys

big dipper [big'dipə] n **1** Br horská dráha na pouti **2** Amer **B. D.** Astron Velký vůz souhvězdí

big-eared [big'iəd] adj mající velké uši, s velkýma ušima, inf ušatý

big end [big'end] n Techn *(in an engine)* kliková hlava ojnice

big game [big'geim] n *(lions, tigers, elephants)* velká lovná divoká zvěř

bighead ['bighed] n inf náfuka, domýšlivec

bigheaded [big'hedid] adj inf nafoukaný, domýšlivý, arogantní

big-hearted [big'ha:tid] adj inf velkomyslný, velkorysý, šlechetný

bighorn ['bigho:n] n Zool ovce tlustorohá

bight [bait] n **1** *(in coast)* (dlouhá) zátoka; *(in river)* záhyb **2** *(loop)* smyčka provazu

bigmouth ['bigmauθ] n Amer inf chvastoun, vychloubač

bigot ['bigət] n bigotní člověk, náboženský fanatik

bigoted ['bigətid] adj bigotní, netolerantní, pobožnůstkářský

bigotry ['bigətri] n bigotnost, fanatičnost

big time ['bigtaim] n Amer sl špičková úroveň, špičkový úspěch; **hit the b. time, make it into the b. time** stát se slavným, dostat se na vrchol ● adj **b.-time** Amer sl *(personality)* prominentní, *(performer)* prvotřídní, špičkový; **a b.-time politician** politický prominent, sl velké zvíře v politice

big timer [big'taimə] n Amer sl eso, prominent

big top [big'top] n cirkusový stan hlavní, šapitó

bigwig ['bigwig] n inf hlavoun, velké zvíře; **the local ~s** místní honorace

bijou ['bi:žu:] n (pl **bijoux** ['bi:žu:]) šperk ● adj attr hezoučký; *(flat)* malý, maličký

bike [baik] n inf **1** *(bicycle)* jízdní kolo **2** *(motorbike)* motocykl, inf motorka ● vi **1** jezdit na kole **2** jezdit na motorce

bikini [bi'ki:ni] n bikin(k)y ■ **b. briefs** kalhotky bikinkového střihu

bilabial [bai'leibiəl] adj Phon obouretný ● n obouretná souhláska, bilabiála

bilateral [bai'lætərəl] adj *(agreement, treaty)* dvoustranný, bilaterální ■ **~ly** adv bilaterálně

bilberry ['bilbəri] n **1** *(shrub)* borůvkový keřík; coll borůvčí **2** *(berry)* borůvka

bile [bail] n **1** Med žluč ■ **b. duct** žlučovod **2** fig mrzoutství, nevrlost, žlučovitost

bilge [bildž] n **1** Naut podlodí, sběrný prostor ve spodku lodi na prosáklou vodu **2** also **b. water** dnová or podpalubní voda, špinavá voda **3** sl *(nonsense)* tlachy, kecy; **don't give me that b.!** nekecej!, na to ti nenaletím!

bilingual [bai'liŋwəl] adj **1** *(notice)* dvojjazyčný, *(dictionary also)* překladový **2** *(person)* bilingvní ■ n bilingvní osoba, osoba mluvící dvěma jazyky

bilingualism [bai'liŋwəlizəm] n bilingvismus

bilious ['biliəs] adj **1** Med žlučníkový; **b. attack** žlučníkový záchvat **2** *(irritable)* mrzoutský, nevrlý

bilk [bilk] vt inf **b. sb out of his money** ošidit někoho o peníze

bill$_1$ [bil] n **1** *(of bird)* zobák **2** Geog úzký výběžek pevniny • vi *(doves)* cukrovat se; **b. and coo** *(lovers)* cukrovat se, pusinkovat se

bill$_2$ [bil] n **1** účet, *(for furniture, services* etc*)* faktura; **a b. for £10** účet na deset liber; **make out a b.** vystavit účet; **pay a b.** vyrovnat účet **2** Br *(in restaurant, hotel* etc*)* účet; *(amount)* **a large b.** velký účet, velká útrata; **could we have the b.?** pane vrchní, platím; platit, prosím; **foot the b.** zaplatit v restauraci, inf zatáhnout to **3** Amer *(banknote)* bankovka; **a ten-dollar b.** desetidolarová bankovka, inf desetidolarovka **4** *(poster)* plakát; *(notice)* vyhláška; **Stick no ~s!** Plakátování zakázáno!, Lepení plakátů zakázáno! **5** Theat *(programme)* program; **double b.** dvouprogram; **head** or **top the b.**, **be top of the b.** být hlavní atrakcí programu, být hvězdou večera etc **6 b. of fare** jídelní lístek, jídelníček; fig program **7 fill** or **fit the b.** vyhovovat, být vhodný **8** *(certificate)* Comm **b. of exchange** směnka; **b. of lading** konosement; Naut **b. of health** zdravotní pas lodi; **b. of delivery** dodací list **9** Parl návrh zákona; **pass/ reject the b.** přijmout/ zamítnout návrh zákona **10 B. of Rights** Br Listina práv ústava z r. 1689; Amer prvních deset dodatků k ústavě USA z r. 1791 **11 b. of indictment** obžalovací spis • vt **1** *(announce)* oznámit plakátem or vyhláškou **2** *(play, actor)* ohlásit, dát na program **3** *(charge)* účtovat; **b. sb for sth** účtovat komu co, poslat někomu účet or fakturu za co

billboard ['bilbo:d] n; esp Amer vývěsní tabule, plakátovací plocha

billet ['bilit] n Mil **1** *(order)* ubytovací rozkaz **2** *(lodging)* ubytování vojáků ap. zvl. v soukromých domech • vt *(troops)* ubytovat; **b. troops on a town** ubytovat vojáky ve městě; **b. five soldiers on Mr S.** ubytovat pět vojáků u pana S.

billet-doux [bilei'du:] n (pl **billets-doux** [bilei'du:z]) often joc milostné psaníčko also iron

billfold ['bilfəuld] n Amer náprsní taška

billhook ['bilhuk] n zahradnický nůž, žabka

billiard- ['biljəd-] in compounds kulečníkový; **b.-ball** kulečníková koule; **b.-cue** tágo

billiards ['biljədz] n (+sg v) kulečník; **let's have a game of b.** zahrajme si kulečník

billing ['biliŋ] n Theat **give sb the top b.** ohlašovat koho jako hvězdu programu, uvést koho na prvním místě v programu

billion ['biljən] n Br bilion; esp Amer miliarda

billionaire [biljə'neə(r)] n miliardář, multimilionář

billow ['biləu] vi also **b. out** *(sail, skirt)* vzdouvat se; **smoke ~ed from the building** z budovy se valil dým

billowy ['biləui] adj *(sea)* rozvlněný, vzdouvající se, vzedmutý

billposter ['bilpəustə(r)], **billsticker** ['bilstikə(r)] n lepič plakátů

billy-goat ['biligəut] n kozel

bimbo ['bimbəu] n sl *(empty-headed young woman)* ≅ fiflena, nána

bimonthly [bai'manθli] adj vycházející každé dva měsíce • n *(journal)* dvouměsíčník

bin [bin] n **1** *(rubbish)* nádoba na smetí **2** *(for coal)* truhlík; *(for corn)* zásobník

binary ['bainəri] adj binární, dvojkový; *(in computing)* **b. digit** dvojková číslice, bit; **b. notation** dvojkový zápis; **b. system** dvojková or binární soustava

bind [baind] v (pt, pp **bound** [baund]) **I** vt **1** *(X and Y)* svázat/ svazovat; *(A to B)* přivázat/ přivazovat; *(book)* vázat, svázat; **b. sb's legs (together)** svázat někomu nohy; **b. sb to a tree** přivázat or připoutat koho ke stromu **2** *(person)* spoutat; **b. sb hand and foot** svázat koho na rukou i na nohou; fig **be bound hand and foot** být bezmocný **3** *(wound, arm* etc*)* obvázat/ obvazovat, *(again)* převázat/ převazovat **4** *(constrain)* zavázat/ zavazovat; **b. sb to secrecy** zavázat koho k mlčenlivosti; **b. oneself to do sth** zavázat se k čemu, vzít na sebe povinnost něco udělat; **be bound to do sth** musit or mít povinnost něco udělat **5** *(substances: together)* tmelit, pojit **II** vi *(cement)* tvrdnout; *(sauce)* houstnout **III** phr v ■ **bind sb over** Jur dát komu podmínku; **b. sb over for six months** odsoudit koho podmíněně k šesti měsícům • n **1** Mus ligatura, oblouček **2** sl **a bit of a b.** nepříjemná situace, brynda

binder ['baində(r)] n **1** *(person)* knihař **2** Agr samovazač **3** *(for papers)* pořadač; *(for magazines)* desky **4** *(binding agent)* pojivo, tmel, lepidlo

binding$_1$ ['baindiŋ] n **1** *(of book)* vazba **2** *(edge)* lem, obruba **3** *(on skis)* vázání

binding$_2$ ['baindiŋ] adj *(agreement, contract)* závazný

bindweed ['baindwi:d] n Bot svlačec

binge [bindž] n inf flám, tah; **go on a b.** jít na flám, jít na tah

bingo ['biŋgəu] n bingo hra • interj **b.!** *(expression of satisfaction)* a je to!, to je ono!

binoculars [bi'nokjuləz] n pl (also **a pair of b.**) dalekohled

binomial [bai'nəumiəl] adj Math binomický, dvoučlenný • n dvoučlen, binom

biochemical [baiəu'kemikl] adj biochemický

biochemist [baiəu'kemist] adj biochemik

biochemistry [baiəu'kemistri] n biochemie

biodegradable [baiəudi'greidəbl] adj podléhající rozkladu působením mikroorganismů

biographer [bai'ogrəfə(r)] n životopisec

biographic(al) [baiə'græfik(l)] n životopisný, biografický

biography [bai'ogrəfi] n životopis, biografie

biological [baiə'lodžikl] adj biologický; **b. warfare** biologická válka

biologist [bai'olədžist] n biolog

biology [bai'olədži] n biologie

bionic [bai'onik] adj bionický ● **~s** n bionika

biophysical [baiəu'fizikl] n biofyzika

biophysicist [baiəu'fizisist] n biofyzik

biophysics [baiəu'fiziks] n biofyzika

biopsy ['baiopsi] n (**-ies**) Med biopsie

biorhythm ['baiəuriðəm] n biorytmus

biosphere ['baiəusfiə(r)] n biosféra

biotechnology [baiəutek'nolədži] n biotechnologie

bipartisan [baipa:ti'zæn] adj týkající se dvou politických stran zpravidla opozičních; *(discussions, policy)* s účastí dvou politických stran

bipartisanship [baipa:ti'zænšip] n systém dvou politických stran

bipartite [bai'pa:tait] adj **1** *(divided into two parts)* dvoudílný **2** *(involving two groups)* dvoustranný, bilaterální; **a b. agreement** dvoustranná dohoda

biped ['baiped] adj dvounohý ● n dvounožec

biplane ['baiplein] n Aviat dvojplošník

birch [bə:č] n **1** Bot bříza **2** *(wood)* bříza, březové dřevo; *(b. rod)* březový prut; *(bundle)* březová metla ● vt (se)šlehat březovou metlou

bird [bə:d] n **1** pták; *(small)* ptáček; **b. of prey/ passage** dravý pták, dravec/ stěhovavý or tažný pták; **b. of paradise** rajka ♦ **a little b. told me** povídá se, doneslo se mi; **eat like a b.** jíst jako vrabec; **be an early b.** brzy vstávat, být ranní ptáče; **a b. in the hand is worth two in the bush** lepší vrabec v hrsti, než holub na střeše; **kill two ~s with one stone** zabít dvě mouchy jednou ranou; **that's strictly for the ~s** sl to je pro kočku; **talk to sb about the ~s and the bees** promluvit s kým o tom, jak přicházejí na svět děti **2** fig inf *(person)* ptáček, chlápek; **a home b.** pecivál; **he's a queer b.** dated je to povedený ptáček or podivný patron; **he is a cunning old b.** je to starý lišák; **night b.** fig noční pták ♦ **the b. has flown** fig ptáček uletěl or upláchl; **the early b. catches the worm** ranní ptáče dál doskáče; **birds of a feather flock together** vrána k vráně sedá **3** sl *(girl)* kočka, buchta **4** sl **give sb the b.** vypískat koho **5** sl *(imprisonment)* **do b.** sedět, být v base

birdbath ['bə:dba:θ; pl -ba:ðz] n koupadlo pro ptáky v zahradě

birdbrained ['bə:dbreind] adj pitomý, fig mající slepičí or ptačí mozek

birdcage ['bə:dkeidž] n ptačí klec

birdie ['bə:di] n inf *(little bird)* ptáček

birdlime ['bə:dlaim] n ptačí lep

bird sanctuary [bə:d'sæŋkčuəri] n ptačí rezervace

birdseed ['bə:dsi:d] n ptačí zob

bird's-eye view [bə:dzai'vju:] adj pohled z ptačí perspektivy

bird-watcher ['bə:dwočə(r)] n milovník ptactva mající zálibu v pozorování ptáků v přírodě, ornitolog amatér

bird-watching ['bə:dwočiŋ] n pozorování a zprav. amatérské studium ptáků v přírodě, amatérská ornitologie

biretta [bi'retə] n Eccl biret, kvadrátek

biro, Biro ['baiərəu] n (pl **~s**) propisovačka, inf propiska

birth [bə:θ] n **1** narození; **at b.** při narození; **he weighed three kilos at b.** při narození vážil 3 kg; **deaf from** or **since b.** hluchý od narození; **sb's right by b.** něčí nezadatelné právo; **give b. to a child** porodit dítě; **she has given b. to a son** porodila syna, má syna, narodil se jí syn ■ **b. certificate** křestní list; **b. control** *(contraception)* antikoncepce; *(family planning)* regulace porodnosti **2** Med porod; Zool vrh; **still b.** porod or narození mrtvého dítěte; **b. pangs** porodní bolesti; **he was present at the b.** byl přítomen při porodu; **she gave b. prematurely** měla předčasný porod; **there are more ~s than deaths** porodnost převyšuje úmrtnost ■ **b. rate** porodnost **3** *(descent)* **be of noble b.** být urozeného or šlechtického původu; **be of humble** or **low b.** pocházet z prosté rodiny; **be of good b.** být z dobré rodiny; **she is Czech by b.** je českého původu, rodem je Češka **4** fig *(of movement)* vznik, počátky; *(company, party)* vznik, založení; *(of new era)* příchod, nástup, zrození; **crush a rebellion at b.** zlikvidovat vzpouru v zárodku

birthday ['bə:θdei] n narozeniny; **on my b.** v den mých narozenin; **it is his b.** má narozeniny; **when is his b.?** kdy má narozeniny?; **happy b.!** všechno nejlepší k narozeninám! ■ **b. cake** dort k narozeninám ■ **B. honours** Br udílení poct a titulů v den oficiálních panovníkových narozenin a na Nový rok ■ **b. party** večírek na oslavu narozenin ■ **b. present** dár(ek) k narozeninám ■ **b. suit** roucho Adamovo; **in his b. suit** jak ho Pánbůh stvořil

birthmark ['bə:θma:k] n mateřské znaménko

birthplace ['bə:θpleis] n rodiště

birthright ['bə:θrait] n **1** *(right of first-born)* právo prvorozeného **2** *(natural)* právo, se kterým se člověk narodil, nezadatelné právo

Biscay ['biskei] n **the Bay of B.** Biskajský záliv

biscuit ['biskit] n **1** Br sušenka, keks ♦ **that (really) takes the b.** to tu ještě nebylo, to je vrchol, to už přestává všecko **2** Amer *(scone)* vdolek **3** *(colour)* béžová barva

bisect [bai'sekt] vt rozpůlit, rozříznout

bisection [bai'sekšn] n rozpůlení

bisexual [bai'sekšuəl] adj bisexuální, dvojpohlavní, oboupohlavní ● n *(b. person)* bisexuál

bishop ['bišəp] n **1** Eccl biskup **2** *(in chess)* střelec

bishopric ['bišəprik] n **1** *(office)* biskupství **2** *(diocese)* diecéze

bismuth ['bizməθ] n vizmut

bison ['baisn] n Zool **1** Amer bizon **2** *(European)* zubr

bistro ['bi:strəu] n bistro

bit$_1$ [bit] n **1** *(small piece)* kousek; *(of glass)* střep; **a b. of cheese/ bread/ paper** kousek sýra/ chleba/ papíru; **fall** or **come to ~s** rozpadnout se na kousky; **smash sth to ~s** rozbít něco na kousky ♦ **one's ~s and pieces** svých pět švestek; **try to pick up the ~s and pieces** snažit se zachránit, co se dá; **it is every b. as good (as sth)** není to o nic horší (než co), úplně se to vyrovná (čemu); **be thrilled to ~s** být u vytržení radostí **2** *(with abstract nouns)* **a b. of news** zpráva; **a b. of advice** rada **3** *(small quantity)* **a b. of** trochu čeho; **a b. of everything** od všeho trochu; **a b. of sugar** trochu cukru **4** *(a lot)* inf **a fair b. of sth** dost, mnoho; **it cost a fair b. of money** přišlo to na pěkný peníz, stálo to dost peněz; **it will take a b. of doing** nebude to lehké, čeká nás pěkný kus práce **5** *(with time)* chvíle, chvilka, chvilička; **wait a b.** počkejte chvilku; **it takes quite a b. of time** dost dlouho to trvá, zabere to dost času **6** *(slightly, rather)* **a b.** trochu, dost, poněkud; **a b. tired** trochu unavený; **I am a b. late** trochu jsem se opozdil ♦ **b. by b.** postupně, pozvolna, kousek po kousku; **not a b. of it** ani v nejmenším; **it's not a b. of use** to není k ničemu, nemá to žádnou cenu; sl **a b. of fluff** or **skirt** or **stuff** (je to) kus pěkný holky; **he/ she is a b. of all right** je to bezva or prima kluk/ holka **7** *(coin)* Br Hist malá mince, Amer dated 12,5 centu; **a threepenny b.** Br dated třípence **8** Theat **b. part** vedlejší role, rolička

bit$_2$ [bit] n Comput bit

bit$_3$ [bit] n **1** *(of bridle)* udidlo ♦ **take the b. between one's teeth** zakousnout se do něčeho do problému, úkolu ap., začít něco energicky řešit **2** Techn *(of plane)* nůž hoblíku; *(of drill)* korunka, břit; *(of key)* zub

bit$_4$ [bit] pt of **bite**

bitch [bič] n **1** *(of dog)* fen(k)a; *(of fox)* liščí samice, liška; *(of wolf)* vlčice **2** fig vulg mrcha, svině; *(spiteful woman)* hašteřivá ženská, xantipa; **silly b.** kráva pitomá; **don't be such a b.!** nebuď taková potvora! **3** sl *(difficult problem)* otrava **4** *(grumble)* **have a b. about sth** postěžovat si na co, remcat na co **5** vulg **son of a b.** čubčí syn, z kurvy syn ● **I** vi remcat (**about sb/ sth** na koho/ co) **II** phr vs ■ **bitch sb out** seřvat koho za něco ■ **bitch sth up** vulg zmrvit or zvorat or posrat něco

bitchy ['biči] adj *(spiteful)* zlomyslný; *(quarrelsome)* svárlivý; *(malicious)* potouchlý, škodolibý; *(remarks)* uštěpačný, jízlivý, kousavý; **be b. about sb** dělat o někom uštěpačné poznámky

bite [bait] n **1** *(act of biting)* kousnutí; **he took a b. of the apple** ukousl si z jablka ♦ **his bark is worse than his b.** pes, který štěká, nekouše; **get a second** or **another b. at a cherry** dostat ještě jednu šanci **2** *(wound)* kousnutí; *(fleab.)* štípnutí; *(snakeb.)* uštknutí; **love b.** cucflek vulg **3** *(of food)* sousto, něco malého k jídlu; **have a b. of food** trochu pojíst, narychlo pojíst, dát si něco na zub; **I haven't had a b. to eat all day** celý den jsem nic nejedl, celý den jsem neměl nic v puse **4** *(of fish)* zabrání **5** *(sharpness: of sauce, meals* etc) pikantnost; **a b. in the air** mrazík; **there was no b. in his words** jeho slova neměla šťávu **6** *(of tyres, screws)* záběr **7** *(position of teeth)* skus ● **I** vt (pt **bit**, pp **bitten**) **1** kousnout, kousat, pokousat; *(insects* also*)* štípat, poštípat; *(snake)* uštknout; **b. one's nails** kousat si nehty, fig být nervózní ♦ **b. sb's head off** fig zhurta se na koho obořit; **what's ~ing you?** co ti je?, co tě trápí?, sl co tě žere?; **b. one's tongue** fig kousnout se do jazyka, zarazit se v řeči; **be bitten by the latest fashion** nechat se pobláznit or nakazit nejnovější módou; **b. the dust** sl natáhnout bačkory, hryzat hlínu, *(plan, firm)* ztroskotat; **once bitten, twice shy** koho kaše spálila, i na podmáslí fouká **2** *(frost, mustard, pepper)* pálit, štípat **3** *(acid)* leptat, rozežírat **4** *(passive)* **be bitten** být ošizen, napálit se **II** vi **1** *(dog)* kousat; *(insects* also*)* štípat **2** *(fish)* brát; **the fish won't b.** ryby (vůbec) neberou **3** *(frost, pepper)* pálit, štípat, *(wind* also*)* řezat; *(smoke)* štípat do očí; **the price rises are beginning to b.** zvýšení cen se už začíná projevovat nepříjemně **4** *(saw, wheels)* zabrat, zabírat **III** phr vs ■ **bite back** vt **b. back a remark, b. back one's words** fig kousnout se do jazyka, zarazit se v řeči ■ **bite into** vt **b. into sth** *(person)* fig zakousnout se do čeho; *(acid)* rozežírat, rozleptávat ■ **bite off** vt **b. off sth** *(a piece of a sandwich* etc*)* ukousnout (si) co ♦ **b. off more than one can chew** fig vzít si toho na sebe moc, vzít si příliš velké sousto ■ **bite on** vt **it will give him sth to b. on** bude mít o zábavu postaráno s problémy ap. ■ **bite through sth** něco prokousnout

biter ['baitə(r)] n **it is a case of b. bit** kdo jinému jámu kopá, sám do ní padá

biting ['baitiŋ] adj *(wind)* řezavý, ostrý; *(remarks)* kousavý, uštěpačný; *(satire)* jedovatý

bitten pp of **bite**

bitter ['bitə(r)] adj **1** *(taste)* hořký, trpký ♦ **it was a b. pill for him to swallow** fig byla to pro něj hořká pilulka **2** *(winter, cold)* krutý; *(wind)* mrazivý, řezavý; *(frost)* třeskutý **3** *(person)* zatrpklý, zahořklý **4** *(enemy)* úhlavní, nepřítel na život a na smrt **5** *(struggle)* urputný, lítý **6** *(experience)* trpký; *(truth)* trpký, nepříjemný; *(tears)* hořký; *(criticism)* ostrý, nemilosrdný ● n **1** Br druh piva s hořkou příchutí chmele **2 ~s** *(liquor)* hořká (kořalka) ■ **~ly** adv **1** *(weep)* hořce, usedavě; *(disappointed)* trpce; *(struggle)* urputně; *(criticize)* nemilosrdně **2 it was ~ly cold** byla třeskutá zima; **be ~ly opposed to sth** být nekompromisním odpůrcem čeho

bittern ['bitən] n Zool bukač

bitterness ['bitənəs] n hořkost, trpkost; *(of person)* zatrpklost, zahořklost cf also **bitter**

bitter-sweet ['bitəswi:t] adj sladkohořký; fig *(memory* etc*)* sladkobolný ● n Bot potměchuť

bitty ['biti] adj **(-ier, -iest) 1** útržkovitý, fragmentární; *(hastily put together)* zflikovaný **2** Amer dial *(tiny)* malinký, mrňavý

bitumen ['bitjumən] n Min bitumen, živice

bituminous [bi'tju:minəs] adj živičný; **b. coal** kamenné uhlí

bivouac ['bivuæk] n bivak, tábor pod širým nebem bez stanů ● vi (pt, pp **bivouacked**) bivakovat, tábořit pod širým nebem

biweekly [bai'wi:kli] adj **1** *(fortnightly)* čtrnáctidenní, dvoutýdenní **2** *(twice a week)* *(meetings, events)* konající se dvakrát týdně, *(newspaper)* vycházející dvakrát týdně ● adv **1** *(fortnightly)* jednou za dva týdny **2** *(twice a week)* dvakrát týdně ● n *(journal)* čtrnáctideník

bizarre [bi'za:(r)] adj bizarní; *(eccentric)* výstřední

blab [blæb] v **(-bb-) I** vi *(chatter)* žvanit, tlachat **II** vt also **b. out** *(secret)* vyžvanit, vybreptat

blabber ['blæbə(r)] vi inf see **blab (I)** ● n inf žvanění, tlachání

blabbermouth ['blæbəmauθ] n inf žvanil, tlachal

black [blæk] adj **1** *(colour)* černý; **b. coffee** černá káva; **b. as coal/ pitch** černý jako uhel/ smola; **b. and white** černobílý; *(put sth)* **in b. and white** černé na bílém; **beat sb b. and blue** zbít koho, až je celý modrý; **give sb a b. eye** udělat komu modřinu na oku or monokl; **b. beetle** šváb; **b. box** Aviat černá skříňka; **b. hole** Astron černá díra; **b. ice** náledí; **b. pudding** ≅ jelito, krevní tlačenka; see also **b. tie** ♦ **be in sb's b. books** být u koho špatně zapsán **2** Comm **b. economy** podnikání na černo; **b. market** černý trh; **b. money** černé příjmy **3** *(Negro, African)* černý, černošský **4** *(dirty)* špinavý **5** *(angry)* zlostný, nepřátelský; **give sb a b. look** zle si koho přeměřit, podívat se na koho zlostně **6** *(wicked)* špatný, zlý; **a b. deed** špatný čin; **b. magic** černá magie; **b. spot** místo častých nehod; **the b. sheep of the family** černá ovce rodiny **7** *(gloomy: prospects, future* etc*)* ponurý, chmurný; **a b. day** černý den; **be in a b. mood** být v depresi ♦ **things are looking b.** vypadá to špatně; **b. despair** naprosté zoufalství ● n **1** černá barva, čerň; **be dressed in b.** být oblečen v černém **2 B.** *(negro)* černoch/ černoška; **discrimination against B~s** diskriminace černochů **3 be in the b.** mít aktivní saldo na kontě, nebýt už prodělečný, (Subj: *national economy)* mít aktivní platební bilanci ● **I** vt **1** *(make b.)* začernit; *(shoes)* vyleštit **2** *(goods – by strikers)* bojkotovat **II** phr v ■ **black out** *I* vt **1** *(windows)* zatemnit; *(lights)* zhasnout; *(broadcasting)* přerušit **2** *(passages: with ink* etc*)* začernit *II* vi **1** *(faint)* omdlít, ztratit vědomí **2** Amer sl mít okno po pití

blackamoor ['blækəmo:(r) or -muə(r)] n dated pej mouřenín, negr

blackball ['blækbo:l] vt hlasovat proti komu; **b. a candidate** hlasovat proti něčí kandidatuře

blackberry ['blækbəri] n **1** *(fruit)* ostružina **2** Bot ostružiník ● vi **go ~ing** jít na ostružiny

blackbird ['blækbə:d] n Orn kos

blackboard ['blækbo:d] n Sch tabule

blackcurrant [blæk'karənt] n černý rybíz plod i keř

blacken ['blækən] vt **1** *(paint black)* načernit, nabarvit na černo, začernit/ začerňovat **2** *(reputation, character)* očernit/ očerňovat, (po)špinit; **b. sb's name** utrhat komu na cti

blackguard ['blæga:d] n somewhat dated gauner, lump, ničema

blackish ['blækiš] adj černavý, načernalý

blackjack ['blækdžæk] n **1** *(flag)* černá pirátská vlajka **2** Card game jednadvacet **3** Amer zabiják kůží obalený kus železa

blackleg ['blækleg] n **1** stávkokaz **2** Amer podvodný hráč ● **I** vi *(during strike)* dělat stávkokaze **II** vt **b. sb** chovat se nesolidárně vůči komu v době stávky

blacklist ['blæklist] n černá listina ● vt **b. sb** dát koho na černou listinu

blackmail ['blækmeil] n vydírání, vyděračství ● vt vydírat

blackmailer ['blækmeilə(r)] n vyděrač

blackness ['blæknəs] n **1** *(colour)* čerň, černost; *(of eyes, hair)* černá barva **2** *(darkness)* tma, temnota **3** *(of mood)* melancholičnost

blackout ['blækaut] n **1** Med (dočasná) ztráta vědomí, inf okno **2** *(of lights)* výpadek proudu; *(during war)* zatemnění; Theat zhasnutí jevištních světel **3** **news b.** zákaz vysílání (určitých) zpráv

blackshirt ['blækšə:t] n Pol černá košile, černokošiláč, fašista

blacksmith ['blæksmiθ] n kovář

blackthorn ['blækθo:n] n Bot trnka

black tie [blæk'tai] n černý motýlek ke smokinku ● adj **b.-t. dinner** banket pro lepší vrstvy ve společenském oblečení nebo smokinku

bladder ['blædə(r)] n **1** Anat močový měchýř; **gall b.** žlučník **2** Ftb duše míče

blade [bleid] n **1** *(of knife* etc*)* čepel, ostří **2** *(razor b.)* žiletka, čepelka **3** *(of turbine)* lopatka; *(of propeller, oar)* list **4** *(of grass)* stéblo

blame [bleim] n **1** *(responsibility)* vina; **put** or **lay the b. (for sth) on sb** vinit koho (za co), dávat komu vinu (za co), činit koho zodpovědným za co; **take the b. for sth** vzít na sebe vinu za co **2** *(criticism)* **incur much b. for sth** být za něco ostře kritizován ● vt **b. sb for sth** vinit koho za co, vytýkat or vyčítat komu co; **b. sth on sb** činit koho zodpovědným za co; **nobody ~s you** nikdo vám to nevyčítá ♦ **he is to b.** zavinil to on, může za to on; **he has only himself to b.** zavinil si to sám

blameless ['bleimləs] adj nevinný; *(life)* bezúhonný

blameworthy ['bleimwə:ði] adj zasluhující pokárání; vinný

blanch [bla:nč] **I** vt **1** *(whiten)* bílit, bělit **2** *(scald)* svařit, blanšírovat **II** vi *(of person: go pale)* zblednout jako stěna

blancmange [blə'mondž] n Cook flameri, pudink

bland [blænd] adj **1** *(person, manner)* mírný, nevzrušivý **2** *(climate)* mírný; *(food)* neslaný nemastný; *(taste)* nijaký

blandishments ['blændišmənts] n pl lichocení, lichotky, pochlebování

blank [blæŋk] adj **1** prázdný; *(without writing)* prázdný, čistý, nepopsaný; *(form)* prázdný, nevyplněný ♦ **a b. cheque** bianko šek, fig carte blanche, naprostá volnost v rozhodování **2** Comput *(diskette)* prázdný **3** *(face)* bezvýrazný, prázdný; *(look)* prázdný, nepřítomný, apatický; **give sb a b. look** podívat se na koho nepřítomně; **my mind went b.** vypověděla mi paměť, inf měl jsem okno, přestalo mi to myslet **4** *(wall, window)*, Mil *(cartridge)* slepý; **a b. shot** výstřel naslepo **5** *(refusal)* kategorický; *(despair)* absolutní; *(rejection)* totální; *(astonishment)* němý ● n **1** *(space)* prázdné místo, mezera; *(in sb's education)* nedostatky, mezery; **his mind was a b.** nemohl si na nic vzpomenout, v hlavě měl úplně prázdno **2** *(lottery ticket)* nevyhrávající los; **draw a b.** nevyhrát v loterii, fig snažit se bezvýsledně získat informaci ap., nemít štěstí tj. nedopátrat se něčeho **3** Amer formulář, tiskopis; **question b.** dotazník **4** Mil slepá patrona **5** *(in domino)* kostka bez teček buď v jednom poli nebo v obou **6** Techn předrobek, předlisek ■ **~ly** adv **1** *(without expression)* bezvýrazně; tupě; nepřítomně **2** *(flatly)* **deny sth ~ly** kategoricky něco popřít ● vt Amer Sport nandat or natřít to komu, rozdrtit koho

blanket ['blæŋkit] n **1** deka, (vlněná) přikrývka; **electric b.** elektrická dečka ♦ **a wet b.** inf hořká huba, mrzout; **born on the wrong side of the b.** nemanželský, nelegitimní **2** fig **a b. of snow** sněhová pokrývka; **a b. of mist** závoj mlhy ● adj *(wage increase)* paušální, *(price* also*)* jednotný; *(rule)* obecný; *(insurance, cover)* všeobecný; **b. insurance** sdružené pojištění ● vt *(cover: snow)* pokrýt/ pokrývat, *(fog, cloud, smoke)* (za)halit, zahalovat

blank verse [blæŋk'və:s] n blankvers

blare [bleə(r)] n lomoz, velký hluk; *(of trumpets)* vřeštění; *(of trombone)* řvaní; *(of* *sirens)* ječení, jekot; *(of radio, loudspeaker)* vřískání ● **I** vi *(trumpets)* vřeštět; *(sirens)* ječet; *(radio)* vyřvávat **II** phr v ■ **blare out** *I* vt *(command)* zavřísknout *II* vi rozeřvat se, rozječet se see **blare** vi

blarney ['bla:ni] n lichocení, pochlebování, mazání medu kolem úst; **give sb the b. about why ...** navykládat komu, proč ... ♦ **to have kissed the b. stone** být rozený lichotník ● v(t)i lichotit, pochlebovat (**sb** komu)

blasé ['bla:zei] adj blazeovaný

blaspheme [blæs'fi:m] vt(i) klít, rouhat se; **b. (against) God** brát jméno boží nadarmo

blasphemer [blæs'fi:mə(r)] n rouhač

blasphemous ['blæsfəməs] adj *(language, curses)* rouhavý

blasphemy ['blæsfəmi] n rouhání

blast [bla:st] n **1** *(of wind)* závan, poryv; *(of hot air)* silný proud ♦ **at full b.** na plné obrátky, naplno; **the radio was on full b.** rádio hrálo naplno **2** *(of horn)* zatroubení; *(of siren)* zahoukání, zaječení; *(of trumpets)* hlahol **3** *(explosion)* výbuch ■ **b. bomb** trhavá puma **4** *(shock wave)* tlaková vlna ● **I** vt **1** *(rock)* odstřelovat or trhat trhavinou; *(blow up)* vyhodit do povětří ♦ **b. (it)!** inf zatraceně!, čert aby to vzal! **2** *(plants by frost* etc*)* sežehnout, spálit **3** *(criticize)* ztrhat **4** Amer *(defeat)* rozdrtit, nandat to komu **II** phr v ■ **blast off** *I* vt *(rocket)* odpálit *II* vi odstartovat, být odpálen

blasted ['bla:stid] adj attr; sl zatracený

blast-furnace ['bla:st ˌfə:nis] n vysoká pec

blasting ['bla:stiŋ] n **1** *(of rock* etc*)* odstřelování trhavinou **2** *(harsh criticism)* **the critics gave the play a terrible b.** kritikové hru ztrhali or nemilosrdně zkritizovali

blast-off ['bla:stof] n odpálení

blatant ['bleitənt] adj *(very obvious)* očividný, zjevný; *(lie)* nestoudný; *(insolence)* bezostyšný ■ **~ly** adv bezostyšně, nestoudně

blather ['blæðə(r)] vi esp Amer žvanit, tlachat, blábolit

blatherskite ['blæðəskait] n **1** *(talkative person)* žvanil, tlachal **2** *(foolish talk)* žvanění, tlachy, blábol

blaze$_1$ [bleiz] n **1** *(fire)* oheň; *(conflagration)* požár; **burst into a b.** vzplanout plamenem; **die in the b.** zahynout při požáru; **put out the b.** uhasit požár **2 a b. of lights** záře or třpyt světel; **a b. of colours** barevná nádhera; **a b. of publicity** hlučná reklama **3** *(of sun, fire)* žár **4** fig *(outburst)* **a b. of anger** výbuch hněvu **5** expr **he ran like ~s** běžel co mu nohy stačily, běžel div si nesrazil hlavu or vaz; **he worked like ~s** makal jako šroub; **what the ~s does he want?** inf co k čertu or k sakru chce?; **go to ~s!** jdi k čertu! ● **I** vi **1** *(fire)* hořet (jasným plamenem), planout; **the house was blazing** dům byl v plamenech **2** *(jewels, lights)* zářit, třpytit se **3** *(guns)* pálit **4 b. with anger** planout hněvem, zuřit, třást se vztekem **II** phr vs ■ **blaze away 1** *(guns)* pálit **2** *(work)* **b. away at sth** pracovat na něčem ze všech sil ■ **blaze down** *(sun)* pražit, sálat ■ **blaze up** *(fire)* šlehat k nebi; fig *(in anger)* vzplanout or vybuchnout vztekem

blaze$_2$ [bleiz] n *(on horse's head* etc*)* lyska, lysina; *(on tree)* značka ● vt *(path)* označkovat, opatřit značkami ♦ **b. a trail** fig razit nové cesty

blazer ['bleizə(r)] n sako, blejzr pro námořníky, sportovce a jako součást školní uniformy

blazing ['bleiziŋ] adj **1 a b. building** budova v plamenech **2** *(sun)* sálající, pražící, pálící **3 a b. scent** *(in hunting)* horká stopa **4 a b. row** zuřivá hádka

blazon ['bleizən] n erbovní štít, erb ● vt *(news* etc*)* rozhlásit, zveřejnit

bldg abbr of **building** budova

bleach [bli:č] n bělicí or odbarvovací prostředek, bělidlo ● vt(i) *(cotton, linen)* (vy)bělit (se); *(hair)* odbarvit (se); **have one's hair ~ed** dát si odbarvit vlasy

bleachers ['bli:čəz] n pl Amer Sport *(seats)* levná sedadla v nekryté části stadiónu

bleak$_1$ [bli:k] adj **1** *(hills* etc*)* holý, pustý; *(countryside)* bezútěšný **2** *(weather)* sychravý, drsný, nevlídný **3** *(future)* bezútěšný; *(existence)* neradostný, smutný, pochmurný

bleak$_2$ [bli:k] n Zool *(fish)* ouklej

bleary ['bliəri] adj (**-ier, -iest**) **b. eyes** kalné oči, *(after sleep)* ospalé oči

bleary-eyed [bliəri'aid] adj mající kalné or ospalé oči

bleat [bli:t] n mekot, mečení ● vi **1** *(animal)* mečet, bečet **2** expr *(person)* remcat, žehrat

bled [bled] pt, pp of **bleed**

bleed [bli:d] v (pt, pp **bled** [bled]) **I** vi Med krvácet; **his nose is ~ing** teče mu krev z nosu; **b. to death** vykrvácet ♦ **my heart ~s for you** iron je mi tě strašně líto, srdce mi to může utrhnout **II** vt **1** Med pouštět/ pustit komu žílou **2** fig **b. sb** pouštět/ pustit komu žílou, tahat z koho prachy; *(extort)* vydírat ♦ **b. sb white** or **dry** oškubat koho, obrat koho o všechny peníze or inf prachy **3** Techn *(brakes, radiators)* odvzdušnit

bleeder ['bli:də(r)] n **1** Med hemofilik **2** Br sl mizera, lump, hajzlík **3** Br sl *(person)* chlápek, individuum; **you lucky b.!** ty máš, chlape, z pekla štěstí!; **you poor old b.!** chudáčku stará; **you stupid b.!** ty osle pitomá! 4 **a b. of a headache** příšerná bolest hlavy; **a b. of a snowstorm** strašná metelice

bleeding ['bli:diŋ] n see **bleed** vti 1 krvácení 2 pouštění žílou ● adj 1 krvácející 2 euph = **bloody**; zatracený; mizerný ● adv **not b. likely!** ani nápad!, tůdle!

bleep [bli:p] n *(single: of transmitter, computer etc)* (za)pípnutí; *(repeated)* pípání ● v *(transmitter)* (za)pípat

bleeper ['bli:pə(r)] n *(in hospitals)* zvukové signalizační zařízení, 'pípák'

blemish ['blemiš] n *(defect)* vada, kaz; *(stain)* skvrn(k)a, flíček; fig poskvrna; **without (a) b.** bezvadný, *(reputation, character)* bezúhonný ● vt *(character)* pošpinit, poskvrnit; *(beauty)* narušit; *(performance)* trochu pokazit

blench [blenč] vi trhnout sebou, ucuknout

blend [blend] n 1 *(of coffee, tobacco etc)* směs 2 Ling splynulina, kufříkové slovo složenina tvořená vynecháním konce první složky a začátku složky druhé ● I vt 1 *(teas, whiskies etc)* (s)míchat, (s)mísit; *(cultures)* (s)mísit 2 Cook *(in blender)* mixovat, rozmixovat; **b. sth in** něco vmíchat II vi mísit se; *(match)* ladit, hodit se k sobě; **b. with sth** harmonovat s čím, splývat s čím; **b. with the landscape** *(houses etc)* zapadat do krajiny, harmonovat s krajinou III phr v ■ **blend in** *I* vt *(flavouring)* vmíchat *II* vi **b. in with sth** ladit s čím

blender ['blendə(r)] n mixér; **hand b.** ruční mixér

bless [bles] vt (pt, pp **~ed** or **blest**) 1 **b. sb** (po)žehnat komu, dát or udělit komu požehnání ♦ **God b. you** Bůh vám žehnej!; **(God) b. you!** *(after a sneeze)* pozdrav pámbu!, ať slouží!; **he hasn't a penny to b. himself with** nemá ani vindru or halíř 2 *(consecrate)* **b. the bread and wine** požehnat chléb a víno; **b. oneself** pokřižovat se 3 *(in exclamations)* somewhat dated (pp **blest**) **b. me!, b. my soul!, I'm blest!** pro pána!, dobrotivé nebe!; **b. me if it isn't John!** ale to je přece John!; **I am blest if I know** přisámbohu or na mou duši (o tom) nevím! 4 **be ~ed with sth** být obdařen čím; **be ~ed with good health** těšit se dobrému zdraví; **they were ~ed with four children** Bůh je obdařil čtyřmi dětmi 5 *(praise)* velebit, chvalořečit, vzdávat chválu komu/ čemu; **I b. the day when ...** velebím den, kdy ..., buď veleben den, kdy ...

blessed ['blesid] adj 1 Relig svatý, blahoslavený; **the B. Virgin** nejsvětější Panna Maria; **declare sb b.** prohlásit koho za blahoslaveného; **b. be thy name** posvěť se jméno tvé 2 inf zatracený; **the whole b. day** celý boží den; **I don't know a b. thing about it** inf nevím o tom ani ň, nemám o tom ani páru

blessing ['blesiŋ] n 1 Relig požehnání; **God's b.** boží požehnání 2 *(prayer before meal)* modlitba před jídlem; **ask** or **say a b.** (po)modlit se před jídlem 3 *(permission)* povolení, souhlas; **give one's b. to sth** dát k čemu svůj souhlas or fig své požehnání; **the government gave its b. to the plan** vláda tento plán schválila 4 *(good fortune)* **what a b. he didn't come!** ještě štěstí, že nepřišel; **the ~s of civilization** plody civilizace ♦ **a b. in disguise** štěstí v neštěstí

blest [blest] pt, pp of **bless**

blether ['bleðə(r)] n tlachání, žvanění, plané povídání ● vi tlachat, žvanit, plácat nesmysly

blew [blu:] pt of **blow**

blight [blait] n 1 *(disease of plants)* plíseň, sněť 2 fig kletba, metla, pohroma; **the b. of unemployment** metla nezaměstnanosti; **cast** or **put a b. on sb's life** ztrpčovat čí život 3 zanedbaná or zpustlá část města ● vt 1 *(plants)* napadnout plísní or snětí, spálit mrazem 2 fig *(hopes)* (z)hatit, *(plans also)* (z)mařit; *(future, life)* (z)kazit

blighter ['blaitə(r)] n Br inf 1 *(fellow)* chlápek, chlap; **you lucky b.!** ty máš štěstí, ty mizero! 2 pej mizera, neřád

blimey ['blaimi] interj Br sl hrome!, páni!, no ne!

blimp [blimp] adj Aviat aerostat

Blimp [blimp] n also **Colonel B.** Br úzkoprsý, nadutý konzervativec zvl. důstojník ve výslužbě, militaristický šovinista

blind [blaind] adj 1 Med slepý; **a b. man** slepec; **be b. from birth** být slepý od narození; **b. in one eye** slepý na jedno oko; **as b. as a bat** slepý jako krtek; **b. man's buff** hra na slepou bábu 2 *(for b. people)* **b. school** škola pro slepce 3 *(window)* slepý; *(door)* zazděný; **b. alley** slepá ulička also fig; **b. spot** slepé místo na sítnici; fig slabá stránka, slabina 4 Aviat **b. landing/ flying** přistání/ létání naslepo bez viditelnosti; **a b. date** schůzka naslepo; **a b. policy** krátkozraká politika 5 *(obedience, faith etc)* slepý ♦ **love is b.** láska je slepá 6 *(crossing, corner, spot)* nepřehledný 7 **be b. to sth** být slepý k čemu; **turn a b. eye to sth** přimhouřit nad čím oči 8 sl esp Amer zkárovaný, sťatý, nalitý 9 sl **a b. bit of** ani trochu; **he didn't take a b. bit of notice** absolutně to ignoroval ■ see **~ly** ● adv naslepo, poslepu; **fly b.** letět bez viditelnosti; **be b. drunk** být namol opilý ● vt 1 **b. sb** oslepit koho; **be ~ed** *(accidentally)* ztratit zrak, přijít o zrak 2 *(dazzle)* oslnit

3 *fig* **be ~ed with love/ hatred/ greed** být zaslepen láskou/ nenávistí/ chamtivostí ● n 1 *(on window)* roleta; **Venetian b.** žaluzie 2 *(cover)* záminka, předstíraný podnik např. pro zastírání špionážní činnosti 3 pl **the b.** slepci 4 Br sl pitka, flám; **go on a b.** jít na tah, jít pařit

blinder ['blaində(r)] n 1 Br sl flám, tah; **go on a b.** jít na tah, jít si vyhodit z kopýtka 2 Sport sl **play a b.** hrát fantasticky

blinders ['blaindəz] Amer = Br **blinkers**

blindfold ['blaindfəuld] n páska na oči ● vt **b. sb** zavázat komu oči ● adj, adv se zavázanýma očima, poslepu; **I could do it b.** to bych mohl udělat se zavázanýma očima or levou rukou; **b. chess** šach naslepo

blinding ['blaindiŋ] adj *(light)* oslepující, oslnivý, oslňující; **a b. headache** příšerná bolest hlavy

blindly ['blaindli] adv *(obey, follow)* slepě, zaslepeně

blindness ['blaindnəs] n slepota; fig zaslepenost

blink [bliŋk] n mrknutí; *(of light)* záblesk, problesknutí ♦ **be on the b.** *(machine)* nefungovat dobře ● I v(t)i **b. (one's eyes)** mrkat, zamrkat II vi *(lights)* blikat, probleskovat, třpytit se III phr v ■ **blink away** vt **b. away tears** potlačit slzy mrkáním

blinker ['bliŋkə(r)] n 1 *(light)* blikač, světelný indikátor s přerušovaným světlem, inf blinkr 2 **~s** *(on horse)* klapky na oči; fig klapky na očích ● vt **b. a horse** nasadit koni na oči klapky

blinkered ['bliŋkəd] adj fig omezený, úzkoprsý, s klapkami na očích

blinking ['bliŋkiŋ] adj inf *(damned)* zatracený, zpropadený; **what a b. cheek** to je do nebe volající drzost; **a b. nuisance** příšerná otrava

blip [blip] n 1 *(on screen)* světelný bod na obrazovce radaru 2 *(sound)* cvaknutí, pípnutí

bliss [blis] n blaženost, blaho, rozkoš; **it was b.** bylo to senzační

blissful ['blisful] adj báječný; *(feeling)* rajský; *(ignorance, smile)* blažený ■ **~ly** adv *(smile)* blaženě; **~ly happy** dokonale šťastný

blister ['blistə(r)] n puchýř; *(on paint)* bublinka; **I have a b.** udělal se mi puchýř ● I vt **he ~ed his feet** udělaly se mu or udělal si puchýře na nohou; **the heat ~ed the paint** v nátěru se působením tepla vytvořily bublinky II vi **his hands b. easily** dělají se mu snadno puchýře na rukou

blistering ['blistəriŋ] adj *(sun)* žhavý, sálající; *(pace)* vražedný; *(criticism)* sžíravý; *(words)* jízlivý, sarkastický

blithe [blaið] adj veselý, bezstarostný ■ **~ly** adv bezstarostně

blithering ['bliðəriŋ] adj inf absolutní, naprostý; **a b. idiot** (absolutní) kretén or cvok

B Litt [bi:'lit] abbr of **Bachelor of Letters** bakalář literárních věd postgraduální hodnost

blitz [blits] n 1 prudký útok; *(from the air)* těžký nálet 2 **the (London) B.** těžké bombardování Londýna v r. 1940-41 3 **have a b. on one's room/ flat** inf důkladně si uklidit pokoj/ důkladně vygruntovat byt ● vt (vy)bombardovat

blitzkrieg ['blitskri:g] n blesková válka

blizzard ['blizəd] n sněhová bouře, vánice

bloated ['bləutid] adj *(swollen)* nafouklý; *(face)* odulý; *(fat)* vypasený; **I feel b.** jsem nacpaný k prasknutí ♦ **be b. with pride** nadýmat se pýchou

bloater ['bləutə(r)] n uzenáč

blob [blob] n *(of water, wax)* kapka; *(of ink)* kaňka; *(of colour)* skvrna; *(of butter)* hrudka

bloc [blok] n *(of countries)* blok, seskupení

block [blok] n 1 *(of wood)* špalek; *(marble)* blok; *(of stone)* kvádr; *(paving b.)* (dlažební) kostka; *(of soap)* kostka; *(toy)* **building ~s** stavebnicové kostky, stavebnice ♦ **he/ she is a chip off the old b.** jablko nepadlo daleko od stromu 2 **the b.** popravčí špalek; **be sent to the b.** dated být odsouzen k smrti stětím 3 *(for hats)* forma na klobouky 4 Typ štoček 5 *(building)* **a b. of flats** bytovka, panelák; **a b. of houses** blok obytných domů 6 *(of seats)* skupina, blok; *(of shares)* balík 7 *(writing b.)* (poznámkový) blok, zápisník; *(for painting)* skicář 8 *(obstruction)* **a b. in a pipe** ucpání potrubí; **a traffic b.** dopravní zácpa; **a mental b.** útlum 9 *(starting b.)* startovací blok 10 fig *(dull person)* dřevo, pařez 11 Comput blok ■ **b. diagram** blokové schéma 12 **b. letter** hůlkové or tiskací písmeno; *(write sth)* **in b. letters** napsat něco hůlkovým písmem ● I vt 1 *(obstruct)* blokovat; *(road)* zatarasit, zacpat; *(sink, pipe)* ucpat 2 Sport *(player)* blokovat; *(ball)* stopnout/ stopovat 3 *(bill)* blokovat II phr vs ■ **block off** *(street)* uzavřít ■ **block out** *(sketch)* načrtnout ■ **block up** *(obstruct)* blokovat; *(pipe, nose)* ucpat; **get ~ed up** *(pipe* etc*)* ucpat se; **my nose is ~ed up** mám ucpaný nos

blockade [blo'keid] n blokáda; **run** or **break a b.** prorvat blokádu; **raise** or **lift a b.** ukončit or zrušit blokádu ● vt blokovat, uzavřít blokádou

blockage ['blokidž] n překážka, ucpání; *(traffic jam)* dopravní zácpa

blockbuster ['blokbastə(r)] n **1** Mil bomba velkého kalibru **2** fig *(film, book)* šlágr, trhák

blockhead ['blokhed] n trouba, pitomec, ťululum

blockhouse ['blokhauz] n Mil (betonová) pevnůstka

bloke [bləuk] n inf chlap, chlápek, kluk

blond [blond] adj světlovlasý, blond; **blonde** fem světlovlasá, blond ● n **blond/ blonde** blondýn/ blondýna

blood [blad] n **1** Physiol krev; **give b.** darovat krev; **the b. rushed to his head** nahrnula se mu krev do hlavy ♦ **bad b.** fig zlá krev; **there is bad b. between them** pohádali se; **in cold b.** chladnokrevně; **make sb's b. boil** pít komu krev; **her b. ran cold** stydla jí krev v žilách; **sweat b.** potit krev, pracovat do úpadu; **his hands are covered in b.** má ruce od krve, má ruce zbrocené krví; **it's like trying to get b. out of a stone** to je marná námaha, to je jako házet hrách na zeď ■ **b. bank** krevní banka; **b. count** Med krevní obraz; **b. donor** dárce krve; **b. feud** krevní msta; **b. group** krevní skupina; **b. plasma** krevní plasma; **b. poisoning** otrava krve; **b. sports** štvanice lov se štvanicí; **b. test** krevní zkouška; **b. transfusion** transfuze krve; **b. vessel** céva **2** *(descent, race)* **of English b.** anglického původu; **they are of the same b.** jsou pokrevní příbuzní ♦ **b. is thicker than water** krev není voda ■ **b. brother/ relation** pokrevní bratr/ příbuzný; **b. ties** pokrevní svazky **3** fig **fresh** or **new b.** nová krev pracovníci, členové ap.

blood and thunder [bladən'θandə(r)] n *(in films* etc*)* melodramatický děj; **a b.-and-t. story** krvák

bloodbath ['bladba:θ] n fig masakr

bloodcurdling ['blad,kə:dliŋ] adj hrůzyplný, děsivý

bloodhound ['bladhaund] n Zool bloodhound lovecký pes

bloodless ['bladlis] adj **1** *(pale)* (mrtvolně) bledý; *(insipid: person)* fádní, nanicovatý; fig *(statistics)* chladný **2** *(revolution, coup* etc*)* nekrvavý

bloodletting ['bladletiŋ] n pouštění žílou also fig

blood-red [blad'red] adj krvavě rudý

bloodshot ['bladšot] adj *(eyes)* krví podlitý

bloodstain ['bladstein] n krvavá skvrna

bloodstained ['bladsteind] adj zakrvavený, potřísněný krví, od krve ♦ **have ~ed hands** fig mít ruce poskvrněné krví

bloodstream ['bladstri:m] adj krevní oběh

bloodsucker ['bladsakə(r)] n Zool pijavice; fig vydřiduch, pijavice

bloodthirsty ['bladθə:sti] adj krvežíznivý

bloody$_1$ ['bladi] adj (**-ier, -iest**) **1** *(bloodstained: bandage* etc*)* zakrvácený, potřísněný krví **2** *(battle)* krvavý; *(nose)* krvácející, rozbitý **3** *(cruel)* krvelačný ● vt (pt, pp **bloodied**) zakrvácet, potřísnit něco krví

bloody$_2$ ['bladi] adj Br sl **1** *(utter, absolute)* naprostý, totální; **it is a b. nonsense** to je úplný or totální nesmysl **2** *(used to stress anger)* zatracený, zpropadený; **he took no b. notice of me** vůbec si mne mizera nevšiml ● adv zatraceně, příšerně; **it's b. difficult** je to příšerně těžké; **not b. likely!** ani nápad!, kdepak!; **you can b. well do it yourself!** udělej si to k sakru sám

bloody-minded [bladi'maindid] adj škodolibý, nepřející

bloom [blu:m] n **1** *(flower)* květ květiny, např. růže ap.; **be in b.** kvést; **burst into b.** rozkvést ♦ **in the b. of youth** v květu mládí **2** *(on fruit)* ojínění, pel **3** *(on cheeks)* ruměnec **4** *(of wine)* buket, aróma, vůně ● vi kvést; fig *(flourish)* vzkvétat, prosperovat

bloomer ['blu:mə(r)] n Br inf bota, hrubá chyba neutr

bloomers ['blu:məz] n dated **1** *(loose trousers)* dámské pumpky dříve: součást dámské sportovní výstroje **2** *(underwear)* bombarďáky

blooming ['blu:miŋ] adj **1** *(flourishing)* kvetoucí; vzkvétající **2** euph = **bloody**$_2$ ● adv zatraceně

blooper ['blu:pə(r)] n Amer sl brebt, přeřeknutí se zvl. v televizi a rozhlase

blossom ['blosəm] n květ stromů, keřů – individuálně i hromadně, květy; **apple b.** jabloňové květy; **be in (full) b.** být v (plném) květu ● **I** vi kvést, rozkvést; *(flourish)* vzkvétat **II** phr v ■ **blossom out into** or **as sth** vyrůst v co, stát se čím; **she has ~ed out as a film star** vyrostla ve filmovou hvězdu

blot [blot] n **1** *(of ink)* kaňka **2** *(on sb's reputation* etc*)* skvrna, poskvrna, kaňka ♦ **be a b. on the landscape** hyzdit krajinu ● **I** vt (**-tt-**) **1** *(smudge with ink)* pokaňkat, udělat kaňku, dělat kaňky na čem ♦ **b. one's copybook** pokazit si dobrou pověst, *(with sb)* rozlít si u koho ocet, pohněvat si koho **2** *(dry with ~ting paper)* vysát, vysušit **II** phr v ■ **blot out** vt **1 b. sth out** *(text)* učinit nečitelným, zamazat inkoustem, inf začmárat **2** *(of mist, cloud)* zahalit, zakrýt **3** fig *(town)* srovnat se zemí, zničit; *(nation)* vyhladit **4** *(memories)* zahladit

blotch [bloč] n skvrna; *(of ink)* kaňka

blotchy ['bloči], **blotched** [bločt] adj skvrnitý, pokrytý skvrnami; *(paint* etc*)* rozmazaný

blotter ['blotə(r)] n **1** piják, savý papír **2** Amer diář, záznamník, rejstřík

blotting-paper ['blotiŋpeipə(r)] n savý papír, piják

blotto ['blotəu] adj sl **be b.** být na mol (opilý), být pod obraz, být zlitý do němoty

blouse [blauz] n blůza, blůzka, halenka

blow$_1$ [bləu] n **1** *(stroke)* rána, úder; **at a b.** rázem, jednou ranou; **they came to ~s** došlo mezi nimi ke rvačce; **deal** or **strike a b.** zasadit ránu; **strike a b. for sb/ sth** prokázat komu/ čemu velkou službu; **a b.-by--b. account** detailní zpráva **2** *(shock)* rána, šok; **it was a terrible b. for him** byla to pro něj strašná rána

blow$_2$ [bləu] n **1** *(of wind)* závan, poryv **2** *(of breath)* fouknutí **3** *(~ing on instruments)* zatroubení **4 give one's nose a b.** vysmrkat se **5 go out for a b.** jít se nadýchat čerstvého vzduchu ● v (pt **blew**, pp **blown**) **I** vi **1** *(wind)* foukat, vát; **it was ~ing hard** foukal silný vítr **2** *(person)* foukat; *(pant)* also **puff and b.** těžce dýchat, supět; **b. on one's fingers** *(to warm them)* dýchat si na ruce; **b. into the plastic bag** *(to be breathalysed)* fouknout do balónku ♦ **b. hot and cold** být nerozhodný, říct jednou tak a podruhé onak, kolísat **3** *(trumpet, whistle)* ozvat se, zaznít **4** *(fuse)* prasknout, přepálit se; *(light bulb)* spálit se, prasknout **5** *(whale)* stříkat **II** vt **1 b. sb a kiss** poslat komu polibek (rukou) **2** *(trumpet, horn)* zatroubit (na), *(whistle)* zapískat (na) ♦ **b. one's own trumpet** dělat si sám sobě reklamu; **b. the whistle on sth** udělat čemu přítrž; **b. one's top/** Amer **stack** inf rozčilit se, vyletět, vybouchnout; **I blew my top** vytekly mi nervy **3** *(glass)* foukat **4 b. one's nose** vysmrkat se, smrkat **5** *(fuse)* spálit, vyrazit ♦ **b. one's mind** nadrogovat se, nafetovat se **6** sl *(money)* rozfofrovat, promrhat **III** phr vs ■ **blow away** *I* vt odfouknout, odvát *II* vi *(hat* etc*)* uletět ■ **blow down** *(roof* etc*)* strhnout ■ **blow in** *(glass, door)* vyrazit dovnitř ■ **blow out** *I* vi *(flame)* zhasnout; *(fuse)* přepálit se; *(tyre)* prasknout *II* vt **1** *(flame)* zhasnout; *(candle)* sfouknout **2 b. one's/ sb's brains out** prohnat si/ komu kulku hlavou ■ **blow over** *(storm, danger)* přehnat se; *(crisis)* pominout ■ **blow up** *I* vi *(bomb;* fig *person)* vybouchnout, vyletět rozčilit se *II* vt **1** *(bridge)* vyhodit do povětří **2** *(balloon)* nafouknout **3** *(photo)* zvětšit; fig *(exaggerate)* zveličit/ zveličovat, nafouknout

blow-dry ['bləudrai] n foukaná

blower ['bləuə(r)] n **1 glass b.** foukač skla **2** Br sl telefon, drát; **get on the b.** pověsit se na drát

blowfly ['bləuflai] n (**-ie-**) *(fly)* masařka

blowhole ['bləuhəul] n **1** *(vent)* větrací otvor **2** *(of whale)* nozdry

blowing-up [bləuiŋ'ap] n **get a terrible b.-up** inf schytat to, dostat řádně vynadáno

blowlamp ['bləulæmp] n letovací or pájecí lampa

blown [bləun] pp of **blow**

blow-out ['bləuaut] n **1** Aut prasknutí pneumatiky, inf píchnutí **2** sl *(large meal)* žranice

blow-up ['bləuap] n Phot zvětšenina

blowtorch ['bləuto:č] Amer = Br **blowlamp**

blowy ['bləui] adj (**-ier, -iest**) *(day* etc*)* větrný

blowzy ['blauzi] adj *(woman)* neupravená

blubber$_1$ ['blabə(r)] n **1** velrybí tuk **2** fig *(on person)* špek(y), tukové polštáře

blubber$_2$ ['blabə(r)] vi brečet, bulit

bludgeon ['bladžən] n kyj, klacek, obušek ● vt **b. sb** bít koho holí or klackem; **b. sb to death** utlouct koho; fig **b. sb into doing sth** dokopat koho k čemu

blue [blu:] adj **1** modrý; *(light)* modravý; **b. with cold** celý modrý or promodralý zimou ♦ **once in a b. moon** jednou za uherský měsíc; **be in a b. funk** mít dokonale nahnáno; **he screamed b. murder** křičel, jako by ho na nože bral **2** Pol konzervativní **3 b. blood** modrá krev, aristokratický původ **4** *(sad)* sklíčený, melancholický; **feel b.** být otrávený, cítit se mizerně; **look b.** vypadat sklíčeně; **a b. lookout** mizerné vyhlídky **5** *(obscene: joke)* kluzký, oplzlý; *(language)* hrubý, neslušný; *(film)* pornografický; *(pencil)* censorský, censorův ● n **1** *(colour)* modř, modrá barva; **dressed in b.** oblečený v modrém **2** *(sky)* poet obloha, modravé dálky; *(sea)* širé moře ♦ **out of the b.** fig zčistajasna, znenadání; **a bolt from the b.** blesk z čistého nebe **3** Pol dated konzervativec **4** *(butterfly)* modrásek **5** sg or pl *(music, dance)* **the ~s** blues **6** *(depression)* **the ~s** melancholie, deprese, mizerná nálada; **have the ~s** mít mizernou náladu, být otrávený

Bluebeard ['blu:biəd] n modrovous

bluebell ['blu:bel] n Bot *(in South England)* ladoňka; *(in North England and Scotland)* zvonek

blueberry ['blu:bəri] n Bot borůvka keř i plod

blue-blooded [blu:'bladid] adj aristokratický

bluebottle ['blu:botl] n **1** Zool masařka **2** Bot chrpa

blue-collar [blu:ˈkolə(r)] adj dělnický; **b. worker** tovární dělník

blue-eyed [blu:ˈaid] adj modrooký ♦ **be sb's blue-eyed boy** být něčím oblíbencem or miláčkem

blueprint [ˈblu:print] n modrotisk; Techn modrák; fig plán, projekt

blues [ˈblu:z] see **blue** n (**6**)

bluestocking [ˈblu:stokiŋ] n; often pej modrá punčocha emancipovaná žena s literárními ambicemi

bluetit [ˈblu:tit] n Zool sýkora modřinka

bluff$_1$ [blaf] n bluf, žvást, klam ♦ **call sb's b.** nenechat se od koho oblafnout, vzít koho za slovo ● **I** vt blufovat, klamat koho ♦ **b. sb into believing sth** namluvit komu něco; **b. sb into doing sth** přemluvit koho blafováním, aby něco udělal; **b. one's way out of sth** vylhat se z čeho **II** vi blufovat, klamat

bluff$_2$ [blaf] n *(cliff)* útes, sráz ● adj **1** *(of cliff)* příkrý, srázný **2** *(of person, manner)* přímočarý, drsný ale dobrosrdečný

bluffer [ˈblafə(r)] n kdo blufuje

bluish [ˈbluiš] adj modravý, namodralý

blunder [ˈblandə(r)] n přehmat, sl bota; **make a(n awful) b.** udělat (strašnou) botu, hrozně se seknout ● vi **I** udělat chybu or inf botu, seknout se **II** phr vs ■ **blunder about** or **around** motat se; **b. about the room** motat se or tápat po místnosti ■ **blunder into sth** vrazit do čeho, narazit na co ■ **blunder (up)on sb/ sth** náhodně se s kým setkat, náhodně něco objevit

blunderer [ˈblanderə(r)] n nešika, nemotora

blunt [blant] adj **1** *(knife)* tupý; *(pencil)* neořezaný **2** *(outspoken)* otevřený, přímočarý; **be b. with sb** mluvit s kým bez obalu, říci komu pravdu přímo do očí ● vt *(knife)* ztupit, otupit; fig *(feelings, mind)* otupit; *(enthusiasm)* oslabit

bluntly [ˈblantli] adv **speak b.** mluvit bez obalu or příkras, nebrat si servítek or servítky

bluntness [ˈblantnəs] n fig otevřenost, přímočarost

blur [blə:(r)] n čmouha, (rozmazaná or mlhavá) skvrna ● vt (**-rr-**) *(vision)* rozmazat; *(windows)* **get ~red** zamlžit se; *(eyes)* zakalit se

blurb [blə:b] n inf anotace na záložce or zadní straně knihy

blurred [blə:d] adj rozmazaný, zamlžený, nejasný

blurt [blə:t] vt **b. sth out** vyhrknout něco; *(secret)* vybreptnout

blush [blaš] vi **1** *(go red)* (za)červenat se, (za)rdít se, zrudnout; **b. with embarrassment** (za)rdít se rozpaky **2** *(be ashamed)* stydět se (**for** za); **I b. to admit that ...** ke své hanbě musím přiznat, že ... ● n ruměnec ♦ **spare sb's ~es** neuvádět koho do rozpaků; **at first b.** na první pohled

bluster [ˈblastə(r)] **I** vi **1** *(sea, wind)* zuřit, burácet; fig *(person)* zuřit, řádit, vztekat se **2** *(swagger)* chvástat se, naparovat se **II** vt **b. one's way out of sth** vykroutit se z čeho s hlasitým protestováním, něco s hlasitým protestováním popřít ● n **1** *(of storm, wind)* burácení; *(of sea, wind* also*)* hučení **2** fig chvástání, naparování

blusterer [ˈblastərə(r)] adj chvastoun

blustering [ˈblastəriŋ] adj *(of person)* chvástavý, chvastounský

blustery [ˈblastəri] adj *(weather, day)* bouřlivý, větrný

Blvd written abbr of **boulevard** bulvár, hlavní třída

boa [ˈbəuə] n (**b. constrictor**) Zool hroznýš královský

boar [bo:(r)] n (pl **boar** or **~s**) Zool kanec; **wild b.** divoký kanec, divočák

board [bo:d] n **1** deska; *(thick)* fošna; *(floor~)* palubka; *(black~)* (školní) tabule; *(chess~)* šachovnice; **ironing/ drawing b.** žehlicí/ rýsovací prkno; **notice b.** vývěsní tabule ♦ **as flat as a b.** *(woman)* plochá jako prkno; **be above b.** *(business transaction* etc*)* být korektní, být zcela v souladu se zákonem; **across-the-b.** *(pay increase* etc*)* paušální, všeobecný; **go back to the drawing b.** začít znovu po předchozích neúspěšných pokusech; **sweep the b.** fig vyhrát na celé čáře **2** Theat **the ~s** prkna, jeviště, divadlo; **tread the ~s** vystupovat na prknech, být hercem ■ **b. games** stolní hry **3** *(card~)* lepenka, kartón; **bound in ~s** *(book)* vázaný v kartónu **4** *(meals)* strava, jídlo; **b. and lodging** ubytování a strava; **full b.** plná penze, veškeré zaopatření **5** *(committee)* rada, výbor, komise; **b. of directors** správní rada; **b. of inquiry/ examiners** vyšetřovací/ zkušební komise; **B. of Trade** Br ministerstvo obchodu, Amer **b. of trade** obchodní komora **6** Naut, Aviat paluba; **on b. the ship/ plane** na palubě lodi/ letadla; **get on b. the train/ bus** nastoupit do vlaku/ autobusu ♦ **take sth on b.** *(responsibility, task)* ujmout se čeho, vzít na sebe; *(criticism)* přijmout; **go by the b.** jít přes palubu být odvržen, *(hopes)* rozplynout se (vniveč); *(principles)* jít stranou; *(plans)* ztroskotat; **let sth go by the b.** upustit od čeho, nechat něco ztroskotat ● **I** vt **1 b. sb** vzít koho na (byt a) stravu **2** *(ship)* nalodit se, vstoupit na palubu lodi; *(train, bus)* nasednout, nastoupit do vlaku, autobusu ap. **II** vi **b. with sb** být u koho na (byt a) stravu, stravovat se u koho **III** phr vs ■ **board out** *I* vi stravovat se mimo domov *II* vt **b. sb out** poskytovat komu stravu mimo jeho bydliště ■ **board up** *(windows* etc*)* zatlouct co prkny

boarder ['bo:də(r)] n **1** *(lodger)* strávník **2** *(at school)* student/ -ka bydlící v internátě, chovanec/ chovanka internátu

boarding card ['bo:diŋka:d] n palubní lístek

boarding house ['bo:diŋhaus] n (pl **-houses** [-hauziz]) penzion

boarding school ['bo:diŋsku:l] n internátní škola

boast [bəust] n **1** pej chlubení, vychloubání **2** *(cause of being proud)* chlouba, pýcha; **it is his b. that ...** je pyšný na to, že ... ● **I** vi vychloubat se, chvástat se, vypínat se, holedbat se (**about sth** čím) **II** vt *(possess)* pyšnit se čím; **the town ~s a new theatre** město se může pochlubit novým divadlem

boaster ['bəustə(r)] n chvastoun/ -ka, chlubil/ -ka, vychloubač/ -ka

boastful ['bəustful] adj vychloubačný, chlubivý

boastfulness ['bəustfulnəs] n chlubivost, vychloubačnost

boasting ['bəustiŋ] n chlubení, chvástání

boat [bəut] n **1** *(small)* člun, loďka; **rowing b.** veslice; **sailing b.** plachetnice ♦ **burn one's ~s** spálit za sebou mosty **2** *(ship)* loď; *(liner)* parník pro osobní dopravu; **Channel b.** trajekt přes Lamanšský průliv; **go by b.** jet lodí; **take the b.** vsednout na loď, nalodit se ♦ **we are all in the same b.** fig jsme všichni na stejné lodi, jsme na tom všichni stejně; **miss the b.** inf propást (dobrou) příležitost **3** *(for sauce, gravy)* omáčník ● vi **go ~ing** projíždět se na loďce, jít na lodičky

boatbuilder ['bəutbildə(r)] n loďař

boater ['bəutə(r)] n **1** *(hat)* tuhý slamák, slaměný klobouk **2** *(person)* člunař, veslař

boathouse ['bəuthaus] n úložna člunů, přístřešek na čluny

boating ['bəutiŋ] adj **b. trip** výlet na loďce

boatload ['bəutləud] n náklad lodi; **~s of tourists** plné lodi turistů

boatman ['bəutmən] n (pl **-men**) **1** *(on ferry)* převozník **2** *(hiring)* majitel půjčovny loděk

boatswain ['bəusən, also 'bəutswein] n loďmistr

boat train ['bəuttrein] n vlak s přípojem na loď

Bob [bob] n dim of **Robert** Bobík ♦ **and Bob's your uncle!** a hotovo!, a fertyk!

bob$_1$ [bob] **I** vi **1** *(boats on water* etc*)* pohupovat se, houpat se **2** *(curtsey)* uklonit se, udělat pukrle **II** phr v ■ **bob up** vi vyhoupnout se, vynořit se ● n *(curtsey)* (obřadná) úklona, pukrle

bob$_2$ [bob] n Hist inf *(coin)* šilink

bob$_3$ [bob] vt (**-bb-**) *(hair)* dated zkrátit, přistřihnout na mikádo; **have one's hair ~bed** dát si zkrátit vlasy na mikádo

bob$_4$ [bob] see **bobsled**

bobbin ['bobin] n cívka; *(for lace-making)* palička ■ **b. lace** paličkovaná krajka

bobby ['bobi] n Br inf policajt, strážník

bobby pin ['bobipin] n Amer sponka na vlasy

bobby socks ['bobisoks] n esp Amer kotníčkové ponožky

bobbysoxer ['bobisoksə(r)] n Amer žába, puberťačka

bobsled ['bobsled], **bobsleigh** ['bobslei] n boby, závodní řiditelné sáně

bobtail ['bobteil] n **1** *(tail)* kupírovaný ocas **2** *(horse/ dog)* kůň/ pes s kupírovaným ocasem **3** bobtail psí plemeno ● adj also **~ed** mající kupírovaný ocas

bod [bod] n Br sl chlápek, individuum; **an odd b.** podivné individuum, divný člověk

bode$_1$ [bəud] pt of **bide**

bode$_2$ [bəud] vi **it ~s well/ ill (for us)** to je (pro nás) dobré/ špatné znamení

bodice ['bodis] n živůtek

bodily ['bodili] adj attr tělesný; **b. functions/ organs** tělesné potřeby/ orgány; **b. harm** ublížení na těle ● adv *(carry)* fyzicky

body ['bodi] n **1** Anat tělo ♦ **have just enough to keep b. and soul together** žít z ruky do úst, jakžtakž se uživit; *(belong to sb, be devoted to sb)* **b. and soul** tělem i duší, celou bytostí ■ **b. odour**, inf **B.O.** [bi:'əu] tělesný pach; **b. stocking** *(undergarment)* ženský trikot pokrývající tělo a nohy; **a b. blow** fig velká rána, vážný nezdar **2** *(corpse)* mrtvola, pozůstatky ♦ **over my dead b.** jen přes mou mrtvolu **3** *(object)* těleso; **heavenly bodies** nebeská tělesa **4** *(organization)* instituce, orgán, sbor; **legislative b.** zákonodárný sbor **5** *(collection)* soubor, souhrn; **a b. of facts** soubor fakt **6** *(group)* skupina; **a large b. of people** velká masa lidí; **in a b.** korporativně, hromadně, *(without exception)* jako jeden muž **7** *(of plane, ship)* trup; *(of car)* karosérie

body-builder ['bodibildə(r)] n Sport kulturista

body-building ['bodibildiŋ] n Sport kulturistika

bodyguard ['bodiga:d] n *(group)* tělesná stráž; *(one person)* osobní strážce

bodywork ['bodiwə:k] n Aut karosérie

Boer ['bəuə] n Búr ● adj búrský; **the B. War** búrská válka

boffin ['bofin] n inf vědec zvl. špičkový výzkumník nebo technický expert

bog [bog] n **1** bažina, močál; **peat b.** rašeliniště **2** Br sl záchod, vulg hajzl ● vt **get ~ged down in sth** *(details* etc*)* zabřednout do čeho

bogey ['bəugi] n **1** also **bogeyman** ['bəugimən] strašák **2** Scot *(baby-talk: mucus)* sopel, holub

boggle ['bogl] vi **the mind ~s!** to je tedy vrchol!, rozum zůstává stát!

boggy ['bogi] adj močálovitý, bažinatý

bogie ['bəugi] Rail podvozek

bogus ['bəugəs] adj falešný, *(passport* also*)* padělaný

bogy ['bəugi] see **bogey**

Bohemia [bəu'hi:miə] n Čechy

Bohemian [bəu'hi:miən] n **1** *(inhabitant of Bohemia)* Čech **2** *(artist* etc *living unconventionally)* bohém ● adj **1** český **2** bohémský

boil$_1$ [boil] n var; **be on the b.** vařit (se), být ve varu; **come to the b.** přijít do varu; **go off the b.** *(food* etc*)* přestat se vařit; fig *(person)* ztratit zájem; **bring sth to the b.** přivést něco do varu ● **I** vt **1** *(water, milk)* (s)vařit; *(water* also*)* převařit z hygienických důvodů; *(food)* (u)vařit; *(washing)* vyvařit/ vyvářet; **~ed potatoes/ carrots** vařené brambory/ vařená mrkev; **~ed sweet** Br tvrdý bonbón; **b. the kettle** svařit vodu (v konvici) **2 b. the pot dry** vyvařit všechnu vodu z hrnce ♦ **go and b. your head** fig inf vlez mi na záda, jdi se bodnout **II** vi **1** *(water)* vřít, být ve varu; **the kettle is ~ing** voda (v konvici) vře ♦ **keep the pot ~ing** fig držet se nad vodou **2** fig **b. with rage** zuřit, soptit vztekem **3** *(be very hot)* **I am ~ing** je mi (strašně) horko, peču se; **it is ~ing (hot) today** inf dneska je strašný pařák **III** phr vs ■ **boil away** *I* vi *(water* etc*)* vyvařit se *II* vt **b. all the water away** (nechat) vyvařit všechnu vodu ■ **boil down** *I* vt *(article* etc*)* zestručnit, zkrátit, zredukovat *II* vi **b. down to sth** rovnat se (ve své podstatě) čemu ■ **boil over** vi *(milk)* překypět; *(crisis)* fig **b. over into war** přerůst ve válku ■ **boil up** *I* vt *(soup* etc*)* uvařit *II* vi fig *(anger)* narůstat; *(trouble)* narůstat, dosahovat nebezpečných rozměrů

boil$_2$ [boil] n nežit, vřed

boiler ['boilə(r)] n **1** Techn *(in central heating* etc*)* kotel ■ **b. room** kotelna; **b. suit** kombinéza, montérky **2** *(tank: for storing hot water)* bojler **3** *(chicken)* kuře na vaření

boilermaker ['boiləmeikə(r)] n kotlář

boilerman ['boilərmən] n topič

boiling ['boiliŋ] adj *(water)* vařící ■ **b. point** bod varu ● adv **b. hot water** vařící voda; **I am b. hot** je mi strašně horko

boisterous ['boistərəs] adj **1** *(person)* hlučný, bouřlivě veselý; *(child)* divoký, bujný; *(laughter)* nevázaný; *(manner)* rozpustilý; *(dance, party)* divoký **2** *(sea)* rozbouřený; *(wind)* prudký, silný

bold [bəuld] adj **1** *(courageous)* statečný, odvážný; *(daring)* smělý, troufalý **2** *(forward)* troufalý, drzý ♦ **be as b. as brass** být drzý jako opice **3** *(striking: features, headlines)* výrazný **4** Typ (půl)tučný ♦ **in b. outline** v hrubých rysech

bold-faced [bəuld'feist] n Typ (půl)tučný, tištěný (půl)tučně

boldness ['bəuldnəs] n statečnost; odvaha; troufalost; drzost; výraznost; see **bold**

bolero n **1** [bə'leərəu] *(music)* bolero **2** ['bolərəu] *(jacket)* bolerko

Bolivia [bə'liviə] n Bolívie

Bolivian [bə'liviən] n Bolivijec/ Bolivijka ● adj bolivijský

bollard ['bola:d] n **1** Naut úvazný kůl, úvazné pachole **2** *(on road)* patník s odrazovým světlem

bollocks ['boləks] n pl **1** vulg *(testicles)* koule **2** *(nonsense)* vulg hovadina, blbost

boloney [bə'ləuni] see **baloney**

Bolshevik ['bolšəvik] n bolševik; pej bolševik, levičák ● adj bolševický

Bolshevism ['bolšəvizəm] n bolševismus

bolshie, bolshy ['bolši] n Br Pol levičák ● adj inf **1** inf *(rebellious)* vzpurný, nepoddajný, buřičský **2** Pol bolševický, levičácký; **go/ turn b.** stát se levičákem

bolster ['bəulstə(r)] n podhlavník ● vt (also **b. up**) podpořit, posílit; fig **b. sb up**, **b. sb's courage** dodat komu odvahy

bolt [bəult] n **1** *(on door)* zástrčka, závora **2** *(arrow)* šipka, krátký šíp ♦ **shoot one's b.** fig vsadit na poslední kartu, vyčerpat všechny možnosti **3** *(of rifle)* uzávěr **4** *(thunder~)* úder blesku ♦ **like a b. from the blue** jako blesk z jasného nebe **5 make a b. for it** vzít nohy na ramena; **make a b. for the exit** vrhnout se k východu ● **I** vi *(person)* vzít do zaječích, upláchnout; *(horse)* splašit se a utéci **II** vt **1** *(door)* zastrčit, zavřít na zástrčku **2** Techn *(beams* etc*)* sešroubovat **3** also **b. down** *(food)* hodit něco do sebe ● adv **b. upright** rovně jako svíce

bomb [bom] n **1** Mil bomba, puma; **atomic b.** atomová puma; **the b.** atomová or vodíková puma ♦ **go like a b.** *(car)* svištět, fičet; **the party went like a b.** večírek se znamenitě vydařil ■ **b. disposal**

odstraňování a zneškodňování nevybuchlých pum **2 it cost a b.** stálo to balík peněz ● **I** vt bombardovat; *(terrorists)* **b. sth** udělat or podniknout na co pumový útok **II** phr vs ■ **bomb along** or **down** vi *(car)* fičet si to, jet na plný plyn ■ **bomb out** vt *(city, people)* vybombardovat

bombard [bom'ba:d] vt **1** bombardovat, *(with shells* also*)* ostřelovat **2** fig *(with questions)* bombardovat, zasypávat, zahrnovat

bombardment [bom'ba:dmənt] n bombardování, ostřelování

bombast ['bombæst] n bombast, nabubřelost

bombastic [bom'bæstik] n bombastický, nabubřelý

bomber ['bomə(r)] n **1** *(aircraft)* bombardér ■ **b. jacket** letecká bunda **2** *(terrorist)* atentátník používající trhaviny, pumový atentátník

bombing ['bomiŋ] n bombardování, ostřelování

bombproof ['bompru:f] adj odolný proti pumám, *(vehicle)* pancéřový, obrněný

bombshell ['bomšel] n **1** Mil střela, granát; fig *(surprising news)* **be (like) a b.** být šokující, šokovat; **it was a b.** to byla bomba **2** *(attractive girl)* sexbomba

bona fide [bəunə'faidi] adj esp attr bona fide, *(person)* důvěryhodný

bona fides [bəunə 'faidi:z] n Jur dobrý úmysl, dobrá víra

bonanza [bə'nænzə] n **1** *(windfall)* neočekávaná prosperita; **a b. for small enterprises** zlatý důl pro malé podniky ■ **a b. year** rok velké prosperity **2** Mining zlatý důl, objevení bohatého naleziště zlata, rudy or nafty

bonbon ['bonbon] n bonbón, cukrátko

bonce [bons] n Br sl hlava, palice

bond [bond] n **1** *(link)* pouto; fig svazek, pouto; **the ~s of friendship** pouta přátelství **2** *(agreement)* smlouva, závazek **3 ~s** *(shackles)* okovy, pouta **4** *(caused by glue)* spoj **5** fin dluhopis; usu pl cenné papíry, obligace; **premium ~s** výherní obligace **6** Comm **be in b.** *(of goods)* být neproclený, být v celním skladišti ● vt **1** *(join together)* spojovat, spojit; *(bricks)* vázat **2** *(goods)* uložit do celního skladiště

bondage ['bondidž] n *(slavery)* otroctví, poddanství; **be kept in b.** být udržován v poddanství

bonded ['bondid] adj Comm **b. goods** zboží pod celní závěrou; **b. warehouse** celní skladiště

bondholder ['bondhəuldə(r)] n držitel obligací, majitel dluhopisů

bone [bəun] n **1** Anat kost; **be chilled to the b.** být promrzlý až na kost; **I feel it in my ~s that ...** cítím v kostech, že ...; něco mi říká, že ... ♦ **a b. of contention** jablko sváru; **be a bag of ~s** být kost a kůže; **the bare ~s of sth** základní body čeho, kostra čeho; **be close** or **near the b.** *(comments)* být dost netaktní, *(jokes)* jít na tělo; **cut** or **pare sth to the b.** *(train services* etc*)* drasticky něco zredukovat, okleštit co; **have a b. to pick with sb** mít s kým nevyřízené účty; **he made no ~s about his views** nijak se se svými názory netajil, nijak své názory neskrýval; **he made no ~s about saying so** řekl to na rovinu or bez okolků; **there are no ~s broken** fig nic vážného se nestalo **2 ~s** *(remains)* tělesné pozůstatky, kosti, ostatky **3** *(of corset)* kostice; **~s** *(dice)* hrací kostky; Mus kastaněty ● **I** vt *(fish, chicken)* vykostit **II** phr v ■ **bone up on sth** inf *(school subject* etc*)* nadřít or našprtat or nabiflovat se něco

bone china [bəun'čainə] n kostní porcelán

boned [bəund] adj **1** *(fish)* vykostěný **2** *(corset)* vyztužený kosticemi

bone-dry [bəun'drai] adj suchý jako troud, úplně vyschlý

bonehead ['bəunhed] n inf pitomec, kretén, skopová hlava

bone idle [bəun'aidl], **bone-lazy** [bəun'leizi] adj líný jako veš

bone meal ['bəunmi:l] n kostní moučka

boneshaker ['bəunšeikə(r)] n sl *(car)* stará rachotina

bonfire ['bonfaiə(r)] n hranice; *(for celebration)* táborák; *(for burning leaves* etc*)* oheň

bonhomie ['bonəmi] n dobrodušnost, dobrosrdečnost, dobráctví

bonkers ['boŋkəz] adj Br sl cvoknutý; **be b.** nemít všech pět pohromadě, být cvok or blázen; **he has gone b.** přeskočilo mu; **drive sb b.** přivést koho k šílenství

bonnet ['bonit] n **1** Hist *(woman's, child's)* čepec **2** Aut kryt, kapota

bonny, bonnie ['boni] adj Scot **(-ier, -iest)** hezký, hezoučký; *(baby)* roztomilý, kypící zdravím

bonus ['bəunəs] n **1** *(on wages, salary)* prémie, příplatek; **Christmas b.** vánoční příplatek; **cost-of-living b.** vyrovnávací příspěvek **2** Fin *(on shares)* bonifikace, superdividenda ■ **b. share**, Amer **b. stock** grátis akcie **3 no claims b.** sleva na pojistném za motorové vozidlo při jízdě bez nehod

bony ['bəuni] adj **(-ier, -iest) 1** *(fish, meat)* plný kostí **2** *(person)* kostnatý, vyhublý

boo [bu:] interj fuj!, hanba! ♦ **he/ she wouldn't say boo to a goose** je velmi ostýchavý/ ostýchavá ● **I** vi pískat **II** vt **b. sb off** *(the stage* etc*)* vypískat koho

boob$_1$ [bu:b], **booboo** ['bu:bu:] n Br sl *(stupid mistake)* bota, pitomost; *(silly person)* Amer balík, ťulpas, trdlo ● vi udělat botu, udělat pitomost

boob$_2$ [bu:b] n Br vulg sl *(breast)* koza; **~s** kozy

booby ['bu:bi] n Br sl hlupák, ňouma, ťulpas ■ **b. prize** cena útěchy

booby trap ['bu:bitræp] n Mil nastražená výbušnina ● **b.-t.** vt (-pp-) **b.-t. sth** nastražit někde výbušninu, zaminovat něco

boodle ['bu:dl] n sl velké prachy, balík peněz zvl. nepoctivě získané, padělané ap.

boogie ['bu:gi], also **boogie-woogie** [-'wu:gi] n bugy-vugy druh tance ● vt tančit bugy-vugy

book [buk] n **1** kniha; *(small)* knížka; *(exercise b.)* sešit; **the (good) B.** bible, kniha knih; **complaints b.** kniha stížností; **savings b.** spořitelní knížka; **telephone b.** telefonní seznam; **go by the b.** řídit se přesně podle předpisů ■ **b. jacket** knižní přebal, obálka ♦ **take a leaf out of sb's b.** brát/ vzít si z koho příklad **2** *(of tickets, stamps)* sešitek, knížečka, svazeček **3** Comm **~s** účetní knihy; **do the ~s for sb** vést komu účetní knihy ♦ **be in sb's good/ bad ~s** být u koho dobře/ špatně zapsán, mít to u koho dobré/ špatné; **bring sb to b.** volat koho k zodpovědnosti **4** Mus libreto opery, operety nebo muzikálu ● **I** vt **1** *(reserve)* rezervovat (si), zajistit (si), objednat (si), koupit (si); **b. two seats** Theat objednat dva lístky; **b. a sleeper/ table** rezervovat (si) lůžko/ stůl; **be ~ed up** *(hotel)* nemít volná místa, být obsazen **2** *(performer)* angažovat **3** *(footballer)* ukázat komu žlutou kartu; **b. sb for speeding** dát komu pokutu za překročení dovolené rychlosti **II** phr vs ■ **book in** *I* vi **b. in at a hotel** ubytovat se v hotelu *II* vt **b. sb in** rezervovat někomu pokoj v hotelu ■ **book out** *(of hotel)* odhlásit se ■ **book up** vt **be fully ~ed up** *(theatre)* mít vyprodáno; *(flight)* být plně obsazen

bookable ['bukəbl] adj *(seats)* **be b. in advance** být k dostání v předprodeji

bookbinder ['bukbaində(r)] n knihař

bookbinding ['bukbaindiŋ] n knihařství, knihvazačství

bookcase ['bukkeis] n knihovna, knihovnička, *(with doors* also*)* skříň na knihy, *(open--fronted* also*)* police na knihy

book club ['bukklab] n čtenářský klub

bookie ['buki] n inf = **bookmaker**

booking ['bukiŋ] n **1** rezervování, rezervace; objednávání, objednávka; **have you got a b.?** *(in a restaurant)* objednali jste se?; **advance b.** *(of tickets* etc*)* předprodej

booking office ['bukiŋofis] n Rail nádražní pokladna; Theat pokladna, *(for advanced booking)* předprodejní pokladna

bookish ['bukiš] adj **1** *(person: fond of reading)* knihomolský; *(pedantic)* pedantický; *(academic)* intelektuálský, odtržený od života **2** *(expression)* knižní

bookkeeper ['bukki:pə(r)] n účetní

bookkeeping ['bukki:piŋ] n účetnictví

booklet ['buklət] n brožur(k)a, knίž(eč)ka

booklover ['buklavə(r)] n milovník knih, náruživý čtenář; joc knihomol

bookmaker ['bukmeikə(r)] n bookmaker příjemce sázek, zvl. při dostizích

bookmark ['bukma:k], **bookmarker** ['bukma:kə(r)] n záložka (do knihy)

bookplate ['bukpleit] n ex libris

bookseller ['bukselə(r)] n knihkupec; **b.'s** knihkupectví

bookshelf ['bukšelf] n (pl **bookshelves** ['bukšelvz]) polička or regál na knihy; **bookshelves** police na knihy

bookshop ['bukšop] n Br knihkupectví

bookstall ['buksto:l] n Br stánek s knihami (a časopisy)

bookstore ['buksto:(r)] n Amer knihkupectví

book token ['buktəukən] n Br knižní poukázka dárková

bookworm ['bukwə:m] n knihomol

boom$_1$ [bu:m] n **1** *(of crane)* výložník; *(for microphone)* mikrofonová tyč **2** Naut *(mast)* vratipeň **3** *(barrier)* plovoucí přehrada

boom$_2$ [bu:m] n *(in business)* prudký vzestup; *(economic growth)* konjunktura ● vi *(business, economy)* prosperovat, vzkvétat

boom$_3$ [bu:m] n **1** *(of thunder, surf, wind)* burácení; *(of guns)* dunění **2** Aviat *(supersonic)* třesk ● **I** vi *(guns)* dunět; *(thunder, sea, surf)* burácet **II** phr v ■ **boom out** *I* vi (za)dunět, (za)burácet *II* vt *(commands)* vyřvávat, zařvat

boomerang ['bu:məræŋ] n bumerang

booming ['bu:miŋ] adj **1** dunivý **2** *(prosperous)* prosperující, vzkvétající

boon [bu:n] n fig požehnání, dobrodiní, výhoda

boor [buə(r)] n hulvát, neotesanec

boorish ['buəriš] adj hulvátský, klackovský

boost [bu:st] n *(increase)* zesílení; fig podpora, vzpruha, „injekce" ● vt **1** *(economy, production* etc*)* oživit, stimulovat; *(current, sound)* zesílit; *(morale)* zvednout; **b. sb's confidence** povzbudit koho, dodat komu sebevědomí **2** *(promote)* dělat reklamu čemu, propagovat

booster ['bu:stə(r)] n **1** Elec zvyšovač napětí, booster, přídavný transformátor **2** Rad zesilovač, retranslační stanice **3** Astron also **b. rocket a)** nosná raketa **b)** přídavný raketový motor **4** Med **b. (shot)** přeočkování

boot$_1$ [bu:t] n **1** *(footwear)* bota, botka nad kotníky; **ankle b.** kotníčková bota; **Wellington b.** gumák, gumová holínka; **riding b.** jezdecká bota; **football b.** kopačka ■ **b. polish** krém or leštidlo na boty ♦ **get the b.** sl vyletět z práce, dostat padáka, dostat vyhazov; **give sb the b.** vyhodit koho z práce; **he's too big for his ~s** moc se naparuje, moc si o sobě myslí; **the b. is now on the other foot** teď je tomu právě obráceně, teď se obrátila karta; **put the b. in** někoho pořádně nakopnout, fig rázně zasáhnout, učinit čemu přítrž **2** *(of car)* Br zavazadlový prostor v autě, inf kufr ● phr v ■ **boot out** vt sl **b. sb out** *(dismiss from job)* vykopnout koho z práce; *(of the house* etc*)* vyrazit s kým dveře

boot$_2$ [bu:t] adv **to b.** a navíc, a ještě k tomu; **he is a rich man, and handsome to b.** je bohatý a navíc je ještě hezký

bootblack ['bu:tblæk] n Amer čistič obuvi

bootee [bu:'ti:] n *(baby's)* pletená botička; *(woman's)* dated kotníčková bota

booth [bu:ð; Amer bu:θ] n **1** *(in market/fair)* prodejní stánek **2 telephone b.** telefonní budka; **polling b.** volební kabina, zástěna ve volební místnosti

bootleg ['bu:tleg] vt **(-gg-) 1** *(smuggle:* esp *alcohol)* pašovat **2** *(produce illegally:* esp *alcohol)* vyrábět a prodávat načerno ● adj *(whisky)* pálený načerno

bootlegger ['bu:tlegə(r)] n pašerák dříve jen alkoholu

bootlace ['bu:tleis] n tkanička, šněrovadlo (u boty)

bootlicker ['bu:tlikə(r)] n inf patolízal, šplhoun

booty ['bu:ti] n kořist also fig, lup

booze [bu:z] n sl *(drink)* alkohol, chlast; **go on the b.** jít na flám; **be on the b.** pít, chlastat pravidelně ● vi pít, opíjet se, vulg chlastat

boozer ['bu:zə(r)] n **1** sl *(drinker)* ochmelka, ochlasta **2** Br sl *(pub)* krčma

booze-up ['bu:zap] n Br sl pitka, tah

borax ['boræks] n Chem borax

Bordeaux [bo:'dəu] n **1** *(city)* Bordeaux **2** *(wine)* bordeaux, bordó

border ['bo:də(r)] n **1** *(edge: of wood* etc*)* kraj, okraj **2** *(frontier)* hranice; *(boundary* also*)* mez, pomezí; **the B~s** Br skotsko-anglické pomezí; **cross the b.** překročit hranici **3** *(of dress, tablecloth)* obruba, lem; *(of picture)* rámeček ● adj pohraniční (**area** oblast) ● **I** vt *(clothes* etc*)* usu pass **be ~ed with sth** být olemován or ovrouben čím **II** phr v ■ **border on sth** hraničit s čím; **Slovakia ~s on Austria** Slovensko hraničí s Rakouskem; fig **this ~s on rudeness** to hraničí s hrubostí

bordering ['bo:dəriŋ] adj *(countries)* sousední

borderland ['bo:dəlænd] n pohraničí

borderline ['bo:dəlain] n **1** *(between states)* hranice, hraniční čára **2** *(between categories)* hranice, rozhraní ● adj see n **1** pohraniční **2** mezní, pomezní; **a b. case** mezní případ; **be a b. pass** *(in exams)* taktak projít, téměř propadnout

bore$_1$ [bo:(r)] **I** vt (pro)vrtat; *(well)* vyvrtat; *(tunnel* also*)* (pro)razit **II** vi **b. for sth** těžit co; **b. for oil** těžit naftu; **b. into sth** *(insects)* zavrtávat se do čeho ● n *(hole)* vrt, otvor; *(of firearm)* kalibr, ráže; *(of pipe)* světlost, průměr

bore$_2$ [bo:(r)] vt nudit; **be ~d** nudit se; **b. sb to death** or **to tears** (z)nudit koho k smrti ● n **1** *(person)* nudný člověk, otrava; *(situation, event)* nuda, otrava; **it was a b.** byla to nuda, bylo to nudné **2** *(nuisance)* otrava; **what a b.!** to je ale otrava!

bore$_3$ [bo:(r)] pt of **bear**

bored [bo:d] adj nudící se, unuděný

boredom ['bo:dəm] n nuda, unuděnost

borer ['bo:rə(r)] n vrták, nebozez; *(person)* vrtač

boric ['bo:rik] adj Chem bórový, boritý

boring ['bo:riŋ] adj nudný, fádní

born [bo:n] pp of **bear**; **be b.** narodit se; **I was b. in 1950** narodil jsem se v roce 1950 ♦ **I wasn't b. yesterday** nejsem (přece) dnešní; *(I've never been so bored)* **in all my b. days** v životě, co jsem živ ● adj rozený; **he's a b. teacher/ gardener** je to rozený učitel/ zahradník

-born ['bo:n] suffix **be Czech-born** být českého původu, pocházet z Čech; **his German-born wife** jeho německá manželka

borne [bo:n] see **bear**$_1$

borough ['barə; Amer 'barou] n **1** Br samosprávné město zastoupené v parlamentu **2** Amer *(in New York)* městský samosprávný obvod

borrow ['borəu] vt (vy)půjčit si (**from** od); Ling *(word)* přejímat, přejmout; *(methodology, idea)* přejmout, převzít; **~ed word** přejaté or vypůjčené slovo ♦ **he is living on ~ed time** ošidil zubatou, utekl hrobníkovi z lopaty

borrower ['borəuə] n vypůjčovatel; *(of money* also*)* dlužník

borrowing ['borəuiŋ] n Ling výpůjčka, přejaté slovo

borstal ['bo:stl] n Br ≅ formerly polepšovna nápravný ústav pro mladistvé provinilce

bosh [boš] n inf blbost, nesmysl, pitomost; **that's a load of b.** to je úplný nesmysl, to je naprostá pitomost

bo's'n, bos'n ['bəusn] n = **boatswain**

bosom ['buzəm] n **1** hruď, prsa; *(woman's* also*)* poprsí, ňadra **2** fig lůno; **in the b. of one's family/ of the church** v lůně rodiny/ církve ■ **b. friend** důvěrný přítel

bosomy ['buzəmi] adj inf *(of a woman)* prsatá

Bosp(h)orus ['bosfərəs] n *(strait)* Bospor, bosporský průliv

boss [bos] n **1** šéf, inf boss; *(owner* also*)* zaměstnavatel **2** *(political; in Trade Unions)* pohlavár, předák **3** fig **be the b. in a household** mít hlavní slovo v rodině, nosit kalhoty ● phr vs ■ **boss about** or **around** vt komandovat koho, poručníkovat komu

bossy ['bosi] adj (**-ier, -iest**) panovačný, pánovitý; **b. boots** inf panovačná osoba

bosun, bo'sun n ['bəusn] = **boatswain**

botanical [bə'tænikl] adj botanický; **b. garden** botanická zahrada

botanist ['botənist] n botanik

botany ['botəni] n botanika

botch [boč] vt also **b. up** *(job)* zfušovat, zhudlařit, zpackat; **a ~ed job** fušerská práce ● n fušerská práce; **make a b. of sth** *(job* etc*)* zfušovat or zpackat něco

botcher ['bočə(r)] n fušer, břídil

both [bəuθ] adj oba, obě; **b. books, b. the books** obě knihy ♦ **want it b. ways, want things b. ways** chtít, aby se vlk nažral a koza zůstala celá ● pron oba, obě, obojí; **b. of them** oba (dva), obě (dvě); **they b.** (oni) oba/ (ony) obě; **I'd like to do b.** já bych chtěl dělat obojí ● adv **b. . . . and** jak . . . tak, nejen . . . ale i . . . or ale také . . .; **he speaks b. Czech and English** mluví jak česky, tak anglicky

bother ['boðə(r)] **I** vt *(annoy)* obtěžovat, otravovat; *(disturb)* vyrušovat; **b. sb with sth/ about sth** obtěžovat koho s čím/ kvůli čemu; **b. one's head about sth, b. oneself about sth** lámat si s čím hlavu; **I am sorry to b. you but . . .** promiňte, že vás obtěžuji, ale . . .; **I can't be ~ed (to do it)** nechce se mi (do toho); **it doesn't b. me, I am not ~ed** je mi to jedno **II** vi dělat si starosti, obtěžovat se; **please, don't b.** prosím vás, neobtěžujte se; **he didn't b. to wash** ani se neumyl, nenamáhal se ani umýt ● n *(nuisance)* svízel, otrava; **have a bit** or **spot of b. with sth/ sb** mít s něčím/ někým určité potíže; **he was no b.** *(baby, child)* vůbec nezlobil; **if it is not too much b.** pokud vás to moc neobtěžuje; **it is no b. at all** udělám to s největší radostí ● interj **oh b.!** Br zatraceně!, k čertu!

bothersome ['boðəsəm] adj nepříjemný, otravný, protivný

Botswana [bot'swa:nə] n Botswana

bottle ['botl] n **1** láhev; *(of perfume* etc*)* lahvička **2 the b.** fig alkohol; **be on the b.** pít, vulg chlastat ● **I** vt *(wine* etc*)* stáčet do lahví **II** phr vs ■ **bottle out** vi Br sl ztratit nervy, vypěnit ■ **bottle up** vt *(anger* etc*)* potlačit/ potlačovat

bottled ['botld] adj *(beer)* lahvový; *(fruit)* zavařený; **b. wine** víno v lahvích; **b. gas** propan butan v láhvi

bottle-feed ['botlfi:d] vt krmit dítě z láhve

bottle-green [botl'gri:n] n lahvová zeleň ● adj lahvově zelený

bottleneck ['botlnek] n Aut zádrhel v dopravě; fig překážka, slabina, nedostatek

bottle-opener ['botləupnə(r)] n otvírák na lahve

bottom ['botəm] n **1** *(of glass, box, suitcase; river, sea; ship)* dno; *(of mountain)* pata, úpatí; *(of dress)* lem; *(of wall, page, screen)* dolní část; *(of street)* (druhý) konec; **at the b. of the page** dole na stránce; **he is at the b. of his class** je ve třídě nejhorší ♦ **from the b. of my heart** z celého srdce; **the b. fell out of his world** zhroutil se mu celý (jeho) svět; **get to the b. of sth** přijít čemu na kloub; **~s up!** do dna!, (na) ex! **2** *(of chair)* sedadlo **3** *(underside)* spodek; **on the b. of the box** na spodní straně krabice **4** *(buttocks)* zadek, zadnice; *(baby's b.)* zadnička ● adj **1** *(shelf, drawer)* spodní, dolní; *(line)* poslední; *(pupil)* nejhorší ♦ **you can bet your b. dollar that . . .** můžete se vsadit o poslední groš, že . . ., můžete si být naprosto jistý, že . . . **2** *(rung, step)* první, *(gear)* Br nejnižší, první **3** *(prices)* nejnižší možný ● phr v ■ **bottom out** *(recession* etc*)* dosáhnout nejnižšího bodu

bottomless ['botəmləs] adj bezedný; fig *(reserves of energy* etc*)* nevyčerpatelný

bottom line [botm'lain] n fig rozhodující faktor

botulism ['botjulizəm] n botulismus

boudoir ['bu:dwa:(r)] n budoár

bough [bau] n větev hlavní

bought [bo:t] pp, pt of **buy**

bouillon ['bu:jon] n bujón, hovězí vývar

boulder ['bəuldə(r)] n balvan

boulevard ['bu:ləva:d] n bulvár, hlavní třída

bounce [bauns] **I** vi **1** *(ball)* odskočit, odrazit se, skákat; *(person; on bed* etc*)* skákat, poskakovat; **b. into the room** vrazit do místnosti **2** inf *(cheque)* být vrácen bankou jako nekrytý **II** vt **1** *(ball)* odrážet míč od země, od stěny; *(baby on one's knees)* houpat **2 b. a cheque** zaplatit nekrytým šekem **III** phr v ■ **bounce back** vi *(ball)* odrazit se; *(person: recover health)* znovu se postavit na nohy ● n **1** *(of ball)* odraz, odskok **2** *(elasticity)* pružnost; inf *(of person: energy)* elán, vitalita; **she is full of b.** je velmi dynamická

bouncer ['baunsə(r)] n inf vyhazovač

bouncing ['baunsiŋ] adj *(baby)* kypící zdravím

bouncy ['baunsi] adj *(step, mattress)* pružný; fig živý, temperamentní

bound$_1$ [baund] n usu pl **~s** lit & fig hranice, mez, meze; **within the ~s of possibility** v mezích možností; **keep within the ~s of decency** držet se v mezích slušnosti; **be out of ~s for sb** být pro někoho nepřístupný ● vt usu pass **be ~ed on the west by Germany** hraničit na západě s Německem; **be ~ed by fields** být ohraničen poli

bound$_2$ [baund] n skok; *(bounce)* odraz, odskok ♦ **by leaps and ~s** rapidně, *(go forward)* mílovými kroky ● vi skočit, skákat

bound$_3$ [baund] pt, pp of **bind** ● adj **1** *(book)* vázaný, ve vazbě **2** *(sure)* **the weather is b. to get better** počasí se určitě zlepší **3** *(obliged)* **I'm b. to say that ...** musím říci, že ...; **be b. up in one's work** být zaujat svou prací

bound$_4$ [baund] pred adj **be b. for** jet do, mít namířeno or směřovat kam; **where are you b. for?** kam máte namířeno?; **the plane (bound) for London** letadlo do Londýna; **this train is b. for Prague** tento vlak jede do Prahy

boundary ['baundəri] n hranice, mez also fig; **the boundaries of knowledge** hranice lidského poznání

boundless ['baundləs] adj bezmezný; *(universe)* nekonečný

bounds [baundz] see **bound**$_1$

bounteous ['bauntiəs], **bountiful** [bauntiful] adj hojný

bounty ['baunti] n *(reward)* Econ státní subvence např. za vývoz

bouquet [bu'kei] n **1** *(of flowers)* kytice **2** *(of wine)* buket

bourgeois ['buəžwa:] n měšťák, buržoa ● adj buržoazní, měšťácký

bourgeoisie [buəžwa:'zi:] n buržoazie

bout [baut] n **1** *(of flu etc)* záchvat; **suffer from ~s of depression** trpět depresemi; **a b. of hard work** záchvat pracovitosti **2** *(boxing, wrestling)* zápas

boutique [bu:'ti:k] n butik, boutique

bovine ['bəuvain] adj **1** hovězí **2** *(expression)* inf tupý, pitomý

bow$_1$ [bau] n úklona, poklona; **take a b., take one's b.** *(actor)* poděkovat se za potlesk ● **I** vi **1** pokývnout hlavou, uklonit se, poklonit se (**to sb** komu); **b. and scrape** pej poklonkovat, hrbit hřbet **2** see **b. down** **3** *(branches)* ohýbat se, ohnout se **4** fig *(defer)* sklánět se (**to/ before sb** před kým) **II** vt **1 b. one's head** sklonit hlavu **2** *(branches)* ohnout, ohýbat **III** phr vs ■ **bow down** vi **b. down to sb** poklonit se komu, fig sklonit or sklánět se před kým, podrobit se komu ■ **bow out** *I* vi **b. out of sth** přerušit svou účast na čem, vystoupit z čeho *II* vt **b. sb out** rozloučit se s kým zdvořile/ s poklonami

bow$_2$ [bəu] n **1** Sport luk **2** Mus smyčec; **have two strings to one's b.** mít dvě želízka v ohni **3** *(knot)* mašle, smyčka; **b. tie** motýlek

bow$_3$ [bau] n usu pl **~s** Naut příď

bowdlerize ['baudləraiz] vt *(book)* odstranit z čeho mravně závadná místa

bowel ['bauəl] n Anat střevo; **have a b. movement** mít stolici; pl **~s** vnitřnosti, útroby; fig **the ~s of the earth** nitro země

bower ['bauə(r)] n besídka, altánek

bowl$_1$ [bəul] n **1** *(dish)* mísa, miska; *(wash~)* umyvadlo; *(of toilet)* mísa; *(of pipe)* kalíšek; *(of spoon)* náběrka; **sugar b.** cukřenka **2** *(punch~)* bowle **3** Geog pánev, kotlina

bowl$_2$ [bəul] n koule pro hru bowls ● **I** vi *(cricket)* nadhazovat; *(bowls)* hrát bowls **II** phr v ■ **bowl sb over** fig ohromit koho, konsternovat koho

bow-legged [bəu'legid] adj s nohama do O; **be b.-l.** mít nohy do O

bowler$_1$ ['bəulə(r)] n *(cricket)* nadhazovač

bowler$_2$ ['bəulə(r)] n *(hat)* Br tvrdý klobouk, buřinka

bowling ['bəuliŋ] n *(tenpin b.)* bowling, americké kuželky

bowls [bəulz] n pl bowls hra

bowstring ['bəustriŋ] n tětiva luku

bow-wow [bau'wau] interj haf haf ● n hafan, pejsek

box$_1$ [boks] n **1** krabice, krabička; **letter b.** poštovní schránka; **black b.** Aviat černá skříňka; **Christmas b.** vánoční dárek balíček; **b. of chocolates** bonboniéra **2** Theat lóže ■ **b. office** (divadelní) pokladna; **b.-o. success** kasovní úspěch **3** Mil **sentry b.** strážní budka; Jur **witness b.** svědecká lavice **4** Br inf *(television)* bedna

box$_2$ [boks] n pohlavek, políček; **a b. on**

the ear pohlavek ● **I** vi boxovat **II** vt **b. sb's ears** napohlavkovat někomu

boxer ['boksə(r)] n boxer

boxing ['boksiŋ] n box ■ **b. gloves** boxerské rukavice; **b. match** boxerský zápas

Boxing Day ['boksiŋdei] n druhý svátek vánoční, Štěpána

boxroom ['boksru:m] n komora na odkládání věcí

boy [boi] n **1** *(child)* chlapec, hoch, inf kluk; *(youth)* mladík, mladý muž, mládenec **2** *(son)* syn, chlapec, kluk **3** *(friend)* **old b.** kamarád

boycott ['boikot] n bojkot ● vt *(goods)* bojkotovat

boyfriend ['boifrend] n chlapec, kluk, milý, nápadník; **her b.** její přítel; chlapec, s kterým chodí

boyhood ['boihud] n chlapectví

boyish ['boiiš] adj chlapecký; *(youthful)* mladický

bra [bra:] n inf podprsenka

brace$_1$ [breis] n **1** *(clamp)* svorka, svěrka **2** *(for teeth)* rovnátko, rovnátka ● vt **1** *(support)* podepřít, vyztužit, zesílit; *(fasten)* připevnit **2** *(invigorate;* Subj: *mountain air* etc*)* osvěžit, posílit, dodávat síly **3** **b. oneself for sth** připravit se na něco morálně

brace$_2$ [breis] n *(pair: of pheasants, partridges* etc*)* párek

bracelet ['breislət] n náramek

braces ['breisiz] n pl also **a pair of b.** Br šle

bracing ['breisiŋ] adj *(of wind, fresh air)* osvěžující, vzpružující

bracken ['brækən] n kapradina; collect kapradí

bracket ['brækit] n **1** konzola; *(angle~)* úhlová podpěra; *(for lamp)* rameno, držák **2** Typ závorka; **round/ square ~s** kulaté/ hranaté závorky; **put sth in ~s** dát něco do závorky or do závorek **3** fig *(group)* skupina; **30 to 40 age b.** věková skupina od 30 do 40 let ● vt **1** *(put in ~s)* dát do závorky **2** also **b. together** *(join by ~s)* spojit svorkou, uvést spolu; fig **b. sb together with sb** přiřadit/ přiřazovat koho ke komu, stavět koho na roveň komu

brackish ['brækiš] adj *(water)* brakický, poloslaný

brag [bræg] vi **(-gg-)** chvástat se, vychloubat se **(about sth** čím); **stop ~ging!** přestaň se vytahovat! ● n vychloubání, chvástavé řeči

braggart ['brægət] n chvastoun, chvástal, vychloubač

braid [breid] n **1** *(plait)* Amer cop **2** *(to tie hair)* stuha do vlasů **3** *(decorative band)* prýmek, lemování; Mil šňůra ● vt **1** *(hair)* (u)plést/ splétat vlasy do copu **2** *(trim with ~s)* (o)zdobit stužkami/ prýmky

braille, Braille [breil] n slepecké písmo; **books in b.** knihy psané slepeckým písmem

brain [brein] n **1** Anat mozek; **he has got money on the b.** nemá v hlavě nic než peníze **2 ~s** Cook mozeček **3** *(mind, intellect)* usu pl **~s** rozum, inteligence; **have ~s** být inteligentní; **he's the ~s of the class** je nejchytřejší ve třídě; **rack one's ~s** lámat si hlavu ■ **b. drain** únik mozků; **~s trust** mozkový trust poradenská skupina ● vt **b. sb** inf praštit někoho do hlavy

brainchild ['breinčaild] n vynález, duchovní dítě koho

brainless ['breinləs] adj hloupý, pitomý

brainstorm ['breinsto:m] n **1** Br Med přechodné pominutí smyslů **2** Amer = **brainwave**

brainstorming ['breinsto:miŋ] n soustředění odborníků na kolektivní řešení problému

brainwash ['breinwoš] vt vymýt/ vymývat mozek

brainwashing ['breinwošiŋ] n vymývání mozků

brainwave ['breinweiv] n inf *(inspiration)* geniální nápad

brainy ['breini] adj **(-ier, -iest)** inf chytrý; **she is a b. girl** myslí jí to

braise ['breiz] vt Cook dusit **(meat** maso)

brake$_1$ ['breik] n brzda; **apply the ~s** použít brzdu or brzdy, brzdit; **release the ~s** povolit or vypnout brzdu; fig **put the ~s on sth** *(public spending* etc*)* omezit něco ■ **b. fluid** brzdová kapalina; **b. light** brzdové světlo; **b. lining** brzdové obložení ● vi, vt brzdit

brake$_2$ ['breik] n kapradí

braking ['breikiŋ] n brzdění ■ **b. distance** brzdná dráha

bramble ['bræmbl] n N Eng, Scot **1** *(shrub)* ostružiník **2** *(fruit)* ostružina

bran [bræn] n otruby

branch [bra:nč] n **1** *(of tree, family, language)* větev; *(of railway, road)* odbočka; *(of river)* rameno **2** *(of science, industry)* odvětví **3** Comm pobočka, filiálka ● **I** vi *(road, river* etc*)* (roz)dělit se, rozbíhat se, větvit se **II** phr vs ■ **branch off** *(road)* odbočit ■ **branch out** *(company)* rozvětvit se; **b. out into sth** rozšířit svou činnost na co

brand [brænd] n **1** Comm obchodní značka ■ **b. name** značkové jméno, značka **2** *(type)* druh; **a peculiar b. of humour** podivný druh humoru **3** *(on cattle)* vypálené znamení ● vt **1** *(goods)* opatřit značkou **2** *(cattle)* vypálit dobytku značku; fig **b. sb** ocejchovat koho **((as) a thief** jako zloděje)

brandish ['brændiš] vt mávat (**a gun/ an axe** pistolí/ sekerou)

brand-new [brænd'nju:] adj zbrusu nový

brandy ['brændi] n (pl **~ies**) brandy, koňak

brash [bræš] adj *(impudent)* drzý, neomalený

brass [bra:s] n **1** mosaz; *(objects made of b.)* mosazné předměty; fig **the top b.** hlavouni, papaláši, potentáti **2** Mus **the ~es** žesťové nástroje, plechy, žestě **3** sl prachy ♦ **where there is muck, there's b.** kde je špína, tam jsou prachy ● adj mosazný; *(instruments)* žesťový; **b. band** dechová kapela ♦ **b. hat** Mil lampasák; **get down to the b. tacks** dostat se k jádru věci, jít k věci; **I don't care a b. farthing** je mi to úplně jedno, je mi to fuk

brassière ['bræziə(r)] n podprsenka

brassy ['bra:si] adj (**-ier**, **-iest**) fig drzý, nestoudný; *(woman)* vulgární

brat [bræt] n pej spratek, (malý) neřád

bravado [brə'va:dəu] n siláctví, chvastounství

brave [breiv] adj odvážný, statečný ● **I** vt čelit, postavit se (**danger** nebezpečí); **b. death** dívat se smrti v tvář **II** phr v ■ **brave it out** postavit se čemu tváří v tvář, nenechat se zastrašit

bravery ['breivəri] n odvaha, statečnost

bravo [bra:'vəu] interj bravo!, výborně!

brawl [bro:l] n rvačka ● vi rvát se

brawler ['bro:lə(r)] n rváč

brawn [bro:n] n **1** Br Cook tlačenka z hlavy vepřová nebo telecí **2** svalstvo; hrubá svalová síla

brawny ['bro:ni] adj (**-ier, -iest**) svalnatý

bray [brei] n *(of donkey)* hýkání; fig řehot ● vi hýkat

brazen ['breizn] adj **1** mosazný; *(sound)* břeskný **2** pej *(shameless)* nestoudný, drzý; *(lie)* nestydatý; **a b. hussy** nestoudná ženština

Brazil [brə'zil] n Brazílie ■ **B. nut** para ořech

Brazilian [brə'ziliən] adj brazilský ● n Brazilec/ Brazilka

breach [bri:č] n **1** *(in wall)* průlom, trhlina; *(in security)* mezera **2** *(of contract)* porušení; *(of the peace)* (po)rušení; *(of promise)* nedodržení; *(of faith)* zklamání **3** *(in friendship)* roztržka **4** *(of diplomatic relations)* přerušení ● vt *(defences)* udělat průlom do čeho

bread [bred] **1** Cook chléb; **white/ brown b.** bílý/ černý chléb; **French b.** veka; **a loaf/ slice of b.** bochník/ krajíc chleba ♦ **to earn one's daily b.** vydělávat si na živobytí; **know which side one's b. is buttered (on)** vyznat se v tlačenici **2** sl *(money)* prachy

bread and butter [bredən'batə(r)] n **1** chléb s máslem **2** inf živobytí; **earn one's b. and b.** vydělávat si na živobytí ■ **b.-and-b. letter** děkovný dopis za pohostinství

breadcrumbs ['bredkramz] n pl strouhanka

breadline ['bredlain] n existenční minimum; **live on the b.** žít v chudobě

breadth [bredθ] n **1** *(width)* šířka; **be three metres in b.** mít šířku tři metry **2** *(extent)* **b. of outlook** svobodomyslnost; **with his b. of experience** při jeho velkých zkušenostech

breadwinner ['bredwinə(r)] n živitel rodiny

break [breik] n **1** *(fracture)* zlom, zlomenina **2** *(in wall)* trhlina **3** *(pause)* přestávka, pauza; *(in journey* also*)* přerušení **4** *(change)* změna; **b. in the weather** změna počasí, povětrnostní změna **5 at b. of day** při rozednívání **6** *(opportunity)* inf **he had a few lucky ~s** několikrát mu přálo štěstí; **give him a b.!** dejte mu šanci! ● v (pt **broke** ['brəuk], pp **broken** ['brəukn]) **I** vt **1** *(vase, window)* rozbít; *(stick)* zlomit, lámat; *(rope)* přetrhnout; *(one's leg, arm)* zlomit si; *(furniture)* polámat; *(branch from a tree)* ulomit; *(egg)* rozbít; Mil *(step)* porušit ♦ **b. a record** překonat rekord; **b. sb's heart** někoho hluboce zarmoutit **2** *(interrupt: journey, silence, holidays, sleep, fast)* přerušit; **b. the habit of sth** zbavit se návyku, odvyknout si co **3** *(code)* dešifrovat **4** *(fail to keep) (promise, contract, word)* nedodržet; **b. an appointment** nepřijít na schůzku **5** *(defeat: rebellion)* porazit; **b. sb financially** přivést koho na mizinu **6** *(soften: fall)* zmírnit **7** *(disclose: news)* sdělit **8** *(horse)* zkrotit **II** vi **1** *(vase)* rozbít se; *(rope)* přetrhnout se; *(chair)* polámat se; *(weather)* náhle se změnit **2** *(storm)* rozpoutat se, strhnout se **3** *(voice)* zlomit se; **his voice is ~ing** mutuje **4** *(day)* **when day ~s** až se rozední **5** *(news, story)* vyjít najevo **III** phr vs ■ **break away** vi odtrhnout se, oddělit se (**from** od); *(escape)* uniknout, uprchnout ■ **break down** *I* vt **1** *(wall)* strhnout, zbořit; *(door)* vyrazit **2** *(resistance)* zlomit **3** Fin *(expenditure)* rozepsat *II* vi **1** *(car)* havarovat, mít poruchu **2** *(end)* zhroutit se **3** *(health)* selhat ■ **break in** *I* vt *(horse)* zkrotit; *(new employee)* zacvičit, zapracovat; *(new shoes)* rozchodit *II* vi **1** *(burglar)* vloupat se **2 b. in on sth** přerušit co ■ **break into 1 b. into a house** vloupat se do domu; fig **b. into one's savings** začít utrácet své úspory **2 b. into a song** začít zpívat; **b. into a run** rozběhnout se ▪ **break off** *I* vt 1 ulomit, odlomit, utrhnout 2 *(relations, negotiations)* přerušit; *(engagement)* zrušit *II* vi ulomit se, odlomit se, utrhnout se ▪ **break out** vi 1 *(prisoners)* uprchnout, utéci 2 *(fire, war)* vypuknout; *(storm, epidemic)* propuknout; **he broke out in a rash** udělala se mu vyrážka ▪ **break through** *I* vi proniknout; *(sun)* ukázat se *II* vt *(defences)* prorazit, prolomit ▪ **break up** *I* vi 1 *(ice)* praskat, pukat, prolomit se 2 *(clouds)* roztrhat se; *(crowd)* rozejít se, rozptýlit se; *(marriage)* rozpadnout se; *(friends)* rozejít se *II* vt 1 *(objects)* rozbít; *(machine)* rozebrat, demontovat 2 *(crowd)* rozehnat, rozptýlit

breakable ['breikəbl] adj křehký ● n **~s** křehké zboží

breakage ['breikidž] n 1 *(damage)* rozbití, poškození zboží 2 **~s** *(damaged goods)* rozbité zboží

breakaway ['breikəwei] n 1 odštěpení, odtržení 2 Sport únik hráče 3 Amer předčasný start ● adj *(party grouping)* odštěpený, odtržený

breakdown ['breikdaun] n 1 Aut porucha, defekt; *(machine* also*)* selhání ▪ **b. truck** pohotovostní (havarijní) vůz 2 *(in talks)* zhroucení; **nervous b.** nervové zhroucení 3 *(of expenditure, figures* etc*)* rozpis

breaker ['breikə(r)] n velká pěnivá příbojová vlna

breakfast ['brekfəst] n snídaně; **have (one's) b.** snídat; **at b.** při or na snídani; **for b.** k snídani; **b. is included** snídaně je zahrnuta v ceně pokoje ● vi snídat (**on tea and toast** toast s čajem)

break-in ['breikin] n vloupání; **we have had two break-ins this year** letos se k nám už dvakrát někdo vloupal

breaking point ['breikiŋpoint] n 1 Techn bod lámavosti 2 fig **be at b. p., reach b. p.** být na pokraji nervového zhroucení

breakneck ['breiknek] adj **drive at b. speed** jet šílenou rychlostí

break-out ['breikaut] n *(from prison)* útěk

breakthrough ['breikθru:] n průlom, *(in science* also*)* významný objev

break-up ['breikap] n *(of ice)* uvolňování; *(of marriage)* rozvrat; *(of empire)* rozpad, pád; *(of talks)* zhroucení

breakwater ['breikwo:tə(r)] n vlnolam

breast [brest] n 1 *(chest)* fml hruď, prsa; Cook *(of chicken)* prsíčka; *(of calf, lamb)* hrudí ♦ **make a clean b. of sth** vyjít s pravdou ven, upřímně se k něčemu přiznat ▪ **b. pocket** náprsní kapsa 2 *(of woman)* prs, ňadro

breastbone ['brestbəun] n hrudní kost

breast-feed ['brestfi:d] vt (pt, pp **breast-fed** ['brestfed]) kojit

breast-feeding ['brestfi:diŋ] n kojení

breaststroke ['breststrəuk] n *(swimming)* prsa

breath [breθ] n 1 lit dech; *(breathing* also*)* dýchání; **bad b.** pach z úst; **he has bad b.** páchne mu z úst; **in the same b.** jedním dechem; **be out of b.** být bez dechu; **get one's b. back** (znova) popadnout dech; **hold one's b.** zatajit dech; **take a deep b.** hluboce se nadechnout ♦ **say sth under one's b.** mručet si něco do vousů; **take sb's b. away** fig vyrazit někomu dech 2 *(whiff)* závan; fig náznak; **a b. of wind** vánek; **the first b. of spring** první náznak or závan jara; **get a b. of fresh air** jít se nadýchat čerstvého vzduchu

breathalyse ['breθəlaiz] vt Aut nechat někoho dýchnout do balónku

Breathalyser TM ['breθəlaizə(r)] n balónek na měření obsahu alkoholu v krvi

breathe [bri:ð] **I** vi dýchat; **b. in** vdechnout, nadechnout se; **b. out** vydechnout, vydechovat **II** vt *(air)* dýchat, vdechovat ♦ **b. one's last breath** vydechnout naposled; **don't b. a word about it (to anyone)** o tom nikomu ani muk

breather ['bri:ðə(r)] n oddech, pauza; **take a b.** oddechnout si; **give me a b.** dopřej mi oddechu

breathing ['bri:ðiŋ] n dýchání ▪ **b. space** pauza, oddych

breathless ['breθləs] adj *(panting)* udýchaný; **be b.** sotva dechu popadat

breathtaking ['breθteikiŋ] adj *(scenery)* úchvatný

bred [bred] pt, pp of **breed**

breech ['bri:č] n *(of gun)* závěr

breeches ['bričiz] n pl **(riding) b.** jezdecké kalhoty, pumpky

breed [bri:d] v (pt, pp **bred**) **I** vt 1 *(animals)* chovat; **b. horses/ cattle** chovat koně/ hovězí dobytek 2 fig *(be the cause of)* plodit, vést k čemu; **dirt ~s disease** špína plodí nemoci **II** vi *(animals)* množit se, rozmnožovat se ● n 1 *(of animals)* plemeno, rasa 2 fig typ, druh, odrůda; **a new b. of radicals** nový druh radikálů

breeder ['bri:də(r)] n chovatel ▪ **b. reactor** Phys reprodukční jaderný reaktor

breeding ['bri:diŋ] n 1 *(of animals)* chov ▪ **b. ground** *(for disease* etc*)* semeniště 2 *(good manners)* dobré vychování

breeze [bri:z] n vánek, větřík

breezy ['bri:zi] adj (**-ier**, **-iest**) 1 *(weather)* svěží; **it was a b. day** foukal svěží větřík 2 *(person)* dobře naladěný

Bren gun ['brengan] n lehký kulomet

brethren ['breðrən] n pl Relig bratři

Breton ['breton] adj bretaňský ● n 1 *(person)* Bretonec/ Bretonka 2 *(language)* bretonština

breviary ['breviəri] n breviář

brevity ['brevəti] n krátkost; *(conciseness)* stručnost

brew [bru:] n 1 *(of beer)* várka 2 fig *(mixture)* směs, směsice ● I vt 1 *(beer)* vařit 2 *(hot drink)* (u)vařit, připravit, *(tea also)* spařit II vi 1 *(tea)* pařit se 2 fig chystat se, hrozit; **a storm is ~ing** schyluje se k bouři also fig

brewer ['bruə(r)] n sládek

brewery ['bruəri] n pivovar

bribe [braib] n úplatek; **take a b. from sb** nechat se od někoho podplatit, vzít od koho úplatek ● vt podplatit, podplácet

bribery ['braibəri] n podplácení, úplatkářství, korupce

bric-a-brac ['brikəbræk] n veteš, staré harampádí; *(ornaments)* cetky

brick [brik] n 1 cihla; collect cihly; **built of b.** postavený z cihel, cihlový ♦ **drop a b.** Br udělat botu 2 *(toy)* kostka; **~s** stavebnice ● adj cihlový ● phr vs ■ **brick up, brick in** zazdít cihlami

bricklayer ['brikleiə(r)] n zedník

brickwork ['brikwə:k] n zdivo; vyzdívka

brickworks ['brikwə:ks], **brickyard** ['brikja:d] n cihelna

bridal ['braidl] adj *(feast, procession)* svatební

bride [braid] n nevěsta; **the b. and groom** ženich a nevěsta

bridegroom ['braidgru:m] n ženich

bridesmaid ['braidzmeid] n družička

bridge₁ [bridž] n 1 *(over river; also fig)* most; **suspension b.** visutý most 2 *(of ship; for teeth)* můstek 3 *(of violin)* kobylka; *(of nose)* hřbet ● vt 1 *(river)* přemostit, postavit most přes co 2 fig *(differences)* překlenout; *(distances)* překonat

bridge₂ [bridž] n *(cards)* bridž

bridgehead ['bridžhed] n Mil předmostí

bridle ['braidl] n uzda ● vt 1 dát uzdu (**a horse** koni) 2 fig **b. one's tongue** krotit se v řeči, držet jazyk na uzdě; **b. one's emotions** ovládat se, mírnit se

bridle-way ['braidlwei] n cesta pro jízdu koňmo

brief [bri:f] adj 1 *(of duration)* krátký; **a b. visit** krátká návštěva; **in b.** krátce řečeno 2 *(concise)* stručný; **a b. summary** stručné shrnutí ● n 1 Jur Br výtah ze žaloby 2 Jur Br *(case)* právní případ; **hold a b. for sb** někoho zastupovat ♦ **hold no b. for sth** nebýt zastáncem čeho 3 Mil *(instructions)* instrukce, instruktáž 4 **~s** pl kalhotky; *(men's)* slipy ● vt informovat, instruovat ■ **~ly** adv krátce, stručně; **as ~ly as possible** co nejstručněji

briefcase ['bri:fkeis] n aktovka

briefing ['bri:fiŋ] n *(instructions; b. session)* instruktáž

briefness ['bri:fnəs] n krátkost; *(succinctness)* stručnost

brig [brig] n Naut briga

brigade [bri'geid] n Mil brigáda; **the fire b.** požární sbor

brigadier [brigə'diə(r)] n brigádní generál

bright [brait] adj 1 *(day, colours)* jasný, *(colours also)* živý; *(sunshine)* zářivý; *(metal)* lesklý, třpytivý 2 *(cheerful: person)* veselý, dobře naladěný, živý, *(smile)* rozzářený; **look on the b. side (of things)** mít optimistický pohled na život, dívat se na všechno optimisticky 3 *(clever)* bystrý, chytrý, *(idea)* skvělý 4 *(promising)* *(future)* slibný, skvělý ■ **~ly** adv jasně; *(cleverly)* chytře

brighten (up) [braitn'ap] I vt 1 *(room)* oživit; *(prospects)* zlepšit 2 *(polish)* naleštit II vi 1 *(weather, sky)* vyjasnit se 2 *(person)* rozveselit se, dostat lepší náladu

brightness ['braitnəs] n see **bright** 1 jas, lesk 2 dobrá nálada, živost 3 inteligence, chytrost

brilliance ['briljəns] n see also **brilliant** 1 *(of light)* jas, *(of colours)* živost, výraznost 2 *(of person)* skvělost, brilantnost

brilliant ['briljənt] adj 1 *(light)* zářivý, třpytivý 2 *(person)* vynikající, brilantní; *(idea)* geniální; *(career)* skvělý; *(performance)* virtuózní ■ **~ly** adv *(perform)* virtuózně, skvěle ● n *(diamond)* briliant

brilliantine ['briljənti:n] n brilantina

brim [brim] n *(of cup, glass)* okraj; **full to the b.** plný až po okraj; *(of hat)* krempa, střecha ● I vi (**-mm-**) fig **her eyes were ~ming with tears** oči se jí zalily slzami II phr v ■ **brim over** vi přetékat; fig *(with happiness etc)* překypovat

brimful ['brimful] adj plný až po okraj

brimstone ['brimstəun] n síra

brine [brain] n 1 solný roztok; *(for pickling)* lák 2 slaná (mořská) voda

bring [briŋ] v (pt, pp **brought**) I vt 1 přinést (si), donést (si); *(person)* přivést (si); *(by vehicle: sb or sth)* přivézt; **b. her to me** přiveďte ji ke mně; **did you b. your camera?** máte s sebou fotoaparát? ♦ **b. sth to an end** or **to a close** něco ukončit, dovést něco do konce; **b. sth to sb's attention** upozornit někoho na něco 2 *(yield: price, income)* vynést, vynášet; **b. profit** přinést zisk, vynášet

3 *(result in)* přinášet, způsobit, mít za následek; **b. relief** přinášet úlevu; **I brought it upon myself** zavinil jsem si to sám 4 *(induce)* **b. sb to do sth** přimět někoho, aby ..., pohnout někoho k tomu, aby ...; **I couldn't b. myself to leave** nemohl jsem se odhodlat k odchodu 5 Jur **b. a charge against sb** vznést proti někomu obžalobu ‖ phr vs ■ **bring about** způsobit, zapříčinit, vyvolat; **b. about a war** vést k válce, být příčinou války ■ **bring along** vt přivést/ přivézt s sebou ■ **bring back** vt 1 *(person)* přivést zpět; *(thing)* přinést zpět, vrátit 2 *(restore) (death penalty, custom)* opětně zavést; **b. sb back to health** vrátit komu zdraví 3 *(memories)* připomínat, připomenout, vyvolat ■ **bring down** vt 1 *(aeroplane) (land)* přistát s čím; *(shoot down)* sestřelit; *(animal)* skolit 2 *(government* etc*)* svrhnout, způsobit pád čeho 3 *(temperature, prices)* snížit ■ **bring forward** vt 1 *(evidence)* předložit 2 *(meeting)* posunout dopředu, přeložit na dřívější termín 3 *(bookkeeping: item)* převést ■ **bring in** vt 1 *(sb)* přivést, *(sth)* přinést, přivézt; fig *(sb into sth)* zapojit, zaangažovat do čeho 2 *(yield)* vynášet, vynést; *(earn)* vydělávat 3 *(fashion, custom)* zavést; *(bill: in parliament)* předložit 4 *(verdict)* vyslovit ■ **bring off** vt 1 *(rescue: passengers* etc*)* zachránit, vyprostit 2 **b. sth off** inf zvládnout něco, vypořádat se s čím ■ **bring on** vt *(cause)* způsobit, vyvolat; **you've brought it (up)on yourself** zavinil sis to sám ■ **bring out** vt 1 *(publish)* vydat; *(new products)* uvádět na trh 2 *(good/ bad qualities in sb)* odhalit, ukázat 3 *(workers)* poslat koho do stávky 4 *(draw out: a shy person)* přimět k řeči 5 *(bring into focus)* zdůraznit ■ **bring round** vt 1 *(to consciousness)* přivést k vědomí 2 *(persuade)* přemluvit 3 *(in conversation)* zavést hovor (**to sth** na co) ■ **bring through** vt **the doctors brought her through** doktoři ji zachránili ■ **bring to** vt **b. sb to** přivést koho k vědomí ■ **bring together** vt *(assemble)* shromáždit; *(reconcile: people)* usmířit ■ **bring under** vt 1 *(people)* podrobit si, podmanit si 2 **b. sth under four headings** shrnout or klasifikovat něco do čtyř kategorií ■ **bring up** vt 1 zvýšit; *(reserves)* zvětšit; *(level)* pozvednout 2 *(educate)* vychovat, vychovávat 3 *(vomit)* vyzvracet; **b. up one's breakfast** vyzvracet snídani 4 *(subject: in conversation)* zavést na něco rozhovor, nadhodit něco

brink [briŋk] n kraj, okraj; fig pokraj; **on the b. of disaster** na pokraji katastrofy; **be on the b. of tears** mít slzy na krajíčku

brinkmanship ['briŋkmənšip] n hra s ohněm zvl. o riskantní politice

briny ['braini] adj slaný ● n inf moře

briquette [bri'ket] n briketa

brisk [brisk] adj 1 *(person)* čilý, energický; *(pace, walk)* rázný, řízný; *(trade)* čilý 2 *(wind)* svěží

brisket ['briskit] n Cook hrudí

briskness ['brisknəs] n čilost, říznost; svěžest

bristle ['brisl] n *(of brush)* štětina; collect štětiny, *(of beard)* strnisko (na bradě) ● vi 1 *(hair)* vstát na hlavě, (z)ježit se; *(person)* naježit se, rozhněvat se 2 **be bristling with people** hemžit se lidmi; **be bristling with difficulties** být plný problémů

Brit [brit] n usu joc or pej Brit neutr, ≅ Angláň inf

Britain ['britn] n Británie

British ['britiš] adj britský ● n **the B.** Britové

Britisher ['britišə(r)] n Amer Brit

Briton ['britn] n fml or Hist Brit

brittle ['britl] adj *(glass)* křehký; fig *(person)* nedůtklivý

brittleness ['britlnəs] n křehkost; fig nedůtklivost

broach [brəuč] vt *(subject)* zavést hovor na co, začít mluvit o čem

broad [bro:d] adj 1 *(wide)* široký; **it is ten metres b.** je to deset metrů široké ♦ **it is as b. as it is long** fig je to prašť jako uhoď, je to pěšky jako za vozem 2 *(extensive: sea, plains)* širý; fig **a b. range of interests** široký okruh zájmů 3 *(hint)* jasný, zřetelný, nedvojsmyslný; *(humour)* obhroublý 4 **in b. daylight** za bílého dne 5 *(general)* přibližný, povšechný; **in b. outline** v hrubých rysech 6 *(accent)* silný, výrazný; venkovský 7 *(views)* tolerantní, liberální 8 Amer **b. jump** skok daleký ● n 1 **the b. of the back** široká část zad 2 Amer sl coura, prostitutka ■ **~ly** adv 1 *(in the main)* povšechně, všeobecně; **~ly speaking** celkem vzato 2 *(grin, smile)* od ucha k uchu

broadcast ['bro:dka:st] n Rad/ TV (rozhlasové/ televizní) vysílání, relace, pořad; *(of match* etc*)* přenos; **live b.** přímý přenos, živé vysílání ● vt (pt, pp **broadcast**) 1 vysílat rozhlasem nebo televizí 2 fig *(spread: views, gossip* etc*)* šířit, rozšiřovat, hlásat

broadcaster ['bro:dka:stə(r)] n hlasatel, komentátor, rozhlasový pracovník

broadcasting ['bro:dka:stiŋ] n vysílání rozhlasové nebo televizní ● adj **b. station** rozhlasová/ televizní stanice

broaden ['bro:dn] vt, vi rozšířit (se), rozšiřovat (se); **the road ~s (out)** silnice se rozšiřuje; fig **b. one's horizons** rozšířit si (svůj) obzor or (své) obzory

broad-minded [bro:d'maindid] adj liberální, tolerantní; *(generous)* velkorysý

broad-mindedness [bro:d'maindidnəs] n tolerantnost; velkorysost

broadsheet ['bro:dši:t] n **1** *(newspaper)* noviny velkého formátu např. The Times **2** Hist *(broadside)* kramářská píseň

broad-shouldered [bro:d'šəuldəd] adj ramenatý

broadside ['bro:dsaid] n **1** Naut *(side)* bok lodi nad vodou **2** Naut *(from guns)* boční salva; fig **fire** or **deliver a b. at sb** ostře někoho napadnout slovně **3 b. (ballad)** kramářská píseň

brocade [brə'keid] n brokát

broccoli ['brokəli] n Bot brokolice

brochure ['brəušə(r)] n brožur(k)a

brogue$_1$ [brəug] n *(accent)* regionální přízvuk zvl. irský

brogue$_2$ [brəug] n pevný kožený střevíc

broil [broil] **I** vt Cook grilovat, (u)péci maso na rožni or na otevřeném ohni **II** vi Cook opékat se na rožni; fig *(person: in the sun)* **be ~ing** pražit se, smažit se, opékat se

broiler ['broilə(r)] n *(chicken)* brojler

broke [brəuk] pt of **break** ● adj inf **be (flat** or **stony) b.** být bez groše, nemít ani vindru, být na mizině

broken ['brəukən] pp of **break** ● adj **1** *(bone)* zlomený; *(rope)* přetržený; *(glass)* rozbitý; *(watch, plug)* porouchaný **2** *(sleep, line)* přerušovaný ♦ **speak (in) b. English** mluvit lámanou angličtinou **3** *(marriage)* rozvrácený, rozbitý; *(health)* podlomený, chatrný; *(heart, man/ woman)* zlomený; *(promise)* porušený **4** *(surface, ground)* nerovný

broken-down [brəukən'daun] adj *(car)* nepojízdný, rozbitý

broken-hearted [brəukən'ha:tid] adj zdrcený or zoufalý žalem

broken-winded [brəukən'windid] adj *(horse)* dýchavičný

broker ['brəukə(r)] n zprostředkovatel; dohodce; makléř

brokerage ['brəukəridž] n provize

brolly ['broli] n Br inf paraple

bromide ['brəumaid] n Chem bromid; fig banalita, otřepaná fráze

bromine ['brəumi:n] n Chem bróm

bronchial ['broŋkiəl] adj průduškový; **b. tubes** průdušky

bronchitic [broŋ'kitik] adj bronchitický

bronchitis [broŋ'kaitis] n zánět průdušek, bronchitida

bronco ['broŋkəu] n Amer divoký kůň, mustang

broncobuster ['broŋkəuˌbastə(r)] n Amer krotitel divokých koní

bronze [bronz] n bronz ■ **B. Age** doba bronzová ● adj bronzový ● vt **1** *(metal)* (po)bronzovat **2** *(tan: face* etc*)* opálit do bronzova

bronzed ['bronzd] adj *(suntanned)* bronzový, opálený do bronzova

brooch [brəuč] n brož

brood [bru:d] n mláďata z jednoho hnízda; joc *(children)* potomstvo, pej havěť ● vi **1** *(hen)* sedět na vejcích **2** fig *(ponder)* dumat zasmušile až výhružně; **b. over** or **on sth** přemítat o něčem roztrpčeně

broody ['bru:di] adj **1** *(hen)* kvokavý; joc *(woman)* toužící po dítěti **2** *(person)* zamyšlený; *(moody)* sklíčený, sklesly

brook$_1$ [bruk] n potok

brook$_2$ [bruk] vt *(in neg contexts)* snést, strpět; **this matter ~s no delay** tato věc nesnese or nestrpí odkladu

brooklet ['bruklit] n potůček

broom$_1$ [bru:m] n Bot janovec

broom$_2$ [bru:m] n koště ♦ **a new b. sweeps clean** nové koště dobře mete

broomstick ['bru:mstik] n násada koštěte; *(witch's b.)* koště

Bros. abbr of **Brothers** Bří v názvu firmy

broth [broθ] n vývar (z masa a zeleniny); řídká polévka; **Scotch b.** kroupová polévka

brothel ['broθl] n nevěstinec, bordel

brother ['braðə(r)] n **1** *(relative)* bratr; **~s and sisters** sourozenci **2** fig kolega; **b. doctors** kolegové lékaři **3** Relig (pl **brethren**) bratr

brotherhood ['braðəhud] n **1** *(relationship, comradeship)* bratrství **2** *(association)* bratrstvo

brother-in-law ['braðərinlo:] n (pl **brothers-in-law**) švagr

brotherly ['braðəli] adj bratrský; **b. love** bratrská láska

brought [bro:t] pt, pp of **bring**

brow [brau] n **1** usu pl **~s** obočí; **knit one's brow(s)** svraštit obočí, zamračit se **2** *(forehead)* čelo **3** *(of hill)* vrchol, příkrý svah pod vrcholem

browbeat ['braubi:t] vt (pt **browbeat**, pp **browbeaten**) zastrašovat pohledy nebo slovy; **b. sb into doing sth** vynutit si, aby někdo něco udělal

browbeaten ['braubi:tn] adj ustrašený

brown [braun] adj **1** hnědý; *(bread)* tmavý, černý; *(sugar)* surový; **b. paper** balicí papír **2** *(suntanned)* opálený ● n hněď, hnědá (barva) ● **I** vt *(tan: skin)* opálit, opalovat; *(meat)* osmažit dohněda, opéci **II** vi (z)hnědnout; opálit se dohněda **III** phr v ■ **be browned off with sth** inf mít čeho až po krk; **look a bit ~ed off** vypadat mírně naštvaně

brownie ['brauni] n **1** šotek, skřítek **2 Brownie** *(in Guide Movement)* světluška malá skautka **3** usu Amer čokoládový koláček s oříšky

brownish ['brauniš] adj hnědavý, nahnědlý

browse [brauz] vi **1 b. among the books** hrabat se v knihách; **b. through books/ magazines** listovat si v knížkách/ časopisech **2** *(animals)* pást se ● n **have a b. (in a bookshop)** prohlížet si knihy (v knihkupectví)

bruise [bru:z] n Med modřina, podlitina, pohmožděnina; *(on fruit)* otlačenina; **be covered in ~s** *(person)* být samá modřina ● **I** vt pohmoždit, nadělat komu modřiny; *(fruit)* pomačkat, otlačit; fig *(feelings)* zranit **II** vi *(person)* pohmoždit se, odřít se; *(fruit)* otlačit se, pomačkat se

bruiser ['bru:zə(r)] n inf lamželezo, chlap jako hora

brunch [branč] n inf (= **breakfast** + **lunch**) snídaně a oběd v jednom

brunette [bru'net] n bruneta ● adj tmavovlasá

brunt [brant] n **bear the b. of sth** *(of attack* etc*)* nést hlavní nápor čeho, *(of expense, job)* mít hlavní podíl na čem, *(financial cuts)* nejvíce utrpět čím, nést hlavní tíži čeho

brush$_1$ [braš] n **1** *(for hair, clothes* etc*)* kartáč; *(for teeth)* kartáček; *(artist's b.)* štětec; *(paintbrush, shaving b.)* štětka; *(for sweeping)* smetáček **2** *(act of ~ing)* **give one's coat/ teeth a b.** vykartáčovat si kabát/ vyčistit si zuby **3** *(light touch)* lehký dotek; **he felt the b. of her hair against his face** na tváři ucítil lehký dotek jejích vlasů **4** *(quarrel)* hádka, výměna názorů; Mil šarvátka, potyčka; **have a b. with the law** dostat se do konfliktu se zákonem **5** *(fox's tail)* chvost, ohon ● **I** vt **1** *(hair, coat)* (vy)kartáčovat (si); *(teeth)* (vy)čistit si; *(floor)* zamést, zametat **2** *(touch lightly)* otřít se o koho/ co, lehce se dotknout čeho **II** vi **b. against/ past sb/ sth** lehce se někoho/ něčeho dotknout, lehce o někoho/ něco zavadit při míjení **III** phr vs ■ **brush aside** vt *(difficulties, problems)* nevěnovat čemu pozornost, mávnout nad čím rukou ■ **brush away** vt *(dust)* setřít, *(with brush)* vykartáčovat; *(fly* etc*)* odehnat ■ **brush down** vt vykartáčovat; *(horse)* vyhřebelcovat ■ **brush off** vt *(person)* odbýt koho; *(suggestions)* ignorovat ■ **brush up** vt **b. sth up, brush up on sth** Sch zopakovat si něco; **I must b. up (on) my English** musím si oprášit or osvěžit své znalosti angličtiny

brush$_2$ [braš] n *(undergrowth)* křoví, podrost

brush-off ['brašof] n odmítnutí; **give sb the b.-off** odbýt koho, dát komu košem

brushwood ['brašwud] n křoví, podrost, mlází

brusque ['brusk] adj strohý, *(tone, answer)* bryskní; *(words)* příkrý; *(manner)* nešetrný

brusqueness ['brusknəs] n příkrost, strohost, příkrost

Brussels ['braslz] n Brusel ■ **B. sprout** růžičková kapusta; **B. lace** bruselská krajka

brutal ['bru:tl] adj brutální, surový; *(cruel)* krutý

brutality [bru'tæləti] n brutálnost; krutost

brute [bru:t] n zvíře větší, hovado, bestie; fig zvíře, dobytek; *(cruel person)* surovec; **you b.!** *(teasingly)* ty mizero! ● adj **b. force** hrubá síla

brutish ['bru:tiš] adj *(rough)* hrubý, necitlivý; *(stupid)* tupý

BS [bi:'es] Amer abbr, **BSc** [bi:es'si:] Br abbr of **Bachelor of Science** bakalář přírodních věd

BST [bi:es'ti:] abbr of **British Summer Time** britský letní čas

Bt abbr of **Baronet** baronet

bubble ['babl] n bublina, *(small)* bublinka; **blow ~s** pouštět bublinky ♦ **burst the b.** fig odhalit podvod ■ **b. bath** koupelová pěna ● **I** vi *(water* etc*)* bublat, šumět, *(hot liquid* also*)* kypět, *(wine)* perlit se **II** phr vs ■ **bubble out** vyvěrat, prýštit ■ **bubble over** vi **b. over with happiness** překypovat štěstím

bubble-gum ['bablgam] n žvýkačka z které lze vyfukovat bubliny

bubbly ['babli] adj **1** *(champagne* etc*)* šumivý, bublinkovitý **2** fig **a b. personality** temperamentní, překypující energií ● n inf *(champagne)* bublinky

bubonic plague [bju:ˌbonik'pleig] n dýmějový mor

buccaneer [bakə'niə(r)] n bukanýr, pirát

Bucharest [bu:kə'rest] n Bukurešť

buck [bak] n **1** *(male animal)* samec; *(male deer)* jelen; *(roebuck)* srnec; *(rabbit)* inf ramlík **2** inf Amer dolar **3 pass the b.** zbavit se černého Petra, svalit zodpovědnost na někoho jiného ● **I** vi *(horse)* vyhazovat vyskakovat všemi čtyřmi a prohnout hřbet směrem nahoru **II** phr v ■ **buck up** *I* vi **1** *(hurry)* hodit sebou **2** *(cheer up)* inf vzchopit se; **b. up!** hlavu vzhůru! *II* vt povzbudit, dodat komu odvahy

bucket ['bakit] n vědro, kbelík, okov; *(of excavator)* rýpací nádoba ♦ **kick the b.** sl natáhnout bačkory; **the rain came down in ~s** lilo jako z konve ■ **b. shop** Br pokoutní kancelář často prodávající zlevněné letenky ● vi inf **b. (down)** (Subj: *rain)* lít jako z konve

bucketful ['bakitful] n vědro; **two ~s of water** dvě vědra vody

buckle ['bakl] n *(on shoe, belt)* přezka, spona ● **I** vt *(belt* etc*)* zapnout co na přezku **II** vi *(metal)* prohnout se, prohýbat se, *(wheel)* ohnout se; *(knees)* podlamovat se **III** phr vs ■ **buckle down to** vt **b. down to sth** pustit se do něčeho s plným nasazením ■ **buckle to** vi inf vzchopit se, pohnout kostrou

buckram ['bakrəm] n knihařské plátno

buckshee [bak'ši:] adj Br inf bezplatný ● adv zdarma, gratis

buckshot ['bakšot] n hrubé broky

buckskin ['bakskin] n jelenice, semiš

bucktooth [bak'tu:θ] n (pl **buckteeth**) dopředu vyčnívající zub

buckwheat ['bakwi:t] n Bot pohanka

bucolic [bju'kolik] adj bukolický

bud [bad] n pupenec, poupě ♦ **be in b.** pučet, rašit; **nip sth in the b.** zničit něco v zárodku ● vi (**-dd-**) Bot pučet, rašit

Budapest [bju:də'pest] n Budapešť

Buddha ['budə] n Buddha

Buddhism ['budizəm] n buddhismus

Buddhist ['budist] n buddhista ● adj buddhistický

budding ['badiŋ] adj pučící, rašící; fig *(poet* etc*)* budoucí

buddy ['badi] n Amer kámoš

budge [badž] **I** vi **1** *(move)* (po)hnout se; **it won't b.** nedá se s tím pohnout **2** fig *(yield)* ustoupit; **he won't b.** *(from his convictions)* neustoupí ani o krok **II** vt **1** (po)hnout čím; **I can't b. it** nemohu s tím hnout **2** fig (po)hnout kým; **nobody can b. him** nikdo s ním nehne

budgerigar ['badžəriga:(r)] n Zool andulka

budget ['badžit] n rozpočet; *(in Parliament)* státní rozpočet; **family b.** rodinný rozpočet ■ **b. account** ≅ sporožiro ● **I** vi **b. for sth** počítat s čím v rozpočtu **II** vt **b. £1,000 for sth** určit na něco or vyčlenit v rozpočtu 1000 liber ● adj levný; **b. holidays** levná dovolená

budgetary ['badžitəri] adj rozpočtový; **b. control** rozpočtová kontrola

budgie ['badži] n inf = **budgerigar** andulka

buff₁ [baf] n **1** *(leather)* silná kůže zprav. hovězí ♦ **in the b.** jak ho/ ji pánbůh stvořil, v rouše Adamově/ Evině **2** *(colour)* žlutohnědá ● adj žlutohnědý ● vt **b. (up)** *(shoes)* (vy)leštit

buff₂ [baf] n fanoušek, nadšenec; **film b.** filmový fanoušek

buffalo ['bafələu] n (pl unchanged or **~es**) buvol; *(American variety)* bizon

buffer₁ ['bafə(r)] **1** Rail nárazník; *(at end of track)* zarážedlo; Pol *(b. state/ zone)* nárazníkový stát/ nárazníková zóna **2** Comput vyrovnávací paměť **3** Chem *(b. solution)* tlumicí roztok, pufr

buffer₂ ['bafə(r)] n Br inf **silly old b.** starý paprika

buffet₁ ['bufei] n **1** *(sideboard)* bufet, příborník **2** *(snack bar)* bufet, automat **3** *(meal)* studený pult ■ **b. party** večírek se studeným občerstvením; **b. supper** studená večeře bez obsluhy; **b. car** Br Rail bufetový vůz

buffet₂ ['bafit] n úder, rána esp fig; **the ~s of fate** rány osudu ● vt **b. sb/ sth (about)** lomcovat or cloumat s kým/ čím; **the boat was ~ed by the waves** s lodí lomcovaly vlny, loď byla bičována vlnami

buffeting ['bafitiŋ] n **take a b.** být vystaven nárazům; **the ship took quite a b.** loď se zmítala ve vlnách

buffoon [bə'fu:n] n šašek, klaun; pej kašpar; **play the b.** dělat ze sebe šaška, šaškovat

buffoonery [bə'fu:nəri] n šaškovství, šaškování, klauniáda

bug [bag] n **1** *(bedbug)* štěnice; inf *(small insect)* brouk, brouček; inf **~s** hmyz **2** inf *(germ)* bacil, virus; infekční onemocnění; **I've got some b. or other** něco jsem někde chytil **3** *(hidden microphone)* inf štěnice; odposlouchávací zařízení (neutr) **4** inf usu **the b.** *(obsessive interest)* nadšení pro co, blázněni po čem; **he's been bitten by the travel b.** je zblázněný do cestování **5** Comput chyba v programu **6** sl **big b.** velké zvíře ● vt (**-gg-**) **1 the flat was ~ged** v bytě bylo (nainstalováno) odposlouchávací zařízení; **b. a telephone** nainstalovat odposlouchávací zařízení na telefon, napojit or inf napíchnout se na telefon **2** esp Amer *(bother)* lézt na nervy, otravovat; **what's ~ging you?** co ti je?, co tě štve?, sl co tě žere?

bugbear ['bagbeə(r)] n fig strašák, postrach např. dluhy, inflace

bugger ['bagə(r)] n **1** *(sodomite)* sodomita **2** sl *(used abusively)* svině, mamlas; **you stupid b.!** ty blboune!; joc mizera; *(annoying thing)* prevít ● **I** vt **1** *(have anal sex with)* páchat sodomii (**sb** s kým) **2** *(expressing annoyance)* **b. it!** *(I've lost my keys.)* do prdele!, *(in surprise)* **B. me!**, *(Did you see it?)* já se na to vykašlu! **II** phr vs ■ **bugger about** or **around** *I* vi vulg hovno dělat, inf flákat se *II* vt vulg **b. sb about** buzerovat koho

■ **bugger off** vi vulg zdejchnout se; **b. off!** odprejskni! ■ **bugger up** vt vulg **b. sth up** zkurvit co ● interj **oh bugger!** *(I've missed my bus)* vulg do prdele!, já se na to vykašlu

buggered ['bagəd] adj vulg **I am completely b.** jsem utahaný k smrti

buggery ['bagəri] n sodomie

buggy ['bagi] n **1** *(carriage)* bryčka **2** *(pushchair)* skládací (dětský) kočárek

bugle ['bju:gl] n polnice

bugler ['bju:glə(r)] n trubač

build [bild] n *(physique)* postava, (tělesná) konstrukce, stavba těla; **a man of powerful b.** muž mohutné postavy ● v (pt, pp **built** [bilt]) **I** vt **1** *(house* etc*)* stavět, postavit; *(model)* sestrojit; **the house is being built** dům se staví ♦ **b. castles in the air** stavět si vzdušné zámky **2** fig *(business)* vybudovat; *(society)* vytvořit **II** vi stavět also fig; **b. on one's achievements** stavět na svých úspěších **III** phr vs ■ **build sth in** *(wardrobe* etc*)* vestavět ■ **build up** *I* vt **1** *(area: with houses)* zastavět **2** *(business)* vytvořit, vybudovat; **b. up a reputation** získat si jméno **3** *(health)* posílit; *(production)* zvýšit; **b. up sb's confidence** dodat někomu sebevědomí *II* vi *(pressure)* narůstat; *(resistance)* vzrůstat; *(work)* nashromáždit se; *(tailback, queue)* narůstat, prodlužovat se

builder ['bildə(r)] n stavbař; *(building contractor)* stavitel; *(worker)* stavební dělník

building ['bildiŋ] n **1** budova, stavba; *(house)* dům **2** *(activity)* stavba, stavění, *(large-scale)* výstavba; *(of new nation)* budování **3** *(profession)* stavebnictví ■ **b. contractor** stavitel, stavební podnikatel; **b. contractors** stavební firma; **b. plot** stavební parcela; **b. site** staveniště; **b. society** stavební spořitelna

build-up ['bildap] n **1** *(of pressure)* narůstání, zvyšování; *(of troops)* koncentrace **2** *(preparations)* přípravy (**to sth** na co) **3 publicity b.-up** propagace; **give sb a tremendous b.-up** udělat někomu velkou reklamu

built [bilt] pt, pp of **build**

built-in [bilt'in] adj **1** *(wardrobe)* vestavěný; fig **a contract with b.-in guarantees** smlouva se zabudovanými zárukami **2** *(instinctive: distrust* etc*)* instinktivní, vrozený

built-up [bilt'ap] adj *(area)* zastavěný

bulb [balb] n **1** Bot cibule, hlavička; *(of tulip)* cibulka; *(of garlic)* hlavička, palička **2** *(light b.)* žárovka; **change a b.** vyměnit žárovku **3** *(of thermometer)* kulička, jímka

bulbous ['balbəs] adj **1** *(plants)* cibulovitý, cibulnatý **2 a b. nose** nos jako okurka

Bulgaria [bal'geəriə] n Bulharsko

Bulgarian [bal'geəriən] adj bulharský ● n **1** Bulhar/ -ka **2** *(language)* bulharština

bulge [baldž] n **1** *(swelling)* vypuklina; *(of curve)* vydutí; *(in pocket)* boule **2** *(increase:* eg *in birth-rate)* prudký přechodný vzestup ● vi *(swell)* vyboulit se; *(eyes)* vylézat z důlků; **b. (out) with sth** být něčím nacpaný or napěchovaný; **his pockets were bulging with sweets** měl plné kapsy bonbónů

bulging ['baldžiŋ] adj *(pockets)* vyboulený; *(wallet)* napěchovaný; *(stomach)* vystouplý; *(eyes)* vypouklý, vystouplý

bulk [balk] n **1** *(quantity)* množství; *(volume)* objem; *(size)* velikost; **buy in b.** nakupovat ve velkém **2** *(large shape: object)* masa; *(large body)* mohutná postava **3** *(greater part)* větší část, převážná většina; **the b. of the goods** převážná většina zboží ● vi **b. large** hrát důležitou roli, být velmi důležitým; **it ~ed large in his thoughts** v myšlenkách se tím stále zaobíral, nemohl na to přestat myslet

bulk-buying [balk'baiiŋ] n nakupování ve velkém

bulkhead ['balkhed] n Naut, Aviat přepážka na lodi vodotěsná

bulkiness ['balkinəs] n see **bulky 1** objemnost, mohutnost **2** neforemnost; neskladnost

bulky ['balki] adj (**-ier, -iest**) **1** objemný; *(figure)* masívní, mohutný **2** *(unwieldy: crate, parcel* etc*)* neforemný, neskladný

bull$_1$ [bul] n **1** Zool býk; **b. elephant/ whale/ seal** sloní/ velrybí/ tulení samec ♦ **take the b. by the horns** fig vzít věc za pravý konec; **like a b. in a china shop** fig jako slon v porcelánu **2** *(Stock Exchange)* haussista, spekulant na vzestup cenných papírů, býk ■ **a b. market** vzestupný trh cenných papírů **3** *(b.'s eye)* střed terče **4** sl *(rubbish)* blbost, hovadina; **that's a load of b.!** to je pěkná hovadina!

bull$_2$ [bul] n Relig bula

bulldog ['buldog] n buldok ■ **b. clip** odpružená svorka na papíry

bulldoze ['buldəuz] vt **1** *(area* etc*)* srovnat co buldozerem, *(building)* demolovat co buldozerem **2** inf **b. sb into doing sth** přinutit koho, aby něco udělal; **b. one's way through the crowd** protlačit se davem

bulldozer ['buldəuzə(r)] n buldozer

bullet ['bulit] n střela, kulka, projektil; **plastic b.** plastická střela ♦ **bite the b.** fig kousnout do kyselého jablka

bulletin ['bulətin] n **1** *(official report)* buletin, úřední zpráva; **health b.** lékařská zpráva o stavu nemocného **2** Rad, TV **news b.**

přehled zpráv 3 *(newsletter)* věstník ■ **b. board** Amer nástěnka, vývěsní tabule

bullet-proof ['bulitpru:f] adj *(jacket* etc*)* neprůstřelný

bullfight ['bulfait] n býčí zápas, korida

bullfighter ['bulfaitə(r)] n toreador, zápasník s býky

bullfighting ['bulfaitiŋ] n býčí zápasy

bullfinch ['bulfinč] n Orn hýl

bullfrog ['bulfrog] n Zool skokan volský

bullion ['buliən] n **gold/ silver b.** zlaté/ stříbrné pruty or cihly

bullish ['buliš] adj *(market)* trh se vzestupnou tendencí

bullock ['bulək] n 1 *(castrated bull)* vůl 2 *(young)* býček

bullring ['bulriŋ] n aréna pro býčí zápasy

bull's-eye ['bulzai] n *(of target)* střed terče; *(hit)* zásah do středu terče; fig trefa do černého ♦ **hit the b.'s e.** fig trefit se do černého

bullshit ['bulšit] n Amer vulg hovadina, volovina; **that's b.!** to je pěkná volovina! ● vi kecat voloviny

bull terrier [bul'teriə(r)] n bulteriér

bully$_1$ ['buli] n *(schoolboy)* pánovitý klacek; *(boss)* tyran ● vt šikanovat, terorizovat, zastrašovat ● interj inf, esp iron **b. for you!** bravo!

bully$_2$ ['buli] n *(hockey)* buly ● phr v ■ **bully off** vi *(hockey)* vhazovat buly na začátku hry

bullyboy ['buliboi] n inf násilník najatý

bullying ['buliiŋ] n zastrašování, šikanování ● adj pánovitý, panovačný, tyranský

bully-off ['buliof] n *(hockey)* buly

bulrush ['bulraš] n rákos(í)

bulwark ['bulwək] n bašta, val; fig záštita, opora

bum$_1$ [bam] n sl *(bottom)* zadnice; *(baby's)* zadnička, prdýlka

bum$_2$ [bam] n; esp Amer *(tramp)* vandrák, pobuda; *(idler)* flákač, povaleč, ulejvák ● adj Amer sl *(useless)* **a b. party/ film** mizerný večírek/ film ● **I** vt **(-mm-)** *(money, cigarettes)* vyškemrat or vyžebrat si **(off sb** na kom); **can I b. a cigarette off you?** můžeš mi dát cigaretu? **II** phr v ■ **bum around** vi poflakovat se, flákat se; **b. around Europe** vandrovat po Evropě

bumble [bambl] **I** vt 1 *(act/ move)* **b. about** or **along** jednat popleteně/ jít nejistě, škobrtat 2 *(speak)* **b. (on)** mluvit nesouvisle, blekotat, blábolit **(about sth** o čem) **II** phr v ■ **bumble through** vi protlouci se, nějak si poradit

bumblebee ['bamblbi:] n čmelák

bumbling ['bambliŋ] adj nemotorný, neohrabaný, břídilský; **you b. idiot!** ty nemotoro jeden!

bumf, bumph [bamf] n byrokratická lejstra, zbytečně potištěný papír

bump [bamp] n 1 *(sound)* žuchnutí, bouchnutí, plácnutí; *(impact)* náraz; **he landed on the ground with a b.** praštil sebou až to žuchlo 2 *(on body)* boule; *(on a surface)* nerovnost, hrbol(ek), vypuklina; *(in a road* etc*)* výmol 3 Aviat *(air pocket)* vzdušná jáma ● adv náhle, znenadání; s žuchnutím, s bouchnutím; **things that go b. on the night** tajemné noční zvuky ● **I** vi **b. along over potholes** *(car, cart)* kodrcat (se) or drkotat přes výmoly; **b. down** kodrcat se dolů **II** vt **b. sth (against/ on sth)** narazit čím (do čeho), praštit se do čeho; **I ~ed my head** praštil jsem se do hlavy; **I ~ed my head against the ceiling** narazil jsem or uhodil jsem se hlavou o strop **III** phr vs ■ **bump into** vt 1 **b. into sth** vrazit do čeho, *(car* also*)* najet na co 2 **b. into sb** inf *(meet)* náhodou koho potkat, náhodou se s kým setkat, narazit na koho ■ **bump off** vt sl **b. sb off** oddělat koho, odkráglovat koho ■ **bump up** vt *(prices, salaries)* zvýšit

bumper ['bampə(r)] n nárazník ● adj **b. crop** rekordní úroda; **b. edition** *(of a magazine)* speciální rozšířené vydání; **b.-size** enormně veliký

bumph [bamf] see **bumf**

bumpkin ['bampkin] n also **country b.** pej (venkovský) balík, neotesanec

bumptious ['bampšəs] adj pej nadutý, nafoukaný

bumpy ['bampi] adj **(-ier, -iest)** 1 *(road)* rozbitý, hrbolatý, plný výmolů 2 *(journey)* kodrcavý; *(flight)* neklidný; **we had a b. flight** měli jsme neklidný let, strašně to houpalo (při letu)

bun [ban] n 1 Cook *(cake)* hrozinková buchtička ♦ **have a b. in the oven** sl joc být v tom, mít zaděláno být těhotná 2 *(hair)* drdol; **wear one's hair in a b.** nosit drdol

bunch [banč] n 1 *(of flowers)* kytice; *(of bananas)* trs; *(of radishes, keys)* svazek; **a b. of grapes** hrozen 2 *(of people)* inf houf, skupina; *(of thugs* etc*)* parta; **the best of the b.** nejlepší ze všech ● **I** vi *(dress)* dělat varhánky, mačkat se **II** phr vs ■ **bunch together** *I* vt *(people)* shromáždit *II* vi also **b. up** shromáždit se do skupin, zhoufovat se ■ **bunch up** vt *(dress)* nabírat, skládat do záhybů

bundle ['bandl] n 1 *(clothes)* uzel, ranec; *(sticks)* otep, otýpka; *(of hay)* otýpka; *(of books: tied together)* balík; **tie sth in a b.** svázat něco do rance/ uzlu etc 2 fig **a b.**

of nerves uzlí(če)k nervů; **she was a b. of nerves** *(before the performance)* měla strašnou trému; **be a b. of mischief** *(child)* stále něco vyvádět, v jednom kuse zlobit ● **I** vt **1** also **b. up** *(make a b.)* svázat co do uzlu/ rance etc **2 b. sth into sth** narychlo něco někam naházet or nacpat; **he ~d the papers into a drawer** nacpal or shrnul or naházel papíry do zásuvky **3** *(shove: sb)* **b. sb into a car** *(unceremoniously)* nacpat koho do auta, přinutit koho nasednout do auta **II** phr vs ■ **bundle off** vt inf **b. sb off** vypakovat koho, poslat koho pryč neutr ■ **bundle up** *I* vi teple se obléci, navléci se *II* vt **b. sb up** navléci koho, obléci koho teple

bung [baŋ] n zátka sudu, čep ● **I** vt **1** *(cask)* zazátkovat **2** Br inf *(throw)* hodit; **b. it over here** hoď to sem **II** phr v ■ **bung up** vt usu pass **be ~ed up** *(nose, pipe)* být ucpaný; **I'm all ~ed up** mám plný or zacpaný nos nemohu dýchat

bungalow ['baŋgələu] n přízemní dům

bunghole ['baŋhəul] n otvor pro zátku v sudu

bungle ['baŋgl] vt *(job, task)* zpackat, zvorat, zfušovat

bungler ['baŋglə(r)] n fušer, břídil, hudlař

bungling ['baŋgliŋ] adj *(person)* neschopný ● n břídilství, fušerství

bunk$_1$ [baŋk] n *(on a ship)* kóje, *(in train)* lůžko ■ **b. bed** patrová postel

bunk$_2$ [baŋk] n *(nonsense)* sl blbost, nesmysl

bunk$_3$ [baŋk] n ♦ **do a b.** vzít roha, upláchnout, zmiznout ● phr v ■ **bunk off** vi sl prásknout do bot, vzít roha

bunker ['baŋkə(r)] n **1** *(coal~)* zásobník na uhlí **2** Mil bunkr **3** Golf písková překážka

bunkum ['baŋkəm] n inf pitomost, blbost, nesmysl(y); **it's pure b.** to je naprostá hloupost

bunny ['bani] n **1** also **b. rabbit** králíček **2** also **b. girl** zajíček servírka v nočním podniku

Bunsen burner [bansn'bə:nə(r)] n Bunsenův hořák

bunting$_1$ ['bantiŋ] n Orn strnad

bunting$_2$ ['bantiŋ] n *(material)* praporovina; *(flags and streamers)* vlajkosláva

buoy [boi] n bóje ● **I** vt **b. sth (out)** vytyčit co bójemi, označit co bójí **II** phr v ■ **buoy up** vt **1** *(person, object)* udržovat nad vodou **2** fig povzbudit koho, dodat komu odvahy; rozveselit koho; *(share price)* udržovat vzestupný trend čeho

buoyancy ['boiənsi] n **1** *(of ship, balloon)* vztlak **2** fig houževnatost, optimismus, elán **3** *(of share prices)* vzestupný trend

buoyant ['boiənt] adj **1** *(object)* schopný plout or udržet se nad vodou **2** *(person)* houževnatý, optimistický **3** *(market prices)* vzestupný, *(economy)* stabilní, vzkvétající

bur, burr [bə:(r)] n **stick to sb like a b.** držet se koho jako klíště

burble ['bə:bl] vi **1** *(stream)* zurčet, bublat **2** *(person)* brebentit, mlít, *(foolishly)* žvanit; *(baby)* broukat si

burden ['bə:dn] n **1** lit *(load)* břemeno, břímě; **beast of b.** soumar **2** fig břemeno, břímě, tíha, přítěž; **the b. of taxation** břemeno daní; **be a b. to sb** být pro koho přítěží ● vt **b. sb with sth** fig zatížit/ zatěžovat koho čím; **b. sb with one's problems** zatěžovat někoho svými problémy

burdensome ['bə:dnsəm] adj *(duties, responsibility)* tíživý

bureau ['bjuərəu] n (pl **~s** or **~x**) **1** *(desk)* Br sekretář, psací stůl s přihrádkami **2** Amer prádelník **3** *(agency)* kancelář; **travel b.** cestovní kancelář; **information b.** informační kancelář **4** *(government department)* Amer výbor, úřad

bureaucracy [bjuə'rokrəsi] n byrokracie

bureaucrat ['bjuərəkræt] n byrokrat

bureaucratic [bjuərə'krætik] adj byrokratický

burette [bjuə'ret] n Chem pipeta

burgeon ['bə:džən] vi **1** dated or poet pučet, rašit **2** fig rychle se rozvíjet např. nové odvětví průmyslu

burger ['bə:gə(r)] n inf karbanátek, hamburger

burgher ['bə:gə(r)] n dated or joc měšťan

burglar ['bə:glə(r)] n zloděj pachatel vloupání ■ **b. alarm** poplašné zařízení proti vloupání

burglarize ['bə:glərai z] vt sl **b. a house** vyloupit dům

burglar-proof ['bə:gləpru:f] adj *(house)* zabezpečený proti vloupání

burgle ['bə:gl] vt (vy)loupit, vloupat se do čeho

Burgundy ['bə:gəndi] n **1** Geog Burgundsko **2** *(wine)* burgundské (víno)

burial ['beriəl] n pohřeb; pohřbení, pohřbívání ■ **b. ground** hřbitov, *(historical)* pohřebiště

burlap ['bə:læp] n pytlovina

burlesque [bə:'lesk] adj burleskní, parodistický ● n burleska, parodie

burly ['bə:li] adj (**-ier, -iest**) statný, urostlý

Burma ['bə:mə] n Barma

Burmese [bə:'mi:z] adj barmský ● n **1** (pl **Burmese**) Barmánec/ Barmánka **2** *(language)* barmština

burn [bə:n] n **1** *(injury)* spálenina, popálenina; **first-degree b.** popálenina prvního stupně **2** *(on material)* spálené místo; *(hole)* vypálená díra, vypálené or propálené místo; **the b. in the carpet** propálené místo v koberci **3** *(of rocket)* zapálení raketového motoru ● v (pt, pp **~ed** [bə:nd] or **~t** [bə:nt]) **I** vt **1** *(waste paper* etc*)* pálit, spálit, spalovat; *(toast, meat)* připálit; **b. oneself** popálit or spálit se; **b. one's hand** popálit se na ruce; **be ~t to the ground** *(house)* vyhořet do základů ♦ **b. one's boats** or **bridges** spálit za sebou mosty; **b. one's fingers**, **get one's fingers ~t** fig spálit si prsty; **b. the midnight oil** vysedávat nad prací dlouho do noci, ponocovat **2 b. sb to death**, **b. sb alive** *(execute)* Hist upálit koho **3 b. a hole** *(in carpet* etc*)* propálit díru **4** *(use as fuel)* **b. coal** topit uhlím, používat uhlí jako paliva; *(use up: electricity, gas)* spotřebovat, vypálit **5 b. charcoal** pálit dřevěné uhlí **II** vi **1** *(fire, coal* etc*)* hořet; *(light, lamp)* svítit; **b. to death** *(in a fire)* uhořet **2** *(meat, milk)* připálit se; *(skin: in the sun)* spálit se **3** *(medicine)* pálit; *(sun)* pálit, žhnout **4** *(with fever)* být rozpálený; **his face is ~ing with fever** tváře mu hoří, je rozpálený horečkou **5 b. with desire/ impatience** hořet touhou/ netrpělivostí; **b. with anger** být vzteky bez sebe; **he is ~ing to do it** třese se na to, aby to mohl udělat **III** phr vs ■ **burn down** *I* vt spálit *II* vi *(house)* vyhořet, lehnout popelem; *(fire)* dohořívat ■ **burn off** vt *(old paint)* opálit ■ **burn out** *I* vi *(fire)* **b. (itself) out** dohořet, vyhasnout; *(fuse)* spálit se, shořet *II* vt *(fuse, motor)* spálit; **b. oneself out** *(of people)* podkop(áv)at si zdraví, vyčerpat se, vyplýtvat své síly ■ **burn up** *I* vt **1** *(rubbish)* spálit; *(fuel, energy)* spotřebovat **2 b. sb up** inf Amer rozčilit koho, dopálit koho *II* vi *(fire)* rozhořet se

burner ['bə:nə(r)] n *(of lamp, cooker* etc*)* hořák ♦ **put sth on the back b.** *(task* etc*)* dát něco uležet, dát něco k ledu

burning ['bə:niŋ] adj **1** *(house, candle)* hořící; *(coal)* řeřavý; *(sun)* pálící; fig *(face)* planoucí **2** *(thirst)* palčivý; *(question)* ožehavý; *(desire)* palčivý; *(wish)* vroucí, vřelý **3** *(issue)* naléhavý ● n see **burn**; **a smell of b.** zápach or čmoud spáleniny

burnish ['bə:niš] vt *(metal)* leštit

burnt [bə:nt] adj **1** (pt, pp of **burn**) **2** adj spálený; *(food)* připálený; **b. almonds** pražené mandle; **b. offering** zápalná oběť

burnt-out [bə:nt'aut] adj *(volcano, passion)* vyhaslý

burp [bə:p] n *(belch)* inf krknutí; říhnutí neutr ● **I** vi krknout, říhnout **II** vt **b. a baby** nechat odříhnout dítě kojence

burr$_1$ [bə:(r)] see **bur**

burr$_2$ [bə:(r)] n **1** *(of machines)* hučení **2** nářeční výslovnost charakterizovaná zvl. výraznou výslovností 'r' v Záp. Anglii a ve Skotsku

burrow ['barəu] n nora, díra, doupě ● **I** vi **1** (Subj: *rabbits* etc) (vy)hrabat si noru **2** fig **b. among archives** hrabat or vrtat se v archivech **II** vt **b. its way under the fence** *(fox* etc*)* podhrabat se pod plotem

bursar ['bə:sə(r)] n Univ kvestor

bursary ['bə:səri] n **1** *(office)* kvestura **2** *(grant)* stipendium

burst [bə:st] n **1** *(of shell)* výbuch **2** *(in pipe* etc*)* trhlina, prasklina **3** fig *(of energy)* záchvat; *(of flames)* vyšlehnutí; *(of applause)* bouře; *(of laughter, anger)* výbuch; *(of speed)* spurt **4** *(of machine-gun fire)* dávka ● v (pt, pp **burst**) **I** vi **1** *(tyre, pipe, balloon, blood-vessel)* prasknout; *(boiler)* roztrhnout se; *(shell)* explodovat; *(abscess)* puknout; *(buds)* rozevřít se; **the door b. open** dveře se rozletěly **2** *(be filled to breaking point)* **be full to ~ing point** být přeplněný k prasknutí; **the hall was ~ing at the seams** sál byl natřískaný; **be ~ing with health/ pride** kypět zdravím/ nadýmat se pýchou; **he was ~ing to tell me** hořel nedočkavostí, aby mi to mohl říct; inf **I am ~ing** musím rychle na záchod na malou stranu **II** vt **I b. a tyre** praskla mi pneumatika; **the river b. its banks** řeka se vylila z břehů **III** phr vs ■ **burst in** vi vřítit se or vrazit dovnitř; **b. in on sb** vpadnout k někomu ■ **burst into** vt **1 b. into a room** vřítit se or vpadnout do pokoje **2** *(start suddenly)* **b. into tears/ laughter** dát se do pláče, rozplakat se/ rozesmát se, rozchechtat se; **b. into bloom** rozkvést; **b. into a song** zanotovat píseň ■ **burst out** **1 b. out of the ground** *(oil)* vytrysknout ze země **2 b. out of a room** vyřítit se z místnosti **3 b. out laughing** vyprsknout smíchy, rozchechtat se ■ **burst through** *(enemy lines)* prolomit; **the sun b. through the clouds** slunce se prodralo mraky

burton ['bə:tn] n Br sl dated **(to) have gone for a b.** *(be dead)* být mrtvý; *(be lost)* být fuč

bury ['beri] vt (pt, pp **buried** ['berid]) **1** pohřbít, pochovat; fig *(differences)* pohřbít; **where is he buried?** kde je pohřben?, kde leží?; **she has buried three husbands** už pohřbila tři manžely **2** *(hide) (treasure)* zakopat; *(bone: of dog)* zahrabat ♦ **b. one's head in the sand** strkat hlavu do písku; **she buried her face in her hands** skryla si obličej do dlaní **3** *(plunge: dagger)* vrazit (**in** do); **with his hands buried in his pocket** s rukami vraženými v kapsách **4 be -ied in thought** být hluboce zamyšlen, fml být pohroužen v myšlenky; **b. oneself in one's books** zahrabat se do knih

bus [bas] n (pl **buses**; Amer also **busses**) autobus; **go by b.** jet autobusem; **catch/ miss the b.** chytit or stihnout/ zmeškat autobus ♦ **miss the b.** fig přijít s křížkem po funuse ■ **b. conductor/ driver** průvodčí/ řidič autobusu; **b. station/ stop** autobusové nádraží/ autobusová zastávka ● v (esp Amer **-ss-**) **I** vi also **b. it** jet/ jezdit autobusem (**to work** do práce) **II** vt dopravovat autobusem; *(in USA)* dopravovat děti do rasově integrovaných škol

busby ['bazbi] n vysoká husarská beranice

bush [buš] n **1** *(shrub)* keř; *(thicket)* also **~es** křoví ♦ **good wine needs no b.** dobré zboží se chválí samo; **beat about the b.** chodit kolem horké kaše **2** *(in Africa, Australia)* **the b.** buš ♦ **the b. telegraph** fig šeptanda

bushed [bušt] adj inf *(exhausted)* vyčerpaný, utahaný

bushel ['bušl] n **1** bušl (= 36,4 litrů) **2** **hide one's light under a b.** tajit své schopnosti, být přehnaně skromný

Bushman ['bušmən] n (pl **Bushmen**) Křovák

bushy ['buši] adj křovinatý, zarostlý křovím; *(eyebrows)* štětinatý, hustý

business ['biznəs] n **1** *(profession)* povolání, zaměstnání; **he is away on b.** je na služební cestě; **he is here on b.** je tu služebně ♦ **b. before pleasure** napřed práce, potom zábava; **what's your line of b.?** jaké máte povolání? **2** *(commerce)* obchod; **how is b.?** jak jdou obchody?; **b. is b.** obchod je obchod; **do b. with sb** obchodovat s kým; **go into b.** stát se obchodníkem začít dělat obchodní kariéru ■ **b. deal** obchodní transakce; **b. relations** obchodní vztahy; **b. trip** služební cesta **3** *(commercial establishment)* firma, podnik; *(shop)* obchod, krám, prodejna; **family b.** rodinná firma; **set up a b.** založit si obchodní firmu ■ **b. district** obchodní čtvrť; **b. hours** prodejní doba; *(in offices)* úřední hodiny **4** *(duty, task)* povinnost; **make it one's b. to do sth** postarat se, aby . . .; **it is none of your b.** do toho vám nic není; **it's no b. of mine** to se mě netýká; **mind your own b.** hleď si svého; **you had no b. doing that** na to jste neměl právo **5** *(matter)* záležitost, věc; pej otrava; *(hard work)* fuška; **it's a nasty b.** je to ošklivá záležitost; **what a b. it is!** to je ale nadělení!; **I am sick of the whole b.** mám toho všeho až po krk **6** *(serious work)* **get down to b.** přikročit k věci, pustit se do práce; **he means b.** on to myslí vážně **7** inf **have you done your b. yet?** *(talking to small children)* už ses vykakal?

businesslike ['biznəslaik] adj *(practical)* praktický, věcný; *(methodical)* systematický

businessman ['biznəsmæn] n (pl **-men** [-men]) obchodník

businesswoman ['bizniswumən] n (pl **-women** [-wimin]) obchodnice

busk [bask] vi (při)vydělávat si jako pouliční muzikant

busker ['baskə(r)] n pouliční muzikant

busking ['baskiŋ] n muzicírování na veřejnosti

busman ['basmən] n **take a b.'s holiday** dělat na dovolené prakticky totéž, co v zaměstnání

bust$_1$ [bast] n **1** *(sculpture)* busta, poprsí **2** *(bosom)* prsa, poprsí ■ **b. measurement** míra přes prsa

bust$_2$ [bast] n inf **1** *(police raid)* razie **2** *(spree)* flám, tah; **go on the b.** jít na tah ● adj **1** *(broken)* rozbitý; **my watch is b.** rozbily se mi hodinky, nejdou mi hodinky **2** *(bankrupt)* zkrachovaný, (jsoucí) na mizině; **go b.** zkrachovat, udělat bankrot ● **I** vt inf (pt, pp **bust** or **~ed**) **1** *(smash)* rozbít, rozmlátit **2** *(raid)* **b. sb's house** *(of the police)* udělat razii v něčím domě; *(arrest)* **b. sb** *(for drug offences)* zabásnout koho, zašít koho **3** Mil degradovat **4** sl *(punch)* praštit, někomu jednu vrazit **II** vi rozbít se **III** phr v ■ **bust up** vt *(marriage)* rozvrátit, rozbít

bustard ['bastəd] n Zool drop

buster ['bastə(r)] n Amer sl, often pej *(in address)* vážený pane!; kamaráde!, kamarádíčku!

bustle$_1$ ['basl] n shon, ruch; **the hustle and b. of the big city** ruch a shon velkoměsta ● vi **b. about** pobíhat, šukat; **b. in and out** běhat sem a tam dovnitř a ven; **the streets were bustling with activity** na ulicích byl čilý ruch or bylo velmi rušno

bustle$_2$ ['basl] n honzík u šatů

bustling ['basliŋ] adj *(streets* etc*)* rušný; *(person)* uspěchaný, ustaraný, věčně zaměstnaný

bust-up ['bastap] n inf hádka hlučná, často spojená se rvačkou; *(of marriage)* roztržka

busty ['basti] adj *(woman)* prsatá, mající plná or bujná ňadra

busy ['bizi] adj **1** *(occupied)* (velmi) zaměstnaný, zaneprázdněný; **he is a b. man** je velmi zaneprázdněný, má moc práce; **be b. doing sth** zabývat se čím, právě něco dělat; **I'm b. now** teď nemám čas, teď mám práci **2** *(full of activity: day, life, traffic)* rušný; *(road)* silně frekventovaný; **the shops are very b.** obchody jsou plné (zákazníků); **I had a b. day today** dnes jsem měl moc práce **3** esp Amer *(telephone line)* obsazený ■ **b. signal** Amer obsazovací tón **4** *(picture, design)* přeplácaný **5** *(officious)* příliš horlivý, přehnaně pilný ● vt **b. oneself with sth, b. oneself doing sth** zabývat se čím

busybody ['bizibodi] n všetečka; **he is a terrible b.** stále do všeho strká nos

but [bat, bət] adv dated or fml **he's b. a child** je to ještě dítě; **one can b. try** mohlo by se to aspoň zkusit; **he all b. died** málem umřel, taktak že neumřel; **she left b. ten minutes ago** odešla ani ne před deseti minutami ♦ **I cannot b. admire ...** musím obdivovat ... např. něčí vytrvalost ap., nemohu jinak než obdivovat ● conj **1** *(on the contrary)* ale, avšak; **she is pretty, b. not very clever** je hezká, ale ne moc chytrá; **he is strict, b. kind** je přísný, ale laskavý; **she is poor, b. happy** je chudá, ale šťastná **2** *(correcting after a negative)* ale, nýbrž; **not twice b. four times** ne dvakrát, nýbrž or ale čtyřikrát **3** dated or fml aniž by; *(I never pass your house)* **b. I think of you ...** aniž bych si na tebe nevzpomněl **4** *(used to emphasize a word)* **nothing b. nothing** nic, absolutně nic **5 b. then (again)** ale konec konců, ale na druhé straně **6 not only ... b. also ...** nejen ... ale i ... ● prep **1** *(except)* kromě, až na, s výjimkou koho/ čeho; **all b. she** or inf **her** všichni až na ni; **any day b. Sunday** kterýkoli den s výjimkou neděle ♦ **there's nothing for it b. to obey** nezbývá, než poslechnout **2 the last b. one** předposlední; **the next street b. one** o dvě ulice dále **3 b. for sb/ sth** nebýt koho/ čeho, kdyby nebylo koho/ čeho; **b. for the children he would have left me** nebýt dětí, odešel by ode mne ● n **~s** 'ale' ♦ **I don't want any ~s!** žádné 'ale'!, žádné výmluvy!; žádné odmlouvání!

butane ['bju:tein] n Chem butan

butch [buč] adj sl *(man)* chlapský; **a b. woman** mužatka oblékající se a chovající se jako muž

butcher ['bučə(r)] n **1** řezník; **b.'s meat** jateční maso; **at the b.'s (shop)** u řezníka **2** fig brutální vrah, hrdlořez ● vt **1** *(animals)* porážet **2** *(people)* brutálně (za)vraždit, (z)masakrovat **3** fig *(play, piece of music)* kazit, prznit; *(language)* znásilňovat, prznit, mrzačit

butchery ['bučəri] n **1** *(trade)* řeznictví **2** fig masakr

butler ['batlə(r)] n majordomus, vrchní lokaj

butt$_1$ [bat] n *(for wine)* velký sud; *(for rainwater)* káď

butt$_2$ [bat] n **1** *(of rifle)* pažba; *(of tools)* násada, rukověť **2** *(of cigarette)* nedopalek, oharek, špaček; *(of tree)* pařez **3** esp Amer sl *(buttocks)* also **~s** zadek, zadnice, vulg prdel; **get off your b.!** pohni zadkem!

butt$_3$ [bat] n **1** *(target)* terč **2** *(behind target)* násyp za terči; **the ~s** střelnice **3** fig **be the b. of ridicule** být terčem posměchu

butt$_4$ [bat] n rána hlavou; *(of goat)* trknutí ● **I** vt **b. sb** vrazit do koho hlavou, *(goat)* trknout koho; **b. one's head against sth** vrazit or narazit hlavou do čeho **II** phr v ■ **butt in** vi **b. in (on sb's conversation)** skákat komu do řeči; **b. in on sb** vyrušovat koho; **may I b. in?** mohu vás na chvíli přerušit?, mohu něco říct?

butter ['batə(r)] n máslo; **bread and b.** chléb s máslem; **fry sth in b.** smažit co na másle ■ **b. dish** nádobka na máslo ♦ **she looks as if b. would not melt in her mouth** vypadá, jako by neuměla do pěti počítat; vypadá jako neviňátko ● vt **1** *(bread)* (na)mazat máslem ♦ **know which side one's bread is ~ed (on)** vyznat se v tlačenici **2 b. sb up** inf lichotit komu, mazat komu med kolem pusy

butter-bean ['batəbi:n] n sušená fazole větší druhy

buttercup ['batəkap] n Bot pryskyřník

butter-fingered ['batəfiŋgəd] adj nešikovný, nemotorný, mající obě ruce levé

butter-fingers ['batəfiŋgəz] n inf nešika, neohrabanec, nemotora

butterfly ['batəflai] n (pl **butterflies**) **1** Zool motýl; fig nestálý or přelétavý člověk ♦ **I have got -ies (in my stomach)** dělá se mi rozčilením nevolno, mám strašnou trému **2** Sport *(b. stroke)* motýlek

buttermilk ['batəmilk] n podmáslí

butterscotch ['batəskoč] n karamela, karamelový bonbón

buttock ['batək] n hýždě, půlka zadnice; *(of animals)* kýta; **~s** hýždě, zadek, zadnice; **the left/ right b.** levá/ pravá hýždě

button ['batn] n **1** *(on coat* etc*)* knoflík; **sew on a b.** přišít (si) knoflík; **do one's ~s up** zapnout se ♦ **it is not worth a b.** nestojí to ani za fajfku tabáku; **I don't care a b.** ani za mák mi na tom nezáleží, je mi to fuk ■ **b. mushroom** malý žampión, malý hříbek **2** *(push-b.)* tlačítko, knoflík; **press** or **push the b.** stisknout knoflík ♦ *(arrive)* **right on the b.** Amer inf na chlup (přesně) **3 ~s** sg *(pageboy)* poslíček ● **b. (up) I** vt *(coat, shirt)* zapnout, zapínat ♦ **b. (up) your lip!** Amer sl přestaň mlít pantem!, drž klapačku! **II** vi zapínat se; **the dress ~s at the back** šaty se zapínají vzadu **III** phr v ■ **button up** vt **1** *(garment)* zapnout **2** *(job)* úspěšně dokončit;

we have the deal (all) ~ed up inf máme ten kšeft doma or pod střechou

buttonhole ['batnhəul] n **1** Sew knoflíková dírka **2** *(flower)* kytička or květina do klopy ● vt *(detain)* fig zdržovat koho řečmi; *(accost)* navázat hovor s kým

buttress ['batrəs] n **1** Archit podpěrný pilíř, opěrná zeď ■ **flying b.** vzpěrný oblouk **2** fig opora, pilíř ● **b. (up)** vt **1** Archit podepřít, podpírat opěrnou zdí **2** fig *(economy, industry)* podpořit, posílit; *(statement with arguments)* podpírat, podepřít

butty ['bati] n dial krajíc chleba s máslem, obložený chléb

buxom ['baksəm] adj *(woman, girl)* kyprá; *(having a large bosom)* plná v prsou, inf prsatá

buy [bai] n koupě; **a good b.** dobrá or výhodná koupě; **be a good b.** být levný or laciný ● v (pt, pp **bought** [bo:t]) **I** vt **1** *(purchase)* koupit (si), kupovat (si); **b. sth from sb** koupit od koho co; **b. and sell sth** obchodovat s čím; **b. sb a pint** poručit komu pivo ♦ **b. a pig in a poke** koupit zajíce v pytli **2** *(be exchangeable for)* mít kupní sílu; **a pound today ~s much less (than ...)** za libru se dnes dá koupit daleko méně (než ...); **money cannot b. love** lásku si za peníze nekoupíš **3** *(bribe)* podplatit, koupit si koho; **he can't be bought** je nepodplatitelný, nedá se podplatit **4** fig ♦ **try to b. time** snažit se získat čas, hrát na čas **5** *(believe)* sl zbaštit; **I won't b. that!** na to ti neskočím or nenaletím; **I'll b. it** to beru, to ti věřím **6** sl **b. it** *(get killed)* koupit to **II** vi nakupovat **III** phr vs ■ **buy into** vt **b. into a firm** (za)koupit část firmy ■ **buy off** vt **b. sb off** *(bribe)* podplatit koho, koupit si koho ■ **buy out** vt **1** *(partners)* vyplatit koho z podílu **2 b. oneself out of the army** vykoupit se z vojenské služby ■ **buy up** vt skoupit

buyer ['baiə(r)] n **1** *(purchaser)* kupec, kupující, zákazník; **b.'s market** trhová konjunktura charakterizovaná nadbytkem zboží a nízkými cenami, trh kupujícího **2** Comm nákupčí

buzz [baz] n **1** *(of insects)* bzučení, bzukot; *(of voices)* šum; *(of the ears)* hučení; **b. of approval** souhlasné mručení **2** inf *(rumour)* pověst, klep; **the b. is that ...** povídá se, že ...; šušká se, že ... **3 give sb a b.** zavolat koho bzučákem; inf *(telephone)* brnknout komu **4** esp Amer inf vzrušení; **it gives me a real b.** strašně mě to vzrušuje ● **I** vi **1** *(insects)* bzučet; *(projectile)* svištět, hvízdat; **my ears are ~ing** hučí mi v uších **2 b. with sth** být plný čeho; **the town was ~ing with excitement/ rumours** v městě bylo velké pozdvižení/ v městě se šuškalo or povídalo, že ..., ve městě kolovaly pověsti, že ... **II** vt **1 b. sb** *(with a ~er)* zavolat koho bzučákem; inf *(telephone)* brnknout komu **2** *(plane)* **b. sb** proletět těsně nad kým, nalétávat nízko na koho **III** phr vs ■ **buzz about** or **around** vi pobíhat sem a tam ■ **buzz off!** vi Br sl odprejskni!, koukej vypadnout!

buzzard ['bazəd] n Zool káně

buzzer ['bazə(r)] n bzučák

buzzing ['baziŋ] n bzučení; bzukot; hukot; see **buzz**

buzz-word ['bazwə:d] n inf módní slovo

by [bai] prep **1** *(near)* u koho/ čeho; *(when indicating movement)* k(e) komu/ čemu; **by the window** u okna; **a day by the sea** den u moře; **sit by the fire** sedět u ohně; **come and sit by the fire** pojď si sednout k ohni ♦ **do one's duty by sb** splnit svou povinnost vůči komu **2** *(next to)* vedle; **he sat by me** seděl vedle mne; **by my side** po mém boku; **side by side** bok po boku, vedle sebe ♦ **stand by me** fig stůj při mně! **3** *(past)* kolem, mimo; **go/ drive by sb/ sth** jít/ jet kolem koho/ čeho; **he passed by me** (pro)šel kolem mne **4** *(via)* přes; **we travelled by (way of) Dover** jeli jsme přes Dover; **go by the same road** jet stejnou cestou; **by land and sea** po souši i po moři; **by air** letecky; **escape by the window/ by the back door** utéci oknem/ zadními dveřmi **5** *(manner, means)* **travel by train/ coach** cestovat vlakem/ autobusem; **go by car** jet autem; **heated by gas** vytápěný plynem; **by means of** pomocí čeho, prostřednictvím čeho ♦ **learn sth by heart** naučit se něco zpaměti; **by the way** mimochodem **6** *(according to)* podle; **judge sb by appearances** soudit koho podle vzhledu; **know sb by name** znát koho jménem; **by my watch** podle mých hodinek; **by article four** podle článku čtyři **7** *(agency, authorship)* **he was punished by his father** byl potrestán otcem or od otce; **a picture by Mánes** obraz od Mánesa; *(she has a son)* **by her first husband** s prvním manželem; *(I'll do it)* **by myself** sám, samostatně **8** *(not later than)* do; **by tomorrow/ Sunday** do zítřka/ neděle; **by then, by that time** do té doby; **he ought to be here by now** teď už by tady měl být **9** *(during)* během; **by day** ve dne, **by night** v noci **10** *(extent)* **older by two years** starší o dva roky; **by far the best** daleko nejlepší; **larger by 3 metres** větší o tři metry **11** *(amount)* **sell sth by the metre/ by the dozen** prodávat co na metry/ na tucty; **little by little, by and by** postupně; **pay sb by the month** platit koho měsíčně

12 Math *(times)* **three feet by two** třikrát dvě stopy **13 swear by sth** přísahat na něco **14** *(indicating a part of the body/ item of clothing)* za; **take sb by the hand** vzít koho za ruku ● adv **1** *(near)* blízko, nedaleko, v blízkosti; **live close** or **near by** **2** *(past)* kolem, mimo; **walk/ run/ drive by** (pro)jít/ proběhnout, běžet/ (pro)jet kolem; **I can't get by** inf nemohu projít ♦ **come by, stop by** stavit se **3** *(aside)* stranou; **put** or **lay sth by** odložit si něco pro případ potřeby; **put some money by** odložit si nějaké peníze **4 by and large** celkem vzato, vcelku

by-, bye- [bai] pref **1** druhotný, vedlejší; see **by-product, bye-law** **2** blízký, blízko; see **bypass, bystander** etc

bye$_1$ [bai] interj ahoj; **see you!, bye!** tak ahoj!; **bye for now**! zatím ahoj!, zatím sbohem!

bye$_2$ [bai] n **1** Cricket platný běh v případě, kdy míček mine pálkaře; **leg b.** bod získaným při zasažení těla pálkaře bez předchozího doteku míčku s pálkou **2 draw a bye** Sport postoupit přímo do druhého kola nemít v prvním kole soupeře **3 by the b.** or **by = by the way** mimochodem

bye-bye ['baibai] n **1** see **bye**$_1$ **2 bye-byes** ['baibaiz] *(baby language)* hajany; **it's time for ~s** je čas jít do hajan ● [bai'bai] interj ahoj!

by-election ['baiilekšn] n dodatečné or doplňovací volby

byelaw see **bylaw**

bygone ['baigon] adj minulý, dávný; **in b. days** v minulosti, v dávných dobách ● **~s** n usu pl **let ~s be ~s** co jsme si, to jsme si; co bylo, to bylo; nač vzpomínat na staré křivdy

bylaw, byelaw ['bailo:] n **1** (místní) nařízení or předpis **2** *(of club, company* etc*)* směrnice, pravidlo

byline ['bailain] n Typ *(in newspaper)* podtitulek, řádek se jménem autora

bypass ['baipa:s] n **1** *(road)* vnější dopravní okruh, objízdná silnice **2** Med bypass, spojka ■ **have b. surgery** podrobit se operaci na zavedení spojky ● vt **1** vybudovat objízdnou komunikaci; **they plan to b. the town** plánují vybudovat obchvat kolem města **2** *(town, village; centre of town)* objet, jet mimo; *(on foot)* obejít or obcházet (oklikou); fig *(difficulties)* vyhnout se/ vyhýbat se čemu; **b. sb** *(fail to consult)* nebrat v úvahu or obejít koho

bypath ['baipa:θ] n postranní cestička also fig

by-play ['baiplei] n vedlejší děj na jevišti also fig

by-product ['baiprodakt] n vedlejší produkt; fig průvodní jev

byre ['baiə(r)] n chlév pro krávy

by-road ['bairəud] n vedlejší or postranní silnice; Mining vedlejší chodba

bystander ['baistændə(r)] n *(onlooker)* nezúčastněný divák; **~s** okolostojící

byte [bait] n Comput slabika zprav. osmibitová, byte

byway ['baiwei] n postranní silnice or cesta; fig **the ~s of Czech literature** neprobádané oblasti české literatury

byword ['baiwə:d] n **1** symbol; **become a b. for sth** *(punctuality, laziness* etc*)* stát se příslovečně známým čím, stát se ztělesněním or zosobněním čeho **2** *(proverb)* přísloví; *(common saying)* rčení, úsloví

Byzantine [bi'zæntain] adj *(Empire, style)* byzantský; sometimes **b.** fig *(complicated)* spletitý; *(devious)* nevyzpytatelný ● n Byzantinec

Byzantium [bi'zæntiəm] n Byzanc

C

C,c [si:] n (C's, c's [si:z]) **1** *(letter)* C, c písmeno **2** Mus C, c; **C sharp** cis; **C flat** ces **3** Sch, Univ *(mark)* ≅ trojka; **get a C in German** dostat trojku z němčiny

C abbr of **1** *(on maps)* **Cape** mys **2** *(degrees)* **Celsius, Centigrade** stupňů C **3** *(Roman numeral)* **C, c 4 copyright** C, copyright, autorské právo

c abbr of **1 cent, cents** cent, centy **2 century** stol., století; **in the 15th c** v 15. stol.; **a 15th-c castle** zámek z 15. století **3** (also **ca**) **circa** ca, cca

c/a abbr of **current account** běžný účet

CAA [si:ei'ei] abbr of Br **Civil Aviation Authority** úřad pro civilní letectví

cab [kæb] n **1** inf *(taxi)* taxi, taxík; **take a cab, go by cab** jet taxíkem ■ **c. driver** taxikář **2** *(horse-drawn)* drožka, formerly fiakr ■ **c. driver** drožkář, fiakrista **3** *(of truck, train, crane)* kabina, budka

cabal [kə'bæl] n **1** esp Pol *(group)* klika **2** *(intrigue)* intriky, úklady, pikle

cabaret ['kæbərei; Amer kæbə'rei] n **1** *(restaurant)* kabaret **2** *(performance)* also **c. show** kabaret ■ **c. song** kuplet

cabbage ['kæbidž] n **1** brukev zelná, esp zelí; also kapusta; **savoy c.** kapusta kadeřavá, kadeřávek; **red c.** červené zelí ■ **c. stalk** košťál; **c. white, c. butterfly** bělásek zelný; **c. aphid** mšice zelná **2** also **head of c.** zelná or kapustová hlávka **3** Br inf *(dull person)* gypsová hlava, moula; **he is like a c.** je jako mouchy snězte si mě, je mu všecko ukradený **4** duševní troska, sl magor; **turn into a c.** zblbnout, sl zmagořit stát se nesvéprávným – ve stáří, po zranění; už jen vegetovat or živořit **5** Amer sl prachy

cabby, cabbie ['kæbi] n inf taxikář; *(of horse-drawn vehicle)* drožkář, fiakrista

caber ['keibə(r)] n břevno; **tossing the c.** Scot vrh břevnem

cabin ['kæbin] n **1** *(hut: of wood)* also **log c.** srub, bouda, chata srubová, dřevěná; dated chatrč; **Uncle Tom's C.** Chaloupka strýčka Toma **2** Naut *(for passengers)* kabina, *(for crew)* kajuta; Aviat kabina pro cestující, *(for pilot)* kokpit, kabina pro pilota; *(of truck)* kabina ■ **c. boy** Naut stevard, plavčík; **c. class** druhá třída ubytování na lodi; **c. cruiser** cestovní motorová jachta pro zábavní plavbu; **c. luggage** příruční zavazadla

cabinet ['kæbənət] n *(piece of furniture)* skříň, skřínka; **display c.** vitrína; **china c.** skleník s porcelánem; **drinks c.** bar v domácnosti; **wall cabinets** Amer kuchyňská linka; **filing c.** kartotéka; **kitchen c.** kredenc; **medicine c.** lékárnička; **shower c.** sprchovací kout **2** Pol, also **the C.** (vládní) kabinet, ministerská rada; **shadow c.** stínový kabinet, stínová vláda ■ **c. crisis** kabinetní krize; **c. meeting** schůze ministerské rady; **c. minister** člen kabinetu, člen vlády; **c. reshuffle** výměna funkcí v kabinetu

cabinet-maker ['kæbinətmeikə(r)] n umělecký truhlář, nábytkář

cabinet-making ['kæbinətmeikiŋ] n umělecké truhlářství

cable ['keibl] n **1** Naut lano silné, zvl. námořnické na přivazování lodí; **anchor c.** kotevní lano; **wire c.** ocelové lano; **suspension c.** nosný kabel ■ **c. railway** lanová dráha, lanovka kolejová **2** also **c. length** Naut formerly kabel, kabelová délka; Br 185,3 m; Amer 219,5 m **3** Elec kabel, kabelové vedení; **submarine c.** podmořský kabel ■ **c. TV** kabelová televize; **c. laying** kladení kabelů, kabelizace **4** *(cablegram)* kabelogram, telegram; **send a c./ receive a c.** poslat/ dostat kabelogram ● **I** vt *(inform sb by cable)* telegrafovat/ kabelovat zprávu etc; **c. sb** dát komu zprávu telegramem/ kabelogramem **II** vi telegrafovat, poslat telegram/ kabelogram

cable-car ['keiblka:(r)] n kabina lanovky

cablegram ['keiblgræm] n telegram poslaný kabelem, kabelogram

cableway ['keiblwei] n lanová dráha, lanovka visutá

caboodle [kə'bu:dl] n sl **the whole (kit and) c.** celý ten krám; všechno se vším všudy, všechno sakumprásk; *(of people)* celá banda, celá sebranka

caboose [kə'bu:s] n **1** lodní kuchyně **2** Amer Rail zadní služební vůz **3** Amer sl dial = **calaboose** lapák, basa

cacao [kə'ka:əu] n **1** also **cacao bean** kakaový bob **2** also **cacao tree** kakaovník

cache [kæš] n **1** *(of arms, food)* tajná skrýš, tajné skladiště; **dead letter c.** mrtvá schránka **2** *(hidden weapons, food etc)* ukrytá zásoba zbraní, potravin **3** Comput **c. memory** rychlá vyrovnávací paměť ● vt ukrýt, uložit do skrýše

cachet ['kæšei; Amer kæ'šei] n **1** *(mark of distinction)* značka kvality; fig prestiž; **the c. of a genius** pečeť génia, známka geniality; **have a certain c.** mít určitý svéráz; **being a doctor had given him a certain c.** povolání lékaře mu dávalo určitou prestiž **2** Pharm *(wafer capsule)* prášek v tenké oplatce, kapsle

cachou [kə'šu:] n ústní pastilka proti zápachu z úst

cack-handed [kæk'hændid] adj fig inf neohrabaný, nemotorný, nešikovný, levý na něco

cackle ['kækl] n **1** *(of hens)* krákání, kdákání, kdákot; *(of geese)* kejhání **2** fig inf *(laughter)* (kdákavý) smích or chichot; *(chatter)* žvanění, kecání, tlachání; **cut the c.!** inf přestaň žvanit or kecat! ● vi **1** *(hen)* krákorat, kdákat; *(goose)* kejhat **2** fig *(laugh)* (za)chechtat se kdákavě, řehtat se, řehnit se; *(chatter)* žvanit, kecat, tlachat

cacophonous [kə'kofənəs] adj kakofonní, nelibozvučný

cacophony [kə'kofəni] adj kakofonie, nelibozvučnost, nelibozvuk

cactus ['kæktəs] n (pl **-es, cacti** ['kæktai]) kaktus

cad [kæd] n dated nevychovanec, hulvát, klacek, grázl, mizera

CAD [kæd] n Comput abbr of **computer--aided design** CAD, automatizované projektování

cadastral [kə'dæstrəl] adj katastrální

cadaver [kə'dævə(r)] n kadáver spec; *(of animal* also*)* uhynulé zvíře, mršina, zdechlina; Med *(of humans* also*)* mrtvé tělo, mrtvola, umrlec

cadaverous [kə'dævərəs] adj *(corpse-like)* vyzáblý, vychrtlý; jsoucí jako živá mrtvola, jsoucí kost a kůže; *(pale)* bledý jako smrt, mrtvolně bledý

CAD/CAM ['kædkæm] abbr of **computer-aided design/ computer-aided manufacture** CAD/ CAM, automatizované projektování/ automatizované řízení výroby pomocí počítače

caddie, caddy ['kædi] n golf nosič holí ● vi Golf nosit hole; **c. for sb** nosit někomu hole

caddish ['kædiš] adj dated nevychovaný, hulvátský, klackovský, sprostý

caddy ['kædi] n **1** see **caddie** **2** *(tea--caddy)* krabička or dóza na čaj

cadence ['keidns] n **1** *(rhythm)* kadence, rytmus **2** *(of speech)* (intonační) spád **3** Mus kadence, závěr zakončení hudební myšlenky/ skladby

cadenza [kə'denzə] n Mus kadence, virtuózní vložka usu před zakončením árie nebo hudební věty

cadet [kə'det] n Mil kadet, žák důstojnické školy ■ **c. school** kadetní škola, kadetka; **c. corps** *(in some British schools)* organizace poskytující vojenský výcvik starším žákům

cadge [kædž] **I** vt **1** *(beg for: money, cigarettes, lift)* žebrat, žebronit, škemrat o co, loudit co; **c. sth from sb** loudit co na kom **2** *(get sth by begging)* **c. sth from sb** vyžebrat or vymámit or vyloudit or inf vyrazit na kom co, *(money* also*)* pumpnout koho oč **II** vi žebrat, parazitovat

cadger ['kædžə(r)] n dated sl vyžírka; neutr parazit, příživník

cadmium ['kædmiəm] n Chem kadmium

cadre ['ka:də(r)] n Mil, Pol, Sport etc kádr

Caesar ['si:zə(r)] n césar, caesar

Caesarean, Caesarian [si'zeəriən] adj césarský, císařský ● n also **C. section** or **operation** císařský řez

café ['kæfei; Amer kæ'fei] n Br menší levná restaurace, *(tearoom)* kavárnička; *(on the Continent)* kavárna

cafeteria [kæfə'tiəriə] n automat, kantýna, restaurace se samoobsluhou, levná jídelna se samoobsluhou; Amer **student c.** menza; **roadside c.** motorest

caff [kæf] n Br sl kavárna, kavárnička; levná restaurace

caffeine ['kæfi:n] n kofein

caftan ['kæftæn] n kaftan dlouhý volný plášť

cage ['keidž] n **1** *(for birds, animals)* klec; **rib c.** hrudní koš, hrudník; **put an animal in a c.** dát zvíře do klece ♦ **rattle sb's c.** brnkat komu na nervy ■ **c. bird** domácí pták **2** *(of lift)* kabina; Mining těžní klec ● vt also **c. up** *(animal)* esp pass uzavřít or dát do klece ♦ **feel (terribly) ~d in** *(in a small room, office* etc*)* cítit se jako v kleci

cagey ['keidži] adj inf (**cagier, cagiest**) *(cautious)* (velmi) obezřetný, opatrnický; *(reserved)* rezervovaný, uzavřený; *(secretive)* málomluvný, nesdílný, tajnůstkářský, skoupý na slovo; *(evasive)* vyhýbavý; **be very c. about sth** nechávat si co pro sebe, skrývat se se svým názorem na co, mluvit o čem velmi vyhýbavě ■ **cagily** [-li] adv see **cagey** (velmi) obezřetně, opatrnicky; tajnůstkářsky; vyhýbavě

caginess ['keidžinəs] n inf, see **cagey** (přílišná) obezřetnost; opatrnictví; tajnůstkářství; vyhýbavost

cagoule [kə'gu:l] n lehká nepromokavá větrovka s kapucí dlouhá po kolena

cahoots [kə'hu:ts] n inf ♦ **be in c. with sb** usu pej paktovat se s kým, být spřažen s kým, jít si s kým na ruku; **get in c. with sb** udělat s kým komplot

caiman ['keimən] n kajman

Cain [kein] n Bibl Kain; **the mark of C.** Kainovo znamení ♦ **raise C.** pouštět hromy blesky, řádit jako tajfun or čert; *(protesters)* dělat rámus, ztropit povyk; *(make a scene)* udělat strašnou scénu

cairn [keən] n **1** keltská kamenná mohyla

sloužící jako hranice, náhrobek nebo památník 2 also **c. terrier** skotský teriér

Cairo ['kairəu] n Káhira

caisson ['keisən] n **1** Mil muniční bedna; muniční vůz **2** *(watertight chamber)* keson

cajole [kə'džəul] vt **1** *(persuade sb to do sth)* přemluvit lichocením, zpracovat or získat lichocením; **c. sb into doing sth** přimět někoho lichotkami, aby něco udělal; lichocením přemluvit koho k čemu **2 c. sth out of sb** *(information, confession* etc*)* vymámit co na kom lichotkami

cajolery [kə'džəuləri] n přemlouvání lichocením; lichocení; inf zpracovávání lichocením

cake [keik] n **1** moučník, koláč; *(individual piece)* zákusek, cukrářský kousek; *(bun)* sladký bochánek, koláč jednotlivý, **~s** koláče; *(gateau)* dort; **~s and pastries** sladké pečivo; **Christmas c.** vánočka; **cream c.** šlehačkový dort; **fruit c.** ovocný koláč; **sponge c.** piškotový koláč or dort; **slice of c.** kousek koláče/ dortu ♦ fig **it's a piece of c.** inf je to hračka; **be going** or **selling like hot ~s** jít jako na dračku na odbyt; **you can't have your c. and eat it** nemůžeš chtít, aby se vlk nažral a koza zůstala celá; **that takes the c.!** to je tedy vrchol!, to už přestává všechno!; **you take the c.!** zbláznil ses?; **life isn't all ~s and ale** život není žádný med; **want to have a slice** or **share of the c.** fig chtít svůj podíl na něčem zisku etc ■ **c. mixture** těsto na koláče; **c. shop** cukrárna; **c. tin** plech na pečení **2 fish c.** rybí karbenátek; **potato c.** bramborový bochánek **3** *(of soap)* kostka ● **I** vt (usu *passive)* **be ~d with mud** být celý zablácený; **her face is ~d in make-up** na tváři má nános make-upu, je nalíčená až hrůza **II** vi slepit se, spéci se, vytvořit škraloup, *(blood)* srazit se

CAL, Cal [kæl] abbr of **computer-aided** or **computer-assisted learning** CAL, učení pomocí počítače

cal abbr of **calorie(s)** cal., kalorie

calaboose ['kæləbu:s] n Amer sl basa, lapák zvl. místní

calamitous [kə'læmitəs] adj katastrofální, neblahý; **c. consequences** katastrofální následky (**to sb/sth** pro koho/co); **c. events** pohnuté události

calamity [kə'læməti] n pohroma, kalamita, katastrofa ♦ **c. Jane** panikář, sýček

calcification [kælsifi'keišn] n Med kalcifikace, (z)vápenatění, kalcifikování

calcify ['kælsifai] v (pt, pp **-fied**) **I** vt způsobovat/ způsobit kalcifikaci or vápenatění **II** vi vápenatět, kalcifikovat

calcium ['kælsiəm] n Chem vápník, kalcium; **c. chloride** chlorid vápenatý

calculability [kælkjulə'biləti] n vypočítatelnost, spočítatelnost

calculable ['kælkjuləbl] adj vypočitatelný, spočitatelný

calculate ['kælkjuleit] **I** vt **1** Math vypočítat, vypočíst, vykalkulovat; *(costs* also*)* propočítat, rozpočítat; **c. mentally** počítat v duchu **2** *(estimate)* odhadovat, odhadnout; **calculating roughly** při hrubém odhadu **3** Amer inf počítat, myslet (si), předpokládat, domnívat se **4 be ~d to do sth** mít něco za cíl, být vypočítán or vypočten na co; **his speech was ~d to stir up emotions** jeho projev měl (za cíl) rozvířit emoce **II** vi Math počítat **III** phr v ■ **calculate on sth** počítat s čím, spoléhat se na co; **we can't c. on winning all the time** nemůžeme počítat s tím, že budeme stále vyhrávat

calculated ['kælkjuleitid] adj *(deliberate: lie, risk* etc*)* záměrný, úmyslný, vědomý

calculating ['kælkjuleitiŋ] adj **1 c. machine** kalkulační stroj kancelářský **2** *(person)* vypočítavý, *(schemer)* chladnokrevný

calculation [kælkju'leišn] n see **calculate 1** počítání, výpočet, propočet, kalkulace; **cost c.** výpočet nákladů; **error in c.** početní chyba ♦ **to upset someone's ~s** udělat komu škrt or čáru přes rozpočet **2** *(estimation)* odhad; **according to my ~s** podle mého odhadu

calculator ['kælkjuleitə(r)] n **1** *(pocket c.)* kalkulačka **2** *(person)* počtář; kalkulátor **3** *(tables)* početní tabulky

calculus ['kælkjuləs] n (pl **-li** [-lai] or **-luses** [-ləsiz]) **1** Math počet; **differential c.** diferenciální počet; **integral c.** integrální počet; **probability c.** počet pravděpodobnosti; **c. of probabilities** Ins výpočet pravděpodobnosti **2** Med kámen, kamének; **renal/ urinary calculi** ledvinové/ močové kaménky

Calcutta [kæl'katə] n Kalkata

caldron ['ko:ldrən] see **cauldron**

calendar ['kæləndə(r)] n **1** kalendář; **tear-off/ wall c.** trhací/ nástěnný kalendář ■ **c. month/ year** kalendářní měsíc/ rok; **c. clock** orloj **2** *(list of events* etc*)* kalendář, seznam; Jur soupis soudních případů; **university c.** seznam přednášek a univerzitní řád **3** *(system)* **the Gregorian/ Julian/ Muslim c.** gregoriánský/ juliánský/ mohamedánský kalendář

calender ['kæləndə(r)] n kalandr ● vt kalandrovat

calf$_1$ [ka:f; Amer kæf] n (pl **calves** [ka:vz]) **1** *(of cattle)* tele, expr telátko; **be in** or **with c.** *(of cow)* být březí ♦ **golden c.** fig zlaté tele, mamon; **worship the golden c.** klanět se zlatému teleti, sloužit mamonu; **kill**

the fatted c. fig vystrojit velkou hostinu na něčí počest ■ **c. love** inf expr první láska **2 elephant/ whale** etc. **c.** sloní/ velrybí etc mládě; **elephant c.** also slůně **3** also **calfskin** teletina, telecí kůže **4** kra odtržená od ledovce

calf$_2$ [ka:f; Amer kæf] n (pl **calves** [ka:vz]) lýtko ■ **c. bone** lýtková kost

calfskin ['ka:fskin] n teletina, telecí kůže

caliber Amer see **calibre**

calibrate ['kæləbreit] vt kalibrovat, *(measuring instrument* also) cejchovat

calibration [kælə'breišn] n kalibrace, cejchování

calibre, Amer **caliber** ['kæləbə(r)] n **1** Techn kalibr, ráže **2** fig *(quality: of person)* kalibr, formát; **a scientist of high c.** vědec velkého formátu; **of the highest c.** největšího kalibru

calico ['kælikəu] n (pl **~s** or **~es**) **1** kaliko, kartoun **2** esp Amer potištěná bavlněná tkanina

California [kælə'fo:niə] n Kalifornie

Californian [kælə'fo:niən] adj kalifornský ● n Kaliforňan, obyvatel Kalifornie

calipers ['kælipəz] n pl Amer see **callipers**

caliph ['kælif] n kalif

calisthenics [kælis'θeniks] Amer see **callisthenics**

call [ko:l] n **1** *(shout, cry: of person)* volání, zavolání; *(of birds)* hlas(y), křik; **a c. for help** volání o pomoc; **cuckoo ~(s)** kukání ♦ **wolf c.** Amer fig hvízdání na dívky **2** *(of bugle, horn)* signál, troubení **3** *(summons)* zavolání, výzva k čemu; **roll c.** apel, nástup; **come at sb's c.** přijít na něčí zavolání or výzvu; **be within c.** být vzdálen na dovolání, být dosažitelný na zavolání ♦ **emergency c.** tísňové volání; **curtain c.** vyvolávání herce před oponu; **be on c.** *(of doctors* etc*)* mít pohotovost; **the c. of the blood** hlas krve; **obey a c. of nature** euph odskočit si; **be at sb's beck and c.** být komu k službám **4** also **phone c., telephone c.** telefonický hovor, inf telefon; **personal c., person-to-person c.** (telefonická) výzva; **give sb a c.** zavolat komu; **were there any ~s for me?** volal mi někdo?; **there's a phone c. for you** máte telefon ■ **c. box** telefonní budka; **c. sign** rozhlasová znělka; see **c. girl 5** *(short visit)* návštěva; **courtesy c.** zdvořilostní návštěva; **doctor's c.** návštěva lékaře u pacienta; **pay a c. on sb** navštívit koho; **return sb's c.** oplatit komu návštěvu ♦ *(one's)* **last port of c.** poslední štace; **pay a c.** euph odskočit si, jít na stranu **6** *(attraction)* volání, vábení; **the c. of the wild** volání divočiny **7** *(demand)* **a c. for sth** výzva k čemu, volání po čem; **there were ~s for his resignation** ozvalo se volání po jeho rezignaci **8** *(need)* esp in neg sentences potřeba, nutnost; **there's not much c. for these goods** o toto zboží není velký zájem; **there's no c. for you to worry** nemusíte si dělat starosti; **there was no c. for such remarks** takové poznámky jste si mohl odpustit **9 have too many ~s on one's time** mít mnoho povinností, být časově velmi vytížen **10** Cards hláška **11** Tennis rozhodnutí rozhodčího **12** Fin *(of bonds, loans)* vypovězení obligací/ půjčky **13** Comput volání, vyvolání programu ● v **I** vt **1** *(cry to)* **c. sb** (za)volat koho; **I didn't c. you** já jsem tě nevolal **2** *(cry out: sb's name* etc*)* (za)volat, vyvolat, hlásit; **c. a flight** hlásit let; **has the flight to Prague been ~ed?** už hlásili let do Prahy? **3** *(invite, summon)* pozvat, zavolat; **c. sb to dinner** pozvat koho na oběd; **c. a doctor** přivolat lékaře; **c. a taxi** objednat si taxi; **c. sb to witness** (po)volat koho za svědka; **c. sb to account** volat or hnát koho k zodpovědnosti; **c. sb to order** volat koho k pořádku ♦ **c. sth into being** vyvolat co k životu; **c. sb's attention to sth** upozornit koho na co; **duty ~s** povinnost volá; **many are ~ed but few are chosen** mnoho povolaných, málo vyvolených; **~ed to eternal rest** odešel na věčnost **4** *(c. by telephone* etc*)* **c. sb** (za)volat komu, zavolat; **he'll c. you in the morning** zavolá vám ráno ♦ **c. me at 6 o'clock** vzbuďte mne v 6 hodin; **I ~ed his house** volal jsem k němu; **I ~ed his office** volal jsem k němu do kanceláře **5** *(announce)* ohlásit; **c. a meeting/ session** svolat schůzi; **c. a strike** vyhlásit stávku; **c. a general election** vyhlásit všeobecné volby; **c. the banns** číst ohlášky; **c. a halt to sth** skoncovat s něčím **6** *(nominate)* jmenovat; **be ~ed to the bar** být jmenován advokátem **7** *(name)* nazvat, nazývat, jmenovat; **he is ~ed Martin** jmenuje se Martin; **don't c. me Ginger!** neříkej mi Zrzku!; **call sb sth** titulovat koho jak, nazvat koho čím; **c. sb after his father** pojmenovat koho po otci; **c. me by my Christian name** oslovuj mě křestním jménem často totéž jako „tykej mi"; **what do you c. it in English?** jak se to řekne anglicky?; **c. sb a crook/ a liar** nazvat koho podvodníkem/ lhářem; **c. sth by its proper name** nazvat co pravým jménem; **c. a spade a spade** nazývat věci pravými jmény; **his article is ~ed ...** jeho článek je nadepsán ...; **they c. him colonel** říkají mu plukovník; **c. sb names** nadávat někomu, častovat koho nadávkami ♦ **let's c. it quits** jsme si kvit; **let's c. it £5** dohodněme se na pěti librách; **let's c. it a day** nechme toho, pro dnešek dost or padla; **he has nothing to c. his own** je to hotový žebrák, nemá zhola nic **8** *(consider)* říkat čemu jak, považovat co za co; **I c. that a dirty trick** podle mě je to velký podraz; **and you c. yourself an expert** a to si říkáš odborník; **do you c. that clean?** tomu říkáš čisté? **9** Comput *(computer program)* volat, vyvolat **II** vi **1** *(shout)* (za)volat; **somebody ~ed** někdo volal; **c. (out) for help** (za)volat o pomoc; **c. to sb** zavolat na někoho; **c. after sb** volat za kým; **did you hear someone ~ing?** nevolal někdo?, neslyšels nějaké volání? **2** Tel (za)volat, (za)telefonovat; *(radio station)* volat, hovořit, vysílat; **who is ~ing, please?** kdo (prosím) volá?; kdo je u telefonu, prosím?; **I'll c. and ask** já tam zavolám zatelefonuji a zeptám se; **this is London ~ing** volá Londýn **3** *(visit briefly)* (za)stavit se u koho; **c. to see sb** přijít někoho navštívit; **the postman ~s twice a day** pošťák chodí dvakrát denně; **I'll c. again tomorrow** přijdu znovu zítra **III** phr vs ▪ **call aside** vt **c. sb aside** zavolat (si) koho stranou ▪ **call at** vt *(person)* (za)stavit se u koho/ kde; *(train)* stavět kde, zastavovat kde, stát kde; **c. at sb's (house)** zastavit se u koho; **c. at a place** navštívit nějaké místo ▪ **call away** vt **c. sb away** odvolat koho; *(from a meeting)* vyvolat koho ▪ **call back** *I* vt **c. sb back** zavolat koho zpět, *(again)* zavolat or pozvat koho znovu; **c. sb back from his holiday** odvolat koho z dovolené *II* vi přijít znovu; **could you c. back in half an hour?** mohl byste přijít znovu za půl hodiny? **c. back for sth** vrátit se pro něco ▪ **call down** vt **1 c. sb down** zavolat někoho dolů **2** *(invoke)* **c. down curses on sb's head** svolávat na čí hlavu hromy a blesky, proklínat koho **3** *(reprimand)* Amer inf **c. sb down for sth** setřít koho, inf zpucovat koho ▪ **call for** vt **1** *(collect)* **c. for sb/ sth** zajít pro koho/ co, *(by car* etc*)* zajet pro koho/ co, vyzvednout si koho/ co ♦ **to be ~ed for** *(mail)* poste restante **2** *(be required)* být třeba; **new methods are ~ed for** je třeba nových metod; **this job ~s for a lot of patience** tato práce vyžaduje velkou trpělivost; **that ~s for a celebration** to se musí oslavit; **that ~s for a drink** to se musí zapít **3** *(demand)* **c. for sth** dožadovat se čeho, domáhat se čeho, volat po čem, *(rights)* dovolávat se čeho, *(expert opinion)* vyžádat si co; **c. for a change** vynucovat si změnu, dožadovat se změn(y) ▪ **call forth** vt *(criticism)* vyvolat; *(memories* etc*)* oživit, vyvolat ▪ **call in** vt **1** *(ask in)* zavolat dovnitř, pozvat dál **2** *(specialist: for advice, help)* zavolat, přivolat **3** *(withdraw: faulty goods, overdue books)* stáhnout; *(money)* stáhnout z oběhu ▪ **call off** vt **1** *(people)* odvolat; *(dog)* zavolat zpět **2** *(event)* odvolat, odříci; *(engagement)* zrušit **3** Amer *(items off a list)* hlasitě předčítat ▪ **call on 1** *(visit formally)* **c. on sb** navštívit koho, vykonat návštěvu u koho **2** see **c. upon** ▪ **call out** *I* vi vykřiknout, zavolat *II* vt **1** *(shout out)* vyvolávat; **c. out the stops** hlásit zastávky **2** *(doctor, fire brigade, police)* přivolat, zavolat **3** *(workers to strike)* povolat do stávky ▪ **call round** vi inf **c. round at sb's** stavit se u koho, zajít ke komu; **c. round for sb** stavit se pro koho ▪ **call up** vt **1** esp Amer *(telephone)* **c. sb up** zavolat komu **2** fig *(bring to one's mind: memories* etc*)* přivolat, připomenout **3** Mil *(summon: recruits, reservists)* povolat (do činné služby), *(mobilize)* mobilizovat ▪ **call upon** vt **1** *(appeal)* **c. upon sb to do sth** vyzvat koho or apelovat na koho, aby něco udělal; **the police ~ed upon the demonstrators to disperse** policie apelovala na demonstranty, aby se rozešli **2** fml **c. upon sb to speak** dát komu slovo

call boy ['ko:lboi] n Theat pomocník inspicienta

caller ['ko:lə(r)] n **1** Elec telefonující osoba **2** *(visitor)* návštěvník

call girl ['ko:lgə:l] n děvče na telefonu prostitutka, která si vyjednává schůzky telefonicky

calligraphic [kæli'græfik] adj kaligrafický, krasopisný ▪ **~ally** [-li] adv krasopisně

calligraphy [kə'ligrəfi] n kaligrafie, krasopis

calling ['ko:liŋ] n **1** *(profession)* povolání, profese **2** *(inner impulse)* poslání **3 c. card** navštívenka

calliper, caliper ['kælipə] n **1** Med dlaha, dlážka **2** Techn (usu pl **~s, a pair of ~s**) hmatadlo, posuvné měřítko

callisthenics, calisthenics [kælis'θeniks] n (+sg or pl v.) systém cvičení zaměřený na utváření pěkného tělesného vzhledu

callous ['kæləs] adj **1** *(insensitive: person)* necitelný, bezohledný, otrlý, nemající srdce; *(heart)* tvrdý, necitelný; *(words)* příkrý; *(brutally frank)* bezohledný; **c. person** necita **2** Med *(of skin)* zrohovatělý, ztvrdlý, (esp *hands)* mozolný, mozolnatý ▪ **~ly** adv *(behave)* bezcitně, hrubě; *(answer, say)* příkře, bezohledně

calloused ['kæləst] adj *(skin, hands, feet)* ztvrdlý, zrohovatělý, (esp *hands)* mozolný, mozolnatý

callousness ['kæləsnəs] n bezcitnost, necitelnost, bezohlednost

callow ['kæləu] adj **1** pej *(person: inexperienced)* nezralý, neopeřený, zelený; **a c. youth** holobrádek, zelenáč **2** *(bird)* neopeřený

call-up ['ko:lap] n Br Mil povolání k vojenské službě ■ **call-up papers** povolávací rozkaz

callus ['kæləs] n mozol, ztvrdlá kůže

calm [ka:m] adj **1** *(sea)* klidný, poklidný; *(weather)* bezvětrný **2** *(person)* klidný, rozvážný; **keep c.** zachovat klid, neztratit nervy; **become c.** *(sea)* utišit se, *(person)* upokojit se; **keep one's voice c.** mluvit klidným hlasem ● n **1** *(stillness)* klid (a mír), ticho, pokoj; *(of weather)* bezvětří ♦ **dead c.** mrtvý klid; **the c. before the storm** ticho před bouří **2** *(of person)* klid ♦ **stoic c.** fml stoický klid ● **I** vt uklidnit; *(crowd)* upokojit; **c. sb** uchlácholit koho **II** phr v ■ **calm down** *I* vt **c. sb down** uklidnit koho, uchlácholit koho *II* vi **1** *(sea)* utišit se, *(wind)* zmírnit se, ztichnout **2** *(person)* uklidnit se, uspokojit se, uklidnit si nervy; **c. down!** uklidněte se!, jen klid! ■ **~ly** adv *(speak, act)* klidně, rozvážně, s klidem; *(steal)* drze, klidně, inf kliďánko; *(kill, shoot* etc*)* chladnokrevně; **she told me ~ly that she was leaving me** s největším klidem mi sdělila, že ode mne odchází

calming ['ka:miŋ] adj uklidňující

calmness ['ka:mnəs] n see **calm** adj klid, ticho ♦ **he is c. personified** je to naprostý kliďas

Calor gas ['kæləgæs] n propan-butan v lahvích – na domácí použití

calorie ['kæləri] n kalorie; **be low on ~s** být nízkokalorický

calorie-conscious ['kælərikonšəs] adj **be c.-conscious** hlídat si kalorie

calorific [kælə'rifik] adj výhřevný; **c. value** výhřevnost; **c. value of food** kalorická hodnota jídla

calorimeter [kælə'rimitə(r)] n kalorimetr

calorimetric [kæləri'metrik] adj kalorimetrický

calumniate [kə'lamnieit] vt fml pomlouvat koho, utrhat na cti komu

calumnious [kə'lamniəs] adj fml pomlouvačný, nactiutrhačný

calumny ['kæləmni] n fml **1** pomlouvání, nactiutrhání **2** pomluva, křivé obvinění

Calvary ['kælvəri] n **1** *(hill)* Kalvárie; **the road to C.** křížová cesta **2 c.** fig utrpení, muka, (úplná) kalvárie

calve [ka:v] vi otelit se; mít mladé

calves [ka:vz] pl of **calf**$_{1,2}$

Calvin ['kælvin] n Kalvín

Calvinism ['kælvənizəm] n kalvinismus, kalvínství

Calvinist ['kælvənist] n kalvinista, kalvín

Calvinistic, Calvinistical [kælvə'nistik(l)] adj kalvinistický, kalvínský

calypso [kə'lipsəu] n (pl **-s**) kalypso

calyx ['keiliks] n Bot (pl **-es** or **calyces** ['keilisi:z]) kalich

cam [kæm] n Techn vačka

CAM [kæm] abbr of **computer-aided manufacture** CAM, výroba pomocí počítače

camaraderie [kæmə'ra:dəri] n kamarádství, přátelství, soudružství

camber ['kæmbə(r)] n *(convexity)* vyklenutí, zaoblení, vydutí; *(of road* also*)* převýšení ● vi klenout se; mít převýšení

cambric ['keimbrik] n batist

Cambodia [kæm'bəudiə] n Kambodža

Cambodian [kæm'bəudiən] adj kambodžský ● n Kambodžan/ -ka

camcorder ['kæmko:də(r)] n videokamera s vestavěným videorekordérem

came [keim] pt of **come**

camel ['kæml] n **1** velbloud; **Arabian c.** dromedár, velbloud jednohrbý; **Bactrian c.** velbloud dvouhrbý ■ **c. driver** velbloudář, poháněč velbloudů **2** Naut keson na zdvíhání lodí **3** *(colour)* barva velbloudí srsti

camel-hair, also **camel's hair** ['kæml(z)heə(r)] n velbloudí srst ■ **c. coat** kabát z velbloudí vlny; **c. brush** šteteček z velbloudí vlny

camellia [kə'mi:liə] n Bot kamélie

Camembert ['kæməmbeə(r)] n camembert druh francouzského plísňového sýra

cameo ['kæmiəu] n (pl **~s**) **1** *(precious stone)* kamej, gema ■ **c. brooch** brož s kamejí **2** *(short sketch)* medailón **3** also **c. part** miniaturní role

camera ['kæmərə] n **1** Phot fotoaparát, fotografický aparát; **reflex c.** zrcadlovka **2** TV, Film etc kamera; **TV/ film** or **movie c.** televizní/ filmová kamera; **video c.** videokamera; **go on c.** předstoupit před kameru, být filmován ■ **c. operator** kameraman/ -ka; **c. obscura** camera obscura, temná komora **3 in c.** Jur tajně, s vyloučením veřejnosti; fig za zavřenými dveřmi

cameraman ['kæmrəmæn] n (pl **-men**) kameraman

camomile, chamomile ['kæməmail] n heřmánek ■ **c. tea** heřmánkový čaj

camouflage ['kæməfla:ž] n Mil & fig (za)maskování, kamufláž, zastírání ● vt Mil (za)maskovat, kamuflovat; fig maskovat, kamuflovat, zastírat

camp$_1$ [kæmp] n **1** tábor; Mil also ležení; *(for recreation)* kemp, kempink; Sport *(train-*

ing c.) soustředění; **military/ enemy/ concentration/ internment/ reception c.** vojenský/ nepřátelský/ koncentrační/ internační/ sběrný tábor; **holiday c.** *(for children)* prázdninový tábor; **pitch c.** zřídit tábor, utábořit se; **break** or **strike c.** zrušit tábor ■ **c. life** táborový život; **c. chair** or **stool** skládací židle **2** Pol formerly **the socialist c.** socialistický tábor ● **I** vi tábořit (v přírodě), stanovat, kempovat **II** phr v ■ **camp out** vi stanovat, tábořit v přírodě or venku

camp$_2$ [kæmp] adj **1** *(effeminate: man, walk)* afektovaný; sl teploušský **2** *(theatrical)* teatrální, přemrštěný, vyumělkovaný ● vt **c. it up** inf přehánět, nadsazovat

campaign [kæm'pein] n **1** Mil válečná výprava, (polní) tažení, operace **2** fig kampaň, (hromadná) akce; **advertising/ promotional/ publicity c.** reklamní/ náborová/ propagační kampaň; **election c.** předvolební kampaň or boj; **smear c.** očerňovací akce; **whispering c.** šeptaná propaganda; **launch a c.** rozvinout kampaň ● vi **1 c. for sth** zasazovat se o co, agitovat pro co, horlit pro co; **c. against sth** bojovat proti čemu; **c. for equal rights** bojovat za rovnoprávnost **2** Mil vést válku, válčit, bojovat

campaigner [kæm'peinə(r)] n **1** Mil voják, válečník, bojovník **2** fig agitátor, propagátor, bojovník za co/ proti čemu

campaigning [kæm'peiniŋ] n agitace; see **to campaign**

camp bed [kæmp'bed] n skládací lehátko, polní lůžko

camper ['kæmpə(r)] n **1** *(person)* táborník/ tábornice **2** Amer *(vehicle)* kempinkové auto

campfire ['kæmpfaiə(r)] n táborák, táborový oheň ■ Amer **Camp Fire Girls** Dívky táborového ohně dívčí skautská organizace

camp-follower [kæmp'foləuə(r)] n **1** formerly markytán(ka); *(prostitute)* prostitutka **2** pej Pol souputník, souběžec, oportunista

campground ['kæmpgraund] n Amer **1** *(place for camping)* místo k táboření, tábořiště, kempink **2** místo pro **camp meeting**

camphor ['kæmfə(r)] n kafr

camphorated ['kæmfəreitid] adj kafrový, obsahující kafr; **c. oil** kafrový olej

camping ['kæmpiŋ] n táboření, stanování, kempování; **driving and c.** autoturistika; **no c.!**, **c. prohibited** táboření zakázáno! ■ **c. site** tábořiště; kempink, autokempink; **c. van** obytný přívěs; **c. equipment** potřeby ke stanování

camp meeting ['kæmpmi:tiŋ] n Amer náboženské shromáždění pod širým nebem nebo pod velkým stanem

campsite ['kæmpsait] n also **camping site, camping-site** tábořiště, kemp, kempink, autokempink

campus ['kæmpəs] n also **university c.** univerzitní areál komplex budov a pozemků, kampus, akademická půda; **live on the c.** bydlet na koleji tj. v areálu univerzity ■ **c. life** Univ studentský život; **c. unrest** studentské bouře

campy ['kæmpi] adj inf afektovaný; teatrální; see **camp**$_2$

camshaft ['kæmša:ft] n Techn vačkový hřídel

can$_1$ [kən; stressed form kæn] modal v (neg **cannot** ['kænot], inf **can't** [ka:nt; Amer kænt]; pt **could** [kəd; stressed kud], neg **could not**, inf **couldn't** ['kudnt] **1** *(be able to)* **a)** *(physically, mentally)* **I can** mohu, jsem s to, jsem schopen, umím; **I can do it** mohu to udělat; **run as fast as you can** utíkej co nejrychleji můžeš; **now I can breathe again** fig teď si mohu vydechnout; **he can hardly breathe** sotva dýchá **b)** *(be designed to)* **the car can seat six people** do auta se vejde šest lidí; **the tank can hold 200 litres** do cisterny se vejde 200 litrů; **the hall can seat 200 people** sál pojme 200 lidí **c)** *(indicates logical ability)* **one can assume that** lze předpokládat, že; **it can't be done** to nejde; **it can't be helped** nedá se nic dělat **2** *(with verbs of perception: usually not translated)* **can you see him?** vidíte ho?; **can you understand me?** rozumíte mi?; **one can see that** to je vidět **3** *(know how to)* **I can ...** umím, dovedu; *(sometimes not translated)*; **he can speak English** umí anglicky; **he can make himself understood in German** umí se dohovořit německy; **the baby can already walk** dítě už chodí or umí chodit **4** *(have resolution/ courage)* **he can take a defeat** umí přijmout porážku; **he can take a lot** inf vydrží hodně; **he can take a joke** rozumí legraci; **he can hold his drink** umí pít; **I can't bear the pain** nemohu ty bolesti vydržet **5** *(typical behaviour)* **she can be very nice** dovede být velmi milá; **Austria can be very cold** v Rakousku bývá někdy velmi chladno **6** *(may)* **I can** mohu, smím; **you can go now** už můžete jít; **you can come whenever you like** můžete přijít kdykoli; **you can't go out like this** takhle nemůžeš jít ven or mezi lidi **7** *(possibility)* **both things can happen** může se stát obojí; **we can't all fit into the lift** do výtahu se nemůžeme vejít **8** *(probability)* **he can hardly have meant that** to nemohl myslet vážně **9** *(surprise, disbelief)* **it can't be true** to (snad) není možné, to přece nemůže být pravda; **you can't be serious**

to přece nemyslíš vážně; **I can't have slept 12 hours** přece jsem nespal 12 hodin; **can't you remember?** cožpak si to nepamatujete? **10 a)** *(permission; polite request)* **can I use your car?** mohu si půjčit váš vůz?; **what can I do for you?** jaké máte přání? **b)** neg *(often indicates displeasure)* **can't you turn the radio down?** nemohli byste to rádio ztlumit? **11** *(indicates suggestion)* **we can go to the theatre** *(if you like)* mohli bychom jít do divadla **12 I cannot but admire your courage** musím obdivovat vaši odvahu; see also **could**

can$_2$ [kæn] n **1** *(container: for petrol)* kanystr; *(for milk; watering c.)* konev; **oil c.** olejnička; Amer *(dustbin)* popelnice ♦ **carry the c. for sb** inf odnést si to za koho, slíznout to za koho; **be in the c.** inf *(contract, deal* etc*)* být v suchu, *(film, recording)* být hotový připravený pro distribuci **2** *(for preserving)* esp Amer zavařovací sklenice, inf zavařovačka **3** esp Amer konzerva, plechovka; **a c. of beer** plechovka piva ♦ **a c. of worms** inf fig zapeklitý problém, fig kyselé jablko ▪ **c. opener** otvírák na konzervy **4** Amer sl záchod, vécéčko, vulg hajzl **5** Amer sl *(prison)* basa, lapák; **put sb in the c.** zabásnout koho, zašít koho **6** Amer sl *(bottom)* zadek, kotel ● vt (**-nn-**) **1** konzervovat do plechovek **2** (esp *fruit)* zavařovat, zavařit (esp *vegetables)* nakládat, naložit; see **canned, canning 3** Amer sl *(imprison)* zabásnout, zašít **4** esp Amer dated sl **c. it** už toho nech!, mohl bys už přestat!, jdi s tím do háje!

Canada ['kænədə] n Kanada

Canadian [kə'neidiən] adj kanadský ● n Kanaďan/ -ka

canal [kə'næl] n **1** *(waterway)* kanál umělý, průplav; **Panama C.** Panamský průplav; **irrigation c.** zavlažovací kanál ▪ **c. boat** úzký dlouhý člun používaný na kanálech **2** Anat trubice, kanál; **Eustachian/ alimentary c.** Eustachova/ zažívací trubice; **spinal c.** míšní kanál; **auditory c.** zvukovod

canalization [kænəlai'zeišn] n **1** *(of waterways)* usplavňování, regulace **2** *(building of canals)* stavění kanálů/ průplavů **3** fig *(efforts, energy* etc) zaměření, soustředění, usměrnění

canalize ['kænəlaiz] vt **1** *(waterways)* splavnit, splavňovat, kanalizovat **2** *(build canals)* stavět kanály/ průplavy **3** fig *(efforts, energy* etc*)* zaměřit, usměrnit, soustředit

canapé ['kænəpei] n jednohubka, chuťovka, kanapka

canard ['kæna:d] n novinářská kachna

Canaries [kə'neəriz] n pl **the C.** Kanárské ostrovy

canary [kə'neəri] n **1** Orn kanár, kanárek ▪ **c. seed** semenec **2** Amer sl *(informer)* fízl, práskač **3** also **c. yellow** kanárková žluť; **be yellow as a c.** být žlutý jako citrón nezdravě bledý

Canary [kə'neəri] **the C. Islands** Kanárské ostrovy

canasta [kə'næstə] n kanasta

cancan ['kænkæn] n kankán; **dance the c.** tančit kankán

cancel ['kænsl] v (**-ll-**; Amer **-l-**) **I** vt **1** *(call off holiday, concert, match)* odvolat; *(result of match* or *match)* skrečovat; *(plan)* upustit od; *(flight, train)* zrušit; *(debt)* škrtnout; **be ~led** *(meeting, match, concert* etc*)* nekonat se; *(classes* also*)* odpadnout, odpadat; *(membership)* zaniknout; **the meeting was ~led** schůze se nekonala, ze schůze sešlo; **until ~led** až do odvolání **2** *(make invalid: contract, agreement)* vypovědět, anulovat, stornovat, (z)rušit, odstoupit od, *(order)* odvolat, zrušit; *(magazine subscription, membership)* zrušit; *(newspaper)* odhlásit; **c. one's television licence** odhlásit televizi **3** *(sth written: sentence, passage* etc*)* vyškrtnout, vymazat **4** *(validity)* zneplatnit; *(stamp)* přerazítkovat, přetisknout razítkem; *(ticket)* proštípnout **5** Math *(fraction)* (z)krátit **II** phr v ▪ **cancel out** *I* vt Math *(fraction)* (vy)krátit; **c. sth out** být protiváhou čeho, neutralizovat co; **c. each other out** vzájemně se doplňovat or neutralizovat *II* vi Math vykrátit se, rušit se, dát se vykrátit např. členy rovnice

cancellation [kænsə'leišn] n see **cancel** vt **1** odvolání, skrečování, zrušení **2** anulování, stornování, zrušení; vypovězení; odhlášení **3** vyškrtnutí, vymazání **4** zneplatnění; přerazítkování; proštípnutí **5** krácení

Cancer ['kænsə(r)] n Astron Rak; **the tropic of C.** obratník Raka; **be born under the sign of C.** narodit se ve znamení Raka

cancer ['kænsə(r)] n rakovina, spec karcinom; **have c., be suffering from c.** mít rakovinu; **die of c.** zemřít na rakovinu; **operate on sb for c.** operovat koho na rakovinu

cancerous ['kænsərəs] adj **1** *(growth, tumour)* zhoubný, rakovinový, rakovinný; *(lung)* napadený rakovinou **2** fig zhoubný, rozkladný

candela [kæn'di:lə] n kandela jednotka svítivosti

candelabra [kændə'la:brə] n (pl **-bras** [-brəs]); also sg **candelabrum,** pl **-bra** [-brə] n mnohoramenný svícen, svícnový stojan

candid ['kændid] adj *(words, opinion)* upřímný, otevřený; *(eyes, face)* bezelstný; **to be c. with you, ...** upřímně řečeno, ...; **let me be quite c. with you** dovol, abych k tobě byl docela upřímný; **c. camera** skrytá kamera ■ adv see **candidly**

candidacy ['kændidəsi] n kandidatura (**for sth** nač); **withdraw one's c.** odvolat svou kandidaturu

candidate ['kændidət; Amer -deit] n **1** Pol **a c. for sth** kandidát/ -ka na co, *(for job, office* also*)* uchazeč o co; **presidential c.** kandidát na prezidentský úřad; **rival c.** protikandidát; **list of ~s** kandidátka, seznam kandidátů; **stand as a c. for sth** kandidovat na co, *(for job)* ucházet se o co, reflektovat na co; **select a c.** zvolit (si) kandidáta; **put sb up as a c.** nominovat koho za kandidáta **2** *(taking an exam)* kandidát, účastník zkoušky

candidature ['kændidəčə(r)] n esp Br = **candidacy**

candidly ['kændidli] adv upřímně, opravdu; **c. (speaking), I don't like it at all** upřímně řečeno, mně se to vůbec nelíbí; **quite c., I . . .** mám-li být docela upřímný, já . . .

candidness ['kændidnəs] n upřímnost, otevřenost; bezelstnost

candied ['kændid] adj *(fruit)* kandovaný, kandizovaný

candle ['kændl] n svíčka, svíce; **tallow c.** lojová svíce; **c. end** oharek svíčky, vypálená svíčka; **light a c.** zapálit svíčku; **blow** or **puff out a c.** sfouknout svíčku; **lighted c.** hořící svíce ♦ **he can't hold a c. to her** nesahá jí ani po kotníky; **burn the c. at both ends** promrhávat život hýřením; **the game isn't worth the c.** nestojí to za to ■ **c. grease** lůj

candlelight ['kændllait] n světlo svíčky; **by c.** při svíčce

Candlemas ['kændlmæs] n Hromnice

candlepower ['kændlpauə(r)] n svítivost vyjádřená v kandelách

candlestick ['kændlstik] n svícen

candlewick ['kændlwik] n **1** *(wick)* knot svíčky **2** Text smyčková bavlněná látka s plastickým vzorem ■ **c. bedspread** postelový přehoz s plastickým vzorem

candour, Amer **candor** ['kændə(r)] n upřímnost, otevřenost, přímost

C and W ['si:ən'dablju:] abbr of **country and western (music)** country, country music

candy ['kændi] n **1** (no pl) kandovaný cukr **2** esp Amer *(sweet)* bonbón, cukrovinka, cukrátko; *(chocolate)* čokoládový bonbón, pralinka; *(sweets)* bonbóny, cukrovinky; **cotton c.** Amer cukrová vata ■ **c. store** Amer obchod s cukrovinkami ● v (pt & pp **candied**) **I** vt *(fruit)* kandovat; see **candied** **II** vi krystalizovat se cukr

candyfloss ['kændiflos] n Br cukrová vata

candy-striped ['kændistraipt] adj pestře pruhovaný na bílém podkladě s šikmými pruhy

candytuft ['kænditaft] n Bot iberka ozdobná vytrvalá zahradní rostlina

cane [kein] n **1** Bot rákos, třtina; *(of raspberry)* stonek; **sugar c.** cukrová třtina ■ **a c. chair** rákosová židle; **c. sugar** třtinový cukr **2** *(stick)* hůl, hůlka; *(walking stick)* vycházková hůl; **bamboo c.** bambusová hůl **3** Sch formerly rákoska, metla, prut; **the c.** sg trest rákoskou; **get** or **be given the c.** dostat rákoskou; **abolish the c.** zrušit tělesné tresty ve škole ● vt **1** Sch bít or šlehat koho rákoskou **2** Br inf *(defeat totally)* rozdrtit koho, dát komu na frak, natřít to komu

canine ['keinain] adj **1** *(race)* psí; **c. devotion** psí oddanost **2 c. tooth** špičák lidský ● n **1** fml pes **2** also **c. tooth** špičák

caning ['keiniŋ] n *(beating with a cane)* výprask, nářez, bití rákoskou; **give sb a c.** potrestat koho rákoskou, fig Sport dát komu nářez, rozdrtit koho

canister ['kænistə(r)] n **1** *(for tea, coffee etc)* plechová nádoba, plechovka **2** Mil kartáč dělová střela

canker ['kæŋkə(r)] n **1** *(disease)* aftózní stomatitida **2** Vet *(disease of dogs, cats)* hnisavé vředy na vnější straně uší **3** Hort rakovina or sněť stromů **4** fig *(in society: of drug addiction* etc*)* rakovina, jed, zhouba

cankerous ['kæŋkərəs] adj **1** see **canker**; sněťový **2** fig *(nationalism, bigotry* etc*)* rozkladný, zhoubný, ničivý

cannabis ['kænəbis] n **1** konopí **2** *(drug)* hašiš, marihuana

canned [kænd] adj **1** konzervovaný zvl. v plechovkách; **c. fruit** kompot, zavařenina; **c. beer** pivo v plechovkách ♦ **c. music** nahraná hudba, reprodukovaná hudba **2** Amer sl *(drunk)* zlitý, namazaný, zkárovaný; **be completely c.** být (zlinýrovaný) pod (v)obraz boží

cannery ['kænəri] n konzervárna

cannibal ['kænibl] n lidojed, lidožrout, kanibal též o zvířatech ■ **c. tribe** kanibalský kmen

cannibalism ['kænibəlizəm] n kanibalismus, lidožroutství, lidojedství, kanibalství (also fig)

cannibalistic [kænibə'listik] adj kanibalský (also fig), lidožroutský

cannibalize ['kænibəlaiz] vt *(vehicle, machine)* vybrakovat, vykuchat

cannily ['kænili] adv see **canny**

canning ['kæniŋ] n esp Amer nakládání

do konzerv, konzervování ■ **c. factory** konzervárna; **c. industry** konzervárenský průmysl

cannon ['kænən] n **1** (pl **~s** or **c.**) Mil dělo, kanón ■ **c. fodder** fig potrava pro děla, kanónenfutr; **c. ball** dělová koule **2** Br *(in billiards)* karambol

cannonade [kænə'neid] n kanonáda

cannot ['kænot] see **can**

canny ['kæni] adj (**-ier, -iest**) esp Scot **1** *(shrewd)* chytrý, mazaný, prohnaný; *(thrifty)* šetrný **2** *(cautious)* opatrný, obezřelý ■ **cannily** ['kænili] adv opatrně, obezřele; *(shrewdly)* mazaně

canoe [kə'nu:] n kánoe ♦ **paddle one's own c.** hrát si na svém vlastním písečku ● vi (**~d, ~ing**) jezdit/ jet or pádlovat na kánoi

canoeing [kə'nu:iŋ] n kanoistika

canoeist [kə'nu:ist] n kanoista

canon$_1$ ['kænən] n **1** Relig, Mus, Liter, Art etc kánon ■ **c. law** církevní právo **2** *(set of writings)* **the Shakespeare c.** soubor Shakespearových spisů uznaných za pravé

canon$_2$ ['kænən] n *(priest)* kanovník

canonical [kə'nonikl] adj **1** *(normative)* kanonický, normativní, přijatý **2** Relig kanonický v souladu s církevními právními normami **3** *(of canon$_2$)* kanovnický ● n pl **~s** Relig *(dress of the clergy)* kněžské roucho; **he was in ~s** byl oblečen v kněžském rouše

canonization [kænənai'zeišn] n Relig kanonizace, svatořečení

canonize ['kænənaiz] vt Relig kanonizovat, svatořečit

canoodle [kə'nu:dl] vi inf dated muckat se, muchlat se, muchlovat se

canopy ['kænəpi] n **1** *(of throne)* baldachýn, *(of bed)* nebesa; *(ceremonial)* baldachýn; Archit *(rooflike on columns)* baldachýn; *(awning)* přístřešek, markýza **2** *(of cockpit)* Aer skleněný kryt; *(of parachute)* spec vrchlík **3** fig *(of sky)* klenba; **the c. of the heavens** nebeská klenba or báň; *(of foliage)* loubí, příkrov

cant$_1$ [kænt] n **1** *(insincere talk, false piety)* pokrytecké or farizejské řeči, *(platitudes)* prázdné fráze, prázdné žvanění **2** *(jargon)* žargon, hantýrka, slang; (esp *of thieves)* argot ■ **a c. phrase** slangová/ žargonová fráze ● vi **1** *(speak in c.)* mluvit žargonem or hantýrkou **2** *(talk insincerely, pretend piety)* vést pokrytecké/ farizejské řeči, *(in platitudes)* vést prázdné řeči, žvanit

cant$_2$ [kænt] n *(slant)* úkos, naklonění, sklon ● **I** vt **1** *(tilt)* naklonit, dát čemu sklon, položit na bok; *(overturn)* also **c. over** překlopit, překotit **2** Techn also **c. off** zkosit, zešikmit **II** vi naklonit se, *(boat)* also **c. over** překlopit se, překotit se

can't [ka:nt] see **can**

Cantab. ['kæntæb] abbr of **Cantabrigiensis** *(in degree titles)* cambridžské univerzity, univerzity v Cambridge

cantabile [kæn'ta:bili] adv Mus cantabile, zpěvně

cantaloup(e) ['kæntəlu:p] n kantalup, ananasový meloun

cantankerous [kæn'tæŋkərəs] adj *(bad-tempered)* nevrlý, mrzoutský; *(quarrelsome)* svárlivý, hašteřivý, popudlivý; **a c. old man** starý mrzout ■ **~ly** adv nevrle, mrzoutsky; **behave ~ly** být popudlivý

cantankerousness [kæn'tæŋkərəsnəs] n see **cantankerous** mrzoutství, nevrlost; svárlivost, hašteřivost, popudlivost

cantata [kæn'ta:tə] n kantáta

canteen [kæn'ti:n] n **1** *(eating place)* kantýna, stravovna, (závodní) jídelna or kuchyně; **students' c.** menza **2** Mil *(shop)* vojenský obchod; *(mess kit)* jídelní miska, ešus; *(water flask)* polní láhev **3** *(cutlery)* kazeta se soupravou příborů

canter ['kæntə(r)] n usu sg *(of a horse)* lehký cval; **ride at a c.** jet lehkým cvalem o jezdci; **go for a c.** udělat si vyjížďku na koni ♦ **win at a c.** vyhrát levou rukou ● **I** vi jet lehkým cvalem **II** vt **c. one's horse** jet na koni lehkým cvalem přimět koně, aby jel lehkým cvalem

canticle ['kæntikl] n Mus Relig kantikum, hymnus, chvalozpěv

cantilena [kænti'linə] n Mus kantiléna

cantilever ['kæntili:və(r)] n konzola, konzolový nosník ■ **c. bridge** konzolový most

canto ['kæntəu] n (pl **-s**) Liter zpěv část epické básně

canton ['kænton] n **1** Admin kanton územní jednotka zvl. ve Švýcarsku **2** ['kæntən] Her pole

Cantonese [kæntə'ni:z] adj kantonský ● n **1** *(person)* obyvatel/ -ka Kantonu v Číně **2** *(language)* kantonská čínština

cantonment [kæn'tu:nmənt; Amer -'təun-] n Mil ubytování vojska přechodné

cantor ['kænto:(r)] n Relig kantor zpěvák v kostele nebo synagoze

canvas ['kænvəs] n **1** *(cloth)* plátno; *(for sails)* plachtovina; *(sails)* plachty, plachtoví; **tent c.** stanová celta ♦ **under c.** *(sleep)* pod stanem/ stany; Naut *(sail)* s (rozvinutými) plachtami ■ **c. shoes** plátěnky, plátěné boty, tenisky; **c. bag** plátěná taška **2** *(for painting)* malířské plátno; *(painting)* plátno, obraz **3** Box sl podlaha ringu

canvass ['kænvəs] **I** vt **1** Pol *(constituency etc for votes)* agitovat kde, provádět volební kampaň kde; dělat (předvolební) agitaci kde **2** *(customers)* shánět, získávat, verbovat dům od domu **3** *(opinions:* esp *of voters)* sondovat, zkoumat, provádět průzkum čeho **4** *(issue, theory* etc*)* prodiskutovat, prohovořit, zevrubně prozkoumat, vzít si pod lupu **5** esp Amer přezkoumat hlasy, přepočítat hlasy a ověřit jejich pravost **II** vi Pol agitovat (**on behalf of sb** pro koho); **c. for votes** ucházet se o hlasy, verbovat voliče, provádět volební kampaň; **c. for a seat** ucházet se o poslanecký mandát ● n agitace, kampaň also reklamní

canvasser ['kænvəsə(r)] n **1** Pol (volební) agitátor, propagandista **2** Amer skrutátor

canvassing ['kænvəsiŋ] n see **canvass** v **1** Pol předvolební agitace, volební kampaň její provádění **2** shánění zákazníků **3** provádění průzkumu, sondování názorů etc

canyon ['kænjən] n kaňon

canzonetta [kænzə'netə], **canzonet** [kænzə'net] n Mus kanconeta

caoutchouc ['kaučuk, -ču:k, kau'ču:k, -'čuk] n kaučuk ■ attr kaučukový

CAP [si:ei'pi:] abbr of **Common Agricultural Policy** Společná zemědělská politika Evropské unie

cap$_1$ [kæp] n **1** *(headgear)* čepice, čapka; *(nurse's)* čepec, *(baby's)* čepeček; *(judge's, students')* baret; *(cardinal's, academic)* biret; *(ceremonial: priest's, Jewish)* čepička; Mil **forage c.** lodička; **bathing** or **swimming c.** koupací čepice; **woollen c.** vlněná čepice; **put on/ take off one's c.** nasadit si/ sejmout si čepici ♦ **jester's c.** šaškovská or bláznovská čepice; **dunce's c.** oslovská čepice; **come c. in hand** přijít zkroušeně or poníženě; **put on one's thinking c.** pustit se do přemýšlení, zadumat se; **if the c. fits (wear it)** ≅ potrefená hus(a) nejvíc kejhá, zloděj se sám prozradí; **set one's c. at sb** dated polίčit si na koho žena na muže **2** Sport fig esp Br ≅ reprezentační čapka, reprezentační dres právo reprezentovat stát **3** *(cover)* víčko, čepička, uzávěr, klobouček; **screw c.** šroubovací uzávěr; **crown c.** korunka láhve; **pencil's c.** chránítko na tužku; *(of ice/ snow)* příkrov **4** (also **Dutch cap**) *(contraceptive)* pesar **5** *(of mushroom)* klobouček **6** also **percussion c.** Mil kapsle, roznětka, rozbuška ● vt (**-pp-**) **1** *(cover sth)* opatřit čepičkou/ závěrem/ víčkem; nasadit víčko/ závěr etc; *(with snow/ ice)* přikrýt, *(with mist)* zahalit do čeho **2** *(tooth)* nasadit na zub korunku **3** Sport **be ~ped for Great Britain** získat britský reprezentační dres, být vybrán do reprentačního družstva Velké Británie **4** *(in Scottish universities)* promovat koho, udělit komu univerzitní hodnost **5** *(outdo: joke, story)* přetrumfnout čím ♦ **to cap it all** nasadit tomu korunu; **and to cap it all, ...** a korunu tomu nasadilo to, že ..., a jako koruna tomu všemu ...; **that ~s it (all)!** to je (tedy) vrchol!, to už přestává všechno!

cap$_2$ [kæp] n abbr of **capital** inf velké písmeno; **in ~s** velkými písmeny

capability [keipə'biləti] n **1** schopnost; **c. to do sth/ of doing sth** schopnost něco dělat **2** *(potential)* **military c.** vojenský potenciál **3** pl **capabilities** talent, vlohy

capable ['keipəbl] adj **1** *(competent)* schopný, *(professionally)* povolaný, zdatný, talentovaný; **be in c. hands** *(business* etc*)* být v dobrých rukou **2 be c. of (doing) sth** být schopen or umět něco udělat; **show them what you are c. of** ukaž jim, co umíš; **he is c. of anything** je schopen všeho; **he is c. of cheating** je schopen podvádět, má sklon k podvádění **3** *(susceptible)* **be c. of misinterpretation** *(sb's words* etc*)* dovolovat nesprávnou interpretaci

capacious [kə'peišəs] adj prostorný, rozsáhlý, rozlehlý; *(dress)* volný, *(skirt* also*)* široký; *(pockets, bag)* objemný

capaciousness [kə'peišəsnəs] n prostornost; objemnost

capacitor [kə'pæsitə(r)] n kondenzátor

capacity [kə'pæsəti] n **1** spec *(cubic content)* obsah, objem; **measure of c.** dutá míra; **carrying c.** zatížitelnost; **load-carrying c.** nosnost; **loading c.** ložná plocha; Elec **rated c.** jmenovitý výkon; **vital c.** kapacita plic **2** *(ability to hold)* kapacita; **sleeping c.** ubytovací kapacita; **seating c. of a hall** kapacita sálu; **have a c. of ...** *(tank, theatre* etc*)* pojmout ..., mít kapacitu ...; **limitation of c.** omezení kapacity ♦ **be packed** or **filled to c.** *(theatre* etc*)* být plně or do posledního místa obsazený, inf *(be full)* být nabitý k prasknutí **3** *(of factory* etc*)* výrobní kapacita; **operating c.** provozní kapacita; **production c.** výkonnost podniku; **work at full c.** pracovat na plnou kapacitu **4** *(ability)* schopnost; **mental c.** mentální kapacita; **he has an enormous c. for hard work** je nesmírně pracovitý **5** Jur **legal c.** svéprávnost **6** *(function, profession)* *(be employed)* **in the c. of manager** jako ředitel; **be** *(somewhere)* **in an advisory c.** mít poradní hlas; **in a private c.** soukromě někde být

caparison [kə'pærisən] n often pl čabraka ozdobná pokrývka na koně ● vt pokrýt koně čabrakou

cape$_1$ [keip] n pelerína, pláštěnka

cape$_2$ [keip] n mys; **the C.**, **the C. of Good Hope** mys Dobré naděje ■ **C.**

Coloured míšenec v Jižní Africe; **C. Province** Kapsko

caper₁ ['keipə(r)] n **1** *(leap)* poskok, poskočení **2** *(mischievous act)* rošťárna, žertík, nezbednost, inf fór ♦ **cut a c., cut ~s** skotačit, poskakovat, dělat rošťárny, vyvádět **3** *(criminal act)* Amer sl zločin, esp loupežné přepadení ● vi also **c. about** skotačit, poskakovat, vyvádět

caper₂ ['keipə(r)] n **1** Bot *(shrub)* kaparovník trnitý **2** Cook pl kapary, dial kaprlata

capercaillie, capercailzie [kæpə'keili] n tetřev velký

capful ['kæpful] n plná odměrka uzavírací nádobka kanystru ap. ♦ **a c. of wind** Naut krátký závan větru

capillary [kə'piləri] n (pl **-ies**) *(tube)* kapilára, kapilárka; *(vessel)* kapilára, vlásečnice ● adj kapilární; **c. attraction** vzlínavost; **through c. attraction** vzlínavostí

capital₁ ['kæpitl] n **1** also **c. city** hlavní město, metropole; **Vienna is the c. of Austria** Vídeň je hlavní město Rakouska; **Prague and London are c. cities** Praha a Londýn jsou hlavní města; **(the) film c.** *(Hollywood)* filmová metropole **2** also **c. letter** velké písmeno, Typ verzála, verzálka; **block ~s** hůlkové or tiskací písmo; **write in ~s** psát hůlkovým písmem ● adj **1** *(principal)* hlavní, nejdůležitější, prvořadý; **our c. concern is that ...** naším prvořadým zájmem je, aby ... **2** *(very serious: error)* závažný, kardinální **3 c. punishment** trest smrti; **c. offence** hrdelní zločin; **c. sin** smrtelný hřích; **abolish c. punishment** zrušit trest smrti **4** *(of letters)* velký, hůlkový, tiskací; **c. A** velké A; **he is stupid with a c. S** je hloupý na druhou; **happiness with a c. H** opravdové štěstí; **write sth in c. letters** napsat co hůlkovým or tiskacím písmem **5** somewhat dated fantastický, báječný, senzační, kapitální; **what a c. idea!** to je báječný nápad!

capital₂ ['kæpitl] n Archit kapitála, hlavice sloupu, kapitel somewhat dated

capital₃ ['kæpitl] n **1** Fin kapitál, základní jmění; jistina; **c. and interest** jistina s úroky; **dead/ fixed/ circulating** or **floating/ industrial/ reserve/ starting c.** mrtvý/ fixní/ oběžný/ průmyslový/ rezervní/ počáteční kapitál; **idle c.** kapitál ležící ladem; **increase in c.** přírůstek kapitálu ♦ **intellectual c.** duševní kapitál; **make c. out of sth** fig vytlouci/ vytloukat z čeho kapitál; těžit z čeho ■ **c. allowance** kapitálový odpis; **c. assets** základní prostředky; **c. expenditure** investiční výdaje; **c. gains** kapitálové zisky; **c. gains tax** daň z kapitálového zisku; **c. goods** investiční/ výrobní statky **2** fig Econ kapitál, kapitalisté, podnikatelé; **c. and labour** majitelé výrobních prostředků a dělníci

capitalism ['kæpitəlizəm] n kapitalismus

capitalist ['kæpitəlist] n kapitalista ● adj kapitalistický; **a c. economy** kapitalistická ekonomie

capitalistic [kæpitə'listik] adj kapitalistický často s přídechem hanlivosti

capitalize ['kæpitəlaiz] **I** vt **1** Fin kapitalizovat převádět v kapitál **2** *(text)* napsat/ natisknout velkými písmeny; *(word)* psát velkými písmeny nebo s velkým počátečním písmenem **II** phr v ■ **capitalize on sth** fig vytloukat z čeho kapitál, těžit z čeho

Capitol ['kæpitl] n **the C.** Kapitol

capitulate [kə'pitjuleit] vi kapitulovat; **c. to sb** vzdát se komu

capitulation [kə͵pitju'leišn] n kapitulace

capon ['keipən] n kapoun

cappuccino [kæpu'či:nəu; Amer ka:pə'či:nou] n kapučíno káva espreso se smetanou

Capri [kə'pri:] n Kapri

caprice [kə'pri:s] n **1** rozmar, vrtoch, kapric(e), svévole **2** Mus capriccio [kapričo]

capricious [kə'prišəs] adj vrtošivý, náladový, svévolný, kapriciózní; fig *(weather)* nestálý; **be c.** chovat se svévolně ■ **~ly** adv svévolně, náladově

capriciousness [kə'prišəsnəs] n náladovost, vrtošivost, svévole

Capricorn ['kæpriko:n] n Astron, Astrol Kozoroh; Geog **the tropic of C.** obratník Kozoroha

capsicum ['kæpsikəm] n paprika rostlina i plod

capsize [kæp'saiz] v **I** vt *(boat)* převrátit, převrhnout, překotit **II** vi převrhnout se, převrátit se, překotit se; **the boat ~d** loďka se převrhla

capstan ['kæpstən] n Naut svislé vratidlo kotevní

capsule ['kæpsju:l; Amer 'kæpsl] n **1** *(seed-case)* tobolka **2** Pharm kapsle želatinový obal na léčiva **3** Aer katapultovací kabina ■ **space c.** kosmická kabina, kabina kosmické lodi **4** *(on bottles)* uzávěr lahví

Capt. abbr of **Captain** kapitán; **Capt. (John) Smith** kapitán Smith

captain ['kæptin] n **1** Mil, Naut, Sport kapitán; **the rank of c.** kapitánská hodnost; **c.'s table** kapitánský stůl ♦ fig **a c. of industry** kapitán průmyslu **2** Amer *(head waiter)* vrchní číšník ● vt Mil velet komu; Naut být kapitánem čeho; *(team)* vést co, být kapitánem čeho

captaincy ['kæptənsi] n velení; Sport vedení, kapitánství; **under his c.** pod jeho vedením, když byl kapitánem

caption ['kæpšn] n *(heading)* nadpis, záhlaví, titul; *(under picture)* legenda; Film titulek ● vt Film opatřit titulky, *(picture)* dát k čemu legendu

captious ['kæpšəs] adj fml puntičkářský, pedantický, pedantský, hnidopišský ■ **~ly** adv puntičkářsky, pedantsky, hnidopišsky

captiousness ['kæpšəsnəs] n puntičkářství, pedantství, pedantérie

captivate ['kæptiveit] vt okouzlit, okouzlovat, fascinovat

captivating ['kæptiveitiŋ] adj *(girl)* okouzlující, *(voice, smile, appearance* also*)* podmanivý, čarovný, *(personality)* fascinující

captivation [kæpti'veišn] n see **captivating** okouzlení, podmanivost

captive ['kæptiv] adj zajatý, žijící v zajetí, zbavený svobody, uvězněný; *(bird)* žijící v kleci; **take sb c.** zajmout koho, zatknout koho, zbavit koho svobody; **hold sb c.** držet koho v zajetí, fig uchvátit koho, učarovat komu; **c. balloon** upoutaný balón; **c. state** vazalský stát; **c. audience** nedobrovolné obecenstvo ● n *(person)* zajatec, vězeň

captivity [kæp'tivəti] n see **captive** zajetí; **be held in c.** být v zajetí, být uvězněn

captor ['kæptə(r)] n kdo bere do zajetí; *(kidnapper)* únosce

capture ['kæpčə(r)] vt **1** *(enemy, tank, ship)* zajmout; *(escaped convict)* zatknout, dopadnout; *(thief)* chytit, (po)lapit, chopit se koho, (pl *thieves* etc*)* pochytat; *(animal)* chytit, ulovit; **c. the thief** chopit se zloděje **2** fig *(prize, votes)* získat **3** fig *(attention)* upoutat, *(interest)* vzbudit; **c. sb's attention** also zaujmout koho **4** *(town, fort)* dobýt; *(chess piece)* vzít **5** *(of painters, poets* etc.*: atmosphere)* zachytit **6** Comput data shromažďovat, střádat ● n cf vt **1 a)** zajmutí; dopadení; chycení, ulovení **b)** *(captured animal)* úlovek **2** získání **3** upoutání; vzbuzení **4 a)** dobytí; vzetí **b)** *(~d thing)* kořist **5** zachycení **6** sběr, shromažďování

car [ka:(r)] n **1** Aut auto, automobil, vůz; sl fáro; **saloon car** limuzína; **estate car** stejšn, kombi; **police car,** Br also **panda car** policejní auto; **racing car** závodní auto; **sports car** sportovní vůz; **pedal car** šlapací auto; **toy car** autíčko; **go by car** jet autem; **drive a car** řídit auto; **buy oneself a car** koupit si auto; **ditch one's car** *(drive into a ditch)* sjet do příkopu; *(get rid of)* zbavit se auta; **lose control of one's car** ztratit kontrolu nad vozem; **tow away a car** odtáhnout auto; **the car can hold five people** do auta se vejde pět lidí ♦ **in one's own car** po vlastní ose ■ **car accident** autonehoda; **car boot sale** výprodej zboží z kufru auta; **car boss** automobilový král; **car crash** (auto)havárie; **car driver** automobilista; **car factory** automobilka; **car hire (service)** půjčovna motorových vozidel; **car park** parking, parkoviště, parkovací prostor; **car repair shop** autodílna, autoservis, opravna automobilů; **car sickness** nevolnost při jízdě autem **2** Rail esp Amer vagón osobní i nákladní; *(in compounds)* vůz, vagón; **buffet car** bufetový vůz; **dining/ sleeping car** jídelní/ lůžkový vůz **3** Amer tramvaj, vůz pouliční dráhy **4** *(of airship, cable railway)* kabina, *(of airship, balloon)* gondola, *(of lift)* kabina, klec **5** Hist *(chariot)* vůz (dvoukolový)

carafe [kə'ræf] n karafa

caramel ['kærəmel] n **1** *(burnt sugar)* karamel, pálený cukr ■ **c. custard** karamelový pudink **2** *(toffee)* karamelový bonbón, karamela **3** *(colour)* karamelová barva světlehnědá

caramelize ['kærəməlaiz] vt, vi karamelizovat

carapace ['kærəpeis] n *(of tortoise* etc*)* krunýř

carat ['kærət] n (abbr **ct**) karát; **20-c. gold** dvacetikarátové zlato; **a 9-c. gold ring** prsten z devítikarátového zlata

caravan ['kærəvæn] n **1** *(in the desert)* karavana **2** *(gypsy c.* etc*)* maringotka **3** Br Aut obytný přívěs, karavan ■ **c. site** or **park** kemp pro obytné přívěsy, tábořiště obytných přívěsů ● vi (**-nn-**) **go ~ning** cestovat s obytným přívěsem

caravanning ['kærəvæniŋ] n karavaning, autoturistika s obytným přívěsem

caravanserai [kærə'vænsərai] n karavanseráj přístřeší pro karavany na poušti

caravel ['kærəvel] n Naut Hist karavela jednostěžňová plachetnice

caraway ['kærəwei] n **1** Bot kmín kořenný **2** also **c. seeds** Cook kmín

carbide ['ka:baid] n karbid ■ **c. lamp** karbidová lampa

carbine ['ka:bain] n karabina lehká puška

carbohydrate [ka:bəu'haidreit] n uhlohydrát, uhlovodan; **~s** *(in diet)* uhlohydráty potraviny obsahující uhlohydráty

carbolic [ka:'bolik] adj Chem karbolový; **c. acid** kyselina karbolová, fenol, karbol

carbon ['ka:bən] n **1** Chem uhlík ■ **c. monoxide/ dioxide** kysličník uhelnatý/ uhličitý; **c. black** uhelná čerň; **c. dating** Archeol radiokarbonová metoda datování archeol. nálezů **2** *(in arc lamps)* uhlík **3** also **c. paper** uhlový or karbonový or průklepový papír, karbon, inf kopírák **4** also **c. copy** průpis, *(on typewriter)* průklep; **make a c. copy of sth** napsat co průpisem ♦ **he is a c. copy of his father** je věrnou kopií svého otce, je jakoby otci z oka vypadl

carbonaceous [ka:bəˈneišəs] adj **1** Chem obsahující uhlík **2** Geol uhlonosný, uhelný, obsahující uhlí

carbonate [ˈka:bəneit] n Chem uhličitan, karbonát

carbonated [ˈka:bəneitid] adj nasycený kysličníkem uhličitým; **c. water** fml or dated sodová voda, sodovka

carbonic [ka:ˈbonik] adj Chem uhličitý; **c. acid** kyselina uhličitá

carboniferous [ka:bəˈnifərəs] adj **1** Geol uhlonosný, obsahující uhlí **2** *(of geological period)* also **C.** karbonový ● n *(geological period)* karbon

carbonization [ka:bənaiˈzeišn] n **1** (z)uhelnatění, karbonizace **2** *(method)* zuhelňování, karbonizace

carbonize [ˈka:bənaiz] vt karbonizovat, zuhelňovat, koksovat

Carborundum TM [ka:bəˈrandəm] n karborundum

carboy [ˈka:boi] n opletená/ obedněná láhev na nebezpečné tekutiny

carbuncle [ˈka:baŋkl] n **1** Med karbunkl, fig skvrna **2** Miner karbunkl, karbunkul drahokam, např. rubín, granát

carburettor [ka:bəˈretə(r)], Amer **carburetor** [ˈka:rbəreitər] n Aut karburátor

carcass [ˈka:kəs] n **1** *(of animal)* mrtvola zvířete, spec kadáver; *(at butcher's)* trup zbavený vnitřností, kůže a končetin; připravený na výsek; **c. meat** čerstvé maso **2** Cook drůbeží kostra zbavená uvařeného etc masa **3** joc sl *(human body)* **move your c.!** pohni kostrou! **4** *(of ship, house)* kostra, rám **5** *(remains of ship* etc*)* vrak, trosky

carcinogen [ka:ˈsinədžən] n Med karcinogen

carcinogenic [ka:sinəˈdženik] adj Med karcinogenní, rakovinotvorný

carcinoma [ka:siˈnəumə] n Med karcinom, zhoubný nádor; rakovina

card₁ [ka:d] n **1** *(~board)* (no pl) lepenka, tuhý papír; *(piece of ~board)* karta, kartička **2** *(proof of identity)* legitimace, průkaz; **identity c.** občanský průkaz, průkaz totožnosti, inf občanka; **membership c.** členská legitimace; **service c.** služební legitimace; **serviceman's identity c.** vojenská knížka; **union c.** odborářská legitimace; **cheque/ cash/ credit c.** platební/ pokladní/ úvěrová karta; **visiting c.** vizitka, navštívenka **3** pl *(employer's documents)* inf see **cards (2) 4** *(greetings* etc*)* pohled, karta, lístek, přání, oznámení; **birthday c.** přání k narozeninám; **Christmas c.** vánoční přání; **invitation c.** pozvání, pozvánka; **wedding c.** svatební oznámení **5** *(programme of events:* esp Sport*)* program; **a racing c.** program dostihů **6** *(playing c.)* (hrací) karta; **trump c.** trumf ♦ **a house of ~s** domeček or domek z karet; **collapse like a house of ~s** zhroutit se jako domeček z karet; **stake everything on one c.** vsadit vše na jednu kartu; **have a c. up one's sleeve** mít eso v rukávě; **it's his strongest** or **best c.** to je jeho hlavní trumf; **play one's last c.** vsadit/ sázet na poslední kartu, riskovat ■ **c. games** karetní hry **7** pl *(game of ~s)* see **cards (1) 8** *(for c. index)* lístek, karta, kartička; **file** or **index c.** kartotéční lístek or karta ■ **c. catalogue** lístkový katalog; **c. file** kartotéka **9** Techn, Comput **punch c.** děrný štítek; **printed circuit c.** deska s plošnými spoji **10** *(compass c.)* růžice kompasu **11** inf dated *(comic* or *eccentric person)* číslo, šprýmař **12** sl dávka drogy

card₂ [ka:d] n Text mykadlo, mykací stroj, česačka na vlnu ● vt mykat vlnu

cardamom [ˈka:dəməm] n kardamom koření

cardboard [ˈka:dbo:d] n **1** lepenka, karton, tuhý papír; **corrugated c.** vlnitá lepenka ■ **c. box** lepenková krabice, krabice z lepenky **2** fig attr *(Liter figure, character)* neživotný, šablonovitý, papírový

card-carrying [ˈka:dkæriiŋ] adj **a c.-carrying member** řádný člen politické strany

cardiac [ˈka:diæk] adj Med srdeční, kardiální; **c. valve** srdeční chlopeň; **c. region** krajina srdeční; **c. arrest** zástava srdce

cardigan [ˈka:digən] n zapínací pletená vesta s rukávy

cardinal₁ [ˈka:dinl] adj **1** *(principal)* hlavní, zásadní, kardinální; **a c. error** kardinální or zásadní chyba; Relig & fig **c. sin** smrtelný hřích; **c. virtues** Relig základní ctnosti; **be of c. importance** mít klíčový or eminentní význam **2 c. points** čtyři hlavní světové strany; **c. numerals** Ling základní číslovky; **c. number** Math kardinální číslo ● n also **c. number** or **numeral** Ling základní číslovka

cardinal₂ [ˈka:dinl] adj *(colour)* nachový ● n nachová barva

cardinal₃ [ˈka:dinl] n Relig kardinál; **college of ~s** kolegium kardinálů; **c.'s hat** kardinálský klobouk

cardinal₄ [ˈka:dinl] n *(songbird)* kardinál

cardinalate [ˈka:dinəleit] n **1** kardinálská hodnost **2** kolegium kardinálů

cardinalship [ˈka:dinlšip] n Relig kardinálská hodnost

cardio- [ˈka:diəu-] pref Med kardio-

cardiogram ['ka:diəugræm] n Med kardiogram

cardiograph ['ka:diəgra:f] n Med kardiograf

cardiography [ka:di'ogrəfi] n Med kardiografie

cardiologist [ka:di'olədžist] n Med kardiolog

cardiology [ka:di'olədži] n Med kardiologie

cardiovascular [ka:diəu'væskjulə] adj Med kardiovaskulární

cards [ka:dz] n pl **1** *(game)* karetní hra, karty; **a pack** or Amer **deck of c.** balíček karet; **play c.** hrát karty, inf mazat karty; **play a game of c.** zahrát si karty; **gamble at c.** karbanit, hrát o peníze; **skin** or **fleece sb at c.** obehrát koho v kartách; **lose a fortune at c.** prohrát v kartách jmění ♦ **tell sb's fortune from c.** vykládat/ vyložit někomu karty; **be on** or Amer **in the c.** být (velmi) pravděpodobné, připravovat se, chystat se, hrozit např. propouštění zaměstnanců; **it's on the c. that ...** hrozí, že ...; **show one's c.**, **put one's c. on the table** hrát s odkrytými kartami, hrát otevřenou hru, vyložit karty na stůl; **play one's c. right** vynést správnou kartu; fig volit správný postup; inf dobře to uhrát; **hold all the winning c.** mít v ruce všechny trumfy; **keep one's c. close to one's chest** být tajnůstkář, nechávat si vše pro sebe; **throw in one's c.** přestat hrát karty, fig vzdát to, pověsit něco na hřebík, hodit flintu do žita **2** *(employee's documents)* doklady, inf papíry ♦ **get one's c.** inf dostat výpověď, být propuštěn, sl dostat padáka; **give sb his c.** dát komu výpověď, propustit koho

cardsharp ['ka:dša:p], also **cardsharper** ['ka:dša:pə(r)]) n falešný hráč karet

care [keə(r)] n **1** *(worry, anxiety)* starost(i), trápení, úzkost; **free from c.** bezstarostný; **not to have a c. in the whole world** mít zlaté časy; **life full of ~s** život plný starostí **2** *(serious attention)* péče, pečlivost, svědomitost; **with due c.** s náležitou péčí; **do sth with great c.**, **devote great c. to sth** dělat co s velkou pečlivostí or velmi pečlivě; **she takes great c. over her work** dělá svou práci velmi pečlivě **3** *(caution)* opatrnost; **handle sth with c.** zacházet s čím opatrně; **take more c.** buď opatrnější; **they took c. not to let us know that ...** dbali na to, abychom se nedozvěděli, že ...; **take c. not to break the vase** (dávej) pozor, abys nerozbil tu vázu ♦ **have a c.!** dated opatrně!, pozor! **4** *(looking after)* **a) take c. of sth** *(clothes, shoes, furniture, car* etc*)* šetřit si co, *(one's health)* dbát na co, šetřit si co, *(one's appearance)* dbát na co; **I'll take c. of that** to si vezmu na starost já **b) take c. of sb** starat se or pečovat o koho, postarat se o koho, mít na starosti koho, *(of children: baby-sit)* dát/ dávat na koho pozor, (po)hlídat koho, opatrovat koho; **put sb into sb's c.** dát někoho komu na starost; **I'll take c. of him** já se o něho postarám, *(threateningly)* s ním si to vyřídím já; **take c. of the enemy** zneškodnit nepřítele; **take c. of oneself** šetřit se; **take c.!** měj se dobře! **c) take/ put sb into c.** přijmout/ svěřit koho do sociální péče **d) health c.** zdravotní péče; **hospital c.** nemocniční péče; **be in the c. of sb** být v čí péči; **she is in the c. of doctor Smith** léčí ji or má ji na starosti doktor Smith **5** *(concern)* **c. for sb/ sth** starost o koho/ co **6 c. of sb** (abbr **c/o**), Amer **in c. of sb** na adresu koho; **write to me c/o Mr Peter Jones** pište mi na adresu pana Petra Jonese ● **I** vi *(be concerned)* **1 I c. about her/ it** záleží mi na ní/ tom, mám ji/ to rád; **I c. about her happiness** záleží mi na tom, aby byla šťastná; **I c. about it** záleží mi na tom, leží mi to na srdci, dělám si kvůli tomu starosti; **that's all he ~s about** o nic jiného nemá zájem, na ničem jiném mu nezáleží; **people who c.** lidé, kteří nemyslí jenom na sebe ♦ **for all I c.** pro mne za mne **2** (neg., interrog., cond. *sentences)*; **you don't c. for me** tobě na mně nezáleží, nemáš mě rád; **who ~s?** to je jedno, co na tom (záleží)?, to je fuk; **I don't c. a fig/ damn/ button/ rap about it**, **I couldn't c. less** inf mně je to úplně jedno or fuk, za mák mi na tom nezáleží; **I don't c. if ...** nemám nic proti tomu, když ..., nevadí mi, když ... **II** vt *(like)* **to c. to do sth** rád co udělat; **would you c. to come to dinner tomorrow?** nechtěl byste zítra přijít na večeři?; **would you c. to wash your hands?** nechcete si umýt ruce?; **would you c. to join us?** nechtěl byste se k nám přidat?, *(going somewhere)* nechtěl byste jít s námi? **III** phr v ■ **care for** vt **1** *(take c. of: children, old people)* starat se o, pečovat o, opatrovat, *(patient* also*)* ošetřovat; **c. for one's appearance** udržovat se **2 a)** *(like)* **I don't c. for it** nestojím o to; **I don't c. for ice cream/ spinach/ modern music/ dogs** etc zmrzlinu/ špenát/ moderní hudbu/ psy etc nemám rád; **I don't c. for this picture** tento obraz se mi nelíbí; **would you c. for a drink/ cup of coffee?** dáte si skleničku/ kávu? **b)** *(love)* **c. for sb** mít koho rád, stát o koho; **you don't c. for me** ty mě nemáš rád; vulg **he doesn't c. a shit for her**

kašle na ni, vulg sere na ni (jak na placatej kámen)

career$_1$ [kə'riə(r)] n **1** *(profession, job)* povolání, zaměstnání, profese; *(progress in one's job)* kariéra, dráha; **teaching c.** učitelská dráha; **carve out a brilliant c. for oneself** udělat vynikající kariéru ■ **c. diplomat** profesionální diplomat, diplomat z povolání; **c.-seeker** kariérista; **c. woman** zaměstnaná žena usilující o úspěšnou kariéru; **~s officer** poradce pro volbu povolání **2** *(progress in life)* životní dráha or cesta; **a fruitful c.** plodný život **3** *(fast movement)* **in full c.** v plném běhu, *(horse)* v plném trysku, *(car etc)* za plné jízdy

career$_2$ [kə'riə(r)] vi *(move quickly)* hnát se, řítit se, inf letět; **c. down the road** *(on a bicycle)* řítit se s kopce

careerism [kə'riərizm] n kariérismus

careerist [kə'riərist] n kariérista; **be a c.** also dělat kariéru

carefree ['keəfri:] adj bezstarostný

careful ['keəfəl] adj **1** *(cautious)* opatrný, pozorný; **be c. with one's money** být šetrný, šetřit; **(be) c.!** pozor!, dej si pozor!, *(in a car)* jeď opatrně!; **be c. about what you say** dej si pozor na jazyk; dávej si pozor na to, co řekneš; **be c. with the watch!** dej pozor, ať ty hodinky nerozbiješ; **be c. not to drop it** (dej) pozor, ať ti to nespadne; **be c. about drinking and driving** (pozor,) nesedejte za volant po požití alkoholu; **keep a c. eye on sth** dávat si na co dobrý pozor; **you must be more c. in future** napříště si musíš dát větší pozor ♦ **you can't be too c.** opatrnosti nikdy nezbývá **2** *(worker, piece of work)* pečlivý, důkladný; **a c. examination of the case** důkladné prozkoumání případu; **give sth c. consideration** důkladně si co rozmyslet or rozvážit ■ **~ly** ['keəfəli] adv **1** opatrně, pozorně; **budget ~ly** šetrně hospodařit; **choose one's words ~ly** volit opatrně slova; **pick one's steps ~ly** opatrně našlapovat **2** pečlivě, důkladně; **consider sth ~ly** důkladně něco zvážit

careless ['keələs] adj **1** *(not cautious)* neopatrný, nepozorný, lehkomyslný; **be c. with one's money** být neopatrný na peníze; **c. driving** neopatrná jízda; **be c. about one's clothes** nedbale se oblékat **2** *(resulting from lack of care)* ledabylý, neuvážený, povrchní, nedbalý, inf hajdalácký; **a c. mistake** chyba z nepozornosti or z nedbalosti; **a c. remark** neuvážená poznámka; **be c. with sth** zacházet s čím lehkomyslně ■ **~ly** adv neopatrně, nepozorně; nedbale, ledabyle

carelessness ['keələsnəs] n see adj neopatrnost, nepozornost; nedbalost, ledabylost, neuváženost

caress [kə'res] n pohlazení, polaskání; **~es** něžnosti, mazlení ● vt pohladit, (po)laskat, (po)mazlit se s kým

caressing [kə'resiŋ] adj mazlivý, něžný

caret ['kærit] n Typ vynechávka znak

caretaker ['keəteikə(r)] n Br *(in blocks of flats etc)* domovník, správce domu; *(in school)* školník; *(in business premises)* vrátný; *(of camp)* správce ■ **c. government** prozatímní vláda; **a c. prime minister** prozatímní předseda vlády

careworn ['keəwo:n] adj ustaraný, ztrápený, ztrhaný

cargo ['ka:gəu] n (pl **-es**, Amer **-s**) náklad lodi, letadla; **bulk c.** sypké zboží ■ **c. aircraft/ ship** nákladní letadlo/ loď; **c. space** ložný prostor; **c. hold** nákladní prostor

carhop ['ka:hop] n inf Amer číšník v restauraci typu 'drive-in' s obsluhou, aniž by musel zákazník vystoupit

Caribbean [kærə'bi:ən] adj karibský; **the C. Sea** Karibské moře ● n **1 the C.** Karibové **2 the C. (Sea)** Karibské moře

caribou ['kærəbu:] n (pl **caribou** or **~s**) karibu severoamer. sob

caricature ['kærikətjuə(r)] n karikatura ● vt karikovat

caricaturist ['kærikətjuərist] n karikaturista

caries ['keəriz] n karies, kostižer; **dental c.** zubní kaz

caring ['keəriŋ] adj *(person)* dobrosrdečný, soucitný; *(husband, parent)* láskyplný, laskavý, plný lásky; *(government)* lidský, humánní, dbající o sociální potřeby obyvatelstva; **c. professions** profese ve zdravotnictví a v oblasti sociální péče

carmine ['ka:main] n karmín ● adj karmínový

carnage ['ka:nidž] n masakr, krvavá lázeň, krveprolití; **c. of war** válečná jatka; **a scene of c.** krvavé divadlo, krvavá jatka

carnal ['ka:nl] adj **1** tělesný, živočišný, pudový; *(sensual)* smyslný; **c. desires** smyslná touha; **c. lusts** pudová žádostivost, chtíč; **have c. knowledge of sb** stýkat se s někým pohlavně **2** expr erotický ■ **~ly** ['ka:nəli] adv pudově, smyslně

carnality [ka:'næləti] n cf **carnal** tělesnost, smyslnost, pudovost

carnapper ['ka:næpə(r)] n esp Amer inf zloděj aut dosahující vstupu do vozidla přepadením a často únosem řidiče/ řidičky

carnapping ['ka:næpiŋ] n esp Amer inf přepadení řidiče a loupež vozidla

carnation [ka:'neišn] n **1** Bot hvozdík; Hort karafiát **2** *(one flower)* karafiát

carnival ['ka:nivl] n **1** *(period)* masopust, masopustní čas, doba masopustních zábav **2** *(festival)* masopustní slavnosti, karneval, maškarní mumraj ■ **c. procession** karnevalový průvod **3** Amer lunapark

carnivore ['ka:nivo:(r)] n (pl Zool class **carnivora**) masožravec; *(plant)* masožravá rostlina

carnivorous [ka:'nivərəs] adj masožravý

carol ['kærəl] n koleda; **Christmas c.** vánoční koleda ■ **c. singers** koledníci ● vi (**-ll-**; Amer **-l-**) **1** zpívat vesele, radostně, jásavě **2 go ~ling** chodit po koledě zprav. s vybíráním peněz na dobročinné účely

caroller ['kærələ(r)] n koledník/ kolednice

carom ['kærəm] n Amer Billiards karambol ● vi udělat karambol v kulečníku

carotid [kə'rotid] n also **c. artery** Anat tepna hlavová, krkavice; spec karotis, karotida

carousal [kə'rauzəl] n Liter hýření, pitka

carouse [kə'rauz] vi dated hýřit, nemírně pít, bendit

carousel, Amer **carrousel** [kærə'sel] n **1** esp Amer *(at fairground)* kolotoč **2** *(for luggage)* pohyblivý zavazadlový pás na letištích **3** otočný zásobník na diapozitivy

carp$_1$ [ka:p] n (pl **carp** or **~s**) *(fish)* kapr

carp$_2$ [ka:p] vi rýpat, mít (ke všemu) kousavé poznámky; **c. at sb** rýpat or rýt do koho, sekýrovat koho; **c. at sth** malicherně co kritizovat, stále mít něco proti čemu

carpal ['ka:pl] adj Anat zápěstní ● n zápěstní kůstka

Carpathians [ka:'peiθiənz] n pl **the C.** Karpaty

carpel ['ka:pl] n Bot karpel, plodolist u rostlin semenných

carpenter ['ka:pəntə(r)] n tesař ■ **~'s bench** hoblovací stolice

carpentry ['ka:pəntri] n tesařství, tesařské řemeslo, *(as hobby)* tesaření; tesařská práce; **a piece of c.** tesařský výrobek

carpet ['ka:pit] n **1** lit koberec; **plush c.** plyšový koberec; **Persian c.** perský koberec, peršan; **lay a c.** pokládat koberec; **fitted c.** koberec (položený) od stěny ke stěně; **beat/ vacuum the ~s** klepat/ vysávat koberce ■ **c. sweeper** smeták na koberce mechanický **2** fig **a c. of moss/ snow** mechový/ sněhový koberec; **road c.** Techn koberec vozovky ♦ **be on the c. (over sth)** inf být na koberečku (kvůli čemu), *(be under consideration)* být na tapetě; **sweep sth under the c.** zamést něco pod koberec nevyřešit něco důsledně ● vt **1 c. sth** *(floor)* pokrýt co koberci **2** esp pass **be ~ed by sb** jít ke komu na kobereček, být kým kárán; **c. sb** zavolat si koho na koberec

carpet-bagger ['ka:pitbægə(r)] n pej esp Amer přivandrovalec; politik ucházející se o úřad v cizím volebním okrsku

carpetbeater ['ka:pitbi:tə(r)] n klepadlo na koberec

carpeting ['ka:pitiŋ] n **1** collect koberce **2** *(telling off)* vynadání, setření

carport ['ka:po:t] n Aut přístřešek pro auta

carriage ['kæridž] n **1** *(horse-drawn)* kočár, vůz; **c. and pair/ four** vůz tažený dvouspřežím/ čtyřspřežím; **hackney c.** drožka, fiakr **2** Br Rail vůz or vagón osobního vlaku; **nonsmoking c.** nekuřácký vagón **3** *(gun--c.)* podvozek, lafeta **4** *(of typewriter)* vůz; *(of lathe)* sáně ■ **c. return** Comput & Typing návrat vozu; **c. return key** klávesa pro návrat vozu **5** *(of person: bearing)* držení těla **6** Comm **a)** *(transporting)* dovoz, doprava zboží; **c. by land** doprava po ose; **c. free** dovoz zdarma **b)** *(charge)* dopravné, dovozné; **c. paid** franko, vyplaceně; **c. forward** nevyplaceně, dovozné platí příjemce; **bill of c.** nákladní list

carriageway ['kæridžwei] n Br vozovka, jízdní dráha; **dual c.** dvouproudová vozovka s dělicím pruhem uprostřed

carrier ['kæriə(r)] n **1** *(of message)* doručitel, posel **2** *(conveyor)* dopravce, přepravce, dovozce, speditér **3** *(aircraft c.)* Mil letadlová or mateřská loď; **troop c.** *(aircraft)* vojenské transportní letadlo; **personnel c.** Mil transportér **4** *(on bicycle etc)* nosič **5** also **c. bag** igelitová taška, inf igelitka; *(made of paper)* papírový sáček na nákupy **6** also **c. pigeon** poštovní holub **7** *(of disease)* nositel, šiřitel, přenašeč; **(germ) c.** bacilonosič **8** Chem *(catalyst)* katalyzátor

carrion ['kæriən] n zdechlina, mršina ■ **c. crow** vrána černá

carrot ['kærət] n mrkev, karotka; fig návnada ♦ **the policy of the c. and the stick** politika cukru a biče

carroty ['kærəti] adj *(hair)* ryšavý, zrzavý

carry ['kæri] v (pt, pp **carried**) **I** vt **1** *(of a person)* **a)** nést, nosit; **c. sth in one's hand** mít něco v ruce, držet něco v ruce; **c. a suitcase/ rucksack** nést kufr/ ruksak; **c. a bag** nést tašku, mít (v ruce) tašku ♦ **fetch and c. for sb** dělat někomu otroka or poskoka **b)** *(with emphasis on destination)* odnést, zanést, vynést etc; **they carried him upstairs/ home** vynesli ho do prvního poschodí/ odnesli ho domů ♦ **c. coals to Newcastle** nosit dříví do lesa **c)** *(be able to c.)* unést, udržet; **I can't c. it** *(it's too heavy)* neunesu to; **he can hardly c. the**

baby sotva unese dítě na rukou; **I can't c. all of it** nemohu to všechno pobrat; **he ran as fast as his legs could c. him** běžel, co mu nohy stačily 2 *(of vehicles, ships* etc*)* **a)** vézt, vozit, být na/ v čem; *(goods/ passengers* also*)* dopravit, dopravovat, přepravovat; **a ship ~ing 100 tanks** loď, na které je sto tanků; loď se sto tanky **b)** *(to a destination)* dovézt, přivézt, zavézt; *(goods, mail* etc also*)* doručit, doručovat **c)** *(be able to c.)* uvézt, mít kapacitu, být určen pro; **my car can c. five people** do mého auta se vejde pět lidí 3 *(of sea, water, wind)* nést, unášet, odnést, přinést, hnát; **the wind is ~ing the boat eastwards** vítr žene loď směrem na východ 4 *(have with one)* **a)** *(money, documents, weapons* etc*)* mít (u sebe), nosit s sebou/ u sebe; **I always c. some money on me** vždycky mám u sebe nějaké peníze; **c. a gun** nosit zbraň, být ozbrojený, chodit ozbrojený; fig **c. sth in one's head** nosit co v hlavě, pamatovat si co **b)** *(ships* etc*: lights)* být opatřen čím, být vybaven čím 5 *(be pregnant with)* být těhotná, čekat dítě, fml nosit pod srdcem; **she is ~ing twins** čeká dvojčata 6 *(take, contain)* **my bag will c. enough food for both of us** do mé tašky se vejde dostatek jídla pro nás oba 7 *(support)* **a)** Archit *(pillars, columns, bridge* etc*)* nést, podpírat; **these pillars c. the roof** tyto sloupy podpírají střechu, na těchto sloupech spočívá střecha or váha střechy **b)** *(sustain)* **c. the costs** hradit (si) výlohy; **this land will not c. wheat** na této půdě se nedaří pšenici **c)** fig *(be the driving force)* **he carries the sales department** (on) je hlavní oporou odbytového oddělení; **she carried the play** hra byla úspěšná její zásluhou **d) he can c. a lot of drink** snese hodně alkoholu; **he's had as much as he can c.** už má dost je opilý **e) c. a tune** zazpívat čistě melodii **f)** ♦ **c. the can** inf fig odnést si to (**for sb** za koho) 8 *(conduct, transmit)* *(pipes)* přivádět; **the pipeline carries oil** potrubím protéká or se dopravuje nafta; **the veins c. blood** v žílách proudí krev; *(wire: electricity)* přivádět 9 **c. one's head high** chodit se vztyčenou hlavou; **c. oneself erect** chodit zpříma; *(behave oneself)* **he carries himself with decorum** chová se důstojně 10 *(take sth to a certain point)* **c. the war into enemy territory** přenést válku na nepřátelské území ♦ **c. sth too far** přehnat něco; **you carried the joke too far** s tím vtipem jste to přehnal; **c. cleanliness too far** přehánět to s čistotou; **c. sth into effect** něco uskutečnit 11 *(have as a feature or consequence)* **a)** *(possess)* **c. a lot of weight** *(of a person)* mít velké slovo; **c. weight with sb** *(line of argumentation* etc*)* platit na koho; **c. conviction** *(voice* etc*)* být přesvědčivý **b)** *(involve)* **this product carries a two-year guarantee** na tento výrobek je dvouletá záruka; **this crime carries a penalty of five years in jail** tento zločin se trestá pěti lety vězení 12 *(of shops: keep)* vést, prodávat, mít na skladě; **we c. a wide variety of products** máme na skladě široký výběr zboží 13 *(win)* **a)** *(capture: fortress, town)* dobýt, zmocnit se; *(prize)* odnést si, získat **b)** Amer *(gain: state* or *district in elections)* **c. six states** vyhrát v šesti státech **c) c. the motion** odhlasovat návrh **d)** *(win acceptance)* **c. the audience (with them)** strhnout obecenstvo, uchvátit publikum **e)** *(be successful)* **c. the day** zvítězit, odnést si palmu vítězství; **c. all** or **everything before one** mít velký úspěch, mít otevřenou cestu, překonat všechny překážky; joc sl **she carries all before her** ta má ale fasádu or výklad velké poprsí 14 *(publish)* *(newspaper: article)* otisknout, uveřejnit, přinášet; *(radio, TV)* vysílat 15 Math inf **c. one** zbývá jedna při sečítání etc **II** vi 1 *(of sound, voice)* nést se, být slyšitelný; *(of smell)* být cítit 2 Amer *(of a resolution)* být schválen, nabýt platnosti **III** phr vs ■ **carry away** 1 odnést, odnášet; odvézt, odvážet; *(avalanche, flood, torrent)* smést, *(flood* also*)* odplavit; *(wind* also*)* strhnout 2 fig *(audience)* uchvátit, zapálit; **be carried away by sth** *(poetry, love)* opájet se čím; **be carried away by success** být zmámen úspěchem; **be carried away by one's imagination** dát se unést fantazií; **get carried away by one's anger** nechat se unést hněvem ■ **carry back** vt 1 odnést/ odvézt zpět 2 *(in memory)* přenést zpět do minulosti; **this carries me back to my youth** vyvolává to ve mně vzpomínky na mé mládí ■ **carry forward** vt *(figure to the next page)* převést, převádět ■ **carry off** vt 1 *(c. away)* odnést, odvézt; *(abduct)* unést 2 *(prize)* získat, vyhrát, odnést si; **c. off the victor's crown** or **palm** odnést si palmu vítězství; **c. it off** *(difficult situation)* zvládnout to, poradit si s čím, zhostit se čeho dobře 3 *(kill: epidemic)* skosit ■ **carry on** *I* vi 1 *(continue)* pokračovat; **c. on doing sth, c. on with sth** pokračovat v čem, dělat co dál 2 **c. on with sb** *(flirt)* flirtovat s kým, *(have an affair)* mít s kým milostnou aféru, táhnout to s někým; **he's carrying on with his secretary** má milostné pletky se svou sekretářkou 3 *(behave badly)* vyvádět; **c. on like a madman** vyvádět jako zběsilý, řádit jako smyslů zbavený *II* vt **1** *(continue) (traditions)* pokračovat v čem **2** *(correspondence)* vést; *(business)* provozovat; **c. on a conversation** vést hovor, konverzovat ■ **carry out** vt **1** *(take out)* vynést (ven), vynášet **2** *(plan, project, programme, ideas* etc*)* realizovat, uskutečnit; *(fulfil: plan, task)* splnit; *(job, duty)* vykonat, *(duty)* splnit co, dostát čemu; učinit čemu zadost; *(order)* plnit, provést; **c. out experiments** experimentovat, konat or provádět pokusy ■ **carry over** vt **1** přenést, přenášet also fig **2** Fin *(amount; to next page* etc*)* převést, přenést **3** *(postpone)* odložit (**to** na) ■ **carry through** vt **1 c. sth through** dovést něco ke zdárnému konci **2 c. sb through sth** pomoci někomu překonat co

carryall ['kærio:l] n Amer velká taška, velký vak/ koš/ pytel etc

carrycot ['kærikot] n Br taška na malé dítě ≅ vrchní část kočárku s držadly

carryings-on [kæriiŋz'on] n pl sl **1** *(noisy behaviour)* řádění, vyvádění, vylomeniny **2** *(love affairs)* milostné pletky, techtle mechtle

carry-on [kæri'on] n Br inf *(fuss)* povyk, zmatky, panikaření, nervózní vzrušení; **what a c.-on!** to je krámů!

carry-out ['kæriaut] n Amer Scot **1** restaurace prodávající nápoje a jídla přes ulici **2** nápoj/ jídlo prodávané přes ulici ● adj attr *(meals)* prodávaný přes ulici; **a c.-out menu** seznam jídel prodávaných přes ulici

carry-over ['kæriəuvə] n Fin přenos, převod částka převáděná do dalšího období; Math zbytek

carsick ['ka:sik] adj trpící nevolností při jízdě autem; **my children often get c.** mým dětem se často dělá při jízdě autem špatně

carsickness ['ka:siknəs] n nevolnost při jízdě autem

cart [ka:t] n **1** *(horse-drawn)* vůz, povoz ♦ **put the c. before the horse** dělat něco obráceně, vzít věc za nesprávný konec **2** also **handcart** kára, dvoukolový ruční vozík, dvoukolák ● **I** vt **1** vozit povozem or károu **2** fig **c. sth about** tahat se s čím, vláčet se s čím **III** phr vs ■ **cart about** *(children* etc*)* rozvážet ■ **cart away, cart off** vt inf odvézt (pryč); pej *(prisoners, criminals* etc*)* odlifrovat v autech

carte blanche [ka:t'bla:nš] n neomezená plná moc; **give sb c. b.** dát komu volnou ruku v jednání; **have c. blanche** mít volnou ruku

cartel [ka:'tel] n *(industrial, financial)* kartel

carter ['ka:tə] n povozník

Cartesian [ka:'ti:ziən] adj karteziánský ● n kartezián/ -ka

Cartesianism [ka:'ti:ziənizm] n karteziánství

Carthage ['ka:θidž] n Kartágo

Carthaginian [ka:θə'džiniən] adj kartáginský ● n Kartáginec

carthorse ['ka:tho:s] n tažný kůň

cartilage ['ka:təlidž] n chrupavka

cartload ['ka:tləud] n **1** náklad vozu, fůra **2** fig expr *(large quantity)* fůra, hora, kvanta; **~s of food** fůra or hora jídla, jídla až se stůl prohýbal

cartographer [ka:'togrəfə(r)] n kartograf/ -ka

cartography [ka:'togrəfi] n kartografie

carton ['ka:tn] n kartonová or lepenková krabice, kartón; **a c. of cigarettes** kartón cigaret

cartoon [ka:'tu:n] n **1** *(drawing)* kreslený vtip; *(satirical;* esp *political)* karikatura; *(sequence of drawings)* obrázkový seriál **2** also **animated c.** kreslený film **3** Art kartón návrh nástěnné malby na tuhém papíru

cartoonist [ka:'tu:nist] n **1** autor kreslených seriálů **2** karikaturista

cartridge ['ka:tridž] n **1** Mil patrona, náboj; **blank c.** slepá patrona ■ **c. case** nábojnice; **c. belt** nábojový pás **2** *(of record player)* vložka do přenosky **3** *(for pen)* náplň; *(for cameras)* kazeta s filmem, film v kazetě; *(tape)* kazeta ■ **c. paper** tuhý kreslicí papír, rýsovací papír

cartwheel ['ka:twi:l] n **1** okované dřevěné kolo od vozu **2** Gymn přemet stranou, hvězda; **do** or **turn ~s** dělat hvězdy ● vi dělat hvězdy, dělat přemety

carve [ka:v] v **I** vt **1** *(meat)* krájet (na porce), rozkrájet, rozřezat; *(fish, chicken)* porcovat, rozporcovat, (roz)dělit na porce **2** *(wood)* vyřezat, vyřezávat; *(stone)* tesat, otesávat; **c. sth out of** or **from wood/ stone** vyřezat něco ze dřeva/ vytesat něco z kamene; **c. an inscription on a slab of marble** vyrýt nápis do mramorové desky **3** fig **c. one's way** klestit si cestu (**through the jungle/ crowd** džunglí/ davem) **II** vi **1** Cook porcovat **2** inf sochařit **III** phr vs ■ **carve out** vt **c. out a tunnel in the rock** prorazit ve skále tunel; fig **c. out a (brilliant) career for oneself** udělat (vynikající) kariéru ■ **carve up** vt **1** *(meat)* rozřezat, rozkrájet, *(poultry)* rozporcovat **2** fig *(country)* rozdělit, *(into small parts)* rozkouskovat; *(fields)* rozparcelovat **3** sl *(person)* pořezat

carver ['ka:və(r)] n **1** *(in wood)* řezbář; *(in stone)* sochař, kameník **2** *(carving knife)* nůž na porcování masa **3** Br *(dining room chair)* židle s opěradly

carve-up ['ka:vap] n sl (roz)dělení kořisti

carving ['ka:viŋ] n *(from wood, ivory)* řezba; *(from stone)* socha; *(on stone/ marble)* rytina; *(in wood)* dřevoryt, dřevořezba; *(relief)* reliéf ■ **c. tool** řezbářský nástroj; Cook **c. knife** nůž na porcování masa

carwash ['ka:woš] n **1** (u)mytí auta **2** *(place)* mycí linka pro auta

caryatid [kæri'ætid] n Archit karyatida

cascade [kæ'skeid] n **1** *(waterfall)* vodopád, kaskáda ■ **c. connection** Elec kaskádní zapojení **2** fig kaskáda; *(of laughter* also*)* příval; *(of sparks)* déšť ● vi padat jako vodopád, řinout se kaskádami

case$_1$ [keis] n **1** *(instance, example)* případ, eventualita; **a typical/ borderline/ isolated c.** typický/ mezní/ ojedinělý případ; **it is a c. of gross negligence** jedná se o hrubou nedbalost; **from c. to c.** případ od případu, od případu k případu; **in 99 ~s out of a hundred** v 99 případech ze sta; **in many ~s** často, v mnoha případech; **in most ~s, in the majority of ~s** většinou, ponejvíce, ve většině případů; **those ~s when ...** ony případy, kdy ...; **there is an increasing number of ~s of ...** přibývá případů čeho; see also (**10**) **2 the c.** *(state of affairs)* **is it the c. that ...?** je pravda, že ...?; **the reverse is the c.** je to právě naopak; **the c. is this, the c. is as follows** věc se má následovně; **should this prove to be the c.** pokud tomu tak bude, v kladném případě; **as the c. may be** podle okolností, respektive; **it is the same c. with him** u něho je to stejné; **meet the c.** vyhovovat podmínkám **3** *(special circumstances)* **in your c.** ve vašem případě; **in the given c.** v daném případě; **in the present c.** v našem případě, v tomto případě **4** Med **a clinical c.** klinický případ; **a classic c. of TB** typický případ tuberkulózy ♦ **mental c.** blázen, šílenec ■ **c. history** anamnéza, chorobopis **5** *(person having problems)* **he is a sad c.** je to smutný případ; **he is a hopeless c.** je to beznadějný případ **6** *(matter being investigated)* **a c. of murder** případ vraždy; **the c. at issue** projednávaná otázka **7 a)** *(lawsuit)* (soudní) případ, kauza, trestní řízení, proces, soud; **criminal c.** trestní řízení; **a hanging c.** hrdelní pře dated; **hear a c.** projednávat soudní případ; **win/ lose a c.** vyhrát/ prohrát proces or soud ■ **c. file** dokumentace o případu; **c. law** precedenční právo **b)** *(arguments)* **the c. for the defence/ prosecution** obhajoba argumenty ve prospěch obžalovaného/ odůvodnění žalob **8** Ling pád; **the nominative/ genitive c.** nominativ/ genitiv, první/ druhý pád; **in the dative c.** v dativu ■ **c. ending** pádová koncovka; **c. grammar** pádová gramatika **9** *(eccentric person)* případ, typ; **he is a c.!** inf joc to je (ale) případ! **10** *(idiomatic expressions)* **a) in c.** kdyby snad, pro případ, že; **in the c. that ...** v případě, že .... **b) (just) in c.** pro všechny případy **c) in c. of sth** v případě čeho; **in c. of need** v případě potřeby; **in c. of difficulty** v případě potíží, při eventuálních potížích **d) in any c.** v každém případě; **in no c.** v žádném případě **e) a c. in point** názorný příklad, typický případ **f) make out a (strong) c. for sth** uvést přesvědčivé důvody pro co

case$_2$ [keis] n **1** *(suitc.)* kufr, *(small)* (ruční) kufřík; *(briefc.)* aktovka; *(for violin)* pouzdro, inf futrál; **toilet c.**, Amer **utility c.** necesér **2** *(crate)* bedna, truhlík, *(with bottles)* basa; **a c. of ammunition** truhlík se střelivem; **a c. of oranges** bedna or *(small)* bednička s pomeranči or pomerančů **3** Comm *(for transport)* bedna, přepravní skříň; **returnable c.** vratná bedna; **goods shipped in c.** zboží dopravované v bednách **4** *(box)* krabice, *(small)* krabička; *(display c.)* vitrina, skleněná skříňka; **jewel c.** dóza or kazeta na šperky; **cigarette c.** tabatěrka **5** *(sheath: for spectacles, knife)* pouzdro; *(for pens)* pouzdro, penál; *(of watch)* plášť **6** *(pair)* **a c. of pistols** pár pistolí **7** *(pillowc.)* povlak na polštář **8** Bot oplodí, perikarp **9** Archit *(frame)* rám, *(of door* also*)* zárubeň **10** *(in bookbinding)* desky **11** Typ písmovka, písmovnice; **upper/ lower c.** velká/ malá písmena ● vt **1** *(put in box(es)* naložit/ zabalit do krabic or beden **2** sl obhlídnout, prozkoumat; **to c. a joint** esp Amer sl prozkoumat terén, občíhnout si (krám/ banku/ dům etc) tj. cíl připravované loupeže

casebook ['keisbuk] n **1** Jur kniha případů **2** Med kniha pacientů

casebound ['keisbaund] adj vázaný v tvrdých deskách

case-harden ['keisha:dn] vt *(steel)* cementovat nauhličit a kalit

case-hardened ['keisha:dnd] adj otrlý

casein ['keisiin] n kazeín, sýrovina

casement ['keismənt] n **1** also **c. window** křídlové okno **2** *(frame)* okenní křídlo

casework ['keiswə:k] n sociální práce s individuálními případy

caseworker ['keiswə:kə(r)] n sociální pracovník

cash [kæš] n **1** *(coins, notes)* peníze (v hotovosti), hotovost; **ready c.** hotové peníze; **for c.** za hotové; **pay in c.** platit hotově; **petty c.** drobná pokladní hotovost ▪ **c. account** pokladní účet; **c. advance** záloha; **c. dispenser** peněžní výdejový automat, bankomat; **c. flow** příjem peněz **2** inf *(money)* peníze; **be short of c.** mít málo peněz, nemít moc peněz; **turn sth into c.** zpeněžit co; **be out of c.** inf nemít žádné peníze, být švorc ▪ **c. card** platební karta; **c. crop** tržní plodina; **have c. problems** mít finanční problémy **3** *(immediate payment)* placení v hotovosti; **pay c. down** platit hotově; **payable in c.** splatno v hotovosti; **send sth c. on delivery** or **COD** poslat co na dobírku; **c. in advance** placení hotově předem ♦ **c. on the nail** peníze na dřevo ▪ **c. desk** pokladna v obchodě; **c. discount** sleva při placení v hotovosti; **c. price** cena při hotovém placení; **we only make c. sales** prodáváme jen za hotové ● **I** vt **c. a cheque** inkasovat šek **II** phr vs ▪ **cash in** *I* vt ♦ **c. in one's chips** fig Amer sl natáhnout bačkory, natáhnout brka *II* vi **cash in on** vt **c. in on sth** těžit z čeho, vytloukat z čeho kapitál, vydělávat na čem ▪ **cash up** vi Br spočítat or inf udělat tržbu, udělat pokladnu

cashable ['kæšəbl] adj zpeněžitelný; inkasovatelný

cash-and-carry [kæšən'kæri] n prodej za hotové s vlastním odvozem zvl. pro nákupy ve velkém pro obchodníky

cash-book ['kæšbuk] n pokladní kniha

cashbox ['kæšboks] n pokladna schránka

cashew ['kæšu:] n *(tree)* ledvinovník západní; *(nuts)* kešú (ořechy)

cashier [kæ'šiə(r)] n pokladník, pokladní (f)

cashless ['kæšləs] adj bezhotovostní

cashmere ['kæšmiə(r)] n kašmír ▪ **c. wool** kašmírová vlna; **c. sweater** kašmírový svetr

casing ['keisiŋ] n Techn kryt, plášť, obal; *(for radiator* etc*)* bednění; *(of sausage)* střívko, obal

casino [kə'si:nəu] n (pl **~s**) kasino, herna

cask [ka:sk; Amer kæsk] n dřevěný sud

casket ['ka:skit; Amer 'kæskit] n **1** *(box: for jewels, letters* etc*)* ozdobná kazeta or skřínka **2** Amer *(coffin)* rakev

Caspian Sea ['kæspiən,si:] n Kaspické moře

Cassandra [kə'sændrə] n Kasandra also fig

cassava [kə'sa:və] n kasava, maniok

casserole ['kæsərəul] n **1** kastrol s poklicí na dušení **2** *(food)* dušené maso se zeleninou; **chicken c.** dušené kuře ● vt *(meat & vegetables)* dusit

cassette [kə'set] n kazeta; **video c.** videokazeta ▪ **c. recorder** kazetový magnetofon, inf kazeťák

cassock ['kæsək] n Relig sutana, klerika

cast [ka:st] n **1** *(of dice)* vrh, hod; *(of line, net)* vržení, hození; *(of nets* also*)* rozhození **2 a)** *(mould)* licí forma **b)** *(object: of metal)* odlitek **c)** also **plaster c. i)** sádrový obvaz **ii)** sádrový odlitek **3** Theat, Film, TV obsazení čeho, účinkující v čem; **the film has an all-star c.** film je obsazen samými hvězdami; **who is in the c.?** kdo účinkuje? ▪ **a c. list** seznam účinkujících **4 c. of features** črty tváře; **c. of mind** letora, temperament, povaha, ražení; **be of quite a different c.** být zcela jiné povahy or jiného ražení **5** *(squint)* mírné šilhání; **have a c. in one eye** šilhat na jedno oko ● v (pt & pp **cast** [ka:st]) **I** vt **1** *(throw: net, fishing line)* vrhnout, (vy)hodit, *(nets* also*)* rozhodit, *(anchor* also*)* spustit; **c. anchor** zakotvit; **c. a six** hodit šestku; **c. sb into prison** dated uvrhnout koho do vězení; **c. a shadow** lit & fig vrhat stín ♦ **the die is c.** kostky jsou vrženy; **c. in one's lot with sb** spojit s někým svůj osud **2** fig **c. one's vote** odevzdat svůj hlas, inf odvolit; **c. one's voice for sb** dát komu svůj hlas; **c. an eye over sb/ sth** letmo se na koho/ co podívat; **c. a reproachful glance at sb** pohlédnout na koho vyčítavě; **it ~s an unfavourable light on the affair** to vrhá na věc špatné světlo; **c. a spell on sb** očarovat koho ♦ **c. aspersions on sb** očerňovat koho; **c. pearls before swine** házet perly sviním **3** *(shed: skin)* svlékat, svléci, *(leaves, horns, feathers)* shodit, shazovat, *(horseshoe)* ztratit; **c. its young** vrhnout mladé **4** *(metal)* lít, odlít, odlévat; **c. sth in bronze** udělat bronzový odlitek čeho, odlít co z bronzu **5** Theat, Film *(play, film)* obsadit; *(part)* obsadit, přidělit, pl also rozdělit; **c. sb as Romeo** přidělit komu roli Romea, obsadit koho jako Romea **6 c. sb's horoscope** sestavit komu horoskop **II** vi *(for fish)* hodit udici **III** phr vs ▪ **cast about** or **around** vi **c. about** or **around for sth** *(job* etc*)* ohlížet se po čem, hledat co, *(solution, explanation)* lámat si hlavu nad or s čím, přemýšlet o čem ▪ **cast aside** vt *(old clothes)* odložit, *(cares, worries)* hodit za hlavu, zapomenout na ▪ **cast away** vt **be c. away** *(be shipwrecked)* ztroskotat ▪ **cast back** vt/vi **c. back one's mind to sth/ c. back in one's mind to sth** vrátit se v duchu k čemu ▪ **cast down** vt **c. down one's eyes** sklopit oči; **be c. down** být sklíčený or deprimovaný or zkormoucený ▪ **cast off** *I* vt **1** *(old friends, boyfriends* etc*)* zbavit se koho, opustit, odvrhnout **2** *(get rid of: old clothing)* odložit; **c. off the yoke**

svrhnout jařmo **3** *(in knitting) (stitches)* ubrat **4** Naut *(boat)* odvázat, uvolnit *II* vi **1** Naut odrazit od břehu **2** *(in knitting)* ubírat, ubrat ▪ **cast on** vi *(in knitting)* nahodit, nahazovat ▪ **cast out** vt *(throw out)* vyhodit; *(evil spirits)* vymítat ▪ **cast up** vt **c. sth up at sb** předhazovat or vyčítat komu co

castanets [kæstə'nets] n pl kastaněty

castaway ['ka:stəwei] n trosečník, ztroskotanec

caste [ka:st] n lit & fig kasta ▪ **c. system** kastovní systém, kastovnictví

caster ['ka:stə(r)] n **1** *(wheel)* kolečko na nábytku **2** *(shaker: for sugar)* cukřenka, *(for salt)* solnička ▪ **c. sugar** ≅ pískový cukr

castigate ['kæstigeit] vt ostře kritizovat, kárat; *(social ills* also*)* tepat

Castile [kæ'sti:l] n Kastilie

Castilian [kæ'stiliən] adj kastilský ● n **1** *(person)* Kastilec, Kastilka **2** *(language)* kastilština

casting ['ka:stiŋ] n **1** Techn **a)** *(process)* odlévání odlitků **b)** odlitek **2** Theat, Film obsazení úloh ● adj **c. vote** rozhodující hlas

cast-iron [ka:st'aiən] n litina ● adj **1** litinový; **c.-iron pipe** litinová roura **2** *(strong)* **have a c.-iron constitution** mít železné zdraví; **have a c.-iron digestion** mít kachní žaludek **3** *(alibi)* dokonalý, spolehlivý, železný

castle ['ka:sl] n **1** hrad, zámek; **haunted/ mysterious c.** strašidelný/ tajemný zámek; **the c. is haunted** na zámku straší ♦ **~s in the air, ~s in Spain** vzdušné or větrné zámky; **build ~s in the air** stavět vzdušné zámky, honit se za přeludy ▪ **c. courtyard** hradní/ zámecké nádvoří **2** Chess věž ● vi Chess rošovat, rochovat, udělat rošádu

cast-off, also **castoff** ['ka:stof] adj odložený; **c.-off clothes** odložené šaty ● **~s** n pl odložené šatstvo; **wear one's sister's c.-offs** nosit šaty po sestře

castor ['ka:stə(r)] n see **caster** ▪ **c. oil** ricinový olej

castrate [kæ'streit] vt kastrovat, (vy)klešťit, (vy)klestit

castration [kæ'streišn] n kastrace, (vy)kleštění

casual ['kæžuəl] adj **1** *(encounter, visit)* nahodilý, náhodný, neočekávaný **2** *(superficial, slight: acquaintance, glance, remark)* letmý; *(sex)* příležitostný, promiskuitní bez hlubšího vztahu **3** esp attr *(careless: person)* nonšalantní, *(behaviour)* ležérní, nenucený; *(attitude)* laxní; *(not serious)* nedbalý, povrchní **4** *(clothes)* neformální, každodenní, expr ležérní; **c. clothes** šaty pro běžné nošení; **be dressed in c. clothes** být oblečen neformálně, mít všední oblečení **5** *(work, labourer)* attr příležitostný; **live by c. labour** živit se příležitostnou prací ▪ see **~ly**

casually ['kæžuəli] adv cf **casual** **1** náhodně, nahodile **2** letmo, mimochodem; **kiss sb c.** letmo koho políbit; **say sth c.** mimochodem něco poznamenat or utrousit **3** nonšalantně, ležérně; nedbale, povrchně; *(light-heartedly)* s lehkým srdcem **4** neformálně, podomácku **5** *(be employed)* příležitostně

casualness ['kæžuəlnəs] n cf **casual** **1** nahodilost, náhodnost **2** letmost **3** nonšalance, ležérnost, nedbalá elegance; nedbalost, povrchnost **4** neformálnost, nenucenost

casualty ['kæžuəlti] n **1 a)** *(in war/ accident)* oběť, *(injured* also*)* (z)raněný, *(killed* also*)* mrtvý; **there were no casualties** nikdo nebyl zraněn ani zabit; Mil **casualties** ztráty **b)** fig *(of cutbacks* etc*)* oběť **2** also **c. ward** or **department** úrazové oddělení v nemocnici

cat[1] [kæt] n **1** kočka domácí; **big ~s** *(tiger, lion* etc*)* kočkovité šelmy; **Persian/ Siamese/ Angora c.** perská/ siamská/ angorská kočka; **wild c.** divoká kočka ♦ **scaredy c.** Sch ustrašenec, bázlivec; **cat's eye** odrazové sklo podél silnice; **cat's paw** kočičí tlapka; fig nastrčená figurka or loutka; **be sb's cat's paw** fig tahat za koho kaštany z ohně, pálit si za koho prsty; **be a cat's paw in sb's hands** být pouhým nástrojem čí vůle; **use sb as a cat's paw** nastrčit koho; **be like a c. on hot bricks** být jako na trní, být jako na řeřavém uhlí; **curiosity killed the c.** kdo se ptá, moc se doví; **fight like c. and dog, fight like Kilkenny ~s** být na sebe jako dva psi, být na sebe jako pes a kočka; **let the c. out of the bag** vybreptat něco, prozradit tajemství; **the c. is out of the bag** už je to venku tajemství; **there is no room to swing a c.** je tu velmi těsno, tady se člověk ani neotočí; *(in a crowded place)* tady je lidí, že by ani myš neproklouzla; **play c. and mouse with sb, play a cat-and-mouse game with sb** fig hrát si s kým jako kočka s myší; **put** or **set the c. among the pigeons** udělat kozla zahradníkem; **it is raining ~s and dogs** leje (tam) jako z konve; **he thinks he is the cat's whiskers** myslí si, že snědl všechnu moudrost (světa); myslí si, že je pupek světa; **she thinks she's the cat's whiskers** nosí se jako královna ze Sáby, naparuje se; **when the cat's away, the mice will play** když kocour není doma, mají myši pré; **wait to see which way the c. jumps** čekat, jak se to vyvrbí **2** *(malicious woman)* zmije, saň, Xantipa, megera **3 the cat** *(cat-o'-nine-tails)* devítiocasá kočka karabáč, důtky

cat$_2$ [kæt] n Amer inf = **caterpillar tractor** pásový traktor

cataclysm ['kætəklizəm] n Geol kataklyzma; fig kataklyzma, katastrofa; Pol převrat; *(negative)* rozvrat

cataclysmic [kætə'klizmik] adj kataklyzmatický; převratný; **the c. events of 1989** převratné události v roce 1989

catacombs ['kætəku:mz] n pl katakomby

catafalque ['kætəfælk] n katafalk

Catalan ['kætələn] adj katalánský ● adj 1 *(person)* Katalánec, Katalánka 2 *(language)* katalánština

catalogue, Amer **catalog** ['kætəlog; Amer -lo:g] n katalog; **card c.** lístkový katalog; **mail-order c.** katalog zásilkového domu ♦ fig **a c. of disasters** série katastrof ■ **c. card** katalogový lístek ● vt katalogizovat

Catalonia [kætə'ləuniə] n Katalánsko

Catalonian [kætə'ləuniən] adj katalánský

catalysis [kə'tæləsis] n Chem katalýza

catalyst ['kætəlist] n Chem katalyzátor

catamaran [kætəmə'ræn] n 1 Naut katamarán loď s dvěma trupy 2 vor vytvořený spojením dvou člunů

catapult ['kætəpalt] n 1 *(toy)* prak 2 Hist katapult, katapulta 3 Aviat katapult na vymršťování letadel ● I vt 1 *(aircraft)* katapultovat 2 fig *(throw sb with force)* katapultovat, vymrštit; **be ~ed** být katapultován, být prudce hozen II vi Aviat *(of pilot)* katapultovat se

cataract ['kætərækt] n 1 *(waterfall)* katarakt, vodopád, peřej 2 Med šedý zákal oční čočky, katarakta; **c. operation** operace šedého zákalu

catarrh [kə'ta:(r)] n Med katar

catastrophe [kə'tæstrəfi] n katastrofa, pohroma; **on the brink of c.** na pokraji katastrofy; **be heading for** or **towards c.** směřovat ke katastrofě

catastrophic [kætə'strofik] adj katastrofální; katastrofický; *(event, failure* also*)* tragický; *(mistake* also*)* osudný

catcall ['kætko:l] n Theat, Pol hvizd; usu pl **~s** pískot, pískání, hvízdání, nesouhlasný vřískot ● vi hvízdat, pískat na znamení nesouhlasu

catch [kæč] n 1 *(act of ~ing: of ball* etc*)* chycení; **make a c.** chytit míč, krýt střelu; **it was a difficult c.** to míč, střela na bránku ap. se těžko chytalo 2 *(haul:* esp *of fish)* úlovek; *(using nets* also*)* zátah; **the day's c.** denní úlovek 3 inf **a good c.** *(for marriage* etc*)* dobrá partie 4 Techn záchytka, uzávěr se západkou, západka, háček; **safety c.** pojistka; **release the c. of a pistol** odjistit pistoli 5 *(hidden difficulty)* háček, chyták, zádrhel; **there must be a c. in it somewhere** v tom musí být nějaký háček, to nemůže být jen tak; **a c. question** chyták ♦ **a c.-22 situation** bezvýchodná situace, neřešitelné dilema, bludný kruh 6 Mus kánon ● v (pt, pp **caught**) I vt 1 *(capture)* **a)** *(object)* (za)chytit, chytnout, chytat; **c. a ball in midair** chytit míč z letu; **c. hold of sth** chytit or zachytit se čeho, uchopit or popadnout co **b)** *(fish, mice* etc*)* chytat, chytit, ulovit; **c. crayfish** chytat raky; **c. a lot of fish** nachytat spoustu ryb ♦ **i) get caught in a trap** chytit se do pasti; **get caught in sb's net** fig upadnout do čích tenat; **get caught in the web of one's own lies** zapříst se do sítě lží **ii) the early bird ~es the worm** ranní ptáče dál doskáče **iii) c. the sun** fig dostat barvu, opálit se **c)** *(thief* etc*)* chytit, dopadnout, (po)lapit, dostat, sl čapnout; **c. all the thieves** pochytat všechny zloděje **d)** *(manage to talk to)* zastihnout, stihnout, zastat; **I didn't c. him at the office** v kanceláři jsem ho už nezastihl or nezastal **e) c. sight of sb/ sth** zahlédnout or uvidět or spatřit koho/ co **f) c. one's breath** lapat po dechu; **I cannot c. my breath** nemohu popadnout dech, dusím se 2 *(collect: water)* chytat, *(rainwater* also*)* nachytat; **c. water in a reservoir** chytat vodu do nádrže ♦ **c. water in a sieve** fig nabírat vodu řešetem 3 *(surprise)* přistihnout, nachytat, dopadnout, zaskočit, překvapit; **he caught himself thinking of her** přistihl se, že na ni myslí; **c. sb stealing** nachytat koho při krádeži; **I caught him smoking** přistihl jsem ho, jak kouří; **we were caught in the rain** chytli jsme déšť; **we were caught in the thunderstorm** přepadla nás bouřka; **c. sb off guard, c. sb unawares** zaskočit koho ♦ **i) c. sb in the act, c. sb red-handed, c. sb at it** přistihnout koho při činu **ii) c. sb napping** or **nodding, c. sb with his pants down** nachytat koho na hruškách or na švestkách; **c. sb on the wrong foot** zastihnout koho nepřipraveného **iii) you won't c. me doing that again** na tohle mne hned tak znovu nenachytáš; **don't let me c. you doing that again!** ať se to už víckrát nestane! **iv) you'll c. it** inf ty dostaneš, ty si to schytáš or slízneš (**from your father** od otce) 4 **a)** *(be in time for: train* etc*)* chytit, stihnout, přijít včas na vlak ap.; **hurry to c. the train** spěchat na vlak **b)** *(take: train* etc*)* **we are ~ing the 10 o'clock train** (po)jedeme vlakem v deset 5 *(entangle, get entangled)* zachytit se o co; **a nail caught my sleeve** zachytil jsem se rukávem o hřebík; **I caught my fingers in the door** přiskřípnul or uskřípnul jsem si prsty mezi dveřmi 6 *(contract)* chytit, dostat, nakazit se čím; **c. a cold** dostat rýmu, nachladit se; **c. a chill** nastydnout; **c. sb's cold** chytit od koho rýmu **7** *(hit/ be hit by)* uhodit, zasáhnout, praštit; *(bullet)* zasáhnout, trefit; **he caught me on the chin** vrazil mi jednu do brady **8** *(reproduce: atmosphere, likeness* etc*)* zachytit, vystihnout, vyjádřit **9** *(hear, understand)* zaslechnout, (po)rozumět čemu; **I haven't caught your name** nezaslechl or přeslechl jsem vaše jméno **10** *(attract)* **c. sb's eye** upoutat čí pozornost **II** vi **1** *(of fire)* rozhořet se, vznítit se, začít hořet **2** *(get entangled)* zachytit se o co; **her skirt got caught on a nail** zachytila se sukní o hřebík **III** phr vs ■ **catch at** vt **c. at sth** lit & fig chytit se čeho ♦ **a drowning man will c. at a straw** tonoucí se i stébla chytá ■ **catch on** vi **1** *(become popular: word, catchphrase)* ujmout se; *(song)* stát se populární, stát se hitem; *(fashion)* prosadit se, stát se oblíbeným **2** *(understand)* inf rozumět čemu, pochopit a zařídit se podle toho; inf kapírovat; **she ~es on very fast** té nemusíš říkat nic dvakrát ■ **catch out** vt **c. sb out** *(of interrogators, examiners)* nachytat koho, usvědčit koho z čeho; **c. sb out in a lie** přistihnout koho při lži ■ **catch up** *I* vt **1 c. sb up** *(walking)* dojít koho, dohnat or dohonit koho, *(driving)* dojet koho, *(working)* dohnat koho v čem **2 get caught up in sth** *(entangled)* zamotat se do čeho; **be caught up in the tide of events** být ve vleku událostí *II* vi dohnat; **c. up with sb** *(walking)* dojít or dohnat or dohonit koho, *(working)* dohnat koho; **c. up on one's schoolwork** doučit se zmeškanou látku, dohnat učivo; **c. up on a backlog of one's work** vyřídit pracovní resty; **c. up on one's sleep** dospat se

catcher ['kæčə(r)] n **1** Sport chytač; Baseball zadák **2** Techn **dust c.** lapač prachu; **flue ash c.** lapač popílku

catching ['kæčiŋ] adj *(disease)* nakažlivý

catchment ['kæčmənt] n **1 c. area**, **c. basin** Geog povodí, poříčí **2 c. (area) of a school/ hospital** spádová oblast školy/ nemocnice

catchword ['kæčwə:d] n Pol heslo, slogan

catchy ['kæči] adj (**-ier, -iest**) *(tune)* neodbytný, vtíravý, chytlavý; *(slogan)* působivý, poutavý

catechism ['kætəkizəm] n Relig katechismus ♦ **put sb through a c.** fig někoho řádně vyzpovídat, vzít si koho na paškál

categorical [kætə'gorikl] adj kategorický, rozhodný; **a c. refusal** rozhodné odmítnutí; **the c. imperative** Philos kategorický imperativ ■ **~ly** adv kategoricky, rozhodně

category ['kætəgəri] n kategorie; Sport *(age, weight)* třída; **price c.** cenová kategorie

cater ['keitə(r)] vi **1 c. for sb** *(at social functions)* obstarat obsluhu a pohoštění komu; **this canteen ~s for students** tato jídelna je pro studenty **2 c. for sb/ sth** *(sb's needs, tastes)* orientovat se na co, zaměřit se na co; **this TV channel ~s for young viewers** tento televizní kanál se orientuje na potřeby mladých diváků

caterer ['keitərə(r)] n dodavatel jídel na svatby ap.

catering ['keitəriŋ] n **1** *(profession)* restauratérství **2** *(service)* zajišťování stravy pro svatby ap.; **communal c.** společné stravování

caterpillar ['kætəpilə(r)] n **1** Ent housenka **2** also **C. track** housenkový pás ■ **C. tractor** (abbr **cat**) pásový traktor

caterwaul ['kætəwo:l] vi pronikavě mňoukat, křičet, ječet; fig *(of children* etc*)* ječet, vřískat ● n also **~ing** kočičí koncert, kočičí muzika

catfish ['kætfiš] n sumec

catgut ['kætgat] n **1** ■ Mus **c. strings** ovčí struny **2** Med katgut, ketget chirurgická vstřebatelná nit

Cath. abbr of **Catholic** katolický

catharsis [kə'θa:sis] n (pl **catharses**) **1** Philos, Psych, Liter katarze, duševní očista **2** Med výplach střev

cathartic [kə'θa:tik] adj **1** Philos, Psych katarzní **2** Med projímací, purgativní ● n projímadlo, purgativum

cathedral [kə'θi:drəl] n katedrála, dóm, křesťanský chrám

Catherine wheel ['kæθrinwi:l] n **1** *(firework)* kateřinské kolo **2** Gymn hvězda, přemet stranou

catheter ['kæθitə(r)] n Med katétr, cévka

catheterize ['kæθitərajz] vt Med katetrizovat, cévkovat

cathode ['kæθəud] n Phys katoda, záporná elektroda ■ **c. ray** katodový paprsek; **c.-ray tube** obrazovka

Catholic ['kæθəlik] adj Relig katolický; **the (Roman) C. church** (římsko)katolická církev ● n katolík, katolička

catholic ['kæθəlik] adj *(wide-ranging)* mnohostranný, univerzální; **have c. tastes** mít velmi široký okruh zájmů

Catholicism [kə'θoləsizəm] n katolictví, katolicismus

catholicity [kæθə'lisəti] n univerzalita, mnohostrannost zvl. zájmů

catkin ['kætkin] n Bot jehněda, kočička

catlick ['kætlik] n inf **give oneself a c.** zběžně se opláchnout, mýt se jako kočka

catlike ['kætlaik] adj kočičí; **c. tread** kočičí krok or chůze

catmint ['kætmint] Bot. šanta kočičí

catnap ['kætnæp] n krátké zdřímnutí, šlofík; **have a c.** zdřímnout si, inf dát si or hodit si šlofíka ● vi = **have a c.**

cat-o'-nine-tails [kætə'nainteilz] n devítiocasá kočka devítipramenné důtky

catsuit ['kætsu:t] n jednodílný ženský oblek těsně obepínající, kombinéza

cattery ['kætəri] n útulek pro kočky

cattle [kætl] n pl hovězí dobytek, skot; **breeding c.** dobytek na chov; **beef c.** jatečný dobytek; **a head of c.** dobytče; **50 head of c.** 50 kusů dobytka; **we were treated like c.** zacházeli s námi jako s dobytkem ■ **c. breeding** chov dobytka; **c. breeder** chovatel dobytka; **c. state** *(in USA)* dobytkářský stát

catty ['kæti] adj (**~ier**, **~iest**) also **cattish** *(remark)* jízlivý, jedovatý, kousavý; *(person)* poťouchlý, zlomyslný

catwalk ['kætwo:k] n můstek ve strojovně ap.; *(for models)* pódium

Caucasian [ko:'keiziən, ko:'keižən] adj **1** *(from Caucasia)* kavkazský **2** *(race)* bělošský ● n **1** Kavkazan/ -ka **2** příslušník bělošské rasy

Caucasus ['ko:kəsəs] n Geog Kavkaz

caucus ['ko:kəs] n (pl **caucuses** [-iz]) Pol **1** *(decision-making committee)* výbor, aktiv **2** Amer *(meeting)* schůze aktivu/ výboru s cílem volby kandidátů

caught [ko:t] pt, pp of **catch**

cauldron ['ko:ldrən] n (velký) kotel; **witch's c.** čarodějnický kotel

cauliflower ['ko:liflauə(r)] n květák, karfiol

causal [ko:zl] adj **1** kauzální, příčinný; **c. relationship** kauzální vztah **2** Gram *(clause, conjunction)* příčinný

causality [ko:'zæləti] n kauzalita, příčinnost

causative ['ko:zətiv] adj Gram kauzativní ● n Gram kauzativum

cause [ko:z] n **1** *(origin)* příčina; **original c.** prapříčina; **c. and effect** příčina a následek; **the law of c. and effect** kauzální zákon; **be the c. of sth** být příčinou čeho, zapříčinit co, způsobit co; **c. of death** příčina úmrtí; **death by natural ~s** přirozená smrt ♦ **the root c.** základní příčina, inf jádro pudla **2** *(reason)* příčina, důvod, pohnutka; **give sb c. to complain** zavdat komu příčinu ke stížnosti; **you have no c. for complaint** nemáte si nač stěžovat; **have good c. for doing sth** mít dobrý důvod k čemu **3** *(aim; principle)* věc; **fight for a good c.** bojovat za spravedlivou věc; **be committed to a c.** angažovat se za něco **4** Jur věc, kauza, causa; **plead sb's c.** hájit koho u soudu ● vt zapříčinit, způsobit, *(confusion* also*)* vyvolat; *(envy, hatred)* plodit; *(accident)* zavinit; *(damage)* natropit, způsobit; *(short circuit)* udělat; **be ~d by sth** být způsoben čím, vzejít or vzniknout z čeho; **c. bad feeling** nadělat zlé krve; **c. havoc** udělat paseku inf; **c. sb trouble/ pain** způsobit komu nepříjemnosti/ bolest; **c. sb to do sth** přimět or přivést koho k čemu

causeway ['ko:zwei] n **1** zvýšená jízdní dráha, silnice **2** *(pavement)* chodník

caustic ['ko:stik] adj **1** Chem kaustický, žíravý, leptavý; **c. soda** kaustická soda, hydroxid sodný **2** fig *(irony)* sžíravý, kousavý; *(remark)* jízlivý, kousavý, špičatý; *(answer)* sžíravý; *(criticism)* uštěpačný, sžíravý; *(tongue)* jedovatý ■ **~ally** adv kousavě, jízlivě, uštěpačně; jedovatě

cauterization [ko:tərai'zeišn] n kauterizace, vypálení

cauterize ['ko:təraiz] vt kauterizovat, vypálit

caution ['ko:šn] n **1** *(prudence)* opatrnost, obezřelost, obezřetnost, uvážlivost; **drive with c.** jet opatrně ♦ **throw** or **fling c. to the winds** hodit opatrnost za hlavu; **C.!** Pozor! **2** *(warning)* varování, výstraha; *(official)* důtka, pokárání ● vt **1 c. sb not to do sth** radit komu, aby něco nedělal; **c. sb against sth** varovat koho před čím **2** *(officially)* **c. sb** udělit komu důtku; **be ~ed** dostat důtku

cautionary ['ko:šənəri] adj varovný, výstražný, poučný ♦ **a c. tale** odstrašující příklad

cautious ['ko:šəs] adj opatrný, obezřetný, uvážlivý; **a c. estimate** opatrný or konzervativní odhad; **play a c. game** hrát opatrně ■ **~ly** adv opatrně, obezřetně, uvážlivě

cautiousness ['ko:šəsnəs] n opatrnost, obezřetnost, uvážlivost

cavalcade [kævəl'keid] n kavalkáda, družina jezdců; *(of cars)* konvoj

cavalier [kævə'liə(r)] n kavalír, rytíř ● adj *(arrogant)* přezíravý, povýšený; *(offhand)* ledabylý, lehkovážný; **have a very c. attitude towards sth** stavět se k čemu velmi lehkovážně

cavalry ['kævəlri] n Mil jezdectvo, kavalérie; **light c.** lehká jízda

cavalryman ['kævəlrimən] n (pl **-men**) Mil jezdec, dated kavalerista

cave [keiv] n jeskyně, sluj ■ **c. dweller** jeskynní člověk; **c. painting** jeskynní malba; **c. chamber** krasový dóm ● **I** vi jeskyňařit, provádět výzkum jeskyň **II** phr v ■ **cave**

in 1 *(roof)* propadnout se, zhroutit se; *(ground)* sesednout se, sesout se; fig *(scheme* etc*)* ztroskotat **2** *(surrender)* inf vzdát se, kapitulovat

caveman ['keivmæn] n jeskynní člověk; fig primitiv, barbar

cavern ['kævən] n jeskyně zvl. prostorná nebo temná

cavernous ['kævənəs] adj **1** plný jeskyň **2** fig *(eyes)* zapadlý; *(cheeks)* vpadlý, propadlý; *(darkness)* hluboký; *(voice)* hluboký, hrobový

caviar(e) ['kævia:(r)] n kaviár

cavil ['kævl] vi (**-ll-**, Amer **-l-**) **c. at sth** rýt or rýpat do čeho, hledat na čem vši or chlupy, malicherně or hnidopišsky něco kritizovat

caving ['keiviŋ] n speleologie, výzkum jeskyň

cavity ['kævəti] n dutina; *(dental)* kavita, díra; **oral/ nasal c.** ústní/ nosní dutina; **chest c.** dutina hrudní ■ **c. wall** Build dutinová stěna

cavort [kə'vo:t] vi **c. (about** or **around)** poskakovat, skotačit, dovádět, hopsat

caw [ko:] n krákot vrány, krákání ● vi krákat

cayman, caiman ['keimən] n Zool kajman

CBI [si:bi:'ai] abbr of **Confederation of British Industry** Konfederace britských průmyslových podniků

cc [si:'si:] abbr of **1 carbon copy** průklep **2 cubic centimetre/ ~s** krychlový centimetr/ krychlové centimetry

CD [si:'di:] abbr of **1 compact disc** CD, kompaktní deska, inf cédéčko **2 Corps diplomatique** diplomatický sbor

CDI [si:di:'ai] Comput abbr of **compact disk interactive** kompaktní videodeska

Cdre, Cmdre abbr of **Commodore** komodor(e)

C of E abbr of **Church of England** anglikánská církev

cease [si:s] **I** vi přestat, skončit se; *(music, noise)* přestat, umlknout; *(music, conversation)* ztichnout; *(pain)* ustat; **hostilities have ~d** byly přerušeny nebo zastaveny válečné akce; **without ceasing** bez přestání, bez ustání, nepřetržitě ♦ **wonders will never c.** *(expression of surprise)* (je to) div divoucí **II** vt **c. doing** or **to do sth** přestat or skončit s něčím, skončit or přerušit co; **c. working** přestat pracovat, přerušit práci; **c. to exist** přestat existovat; **c. fire** zastavit or přerušit palbu ● n **without c.** bez přestání, neustále, ustavičně

cease-fire ['si:sfaiə(r)] n Mil **1** zastavení palby **2** *(temporary truce)* klid zbraní, dočasné příměří

ceaseless ['si:sləs] adj nepřetržitý, neustálý, ustavičný

ceaselessly ['si:sləsli] adv nepřetržitě, neustále, ustavičně, bez přestání

cedar ['si:də(r)] n **1** *(tree)* cedr; **c. of Lebanon** libanonský cedr ■ **c. forest** cedrový háj **2** also **c. wood** cedr, cedrové dřevo

cede [si:d] vt přepustit, přenechat, *(territory)* postoupit, odstoupit komu co; *(right)* přiznat komu co

cedilla [si'dilə] n cédille háček pod c

ceiling ['si:liŋ] n **1** strop ♦ **hit the c.** rozčilit se, rozvzteklit se, skákat do stropu vzteky **2** *(upper limit)* strop, horní mez, limit; **price c.** cenový strop; **wages c.** mzdový strop ■ **c. price** maximální cena **3** Aviat dostup **4** Meteor **cloud c.** dolní okraj mraků

celebrate ['seləbreit] **I** vt **1** *(birthday, victory* etc*)* oslavovat, *(birthday, anniversary* also*)* slavit; **c. sth with a drink** zapít něco; **c. one's mid-century** oslavovat padesátiny **2** Relig *(mass)* sloužit, celebrovat **3** *(national heroes)* slavit, velebit **II** vi oslavovat

celebrated ['seləbreitid] adj slavný, proslulý, věhlasný; **c. for sth** proslulý čím

celebration [selə'breišn] n **1** *(party)* oslava, slavnost; **~s** oslavy; **hold a c.** konat or pořádat slavnost or oslavu; **this calls for a c.** to se musí oslavit **2** *(of mass)* celebrování **3** *(praise)* oslava, velebení

celebrity [sə'lebrəti] n **1** *(famous person)* veličina, celebrita zastarávající, *(VIP)* prominent s přídechem hanlivosti, (známá) osobnost; (esp *in the arts)* hvězda **2** *(fame)* proslulost, sláva, věhlas

celeriac [sə'leriæk] n (hlízový) celer

celery ['seləri] n celer zahradní naťový

celestial [sə'lestiəl] adj **1** *(of the sky)* nebeský; **c. body** nebeské těleso; **c. mechanics** Astron mechanika nebeských těles; **c. chart** hvězdná mapa; **c. navigation** navigace podle hvězd **2** *(heavenly)* nebeský, božský; **c. harmony** hudba sfér

celibacy ['seləbəsi] n celibát, svobodný stav; fig zdrženlivost

celibate ['seləbət] adj svobodný, svobodná; *(priest)* žijící v celibátu; fig zdrženlivý ● n celibátník, osoba žijící v celibátu

cell [sel] n **1** *(in prison/ monastery)* cela, kobka; **solitary confinement c.** separace **2** *(in honeycomb)* buňka **3** Biol buňka; **germ/ nerve/ adipose c.** zárodečná/ nervová/ tuková buňka; **blood c.** krvinka ■ **c. tissue** buněčná tkáň **4** Elec článek; **galvanic c.** galvanický článek; **photoelectric c.** fotobuňka

cellar ['selə(r)] n sklep; **wine c.** vinný

sklep/ sklípek; **keep apples in the c.** skladovat jablka ve sklepě ♦ **keep a good c.** mít dobře zásobený sklep

cellist ['čelist] n cellista, violoncellista

cello ['čeləu] n (pl **~s**) violoncello, cello

cellophane TM ['seləfein] n celofán

cellphone ['selˌfəun] n inf celulární telefon

cellular ['seljulə(r)] adj **1** *(tissue)* buněčný **2 c. (tele)phone** celulární telefon

celluloid TM ['seljuloid] n celuloid

cellulose ['seljuləus] n celulóza, buničina; **c. nitrate** nitrocelulóza

Celsius ['selsiəs] adj Celsia; **20 degrees C.** 20 stupňů Celsia

Celt [kelt; selt] n Kelt, Keltka

Celtic ['keltik; 'seltik] adj keltský ● n *(language)* keltština

cembalo ['čembələu] n Mus cembalo

cement [sə'ment] n **1** Build cement ■ **c. mixer** míchačka betonu; **c. works** cementárna; **c. worker** cementář **2** *(adhesive)* tmel; **sealing c.** zatírací tmel; Build tmel; **the c. of national unity** tmel národní jednoty **3** Med cement ● vt **1** Build (za)cementovat, zalít cementem, spojit cementem **2** *(glue)* lit & fig stmelit; **c. a friendship** utužit or utvrdit přátelství

cemetery ['semətri] n hřbitov samostatný, ne u kostela

cenotaph ['senəta:f] n kenotaf

censer ['sensə(r)] n Relig kadidelnice

censor ['sensə(r)] n cenzor; **the c.** cenzura orgán ● vt cenzurovat

censorship ['sensəšip] n cenzura

censure ['senšə(r)] n důtka, pokárání ♦ **vote of c.** vyslovení nedůvěry vládě ● vt veřejně kárat, pranýřovat; **c. sb** vytknout komu co

census ['sensəs] n (pl **~es**) sčítání lidu; **take a c.** provést sčítání obyvatelstva ■ **c. sheets** sčítací listy

cent [sent] n **1** cent (abbr **c, ct**) setina amer. dolaru; **it's not worth a c.** Amer nestojí to ani za zlámanou grešli; **earn (oneself) a few ~s** Amer vydělat si nějaký ten groš **2 per cent** procento; see **per**

cent abbr of **century** století

centaur ['sento:(r)] n kentaur

centenarian [senti'neəriən] adj stoletý ● n stoletý člověk mající sto a více let

centenary [sen'ti:nəri] n sté výročí, stoleté jubileum ■ **c. celebrations** oslavy stého výročí čeho

centennial [sen'teniəl] n Amer = **centenary** ● adj opakující se jednou za sto let, stoletý ■ **~ly** adv každých sto let

center ['sentə(r)] n Amer see **centre**

centerfold ['sentəfəuld] n Amer see **centrefold**

centigrade ['sentigreid] adj Celsia, podle Celsiovy stupnice; **10 degrees c.** 10°C

centigram(me) ['sentigræm] n centigram

centilitre, Amer **centiliter** ['sentili:tə(r)] n centilitr

centimetre, Amer **centimeter** ['sentimi:tə(r)] n centimetr

centipede ['sentipi:d] n stonožka

central ['sentrəl] adj **1** *(in location)* střední, vnitřní, jsoucí ve středu; *(position)* středový; **c. London** vnitřní Londýn; **the c. parts of the town** vnitřní části města; **C. America/ Bohemia/ Europe** Střední Amerika/ Čechy/ Evropa; **C. European** středoevropský **2** *(of offices* etc*)* centrální, ústřední, hlavní; **c. administration/ government** centrální řízení/ vláda; **c. station** hlavní nádraží; **c. heating** ústřední topení **3** *(principal)* hlavní, *(idea* also*)* vůdčí; *(point: in negotiation* etc*)* stěžejní, ústřední

centralize ['sentrəlaiz] vt centralizovat, soustředit

centrally ['sentrəli] adv **1** *(placed)* centrálně, ve středu **2 be c. heated** mít ustřední topení

centre, Amer **center** ['sentə(r)] n **1** *(of circle)* střed, *(of town)* střed, centrum, vnitřní část(i), jádro města ♦ **throw money around left, right and c.** rozhazovat peníze, dělat ze sebe granda **2 c. of gravity** těžiště; **be the c. of attention/ interest** být středem pozornosti/ zájmu; **you are not the c. of the world** na vás svět nestojí **3** *(principal institutions)* centrum, středisko; **industrial c.** průmyslové centrum; **c. of commerce** středisko obchodu; **health c.** poliklinika, zdravotní středisko; **holiday c.** rekreační středisko; **tourist c.** turistická základna; **community c.** kulturní dům or středisko; **shopping c.** nákupní středisko; **fitness c.** fitcentrum **4** *(filling: of chocolate* etc*)* náplň, výplň, vnitřek **5** Pol **the c.** střed; **parties of the c.** strany středu **6** Rugby střední útočník, centr; *(kick)* centr ● **I** vt **1 c. sth** umístit něco do středu; Comput středit **2** Sport centrovat **II** phr v ■ **centre on** vt **c. on sb/ sth** soustředit se na koho/ co; **her work is ~d on ...** její práce se zaměřuje na ...

centrefold ['sentəfəuld] n *(of magazine)* vnitřní barevná příloha

centre forward [sentə'fo:wəd] n Sport střední útočník

centre half [sentə'ha:f] n Sport střední záložník, centrhalv

centrepiece ['sentəpi:s] n **1** *(ornament)* výzdoba stolu stojící uprostřed **2** *(principal* *item:* eg *in a display)* hlavní exponát, střed pozornosti

centrifugal [sentri'fju:gl, sen'trifjugl] adj odstředivý, centrifugální; **c. force** odstředivá síla, odstředivost

centrifuge ['sentrifju:dž] n odstředivka ● vt odstředit, odstřeďovat

centripetal [sen'tripitl, sentri'pi:tl] adj dostředivý, centripetální; **c. force** dostředivá síla, dostředivost

centrism ['sentrizəm] n Pol centrismus, politika středu

centrist ['sentrist] n Pol centrista, stoupenec politiky středu; *(politician)* centrista, politik středu

centurion [sen'tjuəriən] n *(in ancient Rome)* centurio

century ['senčəri] n **1** století; **the 18th c.** 18. století; **at the turn of the c.** na přelomu století **2** *(in cricket)* stovka přeběhů

ceramic [sə'ræmik] adj keramický

ceramics [sə'ræmiks] n **1** (+ sg v) keramika, hrnčířství **2** *(articles)* keramika, hrnčířské zboží

cereal ['siəriəl] n **1** *(crop)* obilnina, obilovina; **~s** obilí **2** *(food)* potraviny z obilovin např. kukuřičné lupínky ap.

cerebellum [serə'beləm] n (pl **-la** or **-lums**) malý mozek

cerebral ['serəbrəl, sə'ri:brəl] adj **1** Anat mozkový; **c. activity** mozková činnost; **c. cortex** kůra mozková; **c. palsy** obrna mozku **2** *(intellectual: poetry* etc*)* intelektuální **3** Ling *(consonants)* cerebrální, kakuminální

ceremonial [serə'məuniəl] adj slavnostní, obřadný; *(formal)* formální, ceremoniální; *(book, clothes, room)* obřadní; *(speech)* oslavný ● n ceremoniál, obřad

ceremonious [serə'məuniəs] adj okázalý, strojený, škrobený; **be c.** dělat okolky ■ **~ly** adv okázale, škrobeně, obřadně

ceremony ['serəməni] n **1** slavnost, ceremoniál, obřad, obřady; **wedding c.** svatební obřad, sňatek; **opening c.** slavnostní zahájení; **memorial c.** panychida; **graduation c.** promoce; **without c.** bez průtahů or formálností or inf ceremonií; **please don't stand on c.** prosím vás, nechte obřadností **2** *(formality)* obřadnost, ceremoniálnost; *(excessive)* strojenost, škrobenost, upjatost

cert [sə:t] n inf **it's a dead c.** je to na beton

certain ['sə:tn] adj **1** attr *(guaranteed)* jistý, zaručený, spolehlivý; **they face c. death** čeká je jistá smrt; **there is no c. cure for it** neexistuje na to žádný spolehlivý lék **2** pred *(convinced)* **be c. of** or **about sth, be c. that ...** být si čím jist(ý), nemít o čem pochyby; *(She knows about it.)* **Of that I am quite c.** Tím jsem si zcela jist.; **I'm not c. about it** nejsem si tím jist **3** pred *(sure to happen)* jistý, nepochybný; **it is c. that ...** je jisté, že ..., není pochyb o tom, že ...; **it is c. that she will agree, she is c. to agree** je jisté, že bude souhlasit; **it is c. that he will do well, he is c. to do well** určitě dopadne dobře, určitě bude mít úspěch; **one thing is c.** jedno je jisté **4 make c. (that ...)** ujistit se(, že ...), přesvědčit se(, že ...); **make c. of sth** zajistit (si) co, udělat vše, aby ...; **you'd better make c.** raději se přesvědč **5 for certain** jistě, určitě, najisto, s jistotou, bezpečně; **one can say for c. that ...** je možno s jistotou říci, že ...; **I don't yet know for c.** ještě to nevím najisto; **find out for c. about sth** udělat si v čem jasno **6** attr *(specific but not stated)* určitý, jistý; **on c. days** v určité dny; **under c. circumstances** za určitých or jistých okolností; **for c. reasons** z určitých důvodů; **in a c. sense** v jistém smyslu; **up to a c. time** do jisté doby ■ pron **certain of ...** určití ..., někteří ...; **c. of our friends** někteří naši přátelé; **c. of those present** někteří ze zde přítomných **7** attr *(named but not known)* nějaký, jistý; **I was told by a c. Mr Smith** řekl mi to nějaký pan Smith **8** *(some)* **to a c. extent** do určité míry; **for a c. length of time** na nějaký čas; **he makes a c. profit** má určitý zisk

certainly ['sə:tnli] adv **1** *(definitely)* jistě, určitě, rozhodně, nepochybně, bez pochyby; *(Was he tired?)* — **He c. was!** A jak!; **that's c. a pity** to je věru škoda **2** *(in answer)* prosím; *(of course)* jistě, (ale) ovšem, zajisté; **yes, c.** Ano, rád; **why c.!** ale ovšem!; **c. not** kdepak!, v žádném případě!

certainty ['sə:tnti] n **1 be a c.** být nepochybné; *(We will lose)* **That's a c.** To je jisté., Na to můžeš vzít jed. **2** *(conviction)* jistota; **absolute** or **dead c.** absolutní jistota; **say sth with c.** říct něco s jistotou

Cert Ed [sə:t'ed] abbr of **Certificate of Education** prom. ped. promovaný pedagog

certifiable ['sə:tifaiəbl] adj **1** *(claim)* dokazatelný, doložitelný, prokazatelný **2** inf *(as mad)* nepříčetný, inf šílený

certificate [sə'tifikət] n *(of qualification)* osvědčení; *(of action performed)* potvrzení, doklad; **degree c.** diplom; **an examination c.** vysvědčení o zkoušce; **General C. of Education** (abbr **GCE)** maturitní vysvědčení; **birth/ baptismal/ death/ marriage c.** rodný/ křestní/ úmrtní/ oddací list; **medical c.** lékařské osvědčení; **warranty c.** záruční list; **MOT c.** technický průkaz; **obtain a c.** obdržet osvědčení/ vysvědčení etc

certified ['sə:tifaid] adj **1** *(copy)* úředně ověřený; **c. cheque** bankou ověřený šek; **c. copy** ověřená kopie; **c. mail** Amer doporučená pošta, rekomando; **send sth by c. mail** poslat něco doporučeně **2** Psych zbavený svéprávnosti

certify ['sə:tifai] vt **1** *(declare)* potvrdit, dosvědčit; *(death)* konstatovat; **c. that sth is true** potvrdit pravdivost čeho **2** Psych **c. sb** zbavit koho svéprávnosti

certitude ['sə:titju:d, Amer -tu:d] n jistota

cervical [sə'vaikl; Amer 'sə:vikl] adj esp attr **1** *(of neck)* cervikální, krční, šíjový **2** *(of cervix)* týkající se děložního hrdla; **c. cancer** rakovina děložního hrdla; **c. smear** výtěr z děložního čípku

cervix ['sə:viks] n (pl **cervices** ['sə:visi:z], or **-es** ['sə:viksiz]) Anat *(of uterus)* (děložní) čípek or hrdlo

Cesarian, Cesarean = Caesarean

cessation [se'seišn] n skončení, zastavení, přerušení; **without c.** bez přerušení; **c. of hostilities** zastavení válečných akcí, *(temporary)* klid zbraní, příměří

cesspit ['sespit], also **cesspool** ['sespu:l] n kalová jímka, žumpa; **cesspool** fig bahno; **a c. of vice** bahno neřesti

CET [si:i:'ti:] abbr of **Central European Time** středoevropský čas

cetacean [si'teišən] n kytovec ● adj patřící k řádu kytovců

Ceylon [si'lon] n Cejlon

Ceylonese [selə'ni:z] adj cejlonský

cf. [si:'ef] abbr of *(Latin)* **confer** srov., sr.

chafe [čeif] **I** vt **1** *(make sore: skin)* dřít, odřít, rozedřít; **~d hands** rozpraskané ruce **2** *(warm up: hands)* zahřát mnutím or třením **3** fig podráždit, rozčilit, jít na nervy **II** vi **1** *(skin)* (o)dřít se, třít se, otírat se (**against sth** o co); *(rope on rock* etc*)* drhnout (**against sth** o co) **2** fig **c. at sth** rozčilovat se nad čím ● n odřenina, rozedřené místo

chaff₁ [čæf] n **1** *(husks)* plevy ♦ **separate the c. from the wheat** fig oddělit zrno od plev, oddělit koukol od pšenice **2** *(food for cattle)* řezanka

chaff₂ [čæf] vt *(tease)* škádlit, pokoušet, popichovat ● n škádlení, popichování

chaffinch ['čæfinč] n Orn pěnkava

chagrin ['šægrin; Amer šə'gri:n] n rozčarování, zklamání, nevole, zlost; **much to my c. I ...** moc mě mrzelo, že ..., k mé lítosti ... ● vt zklamat, rozčarovat; dopálit, rozzlobit, inf naštvat; **be ~ed by sth** být něčím zklamán

chain [čein] n **1 a)** řetěz; **keep a dog on a c.** mít or držet psa na řetězu; **put a dog on a c.** dát or uvázat psa na řetěz; *(in WC)* **pull the c.** spláchnout záchod ■ **c. bridge** řetězový most **b)** *(for a specific purpose)* řetěz, *(small)* řetízek; **bicycle c.** řetěz (jízdního) kola; **safety c.** *(door-ch.)* bezpečnostní řetízek or řetěz na dveřích; **snow ~s** sněhové or sněžné řetězy; **sprocket c.** kloubový řetěz; **transmission c.** převodový řetěz; **watch c.** řetízek na hodinky ■ **c. drive** řetězový pohon; **c. letter** řetězový dopis; **c. stitch** řetízkový steh **2** usu pl, also fig **~s** *(fetters)* okovy, pouta; **be in ~s** být v poutech or okovech ■ **c. gang** Amer pracovní četa vězňů spoutaných řetězem **3** *(series)* **a c. of mountains/ a mountain c.** horské pásmo, pohoří, horstvo; **a c. of events/ coincidences** sled or řetěz událostí/ nahodilostí ♦ **the crucial link in the c.** hlavní článek řetězu, uzlový bod **4** *(of shops, hotels)* síť typizovaných podniků ■ **c. store** filiální prodejna **5** Chem *(of atoms)* řetěz, řetězec ■ **c. reaction** lit & fig řetězová reakce ● **I** vt připoutat, přikovat řetězem; *(dog)* uvázat na řetěz; **c. sb/ sth to sth** připoutat or přikovat koho/ co k čemu **II** phr v ■ **chain up** vt *(dog)* uvázat na řetěz; *(prisoner)* připoutat or spoutat řetězem; *(objects)* připevnit řetězem/ řetězy ♦ **feel ~ed up** cítit se jako ve vězení, být někde jako uvázaný na řetěze

chain saw ['čeinso:] n řetězová pila

chain-smoke ['čeinsməuk] vi kouřit nepřetržitě, kouřit jednu cigaretu za druhou, zapalovat si jednu od druhé; *(smoke too much)* kouřit jako tovární komín

chair [čeə(r)] n **1** židle; **easy c.** křeslo, lenoška; **folding c.** skládací židle; **rocking c.** houpací židle; **swivel c.** otáčecí židle; **wicker c.** proutěné křeslo; **take a c.** sednout si ♦ **musical ~s** škatule, škatule, hejbejte se společ. hra ■ **c. bed** rozkládací křeslo; **c. lift** sedačková lanovka **2 the electric c.**, Amer inf **the c.** elektrické křeslo **3** *(professorship)* univerzitní stolice, katedra, Br also ≅ profesura **4** *(in meeting: ~ship)* **the c.** předsednický stůl, předsednictví; **be in the c., hold the c.** předsedat schůzi, řídit schůzi, být za předsednickým stolem; **take the c.** zasednout za předsednický stůl; **address the c.** obrátit se na předsedu schůze ● vt **1 c. a meeting** řídit schůzi, předsedat schůzi **2** Br *(carry on shoulders)* odnést na ramenou jako projev pocty

chairman ['čeəmən] n (pl **-men**) předseda; *(of municipal council)* starosta; **deputy c.** místopředseda, náměstek předsedy; **c. of the board of directors** předseda správní rady; **make sb c.** udělat koho předsedou;

Mr/ Madam C.! pane předsedo!/ paní předsedkyně!

chairmanship ['čeəmənšip] n předsednictví

chairperson ['čeəpə:sn] n předsedající, předseda/ předsedkyně

chairwoman ['čeəwumən] n (pl **-women** ['čeəwimin]) předsedkyně

chaise [šeiz] n Hist lehký kočár

chaise longue [šeiz'loŋ] n lehátko, chaise longue [šézlo:nk]

chalet ['šælei] n **1** *(mountain cottage)* horská bouda, horská chata, horský hotel **2** *(in holiday camps)* chatka, chatička

chalice ['čælis] n Relig kalich; fml pohár

chalk [čo:k] n křída na psaní i Miner; **French c.** krejčovská křída; **as white as c.** bílý or bledý jako křída; **write sth in c.** napsat něco křídou ◆ **not by a long c.** ani zdaleka; **(be) as different as c. and cheese** (být) jako nebe a dudy, (být) jako den a noc; **he doesn't know c. from cheese** rozumí tomu jako koza petrželi ● **I** vt *(write/ draw)* napsat/ načrtnout křídou; *(mark: luggage etc)* označit křídou; *(billiard cue)* natřít křídou, nakřídovat **II** phr v ■ **chalk up** vt **1** *(write)* napsat křídou **2** fig *(victory)* zaznamenat; *(medal)* odnést si **3** *(register as debt)* zapsat na účet

chalky ['čo:ki] adj **1** Geol křídový, křídovitý; *(soil)* vápenatý **2** fig *(complexion)* bílý jako křída

challenge ['čælindž] n **1** *(to duel, contest etc)* výzva; **a c. to sb** vyzvání koho k čemu; **a c. to a duel** výzva na souboj; **accept a c.** přijmout výzvu, fig zdvihnout rukavici ■ **c. cup** putovní pohár **2** *(demanding task)* náročný úkol, problém; **this task is a c. to me** tento úkol je pro mne výzvou; **the job held no c. for me** v tom zaměstnání jsem se nemohl realizovat, v tom zaměstnání jsem nemohl uplatnit své schopnosti **3** Mil výzva stráže, volání stráže, volání „kdo tam“ **4** Jur odmítnutí porotce; Amer námitka proti platnosti volebního hlasu ● vt **1** *(to duel, contest)* vyzvat; **c. sb to a duel/ to a game of chess** vyzvat koho na souboj/ na partii šachu; **c. sb to do sth** vyzvat někoho k čemu aby něco udělal **2** *(dispute: sb's claim, assertion etc)* podrobit diskusi, zpochybnit, projevit pochybnosti o čem; **c. the imagination** fig provokovat představivost **3** Mil zastavit koho **4** Jur *(member of a jury)* odmítnout

challenger ['čælindžə(r)] n vyzývatel

challenging ['čælindžiŋ] adj *(job, task)* náročný, kladoucí velké nároky; *(idea)* podnětný

chamber ['čeimbə(r)] n **1** dated komnata, *(bedroom)* ložnice; pl fml or joc **his ~s** jeho apartmá; **audience c.** audienční síň; **torture c.** mučírna; **c. of horrors** kabinet hrůzy; **gas c.** plynová komora ■ **c. pot** nočník, joc noční váza **2** Mus ■ **c. music/ orchestra** komorní hudba/ orchestr **3 C. of Commerce** obchodní komora **4 ~s** *(of judge, barrister)* kancelář; **to hear a case in ~s** projednávat případ za zavřenými dveřmi **5** Parl komora, sněmovna; **Lower/ Upper C.** dolní/ horní sněmovna **6** Techn komora; **condensation c.** kondenzační komora; **drying c.** sušárna; **cooling c.** mrazírna **7** *(of gun)* (nábojová) komora **8** *(of heart)* srdeční komora

chamberlain ['čeimbəlin] n formerly komoří

chambermaid ['čeimbəmeid] n pokojská

chameleon [kə'mi:liən] n Zool & fig chameleon

chamois ['šæmwa:] n (pl unchanged) **1** Zool kamzík **2** *(leather)* kamzičí kůže; **a c. (leather)** ['šæmi] jelenice k čištění skla ap.

champ$_1$ [čæmp] **I** vt *(of animals)* hlučně kousat or žvýkat, chroustat; *(of people)* mlaskat **II** vi **1 c. at the bit** *(of horses)* hryzat udidlo **2** fig netrpělivě přešlapovat, hořet netrpělivostí; **be ~ing to start** netrpělivě čekat na start

champ$_2$ [čæmp] n inf = **champion**

champagne [šæm'pein] n šampaňské, sekt

champion ['čæmpiən] n **1** *(in sport etc)* vítěz, mistr, přeborník, šampión; **woman c.** přebornice, mistryně; **chess c.** šachový mistr; **several times c.** několikanásobný mistr; **world c.** mistr světa **2** *(of a cause)* bojovník za co, zastánce, obránce čeho: teorie, ideje ap.; **a c. of human rights** bojovník za lidská práva ● adj vynikající, prvotřídní; úspěšný v soutěžích; **c. swimmer** prvotřídní plavec, vítěz plaveckých soutěží ● adj inf dial báječný, fantastický, výborný ● adv inf dial báječně, fantasticky, výborně ● vt **c. sth** bojovat or exponovat se za co, zastávat se čeho, bránit co

championship ['čæmpiənšip] n **1** Sport mistrovství, šampionát, *(title also)* mistrovský titul, vítězství; **indoor/ junior/ national c.** halové/ juniorské/ celostátní mistrovství; **European/ world c.** mistrovství Evropy/ světa ■ **c. game/ title** mistrovský zápas/ titul **2** *(support)* boj za co, obhajoba čeho, podpora čeho; **his/ her c. of our cause** jeho/ její podpora naší věci

chance [ča:ns, Amer čæns] n **1** *(fortune, luck)* náhoda, šťastná náhoda; *(coincidence)* shoda okolností, řízení osudu; **lucky/ unlucky c.** šťastná/ nešťastná náhoda; **by c.**, *(in* *questions)* **by any c.** náhodou; **purely by c.** čirou náhodou; **meet sb by c.** setkat se s kým náhodou; **leave sth to c.** ponechat co náhodě; **c. has thrown them together** svedla je náhoda ♦ **a game of c.** hazardní hra; **as c. would have it** shodou okolností, řízením osudu ■ **c. meeting** or **encounter** náhodné or nahodilé setkání **2** *(opportunity)* příležitost, šance; **c. of doing sth** or **to do sth** příležitost k čemu, příležitost, aby; **the c. of a lifetime** jedinečná příležitost; **a missed c.** zmeškaná příležitost or životní šance; **this is my big c.** to je šance, na kterou jsem čekal; **give sb a c.** dát komu příležitost, *(give him a job* etc*)* zkusit to s kým; **leap at the c.** skočit or chňapnout po příležitosti; **throw away one's c.** zahodit příležitost; **that was a super c.** to byla vyložená šance např. skórovat ♦ **have an eye for** or **on** or **to the main c.** dbát jen na svůj osobní prospěch; **c. would be a fine thing** inf to by bylo prima, to by se hodilo, kéž by!, *(it's very unlikely)* o tom si můžeš/ můžeme etc nechat jen zdát ♦ **the last c.** poslední příležitost, *(to do sth in life)* poslední zvonění **3** *(possibility, probability)* also pl šance, naděje, vyhlídka/ vyhlídky; **a c. of sth** naděje na co; **stand a c.** mít šanci; **stand** or **have a good c. of success** mít vyhlídky na úspěch; **he doesn't have the remotest c.** nemá ani tu nejmenší šanci; **there is no real c. of that** to je prakticky vyloučeno ♦ **a sporting c., an even c.** vyrovnané šance; **not a c.** ani pomyšlení; **no c.!** ani pomyšlení!, nic takového!, inf túdle; **he has a dog's c.** nemá skoro žádnou šanci; **on the c. that ...** pro případ, že ...; **a fighting c.** určitá šance or naděje, jakás takás šance; **the ~s are that ...** je pravděpodobné, že ... **4** *(risk, gamble)* riziko; **take a c., take ~s** riskovat; **that's a c. we have to take** musíme to risknout ● **I** vi **it ~d that ...** náhoda tomu chtěla, že ... **II** vt **1 c. sth** riskovat něco; **c. one's luck** pokoušet štěstí, riskovat; **I'll c. it** inf já to risknu ♦ **c. one's arm** inf riskovat, zkusit štěstí, zkusit to **2 c. to do sth** náhodou něco udělat; **he ~d to be there** náhodou tam byl **III** phr v ■ **chance (up)on** vt **c. (up)on sb/ sth** (náhodou) někoho potkat/ náhodou něco objevit

chancellor ['ča:nsələ(r)] n **1** Pol, Admin kancléř; **C. of the Exchequer** Br ministr financí **2** Br (titulární) rektor

chancy ['ča:nsi] adj inf nejistý, riskantní

chandelier [šændə'liə(r)] n lustr

change [čeindž] n **1** *(in general: process)* (no pl) změna, změny; **be for/ against c.** podporovat změny/ být proti změnám; **be averse to c.** nepřát změnám; **resist c.** bránit se změnám **2** *(alteration)* změna, přeměna, proměna; *(turning point)* zvrat, zlom, obrat; **a fundamental c.** podstatná změna; **cosmetic ~s** fig kosmetické změny or úpravy; **a noticeable c.** viditelná změna; **undergo a radical c.** radikálně se změnit, projít radikální změnou; **a c. has taken place** nastal obrat; **this marks a c.** toto signalizuje změnu; **there were no ~s** nedošlo k žádným změnám; **undergo great ~s** doznat velké změny ♦ **a c. for the better/ worse** obrat k lepšímu/ k horšímu; **have a c. of heart** rozmyslet si to; **a c. of air/ climate** změna vzduchu/ klimatu; **the c. of life** *(menopause)* přechod **3** *(for variety's sake)* změna, zpestření; **for a c.** pro změnu, pro zpestření **4** *(of sth for sth)* **a)** výměna, (vy)střídání, záměna; **a c. of leader** výměna vůdce polit. strany; **a c. of job** změna zaměstnání **b)** *(of trains, schools* etc*)* přestup **c)** Techn *(of gear)* řazení; **automatic/ hand gear c.** automatické/ ruční řazení **d)** *(spare set)* **a c. of clothes** náhradní oblečení, šaty na převlečení, převlek **5** *(of money)* **a)** also **small c.** drobné peníze, mince; **give sb (small) c. for £5** rozměnit komu pětilibrovku; **have you got any c.?** nemáte drobné? **b)** *(money returned)* **here's your c.** zde máte nazpátek; **(you may) keep the c.** drobné si nechte ♦ **you won't get much c. out of him** inf na něho se moc nespoléhejte, ten vám moc nepomůže, od toho se toho moc nedozvíte ■ **automatic c. machine** měnič drobných mincí **6** *(Stock Exchange)* burza **7 ring the ~s** variačně vyzvánět v souladu s určitými konvencemi, fig omílat různými způsoby jedno a totéž ● **I** vt **1** *(alter)* (z)měnit, přeměnit, *(redo)* předělat; *(transform)* proměnit; **c. one thing into another** změnit něco na něco; **the witch ~d her into a princess** čarodějnice ji proměnila v princeznu; **c. colour** (z)měnit barvu; **c. the prices of sth** přecenit co; **c. one's views** změnit názory, poopravit si názory; **c. one's voice** mutovat ♦ **c. the subject** přejít na jiné téma, změnit téma; **c. one's mind** rozhodnout se jinak, rozmyslet si to; **he'll c. his tune** ten bude zpívat jinou; **c. one's ways** změnit se, *(for the better)* polepšit se; **he is a ~d man** je jako vyměněný, člověk by ho nepoznal, je to úplně někdo jiný **2** *(substitute: clothes* etc*)* měnit, vyměnit; **c. one's shirt** převléci si košili, vzít si jinou košili; **c. one's clothes** obléci se jinak, převléci se; **c. one's shoes** přezout se; **c. one's address** přestěhovat se; **c. the baby** přebalit dítě, dát dítěti suchou plenu;

c. a tyre vyměnit pneumatiku **3** *(exchange: one thing for another)* měnit, vyměnit; *(guard)* vystřídat; **c. a house for a flat** vyměnit dům za byt; **c. a pen for a pencil** vyměnit pero za tužku; **c. trains** přesednout/ přesedat, přestoupit/ přestupovat do jiného vlaku; **c. seats** přesednout si; **c. step** změnit krok; **c. horses** přepřahat koně; **c. horses in midstream** fig přepřahat koně uprostřed řeky; **c. one's faith** přestoupit na jinou víru; **c. hands** *(of things)* změnit majitele, přijít do jiných rukou; **c. sides** přejít na druhou stranu, Pol přejít k opozici, Mil přeběhnout or dezertovat k nepříteli **4** *(money: into foreign currency)* měnit, proměnit, vyměnit, směnit; *(into coins or smaller notes)* rozměnit; **c. pounds into crowns** proměnit libry za koruny **5 c. gear** přeřadit or přehodit rychlost **II** vi **1** *(alter)* změnit se; **c. for the better** *(person)* polepšit se, *(situation)* zlepšit se; **c. for the worse** *(situation)* zhoršit se; **c. into sth** proměnit se v co ♦ **c. like a weather cock** točit se jako korouhvička, být kam vítr tam plášť **2** *(put on different clothes)* převléci se; **c. out of sth** převléci si co; **c. into sth** převléci se do čeho **3** *(take a different train etc)* přesedat, přesednout; **where do I c.?** kde budu přesedat?; **where shall I c. for Prague?** kde mám přesedat do Prahy?; **I had to c. twice** musel jsem dvakrát přesedat **4 c. to sth** přejít na co; **c. to physics from chemistry** přestoupit z chemie na fyziku o studijním oboru **III** phr vs ■ **change down** vi Aut (za)řadit nižší rychlost (**to** na) ■ **change over** vi **1 c. over from sth to sth** přejít z čeho na co; **c. over to sth** přejít na co, *(to a different channel)* přepnout na co, *(to a different subject: of students)* přestoupit na co **2** *(c. sides)* Sport vyměnit si strany hřiště ap.; *(exchange places)* přesednout si ■ **change up** vi Aut zařadit vyšší rychlost

changeability [čeindžə'biləti] n see **changeable** proměnlivost; nestálost; náladovost, vrtkavost

changeable ['čeindžəbl] adj **1** proměnlivý; *(person)* nestálý; *(weather)* nestálý, proměnlivý, vrtkavý, náladový ♦ **be as c. as the weather** být jako aprílové počasí **2** *(able to be changed)* měnitelný

changeless ['čeindžləs] adj neměnitelný

changeling ['čeindžliŋ] n podvržené dítě

changeover ['čeindžəuvə(r)] n **1** změna, výměna; *(to new system)* přechod, přeměna; **a c. from sth to sth** přechod od čeho k čemu **2** Mil *(of guards)* (vy)střídání **3** Sport *(of baton)* předávka ve štafetě; *(changing ends: in football etc)* výměna stran

changing ['čeindžiŋ] adj měnící se ● n **the c. of the guard** střídání stráží

changing-room ['čeindžiŋru:m] n Sport šatna; *(in shop)* kabinka na zkoušení šatů

channel ['čænl] n **1** Geog kanál, průliv; *(navigable part of waterway)* plavební dráha; *(bed of river)* říční koryto, řečiště; **the C. Islands** Normanské ostrovy; **the (English) C.** Lamanšský průliv ■ **C. Tunnel** tunel pod Lamanšským průlivem **2** Admin způsob, cesta; **through diplomatic ~s** diplomatickou cestou; **through official ~s** úředně, úřední cestou ♦ **divert the talk to other ~s** svést řeč jinam **3** Rad, Elec kanál, program **4** *(groove)* drážka, rýha; Archit žlábek ● vt (**-ll-**, Amer **-l-**) *(direct: water)* vést; fig *(efforts, energies)* zaměřit na co, usměrnit, orientovat

chant [čænt] n Relig liturgický zpěv, chorál, monotónní zpěv; psalmodie, jednohlasé zpívání žalmů; *(of crowds)* skandování hesel, provolávání hesel; **Gregorian c.** gregoriánský chorál ● **I** vt monotónně zpívat or odříkávat např. žalmy; skandovat např. hesla; **c. slogans** skandovat or provolávat hesla **II** vi zpívat žalmy/ liturgické zpěvy etc; provolávat hesla, skandovat

chaos ['keios] n chaos, zmatek; *(commotion)* boží dopuštění; inf cirkus, paseka; **utter** or **total c.** úplný chaos, zmatek nad zmatek, hotový or učiněný blázinec; **economic c.** turecké hospodářství; **the city was in c.** ve městě vládl chaos

chaotic [kei'otik] adj chaotický, zmatený; *(disorganized)* bezplánovitý; **lead a c. life** žít nespořádaně

chaotically [kei'otikli] adv chaoticky; bezplánovitě

chap$_1$ [čæp] n muž, chlapík, hoch; chlápek, člověk, individuum; **a little c.** malý človíček or chlápek; **he is a great** or **fantastic c.** je to prima kluk; **my dear c.!** milý hochu!; **poor c.!** chudák!

chap$_2$ [čæp] n Med *(of skin)* prasklina ● v (**-pp-**) **I** vi *(skin, lips)* popraskat, rozpukat; *(lips also)* okorat **II** vt způsobit popraskání; **become ~ped** rozpraskat; **~ped skin** rozpukaná or rozpraskaná kůže

chap$_3$ [čæp] abbr of **chapter** kapitola

chapel ['čæpl] n **1** kaple; **c. of rest** smuteční síň místo, kde je vystavena rakev s nebožtíkem ■ **c. choir** kostelní sbor pěvecký **2** *(services)* bohoslužby v kapli; **I'll meet you after c.** uvidíme se po bohoslužbách **3** *(of Nonconformists)* modlitebna, kostelík **4** *(of print union)* pobočka odborové organizace typografů; **clerk of the c.** úsekový důvěrník **5** esp Amer místní pobočka klubu or organizace

chaperone ['šæpərəun] n **1** garde, gardedáma **2** *(escort)* průvodce ● vt **c. sb** *(young lady)* dělat komu gardedámu or garde; *(tourists* etc*)* provádět koho, dělat komu průvodce

chaplain ['čæplin] n kaplan; **an army c.** vojenský kněz, kurát; **prison c.** vězeňský kněz

chaplaincy ['čæplənsi] n kaplanství; *(building)* příbytek kaplana

chapter ['čæptə(r)] n **1** *(of book)* kapitola; *(in textbook* also*)* lekce; **quote sth c. and verse** uvést přesnou citaci čeho; **a c. of accidents** série nehod, dlouhý řetěz nehod **2** *(period of time)* období, perioda; **begin a new c. in one's life** začí(na)t novou kapitolu života ■ **c. house** kapitulní shromaždiště **3** Relig kapitula sbor kanovníků or řeholníků/ jejich shromáždění **4** Amer pobočka esp studentské organizace ■ **c. house** klubovna

char$_1$ [ča:(r)] **I** vt (-**rr**-) **1** pálit na uhlí o uhlířích **2** způsobit ohoření **II** vi ohořet, zuhelnatět; shořet na uhlí

char$_2$ [ča:(r)] n Br inf uklízečka, posluhovačka ● vi Br pracovat jako uklízečka; **c. for sb** dělat komu uklízečku, uklízet komu

character ['kærəktə(r)] n **1** *(integrity, moral force)* charakter; **he has got no c.** nemá (žádný) charakter, je bezcharakterní; **be a person of good c.** mít charakter, být charakterní; **mould sb's c.** formovat čí charakter ■ **c. reference** posudek, doporučení **2** *(nature)* charakter, ráz, profil, povaha; *(of person)* povaha, nátura; **a strong c.** silná nátura; **tractable c.** ohebná povaha; **the landscape has a c. of its own** krajina má zvláštní ráz or je svérázná; **c. study** povahopis ♦ **his behaviour was in c.** choval se podle očekávání; **his behaviour was out of c.** choval se netypicky, choval se jakoby to ani nebyl on **3** *(reputation)* pověst; **defamation of c.** utrhání na cti **4** inf *(person)* typ, individuum, existence; **quite a c.** podařený chlapík; **a dubious c.** podezřelý ptáček, pochybné individuum; **an odd c.** podivný pavouk; **an infamous c.** výlupek všech špatností, vyhlášená firma fig; **he is a smooth c.** je to liška podšitá **5** Theat, Liter postava; Liter also figura, figurka; **a cardboard c.** neživotná postava ■ **c. actor** charakterní herec **6** Typ, Comput znak; **c. set** soubor znaků

characteristic [kærəktə'ristik] adj typický, charakteristický, příznačný, reprezentativní; **it is c. of his attitude** to je příznačné pro jeho postoj ● n vlastnost, (příznačný) rys

characterization [kærəktərai'zeišn] n charakteristika; charakterizace

characterize ['kærəktəraiz] vt charakterizovat, být typický pro; **c. sth as ...** kvalifikovat něco jako ...

charade [šə'ra:d] n šaráda; fig fraška

charcoal ['ča:kəul] n **1** dřevěné uhlí **2** *(for drawing)* kreslířský uhel ■ **c. drawing** uhlokresba; **c. grey** tmavošedá barva

charge [ča:dž] n **1** *(price, fee)* poplatek, sazba, taxa; **additional c.** doplatek; **advertising c.** inzertní poplatek; **community c.** Br formerly daň z hlavy místní daň; **cover** or **house c.** kuvér; **delivery c.** doručné; **flat c.** paušál, paušální poplatek; **hire** or **lending** or **rental c.** půjčovné; **postal ~s** poštovné; **professional c.** honorář; **service c.** manipulační poplatek; **shipping ~s** expediční poplatky; **storage ~s** skladištní poplatky; **supplementary c.** příplatek; **tariff c.** tarifní poplatek; **telephone c.** hovorné, telefonní poplatek; **transportation c.** dopravné, přepravné; **unloading c.** vykládací poplatek; **there is an extra c. for heating** za topení se platí zvlášť; **what is the c. for ...?** kolik or co se platí za ...?; **scale of ~s** sazebník, tarif; **exemption from ~s** bezplatnost; **free of c.** bezplatně, gratis, zadarmo, zdarma; **be subject to a c.** podléhat poplatku; **reverse the ~s** telefonovat na účet volaného ♦ **c. account** úvěrové konto **2** *(care)* péče, starost, dozor, ochrana, odpovědnost; **the person in c.** dozor osoba; **the official in c.** příslušný úředník; **the editor in c.** odpovědný redaktor; **be in c. of sth** mít nad čím dozor, řídit co, mít co na starosti or v referátu, spravovat co; **take c. of** převzít or přejímat co funkci, úřad ap., ujmout se čeho **3** *(person entrusted)* osoba svěřená něčí péči, *(child)* svěřenec **4** Jur *(accusation)* obvinění, obžaloba; **the c. of murder** obvinění z vraždy; **bring a c. against sb** vznést žalobu na koho, podat proti komu obžalobu; **dismiss the c.** zamítnout obžalobu; **drop a c.** odvolat obžalobu **5** *(attack)* útok, zteč; **bayonet c.** bodákový útok, útok na bodáky **6** *(explosives)* Mil nálož, náplň náboje; **fire a c.** odpálit nálož **7** Elec náboj; **a positive/ negative c.** kladný/ záporný náboj; fig **an emotional c.** citový náboj **8** Jur fml **the judge's c. to the jury** ponaučení soudce porotcům před vynesením rozsudku **9** Her obraz v erbu ● **I** vt **1** *(ask as a price)* účtovat, počítat; **c. two pounds a piece** počítat dvě libry za kus; **c. too much for sth** předražit co, účtovat za co příliš moc; **how much do you c. for it?** kolik to stojí?; **we won't c. you for delivery** zboží dodáme zdarma **2** *(debit)* zatížit or debitovat čí konto, připsat komu částku k tíži or na vrub; **c. sb £100 to his account** zatížit čí konto sto librami **3** *(load)* *(firearm; battery)* nabít, nabíjet; fml *(glass)* naplnit **4** *(accuse)* **c. sb with sth** obžalovat or obvinit koho z čeho, *(blame)* vinit or nařknout koho z čeho **5** *(attack)* (za)útočit na koho/ co; **c. the enemy lines** zaútočit na nepřátelské linie **6** *(entrust,* fml *command)* **c. sb to do sth** přikázat komu, aby ...; **c. sb with sth** uložit komu, aby ..., dát komu za úkol, aby ...; **c. sb with a task** uložit komu úkol **II** vi **1** *(ask in payment)* **do you c. for children?** platí se za děti? **2** *(of battery)* nabíjet se, dobíjet se; **the battery does not c. sufficiently** nedobíjí se baterie **3** *(attack)* **c. at sb/ sth** (za)útočit na koho/ co **4** *(rush)* **c. down/ in/ up** etc hnát se or řítit se dolů/ dovnitř/ nahoru; **come charging in** přihnat se kam jako velká voda, inf vletět kam jako splašený **III** phr v ■ **charge up** vt **1 c. sth up to sb** zapsat or připsat co na čí účet tj. dlužnou částku **2** Elec *(battery)* nabíjet, dobíjet

chargeable ['ča:džəbl] adj **1** *(expenses)* účtovatelný **2** Jur *(offence)* žalovatelný

charged ['ča:džd] adj Elec nabitý; fig *(atmosphere)* napjatý

chargé d'affaires [ša:žei dæ'feə(r)] n (pl **chargés d'affaires**) chargé d'affaires

charger ['ča:džə(r)] n **1** *(battery c.)* nabíječka (akumulátoru or baterií) **2** formerly *(horse)* válečný oř

chariot ['čæriət] n formerly *(in ancient times)* dvoukolý vůz řecký or římský

charisma [kə'rizmə] n **1** charisma, osobní kouzlo or magnetismus, osobní přitažlivost **2** Relig charisma zvláštní dar Ducha svatého, např. schopnost prorokovat, léčit ap.

charismatic [kæriz'mætik] adj **1** *(figure, leader, politician)* nadaný osobním kouzlem, přitažlivý, charismatický **2** Relig charismatický, nadaný schopností prorokovat, léčit etc

charitable ['čæritəbl] adj **1** *(generous)* velkorysý, šlechetný, štědrý **2** *(organization, institution, work)* charitativní, dobročinný; **for c. purposes** pro dobročinné účely **3** *(kind to others, tolerant)* laskavý, shovívavý, mající porozumění; **that's a very c. judgement** to je velmi velkorysý pohled na věc ■ **~ly** adv velkoryse, štědře; s porozuměním

charity ['čærəti] n **1** *(Christian virtue)* milosrdenství, láska k bližnímu **2** *(tolerance, kindness in judging others)* vlídnost, shovívavost, laskavost **3** *(generosity in giving to the needy)* dobročinnost, šlechetnost, velkorysost; **an act of c.** milosrdný skutek; **for c.** pro dobročinné účely; **out of c.** z milosrdenství; **live on c.** žít z milodarů ♦ **c. begins at home** bližší (je) košile než kabát; **bread of c.** chléb z milosti ■ **c. work** dobrodiní, dobročinná činnost; **a c. concert/ jumble sale** koncert/ bazar pro dobročinné účely **4** *(c. organization)* charita, dobročinná or charitativní organizace ♦ **be as cold as c.** být studený or chladný jako kámen

charlady ['ča:leidi] n Br uklízečka, posluhovačka

charlatan ['ša:lətən] n šarlatán, dryáčník; *(doctor* also*)* dated mastičkář

charlatanism ['ša:lətənizm] n šarlatánství, dryáčnictví

charm [ča:m] n **1** *(attractiveness)* půvab, kouzlo, šarm; **(physical) ~s** *(woman's)* vnady, půvaby; *(sweetness)* roztomilost; **personal c.** osobní kouzlo, kouzlo osobnosti; **irresistible c.** neodolatelné kouzlo; **have c.** mít šarm; **be devoid of c.** být bez půvabu; **the town has a special c.** město má osobité kouzlo ♦ **turn on the c.** *(put on a show)* rozvinout kouzlo osobnosti před kým, inf filmovat to na koho **2** *(magic words)* zaklínadlo, zaříkadlo, zaříkávací formule, kouzelná slova ♦ **it worked like a c.** šlo to jako po másle; *(of medicine* etc*)* dělat zázraky **3** *(talisman)* talisman, maskot; *(on a chain)* přívěsek ● **I** vt **1** *(attract)* okouzlit, očarovat; **c. sb** učarovat komu ♦ **he could c. the birds from** or **out of the trees** ten by vymámil i z jalové krávy tele **2** *(by magic)* začarovat, zaklí(na)t, zařík(áv)at; *(snakes)* zaklínat, krotit ♦ **bear** or **lead a ~ed life** být dítětem štěstěny **II** phr v ■ **charm away** vt *(worries, fears)* zaplašit, rozptýlit

charmer ['ča:mə(r)] n **1** *(attractive man/ woman)* okouzlující muž, inf sympaťák/ okouzlující žena, kouzelné stvoření **2** *(of snakes)* zaříkávač, zaklínač hadů

charming ['ča:miŋ] adj kouzelný, okouzlující; *(woman)* půvabný, *(child)* rozkošný, roztomilý; **a c. hostess** roztomilá hostitelka

charnel-house ['ča:nlhaus] n (pl **-houses**) márnice, kostnice

chart [ča:t] n **1** *(map)* Naut, Aviat, Astron mapa; **a naval/ celestial/ weather c.** námořní/ hvězdná/ povětrnostní mapa **2** *(diagram, graph)* diagram, graf, schéma, tabulka; **flow c.** postupový diagram; **organization c.** organizační schéma; **progress c.** harmonogram; **resolution c.** monoskop; **a c. of price changes** diagram vývoje cen; **a c. of rainfall** tabulka dešťových srážek **3 the ~s** pl týdenní žebříčky singlů ● vt **1** *(make a map/ graph/ table* etc*)* zmapovat, zanést do mapy/ vytvořit graf/ tabulku etc čeho **2** fig podrobně něco sledovat/ popisovat/ zaznamenávat/ líčit etc průběh, vývoj

charter ['ča:tə(r)] n **1** charta, listina; *(of an organization, institution)* stanovy; *(of university)* zakládací listina; **the United**

Nations C. Charta Organizace spojených národů; Hist **Imperial C.** majestát; **C. 77** Charta 77 **2** *(hire: of ship, plane)* nájem, pronájem lodi, letadla ■ **c. flight** speciál ● vt *(ship, plane* etc*)* (pro)najmout; **~ed bus** zájezdový autobus; **~ed flight** speciál, charterový let

chartered accountant [ča:tədə'kauntənt] n diplomovaný účetní revizor

charwoman ['ča:wumən] n (pl **-women** ['-wimin]) uklízečka, posluhovačka

chary ['čeəri] adj (**-ier, -iest**) **1** *(cautious, wary)* opatrný, obezřelý; **be c. of doing sth** váhat s čím, přistupovat k čemu opatrně **2** *(sparing)* rezervovaný; **be c. of giving praise** neplýtvat chválou, šetřit chválou

Charybdis [kə'ribdis] n Charybda; **Scylla and C.** Scylla a Charybda

chase$_1$ [čeis] n **1** *(pursuit: of thief)* honička, štvanice; **give c. to the thief** pronásledovat zloděje **2** *(hunting)* hon, lov, štvanice; *(steeplechase)* steeplechase; fig sháňka po potravinách ap., hon za penězi ap. ♦ **send sb on a wild goose c.** vyvést koho aprílem, posílat koho od čerta k ďáblu; **it was a wild goose c.** byla to zbytečná námaha ● **I** vt *(thief)* pronásledovat, honit; *(hunt: fox)* štvát; **c. girls** honit se or běhat za děvčaty, prohánět děvčata; **c. sb** *(look for)* honit se za kým, shánět koho ♦ **go (and) c. yourself!** inf somewhat dated trhni si nohou! **II** phr vs ■ **chase about** or **around** *(the town)* inf naběhat se, strávit hodně času běháním po městě; **do a lot of chasing about** naběhat se or nahonit se při shánění čeho ■ **chase after** vt **c. after sb/ sth** honit se za kým/ čím; **c. after girls** běhat or pálit za holkama, prohánět děvčata; **c. after money** pachtit se po penězích, mamonit, honit se za majetkem ■ **chase away** odehnat; *(sorrows)* zapudit, zbavit se čeho ■ **chase off** vi upláchnout ■ **chase up** vt inf sehnat, vypátrat; *(information)* zjistit, dopátrat se čeho, vyčmuchat

chase$_2$ [čeis] vt *(metal)* cizelovat

chaser ['čeisə(r)] n **1** kůň pro steeplechase **2 drink sth as a c.** inf vypít něco na spláchnutí např. pivo po whisky

chasm ['kæzəm] n **1** *(abyss)* propast, průrva **2** fig propast, propastný rozdíl

chassis ['šæsi] n (pl **chassis** ['šæsiz]) šasi, Aut also podvozek

chaste ['čeist] adj **1** *(virtuous)* ctnostný, cudný, panenský **2** *(style, dress)* prostý, jednoduchý, nevyumělkovaný ■ **~ly** adv **1** ctnostně, cudně **2** *(dress)* jednoduše, s jednoduchou elegancí, nevyumělkovaně

chasten ['čeisn] vt **1** *(punish)* (po)kárat, (po)trestat **2** *(subdue)* zkrotit; přivést k rozumu, učinit moudřejším; **~ing experience** poučná zkušenost

chastise [čæs'taiz] vt fml potrestat přísně zvl. bitím; *(scold)* (vy)plísnit, přísně pokárat

chastisement [čæ'staizmənt] n fml (přísné) potrestání, trest zvl. tělesný

chastity ['čæstəti] n cudnost, pohlavní čistota; **vow of c.** slib pohlavní čistoty; **c. belt** pás cudnosti

chasuble ['čæzjubl] n ornát, kasule bohoslužebné roucho

chat [čæt] n inf (přátelský) rozhovor, beseda; poklábosení, sl pokec; **have a c. with sb** popovídat or promluvit or pohovořit si s kým; **have a good c.** vypovídat se ■ **c. show** TV, Rad televizní or rozhlasová beseda zábavný program zpestřený rozhovory se známými osobnostmi ● **I** vi (**-tt-**) **c. (away)** povídat si, bavit se, besedovat, inf klábosit; **c. to** or **with sb (about sth)** bavit se s kým (o čem) **II** phr v ■ **chat up** vt inf *(flirt with: sb of the opposite sex)* lovit, balit; **c. up a bird** sl narazit si or sbalit ženskou

chattels ['čætlz] n Jur movitý majetek, movité jmění; **all his goods and ~s** jeho veškerý majetek, všechny jeho věci ♦ **pack up one's goods and c.** sebrat si svých pět švestek

chatter ['čætə(r)] n **1** *(of people)* žvanění, klábosení, (stálé) povídání, drmolení; *(of children)* brebentění, žvatlání; **idle c.** prázdné tlachání or žvanění, prázdné řečičky; *(of birds)* štěbetání, švitoření **2** *(of teeth)* cvakání, jektání; *(of guns)* třeskot, *(of machine guns)* štěkot; *(of leaves, forests)* šumění ● vi cf n **1** tlachat, klábosit; povídat, drmolit, mlít pantem; brebentit; žvatlat; štěbetat, švitořit; **c. away** neustále povídat; **c. about sth** klábosit o čem; **she ~s on like a magpie** huba jí jede jako namazaná **2** *(teeth)* jektat, cvakat, drkotat; *(trees)* šumět; **his teeth were ~ing with cold** zuby mu jektaly zimou

chatterbox ['čætəboks] n mluvka, brebentil, brebentilka, povídálek, klepna; **she is a c.** má pěknou vyřídilku

chatterer ['čætərə(r)] n mluvka, tlachal, povídálek, inf kecal

chattiness ['čætinəs] n upovídanost, řečnost, hovornost

chatty ['čæti] adj (**-ier, -iest**) hovorný, řečný, upovídaný, sdílný

chauffeur ['šəufə(r), šəu'fə:(r)] n řidič, šofér zvl. z povolání; **have a c.** držet si šoféra ● vt zavézt autem jako šofér

chauvinism ['šəuvənizəm] n šovinismus

chauvinist ['šəuvənist] n šovinista ● adj šovinistický

chauvinistic [šəuvə'nistik] adj šovinistický

cheap [či:p] n **get sth on the c.** dostat něco levně or inf za pár šupů or za babku ● adj 1 *(inexpensive)* levný, laciný; **c. tickets** levné lístky; **a c. hotel** levný hotel; **it was anything but c.** laciné to zrovna nebylo 2 *(of poor quality)* laciný, mizerný, nekvalitní, *(clothes* also*)* nevkusný; **a c. print** barvotisk; **c. wine** laciné víno; **c. jewellery** laciná bižutérie; **c. trash** *(books)* braková literatura 3 fig *(flattery, joke, success)* laciný; *(entertainment)* povrchní; *(remark)* sprostý; *(trick)* ubohý ♦ **feel c.** cítit se ponížený or zneuctěný; **make oneself c.** ponížit se, zahodit se; Amer **that was a c. shot** to byla rána pod pás 4 Amer lakotný, skrblický ● adv lacino, levně; **buy sth c.** koupit co levně; **buy sth dirt c.** koupit co za babku; **be going c.** *(goods)* prodávat se za sníženou cenu ■ see **~ly**

cheapen ['či:pən] I vt 1 *(make cheaper)* **c. sth** zlevnit co, snížit cenu čeho 2 fig **c. oneself** ponížit se, inf zahodit se II vi *(become cheaper)* zlevnit, klesnout na ceně

cheaply ['či:pli] adv 1 *(buy, sell* etc*)* levně, lacino ♦ **get off c.** vyváznout lacino 2 *(shoddily)* uboze, mizerně; **be c. dressed** být nevkusně a levně oblečený; **be c. furnished** být uboze zařízený

cheapness ['či:pnəs] n see **cheap** 1 láce, nízká cena 2 podřadná jakost

cheapskate ['či:pskeit] n esp Amer, inf lakomec, držgrešle

cheat [či:t] I vt **c. sb** (o)šidit koho, inf podfouknout koho např. při hře; **c. oneself** ošidit se např. při vracení peněz; **c. sb out of sth** ošidit koho o co; **c. sb out of his money** vylákat na kom peníze ♦ **c. death** utéci hrobníkovi z lopaty II vi podvádět, šidit, inf *(in a game)* švindlovat, hrát falešně ● n 1 podvodník; *(in games* also*)* falešný hráč; *(in personal relations)* falešník 2 *(dishonest trick)* podvod; **he fell so low as to c.** klesl tak hluboko, že podvádí III phr v ■ **cheat on sb** inf *(wife/ husband* etc*)* podvádět koho, být komu nevěrný, inf zahýbat komu; **c. on one's husband** zahýbat/ zahnout manželovi

cheating ['či:tiŋ] n see **cheat** v klam, klamání, podvod, podvádění; *(in cards)* švindlování ♦ **lying and c.** lež a klam; **stoop to c.** snížit se k podvodu ● adj podvodný

check [ček] n 1 *(inspection, examination)* přezkoušení, kontrola, revize; *(of documents, facts)* ověření; Techn prověrka; **identity c.** kontrola osobních průkazů; **spot ~s** namátkové kontroly 2 *(restraint)* omezení; **keep sth in c.** udržovat něco pod kontrolou, kontrolovat něco; **keep sb in c.** *(child)* krotit koho; **keep oneself in c.** ovládat se; **keep one's feelings in c.** přemoci se, ovládnout se; **put a c. on sth** něco překazit, něčemu zabránit, něco zatrhnout 3 *(pattern)* Text kostka na látce, káro, pepita or pepito 4 *(in chess)* sg šach ohrožení krále; **be in c.** mít šach, být v šachu; **put sb in c.** dát komu šach 5 Amer = Br **cheque** šek 6 Amer *(bill in restaurant* etc*)* účet, účtenka; *(token: for luggage* etc*)* lístek od šatny, na zavazadla 7 Amer *(mark, tick)* zatržení položky při kontrole ● interj *(in chess)* **check!** šach! ● I vt 1 *(examine, inspect)* (pře)kontrolovat, zkontrolovat, revidovat, zkoumat; *(facts)* ověřit; *(scan)* přehlédnout, prohlédnout; (Math *results)* přepočítat; **c. sb's identity card** or **papers** legitimovat koho; **c. the measurements of sth** přeměřit co; **c. the weight of sth** převážit co; **c. the time** porovnat si čas; **c. a word in a dictionary** ověřit si slovo ve slovníku 2 *(restrain: enemy's advance* etc*)* zadržet, zastavit; *(bleeding, epidemic)* zastavit; *(anger)* ovládat, krotit; *(tears, laughter)* ubránit se čemu; **c. oneself in time** zavčas se ovládnout, včas se vzpamatovat 3 *(in chess)* šachovat, dát šach komu 4 Amer *(luggage)* dát si co do úschovny; *(coat)* dát si co do šatny; **c. one's luggage at a left-luggage office** dát si zavazadlo do úschovny 5 Amer *(tick)* zatrhnout, zaškrtnout, inf odfajfkovat např. jména v seznamu ap. II vi 1 *(verify, make sure)* přesvědčit se; **I have to c. if ...** musím se přesvědčit, zda ...; **you'd better c. with them** raději se jich zeptej, měl bys to s nimi zkonzultovat 2 *(stop suddenly)* zarazit se III phr vs ■ **check back** vi prohlédnout, překontrolovat ■ **check in** *I* vt 1 *(luggage: at airport)* odbavit 2 *(at hotel)* **c. sb in** ubytovat koho, objednat komu ubytování *II* vi 1 *(at airport)* přihlásit se k odbavení, registrovat se or hlásit se k odletu 2 *(at hotel)* ubytovat se ■ **check off** vi Amer zatrhnout, zaškrtnout, inf odfajfkovat např. jméno v seznamu ap. ■ **check out** *I* vi odhlásit se; **c. out of a hotel** zaplatit a odejít z hotelu *II* vt **c. sth out** *(information, figures)* překontrolovat, ověřit si ■ **check over** vi překontrolovat, přesvědčit se o čem ■ **check through** vt 1 *(examine: luggage, accounts)* projít čím, prohlédnout, zkontrolovat 2 *(luggage)* poslat přímo; **I'd like my luggage ~ed through to Prague** odbavte laskavě zavazadla přímo do Prahy ■ **check up** vi kontrolovat ■ **check up on** vi (pře)kontrolovat; **c. up on sb** informovat se o kom, prověřit si koho; *(keep a c. on sb)* kontrolovat koho

checkbook ['čekbuk] n Amer šeková knížka

checked [čekt] adj *(material)* kostkovaný, károvaný, pepito, pepita

checker ['čekə(r)] n **1** *(of orders, stores etc)* kontrolor/ -ka **2** *(in supermarkets: cashier)* Amer pokladník **3** Amer hrací kámen v dámě **4** Amer *(in cloakrooms)* šatnář/ -ka

checkerboard ['čekəbo:d] n Amer šachovnice

checkered ['čekəd] adj Amer = **chequered**

checkers ['čekəz] n Amer *(game)* dáma; **play c.** hrát dámu

check-in ['čekin] n *(at airport)* odbavení zavazadel; *(in hotel)* registrace v recepci ■ **c. (desk) 1** *(at airport)* přepážka pro odbavení zavazadel **2** Amer *(in hotel)* recepce

checking ['čekiŋ] n Amer **1** *(of baggage)* podání **2** *(examining)* kontrola ■ Comput **c. program** kontrolní program

checklist ['čeklist] n kontrolní seznam

checkmate ['čekmeit] n sg šachmat, mat; fig naprostá porážka ● vt **c. sb** dát komu šachmat; fig porazit koho na hlavu

check-out ['čekaut] n **1** Amer *(in hotel)* zaplacení účtu v hotelu před odchodem; uvolnění pokoje **2** *(in supermarket)* pokladna

checkpoint ['čekpoint] n kontrolní stanoviště; *(on a frontier)* stanoviště celní a pasové kontroly

check-up ['čekap] n **1** Med **medical c.** zdravotní prohlídka; **have a c.** podrobit se zdravotní prohlídce **2** *(inspection)* prověření, kontrola

cheddar ['čedə(r)] n *(cheese)* čedar

cheek [či:k] n **1** Anat tvář, líce; **chubby/ rosy/ swollen ~s** kulaté/ růžové/ oteklé tváře; **have rosy ~s** mít ruměnec v tváři; **stroke sb's c.** hladit koho po tváři; **have roses in one's ~s** mít tváře krev a mléko ♦ **c. by jowl** *(sit, live)* těsně vedle sebe; **turn the other c.** nastavit i druhou tvář; **speak with tongue in c.** mluvit neupřímně or potouchle, nemyslet to vážně, *(joke)* žertovat **2** inf *(buttocks)* **~s** hýždě; inf půlky, zadní tváře **3** *(impudence)* drzost; *(impertinent talk)* hubatost, prostořekost; *(talking back)* odmluvy, odmlouvání; *(shamelessness)* nestydatost; **a fair amount of c.** notná dávka drzosti; **what (a) c.!, the c.(of it)!** to je ale drzost!; **I won't have any of your c.!** žádné odmluvy!; **have the brazen c. to ask for sth** žádat o co s drzým čelem ● vt být k někomu drzý, chovat se ke komu drze, odmlouvat komu

cheekbone ['či:kbəun] n lícní kost

cheekiness ['či:kinəs] n see **cheek (3)**, **cheeky** drzost; hubatost; prostořekost; drzé chování

cheeky ['či:ki] adj (**-ier, -iest**) drzý, hubatý, prostořeký; **c. little thing** nezbeda; **c. devil** drzoun; **be c. to sb** chovat se ke komu drze, dovolovat si ke komu ■ **cheekily** adv drze

cheep [či:p] n *(of birds)* vypísknutí, pípnutí, tiknutí ♦ **he did it without a c.** udělal to, ani nepípnul; **he didn't utter a c.** ani nedutal ● vi vypísknout, (vy)pípnout, zapípat

cheer [čiə(r)] n **1** *(shout of joy)* jásot, provolávání slávy, volání bravo; **three ~s for David** Davidovi třikrát hurá; **greet sb with ~s** přivítat koho jásotem or potleskem **2** dated *(spirits; comfort)* dobrá nálada, dobrá míra, povzbuzení; dated **be of good c.** mít dobrou náladu, být v dobré míře; dated **be of good c.!** *(as encouragement)* jen odvahu!, hlavu vzhůru! **3** see **cheers!** interj ● **I** vt **1 c. sb** oslavovat koho jásotem, pozdravovat koho s jásotem; **c. sth** oslavovat co jásotem **2** *(gladden)* povzbudit, rozveselit **II** vi jásat, provolávat slávu; **there is nothing to c. about** není nad čím jásat **III** phr vs ■ **cheer on** vt *(support: one's team etc)* **c. sb on** povzbuzovat koho, podněcovat koho k vyššímu výkonu, fandit komu ■ **cheer up** *I* vt **c. sb up** povzbudit/ povzbuzovat koho; rozveselit or obveselit koho, dodat komu dobrou náladu; **your letter ~ed me up** tvůj dopis mi zlepšil náladu *II* vi vzchopit se, vzmužit se; vzpružit se; rozveselit se; **c. up!** hlavu vzhůru!, jen neztrácet odvahu!

cheerful ['čiəfəl] adj **1** *(person)* veselý, čilý, spokojený, dobře naladěný, jsoucí v dobré míře; *(mood)* radostný, úsměvný; **stay c.** udržet si dobrou náladu or míru **2** *(news)* radostný, potěšitelný, povzbudivý **3** *(bright: face)* veselý, rozjasněný; *(colour, room)* jasný; *(music)* radostný, veselý **4** *(worker: willing)* ochotný ■ **~ly** adv **1** vesele, zvesela; radostně; s úsměvem **2** radostně, povzbudivě **3** *(work)* ochotně

cheerfulness ['čiəfulnəs] n see **cheerful** veselost; radostnost; úsměvnost

cheerily ['čiərili] adv radostně, vesele, spokojeně

cheering ['čiəriŋ] n see **cheer** vti **1** jásot, provolávání slávy **2** povzbuzování, Sport also fandění ● adj **1** *(news)* radostný, povzbudivý; *(prospect)* slibný **2** *(spectators)* jásající, provolávající slávu

cheerio [čiəri'əu] interj esp Br inf **1** *(at parting)* ahoj!, nazdar!, sl čau! **2** *(as a toast)* somewhat dated na (vaše) zdraví!

cheerleader ['čiəli:də(r)] n Amer iniciátor organizovaného povzbuzování zvl. při sportovním utkání – zprav. hezká dívka

cheerless ['čiələs] adj *(person)* skleslý, zasmušilý, trudnomyslný; *(prospects)* neradostný, neutěšený; *(life)* bezútěšný, nudný; *(weather)* skličující; *(room)* ponurý; *(scenery)* skličující, bezútěšný

cheers [čiəz] interj esp Br inf **1** *(as a toast)* na zdraví!; ať slouží! **2** *(goodbye)* ahoj!, nazdar!, sl čau! **3** *(thank you)* inf díky!

cheery ['čiəri] adj (**-ier**, **-iest**) radostný, veselý, bodrý, spokojený ■ adv see **cheerily**

cheese [či:z] n **1** lit sýr; **blue/ cottage/ cream/ full-fat/ rich/ sheep's/ Swiss c.** plísňový/ tvarohový/ smetanový/ plnotučný/ páchnoucí/ ovčí/ ementálský sýr; **Stilton c.** TM stiltonský sýr; **a garlic-flavoured c.** sýr s česnekovou příchutí; **a piece of c.** kousek sýra ■ **c. spread** smetanový sýr; **c. straws** sýrové tyčinky **2** *(phrases)* **big cheese** sl Amer hlavoun, papaláš, velké zvíře; **say c.!** *(for photographs)* úsměv, usmívejte se, vyletí ptáček; *(as different)* **as chalk and c.** jako noc a den, jako nebe a dudy

cheeseburger ['či:zbə:gə(r)] n Amer karbanátek se sýrem

cheesecake ['či:zkeik] n **1** ≅ tvarohový koláč **2** inf nahotinky fotografie polonahých slečen v reklamách ap.

cheesecloth ['či:zkloθ] n Text fáčovina

cheesed-off [či:zd'of] adj Br sl otrávený; **he was really c.-off by that** to ho opravdu otrávilo; **be c.-off with one's job** mít svého zaměstnání plný* zuby

cheese-paring ['či:zpeəriŋ] adj skrblický; **be c. with sth** šetřit s něčím jako se šafránem ● n skrblictví, (skotská) šetrnost

cheetah ['či:tə] n Zool gepard

chef [šef] n šéfkuchař, vrchní kuchař

chef-d'oeuvre [šei'də:vrə] n (pl **chefs--d'oeuvre** [šei'də:vrə]) mistrovské dílo, arcidílo

chemical ['kemikl] adj chemický; **c. engineer** inženýr chemie; **c. works** chemická továrna; **c. engineering** chemické inženýrství; **c. fertilizers** průmyslové hnojivo; **c. warfare** chemická válka ● n chemikálie

chemist ['kemist] n **1** Br drogista; **dispensing c.** lékárník, farmaceut; **~'s (shop)** drogérie (a parfumérie), lékárna **2** *(expert in ~ry)* chemik

chemistry ['kemistri] n **1** chemie; **organic/ inorganic c.** organická/ anorganická chemie; **physical c.** fyzikální chemie **2** *(chemical make-up and behaviour)* chemické složení, chemické vlastnosti; **the c. of lead** chemické vlastnosti olova **3** fig *(between people/ nations)* vzájemná přitažlivost, sympatie, shoda, dohoda; **good/ bad c.** shoda/ nesnášenlivost

cheque, Amer **check** [ček] n Fin šek; **traveller's c.** cestovní šek; **blank c.** bianco šek; **a c. for £ 20** šek na dvacet liber; **pay by c.** platit šekem; **endorse a c.** indosovat šek, žirovat šek, podepsat šek na rubu ■ **c. book** šeková knížka; **c. card** šeková karta

chequerboard ['čekəbo:d] n šachovnice na dámu

chequered ['čekəd] adj **1** *(pattern)* kostkovaný, kárový, pepito **2** fig *(history, past etc)* pestrý, pohnutý; **a c. career** pestrá or bohatá minulost, život plný zvratů

cherish ['čeriš] vt **1** *(love)* (vroucně) milovat, pečovat o koho ♦ **c. sb like the apple of one's eye** střežit koho jako oko v hlavě; **c. a viper in one's bosom** hřát na prsou hada **2** *(hopes)* chovat, kojit se čím

cherry ['čeri] n (pl **cherries**) **1** *(fruit)* třešeň ♦ **lose the c.** Amer inf přijít o poctivost ♦ **have lips like cherries** mít rty jako maliny ■ **c. brandy** třešňovka **2** also **c. tree** třešeň strom ■ **c. orchard** třešňový sad

cherub ['čerəb] n (pl **~s** or **~im** [čerəbim]) **1** Bibl cherub, cherubín **2** *(plump baby angel)* (pl **~s**) andělíček

cherubic [čə'ru:bik] adj *(face, smile)* andělský; *(child)* andělsky krásný, vypadající jako andílek

chess [čes] n šach, šachy; **postal c.** korespondenční šach; **play c.** hrát šach (**blindfold** naslepo); **have a game of c.** zahrát si šachy, sehrát šachovou partii, dát si partii or inf partičku šachu ■ **c. piece** šachová figurka; **c. player** hráč šachu, šachista; **c. set** šachy souprava; **c. tournament** šachový turnaj

chessboard ['česbo:d] n šachovnice

chessman ['česmæn] n (pl **chessmen** [-men]) šachová figurka

chest$_1$ [čest] n Anat hruď, hrudník, prsa; **a hairy c.** chlupatá prsa; **have a weak c.** být slabý na prsa; **stick out one's c.** vypnout hrudník; **his c. swelled with pride** hruď se mu dmula pýchou ♦ **get sth off one's c.** inf vypovědět, co máme na srdci ■ **c. measurement** objem prsou; **c. size** velikost přes prsa

chest$_2$ [čest] n *(for tools* etc*)* bedna, *(for tea)* přepravní bedna; *(for clothes)* truhla; **medicine c.** lékárnička; **c. of drawers** komoda

chestnut ['česnat] n **1** *(tree, nut, wood)* kaštan; **sweet c.** kaštan jedlý; **roast ~s** pečené kaštany ♦ **pull sb's ~s out of the fire** fig tahat za koho horké kaštany z ohně ■ **a c. table** stůl z kaštanového dřeva **2** *(colour)* kaštanová barva ■ **c.**

hair kaštanové vlasy; **c.-coloured** kaštanový **3** *(horse)* hnědák **4** *(old joke)* **a (hoary) c.** fousatý or otřepaný vtip, starý or inf starej fór, otřepaná historka

chesty ['česti] adj (**-ier, -iest**) **1** *(cough* etc*)* průduškový; **be c.** mít bronchitidu **2 a c. woman** prsatá žena

chevron ['ševrən] n Mil hodnostní prýmek ve tvaru V

chew [ču:] n žvýkání ● **I** vt žvýkat, přežvykovat; **c. one's nails** kousat or hryzat si nehty ♦ **c. the cud** dumat, hloubat; **bite off more than one can c.** ukousnout si příliš velké sousto **II** phr vs ■ **chew on** vt **c. on sth, c. over sth** *(consider: problem, question, facts)* uvažovat or přemítat o čem, promýšlet si co, nechat si co projít hlavou ■ **chew out** vt Amer sl **c. sb out** seřvat or sjet koho ■ **chew up** vt **1** *(food)* rozžvýkat, pokousat **2** sl *(scold)* **c. sb up** sjet or seřvat or zpucovat koho

chewing gum ['ču:iŋgam] n žvýkací guma, žvýkačka

chewy ['ču:i] adj (**-ier, -iest**) *(meat)* tuhý; *(sweets)* žvýkací

chic [ši:k] adj módní, elegantní, apartní ● n móda, (vybraná) elegance

chick [čik] n **1** *(bird)* kuře zvl. brzy po vylíhnutí, kuřátko, ptačí mládě **2** sl *(girl)* zajíček, zajíc, kůzle; pej buchta

chicken ['čikin] n **1** lit kuře; slepice; *(meat)* kuře, kuřecí or slepičí maso; **grilled/ stuffed c.** grilované/ nadívané kuře; **be as spry as a c.** být čilý jako rybička, být čiperka ♦ **don't count your ~s before they are hatched** nechval dne před večerem; **c. and egg** slepice nebo vejce **2** ♦ **she is no spring c.** inf není už žádná mladice **3** *(coward)* inf zbabělec, vyplašený zajíc ● adj zbabělý, bojácný; **he is too c. to hit you** na to, aby tě uhodil, je příliš zbabělý ● phr v ■ **chicken out** vi inf **c. out (of sth)** zbaběle se (z čeho) vykroutit, inf vycouvat (z čeho) ze strachu

chicken-feed ['čikinfi:d] n **1** krmivo pro drůbež **2** *(small amount of money)* pakatel, směšná částka

chickenhearted [čikin'ha:tid] adj bázlivý, bojácný, zbabělý

chickenpox ['čikinpoks] n plané neštovice

chickpea ['čikpi:] n Bot cizrna

chickweed ['čikwi:d] n Bot ptačinec

chicory ['čikəri] n **1** Bot čekanka obecná, *(endive)* čekanka ščerbák **2** *(for coffee)* cikorka

chide [čaid] vt (pt **~d** ['čaidid] or **chid** [čid]; pp **~d, chid** or **chidden** [čidn]) dated or fml plísnit, peskovat, spílat komu, lát komu; **c. sb for sth** plísnit koho za co

chief [či:f] n **1** *(of tribe)* náčelník, pohlavár **2** *(senior official)* vedoucí, představený, nadřízený; *(of department)* přednosta; *(boss)* šéf, boss; *(of party)* předseda; **c. of state** hlava státu; **c. of police** policejní prezident; Mil **c. of staff** náčelník štábu **3** Her vrch, hlava štítu **4 in c.** hlavně, především ● adj **1** *(reason, aim, cause, source)* hlavní; *(enemy)* úhlavní; *(role)* rozhodující; **the c. factor** hlavní or rozhodující faktor; *(witness)* korunní; **his c. crime** jeho největší zločin; **the c. rivers** největší řeky **2** attr *(most senior)* vrchní; **C. Constable** Br policejní prezident; **c. clerk** přednosta úřadu; **c. justice** vrchní soudce; **C. Executive** generální ředitel; Amer Pol prezident USA, vedoucí exekutivy or výkonné moci; **c. physician** přednosta kliniky; **c. engineer** hlavní inženýr; **c. accountant** vedoucí účtárny ■ **~ly** adv hlavně, především

chieftain ['či:ftən] n náčelník, pohlavár

chiffon ['šifon, Amer ši'fon] n šifón ■ **a c. scarf** šifónový šátek

chignon ['ši:njon] n drdol, chignon

chilblain ['čilblein] n omrzlina, oznobenina

child [čaild] n (pl **children** ['čildrən]) **1** dítě, fig dítko, inf děcko; **stillborn c.** mrtvě narozené dítě; **illegitimate c.** nemanželské dítě; **a c. of five** pětileté dítě; **a c. of school age** dítě školou povinné; **~ren of school age** also mládež školou povinná; **be no longer a c.** už nebýt dítě ♦ **an only c.** jedináček; fml dated **be with c.** být v jiném stavu, fml nosit pod srdcem dítě; **it is ~'s play** fig je to hračka ■ **c. abuse** týrání dětí, *(sexual)* sexuální zneužívání dětí; **c. benefit** Br přídavky na děti; **c. care** péče o děti, *(social work department)* oddělení pro péči o mládež; **~'s ticket** dětský lístek; **c. mortality** dětská úmrtnost **2 behave like a c.** být jako malé dítě; **treat sb like a c.** jednat s někým jako s malým dítětem **3 a c. of Fortune** dítě or dítko štěstěny; **be a c. of one's time** být dítětem své doby; **~ren of the revolution** děti revoluce; **the c. of his imagination** výtvor jeho fantazie

childbirth ['čaildbə:θ] n porod; **she died in c.** zemřela při porodu

childhood ['čaildhud] n **1** dětství; **deprived c.** dětství bez lásky; **know sb from c.** znát koho od dětství **2 one's second c.** joc stařecká dětinskost, dětinství

childish ['čaildiš] adj *(laughter* etc*)* pej dětský; *(immature)* dětinský, pošetilý, infantilní; **c. pleasure** dětinská radost ■ **~ly** adv pej dětinsky, pošetile, infantilně

childishness ['čaildišnəs] n pej dětinskost, dětinství, pošetilost, infantilnost

childless ['čaildləs] adj bezdětný

childlessness ['čaildləsnəs] n bezdětnost

childlike ['čaildlaik] adj *(innocent)* dětský, dětsky prostý, dětsky nevinný; **c. innocence** dětskost; **show c. pleasure in sth** být z čeho šťastný jako malé dítě

childminder ['čaildmaində(r)] n chůva, opatrovnice dětí

children ['čildrən] pl of **child**

Chile ['čili] n Chile

Chilean ['čiliən] adj chilský ● n Chilan, Chilanka

chill [čil] n **1** *(unpleasant coldness)* chlad, ochlazení; **there's quite a c. in the air today** dnes je tam dost chladno or inf čerstvo; **take the c. off sth** *(beer etc)* nechat co odrazit **2** *(illness)* nachlazení, nastuzení; **catch a c.** nachladit se **3** fig mrazivá atmosféra; *(in relations)* chlad, ochlazení ● vt **1** *(food, drinks)* (o)chladit; **serve sth ~ed** podávat co chlazené ♦ **be ~ed to the marrow** být zmrzlý do morku kosti, být zmrzlý až na kost **2** fig *(enthusiasm)* ochladit ● adj chladný, čerstvý, mrazivý

chil(l)i ['čili] n (pl **chil(l)ies**) pfeferon, pálivá paprička; *(powder)* kajenský pepř

chilliness ['čilinəs] n chlad, mrazivost, čerstvost ovzduší; fig mrazivá atmosféra, chlad

chilling ['čiliŋ] adj *(frightening: story, event)* hrůzostrašný, hrůzný, hrůzyplný; *(look)* ledový; *(prospect)* neutěšený

chilly ['čili] adj **(-ier, -iest) 1** *(weather)* nepříjemně chladný, čerstvý, sychravý; **I feel c.** mrazí mě; **grow c.** prochladnout **2** fig *(look, stare)* mrazivý; *(reception, welcome)* chladný, mrazivý

chime [čaim] n *(of bells)* zvonění, vyzvánění; *(clock)* odbíjení; **~s** zvonkohra ● **I** vt *(bells)* rozeznít, rozezvučet, vyzvánět čím; **the clock ~d ten** hodiny odbily deset **II** vi zvonit, vyzvánět, rozeznít se; *(clock)* bít, odbíjet **III** phr v ■ **chime in** vi přizvukovat, připojit se k rozhovoru

chiming ['čaimiŋ] adj **c. clock** bicí hodiny

chimney ['čimni] n **1** komín; *(of lamp)* cylindr; **sweep a c.** vymést komín ♦ **smoke like a c.** kouřit or hulit jako fabrika or komín or lokomotiva ■ **c. stack** komín část, která vyčnívá nad střechou; **c. sweep** kominík **2** *(in mountaineering)* komín

chimneypiece ['čimniˌpi:s] n římsa nad krbem

chimneypot ['čimnipot] n trubkový komínový nástavec kameninový nebo kovový

chimp [čimp] inf **chimpanzee**

chimpanzee [čimpæn'zi:] n Zool šimpanz

chin [čin] n brada; **double c.** dvojitá brada, podbradek; **receding c.** ustupující brada; **catch sb on the c.** zasáhnout koho do brady; **take sth on the c.** nedat se vyvést z rovnováhy, vypořádat se s čím s chladnou hlavou ♦ **keep one's c. up** inf držet se; **keep your c. up!** drž se!, hlavu vzhůru!

China ['čainə] n Čína; **People's Republic of C.** Čínská lidová republika; **the Great Wall of C.** Velká čínská zeď ♦ **not for all the tea in C.** fig ani za živý svět, ani za zlaté tele or prase

china ['čainə] n porcelán; **Meissen c.** míšeňský porcelán ■ **c. clay** kaolín; **c. cabinet** skleník s porcelánem ♦ **be like a bull in a c. shop** být or počínat si jako slon v porcelánu, být jako hrom do police

Chinaman ['čainəmən] n usu pej Číňan

chinaware ['čainəweə(r)] n porcelán, porcelánové zboží

Chinese [čai'ni:z] adj čínský; **C. lantern** lampión; **C. cabbage** or **leaves** čínské zelí ● n **1** Číňan/ -ka **2** *(language)* čínština

Chink [čiŋk] n sl pej Číňan

chink$_1$ [čiŋk] n skulina, štěrbina; *(crack)* trhlina, spára; **a c. of light** úzký paprsek světla ♦ **the c. in sb's armour** fig něčí slabina, něčí Achilova pata

chink$_2$ [čiŋk] n *(sound)* cinknutí, zazvonění ● **I** vt **1 c. glasses** přiťuknout si **2** *(with coins)* cinkat, cinknout **II** vi cinknout, cinkat, (za)zvonit

chintz [čints] n Text chintz

chintzy ['čintsi] adj křiklavý, nevkusný, kýčovitý

chinwag ['činwæg] n inf pokec, potlach; **have a c.** pokecat si

chip [čip] n **1** odštěpek, *(of stone etc)* úlomek; *(of wood)* tříska, štěpina, *(shaving)* hoblina, hoblovačka; *(of glass)* střep, střepina, úlomek; **kindling c.** tříska na zatápění ♦ **have a c. on one's shoulder** inf mít komplex méněcennosti, cítit se stále ublížený; **be a c. off the old block** jablko daleko od stromu nepadne **2** *(on cup, vase etc)* otlučené or odštípnuté místo, odřenina, *(corner of furniture)* uražený roh **3 (potato) ~s** bramborové (smažené) hranolky, pomfrity; Amer *(potato crisps)* bramborové lupínky or křupinky, brambůrky; **fish and ~s** smažené rybí filé s pomfrity **4** *(in gambling)* žeton, hrací známka ♦ **he has had his ~s** sl je vyřízený, je hotový; **when the ~s are down** sl když jde do tuhého; Amer sl **be in the ~s** být prachatý, být/ bejt* v paklu or v balíku (sl) **5** Comput *(microchip)* čip, mikročip, mikroprocesorová destička **6** Golf vysoký krátký úder; Ftb krátká vysoká přihrávka, padáček ● v (pt, pp **chipped**) **I** vt **1** *(cup, plate)* naťuknout, natlouci, otlouci; *(cup, glass* also*)* uštípnout kousek čeho; *(paint)* odřít, otlouci; **be badly ~ped** *(plates* etc*)* být velmi otlučený **2** Br **~ped potatoes** bramborové hranolky, pomfrity **3** *(ball)* poslat (vysokým) obloučkem na krátkou vzdálenost **II** vi *(plates, cups)* otlouci se, natlouci se; *(stone)* praskat; *(paint)* oprýskávat, oprýskat; **this china ~s easily** tento porcelán je velmi křehký **III** phr vs ■ **chip away** *I* vt ulamovat, odlamovat; *(with a chisel)* odsekávat *II* vi **c. away at sth** *(block of marble)* opracovávat, otesávat ■ **chip in** vi inf **1** *(interrupt)* vpadnout or skočit do řeči, připojit se; *(with further criticism)* přisadit si **2 c. in (with sth)** *(contribute: money)* přispět (penězi); **everyone ~ped in with £5** každý přispěl pěti librami ■ **chip off** *I* vt *(break off)* ulomit, urazit; vyštípnout; *(wire, bud)* odštípnout *II* vi *(paint)* oprýskat, oprýskávat

chipboard ['čipbo:d] n dřevotřísková deska

chipmunk ['čipmaŋk] n Zool deňka, čipmunk podélně pruhovaná veverka

chipped [čipt] adj *(china)* otlučený, nakřáplý; *(paint)* oprýskaný

chiropodist [ki'ropədist] n pedikér/ -ka

chiropody [ki'ropədi] n pedikúra

chirp [čə:p] vi *(birds)* cvrlikat; *(sparrows* also*)* čimčarat, *(swallows* also*)* šveholit, švitořit; *(crickets)* cvrčet, cvrkat ● n see v *(of birds)* pípnutí, zacvrlikání; *(~ing)* cvrlikání; čimčarání; šveholení, švitoření; cvrčení, cvrkot, cvrkání

chirpy ['čə:pi] adj inf fig veselý, živý, dobře naladěný, švitořivý

chisel [čizl] n dláto; *(for wood* also*)* sekáč ● vt **1** (vy)tesat; *(from wood)* (vy)dlabat, sekat sekáčkem; **finely ~led features** jemně řezané rysy tváře, jemně cizelované rysy (tváře) **2** sl *(cheat)* natáhnout, vzít na hůl, ožulit

chit [čit] n **1** *(note)* krátké psaní, lístek; *(receipt)* paragon, účtenka, stvrzenka **2** *(small child)* dítě, mrně **3** pej *(girl)* žába; **she is a mere c. of a girl** ona je ještě napůl dítě

chitchat ['čitčæt] n tlachy; žvanění, tlachání, klábosení, povídání

chivalrous ['šivəlrəs] adj *(virtues)* rytířský; *(towards women)* kavalírský, dvorný, galantní; **be c. to sb** chovat se ke komu rytířsky/ dvorně ■ **~ly** adv rytířsky; kavalírsky; dvorně

chivalry ['šivəlri] n see adj rytířskost; dvornost; galantnost; kavalírství; **rules of c.** rytířské ctnosti

chives [čaivz] n pažitka

chloride ['klo:raid] n chlorid; **ammonium c.** salmiak; **hydrogen c.** chlorovodík

chlorinate ['klo:rineit] vt chlórovat

chlorination [klo:ri'neišn] n chlórování, chlorace

chlorine ['klo:ri:n] n chlór

chloroform ['klorəfo:m] n chloroform

chlorophyll, Amer **chlorophyl** ['klorəfil] n chlorofyl

choc-ice ['čokais] n inf eskymo

chock [čok] n klín stavěcí, špalek; Rail brzdicí botka ● vt *(wheel)* podložit, založit klínem, zaklínovat

chock-a-block [čokə'blok] adj pred **be c. with sb/ sth** být nabitý kým/ čím, být plný koho/ čeho; **the place was c. with people** bylo tam k umačkání

chock-full [čok'ful] adj pred **be c. (of sth)** *(container)* být nacpaný (čím) až po okraj or až do vrchu, *(luggage)* být napěchovaný or napakovaný (**of sth** čím)

chocolate ['čoklət] n **1** čokoláda; *(drink)* **hot** or **drinking c.** čokoláda; **cooking c.** čokoláda na vaření; **coated with c.** máčený v čokoládě ■ **c. powder** čokoláda v prášku; **c. icing** čokoládová poleva **2** *(sweet made of c.)* **a c.** čokoládový bonbón, pralinka; **milk c.** mléčná čokoláda; **a bar of c.** tabulka čokolády; **box of ~s** bonboniéra ■ **a c. heart** čokoládové srdce **3** *(colour)* čokoládová barva

choice [čois] n **1** *(choosing/ possibility of choosing)* volba, výběr, rozhodnutí; **make a c.** rozhodnout se; **make a wrong c.** špatně si vybrat; **take your c.** vyberte si; **I have no c.** nemám na vybranou, nemohu jinak, nemám jinou volbu; **I have no c. but ...** nezbývá mi než ...; **if I had the c.** kdyby záleželo na mně; *(do sth)* **from c.** or **out of c.** dobrovolně, z vlastní vůle **2** *(alternative)* alternativa, možnost; **we have several ~s** máme několik možností **3** *(person/ thing chosen)* vybraná osoba/ věc; **the book was my c.** tu knihu jsem vybral já; **the wine was your c.** víno jsi vybral ty **4** *(variety)* výběr; **have a wide c.** mít si z čeho vybrat, mít velký výběr; **of your own c.** podle (vašeho) vlastního výběru ● adj **1** *(of very good quality: wines, fruit* etc*)* prvotřídní, výběrový, lahůdkový **2** *(carefully chosen: words, phrases* etc*)* vhodně volený

choir ['kwaiə(r)] n **1** pěvecký sbor ■ **c. singing** sborový zpěv **2** Archit kůr, chór

choirboy ['kwaiəboi] n zpěváček na kůru, formerly vokalista

choirmaster ['kwaiəma:stə(r)] n sbormistr; *(in church)* ředitel kůru, regenschori

choke [čəuk] n Aut sytič ● **I** vt **1** lit & fig (u)dusit, (za)dusit, (u)dávit; *(strangle)* (u)škrtit, (za)škrtit, (za)rdousit; **the smoke nearly ~d me** ten kouř mě málem udusil; **c. sb (to death)** uškrtit or zaškrtit or zardousit koho **2** *(drain, pipe, street)* ucpat, zacpat, zanést; *(steam, gas)* přiškrtit; *(fire)* udusit, uhasit **II** vi (u)dusit se, (u)dávit se; **c. (to death) on a fish bone** udávit se rybí kostí; **he almost ~d with laughter** dusil or zajíkal se smíchem; **he nearly ~d with fear** strachy se mu sevřelo hrdlo **III** phr vs ■ **choke back** vt *(anger, tears* etc*)* potlačit ■ **choke down** vt *(food)* soukat do sebe ■ **choke off** vt **1** *(discourage)* inf odradit, zabránit komu v čem **2** *(scold)* inf **c. sb off for sth** zpucovat or seřvat koho za co ■ **choke up** vt *(drain* etc*)* zacpat, ucpat

choker ['čəukə(r)] n *(collar)* vysoký škrobený límec; *(necklace)* (těsný) náhrdelník

cholera ['kolərə] n Med cholera

choleric ['kolərik] adj *(person)* cholerický, prchlivý, prudký, zlostný

cholesterol [kə'lestərol] n cholesterol; **a high c. level in the blood** vysoký obsah cholesterolu v krvi

choose [ču:z] v **I** vt (pt **chose** [čəuz], pp **chosen** [čəuzn]) **1** *(select)* vybrat (si), vybírat (si), vyhlédnout si; (z)volit (si) **c. sb/ sth** vybrat si koho/ co; **c. a profession** (z)volit or vybrat si povolání; **c. one's words carefully** opatrně volit slova; Pol **c. a candidate** zvolit kandidáta; **c. a girl for oneself** vyhlédnout si děvče; **c. a bad time for a visit** přijít někam nevhod ♦ **c. the lesser of two evils** vybrat si menší ze dvou zel; **many are called but few are chosen** mnoho povolaných, málo vyvolených **2** *(decide, prefer)* rozhodnout se, dát přednost čemu; **he chose to stay** rozhodl se zůstat; **he chose not to accept the offer** rozhodl se, že nabídku nepřijme **II** vi **1** *(select)* volit, vybírat (si); **c. wisely** volit moudře; **c. from sth** vybírat si z čeho; **c. between A and B** volit mezi A a B; **be free to c., have the liberty to c.** mít možnost volby ♦ **pick and c.** být vybíravý v jídle, být mlsný (jako koza or kocour); **there's nothing to c. between them** jeden je za osmnáct a druhý bez dvou za dvacet, ti si mohou podat ruce **2** *(decide)* **as you c.** jak chceš; *(I'll do it)* **when I c.** až se mi to bude hodit

choos(e)y ['ču:zi] adj vybíravý, mlsný, zmlsaný; **be (very) c.** *(about food)* být mlsný (jako koza or kocour), mít mlsný or chlupatý jazyk

chop$_1$ [čop] n **1** *(blow)* rána or úder zvl. sekerou; seknutí, tnutí **2** Sport silný krátký úder; *(karate)* úder karate **3** Cook **a mutton/ pork c.** skopová/ vepřová kotleta **4** sl **get the c.** *(person: be dismissed)* somewhat dated dostat padáka, *(project)* být zastaven or anulován ● **I** vt **(-pp-)** **1** *(meat)* (na)řezat or rozřezat or (na)krájet na drobno; **c. sth finely** *(onions* etc*)* nakrájet něco nadrobno; *(wood)* (na)štípat, rozštípat; **c. one's way through sth** prosekat se čím, prosekat si čím cestu; **c. sth in two** rozseknout co, rozetnout co **2** *(ball: in tennis* etc*)* řezat, dát míči faleš **II** phr vs ■ **chop at** vi **c. at sb** ohnat se po kom; *(with axe)* **c. at sth** sekat/ seknout do čeho ■ **chop down** vt *(tree)* porazit, skácet; *(trees)* pokácet ■ **chop off** vt useknout, odseknout, utnout; *(branches* also*)* oklestit; inf **c. off sb's head** *(behead sb)* setnout komu hlavu, stít koho ■ **chop up** vt *(meat* etc*)* posekat or nasekat na drobno; *(country)* rozdělit, rozparcelovat

chop$_2$ [čop] vi **(-pp-)** **1** *(wind)* **c. about** stále se měnit **2** **c. and change** být kam vítr, tam plášť, nemoci se rozhodnout, stále měnit svá rozhodnutí

chopper ['čopə(r)] n **1** sekáček na maso **2** sl *(helicopter)* vrtulník; *(motorcycle)* mašina **3** Br sl *(penis)* šroubovák (sl), penis

choppers ['čopəz] n pl sl tesáky, zuby neutr

chopping ['čopiŋ] adj **c. board** prkénko na krájení; **c. block** špalek na štípání dříví

choppy ['čopi] adj **(-ier, -iest)** *(sea)* bouřlivý, neklidný; *(water surface)* zčeřený

chops [čops] n pl *(of dog)* pysky ♦ **lick one's c.** olizovat se (jako kocour)

chopsticks ['čopstiks] n pl čínské tyčinky

choral ['ko:rəl] adj **c. singing** sborový zpěv; **c. society** pěvecké sdružení

choral(e) [ko:'ra:l] n **1** *(hymn)* chorál **2** Amer pěvecký sbor

chord$_1$ [ko:d] n Mus **1** akord, souzvuk; **major/ minor c.** durový/ molový akord **2** *(string of harp)* struna ♦ **strike** or **touch the right c.** uhodit na správnou strunu; **strike the right c. with sb** kápnout komu do noty

chord$_2$ [ko:d] n **1** Math tětiva **2** Anat see **cord**

chore [čo:(r)] n **1** usu pl **domestic ~s** domácí práce; **small daily ~s** běžné denní povinnosti; **do the ~s** obstarat domácnost **2** *(unpleasant task: shopping* etc*)* fuška, otrava

choreographer [kori'ogrəfə(r)] n choreograf

choreographic [koriə'græfik] adj choreografický

choreography [kori'ogrəfi] n choreografie

chorister ['koristə(r)] n chórista, kůrový zpěvák

chorus ['ko:rəs] n **1** *(refrain)* refrén **2** *(group)* pěvecký or taneční or operní or revuální sbor; **be in the c.** být sboristou/ sboristkou, být členem sboru operního, tanečního ap. ■ **c. girl** revuální tanečnice **3** *(shout, protest* etc*)* **in c.** sborem, unisono ● **I** vi zpívat or tančit ve sboru opery, muzikálu, operety **II** vt *(sing/ recite/ shout in c.)* zpívat/ recitovat/ volat sborově

chose [čəuz] pt of **choose**

chosen ['čəuzn] pp of **choose**

chough [čaf] n Zool kavče

Christ [kraist] n also **Jesus C.** Kristus, Ježíš Kristus; **before C.** (abbr **B.C.**) před naším letopočtem; **brothers in C.** bratři v Kristu ● interj **C., Jesus C.!** kruci(nál)!, mordyje!, sakra!, pro Krista pána!

christen [krisn] vt křtít, pokřtít; **c. sb after his father** pokřtít někoho po otci

christening ['krisniŋ] n křest ■ **c. party** křtiny

Christian ['krisčən] adj křesťanský; **C. name** křestní jméno; **c. virtues** křesťanské ctnosti; **the C. faith/ doctrine** křesťanská víra/ křesťanské učení ● n křesťan/ -ka; **a true C.** opravdový křesťan, dobrá duše, dobrák od kosti

Christianity [kristi'ænəti] n křesťanství

Christmas ['krisməs] n Vánoce, vánoční svátky; **a white C.** bílé Vánoce; **Father C.** Ježíšek; **poetry of C.** poezie Vánoc; **at C.** o Vánocích; *(she wants a bicycle)* **for C.** k Vánocům; **over C.** přes Vánoce; **some time around C.** (někdy) kolem Vánoc; **the time before C.** předvánoční doba; **it'll soon be C.** Vánoce jsou blízko; **what did you get for C.?** cos dostal pod stromeček?; **Merry C.!** veselé Vánoce! ■ **C. box** vánoční dárkový balíček, *(money to postman, dustbinmen* etc*)* vánoční peněžní dar; **C. card** vánoční pohlednice, **C. cake** vánočka; **C. carol** vánoční koleda; **C. crib** jesličky; **C. Day** Boží hod vánoční, Hod boží vánoční; **C. Eve** Štědrý den, Štědrý večer; **C. presents** vánoční dárky; **C. pudding** vánoční pudink; **C. tree** vánoční stromeček

Christmassy ['krisməsi] adj **c. mood** vánoční nálada

chromatic [krəu'mætik] adj chromatický; **c. scale** chromatická stupnice

chrome [krəum] n chróm ■ **c. yellow** chrómová žluť; **c. steel** chrómová ocel

chromium ['krəumiəm] n chróm ■ Techn **c.-plated** (po)chrómovaný; **c. plate** (po)chrómovat; **c. plating** (po)chrómování

chromosome ['krəuməsəum] n chromozóm

chronic ['kronik] adj **1** (Med *bronchitis* etc; *unemployment)* chronický; *(alcoholic)* notorický; **suffer from a c. disease** trpět chronickou or vleklou chorobou **2** Br sl *(very bad: film* etc*)* příšerný, strašný ■ **~ally** adv chronicky

chronicle ['kronikl] n kronika, letopis; **family c.** rodinná kronika ● vt zaznamenat or zapsat or zachytit historické události, být kronikářem čeho

chronicler ['kroniklə(r)] n kronikář, letopisec

chronological [kronə'lodžikl] adj chronologický, časový; **c. order** časové pořadí, časová posloupnost

chronology [krə'nolədži] n chronologie, časová posloupnost

chronometer [krə'nomitə(r)] n chronometr, časoměr

chrysalis ['krisəlis] n (pl **~es**) kukla

chrysanthemum [krə'sænθiməm] n chryzantéma

chub [čab] n (pl unchanged) *(fish)* jelec, tloušť

chubby ['čabi] adj (**-ier, -iest**) obtloustlý, přitloustlý, zakulacený; *(cheeks)* kulatý, buclatý, baculatý; **have c. cheeks** mít tváře jako jablíčka, mít obličej jako melounek

chubby-cheeked ['čabiči:kt] adj baculatý or buclatý v tvářích

chuck [čak] n inf **1** vyhazov; **give sb the c.** vyhodit or vyrazit koho, dát komu kopačky; **get the c.** vyletět z práce, dostat vyhazov **2** *(playful touch)* šťouchnutí do brady ● **I** vt inf **1** *(throw)* hodit, mrštit; **c. it in the bin!** hoď to do koše! **2** *(girlfriend/ boyfriend)* dát komu kopačky, pustit koho k vodě, dát komu kvinde; *(job)* seknout s čím ♦ **c. it!** dated inf dej si pohov!, nech toho!, přestaň s tím! **3** **c. sb under the chin** *(playfully)* dát komu šťouchanec do brady **II** phr vs ■ **chuck away** vt *(throw away)* zahodit, odhodit; *(chance)* prošvihnout, promarnit; *(waste: money)* vyhodit z okna ■ **chuck in** vt *(job)* inf seknout s čím, praštit s čím, pověsit co na hřebík ♦ **c. it in** inf hodit flintu do žita, vzdát to ■ **chuck out** vt **c. sb/ sth out** vyhodit koho/ co ven; **get ~ed out** (eg *from a pub)* vyletět odněkud ■ **chuck up** vt inf *(job)* pověsit co na hřebík, seknout s čím

chuckle [čakl] vi chichotat se, smát se potlačovaně, zachechtnout se; **c. to oneself**

potají se chechtat ● n chichot, chichotání, potlačovaný smích; **give a c.** uchichtnout se

chuffed [čaft] adj Br sl šťastný jako blecha (**about** or **at sth** kvůli čemu); **feel c.** být v devátém nebi; **look c.** zářit štěstím; **be c. with oneself** být se sebou velmi spokojený

chug [čag] n supění stroje ● **I** vi (**-gg-**) supět, frkat, funět, bafat parníček, stroj **II** phr vs ■ **chug along** vi pohybovat se s bafáním or supěním, supět si to; **c. up the stairs** supět do schodů

chum [čam] n inf kamarád, kámoš, kumpán, brácha ● **c. up** vi (**-mm-**) skamarádit se (**with sb** s kým)

chumminess ['čaminəs] n kamarádství, kámošství

chummy ['čami] adj inf kamarádský, kámošský; **be c. with sb** kámošit se s kým, píct to s kým, pej sl být s kým sčuchnutý; **get c. with sb** skamarádit se s kým, sčuchnout se s kým (pej sl) ■ **chummily** adv kamarádsky, kámošsky

chump [čamp] n inf **1** pitomec, hlupák, vůl; **he is an absolute c.** je to absolutní vůl **2** Br inf **he is off his c.** ruplo mu v bedně, šplouchá mu na maják

chump- chop [čam'čop] n (skopová) kotleta

chunk [čaŋk] n *(of meat* etc*)* velký or pořádný kus, *(of bread* also*)* skýva; **a great c. of life** notný kus života

chunky ['čaŋki] adj (**-ier, -iest**) **1** *(person: stocky)* podsaditý, sporý **2 c. marmalade** džem z citrusových plodů s kousky kůry **3** *(sweater* etc*)* tlustý, těžký; *(glass)* pevný

Chunnel ['čanl], **the C.** abbr of **Channel Tunnel** tunel pod kanálem La Manche

church [čə:č] n **1** *(building)* kostel; **parish c.** farní kostel; **at c.** v kostele; **go to c.** jít or chodit do kostela ■ **c. tower** kostelní věž; **c. clock** věžní hodiny; **c. music** kostelní hudba ♦ **be as poor as a c. mouse** být chudý jako kostelní myš **2** *(service)* mše, pobožnost; **the bells are ringing for c.** zvoní na mši; **after c.** po pobožnosti, inf po kostele; **what time does c. begin?** kdy začíná pobožnost? **3 C.** *(denomination)* církev; **the (Roman) Catholic C.** (římsko)katolická církev; **the C. of England** anglikánská církev; **abandon the C.** odpadnout od církve ♦ **go into** or **enter the C.** stát se knězem ■ **c. wedding** církevní sňatek; **have a c. wedding** mít svatbu v kostele

churchgoer ['čə:čgəuə(r)] n věřící chodící pravidelně do kostela; **he is a c.** chodí pravidelně do kostela

churchman ['čə:čmən] n (pl **-men**) **1** *(clergyman)* duchovní, kněz **2** *(member of a church)* příslušník církve, věřící

churchwarden [čə:č'wo:dn] n **1** Relig kurátor v anglikánské církvi **2** *(pipe)* dýmka s dlouhým troubelem

churchyard ['čə:čja:d] n hřbitov při kostele; fml svaté or boží pole

churl [čə:l] n dated hrubián, nezdvořák, hulvát

churlish ['čə:liš] adj neomalený, neotesaný, nevychovaný; **it would be c. to refuse** odmítnout by bylo nezdvořilé

churlishly ['čə:lišli] adv neomaleně, nevychovaně, hulvátsky

churlishness ['čə:lišnəs] adj neomalenost, neotesanost, hrubost, nevychovanost

churn [čə:n] n **1** *(for butter)* máselnice **2** Br *(container)* konev na mléko ● **I** vt **1 c. butter** stloukat máslo **2** *(sea)* rozbouřit; *(water, mud)* zvířit, rozvířit **II** vi *(liquid)* pěnit se, vířit **III** phr vs ■ **churn out** vt *(novels, articles)* chrlit; **c. out one cliché after another** omílat samé fráze ■ **churn up** vt **c. sth up** *(water)* rozvířit, rozvlnit; fig *(person)* pobouřit

chute [šu:t] n **1** skluz, skluzný žlab; **timber c.** smyk na dřevo; **rubbish** or **garbage c.** šachta na odpadky **2** *(slide: in playground, in swimming pool)* skluzavka **3** inf *(parachute)* padák **4** *(rapid)* peřej

chutney ['čatni] n chutney pikantní směs z ovoce, octa a koření

CI Br abbr of **Channel Islands** Normanské ostrovy

CIA [si:ai'ei] Amer abbr of **Central Intelligence Agency** Ústřední zpravodajská služba

cicada [si'ka:də] n cikáda

CID [si:ai'di:] Br abbr of **Criminal Investigation Department** kriminální policie

cider ['saidə(r)] n **1** cidre, ≅ jablečné víno slabě alkoholické, poněkud silnější než pivo, jablečný mošt slabě alkoholický **2** Amer also **sweet c.** jablečný mošt nealkoholický **3** *(glass of c.)* **three ~s, please** prosím třikrát jablečný mošt

cig [sig] n dated abbr of **cigarette** inf cigáro, žváro; cigareta neutr

cigar [si'ga:(r)] n doutník; **virginia c.** viržinka; **he is a c. smoker** kouří doutníky ■ **c. case** pouzdro na doutníky; **c. cutter** odřezávač na doutníky

cigarette, Amer **cigaret** [sigə'ret] n cigareta; **plain c.** cigareta bez filtru; **filter-tipped c.** cigareta s filtrem; **a packet/ carton of ~s** balíček/ kartón cigaret; **roll a c.** stočit si or ukroutit si cigaretu; **light oneself a c.** zapálit si (cigaretu); **have a c.** vykouřit si or dát si cigaretu ■ **c. butt** or **end** nedopalek or oharek cigarety; **c. case** tabatěrka; **c. holder** špička na cigarety; **c. lighter** zapalovač

ciggie, ciggy ['sigi] n žváro

cimbalom, cymbalon ['simbələm, -ən] n Mus cimbál

C-in-C [si:in'si:] abbr of **Commander-in--Chief** vrchní velitel, nejvyšší velitel

cinch [sinč] n **1** Amer *(saddle girth)* popruh sedla **2** inf **it's a c. a)** je to hračka je to snadné **b)** Amer je to tutovka or hotovka, je to na beton ● vt Amer **c. a horse** připevnit sedlo podpínkou

cinder ['sində(r)] n **1** *(glowing ember)* řeřavý uhlík, oharek, žhavý kousek uhlí/ dřeva etc ♦ **be burnt to a c.** lehnout popelem, být spálený na škvarek **2 ~s** popel; *(slag)* škvára ■ **c. track** škvárová dráha

Cinderella [sində'relə] n Popelka; **sociology is the C. of the Social Sciences** sociologie je Popelkou společenských věd

cine-camera ['sinikæmərə] n Br Film kamera pro úzký film

cinema ['sinəmə] n **1** *(building)* kino, biograf; **go to the c.** jít do kina, jít na film; **what's on at the c.?** co se promítá or hraje v kině?, co dávají v kině? **2** also **the cinema** film jako obor, kinematografie filmové umění; **work in the c.** být u filmu; **be interested in the c.** zajímat se o film

cinema-goer ['sinəməgəuə(r)] n návštěvník kina

Cinemascope ['sinəməskəup] n Film Cinema Scope, (promítání na) široké plátno

cinematography [sinəmə'togrəfi] n kinematografie, film

cinnabar ['sinəba:(r)] n rumělka

cinnamon ['sinəmən] n **1** *(spice)* skořice **2** Bot *(tree)* skořicovník **3** *(colour)* skořicová barva

cipher, cypher ['saifə(r)] n **1** *(secret symbol)* šifra; *(coded system)* tajné or šifrované písmo; *(enciphering)* šifrování; *(message in c.)* šifrovaná zpráva; *(key to a secret message)* šifrovací klíč; **written in c.** (za)šifrovaný, napsaný šifrovaně **2** *(numeral 1 to 9)* cifra, číslice **3** *(zero)* nula **4** fig *(person: non-entity)* nula, nicka; **a mere c.** učiněná nula ● vt *(encode)* (za)šifrovat

circa [sə:kə] prep cirka

circle ['sə:kl] n **1** *(round space)* kruh, *(small)* kroužek; Math kružnice; **circumscribed/ inscribed c.** opsaná/ vepsaná kružnice; **sector of a c.** kruhová výseč; **draw a c.** opsat kruh; **go round in ~s** pohybovat se v kruhu ♦ **come full c.** fig otočit se o 360°, vrátit se na začátek or do výchozího bodu; **vicious c.** bludný or začarovaný kruh; **squaring the c.** kvadratura kruhu; **go** or **run around in ~s** nemoci se hnout z místa, nemoci s čím pohnout **2** *(of hills)* kruh, věnec; *(of trees)* kruh; *(round the eyes;* pl*)* kruhy; Gymn toč; **grand/ knee c.** veletoč/ kolenotoč; **annual ~s** letokruhy, léta; **the Arctic C.** polární kruh; **the c. of the seasons** cyklus ročních období **3** Theat **dress/ upper c.** první/ druhý balkón **4** *(group)* kruh, okruh, skupina, kroužek; pl kruhy; **readers' c.** čtenářský kroužek; **financial/ political/ influential ~s** finanční/ politické/ vlivné kruhy; **within the close family c.** v rodinném kruhu ● **I** vt **1** *(plane)* **c. the airport** kroužit nad letištěm; **c. the Earth** obletět zeměkouli **2** *(draw a c. round)* zakroužkovat, dát do kroužku; **c. sth in red** zakroužkovat co červeně **II** vi *(fly in ~s)* kroužit **III** phr v ■ **circle round** vi kroužit, obíhat, obcházet etc

circuit ['sə:kit] n **1** *(journey around)* okružní jízda, objezd; *(of the earth)* oběh, dráha oběhu; **make a c. of sth** objet/ oběhnout/ obeplout etc co; **make three ~s of the track** třikrát oběhnout dráhu **2** Br *(of judges)* soudní obvod; **go on c.** objíždět soudní obvod **3** Elec elektrický okruh or obvod; **short c.** krátké spojení; **printed c.** tištěný spoj **4** *(racetrack)* závodní dráha, okruh

circuitous [sə:'kju:itəs] adj *(route)* nepřímý, jdoucí oklikou; *(explanation* etc*)* zdlouhavý, rozvláčný; **by a c. route** oklikou, zacházkou, delší cestou ■ **~ly** adv cf adj nepřímo, oklikou; *(speak* etc*)* zdlouhavě, rozvláčně

circular ['sə:kjulə(r)] adj **1** *(round: object)* kruhový; **c. saw** cirkulárka, kotoučová pila; **c. arc** kruhový oblouk **2** *(moving in circle)* okružní; **c. tour** okružní cesta; **c. dance** kolový tanec; **c. storm** cyklon; **c. letter** oběžník ● n oběžník

circulate ['sə:kjuleit] **I** vi **1** *(blood, water)* obíhat, proudit, kolovat, cirkulovat; *(money)* obíhat, být v oběhu; *(rumour, news)* kolovat, šířit se **2** *(at party)* **c. among the guests** obcházet hosty **II** vt *(news, information)* šířit, rozšiřovat, dát do oběhu; *(rumour* also*)* pustit do světa; *(circular letter)* rozeslat, dát kolovat

circulating ['sə:kjuleitiŋ] adj **c. capital** oběžný kapitál; **c. library** pojízdná knihovna

circulation [sə:kju'leišn] n **1** *(of blood, money)* oběh, koloběh; *(of news, rumours, information)* rozšiřování; **be in c.** *(money)* být v oběhu, obíhat; **withdraw pound notes from c.** stáhnout jednolibrovky z oběhu; **money in c.** oběživo; **put new coins into c.** dát do oběhu nové mince **2** *(number of* *copies: of newspaper* etc*)* náklad; **readership c.** počet or okruh čtenářů

circumcise [ˈsə:kəmsaiz] vt obřezat

circumcision [sə:kəmˈsižn] n obřízka

circumference [səˈkamfərəns] n obvod; **be five metres in c.** po obvodu měřit pět metrů

circumflex [ˈsə:kəmfleks] n also **c. accent** Ling cirkumflex

circumlocution [sə:kəmləˈkju:šn] n **1** slovní opis, perifráze **2** *(use of many words)* rozvleklost, rozvláčnost; *(evasive talk)* vyhýbavé řeči

circumnavigate [sə:kəmˈnævigeit] vt obeplout (**the world** svět)

circumnavigation [sə:kəmnæviˈgeišn] n *(of the world)* obeplutí, plavba kolem světa

circumscribe [ˈsə:kəmskraib] vt **1** fml *(restrict)* omezit, vymezit **2** Math *(circle)* opsat; **~d circle** opsaná kružnice

circumspect [ˈsə:kəmspekt] adj opatrný, obezřelý, rozvážný, uvážlivý

circumspection [sə:kəmˈspekšn] n opatrnost, rozvážnost, uvážlivost

circumstance [ˈsə:kəmstəns] n **1** usu pl okolnost, faktor; **~s** situace; **attendant ~s** průvodní okolnosti; **mitigating/ aggravating ~s** polehčující/ přitěžující okolnosti; **in suspicious ~s** za podezřelých okolností; **in certain ~s** za určitých okolností; **the force of ~s** tíha okolností; **under these ~s** za těchto okolností; **under no ~s** za žádných okolností, v žádném případě; **under all ~s** za každých okolností; **in the ~s** za těch okolností; **given the c. that ...** vezmeme-li v úvahu, že ... **2 ~s** pl *(financial position)* poměry; **comfortable ~s** dobré poměry; **live in straitened** or **reduced ~s** žít ve skrovných or stísněných poměrech, žít nuzně **3 with pomp and c.** s velkou slávou

circumstantial [sə:kəmˈstænšl] adj **1** Jur **c. evidence** nepřímý důkaz, indicie **2** *(detailed: description* etc*)* zevrubný, detailní **3** *(secondary)* průvodní, podružný, daný okolnostmi

circumvent [sə:kəmˈvent] vt *(regulation, law)* obejít, obcházet; *(opponent, enemy)* přelstít, obelstít

circumvention [sə:kəmˈvenšn] n *(of regulation* etc*)* obcházení

circus [ˈsə:kəs] n **1** cirkus; *(performance)* **the c.** cirkus; **go to the c.** jít do cirku ■ **c. artiste** or **performer** artista, cirkusák; **c. tent** cirkusový stan **2** inf fig cirkus, zmatek, blázinec, shon **3** Br *(in town)* (kruhové) náměstí

cirrhosis [siˈrəusis] n Med cirόza, cirhóza; **c. of the liver** ciróza jater

CIS abbr of **Commonwealth of Independent States** SNS, Společenství nezávislých států

cistern [ˈsistən] n nádrž(ka) na vodu, cisterna, reservoár; *(in lavatory)* splachovací nádržka

citadel [ˈsitədl] n citadela; fig bašta

citation [saiˈteišn] n **1** *(quoting)* citování; *(quotation)* citát ■ **c. slip** excerpční lístek **2** Jur *(summons)* předvolání, obsílka (k soudu) **3** Mil čestné uznání, pochvala, pochvalná zmínka v rozkazu

cite [sait] vt **1** *(quote)* citovat (**from** z), uvést, dovolávat se čeho **2** Jur předvolat k soudu, obeslat **3** Mil pochvalně se zmínit o kom v rozkazu

citizen [ˈsitizən] n **1** *(of town, city)* občan (města), obyvatel města, měšťan (dated) **2** *(of state)* občan, státní příslušník; **fellow c.** spoluobčan; **c. of the world** světoobčan; **senior c.** euph důchodce, starší občan; **he is a German c.** má německé občanství **3** Amer civilista

citizenry [ˈsitizənri] n fml občanstvo, občané

citizenship [ˈsitizənšip] n státní občanství, státní příslušnost

citrate [ˈsitreit] n Chem citran, citrát

citric [ˈsitrik] adj Chem **c. acid** kyselina citrónová

citrus [ˈsitrəs] adj citrusový; **c. fruit** or **fruits** citrusové ovoce

city [ˈsiti] n **1** gen město velké, velkoměsto; **capital c.** hlavní město, metropole; **the c. of Prague** město Praha; **the Eternal C.** Věčné město Řím; **the Holy C.** Svaté město Jeruzalém; **view of the c.** pohled or vyhlídka na město; **the squalor and corruption of the big c.** bahno velkoměsta; **the c.'s pulse** tep velkoměsta ■ **c. centre** střed města, centrum města, city; **c. dweller** obyvatel města, dated měšťan; **c. gate** městská brána; **c. hall** Amer městská radnice; **c. map** plán(ek) města; **c. park** městský park; **c. state** městský stát; **c. walls** městské hradby; **c. planning** urbanismus **2 the C.** londýnská city bankovní centrum města

civic [ˈsivik] adj usu attr **1** *(of town or city)* městský, komunální; **the c. authorities** městský úřad; **c. centre** Br kulturní středisko or dům, *(town hall)* městská radnice zvl. v malých městech **2** občanský; **c. duties/ virtues** občanské povinnosti/ ctnosti

civics [ˈsiviks] n (+sg v) občanská nauka

civil [ˈsivl, ˈsivil] adj **1** *(aviation, defence* etc*)* civilní; **c. marriage** civilní sňatek, svatba na radnici; **c. engineer** stavební inženýr; **c. engineering** stavební inženýrství **2** *(of* *society)* občanský; **c. liberties** občanské svobody; **C. code** občanský zákoník; **c. disobedience** občanská neposlušnost; **c. service** státní služba; **c. servant** státní úředník or zaměstnanec; **be in the c. service** být ve státní službě; **c. rights** občanská práva; **c. war** občanská válka **3** *(polite)* zdvořilý, pozorný, ochotný; **keep a c. tongue in your head!** mluv slušně!, nebuď prostořeký!

civilian [si'viliən] n civil, inf civilista ● adj civilní; **c. life** civilní život, civil; **c. clothes** civilní šaty, civil; *(having left the army)* **he returned to c. life** vrátil se do civilu

civility [si'viləti] n zdvořilost; ochota

civilization [sivilai'zeišn] n civilizace, kultura; **history of c.** kulturní dějiny; **the cradle of c.** kolébka civilizace; **the decline of c.** úpadek civilizace

civilize ['sivəlaiz] vt **1** *(tribe* etc*)* civilizovat **2** *(person)* zušlechtit, naučit koho chování

civilized ['sivəlaizd] adj **1** *(nation)* civilizovaný, kulturní; *(person)* slušný, zdvořilý, decentní; **be c.** chovat se slušně, chovat se jako člověk **2** *(lifestyle)* kultivovaný; *(conditions)* přijatelný, lidský

civilizing ['sivəlaiziŋ] adj *(influence* etc*)* civilizační

civvies ['siviz] n pl sl civil šaty; **be in c.** být v civilu

civvy street ['sivistri:t] n Br dated civil civilní život

cl abbr of **centilitre** (pl unchanged or **cls**) cl

clad [klæd] **1** arch pt, pp of **clothe** **2** adj dated or fml oděný, oblečený; **c. in sth** oblečený v čem; **scantily c.** *(woman)* spoře oděná **3** *(in compounds)* **-clad** pokrytý; **steel-clad** pancéřový, pancéřovaný

claim [kleim] n **1** *(demand)* požadavek, nárok, reklamace; **wage c.** mzdový požadavek; **put in a c. for sth** vznést požadavek na co; **meet a c.** vyhovět reklamaci **2** *(right)* **a)** právo, nárok; **priority c.** spor o prioritu; **lay c. to sth** činit si na co nároky; **a c. to the throne** právo na trůn **b)** fig **I have many ~s on my time** jsem stále v jednom kole, mám stále co dělat **3** *(assertion)* tvrzení; **immodest ~s** neskromná tvrzení; **exaggerated ~s** barnumská or bombastická reklama; **c. and counterclaim** tvrzení proti tvrzení **4** Mining důlní míra; **(gold-digger's) c.** pozemek s kutacím právem, kutiště ● **I** vt **1** *(demand, request)* požadovat, vyžadovat; *(territory)* činit si or uplatňovat nárok na co, *(right)* dovolávat se čeho; *(money)* vymáhat; **c. compensation** požadovat náhradu; **c. diplomatic immunity** odvolávat se na svou diplomatickou imunitu; **2** *(assert)* tvrdit, prohlašovat; **c. that ...** prohlašovat, že ...; **c. victory** prohlašovat se za vítěze; **he ~s to have seen a flying saucer** tvrdí, že viděl létající talíř **3 c. sb's attention** vynucovat si čí pozornost **4 c. many lives** vyžádat si mnoho životů **II** vi **1** Ins uplatňovat or vznést nárok na pojistnou sumu **2 c. for sth** reklamovat co; **c. for damages** požadovat náhradu škod; **c. for expenses** nechat si proplatit výlohy **III** phr v ■ **claim back** vt **c. sth back** požadovat co zpět, požadovat navrácení čeho

claimant ['kleimənt] n žadatel; *(for social security* etc*)* žadatel, osoba vznášející nárok; Jur nárokující strana, reklamant, stěžovatel; *(to throne)* uchazeč o trůn, pretendent

clairvoyance [kleə'voiəns] n jasnovidnost, jasnozřivost

clairvoyant [kleə'voiənt] adj jasnovidný, jasnozřivý ● n jasnovidec, věštec

clam [klæm] n mořská škeble, Zool zaděnka jedlá ♦ **shut up like a c.** mlčet jako ryba, mlčet jako zařezaný ● v **I (-mm-) go ~ming** jít na škeble, jít sbírat škeble **II** phr v ■ **clam up** inf zarytě mlčet, mlčet jako hrob

clamber ['klæmbə(r)] vi těžkopádně or pracně šplhat, lézt etc; **c. up a hill** škrábat se do kopce; **c. out of a car** vysoukat or vyhrabat se z auta; **c. over a fence** drápat se přes plot

clammy ['klæmi] adj **(-ier, -iest)** lepkavý, *(hands)* studeně vlhký, zvlhlý; **c. weather** dusné počasí

clamor ['klæmə(r)] Amer see **clamour**

clamorous ['klæmərəs] adj fml **1** *(noisy)* hlučný, (h)lomozný, *(crowd* also*)* rámusící, povykující; *(music* also*)* ryčný; *(applause)* neutuchající **2** *(demands)* halasný

clamour ['klæmə(r)] n **1** *(noise)* povyk, hluk, křik, pokřik **2 c. for/ against sth** hlasité volání po čem/ halasný protest proti čemu; **a c. for independence** volání po samostatnosti ● vi **c. for sth** volat po čem, dožadovat se halasně čeho; **c. against sth** halasně protestovat proti čemu, bouřit se proti čemu

clamp [klæmp] n Techn svěrák; Carp skoba; Med peán, svorka; Aut upínací botička policejní, svorka ● **I** vt upnout do svěráku, stáhnout svěrákem; Med stisknout peánem **II** phr v ■ **clamp down on sth** *(eg criminality)* rázně proti něčemu zasáhnout

clampdown ['klæmpdaun] n **a c. on sth** rázný zákrok proti čemu, důrazná akce proti čemu; **a c. on public spending** výrazné omezení veřejných výdajů

clamping ['klæmpiŋ] adj **c. bolt** stahovací šroub; **c. device** upínací zařízení

clan [klæn] n klan, rod

clandestine [klæn'destin] adj fml tajný;

(radio station) ilegální; **c. trade** černý obchod; **a c. love affair** utajovaná milostná aféra ■ **~ly** adv tajně

clang [klæŋ] n *(bell)* zvonění; *(of hammer)* rány, dunění; *(of swords)* řinčení ● **I** vi *(bell)* zvonit, znít; *(hammer)* dunět; *(sword)* řinčet **II** vt **c. a bell** rozeznít zvon

clanger ['klæŋgə(r)] n Br inf faux pas, bota netaktnost ♦ **drop a c.** inf říznout se, seknout se, udělat faux pas

clank [klæŋk] n *(of chains, swords)* řinčení, řinkot ● **I** vt (za)řinčet čím; **c. chains** řinčet řetězy **II** vi (za)řinčet; **the chains ~ed** zařinčely řetězy

clannish ['klæniš] adj pej klikařský; *(group)* uzavřený

clansman ['klænzmən] n (pl **-men**) příslušník klanu

clap₁ [klæp] n **1** *(applause)* potlesk, aplaus; **give sb a big c.** nadšeně komu zatleskat; **a c. of the hands** tlesknutí **2** *(friendly slap)* poplácání, plácnutí, poklepání; **a c. on the back** lit & fig poklepání na rameno **3 a c. of thunder** zahřmění, úder hromu; **there was a c. of thunder** zahřmělo ● v (**-pp-**) **I** vt **1** *(applaud)* tleskat komu/ čemu; **c. one's hands** tleskat, aplaudovat **2** *(slap)* **c. sb on the back** poklepat komu na rameno, poplácat koho po zádech **3** *(put)* **c. sb into jail** inf strčit koho do vězení, zašít or zabásnout koho sl; **c. one's eyes on sb/ sth** inf z(a)hlédnout koho/ co, uvidět koho/ co; **c. one's hand over sb's mouth** zakrýt komu ústa **II** vi tleskat **III** phr vs ■ **clap on** vt **c. on one's hat** narazit si klobouk; **c. handcuffs on sb** nasadit komu pouta or želízka ■ **clap to** vi zaklapnout se; **the door ~ped to** dveře se zaklaply

clap₂ [klæp] n sl also **the c.** tripl kapavka; **give sb the c.** nakazit koho kapavkou

clapped-out [klæpt'aut] adj Br inf utahaný, zničený, vyplivnutý

clapper ['klæpə(r)] n *(of bell)* srdce zvonu ♦ **run like the ~s** inf běžet jako namydlený blesk

clapping ['klæpiŋ] n potlesk, aplaus

claptrap ['klaptræp] n inf **1** frázovitost, bombastičnost **2** *(nonsense)* kecy, žvanění

claret ['klærət] n **1** *(wine)* klaret **2** *(colour)* bordó, vínově červená barva

clarification [klærəfi'keišn] n **1** *(explanation)* objasnění, ujasnění; *(of sb's position)* vyjasnění **2** *(of liquids)* čištění, čeření

clarify ['klærəfai] **I** vt **1** *(ideas etc)* objasnit, ujasnit, osvětlit; *(position)* vyjasnit **2** *(liquids)* čistit, čeřit, čiřit **II** vi *(of liquids)* čistit se, čeřit se

clarinet [klærə'net] n klarinet

clarinettist [klærə'netist] n klarinetista

clarity ['klærəti] n jasnost; *(of water etc)* čirost

clash [klæš] n **1** *(noise: of swords)* zařinčení, řinkot **2 a)** *(fight)* **~es** srážky; **border ~es** pohraniční srážky **b)** *(argument)* spor, hádka, konflikt **3** *(of programmes, classes)* kolize **4** *(of colours)* disharmonie, disonance, nesoulad; *(of interests)* kolize; *(of personalities)* neshoda, nesoulad ● **I** vi **1** *(swords)* zkřížit se a zařinčet; *(cymbals)* třesknout, zaznít **2 c. with sb** střetnout se s kým; **a)** *(fight)* **the demonstrators ~ed with the police** došlo ke srážkám mezi demonstranty a policií **b)** *(have an argument)* pohádat se s kým, dostat se s kým do konfliktu; **we ~ed** došlo mezi námi k (prudké) výměně názorů **3** *(events)* kolidovat časově **4** *(not match) (colours)* tlouct se, nehodit se k sobě; *(personalities)* nehodit se k sobě; *(interests)* rozcházet se, odporovat si, křižovat se **II** vt *(swords)* zkřížit; **c. the cymbals** bouchnout do činelů

clashing ['klæšiŋ] adj attr *(colours)* nehodící se k sobě

clasp [kla:sp; Amer klæsp] n **1** *(on brooch)* spona; *(on clothes)* háček; *(on bag, necklace etc)* spona; **safety c.** bezpečnostní uzávěr ■ **c. knife** zavírací nůž **2** *(embrace)* objetí, sevření v náručí; *(with hand)* stisk, stisknutí; uchopení ● vt **1** *(hold tightly: eg hands)* sevřít, stisknout; **c. sth in one's hands** sevřít co rukama; **c. sb in one's arms** sevřít koho do náruče, přivinout koho k srdci; **with her hands ~ed (together) in prayer** s rukama sepjatýma k modlitbě **2** *(brooch, bracelet)* připnout si sponou

class [kla:s; Amer klæs] n **1** *(social group)* společenská třída or vrstva; **the working ~es** pracující třída, dělnictvo; **the middle ~(es)** měšťáctvo, střední vrstvy; **upper middle ~es** velkoburžoazie, vyšší střední vrstvy; **unpropertied ~es** nemajetné třídy; **the ruling c.** vládnoucí třída; **she belongs to the upper ~es** pochází z vyšších vrstev ♦ **the upper ~es** vyšší kruhy, horní vrstvy ■ **c. differences/ struggle** třídní rozdíly/ boj **2** *(category)* kategorie; Rail třída; **first/ second c. ticket** lístek první/ druhé třídy; *(of soil)* bonita; Biol, Zool třída; *(of hotel)* kategorie; **tourist c.** turistická třída **3** Sch *(group of students)* třída; **parallel c.** paralelka; **a boy's c.** chlapecká třída; **be the top pupil in one's c., be top of one's c.** být primusem, být nejlepším žákem ve třídě; **take sb else's c.** suplovat za koho ■ **c. teacher** třídní učitel; **c. register** třídní výkaz, třídní kniha **4** Amer *(year)* ročník;

the c. of 1988 ročník 1988 **5** *(lesson)* vyučovací hodina, lekce; Univ also přednáška, seminář; **~es** vyučování, kursy; **afternoon ~es** odpolední vyučování; **evening ~es** večerní škola, večerní kursy; **extra ~es** mimořádné hodiny, doučování; **a Latin c.** hodina latiny; **there will be no ~es on Saturday** v sobotu není škola, v sobotu je volno, v sobotu se neučí **6** inf *(excellence)* úroveň; **have c.** mít úroveň jako osobnost, být na úrovni ♦ **he is in a c. of his own as a chess player** v šachu se mu nikdo nevyrovná, jako šachista je třída ● vt **c. sb/ sth as ...** klasifikovat koho/ co jako ...

class-conscious [kla:s'konšəs] adj třídně uvědomělý

class-consciousness [kla:s'konšəsnəs] n třídní uvědomělost

classic ['klæsik] adj klasický, znamenitý, vynikající; *(example* also*)* typický; **a c. case of TB** klasický případ tuberkulózy ● n **1** *(author)* klasik; *(book, film* etc*)* klasické literární/ filmové ap. dílo, inf klasika **2 Classics** (+sg v) Univ klasická filologie

classical ['klæsikl] adj **1** *(of ancient Greece and Rome)* antický, klasický; **a c. profile** klasický profil; **c. education** humanistické or klasické vzdělání **2** *(of music)* klasický

classicism ['klæsisizəm] n klasicismus

classicist ['klæsisist] n **1** klasický filolog **2** stoupenec klasicismu

classification [klæsifi'keišn] n klasifikace, třídění; **decimal c.** desetinné třídění

classified ['klæsifaid] adj **1** *(information, document)* tajný, utajený **2 c. advertisements** or **ads** inzerce, malý oznamovatel

classify ['klæsifai] vt (pt, pp **classified**) **1** *(arrange)* **a)** *(books* etc*)* klasifikovat, třídit; **c. plants** zařadit rostliny do systému **b)** *(assign)* **c. sb/ sth as sb/ sth** zařadit koho/ co mezi koho/ co; **c. a painter as an impressionist** přiřadit malíře k impresionistům **2** *(information)* označit co jako tajné

classless ['kla:sləs] adj beztřídní

class mark ['kla:sma:k] n *(in librarianship)* signatura, (knihovnická) lokace

classmate ['kla:smeit] n spolužák, spolužačka

classroom ['kla:sru:m] n třída místnost, učebna

classy ['kla:si] adj inf nóbl, prudce elegantní

clatter ['klætə(r)] n *(of pots)* řinkot, rachot; *(of typewriter, machines)* klapot, klapání; *(of hooves)* klapot, klapání, dusot, dusání; *(of cart)* hrkot ● **I** vi klapat; *(hooves* etc*)* dusat; *(cart)* hrčet **II** vt **c. sth** klapat čím

clause [klo:z] n **1** Ling věta jako součást souvětí; **principal/ subordinate c.** hlavní/ vedlejší věta; **purpose/ object c.** účelová/ předmětná věta **2** Jur klauzule, doložka, dodatek; **insert a c. into a contract** přidat doložku ke smlouvě

claustrophobia [klo:strə'fəubiə] n Med klaustrofobie

claustrophobic [klo:strə'fəubik] adj Med klaustrofobní

clavichord ['klæviko:d] n clavichord, klavikord

clavicle ['klævikl] n Anat klíční kost

claw [klo:] n *(of birds, animals)* dráp, spár, pazour; (esp *of birds)* pařát; *(of crabs, crayfish* etc*)* klepeto; fig *(hand)* pazour; Techn držák, záchytka; *(of hammer)* nos (kladiva); *(of vice)* čelist; *(of crane)* drapák ♦ **show one's ~s** ukázat or vystrčit drápy; **sink its ~s into the prey** *(of birds)* zatnout drápy do kořisti; **get one's ~s into sb** joc (esp *of women)* inf dostat koho do svých tenat or osidel, osedlat si koho, pověsit se na koho ● **I** vt drápat, škrábat; **badly ~ed** zle poškrábaný ♦ **c. one's way to the top** fig vydrápat se nahoru **II** vi **c. at sth** škrábat na co např. kočka na dveře; fig chytat se čeho, zachytit se čeho; (eg *a door-handle)* snažit se uchopit or dosáhnout **III** phr v ■ **claw back** vt *(tax, money)* vymáhat (zpět)

clay [klei] n jíl; **baked c.** pálená hlína; **china c.** kaolín; **fire c.** ohnivzdorná hlína; **potter's c.** hrnčířská hlína ♦ **have feet of c.** stát na hliněných nohou ■ **c. modelling** modelování z hlíny; **c. pigeon** hliněný holub; **c. court** Tennis antukový dvorec

clean [kli:n] n **give sth a c.** něco vyčistit/ očistit/ umýt etc (see vt); **give sth a good c.** *(wash)* pořádně něco vydrhnout, *(tidy up)* pořádně něco uklidit ● adj **1** *(not dirty)* čistý; *(hands)* čistý, umytý; *(shirt* etc*)* čistý, vypraný; **be sparkling c.** lesknout se or zářit čistotou; **be as c. as a new pin** být čistý jako ze škatulky; **be as c. as a whistle** být jako z alabastru; **pick a bone c.** ohlodat or okousat kost; **brush sth c.** okartáčovat něco; **lick sth c.** olízat or vylízat něco; **wipe sth c.** utřít co (do čista) ♦ **show sb a c. pair of heels** fig ukázat komu paty; **have c. hands** fig mít čisté ruce, mít čistý or neposkvrněný štít **2** *(having c. habits)* čistotný; **he is a very c. person** je velmi čistotný **3** *(unmarked)* čistý; *(sheet of paper* also*)* nepopsaný, nepomalovaný etc; *(casette, disk)* prázdný; **c. copy** čistopis ♦ **have a c. slate** fig mít čistý štít, být bez úhony; **wipe the slate c.** smazat to a začít znovu **4** *(joke)* slušný; **good c. fun** nevinná zábava; **keep it c.!** jenom žádné sprosťárny! inf např. neslušné vtipy; **lead a c. life** dated žít bezúhonně **5** *(driving licence)* neproštípnutý, bez proštípnutí **6** *(fair: play, fight)* fér, slušný ♦ **c. dealings** otevřená or poctivá hra **7** *(well-shaped: car* etc*)* ladně provedený, mající čisté linie, elegantní **8** *(smooth: cut)* čistý, hladký **9** *(bomb)* čistý neradioaktivní **10** *(thorough, complete)* naprostý; **make a c. break with the past** nadobro se rozejít s minulostí; **make a c. breast of it** kápnout božskou, vyjít s pravdou ven; **make a c. sweep** vyhrát všechny medaile or ceny **11** sl *(unarmed)* čistý, neozbrojený; Amer *(penniless)* dutý, plonkový, švorcový; **be c.** smrdět korunou; *(not guilty)* být nevinný ● adv **1** *(completely)* naprosto, nadobro, zcela; **I c. forgot about it** zapomněl jsem na to jak na smrt; **it snapped c. off** čistě se to ulomilo **2 come c.** kápnout božskou, vyjít s pravdou ven; **come c. (with sb about sth)** přiznat se (komu k čemu) ● **I** vt (o)čistit; *(wipe* also*)* utřít, utírat; *(with brush* also*)* (o)kartáčovat; *(wash)* (u)mýt, očistit; *(shoes: polish/ with cloth)* (vy)cídit/ očistit; *(teeth, clothes)* (vy)čistit; *(carrots)* ostrouhat, (o)škrabat; *(chicken, fish)* vykuchat; *(blackboard)* (s)mazat, utřít; *(room)* uklidit; Techn *(coal, ore)* prát **II** vi čistit se; **c. easily** snadno se čistit; **this carpet ~s easily** tento koberec se snadno or dobře čistí **III** phr vs (cf vt) ■ **clean down** vt *(walls)* důkladně umýt/ očistit ■ **clean off** *I* vt **c. sth off sth** něco očistit/ vyčistit/ *(rust)* odstranit z čeho *II* vi dát se snadno očistit etc ■ **clean out** *I* vt **1 c. sth out** (ie *the inside of sth)* (důkladně) co vyčistit; *(stables* also*)* vykydat z čeho hnůj; *(sewers)* pročistit **2 c. sb out** sl obrat koho o prachy, oholit koho; **c. out a shop** sl vybílit or vyčistit obchod vykrást; **be ~ed right out** být švorc, nemít ani vindru *II* vi *(leave hurriedly)* zdejchnout se, zdekovat se ■ **clean up** *I* vt **1** *(mess, room after a party)* uklidit; *(slums)* asanovat; esp Amer **c. oneself up** umýt se, dát se do pořádku **2** fig **c. up a city** *(of criminals, drugs* etc*)* vyčistit od živlů **3** sl *(make a lot of money)* narejžovat si or nahrabat si velké prachy *II* vi **1** lit uklidit, poklidit **2** sl **c. up on sth** narejžovat si or nahrabat si na čem, namastit si na čem kapsu

clean-cut [kli:n'kat] adj **1** *(features)* výrazný, ostře řezaný **2** *(unambiguously clear: decision, opinion)* jasný, jasně formulovaný

cleaner ['kli:nə(r)] n **1** *(person)* uklízeč/ -ka; **street c.** also metař/ -ka **2** *(shop)* **(dry) ~s** čistírna; **call at the ~s** zastavit se v čistírně; **express dry ~s** rychločistírna ♦ **take sb to the ~s** sl *(trick sb out of money)* ošulit or oškubat koho, vzít koho na hůl, *(criticize harshly)* zpucovat koho, *(defeat)* roznést koho na kopytech **3** *(device)* **vacuum c.** vysavač, lux dated **4** *(chemical)* čisticí prostředek, čistič

cleaning ['kli:niŋ] n úklid; **spring c.** generální úklid; **Closed for C.** sanitární den ● adj čisticí; **c. woman** or **lady** uklízečka; **c. services** úklidová služba

cleanliness ['klenlinəs] n čistota; čistotnost; **gleam** or **shine with c.** skvít se čistotou; **be obsessed with c.** být úzkostlivě čistotný; **carry c. too far** přehánět to s čistotou ♦ **c. is next to godliness** čistota je nade vše, ≅ čistota půl zdraví

cleanly$_1$ ['kli:nli] adv čistě, hladce

cleanly$_2$ ['klenli] adj **(-ier, -iest)** *(person, animal)* čistotný

cleanse [klenz] vt (důkladně) vyčistit, vymýt, vypláchnout; fig *(spiritually)* očistit; **c. sb of his sins** zbavit koho hříchů

cleanser ['klenzə(r)] n čisticí prostředek, čistič

clean-shaven [kli:n'šeivn] adj hladce oholený

cleansing ['klenziŋ] n *(spiritual)* očista ● adj **c. lotion** pleťová voda na čištění pleti; **c. flame** fig očistný plamen

clear [kliə(r)] adj **1** *(glass)* průhledný; *(water)* čistý, čirý, průzračný; *(day)* jasný, bezmračný; *(weather, sky)* jasný ♦ **the coast is c.** fig už je čistý vzduch **2** *(skin, complexion: without spots)* čistý **3** *(distinct)* zřetelný, jasný; *(voice)* jasný, (dobře) slyšitelný; *(easy to understand: explanation, article* etc*)* jasný, srozumitelný; *(proof)* jednoznačný; **c. head** čistá or jasná hlava; **c. memories** živé vzpomínky **4** *(evident, obvious)* jasný, zřejmý, patrný, nepochybný, evidentní; **a c. advantage/ lead** jasná výhoda or převaha/ jasné vedení; **it is quite c. that ...** je jasné or zřejmé, že ...; **is it c.?** je to jasné?; **it is as c. as daylight** to je jasný* jako facka; **make sth c.** něco ozřejmit or objasnit; **be c. in one's mind about sth** mít o čem jasno; **get sth c. in one's mind** ujasnit si co; **it is c. to me that ...** je mi jasné, že ...; **do I make myself c.?** vyjadřuji se jasně?; **let's get this c.** aby bylo jasno, ... **5** *(open: road* etc*)* volný, průjezdný **6** *(free)* **be c. of suspicion** být prostý podezření; **have a c. conscience** mít čisté svědomí ♦ **be in the c.** *(out of danger)* být mimo nebezpečí, *(out of trouble)* být z nejhoršího, *(c. of suspicion)* být mimo podezření **7** *(unqualified)* **two c. days** dva celé dny; **c. majority** absolutní or naprostá většina; **c.**

victory suverénní výhra **8** *(profit* etc*)* čistý, nepodléhající srážkám ■ see **clearly** ● adv **1** jasně, zřetelně; **hear sb loud and c.** jasně koho slyšet **2** *(away)* **stand c. of sth** být na bezpečnou vzdálenost od čeho; **stand c. of the door!** nestůjte těsně u dveří; **break c.** Ftb uvolnit se; **steer c. of controversial issues** vyhnout se sporným záležitostem; **keep** or **steer c. of alcohol** vyhýbat se alkoholu **3** *(completely)* **get c. away** zmizet beze stopy ● **I** vt **1** *(remove)* **c. the table** sklidit ze stolu; **c. one's throat** odkašlat si; **c. the pavement of snow**, **c. snow from the pavement** odklidit or odhrnout sníh z chodníku; **c. the way for sb** uvolnit komu cestu **2** Comput *(data from memory)* vymazat **3** **c. sb** *(find sb innocent)* zprostit koho viny; **c. one's name** očistit své jméno, rehabilitovat se **4** *(pass)* **c. sth through the customs** vyclít co; **c. the customs** *(of luggage)* být proclen; **c. the fence** přeskočit plot; **c. a plane for takeoff** dát letadlu povolení k odletu **5** *(empty: letterbox)* vybrat; **c. the bowels** vyčistit střeva projímadlem **6** *(make a profit of)* **c. £1000** *(on a deal)* dosáhnout zisku 1000 liber **7** *(repay: debt* etc*)* splatit, vyrovnat, zúčtovat, proplatit (šek) **II** vi *(sky)* vyjasnit se, *(weather)* vyčasit se; *(mist, smoke)* rozptýlit se; *(water)* pročistit se; **it'll soon c.** brzy se vyjasní **III** phr vs ■**clear away** *I* vt odklidit, odnést; *(obstacles)* odstranit; **c. away the dishes** sklidit (nádobí) ze stolu *II* vi **1** *(ie the dishes)* odklidit or sklidit (nádobí) ze stolu; odnést ze stolu **2** *(disperse: mist* etc*)* rozptýlit se, rozplynout se, ztratit se ■ **clear off** *I* vt *(debt)* splatit, vyrovnat; *(mortgage)* vyplatit; *(arrears of work)* zlikvidovat nedodělky, vyřídit nevyřízenou korespondenci; **c. off the table** sklidit ze stolu *II* vi **1** inf *(run away)* zmizet, prásknout do bot; **C. off!** Koukej mazat!, Vypadni! **2** *(disappear: mist* etc*)* rozptýlit se, zmizet ■ **clear out** *I* vt *(room, attic, cupboard* etc*)* vyklidit, vyprázdnit *II* vi *(disappear)* zmizet, ztratit se, zdejchnout se inf; *(leave home)* odejít z domu ■**clear up** *I* vt **1** *(tidy)* uklidit; *(remove)* odklidit, odstranit; **c. up the kitchen** uklidit v kuchyni, dát kuchyň do pořádku; **c. up the broken glass** odklidit rozbité sklo **2** *(finish: work)* dokončit, vyřídit nahromaděnou korespondenci **3** *(mystery, crime)* rozřešit, objasnit *II* vi **1** *(weather)* vyčasit se, vyjasnit se; *(sky)* (vy)jasnit se; *(rain)* přestat; **it has ~ed up** vyčasilo se **2** *(tidy up)* uklidit **3** Med *(rash, symptoms)* ztratit se

clearance ['kliərəns] n **1** *(act of clearing)* odklizení, odstranění; **slum c.** asanace slumů ■ **c. sale** doprodej or výprodej zboží **2** Ftb odkop míče směřujícího na branku, Ice hockey odražení puku **3** Techn *(space)* volný prostor; *(headroom)* světlost, světlá výška **4** Aviat **flight c.** povolení k odletu; Naut povolení k odplutí; **customs c.** celní odbavení, vyclení ■ **c. papers**, **ship's c.** celní průkaz **5** **security c.** povolení přístupu k tajným materiálům, prověření **6** *(of cheque)* proplacení, vyrovnání

clear-cut [kliə'kat] adj *(decision)* jasný, jasně formulovaný, *(features)* výrazný, ostře řezaný; *(victory)* přesvědčivý, jasný

clear-headed [kliə'hedid] adj rozumný, jasně myslící

clearing ['kliəriŋ] n **1** *(in forest)* mýtina, palouk, paseka **2** Fin clearing způsob bezhotovostního placení ■ **c. agent** celní agent; **c. bank** zúčtovací banka, clearingová banka; **c. house** zúčtovací ústav or sdružení

clearly ['kliəli] adv **1** jasně; **be c. visible/ audible** být jasně or dobře vidět/ slyšet; **c. described** jasně popsaný; **express oneself c.** vyjádřit se jasně; **c. defined boundaries** přesně vymezené hranice; **this shows c. that ...** z toho je jasně vidět, že ... **2** *(obviously)* je zřejmé or jasné or evidentní or nabíledni, že ...; **c. they are wrong** je jasné, že nemají pravdu

clearness ['kliənəs] n cf **clear 1** jasnost oblohy, průzračnost, čirost tekutiny **2** *(distinctness)* Phot ostrost; *(of articulation)* jasnost, výraznost; *(of presentation)* přehlednost

clear-sighted [kliə'saitid] adj fig prozíravý, jasnozřivý

clear-sightedness [kliə'saitidnəs] n fig prozíravost, jasnozřivost

clearway ['kliəwei] n Br silnice, na které platí zákaz zastavení a parkování ne dálnice

cleavage ['kli:vidž] n **1** *(split)* puklina, prasklina; fig Pol rozkol ve straně **2** *(of breasts)* inf dekoltáž **3** Biol dělení buněk

cleave[1] [kli:v] v fml (pt **cleaved** [kli:vd], **clove** [kləuv] or **cleft** [kleft], pp **cleaved**, **cloven** ['kləuvn] or **cleft**) **I** vt **1** *(split: wood* etc*)* rozštípnout (**in two** na dva kusy), rozseknout, roztít; *(waves)* rozrážet; **c. a man's head open** rozpoltit komu lebku **2** fig **c. a path through a crowd** razit si cestu davem **II** vi *(minerals)* štípat se

cleave[2] [kli:v] vi (pt **cleaved** [kli:vd] or **clave** [kleiv]; pp **cleaved**) fig **c. to sb/ sth** držet se koho/ čeho, zůstat věrný komu/ čemu

cleaver ['kli:və(r)] n řeznický sekáček

clef [klef] n Mus (notový) klíč; **bass/ treble c.** basový/ houslový klíč

cleft [kleft] pt & pp of **cleave**[1] ● adj rozštěpený, rozeklaný; Med **c. palate** rozštěp patra ♦ **be (caught) in a c. stick** být přitlačen ke zdi, být v prekérní situaci ● n trhlina, spára, štěrbina ve skále

clematis ['klemətis] n Bot klematis, Hort plamének

clemency ['klemənsi] n **1** *(mercy)* milost, velkorysost **2** *(of weather)* mírnost

clement ['klemənt] adj **1** *(person)* velkorysý, shovívavý **2** *(weather)* mírný

clench [klenč] vt **1** *(teeth, fist)* zatnout, *(fist* also*)* sevřít; **c. fist(s)** sevřít ruku v pěst ♦ **a ~ed-fist salute** pozdrav zvednutou rukou se zaťatou pěstí **2** *(grasp firmly)* (pevně) uchopit, sevřít

clergy ['klə:dži] n Relig collect duchovenstvo, klérus

clergyman ['klə:džimən] n (pl **-men**) Relig duchovní, kněz

cleric ['klerik] n Relig dated duchovní, kněz

clerical ['klerikl] adj **1** Relig kněžský, církevní; **c. collar** kolárek; **c. dress** kněžské roucho **2** Admin úřednický; **c. work** administrativní or kancelářské práce; **c. worker** úředník, kancelářský zaměstnanec; **c. workers** úřednictvo; **c. error** písařská chyba

clericalism ['klerikəlizm] n klerikalismus

clericalist ['klerikəlist] n klerikál

clerk [kla:k, Amer klə:(r)k] n **1** úředník, zřízenec, kancelářský pracovník; *(secretary)* sekretář/ -ka; **bank c.** bankovní úředník; **head c.** přednosta v úřadu **2 C. of the Court** soudní zapisovatel; Br **c. of works** stavbyvedoucí **3** Amer *(shop assistant)* prodavač/ -ka, obchodní příručí **4** Amer also **desk c.** recepční v hotelu **5** arch duchovní ● vi Amer být prodavačem/ prodavačkou

clever ['klevə(r)] adj **1** *(bright, intelligent)* chytrý, bystrý, inteligentní; **she is a c. girl** je chytrá, je to chytrá dívka; **c. at German** dobrý v němčině **2** pej mazaný, prohnaný, vychytralý ♦ **c. Dick** chytrák; sl vejtaha, frája; **be as c. as a cartload of monkeys** inf vyznat se v tlačenici, být všemi mastmi mazaný; **he is too c. by half** pej je (až) moc chytrý **3** *(ingenious)* důmyslný, rafinovaný; **a c. little gadget** chytrá věcička, důmyslná hračička důmyslný mechanický vynález ♦ **a c. devil** hlava otevřená, vtipná hlavička; **a c. trick** kanadský žertík **4** *(skilful)* dovedný, obratný, zručný, šikovný; **be c. with one's hands** být velmi zručný or dovedný, mít šikovné ruce or ručičky

clever-clever [klevə'klevə(r)] adj inf pej přemoudřelý

cleverly ['klevəli] adv cf **clever** chytře; šikovně; mazaně; **arrange** or **contrive sth c.** něco chytře nastrojit or zaonačit; **go about sth c., tackle sth c.** jít na co zchytra

cleverness ['klevənəs] n cf **clever** chytrost, inteligence; šikovnost; mazanost; důmyslnost

cliché ['kli:šei] n klišé, otřepaná fráze; *(in art)* šablona; **c.-ridden style** šablonovitý styl

click [klik] n *(of camera shutter, breech-block, key in door, latch)* cvaknutí; *(of heels, door)* klapnutí; *(of joints)* prasknutí; *(of fingers)* lusknutí; *(of tongue)* mlasknutí, Phon *(sound)* mlaskavá hláska, mlaskavka; **the door shut with a c.** dveře zaklaply ● **I** vi **1** (cf n) cvaknout/ cvakat; klapnout/ klapat; prasknout; lusknout/ luskat; mlasknout/ mlaskat; **the door ~ed shut** dveře zaklaply **2** *(become friendly, get on well)* inf padnout si do noty; **they ~ed immediately** okamžitě si rozuměli, od prvého okamžiku si padli do noty or do oka **3 suddenly it (all) ~ed** náhle mu/ jí to došlo, náhle se mu/ jí rozsvítilo **II** vt **1 c. one's heels** srazit podpatky; **c. one's tongue/ fingers** mlasknout/ lusknout (prsty); **the door ~ed shut** dveře se zavřely s cvaknutím **2** Comput *(mouse)* kliknout

clicking ['klikiŋ] n cf **click** n cvakání; klapání; praskání; mlaskání

client ['klaiənt] n klient, zákazník; **(lady) c.** klientka, zákaznice ■ **c. state** satelit, závislá země

clientele [klion'tel, Amer klaiən'tel] n **1** klientela, zákaznitvo **2** *(of theatre, restaurant)* pravidelní návštěvníci

cliff [klif] n skála, útes, skalní stěna; **ice c.** ledový sráz

cliffhanger ['klifhæŋə(r)] n Liter drasťák napínavý román/ film ap.; *(thrilling contest)* nervák; **it is a real c.** je to strašně napínavé, inf joc je to napínavý* jako kšandy, je to strašné vzrůšo

climate ['klaimət] n **1** klima, podnebí **2** *(area)* podnební pásmo; **move to a warmer c.** přestěhovat se do země/ oblasti etc s teplejším klimatem **3** fig ovzduší, klima; **the c. of terror** ovzduší strachu

climatic [klai'mætik] adj klimatický, podnební

climax ['klaimæks] n **1** *(culmination)* vrchol, vyvrcholení, kulminační bod; *(of programme)* zlatý hřeb (programu); **reach a c.** dosáhnout vrcholu or vrcholného bodu **2** *(sexual)* vyvrcholení, orgasmus ● vi dosáhnout vrcholu (**in sth** v čem); *(sexually)* mít orgasmus

climb [klaim] n *(~ing)* výstup; *(of aircraft, road)* stoupání ● **I** vt **1** also **c. up** šplhat (se) po, vyšplhat se na, vystoupit na, (vy)lézt na, zlézt; **c. a mountain** zlézt horu, vystoupit na horu; **c. a tree** vyšplhat se or vylézt na strom; **c. a rope** šplhat po laně **2 c. a wall** přelézt stěnu **II** vi **1** šplhat, lézt, stoupat, vystupovat; *(road, sun, aircraft)* stoupat; *(prices)* zvýšit se/ zvyšovat se, stoupat; **c. up a tree** (vy)lézt na strom; **c. uphill** stoupat do kopce; **c. over a wall** přelézt přes stěnu; **c. in through the window** vlézt oknem; **c. onto the roof** vylézt na střechu **2** *(in social rank)* vypracovat se, dosáhnout čeho, dopracovat se čeho; **c. to power** dosáhnout moci ♦ **c. on the bandwagon** jít s proudem, naskočit do rozjetého vlaku **III** phr v ■ **climb down** vi **1** *(from tree)* sešplhat, slézt; *(from horse)* sesednout; *(from bus, train)* vystupovat **2** fig ustoupit, podvolit se, uznat chybu

climb-down ['klaimdaun] n fig ústup, přiznání chyby

climber ['klaimə(r)] n **1 (mountain) c.** horolezec ♦ fig **social c.** kariérista, šplhavec **2** Bot popínavá rostlina

climbing ['klaimiŋ] n Sport **(mountain) c.** horolezectví, alpinismus ● adj *(rope, gear etc)* horolezecký; *(plant)* popínavý, pnoucí se

clinch [klinč] **I** vt **1** Techn *(rivet)* roztepat; *(nail)* ohnout konec hřebíku po zaražení **2** *(settle finally: argument)* rozhodnout; **c. a deal** uzavřít or sjednat obchod; **that ~ed it** tím to bylo rozhodnuto **II** vi Box klinčovat, držet soupeře rukama ● n **1** Box clinch, klinč, držení soupeře **2** inf vášnivé objetí

clincher ['klinčə(r)] n inf **1** pádný argument, přesvědčivý důkaz **2** Sport rozhodující branka/ bod etc

cling [kliŋ] vi (pt, pp **clung**) **1** *(of person/ thing)* **c. to sb/ sth** lpět na kom/ čem, držet se koho/ čeho; *(mud)* **c. to sth** chytat se na co; *(dress)* **c. to the body** přiléhat k tělu; **c. to one's children** lpět na dětech; **c. together**, **c. to each other** tíhnout k sobě **2** *(be dependent)* **c. to sb** viset na kom ♦ **c. to one's mother's skirt** chytat se máminých sukní; **c. to sb like a leech** držet se koho jako veš (kožichu) or jako klíště; **c. on grimly to sth** držet se čeho zuby nehty **3** fig *(to opinions, theories etc)* **c. to sth** držet se (umíněně) čeho, tvrdošíjně or umíněně na čem trvat, neustoupit od čeho; **c. to an opinion** umíněně trvat na svém názoru

clingfilm ['kliŋfilm] n (plastická) fólie

clinging ['kliŋiŋ] adj **1** *(clothes)* přiléhavý, těsně obepínající tělo **2** *(perfume)* vtíravý **3** *(person)* neodbytný, dotěrný, jako klíště; *(child)* přítulný ♦ **c. vine** fig inf liána, družice, žena, která příliš lpí na svém muži

clingy ['kliŋi] adj see **clinging**

clinic ['klinik] n **1** *(private)* sanatorium, soukromá nemocnice or klinika **2** *(in state hospital)* oddělení, klinika; **maternity c.** porodnice; **children's c.** dětská poradna **3** klinická praxe u lůžka nemocného

clinical ['klinikl] adj **1** Med klinický, lékařský; **c. death** klinická smrt; **c. thermometer** lékařský teploměr **2** *(detached)* střízlivý, chladný, klinický

clink$_1$ [kliŋk] n *(of coins, keys, glasses)* cinknutí, cinkot; *(of glasses, cups)* břinkot ● **I** vt *(coins)* cinkat s čím; **c. glasses with sb** přiťuknout si s kým, zavdat si s kým s přiťuknutím **II** vi *(coins, keys)* cinkat; *(glasses)* zvonit; *(glasses, cups)* řinčet

clink$_2$ [kliŋk] n sl lapák, kriminál, basa, loch; **be in (the) c.** sedět v lochu or v chládku, bručet

clinker ['kliŋkə(r)] n škvára

clip$_1$ [klip] n **1** *(with scissors, shears)* stříhání, zarovnávání; **give sth a c.** ostříhat co; **give the hedge a c.** ostříhat or zarovnat živý plot **2** *(blow)* inf pohlavek, facka; inf pecka; **give sb a c. on the ear** dát komu pohlavek **3** *(wool)* vlna z jednoho stříhání výtěžek vlny **4** *(from film)* šot, klip **5** sl **at a fair** or **good** or **brisk c.** rychlým tempem; **travel at a fast c.** kalit (si) to ● vt (pt, pp **clipped**) **1** *(with scissors/ shears: fingernails)* (o)stříhat, *(sheep)* stříhat, *(hedge)* stříhat, přistřihnout, zarovnat, *(hair)* ostříhat, *(shorten)* přistřihnout, *(wire)* štípat, odštípnout ♦ **c. sb's wings** fig přistřihnout komu křidýlka or křídla; **I'll c. your wings (for you)** (však) já tě zkrotím, zatrhnu ti tipec **2** *(ticket)* proštípnout **3 c. sth out of sth** *(article out of a newspaper)* vystřihnout něco **4 c. one's words (when speaking)** mluvit trhaně, polykat slabiky **5** inf **c. sb on the ear** dát komu pohlavek, jednu někomu vrazit; **c. sb on the jaw** ubalit komu jednu do brady

clip$_2$ [klip] n **1** svorka, stiskací spona; **paper c.** svorka or spínátko na spisy **2** *(piece of jewellery)* brož připevněná stiskací sponou **3** also **cartridge c.** Mil zásobník ● v (-pp-) **I** vt **c. sth (on)to sth** připnout co k čemu svorkou; **c. sth on** připnout (si) co; **c. documents together** sepnout spisy **II** vi **c. on** připínat se

clip-on ['klipon] adj *(tie)* se stiskací sponou; **c.-on earrings** klipsy

clipped [klipt] adj *(speech)* trhaný, přerývaný; *(speak)* **in a c. voice** úsečně; **c. wings** přistřižená křídla or křidýlka

clipper ['klipə(r)] n Naut, Aviat clipper, klipr rychlá plachetnice/ zaoceánské dopravní letadlo

clippers ['klipəz] n pl *(for hedges: secateurs)* zahradnické nůžky; **hair c.** strojek na vlasy; **nail c.** kleštičky or kleštičky na nehty

clippie ['klipi] n inf autobusová průvodčí

clipping ['klipiŋ] n **1 newspaper c.**

výstřižek z novin **2** esp pl **~s** ostřižky, odstřižky, ustřižené zbytky

clique [kli:k] n klika, kotérie

cliqu(e)y ['kli:ki], **cliquish** ['kli:kiš] adj klikařský

clitoris ['klitəris] n Anat poštěváček, klitoris

Cllr abbr of **Councillor** radní

cloak [kləuk] n **1** přehoz, volný plášť bez rukávů, pláštěnka **2** fig zástěrka, rouška, pláštík; **under the c. of darkness** pod pláštěm tmy; **under the c. of night** pod rouškou noci; **use sth as a c.** použít co jako zástěrku ● vt fig zastřít, maskovat, (za)halit

cloak-and-dagger [kləukən'dægə(r)] adj tajemný, tajuplný; *(film, play)* špionážní

cloakroom ['kləukru:m] n **1** šatna; **put one's coat in the c.** dát si kabát do šatny ■ **c. ticket** lístek od šatny; **c. attendant** šatnář/ -ka **2** Br euph toaleta, klozet, záchod ve veřejných budovách

clobber₁ ['klobə(r)] vt inf **1** *(hit)* **c. sb** praštit koho; *(beat up)* (z)mlátit koho, napráskat komu; **c. him one** utřít or ubalit mu ji (sl), pár mu jich vrazit **2** *(defeat)* natřít to komu, naklepnout to komu

clobber₂ ['klobə(r)] n Br inf hadry, svršky; harampádí

clock [klok] n **1** hodiny; **alarm c.** budík; **astronomical c.** orloj; **church c.** věžní hodiny; **time c.** píchací hodiny, píchačky; **wall c.** nástěnné hodiny; **round the c.** po celých 24 hodin, dnem i nocí; **the c. is fast/ slow** hodiny jdou napřed/ pozdě; **the c. keeps good time** hodiny jdou dobře; **the c. says ten** hodiny ukazují deset ♦ **work against the c.** závodit s časem; **beat the c. by 5 minutes** skončit o 5 minut dříve; **turn the c. back** lit & fig postrčit hodiny zpět; **watch the c.** hlídat hodiny ■ **c. face** hodinový číselník **2** inf *(speedometer)* tachometr; *(in taxi)* taxametr; **the car has 10,000 miles on the c.** auto má najeto 10000 mil ● **I** vt **1** Sport *(time)* dosáhnout času; **what time did he c.?** inf jakého času dosáhl? **2** Br inf *(hit)* **c. sb one** vrazit komu jednu **II** phr vs ■ vi **clock in** or **on** odpíchnout si or píchat příchod do práce, začít pracovní směnu ■ **clock out** or **off** odpíchnout si or píchat odchod z práce, skončit směnu or práci ■ **clock up** *(distance)* ujet; *(victory)* zaznamenat, dosáhnout čeho; **the car has ~ed up 5,000 miles** inf auto má najeto 5000 mil

clockmaker ['klokmeikə(r)] n hodinář

clockwise ['klokwaiz] adj **in a c. direction** ve směru hodinových ručiček ● adv ve směru hodinových ručiček

clockwork ['klokwə:k] n **1** *(of clock)* hodinový stroj(ek), hodinové ústrojí; **be c. driven** být na natahování or na péro; **with c. precision** se strojovou přesností ■ **c. toy** mechanická hračka na natahování or na péro; **c. train** mechanický vláček **2** ♦ **go like c.** fig jít jako na běžícím pásu, jít jako po mýdle, jít ráz na ráz; **be as regular as c.** být přesný jako hodinky

clod [klod] n **1** *(of earth)* hrouda **2** inf *(idiot)* ťulpas, ťululum; **clumsy c.** nemehlo, nešika; **what a c. you are** inf (ty) jsi pěkný* jelito

clodhopper ['klodhopə(r)] n **1** *(clumsy person)* nešika, nemehlo **2** *(shoe)* inf joc baganče

clog [klog] n *(shoe)* dřevák; **c. dance** dřeváčkový tanec ● **I** vt (**-gg-**) also **c. up** *(block: pipe, drain)* zacpat, zanést; *(artery)* ucpat; *(machine, mechanism)* blokovat; *(one's memory)* přecpat si, zablokovat si **II** vi also **c. up** (cf vt) zacpat se, zanést se; ucpat se

cloister ['kloistə(r)] n **1** Archit kvadratura, ambit, křížová chodba krytý ochoz **2** *(convent, monastery)* klášter ● vt **c. oneself (away)** izolovat se, uzavírat se světu

cloistered ['kloistəd] adj fig uzavřený, samotářský; **a c. intellectual** izolovaný intelektuál; **lead a c. life** žít jako poustevník/ jeptiška, nevytáhnout paty z domu

clone [kləun] n Biol, Bot klon ● vt Biol, Bot klonovat

close [kləus] n **1** [kləuz] *(end)* konec, sklonek; **be drawing to a c.** chýlit se or spět ke konci; *(day)* dohasínat; **the day is drawing to a c.** schyluje se k noci; **bring sth to a c.** končit co; **at the c. of the day/ month** na sklonku dne/ měsíce **2** *(of cathedral* etc*)* nádvoří **3** Scot *(in tenement buildings* etc*)* průchod do dvora ● adj **1** pred *(in space/ time)* blízký, blízko; **our house is c. to the school** náš dům je blízko školy; **c. proximity** bezprostřední blízkost; **at c. range** zblízka; **a c. deadline** šibeniční termín or lhůta; **sit c. to sb** sedět blízko koho; **move ~r together** stěsnat se; **sit ~r together** sesednout se; **move a chair ~r to the window** přistrčit židli blíž k oknu **2** *(in relationship)* **a)** *(of family)* **a c. relative** blízký příbuzný; **within the c. family circle** v úzkém rodinném kruhu, v lůně rodiny **b)** *(intimate)* blízký, důvěrný, intimní; *(friendship, co-operation* also*)* úzký; **a c. friend** důvěrný or blízký přítel; **become c.** sblížit se; **they are very c.** jsou si blízcí **3** *(dense)* těsný, kompaktní; *(thicket)* hustý; *(stitches)* drobný; *(texture)* hustý; **c. combat**

boj zblízka; **c. formation** semknutá formace; **in c. succession** v těsném sledu **4** *(similar)* podobný, blízký; *(resemblance)* nápadný; **Slovak is c. to Czech** slovenština je blízká češtině **5** attr *(careful) (study, examination)* podrobný, pečlivý, důkladný; *(reasoning)* přísný, strohý; *(critique)* důkladný, obsažný; *(translation)* přesný, věrný; *(look)* zkoumavý; **keep a c. eye** or **watch on sb/ sth** přísně na koho/ co dozírat or dohlížet; **pay c. attention to sth** pečlivě se čemu věnovat **6** *(contest, game, competition, election)* vyrovnaný; *(result)* těsný; **it was a c. match** byl to vyrovnaný zápas **7** attr *(strict: blockade)* přísně or striktně dodržovaný; *(confinement)* se striktním režimem **8** *(tight)* **be a c. fit** těsně přiléhat; **fit c. to sb's figure** těsně obepínat čí postavu **9** *(weather, day)* dusný, parný; *(room: stuffy)* nevětraný; *(atmosphere)* tíživý; *(air)* nedýchatelný, těžko dýchatelný; **it's very c. in here** je tu k zalknutí; **it is very c. today** dnes je velmi dusno **10** pred *(secretive)* uzavřený, nemluvný; **be c. about sth** tajit se s čím, nechávat si co pro sebe; **she is very c. about it** dělá s tím velké tajnosti; **lie** or **keep c.** neukazovat se, skrývat se **11** pred *(mean, stingy)* lakomý, skrblivý, skrblický **12** Phon *(vowel)* zavřený **13** *(near to the surface)* **crop sb's hair c.** ostříhat koho na krátko ♦ **c. shave** fig únik o vlásek; **it was a c. shave** or **thing** vyvázl/ – la etc or unikl/ -la etc jen tak tak, unikl/ -la etc jen o vlásek **14** *(in hunting)* **c. season** doba hájení období, kdy platí zákaz lovení zvěře **15 be c. to tears** mít blízko k slzám, mít slzy na krajíčku; **be c. to madness** být na pokraji šílenství, *(of behaviour* etc*)* hraničit s šílenstvím ● adv *(near)* blízko; **she lives c. to here** bydlí tady blízko, bydlí nedaleko odsud; **c. at hand** blízko, po ruce; **follow c. behind sb** jít blízko or těsně za kým; **c. by** poblíž, nablízku; **be c. on sb's heels** být komu v patách; **it was c. on midnight** byla téměř půlnoc; **snuggle c. up to sb** přivinout se ke komu, choulit se ke komu; **sit c. together** sedět těsně vedle sebe; **the child brought them c. to each other** dítě je sblížilo ♦ **he/ she is c. on fifty** je mu/ jí skoro or téměř padesát; **run sth c.** *(for quality)* mít téměř stejnou kvalitu jako zboží jiné firmy ap., *(for price)* být jen o málo dražší než zboží jiné firmy ap. ● [kləuz] v **I** vt **1** *(shut: door, window, book, lid, eyes)* zavřít; *(lid* also*)* zaklopit; *(curtains)* zatáhnout; *(umbrella)* zavřít, složit; *(drawer)* zavřít, zašoupnout; *(shop, theatre)* zavřít, *(permanently)* zavřít, zrušit; **c. a door with a bang** zabouchnout dveře ♦ **c. one's eyes to sth** zavírat před čím oči; **c. one's mind to sth** uzavírat se čemu; **c. sb's eyes** zatlačit komu oči; **I can do it with my eyes ~d** mohu to udělat popaměti or poslepu; **the office is ~d today** dnes se neúřaduje; **the castle is ~d for restoration** zámek se restauruje; **the road is ~d for repairs** silnice je uzavřena kvůli opravám **2** *(ranks)* sevřít, semknout; **~d formations** semknuté řady ♦ **c. ranks** fig sjednotit se **3 c. a deal** sjednat or uzavřít obchod (**with sb** s kým) **4** *(block: road, entrance, access)* uzavřít, zahradit **5** *(conclude: meeting, discussion, exhibition)* ukončit, uzavřít, zakončit; *(finish: speech, lecture)* skončit; *(account)* uzavřít; **the matter is ~d** záležitost je uzavřena or odbytá **6** Elec *(circuit)* uzavřít **II** vi **1** *(door, window, box, eyes)* zavřít se, zavírat se; *(wound)* zavřít se, zahojit se, vyhojit se, zarůst; *(shop, factory)* zavírat se; *(factory* also*)* zastavit provoz; **the door doesn't c.** dveře se nedají zavřít **2** *(end: meeting* etc*)* skončit; **c.** *(speech* etc*)* **with a joke** zakončit anekdotou; **the shares ~d at £1** závěrečný kurs akcií je 1 libra **3** *(distance, gap)* zmenšovat se **III** phr vs ■ **close down** *I* vt *(shop, business)* zavřít, zrušit; *(universities)* uzavřít; *(factory)* zavřít, zastavit provoz v čem *II* vi **1** *(shop)* zavírat se, zaniknout **2** *(TV* or *radio station)* končit vysílání ■ **close in** vi *(night, darkness)* nastat, nastávat; *(day: get shorter)* krátit se; **c. in on sb** *(darkness)* pohltit or zahalit koho, *(police on fugitive)* uzavřít kolem koho síť; **fog ~d in on us** pohltila nás mlha ■ **close off** vt *(streets, area)* uzavřít ■ **close out** vt Amer *(goods)* prodávat za snížené ceny ■ **close up** *I* vi **1** *(wound)* (za)hojit se, zarůst; *(soldiers)* srazit se, semknout se **2** *(shop)* zavírat, zavřít např. kvůli polední přestávce **3** inf odmlčet se, odmítnout se vyjádřit *II* vt *(house, shop)* zavřít

close-cropped [kləus'kropt] adj *(hair)* ostříhaný nakrátko

closed ['kləuzd] adj uzavřený, zavřený; **c. circuit** uzavřený okruh; **c.-circuit television** televize s uzavřeným okruhem; **c. session** zasedání s vyloučením veřejnosti, uzavřené jednání; Ling **c. syllable** zavřená slabika; **behind ~d doors** za zavřenými dveřmi, s vyloučením veřejnosti; **c. shop** podnik zaměstnávající jen členy odborové organizace ♦ **it is a c. book to me** nemám o tom ani ponětí, je to pro mě španělská vesnice; **'Closed'** „Zavřeno"

close-fisted [kləus'fistid] adj lakotný, škudlivý, skrblický

close-fitting [kləus'fitiŋ] adj *(garment)* přiléhavý, těsný

close-knit [kləus'nit] adj *(community* etc*)* úzce spjatý

closely ['kləusli] adv **1** těsně, úzce, zblízka; **he was c. followed by his wife** těsně za ním šla jeho žena; **c. connected** úzce spjatý; **resemble sb c.** být někomu velmi podobný **2** *(densely: printed, written, woven* etc*)* hustě **3 it was a c. fought match** byl to velmi vyrovnaný zápas **4** *(attentively)* pozorně, pečlivě; *(study)* důkladně; **scrutinize sth very c.** pozorně něco prozkoumat; **follow events c.** podrobně sledovat události; **examine sth c.** důkladně co prozkoumat, posvítit si na co (fig); **question sb c.** důkladně koho vyzpovídat (fig)

closeness ['kləusnəs] n see **close** adj **1** *(proximity)* blízkost **2** *(of relationship)* důvěrnost, blízkost, intimita **3** *(denseness)* kompaktnost, těsnost **4 c. of similarity** nápadná podoba **5** *(of inspection* etc*)* důkladnost, podrobnost, pečlivost; *(of translation)* přesnost **6** *(of contest)* vyrovnanost; *(of result)* těsnost **7** *(of blockade* etc*)* striktnost, přísnost **8** *(of weather)* dusnost, parnost; *(of air)* nedýchatelnost **9** *(reserve)* rezervovanost; uzavřenost **10** *(meanness)* lakotnost, skrblictví

close-set [kləus'set] adj **c.-set eyes** oči umístěné blízko sebe

closet ['klozit] n **1** *(small room)* komůrka, přístěnek; Amer *(cupboard)* skříň; **china c.** skleník ♦ **come out of the c.** fig přiznat svou homosexualitu **2 water c.** dated (splachovací) záchod, klozet ● adj attr *(homosexual)* tajný ● vt fig **be ~ted with sb** zavřít se s někým tajně se radit; **c. oneself** uzavřít se, nevycházet

close-up ['kləusap] n Phot, Film, TV záběr or snímek z blízka, TV, Film (malý/ velký) detail

closing ['kləuziŋ] n zavírání, zavření, uzavření; *(of factory* also*)* zastavení provozu ● adj **1** *(words, speech)* závěrečný; **c. date** termín, uzávěrka; **the c. date for applications ...** žádosti se přijímají do ..., žádosti zašlete nejpozději do ...; **c. time** *(in shops)* zavírací doba, *(in pubs* etc*)* uzavírací or zavírací or policejní hodina; **it's c. time, gentlemen!** zavírá se or zavíráme, pánové! **2** St Ex **c. price** závěrečný kurs akcií

closure ['kləužə(r)] n **1** zavírání, zavření; **pit ~s** zavírání dolů; *(of road: to traffic)* dopravní výluka or uzávěra **2** Parl zakončení rozpravy hlasováním **3** *(cap)* uzavírací víčko

clot [klot] n **1** sraženina, chuchvalec; **blood c.** krevní sraženina **2** Br inf blbec, pitomec, imbecil; **he is a clumsy c.** je to kus dřeva ● vi (**-tt-**) *(blood)* srážet se, koagulovat; *(milk)* srazit se, srážet se

cloth [kloθ, Amer klo:θ] n (pl **~s** [kloθs; Amer klo:θz]) **1** materiál látka, tkanina, sukno; *(for bookbinding)* plátno; **wax c.** voskované plátno ♦ **cut one's coat according to one's c.** upravit své výdaje podle příjmů ■ **a c. binding** plátěná vazba **2** *(tea c.)* utěrka; *(table~)* ubrus; **shoe c.** hadr na boty **3** Relig **a man of the c.** kněz; **the c.** kněžstvo

cloth-bound ['kloθbaund] adj *(book)* v plátěné vazbě, vázaný v plátně

clothe [kləuð] vt (pt, pp **clothed**, in sense (2) also **clad** [klæd]) **1** usu pass **c. sb in sth** obléci koho do čeho; **~d in white** oblečený v bílém ♦ **c. sth in fine words** odít co krásnými slovy; **the mountains were ~d in mist** hory byly zahaleny v mlze **2** *(provide clothes: for children, family)* (o)šatit

clothes [kləuðz] n pl **1** *(garments)* šaty, šatstvo, oděv, oblečení, svršky; **sports c.** sportovní oblečení; **old c.** obnošené šatstvo; **warm c.** teplé oblečení; **working c.** pracovní oděv; **civilian c.** civilní šaty; **be dressed in casual c.** mít všední oblečení, *(at home)* být oblečen podomácku; **put on/ take off one's c.** obléci se, ustrojit se/ svléci se, odstrojit se; **provide oneself with c.**, **rig oneself out with c.** ošatit se; **c. for every occasion** šaty pro každou příležitost; **buy some new c.** koupit si něco nového na sebe ♦ **the Emperor's new c.** císařovy nové šaty ■ **c. basket** koš na prádlo; **c. brush** kartáč na šaty; **c. hanger** ramínko na šaty; **c. moth** mol šatní; **c. peg**, Amer **c. pin** kolíček na prádlo **2** short for **bedclothes** ložní prádlo i s přikrývkami

clothes-conscious ['kləuðzkonšəs] adj *(person)* fintivý

clotheshorse ['kləuðzho:s] n **1** *(for drying)* sušák **2** inf *(dandy)* parádník, elegán

clothesline ['kləuðzlain] n šňůra na prádlo, prádelní šňůra

clothing ['kləuðiŋ] n šaty, šatstvo, oblečení; **items** or **articles of c.** kusy or části oděvu; **cast-off c.** odložené šaty; **casual c.** každodenní šaty ♦ **a wolf in sheep's c.** vlk v rouše beránčím ■ **c. industry** oděvní průmysl

clotted ['klotid] adj **c. cream** Br hustá smetana ze zahřátého mléka

cloture ['kləuča(r)] n Amer Parl ukončení debaty hlasováním

cloud [klaud] n **1** oblak, mrak, mračno; **a small c.** obláček, mráček; **dark/ heavy/ thick ~s** černé/ těžké/ husté mraky; **fleecy ~s** beránky na obloze; **rain/ snow c.** dešťový/ sněhový mrak; **the ~s are gathering** mraky se stahují; **there's not a c. in the sky** obloha je jako vymetená ♦ **have one's head in the ~s** být romantický snílek, mít hlavu v oblacích; **every c. has a silver lining** všecĥno má své dobré stránky, všechno zlé je pro něco dobré; **be on c. nine** být v sedmém nebi, být bez sebe blahem **2 ~s** *(of smoke, dust)* mračna, kotouče, oblaka, chuchvalce; **a c. of locusts** mračno kobylek; **mushroom c.** atomový mrak or hřib; **raise a c. of dust** zvířit oblak prachu **3** fig **a c. of suspicion** stín podezření; **he left under a c.** odešel za podezřelých okolností ● **I** vt **1** *(sky, view)* zakrýt, zahalit; *(water)* kalit; *(eyes)* zamžít, zamlžit, zkalit; *(mirror)* zamžít, zamlžit, zarosit, *(window* also*)* opotit **2** fig *(sb's expression)* zachmuřit; *(happiness* etc*)* zkalit, *(enjoyment, friendship* also*)* pokazit; *(judgement)* zastřít, zkalit; *(issue* etc*)* zatemnit **II** vi see vt zahalit se; zamlžit se, zamžít se, zarosit se, opotit se; zachmuřit se **III** phr vs ■ **cloud over** vi *(sky)* zatáhnout se, ztemnět, zakabonit se; *(windows)* opotit se, zapotit se, zamlžit se, zamžít se; *(face)* zachmuřit se, zakabonit se; *(eyes)* zkalit se; **the sky ~ed over** zamračilo se ■ **cloud up** *I* vt *(windows, mirror* etc*)* opotit, zamžít *II* vi opotit se, zamžít se, zarosit se; **it is ~ing up** mračí se, zatahuje se

cloudburst ['klaudbə:st] n průtrž mračen

cloud-cuckoo-land [klaud'kuku:lænd] n vysněný svět, vzdušné zámky; **be living in (a) c.-c.-land** chodit s hlavou v oblacích

cloudless ['klaudləs] adj bezmračný, bez jediného mráčku

cloudy ['klaudi] adj **1** *(sky)* zamračený, zatažený; **become c.** zamračit se; **it is c.** je oblačno, je zataženo **2** *(liquids)* kalný, zkalený; **make sth c.** kalit co; **become c.** zkalit se **3** fig *(future)* nejistý

clout [klaut] n **1** *(blow)* rána rukou nebo tvrdým předmětem; pohlavek; **he gave him a c.** jednu mu vrazil, jednu mu napálil **2** *(influence, power)* inf vliv, moc, slovo (fig); **have a great deal of c.** mít velký vliv, být velmi vlivný ● vt inf **c. sb (one)** jednu komu vrazit, dát komu pohlavek

clove$_1$ [kləuv] pt of **cleave**

clove$_2$ [kləuv] n Bot hřebíčkovec (kořenný); Cook hřebíček; **oil of ~s** hřebíčkový olej

clove$_3$ [kləuv] n **a c. of garlic** stroužek česneku

cloven ['kləuvn] pp of **cleave**; adj rozdělený, rozeklaný; **c. hoof** rozdělené kopyto sudokopytníků ♦ **c. hoof** *(of devil)* čertovo kopýtko or kopyto

clover ['kləuvə(r)] n Bot jetel; **four-leaved c.** čtyřlístek ♦ **be** or **live in c.** mít dobré bydlo, sedět si hezky v teple, žít si jako pánbůh

cloverleaf ['kləuvəli:f] n (pl **-leaves**) **1** Bot jetelový list **2** Aut dálnicová mimoúrovňová křižovatka s nájezdy ve tvaru čtyřlístku

clown [klaun] n klaun, paňáca, šašek; *(silly person)* inf kašpar, tajtrlík; pej pitomec; *(sb behaving comically)* klaun, komik ● vi pej **c. (about** or **around)** šaškovat, bláznit; blbnout; **Stop ~ing around!** Přestaň vyvádět!

clowning ['klauniŋ] n šaškování, blázněnı́, vyvádění

clownish ['klauniš] adj see **clown** šaškovský

cloy [kloi] v fml **I** vi *(sweet* or *rich food)* přejíst se; **pleasures that never c.** radosti, kterých se člověk nikdy nenabaží **II** vt esp pass **be ~ed with sth** *(sweet* or *rich food, pleasures* etc*)* být syt or přesycen or nabažen čeho; **be ~ed with pleasure** nabažit se rozkoší

cloying ['kloiiŋ] adj *(of food)* přeslazený; fig *(smile)* nasládlý, slaďoučký; *(manner)* nasládlý, úlisný

club$_1$ [klab] n **1** *(association)* klub, spolek, *(for children* also*)* kroužek; Sport also oddíl, jednota; **a football/ ice-hockey c.** fotbalový/ hokejový klub; **automobile c.** autoklub; **flying c.** aeroklub; **book/ film c.** klub čtenářů, čtenářský/ filmový klub; **amateur c.** zájmový kroužek ■ **c. member** člen klubu **2** *(~house)* klubovna ■ **c. bar** klubovní výčep **3 night c.** bar **4** ♦ **be in the c.** Br sl být v tom, být v jiném stavu; **put sb in the c.** sl zbouchnout koho, inf udělat komu dítě; **join the c.** fig přidat se ke stejně postiženým – např. ztrátou zaměstnání; **join the c.!** tak to jsme na tom stejně, nejsi sám ● phr v **(-bb-) club together** vi **c. together to buy sth** složit se/ skládat se na něco

club$_2$ [klab] n kyj, klacek, palice; Sport **Indian c.** kužel; **golf c.** golfová hůl ● vt **(-bb-) c. sb** uhodit/ bít or tlouci koho holí, obuškem etc; **c. sb to death** utlouci koho

club$_3$ [klab] n Cards **~s** kříže; **the seven of ~s** křížová sedma

clubbable ['klabəbl] adj vhodný pro členství v klubu; *(sociable)* družný, společenský

clubhouse ['klabhaus] n (pl **-houses** [-hauziz]) klubovna

cluck [klak] n *(of hens)* kdákání; kvokání ● vi kdákat; kvokat; *(of people)* nesouhlasně (za)mlaskat, mlasknout

clue [klu:] n **1** opěrný bod, vodítko; *(to crime* also*)* stopa; *(to mystery)* klíč k čemu ♦ **not have a c. a)** nemít o čem ani ponětí, vůbec nevědět nemít příslušné vědomosti/ nevědět jak na to; **I haven't (got) a c.** nemám o tom ani ponětí **b)** pej nemít ani zdání být nekompetentní/ pitomý; **he hasn't got a c.** pej *(he has no idea)* nerozumí tomu ani za mák, nemá o tom ani páru **2** *(in crossword puzzle)* legenda ● phr v ■ **clue up** vt inf **c. sb up (about sth)** důkladně koho (o čem) informovat; **be ~d up about** or **on sth** vyznat se v čem, mít co v malíčku

clueless ['klu:ləs] adj inf pej **be absolutely c.** být zcela bezradný, nemít o čem (ani) páru; *(be stupid)* být natvrdlý

clump$_1$ [klamp] n *(of trees)* skupin(k)a; *(of grass)* trs; *(of bushes, houses)* shluk; **a c. of thistles** bodláčí ● vt inf naházet, nakupit, nahromadit; **be ~ed together** být nakupený, být na hromadě

clump$_2$ [klamp] **I** vi **c. about** or **around** dupat, chodit jako slon; *(in snow)* vláčet se čím; **don't c. about like that!** nedupej tolik! **II** vt **c. sb** *(hit)* praštit koho ● n **1** *(of boots etc)* dupot, dupání **2** *(blow)* rána, úder

clumsiness ['klamzinəs] n nemotornost, neohrabanost, neobratnost

clumsily ['klamzili] adv nemotorně, nešikovně, neohrabaně

clumsy ['klamzi] adj **(-ier, -iest) 1** *(person)* nemotorný, nešikovný, neohrabaný; *(hands)* nešikovný, levý, děravý; **be a c. clot** být jako dřevo, být strašné nemehlo **2** *(in manner)* nejapný, netaktní; *(remark, question, answer)* nevhodný, nemístný; *(speech)* nesouvislý; *(verses)* kostrbatý; *(mistake)* školácký **3** *(tools)* nešikovný, neforemný, humpolácký

clung [klaŋ] pt & pp of **cling**

cluster ['klastə(r)] n **1** *(of berries, of bananas)* trs; *(of grapes)* hrozen; *(of hair)* chomáč **2** *(of people, stars)* shluk; *(of trees)* skupin(k)a, shluk; *(of bees)* roj, hrozen; *(of islands)* skupina, souostroví; *(of stars)* hvězdokupa; **a consonant c.** souhlásková skupina ■ **c. bomb** tříštivá střela ● vi **c. (together) round sb/ sth** *(of people)* shromážďovat/ shromáždit se or nakupit se or seskupit se kolem koho/ co, obklopit koho/ co; **c. (together) round sth** *(of houses, trees etc)* obklopovat co

clutch$_1$ [klač] n **1** *(act of ~ing)* chvat, uchopení; **make a c. at sth** snažit se uchopit co, snažit se chopit se čeho **2 ~es** fig spáry, drápy ♦ **fall into sb's ~es** padnout komu do drápů; **draw sb into one's ~es** dostat koho do svých tenat; **escape from sb's ~es** dostat se z čích drápů **3** Aut spojka; *(pedal)* pedál spojky; **disc c.** kotoučová spojka; **let in the c.** zapnout or sešlápnout spojku; **let out the c.** vypnout or pustit spojku ● **I** vt *(hold tightly)* svírat; *(seize)* sevřít, uchopit; **c. a doll to one's breast** tisknout panenku k hrudi **II** vi **clutch at sth** snažit se křečovitě dosáhnout or uchopit co; *(hold tightly)* držet se čeho křečovitě or zuby nehty ♦ **a drowning man will c. at a straw** or **at straws** tonoucí se i stébla chytá

clutch$_2$ [klač] n hnízdo vajec/ kuřat

clutter ['klatə(r)] n **1** *(things lying about)* změť věcí, krámy **2** *(untidy state)* zmatek, nepořádek; **the room is in a c.** v místnosti je (strašný) nepořádek, v místnosti je boží dopuštění ● vt also **c. up** *(room: with furniture etc; head: with useless facts)* přecpat čím; *(desk: with papers, books etc)* zaneřádit čím; *(picture: with details)* přeplácat

cm abbr of **centimetre** cm, centimetr

CND [si:en'di:] Br abbr of **Campaign for Nuclear Disarmament** Kampaň za jaderné odzbrojení

CO [si:'əu] n Mil abbr of **Commanding Officer** velící důstojník

Co, Co. [kəu] **1** Comm abbr of **Company** společnost; **and Co** a spol. **2** Admin abbr of **County** hrabství

c/o [si:'əu] abbr of **care of ...** na adresu koho, bytem u koho

coach$_1$ [kəuč] n **1** *(horsedrawn)* kočár; *(stage c.)* dostavník; **c. and four** kočár se čtyřspřežím **2** *(bus)* autokar, dálkový autobus; **express c.** rychlíkový autobus; **sightseeing c.** vyhlídkový autobus; **by c.** dálkovým autobusem ♦ **be a slow c.** být pomalý jako hlemýžď, být jako mouchy snězte si mě, *(of movement)* táhnout se jako zpomalený film ■ **c. station** autobusové nádraží; **c. party** účastníci autokarového zájezdu; **c. tour of Scotland** (okružní) autokarový zájezd po Skotsku; **c. trip** výlet autobusem **3** Rail Br osobní železniční vůz, vagón

coach$_2$ [kəuč] n **1** Sport trenér, kouč **2** *(tutor)* soukromý učitel, domácí učitel dávající kondice ● **I** vt **1** Sport trénovat, *(team also)* koučovat **2** *(tutor)* **c. sb** dávat komu hodiny; **c. sb for an exam** připravovat koho na zkoušku **II** vi koučovat, pracovat jako trenér; dávat hodiny, soukromě vyučovat

coachbuilder ['kəučbildə(r)] n Aut karosář

coaching ['kəučiŋ] n Sport trénink; Sch *(private lessons)* kondice, soukromé hodiny při přípravě na zkoušky

coachman ['kəučmən] n (pl **coachmen**) Br kočí

coachwork ['kəučwə:k] n Br karosérie

coagulability [kəu,ægjulə'biləti] n srážlivost, schopnost koagulace

coagulable [kəu'ægjuləbl] adj schopný koagulace, srážlivý

coagulant [kəu'ægjulənt] n Med srážedlo, koagulant

coagulate [kəu'ægjuleit] **I** vt nechat koagulovat; *(jelly)* nechat ztuhnout **II** vi koagulovat, srazit se, *(blood* also*)* sednout; *(jelly)* ztuhnout

coagulation [kəuˌægju'leišn] n srážení, koagulace

coal [kəul] n **1** uhlí; **hard/ brown c.** černé/ hnědé uhlí, lignit; **soft c.** živičné uhlí; **stocks of c.** zásoby uhlí; **heat with c.**, **burn c.** topit uhlím ▪ **c. basin** uhelná pánev; **c. bed** uhelné ložisko; **c. bunker** bedna or truhla na uhlí umístěná v zahradě n. dříve v chodbě činžáků; **c. box** truhlík na uhlí; **c. merchant** obchodník s uhlím, uhlíř; **c. scuttle** kbelík na uhlí **2** *(a piece of c.)* uhel; *(small)* uhlík; **a hot c.** horký or žhavý uhlík; **put some c. on the fire** přiložit do kamen/ do krbu; **his eyes are like glowing ~s** oči mu svítí jako dva uhlíky ♦ **carry ~s to Newcastle** nosit dříví do lesa, nosit sovy do Athén; **haul sb over the ~s** zavolat si koho na kobereček, vzít si koho do parády, podat si koho; **heap ~s of fire on sb's head** oplatit zlé dobrým s cílem zahanbit druhého

coaldust ['kəuldast] n uhelný prach, mour

coalesce [kəuə'les] vi spojit se; Chem sloučit se; *(unite)* sloučit se, splynout

coalescence [kəuə'lesəns] n spojení; sloučení; splynutí

coalface ['kəulfeis] n Mining předek, čelba, čelo; **work at the c.** pracovat v předku

coalfield ['kəulfi:ld] n Mining uhelný revír

coalition [kəuə'lišn] n Pol koalice ▪ **a c. government** koaliční vláda

coalmine ['kəulmain] n uhelný důl

coalminer ['kəulmainə(r)] n horník, havíř

coarse [ko:s] adj **1** *(sand)* hrubý, hrubozrnný; *(cloth, linen, skin)* hrubý, drsný; *(features)* hrubý; *(voice)* drsný, hrubý, chraplavý, nakřáplý **2** *(food)* obyčejný, prostý, levný, podřadný **3** *(person)* hrubý, neotesaný, nevzdělaný, sprostý; *(manner)* neslušný; *(joke, language)* obhroublý, sprostý, *(remarks)* hrubého zrna; *(taste)* nekultivovaný, přízemní ▪ **~ly** adv **1** na hrubo; **cut/ grind sth c.** nakrájet/ umlít co na hrubo **2** *(behave)* hrubě, neslušně, neotesaně

coarse-grained [ko:s'greind] adj hrubozrnný; *(leather)* s hrubým or drsným lícem

coarsen ['ko:sən] **I** vt činit hrubým též v chování; zdrsnit **II** vi zhrubnout, zdrsnět; *(of person: in manner)* zhrubnout, zesurovět

coarseness ['ko:snəs] n see **coarse 1** hrubost, drsnost **2** *(of person: in manner, speech* etc*)* hrubost, nevychovanost; neslušnost; nekultivovanost

coast [kəust] n pobřeží; **rocky c.** skalnaté pobřeží; **along the c.** podél pobřeží; **on the c.** na pobřeží; *(spend a day)* **by the c.** u moře; *(islands)* **off the c.** blízko pobřeží ♦ **the c. is clear** fig vzduch je čistý ● vi **1** *(in car)* sjíždět/ (s)jet bez motoru, *(on bicycle)* sjíždět/ (s)jet bez šlapání samospádem **2** Amer sáňkovat **3** Naut plout kolem pobřeží **4** fig *(achieve sth effortlessly)* **c. to victory** Sport, Pol snadno zvítězit; **c. through the exams** proplout zkouškami bez potíží

coastal ['kəustl] adj attr pobřežní; **c. area** pobřeží; **c. fortifications** pobřežní opevnění

coaster ['kəustə(r)] n **1** Naut pobřežní plavidlo, loď pobřežní plavby **2** *(mat)* podložka, tácek pod sklenici, láhev ap. **3** *(roller--coaster)* horská dráha **4** Amer sáňky

coastguard ['kəustga:d] n pobřežní hlídka ▪ **c. boat** člun pobřežní hlídky

coastline ['kəustlain] n pobřeží, pobřežní čára

coat [kəut] n **1** *(overcoat)* kabát, *(lightweight)* plášť; *(fur c.)* kožich; *(jacket)* sako; **summer c.** letní plášť; **winter c.** zimník; **morning c.** žaket; **wear a c., have a c. on** mít na sobě kabát; **hold sb's c. for him/ her** pomoci komu do kabátu ▪ **c. hanger** ramínko na kabát **2** *(of animal)* srst, kožich, kožíšek **3** *(layer: of paint* etc*)* vrstva; **a c. of paint** nátěr; **prime/ finishing/ protective c. of paint** základní or spodní/ krycí/ ochranný nátěr; **apply another c. of paint (to sth)** znovu co natřít, přetřít co **4 c. of arms** erb ● vt *(with paint)* natírat/ natřít; *(with chocolate)* máčet v čem; *(with batter)* obalit v čem; **get ~ed with sth** potáhnout se čím, povléci se čím; **a ~ed tongue** potažený or bílý jazyk; **furniture ~ed with dust** nábytek pokrytý vrstvou prachu; **~ed paper** křídový papír; **a ~ed pill** dražé

coating ['kəutiŋ] n film, vrstva, povlak (**on the tongue** na jazyce); *(of paint)* nátěr, vrstva barvy

co-author [kəu'o:θə(r)] n spoluautor

coax [kəuks] vt přemlouvat, přemluvit, umluvit, (o)balamutit; **c. sb into doing sth** or **to do sth** přemlouvat/ přemluvit koho k čemu; **c. sth from sb** (vy)mámit co na kom; **c. a smile out of sb** vymámit or vyloudit na kom úsměv

coaxial [kəu'æksiəl] adj koaxiální, souosý; **c. cable** koaxiální kabel

coaxing ['kəuksiŋ] n domlouvání, přemlouvání, lichocení; balamucení ● adj lichotnický, přemlouvavý, domlouvavý

cob [kob] n **1** *(swan)* labutí samec, labuťák

2 *(corn-cob)* klas/ palice kukuřice; Cook **corn on the c.** kukuřičný klas vařený

cobalt ['kəubo:lt] n kobalt; **c. blue** kobaltová modř

cobble ['kobl] n also **cobble-stone** dlažební kostka, inf kočičí hlava ● **I** vt **1** *(shoes)* spravit, spravovat, příštipkovat **2 a ~ed street** ulice vydlážděná kočičími hlavami **II** phr v ■ **cobble together** vt *(article, lecture* etc*)* slátat, slepit; **a cobbled-together job** slátanina film, kniha ap.

cobbler ['koblə(r)] n **1** becoming dated obuvník, švec, příštipkář ♦ **the ~'s children are always the worst shod** kovářova kobyla chodí bosa **2** esp Amer *(fruit pie)* ovocný koláč **3** esp Amer chlazený koktail víno, citron, cukr

cobblers ['kobləz] n (+sg v) Br sl blbost, nesmysl, pitomost; **What a load of (old) c.!** To je ale pěkná pitomost or vulg hovadina!

COBOL, Cobol ['kəubol] abbr of **Common Business Oriented Language** COBOL univerzální jazyk pro zpracování ekonomických dat

cobra ['kəubrə] n kobra

cobweb ['kobweb] n pavučina; *(network)* pavoučí síť ♦ *(go for a walk)* **to blow away the ~s** osvěžit si hlavu

Coca-Cola [kəukə'kəulə] n kokakola

cocaine [kəu'kein] n kokain, sl kok, koks

coccyx ['koksiks] n (pl **~es** or **coccyges** ['koksidži:z]) Anat kostrč

cock$_1$ [kok] n *(rooster)* kohout; **young c.** kohoutek; *(male bird)* (ptačí) sameček/ samec; *(weatherc.)* větrná korouhvička, kohoutek na věži; **turkey c.** krocan ♦ **c. of the walk** fig kohout na smetišti; **swell up like a turkey c.** nadýmat se jako krocan; **change like a weather c.** točit se jako korouhvička ve větru ■ **c. fights** kohoutí zápasy

cock$_2$ [kok] n **1** *(tap)* kohoutek; **gas c.** plynový kohoutek **2** *(of gun)* kohoutek **3** sl vulg *(penis)* kokot, čurák **4** *(nonsense)* sl blbost, hovadina, volovina

cock$_3$ [kok] **I** vt **1** *(ears)* napínat, natahovat, inf (na)špicovat **2 c. one's hat** *(put on one side)* posadit si klobouk (furiantsky) na ucho **3** *(gun)* natáhnout kohoutek zbraně **4** ♦ **c. a snook at sb** udělat na koho dlouhý nos, strouhat komu mrkvičku fig **II** phr v ■ **cock up** vt Br vulg zvrtat sl, zbodat sl, zprznit vulg, zkurvit vulg

cockade [ko'keid] n Mil kokarda

cock-a-doodle-doo [kokədu:d(ə)l'du:] interj kikirikí, kykyryký

cock-a-hoop [kokə'hu:p] adj usu pred bez sebe radostí zvláště z úspěchu; **be (all) c.-a--hoop** *(be boastful)* být pyšný jako páv

cock-a-leekie [kokə'li:ki] n Scot slepičí polévka se zeleninou zvláště s pórkem

cock-and-bull story [kokən'bulsto:ri] n báchorka, smyšlenka, vymyšlená historka; *(absurd excuse)* absurdní smyšlená výmluva; **c.-and-bull stories** myslivecká latina

cockatoo [kokə'tu:] n Orn kakadu papoušek

cockchafer ['kok,čeifə(r)] n chroust

cockcrow ['kokkrəu] n úsvit, kuropění; **at c.** za ranního kuropění

cocked [kokt] adj sl **to knock sb into a c. hat** *(beat up)* zmlátit koho, zvochlovat koho, vulg rozmlátit komu ciferník; fig *(surpass)* strčit koho do kapsy; **knock sth into a c. hat** *(destroy)* rozbít co na cucky; *(surpass)* zastínit co

cocker ['kokə(r)] n also **c. spaniel** kokršpaněl, inf kokr

cockerel ['kokərəl] n (mladý) kohout

cockeyed [kok'aid] adj inf **1** *(not straight: picture)* nakřivo, šikmo, inf šejdrem **2** *(squinting)* šilhavý **3** *(absurd: idea, scheme)* pošetilý, potřeštěný; sl uhozený, praštěný

cockiness ['kokinəs] n inf vypínavost, chvástavost, suverénnost

cockle ['kokl] n **1** Zool srdcovka jedlá; *(shell)* lastura srdcovky jedlé **2** also **cockle--shell** *(small boat)* malá loďka, kocábka **3** ♦ **warm the ~s of one's heart** potěšit srdce

cockney ['kokni] n **1** *(accent)* cockney [kokny] londýnské nářečí **2** *(person)* cockney Londýňan mluvící dialektem cockney

cockpit ['kokpit] n **1** Aviat pilotní kabina; Naut *(on yacht)* budka kormidelníka **2** Racing sedadlo řidiče závodního auta **3** *(in cockfighting)* kohoutí zápasiště; fig bojiště

cockroach ['kokrəuč] n also Amer **roach** Ent šváb

cockscomb ['kokskəum] n **1** kohoutí hřebínek **2** hejsek; see **coxcomb**

cocksure [kok'šo:(r)] adj pej přehnaně sebejistý, velmi sebevědomý, suverénní

cocktail ['kokteil] n **1** *(alcoholic drink)* kokteil ■ **c. mixer** mixér (koktejlů); **c. party** koktejl; **c. dress** koktejlové šaty **2 prawn c.** krevety s majonézou předkrm; **fruit c.** ovocný salát ♦ **Molotov c.** Molotovovův kokteil láhev s trhavinou ■ **c. snack** chuťovka

cock-up ['kokap] n Br inf *(mess)* bordel sl, zmatek; **it was a complete c.-up** bylo to úplný* fiasko, byl to dokonalý průser vulg; **make a (complete) c.-up of sth** něco (dokonale) zvorat sl or zvrtat sl or zprznit vulg

cocky ['koki] adj (**-ier, -iest**) pej domýšlivý, arogantní, suverénní, vypínavý

cocoa ['kəukəu] n kakao; *(powder* also*)* kakaový prášek ■ **c. bean** kakaový bob

coconut ['kəukənat] n kokos, kokosový

ořech ■ **c. palm, c. tree** kokosová palma, kokosovník; **c. milk** kokosové mléko; **c. matting** kokosová rohož

cocoon [kə'ku:n] n 1 *(of silkworm etc)* kukla, zámotek, kokon 2 fig ochranný obal ● vt **c. sb** hýčkat koho, chovat koho jako v bavlnce; **be ~ed from sth** *(eg frost, unemployment etc)* být chráněn před čím

COD [siəu'di:] Br abbr of **cash on delivery**; Amer **collect (payment) on delivery** na dobírku; **send a parcel COD** poslat balíček na dobírku

cod [kod] n Zool treska; **fresh/ salt c.** čerstvá/ solená treska ■ **c. liver** tresčí játra; **c.-liver oil** tresčí olej

coda ['kəudə] n Mus coda, koda

coddle ['kodl] vt 1 *(child)* hýčkat, rozmazlovat 2 *(egg)* vařit ve vodě pod bodem varu; **~d eggs** ≅ vejce do skla

code [kəud] n 1 *(system of signals)* kód; *(coded symbol)* šifra; **in c.** zakódovaný, zašifrovaný; **put sth into c.** (za)kódovat co; **Morse c.** Morseova abeceda, inf morseovka ■ **c. name** krycí jméno; **c. key** šifrovací klíč 2 *(system of rules)* řád, kodex; **c. of rules** stanovy; **moral c.** mravní kodex, mravní řád; **the Highway C.** pravidla silničního provozu 3 Jur **c. of law** zákoník, sbírka zákonů; **Criminal / Civil C.** trestní/ občanský zákoník 4 **postal c./** Amer **zip c.** poštovní směrovací číslo; **dialling c.** volací kód 5 Comput kód ■ **c. converter** převodník kódu ● vt (za)kódovat, (za)šifrovat

codeine ['kəudi:n] n kodein

codex ['kəudeks] n (pl **codices** ['kəudisi:z]) kodex starý rukopis

codfish ['kodfiš] n treska; see **cod**

codger ['kodžə(r)] n inf starý podivín, starý fotr

codices ['kodisi:z] pl of **codex**

codicil ['kəudisil] n kodicil, dodatek k závěti

codification [kəudifi'keišn] n kodifikace

codify ['kəudifai] vt (**-ie-**) kodifikovat

coding ['kəudiŋ] n šifrování, kódování; Comput kódování

co-driver, codriver ['kəudraivə(r)] n spoluřidič; Sport spolujezdec

codswallop ['kodzwoləp] n Br inf pitomosti, kecy, cancy

co-ed, coed ['kəued] n Amer studentka na koedukační škole ● adj *(school)* koedukační, Amer Sport pro muže i ženy, mix sportovní disciplíny ● vi *(of school)* zavést koedukační vyučování

coeducation [kəuedju'keišn] n koedukace

coeducational [kəuedju'keišənl] adj koedukační

coefficient [kəui'fišnt] n Math, Phys koeficient, součinitel; **the c. of friction** součinitel tření

coerce [kəu'ə:s] vt (při)nutit, donutit, vyžadovat na kom co; **c. sb into sth/ into doing sth** nutit koho k čemu/ nutit koho, aby něco udělal; **be ~d into sth** být k čemu přinucen

coercion [kəu'ə:šn; Amer kəu'ə:žn] n (do)nucení, nátlak; **verbal c./ psychological c.** verbální/ psychologický nátlak; **act under c.** jednat pod nátlakem

coercive [kəu'ə:siv] adj *(measures, means, tactics etc)* donucovací

coeval [kəu'i:vl] n vrstevník

coexist [kəuig'zist] vi koexistovat, existovat vedle sebe

coexistence [kəuig'zistəns] n soužití, koexistence; **peaceful c.** mírové soužití, mírová koexistence

C of E [si:əv'i:] abbr of **Church of England** anglikánská církev ● pred adj **he's C of E** je anglikán

coffee ['kofi] n 1 *(powder)* káva; **ground c.** mletá káva; **instant c.** instantní káva, rozpustná káva; **decaffeinated c.** káva bez kofeinu ■ **c. substitute** kávová náhražka, kávovina; **c. beans** zrnková káva, kávová zrna; **c. grinder** mlýnek na kávu; **c. plant** kávovník 2 *(drink)* káva, inf kafe; **white/ black c.** bílá/ černá káva; **a (cup of) c.** šálek kávy; **two ~s, please** dvě kávy, prosím ■ **c. cup** šálek na kávu; **c. house** kavárna; **c. maker** or **machine** kávovar; **c. pot** kávová konvice; **c. table** konferenční stolek 3 *(colour)* kávová or kávově hnědá barva ■ **a c.-coloured curtain** kávově hnědá záclona

coffer ['kofə(r)] n 1 *(large box)* truhla, truhlice 2 **the ~s** *(funds)* pokladna; **the state ~s** státní pokladna 3 Archit kazeta orámované pole stropu

cofferdam ['kofədæm] n keson

coffin ['kofin] n rakev ♦ **a nail in sb's c.** fig hřebík do čí rakve

cog [kog] n Techn zub kola, palec, ozub ♦ **a mere c. in the machine** fig pouhé kolečko ve stroji, malý pán

cogency ['kəudžənsi] n cf **cogent** pádnost; přesvědčivost; výstižnost

cogent ['kəudžənt] adj *(reason)* pádný, *(argument)* pádný, průkazný; *(reasoning)* přesvědčivý, logický; *(analysis)* výstižný, jdoucí k jádru věci ■ **~ly** adv *(argue)* přesvědčivě

cogitate ['kodžiteit] vt, vi fml or joc uvažovat, dumat, filozofovat; **c. about** or **on sth/ c. sth** uvažovat o čem

cognac ['konjæk] n koňak

cognition [kog'nišn] n Philos poznání, poznávání

cogwheel ['kogwi:l] n Techn ozubené kolo, palečné kolo

cohabit [kəu'hæbit] vi žít spolu (**with sb** s kým) jako druh a družka, joc žít spolu na divoko

cohabitation [kəuˌhæbi'teišn] n společné bydlení muže a ženy bez sňatku

cohere [kəu'hiə(r)] vi **1** *(stick together)* držet pohromadě **2** *(ideas, arguments)* mít souvislost, být logicky skloubený, být logický; *(work of art* etc*)* mít hlavu a patu

coherent [kəu'hiərənt] adj *(ideas, reasoning, speech)* souvislý, logický, logicky skloubený; *(easy to understand)* jasný; **a c. economic policy** promyšlená or konzistentní ekonomická politika ■ **~ly** adv *(speak)* souvisle; jasně; promyšleně

cohesion [kəu'hi:žn] n soudržnost

cohesive [kəu'hi:siv] adj soudržný, kohézní

cohort ['kəuho:t] n **1** Hist kohorta jednotka pěchoty ve starém Římě **2** fig skupina lidí

coiffure [kwa:'fjuə(r)] n účes zvl. ženský

coil [koil] n **1** *(of wire)* kotouč, svitek; *(of hair)* prstenec; *(of smoke)* spirála; *(of intestines)* klička; *(loop)* smyčka; **heating c.** topná spirála ■ **c. spring** spirálová pružina **2** Elec cívka; **induction c.** indukční cívka **3** *(contraceptive)* **the c.** nitroděložní tělísko ● **I** vt also **c. up** *(rope)* stočit, svinout do spirály; **c. sth (up)** svinout co; **c. itself (up)** *(snake)* svinout se do klubíčka; **c. itself round a branch** *(snake)* ovinout se kolem větve; **c. sth round sth** (na)vinout or (na)motat co na co **II** vi *(wire, rope, snake)* stočit se, svinout se, ovinout se; *(ivy)* **c. around sth** ovíjet se kolem čeho; *(river)* vinout se; *(hair)* kadeřit se, stáčet se v prstýnky **III** phr v ■ **coil up** vi, **c. itself up** vt svinout se, stočit se; *(snake)* stočit se do klubíčka

coin [koin] n **1** mince, peníz; **5 p coin** pětipence; **false c.** falešná mince; **commemorative c.** pamětní mince/ peníz; **gold c.** zlatý peníz; **toss a c.** hodit si mincí ■ **c. slot** otvor na mince **2** fig (no pl) **pay sb back in the same c.** oplácet or splatit komu stejnou mincí; **the other side of the c.** fig druhá stránka věci; **both sides of the c.** líc i rub, radosti i strasti, světla a stíny ● vt **1** *(money)* razit **2** *(new terminology)* razit; *(new words)* (vy)tvořit ♦ **to c. a phrase** iron řečeno originálně, abych to řekl originálně omluva při použití klišé **3 c. it in, c. money** narejžovat si, shrábnout balík, nasekat prachy

coinage ['koinidž] n **1** *(of money)* ražení, ražba; **right of c.** mincovní právo **2** Ling *(act)* tvoření (**of new phrases/ words** frází/ slov); *(new word)* neologismus, novotvar, nově vytvořené slovo **3** *(coins)* mince, kovové peníze **4** *(currency)* měna, oběživo

coincide [kəuin'said] vi **1** *(in time: events)* připadat na stejnou dobu, přihodit se současně; *(concerts, films* etc*)* konat se ve stejnou dobu, *(obligatory classes* etc*)* kolidovat **2** *(in area)* shodovat se, krýt se **3** *(interests, views)* shodovat se krýt se; **her interests c. with her husband's** její zájmy se shodují s manželovými; **their interests c.** jejich zájmy se shodují or kryjí

coincidence [kəu'insidəns] n **1** náhoda, shoda okolností; **lucky/ unlucky c.** šťastná/ nešťastná náhoda; **by c.** shodou okolností, náhodou; **chain of ~s** řetěz nahodilostí; **what a c.!** to je ale náhoda! **2** *(of events)* současnost; *(agreement)* shoda

coincidental [kəuˌinsi'dentl] adj náhodný ■ **~ly** adv náhodně, náhodou, shodou okolností

coitus ['kəuitəs], **coition** [kəu'išn] n Med or fml koitus, sexuální akt, soulož; **c. interruptus** přerušovaná soulož

coke$_1$ [kəuk] n koks ■ **c. oven** koksovací pec ● vt koksovat (**coal** uhlí)

coke$_2$, also **Coke** [kəuk] n inf coca-cola, koka-kola

coke$_3$ [kəuk] n sl *(cocaine)* koks

coking [kəukiŋ] n koksování ■ **c. plant** koksárna

col$_1$ [kol] n sedlo, průsmyk

col$_2$ abbr of **column** odst.

Col abbr of **Colonel** plk.

colander ['kaləndə(r)] n cedník, síto na zeleninu ap.

cold [kəuld] n **1** chlad, chladno, zima; **Arctic c.** třeskutý mráz; **shake** or **shiver with (the) c.** tetelit se zimou, třást se zimou; **be stiff with c.** být prokřehlý zimou; **be sensitive to the c.** být choulostivý na zimu, být zimomřivý; **be blue with c.** být modrý zimou ♦ **leave sb out in the c.** odsunout koho na vedlejší kolej; **be left out in the c.** *(politician* etc*)* být odbytá veličina **2** Med nachlazení; **a c. in the head** rýma; **catch a c.** dostat rýmu, nachladit se, nastydnout; **have a c.** být nastydlý or nachlazený; **catch sb's c.** dostat od koho rýmu; **give sb one's c.** nakazit koho rýmou ■ **c. sore** opar na rtech ● adj **1** *(of weather, human body)* chladný, studený; *(house, room* also*)* nevytopený; **I am c., I am feeling c.** je mi chladno or zima; **my hands/ feet are c.** je mi zima na ruce/ nohy, zebou mě ruce/ nohy, mám zkřehlé ruce/ nohy; **I am getting c.** začíná mi být chladno or zima; **the weather is c. today, it is c. today** dnes je chladno or zima; **it**

is bitterly or **beastly c.** je psí zima; **it is c. and damp today** dnes je sychravo ♦ **c. snap** studená vlna, *(in May* also*)* ledoví muži; **c. shower** lit studená sprcha, fig studená or ledová sprcha, studená lázeň; **it hit him like a c. shower** zapůsobilo to na něho jako studená sprcha; **put sth into c. storage** fig *(plan, project* etc*)* dát co k ledu; **the c. war** Pol studená válka; **get c. feet** fig zaleknout se a rozmyslet si něco; **have c. feet** netroufat si, bát se něčeho riskantního; **do sth in c. blood** *(*eg *kill sb)* udělat co chladnokrevně; **it makes my blood run c.** stydne or tuhne mi při tom krev v žilách; **pour** or **throw c. water on sb's enthusiasm** zchladit čí nadšení **2** *(of food* or *drink)* studený; **get c.** *(of food)* vystydnout; **hot and c. meals** teplá a studená kuchyně; **c. buffet** studený stůl; **selection of c. meats** or **cuts** studená mísa, nářez **3** *(person, manner* etc*)* chladný, lhostejný, střízlivý, neosobní, studený citově, *(calculating)* vypočítavý; *(sexually)* chladný, frigidní ♦ **c. fish** inf fig psí čumák; **be a c. fish** být (studený) jako psí čumák; **be (as) c. as charity** být chladný jako kámen; **it is a c. comfort** to je slabá útěcha; **give sb the c. shoulder** fig obrátit se ke komu zády; **it left him quite c.** vůbec ho to nedojalo, nechalo ho to chladným; **old love never goes c.** stará láska nerezaví **4** *(in children's games)* zima; **you are c.** zima, zima **5** Techn **c. riveting** nýtování za studena **6** pred inf *(unconscious)* v bezvědomí, v mdlobách; *(dead)* studený, mrtvý; **knock sb (out) c.** poslat koho k zemi **7** Hunt *(scent)* starý, vychladlý ● adv přímo, rovnou, bez obalu, bez cavyků; **turn sb down c.** odmítnout koho bez jakýchkoliv cirátů, poslat koho do háje; **quit one's job c.** dát okamžitou výpověď

cold-blooded [kəuld'bladid] adj **1** *(animal)* studenokrevný **2** fig chladnokrevný, nelítostný; *(murder)* chladnokrevný, úkladný

cold-hearted [kəuld'ha:tid] adj lhostejný, bezcitný, necitelný

coldly ['kəuldli] adv chladně, fig also lhostejně, bez citu, bez zájmu; *(cold-bloodedly)* chladnokrevně

coldness ['kəuldnəs] n lit, fig chlad, fig also chladnost, odmítavost; *(cold-bloodedness)* chladnokrevnost; *(sexual)* chladnost, frigidita

coleslaw ['kəulslo:] n Cook zelný salát s majonézou

colic ['kolik] n Med kolika

colitis [kəu'laitis] n Med kolitida, zánět tlustého střeva

collaborate [kə'læbəreit] vi **1** *(in work)* spolupracovat na úkolu ap. **2** pej kolaborovat; **c. with the enemy** paktovat se or kolaborovat s nepřítelem, přisluhovat nepříteli

collaboration [kəˌlæbə'reišn] n **1** *(in work)* spolupráce, součinnost; **in c. with sb** ve spolupráci s kým **2** pej kolaborace

collaborator [kə'læbəreitə(r)] n **1** *(in work)* spolupracovník **2** pej kolaborant

collage [ko'la:ž] n Art koláž

collapse [kə'læps] **I** vi **1** *(building* etc*)* spadnout, zřítit se, zbořit se, zhroutit se; **c. like a house of cards** zřítit se jako domeček z karet **2** *(person)* svalit se; *(be totally exhausted)* zhroutit se; *(mentally)* nervově se zhroutit; *(have a heart attack)* dostat kolaps; **c. like a sack of potatoes** svalit se jako pytel brambor **3** fig zhroutit se; *(plans, hopes, negotiations, attack* also*)* ztroskotat; *(government* also*)* padnout ♦ **his world has ~d about him** celý svět se mu zbortil **4** *(chair* etc*)* dát se sklápět; *(umbrella)* dát se složit **II** vt *(chair, table)* složit, skládat, sklapnout ● n **1** *(of house* etc*)* spadnutí, zřícení se, sesutí **2** Med zhroucení se, *(nervous breakdown)* nervové zhroucení; *(heart attack)* (cirkulační) kolaps; *(of lungs)* kolaps plic **3** *(failure)* cf vi (**3**) zhroucení se, ztroskotání; *(of civilization)* pád; *(of marriage)* krach

collapsible [kə'læpsəbl] adj *(chair* etc*)* sklápěcí, sklopný, skládací; *(boat)* skládací; *(telescope)* zasunovací

collar ['kolə(r)] n **1** límec; **shirt c.** límec u košile; **detachable c.** připínací límec; **lace c.** krajkový límeček; **clerical c.** kolárek; **grab** or **seize sb by the c.** popadnout koho za límec ♦ **white-collar worker** fig bílý límeček, člověk od pera; **be (all) hot under the c.** být celý nesvůj, být z něčeho celý pryč ▪ **c. stud** knoflíček do límce **2 dog c.** psí obojek; fig inf or joc *(clerical)* kolárek neutr; **horse c.** koňský chomout **3** Techn *(on pipes* etc*)* nákružek, objímka, příruba ● vt *(seize)* chytit, inf drapnout, popadnout koho za límec; *(stop sb to talk to)* zastavit koho ke konverzaci, pověsit se na koho

collarbone ['koləbəun] n Anat klíční kost ▪ **c. fracture** zlomenina klíční kosti

collate [kə'leit] vt porovnávat, ověřovat, kolacionovat; Pol kolacionovat, snášet

collateral [kə'lætərəl] adj **1** *(subordinate)* vedlejší; *(evidence)* dodatečný, pomocný; *(aim)* dodatečný, vedlejší; *(circumstances)* průvodní **2 c. relatives** příbuzní v nepřímé linii **3** *(security)* Fin vedlejší zajištění ● n Fin záruka

collation [kə'leišn] n **1** porovnávání, kolace, kolacionování; Pol snášení **2** *(meal)* fml svačina, zákusek, lehké jídlo

colleague ['koli:g] n *(in business, professions)* kolega/ kolegyně; spolupracovník/ spolupracovnice

collect [kə'lekt] **I** vt **1 c. sth (together)** *(plates, empty glasses* etc*)* sebrat, sbírat, snést (dohromady); **c. one's belongings together** shromáždit své věci **2** *(money)* vybírat, konat sbírku na co; *(tax, contributions)* vybírat, vybrat; *(customs, debts, social security payments)* inkasovat **3** *(stamps, coins* etc*)* sbírat; *(rain water)* (na)chytat; *(firewood)* (na)sbírat, shromážďovat; *(rubbish)* odvážet; **c. one's thoughts** uspořádat si myšlenky **4** *(pick up: luggage, packet)* vyzvednout (si), (za)jít si pro; *(post)* vybrat, vybírat; **c. a child from the nursery** zastavit se or dojít or jít pro dítě do školky **II** vi **1** *(people)* shromáždit se; *(things)* hromadit se, (na)kupit se **2** *(dust)* usazovat se **III** phr v ■ **collect up, collect together** see **collect** vt (**1**) ● adj Amer **c. call** hovor na účet volaného ● adv Amer **call sb c.** volat na účet volaného

collected [kə'lektid] adj **1** *(calm)* pred klidný, rozvážný, soustředěný **2** attr **the c. works** *(of XY)* sebrané spisy, souborné vydání děl koho

collectedly [kə'lektidli] adv *(calmly)* klidně, soustředěně, rozvážně

collection [kə'lekšn] n cf **collect** v **1** *(collecting)* **a)** *(of stamps* etc*)* sbírání **b)** *(of money, tax)* vybírání, sbírka; *(of payments)* inkaso, inkasování; **make a c.** udělat sbírku na dobročinné účely etc **c)** *(of refuse)* odvoz **d)** *(of luggage)* vyzvednutí; *(from letterbox)* vybírání **2** *(of people or objects)* **a)** *(of people)* shluk, skupina **b)** *(of stamps* etc*)* sbírka; *(of articles)* sborník; *(of stories, poems: selection)* výběr, antologie; *(of records)* diskotéka; **a c. of samples** kolekce vzorků, vzorková kolekce **c)** *(library/ museum c.)* knihovní/ muzejní fond **d)** *(fashion)* kolekce

collective [kə'lektiv] n **1** *(group)* kolektiv; **c. of activists** aktiv **2** Ling = **c. noun** podstatné jméno hromadné, kolektivum ● adj **1** kolektivní; *(ownership* also*)* společný; **c. agreement** kolektivní smlouva; **c. bargaining** kolektivní vyjednávání; **c. farm** kolektivní hospodářství **2 c. wisdom** kolektivní moudrost, dějinná zkušenost **3** *(noun)* Ling hromadný ■ **~ly** adv kolektivně, společně

collectivism [kə'lektivizəm] n kolektivismus

collectivist [kə'lektivist] n kolektivista ● adj kolektivistický

collectivization [kəˌlektivai'zeišn] n kolektivizace, zespolečenštění

collectivize [kə'lektivaiz] vt kolektivizovat, zespolečenštit

collector [kə'lektə(r)] n **1** *(of taxes)* výběrčí; **ticket c.** Rail revizor jízdenek u východu z nástupiště **2** *(of coins* etc*)* sběratel; **stamp c.** sběratel známek, filatelista; **~s' fair** sběratelská burza **3** Techn kolektor

college ['kolidž] n **1** *(university)* vysoká škola; *(part of university:* eg *at Oxford)* kolej; **go to c.** jít na studie na univerzitu; **c. of technology** vysoká škola technická; **c. of education** pedagogická fakulta; **teachers' training c.** dated pedagogická fakulta **2** *(of music, arts)* akademie; **technical c.** průmyslovka; **c. of applied arts** uměleckoprůmyslová škola **3** *(professional body)* kolegium; **the C. of Cardinals** kolegium kardinálů; **the C. of Physicians** lékařské kolegium

collide [kə'laid] vi **1** *(vehicles* etc*)* srazit se, najet na sebe; **c. with sth** srazit se s čím **2** *(of people)* **c. with sb** vrazit do koho, srazit se s kým; fig dostat se s kým do konfliktu **3** *(of interests* etc*)* křížit se, kolidovat

collie ['koli] n kolie, skotský ovčák

collier ['koliə(r)] n **1** Br horník, havíř **2** *(ship)* uhelná loď

colliery ['koljəri] n Br šachta, uhelný důl

collision [kə'ližn] n **1** srážka, inf karambol; **head-on c.** čelní srážka; **in-flight c.** srážka za letu **2** *(clash)* fig *(of interests* etc*)* kolize, střetnutí ♦ **c. course** kurs lodi etc, který vede ke srážce; fig **be on a c. course** směřovat ke konfliktu

collocation [kolə'keišn] n Ling kolokace, slovní spojení

colloquial [kə'ləukwiəl] adj hovorový; **c. language** hovorový jazyk ■ **~ly** adv hovorově

colloquialism [kə'ləukwiəlizm] n hovorový výraz, kolokvialismus

colloquium [kə'ləukwiəm] n kolokvium

collude [kə'lu:d] vi **c. with sb** paktovat se s kým, být spřažen s kým

collusion [kə'lu:žn] n tajná úmluva; *(between witnesses)* Jur koluze; **be in c. with sb** paktovat se s kým, být spřažen s kým

collywobbles ['koliwoblz] n pl inf **1** *(upset stomach)* bolení žaludku **2** *(nervousness)* nervózní úzkost; **have the c.** být nervózní

Cologne [kə'ləun] n Kolín nad Rýnem

cologne [kə'ləun] n kolínská voda, inf kolínská

Colombia [kə'lombiə] n Kolumbie

Colombian [kə'lombiən] n Kolumbijec/ Kolumbijka ● adj kolumbijský

colon$_1$ ['kəulən] n dvojtečka

colon$_2$ ['kəulən] n Anat tlusté střevo

colonel ['kə:nl] n Mil plukovník; **lieutenant c.** podplukovník

colonial [kə'ləuniəl] adj koloniální; **c. powers** koloniální mocnosti ● n obyvatel koloniální země

colonialism [kə'ləuniəlizm] n kolonialismus

colonialist [kə'ləuniəlist] adj kolonialistický ● n kolonizátor

colonist ['kolənist] n osadník, přistěhovalec, kolonista

colonization [kolənai'zeišn] n kolonizace, osídlování

colonize ['kolənaiz] vt kolonizovat, osídlovat

colonnade [kolə'neid] n Archit kolonáda, sloupořadí

colony ['koləni] n kolonie v různých významech; **a c. of artists** kolonie umělců; **a nudist c.** nudistická kolonie; **the Czech c. in Vienna** česká kolonie ve Vídni

color Amer see **colour**

coloratura [kolərə'tuərə] n **1** Mus koloratura **2** *(singer)* koloraturní zpěvačka sopranistka

colossal [kə'losl] adj gigantický, obrovský, kolosální (also fig)

colossus [kə'losəs] n (pl **-lossi** [-'losai] or **~es** [-'losəsiz]) kolos; fig kolos, velikán

colour, Amer **color** ['kalə(r)] n **1 a)** *(quality)* barva; **hue of c.** barevný odstín; **change c.** změnit barvu; **lose c.** ztratit barvu, vyblednout; **richness of c.** bohatství barev, barevnost; **be ablaze with c.** hýřit barvami **b)** *(type)* **red/ brown/ white c.** červená/ hnědá/ bílá barva; **flesh c.** tělová barva; **loud** or **gaudy c.** křiklavá barva; **primary c.** základní barva; **complementary c.** doplňková barva; **in one c.** jednobarevně; **a wide range of ~s** široký rejstřík barev; **of the same c.** stejnobarevný; **what c. is your car?** jakou barvu má vaše auto? ■ **c. range** barevná škála **c)** *(not only black and white)* **a film in c.** barevný film ■ **c. photograph/ television** barevná fotografie/ televize; **c. print** barvotisk **2 ~s** *(substance)* barvy; **oil/ water ~s** olejové/ vodové barvy; **a box of ~s** pouzdro s barvami **3** *(of skin)* barva pleti; **discrimination on grounds of c.** diskriminace kvůli barvě pleti ■ **c. prejudice** rasové předsudky **4** *(complexion)* barva (v tváři); **a healthy c.** zdravá barva; **the c. came back to her cheeks** do tváří se jí vrátila barva; **get a bit of c.** dostat barvu; **she felt her c. rise** cítila, jak se červená ♦ **feel off c.** nebýt ve své kůži; **be a bit off c.** *(of jokes)* být nevhodný or nevkusný **5** *(character, distinctive quality)* zabarvení, barvitost, ráz; *(of voice)* zabarvení; *(of period, place)* atmosféra; **local c.** místní kolorit **6 give** or **lend c. to sth** fig dodávat čemu zdání důvěryhodnosti **7** Sport **~s** reprezentační dres; **he's playing in England's ~s** hraje v anglických barvách; **win one's ~s** být zařazen do reprezentačního celku **8** *(flag)* prapor, vlajka; **the national ~s** státní or národní barvy; **c. bearer** vlajkonoš; **sail under false ~s** plout pod cizí vlajkou ♦ **show oneself in one's true ~s** ukázat svou pravou tvář, vybarvit se; **pass the examinations with flying ~s** vyznamenat se při zkouškách ● **I** vt **1** *(paint)* (z)barvit, nabarvit, obarvit; *(wall)* natřít; **c. a wall brown** natřít stěnu na hnědo **2** *(dye) (material* etc*)* obarvit **3** fig *(bias)* přibarvit, zabarvit, zkreslit **II** vi **1** *(leaves, grapes, fruit* etc*)* vybarvit se, zbarvit se, dostat/ dostávat barvu **2** *(blush)* also **c. up** začervenat se, zardít se; **she ~ed up at his remarks** při jeho poznámkách se červenala **III** phr v ■ **colour in** vt vybarvit

colour-bar ['kaləba:(r)] n rasová segregace

colour-blind ['kaləblaind] adj barvoslepý

colour-blindness ['kaləblaindnəs] n barvoslepost

coloured, Amer **colored** ['kaləd] adj **1** barevný; **brightly c.** pestrý; **c. pencils** barvičky, pastelky **2** becoming dated *(person: non-white)* barevný ● n barevný člověk

colourfast, Amer **colorfast** ['kaləfa:st] adj stálobarevný

colourful, Amer **colorful** ['kaləful] adj **1** barvitý, pestrý, mnohobarevný, malebný; **be very c.** hrát všemi barvami **2** *(vivid)* barvitý; *(character)* svérázný, osobitý, samorostlý; **a c. character** svérázná figura ♦ **a c. life** bohatá or pestrá minulost; **a c. career** pestrá životní dráha

colourfulness, Amer **colorfulness** ['kaləfulnəs] n see **colourful 1** barvitost, pestrost, mnohobarevnost **2** barvitost; *(of person)* svéráznost, osobitost

colouring, Amer **coloring** ['kaləriŋ] n **1** malování barvami, pastelkami; **c.-in** vybarvování ■ **c. book** dětské omalovánky **2** *(complexion)* barva obličeje, pleť **3** *(substance)* barvicí prostředek, barvivo **4** *(coloration)* zbarvení; **protective c.** ochranné zbarvení **5** *(of news* etc*)* tendenční zkreslení, zkreslování, přibarvování

colourless, Amer **colorless** ['kaləlәs] adj **1** *(without colour)* bezbarvý **2** fig *(theory, life)* šedivý; *(performance)* bezkrevný

colt [kəult] n **1** *(horse)* hřebeček, mladý hřebec **2** fig inf *(inexperienced person)* nováček, zelenáč

coltsfoot ['kəultsfut] n (pl **~s**) Bot podběl

columbine ['koləmbain] n Bot orlíček

Columbus [kə'lambəs] n Kolumbus

column ['koləm] n **1** Archit sloup, sloupek, pilíř; **Ionic/ Doric c.** jónský/ dórský sloup; **supporting c.** opěrný pilíř; **the ~s support the roof** sloupy podpírají střechu **2** Aut **steering c.** sloupek řízení **3** fig **a c. of smoke/ vapour** sloup kouře/ páry; **a c. of mercury** sloupec rtuti **4** *(of text)* sloupec, sloupek např. v novinách, ve slovníku ap.; **a c. of figures** sloupec or kolona čísel **5** Journ *(article)* sloupek, rubrika, hlídka; **sports/ literary c.** sportovní/ literární rubrika; **the gossip c.** společenská rubrika; **personal c.** rodiná rubrika **6** *(of vehicles* etc*)* kolona, *(of cars* also*)* karavana; *(large group of soldiers)* kolona, proud ♦ **a fifth c.** Pol pátá kolona

columnist ['kolәmnist] n Journ sloupkař, fejetonista

coma ['kəumə] n Med kóma, hluboké bezvědomí; **go into a c.** upadnout do kómatu

comatose ['kəumətəuz] adj **1** Med komatózní **2** fig ospalý, letargický

comb [kəum] n **1** hřeben; **ornamental c.** ozdobný hřeben; **run a c. through one's hair** pročísnout si vlasy ♦ *(go over sth/ examine sth)* **with a fine-tooth c.** pečlivě, podrobně, důkladně **2** Text hřeben, *(machine)* česací stroj **3** *(of cock)* hřebínek **4** *(act of ~ing)* **give one's hair a c.** učesat se; **your hair could do with a (good) c.** měl by ses učesat, ≅ máš hlavu jak vrabčí hnízdo **5** *(honeyc.)* voština, plástev ● **I** vt **1** *(hair)* česat; **c. one's hair** (u)česat se, načesat or rozčesat si vlasy; *(horse)* hřebelcovat **2** Text *(wool, cotton)* česat; *(flax)* vochlovat **3** also **c. through** *(search:* eg *woods)* pročesat, důkladně prohledat; *(shops, town)* proběhat, inf prolézt **II** phr v ■ **comb out** vt **1 c. sth out of sb's hair** *(sand, dust, lice)* vyčesat co z něčích vlasů **2** fig *(remove: unwanted people/ candidates)* vyloučit, vyřadit, zbavit se koho; Mil *(area: of enemy troops)* vyčistit; *(select: exhibits* etc*)* vytřídit, probrat

combat ['kombæt] n boj; **aerial c.** vzdušný boj; **close c.** boj zblízka ♦ **mortal c.** boj na život a na smrt ■ **c. dress**, Amer **c. fatigues** polní uniforma; Amer **c. fatigue** únava z boje; **c. jet** bojový proudový letoun; **c. mission** *(aerial)* bojový let; **c. troops** bojové jednotky ● v also [kom'bæt] **I** vt **1** Mil *(enemy)* bojovat proti komu **2** fig *(inflation, disease* etc*)* bojovat or svádět boj s čím, proti čemu; *(evil* also*)* potírat **II** vi bojovat; **c. against** or **with sb/ sth** bojovat s kým/ čím or proti komu/ čemu

combatant ['kombətənt] n bojovník also fig, frontový voják; **fellow c.** spolubojovník ● adj **1** bojový **2** bojující

combative ['kombətiv] adj bojovný; **be in a c. mood** mít bojovnou náladu

combed ['kəumd] adj Text česaný; **c. yarn** česaná příze

combination [kombi'neišn] n **1** *(joining together)* kombinace, spojení, spolupráce; *(work on sth)* **in c. with sb** *(firm, partners)* ve spolupráci s kým **2** *(mixture; of colours, flavours, people)* směs, směsice, kombinace; *(of factors)* řada, kombinace **3** *(for lock)* heslo, číselná kombinace ■ **c. lock** heslový zámek **4 ~s** *(undergarment)* dated kombiné, kombinace **5 motorcycle c.** motocykl se sajdkárem or inf sajdkárou

combine$_1$ [kəm'bain] **I** vt **1** *(join/ mix)* spojit, zkombinovat; *(flour and eggs* etc*)* smísit; Chem sloučit; Pol *(parties)* sloučit, spojit; *(fields)* zcelit; **c. forces** spojit síly **2** *(do together)* **c. business with pleasure** spojit příjemné s užitečným **3** *(possess together)* **she ~s beauty and intelligence** je krásná a zároveň inteligentní **II** vi spojit se; Chem sloučit se; *(firms)* spojit se, splynout, fúzovat; Pol sloučit se; **everything ~d against him** všechno se proti němu spiklo

combine$_2$ ['kombain] n **1** *(of firms)* koncern, trust; *(in socialist countries)* kombinát **2** also **c. harvester** kombajn ■ **c. operator** kombajnista; **c. harvesting** sklizeň kombajnem

combined [kəm'baind] adj *(efforts* etc*)* spojený, společný; Mil *(operations)* společný

combustibility [kəm,basti'biləti] n Amer hořlavost, spalitelnost

combustible [kəm'bastəbl] adj **1** hořlavý, zápalný, spalitelný **2** fig *(excitable)* vznětlivý ● n hořlavina, hořlavá látka; *(fuel)* palivo

combustion [kəm'basčən] n spalování; **products of c.** zplodiny spalování ■ **c. chamber** spalovací komora motoru; **c. engine** spalovací motor

come [kam] **I** vi (pt **came**, pp **come**) **1** gen *(move near)* přijít, přicházet, přijet; jít, chodit; **c. here(, quick)!** pojď sem(, honem)!; **I'm coming** už jdu; **are you coming or not?** (tak co,) jdeš nebo ne?; **c. and have a drink** pojďte se něčeho napít; **all sorts of people c. here** sem chodí lecjací lidé; **they are constantly coming and going** pořád chodí sem a tam **2** *(arrive, reach)* přijít, přicházet; *(run)* přiběhnout; *(by car* etc*)* přijet, dojet; *(by boat* etc*)* připlout, připlavat; *(letters* etc*)* dojít, docházet, chodit; **I'll c. without fail** určitě přijdu; **c. bang on time** inf přijít na vteřinu; **c. in the nick of time** přijít na poslední chvíli; **he hasn't c. yet** ještě nepřišel, ještě není doma; **be late in coming** zpozdit se; **spring is coming** přichází or nastává jaro; **night is coming** smráká se; **winter has c.** zima je tady; **Christmas is coming** brzy budou Vánoce; **spring has c. rather early** jaro si přispíšilo; **his hour has c.** udeřila or přišla jeho hodina; **it ~s with practice** je to (jen) otázka cviku ♦ **you've got it coming to you** inf ty si to slízneš!; **he had it coming to him** inf zasloužil si to, patří mu to, říkal si o to; **everything ~s to him who waits** kdo čeká, ten se dočká; **it will c. home to roost** vrátí se to jako bumerang; **c. like manna from the sky** přijít jako na zavolanou **3** *(with* pres p*)* **c. running** or **rushing up** přichvátat, přihnat se, přihrnout se; **c. tearing down/ up the stairs** řítit se (dolů/ nahoru) po schodech; **c. hurrying/ flying** přispěchat/ přiletět; **c. sobbing** přijít s pláčem; **I came to appreciate her** získala si mé sympatie **4 a)** *(happen)* přijít, stát se, přihodit se; **it came like a bolt from the blue** přišlo to jako blesk (z čistého nebe), toho jsem se ani nenadál; **it came as a bombshell** působilo to jako bomba ♦ **take things as they c.** brát věci tak jak jsou, nijak se nevzrušovat; **c. what may** ať se stane cokoliv; **misfortunes never c. singly** neštěstí nechodí samo **b) how c. (that) ...** inf jakpakto, že ...; **how c. you are here?** kde se tu bereš?, kde ses tu vzal?; **c. hail, rain or shine** za každého počasí **c)** *(occur/ happen to be)* **June ~s before July** červen je před červencem; **he came first** *(in a race)* přiběhl první, byl první; **he came nowhere in the race** v závodě se vůbec neumístil ♦ **first c., first served** kdo dřív přijde, ten dřív mele; **business ~s before pleasure** napřed práce, potom zábava; **pride ~s before a fall** pýcha předchází pád **5** *(reach)* **it has c. to my knowledge that ...** dověděl jsem se, že ...; **it has c. to my notice** or **attention that ...** doslechl jsem se, že ...; **it came home to him that ...** *(he realized)* uvědomil si, že ..., došlo mu, že ... **6** *(become)* **c. true** *(wishes, dreams)* splnit se, vyplnit se, stát se skutečností; **be coming alive** probouzet se k životu; **c. undone** *(stitch)* rozpárat se, *(shoelaces)* rozvázat se, *(button)* rozepnout se; **c. loose** rozvázat se, uvolnit se; **the playground came alive with children** hřiště ožilo dětmi ♦ **c. unstuck** rozlepit se, fig pohořet; **easy c., easy go** lehce nabyl, lehce pozbyl; **c. a cropper** *(fall)* inf říznout sebou; natáhnout se jak široký, tak dlouhý; *(fail badly)* zplakat nad výdělkem, shořet fig; **c. clean** kápnout božskou, vyjít s pravdou ven; **things will c. right with time** to se časem poddá **7** *(travel/ cover a distance)* ujít, ujet etc; **we have c. 40 miles since lunch** od oběda jsme ujeli 40 mil; **c. full circle** otočit se o 360° ♦ **he has c. a long way** fig dotáhl to daleko **8** *(*expr *future)* **in the years/ weeks to c.** v nadcházejících letech/ týdnech; **the coming generation** budoucí generace ♦ **the life to c.** onen svět; **a sign of better things to c.** blýskání na lepší časy **9** *(be available: of goods in shops)* být k dostání, být na prodej; **this blouse ~s in three sizes** tuto halenku můžeme nabídnout or máme ve třech velikostech ♦ **be as daft as they c.** inf být hloupý až to bolí; **be as stubborn as they c.** být tvrdohlavý jako mezek **10** inf *(by)* **c. Monday/ Christmas** etc v pondělí/ na Vánoce etc; **c. Christmas we'll have been married for two years** na Vánoce tomu budou dva roky od naší svatby **11** *(have orgasm)* inf mít orgasmus **II** vt *(quasi-transitive use)* sl *(play a part)* **c. the innocent with sb** hrát si před kým na neviňátko; **don't c. that game with me!** s tím si na mne nepřijdeš; **c. it strong** přehánět, vytahovat se; **c. the bully with sb** dělat velký* ramena **III** phr vs ■ **come about** vi **1** Naut *(ship, wind)* otočit se opačným směrem **2** *(happen)* stát se, přihodit se; **and so it came about that ...** a tak se stalo, že ...; **how did the accident c. about?** jak k té nehodě došlo? ■ **come across** *I* vi **1** *(cross)* přejít, přijít přes co; **he came across from the States** přišel z Ameriky; **it is safe to c. across now** teď je možno bez obav přejít **2** *(be understood: of meaning, speech)* být pochopený **3** *(make an impression)* působit (**as** jako); **c. across as a kind man** dělat dojem laskavého člověka; **c. across well in interviews** dělat dobrý dojem při pohovorech **4 c. across with** inf *(money)* (vy)klopit, (za)cálovat; **he came across with the names of his accomplices** prozradil jména svých spoluviníků *II* vt **c. across sb** narazit na koho, náhodou někoho potkat; **c. across sth** narazit or přijít na co náhodou; **I have never c. across this word before** s tímto slovem jsem se nikdy předtím nesetkal ■ **come after** *I* vt **1** *(follow)* následovat, jít za kým/ čím; **we'll c. after you** budeme vás následovat, přijdeme za vámi **2** *(pursue)* pronásledovat, honit; **c. after sb with a stick** hnát se za kým s holí *II* vi následovat, přijít později ■ **come along** vi **1** *(present oneself, turn up)* přijít, objevit se; **when the right opportunity ~s along** až se naskytne vhodná příležitost **2** *(accompany)* **c. along with me** pojď se mnou **3** *(hurry up)* **c. along!** tak pojď! **4** *(make progress)* dařit se; **his French is coming along nicely** dělá velké pokroky ve francouzštině ■ **come apart** vi rozpadnout se, rozbít se; *(clothes: at the seams)* rozpárat se; *(when glued)* rozlepit se, rozklížit se ♦ **be coming apart at the seams** Br lit praskat ve švech; fig *(plans)* hroutit se ■ **come at** vt **1** *(attack)* **c. at sb** hnát se po kom, zaútočit na koho, jít po kom or na koho s něčím; **she came at me with a broom** rozehnala se po mně koštětem **2** *(get at)* **c. at the truth** dobrat se pravdy **3** *(approach: runway)* nalétat na co ■ **come away** vi **1** *(leave)* odejít, odjet, jít/ jet pryč; **c. away with sb** odjet s kým **2** *(become detached) (when glued)* odlepit se; *(handle)* upadnout **3** *(be left)* **c. away with the impression/ feeling that ...** odnášet si dojem, že .../ odcházet s pocitem, že ... **4** Scot inf **c. away in!** jen pojďte dál! ■ **come back** vi **1** *(return)* vrátit se, vracet se, přijít zpět; *(drive back)* přijet zpět; **c. back from work** přijít z práce; **he hasn't c. back yet** ještě není nazpátek; **the colour came back to her cheeks** do tváří se jí vrátila barva; **he came back with a cold** vrátil se nastydlý; **c. back in one piece** vrátit se celý; **to c. back to your question** abych se vrátil k tvé otázce ♦ **c. back to earth!** prober se ze snění!; **c. back as wise as one went** nebýt o nic chytřejší než předtím; **c. back from death's door** utéct hrobníkovi z lopaty **2** *(return to memory)* **it's all coming back to me** teď si na všechno vzpomínám, teď se mi to všechno vybavuje **3** *(become fashionable again)* znovu přicházet do módy **4** *(be reintroduced:* eg *death penalty)* být obnovený or znovu zavedený **5** *(retort)* **c. back at sb** odseknout komu, odpovědět komu podrážděně ■ **come between** vt *(sb and sb)* plést se mezi, vměšovat se mezi; **try to c. between two fighting dogs** snažit se odtrhnout od sebe dva psy; **he lets nothing c. between himself and his work** nedovolí, aby ho cokoliv odvádělo od jeho práce ■ **come by** *I* vt **1** *(obtain)* sehnat, dostat, získat; **it's difficult to c. by** je těžké to dostat; **c. by a large sum of money** dostat se k velkým penězům **2** *(receive accidentally)* přijít k čemu; **how did you c. by that scratch?** odkud máš ten škrábanec? *II* vi esp Amer *(pay an informal visit)* zastavit se u koho, zajít ke komu, zaskočit ke komu ■ **come close to** vt být na pokraji čeho, málem co udělat; cf **c. near to** ■ **come down** vi **1** *(descend)* sejít, sestoupit, *(from ladder* etc also*)* slézt z čeho; *(from horse)* sesednout; *(of aircraft)* přistát, *(crash)* zřítit se, *(do an emergency landing)* nouzově přistát; *(drive down, ski down* etc*)* sjet (dolů); *(curtain)* Theat padat; *(mist)* klesat; *(picture: from wall)* utrhnout se a spadnout ♦ **the rain is coming down in buckets** leje jako z konve **2** *(collapse)* zřítit se, spadnout **3** *(prices)* klesnout, jít dolů, snížit se; *(seller: reduce a price)* slevit **4** **c. down to** *(reach)* sahat (až) k, dosahovat (až) k; **his hair ~s down to his shoulders** má vlasy až po ramena **5** *(leave Oxford University)* absolvovat, dostudovat, skončit; **c. down (from Oxford)** absolvovat or skončit oxfordskou univerzitu; **when he came down (from Oxford)** po skončení (oxfordské) univerzity **6** *(tradition* etc*)* tradovat se, dochovat se **7** **c. down in the world** ztratit na společenské prestiži; **c. down to begging** snížit se k žebrání **8** **c. down to sth** *(be reduced to sth)* neznamenat nic víc než co; **it all ~s down to money** všechno je to jen otázka peněz **9** *(make a decision)* **c. down in favour of sb/ sth** rozhodnout se pro koho/ co; **c. down on the side of sth** rozhodnout se pro co **10** **c. down on sb** *(rebuke)* obořit se na koho, vyjet na koho; **c. down on sb like a ton of bricks** zhurta se na koho obořit, seřvat koho jako malýho* kluka inf **11** **c. down with flu** onemocnět chřipkou ■ **come forward** vi **1** *(report: witnesses)* hlásit se, přihlásit se ♦ iron **he is not backward in coming forward** je velice neodbytný, vyhodíte ho dveřmi a on vleze oknem **2** **c. forward with sth** *(suggestion)* přijít s čím, *(help, money)* nabídnout co ■ **come from** vi **1** *(town, country)* pocházet z, být odkud, být původem odkud; **he ~s from Glasgow** pochází z Glasgowa, je z Glasgowa; **where I c. from ...** u nás (doma) ... **2** *(descend)* **c. from a good family** pocházet or být z dobré rodiny ■ **come in** vi **1** *(enter)* vstoupit, vejít, jít dál; **c. in!** volno, vstupte, pojďte dál; **Will you c. in, please.** Pojďte dál, prosím., Prosím, vstupte.; **let sb c. in** vpustit koho; **he came in at the window** vlezl oknem; **c. storming in** přihrnout se jako velká voda **2** *(arrive)* přijít, přijet, *(train)* přijet, přijíždět, vjet, vjíždět; *(ship)* vplout, vplouvat; *(plane)* přiletět; *(complaints)* chodit; *(subscriptions)* docházet; **reports are coming in that ...** dostali jsme zprávy, že ... **3** *(in a race)* umístit se v závodě, obsadit místo v závodě; **he came in third** umístil se jako třetí, obsadil třetí místo; **and where did he c. in?** a kolikátý byl on? **4** *(tide)* nastat **5** *(political party)* ujmout se moci, dostat se k moci **6** *(become fashionable)* přijít do módy **7** *(in radio communication)* ohlásit se, začít mluvit **8** *(as income)* **he has £2,000 coming**

in every month vydělává or má příjem 2000 liber měsíčně **9** *(have a role)* hrát v čem nějakou roli; **and where do I c. in?** a co já?, co budu dělat já?, co se očekává ode mne?; **c. in useful** or **handy** přijít vhod, hodit se; **it came in handy** přišlo to jako na zavolanou ■ **come in for** vt *(receive)* zasloužit si, vysloužit si; **c. in for praise/ criticism** být chválen/ kritizován; **they came in for a lot of criticism** byli velmi kritizováni (**for** za) ■ **come in on** vt *(scheme, deal, venture)* inf účastnit se čeho, podílet se na čem ■ **come in with** vt **c. in with sb** inf jít do toho s kým, připojit se ke komu při nějaké akci ■ **come into** vt **1** *(enter)* vejít, vstoupit; *(train)* vjet, vjíždět; *(ship)* vplout, vplouvat; **they came into the room** vešli do pokoje; **c. into the world** *(baby)* přijít na svět, spatřit světlo světa **2** *(inherit)* zdědit, přijít k čemu; **c. into a fortune** zdědit velký majetek **3** *(be involved)* **where do I c. into it?** jakou roli v tom budu hrát já?; **intelligence doesn't c. into it** s inteligencí to nemá nic společného **4** *(phrases)* **c. into being** vyvstat, objevit se, vzniknout; **c. into conflict/ contact with sb** dostat se s kým do konfliktu/ kontaktu; **c. into effect** vstoupit v platnost; **c. into fashion** přijít do módy; **c. into force** nabýt účinnosti; **c. into flower** vykvést; **c. into leaf** zazelenat se, dostat listy; **c. into one's own** dojít uznání or ocenění or uplatnění, přijít si na své; **c. into play** přicházet ke slovu fig ■ **come near to** vt **1 c. near (to) sb/ sth** přiblížit se ke komu/ čemu **2** fig **c. near to doing sth** málem něco udělat; **they came near to falling** *(off the cliff)* málem se zřítili; jen tak tak, že se nezřítili ■ **come of** vt **1** *(happen to)* **I don't know what will c. of him** nevím, co s ním bude **2** *(result from)* **nothing will c. of it** z toho nic nebude; **nothing good will c. of it** z toho nic dobrého nepojde or nevzejde **3** *(descend from)* pocházet z; **c. of noble stock** pocházet ze šlechtického rodu **4 c. of age** stát se plnoletým, dosáhnout zletilosti ■ **come off** *I* vt **1** *(fall from)* spadnout z čeho; **c. off a horse** spadnout z koně **2** inf **c. off it!** to snad ne!, to ti nevěřím *II* vi **1** *(fall)* odpadnout, *(break off)* ulomit se; *(fall off: button* etc*)* utrhnout se, upadnout, *(wheel)* upadnout, ulétnout, *(nails, hair* etc*)* slézt, *(wallpaper* etc*)* odchlípnout se, odlepit se **2** *(take place)* konat se; **the wedding didn't c. off** svatba se nekonala **3** inf *(succeed: of plans* etc*)* vyjít, dobře dopadnout, zdařit se; **it all came off** vyšlo to; **c. off badly** dopadnout špatně **4** inf *(have orgasm)* mít orgasmus ■ **come on** *I* vi **1** *(actor)* vstoupit na scénu; *(play, film)* hrát se; Jur *(case)* projednávat se, dostat se na pořad; Sport *(in games)* **c. on in place of sb** vystřídat koho **2** *(make progress: of people)* vést si dobře, dělat pokrok(y); **his English is coming on nicely** dělá (velké) pokroky v angličtině; **his** *(broken)* **arm is coming on nicely** ruka se mu hezky hojí **3** *(hurry)* **c. on**(*, we'll be late)* tak pojď, přidej, pospěš si; **do come on!** tak už pojď! **4** *(begin)* začít; **the rain came on, it came on to rain** začalo pršet; **night came on** setmělo se, nastal or přišel večer *II* vt **c. on** or **upon sb/ sth** náhodou se s někým setkat/ náhodou na co narazit; *(of storm, fatigue)* přepadnout koho ● interj no tak; nono, jen pomalu; **c. on, be sensible** no tak, buď rozumný; **c. on, young man, be careful what you say** nono, mladíku, jen ne tak zhurta dej si pozor na jazyk ■ **come out** vi **1** vyjít, vyjet, *(swimmer)* vyplavat, *(ship)* vyplout; *(snake* etc*)* vylézt; **c. out of a room** vyjít z pokoje, jít ven **2** Br *(go on strike)* zahájit stávku **3** *(in society: of a young girl)* dated debutovat, být uvedena do společnosti **4** *(declare o.s.: of homosexuals)* přiznat svou homosexualitu; **c. out in favour of sth/ against sth** vyslovit se pro co/ proti čemu **5** *(of the sun, moon, stars)* vyjít, vycházet, ukázat se **6** *(book)* vyjít; *(new product)* dostat se na trh, objevit se v obchodech **7** *(buds)* vypučet; *(flowers)* (roz)kvést; *(trees, grass)* rašit; *(*Subj: *bird)* **c. out of its shell** klubat se, líhnout se, **c. out of one's shell** fig vylézt ze své ulity **8** *(become known: truth* etc*)* vyjít najevo; *(scandal* also*)* provalit se ♦ **c. out into the open** odkrýt karty **9** *(be revealed: arrogance, stupidity)* ukazovat se, projevovat se **10** *(be removed: stains)* ztratit se, zmizet; *(colour)* vyblednout; *(hair)* (vy)padat, slézt; *(tooth)* vypadnout **11** *(photos* etc*)* **c. out well** dobře vyjít, podařit se **12** Sch **c. (out) first/ second in German** etc být nejlepším/ druhým nejlepším žákem v němčině, skončit jako první/ druhý v němčině **13 c. out in spots/ in a rash** dostat vyrážku; **he came out in blisters** naskočily mu puchýře; **he came out in a sweat** polil ho pot **14** Math *(problems, divisions)* vyjít beze zbytku; *(total)* **c. out at £50** činit or dělat 50 liber **15 c. out with the truth** vyjít s pravdou ven; **c. out with abuse** zahrnout koho nadávkami ■ **come over** *I* vi **1** *(c. round)* **c. over to sb** zajít or zaskočit ke komu **2** *(travel from a distance)* přijet, přiletět; *(immigrate)* přistěhovat se **3** *(change sides)* **c. over to sb's side** přejít na čí stranu; **c. over to sb's point of view** připojit se or přidat se k čímu názoru **4** *(be* *understood: message* etc*)* být pochopený **5 c. over well/ badly** udělat dobrý/ špatný dojem **6 he came over dizzy** inf udělalo se mu nevolno, dostal závrať; **he came over faint** inf zatmělo se mu před očima, pokoušely se o něho mdloby *II* vt *(happen to)* **what's c. over you?** co to do tebe vjelo?; **dizziness came over me** pokoušely se o mne mdloby; **it just came over me** přišlo to zčista jasna, přišlo to z ničeho nic ■ **come round** vi **1** *(travel by a longer route)* přijet objížďkou; **c. round by the fields** udělat objížďku přes pole **2** *(recur: annual events* etc*)* být zase tu, zase přijít **3** *(call)* stavit se, zastavit se; **can I c. round?** můžu se stavit?; **(do) c. round and have a chat some time** zastav se někdy na pokec (inf) **4 c. round to sb's opinion** nakonec přijmout čí názor; *(relent)* dát se obměkčit or oblomit **5** *(regain consciousness)* přijít k sobě, probrat se z mrákot, nabýt vědomí; probudit se z narkózy/ z bezvědomí **6 c. round to sth** or **to doing sth** *(get round to: answering a letter* etc*)* dostat se k čemu ■ **come through** *I* vi **1** *(of tooth)* prořezat se; *(of water: penetrate)* prosáknout, proniknout; **the news has just c. through that ...** právě jsme dostali zprávu, že ...; *(of application, passport* etc*)* být vyřízený; **the call came through** dostali jsme spojení telefonické **2** *(after operation)* přežít, vydržet; *(after illness)* uzdravit se z čeho; **c. through without a scratch** *(of an accident)* přežít co or vyváznout z čeho bez jediného škrábnutí *II* vt **c. through an operation** přežít operaci ■ **come to** *I* vi **1** *(regain consciousness)* = **c. round (5) 2** Naut *(of ship)* zastavit, zakotvit *II* vt **1** *(amount to)* dělat, činit, rovnat se, vyjít na kolik; **that ~s to £20 in all** dohromady to dělá 20 liber; **c. to nothing** *(hopes)* fig přijít vniveč, rozplynout se; *(plans)* zvrtnout se; **he will never c. to much** ten to daleko nedotáhne ♦ **it ~s to the same thing** přijde to nastejno **2** *(reach)* dojít k čemu; **it may not c. to that** nemusí k tomu dojít; **c. to the conclusion that ...** docházet or dojít k závěru, že ...; **c. to one's senses** přijít k rozumu; **c. to a head** *(boil, ulcer)* vyzrát, provalit se, *(events)* vyvrcholit, *(situation)* vyhrotit se, *(argument)* kulminovat; **c. to an end** (s)končit (se), *(world)* zaniknout, *(life)* dohasínat ♦ **c. to a sticky/ inglorious end** špatně/ neslavně skončit; **if the worst ~s to the worst** v nejhorším případě **3** *(of money, inheritance)* **the house came to him** *(when his father died)* zdědil dům; **he will have a lot of money coming to him** *(when his father dies)* zdědí mnoho peněz **4** *(phrases)* **c. to light** vyjít na světlo boží, vyjít najevo; **c. to the fore** vystoupit do popředí; **c. to grief** pohořet; **c. to blows** začít se bít; **c. to terms with sth** smířit se s čím; **he had it coming to him** patří mu to, dobře mu tak, jen tak na něj; **everything ~s to him who waits** dočkej času jako husa klasu ■ **come together** vi **1** *(meet)* setkat se, sejít se, shromáždit se, sjet se; *(roads)* spojit se, spojovat se, sbíhat se **2** *(end a disagreement)* smířit se ■ **come under** vt **1** *(category, heading* etc*)* **c. under sth** spadat pod co **2** *(be subjected to)* **c. under fire** stát se terčem střelby; fig **c. under fire from sb** být někým kritizován, stát se terčem čí kritiky ♦ **c. under the hammer** *(company)* přijít na buben zkrachovat; **the picture will c. under the hammer at Sotheby's next week** tento obraz se bude vydražovat v aukční síni Sotheby příští týden ■ **come up** vi **1** lit vyjít (nahoru), vyjet, vyběhnout, *(fly up: bird, aircraft)* vyletět; *(diver* etc*)* vyplavat, vynořit se; *(sun, moon)* vyjít; **c. up to sb** přistoupit ke komu ♦ **c. up in the world** být úspěšný společensky, profesionálně, dosáhnout lepšího postavení, polepšit si **2** Univ *(matriculate at Oxford, Cambridge)* zapsat se kde, začít studia kde **3** *(to town; esp London)* přijet kam **4** *(arise)* objevit se, *(problem* also*)* vyvstat; **it came up for discussion** přišla na to řeč, dostalo se to na přetřes **5** *(appear)* objevit se; *(plants)* vzejít, vzklíčit; *(number in lottery)* vyhrát, vyhrávat; **c. up for auction** dostat se or přijít do dražby **6** Jur *(case)* přijít na pořad jednání **7** *(job)* uvolnit se ■ **come up against** vt narazit na; **c. up against sb** narazit na koho, střetnout se s kým; **c. up against sth** narazit na co ■ **come up to** vt *(reach)* sahat, dosahovat kam; fig *(standard)* dosahovat čeho; *(expectations)* splnit, splňovat; **the water came up to his ankles** voda mu sahala po kotníky ■ **come up with** vt *(idea, solution* etc*)* inf přijít s čím, navrhnout co ■ **come upon** see **come on**

comeback ['kambæk] n **1** Theat návrat na scénu, Sport also znovuzískání titulu; Pol znovunabytí moci; **make a c.** Pol dostat se znovu k moci; Fashion dostat se znovu do módy **2** inf *(retort)* replika, řízná odpověď zprav. na kritickou poznámku **3** *(redress)* inf náprava, odpomoc způsob získání kompenzace

comedian [kə'mi:diən] n **1** Theat komik též estrádní, herec pro komické role, herec hrající komické role **2** *(funny person)* usu pej vtipálek, šprýmař, komediant; **you're quite a c.** ty jsi ale vtipálek!

comedienne [kəˌmi:di'en] n herečka hrající komické role; cf **comic**

comedown ['kamdaun] n úpadek, ztráta prestiže; *(disappointment)* zklamání, desiluze

comedy ['komədi] n **1** Theat veselohra, komedie; **c. of manners** mravoličná komedie; Film **silent(-screen) c.** němá groteska ♦ **a c. of errors** fig řetěz komických nedopatření **2** *(humour)* humornost čeho ■ **c. actor** herec/ herečka komických rolí

come-hither [kam'hiðə] adj attr inf *(look)* vábivý, provokativní, svůdný; **give sb a c. look** svůdně se na koho podívat

comeliness ['kamlinəs] n fml or arch sličnost, lepost, pohlednost zvl. o ženách

comely ['kamli] adj (**-ier, -iest**) fml or arch sličný, lepý, pohledný zvl. o ženách

comer ['kamə(r)] n **1** příchozí; **the first c.** kdo přijde první; **the competition is open to all ~s** této soutěže se může zúčastnit kdokoliv **2** Amer nadějný člověk; člověk, který to někam dotáhne

comestibles [kə'mestəblz] n pl fml potraviny

comet ['komit] n Astron kometa; **c.'s tail** chvost komety

comeuppance [kam'apəns] n zasloužený trest; **he got his c.** dostal, co si zasluhoval; říkal si o to

comfort ['kamfət] n **1** komfort, pohodlí; **lack of c.** nepohodlí; **live in c.** žít v komfortu; **for extra c.** pro větší pohodlí; **a flat with every modern c.** byt s veškerým komfortem ■ **c. room** or **station** Amer veřejná toaleta **2 ~s** pl **home ~s** pohodlí domova, (malé) radosti každodenního života; **he likes his ~s** má rád své pohodlí **3** *(consolation)* útěcha, posila; **derive c. from sth** nalézt v čem útěchu; **take c. in sth** utěšit se čím; **it's a c. to know that** utěšuje mě/ nás etc, že ♦ **cold c.** slabá útěcha, těšínská jablíčka ● vt utěšit/ utěšovat; těšit koho v žalu; *(child)* konejšit; **c. oneself** utěšit se

comfortable ['kamftəbl] adj **1** *(bed, shoes etc)* pohodlný; *(hotel, flat)* komfortní, přepychový; *(temperature, atmosphere)* příjemný; *(pace)* volný; **the patient is c.** pacient se cítí dobře; **make oneself c.** udělat si pohodlí; **make sb c.** starat se o čí pohodlí **2** fig inf *(income, pension)* více než dostačující or postačující; **c. circumstances** dobré poměry materiální; **live in c. circumstances** být na tom materiálně dobře; **win by a c. majority** Pol zvítězit ve volbách etc dostatečně velkou většinou; **he is c.** *(he has a c. income)* inf žije si dobře, je pohodlně živ; **I am not too c. about (doing) it** nerad to dělám, je mi to poněkud proti mysli ■ adv see **comfortably**

comfortably ['kamftəbli] adv **1** pohodlně, komfortně; **are you sitting c.?** sedíte pohodlně?; **settle oneself c. into one's chair** usadit se pohodlně v křesle **2 win c.** *(by a clear margin)* lehce zvítězit **3 be c. off** inf být na tom finančně dobře, žít si dobře

comforter ['kamfətə(r)] n **1** *(person)* těšitel, utěšitel ♦ **you are a real Job's c.** ty ale dovedeš člověka potěšit **2** *(dummy, teat: for babies)* Br dudlík, šidítko **3** dated Br *(scarf)* vlněná šála na krk **4** *(quilt)* Amer prošívaná pokrývka

comforting ['kamfətiŋ] adj utěšující, uklidňující; **a c. cup of coffee** šálek kávy na uklidněnou

comfortless ['kamfətləs] adj *(room, house)* neútulný, primitivně zařízený; *(person)* smutný; *(life, prospects)* neutěšený

comfy ['kamfi] adj (**-ier, -iest**) inf pohodlný, *(room, hotel)* útulný; cf **comfortable**

comic ['komik] adj **1** usu attr *(song, performance)* komický, žertovný, legrační; *(story also)* směšný, vtipný **2** attr **c. opera** opereta; **c. actor** komik; **c. strip** kreslený seriál ● n **1** *(actor)* komik též estrádní **2** *(amusing person)* šprýmař, legrační člověk, vtipálek **3** *(magazine)* komiks, sešitové vydání komiksů **4 the c.** komično, komičnost; **verge on the c.** zabíhat do komičnosti

comical ['komikl] adj komický, legrační, šprýmovný ■ **~ly** adv komicky, legračně, šprýmovně

coming ['kamiŋ] adj *(generation)* dorůstající; *(year, week)* nadcházející, příští; **this c. Friday** tento pátek ● n *(arrival)* příchod; **the Second C. of Christ** Relig druhý příchod Kristův; **~s and goings** příchody a odchody

comma ['komə] n čárka; **inverted ~s** uvozovky; **put a sentence in inverted ~s** dát větu do uvozovek

command [kə'ma:nd, Amer -'mænd] **I** vt **1** *(order)* přikázat, nařídit, rozkázat; **c. sb to do sth** nařídit komu, aby něco udělal; **he ~ed that the army should retreat** dal rozkaz, aby armáda ustoupila **2** *(be in c. of: army, ship)* velet komu/ čemu **3** *(have at one's disposal: funds, resources)* disponovat čím, mít k dispozici co; **c. great wealth** být velmi bohatý; *(view)* skýtat **4 c. sb's respect** těšit se čí úctě, vzbuzovat čí úctu, být kým respektován; **c. sb's sympathy** vzbuzovat čí soucit; **c. a high price** prodávat se za vysokou cenu **II** vi **1** *(order)* rozkazovat **2** Mil *(be in c.)* velet ● n **1** *(order)* příkaz, rozkaz; Mil povel; **issue ~s** vydávat rozkazy or povely **2** Comput povel, příkaz **3** Mil velení, velitelství; **supreme c.** vrchní velení; **(the) high c.** vrchní velitelství; **be in c.** velet, mít velení; **assume c. of a regiment** převzít velení pluku; **who is**

in c. here? kdo je tu velitelem?; **have an army under one's c.** velet armádě ■ **c. post** velitelské stanoviště; **c. module** Astronaut velitelský modul **4** *(mastery)* znalost, ovládání; **have a good c. of sth** mít dobrou znalost čeho; **she has a good c. of the German language** umí or ovládá dobře němčinu **5 at sb's c.** z příkazu koho; **I am at your c.** jsem vám k službám, jsem vám k dispozici; **your wish is my c.** vaše přání je mi rozkazem

commandant ['koməndænt] n Mil velitel zvl. tábora, vojenské akademie ap.

commandeer [komən'diə(r)] vt Mil *(ship, car* etc*)* rekvírovat, zabrat; fig přivlastnit si, zabrat si pro sebe neoprávněně

commander [kə'ma:ndə(r)] n **1** velitel, vojevůdce; **c.-in-chief** (pl **~s-in-chief**) vrchní velitel, velící generál; **one of the greatest ~s** jeden z největších vojevůdců **2** Navy korvetní kapitán

commanding [kə'ma:ndiŋ] adj **1** attr Mil **one's c. officer** velící důstojník **2** *(lead)* rozhodující; *(position)* dominantní; *(voice)* velitelský, rozkazovačný

commandment [kə'ma:ndmənt] n přikázání; **the Ten C~s** desatero božích přikázání

commando [kə'ma:ndəu; -mændəu] n (pl **~s** or **~es**) komando, přepadový oddíl

commemorate [kə'meməreit] vt připomínat si, slavit, oslavovat památku koho/ čeho; *(of memorials* etc*)* připomínat co

commemoration [kəˌmemə'reišn] n vzpomínková oslava; *(ceremony, statue* etc*)* **in c. of sb/ sth** na památku or k oslavě or na paměť koho/ čeho

commemorative [kə'memərətiv] adj *(plaque, stamps, medals* etc*)* pamětní; *(speech, prayer)* vzpomínkový

commence [kə'mens] vt, vi fml začít, zahájit; **c. one's military service** nastoupit vojenskou službu; **c. eating** začít jíst

commencement [kə'mensmənt] n fml **1** *(beginning)* začátek, počátek **2** esp Amer promoční slavnost se slavnostními projevy při oficiálním předávání diplomů **3** *(US, GB: Cambridge, Dublin)* slavnostní zahájení školního roku na univerzitě

commend [kə'mend] vt **1** *(praise)* chválit, zmínit se pochvalně o kom/ čem; **c. sb for sth** chválit koho za co **2 c. sb/ sth to sb** fml *(recommend)* doporučit koho/ co komu **3** *(entrust)* **c. sth to sb** svěřit komu co; **c. one's soul to God** svěřit svou duši Bohu

commendable [kə'mendəbl] adj chvályhodný, záslužný

commendation [komen'deišn] n **1** *(praise)* chvála; *(recommendation)* doporučení **2** Mil Amer *(award)* vyznamenání

commensurate [kə'menšərət] adj přiměřený; **be c. with sth** být přiměřený čemu; **her salary is c. to her abilities** její plat je přiměřený jejím schopnostem

comment ['komənt] n **1** *(remark)* poznámka, poznámky; Rad, TV glosa; *(critical ~ary)* komentář; **it caused a lot of c.** bylo kolem toho mnoho řečí, moc se o tom mluvilo; **his words provoked much c.** jeho slova vyvolala značnou odezvu **2** Pol **No c.!** Bez komentáře. Netřeba komentáře. ● **I** vi **1 c. on sth** vyjádřit or vyslovit se k čemu, komentovat co; Rad, TV glosovat co **2 c. on a book** posoudit knihu

commentary ['koməntəri] n komentář, *(short)* poznámka na okraj; Rad, TV *(live)* (přímá) reportáž

commentate ['koménteit] vi **1 c. on sth** Rad, TV komentovat co, dělat přímou reportáž čeho **2** *(as a job) (not in continuous tenses)* pracovat jako reportér

commentator ['koménteitə(r)] n **1** Pol komentátor; Sport etc reportér **2** *(of Bible)* vykládač, exeget; *(writer of a commentary)* autor komentáře

commerce ['komə:s] n Econ obchod, obchodní styky složka národního hospodářství zahrnující i bankovnictví; **chamber of c.** obchodní komora

commercial [kə'mə:šl] n reklamní šot, reklama v rozhlase, v televizi ● adj obchodní; *(success, TV)* komerční; *(spirit)* obchodnický; **c. arithmetic** kupecké počty; **c. art** užité umění; **c. college** (vyšší) obchodní škola; **c. correspondence** obchodní korespondence; **c. fertilizer** umělé hnojivo; **c. traveller** obchodní cestující, obchodní zástupce; **for c. reasons** z komerčních důvodů; **sample of no c. value** vzorek bez ceny ■ **~ly** adv obchodně, z obchodního hlediska; **~ly, the film was a success** z obchodního hlediska byl film úspěšný

commercialism [kə'mə:šəlizəm] n komerčnost, komercialismus

commercialize [kə'mə:šəlaiz] vt komercializovat; **c. sth** *(try to make money out of sth)* obchodně něco využít

commie ['komi] n pej komouš, ruďas komunista

commiserate [kə'mizəreit] vi **c. with sb** litovat koho, projevit komu soustrast

commiseration [kəˌmizə'reišn] n soucit, soustrast (**with sb** s kým)

commissar [komi'sa:(r)] n Pol arch komisař; **military c.** vojenský komisař

commissariat [komi'seəriət] n komisariát

commission [kə'mišn] n **1** *(for painting* etc*)* objednávka (**to do sth** na co), zakázka **2** also **C.** komise, výbor; **auditing c.** revizní komise; **consultative c.** posudková komise; **standing c.** stálá komise; **a c. on sth** komise pro co **3** Mil *(officer's)* povýšení do důstojnické hodnosti; **get one's c.** být povýšen do důstojnické hodnosti, stát se důstojníkem **4** Comm *(payment)* provize z prodeje; **sell goods on c.** prodávat zboží v komisním prodeji/ v komisi ● vt **1** *(person)* pověřit (**to do sth** čím); *(order: portrait* etc*)* objednat, udělat zakázku na co; **c. sb to do sth** pověřit koho čím, objednat si co u koho **2 c. sb as sth** Mil povýšit koho do hodnosti poručíka etc **3** *(plant* etc*)* uvést do provozu

commissionaire [kəˌmišə'neə(r)] n Br livrejovaný vrátný v hotelu, divadle ap.

commissioned [kə'mišnd] adj **c. officer** Mil důstojník

commissioner [kə'mišənə(r)] n **1** *(member of commission)* člen komise, zmocněnec **2** *(of police: in London* etc*)* policejní prezident **3** Jur **C. for Oaths** ≅ notář zmocněný přijímat přísežná prohlášení

commit [kə'mit] vt (pt, pp **committed**) **1** *(crime, suicide, larceny)* spáchat; *(atrocities, sins)* páchat; **c. adultery/ treason/ murder/ an offence/ an error** dopustit se nevěry/ zrady/ vraždy/ trestného činu/ omylu; **c. perjury** křivě přísahat **2** *(send/ entrust)* **c. sb to prison/ to a mental hospital** uvěznit koho, poslat koho do vězení/ do psychiatrické léčebny soudním příkazem; **c. troops to a battle** nasadit vojáky do bitvy; **c. sth to memory** naučit se co zpaměti, svěřit co své paměti; **the body was ~ted to the flames** mrtvé tělo bylo spáleno **3 c. oneself to (doing) sth** zavázat se k čemu; **he ~ted himself to helping them** slíbil, že jim pomůže; **c. oneself to a cause, be ~ted to sth** angažovat se pro něco **4 c. oneself (on sth)** zaujmout k čemu své jednoznačné stanovisko, vyjádřit se k čemu **5 c. sb for trial** *(by lower court)* pohnat koho k soudu

commitment [kə'mitmənt] n **1** see **committal** **2** *(obligation)* závazek, povinnost, úkol; **I've taken on too many ~s** vzal jsem si na sebe příliš mnoho povinností **3** approv angažovanost pro co, zaujatost pro co, oddanost čemu; **art with a c.** angažované umění

committal [kə'mitl] n **1** *(to prison)* uvěznění; *(to a mental asylum)* hospitalizace v psychiatrické léčebně **2** *(of corpse)* pohřbení, uložení těla do hrobu **3** Jur **c. for trial** odeslání obviněného k vyššímu soudu

committed [kə'mitid] adj *(devoted: doctor, nurse, teacher)* zaujatý pro co; *(to a cause)* angažovaný pro co; **be c. to sth** angažovat se pro co

committee [kə'miti] n výbor, komise; **action/ advisory/ all-party/ executive/ select c.** akční/ poradní/ nadstranický/ výkonný/ užší výbor; **parliamentary c.** parlamentní výbor; **reception c.** přijímací komise; **presiding c.** prezidium; **sit on a c.** sedět ve výboru, být členem výboru; **resign from a c.** položit funkci ve výboru

commode [kə'məud] n **1** *(chest of drawers)* komoda **2** *(chair)* stolice s nočníkem

commodious [kə'məudiəs] adj fml *(house, suitcase, cupboard)* prostorný

commodity [kə'modəti] n (druh) zboží, výrobek, produkt, *(agricultural)* plodina; surovina; St Ex komodita; **scarce commodities** úzkoprofilové zboží ♦ fig **a precious c.** něco vzácného ■ **c. market** komoditní trh, zbožní trh; **c. exchange** komoditní burza

commodore ['komədo:(r)] n **1** Br Navy, Amer Mil komodor hodnost **2** *(of yacht club)* předseda **3** starší kapitán obchodního loďstva

common ['komən] n **1** *(c. land)* obecní pozemek; **the village c.** also náves **2 have a lot in c.** mít mnoho společného; **have nothing in c.** nemít nic společného; **a point in c.** styčný bod; **in c. with many other students** spolu s mnoha dalšími studenty, stejně jako mnoho dalších studentů ● adj **1** *(shared: interest, language, property)* společný; **C. Market** společný trh; **c. factor/ denominator** společný dělitel/ jmenovatel; **c. ground** styčná plocha; **c. law** zvykové právo; **c. room** společenská místnost, klubovna, Sch sborovna; **c. seal** firemní razítko; **by c. endeavour** spojenými silami, rukou společnou (a nerozdílnou); **by c. consent** jednomyslně; **share a c. purpose** mít společný cíl; **it is c. to all mankind** je to společné všem lidem **2** *(belonging to the public)* veřejný, všeobecný; **the c. good** veřejné blaho; **it is c. knowledge that ...** je všeobecně známo, že ... **3** *(usual, familiar)* běžný, častý, obyčejný, obvyklý; **the most c. element** Chem nejrozšířenější prvek; **c. practice** běžná praxe; **the c. cold** rýma; **it is quite a c. sight there** tam je to možno často vidět **4** Zool obecný; **c. sparrow** vrabec obecný **5** *(average)* obyčejný, průměrný; **a c. soldier** obyčejný voják; **the c. people** obyčejní lidé; **c. parlance** prostá řeč ♦ **c. sense** zdravý (selský) rozum, soudnost; Ling **c. noun** obecné podstatné jméno **6** *(unpolished)* pej neotesaný, nevzdělaný, *(man-*

ners) sprostý; *(accent)* plebejský, *(clothes)* nevkusný

commoner ['komənə(r)] n prostý or neurozený člověk

common-or-garden [komənoː'gaːdən] adj obyčejný, běžný, všední

commonplace ['komənpleis] adj běžný, obyčejný; *(person)* nezajímavý, fádní; *(remark)* banální, *(expression)* otřelý; **become c.** okoukat se ● n **1** *(platitude)* otřelá or otřepaná fráze **2** *(event* etc *that is usual)* **a c.** každodenní zjev, všední věc

commons ['komənz] n pl **1 the c.** arch *(common people)* obecný lid **2 the (House of) C.** Br dolní sněmovna **3 be on short c.** dated mít nedostatek jídla, jíst skrovně

Commonwealth ['komənwelθ] n společenství národů; **The (British) C. (of Nations)** Britské společenství národů; **the C. of Australia** Australský svaz

commotion [kə'məušn] n rozruch, poprask; *(noise)* hluk, povyk, rámus; **cause a c.** vyvolat rozruch

communal ['komjunl, kə'mjuːnl] adj **1** *(land)* obecní; **c. property** obecní or pospolitý majetek; **c. life** pospolitý život **2** *(shared)* **c. catering** společné stravování; **c. kitchen** společná kuchyně

commune$_1$ [kə'mjuːn] vi **1** fml **c. with sb** rozmlouvat s kým důvěrně; **c. with nature** být těsně spjatý or souznít s přírodou **2** Relig RC esp Amer účastnit se přijímání, přijímat svátost oltářní

commune$_2$ ['komjuːn] n **1** *(group of people)* komuna **2** *(in Belgium, France, Italy, Spain)* Admin komuna

communicable [kə'mjuːnikəbl] adj **1** sdělitelný **2** Med *(diseases)* nakažlivý, přenosný

communicant [kə'mjuːnikənt] n Relig komunikant, osoba jdoucí k přijímání

communicate [kə'mjuːnikeit] **I** vt *(news)* sdělit, oznámit; *(disease, heat)* přenášet, přenést; *(ideas, feelings)* vyjadřovat; **c. sth to sb** *(news)* sdělit co komu **II** vi **1** *(be in communication:* eg *ship)* být ve spojení (**with** s) **2 c. with sb** *(exchange thoughts)* dorozumívat se s kým, komunikovat s kým; **the inability to c.** neschopnost komunikovat **3** *(connect: rooms)* být spojen dveřmi; **communicating rooms** místnosti spojené dveřmi; **communicating vessels** spojité nádoby **4** Relig RC přijímat (svátost oltářní)

communication [kəˌmjuːni'keišn] n **1** *(act of c.)* dorozumívání; *(of illness* etc*)* přenesení, přenášení **2** *(contact)* komunikace, spojení, kontakt; **radio c.** radiové spojení; **be in c. with sb** být s kým ve spojení, *(by letter)* dopisovat si s kým **3** *(message)* zpráva, sdělení, *(report)* hlášení; **a secret c.** tajná zpráva; **written c.** písemné sdělení **4** also **~s** *(means of c.: roads, railways, telephone* etc*)* komunikace, doprava a spoje ■ **~s satellite** telekomunikační družice; **c. engineering** sdělovací technika **5** *(connection) (between rooms)* spojení dveřmi ■ **c. cord** Rail záchranná brzda

communicative [kə'mjuːnikətiv] adj sdílný, hovorný; Ling sdělný

communion [kə'mjuːniən] n **1** also **the Holy C.** Relig přijímání svátosti oltářní; **C. of both kinds** přijímání pod obojí; **go to Holy C.** jít k přijímání; **c. cup** kalich se svátostí oltářní **2** *(religious group)* obec věřících **3 be in c. with sb/ sth** být ve spojení s kým/ s čím; **c. with nature** souzvuk s přírodou; **the c. of saints** obcování svatých

communiqué [kə'mjuːnikei] n komuniké

communism ['komjunizəm] n komunismus

communist ['komjunist] n komunista ● adj komunistický

community [kə'mjuːnəti] n **1** *(public, society)* **the c.** společnost, veřejnost; **work for the good of the c.** pracovat pro blaho společnosti ■ **c. centre** kulturní středisko; **c. services** veřejné služby; **c. charge** *(formerly, now abolished)* daň z hlavy **2** *(group of people)* společenství, kolonie, obec; **European C.** Evropské společenství; **the Czech c. in Vienna** česká komunita ve Vídni; **academic c.** akademická obec ■ **c. property** bezpodílové spoluvlastnictví manželů **3** *(of ideas* etc*)* shoda, soulad; **c. of interests** společné zájmy ■ **c. spirit** duch vzájemnosti

commutable [kə'mjuːtəbl] adj vyměnitelný; *(punishment)* změnitelný

commutation [komju'teišn] n **1** *(of punishment)* změna **2** Amer **c. ticket** týdenní or měsíční jízdenka

commutator ['komjuːteitə(r)] n Elec komutátor, přepojovač

commute [kə'mjuːt] **I** vi dojíždět (**to work** do práce) **II** vt **1 c. sth to sth** *(eg punishment)* změnit co v co **2 c. sth for** or **into sth** vyměnit co za co

commuter [kə'mjuːtə(r)] n dojíždějící ■ **c. train** vlak pro dojíždějící, ≅ dělnický vlak

compact$_1$ ['kompækt] n Pol smlouva, dohoda

compact$_2$ [kəm'pækt] vt stlačit, slisovat ● adj kompaktní, hustý; *(style)* koncizní, hutný ■ **c. disc** kompaktní disk or deska, inf kompakt, CD, cédéčko ■ **~ly** adv kompaktně; hutně; koncizně

compactness [kəm'pæktnis] n kompaktnost; hutnost; konciznost

companion [kəm'pænjən] n **1 travel c.** průvodce or společník na cestách, spolucestující **2** *(associate)* druh/ družka, přítel/ přítelkyně; **~s in arms** spolubojovníci; **a c. in misfortune** druh v utrpení **3** *(one of a matching pair)* protějšek čeho, pendant k čemu **4** *(order)* rytíř **5** *(paid c.)* společník; **lady c.** společnice **6** *(handbook)* průvodce

companionable [kəm'pænjənəbl] adj družný, společenský

companionship [kəm'pænjənšip] n společnost koho; *(friendship)* přátelství

company ['kampəni] n **1** *(companionship)* společnost; **female c.** dámská společnost; **just for c.** jen abych nebyl sám/ nebyla sama; **keep sb c.** dělat komu společnost; **he is good c.** on je dobrý společník; **he likes c.** má rád společnost; **get into bad c.** dostat se do špatné společnosti ♦ **a man is known by the c. he keeps** řekni mi, s kým se stýkáš, a já ti řeknu, jaký jsi; **two is c., three's a crowd** když se dva baví, třetí je zbytečný; **part c. with sb** rozejít se s kým **2** *(group of people/ guests)* společnost, skupina; **a c. of young people** společnost mladých lidí; **present c. excepted** vyjma přítomné; **select c.** uzavřená společnost **3** *(of actors, dancers)* soubor, ansámbl, skupina; **ballet c.** baletní soubor or sbor **4** *(firm)* firma, společnost, podnik; **joint-stock c.** akciová společnost; **limited c.** společnost s ručením omezeným; **rival c.** konkurent, konkurenční firma; **insurance c.** pojišťovna; **publishing c.** nakladatelství; **subsidiary c.** filiálka; **Smith & Co.** Smith a spol. ■ **c. car** firemní or služební vůz; **c. doctor** podnikový lékař **5** voj rota **6 ship's c.** posádka lodi

comparable ['kompərəbl] adj srovnatelný; **be c. to** or **with sth** být srovnatelný s čím

comparative [kəm'pærətiv] n Ling komparativ, druhý stupeň ● adj **1** *(linguistics, study* etc*)* srovnávací, komparativní **2** *(relative)* poměrný, relativní; **live in c. comfort** žít docela blahobytně **3** Ling komparativní (**form** tvar) ■ **~ly** adv komparativně; poměrně, relativně; **~ly wealthy** poměrně bohatý

compare [kəm'peə(r)] **I** vt **1** srovnat; **c. A with** or **to B** srovnat or porovnat A s B; **c. her results with his** srovnat její výsledky s jeho; **c. their results** srovnat jejich výsledky ♦ **c. notes about sth** vyměňovat si názory na co or dojmy o čem **2** *(show likeness)* **c. A to B** přirovnat/ přirovnávat A k B **3** Ling stupňovat adjektiva, adverbia **II** vi být srovnatelný; **c. well/ badly** obstát při srovnávání dobře/ špatně; **it doesn't c.** to se nedá porovnávat, to není srovnatelné; **he cannot c. with Mozart** s Mozartem se nedá srovnávat, Mozartovi se nevyrovná ♦ **as compared with sb/ sth** ve srovnání s kým/ čím ● n **be beautiful/ lovely** etc **beyond c.** být nesrovnatelně krásná/ půvabná etc

comparison [kəm'pærisən] n srovnání, porovnání; **in** or **by c. with sb/ sth** ve srovnání or v porovnání s kým/ čím; **bear c. with sb/ sth** snést srovnání s kým/ čím; **there is no c.** to se nedá srovnávat; **~s are odious** každé srovnání kulhá

compartment [kəm'pa:tmənt] n *(in desk, drawer, jewellery case* etc*)* přihrádka; Rail oddělení, kupé; **first-class c.** kupé první třídy; **smoking c.** kuřácké oddělení

compartmentalize [kompa:t'mentəlaiz] vt rozčlenit, inf rozškatulkovat

compass ['kampəs] n **1** also **magnetic c.** kompas, buzola; **the four points of the c.** čtyři světové strany; **by the c.** podle kompasu **2 ~es, a pair of ~es** kružidlo, kružítko **3** fig *(extent)* rozsah; *(of mind, imagination)* dosah; *(of voice)* rozpětí ● vt obklopit; *(of enemies)* obklíčit; fig *(grasp mentally)* pochopit

compassion [kəm'pæšn] n soucit, soucitnost, soustrast, účast; **c. for sb** soucit s kým; **out of c.** ze soucitu; **arouse c.** vzbuzovat soucit

compassionate [kəm'pæšənət] adj soucitný, účastný, milosrdný, útrpný ♦ **c. lie** milosrdná lež; **c. leave** Br esp Mil dovolená z vážných rodinných důvodů např. při úmrtí ■ **~ly** adv soucitně, účastně

compatibility [kəm,pætə'biləti] n slučitelnost, kompatibilita (also Comput)

compatible [kəm'pætəbl] adj slučitelný, kompatibilní (also Comput); **be c.** *(people, colours* etc*)* hodit se k sobě; **be c. with sth** být kompatibilní s čím, hodit se k čemu

compatriot [kəm'pætriət; Amer -peitriət] n krajan

compel [kəm'pel] (**-ll-**) vt **1** *(oblige)* přinutit, donutit; **c. sb to do sth** přinutit koho k čemu; **be ~led to do sth** musit něco udělat **2** no pass *(get by force: obedience)* vynutit si (**from sb** na kom); fig *(admiration)* vynutit si, *(attention)* vzbudit

compelling [kəm'peliŋ] adj *(answer, argument, reason)* pádný; *(desire, urge)* nepřekonatelný, neodolatelný; *(performance, personality)* podmanivý ■ **~ly** adv *(argue)* přesvědčivě, s neúprosnou logikou

compendium [kəm'pendiəm] n (pl **~s** or **compendia**) **1** *(summary)* kompendium, výtah, přehled poznatků vědního oboru **2** Br **a c. of games** souprava stolních her v kazetě

compensate ['kompənseit] **I** vt **1 c. sb for sth** nahradit komu co, odškodnit koho za co, poskytnout komu náhradu or odškodné za co **2** Mech vyrovnat, vyvážit, *(magnetic needle)* kompenzovat **II** vi **1 c. for sth** *(make up for)* (vy)nahradit co **2** Psych **c. for sth** kompenzovat co

compensation [kompən'seišn] n **1** *(financial: compensating)* odškodnění, kompenzace; *(thing given)* odškodné, úhrada, náhrada, gen vyrovnání; **in c./ by way of c./ as a c. for sth** náhradou za co; **claim c.** požadovat odškodné **2** Psych kompenzace

compensatory [kompən'seitəri] adj vyrovnávací, náhradní, kompenzační

compère ['kompeə(r)] n Br konferenciér/-ka ● vt konferovat, dělat konferenciéra

compete [kəm'pi:t] vi **1** gen soutěžit, soupeřit (**with sb** s kým); esp Comm, Ind konkurovat (si); **c. with sb for sth** soutěžit s kým o co; **c. for a prize** zúčastnit se soutěže o cenu; **c. with each other** vzájemně si konkurovat; **he can't c. with their prices** nemůže konkurovat jejich cenám **2** Sport závodit; **c. in a race** účastnit se běžeckého závodu, běžet v závodě

competence ['kompitəns], **competency** ['kompitənsi] n **1** *(ability)* schopnost, kompetentnost; (profesionální) zdatnost, kvalifikovanost, rutina; *(manual)* zručnost **2** Jur kompetence, pravomoc, příslušnost; **sphere of c.** pole působnosti **3** Ling kompetence

competent ['kompitənt] adj **1** schopný (**as** jako; **in/at sth** v čem; **to do sth** něco dělat); *(professionally)* kvalifikovaný, zdatný **2** *(court, judge* etc*)* kompetentní, oprávněný k čemu

competition [kompə'tišn] n **1** gen soutěž, soutěžení, soupeření; *(for a post)* konkurs; **in c. with sb** v soutěži s kým; **take part in a c.** účastnit se soutěže ▪ **c. rules** soutěžní pravidla **2** Comm soutěž(ení), konkurence; **fierce c.** ostrá konkurence; **cutthroat c.** bezohledná konkurence; **unfair c.** nekalá soutěž, špinavá konkurence; **be without c.** být bezkonkurenční; **be in c. with sb** konkurovat komu **3** Sport mítink; závody; **swimming c.** plavecké závody, závody v plavání; **take part in a c.** účastnit se závodů

competitive [kom'petətiv] adj **1** *(person)* ctižádostivý; *(sport)* závodní; **c. swimming** závodní plavání; **c. examinations** *(for government posts)* konkursní zkoušky; *(scholarships will be available)* **on a c. basis** na základě konkursu **2** Comm *(company)* konkurenceschopný; *(prices)* konkurenční

competitor [kəm'petitə(r)] n **1** účastník soutěže/ závodu, soutěžící, účastník konkursu, Sport závodník; **young ~s** dorostenci **2** Comm konkurent; **~s** konkurence

compilation [kompi'leišn] n **1** kompilace; *(of a dictionary* etc*)* zpracování **2** Comput kompilace

compile [kəm'pail] vt **1** *(material)* shromáždit, sebrat; *(dictionary)* zpracovat; *(catalogue, report)* sestavit **2** Comput kompilovat

complacence [kəm'pleisns], **complacency** [kəm'pleisnsi] n samolibost, sebeuspokojení

complacent [kəm'pleisnt] adj samolibý, sebeuspokojený ▪ **~ly** adv samolibě, sebeuspokojeně

complain [kəm'plein] vi **1** stěžovat si, stýskat si; **c. about sb** stěžovat si na koho; **c. about sth** stěžovat si na co, naříkat na co; **c. that ...** stěžovat si, že ...; **c. to sb** stěžovat si komu; **c. to a higher authority** stěžovat si na vyšších místech; **you have no reason to c.** nemáte si proč stěžovat; **I can't c.** nemohu si stěžovat, ujde to **2 c. of sth** *(report: pain)* stěžovat si na co; **c. of a headache** stěžovat si na bolesti hlavy

complainingly [kəm'pleiniŋli] vi naříkavě; **ask c.** zeptat se naříkavě

complainant [kəm'pleinənt] n Jur žalobce, navrhovatel

complaint [kəm'pleint] n **1** stížnost, reklamace; **I have a c. to make** mám stížnost, přišel jsem si stěžovat; **you have no cause for c.** nemáte si nač stěžovat; **lodge** or **make a c. against sb (with sb)** stěžovat si (u koho) na někoho; **a c. about sth** stížnost na co **2** *(illness)* nemoc; **childhood ~s** dětské nemoci; **a heart c.** srdeční vada; **the ~s of old age** potíže stáří

complaisant [kəm'pleizənt] adj fml úslužný, laskavý, ochotný, povolný; **a c. husband** shovívavý manžel

complement ['komplimənt] n **1** doplněk např. oděvu, dodatek **2** *(full number)* **a full c.** plný počet cestujících, vojáků, učňů ap., plné obsazení; **the ship's c.** posádka lodi **3** Gram rozvíjející větný člen; **adverbial c.** příslovečné určení; **predicative c.** doplněk **4** Geom *(angle)* doplňkový úhel ● vt doplnit/ doplňovat

complementary [kompli'mentəri] adj doplňkový, komplementární; **c. colour** doplňková or komplementární barva; Geom **c. angles** doplňkové úhly; **they are c. to one another** vzájemně se doplňují

complete [kəm'pli:t] adj **1** *(entire: set, collection* etc*)* kompletní, úplný, celý; **the c. works of Karel Čapek** sebrané spisy Karla Čapka **2** *(absolute)* usu attr totální, naprostý, absolutní; *(overhaul)* generální; *(rout)* drtivý;

he made a c. fool of himself strašně se blamoval; **a c. nobody** absolutní nula; **to your c. satisfaction** k vaší plné or úplné spokojenosti **3** *(finished)* hotový, dokončený; **my dissertation is not yet c.** moje disertace není ještě hotová ● vt **1** *(finish: work)* dokončit, dohotovit; *(building)* dostavět; *(study, course)* skončit, absolvovat **2** *(make whole: set)* kompletovat, doplnit; *(sentence: in exercise)* doplnit **3** *(fill in)* **c. a form** vyplnit formulář

completely [kəm'pli:tli] adv cf **complete** úplně; totálně; zcela, docela; načisto; **he is c. wrong** je úplně vedle mýlí se; **I am c. serious** myslím to docela vážně; **it is c. out of place** je to jako pěst na oko

completion [kəm'pli:šən] n **1** *(finishing)* dokončení, dodělání, dohotovení; *(of house etc)* dostavění; *(of course, education)* skončení, absolvování; *(prison sentence)* odpykání; *(of contract)* podepsání, uzavření; **on c. of contract** po podepsání smlouvy; **c. on schedule** dokončení v termínu; **bring sth to c.** dovršit co ■ **c. date** termín dokončení **2** *(of form)* vyplnění

complex ['kompleks; Amer kəm'pleks] adj **1** *(complicated)* komplikovaný, složitý; *(difficult)* obtížný, *(situation also)* spletitý **2** Gram **c. sentence** souvětí podřadné **3** Math **c. number** komplexní číslo ● ['kompleks] n **1** *(group: of problems, questions etc)* komplex, soubor; **industrial c.** průmyslový kombinát **2** Psych komplex; **inferiority c.** komplex méněcennosti; **have a c. about sth** mít kvůli čemu komplexy

complexion [kəm'plekšn] n **1** *(skin colour)* pleť, barva pleti, pokožka; **healthy c.** zdravá barva; **chalky c.** křídově bílá pleť; **she has got a lovely c.** má hezkou pleť; **it goes with her c.** jde jí to k pleti **2** fig ráz, tvářnost, orientace; **put a different c. on sth** ukázat co v jiném světle; **this puts a different c. on matters** za těchto okolností se všechno jeví v jiném světle

complexity [kəm'pleksəti] n složitost, komplikovanost, spletitost

compliance [kəm'plaiəns] n **1** *(action)* souhlas, shoda, dodržování; **in c. with the regulations** podle předpisů, v souhlase or souladu s předpisy **2** pej poddajnost, servilnost

compliant [kəm'plaiənt] adj povolný, ochotný; pej poddajný, servilní

complicate ['komplikeit] vt (z)komplikovat; **this ~s matters (even further)** tímto se vše ještě komplikuje

complicated ['komplikeitid] adj komplikovaný, složitý, spletitý, zamotaný; **become c.** zkomplikovat se; **it is too c.** *(to explain)* je to příliš zamotané

complication [kompli'keišn] n **1** komplikace; **a slight c.** malá komplikace **2** pl **~s** Med komplikace; **if no ~s set in** pokud nedojde ke komplikacím

complicity [kəm'plisəti] n spoluvina (**in** na), spoluúčast na zločinu

compliment ['komplimənt] n **1** *(praise)* kompliment, lichotka, poklona; **left-handed c.** dvojsmyslný kompliment; **pay sb a c.** udělat komu poklonu; polichotit komu; **pay sb ~s** lichotit komu, dělat komu poklony; **be susceptible to ~s** být přístupný lichotkám **2 ~s** pl pozdravy; **give him my ~s** pozdravujte ho ode mne; **with the ~s of the season** Veselé Vánoce/ Šťastný nový rok ● vt **c. sb on sth** blahopřát komu k čemu, pochválit koho za co

complimentary [kompli'mentəri] adj **1** *(remark, review)* pochvalný, lichotivý; **he was highly c. about my work** vyjádřil se velmi pochvalně o mé práci **2** *(free: ticket)* bezplatný, *(ticket also)* čestný; **c. copy** autorský výtisk, fml donum auctori

comply [kəm'plai] vi **(-ie-) c. with sth** *(law, rules)* dodržovat, řídit se čím, dbát na co; *(orders)* plnit co; *(wishes)* vyhovět čemu, vyplnit co; **c. with the time limit** dodržet lhůtu; *(he was told to leave,)* **but he refused to c.** ale neuposlechl; **regulations must be complied with** předpisy je nutno dodržovat

component [kəm'pəunənt] adj jednotlivý, dílčí; **c. parts** jednotlivé části or složky, součásti; *(of machine)* díly, součástky; *(of sentence)* komponenty ● n složka, součást, komponent(a); Ling komponent, část složeniny; *(of machine)* díly, *(small)* součástky

comport [kəm'po:t] vt fml **c. oneself well/ with dignity** etc chovat se dobře/ důstojně etc

comportment [kəm'po:tmənt] n fml chování

compose [kəm'pəuz] vt **1** *(put together)* složit, skládat; *(music)* složit, skládat, napsat, (z)komponovat, *(poem)* napsat, složit; *(letter)* (z)koncipovat; *(menu)* sestavit **2** fml *(constitute)* **the short scenes that c. the play** krátké scénky, ze kterých se skládá hra; **be ~d of sth** skládat se z čeho **3 c. oneself** sebrat se, dát se dohromady; **c. one's thoughts** urovnat si myšlenky (v hlavě) **4** Typ (vy)sázet

composed [kəm'pəuzd] adj *(calm)* klidný, pokojný, vyrovnaný

composer [kəm'pəuzə(r)] n Mus skladatel, komponista; **c. of operas** operní skladatel

composite ['kompəzit] adj attr **1** složený, kombinovaný; Archit *(capital)* kompozitní; **c.**

photograph fotomontáž **2** Bot složnokvětý **3** Math *(number)* složený **●** n **1** Bot složnokvětá rostlina **2** Math složené číslo

composition [kompə'zišn] n **1** *(piece of music)* skladba, kompozice **2** *(action of composing)* komponování, skládání; *(of poem* etc*)* napsání, sepsání; *(of letter* also*)* koncipování; *(art of c.)* kompozice **3** Sch slohová práce, kompozice **4** *(make-up)* složení **5** Typ sazba **6** Jur narovnání, dohoda **7** *(artificial substance)* umělá hmota

compositor [kəm'pozitə(r)] n Typ sazeč

compos mentis [kompəs'mentis] adj Jur při plném vědomí, mocen svých smyslů; **he is not quite c. mentis** inf je trochu potrhlý; **I am not very c. mentis today** dnes mi to moc nemyslí

compost ['kompost] n Agr kompost

composure [kəm'pəužə(r)] n klid, rozvaha, vyrovnanost; **keep one's c.** zachovat klid, neztratit hlavu; **lose one's c.** ztratit hlavu or rozvahu; **regain one's c.** uklidnit se

compote ['kompəut] n (čerstvý) kompot

compound$_1$ ['kompaund] n **1** Chem sloučenina **2** Ling složenina, složené slovo, kompositum **●** adj **1** Ling *(noun, adjective* etc*)* složený; **c. sentence** souřadné souvětí **2** Math **c. fraction** složený zlomek; **c. number** složené číslo; **c. interest** složitý úrok **3** Med **c. fracture** komplikovaná zlomenina **4** Zool **c. eye** fasetové oko **●** [kəm'paund] **I** vt **1** *(mix)* (s)míchat, smísit; *(medicine)* namíchat; **be ~ed of sth** skládat se z čeho **2** *(quarrel)* urovnat; **c. a debt** uznat or urovnat pohledávku **3** *(worsen: situation* etc*)* zhoršit, ztížit **II** vi Comm **c. with sb for sth** dohodnout se s kým o čem

compound$_2$ ['kompaund] n *(enclosed space)* ohražené místo; **prison c.** vězeňský dvůr

comprehend [kompri'hend] vt **1** *(understand)* chápat, pochopit, uvědomit si **2** fml *(include)* obsahovat, zahrnovat

comprehensibility [komprihensə'biləti] n srozumitelnost, přístupnost

comprehensible [kompri'hensəbl] adj (**to sb** komu) srozumitelný, pochopitelný, přístupný

comprehension [kompri'henšn] n **1** *(understanding)* chápání, pochopení; **it's beyond my c.** je to nad mé chápání **2** *(school exercise)* cvičení na porozumění textu **3** **achieve native-like c.** dosáhnout schopnosti rozumět rodilému mluvčímu

comprehensive [kompri'hensiv] n Br = **c. school** **●** adj *(broad: knowledge)* zevrubný, obsáhlý, rozsáhlý, komplexní, vyčerpávající; *(study, description)* detailní; **c. insurance** sdružené pojištění; Br **c. school** všeobecná (jednotná) střední škola **■ ~ly** adv zevrubně, komplexně; detailně

comprehensiveness [kompri'hensivnəs] n (cf **comprehensive**) zevrubnost, úplnost; komplexnost; detailnost popisu ap.

compress [kəm'pres] **I** vt **1** *(squeeze)* stlačit, *(straw* etc*)* slisovat; Techn komprimovat; Comput komprimovat, zhustit **2** fig *(argument* etc*)* zestručnit, zhustit **II** vi stlačit se, komprimovat se; dát se stlačit or komprimovat **●** ['kompres] n Med obklad, náčinek; **a cold/ hot c.** studený/ teplý obklad

compressed [kəm'prest] adj (see **compress** v) stlačený, slisovaný; fig *(text)* zhuštěný, zestručněný; **c. air** stlačený vzduch

compression [kəm'prešn] n (see **compress** v) stlačení, slisování; komprimování; Aut komprese; fig *(of information)* zhuštění; Aut **c. ratio** kompresní poměr

compressor [kəm'presə(r)] n kompresor; Comput zhušťovací program

comprise [kəm'praiz] vt **1** *(include)* obsahovat, zahrnovat, *(consist of)* skládat se z čeho **2** *(make up, compose)* tvořit; **the House of Commons and the House of Lords c. the British Parliament** britský parlament tvoří sněmovna poslanců a sněmovna lordů

compromise ['komprəmaiz] n kompromis; **reach** or **make a c.** dosáhnout kompromisu; **policy of ~s** kompromisnictví, politika kompromisů; **a c. between A and B** *(between two requirements* etc*)* kompromis mezi A a B **■ c. solution** kompromisní řešení **●** **I** vi **c. on sth** dohodnout se na čem kompromisně; **we agreed to c.** dohodli jsme se na kompromisu **II** vt **1** **c. oneself** kompromitovat se; **c. sb** kompromitovat koho **2** *(imperil: security* etc*)* ohrozit

compromising ['komprəmaiziŋ] adj kompromitující

compulsion [kəm'palšn] n nátlak, nucení, přinucení; Psych nutkání; **act under c.** jednat pod nátlakem

compulsive [kəm'palsiv] adj **1** Psych nutkavý, obsesní, obsedantní; chorobný; **c. swallowing** nutkavé polykání; **c. liar** patologický lhář; **c. letter-writer** grafoman píšící stále dopisy **2** *(reading, novel, viewing)* fascinující, nesmírně zajímavý; **this book is c. reading** od této knihy se není možno odtrhnout

compulsory [kəm'palsəri] adj povinný, *(subject* also*)* obligátní, obligatorní; **c. auction** nucená dražba; **c. measures** donucovací opatření; **c. retirement** nucené penzionování; **c. military service** povinná vojenská služba, branná povinnost

compunction [kəm'paŋkšn] n hryzení or výčitky svědomí; **without c.** bez skrupulí

computation [kompju:'teišn] n fml počítání, počty, výpočet, vypočítávání; **form of c.** způsob počítání

computational [kompju'teišənl] adj výpočetní, aritmetický; **c. linguistics** matematická or strojová lingvistika

compute [kəm'pju:t] vt počítat, vypočíst

computer [kəm'pju:tə(r)] n počítač, komputer; **analog/ digital c.** analogový/ číslicový počítač; **personal c.** osobní počítač; **put sth on c.** dát něco do počítače; **the accounts are processed by c.** účtování se zpracovává na počítači or pomocí počítače ▪ **c. age** éra počítačů; **c.-aided design** (**CAD**) automatizované projektování; **c.-aided manufacturing** (**CAM**) automatizované řízení výroby; **c. centre** výpočetní středisko; **c. network** počítačová or komputerová síť; **c. programmer** programátor; **c. science** věda o počítačích

computerization [kəm,pju:tərai'zeišn] n komputerizace, automatizace pomocí počítačů, vybavení kanceláře, instituce, továrny etc počítači

computerize [kəm'pju:təraiz] vt **1** komputerizovat, vybavit počítači, automatizovat pomocí počítačů **2** *(information, records)* uložit do počítače

computing [kəm'pju:tiŋ] n *(subject)* věda o počítačích; *(operation of computers)* práce s počítači ▪ **c. task** výpočetní úloha

comrade ['komreid, 'komrəd] n **1** *(companion)* druh, kamarád **2** Pol soudruh

comradely ['komreidli] adj kamarádský, přátelský; esp Pol soudružský

comrade-in-arms [komreidin'a:mz] n (pl **comrades-in-arms**) spolubojovník, druh ve zbrani, přítel z vojny

comradeship ['komreidšip] n kamarádství, přátelství; esp Pol soudružství

comsat ['komsæt] abbr of **communication satellite** telekomunikační družice

Con Br Pol abbr of **Conservative** n konzervativec ● adj konzervativní

con$_1$ [kon] n sl *(confidence trick)* podvod, švindl, podfuk, habaďůra; **what a con!** sl to je ale švindl! ▪ **c. man** sl podvodník, podfukář; **c. trick** habaďůra, bouda, křivárna ● vt inf (**-nn-**) ošidit, napálit, vzít na hůl, obalamutit

con$_2$ [kon] n **the pros and ~s** výhody a nevýhody něčeho, pro a proti

concave [kon'keiv] adj (vy)dutý, vyhloubený, Techn konkávní

conceal [kən'si:l] vt **1** *(hide: objects)* skrýt, ukrýt; *(emotions)* skrývat; **c. sth from sb** skrýt co před kým; **c. the truth** zamlčet pravdu; **c. one's nervousness** maskovat svou nervozitu **2** *(keep secret; facts, information)* (za)tajit, utajit; **c. sth** tajit se s čím; **there is no ~ing the fact that ...** není možno zatajit, že ...

concealed [kən'si:ld] adj skrytý, utajený, (za)maskovaný; **c. lighting** nepřímé osvětlení

concealment [kən'si:lmənt] n *(of information, facts)* utajení, utajování; **stay in c.** skrývat se

concede [kən'si:d] **I** vt **1** přiznat, připustit; **c. defeat** Pol přiznat porážku ve volbách **2** *(give away: territory)* postoupit, přepustit; Sport **c. a goal** inkasovat branku, dostat branku **II** vi vzdát se

conceit [kən'si:t] n ješitnost, nafoukanost, domýšlivost; **he is full of c.** je strašně nafoukaný or ješitný

conceited [kən'si:tid] adj ješitný, nafoukaný, povýšenecký, nadutý

conceivable [kən'si:vəbl] adj myslitelný, představitelný, možný; **it is hardly** or **scarcely c. that ...** je sotva myslitelné, že by ...; **is it c. that ...?** je možné, že by ...? ▪ **conceivably** adv snad, možná; **he may c. be right** možná, že má přece jenom pravdu

conceive [kən'si:v] **I** vt **1 c. a child** počít dítě; fig *(theory, plan)* vymyslet, zplodit **2** *(imagine)* představit si; *(believe)* uvěřit; *(understand)* **I cannot c. why ...** fml nemohu pochopit, proč ...; **I cannot c. that he would want to leave us** fml nemohu uvěřit, že by od nás chtěl odejít **3 c. hatred for sb** zanevřít na koho; **c. a liking for sb** oblíbit si koho **II** vi **1** *(woman)* počít, otěhotnět **2 c. of sth** představit si co

concentrate ['konsəntreit] **I** vt **1** soustředit, zaměřit; **c. one's mind on sth** soustředit se na co; **c. all one's energies on sth** zaměřit na něco veškeré své úsilí **2** Mil *(troops)* soustředit, hromadit, akumulovat **3** Chem *(solution)* koncentrovat, zhustit **II** vi **1** soustředit se; **c. on sth** soustředit or zaměřit se na co **2** *(people)* shromáždit se, shromažďovat se; *(birds also)* slétat se, houfovat se; *(troops)* hromadit se, koncentrovat se ● adj Chem koncentrovaný ● n Chem koncentrát

concentrated ['konsəntreitid] adj **1** Chem (eg *acid*) koncentrovaný; *(thickened)* zhuštěný; *(juice, food)* koncentrovaný **2** *(study, hatred, efforts)* intenzivní

concentration [konsən'treišn] n **1** *(mental)* soustředěnost, soustředění, soustředěná pozornost; **powers of c.** schopnost soustředit se; **a lack of c.** nesoustředěnost; **lose one's c.** přestat se soustředit, ztratit pozornost **2** Chem koncentrace, zhušťování **3** *(gathering)* shromáždění; *(of galaxies)* seskupení, koncentrace; *(of troops)* koncentrace, soustředění, hromadění ■ **c. camp** koncentrační tábor

concentric [kən'sentrik] adj Math soustředný, koncentrický; **c. circles** soustředné kruhy

concept ['konsept] n pojem; **the c. of freedom** pojem svobody; **fundamental** or **basic ~s** základní pojmy; **mix up two different ~s** mást si dva různé pojmy

conception [kən'sepšn] n **1** *(idea, intention)* pojetí, představa, koncepce; **in line with our c.** v souladu s naší koncepcí; **I have no c. of what you mean** nemám ponětí, co tím chceš říci; **he has no c. of how difficult it is** nemá (ani nejmenší) představu o tom, jak je to obtížné **2 the powers of c.** představivost **3** *(of child)* početí; **the Immaculate C.** neposkvrněné početí

conceptual [kən'sepčuəl] adj pojmový, abstraktní; **c. thinking** abstraktní myšlení

concern [kən'sə:n] n **1** *(interest)* **it's no c. of mine** to se mne netýká; **it's no c. of yours** to se vás netýká, po tom vám nic není; **that's his c.** to je jeho věc; **what c. is it of yours?** co vy s tím máte společného?, inf co je vám po tom? **2** *(relation)* **have no c. with sth** nemít s čím nic společného **3** *(cause of anxiety, worry)* starost, znepokojení; **there is no cause for c.** není důvodu, proč si dělat starosti or proč se znepokojovat **4** *(company)* podnik, koncern; **a huge industrial c.** velký průmyslový koncern; **a going c.** prosperující podnik also fig ♦ **be a paying c.** *(be profitable: shop, business)* vyplácet se; **be no longer a paying c.** přestat se vyplácet **5 have a c. in sth** *(business* etc*)* mít podíl na čem ● vt **1** *(involve; affect)* týkat se koho/ čeho; **it doesn't c. you** to se tě netýká, to s tebou nemá nic společného; *(it's no business of yours)* po tom ti nic není; **as far as I am ~ed** pokud jde o mne, co se mne týče or týká; **as far as I am ~ed the matter is closed** pro mne je ta záležitost uzavřená; **it ~s your (own) future** jedná se o vaši budoucnost; **it ~s you directly** bezprostředně se vás to týká; **to whom it may c.** ≅ *(on certificate, testimonial)* osvědčení, potvrzení, *(on character reference)* posudek; **the person ~ed** dotyčný (člověk), příslušná osoba **2 c. sth**, **be ~ed with sth** *(be about: of book, report* etc*)* být o, zabývat se čím **3** *(interest)* **c. oneself with** or **about sth**, **be ~ed with sth** zajímat se o co, zabývat se čím, dělat si starosti kvůli čemu; **she is ~ed with ecology, she ~s herself with ecology** zajímá se o ekologii; **he is only ~ed with facts** on se zajímá jenom o fakta **4** *(worry, trouble)* **be ~ed about sth** dělat si s čím or kvůli čemu starosti, znepokojovat se čím, *(be sad)* rmoutit se čím, trápit se čím; **I was ~ed to hear that ...** znepokojila mne zpráva, že ...; **I am ~ed about her health** působí mi starosti její zdravotní stav; **there is no need for you to c. yourself about it** s tím si nemusíte dělat starosti, to vás nemusí znepokojovat

concerned [kən'sə:nd] adj **1** *(worried: look, smile)* ustaraný, znepokojený; **be c. at sth** být znepokojený čím, rmoutit se čím **2** *(involved, affected)* zainteresovaný, zúčastněný, dotyčný; **the man c.** dotyčný člověk; **be c. with sth** zabývat se čím

concerning [kən'sə:niŋ] prep ohledně čeho, stran čeho, pokud jde o co, co se týká čeho

concert ['konsət] n **1** Mus koncert; **popular c.** estrádní koncert; **be at a c.** být na koncertě; **give a c.** dávat koncert ■ **c. hall** koncertní síň; **c. grand (piano)** koncertní křídlo; **c. tour** koncertní turné **2** fig *(work, act* etc*)* **in c. with sb** ve shodě s kým, ve srozumění s kým

concerted [kən'sə:tid] adj společný, *(effort)* spojený

concertgoer ['konsətgəuə(r)] n návštěvník koncertů; **be a regular c.** chodit pravidelně na koncerty

concertina [konsə'ti:nə] n (knoflíková tahací) harmonika šestihranná

concerto [kən'čeətəu] n koncert skladba; **violin c.** houslový koncert; **c. for piano and orchestra** koncert pro klavír a orchestr

concession [kən'sešn] n **1** ústupek; **tax c.** daňová úleva; **make ~s** dělat ústupky; **wrest ~s from sb** vydupat si na kom ústupky **2** Comm koncese

concessionaire [kən,sešə'neə(r)] n koncesionář, majitel koncese

concessionary [kən'sešənəri] adj *(fares, prices, tickets)* zlevněný

concessive [kən'sesiv] adj Ling přípustkový; **a c. clause** vedlejší věta přípustková; **a c. conjunction** přípustková spojka

conch [koŋk, konč] n lastura, mušle, škeble; Archit koncha polokopule

concierge ['konseəž] n domovník, správce domu; often fem domovnice, správkyně domu

conciliate [kən'silieit] vt **1** *(placate)* upokojit, uklidnit **2** *(reconcile)* usmířit

conciliation [kən,sili'eišn] n smíření, smiřování; Jur smírčí řízení, arbitráž

conciliatory [kən'siliətəri] adj smířlivý, smírný

concise [kən'sais] adj krátký, stručný,

koncizní; *(style* also*)* lapidární, zkratkovitý, hutný; *(dictionary)* příruční; **a c. history of England** nástin anglických dějin ■ **~ly** adv stručně, zhuštěně

conciseness [kən'saisnəs], **concision** [kən'sižn] n (see **concise**) krátkost, stručnost, konciznost; lapidárnost, zkratkovitost, hutnost

conclave ['koŋkleiv] n *(private meeting)* porada za zavřenými dveřmi; Relig konkláve

conclude [kən'klu:d] **I** vt **1** *(end)* zakončit, skončit, ukončit; **he ~d the lecture by thanking ...** přednášku uzavřel poděkováním komu **2** *(treaty, deal, peace)* uzavřít; **c. a trade agreement** uzavřít obchodní dohodu; **c. a peace treaty** uzavřít mírovou dohodu **3** *(infer)* **c. sth from sth** dovozovat co z čeho, usuzovat z čeho nač; **we can c. that ...** můžeme udělat závěr, že ... **II** vi *(end)* uzavřít, udělat závěr

concluding [kən'klu:diŋ] adj *(remarks)* závěrečný

conclusion [kən'klu:žn] n závěr, Log also soud, úsudek; **a happy c.** šťastný konec; **in c.** závěrem, nakonec, na závěr; **come to the c. that ...** dojít k závěru, že ...; **reach a c. that ....** dovozovat, že ...; **jump to ~s** dělat ukvapené závěry; **you can draw your own ~s from this** závěry si z toho můžete vyvodit sám

conclusive [kən'klu:siv] adj *(evidence, proof* etc*)* přesvědčivý, pádný, nezvratný, průkazný; **a c. piece of evidence** pádný důkaz ■ **~ly** adv *(prove)* nevyvratitelně, jednoznačně; *(settle)* definitivně

conclusiveness [kən'klu:sivnəs] n průkaznost, *(of proof)* nezvratnost

concoct [kən'kokt] vt *(cocktail)* namíchat; *(meal)* připravit narychlo; joc vykouzlit; fig *(lie)* vymyslet; *(accusation)* vykonstruovat; *(plot)* osnovat

concoction [kən'kokšn] n směs, míchanice; joc *(drink)* lektvar

concomitant [kən'komitənt] adj *(circumstances)* průvodní ● n průvodní okolnost

concord ['koŋko:d] n **1** *(harmony)* svornost, shoda, harmonie **2** *(treaty)* dohoda, ujednání

concordance [kən'ko:dəns] n **1** *(agreement)* soulad; **be in c. with sth** být v souladu s čím **2** Bibl konkordance

concordant [kən'ko:dænt] adj shodný

concordat [kən'ko:dæt] n Relig konkordát

concourse ['koŋko:s] n **1** hala nádražní, letištní, nákupního střediska apod. **2** *(of people)* fml shromáždění, sraz

concrete$_1$ ['koŋkri:t] adj *(not abstract)* konkrétní; **put sth in a more c. form** konkretizovat něco

concrete$_2$ ['koŋkri:t] n beton; **reinforced c.** armovaný beton; **prestressed c.** předpjatý beton ■ **c. mixer** míchačka na beton ● vt (vy)betonovat

concubine ['koŋkjubain] n konkubína

concur [kən'kə:(r), kon'kə:(r)] vi **1** *(agree)* shodovat se; **c. with sb in sth** shodovat se s kým v čem **2** *(happen together)* probíhat současně

concurrence [kən'karəns] n fml **1** *(agreement)* souhlas; *(of views)* shoda **2** *(of events)* sběh

concurrent [kən'karənt] adj současný, souběžný, probíhající zároveň; **be c. with sth** probíhat zároveň s čím ■ **~ly** adv *(happen)* zároveň, současně

concussion [kən'kašn] n Med otřes mozku

condemn [kən'dem] vt **1** odsoudit; *(censure* also*)* odsuzovat, zavrhnout; **c. sb to death** odsoudit koho k smrti **2** *(building)* určit k demolici

condemnation [kondem'neišn] n odsouzení; *(censure* also*)* odsudek

condemned [kən'demd] adj **1** odsouzený; **the c. man** odsouzený k smrti; **the c. cell** cela smrti **2** *(building)* určený k demolici

condensation [konden'seišn] n kondenzace, srážení, zkapalnění ■ **c. chamber** kondenzační komora

condense [kən'dens] vt, vi **1** kondenzovat (se), srážet (se); **~d milk** kondenzované mléko **2** vt fig *(text)* zestručnit, zkrátit, zhustit

condescend [kondi'send] vi **c. to do sth** uráčit se or uvolit se blahosklonně něco udělat

condescending [kondi'sendiŋ] adj blahosklonný, přezíravý; **he is so c.** chová se hrozně přezíravě, jedná s lidmi zvysoka ■ **~ly** adv povýšeně, blahosklonně, zvysoka

condescension [kondi'senšn] n blahosklonnost

condiment ['kondimənt] n usu pl **~s** koření, okořenění

condition [kən'dišn] n **1** *(stipulation)* podmínka, předpoklad; **on c. that ...** pod podmínkou, že ..., za předpokladu, že ...; **make it a c. that ...** vymínit si, že ...; **on one c.** pod jednou podmínkou **2** *(state)* stav, kondice; **in good/ bad c.** v dobrém/ špatném stavu; **the patient's c. has deteriorated** nemocnému se přitížilo; **his moods reflect his mental c.** jeho nálady odrážejí jeho duševní stav **3** **~s** *(circumstances)* podmínky, okolnosti, poměry; **favourable ~s** příznivé okolnosti; **housing ~s** bytové podmínky; **laboratory ~s** laboratorní podmínky; **working ~s** pracovní podmínky; **weather**

~s povětrnostní situace; **~s fit for human beings** podmínky důstojné člověka; **under these ~s** za těchto podmínek **4** Med potíže; **have a heart c.** stonat se srdcem **5** *(of athlete)* forma, kondice ● vt *(hair)* použít kondicionér, upravit kondicionérem

conditional [kən'dišənl] adj **1** podmíněný, podmínečný; **c. discharge** Jur podmíněný trest; **be c. upon sth** záviset na čem **2** Ling podmiňovací (**mood** způsob), podmínkový (**clause** věta) ● n Ling podmiňovací způsob, kondicionál; **in the c.** v podmiňovacím způsobu

conditioned [kən'dišənd] adj **c. reflex** podmíněný reflex

conditioner [kən'dišənə(r)] n *(for hair)* kondicionér; *(for washing)* aviváżní prostředek

condole [kən'dəul] vi fml **c. with sb** projevit komu účast, kondolovat komu

condolence [kən'dəuləns] n soustrast; **letter of c.** kondolenční dopis; **expression of c.** kondolence; **offer sb one's ~s** projevit komu soustrast; **please accept my ~s** přijměte mou upřímnou soustrast

condom ['kondəm] n kondom, ochrana, prezervativ

condominium [kondə'miniəm] n **1** Pol kondominium **2** Amer družstevní dům

condone [kən'dəun] vt *(overlook)* přehlížet, pardonovat

condor ['kondo:(r)] n Orn kondor

conducive [kən'dju:siv] adj **be c. to sth** přispívat čemu, napomáhat čemu; **an atmosphere c. to work** dělná or pracovní atmosféra

conduct ['kondakt] n **1** *(behaviour)* chování, počínání; **moral c.** mravné chování **2** *(management)* vedení, řízení ● v [kən'dakt] **I** vt **1** *(war, negotiations)* vést; *(meeting)* řídit; *(research)* provádět, provést; **c. sb's defence** hájit koho u soudu **2** Mus dirigovat, řídit (orchestr) **3** *(electricity)* vést, vodit; *(lightning)* svést, svádět **4 c. oneself** chovat se **II** vi Mus dirigovat

conducted tour [kən'daktid tuə(r)] n okružní jízda s průvodcem

conduction [kən'dakšn] n Phys, Biol vedení, kondukce

conductivity [kondak'tivəti] n Elec vodivost

conductor [kən'daktə(r)] n **1** Mus dirigent; **principal c.** šéfdirigent; **c.'s baton** taktovka; **the c. is XY** diriguje XY **2** *(of tram, bus)* průvodčí (m) **3** Phys *(of electricity* etc*)* vodič; **lightning c.** bleskosvod

conductress [kən'daktrəs] n *(in bus)* průvodčí (fem)

conduit ['kondjuit] n potrubí, kanál; Elec instalační trubka

cone [kəun] n **1** Geom kužel; *(ice-cream c.)* kornout; **truncated c.** komolý kužel **2** Bot šiška

cone-shaped [kəun'šeipt] adj kuželovitý

confab ['konfæb] n inf pobesedování, popovídání, pokec ● vi (**-bb-**) (po)povídat si

confectioner [kən'fekšənə(r)] n cukrář; **c.'s (shop)** cukrárna, cukrářství; **c.'s sugar** Amer práškový cukr

confectionery [kən'fekšənəri] n cukrářské výrobky, zákusky, cukroví, cukrovinky

confederate [kən'fedərət] adj konfederovaný, spojený ● n pej spoluviník, sl komplic

confederation [kənˌfedə'reišn] n konfederace, svaz

confer [kən'fə:(r)] **I** vt *(degree)* udělit, *(title)* propůjčit (**(up)on sb** komu); **c. a doctorate on sb**, **c. the degree of doctor on sb** udělit komu doktorát **II** vi radit se, jednat, konferovat; **c. with sb on** or **about sth** rokovat or diskutovat s kým o čem, konferovat s kým o čem

conference ['konfərəns] n konference, porada; **press c.** tisková konference; **hold a c.** konat konferenci; **at the c.** na konferenci; **sit** or **be in c.** zasedat, konferovat, mít poradu ■ **c. hall** zasedací síň

confess [kən'fes] **I** vt **1** přiznat se k čemu **2** Relig *(sins)* vyzpovídat se z čeho; *(of priest)* (vy)zpovídat koho; **c. one's sins** vyzpovídat se; **c. one's love to sb** vyznat se z lásky ke komu **II** vi **1** přiznat se (**to sth** k čemu), učinit doznání, doznat svou vinu **2** Relig vyzpovídat se (**to sb** komu)

confession [kən'fešn] n **1** přiznání; **make a c.** přiznat se **2** Relig *(of sins)* zpověď; **go to c.** jít ke zpovědi; **hear sb's c.** vyzpovídat koho **3** *(faith)* konfese; **c. of faith** vyznání víry

confessional [kən'fešənl] n zpovědnice; **secrets of the c.** zpovědní tajemství

confessor [kən'fesə(r)] n zpovědník

confetti [kən'feti] n konfety

confidant, fem **confidante** ['konfidænt] n důvěrník/ důvěrnice

confide [kən'faid] **I** vt **c. sth to sb** svěřit se komu s čím; **c. a secret to sb** svěřit někomu tajemství **II** vi **c. in sb** svěřit se komu důvěrně; **there's nobody I can c. in** nemám nikoho, komu bych se mohl svěřit

confidence ['konfidəns] n **1** *(trust)* důvěra; **question of c.** otázka důvěry; **gain sb's c.** získat si čí důvěru; **have c. in sb** mít ke komu důvěru; **have every c. that ...** být si zcela jist, že ...; **motion of no c.** Parl vyslovení nedůvěry; **inspire**

c. budit důvěru; **shake sb's c. in sth** zviklat čí důvěru v něco; **win sb's c.** získat čí důvěru ■ **c. trick** podvod, švindl inf; **c. trickster** podvodník **2** *(assurance)* sebejistota; *(answer* etc*)* **with c.** sebejistě **3** *(secret)* tajnost, důvěrnost; **exchange ~s** vyměňovat si důvěrnosti; **in (strict) c.** mezi čtyřma očima, velmi důvěrně ♦ **take sb into one's c.** svěřit se někomu s tajemstvím

confident ['konfidənt] adj **1** *(self-assured)* sebejistý, pej suverénní; **have a c. manner** mít (sebe)jisté vystupování **2** *(sure)* **be c. of sth** být si čím jistý; **be c. of success** or **of succeeding** být si jistý úspěchem

confidential [konfi'denšl] adj *(secret)* tajný, důvěrný; **private and c.** tajný a důvěrný ■ **~ly** adv tajně, důvěrně, mezi čtyřma očima

confidentiality [konfidenši'æləti] n *(of report, information* etc*)* důvěrnost, utajení

configuration [kən,figjə'reišn] n konfigurace, sestava ■ Comput **c. file** konfigurační soubor

confine [kən'fain] vt **1** *(keep in)* uvěznit, nepustit ven; *(limit)* omezit; **be ~d to bed** být upoután na lůžko; **be ~d to barracks** Mil mít zaražené vycházky, inf mít kasárníka **2** fig **c. oneself to doing sth** omezit se na co na dělání čeho

confined [kən'faind] adj *(of space)* stísněný

confinement [kən'fainmənt] n **1** *(imprisonment)* uvěznění, odnětí svobody; **solitary c.** separace, samovazba; **c. to barracks** Mil zaražené vycházky, sl kasárník **2** *(birth)* porod, slehnutí

confines ['konfainz] n pl meze, hranice; **within the c. of the law** v mezích zákona

confirm [kən'fə:m] vt **1** *(verify, state as true)* potvrdit, stvrdit, kvitovat; **c. receipt of sth** potvrdit příjem čeho **2** *(strengthen: position)* utvrdit, *(resolve, belief)* posílit

confirmation [konfə'meišn] n **1** potvrzení; Comm **c. of order** potvrzení objednávky; **c. of payment/ acceptance** potvrzení o zaplacení **2** Relig RC biřmování; *(Anglican)* konfirmace

confirmed [kən'fə:md] adj **1** Comm *(credit, order* etc*)* potvrzený; *(news)* zaručený **2** *(drunkard)* nenapravitelný; *(bachelor)* zapřisáhlý, zatvrzelý; **c. liar** nenapravitelný or notorický lhář

confiscate ['konfiskeit] vt (z)konfiskovat, zabavit, (úředně) odebrat, zabrat

confiscation [konfi'skeišn] n konfiskace, zabavení

conflagration [konflə'greišn] n (velký) požár; **military c.** válečná konflagrace; **world-wide c.** světový požár

conflict ['konflikt] n konflikt, spor, rozpor; **c. of interests** konflikt zájmů; **armed c.** ozbrojený konflikt; **open c.** otevřený konflikt; **come into c. with sb** dostat se do konfliktu s kým ■ **c. situation** konfliktní situace ● [kən'flikt] vi být v rozporu, odporovat si např. dvě výpovědi

conflicting [kən'fliktiŋ] adj protikladný, rozporný, *(views)* protichůdný; *(parties)* kolidující

confluence ['konfluəns] n *(of rivers)* soutok

conform [kən'fo:m] vi přizpůsobit se (**to sth** čemu); *(of things)* odpovídat čemu; **c. to the rules** řídit se pravidly

conformist [kən'fo:mist] n konformista/ konformistka

conformity [kən'fo:məti] n shoda, souhlas; **in c. with sth** *(eg rules)* ve shodě s čím, podle čeho; **in c. with the regulations** ve shodě s předpisy

confound [kən'faund] vt **1** *(confuse)* zmást, uvést ve zmatek **2** *(amaze)* ohromit **3** *(plan)* překazit, *(hopes)* zhatit **4** inf dated **c. it!** zatraceně!, k sakru!; **c. him!** zatracený mizera or chlap!

confounded [kən'faundid] adj prokletý, zatracený; **you c. fool!** ty pitomče pitomá!

confront [kən'frant] vt **1 c. sb with sth** konfrontovat koho s čím **2** *(face: danger* etc*)* postavit se tváří v tvář čemu, čelit čemu; **be ~ed with a problem** stát před problémem

confrontation [konfran'teišn] n konfrontace (**between** mezi)

confuse [kən'fju:z] vt **1** *(muddle)* (po)plést; *(make unclear: explanation)* zašmodrchat, zamotat; **c. the issue** zamlžit situaci **2** *(perplex)* poplést, ztrémovat; **c. sb** vyvést/ vyvádět koho z konceptu **3** *(mix up)* **c. sb with sb** plést si koho s kým; **c. concepts** plést si pojmy, směšovat pojmy; **I always c. the twins** vždy si ta dvojčata spletu or popletu

confused [kən'fju:zd] adj *(person)* zmatený, popletený; *(situation)* nepřehledný; **get c.** poplést se; **become c.** *(situation)* zamotat se

confusing [kən'fju:ziŋ] adj matoucí, zavádějící, dezorientující ■ **~ly** adv matoucím způsobem, zmateně

confusion [kən'fju:žn] n (see also **confuse**) **1** *(disorder)* zmatek, chaos, motanice; *(tumult)* blázinec, kolotoč, boží dopuštění; *(embarrassment)* rozpaky; **utter c.** zmatek nad zmatek; **there was c. in the house** v domě panoval zmatek; **throw everything into c.**

způsobit naprostý zmatek **2 a c. of names** záměna jmen; **c. of tongues** zmatení jazyků

congeal [kən'dži:l] **I** vi *(blood)* srazit se, koagulovat; *(freeze)* zmrznout **II** vt zmrazit, uvést do tuhého stavu, nechat ztuhnout

congenial [kən'dži:niəl] adj *(atmosphere)* příjemný; *(person also)* sympatický, milý

congenital [kən'dženitl] adj *(defect, disease etc)* vrozený; **a c. idiot** idiot od narození

conger ['koŋgə(r)] n **c. (eel)** mořský úhoř

congested [kən'džestid] adj **1** *(area, town)* přelidněný; *(road)* ucpaný **2** Med překrvený

congestion [kən'džesčn] n **1** *(of area, town)* přelidněnost, nadměrná hustota obyvatelstva; *(of road)* dopravní zácpa **2** Med překrvení, nával krve

conglomerate [kən'glomərət] adj smíšený ● n gen směsice, konglomerát; Econ průmyslový konglomerát korporací; Geol slepenec ● vt(i) konglomerovat (se)

conglomeration [kən͵glomə'reišn] n shluk, nakupení, konglomerace

Congo ['koŋgəu] n Kongo

Congolese [koŋgə'li:z] adj konžský ● n Konžan/ -ka

congratulate [kən'græčuleit] vt **c. sb on sth** blahopřát or gratulovat komu k čemu; **they ~d him on passing his exams** gratulovali mu ke složení zkoušek; **c. oneself** gratulovat si

congratulations [kən͵græču'leišnz] n pl blahopřání, gratulace; **letter of c.** blahopřejný dopis; **C.!** Gratuluji!; **C. on your promotion!** Gratuluji (ti) k povýšení!

congregate ['koŋgrigeit] vi shromáždit se

congregation [koŋgri'geišn] n Eccl kongregace

congress ['koŋgres] n **1** *(meeting)* sjezd, kongres; **hold a c.** uspořádat kongres **2** fml *(sexual intercourse)* pohlavní styk

Congress ['koŋgres] n Amer Kongres

congressional [kən'grešənl] adj sjezdový; esp Amer kongresový

Congressman ['koŋgresmən] n (pl **-men**) Amer člen Kongresu, poslanec, inf kongresman

Congresswoman ['koŋgreswumən] n (pl **-women** [-wimin]) Amer členka Kongresu, poslankyně

congruence ['koŋgruəns] n shoda, kongruence

congruent ['koŋgruənt] adj **1** Math kongruentní, Geom shodný, kongruentní **2** fml *(corresponding)* vhodný, odpovídající

congruous ['koŋgruəs] adj **1** *(corresponding)* odpovídající **2** *(suitable)* patřičný, vhodný; *(appropriate)* přiměřený

conical ['konikl] adj kuželovitý, kuželový, kónický

conifer ['konifə(r)] n konifera, jehličnan, jehličnatý strom or keř

coniferous [kəu'nifərəs] adj jehličnatý

conjecture [kən'džekčə(r)] n domněnka, dohad; **it's pure c.** jsou to pouhé dohady, je to pouhá domněnka ● **I** vt domnívat se, tušit **II** vi dohadovat se, vyslovit domněnku

conjugal ['kondžugəl] adj *(bliss, right etc)* manželský

conjugate ['kondžugeit] vt časovat

conjugation [kondžu'geišn] n časování

conjunction [kən'džaŋkšn] n **1** Gram spojka; **coordinating/ subordinating c.** souřadící/ podřadící spojka **2** spojení; **in c. with sth** ve spojení s čím, v souvislosti s čím **3** Astrol konjunkce seskupení planet

conjunctivitis [kən͵džaŋkti'vaitis] n Med zánět spojivek

conjure ['kandžə(r)] vi kouzlit, čarovat; **c. up** vykouzlit, vyčarovat; *(excuse)* vymyslet

conjurer ['kandžərə(r)] n kouzelník iluzionista

conjuring ['kandžəriŋ] adj **c. trick** kouzelnický kousek, eskamotáž; **do c. tricks** kouzlit na jevišti

conk [koŋk] n sl *(nose)* frňák ● **I** vt inf *(hit)* praštit koho, cáknout komu jednu **II** phr v ■ **conk out** inf *(person: die)* natáhnout bačkory, zhebnout, *(faint)* poroučet se k zemi; *(engine)* Aut vyplivnout

conker ['koŋkə(r)] n Br inf jírovec, koňský kaštan

conman, also **con man** ['konmæn] n (pl **conmen** ['konmen]) podvodník, podfukář

connect [kə'nekt] **I** vt **1** *(join)* spojit/ spojovat; *(attach)* připojit; **c. sth to sth** připojit co k čemu **2** *(cooker etc)* zapojit, Elec zapojit do sítě, zapojit do proudu; **c. sth to earth** uzemnit co **3** Tel *(call, person)* spojit **4** fig esp pass *(associate: ideas, events)* **be ~ed** souviset, být v souvislosti, mít spojitost or souvislost; **be closely ~ed with sth** úzce souviset s čím **II** vi **1** *(wires)* mít kontakt; *(rooms)* souviset spolu, být spojený dveřmi **2** *(trains, buses, flights)* mít spojení **III** phr v ■ **connect up** vt *(cooker)* připojit na proud/ na plyn

connecting [kə'nektiŋ] adj spojovací; **c. rod** Techn spojovací tyč, ojnice

connection, connexion [kə'nekšn] n (see **connect**) **1** spojení; Elec přípojka **2** *(train, bus etc)* přípoj; **miss one's c.** zmeškat přípoj; **this train has a c. for ...** tento vlak má spojení na ... **3** *(relation)* souvislost, spojitost; **in this c.** v této spojitosti or souvislosti; **in c. with sth** v souvislosti s čím **4** Comm **~s** konexe

connivance [kə'naivəns] n *(tacit agreement)* tichý souhlas s trestnou činností; *(complicity)* pasivní spoluúčast

connive [kə'naiv] vi **c. at sth** přimhouřit nad čím oko

conniving [kə'naiviŋ] adj záludný, potměšilý, prohnaný

connoisseur [konə'sə:(r)] n znalec, inf fajnšmekr; **a c. of wine** milovník vína, znalec vína

connotation [konə'teišn] n Ling konotace; Logic implikace

conquer ['koŋkə(r)] **I** vt **1** *(country)* dobýt, podmanit si; *(enemy)* porazit, zdolat **2** fig *(difficulties)* překonat; *(sb's heart)* dobýt/dobývat, podmanit si; *(audience)* podmanit si, uchvátit **II** vi zvítězit

conqueror ['koŋkərə(r)] n *(of a country)* dobyvatel; **William the C.** Vilém Dobyvatel; *(of a mountain)* přemožitel

conquest ['koŋkwest] n Mil výboj, *(of country* etc*)* dobytí, podmanění; **the Norman C.** Normanský zábor Anglie v r. 1066

consanguinity [konsæŋ'gwinəti] n pokrevní příbuzenství

conscience ['konšəns] n svědomí; **a bad c.** špatné svědomí; **burden one's c. with sth** obtížit si svědomí čím; **with a clear c.** s čistým svědomím; **have a guilty c.** mít špatné svědomí; **he has pangs of c.** hlodá ho svědomí; **have sth on one's c.** mít něco na svědomí; **in all c.** podle mého/ svého nejlepšího svědomí; **the voice of c.** hlas svědomí; **wrestle with one's c.** potýkat se se svědomím

conscience-stricken ['konšənsstrikən] adj pronásledovaný výčitkami svědomí

conscientious [konši'enšəs] adj svědomitý; **c. objector** odpůrce vojenské služby z důvodů svědomí ■ **~ly** adv svědomitě, pečlivě

conscientiousness [konši'enšəsnəs] n svědomitost, pečlivost

conscious ['konšəs] adj **1** vědom(ý); Med; jsoucí při vědomí; **be fully c.** být při plném vědomí; **be c. of sth** být si vědom čeho; **become c. of sth** uvědomit si co **2** *(deliberate: insult* etc*)* úmyslný, vědomý ■ **~ly** adv vědomě

consciousness ['konšəsnəs] n **1** Med vědomí; **lose c.** pozbýt vědomí, upadnout do bezvědomí; **regain c.** přijít k vědomí **2** *(awareness)* **class c.** třídní povědomí

conscript ['konskript] n odvedenec, branec ● vt [kən'skript] povolat or odvést brance na vojnu

conscription [kən'skripšn] n branná povinnost

consecrate ['konsikreit] vt Relig (po)světit; *(church; bishop)* vysvětit

consecration [konsi'kreišn] n Relig posvěcení, vysvěcení

consecutive [kən'sekjutiv] adj **1** jdoucí po sobě, postupný; **on three c. days** tři po sobě jdoucí dny **2** Gram účinkový, konsekutivní ■ **~ly** adv za sebou, po sobě

consensus [kən'sensəs] n konsenzus, konsenz

consent [kən'sent] n souhlas; **by common c.** jednomyslně; **give one's c.** přivolit, dát souhlas (**to sth** k čemu); **silence means c.** kdo mlčí, souhlasí ● vi svolit, přivolit; **c. to do sth** uvolit se něco udělat

consequence ['konsikwəns] n **1** *(result)* následek, důsledek; **a logical c.** logický důsledek; **far-reaching ~s** dalekosáhlé následky; **in c.** proto, v důsledku toho; **as a c. of sth** v důsledku čeho **2** *(importance)* závažnost, důležitost; **it is of no c.** na tom nezáleží; **it is of very little c.** na tom pramálo záleží

consequent ['konsikwənt] adj **1** *(following)* následující **2** *(resulting)* z toho plynoucí or vyplývající ■ **~ly** adj tudíž, v důsledku toho, tedy

conservation [konsə'veišn] n konzervace, zachování; *(in town)* památková péče; *(of nature)* ochrana přírody

conservationist [konsə'veišənist] n ochránce přírody; *(as regards old monuments* etc*)* konzervátor, památkář, restaurátor

conservatism [kən'sə:vətizm] n konzervatismus

conservative [kən'sə:vətiv] adj **1** konzervativní; **the C. Party** Br konzervativní strana **2** *(cautious: estimate* etc*)* opatrný, *(utterance also)* umírněný ● n konzervativec; **a staunch c.** zarytý konzervativec

conservatoire [kən'sə:vətwa:(r)] n konzervatoř

conservatory [kən'sə:vətri] n **1** *(greenhouse)* skleník, zimní zahrada **2** Amer konzervatoř

conserve [kən'sə:v] vt udržovat; *(strength, resources* etc*)* hospodařit s čím ● n Cook zavařenina, džem

consider [kən'sidə(r)] vt **1** *(think about)* uvažovat o čem; **c. sth from every angle** všestranně něco posoudit; **c. sth carefully** pečlivě něco zvážit ♦ **all things ~ed** konec konců, celkem vzato **2** *(take into account)* vzít v úvahu **3** *(regard)* **c. sb as one's friend** považovat or pokládat koho za svého přítele; **c. sb to be a hero** považovat koho za hrdinu; **I c. the matter settled** považuji to za vyřízené, považuji (tu) věc za vyřízenou

considerable [kən'sidərəbl] adj značný; *(sum)* větší, nemalý, hezký; *(quantity)* úctyhodný; *(interest)* nemalý, značný; *(improvement)* patrný, viditelný; *(expense)* velký; *(time)* drahný; **a c. sum of money** větší suma peněz; **for some c. time** drahný čas ▪ **considerably** adv značně; see adj; **he has aged considerably** hodně zestárnul; **this house is considerably cheaper** tento dům je mnohem levnější

considerate [kən'sidərət] adj ohleduplný, pozorný; **be c. to sb** být ke komu ohleduplný, šetřit koho

consideration [kənˌsidə'reišn] n **1** *(factor)* zřetel, okolnost, moment; **on no c.** za žádných okolností **2** *(thought)* úvaha, uvážení; **after serious c.** po zralé úvaze; **take sth into c.** přihlédnout k čemu, vzít co v úvahu **3** *(thoughtfulness)* ohleduplnost; **lack of c.** nešetrnost, bezohlednost; **be full of c.** být velmi ohleduplný; **out of c. for sb** s ohledem na koho

considered [kən'sidəd] adj **1** *(opinion)* dobře promyšlený; **it is my c. opinion that ...** po dlouhém přemýšlení jsem dospěl k závěru, že ... **2** fml *(respected)* vážený, těšící se velké vážnosti

considering [kən'sidəriŋ] prep, conj vzhledem k čemu, s ohledem na co; **c. the fact that ...** vzhledem ke skutečnosti, že ...; **it is not so bad c.** inf celkem vzato to není nejhorší

consign [kən'sain] vt **1** *(entrust)* svěřit (**a child to sb's care** dítě do něčí péče) **2** Comm *(send)* expedovat, poslat

consignee [konsai'ni:] n Comm adresát, příjemce zvl. zboží

consignment [kən'sainmənt] n Comm zásilka; **a c. of merchandise/ books** zásilka zboží/ knih ▪ **c. account/ invoice** konsignační účet/ faktura

consist [kən'sist] vi **1 c. of sth** skládat se z čeho, sestávat z čeho; **the delegation ~s of ...** delegaci tvoří ... **2 c. in sth** tkvít v čem, spočívat v čem, záležet v čem; **the difference ~s in ...** rozdíl tkví v tom, že ...

consistency [kən'sistənsi] n **1** *(of material)* tuhost, hutnost, konzistence **2** *(being consistent)* důslednost

consistent [kən'sistənt] adj **1** *(of person, argument)* důsledný **2** *(uniform: quality)* stejný, neměnný; *(method)* jednotný **3** *(compatible)* **be c. with sth** být slučitelný s čím

consolation [konsə'leišn] n útěcha, potěcha; **a poor c.** slabá útěcha ▪ **c. goal** čestný gól; **a c. prize** cena útěchy

console$_1$ [kən'səul] vt utěšit; **c. oneself with sth** utěšit se čím

console$_2$ ['konsəul] n Aviat palubní or přístrojová deska; Elec ovládací or kontrolní panel; Comput řídící panel

consolidate [kən'solideit] vt konsolidovat; *(friendship, power, currency)* upevnit; *(prices)* ustálit; **become ~d** konsolidovat se ● vi konsolidovat se

consolidation [kənˌsoli'deišn] n **1** konsolidace; *(of prices)* ustálení; *(of power)* upevnění **2** *(amalgamation: of companies)* splynutí, fúze

consomme, consommé [kən'somei] n vývar masová polévka

consonant ['konsənənt] n Ling souhláska, konsonant

consort ['konso:t] n choť (m, fem); **prince c.** královský choť ● vi [kən'so:t] **c. with sb** stýkat se s kým, pej spolčovat or bratříčkovat se s kým

consortium [kən'so:tiəm] n (pl **consortia** [-tiə]) konsorcium

conspicuous [kən'spikjuəs] adj **1** *(clearly visible)* viditelný, zřetelný **2** *(noticeable)* nápadný (**by sth** čím), okatý; **make oneself c.** upoutat na sebe pozornost; **she is c. by her absence** její nepřítomnost bije do očí

conspiracy [kən'spirəsi] n spiknutí, komplot, konspirace; **there is a c. against us** fig všechno se proti nám spiklo

conspirator [kən'spirətə(r)] n spiklenec/ spiklenka, účastník/ účastnice spiknutí

conspiratorial [kənˌspirə'to:riəl] adj spiklenecký, konspirační

conspire [kən'spaiə(r)] vi spiknout se (**against sb** proti komu), komplotovat; **c. against the government** spolčit se proti vládě; **everything ~d against us** všechno se proti nám spiklo

constable ['kanstəbl, 'kon -] n Br policista, policejní strážník

constabulary [kən'stæbjuləri] n policie určité oblasti nebo města

constancy ['konstənsi] n stálost, vytrvalost; *(of lover, friend)* věrnost

constant ['konstənt] adj **1** *(continuous)* neustálý, ustavičný, trvalý; Pol **c. opposition** věčná opozice; **he is under c. medical supervision** je pod stálou lékařskou kontrolou **2** *(temperature* etc*)* konstantní, stejnoměrný **3** *(friend, lover)* věrný ▪ **~ly** adv stále, nepřetržitě, ustavičně; **he is ~ly repeating himself** stále se opakuje ● n Math Phys konstanta

Constantinople [konstænti'nəupl] n Konstantinopol, Cařihrad

constellation [konstə'leišn] n Astron souhvězdí, Astron & fig konstelace

consternation [konstə'neišn] n konsternace, ohromení, zděšení, úděs; **general c.** všeobecné zděšení

constipated ['konstipeitid] adj Med **be c.** mít zácpu

constipation [konsti'peišn] n Med zácpa

constituency [kən'stitjuənsi] n Pol volební obvod; *(voters)* voličstvo určitého obvodu

constituent [kən'stitjuənt] adj **1** Pol *(assembly)* ústavodárný **2 a c. part** součást(ka), složka ● n **1** *(part)* součást, složka; Gram větný člen **2** Pol volič/ -ka ■ **c. assembly** ústavodárné shromáždění

constitute ['konstitju:t] vt představovat, reprezentovat, být; *(make up)* tvořit; **c. a threat** představovat hrozbu; **c. a quorum** být usnášeníschopný

constitution [konsti'tju:šn] n **1** *(of person)* konstituce; **have an iron c.** být jako ze železa, mít ocelové zdraví; **have a strong c.** mít zdravý kořínek; **have a frail** or **delicate c.** mít chabé zdraví **2** Pol ústava; **it is laid down in the c.** je to zakotveno v ústavě

constitutional [konsti'tju:šənl] adj *(monarchy, reform)* ústavní, konstituční ● n joc (zdravotní) procházka; **go for a c.** jít na procházku

constrain [kən'strein] vt *(compel)* nutit; *(one's temper)* krotit; **feel ~ed to do sth, find oneself ~ed to do sth** být nucen okolnostmi ap. něco udělat

constrained [kən'streind] adj *(voice)* sevřený; *(smile)* rozpačitý, strnulý

constraint [kən'streint] n **1** nátlak; **act under c.** jednat pod (ná)tlakem **2** *(limitation)* omezení **3** *(of manner)* stísněnost, *(embarrassment)* rozpaky

constrict [kən'strikt] vt *(limit)* omezit, omezovat; *(compress)* stáhnout, sevřít

constriction [kən'strikšn] n omezení; stažení, sevření

constrictor [kən'striktə(r)] n **1** *(muscle)* svěrač, konstriktor **2** škrtič; *(boa c.)* hroznýš, *(python)* krajta

construct [kən'strakt] vt *(factory)* postavit, stavět, (vy)budovat, zbudovat; *(machine)* (z)konstruovat, sestrojit; Geom sestrojit; Gram *(sentence)* utvořit, sestavit; *(theory)* vybudovat

construction [kən'strakšn] n **1** *(constructing)* stavba, výstavba, budování; konstrukce, montáž; **be under c.** *(of building)* být ve výstavbě, stavět se, být rozestavěný ■ **c. engineer** stavební inženýr; **c. engineering** stavební technika; **c. industry** stavebnictví, stavební průmysl; **c. worker** stavbař **2** *(building)* stavba; *(of machine* etc*)* konstrukce **3** *(interpretation)* výklad, interpretace; **put a wrong c. on sb's words** špatně si vysvětlit/ vysvětlovat něčí slova

constructive [kən'straktiv] adj tvořivý, konstruktivní (**criticism** kritika) ■ **~ly** adv konstruktivně

construe [kən'stru:] vt *(interpret)* interpretovat, vykládat si, chápat

consul ['konsl] n konzul; **honorary c.** honorární konzul

consular ['konsjulə(r)] adj konzulární

consulate ['konsjulət] n konzulát; **c. general** (pl **~s general**) generální konzulát

consult [kən'salt] **I** vt **c. sb about** or **on sth** (po)radit se s kým o čem, konzultovat co s kým; **c. a dictionary** podívat se or nahlédnout do slovníku; **c. the timetable** podívat se do jízdního řádu; **c. the files** nahlédnout do kartotéky; **you should c. your doctor** měl byste se poradit s lékařem **II** vi **c. with sb** radit se s kým

consultancy [kən'saltənsi] n poradenská služba

consultant [kən'saltənt] n; odborný poradce, specialista; Br Med odborný lékař; **senior c.** Med ≅ primář; **c.'s report** expertiza

consultation [konsəl'teišn] n konzultace, porada; *(of a dictionary* etc*)* nahlédnutí do čeho

consultative [kən'saltətiv] adj poradní; **c. commission** posudková komise

consulting [kən'saltiŋ] adj **c. engineer** odborný poradce; **c. room** Med ordinace; **c. hours** ordinační hodiny, ordinování

consumable [kən'sju:məbl] adj *(foodstuffs)* poživatelný ● n **~s** spotřební zboží; *(foodstuffs)* poživatiny

consume [kən'sju:m] vt spotřebovat, vypotřebovat; *(food, drink)* (z)konzumovat ♦ **be ~d with curiosity/ grief** hořet zvědavostí/ chřadnout žalem

consumer [kən'sju:mə(r)] n spotřebitel, konzument ■ **c. goods** spotřební zboží; **c. research** průzkum poptávky; **c. society** konzumní společnost

consuming [kən'sju:miŋ] adj *(passion)* horoucí

consumerism [kən'sju:mərizəm] n kampaň za ochranu zájmů zákazníků; pej konzumerismus

consummate [kən'samət] adj *(actor, musician* etc*)* dokonalý, suverénní, svrchovaný; **with c. skill** suverénním způsobem ● ['konsəmeit] vt *(marriage)* dovršit manželství pohlavním stykem

consummation [konsə'meišn] n **1** *(of marriage)* konzumace manželství **2** *(of desire)* dosažení čeho

consumption [kən'sampšn] n **1** gen spotřeba, konzum; *(of electricity* etc*)* spotřeba, odběr; **daily c.** denní spotřeba; **c. of alcoholic** or **intoxicating drinks** požívání alkoholických nápojů **2** *(tuberculosis)* dated souchotiny; **galloping c.** dated rychlé souchotiny

consumptive [kən'samptiv] n dated souchotinář, inf tuberák ● adj dated souchotinářský, tuberácký

cont. abbr of **continued** pokračování

contact ['kontækt] n **1** *(touch)* styk, kontakt; **point of c.** styčný bod ■ **c. lens** kontaktní čočka **2** *(connection)* spojení, kontakt (also Elec); **radio c.** rádiový spoj; **business ~s** obchodní styky; **be in c. with sb** být s kým ve styku; **establish c. with sb** navázat s kým spojení or kontakt; **come into c. with sb** přijít s kým do styku ● also [kən'tækt] vt **c. sb** spojit se s kým, obrátit se na koho, navázat s kým styk; **c. your consulate** obraťte se na váš konzulát

contagion [kən'teidžən] n nákaza

contagious [kən'teidžəs] adj nakažlivý, přenosný; **a c. disease** nakažlivá nemoc

contain [kən'tein] vt obsahovat, zahrnovat, pojmout; *(revolt; emotions)* potlačit; *(one's emotions, impatience; passions)* krotit; *(feelings)* tajit; **c. oneself** ovládat se, krotit se

container [kən'teinə(r)] n **1** nádoba, bedna, obal; *(small)* nádržka, nádobka **2** Comm kontejner, přepravní skříň

containerization [kən,teinərai'zeišn] n kontejnerizace přepravy zboží

containerize [kən'teinəraiz] vt kontejnerizovat

contaminate [kən'tæmineit] vt znečistit, kontaminovat; *(with radioactivity)* zamořit

contamination [kən,tæmi'neišn] n znečištění, kontaminace, *(radioactive)* zamoření

contd abbr of **continued** pokračování

contemplate ['kontəmpleit] **I** vt **1** *(think about)* přemýšlet o čem, rozjímat o čem, uvažovat o čem; **c. revenge** pomýšlet na pomstu **2** *(gaze at: thoughtfully)* prohlížet si zamyšleně, dívat se na co pozorně **3** *(intend)* zamýšlet, pomýšlet (**sth/ doing sth** na co) **II** vi rozjímat, meditovat, přemítat

contemplation [kontəm'pleišn] n (see **contemplate**) **1** rozjímání, přemýšlení, přemítání **2** zamyšlené pozorování **3** *(intention)* záměr, úmysl **4** *(meditation)* meditace, rozjímání

contemplative [kon'templətiv, 'kontəmpleitiv] adj *(look)* snivý, zadumaný, zasněný; *(person)* přemýšlivý, hloubavý; *(life)* kontemplativní, rozjímavý

contemporaneous [kən,tempə'reiniəs] adj fml soudobý

contemporary [kən'tempərəri] adj **1** *(of the same time: author* etc*)* současný; **Dvořák was c. with Smetana** Dvořák byl Smetanovým současníkem **2** *(modern)* současný, dnešní; *(art* also*)* moderní ● n současník, vrstevník

contempt [kən'tempt] n pohrdání (**for sb/ sth** kým/ čím), opovržení, despekt; **utter c.** hluboké pohrdání; **c. of court** Jur urážka soudu; **hold sb in c.** pohrdat or opovrhovat kým; **be beneath c.** být pod vši kritiku; **treat sb with c.** chovat se ke komu s opovržením

contemptible [kən'temptəbl] adj opovrženíhodný, ničemný, podlý

contemptuous [kən'temptjuəs] adj pohrdavý, opovržlivý; **be c. of public opinion** opovrhovat veřejným míněním ■ **~ly** adv opovržlivě, pohrdavě

contend [kən'tend] **I** vt tvrdit; **c. that ...** tvrdit, že ... **II** vi **1 c. for sth** bojovat o co; **c. with sb for sth** bojovat s kým o co **2 c. with sth** *(problems* etc*)* potýkat se or zápasit s čím

contender [kən'tendə(r)] n Sport účastník soutěže, soutěžící (**for** o); *(for post)* uchazeč

content$_1$ ['kontent] n; also **~s** obsah knihy, kapes, nádoby ap.

content$_2$ [kən'tent] pred adj spokojený ● n spokojenost; **to one's heart's c.** co hrdlo ráčí, do sytosti ● vt **c. oneself with sth** or **with doing sth** uspokojit se s čím; **that should c. him** to by ho mělo uspokojit

contented [kən'tentid] adj spokojený; **happy and c.** šťastný a spokojený ■ **~ly** adv spokojeně; **smile ~ly** spokojeně se usmát

contention [kən'tenšn] n **1** *(dispute)* spor, svár; **be in c. for sth** *(of two people)* mít spor o co, přít se o co ♦ **a bone of c.** jablko sváru **2** *(assertion)* tvrzení; **his c. that ...** jeho tvrzení, že ... **3 c. for sth** *(title* etc*)* zápas or soupeření o co

contentious [kən'tenšəz] adj *(issue)* sporný, diskutabilní; *(person)* svárlivý, hašteřivý; **a c. point** sporná otázka

contentment [kən'tentmənt] n pohoda, spokojenost

contest ['kontest] n soutěž, zápas, utkání (**for** o) ● [kən'test] vt **1** *(statement)* napadnout, zpochybnit; **c. a title** bojovat o titul; **c. every inch of the ground** bojovat o každou píď země **2** Br Pol **c. a seat** kandidovat na poslance

contestant [kən'testənt] n *(competitor)* závodník, účastník soutěže

context ['kontekst] n kontext, souvislost; **in the c. of the times** v dobovém kontextu; **in this c.** v této souvislosti; **out of c.**

vytržený z kontextu; **lift a word out of c.** vyjmout slovo z kontextu

contiguous [kən'tigjuəs] adj přilehlý (**to sth** k čemu)

continent ['kontinənt] n kontinent, pevnina, díl světa, světadíl; **the C.** Br evropská pevnina; **the Dark C.** Černý kontinent Afrika

continental [konti'nentl] adj **1** kontinentální, pevninský; **c. drift** Geol kontinentální drift **2** Br *(holidays* etc*)* evropský ■ **c. quilt** prošívaná deka; **c. breakfast** malá snídaně např. káva a rohlíky ● n Evropan z evropské pevniny

contingency [kən'tindžənsi] n eventualita, možnost, nepředvídaná událost; **c. plan** náhradní or alternativní plán pro případ potřeby

contingent [kən'tindžənt] n Sport tým, družstvo; Mil kontingent ● adj **be c. on sth** být závislý na čem

continual [kən'tinjuəl] adj *(interruptions, quarrels)* neustálý, ustavičný, nepřetržitý ■ **~ly** adv neustále, ustavičně; **they were ~ly quarrelling** stále se hádali

continuation [kənˌtinju'eišn] n pokračování ■ **c. classes** doškolování

continue [kən'tinju:] **I** vt *(carry on)* pokračovat v čem; **c. doing sth** *(reading/ writing* etc*)*, **c. to do sth** pokračovat v čem, dělat co dál; **c. one's study** pokračovat ve studiu, studovat dál; **c. old traditions** navazovat na staré tradice; **c. one's journey** pokračovat v cestě, cestovat dále; **it ~d to rain** pršelo dál, nepřestávalo pršet **II** vi **1** *(go on)* pokračovat; *(keep on: crisis)* trvat (dál), přetrvávat; **c. in power** zůstat nadále u moci; **the weather ~d fine** bylo i nadále hezky **2** *(resume)* pokračovat; **to be ~d** pokračování příště

continuing [kən'tinjuiŋ] adj *(trend)* pokračující, trvalý; *(process)* trvalý, nepřetržitý

continuity [konti'nju:əti] n kontinuita, plynulost ■ **c. man/ girl** Film asistent/ -ka režie

continuous [kən'tinjuəs] adj **1** nepřetržitý, permanentní; *(line)* nepřetržitý, nepřerušovaný; *(production)* plynulý; *(mountain ranges* etc*)* souvislý; *(supplies)* pravidelný; **c. performance** Cine nepřetržitý provoz **2** Gram **c. tense** průběhový čas ■ **~ly** adv nepřetržitě, stále, neustále; **keep sb ~ly on the go** nedopřát komu odpočinku

contort [kən'to:t] **I** vt **1** *(face, features)* zkřivit, zkroutit **2** *(meaning)* překroutit **II** vi *(face)* zkřivit se

contorted [kən'to:tid] adj *(face, features)* zkřivený, křečovitě stažený

contortion [kən'to:šn] n zkroucení, zkřivení

contortionist [kən'to:šənist] n hadí muž/ žena v cirkuse ap.

contour ['kontuə(r)] n obrys, kontura; **c. line** Geog vrstevnice; **c. map** vrstevnicová mapa

contraband ['kontrəbænd] n kontraband, pašované zboží ■ **c. trade** podloudnictví

contraception [kontrə'sepšn] n antikoncepce

contraceptive [kontrə'septiv] adj antikoncepční; **c. pill** antikoncepční tabletka ● n antikoncepční prostředek

contract$_1$ ['kontrækt] n smlouva, dohoda, kontrakt; Art angažmá; **lawful c.** pravoplatná smlouva; **fixed-term c.** smlouva na dobu určitou; **author-publisher c.** nakladatelská smlouva; **insurance c.** pojistná smlouva; **c. of carriage/ delivery** přepravní/ dodávková smlouva; **c. of employment** pracovní smlouva; **c. of purchase/ sale** kupní smlouva; **breach of c.** porušení or nedodržení smlouvy; **terms of c.** smluvní podmínky; **be under c.** *(to do sth)* být vázán smluvně; **enter into a c., make a c.** uzavřít smlouvu ● [kən'trækt] vi **c. to do sth** smluvně se zavázat něco udělat; **c. marriage** uzavřít manželství

contract$_2$ [kən'trækt] vi smršťovat se, *(muscle)* stáhnout se

contract$_3$ [kən'trækt] vt *(illness)* dostat, uhnat si, inf chytit

contracting [kən'træktiŋ] adj **1** *(production)* snižující se; *(business)* zmenšující se **2 a c. party** smluvní strana

contraction [kən'trækšn] n stažení, smrštění, kontrakce; zmenšení

contractor [kən'træktə(r)] n (stavební) podnikatel, *(supplier)* dodavatel; **building c.** stavitel; **haulage c.** dopravce, speditér

contractual [kən'træktjuəl] adj *(relations, terms, plan, liability)* smluvní, zaručený smlouvou

contradict [kontrə'dikt] vt **1** *(defy)* **c. sb** odporovat komu, *(father* etc*)* odmlouvat komu; **he can't bear to be ~ed** nesnese odpor **2** *(disagree with)* **c. sth** *(of statement* etc*)* být v rozporu s čím; **it ~s his principles** to odporuje jeho zásadám

contradiction [kontrə'dikšn] n rozpor, protiklad; **irreconcilable ~s** nesmiřitelné or antagonistické rozpory; **c. in terms** vnitřní rozpor, protimluv; **be in c. to** or **with sth** být v rozporu s čím; **be full of ~s** být rozporný or rozporuplný

contradictory [kontrə'diktəri] adj *(statements)* rozporný, protichůdný

contralto [kən'tra:ltəu] n kontraalt

contraption [kən'træpšn] n inf komicky vyhlížející zařízení, mašinka, aparát

contrariness [kən'treərinəs] n vzpurnost, paličatost, rebelantství

contrary ['kontrəri] adj **1** protikladný, *(direction)* opačný, *(wind, weather)* nepříznivý; **c. to all advice ...** přes všechny rady ...; **c. to my expectations** proti mému očekávání, navzdory mému očekávání; **act c. to one's convictions** jednat proti svému přesvědčení **2** [kən'treəri] *(obstinate)* tvrdohlavý, paličatý ● ['kontrəri] n opak; **on the c.** naopak

contrast ['kontra:st] n kontrast, protiklad; **in c. with** na rozdíl od; **be in c. to** or **with sth** kontrastovat s čím ● v [kən'tra:st] **I** vt porovnat, *(views)* konfrontovat; *(A with B)* porovnat s čím, postavit proti čemu; *(A and B)* postavit/ stavět proti sobě **II** vi kontrastovat, být v protikladu

contrasting [kən'tra:stiŋ] adj protikladný; *(colours)* kontrastní

contrastive [kən'tra:stiv] adj **c. grammar** Ling kontrastivní gramatika

contravene [kontrə'vi:n] vt *(law, rules)* porušit/ porušovat, překračovat, přestoupit, být v rozporu s čím; **c. regulations** also prohřešit se or provinit se proti předpisům

contravention [kontrə'venšn] n Jur porušení čeho, překročení čeho

contribute [kən'tribju:t] **I** vt **c. sth to** or **towards sth** přispět čím na co **II** vi **c. to sth** *(charity etc)* přispět na co, fig *(to success etc)* přispět k čemu, podílet se na čem, mít podíl na čem ♦ **c. one's mite** přispět k čemu svou hřivnou

contribution [kontri'bju:šn] n příspěvek (**to sth** na co, k čemu), podíl (**to sth** na čem); **a financial c.** peněžitý příspěvek; **a c. to a debate** or **discussion** příspěvek do diskuse

contributor [kən'tribjutə(r)] n přispěvatel; Journ spolupracovník (**to sth** čeho)

contributory [kən'tribjutəri] adj *(cause of death/ disease etc)* nepřímý; *(pension)* příspěvkový; **c. negligence** Jur spoluzavinění nedbalostí poškozeného

contrite ['kontrait] adj kajícný, zkroušený

contrition [kən'trišn] n kajícnost; Relig lítost

contrivance [kən'traivəns] n *(device)* zařízení, mechanismus; *(invention)* vynález

contrive [kən'traiv] vt *(manage)* docílit čeho, podařit se; **he ~d to escape** podařilo se mu uprchnout; **c. sth cleverly** chytře něco nastrojit

contrived [kən'traivd] adj nepřirozený, *(style)* vyumělkovaný

control [kən'trəul] n **1** *(management)* kontrola, řízení, ovládání; *(regulation)* regulace; **birth c.** plánovité rodičovství; **flight c.** řízení letu; **passport c.** pasová kontrola; **remote c.** dálkové řízení; **be beyond sb's c.** nebýt v čí moci; **get out of c.** *(inflation etc)* vymknout se kontrole; **lose c. of the car** ztratit kontrolu nad vozem; **the car went out of c.** ztratil(a) kontrolu or vládu nad vozem, přestal ovládat vozidlo **2** *(power, authority)* moc, vliv, dohled; ovládání; **parental c.** rodičovský dohled; **be in c. of sth** *(territory)* ovládat co; **take c. of sth** *(territory)* ovládnout co, opanovat co; **have sth under one's c.** disponovat čím, mít co pod kontrolou, mít něco v rukou **3** *(check)* kontrola, dohled; **quality c.** kontrola kvality; **wage/ price c.** mzdová/ cenová regulace **4 ~s** *(on car, plane etc)* řízení; *(on machine)* ovládací prvky, ovládače; **central c.** dispečink; **volume c.** regulace hlasitosti ■ **c. board/ panel** řídicí panel; **c. centre** řídicí středisko; **c. program** Comput řídicí program; **c. tower** Aviat řídicí věž; **c. unit** Comput řídicí jednotka **5** *(in experiments)* kontrolní zvíře/ rostlina etc, srovnávací vzorek; **c. group** Med kontrolní skupina ● vt řídit, ovládat, mít pod kontrolou; *(traffic)* řídit, dirigovat; **c. oneself**, **c. one's temper** ovládat se, krotit se; **do c. yourself!** ovládej se, prosím; **c. a disease** zastavit šíření nemoci

controlled [kən'trəuld] adj řízený; **c. economy** řízené hospodářství; **c. parking place** hlídané parkoviště

controller [kən'trəulə(r)] n kontrolor, *(person in charge)* vedoucí, Fin revizor; **air traffic c.** letecký dispečer

controlling [kən'trəuliŋ] adj *(factor)* rozhodující; **c. interest** Comm rozhodující podíl

controversial [kontrə'və:šl] adj sporný, diskutabilní, kontroverzní

controversy ['kontrəvə:si, kən'trovəsi] n spor, kontroverze, polemika; **carry on a c.** polemizovat, vést polemiku

contusion [kən'tju:žn] n pohmožděnina, zhmožděnina, Med kontuze

conundrum [kə'nandrəm] n hlavolam

conurbation [konə:'beišn] n městská aglomerace

convalesce [konvə'les] vi zotavovat se z nemoci

convalescence [konvə'lesns] n rekonvalescence

convalescent [konvə'lesnt] adj zotavující se ■ **c. home** zotavovna; **c. leave** dovolená na zotavenou ● n rekonvalescent

convection [kən'vekšn] n Phys konvekce, proudění ■ **c. current** konvekční proud; **c. heating** konvekční vytápění

convector [kən'vektə(r)] also **c. heater** n konvektor topné těleso

convene [kən'vi:n] **I** vt svolat (**a meeting** schůzi) **II** vi sejít se

convener, convenor [kən'vi:nə(r)] n pořadatel schůze

convenience [kən'vi:niəns] n **1** *(suitability)* příhodnost, vhodnost; **marriage of c.** sňatek z rozumu; **at your earliest c.** hned jak se vám to bude hodit; **for c.'s sake** kvůli pohodlí, pro jednoduchost ■ **c. foods** pl předem připravené potraviny konzervované, předvařené ap. **2** **~s** pl vymoženosti, příslušenství; **a flat with all modern ~s** byt s veškerým komfortem **3** *(toilet)* Br euph **(public) c.** veřejný záchodek

convenient [kən'vi:niənt] adj vhodný, hodící se, vyhovující; *(useful)* praktický; **be c. for sb** být komu vhod, hodit se komu; **if it is not c.** pokud se vám to nehodí ■ **~ly** adv *(advantageously: situated)* výhodně; *(opportunely)* jako na objednávku

convent ['konvənt] n ženský klášter ■ **c. school** klášterní škola pro dívky

convention [kən'venšn] n **1** *(custom)* konvence, zvyklost **2** Pol *(agreement)* konvence, úmluva **3** *(conference)* esp Amer kongres, konference

conventional [kən'venšənl] adj konvenční

convergent [kən'və:džənt] adj **1** *(paths)* sbíhavý **2** Math konvergentní, sbíhavý

converge [kən'və:dž] vi *(lines, roads)* sbíhat se; *(rivers)* slévat se

conversant [kən'və:sənt] adj **be c. with sth** být v čem sběhlý or kovaný, vyznat se v čem

conversation [konvə'seišn] n konverzace, rozhovor, hovor; **butt in on sb's c.** vmísit se komu do hovoru ■ **c. class** (hodina) konverzace

conversational [konvə'seišənl] adj konverzační; **c. French** mluvená francouzština; **c. mode** Comput konverzační or interakční zpracování

conversationalist [konvə'seišnəlist] n zábavný společník, výmluvný člověk

converse₁ [kən'və:s] vi fml hovořit, konverzovat; **c. with sb about sth** hovořit s kým o čem

converse₂ ['konvə:s] adj opačný ■ **~ly** [kən'və:sli] adv obráceně, naopak; **and ~ly** a naopak

conversion [kən'və:šn] n přeměna např. energie; *(of building)* Br přestavba, adaptace; Relig konverze přestup na jinou víru ■ **c. tables** přepočítací tabulky

convert [kən'və:t] **I** vt **1** gen přeměnit; *(weights)* přepočítat; *(building)* adaptovat, přestavět; **c. a penalty kick** proměnit penaltu **2** Relig **c. sb to one's faith** obrátit koho na (svou) víru ♦ **preach to the ~ed** přesvědčovat přesvědčené **3** Comput převádět, konvertovat **II** vi Relig konvertovat, přestoupit; **c. to another faith** přestoupit na jinou víru ● ['konvə:t] n Relig konvertita

converter [kən'və:tə(r)] n Techn konvertor, měnič

convertibility [kənvə:tə'biləti] n *(of currency)* směnitelnost, konvertibilita

convertible [kən'və:təbl] adj **1** přeměnitelný; *(currency)* směnitelný, konvertibilní, tvrdý; **freely c.** volně směnitelný **2** *(sofa)* rozkládací ● n Aut kabriolet

convex [kon'veks] adj vypouklý, konvexní

convexity [kən'veksəti] n vypouklost, konvexnost

convey [kən'vei] vt **1** *(transport)* dopravit, přepravit; *(heat)* rozvádět **2** *(message, good wishes)* vyřídit, předat, sdělit, tlumočit **3** Jur *(property)* převést

conveyance [kən'veiəns] n **1** *(transport)* doprava, přeprava, transport **2** *(vehicle)* fml vozidlo, dopravní prostředek **3** Jur převod, postoupení práv k nemovitosti

conveyancing [kən'vejənsiŋ] n Jur převádění vlastnických práv nemovitostí

conveyor [kən'veiə(r)] n **1** *(transporter)* transportér, dopravník ■ **c. belt** běžící pás, pásový dopravník **2** *(of message)* doručitel, posel

convict ['konvikt] n trestanec, vězeň ● [kən'vikt] vt odsoudit

conviction [kən'vikšn] n **1** *(belief)* přesvědčení, smýšlení; **religious ~s** náboženské cítění; **deep/ unshakeable c.** hluboké/ nezvratné přesvědčení; **according to one's ~s** podle svého nejlepšího vědomí a svědomí; **against one's ~s** proti svému přesvědčení; **have the courage of one's ~s** stát za svým přesvědčením **2** *(certainty)* přesvědčivost; **carry c.** *(theory* etc*)* být přesvědčivý; **lack c.** *(somebody's statement)* nebýt přesvědčivý, být nepřesvědčivý **3** Jur odsouzení; trest; **previous ~s** ≅ trestní rejstřík; **a man with seven previous ~s** sedmkrát trestaný muž

convince [kən'vins] vt přesvědčit, ubezpečit; **c. sb of sth** přesvědčit koho o čem; **c. sb that ...** přesvědčit koho, že ...; **c. oneself of sth** ubezpečit se, že ...; **be (firmly) ~d that ...** být (pevně) přesvědčen, že ...; **become firmly ~d that ...** utvrdit se v názoru, že ...

convincing [kən'vinsiŋ] adj přesvědčivý; **be c.** působit přesvědčivě; **it sounds c.** to zní přesvědčivě ■ **~ly** adv přesvědčivě

convivial [kən'viviəl] adj družný, veselý

conviviality [kən,vivi'æləti] n družnost, veselost, společenskost

convocation [konvə'keišn] n **1** *(calling together)* svolání **2** Relig synod

convoke [kən'vəuk] vt svolat

convoluted ['konvəlu:tid] adj *(horns)* stočený; fig *(argument, style)* komplikovaný, rozvláčný

convoy ['konvoi] n kolona; *(protected)* konvoj, *(of vehicles and people)* transport

convulse [kən'vals] vt **be ~d with laughter** válet se smíchy; **be ~d with pain** svíjet se bolestí

convulsions [kən'valšnz] n Med křeče; **go into ~s** dostat křeče; inf **~s of laughter** záchvat smíchu

convulsive [kən'valsiv] adj Med křečovitý; **c. cough** křečovitý kašel

coo [ku:] vi *(dove)* vrkat; *(of a person)* fig vrkat jako holoubek; **bill and coo** (fig: *people)* cukrovat se jako dvě hrdličky

cooing ['kuiŋ] n vrkání, cukrování

cook [kuk] **I** vt, vi **1** (u)vařit; *(meal* also*)* připravit/ připravovat; **he likes to c.** rád vaří; **c. with gas** vařit na plynu; **c. with butter** vařit na másle; **c. nourishing food** vařit výživně **2** fig **c. the accounts** or inf **the books** (z)falšovat účty **II** vi **they c. well here** tady se dobře vaří **III** phr v ■ **cook up** vt inf *(excuse, story)* vybájit, vymyslit (si) ● n kuchař/ -ka; **pastry c.** cukrář/ -ka; **she is an excellent c.** výborně or znamenitě vaří

cookbook ['kukbuk] n Amer kuchařská kniha, kuchařka

cooker ['kukə(r)] n **1** Br sporák; **a gas/ electric c.** plynový/ elektrický sporák; **pressure c.** tlakový hrnec **2 ~s** *(cooking apples)* jablka na vaření

cookery ['kukəri] n kuchařství, kuchařské umění ■ **c. book** Br kuchařská kniha, kuchařka

cookie ['kuki] n Amer sušenka, keks; **~s** čajové pečivo ♦ **that's the way the c. crumbles** esp Amer takhle to tedy vypadá, tak to na světě chodí

cooking ['kukiŋ] n vaření, kuchyně; **Czech c.** česká kuchyně; **home c.** domácí kuchyně; **plain c.** prostá kuchyně; **how do you like Czech c.?** jak vám chutná česká kuchyně? ■ **c. apples** jablka na vaření; **c. chocolate** čokoláda na vaření; **c. oil** stolní olej; **c. utensils** kuchyňské potřeby

cookout ['kukaut] n Amer piknik s přípravou jídla

cool [ku:l] adj **1** gen chladný; **keep sth in a c. place** udržovat něco v chladu; fig **a c. reception** chladné přijetí **2** *(calm)* chladnokrevný, klidný; **as c. as a cucumber** naprosto chladnokrevný; **with a c. head** s klidem (Angličana), s ledovým klidem; inf **keep c.** zachovat (si) chladnou hlavu, zachovat klid; **keep it c.!** nerozčiluj se!; **a c. customer** fig chladný počtář ■ see **coolly** ● n **1** chlad; **in the c. of the morning/ evening** v ranním/ večerním chladu **2** fig *(calmness)* **keep one's c.** inf zachovat rozvahu; **lose one's c.** ztratit nervy ● **I** vt ochladit, zchladit; *(wine etc)* (dát) vychladit; sl **c. it!** jen ne tak zhurta! **II** vi (o)chladnout, ochlazovat se **III** phr vs ■ **cool down** *I* vt *(food, drink)* zchladit, ochladit, vychladit *II* vi ochladnout, vychladnout; *(weather)* ochladit se; fig *(person)* uklidnit se ■ **cool off** vi **1** *(food, liquid)* ochladnout, vychladnout, zchladnout **2** fig *(person)* zlhostejnět, pozbýt citového zanícení; *(enthusiasm)* ochladnout, ochabnout; *(become less angry)* uklidnit se

coolant ['ku:lənt] n chladicí kapalina

cooler ['ku:lə(r)] n **1** chladicí nádoba; Amer inf lednička **2 the c.** sl basa; **be in the c.** být v chládku

coolie ['ku:li] n kuli

cooling ['ku:liŋ] adj **c. tower** chladicí věž; **c. system** chlazení, chladicí systém; **c. chamber** mrazírna, chladírna

coolly ['ku:lli] adv *(calmly)* klidně, chladnokrevně; **receive sb c.** přijmout koho chladně

coolness ['ku:lnəs] n (see **cool**) chlad; *(calmness)* chladnokrevnost, klid

coon [ku:n] n **1** esp Amer mýval **2** offens negr

coop [ku:p] n inf kurník ● phr v ■ **coop up** vt zavřít do malé místnosti; **be ~ed up somewhere** být někde (zavřený) jako v kleci; **she's been ~ed up indoors all day** celý den trčela doma

co-op ['kəuop] n inf družstevní prodejna

cooper ['ku:pə(r)] n bednář, výrobce sudů

cooperate, also **co-operate** [kəu'opəreit] vi spolupracovat

cooperation, also **co-operation** [kəu,opə'reišn] n spolupráce, součinnost; **in c. with sb** ve spolupráci s kým

cooperative, also **co-operative** [kəu'opərətiv] adj **1** družstevní; *(system)* družstevnický; **c. movement** družstevnictví **2** *(person)* ochotný spolupracovat ● n družstvo

co-opt [kəu'opt] vt kooptovat (**sb onto a committee** koho do výboru), přibrat za člena voleného sboru bez volby

co-option [kəu'opšn] n kooptace

coordinate, also **co-ordinate** [kəu'o:dineit] vt koordinovat, sladit ● [kəu'o:dinət] n **1** Math souřadnice, koordináta **2** *(clothes)* **~s** souprava sladěných kusů dámského oděvu

coordinating [kəu'o:dineitiŋ] adj *(committee)* koordinační; Ling **c. conjunction** souřadicí spojka

coordinator [kəu'o:dineitə(r)] n koordinátor

coordination [kəu,o:di'neišn] n koordinace, souhra; **good c.** sehranost

coot [ku:t] n Zool lyska; **be as bald as a c.** mít hlavu jako koleno

co-owner [kəu'əunə(r)] n spolumajitel, spoluvlastník

co-ownership [kəu'əunəšip] n spoluvlastnictví

cop₁ [kop] n inf **1** *(policeman)* policajt; **play at ~s and robbers** hrát si na policajty a lupiče **2** *(arrest)* **it's a fair c.** už mě dostali nedá se nic dělat ● **I** vt **(-pp-)** inf **1** *(arrest)* čapnout, zabásnout **2** *(catch, grasp)* also **c. hold of** chytit, uchopit **3 c. it** *(be punished)* chytit si to, schytat to **4** *(receive: blow)* dostat **5** *(listen)* sl **c. a load of this** poslechni si, co ti řeknu **II** phr v ■ **cop out** vi sl **cop out of doing sth** vyvléknout se z čeho, vycouvat z čeho

cop₂ [kop] n Br sl *(value)* **it's not much cop** za moc to nestojí

cope [kəup] vi **c. with sb/ sth** zvládnout koho/ co, poradit si s kým/ čím; **c. with one's job** zvládat svou práci; **I can't c. with this** s tímhle si nevím rady; **how will she c.?** jak to zvládne?

Copenhagen [kəupən'heigən] n Kodaň

copier ['kopiə(r)] n *(machine)* rozmnožovací stroj, kopírka

co-pilot ['kəupailət] n Aviat druhý pilot

coping ['kəupiŋ] n Build stříška (na zdi); parapetová krytina

coping saw ['kəupiŋso:] n lupenka, lupenková pilka

copious ['kəupiəs] adj *(supply* etc*)* hojný, bohatý; *(writer)* plodný; **he took c. notes** dělal si podrobné poznámky

copper₁ ['kopə(r)] n **1** *(metal)* měď ■ **c. vitriol** Chem modrá skalice **2** esp Br *(coin)* měděná mince, inf měďák; **~s** měďáky, drobné, šesťáky; **a few ~s** mizerných pár šesťáků or halířů ■ **c. beech** buk červený; **c. wire** měděný drát

copper₂ ['kopə(r)] n Br inf policajt, polda

copperplate ['kopəpleit] n **1 c. (engraving)** mědirytina **2 c. (printing)** měditisk **3 c. (handwriting)** kaligrafické písmo, krasopisné písmo, písmo jako tištěné; **he writes c.** píše jako když tiskne

coppice ['kopis], **copse** [kops] n podrost, mlází, mlazina

copula ['kopjulə] n Gram spona

copulate ['kopjuleit] vi souložit, kopulovat; *(animals)* pářit se

copulation [kopju'leišn] n páření, kopulace

copulative ['kopjulətiv] adj Gram slučovací (**conjunction** spojka)

copy ['kopi] n **1** *(reproduction)* kopie; *(handwritten* also*)* opis; **a carbon c.** průklep, průpis; **fair** or **clean c.** čistopis; **rough c.** náčrt, koncept; **make two copies of sth** napsat co dvojmo, udělat co ve dvojím vyhotovení ■ **c. typist** písařka **2** *(text, document* etc*)* exemplář; *(of book)* výtisk; **number of copies** Typ náklad ● **I** vt **1** kopírovat; *(write out)* opsat; *(picture)* obkreslit **2** *(imitate)* napodobovat, *(person* also*)* opičit se po kom **II** vi Sch opisovat **III** phr v ■ **copy out** vt opsat

copybook ['kopibuk] n písanka s předtištěnými vzory na psaní ♦ **blot one's c.** fig udělat si kaňku, poskvrnit si pověst; **that's a b. on your c.** to je pro tebe špatná vizitka

copycat ['kopikæt] n inf **be a c.** opičit se

copyright ['kopirait] n autorské právo, copyright; **breach of c.** porušení autorského práva

copywriter ['kopiraitə(r)] n (reklamní) textař

coquette [ko'ket] n koketa

coquettish [ko'ketiš] adj koketní, škádlivý

coquetry ['kokitri] n koketování

coral ['korəl] n korál ■ **c. bead** korálek; **c. island** korálový ostrov; **c. necklace** korálový náhrdelník; **c. reef** korálový útes; **C. Sea** Korálové moře

cor anglais [ko:r'oŋglei] n (pl **cors anglais** [ko:z-]) Mus anglický roh

cord [ko:d] n **1** provaz, šňůra, provázek; Anat **vocal ~s** hlasivky; **spinal c.** mícha; **umbilical c.** pupeční šňůra **2** Text kord, manšestr; **(a pair of) ~s** inf manšestráky kalhoty

cordial ['ko:diəl] adj srdečný, přátelský, vlídný; **give sb a c. reception** vlídně koho přivítat ■ **~ly** adv srdečně; **welcome sb ~ly** srdečně koho uvítat ● n likér posilující s ovocnou příchutí

cordon ['ko:dn] n kordón policie; **sanitary c., c. sanitaire** sanitní kordón ● vt **c. sth off** uzavřít co kordónem

corduroy ['ko:dəroi] n Text manšestr; **~s** manšestrové kalhoty, inf manšestráky

core [ko:(r)] n **1** gen jádro; **apple c.** jaderník or jádřinec jablka, ohryzek; **the c. of the earth** nitro země; fig **the c. of the matter** jádro or meritum věci; **get to the c. of the matter** dostat se na jádro věci ♦ **rotten to the c.** *(corrupt)* skrz naskrz zkažený or prohnilý; **to the c.** do hloubi duše, až do morku kosti; **a sportsman to the c.** sportovec tělem i duší **2** *(of nuclear reactor)* jádro ● vt zbavit jader ovoce

CORE [ko:(r)] Amer abbr of **Congress of Racial Equality** Kongres rasové rovnosti

corer ['ko:rə(r)] n **apple c.** odjádrovač jablek

coriander [kori'ændə(r)] n koriandr bylina i plod

cork [ko:k] n korek; *(stopper)* zátka, inf špunt ■ **c. oak** korkový dub ● vt **c. (up)** zazátkovat; fig *(emotions)* only **c. up** potlačit, potlačovat

corked ['ko:kt] adj **1** *(wine)* načichlý korkem **2** dated sl *(drunk)* nadrátovaný

corker ['ko:kə(r)] n Br dated inf **1** *(good-looking woman)* kost, štramanda, *(man)* sekáč, štramák **2** *(brilliant person)* eso, jednička; **she is a real c.** to je holka jako řemen; **be an absolute c. in sth** být v čem jednička **3** *(thing)* senzačka, parádička **4** *(story)* sranda k popukání

corkscrew ['ko:kskru:] n vývrtka

cormorant ['ko:mərənt] n Zool kormorán

corn$_1$ [ko:n] n Br obilí; esp Amer kukuřice; **c. on the cob** vařená kukuřice na klasu ■ **c. oil** (klíčkový) kukuřičný olej ♦ **chaff among the c.** koukol mezi pšenicí

corn$_2$ [ko:n] n *(on foot)* kuří oko ♦ **tread on sb's ~s** inf *(tactlessly)* šlápnout komu na kuří oko necitlivě se koho dotknout

corncob ['ko:nkob] n kukuřičný klas

cornea ['ko:niə] n Anat rohovka

corned beef [ko:nd'bi:f] n solené hovězí maso v konzervě, lančmít, lunchmeat

corner ['ko:nə(r)] n **1** roh; *(curve: in road)* zatáčka; *(of eye, mouth)* koutek; **at** or **on the c.** na rohu; **in the c.** v rohu, v koutě; **round the c.** za rohem; **put the chair in the c.** postavit židli do kouta; **turn the c.** zahnout za roh, odbočit, zajít/ zajet za roh; **look at sb from the c. of one's eye** podívat se na koho úkosem ♦ **in the c. of one's mind** v koutku srdce, ve skrytu duše ■ **c. seats** krajní sedadla; **c. house** rohový or nárožní dům **2** Sport roh, rohový kop; **take a c.** střílet roh ■ **c. kick** rohový kop **3** *(region, area)* oblast, část, končina; **far-flung ~s** *(of the world)* neznámé končiny; **a remote c.** zapadlý kout, zapadlé hnízdo; **to every c. of the world** do všech koutů světa **4** fig *(difficult situation)* **be in a tight c.** být v úzkých, být v tísni; **drive sb into a tight c.** zahnat koho do úzkých or do kouta ● vt *(animal)* zahnat do kouta; fig **c. sb** zahnat koho do úzkých

cornerstone ['ko:nəstəun] n základní kámen, fig úhelný kámen; **the c. of civilisation** úhelný kámen civilizace

cornet ['ko:nit] n **1** Mus kornet **2** Br *(for ice cream)* kornout(ek) na zmrzlinu

cornfield ['ko:nfi:ld] n Br obilné pole, Amer kukuřičné pole

cornflakes ['ko:nfleiks] n, pl pražené kukuřičné vločky, kukuřičné flíčky

cornflour ['ko:nflauə(r)] n kukuřičný škrob

cornflower ['ko:nflauə(r)] n chrpa

cornice ['ko:nis] n Br **1** Archit římsa **2** sněhový převis

Cornish ['ko:niš] adj cornwallský ● n **1** *(language)* cornwallština **2 the C.** obyvatelé Cornwallu

cornstarch ['ko:nsta:č] n Amer kukuřičný škrob

cornucopia [ko:nju'kəupiə] n roh hojnosti

Cornwall ['ko:nwo:l] n Cornwall

corny ['ko:ni] adj inf (**-ier, -iest**) *(joke)* otřelý, otřepaný, omšelý, uhozený; *(novel)* banální

corolla [kə'rolə] n koruna květu

corollary [kə'roləri] n Log korolár, důsledek

coronary ['korənəri] adj Med koronární; **c. thrombosis** koronární trombóza, infarkt ● n inf infarkt

coronation [korə'neišn] n korunovace

coroner ['korənə(r)] n koroner úřední ohledač mrtvol; **c.'s inquest** úřední ohledání mrtvoly

coronet ['korənit] n šlechtická korunka

corporal$_1$ ['ko:pərəl] n Mil desátník, inf kaprál

corporal$_2$ ['ko:pərəl] adj tělesný; **c. punishment** tělesný trest

corporate ['ko:pərət] adj **1** *(collective)* společný, kolektivní **2** *(related to a specific company)* podnikový; **c. culture** korporační or podniková kultura; **c. sector** podnikový sektor; **c. planning** podnikové plánování

corporation [ko:pə'reišn] n **1** *(municipal c.)* městská rada **2** Comm společnost, sdružení, korporace; **foreign trade c.** podnik zahraničního obchodu

corps [ko:(r)] n (pl **corps** [ko:z]) Mil, Pol sbor; **the Diplomatic C.** diplomatický sbor; **esprit de c.** stavovská čest

corpse [ko:ps] n mrtvola, umrlec; fig **a walking** or **living c.** chodící mrtvola; **examine a c.** ohledat mrtvolu

corpulence ['ko:pjuləns] n otylost, tloušťka, korpulence

corpulent ['ko:pjulənt] adj otylý, tělnatý, silný, korpulentní; **a c. person** tlouštík

corpuscle ['ko:pasl] n krvinka; **red/ white ~s** červené/ bílé krvinky

corral [ko'ra:l] n ohrada, korral ● vt (**-ll-**) *(cattle, horses)* zahnat do ohrady; inf fig *(person)* polapit, zastihnout

correct [kə'rekt] adj správný; *(time* also*)* přesný; *(behaviour)* korektní; *(procedure)* regulérní; **c. to five decimal places** s přesností na pět desetinných míst; **he is c.** má pravdu ■ **~ly** adv správně; *(behave)* korektně; **he treated me very ~ly** byl ke mně nanejvýš korektní ● vt *(mistake)* opravit

correction [kə'rekšn] n **1** *(of exam* etc*)* oprava; **make ~s in sth** provést v čem opravy, opravit co **2** arch **house of c.** nápravný ústav

corrective [kə'rektiv] adj *(measure, exercises* etc*)* nápravný ● n korektiv, nápravné opatření

correctness [kə'rektnəs] n správnost, korektnost; **political c.** politická správnost

correlate ['korəleit] **I** vi **c. with sth** korelovat s čím, být s čím v korelaci **II** vt **c. sth with sth** dát co do korelace s čím

correlation [korə'leišn] n korelace, souvztažnost

correspond [korə'spond] vi **1 c. to sth** shodovat se s čím, odpovídat čemu; **the report doesn't c. to facts** zpráva neodpovídá skutečnosti **2** *(by letter)* **c. with sb** psát si s kým, korespondovat s kým

correspondence [korə'spondəns] n **1** *(agreement)* shoda, souhlas (**to, with sth** s čím; **between** mezi) **2** dopisování, korespondence, písemný styk; **be in c. with sb** dopisovat si s kým, udržovat s kým písemný styk; **study by c.** studovat dálkově ■ **c. course** dálkové studium

correspondent [korə'spondənt] n *(reporter)* korespondent, zpravodaj, dopisovatel; **foreign c.** zahraniční zpravodaj; **c. clerk** korespondent úředník

corresponding [korə'spondiŋ] adj **1** odpovídající (**to sth** čemu); Math **c. angles** souhlasné úhly **2 c. member** dopisující člen, člen korespondent ■ **~ly** adv obdobně

corridor ['korido:(r)] n **1** chodba; *(in train)* chodbička, *(in bus)* ulička; **air c.** letecký koridor ■ **c. train** průchodní vlak **2** Pol **~s** kuloáry

corroborate [kə'robəreit] vt *(statement* etc*)* potvrdit, podepřít, posílit; **c. sth with quotations** dokládat co citáty

corroboration [kə,robə'reišn] n potvrzení, podepření tvrzení ap.

corrode [kə'rəud] **I** vt rozežírat, rozleptávat, korodovat **II** vi korodovat, rezavět

corrosion [kə'rəužn] n koroze

corrosion-resistant [kə,rəužnri'zistənt] adj odolný proti korozi

corrosive [kə'rəusiv] adj korozivní, leptavý ● n žíravina, korozivní látka

corrugated ['korəgeitid] adj vlnitý, rýhovaný; zvlněný; **c. cardboard** vlnitá lepenka; **c. iron** vlnitý plech

corrupt [kə'rapt] adj **1** *(morally)* zkažený, *(society* also*)* prohnilý **2** *(official* etc*)* úplatný, prodejný, zkorumpovaný; **c. practices** úplatkářství, korupce **3** *(text)* zkomolený ● vt **1** *(deprave)* (z)kazit (**the youth** mládež), rozleptat (**the morals** morálku) **2** *(by giving bribes)* korumpovat **3** *(text)* (z)komolit; Comput *(data)* poškodit

corruptibility [kə,raptə'biləti] n úplatnost

corruptible [kə'raptəbl] adj zkorumpovatelný, úplatný

corruption [kə'rapšn] n zkáza, rozklad; *(by bribery)* korupce, úplatnost; Comput *(of data)* poškození ♦ **the squalor and c. of the big city** bahno velkoměsta ■ **c. affair** korupční aféra

corruptness [kə'raptnəs] n korupčnost, prohnilost

corset ['ko:sit] n *(garment)* korzet

Corsica ['ko:sikə] n Korsika

Corsican ['ko:sikən] adj korsický ● n Korsičan/ – ka

cortège [ko:'teiž] n *(retinue)* družina; *(procession)* průvod; *(funeral c.)* pohřební průvod, kondukt

cortex ['ko:teks] n (pl **cortices** ['ko:tisi:z]) *(cerebral c.)* kůra mozková

cortisone ['ko:tizəun] n Biol kortizon

corundum [kə'randəm] n Min korund

cos$_1$ [koz] conj inf = **because** protože

cos$_2$ [koz] n abbr of **cosine** kosinus

cosh [koš] n Br inf zabiják zbraň ● vt inf praštit zabijákem po hlavě

cosine ['kəusain] n kosinus

cosiness ['kəuzinəs] n útulnost

cosmetic [koz'metik] n kosmetický přípravek; **~s** kosmetika, kosmetické přípravky, toaletní potřeby ● adj kosmetický

cosmic ['kozmik] adj kosmický, vesmírný

cosmonaut ['kozməno:t] n kosmonaut/ -ka sovětský

cosmopolitan [kozmə'politən] adj kosmopolitní, světoobčanský ● n světoobčan, kosmopolita

cosmos ['kozmos] n **the c.** vesmír, kosmos

cosset ['kosit] vt hýčkat, rozmazlovat

cost [kost] n **1** *(price: amount of money charged)* cena; also pl **~s** *(amount of money spent)* náklady, výdaje, cena; Jur **court ~s** soudní výlohy; **the c. of living** životní náklady; **at no c.** bezplatně; **all ~s included** včetně nákladů; **calculate the c.** propočítat náklady; **bear the ~s** nést or hradit náklady ■ **c. accountant** provozní účetní, kalkulant; **c. price** velkoobchodní cena **2** fig cena; **at all ~s, at any c., whatever the c.** za každou cenu, mermomocí, mocí mermo, stůj co stůj; **at what c.?** za jakou cenu? ● v (pt & pp **cost**) **I** vi stát; **it c. a fortune** stálo to nekřesťanské peníze; **how much does it c.?** kolik to stojí?; inf kolik to koštuje?; **how much will it c.?** na kolik to přijde?, kolik to bude stát? **it ~s next to nothing** je to za babku **II** vt **1** *(be expensive)* **it will c. you** inf bude to drahé; fig **it will c. you dearly** to ti přijde draho **2** *(estimate the c.)* **c. sth** odhadnout náklady na co

Costa Rica [kostə'ri:kə] n Kostarika

co-star ['kəusta:(r)] n Theat, Cine jeden z představitelů v titulních rolích ● vi vystupovat v jedné z hlavních rolí současně s jiným hercem

cost-effective [kosti'fektiv] adj rentabilní

costing ['kostiŋ] n rozpočet, výpočet nákladů

costly ['kostli] adj nákladný, drahý

costume ['kostju:m] n *(theatrical)* kostým; **folk c.** lidový kroj; **national c.** národní kroj; **swimming c.** plavky, plavecký úbor ■ **c. jewellery** bižutérie

cosy, Amer **cozy** ['kəuzi] adj *(room etc)* útulný, pohodlný; **c. life** pej pohodlný život

cot [kot] n *(for baby)* Br (dětská) postýlka; Amer polní lůžko ■ **cot death** náhlá smrt kojence ve spánku

cote [kəut] n *(for doves)* holubník; *(for sheep)* ovčinec

coterie ['kəutəri] n pej klika, kotérie

cottage ['kotidž] n domek, chalupa; **summer c.** chata ■ **c. cheese** tvaroh měkký; **c. industry** domácký průmysl; **c. pie** sekaná zapečená s brambory

cotton [kotn] n bavlna; *(thread)* bavlnka ■ **c. candy** Amer cukrová vata; **c. shirt** bavlněná košile; **c. wool** vata; **wrap sb in c. wool** chovat koho jako v bavlnce ● phr v ■ **cotton on** vi **c. on to sth** inf pochopit co; **at last she ~ed on** *(to what I meant)* nakonec jí to došlo

couch$_1$ [kauč] n pohovka, gauč, divan

couch$_2$ [kauč] vt *(express)* formulovat (**in polite terms** zdvořile), vyjádřit

couchette [ku:'šet] n Rail lehátko; **coach with ~s** lehátkový vůz

cougar ['ku:gə(r)] n Zool puma

cough [kof] n kašel; **whooping c.** černý kašel; **have a bad c.** hrozně kašlat, mít ošklivý kašel; **have a slight c.** pokašlávat; **develop a c.** uhnat si kašel ■ **c. drop** pastilka proti kašli; **c. mixture** sirup proti kašli ● **I** vi kašlat; sl *(confess)* zpívat přiznat se, kápnout božskou **II** vt *(blood)* vykašlávat **III** phr vs ■ **cough out** vt vykašlat, vykašlávat ■ **cough up** vt **1** *(blood)* vykašlávat, kašlat **2 c. up money** vyklopit or inf navalit or inf vypláznout peníze

could [kəd; kud]; (neg **could not,** inf **couldn't** ['kudnt]) **I** pt of **can** – see **can** **II** modal v indicating **1** *(permission)* **c. I use your car?** mohl bych si půjčit váš vůz? **2** *(polite request)* **c. you possibly lend me some money?** nemohl bys mi (laskavě) půjčit nějaké peníze?; **c. I get some change?** nemohl bych dostat mince? **3** *(possibility)* **you c. be right** možná, že máš pravdu **4** *(suggestion)* **we c. phone his house** mohli bychom mu zavolat domů **5** *(strong inclination)* **I c. weep, I c. have wept** bylo mi do pláče; **I c. have kicked myself** byl bych si dal pár facek **6** *(phrases)* **I c. do with some help** uvítal bych pomoc, hodila by se mi pomoc; **I could do with a nice cup of coffee** bodla by mi káva (inf); **he ~n't help laughing** nemohl se udržet smíchy

council ['kaunsl] n rada; **local c.** obecní rada; **municipal c.** městská rada; **Privy C.** Br státní rada; **Security C.** Rada bezpečnosti; **C. of Europe** Evropská rada ■ **c. flat** státní byt; **c. housing** komunální bytový fond

councillor, Amer **councilor** ['kaunsələ(r)] n radní

counsel ['kaunsl] n **1** Jur advokát, právní zástupce; **c. for the defence** obhájce u soudu; **c. for the prosecution** prokurátor, státní žalobce **2** *(advice)* fml rada; **hold c. with sb about sth** radit se s kým o čem ● vt (po)radit; **c. sb to do sth** (po)radit or doporučit komu, aby něco udělal

counselling, Amer **counseling** ['kaunsəliŋ] n poradenství, poradenská služba

counsellor, Amer **counselor** ['kaunsələ(r)] n **1** rádce, poradce **2** Amer *(lawyer)* advokát, právník; **Privy C.** Br člen státní rady

count$_1$ [kaunt] n **1** počítání; **keep/ lose c. of sth** mít přehled/ ztratit přehled o počtu **2** Box **take the c.** být odpočítán **3** *(point)* **on this c.** v tomto ohledu ● **I** vt **1** (s)počítat **2** *(include)* zahrnout; **not ~ing the children** nepočítaje v to děti **3** *(consider)* považovat (**as** za); **c. sb (as) one's friend** považovat koho za přítele; **you can c. yourself lucky** ty můžeš mluvit o štěstí **II** vi **1** počítat (**to ten** do deseti) **2** *(be taken into account)* počítat se, být důležitý; **c. for little** moc neznamenat **III** phr vs ■ **count for** vt **c. for a lot** hodně znamenat ■ **count off** vt odpočítat např. bankovky ■ **count on** vt **c. on sb/ sth** spoléhat se na koho/ co, počítat s kým/ čím; **c. on**

doing sth mít v úmyslu něco dělat ▪ **count out** vt **1** Box **be ~ed out** být odpočítán **2** *(exclude)* **c. sb out** nepočítat s kým, nebrat koho v úvahu ▪ **count up** *I* vt spočítat *II* vi **c. up to** (na)počítat do; **he can now c. up to a hundred** už umí počítat do sta

count$_2$ [kaunt] n hrabě

countdown ['kauntdaun] n odpočítávání před odpálením rakety

countenance ['kauntənəns] n **1** fml or Liter *(face)* tvář, obličej; *(expression)* výraz tváře ♦ **keep one's c.** ovládat se; **lose c.** *(*Subj: *government)* ztratit tvář **2** *(support)* fml **give** or **lend c. to sth** podpořit co ● vt *(support, approve of: plan, person)* podpořit; *(idea, proposal)* schválit

counter$_1$ ['kauntə(r)] n **1** *(in shop)* pult; *(in post office* etc*)* přepážka, okénko; **under the c.** pod pultem; **sell sth over the c.** *(of medicines)* prodávat co volně bez lékařského předpisu **2** *(token: in games)* žeton, hrací známka

counter$_2$ ['kauntə(r)] n Techn počítač; **revolution c.** otáčkoměr

counter$_3$ ['kauntə(r)] adv **c. to** proti, obráceně, v rozporu s čím; **run c. to sth** být v rozporu s čím

counter$_4$ ['kauntə(r)] **I** vt **1** Sport *(blow)* vrátit ránu **2** *(answer)* odpovědět na co **II** vi Sport *(fencing, boxing)* kontrovat

counteract [kauntər'ækt] vt působit proti čemu; *(influence)* neutralizovat

counterattack ['kauntərətæk] n protiútok ● vi provést protiútok

counterbalance [kauntə'bæləns] vt působit jako protiváha proti čemu

counterclaim ['kauntəkleim] n protinárok

counterclockwise [kauntə'klokwaiz] adv Amer proti směru hodinových ručiček

counterespionage [kauntər'espiənа:ž] n kontrašpionáž

counterfeit ['kauntəfit] n padělek ● adj padělaný, falešný; **c. money** padělané peníze ● vt padělat, falšovat

counterfoil ['kauntəfoil] n kontrolní útržek or kupón

counterintelligence [kauntərin'telidžəns] n kontrarozvědka, kontrašpionáž

countermand [kauntə'ma:nd] vt *(order)* zrušit, anulovat

countermeasure ['kauntəmežə(r)] n protiopatření

counteroffensive [kauntərə'fensiv] n protiofenziva

counterpane ['kauntəpein] n přehoz na postel

counterpart ['kauntəpa:t] n protějšek; **the British Chancellor and his Czech c.** britský ministr financí a jeho český protějšek

counterpoint ['kauntəpoint] n Mus kontrapunkt

counterproductive [kauntəprə'daktiv] adj **be c.** mít opačný účinek než je žádoucí

counterproposal ['kauntəprəpəuzl] n protinávrh

counter-Reformation [kauntərefə'meišn] n protireformace

counter-revolution [kauntərevə'lu:šn] n kontrarevoluce

counter-revolutionary [kauntərevə'lu:-šnəri] n kontrarevolucionář

countersign ['kauntəsain] vt kontrasignovat, spolupodepsat

countersink ['kauntəsiŋk] vt (pt **-sank** [-sæŋk], pp **-sunk** [-saŋk]) *(screw)* zapustit, *(hole)* zahloubit

countertenor [kauntə'tenə(r)] n Mus zvýšený tenor, diskant

countervailing ['kauntəveiliŋ] adj kompenzační, vyrovnávací, náhradní

counterweight ['kauntəweit] n protiváha, protizávaží

countess ['kauntis] n hraběnka

countless ['kauntləs] adj nespočetný, nesčetný; **c. people** nesčíslné množství lidí; **I've told you c. times not to disturb me** řekl jsem ti nesčetněkrát, abys mě nevyrušoval

country ['kantri] n **1** země, stát; vlast; **foreign countries** cizí země; **in all countries of the world** ve všech zemích světa; **nonaligned countries** nezúčastněné státy; **in our c., in this c.** u nás v Anglii, v Česku etc **2** *(area of land)* krajina, kraj, terén; **mountainous/ flat c.** hornatá/ rovinatá krajina; **hilly c.** pahorkatina **3** *(~side)* venkov, venek; **in the c.** na venkově, v přírodě; **town and c.** město a venkov; **out in the c.** ve volné přírodě, pod širým nebem ▪ **c. bumpkin** venkovský balík; **c. life** život na venkově; **c. people** venkované, obyvatelé venkova

countryman ['kantrimən] n (pl **-men**) **1** *(country-dweller)* venkovan **2 (fellow) c.** krajan

countryside ['kantrisaid] n usu **the c.** **1** *(rural area)* venkov, příroda; **protect the c.** chránit přírodu **2** *(scenery)* krajina; **surrounding c.** okolní krajina

countrywoman ['kantriwumən] n (pl **-women** [-wimin]) (see **countryman**) venkovanka, selka; krajanka

county ['kaunti] n Br hrabství; Amer okres ▪ **c. council** Br hrabská rada

coup [ku:] n **1** skvělý kousek; **he pulled off a c.** povedl se mu bravurní kousek

2 also **c. d'état** [kudei'ta:] puč, státní převrat 3 **coup de grâce** rána z milosti

coupé ['ku:pei], Amer **coupe** [ku:p] n *(car)* kupé

couple [kapl] n 1 *(pair)* pár, dvojice; **married c.** manželský pár, manželé; **the newly-married c.** novomanželé; **the engaged c.** snoubenci 2 **a c. (of)** pár, několik; **a c. of minutes** několik minut, pár minut; **in the last couple of years** v posledních několika letech; **a c. of pounds** pár liber ● vt spojovat (**theory and practice** teorii s praxí); **~d with** spolu s čím

couplet ['kaplit] n dvojverší

coupling ['kapliŋ] n 1 Rail *(link)* spřáhlo 2 *(of animals)* páření

coupon ['ku:pon] n *(voucher)* kupón, poukaz, bon; *(for rations)* bod; *(ticket for football pools)* tiket, sázenka ■ **c. privatization** kuponová privatizace

courage ['karidž] n odvaha; **pluck up one's c.** dodat si odvahy, vzmužit se; **lose c.** ztratit odvahu, zmalomyslnět; **display great c.** prokázat velkou odvahu; **take c.** dodat si odvahy

courageous [kə'reidžəs] adj odvážný, statečný, udatný, smělý ■ **~ly** adv statečně, udatně, odvážně

courgette [ko:'žet] n Br cuketa, cukina

courier ['kuriə(r)] n 1 *(messenger)* posel, kurýr; **send sth by c.** poslat něco po kurýrovi na motocyklu 2 *(in tourism)* průvodce

course [ko:s] n 1 *(of ship, plane)* kurs, směr; **c. of action** postup; **go off c.** odchýlit se od kursu; Jur **by c. of law** ve smyslu zákona, podle práva; **steer a dangerous c.** fig hrát hazardní hru ♦ **the best c. would be** ... nejlépe by bylo, kdyby ...; **be on a downward c.** být na šikmé ploše 2 *(progression)* **in the c. of sth** v průběhu čeho, během čeho; **in the c. of the year** v průběhu roku; **in the c. of time** postupem času, časem; **in due c.** ve vhodném čase, v příhodnou dobu, postupem času 3 **of c.** ovšem, samozřejmě, zajisté; **as a matter of c.** samozřejmě 4 Educ kurs; **a crash c.** rychlokurs, intenzivní kurs, inf nalejvárna; **a c. of lectures** přednáškový kurs 5 *(of meal)* chod 6 Sport dráha; **golf c.** golfové hřiště; **downhill c.** Ski sjezdovka 7 Med **a c. of treatment** (léčebná) kúra, léčení

court [ko:t] n 1 *(royal* etc*)* dvůr ■ **c. jester** dvorní šašek; **c. lady** dvorní dáma 2 Jur **c. (of law)** soud; **c. of appeal** odvolací soud; **C. of Auditors** Účetní dvůr; **International C. of Justice** Evropský soudní dvůr; **settle a case out of c.** urovnat spor mimosoudně ■ **c. case** proces; **c. costs** soudní výlohy 3 Sport **tennis c.** tenisový kurt or dvorec; **clay c.** antukový dvorec ● I vt 1 somewhat dated ucházet se o koho, *(go out with)* chodit s kým 2 **c. sb's favour** ucházet se o čí přízeň; **c. disaster** přivolávat katastrofu II vi somewhat dated *(of couple)* chodit spolu

courteous ['kə:tiəs] adj zdvořilý, pozorný, galantní, vlídný; **be c. to sb** chovat se ke komu zdvořile ■ **~ly** adv zdvořile

courtesan [ko:ti'zæn] n kurtizána, milostnice

courtesy ['kə:təsi] n zdvořilost, pozornost, dvornost ■ **c. call** zdvořilostní návštěva

courthouse ['ko:thaus] n Amer soudní budova, soud ■ **c. marriage** Amer civilní sňatek

courtier ['ko:tiə(r)] n dvořan

court-martial [ko:t'ma:šl] n (pl **~s-martial**) Mil vojenský soud ● vt postavit koho před vojenský soud

courtroom ['ko:tru:m] n soudní síň

courtyard ['ko:tja:d] n dvůr; **castle c.** hradní or zámecké nádvoří

cousin ['kazn] n bratranec/ *(female)* sestřenice

cove$_1$ [kəuv] n malá zátoka

cove$_2$ [kəuv] n sl dated *(chap)* chlápek, chlap; **an odd c.** divný patron

covenant ['kavənənt] n Jur (formální) smlouva, úmluva ♦ Bibl **the Ark of the C.** archa úmluvy

Coventry ['kovəntri] n Coventry; **send sb to C.** fig ignorovat koho

cover ['kavə(r)] n 1 *(lid)* poklop, příklop 2 *(of cushion)* povlak; *(bedspread)* přehoz (na postel); *(blanket)* pokrývka, přikrývka, deka; **kick off the ~s** *(child)* odkopat se 3 *(of book)* deska knihy; *(dust c.)* přebal; *(of magazine)* obálka; **read a book from c. to c.** přečíst knihu od začátku do konce ■ **c. girl** fotomodelka objevující se na obálkách časopisů 4 *(envelope)* obálka; *(send sth)* **under separate c.** ve zvláštní obálce, zvláštním dopisem 5 *(shelter, protection)* **take c. from sth** schovat se před čím ♦ **under c. of darkness** pod rouškou or pláštěm noci 6 Mil krytí, zajištění; **air c.** letecká ochrana 7 Fin krytí, úhrada; Ins pojištění ● I vt 1 *(with lid)* přiklopit; *(with blanket* etc*)* přikrýt; *(with tablecloth* etc*)* pokrýt; *(cushions* etc*)* povléci; *(wall with posters)* polepit; *(page)* popsat; *(hide)* ukrýt; **he was ~ed with blood** byl samá krev; **be ~ed in blossom** být obsypaný květy; **be ~ed in medals** být ověšený medailemi 2 Mil krýt 3 Ins pojistit; *(expenses)* pokrýt, uhradit 4 Journ referovat o čem, přinést zprávu or reportáž o čem 5 *(travel: distance) (on foot)* ujít, *(by car* etc) ujet; *(of bird* etc) uletět; *(of swimmer)* uplavat **6** *(area)* zabírat, zaujímat, mít plochu; **c. a total area of ...** zaujímat celkem ..., zabírat celkovou plochu .... **II** vi **c. for sb** *(deputize)* zastoupit koho, inf zaskočit za koho **III** phr v ▪ **cover up** *I* vt **1** přikrýt, zakrýt **2** *(hide; facts)* (u)tutlat; *(affair)* zatušovat, maskovat *II* vi **c. up for sb** krýt někoho

coverage ['kavəridž] n **1** Journ referování o čem, reportáže, zpravodajství o čem/ z čeho **2** Fin krytí

coveralls ['kavəro:lz] n pl Amer overal, kombinéza

cover charge ['kavəča:dž] n kuvert, vstupné

covered ['kavəd] adj *(stadium, court)* krytý

covering ['kavəriŋ] n *(floor, roof c.)* krytina; **a c. of snow** sněhová pokrývka ● adj **c. letter** průvodní dopis

covert ['kavət, 'kəuvə:t] adj skrytý, zastřený; **c. hostility** skryté nepřátelství

cover-up ['kavərap] n zatušování, ututlání aféry ap.

covet ['kavit] vt **c. sth** bažit po čem zvl. po cizím majetku; **he ~s wealth** baží po bohatství

coveted ['kavitid] adj *(hoped for)* kýžený

covetous ['kavitəs] adj chamtivý; **be c. of sth** být žádostivý čeho, bažit po čem

covey ['kavi] n *(of partridges)* hejno

cow$_1$ [kau] n **1** kráva; **c. elephant** slonice; **dairy cow** dojnice; **milch cow** fig dojná kráva; **~'s milk** kravské mléko; **sacred c.** posvátná kráva ♦ **till the ~s come home** inf do soudného dne **2** pej *(woman)* **stupid cow** kráva pitomá

cow$_2$ [kau] vt *(person)* zastrašit; **c. sb into obedience** přimět koho k poslušnosti

coward ['kauəd] n zbabělec, bázlivec; **don't be a c.** nebuď zbabělý, nebuď baba

cowardice ['kauədis] n zbabělost

cowardly ['kauədli] adj zbabělý, bojácný; **in a c. fashion** zbaběle

cowboy ['kauboi] n kovboj, honák, pasák velkých stád dobytka; *(shoddy builder* etc) inf fušer, břídil

cower ['kauə(r)] vi choulit se, krčit se strachem, přikrčit se

cowhide ['kauhaid] n **1** *(leather)* kravská kůže **2** Amer *(whip)* býkovec

cowl [kaul] n **1** *(hood)* kápě, kapuce **2 (chimney) c.** komínový nástavec

co-worker [kəu'wə:kə(r)] n spolupracovník, kolega

cowshed ['kaušed] n kravín, chlév

cowslip ['kauslip] n petrklíč, prvosenka (jarní)

cox [koks] = **coxswain**

coxswain ['koksn, 'kokswein] n **1** *(of rowing team)* kormidelník veslice **2** *(of lifeboat)* kapitán ● vt kormidlovat

coy [koi] adj *(esp girl)* stydlivý, upejpavý; **be coy** upejpat se, dělat drahoty

coyote [koi'əuti] n kojot

coypu ['koipu:] n Zool nutrie

cozy ['kəuzi] adj Amer = **cosy**

cp abbr of **compare** srv.

crab [kræb] n **1** krab ▪ **c. louse** muňka; **c. apple** plané jablko, *(tree)* planá jabloň **2** Astrol **the C.** Rak **3** fig dated mrzout; **old c.** mrzutý pavouk

crabbed ['kræbid] adj **1** *(irritable)* mrzoutský, morousovitý, nevrlý **2 c. handwriting** čmáranice, muří nohy, škrábanice

crack [kræk] n **1** prasklina, štěrbina, trhlina **2** *(noise)* prásknutí např. biče, pušky, praskot suchých větví, třesk(nutí) např. výstřelu ap. **3** inf *(try)* **have a c. at sth** zkusit si něco **4** *(drug)* crack ● adj fig prvotřídní, elitní; **c. troops** elitní vojsko; **c. shot** výborný střelec ● **I** vt **1** *(cup)* naštípnout, natlouct, udělat na čem prasklinu **2** *(nut)* rozlousknout, rozbít; inf *(problem)* vyřešit, rozluštit, inf rozlousknout; **c. nuts** louskat ořechy; **a hard nut to c.** fig tvrdý oříšek, ožehavý problém **3 c. a joke** inf udělat vtip; **c. jokes** vtipkovat, šprýmovat **4 c. a whip** prásknout or šlehnout bičem; **c. fingers** lusknout prsty **II** vi **1** *(develop a c.)* prasknout, puknout **2** *(noise)* prasknout, třesknout; *(twigs)* (za)praskat **3 get ~ing** fig inf hodit sebou, hnout sebou; **get ~ing!** inf do toho! **III** phr vs ▪ **crack down** vt **c. down on sth** inf zakročit proti čemu energicky ▪ **crack up** vi inf *(person)* zhroutit se zvl. nervově

crackbrained ['krækbreind] adj praštěný, ťuknutý

crackdown ['krækdaun] n inf tvrdý zvl. policejní zákrok

cracked [krækt] adj naprasklý, inf nakřáplý; fig *(voice)* křaplavý, nakřáplý

cracker ['krækə(r)] n **1** *(fire c.)* prskavka **2** *(biscuit)* sušenka, keks, kreker **3** *(nut ~s)* **~s** pl louskáček **4** inf *(pretty woman)* kost; *(good-looking man)* fešák, štramák; *(excellent thing)* něco senzačního, inf něco senza

crackers ['krækəz] adj pred; Br inf praštěný, potřeštěný, ťuknutý; **you are c.** ty ses zbláznil(a)

crackle ['krækl] **I** vi *(fire, twigs)* praskat; *(paper, leaves)* šustit **II** vt *(paper)* šustit s čím ● n praskání, praskot, šustění

crackling ['krækliŋ] adj *(fire)* praskající; *(sound)* praskavý ● n **1** praskání, praskot, šustění **2** Cook křupavá kůrčička na vepřové pečeni

crackpot ['krækpot] n inf potřeštěnec, cvok; **he is a c.** je praštěný ● adj inf *(idea)* šílený, bláznivý, pošetilý

cradle ['kreidl] n **1** kolébka ♦ **from the c. to the grave** od kolébky až do hrobu; **the c. of civilization** kolébka civilizace **2** Tel *(support)* vidlice ● vt *(child)* chovat, houpat

craft [kra:ft] n **1** *(trade)* řemeslo zvl. umělecké; *(skill)* umění, mistrovství; **master of one's c.** mistr svého řemesla; **master of the writer's c.** mistr pera **2** Naut (pl unchanged) loď, plavidlo; *(aircraft)* letoun **3** *(cunning)* lstivost, vychytralost

craftsman ['kra:ftsmən] n (pl **-men**) **1** vyučený řemeslník v oboru uměleckějším než 'workman' **2** *(artist)* mistr svého oboru

craftsmanship ['kra:ftsmənšip] n dovednost, zručnost, mistrovství; mistrovská práce

crafty ['kra:fti] adj; pej fig rafinovaný, mazaný, úskočný; **he is a c. one** inf je všemi mastmi mazaný; **he is a c. devil** inf je pěkně vykutálený, je to liška podšitá, je to prohnaný ptáček

crag [kræg] n útes; *(overhanging)* převislá stěna

craggy ['krægi] adj skalnatý; fig *(face)* hrubě řezaný

cram [kræm] v **(-mm-)** **I** vt nacpat, namačkat (**sth into sth** co do čeho); **c. oneself into sth** vtěsnat se do čeho; **the place was ~med (full)** nebylo tam k hnutí **II** vi Sch inf *(for exam)* biflovat se, šprtat se

cramp [kræmp] n Med křeč; **writer's c.** písařská křeč; **have c. in one's leg** mít křeč v noze ● vt **c. sb's style** omezovat koho, držet někoho zkrátka, nedat komu prostor

cramped [kræmpt] adj *(room, flat)* malý, těsný; **be c. for space** být málo prostorný

cranberry ['krænbəri] n brusinka

crane [krein] n Techn, Orn jeřáb; **c. driver** or **operator** jeřábník; **breakdown c.** vyprošťovací jeřáb; **floating c.** plovoucí jeřáb ■ **c. fly** tiplice ● vt **c. one's neck** natahovat krk, joc moci si vykroutit krk

cranial ['kreiniəl] adj Anat lebeční

cranium ['kreiniəm] n (pl **crania** [-iə]) Anat lebka

crank₁ [kræŋk] n Techn klika ● vt also **c. up** natočit motor, nastartovat motor klikou

crank₂ [kræŋk] n podivín, excentrik, divný pavouk

crankshaft ['kræŋkša:ft] n klikový hřídel

cranky ['kræŋki] adj *(eccentric)* podivínský, potrhlý

cranny ['kræni] n škvíra, prasklina, skulina ♦ **search every nook and c.** prohledat každou skulinu or každý kout

crap [kræp] n vulg **1** *(faeces)* hovno; **have a c.** vulg srát **2** fig *(nonsense)* blbost, nesmysl, kecy; **what a load of c.** vulg to je pěkná hovadina **3** fig *(food)* bídné žrádlo ● adj mizerný, ubohý

crappy ['kræpi] adj vulg mizerný, ubohý, nemající ani hlavu ani patu

crash [kræš] n **1** *(noise)* bouchnutí, třesk(nutí), rachot **2** *(collision)* srážka; *(accident)* **car/ plane c.** autohavárie/ havárie letadla, letecké neštěstí; **train c.** vlakové neštěstí; **have a c.** havarovat, *(car driver)* nabourat auto, *(plane)* zřítit se ■ **c. barrier** svodidlo; **c. course** intenzívní kurs; **c. helmet** ochranná přilba; **c. landing** nouzové havarijní přistání bez podvozku **3** Fin krach na burze, zhroucení ceny; Comput zhroucení systému ● **I** vi **1** *(make a noise)* prasknout, bouchnout **2** Aut havarovat, *(cars)* srazit se; *(plane* also*)* zřítit se; **c. into sth** narazit do čeho **II** vt narazit do čeho; **he ~ed his car** havaroval, naboural se s autem; **he ~ed his car into a tree** narazil autem do stromu

crashing ['kræšiŋ] adj inf **a c. bore** *(person)* suchý patron, naprostý otrava

crash-land ['kræšlænd] vi přistát bez podvozku

crass [kræs] adj fml hrubý; *(stupid)* zabedněný

crate [kreit] n bedna; *(for bottles)* basa ♦ **old c.** sl *(car etc)* stará rachotina

crater ['kreitə(r)] n kráter, trychtýř po bombě

cravat [krə'væt] n šátek na krk

crave [kreiv] **I** vt *(long for: attention, affection)* dožadovat se čeho, toužit po čem **II** vi **c. for** or **after sth** toužit or bažit po čem

craving ['kreiviŋ] n touha (**for sth** po čem); **have a c. for sth** bažit po čem

crawl [kro:l] vi **1** plazit se, lézt; **c. in** vlézt; **c. away** odplazit se; **c. out** vylézt; **c. along at a snail's pace** vléci se jako hlemýžď **2** inf **c. to sb** podlézat komu **3** **c. with sth** (eg *maggots)* hemžit se čím ● n **1** plazení; *(slow pace)* **go at a c.** vléci se jako hlemýžď ♦ **go on a pub c.** vymetat hospody **2** *(swimming stroke)* kraul; **do the c.** kraulovat

crawler ['kro:lə(r)] n inf šplhoun, podlézavec

crayfish ['kreifiš] n (pl unchanged) rak potoční

crayon ['kreion] n pastelka, barevná tužka

craze [kreiz] n posedlost po čem, výstřelek, fig horečka; **the latest c.** poslední výstřelek or výkřik módy

craziness ['kreizinəs] n potrhlost, potřeštěnost; see **crazy**

crazy ['kreizi] adj (**-ier**, **-iest**) **1** *(mad)* šílený; **go c.** zbláznit se **2** *(foolish)* bláznivý, ztřeštěný; **be c. about sth/ sb** být do čeho/ koho celý divý or žhavý or pryč **3 c. weather** bláznivé počasí

creak [kri:k] vi vrzat, *(hinges* also*)* skřípat, *(joints)* praskat ● n vrzání; skřípot, skřípání, praskání

creaky ['kri:ki] adj (**-ier**, **-iest**) vrzavý, rozvrzaný; *(voice)* nakřáplý

cream [kri:m] n **1** smetana; **whipping** or **whipped c.** šlehačka; **sour(ed) c.** kyselá smetana ♦ **the c. of society** (společenská) elita or smetánka, výkvět společnosti ■ **c. cheese** smetanový sýr; **c. cake** šlehačkový dort **2** *(cosmetic)* krém; **suntan c.** opalovací krém; **shaving c.** holicí krém ● adj **c.(-coloured)** krémový

creamery ['kri:məri] n mlékárna obchod i podnik

creamy ['kri:mi] adj smetanový; fig *(complexion* etc*)* hebký, smetanový

crease [kri:s] n záhyb, přehyb; *(in trousers* etc*)* puk ● **I** vt *(accidentally)* pomačkat, zmačkat, zmuchlat; *(press)* udělat puky **II** vi *(crumple)* **c. (easily)** mačkat se

crease-resistant ['kri:srizistənt] adj nemačkavý

create [kri'eit] vt tvořit, vytvářet; *(the world)* stvořit; *(difficulties, sensation* etc*)* (z)působit; *(fuss, impression)* (u)dělat ● vi dělat divadlo, vyvádět

creation [kri'eišn] n **1** tvoření, tvorba; *(of the world)* stvoření; **since the c. of the world** od stvoření světa; **the lord of c.** pán všeho tvorstva **2** *(object)* kreace, výtvor

creative [kri'eitiv] adj tvůrčí, tvořivý; **c. power** tvořivost; **a c. burst of energy** tvůrčí rozlet

creativity [kriei'tivəti] n tvořivost, tvůrčí schopnost

creator [kri'eitə(r)] n tvůrce/ tvůrkyně; **the C.** Stvořitel

creature ['kri:čə(r)] n tvor, stvoření; **dumb c.** němá tvář; **living c.** živá bytost

crèche, creche [kreš] n **1** Br *(for children)* jesle **2** Relig jesličky, betlém

credence ['kri:dəns] n víra; **give c. to sth** uvěřit čemu, popřát čemu sluchu

credentials [krə'denšlz] n pl pověřovací listiny, *(diplomatic* also*)* akreditiv; doporučující dopis ■ **c. committee** mandátní výbor

credibility [kredə'biləti] n důvěryhodnost; *(of testimony)* hodnověrnost

credible ['kredəbl] adj *(witness)* věrohodný, hodnověrný

credit ['kredit] n **1** Fin kredit, úvěr; *(on account)* částka k dobru; **on c.** na úvěr; **letter of c.** Comm akreditiv ■ **c. account** úvěrový účet; **c. bank** úvěrová banka; **c. card** úvěrová or kreditní karta; **c.-card shopping** bezhotovostní nákup; **pay by c. card** platit úvěrovou kartou; **c. limit** úvěrový limit; **c. note** dobropis; **c. transaction** úvěrová transakce **2** *(honour)* čest, zásluha; kredit, dobré jméno, dobrá pověst; **that does you c.** to je vám ke cti; **she is a c. to her family** je ozdobou rodiny ♦ **c. where c. is due** všechna čest **3** *(belief)* víra; **give c. to sth** něčemu (u)věřit **4** Amer Univ ≅ zápočet ● vt **1** *(believe)* věřit čemu **2** Fin **c. £50 to sb** připsat někomu 50 liber k dobru

creditable ['kreditəbl] adj chvályhodný

creditor ['kreditə(r)] n věřitel

credulity [krə'dju:ləti] n důvěřivost, lehkověrnost

credulous ['kredjuləs] adj důvěřivý, lehkověrný

creed [kri:d] n **1** víra, konfese; **political c.** politické přesvědčení **2** vyznání víry

creek [kri:k] n Br; malá zátoka; Amer potok, říčka ♦ **be up the c.** inf být v pěkné kaši

creep [kri:p] vi (pt & pp **crept**) plížit se, plazit se; *(move stealthily)* krást se; **c. up on sb** přikrást se ke komu ● n **1** sl *(obsequious person)* patolízal, šplhoun, tichošlápek; *(obnoxious person)* hnusák, hajzl both vulg **2 give sb the ~s** inf nahánět komu hrůzu; **it gives me the ~s** běhá mi z toho mráz po zádech

creeper ['kri:pə(r)] n popínavá rostlina

creeping ['kri:piŋ] adj *(paralysis)* progresivní; *(inflation)* plíživý

creepy ['kri:pi] adj strašidelný, příšerný, nahánějící hrůzu

creepy-crawlies [kri:pi'kro:liz] n inf (všelijaká) havěť

cremate [kri'meit] vt pohřbít žehem, zpopelnit

cremation [kri'meišn] n kremace, pohřeb žehem, zpopelnění

crematorium [kremə'to:riəm] n krematorium

crème de la crème ['kremdəlæ'krem] n smetánka, elita, inf lepší lidi

creole ['kri:əul] n **1** *(language)* kreolština **2** *(person)* kreol ● adj kreolský

crêpe [kreip] n Text krep, krepová tkanina ■ **c. paper** krepový papír

crept [krept] pt, pp of **creep**

crescendo [krə'šendəu] n Mus crescendo

crescent ['kreznt] n půlměsíc

cress [kres] n řeřicha

crest [krest] n *(of cock)* hřebínek; *(of*

birds) chochol, korunka; *(of mountain, wave)* hřeben; *(on coat of arms)* erb, znak

crested ['krestid] adj Orn chocholatý, s hřebínkem

crestfallen ['krestfo:lən] adj skleslý, sklíčený, schlíplý; **look c.** být jako zmoklá slepice, chodit jako zpráskaný

Crete [kri:t] n Kréta

cretin ['kretin] n Med & pej kretén, idiot

crevasse [krə'væs] n trhlina, rozsedlina

crevice ['krevis] n trhlina, štěrbina

crew$_1$ [kru:] n obsluha, osazenstvo, posádka, mužstvo; **train's c.** vlaková četa; **the ground c.** Aviat pozemní personál; **ship's c.** lodní posádka

crew$_2$ [kru:] pt of **crow**

crew cut ['kru:kat] n kanadský trávník účes

crib [krib] n **1** *(manger)* jesle; *(nativity scene)* jesličky, betlém **2** Amer *(cot)* dětská postýlka **3** Sch tahák ● vi **(-bb-)** Sch opisovat

crick [krik] n **a c. in the neck** bolení za krkem, strnulá šíje

cricket$_1$ ['krikit] n cvrček; **be as lively as a c.** být jako rtuť, mít jiskru, být jako šídlo

cricket$_2$ ['krikit] n *(game)* kriket ♦ **that's not c.** to není fér, to se nedělá

cricketer ['krikitə(r)] n hráč kriketu

crikey ['kraiki] interj Br inf dated jémine!, jejda!

crime [kraim] n zločin; **atrocious c.** brutální zločin; **a c. against humanity** zločin proti lidskosti; **the scene of the c.** místo činu ■ **c. rate** kriminalita; **c. story** detektivní příběh

Crimea [krai'miə] n Krym

Crimean [krai'miən] adj krymský

criminal ['kriminl] n zločinec ● adj *(act)* trestný; *(gang, activity)* zločinecký; *(law, proceedings)* trestní; **c. racketeering** zločinné vydírání; **C. Investigation Department** kriminálka; **c. record** trestní rejstřík; **have a c. record** být několikrát trestaný; fig **that's c.!** to je trestuhodné

criminology [krimi'nolədži] n kriminologie

crimp [krimp] **I** vt *(of hair)* kadeřit, nakadeřit **II** vi kadeřit se, vlnit se

crimson ['krimzn] adj rudý, karmínový, purpurový; **c. robe** purpurový plášť; **turn c.** zrudnout jako pivoňka; **go c. with rage** zbrunátnět vzteky ● n purpurová barva, nachová barva

cringe [krindž] vi **1** *(cower)* krčit se, choulit se **2** *(fawn)* poklonkovat, krčit hřbet (**to sb** před kým)

cringing ['krindžiŋ] adj **c. servility** slepá poslušnost

crinkle ['kriŋkl] n *(in fabric)* záhyb; *(in skin)* vráska ● **I** vt zmačkat, zmuchlat **II** vi (z)mačkat se

crinkly ['kriŋkli] adj *(hair)* kučeravý, kudrnatý; *(skin)* vrásčitý; *(fabric)* zmačkaný

cripple ['kripl] n mrzák; **moral c.** morální ubožák ● vt zmrzačit; fig *(industry)* ochromit, paralyzovat

crippled ['kripld] adj zmrzačený, fig ochromený

crippling ['kripliŋ] adj *(strikes* etc*)* ochromující, paralyzující

crisis ['kraisis] n (pl **crises** ['kraisi:z]) krize; **cabinet c.** kabinetní krize; **economic c.** ekonomická krize; **the years of c.** krizová léta

crisp [krisp] adj *(biscuit)* křehký, *(bacon)* křupavý; *(snow)* chrupavý; *(voice)* úsečný, řízný, odměřený ● n Br **potato ~s** bramborové lupínky, brambůrky

crispbread ['krispbred] n křehký chléb

crispy ['krispi] adj **(-ier, -iest)** křupavý, chrupavý

crisscross ['kriskros] adj jsoucí křížem krážem; *(pattern)* mřížkový, křížový ● adv křížem krážem ● vt *(seas)* křižovat

criterion [krai'tiəriən] n (pl **criteria** [krai'tiəriə]) kritérium, měřítko

critic ['kritik] n kritik, posuzovatel; **a savage c.** nemilosrdný kritik; **an armchair c.** salonní kritik

critical ['kritikl] adj **1** kritický; **be c. of sb/ sth** být kritický vůči komu/ čemu, kritizovat koho/ co **2** *(crucial: phase, state)* kritický, rozhodující, krizový; **c. moment** rozhodující chvíle, kritický okamžik; **become c.** přiostřit se ■ **~ly** adv kriticky; **be ~ly ill** být vážně nemocný

criticism ['kritisizəm] n kritika; **adverse c.** odsudek; **be beneath c.** být pod vši kritiku; **he came in for a lot of c.** byl velmi kritizován

criticize ['kritisaiz] adj (z)kritizovat, hanět; *(adversely: views* etc*)* napadnout, odsoudit; **c. sb's views** napadnout čí názory

critique [kri'ti:k] n kritika kritické zhodnocení, recenze, posudek

croak [krəuk] vi *(frog)* kvákat, skřehotat; *(raven)* krákat; fig skřehotat, mluvit skřehotavým hlasem ● n kvákání, skřehotání, skřehot, krákání

crochet ['krəušei] n háčkování ■ **c. hook** háček ● vt, vi (pt, pp **~ed** ['krəušeid]) háčkovat

crock [krok] n **1** *(jar)* hliněný džbán, *(pot)* hliněný hrnec **2** *(broken earthenware)* střep **3** Br inf **an old c.** *(man)* starý fotr; *(vehicle)* stará rachotina, stará kraksna

crockery ['krokəri] n nádobí hliněné

crocodile ['krokədail] n krokodýl ■ **c. tears** krokodýlí slzy or pláč

crocus ['krəukəs] n Bot krokus, šafrán

Croesus ['kri:səs] n Krézus ♦ **be as rich as C.** být velmi bohatý, mít peněz jako smetí

croft [kroft] n esp Scot malý propachtovaný pozemek; *(house)* chalupa

crofter ['kroftə(r)] n esp Scot drobný pachtýř, chalupník

crone [krəun] n pej babizna; **old c.** stará čarodějnice

crony ['krəuni] n kumpán/ -ka

crook [kruk] n **1** *(rogue)* inf gauner, grázl, podvodník, hochštapler **2** *(bend, curve)* ohyb, ohbí; *(hook)* hák ♦ **by hook or by c.** všemi prostředky, po dobrém nebo po zlém **3** *(shepherd's)* hůl; *(bishop's)* berla ● vt ohnout (**one's finger** prst)

crooked ['krukid] adj **1** křivý, zkřivený, pokřivený; **grow c.** *(tree)* vyrůst nakřivo; **the picture hangs c.** obraz visí nakřivo or (na) šikmo **2** *(dishonest)* nepoctivý, podvodný; **by c. means** nepoctivě

croon ['kru:n] vi **1** *(sing softly)* prozpěvovat si, pobrukovat si **2** *(speak softly)* šeptat něžná slůvka ● n tichý zpěv

crooner ['kru:nə(r)] n zpěvák sentimentálních písní

crop [krop] n **1** plodina; **cereal c.** obilnina; **winter c.** ozim **2** *(harvest)* sklizeň, úroda; **bumper c.** rekordní úroda; **poor c.** špatná úroda; **c. failure** neúroda; **give a good c.** dobře rodit **3** *(of bird)* vole ● **I** vt (**-pp-**) *(hair)* přistřihnout nakrátko; *(animal's tail, ears)* kupírovat **II** phr v ■ **crop up** vi *(problems* etc*)* vyskytnout se, objevit se

cropper ['kropə(r)] n **1 a good/ poor c.** výnosná/ nevýnosná plodina **2 come a c.** *(fall)* inf natáhnout se jak dlouhý tak široký, svalit se jako špalek; *(fail: exam)* shořet, prasknout, *(business)* zplakat nad výdělkem

crop-spraying ['kropspreiiŋ] n postřik plodin ● adj **a c.-spraying aircraft** práškovací letadlo na postřik plodin

croquet ['krəukei] n kroket

croquette [kro'ket] n kroketa

cross [kros] n **1** kříž, křížek; **the Stations of the C.** křížová cesta; **make the sign of the c.** pokřižovat se, udělat kříž ♦ **bear one's c. patiently** nést trpělivě svůj kříž **2** *(medal)* usu **Cross** kříž; **The Victoria C.** Viktoriin kříž **3** *(hybrid)* kříženec (**between** mezi) ● adj *(annoyed)* rozzlobený, mrzutý, rozhněvaný; **she'll be c.** bude se zlobit or hněvat ona; **be c. with sb** hněvat or zlobit se na koho; **be c. about sth** hněvat se kvůli čemu; **get c.** rozhněvat se, naštvat se; **as c. as two sticks** vzteklý jako pes ● **I** vt **1** *(place crosswise)* překřížit, dát křížem; **c. one's legs** dát si nohy křížem; **sit with one's legs ~ed** sedět se zkříženýma nohama; **c. swords (with sb)** fig zkřížit (s kým) meče ♦ **keep one's fingers ~ed for sb** držet komu palce **2** *(go across)* přejít; *(by car/ boat/ plane)* přejet/ přeplout/ přeletět; **c. the street** přejít přes ulici or cestu, přejít na druhou stranu; **c. the border** překročit hranice ♦ **c. sb's mind** přijít komu na mysl, **it ~ed my mind that ...** napadlo mne, že ... **3** *(frustrate sb's plans)* **c. sb** překazit or zkřížit komu plány **4 c. oneself** pokřižovat se ♦ **c. my heart!** na mou duši!, čestně! **5** *(cheque)* křižovat, překřížit **6** Biol zkřížit **II** vi **1** *(across road)* **you can c. now** teď můžete přejít **2** *(intersect)* křížit se; **c. in the post** *(letters)* minout se, křižovat se **III** phr vs ■ **cross out** vt škrtnout, vyškrtnout ■ **cross over** *I* vi přejít na druhou stranu silnice ap.; **let's c. over here** přejděme na druhou stranu *II* vt *(road, street)* přejít na druhou stranu ulice

crossbar ['krosba:(r)] n Ftb příčné břevno branky; *(of bicycle)* horní trubka

crossbeam ['krosbi:m] n **1** příčný nosník, příčný trám **2** Gymn kladina

crossbow ['krosbəu] n samostříl

crossbred ['krosbred] adj Biol, Zool křížený, hybridní

crossbreed ['krosbri:d] vt Biol, Zool křížit ● n kříženec, esp Biol hybrid

cross-Channel ['krosčænl] adj **c. ferry** trajekt přes Kanál La Manche

crosscheck ['krosček] n zkouška výpočtu ● vt [kros'ček] překontrolovat, porovnat co s čím, ověřit

cross-country [kros'kantri] adj přespolní; **c.-country race** přespolní běh; **c.-country skiing** běh na lyžích, lyžování na běžkách

cross-examination [krosig,zæmə'neišn] n křížový výslech

cross-examine [krosig'zæmin] vt podrobit koho křížovému výslechu

cross-eyed [kros'aid] adj šilhavý; **be c.-eyed** šilhat

crossfire ['krosfaiə] n křížová palba

crossing ['krosiŋ] n **1** *(act)* přechod, přejezd; *(by boat/ plane)* přeplavba/ přelet; **the first c. (by plane) of the Atlantic** první přelet přes Atlantik **2** *(crossroads)* křižovatka; **overhead c.** nadjezd; Rail **level c.** úrovňový železniční přejezd **3 pedestrian** or **zebra c.** přechod pro chodce; **border c.** hraniční přechod

cross-legged [kros'legd] adj se zkříženýma nohama; **sit c.-legged** sedět v tureckém sedu

crossly ['krosli] adv rozčileně, naštvaně, vztekle

crossover ['krosəuvə(r)] n přechod or přesah z jednoho stylu k druhému, smíšení stylů

crosspatch ['krospæč] n inf mrzout, bručoun, *(old person)* starý pavouk, starý medvěd

cross-purposes [kros'pə:pəsiz] n pl **be at c.-purposes (with sb)** nerozumět si (s kým); **talk at c.-purposes** mluvit každý o něčem jiném

cross-question [kros'kwesčn] vt podrobit koho křížovému výslechu

cross-questioning [kros'kwesčəniŋ] n křížový výslech

cross-reference [kros'refrəns] n odkaz v textu

crossroads ['krosrəudz] n; sg or pl křižovatka; fig rozcestí, mezník; **be at the c.** být na rozcestí (also fig)

cross-section ['krossekšn] n příčný řez, průřez

cross-stitch ['krosstič] n křížkový steh

crosswalk ['kroswo:k] n Amer přechod pro pěší

crosswind ['kroswind] n boční vítr

crosswise ['kroswaiz], **crossways** ['krosweiz] adv křížem, napříč ● adj only **crosswise** příčný, křížový

crossword ['croswə:d] n also **c. puzzle** křížovka

crotch [kroč] n Anat rozkrok

crotchet ['kročit] n **1** Br Mus čtvrťová nota **2** inf *(~y person)* mrzout, škarohlíd

crotchety ['kročiti] adj inf mrzoutský, bručounský, náladový

crouch [krauč] vi (při)krčit se, choulit se, (na)hrbit se, dřepnout si; **c. ready to leap** přikrčit se před skokem

croup$_1$ [kru:p] n Med krup

croup$_2$ [kru:p] n *(of horse)* zadek

croupier ['kru:piə(r)] n *(in casino)* croupier

crow [krəu] n **1** Orn vrána ♦ **as the c. flies** vzdušnou čarou; **eat c.** Amer inf pokořit se, přilézt ke křížku **2** *(of cock)* kokrhání; *(of baby)* radostné vykřikování ● vi **1** *(cock)* kokrhat; *(baby)* radostně vykřikovat **2** *(boast)* chvástat se (**over sth** čím)

crowbar ['krəuba:(r)] n páčidlo, sochor

crowd [kraud] n **1** dav, zástup, tlačenice, sběh lidí; **there was a large c. there** byl tam velký nával; **blend into the c.** zmizet v davu (jako jehla v kupce sena); **~s of people** davy lidí ■ **c. scene** Film davová scéna **2** *(group, company)* inf parta; **there was a jolly c. there** *(at a party etc)* byla tam dobrá parta ● **I** vt nacpat, přecpat **II** vi shromáždit se, shluknout se, tlačit se **III** phr v ■ **crowd in** vi nahrnout se (dovnitř), natlačit se (dovnitř)

crowded ['kraudid] adj *(bus etc)* nacpaný, přecpaný, přeplněný

crown [kraun] n koruna též mince; *(of tooth)* korunka; *(of hat)* dýnko; *(of head)* temeno; **carry off the victor's c.** odnést si palmu vítězství ■ **c. prince** korunní princ; **c. jewels** korunovační klenoty ● vt **1** *(monarch)* korunovat; **c. sb king** korunovat koho na or za krále; **c. a tooth** nasadit na zub korunku **2** fig završit, korunovat co čím ♦ **and to c. it all** a k dovršení všeho, a ještě ke všemu; **that ~s it all!** to nám ještě scházelo!

crowned ['kraund] adj **c. head** korunovaná hlava

crowning ['krauniŋ] adj *(achievement)* vrcholný; **the c. achievement of his work** koruna jeho díla

crucial ['kru:šl] adj *(moment etc)* rozhodující, kritický; *(point, issue)* stěžejní; **at the c. moment** v rozhodujícím okamžiku; **be c. to sb** být pro koho maximálně důležité; **the c. link in the chain** hlavní článek řetězu

crucible ['kru:səbl] n Metal kelímek, tyglík ■ **c. steel** kelímková ocel

crucifix ['kru:səfiks] n krucifix, kříž s ukřižovaným Kristem

crucifixion [kru:sə'fikšn] n ukřižování

crucify ['kru:sifai] vt ukřižovat; fig nemilosrdně zkritizovat, přibít koho na pranýř, pranýřovat

crude [kru:d] adj **1** *(sugar etc)* surový; **c. oil** nafta **2** *(sketch)* hrubý, *(method)* přibližný **3** fig *(joke)* hrubý, sprostý; *(manners)* hulvátský, nejapný, humpolácký; *(language)* zemitý, hrubého zrna; *(propaganda)* křiklavý; **be somewhat c.** být poněkud obhroublý, být přisprostlý ■ **~ly** adv **1** neuměle **2** *(behave)* hrubě, nejapně, hulvátsky ● n nafta

crudity ['kru:dəti] n **1** *(of drawing)* neumělost **2** *(of behaviour)* hrubost, hulvátství, nejapnost

cruel ['kru:əl] adj krutý, bezcitný (**to sb** ke komu); *(fate)* krutý, tvrdý; **be c. to animals** týrat zvířata

cruelty ['kru:əlti] n krutost, bezcitnost, nelidskost; **c. to children** týrání dětí

cruet ['kru:it] n **1** *(glass)* karafa, karafinka **2** (also **c. stand**) stojánek s kořenkami

cruise [kru:z] n *(pleasure c.)* okružní plavba, zábavní plavba ● vi **1** *(ship)* křižovat; konat zábavní plavbu; *(taxi)* **c. about** objíždět **2** *(maintain constant speed:*

car/ plane) jet/ letět cestovní rychlostí; **be cruising at 350 miles per hour** *(plane)* letět cestovní rychlostí 350 mil za hodinu

cruise missile [kru:z'misail; Amer -misl] n řízená střela s plochou dráhou letu

cruiser ['kru:zə(r)] n Mil křižník ■ **c. weight** Box polotěžká váha

cruising ['kru:ziŋ] n **c. speed** cestovní rychlost

crumb [kram] n **1** *(small piece)* drobek, drobeček; **~s from the rich man's table** fig drobty ze stolu **2** *(soft part of bread)* stříd(k)a

crumble ['krambl] vt, vi drobit (se), rozdrobit (se); *(brick)* drolit se

crumbly ['krambli] adj drobivý, drolivý; **be c.** drolit se

crummy ['krami] adj inf *(film, job* etc*)* mizerný, blbý podřadný; **I feel (pretty) c.** dated je mi blbě, necítím se ve své kůži

crumpet ['krampit] n **1** Br lívanec menší a vyšší placička z kynutého těsta **2** sl **a nice piece of c.** *(girl)* pěkná kůstka

crumple ['krampl] **I** vt also **c. up** *(paper, dress)* zmačkat, zmuchlat **II** vi (z)mačkat se

crunch [kranč] n **1** *(sound)* křoupání; *(of snow)* vrzání **2** fig inf **when it comes to the c.** když přijde na lámání chleba ● vi křoupat, chroupat, *(snow)* vrzat

crunchy ['kranči] adj *(food)* křupavý, chrupavý; *(biscuits* etc*)* křehký

crusade [kru:'seid] n Hist křížová or křižácká výprava, křížové tažení ● vi **c. for sth** horlit pro co; **c. against sth** horlit proti čemu

crusader [kru:'seidə(r)] n Hist křižák; fig neúnavný bojovník (**for sth** za co)

crush [kraš] n **1** tlačenice, nával ■ **c. barrier** zábradlí proti davu **2** ♦ **have a c. on sb** inf být do koho zabouchnutý ● vt rozmačkat; *(spices, ice)* rozdrtit, roztlouci; *(rebellion)* potlačit; *(enemy)* potřít; *(clothes)* zmačkat, zmuchlat; *(hopes)* zmařit, zhatit

crushing ['krašiŋ] adj *(defeat)* drtivý, zdrcující; *(reply)* břitký; **suffer a c. defeat** utrpět drtivou porážku

crust [krast] n *(of bread)* kůrka; **the earth's c.** kůra zemská ♦ **the upper c.** lepší lidi, nóbl společnost, vyšší vrstvy

crustacean [kra'steišən] n korýš ● adj korýšovitý

crusty ['krasti] adj *(bread, roll)* chrupavý, křupavý; fig inf nevrlý, mrzutý, mrzoutský

crutch [krač] n **1** berla; fig berlička; **walk on ~es** chodit o berlích **2** usu **crotch** Anat rozkrok

crux [kraks] n **the c. of the matter** jádro věci

cry [krai] n výkřik; **give a cry** zakřičet; **have a good cry** vyplakat se ♦ **it is a far cry (from)** ... fig to je na hony vzdáleno (od) ..., to je daleko od čeho ... ● **I** vi křičet, volat; *(weep)* plakat; **make sb cry** rozplakat koho; **c. for help** volat o pomoc; **cry like a child** plakat jako dítě ♦ **a voice ~ing in the wilderness** hlas volajícího na poušti; **cry on sb's shoulder** vyplakat se komu na rameni **II** vt ♦ **c. one's heart out** plakat až srdce usedá **III** phr vs ■ **cry off** vi inf odvolat; **c. off from sth** vyvléci se z čeho ■ **cry out** vi vykřiknout

crybaby ['kraibeibi] n (pl **-babies**) ufňukanec, ukňouranec

crying ['kraiiŋ] adj *(need)* naléhavý; **it's a c. shame that ...** je věčná škoda, že ...

crypt [kript] n krypta, hrobka

cryptic ['kriptik] adj tajemný, záhadný

crystal ['kristl] n Min, Chem krystal; *(glass)* křišťálové sklo ● adj křišťálový

crystal-clear [kristl'kliə(r)] adj čistý jako křišťál, křišťálově čistý

crystalline ['kristəlain] adj krystalický; *(sky, heaven)* křišťálový; **c. lens** Anat (oční) čočka

crystallize ['kristəlaiz] vi krystalizovat; fig vykrystalizovat se; *(ideas* also*)* (vy)tříbit; **~d fruit** kandované ovoce

ct abbr of **carat** karát

cu abbr of **cubic** kubický, krychlový

cub [kab] n **1** *(of animal)* mládě; *(young bear/ fox/ wolf/ lion* etc also*)* medvídě/ lištička/ vlče/ lvíče etc; *(young tiger)* tygří mládě **2** fig *(young man)* also **unlicked c.** mladý or neostřílený zajíc, zelenáč **3 C.** *(C. Scout)* vlče

Cuba ['kju:bə] n Kuba; **in C.** na Kubě

Cuban ['kju:bən] n Kubánec/ Kubánka ● adj kubánský

cubbyhole ['kabihəul] n *(room)* kumbálek, komůrka, místnůstka; iron šámbr séparé

cube [kju:b] n **1** gen, Geom kostka, krychle ■ **c. sugar** kostkový cukr **2** Math třetí mocnina; **the c. of 3 is 27** třetí mocnina tří je 27 ■ **c. root** třetí odmocnina; **the c. root of 27 is 3** třetí odmocnina z 27 jsou 3 ● vt **1** *(cut)* pokrájet na kostky or kostičky **2** Math usu pass umocnit, povýšit na třetí; **five ~d is 125** pět na třetí je 125

cubic ['kju:bik] adj kubický, krychlový; **c. capacity** objem, krychlový obsah, Aut kubatura

cubicle ['kjubikl] n kabina na koupališti ap.

cubism ['kju:bizəm] n kubismus

cubist ['kju:bist] n kubista ● adj kubistický

cuckoo ['kuku:] n kukačka ♦ **a c. in the nest** kukaččí mládě; **be c. over sb** být do někoho celý pryč ■ **c. clock** kukačky hodiny

cucumber ['kju:kambə(r)] n okurka čerstvá ♦ **as cool as a c.** s klidem Angličana ■ **c. salad** okurkový salát

cud [kad] n přežvýkaná píce ♦ **chew the c.** lit přežvykovat, fig dumat, hloubat, přemýšlet

cuddle ['kadl] n objetí, polaskání; **give a child a c.** pomazlit se s dítětem ● I vt **c. sb** mazlit se s kým, laskat se s kým II phr v ■ **cuddle up** vi **c. up to sb** přitulit or přivinout se ke komu

cuddly ['kadli] adj přítulný, mazlivý, lísavý; **c. toy** plyšová hračka

cudgel ['kadžl] n klacek, palice, obušek ● vt **c. one's brains** fig lámat si hlavu

cue [kju:] n **1** Theat narážka **2** Billiards tágo

cuff$_1$ [kaf] n *(of shirt* etc*)* manžeta; Amer záložka na kalhotech ♦ *(do sth)* **off the c.** bez přípravy; **speak off the c.** mluvit bez přípravy, mluvit spatra

cuff$_2$ [kaf] vt **c. sb** dát komu pohlavek ● n pohlavek, facka

cufflink ['kafliŋk] n manžetový knoflíček

cuisine [kwi'zi:n] n kuchyně způsob vaření; **Czech c.** česká kuchyně

cul-de-sac ['kaldəsæk] n (pl **cul-de-sacs** or **culs-de-sac**) slepá ulice or ulička; fig slepá ulička

culinary ['kalinəri] adj **c. art** kuchařské umění

cull [kal] n **1** *(selection)* výběr **2** *(reduction of animals)* odstřel; *(of seals, rabbits)* vybíjení ● vt **1** *(pick: flowers)* trhat **2** *(animals)* provádět odstřel, *(seals)* vybíjet

culminate ['kalmineit] vi (vy)vrcholit, kulminovat; **c. in sth** vyvrcholit čím

culmination [kalmi'neišn] n vyvrcholení, kulminační bod

culottes [kju:'lots] n pl kalhotová sukně

culpability [kalpə'biləti] n fml vina, zavinění

culpable ['kalpəbl] adj fml vinný, trestuhodný, zaviněný; **c. negligence** zanedbání povinné péče; **c. homicide** trestuhodná zaviněná vražda

culprit ['kalprit] n pachatel, viník

cult [kalt] n kult; **the personality c.** kult osobnosti

cultivate ['kaltiveit] vt gen kultivovat; *(fields)* obdělávat, obhospodařovat; *(language)* zušlechťovat, pěstovat; *(memory, mind, taste)* tříbit si

cultivated ['kaltiveitid] adj *(person)* kultivovaný, vzdělaný; *(plant)* kulturní; *(language, taste)* kultivovaný, vytříbený

cultivation [kalti'veišn] n Agr obdělávání, kultivace; *(of plants, fruit)* pěstování; *(of person)* vzdělávání; **c. of grain** obilnářství; **hop c.** chmelařství; **be under c.** *(soil)* být obdělávaný

cultural ['kalčərl] adj kulturní; **c. centre** kulturní středisko

culture ['kalčə(r)] n kultura (also Biol), vzdělanost

cultured ['kalčəd] adj vzdělaný, kultivovaný, kulturní, inteligentní

cumbersome ['kambəsəm] adj neforemný; *(furniture)* neskladný; *(movements* etc*)* těžkopádný; *(procedure)* pracný

cumulative ['kju:mjulətiv] adj kumulativní

cumulus ['kju:mjuləs] n Meteor kupa, kupovitý oblak

cunning ['kaniŋ] n chytráctví, rafinovanost; **diabolical c.** ďábelská chytrost ● adj lstivý, rafinovaný, vychytralý, mazaný

cunt [kant] n vulg píča, kunda; pej *(term of abuse: man)* hajzl (vulg), *(woman)* (strašná) kráva

cup [kap] n **1** šálek, hrnek, hrneček; *(glass)* pohár, číše; **plastic c.** plastický kelímek; **have a c. of coffee** dát si kávu **2** *(prize)* pohár; **the Football C.** fotbalový pohár

cupboard ['kabəd] n skříň s policemi; **kitchen c.** kredenc; **linen c.** prádelník ♦ **a skeleton in the c.** fig skvrna rodiny, rodinná ostuda; *(of public figures)* máslo na hlavě

Cup Final ['kapfainl] n finále fotbalového poháru

cupful ['kapful] n šálek jeho obsah, plný šálek; **three ~s of milk** tři šálky mléka

Cupid ['kju:pid] n Kupid, Amor, bůžek lásky; **c.** andělíček

cupidity [kju'pidəti] n fml hrabivost, hamižnost, chamtivost

cupola ['kju:pələ] n kupole, kopule, báň

cuppa ['kapə] n Br inf čaj, šálek čaje

cur [kə:(r)] n **1** *(dog)* voříšek, nečistokrevný pes **2** *(person)* sketa, mizera

curable ['kjuərəbl] adj vyléčitelný

curate ['kjuərət] n RC kaplan; *(protestant)* vikář

curative ['kjuərətiv] adj léčivý, hojivý

curator [kju'reitə(r)] n **1** *(of museum* etc*)* správce, ředitel, kustod **2** Jur poručník

curb [kə:b] vt fig *(impatience* etc*)* držet na uzdě; *(immigration, spending)* omezit, udržovat v přijatelných mezích ● n uzda; *(on expenditure)* omezení

curd cheese [kə:d'či:z] n měkký tvaroh

curdle ['kə:dl] vi *(milk)* srazit se; **his blood ~d** krev mu ztuhla v žilách

cure [kjuə(r)] n **1** *(treatment)* léčba, léčení, kúra; **slimming c.** odtučňovací kúra **2** *(remedy)* lék, léčebný prostředek (**for** proti);

fig lék, prostředek, odpomoc ● vt **1** lit & fig (vy)léčit; **c. oneself of smoking** odnaučit se kouření **2** *(meat)* nakládat do soli, *(smoke)* udit

cure-all ['kjuəro:l] n všelék

curettage [kjuəri'ta:ž, kju'reitidž] n Med výškrab, kyretáž

curfew ['kə:fju:] n zákaz vycházení, policejní hodina

curio ['kjuəriəu] n kuriozita, rarita; **a collection of ~s** sbírka kuriozit

curiosity [kjuəri'osəti] n **1** zvědavost; **out of c.** ze zvědavosti; **satisfy one's c.** uspokojit or ukojit svou zvědavost ♦ **c. killed the cat** kdo se moc ptá, moc se doví; **be dying of c.** hořet zvědavostí **2** *(object)* kuriozita, rarita

curious ['kjuəriəs] adj **1** zvědavý **2** *(odd, strange)* podivný, zvláštní, kuriózní ■ **~ly** adv **1** zvědavě **2** *(oddly)* podivně; **c. enough** kupodivu

curl [kə:l] n *(of hair)* kadeř, prstenec, kučera; *(of smoke)* spirála, kroužek ● **I** vt *(hair)* natočit, nakadeřit; **c. one's lip** ohrnout ret **II** vi *(hair)* vlnit se **III** phr v ■ **curl up** vi stočit or svinout se do klubíčka (**like a cat** jako kočka)

curler ['kə:lə(r)] n *(hair c.)* natáčka

curling ['kə:liŋ] n Sport lední metaná

curly ['kə:li] adj kudrnatý, kučeravý, vlnitý

currant ['karənt] n **1** *(dried fruit)* hrozinka, korintka **2** Bot *(fruit)* rybíz keř i plod

currency ['karənsi] n **1** Fin měna, oběživo, platidlo; **foreign c.** valuta, deviza ■ **c. reform** měnová reforma **2** *(of ideas etc)* rozšířenost; **have some c.** být dosti rozšířený

current ['karənt] n **1** *(of water, air etc)* proud; **against the c.** lit & fig proti proudu **2** Elec **electric c.** elektrický proud, elektřina; **alternating/ direct c.** střídavý/ stejnosměrný proud ● adj **1** *(prevalent)* běžný, rozšířený **2** *(present)* dnešní, aktuální; *(situation)* stávající; *(issue of journal)* poslední; **c. month** tento měsíc; **c. account** běžný účet; **c. affairs** aktuální události ■ **~ly** adv v současné době

curriculum [kə'rikjuləm] n **1** Sch učební osnovy; studijní plán **2** Br *(CV)* **c. vitae** životopis, curriculum vitae

curry$_1$ ['kari] n *(meal)* kari; **c. powder** kari (koření)

curry$_2$ ['kari] vt **c. favour with sb** fig předcházet si koho, podlézat komu

currycomb ['karikəum] n hřebelec ● vt hřebelcovat koně

curse [kə:s] **I** vt proklínat **II** vi nadávat; **c. and swear** láteřit; **c. like a trooper** klít jako pohan, nadávat jako špaček ● n kletba, prokletí

cursor ['kə:sə(r)] n *(on slide rule)* běhoun; Comput kurzor

cursory ['kə:səri] adj *(glance)* letmý, zběžný ■ **cursorily** adv letmo, zběžně

curt [kə:t] adj *(person)* odměřený; *(answer)* úsečný, bryskní, strohý; **give a c. answer** odpovědět úsečně; **be c. with sb** stroze koho odbýt

curtail [kə:'teil] vt *(rights)* omezit, oklestit

curtain ['kə:tn] n záclona, závěs; Theat opona; **draw the ~s** *(open)* roztáhnout záclony, *(close)* zatáhnout záclony ♦ **that will be ~s for him** *(he will die)* to bude jeho konec, *(he will be dismissed)* vyletí z práce, poletí z práce ■ **c. call** vyvolání herce před oponu

curts(e)y ['kə:tsi] n obřadná dívčí úklona, inf pukrle; **make a c.** uklonit se ● vi uklonit se, inf udělat pukrle

curvaceous [kə:'veišəs] adj inf pěkně stavěná, dobře udělaná

curvature ['kə:vəčə(r)] n zakřivení; Anat *(of spine)* křivost, zakřivení

curve [kə:v] n gen oblouk; *(of river, road)* ohyb, ohbí; Stat křivka; **~s** *(of woman)* oblé tvary; **ascending/ descending c.** stoupající/ klesající křivka např. cen ● **I** vt ohnout **II** vi *(road, river)* točit se, tvořit oblouk

curved [kə:vd] adj oblý, zakřivený, zahnutý

cushion ['kušn] n polštář, poduška; Billiards mantinel ● vt *(blow, fall)* ztlumit, zmírnit

cushy ['kuši] adj inf pohodlný; **c. number** teplé místečko, sinekura

custard ['kastəd] n vanilkový krém litý na moučník

custodial [ka'stəudiəl] adj **a c. sentence** trest na svobodě

custodian [ka'stəudiən] n *(of building)* dozorce, strážce; *(of morality)* strážce, ochránce; *(of child)* poručník

custody ['kastədi] n **1** *(care)* péče, dohled; **grant c. (of a child) to sb** přiřknout komu dítě při rozvodu **2 police c.** policejní vazba; **take** or **put sb into c.** vzít koho do vazby

custom ['kastəm] n **1** zvyk, zvyklost, úzus; **according to an old c.** podle starého zvyku **2** *(customers)* klientela, zákaznictvo; *(patronage)* přízeň zákaznictva; **we have lost a lot of c.** ztratili jsme spoustu zákazníků; **I'll take my c. elsewhere** budu nakupovat jinde

customary ['kastəməri] adj běžný, obvyklý; **c. law** zvykové právo

custom-built [kastəm'bilt] adj *(car etc)* zakázkový, zhotoven na zakázku

customer ['kastəmə(r)] n zákazník, zákaznice ♦ **a queer c.** divný patron; **a suspicious c.** podezřelý ptáček; **a notorious c.** vyhlášená firma ▪ **c. service** služby zákazníkům or pro zákazníky

customized ['kastəmaizd] adj zhotovený na zákazku or na míru

customs ['kastəmz] n pl *(duty)* clo; *(c. house)* celnice; **at the c.** na celnici; **go through the c.** projít celní prohlídkou ▪ **c. clearance** celní odbavení, proclení; **c. hall** celní hala; **c. officer** celní úředník, celník; **C. and Excise** Br celní úřady

cut [kat] n **1** *(act of ~ting)* říznutí, stříhání, *(with sword)* seknutí **2** *(injury)* řezná rána, sečná rána **3** *(reduction: in prices etc)* snížení, *(in services etc)* omezení; *(in text)* seškrtání **4** *(of meat)* kousek, plátek **5** inf *(portion, share)* „podíl" **6** *(of clothes)* střih **7 short cut** zkratka cesty **8 power cut** přerušení dodávky proudu **9** Cards sejmutí **10** Sport říznutí míče **11** ♦ **a cut above the rest** inf *(of person, achievement etc)* extra třída ● adj **1** *(flowers)* řezaný; *(glass)* broušený **2** *(prices)* snížený ● v **(-tt-**; pt, pp **cut)** **I** vt **1** *(with knife)* řezat, *(bread etc)* krájet; *(with scissors)* stříhat; *(with sword, axe)* sekat, (u)seknout; *(rope)* přetnout; *(grass)* sekat; *(cake)* rozkrájet; **cut one's finger** říznout se do prstu; **cut one's wrists** podřezat si žíly; **have one's hair cut** dát se ostříhat ♦ **cut the Gordian knot** rozetnout gordický uzel; **it cut him to the quick** velmi ho to zabolelo, ťalo ho to do živého; **that won't cut much ice with him** s tím u něho nepořídíte **2** *(glass, diamond)* brousit; *(material)* nastříhat; *(film)* sestříhat **3** *(shorten)* zkrátit; *(reduce: prices etc)* snížit; **cut costs** snížit náklady; **cut sb short** zarazit koho, přerušit koho; **to cut a long story short** abych byl stručný, abych to zkrátil, suma sumárum **4** *(intersect)* přetínat, protínat; *(roads etc)* křížit **5** *(electricity, gas)* vypnout, přerušit dodávku čeho **6** *(omit)* vynechat; *(skip: lectures)* sl dated vynechat **7 cut sb dead** ignorovat koho **8** Cards snímat, sejmout **9** Sport řezat míč **II** vi **1** *(knife/ scissors etc)* řezat/ stříhat etc **(very well** velmi dobře) ♦ **it ~s both ways** to je dvojsečná zbraň **2** *(intersect)* protínat se, křižovat se **3** Cards snímat **4 cut and run** inf vzít nohy na ramena **III** phr vs ▪ **cut away** vt odříznout, odstřihnout, odseknout ▪ **cut back** *I* vt *(expenditure)* omezit, snížit *II* vi **cut back on sth** *(expenses, smoking etc)* omezit co ▪ **cut down** *I* vt **1** *(tree)* skácet, pokácet **2** *(expenses)* snížit, omezit ♦ **cut sb down to size** fig srazit komu hřebínek *II* vi **cut down on sth** *(drinking etc)* omezit co ▪ **cut in on** vt **c. in on sb/ sth** přerušit někoho, skočit komu do řeči/ přerušit něco ▪ **cut into** vt *(cake etc)* zaříznout do čeho ▪ **cut off** vt **1** *(with knife/ scissors/ sword)* odříznout/ odstřihnout/ useknout, utnout **2** *(gas, electricity)* vypnout, přerušit dodávku čeho **3** *(supplies; relations)* přerušit ▪ **cut out** *I* vt **1** vyříznout, vystřihnout etc **2** *(dress)* nastříhat or stříhnout na šaty **3** *(delete)* vynechat; **cut out smoking** přestat kouřit ♦ **cut it out!** inf přestaň s tím!, nech toho! *II* vi *(of engine)* vynechat ▪ **cut up** vt rozřezat, nařezat maso etc

cutaneous [kju:'teiniəs] adj kožní

cutback ['katbæk] n Econ restrikce

cute [kju:t] adj hezoučký, roztomilý

cut glass [kat'gla:s] n broušené sklo

cuticle ['kju:tikl] n *(skin)* epidermis; *(on nails)* kůžička

cutlery ['katləri] n jídelní příbory

cutlet ['katlət] n kotleta; *(of minced meat)* karbanátek

cut-price [kat'prais] adj zlevněný

cutthroat ['katθrəut] n hrdlořez, zabiják, vrah ● adj *(competition)* bezohledný

cutting ['katiŋ] adj *(remark)* sarkastický, jedovatý, kousavý ● n *(from newspaper)* výstřižek

cuttlefish ['katlfiš] n Zool sépie

CV, cv [si:'vi:] abbr of **curriculum vitae**

cwt abbr (pl **cwts) = hundredweight** (≅ 50 kg)

cyanide ['saiənaid] n kyanid; **potassium c.** kyanid draselný, cyankáli

cybernetics [saibə'netiks] n kybernetika

cyclamen ['sikləmən] n Bot brambořík, cyklámen

cycle ['saikl] n **1** *(bicycle)* jízdní kolo ▪ **c. race** cyklistický závod; **c. track** pruh pro cyklisty **2** cyklus (**of the seasons** ročních období), koloběh (**of life** života) ● vi jezdit na kole

cyclic(al) ['saiklik(l)] adj cyklický

cycling ['saikliŋ] n jízda na kole; Sport cyklistika

cyclist ['sajklist] n cyklista

cyclone ['saikləun] n cyklón

cylinder ['silində(r)] n Geom, Techn, gen válec; **oxygen c.** kyslíková bomba ▪ **c. block** Aut blok válců

cymbals ['simbəlz] n pl činely

cynic ['sinik] n cynik, cynička

cynical ['sinikl] adj cynický

cynicism ['sinisizəm] n cynismus

cypress ['saiprəs] n cypřiš

Cypriot ['sipriət] adj kyperský ● n Kypřan/ Kypřanka

Cyprus ['saiprəs] n Kypr

Cyrillic [sə'rilik] *(alphabet)* n cyrilice

cyst [sist] n cysta

cystitis [si'staitis] n zánět močového měchýře, cystitida

czar [za:(r)] n car

czarina [za:'ri:nə] n carevna

Czech [ček] adj český; **C. Republic** Česká republika ● n **1** Čech, Češka **2** *(language)* čeština; **translated from (the) C. by ...** z češtiny přeložil ...

Czechoslovak [čekəu'sləuvæk] adj formerly československý ● n formerly Čechoslovák, Čechoslovačka

Czechoslovakian [čekəusləu'vækiən] adj see **Czechoslovak**

D

D, d [di:] n **1** *(letter)* D, d **2** Mus **D sharp** dis; **D flat** des **3** Sch dostatečná

dab$_1$ [dæb] n **1** *(small amount)* troška, krapet, kapka; **give sth a d. of paint** jemně něco přetřít **2** **~s** *(fingerprints)* inf otisky prstů ● vt (**-bb-**) jemně se dotknout čeho – vatou, kapesníkem ap.; *(with paint)* jemně přetřít; **dab sth on** jemně něco nanést

dab$_2$ [dæb] adj **be a dab hand at sth** Br inf *(eg chess, golf etc)* výborně co ovládat, být na co kadet

dab$_3$ [dæb] n Zool platýs

dabble ['dæbl] **I** vt *(splash: hands, feet)* máčet, namočit, navlhčit **II** vi **d. in** or **at sth** fušovat do čeho; **d. in politics** fušovat do politiky

dabbler ['dæblə(r)] n amatér, diletant; *(in politics)* politikář

dachshund ['dækshund] n jezevčík

dactyl ['dæktil] n Liter daktyl

dactylic [dæk'tilik] adj Liter daktylský

dad [dæd], **daddy** ['dædi] n tatínek, táta; **my mum and dad** naši

Dada, dada ['da:da:] n Art, Liter dada

Dadaism, dadaism ['da:da:izm] n dadaismus

daddy ['dædi] n see **dad** ♦ **the d. of them all** inf největší z nich

daddy longlegs [dædi'loŋlegz] n **1** Br *(crane fly)* tiplice **2** Amer sekáč pavouk

dado ['deidəu] n (pl **~es**) **1** *(on wall)* nízké obložení stěn **2** Archit *(of pedestal)* pata

daemon ['di:mən] n see **demon**

daff [dæf] n see inf **daffodil**

daffodil ['dæfədil] n narcis; *(colour)* **d. (yellow)** světležlutá barva

daffy ['dæfi] adj sl potrhlý, praštěný, ťuknutý

daft [da:ft] adj inf pitomý, praštěný, ťuknutý; **a d. idea** sl blbý fór; **be a bit d.** být poněkud padlý na hlavu; **go d.** zpitomět, zbláznit se; **go d. about sb** zbláznit se do koho; **be (as) d. as a brush** být blbý až to bučí ● adv **don't talk d.!** nežvaň!

dagger ['dægə(r)] n **1** *(weapon)* dýka; **draw one's d.** tasit dýku ♦ **look ~s at sb** inf probodávat koho očima, loupnout or střelit po kom očima; **they are at ~s drawn** jsou spolu na kordy, hněvají se; **be at ~s drawn with sb** hněvat se s kým **2** Typ křížek

dago ['deigəu] n (pl **~s** or **~es**) offens Amer přivandrovalec zvl. ze Španělska

daguerreotype [də'gerəutaip] n daguerrotypie [-ge-]

dahlia ['deiliə] n jiřina

daily ['deili] adj denní, každodenní; **the d. grind** každodenní lopota or dřina; **d. programme** denní režim; **d. quota** denní penzum ♦ **d. press** denní tisk; **one's d. bread** každodenní chlebíček; **our d. bread** Bibl chléb náš vezdejší; **one's d. dozen** inf (ranní) rozcvička ● adv denně; **twice d.** dvakrát za den, dvakrát denně ● n **1** *(newspaper)* denník **2** Br **d. (help** or **woman)** pomocnice v domácnosti

daintily ['deintili] adv jemně, taktně; *(move)* půvabně

dainty ['deinti] adj (**-ier, -iest**) půvabný, jemný; *(food)* lahodný, vybraný; **a d. morsel** delikatesa ● n lahůdka, mls, pamlsek

dairy ['deəri] n mlékárna podnik i prodejna ■ **d. cow** dojnice; **d. farm** mléčná farma; **d. industry** mlékárenství, mléčný průmysl; **d. produce** mléčné výrobky; **d. shop** mlékárna

dais ['deiis] n pódium, Sch stupínek

daisy ['deizi] n Bot sedmikráska, chudobka; **she is as fresh as a d.** je čerstvá jako růžička; **oxeye d.** kopretina ♦ **push up the daisies** inf být (už) pod drnem, coll čichat k fialkám zespoda

daisy wheel ['deiziwi:l] n Comput typové kolečko; **d.-wheel printer** tiskárna s typovým kolečkem

dale [deil] n poet údolí

dalliance ['dæliəns] n fml lelkování; *(flirtation)* flirtování, laškování

dally ['dæli] vi (**-ie-**) **1** *(loiter)* **d. over sth** lelkovat nad čím **2** *(toy with)* **d. with sth** pohrávat si s čím; **d. with the idea of ...** pohrávat si s myšlenkou, že ...; **d. with sb's affections** zahrávat si s city koho **3** **d. with sb** dated flirtovat or koketovat s kým

Dalmatia [dæl'meišə] n Dalmácie

Dalmatian [dæl'meišən] n **1** *(dog)* dalmatin **2** *(person)* Dalmatinec/ Dalmatinka ● adj dalmatský

dam$_1$ [dæm] n přehrada, hráz; *(reservoir)* umělé jezero, vodní nádrž ● vt (**-mm-**) also **dam up** *(river, lake)* přehradit

dam$_2$ [dæm] n Zool samice, zvířecí matka

damage ['dæmidž] n škoda, škody, poškození (**to sth** čeho), újma; **extensive d.** velké škody; **cause d.** způsobit or natropit škody; **do d. to sth** *(relations)* poškodit něco, škodit čemu, *(reputation)* pošramotit; **suffer d.** utrpět škody ♦ **what's the d.?** inf kolik to koštuje? ● vt poškodit; *(mechanism)* pokazit, porouchat, polámat; **~d reputation** pošramocená pověst; **get ~d** poškodit se, porouchat se; **d. one's own health** způsobit si újmu na zdraví

damages ['dæmidžiz] n pl; Jur odškodné, odškodnění, náhrada škody

damaging ['dæmidžiŋ] adj škodlivý, *(information, details)* kompromitující; **d. to one's health** zdraví škodlivý, nezdravý

Damascus [də'mæskəs] n Damašek ■ **D. steel** damascenská or damašská ocel

damask ['dæməsk] n **1** Text damašek **2 d. (steel)** damašská or damascenská ocel **3** *(colour)* starorůžová barva ● adj Text damaškový

dame [deim] n **1 D.** *(title)* Dáma nositelka řádu Britského Impéria **2 (pantomime) d.** postava komické staré ženy **3** Amer sl ženská, holka

damn [dæm] vt proklít, zatratit; **I'll be ~ed if I do it** čerta to udělám, ani mě nenapadne to dělat ♦ **d. (it!)** sakra!, hrome! ● adv **know d. all about sth** inf vědět o čem starou belu or starou bačkoru; **you know d. well that . . .** moc dobře víš, že . . . ● n **I don't give** or **care a d. (about it)** inf je mi to úplně fuk; záleží mi na tom, jako na loňském sněhu; **it's not worth a d.** stojí to za starou belu

damnable ['dæmnəbl] adj **1** Relig hodný zatracení **2** fig *(disgraceful)* zavrženíhodný, mrzký **3** *(awful)* hrozný, příšerný

damnation [dæm'neišn] n zatracení, prokletí; **eternal d.** věčné prokletí ● interj kruci!, sakra!, zatraceně!

damned [dæmd] adj inf zatracený, zpropadený, zlořečený; **he is a d. liar** je to lhář prolhaná; **what a d. nuisance!** to je ale otrava! ● n **the d.** Relig & lit zatracenci, zavrženci

damnedest ['dæmdist] n inf *(utmost)* **I'll do my d. to finish it in time** udělám všechno, co je v mých silách, abych to dokončil včas

damning ['dæmiŋ] adj *(evidence)* průkazný, pádný

Damocles ['dæməkli:z] n **(the) sword of D.** Damoklův meč

damp [dæmp] adj vlhký, mokrý; *(wall)* opocený; **become d.** zvlhnout, navlhnout, nasáknout vlhkem, *(wall)* opotit se; **it's d. and cold today** dnes je sychravo ■ **d. squib** fig rána do prázdna ● n vlhko, vlhkost ● vt **1** navlhčit, zvlhčit např. prádlo, zvlhčit **2** fig *(sb's enthusiasm)* zchladit **3** Mus tlumit

dampen ['dæmpən] vt **1** *(wet)* navlhčit, zvlhčit **2** fig *(enthusiasm, ardour)* zchladit

damper ['dæmpə(r)] n **1** Mus dusítko piána; fig hořká pilulka, ledová sprcha or lázeň; **put a d. on sth** vrhnout na co stín, zkazit co; **put a d. on sb's enthusiasm** zchladit čí nadšení **2** Techn šoupátko

dampness ['dæmpnəs] n vlhko(st)

damp-proof ['dæmppru:f] adj odolný proti vlhkosti

damsel ['dæmzəl] n arch slečna, děva

dance [da:ns, Amer dæns] n **1** tanec; **St. Vitus's d.** tanec svatého Víta; **have a d.** zatančit si; **may I have this d.?** smím prosit? **2** *(party)* taneční zábava, inf muzika, veselice; **I was at a d. yesterday** včera jsem byl tancovat; **go to a d.** jít si zatancovat ■ **d. band** taneční orchestr; **d. floor** taneční parket; **d. music** taneční hudba; **d. programme** taneční pořádek; **d. hall** taneční sál ● **I** vi tancovat, tančit; **invite** or **ask a girl to d.** vyzvat dívku k tanci ♦ **d. to sb's tune** tancovat jak někdo píská; **I don't feel like dancing** není mi do tance; **spend the night dancing** protancovat noc **II** vt **d. attendance on sb** dělat někomu pomyšlení

dancer ['da:nsə(r), Amer dænsə(r)] n tanečník, tanečnice; **ballet d.** baletní tanečník; **he is a good d.** dobře tancuje

dancing ['da:nsiŋ, Amer dænsiŋ] adj *(lessons, instructor* etc*)* taneční; **d. girl** tanečnice sboristka ● n tanec

D and C [di:ən'si:] abbr of **dilation and curettage** kyretáž, výškrab, potrat

dandelion ['dændilaiən] n pampeliška

dander ['dændə(r)] n **get sb's/ one's d. up** inf naštvat or rozzlobit koho/ naštvat se

dandle ['dændl] vt Br **d. a baby on one's knee** houpat dítě na koleně

dandruff ['dændrəf] n lupy; **have d.** mít lupy ■ **d. shampoo** šampon proti lupům

dandy ['dændi] n hejsek, švihák, parádník, frajer ● adj **fine and d.** inf prima, báječný

Dane [dein] n Dán, Dánka; **Great D.** německá doga

danger ['deindžə(r)] n nebezpečí; **D.!** *(sign)* Životu nebezpečno!; **d. of war** nebezpečí války; **d. in delay** nebezpečí z prodlení; **be in d.** být v nebezpečí; **be out of d.** být mimo nebezpečí; **escape d.** vyhnout se nebezpečí; **be fraught with d.** být plný nebezpečí; **expose oneself to d.** vydat se všanc nebezpečí ■ **d. signal** výstražné znamení

dangerous ['deindžərəs] adj nebezpečný; *(illness)* vážný, těžký; *(assumption)* riskantní; **a d. fellow** nebezpečný člověk; **he is a d. man to trifle with** s ním si není radno zahrávat; **steer a d. course** hrát hazardní hru, riskovat; **be on d. ground** fig být na kluzké or horké půdě ■ **~ly** adv nebezpečně; **be ~ly close to sth** nebezpečně se něčemu přiblížit; **live ~ly** fig riskovat

dangle ['dæŋgl] **I** vi houpat se, plandat

o něčem zavěšeném **II** vt *(object on string* etc*)* houpat čím, kývat čím, *(legs, arms)* klátit čím ♦ **d. sth in front of sb** lákat koho na co; **keep sb dangling** udržovat koho v nejistotě

Danish ['deiniš] adj dánský; **D. blue** dánský plísňový sýr; **D. pastry** koláč z plundrového těsta ● n *(language)* dánština; **the D.** *(people)* Dánové

dank [dæŋk] adj nepříjemně vlhký

Danube ['dænju:b] n **the D.** Dunaj

dapper ['dæpə(r)] adj elegantní, upravený, jako ze škatulky

dappled ['dæpld] adj *(animal)* skvrnitý, kropenatý; *(horse)* grošovaný; *(sky)* s beránky

dare [deə(r)] vt **1 d. sb to do sth** vyzvat koho k čemu; **I d. you to do it** o co, že to neuděláš **2 d. to do sth** troufnout si něco udělat; **just you d.!** jen se opovaž!; **how d. you?** jak se opovažujete?; **how d. you talk to me like that!** jak se opovažuješ se mnou takhle mluvit?; **I d. say** řekl bych, snad; **I ~n't contradict him** netroufám si mu odporovat; **I ~n't tell her** netroufám si jí to říci

daredevil ['deədevl] n odvážlivec, opovážlivec ● adj opovážlivý, troufalý

daring ['deəriŋ] adj smělý, odvážný, troufalý; *(feat)* husarský, bravurní; **a d. exploit** bravurní kousek ■ **~ly** adv odvážně, troufale; **a ~ly low-cut dress** šaty s odvážným dekoltem ● n odvaha, troufalost

dark [da:k] adj **1** tmavý, *(room* also*)* ponurý; *(night, forest, clouds)* černý; **the d. side of the Moon** odvrácená strana Měsíce; **the d. continent** černý kontinent Afrika; **it is d.** je tma; **the room is d.** v místnosti je tma; **it's pitch d. here** je tu tma jako v ranci; **it is getting** or **growing d.** stmívá se, smráká se; **when it got d.** když se setmělo **2** *(colour)* tmavý; **a d. suit** tmavý oblek; *(d.-haired)* tmavovlasý; **d. green/ grey** tmavozelený/ tmavošedý; **d. beer** černé pivo **3** *(mysterious)* tajemný ♦ **a d. horse** tichá voda, *(in competition)* ne favorit **4** *(gloomy)* **d. thoughts** černé myšlenky; **the ~er side of sth** stinná stránka čeho; **look on the d. side of things** vidět všechno černě **5** *(evil: forces, powers)* temný ● n **1** tma, temnota; **grope in the d.** šmátrat ve tmě; **lurk in the d.** skrývat se v temnotě; **before d.** než se setmí, před setměním **2** fig ♦ **be in the d. about sth** nebýt s čím obeznámený, nemít v čem jasno; **leave sb in the d.** nechat koho v nevědomosti; **I was in the d. about several things** leccos mi nebylo jasné; **a leap in the d.** skok do tmy; **a shot in the d.** sázka do loterie, rána od boku

darken ['da:kn] **I** vt *(window)* zatemnit, zastřít **II** vi ztmavnout; *(sky, face)* (za)kabonit se, zamračit se; *(face* also*)* zasmušit se ♦ **never d. my door again** arch ať tě tu už nikdy neuvidím

darkish ['da:kiš] adj dost tmavý

darkly ['da:kli] adv *(gloomily)* zasmušile, *(mysteriously)* tajemně

darkness ['da:knəs] n tma, temnota; **total** or **pitch d.** hluboká tma, tma jako v pytli; **distinguish a figure in the d.** rozpoznat v šeru postavu; **plunge into d.** ponořit se do tmy; **under cover of d., under the cloak of d.** pod rouškou tmy

darkroom ['da:kru:m] n Phot temná komora

darky, darkie ['da:ki] n offens černoch, černej*, negr

darling ['da:liŋ] n miláček, drahoušek; **you're a d.** to je od tebe moc milé; **mummy's d.** maminčin mazánek; **the d. of the public** miláček obecenstva; **my d.!** miláčku!; **be a d. and ...** buď tak moc dobrý a ... ♦ **the d. of the Muses** miláček Múz; **Fortune's d.** miláček štěstěny ● adj *(delightful, charming)* rozkošný, roztomilý; **what a d. little kitten!** to je ale krásné koťátko!

darn [da:n] n *(on socks* etc*)* vyspravené or inf zaštupované místo, správka na ponožkách ap. ● vt *(socks* etc*)* látat, inf štupovat

darn(ed) [da:n(d)] adj inf zpropadený, zatracený; **I couldn't see a d. thing** neviděl jsem zhola nic ● adv zpropadaně, zatraceně; **it's d. good** to je senzační

darning ['da:niŋ] adj *(needle, egg, thread)* látací

dart [da:t] n **1** *(light javelin)* oštěp; Sport šipka; **~s** Game šipky, hra v šipky **2** Sew záševek **3** *(sudden movement)* rychlý pohyb; **he made a d. for the door** rozběhl se or vrhl se ke dveřím ● vi rychle se pohybovat, míhat se; **d. (about)** pobíhat, inf lítat*; **d. in and out** běhat sem a tam

dartboard ['da:tbo:d] n terč při hře v šipky

Darwinian [da:'winiən] adj darwinovský, darwinistický

Darwinism ['da:winizm] n darwinismus

Darwinist ['da:winist] n darwinista

dash [dæš] n **1** *(sudden movement)* skok dopředu, rychlý pohyb dopředu; **make a d.** snažit se utéct na svobodu; **he made a d. for it** *(rush)* upaloval co nejrychleji mohl, *(escaped)* uprchl **2** Amer *(sprint)* sprint, závod na krátkou trať **3** *(punctuation mark)* pomlčka; *(in Morse code)* čárka; **swung d.** vlnovka, Typ tilda; **dots and ~es** tečky a čárky **4** *(small amount)* kapka, příměs, trocha; *(of salt* also*)* špetka; **green with**

a d. of blue zelená s nádechem do modra **5 cut a d. with sb** udělat na někoho dojem **6** = **dashboard** ● **I** vt **1** *(throw)* hodit, mrštit; **d. sth to the ground** hodit něco na zem **2 d. sb's hopes** zhatit čí naděje; **d. sb's spirits** deprimovat koho, demoralizovat koho; **his hopes were ~ed** jeho naděje se rozplynuly **3 d. it!** *(damn it)* hrome!, zatraceně!; **oh, d.** to je k zlosti; **I'll be ~ed!** k sakru! **II** vi pádit, letět, řítit se; **I must d.** Br už musím letět **III** phr vs ■ **dash about** or **around** vi pobíhat, inf lítat*; **d. around like a mad thing** pobíhat jako splašený, lítat* jako janek ■ **dash in** vi vpadnout dovnitř ■ **dash off** *I* vi odběhnout, vyrazit (si) kam *II* vt *(story)* vychrlit; **d. off a few lines** nahodit na papír několik řádků

dashboard ['dæšbo:d] n přístrojová deska, ovládací panel

dashing ['dæšiŋ] adj elegantní, švihácký; *(officer, rider* also*)* švarný

dastardly ['dæstədli] adj hanebný, odporný, mrzký, ničemný

data ['deitə] n pl **1** fml údaje; **personal d.** nacionále, osobní údaje, personálie **2** Comput data, údaje ■ **d. link** datový spoj; **d. processing** zpracování dat or údajů

databank ['deitəbæŋk] n databanka

database ['deitəbeis] n Comput databáze

date$_1$ [deit] n *(fruit)* datle; *(date palm)* datlovník

date$_2$ [deit] n **1** datum; *(for payment* etc*)* termín, lhůta; **the closing d.** uzávěrka; **d. of birth** den narození; **what's the d. today?** kolikátého je dnes?; **to d.** do dnešního dne; **be out of d.** být nemoderní; **be up to d.** *(clothes)* být moderní; **be up to d. with the news/ developments** mít přehled o nejnovějších zprávách/ událostech; **be up to d. with one's work** mít čistý stůl **2** inf *(with boyfriend/ girlfriend)* schůzka, rande; **make a d. with sb** dát si s kým schůzku; **go out on a d.** jít na rande **3** inf esp Amer *(boy-/ girlfriend)* dívka/ chlapec; **who is your d.?** s kým chodíš?; **blind d.** schůzka naslepo, inf schůzka na blint ■ **d. rape** znásilnění na schůzce ● **I** vt **1** *(letter* etc*)* datovat **2 d. sb** inf *(go out with)* chodit s někým **II** vi **d. back to/ d. from** pocházet z určité doby, datovat se odkdy; **the building ~s back to the 12th century** budova pochází z 12. století

dated ['deitid] adj zastaralý, staromódní

dative ['deitiv] n dativ; **in the d.** v dativu

daub [do:b] vt *(smear)* zamazat, zašpinit (**with sth** čím); *(paint)* mazat kreslit

dauber ['do:bə(r)] n mazal

daughter ['do:tə(r)] n dcera

daughter-in-law ['do:tərinlo:] n snacha

daunt [do:nt] vt zastrašit

daunting ['do:ntiŋ] adj *(prospects)* skličující

dauntless ['do:ntləs] adj neohrožený, nebojácný

dawdle ['do:dl] **I** vi loudat se; **d. over one's work** loudat se or nimrat se s prací **II** phr vs ■ **dawdle about** vi loudat se, courat se ■ **dawdle away** vt *(time)* promarnit, proflákat

dawn [do:n] n svítání, úsvit, červánky; **at d.** na úsvitě, za šera ráno, za rozbřesku; **at the crack of d.** za prvního rozbřesku; **from d. to dusk** od rána do večera, od tmy do tmy ♦ **the d. of freedom** fig úsvit or rozbřesk svobody ● **I** vi svítat, rozednívat se; **it's ~ing, day is ~ing** rozednívá se, dní se **II** phr v ■ **dawn on** vt **it soon ~ed on him that ...** brzy si uvědomil, že ...; **the truth has ~ed on him at last** konečně mu svitlo; **now it is ~ing on me** už mi svítá

day [dei] n **1** den; **a glorious d.** den jako vymalovaný; **for three ~s** tři dny o trvání; **the d. before yesterday** předevčírem; **the d. after tomorrow** pozítří; **one fine d.** jednoho krásného dne; **d. after d.** den po dni, dnes a denně; **d. in (and) d. out** den co den, svátek nesvátek; **every other d.** obden, každý druhý den; **all d. long** celý den; **by d.** ve dne; **from d. to d.** den ode dne, ode dne ke dni; **d. and night** ve dne v noci; **at the close of the d.** na sklonku dne ♦ **at the end of the d.** konec konců, když se to vezme kolem a kolem; *(put sth aside)* **for a rainy d.** pro strýčka Příhodu; **till one's dying d.** do poslední chvíle; **in the evening of one's ~s** na sklonku života; **the order of the d.** příkaz doby, heslo dne ■ **d. shift** denní směna; **d. trip** jednodenní výlet **2** *(one particular d.)* **Christmas/ Easter D.** Boží hod vánoční/ velikonoční; **Mother's D.** Svátek matek **3** pl **~s** *(period)* **these ~s** poslední dobou; **in those ~s** tehdy, v té době; **the ~s of my youth** dny mého mládí ♦ **the good old ~s** staré zlaté časy; **in ~s of yore, in the olden ~s** za starých časů, za dávných časů, před dávnými časy; **in our ~s** za našich časů; **to the end of one's ~s** až do poslední hodinky

dayboy ['deiboi] n Sch externista v internátní škole

daybreak ['deibreik] n úsvit, (ranní) rozbřesk, červánky, bílý den; **at d.** na úsvitě, za svítání; **from d.** od ranního úsvitu, od božího rána; **till d.** až do bílého rána

daydream ['deidri:m] n *(~ing)* snění (s otevřenýma očima), fantazírování ● vi snít s otevřenýma očima, blouznit, fantazírovat např. o budoucnosti

daygirl ['deigə:l] n Sch externistka, externí studentka v internátní škole

daylight ['deilait] n **1** denní světlo; **in broad d.** za bílého dne ♦ **it's as clear as d.** je to nad slunce jasnější, je to jasné jako facka ■ **d. saving time** Amer letní čas; **it's d. robbery** to je hotová loupež **2** ♦ **scare the living ~s out of sb** inf vystrašit někoho k smrti; **beat the living ~s out of sb** inf zmlátit koho, div nevypustil duši; zmlátit koho jako psa, dát někomu na pamětnou

daytime ['deitaim] n den; **in the d.** za dne, během dne

daze [deiz] vt omámit; **be ~d** být (jako) omámený or zmámený ● n omámení; *(walk around)* **in a d.** (jako) v tranzu, jako ve snách, jako náměsíčný, inf jako pitomý

dazzle ['dæzl] vt oslnit, oslepit; **her beauty ~d him** její krása ho oslepila ● n (oslnivý) lesk, třpyt

dazzling ['dæzliŋ] adj lit & fig oslnivý, oslepující ■ **~ly** adv oslnivě; **~ly white** oslnivě bílý

DC [di:'si:] abbr of **1 direct current** stejnosměrný proud **2** Amer **District of Columbia**

DD [di:'di:] n abbr of **Doctor of Divinity** ThDr.

D-day ['di:dei] n **1** Hist den vylodění 6. červen 1944, den spojenecké invaze do Francie **2** *(important day)* den D

deacon ['di:kən] n Relig jáhen, diákon

deaconess [di:kə'nes, 'di:kənis] n Relig diákonka

dead [ded] adj **1** *(not alive)* mrtvý, *(person* also*)* zemřelý, zesnulý, *(animal* also*)* uhynulý, *(fish* also*)* leklý; *(flower)* zvadlý, suchý, uschlý, uvadlý, *(tree)* uschlý; **d. man/ woman** mrtvý/ mrtvá; **shoot sb d.** zastřelit někoho; **drop (down) d.** klesnout mrtev k zemi; **she has been d. for two years** je už dva roky mrtvá; **he's been d. for a long time now** je už dávno mrtvý; **be d. and buried** být na pravdě boží, inf být bradou vzhůru, fig být pohřbený, být pasé ♦ **over my d. body** jen přes mou mrtvolu; **I wouldn't be seen d. in that dress** inf v těch šatech mě nikdo neuvidí; **for me she is as good as d.** pro mě je mrtvá, pro mě neexistuje; **he was half d. with fright** byl polomrtvý strachem; **flog a d. horse** mlátit prázdnou slámu **2** *(numb: fingers, toes* etc*)* bez citu, necitlivý ♦ **be d. from the neck up** inf mít v hlavě seno; **be d. to the world** spát jako dudek, spát jako by ho do vody hodil **3** *(*Tel *line; microphone)* hluchý; *(letter)* nedoručitelný; **d. stock** mrtvý inventář; **d. weight** mrtvá váha ♦ **d. letter box** mrtvá schránka **4** *(fire)* vyhaslý; *(match)* použitý; *(battery)* vybitý; **d. end** slepá ulička; mrtvý bod; **a d.-end job** bezperspektivní zaměstnání **5** Sport *(ball)* mrtvý; **d. heat** mrtvý závod **6** *(obsolete: language)* mrtvý **7** *(not lively: town)* mrtvý ♦ **this place is d.** tady je to jako po vymření **8** *(tired)* mrtvý, unavený k smrti **9** *(complete: certainty* etc*)* absolutní, naprostý, *(silence* also*)* hrobový, hluboký, mrtvý; **it's a d. cert** inf je to na beton; **be in d. earnest** myslet něco smrtelně vážně ● adv **1** *(precisely)* přesně; **arrive d. on time** přijít na minutu přesně **2** naprosto, absolutně; **be d. scared** být polomrtvý strachem, být strachy bez sebe; **be d. tired, be d. beat** být k smrti unavený, být úplně mrtvý únavou; **you are d. right** máš stoprocentně pravdu ● n pl **the d.** mrtví; **rise from the d.** vstát z mrtvých

deaden ['dedn] vt *(feelings)* otupit, *(nerve)* umrtvit, *(noise, pain)* ztlumit, *(shock)* zmírnit

deadline ['dedlain] n **1** *(date)* (konečný) termín, lhůta; **fix a d.** stanovit termín; **meet a d.** dodržet lhůtu; **the d. has expired** lhůta vypršela **2** Journ uzávěrka novin a časopisů

deadlock ['dedlok] n mrtvý bod; **reach a d.** uváznout na mrtvém bodě, nemoci se hnout z místa

deadly ['dedli] adj *(weapon)* smrticí; *(epidemic)* zhoubný; *(hatred, effect; sin)* smrtelný; *(silence)* hrobový ● adv hrozně, smrtelně; **d. pale** zsinalý, smrtelně bledý; **d. boring** děsně nudný or otravný, k smrti nudný; **be d. serious** myslet to smrtelně vážně

deadly nightshade [dedli'naitšeid] n Bot rulík zlomocný

dead-nettle ['dednetl] n hluchavka

deadpan ['dedpæn] adj *(expression)* nehybný, *(face)* bezvýrazný, kamenný

Dead Sea [ded'si:] n Mrtvé moře

dead wood, Amer **deadwood** ['dedwud] n balast; *(useless personnel)* inf přebyteční pracovníci

deaf [def] adj hluchý; **d. and dumb** hluchoněmý; **go d.** ohluchnout; **be d. in one ear** být hluchý na jedno ucho; **be partially d.** nedoslýchat; **d. as a post** hluchý jako poleno ♦ **be d. to sb's pleas** být hluchý k čím prosbám; **preach to d. ears** kázat hluchým; **he turns a d. ear** dělá, že neslyší

deaf-aid ['defeid] n Br naslouchátko pro nedoslýchavé, sluchadlo

deafen ['defn] vt zbavit sluchu; fig ohlušit

deafening ['defniŋ] adj hřmotný, ohlušující ■ **~ly** adv **~ly loud** ohlušující

deaf-mute [def'mju:t] n hluchoněmý

deafness ['defnəs] n hluchota

deal$_1$ [di:l] n **1 (business) d.** obchod, transakce; **a good/ bad d.** dobrý/ špatný obchod; **clinch a d.** sjednat obchod ♦ **big d.!** inf no a co!, to je toho!; **no big d.** nic moc **2** *(agreement)* dohoda; **it's a d.** ujednáno, platí; **make a d. with sb** udělat s kým dohodu **3** *(treatment)* **give sb a fair d.** jednat s kým slušně; **he got a bad** or inf **lousy d.** vzali ho na hůl, přišel zkrátka, ošidil se **4** Cards rozdávání; **it's my d.** rozdávám já ● v (pt, pp **dealt** [delt]) **I** vt *(cards, blows)* rozdávat; **d. sb a blow** zasadit or dát komu ránu **II** phr vs ■ **deal in** vt **d. in sth** obchodovat s čím ■ **deal with** vt **1** *(job, order)* vyřídit; *(situation)* (vy)řešit; *(problem)* (vy)řešit, poradit si s čím; **d. with sb** jednat s kým, Comm obchodovat s kým, *(with a naughty child)* vyřídit si to s kým **2** *(of article, book* etc*)* **d. with sth** pojednávat o čem, zabývat se čím

deal$_2$ [di:l] n inf množství; **a great** or **good d.** hodně; **talk a great d.** moc mluvit; **we have a good d. to do** máme moc práce; **owe sb a great d.** být komu velmi zavázán; **he is a great d. more mature** je mnohem vyspělejší; **he is a great d. wiser** je mnohem moudřejší

dealer ['di:lə(r)] n **1** Comm obchodník, dealer; **antique d.** starožitník; **cattle d.** dobytkář; **import d.** dovozce; **retail d.** maloobchodník; **wholesale d.** velkoobchodník **2** Cards **who is the d.?** kdo rozdává?

dealership ['di:ləšip] n obchodní zastoupení

dealings ['di:liŋz] n jednání zvl. obchodní, transakce; **illicit** or **shady d.** čachry, černý or pokoutní obchod; **backstage d.** zákulisní pletichy; **dirty d.** špinavé kšefty; **have d. with sb** jednat or vyjednávat s kým; **have secret d. with sb** tajně s kým vyjednávat; **have no further d. with sb** nemít už co do činění s kým

dealt [delt] pt & pp of **deal**

dean [di:n] n Univ & Eccl děkan

dear [diə(r)] adj **1** drahý, milý; *(in letters)* **D. Sir/ Sirs** Vážený pane/ Vážení pánové; **D. Madam** Vážená paní; **D. John** Milý Jane; **run for d. life** běžet jako splašený **2** *(expensive)* drahý ● interj **d. me!, oh d.!** jejda!, jémine!, proboha!, jé! ● adv **pay d.** fig draze zaplatit, draze vykoupit ● n miláček; **you are a d.** ty jsi anděl, ty jsi báječný; **be a d. and open the door** buď tak hodný a jdi otevřít

dearly ['diəli] adv *(love)* vroucně; **pay d. for sth** fig zaplatit za co draze; **it will cost you d.** to vám přijde draho; **I would d. like to go** hrozně rád bych šel

dearie, deary ['diəri] n Br inf *(term of address)* miláčku!, drahoušku! ● interj **oh, d. me!** jejda!, jémine!, proboha!

dearth ['də:θ] n nedostatek koho/ čeho

death [deθ] n smrt, skon, úmrtí; *(of planet)* zánik; *(of hopes)* konec; **a sudden d.** náhlý skon; **die an unnatural/ violent d.** zemřít nepřirozenou/ násilnou smrtí; **the black d.** *(plague)* černá smrt; **the threshold of d.** brána smrti; **cause of d.** příčina úmrtí; **bleed to d.** vykrvácet; **be bored to d.** být znuděný k smrti, nudit se k ukousání; **be as pale as d.** být bledý jako smrt; **till d.** až do smrti; **a sentence of d. by hanging** trest smrti oběšením ♦ **that will be the d. of me** to bude moje smrt; **work oneself to d.** dřít se jako mezek; **it's a matter of life and d.** je to otázka života a smrti; **be at d.'s door** mít smrt na jazyku, být na prahu smrti, být nad hrobem ■ **d. agony** smrtelný zápas; **d. certificate** úmrtní list; **d. penalty** trest smrti; **d. rate** úmrtnost; **d. row** cela smrti; **d. sentence** rozsudek smrti; **d. toll** ztráty na životech

deathbed ['deθbed] n úmrtní lože; **be on one's d.** být na smrtelné posteli or smrtelném loži, být na prahu smrti

deathly ['deθli] adj *(silence, hush)* hrobový; *(pallor)* mrtvolný ● adv **d. pale** (z)sinalý, mrtvolně bledý

deathtrap ['deθtræp] n inf **be a d.** být velmi nebezpečný

debacle [dei'ba:kl] n pohroma, debakl

debase [di'beis] vt **1** *(person)* ponížit; *(virtues)* zlehčit; **d. oneself** ponížit se **2** *(coins)* znehodnotit

debatable [di'beitəbl] adj diskusní, sporný, pochybný; **it is d. whether ...** je sporné, zda ...

debate [di'beit] n debata, diskuse, Parl rozprava ● vt debatovat, diskutovat; **d. (on) sth** rokovat o čem; **d. a proposal** rokovat o návrhu

debauch [di'bo:č] vt *(morally)* kazit, svést na špatnou cestu; arch *(woman)* svést

debauched [di'bo:čt] adj *(person)* zhýralý, zpustlý, zkažený, *(life)* zhýralý, nezřízený

debauchery [di'bo:čəri] n zhýralost, zpustlost, prostopášnost

debenture [di'benčə(r)] n Fin obligace, úpis

debilitate [di'biliteit] vt vysílit, zeslabit

debilitating [di'biliteitiŋ] adj vysilující, zeslabující

debility [di'biləti] n *(physical weakness)* slabost, chabost

debit ['debit] n debet, pasívní zůstatek ● vt **d. sb's account by £20** připsat komu 20 liber k tíži

debris ['debri:] n trosky, suť, sutiny, pozůstatky

debt [det] n dluh; **bad d.** nedobytná pohledávka; **d. of honour** čestný dluh; **be in d.** být zadlužený; **be in d. to sb** mít u koho dluh; **get into d.** zadlužit se; **be out of d.** nemít dluhy; **run up ~s** zabřednout do dluhů; **extricate** or **disentangle oneself from ~s** vymotat se z dluhů, vybřednout z dluhů; **repay a d.** splatit dluh ■ **d. collector** inkasista pohledávek; **d. limit** limit dluhu

debtor ['detə(r)] n dlužník

debug [di:'bag] vt **(-gg-)** **1** lit odvšivit **2** Comput zkoušet, ladit

debut ['deibju:] n debut; **make one's d.** debutovat

debutante ['debjuta:nt] n dated debutantka

Dec abbr of **December** prosinec

decade ['dekeid] n desetiletí; **for ~s** už celá desetiletí

decadence ['dekədəns] n úpadek, dekadence

decadent ['dekədənt] adj úpadkový, dekadentní

decaffeinated [di'kæfineitid] adj **d. coffee** káva bez kofeinu

decamp [di'kæmp] vi **1** Mil *(leave a camp)* zdvihnout tábor, odtáhnout z ležení **2** inf *(abscond)* zmizet, vytratit se, ztratit se, inf vzít roha; **he ~ed with all the money** utekl se všemi penězi

decant [di'kænt] vt *(liquid)* stočit

decanter [di'kæntə(r)] n karafa

decapitate [di'kæpiteit] vt stít, utnout komu hlavu

decathlete [di'kæθli:t] n desetibojař

decathlon [di'kæθlon] n Sport desetiboj

decay [di'kei] vi *(vegetables)* hnít, *(dead body)* rozkládat se; *(food, tooth)* kazit se; *(wood)* trouchnivět; *(leaves)* tlít, zahnívat; *(building)* rozpadat se ● n hnití, rozklad; tlení, trouchnivění; *(of nation, civilization)* úpadek; **tooth d.** zubní kaz; **the d. of morals** úpadek mravů; **fall into d.** zchátrat, upadnout

decayed [di'keid] adj *(wood)* práchnivý, trouchnivý; *(food)* zkažený; *(tooth)* zkažený, vykotlaný, inf vyžraný

decease [di'si:s] n fml or Jur skon

deceased [di'si:st] adj zesnulý ● n **the d.** nebožtík, zesnulý, pl zesnulí

deceit [di'si:t] n klam, podvod; **by d.** Jur podvodně

deceitful [di'si:tfl] adj podvodný, zrádný, lstivý, úskočný ■ **~ly** adv podvodně, zrádně, lstivě

deceive [di'si:v] **I** vt klamat, podvádět (**one's husband** manžela); **d. sb into doing sth** přimět koho k čemu lstí; **d. sb into believing that ...** namluvit komu, že ...; **unless my eyes d. me** pokud mne neklame zrak **II** vi podvádět

decelerate [di:'seləreit] vi zpomalit, snížit rychlost

deceleration [di:selə'reišn] n zpomalení, snížení rychlosti

December [di'sembə(r)] n prosinec; see also **May**

decency ['di:sənsi] n (pl **-ies**) slušnost; **for d.'s sake** ze slušnosti; **have the d. to ...** mít tu slušnost a ...; **observe the decencies** chovat se slušně, dbát slušnosti

decent ['di:sənt] adj **1** *(proper)* slušný, řádný, spořádaný, charakterní, *(honest)* poctivý; *(honourable)* čestný; **live like a d. human being** žít jako člověk; **are you d.?** jsi oblečený?, jsi připravený přijmout návštěvu? **2** *(satisfactory: meal, wine, wage)* ucházející, dost dobrý **3** inf *(kind)* milý, laskavý ■ **~ly** adv slušně; čestně

deception [di'sepšn] n klam, podvod; *(of wife* etc*)* podvádění; **deliberate d.** vědomé klamání; **by deception** podvodně

deceptive [di'septiv] adj zrádný, klamný, ošidný; **appearances are d.** zdání klame

decibel ['desibel] n decibel

decide [di'said] **I** vt **d. sth** rozhodnout co or o čem; **d. to do sth** rozhodnout se něco udělat **II** vi rozhodnout se (**in favour of sth** pro co); **d. against doing sth** rozhodnout se něco nedělat; **it will be ~d higher up** to se rozhodne nahoře **III** phr v ■ **decide on** vt **d. on sb/ sth** rozhodnout se pro koho/ co

decided [di'saidid] adj attr *(definite)* rozhodný, výrazný ■ **~ly** adv *(unquestionably)* rozhodně; **he is ~ly better** je rozhodně lepší; **most ~ly** zcela určitě

decider [di'saidə(r)] n *(goal)* rozhodující gól

deciding [di'saidiŋ] adj *(voice* etc*)* rozhodující

deciduous [di'sidjuəs] adj listnatý (**tree** strom)

decilitre, Amer **deciliter** ['desili:tə(r)] n decilitr

decimal ['desəml] adj desetinný; **d. fraction** desetinný zlomek; **d. point** desetinná čárka; **d. system** desítková soustava; *(calculate sth)* **to four d. places** na čtyři desetinná místa ● n desetinné číslo

decimate ['desəmeit] vt (z)decimovat

decimetre ['desimi:tə(r)] n decimetr

decipher [di'saifə(r)] vt dešifrovat, rozluštit; fig joc rozluštit nečitelný rukopis

decision [di'sižn] n **1** *(judgement, conclusion)* rozhodnutí, Jur also rozsudek, verdikt; **a wise d.** moudré rozhodnutí; **come to a d., reach a d.** dospět k rozhodnutí; **make** or **take a d.** učinit rozhodnutí, rozhodnout se **2** *(decisiveness)* rozhodnost; **a man of d.** rozhodný člověk

decisive [di'saisiv] adj *(factor)* rozhodující, *(answer)* energický; *(person)* rozhodný; *(important)* směrodatný ■ **~ly** adv *(speak)* rozhodně; *(act)* energicky

decisiveness [di'saisivnəs] n rozhodnost, energičnost

deck [dek] n **1** Naut paluba; *(of bus)* poschodí; *(of bridge)* mostovka; **on d.** na palubě; **below d.** pod palubou; **upper d.** horní poschodí autobusu ■ **d. chair** lehátko **2 cassette d.** kazetový přehrávač **3** *(of cards)* hra soubor hracích karet ● vt *(streets)* vyparádit, vyzdobit; **d. oneself (out)** vyparádit se; **d. oneself with medals/ jewellery** ověsit se medailemi/ bižuterií

deckle-edged [dekl'edžd] adj **d.-e. paper** ruční papír

declaim [di'kleim] vt, vi deklamovat, skandovat

declamation [deklə'meišn] n deklamace

declamatory [di'klæmətəri] adj pej deklamátorský, krasořečnický, bombastický

declaration [deklə'reišn] n deklarace, prohlášení; *(of results)* vyhlášení, *(of war)* vyhlášení, vypovězení; *(of love)* vyznání; **customs d.** celní prohlášení

declaratory [di'klærətəri] adj Jur *(judgment)* deklaratorní

declare [di'kleə(r)] vt gen prohlásit, deklarovat; *(war)* vypovědět, vyhlásit; *(results)* vyhlásit; *(at customs)* přihlásit k proclení, proclít; **d. a state of emergency** vyhlásit výjimečný stav; **d. war on sb** vyhlásit or vypovědět komu válku; **d. sb innocent** prohlásit koho za nevinného; **d. sth void** skrečovat něco; **d. sth null and void** prohlásit něco za neplatné; **have you anything to d.?** máte něco k proclení? ♦ **d. a matter closed** udělat za něčím definitivní tečku; **d. one's hand** fig dát karty na stůl, ukázat barvu

declared [di'kleəd] adj otevřený, zjevný, *(enemy)* zapřisáhlý

declassify [di:'klæsifai] vt *(information)* odtajnit

declension [di'klenšn] n Ling skloňování, deklinace

declination [dekli'neišn] n **1** *(downward bend)* sklon **2** Astron deklinace **3** Amer odmítnutí

decline [di'klain] n **1** *(of empire etc)* úpadek, rozpad, rozvrat; *(of prices)* pokles **(in sth** čeho); **be on the d.** upadat, *(of prices, living standards)* klesat; **the d. of civilization** úpadek civilizace **2** Med **he went into a d.** šlo to s ním s kopce ● **I** vi **1** *(diminish: empire)* upadat/ upadnout, *(health)* zhoršovat se; *(strength, population)* ubývat čeho; *(prices etc)* klesat, poklesnout; *(influence)* (ze)slábnout, zmenšovat se; *(enthusiasm)* ochabnout, oslábnout; **d. in importance** ztrácet na důležitosti **2** *(say no)* odmítnout, odříci **3** *(slope, ground)* svažovat se **4** Ling skloňovat se **II** vt **1** *(invitation)* odříci, odmítnout; **d. to do sth** odmítnout něco udělat; **regretfully I have to d. your offer** lituji, ale nemohu vaši nabídku přijmout **2** Ling skloňovat

declining [di'klainiŋ] adj **in one's d. years** na sklonku života

declivity [di'klivəti] n svah, spád, sklon

declutch [di'klač] vi Aut vypnout spojku

decode [di:'kəud] vt dekódovat, dešifrovat

decoder [di:'kəudə(r)] n dekodér

décolletage [deikol'ta:ž] n dekoltáž, dekolt

decollete, décolleté [dei'koltei] adj dekoltovaný, s hlubokým výstřihem ● n dekoltáž

decolonization [dikolənai'zeišn] n dekolonizace

decolonize [di:'kolənaiz] vt dekolonizovat

decommission [di:kə'mišn] vt **1** *(nuclear power station)* vyřadit z provozu **2** Mil *(warship etc)* vyřadit ze služby

decompose [di:kəm'pəuz] **I** vt Chem rozložit **II** vi rozkládat se, *(rot)* hnít

decomposition [di:kompə'zišn] n rozklad, zahnívání

décor ['deiko:(r)] n výzdoba; Theat výprava

decorate ['dekəreit] **I** vt **1** *(adorn: streets)* vyzdobit, okrášlit; *(apartment: paint)* (vy)malovat, *(wallpaper)* (vy)tapetovat; *(cake, Christmas tree)* (o)zdobit; **have one's house ~d** nechat vymalovat (dům) **2** *(honour: with medals etc)* vyznamenat; **he was ~d for bravery** dostal vyznamenání za statečnost **II** vi *(paint)* malovat, *(wallpaper)* tapetovat

decoration [dekə'reišn] n **1** dekorace, okrasa, ozdoba, *(on a vase etc)* ornament; **~s** dekorace; **floral d.** květinová výzdoba **2** *(of flat)* malování **3** *(medal)* vyznamenání, řád

decorative ['dekərətiv] adj dekorativní, ozdobný, ornamentální; **be merely d.** inf *(person)* být někde jen pro parádu, dělat stafáž, dělat křoví

decorator ['dekəreitə(r)] n malíř pokojů; **interior d.** bytový architekt

decorous ['dekərəs] adj *(behaviour, person)* slušný, uhlazený, korektní ■ **~ly** adv slušně, uhlazeně, korektně

decorum [di'ko:rəm] n slušnost, korektní chování, dekorum; **with all due d.** jak se sluší a patří, ve vší počestnosti

decoy ['di:koi] n vnadidlo, návnada, vějička

decrease ['di:kri:s] n snížení, pokles, úbytek; **be on the d.** snižovat se, klesat ● [di:'kri:s] **I** vt snížit, redukovat, omezit **II** vi *(prices)* poklesnout, snížit se; *(strength)* ochabnout, ubývat čeho; *(reserves)* ztenčit se

decreasing [di:'kri:siŋ] adj klesající, snižující se

decree [di'kri:] n **1** *(order)* výnos, dekret, nařízení; **order sth by d.** dekretovat něco **2** Jur **d. absolute** konečný rozsudek, definitivní povolení rozvodu; **d. nisi** prozatímní rozhodnutí o rozvodu ● vt (úředně) nařídit co, dekretovat, rozhodnout (**on sth** o čem)

decrepit [di'krepit] adj vetchý, sešlý, slabý; *(dilapidated)* zchátralý, na spadnutí; **d. with age** *(of people)* sešlý věkem; **grow d.** *(person)* scházet

decrepitude [di'krepitju:d] n *(of people)* sešlost, vetchost, stařeckost; *(of building)* zchátralost

decriminalization [dikriminəlai'zeišn] n dekriminalizace

decriminalize [di'kriminəlaiz] vt dekriminalizovat

decry [di'krai] vt (**-ie-**) hanobit, shazovat

dedicate ['dedikeit] vt **1** *(book* etc*)* věnovat, dedikovat komu, připsat komu; **d. sth to sb** věnovat někomu něco **2 d. one's life to sth** zasvětit čemu svůj život

dedicated ['dedikeitid] adj **1** *(worker, teacher* etc*)* nadšený, horlivý, obětavý **2** Comput *(computer, microprocessor)* jednoúčelový

dedication [dedi'keišn] n **1** *(devotion)* obětavost, oddanost čemu; **work with d.** obětavě pracovat **2** *(in book)* věnování **3** *(of church)* vysvěcení, konsekrace

deduce [di'dju:s] vt odvodit, dovozovat (**sth from sth** co z čeho)

deduct [di'dakt] vt odečíst, odpočítat

deductible [di'daktəbl] adj odpočitatelný

deduction [di'dakšn] n **1** *(deducting)* odečtení; *(of money)* srážka, *(from price)* sleva; **tax d.** odpis daně; **he made a d. of £10** slevil mi 10 liber **2** *(deducing)* dedukce, *(conclusion)* závěr

deductive [di'daktiv] adj deduktivní

deed [di:d] n **1** čin, skutek; **do good ~s** dělat dobré skutky; **in both words and ~s** jak slovy, tak skutky; **his words are incompatible with his ~s** jeho slova jsou v rozporu s jeho skutky **2** Jur listina; **~s** akta; **d. of foundation** zakládací listina; **d. of gift** darovací listina; **mortgage d.** hypotekární listina

deejay ['di:džei] n sl diskžokej

deem [di:m] vt fml pokládat, považovat; **d. sth necessary** považovat něco za nutné; **it was ~ed advisable** bylo to považováno za rozumné; **be ~ed to be sth** být považován za co; **we d. it a great honour** považujeme to za velkou čest

deep [di:p] adj **1** *(water, well, hole, snow, wound)* hluboký; **three metres d.** tři metry hluboký ♦ **be in d. water** být v rejži; **jump in at the d. end** skočit do čeho rovnýma nohama, vrhnout se do čeho střemhlav; **between the devil and the d. blue sea** mezi dvěma ohni **2** *(forest)* hluboký; **the spectators stood fifteen d.** diváci stáli v patnácti řadách **3** *(colour)* sytý, tmavý **4** *(sympathy* etc*)* vřelý; **d. respect** hluboká úcta **5** *(sleep)* tvrdý, hluboký **6** *(thinker)* hluboký; **be d. in thought** být hluboce zamyšlený **7 take a d. breath** zhluboka se nadechnout ■ see **deeply** ● adv hluboko, hluboce ♦ **still waters run d.** tichá voda břehy mele

deepen ['di:pən] vt prohloubit

deepening ['di:pniŋ] adj prohlubující se; *(crisis* also*)* zhoršující se, zostřující se

deep-freeze [di:p'fri:z] n mraznička ● vt (pt **d.-froze** [-'frəuz], pp **d.-frozen** [-'frəuzn]) zmrazit

deep-fry [di:p'frai] vt (pt, pp **d.-fried**) fritovat

deep-fryer [di:p'fraiə(r)] n fritovací hrnec, fritéza

deeply ['di:pli] adv hluboce; *(breathe)* zhluboka; **d. felt** hluboce procítěný; **be d. rooted** být hluboce zakořeněný; **be d. in debt** zabřednout do dluhů; **he was d. hurt** cítil se velmi dotčen

deep-rooted [di:p'ru:tid] adj (hluboce) zakořeněný; *(antipathy)* nepřekonatelný

deep-sea [di:p'si:, 'di:psi:] adj **1** *(creatures, diver)* hlubinný; *(ship)* zámořský **2** *(fishing)* prováděný na širém moři, mořský

deep-seated [di:p'si:tid] adj *(conviction)* hluboký, pevný; *(prejudice, complex)* hluboce zakořeněný

deep-set [di:p'set] adj *(eyes)* hluboce posazený, zapadlý

deer [diə(r)] n **1** gen vysoká zvěř **2** *(red*

d.) jelen; *(roe d.)* srnec; **fallow d.** daněk ■ **d. park** jelení obora

deface [di'feis] vt znetvořit, zohavit, zohyzdit; *(books)* počmárat

de facto [dei'fæktəu] adj faktický, de facto ● adv de facto, fakticky, ve skutečnosti

defamation [defə'meišn] n očerňování, hanobení; **d. of character** nactiutrhání, urážka na cti, utrhání na cti

defamatory [di'fæmətəri] adj hanlivý, nactiutrhačný, potupný

defame [di'feim] vt očernit, hanobit, potupit

defamer [di'feimə(r)] n hanobitel, osočovatel

default [di'fo:lt] n zmeškání; *(in payment)* prodlení; **win/ lose by d.** vyhrát/ prohrát kontumačně ● adj Comput standartní; **d. option** standartní volba

defaulter [di'fo:ltə(r)] n **1** *(nonpayer)* liknavý dlužník, dlužník v prodlení **2** Mil provinilec

defeat [di'fi:t] n porážka, prohra; **a crushing d.** debakl, drtivá porážka; **humiliating d.** debakl; **suffer a crushing d.** utrpět zdrcující porážku ● vt porazit, přemoci, zdolat; **be ~ed** podlehnout

defeatism [di'fi:tizəm] n poraženectví, kapitulantství

defeatist [di'fi:tist] adj poraženecký, kapitulantský ● n kapitulant

defecate ['defəkeit] vi fml kálet

defecation [defə'keišn] n fml defekace

defect ['di:fekt] n **1** *(flaw)* nedostatek, vada; *(in mechanism)* defekt, porucha; **structural d.** konstrukční vada **2** Med porucha; **physical d.** Med tělesná porucha, malformace, znetvoření; **hearing d.** sluchová porucha; **speech d.** vada řeči ● [di'fekt] vi Pol dezertovat; Mil přeběhnout; **d. to the enemy** přejít or přeběhnout k nepříteli

defection [di'fekšn] n Pol dezerce; Mil dezerce, přeběhnutí; *(to another country)* emigrace

defective [di'fektiv] adj **1** gen vadný, závadný, defektní; *(goods also)* kazový, zmetkový; *(memory)* špatný; **d. products** brak **2** Med **d. hearing** nedoslýchavost, nahluchlost **3** Gram *(verb)* defektivní

defector [di'fektə(r)] n odpadlík, přeběhlík, uprchlík

defence, Amer **defense** [di'fens] n **1** gen obrana; **come to sb's d.** zastat se koho; **in his d.** na jeho obranu; **d. mechanism** Psych obranný mechanismus **2** Mil **the Ministry of D.** ministerstvo obrany; **air d.** protivzdušná obrana; **civil d.** civilní obrana; **line of d.** obranná linie **3** Jur obhajoba; **speech for the d.** obhajovací řeč ■ **d. witness** svědek obhajoby **4** Sport obrana **5 ~s** opevnění, obranný systém

defenceless, Amer **defenseless** [di'fensləs] adj bezbranný

defend [di'fend] vt **1** gen bránit; *(*Jur*; thesis, title)* obhajovat; **d. oneself** hájit se, obhajovat se (also Jur) **2** *(rights)* chránit

defendant [di'fendənt] n Jur obžalovaný, obviněný, obviněná strana

defender [di'fendə(r)] n obránce, obhájce; Sport obránce, zadák

defending [di'fendiŋ] adj **d. champion** Sport obhájce titulu

defense see **defence**

defensible [di'fensəbl] adj hájitelný, udržitelný

defensive [di'fensiv] adj obranný; **d. war** obranná válka ● n defenzíva, obrana; **be on the d.** být v defenzívě

defer$_1$ [di'fə:(r)] vt *(delay)* odložit (**one's departure** svůj odjezd), přesunout, pozdržet

defer$_2$ [di'fə:(r)] vi (**-rr-**) **d. to sb/ sth** podrobit or podřídit se komu/ čemu; **d. to one's superiors** sklonit se před svými nadřízenými; **d. to sb's opinion** přidat se k názoru koho, přejímat čí názor

deference ['defərəns] n úcta, uctivost; **due d.** povinná úcta; **in d. to sb** z úcty ke komu

deferential [defə'renšl] adj uctivý, nesmělý

deferment [di'fə:mənt], fml **deferral** [di'fə:rəl] n odklad

deferred [di'fə:d] adj *(payment, tax)* odložený; **d. stocks** akcie s odloženou dividendou

defiance [di'faiəns] n vzdor, vzpurnost; **in d. of sth** navzdory čemu; **in d. of common sense** proti zdravému rozumu

defiant [di'faiənt] adj vzdorný, vzpurný, vyzývavý ■ **~ly** adv vzpurně; *(look)* vyzývavě

deficiency [di'fišənsi] n nedostatek; Fin manko, schodek, rozdíl; **vitamin d.** avitaminóza; **mental d.** duševní porucha, slabomyslnost ■ **d. disease** Med nemoc způsobená nesprávnou výživou např. avitaminóza

deficient [di'fišənt] adj nedostačující, nedostatečný

deficit ['defəsit] n deficit, schodek; **make good the d.** vyrovnat schodek

defile$_1$ [di'fail] vt znečistit, pošpinit, potřísnit; *(desecrate)* znesvětit, zprofanovat

defile$_2$ [di'fail] vi Mil pochodovat za sebou, defilovat ● n *(passage)* soutěska

definable [di'fainəbl] adj definovatelný, vymezitelný

define [di'fain] vt **1** *(explain: term,*

word) definovat, vysvětlit, *(idea, concept)* formulovat **2** *(conditions, boundary, duties, role, powers* also*)* vymezit, stanovit, určit

definite ['defənət] adj **1** *(clear, precise: answer, order* etc*)* jasný, přesný, jednoznačný; *(proof)* rozhodný **2** *(specific)* konkrétní **3** *(certain)* jistý, určitý; **I don't know anything d.** nevím nic najisto **4** Ling **d. article** určitý člen ■ **~ly** adv určitě, rozhodně, jistě, jistotně

definition [defə'nišn] n **1** definice; **give a d.** podat definici **2** Phot ostrost; TV rozlišení, jakost obrazu

definitive [di'finətiv] adj definitivní, *(answer)* konečný; *(decision)* neodvolatelný; *(authoritative: book* etc*)* autoritativní

deflate [di:'fleit] **I** vt **1** *(balloon* etc*)* vypustit (z čeho vzduch) **2** fig *(person)* usadit, srazit komu hřebínek, srazit komu tipec; *(confidence)* podrýt, podkopat **3** Fin *(currency)* provést deflaci měny **II** vi Fin provést deflaci

deflation [di:'fleišn] n Fin deflace

deflationary [di:'fleišənəri] adj Fin deflační

deflect [di'flekt] vt odchýlit, vychýlit, odklonit; **be ~ed** *(projectile)* odklonit se od dráhy

deflection [di'flekšn] n odchylka, výchylka, výkyv

deflower [di:'flauə(r)] vt *(girl)* deflorovat, zbavit panenství

deforestation [di͵foris'teišən] n odlesňování

deform [di'fo:m] vt (z)deformovat; znetvořit

deformation [di:fo:'meišn] n deformace, deformování, znetvoření

deformed [di'fo:md] adj zdeformovaný, znetvořený, zrůdný; *(twisted)* pokroucený, pokřivený

deformity [di'fo:məti] n Med deformita, znetvoření

defraud [di'fro:d] vt ošidit, podvést; **d. sb of sth** ošidit koho o co, připravit koho o co podvodně

defray [di'frei] vt *(costs)* uhradit, nést, zaplatit, zapravit

defrayal [di'freiəl] n *(of costs)* uhrazení, zaplacení

defrost [di:'frost] vt **1** *(food)* rozmrazit **2** *(windscreen, fridge)* odmrazit

deft [deft] adj šikovný, obratný, svižný, hbitý

deftness ['deftnəs] n obratnost; fortel

defunct [di'faŋkt] adj *(person)* zemřelý, zesnulý; *(institution, journal)* zaniklý; *(law)* neplatný

defuse [di'fju:z] vt *(bomb)* zneškodnit; fig **d. sth** zmírnit dopad čeho, ulomit čemu hrot; **d. sb's rage** uchlácholit koho; **d. tension** zmírnit napětí

defy [di'fai] vt (-ie-) **1** vzdorovat komu; *(order)* neuposlechnout; *(danger, death)* opovrhovat čím; **it defies description/ reason** to se nedá popsat/ to je nepochopitelné **2** *(challenge)* **I d. you to do it** vsadím se, že to neuděláš

deg abbr of **degree** stupeň, stupňů; **80 degs Fahrenheit** 80 stupňů Fahrenheita

degas [di'gæs] vt odplynit, zbavit plynu

degeneracy [di'dženərəsi] n **1** *(process)* úpadek, degenerace **2** *(state)* degenerace, zkáza, zvrhlost

degenerate [di'dženəreit] vi (z)degenerovat, zvrhnout se (**into sth** v co); **the quarrel ~d into a brawl** hádka se zvrhla ve rvačku ● [di'dženərət] adj zdegenerovaný, zvrhlý, zvlčilý, mravně zkažený ● [di'dženərət] n mravně zkažený člověk, zvrácený člověk, zvrhlík

degeneration [di͵dženə'reišn] n degenerace

degenerative [di'dženərətiv] adj degenerativní

degradation [degrə'deišn] n **1** Mil degradace, zbavení hodnosti **2** *(deterioration)* zhoršení, *(of soil, environment)* degradace **3** Geol degradace; Chem degradace, odbourávání; Phys *(of energy)* disipace **4** *(corruption)* úpadek **5** *(abasement, humiliation)* ponížení, potupa, degradace; *(poverty, squalor)* potupná bída, bída s nouzí

degrade [di'greid] **I** vt **1** Mil *(demote)* degradovat, zbavit hodnosti **2** fig *(humiliate)* ponížit, (po)tupit **3** Geol degradovat **II** vi Chem degradovat

degrading [di'greidiŋ] adj ponižující, potupný

degrease [di:'gri:s] vt odmastit/ odmašťovat, zbavit tuku

degree [di'gri:] n **1** *(unit of measurement)* **a)** Math, Geog stupeň; **at an angle of 30 ~s** pod úhlem 30 stupňů; **20 ~s of latitude/ longitude** 20 stupňů zeměpisné šířky/ délky **b)** Meteor stupeň; **five ~s (Celsius) below zero** pět stupňů pod nulou; **it was 35 ~s in the shade** bylo 35 stupňů ve stínu **2** *(extent, amount)* míra, stupeň; **d. of kinship** stupeň příbuzenství; **by ~s** ponenáhlu, postupně; **to a certain/ considerable d.** do určité/ značné míry; **in a high d.** v nemalé míře; **to the highest d.** v nejvyšším stupni, na nejvyšší míru or stupeň **3** Univ akademická hodnost, titul; **doctor's d.** doktorský titul, doktorát; **be awarded one's d.** promovat, získat akademickou hodnost; **get one's d.**

vystudovat vysokou školu ■ **d. course** univerzitní studijní obor, studijní kombinace; **d. day** promoce den; **d. examinations** státnice **4** Ling stupeň; **~s of comparison** stupňování **5** Amer Jur **first d. murder** úkladná vražda

dehumanize [di:'hju:mənaiz] vt odlidštit

dehydrate [di:'haidreit] **I** vt dehydrovat, dehydratovat **II** vi dehydrovat, vysychat

dehydration [di:hai'dreišn] n Chem, Med dehydrace, dehydratace

de-ice [di:'ais] vt zbavit námrazy, odmrazit

de-icer [di:'aisə(r)] n odmrazovač

deictic ['daiktik] adj Ling deiktický

deify ['deiifai] vt zbožnit, uctívat jako boha; fig zbožňovat

deign [dein] vt **d. to do sth** uráčit se něco udělat; **she ~ed to look at me** uráčila se na mne podívat

deism ['deiizəm] n Philos deismus

deist ['deiist] n Philos deista

deity ['deiəti, 'di:iti] n božstvo

deixis ['daiksis] n Ling deixe

dejected [di'džektid] adj sklíčený, zkormoucený, deprimovaný, skleslý; **look d.** vypadat sklíčeně ■ **~ly** adv schlíple, zkormouceně

dejection [di'džekšn] n sklíčenost, skleslost, splín, zádumčivost

de jure [dei'džuəri] adj de iure, podle práva

dekko ['dekəu] n Br inf (pl **~s**) **have** or **take a d. at sth** mrknout se na co

delay [di'lei] n zpoždění, prodlení, zdržení; **the danger of d.** nebezpečí z prodlení; **without d.** bezodkladně, bez odkladu, neprodleně, bez průtahů; **the matter allows no d.** věc nestrpí odkladu ● **I** vt *(hold back)* zdržet, oddálit; **the train was ~ed 5 minutes** vlak se zpozdil o pět minut, vlak měl 5 minut zpoždění; **d. payment** zpozdit se s placením **II** vi otálet, váhat; **he ~ed with his answer** dlouho nedpovídal

delayed [di'leid] adj zpožděný, opožděný; **d. puberty** fig opožděná or zastydlá puberta

delayed-action [di,leid'ækšn] adj *(bomb)* časovaný; **d.-action shutter release** samospoušť

delaying [di'leiiŋ] adj *(tactics)* vyčkávací, zdržovací

delectable [di'lektəbl] adj půvabný, rozkošný

delegate ['deligət] n delegát/ -ka ● vt ['deligeit] delegovat; **d. sb to do sth** pověřit koho čím

delegation [deli'geišn] n **1** delegování, zmocnění; *(of work)* rozdělení **2** *(delegates)* delegace

delete [di'li:t] vt, vi **1** (vy)škrtnout (**from sth** z čeho); **d. where not applicable** nehodící se škrtněte **2** Comput vymazat

deleterious [deli'tiəriəs] adj fml škodlivý

deletion [di'li:šn] n *(crossing out)* vyškrtnutí, škrtnutí, škrt; **he made a lot of ~s** hodně toho vyškrtal, udělal hodně škrtů

Delhi ['deli] n Dillí

deliberate [di'libərət] adj **1** *(intentional)* úmyslný, záměrný, schválný; *(deception)* vědomý **2** *(unhurried)* rozvážný, obezřetný ■ **~ly** adv úmyslně, naschvál, záměrně ● [di'libəreit] vi radit se, rokovat

deliberation [di,libə'reišn] n **1** *(caution, care)* rozvážnost, obezřetnost; **speak with d.** vážit slova **2** *(consideration)* uvažování, přemítání; **after much d.** po dlouhém zvažování **3** **~s** porada (**on sth** o čem), debata, rokování

delicacy ['delikəsi] n **1** jemnost, křehkost; *(tact)* takt, útlocit **2** *(food)* pamlsek, pochoutka, dobrota, lahůdka

delicate ['delikət] adj **1** *(fine: skin, lace, china)* jemný; *(fragile)* křehký, choulostivý; *(dainty)* vybraný; Br **food for d. palates** pochoutky pro labužníky **2** Med *(weak)* slabý, choulostivý, stonavý, *(due to old age)* vetchý; *(health)* chatrný; *(~ly built)* subtilní; **have a d. constitution** mít chatrné zdraví ♦ **he's a d. flower** on je (jako) skleníková květinka **3** *(situation)* ošemetný, ožehavý, prekérní; *(matter)* delikátní ■ **~ly** adv jemně, citlivě

delicatessen [delikə'tesn] n lahůdkářství

delicious [di'lišəs] adj *(food, meal)* (velmi) chutný, lahodný, výtečný; *(excellent)* vynikající, výborný, inf skvělý, perfektní, báječný, senzační; **it was d.** bylo to vynikající, inf bylo to perfektní

delight [di'lait] n **1** *(pleasure, joy)* potěšení, slast, požitek, nelíčená radost; **take d. in (doing) sth** mít požitek z čeho; **to my (great) d., much to my d.** k mé velké radosti **2** *(source of pleasure)* **the ~s of London nightlife** radovánky londýnského nočního života; **he's a d. to teach** jeho je radost učit; **she is a d. to watch** je radost se na ni podívat **3** **Turkish d.** turecký med ● **I** vt potěšit, udělat komu radost; see **~ed II** phr vs ■ **delight in** vt **d. in doing sth** libovat si v čem, dělat co s potěšením; **d. in sth** mít potěšení z čeho, těšit se z čeho

delighted [di'laitid] adj **be d. at** or **with sth** být velmi potěšen čím, mít velkou radost z čeho, být nadšený čím; **I'd be d.** velice rád; **I'd be d. to come** rád přijdu; **I'd be d. to meet him** rád se s ním setkám; **I shall be d.** bude mi potěšením, s radostí; **I was d. by the news** ta zpráva mne velmi potěšila

delightful [di'laitfl] adj *(taste)* lahodný;

(aroma) libý; *(weather, party)* perfektní, senzační ■ **~ly** adv *(dance, play)* úžasně, báječně, skvěle

delimit [di:ˈlimit] vt vymezit, delimitovat, vytýčit; fig also přesně stanovit

delimitation [diˌlimiˈteišn] n vymezení, delimitace

delineate [diˈlinieit] vt **1** *(sketch)* načrtnout **2** *(describe)* popsat, nastínit, *(define)* definovat

delineation [diˌliniˈeišn] n **1** *(sketch)* nárys, nákres, náčrt **2** *(description)* popis, nástin

delinquency [diˈliŋkwənsi] n zločinnost, kriminalita; **an act of d.** trestný čin

delinquent [diˈliŋkwənt] n provinilec, delikvent; **juvenile d.** mladistvý provinilec ● adj delikventní

delirious [diˈliriəs] adj **1** Med **be d.** blouznit, šílet, třeštit, fantazírovat **2** fig **be d. with joy** být bez sebe radostí, šílet radostí ■ **~ly** adv šíleně; fig **be ~ly happy** šílet radostí

delirium [diˈliriəm] n **1** Med blouznění, třeštění, delirium; **d. tremens** delirium tremens **2** fig zápal, vytržení

deliver [diˈlivə(r)] **I** vt **1** *(goods)* dovézt, dodat; *(letter, telegram)* doručit, *(letters)* roznést, *(by car)* rozvézt; *(regularly)* roznášet, *(by car)* rozvážet; **the goods will be ~ed within a month** zboží bude dodáno do měsíce ♦ **stand and d.!** peníze nebo život!; **d. the goods** fig splnit očekávání **2** Bibl **d. us from evil** zbav nás od zlého **3** Med *(baby)* přivést na svět; **be ~ed of a baby** dated porodit dítě **4** *(speech, address)* pronést; *(verdict)* vynést; **d. an opinion** podat posudek **5** *(blow)* zasadit **II** vi **1** *(make delivery)* dodávat, doručovat **2** inf *(keep one's promise)* dodržet slovo; **can he d.?** inf *(is he good enough?)* zvládne to?

deliverance [diˈlivərəns] n fml vysvobození, osvobození

delivery [diˈlivəri] n **1** *(of goods)* dodávka, dodání; **home d.** donáška or roznáška do domu ■ **d. charge** doručné; **d. note** dodací list; **d. terms** dodací podmínky; **d. van** dodávkový vůz **2** *(of letters, parcels)* doručení, roznáška; **recorded d.** rekomando; *(send)* **by special d.** expres; **general d.** Amer poste restante **3** *(of speech)* proslovení; *(of verdict)* vynesení **4** Med porod; **painless d.** bezbolestný porod **5** *(of blow, punch)* zasazení

dell [del] n úzké zalesněné údolí

delouse [di:ˈlaus] vt odvšivit, zbavit vší

delta [ˈdeltə] n delta

delude [diˈlu:d] vt klamat; **d. sb into thinking that ...** namluvit komu, že ...; **d. oneself** dělat si iluze

deluge [ˈdelju:dž] n povodeň, potopa; fig záplava (**of words** slov) ● vt lit & fig zaplavit; **d. sb with letters** zaplavit koho dopisy

delusion [diˈlu:žn] n (sebe)klam; **~s of grandeur** velikášství, slavomam; **be under the d. that ...** mylně se domnívat, že ...; **suffer from ~s** trpět halucinacemi

delusive [diˈlu:siv] adj klamný, iluzorní

de luxe [dəˈlaks] adj luxusní, přepychový

delve [delv] vi **1** *(into subject)* náruživě se do čeho pustit, inf zažrat se do čeho; pohroužit or ponořit se do čeho **2** *(search)* **d. into one's bag** hrabat se v tašce

Dem abbr of **Democrat(ic)** demokrat(ický)

demagogic [deməˈgogik] adj demagogický

demagogue, Amer **demagog** [ˈdeməgog] n demagog

demagogy [ˈdeməgogi] n demagogie

demand [diˈma:nd] n **1** *(requirement)* požadavek, požádání; *(for payment)* urgence, upomínka; **make ~s** klást požadavky; **on d.** na požádání **2** Comm poptávka; **supply and d.** nabídka a poptávka; **be very much in d.** být velice žádaný; **satisfy the d. for sth** uspokojit poptávku po něčem ● vt **1** *(request forcefully)* požadovat, důrazně žádat; *(payment* etc also*)* domáhat se čeho, urgovat; **d. sth of sb** požadovat or vyžadovat co na kom; **d. an apology from sb** požadovat na kom omluvu; **d. satisfaction from sb** požadovat na kom satisfakci; **they ~ed that ...** požadovali, aby ... **2** *(need, necessitate)* vyžadovat; **the letter ~s an immediate answer** na dopis je třeba okamžitě odpovědět; **this work ~s much patience** tato práce vyžaduje velkou trpělivost

demanding [diˈma:ndiŋ] adj **1** *(teacher* etc*)* náročný; *(task, profession)* náročný **2** *(spoilt: child)* zhýčkaný náročný

demarcate [di:ˈma:keit] vt vyměřit, vytýčit; fig vymezit

demarcation [di:ma:ˈkeišn] n vyměření, vytýčení; fig vymezení ■ **d. line** demarkační linie; **d. dispute** kompetenční spor mezi odbory

demean [diˈmi:n] vt **d. oneself** ponížit se, snížit se (**to do sth** k čemu), inf zahodit se

demeaning [diˈmi:niŋ] adj ponižující, pokořující, nedůstojný

demeanour, Amer **demeanor** [diˈmi:nə(r)] n fml chování

demented [diˈmentid] adj **1** šílený; Med dementní, slabomyslný **2** fig *(agitated)* **become d.** začít panikařit or bláznit ■ **~ly** adv jako blázen

dementia [di'menšə] n Med demence, slabomyslnost

demerara [demə'reərə] n **d. (sugar)** surový třtinový cukr

demerit [di:'merit] n **1** *(flaw)* nedostatek, slabina; **merits and ~s of sth** přednosti a nedostatky čeho **2** Amer známka za špatné chování

demesne [di'mein] n panství

demi- ['demi-] prefix polo-, semi-, demi-

demigod ['demigod] n polobůh

demijohn ['demidžon] n demižón

demilitarization [di:militərai'zeišn] n demilitarizace

demilitarize [di:'militəraiz] vt demilitarizovat

demimonde [demi'mond] n polosvět

demise [di'maiz] n **1** fml *(death)* skon, úmrtí **2** *(of newspaper, business* etc*)* konec

demo ['deməu] n inf **1** abbr of **demonstration** Pol demonstrace **2** Comput demoverze

demob [di:'mob] vt **(-bb-)** Br demobilizovat ● n **1** *(demobilization)* demobilizace **2** *(soldier)* demobilizovaný voják

demobilization [di:ˌməubəlai'zeišn] n demobilizace

demobilize [di:'məubəlaiz] vt demobilizovat

democracy [di'mokrəsi] n demokracie

democratic [demə'krætik] adj demokratický ■ **~ally** adv demokraticky

demographic [demə'græfik] adj demografický

demography [di'mogrəfi] n demografie

demolish [di'moliš] vt **1** *(building)* strhnout, zbořit, provést demolici čeho **2** *(opponent)* rozdrtit, inf roznést na kopytech; joc *(food)* spořádat, slupnout, zbaštit, zlikvidovat

demolition [demə'lišn] n *(of building)* demolice, bouračka, stržení ■ **d. squad** demoliční četa

demon ['di:mən] n **1** *(wicked spirit)* démon, zloduch, běs **2 (little) d.** *(naughty child)* čertovo kvítko **3** ♦ **be a d. for work** být do práce jako kat or drak

demoniac [di'məuniæk], **demoniacal** [di:mə'naiəkl] adj *(devilish)* ďábelský, démonický; **d. possession** posedlost ďáblem

demonstrability [diˌmonstrə'biləti] n prokazatelnost; dokazatelnost

demonstrable [di'monstrəbl] adj dokazatelný, prokazatelný

demonstrate ['demənstreit] **I** vt **1** *(appliance, technique* etc*)* předvést; *(display: one's abilities, strength)* ukázat; **d. sth to sb** předvést komu co; **d. one's loyalty** projevit svou loajalitu **2** *(prove)* ukázat, demonstrovat; **d. that ...** ukázat, že ... **II** vi Pol demonstrovat, manifestovat

demonstration [demən'streišn] n **1** *(of appliance, car* etc*)* předvedení **2** Pol demonstrace, manifestace, mítink; **a d. in support of sth** demonstrace na podporu čeho ■ **d. march** manifestační pochod

demonstrative [di'monstrətiv] adj **1** demonstrativní, ostentativní **2** Gram *(pronoun)* ukazovací

demonstrator ['demənstreitə(r)] n **1** Pol demonstrant, manifestant **2** *(of machines* etc*)* demonstrátor

demoralization [diˌmorəlai'zeišn] n demoralizace, rozvrat

demoralize [di'morəlaiz] vt demoralizovat

demoralizing [di'morəlaiziŋ] adj demoralizující

demote [di:'məut] vt degradovat; **be ~d to lieutenant** být degradován na poručíka

demotion [di:'məušn] n degradace; Sport sestup

demur [di'mə:(r)] vi **(-rr-)** fml mít/ vznést námitky (**at** or **to sth** proti čemu) ● n **without d.** bez námitek

demure [di'mjuə(r)] adj **1** *(modest: behaviour)* skromný **2** *(coy)* ostýchavý, stydlivý, upejpavý

demystify [di:'mistifai] vt (pt, pp **-fied**) demystifikovat

den [den] n doupě, pelech, nora; **the lion's d.** lit lví doupě, fig jáma lvová; **a d. of thieves** zlodějský pelech, peleš lotrovská; **a d. of vice** or **iniquity** semeniště neřesti or hříchu

denationalization [di:næšnəlai'zeišn] n odnárodnění, privatizace

denationalize [di:'næšnəlaiz] vt odnárodnit, privatizovat

denial [di'naiəl] n **1** *(of charges, story, rumour)* popření; *(official)* dementi **2** *(of request)* odmítnutí **3 d. of justice** odepření práva

denigrate ['denigreit] vt pomlouvat, očerňovat, (po)špinit

denigration [deni'greišn] n pomlouvání, očerňování

denim ['denim] n **1** *(material)* džínsovina, riflovina; **a d. skirt/ shirt** sukně/ košile z džínsoviny **2 (a pair of) ~s** texasky, džínsy, džíny

denizen ['denizn] n obyvatel; *(animal/ plant)* zdomácnělé zvíře/ zdomácnělá rostlina

Denmark ['denma:k] n Dánsko

denomination [diˌnomi'neišn] n **1** Eccl konfese, víra **2** *(name)* pojmenování, označení **3** Fin (jmenovitá) hodnota mince, bankovky etc; **notes of larger ~s** větší bankovky

denominational [diˌnomi'neišnəl] adj *(school)* konfesionální

denominator [di'nomineitə(r)] n Math jmenovatel; **(lowest) common d.** (nejnižší) společný jmenovatel; **reduce to a common d.** uvést na společného jmenovatele

denote [di'nəut] vt **1** *(indicate)* naznačovat, označovat **2** *(mean)* znamenat

denouement [di'nu:mõ] n Theat, Liter rozuzlení

denounce [di'nauns] vt **1** *(condemn publicly)* odsoudit, kritizovat, pranýřovat **2** *(betray)* udat, denuncovat

dense [dens] adj **1** *(forest, smoke, population)* hustý **2** *(stupid)* inf tupý, nechápavý, zabedněný; **be utterly d.** mít v hlavě vykradeno, inf být blbý jak tágo ■ **~ly** adv hustě; **~ly populated** hustě osídlený

density ['densəti] n hustota; **population d.** hustota osídlení

dent [dent] n **1** *(in metal)* důlek, promáčknutí; *(in wood)* vroubek, rýha **2** fig **make a d. in sb's savings** hrábnout do čích úspor ● vt promáčknout např. blatník, zanechat důlek/ rýhu na plechovém/ dřevěném povrchu; **d. sb's confidence** otřást čí sebedůvěrou

dental ['dentl] adj zubní; **d. surgeon** zubní lékař, zubař; **d. caries** zubní kaz; **d. floss** dentální nit vlákno na čištění prostorů mezi zuby

dentist ['dentist] n zubař, zubní lékař

dentistry ['dentistri] n zubní lékařství

dentures ['denčəz] n pl zubní protéza, umělý chrup

denunciation [diˌnansi'eišn] n see **denounce** **1** veřejné odsouzení, pranýřování **2** udání

deny [di'nai] vt (**-ie-**) **1** *(guilt* etc*)* popřít, popírat; *(officially)* dementovat; **d. sth flatly** kategoricky něco odmítnout; **d. one's guilt** popřít svou vinu; **there's no ~ing it** to se nedá popřít; **she denied knowing him** popřela, že by ho znala **2** *(refuse) (help)* odmítnout, odepřít; **d. oneself sth** odepřít si něco, utrhnout si co od úst; **he doesn't d. her anything** nic jí neodepře

deodorant [di:'əudərənt] n dezodorant

deodorize [di'əudəraiz] vt Chem dezodor(iz)ovat, zbavovat zápachu

dep abbr of **departure** odjezd

depart [di'pa:t] **I** vi **1** *(leave)* odjet, odcestovat **2** fig *(deviate)* **d. from sth** *(truth* etc*)* odchýlit se od čeho **II** vt **d. this life** or **world** sejít ze světa, odejít or odebrat se na věčnost

departed [di'pa:tid] adj *(dead)* zesnulý; **the dear d.** drahý zesnulý, drazí zesnulí

department [di'pa:tmənt] n **1** *(division)* oddělení; Admin referát, sekce, resort; **accounting d.** účtárna; **shipping d.** expedice; **outpatient d.** ambulance ■ **d. store** obchodní dům **2** Univ katedra **3** *(ministry)* **D.** ministerstvo; **D. of Health/ Justice** ministerstvo zdravotnictví/ spravedlnosti

departmental [di:pa:t'mentl] adj (see **department**) resortní, sekční; katedrový; ministerský

departure [di'pa:čə(r)] n **1** *(of person)* odchod, *(of bus, train)* odjezd; *(of plane)* odlet; **arrivals and ~s** příjezdy a odjezdy; **arrivals and ~'s board** tabule příjezdů a odjezdů; **soon after my d.** brzy po mém odjezdu; **on my d.** při mém odjezdu; **he made a sudden d.** náhle odjel ■ **d. lounge** odletová hala **2** *(from tradition* etc*)* odklon **3 a new d.** nová orientace, nový směr

depend [di'pend] vi **1 d. (up)on sb/ sth** záviset na kom/ čem; **it ~s on whether/ how/ when ...** to záleží na tom, zda/ jak/ kdy ...; **that/ it ~s** přijde na to, uvidíme; **~ing on the circumstances** v závislosti na okolnostech; **it doesn't d. on me** na mně to nezávisí; **it ~s on taste** to záleží na vkusu **2 d. on sb/ sth** *(rely on)* spoléhat se na koho/ co; **you can d. on it** na to se můžete spolehnout

dependability [diˌpendə'biləti] n spolehlivost, serióznost

dependable [di'pendəbl] adj spolehlivý, seriózní

dependant, esp Amer **dependent** [di'pendənt] n (závislý) rodinný příslušník

dependence [di'pendəns] n závislost; **mutual d.** vzájemná závislost

dependency [di'pendənsi] n (pl **-ies**) Pol država

dependent [di'pendənt] adj **1** závislý (**on sb/sth** na kom/čem) **2** Ling *(clause)* závislý ● n Amer see **dependant**

depict [di'pikt] vt zobrazit, vykreslit; *(in words)* (vy)líčit, popsat

depilatory [di'pilətəri] adj depilační ● n depilační prostředek ■ **d. cream** depilační krém

deplete [di'pli:t] vt *(exhaust: stocks* etc*)* vyčerpat, *(reduce)* zmenšit, snížit

deplorable [di'plo:rəbl] adj politováníhodný, hanebný

deplore [di'plo:(r)] vt **1** *(disapprove of)* neschvalovat **2** *(regret)* litovat čeho, želet čeho

deploy [di'ploi] vt Mil dislokovat, rozmístit

depopulate [di:'popjuleit] vt vylidnit/ vylidňovat

depopulation [di:popju'leišn] n vylidňování

deport [di'po:t] vt vyhostit, vypovědět ze země, deportovat

deportation [di:po:'teišn] n vyhoštění, vypovězení, deportace ■ **d. order** vypovídací or vyhošťovací příkaz

deportee [di:po:'ti:] n vyhoštěnec, deportovaná osoba

deportment [di'po:tmənt] n vystupování, držení těla, chování

depose [di'pəuz] **I** vt *(prime minister, president* etc*)* sesadit, zbavit úřadu; *(king)* svrhnout z trůnu, zbavit trůnu, sesadit z trůnu **II** vi Jur vypovídat pod přísahou

deposit [di'pozit] n **1** *(in bank)* vklad; *(credit)* částka k dobru; **make a d. of £60** vložit 60 liber ■ **d. account** vkladní or depozitní účet **2** *(advance payment)* záloha **3** Geol *(of coal, minerals* etc*)* ložisko, naleziště; **ore ~s** ložiska rudy **4** *(of sand, mud* etc*)* nános, usazenina ● vt **1** *(in bank)* uložit, deponovat; *(valuables)* dát do úschovy **2** *(put down)* složit; *(fellow passenger)* vyložit **3** *(rivers: mud, sand)* nanést, naplavit

deposition [depə'zišn] n **1** Pol sesazení, zbavení úřadu; *(of sovereign)* svržení, sesazení **2** Jur výpověď pod přísahou

depositor [di'pozitə(r)] n vkladatel, deponent

depot ['depəu] n **1** *(storehouse)* sklad, skladiště, depo **2 bus d.** remíza or vozovna autobusů; Rail **railway d.** lokomotivní depo **3** Amer Rail nádraží; *(bus station)* autobusové nádraží

deprave [di'preiv] vt mravně zkazit, pokazit

depraved [di'preivd] adj mravně zkažený, neřestný, zpustlý; **become d.** (z)pustnout, upadat

depravity [di'prævəti] n mravní zkáza, neřestnost, zpustlé mravy

deprecate ['deprəkeit] vt fml *(disapprove of)* odmítat, neschvalovat

deprecatory ['deprəkeitəri] adj fml *(disapproving)* odmítavý, odsuzující

depreciate [di'pri:šieit] vi klesat na ceně, znehodnocovat se

depreciation [di,pri:ši'eišn] n **1** *(of value)* znehodnocení; *(of money* also*)* devalvace **2** *(of machinery: in accounting)* amortizace

depress [di'pres] vt **1** *(press down)* stlačit, stisknout; fig *(prices)* stlačit dolů **2** *(sadden)* deprimovat

depressant [di'presənt] n sedativum

depressed [di'prest] adj **1** *(person)* deprimovaný, sklíčený, sklesl, smutný **2 d. market** trh trpící depresí; **d. area** krizová oblast

depressing [di'presiŋ] adj deprimující, pochmurný, skličující, tristní

depression [di'prešn] n **1** *(mood)* deprese, splín, (melancholická) skleslost; **manic d.** maniodeprese **2** Econ krize, deprese **3** Geog proláklina **4** Meteor tlaková níže

depressive [di'presiv] adj depresívní ● n osoba trpící depresemi; **manic d.** osoba trpící maniodepresívní psychózou

deprivation [depri'veišn] n nouze, bída, strádání; *(emotional)* citové strádání, deprivace; **suffer d.** třít nouzi, trpět bídou

deprive [di'praiv] vt **d. sb of sth** připravit koho o co, brát komu co, zabránit komu v čem; **be ~d of one's civil rights** být zbaven svých občanských práv; **trees that d. the house of light** stromy, které berou domu světlo

deprived [di'praivd] adj *(area)* chudinský; *(child)* sociálně hendikepovaný; **he had a d. childhood** vyrůstal v bídě

dept abbr of **department**

depth [depθ] n **1** hloubka; *(of forest, ocean)* hlubina; Typ *(of page, column)* výška; *(of layer)* tloušťka, síla; **the ocean ~s** hlubiny moře; **to a d. of five meters** do hloubky pěti metrů; **at a d. of ...** v hloubce ... ♦ **be out of one's d.** lit nestačit ve vodě, fig pohybovat se na tenkém ledě; **get out of one's d.** fig ztratit půdu pod nohama např. při diskusi ■ **d. gauge** hloubkoměr; **d. charge** hloubková nálož **2 a)** *(of colours* etc*)* sytost; *(of sounds)* hloubka **b)** *(of feelings)* hloubka, intenzita, upřímnost; **the ~s of despair** propast beznaděje; **from the d. of one's heart** z hloubi duše **c)** *(of knowledge)* důkladnost, hloubka; *(of ideas)* hloubka; **study sth in d.** důkladně co prostudovat **d) the ~s of poor taste** vrchol nevkusu **e)** Phot **d. of field** hloubka ostrosti

deputation [depju'teišn] n deputace, delegace

depute [di'pju:t] vt fml *(person)* delegovat, vyslat jako delegáta; *(responsibility)* delegovat, přenést na koho pravomoc

deputize ['depjutaiz] **I** vt vyslat, delegovat **II** vi **d. for sb** zastupovat koho

deputy ['depjuti] n zástupce; Parl *(outside GB)* poslanec; **act as sb's d.** zastupovat koho ■ **d. chairman** místopředseda; **d. director** náměstek ředitele

derail [di:'reil] vt vykolejit; **be ~ed** vykolejit, vyjet z kolejí

derailment [di:'reilmənt] n vykolejení

deranged [di'reindždd] adj choromyslný, duševně vyšinutý, pomatený; **become mentally d.** pomást se, zešílet

derangement [di'reindžmənt] n choromyslnost, duševní vyšinutí, vyšinutí smyslů

Derby ['da:bi] n **the D.** derby dostihy v Epsonu

derby ['də:bi] n Amer inf buřinka, tvrďák

deregulate [di:'regjuleit] vt *(prices)* uvolnit, deregulovat; **d. buses** dovolit konkurenci v autobusové dopravě

deregulation [di:regju'leišn] n *(of prices)* uvolnění, deregulace

derelict ['derəlikt] adj opuštěný a zpustlý, *(building)* zanedbaný, zchátralý

dereliction [derə'likšn] n *(of building)* zchátralost ♦ **d. of duty** zanedbání povinnosti

deride [di'raid] vt posmívat or vysmívat se komu/ čemu, zesměšňovat koho/ co

derision [di'rižn] n fig posměch; **be an object of d.** být terčem posměchu

derisive [di'raisiv] adj posměšný, uštěpačný

derisory [di'raisəri] adj nepatrný, směšně nízký např. plat, obnos, nabídka

derivable [di'raivəbl] adj odvoditelný

derivation [deri'veišn] n **1** odvozování, Ling also derivace **2** *(origin)* původ

derivative [di'rivətiv] adj odvozený; *(style, design)* nepůvodní ● n Ling odvozenina, odvozené slovo; Math derivace; Chem derivát

derive [di'raiv] **I** vt **1** *(deduce)* odvodit, odvozovat; **d. a formula** odvodit vzorec **2** *(gain)* čerpat; **d. great pleasure from music** čerpat potěšení z hudby; **d. comfort from sth** nalézt v čem útěchu; **d. advantage from sth** mít z čeho užitek **II** vi **d. from** *(originate)* pocházet z čeho; Ling **d. from Latin** *(words)* pocházet z latiny

derived [di'raivd] adj odvozený, nepůvodní

dermatitis [də:mə'taitis] n zánět kůže, dermatitida

dermatologist [də:mə'tolədžist] n dermatolog, kožní lékař

dermatology [də:mə'tolədži] n dermatologie, kožní lékařství

derogatory [di'rogətəri] adj *(remarks)* hanlivý, pohrdlivý

derrick ['derik] n **1** *(crane)* derik, otočný jeřáb **2** **oil d.** vrtná věž na naftu

derv [də:v] n Br palivo pro dieselový motor

dervish ['də:viš] n derviš

DES abbr of **Department of Education and Science** Br Ministerstvo školství a věd

desalinate [di:'sælineit] vt odsolovat

desalination [di:sæli'neišn] n odsolování mořské vody

descale [di:'skeil] vt odstranit kotelní kámen

descant ['deskænt] n Mus diskant, soprán ■ **d. recorder** sopránová zobcová flétna

descend [di'send] **I** vi **1** *(go down)* sestupovat, *(balloon* etc*)* klesat; *(come down)* sestoupit **2** *(of a hill, slope, road)* svažovat se **3** **d. from sb** být potomkem koho, pocházet z určité rodiny ap. **II** vt **d. the stairs** sejít ze schodů **III** phr v ■ **descend (up)on** vt **d. (up)on sb** vrhnout se na koho, sesypat se na koho, zaútočit na koho; *(visit sb)* fig přepadnout koho, znenadání k někomu vpadnout; **d. on sb like a swarm of locusts** sesypat se na koho jako kobylky; **d. on sb like an avalanche** přihnat se ke komu jako lavina

descendant [di'sendənt] n potomek; **~s** potomstvo

descended [di'sendid] adj **be d. from sb** být potomkem koho

descending [di'sendiŋ] adj *(curve* etc*)* klesající

descent [di'sent] n **1** *(coming* or *going down)* sestup, *(of plane* also*)* klesání **2** *(slope)* svah, spád **3** *(origins)* původ; **be of noble d.** být šlechtického původu; **he's of Czech d.** je českého původu **4** *(attack)* útok **(on the town** na město); *(a sudden visit)* náhlá návštěva, fig přepadení

describe [di'skraib] vt **1** *(give details of)* popsat, vylíčit; *(characterize)* charakterizovat; **I'd d. it as ...** řekl bych, že je to ..., charakterizoval bych to jako ... **2** *(draw)* Geom **d. a circle** opsat kružnici

description [di'skripšn] n **1** popis, líčení; **answer** or **fit the d.** odpovídat popisu; **it defies d.** to se nedá popsat; **give a d. of sth** popsat co; **job d.** náplň práce **2** *(sort)* druh; **goods of every d.** zboží všeho druhu

descriptive [di'skriptiv] adj popisný; **d. geometry** deskriptivní geometrie, deskriptiva

desecrate ['desikreit] vt znesvětit, zhanobit, zneuctit

desecration [desi'kreišn] n znesvěcení, zhanobení, zneuctění

desegregate [di:'segrigeit] vt desegregovat, odstranit ve školách ap. rasovou segregaci

desegregation [di:segri'geišn] n desegregace, odstranění rasové segregace

deselect [di:sə'lekt] vt Br neobnovit kandidaturu poslance pro následující volby

desensitize [di:'sensətaiz] vt znecitlivit

desert₁ ['dezət] n *(wilderness)* poušť ♦ **the ship of the d.** *(camel)* koráb pouště ■ **d. island** opuštěný ostrov; **d. area** pouštní oblast

desert₂ [di'zə:t] **I** vt *(family, place)* opustit; *(party, case)* opustit, zradit **II** vi Mil dezertovat, zběhnout; **d. to the enemy** přeběhnout or zběhnout k nepříteli

deserted [di'zə:tid] adj opuštěný; **the place was d.** bylo tam (pusto a) prázdno, inf nebyla tam ani noha, bylo tam jako vymeteno

deserter [di'zə:tə(r)] n Mil dezertér, zběh

desertion [di'zə:šn] n dezerce, zběhnutí

deserts [di'zə:ts] n pl **get one's (just) d.** *(be punished)* být spravedlivě potrestán

deserve [di'zə:v] vt zasloužit si; **d. to be trusted** zasloužit si důvěru; **you d. to win** zasloužíte si vyhrát; **he ~d better** zasloužil si něco lepšího; **he has got what he ~d** dostalo se mu spravedlivé odplaty

deservedly [di'zə:vidli] adv zaslouženě

deserving [di'zə:viŋ] adj *(cause)* záslužný

desiccated ['desikeitid] adj **1** *(food)* sušený **2** fig *(style* etc*)* suchopárný, suchý

design [di'zain] n **1** *(pattern)* vzor, desén **2** *(plan)* plán, projekt, průmyslový návrh; *(drawing)* výkres, kresba; *(of machine)* konstrukce ■ **d. office** projekce **3** *(art of)* design; **industrial d.** průmyslový design; **book d.** grafická úprava knihy **4** *(intention)* úmysl, plán, záměr; **do sth by d.** *(deliberately)* udělat něco úmyslně; **have ~s on sth** mít na něco spadeno, dělat si na co choutky; **have ~s on sb** mít na koho zálusk ● vt **1** plánovat, projektovat, navrhnout; konstruovat **2** *(intend)* určit; **be ~ed for sth** být určen pro co

designate ['dezigneit] vt **1** *(name)* označit, pojmenovat **2** *(appoint)* ustanovit, jmenovat, určit; **he ~d me as his successor** jmenoval or určil mne za svého nástupce **3** *(indicate, signify, mark)* znamenat; **these marks d. the entrances to the castle** tyto značky označují vchody do zámku ● adj ['dezignət] *(president, prime minister* etc*)* designovaný, nastávající, budoucí, určený

designation [dezig'neišn] n označení, pojmenování, název

designer [di'zainə(r)] n návrhář, konstruktér; **graphic d.** grafik; **stage d.** scénograf

designing [di'zainiŋ] adj *(cunning)* vychytralý, lstivý; *(scheming)* pletichářský, intrikánský

desirability [diˌzaiərə'biləti] n žádoucnost

desirable [di'zaiərəbl] adj **1** *(attractive)* žádoucí, *(advisable)* vhodný, potřebný; **it is d. that ...** je žádoucí, aby ... **2** *(sexually)* žádoucí, přitažlivý

desire [di'zaiə(r)] n **1** *(longing)* touha, tužba; **have a d. for sth** toužit po čem; **compelling d.** neodolatelná touha; **secret d.** skryté přání **2 sexual d.** smyslná or tělesná žádost, pohlavní touha ● vt přát si, toužit po čem; **d. happiness** toužit po štěstí; **not to have the ~d effect** nemít žádoucí efekt

desirous [di'zaiərəs] adj fml žádostivý; **be d. of sth** toužit po čem, být žádostiv čeho

desist [di'zist] vi fml **d. from sth**, **d. from doing sth** ustat s čím, přestat něco dělat

desk [desk] n **1** *(furniture)* psací stůl; *(in school: for teacher)* stolek, katedra, *(for student)* lavice **2** *(in public building)* **(cash) d.** pokladna; **reception d.** recepce ■ **d. clerk** Amer recepční **3** Journ *(in newspaper office)* oddělení; **the sports d.** sportovní oddělení

desktop publishing [desktop'pabliširŋ] n Comput stolní ediční systém

desolate ['desələt] adj **1** *(place, area: empty)* pustý, zpustlý, *(forlorn)* opuštěný; **become d.** zpustnout; **the place is d.** je tu jako po vymření **2** *(sad: life, existence)* bezútěšný; *(person: lonely, sad)* opuštěný

desolation [desə'leišn] n opuštěnost, pusto a prázdno; *(sadness)* bezútěšnost

despair [dis'peə(r)] n zoufalství, beznaděj(e); **in d.** v zoufalství; **out of d.** ze zoufalství; **drive sb to d.** dohnat koho k zoufalství; **give o.s. up to d.** oddat se zoufalství ● vi zoufat si (**of sth** nad čím)

despairing [dis'peəriŋ] adj *(look, cry)* zoufalý ■ **~ly** adv zoufale

despatch see **dispatch**

desperate ['despərət] adj **1** *(critical)* zoufalý, *(situation* also*)* beznadějný, bezvýchodný; **be d.** zoufat si **2** *(reckless)* zoufalý; **do sth d.** udělat něco zoufalého **3** *(eager)* **be d. for sth** *(for money* etc*)* zoufale něco potřebovat; *(for a drink, for a cup of coffee)* zmírat touhou po čem ■ **~ly** adv zoufale; **be ~ly in love** být beznadějně zamilovaný; **be ~ly ill** být těžce nemocný; **be ~ly in need of sth** zoufale něco potřebovat

desperation [despə'reišn] n zoufalství; **in d.** v zoufalství; **an act of d.** zoufalý čin; **drive sb to d.** dohnat koho k zoufalství

despicable [di'spikəbl] adj *(person)* bezectný, ničemný; *(behaviour, action)* ohavný, opovrženíhodný

despise [di'spaiz] vt **d. sb/ sth** pohrdat or opovrhovat kým/ čím

despite [di'spait] prep přes, nehledě na, navzdory čemu; **d. all his efforts** nehledě na veškerou jeho snahu

despondency [di'spondənsi] n malomyslnost, sklíčenost

despondent [di'spondənt] adj malomyslný, sklíčený; **become d.** poklesnout na mysli

despot ['despot] n despota, tyran

despotic [di'spotik] adj despotický, tyranský

despotism ['despətizəm] n despotismus, krutovláda, zvůle

dessert [di'zə:t] n dezert, moučník, zákusek; **for d.** jako moučník/ dezert ■ **d. spoon** dezertní lžička

dessertspoon [di'zə:tspu:n] n dezertní lžička

destabilization [di:steibəlai'zeišn] n destabilizace

destabilize [di:'steibəlaiz] vt destabilizovat

destination [desti'neišn] n cíl cesty, destinace; *(of goods)* Comm **(place of) d.** místo určení; *(of train)* cílová stanice; **reach one's d.** přijet do cílové stanice

destined ['destind] adj **1** *(person)* (před)určen(ý); **be d. for sth** být (před)určen k čemu; **they are d. for each other** jsou si předurčeni **2** *(of plane, train, boat)* **be d. for New York** letět/ jet/ plout do New Yorku

destiny ['destəni] n osud, úděl

destitute ['destitju:t] adj nuzný; **be d.** strádat, být úplně bez prostředků

destitution [desti'tju:šn] n nouze, bída, strádání; **we lived in utter d.** žili jsme v naprosté bídě

destroy [di'stroi] vt **1** *(demolish)* zničit, *(town* etc*)* rozbořit; *(animal)* utratit **2** fig *(ruin: life)* zničit; *(marriage, friendship)* rozbít; *(hopes)* zmařit

destroyer [di'stroiə(r)] n torpédoborec

destruction [di'strakšn] n *(of town* etc*)* zničení, *(devastation)* zkáza, zhouba

destructive [di'straktiv] adj ničivý, *(forces* also*)* rozkladný, *(criticism, tendencies* also*)* destruktivní, zhoubný

destructiveness [di'straktivnəs] n (see **destructive**) ničivost, rozkladnost, destruktivnost, zhoubnost

desultory ['desəltəri] adj fml **1** *(fitful: attempts)* povrchní, nedůsledný, nesoustavný; **work in a d. way** pracovat nesoustavně **2** *(random: remark)* nedůležitý, nepodstatný; *(conversation)* nesouvislý

detach [di'tæč] vt **1** gen oddělit, sundat; *(unfasten)* odvázat; *(uncouple)* odpojit; *(unstick)* odlepit; *(unbutton)* odepnout; **d. itself** odlepit se, odpojit se etc **2** Mil *(troops)* odvelet, vyčlenit

detachable [di'tæčəbl] adj oddělitelný, *(collar)* odpínací; *(lens)* vyměnitelný

detached [di'tæčt] adj **1** *(separated)* oddělený; *(house)* stojící o samotě; **live d. from the world** žít v ústraní **2** *(objective)* objektivní, nestranný; **a d. point of view** nadhled **3** *(manner)* lhostejný, indiferentní, odtažitý

detachment [di'tæčmənt] n **1** Mil detašovaný oddíl **2** fig odstup, indiferentnost; objektivnost

detail ['di:teil] n **1** *(particular fact or item)* detail, podrobnost, údaj, jednotlivost; **personal ~s** osobní data; **in (great) d.** podrobně, zevrubně; **go into ~s** zacházet do podrobností; **it's a mere d.** to je pouhý detail; **give full ~s of sth** uvádět podrobný přehled čeho; **formulate sth in d.** podrobně něco formulovat; **tell sth in great d.** dlouze or zeširoka něco vyprávět **2** Mil speciální jednotka, jednotka pověřená zvláštním úkolem ● vt **1** *(describe fully)* obšírně vylíčit or popsat; *(list)* podrobně vyjmenovat **2** Mil odvelet; *(for duty)* určit do služby; **d. sb to do sth** dát komu co za úkol

detailed ['di:teild] adj *(description)* podrobný, zevrubný, obšírný, detailní; **give a d. account of sth** vylíčit co dopodrobna

detain [di'tein] vt **1** *(delay)* zdržet/ zdržovat **2** Jur *(for questioning)* zadržet, zajistit

detainee [di:tei'ni:] n zadržená osoba, vězeň ve vyšetřovací nebo v zajišťovací vazbě

detect [di'tekt] vt objevit, zjistit, *(uncover: plot)* odkrýt, odhalit

detectable [di'tektəbl] adj zjistitelný, *(sound)* slyšitelný

detection [di'tekšn] n zjištění; *(of crime)* odhalení, vypátrání ■ **d. rate** objasněnost kriminální činnosti

detective [di'tektiv] n detektiv ■ **d. story, d. novel** detektivka

detector [di'tektə(r)] n detektor

détente ['deita:nt] n uvolňování napětí; **a policy of d.** politika uvolňování

detention [di'tenšn] n **1** vazba ■ **d. camp** internační tábor; **d. centre** nápravné zařízení **2** Sch **keep a pupil in d.** nechat žáka po škole

deter [di'tə:(r)] vt **(-rr-) 1** *(discourage)* **d. sb from (doing) sth** odradit koho od čeho **2** *(prevent)* **d. sth** (eg *attack)* zabránit čemu

detergent [di'tə:džənt] n saponát, čisticí prostředek; prací prostředek

deteriorate [di'tiəriəreit] vi (z)horšit se, upadat; *(in school work)* pohoršit se, polevit; **the patient's condition has ~d** pacientovi se přitížilo; Sch **his behaviour has ~d** pohoršil se v chování; **his work has ~d** polevil v práci

deterioration [diˌtiəriə'reišn] n (see **deteriorate**) zhoršení; úpadek; polevení

determination [diˌtə:mi'neišn] n rozhodnost, odhodlanost, rezolutnost; **with d.** odhodlaně

determine [di'tə:min] vt **1** *(decide)* rozhodnout se; **be ~d to do sth** být odhodlán něco udělat **2** *(fix: date* etc*)* stanovit, určit **3** *(find out)* zjistit, (u)stanovit; **d. sb's blood group** určit čí krevní skupinu **4** *(be* *an important factor)* určovat, determinovat, být rozhodující pro co; **d. the outcome** být rozhodující pro výsledek

determined [di'tə:mind] adj *(resolute)* rozhodný, rezolutní, odhodlaný; **with a d. step** rozhodným krokem

deterrent [di'terənt] adj odstrašující ● n odstrašující prostředek; **act as a d.** odstrašovat, sloužit jako odstrašující prostředek

detest [di'test] vt nesnášet, nenávidět (co jako mor), hnusit si, mít co k smrti nerad; **I d. scenes** nesnáším scény

detestable [di'testəbl] adj ohavný, hnusný, odporný

dethrone [di'θrəun] vt sesadit z trůnu, zbavit trůnu

detonate ['detəneit] **I** vt přivést k výbuchu **II** vi vybuchnout, detonovat, explodovat

detonation [detə'neišn] n detonace, výbuch

detonator ['detəneitə(r)] n rozbuška

detour ['di:tuə(r)] n oklika, zacházka; Aut objížďka; **make a d.** jet objížďkou

detract [di'trækt] vi **d. from sth** znevažovat or zlehčovat něco; **d. from sb's achievements** zlehčovat něčí zásluhy

detractor [di'træktə(r)] n pomlouvač

detriment ['detrimənt] n újma, škoda; **to the d. of the cause** ke škodě věci; **be a d. to health** škodit zdraví

detrimental [detri'mentl] adj škodlivý; **be d. to sth** škodit čemu

detritus [di'traitəs] n gen zbytky, odpad; Geol drť, detrit, detritus

deuce [dju:s] n **1** Tennis shoda 40 : 40 **2 what the d. ...?** co k čertu ...?; **where the d. is it?** kde to sakra je?

devaluation [divælju'eišn] n devalvace

devalue [di'vælju:] vt **1** Fin devalvovat, provést devalvaci **2** fig *(sb's work* etc*)* znehodnotit

devastate ['devəsteit] vt **1** *(town, area, country)* (z)pustošit, zničit; *(enemy)* rozdrtit **2** fig zdrtit; **he was ~d by the news** ta zpráva ho zdrtila

devastating ['devəsteitiŋ] adj **1** zničující, pustošivý; *(floods* etc*)* katastrofální; *(news, criticism)* zdrcující **2** *(stunningly beautiful)* **she looked d.** vypadala ohromně or báječně

devastation [devə'steišn] n zpustošení, devastace

develop [di'veləp] **I** vt **1** *(evolve: talents)* rozvinout, rozvíjet; *(idea, thesis)* rozvést, rozpracovat; *(project, plan)* vypracovat; *(area)* zvelebit; *(site)* zastavět **2** *(acquire: rash, cough)* dostat; **d. cracks** popraskat; **d. a taste for sth** přijít čemu na chuť; **he has ~ed a paunch** narostlo mu břicho **3** *(film)* vyvolat **II** vi **1** *(evolve)* rozvinout se; *(body)* vyvíjet se, mohutnět, sílit; *(system)* zdokonalovat se; *(discussion)* rozvířit se **2** *(appear)* objevit se, *(form)* tvořit se, *(energy)* vznikat/ vzniknout

developed [di'veləpt] adj **1** *(country)* rozvinutý; **highly d.** *(industry)* vysoce rozvinutý **2** *(film)* vyvolaný

developer [di'veləpə(r)] n **1** Phot vývojka **2 property d.** stavební podnikatel, (stavební) investor **3 be a late d.** *(person)* vyvíjet se pozdě

developing [di'veləpiŋ] adj **d. country** rozvojová země

development [di'veləpmənt] n (see **develop**) **1** rozvoj, vývoj; *(of economy* also*)* rozmach; *(of body)* vývin; *(of site)* zástavba; **housing d.** sídliště ■ **d. bank** banka pro obnovu a rozvoj **2** *(of film)* vyvolání **3 ~s a)** *(events)* události; **further ~s** další události; **in the light of recent ~s** ve světle nedávných událostí **b)** *(innovations)* novinky, pokrok; **new ~s in sth** novinky v čem; **major ~s in chemistry** velký pokrok v chemii

developmental [diveləp'mentl] adj vývojový

deviance ['di:viəns], **deviancy** ['di:viənsi] n gen & Psych odchylka, deviace, úchylka

deviant ['di:viənt] adj úchylný, abnormální ● n deviant

deviate ['di:vieit] vi odchýlit se, odbočit; **d. from the subject** odbočit or vzdálit se od tématu; **d. from the course** uchýlit se od směru

deviation [di:vi'eišn] n odchylka, úchylka, deviace

device [di'vais] n zařízení, nástroj, přístroj, agregát; **clamping d.** upínací zařízení; **locking d.** uzávěr; **mnemonic d.** mnemotechnická pomůcka; **leave sb to his own ~s** ponechat koho (jeho) osudu

devil ['devl] n **1** Bibl **the d., the D.** Satan **2** *(demon)* ďábel, čert, luciper; **d. incarnate** hotový or učiněný ďábel; **carry on like the d.** řádit jako ďábel ♦ **talk of the d.** my o vlku a vlk za humny; **the d.'s tickets** dated čertovy obrázky, dvaatřicet loupežníků **3** inf *(person)* **poor d.** chudák, nešťastník; **lucky d.** šťastlivec; **little d.** čertovo kvítko, dareba; **clever d.** otevřená hlava or hlava otevřená; **be a crafty d.** být všemi mastmi mazaný; **cheeky d.** drzoun; **he's a d. of a man** je to čertovský chlapík **4** inf *(as intensifier)* **he is a d. for work, he's a d. for punishment** je do práce jako kat or ras; **where the d. have you been?** kdes k sakru byl?; **he had a d. of a job to finish it in time** jen tak tak se mu podařilo práci dokončit; **it's a d. of a problem** je to sakramentský problém; **have the d. of a time with sth** mít s čím hotové peklo

devilish ['devəliš] adj ďábelský (**plan** plán) ■ **~ly** adv ďábelsky, po čertech; **~ly clever** inf po čertech chytrý

devilry ['devlri] n **1** *(black magic)* černá magie, čáry, kouzla **2** *(mischief)* rozpustilost, nezbednost, šibalství

devious ['di:viəs] adj **1** *(path)* křivolaký, klikatý **2** *(dishonest: means)* pochybný; *(person)* prohnaný, vychytralý; **get sth by d. means** sehnat něco nekalým způsobem

deviousness ['di:viəsnəs] n *(of person)* prohnanost, vychytralost; *(of plan)* zamotanost

devise [di'vaiz] vt vymyslet, navrhnout, *(method* etc*)* vypracovat; *(mechanism)* zkonstruovat

devoid [di'void] adj **d. of** bez čeho; **be d. of feeling** být bez citu

devolution [di:və'lu:šn] n Pol decentralizace (**of powers** pravomocí)

devolve [di'volv] **I** vi *(of duty, responsibility)* **d. (up)on sb** přejít na koho **II** vt *(transfer: powers* etc*)* převést (**sth to sb** co na koho), decentralizovat

devote [di'vəut] vt věnovat (**to sth** čemu); *(one's life)* zasvětit, obětovat; **d. one's time to sb/ sth** věnovat čas komu/ čemu

devoted [di'vəutid] adj oddaný, loajální, obětavý, věrný; **be d. to sb** být komu oddaný; **a d. husband** oddaný manžel ■ **~ly** adv obětavě, oddaně

devotee [devəu'ti:] n *(of opera, music)* nadšenec pro co; *(of doctrine)* stoupenec, přívrženec

devotion [di'vəušn] n oddanost, věrnost; *(piety)* zbožnost; **unstinted d.** bezmezná oddanost; **dog-like d.** psí věrnost; **d. to the end of one's life** oddanost až za hrob

devour [di'vauə(r)] vt *(of animal)* sežrat, pohltit; *(of person: eat greedily)* zhltat, zhltnout, vulg sežrat; *(book)* fig zhltnout; **d. sb with one's eyes** hltat koho očima

devout [di'vaut] adj zbožný, nábožný ■ **~ly** adv nábožně

devoutness [di'vautnəs] n zbožnost, nábožnost

dew [dju:] n rosa; **morning dew** jitřní rosa

dewy ['dju:i] adj (**-ier, -iest**) pokrytý rosou, orosený

dewy-eyed [dju:i'aid] adj *(innocent)* nevinný; *(trusting)* důvěřivý, naivní, bezelstný

dexterity [dek'sterəti] n zručnost, obratnost, šikovnost, fortel

dexterous, dextrous ['dekstrəs] adj obratný, zručný

dextrin ['dekstrin] n Chem dextrin

dextrose ['dekstrəuz] n hroznový cukr, glukóza

DHSS [di:eičes'es] Br abbr of **Department of Health and Social Security** ministerstvo zdravotnictví a sociálního zabezpečení

diabetes [daiə'bi:ti:z] n cukrovka

diabetic [daiə'betik] adj diabetický; nemocný cukrovkou ● n diabetik, diabetička

diabolic [daiə'bolik] adj ďábelský; **d. cunning** ďábelská chytrost; **a d. scheme** ďábelský plán

diabolical [daiə'bolikl] adj **1** = **diabolic** **2** *(terrible:* eg *weather)* příšerný

diacritic [daiə'kritik] n diakritické znaménko

diadem ['daiədəm] n čelenka

diagnose ['daiəgnəuz] vt Med rozpoznat, stanovit diagnózu

diagnosis [daiəg'nəusis] n (pl **-ses** [-si:z]) diagnóza, nález; **make a d.** stanovit diagnózu

diagnostic [daiəg'nostik] adj diagnostický

diagonal [dai'ægənəl] adj diagonální, příčný ● n diagonála, úhlopříčka

diagram ['daiəgræm] n diagram, graf, schéma; **flow d.** grafikon; **wiring d.** elektrické schéma

diagrammatic [daiəgrə'mætik] adj schematický

dial ['daiəl] n Tel číselník, kotouč telefonu; *(of clock)* ciferník; *(of gauge)* škála ■ **d. tone** Amer oznamovací tón ● vt (**-ll-**, Amer **-l-**) Tel vytočit číslo

dialect ['daiələkt] n dialekt, nářečí; **speak in (a) d.** mluvit nářečím

dialectics [daiə'lektiks] n dialektika

dialling ['daiəliŋ] adj **d. code** volací kód; **d. tone** Br oznamovací tón

dialogue ['daiəlog] n rozhovor, dialog

dialysis [dai'æləsiz] n dialýza

diameter [dai'æmitə(r)] n průměr; **it has a d. of ...** má průměr ...; **with a d. of ...** o průměru ...; **10 metres in d.** o průměru 10 metrů

diametrical [daiə'metrikl] adj diametrální ■ **~ly** adv diametrálně; **a ~ly opposed view** diametrálně odlišný názor

diamond ['daiəmənd] n **1** *(precious stone)* diamant; **cut d.** briliant; **sparkle like a d.** lesknout se jako drahokam ♦ **a rough d.** prostý člověk se srdcem ze zlata ■ **d. ring** diamantový prsten **2 ~s** Cards kára, káry, kule; **king of ~s** kulový or kárový král

diaper ['daiəpə(r)] n Amer plenka

diaphragm ['daiəfræm] n **1** Anat bránice, diafragma; Med *(contraceptive)* pesar **2** Phot clona **3** Techn *(in telephone receiver)* membrána, diafragma

diarrhoea, Amer **diarrhea** [daiə'riə] n průjem ♦ **have verbal d.** inf neustále mlít pusou

diary ['daiəri] n **1** deník; **keep a d.** psát si deník **2** *(for appointments)* kapesní kalendář, diář; **my d. is far too full** mám přeplněný program

Diaspora [dai'æspərə] n **the D.** diaspora

diatribe ['daiətraib] n invektiva, (slovní) výpad

dice [dais] n; pl unchanged kostka ● **I** vt Cook (na)krájet na kostky **II** vi **d. with death** zahrávat si se smrtí

dicey ['daisi] adj (**dicier**, **diciest**) sl riskantní, prekérní

dichotomy [dai'kotəmi] n dichotomie

dick [dik] n **1** vulg *(penis)* čurák **2** dated Amer inf čmuchal, detektiv **3 clever D.** chytrák, přemoudřelec

dictate [dik'teit] **I** vt **1** *(letter* etc*)* (na)diktovat **2 it was ~d by the situation** vyžadovala to situace **II** vi **1** *(give dictation)* diktovat **2 d. to sb** *(give orders)* poroučet or předpisovat komu; **I won't be ~d to by anybody** já si nenechám od nikoho předpisovat or poroučet ● ['dikteit] n diktát, příkaz; **the ~(s) of the heart** hlas srdce

dictation [dik'teišn] n Sch diktát; **take d.** psát podle diktátu

dictator [dik'teitə(r)] n diktátor

dictatorial [diktə'to:riəl] adj diktátorský; **in a d. manner** diktátorsky

dictatorship [dik'teitəšip] n diktatura; **the d. of the proletariat** diktatura proletariátu

diction ['dikšn] n dikce, přednes; **poetic d.** básnická řeč

dictionary ['dikšənəri] n slovník; **consult a d.** nahlédnout do slovníku

dictum ['diktəm] n (pl **dictums** or **dicta**) fml **1** *(statement)* prohlášení, výrok **2** *(maxim)* rčení, maxima

did [did] pt of **do**

diddle ['didl] vt inf ošidit, ošulit, vzít na hůl; **d. sb out of sth** ošidit or inf ošulit koho o co

didn't [didnt] **= did not**; see **do**

die$_1$ [dai] v (pt, pp **died**; pres p **dying**) **I** vi **1** *(stop living)* zemřít, umřít, skonat; *(animal)* pojít, uhynout, zdechnout; *(plant)* zajít, uschnout; **die of** or **from sth** umřít na co; **die a natural death** zemřít přirozenou smrtí; **die of hunger** zemřít hladem; **die from injuries** zemřít na zranění; **die of cancer** zemřít na rakovinu; **be ready to die** být odhodlaný umřít; **die in a fire** uhořet; **he would rather** or **sooner die than ...** raději by umřel, než ... ♦ **die like a dog** chcípnout jako pes (vulg); **he nearly ~d with fright** málem umřel strachy **2** fig **be dying to do sth** mermomocí chtít něco udělat; **be dying for sth** umírat touhou po čem **II** phr vs ■ **die away** vi *(sound)* slábnout, ztrácet se ■ **die down** vi zmírnit se, *(wind, storm)* polevit; *(sound)* slábnout ■ **die out** vi vyhynout, vymřít, zemřít jeden po druhém

die$_2$ [dai] n **1** (pl **dice**) hrací kostka ♦ **the die is cast** kostky jsou vrženy **2** (pl **~s**) matrice; **be as straight as a die** být rovný jako když střelí, být rovný jako šňůra, být jako podle pravítka; fig být naprosto poctivý

diehard ['daiha:d] n tvrdohlavec; Pol zarytý stoupenec nekompromisní linie ■ **a d. Conservative** zarytý konzervativec; **a d. Communist** skalní komunista

diesel ['di:zl] n **d. (engine)** dieselový motor; **d. (fuel** or **oil)** motorová nafta; cf **derv**

diet ['daiət] n strava, výživa; *(special d.)* dieta; **slimming d.** redukční dieta; **low--calorie d.** nízkokalorická dieta; **be on a d.** mít or držet dietu ● vi držet dietu

dietary ['daiətəri] adj dietní ● n dieta

dietician [daiə'tišn] n Med dietetik/ dietetička

dieting ['daiətiŋ] n odtučňování

differ ['difə(r)] vi **1** lišit se (**from sb in sth** od koho v čem) **2** *(disagree)* **d. with sb on sth** rozcházet se or nesouhlasit s kým v čem; **agree to d.** ponechat si každý svůj názor, konstatovat rozdílnost názorů

difference ['difrəns] n **1** *(dissimilarity)* rozdíl; **age d.** věkový rozdíl; **goal d.** brankový rozdíl; **d. between A and B** rozdíl mezi A a B; **it makes no d.** na tom nezáleží or nesejde, to je jedno **2** *(disagreement)* neshoda, nesouhlas; **d. of opinion** názorové rozdíly, různice; **sink one's ~s** přenést se přes spory, urovnat své spory

different ['difrənt] adj různý, rozdílný, odlišný, jiný; **be d. from ...** být jiný než ..., lišit se od ...; **that's a d. matter** to je něco jiného; **that's a d. kettle of fish** to je jiný tabák, to je jiný kafe (sl), to je jiná písnička; **it's as d. as chalk and cheese** to je jako nebe a dudy ■ adv see **~ly**

differential [difə'renšl] adj diferenční; Math **d. calculus** diferenciální počet; Aut **d. gear** diferenciální soukolí ● n Math, Aut diferenciál

differentiate [difə'renšieit] vt odlišit, rozlišit, rozeznat

differently ['difrəntli] adv jinak, odlišně; **see things d.** vidět něco jinak; **think d.** smýšlet jinak; **I see it d.** já to chápu jinak

differing ['difəriŋ] adj odlišný, odchylný

difficult ['difikəlt] adj **1** *(hard: problem,*

task) těžký, obtížný, nesnadný; **physics is a d. subject (to learn)** fyzika je obtížný předmět; **I find it d. to do it** je mi zatěžko to udělat; **it is d. to carry** těžko se to nese; **it is d. to come by** je to těžko k dostání; **it is d. to read** těžko se to čte, je to špatně čitelné; **it is d. to say** těžko říci **2** *(awkward)* nepříjemný; *(route, passage)* neschůdný; *(child)* problematický; **don't be d.** nedělej potíže or obstrukce

difficulty ['difikəlti] n (pl **-ies**) **1** *(of task)* obtížnost, *(of problem)* komplikovanost; **with d.** těžko, obtížně **2** *(problem)* potíž, obtíž; **d. in breathing** dýchací potíže; **insurmountable difficulties** nepřekonatelné potíže; **without any d.** bez nesnází; **cause difficulties** působit potíže; **make difficulties** dělat potíže or obstrukce; **get** or **run into difficulties** dostat se do nesnází; **difficulties with the customs** potíže s celníky; **should difficulties arise** při případných or eventuálních potížích or komplikacích

diffidence ['difidəns] n nesmělost, ostýchavost, zakřiknutost

diffident ['difidənt] adj nesmělý, ostýchavý, zakřiknutý, rozpačitý

diffract [di'frækt] vt *(rays)* ohýbat, vychýlit, odklonit

diffraction [di'frækšn] n difrakce, ohýbání

diffuse [di'fju:s] adj *(light, heat, rays)* rozptýlený, *(verbose: style)* rozvláčný, rozvleklý ● [di'fju:z] **I** vt *(light)* rozptýlit; *(knowledge)* šířit **II** vi šířit se

diffused [di'fju:zd] adj *(lighting)* rozptýlený, difúzní

diffuser [di'fju:zə(r)] n *(of light)* rozptylovací stínítko; Techn difuzér

diffusion [di'fju:žn] n **1** *(of light)* rozptyl, rozptylování **2** *(of news)* rozšiřování, *(of knowledge)* šíření

dig [dig] n **1** *(with elbow)* **dig in the ribs** štulec **2** inf *(jibe)* špička; **have a dig at sb** rýpnout do koho **3** Archeol vykopávka ● v (**-gg-**; pt, pp **dug**) **I** vt **1** *(hole, trench)* (vy)kopat, vyhloubit; *(with excavator)* (vy)bagrovat; *(with spade)* (z)rýt **2** *(poke)* **dig sb in the ribs** dloubnout někoho do žeber, dát komu štulec **3** dated sl *(like)* baštit, žrát; *(understand)* kapírovat, hovět čemu; *(look at)* kouknout se na co, čihnout na co; **dig that guy!** Amer sl koukni na toho chlápka! **II** vi *(person)* kopat, *(with spade)* rýt; *(with excavator)* bagrovat; *(animal)* rýt, rýpat, rozrývat zem **III** phr vs ■ **dig around** vi *(in one's bag, among books* etc*)* hrabat se v čem ■ **dig for** vt *(mine for)* dobývat, kutat ■ **dig in** *I* vi inf *(eat)* pustit se do jídla *II* vt **d. one's heels in** zapřít se, fig postavit se na zadní ■ **dig into** vt **d. (deep) into one's pocket** sáhnout hluboko do kapsy; **dig into sb's past** šťourat se v čí minulosti ■ **dig out** vt **1** *(from ground* etc*)* vykopat, vyhloubit **2** inf *(information)* vyhrabat ■ **dig up** vt **1** *(earth)* rozkopat, zrýt, přerýt **2** fig vyhrabat informaci ap., objevit, splašit

digest ['daidžest] n *(of facts)* výběr, přehled; *(of book)* výtah, konspekt ● [dai'džest] vt *(food, information)* (s)trávit; *(insult)* spolknout; **it is hard to d.** lit & fig je to těžko stravitelné

digestible [dai'džestəbl] adj stravitelný

digestion [dai'džesčn] n trávení, zažívání; **have a good d.** mít dobrý žaludek; **have a cast-iron d.** mít kachní žaludek

digestive [dai'džestiv] adj **1** zažívací (**troubles** potíže); **d. system** zažívací ústrojí **2 d. biscuits** dietní suchary z žitné mouky

digger ['digə(r)] n **1** *(miner)* horník; *(navvy)* kopáč **2** *(machine)* rypadlo, bagr **3** sl *(Australian/ New Zealander)* Australan/ Novozélanďan zvl. o vojácích

diggings ['digiŋz] n **1** Mining dolování, dobývání hornin; *(of gold)* naleziště zlata **2** Archeol vykopávky

digit ['didžit] n **1** *(number)* číslice, cifra; **a four-d. number** čtyřciferné číslo **2** *(finger/ toe)* prst u ruky/ u nohy

digital ['didžitl] adj **1** digitální, číslicový; **d. computer/ watch** digitální počítač/ hodinky; **d. diary** digitální diář **2** Anat prstový, Med *(examination)* digitální, prstový

dignified ['dignifaid] adj důstojný (**bearing** chování)

dignify ['dignifai] vt (**-ie-**) *(person)* poctít; *(give distinction to)* dodávat čemu na vážnosti

dignitary ['dignətəri] n (pl **-ies**) hodnostář; **local dignitaries** místní honorace

dignity ['dignəti] n důstojnost; **it is beneath my d.** to je pod mou důstojnost; **stand on one's d.** vyžadovat úctu

digress [dai'gres] vi odbočit, odbíhat, odklonit se; **d. from the subject** odbíhat od tématu; **don't d.** neodbočujte, držte se věci

digression [dai'grešn] n odbočení od tématu

digs [digs] n pl; Br sl privát, inf kvartýr v soukromí; **live in d.** bydlet v soukromí

dike [daik] n **1** *(ditch)* příkop **2** *(barrier)* hráz, násep **3** sl lesba, lesbička

diktat ['diktæt] n pej, usu Pol diktát

dilapidated [di'læpideitid] adj *(house)* zchátralý, v dezolátním stavu; **become d.** zchátrat, zpustnout

dilapidation [di,læpi'deišn] n *(of buildings* etc*)* zchátralost, dezolátní stav

dilate [dai'leit] vi *(of eyes* etc*)* rozšířit

se, zvětšit se; **~d pupils** rozšířené (oční) panenky

dilatory ['dilətəri] adj fml laxní, liknavý; **d. in answering letters** liknavý v odepisování

dilemma [di'lemə, dai'lemə] n dilema; **be on the horns of a d.** stát před dilematem

dilettante [dilə'tænti] n (pl **~s** or **-ti** [-ti:]) diletant, laik

dilettantism [dilə'tæntizm] n diletantství

diligence ['dilidžəns] n píle, pracovitost, přičinlivost; **beaverlike d.** mravenčí píle

diligent ['dilidžənt] adj pilný, pracovitý, přičinlivý, snaživý ■ **~ly** adv pilně, snaživě, přičinlivě

dill [dil] n kopr ■ **d. sauce** koprová omáčka

dilly-dally ['dilidæli] vi inf nimrat se or mazat se s čím

dilute [dai'lu:t] vt (z)ředit, rozředit ● adj zředěný, rozředěný

dim [dim] adj (**-mm-**) **1** *(light)* matný, přitlumený; *(eyes)* kalný, matný; **grow dim** *(light)* zeslábnout **2** *(indistinct: shape)* nejasný; *(memory)* mlhavý, vágní; **have only a dim recollection of sth** pamatovat si na něco jen mlhavě ♦ **in the dim and distant past** v šerém dávnověku **3** inf *(stupid)* prostoduchý; **look dim** vypadat jako trouba **4** inf **take a dim view of sth** nemít o čem valné mínění ● v (**-mm-**) **I** vt **1** *(lights)* přitlumit, ztlumit **2** *(colour)* zbavit lesku **II** vi *(light)* zeslábnout; *(colour, beauty)* vyblednout; *(glory)* poblednout **III** phr v ■ **dim out** vt Amer *(city)* zatemnit

dime [daim] n Amer deseticent

dimension [dai'menšn] n rozměr, dimenze; **~s** rozměry; **the fourth d.** čtvrtá dimenze

-dimensional [dai'menšənəl] in compounds -rozměrný; **one~/ two~** jednorozměrný/ dvojrozměrný

diminish [di'miniš] **I** vt *(reduce)* zmenšit; zeslabit; *(speed, price)* snížit **II** vi slábnout; zmenšit se; *(prices)* klesat; *(stocks)* ztenčit se, ubývat čeho

diminished [di'miništ] adj **1** Mus snížený **2** Jur **d. responsibility** snížená příčetnost

diminution [dimi'nju:šn] n fml zmenšování, snižování, ubývání; *(in authority, price)* pokles

diminutive [di'minjutiv] adj maličký, drobný, velmi malý, mrňavý ● n Gram zdrobnělina

dimmer ['dimə(r)] n *(on lamp)* tlumič světla, Theat reostat; Amer Aut **~s** *(parking lights)* parkovací světla

dimness ['dimnəs] n see **dim 1** matnost, přitlumenost **2** nejasnost, mlhavost, vágnost **3** inf *(of person)* prostoduchost

dimple ['dimpl] n dolíček, důlek

dimwit ['dimwit] n inf zabedněnec, gypsová hlava

dim-witted [dim'witid] adj inf prostoduchý, zabedněný, chudý duchem

din [din] n *(of machines)* lomoz, hřmot, rámus, vřava; *(of people)* rámus, kravál, brajgl, povyk; **make** or **kick up a din** udělat pekelný hluk ● vt (**-nn-**) **din sth into sb** inf vtloukat něco komu do hlavy

DIN [din] abbr of **Deutsche Industrie Norm** DIN, německá průmyslová norma

dine [dain] **I** vi (po)obědvat, (po)večeřet; **wine and d.** hodovat **II** vt **wine and d. sb** častovat or hostit koho **III** phr v ■ **dine out** vi jíst v restauraci

diner ['dainə(r)] n **1** *(person)* strávník; *(in restaurant)* host **2** Amer *(café)* restaurace při silnici; Rail jídelní vagón

ding-dong ['diŋdoŋ] n **1** *(sound)* bim bam **2** inf *(quarrel)* hádka, výměna názorů

dinghy ['diŋi] n malý člun; **rubber d.** nafukovací člun

dingo ['diŋgəu] n dingo

dingy ['dindži] adj ubohý, ošumělý

dining ['daining] adj **d. car** Br Rail jídelní vůz; **d. room** jídelna

dinky ['diŋki] adj (**-ier**, **-iest**) inf **1** *(sweet)* hezoučký, pěkňoučký **2** *(small)* droboučký, maličký

dinner ['dinə(r)] n *(evening meal)* večeře; *(lunch)* oběd; *(formal)* hostina, slavnostní večeře; **have d.** večeřet/ obědvat; **have you had your d.?** už jste obědval? ■ **d. jacket** smoking; **d. party** slavnostní večeře, večírek s hlavním jídlem; **d. dance** večeře s tancem

dinosaur ['dainəso:(r)] n dinosaurus

dint [dint] n **by d. of sth** pomocí čeho, díky čemu; **by d. of perseverance** díky (své) vytrvalosti, vytrvalostí; **by d. of great effort** díky velkému úsilí

diocese ['daiəsis] n diecéze

dioxide [dai'oksaid] n Chem dioxid; **carbon d.** kysličník uhličitý

dip [dip] n **1** *(in road)* svah, spád, sklon **2** *(in prices* etc*)* prudký pokles **3** inf *(quick swim)* krátká koupel v moři ap.; **have a dip** trochu si zaplavat, namočit se **4** *(of ice cream)* kopeček ● v (**-pp-**) **I** vt **1** *(into liquid)* ponořit, namočit; **dip one's hands into the water** ponořit ruce do vody; **dip one's hands into one's pockets** vrazit ruce do kapes ♦ **have to dip into one's savings** musit sáhnout na úspory **2** *(lights)* ztlumit; *(flag)* sklonit **II** vi *(prices* etc*)* (prudce) poklesnout; *(road)* svažovat se

diphtheria [dif'θiəriə] n záškrt

diphthong ['difθoŋ] n Phon dvojhláska, diftong

diploma [di'pləumə] n diplom

diplomacy [di'pləuməsi] n diplomacie

diplomat ['dipləmæt] n diplomat/ -ka

diplomatic [diplə'mætik] adj diplomatický; **break off/ establish d. relations** přerušit/ navázat diplomatické styky; **d. bag** diplomatická pošta; **(the) d. corps** diplomatický sbor; **d. immunity** diplomatická imunita

dipper ['dipə(r)] n **1** *(ladle)* naběračka **2** *(of excavator)* lžíce **3** Amer Astron **the Big/ Little D.** Velký/ Malý vůz **4** *(at fair)* **(big) d.** horská dráha **5** Orn potápka

dipsomania [dipsəu'meiniə] n Med dipsomanie

dipsomaniac [dipsəu'meiniæk] n Med dipsoman

dipstick ['dipstik] n Aut měřicí tyčinka

dire ['daiə(r)] adj **1** *(terrible)* hrozný, strašný; *(consequences* also*)* neblahý, katastrofální **2** *(extreme)* naléhavý; **be in d. need of sth** naléhavě or zoufale něco potřebovat

direct [də'rekt] adj **1** *(route, flight, train)* přímý; **d. hit** přímý zásah **2** *(without intermediary)* **a)** *(contact)* přímý, bezprostřední **b)** *(of descent in a family)* **d. line** přímá linie **3** *(person, manner)* přímý, otevřený, přímočarý, upřímný **4 d. current** Elec stejnosměrný proud **5** *(opposite)* pravý **6** Ling **d. object** přímý předmět; **d. speech** přímá řeč ● adv přímo ● vt *(transport, work)* řídit; *(film)* režírovat; *(criticism)* adresovat komu; *(attention, one's steps)* zaměřit, nasměrovat; **d. one's attention to sth** orientovat se na co; **can you d. me to the station?** můžete mi poradit, jak se dostanu k nádraží?

direction [də'rekšn] n **1** *(way)* směr; **sense of d.** orientační smysl; **in the d. of Prague** ve směru na Prahu; **in the opposite d.** v opačném směru; **have a poor sense of d.** špatně se orientovat ♦ **a step in the right d.** fig krok správným směrem ■ **(d.) indicator** Aut ukazatel směru **2** Film, Theat **(stage) d.** režie **3** *(management)* řízení, vedení **4 ~s** *(instructions)* instrukce, pokyny, směrnice; *(for use)* pokyny, návod; **give ~s to sb** instruovat koho; **ask for ~s** zeptat se na cestu kam; **you have been given the wrong ~s** poslali vás špatně

directional [də'rekšənl] adj směrový

directive [də'rektiv] n direktiva, směrnice, pokyn

directly [də'rektli] adv **1** přímo, rovnou; **it concerns you d.** týká se vás to bezprostředně **2** *(frankly: speak)* otevřeně, bez obalu **3** *(at once, immediately)* okamžitě, ihned; **he'll be here d.** přijde hned ● adv jakmile, hned jak; **I answered d. I received your letter** odpověděl jsem hned po obdržení dopisu

directness [də'rektnəs] n see **direct 1** přímost **2** přímost, bezprostřednost **3** otevřenost, přímočarost, upřímnost

director [də'rektə(r)] n **1** *(of company)* ředitel; *(of theatre)* intendant; **d. general** generální ředitel; **deputy d.** náměstek ředitele; **board of ~s** správní rada; **D. of Public Prosecutions** n Engl generální prokurátor **2** Film režisér; **assistant d.** asistent režie

directorship [də'rektəšip] n **1** *(position)* ředitelské místo, ředitelská funkce **2 during his d.** když byl ředitelem, inf během jeho ředitelování

directory [də'rektəri] n **1** *(of addresses)* adresář; Amer orientační tabule; **telephone d.** telefonní seznam; **street d.** seznam ulic **2** Comput adresář

dirge [də:dž] n žalozpěv, pohřební zpěv; fig pej pohřební píseň

dirigible ['diridžəbl] n vzducholoď ● adj řiditelný

dirt [də:t] n **1** gen špína, nečistota; *(mud)* bláto; *(excrement)* trus, lejno, exkrement ♦ **treat sb like d.** zacházet s kým jako se psem; **make sb eat d.** inf přimět koho, aby poníženě odvolal vlastní slova ■ **d. road** prašná cesta, prašná silnice **2** fig *(gossip)* klepy, pomluvy, špína

dirt cheap [də:t'či:p] adv inf za babku, za směšnou cenu; **buy sth d. cheap** inf koupit něco za směšnou cenu or za babku

dirtiness ['də:tinəs] n špinavost

dirty ['də:ti] adj **(-ier, -iest) 1** *(not clean)* špinavý, ušpiněný, umazaný; *(wound)* znečištěný, infikovaný; *(machine)* znečištěný, zanesený špínou or nečistotou; **get d.** umazat se, zašpinit se; **don't get d.!** neumaž se!; **this shirt gets d. easily** tato košile se snadno špiní ♦ **wash one's d. linen in public** prát špinavé prádlo na veřejnosti **2** *(colour)* špinavý **3** inf *(nasty: look)* zlý; **d. trick** podraz, lumpárna, svinstvo; **d. dealings** špinavé kšeftování; **give sb a d. look** loupnout po kom očima, škaredě se na někoho podívat **4** *(obscene: joke)* košilatý, lascivní, oplzlý, sprostý; **d. old man** starý necuda, starý kozel **5** *(weather)* ošklivý, hnusný ● vt umazat, potřísnit, zašpinit, znečistit ● n **do the d. on sb** inf provést někomu sprosťárnu or špinavost

disability [disə'biləti] n invalidita; **permanent d.** trvalá invalidita; **d. for work** pracovní neschopnost ■ **d. allowance** invalidní podpora; **d. pension** invalidní důchod

disabled [dis'eibld] adj invalidní; **d. per-**

son invalida; **d. ex-serviceman** válečný invalida

disadvantage [disəd'va:ntidž] n nevýhoda, neprospěch; **to his d.** k jeho škodě; **be at a d.** být v nevýhodě; **put sb at a d.** znevýhodnit koho ● vt znevýhodnit koho, poškodit koho

disadvantaged [disəd'va:ntidžd] adj znevýhodněný; *(poor)* chudý

disadvantageous [disædvən'teidžəs] adj nevýhodný; **be d. to sb** být pro koho nevýhodný; **in a d. light** v nepříznivém světle ■ **~ly** adv nevýhodně

disaffected [disə'fektid] adj nespokojený, neloajální, odcizený

disagree [disə'gri:] vi **1** *(not agree)* nesouhlasit (**with sb about sth** s kým v čem) **2** *(quarrel)* **d. with sb** nepohodnout se s kým **3** *(be different:* eg *figures)* lišit se, nesouhlasit **4** *(of food, drink)* nesvědčit, nesednout; **something ~d with me** *(food)* něco mi nesedlo; **the climate ~s with me** toto podnebí mi nedělá dobře, toto podnebí mi nesvědčí

disagreeable [disə'gri:əbl] adj nepříjemný, protivný

disagreement [disə'gri:mənt] n see **disagree 1** nesouhlas; *(between data, figures* etc*)* rozpor **2** *(quarrel)* spor, kontroverze, neshoda; **area of d.** třecí plocha fig; **have a d. with sb** mít s kým kontroverzi

disallow [disə'lau] vt *(goal)* neuznat

disappear [disə'piə(r)] vi **1** *(vanish)* (z)mizet, ztratit se; **d. into thin air** zmizet jako pára, ztratit se jako jehla v kupce sena; **he has ~ed without trace** není po něm ani vidu ani slechu; **he ~ed as if the earth had just swallowed him up** zmizel jako by se nad ním voda zavřela; **do a ~ing act** vypařit se **2** *(cease to exist: animals)* vyhynout; *(worries, fears* etc*)* rozplynout se

disappearance [disə'piərəns] n zmizení

disappoint [disə'point] vt **1** *(person)* zklamat, rozčarovat **2** *(hope)* zklamat

disappointed [disə'pointid] adj zklamaný, rozčarovaný; **be d. about sth** být zklamaný čím

disappointing [disə'pointiŋ] adj neuspokojivý; **the play was very d.** hra mne velmi zklamala

disappointment [disə'pointmənt] n zklamání; **d. of hopes** zklamání nadějí; **public d.** veřejné pohoršení

disapprobation [disæprəu'beišn] n odsuzování, neschvalování

disapproval [disə'pru:vl] n nesouhlas, nelibost; **with d.** odmítavě; **show one's d.** ukázat svou nelibost; **a look of d.** nesouhlasný pohled

disapprove [disə'pru:v] vi nesouhlasit, být proti; **d. of sth** být proti čemu; **d. of sb** nemít koho v lásce

disapproving [disə'pru:viŋ] adj odmítavý ■ **~ly** adv odmítavě

disarm [dis'a:m] vt, vi odzbrojit

disarmament [dis'a:məmənt] n odzbrojení; **nuclear d.** jaderné odzbrojení ■ **d. conference** konference o odzbrojení

disarming [dis'a:miŋ] adj *(smile)* odzbrojující

disarray [disə'rei] n zmatek, nepořádek, pozdvižení; **be in complete d.** být v naprostém zmatku; **throw everything into d.** způsobit všeobecný zmatek ● vt uvést v nepořádek

disaster [di'za:stə(r)] n **1** *(tragedy)* katastrofa, pohroma; **natural d.** živelní pohroma; *(*eg *in Chernobyl)* havárie; **flood d.** povodňová kalamita; **be on the verge of d.** být na pokraji katastrofy; **plunge headlong into d.** hnát se do záhuby; **ward off a d.** odvrátit katastrofu ■ **d. area** postižená oblast; fig joc *(person)* katastrofální případ **2** *(failure)* fiasko; **as a teacher he is a d.** jako učitel je katastrofální

disastrous [di'za:strəs] adj katastrofální

disavow [disə'vau] vt *(opinion)* neznat se k čemu, *(child)* neuznat za vlastní

disband [dis'bænd] vt *(club, army unit)* rozpustit

disbelief [disbi'li:f] n nevíra; *(look, listen* etc*)* **in d.** nedůvěřivě, nevěřícně

disbelieve [disbi'li:v] **I** vt nevěřit komu/čemu **II** vi **d. in sth** nevěřit na co; **d. in ghosts** nevěřit na duchy

disbelieving [disbi'li:viŋ] adj nevěřící

disc, Amer or Comput **disk** [disk] n **1** gen kotouč; **brake d.** brzdový kotouč ■ **d. clutch/ brake** Aut kotoučová spojka/ brzda **2** *(record)* gramofonová deska ■ **disc jockey** diskžokej **3** Comput see **disk**

discard [dis'ka:d] vt **1** *(throw out)* odložit, odhodit; *(cards)* odhodit **2** fig *(beliefs)* zbavit se čeho; *(plan)* zavrhnout

discern [di'sə:n] vt umět rozeznat; *(between A and B)* uvědomit si rozdíl

discernible [di'sə:nəbl] adj rozeznatelný

discerning [di'sə:niŋ] adj *(reader* etc*)* kritický, inteligentní, náročný

discharge ['disča:dž] n **1** *(release: from hospital, army, prison)* propuštění; *(of defendant)* zproštění obžaloby **2** Med hnis, výtok **3** Elec výboj; *(of chemicals, gas)* únik **4** *(of ship)* vykládka **5** *(of duty)* plnění ● [dis'ča:dž] **I** vt **1** *(release)* propustit, *(defendant)* zprostit obžaloby; **~d soldiers** bývalí vojáci **2** *(ship)* vykládat, vyložit **3** *(duty)* konat, vykonávat, plnit **II** vi **1** *(of wound)* hnisat **2** *(gas, chemicals* etc*)* unikat; *(of river)* vlévat se (**into** do)

disciple [di'saipl] n Relig učedník; *(follower)* přívrženec, následovatel

disciplinarian [disəpli'neəriən] n autoritář; **be a d.** vyžadovat přísnou kázeň

disciplinary ['disəplinəri] adj disciplinární, *(court)* kárný, *(action)* kázeňský; **take d. action against sb** Mil kázeňsky někoho potrestat, vést disciplinární řízení proti komu

discipline ['disəplin] n **1** lit disciplína, kázeň; **strict d.** pevná disciplina; **iron d.** železná disciplína; **lack of d.** nekázeň **2** (vědní) obor, disciplína ● vt ukáznit, disciplinovat; *(punish)* potrestat; **d. oneself** přinutit se (**to do sth** něco udělat)

disclaim [dis'kleim] vt popřít; Pol dementovat; **d. all responsibility for sth** Jur odmítat veškerou zodpovědnost za co

disclaimer [dis'kleimə(r)] n *(denial)* dementi; **issue a d.** uveřejnit dementi

disclose [dis'kləuz] vt odhalit; *(information)* oznámit, uvést co ve známost

disclosure [dis'kləužə(r)] n odhalení, *(of secret)* prozrazení

disco ['diskəu] n abbr of **discotheque** disko; **let's go to a d.** pojďme na disko

discolour, Amer **discolor** [dis'kalə(r)] **I** vt způsobit vyblednutí **II** vi ztrácet barvu, vyblednout

discoloured, Amer **discolored** [dis'kaləd] adj vybledlý

discomfort [dis'kamfət] n **1** *(physical)* nepohodlí; zdravotní potíže, mírná bolest **2** *(uneasiness)* neklid; **sense of d.** nepříjemný pocit; *(embarrassment)* rozpaky

disconcert [diskon'sə:t] vt **1** *(upset)* znepokojit, přivést koho z míry **2** *(confuse)* zmást

disconcerting [diskən'sə:tiŋ] adj znepokojující

disconnect [diskə'nekt] vt odpojit; *(electricity, gas* also*)* přerušit dodávku čeho; *(wagons)* rozpojit

disconnected [diskə'nektid] adj *(speech, thoughts)* nesouvislý

disconsolate [dis'konsələt] adj sklíčený

discontent [diskən'tent] n nespokojenost

discontented [diskən'tentid] adj nespokojený; **be always d.** nebýt s ničím spokojený

discontinue [diskən'tinju:] **I** vt gen přerušit; *(subscription, membership)* vypovědět, zrušit **II** vi přestat

discontinuous [diskən'tinjuəs] adj nesouvislý, nespojitý, přerušovaný

discord ['disko:d] n **1** *(conflict)* nesvár, spor, různice; **apple of d.** jablko sváru **2** Mus disharmonie

discordant [dis'ko:dənt] adj *(sound)* disonantní, disharmonický, nelibozvučný

discotheque ['diskətek] n diskotéka; **let's go to a disco(theque)** pojďme na disko(téku)

discount ['diskaunt] n sleva (**on sth** na čem), rabat, skonto; **at a d.** se slevou; **cash d.** sleva při hotovém placení ■ **d. store** obchod se zlevněným zbožím ● vt [dis'kaunt] **1** Fin *(bill, note)* eskontovat **2** *(disregard)* **d. sth** nepřihlížet k čemu, nebrat co v úvahu, nepočítat co; **~ing Australia, the largest island is . . .** nepočítáme-li Austrálii, je největším ostrovem . . .

discourage [dis'karidž] vt **1** *(dishearten)* vzít/ brát komu odvahu **2** *(dissuade)* odradit, odrazovat, zrazovat (**sb from sth** koho od čeho)

discouragement [dis'karidžmənt] n (see **discourage**) **1** odrazování, zrazování (**from sth** od čeho) **2** *(depression)* sklíčenost, deprese

discouraging [dis'karidžiŋ] adj odrazující; **be very d.** *(about sth)* nedávat komu velké naděje na úspěch

discourteous [dis'kə:tiəs] adj nezdvořilý, neslušný ■ **~ly** adv nezdvořile, neslušně

discourtesy [dis'kə:təsi] n nezdvořilost, neslušnost

discover [di'skavə(r)] vt objevit; *(by search)* dopátrat se čeho; *(missing person)* najít; *(mistake)* objevit, zpozorovat; **d. that . . .** zjistit, že . . .

discoverer [di'skavərə(r)] n objevitel

discovery [di'skavəri] n objev, Archeol also nález; *(of America* etc*)* objevení

discredit [dis'kredit] vt *(person)* diskreditovat, znevážit, připravit o dobrou pověst ● n ztráta důvěry; **bring d. on sb** diskreditovat koho

discreditable [dis'kreditəbl] adj hanebný

discreet [di'skri:t] adj diskrétní, taktní ■ **~ly** adv diskrétně, taktně, ve vší tichosti

discrepancy [dis'krepənsi] n nesoulad, rozpor, fml diskrepance; **discrepancies** nesrovnalosti

discretion [di'skrešn] n diskrétnost, takt; **leave sth to sb's d.** ponechat co komu na uváženou; **I will use my own d.** já se rozhodnu sám

discretionary [di'skrešənəri] adj Jur **d. powers** diskreční moc, pravomoc jednat podle vlastního uvážení

discriminate [di'skrimineit] vi **1** *(distinguish)* rozlišovat (**between** mezi) **2 d.**

against sb diskriminovat koho; **d. in favour of sb** favorizovat or protěžovat koho

discriminating [di'skrimineitiŋ] adj *(reader, viewer* etc*)* náročný, kritický

discrimination [di,skrimi'neišn] n **1** rozlišení **2** diskriminace (**against sb** koho), favorizování (**in favour of sb** koho); **racial d.** rasová diskriminace

discursive [di'skə:siv] adj Phil diskursivní

discus ['diskəs] n Athlet disk ■ **d. thrower** diskař/ -ka

discuss [dis'kas] vt diskutovat, jednat o čem, prodiskutovat co, *(problems* also*)* ventilovat

discussion [dis'kašn] n diskuse, debata; **the question under d.** projednávaná otázka

disdain [dis'dein] n opovržení, pohrdání, přezíravost ● vt **d. sb/ sth** opovrhovat or pohrdat kým/ čím; **he ~ed to notice me** neráčil si mě všimnout

disdainful [dis'deinfl] adj přezíravý, pohrdavý, opovržlivý

disease [di'zi:z] n nemoc, choroba; **infectious d.** infekční choroba; **occupational d.** nemoc z povolání

diseased [di'zi:zd] adj *(tissue, cell)* chorobný, *(plant)* napadený; *(organ)* nemocný

disembark [disim'ba:k] vi *(from ship, aircraft)* vystoupit

disembowel [disim'bauəl] vt vyvrhnout, vykuchat

disenchanted [disin'ča:ntid] adj rozčarovaný, zbavený iluzí; **be(come) d. with sb** ztratit o kom iluze

disengage [disin'geidž] vt **1** Aut **d. the clutch** vysunout spojku **2** Mil *(troops)* odpoutat od nepřítele

disentangle [disin'tæŋgl] vt rozmotat, rozuzlit

disfavour, Amer **disfavor** [dis'feivə(r)] n **1** nelibost, odmítavost; **view sth with d.** dívat se na co s nelibostí **2** nemilost, nepřízeň; **fall into d.** upadnout do nemilosti

disfigure [dis'figə(r)] vt deformovat, znetvořit, zohyzdit

disfigurement [dis'figəmənt] n znetvoření, zohyzdění

disgorge [dis'go:dž] vt **1** *(food)* vyvrhnout, zvrátit **2** *(smoke, lava)* chrlit

disgrace [dis'greis] n hanba, ostuda, skandál, blamáž; **be in d. (with sb)** být (u koho) v nemilosti; **it is a d.!** to je skandál(ní)! ● vt **d. sb** zostudit koho; **d. oneself** blamovat se

disgraceful [dis'greisfl] adj ostudný, hanebný, skandální; **it is d.**! to je skandál!, to je hanebné!

disgruntled [dis'grantld] adj rozladěný (**about sth** kvůli čemu), špatně naložený, nespokojený (**about sth** s čím)

disgruntlement [dis'grantlmənt] n rozladění, nespokojenost

disguise [dis'gaiz] vt (za)maskovat, zastírat; *(voice)* (z)měnit; **not to d. sth** netajit se čím; **~d as** přestrojený za ● n přestrojení, maska; Mil maskování; fig pláštík; **in d.** v přestrojení; (za)maskovaný ♦ **a blessing in d.** štěstí v neštěstí

disgust [dis'gast] n hnus, odpor; **feel d. for sth** oškliviť or hnusit si co; **it fills me with d.** vzbuzuje to ve mně odpor, protiví se mi to; **go away in d.** zhnuseně odejít; **shudder with d.** otřást se hnusem ● vt znechutit, zhnusit, otrávit; **his behaviour ~s me** z jeho chování se mi dělá nanic

disgusted [dis'gastid] adj znechucený, zhnusený ■ **~ly** adv znechuceně, zhnuseně

disgusting [dis'gastiŋ] adj odporný, hnusný; **I find it d.** hnusí se mi to, protiví se mi to ■ **~ly** adv odporně, hnusně; **be ~ly rich** být nekřesťansky bohatý

dish [diš] n (pl **~es** [dišiz]) **1** mísa; **butter d.** dóza na máslo; **dessert d.** miska na kompot; **the ~es** nádobí; **satellite d.** TV parabolická anténa; **do the ~s** umýt nádobí **2** *(food)* pokrm, jídlo jednotlivě podávané, chod; **side d.** příloha; **favourite ~es** oblíbená jídla; **meat ~es** masitá jídla; **sweet d.** moučné jídlo **3** inf *(handsome man)* fešák; *(pretty woman)* kus, kost; **quite a d.** *(woman)* pěkná kost ● phr vs ■ **dish out** vt inf *(food)* servírovat; *(advice)* nešetřit čím; **d. it out** *(praise)* rozplývat se chválou, *(blows)* rozdávat rány na všechny strany; **she can d. it out** *(criticize)* sl ta má jazyk jako břitvu ■ **dish up** *I* vt **1** *(food)* (na)servírovat **2** fig *(facts, arguments)* vytasit se s čím; *(the same old story)* servírovat *II* vi servírovat

dishabille [disə'bi:l] n **in a state of d.** *(woman)* v negližé; *(man)* polonahý

disharmony [dis'ha:məni] n lit & fig disharmonie

dishcloth ['diškloθ] n *(for washing)* hadr na nádobí; *(for drying)* utěrka na nádobí

dishearten [dis'ha:tn] vt deprimovat, skličovat, odrazovat/ odradit, brát komu odvahu; **become ~ed** klesnout na mysli

disheartening [dis'ha:tniŋ] adj skličující, odrazující, deprimující

dishevelled, Amer **disheveled** [di'ševld] adj *(hair)* rozcuchaný; *(clothes)* neupravený

dishonest [dis'onist] adj nepoctivý, nečestný; *(means, intentions* also*)* nekalý; *(untruthful)* prolhaný; **d. intentions** nekalé úmysly ■ **~ly** adv nečestně, nepoctivě

dishonesty [dis'onəsti] n nepoctivost, nečestnost, prolhanost

dishonour, Amer **dishonor** [dis'onə(r)] n hanba, potupa; zneuctění; **bring d. on sb** zneuctít koho, připravit koho o čest ● vt **1** *(memory, person)* zneuctít, (z)hanobit, poskvrnit **2** Fin *(cheque)* neproplatit

dishonourable [dis'onərəbl] adj nečestný, bezectný; hanebný; **d. discharge** propuštění z armády pro hanebné chování

dishtowel ['dištauəl] n esp Amer utěrka na nádobí

dishwasher ['dišwošə(r)] n myčka na nádobí stroj

dishwater ['dišwo:tə(r)] n voda na nádobí; fig *(coffee, beer* etc*)* inf voda, břečka, splašky

dishy ['diši] adj Br sl *(man/ woman)* ohromný, fantastický, sexy; **a d. man/ woman** fešák/ fešanda

disillusion [disi'lu:žn] vt zbavit iluzí, rozčarovat, zklamat; **become ~ed** být vyveden z iluzí, vystřízlivět

disillusionment [disi'lu:žnmənt] n rozčarování, vystřízlivění, deziluze

disincentive [disin'sentiv] n zábrana, brzda fig

disinfect [disin'fekt] vt dezinfikovat

disinfectant [disin'fektənt] n dezinfekční přípravek

disingenuous [disin'dženjuəs] adj nepřímný

disinherit [disin'herit] vt vydědit

disintegrate [dis'intigreit] vi gen rozpadnout se, *(stone* also*)* (z)větrat; *(society)* rozložit se

disintegration [dis͵inti'greišn] n rozklad, rozpad; *(of economy, marriage, society)* rozvrat; **radioactive d.** radioaktivní rozpad

disinterested [dis'intrəstid] adj *(observer)* nestranný, objektivní, nezaujatý; *(act of kindness)* nezištný

disjointed [dis'džointid] adj *(talk, writing* etc*)* nesouvislý, přerývaný

disjunctive [dis'džaŋktiv] adj *(conjunction)* vylučovací

disk [disk] n Amer (see **disc** Br) Comput **hard d.** pevný disk; **floppy d.** pružný disk, disketa; **compact d.** Mus kompaktní disk or deska ■ **d. drive** disková jednotka

diskette [dis'ket] n Comput pružný disk, disketa

dislike [dis'laik] n averze, neláska, antipatie, nechuť, odpor (**of sb/ sth** ke komu/ čemu); **I took an instant d. to him** byl mi od prvního okamžiku protivný ● vt nemít rád, mít nerad, nemít v lásce, nesnášet; **d. doing sth** nerad něco dělat; **they d. each other** nesnášejí se

dislocate ['disləkeit] vt Med vykloubit, vymknout; fig *(traffic, economy)* narušit, uvést ve zmatek

dislocation [dislə'keišn] n vykloubení, vymknutí; fig *(of traffic* etc*)* narušení

dislodge [dis'lodž] vt *(tile, stone)* uvolnit; vytlačit, Mil also vypudit

disloyal [dis'loiəl] adj neloajální (**to sb** ke komu); **be d. to sth** *(cause, one's country* etc*)* zpronevěřit se čemu

disloyalty [dis'loiəlti] n neloajálnost, zpronevěra čemu

dismal ['dizməl] adj **1** *(thoughts)* ponurý, chmurný, neveselý; *(news)* neutěšený, *(life)* neutěšený, neradostný; *(prospects)* pochmurný; *(weather)* nevlídný; **d. mood** hřbitovní nálada **2** inf *(performance)* mizerný, ubohý, tristní

dismantle [dis'mæntl] vt *(machine* etc*)* demontovat, rozebrat, rozmontovat; fig *(eg planned economy)* odstranit, odbourat

dismay [dis'mei] n ohromení, zděšení, konsternace; **I was filled with d. at the news** byl jsem tou zprávou ohromen ● vt zděsit, ohromit, konsternovat; **we were ~ed at his refusal** zarazilo nás, že odmítl

dismember [dis'membə(r)] vt *(animal)* rozčtvrtit; fig *(country)* rozdrobit, rozkouskovat

dismiss [dis'mis] vt **1** *(meeting)* skončit, rozpustit; **d. soldiers** dát rozchod vojákům; **the meeting was ~ed at five** schůze byla skončena v pět; **D.!** Mil Rozchod! **2** *(from job)* propustit, zprostit funkce or úřadu; **be ~ed without notice** být na hodinu propuštěn **3** *(brush aside)* odbýt; **d. sth with a sweep of a hand** odbýt co mávnutím ruky **4** Jur *(appeal, charge)* zamítnout **5** Sport *(batsman)* vyřadit

dismissal [dis'misl] n **1** *(from job)* propuštění, výpověď **2** *(rejection)* zamítnutí **3** Jur *(of appeal, charge)* zamítnutí

dismissive [dis'misiv] adj pohrdavý, přezíravý

dismount [dis'maunt] **I** vi *(from horse, bicycle)* seskočit, sesednout, slézt **II** vt Techn *(machine, gun)* odmontovat, demontovat

disobedience [disə'bi:diəns] n neposlušnost; **civil d.** občanská neposlušnost

disobedient [disə'bi:diənt] adj neposlušný; **be d.** být neposlušný, neposlouchat

disobey [disə'bei] vt neuposlechnout; *(law)* porušit, překročit, *(rule)* porušit, neřídit se čím

disorder [dis'o:də(r)] n **1** *(untidiness)* nepořádek, zmatek; **throw sth into d.** zpřeházet or roztahat něco **2** *(unrest)* nepokoje; **civil d.** občanské nepokoje **3** Med potíže, *(men-*

tal) porucha; **stomach d.** žaludeční potíže; **functional ~s** funkční poruchy; **suffer from a gastric d.** trpět zažívacími potížemi, mít zažívací potíže ● vt *(papers, files)* zpřeházet, uvést v nepořádek

disordered [dis'o:dəd] adj **1** *(room)* v nepořádku **2** *(thoughts)* zpřeházený, zmatený; *(life)* rozháraný, nespořádaný, nezřízený

disorderly [dis'o:dəli] adj nepořádný; *(behaviour)* neukázněný; *(person)* vzpurný; *(crowd)* rozvášněný; **d. conduct** Jur výtržnictví

disorganized [dis'o:gənaizd] adj dezorganizovaný, chaotický

disorientated [dis'o:riənteitid], Amer **disoriented** [dis'oriəntid] adj dezorientovaný

disown [dis'əun] vt zříci se koho, zavrhnout koho

disparage [di'spæridž] vt bagatelizovat, podceňovat, znevažovat, inf shazovat; **d. sb's achievements** bagatelizovat čí úspěchy

disparaging [di'spæridžiŋ] adj přezíravý; **be d. about sb** mluvit o kom přezíravě, shazovat koho ■ **~ly** adv **speak ~ly about sth** mluvit o čem přezíravě, shazovat něco

disparity [dis'pærəti] n rozdíl, rozdílnost, disparita; **d. in age** věkový rozdíl

dispassionate [dis'pæšənət] adj *(judgement, point of view)* nestranný, nezaujatý

dispatch [dis'pæč] n also **despatch** **1** *(of goods)* expedice, odeslání; **ready for d.** připravený k odeslání ■ **d. clerk** expedient; **d. department** expedice; **d. service** zasilatelství, zásilková služba **2** *(report, message)* depeše, zpráva **3** *(speed)* rychlost, pohotovost; **with d.** pohotově ● vt **1** *(goods)* expedovat, odeslat, vypravit; *(soldiers, warships)* vyslat **2** *(finish quickly)* spěšně vyřídit, rychle odbýt **3** euph odpravit, sprovodit koho ze světa

dispel [di'spel] vt *(doubts)* rozptýlit, *(fears, worries)* zaplašit; *(rumours)* vyvrátit; **d. sb's illusions** připravit koho o iluze

dispensability [dispensə'biləti] n postradatelnost

dispensable [di'spensəbl] adj postradatelný

dispensary [di'spensəri] n (pl **-ies**) **1** lékárna, výdej(na) léků **2** *(clinic)* ambulance, zdravotnické středisko, ošetřovna

dispensation [dispən'seišn] n **1** *(distribution)* rozdělení **2** *(permission)* povolení; **a d. to marry sb** povolení k sňatku s kým **3 divine d.** boží řízení

dispense [di'spens] **I** vt **1** *(give out)* rozdělit **2** *(prescription)* připravit **3** *(justice)* vykonávat **II** phr v ■ **dispense with sth** obejít se bez čeho

dispenser [di'spensə(r)] n schránka; *(automatic)* automat např. na cigarety ap.; **cash d.** peněžní automat, bankomat

dispensing [di'spensiŋ] adj **d. chemist** Br lékárník

dispersal [di'spə:sl] n (cf **disperse**) *(of crowds)* rozptýlení, rozehnání; *(of light)* disperze, rozptyl

disperse [di'spə:s] **I** vt *(clouds, crowds)* rozehnat; *(army)* rozprášit; *(light)* rozptýlit **II** vi *(crowds)* rozejít se, rozptýlit se; *(run in all directions)* rozprchnout se; *(mist, clouds)* rozptýlit se, rozplynout se

dispirit [di'spirit] vt brát komu odvahu

dispirited [di'spiritid] adj sklíčený, skleslý

displace [dis'pleis] vt **1** *(shift)* přemístit, přesunout **2** Naut *(water)* vytlačit

displaced [dis'pleist] adj **d. person** *(usu after war)* bezdomovec

displacement [dis'pleismənt] n **1** Geol dislokace, přesun **2** Naut výtlak

display [dis'plei] n **1** *(of goods)* výstavka, přehlídka, exhibice; **be on d.** být vystavený ♦ **make a d. of one's knowledge** dávat okázale najevo své znalosti ■ **d. case** vitrina **2** Comput zobrazení ■ **d. device** zobrazovací jednotka, displej ● vt **1** *(goods* etc*)* vystavit, vystavovat, vyložit **2** fig **d. great courage** prokázat velkou odvahu; **d. fear** projevit obavy **3** Comput zobrazit

displease [dis'pli:z] vt znelíbit se komu, vzbudit čí nelibost

displeasure [dis'pležə(r)] n nelibost, nespokojenost, nevole; **incur sb's d.** vzbudit čí nelibost

disposable [dis'pəuzəbl] adj **1** *(nappies* etc*)* jednorázový, na jedno použití **2** Fin **d. income** pohotový příjem

disposal [di'spəuzl] n **1** *(of refuse)* odvážka, odvoz; **bomb d. expert** pyrotechnik **2 have sb at one's d.** mít koho k dispozici; **have sth at one's d.** mít co k dispozici, disponovat čím; **put sth at sb's d.** dát něco komu k dispozici; **have an interpreter at one's d.** mít k dispozici tlumočníka

dispose [di'spəuz] phr v ■ **dispose of** vt **1** *(get rid of)* zbavit se čeho, odstranit, *(sell)* prodat, *(liquidate)* zlikvidovat **2** *(have at one's disposal)* disponovat čím

disposed [di'spəuzd] adj **be d. to do sth** být ochoten něco udělat; **be well d. towards sb** být komu nakloněný

disposition [dispə'zišn] n **1** *(temperament)* povaha, letora; **a peaceful d.** holubičí povaha, mírumilovnost **2** *(tendency)* inklinace, tendence (**to sth** k čemu)

dispossess [dispə'zes] vt **d. sb** vyvlastnit koho; **d. sb of sth** připravit koho oč, zbavit koho čeho, vyvlastnit komu co

dispossessed [dispə'zest] adj nemajetný, vykořeněný; **the d.** nemajetné třídy

disproportion [disprə'po:šn] n nepoměr, disproporce; **d. in age** věkový nepoměr

disproportionate [disprə'po:šnət] adj neúměrný, nepřiměřený; **d. to sth** neúměrný čemu ■ **~ly** adv neúměrně, nepřiměřeně; **a ~ly large salary** nepřiměřeně vysoký plat

disprove [dis'pru:v] vt vyvrátit tvrzení ap.

dispute [dis'pju:t] n **1** *(debate)* polemika, kontroverze; **it is beyond d.** to je nesporné or nepochybné, to je mimo diskusi; **it's beyond d. that he is right** má nepopiratelně pravdu **2** *(quarrel)* spor, rozepře; **the matter in d.** předmět sporu; **parties to a d.** sporné strany; **settle a d.** rozsoudit or urovnat spor ● **I** vi *(argue)* hádat se, přít se; *(debate)* debatovat; **d. about sth** přít se o co, dohadovat se o co **II** vt *(call in question)* brát v pochybnost

disqualification [dis,kwolifi'keišn] n Sport diskvalifikace, vyloučení

disqualify [dis'kwolifai] vt Sport diskvalifikovat, vyloučit

disquiet [dis'kwaiət] n neklid, nepokoj ● vt usu pass znepokojit, zneklidnit; **be greatly ~ed by sth** být čím velmi znepokojen

disquieting [dis'kwaiətiŋ] adj zneklidňující, znepokojivý; **be d.** *(situation, news)* být na pováženou

disregard [disri'ga:d] vt *(ignore)* přehlížet, nebrat v úvahu; *(danger etc)* nedbat na, pohrdat čím ● n přehlížení; nedbání, pohrdání čím, nevšímavost k čemu

disrepair [disri'peə(r)] n **be in a state of d.** *(building)* být v havarijním stavu, být zchátralý; **fall into d.** zchátrat

disreputable [dis'repjutəbl] adj *(methods etc)* pochybný; *(person)* člověk pochybné pověsti; *(clothes)* ošumělý; *(dance hall)* obskurní, podezřelý

disrepute [disri'pju:t] n špatná pověst; **bring into d.** diskreditovat; **fall into d.** diskreditovat se, ztratit dobrou pověst

disrespect [disri'spekt] n neúcta; **show d. for sb/ sth** nemít ke komu/ čemu úctu

disrespectful [disri'spektfl] adj neuctivý, nezdvořilý (**to** or **towards sb** ke komu)

disrupt [dis'rapt] vt narušit; *(performance, connection)* přerušit

disruption [dis'rapšn] n narušení, přerušení

disruptive [dis'raptiv] adj rušivý, rozkladný; **d. element** rozkladný element or živel

dissatisfaction [dissætis'fækšn] n nespokojenost

dissatisfied [dis'sætisfaid] adj nespokojený

dissect [di'sekt] vt *(plant)* preparovat; pitvat, rozpitvat (also fig)

dissecting room [di'sektiŋru:m] n prosektura

disseminate [di'semineit] vt *(ideas etc)* (roz)šířit, popularizovat

dissent [di'sent] n disent ● vi **1** být nekonformní, být v opozici k vládnoucí ideologii **2 d. from sth** *(motion, majority view etc)* nesouhlasit s čím, mít jiný názor na co

dissenter [di'sentə(r)] n Eccl nonkonformista, disident

dissertation [disə'teišn] n Univ diplomová práce, esp Amer *(for PhD)* dizertace

disservice [dis'sə:vis] n poškození (**to sb** koho); **do sb a d.** prokázat komu medvědí službu

dissident ['disidənt] adj nekonformní, disidentský ● n Pol disident

dissimilar [di'similə(r)] adj rozdílný, odlišný, nestejnorodý

dissociate [di'səušieit] vt **d. oneself from sth** distancovat se od čeho, neztotožňovat se s čím

dissolute ['disəlu:t] adj *(life)* prostopášný, nemravný, neřestný, zhýralý; **lead a d. life** vést nezřízený život, žít neřestně

dissoluteness ['disəlu:tnəs] n prostopášnost, neřestnost, nemravnost

dissolution [disə'lu:šn] n **1** *(of Parliament, assembly;* also Chem*)* rozpuštění **2** *(of marriage)* rozloučení, zrušení, rozpad

dissolve [di'zolv] **I** vt *(salt, sugar; organization,* Parl etc*)* rozpustit; *(marriage)* zrušit **II** vi rozpustit se, rozplynout se; **d. into laughter/ giggles** rozchechtat se/ rozhihňat se; **d. into tears** propuknout v pláč

dissonance ['disənəns] n disharmonie, disonance, nelibozvučnost

dissonant ['disənənt] n disharmonický, nelibozvučný

dissuade [di'sweid] vt **d. sb from (doing) sth** zrazovat koho od čeho, odradit koho od čeho, vymluvit komu co

distaff ['dista:f] n **1** *(in spinning)* přeslice **2** fig *(descendants)* **on the d. side** po přeslici v ženské linii rodu

distance ['distəns] n **1** *(between two places)* vzdálenost; **braking d.** brzdná dráha; **quite a d. away** hezky daleko; **from a d.** zpovzdálí; **at a d. of five miles** na vzdálenost pěti mil; **go** or **last** or **stay the d.** Box absolvovat všechna kola, fig vydržet až do konce, nevzdat to **2** *(distant place* or *point)* dálka, fml dál(e); **in the d.** v dálce, v dáli; **see sth in the d.** vidět něco v dálce; **admire sb from a d.** obdivovat někoho na dálku **3** *(in personal relations)* odstup ♦ **keep one's d.** zachovávat (si) odstup ● vt **1 d. sb from sb** *(emotionally)* oddálit koho komu, způsobit čí ochladnutí vůči komu **2 d. oneself from sb** *(emotionally)* oddálit se komu; **d. oneself from sb/ sth** *(dissociate oneself)* distancovat se od koho/ čeho

distant ['distənt] adj **1** *(faraway: country)* vzdálený, daleký; **the d. past** dávná or daleká minulost; **the d. future** daleká budoucnost **2** *(of people: not closely related)* **d. relation** vzdálený příbuzný **3** *(reserved: person)* fig odměřený, rezervovaný

distaste [dis'teist] n nechuť; *(turn away)* **in d.** znechuceně

distasteful [dis'teistfl] adj nechutný, odporný

distend [di'stend] vi zbytnět, zvětšit se, roztáhnout se

distil, Amer **distill** [di'stil] vt destilovat, *(spirits)* pálit

distillation [disti'leišn] n Chem destilace; **fractional d.** frakční destilace

distiller [di'stilə(r)] n vinopalník

distillery [di'stiləri] n (**-ie-**) lihovar, palírna

distinct [di'stiŋkt] adj **1** *(different)* odlišný, rozdílný; **be d. from** lišit se od, odlišovat se od; **as d. from** na rozdíl od **2** *(clear)* jasný, zřetelný; *(smell, likeness)* výrazný; **I have a d. memory of you saying so** jasně si pamatuji, že jste to říkal ■ **~ly** adv výrazně, zřetelně

distinction [di'stiŋkšn] n **1** rozdíl; **subtle ~s** jemné nuance; **draw a d. between X and Y** dělat rozdíl mezi X a Y **2** *(excellence)* proslulost, sláva; **a scientist of d.** proslulý vědec; **I had the d. of coming last** iron měl jsem tu čest být poslední **3** *(in exams)* vyznamenání

distinctive [di'stiŋktiv] adj osobitý, rázovitý, výrazný, typický; *(style)* osobitý, individuální; **d. features** charakteristické rysy; **a d. landscape** rázovitá krajina

distinguish [di'stiŋgwiš] **I** vt **1** *(differentiate)* rozlišit, odlišit (**A from B** A od B); **d. two colours** odlišit dvě barvy **2** *(make different)* odlišit/ odlišovat; **his intelligence ~es him from all the others** jeho inteligence ho odlišuje od všech ostatních **3 d. oneself by sth** vyznamenat se čím **4** *(manage to see)* uvidět, rozpoznat **II** vi rozlišovat; **d. between right and wrong** rozlišovat mezi dobrem a zlem

distinguishable [di'stiŋgwišəbl] adj **1** *(recognizable)* rozpoznatelný, odlišitelný **2** *(visible)* viditelný

distinguished [di'stiŋgwišt] adj *(dignified)* distingovaný; *(writer, scientist)* proslulý; *(career)* skvělý; **a d. visitor** vzácná návštěva

distinguishing [di'stiŋgwišiŋ] adj rozlišovací, distinktivní; **d. marks** zvláštní znamení

distort [di'sto:t] **I** vt **1** *(metal)* deformovat, *(face)* pokřivit; **~ing mirror** křivé zrcadlo **2** inf *(truth)* překroutit, deformovat; *(facts)* zkreslit; *(text)* zkomolit, mrzačit **II** vi *(structure)* deformovat se; *(face)* pokřivit se

distortion [di'sto:šn] n *(of text)* zkomolení; *(of truth, facts)* zkreslení, překroucení

distract [di'strækt] vt **1** *(divert attention)* rozptylovat, odvádět čí pozornost **2** *(interrupt)* zdržovat (**sb from his/ her** etc **work** koho v práci)

distraction [di'strækšn] n **1** *(amusement)* zábava, rozptýlení **2** *(interruption)* zdržování od práce **3 love sb to d.** milovat koho k zbláznění; **drive sb to d.** dohnat koho k šílenství

distraught [di'stro:t] adj rozrušený, plný úzkosti

distress [di'stres] n **1** *(being in danger)* nesnáz, nouze, tíseň; **port of d.** nouzový signál; **a ship in d.** loď v nebezpečí ■ **d. signal** nouzový signál **2** *(suffering)* utrpení, útrapy; *(sorrow)* zármutek ● vt **d. sb** rozrušit koho, vyvést koho z rovnováhy, způsobit komu bolest

distressing [di'stresiŋ] adj smutný, bolestivý; *(news)* zarmucující; *(sight)* strašný, strašidelný; **a d. matter** mrzutá záležitost

distribute [di'stribju:t] vt rozdělit (**among** mezi); *(leaflets* etc*)* roznést, *(by post)* rozeslat

distribution [distri'bju:šn] n rozdělení, distribuce; Elec **power d.** rozvod proudu ■ **d. centre** distribuční středisko

distributor [di'stribjutə(r)] n **1** Comm distributor, velkoobchodník; **film ~s** půjčovna filmů **2** Aut rozdělovač

district ['distrikt] n okres, okrsek, oblast; *(in town)* čtvrť, *(administrative unit)* obvod ■ **d. council** okresní/ obvodní rada; **d. nurse** Br ambulantní sestra

distrust [dis'trast] n nedůvěra; **have a d. of sb** nedůvěřovat komu, nemít ke komu důvěru ● vt nedůvěřovat komu

distrustful [dis'trastfəl] adj nedůvěřivý, podezíravý

disturb [di'stə:b] vt **1** *(interrupt)* rušit, vyrušovat; **am I ~ing you?** neruším vás?; **d. sb at work** rušit koho v práci; **do not d.!** nerušit, prosím! **2** *(worry)* znepokojovat, rozrušit; **d. the peace** rušit klid

disturbance [di'stə:bəns] n rušení; *(seismic)* **~s** otřesy, *(atmospheric)* poruchy; **political ~s** politické nepokoje; Jur **d. of the**

peace výtržnost; Med **mental d.** pomatení mysli

disturbed [di'stə:bd] adj **1** *(night)* neklidný **2** Med **be mentally d.** být duševně or mentálně narušený

disturbing [di'stə:biŋ] adj znepokojivý, zneklidňující, rušivý

disunited [disju'naitid] adj nejednotný

disunity [dis'ju:nəti] n nejednotnost, nesvornost

disuse [dis'ju:s] n **fall into d.** *(word)* vyjít z užívání, zastarat

disused [dis'ju:zd] adj *(mine, railway line)* mimo provoz; *(building)* prázdný

ditch [dič] n příkop, stoka, kanál; **drainage d.** drenážní příkop; **irrigation d.** zavodňovací příkop ● vt **1** *(get rid of: boyfriend/ girlfriend)* inf nechat plavat, pustit k vodě; *(project)* upustit od, inf dát k ledu; **d. school** jít za školu, vypustit školu **2** Aer **d. a plane** nouzově přistát na moři

ditchwater ['dičwo:tə(r)] n ♦ **be as dull as d.** být strašně nudný

dither ['diðə(r)] n inf váhání; **be in a d.** váhat, nemoci se rozhodnout; **be all of a d.** být celý rozčilený, být vyveden z míry ● vi váhat, být nerozhodný, být liknavý

ditherer ['diðərə(r)] n liknavec

ditto ['ditəu] n totéž ● adv inf stejně, rovněž; *(I am thirsty)* – **d.** já taky

ditty ['diti] n popěvek

diurnal [dai'ə:nl] adj denní; *(living one day: insects)* jednodenní, žijící jeden den

divan [di'væn] n divan, pohovka ■ **d. bed** válenda

dive [daiv] n **1** ponoření; Sport *(into water)* skok do vody, Ftb inf *(for the ball)* robinzonáda; Aviat střemhlavý let **2** inf *(nightclub)* špeluňka, putyka ● vi **1** ponořit se, skočit po hlavě do vody; **d. for the ball** Ftb vrhnout se po míči ♦ **d. for the pub** namířit si to rovnou do hospody **2** *(prices)* prudce klesnout

diver ['daivə(r)] n **1** potápěč **2** Sport skokan do vody **3** *(bird)* potáplice

diverge [dai'və:dž] vi *(roads)* rozbíhat se; *(views)* různit se, rozcházet se; **d. from the truth** euph odchýlit se od pravdy

divergence [dai'və:džəns], **divergency** [dai'və:džənsi] n rozdílnost, rozdíl; odchylka, divergence

divergent [dai'və:džənt] adj *(opinions)* rozdílný, protichůdný

diverse [dai'və:s] adj různý, rozmanitý, různorodý

diversify [dai'və:sifai] vi (pt & pp **-fied**) *(company)* diverzifikovat

diversion [dai'və:šn] n **1** *(detour)* objížďka, odbočka **2** *(amusement)* zábava, kratochvíle

diversity [dai'və:səti] n různost, rozmanitost; **a great d. of opinions/ cultures** široká škála názorů/ kultur

divert [dai'və:t] vt **1** *(reroute: traffic)* odklonit **2** fig *(sb's attention)* odvrátit; *(talk)* odvést, svést jinam **3** *(entertain)* pobavit, rozptýlit

divest [dai'vest] vt fml **1 d. sb of sth** *(power, office)* zbavit koho čeho, odejmout komu co; **d. sb of his/ her clothes** strhnout z koho šaty **2 d. oneself of sth** *(a feeling, suspicion, idea etc)* zbavit se čeho; **d. oneself of one's clothes** fml svléci se, odstrojit se

divide [di'vaid] n **1** fig *(split)* předěl, rozdíl, propast; **the North-South d.** propast mezi severem a jihem **2** Amer *(watershed)* rozvodí; **the Great D.** Velké rozvodí ♦ **cross the Great D.** fig odejít na onen svět ● **I** vt **1** gen rozdělit; *(in two)* rozpůlit; **d. sth in equal parts** rozdělit něco rovným or stejným dílem **2** *(distribute: money, food etc)* rozdělit (**between/ among** mezi dvěma/ více než dvěma); **we ~d the money between us** rozdělili jsme si peníze mezi sebou ♦ **d. and rule** rozděl a panuj **3 d. sth from sth** oddělovat co od čeho **4** Math dělit; **d. nine by three** (vy)dělit devět třemi; **nine ~d by three** devět děleno třemi **II** vi **1** *(train, river etc)* dělit se, rozdělovat se **2** Math **nine ~s by three** devět je dělitelno třemi **III** phr vs ■ **divide out** vt *(sweets etc)* rozdělit ■ **divide up** vi *(into groups)* rozdělit se, dělit se

divided [di'vaidid] adj **1** *(country, property)* rozdělený; **d. skirt** kalhotová sukně **2** *(disunited: family, party, people)* nejednotný; *(couple)* rozloučený; **opinion is d. on this matter** na tuto záležitost jsou různé názory

dividend ['dividend] n **1** Fin dividenda; **pay a d.** vyplatit dividendu ♦ **pay ~s** nést ovoce **2** Math dělenec

dividers [di'vaidəz] n **a pair of d.** odpichovací kružítko, odpichovátko

dividing [di'vaidiŋ] adj *(wall etc)* dělící; **a d. line** dělicí čára, fig rozdíl; **a very thin d. line** velmi nepatrný rozdíl

divination [divi'neišn] n věštění, prorokování

divine₁ [di'vain] adj **1** gen božský; *(music also)* andělský; **d. service** bohoslužby, pobožnost, služby boží; **d. ordinance** boží úradek; **d. retribution** trest boží, boží mlýny; **d. providence** řízení boží **2** inf *(wonderful)* božský, úchvatný, nádherný; **you look d.!** vypadáš božsky ■ **~ly** adv **~ly beautiful** *(woman)* krásná jako bohyně

divine$_2$ [di'vain] vt *(future)* věštit, hádat; *(water)* najít proutkem

diviner [di'vainə(r)] n proutkař

diving ['daiviŋ] n Sport skoky do vody ● adj **1 d. board** skákací prkno **2** *(suit, bell)* potápěčský

divinity [di'vinəti] n **1** *(quality)* božství **2** *(theology)* bohosloví, teologie ■ **d. student** bohoslovec, student bohosloví **3** *(God)* **the D.** Bůh, božstvo

divisible [di'vizəbl] adj dělitelný

division [di'vižn] n **1** *(dividing)* gen & Math dělení; **d. of labour** dělba práce ■ **d. sign** znaménko dělení **2** *(section: of a company etc)* sekce, odbor; Ftb divize **3** Mil divize **4** *(disunity)* nejednotnost

divisive [di'vaisiv] adj *(policy, issue)* vedoucí k nejednotnosti, rozvratný

divisor [di'vaizə(r)] n Math dělitel

divorce [di'vo:s] n rozvod; **get** or **obtain a d.** být rozveden ■ **d. rate** rozvodovost ● **I** vt **1** *(husband and wife)* rozvést; **d. sb** rozvést se s kým; **d. each other, get ~d** rozvést se **2** fig **d. sth from sth** oddělit co od čeho; **his ideas are ~d from reality** jeho myšlenky jsou v rozporu se skutečností; **d. form from content** oddělit formu od obsahu **II** vi rozvádět se/ rozvést se

divorcee [di,vo:'si:] n rozvedená osoba

divulge [dai'valdž] vt prozradit, vyzradit; **d. a secret** vyzradit tajemství

DIY [di:ai'wai] n abbr of **do it yourself** (domácí) kutilství; **a DIY kit** souprava pro domácí kutily

dizziness ['dizinəs] n závrať, mdloba

dizzy ['dizi] adj trpící závratí; **feel d.** omdlévat; **I feel d.** točí se mi hlava, pokoušejí se o mě mdloby, tmí se mi před očima

DJ [di:'džei] abbr of **1 dinner jacket** smoking **2 disc jockey** disk žokej

DLitt [di:'lit] abbr of **Doctor of Letters, Doctor of Literature** ≅ PhDr

DM abbr of **Deutschmark** DM

DMus abbr of **Doctor of Music** doktor hudby

do$_1$ [du:] aux v (neg **do not, don't** [dəunt]; 3rd pers sing pres **does** [daz; dəz], neg **does not, doesn't** [daznt]; pt **did** [did], neg **did not, didn't** [didnt]; pp **done** [dan]) **1** *(in questions and neg sentences)* **do you like it?** líbí se ti to?; **I don't know him** neznám ho **2** *(in tag questions)* že (ano)?, že (ne)?; **you live in Glasgow, don't you?** ty bydlíš v Glasgowě, že?; **he didn't see it, did he?** on to neviděl, že (ne)? **3** *(used for emphasis)* **do sit down** jen se posaďte **4** *(used to avoid repetition)* **you know him better than I do** vy ho znáte lépe než já

do$_2$ [du:] (see *do*$_1$ *for other forms)* **I** vt **1** *(make)* (u)dělat; *(drawing)* namalovat; *(duty)* konat; *(repairs)* provádět; *(trick, dance)* předvést; *(play)* nastudovat; *(film)* natočit; *(article)* napsat ♦ **she does her best** dělá, co může **2** *(clean: room)* uklidit; *(teeth)* vyčistit (si); *(nails: cut)* ostřihat (si), *(paint)* nalakovat (si); **do the dishes** umýt nádobí; **do the rooms** uklízet pokoje v hotelu **3** *(arrange)* *(sb's hair)* učesat; **do one's hair** učesat se **4** *(cook)* uvařit; *(meat)* upéct; **well done** dobře vypečený **5** *(study: German, physics)* studovat, dělat **6** *(solve)* vyřešit křížovku ap. **7** *(visit: city)* inf navštívit, *(sights)* prohlédnout si **8 do sb out of sth** připravit koho o co podvodně, vytáhnout z koho co **II** vi **1** *(act)* dělat, postupovat; **do as he does** dělej to jako on **2** *(fare)* **how are you doing?** jak se máte?, jak se vám vede?; **he is doing very well at school** dobře se učí ve škole ♦ **how do you do?** *(on first introduction)* těší mě **3** *(be suitable)* hodit se, vyhovovat; *(be sufficient)* stačit; **will £5 do?** bude (vám) stačit 5 liber?; **that will do** to stačí; *(you are late again)* **this will not do** takhle to nepůjde **III** phr vs ■ **do away with** vt **do away with sth** skoncovat s čím; *(abolish: law etc)* zrušit co; **do away with sb** *(kill)* sprovodit koho ze světa ■ **do down** vt inf **do sb down** shazovat koho ■ **do for** vt **1 be done for** inf být vyřízený **2** Br inf **do for sb** *(clean for)* uklízet někomu ■ **do in** vt **do sb in** sl *(kill)* oddělat koho ■ **do over** vt **1 do sth over** inf *(paintwork)* přemalovat, přetřít **2 do sb over** sl zmlátit koho ■ **do up** vt inf **1 do o.s. up** upravit se, vyparádit se **2 do sth up** *(skirt, coat etc)* zapnout ■ **do with** vt **I could do with a drink/ with some money** mám chuť se něčeho napít/ potřeboval bych nějaké peníze ■ **do without** vt obejít se bez koho/ čeho

do$_3$ [du:] n inf **1** *(party)* mejdan inf, večírek **2 the dos and don'ts** pravidla, co se smí a co se nesmí

do$_4$ written abbr of **ditto** dto, dtto, rovněž, totéž

d. o. b. [di:əu'bi:] abbr of **date of birth** datum narození

Doberman (pinscher) ['dəubəmən-('pinšə(r))] n dobrman

doc [dok] n inf abbr of **doctor** doktor; *(as address)* (pane) doktore/ (paní) doktorko

docile ['dəusail] adj poddajný, poslušný; *(animal* or fig *person)* krotký

docility [dəu'siləti] n poddajnost, poslušnost, krotkost

dock$_1$ [dok] n **1** Naut dok; **~s** doky, přístaviště ■ **d. pilot** přístavní lodivod; **d.**

strike stávka dokařů **2** Jur **the d.** lavice obžalovaných ♦ **put sb in the d.** posadit koho na lavici obžalovaných ● **I** vi zajet do doku; *(spacecraft)* spojit se v kosmickém prostoru **II** vt **1 d. a ship** zajet s lodí do doku **2** *(spacecraft)* spojit v kosmickém prostoru

dock$_2$ [dok] vt **1** *(animal's tail)* kupírovat, zkrátit **2** *(pay)* (z)krátit, obstavit; **d. sb's salary** obstavit čí plat; **d. £50 off sb's wages** strhnout komu 50 liber z platu

dock$_3$ [dok] n *(weed)* šťovík

docker ['dokə(r)] n dokař, přístavní dělník

docket ['dokit] n **1** Comm *(label listing goods)* zbožová průvodka, etiketa or nálepka se seznamem zboží **2** *(customs certificate)* celní stvrzenka **3** Jur *(list of judgements)* soupis soudních případů; Amer *(list of cases awaiting trial)* soudní kalendář ● vt *(label with a d.)* opatřit zbožovou průvodkou

docking ['dokiŋ] n **d. of spacecraft** spojení kosmických lodí v kosmickém prostoru

dockland ['doklənd] n přístavní čtvrť, přístaviště

dockyard ['dokja:d] n loděnice

doctor ['doktə(r)] n **1** Med lékař, inf doktor; **family d.** domácí lékař; **company d.** podnikový lékař; **(go to) see a d.** jít k lékaři; **make an appointment with a d.** objednat se u lékaře; **on the d.'s prescription** na lékařský předpis; **good morning, d!** dobrý den, pane doktore! **2** Univ doktor hodnost; **D. of Philosophy** doktor filozofie ♦ **it's just what the d. ordered** přišlo to jako na zavolanou, zrovna to jsem potřeboval ● vt **1** *(cat, dog* etc*)* (vy)kastrovat **2** *(documents)* falšovat; *(text)* zasahovat do čeho; *(wine)* pančovat; **d. sb's drink with vodka** přidat komu do nápoje vodku

doctoral ['doktərəl] adj doktorský; **d. thesis** doktorská práce, dizertace

doctorate ['doktərət] n doktorát, doktorská hodnost; **d. in philosophy** doktorát filozofie

doctored ['doktəd] adj *(cats* etc*)* vykastrovaný

doctrinaire [doktri'neə(r)] adj pej *(attitudes, beliefs)* doktrinářský, dogmatický

doctrine ['doktrin] n doktrína, učení; **the Christian d.** křesťanská doktrína

document ['dokjumənt] n dokument, listina ● [-ment] vt doložit (listinami), dokumentovat

documentary [dokju'mentəri] adj dokumentární; **provide d. evidence for sth** dokumentárně něco doložit ● n (pl **-ies**) *(film)* dokumentární film, *(programme)* dokumentární program

documentation [dokjumen'teišn] n dokumenty, dokumentace, dokladový materiál

dodder ['dodə(r)] vi *(shake)* třást se stářím; *(walk)* namáhavě se vléci

dodderer ['dodərə(r)] n inf starý fotr, třaslavý dědek

doddery ['dodəri] adj inf třaslavý, vetchý

doddle ['dodl] n Br inf **it's a d.** to je hračka, je to lehký* jak facka

dodge [dodž] n **1** Br úskok, úhyb **2** *(clever trick)* trik, úskok ♦ **be up to all the ~s** být všemi mastmi mazaný ● **I** vt *(blow, military service, task)* vyhnout se čemu; *(tax)* vyhnout se placení čeho **II** vi uhnout se, uskočit; **d. through the crowd** kličkovat v davu

dodgems ['dodžəmz] n pl elektrická autíčka v autodromu

dodger ['dodžə(r)] n **1** *(trickster)* podfukář, podvodník; **artful d.** lišák, kůže podšitá **2** *(shirker)* ulejvák; **tax d.** neplatič daní; see **draft (3)**

dodgy ['dodži] adj (**-ier**, **-iest**) Br inf **1** *(risky)* ošemetný, prekérní, riskantní **2** *(dishonest: person)* prohnaný, *(project, scheme)* pochybný

dodo ['dəudəu] n **1** *(extinct bird)* dodo, dated blboun nejapný ♦ **be as dead as the d.** být předpotopní, být (naprosto) pasé **2** Amer *(dull-witted person)* trouba, trdlo, mamlas

doe [dəu] n laň

DOE [di:əu'i:] abbr of **1** Br **Department of the Environment** ministerstvo pro životní prostředí **2** Amer ministerstvo energetiky

doer ['du:ə(r)] n muž/ žena činu

does see **do**$_1$

doesn't = does not

dog [dog] n **1** *(domestic animal)* pes; **guard d.** hlídací pes; **beware of the d.!** pozor, zlý pes! ■ **d. basket** košík pro psa, náhubek; **d. biscuit** psí suchar; **d. days** psí vedra; **d. collar** obojek; Eccl inf kolárek **2** *(phrases)* ♦ **a d.'s life** psí život; **lead a d.'s life** zkusit jako pes; **d. in the manger** závistivec, nepřející člověk, žába sedící na prameni; **die like a d.** pojít or chcípnout jako pes; **d. doesn't eat d.** vrána vráně oči nevyklove; **be dressed up like d.'s dinner** být vyparáděný jako maškara; **every d. has its day** na každého se jednou usměje štěstí; **fight like ~s** rvát se jako psi; **they are like cat and d.** jsou na sebe jako pes a kočka; **follow sb like a d.** běhat za někým jako pejsek, chodit za někým jako ocásek; **give a d. a bad name** kdo chce psa bíti, vždycky si hůl najde; **food (hardly) fit for the d.** žrádlo pro psa; **it's raining cats and ~s** leje tam jako z konve; **let sleeping ~s lie**

co tě nepálí, nehas!; **you would not even send a d. out in weather like this** je tam zima, že by ani psa nevyhnal **2** *(male wolf)* vlčí samec, *(male fox)* lišák, samec lišky **3** Sport inf **the ~s** závody chrtů ♦ **go to the ~s** fig jít od desíti k pěti **4** dated inf *(fellow)* chlápek, mizera; **dirty d.** chlap mizerná; **an old sea d.** starý mořský vlk; **gay d.** veselý chlapík; **sly d.** vykutálený chlapík, liška podšitá; **there's life in the old d. yet** do starého železa ještě nepatří; **you lucky d.!** ty máš ale štěstí, chlape mizerná! **5** Techn *(clamp)* čelist, svorka, skoba **6** *(unattractive woman)* sl offens šereda, ochechule, rachejtle **7** Amer *(sth of poor quality)* šmejd, brak, neřád ● vt (**-gg-**) **d. sb's steps** or **heels** věšet se komu na paty, být komu v patách; fig **be ~ged by sth** být pronásledován čím; **be ~ged by bad luck** být pronásledován smůlou

dog-eared ['dogiəd] adj inf *(book)* s oslíma ušima

dogfight ['dogfait] n **1** *(political)* šarvátka **2** *(between aircraft)* letecký souboj zvl. v obou svět. válkách

dogged ['dogid] adj houževnatý, tvrdošíjný, zarputilý ■ **~ly** adv tvrdošíjně, zarputile

doggedness ['dogidnəs] n houževnatost, tvrdošíjnost, urputnost, zarputilost

doggerel ['dogərəl] n kostrbatý verš

doggie, doggy ['dogi] n psíček, pejsek; **d. bag** „pytlík pro psa" balíček s vaším nedojedeným jídlem, který si odnesete z restaurace

doggo ['dogəu] adv inf **lie d.** ani nemuknout; *(of criminals)* skrývat se, neukazovat se

doggone ['dogon] Amer sl interj **d. (it)!** zatraceně!, zpropadeně!, k sakru!, **well I'll be d.!** to mě tedy podrž! ● adj also **~d** zatracený, zpropadený ● adv also **~d** sakramentsky, zatraceně; **don't drive so ~d fast!** sakra, nejeď tak rychle!

doghouse ['doghaus] n Amer inf (pl **-houses** [-hauziz]) psí bouda ♦ **be in the d. with sb** být u koho v nemilosti, mít to u koho polepený*, *(with wife)* mít tichou domácnost

doglike ['doglaik] adj **d. devotion** psí or psovská věrnost

dogma ['dogmə] n dogma

dogmatic [dog'mætik] adj dogmatický

dogmatism ['dogmətizəm] n dogmatismus

dogmatist ['dogmətist] n dogmatik

do-gooder [du:'gudə(r)] n dobrák, lidumil

dogsbody ['dogzbodi] n inf děvče or děvečka pro všechno, hadr na holi

dog-tired [dog'taiəd] adj inf utahaný jako čokl or kůň

doing ['du:iŋ] n **it's his d.** to je jeho práce, za to může on; **it was none of my d.** já s tím nemám nic společného

doings ['du:iŋz] n pl **1** činnost, aktivita **2** činy

do-it-yourself [du:itjə'self] n kutilství ● adj kutilský

doldrums ['doldrəmz] n **1** Geog rovníkové pásmo tišin **2** fig **be in the d.** *(person)* být skleslý, expr být jako zmoklá slepice, být jako hromádka neštěstí; *(economy)* stagnovat

dole [dəul] n inf podpora v nezaměstnanosti; **be on the d.** brát podporu v nezaměstnanosti ● phr v ■ **dole out** vt *(money, food* etc*)* rozdělovat, vydávat

doleful ['dəulfl] adj unylý, zkormoucený

doll [dol] n *(toy)* panenka, panna; **d.'s dress** šatečky pro panenku; **she's a d.** inf je to holka – radost se podívat ● vt **d. oneself up**, **get ~ed up** naparádit se, vyfintit se; hodit se do gala; **be ~ed up to the nines** být nastrojená jako nevěsta

dollar ['dolə(r)] n dolar ♦ **bet one's bottom d. that ...** vsadit se o cokoliv, že ...

dollop ['doləp] n pořádná porce

dolly ['doli] n *(toy)* panenka, panna

dolphin ['dolfin] n delfín

dolt [dəult] n pej hňup, moula; **what a d. you are!** ty jsi ale moula!

domain [dəu'mein] n **1** *(field of thought)* sféra, oblast **2** *(feudal)* panství

dome [dəum] n kupole, báň; **the d. of heaven** nebeská báň

domed [dəumd] adj klenutý; **d. forehead** klenuté čelo

domestic [də'mestik] adj **1** *(household)* domácí; **d. bliss** domácí štěstí; **d. help** pomocnice v domácnosti; **d. servant** služebná **2** *(not foreign) (production)* tuzemský; *(affairs, market)* vnitřní, *(affairs* also*)* interní, vnitrostátní, vnitropolitický

domesticated [də'mestikeitid] adj **1** *(animal)* ochočený, zdomácnělý, krotký **2 she is very d.** *(young woman, girl)* má zájem o domácnost, je z ní dobrá hospodyňka

domicile ['domisail] n fml trvalé bydliště; **right of d.** domovské právo

dominant ['dominənt] adj dominantní, převládající

dominate ['domineit] vt ovládat; **d. the town** *(of tower/ building)* vévodit městu ap.

domination [domi'neišn] n nadvláda, panství; **world d.** světová nadvláda

domineering [domi'niəriŋ] adj panovačný, rozkazovačný

dominion [də'minjən] n **1** *(rule)* vláda, nadvláda (**over** nad) **2** *(land)* dominium

domino ['dominəu] n dominová kostka; **~es** *(game)* domino; **play ~es** hrát domino

don$_1$ [don] vt fml *(garment)* obléci si, *(hat)* nasadit si

don$_2$ [don] n Br Univ univerzitní učitel

donate [dəu'neit] vt darovat (**blood/ money** krev/ peníze); *(formally)* věnovat

donation [dəu'neišn] n dar(ování), věnování

done [dan] pp of **do** ♦ **be d. in, be d. for** inf být jako zmlácený or rozlámaný; **it's over and d. with** inf to je už pasé; **well d.!** výborně!, bravo!

donkey ['doŋki] n osel ♦ **he could talk the hind legs off a d.** inf ten má hubu jako šlejfíř; **d. jacket** těžký a teplý pracovní kabát; **d.'s years** inf (celá) věčnost; **for ~'s years** léta letoucí

donkeywork ['doŋkiwə:k] n inf *(drudgery)* nádeničina, úmorná práce

donnish ['doniš] adj intelektuální, vzdělaný; pej pedantský

donor ['dəunə(r)] n dárce; **blood d.** dárce krve; **d.'s card** dárcovská legitimace dárce orgánů

don't [dəunt] = **do not**

donut ['dəunat] n Amer kobliha

doodle ['du:dl] vi čmárat (si), kreslit (si) panáčky ● n čmáranice

doom [du:m] n **1** *(terrible fate)* (neblahý) osud ♦ **seal sb's d.** zpečetit čí osud; **a prophet of d.** sýček fig **2** *(doomsday)* soudný den; **till the crack of d.** až do skonání světa ● vt **to be ~ed** být ztracený, být odsouzen k zániku

doomsday ['du:mzdei] n soudný den; **till d.** věčně, až do soudného dne

door [do:(r)] n **1** *(to building etc)* dveře, vrata; **folding d.** harmonikové dveře; **revolving d.** otáčecí dveře; **sliding d.** posuvné dveře; **swing/** Amer **swinging d.** kyvadlové dveře, inf lítačky; **one d.** jedny dveře; **two ~s** dvoje dveře; **go from d. to d.** chodit od domu k domu; **front d.** domovní dveře; **answer the d.** otevřít dveře na zazvonění; **live next d. to sb** bydlet vedle koho, sousedit s kým; **live n. door to each other** sousedit (spolu) ■ **d. handle** klika dveřní **2** *(phrases)* **be at death's d.** být nad hrobem, mít smrt na jazyku, být mezi životem a smrtí; **behind closed ~s** za zavřenými dveřmi, s vyloučením veřejnosti; **~s open at eight** *(theatre, cinema)* otvírá se v 8 hodin

doorbell ['do:bel] n domovní zvonek

doorframe ['do:freim] n zárubeň

doorkeeper ['do:ki:pə(r)] n *(of hotel)* vrátný, portýr; *(of block of flat)* domovník

doorknob ['do:nob] n dveřní knoflík, kulovitá klika

doorknocker ['do:nokə(r)] n klepadlo u dveří

doorman ['do:mæn] n (pl **-men** [-men]) vrátný, portýr

doormat ['do:mæt] n rohožka ♦ **be everybody's d.** být děvečka pro všechno; **treat sb like a d.** být na někoho jako pes

doornail ['do:neil] n **be dead as a d.** být nadobro mrtvý

doorplate ['do:pleit] n jmenovka or štítek (na dveřích)

doorpost ['do:pəust] n stojka zárubně ♦ **be as deaf as a d.** být hluchý jako poleno

doorsill ['do:sil] n práh dveří

doorstep ['do:step] n **1** schod přede dveřmi; **leave sb standing on the d.** nechat koho stát přede dveřmi; **on one's d.** fig velmi blízko, přímo přede dveřmi **2** inf tlustý krajíc chleba

doorstop(per) ['do:stop(ə)] n dveřní zarážka

door-to-door [do:tə'do:(r)] adj *(salesman)* podomní

doorway ['do:wei] n vchod, dveře; **stand in the d.** stát mezi dveřmi

dope [dəup] n **1** inf *(narcotic)* (nelegální) droga **2** inf *(fool)* ťulpas, pitomec, ňouma ■ **d. addict** inf hašišák, feťák; **d. pusher** distributor drog, obchodník s drogami ● **I** vt *(horse, contestant)* dopovat **II** phr v ■ **dope out** vt Amer sl *(devise: plan, solution)* vykoumat

dop(e)y ['dəupi] adj inf (**-ier, -iest**) **1** *(sleepy)* ospalý; *(fuddled)* groggy; *(tired)* utahaný **2** *(silly)* pitomý, na hlavu padlý

doping ['dəupiŋ] n Sport doping, dopink

Doric ['dorik] adj Archit dórský

dorm [do:m] n inf abbr of **dormitory**

dormant ['do:mənt] adj **1** *(latent: emotion)* latentní, *(passions, talent also)* dřímající; *(energy)* nevyužitý **2** *(volcano)* nečinný **3** Bot *(plant)* spící

dormer ['do:mə(r)] n **d. (window)** vikýř

dormice ['do:mais] pl of **dormouse**

dormitory ['do:mətri] n ubikace, ubytovna, společná ložnice; Amer *(hall of residence)* studentská kolej; **d. town** or **suburb** sídliště na okraji města sloužící ve skutečnosti jen na přespávání

dormouse ['do:maus] n (pl **dormice**) plch hlodavec

Dormobile TM ['do:məubi:l] n obytný mikrobus

dorsal ['do:sl] n **1** Anat zádový, hřbetní, dorzální; Zool hřbetní; **d. fin** hřbetní ploutev **2** Ling dorzální

DOS [dos] n abbr of **disk operating**

system Comput DOS, diskový operační systém

dosage ['dəusidž] n **1** dávkování **2** *(dose)* dávka

dose [dəus] n **1** *(amount: of medicine* etc*)* dávka; **in small/ large ~s** v malých/ velkých dávkách ♦ **give sb a d. of his own medicine** splácet komu stejnou mincí; **she is all right in small ~s** chvilku se to s ní dá vydržet; **need sth like a d. of salts** inf potřebovat něco jako sůl, inf potřebovat něco jako prase drbání **2** *(of illness)* záchvat; **a d. of flu** chřipka **3** inf *(venereal disease)* kapavka, tripl ● vt dávkovat; **d. oneself with pills** užívat prášky; **he is always dosing himself** stále polyká pilulky

doss [dos] n Br sl **1** *(nap)* zdřímnutí, šlofík **2** *(easy thing)* **it's a d.** to je hračka ● vi **d. (down)** chrnět, chrápat spát

dosser ['dosə(r)] n inf *(vagrant)* bezdomovec, pobuda, tulák

dosshouse ['doshaus] n (pl **-houses** [-hauziz]) noclehárna zvl. pro bezdomovce

dossier ['dosiei] n fascikl spisů; **a d. on sth/ sb** dokumentace k čemu/ ≅ něčí kádrový spis

dot [dot] n puntík, tečka; **two ~s and one dash** *(in Morse code)* dvě tečky a čárka ♦ **arrive on the d.** přijít na minutu přesně; **on the d. of ten** úderem desáté, přesně v deset; **since the year d.** inf od Adama, od pradávna ● vt (**-tt-**) **1 d. an i** klást tečku nad i; **d. the i's and cross the t's** být puntičkářský; **with all the i's ~ted** do posledního puntíku **2 be ~t with sth** být posetý čím; **the sky is ~ted with stars** nebe je poseto hvězdami **3 d. sb one** inf jednu někomu vrazit

dotage ['dəutidž] n senilita, dětinství

dote [dəut] vi **d. on sb** *(child)* vidět se v kom; *(be crazy about)* být do někoho celý pryč or celý divý

dot-matrix printer [dot'meitriksprintə(r)] n Comput bodová tiskárna

dotted ['dotid] adj **1** *(having dots)* puntíkovaný; **d. with flowers** *(field* etc*)* posetý květy **2** *(line)* tečkovaný (**line** čára)

dotty ['doti] adj inf praštěný; **go d.** zblbnout; **be d. about sb** být do někoho celý blázen

double [dabl] adj **1** *(twice as much, in two parts)* dvojitý, dvakrát takový, dvojnásobný; **d. bed** dvoulůžko, manželské postele; **d. bass** kontrabas, inf basa; **d. bassoon** kontrafagot; **d. bend** serpentina; **d. check** dvojí kontrola; **d. chin** dvojitá brada, podbradek; **d. cream** šlehačka neušlehaná; **d. Dutch** hatmatilka; **talk d. Dutch** mluvit nesmysly, mlít páté přes deváté; **d. exposure** Phot dvojexpozice; **d. fault** Tennis dvě chybná podání za sebou, dvojchyba; **d. parking** dvojité parkování; **d. pneumonia** oboustranný zápal plic; **d. room** dvoulůžkový pokoj; **d. the size** dvojnásobná velikost; **it is spelt with a d. 't'** píše se to s dvěma 't' **2** *(ambiguous: meaning)* dvojí; **d. standards** dvojí metr or loket; **lead a d. life** žít dvojím životem ● n **1** *(twofold quantity)* dvojnásobek **2** *(person)* dvojník; **he is his father's d.** je jako by otci z oka vypadl **3** Tennis **~s** čtyřhra; **mixed ~s** smíšená čtyřhra **4 at the d.** poklusem ● **I** vt zdvojit, zdvojnásobit; *(fold in two)* přeložit papír ap. **II** vi **1** zdvojnásobit se **2 d. as ...** *(of objects)* sloužit zároveň jako ..., *(of actors)* zároveň hrát další roli; dělat druhé zaměstnání **III** phr vs ■ **double back** *I* vi person vrátit se stejnou cestou *II* vt *(page, map)* přeložit napůl ■ **double up** vi **1 d. up with laughter** svíjet se smíchy; **d. up with pain** zkroutit se bolestí **2 d. up with sb** *(share a room)* sdílet s kým pokoj

double-barrelled, Amer **double-barreled** [dabl'bærəld] adj *(gun)* dvouhlavňový, *(surname)* dvojí, složený

double-book [dabl'buk] v *(room, flight)* rezervovat stejné místo dvakrát

double-booking [dabl'bukiŋ] n dvojí rezervace

double-breasted [dabl'brestid] adj *(suit)* dvouřadový

double-check [dabl'ček] vt překontrolovat

double-cross [dabl'kros] vt **d. sb** podvést koho, udělat na někoho podraz ● n podraz

double-decker [dabl'dekə(r)] n poschoďový autobus

double-edged [dabl'edžd] adj also fig dvousečný; **a d.-edged weapon** dvousečná zbraň

double-entry [dabl'entri] n podvojný zápis ■ **d.-entry bookkeeping** podvojné účetnictví

double-glazing [dabl'gleiziŋ] n dvojité zasklení

double-quick [dabl'kwik] adj velmi rychlý, rychlý jako střela or blesk; **do sth in d.-quick time** udělat něco v cuku letu ● adv velmi rychle, inf v cuku letu, co by dup

double-stop [dabl'stop] n Mus dvojhmat

doubly ['dabli] adv dvojnásobně

doubt [daut] n pochyba, pochybnost; **a nagging d.** červ pochybnosti; **beyond any d., beyond all possible d.** nade vši pochybnost; **without any d.** nepochybně, bezpochyby; **without a shadow of d.** bez nejmenší pochyby; **have one's ~s** mít určité pochybnosti (**as to** o tom, zda ...), rozpakovat se; **have no ~s** nepochybovat; **there's no d. that ...** není pochyby, že ...; **there's no d. in my mind that I was right** nepochybuji ani v nejmenším o tom, že jsem měl pravdu; **I have some ~s about him** mám o něm určité pochyby ● **I** vt **d. sth** pochybovat o čem, mít pochyby o čem; **I d. it** (o tom) pochybuji, to nevím, to bych neřekl; **I d. (whether) they will come** pochybuji, že přijdou **II** vi pochybovat

doubter ['dautə(r)] n pochybovač, skeptik

doubtful ['dautfl] adj **1** *(feeling doubt)* pochybovačný; **feel d. about sth** mít o čem pochyby; **I am a bit d.** nejsem si docela jist; **it is d. whether ...** je pochybné, zda ... **2** *(character)* pochybný; *(weather)* nejistý; **a woman of d. repute** fml žena pochybné pověsti ■ **~ly** adv **1** *(hesitantly: speak)* váhavě, nejistě **2** *(with disbelief)* pochybovačně, nedůvěřivě

doubting ['dautiŋ] adj **a d. Thomas** nevěřící Tomáš; **be a d. Thomas** být malověrný, být (jako) nevěřící Tomáš

doubtless ['dautləs] adv nepochybně, bezpochyby, určitě

douche [du:š] n Med výplach; *(instrument)* irigátor

dough [dəu] n **1** Cook těsto **2** sl *(money)* prachy

doughnut ['dəunat] n kobliha

doughy ['dəui] adj (**-ier**, **-iest**) těstovitý; *(complexion)* popelavý, bledý jako tvaroh

dour ['duə(r)] adj *(gloomy: person, expression)* zamračený, zakaboněný ■ **~ly** adv zamračeně

douse [daus] vt *(flames)* uhasit; *(light)* zhasnout; **d. sb with water** polít koho vodou

dove$_1$ [dav] n holubice; **little d.** holubička

dove$_2$ [dəuv] Amer pt of **dive**

dovecot ['davkot] n holubník

dove-grey ['davgrei] adj sivý

dovetail ['davteil] n Techn rybina ■ **d. joint** rybinový spoj ● **I** vt **1** Techn spojit na rybinu **2** *(plans)* koordinovat **II** vi *(fit together)* hodit se k sobě, zapadat do sebe

dowager ['dauədžə(r)] n **1** *(widow with title)* vdova po šlechtici, *(with property)* zámožná vdova ■ **the d. duchess** vdova po vévodovi **2** inf *(dignified elderly woman)* matróna, stará dáma

dowdiness ['daudinəs] n nedostatek elegance, staromódnost

dowdy ['daudi] adj *(person)* neelegantní, neupravený; *(clothes)* staromódní, ošumělý

dowel ['dauəl] n hmoždinka

Dow-Jones [dau'džəunz] n **D.-Jones** (**average** or **index**) Dow Jonesův index

down$_1$ [daun] adv **1** *(direction)* dolů; **go/ fall/ jump d.** sejít/ spadnout/ seskočit; **take sth d.** lit sundat něco; **put one's foot d.** dupnout si; **d. with traitors!** pryč se zrádci!; **d. in one** *(drink)* Amer inf na ex **2** *(position)* dole, *(on the ground)* na zemi; **face d.** tváří dolů; **be upside d.** být vzhůru nohama, fig *(problem)* být na hlavu postavený; **be d. with flu** inf ležet s chřipkou, mít chřipku ♦ **be d. in the dumps** inf být skleslý, mít špatnou náladu **3** *(particulars* etc*)* **take sth d.** zapsat si něco; **see sth d. on paper** vidět něco černé na bílém **4** **wear d.** *(shoes)* ochodit, ošlapat; *(tyres)* ojezdit; **his temperature is d.** teplota se mu snížila; **turn the radio/ lights d.** ztlumit rádio/ světla ♦ **cut sb d. to size** inf usadit koho, srazit komu hřebínek **5** **d. to** až do; **from 1918 d. to the present** od 1918 až po dnešek; **d. to the last detail** do nejmenšího detailu; **d. to the very last** naprosto beze zbytku, do posledního puntíku, inf do poslední mrtě ● prep **1** *(movement)* dolů; **go d. the hill** jít s kopce; **d. the river** po proudu řeky **2** *(position)* dole; **further d. the river** dále po proudu řeky **3** *(along)* **walk d. the street** jít po ulici ● n **have a d. on sb** inf mít na koho pifku ● vt **1** **(to) d. tools** přestat pracovat, vstoupit do stávky **2** **(to) d. a beer** inf hodit or obrátit do sebe pivo

down$_2$ [daun] n prachové peří; chmýří

down-and-out [daunən'aut] adj otrhaný ● n trhan, pobuda, zkrachovaná existence

down-at-heel [daunət'hi:l] adj ošumělý

downbeat ['daunbi:t] n Mus těžká doba, přízvučná doba ● adj inf pesimistický, sklíčený, pochmurný

downcast ['daunka:st] adj **1** *(dejected)* skleslý, zkormoucený; **be d.** věšet hlavu **2** *(eyes)* sklopený zrak

downer ['daunə(r)] n sl **1** *(experience)* deprimující zážitek; **be on a d.** být deprimován **2** *(drug)* sedativum, uklidňující prostředek

downfall ['daunfo:l] n pád říše ap., zkáza, zánik; **that will be his d.** to mu zlomí vaz

downgrade ['daungreid] n spád, svah ♦ **he is on the d.** jde to s ním s kopce ● vt *(hotel, job)* zařadit do nižší kategorie; *(person* also*)* degradovat **2** *(belittle)* bagatelizovat, znevažovat, podceňovat

downhearted [daun'ha:tid] adj sklíčený, skleslý

downhill [daun'hil] adv s kopce; **go d.** jít/ jet s kopce, fig *(firm)* upadat; **he is going d.** jde to s ním s kopce; **his behaviour has gone d.** velmi se pohoršil v chování ● adj **d. skiing** sjezdové lyžování ● n **1** *(of road)* svah **2** Ski sjezd ■ **d. course** sjezdovka; **d. race** sjezd závod

download [daun'ləud] vt Comput *(data, font)* zavést, přesunout

downloadable [daun'ləudəbl] adj Comput *(font)* zaveditelný, nahratelný

downmarket [daun'ma:kit] adj inf *(product)* levný, pro masovou spotřebu

downplay [daun'plei] vt *(importance)* bagatelizovat

downpour ['daunpo:(r)] n liják, průtrž mračen

downright ['daunrait] adj *(nonsense)* vyložený, čirý; *(fraud)* naprostý; *(refusal)* kategorický; **d. lie** pustá lež, holá lež; **d. ingratitude** holý nevděk; **he is a d. idiot** inf je to vyložený idiot

Down's syndrome ['daunzsindrəum] n Downova choroba

downstairs [daun'steəz] adv v přízemí; *(direction)* do přízemí, dolů po schodech; **go d.** sejít se schodů ● adj spodní, dolejší; **the d. flat** byt dole, dolejší byt ● n přízemí rodinného domku

downstream [daun'stri:m] adv po proudu řeky

down-to-earth [dauntu'ə:θ] adj střízlivý, prozaický, praktický

downtown [daun'taun] n Amer obchodní část města, centrum ■ **d. Manhattan** centrum Manhattanu ● adv v centru/ do centra města

downtrodden ['dauntrodn] adj utlačovaný, utiskovaný

downward ['daunwəd] adj *(trend)* sestupný, klesavý

downwards ['daunwədz] adv směrem dolů; *(downhill)* s kopce

downy ['dauni] adj (**-ier**, **-iest**) **1** *(leaf, skin, peach)* ochmýřený, porostlý chmýřím; *(filled with down: cushion)* péřový

dowry ['dauri] n věno

dowser ['dauzə(r)] n proutkař

dowsing ['dauziŋ] n proutkaření ■ **d. rod** proutek pro hledání vody, minerálů ap., virgule

doyen ['doiən], **doyenne** fem [doi'en] n doyen, nestor, senior/ -ka např. diplomatického sboru

doz. written abbr of **dozen** tucet

doze [dəuz] n zdřímnutí, schrupnutí; **have a d.** schrupnout si, zdřímnout si, inf dát si dvacet ● **I** vi dřímat, podřimovat, klímat **II** phr v ■ **doze off** vi zdřímnout si

dozen ['dazn] n tucet; **two d. eggs/ bottles of wine** dva tucty vajec/ lahví vína; **half a d.** půl tuctu; **50 p a d.** po padesáti pencích za tucet; **~s of times** inf nesčetněkrát; *(sell sth)* **by the d.** na tucty ♦ **talk nineteen to the d.** inf mlít pantem, mluvit páté přes deváté; **her tongue goes nineteen to the d.** huba jí jede jako namazaná; **it's six of one and half a d. of the other** je to pěšky jako za vozem, je to prašť jako uhoď

dozer ['dəuzə(r)] n Br *(bulldozer)* buldozer, shrnovač

dozy ['dəuzi] adj (**-ier**, **-iest**) **1** *(sleepy)* ospalý **2** *(stupid)* inf omezený, tupý, mdlého rozumu

DPhil [di:'fil] abbr of **Doctor of Philosophy** ≅ PhDr

Dr abbr of **doctor** Dr., dr.

drab [dræb] adj *(colour)* šedý, šedivý; fig *(life* etc) šedivý, fádní, jednotvárný, monotónní

drabness ['dræbnəs] n (see **drab**) šeď; fig monotónnost, fádnost

draconian [drə'kəuniən] adj *(measures)* drakonický

draft [dra:ft] n **1** koncept dopisu ap., návrh zákona **2** Fin směnka; placení pomocí směnky **3** Amer Mil odvod ■ **d. dodger** osoba vyhýbající se branné povinnosti **4** Comput **d. quality** jakost konceptu **5** = Amer **draught** ● vt **1** koncipovat, načrtnout **2** Amer Mil povolat

draftee [dra:'fti:] n Amer odvedenec, branec

draftsman ['dra:ftsmən] n (pl **-men**) Amer kreslič

drag [dræg] n *(nuisance)* inf otrava; **be a d.** být nudný ● v (**-gg-**) **I** vt **1** táhnout, tahat, vléci; **d. oneself along** vléci se, plahočit se; **d. oneself home** dovléci se or doplahočit se domů; **he's ~ging his feet** jde jako by měl svázané nohy ♦ **d. one's feet over sth** fig chodit kolem horké kaše, dělat něco na dlouhé lokte; **d. sb's name through the mud** vláčet čí dobré jméno blátem **2** *(river)* prohledávat vlečnou sítí **II** vi vléci se, táhnout se **III** phr vs ■ **drag along** vt vléci, táhnout; **d. (oneself) along** táhnout se, trmácet se, vláčet se, ploužit se ■ **drag away** vt odvléci, odtáhnout ■ **drag behind** *I* vt **d. sb/ sth behind one** vláčet koho/ co za sebou *II* vi *(in class)* být pozadu; *(on a walk)* opožďovat se, loudat se vzadu, zůstávat pozadu (za ostatními) ■ **drag down** vt **1** lit stáhnout dolů; fig *(lower)* **d. sb down to one's own level** stáhnout někoho na svou úroveň **2** *(weaken:* subj *illness)* oslabovat, decimovat; *(depress)* deprimovat ■ **drag in** vt vtáhnout (dovnitř); fig *(issue, subject)* dát na přetřes, přivést na co řeč ■ **drag off** vt lit odtáhnout (pryč); fig **d. sb off to the pub** zatáhnout koho do hospody ■ **drag on** vi vléci se, táhnout se ■ **drag out** vt *(speech, meeting)* protahovat ■ **drag up** vt **1** inf *(scandal* etc) vyhrabat, uvést na přetřes

2 inf *(child)* nechat růst jako dříví v lese, špatně vychovat

dragon ['drægən] n drak; fig *(shrew)* dračice, saň

dragonfly ['drægənflai] n Ent vážka, šídlo

dragoon [drə'gu:n] n Mil Hist dragoun ● vt *(force)* přinutit; **d. sb into doing sth** přinutit koho k čemu

drain [drein] n 1 *(in house)* odpad; odpadní kanál; *(ditch)* odpadní strouha; *(underground)* (odpadní) kanál; **laugh like a d.** řehtat se na celé kolo ♦ **brain d.** odliv mozků; **go down the d.** přijít nazmar; **it's money down the d.** inf to jsou vyhozené peníze; **throw money down the d.** vyhodit peníze z okna 2 fig zátěž, břemeno; **a heavy d. on sth** velká zátěž na co ● **I** vt 1 *(marsh)* vysušit, odvodnit; *(pond)* vypustit; Cook scedit 2 *(glass)* vypít 3 *(exhaust)* vyčerpat; **d. sth of all life** vysát or vycucat z čeho život 4 *(country: of resources)* (vy)plundrovat **II** vi *(dishes, vegetables)* odkapat **III** phr vs ■ **drain away** *I* vt *(liquid)* odvést, odčerpat *II* vi *(liquid)* odtéct; *(strength)* vyčerpat se ■ **drain off** vt *(water, liquid)* slít, nechat odkapat

drainage ['dreinidž] n odvodňování; kanalizace; **irrigation and d.** meliorace; **land d.** vysoušení terénu ■ **d. ditch** drenážní příkop

draining board ['dreiniŋbo:d] n odkapávač na nádobí

drainpipe ['dreinpaip] n odpadní or odtoková roura ■ **d. trousers** inf roury, trubky

drake [dreik] n kačer ♦ **play ducks and ~s with sth** promarnit or proplýtvat or rozházet co

dram [dræm] n 1 *(unit of weight)* ≅ arch drachma 2 Scot *(small drink* esp *of whisky)* panák, frťan, štamprle; **a d. of whisky** kalíšek whisky neutr

drama ['dra:mə] n činohra, divadelní hra; fig drama ■ **d. series** dramatické pořady

dramatic [drə'mætik] adj dramatický; fig teatrální

dramatist ['dræmətist] n dramatik

dramatization [dræmətai'zeišn] n dramatizace; *(adaptation: for TV* etc*)* adaptace

dramatize ['dræmətaiz] vt (z)dramatizovat; *(adapt: for TV)* upravit pro televizi

drank [dræŋk] pt of **drink**

drape [dreip] vt **d. sth over** or **round sth** zahalit or zakrýt co čím; **dustsheets were ~ed over the furniture** nábytek byl přikryt ochrannými povlaky; **she ~d her arms around his neck** ovinula mu ruce kolem krku ● n pl **~s** závěsy, drapérie

draper ['dreipə(r)] n Br dated obchodník s textilem

drapery ['dreipəri] n 1 Br obchod s textilem 2 *(hangings)* drapérie, látkový závěs

drastic ['dræstik] adj drastický, *(changes also)* radikální; **a d. rise/ drop in prices** drastický or náhlý vzestup/ pokles cen; **make a d. change in sth** radikálně něco změnit; **take d. steps** or **measures** uskutečnit drastická opatření

draught, Amer **draft** [dra:ft] n 1 *(in a room* etc*)* průvan, *(for fire)* tah; **sit in a d.** sedět v průvanu; **there is a d. in here** tady hrozně táhne 2 **beer on d.** pivo od čepu, čepované pivo 3 *(amount drunk)* doušek, tah; **in one d.** jedním tahem; **take a deep d. of air** zhluboka se nadechnout 4 **~s** (+sg v) dáma; **play ~s** hrát dámu 5 Naut ponor; **shallow d.** malý ponor ● adj 1 *(beer, cider* etc*)* čepovaný, od čepu 2 **d. animal** tažné zvíře

draughtboard ['dra:ftbo:d] n šachovnice pro hru v dámu

draughtsman ['dra:ftsmən] n (pl **-men**) Br technický kreslič

draughty ['dra:fti] adj **this place is d., it's d. in here** je tu průvan

draw [dro:] n 1 *(in lottery)* tah; *(for Cup competition)* rozlosování; **the luck of the d.** sázka do loterie 2 Sport nerozhodný výsledek, remíza; **end in a d.** skončit nerozhodně, skončit remízou; **one win and two ~s** jedno vítězství a dvě remízy 3 *(attraction)* atrakce; sl šlágr, hit; **the elephants are the main d. at the zoo** hlavní atrakcí zoologické zahrady jsou sloni 4 **be quick on the d.** rychle vytáhnout revolver; fig být hrr, být hned hotový; **beat sb to the d.** lit vytáhnout revolver rychleji než někdo druhý; fig být rychlejší or pohotovější než někdo jiný ● v (pt **drew**, pp **drawn**) **I** vt 1 *(pull)* táhnout; *(curtain: open/ close)* roztáhnout/ zatáhnout; *(sword)* (vy)tasit, obnažit; **d. a (deep) breath** nadechnout se (zhluboka) 2 *(beer, wine)* čepovat; *(water)* čerpat; *(bath)* napustit; fig **d. hope/ strength/ courage** etc **from sth** čerpat z čeho naději/ sílu/ odvahu etc; **d. inspiration from sb/ sth** nechat se kým/ čím inspirovat 3 *(money)* vybrat si, vyzvednout si; *(cheque)* inkasovat; *(pension)* pobírat; **d. a fixed salary** mít pevný plat 4 *(attract)* přitahovat; *(interest)* vyvolat; *(attention)* budit, poutat; **d. sb's attention to sth** upozornit koho na co; **d. attention to o.s.** upozornit na sebe; **d. sb like a magnet** přitahovat koho jako magnet 5 *(picture)* (na)kreslit; *(square* etc*)* (na)rýsovat; **d. a circle** opsat kružnici; **d. a landscape** kreslit krajinku

6 **d. a conclusion** dojít k závěru; **d. a comparison** provést srovnání; **d. a lesson from sth** vzít si ponaučení z čeho; **d. a parallel** učinit srovnání **7** Sport **d. the game/ match** remizovat, hrát nerozhodně **8 d. a card** vytáhnout si kartu **9** *(lottery)* slosovat; **d. the winning number** vylosovat výhru **II** vi **1** *(move)* **d. near to sb** přiblížit se ke komu; **d. into a station** *(train)* vjet do nádraží; **d. out of a station** vyjet z nádraží; fig **d. to a close** *(day)* schylovat se ke konci **2** *(chimney)* táhnout **3** Sport *(of teams)* hrát nerozhodně, remizovat **4** kreslit, rýsovat; **d. in pencil** kreslit tužkou; **d. from life** kreslit podle skutečnosti **III** phr vs ▪ **draw apart** *I* vi *(people)* vzdálit se od sebe *II* vt **d. sb apart** vzít koho stranou ▪ **draw aside** *I* vt **d. sb aside** vzít koho stranou *II* vi ustoupit na stranu ▪ **draw back** vi couvnout ▪ **draw in** vi *(train, car)* přijet; **the days are ~ing in** dny se krátí ▪ **draw on** vt *(reserves)* čerpat z čeho; *(experience)* spoléhat se na ▪ **draw out** *I* vt *(money)* vybrat si; *(information, confession* etc) vytáhnout z koho; **d. sb out** zbavit koho ostychu *II* vi **1** *(days)* dloužit se **2** *(train: pull out)* vyjet ▪ **draw up** *I* vt *(treaty)* zkoncipovat, sestavit; *(plan)* navrhnout *II* vi *(car)* zastavit

drawback ['drɔ:bæk] n nedostatek, stinná stránka, zápor, minus, slabina; **the main d. of your plan is ...** hlavní slabinou vašeho plánu je ...

drawbridge ['drɔ:bridž] n zvedací or padací most

drawee ['drɔ:i:] n Fin plátce, směnečník, trasát

drawer n **1** [drɔ:(r)] *(in desk, chest)* zásuvka, inf šuple, šuplík **2** ['drɔ:ə(r)] *(of cheque)* výstavce, trasant

drawers [drɔ:z] n dated joc **1** *(for men)* spodky, podvlékačky **2** *(for women)* kalhotky

drawing ['drɔ:iŋ] n **1** *(art)* kreslení; Techn rýsování; **d. board** rýsovací prkno; **d. pin** připínáček; **d. paper** kreslicí papír **2** *(picture)* kresba, nákres, obraz; Techn výkres; **a rough d.** skica; **a pen-and-ink d.** perokresba; **a d. in Indian ink** kresba tuší, tuš

drawing room ['drɔ:iŋru:m] n dated obývací pokoj; *(in hotel, mansion)* salón

drawl [drɔ:l] n protahovaná výslovnost, líná řeč ● vi mluvit s afektovanou pomalostí, převalovat slova v ústech

drawn [drɔ:n] pp of **draw** ● adj **1** *(face)* ustaraný; *(with pain)* zkroucený **2** *(sword)* (vy)tasený, nahý, obnažený ♦ **be at daggers d.** být na kordy, hněvat se na sebe **3** Sport *(game)* nerozhodný

dray [drei] n valník

drayhorse ['dreihɔ:s] n tažný kůň; *(in a brewery)* pivovarský kůň

dread [dred] n strach, hrůza, děs; **have a d. of sth** mít z čeho hrůzu; **live in d. of sb/ sth** žít ve strachu z čeho ● vt **d. sth** děsit se čeho, hrozit se čeho, mít hrůzu z čeho; **I'm ~ing the journey** mám z té cesty hrůzu; **I d. to think what could have happened** hrozím se pomyšlení na to, co se mohlo stát

dreaded ['dredid] adj obávaný, hrozný

dreadful ['dredfl] adj **1** esp attr *(shocking; accident* etc*)* strašný, strašlivý **2** inf *(bad, boring)* hrozný, strašný, příšerný; **it's a d. bore** je to hrozná otrava ▪ **~ly** adv **1** inf *(horribly, badly)* hrozně, strašně, příšerně; **behave ~ly** chovat se hrozně; **be ~ly injured** být velmi vážně zraněný **2** inf *(very)* velmi, moc; **I'm ~ly sorry** moc se omlouvám

dream [dri:m] n **1** *(during sleep)* sen; **a bad d.** zlý sen; **have wet ~s** inf mít poluci; **it seems like a d. to me** připadá mi to jako sen ♦ **walk about as if in a d.** chodit jako ve snách or jako náměsíčný; *(it worked* etc*)* **like a dream** inf fantasticky, nad všechno očekávání (dobře), jedna báseň, jedna radost; **the car goes like a d.** auto běhá jedna radost; **the engine runs like a d.** motor jde or běhá jako hodiny; **sweet ~s!** nech si něco hezkého zdát!, sladké sny **2** *(daydream)* snění; **be in a d.** snít (s otevřenýma očima), vznášet se v oblacích; **be lost in ~s** být zasněný ▪ **a d. world** svět snů, vysněný svět **3** *(wish, fantasy)* sen, touha, přání; **pipe d.** přelud, výplod fantazie; **his d. was to become a doctor** snil o tom, že bude lékařem; **she had ~s of becoming rich** snila o tom, že zbohatne **4** inf *(wonderful person)* poklad; *(wonderful thing)* fantazie něco fantastického; **a d. of a hat** báječný klobou(če)k; **the house is a d.** ten dům je fantastický ● v (pt, pp **dreamt** or **dreamed**) **I** vi **1** lit mít sen (**about sth** o čem); **I dreamt about you** zdálo se mi o tobě **2** fig *(daydream)* snít, být duchem nepřítomen; **stop ~ing and do some work** přestaň snít a něco dělej; **she felt as if she were ~ing** cítila se jako ve snu **3** fig **d. of sth** *(long for)* snít o čem; *(imagine)* **I would never d. of it** to by mě ani ve snu nenapadlo **II** vt **1** lit **did you d. anything?** zdálo se vám něco?; **you must have ~t it** to se ti muselo zdát; **I ~t (that) I was in Prague** zdálo se mi, že jsem v Praze **2** *(daydream)* **d. (idle) ~s** spřádat sny, oddávat se planému snění **3** *(imagine)* **I never ~t (that) she would marry me** ani ve snu jsem nedoufal, že by si mě vzala **III** phr vs ▪ **dream away** vt *(time)* prosnít; **d. away one's life** prosnít život ■ **dream up** vt *(idea, plan)* vymyslet si, vysnít csi

dreamed [dri:md] pt, pp of **dream**

dreamer ['dri:mə(r)] n snílek, romantik, *(dayd.)* fantasta, blouznivec, romantik

dreamily ['dri:mili] adv zasněně

dreamless ['dri:mləs] adj *(sleep)* bezesný ■ **~ly** adv **sleep ~ly** nemít sny

dreamlike ['dri:mlaik] adj snový

dreamt [dremt] pt, pp of **dream**

dreamy ['dri:mi] adj (**-ier**, **-iest**) zasněný, snivý ■ adv see **dreamily**

dreary ['driəri] adj (**-ier**, **-iest**) bezútěšný, neveselý; *(weather)* pošmourný; *(person)* fádní, nudný

dredge$_1$ [dredž] **I** vt (vy)bagrovat vodním bagrem **II** phr v ■ **dredge up** vt **1** lit vybagrovat vodním bagrem, vyhloubit **2** *(scandal, unpleasant facts)* vynést co na světlo, vyjít s čím na světlo, vyšťourat, odhalit

dredge$_2$ [dredž] vt Cook posypat, *(with sugar* also*)* pocukrovat

dredger$_1$ ['dredžə(r)] n plovoucí rypadlo, vodní bagr; **bucket d.** korečkový bagr, korečkové plovoucí rypadlo

dredger$_2$ ['dredžə(r)] n Cook sypátko; **sugar d.** cukřenka

dregs [dregz] n pl usazenina, kal, zbytek na dně šálku; **drink sth to the d.** vypít co až do dna ♦ **the d. of society** inf spodina společnosti, vyvrhelové společnosti

drench [drenč] vt promočit; **be ~ed with rain**, **be ~ed to the skin** být promoklý až na kůži

Dresden ['drezdən] n Drážďany ■ **D. china** míšeňský porcelán

dress [dres] n **1** *(frock for woman/ girl)* šaty; **a cocktail d.** koktajlové šaty; **a summer d.** letní šaty; **a wedding d.** svatební šaty; **evening d.** večerní róba, *(for festive occasions)* toaleta ■ **d. shield** potítko **2** *(clothing)* šaty, expr hábit ■ **d. designer** oděvní návrhář; **d. uniform** vycházková uniforma, vycházkový stejnokroj **3** *(style of d.)* **fancy d.** maškarní kostým; **battle d.** Mil polní uniforma ■ **d. circle** Br první balkón; **d. rehearsal** Theat generální zkouška, inf lit & fig generálka ● **I** vt **1** (u)strojit, obléci; *(provide clothing)* šatit; **get ~ed** obléci se, ustrojit se **2** *(wound)* obvázat, převázat, ošetřit; *(hair)* upravit; *(shop window)* aranžovat; *(material)* apretovat **II** vi obléci se; **d. well** pěkně se oblékat, chodit pěkně oblečený **III** phr vs ■ **dress down** *I* vt inf *(scold)* **d. sb down** zpucovat koho, zvednout komu mandle *II* vi Br *(dress simply)* moc se nestrojit, oblékat se prostě ■ **dress up** *I* vi (na)strojit se, (vy)fintit se, (na)parádit se; **d. up to the nines** inf hodit se do gala; **be ~ed up to the nines** být vyfintěný or vyfešákovaný, být v plné parádě *II* vt přestrojit (**sb as a policeman** koho za policistu)

dressage ['dresa:ž] n Equest dresáž

dressed [drest] adj oblečený; **d. in uniform** oblečený v uniformě, uniformovaný; **I am not d. yet** ještě nejsem oblečený; **he is d. as a policeman** je oblečený za policistu, jde za policistu na karneval; **she is always neatly d.** je vždycky vkusně oblečená ♦ **d. to kill** oháknutý, vyfintěný, vymóděný

dresser ['dresə(r)] n **1** **(kitchen) d.** kredenc; Amer *(dressing table)* toaletní stolek, komoda **2** **(window) d.** aranžér; Theat garderobiér/ -ka **3** **be a smart/ sloppy d.** oblékat se elegantně/ nedbale **4** *(tool: for wood)* hoblík, *(for stone)* brus

dressing ['dresiŋ] n **1** *(getting dressed)* oblékání, (u)strojení ■ **d. gown** Br župan; **d. room** šatna, oblékárna; **d. table** Br toaletní stolek **2** Med ošetření rány; *(bandage)* obvaz **3** Cook *(for salads)* nálev, zálivka, dresink; Amer *(stuffing)* nádivka **4** **give sb a good d. down** inf důrazně komu domluvit, inf zvednout komu mandle; **get a d. down** dostat vynadáno, dostat co proto, dostat svůj díl **5** Agr hnojivo **6** *(for cloth, leather)* apretura

dressmaker ['dresmeikə(r)] n švadlena; **~'s dummy** krejčovská panna; **~'s shop** krejčovská dílna dámského krejčovství

dressmaking ['dresmeikiŋ] n dámské krejčovství

dressy ['dresi] adj (**-ier**, **-iest**) **1** *(person)* parádivý, šňořivý **2** *(clothes)* elegantní, (velmi) slavnostní; **you look a bit too d.** jsi oblečená trochu moc slavnostně

drew [dru:] pt of **draw**

dribble ['dribl] **I** vi *(baby)* slintat, cintat; *(of water* etc*)* kapat, odkapávat; **the pupils ~d back to the classroom** žáci se po malých skupinkách or jeden po druhém courali zpátky do třídy **II** vt **1** *(trickle: water)* cákat; **the baby was dribbling milk from his mouth** dítěti teklo z úst mléko **2** Ftb **d. a ball** driblovat s míčem ● n **1** *(trickle)* pár kapek, krapet, *(water from tap* etc*)* pramének **2** fig *(small amount)* troška, krapet **3** Sport dribling, driblink, driblování

dribbler ['driblə(r)] n **1** *(baby)* cinta, slinta **2** Sport driblér

driblet ['driblət] n *(drop)* kapička, kapénka; **in ~s** po troškách, *(money)* po malých částkách

dribs and drabs [dribzən'dræbz] n pl inf **in d. and drabs** po troškách; *(pay)* po malých částkách; *(arrive, leave)* po malých skupinkách, jeden po druhém

dried [draid] adj *(milk, fruit* etc*)* sušený

drier ['draiə(r)] n sušič, sušička; see **dryer**

drift [drift] n **1** *(movement)* proudění větru, mořského proudu ap., drift; *(current)* proud; **continental d.** Geol kontinentální drift vodorovný pohyb pevnin; **the d. of the current** *(direction)* směr proudění, *(speed)* rychlost proudění ■ **d. anchor** Naut plovoucí kotva **2** *(of plane, ship)* úchylka, odchýlení, vybočení; *(of missile)* derivace **3** *(mass: of snow)* závěj, návěj; *(of sand)* přesyp; *(of ice)* tříšť; *(of leaves)* hromada, kupa; Geol *(deposit)* nános **4** *(meaning)* **what's the d. of your question?** nač or kam míříte?, co tím chcete říci?; **I see his d.** vím, co chce říct; **do you get my d.?** rozumíte, jak to myslím?; víte, co tím chci říci? **5** *(tendency)* **the d. of events** vývojové tendence ● **I** vi **1** *(float: on water, by wind)* být unášen, být hnán proudem; *(clouds)* **d. across the sky** plout or táhnout po obloze; **let things d.** dát věcem/ událostem volný průběh **2** *(of people)* **d. (aimlessly)** žít bez cíle, inf flákat se **3** *(snow)* tvořit závěje **II** vt **1** (Subj: *current)* unášet **2** *(snow, sand, leaves)* navát **III** phr vs ■ **drift apart** vi *(people)* odcizit se jeden druhému, rozejít se ■ **drift away** *I* vt odvát *II* vi (Subj: *people)* postupně odcházet

drifter ['driftə(r)] n **1** *(aimless person)* darmošlap, flákač; **he is a d.** nikde nevydrží **2** rybářská loď pro lov vlečnou sítí

driftwood ['driftwud] n naplavené dříví, náplavní dříví

drill [dril] n **1** *(tool: manual)* vrták, *(electric)* vrtačka; *(of dentist)* (zubní) vrtačka; **pneumatic d.** sbíječka **2** *(bit)* vrták, vrtáček **3** *(exercise)* cvičení; Mil výcvik, inf dril; **fire d.** protipožární cvičení ■ **d. sergeant** Mil vojenský instruktor ● **I** vt **1** *(metal, wood)* vrtat, *(hole)* (vy)vrtat **2** *(train: soldiers)* cvičit, drilovat, *(skills)* nacvičovat; *(language patterns)* drilovat, procvičovat; **d. language skills** procvičovat jazykové dovednosti; **I ~ed into him that he must be polite** vtloukl/ vtloukal jsem mu do hlavy, že musí být zdvořilý **II** vi **1** *(bore)* vrtat; **d. for oil** dělat průzkumné naftové vrty **2** Mil být na cvičišti

drilling ['driliŋ] n vrtání; Mil vojenský výcvik ● adj vrtací; **d. tower** or **derrick** vrtací věž

drily ['draili] adv see **dryly**

drink [driŋk] n **1** *(liquid for ~ing)* nápoj; **the list of ~s** nápojový lístek; **hot ~s** teplé nápoje; **carbonated d.** limonáda; **food and d.** jídlo a pití **2** *(act of ~ing)* **have a d. (of water/ wine)** napít se (vody/ vína); **give sb a drink** dát komu napít; **be dying for a d.** mít žízeň jako trám **3** *(alcoholic)* **alcoholic ~s** alkoholické or lihové nápoje; **will you have a d.?** vypijete si něco?; **invite sb for a d.** pozvat někoho na skleničku; **stand sb a d.** koupit komu skleničku; **get yourself a d.** nalej si něco **4** *(habit of ~ing alcohol)* pití, alkohol, (nemírné) požívání alkoholu; **take to d.** dát se na pití; **drive sb to d.** dohnat koho k pití; **under the influence of d.** pod vlivem alkoholu; **get fuddled with d.** nachmelit se inf ■ **he has a d. problem** má problémy s alkoholem, je alkoholik ● v (pt **drank**, pp **drunk**) **I** vt (vy)pít; **I never d. alcohol** nikdy nepiji alkoholické nápoje; **is the water fit to d.?** je ta voda pitná?; **this coffee isn't fit to d.** tahle káva se nedá pít; **d. one's fill** pít co hrdlo ráčí; **d. sth like water** pít něco jako vodu; **d. sb's health, drink a toast to sb** připít na čí zdraví **II** vi pít; **d. heavily** hodně pít, inf **he doesn't d.** *(alcohol)* on nepije (alkohol); **d. and drive** řídit pod vlivem alkoholu; **d. to sb's health** připít komu na zdraví; **can that girl d.!** expr ta holka ale chlastá ♦ **d. like a fish** pít jako duha, pít jako Dán **III** phr vs ■ **drink away** vt *(wages* etc*)* propít; *(sorrows)* utopit v alkoholu, zapíjet co ■ **drink in** vt *(fresh air)* lokat plnými doušky; *(beautiful view)* kochat se čím; *(of plants: water)* nasávat, vsávat ■ **drink up** vi dopít

drinkable ['driŋkəbl] adj **1** *(safe to drink: water)* pitný, vhodný k pití **2** *(palatable: wine* etc*)* chutný

drink-driving [driŋk'draiviŋ] n řízení (motorového vozidla) v opilém stavu, řízení po požití alkoholu

drinker ['driŋkə(r)] n pijan, alkoholik; **be a habitual d.** pravidelně se opíjet, být notorik; **be a moderate d.** být zdrženlivý v pití, pít jen mírně

drinking ['driŋkiŋ] n pití; *(of alcohol)* požívání alkoholu ● adj **d. water** pitná voda; **a d. fountain** fontánka na pití; **go on a d. bout** jít na tah (inf)

drip [drip] n **1** *(drop)* kapka **2** *(sound ~ping)* kapání **3** Med infúze **4** *(dull person)* inf moula, bačkora ● v **(-pp-) I** vt cákat; **he/ his finger was ~ping blood** kapala z něho krev/ z prstu mu kapala krev **II** vi kapat, odkapávat, crčet; **the water tap is ~ping** kape kohoutek; **be ~ping with sweat** koupat se v potu; **sweat was ~ping off his forehead** z čela se mu řinul pot, inf lilo z něho; **his hand ~ped with blood** z ruky mu crčela krev; **the film is ~ping with sentimentality** z filmu čiší sentimentalita

drip-dry [drip'drai] adj *(shirt* etc*)* nežehlivý, nežehlící

drip-feed ['dripfi:d] n (kapací) infúze, inf kapačka

dripping ['dripiŋ] n **1** *(of liquid)* kapání, odkapávání **2** *(fat)* vyškvařený tuk ■ **d. pan** pekáč ● adj *(tap)* kapající, netěsný ● adv **be d. wet** být mokrý jako myš

drive [draiv] n **1** jízda, cesta autem, projížďka; **test d.** zkušební jízda; **go for a d.** udělat si vyjížďku autem, projet se autem; **it's an hour's d. from Brno** autem je to hodinu od Brna **2** *(~way)* příjezdová cesta **3** *(sexual)* pud **4** *(energy)* elán, činorodost, podnikavost **5** *(campaign)* kampaň, akce; **publicity d.** propagační kampaň; **a membership d.** nábor členů **6** *(transmission)* pohon; **front--wheel d.** pohon předních kol **7** Aut řízení; **left-hand d.** levostranné řízení **8** Comput **disk d.** disková jednotka ● v (pt **drove**, pp **driven**) **I** vt **1** *(car* etc*)* řídit; **d. a Škoda** mít škodovku, jezdit se škodovkou; **he ~s a taxi** dělá taxikáře; **d. sb home** odvézt or svézt koho domů **2** *(animals, people)* hnát; *(of wind)* unášet větrem **3 d. sth in** *(nail, stake* etc*)* zatlouct; *(ball)* odpálit; *(tunnel)* vyvrtat, prorazit **4** *(engine, machine)* pohánět **(by electricity** elektřinou**)** **5** *(force to work hard)* pohánět, honit, dřít; **d. oneself (too) hard** štvát se, být do práce jako blázen, dělat jako šroub **6 d. sb out of his mind** připravit koho o rozum; **d. sb to distraction** dohnat koho k zoufalství; **it is enough to d. one mad** z toho by se člověk zbláznil **II** vi jet (autem), jezdit, řídit vozidlo, šoférovat; **d. dead slow** jet krokem; **d. like mad** jet/ jezdit jako šílený or splašený; **d. on the right** jezdit vpravo; **d. at 100 km per hour** jet stovkou **III** phr vs ■ **drive at** vt **what are you driving at?** na co narážíte? ■ **drive away** *I* vi odjet *II* vt *(worries)* zapudit, zbavit se čeho ■ **drive back** *I* vi (od)jet zpět *II* vt *(person)* zavézt zpátky; *(enemy)* donutit k ústupu ■ **drive off** *I* vi odjet *II* vt *(person)* zahnat ■ **drive on** vi jet dál ■ **drive up** vt *(prices)* vyhnat nahoru

drive-in ['draivin] adj esp Amer pro motoristy podnik poskytující zákazníkům obsluhu, aniž by museli vystoupit z auta; **d.-in cinema** kino pro motoristy; **d.-in banking** bankovní služby pro motoristy

drivel ['drivl] n žvásty, nesmysly, blábol, inf voloviny ● vi mlít pantem, žvanit, kecat

driven ['drivn] pp of **drive** ♦ **be as white as the d. snow** být bílý jako padlý sníh

driver ['draivə(r)] n **1** *(of car, taxi* etc*)* řidič, automobilista; **a cautious d.** opatrný řidič; **a Sunday d.** sváteční řidič; **d.'s license** Amer řidičský průkaz ♦ **~'s seat** sedadlo řidiče; **be in the d.'s seat** fig mít v rukou otěže čeho **2** *(of cart drawn by animals)* vozka **3** *(golf club)* driver

driveway ['draivwei] n příjezd k domu, příjezdová cesta

driving ['draiviŋ] n řízení; **do a lot of d.** hodně jezdit autem; Br **dangerous d.** Jur nebezpečné řízení vozidla ● adj *(belt, gear)* hnací; **d. lesson** cvičná jízda; **d. licence** Br řidičský průkaz; **d. school** autoškola; **d. test** řidičská zkouška; **the d. force** also fig hybná síla; fig hybná páka, rozhodující faktor

drizzle ['drizl] n mrholení, drobný déšť ● vi mrholit, poprchávat, krápat, mžít; **there's a d., it's drizzling** krápe (tam), mrholí (tam)

drizzly ['drizli] adj mrholivý, sychravý

droll [drəul] adj komický, směšný

dromedary ['dromədəri] n dromedár, velbloud jednohrbý

drone [drəun] n **1** *(of bees)* bzučení, bzukot; *(of engine)* hukot **2** *(bee)* trubec; fig Br zahálеč, parazit ● vi *(bees* etc*)* bzučet; *(machines)* hučet

drool [dru:l] vi **1** *(slaver)* slintat **2** fig **d. over sth** slintat nad čím blahem, zalykat se nad čím nadšením

droop [dru:p] vi splihle viset

drooping ['dru:piŋ] adj skleslý, splihlý; *(spirits)* stísněný, sklíčený

droopy ['dru:pi] adj **(-ier, -iest)** *(shoulders)* svislý, skleslý, *(moustache)* splihlý; *(flowers)* zvadlý

drop [drop] n **1** *(of liquid)* kapka; *(of alcohol* also*)* hlt, slza, krapet, náprstek; **down to the last d.** do poslední kapky; **there hasn't been a d. of rain for a month** už měsíc ani nekáplo ♦ **a d. in the ocean** kapka v moři; **take a d. now and then** tu a tam si přihnout; **he has had a d. too much** trochu přebral **2** *(fall) (in temperature* etc*)* pokles; **a sudden d. in prices** náhlý pokles cen **3** *(fall)* pád ♦ **at the d. of a hat** okamžitě, bez váhání, sl na fleku **4** *(of supplies* etc *from plane)* shození **5** *(slope)* spád; *(difference in height)* výškový rozdíl **6** *(earring)* přívěsek, náušnice s přívěskem **7** *(sweet)* bonbon, pastilka **8** *(hiding place)* mrtvá schránka **9** Theat **d. (curtain)** opona ● v **(-pp-)** **I** vi **1** ukápnout; *(object)* spadnout, upadnout; *(curtain:* Theat*)* padat; *(person)* **d. to the ground** klesnout k zemi, bezvládně upadnout, svalit se; *(die)* padat, umírat; **d. like a stone** padnout jako kámen; **be fit to d.** sotva se držet na nohou; **d. like flies** umírat jako mouchy; **it's so quiet you could hear a pin d.** je tak ticho, že by bylo slyšet špendlík upadnout **2** *(temperature,* *prices)* klesat, (po)klesnout; *(wind)* utišit se, polevit; *(numbers)* klesnout **II** vt **1** *(allow to fall)* upustit; *(bomb)* shodit; *(curtain)* Theat spustit; *(in a slot)* vhodit do čeho; *(person: from car)* vysadit; **you have ~ped sth** něco vám spadlo or vypadlo; **where shall I d. you?** kde vás mám vyložit? **2** *(lower)* spustit; **d. anchor** zakotvit, spustit kotvu **3** *(abandon) (person)* opustit; *(project)* upustit od čeho ♦ **d. sth like a hot potato** utéci od něčeho **4 d. a line** napsat pár řádků **5** *(leave out)* vynechat; **d. one's h's** nevyslovovat hlásku 'h' **III** phr vs ■ **drop across** vi **d. across to see sb** zaskočit se na koho podívat ■ **drop away** vi **1** *(numbers)* snižovat se **2** *(cliff)* příkře spadat ■ **drop in on sb** zaskočit k někomu ■ **drop off** *I* vi *(fall asleep)* usnout, *(for a while)* zdřímnout si *II* vt **d. sb off** *(from car)* někoho vysadit ■ **drop out** vi odstoupit; *(from university)* nedokončit, nechat čeho; *(of a course)* přestat navštěvovat, přestat chodit do čeho

drop-forge [drop'fo:dž] vt kovat v zápustce

droplet ['droplət] n kapka, kapička, kapénka

dropout ['dropaut] n *(from university)* student zanechavší studia, zběhlý student; *(from society)* ztroskotanec, odpadlík

dropper ['dropə(r)] n kapátko

drops [drops] n pl Med kapky; **put d. in sb's eyes** nakapat komu do očí

droppings ['dropiŋz] n pl trus, bobky

dropsical ['dropsikl] adj Med vodnatelný

dropsy ['dropsi] n Med vodnatelnost, hydrops

dross [dros] n **1** Metal pěna, struska, okuje **2** fig šmejd, odpad, brak

drought [draut] n sucho, období sucha

drove$_1$ [drəuv] n **1** *(of cattle)* stádo **2** *(of people)* houf; **in ~s** houfně, hromadně; **~s of tourists** davy turistů

drove$_2$ [drəuv] pt of **drive**

drover ['drəuvə(r)] n honák dobytka

drown [draun] **I** vt utopit; *(sound)* přehlušit, překrýt, *(by shouting)* překřičet; **be -ed** utonout, *(sound)* zapadnout ♦ **d. one's sorrows (in alcohol)** utopit starosti v alkoholu; **look like a ~ed rat** inf vypadat jako zmoklá slepice **II** vi utopit se, utonout

drowning ['drauniŋ] n utonutí; **death by d.** smrt utonutím ● adj tonoucí ♦ **a d. man will catch at a straw** tonoucí se i stébla chytá

drowse [drauz] **I** vi podřimovat, klímat **II** phr vs ■ **drowse sth away** *(time)* prodřímat ■ **drowse off** vi zdřímnout si ● n dřímota, dřímoty

drowsiness ['drauzinəs] n ospalost, rozespalost

drowsy ['drauzi] adj ospalý, mátožný, *(voice)* rozespalý ■ **drowsily** adv ospale, *(after sleep)* rozespale

drudge [dradž] n pej dříč, otrok (fig) ● vi dřít; **d. away at sth** mořit se or plahočit se s čím

drudgery ['dradžəri] n dřina, nádeničina, otročina, sisyfovská práce

drug [drag] n Med lék, léčivo; *(narcotic)* droga; **hard/ soft d.** tvrdá/ měkká droga; **sleeping d.** uspávací prostředek; **be on ~s, take ~s** *(patient)* brát léky, *(drug addict)* drogovat, fetovat; **be addicted to ~s** záviset na drogách ■ **d. addict** narkoman, toxikoman; **d. addiction** narkomanie; **d. pusher** obchodník s drogami; **D. Squad** protidrogové oddělení ● vt (**-gg-**) omámit drogou, uspat

druggist ['dragist] n Amer lékárník, magistr, farmaceut

drugstore ['dragsto:(r)] n Amer lékárna a drogérie s bufetem, papírnickým zbožím ap.

drum [dram] n **1** Mus, Mil buben, *(small)* bubínek; **play the ~s** hrát na bubny ♦ **beat the ~s for sth** dělat čemu velkou reklamu ■ **d. major** plukovní bubeník; **d. majorette** Amer mažoretka **2** *(for oil)* barel, plechový sud **3** Techn buben ■ **d. brake** bubnová brzda **4** Anat **(ear) d.** bubínek ● v (**-mm-**) **I** vi bubnovat **II** vt **d. one's fingers** *(on the table)* bubnovat prsty **III** phr vs ■ **drum into** vt **d. sth into sb's head** vtloukat komu co do hlavy ■ **drum out** vt *(expel: out of army, club* etc*)* vyloučit ■ **drum up** vt *(enthusiasm)* probudit; *(support)* sehnat, získat

drumbeat ['drambi:t] n bubnování, víření bubnů

drumfire ['dramfaiə(r)] n Mil bubnová palba

drummer ['dramə(r)] n **1** Mus, Mil bubeník **2** Amer dated cesťák, agent

drumstick ['dramstik] n **1** palička na buben **2** Cook pečené drůbeží stehno spodní část

drunk$_1$ [draŋk] adj opilý; **slightly d.** podnapilý, podroušený; **completely d.** totálně opilý; **blind d., d. out of one's mind** opilý do němoty or namol, zpitý pod obraz; **as d. as a lord** opilý jak zákon káže; **get d.** opít se (**on sth** z čeho, čím); Jur **for being d. and disorderly** za opilství a výtržnictví ● n piják, opilec, alkoholik, inf ožrala

drunk$_2$ [draŋk] pp of **drink**

drunkard ['draŋkəd] n opilec, alkoholik, inf ochlasta, inf ožrala

drunken ['draŋkən] adj opilý; **d. driving**

Jur řízení (motorového vozidla) v opilém or podnapilém stavu

drunkenness ['draŋkənnəs] n opilost

drunkometer [draŋ'komitə(r)] n Amer přístroj ke zjištění alkoholu v krvi, balónek

drupe [dru:p] n Bot peckovice

dry [drai] n **1 give sth a d.** (eg *hair*) osušit si něco, vysušit si co **2** *(place)* **in the d.** na suchém místě, v suchu ● adj (**drier**, **driest**) **1** suchý (also *cough), (humour* also*)* kousavý; *(wine* also*)* trpký; *(lecture)* nezáživný, suchopárný; **d. dock** suchý dok; **d. ski slope** umělá sjezdovka; **d. fly** Angling muška na udici; **d. season** sucho, období sucha; **d. years** hubená léta; **be as d. as tinder** být suchý jako troud; **feel** or **be d.** být vyprahlý, mít žízeň; **d. as dust** fig sucharský; **on d. land** na pevnině; **when the weather is d.** za sucha, za suchého počasí; **wipe sth d.** utřít něco **2 d. rot** houba, dřevomorka ● v (**-ie-**) **I** vt sušit, osušit; **d. one's hands on a towel** utřít si ruce ručníkem; **d. one's eyes** utřít si slzy; *(dishes)* utřít, utírat **II** vi schnout, sušit se; **let sth d.** nechat co usušit **III** phr vs ■ **dry off** vi *(clothes)* uschnout ■ **dry out** *I* vi **1** *(clothes)* uschnout, usušit se **2** *(alcoholic)* inf vyléčit se z alkoholismu *II* vt **1** *(clothes)* osušit, nechat uschnout **2** *(alcoholic)* inf vyléčit z alkoholismu ■ **dry up** *I* vi **1** uschnout **2** fig *(actor)* inf zapomenout text, mít okno; *(speaker)* ztratit nit *II* vt *(streams)* vysušit

dry-clean [drai'kli:n] vt *(clothes)* chemicky čistit, čistit v čistírně

dry-cleaner's [drai'kli:nəz] n čistírna; **at the d.** v čistírně

dry-cleaning [drai'kli:niŋ] n chemické čištění

dryer, also **drier** ['draiə(r)] n sušič, vysoušeč; **a hair d.** vysoušeč vlasů, fén; **tumble d.** bubnová sušička na prádlo; **spin d.** ždímačka

drying ['draiiŋ] adj sušicí; **a d. machine** sušicí zařízení, sušička

dryly ['draili] adv suše

dryness ['drainəs] n **1** *(of area, skin* etc*)* suchost **2** *(of wit, humour)* suchost, šťiravost

dry-shod [drai'šod] adv old use suchou nohou

DSc [di:es'si:] abbr of **Doctor of Science** RNDr., doktor přírodních věd

DSO [di:es'əu] abbr of **Distinguished Service Order** řád za statečnost

DSS [di:es'es] abbr of **Department of Social Security** Ministerstvo sociálního zabezpečení

DST [di:es'ti:] Amer abbr of **Daylight Saving Time** letní čas

DTI [di:ti:'ai] abbr of **Department of Trade and Industry** Ministerstvo obchodu a průmyslu

DTP abbr of **Desktop Publishing** DTP, stolní publikování

DT's, dt's [di:'ti:z] abbr of **delirium tremens** delirium tremens; **have the DTs** mít delirium tremens

dual ['dju:əl] adj dvojí, dvojitý; **d. carriageway** dálnice s dvěma vozovkami rozdělená zeleným pruhem

dub [dab] vt (**-bb-**) **1 d. sb (a) knight** pasovat koho na rytíře **2** *(film)* dabovat, přemlouvat **3** *(give a nickname)* dát komu přezdívku, přezdívat, říkat komu jak

dubbed [dabd] adj *(film)* dabovaný

dubbing ['dabiŋ] n Cine **1** *(addition of soundtrack)* ozvučení **2** *(in a foreign language)* dabování, dabing, přetlumočení

dubious ['djubiəs] adj **1** *(unsure)* nejistý, neurčitý; *(value)* nejistý, problematický; *(look)* pochybovačný; **be d. about sth** mít o čem pochyby **2** pej *(possibly dishonest)* pochybný, podezřelý; **a d. character** pochybné individuum, podezřelý ptáček, pochybná existence; **a d. pastime** pochybná zábava ■ **~ly** adv *(look)* nejistě; *(say)* pochybovačně

ducal ['dju:kl] adj vévodský

duchess ['dačis] n vévodkyně

duchy ['dači] n vévodství

duck [dak] n **1** *(bird)* kachna; **waddle like a d.** kolíbat se jako kachna ♦ **take to sth like a d. to water** cítit se v něčem jako doma ■ **d. pond** kachní rybník **2** Br sl see **duckie** **3** Cricket nulové skóre; **score a d.** mít nulové skóre ● **I** vt **1 d. one's head** uhnout hlavou, přikrčit se **2** *(avoid)* **d. a question** vyhnout se odpovědi na otázku **3** *(push under water)* ponořit **II** vi **1** *(dodge)* inf přikrčit se; **d. to avoid the blow** přikrčit se or sehnout se před ránou **2** *(submerge)* **d. under the water** ponořit se do vody **III** phr v ■ **duck out of sth** *(room)* vytratit se odkud; **d. out of doing sth** inf vyvléci se z čeho, ulít se z čeho

duck-billed platypus [dakbild'plætipəs] n ptakopysk

duckie ['daki] n (also **duck(y)**, **ducks**) Br sl *(term of endearment)* drahoušek, zlatíčko; *(in shops: to woman/ man)* mladá paní/ mladý pane

duckling ['dakliŋ] n kachně, kachňátko

ducky ['daki] n see **duckie**

duct [dakt] n **1** *(for air, gas)* potrubí, kanál; *(for wire)* trubka **2** Anat kanálek; **tear ~s** slzní kanálky

ductile ['daktail] adj Techn ohebný, kujný

dud [dad] n inf *(person)* prázdný člověk; **be a d. at sth** (eg *foreign languages, sports* etc) být na co levý ● adj (*false: note, coin*) falešný; (*cheque*) nekrytý; (*shell*) nevybuchlý; (*battery*) vypálený

dude [dju:d, Amer du:d] n Amer **1** (*city person*) měšťák/ měšťačka, turista z města, paďour ■ **d. ranch** turistický ranč **2** (*dandy*) hejsek, pásek, elegán **3** sl (*man*) chlápek, typ, ksicht; kluk, kámoš

dudgeon ['dadžən] n **in high d.** (*angry*) vzteky bez sebe, (*offended*) uražený k smrti

duds [dadz] n pl sl (*clothes*) hadry

due [dju:] n **give sb his/ her d.** patřičně koho ocenit, být ke komu spravedlivý ● adj **1** (*money, amount*) dlužný; (*reward*) spravedlivý; (*respect*) patřičný; **d. date** den splatnosti; **d. deference** povinná úcta; **after d. consideration** po zralém uvážení; **with d. care** s náležitou péčí; **in d. time** postupem času **2** (*expected*) **be d.** (*payment*) být splatný, nabýt splatnosti; **the train is d. at four** vlak má přijet ve čtyři; **the rent is d. next week** příští týden mám/ máte etc platit činži ♦ **credit where credit is d.** všechna čest; komu čest, tomu čest **3 d. to** vzhledem k čemu, následkem čeho; **d. to bad weather** pro špatné počasí; **d. to carelessness** z nedbalosti; **be d. to sth** být způsobeno or zaviněno čím

duel ['dju:əl] n souboj, duel; **challenge sb to a d.** vyzvat koho na souboj ● vi (**-ll-**, Amer **-l-**) bít se v souboji s kým

duellist, Amer **duelist** ['dju:əlist] n duelant

dues [dju:z] n pl členské příspěvky; (*in harbour*) přístavní poplatky

duet [dju'et] n dueto, duo, (*for voices* also) duet, dvojzpěv; **violin/ piano d.** houslové/ klavírní duo

duff [daf] adj sl (*useless*) jsoucí k ničemu ● phr v ■ **duff up** vt inf (*beat up*) zmlátit, stlouci, zmalovat

duffel coat ['daflkəut] n flaušový kabát, ≅ hubertus

duffer ['dafə(r)] n (*hopeless person*) trouba, ňouma; **be a d. at sth** být na co nemožný

dug1 [dag] pt, pp of **dig**

dug2 [dag] n (*udder*) vemeno, struk

dugout ['dagaut] n **1** Mil provizorní kryt **2 d. (canoe)** kanoe z vydlabaného kmene

duke [dju:k] n vévoda; **grand d.** velkovévoda

dukedom ['dju:kdəm] n vévodství

dull [dal] adj **1** (*not bright: colour*) nevýrazný, matný, mdlý; (*eyes*) bez lesku; nemající jiskru; (*lighting*) mdlý; (*weather*) pošmourný, oblačný, chmurný, (*sky*) zamračený **2** (*not sharp: blade, pain, sound, thud*) tupý **3** (*uninteresting: work*) monotónní, jednotvárný, (*life*) nudný, šedivý, (*person*) fádní, nezábavný, bezduchý, (*slow-witted*) nechápavý, tupý, zabedněný, (*stupid*) hloupý, inf blbý, blbej*, (*lifeless*) skleslý, ochablý; (*passage*) nezáživný; (*season*) mrtvý; **it is as d. as ditchwater** je to hrozná otrava **4** St Ex mdlý, stísněný, stagnující ● vt **1** (*make less bright: light, colour*) (z)tlumit, (*colour* also) zakalit **2** (*make less sharp: sound*) (z)tlumit, utlumit, (*blade*) otupit, zbavit ostří, (*pain*) zmírnit **3** (*senses, emotions*) otupit, (*memory*) oslabit; **d. sb's mind** ohlupovat koho, inf oblbovat koho ■ **~y** adv **1** (*listlessly*) sklesle, bez zájmu **2** (*boringly: talk, write*) nudně, fádně **3** (*not sharply*) tupě, otupěle **4** (*not brightly*) matně, bez lesku

dullard ['daləd] n fml hlupák, prosťáček, trouba neutr

dullness ['dalnəs] n see **dull 1** (*of colour*) matnost, nevýraznost **2** (*of pain, sound*) tupost **3** (*of work* etc) monotónnost, jednotvárnost; (*of person*) fádnost, zabedněnost, (*listlessness*) skleslost, ochablost **4** stagnace, stísněnost

duly ['dju:li] adv **1** (*in a proper manner*) patřičně, náležitě **2** (*at the due time*) v patřičnou dobu, přesně

dumb [dam] adj (**dumber** ['damə(r)], **dumbest** [damist]) **1** (*unable to speak*) němý; **d. from birth** němý od narození; **deaf and d.** hluchoněmý; **a d. person** němý člověk; **d. creature** němá tvář zvíře; **he was struck d. by the shock** leknutím oněměl **2** fig esp Amer inf (*stupid*) omezený, přitroublý, pitomý **3 d. show** pantomima **4 d. waiter** výtah na dopravu jídla; Br (*food trolley*) pojízdný servírovací stolek ■ **~ly** adv němě, beze slova

dumbbell ['dambel] n **1** Sport činka **2** esp Amer inf (*fool*) hlupák, pitomec

dumbfounded [dam'faundid] adj zaražený, vyjevený; **he was d.** krve by se v něm nedořezal, byl jako bleskem zasažený

dumbness ['damnəs] n **1** němota **2** esp Amer omezenost, tupost, hloupost

dumbstruck ['damstrak], **dumbstricken** ['damstrikn] = **dumbfounded**

dumdum ['damdam] n **1** Mil **d. (bullet)** střela dumdum **2** inf (*fool*) trouba, mamlas

dummy ['dami] n **1** (*dressmaker's*) krejčovská panna; **be like a stuffed d.** být jako mumie **2** (*imitation*) maketa, atrapa, figurína **3** Br (*teat*) dudlík, šidítko **4** Amer inf blbec, pitomec, omezenec **5 d. run** zkouška; Mil simulovaný útok, vojenské cvičení

dump [damp] n **1** (*rubbish d.*) skládka odpadků; Mil (přechodné) skladiště **2** inf (*town, village*) díra, Zapadákov **3 be down in the ~s** inf mít depresi, být sklíčený, být jako hromádka neštěstí **4** ■ **d. truck** *(vehicle)* dampr, dumper výklopné vozidlo **5** Comput výpis (z paměti) ● **I** vt **1** *(load: gravel, sand)* vysypat, vyklopit **2** Comm *(goods)* prodávat za dumpingové ceny **3** inf *(abandon)* **d. sb** zbavit se koho; *(girlfriend/ boyfriend)* pustit koho k vodě, dát komu kvinde, sl dát komu kopačky **4** Comput vypsat (z paměti) **II** phr v ■ **dump off** vt inf **d. sb off** vysadit or vyhodit koho někde (z auta)

dumper ['dampə(r)] n *(vehicle)* dampr, dumper vozidlo se sklápěcí korbou

dumping ['dampiŋ] n **1** *(of rubbish)* vyklápění ■ **d. ground** skládka odpadu **2** Comm damping, dumping

dumpling ['dampliŋ] n knedlík; **liver d.** játrový knedlíček; **be like a d.** být jako kulička, být jako cvalík; **pork with ~s and sauerkraut** vepřová, knedlík a zelí, inf vepřo knedlo zelo

dumpy ['dampi] adj podsaditý, (malý a) zavalitý

dunce [dans] n hlupák, osel, mezek, omezenec; formerly Sch **d.'s cap** oslovská čepice; **the ~'s corner** oslovská lavice; **the d. of the class** nejhorší žák ve třídě

dunderhead ['dandəhed] n osel, hlupák, omezený mozek

dune [dju:n] n duna, přesyp

dung [daŋ] n hnůj, mrva ■ **d. beetle** chrobák ● vt *(field)* hnojit

dungarees [daŋgə'ri:z] n pl montérky

dungeon ['dandžən] n žalář

dunghill ['daŋhil] n hnojiště

dunk [daŋk] vt **1** *(bread, biscuit etc)* (na)máčet, namočit, omočit (**in sth** v čem) **2** *(submerge in water)* ponořit

duo ['dju:əu] n duo, dvojice

duodenal [dju:əu'di:nl] adj duodenální, dvanáct(er)níkový ■ **d. ulcer** dvanáct(er)níkový vřed

duodenum [dju:əu'di:nəm] n dvanáct(er)ník, duodenum

dupe [dju:p] n naivně důvěřivý člověk, inf hejl ● vt oklamat, napálit, inf ošulit; **be ~d by sb** naletět komu; **d. sb into doing sth** přimět koho k čemu lstí

duplex ['dju:pleks] adj **1** *(double)* dvojitý, duplexní **2** Amer *(apartment)* dvojpodlažní ● n Amer dvojpodlažní byt

duplicate ['dju:plikət] n *(of document)* kopie, duplikát, druhopis; *(do sth)* **in d.** ve dvou exemplářích or vyhotoveních, dvojmo ● adj dvojí, duplikátní ● ['dju:plikeit] vt **1** *(make copies)* kopírovat, rozmnožovat, dělat kopie **2** *(repeat: work, effort)* (u)dělat znovu zbytečně, duplikovat

duplicating machine ['dju:plikeitiŋmə'ši:n] n cyklostyl, rozmnožovací stroj

duplication [dju:pli'keišn] n **1** *(of documents)* kopírování **2** *(repetition: of work, effort)* (neúčelná) duplicita, duplikace dvojitost úkonů téhož druhu

duplicator ['dju:plikeitə(r)] n cyklostyl

duplicitous [dju:'plisitəs] adj pokrytecký, pletichářský

duplicity [dju:'plisəti] n pokrytectví, licoměrnost, pletichářství

durability [djuərə'biləti] n odolnost, stálost, trvanlivost

durable ['djuərəbl] adj odolný, stálý, trvanlivý; *(strong)* pevný, bytelný; **d. goods** zboží dlouhodobé spotřeby

duration [dju'reišn] n trvání, *(of film etc also)* délka, *(of holiday, war etc also)* doba; **of short/ long d.** krátkodobý/ dlouhotrvající; **for the d. of the summer holidays** po dobu letních prázdnin; **of two days'/ weeks'/ months' d.** dvoudenní/ dvoutýdenní/ dvouměsíční

duress [dju'res] n **act under d.** jednat pod nátlakem

durex TM ['djuəreks] n Br also **D.** prezervativ, kondom

during ['djuəriŋ] prep během, za, při; **d. his lifetime** za jeho života; **d. the holidays** o prázdninách; **d. the performance** během představení; **d. tests** při testování; **d. the night** přes noc, v noci; **d. the war** za války

dusk [dask] n soumrak, podvečerní šero; **at d.** za soumraku; **from dawn till d.** od rána do večera, od tmy do tmy, od soumraku do soumraku; **d. is falling** smráká se

dusky ['daski] adj (**-ier, -iest**) **1** *(dim)* šerý; **d. light** šero, přítmí **2** *(skin)* snědý, tmavý

dust [dast] n prach; **clouds of d.** mračna or oblaka prachu ♦ **dry as d.** *(tedious)* sucharský; **bite the d.** inf *(person)* zemřít, *(plan, scheme)* jít k čertu; **throw d. in sb's eyes** sypat komu písek do očí balamutit ho ■ **d. storm** prašná bouře; **d. jacket**, **d. cover**, **d. wrapper** knižní přebal ● **I** vt *(room)* utřít prach kde; *(furniture)* oprášit, utřít prach na čem **II** phr v ■ **dust off** vt *(sb, sb's clothes)* oprášit; **d. oneself off** oprášit se, okartáčovat se

dustbin ['dastbin] n popelnice ■ **d. man** = **dustman**

dustcart ['dastka:t] n vůz na odvoz smetí, popelářské auto

duster ['dastə(r)] n prachovka, utěrka na prach

dust-free ['dastfri:] adj neprašný

dusting ['dastiŋ] n **1** *(of room, furniture)* utírání prachu; **do the d.** utřít prach **2** *(with* *sugar* etc*)* posypání, poprášení čím **3 d. powder** Pharm zásyp

dustman ['dastmən] n Br (pl **-men**) popelář

dustpan ['dastpæn] n lopatka na smetí

dustproof ['dastpru:f] adj prachotěsný

dust-up ['dastap] n dated inf hádka, potyčka

dusty ['dasti] adj (**-ier**, **-iest**) **1** *(furniture)* zaprášený, pokrytý prachem **2** *(colour)* popelavý **3** inf **get a d. answer** inf dostat vyhýbavou odpověď; **give sb a d. answer** poslat koho k šípku or do háje

Dutch [dač] adj holandský, nizozemský; **D. auction** holandská dražba ♦ **talk to sb like a D. uncle** dělat komu kázání; **you need a bit of D. courage** napij se na kuráž ● n **1** *(language)* holandština ♦ **it's all double D. to me** *(what he is saying)* inf to je pro mě španělská vesnice, nerozumím tomu ani za mák **2 the D.** Holanďané; **go D.** platit si každý svou útratu **3 my old d.** Br sl moje stará, moje polovička, ta moje

Dutchman ['dačmən] n (pl **-men**) Holanďan, Nizozemec

Dutchwoman ['dačwumən] n (pl **-women** [-wimin]) Holanďanka, Nizozemka

dutiable ['dju:tiəbl] adj podléhající dani

dutiful ['dju:tifl] adj *(child)* poslušný; *(wife)* oddaný; *(employee)* svědomitý, spolehlivý

duty ['dju:ti] n **1** *(obligation)* povinnost; **do one's d.** konat svou povinnost; **have a sad d.** mít smutnou povinnost oznámit něco neblahého **2 duties** *(responsibilities)* úkoly, povinnosti; **assume one's duties** ujmout se svých povinností; **it's part of his duties** spadá to mezi jeho povinnosti; **neglect one's duties** zanedbávat své povinnosti; **your duties include ...** mezi vaše povinnosti patří ... **3 be on d.** Med, Mil mít službu **4** *(customs)* clo; **pay d. on sth** platit z čeho clo; **is there any d. on it?** platí se z toho clo?

duty-bound ['dju:tibaund] adj morálně zavázán

duty-free [dju:ti'fri:] adj prostý cla, osvobozený od cla, bezcelní; **d.-free shop** prodejna bezcelního zboží

duvet ['du:vei] n prošívaná přikrývka

dux [daks] n Scot Sch primus školy

dwarf [dwo:f] n (pl **dwarves** [dwo:vz]) trpaslík, pidimužík; pej *(small person* also*)* skrček, střízlík ■ **d. pine** kleč, kosodřevina; **d. tree** zákrsek ● vt **1** *(in size)* **d. sb/ sth** tyčit se nad kým/ čím; *(overshadow: person, achievement)* zastínit

dwell [dwel] v (pt, pp **dwelt**) **I** vi fml bydlet, přebývat **II** phr v ■ **dwell on** vt **d. on sth** obšírně se čím zabývat

dweller ['dwelə(r)] n obyvatel; **town ~s** obyvatelé měst; **cave-dweller** jeskynní muž

dwelling ['dweliŋ] n obydlí, příbytek, *(flat)* bytová jednotka; **a modest d.** skromný příbytek

dwelt [dwelt] pt, pp of **dwell**

dwindle ['dwindl] vi **d. (away)** zmenšit/ zmenšovat se, zcvrknout se; *(reserves* also*)* (z)tenčit se; *(hopes)* rozplynout se; **d. in importance** klesat or ztrácet na důležitosti

dwindling ['dwindliŋ] adj *(supplies)* ztenčující se, *(strength)* ubývající

dye [dai] n barva, barvivo ● vt barvit, obarvit; **dye one's hair (black)** nabarvit si vlasy (načerno)

dyed-in-the-wool [daidinðə'wul] adj *(Marxist, Tory)* zarytý, skalní, stoprocentní; *(reactionaries)* zarytý; *(villain)* nenapravitelný

dyer ['daiə(r)] n barvíř

dying ['daiiŋ] adj umírající; *(wish)* poslední; *(fire)* skomíravý; *(day)* chýlící se ke konci; **until one's d. day** nadosmrti, až do (nejdelší) smrti

dyke [daik] see **dike**

dynamic [dai'næmik] adj dynamický

dynamism ['dainəmizəm] n dynamismus

dynamite ['dainəmait] n **1** lit dynamit **2** fig **this issue is political d.** toto je politicky brizantní záležitost ● vt *(rock)* trhat dynamitem; *(bridge)* vyhodit do vzduchu (dynamitem)

dynamo ['dainəməu] n dynamo; fig **a human d.** neúnavný člověk

dynasty ['dinəsti] n dynastie

dysentery ['disəntri] n úplavice

dyslexia [dis'leksiə] n dyslexie porucha projevující se potížemi ve čtení

dyslexic [dis'leksik] n dyslektik

E

E, e [i:] n **1** *(letter)* E, e **2** Mus E, e; **E sharp** eis; **E flat** es

E abbr of **east** V

each [i:č] adj každý; **e. person will receive ...** každý dostane ...; **e. single citizen** každý jednotlivý občan; **on e. finger** na každém prstě; **on e. occasion** pokaždé ● pron **1** každý; **e. of us** každý z nás; **e. (and every one) of you** každý z vás; **to e. his own** fml každému, co mu patří **2 e. other** navzájem, jeden druhého, se, si; **help e. other** navzájem si pomáhat, pomáhat si; **fight e. other** bít se (spolu); **they love e. other** mají se rádi, milují se; **they are not speaking to e. other** nemluví spolu, *(husband and wife)* mají tichou domácnost; **they avoid e. other** vyhýbají se jeden druhému; **outdo e. other in civilities** překonávat se ve zdvořilostech ● adv po, za; **20 p e.** kus za 50 pencí; **four groups of ten students e.** čtyři skupiny po deseti studentech

eager ['i:gə(r)] adj **1** *(anxious)* netrpělivý, nedočkavý; **be e. to begin** nemoci se dočkat začátku **2** *(keen)* horlivý, dychtivý, chtivý; **e. for knowledge** zvídavý; **be e. to travel** toužit po cestování ♦ **an e. beaver** inf horlivec, snaživec ■ **~ly** adv dychtivě, horlivě; *(await)* napjatě, nedočkavě

eagerness ['i:gənəs] n horlivost, dychtivost, elán

eagle ['i:gl] n orel ■ **e. eye** fig ostřížÍ zrak; **her e. eye was always on us** neustále nás sledovala ostřížím zrakem

eaglet ['i:glət] n orlí mládě, orlík

eagle-eyed [i:gl'aid] adj **be e.-eyed** mít zrak jako ostříž or orel

ear₁ [iə(r)] n **1** Anat ucho; **outer/ inner/ middle e.** vnější/ vnitřní/ střední ucho; **long ~s** dlouhé uši; **protruding ~s** odstávající uši ♦ **grin from e. to e.** smát se od ucha k uchu; **be up to one's ~s in work** mít práce až nad hlavu; **be up to the ~s in debt** být zadlužený až po uši; **box sb's ear** dát komu pár pohlavků; **have nothing between the ~s** mít v hlavě řezanku; **go away with a flea in one's e.** odtáhnout s dlouhým nosem ■ **e. specialist** ušní lékař **2** *(organ of hearing)* ucho, sluch; **have sharp ~s** mít tenký or jemný sluch; **be deaf in one e.** být hluchý na jedno ucho; **have an e. for music** mít hudební sluch; **hear sth with one's own ~s** slyšet co na vlastní uši; **in (at) one e. and out (at) the other** jedním uchem tam a druhým ven ♦ **play it by e.** fig improvizovat; **be all ~s** napjatě poslouchat; **bend sb's e.** inf hustit to do koho; **it's music to the e.** to je rajská or nebeská hudba

ear₂ [iə(r)] n *(of wheat, barley, corn* etc*)* klas

earache ['iəreik] n bolest(i) v uších, bolest ucha

eardrum ['iədram] n ušní bubínek

earful ['iəful] n **give sb an e.** inf sjet koho, vyplísnit koho, vzít si koho na paškál; **he'll get an e.** ten si to schytá

earl [ə:l] n hrabě

earlobe ['iələub] n ušní lalůček

earldom ['ə:ldəm] n titul hraběte; *(land)* hrabství, panství hraběte

early ['ə:li] adj (**-ier**, **-iest**) **1** *(near to the beginning of a period of time)* **a) e. Gothic** raná gotika; **e. Middle Ages** raný středověk; **e. Christians** prvotní křesťané; **e. tools** primitivní nástroje; **e. history** prehistorie; **at an e. age** v útlém věku; **in the e. part of summer** počátkem léta **b)** *(in the day)* časně; **in the e. hours of the morning** v časných ranních hodinách, časně ráno; **be an e. riser/ bedder** vstávat brzy ráno/ chodit spát se slepicemi; **have an e. breakfast** brzy posnídat ♦ **the e. bird catches the worm** ranní ptáče dál doskáče **2** *(premature) (vegetables, fruit)* raný; **I was too e.** přišel jsem příliš brzy; **take e. retirement** odejít předčasně do důchodu **3 at the earliest opportunity** při nejbližší příležitosti; **at your earliest convenience** hned jak se vám to bude hodit ● adv brzy, časně; **get up e.** vstát brzy ráno; **e. in the morning** brzy ráno; **e. in the month** začátkem měsíce; **e. in life** v mladém věku; **spring has come rather e. this year** jaro si letos přispíšilo

earmark ['iəma:k] vt fig vyčlenit, určit (**for** na, pro); **~ed for sale abroad** určený pro prodej v zahraničí; **e. a sum of money for research** vyčlenit částku na výzkum

earn [ə:n] vt **1** vydělat, vydělávat, *(wages* also*)* brát, dostávat; *(interest)* nést; **e. one's living** vydělávat si na živobytí or obživu; **e. an honest living** vydělávat si poctivě na živobytí; **e. money on the side** přivydělat si, chodit na fušky **2** *(deserve)* zasloužit si; **e. only ingratitude** sklidit nevděk

earnest ['ə:nist] adj vážný, opravdový, seriózní ■ **~ly** adv vážně, opravdově ● n **in e.** vážně, opravdově; **be in dead e.** inf myslet to smrtelně vážně; **talks begin in e. next week** vlastní jednání začne příští týden

earnestness ['ə:nistnəs] n vážnost, opravdovost; **in all e.** se vší vážností

earnings ['ə:niŋz] n **1** příjem, výdělek; **subsidiary e.** vedlejší příjem **2** *(profit)* zisk, výnos; **fabulous e.** pohádkové zisky

earphone ['iəfəun] n sluchátko u rádia ap.

earpiece ['iəpi:s] n sluchátko telefonu

earplug ['iəplag] n ucpávka do ucha

earring ['iəriŋ] n náušnice; **clip-on e.** klips(a)

earshot ['iəšot] n doslech; **out of/ within e.** z doslechu/ na doslech

earth [ə:θ] n **1 the E.** *(world)* Země; *(ground)* zem; *(soil)* půda, zemina, prsť; **rare ~s** vzácné zeminy; **the bowels of the E.** nitro Země; **Mother E.** matička Země ♦ **why on e. ...?** proč proboha ...?; **promise sb the e.** slibovat komu hory doly; **cost the e.** inf stát fůru peněz; **move heaven and e.** nasadit všechny síly; **the salt of the e.** fig sůl země, *(good person)* dobrák od kosti; **heaven on e.** nebe na zemi, zemský ráj; **come back to e.** prober se ze snění **2** *(hole: of fox, badger* etc*)* nora, doupě ♦ **go to e.** *(fox)* zalézt do nory; fig *(fugitive)* skrýt se **3** Elec uzemnění ● vt Elec uzemnit

earthen ['ə:θn] adj *(made of earth: floor)* hliněný; *(made of clay)* kameninový, keramický

earthenware ['ə:θnweə(r)] n keramika, hrnčířské zboží, kameninové výrobky ■ **e. bowl** hliněná mísa

earthly ['ə:θli] adj pozemský, *(life* also*)* vezdejší; **e. happiness** pozemské štěstí; **be of no e. use** inf nebýt k ničemu, být naprosto nepotřebný

earthquake ['ə:θkweik] n zemětřesení; **the city was struck by an e.** město bylo postiženo zemětřesením

earthshattering ['ə:θšætəriŋ] adj *(event)* převratný; *(news)* senzační

earthworks ['ə:θwə:ks] n pl zemní práce

earthworm ['ə:θwə:m] n dešťovka, žížala, hlíst

earthy ['ə:θi] adj *(language)* jadrný, hrubého zrna, *(humour* also*)* samorostlý, obhroublý, zemitý

earwig ['iəwig] n škvor

ease [i:z] n **1** *(easiness)* snadnost, lehkost; **with e.** bez námahy, hravě; **e. of access** snadnost přístupu **2** *(comfort)* nenucenost; **be at e.** chovat se nenuceně; **feel ill at e.** cítit se nesvůj, být v rozpacích; **set sb's mind at e.** uklidnit koho **3 a life of e.** pohodlný or panský život **4** Mil **(stand) at e.!** pohov! ● **I** vt *(pain)* utišit; *(situation)* zmírnit **II** vi *(tension)* also **e. off/ up** povolit, zmírnit se

easel ['i:zl] n (malířský) stojan, podstavec

easily ['i:zili] adv **1** *(without difficulty)* snadno, lehko **2** *(without doubt)* nepochybně, jistě; **it is e. 50 metres high** je to dobrých 50 metrů vysoké

easiness ['i:zinəs] n snadnost, lehkost

east [i:st] n východ; **the E.** formerly Pol východní Evropa, Východ; **the Middle E.** Blízký Východ; **the Far E.** Dálný Východ ● adj východní ● adv **e. of** na východ od, východně od

eastbound ['i:stbaund] adj směřující k východu, *(train)* jedoucí směrem k východu

Easter ['i:stə(r)] n Velikonoce; **at E.** o Velikonocích ■ **E. egg** velikonoční vajíčko; **E. Saturday** Bílá sobota; **E. Sunday** Boží hod velikonoční; **E. Monday** Velikonoční pondělí

easterly ['i:stəli] adj *(direction, wind)* východní

eastern ['i:stən] adj východní, *(of Far East)* orientální

eastward(s) ['i:stwəd(z)] adv směrem k východu, východně

easy ['i:zi] adj (**-ier, -iest**) **1** *(simple)* lehký, snadný, jednoduchý; **it is e. to understand** je to snadno pochopitelné, je to srozumitelné; **it is e. to wash** snadno se (to) pere ♦ **it is as e. as falling off a log, it is as e. as winking** inf je to jednoduchý* jak facka **2** *(comfortable)* bezstarostný, pohodlný, poklidný; *(manner)* nenucený; *(gradual)* povlovný, postupný; **e. chair** lenoška; **e. money** lehce vydělané peníze; **he is not e. to get on with** je to s ním těžké; **he had an e. time of it** pro něho to bylo snadné ♦ **e. life** lehký or sladký život; **a woman of e. virtue** euph lehká or pochybná žena, prostitutka; **I am e.** inf já se přizpůsobím ● adv lehce; **e. does it!** jen pomalu!, a teď pěkně zvolna!; **easier said than done** to se řekne snadno; **e. come, e. go** lehce nabyl, lehce pozbyl; **take it e.!** jen klid!, to chce klid!; **take things e.** šetřit se, nepřehánět to; **go e. on the pepper** nepřeháněj to s pepřem

easy-going [i:zi'gəuiŋ] adj mírný, tolerantní; *(lax)* ležérní, liknavý, lehkovážný

eat [i:t] **I** vt, vi (pt **ate** [et or eit], pp **~en** [i:tn]) jíst; *(animal;* pej *person)* žrát ♦ **I could e. a horse** mám hlad jako vlk; **e. humble pie** pokořit se, přilézt ke křížku; **e. like a horse** jíst za tři; **e. out of sb's hand** inf zobat někomu z ruky; **she is good enough to e.** je to děvče k nakousnutí; **e. one's words** vzít něco zpět prohlášení ap. **II** phr vs ■ **eat away** vt *(of rust)* způsobovat korozi; *(of acid)* leptat, rozleptávat; *(of water)* vymílat, podemílat ■ **eat out** *I* vi jíst v restauraci *II* vt **e. one's heart out** trápit se, inf užírat se ■ **eat up** vt sníst, dojíst

eatable ['i:təbl] adj jedlý, poživatelný

eaten [i:tn] pp of **eat**

eau de Cologne [əudəkə'ləun] n kolínská (voda)

eaves [i:vz] n pl okap

eavesdrop ['i:vzdrop] vi (**-pp-**) poslouchat za dveřmi; **e. on sb** odposlouchávat koho

ebb [eb] n also **e. tide** odliv; **e. and flow** příliv a odliv ♦ **be at a low e.** fig mít depresi ● **I** vi ustupovat; *(energy* etc*)* ubývat čeho **II** phr v ■ **ebb away** vi *(enthusiasm* etc*)* slábnout, opadat; **his strength is ~ing away** ubývá mu sil

ebony ['ebəni] n eben, ebenové dřevo; **be as black as e.** být černý jako eben

ebullience [i'baliəns] n elán, temperament(nost), nadšení

ebullient [i'baliənt] n temperamentní, energický

EC abbr of **European Community** ES

eccentric [ik'sentrik] adj podivínský, výstřední, extravagantní ● n podivín, divný patron

eccentricity [eksen'trisəti] n výstřednost, podivínství

ecclesiastic [iˌkli:zi'æstik] adj = **ecclesiastical** ● n duchovní

ecclesiastical [iˌkli:zi'æstikl] adj církevní, duchovní

ECG abbr of **electrocardiogram** EKG

echelon ['ešəlon] n **1** *(status)* stupeň hodnost **2** Mil sled, kolona

echo ['ekəu] n ozvěna, echo; fig ohlas, odezva; Comput echo ■ **e. chamber** dozvuková komora; **e. sounder** ozvěnový hloubkoměr ● **I** vt odrážet; *(repeat)* bezmyšlenkovitě opakovat **II** vi ozývat se; **the wood ~ed with laughter** v lese se ozýval smích

éclair [ei'kleə(r), i'kleə(r)] n Cook banánek zákusek

eclectic [i'klektik] adj eklektický ● n eklektik

eclipse [i'klips] n zatmění (**of the sun** slunce) ● vt **1** lit způsobit zatmění **2** fig zastínit, překonat; **his glory was ~d by ...** jeho sláva byla překonána kým

ecological [i:kə'lodžikl] adj ekologický ■ **~ly** adv ekologicky

ecologist [i'kolədžist] n ekolog/ ekoložka, ochránce životního prostředí

ecology [i'kolədži] n ekologie

economic [i:kə'nomik] adj ekonomický, (národo)hospodářský; **e. forecasting** prognostika; **e. groupings** ekonomická seskupení

economical [i:kə'nomikl] adj ekonomický, hospodárný; *(person)* šetrný, spořivý; **an e. use of fuel** hospodárné využití pohonných hmot ■ **~ly** adv **1** úsporně **2** z ekonomického hlediska

economics [i:kə'nomiks] n **1** hospodářské vědy, ekonomie **2** *(financial aspects)* ekonomická stránka

economies [i'konəmiz] n pl úsporná opatření; úspory; **make e. in** or **on sth** šetřit na čem

economist [i'konəmist] n ekonom, národohospodář

economize [i'konəmaiz] vi šetřit (**on sth** na čem), snížit výdaje

economy [i'konəmi] n **1** *(of a country)* ekonomika; **national e.** národní hospodářství **2** *(saving)* hospodárnost, úspornost ■ **e. class** turistická třída v letadle; **e. drive** úsporná opatření

ecosystem ['i:kəusistəm] n ekosystém

ecstasy ['ekstəsi] n extáze

ecstatic [ik'stætik] adj extatický; **be e.** být u vytržení ■ **~ally** adv **be ~ally happy** být na vrcholu blaha, být na výsost spokojený

ECU, ecu ['ekju:] n abbr of **European Currency Unit** ecu

Ecuador ['ekwədo:(r)] n Ekvádor

ecumenical [i:kju'menikl] adj ekumenický

eczema ['eksimə] n ekzém, lišej

Edam [i:dæm] n eidam

eddy ['edi] n vír ● vi (pt, pp **eddied**) vířit, *(people)* hemžit se

edelweiss ['eidlvais] n Bot (alpská) protěž

Eden ['i:dn] n eden, ráj

edge [edž] n okraj, kraj; *(of knife* etc*)* ostří, břit; *(of table* etc*)* hrana; *(of book)* ořízka; *(of tablecloth)* lem; *(of precipice)* pokraj; **right at the e.** na samém kraji; **sit at the very e.** sedět úplně na krajíčku ♦ **be on e.** být nervózní, rozrušený, být jako na trní; **have one's nerves on e.** mít napjaté nervy; **give sb the sharp e. of one's tongue** sjezdit koho inf, dát to komu sníst horké ● vi **e. forward** opatrně se šinout dopředu; **e. past sb** protáhnout se kolem koho; **e. up to ...** šinout si to k ...; **e. up(wards)** *(prices)* opatrně stoupat

edgeways ['edžweiz], **edgewise** ['edžwaiz] adv bokem, hranou napřed ♦ **get a word in edgeways** dostat se ke slovu

edginess ['edžinəs] n nervozita

edging ['edžiŋ] n *(on dress)* lem, lemovka; **e. shears** zastřihovací nůžky na okraj trávníku

edgy ['edži] adj (**-ier**, **-iest**) nervózní; **be e.** mít pocuchané nervy

edible ['edəbl] adj jedlý, poživatelný; **e. chestnut** kaštan jedlý

edict ['i:dikt] n výnos

edifice ['edifis] n budova, stavba

edify ['edifai] vt (**-ie-**) povznést, povznášet, nabádat k lepšímu životu

edifying ['edifaiiŋ] adj povznášející

Edinburgh ['edinbərə] n Edinburgh

edit ['edit] vt **1** redigovat; *(film)* sestřihat, provést střih **2** Comput upravovat

edition [i'dišn] n edice, redakce; vydání; *(of film)* střih; **pocket e.** kapesní vydání; **special e.** zvláštní vydání; **rare e.** vzácný tisk; **the latest e. of the book** poslední redakce knihy; *(of a newspaper)* **the morning e.** ranní vydání

editor ['editə(r)] n **1** vydavatel, editor **2** *(of newspaper* etc*)* redaktor; **e. in chief** šéfredaktor; **sports e.** sportovní redaktor **3 film e.** stříhač **4** Comput **text e.** textový editor, program pro úpravu textu

editorial [edi'to:riəl] adj vydavatelský, redakční; **e. staff** redakce, redaktoři ● n úvodník, úvodní článek

educate ['edjukeit] vt vychovávat, poskytovat vzdělání; **he was ~d at Oxford** studoval v Oxfordu

educated ['edjukeitid] adj vzdělaný, inteligentní; **an e. guess** kvalifikovaný odhad

education [edju'keišn] n **1** výchova, vzdělání; **primary/ secondary/ higher e.** základní/ středoškolské/ vysokoškolské vzdělání; **e. of the public** osvěta; **health e.** zdravotnická osvěta; **further** or **adult e.** další vzdělání, doškolování; **classical e.** humanistické vzdělání; **he received a good e.** dostalo se mu dobrého vzdělání **2** *(system)* školství **3** *(subject)* Univ pedagogika; **study e.** studovat pedagogiku

educational [edju'keišnəl] adj pedagogický; *(methods)* výchovný, vzdělávací; *(film, programme)* naučný; *(reform)* školský; *(technology)* didaktický; **e. visit** (pedagogická) exkurze

education(al)ist [edju'keišən(əl)ist] n pedagog

educator ['edjukeitə(r)] n esp Amer pedagog

eel [i:l] n úhoř ♦ **as slippery as an eel** kluzký or hladký jako úhoř

eerie ['iəri] adj tajuplný, přízračný; **e. silence** podezřelé ticho

efface [i'feis] vt vymazat, smazat ♦ **e. oneself** fig ustoupit do pozadí, stáhnout se do ústraní

effect [i'fekt] n **1** *(result)* účinek, efekt; **cause and e.** příčina a účinek; **financial e.** finanční efekt; **greenhouse e.** skleníkový efekt; **with e. from** s účinností od; **in e.** ve skutečnosti; **be in e.** *(laws, prices* etc*)* platit; **have an e.** účinkovat (**on** na); **have no e.** míjet se účinkem, *(warnings* etc*)* vyznít naprázdno; **put a plan into e.** realizovat or uskutečnit plán **2** *(impression)* dojem, efekt; **for e.** na efekt; **outward e.** vnější efekt; see also **~s 3** *(meaning)* smysl; **words to that e.** něco v tom smyslu ● vt provést, uskutečnit; **e. payment** fml provést platbu, zaplatit

effective [i'fektiv] adj **1** *(successful)* účinný, efektivní; **become e.** *(law)* vstoupit v platnost; **be e.** *(medicine)* učinkovat, inf zabrat **2** *(real: power* etc*)* skutečný, faktický **3** *(striking)* efektní, působivý ■ **~ly** adv **1** účinně, efektivně **2** *(strikingly)* efektně, působivě **3** *(in fact)* ve skutečnosti, fakticky

effectiveness [i'fektivnəs] n see adj účinnost; působnost; **range of e.** dosah působnosti

effects [i'fekts] n pl **1 special e.** zvláštní efekty **2** *(property)* **personal e.** osobní majetek, osobní svršky

effeminacy [i'feminəsi] n zženštilost, změkčilost

effeminate [i'feminət] adj zženštilý, změkčilý

effervescence [efə'vesns] n šumivost; fig *(of person)* prudkost, výbušnost

effervescent [efə'vesnt] adj šumivý; fig *(person)* výbušný, prudký; *(youth* etc*)* bouřlivý

effete [i'fi:t] adj *(civilization)* dekadentní; *(person)* slabošský, změkčilý

efficacious [efi'keišəs] adj účinný, efektivní

efficacy ['efikəsi] n účinnost, efektivnost

efficiency [i'fišnsi] n účinnost, výkonnost, efektivnost; cf **efficient**

efficient [i'fišnt] adj *(worker)* zdatný, *(machine, worker)* výkonný; *(production)* efektivní; *(method)* účinný; **e. working of a machine** dobrá činnost stroje

effigy ['efidži] n vyobrazení koho, obraz, portrét

effort ['efət] n **1** snaha, úsilí; **without e.** bez námahy; **waste of e.** marná práce; **by a supreme e.** s krajním vypětím; **by a joint e.** spojenými silami; **spare no e.** usilovně se snažit; **it's too much of an e. for me** to je pro mě příliš namáhavé; **thanks to his ~s** díky jeho úsilí **2** *(attempt)* pokus; **it was a good e.** to bylo docela dobré; **his first e. at writing a story** jeho první pokus o napsání povídky

effortless ['efətləs] adj nenucený; *(easy)* snadný, lehký

effrontery [i'frantəri] n nestoudnost, drzost, nestydatost

effusion [i'fju:žn] n fig (citový) výlev

effusive [i'fju:siv] adj *(praise etc)* překypující; *(person)* exaltovaný ■ **~ly** adv přemrštěně; **praise sb ~ly** překypovat chválou o kom

EFL [i:ef'el] n abbr of **English as a Foreign Language** angličtina jako cizí jazyk

EFTA ['eftə] abbr of **European Free Trade Association** Evropské sdružení volného obchodu

eg [i:'dži:] abbr of **exempli gratia** *(for example)* např.

egalitarian [i,gæli'teəriən] adj rovnostářský, egalitářský ● n egalitář, rovnostář

egalitarianism [i,gæli'teəriənizəm] n rovnostářství, egalitářství

egg [eg] n vajíčko; **fried egg** volské oko; **hard-boiled/ soft-boiled egg** vejce uvařené natvrdo/ naměkko ♦ **a bad egg** zkažené vejce, fig dated výlupek všech nectností; **put all one's ~s in one basket** vsadit vše na jednu kartu; **have e. on one's face** inf blamovat se, shodit se ■ **e. cup** kalíšek na vejce; **e. white** bílek; **e. yolk** žloutek ● phr v ■ **egg on** vt **e. sb on (to do sth)** pobízet koho (k čemu)

egghead ['eghed] n inf pej intelektuál

eggnog [eg'nog] n vaječný koňak

eggplant ['egpla:nt] n baklažán, lilek jedlý

egg-shaped ['egšeipt] adj vejčitý

eggshell ['egšel] n vaječná skořápka

ego ['i:gəu] n 1 Psych ego; **my other ego** mé druhé já; inf **ego trip** marnivost, sebechvála 2 inf *(self-esteem)* sebevědomí; *(conceit)* samolibost; **he has got an enormous ego** je nesmírně sebevědomý; **that will boost his ego** to mu zvýší sebevědomí

egocentric(al) [i:gəu'sentrik(l)] adj egocentrický

egoism ['i:gəuizəm] n egoismus, sobectví

egoist ['i:gəuist] n egoista, sobec

egoistic [i:gəu'istik] adj egoistický, sobecký

egotist ['egəutist] n egotista

Egypt ['i:džipt] n Egypt

Egyptian [i'džipšn] adj egyptský ● n *(person)* Egypťan/ -ka

eiderdown ['aidədaun] n peřina, prachová přikrývka

eight [eit] adj osm ● n osmička ♦ **have one over the e.** inf poněkud přebrat

eighteen [ei'ti:n] adj osmnáct ● n osmnáctka

eighteenth [ei'ti:nθ] adj osmnáctý ● *(fraction)* osmnáctina

eighth [eitθ] adj osmý ● n *(fraction)* osmina

eightieth ['eitiəθ] adj osmdesátý ● n *(fraction)* osmdesátina

eighty ['eiti] adj osmdesát ● n osmdesátka

Eire ['eərə] n Irská republika

either ['aiðə(r), 'i:ðə(r)] adj, pron 1 *(one or the other)* jeden nebo druhý, kterýkoliv ze dvou; *(after negation)* žádný ze dvou; **on e. side** na obou stranách; **in e. case** v obou případech; **e. way** tak i tak; **e. of them** jeden nebo druhý; **e. (of the two) can happen** obojí se může stát 2 *(both, each)* oba, obojí; *(eg visitors)* **of e. sex** obojího pohlaví ● conj, adv **e. ... or ...** buď ... (a)nebo; **not ... or e. ...** ani ... ani ...; **e. today or tomorrow** buď dnes nebo zítra; **I'll e. write or phone** buď napíši nebo zavolám ● adv **she didn't come and didn't phone e.** nepřišla ani nezavolala

ejaculate [i'džækjuleit] vi 1 Physiol ejakulovat 2 *(cry out)* zvolat, vykřiknout ● n [i'džækjulət] ejakulát

ejaculation [i,džækju'leišn] n 1 Physiol ejakulace, vystříknutí spermatu 2 *(cry)* zvolání, výkřik

eject [i'džekt] I vt *(person: from meeting etc)* vykázat, *(throw out)* vyhodit; *(tenant)* vystěhovat II vi *(pilot)* katapultovat se; *(lava: from volcano)* chrlit

ejection [i'džekšn] n *(from meeting)* vykázání; *(from pub)* vyhození; *(of pilot)* katapultace ■ **e. seat** see **ejector seat**

ejector [i'džektə(r)] n ■ **e. seat** vystřelovací sedadlo

eke out [i:k'aut] vt 1 *(make last: savings, food)* šetřit s čím, zacházet s čím hospodárně 2 *(scrape)* **e. out one's living**, **e. out a miserable existence** nuzně se protloukat, vegetovat

elaborate [i'læbərət] adj podrobný; *(plan)* podrobně rozpracovaný; *(style)* vybroušený; *(research)* komplikovaný, důkladný ● v [i'læbəreit] I vt *(plan)* rozpracovat, precizovat II vi podat bližší vysvětlení, říci něco víc

elaboration [i,læbə'reišn] n podrobné rozpracování, precizování

élan [ei'la:n] n elán, nadšení, vzlet

elapse [i'læps] vi *(time)* uplynout, uběhnout, vypršet

elastic [i'læstik] adj pružný, elastický; **e. band** gumička kroužek ● n 1 guma prádlová 2 Amer gumička kroužek

elasticity [ilæ'stisəti] n elastičnost, pružnost

Elastoplast TM [i'læstəupla:st] n leukoplast

elated [i'leitid] adj v povznesené or slavnostní náladě; **he was e. at** or **by the news** byl tou zprávou nadšen

elation [i'leišn] n povznesená nálada, euforie

elbow ['elbəu] n **1** *(of arm, sleeve)* loket; **the coat is out at the ~s** kabát je prošoupaný na loktech; **dig sb in the ribs with one's e.** strčit do koho loktem ♦ **give more power to sb's e.** hnát vodu na čí mlýn ■ **e. joint** loketní kloub **2** *(of pipe)* koleno; *(of river)* ohbí, zákrut; *(of road)* ohyb, zákrut ● **I** vt **e. one's way through the crowd** klestit si cestu davem **II** phr vs ■ **elbow sb aside** odstrčit koho loktem ■ **elbow sb out** vystrčit koho loktem

elder$_1$ ['eldə(r)] adj attr *(brother, sister)* starší; **e. statesman** zkušený státník ● n radní; Relig starší; **he is five years my e.** je o pět let starší než já; **his ~s** osoby starší než on

elder$_2$ ['eldə(r)] n Bot bez

elderberry ['eldəberi] n bezinka ■ **e. wine** bezinkové víno

elderly ['eldəli] adj starší, postarší; **an e. gentleman** starší pán, usedlý pán; **the e.** starší lidé

eldest ['eldist] adj *(son, daughter)* nejstarší, prvorozený

elect [i'lekt] vt (z)volit; **they ~ed him chairman** zvolili ho předsedou; **e. sb president** zvolit koho prezidentem; **e. sb unanimously** zvolit koho jednohlasně ● postpositive adj **the president e.** designovaný prezident

election [i'lekšn] n volby; **general e.** všeobecné volby; **hold an e.** konat volby ■ **e. campaign** volební kampaň; **e. fever** volební horečka

electioneering [iˌlekšə'niəriŋ] n volební agitace

elector [i'lektə(r)] n volič/ -ka; Hist kurfiřt

electoral [i'lektərəl] adj *(candidate, duty)* volební; *(register, roll)* voličský

electorate [i'lektərət] n voliči, voličstvo

electric [i'lektrik] adj **1** elektrický; **e. blanket** elektrická přikrývka or dečka; **e. chair** elektrické křeslo; **e. circuit/ cooker/ current/ shock** elektrický obvod/ sporák/ proud/ šok; **e. fire** (elektrické) topítko; **e. light** elektrické světlo; **e. power** elektrická energie **2** fig *(atmosphere* etc*)* nabitý elektřinou

electrical [i'lektrikl] adj *(energy)* elektrický; *(industry)* elektrotechnický; **e. appliances** elektrické spotřebiče, elektrospotřebiče, *(shop)* obchod s elektrospotřebiči; **e. engineering** elektrotechnika; **e. failure** výpadek v dodávce proudu ■ **~ly** adv elektricky; **~ly operated** poháněný elektřinou

electrician [iˌlek'trišn] n elektrikář, elektrotechnik

electricity [iˌlek'trisəti] n elektřina; **off-peak e.** noční proud ■ **e. meter** elektroměr

electrification [iˌlektrifi'keišn] n elektrifikace

electrify [i'lektrifai] vt elektrifikovat; fig (z)elektrizovat, uchvátit, nadchnout, zapálit

electrifying [i'lektrifaiiŋ] adj úchvatný, elektrizující

electrocardiogram [iˌlektrəu'ka:diəugræm] n elektrokardiogram

electrocardiograph [iˌlektrəu'ka:diəugra:f] n elektrokardiograf

electrocute [i'lektrəkju:t] vt zabít elektrickým proudem; *(execute)* popravit na elektrickém křesle

electrocution [iˌlektrə'kju:šn] n zabití elektrickým proudem; *(execution)* poprava na elektrickém křesle

electrode [i'lektrəud] n elektroda

electroencephalograph [iˌlektrəuin'sefəlәgra:f] n Med elektroencefalograf

electrolysis [iˌlek'troləsis] n elektrolýza

electromagnet [iˌlektrəu'mægnit] n elektromagnet

electromagnetic [iˌlektrəumæg'netik] adj elektromagnetický; **e. field** elektromagnetické pole

electron [i'lektron] n elektron ■ **e. microscope** elektronový mikroskop

electronic [iˌlek'tronik] adj elektronický; **e. mail** elektronická pošta; **e. data processing**; Comput elektronické zpracování dat

electronics [iˌlek'troniks] n elektronika

electrotherapy [iˌlektrəu'θerəpi] n elektroterapie

elegance ['eligəns] n elegance; **the last word in e.** vybraná elegance; **the height of e.** vrchol elegance

elegant ['eligənt] adj elegantní, vkusný, vybraný

elegy ['elədži] n Liter elegie, žalozpěv

element ['elimənt] n **1** prvek also Chem, součást, složka; fig *(of truth* etc*)* zrnko; **heating e.** topné těleso; **antisocial ~s** asociální živly; **subversive ~s** podvratné živly ♦ **be in one's e.** být ve svém živlu **2 the ~s** základy (eg **of physics** fyziky) **3 the ~s** *(bad weather)* živly; **the fury of the ~s** běsnění živlů

elemental [eli'mentl] adj **1** *(basic)* základní, *(simple)* elementární **2** *(concerning the elements)* živelný

elementary [eli'mentəri] adj **1** základní; *(course)* začátečnický; *(particle)* elementární; **e. school** dated Br základní škola **2** *(simple)* jednoduchý, elementární; **(it's) e.(, my dear**

Watson!) to je prosté *or* jednoduché(, milý Watsone!)

elephant ['elifənt] *n* slon; **baby e.** slůně

elephantiasis [elifən'taiəsis] *n Med* elefantiáza, elefantiasis

elephantine [eli'fæntain] *adj* **1** *(heavy, clumsy)* těžkopádný, *jsoucí* jako slon **2** *(huge)* obrovský, mamutí

elevate ['eliveit] *vt* **1** vyzvednout, zvýšit; **~d crossing** nadjezd **2** *fig* povýšit (**to the peerage** do šlechtického stavu); *(mind)* povznést

elevating ['eliveitiŋ] *adj* povznášející

elevation [eli'veišn] *n* **1** *Geog* vyvýšenina **2** *Relig (of the host)* pozdvihování **3** *(of ideas, emotions)* ušlechtilost; *(of style)* vznešenost, vzletnost **4** *(above sea level)* nadmořská výška **5** *Archit* pohled, nárys; *(side e.)* bokorys **6** *(angle)* elevace, výškový úhel, *(of gun)* náměr

elevator ['eliveitə(r)] *n* **1** *Amer* výtah, zdviž **2 grain e.** silo

eleven [i'levn] *adj* jedenáct ● *n* jedenáctka *also Ftb*

elevenses [i'levnziz] *n* přesnídávka, dopolední svačina

eleventh [i'levnθ] *adj* jedenáctý ♦ **at the e. hour** *fig* v hodině dvanácté, za pět minut dvanáct ● *n (fraction)* jedenáctina

elf [elf] *n* (*pl* **elves** [elvz]) skřítek, elf; *(mischievous child)* diblík, neposeda

elfish ['elfiš] *adj* skřítkovský; *fig (mischievous)* neposedný, rošťácký

elicit [i'lisit] *vt* vylákat, vyloudit (**sth from sb** co na kom); *(support)* získat

elide [i'laid] *vt Ling* elidovat

eligibility [elidžə'biləti] *n* (*see* **eligible**) vhodnost, způsobilost; oprávněnost

eligible ['elidžəbl] *adj (fit)* vhodný, způsobilý, přicházející v úvahu; *(entitled)* oprávněný (**for a pension** pobírat penzi); **be e. to vote** mít právo volit ♦ **an e. young man** dobrá partie *pro sňatek*; **you are e. for a grant** máte právo na stipendium

eliminate [i'limineit] *vt* odstranit, *(competition)* vytlačit; **e. sb** *sl* odklidit *or* zlikvidovat *koho*

elimination [iˌlimi'neišn] *n* eliminace, odstranění ■ **e. race** *Sport* vylučovací závod

elision [i'ližn] *n Ling* elize

élite [i'li:t, ei'li:t] *n* elita, špička, výkvět *národa ap.*

élitism [i'li:tizəm] *n* elitářství

élitist [i'li:tist] *n* elitář

elixir [i'liksə(r), e'liksiə(r)] *n* elixír; **the e. of life** elixír života

elk [elk] *n Zool* los

ellipse [i'lips] *n* elipsa

ellipsis [i'lipsis] *n* (*pl* **ellipses** [i'lipsi:z]) *Ling* elipsa, výpustka

ellipsoid [i'lipsoid] *n* elipsoid

elm [elm] *n* jilm

elocution [elə'kju:šn] *n* (jasná) artikulace, řečnický přednes, elokuce

elongate ['i:loŋgeit] *vt* protáhnout, prodloužit

elope [i'ləup] *vi* uprchnout *za účelem sňatku*

elopement [i'ləupmənt] *n* uprchnutí *za účelem sňatku*

eloquence ['eləkwəns] *n* výmluvnost, dar výřečnosti, dar jazyka

eloquent ['eləkwənt] *adj* výmluvný; **e. silence** výmluvné mlčení

else [els] *adj* jiný, druhý; **somebody/ anybody/ nobody** *etc* **e.** někdo/ kdokoliv/ nikdo jiný; **anything e., sir?** ještě něco, prosím?; **someone e.'s** cizí, patřící někomu jinému; **live off someone e.'s work** žít z cizí práce; **take someone e.'s place** zasednout komu místo ● *adv* **1** jinde, jinam, jinak, ještě; **somewhere e.** někde jinde/ někam jinam; **how e.?** jak jinak?; **who e. is coming?** kdo ještě přijde? **2** *inf (otherwise)* **do it or e.!** udělej to, sice bude zle

elsewhere [els'weə(r)] *adv* (někde) jinde, (někam) jinam; **from e.** odjinud; **his thoughts were e.** byl duchem nepřítomný

■ **ELT** [i:el'ti:] *abbr of* **English Language Teaching** výuka angličtiny *jako cizího jazyka*

elucidate [i'lu:sideit] *vt* objasnit, osvětlit, ozřejmit, vyložit

elucidation [iˌlu:si'deišn] *n* objasnění, osvětlení, vyložení

elude [i'lu:d, i'lju:d] *vt* vyhnout se *čemu*; *(police)* uniknout *komu*, uprchnout *komu*; **his name ~s me** nemohu si vzpomenout, jak se jmenuje

elusive [i'lu:siv] *adj (person)* nezastižitelný; *(criminal)* nepolapitelný; *(memories)* prchavý

emaciated [i'meišieitid] *adj* vyzáblý, vychrtlý

emaciation [iˌmeiši'eišn] *n* vyzáblost, vychrtlost

E-mail ['i:meil] *abbr of* **electronic mail** elektronická pošta

emanate ['eməneit] *vi* vycházet, vyzařovat, sálat *z čeho*

emancipate [i'mænsipeit] *vt* emancipovat

emancipated [i'mænsipeitid] *adj* emancipovaný

emancipation [iˌmænsi'peišn] *n* emancipace ■ **e. movement** emancipační hnutí

emasculate [i'mæskjuleit] *vt (castrate)* vyklestit, vykastrovat; *fig* oslabit, zbavit síly

emasculation [iˌmæskju'leišən] n *(castration)* vykleštění; fig oslabení, zbavení energie

embalm [im'ba:m] vt (na)balzámovat

embankment [im'bæŋkmənt] n *(of river)* nábřeží; *(along sea)* hráz; Rail násep

embargo [im'ba:gəu] n embargo; **put an e. on sth** uvalit na co embargo; **lift** or **remove an e.** zrušit embargo ● vt (pt, pp **~ed**) **e. sth** uvalit nač embargo

embark [im'ba:k] **I** vi nalodit se, nastoupit na loď; Aviat nastoupit do letadla **II** vt *(passengers, cargo)* nalodit **III** phr v ■ **embark on** vt **e. on sth** pustit se do čeho, začít co; **they ~ed on a lively debate** rozpředla se mezi nimi živá debata

embarkation [emba:'keišn] n *(of goods)* nalodění, Naut also naložení; *(of people)* nalodění, nastoupení

embarrass [im'bærəs] vt uvést or přivést do rozpaků; **feel ~ed** být v rozpacích, ostýchat se

embarrassed [im'bærəst] adj rozpačitý; **an e. silence** trapné ticho

embarrassing [im'bærəsiŋ] adj trapný, nepříjemný; **an e. scene/ question** trapná scéna/ otázka; **be e.** působit trapně

embarrassment [im'bærəsmənt] n rozpaky, rozpačitost; **save oneself some e.** ušetřit si rozpaky

embassy ['embəsi] n velvyslanectví

embed [im'bed] vt (**-dd-**) **1** Techn zapustit, zakotvit; fig *(in memory, mind* etc*)* vrýt se, vtisknout se; **~ded in concrete** zabetonovaný, zalitý cementem; **it is ~ded in my memory** vrylo se mi to do paměti **2** Comput **~ded command** vložený příkaz

embellish [im'beliš] vt ozdobit; *(reality)* přikrášlit, lakovat na růžovo

embellishment [im'belišmənt] n ozdobení, přikrášlení; *(of reality)* přikrášlení, lakování na růžovo

embers ['embəz] n pl žhavé or řeřavé uhlíky, žhavý popel

embezzle [im'bezl] vt defraudovat, zpronevěřit, rozkrást

embezzlement [im'bezlmənt] n defraudace, zpronevěra

embezzler [im'bezlə(r)] n defraudant

embitter [im'bitə(r)] vt roztrpčit; **be(come) ~ed** roztrpčit se, zahořknout; **he was ~ed** bylo mu hořko

embittered [im'bitəd] adj zahořklý, zatrpklý

embitterment [im'bitəmənt] n zahořklost, zatrpklost

emblem ['embləm] n emblém, symbol, znak

embodiment [im'bodimənt] n zosobnění, ztělesnění

embody [im'bodi] vt (pt, pp **embodied**) **1** ztělesnit, vyjádřit **2** *(include: features* etc*)* mít, zahrnovat

embolden [im'bəuldən] vt dated or fml dodat komu odvahy or sebevědomí, povzbudit (**to do sth** k čemu)

embolism ['embəlizəm] n Med embolie

emboss [im'bos] vt ozdobit reliéfním vzorem

embossed [im'bost] adj reliéfní; ozdobený plastickým vzorem

embrace [im'breis] **I** vt **1 e. sb** obejmout koho, vzít koho do náručí, přivinout se ke komu **2** *(include)* zahrnout, zahrnovat **3** *(accept: offer, opportunity* etc*)* využít čeho, *(theory)* přijmout, osvojit si **II** vi obejmout se; **they ~d** objali se, padli si do náruče ● n objetí

embroider [im'broidə(r)] vt, vi vyšívat; fig *(story)* vyšperkovat, přizdobit

embroidery [im'broidəri] n vyšívání ■ **e. frame** bubínek or rám na vyšívání

embroil [im'broil] vt zaplést (**in** do); **become ~ed in sth** zamotat se do čeho; **e. a person in an argument** zaplést koho do hádky

embryo ['embriəu] n embryo, zárodek, plod

embryonic [embri'onik] adj embryonální, zárodečný

emcee [em'si:] n inf konferenciér ● vt, vi (pt, pp **emceed**) konferovat

emend [i'mend] vt opravit, korigovat, upravit

emendation [i:men'deišn] n oprava, korekce, úprava, vylepšení

emerald ['emərəld] n smaragd; *(colour)* smaragdově zelená (barva) ● adj smaragdový; **e. green** smaragdová zeleň

emerge [i'mə:dž] vi vyvstat, vynořit se, *(truth)* vyjít najevo; **it ~d that** vyšlo najevo, že

emergence [i'mə:džəns] n vznik, objevení se

emergency [i'mə:džənsi] n mimořádná okolnost, nouzová situace, naléhavý případ; **in case of e.** v mimořádném případě; **declare a state of e.** vyhlásit výjimečný stav; **ready for every e.** připraven pro všechny eventuality ■ **e. brake** záchranná brzda; **e. exit** nouzový východ; **e. landing** nouzové přistání; **e. service** pohotovost

emergent [i'mə:džənt] adj *(theory, nation)* vznikající, rodící se, objevující se

emeritus [i'meritəs] adj Univ honorární, emeritní

emery paper ['eməripeipə(r)] n smirek

emetic [i'metik] adj Med dávicí ● n Med emetikum, dávidlo, dávicí prostředek

emigrant ['emigrənt] n vystěhovalec, emigrant ● adj vystěhovalecký, emigrantský

emigrate ['emigreit] vi emigrovat, vystěhovat se do zahraničí

emigration [emi'greišn] n emigrace, vystěhovalectví

émigré ['emigrei] n emigrant/ -ka, utečenec, běženec

eminence ['eminəns] n **1** proslulost, věhlas **2** *(title)* Eminence; **Your E.** Vaše eminence; **grey e.**, **éminence grise** šedá eminence

eminent ['eminənt] adj významný, *(outstanding: scientist* etc also*)* proslulý, přední, *(personality* also*)* prominentní

eminently ['eminəntli] adv neobyčejně (**competent** schopný)

emirate ['emərət] n emirát

emissary ['emisəri] n (pl **-ies**) emisar, zvláštní vyslanec

emission [i'mišn] n *(of pollutants)* emise, exhalace

emit [i'mit] vt (**-tt-**) vydávat; *(light)* vyzařovat; *(smells)* vonět čím, páchnout po čem; **e. sparks** jiskřit; **e. smoke** čoudit

emotion [i'məušn] n cit, emoce, dojetí; **weep with e.** plakat dojetím

emotional [i'məušnl] adj **1** *(person)* citový, citově založený; **e. outburst** citový výlev **2** *(moving) (voice)* pohnutý; *(music, scene)* dojemný ■ **~ly** adv **1** citově; **be ~ly stunted** být citově zakrnělý **2** pohnutě; *(speak* etc*)* dojatě, s dojetím

emotive [i'məutiv] adj emotivní; *(word)* emocionálně zabarvený

empathy ['empəθi] n empatie

emperor ['empərə(r)] n císař ♦ **the E.'s new clothes** císařovy nové šaty

emphasis ['emfəsis] n důraz; fig also těžiště; Ling přízvuk; **lay (great) e. on sth** fig klást (velký) důraz na co; **the e. is on spoken language** hlavní důraz se klade na mluvený jazyk

emphasize ['emfəsaiz] vt zdůraznit, zdůrazňovat, podtrhnout; **he ~d that ...** zdůraznil, že ...

emphatic [im'fætic] adj důrazný, důtklivý ■ **~ally** adv důrazně, důtklivě

empire ['empaiə(r)] n *(eg Austro-Hungarian)* říše, císařství, *(British)* impérium; **the Roman E.** římská říše; **the e. of the Rising Sun** říše vycházejícího slunce Japonsko ■ **E. style** empír

empirical [em'pirikəl] adj empirický, založený na zkušenosti ■ **~ly** adv empiricky

empiricism [em'pirisizəm] n Phil empirismus

employ [im'ploi] vt **1** *(person)* zaměstnat, dát komu práci; **be ~ed** mít práci; **be ~ed by sb** být zaměstnaný u koho; **be gainfully ~ed** být výdělečně činný **2** *(use: method* etc*)* (po)užít

employee [im'ploii:] n zaměstnanec; **railway e.** železniční zřízenec; **government e.** státní zaměstnanec

employer [im'ploiə(r)] n zaměstnavatel

employment [im'ploimənt] n zaměstnání, práce; **be in e.** být zaměstnaný; **seek e.** hledat zaměstnání; **full e.** plná zaměstnanost ■ **e. agency** zprostředkovatelna práce

empower [im'pauə(r)] vt **e. sb to do sth** zmocnit or oprávnit koho k čemu

empress ['emprəs] n císařovna

emptiness ['emptinəs] n prázdnota; *(of words, promises)* planost

empty ['empti] adj prázdný; *(seat)* neobsazený; *(house)* neobydlený; *(pleasures)* bezduchý; *(words, promises)* planý; **e. talk** mlácení prázdné slámy; **on an e. stomach** na lačno, na lačný žaludek ♦ **e. vessel** fig dutá hlava ● **I** vt vyprázdnit; *(house)* vyklidit; *(water)* vylít; *(glass of whisky* etc*)* vypít **II** vi *(of river)* ústit, vlévat se (**into** do)

empty-handed [empti'hændid] adj s prázdnýma rukama ♦ **go away e.-handed** ostrouhat kolečka, odejít s nepořízenou, odejít s prázdnýma rukama

empty-headed [empti'hedid] adj hloupý, pitomý

emu [i'mju:] n Zool emu

emulate ['emjuleit] vt **1 e. sb** soutěžit s kým, snažit se někomu vyrovnat; **e. sb's example** následovat čího příkladu **2** Comput emulovat

emulation [emju'leišn] n **1** soutěžení **2** Comput emulace

emulsification [i,malsifi'keišn] n Chem emulgování, emulgace

emulsify [i'malsifai] vt emulgovat

emulsion [i'malšn] n emulze ■ **e. paint** emulzní barva

enable [in'eibl] vt **e. sb to do sth** umožnit komu co

enact [in'ækt] vt; esp pass **1** *(law)* uzákonit **2** *(part)* (se)hrát; **be ~ed** *(scene)* odehrát se

enamel [i'næml] n email, smalt; *(of teeth)* (zubní) sklovina ■ **e. ware** smaltované zboží; **e. paint** emailový lak

enamoured, Amer **enamored** [in'æməd] adj **be enamoured of sb/ sth** *(in love)* být do koho/ čeho zamilovaný, *(enchanted)* být kým/ čím okouzlený; **she wasn't exactly**

e. of our suggestion náš návrh ji zrovna nenadchl

encampment [in'kæmpmənt] n tábor, ležení

encase [in'keis] vt often pass obalit, pokrýt (**in sth** čím); *(in plaster)* dát do sádry

encash [in'kæš] vt Br *(cheque)* inkasovat

encephalitis [en,sefə'laitis, en,kefə'laitis] n zánět mozku, encefalitida

enchant [in'ča:nt] vt okouzlit, učarovat; **be ~ed by sth** být okouzlen čím

enchanter [in'ča:ntə(r)] n kouzelník, čaroděj

enchanted [in'ča:ntid] adj fig začarovaný, zakletý

enchanting [in'ča:ntiŋ] adj okouzlující, čarodějný, čarovný

enchantment [in'ča:ntmənt] n **1** *(casting of spell)* okouzlení, očarování **2** *(delight)* okouzlení, kouzlo

enchantress [in'ča:ntrəs] n kouzelnice, čarodějka

encircle [in'sə:kl] vt *(of troops)* obklíčit; *(of people)* **e. sb** obklopit koho; **e. the city** *(ramparts)* obepínat město

encl. abbr of **enclosure(s), enclosed**

enclave ['enkleiv] n enkláva

enclitic [in'klitik] n Gram příklonka, enklitikon

enclose [in'kləuz] vt **1** *(surround) (with a wall)* obehnat čím, *(with a fence* also*)* oplotit **2** *(in an envelope* etc*)* přiložit, *(in a parcel* also*)* přibalit; **~d, please find . . ., ~d herewith is . . ., we are enclosing . . .** Comm v příloze Vám zasíláme . . .

enclosure [in'kləužə(r)] n **1** *(wall, fence/ enclosed area)* ohrada **2** *(in a letter)* příloha

encode [in'kəud] vt (za)kódovat, *(secret information* also*)* zašifrovat

encompass [in'kampəs] vt *(include)* zahrnout, zahrnovat

encore ['oŋko:(r)] n Mus přídavek ● interj **e.!** opakovat!, přidat!

encounter [in'kauntə(r)] n fml **1** *(meeting)* setkání; **accidental e.** nahodilé setkání **2** *(confrontation)* srážka, bitva; Sport utkání, zápas, střetnutí ● vt **1** *(meet)* setkat se s kým; **e. the enemy** srazit se s nepřítelem **2** *(obstacle, difficulties)* narazit na; *(enemy)* utkat se s kým

encourage [in'karidž] vt **1** povzbuzovat, nabádat; **e. sb to do sth** nabádat koho k čemu; **e. sb to study languages** nabádat koho ke studiu jazyků **2** *(support)* podporovat

encouragement [in'karidžmənt] n povzbuzení, pobídka, vzpruha

encouraging [in'karidžiŋ] adj *(words* etc*)* povzbudivý, *(results* etc also*)* slibný

encroach [in'krəuč] vi **e. on sth** *(sb's rights)* zasahovat do čeho, *(sb's territory)* narušovat co

encroachment [in'krəučmənt] n *(on territory)* narušení čeho; *(on sb's rights)* zasahování do čeho

encumber [in'kambə(r)] vt usu pass **be ~ed with sth** být zatížen čím, *(with luggage)* být obtížen čím; **be ~ed with debts** být zadlužen

encumbrance [in'kambrəns] n zátěž; Jur zatížení nemovitosti, břemeno na majetku

encyclop(a)edia [in,saiklə'pi:diə] n encyklopedie, naučný slovník, lexikon; **an e. of music** hudební encyklopedie; **a walking e.** fig chodící encyklopedie

encyclop(a)edic [in,saiklə'pi:dik] adj encyklopedický

end [end] n **1** *(of stick, line, road* etc*)* konec; *(of pencil, nose* etc*)* špička; *(of town* also*)* část; *(of line)* Tel strana; *(of table)* okraj; *(of football pitch* etc*)* strana, polovina ♦ **be at one's wit's e.** být v koncích, nevědět si rady; **be at the e. of one's tether** *(mentally)* být u konce se silami, být na pokraji zhroucení; **get (hold of) the wrong e. of the stick** špatně něco pochopit; **make both ~s meet** vystačit s platem; **start at the wrong e.** začít špatně; *(go)* **to the ~s of the earth** až na kraj světa; **keep one's e. up** držet se (dobře); **to all the ~s of the earth** do všech koutů světa **2** *(remnant)* zbytek; **cigarette e.** nedopalek or oharek cigarety, špaček; **be at the receiving e.** odnést si to **3** *(conclusion)* konec, závěr; **at the e. of sth** na konci čeho; **in the e.** nakonec, posléze; **come to an e.** skončit, zaniknout; **be drawing to an e.** chýlit se ke konci; **put an e. to sth, bring sth to an e.** něco zakončit or ukončit; **that's the e. of it** tím to končí, inf tím to hasne; **to the bitter e.** až do poslední chvíle; **to the e. of one's days** až do hrobu; **till the e. of time** navěky; **till the e. of the world** až do skonání světa; **by the e. of May** do konce května; **towards the e. of May** koncem května ♦ **come to a sticky e.** špatně skončit ■ **e. game** Chess koncovka; **e. product** finální výrobek; **e. result** konečný výsledek; **e. user** Comm konzument **4** *(purpose)* účel, záměr, cíl; **to this e.** za tímto účelem; **to no e.** nadarmo; **to that e.** za tím účelem, k tomu cíli; **be an e. in itself** být samoúčelný ♦ **the e. justifies the means** účel světí prostředky **5** *(idioms)* **for years on e.** celá léta, léta letoucí; **no e. of . . .** bezpočet čeho;

you are the e. inf ty jsi hrozný, jsi nemožný ● **I** vt *(speech, lecture* etc*)* (za)končit, ukončit, skončit; **e. one's days** zemřít **II** vi (s)končit, (za)končit; **e. in a draw** Sport *(game)* skončit nerozhodně; **e. in failure** skončit nezdarem **III** phr v ■ **end up** vi **e. up as ...** skončit jako ...; **e. up in jail** skončit ve vězení

endanger [in'deindžə(r)] vt ohrozit; **an ~ed species** ohrožený druh

endear [in'diə(r)] vt **e. oneself to everybody** získat si u všech oblibu; **it didn't e. me to her** tím jsem si ji (zrovna) nezískal

endearing [in'diəriŋ] adj milý, příjemný, roztomilý

endearment [in'diəmənt] n **words of e.** něžnůstky

endeavour, Amer **endeavor** [in'devə(r)] n úsilí, snaha; **make every e. to do sth** fml vynasnažit se něco udělat ● vi fml snažit se (**to do sth** něco udělat), přičinit se

endemic [en'demik] adj endemický

ending ['endiŋ] n konec, závěr; Gram, Chess koncovka; **a happy e.** *(of book, film)* šťastný konec, happy end

endive ['endaiv] n Bot čekanka štěrbák, endivie

endless ['endləs] adj nekonečný, bezbřehý; *(applause)* neutuchající; *(scope)* neomezený, nedozírný

endocrine ['endəukrain] adj Physiol endokrinní, s vnitřním vyměšováním

endocrinology [endəukri'nolədži] n endokrinologie

endorse [in'do:s] vt souhlasit s čím, schvalovat co; *(cheque)* parafovat, indosovat, žirovat; *(sb's driving licence)* ≅ proštípnout

endorsement [in'do:smənt] n schválení; *(of cheque)* indosování; *(on sb's driving licence)* ≅ proštípnutí

endow [in'dau] vt **1** *(with money)* dotovat čím; **e. a school with a large sum of money** věnovat škole velkou sumu peněz **2** usu pass obdařit; **be ~ed with great talents** být velmi talentovaný; **be well ~ed** *(woman)* joc mít správnou fasádu; **nature ~ed her with great beauty** příroda ji obdařila nesmírnou krásou

endowment [in'daumənt] n nadace ■ **e. fund** nadační fond

endurable [in'djuərəbl] adj snesitelný, únosný

endurance [in'djuərəns] n cf vt **1** *(stamina)* vytrvalost, odolnost ■ **e. test** zatěžkávací zkouška **2** snesitelnost; **be beyond e.** nebýt k vydržení

endure [in'djuə(r)] vt **1** přetrpět, vydržet, *(undergo)* prodělat; *(suffering)* zakusit **2** usu neg snést, snášet; **I can't e. him** já ho nesnáším **3** *(last)* přetrvat, vydržet

enduring [in'djuəriŋ] adj stálý, trvalý; *(friendship* also*)* věčný

enema ['enəmə] n klystýr, výplach střevní

enemy ['enəmi] n nepřítel, odpůrce; **mortal e., arch e., sworn e.** úhlavní nepřítel, *(opponent)* zarytý odpůrce; **make an e. of sb** znepřátelit si koho ■ **e. camp** nepřátelský tábor; **e. agent** diverzant; **e. troops** nepřátelská vojska

energetic [enə'džetik] adj energický; *(full of drive)* činorodý, průbojný; *(resolute)* rezolutní; *(full of life)* vitální; **not to feel e.** cítit se unaven, nemít moc energie

energy ['enədži] n **1** Phys energie; **electric e.** elektrická energie; **conversion of e.** přeměna energie ■ **e. source** energetický zdroj, zdroj energie; **e. crisis** energetická krize; **the e. industry** energetický průmysl **2** *(vigour)* energie, vitalita; *(drive)* průbojnost; **youthful e.** mladistvý elán; **a burst of e.** nával energie; **with all one's e.** vší sílou

enervating ['enəveitiŋ] adj *(climate, illness)* vyčerpávající, zeslabující

enforce [in'fo:s] vt *(policy* etc*)* prosadit; *(law)* prosadit platnost čeho; *(claims)* uplatnit; *(obedience, discipline)* vynutit; *(argumentation)* posílit

enforcement [in'fo:smənt] n (see **enforce**) prosazení, prosazování; uplatnění; vynucení

enfranchise [in'frænčaiz] vt Pol *(give vote to)* udělit komu volební právo; *(slaves)* osvobodit, dát svobodu komu

engage [in'geidž] **I** vt **1** *(hire sb)* najmout, zjednat; *(singer)* angažovat; **e. sb to do sth** najmout koho na co; **e. sb as ...** zaměstnat koho jako ...; **e. sb in sth** zaangažovat koho do čeho; **e. sb in conversation** zatáhnout koho do rozhovoru **2** *(enemy)* zaútočit na koho **3** *(clutch)* zapnout; **e. first gear** zařadit první rychlost **II** vi **e. in sth, be ~d in sth** zabývat se čím, exponovat se v čem

engaged [in'geidžd] adj **1** zasnoubený; **the e. couple** snoubenci; **get e.** zasnoubit se **2** *(place)* obsazený; **the line** or **the number is e.** Br Tel je obsazeno; **e. tone** Br obsazovací tón **3 be e.** *(busy: person)* být zaneprázdněný or zadaný

engagement [in'geidžmənt] n **1** *(to marry)* zasnoubení ■ **e. ring** zásnubní prsten **2** *(appointment)* schůzka, úmluva, ujednání, (pracovní) zaneprázdnění **3** Mil fml *(battle)* bitva, boj, střetnutí

engaging [in'geidžiŋ] adj *(smile)* podmanivý; *(personality)* milý, příjemný, sympatický

engender [in'dʒendə(r)] vt *(illness, crime)* plodit, být příčinou čeho; **poverty ~s crime** bída plodí zločin

engine ['endžin] n **1** Aut motor; **(internal) combustion e.** spalovací motor ■ **e. failure** or **trouble** selhání or porucha motoru; **e. oil** motorový olej **2** Rail *(locomotive)* lokomotiva; **sit facing the e.** sedět ve směru jízdy ■ **e. driver** Br Rail strojvůdce

engineer [endži'niə(r)] n **1 mining/ civil/ mechanical** etc **e.** báňský/ stavební/ strojní etc inženýr; **chief e.** hlavní inženýr **2** *(for domestic appliances)* opravář, technik **3** Amer strojvůdce ● vt *(plot)* zosnovat, připravit

engineering [endži'niəriŋ] n **1 (mechanical) e.** strojírenství; **precision e.** přesné strojírenství ■ **e. works** strojírna **2** technika, inženýrství; **construction e.** stavební inženýrství; **genetic e.** genetické inženýrství

England ['iŋglənd] n Anglie

English ['iŋgliš] adj anglický; **E. horn** anglický roh; **the E. Channel** Kanál La Manche, Lamanšský průliv; **E. Philology, E. Studies** anglistika ● n **1** *(language)* angličtina; **in E.** anglicky; **say sth in plain E.** říci něco na plnou hubu; **what's the E. for ...?** jak se řekne anglicky ...? **2 the E.** Angličané

Englishman ['iŋglišmən] n (pl **-men**) Angličan

English-speaking ['iŋglišspi:kiŋ] adj anglicky mluvící, *(countries, peoples)* anglosaský

Englishwoman ['iŋglišwumən] n (pl **-women** [-wimin]) Angličanka

engrave [in'greiv] vt (vy)rýt; fig *(on sb's memory)* vštípit, vrýt

engraver [in'greivə(r)] n rytec; **metal e.** kovorytec; **wood e.** dřevorytec

engraving [in'greiviŋ] n rytina; **wood e.** dřevoryt

engross [in'grəus] vt usu pass **become/ be ~ed in sth** zahloubat or pohroužit se do čeho/ být do čeho zahloubán; **become/ be ~ed in a conversation** zapovídat se; **the children were ~ed in their game** děti byly zaujaté hrou

engulf [in'galf] vt (Subj: *flames* etc) zachvátit, pohltit

enhance [in'ha:ns] vt *(position, chances)* zlepšit; *(looks)* zkrášlit; *(knowledge)* obohatit; *(prices)* zvýšit

enigma [i'nigmə] n záhada, hádanka

enigmatic [enig'mætik] adj záhadný, nevyzpytatelný, tajemný

enjoy [in'džoi] vt **1 e. sth** těšit se z čeho; **I ~ed it** líbilo se mi to; **I ~ed the party** na večírku jsem se dobře bavil; **e. yourself!** bav se dobře; **we have ~ed ourselves** výborně jsme se bavili **2** *(privileges)* těšit se čemu, požívat co; **e. great popularity** požívat velké obliby, těšit se velké oblibě **3** *(meal)* chutnat; **are you ~ing your meal?** chutná vám?; **I ~ed it enormously** moc mi to chutnalo

enjoyable [in'džoiəbl] adj příjemný, radostný

enjoyment [in'džoimənt] n požitek, potěšení

enlarge [in'la:dž] **I** vt zvětšit, *(knowledge* etc*)* rozšířit; *(collection)* rozhojnit, rozmnožit, obohatit **II** phr v ■ **enlarge (up)on sth** rozhovořit se o čem, *(in writing)* psát o čem zeširoka, rozepsat se o čem

enlarged [in'la:džd] adj Med zbytnělý, zvětšený; *(edition)* rozšířený; *(photograph)* zvětšený

enlarger [in'la:džə(r)] n Phot zvětšovací přístroj, inf zvětšovák

enlargement [in'la:džmənt] n zvětšení, rozšíření etc; see **enlarge**

enlighten [in'laitn] vt poučit or informovat **(sb on sth** koho o čem)

enlightenment [in'laitnmənt] n **1** poučení, objasnění **2 the (Age of) E.** osvícenství

enlist [in'list] **I** vt *(supporters* etc*)* získat, získávat; *(services, help)* vyhledat; *(soldiers)* odvést **II** vi dát se na vojnu, nastoupit dobrovolně vojenskou službu

enliven [in'laivn] vt oživit

enmity ['enməti] n nepřátelství

enormity [i'no:məti] n **1** *(of a crime)* obludnost **2** *(atrocity)* zvěrstvo

enormous [i'no:məs] adj ohromný, obrovský, inf velikánský; *(gratitude, patience* etc*)* nesmírný; *(stupidity)* kolosální ■ **~ly** adv ohromně, moc, náramně

enough [i'naf] adj dost(i), dostatek; **e. money** dost peněz; **e. time, time e.** dost času; **there is room e., there is enough room ...** místa je (tu) dost; **there is room e. for three** vejdou se sem/ do auta etc tři lidé; **there is e. room for three** pro tři je tu/ v autě etc místa dost; **have we got e. sandwiches?** máme dost chlebíčků?; **more than e.** víc než dost; **he was fool e. to go there** být natolik hloupý, že tam šel ● n dost, dostatek; **that's e.** to stačí; **I have had e.** už toho mám (zrovna tak) dost; **e. to go round** dost pro všechny; **e. of ...** dost čeho; **I have had e. of travelling** cestování už mám dost, inf cestování už mám plné zuby ♦ **e. of that!** a teď dost!; **e. is e.** odtud až potud; **it is e. to drive you mad** to je k zbláznění ● adv **1** dost, sdostatek; **are you warm e.?** je vám dost teplo?; **e. and**

to spare víc než dost; **you know well e. that ...** moc dobře víte, že ...; **he is old e. to look after himself** je dost velký na to, aby se o sebe postaral ♦ **she looks good e. to eat** je to děvče k nakousnutí **2 strangely** or **oddly e.** kupodivu; **and sure e.** a opravdu, a skutečně

en passant [on'pæson] adv mimochodem, en passant

enquire [in'kwaiə(r)], **enquiry** [in'kwaiəri] see **inquire, inquiry**

enrage [in'reidž] vt rozzuřit, dopálit inf

enrich [in'rič] vt obohatit; *(soil)* zušlechtit; *(discussion)* oplodnit; **e. oneself** obohatit se

enrol, esp Amer **enroll** [in'rəul] **I** vt *(students)* provádět zápis, přijímat, přijmout; **e. a child for school** zapsat dítě do školy **II** vi zapsat se (**at a university** na univerzitu), přihlásit se

enrolment, esp Amer **enrollment** [in'rəulmənt] n zápis (**for** do)

en route [on'ru:t] adv cestou (**from ... to ...** z ... do ...; **for ...** do ...)

ensemble [on'sombl] n **1** Mus soubor, fml těleso **2** *(clothing)* souprava

enshrine [in'šrain] vt fig uchovávat jako svátost, úzkostlivě dbát na co; **our fundamental rights are ~d in the constitution** naše základní práva jsou zakotvena v ústavě

ensign n **1** ['ensən] *(flag)* lodní vlajka **2** ['ensain] Amer Naut podporučík

enslave [in'sleiv] vt zotročit, fml porobit, ujařmit

enslavement [in'sleivmənt] n zotročení, fml poroba, ujařmení

ensue [in'sju:] vi *(follow)* následovat; **a long silence ~d** následovala dlouhá pauza; **e. from sth** vyplývat z čeho

ensuing [in'sju:iŋ] adj následující

ensure [in'šuə(r)] vt zajistit, garantovat, zabezpečit; **e. that ...** zajistit, aby ...

ENT [i:en'ti:] abbr Med (= **Ear, Nose & Throat**) otorinolaryngologie

entail [in'teil] vt *(involve)* nést s sebou, být spojen s čím, znamenat

entangle [in'tæŋgl] vt zamotat, zaplést; **become ~d in sth** zaplést se do čeho, *(lies)* zamotat se do čeho; **get ~d with sb** *(emotionally)* zaplést se s kým

entanglement [in'tæŋglmənt] n zamotání, zapletení; *(emotional)* zapletení se s kým

enter ['entə(r)] n Comput **E. (key)** klávesa Enter, spouštěcí klávesa; **hit E.** stisknout (klávesu) Enter ● **I** vt **1** *(go into)* vstoupit, vejít; *(train, car)* vjet; *(ship)* vplout; **e. a room** vstoupit do místnosti; **on ~ing the room** při vstupu do místnosti **2** *(join: monastery)* vstoupit do čeho, *(university)* vstoupit na co; **e. the services** narukovat na vojnu; **e. a competition** přihlásit se do soutěže; **e. sb's service** jít ke komu do služby **3** Bookkeeping *(item)* zanést, zapsat **4** Comput zavádět, zapisovat data **II** vi vstoupit, vejít **III** phr vs ▪ **enter for** vt **e. for sth** *(race* etc) přihlásit se k čemu; **e. a car for a race** přihlásit auto k závodu ▪ **enter into** vt začít, zahájit; **e. into negotiations** zahájit jednání; **e. into conversation with sb** dát se s kým do hovoru; **e. into a contract** uzavřít smlouvu; **e. into an agreement** uzavřít dohodu; **e. into particulars** zabíhat do podrobností ▪ **enter up** vt *(amount)* zapsat, zanést ▪ **enter (up)on** vt začít co

enterprise ['entəpraiz] n **1** *(firm)* podnik, firma, závod; **municipal e.** komunální podnik **2** *(initiative)* iniciativa, podnikavost

enterprising ['entəpraiziŋ] adj podnikavý, energický, průbojný, iniciativní

entertain [entə'tein] **I** vt **1** *(amuse)* bavit, obveselovat; **e. sb with sth** bavit koho čím **2** *(proposal)* vzít v úvahu; *(suspicion)* chovat; *(hopes)* dělat si **II** vi hostit, mít hosty; **we e. a great deal** máme často hosty

entertainer [entə'teinə(r)] n estrádní umělec, kabaretní umělec

entertaining [entə'teiniŋ] adj zábavný, fml kratochvilný ● n **do a lot of e.** mít často hosty

entertainment [entə'teinmənt] n zábava ▪ **e. fund** reprezentační fond

enthral, Amer **enthrall** [in'θro:l] vt (pt, pp **enthralled**) fascinovat, uchvátit

enthralling [in'θro:liŋ] adj fascinující, úchvatný

enthrone [in'θrəun] vt *(monarch)* dosadit na trůn; *(bishop)* intronizovat

enthronement [in'θrəunmənt] n *(of monarch)* dosazení na trůn; *(of bishop)* intronizace

enthuse [in'θju:z] vi bájit, blouznit, básnit; **e. over sth** rozplývat se nadšením nad čím

enthusiasm [in'θju:ziæzəm] n nadšení, elán, zápal, zanícení; **e. for work** chuť do práce; **dampen sb's e.** zchladit čí nadšení; **have a burst of e.** vzplanout nadšením; **fill sb with e. for sth** zapálit koho pro co

enthusiast [in'θju:ziæst] n nadšenec, fanda

enthusiastic [in,θju:zi'æstik] adj nadšený, zanícený, náruživý; **get e. about sth** zapálit se pro co

entice [in'tais] vt (na)lákat, navnadit, vábit; **e. sb with sth** nalákat někoho na co; **e. sb into doing sth** navnadit koho, aby ...

enticing [in'taisiŋ] adj vábný, lákavý

entire [inˈtaiə(r)] adj celý, veškerý; **the e. population** veškeré or všechno obyvatelstvo

entirely [inˈtaiəli] adv zcela, úplně, naprosto; **they look e. different** vypadají naprosto jinak

entirety [inˈtaiərəti] n úplnost; **in its e.** v celém rozsahu

entitle [inˈtaitl] vt **1 e. sb to sth** oprávnit koho k čemu; **be ~d to vote** mít právo volit; **be ~d to a holiday** mít nárok na dovolenou **2** *(name)* nazvat, pojmenovat, nadepsat; **the book is ~d ...** kniha má titul ...

entity [ˈentəti] n Philos entita; **legal e.** právnická osoba

entomologist [entəˈmolədžist] n entomolog

entomology [entəˈmolədži] n entomologie

entourage [ˈontura:ž] n *(of president* etc*)* doprovod, družina, svita

entrails [ˈentreilz] n pl vnitřnosti, útroby also fig

entrance$_1$ [ˈentrəns] n vchod, *(for cars* etc*)* vjezd; *(entering)* vstup ■ **e. examinations** přijímací zkouška; **e. fee(s)** vstupné; **e. hall** vestibul

entrance$_2$ [inˈtra:ns] vt uchvátit; **be ~d by** or **with sth** být čím unešen

entrancing [inˈtra:nsiŋ] adj strhující, úchvatný

entrant [ˈentrənt] n **1** *(for race/ competition)* účastník, soutěžící, závodník **2** *(in exams)* kandidát **3** *(in profession)* začátečník

entreat [inˈtri:t] vt snažně or úpěnlivě prosit, zapřísahat, zaklínat; **e. sb to do sth** naléhavě or úpěnlivě žádat koho o co; úpěnlivě žádat, aby někdo něco udělal

entreaty [inˈtri:ti] n úpěnlivá prosba

entrench [inˈtrenč] vt **e. oneself** zabarikádovat se, zakopat se

entrenched [inˈtrenčt] adj zakopaný, zabarikádovaný; fig *(ideas, beliefs)* zakořeněný

entrepreneur [ontrəprəˈnə:(r)] n podnikatel

entrepreneurial [ontrəprəˈnə:riəl] adj podnikavý

entrust [inˈtrast] vt **e. sb with sth** svěřit někomu něco; **e. sth to sb** svěřit co komu

entry [ˈentri] n **1** *(action of entering)* vstup, příchod, vjezd **2** *(to sth)* přístup kam; **No E.!** Vstup/ vjezd zakázán! ■ **e. visa** vstupní vízum; **e. form** přihlašovací formulář **3** *(written e.)* záznam, položka; **make an e.** udělat zápis **4** *(in dictionary)* heslo

entwine [inˈtwain] **I** vt proplétat, splétat; **become ~d** proplést se **II** vi proplést se spolu, zaplést se do sebe

enumerate [iˈnjuməreit] vt vyjmenovat, vypočíst jednotlivě

enumeration [iˌnju:məˈreišn] n výčet

enunciate [iˈnansieit] vt, vi artikulovat, zřetelně vyslovovat

enunciation [iˌnansiˈeišn] n artikulace, přednes

envelop [inˈveləp] vt zahalit; **e. oneself in silence** zahalit se mlčením

envelope [ˈenvələup, ˈonvələup] n obálka

enviable [ˈenviəbl] adj záviděníhodný

envious [ˈenviəs] adj závistivý, nepřející; **be e.** závidět (**of sth** co); **he was e. of my success** záviděl mi můj úspěch

environment [inˈvaiərənmənt] n **1** *(surroundings)* prostředí; **home e.** rodinné prostředí **2 the e.** životní prostředí

environmental [inˌvaiərənˈmentl] adj **1** *(of surroundings)* týkající se prostředí; **e. influences** vlivy prostředí při výchově ap. **2** Ecol týkající se životního prostředí, ekologický; **e. protection** ochrana životního prostředí; **e. problems** problémy životního prostředí ■ adv **~ly-friendly product** ekologicky šetrný výrobek

environmentalist [inˌvaiərənˈmentəlist] n ochránce životního prostředí

environs [inˈvairənz] n pl fml okolí města; **Prague and its e.** Praha a okolí

envisage [inˈvizidž] vt **1** *(imagine)* představit si **2** *(plan)* počítat s čím; **the proposals e. ...** návrhy počítají s ...

envoy [ˈenvoi] n **1** *(emissary)* posel, pověřenec; **special e.** zvláštní pověřenec **2** *(diplomat)* **e. extraordinary and plenipotentiary** mimořádný a zplnomocněný velvyslanec

envy [ˈenvi] n **1** závist; **out of e.** ze závisti; **be green with e.** být zelený závistí; **the worm of e.** červ závisti **2 be the e. of sb** být předmětem čí závisti ● vt (pt, pp **envied**) závidět; **e. sb sth** závidět komu co

enzyme [ˈenzaim] n enzym, ferment

epaulette, Amer **epaulet** [epəˈlet] n gen & Mil epoleta, náramenÍk

ephemeral [iˈfemərəl] adj pomíjející, efemérní, jepičí, prchavý; **be e.** mít jepičí život

epic [ˈepik] n **1** epos, epická (hrdinská) báseň **2** *(film)* velkofilm ● adj epický; fig grandiózní

epicentre, Amer **epicenter** [ˈepisentə(r)] n epicentrum

epicure [ˈepikjuə] n epikurejec, požitkář, labužník

epicurean [epikjuˈri:ən] adj epikurejský, požitkářský ● n epikurejec, požitkář

epidemic [epiˈdemik] n epidemie; **flu e.** chřipková epidemie ● adj epidemický; **reach**

e. proportions fig dosáhnout kolosálních rozměrů

epidermis [epi'də:mis] n pokožka živočišná nebo rostlinná, epiderm(is)

epiglottis [epi'glotis] n Anat hrtanová příklopka

epilepsy ['epilepsi] n padoucnice, epilepsie; **a fit of e.** epileptický záchvat

epileptic [epi'leptik] adj epileptický; **an e. fit** epileptický záchvat ● n epileptik

epilogue ['epilog] n epilog; *(of book)* doslov

Epiphany [i'pifəni] n Relig (svátek) Tří králů

episcopal [i'piskəpl] adj **1** biskupský **2** *(Church)* episkopální

episode ['episəud] n **1** *(in story* etc*)* epizoda; *(incident)* příhoda, případ **2** *(of serial)* pokračování

episodic [epi'sodik] adj epizodický; občasný; **e. fits of depression** občasné záchvaty deprese

epistle [i'pisl] n Relig epištola

epitaph ['epita:f] n epitaf, náhrobní nápis

epitome [i'pitəmi] n ztělesnění, prototyp, typický představitel; **be the e. of sth** být ztělesněním čeho

epitomize [i'pitəmaiz] vt ztělesňovat, symbolizovat

epoch ['i:pok] n epocha, doba, historické období

epoch-making ['i:pokmeikiŋ] adj epochální, dějinný, převratný, průkopnický

equable ['ekwəbl] adj vyrovnaný; *(climate)* mírný, stálý

equal ['i:kwəl] adj **1** stejný, rovný; **e. representation** paritní zastoupení; **of e. value** rovnocenný; **divide sth in e. parts** rozdělit něco stejným or rovným dílem; **put sb on an e. footing with sb** stavět koho naroveň komu; **campaign for e. rights** bojovat za rovnoprávnost **2 be e. to sth** poradit si s čím, stačit na co ● n **treat sb as one's e.** jednat s kým jako rovný s rovným; **without e.** bezpříkladný; **have no e.** nemít sobě rovného ● vt **1 e. sb in sth** vyrovnat se komu v čem **2** *(total)* rovnat se čemu; **two times three ~s six** dvakrát tři se rovná šesti ▪ **~ly** adv stejně; *(distribute, divide)* rovnoměrně, rovným dílem

equality [i'kwoləti] n rovnost (**before the law** před zákonem); **e. (of rights)** rovnoprávnost; **e. of opportunity** rovnost příležitostí

equalize ['i:kwəlaiz] **I** vt *(salaries* etc*)* vyrovnat **II** vi Sport vyrovnat

equalizer ['i:kwəlaizə(r)] n Sport vyrovnávací gól

equanimity [ekwə'niməti] n vyrovnanost, duševní rovnováha; **with e.** s klidem, klidně; **maintain one's e.** nenechat se vyvést z míry

equate [i'kweit] vt **e. A to** or **with B** postavit A na roveň B, položit rovnítko mezi A a B

equation [i'kweižn] n rovnice; **linear/ quadratic e.** lineární/ kvadratická rovnice; **solve an e.** vyřešit rovnici; **an e. with two unknowns** rovnice o dvou neznámých

equator [i'kweitə(r)] n rovník

equatorial [ekwə'to:riəl] adj rovníkový

equerry ['ekwəri] n (pl **-ies**) Br královský podkoní, štolba, správce královských stájí

equestrian [i'kwestriən] adj *(skill, statue)* jezdecký ● n jezdec na koni

equidistant [i:kwi'distənt] adj stejně vzdálený

equilateral [i:kwi'lætərəl] adj *(triangle)* rovnostranný

equilibrium [i:kwi'libriəm] n rovnováha also fig; **mental e.** duševní rovnováha

equinox ['i:kwinoks, 'ekwi-] n rovnodennost; **spring/ autumnal e.** jarní/ podzimní rovnodennost

equip [i'kwip] vt (**-pp-**) vybavit, zařídit; *(with arms)* vyzbrojit; **e. sb with sth** vybavit or vystrojit koho čím; **be well ~ped for sth** *(with knowledge)* být na co dobře připraven; **e. yourself with a pencil and rubber** *(for the exam)* vezměte si s sebou tužku a gumu

equipment [i'kwipmənt] n **1** vybavení; *(with machinery* also*)* zařízení; **sports e.** sportovní výstroj; **diving e.** potápěčská výzbroj; **drawing e.** kreslířské náčiní; **livestock and e.** živý a mrtvý inventář **2** *(action)* zařizování, vybavování

equitable ['ekwitəbl] adj *(distribution* etc*)* spravedlivý (**distribution** rozdělování)

equities ['ekwətiz] n pl Br kmenové akcie

equity ['ekwəti] n **1** spravedlnost, nestrannost **2** Fin **e. (capital)** kmenový kapitál

equivalence [i'kwivələns] n ekvivalence

equivalent [i'kwivələnt] adj **1** *(in value, amount)* ekvivalentní, rovnocenný **2** *(in meaning, importance)* ekvivalentní, mající stejný význam; **be e. to sth** odpovídat čemu ● n ekvivalent; *(amount)* stejné množství

equivocal [i'kwivəkl] adj dvojsmyslný; *(vague)* nejasný; *(suspicious)* pochybný; **an e. response** pythická odpověď

equivocate [i'kwivəkeit] vi vykrucovat se

era ['iərə] n éra, údobí, věk; **the nuclear era** atomový věk; **the dawn of a new era** úsvit nové doby; **mark a new era in sth** znamenat převrat v čem

eradicate [i'rædikeit] vt *(poverty, disease)* vykořenit, vymýtit

eradication [iˌrædiˈkeišn] n vykořenění, vymýcení

erase [iˈreiz] vt (vy)gumovat, (vy)mazat also Comput

eraser [iˈreizə(r)] n guma na gumování

erect [iˈrekt] adj vztyčený, vzpřímený; *(penis)* ztopořený; **sit/ stand e.** sedět/ stát vzpřímeně; **with one's head e.** se vzpřímenou hlavou ● vt *(build)* postavit; *(create)* (vy)budovat; *(flagstaff)* vztyčit

erection [iˈrekšn] n *(of building)* postavení, vybudování; *(of machine)* montáž, instalace; *(of penis)* erekce, ztopoření

ERM [i:a:ˈem] abbr of **European Exchange Rate Mechanism** Evropský směnný mechanismus, ERM

ergonomics [ə:gəˈnomiks] n ergonomie

ermine [ˈə:min] n *(animal)* hranostaj; *(fur)* hermelín

erode [iˈrəud] vt erodovat, vymílat půdu

erosion [iˈrəužn] n eroze, vymílání půdy ap.

erotic [iˈrotik] adj erotický

err [ə:(r)] vi fml chybovat ♦ **to err is human** chybovati je lidské

errand [ˈerənd] n pochůzka, posílka; **run ~s for sb** obstarávat pro koho posílky or pochůzky ■ **e. boy** poslíček

errata [iˈra:tə] pl of **erratum**

erratic [iˈrætik] adj nestálý, kolísavý; *(person)* náladový, vrtošivý; *(performance)* nevyrovnaný; **e. block** or **boulder** bludný kámen

erratum [iˈra:təm] n (pl **errata**) tisková chyba

erroneous [iˈrəuniəs] adj mylný, chybný, *(views also)* scestný, pomýlený; **an e. belief** mylná představa; **it would be e. to think that ...** bylo by nesprávné si myslet, že ... ■ **~ly** adv mylně, chybně, omylem

error [ˈerə(r)] n chyba, omyl; **typing e.** překlep; **cardinal e.** kardinální chyba; **fatal e.** osudný omyl; **judicial e.** justiční omyl; **make an e.** dopustit se omylu; **in e.** omylem, nedopatřením; **the method of trial and e.** metoda postupného přibližování, metoda pokusu a omylu

ersatz [ˈeəzæts] adj náhražkový; **e. coffee** náhražka kávy; fig **e. culture** náhražková kultura ● n náhražka

Erse [ə:s] n skotská nebo irská gaelština

erstwhile [ˈə:stwail] adj fml or joc někdejší, dřívější

erudite [ˈerudait] adj učený, erudovaný; *(lecture etc also)* zasvěcený ■ **~ly** adv učeně, erudovaně

erudition [eruˈdišn] n učenost, erudovanost; **scholarly e.** vědecká zdatnost or erudice

erupt [iˈrapt] vi *(volcano)* vybuchnout; fig *(violence)* dojít k čemu; **e. in anger** vybuchnout hněvem

eruption [iˈrapšn] n *(of volcano, anger)* výbuch; *(of war)* vypuknutí, vzplanutí

escalate [ˈeskəleit] **I** vt *(tension)* zostřit; *(conflict)* (vy)stupňovat, eskalovat **II** vi **1** zostřovat se; *(conflict)* stupňovat se, eskalovat; **e. into sth** rozrůst se v co **2** *(prices)* letět nahoru

escalation [eskəˈleišn] n eskalace, stupňování

escalator [ˈeskəleitə(r)] n eskalátor, pohyblivé schodiště

escalope [ˈeskəlop] n Cook řízek

escapade [eskəˈpeid] n výstřelek, eskapáda

escape [iˈskeip] n **1** *(flight)* útěk, únik; **have a narrow e.** uniknout jen o vlas or jen tak tak; **make one's e.** uprchnout; **fire e.** nouzový východ pro případ požáru ■ **e. artist** hadí muž; Comput **e. key** klávesa pro zrušení příkazu; **e. route** úniková cesta; **e. vehicle** únikové vozidlo **2** *(gas, steam)* únik, unikání ■ **e. valve** vypouštěcí ventil ● **I** vi **1** *(from jail etc)* (u)prchnout, utéci, inf upláchnout; **e. from prison** uprchnout z vězení; **e. unharmed** vyváznout se zdravou kůží or bez úhony **2** *(of gases)* unikat **II** vt **1 e. sth** uniknout čemu; **e. danger** uniknout nebezpečí; **e. death** uniknout or ujít smrti **2 e. (sb's) notice** ujít (čí) pozornosti **3 his name ~s me** jeho jméno mi vypadlo z paměti

escapee [iˌskeiˈpi:] n uprchlík

escapism [iˈskeipizəm] n únik před skutečností

escapist [iˈskeipist] n *(dreamer)* snílek; **be an e.** utíkat před skutečností ■ **e. literature** úniková literatura

eschew [isˈču:] vt fml vystříhat se čeho, vyhýbat se čemu

escort [ˈesko:t] n **1** doprovod, ochrana; *(armed)* eskorta; *(ship)* doprovodná loď **2** *(of woman)* kavalír ● [iˈsko:t] vt **1** Mil eskortovat **2** *(lady)* doprovodit, doprovázet, dělat komu kavalíra

escutcheon [iˈskačən] n fml dated štít ♦ **a blot on sb's e.** pošramocená pověst

Eskimo [ˈeskiməu] n (pl unchanged or **~s**) *(person)* Eskymák/ Eskymačka; *(language)* eskymáčtina ● adj eskymácký

ESL [i:esˈel] abbr of **English as a Second Language** angličtina jako cizí jazyk

esophagus [i:ˈsofəgəs] n (pl **esophagi** [-gai]) n Amer Anat = **oesophagus**

esoteric [esəuˈterik] adj esoterický, tajuplný, těžko srozumitelný

esp. abbr of **especially**

especial [i'spešl] adj fml *(notable)* výjimečný, obzvláštní; *(particular)* zvláštní; **of e. importance** obzvlášť důležitý ■ **~ly** adv obzvláště, zejména, zvláště, především

Esperantist [espə'ræntist] n esperantista ● adj esperantský

Esperanto [espə'ræntəu] n esperanto

espionage ['espiəna:ž] n špionáž, vyzvědačství; **engage in e.** provádět špionáž

esplanade [esplə'neid] n esplanáda, promenáda

espouse [i'spauz] vt *(cause)* podporovat, zastávat, přidat se k čemu

espresso [e'spresəu] n (pl **~s**) **1** *(coffee)* espreso **2 e. bar** snack-bar

esprit de corps [eˌspridə'ko:(r)] n soudržnost, solidarita

Esq [is'kwaiə(r)] abbr of **Esquire** *(polite title used on envelopes)* (vážený) pan; **J. Smith, Esq** (vážený) pan J. Smith

essay ['esei] n **1** Liter esej; *(short)* fejeton, črta **2** Sch slohové cvičení, písemná práce; kompozice; Univ pojednání, esej, referát

essence ['esns] n **1** *(quality)* podstata, jádro; **in e.** v podstatě, v jádru; **the e. of the conflict** jádro konfliktu; **be of the e.** mít rozhodující význam **2** *(extract)* esence, výtažek

essential$_1$ [i'senšl] adj **1** *(principal)* hlavní, základní, podstatný **2** *(necessary)* nezbytný, nutný; **it is (absolutely) e. that ...** je nezbytně nutné, aby ...; **a car is e. for me** auto je pro mne nezbytnost ■ **~ly** adv v podstatě ● **the ~s** n pl základy **(of mathematics** matematiky)

essential$_2$ [i'senšl] adj **e. oil** silice

EST [i:es'ti:] abbr of **Eastern Standard Time** východní standartní čas

establish [is'tæbliš] vt **1** *(set up) (school, firm* etc*)* založit, zřídit; *(commission)* ustavit; *(relations, connection)* navázat; *(law and order)* nastolit; **e. oneself** etablovat se; **e. a letter of credit** Comm otevřít akreditiv; **new order was ~ed** zavládl nový pořádek **2** *(prove) (innocence)* dokázat, prokázat **3** *(identity, facts)* zjistit; **it was ~ed that ...** bylo zjištěno, že ...; **that's what I'd like to e.** (právě) to bych chtěl zjistit

established [is'tæblišt] adj *(order)* zavedený, *(habit* also*)* vžitý; *(government)* (jsoucí) u moci; *(person)* etablovaný; *(fact)* dokázaný; **the E. Church** státní církev

establishment [is'tæblišmənt] n cf **establish 1** zřízení, založení; ustavení; navázání; nastolení **2** dokázání, prokázání **3** zjištění **4** *(firm)* firma, podnik **5** *(institution)* instituce, ústav; **educational ~s** vzdělávací instituce, školy a univerzity; **the E.** establishment vládnoucí orgány a úřady

estate [i'steit] n **1** statek, *(possessions)* jmění; **real e.** nemovitost ■ **e. owner** statkář; **e. agency** realitní kancelář; **e. agent** realitní agent **2 housing e.** sídliště **3** also **e. car** stejšn, kombi

esteem [i'sti:m] n hluboká úcta, vážnost; **hold sb in e.** mít koho v úctě ♦ **as a token of e.** jako projev úcty ● vt vážit si koho/ čeho, mít úctu ke komu/ čemu

esteemed [i'sti:md] adj vážený

esthetic [i:s'θetik] adj Amer estetický

estimate ['estimeit] **I** vt odhadnout, *(value* also*)* ocenit **II** phr v ■ **estimate for sth** *(repairs* etc*)* udělat předběžný odhad nákladů na co, udělat předběžnou kalkulaci čeho ● ['estimət] n **1** odhad, *(of value* also*)* ocenění; **a cautious e.** opatrný odhad; **at a rough e.** zhruba **2** *(price for work/ services)* (předběžná) cenová nabídka, odhad ceny

estimation [esti'meišn] n **1** *(opinion)* názor, mínění; **in my e.** podle mého mínění **2** *(esteem)* úcta, vážnost

Estonia [e'stəuniə] n Estonsko

Estonian [e'stəuniən] adj estonský ● n **1** *(person)* Estonec/ Estonka **2** *(language)* estonština

estranged [i'streindžd] adj odcizený; **become e.** odcizit se **(from sb** komu); *(of couple)* rozejít se přestat spolu žít; **her e. husband** její manžel, který s ní nežije

estrangement [i'streindžmənt] n odcizení; *(of couple)* rozluka

estrogen ['i:strədžən] n Amer estrogen

estuary ['estjuəri] n ústí řeky

et al [et'æl] abbr aj. a jiní, a jiné

etc [et'setərə] abbr of **et cetera** atd., a tak dále

etch [eč] vt, vi leptat; *(in copper)* rýt

etching ['ečiŋ] n lept; *(in copper)* mědirytina

eternal [i'tə:nl] adj **1** věčný; **the E. City** Věčné město Řím; **e. life** posmrtný život; **e. light** věčné světlo; **e. rest** věčný spánek; **the e. triangle** milostný trojúhelník; **the e. truths** věčné pravdy **2** inf *(constant)* věčný, stálý, neustálý; **I am tired of your e. complaints** už mám dost těch tvých neustálých stížností ■ **~ly** adv věčně

eternity [i'tə:nəti] n věčnost; **till e.** až za hrob, do nejdelší smrti; **it seemed like (an) e. to him** připadalo mu to jako věčnost

ethane ['i:θein] n Chem etan

ethanol ['eθənəl] n Chem etanol

ether ['i:θə(r)] n Med éter also fig

ethereal [i'θiəriəl] adj éterický, nadpozemský; **e. beauty** nadpozemská krása

ethical ['eθikl] n morální, etický

ethics ['eθiks] n etika vědní obor

Ethiopia [i:θi'əupiə] n Etiopie

Ethiopian [i:θi'əupiən] n Etiopan/ -ka; *(language)* etiopština ● adj etiopský

ethnic ['eθnik] adj etnický, národnostní; **e. group** národnostní skupina; **e. cleansing** etnická očista

ethnicity [eθ'nisəti] n národnostní příslušnost

ethnographer [eθ'nogrəfə(r)] n etnograf

ethnography [eθ'nogrəfi] n etnografie

ethnologist [eθ'nolədžist] n etnolog

ethnology [eθ'nolədži] n etnologie

ethos ['i:θos] n étos, mravní základ hodnotový systém

ethyl ['eθil, 'i:θail] n Chem etyl ■ **e. alcohol** etylalkohol

ethylene ['eθili:n] n Chem etylén

etiquette ['etiket] n etiketa

etymologist [eti'molədžist] n etymolog

etymology [eti'molədži] n etymologie

eucalyptus [ju:kə'liptəs] n (pl **~es** or **-lypti** [-liptai]) *(tree)* eukalypt, blahovičník

Eucharist ['ju:kərist] n Relig svátost oltářní, eucharistie

eulogize ['ju:lədžaiz] vt velebit, vychvalovat, vynášet do nebe

eulogy ['ju:lədži] n fml chvalořeč, tiráda

eunuch ['ju:nək] n eunuch, kleštěnec

euphemism ['ju:fəmizəm] n eufemismus

euphemistic [ju:fə'mistik] adj eufemistický

euphonic [ju:'fonik] adj eufonický, libozvučný, melodický

euphonium [ju'fəuniəm] n eufonium žesťový nástroj

euphoria [ju'fo:riə] n euforie, duševní pohoda

euphoric [ju'forik] adj euforický

Eurasia [ju'reižə] n Eurasie

Eurasian [ju'reižn] n Eurasijec ● adj eurasijský

eureka [ju'ri:kə] interj heuréka!

eurocheque ['juərəuček] n eurošek

Eurocrat ['juərəkræt] n eurokrat

Eurocurrency ['juərəu,karənsi] n euroměna, jednotná evropská měna

Euro-MP ['juərəuempi:] n poslanec evropského parlament

Europe ['juərəp] n Evropa; **in E.** v Evropě; **Council of E.** Evropská rada; **lie in the heart of E.** ležet v srdci Evropy

European [juərə'pi:ən] adj evropský; **E. Community** Evropské společenství; **European Union** Evropská unie

Eustachian tube [ju:,steišən'tju:b] n Anat Eustachova trubice

euthanasia [ju:θə'neiziə] n euthanasie

evacuate [i'vækjueit] vt **1** evakuovat, přesídlit, odsunout, vystěhovat **2** Med *(bowels)* vyprázdnit, vyprázdňovat

evacuation [i,vækju'eišn] n **1** evakuace, přesídlení, odsun **2** Med vyprázdnění, stolice

evacuee [i,vækju'i:] n evakuovaná or odsunutá osoba

evade [i'veid] vt vyhnout se čemu; *(attention)* uniknout čemu; *(law)* obejít; **e. one's duties** neplnit své povinnosti, inf vyzout se ze svých povinností

evaluate [i'væljueit] vt ocenit, ohodnotit, posoudit

evaluation [i,vælju'eišn] n (z)hodnocení, ocenění

evanescent [evə'nesənt] adj prchavý, pomíjivý

evangelical [i:væn'dželikl] adj evangelický jsoucí v duchu evangelia

evangelist [i'vændžəlist] n **1** Bibl evangelista **2** hlasatel evangelia, kazatel

evangelize [i'vændžəlaiz] vi šířit evangelium

evaporate [i'væpəreit] **I** vi vypařit se, odpařit se, vyprchat **II** vt (nechat) odpařit; **~d milk** kondenzované mléko

evaporation [i,væpə'reišn] n odpařování, vypařování

evasion [i'veižn] n **1** únik, útěk (**of the police** před policií); **tax e.** daňový únik **2** *(excuse)* výmluva, vytáčka

evasive [i'veisiv] adj vyhýbavý; *(look)* těkavý

eve [i:v] n předvečer; **Christmas E.** Štědrý večer; **on the e. of sth** v předvečer čeho

even ['i:vn] adj **1** *(flat)* rovný, hladký **2** *(regular: pulse etc)* stejnoměrný, rovnoměrný; *(features)* souměrný **3** *(amounts, distances)* stejný; *(score)* nerozhodný; *(chances)* vyrovnaný; **come out e.** Math vyjít beze zbytku ♦ **we are e.** jsme si kvit; **get e. with sb** vyrovnat si to s kým, pomstít se komu; **break e.** *(firm etc)* nemít ztráty ani zisk **4** *(number)* **odd or e.** lichý nebo sudý **5** *(temperament)* vyrovnaný; **stay on an e. keel** udržet si (duševní) rovnováhu ● adv dokonce, (dokonce) i; **not e. ...** ani ...; **e. as I was talking to him** zrovna když jsem mu to říkal; **e. though** i když, přestože; **e. if** i když, i kdyby, byť; **e. so** i tak, stejně, přesto; **now it is e. worse** teď je to ještě horší; **this complicates matters e. further** to všechno ještě komplikuje; **he liked that e. less** to se mu teprve nelíbilo; **e. he cannot help us, not e. he can help us** (dokonce) ani on nám nemůže pomoct; **e. a child can**

understand it to pochopí i dítě; **she will not e. hear of it** nechce o tom ani slyšet ● **I** vt *(surface)* vyrovnat, vyhladit **II** phr vs ■ **even out** vt *(surface)* urovnat, *(make smooth)* vyhladit; *(differences)* nivelizovat, vyrovnat ■ **even up** vt *(score)* vyrovnat; **that will e. things up** *(if you pay now* etc*)* budeme si kvit

even-handed [i:vən'hændid] adj nestranný, spravedlivý

evening ['i:vniŋ] n večer; **this e.** dnes večer; **yesterday/ tomorrow e.** včera/ zítra večer; **in the e.** večer; **early in the e., towards e.** vpodvečer, navečer; **one e.** jednou večer; **an e. out** večer ve společnosti; **spoil the e. for sb** pokazit komu večer ■ **e. class** večerní kurs; **e. dress** *(man's)* večerní úbor; *(woman's)* večerní šaty, toaleta, róba; **e. paper** večerník

evenly ['i:vənli] adv rovnoměrně, stejnoměrně

evenness ['i:vənnis] n **1** *(of surface)* rovnost, hladkost **2** *(of distribution)* rovnoměrnost; *(of breathing)* stejnoměrnost

evensong ['i:vənsoŋ] n večerní pobožnost, požehnání

event [i'vent] n **1** *(occurrence)* událost, příhoda; **a happy e.** *(birth of child)* radostná událost; **unhappy ~s** nešťastné události; **world ~s** světové dění; **be caught up in the tide of ~s** octnout se ve víru událostí; **in the normal course of ~s** za normálních okolností, normálně **2** *(case)* případ; **in the e. of** v případě, že; pro případ, že; **in any e., at all ~s** v každém případě, ať se stane cokoli **3** Sport disciplína, soutěž; **track-and-field ~s** lehká atletika

eventful [i'ventfl] adj *(day, life)* rušný, pohnutý, bohatý událostmi

eventual [i'venčuəl] adj konečný ■ **~ly** adv nakonec, časem

eventuality [iˌvenču'æləti] n eventualita, možnost; **for every e.** pro každý případ, pro všechny případy

ever ['evə(r)] adv **1** vůbec (kdy/ kdo etc); **hardly e.** málokdy, zřídka; **the best/ worst e.** vůbec nejlepší/ nejhorší; **nothing e. happens here** tady se vůbec nic neděje; **have you e. been to Prague?** už jste byl někdy v Praze? **2 e. since** už od; **e. since childhood** (už) od malička **3** *(always)* **for e.** navždy, na věčné časy; **for e. and e.** navěky věků(v); **as e.** jako vždy **4** *(intensive)* **it was e. so heavy** bylo to tak strašně těžké; **I am e. so sorry** to je mi opravdu líto; **thank you e. so much!** tisíceré díky!; **when/ where** etc **e.** kdypak/ kdepak etc; **why e. not?** proboha proč ne?; **what e. is that?** co to propána je?

evergreen ['evəgri:n] adj *(tree, shrub* etc*)* věčně zelený ● n vždyzelený strom/ vždyzelená rostlina; *(song)* evergreen

everlasting [evə'la:stiŋ] adj trvalý, věčný

every ['evri] adj každý, všechen; **e. child** každé dítě; **e. day** každý den, každodenně; **e. year** každý rok, každoročně; **e. other day** obden, každý druhý den; **e. so often** každou chvíli; **e. now and then** občas; **in e. respect** v každém ohledu; **for e. eventuality** pro všechny případy; **have e. confidence in sb** naprosto komu důvěřovat; **goods of e. description** zboží všeho druhu ♦ **e. man Jack** všichni do jednoho; **have a finger in e. pie** fig do všeho se plést, mít ve všem prsty; **e. cloud has a silver lining** vše zlé je pro něco dobré

everybody ['evribodi] pron každý (člověk), všichni; **e. knows that** to ví každý; **e. started shouting** všichni začali křičet; **it is on e.'s lips** říká to kdekdo; **try to oblige e.** snažit se vyhovět všem; **e. was up in arms against it** bylo z toho všeobecné pozdvižení

everyday [evri'dei] adj *(life, occurrence)* každodenní; *(commonplace: problems* etc*)* všední, prozaický, tuctový; **the joys of e. life** malé radosti každodenního života; **it is good for e.** je to dobré pro běžné nošení

everyone ['evriwan] = **everybody**

everything ['evriθiŋ] pron všechno; **e. I have** všechno, co mám; **there are two sides to e.** všechno má rub a líc; **we'll do e. possible** uděláme všechno, co bude možné

everywhere ['evriweə(r)] adv všude; **nearly e.** na každém kroku; **from e.** odevšad; **have eyes e.** mít zrak jako ostříž; **e. I go, I see ...** všude, kam přijdu, vidím ...

evict [i'vikt] vt vypovědět, vystěhovat soudně z bytu, z domu

eviction [i'vikšn] n (soudní) výpověď z bytu ap., odnětí držby bytu, ap.

evidence ['evidəns] n **1** *(proof)* důkaz, důkazy; **damning e.** pádný důkaz; **body of e.** průkazný materiál; **expert e.** znalecký posudek; **tangible e.** hmatatelný důkaz; **the weight of e.** tíha důkazů; **produce e. for sth** doložit co důkazy **2** *(indication)* známka, stopa, náznak; **there is some e. that ...** podle určitých známek ... **3** *(testimony)* svědectví; **give e.** svědčit, vypovídat (**in sb's favour** v čí prospěch); **give false e.** křivě svědčit **4** ♦ **be (very much) in e.** být na očích na schůzích ap.

evident ['evidənt] adj zřejmý, patrný, očividný, evidentní; **it is e. that** je zjevné, že ■ **~ly** adv zřejmě, zjevně

evil ['i:vl] adj zlý; **give sb the e. eye** uhranout koho; **e. spirit** zlý duch; **e. powers** zlé síly; **e. tongues** zlí jazykové, zlé huby

● n zlo; **a necessary e.** nutné zlo; **the root of all e.** kořen všeho zla; **the powers of e.** zlé síly or mocnosti; **accept sth as a necessary e.** brát něco jako nutné zlo; **repay good with e.** splatit dobré zlým; **the triumph of good over e.** vítězství dobra nad zlem; **the lesser e.** menší zlo; **choose the lesser of the two ~s** vybrat menší ze dvou zel; **strike at the root of e.** jít na kořen zla

evildoer ['i:vldu:ə(r)] n zločinec, zlosyn

evil-minded [i:vl'maindid] adj zlovolný

evil-smelling [i:vl'smeliŋ] adj páchnoucí, smrdutý

evocative [i'vokətiv] adj **be e. of sth** něco připomínat, vyvolávat vzpomínku nač; **his poetry is very e.** jeho básně jsou velmi sugestivní

evoke [i'vəuk] vt **1** *(bring to mind)* vyvolat or budit vzpomínky na co **2** fml *(anger, interest)* vyvolat

evolution [i:və'lu:šn] n evoluce, vývoj; **theory of e.** evoluční teorie

evolutionary [i:və'lu:šnəri] adj evoluční, vývojový

evolve [i'volv] **I** vt *(theory, plan)* vypracovat, rozvinout **II** vi vyvinout se, rozvinout se

evolvement [i'volvmənt] n *(of theory, plan)* vypracování, rozvinutí

ewe [ju:] n ovce samice

ex [eks] n inf bývalý manžel, bývalá manželka

ex- [eks] pref bývalý, někdejší; **ex-husband** bývalý manžel, inf exmanžel

exacerbate [ig'zæsəbeit] vt *(make worse)* zhoršit, ztížit

exact [ig'zækt] adj přesný; *(science)* exaktní; **the e. money** přesně odpočítané peníze ■ see **~ly** ● vt *(demand)* vyžadovat; *(obedience)* vynucovat si; *(payment)* vymáhat

exacting [ig'zæktiŋ] adj náročný; **e. standards** přísná měřítka

exactitude [ig'zæktitju:d] n přesnost, exaktnost

exactly [ig'zæktli] adv **1** přesně, zrovna; **e. at midday** v pravé poledne; **what e. is going on?** co se vlastně děje?; **it comes to e. £10** dělá to rovných deset liber; **it's e. the opposite** je to zrovna naopak; **they are e. identical** jsou navlas stejní; **what do you want e.?** co vlastně chcete? **2** *(as confirmation)* přesně tak **3** iron **not e.** ne zrovna; **she is not e. a beauty** není zrovna krasavice

exactness [ig'zæktnəs] n přesnost, exaktnost

exaggerate [ig'zædžəreit] vt, vi přehánět, nadsazovat, zveličovat

exaggeration [ig,zædžə'reišn] n přehánění, nadsázka, zveličování

exalt [ig'zo:lt] vt *(praise)* fml velebit, oslavovat, vynášet

exaltation [egzo:l'teišn] n velebení, oslava, vynášení

exalted [ig'zo:ltid] adj *(position)* vysoký např. úřad; *(style)* přepjatý, exaltovaný

exam [ig'zæm] n Sch Univ inf zkouška; see **examination**

examination [ig,zæmi'neišən] n **1** prozkoumání, prohlídka, kontrola; *(of accounts)* revize, přezkoumání; **cross e.** křížový výslech; **customs e.** celní prohlídka; **medical e.** lékařská prohlídka **2** Sch, Univ also **exam** zkouška; **oral/ written e.** ústní/ písemná zkouška; **take** or **sit an e.** skládat zkoušku, podrobit se zkoušce (**in sth** z čeho); **pass an e.** složit zkoušku (**with honours** s vyznamenáním); Amer sl **to ace an e.** udělat zkoušku na výbornou; **fail an e.** neudělat zkoušku; **flunk an e.** Amer inf vyletět od zkoušky; **scrape through an e.** prolézt při zkoušce; **swot (up) for an e.** inf dřít se or šprtat (se) na zkoušku ■ **e. board** zkušební komise

examine [ig'zæmin] vt **1** gen prozkoumat; Med prohlédnout, vyšetřit; *(corpse)* ohledat; *(luggage, machine)* prohlédnout; *(passports)* (z)kontrolovat; *(accounts)* přezkoumat, revidovat; **e. your change** spočítejte si vrácené peníze ♦ **he needs his head ~d** inf nemá to v hlavě v pořádku **2** Sch, Univ (vy)zkoušet, přezkoušet

examinee [ig,zæmi'ni:] n kandidát u zkoušky

examiner [ig'zæminə(r)] n examinátor, zkoušející

example [ig'za:mpl] n příklad; **shining e.** zářný příklad; **for e.** například; **by way of e.** jako příklad; **be an e. to sb** být komu příkladem; **hold sb up as an e.** dávat koho za příklad; **follow sb's e.** řídit se čím příkladem; **illustrate sth with ~s** ilustrovat co pomocí příkladů; **set sb a bad e.** dávat komu špatný příklad

exasperate [ig'zæspəreit] vt rozčilovat, dohánět koho k zoufalství; **be ~d at sth** zlobit se pro co

exasperating [ig'zæspəreitiŋ] adj pobuřující, rozčilující, přivádějící k zoufalství

exasperation [ig,zæspə'reišn] n podrážděnost, pobouření, rozčílení

excavate ['ekskəveit] vt **1** vykopat, vyhloubit; *(by machine)* vybagrovat **2** Archeol vykopat

excavation [ekskə'veišn] n **1** hloubení, *(machine)* bagrování; výkopové práce **2** Archeol *(find)* vykopávka

excavator ['ekskəveitə(r)] n bagr, rypadlo, exkavátor

exceed [ik'si:d] vt přesáhnout; *(speed limit)* překročit; *(expectations)* překonat; **e. one's authority** překročit svou kompetenci; **it ~s my authority** to se vymyká z mé pravomoci

exceedingly [ik'si:diŋli] adv fml neobyčejně, nadmíru, nesmírně

excel [ik'sel] vi (**-ll-**) **1 e. at sth** vynikat or excelovat v čem **2 e. oneself** překonat se, zaskvít se; iron vyznamenat se

excellence ['eksələns] n znamenitost, výtečnost, dokonalost

Excellency ['eksələnsi] n **Your/ His E.** Vaše/ Jeho Excelence

excellent ['eksələnt] adj znamenitý, vynikající, skvělý; **be in e. health** těšit se skvělému zdraví; **he speaks e. English** mluví výborně anglicky; **she is an e. cook** výborně vaří

except [ik'sept] prep **e. for sth** kromě čeho, až na co, s výjimkou čeho; **e. in summer** s výjimkou léta; **every day except(ing) Sunday** každodenně s výjimkou neděle or kromě neděle; **nobody e. her** nikdo kromě ní; **he does nothing e. eat and sleep** nedělá nic než jí a spí ● vt vyjmout; **present company ~ed** vyjma přítomné

excepting [ik'septiŋ] prep see **except**; **not e. you** nevyjímaje vás

exception [ik'sepšn] n výjimka; **honourable e.** čestná výjimka; **be an e.** tvořit výjimku; **make an e.** činit výjimku; **without e.** bez výjimky; **with the e. of** s výjimkou (koho/čeho); **take e. to sth** pohoršovat se or horšit se nad čím, mít námitky proti čemu ♦ **the e. proves the rule** výjimka potvrzuje pravidlo

exceptional [ik'sepšənl] adj výjimečný, mimořádný, *(talent* also*)* nevšední ■ **~ly** adv výjimečně, obzvláště, mimořádně; **she is ~ly beautiful** je výjimečně krásná

excerpt ['eksə:pt] n *(from book, composition* etc*)* výňatek, výpisek ● [ek'sə:pt] vt excerpovat

excess [ik'ses] n **1** přemíra, nadměrné množství; **in e. of** nad, více než; **luggage in e. of 20 kg** zavazadla nad 20 kg; **drink to e.** nadměrně pít **2** pl **~es** výstřelky, výstřednosti, excesy; *(cruel acts)* násilné činy, ukrutnosti ● adj usu ['ekses] nadměrný; **e. fare** příplatek; **e. supply** Comm nabídka přesahující poptávku; **e. weight** nadváha; **e. pressure** přetlak

excessive [ik'sesiv] adj nadměrný, přehnaný, přílišný; *(prices, profits* also*)* horentní; *(eating)* nestřídmý; *(drinking)* nemírný ■ **~ly** adv nadmíru, přespříliš; **smoke ~ly** nadměrně kouřit; see also adj

exchange [iks'čejndž] n **1** výměna; **in e. for** výměnou za; **take sth in part e.** vzít co na protiúčet **2 an e. of views** výměna názorů **3** Fin **rate of e.** směnný kurs; **stock e.** peněžní burza ■ **(foreign) e. office** směnárna **4** Tel ústředna ● vt vyměnit, *(money* also*)* směnit; **e. glances** vyměnit si pohledy

exchangeable [iks'čejndžəbl] adj směnitelný

Exchequer [iks'čekə(r)] n Br **Chancellor of the E.** ministr financí

excise ['eksaiz] n also **e. duty** nepřímá daň, spotřební daň

excision [ik'sižən] n **1** Med (operativní) vyříznutí, excize **2** *(from text)* vyškrtnutí, škrt

excitable [ik'saitəbl] adj **1** *(person)* vznětlivý, prchlivý **2** Physiol dráždivý

excite [ik'sait] vt **1** rozrušit, rozčilit **2** Physiol *(nerves, eyes)* (po)dráždit; *(sexually)* vzrušit

excited [ik'saitid] adj vzrušený, rozčilený, rozrušený (**at/ by/ about sth** čím)

excitement [ik'saitmənt] n vzrušení, vzruch, rozruch, rozčilení; *(nervous e.)* rozechvění; **tingle with e.** tetelit se vzrušením

exciting [ik'saitiŋ] adj vzrušující; *(book, match)* napínavý

exclaim [ik'skleim] vi zvolat, vzkřiknout, vykřiknout

exclamation [ekskləˈmeišn] n zvolání, výkřik ■ **e. mark**, Amer **e. point** vykřičník

exclamatory [ik'sklæmətəri] adj zvolací

exclude [ik'sklu:d] vt vyloučit, vynechat

excluding [ik'sklu:diŋ] prep kromě koho/ čeho, s výjimkou koho/ čeho; **e. meals** bez stravy

exclusion [ik'sklu:žn] n vyloučení, odepření vstupu; **to the e. of everything else** na úkor všeho ostatního

exclusive [ik'sklu:siv] adj *(club* etc*)* exkluzívní; *(right)* výhradní, výlučný; *(sole)* jediný; **e. of sth** bez čeho; **e. of postage** nepočítaje v to poštovné, bez poštovného ■ **~ly** adv exkluzivně, výlučně, výhradně

excommunicate [ekskə'mju:nikeit] vt Eccl exkomunikovat

excommunication [ekskəmju:ni'keišn] n exkomunikace, vyobcování z církve

excrement ['ekskrimənt] n výměšek, výkal, exkrement

excreta [iks'kri:tə] n pl výměty, výkaly, exkrety

excrete [ik'skri:t] vt Biol vyměšovat, vylučovat

excretion [ik'skri:šn] n *(process)* vyměšování; *(substance)* výměšek, výkal, výmět
excruciating [ik'skru:šieitiŋ] adj *(pain)* nesnesitelný, hrozný, příšerný ■ **~ly** adv *(painful)* hrozně, příšerně, nesnesitelně
excursion [ik'skə:šn] n výlet, zájezd; **make an e.** podniknout výlet, jet na výlet or zájezd
excursionist [ik'skə:šənist] n výletník, účastník zájezdu
excusable [ik'skju:zəbl] adj omluvitelný, prominutelný
excuse [ik'skju:s] n **1** omluva; **there is no e. for it** to je neomluvitelné; **say sth as an e.** říci něco na omluvu; **be absent without e.** být nepřítomen bez omluvy ♦ **ignorance of the law is no e.** neznalost zákona neomlouvá **2** *(pretext)* výmluva, záminka; **a transparent e.** průhledná záminka; **use sth as an e.** vymluvit se nač ● vt [ik'skju:z] **1 e. sb for (doing) sth** prominout komu co, omluvit koho za co; **e. oneself for sth** omluvit se za co **2 e. sb from (doing) sth** (eg *from classes* etc) osvobodit koho od čeho, prominout komu neúčast na čem **3 e. me** *(apology)* promiňte!, pardon!; **e. me, can you tell me the way to the station?** promiňte, prosím, můžete mi říci, kudy se dostanu k nádraží?
ex-directory [eksdi'rektəri] adj *(telephone number)* tajný, neuvedený v telefonním seznamu
execrable ['eksikrəbl] adj fml *(manners)* ohavný, hnusný, mrzký
execute ['eksikju:t] vt **1** *(kill)* popravit **2** *(carry out: plan)* uskutečnit, provést, vykonat **3** Mus přednést
execution [eksi'kju:šn] n cf **execute** **1** poprava **2** uskutečnění, provedení; Jur **e. of a punishment** výkon trestu **3** Mus přednes **4** Jur exekuce, zabavení
executioner [eksi'kju:šənə(r)] n kat, popravčí
executive [ig'zekjutiv] adj *(power, committee)* výkonný; *(job, duties)* vedoucí; *(plane)* soukromý, podnikový; *(suite)* luxusní ● n vedoucí pracovník; *(board)* představenstvo; Pol **the e.** exekutiva
executor [ig'zekjutə(r)] n Jur vykonavatel poslední vůle
executrix [ig'zekjutriks] n Jur vykonavatelka poslední vůle
exemplary [ig'zempləri] adj *(student)* vzorný; *(behaviour)* příkladný, vzorný; *(performance)* ukázkový; *(punishment)* exemplární
exemplify [ig'zemplifai] vt (pt, pp **-ied**) **1** *(give an example of)* ilustrovat, doložit příklady, exemplifikovat **2** *(be an example of)* být příkladem čeho
exempt [ig'zempt] vt **e. sb from sth** (eg *military service)* osvobodit koho od čeho; **e. sb from blame** zprostit koho viny ● adj osvobozený (**from sth** od čeho), zproštěný čeho
exemption [ig'zempšn] n osvobození od čeho
exercise ['eksəsaiz] n **1** Sch, Sport cvičení; **one's morning ~s** ranní rozcvička, ranní čtvrthodinka; **fitness ~s** kondiční cvičení; **take e.** cvičit; **get some e.** mít pohyb ■ **e. book** (školní) sešit, písanka **2** Jur *(of powers, rights)* výkon ● **I** vt *(authority, rights)* uplatňovat; *(muscles)* procvičit; *(horse, dog)* provést **II** vi *(take e.)* cvičit
exert [ig'zə:t] vt *(pressure)* činit, vykonávat nátlak; *(force)* použít; **e. oneself** vynaložit (velké) úsilí, exponovat se; **e. moral pressure on sb** vykonávat na koho morální nátlak
exertion [ig'zə:šn] n námaha, vypětí; **mental e.** duševní námaha
exhale [eks'heil] vt, vi vydechnout; *(smell, steam)* vypouštět (vt)
exhaust [ig'zo:st] n Aut **1** also **e. fumes** výfukové plyny **2** also **e. pipe** výfuk ● vt *(tire)* unavit, vyčerpat; *(use up)* spotřebovat, vyčerpat; *(resources)* (vy)plundrovat; *(make empty)* vyprázdnit; **become ~ed** *(tired)* unavit se, vyčerpat se
exhausted [ig'zo:stid] adj *(tired)* vyčerpaný; inf zbitý, utahaný
exhausting [ig'zo:stiŋ] adj vyčerpávající, úmorný
exhaustion [ig'zo:sčən] n vyčerpanost, vyčerpání, únava
exhaustive [ig'zo:stiv] adj vyčerpávající, zevrubný, kompletní (**list** seznam)
exhibit [ig'zibit] n **1** *(exhibited object)* exponát **2** Jur doličný předmět ● vt vystavovat
exhibition [eksi'bišn] n **1** Art výstava; *(display)* přehlídka ■ **e. hall/ stand** výstavní pavilón/ stánek; **an e. piece** ukázkový exemplář **2** *(of bad manners* etc*)* ukázka; **make an e. of oneself** zahrát divadýlko, předvést se
exhibitionism [eksi'bišənizəm] n exhibicionismus also fig
exhibitionist [eksi'bišənist] n exhibicionista
exhibitor [ig'zibitə(r)] n vystavovatel
exhilarating [ig'ziləreitiŋ] adj *(walk, air)* osvěžující; *(feeling)* povznášející; *(conversation)* živý; *(news)* radostný; *(experience)* fascinující

exhilaration [igˌzilə'reišn] n rozjaření, veselí, povznesená nálada
exhort [ig'zo:t] vt nabádat (**sb to sth** koho k čemu; **sb to do sth** koho, aby ...); povzbuzovat
exhortation [egzo:'teišn] n napomenutí, nabádání, pobízení
exhumation [ekshju'meišn] n exhumace
exhume [eks'hju:m] vt exhumovat
exigency ['eksidžənsi] n (pl **-ies**) **1** *(need)* (naléhavý) požadavek, potřeba, nezbytnost **2** *(urgency)* naléhavost
exigent ['eksidžənt] adj **1** *(demanding)* náročný, nezbytně potřebný **2** *(urgent)* naléhavý
exile ['eksail, 'egzail] n **1** exil, vyhnanství; **in e.** v exilu, ve vyhnanství; **government in e.** exilová vláda; **send sb into e.** poslat koho do exilu **2** *(person)* exulant, vyhnanec ● vt vyhostit, poslat koho do exilu
exist [ig'zist] vi existovat, být; *(live)* žít; **I can't e. on that** z toho nemohu existovat, to mi nestačí k živobytí; **as long as the world ~s** co svět světem stojí
existence [ig'zistəns] n **1** existence; **be in e.** existovat; **come into e.** vzniknout **2** Phil jsoucno, bytí **3** *(manner of living)* způsob života, život; **lead a cloistered e.** žít samotářsky; **lead a miserable e.** žít nuzně, živořit; **the struggle for e.** existenční boj, boj o bytí a nebytí
existentialism [egzi'stenšəlizəm] n existencialismus
existentialist [egzi'stenšəlist] adj existencialistický ● n existencialista
existing [ig'zistiŋ] adj existující, stávající, dosavadní
exit ['eksit, 'egzit] n odchod; *(door* etc*)* východ; **emergency e.** nouzový východ; **make one's e.** odejít ■ **e. permit/ visa** výjezdní doložka/ vízum
exodus ['eksədəs] n exodus, hromadný odchod or útěk
ex officio [eksə'fišiəu] adj z moci úřední
exonerate [ig'zonəreit] vt ospravedlnit, zprostit viny
exoneration [igˌzonə'reišn] n ospravedlnění, zproštění viny
exorbitant [ig'zo:bitənt] adj *(price)* závratný, horentní; *(demands)* přemrštěný, přehnaný
exorcise ['ekso:saiz] vt *(demon)* vymítat
exorcism ['ekso:sizəm] n exorcismus, vymítání zlého ducha, zaklínání
exorcist ['ekso:sist] n vymítač ďábla, exorcista, zaříkávač
exorcize ['ekso:saiz] vt zaklínat, vymítat zlého ducha z koho/ čeho
exotic [ig'zotik] adj exotický, cizokrajný
expand [ik'spænd] **I** vt *(knowledge; production)* rozšířit; *(trade)* zvětšit; *(idea)* rozvést; *(fortune)* rozmnožit **II** vi *(metal)* roztáhnout se; *(gas)* rozpínat se **III** phr v ■ **expand on** vt **e. on sth** *(suggestion)* blíž vysvětlit; *(statement)* blíže se k čemu vyjádřit
expanding [ik'spændiŋ] adj *(company)* rozšiřující se; *(industry)* rostoucí; *(influence)* vzrůstající; **e. universe** rozpínající se vesmír
expanse [ik'spæns] n velká plocha vodní ap., velký prostor
expansion [ik'spænšn] n rozšíření, rozvoj, rozmach; *(of metal)* roztahování; *(of gases)* expanze
expansionism [ik'spænšənizəm] n Pol expansionismus, expanze, rozpínavost
expansive [ik'spænsiv] adj **1** Phys expanzívní, rozpínavý **2** fig *(person)* sdílný; **be in an e. mood** být sdílný
expatiate [ek'speišieit] vi **e. on sth** usu joc zdlouhavě něco líčit, zeširoka o čem mluvit
expatriate [eks'pætriət] n vystěhovalec ● adj exilový
expatriation [eksˌpætri'eišn] n expatriace, vystěhování z vlasti
expect [ik'spekt] **I** vt **1** očekávat; **e. the worst** být připraven na nejhorší; **I e. you to help me** čekám, že mi pomůžeš; **as ~ed** podle očekávání; **that was to be ~ed** to se dalo předvídat ♦ **I don't e. thanks for this** nevděk světem vládne **2** *(suppose)* domnívat se, myslet; **I e. that ...** myslím, že ...; řekl bych, že ... **II** vi **be ~ing** inf být v jiném stavu
expectancy [ik'spektənsi] n očekávání; **life e.** pravděpodobná délka života
expectant [ik'spektənt] adj očekávající, *(crowd)* netrpělivý; **e. mother** nastávající matka
expectation [ekspek'teišn] n očekávání, naděje; **beyond all ~s** proti všemu očekávání, mimo všechno očekávání; **come up to sb's ~s** splnit čí očekávání; **fall short of sb's ~s** nesplnit čí očekávání; **exceed all ~s** překonat všechno očekávání
expectorant [ik'spektərənt] n prostředek usnadňující vykašlávání
expectorate [ik'spektəreit] Med fml **I** vi vykašlávat hleny **II** vt vykašlávat
expedience [ik'spi:diəns], **expediency** [iks'pi:diənsi] n účelovost, výhodnost; pej vypočítavost
expedient [ik'spi:diənt] adj účelný, výhodný; pej vypočítavý
expedite ['ekspədait] vt fml *(hasten)* uspíšit, urychlit
expedition [ekspə'dišn] n expedice, výprava; Mil válečné tažení

expeditionary [ekspə'dišənəri] adj expediční (**force** jednotka)

expeditious [ekspə'dišəs] adj fml rychlý, promptní

expel [ik'spel] vt (**-ll-**) **1** *(from school)* vyloučit; *(from country)* vypovědět, vykázat, vyhostit **2** *(liquid, gas)* vytlačit, vyhánět

expend [ik'spend] vt *(money)* vydat, utratit; *(energy, effort)* vynaložit

expendable [ik'spendəbl] adj přebytečný

expenditure [ik'spendičə(r)] n *(of money)* výdaje, náklady, výlohy; *(of energy, effort, time)* vynaložení; **e. on armaments** výdaje na zbrojení

expense [ik'spens] n výdaj, výloha; **travelling ~s** cestovní výlohy; **overhead ~s** režijní náklady; **at the e. of sb/ sth** na újmu or úkor koho/ čeho; **put sb to great e.** způsobit komu velké výdaje; **meet all ~s** zaplatit všechny výdaje; *(publish sth)* **at one's own e.** na vlastní náklad, vlastním nákladem ■ **e. account** reprezentační fond

expensive [ik'spensiv] adj drahý, nákladný; **it was an e. mistake (to make)** ta chyba nám přišla draho

experience [ik'spiəriəns] n **1** zkušenost(i), praxe; **a wealth of e.** nepřeberné zkušenosti; **from e.** ze zkušenosti; **learn by e.** učit se ze zkušenosti; **he still lacks e.** nemá ještě zkušenosti; **have no e. of sth** nemít žádné zkušenosti s čím; **years of e.** dlouholetá zkušenost **2** *(event)* zážitek; **a short-lived e.** prchavý zážitek; **it was a great e.** byl to velký zážitek; **it was a new e. for me** byla to pro mne nová zkušenost ● vt *(hardships)* zakusit, poznat; *(hunger)* pocítit; *(kindness)* poznat; *(problems, difficulty)* mít

experienced [ik'spiəriənst] adj zkušený; *(skilled)* rutinovaný; **be e. in sth** vyznat se v čem

experiment [ik'sperimənt] n pokus, experiment; **carry out** or **perform an e.** konat or dělat pokus; **carry out ~s** dělat pokusy, experimentovat; **as an e., by way of e.** experimentálně ● vi experimentovat, dělat pokusy; **e. upon animals** dělat pokusy na zvířatech

experimental [ikˌsperi'mentl] adj pokusný, experimentální; **an e. project** experimentální projekt; **by e. methods** experimentálně; **be at the e. stage** být ve stadiu pokusů ■ **~ly** adv pokusně, experimentálně

expert ['ekspə:t] n odborník, expert, specialista (**at** or **in** or **on sth** v čem, na co), znalec; **e.'s report** expertiza ■ **an e. opinion** znalecký posudek ● adj odborný, zkušený; **be e. in** or **at sth** vyznat se v čem, být odborník or inf kapacita na co ■ **~ly** adv odborně, kvalifikovaně

expertise [ekspə:'ti:z] n odborná znalost, zběhlost, odbornost

expiate ['ekspieit] vt fml odpykat, odčinit

expiation [ekspi'eišn] n odpykání, odčinění viny

expiration [ekspi'reišn] n **1** *(expiry)* vypršení, uplynutí lhůty **2** Physiol výdech

expire [ik'spaiə(r)] vi **1** *(end)* končit, vypršet; *(voucher, ticket)* propadnout; *(passport)* ztratit platnost **2** fml *(die)* vydechnout naposledy, zemřít

expiry [ik'spaiəri] n; cf **expire** uplynutí, vypršení; propadnutí; ztráta platnosti

explain [ik'splein] **I** vt vysvětlit; *(views also)* vyložit; **e. sth to sb** vysvětlit or vyložit komu co ♦ **e. yourself** vysvětlete to blíže, vyslovte se jasněji; *(why did you do that?)* proč jste to udělal? **II** phr v ■ **explain sth away** odůvodnit or ospravedlnit něco, uspokojivě něco vysvětlit

explanation [eksplə'neišn] n vysvětlení, objasnění; *(say a few words)* **by way of e.** na objasněnou; *(he left)* **without e.** aniž by to vysvětlil

explanatory [ik'splænətəri] adj vysvětlující, výkladový, explikativní; **e. note** vysvětlivka

expletive [ik'spli:tiv] n fml **1** *(swearword)* kletba, zaklení, sprosté slovo **2** Ling expletivum

explicable [ik'splikəbl] adj vysvětlitelný, pochopitelný

explicit [ik'splisit] adj jednoznačný, jasný, explicitní; **can you be more e.?** můžete se vyslovit konkrétněji or určitěji? ■ **~ly** adv výslovně, jasně, explicitně

explode [ik'spləud] **I** vi vybuchnout, explodovat; **e. with laughter** vybuchnout smíchy, propuknout v smích; **e. with rage** vybuchnout hněvem **II** vt *(bomb* etc*)* přivést k výbuchu, odpálit nálož ap.; fig *(theory)* vyvrátit, podrobit zdrcující kritice, ztrhat

exploit [ik'sploit] vt *(workers* etc*)* vykořisťovat; *(resources)* využitkovat, exploatovat lesy ap. ● n ['eksploit] bravurní kousek; hrdinský čin

exploitation [eksploi'teišn] n **1** *(of workers* etc*)* vykořisťování **2** *(of resources)* využitkování, exploatace

exploration [eksplə'reišn] n průzkum; **space e.** výzkum vesmíru; **voyage of e.** výzkumná plavba, výzkumný let

exploratory [ik'splorətri] adj průzkumný, výzkumný; **e. talks** přípravné rozhovory

explore [ik'splo:(r)] **I** vt (pro)zkoumat,

probádat; *(possibilities)* posoudit; *(one's conscience)* zpytovat **II** vi **e. for oil** hledat naftu

explorer [ik'splo:rə(r)] n badatel, objevitel, cestovatel; **polar e.** polární cestovatel, polárník

explosion [ik'spləužn] n exploze, výbuch; fig prudký vzrůst; **the population e.** populační exploze; **the e. of wages** prudký vzestup mezd

explosive [ik'spləusiv] adj výbušný, trhavý, explozivní; *(situation)* napjatý ● n výbušnina, třaskavina, trhavina ■ **~s expert** pyrotechnik

exponent [ik'spəunənt] n **1** *(of theory)* zastánce, stoupenec, propagátor **2** Math exponent, mocnitel

export [ik'spo:t] vt vyvážet, exportovat (**to** do) ● n ['ekspo:t] **1** export, vývoz **2** usu pl vývozní artikl; **~s** *(exported goods)* celkový vývoz or export; **the chief ~s of Britain are ...** Británie vyváží hlavně ... ● adj ['ekspo:t] exportní, vývozní; **e. licence** vývozní povolení; **the e. trade** export, vývoz

exportation [ekspo:'teišn] n vývoz, export

exporter [ik'spo:tə(r)] n vývozce

expose [ik'spəuz] vt **1** *(sb to danger, risks* etc*)* vystavit; *(liar)* demaskovat; *(plot* etc*)* odhalit; *(injustice, fraud* etc*)* pranýřovat; **e. oneself to sth** vystavit se čemu **2** *(parts of body)* odkrýt, obnažit; **e. oneself** *(indecently)* dopustit se exhibicionismu, obnažovat se **3** Phot exponovat, osvítit

exposé [eks'pəuzei] n odhalení zlořádů ap.

exposed [ik'spəuzd] adj **1** *(to weather)* nechráněný, vystavený účinkům povětrnosti **2** *(wire)* neizolovaný, obnažený

exposition [ekspə'zišn] n **1** *(of theory* etc*)* výklad, expozice **2** *(exhibition)* **an industrial e.** průmyslová výstava

exposure [ik'spəužə(r)] n **1** vystavení, vystavování; **e. to radiation** ozáření; **die of e.** umřít chladem; **indecent e.** exhibicionismus, obnažování se na veřejnosti **2** *(of plot* etc*)* odhalení **3** Phot expozice, osvit ■ **e. meter** expozimetr

expound [ik'spaund] n *(theory* etc*)* vyložit, vysvětlit, podat expozici čeho

express [ik'spres] adj **1** *(letter, delivery* etc*)* expresní, spěšný **2** *(wish, order)* výslovný ● adv **send sth e.** poslat něco expres or spěšně, poslat něco jako spěšninu ● n *(train)* rychlík, expres ● vt vyjádřit; **e. oneself** vyjádřit se (**clearly** jasně); **e. one's opinion** říci svůj názor; **e. one's condolences to sb** projevit komu soustrast; **e. sth in figures** vyjádřit něco číselně

expression [ik'sprešn] n **1** *(expressing)* vyjádření **2** *(phrase)* výraz; **means of e.** výrazové prostředky; **it was beautiful beyond e.** bylo to nevýslovně krásné **3** *(of face)* výraz, vzezření, mimika; **put on a sulky e.** nafouknout se

expressionism [iks'prešənizəm] n expresionismus

expressionist [iks'prešənist] n expresionista

expressive [ik'spresiv] adj expresivní; *(gesture, face)* výmluvný, významný

expressly [ik'spresli] adv výslovně; *(for a particular purpose)* speciálně

expressway [ik'spreswei] n Amer *(in cities)* dálnice

expropriate [eks'prəuprieit] vt vyvlastnit soukromý majetek

expropriation [eks,prəupri'eišn] n vyvlastnění

expulsion [ik'spalšn] n *(from country)* vyhoštění; *(from school)* vyloučení; *(from paradise)* vyhnání

expurgate ['ekspəgeit] vt cenzurovat, *(book)* odstranit závadné pasáže z čeho; **~d edition** upravené vydání s vypuštěním závadných pasáží

expurgation [ekspə'geišn] n cenzurování, odstranění závadných pasáží

exquisite [ik'skwizit or 'ekskwizit] adj **1** výtečný, znamenitý, vynikající; **he has e. taste** má vybraný vkus **2** *(joy)* velký, intenzivní; *(pain)* ostrý ■ **~ly** adv znamenitě, výtečně

ex-serviceman [eks'sə:vismən] n (pl **-men**) bývalý voják, vysloužilec

extant [eks'tænt] adj fml *(surviving)* ještě existující; *(currently existing)* nynější

extempore [ik'stempəri] adj improvizovaný ● adv improvizovaně, bez přípravy

extemporize [ik'stempəraiz] **I** vi mluvit improvizovaně or spatra **II** vt *(speech* etc*)* improvizovat

extend [ik'stend] **I** vt **1** *(line, street, shopping hours)* prodloužit; *(bill of exchange)* prolongovat; *(meeting)* protáhnout; **e. one's holidays** prodloužit si dovolenou; **~ed shopping hours** prodloužená prodejní doba **2** *(stretch)* roztáhnout **3** *(knowledge)* rozšířit (si) **4** *(thanks)* vzdát; *(help)* poskytnout **II** vi *(land, garden, plain* etc*)* sahat, táhnout se; *(bridge)* klenout se

extension [ik'stenšn] n **1** *(in length, time)* prodloužení, natažení, *(in space* also*)* zvětšení, rozšíření; *(of knowledge)* rozšíření; *(of wire)* protažení **2** *(added part)* nástavec; *(welded on)* nálitek; *(to building)* přístavba, nástavba **3** Tel linka, klapka ■ Elec **e. cable** prodlužovací kabel or šňůra **4** *(of concept)* rozsah

extensive [ik'stensiv] adj značný, rozsáhlý, *(experience* also*)* bohatý; *(changes* also*)* dalekosáhlý; *(agriculture)* extenzivní; *(damage, repairs)* rozsáhlý; *(investment)* značný ■ **~ly** adv značně

extent [ik'stent] n **1** *(length, area)* rozměr, rozsah, rozloha; *(of knowledge)* šíře, objem (**of human knowledge** lidského vědění) **2** *(degree)* míra; **to a certain/ large e.** do určité/ značné míry; **to a small e.** nepatrnou měrou; **to what e.** do jaké míry, jak dalece; **debts to the e. of £500** dluhy ve výši 500 liber

extenuating [ik'stenjueitiŋ] adj **e. circumstances** polehčující okolnosti

exterior [ik'stiəriə(r)] adj *(wall* etc*)* vnější, venkovní ● n **1** *(of house)* vnějšek, fasáda, exteriér; *(of person)* zevnějšek **2** Film exteriér

exterminate [ik'stə:mineit] vt vyhladit, vyhubit

extermination [ik,stə:mi'neišn] n vyhlazení, vyhubení; **weapons of mass e.** zbraně hromadného ničení

exterminator [ik'stə:mineitə(r)] n hubitel, ničitel, vyhlazovatel, „exterminátor"

external [ik'stə:nl] adj **1** vnější, povrchový, zevní; **e. ear** vnější ucho; **for e. use only** Med pouze k zevnímu použití **2** zahraniční (**affairs** politika) **3** *(examiner, student)* externí **4** Comput **e. memory** vnější paměť ■ **~ly** adv zevně, zvnějšku, navenek; **to be applied ~ly** k zevnímu použití

extinct [ik'stiŋkt] adj *(animals, tribes)* vyhynulý; *(volcano)* vyhaslý; **become e.** vyhynout, *(tribe* also*)* zaniknout

extinction [ik'stiŋkšn] n vyhynutí, zánik; *(of fire)* vyhasnutí; **be close to e., be threatened with e.** *(species of animals)* být na pokraji vyhynutí

extinguish [ik'stiŋgwiš] vt *(fire)* uhasit; *(cigarette, candle)* zhasit

extinguisher [ik'stiŋgwišə(r)] n also **fire e.** hasicí přístroj; **foam e.** pěnový hasicí přístroj

extirpate ['ekstə:peit] vt vykořenit, vyhubit

extol, Amer **extoll** [ik'stəul] vt *(sb's virtues, merits)* vychvalovat, opěvovat, velebit

extort [ik'sto:t] vt *(money)* vydírat (**from sb** na kom); *(confession)* vynutit hrozbami

extortion [ik'sto:šn] n vydírání, vyděračství

extortionate [ik'sto:šənət] adj *(price)* nekřesťanský, přemrštěný, lichvářský

extortioner [ik'sto:šnə(r)], **extortionist** [iks'to:šənist] n vyděrač

extra ['ekstrə] adj **1** navíc, zvlášť; **e. bed** přistýlka; **e. charge** příplatek; **e. classes** mimořádné hodiny; **earn a few pounds e.** vydělat si pár liber navíc; **there is an e. charge for heating** za topení se platí zvlášť **2** Sport **e. time** nastavený čas **3** *(buses, classes)* mimořádný; **lay on e. buses** nasadit mimořádné autobusy ● adv **1** zvlášť, navíc; **30% extra** 30% navíc **2** mimořádně, obzvlášť; **work e. hard** být obzvlášť pilný; **e. large sizes** nadměrné velikosti ● n **1** *(charge)* příplatek; *(benefit, perk)* přídavek **2** Theat, Film statista, komparzista; **~s** komparz

extra- ['ekstrə] pref mimo-

extract [ik'strækt] vt **1** *(tooth)* vytrhnout; *(cork)* vytáhnout **2** *(money)* vyždímat z koho; *(confession)* vynutit na kom; *(answer)* (vy)páčit z koho ● n ['ekstrækt] **1** *(from book, poem)* pasáž, ukázka, úryvek **2** Cook koncentrát, výtažek, esence

extraction [ik'strækšn] n **1** *(of tooth, cork* etc*)* vytržení, vytažení **2** *(of oil, minerals)* těžba **3** *(descent)* původ; **be of Czech e.** být českého původu

extractor [ik'stræktə(r)] n *(machine)* extraktor; *(fan)* ventilátor; *(juice e.)* lis na citrusové plody

extracurricular [ekstrəkə'rikjulə(r)] adj Sch *(activities)* mimoškolní

extradite ['ekstrədait] vt *(wanted man)* vydat

extradition [ekstrə'dišn] n vydání provinilce jinému státu

extramarital [ekstrə'mæritl] adj mimomanželský

extramural [ekstrə'mjuərəl] adj **e. studies** mimořádné formy studia; *(course)* pro veřejnost, večerní, vzdělávací

extraordinary [ik'stro:dnəri] adj mimořádný, neobyčejný, *(remarkable)* pozoruhodný; *(peculiar)* zvláštní ■ **extraordinarily** adv mimořádně, obzvláště

extrapolate [ik'stræpəleit] vt, vi extrapolovat

extrapolation [ik,stræpə'leišn] n extrapolace

extravagance [ik'strævəgəns] n *(wasteful spending)* marnotratnost, rozhazovačnost; *(eccentricity)* výstřednost, extravagance

extravagant [ik'strævəgənt] adj *(wasteful with money)* utrácivý, rozhazovačný, marnotratný; *(behaviour)* výstřední; *(claim)* přemrštěný

extravaganza [ik,strævə'gænzə] n Theat burleska, revue

extreme [ik'stri:m] adj **1** *(far)* nejvzdálenější, nejzazší; Pol **the e. right/ left** krajní pravice/ levice **2** *(danger, patience* etc*)* nesmírný; *(poverty* also*)* krajní; *(cold)* krutý; *(behaviour)* přepjatý, přemrštěný **3 e. unction** poslední pomazání ● n extrém, krajnost; **in**

the e. krajně, vrcholně; **go from one e. to the other** upadat z extrému do extrému, jít ode zdi ke zdi; **push things to ~s** hnát věci do krajnosti; **live in e. poverty** žít velmi nuzně, strádat ■ **~ly** adv neobyčejně, nesmírně, vrcholně, mimořádně; **that's e. kind of you** to je od vás nesmírně laskavé

extremism [ik'stri:mizəm] n extremismus

extremist [ik'stri:mist] adj extremistický ● n extremista

extremities [ik'stremətiz] n pl *(of the body)* okončetiny

extremity [ik'stremәti] n **1** *(furthest point)* konec, kraj; nejzazší bod **2** *(need)* krajní bída

extricate ['ekstrikeit] vt vyprostit; **e. oneself from sth** *(difficulties)* vymanit se z čeho, *(from debt)* vybřednout z čeho

extrovert ['ekstrəuvə:t] n extrovert ● adj extrovertní

exuberance [ig'zju:bərəns] n nevázanost, bujnost

exuberant [ig'zju:bərənt] adj nevázaný, bujný, bujarý; **an e. imagination** bujná fantazie

exude [ig'zju:d] vt *(liquid)* vylučovat; fig *(confidence)* vyzařovat; *(health)* kypět čím

exult [ig'zalt] vi radovat se, jásat, plesat (**over sth** nad čím)

exultant [ig'zaltənt] adj jásající, plesající; *(triumphant)* triumfální

exultation [egzal'teišn] n jásot, plesání

eye [ai] n **1** *(organ)* oko; **with the naked e.** prostým okem, pouhým okem; **be blind in one e.** být slepý na jedno oko; **lose an e.** přijít o oko; **give sb a black e.** udělat komu modřinu or inf monokl; **bags under one's ~s** kruhy pod očima; **in the twinkling of an e.** jedním mžikem oka, natotata ■ **e. doctor** oční lékař **2** *(eyesight)* zrak; **have sharp ~s** mít dobrý zrak; **have the ~s of a hawk** mít zrak jako ostříž; **with one's own ~s** na vlastní oči **3** *(of needle)* ucho, ouško; *(of potato)* očko **4** set phrases **see e. to e. with sb** ztotožnit se s kým, shodnout se s kým; **bird's e. view** ptačí perspektiva; **hit the bull's e.** (s)trefit se do černého; **catch sb's e.** padnout komu do oka; **an e. for (an) e.** oko za oko; **e. to e.** z očí do očí; **give sb the glad e.** inf dated hodit po kom očkem zamilovaně; **have an e. on sth** šilhat po čem, dělat si na co zuby; **his ~s almost popped out of his head** měl oči navrch hlavy, div mu oči nevypadly z důlků; **keep an e. on sb** dávat si na koho pozor; **pull the wool over sb's ~s** věšet komu bulíky na nos; **a sight for sore ~s** podívaná pro bohy; **turn a blind e. to sth** přimhouřit nad čím oko; **be up to one's ~s in work** mít práce nad hlavu ● vt pozorovat; **e. sb up and down** sjíždět po kom očima, obhlížet si koho

eyeball ['aibo:l] n oční bulva

eyebrow ['aibrau] n obočí; **bushy ~s** huňaté obočí; **raise one's ~s** zvednout obočí ■ **e. pencil** tužka na obočí

eye-catching ['aikæčiŋ] adj *(dress)* nápadný; *(headline)* poutavý, do očí bijící

eyedrops ['aidrops] n pl oční kapky

eyeful ['aiful] n **1 I got an e. of sand** napadal mi do očí písek **2** *(look)* pohled; **get an e. of sth** pást se na čem očima **3** Amer inf *(woman)* fešanda, kus

eyeglass ['aigla:s] n monokl

eyelash ['ailæš] n oční řasa

eyelet ['ailət] n očko, ouško, smyčka

eyelid ['ailid] n (oční) víčko ♦ **without batting an e.** s klidem Angličana; **he didn't bat an e.** ani nemrkl

eyeliner ['ailainə(r)] n oční linky kosmetický prostředek

eye-opener [ai'əupənə(r)] n **that was an e.-opener for him** to mu otevřelo oči

eyepatch ['aipæč] n páska na oči

eyepiece ['aipi:s] n okulár

eyeshade ['aišeid] n stínítko na oči proti slunci ap.

eye shadows ['aišædəuz] n oční stíny kosmetické

eyesight ['aisait] n zrak, oči

eyesore ['aiso:(r)] n *(ugly building* etc*)* ohavnost; **it is an e.** je to pro ostudu

eyestrain ['aistrein] n přepínání zraku

eyetooth ['aitu:θ] n (pl **-teeth**) špičák ♦ **I'd give my e. for that** inf fig dal bych za to nevím co

eyewash ['aiwoš] n Med oční vodička; fig humbuk; nesmysl; inf **it's all e.** to je všecko humbuk

eyewitness ['aiwitnəs] n očitý svědek

eyrie ['iəri, 'aiəri] n orlí hnízdo

F

F, f [ef] n **1** *(letter)* F, f **2** Mus F, f; **F sharp** fis; **F flat** fes; **F major** F dur; **F minor** f moll

F abbr of **Fahrenheit** F

FA [ef'ei] Br abbr of **Football Association** Anglická fotbalová federace

fab [fæb] dated sl abbr of **fabulous** fantastický, ohromný

fable ['feibl] n bajka, mýtus; fig povídačka, výmysl, smyšlenka

fabled ['feibld] adj legendární, proslulý; **f. for sth** proslulý čím

fabric ['fæbrik] n **1** látka, tkanina ▪ **f. conditioner** avivážní prostředek **2** Archit kostra, struktura; fig **the f. of society** struktura společnosti

fabricate ['fæbrikeit] vt **1** *(invent)* vymyslet (si); *(accusation)* (vy)konstruovat, vymyslet **2** *(forge)* padělat, falšovat

fabrication [fæbri'keišn] n výmysl, smyšlenka, konstrukce lží; **it is pure f.** to je naprostý výmysl

fabulous ['fæbjuləs] adj **1** *(legendary)* bájný, báječný, mýtický **2** *(great: wealth, earnings)* pohádkový **3** inf *(wonderful)* báječný, fantastický, ohromný, skvělý ▪ **~ly** adv **~ly rich** úžasně bohatý

facade [fə'sa:d] n fasáda; fig also pozlátko, stafáž; fig **be a mere f.** být pouhou stafáží

face [feis] n **1** Anat tvář, obličej; **strange ~s** cizí obličeje; **f. to f.** tváří v tvář, z očí do očí; **show one's f.** ukázat se někde; **fall flat on one's f.** inf svalit se or natáhnout se jak dlouhý tak široký; **a slap in the f.** políček, facka, fig morální políček; **in the f. of ...** vzhledem k ... ▪ **f. cloth** žínka; **f. powder** pudr; **f. pack** pleťová maska **2** *(expression)* výraz, vzezření, inf vizáž; **a serious/ sour f.** vážný/ kyselý obličej; **a smiling f.** rozesmátá tvář; **a deadpan** or **expressionless f.** kamenná tvář; **make a f.** zašklebit se; **make** or **pull ~s** šklebit se, dělat grimasy; **a smile spread across his f.** roztáhl ústa k úsměvu; **have a f. as long as a fiddle** být jako hromádka neštěstí **3** *(prestige)* reputace, prestiž; **to save f.** zachránit svou reputaci, zachovat si tvář; **lose f.** ztratit tvář **4** *(cheek)* drzost, opovážlivost; **he had the f. to tell me ...** byl tak drzý, že mi řekl ... **5** *(surface)* **the f. of the earth** povrch zemský **6** *(of house)* průčelí, fronta; *(of coin)* líc; *(of clock)* ciferník; *(of mountain;* Geom*)* stěna; Mining předek ▪ **f. value** nominální hodnota; **take sth at its f. value** fig brát něco za bernou minci ● **I** vt **1** *(look towards)* být obrácen k čemu, *(windows* also*)* hledět kam; **a room facing the park** pokoj s vyhlídkou do parku; **sit facing the engine** sedět ve směru jízdy **2** *(confront)* postavit se, čelit komu/čemu; **f. the enemy** postavit se nepříteli; **be ~d with serious problems** stát před vážnými problémy; **let's f. it!** inf nic si nenamlouvejme!; **we must f. the music** musíme sníst, co jsme si nadrobili **II** phr v ▪ **face up to** vt **f. up to sth** postavit se k něčemu čelem or tváří v tvář, umět se s něčím vyrovnat

face-ache ['feiseik] n **1** *(pain)* bolest lícního nervu **2** inf fig *(ugly person)* ksicht

faceless ['feisləs] adj fig anonymní, bezejmenný

face-lift ['feislift] n **1** Med also **face-lifting** kosmetická operace obličeje, vytáhnutí pokožky **2** fig *(building)* renovace, rekonstrukce

face-saving ['feisseiviŋ] adj *(compromise)* zachraňující prestiž; **a f.-saving goal** čestná branka

facet ['fæsit] n **1** *(aspect)* aspekt, stránka **2** *(of gem)* faseta broušená ploška

facetious [fə'si:šəs] adj *(person)* šprýmovný, šibalský; *(remark)* žertovný, legrační ▪ **~ly** adv legračně, žertovně

face-to-face [feistə'feis] adj *(meeting)* osobní

facial ['feišl] adj *(bones* etc*)* lícní; **a f. expression** výraz tváře ● n kosmetická maska, kosmetická masáž

facile ['fæsail] adj *(success* etc*)* (příliš) snadný; *(remark)* povrchní

facilitate [fə'siləteit] vt usnadnit, ulehčit, *(make possible)* umožnit

facility [fə'siləti] n (pl **-ties**) **1** *(ease)* snadnost, lehkost; *(possibility)* možnost; *(skill)* dovednost, schopnost; **f. in speaking** výmluvnost **2** usu pl *(for sport* etc*)* zařízení, vybavení; **tourist facilities** rekreační zařízení; **postal/ banking ~ies** poštovní/ bankovní služby; **credit ~ies** možnosti získání úvěru

facing ['feisiŋ] n **1** Build obložení stěn ▪ **f. brick** obkládačka **2** *(of dress* etc*)* lemovka **3** Typ **f. pages** protilehlé strany

facsimile [fæk'siməli] n **1** faksimile věrná napodobenina **2** Telec faksimile; **f. machine** fml telefax

fact [fækt] n **1** *(true thing)* fakt, skutečnost; **~s and figures** fakta a čísla; **the ~s of the case** skutková podstata trestného činu; **is that a f.?** je to pravda?; **know sth for a f.** vědět co najisto or určitě or jistě; **so much for the ~s** tolik fakta; **arm sb with ~s** vyzbrojit koho fakty; **in spite of the f. that** navzdory tomu, že, třebaže; **in view of the f. that** vzhledem k tomu, že; **the f. is that** věc je v tom, že; **the f. that ...** to, že ... ♦ **tell sb the ~s of life** poučit koho o sexuálních otázkách **2** *(reality)* no pl skutečnost, fakta; **separate f. from fiction** oddělit fakta od výmyslů; **in (actual) f.**, **in point of f.** ve skutečnosti, vlastně

fact-finding ['fæktfaindiŋ] adj informační, průzkumný; **a f.-finding tour** informační cesta

faction ['fækšn] n Pol skupina, frakce

factor ['fæktə(r)] n **1** *(element)* faktor, činitel, moment; **the main f.** rozhodující or hlavní činitel; **the human f.** lidský faktor **2** Math dělitel; **highest common f.** největší společný dělitel; **unknown f.** neznámá **3** Comm agent, komisionář, faktor

factory ['fæktri] n továrna, podnik, inf fabrika; **arms f.** zbrojovka; **car f.** automobilka; **glass f.** sklárna ■ **f. worker** tovární dělník; **f. owner** továrník

factorize ['fæktəraiz] vt Math faktorizovat, rozložit v činitele

factotum [fæk'təutəm] n fml or joc; not pej in English faktótum, děvče pro všechno, poskok

factual ['fækčuəl] adj věcný, faktický založený na faktech; **f. remark** faktická poznámka

faculty ['fæklti] n **1** *(of body/ mind)* schopnost; **the f. of sight** schopnost vidět, zrak; **be in full possession of one's faculties** být při jasném vědomí **2** *(ability)* talent, nadání, vlohy (**for doing sth** k čemu) **3** Univ fakulta; **the F. of Arts** filozofická fakulta; **the F. of Sciences** fakulta přírodních věd; **the F. of Law** právnická fakulta **4** Univ Amer **the F.** *(the teaching staff)* učitelský sbor

fad [fæd] n **1** *(fashion)* módní výstřelek **2** *(whim)* libůstka, koníček

faddy ['fædi] adj (**-ier**, **-iest**) vybíravý, mlsný

fade [feid] **I** vi *(flower)* zvadnout; *(colour;* fig *memories)* vyblednout; *(fabric)* ztratit barvu; *(light)* zeslábnout, pohasínat; *(sound)* slábnout **II** vt *(material)* nechat vyblednout **III** phr vs ■ **fade away** vi *(sound)* doznít, doznívat, ztrácet se; *(lights)* slábnout, pohasínat ■ **fade in** vt, vi; Film, Rad, TV *(of sound)* pozvolna zesílit ■ **fade out** Film, Rad, TV *I* vt *(sound)* pozvolna zeslabit *II* vi *(sound)* slábnout, doznívat

faded ['feidid] adj **1** *(colour, material)* vybledlý **2** *(flower)* zvadlý, uvadlý, odkvetlý; fig **f. beauty** odkvetlá krása

fade-in ['feidin] n TV, Cin (postupné) zesilování zvuku; rozetmění obrazu

fade-out ['feidaut] n TV, Cin (postupné) zeslabování zvuku; zatmění obrazu

faeces, Amer **feces** ['fi:si:z] n pl výkaly, fekálie

fag [fæg] n **1** *(in English public schools)* posluha staršího žáka **2** inf *(tedious job)* dřina **3** Br inf *(cigarette)* cigareta, sl žváro ■ **fag end** špaček, nedopalek cigarety **4** esp Amer sl *(homosexual)* teplouš (sl) ● vi Engl Sch sl posluhovat starším žákům

fagged [fægd] adj inf also **f. out** *(exhausted)* vyčerpaný, sl vyplivnutý

faggot ['fægət] n **1** Br Cook; masový knedlíček **2** *(male homosexual)* Amer sl teplouš, homouš

Fahrenheit ['færənhait] adj **70 degrees F.** 70 stupňů Fahrenheita

fail [feil] **I** vt **1** **f. an exam** neudělat zkoušku, Sch sl vyletět od zkoušky **2** **f. sb** *(let down)* nechat koho ve štychu; *(in exam)* nechat koho propadnout; inf vyhodit koho od zkoušky; **words f. me** nenacházím slov; **his strength ~ed him** opustily ho síly **3** **f. to do sth** neudělat něco; **f. to turn up** nedostavit se **II** vi *(of person)* zklamat, selhat, inf shořet, *(in an exam)* propadnout; *(of brakes, memory)* selhat; *(plan)* ztroskotat; *(light)* slábnout; *(remedy)* neúčinkovat; *(of experiment)* nezdařit se; **my brakes have ~ed** selhaly mi brzdy; **f. in one's duty** zanedbat svou povinnost; **f. disastrously** zplakat nad výdělkem, *(in exams)* dopadnout mizerně or katastrofálně ● n **without f.** zcela určitě, zaručeně; **he will come without f.** zaručeně přijde

failed ['feild] adj *(candidate, attempt)* neúspěšný; *(journalist, lawyer)* zkrachovalý

failing ['feiliŋ] n slabina, vada charakteru ap. ● adj *(morale)* klesající, upadající; *(light)* skomíravý ● prep **f. this/ that** jinak, v opačném případě

fail-safe ['feilseif] adj *(device* etc*)* bezpečnostní

failure ['feiljə(r)] n **1** neúspěch, nezdar (**in sth** v čem), *(complete f.)* krach, fiasko; **suffer a f.** utrpět nezdar; **end in f.** skončit neúspěchem **2** *(person)* neúspěšný člověk; expr ztroskotanec; **be a f.** selhat (**at sth** v čem); **turn out (to be) a f.** neosvědčit se **3** *(omission)* zanedbání; **f. to turn up** *(at a meeting* etc*)* nedostavení se; **f. to comply with the regulations** nedodržení předpisů **4** *(of health)* selhání; **heart f.** mrtvice, selhání srdce **5** Techn porucha; **engine f.** porucha motoru; **susceptibility to f.** poruchovost; Elec **power f.** přerušení dodávky elektrického proudu; Agr **crop f.** neúroda

fain [fein] adv arch or poet rád, s radostí, ochotně

faint [feint] adj slabý, *(voice, pulse* also*)* chabý; *(hope)* malý, chabý; *(smell)* mdlý; *(print)* nejasný; **f. heart never won a fair lady** odvážnému štěstí přeje; **I feel f.** je mi mdlo or slabo; **he hasn't the ~est idea** nemá nejmenší představu ■ **~ly** adv slabě, nejasně ● n mdloba, mdloby; **fall down in a f.** omdlít, upadnout do mdlob ● vi omdlít, pozbýt vědomí, upadnout do mdlob

faint-hearted [feint'ha:tid] adj malomyslný, maloduchý, bázlivý

faintness ['feintnəs] n slabost; mdloba; *(of print)* nejasnost; cf also **faint** adj

fair₁ [feə(r)] adj **1** *(just)* spravedlivý, fér, slušný, poctivý; **f. play** poctivá or slušná hra, fair play; **it's not f.** to není správné or fér; **f. enough** inf budiž, no dobře ♦ **by f. means or foul** po dobrém nebo po zlém, dovolenými i nedovolenými prostředky **2** *(quite good) (knowledge)* ucházející, docela dobrý, uspokojivý; *(conditions, wind)* příznivý; *(weather)* přívětivý **3** *(quite large, long* etc*)* inf značný; **a f. sum** pěkné peníze; **a f. while** hezkou dobu, dost dlouho; **a f. number of** pěkná řádka, dost, ne zrovna málo; **a f. amount of cheek** notná dávka drzosti **4** arch krásný; **the f. sex** něžné pohlaví **5** *(person)* světlovlasý, plavovlasý, blond; *(hair)* blond, plavý; *(complexion)* světlý **6 f. copy** čistopis; **make a f. copy of sth** opsat/ přepsat něco načisto ■ see **fairly** ● adv **play f.** hrát fér, hrát poctivě; **fight f.** bojovat čestně

fair₂ [feə(r)] n trh; **trade f.** veletrh; **world f.** světová výstava

fairground ['feəgraund] n tržiště plocha pro pořádání trhů; lunapark ■ **f. booth** jarmareční bouda; **f. amusements** pouťové atrakce

fair-haired [feə'heəd] adj *(person)* blond, plavovlasý, světlovlasý; **a f.-haired man/ woman** blondýn/ -a

fairly ['feəli] adv **1** *(impartially)* spravedlivě **2** *(rather)* dost, docela; **it is f. good** je to docela dobré; **it is f. clean** je to docela čisté; **time is f. short** není (moc) času nazbyt; **I am f. well** mám se docela dobře

fairness ['feənəs] n cf **fair** adj **1** čestnost, spravedlnost, nestrannost; **in all f.** je třeba přiznat; **in all f. to her** to se jí musí nechat **2** *(of hair)* světlost, světlovlasost, plavovlasost **3** arch krása

fair-sized [feə'saizd] adj *(helping* etc*)* notný, pořádný

fair-skinned [feə'skind] adj mající světlou pokožku

fairway ['feəwei] n Naut plavební dráha; Golf golfová dráha

fairy ['feəri] n **1** víla ■ **f. cake** piškotový koláč; **f. godmother** dobrá víla, sudička; **f. queen** královna víl; **f. story** or **tale** pohádka **2** sl *(homosexual)* teplouš, hošan

fairyland ['feərilænd] n pohádková země

fairy lights ['feərilaits] n pl barevné osvětlení, řetěz barevných žárovek

fairy-tale ['feəriteil] adj *(existence* etc*)* pohádkový

fait accompli [feitə'kompli:] n (pl **faits accomplis** [feitsə'kompli:]) fml hotová věc, fait accompli

faith [feiθ] n **1** *(trust)* důvěra (**in sb** v koho); **lack of f.** malověrnost; **breach of f.** věrolomnost; **in good f.** v dobré víře, bona fide; **in bad f.** Jur ve zlém úmyslu; **have blind f. in sb/ sth** slepě věřit komu/ čemu **2** Relig víra; **shake sb's f.** zviklat čí víru; **blind f.** slepá víra; **change one's f.** přestoupit na jinou víru; **convert sb to one's f.** obrátit koho na svou víru

faithful ['feiθfl] adj věrný, loajální; *(translation)* přesný; **remain f. to sb** zachovat komu věrnost; **follow sb like a f. dog** chodit za někým jako pejsek ■ **~ly** adv věrně; *(accurately)* přesně; **Yours ~ly** *(in business letters)* S pozdravem; joc **yours ~ly** moje maličkost, moje osoba

faithfulness ['feiθfulnəs] n věrnost, loajálnost; *(of translation)* přesnost

faith healer ['feiθhi:lə(r)] n léčitel, hojitel

faith healing ['feiθhi:liŋ] n léčitelství

faithless ['feiθləs] adj **1** *(husband)* nevěrný; *(friend)* neloajální **2** *(lacking faith)* nevěřící, fml malověrný

fake [feik] n napodobenina, falzifikát, podvrh; *(person)* podvodník, šarlatán ● adj falešný, padělaný ● vt **1** *(signature* etc*)* falšovat **2** *(pretend)* předstírat, inf filmovat

falcon ['fo:lkən] n sokol

Falkland Islands ['fo:kləndailəndz], **the Falklands** ['fo:kləndz] n pl Falklandy, Malvíny

fall [fo:l] n **1** pád; **free f.** volný pád; **nasty f.** ošklivý pád; **have a f.** utrpět pád, spadnout, inf svalit se; **break sb's f.** zachytit koho při pádu **2** *(of rain/ snow)* srážky; **a heavy f. of snow** silné sněžení **3** usu pl **~s** vodopády; **the Niagara F~s** Niagarské vodopády **4** *(decrease)* pokles, snížení, klesání; **a f. in prices** pokles cen; **a f. in temperature** ochlazení **5** *(slope)* svah, sklon ♦ **be riding for a f.** fig řítit se do záhuby **6** esp Pol *(of government)* pád; **the rise and f.** vzestup a pád; **the f. of absolutism** pád absolutismu; **a f. from glory** ústup ze slávy

♦ **pride comes before a f.** pýcha předchází pád 7 Bibl **the Fall (of Man)** pád prvního člověka 8 Amer **the f.** podzim; **in the f.** na podzim ● v (pt **fell**, pp **fallen**) **I** vi 1 *(from a height)* spadnout; **f. on one's back** upadnout naznak; **f. flat on one's face** lit natáhnout se jak široký tak dlouhý; **f. in battle** padnout na bojišti; *(snow)* padat; **snow is ~ing** sněží; **f. into a trap** chytit se do pasti 2 *(collapse: building)* zřítit se, sesypat se, sesout se, sesunout se; *(hang: hair)* splývat 3 *(drop: prices etc)* poklesnout, snížit se, snižovat se 4 *(occur)* **Christmas Eve ~s on a Tuesday** Štědrý den připadá na úterý; **that doesn't f. within my province** to nespadá do mého resortu 5 *(become)* **f. asleep** usnout; **f. ill** onemocnět, rozstonat se; **f. silent** ztichnout, odmlčet se; **dusk is ~ing** smráká se, nastává šero 6 *(into a state)* **f. into bad ways** octnout se na šikmé ploše; **f. into disrepair** chátrat; **f. into a reverie** zasnít se; **f. into line** ukáznit se, inf dát se do lajny* 7 *(set phrases)* **f. from grace** upadnout v nemilost; **f. short of sb's expectations** nesplnit čí očekávání; **f. in love (with sb)** zamilovat se (do koho); **f. to pieces** rozpadnout se; **everything is ~ing down around my ears** všechno na mne padá **II** phr vs ■ **fall apart** vi rozpadnout se; *(chair etc)* rozklížit se ■ **fall back** vi ustoupit, stáhnout se ■ **fall back on** vt *(one's savings etc)* sáhnout na; **f. back on sb** obrátit se na koho ■ **fall behind with/ in sth** vi *(with payments/ in work)* být pozadu s čím, zaostat v čem ■ **fall down** vi *(person)* spadnout; *(building also)* zřítit se; inf **f. down on a promise** nesplnit slib; **f. down on a job** neporadit si s úkolem ■ **fall for** vt 1 **f. for sth** inf *(be deceived)* naletět na něco, dát se na co nachytat 2 inf **f. for sb** zamilovat se do koho, inf zabouchnout se do koho ■ **fall in** vi 1 *(roof)* zřítit se 2 Mil seřadit se, nastoupit ■ **fall in with** vt 1 **f. in with sth** souhlasit s čím, přizpůsobit se čemu 2 **f. in with sb** přidat se ke komu; **he fell in with a bad crowd** upadl do špatné společnosti ■ **fall off** vi 1 *(from sth)* odpadnout; *(leaves)* opadat 2 *(diminish)* opadnout, klesat, zmenšit se; **f. off in one's work** povolit v práci ■ **fall out** vi 1 *(hair, teeth)* (vy)padat 2 *(of friends, lovers)* rozejít se, pohněvat se; **f. out with sb** nepohodnout se s kým 3 Mil **f. out!** rozchod! ■ **fall over** vi (vt) 1 spadnout; *(object)* překotit se, převrátit se 2 inf **f. over oneself to do sth, f. over backwards to do sth** moci se přetrhnout ve snaze něco udělat ■ **fall through** vi *(plan, project)* ztroskotat, neuspět, padnout

fallacious [fə'leišəs] adj mylný, pomýlený

fallacy ['fæləsi] n mylný názor, klamná představa

fallen ['fo:lən] **I** pp of **fall II** adj 1 *(woman, angel, soldier)* padlý 2 **the F.** Mil padlí v boji

fallibility [fælə'biləti] n omylnost

fallible ['fæləbl] adj *(person)* chybující, omylný, schopný omylu

Fallopian tube [fə,ləupiən'tju:b] n Anat vejcovod

fallout ['fo:laut] n radioaktivní spad

fallow ['fæləu] adj *(land)* neobdělaný, ležící ladem; **lie f.** ležet ladem also fig

false ['fo:ls] adj gen falešný, *(teeth also)* umělý; *(accusation, evidence)* křivý; *(verdict)* nesprávný; *(arrest)* neoprávněný, nezákonný; *(alarm)* planý, zbytečný; *(move, step)* chybný; *(hopes)* klamný; Sport **f. start** předčasný start; **f. tears** krokodýlí slzy; **under f. pretences** pod falešnou záminkou; **f. piety** farizejské řeči; **f. prophet** falešný prorok; **sail under f. colours** plout pod cizí vlajkou ■ **~ly** adv cf **false** mylně, nesprávně, křivě; **~ly accused** křivě nařčený

falsehood ['fo:lshud] n cf **false** klam, lež, faleš

falseness ['fo:lsnəs] n (see **false**) nesprávnost, falešnost

falsetto [fo:l'setəu] n (pl **~s**) fistule; **sing f.** zpívat fistulí ■ **f. voice** fistulový or falzetový hlas

falsies ['fo:lsiz] n pl umělá ňadra, vycpávky v podprsence

falsification [fo:lsifi'keišn] n see **falsify** 1 falšování, padělání 2 překroucení, překrucování 3 vyvrácení

falsify ['fo:lsifai] vt (pt, pp **-ied**) 1 *(document etc)* falšovat, padělat 2 *(report, facts)* překroutit 3 *(theory etc)* vyvrátit, prokázat nesprávnost čeho

falter ['fo:ltə(r)] vi *(of step)* jít nejistě or váhavě; *(of resolution)* váhat, kolísat; *(of speaker)* zajíkat se (v řeči), *(of voice)* přeskakovat komu; *(of memory)* slábnout

faltering ['fo:ltəring] adj *(step)* nejistý, váhavý; *(speaker)* zajíkavý; *(voice)* přeskakující; *(memory)* slábnoucí

fame [feim] n proslulost, fml věhlas; *(glory)* sláva; **acquire f.** získat slávu; **be hungry for f.** prahnout po slávě; **chase after f.** hnát se za slávou; **the book brought him f.** ta kniha ho proslavila

famed [feimd] adj slavný, proslulý, pověstný; **f. for sth** proslulý čím

familiar [fə'miliə(r)] adj 1 pred **be f. with sth** dobře něco znát; **make oneself f. with**

sth obeznámit se s čím **2 f. (to sb)** dobře známý (komu); **the f. voices/ faces** dobře známé hlasy/ tváře; **f. quotations** okřídlená rčení **3 be f. with sb**, **be on f. terms with sb** znát se s kým velmi dobře; **get too f. with sb** pej chovat se ke komu (příliš) familiárně

familiarity [fəˌmili'æriti] n (pl **-ties**) **1 f. with sth** (důkladná) znalost čeho, zběhlost v čem **2** pej familiárnost

familiarize [fə'miliəraiz] vt obeznámit; **f. oneself with sth** obeznámit se s čím, *(with a job)* zaučit se or zacvičit se do čeho

family ['fæməli] n **1** lit rodina; *(relations)* příbuzní, příbuzenstvo; **a f. of five** pětičlenná rodina; **it runs in the f.** to je u nás/ u nich etc v rodině ■ **f. background** rodinné poměry; **f. business** rodinný podnik; **f. doctor** domácí lékař; **f. ties** rodinné svazky; **f. tree** rodokmen **2** *(children)* děti; **do you have any f.?** máte nějaké děti?, inf máte rodinu? ♦ **be in the f. way** inf být v jiném stavu; **get in the f. way** otěhotnět, přijít do jiného stavu ■ **f. allowance** now dated rodinné přídavky, přídavky na děti; **f. planning** plánované rodičovství; **f. planning clinic** poradna pro plánované rodičovství

famine ['fæmin] n hlad, hladomor

famished ['fæmišt] adj vyhladovělý; inf **I'm f., I feel f.** mám hrozný hlad, umírám hlady, mám hlad jako vlk

famous ['feiməs] adj slavný, renomovaný, proslulý (**for sth** čím); **become f.** proslavit se, dobýt si věhlasu; **he became f. overnight** jedním rázem se stal slavným ■ **~ly** adv senzačně, báječně; **get on ~ly with sb** inf výborně s kým vycházet

fan$_1$ [fæn] n vějíř; Elec ventilátor, větrák ■ **fan belt** Aut klínový řemen; **fan heater** elektrické topítko s ventilátorem ● **I** vt (-nn-) ovívat; **fan oneself** ovívat se ♦ **fan the flames (of sth)** fig *(revolt, jealousy)* rozdmýchávat co **II** phr v ■ **fan out** vi Mil rozmístit se vějířovitě

fan$_2$ [fæn] n *(admirer/ supporter)* fanoušek, fanda, nadšenec pro co

fanatic [fə'nætik] n fanatik ● adj cf **fanatical**

fanatical [fə'nætikl] adj fanatický, náruživý, horlivý

fancier ['fænsiə(r)] n *(of animals)* milovník; **pigeon f.** holubář, chovatel holubů

fanciful ['fænsifl] adj *(person)* blouznivý; *(capricious)* vrtošivý; *(object)* bizarní, přezdobený; *(story)* smyšlený

fancy ['fænsi] n **1** *(imagination)* fantazie; **a lively f.** bujná fantazie; **a flight of f.** rozlet fantazie; **when the f. takes him** kdy si zamane **2** *(whim)* vrtoch, libůstka; *(liking)* chuť; **have a f. for sth** mít na co chuť; **take a f. to sb** oblíbit si koho; **catch** or **take sb's f.** zalíbit se komu, být komu sympatický ● adj **1** *(clothes, shoes* etc*)* přepychový, luxusní; *(cake, handkerchief)* ozdobný; *(price)* přemrštěný; **f. goods** galanterie **2 f. man/ woman** milenec/ milenka; **f.-dress ball** maškarní ples ● vt (**-ie-**) **1** *(like)* Br **she (rather) fancies him** (moc) se jí líbí on; **f. oneself** být domýšlivý; **he fancies himself as a poet** myslí si o sobě, že je básník **2** *(want)* Br inf mít chuť na co; **I f. a cup of coffee** dal bych si kafe **3** vt, vi *(imagine)* **just f.! John ...** představ si, že Jan ...; **f. that!** no ne!; **f. meeting you here** ty jsi tu také?, kde se tu, prosím tě, bereš?

fancy-free [fænsi'fri:] adj nezadaný, nezamilovaný

fanfare ['fænfeə(r)] n fanfára, tuš

fang [fæŋ] n tesák; *(of snake)* jedovatý zub

fanlight ['fænlait] n světlík nade dveřmi nebo nad oknem

fanny ['fæni] n **1** Br sl *(female sexual organ)* číča **2** Amer sl *(buttocks)* zadnice, zadek

fantasia [fæn'teiziə] n esp Mus fantazie

fantasize ['fæntəsaiz] vi blouznit, inf fantazírovat

fantastic [fæn'tæstik] adj **1** *(dreams, stories* etc*)* fantastický; *(strange)* bizarní **2** inf *(marvellous)* fantastický, nádherný; **he is a f. chap** je to prima kluk; **that's absolutely f.** to je úplná senzace; **we had a f. time** měli jsme se prima ■ **~ally** adv fantasticky, báječně, prima

fantasy ['fæntəsi] n **1** *(imagination)* fantazie, představivost **2** *(product of imagination)* fantazie, výmysl

far [fa:(r)] (**farther** [fa:ðə(r)] or **further** [fə:ðə(r)]; **farthest** [fa:ðist] or **furthest** [fə:ðist]) adv **1** *(space)* **f. (away)** daleko; **f. above the trees** vysoko nad stromy; **from f. away** zdaleka; **f. and wide** daleko široko; **f. away from here** daleko odsud; **from near and f.** z blízka i z dáli; **f. outside the town** daleko za městem; **how f. is Prague?** jak je to daleko do Prahy?; **not f. from here** nedaleko odsud; **not too f., not very f.** nepříliš daleko; *(we walked)* **as f. as the station** až k nádraží; **have you got f. to go?** máte to daleko? ♦ **travel f. and wide** hodně cestovat; **he'll go f.** ten to někam dotáhne or přivede; **over the hills and f. away** za devaterými horami a řekami **2** *(time)* **so f.** dosud, zatím; **f. too early** příliš brzy; **so f. nobody has answered** dosud nikdo neodpověděl; **f. into**

the night dlouho or hluboko do noci; **as f. back as I can remember** pokud sahá moje paměť 3 *(degree)* daleko, mnohem; **f. better/ longer** mnohem or daleko lepší/ delší; **by f. the best** daleko nejlepší; **by f. the highest is ...** daleko nejvyšší je ...; **he is f. from being the best** není zdaleka nejlepší; **it's f. from simple** není to nikterak jednoduché; **f. from it** ani zdaleka, ba naopak; *(I do not know)* **how f. you agree** jak dalece souhlasíte 4 *(used in set phrases)* **as f. as I know** pokud vím; **as f. as I am concerned** pokud jde o mne; **carry things too f.** zacházet do krajností; **that goes too f.** to už je přespříliš; **good actors/ singers** etc **are few and f. between** dobrých herců/ zpěváku etc je pořídku ● adj 1 *(remote)* daleký, vzdálený; **the F. East** Dálný východ 2 *(more remote)* **at the f. end of the street** na druhém konci ulice 3 Pol extrémní; **the f. right** extrémní pravice 4 ♦ **it is a f. cry from ...** je to na hony vzdáleno čemu

faraway [fa:rə'wei] adj daleký, vzdálený; *(look, expression)* nepřítomný, zadumaný, zasněný; **alluring f. places** lákavé dálky

farce [fa:s] adj fraška also fig; **it's a f.** fig to je komedie; **the elections were a f.** volby byly fraška

farcical ['fa:sikl] adj fig *(absurd)* absurdní, groteskní

fare$_1$ ['feə(r)] n 1 jízdné; **half f.** poloviční jízdné; **reduced f.** zlevněné jízdné; **have the exact f. ready** připravte si jízdné v drobných; **how much is the f.?** kolik dělá jízdné?; **~s, please!** *(in bus)* jízdenky, prosím 2 *(taxi passenger)* pasažér, zákazník 3 fml *(food)* strava; **plain f.** jednoduchá strava; **bill of f.** jídelní lístek

fare$_2$ ['feə(r)] vi fml vést se, dařit se; vést si; **she is faring well** daří se jí dobře; vede si dobře

fare stage ['feəsteidž] n *(section of bus journey)* tarifní pásmo

farewell [feə'wel] n rozloučení; **make one's ~s** rozloučit se; **bid sb f.** rozloučit se s kým ■ **a f. party** večírek na rozloučenou ● interj fml or dated sbohem!

far-fetched[fa:'fečt] adj za vlasy přitažený

far-flung [fa:'flaŋ] adj attr 1 *(distant)* vzdálený, odlehlý; **f.-flung corners** neznámé končiny 2 *(widespread: empire* etc*)* rozsáhlý

farm [fa:m] n statek, farma, hospodářství; **pig f.** vepřín; **poultry f.** drůbežárna ■ **f. building** hospodářské stavení; **f. labourer, f. worker** zemědělský dělník; **f. produce** zemědělské výrobky; **f. work** polní práce ● I vt *(land)* obdělávat II vi hospodařit, inf sedlačit, farmařit

farmer ['fa:mə(r)] n rolník, zemědělec; (esp *American f.)* farmář

farmhand ['fa:mhænd] n zemědělský dělník

farmhouse ['fa:mhaus] n hospodářské stavení, zemědělská usedlost, statek

farming ['fa:miŋ] n zemědělství; **fruit f.** sadařství; **poultry f.** drůbežnictví

farmland ['fa:mlænd] n zemědělská půda

farmyard ['fa:mja:d] n selský dvůr

far-off [fa:r'of] adj daleký, vzdálený; *(time)* dávný

far-reaching [fa:'ri:čiŋ] adj dalekosáhlý

farrier ['færiə(r)] n podkovář

far-sighted [fa:'saitid] adj 1 *(far-seeing)* prozíravý 2 esp Amer *(long-sighted)* dalekozraký

far-sightedness [fa:'saitidnəs] n 1 prozíravost 2 dalekozrakost

fart [fa:t] n vulg prd; **boring old f.** otravný starý páprda ● vi vulg prdnout, prdět

farther ['fa:ðə(r)] adv comp of **far** dál; **it was f. than we thought** bylo to dál, než jsme si mysleli ● adj vzdálenější

farthest ['fa:ðist] adv superl of **far** nejdál ● adj nejvzdálenější

farthing ['fa:ðiŋ] n Br Hist *(coin)* čtvrtina penny ♦ **it is not worth a brass f.** nestojí to ani za fajfku tabáku, nestojí to ani za zlámanou grešli

fascinate ['fæsineit] vt fascinovat, okouzlit, uchvátit, oslnit

fascinating ['fæsineitiŋ] adj fascinující, úchvatný, oslnivý

fascination [fæsi'neišn] n 1 *(quality)* kouzlo, přitažlivost 2 **a f. for sth** vášnivé zaujetí pro něco

fascism ['fæšizəm] n fašismus

fascist ['fæšist] n fašista ● adj fašistický

fashion ['fæšn] n 1 *(in clothes* etc*)* móda; **the latest f.** poslední móda; **the prevailing f.** dnešní móda; **after the latest f.** podle poslední módy; **be in f.** být v módě; **be out of f.** být nemoderní; **come into f.** přijít do módy; **set the f.** udávat tón v módě; **be a slave of f.** být otrokem módy; **the last word in f.** poslední výkřik módy ■ **f. designer** módní návrhář; **f. show** módní přehlídka 2 *(manner)* způsob; **in a friendly f.** přátelsky; **in an exemplary f.** příkladně; **after a f.** svým způsobem, jakž takž, snesitelně; **he can speak French after a f.** umí jakž takž francouzsky ● vt vytvořit, vymodelovat

fashionable['fæšənəbl] adj módní, moderní; *(hotel, resort, spa)* exkluzívní, elegantní

■ **fashionably** adv módně; **dress fashionably** oblékat se moderně, oblékat se podle poslední módy

fast1 ['fa:st] adj **1** *(car* etc*)* rychlý; *(road)* umožňující rychlou jízdu; *(fall in prices* etc*)* rapidní; **f. lane** Aut pruh pro rychlou jízdu; **life in the f. lane** fig život plný vzrušení; **f. food** rychlé občerstvení; **f. train** rychlík ♦ **pull a f. one on sb** inf zahrát to na koho, oblafnout koho **2** *(clock, watch)* **be f.** jít napřed, předbíhat se; **my watch is five minutes f.** moje hodinky se o pět minut předcházejí or jdou o pět minut napřed **3** *(rigid)* **hard and f.** *(rule)* závazný, striktní, pevný **4** *(colour)* stálý ● adv **1** rychle; **he ran as f. as his legs could carry him** běžel, co mu nohy stačily **2 be f. asleep** tvrdě spát

fast2 [fa:st] n půst ● vi postit se, držet půst

fasten ['fa:sn] **I** vt *(attach)* připevnit, upevnit; *(with string/ rope)* přivázat, uvázat; *(packet)* převázat; *(lock)* uzamknout; *(belt, dress)* zapnout; **f. one's seat belt** připoutat se v letadle, v autě; **f. papers together** sepnout papíry; **f. one's eyes on sb** upřít na koho pohled, zadívat se na koho; **f. one's attention on sth** upnout na co pozornost; **f. the blame on sb** svalit or svést na koho vinu **II** vi *(of dress)* zapínat se (**at the back** vzadu); *(window)* zavírat se

fastener ['fa:snə(r)], **fastening** ['fa:sniŋ] n uzávěr, *(of garment* also*)* zapínání; *(hook)* háček; **snap f.** patentka; **zip f.** zip, zdrhovadlo

fastidious [fæ'stidiəs] adj vybíravý

fastidiousness [fæ'stidiəsnəs] n vybíravost

fasting ['fa:stiŋ] n půst

fastness ['fa:stnəs] n *(of colours)* stálost

fat [fæt] adj tlustý, tučný; *(wallet)* naditý; **get** or **grow fat** ztloustnout; **be as fat as a pig** být vypasený jako čuník ♦ **a fat lot you care** inf houby ti na tom záleží; Amer **fat cat** boháč, zazobanec; **a fat chance he's got** nemá ani tu nejmenší šanci ● n tuk; **cooking fat** sádlo; **vegetable fat** rostlinný tuk; **rolls of fat** Anat tukové polštáře ♦ **live off the fat of the land** žít si jako v ráji; **the fat is in the fire** jde do tuhého, je zle, začíná mela; **run to fat** tloustnout; **a mountain of fat** hora sádla

fatal ['feitl] adj *(accident, blow* etc*)* smrtelný; *(error)* osudný, fatální, rozhodující; *(moment)* osudový ■ **~ly** adv *(wounded)* smrtelně

fatalist ['feitəlist] n fatalista

fatalistic [feitəl'istik] adj fatalistický

fatality [fə'tæləti] n (pl **-ies**) **1** *(accident)* smrtelný úraz, úmrtí **2** *(person killed)* oběť (smrtelného úrazu), mrtvý; **fatalities** also oběti na životech; **there were no fatalities** nikdo nepřišel o život

fate [feit] n osud; **the hand of f.** prst boží; **a stroke of f.** rána osudu; **a quirk of f.** osud, čirá náhoda; **F. has decided otherwise** osud rozhodl jinak; **resign o.s. to one's f.** odevzdat se osudu

fated ['feitid] adj **1** předurčený k nezdaru osudem **2** *(cursed)* prokletý

fateful ['feitfl] adj neblahý, osudný; **a f. error** osudný omyl

fat-free ['fætfri:] adj jsoucí bez tuku; **a f.-free diet** dieta bez tuku

father ['fa:ðə(r)] n otec; **reverend f.** Relig ctihodný otec; **the city ~s** otcové města; **F. Christmas** ≅ Ježíšek; **heavenly F.** otec nebeský; **the Holy F.** Svatý otec; **Our F.** *(prayer)* otčenáš ♦ **like f. like son** jablko daleko od stromu nespadne; **he is his f.'s son** je pravý syn svého otce ● vt *(child)* zplodit

fatherhood ['fa:ðəhud] n otcovství

father-in-law ['fa:ðərinlo:] n (pl **fathers--in-law**) tchán

fatherland ['fa:ðəlænd] n *(used esp of Germany)* vlast, otčina; rodná země

fatherly ['fa:ðəli] adj otcovský

fathom ['fæðəm] n Naut sáh míra ● **I** vt pochopit, dopátrat se smyslu čeho **II** phr v ■ **fathom sth out** pochopit co, přijít čemu na kloub

fatigue [fə'ti:g] n **1** únava, zemdlenost; Techn **material f.** únava materiálu; **suffer from f.** trpět únavou **2** Mil ■ **f. duty** kasárenská služba, rajóny **3** Amer Mil **~s** cvičný oděv ● vt vyčerpat, (velmi) unavit

fatiguing [fə'ti:giŋ] adj namáhavý, únavný

fatness ['fætnəs] n inf tloušťka

fatso ['fætsəu] n inf tlusťoch, břicháč

fatstock ['fætstok] n živý inventář

fatten ['fætn] **I** vt; also **f. up** (vy)krmit **II** vi (z)tloustnout **III** phr v ■ **fatten up** vt *(animals;* fig *people)* vykrmit

fattening ['fætəniŋ] adj *(food)* způsobující tloustnutí; **beer is f.** po pivu se tloustne ● n *(of pigs* etc*)* krmení, vykrmování

fatty ['fæti] adj (**-ier, -iest**) adj *(food)* mastný, tučný; *(tissue)* tukový; **f. meat** tučné maso ● n inf *(person)* tlouštík, cvalík

fatuous ['fætjuəs] adj pošetilý; *(remark, joke)* slabomyslný

faucet ['fo:sit] n **1** *(for barrel)* pípa **2** Amer kohout, kohoutek

fault [fo:lt] n **1** *(flaw)* chyba, nedostatek; *(in merchandise)* závada, vada, kaz; Techn also porucha, defekt; **we all have our ~s** nikdo není bez chyby; **he is blind to her ~s** je slepý k jejím chybám; **find f. with**

sb/ sth šťourat do koho/ čeho, pořád na někom/ něčem něco vidět; **to a f.** přehnaně; **be meticulous to a f.** být úzkostlivě přesný **2** *(blame)* chyba, vina; **it is his f.** to je jeho vina, může za to on; **whose f. is it?** čí je to vina?, kdo to zavinil?; **be at f.** být vinen; **through no f. of his** nikoliv jeho vinou **3** Tennis chybné podání, chyba; **double f.** dvojchyba **4** Geol zlom ● vt najít na kom/ čem nedostatky, odhalit slabiny čeho; **f. sb's argument** vyvrátit čí argumentaci

faultfinding ['fo:ltfaindiŋ] n šťouralství inf pej, neustálé rýpání, věčné kritizování ● adj šťouravý, rýpavý

faultfinder ['fo:ltfaində(r)] n šťoura, rýpal

faultless ['fo:ltləs] adj bezvadný, dokonalý, perfektní ■ **~ly** adv bezvadně

faulty ['fo:lti] adj Techn defektní, vadný; *(product)* vadný, kazový; *(work)* špatný, nedokonalý; *(reasoning)* chybný, nesprávný, mylný

fauna ['fo:nə] n fauna, zvířena

faux pas [fəu'pa:] n (pl **faux pas** [fəu'pa:z]) netaktnost, společenský omyl, faux pas; inf kiks, bota, kopanec; **make a f. pas** dopustit se netaktnosti, inf udělat kopanec

favour, Amer **favor** ['feivə(r)] n **1** *(approval)* přízeň, náklonnost; **win sb's f.** získat čí přízeň, naklonit si koho; **curry sb's f.** předcházet si koho; **fall out of f. with sb** pozbýt čí přízně, inf rozlít si u někoho ocet, rozlít si to u někoho **2** *(preference)* **in f. of sb/ sth** ve prospěch koho/ čeho, pro koho/ co; **decide in f. of sth** rozhodnout se pro co; **discriminate in f. of sb, show f. to sb** protěžovat or favorizovat koho; **it speaks in her f.** mluví to v její prospěch; **vote in f. of sth** volit pro co **3** *(act of kindness)* laskavost, služba; **do sb a f.** prokázat komu laskavost; **could you do me a f.?** mohl bych vás o něco požádat?; **as a f.** z dobré vůle **4** *(ribbon* etc*)* stužka, odznak, fábor **5 favours** *(of a woman)* **be free with one's ~s** dát každýmu*, neumět říct ne ● vt **1** *(prefer: plan* etc*)* preferovat, dát přednost čemu **2 f. sb** *(like sb better)* mít raději, *(show partiality for sb)* nadržovat komu, favorizovat koho, stranit komu **3 f. sb with sth** fml obdařit koho čím; **f. sb with a smile** obdařit koho úsměvem

favourable, Amer **favorable** ['feivərəbl] adj příznivý; *(terms, conditions)* výhodný ■ **favourably** příznivě; **be favourably inclined to sb/ sth** být komu/ čemu příznivě nakloněn, přát komu/ čemu

favoured, Amer **favored** ['feivəd] adj favorizovaný, těšící se přízni; **the most-f.-nation clause** Amer doložka nejvyšších výhod

favourite, Amer **favorite** ['feivərət] adj *(sport, author* etc*)* oblíbený, nejoblíbenější, *(dish* also*)* zamilovaný ● n **1** *(person)* oblíbenec, miláček **2** Sport **the f.** favorit

favouritism, favoritism ['feivəritizəm] n protekce, protěžování, nadržování

fawn$_1$ [fo:n] adj *(colour)* plavý, žlutohnědý ● n **1** Zool kolouch **2** *(colour)* žlutohnědá barva

fawn$_2$ [fo:n] vi **f. on sb** *(dog)* lísat se ke komu; pej *(of people)* podlézat komu, pochlebovat komu, chovat se ke komu servilně

fawning ['fo:niŋ] adj *(person, manner)* podlézavý

fax [fæks] n **1** *(machine)* fax, telefax; **send sth by fax** poslat co faxem **2** *(message)* fax, faxová zpráva ● vt faxovat, posílat faxem

FBI [efbi:'ai] Amer abbr of **Federal Bureau of Investigation** FBI

FC abbr of **Football Club** fotbalový klub

fealty ['fi:əlti] n (pl **-ties**) Hist věrnost; **swear f.** přísahat věrnost a poslušnost

fear [fiə(r)] n **1** bázeň, strach, obava; **climate of f.** ovzduší strachu; **tremble with f.** třást se strachem; **we were overcome with f.** zmocnil se nás strach; **have no f.** buď bez obav; **go in f. of one's life** strachovat se o život ♦ **put the f. of God into sb** inf vyděsit koho k smrti; *(will you go on a diet?)* **no f.!** kdepak!, ani nápad!, ani náhodou! **2 for f. of sth, for f. of doing sth, for f. that** or **lest** z obavy, že; aby ne; **for f. of making a mistake** abych neudělal chybu ● **I** vt bát se, obávat se čeho; **f. that ...** bát se, že ...; **f. the worst** obávat se nejhoršího; **I f. so** obávám se, že ano; bohužel **II** vi strachovat se, bát se; **never (you) f.!** žádné strachy!; **f. for sb** obávat se or strachovat se o koho

fearful ['fiəfl] adj **1** *(apprehensive)* **be f. that** or **lest** obávat se, aby ..., mít strach, že ... **2** *(frightening)* hrozný, strašný, otřesný **3** inf příšerný, hrozný; **a f. mess** příšerný nepořádek

fearless ['fiələs] adj odvážný, nebojácný, smělý; neohrožený; **be f. of danger** necouvnout před nebezpečím ■ **~ly** adv odvážně, směle

fearlessness ['fiələsnəs] n odvaha, smělost, nebojácnost, neohroženost

fearsome ['fiəsəm] adj děsný, děsivý, hrůzostrašný; fig *(task)* hrozný, hrozně obtížný

feasibility [fi:zə'biləti] n proveditelnost, realizovatelnost

feasible ['fi:zəbl] adj **1** *(practicable)*

proveditelný, realizovatelný, uskutečnitelný; *(solution)* schůdný **2** *(possible)* možný; *(plausible: story etc)* pravděpodobný

feast [fi:st] n **1** *(large meal)* hostina, hody, banket; **that was a real f.** to byly opravdové hody **2** fig **a f. of colours** barevná nádhera ● **I** vi hodovat **II** vt hostit; **f. one's eyes on sth** kochat se pohledem na co, pást se na čem očima

feat [fi:t] n odvážný čin, kousek; **a daring f.** husarský kousek; **a heroic f.** hrdinný čin; **a (great) f. of courage** (velmi) odvážný čin

feather ['feðə(r)] n pero, pírko, peříčko; **~s** peří, chmýří; **as light as a f.** lehký jako pírko or peříčko ♦ **that's a f. in his cap** na to může být hrdý; **birds of a f. flock together** vrána k vráně sedá, rovný rovného si hledá; **show the white f.** fig dated zachovat se zbaběle ● vt ♦ **f. one's (own) nest** fig nahrabat si, namastit si kapsu

featherbed ['feðəbed] n péřová matrace ● vt inf *(person)* hýčkat, rozmazlovat; *(state industries)* nadměrně subvencovat

featherbrained ['feðəbreind] adj pej ztřeštěný, přiblblý, potrhlý

featherweight ['feðəweit] n Box etc pérová váha

feathery ['feðəri] adj *(light and soft)* lehoučký, nadýchaný, měkounký

feature ['fi:čə(r)] n **1** **~s** *(face)* obličej, vizáž, rysy obličeje; **regular ~s** pravidelné rysy obličeje **2** *(characteristic, aspect)* rys, vlastnost, stránka, aspekt; **a distinctive f.** charakteristický rys; **a dominating f.** dominanta; **an interesting f. of modern life** zajímavý aspekt moderního života **3** Journ hlavní stať časopisu; Cine **f. film** celovečerní film ● **I** vt **the film ~s X and Y** v hlavních rolích filmu hrají X a Y **II** vi **f. in sth** *(actor)* hrát v čem, vystupovat; *(occur)* vyskytnout se kde, být důležitou součástí čeho

featureless ['fi:čələs] adj jednotvárný, nevýrazný, fádní

Feb abbr of **February** únor

February ['februəri] n únor; **in F.** v únoru; see also **May**

feces ['fi:si:z] Amer = **faeces**

feckless ['fekləs] adj pej slabošský; *(inefficient)* lajdácký, neschopný

fed$_1$ [fed] n inf Amer policajt, polda

fed$_2$ [fed] pt, pp of **feed** ● **fed up** adj otrávený; **be fed up to the back teeth** být otrávený jako šváb; **be fed up with sth** mít čeho plný* zuby, mít čeho až po krk

federal ['fedərəl] adj federální

federation [fedə'reišn] n federace, svaz, sdružení

federative ['fedərətiv] adj federativní

fee [fi:] n poplatek, taxa; *(professional charge)* honorář; **entrance f.** vstupné; **school ~s** školné; **transfer f.** převodní poplatek; **membership ~s** členské příspěvky; **pay a f.** zaplatit honorář

feeble ['fi:bl] adj pej slabý, chabý; *(attempt, excuse)* ubohý

feeble-minded [fi:bl'maindid] adj slabomyslný, slaboduchý

feed [fi:d] n **1** *(meal: for animals)* krmení; *(pasture)* pastva; *(for babies also)* jídlo, kojení, krmení **2** *(food for animals)* krmivo; *(for cattle also)* píce ♦ **be off its f.** *(animal)* špatně žrát; **be off one's f.** *(baby)* špatně jíst **3** Techn *(to machine)* přívod, podávání, přísun ■ **f. pipe** napájecí or přívodní potrubí ● v (pt, pp **fed**) **I** vt **1** *(give food to)* (na)krmit, dát najíst komu, *(baby: breast-feed also)* (na)krmit z prsu; *(animal also)* dát zvířeti žrát **2** *(provide for)* živit **3** Techn *(machine)* plnit; *(material)* přivádět, podávat **II** vi *(animals)* žrát; *(baby)* dostávat jíst **III** phr v ■ **feed in** vt Comput *(data)* zavádět, vložit do počítače ■ **feed up** vt *(animals)* vykrmit; see also **fed up**

feedback ['fi:dbæk] n Comput, Elec zpětná vazba (also fig)

feeder ['fi:də(r)] n **1** *(person)* **be a good f.** být velký jedlík; **be a poor f.** moc nejíst; **be a slow f.** jíst pomalu; **be a noisy f.** mlaskat při jídle **2** **f. (bib)** dětský slintáček **3** *(river)* **f. (stream)** přítok; Aut **f. (road)** přípojka k dálnici; Rail **f. (line)** vlečka; Aviat letecký přípoj **4** Comput *(for printer)* podávač **5** Agr (automatické) krmítko, krmící zařízení

feeding ['fi:diŋ] n krmení ■ **f. bottle** sací láhev

feel [fi:l] n **1** *(sense of touch)* omak, dotek, hmat; **rough to the f.** hrubý na omak **2** *(act of ~ing)* **let me have a f.** mohu si (na to) sáhnout? **3** atmosféra, ovzduší **4** **get the f. of sth** seznámit se s čím, inf oťukat co ● v (pt & pp **felt**) **I** vt **1** *(by touching)* **a)** *(explore)* sáhnout na, ohmatat, prohmatat; **f. sb's forehead** sáhnout komu na čelo; **f. sb's pulse** ohmatat or změřit komu tep; **f. one's way** tápat, jít po hmatu; fig zkoumat terén **b)** also **feel up** vulg *(touch sexually)* omakávat, ošahávat, sahat na **2** *(be conscious of, experience)* cítit, pociťovat; **she felt the touch of his hand** cítila dotek jeho ruky; **she felt her colour rise** cítila, jak se červená; **f. the cold** cítit chlad; **f. hatred towards sb** cítit ke komu nenávist; **f. the effects of sth** pocítit důsledky čeho; **f. one's age** pociťovat svůj věk ♦ **f. the pinch** třít bídu, muset se uskrovňovat **3** *(think)* domnívat se; **f. it one's duty to do sth** považovat co za svou povinnost; **I f. that**

domnívám se, že; **he felt it necessary to stress that ...** považoval za nutné zdůraznit, že ... **II** vi **1** *(of people: indicating)* **a)** *(physical state)* **I f. cold/ hot** je mi zima/ horko; **I f. hungry/ thirsty** mám hlad/ žízeň; **I f. queasy** je mi špatně od žaludku; **she felt giddy** točila se jí hlava; **I f. much better** cítím se daleko líp, je mi o moc líp **b)** *(mental/ emotional state)* **I f. sad** je mi smutno; **I f. happy** jsem šťastný; **he felt ill at ease** necítil se ve své kůži; **f. worse** cítit se hůř; **f. at home somewhere** cítit se někde jako doma; **f. like a prisoner** cítit se jako ve vězení ♦ **f. out on a limb** cítit se jako kůl v plotě **c)** *(opinion)* myslet si, mít názor, smýšlet jak; **how do you f. about it?** co si o tom myslíte?, jaký na to máte názor? **d) f. like sth** *(fancy sth)* mít chuť na co; **I f. like a cup of coffee** dal bych si kávu; **f. like doing sth** mít chuť něco udělat; **she felt like crying** bylo jí do pláče **2** *(of things: seem)* **f. hard/ soft** být tvrdý/ měkký na omak; **my hands f. cold** zebou mě ruce **3** *(touch with fingers)* (nejistě) hmatat, šmátrat; **f. in one's pocket** šmátrat v kapse **III** phr vs ■ **feel about** or **around** vi šmátrat kolem sebe; **f. about for sth** šmátrat po čem ■ **feel for** vt **1 f. for sb** mít s kým soucit; **f. for sb in his/ her sorrow** sdílet s kým jeho/ její žal ■ **feel up** vt *(sexually)* vulg omakávat, ošahávat

feeler ['fi:lə(r)] n Ent tykadlo ♦ **put out ~s** lit vystrčit tykadla, fig sondovat terén, vypustit pokusný balónek

feeling ['fi:liŋ] n **1** *(sense of touch)* hmat, cit; **have no f. in one's legs** nemít v nohách cit, mít zmrtvělé nohy **2** *(sensation)* pocit; **a f. of hunger** pocit hladu **3** *(emotion)* pocit; **a f. of gratitude** pocit vděčnosti; **an uneasy f.** neblahé tušení, zlá předtucha **4** *(attitude)* názor; **my own f. is that** já se domnívám, že **5** *(sensitivity)* cit, porozumění, pochopení, sympatie; **have a f. for sth** mít cit pro co; **sing with (real) f.** zpívat procítěně or cituplně **6 ~s** *(person's emotions)* city; **hide one's ~s** skrývat své city; **hurt sb's ~s** zranit čí city, dotknout se čích citů; **relieve one's ~s** ulevit svým citům; **spare sb's ~s** šetřit čí city ♦ **cause bad ~s** dělat zlou krev; **have mixed ~s about sth** přistupovat k čemu se smíšenými pocity; **no hard ~s** neberte to ve zlém ● adj *(person)* citlivý, soucitný

fee-paying ['fi:peiiŋ] adj *(student)* platící školné; *(school)* vybírající školné

feet [fi:t] pl of **foot**

feign [fein] vt fingovat, předstírat; *(illness)* simulovat; **with ~ed innocence** s nevinnou tváří

feint [feint] n Sport finta, klamání tělem ● vi Sport udělat fintu, klamat tělem

felicitous [fə'lisitəs] adj fml *(word, term)* výstižný, případný, vhodně volený

felicity [fə'lisəti] n fml *(of word, term)* výstižnost, případnost, vhodnost

feline ['fi:lain] adj Zool kočkovitý; *(grace)* kočičí ● n kočkovitá šelma

fell$_1$ [fel] pt of **fall**

fell$_2$ [fel] n Br *(mountain)* kamenitý vrch; *(moorland)* vřesoviště

fell$_3$ [fel] adj **at one f. swoop** jednou ránou, jedním rázem

fell$_4$ [fel] vt *(trees)* (s)kácet, pokácet, porazit; *(with a blow: enemy)* skolit

felling ['feliŋ] n *(of trees)* kácení, mýcení

fellow ['feləu] n **1** *(companion)* společník, druh ■ **f. citizen** spoluobčan; **f. countryman** krajan; **f. passenger** spolupasažér; **f. student** spolužák; **f. worker** spolupracovník **2** esp Amer postgraduální stipendista, stážista **3** Br *(of Royal Academy* etc*)* (řádný) člen **4** inf *(chap)* kluk, chlap, expr patron; **a great** or **splendid f.** pašák, výborný kluk, frajer; **a jolly f.** veselá kopa; **a poor f.** ubožák, chudák; **a dangerous f.** nebezpečný chlap

fellowship ['feləušip] n **1** *(comradeship)* kamarádství, přátelství; **f. in crime** spoluúčast na zločinu **2** *(society)* asociace, svaz **3** Univ *(scholarship)* postgraduální stipendium

felon ['felən] n Jur zločinec, expr lotr

felony ['feləni] n Jur fml těžký zločin např. vražda, žhářství, loupežné přepadení

felt$_1$ [felt] pt, pp of **feel**

felt$_2$ [felt] n Text plsť ■ **f. hat** plstěný klobouk

felt-pen [felt'pen], **felt-tip** [felt'tip], **felt-tipped pen** [felttipt'pen] n fix

fem abbr of **female, feminine** ženský

female ['fi:meil] adj **1** *(voice, logic, mentality* etc*)* ženský; **male and f. patients** pacienti a pacientky ♦ **the f. touch** ženská ruka **2** *(of animals, plants)* samičí; **f. dog** psice, fena; **a f. giraffe** žirafa, žirafí samice ● n **1** *(woman)* often pej žena, ženská; **a dumb f.** (hloupá) káča **2** Zool samice

feminine ['femənin] adj **1** ženský; **f. charms** ženské půvaby; **f. rhyme** ženský rým **2** Gram *(gender)* ženský ● n Gram *(f. gender)* ženský rod, femininum

femininity [femə'ninəti] n ženství, ženskost

feminism ['femənizəm] n feminismus

feminist ['femənist] adj feministický ● n feministka

femur ['fi:mə(r)] n (pl **~s,** or **femora** ['femərə]) Anat stehenní kost

fen [fen] n bažina, močál; **the Fens** bažinaté pláně ve Východní Anglii

fence$_1$ [fens] n **1** plot, ohrada, oplocení ♦ **sit on the f.** váhat, být nerozhodný, hrát to na obě strany; **come down on the right side of the f.** přidat se k vítězné straně **2** *(horseriding)* překážka **3** sl přechovávač kradeného zboží ● **I** vt **1** oplotit **2** obchodovat s kradeným zbožím **II** phr vs ■ **fence in** vt oplotit, ohradit, obehnat plotem ■ **fence off** vt oddělit plotem

fence$_2$ [fens] vi **1** Sport šermovat **2** fig vytáčet se, odpovídat vyhýbavě

fencer ['fensə(r)] n šermíř

fencing$_1$ ['fensiŋ] n **1** *(fence)* oplocení **2** *(material)* materiál na stavbu plotu; **wire f.** drátěné pletivo

fencing$_2$ ['fensiŋ] n Sport šerm, šermování

fend [fend] **I** vi **f. for o.s.** starat se o sebe (sám), protloukat se bez cizí pomoci **II** phr v ■ **fend off** vt *(blow, attack)* odrazit; *(question)* vyhnout se čemu

fender ['fendə(r)] n **1** *(for fireplace)* plechová ohrádka u krbu **2** Amer Aut blatník

fennel ['fenəl] n Bot fenykl

ferment ['fə:mənt] n **1** kvas; *(~ation)* kvašení, fermentace, kvasný proces **2** fig *(social, political)* neklid; **the nation is in f.** v národě to vře or kvasí ● [fə'ment] **I** vi kvasit **II** vt nechat kvasit, podrobit kvašení

fermentation [fə:mən'teišn] n **1** fermentace, kvašení **2** fig *(excitement)* rozruch; Pol vření

fern [fə:n] n Bot *(plant)* kapradina; collect kapradí

ferocious [fə'rəušəs] adj *(beast)* dravý, krvelačný, *(dog)* zlý; *(battle)* lítý, zuřivý; *(look, glance)* zuřivý; *(criticism)* ostrý; *(attack)* prudký ■ **~ly** adv zuřivě, lítě

ferocity [fə'rosəti] n zuřivost, dravost; prudkost; cf **ferocious**

ferret ['ferit] n Zool fretka ● **I** vi inf **f. about somewhere** prohrabávat se kde **II** phr v ■ **ferret out** vt *(secret etc)* vyčenichat, odhalit

ferrous ['ferəs] adj *(containing iron)* železný; Chem *(oxide etc)* železnatý; **f. and non-f. metals** černé a barevné kovy

ferry ['feri] n *(small)* pramice; *(large)* trajekt ● vt *(across a river)* převézt, převážet; *(transport)* vozit, rozvážet

ferryboat ['feribəut] n trajekt, převozní loď, ferry

ferryman ['ferimən] n (pl **-men**) převozník

fertile ['fə:tail] adj *(soil)* úrodný, plodný; *(woman, life, author)* plodný; **a f. imagination** bujná fantazie or obrazotvornost

fertility [fə'tiləti] n *(of soil)* úrodnost, plodnost; *(of woman, author)* plodnost ■ **f. drug** lék na léčení neplodnosti; **f. symbol** symbol plodnosti

fertilization [fə:təlai'zeišn] n oplodnění; *(of soil)* (po)hnojení

fertilize ['fə:təlaiz] vt **1** Biol *(female animal, egg, plant)* oplodnit **2** *(soil)* (po)hnojit

fertilizer ['fə:təlaizə(r)] n umělé hnojivo; **nitrogen ~s** dusíkatá hnojiva

fervent ['fə:vənt], **fervid** ['fə:vid] adj vášnivý, zanícený, náruživý; *(wish)* horoucí, vroucí; *(appeal)* plamenný

fervour, Amer **fervor** ['fə:və(r)] n vášnivost, zanícenost; vroucnost; cf **fervent**

fester ['festə(r)] vi Med hnisat, podbírat se; **a ~ing wound** hnisající rána also fig

festival ['festivl] n **1** esp Relig svátek, svátky, slavnost(i) **2** *(of music, drama etc)* festival; **film f.** filmový festival

festive ['festiv] adj slavnostní; **the f. season** svátky, období svátků; **be in a f. mood** být slavnostně naladěný, být v povznesené náladě

festivity [fe'stivəti] n **1** *(merrymaking)* zábava, veselí, radovánky **2** **festivities** *(celebrations)* slavnost, veselice

festoon [fe'stu:n] n girlanda, ověnčení, věncoví, ozdobný řetěz ● vt vyzdobit, ozdobit girlandami ap., ověnčit

fetal ['fi:tl] Amer; see **foetal**

fetch [feč] **I** vt **1** *(go and get)* zajít pro, (za)skočit pro, zaběhnout pro, *(collect)* vyzvednout; *(person also)* přivést, *(by vehicle)* přivézt; **f. a doctor** zajděte pro lékaře **2** Comm vynést; **the picture should f. a high price** za ten obraz bych/ bys etc měl dostat spoustu peněz **3** dated **f. a sigh/ groan** vzdechnout si/ zasténat **4** inf **f. sb a blow** jednu komu vrazit **II** vi **1 f.!** *(to dog)* aport!, přines! **2 f. and carry for sb** dělat komu poslíčka, otročit komu fig **III** phr v ■ **fetch up** vi Naut **f. up at a port** přistát v přístavu

fetching ['fečiŋ] adj kouzelný, svůdný; *(hat also)* rozkošný

fete, fête [feit] n slavnost; **village f.** venkovská slavnost, posvícení, pouť

fetid ['fetid] adj páchnoucí, smrdutý

fetish ['fetiš] n fetiš; **make a f. of sth** být čím posedlý, být na co fixován

fetishism ['fetišizəm] n fetišismus

fetishist ['fetišist] n fetišista

fetlock ['fetlok] n *(of horse: tuft of hair)* rousy, *(joint)* kotník koně

fetter ['fetə(r)] n usu pl **~s** okovy, pouta; **~s of matrimony** joc manželské okovy or jho; **in ~s** v okovech; **burst one's ~s** rozbít okovy, osvobodit se ze jha ● vt spoutat, nasadit komu pouta

fettle ['fetl] n **be in fine** or **good f.** být ve (výborné) formě, být naprosto fit

fetus ['fi:təs] Amer see **foetus**

feud [fju:d] n spor, svár, hádka; **blood f.** krevní msta; **have a f. with sb** být s kým znepřátelen ● vi vadit se, hádat se

feudal ['fju:dl] adj feudální; **f. lord** lenní

feudalism ['fju:dəlizəm] n feudalismus

fever ['fi:və(r)] n **1** Med horečka, teplota; **yellow/ marsh f.** žlutá/ bahenní zimnice; **have a f.** mít teplotu **2** fig horečka, vzrušení; **election f.** volební horečka; **travel f.** cestovní horečka; **be in a f. of impatience** být horečně netrpělivý

feverish ['fi:vəriš] adj Med horečný, horečnatý, zimničný; *(activity)* horečný; **be f.** mít horečku

feverishness ['fi:vərišnəs] n horečnost, horečn(at)ý stav

few [fju:] adj **1** *(not many)* málo; **f. people** málo lidí, málokdo; **have f. friends** mít málo přátel; **we are very f.** je nás moc málo; **a man of f. words** málomluvný člověk ♦ **f. and far between** nečetný, vzácný, řídký; **good actors are f. and far between** dobrých herců je málo or pořídku **2** *(some)* několik, pár; **a f. people** několik lidí; **quite a f. people** dost lidí, nemálo lidí; **a f. words of welcome** několik slov na uvítanou; **every f. minutes** každých pár minut; **in the next f. days** v nejbližších dnech; **in the last f. years** v posledních letech ● pron **1** *(not many)* málo; **f. of them** málo z nich; **there are very f. of us** je nás moc málo; **the lucky f.** těch několik málo šťastlivců; **there are precious f. of them left** zbylo jich jen velmi málo **2** *(some)* několik, pár; **a f. of them** několik z nich; **quite a f. of them, a good f. of them** spousta z nich, celá řada z nich ♦ **I have had a f. drinks** trochu jsem si přihnul

fewer ['fju:ə(r)] comp of **few** méně; **f. and f.** méně a méně, stále méně; **no f. than twenty** aspoň dvacet; **there are three pupils f.** ubyli tři žáci

fewest ['fju:ist] superl of **few** nejméně; **the f. people possible** co nejméně lidí

fez [fez] n fez

fiancé [fi'onsei] n snoubenec

fiancée [fi'onsei] n snoubenka

fiasco [fi'æskəu] n (pl **~s**) fiasko, naprostý nezdar; **it was a f.** dopadlo to hrozně

fib [fib] n inf drobná lež, podfuk ● vi (**-bb-**) lhát

fibber ['fibə(r)] n lhář, prášil

fibre, Amer **fiber** ['faibə(r)] n vlákno; **man-made f.** umělé vlákno; **dietary f.** vláknina; fig **moral f.** morální podstata, charakter ■ **f. optics** vláknová optika

fibreglass, Amer **fiberglass** ['faibəgla:s] n sklolaminát

fibrositis [faibrə'saitis] n Med zánět vazivové tkáně

fibrous ['faibrəs] adj vláknitý

fickle ['fikl] adj nestálý, vrtošivý, přelétavý; *(weather)* nestálý, aprílový

fickleness ['fiklnəs] n nestálost, náladovost, vrtkavost

fiction ['fikšn] n **1** Liter beletrie; **science f.** vědecko-fantastická literatura **2** *(invention)* fikce, výmysl, výplod fantazie

fictional ['fikšənəl] adj beletristický, románový

fictitious [fik'tišəs] adj fiktivní, smyšlený

fiddle ['fidl] n **1** inf housle, skřipky inf ♦ **be as fit as a f.** být zdravý jako hřib or buk; **play second f.** fig hrát druhé housle; **have a face as long as a f.** tvářit se jako funebrák **2** sl švindl, podvod, podfuk; **tax f.** daňový podvod ♦ **be on the f.** fixlovat, (za)švindlovat ● **I** vt **1** *(tax return, account)* zešvindlovat **2** *(tune)* zafidlat **II** vi **1** Mus fidlat, hrát na housle **2** *(fidget)* **f. with sth** *(watch, glasses* etc*)* hrát si s čím **3 f. about** or **around with sth** piplat se s čím

fiddler ['fidlə(r)] n **1** Mus inf houslista, pej šumař **2** *(swindler)* podfukář, podvodník

fiddly ['fidli] adj inf piplavý, nimravý; **a f. job** babračka

fidelity [fi'deləti] n věrnost; *(accuracy* also*)* přesnost ■ **high f.** hi-fi např. akustický záznam, nahrávka, špičkový

fidget ['fidžit] vi **1** *(move about)* vrtět se, mlít se, ošívat se; **stop ~ing!** přestaň se vrtět! **2 f. with sth** hrát si s čím ● n **1** neposeda **2 get the ~s** znervóznět, nemít stání

fidgety ['fidžəti] adj neposedný, nervózní, nepokojný

field [fi:ld] n **1** Agr pole; *(meadow)* louka; **potato f.** bramborové pole, bramboriště; **work in the ~s** pracovat na poli ■ **f. crops** polní plodiny **2** Mil bitevní pole, bojiště ■ **f. glasses** triedr; **f. kitchen/ uniform/ marshal** polní kuchyně/ uniforma/ maršál **3** *(oilf.)* pole; *(coalf.)* pole, pánev; **gold f.** naleziště zlata **4** *(ground)* Sport hřiště, hrací plocha; **send a player off the f.** vyloučit hráče ■ **f. hockey** Amer pozemní hokej **5** *(domain)* obor, oblast, specializace; **he's very good in his f.** vyniká ve své specializaci **6 magnetic/ gravitational f.** magnetické/ gravitační pole; **the f. of vision** zorné pole, dohled **7** Sport *(competitors)* pole závodníků, účastníci soutěže or závodu

♦ **play the f.** esp Amer hrát to na všechny strany ● **I** vt **1** Cricket, Baseball *(ball)* chytit (a vrátit) **2** *(team)* postavit (**a strong team** silné mužstvo) **II** vi Cricket, Baseball hrát v poli

field day ['fi:lddei] n Mil polní cvičení, manévry ♦ **have a f. day** fig *(enjoy oneself)* být ve svém živlu

fielder ['fi:ldə(r)] n Cricket, Baseball hráč v poli, polař

fieldfare ['fi:ldfeə(r)] n Orn kvíčala

fieldmouse ['fi:ldmaus] n (pl **-mice** ['fi:ldmais]) Zool hraboš polní

fiend ['fi:nd] n **1** *(devil)* démon, satan, zloduch **2** *(fanatic)* horlivec, vášnivý stoupenec, vyznavač; **be a fresh air f.** propagovat pobyt na čerstvém vzduchu

fiendish ['fi:ndiš] adj **1** inf ďábelský; *(cruelty)* nelidský **2** *(complicated)* démonický, nesmírně spletitý **3** *(very bad: weather)* otřesný, příšerný

fierce [fiəs] adj *(animal, look)* zuřivý, vzteklý; *(person)* prudký, krutý; *(temper)* prudký; *(argument)* bouřlivý; *(battle)* lítý, urputný, úporný; *(competition)* ostrý, dravý; *(heat, cold)* nesnesitelný; *(wind)* prudký

fierceness ['fiəsnəs] n zuřivost; prudkost; dravost; cf also **fierce**

fiery ['faiəri] adj **1** *(person)* horkokrevný, prchlivý, temperamentní; *(temperament)* prudký **2** *(colour)* ohnivý, ohnivě rudý; **f. red hair** vlasy rudé jako oheň **3** *(speech, words)* ohnivý

fife [faif] n Mus příčná píšťala, flétnička

fifteen [fif'ti:n] adj patnáct; **he is f.** je mu patnáct ● n *(number 15; rugby Union team)* patnáctka

fifteenth [fif'ti:nθ] adj patnáctý; **the f. of May** patnáctého května ● n patnáctý v řadě; *(fraction)* patnáctina

fifth [fifθ] adj pátý; Pol **a f. column** pátá kolona; **the f. of March** pátého března ● n **1** pátý v řadě **2** *(fraction)* pětina; **two ~s** dvě pětiny **3** Mus kvinta

fifth-former ['fifθfo:mə(r)] n Br páťák žák pátého ročníku střední školy ≅ septimán

fifthly ['fifθli] adv za páté při výčtu

fiftieth ['fiftiəθ] adj padesátý ● n padesátý v řadě; *(fraction)* padesátina

fifty ['fifti] adj padesát; **she is f.** je jí padesát ● n padesátka; **the fifties** *(years)* padesátá léta; **he is in his fifties** je mu mezi padesáti a šedesáti

fifty-fifty [fifti'fifti] adj, adv napůl, rovným dílem; **go f.-f.** jít na polovic, rozdělit se rovným dílem

fig$_1$ [fig] n Bot **1** *(fruit)* fík ♦ **I don't care a f. (for it)** inf ani zbla mi na tom nezáleží, může mi to být ukradený **2** also **f. tree** fíkovník

fig$_2$ [fig] abbr of **figure** (**3**) obr.

fight [fait] n **1** *(brawl)* rvačka, bitka, pranice; Box (rohovnický) zápas; Mil boj; **a f. at close quarters** boj zblízka; **have a f.** porvat se (**with sb** s kým), poprat se, servat se; **a f. to the finish** boj na život a na smrt; **pick a f.** vyvolat rvačku **2** fig *(struggle)* boj; **the f. for survival** boj a bytí a nebytí; **the f. against poverty** boj s bídou **3** *(quarrel)* hádka, spor **4** *(spirit)* bojovnost; **there is no f. left in him** ztratil bojovnost ● v (pt, pp **fought** [fo:t]) **I** vt **1** **f. sb** bít se or rvát se or prát se s kým, Box etc utkat se s kým; **f. an enemy** bojovat proti nepříteli **2** fig **f. sth** *(poverty, corruption* etc*)* bojovat proti čemu **3** Mil *(war)* vést; *(battle)* svést, utkat se v čem; Jur **f. sb in the courts** soudit se s kým; Pol **f. an election** kandidovat ve volbách ♦ **f. a losing battle** fig bojovat prohranou bitvu **4** **f. one's way through the crowd** prodírat se davem **II** vi **1** *(physically)* bít se, rvát se; **they fought like cat and dog** rvali se jako psi; **f. tooth and nail** bít se jako zběsilý **2** *(quarrel)* hádat se; **f. over sth** hádat se o co **3** *(struggle)* **f. for/ against sth** bojovat za co/ proti čemu; **f. for one's life** bojovat o život; **f. for sb** bojovat za koho; **f. shy of sth** vyhnout se čemu **III** phr vs ▪ **fight back** *I* vi bránit se, postavit se na odpor; *(after illness)* postavit se opět na nohy, nabýt opět sil *II* vt *(tears)* zadržet ▪ **fight down** vt *(fear, anxiety)* potlačit, přemoci ▪ **fight off** vt *(attack)* odrazit; *(fatigue)* přemáhat; *(cold)* ubránit se čemu ▪ **fight on** vi bojovat dál, pokračovat v boji ▪ **fight out** vt **f. it out** rozdat si to spolu

fighter ['faitə(r)] n **1** bojovník, Box boxer; **fire f.** hasič; **Resistance f.** odbojář ▪ **f. plane** stíhačka; **f. pilot** stíhač, stíhací letec

fighting ['faitiŋ] adj bojovný, bojechtivý; *(stance)* bojový; *(chance)* realistický; **be f. fit** být bojeschopný, Box být ve vrcholné formě; **f. words** verbální útok ● n Mil boj (**on two fronts** na dvou frontách); **hand-to-hand f.** boj muže proti muži

fig leaf ['figli:f] n (pl **-leaves** [-li:vz]) fíkový list also fig

figment ['figmənt] n **a f. of sb's imagination** výplod fantazie

figurative ['figərətiv] adj Ling *(meaning* etc*)* přenesený, obrazný ▪ **~ly** obrazně; **~ly speaking** obrazně řečeno

figure ['figə(r); Amer 'figjər] n **1** *(number)* číslice, číslo; *(digit)* cifra; *(sum)* částka, suma; **reliable ~s** spolehlivé údaje; **in round ~s** zaokrouhleně; **express sth in ~s** vyjádřit něco číselně **2** **~s** počty; **be good at ~s** být dobrý počtář **3** *(in text)* obrázek, ilustrace, diagram; Geom obrazec **4** *(human form)* figura; *(shape)* figura, postava, linie; **she has a nice f.** má hezkou postavu; **watch one's f.** dávat si pozor na linii **5** *(personality)* osobnost, veličina; **the leading artistic/ political f.** vedoucí umělecká/ politická osobnost; **be a f. of fun** být terčem posměchu **6** Liter postava **7** **f. of speech** řečnická figura; **it's just a f. of speech** to se jen tak říká ● **I** vt Amer inf *(think)* **I f. it's time to get up** myslím, že bych/ bys etc měl vstávat **II** vi **1** *(appear)* **f. on a list** být or figurovat na seznamu **2** Amer inf **that ~s** to se rozumí **III** phr vs ■ **figure on** vt **f. on sth** esp Amer počítat s čím, spoléhat se na co ■ **figure out** vt vypočítat; *(problem)* vyřešit, rozřešit; **I can't f. him out** nevím, co si o něm mám myslet, nemohu se v něm vyznat

figurehead ['figəhed] n Naut figura na přídi; fig loutka, panák, nastrčená figura

Fiji ['fi:dži:, fi:'dži:] n Geog Fidži

Fijian [fi'dži:ən, fi:'dži:ən] adj fidžijský ● n Fidžijec/ Fidžijka

filament ['filəmənt] n **1** Elec (žhavicí) vlákno **2** Bot vlákno tyčinky

filch [filč] vt sl *(steal)* štípnout

file$_1$ [fail] n *(tool)* pilník; **nail f.** pilníček na nehty ● **I** vt pilovat, opilovat **II** phr vs ■ **file away** vt upilovat ■ **file down** vt zpilovat, opilovat

file$_2$ [fail] n **1** *(folder)* šanon, mapa, pořadač, fascikl; *(documents)* spis, akta; *(for card index)* kartotéka; **be on f.** být v evidenci, být zaregistrován; **card index f.** lístkovnice, kartotéka **2** Comput soubor ■ **f. organization** uspořádání souboru ● **I** vt **1** *(document etc)* zařadit (do evidence), založit; *(in card index)* zařadit do kartotéky **2** Jur **f. a petition for divorce** požádat o rozvod; **f. an appeal against a sentence** podat odvolání proti rozsudku **II** phr v ■ **file away** vt uložit ad akta

file$_3$ [fail] n řada, Mil zástup; **double f.** dvojstup; *(march)* **in single f.** v zástupu, inf husím pochodem ● vi **f. past** pochodovat kolem, defilovat

filet ['filei] Amer see **fillet**

filibuster ['filibastə(r)] n esp Amer **1** Parl obstrukčník/ obstrukčnice **2** Parl obstrukce, obstrukční řeč ● vi Parl dělat obstrukci

filibustering ['filibastəriŋ] n Parl Pol esp Amer obstrukcionismus

filigree ['filigri:] n filigrán

filing ['failiŋ] adj **f. cabinet** kartotéka, registratura; **f. clerk** pracovník v registratuře, dated registrátor

filings ['failiŋz] n pl; kovové piliny

Filipino [fili'pi:nəu] n Filipínec/ Filipínka

fill [fil] **I** vt **1** (na)plnit; *(pour)* nalít; *(bath with water)* napustit; *(gap)* zaplnit; *(a sack)* nasypat co do čeho; *(sth into sacks)* napytlovat; *(hole)* vyplnit, *(with putty)* zatmelit, *(with plaster)* zasádrovat; *(sails: of wind)* nadmout; fig **be ~ed with indignation** být pobouřen; **it ~ed him with bitterness** roztrpčilo ho to **2** *(post, job)* obsadit ♦ **f. sb's shoes** fig převzít po kom funkci **3** *(time)* vyplnit **4** *(load)* naložit **5** Dent (za)plombovat **6** Cook nadít, nadívat, plnit **II** vi naplnit se, *(hall also)* zaplnit se; *(sails)* nadmout se; fig **her eyes ~ed with tears** oči se jí zalily slzami **III** phr vs ■ **fill in** *I* vt **1** *(hole, gap)* vyplnit; **f. in a form** vyplnit formulář **2** *(time)* vyplnit, krátit si **3** **f. sb in on sth** inf informovat koho o čem; říct komu, co je nového *II* vi **f. in for sb** zastupovat koho, zaskočit za koho ■ **fill out** *I* vt Amer *(form)* vyplnit; *(essay etc)* rozvinout, rozšířit *II* vi **1** *(sails)* vzdout se, vydout se **2** *(person)* ztloustnout, zakulatit se ■ **fill up** *I* vt **1** naplnit; *(glass also)* dolít; *(battery)* doplnit; *(crater)* zahrnout, zaházet, zasypat; *(page)* zaplnit, vyplnit; Aut **f. it up** dejte mi plnou nádrž **2** *(form)* vyplnit *II* vi **1** *(room)* zaplnit se (lidmi) **2** Aut **f. up (with petrol)** natankovat ● n **eat one's f.** najíst se do sytosti; **drink one's f.** vypít co hrdlo ráčí; **have one's f. of sth** užít si čeho (až až)

filler ['filə(r)] n **1** *(funnel)* nálevka **2** Build *(for cracks)* tmel, plnivo **3** *(to increase size)* vycpávka

fillet ['filit] n **1** Cook filé; **~s of veal** telecí medailónky **2** *(headband)* stuha

filling ['filiŋ] adj **1** *(food)* sytý, sytivý **2** **f. station** benzínová pumpa ● n **1** *(stuffing)* nádivka; *(for cake, chocolate, pie)* náplň; **with a chocolate f.** s čokoládovou náplní **2** Dent plomba

fillip ['filip] n stimul, povzbuzení; **give a f. to sth** *(business etc)* stimulovat co, popohnat co

filly ['fili] n Zool (pl **-lies**) **1** *(horse)* klisnička, kobylka **2** inf dated joc *(girl)* holka

film [film] n **1** Cine film; **animated/ silent f.** kreslený/ němý film; **documentary/ feature f.** dokumentární/ celovečerní film; **make a f.** natočit film; **make a f. of sth** nafilmovat or natočit co; **show a f.** dávat or promítat film ■ **f. archives** filmový archív; **a f. clip** filmový šot; **f. distributors** půjčovna filmů; **the f. industry** kinematografie, filmový průmysl; **f. maker** filmař; **f. studio** filmový ateliér; **f. version** filmový přepis **2** Phot film; **35-mm f.** kinofilm; **put a f. into a camera** založit do aparátu film ■ **f. strip** diafilm **3** *(of dust)* vrstva, vrstvička; *(of membrane)* blána; *(of smoke)* clona; **a f. of mist** mlžný opar ● **I** vt (na)filmovat, zfilmovat **II** vi filmovat, natáčet **III** phr v ■ **film over** vi *(eyes)* zakalit se

filter ['filtə(r)] n filtr; **air f.** vzduchový filtr ■ **f. cigarette** cigareta s filtrem; **f. paper** filtrační papír; **f. lane** Aut pruh pro odbočování ● **I** vt *(liquid, air)* filtrovat, *(liquid* also*)* procezovat, (s)cedit **II** vi **1** Aut **f. to the right/ left** odbočovat napravo/ nalevo ve směru šipky **2** *(water)* prosakovat, pronikat (**through sth** čím) **III** phr v ■ **filter through** vi *(news)* rozšířit se

filter tip ['filtətip] n (cigaretový) filtr; *(cigarette)* cigareta s filtrem

filter-tipped ['filtətipt] adj *(cigarette)* s filtrem

filth [filθ] n (odporná) špína; *(obscene language)* sprostota, oplzlost; *(obscene literature)* sviňárna, prasečinka

filthy ['filθi] adj (**-ier**, **-iest**) **1** (odporně) špinavý; *(neck)* špinavý jako bota **2** *(obscene)* oplzlý, sprostý **3** inf *(weather)* hnusný, ohyzdný; **be f. rich** inf mít peněz jako želez or vulg jako sraček; **give sb a f. look** zle se na koho podívat

fin [fin] n *(of fish)* ploutev; Aviat směrový stabilizátor; *(of radiator)* žebro

final ['fainl] adj *(last)* poslední, konečný, definitivní; *(deadline* also*)* neodvolatelný; **the f. encounter** poslední bitva; **f. homage** poslední pocta; **have the f. say** mít poslední slovo; **and that's f.** a to je mé poslední slovo ● n **1** Sport (also **~s**) finále; **make the ~s** dostat se do finále **2** Univ **~s** závěrečné zkoušky, státnice; **sit** or **take one's ~s** skládat závěrečné zkoušky

finale [fi'na:li] n Mus finále

finalist ['fainəlist] n finalista, účastník finále

finalize ['fainəlaiz] vt dovést do konce; *(deal)* uzavřít; *(arrangements)* dokončit

finally ['fainəli] adv **1** *(at last)* konečně **2** *(lastly)* nakonec, konečně **3** *(definitively)* s konečnou platností, definitivně

finance ['fainæns, fi'næns] n **1** finance; **high f.** velkokapitál; **Minister of F.** ministr financí **2** **~s** *(money)* peníze, finance ● [fai'næns] vt financovat

financial [fai'nænšl, fi'nænšl] adj finanční, peněžní, peněžitý; **f. circles** finanční kruhy; **f. circumstances** majetkové poměry; **f. problems** materiální problémy; **f. expert** finančník; **f. year** fiskální rok

financier [fai'nænsiə(r), Amer finən'siər] n finančník

financing [fai'nænsiŋ, fi'nænsiŋ] n financování

finch [finč] n Orn pěnkava

find [faind] n nález, objev; **archeological ~s** vykopávky ● v (pt, pp **found**) **I** vt **1** *(discover unexpectedly)* najít, nalézt; **f. a £10 note** najít desetilibrovku; **find sb at home, find sb in** zastihnout or zastat koho doma; **f. sb out, find sb away** nezastihnout koho doma/ v kanceláři etc; **you must take her as you f. her** musíš ji brát takovou, jaká je **2** *(end up)* octnout se, skončit; **f. oneself in a difficult situation** octnout se v obtížné situaci; **I found myself in Oxford** *(instead of Cambridge)* skončil jsem v Oxfordu; **f. oneself on the horns of a dilemma** stát před dilematem **3** *(discover by searching)* najít, vypátrat, objevit, *(by touch)* nahmatat; **f. page ten** nalistovat stranu deset; **f. oil** objevit naftu ložisko nafty; **f. a cure for cancer** objevit lék na rakovinu; **she is nowhere to be found** není k nalezení; **f. refuge in philosophy** najít útočiště ve filozofii **4** *(obtain)* najít, sehnat, opatřit; **f. sb a job** sehnat or dohodit komu místo; **f. sb a flat** opatřit komu byt; **f. a girlfriend** najít si or namluvit si dívku; **f. the time to do sth** udělat si na co čas; **where shall we f. the money for it?** kde na to vezmeme peníze? **5** *(learn)* zjistit; **I was surprised to f. that ...** s překvapením jsem zjistil, že **6** *(consider)* považovat, shledat, zdát se komu; **I f. it strange** to se mi zdá divné; **I f. it disgusting** hnusí se mi to; **she found it disappointing** zklamalo ji to; **how do you f. this wine?** jak vám chutná toto víno? **7** Jur **f. sb guilty** shledat koho vinným **8** Comput **f. and replace** hledat a zaměnit **9** *(set phrases)* **all found** *(of wages)* s celým zaopatřením; **f. fault with sb** kritizovat koho, šťourat do koho; **f. favour with sb** získat si čí přízeň; **f. oneself** najít se; **f. one's bearings** orientovat se, rozkoukat se; **f. one's feet** orientovat se, rozkoukat se, zaučit se v novém zaměstnání ap., *(become confident)* najít sebedůvěru; **f. it in one's heart to do sth** mít to srdce, že ...; **f. one's way about** *(somewhere)* okoukat se kde; **f. one's way out of sth** vymotat se z čeho **II** vi Jur **f. for/ against sb** rozhodnout pro koho/ proti komu **III** phr v ■ **find out** *I* vt **1** **f. sth out** zjistit něco; **f. out that ...** zjistit, že ... **2** **f. sb out** odhalit koho, prohlédnout čí úmysly, fml demaskovat koho *II* vi **1** *(enquire)* informovat se; **I'll f. out** já se zeptám **2** *(discover the truth)* **I'll f. out** já to zjistím; **she must not f. out** nesmí se to dozvědět

finder ['faində(r)] n **1** nálezce ♦ **~s**

keepers kdo si našel, tomu patří **2** Phot *(lens)* hledáček

finding ['faindiŋ] n nález, zjištění; **~s** *(conclusions, results* usu pl*)* závěry, výsledky

fine$_1$ [fain] n pokuta; **impose a f. on sb** pokutovat koho, vyměřit komu pokutu ● vt **f. sb** pokutovat koho, potrestat koho pokutou; **the court ~d him £50** byl odsouzen k pokutě 50 liber

fine$_2$ [fain] adj **1** *(excellent: painting, performance, athlete* etc*)* vynikající, skvělý; *(beautiful: view)* hezký, pěkný, krásný; *(figure)* ztepilý; *(enjoyable: holiday* etc*)* krásný, senzační (inf); *(wine)* výborný; iron **a f. state of affairs** pěkný pořádek; **a f. kettle of fish** pěkné nadělení; **get o.s. into a f. mess** pěkně si nadrobit; **that's all very f. but ...** to je všechno moc pěkné, ale ... **2** *(exquisite: silk, workmanship)* jemný **3** *(weather)* krásný; **it's a f. day** (dnes) je hezky ♦ **one f. day** jednoho krásného dne; *(I'll be there)* **wet or f.** za každého počasí **4** *(socially refined)* **f. manners** bontón; **play a f. gentleman/ lady** hrát si na velkého pána/ velkou dámu **5** *(of small particles: dust, sand* etc*)* jemný, *(rain* also*)* drobný **6** *(thin: thread)* jemný, tenký; **f. hair** chmýří ♦ **not to put too f. a point on it** řečeno bez obalu, abych to řekl na rovinu **7** *(subtle: distinction* etc*)* jemný; **a f. taste** vytříbený or vybraný vkus; **a f. sense of justice** dokonalý smysl pro spravedlnost; **the f. arts** múzická umění hudba a výtvarné umění **8** *(pure: gold* etc*)* ryzí, čistý **9** *(all right)* výborný; **they are (just) f.** *(glasses* etc*)* jsou výborné; *(won't you take some more?)* **No, I am f.** Ne, už mám dost; **a small snack is f. with me** malá svačinka mi úplně stačí; **that's f. with me** to mi vyhovuje ■ see **finely** ● adv **1** inf *(very well)* výborně; **that suits me f.** to se mi výborně hodí; **I am f.** cítím se skvěle/ mám se skvěle; *(How are you?)* **Fine!** Prima!, Výborně! **2 cut it f., cut things f.** fig přijít na poslední chvíli na autobus, vlak ap. ● **I** vt also **f. down** *(liquid: wine, beer)* čeřit, čistit **II** vi *(liquid)* čeřit se, čistit se

finely ['fainli] adv **1** *(chopped, ground)* jemně **2** *(dressed)* elegantně **3** Aut **f. tuned** přesně seřízený

fine-tooth comb [fain'tu:θkəum] n fig *(go over sth* etc*)* **with a f.-tooth c.** podrobně, do nejmenšího detailu

finery ['fainəri] n parádní šaty or háv, paráda

finesse [fi'nes] n **1** *(skill)* dovednost, šikovnost **2** *(of style)* vytříbenost, vybroušenost **3** *(trick)* finesa, trik

finger ['fiŋgə(r)] n **1** Anat prst; **index f.** ukazováček; **little f.** malíček; **middle f.** prostředníček; **ring f.** prsteník, **cut one's f.** říznout se do prstu; **crack one's ~s** luskat prsty ♦ **he didn't lift a f. to help me** vůbec mi nepomohl, nepohnul pro mě prstem; **have a f. in every pie** do všeho se plést, do všeho se namočit; **have sticky ~s** krást jako straka, mít dlouhé prsty; **his ~s are all thumbs** má obě ruce levé; **I didn't lay a f. on him** ani jsem se ho nedotkl; **keep one's ~s crossed for sb** držet komu palce; **pull your f. out** Br sl hoď sebou, pohni zadkem sl; **put one's f. on sth** vyhmátnout slabinu, příčinu; **twist sb round one's little f.** otočit si koho kolem prstu; **work one's ~s to the bone** (na)dřít se jako kůň **2** sl *(informer)* špicl, fízl ● vt **1** ohmatat; **f. the piano** přeletět prsty po klávesách, zabrnkat na klavír **2** sl *(inform on)* prásknout koho

fingerboard ['fiŋgəbo:d] n Mus hmatník

fingering ['fiŋgəriŋ] n Mus prstoklad

fingernail ['fiŋgəneil] n nehet na ruce

fingerprint ['fiŋgəprint] n otisk prstu; **take sb's ~s** sejmout komu otisky prstů ● vt **f. sb** sejmout komu otisky prstů

fingertip ['fiŋgətip] n koneček prstu ♦ **have sth at one's ~s** mít něco v malíčku, dokonale něco ovládat; **to one's ~s** tělem i duší; **an artist to his ~s** umělec tělem i duší

finicky ['finiki] adj **1** *(person)* pej *(about food)* mlsný, vybíravý; *(about clothes)* úzkostlivý, pedantský **2** *(job)* nimravý, piplavý, titěrný

finish ['finiš] n **1** *(conclusion)* konec; *(of race)* finiš, závěr; **fight to the f.** bojovat až do konce; **be in at the f.** být u čeho v závěrečných fázích **2** *(of industrial product)* (konečná) úprava, provedení; *(of wood surface)* apretura, nátěr ● **I** vt **1** *(complete)* dokončit, ukončit, skončit, dohotovit **2** *(meal)* dojíst, sníst; *(book)* dočíst; *(building)* dostavět; *(studies)* dokončit, absolvovat; **the house is ~ed** dům je hotový; **f. a meal with coffee** zakončit jídlo kávou **3 f. sb (off)** *(exhaust)* vyřídit koho, dát komu zabrat **II** vi skončit; **I'll f. in no time** budu co nevidět hotov; **he ~ed by saying that ...** nakonec řekl, že ...; **f. singing** dozpívat; Sport **f. second/ third** skončit druhý/ třetí **III** phr vs ■ **finish off** *I* vt **1** *(complete)* dokončit, dohotovit; *(picture)* domalovat etc **2** *(meal/ drink)* dojíst/ dopít **3** *(kill)* dorazit **4** *(exhaust)* vyřídit, dát zabrat komu *II* vi skončit ■ **finish up** vi **f. up in jail** skončit ve vězení ■ **finish with** vt **1 f. with sb** *(boyfriend* etc*)* rozejít se s kým **2 f. with sth** *(newspaper* etc*)* už nepotřebovat

finished ['finišt] adj **1** *(product, article)*

hotový 2 inf pred vyčerpaný, vyřízený 3 *(burnt-out: person)* inf pred odbytý, vyřízený, inf namydlený; **he's f. as a politician** jako politik je vyřízený

finishing ['finišiŋ] adj **f. line** cílová čára; **f. school** (dívčí) penzionát 16-18 let; **put the f. touches to sth** dotvořit/ dotvářet co

finite ['fainait] adj konečný; Gram *(verbal form)* určitý, finitní

Finland ['finlənd] n Finsko

Finn [fin] n Fin/ Finka

Finnish ['finiš] adj finský ● n *(language)* finština

Finno-Ugric [finəu'ju:grik] adj ugrofinský ● n *(language)* ugrofinština

fiord ['fi:o:d, fjo:d] n fjord

fir [fə:(r)] n Bot; also **fir tree** jedle

fire ['faiə(r)] n 1 oheň; **make** or **light a f.** rozdělat oheň, *(in a stove)* zatopit v kamnech; **be afraid of f.** bát se ohně; **lay a f.** připravit oheň; **catch f.** vznítit se; **glow of f.** ohnivý žár ♦ **an iron in the f.** želízko v ohni; **play with f.** fig hrát si or zahrávat si s ohněm; **out of the frying pan into the f.** z deště pod okap; **the fat is in the f.** jde do tuhého 2 *(apparatus) (open f.)* krb; **a gas/ electric f.** plynové/ elektrické topítko; **sit by the f.** sedět u krbu; **don't go near the f.** nepřibližuj se k ohni ■ **f. screen** zástěna u kamen 3 *(destructive burning)* požár; **forest ~s** lesní požáry; **tongue of f.** ohnivý jazyk; **report a f.** hlásit požár; **set a house on f.** podpálit dům; **in case of f.** v případě požáru; **by sword and f.** ohněm a mečem; **f.!** hoří! ♦ **get on like a house on f.** výborně si rozumět; **he would go through f. and water for her** skočil by pro ni do ohně ■ **f. alarm** hlásič požáru; **f. brigade,** Amer **f. department** hasičský sbor; **f. extinguisher** hasicí přístroj; **f. drill** protipožární cvičení; **f. hazard** nebezpečí požáru; **f. insurance** pojištění proti požáru; **f. service** protipožární sbor; **f. station** hasičská zbrojnice 4 Mil palba, střelba; **open f.** spustit palbu, začít střílet; **cease f.** zastavit palbu; **a burst of automatic f.** dávka ze samopalu ♦ **baptism of f.** křest ohněm 5 *(enthusiasm)* nadšení ● I vt 1 *(weapon)* vystřelit z čeho; **f. a shot** vypálit ránu; **f. a charge** odpálit nálož ♦ **f. questions at sb** pálit na koho otázky 2 *(dismiss)* inf vyhodit z práce, propustit, dát komu padáka 3 *(pottery)* vypalovat II vi 1 *(shoot)* vystřelit, střílet, pálit (**at sth** na co); **f.!** pal(te)!, pálit! 2 Aut *(engine)* naskočit III phr v ■ **fire away!** vi spusť!, do toho!

firearm ['faiəra:m] n střelná zbraň

fireball ['faiəbo:l] n ohnivá koule; Meteor bolid

firebrand ['faiəbrænd] n fig buřič, pobuřovatel

firebreak ['faiəbreik] n *(in forest)* průsek proti požáru

firebug ['faiəbag] n inf žhář/ -ka, palič/-ka

firecracker ['faiəkrækə(r)] n žabka prskavka

fire-eater ['faiəri:tə(r)] n polykač ohně

fire escape ['faiəriskeip] n nouzový východ pro případ požáru

fire fighter ['faiəfaitə(r)] n *(fireman)* hasič, dated požárník

firefly ['faiəflai] n Zool světluška, svatojánská muška; expr berunka, beruška

fireguard ['faiəga:d] n mříž před krbem

firelighter ['faiəlaitə(r)] n podpalovač, zapalovač k rozdělání ohně

fireman ['faiəmən] n (pl **-men**) hasič, dated požárník

fireplace ['faiəpleis] n krb

fireproof ['faiəpru:f] adj žáruvzdorný, ohnivzdorný

fireside ['faiəsaid] n domácí krb; **sit by the f.** sedět u krbu ■ **f. chat** hovor při krbu

firewater ['faiəwo:tə(r)] n joc inf ohnivá voda

firewood ['faiəwud] n dříví na otop, palivové dřevo

fireworks ['faiəwə:ks] n pl ohňostroj; **verbal f.** fig ohňostroj slov; **there will be f.** fig budou létat jiskry

firing ['faiəriŋ] n Mil střelba, palba ■ **f. line** palebná linie; **f. squad** popravčí četa

firm$_1$ [fə:m] n firma, podnik, závod; **f. of brokers** makléřství; **f. of solicitors** advokátní kancelář

firm$_2$ [fə:m] adj 1 *(ground, muscles)* pevný; *(tone of voice)* energický; *(step)* pevný, rázný; **f. steps** fig rozhodné kroky; **a f. hand** jistá ruka, fig pevná or železná ruka 2 *(belief)* (skálo)pevný; *(decision, friendship, principles)* pevný; *(refusal)* rázný, rozhodný; *(measures)* přísný, rázný; *(warning)* důrazný, důtklivý; *(knowledge)* důkladný, solidní; *(answer)* rezolutní ● adv pevně; **stand f.** být neoblomný; **hold f. to one's principles** držet se pevně svých zásad, lpět na svých zásadách; see also **firmly**

firmament ['fə:məmənt] n **the f.** nebeská báň, obloha

firmly ['fə:mli] adv (see **firm**) pevně, rázně, rozhodně; **he is f. against it** je rozhodně proti tomu; **become f. convinced that ...** utvrdit se v názoru, že ...

firmness ['fə:mnəs] n (see **firm**) pevnost, ráznost, rozhodnost

first [fə:st] adj první; **f. aid** první pomoc; **f. floor** první poschodí, Amer přízemí; Aut **f. gear** jednička; Mil **f. lieutenant** nadporučík;

f. love první láska; **f. name** křestní jméno; Theat **f. night** premiéra; **the f. principles** základní principy; **f. thing in the morning** hned ráno; **he doesn't know the f. thing about it** nemá o tom ani ponětí; Liter **first work** prvotina; **at f. light** za rozednění; **at f. sight** na první pohled; **Charles the F.** Karel První; **for the f. time** poprvé, ponejprv; **f. time I was there** když jsem tam byl poprvé ● adv **1** *(before anyone/ anything else)* nejdříve, nejprve, jako první; **he came f.** *(in the race)* byl první, doběhl jako první; **women and children f.** nejdříve ženy a děti ♦ **f. come f. served** kdo dřív přijde, ten dřív mele **2** *(before all else)* především, nejprve; **f. of all** především; **f. and foremost** především, v první řadě; **I must f. say that ...** musím předeslat, že ... **3** *(for the first time)* ponejprv, poprvé; **when did you f. meet her?** kdy ses s ní setkal poprvé? **4** *(before sth else)* napřed, nejdříve; **I must finish this f.** nejdříve musím dokončit toto **5** *(rather)* spíše, raději; **I'd die f.** to bych raději umřel ● n **1 the f.** první; **she was the f. to come** přišla (jako) první; **the f. of May** prvního května **2 at f.** zprvu, zpočátku, v první chvíli **3** Univ, Br *(class of degree)* **get a f. in English/ German** etc dostat jedničku z angličtiny/ němčiny etc **4** Aut *(gear)* jednička; **go up the hill in f.** jet do kopce jedničkou

firstborn ['fə:stbo:n] adj prvorozený ● n nejstarší syn/ dcera

first-class [fə:st'kla:s] adj **1** *(goods* etc*)* prvotřídní; *(sportsman)* vynikající; Univ **f.-c. honours degree** ≅ červený diplom; pej **a f.-c. rascal** darebák první třídy **2** *(ticket, wagon)* první třídy ● **first class** n Rail etc první třída ● **first class** adv **travel f. class** cestovat první třídou

first-former ['fə:stfo:mə(r)] n Br Sch žák první třídy, prvňák

firsthand [fə:st'hænd] adj, adv *(of information)* z první ruky; *(of experience)* z vlastní zkušenosti; **he had the news f.-h.** měl tu zprávu z první ruky

first-rate [fə:st'reit] adj prvotřídní, skvělý; *(goods* also*)* nejlepší jakosti

fiscal ['fiskl] adj Fin *(year)* fiskální; *(policy* also*)* finanční ● Scot **procurator f.** generální prokurátor

fish [fiš] n (pl **fish** or **fishes**) **1** Zool ryba, ryby; **catch f.** chytat ryby; **be rich in f.** *(lake* etc*)* být bohatý na ryby ♦ fig **he is a queer f.** je to divný pavouk or patron; **be as cold as a f.** být studený jako psí čumák; **drink like a f.** pít jako duha; **(that's) a different kettle of f.** (to je) jiný tabák, to je jiný* kafe; **feel like a f. out of water** cítit se jako ryba na suchu; **a fine** or **pretty kettle of f.** pěkné nadělení ■ **f. farming** rybníkářství, chov ryb; **f. hook** háček na ryby; **f. shop** rybárna, obchod s rybami **2** Cook rybí maso; **f. and chips** (smažená) ryba s hranolky ■ **f. fingers**, Amer **f. sticks** rybí prsty, rybí tyčinky rybí karbanátky ve tvaru tyčinek **3** Astron **the F~es** Ryby souhvězdí ● **I** vi chytat ryby, rybařit; ♦ **f. in troubled waters** lovit v kalných vodách **II** phr vs ■ **fish for** vt **f. for trout** chytat pstruhy; **f. for pearls** lovit perly ♦ **f. for compliments** lovit komplimenty; **f. for an answer** lámat si hlavu s odpovědí ■ **fish out** vt *(pull out: car, body* etc*)* vylovit, vytáhnout z vody

fishbone ['fišbəun] n rybí kost

fishcake ['fiškeik] n rybí karbanátek

fisherman ['fišəmən] n (pl **-men**) rybář; **fishermen's stories** rybářská latina

fishery ['fišəri] n **1** *(fishing industry)* rybolov, rybaření **2** *(fishing ground)* loviště ryb; **deep-sea fisheries** mořská loviště ryb; **coastal fisheries** pobřežní loviště

fishing ['fišiŋ] n rybolov, lov ryb; **deep--sea f.** rybolov na širém moři ■ **f. tackle** rybářské náčiní or potřeby

fishing net ['fišiŋnet] n rybářská síť

fishing rod ['fišiŋrod] n udice

fishmonger ['fišmaŋgə(r)] n Br prodavač ryb; **~'s (shop)** rybárna, prodejna ryb

fishnet ['fišnet] n síťovina ■ **f. stockings** síťované punčochy

fishwife ['fišwaif] n (pl **-wives**) prodavačka ryb; fig pej trhovkyně; **swear like a f.** nadávat jako pohan, mít hubu jako šlejfířka

fishy ['fiši] adj (**-ier**, **-iest**) **1** *(taste, smell* etc*)* rybí **2** fig podezřelý; **there is sth f. going on** tady něco nehraje; **there is sth f. about that man** ten člověk se mi nezamlouvá

fissile ['fisail; Amer 'fisl] adj Phys štěpný (**material** materiál)

fission ['fišn] n **1** Phys štěpení; **nuclear f.** štěpení jádra **2** Biol množení dělením

fissure ['fišə(r)] n trhlina, puklina

fist [fist] n pěst; **clench one's f.** sevřít ruku v pěst; **shake one's f. at sb** (po)hrozit komu pěstí

fistful ['fistful] n hrst; **a f. of nuts** hrst oříšků

fit$_1$ [fit] n **1** Med záchvat; **an epileptic f.**, **a f. of epilepsy** epileptický záchvat, záchvat padoucnice; **a f. of coughing** záchvat kašle ♦ **he'd have a f.** *(if he knew about this)* inf trefil by ho šlak **2** fig **a f. of jealousy/ anger/ rage/ enthusiasm** záchvat žárlivosti/ hněvu/ zuřivosti/ nadšení; **in a f. of temper** ve vzteku; **go into ~s of laughter** válet se smíchy; **by ~s and starts** nárazově, nesoustavně, přerývaně

fit₂ [fit] n *(of clothes)* **be a good/ perfect f.** dobře padnout/ padnout jako ulitý; **be a tight f.** být malý or těsný též o autě ap.; **be a close f.** být přiléhavý ● adj (**-tt-**) **1** *(suitable, suited)* vhodný, schopný, způsobilý; **be f. to eat/ live in/ to be used** být poživatelný/ obyvatelný/ upotřebitelný; **is he f. for the job?** je pro tu práci způsobilý?, má pro tu práci potřebné předpoklady?; **be f. for marriage** být na ženění/ *(woman)* na vdávání; **be f. for play** *(football ground)* být regulérní; **that's all he's f. for** na nic jiného se nehodí; **do as you think f.** dělej, jak rozumíš **2** *(ready)* inf **he laughed f. to burst** smál se, až se za břicho popadal; **he yelled f. to wake the dead** řval, že by mrtvýho* vzbudil inf; **he worked till he was f. to drop** pracoval do úpadu; **he is not f. to drive** není v stavu řídit auto **3** *(in good health)* zdravý, fit, *(sportsman)* fit, ve formě, v (dobré) kondici; **f. as a fiddle** zdravý jako hřib or řípa or buk or rybička; **keep f.** udržovat se v kondici; **survival of the ~test** právo silnějšího ● v (pt, pp **fitted**, Amer also **fit**) **I** vt **1** *(clothes)* **f. sb** padnout or sedět komu; **it ~s him like a glove** padne mu to jako ulité; **the key ~s the lock** klíč se hodí do zámku **2 f. sb for sth** *(clothing)* vyzkoušet komu co; *(he went to the tailor)* **to be ~ted** na zkoušku **3** *(install)* nainstalovat, přimontovat, namontovat; **have a shelf ~ted** dát si připevnit poličku **4** *(equip)* **f. sth with sth** vybavit co čím **5** *(correspond)* odpovídat čemu; **f. the description** odpovídat popisu **6** *(put in)* umístit; **we can f. another three people inside** máme ještě místo pro další dva lidi **II** vi *(be the right size) (clothes)* padnout, sedět; **does it f.?** padne mi to?; **f. into the room/ car** vejít se do místnosti/ do auta; **the lid doesn't f.** to je špatné víko, to není správné víko ♦ **if the cap fits (wear it)** *(of criticism etc)* koho se to týká, ať se podle toho zařídí **III** phr vs ■ **fit in** *I* vt **1** *(find room for)* umístit, vměstnat, vtlačit **2** *(find time for)* najít (si) čas pro, vtěsnat do časového plánu; **he'll f. me in on Friday** najde si pro mě čas v pátek **3** *(install)* zasadit, vsadit, zamontovat *II* vi **1** *(go into place)* vejít se **2** *(ideas, plans)* hodit se; *(with facts etc)* odpovídat skutečnosti **3** *(harmonize: people)* **f. in with sb** dobře si s kým rozumět, dobře s kým vycházet; **he doesn't f. in here** nehodí se sem; **try to f. in with sb** snažit se komu přizpůsobit ■ **fit out** vt *(equip)* **f. sb out** vybavit or vystrojit koho

fitful ['fitfl] adj nárazový, přerývaný; *(sleep)* neklidný, nepokojný ■ **~ly** adv nárazově; neklidně

fitness ['fitnəs] n **1** *(suitability)* vhodnost, způsobilost; **f. for work** práceschopnost **2** *(health)* zdraví, zdatnost; *(condition)* forma, kondice ■ **f. exercises/ training** kondiční cvičení/ trénink

fitted ['fitid] adj vestavěný; **f. wardrobe** vestavěná skříň; **f. kitchen** kuchyňská linka; **f. carpet** koberec položený od stěny ke stěně

fitter ['fitə(r)] n **1** Techn instalatér, montér; **electrical f.** elektrikář; **machine f.** nástrojař, strojní zámečník; **scene f.** kulisář **2** *(for clothes)* krejčí/ švadlena zkoušející oděvy zákazníkům

fitting ['fitiŋ] n **1** *(of clothes)* zkouška; **go for a f.** jít na zkoušku **2** *(fixture)* usu pl **~s** armatura; **light f.** svítidlo; *(pipes, wiring)* instalace; **metal ~s** kování; *(of office)* zařízení, vybavení ● adj **1** *(appropriate)* vhodný, *(remark)* případný, trefný **2** fml *(seemly)* **as is f.** jak se sluší a patří ■ **~ly** adv vhodně; *(answer)* trefně, případně; *(as is f.)* jak se sluší a patří

five [faiv] adj pět; **f. hundred/ thousand pounds** pět set/ tisíc liber ● n pětka; see also **six**

fivefold ['faivfəuld] adj pateronásobný ● adv pateronásobně

fiver ['faivə(r)] n Br pětilibrovka, Amer pětidolarovka; ≡ pětka sl

five-star [faiv'sta:(r)] adj *(hotel)* pětihvězdičkový prvotřídní

five-year ['faivjiə(r)] adj pětiletý; **f.-y. plan** pětiletý plán, Hist pětiletka

fix [fiks] n **1** inf brynda, šlamastyka; **be in a (real) f.** být v (pěkné) bryndě **2** Sport **it is a f.** *(of results)* to je švindl, to bylo předem dohodnuto **3** sl *(of drug)* píchnutí, injekce; **give oneself a f.** sl píchnout si ● **I** vt **1** *(attach)* **a)** upevnit, připevnit (**sth to sth** co k čemu); *(bayonet etc)* nasadit (**on** na), nastrčit; *(with a pin)* napíchnout, připíchnout; *(with plaster)* zasádrovat **b)** fig **f. one's eyes on sb** upřít or upnout na koho pohled, zadívat se na koho; **f. one's attention on sth** upnout or soustředit na co pozornost **2** *(establish) (date etc)* (u)stanovit, určit, dohodnout, smluvit; *(price)* pevně stanovit **3** *(arrange)* zařídit, zorganizovat; *(conditions etc)* vyjednat; **I'll f. it** já to zařídím, já se o to postarám; **I'll f. it with him** já to s ním sfouknu (inf); **there's nothing ~ed yet** nic není ještě (definitivně) rozhodnuto **4** *(repair)* opravit, spravit **5** *(dishonestly:*

result etc*)* (z)falšovat, fixlovat, zašvindlovat; *(elections)* (z)manipulovat **6** *(drink, snack)* esp Amer připravit, udělat (inf) **7** *(hair)* upravit (si) **8** Phot fixovat, ustálit **II** phr v ■ **fix up 1** *(arrange)* see **f.** (**3**); **it's all ~ed up** už je všechno zařízeno **2** *(adapt)* upravit; **f. up a bedroom as an office** zařídit (si) ložnici jako kancelář **3 f. sb up with sth** *(job, flat* etc*)* obstarat komu co, postarat se komu o co

fixation [fik'seišn] n **1** Psych fixace (**on** na); *(obsession)* utkvělá představa; **mother f.** fixace na matku; **a f. about sth** posedlost čím **2** Chem vázání

fixed [fikst] adj **1** *(price)* pevný, paušální; *(capital)* fixní; *(look)* upřený; *(stare)* strnulý, upřený; *(attention)* soustředěný; Chem vázaný (**nitrogen** dusík); **f. idea** utkvělá představa; **f. star** stálice; **draw a f. salary** mít pevný plat **2** inf zfixlovaný, zfalšovaný, *(elections)* zmanipulovaný ■ **~ly** ['fiksidli] adv *(stare)* upřeně; see adj

fixer ['fiksə(r)] n **1** Phot ustalovač **2** pej šmelinář, hochštapler

fixing ['fiksiŋ] adj Phot **f. bath** ustalovací lázeň

fixture ['fiksčə(r)] n **1** *(in building)* **~s** armatura, vybavení připevněné; **plumbing ~s** vodovodní armatury; **lighting ~s** osvětlovací tělesa; **be a f.** *(somewhere: person)* joc patřit k inventáři **2** Sport událost, zápas

fizz [fiz] n šumění, syčení; inf *(soft drink)* sifon, sodovka; *(champagne)* sekt ● vi šumět, syčet

fizziness ['fizinəs] n *(of drink)* šumivost, perlení

fizzle ['fizl] **I** vi *(wine)* perlit; *(gas burner)* syčet **II** phr v ■ **fizzle out** vi *(enthusiasm)* opadnout, *(interest)* rozplynout se; *(plan)* selhat, skončit fiaskem

fizzy ['fizi] adj (**-ier**, **-iest**) adj šumivý; **f. drink** šumivý nápoj, sodovka, *(mineral water)* minerálka; *(wine)* šumivé víno

fjord ['fi:o:d] n fjord

flab [flæb] n inf pej špek, sádlo, špeky; **middle-age f.** náhradní pneumatika fig

flabbergasted ['flæbəga:stid] adj ohromený; **he was f.** byl celý paf, byl jako zkoprnělý

flabby ['flæbi] adj (**-ier**, **-iest**) *(muscles)* ochablý, těstovitý; *(person)* slabošský, zženštilý, laxní; *(literature)* bezvýrazný; **become f.** ochabnout; **he is getting f. round the middle** zakládá si na cejchu sl ■ **flabbily** adv see adj ochable; *(written)* bezvýrazně

flaccid ['flæksid] adj měkký, chabý; *(prose)* mdlý, nanicovatý

flag$_1$ [flæg] n **1** *(emblem of country* etc*)* vlajka, prapor; fml, Mil zástava; *(small)* praporek; **signal f.** signální praporek; **the white f.** bílá vlajka; **hoist/ lower the f.** vztyčit/ spustit vlajku ♦ **keep the f. flying** držet vysoko prapor čeho; **show the f.** dát o sobě vědět, ukázat se **2** *(of taxi)* **taxi with the f. up** volný taxík; **the f. was down** taxík byl obsazený **3** Comput příznak přepínače ● **I** vt *(street, buildings* etc*)* ozdobit vlajkami **II** phr v ■ **flag (down)** vt *(passing taxi, car)* zastavit mávnutím

flag$_2$ [flæg] vi (**-gg-**) **1** *(person; enthusiasm)* ochabnout; *(interest)* (ze)slábnout; *(conversation)* váznout **2** *(plants)* (po)vadnout

flag$_3$ [flæg] n = **flagstone** ● vt vydláždit kamennými dlaždicemi

flagellate ['flædžəleit] vt fml (z)mrskat, (z)bičovat

flagellation [flædžə'leišn] n bičování, mrskání

flagon ['flægən] n **1** *(bottle)* baňatá láhev **2** *(jug)* džbánek na servírování vína

flagpole ['flægpəul] n vlajkový stožár, vlajková žerď

flagrant ['fleigrənt] adj křiklavý, flagrantní, do nebe volající

flagship ['flægšip] n admirálská or vlajková loď (also fig)

flagstone ['flægstəun] n kamenná deska; dlaždice

flail [fleil] n cep ● **I** vt mlátit cepem **II** vi **f. (about)** bušit kolem sebe

flair [fleə(r)] n **1 a f. for sth** nadání or talent na co; **f. for news** nos na zprávy; **have a f. for languages** mít hlavu or talent na jazyky **2** *(elegance)* elegance, švih, inf šmrnc; **dress with f.** oblékat se se šmrncem

flak [flæk] n **1** *(artillery)* protiletadlové dělostřelectvo; *(fire)* protiletadlová palba **2** *(severe criticism)* ostrá kritika; **get a lot of f. for sth** být za co ostře kritizován

flake [fleik] n *(of snow, soap)* vločka; *(of skin, paint)* šupin(k)a ● **I** vi *(paint)* also **f. away** or **off** o(d)lupovat se, oprýskávat/ oprýskat; *(stone, plaster)* udrolit se/ drolit se **II** phr v ■ **flake out** vi inf padnout únavou, *(faint)* poroučet se k zemi, složit se; *(fall asleep)* usnout jako špalek vyčerpáním; **be ~d out** spát jako zabitý

flaky ['fleiki] adj (**-ier**, **-iest**) vločkovitý; Cook *(pastry)* lístkový

flamboyant [flæm'boiənt] adj extravagantní; *(clothes* also*)* křiklavý, nápadný

flame [fleim] n **1** lit plamen, oheň; **the Olympic f.** olympijský oheň; **be in ~s** být v plamenech; **go up in ~s** prudce vzplanout ♦ **add fuel to the ~s** fig přilévat oleje do ohně **2** fig prudký cit; **the f. of passion**

plamen vášně **3** inf *(sweetheart)* **an old f.** stará láska

flameproof ['fleimpru:f] adj ohnivzdorný, nehořlavý

flaming ['fleimiŋ] adj **1** *(fire)* planoucí; *(colour)* ohnivě červený; **be in a f. temper** sršet hněvem, soptit **2** inf zatracený, zpropadený; **you f. idiot** ty hlupáku pitomá

flamingo [flə'miŋgəu] n (pl **~(e)s** [-z]) Orn plameňák

flammable ['flæməbl] adj hořlavý, zápalný

flan [flæn] n koláč; **fruit f.** ovocný koláč s ovocem na povrchu

Flanders ['fla:ndəz] n Flandry

flange [flændž] n *(on wheel)* okolek; Techn příruba

flank [flæŋk] n **1** *(of person, animal)* bok; Zool also slabina **2** Mil strana, křídlo; *(of mountain)* úbočí ■ **a f. attack** boční útok ● vt **1** usu pass **~ed by two policemen** v doprovodu dvou policistů; **be ~ed by** or **with trees** být lemován stromy **2** Mil *(enemy)* obejít z boku

flannel ['flænl] n **1** Tex flanel ■ **f. trousers** flanelové kalhoty **2 (a pair of) ~s** flanelové kalhoty **3** *(face-cloth)* žínka na mytí

flap$_1$ [flæp] v (**-pp-**) **I** vt *(wings)* mávat, třepetat, tlouct čím; *(arms)* mávat čím; *(tail)* mrskat čím **II** vi *(wings)* mávat křídly; *(flag)* pleskat (**against** o) ● n **1** *(of wings)* mávání, tlučení **2** *(of envelope)* patka; *(of jacket, pocket)* klopa; *(of book)* záložka; *(of valve)* klapka

flap$_2$ [flæp] n inf rozruch, panikaření; **don't get into a f.** neplaš se, nenech se vyvést z míry ● vi plašit se, panikařit

flapjack ['flæpdžæk] n Cook esp Amer lívanec

flare [fleə(r)] n **1** vzplanutí, záblesk **2** *(signal)* světelný signál; *(rocket)* osvětlovací raketa, světlice **3 ~s** zvonové kalhoty ● **I** vi **1** *(match)* zasvitnout, rozsvítit se **2** *(skirt, trousers)* rozšiřovat se do zvonu **II** phr v ■ **flare up** vi **1** *(fire)* zaplanout, vyšlehnout, vzplát **2** fig *(fight)* strhnout se; *(anger)* propuknout; *(person)* vztekle vybuchnout, vzplanout hněvem; **f. up at sb** utrhnout se na koho

flared [fleəd] adj *(skirt* etc*)* zvonový

flash [flæš] n **1** *(of light)* záblesk; *(of lightning)* zablesknutí; **there was a f. of lightning** zablesklo se; **be as quick as a f.** být rychlý jako blesk; **in a f.** v cuku letu, bleskurychle ♦ **a f. of inspiration** tvůrčí jiskra; **f. in the pan** jepičí úspěch ■ **f. flood** náhlá záplava **2** Phot blesk **3** TV, Rad **(news) f.** bleskovka, krátká zpráva ● adj Br *(showy)* okázalý, nápadný; *(food)* fajnový ● **I** vt **1 f. a torch on sb** posvítit na koho baterkou; fig **f. one's eyes at sb** hodit po kom pohledem; **f. a smile at sb** zazubit se na koho (inf) **2** *(show briefly: identification card* etc*)* rychle ukázat **II** vi **1** *(light)* zablesknout se, *(diamonds)* zatřpytit se; *(light on police car* etc*)* blikat **2** *(move quickly)* **f. by** *(car* etc*)* mihnout se kolem; **an idea ~ed through his mind that . . .** (pro)blesklo mu hlavou, že . . .

flashback ['flæšbæk] n Film zpětný or retrospektivní záběr; Liter retrospektiva

flashcube ['flæškju:b] n blesková výbojka ve tvaru kostky

flasher ['flæšə(r)] n **1** Aut blikač **2** Br sl exhibicionista

flashing ['flæšiŋ] adj *(light)* blikající ● n **1** Aut blikání, blikavé světlo **2** Br sl exhibicionismus

flashlight ['flæšlait] n **1** Phot blesk **2** Amer baterka

flashy ['flæši] adj (**-ier**, **-iest**) inf křiklavý, okázalý, frajerský

flask [fla:sk] n **1** Chem baňka **2** *(for spirits)* plochá láhev; *(hip flask)* čutora, polní láhev; **thermos f.** termoska

flat [flæt] adj (**-tt-**) **1** *(level, even)* rovný, plochý; *(plate)* mělký; *(land)* rovný, rovinatý; *(stone)* placatý; **have f. feet** mít ploché nohy; **f. as a pancake** rovný jako stůl, placatý jako kámen **2** *(beer)* vyčichlý, zvětralý; *(battery)* vybitý; *(tyre)* splasklý; fig *(dull)* fádní, jednotvárný, monotónní, plochý **3** *(absolute)* absolutní, kategorický, naprostý; **a f. refusal** kategorické or příkré odmítnutí **4** *(rate)* paušální **5** Mus *(sound)* nízký, falešný; *(half a tone lower)* snížený o půl tónu ● adv **1 lay sth f.** položit co do vodorovné polohy; **fall f. on the floor** padnout jak široký tak dlouhý; fig **fall f.** *(joke)* minout se účinkem, vyznít naprázdno **2** *(absolutely)* absolutně, naprosto; **be f. broke** být úplně na dně, být úplně švorcový, nemít ani vindru **3 f. out** *(exhausted)* úplně vyřízený; **go f. out** *(in car)* jet na plný plyn, inf jet na plný* pecky; **work f. out** inf dělat or makat jako šroub **4** Mus **sing f.** zpívat nízko falešně ● n **1** *(of sword)* plochá strana; **the f. of the hand** dlaň **2** *(land)* nížina, rovina **3** *(apartment)* byt; **block of ~s** bytovka, činžák **4** Mus bé, snížený tón o půltónu ■ see also **flatly**

flat-chested [flæt'čestid] adj *(of women)* plochá, mající plochá prsa

flat foot ['flætfut] n sl *(policeman)* polda, fízl

flat-footed [flæt'futid] adj **be f.-footed** mít ploché nohy

flatlet ['flætlit] n Br garsoniéra, malý byt

flatly ['flætli] adv **1** *(refuse, deny)*

kategoricky, rozhodně, rezolutně **2** *(in a flat voice)* monotónně, jednotvárně

flatmate ['flætmeit] n Br spolubydlící

flatness ['flætnəs] n plochost; *(dullness)* monotónnost; jednotvárnost; see also **flat** adj

flatten ['flætn] **I** vt **1** *(make flat)* zploštit, srovnat, uhladit; *(piece of metal)* vyrovnat; **a field of wheat was ~ed by storms** obilí polehlo po bouřkách; **f. oneself against sth** přitlačit se k čemu **2** *(defeat)* rozdrtit; *(demoralize)* zkrušit; **be ~ed** být zkrušený, být zdeptaný **II** vi zploštit se, vyrovnat se

flatter ['flætə(r)] vt **1** (za)lichotit, pochlebovat, podkuřovat komu; **she felt ~ed** zalichotilo jí to; **your invitation ~s me greatly** vaše pozvání je pro mne velmi lichotivé **2 the photo doesn't f. you** ta fotka ti moc nelichotí **3 I f. myself that ...** troufám si tvrdit, že ...

flatterer ['flætərə(r)] n lichotník, pochlebník

flattering ['flætəriŋ] adj inf *(words)* lichotivý, pochlebnický

flattery ['flætəri] n lichocení, lichotky, pochlebování, podkuřování ♦ **f. will get you nowhere** s lichotkami si na mne nepřijdeš

flatulence ['flætjuləns] n nadýmání, plynatost, větry; **suffer from f.** trpět nadýmáním

flatulent ['flætjulənt] adj **1** *(diet)* Med nadýmavý **2** fig *(style)* nabubřelý, pompézní

flaunt [flo:nt] vt předvádět, stavět na odiv, vytahovat se s čím; **f. one's wealth** stavět na odiv své bohatství

flautist ['flo:tist] n flétnista/ flétnistka

flavour, Amer **flavor** ['fleivə(r)] n chuť, příchuť; *(of tea)* aroma; fig atmosféra, přídech; **be full of f.** mít výraznou chuť ● vt ochutit; *(with seasoning)* okořenit

flavoured, Amer **flavored** ['fleivəd] adj ochucený čím; *(in compounds)* **vanilla f. ice cream** zmrzlina s vanilkovou příchutí

flavouring, Amer **flavoring** ['fleivəriŋ] n **1** *(savoury)* koření **2** *(sweet)* tresť, esence

flaw [flo:] n *(fault)* chyba, (zá)vada, nedostatek; *(crack)* defekt; **a hidden f.** skrytá vada

flawless ['flo:ləs] adj dokonalý, bezvadný, bez nejmenší chybičky

flax [flæks] n Bot len

flaxen ['flæksn] adj *(hair)* plavovlasý, jako len, slámově žlutý

flay [flei] vt **1** *(remove skin)* stáhnout kůži z mrtvého zvířete **2** *(beat)* surově zbít; **f. sb alive** fig stáhnout komu kůži z těla **3** fig *(criticize)* strhat (**sb** koho)

flea [fli:] n blecha ♦ **go off with a f. in one's ear** odejít jako zmoklá slepice ■ **f. market** bleší trh; **f. pit** Br pej blechárna kino

fleabag ['fli:bæg] n **1** Amer inf *(cheap hotel* or *cinema)* blechárna **2** Br inf *(unkempt woman)* cuchta

fleabite ['fli:bait] n bleší štípnutí; fig malá nepříjemnost; **it's no more than a f.** to je jako když blecha štípne

flea-bitten ['fli:bitn] adj poštípaný blechami

fleck [flek] n skvrn(k)a; *(of dust)* zrníčko; *(of soot)* saze; **~s of dandruff** lupy

flecked [flekt] adj posázený skvrnami, puntíkovaný, tečkovaný; *(wool)* melírovaný; **white f. with blue** bílá s modrými puntíky; *(sky)* **f. with little clouds** posetý beránky

fled [fled] pt, pp of **flee**

fledg(e)ling ['fledžliŋ] n **1** Orn ptáče začínající létat, ptáčátko **2** *(inexperienced person)* nováček, zelenáč, mladý zajíc ■ **f. actor** začínající herec

flee [fli:] v (pt, pp **fled** [fled]) **I** vi *(escape, run away)* utéci, uprchnout (**from sb** komu/ před kým/ od koho; **from sth** před čím, odkud); **f. to Germany** utéci do Německa **II** vt *(country)* utéci odkud; *(temptation* etc*)* vyhýbat se čemu

fleece [fli:s] n *(of sheep)* (ovčí) vlna, rouno; Myth **the Golden F.** zlaté rouno ● vt **f. sb** *(of his money)* oškubat koho (jako kavku), odřít koho, sedřít z koho kůži

fleecy ['fli:si] adj (**-ier**, **-iest**) *(material)* flaušový, chundelatý, chlupatý; *(soft)* hebký; **f. clouds** beránky, rounovitá oblaka

fleet$_1$ [fli:t] n **1** Naut loďstvo, flotila; **fishing f.** rybářské loďstvo **2** *(of coaches, taxis)* park soubor vozidel, kolona skupina vozidel

fleet$_2$ [fli:t] adj poet hbitý, rychlý; **be f. of foot** být rychlý jako vítr

fleeting ['fli:tiŋ] adj *(happiness)* prchavý; *(glance)* letmý; **a f. visit** letmá or krátká návštěva ■ **~ly** adv krátce, letmo

Fleet Street ['fli:tstri:t] n **1** Fleet Street ulice, kde tradičně sídlily redakce většiny londýnských novin **2** fig londýnský tisk, angličtí/ londýnští novináři

Fleming ['flemiŋ] n Vlám/ -ka

Flemish ['flemiš] adj vlámský ● n **1 the F.** Vlámové **2** *(language)* vlámština

flesh [fleš] n **1** maso; *(of fruit, mushrooms* etc*)* dužnina, maso, *(of plants)* dřeň; **put on f.** přibírat, tloustnout ♦ **a man of f. and blood** člověk z masa a kostí; **be of the same f. and blood** být ze stejné krve; **be a thorn in sb's f.** být komu solí v očích, být komu trnem v oku; **in the f.** osobně přijít ap.; **it makes my f. creep** naskakuje mi z toho husí kůže; **one's own f. and blood** vlastní krev; **to press the f.** Amer inf Pol podávat ruku voličům ap. **2 the f.** *(physical desire)* tělo, chtíč; **mortify the f.** umrtvovat tělo ● phr v ■ **flesh out** *I* vt *(report* etc*)* doplnit/ podepřít fakty, doplnit podrobnostmi *II* vi zakulatit se, (z)tloustnout, (z)baculatět

flesh-coloured ['fleškaləd] adj tělové barvy

fleshly ['flešli] adj fml *(desires)* tělesný, smyslný

fleshy ['fleši] adj (**-ier**, **-iest**) *(lips* etc*)* masitý; *(of fruit, vegetables)* dužnatý

flew [flu:] pt, pp of **fly**

flex$_1$ [fleks] n Elec Br šňůra; kabel

flex$_2$ [fleks] vt *(arm, knee)* ohnout, pokrčit; *(muscle)* napnout

flexible ['fleksəbl] adj **1** *(material)* pružný, ohebný, elastický **2** *(plans)* flexibilní, pružný **3** *(person, team, company)* přizpůsobivý, flexibilní

flexibility [fleksə'biləti] n pružnost; přizpůsobivost; flexibilita; see **flexible**

flexitime ['fleksitaim] n flexibilní pracovní doba

flick [flik] n **1** *(with finger)* cvrnknutí; *(with whip)* šlehnutí lehké; *(of wrist)* trhnutí **2** dated Br inf **the ~s** kino ● **I** vt *(with whip)* šlehnout, švihnout lehce; *(switch)* zapnout **II** phr vs ■ **flick off** vt *(with finger)* odcvrknout; *(cigarette ash)* oklepnout; *(crumbs)* sklepnout, smést ■ **flick on** vt *(switch)* zapnout ■ **flick through** vt *(book)* prolistovat

flicker ['flikə(r)] n *(of light)* kmitání, třepotání; *(of fire)* plápolání; **there was a f. of light** kmitlo se světlo; fig **a f. of hope** jiskřička or záblesk naděje; **not a f. of interest** ani náznak zájmu ● vi *(light)* blikat, třepotat se, kmitat se; *(fire)* plápolat; *(eyes)* mrkat, mrknout; **a smile ~ed about his lips** kolem rtů mu pohrával úsměv

flick-knife ['fliknaif] n Br (pl **-knives** [-naivz]) vystřelovací nůž

flier ['flaiə(r)] n Aviat letec; **(woman) f.** letkyně; fig **a high f.** ctižádostivý a úspěšný člověk

flight$_1$ [flait] n **1** *(of bird, aircraft)* let; *(shoot a bird)* **in f.** za letu; **practice f.** cvičný let; **test f.** zkušební let ■ **f. path** dráha letu **2** *(of arrow, ball, dart: path)* dráha **3** *(journey)* let; **charter f.** speciál; **a nonstop f.** let bez mezipřistání; **space ~s** lety do kosmu; **book a f.** rezervovat si letenku; **have a good f.** (přeji ti) hezký let ■ **f. control** řízení letu; **f. engineer** Techn palubní inženýr/ mechanik; **f. recorder** zapisovací přístroj letový; **f. schedule** letový řád **4** *(group)* *(of aeroplanes)* letka; *(of birds)* hejno **5 a f. of stairs** rameno schodiště mezi dvěma odpočívadly nebo poschodími **6** fig **a f. of fancy** rozlet fantazie; **a f. of thought** myšlenkový rozlet

flight$_2$ [flait] n **1** *(fleeing)* útěk; **headlong f.** (zběsilý) úprk; **take to f.** dát se na útěk; **put the enemy to f.** zahnat nepřítele na útěk **2** Fin **the f. of capital** únik kapitálu ze země

flight deck ['flaitdek] n Aviat *(cockpit)* kabina pilota

flightiness ['flaitinəs] n těkavost, nestálost

flightless ['flaitləs] adj neschopný letu

flighty ['flaiti] adj (**-ier**, **-iest**) adj nestálý, přelétavý, těkavý

flimsiness ['flimzinəs] n chatrnost, nepevnost, chabost; see **flimsy**

flimsy ['flimzi] adj (**-ier**, **-iest**) **1** *(cloth)* tenký, slabý; *(paper)* tenký, průklepový; *(binding)* nekvalitní, ubohý **2** *(structure)* nepevný, chatrný **3** *(excuse)* chabý, nicotný ● n průklep

flinch [flinč] vi **1** *(from pain, fear)* ucuknout, škubnout sebou; **without ~ing** bez mrknutí oka **2 f. from sth** or **from doing sth** *(unpleasant)* couvnout před čím

fling [fliŋ] n **1** hození, mrštění **2** inf **a)** *(good time)* **have one's f.** vydovádět se, užít si; **have one's last f.** ještě si naposled užít; **youth will have its f.** ať se mládí vydovádí **b)** *(affair)* románek; **she is having a f. with him** něco s ním má ● v (pt, pp **flung**) **I** vt **1** *(hurl)* hodit, mrštit, praštit čím; **f. sth down** mrštit čím, pohodit co; **f. sb to the ground** mrštit kým o zem; **he was flung into prison** byl uvržen do vězení **2 f. oneself into sb's arms** vrhnout se komu do náruče; **f. oneself into sth** fig vrhnout se do čeho s energií; **f. oneself at sb** nadbíhat někomu zprav. o ženě **3** fig **f. an insult in sb's face** vmést komu urážku do tváře; **f. down the gauntlet to sb** hodit komu rukavici **II** phr vs ■ **fling off** vt *(pursuers)* setřást; *(coat)* shodit; **f. off one's clothes** v rychlosti se vysvléct ■ **fling on** vt inf *(clothes)* nahodit na sebe ■ **fling out** vt *(get rid off: old furniture* etc*)* vyhodit

flint [flint] n **1** *(stone)* flint odrůda křemene, pazourek; **be as hard as f.** být tvrdý jako křemen or žula **2** *(for cigarette lighter)* kamínek do zapalovače

flintlock ['flintlok] n *(rifle)* puška s křesacím zámkem, mušketa

flip [flip] n **1** *(flick)* cvrnknutí ■ **f. side** rub desky, druhá strana desky s méně atraktivní nahrávkou ● adj inf *(flippant)* prostořeký, neuctivý ● v (**-pp-**) **I** vt **1 f. a coin** hodit si mincí **2** fig **f. one's lid** inf vyletět, vypěnit sl **II** vi sl vypěnit

flip-flop ['flipflop] n **1** (gumový) sandál, vietnamka **2** Gymn salto nazad

flippancy ['flipənsi] n prostořekost, neuctivost; lehkovážnost; see **flippant**

flippant ['flipənt] adj prostořeký, neuctivý, impertinentní; *(attitude)* lehkomyslný, lehkovážný; **a f. remark** impertinentní poznámka

flipper ['flipə(r)] n ploutev též gumová k plavání/ potápění

flirt [flə:t] vi **1** flirtovat, koketovat; **f. with sb** flirtovat or laškovat s kým **2 f. with the idea** *(of doing sth)* pohrávat si or koketovat s myšlenkou, že ...; **f. with Fascism** koketovat s fašismem ● n *(woman)* koketa; *(man)* flirtující muž

flirtation [flə:'teišn] n flirt(ování), koketování; see **flirt**

flirtatious [flə:'teišəs] adj koketní, *(man)* mající rád flirt

flit [flit] n inf přestěhování; **do a moonlight f.** *(move house)* tajně se vystěhovat bez zaplacení nájemného; *(leave)* upláchnout, zmizet po anglicku ● vi (**-tt-**) **1 f. about** poletovat; **f. from flower to flower** přelétat z květiny na květinu; **f. from one thing to another** u ničeho nevydržet; **f. through sb's mind** (Subj: *idea)* prolétnout komu hlavou; **f. across sb's face** (Subj: *smile, look of panic* etc*)* přelétnout po tváři **2** Scot, North E (pře)stěhovat se; pej *(tenant)* vystěhovat se bez placení

float [fləut] n **1** Angling splávek; Techn *(in cistern* etc*)* plovák **2** *(vehicle: in procession)* alegorický vůz; **milk f.** vůz na rozvoz mléka **3** *(money)* drobná hotovost ● **I** vt **1** *(boat)* spustit na vodu; *(logs)* plavit **2** Comm *(company)* založit; *(loan)* vypsat; *(currency)* převést na pohyblivý kurs **II** vi **1** gen *(on water)* vznášet se, plavat na povrchu vody; **f. to the surface** vyplavat na povrch **2** *(currency)* mít pohyblivý kurs **III** phr vs ■ **float around** vi *(rumour)* kolovat ■ **float away** vi uplavat, odplavat

floating ['fləutiŋ] adj *(bridge* etc*)* plovoucí; *(population)* bez stálého bydliště; *(voters)* nestálý; *(capital)* oběžný; *(rate of exchange)* pohyblivý, plovoucí

flock [flok] n **1** *(of sheep)* stádo; *(of geese, birds)* hejno **2** Relig *(congregation)* stádo oveček (dated); **a priest and his f.** kněz a jeho ovečky **3 ~s of people** spousty lidí ● vi **f. together** *(birds)* sletět se; *(people)* shromáždit se; **they ~ed into the room** nahrnuli se do místnosti ♦ **birds of a feather f. together** vrána k vráně sedá

floe [fləu] n (ledová) kra

flog [flog] **I** vt (**-gg-**) **1** bičovat, šlehat, mrskat; *(beat)* (z)bít, (z)řezat; **f. sth to death** *(subject)* do omrzení co omílat ♦ **f. a dead horse** inf zbytečně se namáhat, mlátit prázdnou slámu; **f. oneself to death** inf udřít se k smrti **2** Br sl *(sell)* střelit prodat **II** phr v ■ **flog off** vt Br inf rozprodat

flogging ['flogiŋ] n bičování; bití; **public f.** veřejné bičování

flood [flad] n **1** lit povodeň, záplava, zátopa, příval vody, velká voda; **the F.** Bibl potopa; **catastrophic ~s** povodňová kalamita; **the river is in f.** řeka je rozvodněná **2** fig *(of people, light)* proud, záplava; *(of words)* příval, gejzír; **~s of tears** proudy or potoky slz; **be in ~s of tears** rozplývat se v slzách ● **I** vt zaplavit, zatopit, zalít, zahltit tekutinou; **become ~ed** zalít se; **the room was ~ed with light** pokoj zalilo světlo; **the blood ~ed to his face** do tváře se mu vehnala krev; **f. the market with sth** zaplavit čím trh **II** phr v ■ **flood in** vi (na)hrnout se dovnitř

floodgate ['fladgeit] n stavidlo, povodňová výpust ♦ **open the ~s** dát volný průchod čemu; **open the ~s of one's eloquence** otevřít stavidla své výmluvnosti

flooding ['fladiŋ] n záplava, povodeň; **heavy f.** povodňová kalamita

floodlight ['fladlait] n reflektor k osvětlení stadiónu, budov ap. ● vt (pt, pp **floodlit** ['fladlit]) osvětlit reflektory budovy

floodlighting ['fladlaitiŋ] n slavnostní osvětlení budov ap.

floodlit ['fladlit] adj osvětlený reflektory

floor [flo:(r)] n **1** *(of room)* podlaha; **parquet f.** parketová podlaha; **wooden f.** palubová podlaha; **dance f.** taneční parket; **sit on the f.** sedět na zemi ■ **f. covering** podlahová krytina; **f. polish** pasta na parkety ♦ **wipe the f. with sb** *(in argument)* uzemnit koho **2** *(of sea, cave* etc*)* dno **3** *(storey)* poschodí, etáž; **first f.** Br první poschodí, Amer přízemí; **ground f.** Br přízemí **4 the f.** právo promluvit; **have the f.** mít slovo; **the f. is yours** máte slovo; **take the f.** ujmout se slova; *(dance)* jít tančit ● vt **1** *(room)* položit kde podlahu, opatřit podlahou **2** *(knock down: opponent)* srazit k zemi; *(confuse)* vyvést z konceptu; *(of rejoinder, answer* etc*)* uzemnit

floorboard ['flo:bo:d] n prkno na podlahu, palubka

floor cloth ['flo:kloθ] n hadr na podlahu

flooring ['flo:riŋ] n podlahovina, podlahová krytina

flop [flop] vi (**-pp-**) **1** *(person)* also **f. down** kecnout si, klesnout do křesla ap.; žuchnout (sebou) na postel ap., plácnout sebou do vody, na postel; *(thing)* plesknout, spadnout s plesknutím **2** inf *(performance, play, film)* propadnout ● n inf *(performance)* fiasko, propadák

floppy ['flopi] adj (**-ier, -iest**) **1** poddajný, ohebný; **f. ears** svislé uši **2** Comput **f. disk** pružný disk, disketa ● n Comput pružný disk

flora ['flo:rə] n flóra, květena, rostlinstvo

floral ['flo:rəl] adj **1** *(decoration, tribute)* květinový **2** *(fabric)* s květinovým vzorem

florid ['florid] adj **1** *(style* etc*)* květnatý, okázalý; *(colourful)* pestrobarevný, různobarevný **2** *(ruddy: complexion)* červený, inf růžovoučký

florist ['florist] n květinář/ -ka; **the florist's** květinářství

floss [flos] n surové hedvábí; **candy f.** cukrová vata; **dental f.** hedvábná nit na čištění prostorů mezi zuby

flotation [fləu'teišn] n Comm *(of company)* založení

flotilla [fləu'tilə] n Naut flotila

flotsam ['flotsəm] n Naut věci, které vyplavilo moře; haraburdí; fig **f. and jetsam** *(drifters)* tuláci, pobudové

flounce$_1$ [flauns] vi **f. in/ out** vrazit dovnitř/ vyřítit se ven uraženě nebo netrpělivě

flounce$_2$ [flauns] n Sew volán, karnýr ● vt dated našít volán na co, olemovat karnýrem

flounder$_1$ ['flaundə(r)] n *(fish)* platýs malý, kambala

flounder$_2$ ['flaundə(r)] vi **1** *(in water, mud)* plácat se; *(struggle)* **f. through sth** potýkat se s čím; **f. along** jít klopýtavě or vrávoravě **2** fig *(in speech)* zadrhovat, mluvit nesouvisle; *(dither)* být nerozhodný

flour ['flauə(r)] n mouka; **wholemeal f.** celozrnná mouka ■ **f. sack** pytel na mouku ● vt Cook zaprášit moukou

flourish ['flariš] n **1** *(gesture)* rozmáchlé gesto; **with a f.** okázale, teatrálně **2** *(in writing)* kudrlinka **3** Mus fioritura, ozdoba; *(fanfare)* trumpetová fanfára, tuš ● **I** vi **1** *(art)* vzkvétat, *(trade, town* etc also*)* prosperovat **2** *(plants)* dařit se čemu, prospívat kde **II** vt *(sword, cane; letter* etc*)* mávat s čím, ohánět se s čím

flourishing ['flarišiŋ] adj vzkvétající, prosperující

flout [flaut] vt vysmívat se čemu, bagatelizovat co; *(law, order, advice)* nedbat čeho; *(tradition)* opovrhovat čím

flow [fləu] **I** vi **1** *(liquid)* téci, plynout; *(blood in veins)* proudit; *(river)* **f. into the sea** vlévat se or ústit do moře; **f. into one another** *(rivers)* slévat se; **wine ~ed freely** víno teklo proudem ♦ **a land ~ing with milk and honey** země oplývající mlékem a strdím **2** *(traffic)* proudit, pohybovat se plynule **3** *(time)* plynout **4** *(hair, dress)* splývat, volně spadat, vlát **5** **f. from sth** *(derive)* vyplývat z čeho **II** phr vs ■ **flow away** vi odtéci ■**flow in** vi vtéci; *(of people)* nahrnout se dovnitř ■**flow out** vi vytéci ● n **1** proud; tok; *(of blood: in veins)* proudění; *(of capital)* oběh; *(of sea)* příliv; *(of words)* příval; **f. of speech** proud řeči; **menstrual f.** měsíčky, menstruace; **ebb and f.** příliv a odliv ■ **f. diagram**, **flowchart** grafikon, Comput vývojový diagram; *(I was interrupted)* **when I was in full f.** v plném proudu řeči **2** *(volume: in river)* průtok; *(of traffic)* provoz

flower ['flauə(r)] n **1** květ, květina; dial kytka, kytička; **garden/ meadow/ wild f.** zahradní/ luční/ polní květina; **be in f.** být v květu, kvést; **come into f.** vykvést; **a bunch of ~s** kytice ■ **f. child** *(in the 1960s)* hippie; **f. shop** květinářství **2** fig **the f. of the nation** fml výkvět národa; **be in the f. of youth** být v rozkvětu or fml v rozpuku mládí; **a delicate** or **tender f.** skleníková květinka ● vi *(plant)* kvést; *(art* etc*)* vzkvétat

flowerbed ['flauəbed] n květinový záhon

flowered ['flauəd] adj *(material)* květovaný

flower girl ['flauəgə:l] n květinářka, prodavačka květin

flowering ['flauəriŋ] adj *(plant)* v květu ● n rozvití, rozevření květů

flowerpot ['flauəpot] n květináč, kořenáč

flowery ['flauəri] adj *(pattern)* květovaný; *(style)* květnatý; **f. phrases** nabubřelé or květnaté fráze

flowing ['fləuiŋ] adj *(stream)* tekoucí; *(hair)* splývavý, rozpuštěný; *(dress)* splývavý; *(style, traffic)* plynulý

flown [fləun] pp of **fly**

flu [flu:] n chřipka; **have (the) f.** mít chřipku; **get the f.** nakazit se chřipkou, dostat chřipku

fluctuate ['flakčueit] vi *(prices* etc*)* kolísat; *(person)* váhat, být na vahách, být nerozhodný

fluctuating ['flakčueitiŋ] adj *(prices* etc*)* kolísavý, rozkolísaný; *(moods)* proměnlivý

fluctuation [flakču'eišn] n *(of prices, temperature)* kolísání, rozkolísanost

flue [flu:] n kanál kouřový, větrací, kouřovod ■ **f. ash** popílek

fluency ['flu:ənsi] n *(of style)* lehkost, plynulost; **he speaks English with great f.** mluví plynně anglicky

fluent ['flu:ənt] adj **1** *(manner of speech)* hladký, uhlazený; *(style)* vybroušený; *(speaker)* obratný **2** **be f. in English, speak f. English** mluvit plynně anglicky ■ **~ly** adv plynně

fluff [flaf] n *(down)* chmýří, prach, prachové peří, plst, chlupy z deky ap. ♦ **a nice bit of f.** pěkná kočka ● **I** vt inf **1** also **f. out** *(of birds: feathers)* načechrat (si) **2** Theat *(lines, entrance* etc*)* zpackat **II** phr v ■ **fluff up** *(pillow)* načechrat, natřást

fluffy ['flafi] adj (**-ier, -iest**) *(pillow, snow, hair, cake)* nadýchaný, *(hair, pillow* also*)* načechraný; *(snow, cake)* kyprý; *(chicken, bird)* pokrytý chmýřím

fluid ['flu:id] adj **1** *(substance)* tekutý; *(style)* plynulý **2** *(situation)* nejistý, proměnlivý; **the situation is still f.** situace se neustále mění **3** *(movement)* plynulý, lehký, graciézní ● n tekutina, kapalina

fluidity [flu'idəti] n tekutost; plynulost; *(of situation)* proměnlivost; cf also **fluid**

fluke₁ [flu:k] n inf šťastná náhoda, inf klika; **by a f.** šťastnou náhodou

fluke₂ [flu:k] n *(worm)* motolice

fluk(e)y ['flu:ki] adj (**-ier, -iest**) inf náhodný, *(goal)* střelený šťastnou náhodou

flummox ['flaməks] vt inf přivést koho z rovnováhy or z míry, zmást; **be completely ~ed by sth** být z čeho naprosto vedle

flung [flaŋ] pt, pp of **fling**

flunk [flaŋk] **I** vt inf Amer **1** propadnout (**biology** z biologie; **an exam** u zkoušky) **2 f. sb** nechat koho propadnout **II** vi propadnout, rupnout, inf vyletět **III** phr v ■ **flunk out** vi inf vyletět ze školy

flunk(e)y ['flaŋki] n **1** *(servant)* lokaj **2** fig pej lokajská duše, ohnutý hřbet

fluorescence [flo:'resəns] n fluorescence, světélkování

fluorescent [flo:'resənt] adj fluorescenční, světélkující; **f. lamp** zářivka

fluoridation [flo:ri'deišn] n fluorizace (**of drinking water** pitné vody)

fluoride ['fluəraid] n fluorid

flurry ['flari] n **1** *(of wind)* prudký závan větru; *(of snow)* metelice **2** *(agitation)* rozruch, rozčilení, nervozita ● vt (**-ie-**) **get flurried** znervóznět, ztratit hlavu

flush₁ [flaš] n **1** *(blush)* ruměnec, začervenání se; **hot ~es** návaly horkosti zvl. u žen v přechodu **2** *(of emotion, anger)* nával **3** *(of water)* proud; **give the toilet a f.** spláchnout záchod ■ **f. toilet** splachovací záchod **4 in the first f. of youth** v rozpuku mládí ● **I** vt **1 the exercise ~ed his cheeks** cvičení mu vehnalo krev or ruměnec do tváře **2** *(drain)* propláchnout; *(toilet)* spláchnout **II** vi **1** *(person)* začervenat se, zardít se, zrudnout **2** *(toilet)* splachovat; **the lavatory won't f.** záchod nesplachuje **III** phr vs ■ **flush away** vt odplavit ■ **flush out** vt **1** *(clean)* vypláchnout, vymýt **2** *(snipers, criminals)* vypudit, vyhnat z úkrytu

flush₂ [flaš] n Cards flush

flush₃ [flaš] adj **1** *(level with sth)* zarovnaný; **be f. with sth** krýt se s čím, být zarovnaný s čím **2** inf *(well supplied)* **be f. (with money)** mít peněz jako želez, sl být v balíku

flushed [flašt] adj *(cheeks)* zardělý; **f. with anger** zrudlý hněvem

fluster ['flastə(r)] n rozčilení, nervozita, panika; **be all in a f.** být celý nervózní ● vt **get ~ed** znervóznět, ztratit hlavu, (začít) panikařit

flute [flu:t] n flétna ■ **a f. solo** sólo na flétnu

fluted ['flu:tid] adj Archit rýhovaný, žlábkovaný

flutist ['flu:tist] n Amer flétnista

flutter ['flatə(r)] **I** vi **1** *(leaves)* chvět se; *(wings)* třepetat se; *(flag, curtains)* vlát; **f. to the ground** *(leaf* etc*)* snést se na zem **2** fig **f. about the room** nervózně pobíhat po místnosti **3** *(heart)* rozbušit se **II** vt *(wings)* třepetat čím ● n **1** *(of wings* etc*)* třepetání **2** *(agitation)* rozrušení, rozčilení, nervozita; **be in a f.** být rozrušený; **be all of a f.** být celý nervózní

fluvial ['flu:viəl] adj říční

flux [flaks] n **1** *(flow)* proud, proudění **2** *(instability)* proměnlivost; **things are in a state of f.** všechno se stále mění **3** Metal tavidlo, tavicí přísada

fly₁ [flai] n (pl **flies**) **1** Ent moucha ♦ **he wouldn't hurt a f.** fig neublíží ani kuřeti; **the/ a f. in the ointment** zakopaný pes, háček (fig); **there are no flies on him** na toho si nepřijdeš, je všemi mastmi mazaný; **die/ drop/ fall like flies** padat jako mouchy ■ **f. agaric** Bot muchomůrka; **f. spray** postřik na mouchy **2** Angling muška

fly₂ [flai] n (pl **flies**) **1** usu pl **flies** poklopec; **your flies are undone** or **open** máš otevřený poklopec **2 f. (sheet)** *(of tent)* otevírací chlopeň, dveře ■ **f. sheet** *(circular)* reklamní leták, prospekt **3** Theat provaziště

fly₃ [flai] adj **a f. character** vychytralý ptáček, liška podšitá

fly₄ [flai] v (3rd sg **flies**; pres p **~ing**; pt **flew** [flu:], pp **flown** [fləun]) **I** vt **1** *(aircraft)* pilotovat, řídit; **f. jets** létat na tryskáčích; **f. a kite** pouštět draka **2** *(passengers, goods)* dopravit/ dopravovat, přepravit/ přepravovat (letecky/ v letadlech) **3 f. the Atlantic** letět přes Atlantik, přeletět Atlantik **4** *(flag)* vyvěsit **II** vi **1** *(bird, plane)* letět, létat; **f. down** sletět, snést se; **the bird has flown** pták/ fig ptáček uletěl; **f. up** vzletět;

f. high letět vysoko, fig mít velké ambice, mířit vysoko ♦ **as the crow flies** vzdušnou čarou, přímo **2** *(by plane)* letět (letadlem); **I have never flown** ještě nikdy jsem neseděl v letadle **3** *(flag)* být vyvěšený, vlát, třepetat se **4** *(time)* letět, utíkat, míjet, plynout jako voda; **how time flies** jak ten čas letí **5** *(sparks)* létat, sršet **6** *(move quickly)* **f. like mad** utíkat jako splašený; **I must f.** už musím běžet or letět; **f. back and forth** lítat sem a tam; **the door flew open** dveře se rozlétly; **f. for one's life** spasit se útěkem **7 f. into a rage,** inf **f. off the handle, f. into a tantrum** rozlítit se, rozzuřit se; **(let) f. at sb** utrhnout se na koho, vyjet na koho **8** *(fall)* inf **go ~ing** poroučet se k zemi; **send sb ~ing** mrštit s kým, povalit koho **III** phr vs ▪ **fly about/ around** vi *(bird, butterfly)* poletovat ▪ **fly away** vi uletět ▪ **fly by** vi *(of time)* míjet, utíkat; **the days flew by** dny míjely ▪ **fly in** *I* vi **1** *(arrive by plane)* přiletět letadlem **2** *(approach: of aircraft)* nalétávat *II* vt *(supplies)* dopravit letecky ▪ **fly off** vi *(button)* uletět ▪ **fly out** *I* vi vyletět, odletět *II* vt *(troops)* dopravit letecky ▪ **fly past** vi **1** (pře)letět kolem **2** *(ceremonially)* uskutečnit slavnostní přelet, předvést letecké defilé

flyby ['flaibai] n Amer letecké defilé

fly-by-night ['flaibainait] adj *(company etc)* pochybný, pochybné pověsti, inf pofidérní ● n *(person)* člověk pochybné pověsti

flycatcher ['flaikæčə(r)] n Orn lejsek

flyer ['flaiə(r)] n see **flier**

fly-fishing ['flaifišiŋ] n chytání ryb na mušku

flying ['flaiiŋ] adj **1** *(bird)* letící; *(hair)* rozevlátý; **f. boat** hydroplán; **f. bomb** Hist raketová střela; **f. fish** létající ryba; **f. range** dolet; **unidentified f. object** UFO; **f. saucer** létající talíř **2** *(rapid)* rychlý; **f. column** Mil jednotka rychlého nasazení; **f. picket** mobilní stávkové hlídky; **f. squad** (policejní) přepadový oddíl; **f. start** Sport letmý start; **get off to a f. start** dobře odstartovat (inf), fig začít výborně; **pay a f. visit** udělat bleskovou návštěvu **3 pass an exam with f. colours** oslnit při zkoušce **4** Archit **f. buttress** opěrný oblouk **5 the F. Dutchman** bludný Holanďan ● n létání; *(aviation)* letectví, aviatika; **amateur f.** sportovní letectví; **glider f.** plachtění; **stunt f.** letecká akrobacie; **fear of f.** strach z létání ▪ **f. circus** *(exhibition)* letecká akrobacie; *(group)* skupina leteckých akrobatů; **f. club** aeroklub; **f. lessons** hodiny létání; **f. school** letecká škola

flyleaf ['flaili:f] n (pl **flyleaves** [-li:vz]) Typ *(of book)* předsádka

flyover ['flaiəuvə(r)] n **1** *(bridge)* nadjezd, mimoúrovňový přejezd **2** Amer see **flypast**

flypaper ['flaipeipə(r)] n mucholapka

flypast ['flaipa:st] n Br letecké defilé

flyweight ['flaiweit] n Sport muší váha

flywheel ['flaiwi:l] n Techn setrvačník

foal [fəul] n Zool hříbě, hříbátko; **the mare is in f.** kobyla je (s)hřebná ● vi hřebit se, vrhnout hříbě

foam [fəum] n **1** *(on beer etc)* pěna; *(from mouth)* pěna u úst, pěna u huby zvířat ▪ **f. extinguisher** pěnový hasicí přístroj **2** ▪ **f. rubber** mechová or pěnová guma ● **I** vi pěnit; **f. at the mouth** mít pěnu u úst/ *(animals)* u huby; fig **f. (at the mouth) with rage** zuřit, běsnit, soptit (hněvem or vztekem), vypěnit **II** phr v ▪ **foam up** vi zpěnit se

foamy ['fəumi] adj (**-ier, -iest**) **1** *(full of foam)* zpěněný, pokrytý pěnou, pěnící se **2** *(like foam)* pěnivý, pěnový, pěnovitý

fob₁ [fob] n **1** also **f. pocket** kapsička u vesty na hodinky **2 f. (chain)** řetízek u hodinek; **f. (watch)** kapesní hodinky

fob₂ [fob] vt (**-bb-**) **fob sb off** odbýt koho (**with sth** čím); **fob sth on sb** něco komu podstrčit, vnutit komu co podvodně

focal ['fəukl] adj attr ohniskový, fokální; **f. length** or **distance** ohnisková vzdálenost; **f. point** Phys ohnisko; fig těžiště, centrum, opěrný bod

focus ['fəukəs] n (pl **foci** ['fəusai] or **~es**) **1** Phys, Opt ohnisko; Med also ložisko; **be in f./ be out of f.** být zaostřený/ být špatně zaostřený, být nezaostřený or rozostřený **2** fig *(of activity etc)* těžiště; **be the f. of attention** být středem pozornosti ● v (pt, pp **focused** or **focussed**) **I** vt **1** *(instrument)* seřídit, zaostřit **2** fig *(efforts)* zaměřit, soustředit; **f. one's attention on sth** soustředit se na co, soustředit na co svou pozornost; **f. one's mind on sth** zahloubat se do čeho or nad čím **II** vi **f. on sth** soustředit se na co, zaměřit se na co

fodder ['fodə(r)] n píce, krmivo; **green f.** zelené krmivo; fig **cannon f.** potrava pro děla ▪ **f. plant** pícnina

foe [fəu] n; fml or dated nepřítel

foetal, Amer **fetal** ['fi:tl] adj fetální, plodový; **f. position** poloha plodu v děloze

foetus, Amer **fetus** ['fi:təs] n Anat plod

fog [fog; Amer fo:g] n **1** (hustá) mlha; **ground fog** přízemní mlha; **fog patches** místní mlhy; **shrouded in fog** zahalený mlhou ▪ **fog light** mlhovka **2** Phot *(on negative)* závoj ● v (**-gg-**) **I** vt also **fog up** *(mirror etc)* zamlžit, zamžít; fig **fog the**

issue *(confuse)* zamlžit or znejasnit situaci **II** vi also **fog up** zamlžit se, zamžít se, orosit se **III** phr v ■ **fog up** see vt, vi

fogbound ['fogbaund] adj *(ship)* uvázlý v mlze; *(plane)* neschopný letu pro mlhu; *(airport)* uzavřený kvůli mlze

fogey, fogy ['fəugi] n **old f.** starý paprika; *(conventional man)* staromódní člověk, zpátečník

foggy ['fogi] adj (**-ier, -iest**) mlhavý; **f. weather** mlhavé počasí; **it is f.** je mlha; **I haven't got the ~iest (idea)** nemám ani nejmenší představu, nemám ani zdání

foghorn ['fogho:n] n Naut mlhová siréna ♦ **have a voice like a f.** mít hlas jako tur

foglamp ['foglæmp], Amer **foglight** ['foglait] n Aut mlhovka

fogy ['fəugi] adj see **fogey**

foible ['foibl] n slabůstka, slabá stránka; **we all have our little ~s** všichni máme své slabůstky

foil$_1$ [foil] n **1** *(metal sheet)* fólie; **kitchen f.** alobal, hliníková fólie **2** fig kontrast, pozadí; **act as a f. for sb** inf dělat někomu křoví např. tanečnice zpěvákovi ap.

foil$_2$ [foil] n Fencing fleret, končíř

foil$_3$ [foil] vt *(plan, attempt)* překazit, zmařit, zhatit

foist [foist] vt podstrčit (**sth on sb** co komu), *(beliefs* etc*)* vnutit, vnucovat; **f. oneself on sb** přilepit se na koho, vnutit se komu

fold$_1$ [fəuld] n **1** *(pen)* ohrada pro ovce **2** fig Eccl lůno; **return to the f.** vrátit se do lůna církve; *(of member of family)* vrátit se do lůna rodiny

fold$_2$ [fəuld] n **1** *(on fabric)* záhyb, řasa; inf fald **2** Geol zvlnění, terénní vlna ● **I** vt **1** *(paper)* složit, přeložit, přehnout; **f. sth in two** přeložit něco na dvakrát **2** *(arms)* zkřížit, složit; *(hands: in prayer)* sepnout **3 f. sb in one's arms** vzít koho do náruče, obejmout koho **4** *(wrap: book)* obalit; **f. sth in paper** zabalit co do papíru, *(book)* obalit **II** vi **1** *(chair/ table)* být skládací/ rozkládací; *(accidentally)* sklapnout **2** *(business)* **f. (up)** zkrachovat; see **f. up III** phr vs ■ **fold away** *I* vi *(chair* etc*)* být skládací, dát se složit *II* vt *(table, clothes* etc*)* složit ■ **fold in** vt *(flour, butter)* Cook vmísit, vmíchat ■ **fold over** vt *(paper)* přeložit; *(blanket* etc*)* přehnout ■ **fold up** *I* vt *(tablecloth* etc*)* složit *II* vi *(business)* zkrachovat, udělat úpadek; *(defence)* zhroutit se; *(chair)* sklapnout

foldaway ['fəuldəwei] adj *(table, chair* etc*)* skládací, sklopný

folder ['fəuldə(r)] n Admin sloha, desky, mapa na spisy; prospekt skládanka

folding ['fəuldiŋ] adj *(umbrella, chair, bed, stool)* skládací; *(chair, bed* also*)* rozkládací, sklápěcí, sklopný; *(seat)* sklápěcí; *(roof, top)* stahovací; *(door)* harmonikový

foliage ['fəulidž] n Bot listí, listoví

folio ['fəuliəu] adj foliový ● n **1** *(book)* folio, foliant, foliový svazek **2** *(sheet)* folio, list účetní knihy

folk [fəuk] n **1** also esp Amer **folks** lidé; **simple** or **common** or **ordinary f.** prostí or obyčejní lidé; **old folk(s)** staří (lidé); **there's nowt so queer as f.** lidi jsou všelijací **2** inf **~s** kamarádi, kluci; **hello ~s!** ahoj kluci!/ holky! **3** inf *(family)* **my ~s** naši; **her ~s** její rodiče ● adj *(singer, music, customs* etc*)* lidový; **f. art** lidové umění; **f. medicine** inf babské léky

folklore ['fəuklo:(r)] n folklór

follow ['foləu, Amer 'fa:lou] **I** vt **1** *(go after)* následovat; **f. sb/ sth** jít/ kráčet/ jet za kým; **f. the light** sledovat světlo; **f. sb around** stále za kým chodit (**like a dog** jako pejsek) ♦ **f. one's nose** jít rovnou za nosem; **f. sb to the ends of the world** jít za kým až na konec světa; **f. the beaten track** jít ve vyježděných kolejích **2** *(pursue: trying to catch)* sledovat; **we are being ~ed** někdo nás sleduje **3** *(succeed)* následovat po čem; **Friday ~s Thursday** po čtvrtku následuje pátek; **the lightning was ~ed with thunder** po zablesknutí zahřmělo **4** *(go along: path, road* etc*)* jít/ jet po; **the boat ~ed the coast** loď plula podél pobřeží **5** *(conform to; advice, instructions, rules)* řídit se čím, dbát na co, *(rules* also*)* dodržovat co, *(advice* also*)* (u)poslechnout čeho; *(fashion)* jít s čím ♦ **f. suit** Cards ctít barvu, přiznat barvu; fig udělat totéž, podřídit se **6** *(profession)* vykonávat **7** *(understand)* rozumět čemu; *(lecture)* sledovat **8** *(TV serial* etc*)* sledovat, dívat se na; *(sports)* zajímat se o; *(team)* fandit čemu **II** vi **1** *(come after)* následovat; **as ~s** následovně, následujícím způsobem, takhle; **what ~s is a report on ...** následuje zpráva o ...; **the text is as ~s** text zní následovně **2** *(conclusions, results)* **f. from sth** vyplývat or plynout z čeho; **it ~s that** z toho plyne, že; to znamená, že; **it doesn't f. that** to ještě neznamená, že **3** *(understand)* rozumět; **I don't f.** tomu nerozumím, to mi není jasné **III** phr vs ■ **follow on** vi **1** *(come after)* následovat; *(person)* přijít později, přijít potom **2** *(result)* **it ~s on from this that ...** z tohoto vyplývá, že ... **3** *(continue: story* etc*)* **f. on from ...** pokračovat od ... ■ **follow through** vt *(idea, plan)* **f. sth through (to the end)** dovést or dotáhnout co do konce ■ **follow up** *I* vt **1** *(request)* zabývat se čím; *(offer)* ucházet se o, usilovat o **2** *(investigate)* zabývat se čím, jít za čím, zkoumat co *II* vi **f. up with sth** pokračovat s čím

follower ['foləuə(r)] n *(supporter)* stoupenec, přívrženec, vyznavač

following ['foləuiŋ] adj následující; **on the f. day** následující den; **in the f. way** následujícím způsobem, takhle ● n stoupenci, přívrženci; **have a large f.** mít mnoho stoupenců or přívrženců, mít velkou podporu

follow-my-leader [foləumə'li:də(r)], Amer **follow-the-leader** [foləuðə'li:də(r)] n dětská hra na napodobování

follow-up ['foləuap] n další zkoumání; *(event, programme)* pokračování ▪ **f.-up letter** následný dopis; **f.-up study** nástavbové or doplňkové studium

folly ['foli] n pošetilost, bláhovost, nerozum; **an act of f.** hloupost; **the f. of youth** mladická nerozvážnost

foment [fəu'ment] vt *(civil disorder, rebellion* etc*)* podněcovat, štvát k čemu

fond [fond] adj **1** attr *(loving: look)* toužebný, něžný; *(words)* mazlivý **2** pred **be f. of sb/ sth** mít (velmi) rád koho/ co; **I am very f. of him** mám ho moc rád, je mi velmi sympatický; **be f. of sweet things** potrpět si na sladkosti, být mlsný; **be f. of doing sth** rád co dělat, mít zálibu v čem **3** attr *(hopes, wishes)* pošetilý, bláhový ▪ **~ly** adv *(lovingly)* toužebně, něžně; *(naively)* bláhově, pošetile; **he ~ly believed that ...** pošetile věřil, že ...

fondle ['fondl] vt laskat, *(stroke)* hladit, *(child)* mazlit se s kým

fondness ['fondnəs] n **1** *(love)* láska (**for sb** ke komu) **2** *(liking: for people)* náklonnost ke komu, sympatie ke komu; *(for food* etc*)* záliba v čem

font [font] n **1** Relig **(baptismal) f.** křtitelnice **2** Typ typ písma; Comput font, znaková sada

food [fu:d] n jídlo, potrava, strava; **f. and drink** jídlo a pití; **health ~s** potraviny pro správnou výživu; **lousy f.** mizerná strava, vulg žrádlo pro psa; **be off one's f.** ztratit chuť na jídlo; **pick at one's f.** nimrat se v jídle ♦ **f. for the soul** duševní strava or pokrm; **give sb f. for thought** podněcovat koho k přemýšlení; **scrimp on f.** skrblit na jídle ▪ **f. poisoning** otrava z potravin; **f. processor** kuchyňský robot; **f. supplies** zásobování potravinami; zásoby potravin; **f. value** výživná hodnota

foodstuff ['fu:dstaf] n usu pl **~s** poživatiny, potraviny

fool [fu:l] n **1** *(idiot)* hlupák, blázen, osel, trouba; **a prize f.** korunovaný vůl inf; **act or play the f.** chovat se jako blázen, blbnout; **make a f. of oneself** blamovat se, znemožnit se, uříznout si ostudu inf; **take sb for a f.** považovat or mít koho za blázna; **don't be a f.** neblázni; **live in a f.'s paradise** oddávat se iluzím; **like a bloody f.** sl jako trouba, jako vůl; **you (bloody) f.** ty troubo **2** *(jester)* šašek ● adj esp Amer pitomý, omezený, slabomyslný ● **I** vt **f. sb** oklamat koho, podvést koho, napálit koho; **f. sb into believing sth** nabulíkovat komu co **II** vi also **f. about** or **around** tropit hlouposti, dělat legraci **III** phr v ▪ **fool about** or **around** vi **1** *(act foolishly)* bláznit, blbnout, šaškovat **2** *(waste time)* poflakovat se **3** **f. about with sb** *(of the opposite sex)* tahat se s kým

foolhardiness ['fu:lha:dinəs] n ztřeštěnost, nepředloženost

foolhardy ['fu:lha:di] adj (**-ier, -iest**) ztřeštěný, opovážlivý, nepředložený; **it was a f. thing to do** to byla nepředloženost

foolish ['fu:liš] adj **1** *(silly)* hloupý, pitomý; **it was a f. thing to do** to jsi udělal(a) hloupost **2** *(unwise)* pošetilý, bláhový, nerozumný, zpozdilý ▪ **~ly** adv hloupě; pošetile, bláhově; **gape ~ly** koukat se přihlouple

foolishness ['fu:lišnəs] n hloupost, pošetilost, nerozum

foolproof ['fu:lpru:f] adj spolehlivý, úplně jistý; *(mechanism)* neporouchatelný

foolscap ['fu:lskæp] n kancelářský papír formátu 330 x 200 mm

foot [fut] n (pl **feet** [fi:t]) **1** noha část pod kotníkem; otisk nohy; *(of an animal* also*)* tlapa, pracka; **sole of the f.** chodidlo, šlapka; **get under sb's feet** plést se komu pod nohama; **hurt one's f.** poranit se na noze; **my f. is numb** brní mě noha; **my f. slipped** ujela mi noha; **rise to one's feet** vstát; **shift from one f. to another** přešlapovat z nohy na nohu ▪ **f. brake** nožní brzda; **f. rest** podnožka **2** ♦ **bind sb hand and f.** lit svázat komu ruce i nohy, fig svázat komu ruce; **catch sb on the wrong f.** zastihnout koho nepřipraveného; **a colossus with feet of clay** kolos na hliněných nohách; **drag one's feet over sth** otálet s čím, dělat co na dlouhé lokte; **fall on one's feet** dopadnout na všechny čtyři; **find one's feet i)** najít se, nabýt sebedůvěru **ii)** *(get to know sth)* orientovat se (**in sth** v čem); **from head to f.** od hlavy k patě; **go on f.** jít or expr šlapat pěšky; **get off on the right f.** vykročit pravou nohou, šťastně začít; **have one f. in the grave** být jednou nohou v hrobě; **have cold feet** bát se; **have one's feet on the**

ground, **have both feet on the ground** stát pevně na zemi; **he never sets f. in this place** ani sem nepáchne; **he was on his feet like a shot** vyskočil jako když do něho střelí; **his feet shot from under him** spadl jako podťatý, poklesly mu nohy; **it knocks you off your feet** *(it's very strong)* porazilo by to vola, má to grády, je to úplný zabiják; **lie at sb's feet** ležet komu u nohou; **put one's best f. forward** ukázat se v nejlepším světle, vydat ze sebe všechno; **put one's f. down** přísně zakročit, dupnout si, bouchnout pěstí do stolu (fig); **put one's f. in it** blamovat se, udělat faux pas, shodit se; **be run off one's feet** lítat jako blázen, být celý uběhaný, být stále zapřažený; **rush sb off his feet** uhonit koho prací; **be shaky on one's feet** plést nohama; **be swept off one's feet** být unesený čí krásou ap. **3** *(lower part) (of mountain)* úpatí, pata; *(of column)* pata; *(of statue)* sokl, podstavec; *(of stairs)* spodek, spodní část; *(of sock, stocking)* šlapka; **at the f. of the bed** v nohách postele; **at the f. of the page** dole na stránce **4** *(measure)* (pl also **foot**) stopa; **he is six foot/ feet tall** měří šest stop **5** *(in verse)* stopa **6** Br Mil; no pl pěchota

footage ['futidž] n metráž

foot-and-mouth disease [futən'mauθdizi:z] n slintavka a kulhavka

football ['futbo:l] n **1** *(ball)* fotbalový míč **2** *(game)* fotbal; Br **Association f.** kopaná; **Rugby f.** rugby; **American f.** americký fotbal; **play f.** hrát fotbal ■ **f. boots** kopačky; **f. fan** fotbalový fanda; **f. match** fotbalový zápas; **f. pitch** fotbalové hřiště; **f. player** fotbalista; **f. pools** sazka

footballer ['futbo:lə(r)] n fotbalista

footbridge ['futbridž] n most or můstek pro chodce, *(narrow)* lávka

footer ['futə(r)] n **1** dated sl *(football)* fotbal **2** Comput pata stránky, úpatí stránky

footfall ['futfo:l] n *(sound of a footstep)* krok, kročej

foothills ['futhilz] n pl Geog podhůří, předhůří, výběžky hor

foothold ['futhəuld] n opora pro nohu, opěrný or záchytný bod also fig ♦ **gain a f.** uchytit se, získat si pevnou pozici

footing ['futiŋ] n **1** *(foothold)* opora pro nohu; **loose one's f.** uklouznout, sklouznout, ztratit rovnováhu **2** *(position, status)* postavení; **be on an equal f. with sb** být s kým rovnoprávný; **put sb on an equal f. with sb** postavit koho naroveň komu

footle ['fu:tl] vi **f. about** or **around** inf flákat se, poflakovat se

footlights ['futlaits] n pl Theat světla rampy

footling ['fu:tliŋ] adj nicotný, bezvýznamný, triviální

footman ['futmən] n (pl **-men**) lokaj, komorník, uniformovaný sluha

footnote ['futnəut] n poznámka pod čarou, poznámka na okraj, dodatek, komentář

footpath ['futpa:θ] n chodník, cestička, pěšinka, stezka, cesta pro pěší

footplate ['futpleit] n Rail plošina strojvůdcovské budky

footprint ['futprint] n šlépěj, stopa chodidla, otisk nohy

footrest ['futrest] n nožní opěra, *(on chair, table)* trnož; *(on motorcycle)* stupačka

footslog ['futslog] vi (**-gg-**) mašírovat, trmácet se pěšky

footslogger ['futslogə(r)] n pěšák, infanterista; *(hiker)* pěší turista

footsore ['futso:(r)] adj mající bolavé nohy po dlouhé chůzi

footstep ['futstep] n krok, kročej; **light ~s** lehké kroky; **follow in sb's ~s** jít v čích stopách

footstool ['futstu:l] n podnožka, stolička pod nohy

footwear ['futweə(r)] n obuv, boty, střevíce

footwork ['futwə:k] n Sport práce nohou

fop [fop] n elegán, parádník, dandy

foppish ['fopiš] adj pej *(man)* fintivý, hejskovský, parádivý

for [fo:(r); unstressed fə(r)] prep indicating **1** *(intention)* pro; **a letter for sb** dopis pro koho; **games for children** hry pro děti; **give a dinner for sb** pořádat pro koho hostinu; **find a job for sb** najít komu zaměstnání **2** *(purpose, function)* na; **be up for sale** být na prodej; **what is it for?** na co to je?; **a remedy for flu** lék na chřipku or proti chřipce; **a recipe for success** recept na úspěch; **go for a walk** jít na procházku, jít se projít **3** *(destination)* do; **he left for Prague** odejel do Prahy; **it's time for school** je čas jít do školy; **the train for London** vlak do Londýna; **make for home** odebrat se domů **4** *(indicating price, reward, penalty* etc*)* za; **sell sth for £5** prodat co za pět liber; **pay for sth with one's life** zaplatit za co životem; **suffer for sth** pykat za co; **repay sb for sth** odsloužit se komu za co; **not for all the money** za žádné peníze; **for free** bezplatně, zadarmo; **buy sth for a song** koupit co za pakatel or za facku ♦ **tit for tat** půjčka za oplátku **5** *(in support of, on behalf of)* pro, za; **three cheers for the winner** vítězi třikrát hurá; **be for sth** být pro co; **speak for sb** mluvit čím jménem; **put in a good word for**

sb přimluvit se za koho, orodovat za koho ♦ **all for one and one for all** jeden za všechny a všichni za jednoho; **I am all for it** jsem pro to všemi deseti 6 *(temporal)* **for a year** na rok; **he came for a year** přišel na rok; **he stayed for a year** zůstal tu/ tam ap. rok; **for years** léta letoucí, dlouhá or drahná léta; **for a certain length of time** na nějaký čas; **for a long time** nadlouho; **for a moment** na okamžik; **for a short time, for a while** nakrátko; **for ever** navždy, napořád, na věčné časy; inf strašně dlouho, věčnost 7 *(distance)* **walk for ten miles** jít deset mil pěšky 8 *(with respect to)* **as for me** pokud jde o mne; **I for one** já například, já sám; **for my part** já za svou osobu; **are you all right for money?** máš dost peněz? 9 *(despite)* **for all that** přes to přese všecko, nicméně; **for all her faults** přes všechny její chyby; **he is big for his age** na svůj věk je velký; **it is warm for November** na listopad je dost teplo 10 *(because of)* kvůli, pro; **he married her for her money** oženil se s ní kvůli penězům; **he was chosen for his ability** byl vybrán proto, že je schopný; **he is well-known for his hypocrisy** je pověstný svým pokrytectvím 11 *(towards)* k(e); **love for sb** láska ke komu; **respect for sb** úcta ke komu; **to care for sb** stát o koho, mít koho rád 12 *(as)* za, jako; **have sb for an adviser** mít koho jako rádce; **we had him for a guide** dělal nám průvodce 13 *(representing)* **what's the Czech for 'town'?** jak se řekne česky 'town'? 14 *(instead of)* za; **can you go for me?** můžete tam jít za mne? 15 adj, n + infin aby; **make it possible for sb to do sth** umožnit někomu co; **it is necessary for you to come** je potřeba, abys tam šel; **it is not for you to decide** tobě nepřísluší rozhodovat; **it's high time for us to go** je nejvyšší čas, abychom šli; **it is a matter of principle for me not to speak Russian** ze zásady nemluvím rusky; **it is easy for him to say that** jemu se to snadno řekne 16 *(exclamations)* **for goodness sake!** pro pána krále!; **for Heaven's sake!** proboha!, pro všecko na světě! ● conj fml neboť, protože

forage ['foridž] n píce, krmivo ■ **f. crops** pícniny ● vi 1 **f. for sth** *(food, firewood etc)* shánět co, pídit se po čem 2 **f. about in sth** *(drawer, handbag etc)* hrabat se v čem, prohrabovat co

forasmuch as [forəz'mačəz] conj arch or Jur vzhledem k tomu, že ...; se zřetelem k tomu, že ..., ježto

foray ['forei] n nájezd zprav. loupežný; **make a f., go on a f.** jít na lup

forbade [fə'bæd] pt of **forbid**

forbear$_1$ [fo:'beə(r)] vi (pt **forbore** [fo:'bo:(r)], pp **forborne** [fo:'bo:n]) **f. from (doing) sth** or **to do sth** zdržet se čeho, upustit od čeho; **he forbore to mention it again** už se o tom raději znovu nezmínil

forbear$_2$ [fo:'beə(r)] n see **forebear**

forbearance [fo:'beərəns] n trpělivost, zdrženlivost

forbid [fə'bid] vt (pt **forbade** [fə'bæd], pp **forbidden** [fə'bidn]) zakázat; Relig **forbidden fruit** zapovězené or zakázané ovoce; **f. sb to do sth** zakázat komu něco; **God** or **Heaven f. (that) ...** Bůh chraň, (aby) ...

forbidding [fə'bidiŋ] adj hrozivý; *(look, air)* nepřístupný; *(tone)* nevlídný, nepřátelský; *(landscape)* nehostinný

forbore [fo:'bo:(r)] pt, **forborne** [fo:'bo:n] pp of **forbear**$_1$

force [fo:s] n 1 *(physical strength or power)* síla, moc; *(physical coercion)* násilí; **centrifugal/ centripetal f.** odstředivá/ dostředivá síla; **f. of attraction** přitažlivost; **brute f.** hrubá síla; **by f.** násilím; **by f. of habit** ze setrvačnosti; **they came** or **turned up in f.** přišli v hojném počtu 2 *(intensity)* no pl síla; *(of argument)* přesvědčivost; **through f. of circumstance** pod tlakem okolností 3 *(powerful thing, person, belief etc)* síla; **F~s of Nature** přírodní síly; **dark ~s** temné síly; **driving f.** fig hybná síla or páka; **he is a powerful f. in the party** má ve straně velkou váhu; **he is a spent f.** (on) je odbytá veličina, je vyřízený 4 *(organized body of men)* **task f.** komando; **armed ~s** ozbrojené síly, branná moc; **the police f.** policejní sbor, policie; **work f.** dělnictvo; **yield to a superior f.** podlehnout přesile 5 Jur platnost, účinnost, působnost; **be in f.** platit; **come into f.** vstoupit v platnost, nabýt platnosti ● I vt 1 *(compel)* přinutit, přimět, donutit; **f. sb to do sth** přinutit koho k čemu; **he was ~d to resign** byl přinucen k rezignaci 2 *(break)* **f. (open) a door** vylomit or vyrazit or vypáčit dveře; **f. an entry** vynutit si vstup násilím 3 **f. sth (up)on sb** vnutit komu co; **f. oneself on sb** vnutit se komu; **f. sb's hand** donutit koho k čemu 4 *(produce by effort)* **f. a smile** přinutit or přimět se k úsměvu, křečovitě se usmát; **f. a few words out of sb** vymáčknout z koho několik slov II phr vs ■ **force back** vt 1 *(enemy)* odrazit 2 *(tears)* zadržet, spolknout; *(emotions)* potlačit ■ **force down** vt *(plane)* přinutit k přistání, *(medicine)* spolknout s nechutí

forced ['fo:st] adj 1 *(labour)* nucený; *(retreat)* vynucený; **f. landing** Aviat nouzové přistání; **f. lubrication** tlakové mazání

2 *(smile)* křečovitý, nucený, strojený; *(style)* násilný, křečovitý

force-feed [fo:s'fi:d] vt (pt & pp **force-fed** [fo:s'fed]) násilně krmit, inf cpát

force-feeding [fo:s'fi:diŋ] n nucená výživa; *(of animals)* násilné krmení

forceful ['fo:sfl] adj *(person)* energický; *(argument)* přesvědčivý; *(language, style)* působivý ■ **~ly** adv energicky; přesvědčivě

forceps ['fo:seps] n pl Med porodnické kleště; Dent kleště na trhání ■ **a f. delivery** porod kleštěmi

forcible ['fo:səbl] adj **1** *(repatriation)* nucený; **f. feeding** nucená výživa **2** *(language)* působivý; *(warning)* naléhavý, důtklivý; *(argument, reason)* přesvědčivý ■ **forcibly** adv **1** násilně, násilím **2** naléhavě, důtklivě; přesvědčivě

ford [fo:d] n brod ● vt přebrodit

fore [fo:(r)] n **come to the f.** fig dostat se do popředí, vyniknout

forearm ['fo:ra:m] n Anat předloktí

forebear ['fo:beə(r)] n předek; **our ~s** naši dědové or předkové

foreboding [fo:'bəudiŋ] n neblahé tušení, neblahá předtucha

forecast ['fo:ka:st] n předpověď, prognóza; **weather f.** předpověď počasí ● vt (pt, pp **forecast** or **forecasted**) předpovídat, předvídat

forecasting ['fo:ka:stiŋ] n předpovídání; Econ prognostika

forecourt ['fo:ko:t] n přední nádvoří; *(of garage)* obslužný prostor

forefather ['fo:fa:ðə(r)] n předek, praotec; **our ~s** naši otcové or dědové

forefinger ['fo:fiŋgə(r)] n ukazováček

forefoot ['fo:fut] n (pl **forefeet** ['fo:fi:t]) přední noha

forefront ['fo:frant] n **in the f.** v popředí, v čele

forego [fo:'gəu] vt (pt **forewent**, pp **foregone**) zříci se čeho, vzdát se čeho

foregoing ['fo:gəuiŋ] adj attr předchozí, předcházející; *(aforementioned)* dříve zmíněný, výše uvedený

foregone [fo:'gon] adj **a f. conclusion** hotová věc, předem rozhodnutá záležitost

foreground ['fo:graund] n popředí; **in the f.** v popředí

forehand ['fo:hænd] n Tennis forhend ■ **a f. volley** forhendový volej

forehead ['forid; 'fo:hed] n Anat čelo

foreign ['forən] adj **1** *(from abroad)* cizí, zahraniční; **f. aid** zahraniční pomoc; **f. currency** valuta; **the F. Office** Br ministerstvo zahraničí; **F. Secretary** Br ministr zahraničí; **f. power** cizí mocnost **2** *(alien)* cizí; **it is f. to his nature** je to cizí jeho povaze **3** Med **f. body** cizí těleso or tělísko

foreigner ['forənə(r)] n cizinec; **a hotel for ~s** cizinecký hotel

foreman ['fo:mən] n (pl **foremen**) **1** mistr, dílovedoucí; **pit f.** důlní (dozorce) **2** Jur hlavní porotce

foremost ['fo:məust] adj **1** *(writer, politician* etc*)* přední, čelný **2 first and f.** především, na prvním místě

forename ['fo:neim] n fml křestní jméno

forensic [fə'rensik] adj forenzní, soudní; **f. medicine** soudní lékařství

foreplay ['fo:plei] n *(sexual)* milostná předehra

forerunner ['fo:ranə(r)] n **1** *(predecessor)* předchůdce **2** *(harbinger)* předzvěst čeho, posel čeho **3** Sport předjezdec

foresaw [fo:'so:] pt of **foresee**

foresee [fo:'si:] vt (pt **foresaw** [fo:'so:]; pp **foreseen** [fo:'si:n]) předvídat

foreseeable [fo:'si:əbl] adj předvídatelný; **in the f. future** v dohledné době

foreseen [fo:'si:n] pp of **foresee**

foreshadow [fo:'šædəu] vt naznačit, nastínit

foresight ['fo:sait] n předvídavost, prozíravost; **have f.** být prozíravý; **lack of f.** nedostatek předvídavosti

foreskin ['fo:skin] n Anat předkožka

forest ['forist] n les; **primaeval f.** prales; **rain f.** deštný prales ■ **f. belt** Geog pás(mo) lesů; **f. fire** lesní požár ● vt zalesnit

forestage ['fo:steidž] n Theat předscéna, přední část jeviště, proscénium

forestall [fo:'sto:l] vt *(rival, competitor)* předstihnout; *(prevent: danger* etc*)* předejít čemu, zabránit čemu

forester ['foristə(r)] n lesník, polesný

forestry ['foristri] n lesní hospodářství, lesnictví

foretaste ['fo:teist] n předtucha, náznak, malá ukázka

foretell [fo:'tel] vt (pt, pp **foretold** [fo:'təuld]) předpovídat, předvídat, věštit

forethought ['fo:θo:t] n předvídavost, obezřelost, prozíravost

foretold [fo:'təuld] pt, pp of **foretell**

forever [fər'evə(r)] adv **1** also **for ever** *(until end of time)* navěky, navždy **2** *(for good)* nastálo **3** inf *(for ages)* **it takes her f. to get dressed** trvá jí to věčnost, než se obleče **4** *(constantly)* stále, věčně, inf v jednom kuse; **be f. on the move** stále cestovat, nemít nikde stání

forewarn [fo:'wo:n] vt varovat, upozornit

koho na nebezpečí ♦ **~ed is forearmed** být předem varován je být předem připraven

forewent [fo:'went] pt or **forego**

forewoman ['fo:wumən] n (pl **forewomen** ['fo:wimin]) 1 mistrová, dílovedoucí 2 Jur hlavní porotkyně

foreword ['fo:wə:d] n předmluva

forfeit ['fo:fit] vt ztratit právo na co, přijít o (**deposit** zálohu), být zbaven čeho za trest ● n zástava, fant; **~s** hra na fanty; **play ~s** hrát na fanty ● adj **be f.** propadnout (**to the State** státu)

forfeiture ['fo:fičə(r)] n propadnutí, ztráta majetku, práv ap.

forgave [fə'geiv] pt of **forgive**

forge [fo:dž] n *(workshop)* kovárna; *(fire)* kovářská výheň ■ **f. hammer** perlík ● I vt 1 *(of blacksmith* etc*)* kout, (u)kovat, vykovat 2 fig *(friendship)* upevnit, utvrdit; *(alliance)* vytvořit 3 *(banknote, signature* etc*)* (z)falšovat, padělat II vi **f. ahead** dělat pokroky; Sport vyrazit kupředu; *(in career)* dělat kariéru

forgeable ['fo:džəbl] adj kujný

forged [fo:džd] adj 1 *(steel)* kovaný 2 *(money, signature* etc*)* padělaný, nepravý, *(money* also*)* podvržený, falešný, zfalšovaný; *(painting)* zfalzifikovaný

forger ['fo:džə(r)] n padělatel, falzifikátor; *(of money* also*)* penězokaz

forgery ['fo:džəri] n 1 *(activity)* padělání, falšování 2 *(forged document* etc*)* padělek, podvrh, falzifikát

forget [fə'get] v (pt **forgot** [fə'got], pp **forgotten** [fə'gotn]) I 1 vt, vi *(fail to remember)* **f. (about) sth** zapomenout na co; **f. to do sth** zapomenout na co, zapomenout něco udělat; **f. that ...** zapomenout, že ...; nevzpomenout si, že ...; **don't f. that ...** pamatuj, že ...; nezapomeň, že ...; **don't you f. that!** inf zapiš si to za uši 2 vt *(fail to bring* etc*)* **I forgot my umbrella** zapomněl jsem si doma/ v práci etc deštník 3 vi, vt *(stop thinking about)* **let's f. (about) it** zapomeňme na to, nemysleme na to; **f. it!** *(in reply to an apology)* to nic, to je v pořádku; **you might as well f. about it** na to můžeš klidně zapomenout, nelam si s tím hlavu; *(you will not get it back)* s tím se už můžeš rozloučit; **not ~ting ...** nemluvě o ... 4 **f. oneself a)** *(behave improperly)* zapomenout se **b)** *(act unselfishly)* zapomínat na sebe II vi zapomenout; **before I f.** dřív než na to zapomenu; **I never f.** já nikdy na nic nezapomenu; **it is difficult to f.** na to se těžko zapomíná

forgetful [fə'getfl] adj *(absent-minded)* zapomnětlivý; inf joc sklerotický; *(of one's responsibilities)* nedbalý

forgetfulness [fə'getfulnəs] n zapomnětlivost; nedbalost

forget-me-not [fə'getminot] n Bot pomněnka

forging ['fo:džiŋ] n výkovek

forgivable [fə'givəbl] adj omluvitelný, prominutelný, odpustitelný

forgive [fə'giv] vt (pt **forgave** [fə'geiv], pp **forgiven** [fə'givn]) **f. sb (for) sth, forgive sb for doing sth** prominout komu co, odpustit komu co, omluvit koho za co; **f. me for intruding** promiňte, že vyrušuji

forgiveness [fə'givnəs] n *(quality)* shovívavost, smířlivost; *(act)* odpuštění; **ask sb's f.** poprosit koho za odpuštění

forgiving [fə'giviŋ] adj shovívavý, smířlivý

forgo [fo:'gəu] vt; see **forego**

forgot [fə'got] pt of **forget**

forgotten [fə'gotən] pp of **forget**

fork [fo:k] n 1 *(for table use)* vidlička; Agr vidle; Cycling vidlice; **eat with a knife and f.** jíst příborem 2 **(road) f.** rozcestí 3 Mus **tuning f.** ladička ● I vi *(of tree* etc*)* větvit se, rozvětvovat se; *(road* etc*)* rozdělovat se vidlicovitě, rozvětvovat se, rozbíhat se II vt *(hay)* nakládat vidlemi III phr v ■ **fork out** vt inf *(money)* vysázet, navalit, vyklopit

forked ['fo:kt] adj vidlicovitý; *(tree)* rozsochatý; *(tongue)* rozeklaný; *(road)* rozdělený, rozvětvený; *(lightning)* klikatý

fork-lift (truck) ['fo:klift; -'trak] n zdvižný vozík vidlicový

forlorn [fə'lo:n] adj opuštěný; *(attempt)* zoufalý; *(without hope)* beznadějný; *(appearance: of house* etc*)* dezolátní; **be lost and f.** být jako kůl v plotě

form [fo:m] n 1 *(shape)* forma, tvar; *(of person, animal)* silueta, *(of person* also*)* postava; **take f.** nabývat určitého tvaru 2 *(manifestation)* forma, podoba, druh, způsob; **f. and content** obsah a forma; **a f. of address** oslovení; **poverty in every f.** bída ve všech podobách; **in human f.** v lidské podobě; **in fragmentary f.** fragmentárně; **in one f. or another** v té či oné podobě; **be identical in f. and different in meaning** Ling mít stejnou formu, ale jiný význam 3 *(etiquette)* **it is good f.** to patří k bontónu; **it is bad f.** to je nevhodné, nepatří se to 4 *(formality)* forma, formalita; **for form's sake** pro formu 5 *(document)* formulář, tiskopis, blanket; **application f.** přihláška; **dispatch f.** průvodka; **fill in** or **complete a f.** vyplnit formulář 6 esp Sport *(fitness)* forma, kondice; **be in good f.** být fit, být v dobré kondici; **be in bad f.**, **be out of f.** nebýt v dobré kondici, nebýt ve formě; **be in great f.** být ve skvělé formě **7** Br třída, postupný ročník; **she is in the fifth f.** je v páté třídě **8** Br sl trestní rejstřík; **he has got f.** nemá čistý trestní rejstřík ● **I** vt **1** *(shape)* (u)tvořit; *(character)* formovat, utvářet; **f. twos** utvořit dvojice **2** *(develop: idea* etc*)* vyvinout, rozvinout **3** *(organize)* utvořit, ustavit, sestavit; **f. a government** utvořit vládu; **f. a committee** utvořit or ustavit výbor **II** vi **1** *(take shape)* utvořit se, utvářet se, vzniknout; *(idea* etc*)* rozvíjet se; *(crowd)* utvořit se, shromáždit se **2** Mil also **f. up** řadit se, nastoupit; **f. into a line** nastoupit v řad

formal ['fo:ml] adj **1** *(official)* formální, oficiální; **a f. declaration of war** oficiální vyhlášení války **2** *(dinner)* slavnostní; *(dress)* společenský; *(manner)* konvenční ▪ **~ly** adv formálně, oficiálně; **deny sth ~ly** dementovat něco; **be ~ly dressed** být ve společenském oděvu

formality [fo:'mæləti] n formalita; **it's a mere f.** je to pouhá formalita

format ['fo:mæt] n formát (also Comput) ● vt (**-tt-**) Comput formátovat

formation [fo:'meišn] n; cf **form** vt **1** *(forming)* tvoření, utváření, formování; *(establishment* etc*)* vznik, ustavení **2** *(thing formed)* formace, útvar; Mil also šik; **battle f.** bitevní formace ▪ **f. flying** Aviat létání ve formacích

formative ['fo:mətiv] adj attr **1** *(influences* etc*)* výchovný, formativní; **the f. years** tvořivá léta, věk, kdy se formuje charakter **2** Ling tvaroslovný ● n Ling formant

formatting ['fo:mætiŋ] n Comput formátování

former ['fo:mə(r)] adj attr **1** *(previous)* dřívější, předešlý; *(pupils, champion)* bývalý, dřívější; **in f. times** v dřívějších dobách, zastara ♦ **he is a mere shadow of his f. self** je z něho troska, je už pouhý stín, vypadá, jako by utekl hrobníkovi z lopaty **2** první ze dvou jmenovaných; **the f. option** první možnost ▪ **~ly** adv dříve, kdysi ● pron první, tento; **the f. ... the latter** první ... druhý, tento ... onen

formic ['fo:mik] adj **f. acid** kyselina mravenčí

Formica TM [fo:'maikə] n umakart

formidable ['fo:midəbl] adj **1** *(frightening)* hrozný, hrozivý, strašný; *(adversary)* mocný; *(problems)* enormní **2** *(achievement)* impozantní, ohromný, úžasný

formula ['fo:mjulə] n (pl **~s**; fml **formulae** [-mjuli:] formule, vzorec; **be on f.** dostávat dětskou výživu

formulate ['fo:mjuleit] vt **1** *(theory* etc*)* formulovat, vytvořit; *(project* etc*)* vypracovat **2** *(views* etc*)* vyjádřit, *(objection)* vyslovit

formulation [fo:mju'leišn] n cf **formulate** **1** formulování, vypracování **2** formulace

fornicate ['fo:nikeit] vi smilnit, páchat smilstvo

fornication [fo:ni'keišn] n smilstvo, smilnění

forsake [fə'seik] vt fml (pt **forsook** [fə'suk]; pp **forsaken** [fə'seikən]) **1** *(abandon)* opustit, zanechat koho **2** *(renounce)* vzdát se, zříci se víry ap.

fort [fo:t] n Mil pevnost, pevnůstka, tvrz ♦ **hold the f.** fig držet stráž, držet pozici; *(firm)* starat se o podnik za šéfovy nepřítomnosti

forte ['fo:tei] n *(strong point)* silná stránka; **it's not my f.** to není moje silná stránka, to není moje parketa ● adv Mus forte

forth [fo:θ] adv **and so f.** atd., a tak dále; **back and f.** sem a tam; **fly back and f.** létat sem a tam; *(onwards)* **from that day f.** dated od toho dne

forthcoming [fo:θ'kamiŋ] adj **1** *(event)* blížící se, nadcházející, nastávající **2** *(available)* k dispozici **3** *(helpful)* ochotný pomoci; *(sociable)* sdílný; **the receptionist was not very f.** recepční nám toho moc neřekl

forthright ['fo:θrait] adj přímý, otevřený, *(frank)* upřímný

forthwith [fo:θ'wiθ; -wið] adv fml okamžitě, neprodleně, bezodkladně

fortieth ['fo:tiəθ] adj čtyřicátý ● n *(fraction)* čtyřicetina, čtyřicítina

fortification [fo:tifi'keišn] n **1** Mil opevnění **2** **f. of wine** obohacování vína

fortify ['fo:tifai] vt (**-ie-**) **1** Mil opevnit, obehnat co opevněním **2** *(strengthen)* zpevnit, posílit; *(concrete)* armovat; *(food, wine)* obohatit; **f. oneself with a drink** posílit se or vzpružit se alkoholem

fortitude ['fo:titju:d; Amer -tu:d] n statečnost, odvaha, mravní síla

fortnight ['fo:tnait] n; esp Br čtrnáct dní or dnů, dva týdny; **every f.** každých čtrnáct dní, čtrnáctidenně; **in a f.** za dva týdny; **a f. ago** před dvěma týdny; **a f. tomorrow** od zítřka za čtrnáct dní

fortnightly ['fo:tnaitli] adj čtrnáctidenní ● adv čtrnáctidenně ● n *(publication)* čtrnáctideník

fortress ['fo:trəs] n pevnost, tvrz; **capture** or **seize a f.** dobýt pevnost

fortuitous [fo:'tjuitəs] adj fml náhodný, nahodilý ▪ **~ly** adv náhodně, náhodou

fortunate ['fo:čənət] adj šťastný; **be f.**

(person) mít štěstí; **he's very f. to be alive** může mluvit o štěstí, že nepřišel o život; **I was f. to meet him** naštěstí jsem se s ním setkal; **how f.!** to je ale štěstí, inf to je ale klika ■ **~ly** adv naštěstí, šťastnou náhodou, bohudík

fortune ['fo:čən] n **1** *(luck)* also **good f.** štěstí; **ill f.** nepřízeň osudu; **by a stroke of (good) f.**, **by good f.** šťastnou náhodou, naštěstí; **the ~s of war** válečné štěstí **2** *(fate)* also **F.** štěstěna, osud; **tell sb's f.** předpovídat komu budoucnost; **the wheel of f.** kolo štěstěny ♦ **f. favours the brave** odvážnému štěstí přeje **3** *(money)* majetek, bohatství, jmění, velké peníze; **come into a f.** přijít k majetku, zdědit velký majetek; **make a f.** zbohatnout, vydělat velké peníze; **it cost a (small) f.** stálo to hrozné peníze, inf stálo to majlant; **it is worth a f.** má to obrovskou cenu

fortune-teller ['fo:čəntelə(r)] n věštec/ věštkyně, *(with cards)* kartář/ -ka

forty ['fo:ti] adj (**-ie-**) čtyřicet; **about f.** asi čtyřicet, kolem čtyřiceti; **have f. winks** schrupnout si, dát si dvacet ● n čtyřicítka; **the forties** *(decade)* čtyřicátá léta; **he is getting on for f.** jde mu na čtyřicet; **she is in her ~ies** je jí přes čtyřicet 40 – 49

fortyish ['fo:tiiš] adj **he is f.** je mu or má kolem čtyřicítky

forum ['fo:rəm] n fórum

forward ['fo:wəd] adv **1** also **~s** dopředu, vpřed, kupředu; **move f.** pokročit; **lean f.** předklonit se; **move sb f.** postrčit koho dopředu; **push f.** drát se or tlačit se dopředu **2** fig **carry f.** převést účetní položku; **put f.** *(proposal etc)* předložit, vznést ♦ **put one's best foot f.** ukázat se v nejlepším světle **3** *(in time)* **from this time f.** fml od nynějška; **bring sth f.** přesunout něco na pozdější dobu; **look f. to sth** těšit se na co; **put the clock f.** posunout hodiny dopředu ● adj **1** *(of place)* přední; *(of direction)* dopředu, kupředu; **the f. part** přední část; **f. motion** pohyb dopředu; **f. roll** kotoul vpřed; **it is too far f.** je to moc daleko vpředu **2** *(planning)* perspektivní; *(price)* předem stanovený **3** *(precocious: plant)* raný, časný; *(child)* předčasně vyspělý **4** *(views)* pokrokový, radikální **5** *(cheeky)* drzý, dovolený, troufalý ● vt **1** *(send on)* poslat dopis ap. na novou adresu or za adresátem **2** *(send goods)* poslat, odeslat **3** *(further: interests etc)* prosazovat; *(advance)* urychlit, uspíšit ● n Sport útočník; **centre f.** střední útočník

forward-looking [fo:wəd'lukiŋ] adj *(person)* pokrokový, progresivní; *(plan)* perspektivní

forwards ['fo:wədz] adv see **forward** adj (**1**)

forwent [fo:'went] pt of **forgo**

fossil ['fosl] n fosilie, zkamenělina; **an old f.** fig zkostnatělý člověk, zatvrzelý konzervativec ■ **f. fuel** fosilní palivo kamenné uhlí, nafta ap.

fossilized ['fosəlaizd] adj zkamenělý; fig *(person)* zkostnatělý

foster ['fostə(r)] vt **1** *(child)* vzít si dítě do opatrování jako pěstoun **2** *(encourage)* povzbuzovat, podporovat; *(promote: relations etc)* podporovat, napomáhat čemu; *(business)* rozvíjet; *(hopes, thoughts)* chovat ● adj **f. child** schovanec/ schovanka, dítě svěřené do pěstounské péče; **f. father/ mother** pěstoun/ pěstounka; **f. parents** pěstouni

fought [fo:t] pt, pp of **fight**

foul [faul] adj **1** odporný, hnusně špinavý; *(smell)* odporný, hnusný; *(meal)* hnusný; *(air)* smrdutý; *(weather)* psí, mizerný, šeredný; **have a f. temper** být prchlivý; **be in a f. temper** hrozně se vztekat **2** *(deed)* ohavný; **f. play** nečistá or nedovolená hra ♦ **by fair means or f.** po dobrém i po zlém, dovolenými i nedovolenými prostředky; **fall f. of the law** dostat se do konfliktu se zákonem **3** *(language)* hrubý; **use f. language**, **have a f. mouth** mluvit hrubě or oplzle ● **I** vt **1** *(dirty)* zašpinit; *(air, water)* znečistit, kontaminovat; **f. one's trousers** nadělat si do kalhot ♦ **f. sb's name** pošpinit čí jméno; **f. one's own nest** fig kálet si do vlastního hnízda **2** Sport faulovat koho **3** *(obstruct)* zablokovat, zatarasit; *(fishing line etc)* zamotat **II** vi **1** *(of gun barrel etc)* zaseknout se; *(of pump etc)* ucpat se **2** *(rope)* zaplést se **3** Sport faulovat **III** phr v ■ **foul up** vt **1** *(water, air)* znečistit, kontaminovat, zašpinit **2** *(spoil)* inf zpackat, zmrvit; *(relationship)* pokazit, narušit

foul-mouthed [faul'mauðd] adj sprostý; **he is a f.-mouthed so-and-so** je to huba nevymáchaná, je sprostý jako kanál

foul-smelling [faul'smeliŋ] adj smrdutý

foul-tempered [faul'tempəd] adj prchlivý

found$_1$ [faund] pt, pp of **find**

found$_2$ [faund] vt **1** *(establish)* založit, zřídit; *(firm also)* ustavit; *(school, hospital also)* (dát) postavit, vybudovat **2** *(base)* **f. sth on sth** založit co na čem; **be ~ed on sth** zakládat se na čem, spočívat na čem, opírat se o co; **be well ~ed** být dobře zdůvodněný; **be ~ed on fact** *(novel etc)* zakládat se na skutečnosti

found$_3$ [faund] vt Techn **1** *(metal)* slévat **2** *(make from metal)* odlít, odlévat

foundation [faun'deišn] n **1** *(act of founding)* založení, zřízení, ustavení; cf also

found ■ **f. charter** zakládací listina; **f. stone** základní kámen **2** *(institution)* nadace; **the Ford f.** Fordova nadace **3** *(basis)* fig zdůvodnění, podklad; **the rumour is without f.** ta pověst se nezakládá na pravdě or je neopodstatněná **4** also **f. cream** podkladový krém **5** Build **~s** základy; **lay the ~s** klást základy

founder$_1$ ['faundə(r)] n *(of school, city, foundation* etc*)* zakladatel

founder$_2$ ['faundə(r)] n Metal slévač, tavič

founder$_3$ ['faundə(r)] vi **1** *(collapse)* zhroutit se, *(project* etc*)* ztroskotat, skončit nezdarem **2** *(ship: sink)* jít ke dnu, potopit se **3** *(horse)* klopýtnout

foundling ['faundliŋ] n nalezenec

foundry ['faundri] n slévárna

fount$_1$ [faunt] n Rhetor **a f. of wisdom** studnice or pramen moudrosti, nádoba moudrosti

fount$_2$ [font] n Typ font, sada písma určité velikosti a typu; see also **font**

fountain ['fauntin] n **1** fontána, kašna; *(jet)* vodotrysk; **drinking f.** fontánka s pitnou vodou ■ **f. pen** plnicí pero **2** see **fount**$_1$

fountainhead ['fauntinhed] n *(of river)* pramen; fig *(of knowledge* etc*)* pramen

four [fo:(r)] adj čtyři; **she is f.** jsou jí čtyři; **the f. seasons** čtvero ročních období; *(crawl)* **on all ~s** po čtyřech ● n čtyřka; **the big f.** silná čtyřka

four-cylinder ['fo:silində(r)] adj čtyřválcový

four-door ['fo:do:(r)] adj čtyřdveřový

foureyes ['fo:raiz] n inf pej brejlovec fig, obrýlený člověk

four-letter [fo:'letə(r)] adj **f.-letter word** vulgární or sprosté slovo

four-poster [fo:'pəustə(r)] n postel s nebesy

foursome ['fo:səm] n čtveřice

four-stroke ['fo:strəuk] adj *(engine)* čtyřtaktní

fourteen [fo:'ti:n] adj čtrnáct ● n čtrnáctka

fourteenth [fo:'ti:nθ] adj čtrnáctý ● n *(fraction)* čtrnáctina

fourth [fo:θ] adj čtvrtý; **the f. estate** čtvrtá velmoc tisk; **the f. dimension** čtvrtá dimenze, čtvrtý rozměr ● n **1** *(fraction)* čtvrtina **2** Mus kvarta **3** Aut čtyřka rychlost

fourth-former ['fo:θfo:mə(r)] n Br Sch čtvrťák, kvartán

fourthly ['fo:θli] adv za čtvrté

fowl [faul] n (pl unchanged or **~s**) **1** *(poultry)* drůbež; *(one bird)* slepice, kohout, kuře; **domestic f.** kur domácí ♦ **the ~s of the air** ptactvo nebeské **2** Cook drůbeží maso ● vi **go ~ing** lovit or chytat pernatou zvěř

fox [foks] n **1** Zool liška ■ **fox fur** liška kožešina; **fox hunt** hon or štvanice na lišku ♦ **set the fox to keep one's geese** udělat kozla zahradníkem **2** fig inf, often pej lišák; **a sly** or **cunning fox** starý lišák, liška podšitá ● vt **1** *(baffle, confuse)* zmást, vyvést z konceptu **2** *(deceive)* přelstít

foxglove ['foksglav] n Bot náprstník červený

foxhound ['fokshaund] n Zool foxhound

foxtrot ['fokstrot] n foxtrot ● vi tančit foxtrot

foxy ['foksi] adj (**-ier**, **-iest**) inf **1** *(crafty)* lišácký, zchytralý **2** Amer sl *(woman)* sexy

foyer ['foiei; Amer 'fojər] n Theat, Cine etc foyer, vestibul, vstupní hala

fracas ['fræka:] n výtržnost

fraction ['frækšn] n **1** Math zlomek; **f. line** zlomková čára **2** *(small amount/ piece)* **a f. of a second** zlomek or zlomeček vteřiny; **it is a f. bigger** je to trochu větší, inf je to o kapánek větší

fractional ['frækšənl] adj **1** Math zlomkový **2** *(very small: difference* etc*)* nepatrný, minimální, zanedbatelný ■ **~ly** adv *(marginally)* nepatrně, poněkud

fractious ['frækšəs] adj podrážděný, popudlivý; *(horse)* jankovitý

fracture ['frækčə(r)] n Med zlomenina, fraktura; **simple/ compound f.** jednoduchá/ komplikovaná zlomenina; **f. of the skull** zlomenina lebky ● **I** vt zlomit (si); **f. a leg** zlomit si nohu **II** vi zlomit se

fragile ['frædžail] adj **1** *(china, glass)* křehký; fig *(happiness)* křehký, prchavý **2** *(health)* slabý, křehký; inf **be feeling a bit f.** *(hung-over)* mít mírnou kocovinu

fragility [fræ'džiləti] n křehkost; see **fragile**

fragment ['frægmənt] n **1** fragment; *(of china, glass)* střep, úlomek; *(of shell)* střepina **2** *(unfinished work)* Mus, Liter torzo; *(of manuscript)* zlomek ● vi [fræg'ment] roztříštit se, rozdělit se

fragmentary ['frægməntəri] adj fragmentární, kusý, neúplný; **in f. form** fragmentárně

fragmentation [frægmen'teišn] n fragmentace ■ **f. bomb** tříštivá střela

fragrance ['freigrəns] n vůně, aróma; **lose f.** vyčichnout

fragrant ['freigrənt] adj voňavý, vonící, aromatický

frail [freil] adj **1** *(person)* slabý fyzicky; *(old person)* (slabý) jako věchýtek, slaboučký **2** *(health)* křehký, chatrný; *(hope)* slabý

frailty ['freilti] n slabost; křehkost, chatrnost; **human frailties** lidské slabosti

frame [freim] n **1** *(of building, ship, plane, cupboard* etc*)* konstrukce, kostra

2 *(of window, bicycle, racket)* rám, *(of picture)* rám, rámeček; **slide f.** diarámeček; **embroidery f.** bubínek or rám na vyšívání 3 *(of spectacles)* obroučky, obruba 4 *(of human)* postava, tělo; **the mortal f.** tělesná schránka 5 **f. of mind** rozpoložení mysli, *(mood)* nálada; **be in the right f. of mind for sth** být na co naladěn ● vt 1 *(picture)* (za)rámovat, zasadit or dát do rámu 2 *(formulate)* formulovat; *(plan)* vypracovat, sestavit 3 sl *(incriminate falsely)* **f. sb** zkonstruovat na koho falešnou obžalobu

frame-up ['freimap] n sl *(false incrimination)* falešné obvinění

framework ['freimwə:k] n Techn kostra, skelet, konstrukce; fig *(of essay, novel etc)* kostra; **within the f. of sth** v rámci čeho

franc [fræŋk] n *(unit of currency)* frank

France [fra:ns] n Francie

franchise ['frænčaiz] n 1 Pol volební právo 2 Comm licence, koncese ● vt 1 dát komu volební právo 2 udělit komu licenci or koncesi

Franciscan [fræn'siskən] n františkán

frank [fraŋk] adj upřímný, otevřený; **f. criticism** otevřená kritika; **be f. with sb** být ke komu upřímný ■ **~ly** adv upřímně, otevřeně; **~ly speaking** upřímně řečeno ● vt *(mail)* (o)frankovat, opatřit známkou

frankfurter ['fræŋkfə:tə(r)] n; tenký, uzený párek

franking ['fræŋkiŋ] n frankování

frankness ['fræŋknəs] n upřímnost, otevřenost

frantic ['fræntik] adj *(hectic: effort)* horečný, křečovitý; *(anxious)* zoufalý; **be f. with pain** šílet bolestí ■ **~ally** adv horečně; zoufale, fig šíleně; **I've been ~ally busy** měl jsem šíleně moc práce

fraternal [frə'tə:nl] adj bratrský; **f. assistance** or **aid** bratrská pomoc

fraternity [frə'tə:nəti] n 1 *(brotherliness)* bratrství bratrský vztah 2 *(society)* asociace; Relig bratrstvo; Amer Univ studentská organizace; **drinking f.** kamarádi z mokré čtvrti

fraternize ['frætənaiz] vi bratřit se, přátelit se; **f. with the enemy** spolčovat se s nepřítelem

fratricidal [frætri'saidl] adj bratrovražedný; **f. strife** bratrovražedný boj

fratricide ['frætrisaid] n 1 *(crime)* bratrovražda 2 *(person)* bratrovrah

fraud [fro:d] n 1 *(act)* podvod; inf švindl, humbuk 2 *(person)* podvodník

fraudulent ['fro:djulənt] adj podvodný; **by f. means** podvodně ■ **~ly** adv podvodně

fraught [fro:t] adj pred **f. with ...** plný čeho, nabitý čím; **f. with danger** plný nebezpečí

fray[1] [frei] n Rhetor or joc bitva, bitka; *(quarrel)* spor; **enter the f.** vstoupit na kolbiště; inf pustit se do pranice

fray[2] [frei] vi 1 *(of material)* třepit se 2 **have ~ed nerves** být nervózní, sl mít nervy v kýblu

frayed [freid] adj *(clothing)* roztřepený, odřený

frazzle ['fræzl] n inf **burnt to a f.** Cook spálený na uhel; **worn to a f.** *(exhausted)* úplně vyplivlý (sl)

freak [fri:k] n 1 inf pej *(eccentric)* podivín/ -ka, excentrik/ excentrička 2 *(fan)* fanda; **movie/ theatre f.** filmový/ divadelní fanda 3 *(whim)* rozmar; **~s of fashion** rozmary módy 4 attr bizarní, groteskní, neočekávaný ■ **a f. storm** neočekávaná bouře 5 also **f. of nature** zrůda, monstrum, hříčka přírody ● vi sl **f. out** vyletět, ztratit nervy; *(with ecstasy)* být bez sebe radostí

freakish ['fri:kiš] adj 1 *(weather)* náladový 2 *(person; weird)* potrhlý, ztřeštěný, potřeštěný 3 *(abnormal)* zrůdný

freckle ['frekl] n piha; **her face is covered with ~s** obličej má samou pihu

freckled ['frekld], **freckly** ['frekli] adj pihovatý

free [fri:] adj (**freer** [fri:ə(r)], **freest** [fri:ist]) 1 *(unrestricted)* svobodný, volný; **f. access** volný přístup; **f. fall** volný pád; **f. kick** volný kop; **f. period** Sch volná hodina, okénko; **f. speech** svoboda projevu; **f. trade** volný obchod; **f. translation** volný překlad; **the f. world** svobodný svět; **be f.** být na svobodě; **he is a f. man again** je opět na svobodě; **set sb free** propustit koho na svobodu, osvobodit koho; **be f. to do sth** moci něco udělat; **be f. to choose** mít možnost volby; **give f. rein to one's imagination** popustit uzdu fantazii; **have a f. hand** mít volné pole působnosti 2 also **f. of charge** bezplatný, gratis, zadarmo; **be f. of tax** nepodléhat dani; **f. delivery** dovoz zdarma; **f. gift** reklamní dárek; **f. pass** volná jízdenka; **have a f. ride** jet načerno 3 *(unoccupied)* volný; **f. time** volný čas; **I am f. tomorrow** zítra budu mít volno; *(seat)* volný, neobsazený; **is this seat f.?** je tu volno?, je toto místo volné? 4 **f. from sth** prostý čeho; **f. from care** bezstarostný, prostý starostí; **f. from pain** bezbolestný 5 *(generous)* **be f. with one's money** rozhazovat peníze 6 *(relaxed)* **f. and easy** bezstarostný ● adv 1 *(without charge)* also **for f.** zadarmo, zdarma, gratis 2 *(loose)* volně; **run f.** *(dogs)* běhat volně ● vt 1 *(set at liberty)* pustit na svobodu; *(liberate)* osvobodit; **f. oneself** osvobodit se;

f. oneself from prejudices oprostit se od předsudků 2 *(resources, funds)* uvolnit

freedom ['fri:dəm] n 1 *(liberty)* svoboda, volnost; **academic f.** akademická svoboda; **individual f.** osobní svoboda; **inner f.** vnitřní svoboda; **f. of action/ movement** volnost jednání/ pohybu; **f. of association/ speech/ worship** svoboda shromažďování/ projevu/ vyznání; **f. of the press** svoboda tisku; **the dawn of f.** příslib svobody; **curb sb's f.** omezit čí svobodu ■ **f. fighter** bojovník za svobodu 2 **give sb the f. of the city** dát komu čestné občanství města; **give sb the f. of one's house** dát komu k dispozici svůj dům

free-for-all ['fri:fəro:l] n *(competition)* otevřená soutěž přístupná všem; *(fight)* hromadná rvačka

freehand ['fri:hænd] adv & adj *(sketch etc)* od ruky; **draw f.** malovat od ruky; **a f. drawing** kresba od ruky

freehold ['fri:həuld] n Jur ničím neomezené vlastnictví nemovitosti

freelance ['fri:la:ns] n (also **freelancer**) nezávislý pracovník, osoba pracující na volné noze ● adj pracující na volné noze, svobodný ● adv **work f.** být na volné noze ● vi pracovat na volné noze, mít svobodné povolání

freeload [fri:'ləud] vi Amer inf žít na cizí účet

freeloader [fri:'ləudə(r)] n Amer inf vyžírka, příživník

freeloading [fri:'ləudiŋ] adj Amer inf příživnický ● n příživnictví

freely ['fri:li] adv svobodně, volně; **breathe f.** dýchat volně, dýchat z plných plic; **be f. convertible** *(currency)* být volně směnitelný; **speak quite f.** mluvit bez ostychu

freemason ['fri:meisən] n svobodný zednář

freemasonry ['fri:meisənri] n svobodné zednářství

free-range [fri:'reindž] adj Br **f.-range poultry** drůbež z volného výběhu

freestanding [fri:'stændiŋ] adj volně stojící; *(organization)* samostatný, autonomní

freestyle ['fri:stail] n *(swimming, wrestling)* volný styl

freethinker [fri:'θiŋkə(r)] n volnomyšlenkář

freeway ['fri:wei] n Amer expresní dálnice

freewheel [fri:'wi:l] n Cycling volnoběžka ● vi (s)jet volnoběhem; Aut jet ze svahu bez motoru

freeze [fri:z] n 1 mráz, období mrazů 2 **price f.** zmrazení cen, cenový strop ● v (pt **froze**, pp **frozen**) I vi 1 *(water)* zmrznout; *(river, lake, pipes)* zamrznout; Meteor **it is freezing** mrzne; **it is freezing hard** mrzne, jen praští; je třeskutý mráz; **f. to death** zmrznout; **I am freezing** je mi strašně zima; **my hands are freezing** mrznou mi ruce; **my fingers are freezing** zalezlo mi za nehty; **be frozen solid** zmrznout na kost; **the smile froze on his lips** fig úsměv mu zmrzl na tváři 2 fig **his blood froze** krev mu ztuhla v žilách 3 *(remain motionless)* strnout, ztuhnout, znehybnět II vt 1 *(liquid)* dát zmrznout; *(food)* zmrazit 2 *(wages, money)* zmrazit III phr vs ■ **freeze over** or **up** vi zamrznout, pokrýt se ledem

freeze-dry [fri:z'drai] vt lyofilizovat, sušit vymrazováním

freeze-drying [fri:z'draiŋ] n lyofilizace, sušení vymrazováním

freezer ['fri:zə(r)] n mraznička, mrazák; *(in shops)* mrazicí skříň or box

freezing ['fri:ziŋ] adj cf **freeze** 1 *(conditions, weather)* mrazivý also fig; inf **it is f. cold** mrzne, jen praští 2 Phys **f. point** bod mrazu; **above/ below f. point** nad/ pod nulou ● n *(of food, prices etc)* zmrazení, zmrazování

freight [freit] n 1 *(transport)* doprava nákladní; **air f.** letecká doprava zboží; **sea f.** lodní doprava nákladní ■ **f. train** Amer nákladní vlak 2 *(goods)* náklad 3 *(charge)* dopravné, dovozné

freighter ['freitə(r)] n Naut nákladní loď; Aviat **Air f.** nákladní letadlo

French [frenč] adj francouzský; **F. bean** zelená fazole; **F. bread** veka; **F. chalk** krejčovská křída; **F. fries** Amer pomfrity, bramborové hranolky; **F. dressing** Cook kyselý nálev; **F. horn** lesní roh, horna; **F. letter** inf; esp Br kondom, prezervativ; **F. window**, Amer also **F. door** balkónové okno, zasklené dveře; **the F. people** Francouzi; **be of F. origin** pocházet z Francie ♦ **take F. leave** vytratit se, zmizet po anglicku, inf zdejchnout* se z práce ● n 1 *(language)* francouzština; **speak F.** mluvit francouzsky; **F. teacher** učitel/ profesor francouzštiny 2 **the F.** Francouzi

French-Canadian [frenčkə'neidiən] adj francouzskokanadský ● n **F. Canadian** 1 francouzsky mluvící Kanaďan 2 *(language)* kanadská francouzština

Frenchman ['frenčmən] n (pl **-men**) Francouz

French-speaking ['frenčspi:kiŋ] adj francouzsky mluvící

Frenchwoman ['frenčwumən] n (pl **-women** [-wimin]) Francouzka

frenetic [frə'netik] adj frenetický, horečný; *(applause)* frenetický, bouřlivý

frenzied ['frenzid] adj *(act)* šílený; *(ap-*

plause) frenetický, bouřlivý; *(activity)* horečný; **f. buying** horečné nakupování

frenzy ['frenzi] n *(wild behaviour)* šílení, běsnění; **a f. of activity** záchvat činnosti, horečná činnost

frequency ['fri:kwənsi] n **1** frekvence, častost (výskytu) **2** Phys frekvence, kmitočet; **f. range** kmitočtový rozsah; **very high f.** velmi krátké vlny; **mains f.** frekvence sítě

frequent ['fri:kwənt] adj častý, četný; *(practice)* běžný, obvyklý; **he is a f. visitor here** často sem chodí ● [fri:'kwent] vt fml navštěvovat, často někam chodit ■ **~ly** adv často, mnohdy

fresco ['freskəu] n (pl **~es**) freska

fresh [freš] adj **1** *(butter, eggs, fish, fruit, vegetables)* čerstvý; *(bread, rolls* also*)* měkký; **f. peas** zelený hrášek; **milk f. from the cow** čerstvě nadojené mléko **2** *(new) (news)* čerstvý, poslední, nejnovější; *(ideas)* nový, neotřelý; *(troops, reserves)* čerstvý, svěží; *(sheet of paper)* nový; *(underwear, shirt)* čistý, nový, vypraný; **it's still f. in my memory** mám to ještě v čerstvé paměti **3** *(air)* čerstvý, svěží, zdravý; *(wind: cool, refreshing)* svěží, chladný, studený; **get some f. air** nadýchat se čerstvého vzduchu **4** *(not salty: water)* sladký **5** *(complexion)* svěží; *(colours)* jasný, svěží ♦ **be as f. as a daisy** být svěží jako růžička **6** esp Amer *(cheeky)* drzý, troufalý; **don't you get f. with me!** nechte si ty drzosti, moc si na mne nedovolujte ■ **~ly** adv čerstvě; **~ly fallen snow** čerstvě napadaný sníh

freshen ['frešən] **I** vi *(wind, weather)* ochladit se **II** phr v ■ **freshen up** vi upravit se, dát se do pořádku; **that will f. you up** to vás osvěží

fresher ['frešə(r)] n Br Univ inf student prvního ročníku

freshman ['frešmən] n (pl **-men** [-mən]) Amer Univ inf student prvního ročníku

freshness ['frešnəs] n (see also **fresh**) **1** svěžest; *(of food* etc*)* čerstvost; *(newness)* novost **2** esp Amer *(cheekiness)* drzost, dovolenost

freshwater ['frešwo:tə(r)] adj *(fish)* sladkovodní

fret₁ [fret] n Mus *(on guitar* etc*)* pražec na hmatníku

fret₁ [fret] vi (**-tt-**) *(worry)* trápit se; **f. (oneself) about sth** užírat se kvůli čemu

fretful ['fretful] adj nedůtklivý, popudlivý; *(child)* zlobivý

fretsaw ['fretso:] n lupenka jemná pilka k vyřezávání

fretwork ['fretwə:k] n řezba, ozdobná řezbářská práce

Freudian ['froidiən] adj freudovský; **F. slip** přeřeknutí, prozrazení se bezděčné

FRG [efa:'dži:] abbr of **Federal Republic of Germany** Spolková republika Německo, SRN

Fri abbr of **Friday** pátek

friar ['fraiə(r)] n řeholník, mnich

fricative ['frikətiv] adj Phon frikativní, třený ● n frikativa, třená souhláska

friction ['frikšn] n tření; fig *(disagreement, conflict)* disharmonie, napětí ■ **f. clutch** třecí spojka

Friday ['fraidei, -di] n pátek; **on F.** v pátek; **on ~s** každý pátek; **Good F.** Velký pátek

fridge [fridž] n lednička

fried [fraid] pt, pp of **fry** ● adj **f. egg** volské oko; **f. chicken** smažené kuře

friend [frend] n **1** přítel/ -kyně, známý/ známá, kamarád/ -ka; **bosom/ close f.** důvěrný/ blízký přítel; **a fair- weather f.** nespolehlivý přítel; **lady f.** kamarádka, přítelkyně; **my f.** můj přítel; **a f. of mine** jeden můj přítel ♦ **a f. in need is a f. indeed** v nouzi poznáš přítele **2 be ~s with sb** přátelit or kamarádit se s kým; *(be on good terms)* být s kým zadobře; **they are ~s again** už se zase udobřili; **make ~s with sb** spřátelit or skamarádit se s kým, seznámit se s kým; **they parted good ~s** rozešli se jako dobří přátelé **3 be a f. of sth** (eg *arts*) být přítelem čeho

friendliness ['frendlinəs] n vlídnost, přívětivost; kamarádské chování, kolegialita

friendly ['frendli] adj (**-ier, -iest**) adj **1** *(person)* kamarádský, přívětivý, laskavý; **a f. atmosphere** přátelské ovzduší, přátelská atmosféra; **be on f. terms with sb** být s kým zadobře, přátelit se s kým; **give sb a f. welcome** vlídně koho přivítat **2** *(nation)* spřátelený, spojenecký; **a f. (match)** přátelské utkání, přátelský zápas **3 f. advice** dobře míněná rada

friendship ['frendšip] n přátelství, kamarádství; **bonds** or **ties of f.** pouta přátelství; **enduring f.** trvalé přátelství; **f. among nations** družba mezi národy

frieze [fri:z] n Archit vlys, somewhat dated frýz

frigate ['frigət] n fregata

frigging ['frigiŋ] adj vulg pitomý, vulg posraný

fright [frait] n **1** *(fear)* strach; **stage f.** Theat tréma; **take f.** polekat se, zaleknout se **2** *(shock)* zděšení, úděs, hrůza; **get a f.** vyděsit se, vylekat se; **give sb a f.** nahnat komu hrůzu; **I was paralyzed with f.** hrůzou mi tuhla krev **3** *(absurd-looking person)* strašidlo, maškara; **she looks a f.** vypadá jako strašidlo, vypadá hrozně

frighten ['fraitn] **I** vt polekat, postrašit, poděsit; *(birds)* vyplašit; **be ~ed of sth** bát se čeho; **get ~ed** polekat se, vylekat se, zděsit se; **f. sb out of his wits** vyděsit koho k smrti; **f. sb into doing sth** přinutit koho k čemu zastrašováním **II** phr v ■ **frighten away** or **off** vt *(burglar, birds)* vyplašit

frightened ['fraitnd] adj vystrašený, vyděšený

frightening ['fraitəniŋ] adj hrozivý, strašidelný

frightful ['fraitfl] adj hrozný, strašlivý, úděsný; *(extreme)* příšerný; **I have a f. headache** strašně mě bolí hlava; **be in a f. hurry** děsně spěchat; **a perfectly f. day** naprosto příšerný den ■ **~ly** adv inf *(very)* hrozně, příšerně; **I am f. sorry, but ...** je mi to hrozně líto, ale ...

frigid ['fridžid] adj **1** *(manner, welcome)* mrazivý; Geog *(zone)* arktický **2** *(sexually)* frigidní, chladný

frigidity [fri'džidəti] n Med frigidita

frill [fril] n **1** *(on clothing)* volán, karnýr; *(on shirt)* fiší, žabó **2** *(embellishments)* ozdoby, příkrasy; fig **~s** *(extras)* **with no ~s** *(car, house)* bez zvláštního vybavení

frilly ['frili] adj nabíraný, jsoucí samý volán

fringe [frindž] n **1** Br *(hair)* ofina, ofinka **2** Text *(on shawl* etc*)* třásně, třepení; **trim sth with a f.** ozdobit co třásněmi **3** *(edge)* okraj; *(of city)* periferie **4** **on the ~s of society** na periferii společnosti ■ **f. benefits** sociální výhody další požitky navíc k platu; **f. group** okrajová radikální skupina; **f. theatre** experimentální divadlo ● vt **1** Sew opatřit třásněmi **2** fig **be ~d by** or **with sth** *(by trees* etc*)* být lemovaný čím

Frisbee TM ['frizbi] n házecí talíř z plastiku, frisbee

frisk [frisk] **I** vt inf prohledat přejetím rukama po těle **II** vi *(leap about, frolic)* poskakovat, skotačit, prohánět se

frisky ['friski] adj živý, svěží, plný energie; *(children)* hravý, dovádivý, rozpustilý; *(of horses)* těžko zvládnutelný

fritter₁ ['fritə(r)] n taštička s ovocnou nebo masovou náplní

fritter₂ ['fritə(r)] vt also **f. away** *(time, money, life)* promarnit

frivolity [fri'voləti] n lehkovážnost, lehkomyslnost; **youthful f.** mladická nerozvážnost

frivolous ['frivələs] adj **1** *(person)* lehkovážný, lehkomyslný, povrchní **2** *(activities)* triviální

frizz [friz] vt *(hair)* nakadeřit nadrobno ● n drobně kudrnaté vlasy

frizzle ['frizl] **I** vi *(bacon)* smažit se s prskáním **II** vt *(burn: bacon* etc*)* přesmažit

frizzy ['frizi] adj (**-ier**, **-iest**) drobně kudrnatý, drobně kadeřavý

frock [frok] n *(for women, girls)* šaty; *(for monks)* kutna ■ **f. coat** redingot

frog [frog] n **1** Zool žába; **tree f.** rosnička; **f.'s legs** žabí stehýnka; **have a f. in one's throat** mít hlas jako nakřáplý hrnec, skřehotat (jako žába) **2** pej Francouz neutr

frogman ['frogmən] n (pl **-men**) žabí muž, potápěč s umělými ploutvemi na nohou

frogmarch ['frogma:č] vt **1** vést násilím s rukama za zády **2** *(carry)* nést koho za ruce a nohy obličejem dolů

frogspawn ['frogspo:n] n žabí potěr

frolic ['frolik] vi dovádět, skotačit, poskakovat, hopsat ● n skotačení, dovádění; *(prank)* špás, rošťárna

frolicsome ['froliksəm] adj dovádivý, skotačivý, hravý

from [from; unstressed frəm] prep indicating **1** *(starting place)* z; **f. London** z Londýna; **the train f. Glasgow to London** vlak z Glasgowa do Londýna; **f. above** shora; **f. abroad** ze zahraničí; **f. across the road** odnaproti; **f. afar** zdaleka; **f. all quarters** odevšad; **f. among us** z našeho středu; **f. anywhere** odkudkoli(v); **f. behind** zezadu; **f. below** zezpodu; **f. elsewhere** odjinud; **f. house to house** od domu k domu; **f. side to side** ze strany na stranu **2** *(distance)* od; **ten miles f. Edinburgh** deset mil od Edinburghu; **be away f. home** nebýt doma **3** *(time)* od; **as f. next week** počínaje příštím týdnem; **f. now on** od nynějška, od této chvíle, od teďka, nadále; **f. the (very) beginning** od (samého) počátku; **f. the first of May** počínaje prvním květnem, od prvního května; **f. time immemorial** od pradávna; **f. time to time** čas od času; **ten years f. now** za deset let **4** *(range)* **f. six to eight** šest až osm; **f. the cradle to the grave** od kolébky až do hrobu; **things went f. bad to worse** šlo to od desíti k pěti, bylo to čím dál tím horší; **f. A to Z** od á až do zet **5** *(price)* **suits f. £30** obleky v ceně od 30 liber **6** *(source)* od, z; **a letter f. my wife** dopis od manželky; *(translate)* **f. E. into Czech** z angličtiny do češtiny **7** *(modelled on)* podle; **painted from nature/ life** namalováno podle přírody/ skutečnosti **8** *(material)* **it is made f. iron** je to ze železa **9** *(separation, removal)* **take sth away f. sb** vzít co komu; **take two f. six** odečíst dvě od šesti **10** *(according to)* **f. what I have heard** podle toho, co jsem slyšel **11** *(difference)* od; **differ f. sb (in sth)** lišit se od koho (čím); **tell Portuguese f. Spanish** odlišit portugalštinu od španělštiny **12** *(owing to, because of)* **die f. exhaustion**

umřít vyčerpáním **13** *(on the basis of)* **f. my own experience** na základě or z vlastní zkušenosti

frond [frond] n větev kapradí, palmová ratolest

front [frant] n **1** esp **the f.** *(of sth)* přední strana, předek; *(of building)* průčelí, fronta, fasáda; **the f. of the car** předek auta; **the f. of the stage** divadelní rampa **2** *(foremost side/ part)* předek, popředí; **at the f. of the house** před domem; **move to the f.** posuňte se dopředu; **in the f. of a car** vpředu v autě **3** Mil **the f.** fronta, bojiště; Meteor **cold f.** studená fronta **4** Pol fronta; **popular f.** lidová fronta **5** *(seaside)* **the f.** nábřeží, pobřežní promenáda **6** *(outward appearance)* **put on a bold f.** předstírat statečnost; **a f. for sth** *(illegal activity* etc*)* zástěrka pro co **7** *(set phrases)* **in f. of sth** před čím; **I want the money up f.** inf peníze požaduji předem **8** *(effrontery)* nestydatost, drzost; **have the f. to ...** mít tu drzost a ... ● adj přední; *(page, row)* přední, první; *(page* also*)* titulní; Phon *(vowel)* přední, předopatrový; **f. door** domovní dveře, hlavní vchod do domu; **f. garden** zahrada před domem; **f. runner** fig hlavní kandidát; **f. view** pohled zpředu ● vi **f. onto sth** být obrácen kam; **the house ~s east** dům je obrácen na východ

frontage ['frantidž] n *(of building)* průčelí, fasáda, fronta

frontal ['frantl] adj *(attack)* frontální, čelný; *(bone)* čelní; Meteor **a f. system** frontální systém

frontier ['frantiə(r)] n hranice; *(boundary area)* pohraničí, pomezí; **push forward the ~s of knowledge** rozšiřovat obzory lidského vědění ■ **f. town** pohraniční město

frontispiece ['frantispi:s] n frontispis

front-page [frant'peidž] adj **f. news** nejdůležitější zprávy publikované na titulní straně novin

frost [frost] n mráz; *(on leaves* etc*)* jíní, jinovatka; **severe f.** silný mráz; **slight f.** mrazík; **ground f.** přízemní mrazík; **the trees are covered in f.** stromy jsou pokryty jíním; **there was a severe f. overnight** v noci silně mrzlo; **20 degrees of f.** 20 stupňů pod nulou ● **I** vt **1** *(fruit trees)* spálit mrazem **2** *(glass)* matovat; *(cake)* esp Amer zdobit cukrovou polevou **II** phr v ■ **frost over** vi ojínit se, pokrýt se jíním

frostbite ['frostbait] n Med omrzlina, oznobenina; **get f. on one's hands** mít omrzlé ruce

frostbitten ['frostbitn] adj Med omrzlý, oznobený; **f. feet** omrzlé nohy; **get f.** omrznout

frosted ['frostid] adj **1** *(glass)* mléčný, matný, matový **2** Amer Cook politý cukrovou polevou **3** *(plants)* ojíněný

frosting ['frostiŋ] n Amer *(on cake)* cukrová poleva

frosty ['frosti] adj (**-ier**, **-iest**) **1** *(weather)* mrazivý; *(window)* pokrytý jíním, zamrzlý **2** fig *(unfriendly: look, reception)* mrazivý, ledový, chladný

froth [froθ] n **1** *(on beer* etc*)* pěna **2** *(empty words)* tlachy, třesky plesky ● vi pěnit; **f. at the mouth** mít pěnu u úst/ *(animal)* u huby; **f. at the mouth (with rage)** fig zuřit hněvem, soptit

frothy ['froθi] adj (**-ier**, **-iest**) adj pěnící, pěnivý, *(sea, river)* zpěněný; *(talk)* jalový, povrchní, nicotný

frown [fraun] **I** vi (za)mračit se, (za)kabonit se, zachmuřit se **II** phr v ■ **frown upon sth** vt neschvalovat co, dívat se na co s nelibostí, odsuzovat co

frowning ['frauniŋ] adj *(face)* nasupený, zamračený

frowsy, frowzy ['frauzi] adj **1** *(untidy, unclean)* zanedbaný, nečistý, nepořádný **2** *(stuffy)* zatuchlý

froze [frəuz] pt of **freeze**

frozen ['frəuzn] pp of **freeze** ● adj **1** zmrzlý; **be f. stiff** být zmrzlý jako rampouch; **be f. to the marrow** být zmrzlý na kost; **my feet are f.** zebou mne nohy **2** *(food)* mražený **3** Fin **f. assets** mrtvý kapitál

FRS [efa:r'es] Br abbr of **Fellow of the Royal Society** člen královské společnosti

fructify ['fraktifai] vi nést ovoce

fructose ['fraktəuz] n fruktóza, ovocný cukr

frugal ['fru:gl] adj *(thrifty)* šetrný; *(life)* skromný, prostý; *(meal)* jednoduchý, prostý

frugality [fru:'gæləti] n skromnost; šetrnost

fruit [fru:t] n **1** lit ovoce; **bear f.** nést ovoce; **grow f.** pěstovat ovoce; **preserved f.** kompot; **pick f.** trhat ovoce ♦ **forbidden f. tastes the sweetest** zapovězené ovoce nejlépe chutná ■ **f. bowl** mísa na ovoce; **f. bread** biskupský chlebíček; **f. cake** or **tart** ovocný koláč; **f. grower** sadař, pěstitel ovoce; **f. machine** hrací automat; **f. salad** ovocný salát **2 ~s** fig dary; **the ~s of the earth/ forest** dary země/ lesa; **the ~s of sb's labour** ovoce or plody čí práce; **reap the ~s of one's labour** sklidit ovoce své práce ● vi *(of trees)* rodit, plodit

fruitful ['fru:tful] adj **1** *(tree)* plodný; *(soil* etc*)* úrodný **2** *(work, partnership* etc*)* plodný, úspěšný

fruition [fru:'išn] n *(of plans)* uskutečnění, realizace; **come to f.** *(plans* etc*)* uskutečnit se; **bring sth to f.** uskutečnit něco

fruitless ['fru:tləs] adj **1** *(plant)* neplodný **2** *(attempt)* marný, bezvýsledný; *(discussion)* neplodný, planý, jalový

fruity ['fru:ti] adj (**-ier**, **-iest**) **1** *(like fruit)* mající chuť ovoce; vonící po ovoci, chutnající po ovoci **2** *(joke, remark)* pikantní, lascivní **3** *(voice)* sytý, zvučný

frump [framp] n pej cuchta; **old f.** stará škatule

frumpish ['frampiš] adj pej *(of women)* staromódní, vystrojená jako maškara

frustrate [fra'streit] vt **1** *(upset)* frustrovat, znechutit, otrávit **2** *(thwart)* (z)mařit; **f. sb's hopes** zklamat čí naděje

frustrated [fra'streitid] adj rozčarovaný, zklamaný, otrávený, znechucený; *(sexually)* frustrovaný

frustration [fra'streišn] n cf **frustrate** **1** frustrace; znechucení **2** zklamání

fry$_1$ [frai] v (**-ie**) **I** vt (o)smažit; **f. in oil** smažit na oleji **II** vi **1** smažit se; fig **f. in the sun** smažit se na slunci; **you'll f.** *(in the sun)* upečeš se **2** Amer sl *(of convict)* zemřít na elektrickém křesle

fry$_2$ [frai] n *(fish)* potěr; *(children)* drobotina ♦ **small f.** inf moc malé zvíře, malý pán

frying pan ['fraiiŋpæn] n pánev, pánvice ♦ **jump out of a f. pan into the fire** dostat se z bláta do louže

fry-up ['fraiap] n Br smažené jídlo zvl. slanina, vejce, párky ap.

ft abbr of **feet**, **foot** stopa

fuchsia ['fju:šə] n Bot fuchsie

fuck [fak] sl vulg **I** vi šoustat, píchat **II** vt **f. sb** píchat s kým, vyspat se s kým, *(woman* also*)* dát komu; **f. you!**, **go f. yourself!** jdi do prdele!, trhni si nohou!; **well, f. you!** seru na tebe!; **fuck me!**, **f. (it)!** do prdele! **III** phr vs vulg ■ **fuck about** or **around** vi *(waste time)* flákat se, poflakovat se ■ **fuck off!** vodprejskni!, jdi do hajzlu! ■ **fuck up** vt vulg *(exam, driving test* etc*)* zvorat, zkurvit, zmršit ● n vulg **have a f.** píchnout si, zašoustat si; **where the f. is it?** kde to do prdele je?; **I don't give a f.** seru na to (z vysoka)

fuck-all [fak'o:l] n sl vulg ani ň, ani hovno; **he's done f.-all today** dnes neudělal ani hovno; **he knows f.-all about it** ví o tom lautr hovno, ví o tom velký kulový

fucker ['fakə(r)] n vulg *(idiot)* kretén, vymrdanec (vulg)

fucking ['fakiŋ] adj sl vulg *(damned)* zasraný ● adv vulg **it's f. raining again** už zase k sakru prší

fuddled ['fadld] adj inf podroušený; **get f. with drink** nachmelit se

fuddy-duddy ['fadidadi] n inf zkostnatělý člověk; **an old f.-duddy** starý páprda ● adj zkostnatělý, staromilský

fudge$_1$ [fadž] n Cook fondán

fudge$_2$ [fadž] vt **1** *(accounts)* podvodně manipulovat s čím; *(excuse)* vymyslet si; *(reply)* vycucat si odpověď z prstu **2** *(dodge)* vyhnout se čemu, zahrát něco do autu fig

fuel ['fju:əl] n *(for heating)* topivo, palivo, otop; *(for engines)* pohonná látka, palivo, benzin; **solid f.** pevné palivo ♦ **add f. to the flames** přilévat oleje do ohně ■ **f. mixture** palivová směs; **f. oil** nafta; **f. tank** palivová nádrž ● **I** vt (**-ll-**) **1** *(plane)* zásobit palivem, *(car)* natankovat auto ap., nabrat benzin do auta **2** fig *(ambition)* stimulovat **II** vi tankovat, nabírat benzin

fug [fag] n inf zatuchlý vzduch, dusno

fugitive ['fju:džətiv] n *(from justice* etc*)* uprchlík; *(political)* utečenec ● adj jsoucí na útěku, prchající; fig *(moments)* prchavý

fugue [fju:g] n Mus fuga

fulcrum ['fulkrəm] n (pl **~s** or **fulcra** ['fulkrə]) Techn opěrný bod

fulfil, Amer **fulfill** [ful'fil] vt (**-ll-**) *(task, plan)* splnit, splňovat; **f. a promise/ duty** also dostát slibu/ povinnostem; **f. the requirements** vyhovět požadavkům; **f. oneself** realizovat se; **be ~led** *(hopes, wishes, prediction)* splnit se, vyplnit se

fulfilment, Amer **fulfillment** [ful'filmənt] n *(of duty, promise)* (s)plnění; **find f.** splnit se, *(one's ambition)* realizovat se; **a sense of f.** pocit seberealizace

full [ful] n **in f.** plně; **write sth in f.** plně něco vypsat; **live one's life to the f.** žít naplno ● adj **1** *(filled)* plný; **f. up** zcela plný or naplněný; *(sated)* sytý; *(theatre)* also **f. up** obsazený, vyprodaný; **be f. (of sth)** být plný (čeho); **be f. of ambition/ beans/ consideration/ contradictions** být ctižádostivý/ temperamentní/ ohleduplný/ rozporuplný; **f. of cracks/ expression/ holes/ ideas** popraskaný/ výrazný or expresivní/ proděravělý/ nápaditý; **f. of vigour** činorodý; **be f. up to the brim** být vrchovatý; **be f. of hope** dělat si velké naděje; **be f. of one's own importance** dělat se důležitým; **be f. of praise** neskrblit chválou; **be f. of zip** mít švih, být nabitý energií; **be crammed f.** být nacpaný; **the lake is f. of fish** v jezeře se to hemží rybami; **have one's hands f.** mít plné ruce práce; **he is f. of mischief** všichni čerti s ním šijí **2** *(copious: notes, information)* podrobný; **ask for ~er information** požádat o podrobnější informace **3** *(complete:* eg *list)* úplný, naprostý, kompletní; *(member)* řádný, plnoprávný; **at f. steam** or **swing** plnou parou; **at f. strength** *(crew)* v plném počtu; **at f. stretch** s veškerým vypětím; **at f. throttle** na plné obrátky; **be in f. possession of one's faculties** být při jasném vědomí; **be in f. swing** být v plném proudu; **fall f. length** svalit se jak dlouhý tak široký; **f. assembly** plénum; **f. beard** plnovous; **f. circle** uzavřený kruh; **come f. circle** otočit se o 360°; **f. dress** Mil slavnostní uniforma; **f. employment** plná zaměstnanost; **f. fare** plné jízdné; **f. meal** kompletní oběd/ večeře; **f. measure** dobrá míra; **f. moon** úplněk; **f. powers** plná moc; **in f. readiness (for battle)** v plné zbroji; **f. recovery** úplné uzdravení; **in f. season** v plné sezóně; **on f. bore** na plný plyn, na plné obrátky; **sign one's f. name** podepsat se plným jménem; **work at f. capacity** pracovat na plnou kapacitu **4** *(figure)* plný, baculatý; **be f. in the face** mít kulatý obličej **5** *(clothes)* volný; *(skirt)* široký ■ **~y** adv plně, cele, naprosto, v plném rozsahu; **be ~y conscious** být při plném vědomí; **I ~y agree with you** naprosto s vámi souhlasím ● adv **you know f. well that ...** moc dobře víš, že ...

fullback [ful'bæk] n Ftb, Hockey obránce, zadák, bek

full-blooded [ful'bladid] adj *(horse etc)* plnokrevný

full-blown [ful'bləun] adj *(flowers)* rozkvetlý, v plném květu; fig *(doctor)* plně kvalifikovaný; *(theory)* plně rozpracovaný

full-bodied [ful'bodid] adj **1** *(wine)* aromatický, plné chuti **2** *(person)* tělnatý, korpulentní

full-grown [ful'grəun] adj dorostlý, *(tree)* vzrostlý; *(person)* dospělý

full-length [ful'leŋθ] adj **1** *(film)* celovečerní **2** *(dress)* dlouhý; *(portrait)* v životní velikosti, celé postavy zobrazující celou postavu; *(mirror)* ukazující celou postavu

fullness ['fulnəs] n plnost; *(treat a subject)* **in f.** obšírně ♦ **in the f. of time** Bibl když se naplnil čas; see also **full**

full-page [ful'peidž] adj *(advertisement)* celostránkový

full-scale [ful'skeil] adj **1** *(model, drawing)* ve skutečné velikosti **2** *(thorough: search etc)* důkladný, pečlivý; *(war)* totální

full-time [ful'taim] adj *(study)* řádný, denní; *(job)* celodenní, na plný úvazek ● adv **work f.-time** pracovat celodenně or na plný úvazek ● n Sport konec zápasu

fully-fledged [fuli'fledžd] adj *(person)* plně kvalifikovaný; **f.-fledged stars** plně vyvinuté hvězdy

fulmar ['fulmə(r)] n Orn buřňák

fulminate ['fulmineit] vi *(protest)* hřímat, horovat, horlit (**against sth** proti čemu)

fulsome ['fulsəm] adj *(praise)* přehnaný, přespříliśný

fumble ['fambl] **I** vi šmátrat (**about** or **around** kolem); **f. for sth** *(light switch etc)* šmátrat (rukou) po čem; **f. in one's pocket** hrabat se v kapse; **f. with sth** *(eg shoelaces)* potýkat se s čím, zápolit s čím **II** vt Sport *(ball)* upustit, špatně chytit

fume [fju:m] n usu pl **~s** výpary; **exhaust ~s** výfukové plyny ● **I** vi **1** kouřit, pářit, vypouštět kouř or páru **2** fig **f. with rage** soptit hněvem, zuřit

fumigate ['fjumigeit] vt vykouřit, vykuřovat, (vy)dezinfikovat kouřem/ plynem

fumigation [fjumi'geišn] n vykuřování, fumigace, dezinfekce kouřem/ plynem

fun [fan] n **1** *(pleasure, enjoyment)* legrace, zábava, inf švanda, psina; **figure of f.** komická figura; **cut a figure of f.** vypadat komicky; **have f.** bavit se; **have f.!** příjemnou zábavu!, dobře se bavte!; *(do sth)* **for** or **in f.** z legrace, pro zábavu, inf z psiny; **make f. of sb/ sth, poke f. at sb/ sth** dělat si z koho švandu, dobírat si koho, bavit se na čí účet; **we had great f. at the party** na večírku byla výborná zábava; **I can't see the f. in it** nechápu, co je na tom legračního ■ **f. fair** lunapark **2** *(source of enjoyment)* **it was great f.** byla to velká legrace; **it is quite f.** je to docela zábavné; **he is great f.** je to veselý patron; **they are marvellous f.** je s nimi velká legrace ♦ **life is not all f. and games** život není jen samá zábava ● adj attr; esp Amer legrační, zábavný; **have a f. time!** dobře se pobavte!, příjemnou zábavu!; **f. clothes** legrační oblečení

function ['faŋkšən] n **1** *(of machine, heart etc)* funkce also Comput & Math; *(of person also)* poslání; **his f. in life** jeho životní poslání; **in my f. as chairman I ...** jako předseda ...; **discharge one's ~s** vykonávat své funkce; **the f. of an adverb is ...** adverbium má funkci ... ■ **f. keys** funkční klávesy **2** *(official ceremony)* slavnost, recepce ● vi *(operate, work)* fungovat, *(organs)* pracovat; **f. as ...** fungovat or sloužit jako ...

functional ['faŋkšənəl] adj **1** funkční; **f. disorders** Med funkční poruchy **2** *(practical)* účelný, praktický **3** pred *(working: machine)* provozuschopný, fungující

functionalism ['faŋkšənəlizəm] n Archit funkcionalismus

functionalist ['faŋkšənəlist] n Archit funkcionalista ● adj funkcionalistický

functionary ['faŋkšənəri] n funkcionář, činovník, pracovník organizace/ spolku ap.

fund [fand] n **1** Fin fond; **entertainment f.** reprezentační fond; **slush f.** inf černý or tajný fond; **International Monetary F.** Mezinárodní měnový fond **2** *(of wisdom, knowledge* etc*)* pokladnice, zásobárna **3 ~s** peníze, finanční prostředky; fondy; **public ~s** veřejné prostředky; **working ~s** provozní prostředky ♦ **be in ~s** inf být při penězích, sl být v balíku or v paklu ● vt *(finance)* financovat

fundamental [fandə'mentl] adj **1** *(basic, central)* základní, fundamentální, principiální; **be f. to sth** být základní podmínkou čeho; **hard work is f. to success** základem úspěchu je tvrdá práce **2** *(essential: differences* etc*)* podstatný, zásadní; **f. changes** radikální or zásadní or podstatné změny **3** *(elementary)* elementární, základní; **f. concepts** základní pojmy ● n pl **~s** základy; **the ~s of mathematics** základy matematiky

fundamentalism [fandə'mentəlizəm] n **1** Rel fundamentalismus přísná náboženská pravověrnost **2** extrémní zastávání nějaké doktríny; **ecological f.** ekologický fundamentalismus

fundamentalist [fandə'mentəlist] n fundamentalista ● adj fundamentalistický; fig konzervativní, fanatický

fundamentally [fandə'mentəli] adv **1** *(differ* etc*)* podstatně, zásadně **2** *(basically)* v zásadě, v (samé) podstatě

funeral ['fju:nərəl] n pohřeb, inf pej funus; **state f.** státní pohřeb; **attend sb's f.** jít komu na pohřeb ♦ **it's** or **that's your f.** inf to je tvůj problém ■ **f. oration** řeč nad hrobem; **f. parlour** pohřební ústav; **f. service** smuteční or zádušní mše; **f. procession** or **cortège** pohřební průvod, fml kondukt

funereal [fju:'niəriəl] adj *(atmosphere)* pohřební, chmurný, ponurý; *(mood)* pohřební, truchlivý, smutný

funfair ['fanfeə(r)] n zábavní park, lunapark

fungicide ['faŋgisaid] n fungicid, houbomorný přípravek

fungous ['faŋgəs] adj houbovitý; *(disease)* způsobený houbou

fungus ['faŋgəs] n (pl unchanged or **~es** or **fungi** ['faŋgi:, 'faŋgai]) **1** Bot houba, houby **2** Med houba, nádor

funicular [fju'nikjulə(r)] n; also **f. railway** lanová dráha na kolejích

funk [faŋk] n inf **1** panický strach; **he was in a (blue) f.** inf málem se podělal strachy **2** pej baba, strašpytel, vulg posera

funky1 ['faŋki] adj (**-ier**, **-iest**) **1** Mus Amer funkový, bluesový **2** Amer *(excellent)* inf senzační; *(fashionable)* módní, moderní

funky2 ['faŋki] adj dated sl (**-ier**, **-iest**) *(cowardly)* zbabělý, podělaný

funnel ['fanl] n **1** *(for pouring)* nálevka, trychtýř **2** komín lodi, lokomotivy ● vt nalévat nálevkou; fig *(energy, attention)* usměrňovat

funnily ['fanili] adv see **funny**; **f. enough** kupodivu; je to zvláštní, ale . . .

funny ['fani] adj (**-ier**, **-iest**) **1** *(amusing)* legrační, komický, povedený, zábavný; **a f. story** legrační historka; **look f.** vypadat legračně; **make f. faces** pitvořit se; **it was too f. for words** bylo to k popukání; **are you trying to be f.?** to má být vtip? ♦ **f. bone** inf brňavka **2** *(peculiar)* zvláštní, podivný; **have a f. feeling** mít zvláštní pocit; **have a f. taste** mít divnou chuť; **he gave me a f. look** divně se na mne podíval; **well, that's f.!** no to je teda* divné ♦ **f. farm** sl blázinec, cvokárna **3** *(slightly unwell)* **I feel a bit f.** je mi nějak divně, necítím se ve své kůži; **that meal has made me feel f.** po tom jídle se mi udělalo nějak divně **4** inf *(suspicious)* nekalý; **there's something f. going on here** tady se děje něco nekalého; *(hands up)* **and no f. business!** a žádné hlouposti! **5** *(eccentric)* podivínský; **he's a bit f. in the head** nemá to v hlavě úplně v pořádku

fur [fə:(r)] n **1** *(on animal)* srst, kožich **2** *(for clothes)* kožešina; **fox fur** liščí kožešina ■ **fur coat** kožich; **fur collar/ hat/ lining** kožešinový límec/ -á čepice/ vložka **3** *(in kettle, pipes* etc*)* kotelní kámen, usazenina **4** *(on tongue)* povlak ● vi usu pass **a furred tongue** povlečený jazyk; **furred pipes** zanesené potrubí kotelním kamenem

furious ['fjuəriəs] adj **1** *(angry)* zuřivý, vzteklý, rozzuřený, rozlícený; **be f. with sb** mít na koho zlost or dopal or vztek; **be bloody f.** mít červeno před očima, div nevyletět z kůže **2** *(violent)* *(battle)* urputný; *(pace)* šílený

furlong ['fə:loŋ] n *(measurement)* 1/8 míle, 201 metrů

furlough ['fə:ləu] n Amer Mil, Admin dovolená; **go on f.** jít na dovolenou, vzít si dovolenou

furnace ['fə:nis] n pec; Techn **blast f.** vysoká pec ♦ **it's like a f. in here** je tu horko jako v pekle or v peci, je tu (hic) jako ve výhni

furnish ['fə:niš] vt **1** *(house)* vybavit, zařídit nábytkem; **a ~ed room** pokoj se zařízením, zařízený pokoj; **a (partially) ~ed flat** (částečně) zařízený byt **2** *(supply)* dodat, poskytnout; **f. sb with sth** dodat komu co

furnishings ['fə:nišiŋz] n pl zařízení, vybavení bytu/ domu; **home ~s** bytové zařízení

furniture ['fə:ničə(r)] n nábytek; **a piece of f.** kus nábytku; **f. and equipment** inventář; **period f.** dobový or stylový nábytek; **unit** or **sectional f.** sektorový nábytek ■ **f. industry** nábytkářský průmysl; **f. shop** obchod s nábytkem, nábytek; **f. remover** speditér; **f. van** stěhovací vůz

furore [fju'ro:ri], Amer **furor** ['fju:ro:r] n rozruch; **create a f.** *(novel, play)* vzbudit velký rozruch

furrier ['fariə(r)] n kožešník

furrow ['farəu] n **1** Agr brázda; **cut a f.** vyorat brázdu ♦ **plough a lonely f.** fig pracovat houževnatě na vlastní pěst **2** *(groove)* rýha, drážka, žlábek; *(on face)* hluboká vráska ● vt **1** Agr orat **2** *(of forehead etc)* esp pass **~ed brow** čelo zbrázděné vráskami

furry ['fə:ri] adj (**-ier**, **-iest**) **1** *(hairy)* chlupatý, huňatý, srstnatý **2** *(toy)* plyšový, hebký, měkoučký **3** *(tongue)* povlečený; *(kettle)* pokrytý usazeninou

further ['fə:ðə(r)] adj **1** *(additional)* další, bližší; **f. details** or **particulars** bližší podrobnosti or informace; **f. education** další vzdělání, vzdělání dospělých; doškolování; osvěta; *(discuss)* **f. moves** další kroky; **the case needs f. inquiry** tímto případem je nutno se dále zabývat; **have no f. use for sth** už dál něco nepotřebovat; **stimulate f. effort** dát podnět k dalšímu úsilí; **without f. delay** bez dalšího prodlení; **without f. ado** bez dalšího okolkování **2** *(new)* **until f. notice** až na další, až do dalšího oznámení; **until f. orders** až do dalšího nařízení ● adv **1** *(in space* or *time)* dál, dále; **a bit f. along the road** kousek dál v téhle ulici; **move f. away** posunout se dál, poposednout si dál; **this far and no f.** až sem a ani o krok dál; **nothing is f. from my thoughts** jsem dalek toho, abych si myslel, že ...; **I didn't question him any f.** dál jsem se ho už na nic nevyptával **2** *(in addition)* **we would f. add that ...** dále si dovolujeme poznamenat, že ...; *(he said he disagreed)* **and f. that ...** a mimoto, že ...; **f., it has come to our attention that ...** dále jsme se dozvěděli, že ...; **f. to your letter of the 2nd of March** s odvoláním na Váš dopis z 2. března ● vt *(promote)* podporovat; *(sb's interests* also*)* prosazovat

furtherance ['fə:ðərəns] n podpora, prosazování čeho

furthermore [fə:ðə'mo:(r)] adv fml kromě toho, mimoto, dále (ještě), a dál(e)

furthermost ['fə:ðəməust] adj nejvzdálenější

furthest ['fə:ðist] adj superl of **far** nejvzdálenější, nejzazší; **the f. ends of the earth** nejzazší končiny země ● adv nejdále

furtive ['fə:tiv] adj *(action)* tajný; *(behaviour, person)* tajnůstkářský; *(glance)* kradmý, postranní, nenápadný; *(smile)* potutelný ■ **~ly** adv kradmo, tajnůstkářsky; **glance ~ly at sb** kradmo se na koho podívat

fury ['fjuəri] n **1** *(rage)* vztek, zuřivost; **be speechless with f.** zalykat se vzteky **2** *(fit of anger)* záchvat vzteku or zuřivosti; **be in a f.** zuřit, být vzteklý jako pes **3** *(fierceness of activity* etc*)* **the f. of the elements** běsnění živlů; **carry on like f.** řádit jako tajfun; **run like f.** běžet jako zběsilý; **work like f.** dřít jako blázen **4** *(fiercely angry woman)* fúrie **5** Myth **the Furies** pl Furie, bohyně pomsty

furze [fə:z] n Bot hlodáš

fuse [fju:z] n **1** Elec pojistka; **blow a f.** vyhodit pojistky ♦ **have a short f.** fig být prchlivý, inf být pruďas ■ **f. box** skřínka s pojistkami **2** *(act of fusing)* krátké spojení **3** *(of bomb)* rozbuška; **time f.** *(of bomb)* časový zapalovač ● **I** vi **1** Elec **the lights ~d** spálily se or praskly pojistky **2** *(metals)* spojit tavením, slít **3** fig **f. (together)** *(organizations)* spojit se, splynout, fúzovat **II** vt **1** *(metals)* slít **2** Br **f. the lights** spálit or vyhodit pojistky tj. způsobit prasknutí pojistek **3** fig spojit; *(firms)* sloučit, fúzovat

fused [fju:zd] adj *(plug* etc*)* opatřený pojistkou

fuselage ['fju:zəla:ž] n Aviat trup letadla

fusilier [fju:zə'liə(r)] n Br Mil *(in regiment titles)* střelec

fusillade [fju:zə'leid] n salva

fusion ['fju:žən] n **1** *(of metals)* (roz)tavení, tavba; Phys **(nuclear) f.** jaderná fúze; Mil **f. bomb** termonukleární puma **2** *(merger: of banks)* fúze, splynutí; *(of political parties)* spojení, splynutí

fuss [fas] n **1** *(commotion)* nervozita, rozruch, (zbytečná) panika, ceremonie, ciráty; **stop all this f.** nech těch cirátů; **what a lot of f.!** to je nějakých cirátů! **2** *(angry scene)* rámus, rambajz; **kick up a f.** udělat rambajz, stavět se na zadní; **make a lot of f. about everything** dělat kolem všeho moc hluku or křiku or povyku ● **I** vi rozčilovat se zbytečně, dělat cavyky, inf vzrušovat se **II** phr v ■ **fuss over sb** obskakovat koho, dělat komu pomyšlení; **f. over sth** dělat kolem čeho rámus, mazat se s čím, dělat s čím cavyky

fusspot ['faspot] n inf pedant; *(nag)* malicherný kritik, šťoura; *(worrier)* ustaranec

fussy ['fasi] adj (**-ier**, **-iest**) adj *(over-*

precise) hnidopišský, malicherný, úzkostlivý; *(thorough)* pedantský; *(about food)* vybíravý, mlsný; **be very f. about one's food** mít mlsný jazýček, být vybíravý; *(What will you have?)* — **I'm not f.** já nejsem vybíravý, se mnou si nedělejte starosti

fustian ['fastiən] n Text barchet, barchant

fusty ['fasti] adj pej (**-ier**, **-iest**) **1** *(musty, stale)* páchnoucí ztuchlinou, zatuchlý **2** *(old-fashioned: person, ideas etc)* staromódní, zkostnatělý

futile ['fju:tail; Amer -tl] adj nesmyslný, zbytečný, marný; **his attempts were f.** jeho pokusy byly marné

futility [fju:'tiləti] n nesmyslnost, zbytečnost; marnost

future ['fju:čə(r)] n **1** budoucnost; **in f.** napříště, nadále, od nynějška; **in the f.** v budoucnosti; **in the near f.** vbrzku, brzo, v nedaleké or blízké budoucnosti; **in the distant f.** v daleké or ve vzdálené budoucnosti; **in the foreseeable f.** v dohledné budoucnosti; **you must be more careful in f.** napříště musíte být opatrnější; **there is no f. in it** nemá to budoucnost, nemá to perspektivu; **the outlook for the f.** výhled do budoucnosti; **think of your f.** myslete na budoucnost **2** Ling futurum, budoucí čas **3** Comm **~s** termínové obchody

futurism ['fju:čərizəm] n futurismus

futurist ['fju:čərist] n futurista

futuristic [fju:čə'ristik] adj futuristický

fuzz$_1$ [faz] n chmýří, jemná vlákna

fuzz$_2$ [faz] n dated sl **the f.** policajti, fízlové

fuzzy ['fazi] adj (**-ier**, **-iest**) **1** *(hair)* kudrnatý, kučeravý **2** *(blurred)* nejasný, rozmazaný; *(photo also)* neostrý

fwd abbr of **forward(s)**

G

G, g [dži:] n (pl **G's, g's** [dži:z]) **1** *(letter)* G, g **2** Mus G, g; **G sharp** gis; **G flat** ges; **G major** G dur; **G minor** g moll

g [dži:] abbr of **gram(s), gramme(s)** g

gab [gæb] n tlachání, žvanění, řeči ♦ **have the gift of the gab** být výmluvný, mít dobrou vyřídilku, mít dobře proříznutý or podříznutý jazyk ● vi (**-bb-**) also **gab away** tlachat, žvanit

gabardine, gaberdine [gæbə'di:n] n **1** Text gabardén **2** *(coat)* gabardénový plášť

gabble ['gæbl] **I** vi mluvit překotně or kvapně, drmolit, breptat **II** phr v ▪ **gabble away** brebentit, repetit ● n breptání, brebentění, drmolení

gaberdine [gæbə'di:n] n see **gabardine**

gable ['geibl] n Archit štít domu, lomenice; **g. end** štítová zeď; **g. window** okno ve štítu

Gabon ['gæbon] n Gabon

Gabonese [gæbə'ni:z] adj gabonský ● n Gaboňan, Gabonec/ Gabonka

gad [gæd] vi (**-dd-**) **gad about** or **around** toulat se, potulovat se; **g. about** or **around the world** potulovat se po světě ● dated interj; also **by gad** přisámbohu!

gadabout ['gædəbaut] n tulák, větroplach

gadfly ['gædflai] n **1** Ent ovád **2** fig inf dotěra, otrava

gadget ['gædžit] n strojek, malé mechanické zařízení do domácnosti, důmyslný přístroj, šikovná věcička, 'vynález', chytrá hračička

gadgetry ['gædžitri] n mechanická zařízení, různé strojky, 'vynálezy', chytré hračičky

Gael [geil] n Gael

Gaelic ['geilik; in Britain 'gælik] adj gaelský ● n *(language)* gaelština

gaff$_1$ [gæf] n Fishing hák na chytání ryb, tyč s hákem k lovení ryb ● vi Fishing lovit ryby hákem

gaff$_2$ [gæf] n **blow the g.** inf podřeknout se; **b. the g. on sth** vybreptat něco, vyžvanit něco

gaffe [gæf] n faux pas, inf bota; **make a g.** udělat botu, udělat faux pas

gaffer ['gæfə(r)] n Br inf **1 (old) g.** pej stařík, dědek, starý strejc **2** *(foreman; boss)* Br sl předák, mistr, šéf

gag [gæg] n **1** *(on mouth)* roubík; Dent rozvěrač úst; fig **a g. on free speech** prostředek pro potlačení svobody slova **2** Theat, Film gag; *(joke)* žert, vtip; **do sth for a g.** udělat něco pro zasmání or z psiny ● **I** vt (**-gg-**) **g. sb** dát komu roubík do úst, zacpat komu ústa roubíkem; fig umlčet koho, donutit koho k mlčení; **g. the press** umlčet tisk **II** vi **1** Theat, Film dělat gagy; *(to joke)* dělat vtipy, vtipkovat **2** *(choke)* **g. on sth** dávit se čím; inf *(retch)* zvracet

gaga ['ga:ga:] adj sl usu pred senilní, zdětinštělý; **go g.** zdětinštět, zblbnout

gage [geidž] Amer; see **gauge**

gaggle ['gægl] n *(of geese)* hejno; fig *(of tourists, journalists* etc*)* houf, horda

gaiety ['geiəti] n **1** veselí, veselost, veselá nálada **2** *(entertainment)* usu pl radovánky

gaily ['geili] adv vesele, radostně; **g. coloured** pestrý, pestrobarevný

gain [gein] n **1** *(profit)* zisk, výtěžek, výnos; **net g.** čistý zisk or výnos; **fraudulent ~s** podvodné zisky; **achieve great economic ~s** dosáhnout velkých ekonomických úspěchů; **for g., with the object of g.** ze zištných důvodů **2** *(increase)* přírůstek, zvýšení; **a g. in weight** přírůstek na váze ● **I** vt **1** *(obtain) (advantage, access, experience, sb's friendship, power)* získat; *(prize, victory)* vyhrát; *(victory* also*)* vybojovat; **g. independence** osamostatnit se; **g. sb's respect** zjednat si čí úctu; **g. the upper hand** nabýt převahy ♦ **g. ground** *(of new methods* etc*)* prosazovat se, uplatňovat se, být na postupu; **g. ground on sb** *(catch up)* dotahovat koho; **nothing ventured, nothing gained** odvážnému štěstí přeje **2** *(reach: shore* etc*)* dosáhnout čeho **3** *(increase)* **g. importance** nabýt na důležitosti; **g. speed** nabrat rychlost; **g. strength** *(wind)* sílit, mohutnět; **g. weight** přibýt na váze, spravit se **II** vi **1 g. in speed** nabrat rychlost; **g. in weight** přibýt na váze; **g. in knowledge** rozšířit si vědomosti **2** *(profit)* **g. by sth** získat na čem **3** *(clock)* předcházet se; **my watch ~s (by) several minutes a day** moje hodinky se předcházejí o několik minut denně **III** phr v ▪ **gain on** vt **g. on sb** *(catch up)* dohnat/ dohánět koho; *(get further ahead)* zvyšovat si náskok před kým

gainful ['geinful] adj **g. employment** výdělečná činnost ▪ **~ly** adv **be ~ly employed** být výdělečně činný

gainsay [gein'sei] vt (pt, pp **gainsaid**) arch, usu neg popřít; **there is no ~ing his honesty** o jeho čestnosti není pochyb

gait [geit] n chůze způsob chození, krok; *(of horse)* chod; **a shuffling/ rolling g.** šouravá/ kolébavá chůze; **have a sailor's g.** chodit jako námořník

gaiter ['geitə(r)] n usu pl **(a pair of) ~s** kamaše

gal [gæl] n; dated inf dívka, děvče, holka

gala ['ga:lə, Amer 'geilə] n *(festive occasion)* slavnost; *(sporting occasion* also*)* podnik ■ **g. performance** slavnostní or gala představení

galactic [gə'læktik] adj galaktický

galaxy ['gæləksi] n Astron **1** galaxie; fig **a g. of film stars** galaxie filmových hvězd **2 the G.** Mléčná dráha

gale [geil] n vichřice; fig **~s of laughter** salvy smíchu ■ **g. warning** varovné hlášení o blížící se vichřici

gall$_1$ [go:l] n **1** Physiol žluč; **(as) bitter as g.** hořký jako pelyněk or utrejch ■ **g. bladder** žlučník **2** fig hořkost, zatrpklost **3** inf *(impudence)* nestoudnost, nestydatost, drzost; **he had the g. to ...** měl tu drzost a ...; **of all the g.!** to je ale drzost!

gall$_2$ [go:l] n *(sore place on an animal)* odřenina, otlačenina ● vt *(chafe)* dřít, odírat, tlačit; fig *(annoy)* štvát, rozčilovat, dopalovat

gallant ['gælənt] adj **1** *(brave)* statečný, chrabrý, udatný **2** *(appearance)* majestátní; *(sight)* skvělý, nádherný **3** *(chivalrous)* dvorný, galantní, rytířský, pozorný ■ **~ly** adv *(bravely)* statečně, udatně; *(courteously)* dvorně, pozorně, galantně

gallantry ['gæləntri] n **1** *(bravery)* statečnost, udatnost, chrabrost **2** *(with women)* pozornost, dvornost, rytířskost

galleon ['gæliən] n Naut Hist galéra

gallery ['gæləri] n **1 a picture g.** obrazárna, galerie výtvarného umění **2** Theat galerie; *(in church)* kůr; **courtyard g.** pavlač ♦ **play to the g.** hrát pro efekt, podbízet se or nadbíhat diváctvu **3** Mining štola, tunel, podzemní chodba

galley ['gæli] n **1** Naut galej; **condemn sb to the ~s** odsoudit koho na galeje ■ **g. slave** galejník **2** Naut, Aviat *(kitchen)* lodní kuchyně/ kuchyňka v letadle **3** Typ **g. proof** sloupcový otisk/ obtah, sloupcová korektura

Gallic ['gælik] adj fml francouzský, galský

Gallicism ['gælisizəm] n Ling galicismus

galling ['go:liŋ] adj pobuřující, rozčilující, otravný

gallivant ['gælivænt] phr v ■ **gallivant about** or **around** vi potulovat se, toulat se, inf rajzovat, flákat se

gallon ['gælən] n galon Br 4,5 l

gallop ['gæləp] n galop, rychlý cval; **at a g.** cvalem; **at full g.** tryskem ● vi cválat, běžet cvalem; **g. away** odcválat

galloping ['gæləpiŋ] adj cválající; **g. consumption** rychlé úbytě, souchotiny; **g. inflation** hyperinflace

gallows ['gæləuz] also **the g.** n +sg v šibenice; **send sb to the g.** poslat koho na šibenici ■ **g. humour** šibeniční humor

gallstone ['go:lstəun] n Med žlučový kámen

Gallup poll [gæləp'pəul] n Galupův průzkum veřejného mínění

galore [gə'lo:(r)] adv habaděj; **money g.** haldy peněz; **there are people g.** je tam lidí jako máku

galoshes [gə'lošiz] n pl galoše, přezůvky

galumph [gə'lamf] vi inf skákat radostí; *(walk noisily)* dupat

galvanic [gæl'vænik] adj El galvanický; fig *(speech* etc*)* strhující; *(smile)* okouzlující

galvanize ['gælvənaiz] vt *(metals)* galvanizovat, elektrolyticky pokovovat, (po)zinkovat; fig povzbudit, podnítit, nadchnout; **g. sb into action** podnítit někoho k činnosti

galvanization [gælvənai'zeišn] n galvanizace

galvanized ['gælvənaizd] adj **g. iron** pozinkované železo

Gambia ['gæmbiə] n Gambie

Gambian ['gæmbiən] adj gambijský ■ n Gambijec/ Gambijka

gambit ['gæmbit] n **1** Chess gambit **2** fig manévr, taktický krok, trik

gamble ['gæmbl] n **1** *(betting)* hazard, hazardní hra; *(betting)* sázení na koně etc; **have a g. on the horses** vsadit si na koně **2** fig *(risk)* riziko, hazardní podnik, hazardování; **it's a g.** to je riskantní; **take a g.** riskovat ● **I** vi **1** hrát o peníze, *(bet)* hazardně sázet; **g. at cards** karbanit **2** *(take a risk)* riskovat, hazardovat; **g. on sth** spoléhat se na co; **g. with one's health** hazardovat or zahrávat si se zdravím **II** phr v ■ **gamble away** vt prohrát v hazardní hře; **g. away one's fortune in cards** prohrát jmění v kartách

gambler ['gæmblə(r)] n hazardní hráč, gambler; *(at cards)* karbaník

gambling ['gæmbliŋ] n hazard, hazardní hra; **g. at cards** karban; **passion for g.** hráčská vášeň, chorobné or notorické hráčství; **g. club** herna

gambol ['gæmbl] vi (**-ll-**; Amer **-l-**) **g. (about** or **around)** *(children, lambs)* skotačit, poskakovat, dovádět, skákat jako kůzle or hříbě

game [geim] n **1** gen hra; **~s for children and adults** hry pro děti i dospělé; **ball/ board/ card/ indoor/ parlour ~s** míčové/ stolní/ karetní/ sálové/ společenské hry; **a g. of chance** hazardní hra **2** *(match* etc*)* hra, *(of football* etc*)* zápas, utkání, *(of chess, cards* etc*)* partie; **play a g. of cards** zahrát si karty; **have a g. of chess** dát si partii šachu; **give**

sb a g. of chess zahrát si s kým (v) šachy; **play a cautious g.** hrát opatrně **3 ~s** Br Sch tělocvik; **the Games** sportovní hry zprav. mezinárodní; **the Olympic G~s** Olympijské hry, Olympiáda; **university ~s** univerziáda **4** fig **be a mere pawn in the g.** být páté kolo u vozu; **give the g. away** všechno vyžvanit; **play a double g. with sb** hrát s kým dvojí or dvojakou hru; **an innocent g.** nevinný žertík; **I know your little g.** vidím ti až do žaludku; **play a g. of cat-and-mouse with sb** pohrávat si s někým jako kočka s myší; **play a waiting g.** vyčkávat; **the g. is up!** je po všem!, to je konec!; **their g. is up!** už jim odzvonilo; **what's your g.?** co máš za lubem? **5** *(in hunting)* lovná zvěř; Cook *(meat)* zvěřina, divočina; **black g.** černá zvěř; **g. birds** pernatá zvěř ■ **g. animals** lovná zvěř; **g. bag** lovecká brašna; **g. park** or **preserve** obora; **g. population** stav zvěře ● adj *(brave)* statečný; **be g. for sth** být k něčemu ochotný; **be g. for anything** být svolný or ochotný ke všemu; **be fair g. for sb** být snadnou kořistí pro koho; **be g. to try sth** být ochoten něco zkusit ■ **~ly** adv *(fight, struggle* etc*)* srdnatě, statečně

gamekeeper ['geimki:pə(r)] n hajný; **~'s lodge** hájovna, myslivna

gaming ['geimiŋ] n hazard, karban ■ **g. club** herna; **g. machine** hrací automat v herně

gamma ['ga:mə] n gama ■ Med **g. globulin** gamaglobulin; Phys **g. rays** paprsky gama

gammon ['gæmən] n Br uzená slanina or šunka ze zadní kýty nebo z boku

gammy ['gæmi] adj (**-ier**, **-iest**) Br inf *(leg)* chromý

gamut ['gæmət] n **the g.** celá škála, celý rozsah; **the whole g. of emotions** celá škála citů

gander ['gændə(r)] n houser ♦ **what is sauce for the goose is sauce for the g.** co může Petr, může i Pavel

gang [gæŋ] n *(of criminals)* gang, tlupa; *(of youths)* banda; *(of friends)* skupina, parta; *(of workers)* četa, parta ■ **g. boss** *(of workers)* předák, vedoucí čety ● phr v ■ **gang up** vi **g. up with sb** spolčit se s kým; **g. up on sb** spiknout se proti někomu

ganger ['gæŋə(r)] n Br inf předák; vedoucí pracovní čety, Build polír

Ganges ['gændži:z] n **the G.** řeka Ganges

gangland ['gæŋlænd] n zločinecké podsvětí ■ **g. killings** vyřizování účtů v zločineckém podsvětí

gangling ['gæŋgliŋ] adj vytáhlý, vyčouhlý, dlouhý; **a g. youth** vyčouhlý mladík

ganglion ['gæŋgliən] n Med ganglion, uzlina

gangplank ['gæŋplæŋk] n Naut můstek, lávka

gangrene ['gæŋgri:n] n Med gangréna, sněť

gangrenous ['gæŋgrinəs] adj snětivý, postižený snětí or gangrénou

gangster ['gæŋstə(r)] n gangster, bandita

gangsterism ['gæŋstərizəm] n gangsterství

gangway ['gæŋwei] n **1** Naut přístavní můstek; *(ladder)* visuté schůdky; Aviat schůdky k nástupu do letadla **2** Br Theat chodbička v hledišti, ulička mezi sedadly ● interj **G.!** uvolněte cestu

gannet ['gænit] n Orn terej

gantry ['gæntri] n **1** *(for crane)* portál ■ **g. crane** portálový jeřáb **2** *(for rocket)* odpalovací rampa

gaol [džeil] n & vt Br; see **jail**

gap [gæp] n **1** *(opening) (in a fence)* díra, otvor; *(chink)* skulina; *(crack)* trhlina; *(in a dam)* průrva; *(in teeth)* mezera, díra; Geol průsmyk, soutěska **2** *(in time)* časová mezera, interval; *(in conversation)* pausa **3** *(difference)* **age gap** věkový rozdíl; **generation gap** generační rozdíl; **there is a wide gap between their views** mezi jejich názory je propastný rozdíl **4** Comm **trade gap** schodek v zahraničním obchodě **5** *(deficiency) (in sb's education/ memory)* mezera

gape [geip] vi **1** *(stare)* čumět, koukat s otevřenou hubou; **stand gaping** stát s otevřenou hubou; **g. at sb/ sth** čumět or civět na koho/ co (s otevřenými ústy), očumovat koho/ co zvědavě **2** *(hole, chasm)* otvírat se, zet

gaping ['geipiŋ] adj fig hluboký; **a g. wound/ chasm** zející díra/ propast

garage ['gæra:ž, 'gæridž; Amer gə'ra:ž] n **1** Aut garáž **2** Br *(for repairs)* autodílna, autoopravna ■ **g. mechanic** automechanik **3** *(petrol station)* benzinová stanice

garb [ga:b] n fml oděv, háv; **in clerical g.** v kněžském hávu ● vt usu pass **~ed in black** oblečený v černém; **a strangely ~ed man** podivně oděný muž

garbage ['ga:bidž] n **1** Amer odpadky ■ **g. can** Amer popelnice; **g. collection** odvoz odpadu; **g. truck** popelářské auto **2** fig blbost, hloupost, pitomost **3** Comput bezvýznamná data; **g. in, g. out** nespolehlivý vstup – nespolehlivý výstup

garbled ['ga:bld] adj *(message, quotation, text)* zkomolený

garden ['ga:dn] n **1** zahrada; **vegetable**

g., **kitchen g.** zeleninová zahrada; **market g.** zelinářská zahrada, zelinářství; **roof g.** zahrádka na střeše; **weed the g.** (vy)plít zahradu ♦ **lead sb up the g. path** tahat koho za nos ■ **g. centre** zahradnické potřeby obchod; **g. flower** zahradní květina; **g. hose** kropicí hadice; **g. party** zahradní slavnost; **g. plot** zahrádka parcela; **g. spider** pavouk křižák 2 **~s** veřejný park; **botanical/ zoological ~s** botanická/ zoologická zahrada ● vi usu continuous zahradničit, pracovat na zahradě

gardener ['ga:dnə(r)] n zahradník; **allotment g.** zahrádkář

gardenia [ga:'di:niə] n Bot gardénie

gardening ['ga:dniŋ] n zahradničení, zahradnické práce; zahradnictví; **market g.**, Amer **truck g.** zelinářství ■ **g. tools** zahradnické náčiní

gargantuan [ga:'gæntjuən] adj obrovský, kolosální

gargle ['ga:gl] vi kloktat; **g. with salt water** vykloktat si ústa slanou vodou ● n 1 *(gargling lotion)* kloktadlo 2 *(act of gargling)* kloktání

gargoyle ['ga:goil] n Archit chrlič; fig *(ugly person)* šereda

garish ['geəriš] adj *(colour)* křiklavý, řvavý; *(clothes)* nápadný, výstřední, nevkusný; *(advertising)* halasný; *(light)* oslňující, oslepující

garland ['ga:lənd] n girlanda, věnec ● vt ozdobit girlandami

garlic ['ga:lik] n česnek; **clove of g.** stroužek česneku; **reek of g.** páchnout or zapáchat česnekem ■ **g. press** lis na česnek; **g. salami** česnekový salám

garment ['ga:mənt] n 1 část oděvu ■ **g. industry** oděvní průmysl 2 fig poet *(covering)* háv, roucho; *(in spring)* **nature wears a new g.** příroda se obléká do nového hávu or roucha

garner ['ga:nə(r)] vt fml *(gather)* sbírat, *(information* etc*)* shromažďovat; *(knowledge)* získávat; *(store)* uskladnit

garnet ['ga:nit] n Min granát

garnish ['ga:niš] vt *(food)* ozdobit, obložit (**with sth** čím); *(story* etc*)* vyšperkovat, opentlit ● n Cook obloha, obložení

garret ['gærət] mansarda, podkrovní místnost, podkroví

garrison ['gærisən] n Mil posádka ■ **g. duty** posádková služba; **g. town** posádkové město ● vt *(town)* opatřit posádkou

garrotte [gə'rot] n garota ● vt popravit garotou

garrulous ['gærələs] adj hovorný, řečný, užvaněný

garter ['ga:tə(r)] n 1 podvazek ■ **g. belt** Amer podvazkový pás 2 **the (Order of the) G.** Podvazkový řád

gas [gæs] n (pl **gases** or **gasses**) 1 plyn; **Calor g.** propan-butan; **coal g.** svítiplyn; **heating g.** topný plyn; **natural g.** zemní plyn; **cook by** or **with g.** vařit na plynu; **turn on/ off the g.** otevřít/ zavřít plyn ■ **g. appliance/ burner/ cooker/ lighter** plynový spotřebič/ hořák/ sporák/ zapalovač; **g. fire** plynové topítko; **g. flow-heater** karma; **g. meter** plynoměr; **g. supply** dodávka or přívod plynu; **g. tap** plynový kohout 2 *(anaesthetic)* rajský plyn 3 Mil bojový plyn; **poison g.** otravný plyn; **mustard g.** yperit; **tear g.** slzný plyn ■ **g. chamber** plynová komora; **g. mask** plynová maska 4 Amer *(petrol)* benzin; inf **step on the g.!** šlápni na to! ■ **g. guzzler** inf vozidlo, které má velkou spotřebu; vozidlo, které hodně žere inf; **g. pedal** pedál plynu, akcelerátor; **g. station** benzinová pumpa 5 inf dated *(empty talk)* žvanění, tlachání, klábosení; **have a good g.** hezky si pokecat 6 Amer dated sl **he is a g.** je to bezvadný or fantastický chlap, je to kanón; **it was a real g.** byla to strašná psina; **we had a real g.** výborně jsme se pobavili ● I vt (**-ss-**) **g. sb** otrávit koho plynem; **g. oneself** otrávit se plynem spáchat sebevraždu II vi inf pej *(talk)* žvanit, kecat, tlachat, klábosit

gasbag ['gæsbæg] n inf pej mluvka, žvanil, držka plechová vulg

gaseous ['gæsiəs, 'geisiəs] adj plynný; **g. state** plynné skupenství

gash [gæš] n *(wound)* hluboká, dlouhá zející rána; *(on face)* šrám; *(in a wall)* trhlina, puklina; *(in earth surface)* průrva ● vt rozseknout, rozříznout; **g. one's knee** rozbít si koleno

gasket ['gæskit] n těsnění, těsnicí vložka ♦ **blow a g.** fig rozvzteklit se, vyletět ■ **g. ring** těsnicí kroužek

gasoline ['gæsəli:n] n Amer benzin ■ **g. station** benzinové čerpadlo, benzinová pumpa

gasometer [gæ'somitə(r)] n plynojem

gasp [ga:sp] vi 1 *(breathe)* těžce dýchat or oddychovat, funět, supět; **g. for air** popadat dech, lapat po dechu, nemoci chytit dech 2 *(in surprise)* zajíknout se, ztratit dech ♦ **make sb g.** fig vzít komu dech; **leave sb ~ing** fig vyrazit komu dech ● n prudký vzdech; **his breath came in ~s** dýchal přerývaně ♦ **until one's last g.** až do posledního dechu; **be at one's last g.** být v posledním tažení, mít duši na jazyku

gassy ['gæsi] adj (**-ier**, **-iest**) *(of wine* etc*)* šumivý; fig inf *(of talk)* jalový, nabubřelý

gastric ['gæstrik] adj gastrický, žaludeční; Med **g. fever** břišní tyf; **g. juice** žaludeční šťáva; **g. ulcers** žaludeční vředy

gastritis [gæ'straitis] n gastritida, zánět žaludku

gastroenteritis [gæstrəuentə'raitis] n gastroenteritida

gastronome ['gæstrənəum] n labužník, fml gurmán, gastronom

gastronomic [gæstrə'nomik] adj labužnický, gastronomický

gastronomy [gæ'stronəmi] n labužnictví, gastronomie, fml gurmanderie

gastropod ['gæstrəpod] n Zool plž

gasworks ['gæswə:ks] n plynárna

gate [geit] n **1** brána; *(small)* branka, vrátka; *(entrance)* vchod; *(at airport)* východ; **entrance g.** vstupní brána; **the ~s of the city** městské brány; **Keep clear of the g.!** Pozor vjezd! Neparkovat! ♦ **the ~s of Paradise** or **Heaven** brána ráje, nebeská brána; **the ~s of Hell** brána pekla, brána do pekel **2** *(sluice g.)* propust, vrata zdymadla **3** Rail *(level crossing)* **~s** závory **4** Sport *(entrance)* vchod, turniket; *(attendance)* návštěvnost, počet diváků; *(g. money)* příjem na vstupném

gateau ['gætəu; Amer gæ'tou] n (pl **~s**, or **~x**) dort bohatě zdobený, se šlehačkou

gatecrash ['geitkræš] v(t)i **g. (a party)** přijít na party/ oslavu etc bez pozvání

gatecrasher ['geitkræšə(r)] n nezvaný host na soukromé oslavě

gatekeeper ['geitki:pə(r)] n strážný, vrátný u brány

gateleg(ged) table [geitleg(d)'teibl] n sklápěcí stůl

gatepost ['geitpəust] n sloup(ek) u vrat ♦ **between you, me and the g.** mezi námi řečeno

gateway ['geitwei] n vstupní brána, průjezd ♦ fig **g. to the world** brána do světa; **g. to success** brána k úspěchu

gather ['gæðə(r)] **I** vt **1** *(collect)* also **g. up, g. together** shromáždit, sebrat, *(pick up)* posbírat; *(thoughts)* koncentrovat, sebrat ♦ **a rolling stone ~s no moss** devatero řemesel, desátá bída **2** *(pick: fruit)* česat, trhat; *(mushrooms, berries, firewood, experience, evidence)* sbírat; *(firewood* also*)* nanosit; *(grapes, crops)* sklízet; fig *(information)* shánět, shromažďovat **3** *(increase)* *(speed)* nabrat; **g. momentum** dostat spád; **g. strength** zesílit, zmohutnět **4** *(conclude)* usoudit, přijít k závěru; **as far as I can g.** pokud tomu rozumím; mně se to jeví tak, že ...; **I g. you want to leave** ty prý chceš odejít **5** Sew nabírat/ nabrat, řasit **6** *(wrap)* **g. sth round oneself** *(shawl, cloak)* zavinout or zabalit se do čeho; **g. sb in one's arms** vzít koho do náruče, obejmout koho **II** vi **1** *(people, crowd)* shromáždit se, shluknout se, *(suddenly)* seběhnout se **2** *(of things)* (na)hromadit se, nakupit se; *(clouds)* stahovat se; *(storm, rain)* chystat se; **a storm is ~ing** schyluje se k bouřce **3** Med *(of abscess)* zrát; *(of wound)* podbírat se, hnisat **III** phr vs ▪ **gather in** vt **1** *(harvest, hay* etc*)* sklízet/ sklidit **2** Sew nabrat/ nabírat, nadrhovat ▪ **gather round** v(t)i **g. round (sb)** shromáždit se kolem (koho) ▪ **gather together** *I* vt *(things, children* etc*)* shromáždit, *(things)* posbírat, sebrat *II* vi *(people)* shromáždit se ▪ **gather up** vt shromáždit; *(skirt)* vykasat si

gatherer ['gæðərə(r)] n *(of fruit)* česáč

gathering ['gæðəriŋ] n *(meeting)* shromáždění; *(group)* skupina, *(small group)* skupinka, hlouček; **a small family g.** malá rodinná slavnost

GATT [gæt] abbr of **General Agreement on Tariffs and Trade** Všeobecná dohoda o clech a obchodu

gauche [gəuš] adj **1** *(clumsy: person)* nemotorný, neohrabaný **2** *(tactless: remark)* nejapný, netaktní, trapný

gaucheness ['gəušnəs], **gaucherie** ['gəušəri] n *(clumsiness)* nemotornost, neohrabanost; *(of remarks* etc*)* nejapnost

gaudily ['go:dili] adv see **gaudy**

gaudiness ['go:dinəs] n křiklavost, nápadnost; cf **gaudy**

gaudy ['go:di] adj křiklavý, *(colours* also*)* pestrý, řvavý, vtíravý; *(clothes)* nápadný ▪ **gaudily** adv nápadně, křiklavě; **gaudily dressed** nápadně oblečený, vyfintěný ● n výroční banket absolventů

gauge, Amer also **gage** [geidž] n **1** *(standard measure)* standardní míra, měřítko **2** *(instrument)* měřidlo, měrka, kalibr, měřič; indikátor, měřicí zařízení; **pressure g.** manometr; **tyre g.** měřič tlaku v pneumatikách **3** *(of gun)* kalibr, ráže hlavně, světlost hlavně; *(of bullet)* průměr; *(of wire, sheet metal)* tloušťka; Rail rozchod kolejí ▪ **narrow-g. railway** úzkokolejná trať **4** fig kritérium, měřítko ● vt **1** Techn *(measure)* (z)měřit, odměřit; *(estimate)* odhadnout **2** fig *(judge)* *(situation* etc*)* posoudit, zvážit; *(sb's reaction* etc*)* odhadnout

Gaul [go:l] n Hist *(region)* Galie; *(inhabitant)* Gal

gaunt [go:nt] adj **1** *(person)* vyhublý, vychrtlý, vyzáblý, člověk kost a kůže; *(face)* přepadlý **2** *(landscape, place)* ponurý, pustý, bezútěšný

gauntlet$_1$ ['go:ntlət] n Hist železná rukavice ♦ **throw** or **fling down the g.** hodit komu rukavici; **pick up/ take up the g.** *(accept the challenge)* zvednout rukavici

gauntlet$_2$ ['go:ntlət] n **run the g.** Mil Hist běžet uličkou; **run the g. of sth** *(hostility, criticism* etc*)* být vystaven or podroben čemu

gauze [go:z] n *(cotton)* gáza, mul; *(*usu *silk)* flór ■ **g. dressing** gázový obvaz

gave [geiv] pt of **give**

gavel ['gævl] n kladívko dražební, předsednické ap.

gawk [go:k] vi inf brejlit, čučet, čumět, koukat s otevřenou pusou; **g. at sb** očumovat koho

gawky ['go:ki] adj (**-ier**, **-iest**) adj neohrabaný, nemotorný, neobratný

gawp [go:p] vi inf civět, pitomě koukat, čumět; cf **gawk**

gay [gei] adj **1** *(homosexual)* homosexuální, inf teplý; *(woman)* lesbický; **g. club** klub pro homosexuály **2** becoming dated *(happy)* veselý; *(colour)* jasný, živý, pestrý **3** *(careless)* bezstarostný; **with g. abandon** zcela bez zábran, s naprostou bezstarostností ■ see **gaily** ● n homosexuál, pej teplý, teplouš; *(woman)* lesba, lesbička

gaze [geiz] vi hledět upřeně, zírat; **g. at** or **on sb** upřeně si někoho prohlížet; **g. into the distance** zadívat se do dálky ● n upřený pohled; **fasten one's g. on sb** upřít na koho zrak

gazebo [gə'zi:bəu] n (pl **~s**) belvedér, besídka s výhledem, altán

gazelle [gə'zel] n (pl unchanged or **~s**) Zool gazela; **run like a g.** běhat jako laň

gazette [gə'zet] n **1** *(official journal)* věstník **2** *(in newspaper titles)* noviny, list ● vt oznámit co úředně ve věstníku

GB [dži:'bi:] abbr of **Great Britain** Velká Británie

GCE [dži:si:'i:] abbr of **General Certificate of Education** ≅ maturitní vysvědčení; *(now superseded by)* **GCSE** [dži:si:es'i:] abbr of **General Certificate of Secondary Education**

Gdns abbr of **Gardens** *(in street names)* ulice

GDP [dži:di:'pi:] abbr of **gross domestic product** HDP, hrubý domácí produkt

GDR [dži:di:'a:(r)] abbr of **German Democratic Republic** formerly NDR, Německá demokratická republika

gear [giə(r)] n **1** *(equipment)* výbava, výstroj, potřeby; **fishing g.** rybářská výstroj, rybářské náčiní; **climbing g.** horolezecké vybavení or potřeby, horolezecká výstroj **2** *(apparatus)* Aviat **landing g.** podvozek, přistávací zařízení **3** *(clothes)* úbor, Mil ústroj; inf (v)ohoz, hábit, hadry; *(belongings)* věci, krámy; **casual g.** ležérní oblečení **4** Techn ozubené kolo, soukolí ■ **g. drive** ozubený pohon **5** Aut, Cycling etc rychlost; **first g.** jednička; **engage first g.** zařadit první rychlost or jedničku; **change g.** přeřadit rychlost ■ **g. lever** rychlostní páka; **g. unit** převodovka; **foot-operated g. change** nožní řazení rychlosti ● phr vs ■ **gear down** *I* vi **1** *(driver)* zařadit nižší rychlost *II* fig **g. sth down (to sth)** snížit or (z)redukovat co (nač) výrobu, intenzitu tréninku ap., utlumit výrobu ■ **gear to** vt **g. sth to sth** zaměřit co nač; **these materials are ~ed to the needs of the students** tyto materiály jsou přizpůsobeny potřebám studentů ■ **gear up** *I* vi *(driver)* zařadit vyšší rychlost *II* vt **g. (oneself) up for sth** připravit se na co, zaměřit se nač

gearbox ['giəboks] n Aut rychlostní skříň

gearshift ['giəšift] n Amer, Can rychlostní páka

gee$_1$ [dži:] interj also **gee up** *(to horse)* vijé!, vijó!; hi!, hije!, hyje!

gee$_2$ [dži:] interj Amer jé!, páni!, hergot!, safra!

gee-gee ['dži:dži:] n *(in children's language)* koníček

geese [gi:s] n pl of **goose**

geezer ['gi:zə(r)] n sl chlápek zvl. starší; **old g.** dědek, starý paprika

Geiger counter ['gaigəkauntə(r)] n Geigerův počítač

geisha ['geišə] n gejša

gel [džel] n gel ● vi **1** rosolovatět; *(jelly)* tuhnout **2** fig *(ideas, plans)* nabývat pevné podoby or pevných obrysů

gelatine ['dželəti:n, -tin], Amer **gelatin** ['dželətin] n želatina

gelatinous [džə'lætinəs] adj želatinový, želatinovitý, rosolovitý

geld [geld] vt kastrovat zvíře

gelding ['geldiŋ] n valach

gelignite ['dželignait] n gelignit

gem [džem] n **1** *(precious stone)* drahý kámen, drahokam; *(cut* also*)* klenot **2** fig *(person)* klenot; *(unique object: picture* etc*)* perla; **she is a real g.!** ona je hotový klenot!; **a g. of a husband** vzorný manžel

Gemini ['džeminai] n Astron, Astrol Blíženci

gen [džen] n somewhat dated Br inf informace **(on sth** o čem)

Gen [džen] n abbr of **General** generál

gender ['džendə(r)] n **1** Ling rod; **the masculine/ feminine g.** maskulinum/ femininum, mužský/ ženský rod **2** fml *(sex)* pohlaví

gene [dži:n] n Biol gen

genealogical [dži:niə'lodžikl] adj genealogický, rodopisný

genealogist [dži:ni'ælədžist] n genealog, rodopisec

genealogy [dži:ni'ælədži] n genealogie, rodopis

general ['dženərəl] adj **1** *(prevalent; almost universal)* všeobecný, obecný; *(view, impression* also*)* celkový; *(strike)* generální, všeobecný; **g. agreement** rámcová dohoda; **g. amnesty** všeobecná amnestie; **g. anaesthetic** celková anestézie; **g. assembly** or **meeting** valné shromáždění, plénum; **g. check-up** Med celková prohlídka; **g. debate** všeobecná rozprava; **g. delivery** Amer poste restante; **g. election** všeobecné volby; **g. mobilization** všeobecná mobilizace; **the G. Post Office** hlavní pošta; **g. public** široká veřejnost; **be in g. use** být všeobecně užívaný; **in g.** obecně; **as a g. rule** ve většině případů **2** *(not specialized: knowledge)* všeobecný, povšechný, globální; *(outline)* rámcový, hrubý; **g. practitioner** praktický lékař; **g. store** obchod se smíšeným zbožím; **a g. dogsbody** inf poskok, děvče or děvečka pro všechno; **in g. outline** v hrubých rysech **3** *(in titles)* **the g. manager** generální ředitel; **the g. secretary** generální tajemník; **the Attorney G.** generální prokurátor, Amer ministr spravedlnosti ● n Mil generál; **major g.** generálmajor; **lieutenant g.** generálporučík ■ **~ly** adv obecně, všeobecně, vesměs; **it is ~ly known that** je všeobecně známo, že; **~ly speaking** celkem or obecně vzato, když se to vezme kolem dokola

generality [dženə'ræləti] n *(quality)* všeobecnost; **confine oneself to generalities** mluvit jen obecně, mluvit nekonkrétně

generalization, -isation [dženrəlai'zeišn] n generalizace, generalizování

generalize, generalise ['dženrəlaiz] vt, vi generalizovat, zevšeobecňovat, zobecnit, abstrahovat

general-purpose [dženrəl'pə:pəs] adj attr univerzální

generate ['dženəreit] vt **1** *(energy, electricity)* vyrábět/ vyrobit; *(magnetic fields* etc*)* vytvářet/ vytvořit; **be ~d** *(heat)* vzniknout **2** Ling generovat **3** fig *(hatred)* plodit, být příčinou čeho

generation [dženə'reišn] n **1** Elec *(of power)* výroba; fig *(of ideas)* vznik **2** *(of people)* generace, pokolení, rod; *(of computers* etc*)* generace; **the coming g.** nastupující generace; **from g. to g.** z generace na generaci ■ **g. gap** generační rozdíl

generative ['dženərətiv] adj Ling generativní (**grammar** gramatika); Biol *(organs)* rozplozovací, rozmnožovací

generator ['dženəreitə(r)] n Elec generátor; **turbine g.** turbogenerátor; fig *(of new ideas* etc*)* tvůrce

generic [džə'nerik] adj rodový, druhový

generosity [dženə'rosəti] n štědrost, velkorysost, velkodušnost; **g. of spirit** šlechetnost duše; see also **generous**

generous ['dženərəs] adj **1** *(with money, help)* štědrý, kavalírský; **be g. with praise** nešetřit chválou **2** *(helping, reward)* bohatý; **on a g. scale** v nemalé míře **3** *(magnanimous)* velkorysý, velkodušný, šlechetný, ušlechtilý ■ **~ly** adv štědře, velkoryse, šlechetně; **more than ~ly** velmi štědře, vrchovatou měrou

genesis ['dženəsis] n fml (pl **geneses** ['dženisi:z]) vznik, původ, geneze

Genesis ['dženəsis] n Bibl Genesis první kniha Starého zákona

genetic [džə'netik] adj genetický; **g. code** genetický kód; **g. engineering** genové inženýrství

geneticist [džə'netisist] n genetik

genetics [džə'netiks] n genetika, věda o dědičnosti

Geneva [džə'ni:və] n Ženeva ■ **the G. Convention** Ženevská konvence

Genevan [džə'ni:vən] adj ženevský ● n used rarely Ženevan/ -ka

genial ['dži:niəl, 'dži:njəl] adj *(person)* vlídný, bodrý, žoviální, rozšafný; *(climate)* mírný

geniality [dži:ni'æləti] n *(of person)* vlídnost, žoviálnost; *(of climate)* mírnost

genie ['dži:ni] n (pl also **genii** ['dži:niai]) *(in Arabian stories)* džin duch

genital ['dženitl] adj pohlavní; **g. organs** pohlavní ústrojí

genitals ['dženitlz], **genitalia** [dženi'teiliə] n pl fml genitálie, pohlavní orgány or ústrojí

genitive ['dženətiv] n Gram genitiv, druhý pád

genius ['dži:niəs] n (pl **geniuses**) **1** *(ability)* genialita; **a man of g.** génius, geniální člověk; **have a g. for sth** být na co nadaný; **have a g. for business** mít obchodního ducha; **a stroke of g.** geniální nápad **2** *(person)* génius, velikán, veleduch **3** *(of a language, a period* etc*)* duch; **the g. of the English language** duch anglického jazyka

Genoa ['dženəuə] n Janov

Genoese [dženəu'i:z], **Genovese** [dženə'vi:z] adj janovský ● n *(person)* Janovan/ -ka

genocide ['dženəsaid] n genocida

genre ['žonrə] n žánr

gent [džent] n **1** inf or joc **gentleman** pán

2 *(in shops)* **gents'** pánský; **a ~s' hairdresser** pánský holič **3 (the) gents** Páni, Muži, pánská toaleta; **where's the gents, please?** kde jsou tu, prosím, (pánské) záchody?

genteel [džen'ti:l] adj pej afektovaný, přepjatý, inf nóbl; **g. poverty** lesklá bída zchudlých šlechticů

gentian ['dženšn] n Bot hořec; poet encián

Gentile ['džentail] adj nežidovský ● n osoba nežidovského náboženství

gentility [džen'tiləti] n urozenost, urozený původ; pej afektovanost; **shabby g.** lesklá bída

gentle ['džentl] adj **1** *(person)* jemný, mírný, trpělivý; *(horse;* fig *satire)* krotký; *(heart)* měkký; *(breeze)* jemný, lehký; *(touch)* lehký, něžný; *(slope)* povlovný; *(wine)* jemný, lahodný; **the ~(r) sex** něžné or krásné pohlaví nyní považováno za sexistické; **be as g. as a lamb** mít holubičí povahu, být trpělivý jako beránek **2** dated *(noble)* urozený; **of g. birth** šlechtického původu ■ **gently** adv *(touch sb/ sth)* lehce, zlehka; *(knock)* tiše, zlehoučka; *(treat sb)* šetrně; **break sth gently to sb** něco někomu šetrně sdělit; **dip gently** *(road)* pozvolna se svažovat or sklánět

gentlefolk ['džentlfəuk] n pl dated panstvo, šlechtictvo

gentleman ['džentlmən] n (pl **gentlemen**) **1** *(man of good manners)* kavalír, gentleman, džentlmen; **every inch a g.** gentleman každým coulem; **g.'s agreement** džentlmenská dohoda; **a g. of the old school** džentlmen ze staré školy; **act like a g.** chovat se jako džentlmen **2** *(man)* pán, muž; **Ladies and Gentlemen!** Dámy a pánové!; **Gentlemen** *(on toilet)* Páni, Muži; **gentlemen's wear** pánské oděvy ■ **~ly** adj kavalírský, džentlmenský; **g. behaviour** uhlazené or vybrané chování

gentleness ['džentlnəs] n *(of person)* jemnost; mírnost; *(of horse)* krotkost; *(of treatment)* šetrnost; *(of slope)* povlovnost; cf also **gentle**

gentry ['džentri] n nižší šlechta; **landed g.** šlechta vlastnící pozemky

genuflect ['dženjuflekt] vi pokleknout zvl. na znamení zbožnosti

genuflection, genuflexion [dženju'flekšn] n pokleknutí zvl. v kostele

genuine ['dženjuin] adj *(art, pleasure, interest)* opravdový; *(painting)* pravý; *(manuscript)* autentický, pravý, originální; *(unfeigned: pleasure, admiration, sorrow)* nelíčený, upřímný; *(signature, accent)* nefalšovaný, autentický; *(pearls)* skutečný ■ **~ly** adv opravdu; nelíčeně, upřímně; skutečně; **they were ~ly surprised** byli opravdu překvapeni; cf also **genuine**

genus ['dži:nəs] n (pl **genera** ['dženərə]) Bot, Zool rod, druh

geocentric [džiəu'sentrik] adj geocentrický, zeměstředný

geographer [dži'ogrəfə(r)] n zeměpisec, geograf

geographic(al) [džiə'græfik(l)] adj zeměpisný, geografický

geography [dži'ogrəfi] n zeměpis, geografie; **linguistic g.** jazykový zeměpis

geological [džiə'lodžikl] adj geologický

geologist [dži'olədžist] n geolog

geology [dži'olədži] n geologie

geomagnetic [dži:əumæg'netik] adj geomagnetický

geomagnetism [dži:əu'mægnətizəm] adj geomagnetismus, zemský magnetismus

geometer [dži'omitə(r)] n Ent píďalka

geometric(al) [dži:ə'metrikl(l)] adj geometrický; **geometric progression** geometrická řada

geometrician [dži:əme'trišn] n geometr

geometry [dži'omətri] n geometrie; **descriptive g.** deskriptiva, deskriptivní geometrie

geophysical [dži:əu'fizikl] adj geofyzikální

geophysics [dži:əu'fiziks] n geofyzika

geopolitical [dži:əupə'litikl] adj geopolitický

geopolitics [dži:əu'polətiks] adj geopolitika

George [džo:dž] n Jiří; Br dated **by George!** hrome!, u všech všudy!; **St G's Cross** svatojiřský kříž

Georgia ['džo:džə] n **1** *(USA)* Georgie **2** *(CIS)* Gruzie

Georgian ['džo:džən] adj **1** *(USA)* georgijský **2** *(CIS)* gruzínský ● n **1** *(USA)* Georgijec **2** *(CIS)* Gruzín(ec)/ Gruzínka; *(language)* gruzínština

geranium [džə'reiniəm] n pelargonie, muškát

gerbil ['džə:bl] n Zool tarbík

geriatric [džeri'ætrik] adj geriatrický

geriatrician [džeriə'trišn] n geriatr

geriatrics [džeri'ætriks] n geriatrie

germ [džə:m] n **1** Biol zárodek also fig; Bot kel, klíček ■ **g. cell** zárodečná buňka **2** Med coll bakterie, bacil ■ **g. carrier** bacilonosič; **g. warfare** bakteriologická válka

German ['džə:mən] adj německý; **G. measles** zarděnky; **a G. scholar** germanista; **G. shepherd** esp Amer německý ovčák; **G. Studies** germanistika; **a G. teacher** němčinář, učitel němčiny; **be of G. origin**

(person) být německého původu; *(word)* pocházet z němčiny ● n **1** Němec/ Němka **2** *(language)* němčina; **speak G.** mluvit německy

germane [džə:'mein] adj fml relevantní (**to** pro)

Germanic [džə:'mænik] adj Ling, Hist germánský

germanium [džə'meiniəm] n Chem germanium

germanize ['džə:mənaiz] vt germanizovat

Germany ['džə:məni] n Německo

germ-free ['džə:mfri:] adj *(environment)* sterilní

germicidal [džə:mi'saidl] adj germicidní, ničící bakterie, dezinfekční

germicide ['džə:misaid] n germicidní prostředek, prostředek ničící bakterie, dezinfekční prostředek

germinate ['džə:mineit] **I** vi **1** *(of seed)* vzklíčit, (vy)klíčit, (vy)pučet, vzejít **2** *(of ideas)* klíčit, vznikat **II** vt *(seed)* naklíčit, nechat vyklíčit

germination [džə:mi'neišn] n (vy)klíčení, vzklíčení; fig *(of ideas)* vznik, rašení

gerontocracy [džeron'tokrəsi] n Pol gerontokracie, vláda starých

gerontologist [džeron'tolədžist] n Med gerontolog/ gerontoložka

gerontology [džeron'tolədži] n Med gerontologie, nauka o stárnutí lidí

gerrymander [džeri'mændə(r)] vt provádět machinace s hranicemi volebních obvodů ● n also more usually **~ing** machinace s hranicemi volebních obvodů

gerund ['džerənd] n Gram gerundium

gestate [dže'steit] vi **1** *(animal)* být březí; *(human)* být těhotná **2** fig *(plan etc)* zrát, dozrávat

gestation [dže'steišn] n Med těhotenství; Agr březost, stelnost ♦ **be in g.** *(book etc)* být ve stavu zrodu, připravovat se ■ **g. period** doba březosti

gesticulate [dže'stikjuleit] vi gestikulovat, šermovat rukama, rozhazovat rukama

gesticulation [džeˌstikju'leišn] n gestikulace, gestikulování

gesture ['džesčə(r)] n gesto; **a rude g.** neslušné gesto; **a g. of refusal** odmítavé gesto; **a g. of friendship** přátelské gesto; **an empty g.** prázdné gesto; **as a g. of friendship** fig na důkaz přátelství; **make a g. of refusal** mávnout odmítavě rukou ● **I** vi gestikulovat **II** vt **g. sb to do sth** naznačit komu gesty, aby něco udělal

get [get] v (**-tt-**; pt, pp **got**, Amer pp **gotten**) **I** vt **1** *(receive)* **a)** *(present etc)* dostat, *(telegram, letter etc also)* obdržet; **what did you g. for Christmas?** cos dostal na Vánoce? ♦ **g. a raw deal** ošidit se, přijít zkrátka; **g. the sack** dostat vyhazov, vyletět, octnout se na ulici; **you g. as much as you give** jak se do lesa volá, tak se z lesa ozývá; **g. little thanks** sklidit nevděk **b)** Rad, TV chytit, chytat **c)** *(earn)* dostávat, vydělávat, mít; **g. £20,000 a year** mít or vydělávat 20 000 liber ročně; **g. a rise** dostat přidáno **d)** *(as a punishment)* dostat; **g. three years in jail** dostat tři roky (vězení); **he got life** byl odsouzen na doživotí; **g. a (proper) thrashing** dostat (pořádný) výprask ♦ **g. a slap on the wrist** dostat přes prsty, fig být mírně potrestán; **g. a rap over the knuckles** dostat přes pazoury; **g. a good talking to**, **g. an earful** dostat pořádně vynadáno, chytnout si to **e)** *(be afflicted with: disease)* dostat, chytit; **g. a chill** nachladit se; **g. a fever** dostat horečku; **g. a splinter in one's finger** zadřít or zabodnout si třísku do prstu **f)** *(be affected emotionally)* **g. a fright** polekat se, vylekat se, vyděsit se; **g. an attack of nerves** dostat trému; **g. a lot of pleasure from sth** velmi se z čeho (po)těšit ♦ **g. one's hackles up** namíchnout se **g)** inf pass aux **I got paid** dostal jsem zaplaceno, *(of wages)* dostal jsem výplatu **2** *(obtain)* **a)** *(acquire)* získat, dostat, sehnat, obstarat, opatřit (si); *(after an appeal)* vymoci, vyprosit si; **g. a wife** najít si ženu; **g. a job** sehnat si or získat zaměstnání; **g. a tan** opálit se ♦ **at last he got the message** nakonec mu to došlo **b)** *(buy)* koupit (si), sehnat; *(newspaper etc: regularly)* odebírat; **g. sth for sb** opatřit komu co; **where did you g. the book?** kdes tu knihu koupil? **c)** *(fetch)* přinést, zajít pro, dojít pro, běžet pro, zaskočit pro; **g. the doctor** zajít pro doktora **d)** *(prepare)* připravit, udělat; nachystat; **g. a meal ready** nachystat jídlo **e) g. sb on the phone** stihnout koho telefonem, dovolat se koho telefonicky, spojit se s kým telefonicky **f)** *(capture, seize)* chytit, dostat ♦ **g. one's hands on sb** dostat koho do rukou **g)** *(take revenge)* **I'll g. you yet** však já si to s tebou jednou vyřídím, já tě dostanu **h)** *(learn)* do(z)vědět se; **g. a lesson** poučit se, dostat lekci; **g. sth at second hand** dozvědět se něco z druhé ruky **i)** *(eat)* **g. one's lunch/ breakfast/ supper** naobědvat se/ nasnídat se/ navečeřet se **j)** *(achieve)* dosáhnout čeho ♦ **g. one's way** prosadit svou; **g. one's money's worth** přijít si na své; **g. the better of sb** dostat se komu na kobylku, vyzrát na koho; **g. the upper hand** mít vrch; **g. a grip on oneself** opanovat se

3 inf *(understand)* porozumět čemu, pochopit co; **I don't g. your meaning** nevím, jak to myslíte; **I don't g. the joke** co je na tom vtipného?; **g. it?** už ti to došlo? 4 *(hit, strike)* inf zasáhnout, poranit; **the bullet got me in the leg** kulka mne zasáhla do nohy 5 *(send, move)* dostat, dopravit, donést, poslat; **how can I g. it to them?** jak jim to mohu doručit?; **g. sb to hospital** zavézt koho do nemocnice; **g. the children to bed** dát děti spát 6 *(cause)* **a) g. sb to do sth** přimět koho k čemu; **I'll g. him to read it** já ho přemluvím or přesvědčím, aby si to přečetl **b) g. sth done** dát (si) něco udělat; **g. one's hair cut** dát si ostříhat vlasy; **I didn't g. my question answered** nedostal jsem odpověď na svou otázku; **you'll g. yourself thrown out** dostaneš vyhazov **c)** + adj or pres p **g. sb drunk** opít koho; **g. sth clean** očistit co; **g. sth ready** připravit něco; **g. the machine going** dát or uvést stroj do chodu ♦ **he's got it made** má umetenou cestičku, má zajištěnou existenci **d)** adv phrase ♦ **g. sb off the hook** dostat koho z nesnází; **g. sb under one's thumb** osedlat si koho; **g. sb off one's hands** zbavit se koho; **g. sth off one's mind** přestat na co myslet 7 *(annoy)* otravovat, lézt krkem; **his silly comments (really) g. me** jeho pitomé poznámky mě rozčilují; **it ~s you here** člověku to tu začne lézt krkem 8 *(have)* **have got** mít; **have you got any money?** máte nějaké peníze?; **he hasn't got a bean** nemá ani vindru, smrdí krejcarem; **I've got a stitch in my side** píchá mě v boku **II** vi 1 *(reach, arrive)* přijít, dostat se kam; **g. home** přijít domů; **how do I g. to the station?** jak se dostanu na nádraží?; **show sb how to g. somewhere** ukázat komu cestu kam ♦ **g. there** lit dostat se tam, fig dokázat to; **g. somewhere** někam se dostat, fig dotáhnout to někam; **g. somewhere with sb** fig pochodit u koho; **you won't g. anywhere with him** inf s ním nic nesvedeš 2 *(become)* **a)** + adj **g. angry/ dry/ old/ narrow/ soft** rozzlobit se/ uschnout/ zestárnout/ zúžit se/ změknout; **g. busy** dát se do práce; **g. dark** stmívat se; **g. tired** unavit se; **g. well** uzdravit se; **g. wet** zmoknout; **g. ready for sth** (při)chystat se na co; **g. rid of sb** zbavit se koho; **it is ~ting chilly** ochlazuje se; **he got worse** Med přitížilo se mu **b)** + comp **g. longer** *(days)* dloužit se; **g. stronger** zesílit; **g. closer** or **nearer** blížit se **c)** + pp **g. divorced** rozvést se; **g. dressed** obléci se; **g. drowned** utopit se; **g. spoiled** pokazit se; **g. shaved** oholit se; **g. stuck** *(lever* etc*)* zaseknout se 3 *(start)* **a)** + pres p **g. talking about sth** rozhovořit se o čem; **g. going** *(start working)* dát se do toho; *(of a football player* etc*)* rozehrát se; *(of party* etc*)* rozproudit se; **g. going!** hni sebou; **g. cracking!** inf dej se do toho!, hni or hoď sebou! **b)** + infin **g. to know sb better** poznat koho blíž; **g. to like sth** oblíbit si co; **g. to sleep** usnout 4 *(must)* musit; **I've got to go** už musím jít **III** phr vs ■ **get about** vi 1 *(person) (move about)* být schopen pohybu; *(be socially active)* chodit mezi lidi, chodit do společnosti 2 *(spread: news)* rozšířit se, rozkřiknout se ■ **get across** *I* vi 1 *(cross)* přejít/ přejet/ přeplavat/ přeletět, dostat se etc na druhou stranu, na druhý břeh ap. 2 *(be understood: idea* etc*)* být pochopen; *(play* etc*)* mít odezvu *II* vt 1 *(cross: bridge)* přejít/ přejet; *(river)* přeplout/ přeplavat; *(ocean)* přeplout/ přeletět; *(transport)* **g. sb/ sth across (sth)** převézt/ přepravit etc koho/ co (kam/ přes co) 2 **g. sth across to sb** *(explain, communicate)* vysvětlit or objasnit komu něco ■ **get ahead** vi dostat se kupředu, fig uspět; **g. ahead of sb** předběhnout koho, dostat se před někoho; **g. ahead in one's life** dělat kariéru ■ **get along** vi 1 *(go)* **I must be ~ting along** už musím jít or běžet ♦ **g. along with you!** Br inf *(stop joking)* ale jdi!, nepovídej!, to snad ne! 2 *(manage)* **g. along without sth** obejít se bez čeho, poradit si bez čeho 3 *(progress)* pokračovat; **he's ~ting along well in German** vede si dobře or dělá velké pokroky v němčině; **how are you ~ting along with your book?** jak pokračujete s knihou? 4 **g. along well with sb** dobře s někým vycházet ■ **get around** *I* vi 1 see **get about** 2 *(travel)* cestovat *II* vt *(circumvent: law, regulations* etc*)* obejít/ obcházet ■ **get around to** vt **g. around to (doing) sth** dostat se k čemu, najít si nač čas ■ **get at** vt 1 *(reach)* dostat se kam, k čemu; **let sb g. at sth** dovolit komu přístup k čemu 2 *(discover)* **g. at the truth** dobrat se pravdy 3 *(suggest)* **what are you ~ting at?** co tím chcete říci?, nač míříte?, na co narážíte? 4 *(criticize)* inf šťourat or rýpat do koho, navážet se do koho; **stop ~ting at me, will you?** inf přestaň do mě laskavě rýpat ■ **get away** vi 1 *(escape)* prchnout, uniknout; **g. away from sth** vyhnout se čemu, uniknout čemu 2 inf **g. away (with you)!** nepovídej!, to není možný!* ■ **get away with** vt **g. away with a few grazes** vyváznout s několika odřeninami; **you can't g. away with it** to ti neprojde; **he ~s away with murder** tomu projde všechno ■ **get back** *I* vi *(return)* vrátit se *II* vt *(possessions)* dostat zpět, znovu nabýt ♦ **g. one's own back** pomstít se (**on sb** komu) ■ **get back to**

vt **g. back to sb** znovu se s kým spojit písemně/ telefonicky ap., znovu koho kontaktovat ■ **get behind** *I* vt *(a tree* etc*)* postavit se za co *II* vi fig být pozadu, opožďovat se; **g. behind with one's work/ rent** být pozadu s prací/ s placením nájemného ■ **get by** vi **1** *(succeed in passing)* projít/ *(car* etc*)* projet **2** *(manage)* vyjít (**with little money** s malým příjmem); **g. by in Russian** jakž takž se domluvit rusky **3** *(escape attention) (of censors)* proklouznout ■ **get down** *I* vi *(descend) (from stairs)* sejít; *(from a tree)* sešplhat; *(from a horse)* sesednout; *(from a bus)* vystoupit; **g. down on one's knees** kleknout, padnout na kolena *II* vt *(depress)* deprimovat; **don't let it g. you down** nenech se tím deprimovat ■ **get down to** vt **g. down to sth** dostat se k čemu; **g. down to work** přikročit k práci, dát se or pustit se do práce; **g. down to business**, **g. down to brass tacks** přikročit k věci ■ **get in** *I* vi **1** *(enter)* vejít, vjet; *(into car, train)* nasednout, nastoupit; **how did you g. in?** jak ses dostal dovnitř? do domu/ bytu ap. **2** *(arrive) (train, bus)* přijet, *(train* also*)* vjet do nádraží **3** *(into school* etc*)* být přijat; Pol *(be elected)* být zvolen *II* vt **1** *(harvest)* sklidit **2** **g. sb in** *(help to be admitted)* zajistit přijetí; **these results will g. you in** *(into university)* s takovými výsledky budeš určitě přijat **3** ♦ **g. a word in edgeways** dostat se ke slovu ■ **get into** *I* vi **1** *(parliament)* být zvolen do čeho; *(university)* být přijat nač **2** *(phrases)* **g. into a good mood** dostat dobrou náladu, rozradostnit se; **g. into a rage** dostat vztek; **g. into a rut** sklouznout do vyjetých kolejí; **g. into a sweat** zpotit se; **g. into bad ways** dostat se na šikmou plochu; **g. into debt** zadlužit se; **g. into sb's bad books** rozlít si u koho ocet, inf polepit si to u koho; **g. into trouble** mít nepříjemnosti; **what's got into him?** co to do něho vjelo? *II* vt **g. sb into trouble** způsobit komu nepříjemnosti or potíže or nesnáze; **g. a girl into trouble** přivést dívku do maléru do jiného stavu ■ **get in with** vt **1** *(ingratiate o.s.)* **g. in with sb** (u)dělat si u koho dobré oko, šplhat/ šplhnout si u koho **2** **g. in with a bad crowd** dostat se do špatné společnosti ■ **get off** *I* vi **1** *(from train, bus* etc*)* vystoupit, vysednout/ vysedat; *(from horse, bicycle)* sesednout ♦ **tell sb where to g. off** inf říci komu své, usadit koho; **g. off my back!** inf neotravuj! **2** *(leave)* **g. off early** brzy vyrazit **3** *(begin)* **g. off to a good start** začít dobře; **g. off the ground** *(project* etc*)* rozběhnout se **4** **g. off to sleep** usnout **5** *(escape)* fig **g. off lightly** vyváznout lacino; **g. off with a fine** vyváznout s pokutou; **g. off scot-free** vyváznout beztrestně; **g. off unharmed** vyváznout se zdravou kůží *II* vt *(remove: stain)* odstranit; **g. your hands off me!** nedotýkej se mě, inf nesahej na mě, sl dej ty pracky pryč!; **g. sb off one's hands** zbavit se koho ■ **get off with** vt **g. off with sb** Br sl *(girl)* sbalit or narazit si koho ■ **get on** *I* vi **1** *(on bus, train* etc*)* nastoupit do, nasednout do, přisednout si do; *(on horse)* nasednout na **2** *(continue)* pokračovat; **g. on with sth** pokračovat v čem **3** *(cope)* **how are you ~ting on?** jak se vám vede? **4** *(progress)* **he's ~ting on like a house on fire** jde mu to jako na drátkách; **g. on in the world** někam to dotáhnout **5** *(have a good relationship)* **g. on well (with sb)** dobře s kým vycházet; **g. on well together** dobře spolu vycházet **6** *(become late)* **time is ~ting on** připozdívá se; **it's ~ting on for five** jde na pátou **7** *(to age)* **he is ~ting on in years** přibývá mu let, už není nejmladší; **he is ~ting on for fifty** jde mu na padesát, táhne mu na padesátku *II* vt *(clothes)* obléci si, dát si co na sebe ■ **get on to** vi **1** *(new item, theme* etc*)* dostat se k čemu **2** *(contact)* **g. on to sb** inf spojit se s kým ■ **get out** *I* vt **1** *(remove) (nail, tooth, cork)* vytáhnout; *(stain)* odstranit; **g. sb out of bed** dostat or vytáhnout koho z postele **2** *(publish)* vydat **3** *(money)* vybrat/ vybírat (si) *II* vi **1** *(leave)* jít ven; **g. out of the room** odejít z místnosti; **g. out!** zmizni!, vypadni odsud!, ven! **2** *(be released)* **g. out (of prison)** být propuštěn z vězení **3** *(for walks* etc*)* chodit ven; **you ought to g. out more** měl bys víc chodit na čerstvý vzduch **4** *(escape, avoid)* **g. out of doing sth** vyhnout se čemu; **g. out of debt** vymanit se z dluhů; **g. out of bad habits** zbavit se špatných návyků; **g. out of a rut** vybočit z normálních kolejí ■ **get over** *I* vi **1** *(cross)* přejít; *(climb)* přelézt **2** *(communicate)* vyjádřit se srozumitelně, být pochopen *II* vt **1** *(street)* přejít; *(wall* etc*)* přelézt **2** *(overcome: illness, difficulties, obstacles, nervousness)* překonat, dostat se z čeho; *(disappointment)* oklepat se z čeho, přenést se přes co; *(fear)* přemoci; *(fright)* probrat se z čeho; *(loss)* oželet co, smířit se s čím; **you'll g. over it** to přejde; **I can't g. over it** nemohu se z toho vzpamatovat; **I can't g. over the fact that ...** nemohu se smířit s tím, že ... **3** **g. sth over** *(communicate)* srozumitelně něco podat or vysvětlit ■ **get over with** vt **g. sth over with** *(exams* etc*)* odbýt si co; **g. sth over and done with** jednou provždy s něčím skoncovat ■ **get round** *I* vi 1 *(exhibition, shops* etc*)* obcházet, objíždět 2 *(of news)* rozšířit se *II* vt 1 *(rules, law)* obejít, obcházet; *(difficulty)* vyhnout se čemu 2 *(persuade)* **g. round sb** přemluvit or inf ukecat někoho ■ **get round to** vt **g. round to sth** or **doing sth** dostat se k něčemu k napsání dopisu ap. ■ **get through** *I* vi 1 *(car)* projet; *(message, letter)* dojít, být doručen 2 *(by telephone)* dovolat se, dostat spojení; **g. through to sb** dovolat se koho 3 Sch projít, prolézt 4 Sport postoupit, kvalifikovat se; **g. through to the final** postoupit or dostat se do finále 5 *(of law)* být schválen, projít *II* vt 1 *(finish)* skončit, dokončit; **g. through a lot of work** udělat hezký kus práce 2 *(consume)* **g. through a huge meal** spořádat obrovskou porci; **g. through a lot of money** utratit spoustu peněz; **g. through a bottle of whisky** vypít or inf vyzunknout láhev whisky 3 *(exams)* složit, absolvovat 4 *(communicate)* **g. sth through to sb** něco komu objasnit; **I can't g. it through to them that ...** nedovedou pochopit, že ..., nemohu jim vtlouct do hlavy, že ... ■ **get together** *I* vi *(of people)* sejít se, sjet se; *(estranged couple)* dát se dohromady; *(combine forces)* spojit se, spojit své síly *II* vt 1 *(people, documents)* shromáždit; **g. one's thoughts together** uspořádat si myšlenky 2 *(money)* dát dohromady, našetřit 3 *(assemble: machine)* smontovat ■ **get up** *I* vi 1 *(stand up)* vstát, pozdvihnout se; *(out of bed)* vstát, vstávat; **g. up early** vstát/vstávat brzy; **g. up from table** vstát od stolu 2 *(wind)* zdvihnout se, zvednout se; *(storm)* schylovat se k čemu *II* vt 1 *(wake up)* **g. sb up** probudit koho 2 *(gather: strength)* nabrat sil 3 **g. oneself up as sth** obléci se or jít za co ♦ **g. sb's back up** popudit koho, naštvat koho, pohnout komu žlučí ■ **get up to** vt **g. up to mischief** darebačit, zlobit, vyvádět; **what has he been ~ting up to?** co (zase) vyváděl?

get-at-able [get'ætəbl] adj inf dosažitelný, přístupný; *(person)* přístupný, vlídný, ochotný

getaway ['getəwei] n útěk, únik; **make one's g.** uprchnout, inf zmizet po anglicku ■ **g. car** únikové vozidlo pro útěk z místa činu

Gethsemane [geθ'seməni] n Bibl Getsemany, Getsemanská zahrada

get-together ['gettəgeðə(r)] n inf schůzka, setkání; *(party)* inf mejdan, sešlost, slezina; **a friendly g.-together** přátelské posezení; **we have a g.-together twice a year** scházíme se dvakrát ročně

get-up ['getap] n inf šaty neutr, oblečení neutr, inf (v)ohoz, hábit, sl hadry

get-up-and-go [getapən'gəu] n inf elán, nadšení, vitalita

get-well-card [get'welka:d] n karta s nápisem 'Brzy se uzdrav!', přání brzkého uzdravení

geyser ['gi:zə(r)] n 1 Geol gejzír 2 Br *(water heater)* průtokový ohřívač, karma

Ghana ['ga:nə] n Ghana

Ghanaian [ga:'neiən] adj ghanský ● n Ghaňan/ -ka

ghastliness ['ga:stlinəs] n (see **ghastly**); hrůza, hrůznost; otřesnost, strašlivost

ghastly ['ga:stli] adj 1 *(accident)* hrozný, strašný, strašlivý, *(crime* also*)* ohavný, hrůzný; *(experience)* otřesný; *(mistake)* katastrofální; *(weather)* hrozný, hnusný, příšerný 2 *(pale)* (mrtvolně) bledý, (z)sinalý; *(pallor)* mrtvolný, příšerný ● adv; cf adj **g. pale** mrtvolně bledý

Ghent [gent] n Gent

gherkin ['gə:kin] n malá čerstvá okurka, okurčička, nakládačka; **pickled ~s** nakládané okurky

ghetto ['getəu] n (pl **~s, ~es**) gheto

ghost [gəust] n 1 *(apparition)* duch, přízrak, přelud, zjevení; **believe in ~s** věřit na duchy; **lay a g.** vymítat zlého ducha, zaklínat ďábla; fig **lay the g. of one's defeat** překonat trauma porážky ♦ **go as white as a g.** zblednout jako stěna; **he looks like a g., he is a mere g. of his former self** vypadá jako vlastní stín ■ **g. story** duchařský příběh, strašidelný příběh; **g. town** město duchů odkud se odstěhovali obyvatelé 2 *(spirit)* **the Holy G.** Duch svatý ♦ **give up the g.** vypustit duši, vydechnout naposled; joc *(of a car* etc*)* dosloužit 3 fig **a g. of a smile** náznak úsměvu; **you haven't got a g. of a chance** nemáš ani tu nejmenší šanci 4 TV **g. (image)** duchy 5 *(ghostwriter)* literární nádeník píšící anonymně za druhé ● vt *(ghostwrite)* **g. a book for sb** anonymně za někoho napsat knihu

ghostly ['gəustli] adj přízračný, strašidelný

ghostwrite ['gəustrait] I vi dělat literárního nádeníka, psát anonymně za někoho jiného II vt napsat něco za někoho

ghostwriter ['gəustraitə(r)] n see **ghost (5)**

ghoul [gu:l] n 1 *(evil spirit)* upír 2 fig člověk s morbidními zálibami

ghoulish ['gu:liš] adj *(interest)* morbidní, *(humour* also*)* černý

GHQ [dži:eič'kju:] Mil abbr of **General Headquarters** hlavní velitelství, hlavní stan

G.I. [dži:'ai] n americký voják zvl. za 2. sv. války

giant ['džaiənt] n obr, velikán; **an industrial g.** průmyslový gigant; **a g. of a man** chlap jako hora ● adj obrovský, obří, gigantický, mamutí; **g. frog** skokan obrovský; **g. sequoia** mamutí sekvoje; **g. slalom** obří slalom; **with g. strides** mílovými kroky

giantess ['džaiəntes] n obryně

gibberish ['džibəriš] n kecy, žvásty; *(baby's talk, foreign language)* hatmatilka; **talk g.** žvanit, mluvit bez ladu a skladu, plácat nesmysly

gibbet ['džibit] n arch šibenice

gibbon ['gibən] n Zool gibbon

gibe [džaib] n sarkastická poznámka, posměšek, úšklebek, špička ● vi utahovat si, posmívat se, špičkovat; **g. at sb** špičkovat koho, utahovat si z koho

giblets ['džibləts] n pl drůbky

Gibraltar [dži'bro:ltə(r)] n Gibraltar; **the Straits of G.** Gibraltarský průliv

Gibraltarian [džibro:l'teəriən] adj gibraltarský

giddiness ['gidinəs] závrať

giddy [gidi] adj (**-ier, -iest**) **1** *(dizzy)* **feel g.** mít závrať; **I feel g.** točí se mi hlava; **it makes me feel g.** točí se mi z toho hlava, mám z toho závrať; **have a g. feeling** cítit se divně ♦ **act the g. goat** somewhat dated být jako janek **2** *(speed, height;* fig *triumph)* závratný

gift [gift] n **1** *(present)* dar, dárek; **a Christmas g.** vánoční dárek; **a wedding g.** svatební dar; **a small g.** malý dárek, malá pozornost; **a free g.** reklamní dárek; **present sb with a g.** obdarovat koho; **shower sb with ~s** zahrnout koho dary ■ **g. token** or **voucher** dárkový poukaz **2** inf *(bargain)* **it's an absolute g.** to je jako zadarmo, je to za babku; *(of exams)* **be an absolute g.** být směšně snadný **3** *(talent)* nadání, talent, vlohy; **have a g. for languages** mít nadání na jazyky ♦ **have the g. of the gab** inf mít dobrou vyřídilku, mít dobře proříznutý jazyk

gifted ['giftid] adj schopný, nadaný, talentovaný; **be g. in sth** mít vlohy na co

gift-wrapped ['giftræpt] adj v dárkovém balení

gift-wrapping ['giftræpiŋ] n dárkové balení

gig$_1$ [gig] n gig, kabriolet dvoukolový jednospřežní kočár

gig$_2$ [gig] n inf Mus angažmá na jeden večer

gigabyte ['gigəbait] n Comput gigabyte jedna miliarda bytů

gigantic [džai'gæntik] adj obrovský, gigantický, kolosální

giggle ['gigl] n chichotání, chich(t)ot; **do sth for a g.** inf udělat něco pro zasmání; **it was a g.** byla to psina (inf); **have a fit of the ~s** mít záchvat smíchu ● vi chichotat se, hihňat se, pochechtávat se

giggler ['giglə(r)] n smíšek

giggly ['gigli] adj *(girl)* hihňavý

GIGO ['gaigəu] Comput; abbr of **garbage in garbage out** nespolehlivý vstup – nespolehlivý výstup

gigolo ['džigələu] n gigolo

gild [gild] vt (pt **~ed**, pp **~ed** or **gilt**) pozlatit ♦ **~ed youth** arch zlatá mládež; **g. the lily** zdokonalovat dokonalé, přidávat na velkou hromadu, nosit dříví do lesa; **g. the pill** osladit hořkou pilulku

gill$_1$ [džil] n *(measure)* gill 1/4 pinty, 0,142 l; inf *(half a pint)* půl pinty

gill$_2$ [gil] n *(of fish)* usu pl **~s** žábry ♦ joc **be green** or **white about the ~s** být bledý jako zelinka, joc mít zdravou lesní barvu

gilt [gilt] adj (po)zlacený ● n **1** zlacení ♦ **take the g. off the gingerbread** fig ubrat něčemu na přitažlivosti; pokazit komu radost z čeho ■ **a g. brooch** pozlacená brož **2 gilts** Fin prvotřídní cenné papíry s minimálním rizikem

gilt-edged [gilt'edžd] adj **1** *(book)* se zlatou ořízkou **2 g.-edged securities** prvotřídní cenné papíry s minimálním rizikem

gimlet ['gimlət] n nebozez, ruční vrták ♦ **have eyes like ~s** mít oči jako špendlíky ■ **g. eyes** pronikavé oči

gimme ['gimi] inf = **give me**

gimmick ['gimik] n trik, manévr na upoutání pozornosti; *(device)* hračička, inf sračička; **a publicity g.** reklamní trik

gimmickry ['gimikri] n touha po efektu; *(verbal)* humbuk, žonglování se slovy; *(modern devices)* inf moderní sračičky or opičky

gin [džin] n džin, borovička, jalovcová; **gin and tonic** džin s tonikem

ginger ['džindžə(r)] n **1** Bot zázvorovník; Cook zázvor ■ **g. beer** zázvorové pivo **2** pej *(person)* zrzek **3** fig zápal, nadšení, verva, elán ■ **g. group** Pol Parl skupina aktivistů ● adj **1** *(biscuit* etc*)* zázvorový **2** *(hair)* ryšavý, zrzavý, rusý ● phr v ■ **ginger up** vt *(make more vigorous: party* etc*)* oživit, uvést co do pohybu; *(book)* okořenit

gingerbread ['džindžəbred] n perník

gingerly ['džindžəli] adv obezřele, velmi opatrně, nesměle; *(because sth is dirty)* štítivě ● adj; nesmírně opatrný

ginger nut ['džindžənat] n Br zázvorový keks, zázvorka

ginger snap ['džindžəsnæp] n Amer zázvorový keks, zázvorka

gingery ['džindžəri] adj *(taste)* zázvorový; *(hair)* zrzavý, ryšavý, rusý

gingivitis [džindži'vaitis] n Med zánět dásní

ginormous [džai'no:məs] adj joc sl *(enormous)* obrovský, šíleně velký

gipsy, esp Amer **gypsy** ['džipsi] n cikán/ -ka, *(ethnically)* Cikán/ -ka; fig člověk toužící po dobrodružství ▪ **g. music** cikánská hudba

giraffe [džə'ra:f] n žirafa

gird [gə:d] vi (pt, pp **~ed,** rarely **girt**) **I** vt arch **g. oneself** opásat se (**with sth** čím) **II** phr v ▪ **gird up** vt **g. up one's loins** Bibl opásat svá bedra; Rhetor připravit se k boji; joc vyhrnout si rukávy

girder ['gə:də(r)] n Build nosník, traverza

girdle$_1$ ['gə:dl] n **1** *(belt)* pás, opasek; fig also pruh **2** *(corset)* elastická bokovka ● vt obehnat, obklopit, obkroužit

girdle$_2$ ['gə:dl] n Scot ploténka na pečení placek

girl [gə:l] n **1** dívka, děvče; inf holka; *(child)* děvčátko, holčička; **she is a lovely g.** je to báječná holka; **a Czech/ English g.** Češka/ Angličanka ▪ **g. Friday** něčí pravá ruka, nepostradatelná spolupracovnice; **g. guide,** Amer **g. scout** skautka **2** *(daughter)* dcer(k)a, inf moje/ naše holka **3** *(girlfriend)* přítelkyně, děvče, milá, inf moje/ jeho ap. holka **4** *(wife)* inf **old g.** somewhat dated stará **5** *(former female pupil)* **old g.** absolventka **6** *(employee)* pracovnice, úřednice; *(in factory)* dělnice; *(in shop)* prodavačka

girlfriend ['gə:lfrend] n přítelkyně, děvče, milá, známost; **have a steady g.** mít vážnou známost; *(fiancée)* snoubenka

girlhood ['gə:lhud] n dated or fml dívčí věk, mládí dívky ▪ **my g. ambitions** mé dívčí sny

girlie ['gə:li] n inf děvče ▪ **g. magazines** erotické časopisy, časopisy pro pány obsahující fotografie nahých dívek

girlish ['gə:liš] adj dívčí; **look g.** vypadat stále jako děvče

giro ['džairəu] n žiro ▪ **g. account** žirový účet; *(g. cheque for unemployed)* inf nezaměstnanecké dávky

girt [gə:t] pt, pp of **gird**

girth [gə:θ] n **1** *(on saddle)* podpěnka, podpínka, podbřišník **2** *(circumference)* obvod, *(of person)* objem v pase; **a man of ample g.** velmi korpulentní muž

gist [džist] n jádro, podstata (**of the matter** problému), *(of conversation)* hlavní body, hlavní myšlenky, sukus; **give me the g. of what he was saying** řekni mi stručně, o čem mluvil

give [giv] n *(elasticity)* poddajnost, pružnost ● v (pt **gave** [geiv], pp **~n** ['givn]) **I** vt **1 a)** dát, dávat; Sch *(homework)* zadat, dát za úkol; *(task)* zadat, pověřit koho čím; *(food)* dát, (na)servírovat; **be ~n** dostat; **g. sb sth, g. sth to sb** dát komu co; **g. sb one's hand/ arm** podat komu ruku/ nabídnout komu rámě; **g. sb sth to eat** dát komu co k jídlu; **g. sb a drink** dát komu napít ♦ **you get as much as you g.** jak se do lesa volá, tak se z lesa ozývá **b)** *(as a present)* dát, darovat, fml věnovat; **g. sb a present** dát komu dárek, obdarovat koho; **g. sb a present of a book, g. sb a book as a present** obdarovat koho knihou; **g. money to charity** dát peníze or přispět na charitativní účely **c)** *(sacrifice)* obětovat; **g. one's life** obětovat život **d)** *(in exchange) (pay)* zaplatit; **I'll g. you £20 for it** dám ti za to 20 liber **e)** *(provide)* **g. private lessons** dávat soukromé hodiny, soukromě vyučovat; **g. evidence** svědčit, vypovídat (**in sb's favour** v čí prospěch); **g. sb a lift** svézt koho; **g. sb a bath** vykoupat koho; **g. sb a helping hand** pomoci komu, poskytnout komu pomoc; **g. sb an interview** poskytnout komu rozhovor **f)** *(allow)* **g. sb a day off** uvolnit koho na den, dát komu den volna; **g. sb no rest** nedopřát komu odpočinku; **I can g. you 15 minutes** mohu se ti věnovat 15 minut; **g. sb a chance** dát komu šanci, zkusit to s kým; **he's a good singer, I'll g. him that** výborně zpívá, to se mu musí nechat ♦ **g. sb the green light** fig dát komu zelenou **2** fig dávat **a)** (**sb sth** komu co); *(pleasure, joy)* dělat; *(attention)* věnovat; *(permission)* udělit; *(right)* přiznat; *(courage)* dodávat komu čeho; *(idea)* vnuknout; **g. sb a surprise** uchystat komu překvapení; **g. sb to understand that ...** naznačit komu, že ...; **g. oneself airs** naparovat se, chovat se důležitě; **g. orders** rozkazovat; **g. sb a blessing** dát komu své požehnání; **g. sb the glad eye** dated inf pokukovat po kom **b)** *(as punishment)* **g. sb a prison sentence** odsoudit koho k odnětí svobody; **g. sb a box on his ear** vlepit komu pohlavek; **g. sb a good dressing down** řádně komu vyčinit, inf zvednout komu mandle, pořádně koho sjet; **g. tit for tat** odplatit komu stejným; **g. sb a telling off** dát komu co proto **3** *(utter a sound)* **g. a cry/ shout/ scream/ shriek/ sigh/ sneeze/ whistle/ whine** zakřičet/ vykřiknout/ vyjeknout/ zavřískat/ vzdychnout, povzdechnout si/ kýchnout/ zapískat/ zaskučet; **g. a loud laugh** hlasitě se zachechtat; **g. a piercing cry** pronikavě vykřiknout **4** *(say, report: information, further details)* poskytnout; *(details* also*)* vyjmenovat; *(regards)* vyřídit; *(opinion)* vyjádřit; *(age)* uvést;

g. a report on sth podat o čem hlášení; **g. an account of sth** popsat *or* vylíčit co; **g. sb a ring** Tel zavolat komu; inf **g. sb a tinkle** brnknout komu; **don't g. me that!** nepovídej!, inf nekecej! **5** *(organize; perform) (concert, play)* konat, dávat; *(party, reception)* (us)pořádat; *(toast)* pronášet; **g. a lecture on sth** přednášet o čem **6** *(yield) (fruit)* rodit; *(milk)* dojit; *(light)* dávat; **the sun gives us warmth and light** slunce je zdrojem tepla a světla **7** *(cause)* **it has given me a headache** bolí mne z toho hlava; *(pass on)* **he's given me his cold** chytil jsem od něho chřipku **8** *(other expressions)* **g. chase** honit zloděje; **g. ground** ustoupit; **g. prominence to sth** zdůraznit co; **g. rise to sth** způsobit co; **not to g. a damn about sth** kašlat na co; **g. me English weather any time** pro mě není nad anglické počasí **II** vi **1** *(money* etc*)* dávat; **g. generously** dávat štědře, být štědrý; **(to) g. and take** dělat vzájemné ústupky ♦ **g. as good as one gets** fig nezůstat nikomu nic dlužen **2** *(cloth, elastic)* povolit; *(dress)* povolit, roztáhnout se; *(frost)* polevovat, ustupovat; *(person)* poddat se **III** phr vs ■ **give away** vt **1** *(without charge)* darovat; **they are practically giving it away** to je jako zadarmo ♦ **he would g. away the shirt off his back** rozdal by poslední košili je velmi štědrý **2 g. the bride away** vést nevěstu k oltáři **3** *(betray)* **g. sb away** prozradit *or* vyzradit koho; **g. oneself away** prozradit se ♦ **g. the show** *or* **game away** všechno prozradit ■ **give back** vt vrátit ■ **give in** *I* vt *(hand in: examination paper)* odevzdat; *(resignation)* podat *II* vi **1** *(surrender)* vzdát se; *(in guessing game)* poddat se; **g. in to threats** ustoupit hrozbám; **g. in to temptation** podlehnout pokušení **2** *(yield)* podvolit se ■ **give off** vt *(smell)* vydávat; *(rays)* vyzařovat; *(heat)* sálat; *(smoke)* vypouštět ■ **give onto** vt *(window, door)* vést, směřovat kam; *(house)* být obrácen kam ■ **give out** *I* vt **1** *(distribute)* rozdat, rozdávat, rozdělovat **2** *(heat)* sálat; *(rays)* vyzařovat **3** *(announce)* oznámit; often pass **it was given out that ...** bylo oznámeno, že ... *II* vi **1** *(supplies)* docházet, tenčit se **2** *(break down: engine)* inf porouchat se, vypovědět službu; *(fail: memory)* selhat; **my patience is giving out** dochází mi trpělivost ■ **give over** *I* vt **1** *(hand over: keys, prisoner* etc*)* předat, odevzdat **2** *(set aside:* eg *hall)* usu pass vyhradit, dát k dispozici; **the hall was ~n over to children** sál být dán k dispozici dětem **3** *(abandon)* **g. oneself over to pleasure** oddat se radovánkám; **g. oneself over to despair** propadnout zoufalství *II* vi inf **g. over doing sth** přestat něco dělat; **g. over!** přestaň, prosím tě!, nech toho!, dej si pohov! sl ■ **give up** *I* vt **1** *(abandon)* **g. up (doing) sth** vzdát se čeho; **g. up smoking** přestat kouřit; *(idea, claim)* vzdát se čeho; *(plan)* upustit od čeho **2** *(surrender) (seat)* uvolnit; *(flat)* přenechat; *(territory)* postoupit; *(authority)* předat; **g. oneself up** vzdát se; **g. sb up** *(stop waiting)* inf přestat na koho čekat **3** *(devote)* **g. oneself up to sth** věnovat se čemu **4** *(secret)* prozradit *II* vi vzdát se; *(stop guessing)* poddat se ■ **give way** vi **1** *(strength, health, voice)* selhat, vypovědět službu; *(legs)* podlamovat se komu **2** *(yield) (to temptation)* podlehnout čemu; **g. way to tears** dát průchod slzám **3** Aut dát přednost čemu

giveaway ['givəwei] n **1** *(clue)* **the expression on her face was a g.** výraz její tváře všechno prozradil **2** Comm *(gift)* reklamní dárek ■ **g. price** směšně nízká cena; **it's a g. price** je to prakticky zadarmo

given ['givn] pp of **give** ● adj **1** *(specific)* daný, uvedený; **at a g. moment** v danou chvíli, v daném okamžiku; **in the g. case** v daném případě; **on a g. subject** na dané téma **2 be g. to sth** být náchylný k čemu, mít sklon k čemu; **be g. to forgetfulness** být zapomnětlivý **3 g. name** esp Amer křestní jméno ● Conj *(in view of the fact)* vzhledem k čemu, s ohledem na co; **g. these circumstances ...** vzhledem k těmto okolnostem ...

gizmo ['gizməu] n inf tentononc, taková ta věcička, 'patent'

gizzard ['gizəd] n *(of bird)* druhý žaludek ♦ **it sticks in my g.** fig leží mi to v žaludku, nemohu to překousnout

glacé ['glæsei] adj Cook *(fruit)* kandovaný; **g. leather** glazé

glacial ['gleišl] adj **1** Geol glaciální, ledový; **the g. period** *or* **era** doba ledová, glaciál **2** *(icy cold: wind)* ledově studený, mrazivý; fig **g. look** mrazivý pohled

glacier ['glæsiə(r)] n Geol ledovec

glad [glæd] adj (**~der, ~dest**) **1** pred rád, potěšený; **be g. that ...** být rád, že ...; **I am g. to hear that** to rád slyším; **I'll be only too g. to do it** velice rád to udělám; **I would be g. if he came** byl bych rád, kdyby přišel; **be g. of sth** být vděčný za co **2** attr Rhet *(smile)* radostný; *(news, tidings)* dobrý ♦ **give sb the g. eye** dated házet po kom očkem, vrhat na koho milostné pohledy **3** attr inf **g. rags** sváteční šaty; **put on one's g. rags** nastrojit se, vyfintit se, inf oháknout se ■ **~ly** adv rád, s radostí, milerád, ze srdce rád

♦ **not to suffer fools ~ly** nemít v lásce hlupáky

gladden ['glædn] vt potěšit, rozradostnit, způsobit komu radost

glade [gleid] n *(clearing)* mýtina, paseka; *(grassy)* palouk

gladiator ['glædieitə(r)] n Hist gladiátor

gladiolus [glædi'əuləs] n (pl **gladioli** [glædi'əulai]) Bot gladiola, mečík

gladness ['glædnəs] n radost, potěšení; *(of smile)* radostnost

glamor ['glæmə(r)] n Amer = **glamour**

glamorize ['glæməraiz] vt idealizovat, přikrášlovat, obklopit co aureolou

glamorous ['glæmərəs] adj *(woman)* okouzlující, oslnivě krásný; *(clothes)* elegantní, přepychový; *(career)* fascinující, oslňující; *(job)* prestižní, skvělý; *(occasion)* okázalý

glamour ['glæmə(r)] n **1** *(attraction)* přitažlivost, lesk, romantické kouzlo **2** *(beauty)* oslnivá krása ■ **g. girl** somewhat dated (prvotřídní) krasavice filmová herečka/ fotomodelka ap.

glance [gla:ns] n; letmý pohled; **a furtive g.** kradmý pohled; **give sb a sidelong g.** podívat se na koho úkosem; **at a (single) g.**, **at first g.** na první pohled; **a meaningful g.** významný pohled ● **I** vi podívat se letmo or rychle; **g. at sb** zavadit o koho pohledem, letmo se na koho podívat; **g. over sth** *(text* etc*)* přeletět co pohledem; **g. one's eye over a newspaper** prolistovat si noviny, mrknout se na noviny **II** phr v ■ **glance off** vt **g. off sth** *(ball)* odrazit se od čeho

gland [glænd] n Anat žláza; **thyroid g.** štítná žláza

glandular ['glændjulə(r)] adj Anat žlázový, žlázovitý, glandulární; **g. fever** mononukleóza

glare [gleə(r)] n **1** *(light)* prudké or oslnivé světlo; **the g. of the sun** sluneční záře; fig **in the g. of popular acclaim** na výsluní slávy **2** *(stare)* zlostný or zuřivý pohled ● vi **1** *(sun)* prudce zářit; Aut *(headlights)* oslepovat, oslňovat **2** *(stare angrily)* dívat se nasupeně; **g. at sb** loupnout po kom očima

glaring ['gleəriŋ] adj **1** *(light)* oslepující, oslnivý, prudký; *(colour)* nápadný, křiklavý **2** *(obvious)* evidentní, zjevný; **a g. injustice** do nebe volající křivda

glass [gla:s] n (pl **~es**) **1** *(substance)* sklo; **crystal/ cut/ frosted/ lead/ stained g.** křišťálové/ broušené/ mléčné/ olovnaté/ barevné sklo; **pane of g.** tabule/ *(small)* tabulka skla ■ **g. bead** skleněná perla; **g. cabinet** skleník na porcelán; **g. case** vitrína v muzeu, v obchodě; **g. cutter** brusič skla; **g. factory** sklářský závod, sklárna; **g. fibre** skleněné vlákno; **g. industry** sklářský průmysl; **g. painting** malba na skle; **g. wool** skleněná vata **2** *(drinking vessel/ its contents)* sklenice; **wine g.** sklenice na víno; **a g. of wine** sklenice vína; **raise one's g. to sb** připít komu **3** *(barometer)* barometr; **(magnifying) g.** lupa, zvětšovací sklo **4 (a pair of) glasses** brýle, skla; **wear ~es** nosit brýle; **rose-tinted ~es** fig růžové brýle **5 field ~es** dalekohled, triedr; **opera ~es** kukátko

glass-blower ['gla:sbləuə(r)] n foukač skla, sklář

glass-blowing ['gla:sbləuiŋ] n foukání skla, sklářství

glasshouse ['gla:shaus] n (pl **-houses** [-hauziz]) **1** Hort skleník zahradnický/ v botanické zahradě **2** Br sl basa, loch

glasspaper ['gla:speipə(r)] n skelný papír

glassware ['gla:sweə(r)] n sklo, skleněné or sklenářské zboží

glassworks ['gla:swə:ks] n pl sklárna, sklářský závod

glassy ['gla:si] adj (**-ier**, **-iest**) **1** *(like glass)* sklovitý, skelný; podobný sklu, jako sklo; *(surface)* lesklý, hladký, kluzký **2** *(eyes, look)* bezvýrazný, apatický

glassy-eyed ['gla:siaid] adj **be g.-eyed** mít kalný pohled

Glaswegian [gla:z'wi:džən] adj glasgowský ● n Glasgowan/ -ka

glaucoma [glo:'kəumə] n zelený zákal, glaukom

glaze [gleiz] n *(on pottery)* glazura, *(on pastry* also*)* poleva; *(cloth, leather)* apretura, apretace; *(on paper)* hlazení ● **I** vt **1** *(windows)* zasklít **2** *(pottery)* glazovat, polévat, opatřit glazurou; *(pastry)* polít cukrovou polevou, potřít bílkem; *(fruit)* kandovat; *(ham)* zalít aspikem; *(cloth)* apretovat; *(paper)* hladit **II** vi (also **g. over**) *(of eyes)* pohasnout, zkalit se, zakalit se, ztratit lesk

glazed [gleizd] adj *(eyes)* pohaslý, vyhaslý, skelný; Tech sklovitý; *(paper)* hlazený; *(pottery)* polévaný, glazovaný

glazier ['gleiziə(r)] n sklenář

glazing ['gleiziŋ] n zasklení; **double g.** dvojité zasklení

gleam [gli:m] n **1** *(of light)* záblesk; *(of metal, water surface)* třpyt **2** fig **a g. of hope** záblesk or paprsek or jiskřička naděje ● vi zablýsknout se, problesknout; *(metal)* lesknout se, blyštět se; *(jewellery)* třpytit se, blyštět se; *(star)* třpytit se, zářit; *(eyes)* jiskřit, zářit

gleaming ['gli:miŋ] adj třpytivý, lesklý; *(eyes)* zářící

glean [gli:n] vt **1** *(field, vineyard)* paběrkovat **2** fig *(information)* shromažďovat, sbírat; **g. sth from somewhere** dozvědět se něco odněkud

gleanings ['gli:niŋz] n pl Agr paběrky; *(from newspapers* etc*)* informace, zjištění

glee [gli:] n **1** nespoutaná or nelíčená radost, veselost; **malicious/ childish g.** škodolibá/ dětinská radost **2** esp Amer; also **g. club** mužský pěvecký spolek

gleeful ['gli:fl] adj rozradostněný, veselý, jsoucí v radostné náladě; *(malicious)* škodolibý ■ **~ly** adv radostně; *(maliciously)* škodolibě

glen [glen] n úzké údolí zvl. ve Skotsku a Irsku

glib [glib] adj **(-bb-)** pej *(tongue)* nabroušený, ostrý; *(excuse)* pochybný, planý; *(words)* hladký; **have a g. tongue** mít dobře proříznutý jazyk

glide [glaid] n Aviat klouzavý let, plachtění ● **I** vi *(skaters)* klouzat, *(dancers* also*)* vznášet se po parketu; Aviat also plachtit, letět klouzavým letem **II** phr v ■ **glide down** vi snést se klouzavým letem

glider ['glaidə(r)] n kluzák, větroň, bezmotorové letadlo

gliding ['glaidiŋ] n Aviat bezmotorové létání, létání na kluzáku; cf also **hang-gliding**

glimmer ['glimə(r)] n **1** *(light)* slabé or kmitavé or mžikavé or třepetavé světlo **2** fig **a g. of hope** záblesk or jiskérka naděje

glimmering ['glimәriŋ] adj *(light)* mžikavý, kmitavý, třepetavý

glimpse [glimps] n letmý pohled; **catch a g. of sb/ sth** zahlédnout koho/ co, letmo koho/ co spatřit ● **I** vt zahlédnout, letmo spatřit **II** vi **g. at sth** omrknout si co, zběžně se na co podívat

glint [glint] n záblesk, zablýsknutí; *(reflection)* odlesk, třpyt; **a g. of anger** *(in sb's eyes)* záblesk hněvu; **have a murderous g. in one's eyes** koukat jako vrah ● vi (za)lesknout se, (za)třpytit se zvl. odraženým světlem

glisten ['glisn] vi *(dew drops, tears)* třpytit se; *(body with sweat)* lesknout se

glitter ['glitə(r)] n třpyt(ění), lesk, *(of eyes)* jiskření, blýskání; fig *(of show business* etc*)* lesk, přepych, nádhera ● vi *(stars)* třpytit se, *(jewels)* třpytit se, blýskat se; *(eyes)* jiskřit, blýskat se; *(trinkets)* blyštět se ♦ **all that ~s is not gold** není všechno zlato, co se třpytí

glittering ['glitәriŋ] adj (cf also **glitter** vi) třpytivý, zářivý, blýskavý; blyštivý

gloaming ['glәumiŋ] n arch or poet **the g.** červánky

gloat [glәut] vi **g. over** or **about sth** škodolibě se z něčeho radovat, mít z něčeho škodolibou radost

gloatingly ['glәutiŋli] adv zlomyslně

global ['glәubl] adj **1** *(worldwide)* celosvětový, globální; *(war, peace)* světový **2** *(comprehensive: view* etc*)* komplexní, souhrnný, globální

globe [glәub] n **1** *(sphere)* koule; *(model of the Earth)* glóbus **2** *(the Earth)* **the globe** zeměkoule, svět; **all over the g.** na celém světě **3** *(lampshade)* kulovité stínidlo; *(fishbowl)* kulovité akvárium; Anat oční bulva

globetrotter ['glәubtrotә(r)] n světoběžník

globular ['globjulә(r)] adj kulový, kulovitý

globule ['globju:l] n kulička; *(droplet)* kapička, kapénka; *(grease on soup)* mastné oko

glockenspiel ['glokәnspi:l] n zvonkohra, zvonková hra

gloom [glu:m] n **1** *(near darkness)* šero **2** *(sadness)* trudnomyslnost, pochmurná nálada, stísněnost, skleslost; *(of landscape)* ponurost

gloomy ['glu:mi] adj **(-ier, -iest)** (see also **gloom**) **1** *(dark)* temný; *(sky)* zešeřelý; *(weather, day)* podmračený, pochmurný; *(bleak)* ponurý **2** *(sad) (person)* smutný, zasmušilý, trudnomyslný; *(thoughts)* chmurný, neveselý, těžký, temný; *(outlook)* neveselý, deprimující, bezútěšný; *(mood)* stísněný, pochmurný; *(face)* zamračený; **become g.** zakabonit se; **have a g. expression on one's face** tvářit se pochmurně; **think g. thoughts** oddávat se chmurným myšlenkám

glorified ['glo:rifaid] adj pej vylepšený; inf načančaný, vyfešákovaný; *(He calls it a restaurant but)* **it's just a g. pub** není to nic víc než lepší or vylepšená hospoda

glorify ['glo:rifai] vt **(-ie-) 1** *(praise)* velebit, glorifikovat **2** pej dodávat čemu vznešenosti or lesku, romantizovat

glorious ['glo:riәs] adj **1** *(victory* etc*)* slavný **2** *(splendid)* nádherný, báječný; *(view)* úžasný; *(sunset)* skvělý, nádherný; **a g. day** den jako malovaný

glory ['glo:ri] n **1** *(honour)* sláva; **immortal g.** nehynoucí sláva; **for honour and g.** pro čest a slávu; **be basking in g.** být na výsluní slávy; **fall from g.** ústup ze slávy; **chase/ hanker after g.** hnát se za slávou/ prahnout po slávě **2** fig *(splendour)* krása, nádhera; **in all its g.** *(sunset, countryside)* v celé své nádheře ● phr v ■ **glory in** vt **1** *(be proud of)* být pyšný na; **g. in one's success** být pyšný na své úspěchy; **g. in one's freedom** užívat své svobody, těšit se ze své svobody **2 g. in the name/ title of ...** honosit se jménem/ titulem ...

gloss$_1$ [glos] n *(in text)* glosa, vysvětlivka, komentář; *(translation)* meziřádkový překlad

• vt *(text)* glosovat, komentovat, opatřit poznámkami; *(translate)* udělat meziřádkový překlad

gloss$_2$ [glos] n **1** *(brightness)* lesk; fig lesk, pozlátko, líbivý povrch; **take the g. off sth** zbavit lesku (also fig) **2 g. (paint)** lesklá barva, barva s vysokým leskem • phr v ■ **gloss over** vt *(mistakes)* přejít mlčením, zamluvit; *(problems* etc*)* odbýt, zamluvit, vyhnout se čemu

glossary ['glosəri] n glosář, slovník

glossy ['glosi] adj (**-ier**, **-iest**) lesklý, *(paper)* leštěný; **g. magazines** bohatě vypravené časopisy na křídovém papíře

glottal ['glotl] adj Phon glottální; **g. stop** ráz

glottis ['glotis] n Anat hlasivková štěrbina, glottis

glove [glav] n rukavice; **boxing ~s** boxérské rukavice; **the ~s are not a pair** rukavice nejdou do páru; **it fits him like a g.** padne mu to jako ulité ♦ **be hand in g. with sb** být s kým jedna ruka; **handle** or **treat sb with kid ~s** zacházet s kým v rukavičkách ■ **g. compartment** Aut přihrádka na drobné předměty na přístrojové desce; **g. puppet** maňásek

glow [gləu] n **1** *(of fire, sunset* etc*)* záře; **g. of fire** ohnivá zář(e); *(of candle* etc*)* svit **2** *(of cheeks)* ruměnec; *(of passion)* žár • vi *(embers, charcoal)* žhnout, rudě zářit; *(eyes)* svítit, *(with pleasure)* zářit; *(cheeks)* hořet, planout; **g. with health** kypět zdravím; **be ~ing with happiness** zářit blahem

glower ['glauə(r)] vi tvářit se nasupeně, mračit se; **g. at sb** mračit se na koho

glowing ['gləuiŋ] adj **1** *(metal)* žhavý, rozžhavený; *(coal)* žhavý, řeřavý; *(sparks* also*)* ohnivý; *(cheeks)* planoucí; *(eyes)* zářící **2** fig *(report)* nadšený; *(praise)* přehnaný, přemrštěný; **describe sth in g. colours** or **terms** překypovat chválou o čem, rozplývat se chválou nad čím, vychvalovat co

glow-worm ['gləuwə:m] n Zool Br svatojánská muška, světluška

glucose ['glu:kəuz] n glukóza, hroznový cukr

glue [glu:] n lepidlo; *(made from bones* etc*)* klih ♦ **stick to sb like g.** držet se koho jako klíště • vt **g. sth to sth** přilepit co k čemu; **g. sth together** slepit co ♦ **be ~d to one's seat** sedět jako přikovaný; **his eyes were ~d on her** mohl na ní oči nechat, přilepil se na ni očima; **he was ~d to the screen** nemohl se odtrhnout od televize

glue-sniffing ['glu:snifiŋ] n čichání k lepidlům, vdechování omamných látek z lepidel, inf čichačství

glum [glam] adj (**-mm-**) inf *(expression)* zachmuřený, podmračený, sklesly, sklíčený; *(atmosphere)* stísněný; **look g.** vypadat jako pytel neštěstí ■ **~ly** adv sklíčeně

glut [glat] n nadbytek, přebytek; Comm přesycený trh, příliš velká nabídka, nabídka přesahující poptávku • vt (**-tt-**) **1** Comm *(market)* přesytit, zahltit, zaplavit; **g. the market with cheap apples** zaplavit trh levnými jablky **2** *(overeat)* **g. oneself with sth** přejíst se čeho, přecpat se čím

gluten ['glu:tn] n gluten, lepek

glutinous ['glu:tinəs] adj Chem lepkový, klihovitý

glutton ['glatn] n hltoun, žrout inf, nenasyta, nenažranec inf ♦ **be a g. for hard work** být do práce jako divý, dřít jako kat; **be a g. for punishment** být masochista

gluttonous ['glatənəs] adj hltavý, nenasytný, žravý inf, rozežraný inf

gluttony ['glatəni] n hltavost, nenasytnost, žravost inf, rozežranost inf

glycerine ['glisərin], Amer **glycerin** n glycerín

gm abbr of **gram** g, gram

G-man ['dži:mæn] n Amer tajný agent FBI

GMT [dži:em'ti:] abbr of **Greenwich Mean Time** střední greenwichský čas

gnarled [na:ld] adj *(tree)* sukovitý; *(hands)* uzlovitý; *(fingers)* zkroucený, deformovaný

gnash [næš] vt **g. one's teeth** usu fig skřípat zuby

gnat [næt] n Ent komár

gnaw [no:] **I** vt, vi **1 g. (at) a bone** ohlodávat or ohryzávat or okusovat kost; **g. one's fingernails** okusovat si nehty **2** fig **g. (at) sb** *(of fear, anxiety* etc*)* trápit or mučit or trýznit koho **II** phr v ■ **gnaw away at** vt **g. away at sth** okusovat co, ukusovat z čeho

gnawing ['no:iŋ] adj *(fear, anxiety)* mučivý, trýznivý; **the g. pangs of hunger** svíravé bolesti žaludku (hlady)

gnome [nəum] n skřítek, trpaslík

GNP [dži:en'pi:] abbr of **gross national product** HDP, hrubý domácí produkt

go [gəu] n **1** *(attempt)* (pl **goes**) pokus; **have a go at sth** zkusit něco; **can I have a go?** mohu to zkusit já?; **do sth at** or **in one go** udělat něco jednou ranou or na jeden zátah or jedním vrzem; **drink a glass in one go** vypít sklenici na jeden doušek or jedním douškem or jedním tahem; **in two/ three goes** nadvakrát, natřikrát; **have a go at sb** *(fight, criticize)* pustit se do koho **2** *(energy)* **be full of go** mít plno energie, být jako rtuť, být jako oheň, *(of girl)* být jako čamrda **3 be on the go all day** být celý den v jednom kole, lítat z jednoho do druhého, celý den se ani nezastavit; **keep sb on the go** stále někoho zaměstnávat, nedovolit komu ani vydechnout, udržovat koho v poklusu **4** *(bout)* dated **a go of flu** záchvat chřipky **5** somewhat dated **it's all the go** letí to, je to v módě **6** *(beginning)* **from the word go** od samotného počátku ● adj Astronaut připravený, v pohotovosti; **all systems are go** všechno je připraveno ke startu/ k přistání ● v (3rd person sg present **goes** [gəuz]; pres p **going** ['gəuiŋ]; pt **went** [went]; pp **gone** [gon; Amer go:n]) **I** vi **1** gen jít; *(on foot)* det jít, indet chodit; *(vehicle; by vehicle)* det jet, indet jezdit; *(plane; by plane)* det letět, indet létat; *(reptile)* plazit se; *(travel)* cestovat; **go on foot** jít pěšky; **go by bus/ train/ car/ bicycle** jet autobusem/ vlakem/ autem/ na kole; **go by plane** or **air** letět letadlem; **go by boat** or **sea** jet lodí; **go slowly** jít/ jet pomalu, *(car)* jet krokem; **go at a snail's pace** táhnout se jako hlemýžď; **go like the wind** běžet or uhánět jako vítr or jako blázen ♦ **her tongue goes nineteen to the dozen** stále jí jede klapačka, pusa jí jen jede **2** *(proceed somewhere)* **go home** jít domů; **go to London** jet/ *(by plane)* letět do Londýna; **go for a walk** jít na procházku; **go to gate C** *(passengers)* dostavit se ke vchodu C; **go to bed** jít spát; **go and see sb** jít koho navštívit; **go shopping/ fishing** jít na nákupy/ na ryby; **go to get sth**, **go and get sth** (za)jít pro něco; **go to bed with sb** vyspat se s někým ♦ **go from one extreme to the other** upadat z extrému do extrému; **go too far** fig zajít daleko, překročit míru, přehnat to; **halt! who goes there!** *(guard)* stůj, kdo tam?; **there you go again!** inf už zase začínáš?; **here we go again!** inf už je to tu zas **3 go to ... a)** *(attend)* **go to school** chodit do školy, navštěvovat školu; **go (out) to work** chodit do práce, být zaměstnán, inf dělat **b)** *(have recourse to)* obrátit se na; **go to the police** obrátit se na policii **4** *(leave)* det odejít/ indet odcházet; *(train etc)* odjet/ odjíždět; **let me go!** nech mě (ode)jít; **let us go!** (tak už) pojďme; **I must be going (now)** já už musím jít; **he has already gone** už je pryč **5** *(be dismissed)* **he will have to go** bude muset odejít or rezignovat **6** *(disappear)* ztratit se, zmizet; **my hat has gone** ztratil se mi klobouk, můj klobouk je pryč; **his voice has gone** ztratil hlas; **there goes another tenner** a další desetilibrovka je fuč ♦ **now it's all gone** fig teď (už) je všechno v háji **7** *(start)* začít; **let's go!** inf *(let's begin)* pojďme na to; **here goes!** tak do toho!; **go to sleep** usnout; **get going** *(player, actor, musician)* rozehrát se, *(writer)* rozepsat se, *(partygoer)* rozjařit se, *(entertainment)* rozproudit se; **set** or **get sth going** *(machinery)* dát co do chodu; fig **when he gets going ...** když spustí ..., když se rozpovídá ... **8** *(function)* fungovat; **go like clockwork** *(engine etc)* běžet jako hodinky; **keep sth going** udržovat co v chodu; **the washing machine won't go** pračka nefunguje **9** *(progress)* pokračovat, jít; **everything is going well** všechno pokračuje dobře; **how did the exams go?** jak (ti etc) dopadly zkoušky?; **how is it going?** jak se máš?; **if all goes well** pokud všechno dobře půjde, pokud do toho nic nepřijde; **if everything goes wrong** když všechno selže **10** *(break, fail)* *(mechanism, zip etc)* pokazit se; *(bulb, fuse)* prasknout, spálit se; *(batteries)* vypálit se; *(brakes)* selhat **11** *(become)* **go blind** oslepnout; **go red/ pale** zčervenat/ zblednout; **go bad** *(meat)* zkazit se; **go berserk** dostat záchvat amoku, fig vyvádět jako blázen, řádit jak tajfun **12** *(match)* **go with sth** hodit se k čemu, jít s čím, harmonovat or ladit s čím **13** *(fit)* vejít se; **it won't go into the case** nevejde se to do kufru **14** *(be accepted)* **his word goes here** jeho slovo tu platí; **that goes without saying** to se rozumí, to je samozřejmé, bodejť; **that goes for you too** to platí i pro tebe **15** *(sell, be on sale)* prodávat se; **they are going at £5 each** prodávají se po pěti librách; **it went for £500** prodalo se to za pět set liber; **going, going, gone!** *(at auction)* poprvé, podruhé, potřetí **16** *(make a sound)* **go bang** vybuchnout, udělat 'prásk'; *(make a movement)* **go like this with your left hand** levou rukou udělejte takhle **17** *(of time)* **five minutes to go** ještě pět minut; **it has just gone ten** je něco po desáté **18** *(belong)* patřit; **where do the cups go?** kam patří or přijdou (ty) šálky? **19** *(be given: inheritance)* **the house will go to his son** dům zdědí jeho syn **20 let go ...**; **let sb go** *(prisoner etc)* propustit koho; **let (me) go!**, **let go of me!** pusť mě! **21 go (and) ...** *(as an intensifier)* **go and see sb** zajít za někým, vydat se za někým; **don't go and tell everybody** ne abys to hned všem vyzvonil; **what have you gone and done?** cos to zase vyvedl? **II** aux **1** *(forming immediate future)* **to be going to do sth** chystat se or hodlat něco udělat; **I am going to help you** já ti pomůžu **2** *(expressing impending action)* **I am going to be sick** dělá se mi zle; **she is going to have a baby** čeká dítě **III** vt **1 go it alone** inf pustit se do čeho sám, jít do toho sám; *(of business)* udělat se pro sebe **2 I could go a beer** inf bodlo by mi pivo, dal bych si pivo **3 go one better than sb** přetrumfnout někoho **IV** phr vs ■ **go about** *I* vt **1 go about the streets** táhnout ulicemi **2** *(go about one's business)* zabývat se čím, *(job)* vykonávat **3** *(tackle)* postupovat při čem; **how shall I go about it?** jak na to mám jít? *II* vi **1** lit chodit (sem a tam); **go about in a daze** chodit jako bludná ovce, chodit jako v tranzu; **there is a rumour going about that ...** proslýchá se, že ... **2** Naut otočit loď ■ **go across** vt *(street)* přejít, *(by vehicle)* přejet; *(ocean)* přeplout, *(by plane)* přeletět ■ **go after** vt *(burglar)* pronásledovat, inf jít po kom; *(girl)* snažit se získat; inf balit, jet po kom; *(ambition)* usilovat o co, jít za čím ■ **go against** vt **1** *(sb's principles, beliefs* etc*)* odporovat čemu, být v rozporu s čím; *(oppose: person)* být proti komu, stavět se proti komu, oponovat komu; **it goes against the grain with me** je mi to proti srsti **2 go against sb** *(verdict)* dopadnout v čí neprospěch ■ **go ahead** vi **1** *(go earlier)* jít/ *(in vehicle)* jet napřed; **please, go ahead** račte napřed **2** *(proceed)* **go ahead with sth** *(project, scheme* etc*)* pustit se do čeho, začít realizovat; *(Can I use your phone?)* — **Yes, go ahead.** Ano, prosím., Prosím, posložte si. ■ **go along** *I* vt *(street* etc*: walk/ drive)* jít/ jet po čem *II* vi **1** *(walk, drive)* jít, jet **2 as you go along** *(progressively)* postupně, časem; *(at the same time)* zároveň **3** *(accompany)* jít spolu **4** *(agree)* **go along (with sth)** souhlasit s čím; **I can't go along with that** s tím nemohu souhlasit ■ **go around** vi **1** see **go about** *(II* **1***)*; **go around with a bad crowd** vyskytovat se ve špatné společnosti **2 is there enough food to go around?** je dost jídla pro všechny? ■ **go at** vt **1 go at sb** *(attack)* zaútočit na koho, vrhnout se na koho **2 go at sth** pustit se energicky do čeho; **go at sth hammer and tongs** pustit se do čeho jako zběsilý, plivnout si do dlaní; **go at it!** (jdi) do toho! ■ **go away** vi **1** *(leave)* odejít, odjet; **go away on business** odjet na služební cestu ♦ **it refuses to go away** nechce to zmizet **2** *(of pain)* přestat, utišit se; *(rain)* přestat, ustat; *(smell)* ztratit se ■ **go back** vi **1** *(return)* vrátit se; **go back for sth** vrátit se pro co; **there's no going back (now)** teď už není možno couvnout **2** *(date from)* **go back to ...** pocházet z ..., datovat se od ... **3 go back on one's word** porušit slovo, nesplnit slib ■ **go before** vi **1** *(precede)* předcházet, jít před **2** *(in court)* projednávat se; *(person)* předstoupit před ■ **go beyond** vt *(exceed)* přesahovat; *(expectations)* překonat; **it goes beyond my authority** to přesahuje mou pravomoc, to se vymyká z mé pravomoci ■ **go by** *I* vi **1** *(time)* uplynout; **as time goes by** postupem času **2 let a chance go by** propást příležitost *II* vt **go by sth** *(advice* etc*)* řídit se čím ■ **go down** vi **1** *(descend)* jít dolů, sestoupit; *(fall)* spadnout, svalit se; *(plane)* sestupovat, přistávat; *(sun)* sklánět se, *(at sunset)* zapadat; *(ship)* potápět se/ potopit se, jít ke dnu; **go down on one's knees** pokleknout, padnout na kolena; **go down like ninepins** svalit se jako podťatý; **go down flat on one's face** natáhnout se jak dlouhý tak široký; **go down with flu** onemocnět chřipkou, inf složit se s chřipkou **2** *(decrease)* *(floods)* opadnout; *(temperature)* snižovat se; *(prices, value)* klesat, snižovat se; *(unemployment)* být na ústupu; *(lights)* zhasínat **3** *(lose air)* *(tyre)* splasknout **4** *(be received)* **go down well** *(food/ drink)* dát se jíst/ pít; *(entertainment)* mít úspěch, být dobře přijat **5 go down in history as ...** zapsat se do historie jako ..., vejít do dějin jako ... **6 go down to** *(reach)* sahat až kam nebo k čemu **7** Oxford, Cambridge Univ absolvovat univerzitu, odejít z univerzity; *(for vacation)* odjet na prázdniny ■ **go for** vt **1** *(assault)* **go for sb** napadnout koho, vrhnout se na koho, jít po kom; **they went for each other** *(physically or verbally)* pustili se do sebe; **the newspapers really went for him** v novinách si ho řádně podali; **go for him!** *(to dog)* chyť (ho)! **2** *(aim at)* *(record)* pokusit se o, zaútočit na; *(job)* ucházet se o **3** *(go to fetch)* jít pro; **go for a doctor** jít pro doktora **4** *(apply)* **go for sb/ sth** platit pro koho/ co, vztahovat se na koho/ co; **it goes for you as well** to se vztahuje i na tebe **5** *(like)* inf **I don't go much for that** to není zrovna moje kafe, to mě moc nefascinuje ■ **go in** vi **1** *(enter)* vejít, vstoupit; *(sun, moon)* zajít or schovat se za mraky **2** *(fit in)* vejít se ■ **go in for** vt **1** *(exam)* přihlásit se k čemu, zúčastnit se čeho; *(competition)* zúčastnit se čeho **2** *(as hobby)* pěstovat co, zabývat se čím; *(as one's career)* vybrat si **3** *(like)* vyžívat se v čem, souhlasit s čím ■ **go into** vt **1** *(enter)* vejít, vstoupit; **go into teaching** stát se učitelem **2** *(crash into)* vrazit/ narazit do čeho **3** *(embark on: explanations* etc*)* pustit se do čeho **4** *(coma)* upadnout do čeho; **go into raptures** být jako u vytržení **5** *(examine)* podívat se na, prozkoumat; **go into details** jít or zabíhat do podrobností ■ **go off** *I* vi **1** *(leave)* odejít; Theat odejít ze scény; *(by vehicle)* odjet; **go off with sb** *(leave one's wife/ husband)* utéci s kým **2** *(bomb* etc*)* vybuchnout, explodovat; *(alarm clock)* zvonit, spustit ♦ **go off into a fit of laughter** válet se smíchy **3** *(lights)* zhasnout; *(heating)* být vypnuto, vypínat se **4** inf *(fall asleep)* usnout **5** *(go bad: food)* zkazit se; *(milk)* srazit se **6** *(deteriorate: quality)* zhoršit se **7 go off well/ badly** *(performance/ event)* dopadnout dobře/ špatně; **go off without a hitch** proběhnout hladce or bez komplikací *II* vt **I've gone off her** už mi není sympatická, už se mi nelíbí; **I've gone off beer** pivo mi přestalo chutnat ■ **go on** *I* vi **1** *(of an actor)* jít na scénu; *(sportsman)* nastoupit na hřiště **2** *(start to function) (lights)* rozsvítit se; *(heating)* zapnout se **3** *(walk on)* jít dál; *(by vehicle)* jet dál; **go straight on** jděte rovně **4** *(continue)* pokračovat; **go on doing sth** pokračovat v čem v dřívější činnosti; **after that he went on to read** potom začal číst; **go on reading** číst dál; **the meeting is still going on** schůze stále ještě trvá or pokračuje **5** *(talk incessantly)* **go on (and on) about sth** moc o čem mluvit, *(complain)* stále si na něco stěžovat; **go on like an old woman** mít řečí jako bába na trhu, neustále brblat **6** *(take place)* **what's going on here?** co se tu děje?, *(to naughty children)* co to tu provádíte? **7** *(time)* plynout; **as time went on** postupem času; **go on for five (o'clock)** jít na pátou; **he is going on for fifty** jde mu na padesátku **8 go on!** nepovídej!, ale jdi!, to není možné! *II* vt **1 have sth to go on** *(facts, evidence* etc*)* mít se o co opřít, vycházet z čeho **2** *(embark on)* **go on strike** vstoupit do stávky; **go on a diet** držet dietu; **go on the rampage** řádit jako utržený z řetězu, řádit jako tajfun ■ **go out** vi **1** *(leave)* vyjít/ jít ven, jít pryč, odejít; *(socially)* jít/ chodit mezi lidi, chodit do společnosti; **go out for a meal** jít se někam najíst, jít ven na oběd or zvl. na večeři; **go out on strike** vstoupit do stávky, začít stávkovat; **go out to work** pracovat, chodit do práce; **go out with sb** *(girl-/ boyfriend)* chodit s kým, mít s kým známost; **they are going out together** chodí spolu **2** *(light)* zhasnout; *(fire)* vyhasnout, uhasnout **3** *(faint)* omdlít, upadnout do bezvědomí; *(fall asleep)* **go out like a light** usnout (jako by ho/ ji do vody hodil) **4** *(become unfashionable)* vyjít z módy; **miniskirts have gone out** minisukně už vyšly z módy **5 the tide has gone out** nastal odliv **6** Sport *(be eliminated)* být vyřazen, inf vypadnout **7** *(be published)* vyjít; (TV, Rad *programme)* být vysílán; *(news, information)* být oznámeno, že ... **8** *(year)* končit **9 go all out to do sth** *(try hard)* snažit se ze všech sil, aby ..., udělat všechno, aby ... **10** *(emigrate)* vystěhovat se kam, odejít do **11 my heart goes out to you** sdílím s Vámi Váš žal, je mi upřímně líto, že ... ■ **go over** *I* vi **1** *(cross)* přejít/ *(by vehicle)* přejet/ *(by boat)* přeplout/ *(by plane)* přeletět; fig **go over to the enemy** přeběhnout k nepříteli; **go over to the Liberals** přejít k liberálům; **go over to a different brand of cigarettes** přejít na jiné cigarety, začít kouřit jiné cigarety **2** TV, Rad **go over to sb** přepínat na koho **3** *(speech, film, play)* dopadnout, být přijat dobře/ špatně ap.; **how did his play go over?** jak byla přijata jeho hra? *II* vt **1** *(check over: figures)* překontrolovat, projít; *(revise)* zopakovat si **2** *(discuss)* mluvit o čem, popovídat si o čem, prodiskutovat co ■ **go round** *I* vi **1** *(spin)* točit se **2** *(make a detour)* jet oklikou, jet objížďkou **3** *(visit)* **go round to sb/ sb's house** zajít za kým, stavit se u koho **4** *(circulate: of rumour)* kolovat; **there's a rumour going round that ...** povídá se, že ... **5 is there enough food to go round?** je pro všechny dost jídla? **6 go round with sb** stýkat se s kým, sl tahat se s kým *II* vt *(sights* etc*)* obcházet, *(by vehicle)* objíždět; **go round the shops** obcházet obchody, chodit po obchodech ■ **go through** *I* vi *(bill, law)* být schválen, projít, být přijat; *(deal)* být uzavřen; *(divorce)* uskutečnit se *II* vt **1** *(look at)* procházet čím, probírat se čím; *(examine)* prozkoumat, prohlédnout, *(accounts* etc*)* překontrolovat; *(lesson)* zopakovat si; *(rehearse)* (pře)zkoušet, sl projet (si), přejet; **go through the mail** vyřizovat denní poštu **2** *(search: sb's pockets* etc*)* prohledat **3** *(endure)* vytrpět (si), přestát, zkusit; **go through hell** vytrpět si svoje, zkusit jako pes, prodělat si peklo **4** *(spend)* utratit; **go through a lot of money** utratit spoustu peněz ■ **go through with sth** uskutečnit něco, realizovat něco ■ **go together** vi jít spolu; *(colours* etc*)* hodit se k sobě ■ **go under** vi *(ship: sink)* potopit se, jít ke dnu; Comm *(company)* zkrachovat, udělat úpadek ■ **go up** vi **1** Theat *(curtain)* jít nahoru; *(plane)* stoupat, vzlétnout **2** *(climb) (up stairs)* jít nahoru po schodech; *(up hill)* jít nahoru, vystoupit na co; *(up tree)* (vy)šplhat se na co **3** *(prices, temperature)* stoupat, jít nahoru, zvyšovat/ zvýšit se; *(suddenly)* vyletět nahoru **4** *(approach)* **go up to sb** přistoupit ke komu **5** Br **go up (to ...)** *(Oxford, Cambridge)* zapsat se na univerzitu v Oxfordu ap. **6** *(be blown up)* vyletět do povětří; **go up in flames** vyhořet, shořet jako troud **7** *(houses)* stavět se ■ **go with** vt **1** *(go out with)* **go with sb** sl chodit s kým **2 go with sth** *(be included: in the price)* být zahrnut v ceně **3 go with sth** *(combine well)* hodit se k čemu; **the curtain doesn't go with the car-**

pet ta záclona se nehodí or nejde ke koberci ■ **go without** vt **1 go without sth** *(sleep, food* etc*)* vydržet bez čeho, obejít se bez čeho **2 that goes without saying** to se (samo sebou) rozumí, to je samozřejmé

goad [gəud] n **1** bodec na pohánění dobytka **2** fig pobídka, popud ● **I** vt **g. sb into (doing) sth**, **g. sb to do sth** popichovat or ponoukat koho k čemu **II** phr v ■ **goad on** vt *(cattle)* pohánět; fig **g. sb on** popichovat koho

go-ahead ['gəuəhed] n **give sb/ sth the g.-ahead** dát komu/ čemu zelenou ● adj *(school, company)* progresivní; *(person: enterprising)* energický, iniciativní

goal [gəul] n **1** Sport **a)** branka; **keep g.** být v brance, chytat ■ **g. area** Ftb malé vápno **b)** Ftb etc branka, gól; **own g.** vlastní branka; **disallow a g.** neuznat branku; **score a g.** vstřelit or vsítit branku; **win by three ~s to one** vyhrát tři jedna **2** *(aim)* cíl, meta; **reach one's g.** dosáhnout svého cíle

goalie ['gəuli] n inf gólman, strážce svatyně, brankář neutr

goalkeeper ['gəulki:pə(r)] n brankář

goal kick ['gəulkik] n Ftb výkop

goal line ['gəullain] n branková čára

goalpost ['gəulpəust] n branková tyč

goat [gəut] n **1** Zool koza druh; **billy-g.** kozel; **nanny-g.** koza samice; **g.'s milk** kozí mléko ♦ **act** or **play the g.** chovat se jako potrhlý, jančit; **separate the sheep from the ~s** oddělit koukol od pšenice; **get sb's g.** inf namíchnout koho, hnout komu žlučí **2** fig **(randy) old g.** starý kozel

goatee [gəu'ti:] n kozí bradka vous

goatherd ['gəuthə:d] n pasák koz

goatskin ['gəutskin] n kozí kůže, kozinka ■ **a g. bag** taška z kozinky

gob$_1$ [gob] n inf plivanec, chrchel, vulg flus ● vi (**-bb-**) inf plivat, vulg flusat/ flusnout

gob$_2$ [gob] n Br sl *(mouth)* huba, zobák; **shut your gob!** drž or zavři hubu!

gobbet ['gobit] n inf *(of food)* kus, kousek, drobet; *(of cotton wool)* chomáč(ek); fig *(of text* etc*)* ukázky, úryvky

gobble$_1$ ['gobl] **I** vt *(food)* hltat **II** vi hltavě a hlučně jíst **III** phr v ■ **gobble sth up** zhltnout něco chvatně, spolykat něco; fig *(company)* pohltit

gobble$_2$ ['gobl] vi *(of turkey)* hudrovat ● n *(of turkey)* hudrování

gobbledegook, gobbledygook ['gobldi-gu:k] n inf hatmatilka, úřední hatlanina

gobbler ['goblə(r)] n inf krocan

go-between ['gəubitwi:n] n prostředník; *(between lovers)* poslíček lásky

goblet ['goblət] n pohár, číše, sklenice na víno

goblin ['goblin] n skřítek, šotek

gobstopper ['gobstopə(r)] n Br inf velký kulatý tvrdý bonbón

go-cart ['gəuka:t] n **1** esp Amer lehká ruční kára **2** also **go-kart** Sport motokára

god [god] n **1** bůh, Relig Bůh; **G. Almighty** všemohoucí Bůh; **the Lord G.** Hospodin, Pán Bůh; **household ~s** domácí bůžkové; **G.'s House** Boží dům; **G.'s acre** svaté pole hřbitov; **man of G.** sluha boží; **Mother of G.** Matka boží; **an act of G.** boží dopuštění, boží navštívení, živelní pohroma; Jur vyšší moc; **by the grace of G.** z milosti boží dei gratia; **believe in G.** věřit v Boha; **pray to G.** modlit se k Bohu; **trust in G.** doufat v Boha ♦ **a sight for the ~s** podívaná pro bohy; **it is still in the lap of the gods** je to stále ještě velká neznámá **2** *(in exclamations)* **good G.!** můj ty Bože!, proboha!, prokristapána!; **thank G.!** chvála bohu, chvála pánu bohu, díky Bohu, bohudíky, zaplať Pánbůh; **honest to G.** namouduši; jako že je Pánbůh nade mnou; **G. forbid!** chraň Bůh!; **G. help us!** Bůh nám buď milostiv!; **G. bless you!** Pozdrav Pánbůh! při kýchání; **G. willing, with G.'s help** s pomocí boží **3** Theat inf **the gods** bidýlko, galerie neutr

godchild ['gotčaild] n (pl **-children**) kmotřenec/ kmotřenka

goddaughter ['goddo:tə(r)] n kmotřenka

goddess ['godis] n bohyně

godfather ['godfa:ðə(r)] n kmotr; **stand as sb's g.** jít komu za kmotra

god-fearing ['godfiəriŋ] adj bohabojný

godforsaken ['godfəseikn] adj *(place)* odříznutý od světa, zapadlý; **a g.-f. hole** venkovská díra, zapadlý kout, bohem zapomenuté místo

godless ['godləs] adj bezbožný; *(wicked)* zhýralý

godmother ['godmaðə(r)] n kmotra; **fairy g.** dobrá víla

godparents ['godpeərənts] n pl kmotr a kmotra

godsend ['godsend] n dar z nebes; **it was a g. that you came** přišel jsi jako na zavolanou, sám bůh tě poslal

godson ['godsan] n kmotřenec

go-getter ['gəugetə(r)] n inf dravý člověk, kariérista

goggle ['gogl] vi kulit oči, valit or vyvalovat oči, zírat; **g. at sb/ sth** koukat na koho/ co s vykulenýma očima

goggle-box ['goglboks] n Br sl bedna; televize (neutr)

goggle-eyed [gogl'aid] adj **be g.-eyed** mít vykulené oči, mít oči navrch hlavy

goggles ['goglz] n pl ochranné brýle pracovní, plavecké, lyžařské ap.

going ['gəuiŋ] n **1** *(departure)* odchod, odjezd; **comings and ~s** příchody a odchody **2** *(condition) (of a road)* **the road was heavy** or **tough g.** cesta byla velmi špatně sjízdná; *(terrain)* **good/ heavy g.** dobrý/ špatný terén **3** fig **it was heavy** or **tough g.** byla to dřina or fuška; **it's hard g. getting him to talk** z toho aby člověk každé slovo páčil; *(let's leave)* **while the g. is good** pokud to ještě jde, než bude pozdě ● adj **1** *(prices, rates)* běžný, současný **2 a g. concern** prosperující or úspěšný podnik/ instituce etc; **be a g. concern** prosperovat, vzkvétat, být úspěšný

going-over [gəiŋ'əuvə(r)] n **1** *(check)* kontrola, překontrolování; **give sth a g.-o.** zkontrolovat něco **2** sl *(beating)* výprask, nakládačka; **give sb a g.-o.** zmlátit koho, napráskat komu

goings-on [gəuiŋz'on] n pl pej nepřístojnosti; **strange g.-on** podivné věci které se odehrály; **g.-on behind the scenes** zákulisní pletichy or čachry; Pol kuloárová politika

goitre, Amer **goiter** ['goitə(r)] n Med vole, struma

go-kart ['gəuka:t] n Sport motokára

gold [gəuld] n **1** *(metal)* zlato; **pure g.** ryzí zlato; **leaf g.** lístkové zlato; **be interwoven with g.** být protkaný zlatem; **pan for g.** rýžovat zlato; **prospect for g.** pátrat po zlatě ♦ **all that glitters is not g.** není všechno zlato, co se třpytí; **a heart of g.** zlaté srdce, srdce ze zlata; **he has a heart of g.** je to zlatý člověk, je to dobrák od kosti; **he's as good as g.** *(child)* to není dítě, to je zlato; je to zlaté dítě; **be worth its weight in g.** být k nezaplacení, mít cenu zlata ■ **g. coin** zlatý peníz, zlatá mince; **g. field** naleziště zlata; **g. ingot** zlatý prut; **g. ore** zlatá ruda; **the g. rush** zlatá horečka, zlaté opojení; **g. standard** zlatý standard **2** *(colour)* zlato, zlatá barva ■ **g. dress** zlaté šaty, šaty zlaté barvy **3** *(riches)* bohatství, mamon; **bags of g.** žoky zlata **4** Sport zlatá medaile; **win the g.** získat zlatou or zlato ■ **g. medallist** držitel zlaté medaile

gold-bearing ['gəuldbeəriŋ] adj zlatonosný

goldbeater ['gəuldbi:tə(r)] n zlatotepec

goldcrest ['gəuldkrest] n Orn králíček obecný zpěvný pták

gold-digger ['gəulddigə(r)] n zlatokop; inf pej *(woman)* zlatokopka

golden ['gəuldən] adj **1** zlatý, ze zlata; Myth **the G. Fleece** zlaté rouno; **the g. age** zlatý věk; **the g. calf** zlaté tele, mamon; **g. handshake** odstupné, odchodné velký peněžitý dar pro propouštěné vedoucí pracovníky; **g. rule** (staré) zlaté pravidlo; **g. wedding** zlatá svatba; **the g. mean** zlatá střední cesta ♦ **worship the g. calf** klanět se zlatému teleti **2** *(of colour)* zlatý, jasně žlutý; *(gilded)* pozlacený; **g. hair** zlaté vlasy **3** *(precious)* usu attr jedinečný; **a g. opportunity** jedinečná příležitost

goldfinch ['gəuldfinč] n Orn stehlík

goldfish ['gəuldfiš] n zlatá rybka

gold-plated [gəuld'pleitid] adj pozlacený

goldsmith ['gəuldsmiθ] n zlatník

golf [golf] n Sport golf; **play g.** hrát golf ■ **g. ball** golfový míček; **g. club** golfová hůl; *(association)* golfový klub; **g. course, g. links** golfové hřiště

golfer ['golfə(r)] n Sport hráč golfu

Goliath [gə'laiəθ] n Goliáš; fig obr

golly ['goli] interj páni!, panebože!; **by g.** přisámbůh, přisámbohu

gondola ['gondələ] n gondola

gondolier [gondə'liə(r)] n gondoliér

gone [gon] pp of **go** ● adj pred **1** *(past, departed)* pryč; **g. are the days when ...** pryč jsou ty časy, kdy ...; **that's all g.** to už je pryč, tak tomu bylo kdysi; **he's g.** už je pryč; *(he's dead)* už je nebožtík **2 be g. on sb** inf dated být do koho zabouchlý

goner ['gonə(r)] n inf **be a g.** být vyřízený, být synem smrti; **make a move and you are a g.** jestli se pohneš, jsi synem smrti

gong [goŋ] n **1** gong **2** sl *(medal)* metál

gonna ['gonə] inf; esp Amer = **going to**; **what are we g. do?** co budeme dělat?

gonorrhoea, Amer **gonorrhea** [gonə'riə] n Med kapavka

goo [gu:] n **1** *(sticky substance)* něco lepkavého or mazlavého **2** fig pej *(sentimentality)* nasládlá sentimentálnost

good [gud] adj (**better, best**) **1** *(satisfactory) (in most senses)* dobrý; *(tasty* also*)* chutný; *(reliable* also*)* spolehlivý; *(suitable* also*)* vhodný; *(sufficient* also*)* postačující; *(correct: English* etc*)* správný; **be in g. condition** být zachovalý; **the clock keeps g. time** hodiny jdou dobře **2** *(competent)* **a)** usu attr dobrý; **a g. player** silný hráč; **he is a g. dancer/ skier** dobře tančí/ lyžuje; **he is a g. linguist** je dobrý na jazyky; **speak g. English** mluvit dobře anglicky **b) be g. at sth** dobře něco ovládat; **be g. at drawing/ tennis/ sports** dobře kreslit/ hrát dobře tenis/ být dobrý sportovec **c)** pred **be g. with one's hands** být zručný; **be g. with children** umět to s dětmi **3** *(morally excellent)* dobrý, řádný; *(virtu-*

ous also*)* ctnostný; *(decent)* slušný; *(well-behaved: child)* hodný; **g. manners** slušné chování, bontón; **a g. soul** zlatý člověk, dobrák od kosti; **be g. at heart** být v jádře or z gruntu dobrý; **be a g. boy** být hodný chlapec, sekat dobrotu; **there's a g. boy** buď tak hodný; **live a g. life** žít spořádaným životem 4 *(kind)* laskavý, hodný, vlídný; **be g. to sb** být ke komu laskavý; **the G. Samaritan** milosrdný samaritán; **do sb a g. turn** prokázat komu laskavost; **put in a g. word for sb** přimluvit se za koho, orodovat za koho, ztratit za koho slovíčko; **that's awfully g. of you** jste strašně hodný; **would you be so g. as to ...** byl byste tak laskav a ... 5 *(pleasant, agreeable)* příjemný; *(news)* radostný; **wish sb a g. journey** přát komu šťastnou cestu; **be in a g. mood** být dobře naložený, být v dobrém rozmaru; **feel g.** cítit se příjemně; **have a g. time** příjemně se (po)bavit, inf medit si; **he has never had it so g.** nikdy se mu tak dobře nedařilo/ nevedlo jako teď, inf má se jako prase v žitě 6 **g. for ... a)** *(beneficial)* **be g. for sb** prospět/ prospívat komu, být komu prospěšný; **be g. for nothing** být k nepotřebě; **tomatoes are g. for your health** rajčata jsou zdravá; **this isn't g. for business** tohle obchodu neprospívá **b)** *(suitable)* **this area is g. for tourism** tato oblast je vhodná pro turistiku **c)** *(having durability)* **the car is g. for another five years** toto auto vydrží ještě dalších pět roků **d)** *(valid)* **the ticket is g. for 3 months** lístek platí or je v platnosti po dobu tří měsíců **e)** *(praise)* **g. for you!** výborně! 7 *(financially sound: cheque)* krytý 8 *(genuine: money)* pravý 9 *(health)* pevný; **be in g. health** být tělesně zdráv, být zdravotně v pořádku; **be in g. shape** být fit, být v dobré kondici; **enjoy g. health** těšit se dobrému zdraví 10 *(fertile: land)* úrodný; *(crop)* výnosný 11 *(food: not decayed)* poživatelný, nezkažený 12 attr *(not diseased)* zdravý; **one's g. eye/ ear** etc zdravé oko/ ucho 13 attr *(suit, plates* etc*: best)* nejlepší 14 *(serious: music, literature* etc*)* vážný, hodnotný 15 *(thorough)* důkladný, řádný, pořádný; **have a g. sleep** pořádně se vyspat; **give sb a g. talking to** pořádně někomu domluvit, promluvit komu do duše; **take a g. look round** pořádně se rozhlédnout; **take a g. swig** inf pořádně si přihnout 16 *(attractive)* *(figure)* dobrý, hezký; **g. looks** krása; **look g.** být hezký; **she looks g. enough to eat** je to děvče k nakousnutí 17 *(amusing: joke)* legrační; **that's a g. one!** to je teda gól!, to mě tedy podrž! 18 *(in greetings)* **g. morning** dobré ráno, dobrý den; **good evening** dobrý večer; **g. luck** mnoho štěstí, zlom vaz 19 *(in exclamations)* **G.!** výborně!, dobrá!; **g. heavens!** no nazdar!, propána! 20 fml *(often patronizing or ironical)* **my g. man/ friend** milý pane/ příteli; **how is your g. lady** jak se má vaše milá paní 21 **g. man!** *(as a form of praise)* výborně!, to jsi chlapík! 22 attr *(indicating quantity)* **a)** *(great in number)* **a g. many** spousta, velmi mnoho **b)** *(with expressions of measurement)* dobrý; **a g. half** dobrá polovina; **have a g. helping** dát si notnou porci; **it's a g. three miles** je to dobré tři míle; **for a g. hour** dobrou hodinu 23 *(set phrases)* **as g. as ...** skoro, téměř; **it is as good as settled** je to skoro vyřízené; **make sth g.** splatit or vyrovnat or srovnat co dluh, nahradit něco, poskytnout za co náhradu or kompenzaci za ztrátu ap. ● adv 1 Amer inf *(well)* dobře; **she is doing pretty g.** vede se jí velmi dobře 2 Amer inf *(as intensifier)* **g. and ...** velmi, nesmírně; **this soup is g. and hot** tato polévka je pořádně horká; **he got g. and angry** opravdu se rozzlobil ● n 1 *(virtue)* dobro; **g. and evil** dobro a zlo; **the triumph of g. over evil** vítězství dobra nad zlem 2 *(benefit)* užitek, výhoda, prospěch; **what g. will that do?** jaký z toho bude užitek?; **it's for your own g.** je to ve vašem vlastním zájmu, je to pro vaše dobro; **for the common g.** pro veřejné blaho, pro blaho celku; **nothing g. will come of it** z toho nic dobrého nepojde or nevzejde; **be blind to one's own g.** šlapat si po štěstí; **the medicine will do you the world of g.** ten lék vám velmi prospěje 3 **be no g.** nemít smysl or význam, nebýt k ničemu, inf být na draka 4 **for good** navždy, nastálo; **leave for g.** odejít nastálo 5 see **goods**

goodbye, also **good-bye** [gud'bai; inf gu'bai] interj, n sbohem, na shledanou; **say g. to sb** dát někomu sbohem, rozloučit se s kým; **say one's goodbyes** rozloučit se; **wave g. to sb** zamávat komu na rozloučenou ♦ **you can kiss it g., you can kiss g. to it** s tím se můžeš rozloučit

good-for-nothing [gudfə'naθiŋ] n budižkničemu, darmošlap, povaleč ● adj attr nanicovatý, nejsoucí k ničemu

good-hearted [gud'ha:tid] adj dobrosrdečný

good-humoured, Amer **good-humored** [gud'hju:məd] adj bodrý, dobromyslný; *(amiable)* přívětivý, laskavý; **be always g.-humoured** být vždy dobře naladěný, mít stále dobrou náladu ■ **~ly** adv; see adj **take sth ~ly** brát co s humorem

good-looker [gud'lukə(r)] n inf *(man)*

fešák, krasavec, kořen; *(woman)* krasavice, fešanda, sl kočka

good-looking [gud'lukiŋ] adj hezký, pohledný, krásný, pěkný

good-natured [gud'neičəd] adj dobrácký, dobromyslný, hodný; **a g.-natured man** dobrák

goodness ['gudnəs] n **1** *(virtue)* dobrota; *(kindness)* laskavost **2** *(of food)* výživnost, výživná hodnota; *(of soil)* plodnost, úrodnost **3** *(in exclamations)* **(my) g.!**, **g. me!**, **g. gracious!** panebože!, proboha!, propánakrále!, no ne!, no tohle!; **g. knows** bůh(sám)ví, bůhsuď; **thank g.** bohudíky, chvála bohu; **for g. sake** proboha; **be a man, for g. sake!** buď přece chlap

goods [gudz] n **1** *(property)* **g. and chattels** movité zboží; **material g.** hmotné statky; **worldly g.** pozemské or světské statky; **stolen g.** kradené věci **2** *(merchandise)* zboží; **consumer g.** konzumní or spotřební zboží; **durable g.** zboží dlouhodobé spotřeby; **fancy g.** galanterie; **first-rate g.** prvotřídní zboží; **g. in short supply** úzkoprofilové zboží; **low-priced g.** laciné zboží; **luxury g.** luxusní zboží; **g. to declare** zboží k proclení **3** *(freight)* ■ **g. train** nákladní vlak; **g. traffic** doprava zboží; **g. wagon** nákladní vagon ♦ **deliver the g.**, **come up with the g.** inf fig *(keep one's promise)* dodržet slovo, dodat or dokončit co včas; **he's a nasty piece of goods** to je pěkný ptáček, to je dáreček; dated inf **a nice piece of g.** pěkná kočka, hezká ženská, pěkná kost or kůstka

good-tempered [gud'tempəd] adj vyrovnaný; snášenlivý; dobromyslný

goodwill [gud'wil] n **1** dobrá vůle; **a gesture of g.** gesto dobré vůle **2** *(reputation)* Comm reputace, dobré jméno, renomé firmy

goody [gudi] n (pl **-ies**) inf **1** *(sweet, cake etc)* dobrota, pamlsek; *(desirable thing)* příjemnost **2** *(good person)* dobrák, dobrotisko; *(hero of films, books etc)* kladný hrdina, sl klaďas; **the goodies and the baddies** kladní hrdinové a padouši ● interj *(children's talk)* inf prima, senza, bašta, fajn

goody-goody ['gudigudi] n pej (pl **goody--goodies**) svatoušek ● adj svatouškovský

gooey ['gu:i] adj (**gooier**, **gooiest**) inf **1** *(sticky)* lepkavý, lepivý, mazlavý **2** *(sentimental)* slaďácký, limonádový, přehnaně sentimentální

goof [gu:f] n inf **1** *(idiot)* trouba, pitomec, ťulpas **2** *(stupid error)* bota, pitomost ● **I** vt *(make a mess of)* also **g. up** zpackat, zvorat **II** phr vs ■ **goof around** flákat se, potloukat se ■ **goof off** vi ulejvat se, flákat se v zaměstnání

goofy ['gu:fi] adj (**-ier**, **-iest**) esp Amer inf pitomý, trhlý, praštěný

goon [gu:n] n inf **1** *(idiot)* hňup, pitomec **2** Amer sl najatý násilník, najatý zabiják

goose [gu:s] n (pl **geese** [gi:s]) **1** Orn husa; fig dated *(silly woman)* husa; **silly g.** káča or nána pitomá ♦ **all his geese are swans** v každé huse vidí labuť; **kill the g. that lays the golden eggs** zabít slepici, která nese zlatá vejce; **he couldn't say boo to a g.** je strašně bázlivý **2** *(meat)* husa, husí maso ■ **g. breast** husí prsíčka; **g. fat** husí sádlo

gooseberry ['guzbəri; 'gu:sbəri] n **1** *(bush)* angrešt, *(berry)* plod angreštu, dial srstka; **pick gooseberries** trhat angrešt ■ **g. bush** angreštový keř ♦ **we found you under a g. bush** přinesl tě čáp **2** inf **play g.** dělat křena (inf), dělat komu třetího

gooseflesh ['gu:sfleš], **goose pimples** ['gu:spimplz] n pl husí kůže; **he came out in goose pimples** naskočila mu husí kůže

goose-step ['gu:sstep] n Mil *(often used of the German Army)* parádní krok ● vi Mil pochodovat parádním krokem

Gordian ['go:diən] adj gordický; **cut the G. knot** rozetnout gordický uzel

gore$_1$ [go:(r)] n fml prolitá krev; **a movie with too much g.** film plný scén, kde teče krev, inf krvák

gore$_2$ [go:(r)] n Sew *(of garment, sail etc)* klín

gore$_3$ [go:(r)] vt nabrat or napíchnout na roh(y); probodnout rohem

gorge$_1$ [go:dž] n **1** rokle, strž **2** dated *(gullet)* jícen, hrdlo ♦ **it made my g. rise** fig zvedl se mi z toho žaludek, udělalo se mi z toho nanic; **it stuck in my g.** fig bylo mi to proti mysli, nemohl jsem se s tím smířit

gorge$_2$ [go:dž] vt, vi **g. (oneself) on** or **with sth** *(fill o.s.)* přecpat se čím; *(eat greedily)* hltat co, cpát se čím

gorgeous ['go:džəs] adj **1** inf *(wonderful)* senzační, fantastický, nádherný; **a g. meal** výtečné jídlo; **we had g. weather** měli jsme senzační počasí; **it's a g. sight** je to báječná or velkolepá podívaná **2** inf *(person)* krásný, hezký; **a g. girl** holka jako obrázek, nádherná holka, holka k pomilování **3** *(richly coloured)* barvitý, hýřící barvami

gorilla [gə'rilə] n Zool gorila

gormless ['go:mləs] adj Br inf pitomý, pytlem praštěný, padlý na hlavu

gory ['go:ri] adj (**-ier**, **-iest**) *(fight, battle)* krvavý, krutý; **g. film** film, ve kterém teče moc krve; krvák, horor; **g. details** fig trapné podrobnosti

gosh [goš] interj inf **gosh!** no nazdar!, safra!, jejda!

goshawk ['gosho:k] n Orn jestřáb

gosling ['gozliŋ] n house, housátko

go-slow [gəu'sləu] n zdržovací stávka, pomalá práce jako forma protestu

gospel ['gospl] n **1** Relig **the G.** evangelium; **St Luke's G.**, **the G. according to St Luke** evangelium podle sv. Lukáše **2** fig *(truth)* svatá pravda; **take sth as g.** věřit čemu jako slovu božímu or jako evangeliu ■ **the g. truth** čistá pravda, pravda pravdoucí

gossamer ['gosəmə(r)] n **1** babí léto, pavučinka; **be like g.** být tenký jako pavučinka, být lehký jako pírko **2** Text gáz, flór ■ **g. veil** pavučinkový závoj

gossip ['gosip] n **1** *(rumours)* klepy, drby; *(malicious)* pomluvy; *(casual talk)* klábosení, povídání, klevetění, klepaření; **spread g.** roznášet drby; **the latest g.** nejnovější klepy ■ **the g. column** společenská rubrika **2** *(person)* klevetník/ klevetnice; *(woman* also*)* klepna, drbna ● vi klevetit, pomlouvat, klepařit; *(chatter* also*)* klábosit, povídat si

gossipy ['gosipi] adj povídavý, inf ukecaný; *(maliciously)* klepavý, klepařský

got [got] pt & pp of **get**

Goth [goθ] n Hist Gót

Gothic ['goθik] adj **1** *(architecture* etc*)* gotický **2** *(Germanic)* gótský ● n **1** *(style)* gotika **2** *(language)* gótština **3** Typ also **G. type** gotické písmo, lomené písmo

gotten ['gotn] Amer pp of **get**

gouache [gu'a:š] n Art kvaš, gouache [gvaš]

gouge [gaudž] n Carp duté dláto, žlábkové dláto ● vi **1** Carp **g. out** dlabat or drážkovat dutým dlátem **2 g. sb's eyes** vypíchnout komu oči, oslepit koho

goulash ['gu:læš] n Cook guláš

gourd [guəd] n tykev

gourmand ['guəmənd] adj labužnický, gurmánský; pej mlsný, žravý ● n gurmán, jedlík, labužník; pej *(glutton)* .žrout; *(choosy person)* mlsný kocour, mlsná huba *(woman, girl)* mlsná koza

gourmet ['guəmei] n labužník, gurmán ■ **g. restaurants** restaurace pro labužníky

gout [gaut] n Med dna, pakostnice, hostec; **an attack of g.** záchvat dny; **have g.** trpět dnou

gouty ['gauti] adj trpící dnou, stižený dnou; *(foot* etc*)* dnavý

Gov abbr of **1 Governor** guvernér; cf **governor 2** also **Govt** vláda

govern ['gavən] vt **1** *(a country* etc*)* vládnout komu/ čemu; *(province* etc*)* spravovat; *(school, hospital)* spravovat, řídit **2** *(feelings, expression)* ovládat **3** *(determine)* určovat; **be ~ed by sth** řídit se čím, být určován čím **4** Gram **g. sth** pojit se s čím; **g. the genitive** pojit se s genitivem

governess ['gavənəs] n guvernantka, vychovatelka

governing ['gavəniŋ] adj **1** *(party)* vládnoucí; **the g. body** představenstvo; *(of school* etc*)* správa **2** *(guiding: principle)* vůdčí

government ['gavənmənt] n **1** *(governing)* řízení, vedení **2** *(system of g.)* režim, řád **3** often **the G.** vláda, státní administrativa; **caretaker g.** prozatímní vláda; **central g.** ústřední vláda; **local g.** místní správa; **puppet g.** loutková vláda; **form a g.** utvořit vládu; **be in g.** *(party)* vládnout ■ **g. employee** státní zaměstnanec **4** Gram rekce, vazba

governmental [gavən'mentl] adj vládní

governor ['gavənə(r)] n **1** *(in colonies* etc*)* guvernér, místodržící or místodržitel **2** *(USA: head of state)* guvernér **3** *(of an institution)* ředitel, správce; *(member of a governing body)* člen správní rady **4** Br inf **the g.**; also **guvnor** ['gavnə(r)], **guv** [gav] *(boss)* šéf, starý; dated *(father)* otec **5** *(form of address)* inf šéfe **6** Techn *(device)* regulátor

Govt abbr of **Government** vláda

gown [gaun] n **1** *(woman's dress)* večerní šaty, toaleta, róba; **wedding g.** svatební šaty **2** *(dressing g.)* župan **3** Jur, Univ talár

GP [dži:'pi:] abbr of **General practitioner** obvodní lékař; praktický lékař

GPO [dži:pi:'əu] Br abbr of **the General Post Office 1** hlavní pošta ve velkém městě **2** systém poštovních služeb

gr abbr of **gramme(s)** g

grab [græb] v (**-bb-**) **I** vt **1 g. (hold) of sb/ sth** chytit or popadnout koho/ co; **g. sb by the collar/ by the hair** popadnout or inf drapnout koho za límec/ za pačesy **2 g. sth (for o.s.)** urvat si něco; **g. a seat** uchvátit or zabrat si místo; joc **g. a seat** dated posaď se; **now I must g. some food**, **g. a bite to eat** teď si musím něco vzít (k snědku); **g. a few hours' sleep** pár hodin si pospat **3** *(appeal to)* inf **how does it g. you?** jaký to na tebe dělá dojem?, co ty na to?; **it doesn't (really) g. me** to mě moc nefascinuje or nebere **II** vi **g. at sb/ sth** hmátnout po kom/ čem, snažit se zoufale koho/ co zachytit, snažit se chytit koho/ čeho; fig **g. at any excuse** chytit se každé výmluvy ● n **1 make a g. for sth** hmátnout or sáhnout po čem, snažit se co (za)chytit **2 be up for ~s** inf být k mání **3** Techn drapák

grace [greis] n **1** *(gracefulness: of movement)* ladnost, půvab, elegance, graciéznost, fml grácie **2** *(of manners)* **social ~s** společenský šarm; **have the g. to apologize** mít tu slušnost a omluvit se; **do sth in good/ bad g.** udělat něco ochotně/ zdráhavě or s nechutí ♦ **put on airs and ~s** chovat se afektovaně **3** *(God's mercy)* **state of g.** rajská nevinnost; **by the g. of God** z milosti boží; **in the year of g. ...** léta Páně ... **4** *(favour)* přízeň, laskavost; **be in sb's good/ bad ~s** být/ nebýt u koho v přízni, těšit/ netěšit se čí přízni; **fall from g.** upadnout do nemilosti **5** *(prayer: before/ after meal)* modlitba před jídlem or po jídle; **say g.** pomodlit se před jídlem **6** *(title of duke/ duchess)* milost; **Your G.** Vaše milost **7** *(extra time for payment)* odklad platby ap.; **give sb a week's g.** *(for payment of rent* etc*)* po(se)čkat někomu týden **8** Myth **the Graces** Grácie ● vt **1** *(adorn)* zdobit, být ozdobou **2** *(honour)* poctít *(meeting, occasion* etc*)* **(with one's presence** svou přítomností)

graceful ['greisfl] adj půvabný; *(manners* also*)* jemný, šarmantní; *(movement)* ladný, graciézní, elegantní; **g. neck** labutí šíje; **g. step** laní krok; **she is as g. as a swan** je to děvče jako laň ■ **~ly** [-fəli] adv půvabně, jemně, elegantně, ladně; **apologize ~ly** taktně se omluvit see adj

gracefulness ['greisflnəs] n (see **graceful**) půvab, ladnost, elegance

graceless ['greisləs] adj *(behaviour)* hrubý, nevychovaný; *(lacking charm)* neohrabaný, neobratný, nemotorný

gracious ['greišəs] adj **1** *(kind)* vlídný, laskavý, velkorysý; *(manner)* elegantní, kultivovaný, jemný; **be g. to sb** být ke komu vlídný or laskavý **2** *(courteous)* zdvořilý **3** *(in exclamations)* somewhat dated **g. me!** pane na nebi!, no nazdar!; **Good(ness) g.!** propánakrále!, panebože! ■ **~ly** adv (see **gracious**) elegantně; *(kindly)* laskavě, vlídně

graciousness ['greišəsnəs] n (see **gracious**) vlídnost, laskavost; elegance, kultivovanost

gradation [grə'deišn] n **1** gradace, odstupňování **2** *(on thermometer)* **the ~s** dílky **3** *(gradual change)* postupná změna

grade [greid] n **1** *(level)* úroveň, stupeň; *(of goods)* kvalita, jakostní třída, sorta, stupeň kvality; **first/ second g.** první/ druhá jakost ♦ **make the g.** fig dokázat to ■ **high-g. goods** jakostní zboží; **low-g. goods** zboží podřadné jakosti **2** Mil hodnost; *(of job)* služební or pracovní zařazení, kategorie; *(of salary)* platová třída **3** Amer Sch známka; **grades** školní prospěch; **get good** or **high ~s** mít dobré známky **4** Amer Sch *(form)* třída, ročník **5** Amer see **gradient** **6** Amer *(level)* úroveň, rovina; Rail **g. crossing** úrovňový přejezd ● **I** vt **1** *(mark)* esp Amer Sch klasifikovat, (o)známkovat **2** *(classify: goods* etc*)* (roz)třídit; **g. sth by** or **according to size** *(potatoes, eggs* etc*)* (roz)třídit or rozdělit něco podle velikosti **II** phr vs ■ **grade down/ up** vt **g. sth down/ up** zařadit co do nižší/ vyšší kategorie or třídy

gradient ['greidiənt] n *(degree of slope)* sklon; *(downward* also*)* spád; *(upward* also*)* stoupání; **the road has a g. of 1 in 10** silnice má stoupání 10%

gradual ['grædžuəl] adj *(change)* pozvolný, nenáhlý, postupný; *(slope)* povlovný, táhlý ■ **~ly** adv ponenáhlu, postupně, pozvolna; povlovně

graduate ['grædžuət] n **1** Univ absolvent vysoké školy; **a university g./ a g. of a university** absolvent univerzity ■ **g. student** Amer postgraduální student; **g. school** fakulta pro postgraduální studium **2** Amer Sch **(high-school) g.** absolvent střední školy ■ **a g. nurse** Amer kvalifikovaná zdravotní sestra ● v ['grædžueit] **I** vi **1** Univ absolvovat vysokou školu, dokončit vysokoškolské studium, promovat; **g. in philosophy at Oxford** vystudovat filozofii v Oxfordu; **I ~d two years ago** promoval jsem před dvěma lety **2** Amer Sch **g. from high school** skončit or vychodit střední školu, maturovat na střední škole **3** *(progress)* **g. from sth to sth** (eg *from detective stories to classical literature)* postupně přejít z čeho na co **II** vt Amer *(give a univ. degree)* promovat, udělit vysokoškolský diplom or titul; Sch poskytnout středoškolské vzdělání komu

graduated ['grædžueitid] adj *(scale)* opatřený stupnicí; *(tax, pension)* odstupňovaný

graduation [grædžu'eišn] n **1** *(graduating)* Univ absolvování vysoké školy; **after g.** po dokončení vysoké školy **2** Univ also **g. ceremony** promoce; Amer Sch slavnostní odevzdání diplomů or vysvědčení ■ **g. ball** Amer ≅ maturitní večírek; **g. photographs** tablo **3** *(on a scale)* dílek stupnice

graffito [grə'fi:təu] n (pl **-ti**) **1** Art sgrafito **2** pl **graffiti** [-fi:ti] + sg or pl v nápisy or kresby or čmáranice na stěnách, plotech etc; **cover the walls with graffiti** počmárat stěny

graft$_1$ [gra:ft; Amer græft] n Hort štěp; Med *(of skin* etc*)* transplantát; *(operation)* transplantace ● vt Hort roubovat, (na)očkovat **(on(to)** na); Med transplantovat **(on(to)** na); fig (na)očkovat

graft$_2$ [gra:ft] n inf **1** *(corruption)* korupce, úplatkářství; *(bribe)* úplatek **2** Br dřina, plahočení ● vi **1** *(practice g.)* podplácet;

přijímat úplatky **2** Br *(work hard)* also **g. away** dřít se, lopotit se, plahočit se

grafter ['gra:ftə(r)] n inf cf **graft (2) 1 a)** podvodník, padouch **b)** korupčník, úplatkář **2** *(hard worker)* dříč

grail [greil] n **the Holy G.** svatý grál

grain [grein] n **1** collect zrní, zrno, obilí ■ **g. crop** obilnina; **g. elevator** obilní silo s výtahy **2 a)** *(of wheat, corn, coffee* etc*)* zrno; *(of wheat, salt, sand, coffee, pollen)* zrnko **b)** fig *(of truth)* zrnko; *(of sense)* špetka ♦ **there's not a g. of truth in it** na tom není ani zrnko pravdy **3** *(of wood, meat)* vlákno; *(of photograph)* zrnitost; *(of leather)* líc, lícová strana ♦ **it goes against the g. with me/ him** etc jde mi/ mu to proti srsti **4** *(weight)* grán starší jednotka váhy (0,06 g)

gram, gramme [græm] n gram

grammar ['græmə(r)] n *(science, book)* gramatika, mluvnice; **comparative g.** srovnávací gramatika; **it's bad g.** to není gramaticky správné ■ **g. book** gramatika kniha; **g. rule** mluvnické pravidlo; **g. school** ≅ gymnázium

grammatical [grə'mætikl] adj gramatický, mluvnický; *(~ly correct)* gramaticky správný; **this is not g.** to je proti pravidlům ■ **~ly** adv gramaticky

gramme [græm] see **gram**

gramophone ['græməfəun] n dated gramofon ■ **g. record** gramofonová deska, gramodeska

grampus ['græmpəs] n *(killer whale)* kosatka ♦ **wheeze like a g.** funět jako mrož or lokomotiva, dýchat jako překrmená husa

gran [græn] n Br inf babička, babi

granary ['grænəri] n sýpka, skladiště obilí

grand [grænd] adj **1** *(magnificent)* velkolepý, grandiózní, impozantní, majestátní; *(restaurant)* luxusní; **a g. occasion** velkolepá záležitost **2** usu pej *(dignified)* vznešený, vybraný, panský; *(person)* povýšený, nóbl; *(meal)* vybraný; **g. lady** velká dáma; **act the g. lady** hrát si na velkou dámu; **live in g. style** žít na vysoké noze **3** *(in titles)* **g. master** velmistr; **g. duke/ duchess** velkovévoda/ velkovévodkyně; **g. prix** Velká cena **4 g. total** úhrn, celkový součet **5** inf *(wonderful)* senzační, prima; **have a g. time** báječně se bavit; **that would be g.** to by bylo fajn; **I feel g.** cítím se báječně ● n **1 g. (piano)** křídlo **2** sl; pl unchanged *(£1000/ $1000)* tisícovka liber/ dolarů; inf tác, hadr; **it will cost you 20 g.** bude tě to stát 20 táců

grandchild ['grænčaild] n (pl **-children** [-čildrən]) vnouče

gran(d)dad ['grændæd] n inf děda, dědeček

granddaughter ['grændo:tə(r)] n vnučka

grandee [græn'di:] n; španělský grand; fig **the local ~s** místní honorace

grandeur ['grændžə(r)] n *(magnificence)* vznešenost, velkolepost, grandióznost, majestátnost; **delusions of g.** velikášství, slavomam

grandfather ['græn(d)fa:ðə(r)] n dědeček, děd ■ **g. chair** lenoška, ušák; **g. clock** stojací hodiny

grandiloquence [græn'diləkwəns] n přepjatost, nabubřelost, strojenost

grandiloquent [græn'diləkwənt] adj *(style, person)* přepjatý, nabubřelý, strojený, *(person* also*)* velkohubý

grandiose ['grændiəus] adj *(magnificent)* grandiózní, velkolepý, monumentální; *(pompous)* pompézní

grandma ['grænma:] n inf bábi, bábinka

grandmother ['grænmaðə(r)] n babička

grandpa ['grænpa:] n inf děda, dědeček

grandparents ['grændpeərənts] n pl prarodiče, dědeček a babička

grandson ['grænsan] n vnuk

grandstand ['grændstænd] n Sport hlavní tribuna

grange [greindž] n selská usedlost

granite ['grænit] n žula, granit

granny, also **grannie** ['græni] n inf bábi, bábinka, babička (neutr)

grant [gra:nt] vt **1** *(allow) (interview, asylum)* poskytnout; *(permission, licence, pardon, amnesty, patent)* udělit; *(request, application)* vyhovět čemu; *(right)* přiznat; *(pension)* přiřknout; **it was not ~ed him** nebylo mu to dopřáno **2** *(admit)* přiznat, připustit; **I g. that ...** připouštím, že ...; **take sth for ~ed** pokládat or považovat co za samozřejmé, brát co jako samozřejmost; **to take sb for ~ed** nedocenit koho, nevážit si koho dostatečně ● n Sch státní stipendium; *(for research* etc*)* grant; *(subsidy)* subvence, dotace

granted ['gra:ntid] adv ano, připouštím; *(We've been very successful)* — **Granted. But ...** To ano, ale ...; To připouštím, ale ...

granular ['grænjulə(r)] adj zrnitý

granulate ['grænjuleit] vt, vi granulovat, zrnit (se), krystalizovat

granulated ['grænjuleitid] adj **g. sugar** krystalový cukr

granule ['grænju:l] n zrnko, zrno; granule

grape [greip] n zrnko vína; **~s** hrozny, víno; **a bunch of ~s** hrozen; **gather the ~s** sklízet víno ♦ **sour ~s** fig kyselé hrozny;

the ~s of wrath hrozny hněvu ▪ **g. harvest** vinobraní; **g. juice** hroznová šťáva

grapefruit ['greipfru:t] n (pl **~s** or unchanged) grapefruit, inf grep, grejp

grapevine ['greipvain] n **1** vinná réva **2** fig **the g.** inf šeptanda, šuškanda; **I heard it on the g. that ...** doslechl jsem se, že ..., doneslo se mi, že ...

graph [gra:f; Amer græf] n Math graf; Techn graf, diagram, grafikon, křivka ▪ **g. paper** čtverečkovaný or milimetrový papír

graphic ['græfik] adj **1** grafický; **g. arts** grafika; **g. artist** or **designer** grafik **2** *(vivid: account)* názorný, plastický

graphics ['græfiks] n **1** *(subject)* grafika, grafické postupy **2** Comput grafika ▪ **g. mode** grafický režim; **g. spreadsheet** grafický tabulkový procesor

graphite ['græfait] n grafit, tuha

graphologist [græ'folədžist] n grafolog

graphology [græ'folədži] n grafologie

grapple ['græpl] **I** vi **1** **g. with sb** *(struggle)* zápasit s kým, dostat se do křížku s kým **2** fig **g. with sth** *(problems* etc*)* rvát se or prát se s čím **II** vt *(ship)* zahákovat ● n Naut also **grappling iron** *(hook)* hákovací kotvice

grasp [gra:sp] **I** vt **1** *(seize)* uchopit, chytit, popadnout; **g. sb's arm** chytit koho za paži; fig **g. the opportunity** chopit se or využít příležitosti ♦ **g. the nettle** kousnout do kyselého jablka **2** *(understand fully)* pochopit, pochytit, (po)rozumět čemu; **g. the point** dovtípit se **II** phr v ▪ **grasp at** vt **g. at sth** uchopit co; fig **g. (at) an opportunity** chopit se příležitosti ● n **1** *(hold)* uchopení, hmat; **a firm g.** pevný hmat, pevné uchopení or sevření **2** *(understanding)* **have a good g. of sth** dobře něco ovládat, vyznat se v čem; **it is beyond my g.** to je nad mé chápání

grasping ['gra:spiŋ] adj hrabivý, chamtivý

grass [gra:s; Amer græs] n **1** *(plant)* tráva also collect, travina; **blade of g.** stéblo trávy ♦ **be as green as g.** lit být zelený jako brčál, fig *(be a greenhorn)* být úplný zelenáč or ucho; **not to let the g. grow under one's feet** nelenit, neztrácet čas; **hear the g. grow** fig slyšet trávu růst ▪ **g. widow/ widower** slaměný vdovec/ slaměná vdova; **g. snake** užovka **2** *(lawn)* trávník; *(pasture)* pastvina; **lie in the g.** ležet v trávě; **keep off the g.!** *(notice)* vstup na trávník zakázán!; **to put the cattle out to g.** vyhnat dobytek na pastvu ♦ inf **put sb out to g.** odsunout koho na vedlejší kolej **3** sl *(marijuana)* tráva, seno, marjánka **4** Br sl *(informer)* práskač, donašeč, konfident ● **I** vt also **g. over** zatravnit, osít trávou **II** vi *(inform)* **g. on sb** donášet na koho

grasshopper ['gra:shopə(r)] n kobylka luční, koník, saranče ♦ **be knee-high to a g.** být jako za groš kudla

grassland ['gra:slænd] n lučina, travnatá půda, pastvina

grass roots [gra:s'ru:ts] n pl Pol lid; řadové členstvo pol. strany, členská základna ● adj *(movement, initiative)* lidový, občanský; *(party organisation)* místní; **at g.-roots level** na místní úrovni

grassy ['gra:si] adj (**-ier**, **-iest**) travnatý

grate$_1$ [greit] **I** vt **1** Cook strouhat, *(vegetables* also*)* škrabat; **~d cheese** strouhaný sýr **2** *(teeth, hinges)* skřípat čím **II** vi *(of teeth)* (za)skřípat; *(snow, hinges)* skřípat, vrzat ♦ **g. on sb's nerves** brnkat komu na nervy

grate$_2$ [greit] n **1** *(in fire, fireplace)* rošt **2** *(grating)* mříž, mřížoví **3** *(fireplace)* krb

grateful ['greitfl] adj **1** vděčný, (po)vděčen; **be g. to sb for sth** být povděčen komu za co; **with g. thanks** srdečné díky **2** dated *(pleasant)* příjemný ▪ **~ly** adv vděčně, s díky, *(in letters)* **Gratefully Yours** or **Yours Gratefully** Se srdečnými díky

grater ['greitə(r)] n Cook struhadlo

gratification [grætifi'keišn] n **1** *(satisfaction)* uspokojení, potěšení; *(sexual)* ukojení; **do sth for one's own g.** udělat něco pro své uspokojení **2** *(rewarding aspect)* příjemná stránka čeho

gratify ['grætifai] vt (pt, pp **-fied**) **1** *(give satisfaction)* potěšit, obšťastnit, udělat komu radost **2** *(indulge) (curiosity)* uspokojit; **g. one's passions** hovět svým vášním

gratifying ['grætifaiiŋ] adj *(pleasing)* potěšitelný, milý

grating$_1$ ['greitiŋ] n mříž, mřížka, mřížoví

grating$_2$ ['greitiŋ] adj *(noise)* skřípavý, vrzavý; *(voice)* drsný, hrubý, *(shrill)* pronikavý ● n skřípání, vrzání

gratis ['grætis] adv gratis, zadarmo, bezplatně

gratitude ['grætitju:d] n vděčnost, vděk; **token of g.** projev vděčnosti; **express one's g.** projevit vděčnost

gratuitous [grə'tju:itəs] adj zbytečný, bezdůvodný, svévolný; **g. violence** svévolné násilí

gratuitousness [grə'tju:itəsnəs] n svévolnost, bezdůvodnost

gratuity [grə'tju:əti] n **1** *(reward)* fml odměna, *(tip)* spropitné **2** Br zvláštní prémie, odplata, odchodné např. při odchodu do penze

grave$_1$ [greiv] n hrob; **family g.** rodinný hrob; **mass g.** hromadný hrob; **the g. of the unknown soldier** hrob Neznámého vojína; **beyond the g.** až za hrob; **from beyond the g.** ze záhrobí ♦ **a snowy g.** bílá smrt;

be as silent as the g. být němý jako ryba, mlčet jako hrob; **it is as silent as the g. here** je tu ticho jako v hrobě or v kostele; **dig one's own g.** fig kopat si vlastní hrob, plést si na sebe bič; **from the cradle to the g.** od kolébky až do hrobu; **be with one foot in the g.** být jednou nohou v hrobě, být nad hrobem; **this side of the g.** na tomto světě; **turn in one's g.** obracet se v hrobě

grave$_2$ [greiv] adj **1** *(serious; situation* etc*)* vážný; *(mistake)* závažný, velký, vážný; *(illness)* nebezpečný, vážný; *(state of health)* povážlivý, na pováženou; *(news)* znepokojující, zneklidňující; *(crime)* těžký **2** *(person)* vážný, zasmušilý ■ **~ly** adv *(ill)* vážně, těžce

grave$_3$ [gra:v] adj, adv Mus grave

gravedigger ['greivdigə(r)] n hrobař, hrobník

gravel ['grævl] n štěrk; **scatter a road with g.** poházet or posypat cestu štěrkem ■ **g. path** cestička sypaná štěrkem; **g. pit** štěrkoviště

graven ['greivn] adj fig fml **a g. image** idol; **be g. on one's memory** trvale se vrýt do paměti

graveside ['greivsaid] n **at the g.** nad (otevřeným) hrobem, u hrobu

gravestone ['greivstəun] n náhrobní kámen, náhrobek

graveyard ['greivja:d] n hřbitov

gravitate ['græviteit] vi gravitovat; fig *(be drawn)* být přitahován; **g. together** tíhnout k sobě; **g. towards** or **to sb** být přitahován ke komu

gravitation [grævi'teišn] n Phys gravitace, zemská tíže

gravitational [grævi'teišnl] adj Phys gravitační; **g. field/ force** gravitační pole/ síla

gravity ['grævəti] n **1** Phys gravitace; **centre of g.** těžiště; **g. feed** samospád; **specific g.** specifická or měrná váha; **the law of g.** gravitační zákon **2 a)** *(of situation)* vážnost **b)** *(solemnity)* vážnost, opravdovost, slavnostnost

gravy ['greivi] n **1** Cook omáčka, šťáva z pečeně ■ **g. boat** omáčník **2** Amer inf lehce vydělané peníze; **be/ get on the g. train** být u koryta/ dostat se ke korytu

gray [grei] adj, n esp Amer = **grey**

graze$_1$ [greiz] **I** vi *(of cattle, sheep)* pást se; **g. at large** volně se pást; **put sheep out to g.** vyhnat ovce na pastvu ♦ **he has been put out to g.** byl odstaven, je to zkrachovaná existence **II** vt **1** *(sheep, cattle)* pást **2** *(meadow, field)* spást/ spásat

graze$_2$ [greiz] vt **1** *(skin)* odřít, sedřít si; **g. one's knee** odřít si koleno, sedřít si kůži na koleně **2** *(brush past)* škrábnout; **the bullet ~d his leg** kulka ho škrábla na noze ● n oděrka, odřenina

grazing ['greiziŋ] n pastvina, pastvisko

grease [gri:s] n **1** Cook *(fat)* tuk, sádlo, omastek **2** *(lubricant)* mazadlo polotuhé; esp Amer *(for hair)* pomáda; **stain sth with g.** zamastit něco ♦ **go like ~d lightning** hnát se or letět or jet jako namydlený blesk ■ **g. nipple** maznice; **g. remover** odmasťovač ● vt Techn (na)mazat; Cook *(tin, baking sheet* etc*)* vymastit ♦ **g. sb's palm** fig inf podplatit/ podplácet koho

grease gun ['gri:sgan] n Techn mazací lis, mazací pistole

greasepaint ['gri:speint] n Theat líčidlo

greaseproof ['gri:spru:f] adj nepropouštějící mastnotu; **g. paper** pergamen, pergamenový papír

greasy ['gri:si] adj **1** mastný, umaštěný; *(slippery: roads)* kluzký; **have a g. shine** lesknout se mastnotou; **have g. hands** mít mastné ruce; **make sth g.** zamastit co **2** inf *(smile, behaviour)* podlézavý

great [greit] adj **1** *(large)* **a)** *(in size, amount)* velký, veliký; **g. big** obrovský, velikánský; **a g. big man** chlap jako hora; **a g. hulk of a man** hromotluk; Astron **G. Bear** Velký medvěd; **G. Britain** Velká Británie; **G. Dane** německá doga; **a g. deal of** mnoho s nepočitatelnými substantivy; **a g. many** velmi mnoho, bezpočet; **the G. Wall of China** Velká čínská zeď; **a g. number of** mnoho, velký počet; **there was a g. crowd there** byl tam velký nával **b)** *(in degree, intensity) (friend)* velký, skutečný, oddaný; *(pleasure)* velký, nesmírný, inf děsný; *(experience)* nezapomenutelný; *(interest)* eminentní; *(reader)* náruživý, horlivý; *(fan)* nadšený; **in g. detail** detailně, podrobně; **be in g. demand** být velmi žádaný, být v kursu; *(person)* inf být na roztrhání; **take g. care** *(to do sth)* vynasnažit se; **take g. pains** *(to do sth)* vynaložit velké úsilí, aby . . ., přičinit se, aby . . . ♦ **time is a g. healer** čas vše zhojí **2** *(important: writer, musician, poet* etc*)* velký, slavný, významný; *(politician* etc also*)* vlivný; *(mind)* geniální; **be of g. importance** být velmi důležitý; *(person)* **of g. calibre** velkého formátu; **attach g. importance to sth** přikládat čemu velkou váhu or důležitost ♦ **the G. War** dated 1. světová válka; **be no g. shakes** nebýt žádný velký lumen **3** inf *(excellent)* báječný, fantastický, ohromný, senzační, prima; **great!** výborně!, skvěle!, fajn!; **a g. outfit** správný ohoz; **that's g.** to je skvělé; **he is a g. fellow** or **guy** je to báječný or bezvadný chlapík, je to pašák or inf sekáč; **it was g. fun** byla to velká legrace; **have g.**

fun mít se prima; **he is g. fun** je to výborný společník, je to veselá kopa; **feel g.** cítit se výborně; **she is doing g.** inf vede si výborně; **he is going g. guns** jde mu to jedna radost ■ see **greatly** ● n velikán, velká osobnost

great-aunt [greit'a:nt] n prateta

greatcoat ['greitkəut] n zimník, svrchník

greater ['greitə(r)] adj comp of **great**; **the g. part** převážná část čeho; **be of g. importance** být důležitější; **in g. detail** podrobněji; **G. London** Velký Londýn

greatest ['greitist] adj superl of **great** největší; **my g. worry is ...** největší starosti mi dělá, že ...; **with the g. pleasure** milerád, s největší radostí

great-grandchild [greit'grænčaild] n (pl **g.-grandchildren** [-čildrən]) pravnouče

great-granddaughter [greit'grændo:tə(r)] n pravnučka

great-grandfather [greit'grænfa:ðə(r)] n praděděček

great-grandmother [greit'grænmaðə(r)] n prababička, prabába

great-grandparents [greit'grænpeərənts] n praprarodiče

great-grandson [greit'grænsan] n pravnuk

great-great-grandfather [greitgreit'grænfa:ðə(r)] n prapraděděček

great-great-grandmother [greitgreit'grænmaðə(r)] n praprababička, praprabába

greatly ['greitli] adv velmi, velice, nesmírně, značně, *(value* also*)* vysoko; **not g.** nepříliš; **contribute g. to sth** významně k čemu přispět; **differ g.** velmi or výrazně se lišit; **please sb g.** udělat komu velkou radost; **be g. indebted to sb** být komu velmi zavázán; **be g. indebted to foreign influences** *(artist, writer* etc*)* být (silně) poplatný cizím vlivům, silně podléhat cizím vlivům

greatness ['greitnəs] n velikost; *(importance* also*)* důležitost, významnost; *(of mind* also*)* genialita

great-uncle [greit'aŋkl] n prastrýc

grebe [gri:b] n Orn potáplice

Greece ['gri:s] n Řecko

greed [gri:d], **greediness** ['gri:dinəs] n 1 *(gluttony)* nestřídmost, nenasytnost; inf vulg rozežranost, žravost 2 *(for money* etc*)* chamtivost, hrabivost, hamižnost (dated); **g. for money** touha or chtivost po penězích

greedy ['gri:di] adj (**-ier, -iest**) 1 *(for food)* hltavý, nenasytný; inf vulg rozežraný, žravý ♦ **you g. thing!** ty jeden nenasyto! ty hltoune! 2 *(for material wealth)* chamtivý, hrabivý, dated hamižný; lačný peněz; **be g. for money** třást se na peníze, být chtivý peněz, lačnět po penězích ■ **greedily** adv *(eat)* hltavě

greedy-guts ['gri:digats] sl nenažranec, nenasyta, hltavec

Greek [gri:k] adj řecký; **G. Orthodox Church** řeckokatolická církev; **G. fire** řecký oheň ● n 1 *(person)* Řek/ -yně; **the ~s** Řekové 2 *(language)* řečtina; **Ancient G.** stará řečtina; **Modern G.** novořečtina ♦ **it's all G. to me** to je pro mne španělská vesnice

green [gri:n] adj 1 *(of colour)* zelený; **g. peas** zelený hrášek; **g. beans** zelené fazolky; **g. corn** mléčná kukuřice; **g. fodder** zelené krmivo; **light/ dark g.** světlezelený/ tmavozelený; **be g.** *(meadows* etc*)* zelenat se; **turn g.** zezelenat, *(fields)* zazelenat se ♦ **give sb the g. light** fig dát komu zelenou; **turn** or **go g. with envy** blednout závistí, zezelenat závistí; **have g. fingers**, Amer **have a g. thumb** inf mít zahradnický talent; **g. man** *(at street crossing)* zelená 2 *(of fruit: not ripe)* zelený, nezralý; *(of wood)* syrový 3 inf *(immature)* ještě zelený, nezkušený; *(naive)* naivní 4 Pol zelený; **the G. party** strana zelených; **g. lobby** zelená lobby ● n 1 *(colour)* zelená; *(of grass, leaves* etc*)* zeleň; **leaf g.** listová zeleň; **emerald g.** smaragdová zeleň; **woodland g.** lesní zeleň 2 *(traffic light)* zelená; **the traffic light is at g.** je zelená 3 *(g. clothes)* **she was dressed in g.** byla oblečená v zeleném 4 **greens** listová zelenina zvl. zelí, špenát ap.; **Christmas ~s** Amer vánoční zeleň jehličí ap. 5 *(stretch of grass)* zelená plocha; **village g.** náves; **putting g.** Golf jamkoviště 6 Pol **the G~s** členové strany zelených, zelení

greenback ['gri:nbæk] n Amer inf bankovka

greenery ['gri:nəri] n zeleň; *(leaves)* zelené listí, větvičky se zeleným listím

green-eyed [gri:n'aid] adj lit zelenooký; fig nepřející, závistivý, žárlivý ♦ **the g.-eyed monster** fig žárlivost, bledá závist

greenfinch ['gri:nfinč] n Orn zvonek pták

greenfly ['gri:nflai] n mšice

greengage ['gri:ngeidž] n Bot ryngle

greengrocer ['gri:ngrəusə(r)] n zelinář/ -ka; **g.'s (shop)** zelinářství, obchod se zeleninou

greenhorn ['gri:nho:n] n expr zelenáč, holobrádek, nováček, (mladý) zajíc

greenhouse ['gri:nhaus] n (pl **-houses** [-hauziz]) skleník zahradní ■ **g. effect** Meteor skleníkový efekt

greenish ['gri:niš] adj zelenavý, nazelenalý; **have a g. tinge** mít nádech do zelena

Greenland ['gri:nlənd] n Grónsko

Greenlander ['gri:nləndə(r)] n obyvatel/ -ka Grónska

Greenlandic [gri:n'lændik] n Grónština

Greenwich ['grenič] n **G. (Mean) Time** střední greenwichský čas

greet [gri:t] vt **1** (po)zdravit; *(welcome)* (u)vítat, přivítat; **g. sb with a bow** pozdravit koho úklonou; **g. sb with a kiss** *(welcome)* přivítat koho polibkem; **g. the news with a cheer** přivítat zprávu jásotem **2 a terrible sight ~ed his eyes** naskytl se mu hrozný pohled

greeting ['gri:tiŋ] n pozdrav; **exchange ~s** vyměnit si pozdravy; **New Year's ~s** přání k Novému roku; **the season's ~s** vánoční přání; **birthday g.** blahopřání k narozeninám ■ **g. card** pohled, blahopřání, blahopřejná pohlednice

gregarious [gri'geəriəs] adj *(person)* družný, společenský; *(instinct, animal)* stádní

Gregorian [gri'go:riən] adj gregoriánský; **G. calendar** gregoriánský kalendář; **G. chant** gregoriánský chorál or zpěv

gremlin ['gremlin] n inf zlomyslný skřítek, šotek způsobující poruchy různých mechanismů

Grenada [gri'neidə] n Grenada

grenade [gri'neid] n Mil granát; **anti--tank g.** protitankový granát; **tear-gas g.** slzotvorný granát ■ **g. splinter** granátová střepina

Grenadian [gri'neidiən] adj grenadský ● n *(person)* Grenaďan/ -ka

grenadier [grenə'diə(r)] n Mil formerly granátník ■ **G. Guards** Br královská granátnická garda

grew [gru:] pt of **grow**

grey, Amer **gray** [grei] adj *(colour)* šedý, lit & fig *(suit, hair; life, day)* šedivý; fml sivý; *(life, prospects)* chmurný, neutěšený; *(person: g.-haired)* šedivý, bělovlasý; *(person: anonymous)* nevýrazný, fádní; **g. hair** šediny; **g. eminence** šedá eminence; Med **g. cataract** šedý zákal; **g. matter** šedá hmota mozková; **g. at the temples** prošedivělý na skráních; **go** or **turn g.** *(person, hair)* zešedivět ● n **1** *(colour)* šedá (barva), šedivá (barva), šeď **2** *(horse)* sivý kůň, sivák ● vi *(hair, person)* šedivět; **~ing temples** prošedivělé skráně; **his/ her hair is ~ing at the temples** šediví na skráních

grey-haired ['greiheəd] adj šedovlasý, šedivý, stříbrovlasý

greyhound ['greihaund] n Zool chrt

greying ['greiiŋ] adj *(beard, hair)* prošedivělý

greyish ['greiiš] adj našedivělý; *(g.-haired)* prošedivělý

grid [grid] n **1** *(grating)* mříž, mřížka, mřížoví; *(in fireplace* etc*)* rošt **2** *(on map)* souřadnicová síť, síť koordinát **3** *(of electricity, gas, water network)* **the (national) g.** rozvodná síť **4** Elec ■ **g. electrode** mřížka; **g. circuit** mřížkový obvod **5** Amer Ftb fotbalové hřiště **6** Cook rošt na pečení

griddle ['gridl] n Cook plotýnka na lívance

gridiron ['gridaiən] n **1** Cook rožeň, rošt na pečení **2** Amer fotbalové hřiště

grief [gri:f] n smutek, zármutek, bol; **heartrending g.** usedavý pláč; **be consumed with g.** chřadnout žalem; **succumb to g.** oddat se žalu; **come to g.** *(be unsuccessful)* pohořet, dopadnout špatně; *(plan* etc*)* ztroskotat; *(driver: have an accident)* mít nehodu; **good g.!** můj ty Bože!, proboha!

grief-stricken ['gri:fstrikn] adj zdrcený or zkrušený žalem

grievance ['gri:vns] n *(complaint)* stížnost, křivda; *(resentment)* rozhořčení, zlost; **air one's ~s** ventilovat své křivdy

grieve [gri:v] **I** vt trápit, rmoutit, kormoutit koho; **it ~s me to hear that ...** trápí mne zjištění, že ... **II** vi **g. over** or **about sth** trápit se čím, rmoutit se čím; **g. for sb** truchlit nad kým

grieving ['gri:viŋ] adj **g. relatives** truchlící pozůstalí

grievous ['gri:vəs] adj *(loss, news)* bolestný; *(crime, injury, wrong)* těžký; *(fault)* závažný; *(pain)* prudký, trýznivý, mučivý; Jur **g. bodily harm** těžké ublížení na těle ■ **~ly** adv *(cry)* žalostně, bolestně; **you are ~ly in error** fml jste na velkém omylu; **be ~ wounded** být těžce zraněn

griffin ['grifin], **griffon, gryphon** ['grifən] n Myth gryf, noh bájné zvíře

grill [gril] **I** vt **1** Cook grilovat, opékat na grilu or na rožni; **~ed meat** grilované maso; **~ed liver** játra na grilu **2** inf **g. sb** *(interrogate)* podrobit koho výslechu, inf zmáčknout koho **II** vi **1** *(of meat* etc*)* grilovat se **2 g. in the sun** péci se or smažit se na slunci ● n **1** Cook **a)** gril; *(gridiron)* rožeň **b)** *(meal)* grilované maso, maso pečené na rožni or na roštu **2** mříž, mřížka; *(counter g.)* zamřížovaná přepážka; Aut **radiator g.** ochranná mříž chladiče, maska

grille [gril] n; see **grill** n **(2)**

grillroom ['grilru:m] n gril restaurace

grim [grim] adj (**~mer, ~mest**) **1** *(face, expression)* nasupený, zamračený **2** *(depressing: news)* hrozný; *(prospects)* chmurný, hrozivý; *(view)* (ú)děsný, hrůzný; *(times)* krušný, zlý **3** *(humour)* šibeniční, černý **4** *(determination)* neochvějný; **g. silence** zavilé mlčení **5** *(struggle, battle)* neúprosný, úporný, zarputilý, zavilý; *(winter)* tuhý ♦ **hold on (to sth) like g. death** držet se (čeho) zuby nehty (also fig), držet se (čeho) jako klíště; **the**

G. Reaper zubatá (s kosou) **6** *(of a place: gloomy)* bezútěšný **7** inf *(ill)* **I feel pretty g.** je mi velmi zle ■ **~ly** adv **~ly determined** zarputilý, zavilý

grimace [gri'meis; 'griməs] n grimasa, úšklebek; **make a g.** zašklebit se, zkřivit tvář, zešklebit tvář ● vi dělat grimasy (**at sb** na koho), šklebit se

grime [graim] n špína, nečistota

grimy ['graimi] adj (**-ier**, **-iest**) špinavý od sazí, mouru ap.; umazaný, (esp *children)* ušmudlaný; *(buildings* also*)* začazený, začouzený, černý od sazí

grin [grin] n *(broad)* široký úsměv; *(ironical)* ironický úsměv; *(cheeky)* úšklebek, úsměšek ● **I** vi (**-nn-**) *(with pleasure)* (u)smát se (**at** na), usmívat se, zubit se; *(cheekily)* (za)šklebit se, ušklebovat se/ ušklíbnout se ♦ **g. from ear to ear** (za)zubit se od ucha k uchu; **g. and bear it** fig nedat najevo rozmrzelost, přenést se přes něco nepříjemného s úsměvem **II** vt **g. approval** souhlasně se usmát

grind [graind] n cf v **1** *(act of ~ing)* mletí, drcení; broušení; skřípání **2** *(uninspiring work)* dřina; **it's a hard g.** je to perná práce **3** Amer sl *(swot: person)* dříč, šprt ● v (pt, pp **ground**) **I** vt **1** *(crush)* **a)** *(coffee, corn, pepper* etc*)* (se)mlít, umlít, rozemlít; **g. corn into flour** semlít obilí na mouku; **g. sth to dust** semlít něco na prach; **g. sth coarsely** umlít co nahrubo **b)** *(into small pieces)* (roz)drtit; *(in mortar)* rozmělnit, *(pepper* etc*)* roztlouci; **g. sth under one's heel** rozdrtit něco podpatkem, zašlápnout co do země **c)** Amer *(mince)* mlít; **ground beef** mleté hovězí maso **2 g. one's teeth** skřípat zuby **3** *(knife)* (na)brousit; *(cutting edge* also*)* zabrousit; *(gem)* (vy)brousit; *(lens)* (za)brousit ♦ **have an axe to g.** ohřívat or přihřívat si svou (vlastní) polívčičku **4** *(turn: handle, coffee mill* etc*)* točit čím, otáčet čím **5 g. sb (down)** utiskovat koho ♦ **g. the faces of the poor (into the dust)** utiskovat or utlačovat chudý lid **II** vi **1** *(mill)* mlít ♦ **the mills of God g. slowly** boží mlýny melou pomalu, ale jistě **2** *(brakes, teeth)* skřípat; **g. to a halt** *(of a vehicle)* zastavit se skřípáním; fig *(production, traffic* etc*)* zastavit se, být ochromen **3** *(study hard)* inf (na)biflovat (se), (na)šprtat (se), (na)dřít (se) **III** phr vs ■ **grind away** vi dřít se, lopotit se (**at sth** s čím/ na čem); **g. away at maths** dřít matiku (inf) ■ **grind down** vt *(corn* etc*)* rozemlít; fig *(resistance)* zlomit; **g. sb down** utiskovat koho ■ **grind on** vi dřít dál; *(talk)* monotonně mlít svoje ■ **grind out** vt **1** *(article* etc*)* mořit or lopotit se s čím, (vy)potit co **2** *(churn out: novels* etc*)* chrlit **3** *(music)* hrát co jako na kolovrátku ■ **grind up** vt semlít, rozemlít

grinder ['graində(r)] n **1** *(coffee~)* mlýnek na kávu; *(for crushing)* drtič, drtička; *(for sharpening)* brousicí nástroj, bruska **2** *(person)* brusič **3** *(tooth)* stolička

grinding ['graindiŋ] adj **1** *(noise)* skřípavý **2 g. poverty** holá bída, bída s nouzí

grindstone ['graindstəun] n brusný kotouč ♦ **keep one's nose to the g.** tvrdě pracovat, pracovat bez oddechu; **keep sb's nose to the g.** mít koho k práci, nedopřát komu oddechu

grip [grip] n **1** *(hold)* uchopení, sevření, stisk(nutí); *(in wrestling)* chvat; *(in mountaineering)* záchyt; *(of tyre)* záběr; **take a firm g. of the rope** uchopit pevně provaz; **have a vice-like g.** mít ruce jako svěráky **2** fig *(control)* **get a g. on oneself** opanovat se, pamatovat se v hněvu; **get a g. on sth** fig vzít co pevně do rukou; **lose one's g.** pozbývat kuráž; *(be unable to understand)* ztrácet přehled; **come/ get to ~s with sth** *(problem* etc*)* vypořádat se s čím; **have a firm g. on life** houževnatě lpět na životě **3** *(handle)* rukojeť, držadlo; *(of sword)* jílec **4** *(hair-g.)* sponka do vlasů **5** Amer *(travelling bag)* brašna, vak ● **I** vt (**-pp-**) **1** *(seize)* uchopit, popadnout, chytit, stisknout **2 g. the road** *(tyre)* zabírat, *(of car)* dobře sedět **3** fig **g. sb's attention** (u)poutat čí pozornost; **g. the audience** uchvátit publikum; *(of film, book)* zaujmout; **he was ~ped with panic** zmocnil se ho panický strach, byl k smrti vyděšený **II** vi *(brakes, wheels)* zabrat, zabírat

gripe [graip] n **1** Med **the ~s** bolesti břicha, střevní kolika **2** inf *(complaint)* runcání; **have a g.** runcat, remcat, nadávat ● vi *(complain)* runcat, remcat, skuhrat

gripe water ['graipwo:tə(r)] n Br prostředek proti kolice malých dětí

gripping ['gripiŋ] adj *(story, film* etc*)* napínavý, poutavý

grisly ['grizli] adj (**-ier, -iest**) příšerný, děsný, hrozivý

grist [grist] n arch obilí k mletí ♦ **it's all g. to the mill** to se všechno na něco hodí; **all is g. to his mill** dovede využít všeho ve svůj prospěch

gristle [grisl] n chrupavka

gristly ['grisli] adj (**-ier**, **-iest**) chrupavčitý, *(meat)* plný chrupavek, jsoucí samá chrupavka

grit [grit] n **1** *(sand)* písek; *(gravel)* štěrk, kamenná drť; *(in eye)* smítko **2** *(courage)* odvaha; *(endurance)* výdrž; energie, odhodlanost; **he has got g.** umí si poradit ● vt (**-tt-**) **1** *(road* etc*)* posypat (štěrkem/ pískem etc); **g.**

the pavement posypat chodník 2 g. one's teeth lit & fig zatnout zuby; with ~ted teeth se zaťatými zuby

grits [grits] n pl Amer ovesná/ kukuřičná krupice

gritty ['griti] adj (-ier, -iest) 1 pískovitý, štěrkovitý; *(path)* posypaný štěrkem; *(texture)* hrubozrnný; fig *(style)* kostrbatý 2 *(courageous)* kurážný, odhodlaný, plný energie, podnikavý

grizzle ['grizl] vi Br inf *(whine)* fňukat, kňourat; *(complain)* runcat, skuhrat; stop grizzling! přestaň runcat!

grizzled ['grizld] adj *(hair, person)* prošedivělý, *(hair* also*)* prokvetlý

grizzly ['grizli] n Zool also g. bear (medvěd) grizzly

groan [grəun] n *(of pain)* sten, zasténání; *(of gate)* vrznutí; *(of planks)* vrzání; *(of disapproval)* reptání, (za)bručení; let out a g., give a g. zasténat ● vi 1 *(in pain)* (za)sténat, naříkat bolestí; *(timbers)* vrzat; *(table)* g. with food prohýbat se jídlem 2 inf *(complain)* naříkat, reptat (about sth na co), skuhrat; g. under sb's rule fig fml úpět pod čí vládou

groats [grəuts] n pl kroupy, krupky

grocer ['grəusə(r)] n obchodník s potravinami; ~'s (shop) obchod s potravinami, obchod se smíšeným zbožím

groceries ['grəusəriz] n pl potraviny, potravinářské zboží, smíšené zboží

grocery ['grəusəri] n potraviny obchod, obchod s potravinami/ se smíšeným zbožím

grog [grog] n grog

groggy ['grogi] adj (-ier, -iest) Box groggy also fig, nejistý na nohou; feel g. být jako mátoha, nebýt ve své kůži

groin [groin] n 1 Anat slabina, tříslo; *(sexual organs)* krajina stydká; kick sb in the g. kopnout koho do podbřišku or do varlat 2 Archit žebro klenby

groom [gru:m] n 1 *(person in charge of horses)* čeledín, formerly podkoní, štolba 2 *(brideg.)* ženich ● vt 1 *(horse)* hřebelcovat, čistit; g. oneself *(of person)* upravit se, inf dát se do pucu; be well/ badly ~ed být hezky upravený/ neupravený 2 fig *(prepare)* připravovat; g. sb for sth *(post, career etc)* připravovat koho na co

groove [gru:v] n drážka ♦ get stuck in a g. zkostnatět, stát se rutinérem, octnout se ve vyježděných kolejích

groovy ['gru:vi] adj (-ier, -iest) dated sl *(excellent, smart)* báječný, senzační, prima

grope [grəup] I vi *(feel, search)* tápat, hmatat, šmátrat; g. (about) for sth hmatat po čem; g. about in the dark šmátrat ve tmě; g. one's way tápat ve tmě II vt sl g. sb *(touch sexually)* osahávat or omakávat koho ● n inf have a quick g. šáhnout si na ženu sexuálně

gross$_1$ [grəus] adj 1 *(person: coarse)* hrubý, nevychovaný, neotesaný, primitivní v chování; *(joke)* oplzlý, sprostý 2 *(repulsively fat)* obézní, otylý, vypasený 3 *(error)* hrubý, velký; *(injustice)* flagrantní, křiklavý, zřejmý, do očí bijící, do nebe volající; *(ignorance)* hrubý; Jur g. negligence hrubá nedbalost 4 Comm, Econ g. income hrubý příjem; g. weight hrubá váha, brutto váha; g. output hrubá výroba; g. national product hrubý národní důchod; in g. ve velkém, en gros ■ ~ly adv *(extremely)* nesmírně, velmi; be ~ly mistaken hrubě or hrozně se mýlit; be ~ly exaggerated být strašně přehnaný ● vt a) *(earn)* £25,000 g. vydělávat (celkem) 25000 liber hrubého b) *(of film etc)* celkem vynést

gross$_2$ [grəus] n (pl unchanged) veletucet 12 tuctů, 144 kusů

grotesque [grəut'tesk] adj groteskní, komický; *(idea)* podivínský; make g. faces pitvořit se ■ ~ly adv groteskně

grotto ['grotəu] n (pl ~s or ~es) jeskyně, sluj

grotty ['groti] adj (-ier, -iest) inf *(dirty)* špinavý; *(child)* ušmudlaný; *(room)* ubohý, mizerný; I feel g. inf *(unwell)* je mi blbě

grouch [grauč] vi inf *(complain)* bručet, vrčet, brblat, reptat ● n *(person)* bručoun, škarohlíd, bubák, mrzout

grouchy ['grauči] adj (-ier, -iest) inf mrzutý, bručavý, ubrblaný

ground$_1$ [graund] n 1 *(surface of the earth)* the g. země; above g. nad zemí; below g. pod zemí; sit on the g. sedět na zemi; fall to the g. spadnout na zem; fly close to the g. letět při zemi ♦ burn to the g. lehnout popelem, vyhořet do základů; cut the g. from under sb's feet fig vzít komu půdu pod nohama; get off the g. *(plane)* odlepit se od země; fig *(scheme, project etc)* rozběhnout se; have one's feet on the g. stát pevně na zemi; he worships the very g. she walks on dívá se na ni jako na svatý obrázek; snesl by jí modré z nebe; prepare the g. for sb/ sth připravit pro koho/ co půdu; raze a town to the g. srovnat město se zemí; run oneself into the g. uběhat se k smrti; run sb to g. *(criminal)* dopadnout koho; that suits me down to the g. to mi naprosto vyhovuje; they are thin on the g. je jich pomálu ■ g. floor přízemí; g. frost přízemní mráz 2 *(area)* pozemek, území, plocha, terén; common g. styčná plocha, styčný bod; **football g.** fotbalové hřiště; **landing g.** přistávací plocha; **neutral g.** neutrální půda; **parade g.** Mil cvičiště; **sports g.** sportovní hřiště; **sb's stamping g.** něčí rajón or revír, oblíbená kavárna etc ♦ **break new g.** vykonat pionýrskou práci, přijít s něčím novým; **contest every inch of the g.** bojovat o každou píď země; **gain g.** *(new methods* etc*)* začít se uplatňovat; **hold one's g.** ubránit se, nedat se; **lose g.** ztrácet půdu pod nohama ■ **g. crew** Naut pozemní personál; **g. rules** základní pravidla **3** *(soil)* půda; **marshy g.** bahnitá půda; **stony g.** kamenitá půda ♦ **breeding g.** živná půda; **a breeding g. of diseases** semeniště nemocí; **firm g.** lit & fig pevná půda (pod nohama); **fall on fertile g.** fig padnout na úrodnou půdu; **fall on stony g.** padnout na neúrodnou půdu **4** *(background)* pozadí; **on a white g.** na bílém pozadí **5** Amer El uzemnění **6 grounds a)** *(large area)* **hunting ~s** loviště, honební revír; **fishing ~s** loviště ryb ♦ **happy hunting ~s** věčná loviště **b)** *(gardens)* zahrady, pozemky; *(gardens and buildings)* areál **c)** *(justification)* důvod, motiv; **on the ~s of ill health, on health ~s** ze zdravotních důvodů; **on what ~s?** z jakého titulu?, proč? **d) coffee ~s** kávová sedlina ● **I** vt **1** *(ship)* najet s lodí na dno; *(aircraft)* **be ~ed** nemít povolený start; fig Amer *(of teenagers)* mít domácí vězení **2** Amer Elec uzemnit **3 g. sth on sth** *(beliefs, arguments* etc*)* založit co na čem **4 g. sb in sth** *(teach)* dát komu dobré základy v čem; **be well ~ed in arithmetic** mít dobré základy z aritmetiky **II** vi *(of ship)* uváznout na mělčině, ztroskotat

ground$_2$ [graund] pt & pp of **grind** ● adj *(coffee;* Amer *meat)* mletý; **g. glass** matované sklo

groundhog ['graundhog] n Zool svišť stepní ■ **G. Day** Amer Hromnice 2. únor

grounding ['graundiŋ] n **1** *(of aircraft)* zákaz startu; *(of ship)* uváznutí na mělčině **2** *(basic knowledge)* základní průprava; **have a good g. in sth** mít v čem dobrou průpravu, mít dobré základy čeho

groundless ['graundləs] adj bezdůvodný, bezpředmětný, neodůvodněný; **g. fear** bezdůvodné or plané obavy

groundnut ['graundnat] n Bot podzemnice olejná, arašíd, burský oříšek

groundsheet ['graundši:t] n *(in tent)* stanová podlážka

groundsman ['graundzmən] n (pl **-men**) správce hřiště

groundwork ['graundwə:k] n přípravné práce (**for sth** na něco); **do the g.** fig připravit terén

group [gru:p] n skupina, kolektiv; **age g.** věková skupina or kategorie; **banking g.** sdružení bank; **blood g.** Med krevní skupina; **ethnic g.** národnostní skupina; **pressure g.** Pol nátlaková skupina; **parliamentary g.** parlamentní frakce; **theatre g.** divadelní skupina; **a g. of companies** koncern; **a g. of islands** souostroví; **a g. of three/ five** trojice/ pětice; **a small g. of people** malý hlouček lidí, skupinka lidí ■ **g. therapy** skupinová terapie ● **I** vt **g. (together)** *(people, things)* seskupit, shromáždit **II** vi seskupit se, shromáždit se; **g. together around sb** shromáždit se kolem koho

groupie ['gru:pi] n sl zanícená obdivovatelka zvl. populárních zpěváků jezdící se skupinou

grouse$_1$ [graus] n Orn tetřev; **red g.** kur skotský

grouse$_2$ [graus] vi inf vrčet, bručet, brblat, reptat; **g. at sb** vrčet na koho ● n inf stížnost, nářky, stesky

grouser ['grausə(r)] n **old g.** starý mrzout, mrzutý pavouk, medvěd bručoun

grout [graut] n Build cementová kaše, zálivková malta

grove [grəuv] n háj, lesík

grovel ['grovl] vi (**-ll-**; Amer **-l-**) **g. at sb's feet** padat komu k nohám, klanět se komu, plazit se před kým; fig **g. to sb** šplhat u koho, lézt komu do zadku, podlézat komu

groveller ['grovələ(r)] n patolízal

grovelling, Amer **groveling** ['grovəliŋ] adj servilní, patolízalský, ponížený ● n patolízalství, podlízavost, ohnutý hřbet

grow [grəu] v (pt **grew** [gru:], pp **~n** [grəun]) **I** vt *(flowers, vegetables, fruit, cotton* etc*)* pěstovat; **g. a beard** nechat si or dát si narůst vousy **II** vi **1** *(person, baby)* růst, vyrůst; *(plants)* růst; dařit se čemu, vyskytovat se kde; **g. to manhood** vyrůst or dospět v muže; **he has ~n tall** velmi vyrostl; **haven't you ~n!** tys ale vyrostl!; **g. in size** zvětšovat se; **g. profusely** *(weeds)* bujet, rozbujet se; **g. like mad** inf růst jako z vody, růst před očima; **money doesn't g. on trees** peníze nerostou na stromě ♦ **hear the grass g.** fig slyšet trávu růst; **not to let the grass g. under one's feet** nelenit **2** *(become)* **g. cold/ lazy/ sad/ old** ochladnout/ zlenivět/ zesmutnět/ zestárnout; **g. stronger** zesílit; **g. bitter** roztrpčit se; **g. accustomed to sth** navyknout si na co; **g. fond of sb** oblíbit si koho; **g. tired of sth** zprotivit si co; **g. weary** zmalátnět **III** phr vs ■ **grow apart** vi *(of people)* vzdalovat se jeden druhému ■ **grow away from**

vt **g. away from sb** vzdalovat se komu ▪ **grow into** vt **1 g. into a man** zmužnět; **she grew into a lovely woman** vyrostla z ní krásná žena **2** *(clothes)* dorůst do čeho ▪ **grow on** vt no pass **it ~s on you** člověk si na to (časem) zvykne; *(of piece of music, town, book* etc*)* člověku to přiroste k srdci ▪ **grow out of** vt **1** *(clothes)* vyrůst z čeho, odrůst čemu; *(habits)* zbavit se čeho; **he'll g. out of it** *(phase)* on z toho vyroste **2** *(interest in sth* etc*: arise from)* vyrůst z čeho ▪ **grow up** vi *(become adult)* dorůst/ dorůstat, dospět/ dospívat; **she grew up to be a beautiful girl** vyrostla z ní krásná dívka; **we grew up together** vyrůstali jsme spolu; **oh, g. up!** nebuď jako dítě!, nebuď (jako) malý!

grower ['grəuə(r)] n **1** pěstitel, šlechtitel; *(often in compounds)* **wine-g./ fruit-g./ vegetable-g.** vinař/ pěstitel ovoce, ovocnář, sadař/ pěstitel zeleniny **2** *(of plants)* **be a fast/ slow g.** růst rychle/ pomalu

growing ['grəuiŋ] adj *(increasing)* rostoucí, vzrůstající, zvyšující se; **g. pains** potíže růstu; **g. season** vegetační období

growl [graul] vi *(dog)* vrčet; *(bear;* fig *person)* bručet, mručet; **g. at sb** *(dog,* fig also *person)* zavrčet na koho ● n zavrčení, zamručení

grown [grəun] pp of **grow** ● adj attr dospělý

grown-up ['grəunap] adj dospělý; **when I am g.-up** až vyrostu; **his g.-up son** jeho dospělý or velký syn ● n dospělý/ -á; **the g.-ups** dospělí

growth [grəuθ] n **1** *(process of growing)* růst; *(increase* also*)* vzrůst, nárůst, vzestup; *(development)* rozvoj; **mushroom g.** překotný růst ▪ **g. rate** tempo růstu; Med **g. hormone** růstový hormon **2** *(plants)* porost; *(result of growing)* přírůstek; **yearly g.** roční přírůstek; **a two days' g. of beard** dvoudenní porost vousů **3** Med *(tumour)* nádor; **a malignant g.** zhoubný nádor

groyne [groin] n pobřežní ochranná hráz, vlnolam

grub [grab] n **1** *(larva)* ponrava, larva **2** sl *(food)* jídlo, bašta, žranice; **g.'s up!** jídlo je na stole ● **I** vi **g. (about** or **around) in sth** *(searching)* hrabat se v čem, vrtat se v čem; fig **g. around in the library** hrabat se v knihovně **II** phr v ▪ **grub up** vt inf vyhrabat něco

grubbiness ['grabinəs] n ušpiněnost, ušmudlanost

grubby ['grabi] adj ušpiněný, ušmudlaný; **have a g. neck** mít krk jako botu

grudge [gradž] n nevraživost, zášť, zloba, nenávist; **have a g. against sb, bear sb a g.** nevražit na koho, mít na koho pifku, chovat ke komu zášť; **I bear him no g.** já se na něho nezlobím, já mu to nemám za zlé ● vt **1** *(envy)* **g. sb sth** někomu něco nepřát, závidět komu co; **I don't g. him his success** já mu jeho úspěch nezávidím **2** *(resent)* **I g. doing it** je mi to proti mysli, dělám to se sebezapřením

grudging ['gradžiŋ] adj *(admission)* zdráhavý ▪ **~ly** adv *(do sth: obey)* zdráhavě, nerad, s nechutí; **praise sb ~ly** chválit koho na půl úst

gruel ['gru:əl] n Cook řídká ovesná kaše

gruelling, Amer **grueling** ['gru:əliŋ] adj namáhavý, vysilující; *(job* also*)* úmorný; *(climb, march)* zničující; *(pace)* vražedný, zničující; **give sb a g. time** *(at an examination)* zkoupat koho u zkoušky

gruesome ['gru:səm] adj (hrůzo)strašný, (ú)děsný, příšerný, strašlivý

gruff [graf] adj *(manner)* strohý, nevlídný; *(person* also*)* skoupý na slovo; *(voice)* drsný, hrubý, chraplavý ▪ **~ly** adv nevlídně, stroze; *(answer* etc also*)* zhurta

grumble [grambl] vi **1** *(complain)* stěžovat si (**about sth** na co), hubovat, láteřit, reptat, nadávat; expr mručet, brumlat, vrčet **2** *(of gunfire)* dunět, *(thunder)* burácet ● n **1** *(complaining)* reptání, hubování; mručení, brumlání; **have a g. about sth** ponadávat si na co **2** *(of guns)* dunění; *(of thunder)* rachocení

grumbler ['gramblə(r)] n reptal, kverulant, nespokojenec, mrzout

grumbling ['grambliŋ] adj kverulantský; *(cantankerous)* mrzoutský; **g. appendix** podráždění slepého střeva

grumpy ['grampi] adj nabručený, nevrlý, nerudný, podrážděný; **be g.** brblat, vrčet; **a g. person** morous, bručoun; **be as g. as a bear with a sore head** bručet jako stará basa, mít mouchy ▪ **grumpily** adv nevrle, podrážděně

grunt [grant] **I** vi *(pig)* (za)chrochtat; *(person)* zabručet; *(with pain)* (za)sténat; *(with exertion)* hekat **II** vt **g. sth** něco zabručet or zavrčet ● n *(of pig)* zachrochtání; *(of person)* zabručení; *(of pain)* zasténání; *(of exertion)* heknutí

gryphon ['grifən] n see **griffin**

guarantee [gærən'ti:] n **1** *(document)* záruka, záruční list; **a year's g.** roční záruka; **the camera is still under g.** fotoaparát je stále ještě v záruce **2** *(person)* garant, ručitel **3** fig inf *(promise)* **there's no g. that ...** není nikterak jisté, že ..., není zaručeno, že ...; **you have my g. that ...** máte můj slib, že ..., zaručuji se vám, že ... **4** *(security)* zástava, kauce ● vt **1** *(promise)* zaručit, garantovat; **I can't g. that he'll do it** nemohu zaručit, že to udělá; **this watch is ~d for a year** na tyto hodinky je roční záruka **2** Jur **g. sth** *(sb's debts* etc*)* ručit na co komu, být ručitelem

guarantor [gærən'to:(r)] n ručitel, fml garant

guard [ga:d] n **1** Mil hlídka, stráž; *(guardsman)* hlídka, stráž; **border g.** hraničář; **advance g.** předsunutá hlídka, předvoj; **the old g.** stará garda; **g. of honour** čestná stráž; **the Guards** Br garda panovníka; **the changing of the g.** výměna stráží **2** Amer **(prison) g.** vězeňský dozorce **3 (security) g.** hlídač domu, továrny ap. **4** Br Rail průvodčí **5** *(watch)* **a)** Mil etc stráž; **stand on g.** stát na stráži; **keep** or **mount** or **stand g. over sb** hlídat koho ■ **g. dog** hlídací pes; **g. duty** strážní služba **b)** *(watchfulness)* Sport střeh, obranný postoj; fig **be on one's g.** mít se na pozoru, být ve střehu, být bdělý; **be caught off g.** dát se zaskočit; **drop one's g.** fig přestat si dávat pozor, polevit v bdělosti **6** *(device)* chránič; **face g.** chránič obličeje, ochranná maska, šermířská kukla; *(on sword)* koš ● **I** vt **1** *(protect)* hlídat, střežit, chránit (**from sb/ sth** před kým/ čím), ochraňovat **2** *(watch) (prisoners)* střežit, hlídat; *(child)* hlídat, opatrovat, dohlížet na; **g. one's tongue** dávat si pozor na jazyk; **g. one's reputation** dbát na svou pověst **II** phr v ■ **guard against** vt **g. against sth** dávat si pozor na co aby se něco nestalo, vystříhat se čeho, chránit se před čím

guarded ['ga:did] adj **1** *(in speech)* opatrný, rezervovaný, obezřelý **2** *(prisoner, building)* hlídaný ■ **~ly** adv *(answer)* opatrně, zdrženlivě

guardhouse ['ga:dhaus] n (**-houses** [-hauziz]) n Mil **1** *(room)* strážnice **2** *(prison)* vězení

guardian ['ga:diən] n **1** *(protector)* ochránce (**of law and order** veřejného pořádku) ■ **g. angel** anděl strážný, strážný anděl, anděl strážce; **g. spirit** dobrý duch **2** Jur *(of a minor)* poručník/ poručnice

guardrail ['ga:dreil] n zábradlí

guardsman ['ga:dzmən] n (pl **-men**) Mil gardista

Guatemala [gwa:tə'ma:lə] n Guatemala

Guatemalan [gwa:tə'ma:lən] adj guatemalský ● n Guatemalec/ Guatemalka

guelder rose ['geldərəuz] n Bot kalina

guer(r)illa [gə'rilə] n partyzán ■ **g. warfare** partyzánská válka; fig pej **g. tactics** partyzánský postup, partyzánština rázný postup bez ohledu na předpisy

guess [ges] n dohad, domněnka, předpoklad; *(estimate)* odhad, inf tip; **at a g.** odhadem; **at a rough g.** zhruba, orientačně; **have** or **make a g.** hádat; **make wild ~es** namátkou hádat, inf (vy)cucat si něco z malíčku, fig střílet od boku; **it's anybody's g.** to se ještě neví, to ještě není známo; **my g. is that ...** já si myslím, že ..., já předpokládám, že; **your g. is as good as mine** *(I don't know)* vím toho právě tolik, jako vy; **I'll give you three ~es** můžete hádat třikrát ● **I** vt **1** *(surmise)* hádat, dovtípit se; *(estimate)* odhadovat/ odhadnout, tipovat; **g. sb's age** hádat, jak je někdo starý, *(estimate correctly)* uhodnout or uhádnout, jak je někdo starý; **I'd g. his age at 50** já bych mu hádal 50; **you can easily g. the rest** ostatní si můžete snadno domyslit ♦ **g. what?** víte, co je nového? **2 g. a riddle** uhodnout or rozluštit hádanku **3** Amer *(suppose)* domnívat se, myslet si, předpokládat; **I g. you are right** asi máte pravdu **II** vi hádat, domýšlet se; **g. right/ wrong** hádat správně/ špatně or nesprávně; **g. at sb's age** hádat, kolik je někomu let; **keep sb ~ing** udržovat koho v nejistotě (**about sth** o čem)

guesstimate ['gestimət] n inf hrubý odhad, odhad od oka; **by g.** od oka, podle oka; inf baj vočko*

guesswork ['geswə:k] n dohady; **by g.** od oka, podle oka; inf baj vočko*; **it's pure g.** to jsou pouhé dohady

guest [gest] n host, návštěvník; **distinguished g.** vzácná návštěva; **paying g.** ≅ nájemník; **uninvited g.** nezvaný host; **wedding g.** svatebčan; **g. of honour** čestný host ♦ **be my g.** inf poslužte si, prosím ■ **g. appearance** pohostinské vystoupení

guesthouse ['gesthaus] n penzion, ubytovací hostinec

guestroom ['gestru:m] n pokoj pro hosty

guffaw [ga'fo:] n pej řehot, chechtot, ryčný smích ● vi rozřehtat se, rozchechtat se

Guiana [ga'ja:nə] n Guayana

guidance ['gaidəns] n *(leadership, direction)* vedení, řízení; **vocational g.** Educ poradenství pro volbu povolání; **turn to sb for g.** obrátit se na koho s žádostí o radu; **for your g.** pro vaši informaci

guide [gaid] n **1** *(leader)* vedoucí; *(for tourists)* průvodce; *(adviser)* rádce; **a Czech g.** *(for tourists)* průvodce v češtině; **act as sb's g.** dělat komu průvodce **2** fig *(indication, directing principle)* vodítko, opěrný bod; **be a good g. for sth** být dobrým vodítkem pro co **3 g. to sth a)** *(guidebook)* průvodce po čem or čím; **a g. to London** průvodce Londýnem **b)** *(handbook)* úvod do čeho, základy čeho **c) TV and Radio G.** přehled televizních a rozhlasových pořadů **4 guide** *(Girl G.)* Br skautka ● vt **1** *(blind person)* vést/ vodit; *(discussion)* řídit; *(plane)* navádět **2** *(to influence) (sb's behaviour, education, reading* etc*)* usměrňovat; **be ~d by sth** řídit se čím; **be ~d by one's conscience** řídit se svým svědomím

guidebook ['gaidbuk] n průvodce kniha

guide dog ['gaiddog] n vodicí pes, slepecký pes

guided ['gaidid] adj **1** Mil **g. missile** řízená střela **2 a g. tour of Prague** prohlídka Prahy s průvodcem

guideline ['gaidlain] n směrnice, vodítko; **serve as a g.** sloužit jako vodítko; **the main ~s for economic development** hlavní směrnice pro ekonomický rozvoj

guiding ['gaidiŋ] adj vůdčí, řídící; **g. figure** směrné číslo; **g. principle** základní princip, opěrný bod, devíza; **g. star** vůdčí hvězda

guild [gild] n **1** Hist cech **2** *(association)* sdružení, společenství, asociace

guilder ['gildə(r)] n; holandský gulden

guile [gail] n *(cunning)* lstivost, úskočnost, záludnost; **be without g.** být bezelstný

guileful ['gailful] adj lstivý, úskočný, záludný

guileless ['gailləs] adj bezelstný, naivní

guillotine ['gilәti:n] n **1** *(for execution)* gilotina **2** *(for cutting paper)* řezací stroj or řezačka na papír **3** Parl omezení parlamentní debaty ● vt **1** *(execute)* popravit or stít gilotinou **2** *(paper)* ořezávat, řezat na řezačce **3** Parl *(bill)* zkrátit parlamentní debatu o čem

guilt [gilt] n vina; **admit** or **confess one's g.** doznat svou vinu; **feelings of g.** pocit viny ■ **g. complex** komplex viny

guilty ['gilti] adj (**-ier, -iest**) vinen, vinný (**of sth** čím); **a g. look** provinilý pohled; **not g.** nevinen, nevinný; **find sb g.** přisoudit komu vinu, shledat koho vinným; **have a g. conscience** mít špatné svědomí; Jur **plead g./ not g.** přiznat (svou) vinu, přiznat se/ prohlásit svou nevinu

Guinea ['gini] n Guinea

guinea$_1$ ['gini] n Br formerly guinea 21 šilinků, nyní 1,05 libry

guinea$_2$ ['gini] n **g. fowl** Zool perlička; **g. pig** Zool morče; fig pokusný králík; **be a g. pig** fig být pokusným králíkem

Guinean ['giniәn] adj guinejský ● n Guinejec/ Guinejka

guise ['gaiz] n *(outward appearance)* podoba; *(disguise)* převlečení, převlek; fig rouška, maska, pláštík; **in a different g.** fig v jiném or novém rouše, v jiné podobě or úpravě např. o nové inscenaci díla; **under the g. of friendship** pod rouškou or maskou přátelství

guitar [gi'ta:(r)] n kytara; sl sladké dřevo; **play the g.** hrát na kytaru; **strum a g.** brnkat na kytaru

guitarist [gi'ta:rist] n Mus kytarista

gulch [galč] n Amer rokle, strž

gulf [galf] n **1** lit záliv, zátoka; **the G. Stream** Golfský proud; **the G. of Mexico** Mexický záliv; **the (Persian) G.** Perský záliv **2** fig *(difference)* rozdíl; **a huge g. between A and B** nebetyčný rozdíl mezi A a B

gull$_1$ [gal] n racek; **black-headed g.** racek chechtavý

gull$_2$ [gal] vt dated obelstít; **g. sb out of his money** vylákat na kom (lstí) peníze ● n dated hejl, kavka, lehkověrný hlupák

gullet ['galit] n Anat jícen, hltan; *(throat)* hrdlo ♦ **it sticks in my g.** fig je mi to proti mysli, leží mi to v žaludku, nemohu to překousnout

gullibility [galә'bilәti] n důvěřivost, lehkověrnost, naivnost

gullible ['galәbl] adj lehkověrný, důvěřivý, naivní

gully ['gali] n *(narrow channel formed by rainwater)* strouha

gulp [galp] n doušek, hlt, lok; **at** or **in one g.** jedním douškem or lokem, na jeden doušek; **take a g. of sth** loknout si čeho ● **I** vt also **g. down** *(food)* spolknout, slupnout; *(liquid)* vylokat, hodit do sebe; **g. down a cup of tea** hodit do sebe čaj **II** vi polknout, polykat; **g. for air** lapat po dechu

gum$_1$ [gam] n Anat dáseň

gum$_2$ [gam] n **1** *(resin)* pryskyřice, klovatina, guma; *(adhesive)* lepidlo; **g. arabic** arabská guma **2** *(gum tree)* gumovník **3** *(chewing g.)* žvýkací guma, žvýkačka **4** *(gumdrop)* bonbónové želé ● **I** vt (**-mm-**) *(spread g. on)* natřít lepidlem, pogumovat; *(stick together)* slepit **II** phr v ■ **g. sth up** zalepit, slepit ♦ **g. up the works** fig všechno zbabrat

gumboil ['gamboil] n Med absces pod dásní, parulis

gumboot ['gambu:t] n gumák bota

gummed [gamd] adj *(label)* (na)gumovaný, nakližený

gummy ['gami] adj (**-ier, -iest**) gumovitý, pryžovitý; *(sticky)* lepivý, lepkavý

gumption ['gampšn] n Br inf zdravý rozum, filip; *(resourcefulness)* vynalézavost, prozíravost; **use your g.** přemýšlej trochu

gum tree ['gamtri:] n Bot gumovník ♦ **be up a g. t.** Br inf být v nesnázích, být v úzkých

gun [gan] n **1** *(handgun)* revolver,

pistole, inf bouchačka; *(rifle)* puška, inf flinta; *(cannon)* dělo, kanón; **submachine g.** automat, samopal; **machine g.** kulomet; **sporting g.** lovecká puška; **carry a g.** být ozbrojen, mít u sebe zbraň; **fire a g.** vystřelit; **point a (loaded) g. at sb** namířit na koho; fig činit na koho velký nátlak; **reach for a g.** sáhnout po zbrani ♦ **stick to one's ~s** být neústupný, trvat na svém, hájit své, neustoupit ani o píď; **he is going great ~s** inf *(of work)* výborně se mu to daří, jde mu to jedna radost ■ **g. cotton** střelná bavlna; **g. shot** střelná rána 2 Sport *(starter's g.)* **the g.** startovní výstřel; **jump the g.** předčasně startovat 3 Techn **spray g.** stříkací pistole; **grease g.** mazací lis or pistole 4 *(huntsman)* lovec, nimrod; Amer *(gunman)* pistolník ■ **g. dog** lovecký pes 5 **big g.** fig inf *(important person)* velké zvíře ● v **(-nn-)** I vt also **g. down** *(person)* inf složit; *(people)* postřílet, pokosit II vi 1 **be ~ning for sb** lit & fig jít po kom, fig mít na koho spadeno 2 Amer inf **g. for sth** usilovat o co; **g. for presidency** ucházet se energicky o prezidentskou hodnost

gunboat ['ganbəut] n dělový člun ■ **g. diplomacy** fig „diplomacie dělových člunů"

gun carriage ['gankæridž] n dělová lafeta

gunfight ['ganfait] n přestřelka

gunfire ['ganfaiə(r)] n střelba z děl(a)

gunman ['ganmən] n (pl **-men**) pistolník, ozbrojený gangster

gunner ['ganə(r)] n Br Mil dělostřelec; *(in the British Navy)* velitel baterie

gunnery ['ganəri] n dělostřelectví

gunpoint ['ganpoint] n **at g.** s pistolí na spánku

gunpowder ['ganpaudə(r)] n střelný prach

gunrunner ['ganranə(r)] n pašerák zbraní

gunrunning ['ganraniŋ] n pašování zbraní, černý obchod se zbraněmi

gunship ['ganšip] n bojová helikoptéra

gunshot ['ganšot] n výstřel, střelná rána ■ **g. wound** střelná rána zranění

gunsmith ['gansmiθ] n zbrojíř, výrobce ručních zbraní

gurgle ['gə:gl] n 1 *(of liquid)* bublání, klokot(ání), *(of stream* also*)* zurčení 2 *(of baby)* žvatlání, pobrukování ● vi *(liquid)* bublat, klokotat, *(stream* also*)* zurčet; *(baby)* žvatlat, broukat si, pobrukovat (si)

gurgling ['gə:gliŋ] adj *(stream* etc*)* bublající, klokotající, zurčící; *(baby)* žvatlající, broukající

guru ['guru:; 'gu:ru:] n *(in India)* guru; *(spiritual leader)* guru, duchovní otec

gush [gaš] n *(of liquid)* proud, příval, vytrysknutí; *(of flames)* šlehl; *(of words)* příval, záplava; *(of anger)* výbuch; *(of emotion)* výlev ● I vi 1 also **g. out** *(of liquid)* tryskat, řinout se, téci v proudech, silně prýštit, *(under pressure)* stříkat; *(of smoke, lava, curses)* chrlit; *(flames)* šlehat; **tears ~ed from her eyes** z očí se jí řinuly slzy 2 fig **g. over sb/ sth** fig rozplývat se nad kým/ čím II vt stříkat, chrlit; **g. water/ oil** etc stříkat or chrlit vodu/ naftu

gushing ['gašiŋ] adj 1 *(liquid)* tryskající, stříkající, chrlící 2 *(person)* přemrštěný, exaltovaný ■ **~ly** adv přemrštěně, exaltovaně

gusset ['gasit] n Sew klínek

gust [gast] n 1 *(of wind)* poryv, silný závan, nápor; **a g. of rain** náhlá přeháňka, krátký liják 2 fig *(of emotion)* příval, nával, citové vzplanutí; *(of temper)* záchvat; *(of laughter)* salva

gusto ['gastəu] n gusto, verva; **with enormous g.** s obrovskou vervou; **do sth with g.** udělat něco s gustem

gusty ['gasti] adj **(-ier, -iest)** *(weather)* bouřlivý; *(wind)* nárazový, nárazovitý; *(day)* větrný ■ **gustily** adv *(blow)* v poryvech ● vi *(of wind)* foukat v prudkých poryvech

gut [gat] n 1 *(intestine)* střevo; **large/ small g.** tlusté/ tenké střevo 2 *(organs of the abdomen)* **guts** vnitřnosti, útroby; **a pain in the ~s** inf bolesti břicha ♦ **hate** or **loathe sb's ~s** inf nenávidět koho do morku kosti, nemoci koho ani cítit; mít koho plné zuby, nemoci koho vystát; **slog** or **sweat one's ~s out** inf dřít jako mezek, dřít se do úpadu; **bust a g.** sl zedřít se k smrti; **I'll have his ~s for garters** já ho zpucuju, já si ho podám, ten něco uvidí, ten si to ode mne schytá; **a g. reaction** instinktivní reakce 3 *(stomach)* břicho, pej pupek; **beer g.** pivní mozol 4 **greedy ~s** inf *(person)* nenažranec 5 **guts** inf *(essence: of problem* etc*)* jádro, podstata 6 **~s** *(courage)* odvaha, kuráž, elán; **have ~s** inf být odvážný, nebát se 7 *(for violin, rackets)* struna ze střeva; Med catgut ● vt **(-tt-)** 1 *(animal)* vyvrhnout, vykuchat 2 **fire ~ted the house** dům vyhořel do základů

gutless ['gatləs] adj fig inf zbabělý

gutsy ['gatsi] adj **(-ier, -iest)** inf *(brave)* odvážný, kurážný; *(determined)* energický

gutta-percha [gatə'pə:čə] n Techn gutaperča

gutter ['gatə(r)] n *(in street)* kanál, stoka, *(open)* strouha; *(on roof)* okap, okapová roura ♦ **end up in the g.** skončit pod mostem; **drag sb's name through the g.** vláčet koho bahnem, špinit koho ■ **g. press** bulvární or senzacechtivý tisk ● vi *(candle)* blikotat, blikat

guttersnipe ['gatəsnaip] n uličník, spratek

guttural ['gatərəl] adj Phon gutturální, hrdelní

guv [gav] n also **guvnor**, **governor** sl *(boss)* šéf, starý, boss; dated *(father)* otec, inf fotr

guy$_1$ [gai] n esp Amer chlapík, chlap, kluk; **a great guy** obdivuhodný or báječný chlapík, ohromný člověk, pašák, borec; **a tough guy** ostrý hoch, tvrdý chlapík

guy$_2$ [gai] n *(rope)* přídržné lano

Guyana [gai'ænə] n Guayana

Guyanese [gaiə'ni:z] adj guayanský ● n Guayanec/ Guayanka, Guayaňan/ -ka

guzzle [gazl] vt, vi *(eat)* cpát se čím, přejídat se, žrát; *(drink)* chlastat, nalívat se; *(car)* inf hodně žrát; **g. beer** chlastat pivo, lít do sebe pivo

guzzler ['gazlə(r)] n nenažranec, nenasyta

gym [džim] n inf **1** *(gymnasium)* tělocvična **2** *(gymnastics)* tělocvik, gymnastika ■ **gym shoes** cvičky

gymkhana [džim'ka:nə] n gymkhána zábavné soutěže v jízdě na koni nebo na motocyklu

gymnasium [džim'neiziəm] n (pl **~s**, or **gymnasia**) tělocvična

gymnast ['džimnæst] n gymnasta, cvičenec

gymnastic [džim'næstik] adj gymnastický, tělocvičný

gymnastics [džim'næstiks] adj gymnastika, tělocvik; **apparatus g.** cvičení na nářadí; **mental g.** duševní gymnastika; **verbal g.** slovní ekvilibristika

gynaecological, Amer **gynecological** [gainikə'lodžikl] adj Med gynekologický

gynaecologist, Amer **gynecologist** [gaini'kolədžist] n Med gynekolog, ženský lékař

gynaecology, Amer **gynecology** [gaini'kolədži] n Med gynekologie, ženské lékařství

gyp [džip] n Br inf **give sb gyp** setřít koho, seřvat koho; *(of aching tooth, leg etc)* trápit koho, zlobit koho

gypsum ['džipsəm] n sádra; Min sádrovec

gypsy ['džipsi] n cikán/ -ka now pej, Rom ● adj cikánský; romský

gyrate [džai'reit] vi kroužit, otáčet se

gyration [džai'reišn] vi kroužení, otáčení, krouživý pohyb

gyratory ['džairətəri] adj otáčivý, krouživý

gyrocompass ['džairəukampəs] n gyrokompas, gyroskopický or setrvačníkový kompas

gyroscope ['džairəskəup] n Techn gyroskop

gyroscopic [džairə'skopik] adj Techn gyroskopický

gyrostat ['džairəstæt] n Techn gyrostat

H

H, h [eič] n **1** *(letter)* H, h **2** **drop one's h's** nevyslovovat hlásku 'h'

H abbr of **hydrogen** H, vodík

h abbr of **hour(s)** hod., hodin(a)

ha [ha:] interj cha

haberdasher ['hæbədæšə(r)] n dated **1** Br obchodník s galanterním zbožím **2** Amer obchodník s pánskými doplňky

haberdashery ['hæbədæšəri] n **1** Br galanterie, obchod s galanterním zbožím **2** Amer obchod s pánskými doplňky

habit ['hæbit] n **1** *(set practice)* zvyk, návyk; **good h.** dobrý zvyk; **bad h.** zlozvyk, nemrav, špatný návyk; **unfortunate h.** nešťastný zvyk; **force of h.** síla zvyku; **out of (force of) h.** ze zvyku, ze setrvačnosti; **as was his h.** jak měl ve zvyku; **acquire the h. of smoking** navyknout si kouřit; **be in the h. of doing sth** mít něco ve zvyku; **get out of the h. of doing sth** odvyknout si co; **get** or **fall into the h. of doing sth** navyknout si co (dělat); **form a h.** vypěstovat si návyk; **give up a bad h.** zbavit se zlozvyku; **make a h. of sth** dělat něco pravidelně, zvyknout si něco dělat **2** *(garment)* řeholní hábit; **monk's h.** mnišská kutna

habitable ['hæbitəbl] adj *(house* etc*)* obyvatelný

habitat ['hæbitæt] n Bot, Zool habitat, místo výskytu, domov zvířat

habitation [hæbi'teišn] n bydlení, obývání; *(place)* obydlí; **unfit for human h.** nevhodné pro obývání

habit-forming ['hæbitfo:miŋ] adj *(drugs)* návykový

habitual [hə'bičuəl] adj **1** *(customary)* obvyklý, běžný **2** *(constant)* neustálý, stále se opakující; **her h. moaning** její neustálé nářky **3** *(liar, drinker)* notorický; **h. offender** recidivista ■ **~ly** adv obvykle, obyčejně, zpravidla

habituate [hə'bitjueit] vt fml **h. sb/ oneself to (doing) sth** navyknout or zvyknout koho/ si na co; **h. oneself to hard work** zvyknout si na těžkou práci

habitué [hə'bičuei] n fml stálý host, inf štamgast; *(of disreputable cinemas* etc*)* častý návštěvník

hack$_1$ [hæk] n **1** *(cut)* seknutí, zásek **2** *(kick)* kopnutí **3** *(cough)* suchý kašel ● **I** vt **1** *(cut)* sekat, rozsekávat; **h. sth to pieces** rozsekat něco na kusy; **he was ~ed to death** byl brutálně zavražděn sekerou, mačetou ap.; **h. one's way through the thicket** prosekat si cestu houštím **2** Ftb kopnout; **h. sb's shin** kopnout koho do holeně **II** vi **1** **h. at sth** seknout/ sekat do čeho **2** *(cough)* suše odkašlávat **3** Comput vetřít se do počítačového programu **III** phr vs ■ **hack about** vt *(text)* zkomolit ■ **hack down** vt *(tree)* porazit, skácet ■ **hack off** vt useknout, odseknout ■ **hack out** vt *(clearing)* vymýtit, vysekat ■ **hack up** vt *(wood)* rozsekat, rozštípat; *(body)* rozčtvrtit

hack$_2$ [hæk] n **1** *(hired horse)* nájemný kůň; *(for riding)* jízdní kůň; *(worn-out horse)* herka, starý kůň **2** pej *(literary h.)* pisálek, škrabal ■ **h. writer** literární nádeník **3** sl *(journalist)* žurnalista **4** Amer inf taxík ● vi **1** *(ride)* projíždět se krokem na koni **2** Amer inf jezdit s taxíkem

hacker ['hækə(r)] n Comput průnikář

hacking ['hækiŋ] adj *(cough)* suchý

hackles ['hæklz] n pl Orn peří na krku; *(of dog)* srst na krku ♦ **make sb's h. rise** inf naštvat koho, namíchnout koho; **make one's h. rise** inf namíchnout se, rozčílit se

hackney carriage [hækni'kæridž], **hackney cab** [hækni'kæb] n formerly *(horse--drawn)* fiakr, drožka; *(cab)* fml taxík

hackneyed ['hæknid] adj *(phrase, saying* etc*)* otřepaný, otřelý, banální

hacksaw ['hækso:] n pilka na kov

had [hæd] pt & pp of **have**

haddock ['hædək] n (pl unchanged or **~s**) *(fish)* treska skvrnitá, bachně

haemoglobin, Amer **hem-** [hi:mə'gləubin] n Biol hemoglobin

haemophilia, Amer **hem-** [hi:mə'filiə] n Med hemofilie, dědičná krvácivost

haemophiliac, Amer **hem-** [hi:mə'filiæk] n Med hemofilik

haemorrhage, Amer **hem-** ['hemәridž] n Med krvácení ● vi silně krvácet

haemorrhoids, Amer **hem-** ['hemәroidz] n pl Med hemoroidy

haft [ha:ft; hæft] n *(of axe)* topůrko, násada; *(of knife* etc*)* rukojeť

hag [hæg] n *(witch)* čarodějnice, ježibaba; *(ugly old woman)* babizna, stará škatule or rašple

haggard ['hægəd] adj *(tired)* přepadlý; *(face* also*)* ztrhaný

haggis ['hægis] n Scot Cook tlačenka z ovčích drobů vařených v ovčím žaludku s přidáním krupek

haggle ['hægl] vi *(bargain)* smlouvat, handrkovat se; **h. over** or **about the price of sth** smlouvat o cenu čeho

haggling ['hægliŋ] n smlouvání (**over, about** o)

hagiography [hægi'ogrəfi] n fml hagiografie, životopisy svatých

hag-ridden ['hægridn] adj fig *(worried)* utrápený, usoužený; *(atmosphere)* tíživý, tísnivý

Hague [heig] n **the H.** Haag

hah [ha:] interj **1** (expr *surprise)* ó!, ach!, aj! **2** (expr *laughter)* cha(cha)!

ha-ha$_1$ [ha:'ha:] interj (expr *laughter)* haha!, chacha!

ha-ha$_2$ ['ha:ha:] n příkop se zídkou nebo plotem oddělující pozemky

hail$_1$ [heil] n Meteor kroupy, krupobití; fig **a h. of blows** krupobití ran; **a h. of bullets** sprška or déšť střel; **a h. of stones/ curses** sprška kamenů/ nadávek ● **I** vi **it is ~ing** padají kroupy **II** phr v ■ **hail down** *I* vi *(of blows, stones, curses)* sypat se, pršet **II** vt **h. sth down on sb** *(blows, curses)* zasypat koho čím; *(curses* also*)* zahrnout koho čím

hail$_2$ [heil] interj arch **h.!** zdráv buď!, buď pozdraven!; RC **H. Mary** Zdrávas, Maria ● n **within h.** na doslech ● **I** vt *(call)* arch zavolat; **h. a taxi** now arch zastavit taxi, zavolat or přivolat (si) taxi **II** vi **h. from ...** *(originate)* pocházet z ...; *(ship)* mít kde mateřský přístav; **where do you h. from?** odkud pocházíte?

hail-fellow-well-met ['heilfeləuwel'met] adj důvěrný, familiární, přehnaně kamarádský; **be h.-f.-w.-m. with everyone** s každým se hned bratříčkovat, s každým si hned tykat

hailstone ['heilstəun] n kroupa ledová

hailstorm ['heilsto:m] n krupobití, bouře s krupobitím; **there is a h.** padají kroupy

hair [heə(r)] n **1** collect *(on human head)* vlasy, pej pačesy, chlupy; **bristly h.** štětinaté vlasy; **chestnut h.** kaštanové vlasy; **curly h.** kudrnaté vlasy; **grey h.** šediny; **grizzled h.** prokvetlé vlasy, prokvetlá hlava; **raven h.** havraní vlasy, vlasy černé jako havran; **tousled h.** rozcuchané vlasy, vrabčí hnízdo; **have silvery h.** mít vlasy or hlavu jako stříbro; **have fiery red h.** mít vlasy jako oheň; **have spiky h.** mít vlasy na ježka; **have a fine head of h.** mít bohaté vlasy, inf mít bujnou kštici; **comb one's h.** (roz)česat si vlasy, (na)česat se; **do one's h.** načesat se, učesat se; **do sb's h.** učesat koho; **cut sb's h.** ostříhat koho; **cut off sb's h.** ustříhnout komu vlasy; **dye one's h.** nabarvit si vlasy; **have one's h. cut** dát se ostříhat; **tear one's h.** rvát si vlasy; **tousle sb's h.** rozcuchat komu vlasy; **wash one's h.** umýt si vlasy or hlavu ♦ **get in sb's h.** inf lézt komu na nervy; držet se koho jako klíště; **get out of my h.** sl kliď se mi z očí; **his h. stood on end with fright** vlasy se mu naježily hrůzou; **keep one's h. on** inf zachovat si rozvahu, zůstat chladnokrevný; **let one's h. down** inf odvázat se, uvolnit se, vyvádět jako pominutý ■ **h. clip** sponka do vlasů; **h. conditioner** vlasový kondicionér; **h. curler** natáčka; **h. remover** depilační prostředek; **h. restorer** prostředek pro růst vlasů; **h. stylist** kadeřník; **h. tonic** vlasové tonikum **2** *(on body)* chlupy; *(total body h.)* ochlupení **3** *(individual h.)* vlas, vlásek; *(on body)* chlup, chloupek; **he found a h. in his soup** našel v polévce vlas ♦ **by a h.** or **by a h.'s breadth** o vlásek; **not a h. of his head will be harmed** nebude mu zkřiven ani vlásek na hlavě; **be within a h.'s breadth of dying** málem umřít; **not to turn a h.** ani nemrknout okem; **split ~s** hádat se o slovíčka, hledat na všem hnidy; **without turning a h.** s klidem Angličana **4** *(animal's h.)* collect chlupy, srst, ochlupení; *(of pig)* štětiny; **shed ~s** línat, ztrácet chlupy ♦ **you should take the h. of the dog that bit you** *(for a hangover)* to spraví další sklenička, čerta je třeba vyhnat ďáblem **5** *(for sofa, mattress* etc*)* žíně

hairband ['heəbænd] n stužka do vlasů

hairbrush ['heəbraš] n kartáč na vlasy

haircut ['heəkat] n ostříhání vlasů, zástřih vlasů, střih; **have a h.** dát se ostříhat

hairdo ['heədu:] n inf účes, úprava vlasů; **she has a new h.-do** má nový účes

hairdresser ['heədresə(r)] n *(for men)* holič; *(for women)* kadeřník; **h.'s (shop)** holičství, *(for women)* kadeřnictví; **h.'s salon** kadeřnictví

hairdrier, hairdryer ['heədraiə(r)] n fén, elektrický vysoušeč vlasů

hairgrip ['heəgrip] n spon(k)a do vlasů

hairless ['heələs] adj bezvlasý

hairline ['heəlain] n **1** *(of person)* linie vlasů; **his h. is receding** dělají se mu kouty **2** fig *(very thin line)* vlasová čára ■ **h. crack** vlasová prasklina or trhlina; **h. victory** vítězství jen o vlásek; **h. accuracy** dokonalá přesnost

hairnet ['heənet] n vlasová síťka

hair oil ['heəroil] n olej na vlasy

hairpiece ['heəpi:s] n příčesek, tupé

hairpin ['heəpin] n vlásnička, inf pinetka ■ **h. bend** Aut serpentina

hair-raising ['heəreiziŋ] adj hrůzyplný, děsný, nad čím vstávají vlasy hrůzou na hlavě; **a h.-raising experience** drastický zážitek, drasťák

hairsplitter ['heəsplitə(r)] n puntičkář, pedant

hairsplitting ['heəsplitiŋ] adj puntičkářský, pedantský ● n puntičkářství

hairspray ['heəsprei] n lak na vlasy

hairstyle ['heəstail] n účes, úprava vlasů

hairy ['heəri] adj (**-ier**, **-iest**) **1** vlasatý; *(chest, legs etc)* chlupatý; **be like a h. ape** být chlupatý jako opice **2** inf *(dangerous)* nebezpečný; *(frightening)* strašný, strašlivý, děsný

Haiti ['heiti, hai'i:ti] n Haiti

Haitian ['heišn] n Haiťan/ -ka ● adj haitský

halcyon ['hælsiən] adj poet **h. days** staré zlaté časy

hale [heil] adj **h. and hearty** zdravý a čilý

half [ha:f; Amer hæf] n (pl **halves** [ha:vz; Amer hævz]) **1** *(part)* půlka, polovina, polovice, polovička; **a good h.** dobrá polovina ♦ **my better h.** inf moje lepší polovička **2** Sport **a)** *(h. of a match)* půle, poločas; **the first/ the second h. of the match** první/ druhá půle or poločas zápasu **b)** *(h.-back)* halv, halvbek **3** *(half-price ticket)* poloviční (lístek), půlka **4** *(h. a pint)* půlpinta, *(of beer)* **a h.** malé pivo ● adj půl; **half an hour** půl hodiny; **h. a litre** půllitr; **h. a year** půl roku; **one and a h. kilos** půldruhého kila; **h. a dozen** půltuctu; **h. board** polopenze; **h. fare** poloviční jízdné; **h. measures** polovičatost; **h. an hour later** o půl hodiny později; **h. a loaf of bread** půl bochníku ♦ **h. a minute** or **second** chvilička; **I'll be ready in h. a minute** budu hned (připravený); **a good start is h. the battle** s chutí do toho a půl je hotovo; **celebrate h. a century** slavit padesátiny; **it's six of one and h. a dozen of the other** to je prašť jako uhoď, je to pěšky jako za vozem; **... and a half** obrovský, úžasný; **it is a lie and a h.** to je lež jako věž, je to do nebe volající lež; **go halves with sb** jít s kým napůl ● indef pron *(of quantity)* polovina, půlka; **h. of the children** polovina dětí; **h. of them** polovina z nich; **less by h.** o polovinu méně; **he has done h. of Europe in a week** zcestoval půl Evropy za týden ♦ **be too clever by h.** být až moc chytrý; **not to do things by halves** nedělat nic polovičatě ● adv zpola, napůl, napolo, polo; **h. ... h. ...** zpola ... zpola ...; **h. human, h. animal** zpola člověk, zpola zvíře; **h. finished** zpola hotový; **be still h. asleep** být rozespalý, ještě napůl spát; **be only h. listening** poslouchat jen na půl ucha; **be h. dead** být polomrtvý ♦ **it is not h. bad** není to vůbec špatné; **well begun is h. done** s chutí do toho a půl je hotovo; **he is not h. stupid** na toho si tak hned nepřijdeš; **Do you like it? — Not h.!** Líbí se vám to? — A jak!

half-and-half [ha:fən'ha:f] adj; usu pred fifty fifty, (půl)napůl

half-back ['ha:fbæk] n halv, halvbek

half-baked [ha:f'beikt] adj **1** Cook nedopečený **2** *(plan, project)* fig nedomyšlený, nedovařený

half-breed ['ha:fbri:d] n pej míšenec ● adj míšenecký

half-brother ['ha:fbraðə(r)] n nevlastní bratr pouze 1 rodič společný

half-caste ['ha:fka:st] n & adj; see **half-breed**

half-closed [ha:f'kləuzd] adj přivřený

half-cock [ha:f'kok] n *(of gun)* první záskok kohoutku zbraně ♦ **go off at h.-cock** nevyjít, dopadnout uboze

half-crown [ha:f'kraun] n formerly půlkoruna 2 1/2 šilinku, nyní 12 1/2 pence

half-empty [ha:f'empti] adj poloprázdný

half-hearted [ha:f'ha:tid] adj nerozhodný, vlažný, polovičatý; **a h.-hearted attempt** nesmělý pokus ■ **~ly** adv bez nadšení, nesměle

half-hour [ha:f'auə(r)] n půlhodina ■ **~ly** adv každou půl hodinu

half-life ['ha:flaif] n Phys poločas rozpadu

half-light ['ha:flait] n pološero

half-mast [ha:f'ma:st] n **at h.-mast** *(of flags)* na půl žerdi; **flags were flown at h.-m.** vlajky byly spuštěny na půl žerdi

half-nelson [ha:f'nelsn] n Sport poloviční nelson

half-note ['ha:fnəut] n Amer Mus půlová nota

half-pay [ha:f'pei] n poloviční plat or mzda

halfpenny ['heipni] n (pl **-pennies** or **-pence**) půlpence

half-price [ha:f'prais] adv za poloviční cenu

half-sister ['ha:fsistə(r)] n nevlastní sestra pouze 1 rodič společný

half-time [ha:f'taim] n Sport poločas přestávka

halftone [ha:f'təun] n **1** Typ polotón **2** Amer Mus půltón

half-truth ['ha:ftru:θ] n polopravda

halfway [ha:f'wei] adj jsoucí v polovici or uprostřed; **reach the h. point** dostat se do polovice, mít polovinu čeho za sebou ♦ **a h. house** *(compromise)* kompromis ● adv v půli or v polovině cesty, na poloviční cestě; **h. through the play** v polovině hry; **meet sb h.** vyjít komu vstříc na půl cesty also fig

half-wit ['ha:fwit] n ťulpas, hňup, dutá hlava, gypsová hlava

half-witted [ha:f'witid] adj slabomyslný, přitroublý, pitomý

half-yearly ['ha:fjiəli] adj půlroční; Sch *(report)* pololetní, semestrální

halibut ['hælibət] n Zool pl unchanged platýz

hall [ho:l] n **1** *(entrance passage of house)* předsíň, chodba; *(of station)* vestibul, dvorana, hala; **entrance h.** vstupní hala **2** *(room, building)* hala, síň; **assembly h.** Univ aula; **concert h.** koncertní síň; **conference h.** konferenční or zasedací sál; **dance h.** taneční sál; **exhibition h.** výstavní hala or pavilon; **h. of residence** Br Univ studentská kolej; **lecture h.** posluchárna, auditorium; **market h.** tržnice; **sports h.** sportovní hala; **town h.** radnice **3** *(manor house)* panské sídlo **4** **Liberty H.** rajská svoboda, stav rajské blaženosti

hallmark ['ho:lma:k] n **1** *(on gold etc)* punc **2** fig *(distinctive feature)* charakteristický znak, známka, pečeť; **the h. of genius** pečeť génia ● vt cejchovat, puncovat

hallo, hello, hullo [hə'ləu] interj **1** *(greeting)* nazdar, ahoj, buď zdráv, *(more formally)* dobrý den; **say h. to sb** pozdravit koho; **say h. to your mother for me** pozdravuj ode mne svou maminku **2** *(on telephone)* halo, haló

hallow ['hæləu] vt usu pass posvětit; **~ed be Thy name** Relig posvěť se jméno tvé

Hallowe'en [hæləu'i:n] n předvečer svátku Všech svatých

hallucinate [hə'lu:sineit] vi mít halucinace, trpět halucinacemi, halucinovat

hallucination [hə,lu:si'neišn] n halucinace, přelud, mámení smyslů; **suffer from ~s** mít halucinace

hallucinatory [hə'lu:sinətri] adj halucinační

hallucinogenic [hə,lu:sinə'dženik] adj *(drug etc)* halucinogenní

hallway ['ho:lwei] n chodba, vstupní hala

halo ['heiləu] n (pl **~es** or **~s**) **1** Astron kruh kolem slunce/ měsíce **2** *(of saint)* svatozář, aureola, gloriola, nimbus

halt [ho:lt] n **1** *(act of stopping)* zastavení; **come to a h.** zastavit (se); **grind to a h.** *(vehicle)* skřípavě zastavit; **bring sth to a h.** zastavit co, *(interrupt)* přerušit co **2** Mil *(short stop)* zastávka, pauza **3** Br Rail zastávka ● **I** vt zastavit **II** vi zastavit se; Mil **company h.!** roto, zastavit stát!; **h.! who goes there?** stůj, kdo tam?

halter ['ho:ltə(r)] n *(for horse)* ohlávka; *(for hanging)* oprátka

halterneck ['ho:ltənek] n *(dress/ top)* šaty/ halenka s volnými zády a páskem kolem krku

halting ['ho:ltiŋ] adj *(speech)* zajíkavý, koktavý; *(gait)* nejistý, vratký, nepevný ■ **~ly** adv *(speak)* zajíkavě, koktavě; *(walk)* nejistě, nepevně; **speak ~ly** zajíkat se

halve [ha:v] vt *(divide in two)* rozpůlit; *(reduce by a half)* *(costs etc)* snížit na polovinu; *(time)* zkrátit na polovinu

halves$_1$ [ha:vz] pl of **half**

halves$_2$ [ha:vz] adv **let's go h.** rozdělme se napolovic

ham$_1$ [hæm] n **1** Cook šunka; **a slice of ham** plátek šunky ■ **ham roll** houska se šunkou; **h. sandwich** šunkový chlebíček **2** Anat **~s** zadní strana stehen, zadek, půlky; *(of animal)* kýty; **squat on one's ~s** dřepět, sedět na bobku

ham$_2$ [hæm] n **1 (radio) h.** inf radioamatér **2** Theat inf **h. (actor)** histrión/ -ka, šmíra ● **I** vi **(-mm-)** Theat hrát melodramaticky, přehrávat, hrát jako šmírák **II** phr v ■ **ham (it) up** přehánět, předvádět se; Theat hrát příliš melodramaticky

Hamburg ['hæmbə:g] n Hamburk

hamburger ['hæmbə:gə(r)] n hamburger, smažený karbanátek z hovězího nebo drůbežího masa v housce

ham-fisted [hæm'fistid], **ham-handed** [hæm'hændid] adj inf nemotorný, neohrabaný, neobratný, *(efforts)* těžkopádný

hamlet ['hæmlət] n vesnička, víska, osada

hammer ['hæmə(r)] n **1** *(tool)* kladivo, *(small)* kladívko; **blacksmith's h.** kovářské kladivo; **drop h.** buchar; **forge** or **sledge h.** perlík; **h. and anvil** kladivo a kovadlina; **h. and sickle** Pol srp a kladivo; **clanging of a h.** rány kladivem ♦ **come under the h.** přijít do dražby, přijít na buben; **he went at it h. and tongs** inf *(job)* pustil se do toho s vervou; dělal jako pominutý; dělal, až se z něho kouřilo; **they went at each other h. and tongs** pustili se do sebe jako kohouti **2** Mus *(of piano)* kladívko; **tuning h.** ladicí klíč **3** Anat kladívko v uchu **4** Sport kladivo ■ **h. throw** hod kladivem; **h. thrower** kladivář **5** *(of firearm)* kohoutek ● **I** vi bušit or tlouci kladivem; **h. at the door** mlátit or bouchat na dveře **II** vt **1** *(nail)* zatloukat (**into a wall** do stěny); **h. sth into shape** vyklepat co; fig *(agreement)* vypracovat; **h. sb into submission** přinutit koho k poslušnosti; **h. sth into sb's head** hustit or vtloukat někomu něco do hlavy **2** *(beat decisively)* inf porazit na hlavu, roznést na kopytech, vyklepnout, dát komu flastr **III** phr vs ■ **hammer away** vi *(at the door)* mlátit, bouchat; *(at a problem)* lámat si nad něčím hlavu; **h. away at the keys** *(pianist)* mlátit do piana ■ **hammer down** vt přitlouci kladivem; *(nail)* zatlouci ■ **hammer home** vt *(nail)* řádně zatlouct;

(point) vtlouct komu do hlavy ■ **hammer in** vt *(nail)* zarazit, zatlouct ■ **hammer out** vt **1** *(dent)* vyklepat, odstranit klepáním **2** fig *(devise: plan)* vypracovat; *(compromise, agreement)* dosáhnout čeho, dobrat se čeho

hammerhead ['hæməhed] n Zool žralok kladivoun

hammering ['hæməriŋ] n **1** *(noise)* bušení or tlučení kladivem; *(of metal)* vyklep(áv)ání **2** inf *(total defeat)* Sport nakládačka, flastr; **take a h.** dostat nakládačku; **give sb a h.** vyklepnout koho, natřít to komu

hammock ['hæmək] n visuté lůžko, hamak

hamper$_1$ ['hæmpə(r)] n *(basket)* koš; *(as present)* dárkový koš s jídlem, vínem ap.; **a Christmas h.** dárkový koš k Vánocům

hamper$_2$ ['hæmpə(r)] vt *(progress, rescue work* etc*)* ztěžovat, brzdit; **he was ~ed by a tight jacket** v pohybu mu překáželo těsné sako

hamster ['hæmstə(r)] n křeček

hamstring ['hæmstriŋ] n Anat podkolenní šlacha; *(of animal)* Achillova šlacha ● vt (pt & pp **hamstringed** or **hamstrung**) **1** *(person/ animal)* zchromit přetětím podkolenních šlach u lidí/ Achillovy šlachy u zvířat **2** fig *(constrict: efficiency)* ochromit, paralyzovat

hand [hænd] n **1 a)** Anat ruka; dim ručka, ručička; *(baby's* also*)* packa, pacička; **steady h.** jistá ruka; **take sb by the h.** vzít koho za ruku; **lead a child by the h.** vést dítě za ruku; **wave one's h.** zamávat rukou; **have one's ~s in one's pockets** mít ruce v kapsách; **burn one's h.** popálit si ruku ■ **h. cream** krém na ruce; **h. drum** ruční bubínek; **h. gear change** Aut ruční řazení; **h. luggage** příruční zavazadlo **b)** *(verbal phrases)* **ask for sb's h. (in marriage)** požádat koho o ruku; **be h. in glove with sb** být s kým jedna ruka; **my ~s are clean** fig já mám čisté ruce; **gain the upper h.** nabýt/ nabývat vrchu; **the house has changed ~s several times** dům změnil několikrát majitele; **get one's ~s on sb** dostat koho do rukou; **give sb a free h.** dát komu volnou ruku, dát komu volné pole působnosti; **have a h. in sth** být v čem namočený, mít v čem prsty; **have an open h.** fig být štědrý; **have ~s like shovels** mít ruce jako lopaty; **have one's ~s full** mít práce nad hlavu, mít plné ruce práce; **hold ~s** držet se za ruce; **join ~s** spojit se; **know sth like the back of one's h.** znát co jako své boty; **many ~s make light work** když se ruka k ruce vine, tak se dílo podaří; **make money h. over fist** hrabat (peníze) rukama nohama; **put one's h. to the plough** přiložit ruku k dílu; **raise one's h. against sb** zdvihnout proti komu ruku; **rub one's ~s** mnout si ruce; **shake sb's h.** podat komu ruku; **shake ~s with sb** podat si s kým ruce; **throw up one's ~s** sprásknout ruce; **tie sb h. and foot** spoutat koho na rukou i na nohou also fig; **wash one's ~s of sth** mýt si ruce na něčím; **win ~s down** hladce zvítězit; **wring one's ~s** lomit nad čím rukama **c)** *(prepositional phrases)* **be close at h.** být po ruce, být blízko or nablízku; **Christmas is close at h.** Vánoce jsou přede dveřmi; **at second h.** z druhé ruky; **delivered by h.** doručeno poslem; **be untouched by human h.** být nedotčený lidskou rukou; **lead sb by the h.** vést koho za ruku; **from h. to h.** z ruky do ruky, inf z ručky do ručky přímou výměnou; **live from h. to mouth** třít nouzi s bídou, žít z ruky do úst; **h. in h.** spojenými silami, rukou společnou, společně; **a bird in the h. is worth two in the bush** lepší vrabec v hrsti nežli holub na střeše; **go cap in h. to sb** přijít ke komu s prosíkem; **go h. in h. with sth** jít ruku v ruce s čím; **have the situation well in h.** být pánem situace; **he has enough money in h.** má pohromadě dost peněz; **the matter in h.** projednávaná otázka; **put sth in sb's ~s** svěřit komu co; **take sth in h.** chopit se čeho; **fall into the wrong ~s** upadnout do nepovolaných rukou; **play into each other ~s** nahrávat si; **play into sb's ~s** nahrávat komu; **take the law into one's own ~s** vzít právo do vlastních rukou; **get sb off one's ~s** mít koho z krku; **my children are off my hands** nemám už na starosti děti; **show of ~s** hlasování aklamací; **eat out of sb's h.** zobat komu z ruky; **get out of h.** zvrhnout se; **climb h. over h.** ručkovat po laně; **have time on one's ~s** nevědět co s časem, mít fůru času; **time hangs heavy on my ~s** mám přebytek volného času; nevím, co s časem; **fight h. to h.** bojovat muž proti muži; **with both ~s** oběma rukama; **with one's left h.** levou rukou **2** *(side, direction)* strana; **on my left h.** nalevo, po mé levici; **on the other h.** na druhé straně, naproti tomu; **on the one h. ... on the other h.** jednak ..., jednak ...; na jedné straně ..., na druhé straně ... **3** *(on clock, dial* etc*)* ručička, ukazatel; **the hour/ minute/ second h. of a watch** hodinová/ minutová/ vteřinová ručička hodinek **4** *(help)* **lend sb a h.** pomoci komu; **give me a h. with the washing-up** pomoz mi s nádobím; **do you need a h.?** potřebuješ pomoct? **5** *(labourer, manual worker)* pracovní síla, manuální pracovník, dělník; Naut člen posádky; **farm h.** zemědělský dělník; **all ~s on deck!**

všichni muži na palubu! 6 *(skill)* **be an old h. at sth** být v čem zkušený or ostřílený; **have two left ~s** být neohrabaný, mít obě ruce levé; **an expert h.** zkušená ruka mistra ♦ **keep one's h. in** udržovat se v cviku 7 Cards **a)** list; **have a good/ poor h.** mít dobrý/ mizerný list, mít dobré/ mizerné karty; **show one's h.** fig vyložit karty; **throw in one's h.** fig hodit flintu do žita **b)** *(round)* hra 8 *(handwriting)* rukopis; **in one's own h.** vlastnoručně; **he has a good h.** má vypsaný rukopis, hezky píše 9 *(applause)* potlesk, aplaus; **give sb a big h.** nadšeně komu zatleskat 10 *(measure)* pěst asi 10 cm ● I vt *(give)* dát, podat; **h. sth to sb** podat komu co ♦ **it was ~ed to him on a plate** spadlo mu to do klína; **you've got to h. it to him** fig to se mu musí nechat || phr vs ■ **hand around** vt dát kolovat; *(distribute)* rozdělit, rozdat ■ **hand back** vt vrátit ■ **hand down** vt podat dolů; *(traditions)* předat; **his clothes are all ~ed down** všechno, co nosí, po někom zdědil ■ **hand in** vt *(homework, dissertation* etc*)* odevzdat; *(resignation, application, telegram, express letter, packet* etc*)* podat ■ **hand out** vt rozdat, rozdělit; *(Christmas presents)* nadělit/ nadílet ■ **hand over** *I* vt předat; *(surrender)* vydat, postoupit, odstoupit; **h. over a diplomatic note** předat diplomatickou nótu *II* vi **h. over to sb** Rad, TV přepínat na koho, před(áv)at slovo komu ■ **hand round** vt dát kolovat; *(distribute)* rozdat

handbag ['hændbæg] n kabelka

handball ['hændbo:l] n Sport házená, handbal ■ **h. player** házenkář

handbill ['hændbil] n letáček, prospekt

handbook ['hændbuk] n 1 *(guidebook)* cestovní průvodce 2 Sch příručka, učebnice, rukověť, kompendium

handbrake ['hændbreik] n Aut ruční brzda

handclap ['hændklæp] n *(single clap)* tlesknutí; *(applause)* tleskání, tleskot; **a slow h.** pomalé rytmické tleskání jako výraz nesouhlasu

h. & c. abbr of **hot and cold (water)** teplá a studená tekoucí voda

handcart ['hændka:t] n kára, dvoukolka, ruční vozík

handcuff ['hændkaf] vt nasadit or dát komu pouta, spoutat ● **handcuffs** n pl želízka, pouta na ruce

handful ['hændful] n 1 plná hrst; **~s** hrstě, přehršle; **a h. of sand** hrst písku 2 *(small number)* hrstka; **there was only a h. of people there** byla tam jenom hrstka lidí 3 **he is quite a h.** *(of child)* je to hrozný rošťák, je s ním starostí ažaž

hand grenade ['hændgrəneid] n ruční granát

handgrip ['hændgrip] n 1 *(handshake)* stisk ruky 2 *(handle)* násadec, držák, rukojeť

handgun ['hændgan] n revolver, pistole

handicap ['hændikæp] n 1 Sport handicap, hendikep 2 *(disadvantage)* nevýhoda, handicap; **have a mental/ physical h.** být duševně/ tělesně postižený ● vt (**-pp-**) 1 Sport handicapovat, hendikepovat 2 *(disadvantage)* handicapovat, znevýhodnit; **be ~ped by sth** být čím handicapován, být kvůli něčemu v nevýhodě

handicapped ['hændikæpt] adj *(mentally/ physically)* duševně/ tělesně postižený; **a h. person** *(physically)* tělesně postižený, invalidní osoba, invalida; **the h.** tělesně postižení, lidé se sníženou pracovní schopností, invalidé

handicraft ['hændikra:ft] n *(trade)* řemeslná výroba, umělecká řemesla; *(work)* ruční práce; *(products)* ruční práce, rukodělné výrobky, *(artistic)* výrobky uměleckých řemesel ■ **h. skills** řemeslné dovednosti

handily ['hændili] adv see **handy**

handiness ['hændinəs] n 1 *(skill)* dovednost, šikovnost, zručnost 2 *(of tool, car* etc*)* snadná ovladatelnost, snadná použitelnost 3 *(of shops* etc*)* výhodná poloha

handiwork ['hændiwə:k] n ruční práce; **a nice piece of h.** pěkná práce; **this is all my own h.** toto všechno jsem udělal vlastníma rukama; **whose h. is this?** kdo to udělal? zlámal, rozbil ap.; **this is your h.** fig *(you are to blame)* to je tvoje vina, za to můžeš ty

handkerchief ['hæŋkəčif] n (pl **~s** or **handkerchieves** [-čifs]) kapesník

hand-knitted ['hændnitid] adj ručně pletený

handle ['hændl] n 1 *(of door; of car for starting* etc*)* klika; *(of window)* klička; *(of drawer)* knoflík; *(of tools)* rukojeť, držadlo, *(of broom, axe* etc*)* násada, *(of axe* also*)* topůrko, topor; *(of sword, dagger)* rukojeť, jílec; *(jug, basket, pot* etc*)* ucho, *(of cup)* ouško; *(of knife)* rukojeť, střenka; *(of lever)* páka; *(of handbag)* držadlo; *(of pump)* vahadlo, rameno pumpy, páka ♦ **fly off the h.** vybuchnout, vyletět, rozzuřit se 2 *(title)* sl predikát, šlechtický přídomek; **have a h. to one's name** mít šlechtický titul 3 fig *(pretext: for criticism* etc*)* záminka ● I vt 1 *(touch, hold with the hands)* dotýkat se čeho, zacházet s čím, manipulovat s čím; **h. sth with care** zacházet s čím opatrně 2 *(deal with) (people)* zacházet s kým, jednat or nakládat s kým nějak; *(problem)* (vy)řešit, zabývat se čím, vyrovnat se s čím; *(job)* poradit si s čím, zvládnout co; **she knows how to h. children** umí to s dětmi; **I can't h. him** nedovedu si s ním poradit; **h. sb with kid gloves** zacházet s kým jako v rukavičkách; **h. sb roughly** cloumat s kým **3** *(car)* ovládat, kontrolovat, řídit **4** Comm obchodovat s čím, prodávat, vést zboží, mít na skladě **II** vi *(car* etc*)* **h. well** dobře se ovládat, být snadno ovladatelný

handlebar ['hændlba:(r)] n usu pl **~s** Cycling řídítka ■ **h. moustache** joc kníry

handler ['hændlə(r)] n manipulátor s čím; **dog h.** psovod

handling ['hændliŋ] n cf **handle** vt zacházení, manipulace s čím; *(problems)* řešení; *(of people)* zacházení s kým; *(of car)* ovládání; **easy h.** snadné zacházení; **improper h.** špatné zacházení or nakládání s kým/ čím

handmade [hænd'meid] adj ručně vyrobený, rukodělný

hand-me-down ['hændmidaun] n **h.-me--downs** inf obnošené šatstvo, šatstvo po starších sourozencích; **wear one's brother's h.-me-downs** nosit šaty po bratrovi ■ **h.-me-down clothes** obnošené šatstvo

handout ['hændaut] n **1** *(money, food* etc*)* almužna **2** *(leaflet)* letáček, prospekt **3** Univ, Sch sylabus, podklad pro přednášku/ učební hodinu s příklady, diagramy ap. **4** předem připravené prohlášení pro tisk

handpicked [hænd'pikt] adj výběrový; *(person)* pečlivě vybraný

handrail ['hændreil] n *(of stairs* etc*)* zábradlí

handsaw ['hændso:] n ruční pilka

handshake ['hændšeik] n stisk ruky, podání ruky ♦ **a golden h.** odchodné, odstupné zprav. pro vedoucí pracovníky, peněžitý dar na odchodnou ze zaměstnání

hands-off [hændz'of] adj neintervenční, nepřímý; **h.-off policy** politika nevměšování

handsome ['hænsəm] adj **1** *(of men)* krásný, hezký, pěkný; **a h. man** krasavec **2** adj *(of women)* urostlá, ztepilé postavy, pěkná, pohledná, mající hezkou figuru **3** *(building, furniture)* hezký, pěkný **4** *(generous)* štědrý; *(reward* also*)* královský **5** *(considerable: profit, price, fortune)* značný; *(salary)* tučný; **a h. sum of money** pěkná sumička, hezkých pár korun ♦ **h. is as h. does** šlechetný je ten, kdo šlechetně jedná

hands-on [hændz'on] adj attr *(experience)* praktický; *(management)* aktivní

handspring ['hændspring] n přemet

handstand ['hændstænd] n Gymn stoj na rukou, stojka

hand-to-hand [hændtə'hænd] adj **h.-to-h. fighting** boj zblízka, boj muže proti muži

hand-to-mouth [hændtə'mauθ] adj *(existence)* nuzný; **lead a h.-to-m. existence** žít z ruky do úst, třít bídu s nouzí

handwriting ['hændwraitiŋ] n rukopis, písmo; **illegible h.** nečitelné písmo

handwritten ['hændritn] adj rukopisný

handy ['hændi] adj (**-ier**, **-iest**) **1** *(useful, convenient)* užitečný, *(tool* etc*)* praktický, příhodný, šikovný do ruky; **come in h.** přijít vhod, hodit se **2** *(clever with hands)* zručný, šikovný, dovedný; **he is very h.** má zlaté ruce **3** *(available)* po ruce; *(conveniently placed)* **our flat is h. for the shops** nemáme to daleko do obchodů

handyman ['hændimæn] n (pl **-men** [-men]) *(DIY expert)* domácí kutil, všeuměl

hang [hæŋ] v (pt, pp **hung** [haŋ]) **I** vt **1** *(picture, curtains* etc*)* pověsit; *(door)* zavěsit/ zavěšovat; *(banners from windows)* vyvěsit; **h. a picture from** or **on a hook** pověsit obraz na háček; **h. the walls with pictures** rozvěsit po stěnách obrazy **2** *(wallpaper)* nalepit; **h. wallpaper** tapetovat **3 h. one's head** věšet hlavu **4** Cook *(meat)* nechat odležet; **be well hung** být dobře odleželý **5 h. fire** *(gun)* zpozdit se při výstřelu; fig **h. fire in doing sth** protahovat co, loudat se s čím, dělat co na dlouhé lokte **6** (pt, pp **hanged** [hæŋd]) **a) h. sb** oběsit koho, popravit koho oběšením; **h. oneself** oběsit se, pověsit se ♦ **one might as well be ~ed** or **hung for a sheep as (for) a lamb** když už visím za jednu nohu, mohu viset i za obě **b) h. him!** ať jde k čertu!; **I'll be ~ed if I do it!** to mě ani nenapadne, to nepřipadá vůbec v úvahu; **manners be ~ed** kašlu na dobré mravy **II** vi **1** *(be suspended)* viset; **h. from** or **on sth** viset na čem ♦ **time ~s heavy on my hands** pomalu mi to utíká, čas se mi líně vleče; nevím, co s časem; **h. by a thin** or **single thread, h. by a hair** fig viset na vlásku **2** *(clothes, hair)* splývat, padat; **h. loose** *(clothes)* volně splývat, pej plandat na kom; **it ~s on her like a sack** *(dress, coat* etc*)* visí to na ní jako pytel **3 h. in the air** fig *(decision* etc*)* viset ve vzduchu, nebýt rozhodnut **4** *(criminal)* viset, být oběšen; **he deserves to h.** zaslouží si oprátku ♦ **you can go h.** inf můžeš jít někam, můžeš se jít vycpat; **it can go h.** inf může mi to být ukradený! **III** phr vs ■ **hang about** or **around** *I* vi **1** *(loiter)* potloukat se, poflakovat se, okounět, zdržovat se kde; **they are always ~ing about** stále tu okounějí or postávají **2** sl *(wait)* **now h. about, that's not what**

I said moment, tohle jsem neřekl *II* vt **h. about the house** okounět doma; **h. about in pubs/ h. about the streets** potloukat se po hospodách/ po ulici ■ **hang back** vi **1** lit držet se vzadu, zdržovat se vzadu **2** fig *(hesitate)* váhat; *(be reluctant)* zdráhat se ■ **hang behind** vi zůstávat pozadu; *(dawdle)* loudat se ■ **hang in** *I* vi Amer sl *(persevere)* držet se; **h. in (there)!** drž se!, vydrž! ■ **hang on** *I* vi **1** *(hold fast)* držet se pevně (**to sth** čeho); *(of wallpaper)* držet; **h. on like grim death** fig držet se zuby nehty **2** *(stand firm)* vydržet, fig držet se **3** inf *(wait)* čekat, počkat; Tel zůstat u telefonu, nepokládat; **h. on a minute** počkejte minutku *II* vt **1 h. on sb's lips** or **words** viset komu na rtech, soustředěně komu naslouchat **2** *(depend on)* záviset na čem; **everything ~s on his decision** všechno závisí na jeho rozhodnutí ■ **hang on to** vt *(keep, retain)* ponechat si, *(sth valuable)* uschovat si ■ **hang out** *I* vi **1** *(be suspended: dog's tongue* etc*)* viset ven; **h. out over sth** *(rock)* viset nad čím nad propastí ap.; **with its tongue ~ing out** s vyplazeným jazykem; **his shirt was ~ing out** vylezla mu z kalhot košile ♦ **let it all h. out** sl *(be uninhibited)* odvázat se; *(be very candid)* nebrat si servítky **2** inf *(stay)* **where do you h. out?** kde máš kvartýr or bejvák? *II* vt *(flag)* vyvěsit; *(washing)* pověsit ven ■ **hang over** vt **1 it ~s over him like a curse** tíží ho to jako kámen, leží to na něm jako prokletí **2 be hung over** inf mít kocovinu ■ **hang together** vi **1** *(people: stand by one another)* držet spolu, stát při sobě **2** *(of arguments, statements)* být logický or konsekventní, neprotiřečit si ■ **hang up** *I* vi Tel zavěsit; **h. up on sb** položit komu telefon uprostřed hovoru *II* vt **1** *(coat, hat, receiver)* pověsit **2** fig **h. up one's boots/ racket** etc pověsit fotbal/ tenis na hřebík ● n **1** *(of material, clothing)* splývavost, zřasení; způsob, jak šaty sedí; *(of cliff)* spád **2 get the h. of sth** pochopit co, *(of a job)* vpravit se do čeho, nabýt v čem cviku **3** inf **I don't give** or **care a h.** mně je to fuk, mně to může být ukradený

hangar ['hæŋə(r)] n Aviat hangár

hangdog ['hæŋdog] adj attr **a h. expression** výraz zbitého or zpráskaného psa

hanger ['hæŋə(r)] n *(for clothes)* ramínko; *(loop on clothes)* poutko

hanger-on [hæŋər'on] n (pl **hangers-on**) nohsled, parazit, přisluhovač

hang-glider ['hæŋglaidə(r)] n závěsný kluzák, rogalo

hang-gliding ['hæŋglaidiŋ] n létání na závěsném kluzáku or na rogalu

hanging ['hæŋiŋ] adj **1** *(lamp)* visací, závěsný; *(bridge, gardens)* visutý **2 a h. case** hrdelní pře; **it's a h. matter** za to mu/ jí hrozí šibenice or trest smrti ● n see also **hang** v **1 (a sentence of death by) h.** poprava oběšením, trest smrti provazem **2 (wall) ~s** drapérie, nástěnný závěs, čalouny

hangman ['hæŋmən] n (pl **-men**) kat

hangnail ['hæŋneil] n záděra kolem nehtů

hang-out ['hæŋaut] n sl *(pad)* bejvák, kvartýr; *(haunt)* oblíbená hospoda/ kavárna etc

hangover ['hæŋəuvə(r)] n **1** *(from drink)* kocovina **2** *(from the past)* pozůstatek, přežitek; **a h. of the old system** přežitek starého systému

hang-up ['hæŋap] n (pl **hang-ups**) *(complex)* inf komplex; **have a lot of h.-ups** být hrozně zakomplexovaný

hank [hæŋk] n *(of wool)* přadeno

hanker ['hæŋkə(r)] vi **h. after** or **for sth** toužit or prahnout po čem; **h. after glory** prahnout po slávě

hankering ['hæŋkəriŋ] n neodolatelná touha (**for sth** po čem), žádostivost or chtivost (**for sth** čeho)

hankie, hanky ['hæŋki] n inf kapesník

hanky-panky [hæŋki'pæŋki] n inf *(underhand dealings)* techtle mechtle; *(illicit sexual activity* also*)* milostné pletky, laškování

haphazard [hæp'hæzəd] adj nahodilý, náhodný, namátkový; *(choose* etc*)* **in a h. way** nazdařbůh ■ **~ly** adv nahodile; náhodně, nazdařbůh

hapless ['hæpləs] adj attr fml nešťastný, smolařský; *(fate)* neblahý

happen ['hæpn] **I** vi **1** *(occur)* stát se, dít se, přihodit se, udát se; **how did it h.?** jak se to stalo?; **what ~ed next?** co se stalo dál or pak?; **whatever ~s** ať se stane cokoliv; **nothing ever ~s here** tady se vůbec nic neděje; **it so ~ed that ...** náhodou se stalo, že ...; **I will not allow that to h.** to nedopustím; **if it should h. again** bude-li se to opakovat ♦ **as it ~s/ happened** čirou náhodou; **accidents will h.** neštěstí nechodí po horách, ale po lidech; **such things will h.** to se stává; **that would have to h.** to je jako naschvál, to je zákon schválnosti **2 h. to sb** stát se komu; **h. to sth** stát se s čím; **should anything h. to me** kdyby se se mnou něco stalo; **what has ~ed to my umbrella?** *(where is it?)* kam se poděl můj deštník? **3** *(chance)* **I ~ed to be there** náhodou jsem tam zrovna byl; **I just ~ed to meet him** náhodou jsem ho potkal; **do you h. to know his address?** neznáte náhodou jeho adresu? **II** phr v ■ **happen on** vt **h. on sth** náhodou něco najít, náhodou na co narazit; **h. on sb** náhodou se s kým potkat

happily ['hæpili] see **happy**

happening ['hæpəniŋ] n událost; Theat happening

happiness ['hæpinəs] n štěstí, spokojenost; **fleeting h.** prchavé štěstí; **domestic h.** domácí štěstí or požehnání; **be radiant with h., beam with h.** vyzařovat štěstí, zářit štěstím; **wish sb every h.** přát komu vše nejlepší

happy ['hæpi] adj (**-ier**, **-iest**) **1** *(content)* šťastný; *(cheerful)* veselý; *(contented)* spokojený; **feel h.** cítit se dobře; **make sb h.** připravit or udělat komu radost; **with a h. face** s úsměvnou tváří, se spokojeným výrazem; **be very h. about sth** něco si pochvalovat; **be ecstatically h.** být na vrcholu blaha ♦ **h. ending** happy end, šťastný konec; **a h. event** radostná událost narození dítěte; **be as h. as a lark** být šťastný jako blecha; **a/ the h. medium** zlatá střední cesta **2** *(in greetings)* **H. Birthday**, **Many H. Returns (of the day)** všechno nejlepší k narozeninám; **H. Christmas!** Veselé Vánoce! **3** *(glad)* pred rád; **be h. to do sth** s radostí or rád něco udělat; **I'd be only too h. to do it** udělám to s největší radostí **4** *(words)* vhodný, vhodně volený, přiléhavý; **a h. thought** spásná myšlenka, spásný nápad; **a h. conclusion** dobrý or zdárný konec ■ **happily** adv **1** *(contentedly)* šťastně, spokojeně; *(cheerfully)* vesele, zvesela; **be happily married** žít ve šťastném manželství; **they all lived happily ever after** a všichni žili šťastně a spokojeně až do smrti **2** *(fortunately)* bohudík **3** *(appropriately: worded* etc*)* vhodně, přiléhavě

happy-go-lucky [hæpigəu'laki] adj *(person)* bezstarostný, lehkovážný

hara-kiri [hærə'kiri] n harakiri

harangue [hə'ræŋ] n pej kázání fig ● vt *(person)* dělat komu kázání

harass ['hærəs, hə'ræs] vt obtěžovat; *(dissidents* etc*)* šikanovat, perzekvovat, pronásledovat; **be ~ed by creditors** být pronásledován věřiteli

harassment ['hærəsmənt] n cf **harass**; obtěžování, pronásledování; šikanování; **sexual h.** sexuální obtěžování

harbinger ['ha:bindžə(r)] n fml poet zvěstovatel, posel; **a h. of spring** posel or předzvěst jara

harbour, Amer **harbor** ['ha:bə(r)] n **1** přístav; **enter a h.** vplout do přístavu; **leave h.** vyplout z přístavu; **reach h.** doplout do přístavu ■ **h. authorities** přístavní správa **2** fig útočiště, útulek ● vt **1** *(criminal)* přechovávat, skrývat, schovávat před policií **2** *(suspicion, hope)* mít; *(grudge, hatred)* chovat; **h. hard feelings against sb** nevražit na koho

hard [ha:d] adj **1** *(substance, material)* tvrdý; **become h.** ztvrdnout; **as h. as stone** tvrdý jako kámen; **h. shoulder** Aut zpevněná krajnice; **h. coal** černé uhlí **2** *(difficult)* **a)** *(to understand, accomplish)* těžký, obtížný, nesnadný, složitý; **a h. problem** obtížný problém; **a h. language** těžký jazyk; **be h. of hearing** být nedoslýchavý; **it's h. to say** těžko říci; **it is h. to define** je to těžko definovatelné; **this is h. to believe** to je neuvěřitelné; **it's h. to digest** je to těžko stravitelné; **it is h. to get** *(in shops* etc*)* je to těžko k dostání; **he is h. to please** dá se mu těžko vyhovět, má velké nároky; **he found it h. to decide** nemohl se rozhodnout; **make sth ~er** ztížit něco, udělat něco obtížnějším ♦ **a h. nut to crack** těžký or tvrdý oříšek **b)** *(to bear)* *(life)* těžký, tvrdý, krušný, svízelný; *(day)* perný; *(winter)* tuhý; *(fate)* krutý; **h. luck** smůla, pech; **h. luck!** to je smůla; **h. times** zlé časy; **have a h. time** mít se špatně; **he fell upon h. times** nastaly mu zlé časy, octl se v bídě; **give sb a h. time** ztrpčit komu život; **learn the h. way** projít tvrdou školou **c)** *(requiring much effort)* **h. work** těžká or namáhavá or perná or usilovná práce, dřina, *(diligence)* píle; **h. labour** nucené práce **d)** *(energetic)* **a h. worker** dříč, snaživec **3** *(severe, harsh)* *(person)* přísný, náročný, neoblomný, nelítostný; *(words)* tvrdý, nelaskavý, křivý; *(frost)* silný, tuhý, třeskutý; *(light, colour)* ostrý; **be as h. as flint** fig mít tvrdé or kamenné srdce; **be h. on sb** být na koho přísný or náročný, *(be unfair)* být ke komu nespravedlivý; **there was a h. frost** mrzlo, jen praštělo; **take a h. line** nasadit tvrdý kurs **4** *(tough: person)* tvrdý, neoblomný, nepoddajný; **a h. character** tvrdá nátura; **drive a h. bargain** tvrdě jednat **5** *(liquor, pornography)* tvrdý; *(drug)* tvrdý, návykový; **h. drinking** pijáctví **6** *(facts)* holý; **h. evidence** nevyvratitelné důkazy; **h. and fast rules** pravidla platící bez výjimky **7** Fin **h. cash** hotové peníze; **h. currency** tvrdá měna, tvrdá valuta **8** Ling *(consonant)* tvrdý, nepalatalizovaný **9** Comput **h. disk** pevný disk; **h. failure** závažná chyba ● adv see also adj **1** *(strenuously: work)* pilně, usilovně, těžce; **think h.** usilovně přemýšlet, hluboce se zamyslit; **work h. on sth** dát si s čím práci; **try h.** vynasnažit se, přičinit se, snažit se; **however h. he tried** ať se snažil sebevíc **2** *(with difficulty)* obtížně, těžko, s potížemi; **be h. put to do sth** udělat co jen s obtížemi, shledat něco obtížným **3** *(severely) (freeze, rain, snow)* silně; **drink h.** opíjet se, nadměrně pít **4** *(set phrases)* **a) be h. up** mít nouzi, inf mít prázdnou kapsu; **be h. up for sth** mít čeho nedostatek **b) he took it very h.** velmi se ho to dotklo **c) he was h. done by** bylo mu ublíženo **d) be h. on sb's heels** být komu v patách

hardback ['ha:dbæk] n vázaná kniha, vázané vydání

hardball ['ha:dbo:l] n Amer *(game)* hardbal ♦ **play h.** fig být bezohledný

hard-bitten [ha:d'bitn] adj otrlý, protřelý

hardboard ['ha:dbo:d] n hobra, dřevotříska

hard-boiled [ha:d'boild] adj **1** *(egg)* natvrdo (u)vařený **2** fig nesentimentální, cynický, necitelný

hard-core [ha:d'ko:(r)] adj *(supporter)* přesvědčený, skalní, zarytý; **a h.-core conservative** zarytý konzervativec

hard-earned [ha:d'ə:nd] adj *(money)* těžce vydělaný, zasloužený

harden ['ha:dn] **I** vt *(steel)* (za)kalit; *(body)* otužit; *(prices)* zpevnit; *(person: emotionally)* učinit necitelným, zatvrzovat; **h. one's heart** zatvrdit se **II** vi *(substance)* ztuhnout, ztvrdnout; *(prices)* zpevnit se; *(emotionally)* znecitlivět, zatvrdit se **III** phr v ■ **harden off** vt *(seedlings)* otužit

hardened ['ha:dənd] adj *(substance)* ztuhlý, ztvrdlý; *(steel)* kalený; *(criminal)* otrlý, zatvrzelý

hardening ['ha:dəniŋ] n tuhnutí, tvrdnutí; *(of steel)* kalení; Med **h. of arteries** kornatění cév

hard-headed [ha:d'hedid] adj střízlivý, praktický, realistický, nesentimentální

hard-hearted [ha:d'ha:tid] adj bezcitný, nemilosrdný, zatvrzelý

hard-heartedness [ha:d'ha:tidnəs] n bezcitnost, nemilosrdnost, zatvrzelost

hardliner [ha:d'lainə(r)] n Pol stoupenec tvrdé linie, konzervativec, jestřáb fig

hardly ['ha:dli] adv **1** *(scarcely, only just)* sotva, jen tak tak, skoro ... ne; **I h. know him** skoro ho neznám; **h. had he sat down when ..., he had h. sat down when ...** sotva si sedl a ... **2** *(not reasonably)* sotva, stěží; **he can h. expect me to give him money** sotva může počítat s tím, že mu dám peníze **3** *(almost no, almost not)* **h. anybody** sotva kdo, málokdo; **h. anything** máloco, téměř or skoro nic; **h. anywhere** málokde; **h. ever** málokdy, skoro nikdy, zřídka

hardness ['ha:dnəs] n see also **hard** adj **1** tvrdost **2** *(difficulty)* obtížnost; **h. of hearing** nedoslýchavost **3** *(insensitivity)* bezcitnost

hard-nosed [ha:d'nəuzd] adj esp Amer sl nesentimentální, otrlý, cynický

hard-on ['ha:don] n sl tvrdolín, erekce neutr; **have a h.-on** mít ho tvrdého; mít erekci neutr; **he had a h.-on** stál mu; **he couldn't get a h.-on** nepostavil se mu

hard-pressed [ha:d'prest] adj *(troops)* jsoucí v tísni; *(with work)* přetížený; **be h.-p. for money** mít nedostatek peněz

hardship ['ha:dšip] n **~s** nouze, strádání, útrapy ■ **h. fund** fond pro případ nouze

hardware ['ha:dweə(r)] n **1** *(goods)* železářské zboží; *(shop)* železářství **2** Comput technické vybavení or příslušenství počítače **3** Mil *(weapons)* výzbroj, válečný materiál

hardwearing [ha:d'weəriŋ] adj *(clothes, cloth, shoes)* trvanlivý, pevný, k neroztrhání, nezničitelný

hard-working [ha:d'wə:kiŋ] adj pracovitý, přičinlivý, pilný, snaživý

hardy [ha:di] adj (**-ier, -iest**) **1** *(bold)* odvážný; *(tough)* robustní; otužilý **2** *(plant)* mrazuvzdorný

hare [heə(r)] n zajíc; **young h.** zajíček ♦ **he's as mad as a March h.** docela mu přeskočilo, nemá všech pět pohromadě; **run with the h. and hunt with the hounds** fig točit se jako korouhvička; **start a h.** fig odklonit se od tématu, začít mluvit o něčem jiném ■ **h. skin** zaječí kožka ● vi inf pelášit; **h. off** inf odpelášit

harebrained ['heəbreind] adj fig *(foolish)* splašený, šílený

harelip [heə'lip] n Med rozštěp rtu, zaječí pysk

harem ['ha:ri:m] n harém

haricot ['hærikəu] n **h. (bean)** fazol(e)

hark [ha:k] **I** vi arch joc **(just) h. at him!** jen si ho poslechněte!, to snad není možné! **II** phr v ■ **hark back to** vt **h. back to sth** vracet se k čemu v hovoru, připomínat co; *(date back: eg to the Middle Ages etc)* mít původ kdy

harlequin ['ha:ləkwin] n harlekýn

harlequinade [ha:ləkwi'neid] n harlekynáda

harlot ['ha:lət] n pej & arch děvka, prostitutka

harm [ha:m] n škoda, újma, ublížení, úhona; **grievous bodily h.** těžké ublížení na těle; **it can't do you any h.** to ti nemůže ublížit; **it can't do any h.** to nemůže škodit; **it won't do any h. if ...** neuškodí, když ...; **it won't do you any h.** však tě neubude; **I'll see to it that she comes to no h.** postarám se o to, aby se jí nic nestalo; **there is no h. in asking** za optání nic nedáš; **(there is) no h. done** nic se nestalo ● vt (po)škodit; **h. one's interests** uškodit si; **h. sb's reputation** poškodit čí pověst

harmful ['ha:mful] adj škodlivý; **h. substances** škodlivé látky, škodliviny; **h. influence** neblahý vliv

harmless ['ha:mləs] adj neškodný; *(innocent)* nevinný; **render sth h.** zneškodnit co

harmonic [ha:'monik] adj harmonický; **h. series** harmonická řada ● n svrchní tón, alikvotní or částkový tón

harmonica [ha:'monikə] n foukací harmonika

harmonious [ha:'məuniəs] adj **1** *(relations)* harmonický; *(arrangement)* ladný; *(development)* rovnoměrný **2** *(tuneful)* harmonický, melodický

harmonize ['ha:mənaiz] **I** vt sladit, dát do souladu, harmonizovat **II** vi harmonovat, ladit, být v souladu

harmony ['ha:məni] n harmonie, soulad, shoda; **celestial h.** vesmírná harmonie; **the h. of colours** soulad barev; **domestic h.** harmonie v rodině; **peace and h.** klid a mír; **live in perfect h.** žít v naprostém souladu

harness ['ha:nis] n *(for horse)* postroj; **baby's h.** dětské kšírky; **parachute h.** popruhy padáku ♦ **to work in h.** spolupracovat; **die in h.** zemřít uprostřed práce, zemřít v plné práci ● vt *(horse)* ustrojit, nasadit koni postroj; *(to a wagon)* připřáhnout, zapřáhnout; fig *(atom, river)* spoutat, zkrotit; *(resources, energy)* exploatovat

harp [ha:p] n harfa; **Jew's h.** židovská harfa; **play the h.** hrát na harfu ● phr v ■ **harp on (about) sth** inf stále mlít or vést svou o čem, stále omílat starou písničku o čem

harpist ['ha:pist] n Mus harfenista/ harfenistka

harpoon [ha:'pu:n] n harpuna ● vt harpunovat

harpsichord ['ha:psiko:d] n Mus cembalo

harpsichordist ['ha:psiko:dist] n Mus cembalista/ cembalistka

harpy ['ha:pi] n **1** Myth Harpyje **2** fig *(cruel woman)* fúrie, megera, dračice

harridan ['hæridən] n (stará) semetrika, (stará) megera, jedubába, stará můra or škatule

harrier ['hæriə(r)] n **1** Zool lovecký pes na lov zajíců **2** Sport *(runner)* přespolní běžec **3** Orn moták

harrow ['hærəu] n Agr brány ● vt **1** *(field)* vláčet **2** *(distress)* mučit, trápit, drásat

harrowing ['hærəuiŋ] adj *(distressing: story, film, experience)* hrůzný, otřesný; **a h. sight** hrůzná podívaná

harry ['hæri] vt (**-ie-**) **1** *(annoy)* obtěžovat, dotírat na koho, dorážet na koho **2** arch *(raid, plunder)* dělat nájezdy na co, plundrovat

harsh [ha:š] adj **1** *(climate, reality)* drsný; *(landscape)* nevlídný; *(light, voice)* ostrý; *(sound)* skřípavý, řezavý, nelibozvučný; *(criticism)* tvrdý; *(winter)* ukrutný **2** *(person: stern)* přísný, tvrdý, nemilosrdný; *(cruel)* krutý; *(words)* příkrý, ostrý; *(treatment)* nešetrný ■ **~ly** adv drsně; tvrdě; přísně; **treat sb ~ly** chovat se ke komu nešetrně, být ke komu nešetrný; see also adj

harshness ['ha:šnəs] n cf also **harsh** drsnost, příkrost; tvrdost; krutost; nešetrnost

hart [ha:t] n Zool jelen

harum-scarum [heərəm'skeərəm] adj inf ztřeštěný, splašený ● n ztřeštěnec, splašenec, splašený janek

harvest ['ha:vist] n sklizeň, žeň, žně; **grape h.** vinobraní; **rich h.** bohatá úroda or sklizeň; **there was a good h.** dobře se urodilo; **this year's h. was poor** letos byla špatná úroda ■ **h. home** dožínky; **h. time** doba žní, žně ● vt sklízet

harvester ['ha:vistə(r)] n *(person)* žnec; *(reaping machine)* samovazač; also **(combine) h.** kombajn

has [hæz, weak forms həz, əz, z, s] 3rd person sg of **have** má

has-been ['hæzbi:n] n inf pej zkrachovaná existence, odbytá or odstavená veličina, vyřízený člověk; Pol also politická mrtvola

hash$_1$ [hæš] n **1** Cook hašé, sekané maso **2** fig *(mess)* zmatek, míchanice; *(bad work)* fušerská práce, hudlařina; **make a h. of sth** inf zbabrat co, zvorat co, zpackat co; **I'll settle his h.** já ho naučím; já mu ukážu, zač je toho loket ● **I** vt Cook *(meat)* sekat, rozsekat, rozemlít **II** phr v ■ **hash up** vt **1** *(meat)* nasekat nadrobno **2** inf *(mess up)* zvorat, zhudlařit, zpackat, zkopat (sl)

hash$_2$ [hæš] n inf haš, hašiš

hashish ['hæšiš] n hašiš

hasn't [hæznt] contraction of **has not**

hasp [ha:sp] n *(for door)* petlice; *(on book)* spona, zámeček; *(for window)* okenní uzávěr

hassle ['hæsl] n inf **1** *(nuisance)* potíže, mrzutosti, nepříjemnosti, otrava; **the h. of travel** útrapy cestování **2** *(argument)* dohadování, řeči, odmlouvání; **don't give me any h.** žádné řeči ● vt *(bother)* otravovat, dorážet na koho, nenechat na pokoji; **don't hassle me** dej mi pokoj

hassock ['hæsək] n polštářek pod kolena při modlitbě

haste [heist] n spěch, chvat, kvap; **in h.** ve spěchu; **in great h.** ve velkém chvatu, úprkem; **make h.** dated or fml pospíchat, pospíšit si, jednat rychle; **make h.!** pospěš si! ♦ **more h., less speed** práce kvapná, málo platná; pospíchej pomalu

hasten ['heisn] **I** vi spěchat; **I h. to add that ...** musím rychle dodat, že ... **II** vt uspíšit **III** phr v ■ **hasten away** or **off** vi odspěchat, odkvačit

hastily ['heistili] adv **1** *(quickly)* spěšně, chvatně, nakvap, nahonem **2** *(rashly)* bezhlavě, ukvapeně

hastiness ['heistinəs] n cf **hasty 1** uspěchanost, spěch, kvap **2** unáhlenost **3** dated vznětlivost, popudlivost

hasty ['heisti] adj (**-ier**, **-iest**) **1** *(hurried)* kvapný, chvatný; *(look)* zběžný; *(work)* uspěchaný; *(retreat)* bezhlavý **2** *(rash)* ukvapený **3** *(quick-tempered)* vznětlivý, popudlivý ■ see **hastily** adv

hat [hæt] n **1** klobouk, *(flat)* čapka, čepice; **bowler hat** bouřka; **cossack hat** papacha; **fur/ woollen hat** kožešinová/ vlněná čapka; **sheepskin hat** beranice; **straw hat** slamák; **top hat** cylindr; **Tyrolean hat** tyrolák; **put on one's hat** nasadit or dát si klobouk/ čepici; **take off one's hat** smeknout klobouk/ čepici ♦ **at the drop of a hat** *(at once; (too) readily)* okamžitě, na místě samém, na požádání; **I'll eat my hat if ...** ať jsem papež, jestli ...; **keep sth under one's hat** držet co pod pokličkou, tajit co; **keep this under your hat** o tomto nikomu ani muk; **go around with a hat** chodit někde jako žebrák; **take one's hat off to sb** smeknout před kým; **hats off!** všechna čest; **talk through the top of one's hat** tlachat, mlátit prázdnou slámu, nevidět si do huby; **that's old hat** to je stará vesta (fig), to je stará písnička (fig); *(of a joke)* to je starej fór ■ **hat maker** kloboučník/ kloboučnice **2 wear two ~s** zastávat dvě funkce; **wearing my hat as minister** jako ministr **3** Sport **hat trick** hattrick [hetrik] vstřelení tří branek týmž hráčem v jednom zápase, trojí vítězství za sebou získané jedním závodníkem

hatband ['hætbænd] n stuha na klobouku

hatbox ['hætboks] n krabice na klobouky

hatch$_1$ [hæč] n *(opening)* otvor, dvířka; Naut palubní otvor; **serving h.** *(in a canteen)* servírovací okénko ♦ **down the h.!** inf do dna!, ať nám slouží!

hatch$_2$ [hæč] **I** vt **1** also **h. out** *(eggs, chicks)* vysedět **2** fig; also **h. out, h. up** *(plot)* (z)osnovat; *(plan)* vymyslet **II** vi also **h. out** *(chicks* etc*)* vylíhnout se, vyklubat se ● n mláďata z jedné násady

hatchback ['hæčbæk] n Aut kombi model auta s dveřmi vzadu

hatchery ['hæčəri] n inkubátor, umělá líheň

hatchet ['hæčit] n sekyrka ♦ **bury the h.** zakopat válečnou sekeru ■ **h. man** *(killer)* nájemný vrah, profesionální zabiják; Pol prodloužená ruka vykonavatel nepříjemných úkolů za vedoucí osobnosti

hatchway ['hæčwei] n Naut palubní otvor

hate [heit] vt **1** *(feel hatred towards)* nenávidět; **come to h. sb** zanevřít na koho; **h. sth like the plague** nenávidět něco k smrti; **I h. his guts** nemohu ho ani cítit, nenávidím ho do krve **2** *(strongly dislike)* nemít rád, nesnášet, mít odpor k čemu; **I h. getting up early** hrozně nerad brzy vstávám; **I h. to trouble you** velmi nerad vás obtěžuji; **I h. to say this but ...** hrozně nerad to říkám, ale ... ● n **1** *(hatred)* nenávist; **he looked at me with h.** podíval se na mne s nenávistí v očích **2** inf *(hated object/ person)* **sb's pet h.** z duše protivný člověk/ z duše protivná věc; osoba or věc, která je někomu trnem v oku

hateful ['heitful] adj *(person, thing)* hrozný, otřesný

hatpin ['hætpin] n jehlice do klobouku

hatred ['heitrid] n nenávist; **feel h. for sb** chovat ke komu nenávist

hatter ['hætə(r)] n kloboučník ♦ **he is as mad as a h.** straší mu v hlavě, je padlý na hlavu

haughtiness ['ho:tinəs] n povýšenost, domýšlivost, zpupnost, nadutost

haughty ['ho:ti] adj (**-ier**, **-iest**) domýšlivý, povýšenecký, nadutý, zpupný; **in a h. manner** zvysoka, povýšeně ■ **haughtily** adv povýšeně, zvysoka

haul [ho:l] n **1** *(hauling)* tažení, vlečení, tah **2** *(distance)* vzdálenost, přepravní úsek, trasa; **short/ medium/ long h.** krátká/ střední/ dlouhá vzdálenost; **long h. aircraft** dálkový letoun; fig **it's a long h.** je to zdlouhavá záležitost **3** *(fishing)* úlovek; fig *(booty)* kořist, lup; **a good h.** Fishing dobrý úlovek ryb ● **I** vt **1** *(drag)* táhnout, vláčet **2** *(transport)* dopravit/ dopravovat, přepravovat; fig **be ~ed before the court** být předvolán k soudu ♦ **h. sb over the coals** podat si koho, zavolat si koho na kobereček **II** vi *(pull)* táhnout **III** phr vs ■ **haul down** vt *(flag)* spustit ■ **haul up** vt inf *(to court)* předvolat

haulage ['ho:lidž] n **1** *(road transport)* nákladní doprava; **road h.** silniční doprava ■ **h. contractor** autodopravce, speditér **2** *(charges)* přepravné, dopravné

haulier ['ho:liə(r)] n dopravce, přepravce, speditér

haunch [ho:nč] n **1** Anat bok, kyčel; **sit** or **squat on one's ~s** dřepět, sedět na bobku **2** Cook *(of venison)* kýta

haunt [ho:nt] vt **1** *(of ghosts)* strašit kde, objevovat se kde; **h. a castle** strašit v zámku **2** *(frequent)* často navštěvovat; *(of animals)* vyskytovat se někde **3** fig *(of thoughts, memories* etc*)* sužovat, pronásledovat, vracet se ● n oblíbené místo; *(pub)* oblíbená hospoda; *(of children, of suspicious individuals)* (oblíbené) rejdiště; *(of thieves)* brloh

haunted ['ho:ntid] adj **1 a h. castle** strašidelný zámek; **a h. house** dům, ve kterém straší **2** *(look)* uštvaný, utrápený

haunting ['ho:ntiŋ] adj *(melody, memory)* vtíravý, neodbytný, fml obsedantní

Havana [hə'vænə] n **1** Havana **2 a H. (cigar)** havana, havanský doutník

have [hæv, weak forms həv, əv] **I** vt (3rd person sg pres **has**; pres p **having**; pt & pp **had**) **1** *(possess)* **a)** mít, vlastnit; **I've (got) two cars** mám dvě auta; **have you got a computer?** (Br), **do you have a computer?** (Amer) máš (doma) počítač?; **h. sth at one's disposal** disponovat čím **b)** *(physical or mental features)* **h. blue eyes** mít modré oči; **h. a short memory** mít krátkou paměť; **h. a lisp** šlapat si na jazyk, šišlat; **h. a stoop** mít kulatá záda **c)** *(contain)* **the room has two windows** v pokoji jsou dvě okna; **Slovakia has a lot of woods** na Slovensku je mnoho lesů; **my bag has no name on it** nemám na tašce své jméno **d)** *(friends, children* etc*)* mít **e)** *(exercise: power, authority* etc*)* mít; **h. control of sth** mít co v moci; **h. no self-control** neovládat se ♦ **h. sb over a barrel** mít koho v hrsti; **h. sb under one's thumb** mít koho v područí **2** *(experience)* **a) h. a feeling that ...** mít pocit, že ...; **h. (some) doubts about sth** pochybovat o čem; **h. a good time** mít se dobře, dobře se bavit; **we had great fun (there)** bylo tam veselo; **h. bad luck** mít smůlu or pech; **I h. had enough of it** už mě to omrzelo, už toho mám dost ♦ **he has never had it so good** má zlaté časy, inf žije si jako prase v žitě **b)** *(suffer)* mít, trpět čím; **h. toothache** mít bolení zubů; **h. an attack of indigestion** dostat žaludeční nevolnost; **I have got a headache** bolí mě hlava; **he had a stroke** ranila ho mrtvice; **I often h. headaches** často mívám bolesti hlavy; **he has had an accident** měl nehodu, něco se mu stalo **3** *(show)* **h. mercy on sb** být ke komu milosrdný; **h. regard for sb** mít ke komu ohledy; **h. no scruples** být bez skrupulí; **h. good manners** být dobře vychovaný; **h. the nerve** or **the impudence** or **the audacity to do sth** mít tu drzost or opovážlivost a ... **4** *(receive)* **a)** *(letter, packet, news)* dostat, obdržet **b)** *(undergo)* *(operation, treatment* etc*)* podrobit se čemu; **h. multiple stab wounds** být pobodán **5 a)** *(invite)* **h. sb for dinner** pozvat koho na oběd; **we don't h. many visitors** k nám moc lidí nechodí; **thanks for having us** děkujeme za přijetí **b)** *(accept)* **h. sb as one's spokesman** vybrat si koho za mluvčího **c)** *(allow)* **I won't h. it** to nestrpím **6** *(claim)* **rumour has it that ...** proslýchá or povídá se, že ..., prý ... **7** *(give birth to)* porodit; **h. kittens** okotit se; **she is having a baby next month** příští měsíc čeká dítě **8** *(verbal phrases)* **a) h. a swim** zaplavat si; **h. a walk** projít se; **h. a wash** umýt se; **h. a try** pokusit se **b) h. breakfast/ lunch/ dinner** (po)snídat/ (po)obědvat/ (po)večeřet; **h. a cigarette** zakouřit si; **h. some whisky** napijte se whisky; **let's h. some coffee** dejme si kávu; **what will you h.?** co si dáte? ♦ **he has had a drop too much** trochu přebral **c) h. a shave** oholit se; **h. a bath** vykoupat se; **h. a game of tennis** zahrát si tenis **9** *(take)* vzít si; *(borrow)* (vy)půjčit si; **can I h. an apple?** mohu si vzít jablko?; **h. as many as you want** vem si kolik chceš; **let me h. the ball** dej mi ten míč; **can I h. your pen for a moment?** mohu si na chvilku půjčit vaše pero? **10** *(meeting, party)* konat **11** *(be obliged to)* musit; **he had to leave** musel odejít; **it has to be done** musí se to udělat; **do you h. to go now?**, Br **h. you got to go now?** to už musíte opravdu jít? **12** *(causative)* **a)** esp Amer **h. sb do sth/ doing sth** přimět koho, aby něco udělal; **h. him come here** pošlete ho sem; **I'll h. him call for the parcel** pošlu ho pro balík; **she had him pay for it** přiměla ho, aby za to zaplatil; **h. sb clean the windows** dát vyčistit okna; **they had me washing up** přiměli mě, abych umyl nádobí **b) h. sth done** dát si něco udělat; **h. one's hair cut** dát se ostříhat; **he had his head cut off** uťali mu hlavu; **I had my wallet stolen** někdo mi ukradl peněženku **13** *(trick)* obelstít; **you've been had** sl obelstili vás, naletěl jste jim, vzali vás na hůl **14** *(with better)* **we had better go** raději bychom už měli jít; **he had better stay away** bylo by lépe, kdyby nepřišel **15** *(phrases)* **he has had it** inf je s ním konec; **the car has had it** auto už dosloužilo; **have had enough of sth** *(lose interest in)* nabažit se čeho; **have done with sth** skoncovat s čím; **h. to do with sth** mít s čím něco společného; **he has a point there** na tom něco je; **he had little to say** moc toho neřekl; **it's not to be had** není to k dostání; **I h. nothing against him** nic proti němu nemám; **let them h. it!** hurá na ně! **II** aux v **1** *(in perfect tenses)* **I have/ had seen him** viděl jsem ho; **he has arrived** (už) přijel; **I h. been living here for ten years** bydlím tady deset let; **having seen it** *(after)* když jsem to uviděl, *(since)* protože jsem to viděl; **if he had come, had he come** kdyby byl přišel **2** *(in tag questions)* **a) you h. left her, haven't you?** tys od ní odešel, že?; **you haven't done it, h. you?** tys to neudělal, že ne? **b) I h. finished — H. you?** Já jsem (už) skončil. — Opravdu? **III** phr vs ■ **have around** vt **h. sb around** mít koho na návštěvě; *(invite)* pozvat koho na návštěvu ■ **have away** vt **h. it away with sb** vulg rozdat si to s kým, vyspat se s kým ■ **have back** vt **1 can I h. it back?** mohl bys mi to vrátit?; **let me h. it back soon** brzy mi to vrať **2** *(spouse* etc*)* udobřit se s kým, vzít koho zpátky ■ **have down** vt **1** *(blinds)* spustit **2 h. sb down (for a visit)** mít koho na návštěvě, *(invite)* pozvat koho na návštěvu ■ **have in** vi **we'll h. painters in** budou u nás malíři, budeme malovat ♦ **have it in for sb** inf mít na koho spadeno ■ **have off** vt **h. it off with sb** vulg rozdat si to or dát si to s kým, vyspat se s kým ■ **have on** vt **1** *(clothes)* mít na sobě, být oblečen do čeho **2 have a radio on** mít puštěné rádio **3 h. sth on** mít něco na programu; **h. a lot of work on** mít spoustu práce **4** *(tease)* inf **he's having you on** dobírá si tě, dělá si z tebe legraci **5 they h. nothing on me** *(police)* nic na mě nemají ■ **have out** vt **1 h. one's tonsils out** nechat si vyjmout mandle; **h. one's tooth out** dát si vytáhnout or vytrhnout zub **2 h. it out with sb** vyříkat si to s kým ■ **have over** or **round** vt **h. sb over** mít koho na návštěvě; *(invite)* pozvat koho na návštěvu ■ **have up** vt **h. sb up for sth** inf předvolat koho před soud za co ● n **the ~s and the h.-nots** bohatí a chudí

haven ['heivn] n dated přístav; fig útulek, azyl, útočiště; **a h. of peace** oáza or ostrov klidu (a míru)

have-nots ['hævnots] n pl nemajetní, chudí, chudáci

haversack ['hævəsæk] n chlebník, torna, tlumok

havoc ['hævək] n spoušť, boží dopuštění, pohroma, inf paseka; *(disorder)* inf učiněný blázinec, cirkus na kolečkách; **cause** or **wreak h.** způsobit hroznou spoušť; **play h. with sth** narušit co, *(plans)* zhatit, zmařit, zkřížit

haw$_1$ [ho:] n Bot hložinka plod hlohu

haw$_2$ [ho:] vi **hum and haw** see **hum**

Hawaii [hə'waii:] n Havaj, Havajské ostrovy

Hawaiian [hə'waiən, -'waiiən] adj havajský; **H. guitar** havajská kytara ● n Havajec/ Havajka

hawk$_1$ [ho:k] n **1** Orn jestřáb, luňák; *(falcon)* sokol ♦ **have eyes like a h., have the eyes of a h.** mít orlí zrak, mít oči jako ostříž; **watch sth like a h.** hlídat něco jako ostříž, nespustit z něčeho oči **2** fig Pol jestřáb ● vi lovit s jestřábem, inf sokolničit

hawk$_2$ [ho:k] vt **1** *(sell)* prodávat po domech or podomně, prodávat pouličně **2** *(gossip)* šířit, rozšiřovat, roznášet; *(news)* roznést, rozhlásit

hawker ['ho:kə(r)] n **1** *(hunter)* sokolník **2** *(door-to-door/ street pedlar)* podomní/ pouliční obchodník

hawser ['ho:zə(r)] n Naut silné uvazovací nebo kotevní lano; **steel h.** ocelové lano

hawthorn ['ho:θo:n] n Bot hloh

hay [hei] n seno; **make hay** sklízet sena, inf dělat sena ♦ **make hay while the sun shines** kuj železo, dokud je žhavé; **hit the hay** inf jít na kutě, jít do hajan ■ **hay fever** senná rýma

hayfork ['heifo:k] n podávky

hayloft ['heiloft] n seník

haymaker ['heimeikə(r)] n **1** *(person)* obraceč sena; *(machine)* sušička na seno, obracečka **2** Box inf zvedák, uspávačka

haymaking ['heimeikiŋ] n senoseč

hayrick ['heirik], **haystack** ['haistæk] n kupka sena ♦ **look for a needle in a haystack** hledat jehlu v kupce sena

haywire ['heiwaiə(r)] adj pred; inf **everything went h.** všechno je páté přes deváté; **go h.** *(person)* zbláznit se, pominout se, zcvokatět; *(mechanism)* porouchat se, pokazit se

hazard ['hæzəd] n **1** *(danger)* nebezpečí, *(risk)* riziko; **fire h.** nebezpečí ohně; **occupational h.** riziko povolání **2** Golf překážka ● vt **1** *(life* etc*)* riskovat, dát co v sázku **2** *(venture to make)* **h. a remark** troufnout si poznamenat; **h. a guess** zkusit hádat

hazardous ['hæzədəs] adj riskantní, nebezpečný; *(occupation)* rizikový; **h. material** nebezpečný náklad

haze$_1$ [heiz] n mlžný opar; fig **his mind was in a h.** byl popletený, byl zmatený

haze$_2$ [heiz] vt Amer šikanovat, buzerovat, týrat zvl. nováčky, nové studenty ap.

hazel ['heizl] n Bot *(tree)* líska, lískový keř

■ **h. switch** lískovice ● adj *(colour)* oříškově hnědý, oříškový

hazelnut ['heizlnat] n lískový oříšek

haziness ['heizinəs] n (cf **hazy**) mlhavost; nejasnost, vágnost

hazy ['heizi] adj (**-ier**, **-iest**) **1** *(misty)* mlhavý, zamlžený, zahalený v mlze **2** fig *(unclear: idea, recollection)* nejasný, mlhavý, vágní **3 be h. about sth** nemít něco ujasněno ■ **hazily** adv **1** *(of mountains* etc*)* **loom hazily** tyčit se v mlžném oparu **2** fig *(remember)* vágně, nejasně

H-bomb ['eičbom] n vodíková puma

HE abbr of **His** or **Her Excellency** Jeho or Její Excelence

he [hi:, weak form hi] pron on; **he who** ten, kdo ● n *(male)* **it's a he** *(of newborn baby)* je to chlapec; *(of animal)* je to sameček or samec ● pref **he-goat** kozel; **he-fox** lišák

head [hed] n **1** Anat hlava; dim hlavička; **bald h.** lysina; **from h. to foot** od hlavy až k patě; **bow one's h.** sklonit hlavu na pozdrav; **crown of the h.** temeno hlavy; **bump one's h.** udeřit se do hlavy; **hang one's h.** věšet hlavu, klesat na mysli; **his h. was swimming** zamotala se mu hlava; **hurt one's h.** poranit se na hlavě; **have a bad h. after drinking** mít kocovinu po flámu; **incline one's h.** naklonit hlavu; **scratch one's h.** poškrabat se za uchem; **shake one's h.** zavrtět or zakroutit hlavou; **toss one's h.** pohodit hlavou ■ **h. cold** rýma **2** *(phrases)* ♦ **act over sb's h.** fig obejít koho, přeskočit koho; **bang one's h. against a brick wall** jít hlavou proti zdi; **bawl one's h. off** řvát jako pavián; **be/ fall h. over heels in love** být až po uši zamilovaný/ zamilovat se až po uši; **be like a bear with a sore h.** koukat jako jezevec z díry; **call down curses on sb's h.** svolávat na čí hlavu hromy blesky; **be able to do sth standing on one's h.** fig udělat co levou rukou; **I hardly know whether I am on my h. or my heels** nevím, kde mi hlava stojí; **have no roof over one's h.** nemít střechu nad hlavou; **have one's h. in the clouds** chodit s hlavou v oblacích, vznášet se ve vyšších sférách; **his eyes were popping out of his h.** oči mu lezly z důlků; **hit the nail on the h.** trefit se do černého, udeřit hřebík na hlavičku; **hold a pistol to sb's h.** fig položit komu nůž na krk; **hold one's h. high** nosit hlavu vysoko; **keep one's h.** zachovat si chladnou hlavu; **keep one's h. above water** fig držet se nad vodou; **laugh one's h. off** smát se, až se za břicho popadat; **snore one's h. off** chrápat, jako když pilou řeže; **stand sth on its h.** postavit co na hlavu; **talk through the top of one's h.** nevidět si do huby; **turn sb's h.** poplést komu hlavu, pobláznit koho ■ **have a h. start on sb** mít před někým náskok **3** *(as measure of length)* **be taller by a h.** být o hlavu vyšší; **the horse won by a h.** kůň vyhrál o délku hlavy ♦ **he is** or **towers h. and shoulders above everybody else** nebetyčně všechny převyšuje, nikdo z nich mu nesahá ani po kotníky **4** *(mind, brain)* hlava, mozek, inteligence, paměť; **clear h.** jasná or čistá hlava; **enter sb's h.** přijít komu na mysl, napadnout koho; **have a good h. for figures** mít paměť na čísla; **have a good h. on one's shoulders** být hlava otevřená, být hlavička, mít dobrou hlavu; **be off one's h.** být padlý na hlavu, být praštěný; **he has gone off his h.** luplo mu v bedně or v kouli (both sl); **have a big h.** inf být nafoukaný, moc si o sobě myslet; **have a h. like a sieve** mít děravou hlavu or paměť; **drum sth into sb's h.** vtlouci komu co do hlavy; **fill sb's h. with silly ideas** nakukat komu co; **get that into your h.!**, inf **get that into that thick h. of yours** dobře si to zapamatuj!, zapiš si to za uši; **go off one's h.** zjančit se, zcvokatět; **he needs his h. examined** inf nemá to v hlavě v pořádku; **he is going soft in the h.** měkne mu mozek; **his h. is screwed on the right way** myslí mu to; **put ideas into sb's h.** nasadit komu pavouky do hlavy; **take it into one's h. to do sth** vzít si něco do hlavy; **use your h.** vezmi rozum do hrsti, mysli trochu!; **it is way above my head** to je nad mé chápání, to je na mě vysoká věda; **be wrong in the h.** nemít to v hlavě v pořádku **5** *(of coin)* líc; **~s or tails** hlava nebo orel; **~s I win, tails you lose** vyjde to na stejno ♦ **I can't make h. or tail of it** nejsem z toho chytrý, nemohu si to srovnat v hlavě; nevím, co si z toho mám vybrat, jsem z toho jelen **6 a)** *(person)* osoba, hlava; **£5 per h.**, **£5 a h.** pět liber na hlavu or na osobu **b)** *(of cattle* etc*)* pl unchanged when counting kus; **ten h. of cattle** deset kusů dobytka **7** *(life)* hlava, život; **it cost him his h.** stálo ho to život **8** *(principal part)* **a)** *(of axe)* čepel; *(of spear)* špička, hrot; *(of nail, pin)* hlavička **b)** *(on tape recorder)* hlava **c)** *(of table)* čelo; *(of bed)* čelo, záhlaví; *(of page)* záhlaví, hlavička; **at the h. of the table** v čele stolu **d)** *(of tree)* koruna, vrcholek; *(of flower)* koruna; *(of lettuce, cabbage)* hlávka; *(of beer)* čepice; *(of river)* pramen **e)** *(of boil)* vršek; **come to a h.** dozrát, provalit se **9** *(of crisis)* **come to a h.** kulminovat, (vy)vrcholit, vyhrotit se **10** *(of family, state)* hlava; *(of business* etc*)* šéf, *(of delegation, department* also Univ) vedoucí; *(of school)* ředitel; *(of clinic)* přednosta; **h. (waiter)** vrchní (číšník) ■ **h. office** ředitelství podniku **11** *(category)* záhlaví, kategorie, skupina; **come under the same h.** patřit do stejné skupiny **12** Phys *(of water, steam)* tlak ● **I** vt **1** *(be first)* **a)** *(list)* být první or být na prvním místě v seznamu; *(polls, race)* vést v čem, být v čele čeho **b)** *(be in charge of) (company, school* etc*)* vést, být šéfem/ ředitelem/ vedoucím/ přednostou čeho; *(rebellion)* vést, být vůdcem čeho, stát v čele; *(delegation)* být vedoucím, být v čele čeho **2** *(give a heading)* nadepsat, dát čemu titul, pojmenovat, uvést v záhlaví, opatřit hlavičkou; **~ed writing paper** dopisní papír s hlavičkou; **the article is ~ed** ... článek má název ... **3** Ftb zahrát míč hlavou; **h. the ball into the net** poslat míč hlavou do sítě, odhlavičkovat do sítě **II** vi *(go)* jít/ jet kam, směřovat, mít namířeno kam; *(ship)* mít kurs kam; **where are you ~ing** or **~ed?** Amer kam jdete/ jedete?, kam máte namířeno? **III** phr vs ■ **head back** vi jet/ jít/ plout zpátky; **be ~ing back** být na zpáteční cestě ■ **head for** vt mířit, zamířit; **h. for Newcastle** *(car)* jet do/ *(plane)* letět do/ *(ship)* mít kurs na Newcastle; fig **you are ~ing for disaster** ty špatně skončíš; **the world is ~ing for disaster** svět spěje ke katastrofě ■ **head off** vt *(quarrel)* vyhnout se čemu, *(danger, war, strike)* odvrátit; *(reporters)* poslat pryč; *(enemy)* odrazit

headache ['hedeik] n bolení hlavy; fig problém; **I have a (bad) h.** bolí mě (hrozně) hlava; **I have a splitting h.** hlava se mi bolestí div nerozskočí; **suffer from ~s** mít často bolesti hlavy

headband ['hedbænd] n čelenka

headboard ['hedbo:d] n čelo postele, čelní pelest

headcheese ['hedči:z] n Amer tlačenka

headdress ['heddres] n ozdobný čepec, ozdobná čelenka

header ['hedə(r)] n Ftb hlavička

headfirst [hed'fə:st] adv lit & fig po hlavě, střemhlav

headgear ['hedgiə(r)] n pokrývka hlavy

head-hunter ['hedhantə(r)] n **1** lovec lebek **2** fig lovec mozků

heading ['hediŋ] n nadpis, záhlaví, titul, název; *(on letter)* hlavička; *(in encyclopedia)* heslo

headlamp ['hedlæmp], **headlight** ['hedlait] n Aut reflektor, světlomet

headline ['hedlain] n **1** *(in newspaper* etc*)* titulek, nadpis ♦ **banner ~s** palcové titulky; **hit the ~s** dostat se na titulní stránky novin **2 the ~s** *(on TV, Radio)* stručné zprávy, přehled zpráv

headlong ['hedloŋ] adj attr **h. flight** překotný útěk ● adv bez rozmyslu, zbrkle, překotně, horempádem; **run h.** běžet, jako by mu za patami hořelo; **fall h.** upadnout střemhlav; **ride h.** jet hlava nehlava na koni, na kole; **rush h. towards ruin** řítit se do záhuby

headman ['hedmən] n (pl **-men**) předák

headmaster [hed'ma:stə(r)] n Sch ředitel

headmistress [hed'mistrəs] n Sch ředitelka

head-on [hed'on] adj *(collision)* čelní, frontální ● adv **collide h.-on** čelně se srazit; **tackle a problem h.-on** řešit problém bez okolků

headphones ['hedfəunz] n pl sluchátka rádiová, telefonická (s mikrofonem)

headquarters ['hedkwo:təz] n pl *(of firm)* ústředí, centrála, hlavní sídlo, ředitelství; Mil velitelství, hlavní štáb; *(during war)* hlavní stan; **police h.** policejní komisařství

headrest ['hedrest] n opěrka hlavy, opěradlo pro hlavu

headroom ['hedru:m] n světlost, světlá výška, podjezdná výška mostu ap.; *(in car* etc*)* prostor nad hlavou

headscarf ['hedska:f] n (pl **-scarves** [-ska:vz]) šátek na hlavu

headset ['hedset] n pl sluchátka rádiová, telefonická (s mikrofonem)

headship ['hedšip] n Sch funkce ředitele, ředitelství; *(position)* ředitelské místo

headshrinker ['hedšriŋkə(r)] n sl pej *(psychiatrist)* psychiatr

headstand ['hedstænd] n stoj na hlavě; **do a h.** (u)dělat stoj na hlavě

headstone ['hedstəun] n *(on grave)* náhrobní kámen

headstrong ['hedstroŋ] adj svéhlavý, umíněný, tvrdohlavý

headway ['hedwei] n **make h.** pokročit, dělat pokroky, postupovat vpřed; **we are making h. with our work** naše práce jde kupředu

headwind ['hedwind] n protivítr

headword ['hedwə:d] n (slovníkové) heslo, heslové slovo

heady ['hedi] adj (**-ier, -iest**) *(wine)* silný, těžký, opojný (also fig)

heal [hi:l] **I** vi *(wound)* hojit se; **h. up** zhojit se, zahojit se, zajizvit se, zacelit se **II** vt **1** arch *(illness)* vyléčit (**sb of sth** koho z čeho) **2** fig *(differences)* překlenout, překonat ♦ **time ~s all sorrows** čas vše zhojí

healer ['hi:lə(r)] n léčitel, hojitel ♦ **time is a great h.** čas vše zhojí

healing ['hi:liŋ] n léčení, hojení ● adj hojivý, léčivý

health [helθ] n **1** zdraví; **state of h.** zdravotní stav; **be in good h.** být zdravý, mít dobré zdraví; **be in bad** or **poor h.**, **suffer from ill h.** churavět, nebýt zdráv, být nemocný; **enjoy good h.** těšit se dobrému zdraví; **be bursting with h.** překypovat zdravím; **ruin one's h.** podkopat si zdraví; **return sb to h.** vrátit komu zdraví; **on grounds of ill h.**, **on h. grounds** ze zdravotních důvodů ♦ **h. care** zdravotní péče; **h. centre** poliklinika, zdravotní středisko; **h. education** zdravotnická osvěta; **h. food** zdravá strava, zdravé jídlo or potraviny; **h. insurance** nemocenské pojištění; **h. service** zdravotnictví, **h. visitor** ošetřovatelka chodící po návštěvách, pečovatelka **2** *(toast)* **drink (to) sb's h.**, **drink a toast to sb's h.** připít komu na zdraví, (vy)pít na něčí zdraví; **your h.!**, **good h.!** na vaše zdraví, ať slouží

healthful ['helθfl] adj fml *(diet, climate* etc*)* zdravý, dobrý pro zdraví

healthy ['helθi] adj (**-ier**, **-iest**) zdravý; *(economy)* vzkvétající; **look h.** vypadat zdravě

heap [hi:p] n **1** *(pile)* hromada, halda; **a h. of sand/ stones** hromada písku/ kamení; **he fell in a h.** zhroutil se ♦ **be a h. of misery** být jako hromádka neštěstí; **old h. of a car** stará rachotina **2** fig **~s of** spousta, množství; **there are ~s of them** je jich jako kobylek, roztrhl se s nimi pytel; **~s of money** hromada peněz; **I've got ~s to do** mám práce až nad hlavu ● **I** vt **h. sth together** navršit co na hromadu; **h. reproaches/ abuse on sb** zahrnovat koho výčitkami/ nadávkami; **the table was ~ed with food** stůl se prohýbal jídlem **II** phr v ■ **heap up** vt nahromadit, nakupit; *(riches)* nashromáždit

hear [hiə(r)] v (pt, pp **heard** [hə:d]) **I** vt **1** slyšet; **can you h. me?** slyšíte mě?; **I heard it on the news** slyšel jsem to ve zprávách; **I heard him call/ calling** slyšel jsem ho zavolat/ jak volá; **h. sth with one's own ears** slyšet co na vlastní uši; **let's h. it** ven s tím ♦ **h. a pin drop** slyšet upadnout špendlík; **I hope we've heard the last of it** doufám, že jsme o tom slyšeli naposledy **2** *(listen)* **h. a case** Jur projednat soudní případ; **h. Mass** účastnit se mše; **h. sb's confession** vyzpovídat koho; **she will not h. a word against him** nedá na něj dopustit **3** *(learn, be told)* **I hear that ...** slyšel jsem, že ...; dověděl jsem se, že ...; **I am glad to h. that** to rád slyším; **I don't want to h. any more about it** už o tom nechci nic slyšet; **I was staggered to h. that ...** ohromila mne zpráva, že ...; **who has ever heard anything like that?** kdo to jaktěživ slyšel? **II** vi **1** *(perceive with ear)* slyšet; **I can't h.** neslyším; **pretend not to h.** dělat se hluchým; **h. h.** bravo!, výborně! **2** *(receive news)* **h. from sb** dostat od koho zprávu; **have you heard from her?** máte od ní nějaké zprávy?; **if father ~s about it** jestliže se o tom doslechne otec; **you'll h. from me soon** brzy se ohlásím; **you'll be ~ing from me** *(as a threat)* však vy o mně ještě uslyšíte; **unless I h. from you ...** pokud od vás nedostanu zprávu ...; **you'll be hearing from my solicitor** obrátí se na vás můj právní zástupce **III** phr vs ■ **hear of** vt *(allow)* **he won't h. of it** nechce o tom ani slyšet ■ **hear out** vt **h. sb/ sth out** vyslechnout koho/ co; **please, h. me out!** vyslechněte mne, prosím

hearer ['hiərə(r)] n posluchač/ -ka

hearing ['hiəriŋ] n **1** **(sense of) h.** sluch; **organ of h.** sluchový orgán; **be hard of h.** být nedoslýchavý or nahluchlý; **have good h.** mít dobrý or tenký sluch; **lose one's h.** ohluchnout ■ **h. aid** naslouchátko; **h. defect** sluchová vada **2** **within h. distance** na doslech; **he said it in my h.** řekl to v mé přítomnosti, slyšel jsem ho to říct; **at first h.** na první poslech **3** Jur **(judicial) h.** soudní stání; Jur **h. of witnesses** výslech svědků; fig **give sb a fair h.** popřát komu sluchu, vyslechnout koho

hearsay ['hiəsei] n pověsti; co se povídá; *(know sth)* **from h.** z doslechu, z druhé ruky; **it's just h.** to jsou jenom pověsti

hearse [hə:s] n pohřební vůz

heart [ha:t] n **1** Anat srdce; **have a weak h.** mít nemocné srdce, být nemocný se srdcem; **my h. is thumping** buší mi srdce ■ **h. attack** mrtvice, srdeční infarkt; **die of a h. attack** zemřít na infarkt; **h. complaint** srdeční potíže, potíže se srdcem; **h. disease** srdeční choroba; **h. failure** selhání srdce; **h. murmur** šelest na srdci; **h. transplant** transplantace srdce; **h. valve** srdeční chlopeň; **have a h. condition** být nemocný se srdcem; **his h. is as sound as a bell** má srdce jako zvon **2** *(phrases)* ♦ **affairs of the h.** srdeční záležitosti; **at the bottom of one's h.** v hloubi duše; **be after sb's h.** být komu po chuti; **be good at h.** být v jádře dobrý; **break sb's h.** zlomit komu srdce; *(know sth)* **by h.** zpaměti, nazpaměť, z hlavy; **clasp sb to one's h.** přivinout koho k sobě; **cross my h.!** čestně!, na mou duši!; **the dictates of the h.** hlas srdce; **eat one's h. out for sb** trápit or soužit se pro koho; **find it in one's h.**

to ... mít to srdce, že ...; **from the bottom of one's h.** z hloubi duše or srdce, z celé duše; **harden one's h.** zatvrdit se; **he has no h.** nemá srdce; **have a change of h.** rozmyslit se; **have a good h.** mít dobré srdce; **have a h. of gold** být dobrák od kosti, mít zlaté srdce, mít srdce ze zlata; **have one's h. in the right place** mít srdce na pravém místě; **his h. sank to his boots** srdce mu spadlo do kalhot, byla v něm malá dušička; **his h. was in his mouth** strachem se mu sevřelo hrdlo; **in one's h. of ~s** v hloubi duše; **it breaks my h. when ...** puká mi srdce (žalem), když ...; **it stirred his h. strings** chytilo ho to u srdce; **the lady of my h.** paní or dáma mého srdce; **learn sth by h.** naučit se co nazpaměť; **lose h.** poklesnout na mysli, zmalomyslnět, rezignovat; **love sb with all one's h.** milovat koho celým svým srdcem; **my h. bleeds at the sight** když to vidím, puká mi srdce; **my h. goes out to you** je mi vás ze srdce líto; **my h. nearly stopped beating** srdce se mi sevřelo úzkostí, zastavilo se mi srdce; **open one's h. to sb** otevřít komu své srdce; **set one's h. on (doing) sth** vzít si co do hlavy; **have a soft h.** být povolný, mít měkké srdce; **soften sb's h.** oblomit čí srdce; **stir sb's h.** chytat koho u srdce; **take sth to h.** brát si co k srdci; **take sth too much to h.** něco si příliš brát, brát co příliš tragicky; **thank sb from the bottom of one's h.** vroucně komu děkovat, z hloubi srdce or duše komu děkovat; **to one's h.'s content** *(eat)* najíst se do sytosti; *(drink)* napít se co hrdlo ráčí; *(talk)* vypovídat se do sytosti; **wear one's h. upon one's sleeve** mít srdce na dlani, neskrývat své city; **weep one's h. out** vyplakat si oči; **win sb's h.** získat si koho, získat čí srdce; **with all one's h.** ze srdce rád, z celého srdce; **with a heavy h.** s těžkým srdcem; **with a light h.** s lehkou myslí **3** *(centre)* **a)** *(of country, continent)* srdce, nitro; **the h. of Africa** nitro Afriky; *(lie)* **in the h. of Europe** v srdci Evropy; **in the h. of the mountains** v klínu hor **b)** *(of tree)* dřeň **c) the h. of the matter** podstata věci, expr jádro pudla, zakopaný pes **4** Cards srdce; **queen of ~s** srdcová dáma

heartache ['ha:teik] n hoře, žal, lítost

heartbeat ['ha:tbi:t] n Med tlukot or tep srdce; **he had no h.** srdce mu už přestalo bít, má nehmatný tep

heartbreaking ['ha:tbreiking] adj srdcervoucí

heartbroken ['ha:tbrəukən] adj hluboce zarmoucený, neutěšitelný

heartburn ['ha:tbə:n] n pálení žáhy; **he has h.** pálí ho žáha

hearten ['ha:tn] vt povzbudit, vzpružit, dodat komu odvahy

heartening ['ha:təniŋ] adj povzbudivý; **it's most h.** je to velmi povzbudivé

heartfelt ['ha:tfelt] adj upřímný, vřelý, vroucí; **h. thanks** vřelé or vroucí díky; **h. sympathy** upřímná soustrast

hearth [ha:θ] n **1** *(of fireplace)* ohniště; *(smith's)* výheň; *(fireplace)* krb **2** *(home)* **h. and home, the family h.** domácí krb

hearthrug ['ha:θrag] n předložka před krbem

heartily ['ha:tili] adv **1** *(welcome, laugh)* srdečně; **eat h.** jíst s chutí, inf baštit **2** *(completely)* naprosto; **I h. agree** naprosto souhlasím; **be h. glad** být skutečně rád; **h. loathe sth** mít něco k smrti nerad; **be h. sick of sth** mít čeho plné zuby

heartless ['hatləs] adj *(person)* bezcitný, necitelný; *(mother)* krkavčí; *(remark)* krutý, bezohledný; **a h. character** tvrdá nátura, necita; **be h.** nemít srdce, mít místo srdce kámen ■ **~ly** adv bezcitně, krutě, bezohledně

heartrending ['ha:trendiŋ] adj *(story, crime)* srdceryvný, srdcervoucí, drásavý; *(crying)* usedavý

heart's-ease, heartsease ['ha:tsi:z] n Bot maceška

heartstrings ['ha:tstriŋz] n pl **to pull** or **tug at sb's ~s** působit na čí city

heartthrob ['ha:tθrob] n milý/ milá, miláček, idol

heart-to-heart [ha:ttə'ha:t] adj & n **have a h.-to-h. (talk)** upřímně or od srdce si pohovořit

heartwarming ['ha:two:miŋ] adj potěšitelný, povzbudivý

hearty ['ha:ti] adj **(-ier, -iest) 1** usu attr *(greeting, welcome, reception)* srdečný, vřelý, přátelský; **we were given a h. welcome** dostalo se nám srdečného přijetí **2** *(loud and cheerful)* sometimes pej bodrý, žoviální; *(appetite)* velký, silný; *(meal)* vydatný; **have a h. appetite** být při chuti, mít zdravou chuť k jídlu; **a h. eater** velký jedlík **3 hale and h.** svěží, zdravý jako hřib ■ adv see **heartily**

heat [hi:t] n **1** Phys teplo; **specific h.** specifické teplo; **h. of fusion** skupenské teplo tání ■ **h. insulation** tepelná izolace **2** *(warmth)* teplo; *(high temperature, hot weather)* horko, vedro; **sweltering** or **scorching h.** (strašné) vedro, horko na padnutí, výheň ■ **h. rash** Med potničky **3** fig *(passion)* zápal, žár; **in the h. of the moment** v momentálním rozčilení; **in the h. of passion** v afektu **4** Sport rozběh; *(in boat races, cycling* etc*)* rozjížďka; *(in* *swimming)* rozplavba; **a dead h.** mrtvý závod **5** Zool běhání samic; **be on** or **in h.** běhat se ● **I** vt (o)hřát, ohřívat; zahřát; *(house, room)* vytápět, vytopit **II** vi ohřát se, zahřát se; *(room* etc*)* vyhřát se, vytopit se **III** phr v ■ **heat up** *I* vt zahřát, ohřát, *(room)* vytopit; *(passions)* roznítit *II* vi ohřát se, zahřát se; *(room)* vyhřát se; *(argument)* přiostřit se

heated ['hi:tid] adj **1** *(of room)* vytápěný **2** *(discussion)* vzrušený, živý, prudký; *(argument)* prudký, vášnivý; **become** or **get h.** *(person)* rozohnit se, rozpálit se ■ **~ly** adv vzrušeně, prudce, vášnivě

heater ['hi:tə(r)] n topítko, ohřívač, topné těleso; **storage h.** akumulační kamna; **flow h.** průtokový ohřívač

heath [hi:θ] n **1** *(land)* vřesoviště ♦ **native h.** rodná or otcovská hrouda **2** *(plant)* vřes, vřesovec

heathen ['hi:ðən] n **1** pohan, neznaboh; **the h.** pohané **2** inf barbar, divoch, hrubec ● adj **1** pohanský **2** necivilizovaný, barbarský

heather ['heðə(r)] n Bot vřes, vřesovec

heating ['hi:tiŋ] n topení; **central h.** ústřední topení ■ **h. coil** topná spirála; **h. element** topné těleso; **h. gas** topný plyn; **h. costs** náklady na topení

heatstroke ['hi:tstrəuk] n úpal, (sluneční) úžeh

heatwave ['hi:tweiv] n Meteor teplá vlna

heave [hi:v] **I** vt **1** *(lift sth heavy)* zvednout; *(drag)* táhnout, vléci **2** *(throw sth heavy)* hodit, mrštit **3** Naut (pt, pp **hove**) dělat obrat s lodí, obracet; **h. the anchor** zdvihnout kotvu **4 h. a sigh/ groan** vzdychnout si/ zasténat; **h. a sigh of relief** vydechnout si úlevou **II** vi **1** *(pull)* táhnout, vléci; **h. ho!** hej rup! **2** *(chest, waves)* dmout se, vzdouvat se **3** *(retch)* zvracet, vrhnout **4** Naut (pt, pp **hove**) **h. in sight** objevit se na obzoru **III** phr v ■ **heave to** vi Naut obrátit loď proti větru, zastavit loď ● n *(pull)* tah; *(throw)* hození, hod

heaven [hevn] n **1** lit nebe, nebesa; **the Kingdom of H.** království nebeské or boží; **ascend to h.** vstoupit na nebesa; **go to h.** jít do nebe; **move h. and earth** nasadit všechny páky, jít za něčím jako beran **2** *(God; Providence)* **h. help him** běda mu; **h. only knows** čert ví; **for H.'s sake** proboha! pro všechno na světě!; **good ~s!** proboha!, jemine!, Ježiši Kriste! **3 the ~s** *(sky)* nebe, nebesa, obloha, nebeská klenba; **it stinks to high h. here** inf je tu smradu jako ve vopičárně* **4** fig **h. on earth, sheer h.** ráj na zemi, zemský ráj, pravý ráj; **it's no h. on earth** není to žádná slast

heavenly ['hevnli] adj **1** *(angel* etc*)* nebeský; **h. Father** otec nebeský; **h. manna** božská mana **2** Astron **h. body** nebeské těleso **3** fig *(life, music)* rajský; *(food)* božský, vynikající; **it's h. here** je tu jako v nebi, je tu božsky

heaven-sent [hevn'sent] adj seslaný Prozřetelností, z nebe spadlý

heavenward(s) ['hevnwəd(z)] adv k nebesům, vzhůru k nebi

heavily ['hevili] adv **1** *(loaded)* obtížený těžkým nákladem **2** *(rain)* hustě; *(walk)* ztěžka; *(breathe)* těžce; *(advertise)* intenzivně; **h. populated/ forested** hustě zalidněný/ zalesněný; **it weighs h. on my conscience** tíží mne to na duši, mám z toho špatné svědomí

heavy ['hevi] adj (**-ier, -iest**) **1** *(in weight* lit & fig*)* *(parcel, load, metal, elements (*Chem*), water (*Chem*), athlete, industry, artillery* etc*)* těžký; *(thick: material* etc*)* silný; fig *(step)* těžký; *(walk, style)* těžkopádný; **become h.** ztěžknout ♦ **time hangs h. on my hands** pomalu mi to utíká, čas se mi líně vleče; **with a h. heart** s těžkým srdcem **2** *(intense) (rain, fog, traffic, snowfall)* hustý; *(rain, snowfall* also*)* silný, prudký; *(traffic* also*)* rušný, velký; *(frost)* silný, velký; *(sleep)* hluboký; *(cold)* silný; *(sea)* drsný, rozbouřený; *(blow)* tvrdý **3** *(severe) (punishment)* tvrdý, přísný; **suffer h. losses** utrpět velké ztráty; **too h. a price to pay** příliš vysoká cena, krvavá daň **4** *(intoxicating: smell)* omamný, opojný; *(beer* etc*)* silný **5** *(hard, difficult) (task* etc*)* těžký, obtížný **6** *(smoker, drinker)* silný **7** Mus **h. metal** heavy metal; **h. metal band** heavymetalová skupina ■ adv see **heavily**

heavy-current [hevi'karənt] adj silnoproudý

heavy-duty [hevi'dju:ti] adj *(of clothes, footwear) (machinery)* určený pro těžký provoz or pro velké zatížení; **h.-d. vehicle** terénní vozidlo; *(clothes)* pevný, k neroztrhání, trvanlivý

heavy-handed [hevi'hændid] adj *(clumsy, awkward)* těžkopádný, nemotorný; *(oppressive: regime* etc*)* autoritářský, tyranský

heavy-hearted [hevi'ha:tid] adj melancholický, trudnomyslný

heavyweight ['heviweit] n Box těžká váha, boxer těžké váhy; fig velké zvíře; **a literary h.** literární veličina

Hebrew ['hi:bru:] adj hebrejský ● n Hebrej, Hebrejec/ Hebrejka; *(language)* hebrejština

Hebrides ['hebrədi:z] n pl **the H.** Hebridy

heck [hek] interj; somewhat dated **oh h.** kruci!, k sakru! ● n **what the h.!** čert to vzal!; **what the h. are you doing?** co to k sakru děláš?; **just for the h. of it** somewhat dated jen tak z legrace or ze srandy; **a h. of a long time** zatraceně dlouho

heckle ['hekl] vt, vi *(at meetings)* provokovat řečníka výkřiky, poznámkami, otázkami etc

heckler ['heklə(r)] n provokatér or výtržník na shromáždění

heckling ['hekliŋ] n přerušování řečníka pokřikováním

hectare ['hekta:(r)] n hektar

hectic ['hektik] adj horečný, rušný, hektický; **a h. day** den plný vzruchu

hectogram ['hektəgræm] n hektogram 100 gramů

hectolitre, Amer **hectoliter** ['hektəli:tə(r)] n hektolitr

hector ['hektə(r)] vt *(bully)* tyranizovat, sekýrovat, poručníkovat komu

hectoring ['hektəriŋ] adj pánovitý, poručnický

hedge [hedž] n živý plot; fig krytí, ochrana; **a h. against inflation** ochrana před inflací ● **I** vt **1** *(field etc)* obehnat živým plotem **2** *(investment)* krýt, pojistit ♦ **h. one's bets** neriskovat, jednat opatrnicky, nevsázet vše na jednu kartu **II** vi kličkovat, nevyjádřit se jednoznačně; **stop hedging** *(and give me a straight answer)* přestaň se vytáčet **III** phr v ■ **hedge about** or **around** vt **h. sb about** *(with restrictions)* omezovat koho čím

hedgehog ['hedžhog] n ježek; **be as prickly as a h.** být pichlavý jako ježek

hedgerow ['hedžrəu] n živý plot

hedonism ['hi:dənizəm] n hédonismus, požitkářství

hedonist ['hi:dənist] n hédonista, požitkář ● adj hédonistický, požitkářský

heebie-jeebies [ˌhi:bi'dži:biz] n pl inf husí kůže; **it gives me the h.-jeebies** naskakuje mi při tom husí kůže

heed [hi:d] vt dbát čeho, řídit se čím; **h. an order** řídit se příkazem; **h. sb's advice** dát na čí radu ● n ohled na co; **take h. of sth** věnovat čemu pozornost; **pay no h. to sth, take no h. of sth** neohlížet se na co

heedless ['hi:dləs] adj nepozorný, lehkomyslný, neopatrný; **be h. of danger** nedbat nebezpečí

heehaw ['hi:ho:] n hýkání ● vi hýkat

heel [hi:l] n **1** *(of foot, stocking, sock)* pata; *(of shoe)* podpatek, kramflek; *(of palm of hand)* bříško; **click one's ~s** srazit podpatky ♦ **Achilles h.** Achillova pata, něčí slabá stránka; **bring sb to h.** zkrotit koho; **dig one's ~s in** postavit se na zadní, zapřít se; **down at h.** *(shoes)* sešlapaný; *(person)* ošumělý, zanedbaný; **drag one's ~s** inf jít co noha nohu mine, táhnout se; **fall head over ~s in love with sb** bláznivě se do koho zamilovat; **be hard on sb's ~s** být komu v patách; **keep close on sb's ~s** sledovat koho krok za krokem; **kick one's ~s** *(somewhere)* tvrdnout někde; **show sb a clean pair of ~s** ukázat komu paty; **take to one's ~s** vzít nohy na ramena, prásknout do bot; **tread on sb's ~s** šlapat komu na paty; **turn on one's h. and leave** obrátit se na podpatku a odejít **2** *(of loaf)* dial or Scot patka, skrojek; *(of mast)* pata; *(of golf club)* patka **3** sl ničema, lump, špína, darebák ● vt **1 h. shoes** opravit podpatky na botech, dát na boty nové podpatky; **be well ~ed** inf fig být zazobaný, být na tom finančně dobře **2** *(of dog)* sledovat v patách

heel$_2$ [hi:l] vi Naut **h. over** *(ship)* naklonit se

hefty ['hefti] adj (**-ier, -iest**) **1** *(man)* robustní, statný, hřmotný; **a h. fellow** hromotluk, chlapisko, lamželezo **2** *(blow)* silný; *(suitcase)* těžký; **a h. sum of money** pěkných pár korun, těžké or nekřesťanské peníze; **a h. bill** mastný účet

heifer ['hefə(r)] n jalovice

height [hait] n **1** *(of mountain, person)* výška; **h. above sea level** nadmořská výška; **what h. is he?** jak je vysoký or velký?, kolik měří?; **be of average h.** být průměrně vysoký; **lose/ gain h.** Aviat klesat/ stoupat **2** *(high place)* **fear of ~s** strach z výšek **3** fig *(of success, power)* vrchol; **at the h. of summer** uprostřed léta; **the h. of elegance** vrchol elegance, vybraná elegance

heighten ['haitn] **I** vt *(increase, intensify)* zvýšit, zintenzivnit, stupňovat **II** vi zvýšit se/ zvyšovat se, stupňovat se, narůstat, růst

heinous ['heinəs] adj *(crime)* hanebný, ohavný, strašlivý

heir [eə(r)] n dědic; **h. apparent** pravoplatný dědic; **sole h.** univerzální dědic; **h. to the throne** dědic trůnu; **make sb one's h.** ustanovit koho svým dědicem

heiress ['eəres, 'eəris] n dědička

heirloom ['eəlu:m] n rodinná památka staré hodiny, kus nábytku ap.

held [held] pt & pp of **hold**

helicopter ['helikoptə(r)] n helikoptéra, vrtulník

helipad ['helipæd] n přistávací plocha pro vrtulníky

heliport ['helipo:t] n heliport, helikoport, letiště pro vrtulníky

helium ['hi:liəm] n Chem hélium

hell [hel] n **1 a)** lit peklo; **the gates of h.** pekelná brána; **go to h.** lit dostat se do pekla **b)** fig **all h. broke loose** nastala mela, nastalo boží dopuštění; *(we'll stay)* **come h. or high water** ať se stane or děje cokoliv;

give sb h. zatopit komu (fig), vzít si koho na paškál; *(do sth)* **just for the h. of it** jen tak z plezíru or ze srandy, jen tak pro nic za nic; **make sb's life sheer h.** udělat komu ze života peklo; **raise (merry) h.** spustit randál, spustit bandurskou, řádit jak tajfun, pouštět hromy blesky; **drive h. for leather** inf jet na plný pecky; **suffer h. on earth** mít peklo na zemi; **torments of h.** hotová muka **2** *(as intensifier)* inf **bloody h.!** hrome!, zatraceně!, do prdele! vulg; **get into a h. of a mess** zavařit si pěknou kaši; **he doesn't have a hope in h.** nemá ani tu nejmenší šanci; **go to h.!** vlez mi na záda!, jdi do prdele! vulg; **he can go to h.** ať mi vleze na záda; **h. and damnation** hrom a peklo!; **a h. of a guy** náramný chlapík; **a h. of a speed** pekelná rychlost; **it is as hot as h.** je pekelně horko; **like h.!** čerta starého!; **one h. of a din** or **row** pekelný rámus; **smell like h.** smrdět jako čert; **there will be h. to pay** z toho bude průšvih; **to h. with it** čert aby to vzal; **what the h. do you want?** co sakra chcete?; **what the h. are you talking about?** o čem to sakra mluvíš?; **what the h. are you doing?** co to k sakru děláš?; **work like h.** dělat za čtyři

he'll [hi:l] contraction of **he shall, he will**

hell-bent [hel'bent] adj umíněný, tvrdohlavý; **be h.-bent on doing sth** být odhodlán za každou cenu něco udělat, vzít si něco do hlavy

hellcat ['helkæt] n lítice, fúrie, divoká kočka o ženě

Hellenic [he'li:nik] adj helénský

hellish ['heliš] adj inf pekelný, hrozný, strašný ▪ **~ly** adv hrozně, strašně; **it's ~ly difficult** je to sakramentsky těžké

hello [hə'ləu] interj **1** *(greeting)* ahoj, nazdar; **h. there!** zdravím vás; **say h. to sb** pozdravit koho **2** Tel halo **3** *(showing surprise)* hleďme, no ne; **h.!, what's this?** no ne, co má být tohle?

helm [helm] n Naut kormidlo; **be at the h.** být u kormidla (lit & fig)

helmet ['helmit] n helma, ochranná kukla or přilba; **Balaclava h.** vlněná kukla; **crash h.** motopřilba

helmsman ['helmzmən] n (pl **helmsmen**) kormidelník

help [help] n **1** pomoc; **immediate h.** okamžitá pomoc; **be of h.** být komu nápomocen; **I could do with some h.** uvítal bych pomoc, neškodila by nějaká pomoc; **send for h.** poslat pro pomoc; **rush to sb's h.** přispěchat komu na pomoc; **there's no h. (for it)** nedá se nic dělat; **with God's h.** s pomocí boží **2** *(person)* **(daily) h., home h.** pomocnice v domácnosti, paní na úklid, posluhovačka (dated); **mother's h.** opatrovnice dětí, paní k dětem ● **I** vt **1** *(assist)* pomoci komu; **h. sb with sth** pomoci komu s čím; **can I h. you?** mohu vám (nějak) pomoct?, *(in shop, restaurant)* co si přejete?, přejete si?, čím (vám) posloužím?; **h. each other** vzájemně si pomáhat; **h. sb up** *(from the floor* etc*)* pomoci komu vstát, *(patient)* pozdvihnout koho; **h. sb down** pomoci někomu dolů, *(from horse)* pomoci komu sesednout; **help sb over the street** pomoci někomu přejít přes ulici; **h. sb into his coat** pomoct komu do kabátu **2** *(at table)* **h. oneself to sth** *(food)* vzít si co; **h. yourself!** posložte si, vezměte si, nenechte se pobízet; **h. sb to a cup of tea** nalít komu čaje **3** *(prevent)* **I can't h. it** nemohu za to; **I couldn't h. laughing** musel jsem se smát; **it can't be ~ed** nedá se nic dělat, nic naplat, marná sláva; **I can't h. feeling that ...** nemohu se ubránit pocitu, že ... **II** vi **h. with sth** pomocí s čím; **can I h.?** mohu být nějak nápomocný?; *(I didn't have any money)* **which didn't h.** a to mi taky nepřidalo **III** phr v ▪ **help out** vt **h. sb out** (vy)pomoci komu, podat komu pomocnou ruku; **h. sb out with some money** dát komu peníze na přilepšenou, vypomoci komu penězi

helper ['helpə(r)] n pomocník/ pomocnice, výpomocný pracovník

helpful ['helpful] adj **1** *(person: obliging)* ochotný, nápomocný, úslužný; *(at work)* kolegiální **2** *(useful: suggestion, advice* etc*)* užitečný ▪ **~ly** [-fəli] adv ochotně

helpfulness ['həlpfulnəs] n cf also adj ochota, úslužnost

helping ['helpiŋ] n *(portion)* porce; **take a second h.** přidat si, inf dát si nášup; **a massive h.** notná porce ● adj **lend** or **give sb a h. hand** podat komu pomocnou ruku

helpless ['helpləs] adj *(powerless)* bezmocný; *(at a loss)* bezradný; *(defenceless)* bezbranný; **be as h. as a babe in arms** být bezmocný jako dítě; **he laughed himself h.** smál se, až se za břicho popadal; **be h. without sth** být bez čeho jako bez ruky ▪ **~ly** adv bezmocně, bezradně, bezbranně

helplessness ['helpləsnəs] n bezmocnost, bezbrannost see also **helpless**

Helsinki [hel'siŋki] n Helsinki

helter-skelter [heltə'skeltə(r)] adj, adv horempádem, páté přes deváté; **run h.-skelter** horempádem utíkat ● n *(on fairground)* Br tobogan

helve [helv] n *(of axe)* násada, topůrko

hem [hem] n Sew lem, obruba ● **I** vt

(**-mm-**) *(skirt, dress* etc*)* obroubit, olemovat **II** phr v ▪ **hem in** vt obklopit; Mil *(enemy)* obklíčit, sevřít

he-man ['hi:mæn] n inf pořádný chlap, mužský jak se patří, pej samec sl

hemisphere ['hemisfiə(r)] n polokoule; Anat *(of brain)* hemisféra; Geog polokoule, hemisféra; **the Northern/ Southern h.** severní/ jižní polokoule

hemispherical [hemi'sferikl] adj polokulový, polokulovitý, hemisférický

hemline ['hemlain] n dolní lem, ≅ délka sukně, šatů ap.; **lower/ raise the h.** *(of skirt)* prodloužit/ zkrátit sukni

hemlock ['hemlok] n Bot bolehlav též jedovatý odvar

hemo- see **haemo-**

hemp [hemp] n **1** *(plant)* konopí ▪ **h. rope** konopný provaz **2** *(drug)* hašiš, marihuana

hemstitch ['hemstič] n ažurovaný or prolamovaný steh ● vt obšít ažurovaným stehem

hen [hen] n Zool slepice; *(female bird, lobster)* samice, samička; **turkey h.** krůta ▪ **h. bird** ptačí samice

hence [hens] adj **1** *(from this time)* od nynějška, od této chvíle; **three years h.** za pět let **2** *(therefore)* proto, z toho důvodu **3** *(from this place)* arch odsud

henceforth [hens'fo:θ] adv fml od nynějška, napříště; **h. I will be more strict** napříště budu přísnější

henchman ['henčmən] n (pl **-men**) pej nohsled, přisluhovač, náhončí (fig)

henhouse ['henhaus] n kurník

hen party ['henpa:ti] n babská slezina, babský večírek, joc dámská jízda

henpeck ['henpek] vt *(husband)* komandovat, držet koho pod pantoflem

henpecked ['henpekt] adj jsoucí pod pantoflem; **a h. husband** muž pod pantoflem; **be h.** být pod pantoflem

hepatitis [hepə'taitis] n Med zánět jater, hepatitida

heptagon ['heptəgən] n sedmiúhelník

heptagonal [hep'tægənl] adj sedmiúhlý, sedmiboký

her [hə(r), stressed hə:(r)] personal pron **1** direct object ji; **I like her** mám ji rád **2** indirect object jí; **give her the book** dej jí tu knihu **3** after prep usu ní, ni; **with her** s ní; **about her** o ní; **for her** pro ni **4** complement of to be ona; **it's her** to je ona ● poss pron její; **it's her book** to je její kniha

herald ['herəld] n **1** Hist herold, hlasatel **2** fig předzvěst, zvěstovatel, posel, první vlaštovka; **a h. of spring** posel jara ● vt zvěstovat, ohlašovat; *(spring, new age* etc*)* být předzvěstí čeho

heraldic [hə'rældik] adj heraldický

heraldry ['herəldri] n heraldika, nauka o erbech, erbovnictví

herb [hə:b] n bylina; fml rostlina; **~s** Cook koření ▪ **herb(al) tea** bylinkový čaj; **h. doctor** bylinář/ -ka, léčitel/ -ka

herbaceous [hə:'beišəs] adj Bot bylinný; **h. border** obrubní květinový záhon z trvalek

herbal ['hə:bl] adj bylinný, *(tea)* bylinkový; **h. medicines** léky z bylinek, pej babské léky ● n *(book)* herbář

herbalist ['hə:bəlist] n kořenář/ -ka, bylin(k)ář/ -ka; *(healer)* lidový léčitel

herbicide ['hə:bisaid] n herbicid

herbivore ['hə:bivo:(r)] n Zool býložravec

herbivorous [hə:'bivərəs] adj Zool býložravý

Herculean [hə:kju'li:ən] adj herkulovský, herkuleský, mohutný, ohromný

herd [hə:d] n *(of cattle, deer)* stádo; fig *(of people)* houf; pej stádo, sebranka, banda; **the common h.** lidské stádo; **stomp like a h. of elephants** dupat jako stádo ▪ **the h. instinct** stádní pud, zákon smečky ● **I** vt **1** also **h. together** lit & fig sehnat ve stádo; **they were ~ed (together) onto the train** byli nacpáni do vlaku **2** *(tend: cattle)* pást **II** vi also **h. together** lit & fig houfovat se

herdsman ['hə:dzmən] n (pl **herdsmen**) pastevec, pastýř

here [hiə(r)] adv **1 a)** *(in/ from this place)* zde, tu, tady; **over h.** tady, tuhle; **down/ up h.** zde or tuhle dole/ nahoře; **close to h.**, **near h.**, **not far from h.** nedaleko odsud; **h. it is** tady to je; **this h.** tuhleten; **Peter h. will help you** tady Petr vám pomůže ♦ phrases **h. and now** okamžitě, na místě samém; **h. and there** tu a tam, místy; **h. goes!** tak do toho!, jdeme na to!; **h. is the news** poslechněte si zprávy; **h.'s to you!** na vaše zdraví!; **h. we/ you are** tady je to! při nálezu; **h. we go again!** už zase (začínáš)?; **h. you are!** prosím, tady máte!, nate!; **it is neither h. nor there** to není podstatné; **spring is h.** nastalo jaro; **what's going on h.?** co to tu provádíte?, co se tu děje? **b) from h.** odsud, odtud ♦ **where do we go from h.?** fig a co teď? **2** *(to this place)* sem; **over h.** semhle; **down/ up h.** sem(hle) dolů/ nahoru; **as far as h.** až potud; *(put it)* **in h.** sem dovnitř ♦ **what brings you h.?** kde se tu berete?, co vás sem přivádí? ● n **the h. and now** žhavá současnost or přítomnost

hereabouts [hiərə'bauts] adv někde tady or tu, někde blízko

hereafter [hiər'a:ftə(r)] adv **1** *(in books, contracts)* níže, dále; *(in future)* v budoucnu, napříště **2** arch na onom světě ● n **the h.** onen svět, posmrtný život

hereby [hiə'bai] adj fml tímto; **I h. declare that ...** prohlašuji tímto, že ...

hereditary [hə'redətri] adj dědičný; **h. nobility** dědičná šlechta

heredity [hə'redəti] n dědičnost

herein [hiər'in] adv fml zde, uvnitř, v příloze

heresy ['herəsi] n bludařství, kacířství, hereze; *(heretical belief)* blud

heretic ['herətik] n kacíř, bludař, heretik

heretical [hə'retikl] adj kacířský, bludařský; **h. beliefs** kacířské názory

herewith [hiə'wið] adv fml *(in commercial letters)* v příloze; **enclosed h. is ...** v příloze vám zasíláme ...

heritage ['heritidž] n **1 cultural/ literary h.** kulturní/ literární dědictví or památky **2** dated fml *(inherited property)* dědictví

hermaphrodite [hə:'mæfrədait] n hermafrodit ● adj hermafroditní, obojpohlavní

hermetic [hə:'metik] adj hermetický, neprodyšně uzavřený, nepropustný ■ **~ally** adv hermeticky, neprodyšně; **~ally sealed** hermeticky or neprodyšně uzavřený

hermit ['hə:mit] n poustevník; **live like a h.** fig žít jako poustevník or mnich, nevytáhnout paty z domu ■ **h. crab** Zool poustevníček rak

hermitage ['hə:mitidž] n poustevna

hernia ['hə:niə] n Med kýla, hernie; **inguinal/ umbilical h.** tříselná/ pupeční kýla; **have a h.** mít kýlu

hero ['hiərəu] n (pl **heroes**) hrdina, arch rek, bohatýr; *(in novel)* románový hrdina, hlavní postava románu; **h. of the hour** hrdina dne; **die a h.'s death** zemřít hrdinskou smrtí

heroic [hə'rəuik] adj **1** *(of actions)* hrdinský, hrdinný; **h. deed** hrdinný or hrdinský čin **2** *(of heroes: myths* etc*)* heroický, bohatýrský; **h. epic** bohatýrský or hrdinský epos; **h. verse** hrdinský verš **3** *(grand)* mohutný; *(effort)* nesmírný ■ **~ally** adv see adj hrdinně, hrdinsky

heroics [hə'rəuiks] n pej **1** *(language, style)* teatrálnost, bombastičnost, patetičnost, nabubřelost **2** *(foolhardy behaviour)* ztřeštěná odvaha, nerozumné riskování

heroin ['herəuin] n heroin; **h. addict** toxikoman závislý na heroinu

heroine ['herəuin] n hrdinka, arch bohatýrka, rekyně; Theat also heroina

heroism ['herəuizəm] n see **heroic** hrdinství, heroismus

heron ['herən] n Orn volavka

hero-worship ['hi:rəuwə:šip] n uctívání hrdinů; *(of pop stars* etc*)* zbožňování koho, nekritický obdiv ke komu, inf blázněni po kom

herpes ['hə:pi:z] n Med herpes, opar

herring ['heriŋ] n (pl **herring** or **~s**) Zool sleď; **pickled h.** slaneček ♦ **red h.** fig falešná stopa, manévr k odvrácení pozornosti

herringbone ['heriŋbəun] n **1** Text **h. (pattern)** rybí kost **2** Sew **h. (stitch)** smrčkový or stonkový steh **3** Ski stoupání or výstup stromečkem

hers [hə:z] poss pron její; **a book of h.** její kniha; **this book is h.** tato kniha je její; *(of all the essays)* **h. is the best** její je nejlepší

herself [hə:'self] pron **1** refl se, sebe, si, sobě ap.; **she hurt h.** poranila se; **she treated h. to a new coat** pořídila si nový kabát; **she gives h. airs and graces** myslí si o sobě, že je moc nóbl **2** *(after* prep*)* se, sebe, sobě ap; **she looked at h. in the mirror** podívala se na sebe do zrcadla; **she kept it to h.** nechala si to pro sebe **3** emph sama, dokonce i; **the Queen h. was there** dokonce i královna tam byla **4 by h. a)** *(alone)* sama, samotná, jsoucí o samotě **b)** *(without help)* sama, bez cizí pomoci; **she'll fix it by h.** opraví si to sama ● n ona (sama); **it was h. who called me** ona sama mě zavolala

hertz [hə:ts] n Phys hertz, Hz

he's [hi:z] abbr of **he is**

hesitancy ['hezitənsi] n váhavost, nerozhodnost, otálení

hesitant ['hezitənt] adj váhavý, zdráhavý, nerozhodný; *(speaker)* zajíkavý; **be h. about doing sth** rozpakovat se něco udělat ■ **~ly** adv váhavě, zdráhavě; **speak ~ly** zadrhávat, zajíkávat se

hesitate ['heziteit] vi **1** *(waver)* váhat, být nerozhodný, otálet; *(in speech)* zajíkat se, zadrhávat; **h. at nothing** nezastavit se před ničím; **don't h. and take it!** nerozmýšlej se a ber to!; **without hesitating** bez váhání **2** *(be reluctant)* rozpakovat se, zdráhat se, zpěčovat se; **don't h. to come** klidně přijďte

hesitation [hezi'teišn] n váhání, nerozhodnost, otálení; **without h.** bez váhání, bez otálení; **without the slightest h.** bez nejmenšího zaváhání

hessian ['hesiən] n hesián, jutové plátno

hetero ['hetərəu] n sl heterosexuál neutr, heterosexuální osoba

heterogeneity [hetərəudžə'ni:əti] n heterogennost, různorodost, nestejnorodost

heterogeneous [hetərəu'dži:niəs] n heterogenní, různorodý, nestejnorodý

heterosexual [hetərəu'sekšuəl] adj heterosexuální ● n heterosexuál

heterosexuality [hetərəsekšu'æləti] n heterosexuálnost

het up [het'ap] adj inf **get h. up** rozrušit se, panikařit, jančit, být celý vedle (**about sth** z čeho)

heuristic [hjuə'ristik] adj heuristický

hew [hju:] v (pt **~ed**, pp **~ed** or **hewn** [hju:n]) **I** vt **1** *(cut: with axe, sword)* sekat, seknout, tít; *(shape: wood, stone)* tesat, otesávat; **hew into pieces** rozsekat na kusy **2 hew (down)** *(tree)* skácet, porazit **II** vi **h. away at sth** sekat do čeho **III** phr vs ■ **hew down** vt *(tree)* skácet, porazit; *(person)* skolit; *(enemies: by machine gun* etc*)* (s)kosit ■ **hew off** vt *(branch* etc*)* useknout ■ **hew out** vt *(cavern)* vysekat ♦ **hew out a career for oneself** vypracovat se, udělat kariéru

hexagon ['heksəgən] n hexagon, šestiúhelník

hexagonal [hek'sægənl] adj šestiúhelníkový, šestiúhlý

hexameter [hek'sæmitə(r)] n hexametr

hey [hei] interj hej!, hele!, haló!; **hey, John ...** hele, Honzo ...; **hey presto!** čáry, máry, fuk!; **hey, what are you doing here?** člověče, co tu děláš?

heyday ['heidei] n rozkvět, vrchol čeho; **in his/ its h.** na vrcholu své slávy; *(of* eg *cinema, culture, ideology* etc*)* v době svého největšího rozmachu

HF [eič'ef] Rad abbr of **high frequency** vysoká frekvence

HGV [eičdži:'vi:] abbr of **heavy goods vehicle** těžký nákladní automobil; **HGV licence** řidičský průkaz pro nákladní automobily

HH abbr of **His** or **Her (Royal) Highness** Jeho or Její (královská) Výsost

hi [hai] interj esp Amer ahoj!, nazdar!, buď zdráv!

hiatus [hai'eitəs] n mezera, přerušení souvislé řady; Ling hiát, arch průzev

hibernate ['haibəneit] vi Zool přezimovat zimním spánkem, přespat zimu o zvířatech

hibernation [haibə'neišn] n Zool zimní spánek, hibernace

Hibernian [hai'bə:niən] n arch Ir/ Irka ● adj irský

hibiscus [hai'biskəs] n Bot ibišek

hiccup, also **hiccough** ['hikap] n **1** škytnutí; **an attack of (the) ~s** škytavka; **give a h.** škytnout; **have (the) ~s** mít škytavku, škytat; **get (the) ~s** dostat škytavku, rozškytat se **2** *(minor problem)* inf zádrhel, nesnáz, háček ● vi **1** škytnout/ škytat **2** *(utter with a hiccup)* říci škytavě

hick [hik] n; inf pej esp Amer (venkovský) balík, křupan, neotesanec ■ **a h. town** Balíkov, Zapadákov, venkovská díra

Hicksville ['hiksvil] n Amer inf pej Balíkov

hid [hid] pt of **hide**$_1$

hidden ['hidn] pp of **hide**$_1$ ● adj *(meaning, reserves, motives, flaw)* skrytý; **h. talent** zakopaná hřivna

hide$_1$ [haid] v (pt **hid** [hid], pp **hidden** ['hidn]) **I** vt **1** *(put* or *keep out of sight)* (u)schovat, skrýt, ukrýt; *(in the ground)* zakopat; **h. medicines from the children** skrýt léky před dětmi ♦ **h. one's light under a bushel** být nemístně skromný, skrývat své schopnosti; **I didn't know where to h.** fig mohl jsem se studem or hanbou do země propadnout **2** *(keep sth secret)* (u)tajit, zatajit, skrýt; *(feelings, embarrassment)* skrývat, *(nervousness)* maskovat; **h. sth from sb** tajit se s čím před kým; **have nothing to h.** nemít co tajit or skrývat; **h. one's nervousness** maskovat svou nervozitu **II** vi schovat se; **let's h.!** schovejme se (někam)

hide$_2$ [haid] n *(animal's skin)* kůže, useň; fig lidská kůže ♦ **risk one's h.** nosit svou kůži na trh; **tan sb's h.** zvalchovat koho; **save one's h.** zachránit si svou kůži; **have a h. like a rhinoceros** mít hroší kůži

hide$_3$ [haid] n Hunt posed; **hunt game from a h.** být na čekané

hide-and-seek [haidən'si:k] n hra na schovávanou; **play h.-and-seek** hrát si na schovávanou

hideaway ['haidəwei] n skrýš, úkryt

hidebound ['haidbaund] adj úzkoprsý, plný předsudků

hideous ['hidiəs] adj **1** *(extremely ugly)* ošklivý, ohyzdný, šeredný **2** *(of crimes* etc*)* hrozný, obludný, strašný, ohavný ■ **~ly** adv šeredně; hrozně

hideout ['haidaut] n úkryt

hiding$_1$ ['haidiŋ] n **be in h.** skrývat se; **go into h.** skrýt se, ukrýt se ■ **h. place** skrýš, úkryt

hiding$_2$ ['haidiŋ] n inf *(beating)* výprask; **give sb a good h.** dát komu pořádný výprask, natlouci or napráskat or nařezat komu; **get a good h.** dostat nařezáno, dostat na hrb; Sport *(team)* dostat nakládačku or flastr or ranec; **get the h. of one's life** být bit jako žito

hierarchic(al) [haiə'ra:kik(l)] adj hierarchický ■ **hierarchically** [haiə'ra:kik(ə)li] adv hierarchicky, podle hierarchie

hierarchy ['haiəra:ki] n hierarchie

hieroglyph ['haiərəglif] n hieroglyf also fig

hieroglyphic [haiərə'glifik] adj hieroglyfický also fig

hieroglyphics [haiərə'glifiks] n hieroglyfické or obrázkové písmo

hi-fi ['haifai] adj usu attr hi-fi; **hi-fi records** hi-fi desky ● n hi-fi; **I bought myself a new hi-fi** koupil jsem si nové hi-fi

higgledy-piggledy [higldi'pigldi] adj přeházený, rozházený ● adv páté přes deváté, bez ladu a skladu

high [hai] adj (comp **higher** vyšší; superl **highest** nejvyšší) **1** *(wall, building, mountain, ceiling, forehead* etc*)* vysoký; **h. boots** holínky; **h. jump** skok vysoký; **a h. dive** skok do vody z věže; **h. step** Mil parádní krok; **h. seas** širé moře; **h. water** velká voda; **h. wire** visuté lano; **at h. tide** za přílivu; **how h. is that fence?** jak je ten plot vysoký?; **a wall three feet h.** stěna vysoká tři stopy ♦ **stink to h. heaven** smrdět jako tchoř; **be on one's h. horse** fig být na koni **2** *(ranking above others)* **a)** *(official)* vysoký, vysoce postavený; **be of h. birth** být urozený; **h. office** vysoký úřad; **the h. command** Mil vrchní velitelství; **a scientist/ author of h. calibre** vědec/ autor velkého kalibru; **h. society** vznešená společnost; **people in h. places** vyšší kruhy; **h. and mighty** povýšenecký, namyšlený; **be h. and mighty** *(woman)* dělat vekou dámu **b)** Relig **h. altar** hlavní oltář; **H. Mass** velká or hrubá or slavná mše **c) h. school** esp Amer střední škola **3** *(great, considerable)* **a)** *(interest, price, pressure, salary, temperature, voltage, fever, speed, living standard* etc*)* vysoký; *(altitude, hopes)* velký; *(wind)* silný, prudký; **h. claims** neskromná tvrzení; **to a h. degree** v nemalé míře; **buy sth at a h. price** koupit co za drahé or těžké or velké peníze; **be in h. spirits** být v povznesené náladě, být rozjařený; **food h. in protein** potraviny bohaté na bílkoviny ♦ **play for h. stakes** hrát vysokou hru **b)** *(extravagant)* **the h. life** sladký život, zahálčivý život vysoké společnosti **c)** *(ideals)* vznešený; *(aims)* vysoký; *(opinion)* vysoký; **have a h. regard for sb** vysoce si koho cenit; **h. treason** velezrada **d)** *(most enjoyable)* **the h. point of the evening** zlatý hřeb večera **4** *(of time)* **h. noon** pravé poledne; **h. Gothic** vrcholná gotika; **h. time** nejvyšší or svrchovaný čas; **it is h. time we went** je nejvyšší čas, abychom šli; je načase, abychom šli **5** Mus *(note)* vysoký **6** *(food)* zkažený; *(of game)* odleželý, zamřelý **7** *(drunk)* nalitý, opilý; *(drugged)* jsoucí v narkotickém opojení, sl jsoucí v rauši; **be as h. as a kite** být nalitý, jak zákon káže; **be h. on drugs** být v narkotickém opojení ● adv (comp výš(e), superl nejvýš(e)) **1** vysoko; **h. in the mountains** vysoko v horách; **fly h.** letět vysoko, fig mířit vysoko; **leave sb h. and dry** nechat někoho na suchu; **search h. and low for sth** zoufale se po něčem shánět; **feelings were running h.** lidé se dostali do varu **2 play** or **stake h.** hrát vysokou hru ● n **1** *(h. point)* rekord, maximum; **reach a new h.** *(of prices* etc*)* dosáhnout nového rekordu **2** Meteor tlaková výše **3 be on a h.** inf *(because of success)* být bez sebe radostí; *(be on drugs)* být v narkotickém opojení, sl bejt* v rauši, bejt* na tripu **4** Amer střední škola **5** Relig **God on h.** Bůh na nebesích; **from on h.** shůry, fig *(of orders* etc*)* zhora

highball ['haibo:l] n Amer whisky se sodou or zázvorovým pivem podávaná s ledem ve vysoké sklenici

highborn ['haibo:n] adj urozený

highbrow ['haibrau] n intelektuál ● n intelektuálský; pej snobský

high-class [hai'kla:s] adj prvotřídní; *(shop, restaurant)* luxusní

higher ['haiə(r)] adj vyšší; *(office* also*)* nadřízený; **h. than average** nadprůměrný; **h. mathematics** vyšší matematika; **h. education** vysokoškolské vzdělání; **on h. orders** z vyššího příkazu; **take sth up with h. authorities** hnát co nahoru ● n Scot **H.** závěrečná zkouška na střední škole z jednoho předmětu; **take one's H~s** ≅ dělat maturitu, maturovat

highest ['haiist] adj nejvyšší, vrcholný; **of the h. calibre** nejvyššího kalibru; **in the h. degree** v nejvyšším stupni

highfalutin [haifə'lu:tin], **highfaluting** [-'lu:tiŋ] adj inf *(language)* nabubřelý, bombastický; *(behaviour)* přepjatý; *(person)* nadutý, nafoukaný

high-flier, high-flyer [hai'flaiə(r)] n ambiciózní člověk; **he is a h.-flyer** míří vysoko, má velké ambice; *(he is very successful)* je velmi úspěšný

high-flown [hai'fləun] adj *(speech, style)* nabubřelý, bombastický; *(ideas)* přepjatý, nadnesený

high-flying [hai'flaiŋ] adj fig ambiciózní; *(successful)* úspěšný

high-frequency [hai'fri:kwənsi] adj Rad vysokofrekvenční 3 – 30 MHz

high-grade [hai'greid] adj vysocejakostní

high-handed [hai'hændid] adj panovačný

high-heeled [hai'hi:ld] adj mající vysoké podpatky; **h.-heeled shoes** boty na vysokém podpatku

highland ['hailənd] adj horský

highlander ['hailəndə(r)] n **1** obyvatel vysočiny, horal **2 H.** obyvatel skotské vysočiny

highlands ['hailəndz] n vysočina, vrchovina; **the H.** skotská vysočina

high-level [hai'levl] adj usu attr **h.-level talks** rozhovory na vysoké úrovni; Comput **h.-level language** vyšší programovací jazyk

highlight ['hailait] n **1** *(in painting)* světlé místo, světlo; Phot světelný efekt; *(in hair)* lesklý nádech vlasů **2** fig zlatý hřeb, hlavní atrakce programu, večera ap. ● vt **1** *(emphasize)* zdůraznit, vyzdvihnout; *(problem)* upozornit na co **2** *(with marker)* vyznačit, označit; Comput světelně zvýraznit

highly ['haili] adv **1** *(very)* vysoce, nesmírně, velice, velmi; **h. talented** vysoce talentovaný; **it is h. important** je to nesmírně důležité; **it is h. probable** je to velmi pravděpodobné; **h. seasoned** *(dishes)* ostrý, velmi kořeněný **2** *(favourably)* **speak h. of sb** mluvit o kom pochvalně or s uznáním; **think h. of sb** vysoko si koho cenit, vážit si koho

highly-strung [haili'straŋ] adj nervní, přecitlivělý, vznětlivý

high-minded [hai'maindid] adj šlechetný, velkodušný, velkorysý

highness ['hainəs] n usu **Highness** *(title)* Výsost; **His/ Her Royal H.** Jeho/ Její královská Výsost

high-pitched [hai'pičt] adj *(sound)* vysoký; *(voice)* ostrý, pronikavý; *(roof)* strmý, příkrý

high-powered [hai'pauəd] adj **1** *(engine, car* etc*)* vysocevýkonný, silný **2** *(of people)* energický, dynamický

high-pressure [hai'prešə(r)] adj **1** Meteor **h.-pressure area** oblast vysokého tlaku **2** *(salesmanship)* intenzivní

high-priced [hai'praist] adj drahý

high-principled [hai'prinsipld] adj charakterní, zásadový

high-ranking [hai'ræŋkiŋ] adj *(official* etc*)* vysoce postavený; **h.-ranking government officials** vládní špičky

high-resolution [hairezə'lu:šn] adj Comput *(screen, graphics* etc*)* s vysokou rozlišovací schopností

high-rise ['hairaiz] adj **h.-rise building** věžový dům, věžák ● n věžový dům

high-risk [hai'risk] adj *(occupation, pregnancy* etc*)* rizikový; **h.-risk zones** nebezpečné oblasti

high road ['hairəud] n **1** hlavní silnice **2** fig nejlepší cesta (**to happiness** ke štěstí)

high-sounding [hai'saundiŋ] adj *(title)* pompézní; **h.-sounding words** velká slova

high-speed [hai'spi:d] adj *(train)* vysokorychlostní, *(machine* also*)* rychloběžný

high-spirited [hai'spiritid] adj živý, veselý, temperamentní; *(horse)* bujný

high street ['haistri:t] n hlavní třída

high tech [hai'tek] adj inf vysocemoderní ● n špičková technologie

high-up ['haiap] n inf velké zvíře

highway ['haiwei] n esp Amer hlavní silnice ■ Br **the H. Code** pravidla silničního provozu

highwayman ['haiweimən] n (pl **-men**) arch loupežník

hijack ['haidžæk] vt *(aircraft* etc*)* unést ● n únos

hijacker ['haidžækə(r)] n *(of vehicle,* esp *aircraft)* únosce

hijacking ['haidžækiŋ] n *(of vehicle)* únos

hike [haik] n **1** *(long walk)* túra; **go on a h.** jít na túru, jít na tramp, jít na výlet do přírody **2** inf, esp Amer *(in prices* etc*)* zvýšení ● **I** vi trampovat, pěstovat pěší turistiku; **go hiking** jít na túru **II** phr v ■ **hike up** *(skirt, dress)* vytáhnout, vyhrnout, vyzvednout

hiker ['haikə(r)] n tramp, pěší turista, výletník

hiking ['haikiŋ] n; pěší turistika ■ **h. tour** pěší túra

hilarious [hi'leəriəs] adj **1** *(extremely amusing)* povedený, (strašně) legrační, nesmírně komický, jsoucí k popukání; **it was h.** bylo to k popukání **2** *(merry)* rozjařený, rozpustilý ■ **~ly** adv **~ly funny** nesmírně komický, jsoucí k popukání

hilarity [hi'lærəti] n see **hilarious** komičnost, povedenost; *(of person)* rozjařenost

hill [hil] n **1** kopec, vrch, *(smaller)* pahorek, *(higher)* hora; **slope of a h.** stráň ♦ inf **be as old as the ~s** být starý jako Metuzalém or jako sám svět, pamatovat Abraháma; **it is as old as the ~s** to není nic novýho* pod sluncem; **be over the h.** *(of a person)* nebýt už nejmladší; **up h. and down dale** inf všude možně ■ **h. country** vrchovina **2** *(slope)* svah

hillbilly ['hilbili] n Amer inf venkovan, horák, pej venkovský křupan ■ **h. music** country, country a western

hillock ['hilək] n pahorek, návrší, kopeček, vršek

hillside ['hilsaid] n stráň, úbočí

hilltop ['hiltop] n vrchol kopce

hilly ['hili] adj (**-ier**, **-iest**) kopcovitý, hornatý, pahorkatý

hilt [hilt] n **1** *(handle of sword, dagger)* jílec **2** fig **(right up) to the h.** naprosto, úplně, kompletně; **support sb to the h.** bezvýhradně někoho podporovat; **be up to the h. in debt** být až po uši zadlužený

him [him] pers pron **1** *(object)* **a)** *(non-prepositional equivalent)* G,A ho, jeho; A also jej; D jemu, mu; I jím; **can you see h.?** vidíš ho?: **I don't believe h.** já mu nevěřím

b) *(prepositional equivalent)* G něho; D němu; A něho, něj; L něm; I ním; **without h.** bez něho; **about h.** o něm **2** inf *(as subject)* on; **it's h.** to je on

Himalayan [himə'leiən] adj himálajský

Himalayas [himə'leiəs] n pl **the H.** Himálaj

himself [him'self] pron **1** refl **a)** *(unstressed equivalents)* A se, D si; **he knows h.** zná se; **he denies h. nothing** nic si neodepře **b)** *(stressed equivalents)* G, A sebe; D, L sobě; I sebou; **he thinks a lot of h.** moc si o sobě myslí **2** *(unaided) (he has fixed it)* **by h.** sám, bez (cizí) pomoci **3** *(alone)* **by h.** sám, o samotě **4** emph sám, samotný; **I spoke to the minister h.** mluvil jsem se samotným ministrem

hind$_1$ [haind] adj zadní; **h. legs** zadní nohy; **stand on its h. legs** *(dog)* postavit se na zadní nohy ♦ joc **stand on one's h. legs** *(to speak)* postavit se, povstat; **talk the h. legs off a donkey** vymámit na jalové krávě tele

hind$_2$ [haind] n Zool laň

hinder ['hində(r)] vt **1** *(obstruct)* ztěžovat (**sth** co); *(delay)* zdržovat; *(progress)* brzdit; *(growth)* zpomalit/ zpomalovat; **the harvest was ~ed by bad weather** nepříznivé počasí zdrželo žně **2** *(prevent)* **h. sb from (doing) sth** bránit komu v čem; **h. sb in his work** zdržovat koho v práci, *(be in the way* also*)* překážet komu v práci; **noise ~s my work** hluk mi vadí při práci

Hindi ['hindi:] n Ling hindština

hindmost ['haindməust] adj nejzadnější, nejzazší

hindquarters ['haindkwo:təz] n *(of horse* etc*)* zadek

hindrance ['hindrəns] n překážka; **be a h.** být na překážku, být na závadu; **she is more of a h. than a help** namísto aby pomáhala, ještě zdržuje; víc překáží, než pomáhá

hindsight ['haindsait] n **with (the benefit of) h.** s odstupem času jsme moudřejší/ toho už víme víc

Hindu [hin'du:] adj hindský ● n hind/ -ka

Hinduism ['hindu:izəm] n hinduismus

Hindustan [hindu'sta:n] n Geog Hindustán

Hindustani [hindu'sta:ni] adj hindustánský ● n **1** Hindustánec/ Hindustánka **2** *(language)* hindustánština

hinge [hindž] n **1** *(of door, window)* závěs, stěžej, inf dial pant; **take the door off its ~s** vysadit dveře; **put the door on its ~s** zavěsit dveře **2** fig stěžejní bod **3** Philat nálepka ● **I** vt *(door, window)* opatřit závěsy **II** vi *(of door* etc*)* mít závěs; **the window ~s/ is ~d at the top** okno má závěsy nahoře or je zavěšeno nahoře **III** phr v ■ **hinge on sth** fig záviset na čem, být závislý na čem, viset na čem; **everything ~s on his decision** všechno závisí na jeho rozhodnutí

hinged [hindžd] adj opatřený závěsy, zavěšený; *(lid* etc*)* sklopný

hint [hint] n **1** *(indirect suggestion)* náznak, slovní narážka, poznámka; **a broad h.** jasná narážka; **a gentle h.** jemná narážka; **drop a h.** utrousit poznámku; **take the h.** dovtípit se; **by way of ~s** náznakově **2** *(indication, trace)* náznak; **a hint of a smile** náznak or záblesk úsměvu; **no h. of malice** ani náznak zlomyslnosti **3** *(piece of advice)* doporučení, tip, rada; **~s for travellers** tipy pro cestující ● **I** vt **h. (to sb) that ...** naznačit (komu), že ... **II** phr v ■ **hint at sth** naznačit něco, udělat na co narážku; **what are you ~ing at?** na co narážíte?, co tím chcete říci?

hinterland ['hintəlænd] n zázemí

hip$_1$ [hip] n Anat bok, kyčel; **narrow/ broad ~s** úzké/ široké boky; **she stood with her hands on her ~s** stála s rukama v bok; **sway one's ~s** pohupovat se v bocích ■ **hip bath** sedací lázeň; **hip joint** kyčelní kloub; **hip operation** operace kyčle

hip$_2$ [hip] n Bot; also **rose hip** šípek plod

hip$_3$ [hip] interj **hip, hip, hurrah** or **hurray!** hip, hip, hurá!

hip$_4$ [hip] adj dated sl módní

hipbone ['hipbəun] n Anat kyčelní kost

hip flask ['hipfla:sk] n kapesní láhev do zadní kapsy, inf placatka

hip-huggers ['hiphagəz] n pl; Amer bederní kalhoty

-hipped [hipt] suff -boký; **narrow-h.** úzkoboký; **a large-h. girl** dívka s velkými boky

hippie ['hipi] n Amer hippie ■ **a h. commune** hipiovská komuna

hip pocket [hip'pokit] n zadní kapsa

hippo ['hipəu] n (pl **hippos**) inf hroch

hippopotamus [hipə'potəməs] n (pl **~es** or **-mi** [-mai]) hroch

hippy ['hipi] n see **hippie**

hire ['haiə(r)] n **1** *(hiring)* pronájem, nájem, pronajmutí, pronajímání, půjčování; *(of workers)* najímání, nábor; **for** or **on h.** k pronajmutí; **for h.** *(sign on taxi)* volný ■ **car h. service** půjčovna aut **2** *(payment)* půjčovné, poplatek za nájem; *(wages)* mzda; **the labourer is worthy of his h.** dělník je hoden své mzdy ● **I** vt *(hall, tennis court* etc*)* najmout (si); *(cars, skis, costumes* etc*)* vypůjčit (si); *(employ)* najmout, zjednat, *(servant)* vzít do služby **II** phr v ■ **hire out**

I vt pronajmout/ pronajímat, půjčit/ půjčovat *II* vi Amer dát se najmout

hired ['haiəd] adj (pro)najatý; **h. assassin** najatý vrah; Amer **h. hand** nádeník, pomocný dělník

hireling ['haiəliŋ] n pej najatý člověk, námezdník, lokaj

hire-purchase [haiə'pə:čəs] n koupě na splátky; **buy sth on h.-purchase** koupit co na splátky

hirsute ['hə:sju:t] adj vlasatý, kosmatý, zarostlý

his [hiz] poss adj & pron jeho; *(when referring to the subject)* svůj; **it is his book** to je jeho kniha; **this book is his** tato kniha je jeho; **a friend of his** jeden jeho přítel; **he spoke about his youth** mluvil o svém mládí

Hispanic [hi'spænik] adj hispánský, španělský; **H. studies** hispanistika ● n Amer španělskoamerický obyvatel USA

Hispanicist [hi'spænisist], **Hispanist** ['hispənist] n hispanista

hiss [his] **I** vi syčet; *(cat)* prskat; *(of train)* pískat **II** vt **h. an actor off the stage** vypískat herce ● n syčení; pískání, pískot

histamine ['histəmi:n] n Med histamin

histological [histə'lodžikl] adj histologický

histologist [hi'stolədžist] n histolog

histology [hi'stolədži] n histologie

historian [hi'sto:riən] n historik/ historička, dějepisec

historic [hi'storik] adj historický významný, dějinný, epochální

historical [hi'storikl] adj **1** historický; **h. novel** historický román **2** *(not imaginary) (event)* skutečný **3** Ling **h. linguistics** diachronická jazykověda ■ **~ly** adv historicky

history ['histəri] n **1** historie, dějiny; *(subject)* dějepis, Univ historie; **early h.** prehistorie; **ancient/ medieval/ modern h.** starověká/ středověká/ moderní historie; **a watershed** or **landmark in our h.** mezník v našich dějinách; **that's ancient h.** to už patří minulosti ■ **h. book** dějepis, učebnice dějepisu; **h. teacher** učitel dějepisu **2** Med **case h.** anamnéza, chorobopis

histrionic [histri'onik] adj **1** usu pej teatrální, afektovaný, strojený **2** Theat fml *(talent* etc*)* divadelní, dramatický

histrionics [histri'oniks] n pl **1** pej okázalé or teatrální chování, afektované vystupování **2** Theat divadelní umění

hit [hit] n **1** *(blow)* úder, rána; *(on target; in sport)* zásah, inf trefa; Baseball odpal; Fencing tuš; **direct h.** přímý zásah **2** *(sarcastic hint)* narážka; **that was a h. at you** to se týkalo tebe, to platilo tobě **3** *(success) (song, product)* hit, šlágr; **she is a h. with everyone** všechny si velmi získala, udělala na všechny velký dojem; **score a h.** mít štěstí, udělat terno ■ **h. song** hit; **h. record** hitová nahrávka; **h. parade** hitparáda **4** Amer sl *(murder)* vražda ■ **h. man** sl esp Amer najatý vrah or zabiják; **h. list** sl seznam lidí, kteří mají být zavražděni ● v (**-tt-**; pt, pp **h.**) **I** vt **1** *(strike)* **a)** udeřit, uhodit, dát ránu; inf expr praštit, bouchnout; **she h. me on the head** udeřila or expr praštila mě do hlavy; **he h. me with a stick** uhodil mne holí ♦ **h. sb below the belt** lit zasáhnout koho pod pás, fig jednat s kým nefér, dát komu ránu pod pás; **it h. him like a bolt from the blue** bylo to pro něho jako blesk z čistého nebe; **it h. him like a cold shower** působilo to na něj jako studená sprcha **b)** Comput **h. a key** stlačit klávesu; Aut **h. the brakes** inf or sl sešlápnout brzdy, *(suddenly)* skočit na brzdy **c)** *(succeed in striking)* zasáhnout, (s)trefit se do čeho; **h. the target** zasáhnout cíl, strefit se (do cíle) ♦ **h. the bull's eye** lit zasáhnout střed terče, fig trefit se do černého; **h. the jackpot** udělat terno, sl mít štígro; **his words didn't h. home** jeho slova se minula účinkem; **the room looks as if a bomb has h. it** vypadá to tu v pokoji jako po bitvě **d)** *(come against)* **h. one's elbow/ head** etc **against** or **on sth** uhodit se loktem/ hlavou etc o co; **h. a lamppost/ tree etc** *(vehicle)* narazit do kandelábru/ stromu etc; inf **h. a snag** narazit na problém ♦ **h. the roof** inf vyletět, rozčilit se **2** *(reach) (top form)* dosáhnout čeho; *(of likeness)* (dobře) vystihnout, inf trefit; *(of singer: top notes)* vyzpívat; **h. the road** or **the trail** vyrazit na cestu; **h. town** Amer přijet do města; **h. a place like a whirlwind** přihnat se někam jako bouřka; **when it ~s the shops** *(product)* až se to dostane do obchodů; *(of news)* **h. the headlines** dostat se na titulní stránky novin ♦ **h. the sack** or **the hay** sl zalehnout, jít na kutě; **(begin to) h. the bottle** dát se na pití, vulg začít chlastat **3** *(affect)* postihnout; **it has h. him pretty hard** dost těžce ho to postihlo; **be hard h. by sth** být čím těžce postižen **4** *(guess)* přijít na; **you've h. it!** už to máte!, to je ono!; **h. the nail on the head** fig uhodit hřebík na hlavičku, **you've h. the nail on the head** also inf vy jste na to kápl **5** *(occur)* **it suddenly h. me that ...** náhle mě napadlo, že ... **6** Amer sl *(kill)* zavraždit, oddělat **II** vi **1** *(direct a blow/ blows)* uhodit/ tlouci, bít; **h. hard** zasadit tvrdou ránu **2 h. at sb** fig kritizovat koho **3 h. and run** *(of driver)* zavinit nehodu a ujet **III** phr vs

■ **hit back** vi 1 *(return blow)* opětovat ránu 2 fig *(answer critics* etc*)* pohotově (a pádně) odpovědět, říci komu své, nezůstat komu nic dlužen ■ **hit off** vt 1 **h. sb off beautifully** *(characterize: in words)* dobře koho vystihnout or charakterizovat 2 **h. it off with sb** dobře si s kým rozumět, dobře s kým vycházet; **h. it off well together** dobře spolu vycházet, inf kápnout si do noty ■ **hit on** or **upon** vt přijít na; **h. on a good ploy** přijít na dobrý fígl inf ■ **hit out** vi **h. out at sb** lit & fig pustit se do koho, zaútočit na koho

hit-and-miss [hitən'mis], **hit-or-miss** [hito:'mis] adj *(random) (reading, method)* nesoustavný, nespolehlivý

hit-and-run [hitən'ran] adj **a h.-and-run driver** řidič, který po zapřičinění nehody ujede

hitch [hič] n 1 *(snag)* háček, potíž, zádrhel; **go without a h.** (eg *performance* etc*)* proběhnout hladce or bez obtíží; **where's the h.?** kde to vázne? 2 *(sudden pull)* náhlé škubnutí or trhnutí 3 *(knot)* uzel; **half h.** polosmyčka 4 *(lift)* inf stop; **get a h.** chytit stopa ● I vt 1 *(fasten)* uvázat zaháknutím nebo smyčkou, připojit; **h. a horse to a post** uvázat koně ke kůlu; **h. a horse to a cart** zapřáhnout koně k vozu or do vozu 2 inf *(~hike)* **h. a lift** or Amer **ride** jet (auto)stopem; **she ~ed a ride to London** jela stopem do Londýna 3 **get ~ed** inf *(get married)* vlízt* do chomoutu (inf) II vi *(~hike)* inf stopovat III phr v ■ **hitch up** vt 1 **h. up one's skirt/ trousers** vykasat si sukni/ povytáhnout si kalhoty 2 *(horses)* zapřáhnout, připřáhnout; **h. up horses to a wagon** zapřáhnout koně do or k vozu

hitchhike ['hičhaik] vi stopovat, jezdit (auto)stopem; **h. to Prague** jet stopem do Prahy

hitchhiker ['hičhaikə(r)] n stopař/ -ka

hitchhiking ['hičhaikiŋ] n autostop, stopování

hi tech [hai'tek] adj inf vysoce moderní ● n špičková technologie

hither ['hiðə(r)] adv arch sem; **h. and thither** sem a tam, v různých směrech

hitherto [hiðə'tu:] adv fml (až) dosud, až do nynějška, zatím; **h. unknown facts** až dosud neznámá fakta; **as h.** jako dosud

hit-or-miss [hito:'mis] adv see **hit-and-miss**

HIV [eičai'vi:] Med abbr of **human immunodeficiency virus** vir HIV; **be HIV positive** být HIV pozitivní

hive [haiv] n 1 *(bee~)* úl; *(bees)* roj včel, včelstvo 2 fig **the place is a h. of activity** je tam rušno jako v úle, je tam velký shon ● I vt *(bees)* umístit do úlu II vi *(of swarm)* usadit se v úlu III phr v ■ **hive off** *I* vi *(branch off: firm, department)* odštěpit se, osamostatnit se *II* vt *(department, subsidiary)* vyčlenit, osamostatnit

hives ['haivz] n pl Med kopřivka

hiya ['haijə] interj Amer inf ahoj!, nazdar!

HM abbr of **Her/ His Majesty** Její/ Jeho Veličenstvo; **HM the Queen** Její královské Veličenstvo; **HM's** (eg *Inspector of Taxes)* Jeho/ Jejího Veličenstva

HMG abbr of **His/ Her Majesty's Government** vláda Jeho/ Jejího Veličenstva

HMS [eičem'es] Br abbr of **His/ Her Majesty's Ship** *(for warships)* loď Jeho/ Jejího Veličenstva

hoard [ho:d] n zásoba, spousta; *(treasure)* poklad; **a h. of money** pytel peněz fig pej ● vt also **h. up** hromadit, shromažďovat; **h. money** mamonit, inf hrabat peníze; *(food* also*)* křečkovat, syslovat

hoarder ['ho:də(r)] n chamtivec, křeček fig

hoarding$_1$ ['ho:diŋ] n křečkování; *(of money)* hamounění

hoarding$_2$ ['ho:diŋ] n 1 Br *(for advertising* etc*)* plakátovací plocha, návěstní tabule 2 *(fence round building site)* provizorní ohrada

hoarfrost [ho:'frost] n jíní, námraza; **trees covered with h.** stromy obalené jíním

hoarse [ho:s] adj *(voice* etc*)* chraptivý, sípavý, chraplavý, křaplavý; **be h.** být ochraptělý, chraptět; **talk/ bawl o.s. h.** mluvit/ řvát do ochraptění ■ **~ly** adv chraptivým hlasem

hoarseness ['ho:snəs] n chrapot, sípání

hoary ['ho:ri] adj (**-ier**, **-iest**) 1 *(hair)* šedivý, bílý, *(old man* also*)* bělovlasý 2 *(very old) (building)* starobylý; **a h. old joke** vousatý vtip

hoax [həuks] n bouda, podfuk; *(practical joke)* kanadský žertík; Journ novinářská kachna; *(false alarm)* falešný poplach; **play a h. on sb** ušít na koho boudu ● vt **h. sb** napálit koho, obalamutit koho

hob [hob] n 1 *(at side of fireplace)* ohřívací police 2 *(on cooker)* plotna sporáku

hobble [hobl] I vi *(limp)* belhat, kulhat II vt **h. a horse** svázat koni přední nohy

hobby$_1$ ['hobi] n koníček, záliba, hobby

hobby$_2$ ['hobi] n Zool ostříž

hobbyhorse ['hobiho:s] n 1 *(toy)* koníček na hůlce 2 **get on one's h.** dostat se na svého koníčka, začít mluvit o svém oblíbeném tématu

hobgoblin [hob'goblin] n skřítek, šotek

hobnail ['hobneil] n cvoček ■ **h. boots** boty s okovanými podrážkami

hobnailed ['hobneild] adj *(of boots* etc*)* okovaný

hobnob ['hobnob] vi **h. with sb** kamarádit se s kým, bratříčkovat or přítelíčkovat se s kým; **h. with the rich** vyhledávat společnost bohatých lidí

hobo ['həubəu] n Amer (pl **~s** or **~es**) **1** *(tramp)* tulák, vandrák, vagabund **2** *(itinerant worker)* potulný dělník

hock$_1$ [hok] n Anat *(of horse)* hlezno

hock$_2$ [hok] n druh bílého rýnského vína

hock$_3$ [hok] n esp Amer sl **in h.** v zastavárně, sl ve frcu; **put sth in h.** zastavit co, dát co do zastavárny, sl dát co do frcu ● vt zastavit, dát do zastavárny, sl dát do frcu

hockey ['hoki] n **1** Br pozemní hokej = Amer **field h.** **2** Amer lední hokej = Br **ice hockey** ■ **h. stick** hokejka; **h. player** hokejista

hocus-pocus [həukəs'pəukəs] n **1** inf *(trickery)* kejkle, podvody, triky **2** *(magician's formula)* čáry máry

hod [hod] n **1** Build korýtko na nošení cihel ■ **hod carrier** přidavač na stavbě **2** *(for coal)* uhlák

hodgepodge ['hodžpodž] n mišmaš, míchanice, zmatek, pel mel

hoe [həu] n motyka ● vt (z)kypřit půdu, okopávat, okopat

hog [hog] n **1** Br krmný vepř; Amer prase, vepř ♦ **go the whole h.** inf udělat co do důsledků, dovést co až do konce **2** *(undesirable person)* chrapoun; *(greedy person)* hltoun, chamtivec; *(selfish person)* sobec ● vt inf (**-gg-**) urvat si, uzurpovat si, přivlastnit si; **h. the limelight** strhávat na sebe pozornost

hoggish ['hogiš] adj chamtivý, sobecký, chrapounský

Hogmanay ['hogmənei] n Scot Silvestr

hogwash ['hogwoš] n **1** lit *(pigswill)* šlichta pro prasata **2** fig inf *(nonsense)* kecy, žvásty, nesmysly

hoi polloi [hoipə'loi] n pej lůza, chátra

hoist [hoist] n **1** *(~ing)* zvednutí, potlačení **2** *(apparatus)* zdvihadlo, zvedací zařízení; *(pulley)* kladkostroj; *(lift)* zdviž ● vt zdvihnout, zvednout, vytáhnout; **h. a flag** vztyčit vlajku ♦ **be h. with one's own petard** chytit se do vlastní léčky or pasti, *(of liar)* zapříst se do sítě vlastních lží

hoity-toity [hoiti'toiti] adj inf nafoukaný, povýšený, arogantní

hold [həuld] n **1** *(grasp, grip)* držení, uchopení; **catch h. of sth** uchopit co; **grab** or **seize h. of sth** popadnout co, chytit co, hmátnout po čem; **keep a firm h. of sth** držet něco pevně v ruce; **get h. of sb's hand** vzít koho za ruku; **get h. of sth** fig *(find)* sehnat co; **get h. of sb** fig sehnat koho, zastihnout or zastat koho např. doma, v kanceláři ap. ♦ **You've got h. of the wrong end of the stick** špatně jsi to pochopil je to úplně obráceně **2** Wrest chvat; Mount záchyt; **there are no ~s barred** esp fig všechno je dovoleno **3** *(influence)* vliv; **have a h. on** or **over sb/ sth** dostat někoho/ něco do rukou **4** *(control)* **have (a) firm h. of sth** držet co pevně v rukou **5** Naut, Aviat skladovací/ zavazadlový prostor; **luggage h.** zavazadlový prostor **6** Tel **on h.** v pořadí; fig **put sth on h.** *(plan, project)* dát co k ledu ● v (pt, pp **held**) **I** vt **1** *(grasp)* držet; *(carry: baby* etc*)* držet na rukou, držet v náručí, nést; **h. sth in one's hand** držet něco v ruce; **h. sth tight** držet co pevně; **they were ~ing hands** drželi se za ruce; **h. sb's coat for her/ him** podržet komu kabát; Aut **the car ~s the road well** auto dobře sedí ♦ **leave sb ~ing the baby** fig nechat koho ve štychu; **h. one's head high** fig nést hlavu vzhůru; **with one's head held high** se vzpřímenou hlavou; **h. one's own** nedat se, obstát, držet se; **he isn't fit to h. a candle to her** nesahá jí ani po kotníky; **h. a pistol to sb's head** fig položit komu nůž na krk **2** *(support: column* etc*)* nést, podepírat; **the dam can't h. the flood waters** přehrada nevydrží nápor povodňových vod **3** *(contain)* obsahovat; *(have capacity of) (container)* mít obsah; *(hall, car* etc*)* pojmout; **the car can h. five people** do auta se vejde pět lidí, v autě je místo pro pět lidí ♦ **who knows what the future ~s for us** kdo(ž) ví, co nás čeká; kdo(ž) ví, jaká nám kyne budoucnost **4** *(defend)* Mil ubránit, udržet; **h. the fort** udržet pevnost, fig starat se o podnik etc v době nepřítomnosti šéfa; Pol **h. a Parliamentary seat** udržet si poslanecký mandát **5** *(restrain, keep back)* **h. sb in custody** držet koho v soudní vazbě; **h. sb hostage** (za)držet koho jako rukojmího; **h. sb prisoner** věznit koho; **there's no holding him** není k udržení; **h. one's breath** zatajit dech ♦ **h. it!** moment!; **h. your horses!** inf ne tak zhurta!, kroť se!; **h. your tongue!** nebav se!, buď zticha!, mlč!; **h. sb at bay** držet koho v šachu; **h. the balance** být jazýčkem na vahách **6** *(have, possess) (title)* mít; *(position)* zastávat; *(record)* držet, být držitelem čeho; *(share in a company)* vlastnit; **h. an account with a bank** mít konto v bance; **h. office as prime minister** zastávat funkci premiéra **7** *(keep) (sb's attention/ interest)* udržovat (si); *(audience)* upoutat čí pozornost, zaujmout koho **8** *(meeting, conference)* konat, (us)pořádat; **be held** konat se, uskutečnit se;

h. a family celebration pořádat rodinnou oslavu; **h. an election** konat volby; **elections are held ...** volby se konají ...; **h. a referendum** uspořádat referendum **9** *(believe)* domnívat se; *(maintain)* tvrdit; **h. the belief that ...** věřit, že ...; **I h. that ...** já tvrdím, že ... **10** *(consider)* **h. sth sacred** považovat co za posvátné; **h. sb responsible for sth** klást komu co za vinu, přičítat komu co na vrub; **h. sb in contempt** pohrdat kým **11** Tel **h. the line** zůstaňte u aparátu, nezavěšujte **12** Mus **h. a note** držet tón or notu **13 he can h. his drink** ten umí pít **II** vi **1** *(of rope, nail, anchor, glue* etc*)* držet; **h. still!** nehýbej se!, zůstaň tak!; **h. tight!** držte se pevně! **2** *(be valid)* platit; **h. good** *(offer, rule)* platit, mít platnost; **the law still ~s** zákon stále ještě platí **3** *(last)* pokračovat, trvat dál; **will the fine weather h.?** vydrží to pěkné počasí? **III** phr vs ■ **hold against** vt **h. sth against sb** mít komu co za zlé, zazlívat komu co ■ **hold back** *I* vt **1** *(restrain) (crowd)* zadržet; fig *(tears, laughter)* zadržet, potlačit, bránit se čemu; *(feelings)* potlačit/ potlačovat, bránit se čemu **2** *(restrain)* omezovat, zdržovat **3** *(information* also*)* zatajit, skrývat, nechat si pro sebe *II* vi *(hesitate)* váhat, držet se zpátky ■ **hold down** vt **1** *(control)* udržovat pod kontrolou; *(oppress)* udržovat koho v područí, utlačovat; *(prices, costs)* udržovat na nízké úrovni **2** *(keep)* **h. down a job** udržet si zaměstnání ■ **hold forth** vi řečnit, zeširoka or bombasticky vykládat (**on sth** o čem) ■ **hold in** vt *(stomach)* zastrčit; *(emotions)* potlačit; **h. oneself in** zatáhnout břicho, fig ovládnout se ■ **hold off** *I* vi **1** *(stay away)* držet se stranou **2** *(not act)* držet se zpátky, nejednat, nic neudělat; **h. off from doing sth** zdržet se čeho **3 the rain held off** udrželo se pěkné počasí, nezačalo pršet *II* vt **1** *(enemy attacks)* odrazit; **h. sb off** udržet si od koho odstup, inf (u)držet si koho od těla **2** *(delay)* **h. off doing sth** odkládat co; **h. off going to the dentist** odkládat návštěvu zubního lékaře ■ **hold on** *I* vi **1** *(endure)* vydržet; **h. on like grim death** držet se zuby nehty **2** *(wait)* počkat; **h. on (a minute)!** počkejte okamžik, moment!; Tel počkejte u telefonu *II* vt **h. sth on with sth** *(with glue, sellotape* etc*)* připevnit co čím; **be held on by sth** být čím připevněn ■ **hold on to** vt **1** *(not let go)* **h. on to sb/ sth** (při)držet se koho/ čeho; **h. on to life** lpět na životě; fig **h. on to a hope** nevzdávat se naděje **2** *(keep)* **h. on to sb** *(employee* etc*)* udržet si koho; **h. on to sth** ponechat si co (u sebe), podržet si co, *(not lose)* neztratit co, *(not sell)* neprodat co ■ **hold out** *I* vi **1** *(resist)* **h. out bravely** statečně se bránit; **h. out to the end** vydržet **2** *(last: of supplies* etc*)* vydržet **3 h. out for sth** *(higher pay* etc*)* trvat na čem *II* vt **1 h. out one's hand to sb** podat komu ruku; **h. out one's face** *(to be kissed)* nastavit tvář k políbení; **h. out the olive branch** nabídnout ruku k smíru **2** *(offer)* nabídnout; **the doctors don't h. out much hope** lékaři nám/ jim etc nedávají velké naděje ■ **hold out on sb** něco před kým tajit ■ **hold over** vt *(postpone: meeting* etc*)* odložit, odročit, přesunout (**till** na) ■ **hold to** vt **1** *(opinion)* držet se čeho; *(decision)* trvat na **2 she held him to his promise** trvala na tom, aby splnil svůj slib ■ **hold together** *I* vi držet pohromadě; *(argumentation* etc*)* nemít logiku *II* vt **h. sth together** držet co pohromadě ■ **hold under** vt *(country, people)* utiskovat, ujařmit ■ **hold up** vt **1** *(raise)* *(hand* etc*)* zvednout, dát nahoru; **h. sth up to the light** podržet co proti světlu; fig **h. sb up as an example** dávat koho komu za příklad **2** *(support: weight)* podpírat, držet nahoře **3** *(delay)* zdržet, zpozdit; **be held up** zdržet se **4** *(rob: bank* etc*)* přepadnout s revolverem ■ **hold with** vt *(opinions, ideas)* souhlasit s čím, ztotožňovat se s čím; **I don't h. with such attitudes** s takovými postoji nesouhlasím, takové postoje jsou mi proti mysli

holdall ['həuldo:l] n Br cestovní taška or kabela, cestovní vak

holder ['həuldə(r)] n **1** *(handle)* držák, držadlo; *(cigarette-h.)* špička na cigarety **2** *(vessel)* nádoba **3** *(person)* *(of record, office, passport)* držitel; *(of title, order* etc*)* nositel; **record h.** also rekordman; **scholarship h.** stipendista; **season-ticket h.** Rail etc abonent, předplatitel

holding ['həuldiŋ] n **1** držení; *(of conference* etc*)* konání **2** *(land)* pozemek v držení, *(with buildings)* usedlost, statek **3** Fin *(share in a company)* podíl, majetková účast; **~s** majetek, vlastnictví; **gold ~s** zlaté rezervy ■ **h. company** holdingová společnost

hold-up ['həuldap] n **1** *(delay)* zdržení, zpoždění; *(in traffic)* dopravní zácpa **2** *(robbery)* loupežné přepadení

hole [həul] n **1** gen díra; *(small)* dírka; *(in the ground)* jáma, *(small)* důlek, jamka; *(in tooth)* díra, kaz; *(in road)* výmol; *(of net)* očko; *(opening)* otvor; **a gaping h.** zející díra; **make a h. in a wall** prorazit stěnu, vybourat ve stěně díru; **be riddled with ~s** být samá díra ♦ **pick ~s in sth** *(criticize)* hledat na čem chlupy, vrtat do čeho; **the money is burning a h. in his pocket**

peníze ho pálí v kapse **2** *(rabbit's)* nora; *(fox's)* nora, doupě; *(mouse's)* díra; fig pej *(of town, village)* díra, hnízdo, Zapadákov; *(of flat, room)* pelech; **a godforsaken h.** venkovská díra **3** fig *(awkward situation)* brynda, šlamastyka; **leave sb in a h.** nechat koho v rejži **4** Golf jamka; **a h. in one** jamka na jeden úder ● **I** vt **1** *(make a h.)* proděravit **2** Golf *(ball)* usu **h. out** zahrát do jamky **II** vi **1** Golf usu **h. out** zahrát jamku **2** *(of socks* etc*)* proděravět se **III** phr v ■ **hole up** vi *(animal)* přezimovat v brlohu; sl *(criminals* etc*)* ukrýt se před policií, zalézt

holiday ['holədei] n **1** *(day)* svátek, sváteční den; **public h.**, Br also **bank h.** den pracovního klidu; **religious h.** církevní svátek; **a day's h.** volný den; **on Sundays and ~s** o nedělích a svátcích; **tomorrow is a h.** zítra je volno ■ **h. mood** sváteční nálada **2** Br *(period of rest)* usu pl **~s** *(vacation)* dovolená, rekreace; Sch prázdniny; **be on (a) h.** být na dovolené/ Sch na prázdninách; **go on h.** jet na dovolenou/ na prázdniny; **summer ~s** letní dovolená/ letní prázdniny; **a month's h.** měsíční dovolená; **paid ~s** placená dovolená ■ **h. area** rekreační oblast; **h. camp** prázdninový tábor; **h. resort** rekreační středisko; **h. train** rekreační vlak ● vi trávit dovolenou

holiday-maker ['holədeimeikə(r)] n rekreant, výletník, turista na dovolené

holier-than-thou [həuliəðən'ðau] adj inf pej *(attitude)* ješitný, pokrytecký, licoměrný

holiness ['həulinəs] n Relig svatost, posvátnost; **His H. Pope John Paul II** Jeho Svatost papež Jan Pavel II.

holism ['həulizəm] n Philos holismus

holistic [həu'listik] adj Philos holistický

Holland ['holənd] n Holandsko

holler ['holə(r)] n inf esp Amer křik, řev, vřískot ● vi; inf esp Amer řvát, hulákat, vřískat

hollow ['holəu] adj **1** *(tree)* dutý; *(sound)* dutý, temný, temně znějící; *(cheeks, eyes)* vpadlý; *(tooth)* vykotlaný ♦ **have h. legs** fig mít bezedný žaludek **2** *(false: promises)* planý; *(victory)* klamný; *(laugh)* nepřirozený; *(words)* frázovitý, *(phrases)* prázdný, dutý, pustý ● n **1** *(of tree* etc*)* dutina; *(in ground)* prohlubeň **2** Geog *(basin)* úžlabina ● adv **we beat them h.** pěkně jsme jim to natřeli, sl dali jsme jim flastr, inf vyklepli jsme je ● phr v ■ **hollow out** vt vydlabat, (Subj: *water)* vymlít

holly ['holi] n Bot cesmína

hollyhock ['holihok] n Bot proskurník topolovka

holocaust ['holəko:st] n boží dopuštění; **nuclear h.** nukleární katastrofa; *(mass extermination)* genocida, masové vyhlazování; *(of Jews in World War Two)* holocaust

hologram ['holəgræm] n hologram

holograph ['holəgra:f] n rukopisný dokument ● adj rukopisný

holography [ho'logrəfi] n holografie

hols [holz] Br inf abbr of **holidays**

holster ['həulstə(r)] n pouzdro na pistoli

holy ['həuli] adj **1** Relig svatý, posvátný; **the H. Alliance** svatá aliance; **the H. Bible** bible, Písmo svaté; **the H. City** Svaté město Jeruzalém; **H. Communion** svaté přijímání; **H. Father** Svatý otec papež; **h. fear** posvátná hrůza; **the H. Ghost** Duch svatý; **h. innocence** svatá prostota; **the H. Land** Svatá země Palestina; **H. Matrimony** sedmá svátost; **H. night** svatá noc, štědrovečerní noc; **take h. orders** stát se knězem; **the H. Scriptures** Písmo svaté; **the H. See** papežský stolec, apoštolská stolice; **the H. Sepulchre** Boží hrob; **the H. Virgin** Panna Maria; **H. Week** pašijový týden **2** fig joc **a h. terror** čertovo kvítko **3** *(blessed)* **h. water** svěcená voda

homage ['homidž] n pocta, hold, uctění; **pay** or **do h. to sb** vzdát komu poctu or hold; **final h.** poslední pocta

home [həum] n **1 a)** *(place where one lives)* domov, dům; *(household)* domácnost; **broken h.** rozvrácený domov; **hearth and h.** domácí krb; **parental h.** otcovský dům, domov; **at h.** doma, u nás (doma); **a h. from h., second h.** druhý domov; **be at h.** být doma; **be away from h.** nebýt doma, být mimo dům; **feel at h.** *(somewhere)* cítit se někde jako doma; **head for h.** zamířit domů; **leave one's h.** odejít z domu; **make for h.** zamířit or namířit si to domů; **set up h.** založit si rodinu; **stay at h.** zůstat doma; **turn sb out of his h.** vyhnat koho z domu ♦ **be at h. to visitors** přijímat návštěvy; **bury oneself at h.** být zalezlý jako jezevec, nevytáhnout paty z domu; **charity begins at h.** bližší košile než kabát; **eat sb out of house and h.** vyjíst koho; **he is at h. in this subject** v tomto oboru je doma; **make oneself at h.** udělat si pohodlí, chovat se někde jako doma ■ **h. background** domácí prostředí; **h. bird** fig peciválˇ; **h. comforts** radosti domova; **h. computer** domácí počítač; **h. cooking** domácí strava; **h. delivery** donáška or roznáška do domu; **h. furnishings** bytové zařízení; **h. help** paní na úklid; **h. life** rodinný život; **I am going to tell him a few h. truths** ten si to ode mne vypije; **h. worker** domácký dělník **b)** *(house)* dům, byt; **holiday h.** (víkendová) chata, chalupa; **~s for sale**

(estate agent's notice) prodej domů a bytů **c) find a h. for sth** najít pro co místo **2** *(country)* domov, domovina, otčina fml, vlast; *(area)* rodný kraj, *(place of birth)* rodiště; **second h.** druhá otčina, druhá vlast, druhý domov; **at h.** u nás v Česku ap.; **miss h.** pociťovat stesk po domově ■ **h. affairs** vnitřní záležitosti; **for h. consumption** pro tuzemsko, pro vnitřní trh; **h. front** Mil týl; **h. game** zápas na domácí půdě; **h. news** zprávy z domova, domácí zpravodajství; **H. Office** Br ministerstvo vnitra; **h. products** tuzemské výrobky; **h. rule** samospráva; **H. Secretary** Br ministr vnitra; **h. town** domovské město; **in my h. town** v našem městě; **h. trade** vnitřní obchod **3** *(institution)* ústav, domov; **children's h.** dětský domov; **convalescent h.** zotavovna; **mental h.** ústav pro choromyslné, psychiatrická léčebna, inf pej blázinec; **nursing h.** sanatorium; **orphan's h.** sirotčinec; inf **old people's h.**, **old folk's h.** domov důchodců, dated starobinec; **rest h.** ozdravovna **4** *(of plants, animals)* habitat, místo výskytu, domov; **the tiger's h. is the jungle** domovem tygra je džungle **5** ■ **h. team** domácí mužstvo; Baseball **h. base**, **h. plate** domácí meta; **h. run** oběh domů; **h. stretch** Athlet & fig cílová rovinka ● adv **1** doma; **be h.** být doma; **be back h.** být zase doma; **go h.** jít domů; **get h.** dostat se domů; **we'll be h. soon** budeme brzy doma ♦ **bring sth h. to sb** vštípit komu co, jasně komu co vysvětlit; **his chickens will come h. to roost** vrátí se mu to jako bumerang; **it came h. to him that ...** uvědomil si, že ...; **his words did not hit h.** jeho slova se minula účinkem; **it is nothing to write h. about** není to nic světoborného, není to nic extra, nestojí to za řeč; **it was nothing to write h. about** nebylo to moc slavné; **till the cows come h.** do soudného dne, až naprší a uschne **2** *(all the way)* **drive a nail h.** zatlouct hřebík; **shoot a bolt h.** zastrčit or zasunout zástrčku

homecoming ['həumkamiŋ] n návrat domů, Amer den otevřených dveří pro absolventy školy

homegrown [həum'grəun] adj *(vegetables; from one's own garden)* jsoucí z vlastní zahrady, domácí; *(not from abroad)* tuzemský, domácí

homeland ['həumlænd] n vlast, domovina

homeless ['həumləs] adj **be h.** být bez domova, být bez přístřeší; **h. person** bezdomovec; **the h.** bezdomovci

homelessness ['həumləsnəs] n bezdomovectví

home-loving ['həumlaviŋ] adj *(person)* domácký

homely ['həumli] adj (**-ier**, **-iest**) **1** Br *(home-loving)* domácký; *(atmosphere)* příjemný, útulný; *(food)* prostý, jednoduchý **2** Amer *(unattractive) (person)* tuctový, ordinérní; *(face, person)* nevzhledný

home-made [həum'meid] adj domácí, *(bread)* doma upečený; *(furniture* etc*)* doma vyrobený; vyrobený po domácku; **h.-made cakes** domácí pečivo

homeopath, homeopathy Amer = **homoeopath**, **homoeopathy**

homesick ['həumsik] adj teskníci po domově; **be h.** tesknit po domově; **I'm h.** stýská se mi po domově, táhne mě to domů; **be h. for one's country** toužit po vlasti

homesickness ['həumsiknəs] n nostalgie, stesk or touha po domově

homestead ['həumsted] n usedlost, statek

homeward ['həumwəd] adj směřující k domovu

homeward(s) ['həumwəd(z)] adv k domovu

homework ['həumwə:k] n Sch domácí úkol(y), domácí cvičení, domácí úloha; **do one's h.** napsat domácí úlohu; fig seznámit se s problematikou; **what do we have for h.?** co máme na domácí úkol?

homicidal [həumi'saidl] adj vražedný; **he is looking h.** tváří se jako vrah

homicide ['homisaid] n **1** *(killing)* zabití **2** *(person)* vrah, vražedník

homily ['homəli] n homilie

homing ['həumiŋ] adj **1** Zool **h. pigeon** poštovní holub **2** Mil naváděcí; **h. device** naváděcí zařízení torpéda, střely

homo ['həuməu] n dated sl teplouš, homouš

homoeopath, Amer **homeopath** ['həumiəpæθ] n Med homeopat

homoeopathic, Amer **homeopathic** [həumiə'pæθik] adj Med homeopatický

homoeopathy, Amer **homeopathy** [həumi'opəθi] n Med homeopatie

homogeneity [həuməudžə'ni:əti] n homogennost, homogenita, stejnorodost

homogeneous [həuməu'dži:niəs] adj homogenní, stejnorodý

homogenize, -ise [hə'modžənaiz] vt homogenizovat; **~d milk** homogenizované mléko

homonym ['homənim] n Ling homonymum

homonymous [hə'moniməs] adj Ling homonymní, homonymický, stejnozvučný

homophone ['homəfəun] n stejně znějící slovo

Homo sapiens [həuməu'sæpiəns] n homo sapiens

homosexual [həuməu'sekšuəl] adj homosexuální ● n homosexuální člověk, homosexuál

homosexuality [həuməusekšu'æləti] n homosexualita, homosexuálnost

homy, esp Amer **homey** ['həumi] adj (**-ier, -iest**) útulný

Hon abbr of **1 Honorary** *(secretary, treasurer)* čestný **2 Honourable** Parl ctihodný

Honduran [hon'djuərən] adj honduraský ● n Hondurasan/ -ka

Honduras [hon'djuərəs] n Honduras

hone [həun] n obtahovací kámen, brousek ● vt brousit např břitvu; fig *(one's skills)* vybrušovat, zdokonalovat

honest ['onist] adj **1** *(honourable)* čestný, charakterní, poctivý; *(face)* poctivý; **be h. to the core** být z gruntu dobrý; **be completely h.** být skrz naskrz poctivý **2** *(sincere)* upřímný, otevřený; **the h. truth** čistá pravda, pravda pravdoucí; **to be quite h.** mám-li být upřímný; **be h. with sb** mluvit s kým otevřeně; **tell sb the h. truth** nalít komu čistého vína; **give me your h. opinion** řekni mi, co si o tom skutečně myslíš **3** *(proper, legitimate)* **h. wages** spravedlivá mzda; **an h. deal** poctivý obchod; **earn an h. living** vydělávat si poctivě na živobytí **4** arch *(woman)* počestná, poctivá ● adv **h. to God!** namouduši, namouvěru, jako že je pánbůh nade mnou ■ **~ly** adv čestně, poctivě; **~ly!** namouduši, opravdu, doopravdy; **~ly?** vážně?

honesty ['onəsti] n cf **honest 1** poctivost, čestnost; **he is h. itself** je poctivost sama ♦ **h. is the best policy** s poctivostí nejdál dojdeš **2** *(sincerity)* upřímnost; **in all h.** mám-li být upřímný

honey [hani] n **1** med; **bee's h.** včelí med **2** *(colour)* medová barva **3** inf esp Amer *(term of endearment)* **h!** miláčku!, zlatíčko!, drahoušku!; **she is an absolute h.** je absolutně senzační

honeybee ['hanibi:] n medonosná včela

honeybunch ['hanibanč] n inf miláček, zlatíčko

honeycomb ['hanikəum] n včelí plástev

honeydew ['hanidju:] n medovice ■ **h. melon** ananasový meloun

honeyed ['hanid] adj *(words)* úlisný, pochlebnický, sladký; **use h. words** být jako mílius

honeymoon ['hanimu:n] n líbánky; **h. (trip)** svatební cesta ● vi trávit líbánky; být na svatební cestě

honeymooners ['hanimu:nəz] n pl novomanželé na svatební cestě

honeysuckle ['hanisakl] n Bot zimolez

honk [hoŋk] n **1** kejhání divokých husí **2** *(of car)* houkání, troubení ● **I** vi *(of geese)* (za)kejhat; *(of car)* zatroubit **II** vt **the driver ~ed his horn** řidič zatroubil

honky ['hoŋki] n pej sl běloch

honky-tonk ['hoŋkitoŋk] n Amer dupárna levný noční zábavní podnik

honor ['onə(r)] Amer see **honour**

honorable ['onərəbl] adj Amer see **honourable**

honorarium [onə'reəriəm] n (pl **-ia** or **~s** [-iə]) honorář čestného sekretáře ap.

honorary ['onərəri] adj *(member, degree, secretary)* čestný; *(consul)* honorární; **confer an h. doctorate on sb** udělit komu čestný doktorát

honour, Amer **honor** ['onə(r)] n **1** *(respect)* pocta; **guard of h.** čestná stráž; **pay h. to sb** vzdát komu poctu, uctít koho; **in h. of sb, in sb's h.** na čí počest; **funeral** or **last ~s** poslední pocta; **lap of h.** Sport čestné kolo **2** *(privilege)* čest, pocta; **to have the h. of ...** mít tu čest a ...; **the seat of h.** čestné místo; **it is a great h. for me** je to pro mne velká pocta or čest; **we request the h. of your company at ...** považujeme si za čest pozvat Vás na ... **3** *(good name)* čest, dobré jméno; **debt of h.** čestný dluh; **a matter** or **point of h.** věc cti; **upon my h.** na mou čest; **give one's word of h.** dát čestné slovo; **my h. is at stake** jde o mou čest; **a stain on one's h.** skvrna na čí cti **4** *(title: of judges)* **Your/ His/ Her H.** vaše/ jeho/ její ctihodnost; **Your H.!** slavný soude **5** *(award)* vyznamenání, řád; **the roll of h.** tabule cti; **H~s list** Br seznam panovníkem udělených řádů a titulů; **Birthday H~s** udělování řádů a vyznamenání při příležitosti narozenin krále/ královny **6** Univ **~s course** studijní specializace; **get first-class ~s** promovat s vyznamenáním **7** *(of person)* **be an h. to sb/ sth** dělat čest komu/ čemu; **he is an h. to his school** dělá čest své škole ● vt **1** *(person)* ctít, poctít; **h. sb with sth** poctít or vyznamenat koho čím; **h. sb's memory** uctít čí památku; **he ~ed us with his presence** also iron poctil nás svou přítomností; iron **I am ~ed!** jaká čest! **2** *(cheque)* akceptovat, proplatit; *(bill of exchange)* honorovat; **h. one's word** dostát svému slovu

honourable ['onərəbl] adj **1** *(person)* vážený, ctihodný, počestný; **h. intentions** poctivé úmysly; **h. peace** čestný mír; **he got an h. mention** dostalo se mu pochvalného uznání **2** *(in titles)* abbr **Hon** ctihodný; **the H.**

member for Chester vážený pan poslanec za Chester

hooch [hu:č] see **hootch**

hood₁ [hud] n **1** *(of garments)* kapuce, kukla; *(monk's* also*)* kutna, kápě; *(thief's)* maska; **detachable h.** odpínací kapuce; **Little Red Riding H.** Červená Karkulka **2** Br *(folding top) (of car)* sklápěcí střecha; *(of pram)* sklápěcí bouda **3** Amer Aut kapota, kryt motoru

hood₂ [hud] n Amer sl = **hoodlum (2)**

hooded ['hudid] adj **1** *(garment)* jsoucí s kapucí; **h. crow** Orn vrána popelavá; **h. eyes** oči s těžkými víčky **2** *(burglar)* maskovaný

hoodlum ['hu:dləm] n **1** *(thug)* chuligán, výtržník **2** *(gangster)* zabiják, hrdlořez

hoodwink ['hudwiŋk] vt inf oklamat, oblafnout, napálit; **h. sb into doing sth** nalákat koho na co

hooey ['hu:i] n esp Amer sl hlouposti, nesmysly, blbosti; **talk a lot of h.** kecat nesmysly

hoof [hu:f] n (pl **hoofs** or **hooves** [hu:vz]) kopyto; fig joc *(foot)* tlapa, hnát; *(cattle)* **on the h.** za živa; živé váhy ♦ **the cloven h.** čertovo kopýtko, zakopaný pes ● vt sl **h. it** šlapat pěšky

hoofbeat ['hu:fbi:t] n **~s** dusot koní

hoofed [hu:ft] adj *(animal)* kopytnatý

hoofer ['hu:fə(r)] n Amer sl stepař tanečník

hoo-ha ['hu:ha:] n inf randál, kravál, povyk; **it caused a lot of h.-ha** způsobilo to velký rozruch

hook [huk] n **1** gen háček; *(of telephone)* vidlice; **coat h.** věšák; **crochet h.** háček na háčkování; **fish h.** rybářský háček; **h. and eye** háček a poutko ♦ **by h. or by crook** po dobrém nebo po zlém, mermomocí; **swallow sth h., line and sinker** spolknout něco i s navijákem, inf sežrat co i s chlupama; **get sb off the h.** dostat koho z nesnází, zachránit koho; **get off the h.** vyklouznout, zachránit se **2** Box hák; **a left/ right h.** levý/ pravý hák ● **I** vt **1** *(fasten)* zaháknout, upevnit há(č)kem, zajistit háčkem; **his sweater got ~ed on a nail** zachytil svetrem o hřebík ♦ **h. a man** ulovit si ženicha, uhnat si muže **2 get ~ed on sth** *(drugs* etc*)* propadnout čemu **3** *(of bull: on horns)* nabrat na rohy **4** Angling chytit rybu na háček **5** Box zasadit komu hák **II** vi *(dress* etc*)* zachytit se **III** phr vs ■ **hook on** *I* vi fig **h. on to sb** lepit se na koho, věšet se na koho *II* vt zaháknout na co; *(caravan, trailer* etc*)* přivěsit ■ **hook up** *I* vi *(dress)* zapínat se *II* vt **1** *(dress)* zapnout na háček; **could you h. me up** můžeš mě zapnout, můžeš mi zapnout šaty/ sukni etc **2** *(trailer)* přivěsit, připojit **3** *(cooker)* zapojit; *(two computers)* propojit, spojit dohromady

hookah ['hukə] n vodní dýmka

hooked [hukt] adj **1** *(beak)* zahnutý; **h. nose** orlí or římský nos, sl skoba **2** *(having a hook or hooks)* opatřený hákem or háky **3** sl *(addicted)* propadlý drogám; **h. on heavy metal** fig posedlý po heavymetalové hudbě

hooker ['hukə(r)] n **1** Rugby mlynář **2** esp Amer sl šlapka, štětka

hookey, also **hooky** ['huki] n esp Amer **play h.** chodit za školu, ulít se ze školy

hook-up ['hukap] n **1** Comput propojení **2** Rad, TV současné vysílání více stanicemi

hooligan ['hu:ligən] n chuligán

hooliganism ['hu:ligənizəm] n chuligánství

hoop [hu:p] n **1** *(of barrel, of wheel, in circus, for skirt)* obruč; *(toy)* obruč, kolo ♦ **put sb through the hoop(s)** vzít koho do presu; **go through the ~s** podstoupit martýrium **(for sb** pro koho) **2** *(in croquet)* branka, Basketball obruč koše

hoopla ['hu:pla:] n házení kroužků; Amer inf povyk, zmatek, inf frmol

hoopoe ['hu:pu:] n Orn dudek

hooray [hu:'rei] interj hurá!

hoot [hu:t] n **1** *(of owl, car, siren)* houkání; *(of car* also*)* troubení; *(of wind)* stěnání, kvílení, hučení; *(of train)* pískání, houkání ♦ **I don't care a h., I don't care two ~s** je mi to srdečně jedno **2 ~s of laughter** výbuchy smíchu; **it was a h.** bylo to k popukání ● **I** vi **1** *(of owl, car, siren)* (za)houkat; *(car* also*)* (za)troubit; *(train)* pískat, houkat **2 h. with laughter** řvát smíchy **II** vt *(actor, speaker)* vypískat **III** phr v ■ **hoot down** *(speaker)* překřičet

hootch [hu:č] n Amer inf chlast, kořalka, levné pitivo

hooter ['hu:tə(r)] n **1** Br dated Aut houkačka, klaxon; *(siren)* tovární siréna **2** Br sl *(nose)* frňák, rypák, raťafák

Hoover TM ['hu:və(r)] n Br vysavač, lux TM ● vi, vt vysávat, luxovat

hooves [hu:vz] pl of **hoof**

hop₁ [hop] n **1** *(short jump)* poskok, skok na jedné noze; Sport **hop, step and jump** trojskok ♦ **catch sb on the hop** překvapit koho, zastihnout koho nepřipraveného; **keep sb on the hop** prohánět koho **2** inf *(dance)* tancovačka **3** inf *(short flight)* krátký let ● v **(-pp-) I** vi **1** *(of person)* skákat na jedné noze; *(animal)* skákat; **h. about** poskakovat; *(rabbit, hare* also*)* hopkat; inf **hop in!** *(into car)* nasedni si; **hop off** seskočit, *(from train* etc*)* vystoupit, *(while moving)* seskočit; **hop**

on *(bus, train)* inf naskočit (si) **2** inf *(make a short trip)* **hop over** or **across to Prague/ Vienna** skáknout* si do Prahy/ Vídně **II** vt sl **hop it!** (v)odprejskni!

hop$_2$ [hop] n Bot **1** *(plant)* chmel **2 hops** *(product)* chmel

hope [həup] n **1** naděje; **faint h.** chabá naděje; **fond h.** pošetilá naděje; **forlorn h.** marná naděje; **high ~s** velké naděje; **justified h.** oprávněná naděje; **last h.** poslední naděje; **pious h.** zbožné přání; **slender h.** chabá naděje; **vain h.** plané naděje; **the Cape of Good H.** mys Dobré naděje; **glimmer of h.** jiskřička naděje; **ray of h.** paprsek naděje; **abandon all h.** vzdát se vší naděje; **dash sb's ~s** zmařit čí naděje; **be full of h.** dělat si velké naděje; **don't give up h.** nebuď malomyslný; **draw h. from ...** čerpat naději z ...; **he doesn't have a h. in hell** inf nemá ani tu nejmenší šanci; **her ~s have never materialized** její naděje se nikdy neuskutečnily; **lose h.** ztratit naději; **nourish the h. that ...** kojit se nadějí, že ...; **be past h.** být beznadějný případ; **pin one's ~s on sth** vkládat naděje do čeho **2** *(person)* naděje; **you are my only h.** ty jsi má jediná naděje; **the young h. of Czech tennis** mladá naděje českého tenisu ● **I** vi doufat; **I hope so/ not** doufám, že ano/ že ne; **h. for sth** doufat v co, očekávat co, nadít se čeho ♦ **h. for the best** doufat, že všechno dobře dopadne; **h. against h.** doufat v nemožné **II** vt **h. that ...** doufat, že ...; **I h. to finish in a month** doufám, že budu hotový za měsíc; **it is to be ~ed that ...** lze doufat, že ...; **I h. that you will be happy together** kéž byste byli spolu šťastni; **I h. she will get better** doufám, že se uzdraví; snad se uzdraví

hopeful ['həupfl] adj **1** *(of person)* **be h. of sth** doufat v co; **I am h. of success** doufám, že budeme mít úspěch; **don't be too h.** nedělej si velké naděje; **we continue to be h.** nevzdáváme se naděje **2** *(situation)* nadějný; *(sign)* příznivý; **it looks h.** vypadá to slibně ● n *(person)* **a young h.** mladá naděje ■ **~ly** adv **1 he said ~ly** řekl optimisticky **2** *(it is hoped)* doufejme; **~ly, that will never happen** doufejme, že k tomu nikdy nedojde

hopeless ['həupləs] adj **1** *(situation)* beznadějný, zoufalý; *(struggle)* marný; *(failure)* totální; **it is h.** je to beznadějné **2** *(very bad)* *(liar)* nenapravitelný; *(muddle)* strašný; **be h. at sth** *(sports, maths, languages* etc*)* být na co antitalent; **be a h. case** být beznadějný případ ■ **~ly** adv beznadějně; **be ~ly in love** být beznadějně zamilovaný; **~ly lost** být zcela or naprosto ztracený

hop-field ['hopfi:ld], **hop-garden** ['hop-ga:dn] n chmelnice

hopper ['hopə(r)] n násypník

hop-picker ['hoppikə(r)] n chmelař, česač chmele

hop-picking ['hoppikiŋ] n česání chmele

hopping ['hopiŋ] adj inf **be h. mad** vyvádět jako smyslů zbavený, být rozzuřený k nepříčetnosti

hops [hops] n pl chmel plodina

hopscotch ['hopskoč] n 'nebe, peklo, ráj'

horde [ho:d] n **1** *(of nomads)* horda **2** fig *(crowd)* houf, dav, zástup; **~s of tourists** masy turistů

horizon [hə'raizn] n **1 the h.** horizont, obzor; **on the h.** na obzoru; **stand out against the h.** objevit se na obzoru **2** fig usu pl **~s** obzory, rozhled; **broaden sb's ~s** rozšířit komu obzory **3** fig **be on the h.** *(problems)* ohlašovat se, hlásit se

horizontal [hori'zontl] adj horizontální, vodorovný; **h. line** vodorovná čára, horizontála; **h. bar** hrazda ■ **~ly** adv horizontálně, vodorovně

hormonal [ho:'məunl] adj hormonální

hormone ['ho:məun] n hormon

horn [ho:n] n **1** Zool roh; *(of deer)* paroh; *(of snail)* tykadlo, inf růžek; **~s** *(of deer)* paroží; *(of cuckold)* parohy ♦ **h. of plenty** roh hojnosti; **draw in one's ~s** *(snail)* zatáhnout růžky, fig zkrotnout, přestat se vytahovat, *(spend less)* utáhnout si opasek; **take the bull by the ~s** fig popadnout býka za rohy; **be caught in** or **on the ~s of a dilemma** ocitnout se před dilematem; **lock ~s** lit zaklesnout se do sebe, fig pustit se do sebe, dát se do křížku **2** *(horny matter)* roh, rohovina ■ **h. button** rohový knoflík **3** Mus **French h.** lesní roh; **English h.** Amer anglický roh; **hunting h.** lovecký roh; **h. player** trubač **4** Aut klakson, houkačka; **honk** or **sound one's h.** zatroubit **5** Geog **Cape H.** Hoornský mys **6** *(of moon)* srpek ● **I** vt nabrat na rohy **II** phr v ■ **horn in** vi **h. in on sth** sl vměšovat se do čeho, plést se do čeho

hornbeam ['ho:nbi:m] n Bot habr

horned [ho:nd] adj *(cattle)* rohatý

hornet ['ho:nit] n Ent sršeň ♦ **stir up a h.'s nest** fig píchnout do vosího hnízda

hornless ['ho:nləs] adj bezrohý

horn-rimmed [ho:n'rimd] adj **h.-rimmed spectacles** brýle s kostěnou obrubou

horny ['ho:ni] adj (**-ier, -iest**) **1** *(hands)* mozolnatý; *(skin)* zrohovatělý, ztvrdlý **2** sl *(randy)* nadržený, rozhicovaný

horoscope ['horəskəup] n horoskop; **cast sb's h.** sestavit komu horoskop

horrendous [ho'rendəs] adj *(crime)* hanebný, ohavný, příšerný; *(prices, queues)* strašný, hrozný

horrible ['horəbl] adj hrozný, strašný; *(taste)* odporný; *(weather)* hnusný; *(person)* příšerný; **don't be h.** nebuď protivný ■ **horribly** adv strašně, hrozně; **it is horribly stuffy here** je tu příšerně horko

horrid ['horid] adj **1** *(terrible: cruelty)* hrozný, děsný; *(crime)* hrůzný, ohavný **2** inf *(person: unkind)* ošklivý, protivný; **be h. to sb** chovat se ke komu ošklivě

horrific [ho'rifik] adj **1** *(crime)* hrůzný; *(accident)* strašný **2** inf *(prices)* hrozný

horrify ['horifai] vt (**-ied**) zděsit, naplnit úděsem, šokovat; **I was horrified by the news** ta zpráva mne šokovala

horrifying ['horifaiiŋ] adj *(sight, experience)* hrůzný, děsivý

horror ['horə(r)] n **1** *(terror)* hrůza, zděšení; **to my h.** k mé hrůze; **be paralyzed** or **petrified with h.** strnout hrůzou, být ztuhlý hrůzou; **it fills me with h.** naplňuje mne to hrůzou **2 have a h. of sth** *(eg snakes)* mít odpor k čemu, nesnášet něco, děsit se čeho **3** *(horrifying thing)* **the ~s of war** hrůzy války ■ **h. film/ story** horor **4** *(mischievous person)* protiva, ohava, mizera; *(child)* nezbeda, mrška malá **5** inf **the ~s** třesavka; **it gives me the horrors** (roz)třesou se mi při tom kolena

horror-stricken ['horəstrikən], also **horror-struck** ['horəstrak] adj zděšený, ochromený hrůzou

hors d'oeuvre [o:'də:v] n (pl unchanged or **-d'oeuvres**) předkrm

horse [ho:s] n **1** Zool kůň; **a dark h.** fig tichá voda; **bay h.** hnědák; **draught h.** tažný kůň; **rocking h.** houpací kůň; **Trojan h.** trojský kůň, fig danajský dar; **ride a h.** jet na koni; **mount a h.** nasednout na koně; **dismount (from) a h.** sesednout z koně; **neigh like a h.** řehtat se jako kobyla ♦ **as strong as a h.** silný jako kůň; **back the wrong h.** vsadit na nesprávného koně; **beat** or **flog a dead h.** mlátit prázdnou slámu; **I could eat a h.** mám hlad jako vlk; mám hlad, že bych snědl vola (na posezení); **hold your ~s!** jen ne tak zhurta!, uklidni se; **lock the stable door after the h. has bolted** přijít s křížkem po funuse; **get on one's high h.** začít se naparovat; **straight from the h.'s mouth** *(of information)* z první ruky; **that's a h. of a different colour** to je jiná písnička, to je jiný tabák, to je něco docela jiného; **work like a h.** dřít jako mezek ■ **h. blanket** koňská houně; **h. breeding** chov koní; **h. butcher** koňský řezník; **h. chestnut** Bot koňský kaštan; **h. sense** zdravý selský rozum **2** Gymn kůň; **pommel h.** kůň s madly **3** *(for sawing)* kozlík; Techn stojan, podstavec **4** sl *(heroin)* hérák ● vi **h. about** or **around** inf blbnout, vyvádět, jančit

horse-and-buggy [ho:sən'bagi] adj attr Amer inf staromódní, starodávný

horseback ['ho:sbæk] n **on h.** na koni; **riding on h., h. riding** jízda na koni

horsebox ['ho:sboks] n vůz pro přepravu koní

horseflesh ['ho:sfleš] n **1** *(food)* koňské maso, konina **2** collect *(horses)* koně; **a good judge of h.** dobrý znalec koní

horsefly ['ho:sflai] n Ent ovád

horsehair ['ho:sheə(r)] n žíně ■ **h. mattress** žíněná matrace, žíněnka

horseman ['ho:smən] n (pl **-men**) jezdec

horsemanship ['ho:smənšip] n jezdecké umění

horseplay ['ho:splei] n sranda, legrácky, blbnutí, kanadské žerty; *(of children)* dovádění

horsepower ['ho:spauə(r)] n Phys (pl unchanged); abbr **hp** koňská síla; abbr HP

horse race ['ho:sreis] n (koňské) dostihy

horse racing ['ho:sreisiŋ] n dostihy Sport, závody na jezdeckých koních

horseradish ['ho:srædiš] n křen

horseshit ['ho:sšit] n fig vulg kecy, kraviny, hovadiny; **that's h.** to je hovadina

horseshoe ['ho:sšu:] n podkova

horseshoe-shaped ['ho:sšu:šeipt] adj podkovovitý, mající tvar podkovy

horsetail ['ho:steil] n **1** Bot přeslička **2** *(ponytail)* ohon účes

horse-trading ['ho:streidiŋ] n koňské handlířství; fig Comm kšeftování; Pol **political h.** politické machinace or čachry

horsewoman ['ho:swumən] n (pl **-women** [-wimin]) jezdkyně

hors(e)y ['ho:si] adj **1** *(features, face)* koňský **2** *(interested in horses)* **be h.** být blázen do koní, nemluvit o ničem jiném než o koních

horticultural [ho:ti'kalčərəl] adj zahradnický týkající se zahradnictví

horticulture ['ho:tikalčə(r)] n zahradnictví obor

horticulturist [ho:ti'kalčərist] n zahradník odborník

hose[1] [həuz] n *(hosepipe)* hadice; **garden h.** kropicí hadice; **fire h.** hasičská hadice ● vt **h. (down) 1** *(garden)* postříkat hadicí **2** *(wash: car* etc*)* umýt hadicí

hose[2] [həuz] n **1** Comm *(stockings)*

punčochy, ponožky **2** Hist *(for men)* krátké přiléhavé kalhoty

hosepipe ['həuzpaip] n hadice

hosier ['həuziə(r)] n dated or fml obchodník se stávkovým zbožím

hosiery ['həuziəri] n Comm stávkové zboží

hospice ['hospis] n *(hospital)* nemocnice pro nevyléčitelné pacienty

hospitable [ho'spitəbl, 'hospitəbl] adj *(person)* pohostinný; *(climate)* příznivý, vlídný

hospital ['hospitl] n nemocnice; **mental h.** psychiatrická léčebna; **field h.** Mil polní lazaret; **maternity h.** porodnice; **military h.** lazaret; **ophthalmic h.** oční klinika; **teaching h.** fakultní nemocnice; **she is in h.** je v nemocnici; **go to h.** jít do nemocnice; **she was taken to h.** odvezli ji do nemocnice ▪ **h. care** nemocniční péče; **h. train** Mil sanitní vlak

hospitality [hospi'tæləti] n pohostinství, pohostinnost

hospitalize ['hospitəlaiz] n hospitalizovat, přijmout pacienta do nemocnice

Host [həust] n Relig **the H.** hostie

host₁ [həust] n **1** *(in private house)* hostitel, pán domu; **be** or **play h. to sb** mít koho na návštěvě ▪ **h. country** hostitelská země **2** TV, Theat konferenciér programu **3** Biol hostitel parazita ● vt TV, Theat uvádět, konferovat

host₂ [həust] n **1** *(large number)* spousta, velký počet; **a h. of people** spousta lidí; *(I can't come)* **for a whole h. of reasons** z celé řady důvodů **2** Bibl **the Lord of H~s** Hospodin zástupů

hostage ['hostidž] n rukojmí; **hold sb h.** držet koho jako rukojmího

hostel ['hostl] n noclehárna, ubytovna; **student h.** studentská kolej; *(for secondary-school pupils)* internát; **youth h.** mládežnická ubytovna or noclehárna

hostess ['həustis] n cf **host**₁ **1** hostitelka, paní domu **2** TV, Theat konferenciérka, moderátorka **3** Aviat **air h.** stevardka, letuška **4** *(at a nightclub)* společnice, pej bardáma

hostile ['hostail, Amer -tl] adj nepřátelský (**to sb/ sth** ke komu/ čemu); **a h. gaze** mrazivý pohled; **be h. to sb** chovat se ke komu nepřátelsky; **be h. to sth** nebýt něčemu nakloněn; **be h. to change** nepřát změnám

hostility [ho'stiləti] n nepřátelství; **open h.** otevřené nepřátelství; Mil **cessation of hostilities** klid zbraní

hot [hot] adj (**-tt-**) **1** gen horký *(food, drink)* teplý; **piping h.** *(soup)* vřelý, horký; **with h. and cold water** se studenou a teplou vodou; **h. and cold meals** studená a teplá jídla; **be burning h.** pálit, *(of patient)* být rozpálený, hořet; **be scalding h.** *(water)* být vařicí; **h. flushes** Med návaly horkosti; **I am** or **feel h.** je mi horko; **it is h. today** dnes je horko; **it is stiflingly h.** je horko k zadušení; **get h.** zahřát se; **get too h.** přehřát se; **get h. from running** uhřát se; **he went h. and cold** polévalo ho horko a zima ♦ **h. cross bun** jidášek; **h. dog** fig párek v rohlíku, hot dog; **drop sth like a h. potato** utéci od čeho; pustit něco, jako by to pálilo; **h. air** fig tlachy, mlácení prázdné slámy, slova do větru; **let off h. air** mluvit naplano, tlachat, kecat; **be like a cat on h. bricks** být jako na trní; **make things h. for sb** zavařit to or zatopit komu; **strike while the iron is h.** kuj železo, dokud je žhavé; **things are getting too h. for him** hoří mu půda pod nohama; **you are getting h.** fig *(when guessing)* přihořívá; **you'll be in h. water** budeš mít průšvih **2** Cook *(food)* ostrý, silně kořeněný; *(spices)* pálivý **3** *(fiery)* **h. blood** horká hlava; **get h. under the collar** znervóznět, ztratit nervy **4** sl *(stolen goods)* horký, kradený; **h. stuff** kradené zboží **5** *(fresh)* **news h. off the press** čerstvé zprávy **6** Nuclear Phys radioaktivní **7** Tel **h. line** horká linka **8** Fin **h. money** horké peníze ilegální **9** inf *(good)* senzační, úžasný; **be h. on sth** vyznat se v čem, být v čem kovaný; **it isn't all that h.** není to nic extra; **she is h. stuff** je to rajcovní ženská **10** *(popular: goods)* jdoucí rychle na odbyt; **a h. favourite** horký favorit **11** Aut Amer sl **h. rod** rychlý auťák, žihadlo ● adv **blow h. and cold** fig být jako aprílové počasí, točit se jako korouhvička ● phr v ▪ **hot up** inf *I* vi *(pace)* zrychlovat se; **things are ~ting up** situace se vyhrocuje, události začínají dostávat spád *II* vt *(pace)* zrychlit, zvýšit

hotbed ['hotbed] n Hort pařeniště; fig *(of crime* etc*)* pařeniště, semeniště; **a h. of vice** pařeniště neřesti

hot-blooded ['hotbladid] adj horkokrevný

hotchpotch ['hočpoč] n inf mišmaš, pel-mel, *(of book, TV programme* etc*)* slátanina; **a h. of people** pestrá směsice lidí

hotel [həu'tel] n hotel; **put up at a h.** ubytovat se v hotelu; **stay at a h.** bydlet v hotelu ▪ **h. room** hotelový pokoj; **h. keeper** hoteliér

hotelier [həu'teliei] n hoteliér, majitel hotelu

hotfoot [hot'fut] adv kvapně, spěšně, co nejrychleji ● vt **h. it** inf upalovat, hasit si to

hothead ['hothed] n inf horká hlava, rozpálená hlava, bouřlivák

hot-headed [hot'hedid] adj horkokrevný; **be h.** mít horkou krev

hothouse ['hothaus] n skleník

hotplate ['hotpleit] n *(on cooker)* plotýnka; *(portable)* elektrický vařič; *(plate-heater)* ohřívač jídla

hotpot ['hotpot] n Br dušené maso se zeleninou

hots [hots] n pl sl **have the h. for sb** dělat si na koho choutky; **she has the h. for him** on ji rajcuje

hotshot ['hotšot] n Amer eso, kanón

hot-tempered [hot'tempəd] adj vznětlivý, výbušný, zlostný

hot-water bottle [hot'wo:təbotl] n ohřívací láhev, termofor

hound [haund] n Zool ohař, honicí pes ♦ **run with the hare and hunt with the ~s** točit se jako korouhvička ● I vt fig pronásledovat, honit or štvát koho (jako divou zvěř); **be ~ed by the press** být neustále obtěžován žurnalisty; **be ~ed out of the country** být vyštván ze země II phr v ■ **hound down** vt uštvat; *(criminal)* dopadnout

hour ['auə(r)] n 1 *(period)* hodina; **half an h.**, esp Amer **a half h.** půlhodina; **an h. and a half** půldruhé hodiny; **three-quarters of an h.** tři čtvrtě hodiny; **in an h.** za hodinu; *(it took)* **a good h.** dobrou hodinu; **in less than an h.** za slabou hodinku; **pay by the h.** platit od hodiny or hodinově; **it took well over an h.** trvalo to hodně přes hodinu; **a two ~s' walk** dvouhodinová chůze; **I have an h. to spare** mám hodinku času; **his condition is deteriorating by the h.** je mu z hodiny na hodinu hůř; **60 miles per h.** 60 mil za hodinu; **she takes two ~s to dress herself up** trvá jí to dvě hodiny, než se obleče 2 **lunch h.** polední přestávka 3 **~s** *(for a long time)* strašně dlouho; **we were waiting for ~s (and ~s)** čekali jsme celou věčnost; **take ~s over sth** ztrávit nad něčím celou věčnost; **the plane was ~s late** letadlo mělo několikahodinové zpoždění 4 *(clock--time, time of day)* **at fourteen hundred ~s** ve čtrnáct hodin; **on the h.** přesně v celou hodinu; **every h. on the h.** každou celou hodinu; **in the small ~s** v pozdních nočních hodinách po půlnoci, v časných ranních hodinách ♦ **zero h.** hodina H; **at the eleventh h.** fig za pět minut dvanáct ■ **h. hand** hodinová ručička 5 **working ~s** pracovní doba; **~s of opening** otvírací doba; **~s of business** prodejní doba; **doctor's ~s** ordinační hodiny; **office ~s** úřední hodiny; **visiting ~s** návštěvní hodiny; **open 24 ~s** *(sign)* nepřetržitý provoz; **at peak ~s** v době špičky; **after ~s** po skončení pracovní doby/ *(of doctor)* ordinačních hodin/ *(in offices)* úředních hodin etc 6 *(distance)* **it is an ~'s walk** je to hodinka cesty; **Glasgow is only two ~s away by train** do Glasgowa je to odtud jen dvě hodiny vlakem 7 fig **his h. has come** přišla jeho hodina; **one's last h.** poslední hodinka; **the hero of the h.** hrdina dne

hourglass ['auəgla:s] n přesýpací hodiny; **have an h. figure** mít vosí pas

hourly ['auəli] adj hodinový; **h. wage** hodinová mzda; **h. work** práce v hodinové mzdě; **at h. intervals** v hodinových intervalech ● adv hodinově, každou hodinu

house [haus] n (pl **~s** [hauziz]) 1 a) *(building)* dům, obytné stavení; expr barák; *(small also)* domek, expr *(country house)* chaloupka, expr, dim domeček; **apartment h.** Amer, **tenement h.** činžovní dům, bytovka; **doll's h.** domeček pro panenku; **holiday h.** víkendová chata; **manor h.** panský dům; **private h.** soukromý dům; **terraced h.** řadový dům; **from h. to h.** dům od domu, od domu k domu; **come to our h.** přijď k nám; **our h. is always clean** u nás je vždycky čisto; **sleep at sb's h.** nocovat u koho; **insure one's h. against fire** pojistit se proti ohni; **move h.** (pře)stěhovat se ♦ **collapse like a h. of cards** fig zřítit se jako domeček z karet; **eat sb out of h. and home** vyjíst koho; **keep open h.** být velmi pohostinný; **get on with sb like a h. on fire** výborně si s někým rozumět ■ **h. arrest** domácí vězení; **h. key** klíč od domu; **h. search** domovní prohlídka b) *(people in a h.)* obyvatelé domu; **you'll wake the whole h.** vzbudíš celý dům c) *(household)* domácnost; **set up h.** založit si domácnost; **keep h. for sb** starat se komu o domácnost 2 *(institution)* a) Relig **the h. of God**, **the Lord's H.** dům Páně, dům boží; **h. of mourning** dům smutku b) Pol sněmovna; Br **the H. of Commons** dolní komora, poslanecká sněmovna; Br **the H. of Lords** horní komora, sněmovna lordů; Amer **the H. of Representatives** sněmovna reprezentantů c) **lodging h.** noclehárna, ubytovna; **boarding h.**, **guest h.** penzion d) *(firm)* firma; **banking h.** bankovní firma; **clearing h.** clearingová banka; **fashion h.** módní ateliér; **publishing h.** nakladatelství ■ **h. style** nakladatelské uzance; **h. magazine** podnikový časopis e) **h. of ill-fame** or **ill-repute** vykřičený or veřejný dům, dům hříchu f) *(restaurant)* podnik; **h. speciality**, **h. special** specialita podniku; **have a drink on the h.** napít se na účet podniku g) Theat sál, diváctvo, diváci, publikum; **bring the**

h. down nadchnout diváky; **play to a full h.** hrát při vyprodaném sále or hledišti or před vyprodaným sálem; **play to an empty h.** hrát před poloprázdným sálem; **excitement in the h.** oživení v sále ● vt [hauz] 1 *(people)* ubytovat, poskytnout komu ubytování 2 *(objects)* uložit, umístit, uskladnit

houseboat ['hausbəut] n hausbót

housebound ['hausbaund] adj přikovaný k domu, přinucený setrvávat doma

housebreaker ['hausbreikə(r)] n bytový lupič, bytový zloděj

housebreaking ['hausbreikiŋ] n vloupání, vykradení or vyloupení bytů

housecoat ['hauskəut] n župan

housefly ['hausflai] n (pl **-flies**) moucha domácí

household ['haushəuld] n domácnost; **run the h.** starat se o domácnost, vést domácnost; **maintain a common h.** žít ve společné domácnosti ■ **h. chores** domácí práce; **h. expenses** výdaje na domácnost; **h. gods** domácí bůžkové; **h. goods** potřeby pro domácnost; **h. brigade** královská tělesná stráž; **become a h. name** *(name of person or product)* stát se všeobecně známým

householder ['haushəuldə(r)] n majitel domu/ bytu

househusband ['haushazbənd] n muž v domácnosti

housekeeper ['hauski:pə(r)] n hospodyně za mzdu

housekeeping ['hauski:piŋ] n hospodaření v domácnosti, vedení domácnosti ■ **h. money** peníze na domácnost

housemaid ['hausmeid] n služebná ■ **h.'s knee** zánět kolenní čéšky

houseman ['hausmən] n (pl **-men**) Br sekundář

house martin ['hausma:tən] n Orn jiřička

housemaster ['hausma:stər] n Br správce koleje internátní školy – učitel

housemistress ['hausmistrəs] n Br správkyně koleje internátní školy – učitelka

houseplant ['hauspla:nt] n pokojová rostlina

house-proud ['hauspraud] adj **she is very h.** je velmi pečlivá hospodyně, velmi si potrpí na pořádek v domě

houseroom ['hausru:m] n **I wouldn't give it h.** nechtěl bych to ani zadarmo

house-to-house [haustə'haus] adj *(search, canvassing, collection* etc*)* prováděný dům od domu or od domu k domu; **a h.-to-h. salesman** podomní obchodník

housetop ['haustop] n střecha domu; **proclaim** or **shout sth from the ~s** roztroubit co do světa, vynést co na veřejnost

house-trained ['haustreind] adj *(pets)* čistotný; joc *(husband)* vycvičený, ochočený

house-warming ['hauswo:miŋ] n oslava nastěhování do nového bytu; **have** or **throw a h.-warming party** oslavit nastěhování do nového bytu

housewife ['hauswaif] n žena v domácnosti

housework ['hauswə:k] n práce v domácnosti

housing ['hauziŋ] n 1 *(provision of h.)* hospodaření s byty, poskytnutí bytů, ubytování; *(building of houses/ flats)* bytová výstavba ■ **h. association** bytové družstvo; **h. estate** sídliště; **h. problem** bytový problém; **h. shortage** bytová nouze 2 Techn kryt, plášť, pouzdro

hove [həuv] pt, pp of **heave**

hovel ['hovl] n pej chatrč, barabizna, brloh

hover ['hovə(r)] I vi *(bird, insect* etc*)* vznášet se; fig **h. between life and death** být mezi životem a smrtí II phr v ■ **hover about** or **around** *I* vt **h. about** or **around sb** poletovat kolem koho; **h. around a girl** obletovat dívku *II* vi obcházet kolem

hovercraft ['hovəkra:ft] n Naut vznášedlo, vznášedlová loď

how [hau] adv 1 jak *(in questions)* **a)** jak; **h. are you?** jak se máte?; **h. do you like it?** jak se vám to líbí; **h. come that ...?** inf jak to přijde, že ...; **h. come you are here?** jakpak to, že jsi tu?; kde se tu bereš?; **h. is that?** jak je to možné?, co ty na to?; **h. is that for impudence?** to je drzost, co? **b) h. much/ many** kolik; **h. much is it?** kolik to dělá?; **h. much are apples?** kolik stojí jablka?, zač jsou jablka?; **h. many students?** kolik studentů?; **h. many dresses?** kolikery šaty?; **h. many times?** kolikrát? **c)** *(before* adj *or* adv*)* **h. old is she?** jak je stará?, kolik je jí let? 2 *(in exclamations)* **h. time flies!** jak ten čas letí!; **h. very annoying!** to je ale mrzuté!; **h. beautiful!** to je ale krása!; *(He has done very well, hasn't he?)* — **And h.!** To teda jo!, To bych řekl! 3 **h. about ...?** inf a co takhle ...?; **h. about a game of chess?** nedáme si partii šachu?, nemáš chuť na partii šachu?; **h. about leaving tomorrow?** co kdybychom odjeli zítra? 4 **no matter h. hard he may try ...** ať se snaží sebevíc ..., ať se snaží jakkoliv ... ● conj **I don't know h. far you agree** nevím, jak dalece se mnou souhlasíte; **so that's h. it is?** takhle to teda je?; **I don't know h. it is but ...** nevím čím to je, ale ...

however [hau'evə(r)] adv 1 *(nevertheless)* ale, (a)však, nicméně; **she, h., changed her**

mind ona si to však rozmyslela; **if, h., he did not arrive ...** pakliže by nepřijel ... **2** *(with* adj or adv*)* **h. clever he may be** ať je sebechytřejší; **h. much I tried** ať jsem se snažil sebevíc; **I won't eat mutton h. well she cooks it** skopové nebudu jíst, i kdyby ho připravila nevím jak **3** *(how) (expressing surprise)* **h. did he find out?** jak na to jen mohl přijít?

howitzer ['hauitsə(r)] n Mil houfnice

howl [haul] n *(of wolf)* vytí, skučení; *(of monkey)* vřeštění; *(of person)* řvaní; *(of drunkards)* hulákání, povyk(ování); *(of baby)* křik, vřískot; *(of wind)* hukot, kvílení; **give a h.** *(wolf)* zavýt; **give a h. of pain** zařvat bolestí; **~s of laughter** výbuchy smíchu ● **I** vi *(wolf, dog)* výt; *(monkey)* vřeštět; *(people)* řvát, ječet; *(drunkards, crowds)* hulákat; *(child)* řvát, vřískat; *(wind)* kvílet, skučet; **h. with pain** řvát bolestí; **h. with laughter** řičet smíchy **II** phr v ■ **howl sb down** překřičet or inf expr překřičet koho řečníka

howler ['haulə(r)] n **1** inf *(solecism)* lapsus; Sch perlička **2 h. (monkey)** vřešťan

howling ['hauliŋ] n *(of wind)* kvílení, skučení; *(of monkeys)* vřeštění ● adj **1** *(wind)* kvílivý, skučivý; **h. wind** also meluzína **2** *(error)* hrubý; hrozný, příšerný; *(success)* obrovský

hoyden ['hoidn] n uličnice, rozpustilá žába, famfárum

hoydenish ['hoidəniš] adj *(of girls)* uličnický, rozpustilý

hp, HP [eič'pi:] abbr of **1 horse power** HP, koňská síla **2** Br abbr of **hire purchase** koupě na splátky

HQ [eič'kju:] Mil abbr of **headquarters** velitelství, štáb

HRH [eiča:(r)'eič] abbr of **His/ Her Royal Highness** Jeho/ Její královská Výsost

hub [hab] n **1** *(of wheel)* hlava, náboj **2** fig centrum; **the hub of the universe** střed vesmíru, expr pupek světa

hubble-bubble ['hablbabl] n inf vodní dýmka

hubbub ['habab] n povyk, vřava, rámus; **a h. of voices** změť or hlahol hlasů

hubby ['habi] n inf expr *(husband)* starý, mužíček

hubcap ['habkæp] n Aut kryt hlavy kola

huckleberry ['haklbəri] n americká borůvka

huckster ['hakstə(r)] n pouliční prodavač

huddle ['hadl] n *(of people)* shluk; **go into a h.** dát hlavy dohromady ● **I** vi choulit se (k sobě), tulit se **II** phr v ■ **huddle together** vi stlačit se, stěsnat se, choulit se k sobě

hue$_1$ [hju:] n odstín barvy, zabarvení

hue$_2$ [hju:] n **raise a hue and cry** strhnout pokřik

huff [haf] n zlost, rozmrzelost; **be in a h.** kohoutit se, být nadurděný or nakvašený, mít mrzutou náladu; **he went off in a h.** uraženě odešel ● **I** vi **h. and puff** funět námahou **II** vt **be** or **feel ~ed** být nadurděný or nakvašený

huffy ['hafi] adj (**-ier**, **-iest**) **1** *(in a bad temper)* rozmrzelý, nakvašený **2** *(touchy)* nedůtklivý, urážlivý

hug [hag] n pevné objetí; **give sb a h.** obejmout koho, sevřít koho do náručí ● vt (**-gg-**) **1** *(embrace)* obejmout, vzít koho do náručí **2** fig *(memory)* uchovávat v srdci; *(belief)* lpět na čem; *(hope)* držet se čeho **3** *(keep close to)* Naut **h. the shore** plout těsně podél pobřeží; Aut **h. the kerb** jet těsně vedle chodníku

huge [hju:dž] adj ohromný, obrovský; *(man)* hřmotný; *(success)* kolosální, grandiózní; *(mistake)* kapitální; *(profits, income)* enormní, horentní; **a h. helping** pořádná or obrovská porce; **a h. amount** velké kvantum; *(difference)* diametrální; **regale sb with a h. meal** bohatě koho počastovat; **run up h. debts** nadělat obrovské dluhy, zasekat se do dluhů ■ **~ly** adv ohromně, obrovsky; *(successful)* nesmírně; cf **huge**

huh [ha] interj hm?, co?

hulk [halk] n **1** Naut vrak vyřazené lodi, opuštěná loď **2** *(large clumsy person)* hromotluk, medvěd; **he is a great h. of a man** je to kus chlapa

hulking ['halkiŋ] adj inf *(figure)* mohutný, masivní; *(clumsy)* neohrabaný

hull [hal] n **1** *(of ship, aircraft)* trup; **a ship h. down on the horizon** na obzoru loď **2** Bot *(of beans, peas)* lusk; *(of fruit)* slupka; *(of strawberry, raspberry)* kalich ● vt *(peas)* vylupovat; *(fruit)* loupat; *(strawberry)* zbavovat stopek

hullabal(l)oo [haləbə'lu:] n kravál, povyk; **make a h. about sth** udělat kolem čeho rozruch, *(in the media)* nafouknout co

hullo [ha'ləu] interj see **hello**

hum [ham] n **1** *(of bees)* bzučení; *(of voices)* šum; *(of engine)* vrčení; *(of machines, of traffic)* hučení, hukot **2** sl *(stench)* zápach, puch, smrad ● **I** vi (**-mm-**) **1** *(bees)* bzučet; *(vehicle)* vrčet; *(machine)* hučet; **the airport was ~ming with activity** na letišti to bylo jako v úle **2** sl *(smell unpleasantly)* zavánět, zapáchat, smrdět **3 hum and ha(w)** inf *(speak hesitantly)* zadrhávat, zajíkat se; *(hesitate in action)* otálet, okolkovat, nemoci se rozhodnout **II** vt **hum a song** broukat si or tiše si notovat písničku

human ['hju:mən] adj **1** lidský; **h. being**

lidská bytost; **h. body** lidské tělo; **the h. race** lidský rod, lidské pokolení, lidstvo; **the basic h. rights** elementární lidská práva; **h. malice** lidská zloba; **untouched by h. hand** nedotčený lidskou rukou **2** *(kind)* **he is (really) quite h.** on není (zas tak) špatný, je docela laskavý ■ **~ly** adv **do everything ~ly possible** udělat všecko, co je v lidských silách ● n **h. (being)** člověk

humane [hju:'mein] adj humánní, lidský; **h. society** humánní společnost ■ **~ly** adv lidsky, humánně, jako člověk

humanism ['hju:mənizəm] n humanismus

humanist ['hju:mənist] n humanista ● adj humanistický

humanitarian [hju,mæni'teəriən] adj humanitní, humanitární; *(philanthropic)* filantropický, dobročinný, lidumilný ● n lidumil, filantrop

humanity [hju:'mænəti] n **1** *(mankind)* lidstvo, lidé; **crimes against h.** zločiny proti lidskosti **2** *(being humane)* humánnost, lidskost, humanita **3** *(human nature)* lidství, lidská přirozenost **4 the humanities** *(subjects of study)* humanitní vědy, Univ also filozofie

humanize ['hju:mənaiz] vt humanizovat, zlidštit

humankind [hju:mən'kaind] n fml lidstvo, lidský rod

humble ['hambl] adj **1** *(meek)* ponížený, pokorný, skromný, zkroušený; **in my h. opinion** podle mého skromného názoru; dated or joc **your h. servant** Váš ponížený služebník ♦ **eat h. pie** fig pokořit se, inf přilézt ke křížku **2** *(modest)* skromný; **h. folk** prostý lid; **come from a h. background** být ze skrovných poměrů ■ **humbly** adv pokorně, zkroušeně, skromně, poníženě; **live humbly** žít skromně ● vt pokořit, ponížit, zahanbit; **h. oneself** pokořit se

humbleness ['hamblnəs] n pokora, skromnost, poníženost; cf **humble** adj

humbug ['hambag] n **1** *(talk)* humbuk, prázdné tlachy, *(trick)* švindl **2** *(person)* šarlatán, dryáčník, podvodník **3** Br mentolový bonbón ● vt (**-gg-**) podvést, ošidit, oblafnout

humdinger [ham'diŋə(r)] n; esp Amer sl *(person)* **she is a real h.** je to senza or fantastická holka; **that was a real h.** to bylo senzační

humdrum ['hamdram] adj *(job, life)* jednotvárný, monotónní; *(life* also*)* fádní, nudný, všední

humerus ['hju:mərəs] n Anat (pl **-ri** [-rai]) kost pažní

humid ['hju:mid] adj *(air, climate, heat)* vlhký

humidifier [hju:'midifaiə(r)] n zvlhčovač

humidify [hju:'midifai] vt zvlhčit, navlhčit, zavlažit

humidity [hju'midəti] n vlhko, vlhkost, humidita; **relative h.** relativní vlhkost

humiliate [hju:'milieit] vt pokořit, ponížit, potupit; **feel ~d** cítit se zahanbený

humiliating [hju:'milieitiŋ] adj ponižující, pokořující; **a h. peace** pokořující mír; **a h. defeat** Ftb etc debakl

humiliation [hju,mili'eišn] n ponížení, potupení

humility [hju'miləti] n pokora, skromnost; *(say sth)* **in all h.** ve vší skromnosti

hummingbird ['hamiŋbə:d] n kolibřík

humming top ['hamiŋtop] n *(toy)* vlk, káča

humor ['hju:mə(r)] n Amer = **humour**

humoresque [hju:mə'resk] n Mus humoreska

humorist ['hju:mərist] n humorista

humorous ['hju:mərəs] adj *(remark)* legrační, vtipný; *(situation)* komický, zábavný; *(person)* veselý, zábavný; *(writer)* humoristický; **I found it rather h.** zdálo se mi to dost komické

humour, Amer **humor** ['hju:mə(r)] n **1** *(fun, wit)* humor; **black/ dry/ gallows** or **grim** or **macabre h.** černý/ suchý/ šibeniční humor; **slapstick/ taproom h.** fraškovitý/ pivní humor; **sparkle with h.** jiskřit humorem; **recognize the h. in sth** vidět humornou stránku čeho; **have good sense of h.** mít smysl pro humor **2** *(mood)* rozpoložení, nálada; **be in good/ bad h.** být dobře/ špatně naladěný **3** arch Med humor, mok tkáňový ● vt *(person)* přitakat komu ohleduplně; *(sb's whims)* trpět komu co, podporovat koho v čem

humourless, Amer **humorless** ['hju:mələs] adj *(book, speech)* postrádající humor, bez vtipu; *(person)* nemající smysl pro humor, fádní

hump [hamp] n **1** *(on back, of camel)* hrb **2** *(bump)* hrbol(ek); *(hillock)* vyvýšenina, pahorek ♦ **be over the h.** fig být z nejhoršího, být za vodou **3** Br inf **have the h.** být otrávený, mít mizernou náladu; **give sb the h.** namíchnout koho, otrávit koho ● **I** vt **1 h. sth** tahat or vláčet co na hřbetě **2** *(back)* vyhrbit **3** *(have sex with)* vulg přeříznout koho, rozdat si to s kým **II** vi *(have sex)* vulg šoustat

humpback ['hampbæk] n hrbáč

humpbacked ['hampbækt] adj hrbatý

humus ['hju:məs] n humus

Hun [han] n **1** Hist Hun **2** pej dated *(German soldier)* skopčák

hunch [hanč] n inf **1** dated *(hump)* hrb

2 *(inkling)* tušení, předtucha; **I have a h. that ...** mám tušení, že ...; něco mi říká, že ...; **act on a h.** jednat podle čuchu ● **I** vt **h. one's back** shrbit se **II** vi **h. over sth** hrbit se nad čím

hunchback ['hančbæk] n hrbáč

hundred ['handrəd] adj sto; **a h. people, one h. people** sto lidí; **one h. and one** sto jedna; **two h. and fifty crowns** dvě stě padesát korun; **fulfil the plan one h. per cent** splnit plán na sto procent; fig **I agree one h. per cent with you** naprosto or stoprocentně s vámi souhlasím ● n sto, stovka; **~s of times** stokrát; **it cost ~s of pounds** stálo to stovky liber; **~s of thousands** statisíce; **there are ~s of them** fig je jich jako smetí, roztrhl se s nimi pytel; **he lived to be a h.** dožil se stovky

hundredfold ['handrədfəuld] adj stonásobný ● adv stonásobně

hundredth ['handrədθ] adj stý; **the three h. anniversary of ...** třísté výročí čeho ● n setina

hundredweight ['handrədweit] n Br 112 liber (50,8 kg); Amer 100 liber (45,4 kg)

hung [haŋ] pt & pp of **hang** ● adj **1 h. jury** porota, která není schopna dosáhnout jednomyslného rozhodnutí; **h. parliament** parlament, ve kterém nemá žádná strana většinu **2 be h. over** mít kocovinu **3 be h. up on sb** inf být do koho zabouchnutý; **be h. on sth** být zafixovaný na něco or posedlý něčím

Hungarian [haŋ'geəriən] adj maďarský ● n **1** *(person)* Maďar/ -ka **2** *(language)* maďarština

Hungary ['haŋgəri] n Maďarsko

hunger ['haŋgə(r)] n **1** hlad; **die of h.** zahynout hladem; **suffer h. and thirst** strádat or trpět hladem a žízní ■ **h. strike** hladovka **2** fig touha, prahnutí; **h. for sth** hlad po čem; **h. for sensations** honba za senzacemi ● vi **h. after** or **for sth** bažit or dychtit po čem

hungry ['haŋgri] adj (**-ier, -iest**) **1** hladový; **be** or **feel h.** být hladový; **get h.** dostat hlad; **go h.** hladovět; **be h. as a hunter** být hladový jako vlk **2** fig žádostivý, lačný, chtivý (**for sth** čeho); hladový (**for sth** po čem); **be h. for fame** být hladový po slávě, být slávychtivý; **be h. for affection** prahnout po lásce ■ **hungrily** adv hladově, hltavě; fig lačně, chtivě, žádostivě

hunk [haŋk] n **1** *(large piece: of bread, cheese, meat)* velký kus, inf flák, *(of bread also)* velká skýva **2** inf approv *(man)* vazba, kus chlapa, chlap jak hora; **he's a real h.** je to chlap jak se patří

hunky-dory [haŋki'do:ri] adj inf prima, fajn; **I know it is not going to be h.-dory** vím, že to nebude žádný med

hunt [hant] n **1** *(sport)* lov, hon; **deer-h.** hon na vysokou; **the h. is on** hon začal ■ **h. ball** myslivecký bál po skončení honební sezóny **2** fig *(search: for a criminal)* pátrání po kom, štvanice na koho; *(for food)* sháňka or shon po čem; **the h. is on for ...** vyhlašuje se pátrání po ...; **be on the h. for sth** inf shánět se po čem, hledat co zoufale ● **I** vt lovit; *(criminal)* stíhat, chytat, pátrat po kom; *(things)* hledat, shánět se po čem **II** vi **1 h. for sb** *(criminal)* stíhat koho, pátrat po kom; **h. for sth** *(animal)* lovit co, *(missing articles)* shánět se po čem **2** lovit; **go ~ing** jít na lov or hon **III** phr vs ■ **hunt down** vt *(animal)* uštvat; *(criminal)* dopadnout ■ **hunt out** vt najít po dlouhém hledání, objevit, přijít na ■ **hunt up** vt *(search for sth successfully)* vyslídit, vyšťourat, vyhrabat, vypátrat

hunter ['hantə(r)] n **1** *(person)* lovec, nimrod; fig **autograph h.** sběratel autogramů; **fortune h.** dobrodruh, *(through marriage)* lovec věna; **lion h.** fig dated lovec celebrit; **sensation h.** lovec senzací; **treasure h.** hledač pokladů; **~'s tales** or **yarns** myslivecká latina **2** *(dog)* ohař, lovecký or honicí pes; *(horse)* lovecký kůň

hunting ['hantiŋ] n *(sport)* myslivost; *(hunt)* lov, hon průběh; **fox h.** lov na lišku; **elephant h.** odstřel slonů ■ **h. licence** lovecký lístek; **h. bag** lovecká brašna; **h. ground** honební revír; **a happy h. ground** *(for pickpockets* etc*)* fig oblíbené místo; **the happy h. grounds** věčná loviště; **h. knife** lovecký nůž; **h. lodge** lovecká bouda or chata, *(bigger)* lovecký zámeček

huntsman ['hantsmən] n (pl **-men**) lovec, myslivec; *(master of hounds)* lovčí

hurdle ['hə:dl] n **1** Athlet & fig překážka ■ **h. race** překážkový běh or závod; **the 110 metre ~s** překážkový závod na 110 metrů **2** *(for fence)* košatina ● vt *(barrier, fence)* přeskočit

hurdler ['hə:dlə(r)] n Sport překážkář/ -ka

hurdling ['hə:dliŋ] n překážkový běh

hurdy-gurdy ['hə:digə:di] n Mus kolovrátek, flašinet

hurl [hə:l] vt **1** *(throw violently)* praštit or mrštit čím; **h. oneself at sb** vrhnout se na koho; **she ~ed herself into her work** vrhla se do práce **2** fig *(utter)* **h. an insult in sb's face** vmést komu urážku do tváře; **h. reproaches at sb** zahrnout koho výčitkami

hurling ['hə:liŋ] n Sport Ir hurling druh pozemního hokeje

hurly-burly ['hə:libə:li] n lomoz, rámus, ruch

hurrah [hə'ra:], **hurray** [hə'rei] interj hurá!; **h. for the Queen!** ať žije královna!

hurricane ['harikən, 'harikein] n hurikán, uragán, vichřice

hurried ['harid] adj *(work, steps)* kvapný; *(meal)* chvatný; *(inspection)* zběžný, letmý; **a few h. lines** několik uspěchaných řádek ▪ **hurriedly** adv chvatně, nahonem, narychlo, inf v kvaltu

hurry ['hari] n **1** *(haste)* spěch, chvat, inf kvalt; **be in a h.** mít naspěch, spěchat, mít napilno; **in a great h.** ve velkém spěchu; **in a frantic h.** v divokém chvatu; **there's no h.** žádný spěch, nemáme naspěch; **I need it in a h.** potřebuji to brzy; **leave in a h.** narychlo zmizet, chvatně odejít **2** *(eagerness)* **he won't be in a h. to come again** ten tak hned znovu nepřijde; **they will not invite you in a h. again** ti tě tak hned znovu nepozvou ● **I** vi spěchat, pospíchat, pospíšit si; **don't h.!** nepospíchej!; **I must h. back home** musím spěchat domů **II** vt **1 h. sb** nabádat or pobízet koho ke spěchu, popohánět koho, pospíchat na koho **2** *(work, preparations)* urychlit, uspíšit **3** *(transport hurriedly)* **he was hurried to hospital** byl narychlo převezen do nemocnice **III** phr vs ▪ **hurry along** *I* vi pospíšit si; **h. along (there)!** (vy tam,) pospěšte si!; **h. along to sb** rychle k někomu zaběhnout *II* vt **1 h. sb along** popohánět koho **2** *(work)* zrychlit, urychlit, uspíšit ▪ **hurry away** or **off** *I* vi spěšně odejít, spěchat pryč, odspěchat *II* vt *(person)* spěšně koho odvést ▪ **hurry on** *I* vi spěchat dál, rychle běžet dál; *(with work)* rychle v čem pokračovat *II* vt *(person)* popohánět; *(work)* spěchat s čím ▪ **hurry out** *I* vi rychle vyběhnout *II* vt rychle koho vyvést or vyhnat ▪ **hurry up** *I* vi pospíšit si; **h. up!** pospěš si!, přidej!, honem! *II* vt *(person)* popohnat, popohánět, pobízet koho ke spěchu; *(work)* uspíšit, urychlit

hurt [hə:t] v (pt, pp **hurt**) **I** vt **1** *(cause physical pain)* **h. oneself** uhodit se; **I h. my elbow on the desk** uhodil jsem se loktem o stůl; **where does it h. you?** kde tě to bolí?; **the sun ~s my eyes** slunce mě bodá do očí **2** *(injure)* zranit; **no one was h.** nikdo nebyl zraněn ♦ **he wouldn't h. a fly** neublíží ani kuřeti **3** *(cause emotional pain)* **h. sb** dotknout se koho; **h. sb's feelings** zranit čí city, dotknout se čích citů; **it h. him deeply** velmi ho to zabolelo, velmi se ho to dotklo; **he felt h.** velmi ho to zamrzelo **4** *(harm)* *(eyesight)* pokazit, poškodit; *(crops)* poškodit; **it won't h. you** však tě neubude (**to say sorry** když se omluvíš) **II** vi *(physically/ mentally)* bolet; *(eyes)* pálit; *(of shoes)* tlačit, dřít; **where does it h.?** kde to bolí; **does it h.?** bolí to?; **I h. all over** všechno mě bolí ● n **1** *(physical pain)* bolest; *(wound)* zranění **2** *(mental pain)* duševní bolest ● adj **1** *(physically)* poraněný, zraněný **2** *(expression, look)* ublížený; **I am deeply h. that ...** velmi se mne dotklo, že ...

hurtful ['hə:tfl] adj *(influence)* zhoubný; *(remark)* urážlivý, zraňující; *(memory)* bolestný; **they said h. things to each other** začali se vzájemně urážet

hurtle ['hə:tl] **I** vi *(move violently)* řítit se, hnát se; **h. down** *(stones)* valit se or řítit se dolů **II** vt *(throw)* mrštit, hodit

husband ['hazbənd] n manžel, muž, choť; **her h.-to-be** její nastávající; **hook a h.** inf ulovit si manžela; **h. and wife** manželé; **live together as h. and wife** žít spolu jako manželé ● vt *(resources)* hospodařit or šetřit s čím

husbandry ['hazbəndri] n fml **1** Agr zemědělství; *(science)* agronomie; **animal h.** zootechnika, chov dobytka **2** *(management of resources)* hospodaření or šetření s čím

hush [haš] n ticho; **deathly h.** hrobové ticho, hrobový klid, ticho jako v hrobě ▪ **h. money** úplatek za mlčení ● interj **h.** pst!, ticho! ● **I** vt *(quieten: baby)* upokojit, utišit; *(soothe)* uchlácholit; *(doubts)* ztlumit, zahnat **II** vi mlčet, být zticha **III** phr v ▪ **hush up** vt *(scandal* etc*)* ututlat, utajit

hush-hush [haš'haš] adj inf velmi tajný, přísně tajný ● n tajnosti, tajnůstkářské mlčení

hushed [hašt] adj *(whisper, voice)* ztlumený; *(silence)* hluboký, napjatý

husk [hask] n slupka, obal; *(of wheat)* pleva; *(of nut)* skořápka; *(of peas, beans)* lusk ● vt (vy)loupat

huskiness ['haskinəs] n chrapot, chraptění, sípavost

husky$_1$ ['haski] adj (**-ier, -iest**) **1** *(voice)* *(hoarse)* chraplavý, nakřáplý, vypitý; *(breathy)* zastřený **2** inf *(burly)* statný, robustní, udělaný

husky$_2$ ['haski] n *(dog)* husky, eskymácký pes

hussar [hu'za:(r)] n Mil husar

Hussite ['hasait] adj husitský ● n husita

hussy ['hasi] n (**-ies**) dated **1** *(improper woman)* lehká ženština, nestoudnice **2** *(pert girl)* potvůrka, rozpustilá žába, uličnice

hustings ['hastiŋz] n pl Br Pol *(campaign)* **the h.** volební kampaň, volební shromáždění; **be on the h.** provádět volební kampaň

hustle ['hasl] n ruch, shon, tlačenice; **the**

h. and bustle of the city shon a ruch velkoměsta ● **I** vt **1** *(tourists)* postrkovat, pobádat ke spěchu, inf pohánět; **h. sb into the room** spěšně koho přivést or *(by force)* zavléct do místnosti; **h. one's way through the crowd** rychle se protlačit davem **2** *(exert pressure)* **h. sb into (doing) sth** přimět koho k čemu **3** Amer *(swindle)* podfouknout koho, ošidit, vzít na hůl; **he ~d me out of $50** ošidil mne o 50 dolarů **II** vi **1** *(shove)* strkat se **2** Amer *(of prostitutes)* shánět klienty

hustler ['haslə(r)] n **1** inf (dravý) podnikavec **2** sl esp Amer *(swindler)* podvodník **3** Amer sl *(prostitute)* lehká holka

hut [hat] n chata, chýše, bouda; **mountain hut** horská bouda

hutch [hač] n **1** *(for rabbits)* králíkárna, kotec pro chov králíků **2** pej *(hut)* bouda, chýše

hyacinth ['haiəsinθ] n Bot hyacint

hyaena [hai'i:nə] n hyena

hybrid ['haibrid] n hybrid, kříženec; Ling hybridní slovo ● adj hybridní

hydra ['haidrə] n **1** Zool nezmar **2** Myth Hydra (lernská) 9-hlavý vodní drak; fig **the h. of war** hydra války

hydrangea [hai'dreindžə] n Bot hortenzie

hydrant ['haidrənt] n hydrant; **fire h.** požární hydrant

hydrate ['haidreit] n Chem hydrát

hydraulic [hai'dro:lik] adj hydraulický, vodní; **h. brake** kapalinová or hydraulická brzda; **h. power** vodní síla

hydraulics [hai'dro:liks] n pl, usu treated as sg hydraulika

hydro ['haidrəu] n Br *(spa)* hydroléčebný ústav ● adj abbr of **hydroelectric** hydroelektrický

hydrocarbon [haidrəu'ka:bən] n Chem uhlovodík

hydrocephalic [haidrəusə'fælik] adj hydrocefalický, stižený vodnatelností mozku

hydrochloric [haidrəu'klorik] adj Chem chlorovodíkový; **h. acid** kyselina solná or chlorovodíková

hydroelectric [haidrəui'lektrik] adj hydroelektrický; **h. power** vodní energie; **h. power station** hydroelektrárna, vodní elektrárna

hydroelectricity [haidrəuilek'trisəti] n elektřina z vodní elektrárny

hydrofoil ['haidrəufoil] n křídlová loď

hydrogen ['haidrədžən] n Chem vodík ■ **h. bomb** vodíková puma or bomba; **h. chloride** chlorovodík; **h. cyanide** kyanovodík; **h. peroxide** kysličník vodičitý, hydroperoxid, peroxid vodíku; **h. sulphide** sirovodík

hydrographer [hai'drogrəfə(r)] n odborník/ odbornice v hydrografii

hydrography [hai'drogrəfi] n hydrografie

hydrology [hai'drolədži] n hydrologie, vodoznalství

hydrolysis [hai'droləsis] n Chem hydrolýza rozklad sloučenin vodou

hydrometer [hai'dromitə(r)] n hydrometr, vodoměr

hydrophobia [haidrəu'fəubiə] n Med hydrofobie

hydroplane ['haidrəuplein] n Aviat hydroplán

hydroponics [haidrəu'poniks] n hydroponie, pěstování rostlin v živných roztocích

hydrotherapy [haidrəu'θerəpi] n Med hydroterapie, vodoléčba

hyena [hai'i:nə] n Zool hyena

hygiene ['haidži:n] n hygiena, zdravověda; **personal h.** osobní hygiena

hygienic [hai'dži:nik] adj hygienický

hygrometer [hai'gromitə(r)] n hygrometr, vlhkoměr

hymen ['haimən] n Anat hymen, panenská blána

hymn [him] n Relig kostelní or církevní píseň, hymnus, chvalozpěv ■ **h. singing** zpěv církevních písní

hymnal ['himnəl], **hymnbook** ['himbuk] n kancionál, zpěvník církevních písní

hype [haip] n sl bombastická or dryáčnická reklama, barnumská reklama, humbuk ● vt also **h. up** halasně vychvalovat, dělat čemu barnumskou reklamu

hyped up [haipt'ap] adj sl **1** *(on drugs)* jsoucí v narkotickém opojení, v rauši **2** *(heavily publicized)* halasně vychvalovaný

hyper- [haipə(r)] pref hyper-

hyperactive [haipə(r)'æktiv] adj *(child)* hyperaktivní

hyperbola [hai'pə:bələ] n Geom hyperbola

hyperbole [hai'pə:bəli] n Liter hyperbola, nadsázka

hypercritical [haipə'kritikl] adj hyperkritický, nanejvýš kritický

hypermarket ['haipəma:kit] n Br velká samoobsluha na předměstí

hypersensitive [haipə'sensətiv] adj hypersenzitivní, přecitlivělý

hypertension [haipə'tenšən] n Med vysoký or zvýšený krevní tlak, hypertenze

hyphen ['haifən] n spojovník, tiré, tiret ● vt see **hyphenate**

hyphenate ['haifəneit] vt psát slovo se spojovníkem; **~d American** Amer přistěhovalý Američan např. German-American ap.

hypnosis [hip'nəusis] n (pl **hypnoses**

[hip'nəusi:z]) Med hypnóza, hypnotický spánek

hypnotic [hip'notik] adj hypnotický

hypnotism ['hipnətizəm] n hypnotismus

hypnotist ['hipnətist] n hypnotizér/ -ka

hypnotize ['hipnətaiz] vt hypnotizovat also fig

hypo- [haipəu] pref hypo-

hypochondria [haipəu'kondriə] n hypochondrie

hypochondriac [haipəu'kondriæk] n hypochondr ● adj hypochondrický

hypocrisy [hi'pokrəsi] n (pl **-sies**) pokrytectví, přetvářka, licoměrnost

hypocrite ['hipəkrit] n pokrytec, licoměrník

hypocritical [hipə'kritikl] adj pokrytecký, neupřímný, licoměrný, farizejský

hypodermic [haipəu'də:mik] adj Med podkožní, hypodermatický; **h. syringe/ needle** injekční stříkačka/ jehla

hypotension [haipəu'tenšn] n nízký krevní tlak, hypotenze

hypotenuse [hai'potənju:z] n Geom přepona

hypothermia [haipəu'θə:miə] n Med hypotermie, podchlazení

hypothesis [hai'poθəsis] n (pl **hypotheses** [hai'poθəsi:z]) n hypotéza, předpoklad, domněnka

hypothetic(al) [haipə'θetik(l)] adj hypotetický, předpokládaný

hysterectomy [histə'rektəmi] n hysterektomie

hysteria [hi'stiəriə] n hysterie; **mass h.** davové šílenství; **war h.** válečné šílenství

hysterical [hi'sterikl] adj hysterický, přemrštěný; **a h. fit** hysterický záchvat ■ **~ly** adv hystericky

hysterics [hi'steriks] n pl **1** hysterie **2** *(fit of hysteria)* hysterický záchvat; **go into h.** dostat hysterický záchvat **3** inf *(laughter)* záchvat smíchu; **we were in h.** svíjeli jsme se smíchy

Hz abbr of **hertz** Hz, hertz

I

I[1] **i** [ai] n (pl **I's**, **i's** [aiz]) *(letter)* I, i; see **dot**

I[2] [ai] pers pron já; **I like skiing** rád lyžuji; **Mary and I went home** já s Marií jsme šli domů, my s Marií jsme šli domů; **it is I** fml to jsem já; **he is taller than I** fml on je vyšší než já; **it was I** *(who did it)* to jsem byl já

iamb ['aiæm] n jamb, jambus

iambic [ai'æmbik] adj jambický

iambus [ai'æmbəs] n (pl **~es** or **iambi** [ai'æmbai]) see **iamb**

IATA [ai'a:tə] abbr of **International Air Transport Association** Sdružení mezinárodní letecké dopravy, IATA

IBA [aibi:'ei] Br abbr of **Independent Broadcasting Authority** Úřad pro nezávislé rozhlasové vysílání

Iberia [ai'biəriə] n Iberie

Iberian [ai'biəriən] adj iberský ● n Iber/ -ka

ibex ['aibeks] n Zool kozorožec

ibid abbr of **ibidem** tamtéž

ibis ['aibis] n Orn ibis

IBM [aibi:'em] abbr of **International Business Machines** IBM společnost vyrábějící počítací stroje

ICBM [aisi:bi:'em] abbr of **Intercontinental ballistic missile** Mil mezikontinentální balistická střela

i/c [ai'si:] abbr of **in charge of** mající na starosti

ice [ais] n **1** *(frozen water)* led; **black ice** *(on roads)* ledovka, náledí; **drifting ice** ledová tříšť; **be like ice** být jako kus ledu; **wine on ice** víno s ledem ♦ **be as cold as ice** fig být studený jako psí čumák; **put sth on ice** fig dát co k ledu, odložit co na později; **break the ice** fig osmělit se, prolomit ledy ztratit ostych; **that will cut little** or **no ice with me** s tím u mě nepochodíš or neuspěješ, s tím na mě neuděláš dojem; **be skating on thin ice** fig bruslit na tenkém ledě, být v ožehavé situaci ■ **the Ice Age** doba ledová; **ice axe** horolezecké kladívko, cepín; **ice floe** ledová kra; **i. hockey** lední hokej; **ice lolly** ≅ ledové lízátko; **ice pack** Med ledový obklad; **ice show** lední revue **2** *(ice cream)* zmrzlina, porce zmrzliny; **three strawberry ~s** tři jahodové zmrzliny **3** sl (no pl) *(diamonds)* diamanty, brilianty ● **I** vt **1** *(make cold)* (o)chladit ledem, vychladit **2** *(freeze)* zmrazit **3** *(cake)* Br polít cukrovou polevou **II** phr vs ■ **ice over** vi *(pond)* zamrznout, pokrýt se ledem; *(window)* pokrýt se jinovatkou ■ **ice up** vt *(road)* pokrýt se náledím or ledovatkou; *(pipes, lock, propellers)* zamrznout

iceberg ['aisbə:g] n ledovec, obrovská ledová kra ♦ **the tip of the i.** fig špička ledovce

icebound ['aisbaund] adj *(harbour)* zamrzlý; *(ship* also*)* obklopený ledem

icebox ['aisboks] n **1** Br *(compartment of fridge)* mrazicí box **2** Amer dated lednička **3** fig **the place is like an i.** je tam zima jako v ledárně

icebreaker ['aisbreikə(r)] n ledoborec; fig *(at party* etc*)* něco, co prolomí ledy; něco, co odstraní napětí

icecap ['aiskæp] n ledová čepička

ice-cold [ais'kəuld] adj studený jako led

iced [aist] adj **1** *(drink)* chlazený **2** *(cake* etc*)* Br s cukrovou polevou; *(biscuits)* polévaný, glazovaný

Iceland ['aislənd] n Island

Icelander ['aisləndə(r)] n Islanďan/ -ka

Icelandic [ais'lændik] adj islandský ● n islandština

ice rink ['aisriŋk] n kluziště

ice-skate ['aisskeit] n brusle ● vi bruslit

ice-skater ['aisskeitə(r)] n bruslař/ -ka

ice-skating ['aisskeitiŋ] n bruslení

icicle ['aisikl] n rampouch, střechýl

icily ['aisili] adv lit & fig ledově; **answer i.** ledově odpovědět

icing ['aisiŋ] n **1** *(for cakes* etc*)* Br cukrová poleva; **chocolate i.** čokoládová poleva ■ **i. sugar** moučkový or práškový cukr **2** Aviat námraza **3** Ice Hockey zakázané uvolňování

icon ['aikon] n ikona; Comput piktogram, ikona

iconoclasm [ai'konəklæzəm] n obrazoborectví, ikonoklasmus

iconoclast [ai'konəklæst] n obrazoborec, ikonoklast

iconoclastic [aiˌkonə'klæstik] adj obrazoborecký, ikonoklastický

icy ['aisi] adj (**-ier**, **-iest**) **1** *(cold: water)* ledový; *(wind, draught)* mrazivý; fig *(smile, look)* ledový **2** *(road, snow)* zledovatělý; **the roads are icy today** dnes je náledí; Meteor **icy conditions** námraza na cestách

ID [ai'di:] abbr of **identification**; **identity** identifikace; identita; **ID card** legitimace, průkaz totožnosti

I'd [aid] = **I would**; **I had**

idea [ai'diə] n **1** *(notion)* myšlenka, idea; *(concept)* pojem; *(opinion)* představa, názor; **association of ~s** asociace představ; **(the) central i.** ústřední myšlenka; **form a clear i. of sth** udělat si o čem správnou představu; **he hasn't got an i. in his head** má v hlavě vykradeno; **the mind boggles at the i.** nad tím zůstává člověku rozum stát; **my i. of a perfect wife** má představa dokonalé manželky; **don't run away with the i. that ...** jen si nenamlouvej, že ...; **you have some very strange ~s** ty máš někdy prapodivné názory; **put ~s into sb's head** nasazovat komu brouky do hlavy; **this is my i. of perfect bliss** takhle si představuji dokonalé štěstí; **what's the big i.?** o co jde?, inf co to má znamenat? **2** *(plan; inspiration)* myšlenka, nápad; **a brilliant i.** geniální nápad, báječná myšlenka; **a crazy i.** pitomý or praštěný nápad; **be brimming with** or **full of bright ~s** překypovat or hýřit nápady; **hit upon an i.** připadnout na myšlenku; **it was my i.** to byl můj nápad; **that gave me an i.** to mi vnuklo nápad; **it would be a good i. to phone them** bylo by dobré jim zavolat; **an i. that saved the day** spásná myšlenka; **what a crazy** or **daft i.!** to je ale rozum!, to je ale blbej* fór!; *(don't be silly)* neblázni! **3** *(knowledge)* ponětí, tušení; **have no i.** nemít ponětí, inf nemít páru; **you have no i. how ...** nemáte představu, jak ...; **he hasn't the slightest** or **foggiest i. about it** nemá o tom ani ponětí or zdání or sl ánung **4** *(suspicion)* pocit, podezření; **he had an i. that ...** měl pocit, že ... **5** *(intention, purpose)* **the i. is to help the poor** cílem je pomoci chudým lidem; jde o to, aby se pomohlo chudým lidem

ideal [ai'diəl] adj ideální; *(host, husband* etc*)* dokonalý, vzorný; **in an i. world** fig v ideálním or optimálním případě; **that's i.!** to je výborné! ● n ideál; *(example)* vzor; **unattainable i.** nedostižný vzor, zářný příklad

idealism [ai'diəlizəm] n idealismus; **mistaken i.** falešný idealismus

idealist [ai'diəlist] n idealista

idealistic [aidiə'listik] adj idealistický

idealize [ai'diəlaiz] vt idealizovat; *(reality* also*)* přikrášlovat, lakovat

ideally [ai'diəli] adv **1** *(perfectly)* dokonale, ideálně; **they are i. suited** ideálně se k sobě hodí **2** *(in a perfect world)* v ideálním případě, podle možností; **i., I would like to live in London** pokud to bude možné, chtěl bych bydlet v Londýně

idée fixe [i:dei'fi:ks] n (pl **idées fixes** [i:dei'fi:ks]) fixní idea, utkvělá představa or myšlenka

identical [ai'dentikl] adj identický, stejný, totožný; **i. twins** jednovaječná dvojčata

identifiable [ai'dentifaiəbl] adj identifikovatelný, poznatelný

identification [aiˌdentifi'keišn] n **1** *(of criminal* etc*)* identifikace ■ **i. parade** identifikace podezřelého z řady osob, inf předváděčka **2 i. (papers)** osobní doklady; **have you got any means of i.?** máte nějaký osobní doklad? ■ **i. card** identifikační karta

identify [ai'dentifai] **I** vt (pt, pp **-ied**) **1** *(recognize)* poznat, identifikovat; *(plants* etc*)* určit; **i. sb** zjistit čí totožnost; **i. sth by touch** poznat or rozeznat co podle hmatu **2** *(treat as identical)* **i. sth with sth** ztotožňovat co s čím **3** *(support)* **i. oneself with sb/ sth** ztotožnit se s kým/ čím, *(movement)* identifikovat se s čím, sympatizovat s čím **II** vi **i. with sb/ sth** ztotožnit se s kým/ s čím

identikit TM [ai'dentikit] n also **i. portrait** rekonstruovaný identifikační portrét, sl identifik

identity [ai'dentəti] n **1** *(individuality)* identita, totožnost; **establish sb's i.** zjistit čí totožnost; **prove one's i.** prokázat svou totožnost, legitimovat se ■ **i. card** průkaz totožnosti, legitimace **2** *(sense of belonging)* identita; **lose one's national i.** odnárodnit se **3** *(sameness)* totožnost, identičnost

ideological [aidiə'lodžikl] adj ideologický

ideologist [aidi'olədžist] n ideolog

ideology [aidi'olədži] n ideologie

idiocy ['idiəsi] n **1** Med idiotství, idiotie **2** *(stupidity)* pitomost, tupost, stupidnost

idiom ['idiəm] n **1** *(expression)* idiom, ustálené rčení **2** *(language, dialect)* jazyk, způsob vyjadřování **3** *(style: of writing, music* etc*)* styl

idiomatic [idiə'mætik] adj *(expression, language)* idiomatický

idiosyncrasy [idiəu'siŋkrəsi] n *(of style* etc*)* svéráznost, rázovitost, *(of behaviour* also*)* excentričnost, výstřednost; Med idiosynkrazie

idiosyncratic [idiəusiŋ'krætik] adj *(style)* svérázný, rázovitý; *(behaviour* also*)* excentrický, výstřední; Med idiosynkratický

idiot ['idiət] n **1** *(fool)* idiot, blbec, pitomec; **a blithering i.** inf korunovaný vůl, prvotřídní hlupák, kus blbce; **what an i. I am!** já blbec!; **I'm a complete i. when it comes to computers** o počítačích nemám ani páru **2** Med idiot

idiotic [idi'otik] adj blbý, pitomý, idiotský; **don't be i.** nebuď pitomý ■ **~ally** adv idiotsky, pitomě; *(smile, grin)* pitomě, slabomyslně; **~ally, I forgot ...** byl jsem natolik pitomý, že jsem zapomněl ...

idle ['aidl] adj **1** *(person, life)* **a)** *(inactive)* nečinný, *(unemployed)* nezaměstnaný; **500 men have been made i.** 500 lidí ztratilo zaměstnání **b)** *(lazy)* líný, zahálčivý, povalečský; **i. person** zahaleč; **the i. rich** zahálčiví boháči; **be too i. to walk** být líný na krok **2** *(not in use)* **a)** Fin **i. capital** kapitál ležící ladem, mrtvý kapitál **b)** *(machinery)* **stand i.** zahálet, odpočívat, být odstavený; **i. running** *(of engine)* chod naprázdno; **i. time** ztrátový čas, prostoj **3** *(futile: promise)* planý, prázdný; *(hopes, wishes)* bláhový; **i. curiosity** pouhá zvědavost; **i. gossip** jalové povídání, babské klepy, prázdné řeči; **i. fear** neopodstatněné or zbytečné obavy ● **I** vi *(engine)* jet na prázdno **II** phr vs ■ **idle about** or **around** povalovat se, lelkovat, lenošit; *(loiter)* flákat se, poflakovat se ■ **idle away** vt **i. away one's time** proflákat or prolelkovat or promarnit čas, imperf zabíjet čas

idleness ['aidlnəs] n **1** *(inactivity)* nečinnost; *(unemployment)* nezaměstnanost **2** *(laziness)* zahálka, zahálčivost, povalečství; **carefree i.** sladké nicnedělání **3** *(of gossip)* jalovost; *(of fears)* neopodstatněnost

idler ['aidlə(r)] n **1** *(person)* flákač, lenoch **2** Techn vložené ozubené kolo

idling ['aidliŋ] n *(of engine)* běh na prázdno, volnoběh

idly ['aidli] adv **1** *(unoccupied)* nečinně; *(lazily)* lenivě; **stand about i.** zevlovat kolem; fig **we will not stand i. by** nebudeme nečinně přihlížet **2** *(casually: say, suggest)* bez přemýšlení

idol ['aidəl] n idol, modla; **be sb's i.** být čím idolem or ideálem; **worship ~s** klanět se modlám; **make an i. of money** uctívat peníze

idolater [ai'dolətə(r)] n modlář, modloslužebník

idolatress [ai'dolətrəs] n modlářka, modloslužebnice

idolatrous [ai'dolətrəs] adj modlářský, modloslužebný, modloslužebnický

idolatry [ai'dolətri] n modlářství, modloslužebnictví

idolize ['aidəlaiz] vt **i. sb** zbožňovat koho, udělat si z koho modlu; **i. money** udělat si z peněz bůžka

idyll ['idəl] n idyla, selanka (also fig)

idyllic [i'dilik] adj idylický

ie [ai'i:] abbr of **id est = that is** tj., to je(st)

if [if] conj expr **1** *(condition* or *supposition)* **a)** (+present tenses) jestliže, -li, když; **if he comes, we'll tell him** přijde-li or když přijde or jestliže přijde, řekneme mu to; **if possible** bude-li to možné; **if necessary** bude-li to nutné, pokud to bude nutné; **if all goes well** pokud půjde všechno dobře, pokud se nevyskytnou problémy; **if the worst comes to the worst** v nejhorším případě; **if the answer is no** v záporném případě; **if you like** když chceš, chceš-li; **if so** pokud ano; **if not** pokud ne; **if they should come, tell them ...** kdyby náhodou přišli, řekněte jim ... **b)** (+past tenses) kdyby; **if you knew English, you would find a better job** kdybys uměl anglicky, našel by sis lepší zaměstnání; **if I were you** být na tvém místě, být tebou; **if it were not for him ...** nebýt jeho ...; **if I were rich ...** kdybych byl bohatý; **if it were so** kdyby tomu tak bylo, kdyby to byla pravda; **as if** jako by; **act as if nothing had happened** jednat, jako by se nic nestalo; **if it hadn't rained, we would have gone** kdyby nebylo pršelo, byli bychom šli **2** *(whenever)* když, kdykoliv, -li; **if you need me, give me a ring** budete-li mne potřebovat, zavolejte mi **3** *(though)* i když; **he is likeable, if somewhat stupid** je sympatický, i když trochu hloupý; **even if you saw him** i když jsi ho viděl **4** *(whether)* *(after ask, find, know, wonder* etc*)* zda(li), jestli; **he asked me if he should come** zeptal se mne, zda má přijít **5** *(in polite expressions* etc*)* **if you would sit down** sedněte si, prosím; **if you would care to fill in this form** vyplňte laskavě tento dotazník; **I'd be grateful if you would come** byl bych vám vděčen, kdybyste (laskavě) přišel **6** *(used to express surprise, indignation* etc*)* **if it isn't Johnny!** (páni), to je přece Honza!; **if that isn't a shame!** to je ale škoda! **7** *(introducing comments)* **if you ask me, he is ...** já bych řekl, že je ...; **if I could just come in here** mohu-li vás přerušit **8 if only a)** +pt **if only it would stop raining** kéž by přestalo pršet!; **if only I had more time** kéž bych měl trochu víc času! **b)** +past perfect tense **if only we had known about it** škoda, že jsme o tom nevěděli **8 if anything** spíše naopak; *(he is not short –)* **if anything he is rather tall** naopak, je spíš dost vysoký **9 if and when** pokud by (náhodou); **if and when he comes** pokud by náhodou přišel ● n kdyby; **it's a big if** je to stále ještě nejisté; **your ifs and buts make me tired** tvé 'kdyby' a 'ale' mne už unavují

iffy ['ifi] adj inf (**-ier, -iest**) nejistý; *(dubious)* pochybný; *(questionable)* problematický

igloo ['iglu:] n iglú eskymácká chýše

ignite [ig'nait] **I** vt *(set fire to)* zapálit, podpálit **II** vi vznítit se, roznítit se, chytit

ignition [ig'nišn] n zapálení, vznícení; Aut zapalování, zážeh ■ **i. key** klíček zapalování; **i. delay** zpoždění zážehu

ignoble [ig'nəubl] adj hanebný, nízký, podlý

ignominious [ignə'miniəs] adj (eg *defeat)* hanebný, ostudný, potupný ■ **~ly** adv potupně, ostudně

ignominy ['ignəmini] n hanba, ostuda, potupa

ignoramus [ignə'reiməs] n ignorant, primitiv

ignorance ['ignərəns] n **1** *(lack of knowledge)* nevzdělanost, nevědomost; **out of** or **through i.** z nevědomosti; **prejudices have their origins in i.** pověry koření v nevědomosti **2** *(of particular subject* or *fact)* neznalost, neinformovanost; **be in i. of sth** nebýt o čem informován, nevědět o čem; **keep sb in i. of sth** zatajit co před kým; **i. of the law is no excuse** neznalost zákona neomlouvá

ignorant ['ignərənt] adj **1** *(lacking knowledge)* nevzdělaný, ignorantský; **keep sb i.** udržovat koho v nevědomosti **2** *(bad-mannered)* neotesaný, nevychovaný **3** *(uninformed)* **be i. of sth** nevědět o čem, nebýt s čím obeznámený ■ **~ly** adv *(behave)* hulvátsky

ignore [ig'no:(r)] vt **1** *(pay no attention to)* ignorovat, nebrat v úvahu; *(person* also*)* nepozdravit, neznat se ke komu, zanedbávat koho; *(warning)* nedbat na co; **i. sb's letter** neodpovědět na čí dopis **2** *(overlook)* přejít bez povšimnutí, nebrat v úvahu

iguana ['igwa:nə] n Zool leguán

ilex ['aileks] n Bot *(holly)* cesmína, ilex

ilk [ilk] n inf usu pej **of that ilk** podobného typu, stejného ražení, ze stejné branže; **books of that ilk** knihy toho druhu

ill [il] adj **1** pred *(sick)* nemocný; **ill health** churavost; **suffer from ill health** churavět, být nemocný; **mentally ill** duševně chorý, choromyslný; **be ill** být nemocný, stonat; **be gravely** or **seriously ill** být vážně nemocný; **be terminally ill** být smrtelně nemocný; **be ill through overwork** být přepracovaný; **fall ill, be taken ill** onemocnět, rozstonat se; **he is ill with flu** má chřipku; **I feel ill** je mi zle, není mi dobře; **feel ill at ease** cítit se nesvůj; **look ill** vypadat špatně **2** attr *(not good)* **ill effects** škodlivé or zhoubné účinky or následky; **ill feeling** zlá krev, zášť; **ill luck** pech; **ill will** zlá vůle; **ill tidings** fml špatné zprávy; **house of ill repute** or **fame** dated or joc vykřičený or veřejný dům, nevěstinec; **as ill luck would have it** jako naschvál, jako z udělání, jako na vztek; **I bear them no ill will** fml nehněvám or nezlobím se na ně ♦ **it is an ill wind (that blows nobody any good)** všechno zlé je pro něco dobré ● adv **be ill received** být špatně přijat; **augur ill for sb/ sth** nevěštit pro koho/ co nic dobrého; **we can ill afford it** nemůžeme si to dost dobře dovolit ● n **1** *(wrong)* **I wish him no ill** nepřeji mu nic zlého **2 ills** *(troubles)* problémy, potíže; **social ~s** společenské nešvary

I'll [ail] = **I shall; I will**

ill-advised [iləd'vaizd] adj *(behaviour)* neuvážený; *(remark)* nepředložený; **he was ill-advised to do it** bylo nemoudré, že to udělal

ill-assorted [ilə'so:tid] adj nesourodý, různorodý

ill-bred [il'bred] adj špatně vychovaný, nevychovaný, nezpůsobný

ill-breeding [il'bri:diŋ] n nevychovanost, neotesanost

ill-conceived [ilkən'si:vd] adj nedomyšlený

ill-considered [ilkən'sidəd] adj neuvážený, nepromyšlený, nedomyšlený

ill-disposed [ildis'pəuzd] adj **be ill-disposed towards sb** nebýt komu nakloněn

illegal [i'li:gəl] adj ilegální, nezákonný, protiprávní; Chess *(move)* nedovolený; Comput *(instruction)* nepřípustný; *(trade, dealings)* pokoutní, černý, nedovolený, zakázaný

illegality [ili'gæləti] n ilegalita, nezákonnost, protiprávnost

illegibility [i,ledžə'biləti] n nečitelnost

illegible [i'ledžəbl] adj nečitelný; **i. handwriting** doktorské písmo inf joc ■ **illegibly** adv nečitelně

illegitimacy [ilə'džitəməsi] n (cf **illegitimate**) ilegitimnost, nelegitimnost, nezákonnost; *(of child)* nemanželský původ

illegitimate [ilə'džitəmət] adj ilegitimní, nelegitimní, nezákonný, zakázaný; *(child)* nemanželský; *(argument, inference)* nelogický

ill-equipped [ili'kwipt] adj **1** *(lacking equipment)* špatně vybavený **2** *(for a task)* špatně připravený

ill-famed [il'feimd] adj *(event, person)* neblaze or smutně proslulý

ill-fated [il'feitid] adj *(expedition)* nešťastný, osudný; *(day)* neblahý

ill-founded [il'faundid] adj *(suspicion, fear)* neodůvodněný; *(hopes)* neopodstatněný

ill-gotten [il'gotn] adj fml or joc **i.-gotten gains** nečestně nabyté zisky

illicit [i'lisit] adj nedovolený, zakázaný, neprávněný; *(trade* also*)* pokoutní, černý ■ **~ly** adv nezákonně; *(buy)* na černo

illiteracy [i'litərəsi] n negramotnost, analfabetismus

illiterate [i'litərət] adj *(unable to read)* negramotný; *(uneducated)* nevzdělaný, ignorantský; *(letter)* hemžící se chybami ● n analfabet

ill-mannered [il'mænəd] adj nevychovaný, neotesaný

illness ['ilnəs] n nemoc, choroba

illogical [iˈlodžikl] adj nelogický

ill-prepared [ilpriˈpeəd] adj špatně připravený

ill-suited [ilˈsu:tid] adj *(couple)* nehodící se k sobě, nekompatibilní; *(clothes: for a job* etc*)* nevhodný

ill-tempered [ilˈtempəd] adj nevrlý, mrzoutský; *(temporarily)* špatně naladěný; *(driver)* netrpělivý

ill-timed [ilˈtaimd] adj *(event)* špatně načasovaný; *(question, remark)* nemístný

ill-treat [ilˈtri:t] vt špatně or zle s kým zacházet, trápit koho

ill-treatment [ilˈtri:tmənt] n zlé zacházení (**of sb** s kým)

illuminate [iˈlu:mineit] vt **1** *(room, hall)* osvětlit; *(buildings)* iluminovat, slavnostně osvětlit **2** *(clarify)* objasnit **3** *(decorate: manuscript)* iluminovat

illuminating [iˈlu:mineitiŋ] adj *(article, lecture)* poučný, instruktivní

illumination [iˌlu:miˈneišn] n **1** *(of room/ building)* osvětlení; *(of manuscript)* iluminace **2 ~s** slavnostní osvětlení, barevná iluminace

illusion [iˈlu:žn] n iluze, zdání, smyslový klam; **optical i.** optický klam; **it is a mere i.** je to pouhé zdání; **he has no ~s about his chances** nedělá si o svých šancích žádné iluze; **be under the i. that ...** dělat si iluze, že ...; **let's have no ~s** nic si nenalhávejme; **lose one's ~s** zbavit se iluzí

illusive [iˈlu:siv], **illusory** [iˈlu:səri] adj iluzorní, klamný

illustrate [ˈiləstreit] vt ilustrovat; **i. sth with examples** *(point)* ilustrovat něco příklady; **richly ~d** *(book* etc*)* bohatě ilustrovaný

illustration [iləˈstreišn] n **1** *(picture)* ilustrace, obrázek **2** fig *(example)* ukázka, konkrétní příklad; **sparse ~s** nečetné ukázky; **by way of i.** pro ilustraci

illustrative [ˈiləstrətiv] adj ilustrativní; **be i. of sth** *(fact, event)* demonstrovat co, ukazovat co, být příkladem čeho

illustrator [ˈiləstreitə(r)] n ilustrátor

illustrious [iˈlastriəs] adj proslulý, věhlasný, slavný; *(name)* zvučný

ILO [aielˈəu] abbr of **International Labour Organisation** MOP, Mezinárodní organizace práce při OSN

I'm [aim] = **I am**

image [ˈimidž] n **1** *(representation)* obraz, zobrazení, znázornění; *(statue)* socha; **graven i.** modla **2** *(likeness)* podoba, podobnost; **he is the spitting i. of his father** inf je jako by otci z oka vypadl, nezapře svého otce **3** *(mental picture)* představa **4** *(of politician, party, firm)* image [imič] neskl. nebo m, reputace **5** Liter básnický obraz, metafora **6** Phot, Opt obraz, snímek; **ghost i.** TV duchy (inf) **7** Comput **i. processing** zpracování obrazu

imagery [iˈmidžəri] n Liter obraznost, metaforičnost

imaginable [iˈmædžinəbl] adj představitelný, pomyslitelný; **the worst thing i.** to nejhorší, co si lze představit

imaginary [iˈmædžinəri] adj pomyslný, imaginární, domnělý, smyšlený; **i. line** Math myšlená čára; **i. number** imaginární číslo

imagination [iˌmædžiˈneišn] n fantazie, obrazotvornost, představivost; **an exuberant i.** bujná fantazie; **a figment of sb's i.** výplod čí fantazie; **be lacking i.** postrádat fantazii; **give free range to one's i.** popustit uzdu fantazii

imaginative [iˈmædžinətiv] adj *(person, artist)* mající bohatou obrazotvornost, nápaditý; *(ideas)* podnětný; *(writing, decor)* originální

imagine [iˈmædžin] vt **1** *(visualize)* představit si/ představovat si; **i. oneself at home** vidět se doma; **i. the worst** domýšlet se nejhoršího; **you are just imagining things** ty si vymýšlíš; **you can i. the rest** ostatní si můžeš domyslet; **just i.!** jen si představ! **2** *(assume, think)* předpokládat; **I i. you are tired** předpokládám, že jste unavený; musíte být unavený; jste asi unavený **3** *(conceive of)* představit si; **can you i. me as an actor?** umíš si mne představit jako herce?

imbalance [imˈbæləns] n nerovnováha, nepoměr

imbecile [ˈimbəsi:l] adj Med imbecilní; *(foolish)* imbecilní, pitomý, blbý, stupidní ● n Med imbecil; *(fool)* imbecil, blbec, pitomec

imbecility [imbəˈsiləti] n **1** Med imbecilita **2** *(stupidity/ stupid act, remark* etc*)* pitomost, stupidnost

imbibe [imˈbaib] vt **1** fml *(alcohol)* popíjet, inf nasávat **2** fig *(knowledge, ideas)* sát, nasávat, vstřebávat, osvojovat si

imbue [imˈbju:] vt fml **i. sb with sth** *(knowledge, ideas, patriotism* etc*)* vštípit komu co; *(hope)* dodat komu čeho; *(hatred)* naplnit koho čím

IMF [aiemˈef] abbr of **International Monetary Fund** Mezinárodní měnový fond

imitate [ˈimiteit] vt napodobovat, imitovat, kopírovat; **i. sb in sth** dělat co po kom

imitation [imiˈteišn] n **1** *(copy)* imitace; napodobenina; **slavish i.** otrocká napodobenina; **a pale i. of sth** *(work of art)* slabý odvar čeho; **do an i. of sb** *(impersonate)* napodobit někoho ■ **i. jewellery** bižutérie; **i. leather** koženka, imitace kůže; **i. pearls** nepravé perly **2** *(imitating)* napodobování; **it is worthy of i.** to je hodno napodobení

imitative ['imitətiv] adj imitativní; Ling *(words)* zvukomalebný, onomatopoický; *(artist)* epigonský

imitator ['imiteitə(r)] n imitátor, napodobitel; *(artist)* epigon

immaculate [i'mækjulət] adj **1** *(dress)* bezvadný; *(behaviour)* bezúhonný, dokonalý, vzorný; *(beauty)* dokonalý, bez vady; *(manuscript)* bez nejmenší chybičky **2** Relig **the I. Conception** neposkvrněné početí Panny Marie ■ **~ly** adv bezvadně, bezúhonně; **~ly dressed** bezvadně oblečený

immanence ['imənəns] n imanence

immanent ['imənənt] adj imanentní, tkvící v samé podstatě čeho

immaterial [imə'tiəriəl] adj **1** Philos nehmotný **2** *(unimportant)* nedůležitý; *(point, objection)* nepodstatný, vedlejší, irelevantní; **that's i.** to nehraje žádnou roli, to je vedlejší; **it's quite i. to me** mně je to naprosto jedno

immature [imə'tjuə(r)] adj **1** *(person, idea)* nezralý; *(childish)* dětinský, *(behaviour)* školácký **2** Biol nezralý, nedozrálý, nedospělý

immaturity [imə'tjuərəti] n nezralost, nedospělost; *(childishness)* dětinskost, dětinské chování

immeasurable [i'mežərəbl] adj nesmírný, nezměrný; *(losses)* nedozírný ■ **immeasurably** adv nesmírně, nezměrně

immediacy [i'mi:diəsi] n bezprostřednost, přímost; *(urgency)* bezodkladnost

immediate [i'mi:diət] adj **1** *(instant)* *(reaction, help, reply)* okamžitý; **take i. action** okamžitě jednat; **I want an i. reply** žádám o okamžitou odpověď; **the i. present** žhavá přítomnost; **a question of i. interest** aktuální otázka **2** *(urgent)* naléhavý, bezodkladný; *(danger)* bezprostřední, akutní, hrozící bezprostředně **3** *(close, direct)* *(vicinity, neighbourhood, future, relatives)* nejbližší; *(cause, heir, successor, contact, influence)* přímý

immediately [i'mi:diətli] adv **1** *(at once)* okamžitě, (i)hned, neprodleně; *(reply, answer* also*)* obratem (pošty); **i. afterwards** hned potom, hned nato, vzápětí; **i. before that** krátce před tím; **he fell silent i.** rázem se odmlčel **2** *(directly)* přímo, bezprostředně, hned; **i. under the window** hned pod oknem ● conj *(as soon as)* hned, jak; jakmile; **i. I finish my breakfast I go to work** jakmile se nasnídám, jdu do práce

immemorial [imə'mo:riəl] adj pradávný, prastarý; **from time i.** od nepaměti, odedávna, od pradávna

immense [i'mens] adj obrovský, nesmírný, ohromný; *(losses* also*)* nedozírný; *(differences* also*)* propastný; *(effort* also*)* enormní ■ **~ly** adv nesmírně, ohromně, neobyčejně; **i. fat/ rich** strašně tlustý/ bohatý; **I'm ~ly grateful to you** jsem vám nesmírně vděčný; **I enjoyed myself ~ly** moc dobře or výborně jsem se pobavil

immensity [i'mensəti] n nesmírnost; *(of the universe, of space)* nekonečnost; *(of crime)* ohavnost; *(of task)* obrovský rozsah, enormnost

immerse [i'mə:s] vt **1** ponořit; **i. sth in sth** ponořit co do čeho **2** fig **i. oneself in sth** *(work, reading)* zabrat or zabořit or pohroužit se do čeho; **~d in thought** zabraný v myšlenkách

immersion [i'mə:šn] n **1** ponoření ■ **i. heater** ponorný ohřívač vody; *(for jug* etc*)* ponorný vařič **2** *(baptism)* křest ponořením **3** fig *(in work, reading* etc*)* zabrání, zahloubání, pohroužení ■ **i. course** intenzivní kurs **4** Astron imerze, vstup nebeského tělesa do stínu

immigrant ['imigrənt] n imigrant, přistěhovalec

immigration [imi'greišn] n imigrace, přistěhovalectví ■ **i. authorities** přistěhovalecký úřad

imminence ['iminəns] n naléhavost, bezprostřednost; cf **imminent**

imminent ['iminənt] adj *(danger)* akutní, bezprostřední; *(crisis)* nastávající; *(war)* hrozící; **be i.** blížit se, *(war, crisis* etc*)* hrozit; **an announcement is i.** očekává se prohlášení

immobile [i'məubail] adj **1** *(unable to move)* nehybný, nepohyblivý **2** *(not moving)* stojící nehybně

immobility [iməu'biləti] n nehybnost, nepohyblivost

immobilize, -ise [i'məubəlaiz] vt *(traffic, trade)* ochromit, zastavit; *(patient,* Fin *capital)* imobilizovat; *(broken limb)* fixovat, znehybnit, imobilizovat; *(tanks)* vyřadit z boje; **be ~d by bureaucracy** být svázán byrokracií

immoderate [i'modərət] adj nemírný; *(drinking, eating)* nestřídmý, nemírný; *(smoking)* nemírný; *(views, conduct)* neumírněný; *(demands)* nadměrný, přemrštěný, extrémní

immodest [i'modist] adj neskromný; *(indecent)* neslušný, nestoudný

immodesty [i'modəsti] n neskromnost; *(indecency)* neslušnost, nestoudnost

immoral [i'morəl] adj nemorální, nemravný; **i. earnings** pochybné zisky z prostituce

immorality [imə'ræləti] n nemorálnost, nemravnost

immortal [i'mo:tl] adj *(soul, God)* nesmrtelný; *(fame)* věčný, nehynoucí; *(life)* věčný ● n nesmrtelný člověk

immortality [imo:'tæləti] n nesmrtelnost, věčnost

immortalize [i'mo:təlaiz] vt zvěčnit, učinit nesmrtelným

immortelle [imo:'tel] n Bot slaměnka, imortela, imortelka

immovable [i'mu:vəbl] adj **1** nehybný; Jur **i. property** nemovitý majetek; *(obstacle)* nepřekonatelný **2** *(person: determined)* pevný, neústupný, tvrdošíjný; **be i.** nepovolit

immune [i'mju:n] adj **1** Med imunní; **be i. to** or **against** or **from measles** být imunní proti spalničkám; **the i. system** imunitní systém **2** fig *(exempt)* **be i. from taxes** být osvobozený od daní, nepodléhat daním; **be i. to temptation** nepodléhat pokušení

immunity [i'mju:nəti] n imunita, odolnost; *(exemption)* osvobození (**from sth** od čeho); **diplomatic i.** diplomatická imunita

immunization [imjunai'zeišn] n Med imunizace

immunize ['imjunaiz] vt Med imunizovat

immunology [imju'nolədži] n imunologie

immutable [i'mju:təbl] adj fml *(principles, laws)* neměnný

imp [imp] n **1** *(evil spirit)* šotek, skřítek **2** inf *(mischievous child)* **(a little) i.** nezbeda, dareba, rošťák, čertovo kvítko

impact ['impækt] n **1** lit náraz; **on i.** při nárazu ■ **i. crater** impaktní kráter měsíční; **i. speed** nárazová rychlost **2** fig vliv, účinek, dopad; **the i. of science on our lives** dopad or vliv vědy na náš život; **she made quite an i. on everybody** udělala na všechny velký dojem

impacted [im'pæktid] adj *(tooth)* retinovaný; *(fracture)* zaklíněný

impair [im'peə(r)] vt **1** *(weaken)* oslabit, zeslabit; *(sight, hearing also)* zhoršit; *(efficiency)* snížit **2** *(damage)* poškodit, *(health also)* kazit

impale [im'peil] vt napíchnout (**sb/sth on sth** koho/ co na co); **i. sb on a stake** narazit koho na kůl

impart [im'pa:rt] vt **1** *(news)* sdělit **2** *(skill, knowledge)* předat **3** *(flavour, quality)* dát, dodat (**to sth** čemu)

impartial [im'pa:šl] adj nezaujatý, objektivní, nestranný, nepředpojatý; **an i. observer** neutrální pozorovatel; **an i. judge** nezaujatý or nestranný posuzovatel, Jur nestranný soudce ■ **~ly** adv nezaujatě, nestranně; cf adj

impartiality [impa:ši'æləti] n nestrannost, nepředpojatost; see **impartial**

impassable [im'pa:səbl] adj *(road)* nesjízdný; *(obstacle)* nepřekonatelný

impasse [æm'pa:s] n slepá ulička, mrtvý bod; **reach an i.** fig dostat se do slepé uličky

impassioned [im'pæšnd] adj *(speech)* plamenný; *(debate)* vášnivý; *(plea)* úpěnlivý

impassive [im'pæsiv] adj lhostejný, flegmatický, netečný

impassiveness [im'pæsivnəs], **impassivity** [impæ'sivəti] adj lhostejnost, flegmatičnost, netečnost

impatience [im'peišns] n netrpělivost, nedočkavost; **with i.** nedočkavě

impatient [im'peišnt] n netrpělivý, nedočkavý; **get** or **grow i.** ztrácet trpělivost; **don't be i.** mějte strpení; **be i. with sb** nemít s kým trpělivost; **be i. for sth** *(eg holidays)* nemoci se dočkat čeho; **be i. to do sth** hořet touhou po čem ■ **~ly** adv netrpělivě, nedočkavě

impeach [im'pi:č] vt **1** *(accuse: public official)* obžalovat v Horní sněmovně/ Amer před Kongresem ze zneužití úřední moci **2** *(doubt; sb's character, motives etc)* brát v pochybnost; Jur **i. a witness** odmítnout svědka

impeachment [im'pi:čmənt] n cf **impeach**; obžaloba ze zneužití pravomoci; *(of witness)* zpochybnění důvěryhodnosti koho

impeccable [im'pekəbl] adj dokonalý, bezvadný, bezúhonný ■ **impeccably** adv dokonale, bezvadně; **impeccably dressed** být jako ze škatulky

impecunious [impi'kju:niəs] adj fml or joc nemající peníze, nuzný, chudý

impedance [im'pi:dəns] n Phys impedance

impede [im'pi:d] vt **1** *(obstruct: movement)* bránit čemu, zdržovat co, překážet čemu **2** *(hinder)* ztěžovat; *(progress)* brzdit, být brzdou čeho, zpomalovat; *(person)* zdržovat

impediment [im'pedimənt] n **1** *(obstacle)* překážka; Jur zákonná překážka **2** Med **speech i.** vada řeči

impedimenta [im,pedi'mentə] n pl fml zbytečná zavazadla, přítěže

impel [im'pəl] vt (**-ll-**) **1** *(urge)* nabádat, podněcovat (**to sth** k čemu) **2** *(compel)* nutit; **i. sb to do sth** nutit koho k čemu; **I feel ~led to say that ...** musím or jsem nucen říci, že . . .

impending [im'pendiŋ] adj *(visit, arrival etc)* nadcházející, blížící se; *(crisis etc)* hrozící

impenetrable [im'penitrəbl] adj neproniknutelný; *(fortress)* nedobytný; *(mystery)* neproniknutelný; *(thoughts)* nevyzpytatelný; *(jargon)* nesrozumitelný

imperative [im'perətiv] adj **1** *(very import-*

ant) usu pred nezbytný, nutný; **it is i. that you take part in it** je absolutně nutné, abyste se toho zúčastnil **2** *(authoritative: tone, order)* autoritativní, kategorický, velitelský **3** Ling *(mood)* rozkazovací ● n Ling rozkazovací způsob, imperativ; Philos **categorical i.** kategorický imperativ

imperceptible [impə'septəbl] adj nepostižitelný, *(difference)* nepatrný, neznatelný ■ **imperceptibly** nepatrně, neznatelně

imperfect [im'pə:fikt] adj **1** gen nedokonalý; *(machine: faulty)* vadný, defektní **2** Ling imperfektní ● n Ling imperfektum

imperfection [impə'fekšn] n **1** *(being imperfect)* nedokonalost **2** *(fault)* závada, vada

imperfective [impə'fektiv] adj Ling *(aspect)* nedokonavý

imperial [im'piəriəl] adj **1** *(of empire)* císařský, říšský; *(of British Empire)* imperiální; **i. and royal** *(of Austro-Hungarian Empire)* císařsko-královský **2** *(majestic)* majestátní, vznešený **3** *(weights, measures)* britský

imperialism [im'piəriəlizm] n imperialismus

imperialist [im'piəriəlist] adj imperialistický ● n imperialista

imperil [im'perəl] vt (**-ll-**; Amer **-l-**) fml ohrozit

imperious [im'piəriəs] adj autoritativní, panovačný, pánovitý, majestátní ■ **~ly** adv panovačně, pánovitě

imperishable [im'perišəbl] adj **1** *(glory)* nehynoucí, nepomíjející, věčný **2** *(goods)* nepodléhající zkáze

impermeable [im'pə:miəbl] adj nepropustný, nepromokavý

impersonal [im'pə:sənl] adj neosobní

impersonate [im'pə:səneit] vt **1** *(pretend to be)* **i. sb** vydávat se za koho **2** *(imitate: for entertainment)* napodobit, imitovat

impersonation [im,pə:sə'neišn] n **1** *(for purpose of fraud)* **i. of sb** vydávání se za koho **2** *(imitation)* imitace, předvádění

impersonator [im'pə:səneitə(r)] n **1** *(impostor)* podvodník vydávající se za někoho jiného **2** *(entertainer)* imitátor

impertinence [im'pə:tinəns] n drzost, nestoudnost, neomalenost, impertinence

impertinent [im'pə:tinənt] adj drzý, nestoudný, neomalený, impertinentní; **be i. to sb** chovat se ke komu drze

imperturbable [impə'tə:bəbl] adj naprosto klidný, flegmatický

impervious [im'pə:viəs] adj **1** *(substance)* nepropustný; **i. to water** nepropouštějící vodu, vodotěsný; *(material)* nepromokavý; **i. to heat** odolný vůči teplu; **i. to light** neprůsvitný **2** fig *(to reason, arguments)* nepřístupný čemu

impetuosity [im,petju'osəti] n impulzivnost, vznětlivost, zbrklost

impetuous [im'petjuəs] adj *(person, behaviour)* impulzivní, zbrklý; *(decision)* neuvážený, ukvapený

impetus ['impitəs] n **1** *(force)* Phys impuls, hybná síla; **under one's own i.** svou vlastní silou **2** fig impuls, popud, podnět (**to sth** k čemu)

impinge [im'pindž] vi **1** *(affect)* ovlivnit (**on sth** co) **2** *(infringe)* **i. on sb's rights** dotýkat se čích práv

impious ['impiəs, im'paiəs] adj bezbožný, rouhavý

impish ['impiš] adj *(child)* rozpustilý, rošťácký; *(smile)* šibalský, čtverácký; *(remark)* škádlivý; *(look)* šelmovský

implacable [im'plækəbl] adj *(enemy, opponent* etc*)* nesmiřitelný

implant [im'pla:nt] vt **1** Med *(tissue)* implantovat **2** *(beliefs, ideas)* vštípit (**in sb** komu) ● ['im-] n Med implantát; **silicone ~s** silikonové implantáty prsní

implantation [impla:n'teišn; Amer -plæn-] n implantace

implausible [im'plo:zəbl] adj nepravděpodobný, nevěrohodný

implement ['implimənt] n *(tool)* nástroj; **farm/ gardening ~s** rolnické/ zahradnické náčiní or nářadí ● vt *(plan, ideas, decisions)* uskutečnit, realizovat; *(promise)* splnit

implementation [implimen'teišn] n (see **implement** vt) uskutečnění, realizace

implicate ['implikeit] vt zaplést (**sb in sth** koho do čeho)

implication [impli'keišn] n **1** *(implied meaning)* skrytý smysl, narážka, náznak; *(consequence)* dopad; **by i.** nepřímo; **the i. was that . . .** vyplývalo z toho, že . . .; **far-reaching ~s of sth** dalekosáhlý význam čeho; **it may have political ~s** může to mít politický dosah **2** *(involvement)* zapletení (**in sth** do čeho)

implicit [im'plisit] adj **1** *(implied)* implicitní, předpokládaný; *(agreement)* tichý; *(threat)* nevyslovený, nepřímý **2** *(total)* absolutní, naprostý; *(faith)* slepý; *(obedience)* bezpodmínečný, bezvýhradný, na slovo ■ **~ly** adv implicitně; **obey ~ly** poslouchat na slovo

implied [im'plaid] adj implicitní, nevyslovený, mlčky se rozumějící

implore [im'plo:(r)] vt úpěnlivě or snažně prosit, zaklínat, zapřísahat

imploring [im'plo:riŋ] adj prosebný, úpěnlivý; **an i. look** úpěnlivý pohled ■ **~ly** adv prosebně, úpěnlivě

imply [im'plai] vt (pt, pp **-ied**) **1** *(hint, suggest)* naznačit; **are you ~ing that ...?** chcete snad říci, že ...?; **she implied that ...** naznačila, že ... **2** *(mean: as a logical conclusion)* znamenat; **the fact that you agreed implies that ...** z vašeho souhlasu lze vyvodit, že ...; **silence implies consent** mlčení znamená souhlas

impolite [impə'lait] adj nezdvořilý, neslušný ■ **~ly** adv nezdvořile, neslušně

impoliteness [impə'laitnəs] n nezdvořilost, neslušnost

imponderable [im'pondərəbl] adj nevypočitatelný, nepostižitelný ● n **~s** nevypočitatelné okolnosti or faktory

import ['impo:t] n **1** Comm dovoz; **~s** *(goods)* dovoz, dovezené zboží; **the i. of goods from Germany** dovoz zboží z Německa ■ **i. duty/ permit** dovozní clo/ povolení **2** fml *(significance)* význam, smysl; *(importance)* důležitost ● [im'po:t] vt Comm dovážet/ dovézt, importovat

importance [im'po:təns] n důležitost, význam; **be of great i.** být velmi důležitý; **be of paramount i.** mít klíčový or eminentní význam; **attach great i. to sth** přikládat čemu velký význam or váhu; **be full of one's own i.** být důležitý, chovat se důležitě

important [im'po:tənt] adj důležitý, závažný; *(influential* also*)* vlivný, významný; **it is i. that ...** je důležité, aby ...; **it's not i.** to nevadí, na tom nezáleží; **play an i. role in sth** sehrát v čem důležitou roli, zasloužit se o co; **the most i. thing is that ...** nejdůležitější je, že or aby ... ■ **~ly** adv důležitě; *(and,)* **more ~ly ...** (a,) což je daleko důležitější

importation [impo:'teišn] n dovoz, import

imported [im'po:tid] adj **i. goods** dovážené zboží, zboží z dovozu, import

importer [im'po:tə(r)] n dovozce, importér

importunate [im'po:tjunət] adj fml *(visitor)* neodbytný; *(salesman, beggar* also*)* dotěrný; *(demands, questions)* ustavičný, neustálý

importune [im'po:tju:n] vt fml obtěžovat (**sb with sth** koho čím); **i. sb with questions** dotírat na koho otázkami

impose [im'pəuz] **I** vt **1 i. sth on sb** *(task)* ukládat komu co, pověřovat koho čím; *(fine, tax, embargo)* uvalit/ uvalovat co na koho; *(views, beliefs)* vnucovat/ vnutit komu co; *(martial law)* vyhlásit; **i. a tax on sth** uvalit na co daň, zdanit co **2 i. oneself on sb** vnutit/ vnucovat se komu, vtírat se komu, inf dolízat za kým **II** vi *(take advantage)* **i. on sb's hospitality** zneužívat něčího pohostinství; **I am sorry to i.** promiňte, že obtěžuji

imposing [im'pəuziŋ] adj působivý; *(building)* impozantní, velkolepý, grandiózní; *(person)* impozantní, representativní; *(performance)* úctyhodný; *(figure)* statný

imposition [impə'zišn] n cf **impose 1** *(of tax* etc*)* uvalení; *(of beliefs)* vnucování **2** *(taking advantage)* obtěžování; **would it be an i. (on you) if I ...** neobtěžovalo by vás, kdybych ...; *(I'd like to join you)* **if it is not too much of an i. (on you)** pokud by vás to moc neobtěžovalo **3** Sch trest psaní za trest

impossibility [im,posə'biləti] n nemožnost; **a total i.** holá nemožnost

impossible [im'posəbl] adj **1** *(not possible)* nemožný; **it is absolutely i.** je to zcela or zhola nemožné; **it is next to i.** je to skoro or takřka nemožné; **it is i. to change it** nelze to změnit; **it is (almost) i. to describe** nedá se to vypovědět; **make sth i.** znemožnit co **2** *(unbearable)* nesnesitelný; *(situation)* beznadějný; **make life i. for sb** udělat komu ze života peklo; **he is i. to live with** je to s ním k nevydržení, nedá se s ním žít; **you are i. to talk to** s tebou není žádná domluva ● n **the i.** nemožné; **ask** or **demand the i.** chtít or žádat nemožné ■ **impossibly** adv **1** *(extremely)* strašně, velmi; **it is impossibly difficult** je to nepředstavitelně těžké **2** *(unbearably)* **behave impossibly** chovat se nemožně

impostor, imposter [im'postə(r)] n podvodník, hochštapler

impotence ['impətəns] n slabost, nemohoucnost; *(sexual)* impotence

impotent ['impətənt] adj *(powerless)* nemohoucí; *(sexually)* impotentní

impound [im'paund] vt Jur konfiskovat, soudně zabavit or zabrat

impoverish [im'povəriš] vt *(person, country)* ožebračit, zbídačit; *(life)* ochudit; *(soil)* vyčerpat, vymrskat

impoverished [im'povərišt] adj *(person)* zchudlý, zbídačelý; *(soil)* vymrskaný, vyčerpaný; *(resources)* vyčerpaný

impracticable [im'præktikəbl] adj *(not feasible: plan, scheme)* neuskutečnitelný, nerealizovatelný

impractical [im'præktikl] adj nepraktický; *(plan)* neuskutečnitelný; *(not sensible)* nerozumný; **it would be i. to think that ...** bylo by nerozumné si myslet, že ...

imprecation [impri'keišn] n fml kletba

imprecise [impri'sais] adj nepřesný

imprecision [impri'sižn] n nepřesnost

impregnable [im'pregnəbl] adj **1** *(fortress* etc*)* nedobytný **2** *(argument)* nevyvratitelný

impregnate ['impregneit] vt **1** Techn *(treat)* impregnovat, napustit (**wood** dřevo); **i. sth with oil** napustit co olejem **2** *(fertilize)* oplodnit

impresario [imprə'sa:riəu] n (pl **~s**) impresário, manažer umělce

impress [im'pres] **I** vt **1** *(make an ~ion)* **i. sb (with sth)** udělat na koho dojem (čím); **I was ~ed by her performance** její výkon na mne udělal velký dojem; **I am most ~ed by his scholarly erudition** velmi mi imponuje svou vědeckou erudicí **2 i. sth on sb** důrazně koho nač upozornit, vštípit komu co do hlavy **3** *(print: seal)* vtisknout, přitisknout; **i. a pattern on** or **in sth** natisknout na co vzor, potisknout co vzorem; fig **i. itself on sb's mind** vrýt se komu do paměti **II** vi udělat dojem

impression [im'prešn] n **1** *(effect)* dojem; **the overall i.** celkový dojem; **make a good/ favourable/ strong/ bad i. on sb** udělat na koho dobrý/ příznivý/ silný/ špatný dojem; **the performance made a great i. on me** představení na mne velmi zapůsobilo; **what are your ~s of Prague?** jak na vás zapůsobila Praha? **2** *(idea, feeling)* pocit, dojem; **have a vague i. of sth** mít o čem jen matné zdání; **I am under the i. that ...** mám dojem, že ... **3** *(of fingers, stamp;* Dent*)* otisk; *(in snow: of feet)* stopa, šlépěj, šlápota **4** *(reprint)* přetisk, nový otisk **5** *(number of copies printed)* náklad **6** *(impersonation)* imitace

impressionable [im'prešənəbl] adj citlivý, podléhající dojmům, vnímavý, senzitivní

impressionism [im'prešənizəm] n Art impresionismus

impressionist [im'prešənist] adj Art impresionistický ● n Art impresionista

impressionistic [im,prešə'nistik] adj *(knowledge, description* etc*)* vágní, neurčitý, nepřesný

impressive [im'presiv] adj působivý, pozoruhodný, impozantní; *(scene)* strhující ■ **~ly** adv pozoruhodně, impozantně

imprimatur [impri'meitə(r)] n imprimatur, schválení k tisku

imprint [im'print] vt **1** *(mark)* otisknout, vytisknout; *(on leather)* vyrazit **2** fig **i. itself on sb's memory** vštípit or vrýt se komu do paměti ● n ['im-] **1** *(in sand, wax* etc*)* otisk, obtisk, stopa **2** Typ jméno nakladatele zprav. na l. str. knihy, impresum

imprinting [im'printiŋ] n Zool imprinting, vtištění, vtiskování vzorců chování příslušného zool. druhu

imprison [im'prizn] vt uvěznit, zavřít, vsadit do vězení

imprisonment [im'priznmənt] n uvěznění, odnětí svobody, vězení trest; **sentence of life i.** odsouzení na doživotí

improbability [im,probə'biləti] n nepravděpodobnost; *(improbable event)* nepravděpodobný případ

improbable [im'probəbl] adj nepravděpodobný; *(hard to believe)* neuvěřitelný

impromptu [im'promptju:] adj *(speech)* improvizovaný; *(visit)* neohlášený ● adv **speak i.** mluvit spatra, mluvit bez přípravy ● n Mus impromptu

improper [im'propə(r)] adj **1** *(wrong, incorrect)* nesprávný, nevhodný, špatný; **i. handling of goods** špatné nakládání se zbožím; **it would be i. to refuse** nebylo by správné odmítnout **2** *(unseemly)* nepřístojný; *(indecent)* neslušný; **i. thoughts** nekalé úmysly **3** *(dishonest: business practices)* nečestný, podvodný **4** Math **i. fraction** nepravý zlomek ■ **~ly** adv **1** *(incorrectly: use* etc*)* nesprávně, nevhodně, špatně **2** *(behave)* nepřístojně, neslušně **3** *(dishonestly)* nečestně, podvodně

impropriety [imprə'praiəti] n fml nevhodnost, nesprávnost; *(of behaviour)* neslušnost, nepřístojnost; *(of language)* nesprávné použití; *(dishonest practices)* neregulérnost

improve [im'pru:v] **I** vt *(make better: work, situation, quality, relations* etc*)* (z)lepšit; *(living standard, quality, low salaries)* zvýšit; *(sb's mood, morale)* zdvihnout, zvednout; *(knowledge)* utvrdit, upevnit; *(farmland)* meliorovat, zušlechtit; *(health)* utužit; *(services)* zkvalitnit; **i. one's position** polepšit si; **i. one's knowledge** utvrdit si znalosti; **i. one's mind** vzdělat se ♦ **i. the shining hour** chopit se příležitosti **II** vi *(quality, sb's work, situation* etc*)* zlepšit se; *(of mood, morale)* zvednout se; *(of knowledge)* utvrdit se, upevnit se; *(of health)* utužit se; *(of services)* zkvalitnit se; *(of child)* polepšit se; **the patient is improving** nemocnému je lépe; **things are improving** situace se zlepšuje; **the weather is improving** dělá se hezky; **his English has ~d** zlepšil se v angličtině **III** phr v ■ **improve (up)on sth** vylepšit co, *(record)* překonat co; *(ideas)* rozvinout co; *(offer, bid)* podat vyšší nabídku, přihodit k předchozí nabídce

improvement [im'pru:vmənt] n cf **improve 1** zlepšení, zdokonalení; *(of living standard)* zvýšení; *(of knowledge)* utvrzení; **that's quite an i.** to je velký pokrok; **there's room for i.** stále je co zlepšovat; **an i. on sth** zlepšení or pokrok ve srovnání s čím **2** usu pl **~s** opravy, úpravy; **home ~s** modernizace domu

improvidence [im'providəns] n no pl nepředvídavost, neprozíravost

improvident [im'providənt] adj *(lacking foresight)* neprozíravý, nepředvídavý, lehkomyslný; *(wasteful)* marnotratný, rozhazovačný

improvisation [imprəvai'zeišn] n improvizace

improvise ['imprəvaiz] vt, vi improvizovat

imprudence [im'pru:dns] n nerozvážnost, neprozřetelnost, neopatrnost

imprudent [im'pru:dnt] adj nerozvážný, neopatrný, nerozumný, neprozřetelný

impudence ['impjudəns] n drzost, nestydatost, opovážlivost

impudent ['impjudənt] adj drzý, nestydatý, opovážlivý, nestoudný

impugn [im'pju:n] vt fml *(sb's morals, actions* etc*)* brát v pochybnost, napadnout, pochybovat o čem

impulse ['impals] n **1** *(urge, desire)* impulz, nutkání, (neodolatelná) chuť; **act on (an) i.** jednat impulzivně; **a man of i.** impulzivní člověk ■ **i. buying** bezhlavé nakupování **2** *(stimulation)* podnět, popud **3** Elec impulz

impulsive [im'palsiv] adj impulzivní; *(comment, decision, action* etc also*)* spontánní

impunity [im'pju:nəti] n beztrestnost; *(break the law)* **with i.** beztrestně

impure [im'pjuə(r)] adj **1** *(not clean)* nečistý; *(air, water* also*)* znečištěný, kontaminovaný **2** fig *(thoughts, mind)* nečistý, necudný, oplzlý; *(motives)* nízký **3** Archit *(style)* nečistý

impurity [im'pjuərəti] n (pl **-ties**) nečistota, znečištění

imputation [impju'teišn] n *(accusation)* obvinění, nařčení (**of sth** z čeho)

impute [im'pju:t] vt fml **i. sth to sb** *(blame, crime)* připisovat or přičítat komu co, nařknout koho z čeho

in$_1$ [in] prep **1** *(indicating place)* **a)** *(inside, within)* v, na; **in Prague** v Praze; **in Slovakia** na Slovensku; **be in town** být ve městě; **be in the country** být na venkově; **in the street** na ulici; **there was not a cloud in the sky** na obloze nebylo ani mráčku ♦ **in the open air** pod širým nebem; **in camera** za zavřenými dveřmi; **the man in the street** člověk z ulice, prostý člověk **b)** *(among)* **in the crowd** v davu; *(a disease common)* **in old people** u starých lidí; **the teeth appear in infants at six to eight months** zuby se u dětí objevují ve věku šesti až osmi měsíců **c)** *(of institutions)* **be in hospital/ in prison** být v nemocnici/ ve vězení **2** *(wearing)* **dressed in white** oblečený v bílém; **in black shoes** v černých botách; **in uniform** v uniformě; **he was still in his pyjamas** byl ještě v pyžamu **3** *(indicating movement)* do; **put one's hands in one's pocket** dát si ruce do kapes; **dip one's pen in ink** namočit si pero do inkoustu; **a step in the dark** fig krok do neznáma; **he put it in his bag** dal si to do tašky; **throw it in the fire** hoď to do ohně **4** *(indicating time)* **a)** *(during)* **in 1994** v roce 1994; **in spring/ autumn** na jaře/ na podzim; **in summer/ winter** v létě/ v zimě; **in the morning** ráno, dopoledne; **in the afternoon** odpoledne; **in May** v květnu; **in the past** v minulosti; **in our day** za našich časů; **in late summer** na sklonku léta; **in the decline of life** na sklonku života **b)** *(within)* za; *(read a book)* **in three days** za tři dny; **in one go** jedním rázem; **I haven't seen him in years** neviděl jsem ho celá léta **c)** *(after)* za; **I'll be back in a minute** vrátím se za chvíli **5** *(manner)* **in a loud voice** hlasitě; **speak in a whisper** mluvit šeptem; **in alphabetical order** v abecedním pořádku; **in this way** tímto způsobem **6** *(ratio)* **one in five** každý pátý, jeden z pěti **7** *(of content)* **there are seven days in a week** týden má sedm dní **8** *(indicating means)* **in English** anglicky, v angličtině; **written in ink/ in biro/ in pencil** napsáno inkoustem/ propisovačkou/ tužkou; **written in code** zakódovaný **9** *(of condition, state, circumstances)* **in the sun** na slunci; **in the rain** v dešti; **be in good/ poor health** být/ nebýt zdráv; **in good condition** v dobrém stavu; **be in blossom** *(plants)* kvést; **be in calf** *(cow)* být březí or stelná **10** *(indicating shape, arrangement)* **cut sth in two** rozkrojit něco na dvě části; **stand in a circle** stát v kruhu **11** *(of occupation)* **be in politics** být politikem; **be in insurance** pracovat v pojišťovnictví, inf být pojišťovákem **12** *(regarding)* **in length/ in width** na délku/ na šířku; **he is behind the others in English** je v angličtině pozadu za ostatními; **be rich in iron** být bohatý na železo; **blind in one eye** slepý na jedno oko **13** *(introducing an -ing form)* **in crossing the street** při přecházení ulice; **in so doing** a následkem toho, a tím; **in attempting to help** ve snaze pomoci **14 in that ...** *(because)* protože, poněvadž; tím, že; **in case ...** v případě, že ... **15** *(phrases)* **there's sth in it** na tom něco je; **I don't think he has got it in him** nemyslím si, že je toho schopen; **in essence** v podstatě; **in the highest degree** v nejvyšším stupni, na nejvyšší stupeň; **in every respect** v každém ohledu, za všech okolností ● adv **1** *(to a position)* dovnitř; **come in** pojď dál, pojď dovnitř **2** *(in a position)* uvnitř; **is everybody in?** jsou všichni uvnitř?; **is anybody in?** je tam někdo?, je někdo uvnitř? 3 **a)** *(at home)* **is he in?** je doma? **b)** *(in one's office)* **is he in?** je v práci/ v úřadě/ v kanceláři/ u sebe/ v ordinaci? etc **c)** *(in office: of a political representation)* **be in** být u moci **d)** *(of clothes, ideas* etc*)* být v módě **e) the harvest is in** úroda je pod střechou **f)** *(of trains/ buses)* **is the train in yet?** už přijel vlak? **g)** Tennis etc **the ball was in** míč byl správný; Cricket, Baseball **be in** *(team)* pálkovat, být na pálce **h) the tide is in** je příliv **i)** *(of fish, fruit)* být na prodej, být k dostání 4 *(phrases)* **he's in for a surprise** inf čeká ho překvapení, ten se bude divit; **we are in for a storm** chystá se bouřka, čeká nás bouřka, vypadá to na bouřku; **be in on sth** účastnit se čeho; inf **be in on sb's secret** být zasvěcen do něčího tajemství, vědět o něčím tajemství; **be (well) in with sb** inf *(boss* etc*)* být s kým velmi zadobře; **have (got) it in for sb** inf *(of boss, teacher* etc*)* jet po kom, šikanovat koho, být proti komu zaujatý; **your luck is in** máš štěstí; **be in and out of hospital** být každou chvíli v nemocnici ● adj 1 *(fashionable)* **it is the in thing now** nyní je to módní 2 *(private)* **an in joke** soukromý vtip ● n **know the ins and outs of sth** mít co v malíčku, znát něco jako své boty

in$_2$ [in] abbr of **inch** palec, coul

inability [inə'biləti] n neschopnost

inaccessibility [inəkˌsesə'biləti] n nedostupnost, nepřístupnost

inaccessible [inək'sesəbl] adj *(theory, book)* nedostupný; *(place, person)* nepřístupný

inaccuracy [in'ækjərəsi] n nepřesnost; *(of calculation* etc also*)* nesprávnost, chybnost; *(of translation* also*)* neadekvátnost

inaccurate [in'ækjərət] adj nepřesný; *(incorrect)* nesprávný, chybný; *(translation)* neadekvátní ■ **~ly** adv nepřesně, nesprávně, chybně, neadekvátně

inaction [in'ækšn] n nečinnost

inactive [in'æktiv] adj 1 *(person)* nečinný; *(lazy)* zahálčivý, lenošivý; **be i.** *(physically)* mít málo pohybu, nesportovat 2 *(machine)* stojící, nejsoucí v provozu, jsoucí mimo provoz 3 *(volcano)* nečinný; Chem inertní; Fin *(capital)* ležící ladem

inactivity [inæk'tivəti] n nečinnost; zahálčivost; Chem inertnost; cf **inactive**

inadequacy [in'ædikwəsi] n 1 *(of funds* etc*)* nedostatek, nedostatečnost 2 *(failing)* nedostatek, chyba, vada 3 **social i.** společenská nepřizpůsobivost; **sexual i.** impotence, pohlavní neschopnost

inadequate [in'ædikwət] adj 1 *(resources, funds* etc*)* nedostačující, nedostatečný 2 *(unsuitable)* nevhodný 3 *(not capable)* neschopný; *(sexually)* impotentní; *(socially)* nepřizpůsobivý, neadaptabilní 4 *(insufficient: performance, results)* nevalný, chabý, nedostačující

inadmissibility [inədmisə'biləti] n nepřípustnost, nepřijatelnost

inadmissible [inəd'misəbl] adj nepřípustný, nepřijatelný; **i. evidence** nepřípustné svědectví

inadvertent [inəd'və:tənt] adj bezděčný, neúmyslný; *(careless: mistake)* z nepozornosti; **an i. insult** bezděčná urážka ■ **~ly** adv bezděčně, neúmyslně; *(carelessly)* nedopatřením

inadvisability [inədvaizə'biləti] n nepříhodnost, nevhodnost

inadvisable [inəd'vaizəbl] adj nevhodný; **this procedure is i.** tento postup nelze doporučit; **it is i. to go out in the dark** za tmy není radno vycházet ven

inalienable [in'eiliənəbl] adj fml *(rights)* nezadatelný

inane [i'nein] adj hloupý, nejapný; **an i. remark** nejapná poznámka

inanimate [in'ænimət] adj neživý; **i. nature** neživá příroda; **i. nouns** podstatná jména neživotná

inanity [i'nænəti] n pitomost, nejapnost, stupidnost

inapplicable [inə'plikəbl] adj nepoužitelný, neupotřebitelný; **delete where i.** nehodící se škrtněte

inappropriate [inə'prəupriət] adj *(remark)* nevhodný, nevčasný; *(moment)* nevhodný, nepříhodný; *(clothes)* nevhodný, nehodící se; *(textbook)* nepřiměřený; *(solution)* pochybený; **it would be i. for us to ...** bylo by nevhodné, abychom ... ■ **~ly** adv nevhodně; **~ly dressed** nevhodně oblečený

inapt [in'æpt] adj *(unsuitable: remark)* nevhodný; *(incapable)* neschopný

inarticulate [ina:'tikjulət] adj 1 *(sounds)* neartikulovaný 2 fig *(speech)* těžkopádný; **be politically i.** být politicky negramotný; **he is clever but i.** je chytrý, ale není dobrý řečník; **he was i. with fear** strachy oněměl

inartistic [ina:'tistik] adj neumělecký, kýčařský

inasmuch [inəz'mač] conj fml **i. as** *(since)* jelikož, poněvadž; *(insofar as)* pokud

inattention [inə'tenšn] n nepozornost; **i. to detail** nepřesné zacházení s detaily

inattentive [inə'tentiv] adj nepozorný, roztěkaný; **be i. to sb** být ke komu nepozorný

inaudible [in'o:dəbl] adj neslyšitelný, neslyšný

inaugural [i'no:gjurəl] adj *(speech)* inaugurační, nástupní; *(lecture)* zahajovací ● n zahajovací přednáška

inaugurate [i'no:gjəreit] vt 1 *(president etc)* uvést slavnostně v úřad, inaugurovat, instalovat; *(king, bishop also)* intronizovat 2 *(building)* slavnostně otevřít; *(exhibition)* zahájit; *(monument)* odhalit 3 *(new policy)* zavést, začít

inauguration [iˌno:gjə'reišn] n 1 *(of official)* inaugurace, instalace 2 *(of building)* otevření; *(of monument)* odhalení 3 *(of new policy)* zavedení, začátek

inauspicious [ino:'spišəs] adj *(circumstances)* nepříznivý; *(start)* nešťastný; *(omen)* neblahý, zlověstný

inborn [in'bo:n] adj vrozený

inbred [in'bred] adj 1 *(innate)* vrozený 2 *(person)* narozený ze svazku příbuzných jedinců; *(animals)* inbrední

inbreeding ['inbri:diŋ] n *(of animals)* inbríding, příbuzenské křížení; *(of people)* příbuzenské sňatky

Inc, inc [iŋk] Amer abbr of **Incorporated** s. r.o., společnost s ručením omezeným

Inca ['iŋkə] n (pl **Inca** or **Incas**) Inka ● adj incký

incalculable [in'kælkjuləbl] adj 1 *(amount)* nesčetný, nesčíslný, závratný; *(harm)* nedozírný, nesmírný; *(consequences)* nedozírný 2 *(person: unreliable)* nespolehlivý, nejistý; *(unpredictable)* vrtošivý, nevypočitatelný

incandescence [inkæn'desns] n rozpálení, bílý žár, rozžhavení doběla

incandescent [inkæn'desnt] adj rozpálený, žhoucí, rozžhavený doběla; **i. lamp** žárovka; **be i. with anger** planout hněvem

incantation [inkæn'teišn] n 1 *(action)* zaříkávání, zaklínání 2 *(magic formula)* zaklínadlo, zaklínací formule

incapability [inˌkeipə'biləti] n neschopnost; cf **incapable**

incapable [in'keipəbl] adj 1 pred *(unable)* neschopný (**of sth** čeho); **be i. of doing sth** být neschopný něco udělat; **she is i. of lying** je neschopná lži 2 *(incompetent)* neschopný; Jur nezpůsobilý, nesvéprávný

incapacitate [inkə'pæsiteit] vt 1 učinit neschopným; **be physically ~d** být tělesně postižený 2 Jur *(disqualify)* zbavit práva na co; **i. sb from voting** zbavit koho práva volit

incapacity [inkə'pæsəti] n 1 gen neschopnost (**for** k); **i. for work** pracovní neschopnost 2 Jur nesvéprávnost, nezpůsobilost

incarcerate [in'ka:səreit] vt fml uvěznit, vsadit do vězení, inf zavřít

incarceration [inˌka:sə'reišn] n uvěznění

incarnate [in'ka:nət] adj ztělesněný, zosobněný; **virtue i.** ztělesněná ctnost ♦ **he is the devil i.** je to učiněný or hotový ďábel ● ['inka:neit] vt fml 1 *(give human form to sth)* ztělesnit 2 *(of person)* **i. sth** být ztělesněním čeho

incarnation [inka:'neišn] n ztělesnění, zosobnění

incautious [in'ko:šəs] adj neopatrný, neobezřetný ■ **~ly** adv neopatrně, neobezřetně

incendiary [in'sendiəri] adj 1 *(bomb, device)* zápalný; *(attack)* žhářský 2 fig *(speech etc)* paličský, štvavý ● n 1 *(bomb)* zápalná puma 2 *(arsonist)* žhář; fig *(agitator)* štváč, palič, pobuřovatel

incense$_1$ ['insens] n kadidlo ■ **i. burner** kadidelnice

incense$_2$ [in'sens] vt *(enrage)* popudit, pobouřit, rozčílit; **be ~d at** or **by sth** být pobouřen čím, rozhořčit se na co; **he was absolutely ~d** byl vztekem (celý) bez sebe

incentive [in'sentiv] n 1 *(stimulus)* stimul, pobídka, vzpruha, podnět (**to sth** k čemu); **there is no i. to work hard** není proč se namáhat 2 *(payment)* zvláštní odměna; **material ~s** hmotná zainteresovanost

inception [in'sepšn] n počátek, začátek; **from i.** od samého počátku

incessant [in'sesənt] adj neustálý, nepřetržitý, ustavičný ■ **~ly** adv (neu)stále, ustavičně; inf v jednom kuse; **it rained ~ly** v jednom kuse pršelo

incest ['insest] n incest, krvesmilství

incestuous [in'sestjuəs] adj 1 krvesmilný, incestní; **an i. person** krvesmilník 2 fig pej *(of professions etc)* uzavřený ■ **~ly** adv krvesmilně

inch [inč] n coul, palec 2,54 cm; **it is about 3 ~es wide** je to široké asi 3 couly ♦ **move i. by i.** posunovat se kousek po kousku; **the car missed her by ~es** auto ji málem přejelo; **contest every i. of the ground** bojovat o každou píď země; **he is every i. a gentleman** je gentleman každým coulem; **he is every i. a soldier** je vojákem tělem i duší, je to skutečný voják; **he will not budge** or **give an i.** neustoupí/ nehne se ani o píď; **be within an i. of death** uniknout jen o vlásek smrti; **give him an i. and he'll take a mile** or **an ell** podej mu prst a utrhne ti celou ruku; **thrash sb within an i. of their life** dát komu pořádný výprask; namlátit komu, že sotva leze ● vt vi **i. one's way**, **i. forward** posunovat se or jít dopředu kousek po kousku; **i. in/ out** kousek po kousku se vsunout/ vysunout

incidence ['insidəns] n 1 *(rate: of crime etc)* výskyt, rozsah; **a high i. of crime/ disease/ unemployment** vysoká kriminalita/ nemocnost/ nezaměstnanost 2 Opt dopad; **angle of i.** úhel dopadu

incident ['insidənt] n **1** *(event)* událost, příhoda **2** *(accident)* nehoda; **diplomatic i.** diplomatický incident; *(the visit passed)* **without i.** bez nehody **3** Mil **a border i.** pohraniční incident

incidental [insi'dentl] adj **1** *(casual)* náhodný, nahodilý; *(remark)* pronesený mimochodem; *(minor)* vedlejší (**expenses** výdaje); doprovodný; **i. music** scénická hudba **2** *(related)* **be i. to sth** *(risks, duties* etc*)* být spojený s čím ■ **~ly** adv mimochodem ● n pl **~s** vedlejší výdaje

incinerate [in'sinəreit] vt spálit; *(cremate)* pohřbít žehem

incineration [inˌsinə'reišn] n spálení, zpopelnění; *(cremation)* pohřeb žehem

incinerator [in'sinəreitə(r)] n spalovna, spalovací pec

incipient [in'sipiənt] adj fml počáteční, vznikající, rodící se; *(difficulties)* ohlašující se

incision [in'sižn] n řez, zářez; **make an i. in sth** říznout do čeho, udělat (zá)řez do čeho

incisive [in'saisiv] adj *(comment, mind)* pronikavý; *(person)* bystrý, chytrý; *(criticism)* ostrý, břitký; *(reply)* ostrý, trefný; *(style)* úsečný

incisor [in'saizə(r] n řezák

incite [in'sait] vt *(crowd)* poštvat, podněcovat, pobuřovat; **i. sb to (do) sth** navádět or nabádat koho k čemu, inf hecovat koho k čemu

incitement [in'saitmənt] n podněcování, pobuřování; inf hecování (**to sth** k čemu)

incivility [insə'viləti] n nezdvořilost, neslušnost

inclement [in'klemənt] adj fml or joc *(weather)* nevlídný, nepříznivý; *(climate)* drsný

inclination [inkli'neišn] n **1** *(tendency)* sklon(y), náchylnost, náklonnost; **an i. towards laziness** sklon k lenosti; **have an i. to put on weight** mít sklon k tloustnutí **2** *(wish, liking)* **I can follow my own ~s** mohu dělat to, na co mám chuť; **against one's ~s** proti své vůli; **I have no i. to go there** nemám nejmenší chuti tam jít **3** *(of head)* úklon **4** *(slope)* sklon, spád, naklonění **5** Astron, Math inklinace

incline [in'klain] **I** vt **1** *(head)* naklonit, sklonit **2** *(influence)* přimět, mít k čemu; **it will i. him to work harder** přiměje ho to k větší píli ● **II** vi *(tend)* **i. to laziness** mít sklon k lenivosti; **i. to the opinion that ...** přiklánět se k názoru, že ...; **I i. to think that ...** já bych řekl, že ..., kloním se k názoru, že ... ● ['in-] n *(of road, terrain* etc*)* sklon, spád; *(slope)* svah; **steep i.** příkrý svah

inclined [in'klaind] adj **1** pred *(tending)* **I am i. to think that ...** kloním or přikláním se k názoru, že ...; já bych řekl, že ...; **if you are so i.** pokud chcete **2** ['in-] *(slanting: plane)* nakloněný

include [in'klu:d] vt **I** zahrnout; *(in series, range* also*)* zařadit; *(in list* also*)* pojmout; *(in price* etc*)* započítat, zakalkulovat; *(in plan)* zaplánovat; **your duties i. ...** mezi vaše povinnosti patří ...; **he ~d me in his will** pamatoval na mne ve své poslední vůli; **packing ~d** včetně balení **II** phr v ■ **include out** vt joc inf **you can i. me out** mě z toho klidně vynech

including [in'klu:diŋ] prep včetně, počítaje v to ...; **not i.** nepočítaje v to (**postage** poštovné); *(the room is £20)* **i. breakfast and service** včetně snídaně a obsluhy; **up to and i. page 15** až do strany 15 včetně

inclusion [in'klu:žn] n zahrnutí, zařazení

inclusive [in'klu:siv] adj **1 i. of** *(including)* včetně, počítaje v to ...; *(the price is £30)* **i. of service** počítaje v to obsluhu; **i. of tax** včetně daně; **up to page 20 i.** až do strany 20 včetně **2 i. prices** ceny bez dalších příplatků

incognito [inkog'ni:təu] adv **travel i.** cestovat inkognito or nazapřenou or anonymně ● n *(pretended identity)* inkognito

incoherence [inkəu'hiərəns] n nesouvislost, nespojitost, inkoherence

incoherent [inkəu'hiərənt] adj *(speech)* nesouvislý; *(person)* mluvící nesouvisle ■ **~ly** adv nesouvisle

income ['inkam] n příjem, výdělek; *(from investment)* renta; **gross i.** hrubý příjem; **national i.** národní důchod; **comfortable i.** dostatečný příjem; **unearned i.** bezpracný důchod; **adjust one's expenses to one's i.** přizpůsobit vydání příjmům; **live within one's i.** žít podle svých příjmů ■ **i. tax** daň z příjmu; **i.-tax return** daňové přiznání

incoming ['inkamiŋ] adj **1** *(trains)* přijíždějící; *(flights)* přistávající; *(mail, orders)* docházející; **i. tide** příliv **2** *(new)* *(tenant)* nový; *(president)* nově zvolený

incommensurate [inkə'menšərət] adj neadekvátní (**with sth** čemu); Math nesouměřitelný (**with sth** s čím)

incommunicado [inkəˌmju:ni'ka:dəu] adj, adv izolovaný, v izolaci, bez styku s vnějším světem

incomparable [in'kompərəbl] adj nesrovnatelný; *(beyond comparison)* nedostižný, jedinečný ■ **incomparably** adv nesrovnatelně

incompatibility [inkəmpætə'biləti] n inkompatibilita, neslučitelnost, nesoulad; **di-**

vorce on grounds of i. Jur rozvod pro nepřekonatelný odpor

incompatible [inkəm'pætəbl] adj neslučitelný, nekompatibilní; esp Comput inkompatibilní; **his words are i. with his deeds** jeho slova se neslučují s jeho činy

incompetence [in'kompitəns], **incompetency** [in'kompitənsi] n neschopnost, nekompetentnost, nekvalifikovanost

incompetent [in'kompitənt] adj **1** *(person)* neschopný, nekvalifikovaný, špatný; *(piece of work)* nevyhovující **2** Jur nepřípustný; nezpůsobilý

incomplete [inkəm'pli:t] adj **1** *(unfinished)* nedokončený, neukončený, nehotový **2** *(not full: series* etc*)* kusý, neúplný, necelý ■ **~ly** adv neúplně, kuse

incompleteness [inkəm'pli:tnəs] n nehotovost; neúplnost; cf **incomplete**

incomprehensible [in,kompri'hensəbl] adj nesrozumitelný; *(act)* nepochopitelný

incomprehension [in,kompri'henšn] n nepochopení, neporozumění

inconceivable [inkən'si:vəbl] adj nemyslitelný, nepředstavitelný

inconclusive [inkən'klu:siv] adj *(investigation, talks, vote)* bezvýsledný; *(argument, reasoning)* nepřesvědčivý; *(evidence)* neprůkazný

incongruity [inkən'gru:əti] n **1** *(of remark* etc*)* nemístnost, nevhodnost **2** *(discrepancy)* nesoulad, rozpornost; *(instance of discrepancy)* nesrovnalost

incongruous [in'koŋgruəs] adj **1** *(out of place: remark* etc*)* nevhodný, nemístný; *(absurd)* absurdní **2** *(colours, items of clothing)* nehodící se k sobě, neladící; *(discrepant)* rozporný, nesrovnávající se

inconsequential [in,konsi'kwenšl] adj *(not logical)* nelogický; *(detail* etc*)* nedůležitý, bezvýznamný

inconsiderable [inkən'sidərəbl] adj nepatrný, zanedbatelný; **a not i. sum of money** nemalá částka peněz

inconsiderate [inkən'sidərət] adj bezohledný; *(thoughtless)* nešetrný, nepozorný; **be i. of sb's feelings** neohlížet se na čí city; **be i. to sb** chovat se ke komu nešetrně

inconsistency [inkən'sistənsi] n nedůslednost, protikladnost; *(instance of i.)* nesrovnalost; *(of work)* nevyrovnanost

inconsistent [inkən'sistənt] adj **1** *(not in harmony)* **be i. with sth** být v rozporu or v neshodě s čím, příčit se čemu, být neslučitelný s čím **2** *(person)* nedůsledný, rozporný

inconsolable [inkən'səuləbl] adj neutišitelný; **she was i.** nedala se utěšit

inconspicuous [inkən'spikjuəs] adj nenápadný; **try to make oneself i.** snažit se držet stranou, snažit se nevzbuzovat pozornost; **an i. little man** nenápadný človíček ■ **~ly** adv nenápadně

inconstancy [in'konstənsi] n nestálost; proměnlivost; *(of weather)* vrtkavost; *(of person)* nestálost, *(in love)* přelétavost; *(transitoriness)* pomíjivost; cf **inconstant**

inconstant [in'konstənt] adj *(person)* nestálý; *(lover)* přelétavý; *(happiness)* křehký; *(weather, mood)* vrtkavý

incontestable [inkən'testəbl] adj *(fact* etc*)* nesporný, nepopiratelný

incontinence [in'kontinəns] n Med inkontinence, neschopnost udržet moč nebo stolici

incontinent [in'kontinənt] adj Med inkontinentní, neschopný udržet moč nebo stolici

incontrovertible [inkontrə'və:təbl] adj *(evidence)* nevyvratitelný

inconvenience [inkən'vi:niəns] n **1** *(discomfort, trouble)* nepříjemnost, nesnáz, potíž; **put sb to great i.** způsobit komu velké nepříjemnosti **2** *(disadvantage)* nepříjemnost, nevýhoda; **it's merely a slight i.** je to jen malá komplikace ● vt obtěžovat; **don't i. yourself** neobtěžujte se

inconvenienced [inkən'vi:niənst] adj *(political correctness)* znevýhodněný

inconvenient [inkən'vi:niənt] adj *(house)* nepohodlný; *(location)* nevýhodný; *(tool, kitchen)* nepraktický; *(time)* nevhodný, nepříhodný; *(unpleasant)* rušivý; **come at an i. time** přijít nevhod or v nevhodnou dobu ■ **~ly** adv nevhod(ně)

incorporate [in'ko:pəreit] vt **1** *(include)* zahrnout, zařadit; *(into a list)* pojmout; *(into a plan)* zapracovat; *(affiliate)* přidružit, přivtělit; **i. sth into sth** zahrnout co do čeho; *(group: into an organization)* integrovat **2** *(company)* legálně ustavit, zapsat do rejstříku akciových společností

incorporated [in'ko:pəreitid] adj Amer **i. company** akciová společnost, společnost s ručením omezeným, s.r.o.

incorrect [inkə'rekt] adj **1** *(wrong)* chybný, nesprávný; *(sum, wording, quotation* also*)* nepřesný; **give i. information** nesprávně informovat; **that's i.** to není pravda; **you are i.** nemáte pravdu **2** *(improper: behaviour)* nekorektní, nepatřičný, neslušný; *(dress)* nevhodný ■ **~ly** adv (cf adj) **1** nesprávně, nepřesně, chybně **2** *(behave)* nevhodně, nekorektně

incorrigible [in'koridžəbl] adj nenapravitelný (**liar** lhář), nepolepšitelný

incorruptible [inkə'raptəbl] adj nepodplatitelný, neúplatný

increase [in'kri:s] **I** vi zvýšit se; *(production, tension, prices, temperature* also*)* vzrůst; *(tension, noise, doubts)* zesílit; *(noise, applause)* mohutnět; *(competition* also*)* zostřit se, zintenzivnět; *(reserves, wealth, debts* also*)* narůst; *(interest* also*)* přirůst; *(knowledge* also*)* prohloubit se, rozšířit se; **i. in weight** ztěžknout, přibrat na váze; **i. in strength** zesílit; **i. in bulk** or **in volume** zvětšit objem; **i. in number** (roz)množit se; **i. in price** zdražit se **II** vt zvýšit; *(possessions* also*)* rozmnožit; *(knowledge* also*)* prohloubit, obohatit, rozšířit; *(living standard, morale* also*)* pozdvihnout, pozvednout; *(pressure, competition)* zintenzivnit, zesílit, zostřit; *(speed* also*)* zrychlit; **i. sb's wages** zvýšit komu plat, přilepšit komu na platu; **i. one's knowledge** zvýšit si znalosti; **i. the price of sth** zdražit co; **i. the yield of wheat** zvýšit výnos pšenice ● ['iŋkri:s] n cf vt & vi zvýšení; (vz)růst; zostření, zesílení, zintenzivnění, rozmnožení, zrychlení; *(in weight, capital* etc*)* přírůstek; *(of production, prices)* vzestup; **be on the i.** vzrůstat, zvyšovat se, *(criminality)* růst, rozmáhat se; **a blanket wage i.** paušální zvýšení mezd; **a massive price i.** podstatné or drastické zvýšení cen

increasing [in'kri:siŋ] adj (cf also **increase** vi & vt) zvyšující se, vzrůstající; **i. prosperity** vzrůstající blahobyt; **i. cloud formation** přibývání oblačnosti ▪ **~ly** adv (stále) víc(e) a víc(e), stále častěji; **it is ~ly obvious that ...** je stále zjevnější, že ...

incredible [in'kredəbl] adj **1** neuvěřitelný; **(but) that's i.** to je neuvěřitelné, to je k neuvěření **2** *(amazing)* fantastický ▪ **incredibly** adv neuvěřitelně; **he's incredibly funny** je nesmírně legrační or zábavný

incredulity [inkrə'dju:ləti] n nedůvěřivost, skepse

incredulous [in'kredjuləs] adj nedůvěřivý (**look/ smile** pohled/ úsměv), nevěřící, skeptický

increment ['iŋkrimənt] n *(increase)* zvýšení platu; *(a salary)* **with annual ~s of £400** s ročním zvýšením o 400 liber

incriminate [in'krimineit] vt obvinit, inkriminovat, přitížit komu

incriminating [in'krimineitiŋ] adj *(evidence)* usvědčující, přitěžující

incubate ['iŋkjubeit] **I** vt **1** *(eggs: of birds)* vysedět, sedět na vejcích; *(in incubator)* dát do inkubátoru or líhně, nechat vylíhnout v líhni **2** *(plan)* (z)osnovat, (u)kout, inf upíct **II** vi **1** *(eggs)* líhnout se, *(in incubator)* být v líhni **2** Med *(virus)* mít inkubační dobu **3** fig *(plan)* zrát, rodit se, formovat se

incubation [iŋkju'beišn] n cf **incubate** inkubace, líhnutí; *(of plan)* osnování, zrání, formování

incubator ['iŋkjubeitə(r)] n inkubátor, (umělá) líheň

inculcate ['inkalkeit] vt fml **i. sb with sth, i. sth in sb** *(ideas, principles)* vštípit komu co

incumbency [in'kambənsi] n fml (pl **-ies**) *(tenure of office)* funkční období, zastávání funkce; **during his i.** když zastával (tuto) funkci, když byl ve funkci

incumbent [in'kambənt] adj fml **1 be i. on** or **upon sb to do sth** být povinností koho udělat co **2** *(current)* úřadující, současný; **the i. mayor** úřadující primátor ● n *(office holder)* držitel určitého úřadu

incur [in'kə:(r)] vt (**-rr-**) **1** *(blame, anger)* vystavovat se čemu; **i. sb's displeasure** vzbudit čí nelibost; **i. risks** riskovat, vydávat se nebezpečí **2** *(losses)* utrpět; *(debts)* udělat; *(expenses)* vzniknout komu; **the expenses ~red** vzniklé or nastalé náklady

incurable [in'kjuərəbl] adj *(disease)* nevyléčitelný; fig *(optimist)* nezdolný ● n nevyléčitelný člověk

incurious [in'kjuəriəs] adj málo zvídavý, neprojevující zvědavost

incursion [in'kə:šn] n *(attack)* vpád, vtrhnutí, invaze

Ind [ind] Br abbr of **Independent** Pol *(candidate)* nezávislý

indebted [in'detid] adj **1** *(owing money)* zadlužený; **be heavily i. to sb** mít u koho velký dluh **2** fig *(grateful)* zavázán, vděčný; **be greatly i. to sb for sth** být komu velmi zavázán za co; **be i. to foreign influences** *(of an artist)* být poplatný cizím vlivům

indebtedness [in'detidnəs] n vděčnost; Fin zadluženost

indecency [in'di:sənsi] n neslušnost, nemravnost, nepřístojnost; **an act of gross i.** Jur trestný čin proti mravopočestnosti

indecent [in'di:snt] adj **1** *(behaviour* etc*)* neslušný, nepřístojný, nemravný; **i. exposure** exhibicionismus **2** *(unseemly)* nevhodný, nemístný; **do sth with i. haste** udělat co s nemístným spěchem ▪ **~ly** adv neslušně; **behave ~ly** chovat se neslušně

indecipherable [indi'saifərəbl] adj nerozluštitelný; *(handwriting)* nečitelný

indecision [indi'sižn] n nerozhodnost, váhavost

indecisive [indi'saisiv] adj **1** *(person)* nerozhodný, váhavý **2** *(inconclusive: victory, evidence)* nepřesvědčivý; *(voting)* nerozhodný

indecisiveness [indi'saisivnəs] n nerozhodnost, váhavost

indeed [in'di:d] adv **1** *(truly, certainly)* věru; (*Was he angry?*) – **I. he was**. A jak!, To tedy ano! **2** *(as intensifier)* opravdu, vskutku; **yes, i.** ano opravdu; **i. it is true** je to skutečně pravda; **thank you very much i.** srdečně vám děkuji; **you are very kind i.** jste opravdu velmi laskav ♦ **a friend in need is a friend i.** v nouzi poznáš přítele **3** *(in fact)* vlastně, ba co víc, dokonce; **I think, i. I know, that ...** myslím, dokonce vím, že ... **4** *(expressing surprise)* opravdu?, skutečně?; *(I have bought a new house.)* – **Have you i.?** Opravdu?, Skutečně? **5** *(expressing irony) (He expects to be promoted.)* – **Does he i.!** Že by?, To snad ne?; **Friend i.!** To je mi pěkný přítel!

indefatigable [indi'fætigəbl] adj fml neúnavný, neúmorný, nezdolný; *(journalist* also*)* inf zuřivý

indefensible [indi'fensəbl] adj **1** *(conduct)* neomluvitelný, neospravedlnitelný **2** *(view)* nezdůvodnitelný; *(theory)* neudržitelný **3** Mil *(position)* neudržitelný

indefinable [indi'fainəbl] adj *(word)* nedefinovatelný; *(colour)* neurčitý; *(feeling)* podivný, zvláštní

indefinite [in'defənət] adj **1** Ling *(article, pronoun)* neurčitý **2** *(indeterminate: time)* neurčitý, nevymezený; **i. strike** stávka na neomezenou dobu **3** *(vague)* neurčitý, nepřesný, nejasný, mlhavý ■ **~ly** adv neurčitě; *(postpone)* na neurčito

indelible [in'deləbl] adj *(ink)* nesmazatelný; *(stain)* neodstranitelný; **i. pencil** inkoustová tužka; **an i. impression** nezahladitelný or nesmazatelný dojem

indelicacy [in'delikəsi] n netaktnost, netaktní chování, nešetrnost; *(remark)* netaktnost, netaktní poznámka

indelicate [in'delikət] adj *(person)* netaktní, nešetrný; *(remark* also*)* nevhodný, nemístný

indemnify [in'demnifai] vt (pt & pp **-ied**) **1** *(compensate)* odškodnit (**for** za), poskytnout komu náhradu **2** *(insure)* pojistit

indemnity [in'demnəti] n **1** *(compensation)* odškodnění, náhrada škody; *(after war)* reparace **2** *(insurance)* pojištění

indent [in'dent] **I** vt **1** Typ *(line, word)* odsadit **2** *(edge)* zoubkovat, vroubkovat; *(coast)* zařezávat se do čeho **3** *(surface: make a dent in)* promáčknout, udělat rýhu na čem **II** vi, vt; Br Comm **i. (on) sb for sth** *(goods)* objednat si u koho co, udělat objednávku u koho na co ● ['in-] n **1** Br Comm objednávka **2** see **indentation**

indentation [inden'teišn] n cf **indent** vt **1** Typ odsazení **2** *(of edge)* zoubkování, vroubkování; *(of coastline)* zářezy **3** *(of surface)* promáčknutí, rýha

indented [in'dentid] adj **1** Typ odsazený **2** *(edge)* vroubkovaný, zoubkovaný; *(coastline)* členitý **3** *(surface)* promáčknutý

independence [indi'pendəns] n Pol nezávislost, suverenita, svrchovanost; *(of person)* samostatnost; **achieve i.** osamostatnit se, dosáhnout nezávislosti ■ **I. Day** Amer Den nezávislosti 4. července

independent [indi'pendənt] adj **1** *(country)* nezávislý, svébytný, autonomní; *(person)* samostatný; **the i. professions** svobodná povolání; **a man of i. means** rentiér, kdo žije z úroků; **become i.** osamostatnit se **2** *(unrelated)* různý, samostatný, na sobě nezávislý; **two i. studies** dvě samostatné studie **3** Pol nezávislý **4** Ling **i. clause** věta hlavní ■ **~ly** adv samostatně ● n Pol nezávislý kandidát

in-depth [in'depθ] adj *(study, report)* důkladný, podrobný, detailní, hloubkový

indescribable [indi'skraibəbl] adj nepopsatelný; *(pleasure)* nevýslovný

indestructibility [indistraktə'biləti] n nezničitelnost

indestructible [indi'straktəbl] adj nezničitelný; *(friendship)* nerozborný

indeterminable [indi'tə:minəbl] adj neurčitelný

indeterminate [indi'tə:minət] adj neurčitý; *(concept, meaning)* nejasný, přesně nevymezený

index ['indeks] n (pl **indexes**) **1** *(in book)* rejstřík; **name/ subject i.** jmenný/ věcný rejstřík **2** *(in library)* katalog; **card i.** kartotéka ■ **i. card** kartotéční lístek or karta **3** Econ (pl also **indices**) index, ukazatel; **the cost-of-living i.** index životních nákladů **4** fig; (pl also **indices**) *(sign)* příznak, znamení, známka (**of sth** čeho); *(pointer)* ukazatel **5** Math (pl only **indices**) *(subscript)* index; *(exponent)* exponent **6** Relig index, seznam zakázaných knih; **be on the i.** *(of book)* být na indexu **7** ■ **i. finger** ukazováček ● vt *(book)* opatřit rejstříkem; *(word, item)* zařadit do rejstříku

index-linked [indeks'liŋkt] adj *(salary)* přizpůsobený výši inflace

India ['indiə] n Indie; **I. rubber** kaučuk; *(eraser)* guma, pryž

Indian ['indiən] adj *(in Asia)* indický; *(in America)* indiánský; **I. club** Gymn kužel; **I. corn** Amer kukuřice; **I. hemp** indické konopí; *(drug)* marihuana, hašiš, kanabis; **I. ink** tuš; **the I. Ocean** Indický oceán; **I. summer** babí léto; **in I. file** husím pochodem ● n *(person) (in Asia)* Ind/ -ka; *(in America)* Indián/ -ka

indicate ['indikeit] **I** vt **1** *(show: by signs)* označit, ukazovat; **i. a route by signs** (o)značit trasu značkami **2** *(be a sign of)* svědčit o čem, ukazovat na co, prozrazovat, naznačovat; **her manner ~d that** *(she knew about it)* její chování svědčilo o tom or naznačovalo, že ..., podle jejího chování se dalo soudit, že ...; **everything ~s that ...** všechno nasvědčuje tomu, že ... **3** *(of speedometer* etc*)* ukazovat (**70 mph** 70 mil za hodinu) **4** *(of person)* naznačit, dát najevo, uvést **5** Med *(treatment)* indikovat **II** vi Aut zapnout ukazatel směru or směrovku or inf blinkr

indication [indi'keišn] n cf **indicate** indikace, náznak, předzvěst, svědectví o čem; **i. of pronunciation** označení výslovnosti; **there is every i. that ..., all the ~s are that ...** všechno nasvědčuje tomu, že ...; vše mluví pro to, že ...; **can you give me some i. as to your intentions?** můžeš mi alespoň naznačit, jaké máš úmysly?; **this gives me some i. of ...** toto mi dává určitou představu o ...

indicative [in'dikətiv] adj **1 be i. of sth** ukazovat na co, naznačovat co, svědčit o čem **2** Ling *(mood)* oznamovací ● n Ling oznamovací způsob, indikativ; **the present/ past i.** přítomný/ minulý indikativ, oznamovací způsob přítomný/ minulý; **be in the i.** být v oznamovacím způsobu

indicator ['indikeitə(r)] n ukazatel; Aut ukazatel směru, směrovka; Chem, Econ indikátor; **arrivals/ departures i.** Rail ukazatel příjezdů a odjezdů, Aviat ukazatel příletů a odletů

indices ['indisi:z] n pl of **index**

indict [in'dait] vt Jur **i. sb (for sth)** obvinit koho (z čeho); **he was ~ed for murder** byl obviněn or obžalován z vraždy

indictable [in'daitəbl] adj *(person)* podléhající trestnímu stíhání; *(crime)* trestný; **i. offence** trestný čin

indictment [in'daitmənt] n **1** Jur obvinění, žaloba, obžaloba; **bring an i. against sb** podat na koho žalobu **2** fig **a damning i. of government policy** zdrcující svědectví nesprávnosti vládní politiky

Indies ['indiz] n pl **the West/ East I.** Západní/ Východní Indie

indifference [in'difrəns] n **1** lhostejnost, apatie, nezájem; **i. to sth** lhostejnost k čemu; **i. to politics** apolitičnost; **it is a matter of complete i. to me** je mi to naprosto lhostejné **2** *(mediocrity)* prostřednost, nevalnost

indifferent [in'difrənt] adj **1** *(unconcerned)* lhostejný, netečný; **be i. to sth** být lhostejný k čemu; **be politically i.** být apolitický, nemít zájem o politiku **2** *(mediocre)* pej nevalný, chabý, podprůměrný

indigenous [in'didžənəs] adj *(population)* domorodý, původní; *(plants, animals)* jsoucí domovem kde; **kangaroos are i. to Australia** klokani mají domov v Austrálii

indigestible [indi'džestəbl] adj *(food)* nestravitelný; fig *(book)* nezáživný

indigestion [indi'džesčən] n zažívací potíže or poruchy; **suffer from i.** mít zažívací potíže

indignant [in'dignənt] adj rozhořčený, pobouřený, pohoršený; **be i. with sb** být rozhořčen na koho; **it made me i.** to mě pobouřilo; **get i. about sth** rozhorlit or pohoršovat se nad čím ■ **~ly** adv rozhořčeně, pobouřeně

indignation [indig'neišn] n rozhořčení, pobouření, nevole, nelibost; **righteous i.** spravedlivé rozhořčení; **arouse sb's i.** vzbudit čí nevoli; **suppress one's i.** potlačit nevoli; **she was seething with i.** vše se v ní bouřilo; **cause public i.** způsobit veřejné pohoršení

indignity [in'dignəti] n (pl **-ies**) ponížení, potupa, pokoření; **we were subjected to great indignities** velmi nás ponižovali

indigo ['indigəu] n **1** (pl **indigos** or **indigoes**) *(die)* indigo; *(colour)* **i. (blue)** indigová modř **2** *(plant)* indigovník ● adj indigový

indirect [ində'rekt, indai'rekt] adj **1** *(route, tax* etc*)* nepřímý; *(expenses* also*)* režijní; **by an i. route/ path** oklikou; Ftb **i. free kick** nepřímý volný kop **2** *(secondary)* vedlejší, sekundární, nepřímý **3** Ling **i. object** nepřímý předmět; **i. question** nepřímá otázka; **i. speech/** Amer **discourse** nepřímá řeč ■ **~ly** adv nepřímo; cf adj

indiscernible [indi'sə:nəbl] adj nerozeznatelný

indiscipline [in'disəplin] n neukázněnost, nekázeň, nedisciplinovanost

indiscreet [indi'skri:t] adj indiskrétní, nediskrétní, netaktní

indiscretion [indi'skrešn] n indiskrétnost, nediskrétnost, netaktnost; **youthful i.** mladická nerozvážnost

indiscriminate [indi'skriminət] adj nevybíravý; *(admiration, reader, viewer)* nekritický; *(praise)* paušální; *(spending)* nerozvážný; **i. shooting** střelba bez míření ■ **~ly** adv cf adj; **shoot ~ly** střílet bez míření; **eat ~ly** jíst všechno, nevybírat si v jídle

indispensable [indis'pensəbl] adj nezbytný, nutný; **be i. to life** být nezbytný pro život

indisposed [indi'spəuzd] adj 1 *(ill)* indisponovaný, churavý, lehce nemocný 2 *(unwilling)* **be i. to do sth** nebýt ochoten něco udělat, nemít chuť něco udělat

indisposition [indispə'zišn] n 1 *(illness)* indispozice, nevolnost, churavost 2 *(unwillingness)* neochota (**to do sth** něco (u)dělat)

indisputable [indi'spju:təbl] adj nepopíratelný, nesporný; **an i. fact** nesporný fakt; **it is i.** to je nesporné, to je bez debaty ■ **indisputably** adv nesporně, bezesporu, beze sporu, nepopíratelně

indissoluble [indi'soljubl] adj 1 Chem nerozpustný 2 fig nerozlučný, nerozlučitelný (**marriage** manželství); Pol nerozborný

indistinct [indi'stiŋkt] adj nejasný, nezřetelný; *(memories)* matný, neurčitý

indistinguishable [indi'stiŋgwišəbl] adj nerozeznatelný; **they are i.** *(twins* etc*)* podobají se jako vejce vejci, jsou k nerozeznání

individual [indi'vidžuəl] adj 1 *(separate, single)* jednotlivý, individuální; **each i. case** každý jednotlivý or zvláštní případ 2 *(for one: portion* etc*)* jednotlivý, pro jednu osobu; **i. tuition** individuální výuka; **i. package** kusová zásilka 3 *(personal)* osobní, individuální; *(plates* etc*)* vlastní 4 *(distinctive: style of dress* etc*)* osobitý, individuální, svérázný ■ **~ly** adv *(separately)* jednotlivě, po jednom ● n 1 *(single human being)* jednotlivec, osoba, osobnost; **the rights of the i.** práva jednotlivce; **freedom of the i.** svoboda osobnosti 2 inf individuum, existence; **a strange i.** podivná existence; **a hapless i.** zkrachovaná existence; **a stubborn i.** paličák (paličatý), tvrdohlavec

individualism [indi'vidžuəlizm] n individualismus

individualist [indi'vidžuəlist] n individualista

individualistic [individžuə'listik] adj individualistický

indivisibility [indivizə'biləti] n nedílnost, nedělitelnost

indivisible [indi'vizəbl] adj nedílný, nedělitelný

Indo- [indəu-] pref Indo-; **Indo-China** [indəu'čainə] Indočína

indoctrinate [in'doktrineit] vt indoktrinovat; **i. sb with sth** inf hustit or cpát koho čím

indoctrination [inˌdoktri'neišn] n indoktrinace

Indo-European [indəujuərə'pi:ən] adj indoevropský ● n 1 Indoevropan/ -ka 2 *(language)* indoevropština

indolence ['indələns] n netečnost, zahálčivost, indolence

indolent ['indələnt] adj *(lazy)* líný, lenivý, zahálčivý, indolentní

indomitable [in'domitəbl] adj *(courage)* nezkrotný, nezdolný, *(will)* nezlomný, železný

Indonesia [indəu'ni:ziə] n Indonézie

Indonesian [indəu'ni:ziən] adj indonéský ● n 1 *(person)* Indonésan/ -ka 2 *(language)* indonéština úřední jazyk

indoor ['indo:(r)] adj attr *(clothing)* domácí; *(games, sports)* sálový, halový; *(aerial, plant)* pokojový; *(swimming pool, tennis court, theatre, stadium)* krytý

indoors [in'do:z] adv *(inside)* uvnitř; *(at home)* doma; **stay i.** zůstat uvnitř, *(at home)* zůstat doma; **go i.** (ve)jít dovnitř; **let's go i.** pojďme dovnitř

indorse [in'do:s] = **endorse**

indubitable [in'dju:bitəbl] adj neklamný, nepochybný ■ **indubitably** adv nepochybně, beze sporu

induce [in'dju:s] vt 1 *(persuade)* přimět, přesvědčit; **i. sb to do sth** přimět koho k čemu 2 *(cause: sleep)* přivodit, navodit; Med *(labour)* vyvolat

inducement [in'dju:smənt] n 1 *(persuasion)* přesvědčování, přemlouvání; *(motive, incentive)* motiv, stimul, pobídka; **cash ~s** finanční pobídky; **material ~s** materiální stimuly 2 *(bribe)* úplatek

induct [in'dakt] vt 1 *(of bishop, president etc: into office)* instalovat, uvést koho slavnostně do úřadu 2 Amer Mil odvést, povolat koho k vojenské službě

inductee [indak'ti:] n Amer odvedenec, branec

induction [in'dakšn] n 1 *(into office)* instalace, slavnostní uvedení do úřadu 2 *(of sleep)* navodění; Med *(of labour)* vyvolání 3 Phys indukce ■ **i. coil** indukční cívka; **i. motor** indukční motor 4 Philos indukce

inductive [in'daktiv] adj 1 Philos induktivní 2 El indukční

indulge [in'daldž] **I** vt 1 *(children)* hýčkat, rozmazlovat, kazit; *(one's passions, lusts)* hovět čemu; **i. oneself** popřávat si; **i. one's curiosity** uspokojit svou zvědavost 2 fml *(speaker)* dovolit komu pokračovat **II** vi 1 inf *(drink)* rád si přihnout 2 **i. in sth** holdovat čemu, libovat si v čem; **i. in fantasies about sth** fantazírovat o čem; **i. in wishful thinking** nalhávat si

indulgence [in'daldžəns] n 1 *(gratification)* požitkářství, bezuzdnost; **i. in drink** nadměrné pití; **sexual i.** poživačnost; **i. in vice** oddávání se neřestem 2 *(kindness)* shovívavost; **treat sb with i.** chovat se k někomu shovívavě 3 *(sth indulged in)* požitek, slabost, neřest; **smoking is my only i.** kouření je moje jediná neřest **4** Relig odpustek; **sell ~s** prodávat odpustky

indulgent [in'daldžənt] adj shovívavý, mírný, benevolentní (**to sb** ke komu) ▪ **~ly** adv shovívavě

industrial [in'dastriəl] adj průmyslový; *(production* also*)* tovární; *(accident, law, relations)* pracovní; *(doctor)* závodní; **i. action** stávková akce; **take i. action** jít do stávky; **i. disease** nemoc z povolání; **i. dispute** konflikt mezi dělníky a zaměstnavatelem; **i. safety** bezpečnost provozu; **i. school** Amer průmyslová škola; **i. unrest** nepokoje mezi dělnictvem; **i. waste** průmyslový odpad

industrialist [in'dastriəlist] n průmyslník, podnikatel

industrialization, -isation [in,dastriəlai'zeišn] n industrializace

industrialize, -ise [in'dastriəlaiz] **I** vt (z)industrializovat, zprůmyslnit; **the ~d countries** průmyslové země **II** vi (z)industrializovat se

industrious [in'dastriəs] adj pilný, pracovitý, přičinlivý

industriousness [in'dastriəsnəs] n píle, pracovitost, přičinlivost

industry ['indəstri] n **1** (pl **-ies**) *(business)* průmysl; *(branch of i.)* průmyslové odvětví; **heavy/ light i.** těžký/ lehký průmysl; **metallurgical i.** hutnictví; **film i.** kinematografie; **tourist i.** turistika **2** *(diligence)* píle, pracovitost, přičinlivost

inebriated [in'i:brieitid] adj fml opilý, jsoucí pod vlivem alkoholu

inebriation [i,ni:bri'eišn] n fml opilost; *(habitual)* opilství

inedible [in'edəbl] adj nepoživatelný; *(unpleasant to eat)* nechutný, nepoživatelný; **it is i.** to se nedá jíst, to není k jídlu

ineffable [in'efəbl] adj fml nevyslovitelný, nevýslovný, nevypověditelný ▪ **ineffably** adv nevýslovně; *(bad)* nesmírně

ineffective [ini'fektiv] adj **1** *(drug, method)* neúčinný; *(attempt, strike)* neúspěšný **2** *(person)* neschopný

ineffectiveness [ini'fektivnəs] n **1** *(of drug* etc*)* neúčinnost; *(of strike)* neúspěšnost **2** *(of person)* neschopnost

ineffectual [ini'fekčuəl] adj *(attempts)* neúspěšný, neúčinný; *(person)* nevýkonný

inefficacious [inefi'kejšəs] adj neúčinný, nepůsobivý; *(policy)* neúspěšný

inefficiency [ini'fišnsi] n (pl **-cies**) cf **inefficient** neefektivnost, nedostatek efektivnosti, nevýkonnost, nehospodárnost

inefficient [ini'fišnt] adj *(use of resources)* neefektivní, nehospodárný; *(machines)* nevýkonný; *(person)* málo výkonný, nešikovný, pomalý

inelegant [in'eligənt] adj neelegantní, nevkusně oblečený; *(style)* těžkopádný

ineligibility [in,elidžə'biləti] n cf **ineligible** nezpůsobilost; nevhodnost; nevolitelnost

ineligible [in'elidžəbl] adj *(for military service)* nezpůsobilý; *(for a job: unqualified)* nedostatečně kvalifikovaný, nevhodný; *(for benefits)* neoprávněný; *(for election)* nevolitelný; **be i. to vote** nemít právo volit

inept [i'nept] adj **1** *(remark, joke)* nehorázný, nejapný, hloupý; *(behaviour)* neobratný, neohrabaný **2** *(person: clumsy)* nešikovný, nemotorný; *(slow at learning)* nechápavý, inf natvrdlý

ineptitude [i'neptitju:d], **ineptness** [i'neptnəs] n cf **inept 1** nejapnost, nehoráznost; neobratnost, neohrabanost **2** nešikovnost, nemotornost; nechápavost

inequality [ini'kwoləti] n **1** nerovnost (also Math), nestejnost; *(political, racial* etc*)* nerovnoprávnost **2** *(instance of i.)* (pl **-ies**) rozdíl, nerovnost; **social inequalities** sociální nerovnosti or rozdíly

inequitable [in'ekwitəbl] adj nespravedlivý, nerovný (**division of wealth** rozdělení majetku) ▪ **inequitably** adv nespravedlivě, nerovně

inequity [in'ekwəti] n nespravedlnost

ineradicable [ini'rædikəbl] adj *(disease, prejudices)* nevyhladitelný, nevykořenitelný

inert [in'ə:t] adj nehybný, inertní; fig netečný, liknavý; **i. gas** inertní or netečný plyn

inertia [i'nə:šə] n netečnost; Phys setrvačnost; **moment of i.** moment setrvačnosti; **the law of i.** zákon setrvačnosti

inescapable [ini'skeipəbl] adj nevyhnutelný (**conclusion** následek); *(necessity)* neodvratný, osudový; *(fact)* nepopíratelný

inessential [ini'senšl] adj nepodstatný, nedůležitý ● **inessentials** n pl bezvýznamné podrobnosti

inestimable [in'estiməbl] adj neocenitelný, nedocenitelný (**help** pomoc); *(value)* neodhadnutelný, nevypočitatelný

inevitability [in,evitə'biləti] n nevyhnutelnost, nutnost

inevitable [in'evitəbl] adj nevyhnutelný, nutný, nezbytný; *(fate)* neodvratný; **bow to the i.** brát něco jako nutnost, smířit se s něčím; **the i. pipe in his mouth** se svou neodlučnou dýmkou v ústech ▪ **inevitably** sentence adv **inevitably, the train was late** vlak měl samozřejmě zpoždění

inexact [inig'zækt] adj nepřesný; *(wrong* also*)* nesprávný, chybný

inexactitude [inig'zæktitju:d; Amer -titu:d] n nepřesnost; *(mistake* also*)* nesprávnost

inexcusable [inik'skju:zəbl] adj neodpustitelný, neomluvitelný

inexhaustible [inig'zo:stəbl] adj **1** *(source)* nevyčerpatelný; *(supplies)* nepřeberný **2** *(person)* neúnavný, neunavitelný; **an i. worker** neúnavný pracant

inexorable [in'eksərəbl] adj fml *(logic, facts, fate)* neúprosný; *(march of progress)* nezadržitelný

inexpensive [inik'spensiv] adj levný, laciný, cenově výhodný ■ **~ly** adv *(sell)* levně; *(live)* nenákladně, skromně

inexperience [inik'spiəriəns] n nezkušenost

inexperienced [inik'spiəriənst] adj nezkušený

inexpert [in'ekspə:t] adj neodborný, nezkušený ■ **~ly** adv neodborně, nešikovně

inexplicable [inik'splikəbl] adj nevysvětlitelný, záhadný; **i. anxiety** bezděčný neklid ■ **inexplicably** adv nevysvětlitelně, záhadně; **inexplicably,** *(she never spoke to me again)* ze záhadných důvodů …

inexpressible [inik'spresəbl] adj *(feelings)* nepopsatelný; *(joy)* nevýslovný

inexpressive [inik'spresiv] adj bezvýrazný; *(style)* nevýrazný, fádní

inextinguishable [inik'stiŋgwišəbl] adj **1** *(fire)* neuhasitelný **2** fig *(hope)* nehasnoucí, neutuchající; *(desire)* neukojitelný; *(laughter)* nezadržitelný

inextricable [inik'strikəbl] adj **1** *(tangle)* nedající se rozmotat; fig (eg Art & Hist) neoddělitelný **2** *(problems)* neřešitelný **3** *(unavoidable: difficulties)* nevyhnutelný ■ **inextricably** adv neoddělitelně; neřešitelně; nevyhnutelně

infallibility [in͵fælə'biləti] n neomylnost; *(of method, theory)* naprostá spolehlivost; **Papal i.** papežská neomylnost

infallible [in'fæləbl] adj **1** *(person)* neomylný **2** *(remedy, cure)* bezpečný, naprosto spolehlivý; *(instinct)* neomylný; *(method, test)* naprosto spolehlivý, stoprocentní

infamous ['infəməs] adj *(notorious: person, institution)* nechvalně známý, neblaze or smutně proslulý; *(wicked)* hanebný, nízký; *(behaviour, treatment of sb)* skandální; *(lie)* pustý; *(part of city)* vykřičený; **an i. character** povedený ptáček, známá or vyhlášená firma both fig

infamy ['infəmi] n cf **infamous 1** hanebnost, nízkost, ohavnost; skandálnost; vykřičenost; *(wicked act)* hanebný čin **2** *(public dishonour)* hanba, ostuda

infancy ['infənsi] n **1** *(early childhood)* rané dětství **2** Br Jur nezletilost, neplnoletost do 18 let **3** fig *(of research, subject, new state, party* etc*)* **be still in its i.** být stále ještě v plenkách; **be no longer in its i.** vyrůst z dětských střevíčků

infant ['infənt] n **1** *(baby)* kojenec, miminko, nemluvně; *(young child)* malé dítě ■ **i. industry** mladý or rozvíjející se průmysl; **i. mortality** kojenecká úmrtnost; **i. prodigy** zázračné dítě; **i. school** Br ≅ ročníky pro předškolní výchovu 5 – 7 let, první dvě třídy obecné školy **2** Jur nezletilý, mladistvý, neplnoletý

infanticide [in'fæntisaid] n vražda dítěte; *(murderer)* vrah/ vražedkyně dítěte

infantile ['infəntail] adj **1** *(diseases* etc*)* dětský; **i. paralysis** dated *(poliomyelitis)* dětská obrna **2** *(childish)* dětinský, dětský, infantilní

infantilism [in'fæntiləzm] n **1** Med infantilismus **2** *(childishness)* dětinství, infantilnost

infantry ['infəntri] n Mil pěchota, dated infanterie ■ **an i. regiment** pěší pluk

infantryman ['infəntrimən] n (pl **-men**) Mil pěšák, dated infanterista

infatuated [in'fætjueitid] adj poblázněný; **be i. with sb** být do koho zblázněný or inf zabouchnutý; **become i. with sb** zbláznit or zabouchnout se do koho

infatuation [in͵fætju'eišn] n poblouznění, pobláznění, posedlost (**with sb/ sth** po kom/ čem)

infect [in'fekt] vt **1** *(person)* nakazit; *(wound, cut)* infikovat; *(water)* znečistit, zamořit, kontaminovat; *(food)* kontaminovat; **become ~ed** *(wound)* zanítit se, *(person)* nakazit se; **she ~ed all the family with the flu** celá rodina od ní chytila chřipku **2** fig *(with enthusiasm* etc*)* nakazit; **be ~ed with sth** *(ideology* etc*)* načichnout čím

infection [in'fekšn] n **1** *(of wound)* infekce; *(with illness)* nákaza; *(of water)* kontaminace, znečištění, zamoření; **throat i.** zánět nosohltanu; **dental i.** zubní infekce; **risk of i.** nebezpečí nákazy **2** fig *(with dangerous ideas)* nákaza, nakažení **3** Comput nákaza, infekce

infectious [in'fekšəs] adj **1** *(disease)* infekční, nakažlivý, přenosný **2** fig approv *(laugh, enthusiasm)* nakažlivý; **his optimism was i.** nakazil všechny svým optimismem

infectiousness [in'fekšəsnəs] n cf **infectious 1** infekčnost, nakažlivost **2** fig nakažlivost; **the i. of her laughter** nakažlivost jejího smíchu

infelicitous [infe'lisitəs] adj *(word)* nevhodný, nešťastný; *(remark)* nevhodný, nemístný, netaktní

infer [in'fə:(r)] vt (**-rr-**) **1** *(deduce)* **i. sth from sth** usoudit co z čeho, vyvodit or odvodit co z čeho **2** *(imply)* naznačit, dát komu co na srozuměnou; **what are you ~ring by that** co tím chceš říci?, jak si to mám vysvětlit?

inference ['infərəns] n Logic závěr, logický důsledek, vývod; **by i.** dedukcí; **draw ~s from sth** vyvodit z čeho závěry

inferential [infə'renšl] adj Logic deduktivní, infereční; **i. evidence** nepřímý důkaz; **i. proofs** deduktivní důkazy

inferior [in'fiəriə(r)] adj **1** *(quality)* špatný, horší, podružný; *(goods)* horší kvality, méně jakostní, podřadný; **be i. to sth** *(in quality)* být méně kvalitní než co; **goods of i. quality** méně jakostní zboží **2** *(person: in rank)* níže postavený, podřízený; **be socially i.** být společenský níže postavený; **be in no way i. to sb** nikterak nezůstávat za někým pozadu ● n *(in social status)* osoba nižšího stavu; *(in rank)* podřízený

inferiority [in,fiəri'orəti] n **1** *(in quality)* podřadnost, méněcennost, inferiorita, nižší hodnota ■ **i. complex** komplex méněcennosti **2** *(in social status)* nižší společenské postavení; *(in rank)* podřízenost

infernal [in'fə:nl] adj **1** *(of hell)* pekelný, ďábelský **2** fig *(terrible, awful) (cruelty)* ďábelský; *(noise)* příšerný, pekelný; *(annoying: child, telephone* etc*)* otravný ■ **~ly** inf *(awfully)* strašně, pekelně; **it's ~ly hot** je pekelně horko

inferno [in'fə:nəu] n Rhetor inferno, infernum; **the house was a blazing i.** dům byl v jednom plameni

infertile [in'fə:tail] adj *(couple)* neplodný; *(animal* also*)* jalový; *(soil* also*)* neúrodný, jalový

infertility [infə'tiləti] n (cf **infertile**) neplodnost, jalovost

infest [in'fest] vt *(of rats, spies)* zamořit; **be ~ed with rats/ lice** být zamořený krysami/ být zavšivený; **be ~ed with spies** být prolezlý špiony; **shark-~ed sea** moře hemžící se žraloky

infestation [infe'steišn] n zamoření (**with sth** čím)

infidel ['infidəl] n Relig nevěrec, nevěřící

infidelity [infi'deləti] n *(unfaithfulness)* nevěrnost, nevěra, cizoložství

infighting ['infaitiŋ] n **1** Box boj zblízka **2** fig *(in organization, group)* rivalita, boj o pozice, inf boj o koryta

infiltrate ['infiltreit] vt **1** *(organization, enemy line* etc*)* infiltrovat do čeho, proniknout do čeho; **the organization was ~d by enemy agents** organizace byla infiltrována nepřátelskými agenty **2** *(liquid)* infiltrovat, pronikat, prosáknout

infiltration [infil'treišn] n cf **infiltrate** **1** Mil, Pol infiltrace, pronikání, proniknutí do čeho **2** prosakování, infiltrace

infiltrator ['infiltreitə(r)] n tajný agent proniknuvší do organizace ap.

infinite ['infinət] adj *(space)* nekonečný, ohromný, neohraničený; *(wealth)* nesmírný; *(wisdom, patience)* neskonalý; **with i. care** s nesmírnou pečlivostí; **with i. discretion** ve vší tichosti ■ **~ly** adv **1** nekonečně, neskonale; **~ly small** mizivě malý **2** *(with comparatives)* daleko, nesrovnatelně; **i. better** nesrovnatelně lepší

infinitesimal [infini'tesiml] adj **1** Math infinitezimální (**calculus** počet) **2** *(tiny)* nesmírně malý, nepatrný, mizivý

infinitive [in'finətiv] n Ling infinitiv

infinity [in'finəti] n **1** *(of space)* nekonečnost **2** Math, Phys nekonečno **3** *(large amount)* nekonečné množství

infirm [in'fə:m] adj **1** *(ailing)* neduživý, churavý; *(weak)* slabý, nemohoucí; *(steps)* nejistý **2** *(irresolute)* **i. of purpose** nerozhodný, váhavý

infirmary [in'fə:məri] n *(hospital)* nemocnice; *(sick room: in barracks, prison* etc*)* ošetřovna

infirmity [in'fə:məti] n fml cf **infirm** (pl **-ies**) **1** churavost, neduživost; slabost; **the infirmities of old age** neduhy stáří **2** **i. of purpose** nerozhodnost, váhavost

inflame [in'fleim] **I** vt **1** *(rouse: crowd)* rozpálit, rozvášnit; *(passions, anger)* roznítit, vyvolat; **he was ~d with rage** rozohnil se; **he was ~d with love for her** zaplanul k ní láskou **2** Med *(wound)* **become ~d** zjitřit se, zanítit se, inf zapálit se **II** vi *(wound)* zanítit se, zjitřit se

inflamed [in'fleimd] adj Med zanícený, zjitřený, zapálený

inflammable [in'flæməbl] adj lit hořlavý, zápalný; fig *(temper)* vznětlivý; *(situation)* napjatý

inflammation [inflə'meišn] n Med zánět, zápal

inflammatory [in'flæmətəri] adj *(speech, propaganda)* paličský, pobuřující **2** Med zánětlivý

inflatable [in'fleitəbl] adj nafukovací; **an i. mattress** nafukovací matrace

inflate [in'fleit] **I** vt **1** *(with pump)* nahustit, napumpovat; *(with mouth)* nafouknout **2** *(prices)* vyšroubovat, vyhnat nahoru **3** fig **i.**

sb with pride naplnit koho pýchou **II** vi *(tyre)* nahustit se; *(lungs)* naplnit se vzduchem

inflated [in'fleitid] adj **1** *(tyre)* nahuštěný **2** *(opinion)* přehnaný; *(style)* nabubřelý, bombastický; **have an i. opinion of oneself** být přehnaně sebevědomý

inflation [in'fleišn] n **1** Econ inflace **2** *(of tyre* etc*)* (na)huštění, (na)pumpování, nafouknutí, nafukování

inflationary [in'fleišnəri] adj Econ inflační; **i. spiral** inflační spirála

inflect [in'flekt] **I** vt **1** Ling ohýbat; *(verbs)* časovat; *(nouns)* skloňovat **2** *(voice, tone)* modulovat **II** vi *(of nouns)* skloňovat se; *(of verbs)* časovat se

inflected [in'flektid] adj *(language)* flexivní, flektivní

inflection [in'flekšn] n Ling ohýbání, flexe

inflectional [in'flekšənl] adj Ling *(ending, form)* ohýbací, flektivní

inflexibility [in͵fleksə'biləti] n **1** *(stiffness)* tuhost, neohebnost, nepružnost **2** fig neoblomnost, neústupnost; *(of political system)* nehybnost, ztrnulost

inflexible [in'fleksəbl] adj **1** lit *(stiff)* nepružný, tuhý, neohebný, nepoddajný **2** fig *(person)* neoblomný, neústupný; *(attitude)* nepružný; *(will)* nezlomný, neoblomný

inflexion [in'flekšn], **inflexional** [in'flekšənl] = **inflection, inflectional**

inflict [in'flikt] vt **1** *(blow)* zasadit; *(punishment)* uvalit; *(fine)* uložit; *(suffering, damage, defeat)* způsobit (**on sb** komu); **i. a fine on sb** uložit komu pokutu **2 i. oneself** or **one's company on sb** vnutit se komu

in-flight [in'flait] adj *(meal, entertainment)* poskytnutý v průběhu letu, během letu; **in-flight movie** film promítaný během letu; **in-flight refuelling** tankování za letu

inflorescence [inflə'resns] n Bot květenství

inflow ['infləu] n *(of liquid)* vtok, přítok; *(of air)* přívod; fig *(of capital)* příliv

influence ['influəns] n **1** vliv; **have an i. on sb/ sth** mít na koho/ co vliv; **have a good/ bad/ harmful i. on sb** mít na koho dobrý/ špatný/ neblahý vliv; **be under the i.** být opilý; **be under the i. of alcohol/ of drugs** být pod vlivem alkoholu/ drog; Jur **undue i.** nepřípustné ovlivňování **2** *(thing, person, fact exercising i.)* **he is a bad i. on her** má na ni špatný vliv; **he is greatly indebted to foreign ~s** je silně poplatný cizím vzorům ● vt ovlivnit; **he is easily ~d** dá se snadno ovlivnit

influential [influ'enšl] adj vlivný; **i. circles** vlivné kruhy; **be i.** mít vliv; **have i. friends** mít konexe

influenza [influ'enzə] n Med chřipka; **he has i.** má chřipku

influx ['inflaks] n **1** *(of people)* nával; *(of foreign goods)* záplava; *(of capital)* (náhlý) příliv **2** see **inflow**

info ['infəu] inf abbr of **information** informace

inform [in'fo:m] **I** vt informovat; **i. sb (of** or **about sth)** informovat or uvědomit or zpravit koho (o čem); **i. the police about sth** oznámit co policii; **keep sb ~ed** podávat komu pravidelné zprávy; **be well ~ed** mít rozhled, orientovat se **II** vi **i. against** or **on sb** učinit na koho udání, udat koho, pej denuncovat koho

informal [in'fo:ml] adj **1** neformální; *(manner* also*)* nenucený **2** *(not official: meeting, occasion, gathering)* neformální, neoficiální, přátelský **3** *(language, speech)* hovorový ■ **~ly** adv neformálně; nenuceně; neoficiálně

informality [info:'mæləti] n cf **informal** neformálnost; nenucenost; neoficiálnost

informant [in'fo:mənt] n Sociol, Ling informátor při výzkumu

informatics [infə'mætiks] n informatika

information [infə'meišn] n **1** *(informing)* informování; **first-hand i.** informace z první ruky; **for your i.** pro vaši orientaci or informaci ■ **i. service** informační služba; **i. desk** informace; **i. officer** informátor **2** *(facts)* informace; **a piece of i.** informace, údaj; **snippets of i.** kusé zprávy; **obtain i.** získat informace; **give sb incorrect i.** nesprávně koho informovat; **a lot of useful i.** spousta užitečných informací **3** *(knowledge)* znalost(i); **his i. on the subject is excellent** zná tento obor výborně **4** Comput, Information sciences ■ **i. processing** zpracování informací; **i. retrieval** vyhledávání informací; **i. technology** technologie zpracování informací, informační technologie; **i. theory** teorie informace

informative [in'fo:mətiv] adj informativní; *(instructive: lecture, book)* poučný; *(person)* sdílný; **he is not very i. about his intentions** o svých úmyslech se příliš nezmiňuje or nešíří

informed [in'fo:md] adj informovaný; **i. sources** dobře informovaná místa; **i. guess** kvalifikovaný odhad

informer [in'fo:mə(r)] n **1** gen informátor **2 (police) i.** udavač, konfident, donašeč, sl špicl, fízl

infraction [in'frækšn] n fml *(of law, a rule*

etc) porušení, přestoupení; *(criminal offence)* přestupek

infra dig [infrə'dig] adj inf pod mou/ jeho etc důstojnost

infrared [infrə'red] adj infračervený

infrastructure ['infrəstrakčə(r)] n infrastruktura

infrequency [in'fri:kwənsi] n řídkost, vzácnost, malá častost

infrequent [in'fri:kwənt] adj řídký, vzácný, málo častý; **at i. intervals** s dlouhými intervaly ■ **~ly** adv zřídka, čas od času

infringe [in'frindž] **I** vt *(law, ban)* přestoupit; *(law, contract, rules, patent, copyright)* porušit; *(rules)* provinit se proti čemu **II** vi **i. on** or **against sb's rights** zasahovat do čích práv, omezovat čí práva

infringement [in'frindžmənt] n cf **infringe** *(of law)* porušení; *(of rights)* omezování, zkracování

infuriate [in'fjuərieit] vt rozzuřit, rozběsnit, rozvzteklit, silně dopálit; **be ~d** zuřit, vztekat se

infuriating [in'fjuərieitiŋ] adj **it's i.** to je k zlosti, to je k vzteku; **he is i.** je hrozný or nesnesitelný, člověk by se z něho zbláznil ■ **~ly** adv **he is ~ly slow** je zoufale pomalý

infuse [in'fju:z] **I** vt **1** *(inspire)* **i. sb with sth**, **i. sth into sb** fig naplňovat koho čím, inspirovat koho k čemu; **i. sb with courage** dodat/ dodávat komu odvahy **2** Cook *(herbs)* udělat z něčeho odvar; *(tea)* spařit **II** vi Cook vyluhovat se

infusion [in'fju:žn] n **1** fig *(of courage)* dodání; *(of new blood)* fig vlévání, příliv **2** Cook odvar, nálev, té **3** Med infuze

ingenious [in'dži:niəs] adj *(person)* vynalézavý, *(skilful)* šikovný; *(idea, device)* důmyslný, důvtipný

ingeniousness [in'dži:niəsnəs], **ingenuity** [indži'nju:əti] n cf **ingenious** důmysl, důvtip, šikovnost, invence

ingenuous [in'dženjuəs] adj fml *(frank)* upřímný, přímý; *(naive)* bezelstný, prostý, naivní, nelíčený

inglorious [in'glo:riəs] adj neslavný; *(defeat)* potupný; **come to an i. end** skončit neslavně

ingoing ['ingəuiŋ] adj *(tenant)* nový; *(administration)* nastupující

ingot ['iŋgət] n Metal ingot; **gold i.** zlatý prut

ingrained [in'greind] adj **1** *(habit, prejudice)* hluboce zakořeněný; *(belief)* pevný, nezviklatelný, neotřesitelný **2** *(dirt)* zažraný

ingratiate [in'greišieit] vt pej **i. oneself with sb** předcházet si koho, vetřít se do čí přízně

ingratiating [in'greišieitiŋ] adj *(person, manners)* úlisný, vtíravý, vemlouvavý; *(smile)* sladký, cukerínový; *(tone of voice)* nasládlý

ingratitude [in'grætitju:d] n nevděk

ingredient [in'gri:diənt] adj Cook složka, přísada, příměs, Pharm also ingredience; **~s** složení směsi; fig **the ~s of success** to, co je potřeba k úspěchu

in-group ['ingru:p] n Sociol skupina vlastní, in-group; zájmová skupina; pej klika

ingrowing [in'grəuiŋ] adj Med *(toenail)* zarostlý

inguinal ['iŋgwinl] adj Med tříselný; **i. hernia** tříselná kýla

inhabit [in'hæbit] vt obývat, bydlit kde; *(animals)* žít kde; *(plants)* nacházet se kde

inhabitant [in'hæbitənt] n *(of house, town, country)* obyvatel, *(of village, town, country* also*)* občan; **~s** also obyvatelstvo, občané

inhalation [inhə'leišn] n Med inhalace

inhalator ['inhəleitə(r)] n inhalátor, inhalační přístroj

inhale [in'heil] **I** vt vdechnout, vdechovat; expr *(fresh air* also*)* lokat; Med inhalovat **II** vi *(of smokers)* vdechovat kouř z cigarety, inf šlukovat; *(breathe in)* nadechnout se

inhaler [in'heilə(r)] n inhalátor, inhalační přístroj

inherent [in'herənt] adj inherentní, vlastní čemu, patřící k čemu, spojený s čím; **the risks i. in flying** rizika spojená s létáním ■ **~ly** adv inherentně, ve své podstatě, v samé podstatě

inherit [in'herit] **I** vt *(property; problems; characteristics* etc*)* (z)dědit **II** vi **i. from sb** (po)dědit po kom

inheritance [in'heritəns] n dědictví (also fig), pozůstalost; **cultural i.** kulturní dědictví; **get sth by i.** zdědit něco; **come into an i.** dědit ■ **i. tax** dědická daň

inherited [in'heritid] adj *(disease)* dědičný; *(qualities, wealth)* zděděný

inhibit [in'hibit] vt *(freedom)* omezovat; *(emotions)* potlačit, *(desires)* držet na uzdě; *(production)* brzdit, utlumit

inhibited [in'hibitid] adj nesmělý, plachý

inhibition [inhi'bišn] n Psych inhibice, zábrana, ostych; **moral ~s** morální skrupule; **lose one's ~s** zbavit se ostychu, ztratit zábrany

inhospitable [inho'spitəbl] adj *(of people)* nepohostinný; *(place, climate)* nehostinný

inhuman [in'hju:mən] adj nelidský; *(cruel)* krutý, ukrutný

inhumane [inhju'mein] adj nehumánní

inhumanity [inhju'mænəti] n nelidskost; *(cruelty)* krutost

inimical [i'nimikl] adj *(hostile)* nepřátelský; *(conditions)* nepříznivý

inimitable [i'nimitəbl] adj nenapodobitelný

iniquitous [i'nikwitəs] adj *(wicked)* hanebný, nestvůrný; *(unjust)* nespravedlivý

iniquity [i'nikwəti] n *(wickedness)* hanebnost, nestvůrnost; *(injustice)* nespravedlnost ♦ **a den of i.** semeniště neřestí; *(brothel)* dům hříchu

initial [i'nišl] adj **1** začáteční, počáteční; **i. difficulties** (prvo)počáteční potíže; **in the i. stages** v počátcích **2** Typ **i. letter** iniciál(k)a, počáteční písmeno ■ **~ly** adv zpočátku, na počátku, zprvu ● n iniciála; **~s** začáteční písmena, iniciály, monogram, *(signature by ~s)* parafa ● vt (**-ll-**; Amer **-l-**) parafovat, signovat iniciálami, vidovat

initiate [i'nišieit] vt **1** *(talks, campaign, lawsuit, reforms)* zahájit; *(quarrel)* vyvolat, vyprovokovat, iniciovat **2** **i. sb into sth** uvést or zasvětit koho do čeho, obeznámit koho s čím; *(new employee* also*)* zacvičit koho do čeho **3** *(into sect, club)* slavnostně přijmout

initiation [iˌniši'eišn] n cf **initiate 1** zahájení; vyvolání, vyprovokování **2** uvedení, zacvičení **3** *(into club* etc*)* slavnostní přijetí; *(tribal ritual)* iniciace ■ **i. ceremony** iniciační obřad or rituál

initiative [i'nišətiv] n iniciativa, podnět; *(assertiveness)* průbojnost; **on one's own i.** z vlastní iniciativy, na vlastní pěst; **take the i.** ujmout or chopit se iniciativy

initiator [i'nišieitə(r)] n iniciátor, inspirátor

inject [in'džekt] vt **1** *(drug)* vstříknout; *(person)* dát or píchnout komu injekci; **i. sb with penicillin, i. penicillin into sb** dát komu penicilinovou injekci, vstříknout komu penicilin **2** fig *(capital)* investovat; **i. new life into sb** vlít komu novou sílu; **i. new life into sth** *(industry, project* etc*)* oživit co

injection [in'džekšn] n **1** Med injekce; **give sb an i.** dát or píchnout komu injekci **2** fig *(of capital)* investice

injudicious [indžu'dišəs] adj nemoudrý, neuvážený ■ **~ly** adv nemoudře, neuváženě

injunction [in'džaŋkšn] n Jur soudní příkaz or zákaz, soudní nařízení; **issue an i.** vydat soudní příkaz

injure ['indžə(r)] vt **1** lit zranit, poranit; **i. one's leg** poranit se na noze, pochroumat si nohu; **i. oneself, get ~d** poranit se **2** fig *(health, economy)* poškodit; **i. sb's feelings** dotknout se čích citů, zranit čí city

injured ['indžəd] adj **1** lit zraněný, poraněný **2** *(feelings)* zraněný; **i. pride** uražená ješitnost or pýcha

injurious [in'džuəriəs] adj fml **1** *(harmful)* škodlivý; **smoking is i. to health** kouření škodí zdraví **2** *(insulting:* eg *remarks)* urážlivý

injury ['indžəri] n (pl **-ies**) **1** *(physical)* zranění, poranění, úraz; **head i.** zranění na hlavě; **sustain an i.** utrpět úraz, poranit se; **do sb an i.** způsobit komu zranění, poranit koho ■ **i. time** Sport prodloužený čas **2** fig fml **do sb i.** ublížit komu, ukřivdit komu

injustice [in'džastis] n nespravedlnost, křivda; **do sb an i.** ukřivdit komu, spáchat na kom křivdu; **a glaring i.** do nebe volající křivda; **he suffered a grave i.** stala se mu velká křivda

ink [iŋk] n inkoust; **printer's ink** tiskařská čerň; **Indian ink** tuš; **invisible ink** neviditelný inkoust ● I vt napustit or natřít inkoustem or černí; Typ nanášet barvu nač II phr vs ■ **ink in** vt vytáhnout co inkoustem or tuší ■ **ink sth out** vt začernit co inkoustem

inkjet ['iŋkdžət] n Comput **i. printer** trysková tiskárna

inkling ['iŋkliŋ] n *(vague idea)* tušení, ponětí; *(sign)* náznak; *(suspicion)* podezření; **I didn't have an i. that ..., I had no i. that ...** neměl jsem ani tušení or ponětí, že ...

inkpad ['iŋkpæd] n poduška or polštářek na razítka

inkpot ['iŋkpot] n kalamář

inkwell ['iŋkwel] n kalamář zapuštěný do otvoru

inky ['iŋki] adj (**-ier**, **-iest**) **1** *(inkstained)* umazaný od inkoustu **2** *(dark: of night)* černý jako inkoust

inlaid [in'leid] pt & pp of **inlay** ● adj vykládaný (**with sth** čím); *(wood* also*)* intarzovaný; *(metals)* cizelovaný; *(with gold, ivory* etc*)* inkrustovaný

inland ['inlənd] adj **1** *(not coastal)* vnitrozemský; **i. country** vnitrozemský stát; **i. navigation** vnitrozemská plavba **2** *(not foreign: trade* etc*)* tuzemský, domácí, vnitřní; *(product)* tuzemský; Br **I. Revenue** berní správa ● [in'lænd] adv *(live)* ve vnitrozemí; *(travel)* do vnitrozemí

in-laws ['inlo:z] n pl nepokrevní příbuzní, příbuzní z manželovy/ z manželčiny strany

inlay ['inlei] n **1** ozdobné vykládání, *(of gold, ivory)* inkrustace; *(in wood)* intarzie, *(of marquetry)* marketerie; *(in metalwork)* damaskování **2** Dent *(in tooth)* inlay, inlej ● [in'lei] vt (pt, pp **inlaid**) cf n (ozdobně) vykládat, inkrustovat, damaskovat, intarzovat, zdobit intarziemi

inlet ['inlet] n **1** *(in coastline)* malá zátoka, chobot moře; *(between islands)* mořská úžina **2** Techn přívod ■ **i. pipe** přívodní trubka or roura; **i. valve** vpouštěcí ventil

inmate ['inmeit] n *(in house)* obyvatel; *(in mental institution, camp* etc*)* chovanec; *(in prison)* vězeň

inmost ['inməust] = **innermost**

inn [in] n Br hostinec, malý hotel na venkově

innards ['inədz] n pl inf vnitřnosti also fig

innate [i'neit] adj vrozený; **i. intelligence** vrozená inteligence

inner ['inə(r)] adj **1** *(side, door, city* etc*)* vnitřní; **i. tube** *(of tyre)* duše; Anat **i. ear** vnitřní ucho; **i. ring road** vnitřní okruh **2** fig *(emotions)* vnitřní; *(convictions)* nejhlubší; **i. life** niterný život; **i. circle of friends** nejbližší přátelé ♦ **the i. man/ woman** *(soul)* duše; joc *(stomach)* žaludek; **satisfy the i. man** fig postarat se o své tělesné blaho

innermost ['inəməust] adj **1** *(place)* nejvnitřnější **2** *(feeling)* nejvnitřnější, nejniternější

innings ['iniŋz] n Cricket (pl unchanged); **inning** n (pl **~s**) Baseball směna družstva na pálce ♦ **he has had a good** or **long i.** *(life)* prožil dlouhý a šťastný život

innkeeper ['inki:pə(r)] n hostinský, *(of pub)* hospodský

innocence ['inəsəns] n **1** *(of wrongdoing)* nevina; **prove one's i.** dokázat svou nevinu; **he protested his i.** dušoval se, že je nevinný **2** *(freedom from sin)* nevinnost; **be a picture of i.** tvářit se jako neviňátko **3** *(ignorance)* nevědomost, expr svatá prostota

innocent ['inəsənt] adj **1** *(of wrongdoing)* nevinný; **declare sb i.** prohlásit koho za nevinného **2** *(not corrupted)* nevinný, nezkažený **3** *(naive)* naivní, bezelstný; *(joke)* nevinný; **an i. remark** bezelstná poznámka **4** *(harmless: amusement* etc*)* nevinný, neškodný; **i. flirtation** nevinný flirt ● n nevinný or naivní člověk, *(child)* neviňátko; **play the i.** dělat ze sebe neviňátko, tvářit se jako svatoušek; **slaughter of the I~s** Bibl vraždění neviňátek

innocuous [i'nokjuəs] adj *(snake, drug, ingredient)* neškodný; *(remark)* nevinný

innovate ['inə(u)veit] vi zavádět inovace or novinky, zavádět nové postupy

innovation [inə(u)'veišn] n **1** *(innovating)* novátorství, zavádění inovací or nových postupů **2** *(new technique, idea)* novinka, novota, inovace

innovative ['inəuveitiv], **innovatory** [inə'veitəri] adj novátorský, inovační, průkopnický

innovator ['inəveitə(r)] n novátor, průkopník

innuendo [inju'endəu] n (pl **~s** or **~es**) narážka, inf špička; **make an i. about sth** udělat na co narážku

innumerable [i'nju:mərəbl] adj nesčetný; **on i. occasions** nesčetněkrát

innumeracy [i'nju:mərəsi] n negramotnost v počtech

innumerate [i'nju:mərət] adj **be i.** neumět počítat

inoculate [i'nokjuleit] vt Med (na)očkovat; **i. sb against sth** naočkovat koho proti čemu

inoculation [iˌnokju'leišn] n očkování

inoffensive [inə'fensiv] adj *(harmless)* neškodný; *(remark)* nevinný; *(person)* dobromyslný

inoperable [in'opərəbl] adj **1** *(tumour* etc*)* neoperovatelný **2** fml *(unworkable)* neproveditelný

inoperative [in'opərətiv] adj **1** *(laws)* nejsoucí v účinnosti, neplatný **2** *(machine)* jsoucí mimo provoz

inopportune [in'opətju:n, Amer -tu:n, inopə'tju:n] adj nevhodný, nepříhodný, nemístný; **at an i. time** v nepravý čas, nevčasně

inordinate [in'o:dinət] adj *(excessive)* nadměrný, přílišný, přehnaný

inorganic [ino:'gænik] adj anorganický, neorganický; **i. chemistry** anorganická chemie

in-patient ['inpeišnt] n hospitalizovaný pacient

input ['input] n **1** *(of capital)* investice **2** Comput vstup; *(i. data)* vstupní data or údaje ■ **i. process/ routine** vstupní proces/ rutina ● vt (**-tt-**; pt, pp **input**) Comput uložit, zapsat

inquest ['iŋkwest] n *(into death)* soudní vyšetřování příčin smrti; fig podrobný rozbor, podrobná analýza příčin neúspěchu ap.

inquire [in'kwaiə(r)] **I** vt **i. sth of sb** zeptat se koho nač **II** vi **i. about sb/ sth** zeptat se or informovat se na koho/ co; *(how much is it?)* – **I'll i.** já se optám or zeptám **III** phr vs ■ **inquire after sb** poptat se po kom; **i. after sb's health** poptat se po čím zdraví ■ **inquire into sth** *(case)* (pro)zkoumat co, vyšetřit co

inquiring [in'kwaiəriŋ] adj *(look, voice* etc*)* tázavý, pátravý; *(mind)* zvídavý ■ **~ly** adv tázavě; **he looked at me ~ly** tázavě se na mě podíval

inquiry [in'kwaiəri] n (pl **-ies**) **1** *(request for information)* dotaz; **we had many inquiries about ...** měli jsme mnoho dotazů na ...; **make inquiries about sth** informovat se o čem; **'Inquiries'** *(information desk)* 'Informace' **2** *(investigation)* vyšetřování (**into sth** čeho), šetření; **commission of i.** vyšetřovací komise ■ **i. agent** soukromý detektiv

inquisition [iŋkwi'zišn] n **1** Hist **the I.** inkvizice **2** Jur soudní vyšetřování **3** fig výslech

inquisitive [in'kwizətiv] adj *(curious)* zvědavý, *(nosy)* všetečný; *(for knowledge)* zvídavý; **an i. person** zvědavec ■ **~ly** adv zvědavě

inquisitor [in'kwizitə(r)] n Hist inkvizitor

inquisitorial [in,kwizə'to:riəl] adj Hist inkvizitorský also fig

inroad ['inrəud] n **1** Mil *(raid)* vpád (**into** do), přepad **2 ~s** fig **to make ~s into one's savings** sáhnout hluboko do uložených peněz; **make ~s into sb's rights** zasahovat do čích práv; **make ~s into foreign markets** tlačit se na cizí trhy; **we've made great ~s into the work** řádně jsme s tou prací pohli

insane [in'sein] adj duševně chorý, choromyslný, inf šílený; **go i.** zbláznit se; **certify sb i.** prohlásit koho za duševně chorého ♦ **he's i.** fig je to blázen; **drive sb i.** dohánět koho k šílenství; **that's i.!** to je šílenství! ■ **~ly** adv; lit & fig šíleně; **be ~ly jealous** být šíleně žárlivý ● n **the i.** duševně nemocní or choří

insanitary [in'sænətəri] adj nehygienický, nezdravý, zdravotně závadný

insanity [in'sænəti] n **1** *(madness)* duševní nemoc, choromyslnost, šílenství, nepříčetnost **2** fig *(folly)* šílenství, nesmyslnost

insatiable [in'seišəbl] adj fml neukojitelný; *(desire, curiosity* also*)* nepřekonatelný; **have an i. appetite** mít kachní or bezedný žaludek

inscribe [in'skraib] vt **1** *(engrave: on plaque, tombstone)* v(y)rýt, vytesat; *(on ring)* v(y)rýt; **i. sb's name on a tombstone**, **i. a tombstone with sb's name** vyrýt na náhrobní kámen něčí jméno **2** fml *(enter)* **i. one's name in a visitors' book** uvést své jméno v návštěvní knize; **~d share** akcie na jméno **3** *(dedicate: book)* napsat věnování do čeho **4** Geom *(circle)* vepsat **5** fig **i. sth in one's memory** vštípit si co do paměti

inscription [in'skripšn] n **1** *(on tombstone* etc*)* nápis; **runic i.** runový nápis **2** *(in book* etc*)* věnování, dedikace **3 ~s** registrované cenné papíry

inscrutability [in,skru:tə'biləti] n nevyzpytatelnost, tajemnost, enigmatičnost

inscrutable [in'skru:təbl] adj *(person)* nevyzpytatelný, tajemný; *(remark)* enigmatický

insect ['insekt] n hmyz ■ **i. bite** bodnutí hmyzem; **i. eater** hmyzožravec

insecticide [in'sektisaid] n prostředek proti hmyzu, insekticid

insectivorous [insek'tivərəs] adj hmyzožravý

insecure [insi'kjuə(r)] adj **1** *(chair, ladder)* nepevný, vratký; *(peace, situation, job, future)* nejistý; *(evidence)* nedůvěryhodný; **feel i. about sth** *(eg marriage)* nebýt si jistý čím **2** *(lacking confidence)* nejistý, nemající dost sebedůvěry

insecurity [insi'kjuərəti] n **1** *(uncertainty)* nejistota; *(of sb's position* also*)* vratkost **2** *(lack of confidence)* nedostatek sebevědomí

inseminate [in'semineit] vt *(of animals)* oplodnit; **i. a cow (artificially)** oplodnit krávu (uměle)

insemination [in,semi'neišn] n oplodnění; **artificial i.** umělé oplodnění, inseminace

insensibility [in,sensə'biləti] n cf **insensible** **1** *(unconsciousness)* bezvědomí **2** necitlivost k bolesti ap. **3** *(indifference)* lhostejnost

insensible [in'sensəbl] adj **1** *(unconscious)* **be i.** být v bezvědomí; **he was knocked i. by his fall** při pádu ztratil vědomí **2** pred **be i. to pain** necítit bolest **3** *(indifferent)* lhostejný (**to the suffering of others** k utrpení druhých) **4** pred *(unaware)* **be i. of sth** *(danger* etc*)* nebýt si vědom čeho **5** attr fml *(imperceptible: changes* etc*)* neznatelný, nepozorovatelný, nepostižitelný

insensitive [in'sensətiv] adj **1** *(tactless)* netaktní; *(cold-hearted)* nemající cit, necitlivý **2** *(unappreciative)* **i. to music/ art** etc nemající vztah k hudbě/ umění ap. **3 i. to pain/ heat** necitlivý na bolest/ teplo

insensitivity [in,sensə'tivəti] n cf **insensitive** netaktnost, necitlivý přístup; necitlivost

inseparable [in'sepərəbl] adj **1** neoddělitelný, nerozlučně spojený; *(part)* nedílný; **i. friends** nerozluční přátelé; **these two problems are i.** tyto dva problémy jsou spolu nerozlučně spjaté **2** Ling *(prefix)* neodlučný

insert ['insə:t] n *(in magazine, book)* příloha; *(in text)* vsuvka; *(in garment)* klín; *(advertisement)* inzerát ● [in'sə:t] vt *(key* etc*)* zastrčit, vsunout; *(coin)* vhodit; *(word, sentence in a text)* vsunout; *(screw)* zavrtat; Sew *(patch)* vsadit; *(advertisement)* dát do novin ap.; Comput *(text)* vložit, vkládat; *(film into a camera)* vložit, založit

insertion [in'sə:šn] n **1** *(inserting)* cf **insert** vt vložení, vsunutí **2** *(thing inserted)* cf **insert** n příloha; vsuvka; vložka; inzerát

in-service [in'sə:vis] adj **i. course** doškolovací kurs; **i. training** doškolování při zaměstnání

inset ['inset] n *(map, illustration, diagram* etc*)* příloha, vložka ● vt vložit, vsunout, vlepit

inshore [in'šo:(r)] adj *(navigation, fishing)* pobřežní; *(wind, currents)* směřující k pobřeží ● adv *(fish, sail)* v blízkosti pobřeží, u pobřeží; *(blow, flow)* směrem k pobřeží

inside [in'said] n **1** *(inner part)* vnitřek; *(of pavement, road)* vnitřní strana; **the i. of the box** vnitřek krabice; **the i. of the car** vnitřek vozu; **on the i.** vevnitř; **from the i.** zevnitř ♦ **i. out i) put sth on i. out** obléci si co na ruby; **be turned i. out** lit (eg *socks)* být obrácený naruby; fig být na hlavu postavený **ii) know sth i. out** *(thoroughly)* znát co do podrobností, znát co jako své boty **2** also **~s** inf žaludek, břicho, vnitřnosti; **I have a pain in my ~s** bolí mě žaludek or břicho ● adj vnitřní; **i. diameter** vnitřní průměr, *(of pipe)* světlost; **i. information** důvěrná informace; **i. left/ right** Ftb levá/ pravá spojka; **i. pages** *(of newspaper)* vnitřní stránky; **i. lane** *(in athletics)* vnitřní dráha; **i. pocket** náprsní kapsa ♦ **it was an i. job** *(robbery)* to udělal někdo z domácích, ze zaměstnanců ap. ● adv **stay i.** zůstat uvnitř, *(at home)* zůstat doma; **go i.** jít dovnitř ♦ **be i.** *(in prison)* být ve vězení, inf být v base, sedět, sl bručet ● prep; Amer also **i. of 1** *(of place)* v; *(of direction)* do; **i. the box** v krabici; **put it i. the box** dej to do krabice **2** *(of time: in less than)* **I'll have finished i. (of) a week** skončím (to) za necelý týden or do týdne

insider [in'saidə(r)] n zasvěcenec, kdo má přístup k důvěrným informacím ■ **i. trading** or **dealing** Comm zneužití důvěrných informací při obchodování

insidious [in'sidiəs] adj zákeřný, záludný; **an i. disease** zákeřná nemoc ■ **~ly** zákeřně, záludně

insight ['insait] n **1** *(discernment)* porozumění, pochopení **2** *(glimpse)* postřeh, vhled, nahlédnutí do čeho; **gain an i. into sth** lépe něco pochopit, získat o čem představu

insightful ['insaitful] adj *(remark* etc*)* bystrý, pronikavý

insignia [in'signiə] n pl insignie; Mil hodnostní označení

insignificance [insig'nifikəns] n (cf **insignificant**) bezvýznamnost, nepatrnost

insignificant [insig'nifikənt] adj *(negligible: contribution, sum)* nepatrný, zanedbatelný; *(unimportant)* bezvýznamný, nezávažný, vedlejší

insincere [insin'siə(r)] adj neupřímný

insincerity [insin'serəti] n neupřímnost

insinuate [in'sinjueit] vt **1** *(hint, suggest)* naznačovat; **what are you insinuating?** co tím chcete naznačit?, kam tím míříte?; **he ~d that ...** naznačil, že ... **2** *(ingratiate)* **i. oneself into sb's favour** vetřít se do čí přízně

insinuation [in,sinju'eišən] n narážka, insinuace, našeptávání

insipid [in'sipid] adj **1** *(food)* mdlé chuti, bez chuti **2** fig *(person, lecture, speech* etc*)* neslaný nemastný, nanicovatý

insist [in'sist] **I** vi **1** *(demand)* **i. on sth/ on doing sth** domáhat se čeho, trvat na čem, důtklivě žádat co; **I i. on his resignation** trvám na jeho rezignaci; **if you i.** pokud na tom trváte, inf když to musí být **2** *(maintain)* **i. on sth** trvat na čem; tvrdit, že; **he ~s on his innocence** trvá na své nevině **II** vt **1** *(demand)* **I i. that you tell me** trvám na tom, abys mi to řekl **2** *(maintain)* **he ~ed that he was innocent** trval na to, že je nevinen

insistence [in'sistəns] n (cf **insist**) **1** vyžadování, domáhání se, naléhání; **his i. on my resignation made things even worse** jeho trvání na mé rezignaci vše ještě komplikovalo; **at my i.** na mé naléhání **2** tvrzení; kategorické proklamování (**on his innocence** své neviny)

insistent [in'sistənt] adj *(person)* neústupný; *(salesman)* neodbytný, dotěrný; *(demands)* naléhavý; *(I didn't want to do it)* **but he was i.** ale on na mne velmi naléhal

insofar [insəu'fa:(r)] adv **i. as** pokud, nakolik; **i. as it is possible** pokud je to možné

insole ['insəul] n vložka do obuvi; *(as part of shoe)* stélka, inf branzole

insolence ['insələns] n drzost, nestydatost

insolent ['insələnt] adj drzý (**to sb** ke komu), nestydatý ■ **~ly** adv drze, nestydatě

insoluble [in'soljubl] adj **1** Chem nerozpustný **2** fig *(riddle* etc*)* nerozluštitelný, neřešitelný

insolvency [in'solvənsi] n Comm insolvence, insolventnost, platební neschopnost

insolvent [in'solvənt] adj Comm insolventní

insomnia [in'somniə] n nespavost, insomnie, porucha spánku

insomniac [in'somniæk] n člověk trpící nespavostí

insomuch [insəu'mač] adv **i. as** *(inasmuch as)* **i. as** jelikož, poněvadž; *(to the degree that)* (natolik,) nakolik

insouciance [in'su:siəns] n fml bezstarostnost

Insp abbr of **Inspector** inspektor zvl. policejní

inspect [in'spekt] vt **1** *(view closely)* prohlédnout, podívat se zkoumavě na co; **i. sb's body for bruises** prohlédnout koho, zda nemá modřiny **2** *(examine)* kontrolovat; *(luggage* also*)* prohlédnout/ prohlížet;

(corpse) ohledat; *(school)* konat inspekci kde; **i. classes** hospitovat 3 Mil *(troops)* provést přehlídku čeho

inspection [in'spekšn] n cf **inspect** 1 prohlédnutí, nahlédnutí do čeho; **display books for i.** vyložit knihy k nahlédnutí 2 *(official examination)* kontrola; Techn zkouška; Med prohlídka; *(of schools)* inspekce; *(in classes)* hospitace; *(of accounts)* revize; *(of corpse)* ohledání; *(of luggage)* (celní) prohlídka; **quality i.** jakostní kontrola 3 Mil přehlídka

inspector [in'spektə(r)] n 1 Sch inspektor 2 *(in public transport)* (dopravní) revizor; *(of taxes)* berní úředník; *(in factories)* kontrolor; **customs i.** celní úředník, celník 3 **police i.** ≅ policejní inspektor hodností vyšší než seržant

inspectorate [in'spektərət] n inspekční úřad, inspektorát

inspiration [inspə'reišn] n inspirace; **a flash of i.** tvůrčí jiskra, tvůrčí vnuknutí; **divine i.** božské vnuknutí; **draw i. from sth, find i. in sth** inspirovat se čím, nacházet inspiraci v čem; **I have had an i.** dostal jsem nápad

inspirational [inspə'reišnəl] adj inspirační

inspire [in'spaiə(r)] vt 1 *(be inspiration to)* inspirovat; **i. sb to (do) sth** inspirovat koho k čemu, vnuknout komu co, podnítit koho k čemu; **he ~d her to work harder** podnítil ji k většímu úsilí 2 *(confidence, respect, awe)* budit/ vzbuzovat v kom co; **i. hope/ enthusiasm** etc **in sb**, **i. sb with hope/ enthusiasm** etc budit or vzbuzovat v kom naději/ prodchnout koho nadšením 3 *(breathe in)* vdechnout

inspired [in'spaiəd] adj *(poet)* mimořádně nadaný, geniální; *(work)* plný inspirace; *(choice, decision)* šťastný; **an i. idea** výborný nápad; **an i. guess** geniální odhad

inspiring [in'spaiəriŋ] adj *(thought)* podnětný; *(speaker)* sugestivní; *(speech)* fascinující; **it was not very i.** nebylo to nic světoborného

Inst abbr of **Institute** institut, ústav

inst [inst] dated or fml abbr of **instant** t.m., tohoto měsíce

instability [instə'biləti] n (pl **-ies**) nestabilnost, vratkost, labilnost, nestálost

install, Amer **instal** [in'sto:l] vt 1 *(fit)* (na)instalovat, (za)montovat; *(electricity, gas also)* zavést; **have the telephone ~ed** dát si zavést or nainstalovat telefon 2 *(of person: settle)* **i. oneself** *(in a place)* zařídit se, usadit se, *(in a house* or *flat* also*)* zabydlit se; **i. oneself in an armchair** usadit se or inf uvelebit se v křesle 3 **i. sb in office** slavnostně uvést koho do úřadu

installation [instə'leišn] n cf **install** 1 *(of machinery* etc*)* instalace, montáž, zavedení 2 *(in office)* slavnostní uvedení do úřadu 3 Comput ■ **i. program** instalační program 4 Mil vojenský objekt

instalment, Amer usu **installment** [in'sto:lmənt] n 1 *(payment)* splátka; **monthly ~s** měsíční splátky; **pay sth in** or **by ~s** splácet co po částech or ve splátkách ■ **buy sth on the i. plan** dated koupit co na splátky 2 *(of book, journal)* sešit; *(of story)* pokračování, *(of serial* also*)* část

instance ['instəns] n 1 *(example)* příklad; *(case)* případ; **(as) for i.** (jako) na příklad; **in most ~s** ve většině případů; **in this i.** v tomto případě; **in that i.** v tom případě 2 *(phase)* **in the first i.** nejdříve, v počáteční fázi, zpočátku; **in the last i.** v posledním stadiu; Jur **a court of first i.** soud první instance 3 **at the i. of sb** fml na něčí naléhavou žádost

instant ['instənt] n *(moment)* okamžik, moment; **in an i.** v okamžiku, okamžitě; **I'll be with you in an i.** hned přijdu, hned se vám budu věnovat; **do it this i.!** udělej to okamžitě; **the i. I saw you** hned jak jsem tě uviděl ● adj 1 *(immediate)* okamžitý; **i. relief** okamžitá úleva 2 Cook *(coffee)* rozpustný, instantní; **i. soup** polévka v sáčku 3 *(urgent)* attr naléhavý; **be in i. need of help** potřebovat naléhavě pomoc 4 Comm dated **inst(ant)** t.m., tohoto měsíce ■ **~ly** adv okamžitě, ihned; **he died ~ly** byl na místě mrtev

instantaneous [instən'teiniəs] adj okamžitý; **i. death** okamžitá smrt ■ **~ly** adv okamžitě, ihned

instead [in'sted] prep **i. of** místo, namísto, za; **he played chess i. of studying** místo studia hrál šachy; **he went there i. of me** šel tam za mne, šel tam místo mne ● adv místo toho/ tebe/ vás etc; **let me go i.** *(of you)* dovol mi jít místo tebe; *(I don't like rice,)* **I'll have bread i.** vezmu si místo toho or raději chleba

instep ['instep] n *(of foot, shoe)* nárt

instigate ['instigeit] vt 1 *(urge)* **i. sb to do sth** nabádat or navádět or ponoukat koho k čemu; **i. sb to rebel** pobuřovat koho (k povstání) 2 *(initiate) (project)* iniciovat; *(strike, revolt)* podněcovat, pobuřovat k čemu

instigation [insti'geišn] n (cf **instigate**) popud, podnět; pobuřování; **at sb's i.** na čí popud or naléhání

instigator ['instigeitə(r)] n *(of crime)* Jur návodce; *(of riot* etc*)* pobuřovatel, podněcovatel; *(of reform* etc*)* iniciátor, strůjce

instil, Amer **instill** [in'stil] vt (**-ll-**) *(ideals, principles, knowledge)* vštípit/ vštěpovat (**into sb** komu); *(courage)* dodat/ dodávat (**in sb** komu)

instinct ['instiŋkt] n instinkt; **the sex i.** sexuální pud; **survival i.** pud sebezáchovy; **the herd i.** stádní pud; **he has an i. for business** má smysl pro obchod; **by i.** instinktivně

instinctive [in'stiŋktiv] adj instinktivní, pudový

institute ['institju:t] n institut, ústav; **research i.** výzkumný ústav ● vt **1** *(establish: committee)* vytvořit, *(organisation)* založit; *(start)* zahájit; **i. legal proceedings** zahájit soudní řízení (**against sb** proti komu) **2** Relig *(install: clergyman)* jmenovat, ustanovit

institution [insti'tju:šn] n **1** *(of rules, customs)* vytvoření; *(of committee, organization)* vytvoření; *(of reform)* zahájení **2** Relig *(of clergyman)* ustanovení or jmenování koho do církevního úřadu **3** *(organization)* instituce, zařízení, ústav **4** euph *(mental hospital)* psychiatrická léčebna, inf blázinec **5** *(custom, practice)* instituce; **the i. of marriage** instituce manželství

institutional [insti'tju:šənl] adj institucionální; *(care)* ústavní; **i. advertising** prestižní reklama, reklama zaměřená na získání prestiže

institutionalize, -ise [insti'tju:šənəlaiz] vt **1** *(make into an institution)* institucionalizovat **2** *(place in an institution)* dát koho do ústavu do starobince/ do ústavu pro duševně choré atd. **3 become ~d** *(prisoners)* navyknout si na vězeňský or ústavní způsob života a obávat se návratu do normálního života

instruct [in'strakt] vt **1** *(teach)* vyučovat, instruovat, školit (**in sth** v čem) **2** *(command)* **i. sb to do sth** přikázat komu, aby ..., dát komu pokyn, aby ...; **I am ~ed to inform you that ...** mám nakázáno, abych vás informoval, že ...

instruction [in'strakšn] n **1** *(teaching)* učení, vyučování; **visual i.** názorné vyučování **2** *(order)* instrukce also Comput, příkaz, pokyn, dispozice; *(of jury)* poučení; **give sb ~s** instruovat koho; **my ~s are ...** mám nakázáno ...; **follow the ~s** dodržovat pokyny; **~s for use** návod k upotřebení ■ **i. manual** Techn návod k obsluze, manuál

instructive [in'straktiv] adj instruktivní, poučný

instructor [in'straktə(r)] n gen učitel; esp Sport, Mil instruktor, cvičitel; Amer Univ asistent, lektor; **dancing i.** taneční mistr

instructress [in'straktrəs] n gen učitelka; esp Sport, Mil instruktorka, cvičitelka; Amer Univ asistentka, lektorka

instrument ['instrəmənt] n **1** Mus, Med nástroj **2** Techn nástroj, přístroj; **measuring i.** měřicí přístroj ■ Aut, Aviat **i. panel** přístrojová or palubní deska **3** *(person)* nástroj; **be a willing i. in sb's hands** být poslušným nástrojem v rukou koho

instrumental [instrə'mentl] adj **1** Mus *(music)* instrumentální **2 be i. in sth** přispět k čemu; **he was i. in introducing the reforms** zasloužil se o zavedení reforem **3** Ling instrumentální, instrumentálový; **i. case** instrumentál ● n **1** Mus instrumentální skladba **2** Ling instrumentál

instrumentalist [instrə'mentəlist] n Mus instrumentalista

instrumentation [instrəmen'teišn] n **1** Med instrumentace, orchestrace **2** Techn vybavení nástroji

insubordinate [insə'bo:dinət] adj neposlušný, neukázněný; *(rebellious)* vzpurný, rebelantský

insubordination [insəbo:də'neišn] n neposlušnost, neukázněnost, vzpurnost

insubstantial [insəb'stænšl] adj **1** *(structure* etc*: weak)* málo pevný **2** *(imaginary)* nehmotný, neskutečný **3** *(amount)* nepatrný; *(meal)* skrovný **4** *(accusation, fear)* bezpředmětný, neopodstatněný; *(evidence)* neprůkazný

insufferable [in'safərəbl] adj *(unbearable: conceited person, snob, insolence* etc*)* nesnesitelný ■ **insufferably** adv nesnesitelně (**rude/ arrogant** hrubý/ arogantní)

insufficiency [insə'fišnsi] n **1** *(of money, provisions* etc*)* nedostatek čeho **2** *(inability)* nedostatek nadání or kvalifikace **3** Med insuficence, nedostatečnost; **valvular i.** nedomykavost srdeční chlopně

insufficient [insə'fišnt] adj nedostačující, nedostatečný; *(work* also*)* nevyhovující

insular ['insjulə(r)] adj **1** *(climate, flora)* ostrovní, inzulární **2** pej *(narrow-minded)* úzkoprsý, omezený

insularity [insju'lærəti] n **1** Geog ostrovní charakter, ostrovní poloha **2** fig úzkoprsost, omezenost

insulate ['insjuleit] **I** vt **1** *(wire, pipes)* izolovat (**against** proti) **2** fig *(protect from unpleasantness* etc*)* izolovat, chránit (**from** před) **II** vi **i. well** dobře izolovat, Elec also být dobrým izolátorem

insulated ['insjuleitid] adj *(wire)* izolovaný; **a well-i. house** dům opatřený dobrou tepelnou izolací

insulating ['insjuleitiŋ] adj izolační; **i. material/ tape** izolační hmota/ páska

insulation [insju'leišn] n izolace; *(ma-*

terial) izolace, izolační materiál or hmota; **thermal i.** tepelná izolace

insulator ['insjuleitə(r)] n izolátor, izolační materiál

insulin ['insjulin] n Pharm inzulin

insult ['insalt] n urážka; **it's an i. to my intelligence** to je urážka mé inteligence ● [in'salt] vt urazit/ urážet, (po)tupit

insulting [in'saltiŋ] adj urážlivý, hanlivý, potupný

insuperable [in'su:pərəbl] adj *(difficulty, obstacle)* nepřekonatelný

insurance [in'šuərəns] n pojištění, pojistka; **accident i.** úrazové pojištění; **comprehensive i.** sdružené pojištění; **fire i.** pojištění proti požáru; **health i.** nemocenské pojištění; **life i.** životní pojistka; **third party i.** pojištění zákonné zodpovědnosti ■ **i. broker** pojišťovací agent; **i. certificate** doklad o pojištění; **i. company** pojišťovna; **i. contract** pojistná smlouva; **i. policy** pojistka; **take out an i. policy** uzavřít pojistku; fig **as an i. policy** pro všechny případy; **i. premium** pojistné, pojistná prémie

insure [in'šuə(r)] vt *(house, car)* pojistit; **i. oneself against sth** pojistit se proti čemu; **i. oneself** or **one's life** uzavřít životní pojistku; **i. one's house against fire** pojistit se proti ohni

insured [in'šuəd] adj pojištěný ● n **the i. (party)** pojištěnec/ pojištěnci

insurer [in'šuərə(r)] n pojišťovatel

insurgent [in'sə:džənt] adj povstalecký, odbojný ● n povstalec

insurmountable [insə'mauntəbl] adj nepřekonatelný

insurrection [insə'rekšn] n povstání

insurrectionist [insə'rekšnist] n povstalec

intact [in'tækt] adj *(undamaged)* nepoškozený, neporušený, nedotčený; *(reputation)* bez úhony; *(confidence)* neotřesený; **escape i.** vyváznout se zdravou kůží, vyváznout bez úhony

intake ['inteik] n **1 a)** *(act) (of water, air, gas)* přívod **b)** *(pipe) (for water)* přívodní trubka, přítokový kanál; *(for steam, gas)* sací trubka, nasávací ventil **c)** *(quantity)* odebrané množství, odběr; **food i.** konzumace potravy **2 a)** *(process) (of students, workers)* přijímání; *(of soldiers, workers)* nábor **b)** *(number of people taken)* počet přijatých; **what was your i. (of students) this year?** kolik jste letos přijali nových studentů?

intangible [in'tændžəbl] adj **1** *(reality, quality)* nehmatatelný, nehmotný; *(fear, idea)* neurčitý, nedefinovatelný **2** Comm **i. assets** nehmotná aktiva; **i. property** nehmotný majetek; **i. value** nehmotná hodnota

integer ['intidžə(r)] n Math celé číslo

integral ['intigrəl] adj **1** *(essential: part)* nedílný, integrální **2** *(whole)* ucelený, integrální **3** Math **i. calculus** integrální počet ● n integrál

integrate ['intigreit] **I** vt integrovat; **i. sth into sth** včlenit or vřadit co do čeho; **i. sth with sth** spojit co s čím **II** vi začlenit se, zařadit se; **i. into sth** včlenit se do čeho, zařadit se do čeho; *(join together)* spojit se

integrated ['intəgreitid] adj **1** sjednocený, jednotný; *(planning)* integrovaný; *(studies)* interdisciplinární **2** Psych, Elec, Comput *(personality/ circuit/ software* etc*)* integrovaný

integration [inti'greišn] n integrace

integrity [in'tegrəti] n **1** *(uprightness)* integrita, bezúhonnost, ryzost povahy; **a man of i.** charakterní člověk **2** *(of territory)* celistvost, neporušenost, integrita

intellect ['intəlekt] n **1** *(intelligence)* intelekt, inteligence; **powers of i.** rozumové or intelektuální schopnosti **2** *(person)* mozek; **one of the finest ~s** jeden z největších mozků or duchů

intellectual [intə'lekčuəl] adj intelektuální; *(climate)* duchovní; *(work, capital, outlook)* duševní; *(world)* myšlenkový; **i. curiosity** zvídavost ● n inteligent, intelektuál ■ **~ly** adv intelektuálně, duševně; **become ~ly stunted** duševně zakrnět

intelligence [in'telidžəns] n **1** *(ability)* inteligence, chápavost, rozum; Comput **artificial i.** umělá inteligence; **innate i.** vrozená inteligence; **a man of great i.** mimořádně inteligentní člověk; **use your i.** přemýšlej trochu; **she had the i. to call the police** byla natolik duchapřítomná, že zavolala policii ■ **i. quotient** inteligenční kvocient **2** *(information)* zpráva, zprávy; **the latest i.** nejnovější zprávy **3** Mil, Pol **i. (service)** zpravodajská služba, výzvědná or tajná služba

intelligent [in'telidžənt] adj inteligentní, chytrý; *(face, expression)* oduševnělý ■ **~ly** adv inteligentně

intelligentsia [in,teli'džentsiə] n *(educated people)* inteligence společenská vrstva

intelligible [in'telidžəbl] adj *(speech)* srozumitelný; *(handwriting)* čitelný

intemperance [in'tempərəns] n (cf **intemperate**) nemírnost, nestřídmost; *(drunkenness)* holdování alkoholu

intemperate [in'tempərət] adj fml **1** *(person)* nemírný, nestřídmý; *(in drinking)* holdující alkoholu **2** *(climate)* drsný **3** *(zeal)* přehnaný

intend [in'tend] vt **1** *(mean)* chtít, hodlat, mít v úmyslu, pomýšlet na; **I i. to do sth, I i. doing sth** hodlám něco udělat; **no offence**

~ed bez urážky **2** **i. sth for sb** určit něco pro koho; **the remark was ~ed for you** ta poznámka patřila vám; **this hotel is ~ed for foreigners** tento hotel je vyhrazen pro cizince

intended [in'tendid] adj **1** *(deliberate)* úmyslný **2** *(planned: effect* etc*)* plánovaný, zamýšlený **3** *(wife, husband)* budoucí **4** **books/ films** etc **i. for children** knihy/ filmy etc (určené) pro děti; **a course i. for beginners** kurs pro začátečníky ● n dated inf **my i.** můj nastávající manžel/ moje nastávající manželka

intense [in'tens] adj **1** *(feelings)* intenzivní, prudký; *(pain)* prudký, silný; *(heat)* vysoký, velký; *(light)* ostrý, intenzivní, silný **2** *(person)* přehnaně vážný; *(expression)* napjatý ■ **~ly** adv intenzivně, prudce, silně; **hate sb ~ly** k smrti koho nenávidět

intensify [in'tensifai] v (pt, pp **-ied**) **I** vt zintenzivnit, zvýšit; *(conflict)* přiostřit; *(tension)* stupňovat; *(effort)* zdvojnásobit **II** vi zintenzivnět, zvýšit se; *(tension)* stupňovat se; *(contradictions)* zostřit se

intensity [in'tensəti] n intenzita, prudkost; *(of light* also*)* ostrost; *(of wind)* síla; *(emotional)* vášnivost, hloubka

intensive [in'tensiv] adj **1** intenzivní; *(study)* usilovný **2** Ling *(particle, word)* zesilující **3** Med **i. care unit** jednotka intenzivní péče

intent [in'tent] n esp Jur úmysl; **with good i.** v dobrém úmyslu, s dobrým úmyslem; **with evil** or **malicious i.** ve zlém úmyslu, se zlým úmyslem; **to all ~s and purposes** ve skutečnosti, v podstatě, prakticky ● adj **1** *(concentrated)* soustředěný; *(look)* pronikavý, zkoumavý; **he was i. on his work** soustředil se na svou práci **2** *(determined)* odhodlaný; **be i. on doing sth** být odhodlaný něco udělat

intention [in'tenšn] n úmysl, záměr, plán; **what are your ~s?** jaké máte plány?; **with the best of ~s** v dobrém or v nejlepším úmyslu; **show one's good ~s** ukázat dobrou vůli; **he went to America with the i. of getting rich** odešel do Ameriky, aby zbohatl; **I have no i. of going there** nemám nejmenší chuť tam jít

intentional [in'tenšənl] adj úmyslný, záměrný, schválný ■ **~ly** adv úmyslně, záměrně, schválně, naschvál

inter [in'tə:(r)] vt (**-rr-**) fml pochovat, pohřbít do země

inter- [intə(r)] pref mezi-, inter-

interact [intər'ækt] vi vzájemně se ovlivňovat, vzájemně na sebe působit

interaction [intər'ækšn] n vzájemné působení, interakce; *(co-operation: between police forces* etc*)* spolupráce

interactive [intər'æktiv] adj interakční, interaktivní; Comput also dialogový, konverzační

inter alia [intər'eiliə] adv mezi jiným

interbreed [intə'bri:d] **I** vt *(animals)* křížit **II** vi *(animals)* křížit se; *(races)* mísit se

intercede [intə'si:d] vi orodovat, přimluvit se (**for sb** za koho); **i.** (**with sb**) (**for sb** or **on sb's behalf**) intervenovat (u koho) (za koho)

intercellular [intə'seljulə(r)] adj mezibuněčný

intercept [intə'sept] vt *(person, message)* zachytit; *(blow)* odrazit; *(plane* also*)* zadržet; *(enemy)* odříznout komu cestu; *(telephone call)* zachytit, odposlouchávat

interception [intə'sepšn] n cf **intercept** zachycení; zadržení; odražení; odposlouchávání

interceptor [intə'septə(r)] n *(plane)* obranný stíhací letoun

intercession [intə'sešn] n přímluva, zprostředkování, intervence (**for sb** za koho); **by his i.** na jeho přímluvu

interchange ['intəčeindž] n **1** *(of letters* etc*)* výměna **2** *(road junction)* mimoúrovňová křižovatka ● [intə'čeindž] vt (vzájemně) vyměnit, vyměnit si; *(letters)* vyměnit si mezi sebou; *(change positions)* přehodit

interchangeable [intə'čeindžəbl] adj (vzájemně) vyměnitelný, zaměnitelný

intercity, inter-city [intə'siti] adj *(train, coach)* meziměstský ● n *(train)* (meziměstský) rychlík

intercom ['intəkom] n inf domácí or podnikový telefon; *(in schools)* školní rozhlas

interconnect [intəkə'nekt] **I** vt propojit, spojit dohromady; **~ed facts** úzce související skutečnosti **II** vi *(rooms* etc*)* být spojené dveřmi ap.; *(ideas, facts)* souviset spolu, být v těsné souvislosti

intercontinental [intəkonti'nentl] adj mezikontinentální; **i. ballistic missile** mezikontinentální balistická střela

intercourse ['intəko:s] n **1** fml vztah, styk; **social i.** společenský styk **2** **(sexual) i.** soulož, pohlavní styk, Med koitus; **have i. (with sb)** souložit (s kým)

interdependence [intədi'pendəns] n vzájemná závislost

interdependent [intədi'pendənt] adj vzájemně závislý; **be i.** navzájem souviset

interdisciplinary [intə'disəplinəri] adj mezioborový, mezivědní

interest ['intrəst] n **1** *(curiosity, concern, attention)* zájem (**in sth** o co); **considerable i.** nemalý zájem; **higher ~s** vyšší zájmy; **for the sake of i., for i.'s sake** pro zajímavost;

have or **take an i. in sth** zajímat se o co; **lose i. in sth** ztratit o co zájem; **they take little i. in it** projevují o to malý zájem **2** *(appeal)* zajímavost; **is it of i. to you?** je to pro vás zajímavé?; **this may be of i. to the police** toto by mohlo zajímat policii; **places of i.** zajímavá místa **3** *(pursuit)* zájem, koníček; **she has many ~s** má mnoho zájmů; **what's your chief i.?** co vás nejvíce baví?; **they share the same interests** mají stejné zájmy; **they have no ~s in common** jejich zájmy se míjejí **4** *(benefit, advantage)* zájem; **personal ~s** osobní or partikulární zájmy; **it is in your own i.** je to ve vašem vlastním zájmu; **it is in the public i.** je to v zájmu veřejnosti; **protect one's own ~s** chránit své vlastní zájmy; **harm one's own ~s** uškodit si **5** Comm *(stake* etc*)* (kapitálová) účast, podíl **6** Fin úrok(y); **simple/ compound i.** jednoduchý/ složitý úrok; **at 4% i.** na 4% úrok; **at a high i.** na vysoký úrok; **earn i.** *(of capital)* nést úrok ♦ **he'll get it back with i.** fig vrátí se mu to i s úroky, to mu přijde draho ■ **i. rate** úroková míra or sazba ● vt **1 i. oneself in sth** zajímat se o co; **it ~s me greatly** velmi mne to zajímá **2 i. sb in sth** zainteresovat koho pro co, získat koho pro co; **can I i. you in a drink?** dáš si skleničku?

interested ['intrəstid] adj **1 be i. in sth** mít o co zájem, zajímat se o co; **he is only i. in money** zajímá se pouze o peníze, jde mu jenom o peníze **2 i. party** zainteresovaná osoba

interesting ['intrəstiŋ] adj zajímavý; *(proposal* also*)* podnětný ■ **~ly** adv **1** zajímavě **2** kupodivu; **~ly enough, they knew about it** je zajímavé, že o tom věděli

interface ['intəfeis] n styčná plocha; Comput rozhraní, propojení, styk ● [intə'feis] vt Comput propojit

interfere [intə'fiə(r)] vi **1** *(of person)* **a) i. in sth** vměšovat se do čeho, míchat se do čeho, zasahovat do čeho; **don't i. between them** nepleť se mezi ně; **I will not i.** já do toho nebudu zasahovat; **i. in the internal affairs of other countries** vměšovat se do vnitřních záležitostí jiných zemí **b) i. with sth** *(handle, meddle with: sb's papers, watch* etc*)* sahat nač, hrát si s čím **c) i. with sb** *(hinder)* překážet komu, rušit koho v práci **d)** Br euph *(sexually:* eg *child)* **i. with sb** někoho sexuálně zneužít **2** *(of events, things)* **a) i. with sb's plans** narušit komu plány **b)** Rad **i. with sth** rušit co

interference [intə'fiərəns] n cf **interfere** **1** *(meddling)* zasahování or zásah do čeho, vměšování se **2** *(obstacle)* překážení, rušení, narušení **3** Rad rušení; **free from i.** *(of reception)* bezporuchový **4** Ling interference

interfering [intə'fiəriŋ] adj stále se vměšující, dotěrný

interim ['intərim] n mezidobí; **in the i.** v mezidobí ● adj prozatímní, *(solution, arrangement* etc*)* provizorní

interior [in'tiəriə(r)] adj vniřní ● n **1** *(of country)* **the i.** vnitrozemí; *(of building)* interiér, vnitřek ■ **i. designer** bytový architekt **2** Pol **the I.** vnitro; **the Department/ Minister of the I.** ministerstvo/ ministr vnitra

interject [intə'džekt] vt *(remark)* pronést, prohodit

interjection [intə'džekšn] n **1** Ling citoslovce **2** *(remark)* poznámka, námitka

interlace [intə'leis] vt *(with threads)* protkat; *(fingers)* proplést

interlard [intə'la:d] vt *(speech with quotations* etc*)* prošpikovat

inter-library loan ['intəlaibrəri'ləun] n meziknihovní výpůjčka

interlinear [intə'liniə(r)] adj *(translation* etc*)* meziřádkový

interlink [intə'liŋk] **I** vt **i. sth with sth** spojit co dohromady **II** vi být vzájemně propojen, navazovat na sebe

interlock [intə'lok] **I** vt *(fingers)* proplést/ proplétat **II** vi *(fingers)* proplést se; Techn *(cogs)* zapadat do sebe, být v záběru

interlocutor [intə'lokjutə(r)] n fml účastník dialogu

interloper ['intələupə(r)] n vetřelec

interlude ['intəlu:d] n **1** *(period of time)* období, mezidobí, interval **2** Theat, Cin *(interval)* přestávka **3** *(piece performed during a break)* Theat mezihra; *(episode)* intermezzo; Mus hudební vložka **4** fig *(event: in life)* (malá) epizoda

intermarriage [intə'mæridž] n **1** *(between races, religions* etc*)* smíšené manželství **2** *(within family)* uzavírání manželství mezi blízkými příbuznými; *(within group, tribe)* endogamie

intermarry [intə'mæri] vi (pt, pp **-ied**) **1** *(between races, religions)* uzavírat smíšená manželství **2** *(within family)* uzavírat manželství s blízkými příbuznými, ženit se mezi sebou; *(within tribe, group)* uzavírat manželství se členy vlastní skupiny/ kmene ap.

intermediary [intə'mi:diəri] n prostředník, zprostředkovatel ● adj *(role)* zprostředkovatelský

intermediate [intə'mi:diət] adj **1** *(stage* etc*)* přechodný; *(position)* mezilehlý; **i. stage** also mezistupeň **2** *(student)* středně pokročilý; *(course, textbook)* pro středně pokročilé

interment [in'tə:mənt] n fml pohřeb do země

interminable [in'tə:minəbl] adj pej *(sermon, speech, journey)* nekonečný, nemající konce ■ **interminably** adv nekonečně; *(wait)* donekonečna, do nekonečna

intermingle [intə'miŋgl] **I** vt (s)mísit **II** vi (s)mísit se; *(people* also*)* setkat se, sblížit se

intermission [intə'mišn] n **1** *(interval)* přerušení, pausa; **without i.** bez přestání **2** Theat, Cine, Mus přestávka

intermittent [intə'mitənt] adj občasný; *(light, sound)* přerušovaný; **i. fever** střídavá horečka ■ **~ly** adv přerušovaně, s přestávkami

intern [in'tə:n] vt internovat ● ['intə:n] n Amer Med začínající lékař na povinné praxi v nemocnici

internal [in'tə:nl] adj **1** gen vnitřní; **i. bleeding** vnitřní krvácení; **i. medicine** interní lékařství; Math **i. angle/ diameter** vnitřní úhel/ průměr; Aut **i. combustion** vnitřní spalování; **i. combustion engine** výbušný motor; Comput **i. memory** or **storage** vnitřní paměť **2** *(within country)* Pol vnitřní, vnitropolitický; *(trade)* vnitřní, tuzemský, domácí; *(transport)* tuzemský; **i. affairs** Pol vnitřní záležitosti; Amer **I. Revenue Service** daňový or berní úřad **3** *(within organization: mail, policy, examination)* interní; *(firm* also*)* vnitropodnikový; *(telephone)* domácí ■ **~ly** adv vnitřně, interně; **not to be taken ~ly** *(of medicine)* jen pro zevní použití

internalization [in,tə:nəlai'zeišn] n Psych internalizace, interiorizace

internalize, -ise [in'tə:nəlaiz] vt Psych *(values, ideas* etc*)* internalizovat, interiorizovat

international [intə'næšnəl] adj mezinárodní, mezistátní; *(market)* mezinárodní, světový; **i. understanding** porozumění mezi národy ● n Sport *(player)* internacionál; *(match)* mezinárodní zápas

Internationale [intənæšə'na:l] n **the I.** *(song)* internacionála

internecine [intə'ni:sain] adj *(quarrels, wars)* bratrovražedný, destruktivní pro obě strany

internee [intə:'ni:] n Pol internovaný

internist [in'tə:nist] n Med; esp Amer internista

internment [in'tə:nmənt] n internace ■ **i. camp** internační tábor

interpellate [in'tə:pəleit] vi interpelovat

interpellation [in,tə:pə'leišn] n interpelace

interpersonal [intə'pə:sənl] adj *(relations)* mezilidský

interplanetary [intə'plænitəri] adj meziplanetární

interplay ['intəplei] n souhra; **the i. of colours** hra barev

interpolate [in'tə:pəleit] vt *(to remark)* poznamenat; *(into book, text)* vsunout, vložit; Math interpolovat

interpose [intə'pəuz] **I** vt **1** *(between objects)* vsunout, vložit **2** *(interject: remark)* pronést, prohodit **II** vi namítnout, skočit do řeči

interpret [in'tə:prit] **I** vt **1** *(explain)* interpretovat, vyložit; *(understand)* vysvětlovat (si), chápat, pojmout/ pojímat; *(data* etc*)* vyhodnotit; *(music* etc*)* interpretovat, přednést **2** *(translate)* tlumočit **II** vi tlumočit, dělat tlumočníka, pracovat jako tlumočník

interpretation [in,tə:pri'teišn] n cf **interpret** **1** interpretace; vysvětlení, chápání, pojetí, přednes; **a new i. of history** nové pojetí dějin **2** (pře)tlumočení; **simultaneous i.** simultánní tlumočení

interpreter [in'tə:pritə(r)] n **1** *(of texts, dreams)* vykladač/ -ka; Theat, Mus interpret/ -ka **2** *(at conferences* etc*)* tlumočník/ tlumočnice; **sworn i.** soudní or přísežný tlumočník; **act as i.** tlumočit

interregnum [intə'regnəm] n (pl **~s** or **interregna**) n interregnum, mezivládí

interrelate [intəri'leit] vt dát do vzájemného vztahu; **be ~ed** být ve vzájemném vztahu, souviset spolu

interrelation [intəri'leišn] n vzájemný vztah (**between** mezi)

interrogate [in'terəgeit] vt *(prisoner* etc*)* vyslýchat; *(ask questions)* vyptávat se koho

interrogation [in,terə'geišn] n výslech; Comput dotazování ■ **i. mark** otazník

interrogative [intə'rogətiv] adj **1** *(inquiring: look* etc*)* tázavý **2** Ling *(pronouns, adverbs* etc*)* tázací ● n Ling *(pronoun/ adverb)* tázací zájmeno/ příslovce

interrogator [in'terəgeitə(r)] n vyšetřovatel; *(person asking questions)* tazatel

interrupt [intə'rapt] **I** vt **1** gen přerušit/ přerušovat; **i. sb** *(in conversation)* skočit/ skákat komu do řeči; *(in work)* vyrušovat koho; **don't i. me** neskákej mi do řeči **2** *(view)* překážet čemu **II** vi skákat do řeči, vyrušovat; **keep ~ing** stále vyrušovat; **sorry to i., but ...** promiňte, že vás přerušuji, ale ...

interruption [intə'rapšn] n přerušení; **without i.** bez přerušení, *(work* etc*)* bez přestávky, bez ustání

intersect [intə'sekt] vi *(roads* etc*)* křížit se, protínat se; Math **the lines i.** přímky se protínají

intersection [intə'sekšn] n **1** *(of roads)*

křižovatka; *(junction)* dopravní uzel **2** Math **point of i.** průsečík; **line of i.** průsečnice

intersperse [intə'spə:s] vt proložit (**with sth** čím)

interstate [intə'steit] adj Amer *(commerce, roads, tensions)* existující mezi státy federace

interstellar [intə'stelə(r)] adj mezihvězdný

intertwine [intə'twain] **I** vt proplést; **be ~d** *(destinies)* být spolu nerozlučně spjaté **II** vi proplétat se (**with sth** s čím)

interval ['intəvl] n **1** *(of time)* interval, mezidobí, časová mezera, časový odstup; **at regular ~s** v pravidelných intervalech **2** *(distance)* mezera, odstup; **at 10 ft ~s** *(of trees, posts* etc*)* v třímetrových odstupech, na tři metry od sebe **3** Br Theat, Cine pauza, přestávka **4** Math, Mus interval

intervene [intə'vi:n] vi **1** *(person)* zasáhnout, intervenovat; **i. in sth** vložit se do čeho **2** *(time)* uběhnout, uplynout; **during the years that ~d** v uplynulých letech **3** *(events)* stát se, nastat, přihodit se; **if nothing ~s** pokud do toho nic nepřijde

intervening [intə'vi:niŋ] adj **in the i. years** v uplynulých letech, v letech mezi tím

intervention [intə'venšn] n intervence, zásah, zákrok; **armed i.** vojenská intervence

interventionist [intə'venšnist] n intervent, zastánce intervenční politiky ● adj *(policies)* intervenční

interview ['intəvju:] n **1** *(for job, university place)* pohovor; **~s will be held in Prague** pohovory se budou konat v Praze **2** Press, TV interview, rozhovor; **give sb an i.** poskytnout komu interview ● **I** vt **1** *(applicants, students)* konat s kým přijímací pohovory **2** *(personalities)* interviewovat koho, dělat s kým interview or rozhovor **II** vi konat pohovory

interviewee [intəvju'i:] n **1** *(for job)* kandidát **2** Press, TV interviewovaný, interviewovaná osoba, osoba poskytující interview

interviewer ['intəvju:ə(r)] n **1** *(for media)* redaktor, novinář kladoucí otázky **2** *(for job)* osoba provádějící pohovor

interweave [intə'wi:v] vt (pt **interwove** [-'wəuv], pp **interwoven** [-'wəuvn]) protkat, proplést; **interwoven with gold** protkaný zlatem; **your destiny is interwoven with mine** Poet tvůj osud je nerozlučně spjat s mým

intestate [in'testeit] adj **die i.** zemřít bez závěti, zemřít bez posledního pořízení

intestinal [in'testinl, Br also intes'tainl] adj střevní (**diseases** nemoci)

intestine [in'testin] n střevo; **large/ small i.** tlusté/ tenké střevo

intimacy ['intiməsi] n **1** *(close relation)* důvěrnost, intimita **2** euph *(sexual)* intimní styk **3 intimacies** důvěrnosti

intimate$_1$ ['intimət] adj **1** *(friendship* etc*)* důvěrný, blízký, intimní, vřelý; **be i. with sb, be on i. terms with sb** být si s kým velmi blízký, být důvěrným přítelem koho **2** euph **be i. with sb** *(sexually)* mít s kým intimní or milostný poměr **3** *(private)* soukromý, intimní **4** *(knowledge)* detailní, důkladný ■ see **~ly** ● n blízký přítel

intimate$_2$ ['intimeit] vt fml *(hint)* naznačit, dát na srozuměnou

intimately ['intimətli] adv intimně, důvěrně; *(know sth)* detailně, důkladně; **be i. acquainted with sth** být s čím detailně seznámen

intimation [inti'meišn] n náznak, zpráva

intimidate [in'timideit] vt zastrašit/ zastrašovat; **i. sb into doing sth** přimět koho hrozbami, aby něco udělal; **he wouldn't be ~d** nedal se zastrašit

intimidating [in'timideitiŋ] adj hrozivý, nahánějící strach

intimidation [in,timi'deišn] n zastrašování

into ['intu, intu:, weak form 'intə] prep **1** (expres *motion)* do; **come/ run/ burst i. a room** vstoupit/ vběhnout/ vtrhnout do pokoje; **put one's hands i. one's pockets** strčit si ruce do kapes **2** (expres *direction)* do; **speak i. a microphone** mluvit do mikrofonu; **stare i. space** zírat do prázdna **3** (expres *collision)* na; **drive/ crash i. a tree** najet/ narazit na strom or do stromu; inf fig **run** or **bump i. sb** narazit na koho, náhodou se s kým setkat; **run i. difficulties** narazit na obtíže **4** (expres *transformation)* na, v, do; **transform alternative current i. direct current** změnit střídavý proud na stejnosměrný; **the witch turned i. a princess** čarodějnice se proměnila v princeznu; **she's turning i. a pretty girl** dělá se z ní hezké děvče; **translate sth from Czech i. English** přeložit co z češtiny do angličtiny **5** (expres *change of state)* **get i. a state** znervóznět; **fly into a rage** vzplanout hněvem; **frighten sb i. doing sth** přinutit koho výhrůžkami, aby něco udělal **6** *(referring to time)* **far i. the night** pozdě or dlouho do noci; **he must be well i. his fifties** musí mu být dobře přes padesát **7** (expres *division;* also Math*)* **divide sth i. four parts** rozdělit co na čtvrtiny or na čtyři části; **five i. twenty is four, five i. twenty goes four times** dvacet děleno pěti jsou čtyři (20 : 5 = 4) **8 be (heavily) i. sth** inf být nadšený pro co, fandit čemu, být zanícený pro co; **I'm not i. that sort of thing** to není zrovna moje (parketa), na to mě moc neužije; **I'm not into skiing** lyžování mě moc nebaví

intolerable [in'tolərəbl] adj nesnesitelný; *(unacceptable)* nepřípustný; **she is i.** je to s ní k nevydržení ■ **intolerably** adv nesnesitelně; **he is intolerably rude** je to úplný hulvát

intolerance [in'tolərəns] n **1** gen nesnášenlivost, intolerance **2** Med nesnášenlivost, citlivost (**to sth** na co)

intolerant [in'tolərənt] adj **1** gen nesnášenlivý, netolerantní, intolerantní; **be i. of fools** nesnášet hlupáky **2** Med **be i. of a drug** špatně snášet (nějaký) lék

intonation [intə'neišn] n intonace ■ **i. patterns** intonační modely

intoxicant [in'toksikənt] n *(alcohol)* alkohol, opojný nápoj; *(drug)* omamný prostředek

intoxicate [in'toksikeit] vt **1** *(make drunk)* opít **2** fig omámit; **be ~d by success** být opojený úspěchem

intoxicating [in'toksikeitiŋ] adj *(drink)* opojný, alkoholický; *(smell)* opojný, omamný; **consumption of i. liquor(s)** požívání alkoholických nápojů

intoxication [inˌtoksi'keišn] n opojení; *(drunkenness)* opilost, podnapilost, inf opice; *(poisoning)* otrava; **in a state of i.** v podnapilém stavu

intractable [in'træktəbl] adj *(person)* neústupný; *(child* also*)* nepoddajný; *(problem)* neřešitelný; *(situation)* bezvýchodný

intransigence [in'trænsidžəns] n neústupnost, nekompromisnost, nesmlouvavost, nepoddajnost

intransigent [in'trænsidžənt] adj nesmlouvavý, neústupný, nekompromisní, nepovolný

intransitive [in'trænsətiv] adj Ling nepřechodný, intranzitivní

intrauterine [intrə'ju:tərain] adj Med vnitroděložní; **i. device** vnitroděložní tělísko

intravenous [intrə'vi:nəs] adj Med nitrožilní, intravenózní (**injection** injekce)

in-tray ['intrei] n přihrádka na došlou poštu; **he always has a lot in his in-tray** má stále mnoho nevyřízené pošty

intrepid [in'trepid] adj srdnatý, nebojácný, neohrožený

intrepidity [intrə'pidəti] n srdnatost, nebojácnost, neohroženost

intricacy ['intrikəsi] n **1** *(quality)* složitost **2 intricacies** komplikace; *(of arguments, chess position)* jemnosti; **intricacies of the law** právnické kličky

intricate ['intrikət] adj složitý, komplikovaný; *(plot, affair* also*)* zamotaný

intrigue [in'tri:g] **I** vi intrikovat, pletichařit, fml kout or strojit pikle (**against sb** proti komu) **II** vt *(arouse interest/ curiosity)* zajímat, fascinovat; **be ~d by sth** být čím fascinován; **I'd be ~d to know how/ when** etc **...** moc rád bych věděl, jak/ kdy ap. ... ● ['intri:g] n **1** *(plotting)* pletichaření, pletichy, intriky, machinace, rejdy; **backstage i.** zákulisní čachry or pletichy or pikle, špinavá hra; **a web of i.** síť intrik **2** *(plot)* spiknutí **3** dated **amorous ~s** milostné pletky

intriguing [in'tri:giŋ] adj zvláštní, neobvyklý, fascinující ■ **~ly** adv fascinujícím způsobem; **~ly enough, he agreed** kupodivu or ku podivu souhlasil

intrinsic [iņ'trinsik] adj vlastní čemu; *(value)* skutečný, vnitřní

intro ['intrəu] inf abbr of **introduction** úvod

introduce [intrə'dju:s] vt **1** *(one person to another)* představit; **i. sb to sb** představit koho komu, seznámit koho s kým; **let me i. myself** dovolte mi, abych se představil; **I don't think we've been ~d** my se, myslím, neznáme **2** *(programme, speaker)* uvést, ohlásit **3** *(Parl bill)* podat, předložit **4 i. sb to sth** *(eg computers, yoga etc)* uvést or zasvětit koho do čeho, seznámit or obeznámit koho s čím; **i. sb into a job** zaškolit koho (do funkce etc) **5** *(bring in: fashion, reform, practice, new method)* zavést/ zavádět; *(new products)* uvést or zavést do prodeje **6** *(insert)* fml vsunout, vložit

introduction [intrə'dakšn] n cf also **introduce 1** *(of person)* představení; **letter of i.** doporučující dopis, doporučení; **he needs no i.** toho není třeba představovat **2** *(of programme)* uvedení, ohlášení; **as an i.** úvodem; **say a few words by way of i.** předeslat několik slov úvodem **3** *(of bill etc)* podání, předložení **4 sb's i. to sth** uvedení or zasvěcení koho do čeho, seznámení koho s čím **5** *(of reforms etc)* zavedení/ zavádění; *(of new products)* uvedení or zavedení do prodeje **6** *(insertion)* fml zasunutí, vsunutí, vložení **7** *(to book)* úvod, předmluva; Mus introdukce **8** *(elementary course)* úvod; **i. to philosophy** úvod do filozofie

introductory [intrə'daktəri] adj *(chapter etc)* úvodní; *(course* also*)* přípravný

introspection [intrəu'spekšn] n sebepozorování, introspekce

introspective [intrəu'spektiv] adj introspektivní, sebepozorující, přemítavý; *(method etc)* sebepozorovací

introvert ['intrəuvə:t] n introvert

introverted [intrəu'və:tid] adj introvertní, introverzní

intrude [in'tru:d] **I** vi **1** *(disturb)* vyrušovat, rušit, obtěžovat; **I don't wish to i., but ...** nerad vyrušuji, ale ...; **I hope I am**

not intruding doufám, že vás nevyrušuji 2 *(interfere)* (za)míchat se; **i. on a conversation** zamíchat se do rozhovoru; **i. in sb's affairs** míchat se do čích záležitostí **II** vt **i. oneself into sb's company** vetřít se do čí společnosti; **i. one's opinions on sb** vnucovat komu své názory

intruder [in'tru:də(r)] n vetřelec

intrusion [in'tru:žn] n cf **intrude 1** *(disturbing)* obtěžování, rušení; **forgive the i.** promiňte, že vyrušuji 2 *(of opinions* etc*)* vnucování; **i. on sb's rights** zásah do čích práv 3 Geol intruze

intrusive [in'tru:siv] adj 1 *(person)* dotěrný, dotěravý, neodbytný; *(remark)* rušivý 2 Geol intruzivní

intuition [intju'išn] n intuice; **know sth by i.** znát co intuitivně

intuitive [in'tju:ətiv] adj intuitivní ■ **~ly** adv intuitivně, instinktivně

inundate ['inandeit] vt lit & fig zaplavit; **i. sb with presents** zasypat koho dary; **be ~d with tourists** (eg *town)* být zaplaven turisty; **be ~d with work** být zavalen prací

inure [i'njuə(r)] vt *(to cold, heat)* navyknout (**to sth** na co); **become ~d to sth** navyknout or zvyknout si na co

invade [in'veid] vt **i. a country** vtrhnout or vpadnout do země, napadnout zemi; **i. sb's privacy** narušit čí soukromí

invader [in'veidə(r)] n uchvatitel, vetřelec, okupant

invalid$_1$ ['invəli:d] adj 1 *(ill)* nemocný; *(disabled)* invalidní 2 **i. chair** invalidní vozík ● n *(ill person)* nemocný; *(disabled person)* invalida, tělesně postižený ● phr v ■ **invalid out** vt **be ~ed out of the army** být propuštěn z armády ze zdravotních důvodů

invalid$_2$ [in'vælid] adj Jur neplatný; *(argument)* nezávažný, vratký

invalidate [in'vælideit] vt *(agreement* etc*)* zrušit, anulovat; *(argument, theory)* vyvrátit

invaluable [in'væljuəbl] adj neocenitelný, nedocenitelný, vzácný

invariable [in'veəriəbl] adj neměnný, stálý, invariabilní, konstantní ● n Math konstanta ■ **invariably** adv stále, konstantně

invasion [in'veižn] n Mil invaze, vpád; *(of privacy)* (na)rušení

invective [in'vektiv] n invektiva, nadávka, slovní/ písemný výpad

inveigh [in'vei] vi **i. against sb/ sth** horlit or brojit proti komu/ čemu, útočit proti komu/ čemu

inveigle [in'veigl] vt svést, navést, navádět; **i. sb into (doing) sth** nalákat or navést koho k čemu

invent [in'vent] vt vynalézt, vymyslet

invention [in'venšn] n 1 *(discovery)* vynález ♦ **necessity is the mother of i.** ≅ nouze naučila Dalibora housti 2 *(creativity)* vynalézavost, invence 3 *(fabrication)* výmysl, smyšlenka; **it's pure i.** je to naprostá smyšlenka

inventive [in'ventiv] adj vynalézavý; *(ingenious: plan)* důmyslný, důvtipný

inventiveness [in'ventivnəs] n vynalézavost, invence

inventor [in'ventə(r)] n vynálezce

inventory ['invəntəri] n inventář, seznam, soupis; **make** or **take an i. of sth** sestavit inventář čeho, pořídit seznam čeho, inventarizovat co ● vt inventarizovat

inverse [in'və:s] adj obrácený, opačný; **be in i. proportion** or **ratio to sth** být nepřímo úměrný čemu ● n opak

inversion [in'və:šn] n 1 inverze; **temperature i.** teplotní inverze or zvrat 2 Gram *(of word order)* inverze, obrácený pořádek slov

invert [in'və:t] vt obrátit, převrátit, změnit

invertebrate [in'və:tibrət] adj Zool bezobratlý ● n bezobratlovec

inverted [in'və:tid] adj **i. commas** uvozovky; **i. word order** obrácený pořádek slov

invest [in'vest] **I** vt 1 *(money)* investovat, vložit (**in sth** do čeho) 2 *(time, effort, energy)* vynaložit 3 *(power, authority)* udělit, dát; **i. sb with sth** udělit komu co 4 Mil dated *(surround)* oblehnout, obklíčit **II** vi 1 Fin investovat (**in sth** do čeho); **the best time to i. is now** teď je nejvhodnější doba pro investování; **i. in shares** investovat do akcií, vložit peníze do akcií 2 inf *(buy)* **I must i. in a new coat/ watch** musím si pořídit nový kabát/ nové hodinky, expr musím se praštit přes kapsu a koupit si nový kabát/ nové hodinky

investigate [in'vestigeit] vt *(crime* etc*)* vyšetřit; *(problem)* (pro)zkoumat, (pro)studovat

investigation [in͵vesti'geišn] n 1 *(into crime, causes of sth* etc*)* vyšetřování, pátrání po čem, šetření 2 *(into problems)* zkoumání; **scientific i.** vědecké šetření or bádání, vědecký průzkum; **the matter is currently under i.** tato záležitost je v současné době předmětem zkoumání

investigative [in'vestigətiv] adj *(journalism, journalist)* investigativní; *(mind)* hloubavý, bádavý

investigator [in'vestigeitə(r)] n vyšetřovatel; **private i.** soukromý detektiv

investiture [in'vestičə(r)] n investitura, slavnostní uvedení v úřad

investment [in'vestmənt] n cf also **invest** 1 *(of capital)* investice, vklad; **a sound i.** dobrá investice ■ **i. bank** investiční banka

2 *(of time, effort)* vynaložení, investice **3** investitura **4** Mil dated obležení, obklíčení

investor [in'vestə(r)] n investor; *(shareholder)* akcionář

inveterate [in'vetərət] adj *(prejudice, habit, hatred)* hluboko zakořeněný; *(bachelor)* zatvrzelý; *(liar)* nenapravitelný, notorický, práskaný; *(drinker)* notorický

invidious [in'vidiəs] adj *(task)* nevděčný; *(comparison)* neférový, urážlivý; *(remark)* zlomyslný, poťouchlý

invigilate [in'vidžəleit] vi(t) Br Sch & Univ *(exam)* mít dozor or dohlížet při písemné zkoušce

invigilation [in͵vidžə'leišn] n Br Sch & Univ dozor při písemných zkouškách

invigilator [in'vidžəleitə(r)] n Br Sch & Univ dozírající or dozor při písemných zkouškách

invigorate [in'vigəreit] vt osvěžit, vzpružit, dodávat komu nových sil; fig stimulovat, povzbudit; **he felt ~d by the fresh air** pobyt na čerstvém vzduchu ho vzpružil

invigorating [in'vigəreitiŋ] adj vzpružující, osvěžující

invincibility [in͵vinsə'biləti] n nepřemožitelnost, neporazitelnost

invincible [in'vinsəbl] adj nepřemožitelný, neporazitelný

inviolable [in'vaiələbl] adj neporušitelný, nedotknutelný

inviolate [in'vaiələt] adj neporušený, nedotčený

invisible [in'vizəbl] adj neviditelný

invitation [invi'teišn] n pozvání; **(admission) by i. only** jen pro zvané ■ **i. card** pozvánka

invite [in'vait] vt **1** *(request to come)* pozvat; **i. sb for lunch** pozvat koho na oběd; **i. sb in** or **over** or **round** pozvat někoho na návštěvu; **i. oneself** sám se pozvat; **I was not ~d** mě nepozvali; **I ~d her up for a coffee** pozval jsem ji na kávu ♦ **i. sb out** pozvat někoho do restaurace etc **2** *(ask to do sth)* vybídnout, vyzvat; **I was ~d to apply** vybídli mne, abych si podal žádost; **I was ~d for interview** mám pozvání na pohovor **3** *(ask for: comments, suggestions)* žádat o, vybízet k čemu; **he ~d questions from the audience** vybídl obecenstvo ke kladení otázek **4** *(arouse)* **i. ridicule** dělat se směšným; **i. criticism** vystavovat se kritice; **i. trouble** riskovat problémy, inf říkat si o průšvih ● ['invait] n inf pozvání

inviting [in'vaitiŋ] adj *(tempting)* svůdný, lákavý, vábný; *(attractive)* přitažlivý, půvabný

invoice ['invois] n faktura (**for sth** na co), účet (**for sth** za or na co); **make out an i. for £100** vyhotovit účet na 100 liber ● vt fakturovat; **i. sb for sth** fakturovat komu co

invoke [in'vəuk] vt **1** *(treaty, laws* etc*)* odvolat se na, dovolávat se čeho **2** *(God)* vzývat; *(evil spirits)* zaklínat, zaříkávat

involuntary [in'voləntəri] adj nedobrovolný, nucený; *(unintentional)* neúmyslný; *(movement)* bezděčný, mimovolný ■ **involuntarily** adv neúmyslně, mimovolně, bezděčně

involve [in'volv] vt **1** *(entail)* vyžadovat, předpokládat, být spojen s čím; **it ~s much hard work** vyžaduje to velkou píli; **I'd like to know what is ~d** rád bych věděl, o co tu jde; **it ~s a lot of paperwork** je kolem toho velká agenda **2** *(affect)* týkat se; **it ~s a lot of people** týká se to spousty lidí **3** *(concern)* **the deal ~s millions of pounds** v té transakci jde o miliony liber **4** *(entangle)* **i. sb in (doing) sth** zapojit koho do čeho; **I was ~d in a road accident** měl jsem dopravní nehodu; **get ~d in an argument** zaplést se do sporu

involved [in'volvd] adj **1** *(complicated)* komplikovaný, složitý; *(regulations* etc also*)* zamotaný; *(style* also*)* rozvláčný **2 get** or **become i. in sth** angažovat se v čem; **get i. in politics** angažovat se v politice; see also **involve** (4) **3 become emotionally i. with sb** zaplést se s kým, začít si s kým

involvement [in'volvmənt] n cf also **involve 1** *(participation)* účast (**in sth** v čem); *(commitment)* zaangažovanost **2** *(complexity)* složitost, komplikovanost; *(of style)* rozvláčnost **3** *(romance)* poměr

invulnerability [in͵valnərə'biləti] n nezranitelnost

invulnerable [in'valnərəbl] adj nezranitelný

inward ['inwəd] adj gen vnitřní; *(thoughts, feelings)* nejskrytější, nejniternější; *(movement)* směřující dovnitř ■ **~ly** adv *(smile* etc*)* v duchu, pro sebe ● adv see **inwards**

inward-looking ['inwədlukiŋ] adj introspektivní

inwards ['inwədz] adv dovnitř; *(into one's own heart)* do svého nitra

I/O abbr of **input/ output** Comput vstup/ výstup

iodine ['aiədi:n] n jód; **tincture of i.** jódová tinktura

ion ['aiən] n iont

Ionian [ai'əuniən] adj **I. Sea** Jónské moře

Ionic [ai'onik] adj jónský; **I. column** jónský sloup

ionization [aiənai'zeišn] n Chem ionizace

ionize ['aiənaiz] vt Chem ionizovat

ionosphere [ai'onəsfiə(r)] n Meteor ionosféra

iota [ai'əutə] n **1** *(Greek letter)* jota **2** fig **not an i. of doubt** ani špetka pochybnosti; **there's not an i. of truth in it** není na tom ani zbla or špetka pravdy

IOU [aiəu'ju:] abbr of **I owe you** dluhopis

IPA [aipi:'ei] abbr of **International Phonetic Alphabet** mezinárodní fonetická abeceda

IQ [ai'kju:] abbr of **intelligence quotient** I.Q., inteligenční kvocient

IRA [aia:r'ei] abbr of **Irish Republican Army** IRA, Irská republikánská armáda; **Provisional IRA** Prozatímní křídlo Irské republikánské armády

Iran [i'ra:n] n Írán

Iranian [i'reiniən] adj íránský ● n **1** *(person)* Íránec/ Íránka **2** *(language)* íránský jazyk

Iraq [i'ra:k] n Irák

Iraqi [i'ra:ki] adj irácký ● n *(person)* Iráčan/ Iráčanka

irascibility [i,ræsə'biləti] n prchlivost, vznětlivost, zlostnost, popudlivost

irascible [i'ræsəbl] adj prchlivý, vznětlivý, zlostný, popudlivý, cholerický

irate [ai'reit] adj fml rozhněvaný, rozzlobený

IRBM [aia:bi:'em] abbr of **intermediate range ballistic missile** balistická střela středního doletu

ire ['aiə(r)] n fml hněv, zloba

Ireland ['aiələnd] n Irsko; **Northern I.** Severní Irsko; **Republic of I.** Irská republika

iridescence [iri'desns] n fml barevná hra, měňavost

iridescent [iri'desnt] adj fml duhový, třpytící se or hrající duhovými barvami, měňavý

iridium [i'ridiəm] n Chem iridium

iris ['airis] n **1** Anat duhovka **2** Bot kosatec

Irish ['airiš] adj irský; **the I. Republic** Irská republika ● n **1 the I.** Irové **2** *(language: Erse)* irština, irský jazyk

Irishman ['airišmən] n (pl **-men**) Ir

Irishwoman ['airišwumən] n (pl **-women** [-wimin]) Irka

irk [ə:k] vt dráždit, popuzovat, jít komu na nervy; **it ~s me that ...** popuzuje mne, že ...

irksome ['ə:ksəm] adj protivný, nepříjemný, jdoucí na nervy

iron ['aiən] n **1** *(metal)* železo; **cast i.** litina; **scrap i.** staré železo; **sheet i.** železný plech; **made of i.** vyrobený ze železa; **be as hard as i.** být tvrdý jako ocel or kost ♦ **strike while the i. is hot** kuj železo, dokud je žhavé; **nerves of i.** železné nervy ■ **the I. Age** Archeol doba železná; **he has an i. constitution** má železné zdraví; **the I. Curtain** Pol dated železná opona; **an i. fist** fig tvrdá or železná ruka; **i. horse** dated *(train)* fig železný or ocelový oř; **i. logic** fig železná logika; **i. lungs** železné plíce respirátor; **have i. nerves** mít nervy jako z ocele; **i. pills** Pharm železo; **i. rations** železná zásoba; **i. will** pevná or železná vůle **2** *(for clothes)* žehlička; **travelling i.** cestovní žehlička; **steam i.** napařovací žehlička **3 branding i.** vypalovací želízko ♦ **have several ~s in the fire** mít několik or více želízek v ohni **4** Golf železná hůl **5** *(fetters)* **~s** okovy, železa, želízka, pouta ● **I** vt *(clothes)* (na)žehlit **II** vi žehlit; *(of clothes)* **i. easily** or **well** dobře se žehlit **III** phr v ■ **iron out** vt **1** *(creases)* rozžehlit **2** fig *(differences)* nivelizovat; *(contentious issues)* urovnat

ironic(al) [ai'ronik(əl)] adj ironický; *(remark* also*)* kousavý, sžíravý; *(situation)* paradoxní ■ **ironically** adv **1** *(laugh* etc*)* ironicky **2** *(paradoxically)* paradoxně; ironií osudu; **ironically enough, he was the only one to pass** je paradoxní, že jedině on nepropadl

ironing ['aiəniŋ] n **1** žehlení; **do the i.** žehlit; **I've got a lot of i. to do** mám spoustu žehlení ■ **i. board** žehlicí prkno **2** *(clothes)* prádlo na žehlení

ironmonger ['aiənmaŋgə(r)] n obchodník s železářským zbožím; **~'s (shop)** železářství, obchod s železářským zbožím

ironmongery ['aiənmaŋgəri] n železářské zboží

ironwork ['aiənwə:k] n železářské zboží, výrobky ze železa

ironworks ['aiənwə:ks] n sg or pl hutě, železárny

irony ['airəni] n (pl **-ies**) ironie; **bitter i.** sžíravá ironie; **a touch of i.** přídech or nádech ironie; **the i. of fate** ironie osudu; **the i. is that ...** ironické je, že ...; **the i. of it is that ...** ironické na tom je, že ...

irradiate [i'reidieit] vt **1** *(heat, light)* vyzařovat **2** *(light up)* fml ozářit, osvětlit **3** Med, Phys ozářit, ozařovat; *(food)* konzervovat ozářením **4** fig *(emit: strength, courage)* vyzařovat; **faces ~d with joy** poet tváře zářící radostí

irrational [i'ræšənl] adj neracionální, iracionální, nelogický; *(belief* also*)* pošetilý; **this is i.** to je proti rozumu

irreconcilable [irekən'sailəbl] adj nesmiřitelný, neslučitelný; **it is i. with his ideals** to se neslučuje s jeho ideály

irredeemable [iri'di:məbl] adj **1** *(loss, damage, wrong)* nenapravitelný; *(person* also) nepolepšitelný **2** *(shares, bonds)* Fin nevyplatitelný

irrefutable [iri'fju:təbl] adj *(proof)* nezvratný; *(argument)* nevyvratitelný ■ **irrefutably** adv *(demonstrate, prove)* nevyvratitelně

irregular [i'regjulə(r)] adj **1** nepravidelný; *(intervals* also*)* nerovnoměrný; *(surface)* nerovný **2** *(against law)* protizákonný, neregulérní **3** *(conduct)* nevhodný, výstřední **4** Ling *(verbs, forms* etc*)* nepravidelný

irregularity [iˌregju'lærəti] n cf also **irregular 1** nepravidelnost, nerovnoměrnost **2** neregulérnost, protizákonnost, machinace **3** výstřednost, nevhodnost **4** Ling nepravidelnost, odchylka

irrelevance [i'reləvəns], **irrelevancy** [i'reləvənsi] n nedůležitost, zanedbatelnost, bezvýznamnost; **become an i.** přestat mít smysl; *(person)* upadnout v zapomenutí

irrelevant [i'reləvənt] adj nezávažný, nepodstatný, irelevantní; bezvýznamný; **that's i.** to je irelevantní

irreligious [iri'lidžəs] adj ireligiózní, nábožensky lhostejný; *(act, conduct)* bezbožný

irreparable [i'repərəbl] adj *(loss, damage* etc*)* nenapravitelný, neodčinitelný

irreplaceable [iri'pleisəbl] adj nenahraditelný

irreproachable [iri'prəučəbl] adj *(past)* bezúhonný; *(conduct)* bezvadný

irresistible [iri'zistəbl] adj neodolatelný; **i. charm** neodolatelné kouzlo; **i. urge** nepřekonatelná touha

irresolute [i'rezəlu:t] adj nerozhodný, váhavý

irresolution [iˌrezə'lu:šn] n nerozhodnost, váhavost

irrespective [iri'spektiv] adj **i. of** bez ohledu na, nehledě na; **i. of race or religion** bez rozdílu rasy a náboženství; **i. of what he thinks about it** bez ohledu na to, co si o tom myslí on

irresponsible [iri'sponsəbl] adj ne(z)odpovědný

irretrievable [iri'tri:vəbl] adj *(object)* nenávratný, nenahraditelný; *(loss, damage)* nenapravitelný ■ **irretrievably** adv nenávratně, nenahraditelně, nenapravitelně; **irretrievably lost** nenávratně or nadobro ztracený

irreverence [i'revərəns] n neúcta, neuctivost

irreverent [i'revərənt] adj *(behaviour, remark* etc*)* neuctivý ■ **~ly** adv neuctivě

irreversible [iri'və:səbl] adj *(process)* nezvratný; *(decision)* neodvolatelný; Chem *(reaction)* nevratný, ireverzibilní

irrevocable [i'revəkəbl] adj neodvolatelný, *(decision* also*)* nezměnitelný ■ **irrevocably** adv neodvolatelně

irrigate ['irigeit] vt **1** *(land, plants)* zavlažit/ zavlažovat **2** Med propláchnout, vypláchnout

irrigation [iri'geišn] n **1** Agr zavlažování, irigace ■ **i. canal/ ditch/ scheme** zavlažovací kanál/ příkop/ projekt **2** Med irigace, výplach, proplachování; **gastric i.** výplach žaludku

irritability [iritə'biləti] n podrážděnost, popudlivost, nedůtklivost

irritable ['iritəbl] adj nedůtklivý, popudlivý, podrážděný, zlostný

irritant ['iritənt] adj dráždivý ● n dráždidlo; Med dráždivý lék

irritate ['iriteit] vt **1** *(annoy)* dráždit, popuzovat, iritovat, zlobit, jít na nervy **2** Med dráždit

irritating ['iriteitiŋ] adj **1** *(annoying)* nepříjemný, popuzující, otravný, jdoucí na nervy **2** Med dráždivý ■ **~ly** adv nepříjemně, popuzujícím způsobem; **she is ~ly slow** je k zbláznění pomalá

irritation [iri'teišn] n **1** *(annoyance)* podrážděnost, rozčilení; **be in a state of extreme i.** být krajně podrážděn **2** Med podráždění

is [iz] 3rd person sg of **be**

Islam ['izla:m, 'isla:m] n islám

Islamic [iz'læmik, is'la:mik] adj islámský

island ['ailənd] n ostrov; **small i.** ostrůvek; **coral i.** korálový ostrov; **traffic** or **pedestrian** or **safety i.** ostrůvek pro chodce; **a group of ~s** souostroví

islander ['ailəndə(r)] n ostrovan

isle [ail] n Rhetor or in proper names ostrov; **the British I~s** Britské souostroví

islet ['ailət] n ostrůvek

isn't ['iznt] = **is not**

ISO [aies'əu] abbr of **International Standards Organization** Mezinárodní normalizační organizace

isobar ['aisəuba:(r)] n izobara

isolate ['aisəleit] vt izolovat also Med; *(problems)* vymezit, stanovit; **i. oneself from the world** izolovat se od světa

isolated ['aisəleitid] adj **1** *(separate, single)* izolovaný; **an i. case** ojedinělý případ; **in a few i. cases** ojediněle **2** *(solitary: house* etc*)* osamocený

isolation [aisə'leišn] n *(of patient)* izolace, separace; *(of problems* etc*)* vymezení, stanovení; *(examine sth)* **in i.** izolovaně, samostatně; **live in splendid i.** žít ve věži ze slonové kosti (fig) ■ **i. ward** izolační oddělení

isolationism [aisə'leišnizm] n Pol izolacionismus

isosceles [ai'sosəli:z] adj Geom *(triangle)* rovnoramenný

isotope ['aisətəup] n izotop

Israel ['izreil] n Izrael

Israeli [iz'reili] adj izraelský ● n Izraelec/ Izraelka

Israelite ['izriəlait] n Bibl Izraelita/ Izraelitka

issue ['išu:] n 1 *(subject)* otázka, problém, záležitost; **an important i.** důležitý problém; **the key i.** stěžejní bod; **a side i.** podružná záležitost; **the case at i.** projednávaná otázka; **confuse the i.** zamlžit situaci; **make an i. out of sth** nafouknout něco, udělat z něčeho problém; **raise the i. of sth** vzít co na přetřes; **take i. with sb/ sth** vyjádřit s kým/ s čím nesouhlas 2 *(of newspaper, magazine)* číslo; **the latest i. of the magazine** poslední číslo časopisu 3 *(emission) (of shares, banknotes, stamps)* emise, vydání; *(of book)* vydání; **the date of i.** den vydání or emise; **bank of i.** cedulová banka 4 *(handing-out: of equipment, uniforms* etc*)* výdej 5 *(of gas, steam)* unikání, únik; Med *(of blood, pus)* výtok 6 *(conclusion, outcome)* výsledek; **await the i.** čekat na výsledek; **bring sth to a successful i.** fml dovést co ke zdárnému konci 7 Jur *(offspring)* potomstvo, potomci; **die without i.** zemřít bez potomstva ● I vt 1 *(newspaper, book, stamps)* vydat; *(book* also*)* publikovat; *(banknotes, coins)* dát do oběhu; *(passport, documents* etc*)* vystavit; *(communiqué)* vydat, uveřejnit; *(order)* vydat, dát 2 *(supply: weapons, rations)* vydat; **i. sb with sth, i. sth to sb** vybavit or zásobit koho čím II vi 1 *(come out)* (**from** z); *(liquid)* vytékat, tryskat, vyvěrat; *(blood* also*)* řinout se; *(gas)* unikat; *(smoke)* vycházet; *(smell)* šířit se; *(people)* (vy)hrnout se 2 *(originate)* **i. from sth** (eg *mistakes, problems)* mít původ v čem, pramenit z čeho III phr v ■ **issue into** vi *(river)* vlévat se do moře, řeky

isthmus ['isməs or 'isθməs] n Geog (pl **~es**) úžina, šíje

IT abbr of **information technology** Comput informační technologie

it [it] pron 1 personal pron *(replacing nouns)* on/ ona/ ono, ten/ ta/ to in the respective case forms; as subject usually untranslated *(This is my car.)* **It is new.** Je nové.; **give it to me** *(hat/ book/ pen)* dej ho/ ji/ je mně 2 *(referring to a fact, circumstance, condition, situation* etc*)* to, toho, tomu, o tom etc; **it doesn't surprise me** (eg *that he knows)* nepřekvapuje mne to, nedivím se tomu 3 *(impersonal or indefinite subject)* usu untranslated **it's raining/ snowing** prší/ padá sníh; **it is cold** je chladno; **it is late** je pozdě; **it is three miles to town** do města jsou to tři míle; **if it were not for me** kdyby nebylo mne 4 emph **it was her** or fml **she who wanted to go** to ona chtěla jít; often expressed by means of word order; **it was Jim who did it** udělal to Jim 5 *(used to identify a person)* to; **it's me** to jsem já; **it's the postman** to je pošťák, (to) zvoní/ klepe pošťák 6 inf *(in phrases)* **that's it** *(agreement)* přesně tak; *(it's finished)* a je to hotovo, to bychom měli; **this is it** konečně, to je ono 7 *(in games)* **you are it!** teď honíš/ chytáš etc ty

Italian [i'tæljən] adj italský ● n 1 Ital/ -ka 2 *(language)* italština

italic [i'tælik] adj Typ kurzivní; **i. script** kurziva ● n **~s** pl [~s] kurziva, ležaté písmo; **print sth in i.** vytisknout co kurzivou

italicize, -ise [i'tælisaiz] vt vytisknout co kurzivou

Italy ['itəli] n Itálie

itch [ič] n 1 lit svědění, svrbění; **have an i.** mít svědění 2 fig *(desire)* chuť, cukání; **have an i. to do sth** mít cukání něco udělat 3 inf joc **the seven-year i.** krize po sedmi letech manželství ● vi 1 lit svědět, svrbět; **I'm ~ing all over** svědí or svrbí mě celé tělo; **my back ~es** svědí mě záda 2 fig **he is ~ing to say sth** svrbí ho jazyk; **he's ~ing for a fight** svrbí ho dlaň, má chuť se prát; **I'm ~ing to go there** mám cukání tam jít

itching ['ičiŋ] adj svědivý, svrbivý; **i. powder** zásyp proti svědění ♦ **have an i. palm** fig mít stále nastavenou ruku, být chamtivý ● n svědění, svrbění

itchy ['iči] adj (**-ier, -iest**) 1 **be i.** *(pullover)* škrábat, kousat, štípat; **I've got an i. nose** svědí mě nos 2 fig **have** or **get i. feet** mít toulavé boty

it'd ['itəd] = **it had, it would**

item ['aitəm] n 1 *(object)* předmět, věc, kus; *(on list)* položka; **i. of clothing/ furniture** kus oděvu/ nábytku; **the only i. I bought** jediná věc, kterou jsem koupil; **three ~s of luggage** tři zavazadla 2 *(on agenda)* bod, číslo jednací; *(in variety show)* číslo 3 *(of news)* zpráva; **a short news i.** noticka, krátká zpráva

itemize, -ise ['aitəmaiz] vt uvést jednotlivě, podrobně rozvést or vypočíst, specifikovat; *(bill)* rozepsat do položek

iterative ['itərətiv] adj Ling iterativní, opětovací

itinerant [ai'tinərənt] adj potulný, toulavý; *(musicians, actors)* kočovný; *(worker)* sezónní; *(trade)* podomní ● n tulák, člověk bez stálého bydliště

itinerary [ai'tinərəri] n plán cesty, trasa, itinerář

it'll ['itl] = **it will**

its [its] poss adj **1** jeho, její; *(the club's/ school's name)* **and its address** a jeho/ její adresa **2** *(where it refers to the subject)* svůj; **the Earth rotates on its own axis** Země se točí kolem své osy **3** *(with parts of the body)* **a)** usu untranslated **the baby can lift its head** dítě už zvedá hlavu **b)** translated by si; **the dog broke its leg** pes si zlomil nohu; **the spider spins its web** pavouk (si) tká pavučinu

it's [its] = **it is, it has**

itself [it'self] pron **1** refl se; **establish i.** *(company)* ustavit se; **spend i.** *(storm)* vyzuřit se; **the door locked i.** dveře se zaklaply **2** emph sám, samotný; **the picture i.** samotný obraz, obraz sám; **he is kindness i.** je vtělená dobrota **3 by i. a)** *(automatically)* sám/ sama/ samo od sebe, automaticky; **start by i.** spustit se automaticky **b)** *(alone)* osamocený **4 that speaks for i.** to mluví samo za sebe

ITV [aiti:'vi:] abbr of **Independent Television** Nezávislá televizní stanice

IUD [aiju:'di:] or **IUCD** [aiju:si:'di:] abbr of **intra-uterine (contraceptive) device** nitroděložní tělísko

I've [aiv] = **I have**

ivory ['aivəri] n **1** *(substance)* slonovina, slonová kost; *(colour)* barva slonové kosti, slonová kost ■ **i. tower** věž ze slonové kosti; **an i.-tower intellectual** izolovaný intelektuál, intelektuál odtržený od života; **I. Coast** Pobřeží slonoviny **2 ivories** výrobky ze slonoviny; inf *(piano keys)* klávesnice; *(teeth)* zuby, chrup zvl. falešné; **tickle the ivories** brnkat na klavír

ivy ['aivi] n břečťan

J

J, j [džei] n (pl **J's, j's**) *(the letter)* J, j
J abbr of **joule(s)** Phys joule
jab [džæb] n **1** *(sudden blow)* náhlá rána; *(with elbow)* šťouchanec, šťouchnutí, *(in the ribs* also*)* dloubnutí, rýpnutí; *(with knife, needle)* píchnutí; Box krátký, přímý úder **2** Med inf *(injection/ inoculation)* injekce/ očkování; **give sb a jab** píchnout or dát komu injekci ● v (**-bb-**) **I** vt **1** *(with elbow)* dloubnout, šťouchnout, rýpnout; *(with knife)* bodnout, píchnout; **jab sb in the ribs with one's elbow** dloubnout koho loktem do žeber **2** Med inf **jab sb** píchnout komu injekci **II** vi **jab at sb** rozehnat se po kom; Box zasadit komu krátký přímý úder **III** phr v ■ **jab out** vt *(eye)* vypíchnout; **you nearly ~bed my eye out** málem jsi mi vypíchl oko
jabber ['džæbə(r)] inf **I** vt brebentit; *(prayer, poem* also*)* (od)drmolit, (ode)mlít **II** vi **j. (away** or **on)** brebentit, tlachat, žvanit; *(chat* also*)* klábosit; **they were ~ing away in Russian** brebentili spolu rusky; **what is he ~ing (on) about?** co to mele?, co to mektá?
jabbering ['džæbəriŋ] n see also **jabber** brebentění, klábosení, drmolení; tlachání
jabot ['žæbəu] n Sew fiší, fiží, žabo, žabot
Jack [džæk] n dim of **John** Honza, Honzík, Jenda, Jeník ♦ **before you could say J. Robinson** než bys řekl švec, než bys do pěti napočítal
jack [džæk] n **1** Techn zvedák, zdvihák, hever, Aut also autohever **2** Cards kluk, spodek **3** Bowling malá koule sloužící za cíl **4** Elec **j. (plug)** banánek **5** Naut státní vlajka na lodi **6 every man j. (of them)** všichni bez výjimky, všichni do jednoho, kdekdo **7 j. of all trades** see **jack-of-all-trades** ● phr vs ■ **jack in** vt sl *(job)* vykašlat se na; *(girlfriend)* pustit k vodě koho ■ **jack up** vt **1** *(car)* zvednout or nazdvihnout (auto) heverem **2** inf *(prices, wages)* hnát or vyhánět do výše
jackal ['džæko:l; Amer džækl] n Zool šakal
jackass ['džækæs] n *(donkey)* osel; inf *(idiot)* pitomec, blbec, imbecil
jackboot ['džækbu:t] n **1** esp Mil holínka, vysoká bota **2** fig tyranie, útlak; **live under the j.** úpět pod botou nepřítele
jackdaw ['džækdo:] n Orn kavka (obecná)
jacket ['džækit] n **1** *(garment)* sako, krátký kabát; *(casual)* bunda; *(for women)* kostýmový kabátek, dated žaket; *(casual)* bunda; **dinner j.** smoking; **life j.** plovací vesta; **reversible j.** oboustranná bunda; **sports j.** sportovní sako; **the j. is a good fit** sako dobře sedí **2** *(of book)* (knižní) přebal, obal; Amer *(of record)* obal **3** *(of a potato)* slupka; **potatoes (cooked) in their ~s** brambory vařené ve slupce, brambory na loupačku **4** Techn *(of boiler* etc*)* plášť
jackhammer ['džækhæmə(r)] n sbíječka
jack-in-the-box ['džækinðəboks] n vyskakovací čertík ve škatulce; **leap up like a j.-in-the-box** vyskočit jako čertík ze škatulky
jackknife ['džæknaif] n (pl **-knives** [-naivz]) kudla, velký kapesní nůž ■ **j. dive** šipka do vody ● vi *(of lorry trailer)* postavit se napříč přes silnici
jack-of-all-trades [džækəv'o:ltreidz] n (pl **jacks-of-all-trades**) všeuměl
jack-o'-lantern [džækə'læntən] n **1** lucerna z dýně mající podobu lidského obličeje **2** *(will-o'-the-wisp)* bludička
jackpot ['džækpot] n Cards bank, *(in lottery* etc*)* hlavní výhra; **hit the j.** získat spoustu peněz, *(lottery* etc*)* získat hlavní výhru
Jacobean [džækəu'bi:ən] adj *(drama, literature* etc*)* jakubovský, z doby Jakuba I.
Jacobin ['džækəbin] adj jakobínský ● n jakobín/ -ka
Jacobite ['džækəbait] n jakobita přívrženec Jakuba II. Stuarta a jeho syna ■ **the J. rebellion** jakobitská vzpoura
jade$_1$ [džeid] n **1** Miner nefrit ■ **a j. vase** váza z nefritu **2** ■ **j. green** jadeitová zeleň
jade$_2$ [džeid] n **1** *(horse)* herka **2** *(ill-tempered woman)* fúrie, megera
jaded ['džeidid] adj *(person)* unavený, malátný; *(mentally)* netečný; *(bored)* blazeovaný, přesycený; *(of appetite)* otupělý; **a j. phrase** otřepaná fráze
jag$_1$ [džæg] n **1** špice, hrbolek, výstupek, *(of saw)* zub **2** Scot inf *(injection)* injekce
jag$_2$ [džæg] n Amer sl *(spree)* tah; **go on a jag** jít na tah
jagged ['džægid] adj *(coast)* rozervaný, rozeklaný, členitý; *(edge)* nerovný, zubatý, roztřepený
jaguar ['džægjuə(r)] n Zool jaguár
jail [džeil] n vězení, věznice, inf kriminál; **be in j.** být ve vězení, inf sedět, být v kriminále; **get to j.** dostat se do vězení ● vt uvěznit, vsadit do vězení
jailbird ['džeilbə:d] n inf kriminálník
jailbreak ['džeilbreik] n útěk z vězení
jailer ['džeilə(r)] n vězeňský dozorce; Rhetor usu **gaoler** žalářník
jailhouse ['džeilhaus] n (pl **-houses** [-hauziz]) Amer vězení, věznice
jailor ['džeilə(r)] Amer; see **jailer**

jalopy [džə'lopi] n (pl **-ies**) inf *(old car)* stará rachotina, kraksna

jam$_1$ [džæm] n džem, zavařenina, marmeláda; **spread bread with j.**, **spread j. on bread** mazat si chleba marmeládou ♦ *(that's)* **money for j.** *(easy task)* hračka; *(easy money)* snadno vydělané peníze; *(easy job)* teplé místečko, zlatý důl, tučná prebenda; **what do you want, j. on it too?** Br inf co bys ještě chtěl(a), hodinky s vodotryskem?

jam$_2$ [džæm] n **1** *(congestion)* tlačenice; **a traffic j.** dopravní zácpa **2** *(stoppage: in pipe etc)* ucpání **3** inf *(difficult situation)* **be in a j.** být v úzkých or v nesnázích, inf být v rejži, být v bryndě, mít průšvih, vulg mít průser; **get into a j** dostat se do pěkné bryndy, dostat se do průšvihu **4** ■ **j. session** inf jam session, improvizované hraní džezu, *(performance)* koncert improvizovaného džezu ● v **(-mm-)** **I** vt **1** *(squeeze, cram)* vecpat, nacpat; **he ~med everything into one drawer** nacpal všechno do jedné zásuvky **2** *(block)* **get ~med** zaseknout se; **the drawer is ~med** zásuvka se nedá otevřít; **the road is ~med with cars** na silnici je zácpa **3** Rad *(broadcast, station)* rušit **II** vi **1** **j. into a hall** *(of people)* nacpat or natlačit se do sálu **2** *(become stuck) (mechanism, gun)* zaseknout se **3** Mus hrát džez, improvizovat, inf džezovat **III** phr vs ■ **jam on** vt Aut **j. on the brakes** dupnout na brzdy ■ **jam up** vt *(block: entrance, road)* zablokovat, ucpat, zatarasit; *(drain)* ucpat

Jamaica [džə'meikə] n Jamajka

Jamaican [džə'meikən] adj jamajský ● n Jamajčan/ -ka

jamb [džæm] n *(of doorway)* sloupek dveřní zárubně; *(of window)* okenní sloupek

jamboree [džæmbə'ri:] n **1** *(Scouts')* mezinárodní skautský sjezd **2** inf *(large party)* veselice, slavnost; **village j.** venkovská slavnost

James [džeimz] n Jakub

jam-full [džæm'ful] adj = **jam-packed**

jamming ['džæmiŋ] n Rad rušení

jammy ['džæmi] adj inf **(-ier, -iest) 1** Br *(lucky)* mající kliku; **j. beggar** klikař; **what a j. devil!** ten má ale kliku! **2** *(easy)* lehoučký, nadmíru snadný; **a j. job** dobrá ulejvka, šikovný flek

jam-packed [džæm'pækt] adj *(container)* přecpaný; *(bus, room)* nacpaný, natřískaný

Jan [džæn] abbr of **January** leden

jangle ['džæŋgl] n cf v cinkání, řinčení, chrastění, břinkání ● **I** vt **1** *(money, keys)* cinkat čím; *(spurs)* břinkat čím; *(chains)* řinčet čím, chrastit čím **2** **it ~d my nerves** šlo mi to na nervy **II** vi *(of money, keys)* cinkat; *(of bells)* zvonit, cinkat; *(of spurs)* břinkat; *(of chains)* řinčet, chrastit **III** phr v ■ **jangle on sb's nerves** jít komu na nervy

janitor ['džænitə(r)] n Scot, Amer *(caretaker: of house)* správce domu, domovník; *(of school)* školník

January ['džænjuəri] n leden; see also **May**

japan [džə'pæn] n *(varnish)* černý lak ● vt lakovat černým lakem

Japan [džə'pæn] n Japonsko

Japanese [džæpə'ni:z] adj japonský ● n **1** *(person)* Japonec/ Japonka; **the J.** Japonci **2** *(language)* japonština

jape [džeip] n dated inf šprým, žert ● vi utahovat si, šprýmovat

jar$_1$ [dža:(r)] n **1** *(container) (glass)* sklenice, baňka; *(earthenware)* hliněná nádobka; *(jug)* džbánek; *(for jam)* zavařovačka; **Leyden jar** Leidenská láhev **2** Br inf *(glass of beer)* pivo, pivčo; **have a jar** dát si pivčo

jar$_2$ [dža:(r)] n **1** *(harsh sound)* (za)skřípání, skřípot **2** *(jolt)* škubnutí, trhnutí; fig šok, otřes; **the news gave him a jar** zpráva s ním otřásla ● v **(-rr-)** **I** vi **1** *(grate)* (za)skřípat, vrzat, vrznout; **jar on** or **against sth** se skřípáním na co narazit; fig **jar on sb's nerves** drásat komu nervy, jít komu na nervy; **jar sb's ears** inf rvát komu uši **2** *(clash: be out of harmony)* ostře kontrastovat, nesrovnávat se (**with sth** s čím); *(of colours, clothes)* tlouct se, nehodit se k sobě **II** vt *(building)* otřást čím; *(one's back, elbow)* uhodit se do čeho; fig otřást kým, šokovat koho

jargon ['dža:gən] n žargon, odborný slang, hantýrka

jarring ['dža:riŋ] adj *(sound: discordant)* disharmonický; *(colour)* řvavý

jasmine ['džæzmin] n Bot jasmín

jasper ['džæspə(r)] n Miner jaspis

jaundice ['džo:ndis] n Med žloutenka; fig zatrpklost

jaundiced ['džo:ndist] adj *(attitude)* zatrpklý, znechucený, cynický; **take a j. view of life** mít zatrpklý pohled na život

jaunt [džo:nt] n *(walk)* procházka, špacír; *(trip)* výlet, cesta ● vi *(go for a walk)* vyjít se, jít na procházku; *(go for a trip)* vyjet si, jet na výlet; **j. off to London** zajet si do Londýna

jauntiness ['džo:ntinəs] n cf also **jaunty** **1** *(cheerfulness)* veselá povaha, veselá mysl, bodrost; bezstarostnost **2** *(sprightliness)* čilost, svižnost

jaunty ['džo:nti] adj **(-ier, -iest) 1** *(cheerful)* veselý, radostný, bujarý, bodrý; *(attitude)* bezstarostný, lehkomyslný **2** *(sprightly)* čilý; *(steps)* svižný ■ **jauntily** adv **1** bujaře, vesele, bezstarostně, lehkomyslně **2** čile, svižně; **walk jauntily** jít svižným krokem

Java ['dža:və] n Jáva

Javanese [dža:və'ni:z] adj jávský, jávánský ● n **1** *(person)* Javánec/ Javánka; **the J.** Javánci **2** *(language)* javánština, jávština

javelin ['džævəlin] n Sport oštěp; **j. throwing, (throwing) the j.** hod oštěpem; **j. thrower** oštěpař

jaw [džo:] n **1** Anat čelist; **the upper/ lower jaw** horní/ spodní čelist; **sock sb on the jaw** inf dát komu přes hubu; **hold your jaw!** dated sl drž hubu! ♦ **the ~s of hell** jícen pekla; **snatch sb from the ~s of death** vyrvat koho ze spárů smrti **2 jaws** *(of vice)* čelisti **3** inf *(chat)* pokec, klábosení **4** inf *(moralizing speech)* fig kázání ● vi **1** inf *(chat)* klábosit, tlachat, žvanit **2** *(sermonize)* moralizovat, napomínat, dělat kázání (fig)

jawbone ['džo:bəun] n Anat čelistní kost

jawbreaker ['džo:breikə(r)] n inf jazykolam

jay [džei] n Orn sojka obecná

jaywalker ['džeiwo:kə(r)] n neopatrný chodec

jazz [džæz] n **1** Mus džez, jazz; **traditional/ modern j.** tradiční/ moderní džez ■ **j. band** džezová or jazzová kapela, džezbend, jazzband **2** Amer sl pej *(pretentious talk)* chvástání, kecy; **don't give me that j.!** nekecej!, nevytahuj se! ♦ **and all that j.** usu pej a všechno, co k tomu patří; a podobné ● **I** vi dated hrát džez **II** phr v ■ **jazz up** vt **1** *(folk song* etc*)* zdžezovat **2** *(party)* oživit; *(hotel, restaurant)* zmodernizovat, vylepšit

jazzman ['džæzmæn] n (pl **-men** [-mən]) jazzman [džezmen], džezbendista, džezový hráč

jazzy ['džæzi] adj (**-ier, -iest**) **1** *(music)* džezový, jazzový **2** *(clothes)* nápadný, výstřední; *(colour)* křiklavý, řvavý

jealous ['dželəs] adj **1** *(of affection)* žárlivý; **a j. husband** žárlivý manžel; **be j. of sb** žárlit na koho **2** *(envious)* závistivý, řevnivý, žárlivý; **be j. of sb's success** závidět někomu jeho úspěchy **3** *(protective)* **be j. of one's reputation/ rights etc** žárlivě střežit svou pověst/ svá práva ■ **~ly** adv žárlivě; *(enviously)* závistivě

jealousy ['dželəsi] n cf **jealous 1** žárlivost; **a fit of j.** záchvat žárlivosti **2** *(envy)* závist(ivost), řevnivost

jeans [dži:nz] n **(a pair of) j.** džín(s)y, texasky, rifle; **he was wearing a pair of j.** měl na sobě džínsy

jeep [dži:p] n Aut džíp

jeer [džiə(r)] n *(taunt)* posměšek, úsměšek, posměšná poznámka; *(laughter)* úšklebek, posměch ● vi **j. at sb** vysmívat or smát se komu, tropit si posměch z koho, utahovat si z koho, pošklebovat se komu

jeering ['džiəriŋ] n *(mocking)* úšklebky, posměšky, posměšné poznámky, výsměch; *(boos)* pokřikování, projevy nevole

Jehovah [dži'həuvə] n Jehova, Jahve; **J.'s Witnesses** Svědkové Jehovovi náboženská společnost

jejune [dži'džu:n] adj fml **1** *(dull)* nudný, jednotvárný, fádní, jalový **2** *(puerile)* naivní, dětinský

jell [džel] n see **gel**

jellied ['dželid] adj Cook jsoucí v rosolu; **j. fish** ryba v rosolu; **j. meat** huspenina, sulc

Jell-o TM ['dželəu] n Amer *(fruit-flavoured)* želatina na moučníky

jelly ['dželi] n **1** *(gelatine)* želatina; Br *(dessert)* želé; **royal j.** mateří kašička; **my knees were like j.** podlamovaly se pode mnou kolena; **beat sb to a j.** seřezat koho jako psa ■ **j. bean** Amer želé, bonbon naplněný želé **2** Amer *(preserve)* zavařenina, rosol ■ **j. roll** Amer roláda **3** *(aspic)* rosol, aspik; **shake like a j.** klepat se jako sulc or rosol **4** sl *(gelignite)* gelignit

jellyfish ['dželifiš] n (pl unchanged or **~es**) Zool medúza

jemmy ['džemi], Amer **jimmy** ['džimi] n (kasařský) hasák, páčidlo

jeopardize ['džepədaiz] vt *(plans, agreement)* ohrozit

jeopardy ['džepədi] n nebezpečí, ohrožení; **be in j.** být ohrožený; **put sth in j.** ohrozit co

jeremiad [džeri'maiəd] n fml lamentace, nářky, lamentování

jerk [džə:k] n **1** *(sudden pull* etc*)* trhnutí, škubnutí, smýknutí; **give sth a j.** škubnout čím; **the train came to a halt with a j.** vlak s trhnutím zastavil **2** *(twitch: of eyelid* etc*)* cuknutí, škubnutí **3 physical ~s** Br inf gymnastika **4** esp Amer sl *(unpleasant and stupid person)* blbec, vůl ● **I** vt trhnout, škubnout čím; **j. one's head** trhnout or škubnout hlavou; **j. sth out of sb's hands** vytrhnout or vyškubnout komu co z rukou; **j. the wheel to the left** Aut strhnout volant doleva **II** vi *(vehicle)* trhnout sebou; **j. forward** poskočit dopředu; *(rope, fishing rod)* škubnout, trhnout, cuknout; **j. away/ back** ucuknout; **j. to a halt** zastavit s trhnutím **III** phr vs ■ **jerk off** vi vulg, taboo masturbovat ■ **jerk sth out** *(request, apology* etc*)* vykoktat co

jerkin ['džə:kin] n Hist kamizola, kazajka; *(modern)* vesta bez rukávů

jerky ['džə:ki] adj (**-ier, -iest**) **1** trhavý, škubavý, nárazový; *(ride over cobbles)* kodrcavý; *(manner of speaking)* koktavý; *(style)* nesouvislý **2** adj Amer *(stupid)* pitomý, blbý ■ **jerkily** adv *(move)* trhavě, přerývavě, škubavě, nárazově; *(over cobbles)* s drkotáním, kodrcavě; *(speak, write)* nesouvisle

Jerry ['džeri] n inf Němčour, skopčák; Mil sl fric(ek)

jerry-builder ['džeribildə(r)] n Build nesolidní stavební podnikatel

jerry-built ['džeribilt] adj Build postavený ledabyle

Jersey ['džə:zi] n **1** *(island)* Jersey **2 J. (cow)** jerseyovská kráva

jersey ['džə:zi] n **1** *(jumper)* pulóvr, svetr, svetřík; Sport trikot, dres **2** *(fabric)* žerzej

Jerusalem [džə'ru:sələm] n Jeruzalém ■ **J. artichoke** Bot topinambur druh slunečnice s jedlou hlízou

jest [džest] n *(joke)* žert, šprým; **innocent j.** nevinný žert; **say sth in j.** říci něco žertem ● vi žertovat, vtipkovat; **j. with sb (about sth)** žertovat s kým (o čem)

jester ['džestə(r)] n Hist šašek; **the court j.** dvorní blázen or šašek

Jesuit ['džezjuit] n jezuita also fig ■ **J. Order** jezuitský řád

Jesuitical [džezju'itikl] adj jezuitský (also fig)

Jesus ['dži:zəs] n Ježíš; **the infant J.** Jezulátko; **J. Christ** Ježíš Kristus; as interj **J. Christ!** sakra!, kruci(fix)!, hergot!, hrome!

jet$_1$ [džet] n **1 jet (aircraft)** tryskové or proudové letadlo, inf tryskáč; **fly jets** *(of pilots)* létat na tryskáčích ■ **jet engine** reaktivní or tryskový motor; **jet fighter** Mil trysková stíhačka; **jet flight** let proudovým letadlem; **jet lag** potíže způsobené přeletem několika časových pásem, pásmová nemoc; **jet set** mezinárodní smetánka lidé létající po světě tryskovými letadly **2** *(of water, gas)* proud **3** *(nozzle)* tryska, hubice ● **I** vt dopravit proudovým letadlem **II** vi letět tryskovým letadlem/ létat tryskovými letadly

jet$_2$ [džet] n Miner gagát ■ **jet black** černý jako smola; **jet-black hair** havraní vlasy, vlasy černé jako smola

jetsam ['džetsəm] n náklad vyhozený přes palubu; *(on beaches)* vyplavené zboží ♦ **flotsam and j.** fig haraburdí

jettison ['džetisən] vt **1** Naut *(unwanted goods* etc*)* hodit přes palubu, hodit do moře; Aviat vyhodit, *(bombs)* shodit **2** fig *(project, plan* etc*)* upustit od čeho; *(unwanted things)* zahodit

jetty ['džeti] n Naut molo, kotviště

Jew [džu:] n Žid/ -ovka; **the Wandering J.** věčný Žid

jewel ['džu:əl] n **1** *(precious stone)* drahokam; *(piece of jewellery/ ornament)* klenot, šperk; **imitation j.** umělý drahokam ■ **j. box** kazeta or dóza na šperky **2** *(in watch)* kámen **3** fig *(of architecture* etc*)* perla, skvost; *(person)* perla

jeweller, Amer **jeweler** ['džu:ələ(r)] n klenotník; **j.'s (shop)** klenotnictví

jewellery, Amer **jewelry** ['džu:əlri] n šperky, klenotnické zboží; **costume j.** bižuterie

Jewess ['džu:es] n Židovka

Jewish ['džu:iš] adj židovský

Jewry ['džu:əri] n fml **1** *(people)* collect Židovstvo, Židé **2** *(religion)* judaismus, židovské náboženství, židovství

Jew's-harp [džu:z'ha:p] n Mus brumle, brnkačka

jib$_1$ [džib] n Naut kosatka, třírohá čelní plachta ♦ **I don't like the cut of his jib** ten chlápek se mi nezamlouvá or nepozdává

jib$_2$ [džib] n *(of crane)* výložník

jib$_3$ [džib] vi **(-bb-) 1** *(of horse)* plašit se, vzpínat se **2** *(of person)* **jib at (doing) sth** vzpírat se proti čemu, postavit se proti čemu

jibe [džaib] n & v see **gibe**

jiffy ['džifi] n inf vteřinka, okamžik; **in a j.** v mžiku, ihned, za okamžik, v okamžiku, v momentě

jiffy bag TM ['džifibæg] n vypolštářovaná obálka

jig [džig] n **1** *(dance)* giga **2** Techn vodicí šablona ● **I** vi **(-gg-) 1** *(dance)* tančit (gigu) **2** *(move jerkily)* **jig up and down** poskakovat sem a tam **II** vt **jig a baby on one's knee** houpat dítě na koleně

jiggery-pokery [džigəri'pəukəri] n esp Br machinace, pletichy, intriky

jiggle ['džigl] **I** vt pohupovat čím **II** vi **j. about** vrtět se, poskakovat

jigsaw ['džigso:] n **1** Techn *(tool)* vykružovačka **2** *(game)* also **j. puzzle** skládačka

jihad [dži'hæd] n džihád svatá válka

jilt [džilt] vt inf **j. sb** *(girlfriend/ boyfriend)* pustit koho k vodě, nechat koho plavat, nechat koho; *(fiancé(e))* zrušit s kým zasnoubení, nevzít si koho

jimjams ['džimdžæmz] n sl **1** *(agitation)* rozruch, rozčilení; *(nervousness)* hrozná nervozita; **have the ~s** být nervózní jak alík **2** *(anxiety, fear)* **it gives me the ~s** naskakuje mi z toho husí kůže

jimmy ['džimi] Amer = **jemmy**

jingle ['džiŋgl] n **1** *(of keys, coins* etc*)* cinkání; *(of bells* also*)* zvonění **2** *(catchy verse)* rýmovačka ● **I** vi cinkat, zvonit **II** vt cinkat or zvonit čím

jingoism ['džingəuizəm] n hurávlastenectví, šovinismus, vlastenčení

jingoistic [džingəu'istik] adj hurávlastenecký, šovinistický

jink [džiŋk] vi inf kličkovat, manévrovat ● n úhyb, úskok ♦ **high ~s** rozpustilé veselí, nevázanost, psina

jinx [džiŋks] n **there's a j. on it** je to jako začarované or zakleté; **as if there was a j. on it** jako z udělání ● vt začarovat, uhranout; **my computer must be ~ed** můj počítač musí být začarovaný

jitter ['džitə(r)] vi inf být nervózní strachem ● **the ~s** n pl nervozita, hrozný strach; **it gives me the ~s** jde z toho na mne strach; **I got the ~s** byla ve mně malá dušička

jittery ['džitəri] adj nervózní, ztrémovaný, *(frightened)* vylekaný; **he's very j.** tečou mu nervy

jive [džaiv] n **1** *(dance)* usu **the j.** džaiv **2** Amer sl *(jargon)* žargon, hantýrka **3** Amer sl *(nonsense)* žvanění, kecy; **don't give me that j.** to vykládej někomu jinému ● vi tančit džaiv

Jnr abbr (esp Amer) of **Junior** ml., mladší

job [džob] n **1** *(employment)* zaměstnání, místo, práce; *(occupation)* povolání; **a part-time job** zaměstnání na částečný úvazek; **a full-time job** celodenní zaměstnání; **a cushy job** sinekura, teplé místečko; **a lucrative job** výnosné zaměstnání; **a summer job** letní brigáda; **find a job** najít si práci, dostat místo; **look for a job** hledat zaměstnání; **be out of a job** být nezaměstnaný, být na dlažbě; **know one's job** rozumět své věci, znát svůj obor; **he is the right man for the job** je pro tu práci jako dělaný; **many ~s have been lost** došlo ke ztrátě mnoha pracovních míst ■ **job centre** Br pracovní úřad, zprostředkovatelna práce; **job creation** vytváření pracovních příležitostí; **job description** popis práce, náplň práce; **job evaluation** ohodnocení práce; **job hunting** hledání zaměstnání; **job satisfaction** uspokojení z práce; **job security** zajištění práce **2** *(task, piece of work)* úkol, práce; **a fiddly job** piplačka, babračka, nimravá práce; **a tough job** perná práce; **a moonlighting job** fuška, melouch; **make a really good job of sth** udělat co jak se patří; **make a bad job of sth** udělat co mizerně; **make the best of a bad job** zachránit, co se dá; **my car needs a paint job** moje auto potřebuje natřít; **be on the job** pracovat, Br sl *(have sexual intercourse)* milovat se; **sleep on the job** flákat or flinkat se v práci, ulejvat se ♦ **give sb up as a bad job** lámat nad někým hůl **3** *(responsibility, duty)* povinnost, funkce, práce; **I am only doing my job** dělám jen svou práci; **that's not my job** to není moje povinnost; **I'll make it my job to ...** postarám se o to, aby ...; *(I can't tell you)* **it's more than my job's worth** na to si příliš cením svého zaměstnání, za to bych mohl vyletět z práce **4** *(difficulty)* **have a job doing sth** udělat co s potížemi; **it was quite a job finding** or **to find a flat** najít byt nebylo lehké; **she'll have a job (doing it)** nebude to mít lehké; **I had a hell of a job doing it** byla to (pro mě) pořádná zabíračka **5** inf *(robbery)* loupež (neutr); **do a bank job** udělat banku **6** *(specimen)* **a nice job** pěkná or senzační věcička, krásná prácička, *(car)* krásný bourák **7** *(beautiful girl)* kost, kůstka **8** *(baby talk)* **do a big job** vykakat se; **do a little job** vyčurat se **9** Comput práce, úloha, zadání **10 it's a good job that ..., what a good job that ...** ještě (dobře), že ...; **it's a good job I was there** ještě, že jsem tam byl ● v **(-bb-) I** vi **1** *(do small jobs)* konat příležitostné práce **2** *(do piecework)* pracovat v úkolu **3** St Ex dělat makléře **II** vt also **job out** *(work)* zadávat subdodavatelům

Job [džəub] n Job; **be as patient as Job** být trpělivý jako Job ♦ **Job's post** Jobova zvěst; **Job's comforter** špatný utěšitel; **you're a real Job's comforter** iron ty teda dovedeš člověka potěšit

jobber ['džobə(r)] n **1** St Ex zprostředkovatel, makléř neobchodující přímo s veřejností **2** *(casual worker, gardener)* příležitostný pracovník

jobbing ['džobiŋ] adj *(worker)* příležitostný, výpomocný ● n *(casual work)* příležitostná práce

jobless ['džobləs] adj nezaměstnaný

jockey ['džoki] n **1** Horseracing žokej, jockey [žokej] ■ **j. shorts** trenýrky ke kolenům **2 disk j.** diskžokej [dy-] ● **I** vi intrikařit, manévrovat; **j. for position** Sport bojovat o výhodnou pozici; fig soupeřit o výhodná místa, inf bojovat o koryta **II** vt **j. sb into sth** vmanévrovat koho do čeho, dotlačit koho k čemu

jockstrap ['džokstræp] n suspenzor

jocose [džəu'kəus] adj fml humorný, šprýmovný

jocular ['džokjulə(r)] adj **1** *(humorous: remarks)* žertovný, humorný **2** *(fond of joking)* veselý, šprýmovný

jodhpurs ['džodpəz] n pl jezdecké kalhoty

jog [džog] n **1** Equest volný klus; Sport *(slow run)* rekreační or kondiční běh; **go for a j.** jít si zaběhat **2** *(push, nudge)* šťouchnutí, štulec; **give sb's memory a jog** osvěžit komu paměť ● v **(-gg-) I** vi **1** Sport rekreačně běhat; **go ~ging** jít si zaběhat **2** *(horse)* volně klusat

3 *(bump)* **jog against sth** narážet na co; **jog up and down** pohupovat se nahoru a dolů **II** vt *(nudge)* strčit or šťouchnout do koho; **jog sb up and down** vyhazovat koho nahoru a dolů; **jog sb's memory** osvěžit komu paměť **III** phr v ■ **jog along 1** *(run along)* běžet vedle koho/ čeho **2** fig *(person)* protloukat se; *(of work)* **jog along well** pokračovat dobře

jogger ['džogə(r)] n Sport rekreační běžec

jogging ['džogiŋ] n Sport rekreační or kondiční běh, džoging

john [džon] n Amer klozet

join [džoin] n *(in pipe* etc*)* spoj, svar; Sew šev ● **I** vt **1** *(unite)* spojit, sjednotit; **j. two things together** spojit dvě věci dohromady; **j. forces** spojit se; **be ~ed in marriage** uzavřít manželský svazek, uzavřít sňatek; **j. hands** vzít se za ruce **2** *(attach)* připojit; **j. sth to sth** připojit co k čemu **3** *(party, club* etc*)* vstoupit do čeho; **j. a political party** vstoupit do politické strany; **j. the forces** vstoupit do armády, jít na vojnu ♦ *(So, you have been sacked too?)* **J. the club**. Nejsi sám. **4** *(meet, accompany)* **j. sb** přidat or připojit se ke komu; **j. the others** přidat se k ostatním; **j. the train at Carlisle** přistoupit (do vlaku) v Carlisle; **will you j. me for** or **in a drink?** dáš si se mnou skleničku?; **his wife ~ed him later** jeho žena za ním přijela později **5** *(flow into: of river)* **j. the sea/ the Thames** ústit or vlévat se do moře/ do Temže **II** vi **1** also **j. together** spojit se, sdružit se; *(rivers)* slévat se; *(roads, railway lines)* napojovat se na sebe **2** *(become a member of club* etc*)* stát se členem **III** phr vs ■ **join in** *I* vi připojit se, přidat se; **j. in with sb** přidružit se ke komu *II* vt **j. in sth** *(game, singing* etc*)* přidat se k čemu; **j. in the conversation** přidat se k rozhovoru, vmísit se do hovoru; **j. in the discussion** vložit se do diskuse ■ **join up** vi **1** *(roads)* napojovat se na sebe **2** Mil jít k vojsku, inf jít na vojnu, inf narukovat

joiner ['džojnə(r)] n Br truhlář

joinery ['džojnəri] n truhlářství

joint ['džoint] n **1** Anat, Techn kloub; **elbow/ hip j.** loketní/ kyčelní kloub; Techn **ball-and-socket j.** kulový kloub; **put one's arm out of j.** vykloubit si ruku ♦ **put sb's nose out of j.** ohromit koho, převézt koho; **put everything out of j.** *(eg by changing a schedule)* obrátit všechno vzhůru nohama, vnést do čeho zmatek **2** Techn *(join)* spoj, styk; *(welded: in pipes)* svar; **a soldered j.** pájený spoj **3** Br Cook pečeně; **a j. of beef** hovězí pečeně **4** sl *(nightclub, restaurant)* podnik; pej *(shabby place)* špeluňka, díra **5** Amer *(of marijuana)* joint, marihuanová cigareta ● vt **1** Br Cook *(meat)* rozporcovat, rozkrájet **2** *(tube* etc*)* spojit, svařit ● adj attr *(account, action, ownership, statement* etc*)* společný; **j. author** spoluautor; **j. owner** spoluvlastník, spolumajitel, podílník; **j. production** výrobní kooperace, *(of film, TV programme)* koprodukce; **j. stock company** akciová společnost; **j. venture** společný podnik, joint venture [džojnt venčr] ■ **~ly** adv společně, spolu

jointed [džointid] adj opatřený klouby; **a j. doll** panenka s klouby

joist ['džoist] n stropní trám, stropní nosník

joke [džəuk] n **1** *(funny story)* vtip, šprým, žert, anekdota; **a cheap j.** laciný vtip; **a dirty j.** lechtivý or vulgární vtip; **crack ~s** dělat vtipy, vtipkovat; **laugh at a j.** smát se vtipu; **spoil** or **ruin the j.** zkazit pointu vtipu; **I didn't get the j.** nedošlo mi to; **turn sth into a j.** obrátit co v žert; **where's the j.?** co je na tom vtipného?; **that's no j.** to není maličkost, není to žádná sranda; **it was no j. climbing that hill** vyjít na ten kopec nebylo nijak lehké **2** *(prank)* žert, veselý kousek, švanda; **an innocent j.** nevinný žertík; **play a practical j. on sb** provést komu kanadský žertík; **he did it for a j.** udělal to ze švandy; **he can't take a j.** nerozumí legraci **3** *(laughing stock)* **they regard him as a j.** je všem pro legraci, *(of boss)* nemá žádný respekt, nikdo ho nebere vážně ● vi žertovat, šprýmovat, dělat vtipy; **I am not joking** já to myslím smrtelně vážně; **you must be joking** vy si určitě děláte legraci, to má být apríl?

joker ['džəukə(r)] n **1** *(funny person)* šprýmař, vtipálek, šibal **2** inf pej *(person)* individuum, chlápek **3** Cards žolík

joking ['džəukiŋ] adj *(tone* etc*)* šprýmovný ■ **~ly** adv žertem, v žertu ● n žertování, vtipkování, žerty; **j. apart** or **aside** žerty stranou, bez legrace

jolly ['džoli] adj (**-ier, -iest**) **1** *(happy)* veselý, radostný; **j. fellow** veselá kopa; **there was a j. crowd there** byla tam dobrá parta **2** *(enjoyable)* příjemný; **we had a j. time** výborně jsme se bavili **3** *(tipsy)* rozjařený, podnapilý ● adv inf **1** *(very)* pořádně; **it was j. cold** bylo pořádně zima; **a j. good show** somewhat dated prima podívaná; **I am j. glad to see you** jsem moc rád, že vás vidím **2 j. well** emph *(it must have been embarrassing)* – **it j. well was** to teda bylo ● vt **j. sb along** udržovat koho v dobré náladě; **j. sb up** povzbudit koho

jolt [džəult] n **1** *(jerk)* trhnutí, smýknutí; *(pull)* škubnutí; *(bump)* náraz **2** fig *(shock,* *surprise)* **it gave me a j.** polekalo mě to ● **I** vi *(vehicle)* kodrcat se; **the car ~ed along the road** auto se kodrcalo po silnici **II** vt **1** *(shake)* otřásat, smýkat; *(once)* trhnout, smýknout; **the passengers were ~ed about in the bus** autobus smýkal cestujícími **2** fig vyburcovat; **j. sb into action** vyburcovat koho z nečinnosti

Joneses ['džəunziz] n pl **keep up with the J.** pej snažit se nezůstat v ničem pozadu za sousedy

Jordan ['džo:dən] n *(river)* Jordán; *(country)* Jordánsko

Jordanian [džo:'deiniən] adj jordánský ● n Jordánec/ Jordánka

josh [džoš] inf **I** vi žertovat, šprýmovat, dělat legraci **II** vt škádlit, utahovat si z koho ● n legrace, švanda

joss stick ['džosstik] n kadidlová tyčinka

jostle [džosl] **I** vi strkat se, tlačit se; **j. for seats** strkat se o místa; **j. against sb** vrazit do koho **II** vt **j. sb** vrazit do koho, strčit/ strkat do koho; **j. each other** strkat se; **j. one's way through the crowd** protlačit se davem

jot [džot] n kousek, drobet, zblo; **there is not a jot of truth in it** není na tom ani zbla pravdy; **I don't care a jot** je mi to úplně fuk ● phr v ■ **jot down** vt poznamenat si narychlo/ stručně, zaznamenat si

jotter ['džotə(r)] n Br poznámkový blok; Sch *(exercise book)* (školní) sešit

jottings ['džotiŋz] n pl poznámky

joule [džu:l] n Phys joule

journal ['džə:nl] n **1** *(periodical)* časopis, periodikum; *(newspaper)* noviny, deník, list **2** *(diary)* osobní deník **3** Naut *(logbook)* lodní kniha, lodní deník **4** Jur protokol

journalese [džə:nə'li:z] n novinářská hantýrka

journalism ['džə:nəlizəm] n žurnalistika, publicistika

journalist ['džə:nəlist] n novinář, žurnalista, publicista

journalistic [džə:nə'listik] adj novinářský, žurnalistický, publicistický

journey ['džə:ni] n **1** *(trip, expedition)* cesta, jízda, zájezd; **a train j.** jízda vlakem or dráhou; **the j. back** or **home** zpáteční cesta; **a j. around the world** cesta kolem světa; **set out on a j., go on a j.** vydat se na cestu **2** *(distance)* vzdálenost; **it's a 10 mile j. from here** je to odsud 10 mil **3** fig **j. through life** životní cesta or dráha; **last j.** *(funeral)* poslední cesta

journeyman ['džə:nimən] n (pl **-men**) tovaryš

joust [džaust] vi Hist utkat se v rytířském turnaji ● n; Hist turnaj, Hist & fig klání

Jove [džəuv] n Myth Jupiter; **by J.!** dated inf u sta hromů!, propánakrále!

jovial ['džəuviəl] adj bodrý, veselý, žoviální

jowl [džaul] n *(jaw)* (spodní) čelist, sanice; *(cheek)* líce, tvář; *(double chin)* dvojitá brada, podbradek; **cheek by j.** *(sit, stand, lie, live)* těsně vedle sebe; fig bok po boku

joy [džoi] n **1** *(happiness)* radost, štěstí; **sheer joy** nelíčená or nespoutaná radost; **cry/ dance/ jump/ shout for joy** plakat/ tančit/ vyskakovat/ křičet radostí; **in one's joy** v návalu radosti **2** *(pleasure)* potěšení, radost; **earthly joys** pozemské radosti; **the joys of life** radosti a slasti života; **the small joys of everyday life** radosti každodenního života; **share one's joys and sorrows with sb** sdílet s kým radosti a strasti; **she was his pride and joy** byla jeho chloubou **3** *(satisfaction, success)* inf **(did you get) any joy?** dopadlo to dobře?: **they got no joy from him** ničeho u něho nedosáhli

joyful ['džoiful] adj radostný, *(person)* rozradostněný

joyless ['džoiləs] adj *(marriage, childhood)* neradostný, bezútěšný; *(person: miserable)* mrzutý, zakaboněný

joyous ['džoiəs] adj *(event, opportunity)* radostný; *(laughter)* veselý

joyride ['džoiraid] n inf 'spanilá jízda' projížďka zprav. teenagerů ukradeným autem

joystick ['džoistik] n **1** Aviat páka ručního řízení **2** Comput pákový ovladač, ovládací páka

JP [džei'pi:] Br abbr of **Justice of the Peace** smírčí soudce

Jr abbr = **Jnr**

jubilant ['džu:bilənt] adj radostný; *(person)* rozradostněný, radostí bez sebe; *(face)* zářící radostí, blažený; **be j.** jásat radostí, plesat

jubilation [džu:bi'leišn] n jásot, plesání

jubilee ['džu:bili:] n jubileum, kulaté výročí; **golden j.** padesáté výročí, *(birthday)* padesátiny, *(wedding anniversary)* zlatá svatba

Judaic [džu:'deiik] adj židovský

Judaism [džu:'deizəm] n judaismus

Judas ['džu:dəs] n Bibl Jidáš; *(traitor)* jidáš ■ **j. (hole)** špehýrka; **J. kiss** fig jidášský polibek; **J. money** jidášský groš, jidášská mzda, třicet stříbrných

judder ['džadə(r)] vi chvět se, vibrovat, drnčet, drkotat ● n vibrace, chvění; **give a j.** *(engine* etc*)* zadrnčet

judge [džadž] n **1 a)** Jur soudce; **presiding j.** předseda soudního senátu **b)** *(of competition)* rozhodčí o cenách, při soutěži, člen poroty; **panel of ~s** porota umělecká, sportovní

c) Sport rozhodčí, soudce, sudí **2** *(of art, wine* etc*)* znalec, kdo se vyzná v čem; **he is a good j. of art** vyzná se výborně v umění; **he is a good j. of character** vyzná se výborně v lidech; **I'll be the j. of that** to nechte na mně, o tom rozhodnu já ● **I** vt **1** *(case)* (roz)soudit; *(competition)* posoudit/ posuzovat **2** *(estimate)* odhadnout; *(consider)* posoudit, považovat, pokládat; *(think)* soudit, domnívat se; *(evaluate)* hodnotit, kvalifikovat; **j. a distance** odhadnout vzdálenost; **j. sth professionally** odborně co posoudit; **j. sb by his work** hodnotit koho podle jeho práce; **he ~d it his duty to ...** považoval za svou povinnost ... **II** vi **1** *(act as j.)* soudit, být soudcem **2** fig *(pass judg(e)ment)* soudit, posoudit; **j. for yourself** posuď sám; **as far as I can j.** pokud to můžu posoudit; **judging from what he said** (soudě) podle toho, co řekl; **j. by appearances** posuzovat podle vzhledu

judg(e)ment ['džadžmənt] n **1** Jur *(sentence)* rozsudek, nález, rozhodnutí; **pass** or **deliver j. on sb** vynést nad kým rozsudek; **sit in j. on a case** soudit při **2** Eccl soud; **divine j.** boží soud, boží úradek; **J. Day, the Day of J.** soudný den **3** *(opinion)* mínění, úsudek, soud, názor; *(estimation: of distance* etc*)* odhad; **form a j.** vytvořit si úsudek; **in my j.** podle mého; **sit in j. on sb** fig posuzovat koho **4** *(discernment)* soudnost; **a man of j.** soudný or rozvážný člověk

judicature ['džu:dikəčə(r)] n *(judges)* sbor soudců; *(judicial system)* soudnictví, soudní moc

judicial [džu'dišl] adj **1** Jur justiční, soudní; **j. error/ murder** justiční omyl/ vražda; **j. code** právní řád; **j. proceedings** soudní jednání; **j. enquiry** soudní vyšetřování **2** *(impartial)* nestranný, nezaujatý, kritický

judiciary [džu'dišəri] n **1** *(legal system)* justice, soudnictví **2** *(judges)* sbor soudců

judicious [džu'dišəs] adj fml prozíravý, moudrý, rozvážný ■ **~ly** adv moudře, rozvážně

judiciousness [džu'dišəsnəs] n fml moudrost, prozíravost, rozvážnost

judo ['džu:dəu] n džudo, judo

jug [džag] n **1** džbán, *(small)* džbánek; *(with lid)* konev, *(for coffee, milk)* konvice **2** *(amount)* (plný/ celý) džbán, (plná/ celá) konev/ konvice etc **3** Br sl basa, lapák, kriminál; **be in jug** být za mřížemi, sedět, být v kriminále ● vt Cook **(-gg-)** dusit; **~ged hare** dušený zajíc

jugful ['džagful] n *(amount of liquid)* (celý) džbán, (plná) konev; **he drank a whole j. of milk** vypil celý džbán mléka

juggernaut ['džagəno:t] n **1** Br *(large lorry)* tirák **2** fig ničivá or zhoubná síla, moloch; **the j. of war** moloch války

juggle ['džagl] vi, vt **1 j. (with) balls** žonglovat s koulemi **2** fig **j. (with) the facts/ figures** manipulovat s fakty/ čísly; **j. with words** hrát si or žonglovat se slovy

juggler ['džaglə(r)] n žonglér, eskamotér

juggling ['džagliŋ] n žonglování, eskamotáž, manipulace; **j. with the facts** manipulace s fakty

jugular ['džagjulə(r)] adj Anat jugulární, hrdelní, krční; **j. vein** krční or jugulární žíla ● n jugulární žíla; **go for the j.** fig jít komu po krku

juice [džu:s] n **1** *(of fruit, tomatoes)* šťáva, džus; *(of meat)* šťáva; **grape j.** hroznová šťáva; **orange j.** pomerančový džus; **stew in one's own j.** fig škvařit se ve vlastní šťávě **2 gastric ~s** žaludeční šťávy **3** inf šťáva, elektrika, elektrický proud neutr **4** inf *(petrol)* šťáva, benzin neutr; **we ran out of j.** inf došla nám šťáva

juiciness ['džu:sinəs] n šťavnatost

juicy ['džu:si] adj **(-ier, -iest) 1** *(fruit, meat)* šťavnatý **2** *(profitable: deal)* inf výnosný, lukrativní; **a j. deal** lukrativní kšeft; kšeft, který pěkně sype **3** inf *(racy: story, gossip)* pikantní; Br sl *(woman)* dráždivá, svůdná

jujitsu [džu'džitsu:] n džiu-džitsu

jukebox ['džu:kboks] n hrací skříň, hrací automat na přehrávání desek

Jul abbr of **July** červenec

July [džu'lai] n červenec; cf also **May**

jumble ['džambl] n **1** *(confusion)* zmatek, blázinec; *(of objects)* pelmel, různorodá směs, změť; **a j. of papers** hromada zpřeházených papírů **2** *(goods for a j. sale)* bazarové or partiové zboží, odložené věci ■ **j. sale** dobročinný bazar ● vt **1** also **j. up** or **together** *(papers, books, clothes* etc*)* pomíchat, rozházet, zpřeházet; **clothes and books were ~d on the floor** šaty a knihy byly rozházené (bez ladu a skladu) na podlaze **2** fig *(facts)* poplést, *(thoughts* also*)* zašmodrchat

jumbo ['džambəu] adj attr; also **j.-sized** inf obrovský, obrovitý, mamutí, obří ● n **1** *(elephant)* inf slon **2** also **j. jet** proudové obří letadlo, inf džambo

jump [džamp] n **1** *(leap)* skok; *(by parachute)* seskok (padákem); Sport **high j.** skok vysoký; **long** or Amer **broad j.** skok do dálky, skok daleký; **triple j.** trojskok; **take a j.** skočit ■ **j. suit** overal, kombinéza **2** *(obstacle: in steeplechase)* překážka; **water j.** vodní příkop **3** *(sudden increase: in* *prices* etc*)* náhlý vzrůst or vzestup čeho, skok **4** *(start)* **give sb a j.** polekat koho; **you gave me a j.** vy jste mě polekal, to jsem se lekl **5 have the ~s** inf být strašně nervózní, neposedět na místě, nemít stání **6 have/ get the j. on sb** sl být před někým ve výhodě/ získat před někým náskok; **keep one j. ahead of sb** udržovat si před někým náskok, být před kým o krok vepředu ● **I** vi **1** *(leap: person, animal)* skočit/ skákat; *(from aircraft)* seskočit; **j. for joy** skákat or vyskakovat radostí; **j. up and down** *(of children* etc*)* poskakovat; **he ~ed to his feet** vyskočil ♦ **j. to it** esp Mil mrskni sebou, kmitej; **j. to conclusions** dělat ukvapené závěry **2** *(typewriter)* vynechávat písmenka **3** fig **j. from one topic to another** fig přeskakovat z jednoho na druhé, utíkat od tématu **4** *(prices, temperature)* vyletět (nahoru), vyskočit **5** *(be startled)* škubnout sebou, trhnout sebou; **his heart ~ed** hrklo v něm; **make sb j.** vylekat koho **II** vt **1** *(fence, ditch)* přeskočit; **j. rope** Amer skákat přes švihadlo **2** *(horse)* **he ~ed his horse over the ditch** přeskočil s koněm příkop **3** Rail **j. the rails/** Amer **tracks** vyjet z kolejí, vykolejit **4** *(skip: class, pages* etc*)* přeskočit/ přeskakovat **5** inf *(attack)* **j. sb** zaútočit na koho, napadnout koho **6 j. the queue** předběhnout/ předbíhat ve frontě; **j. the gun** Sport předčasně startovat; **j. the lights** Aut nezastavit or projet na červenou **7** inf **j. a train** *(without paying)* jet vlakem načerno **III** phr vs ■ **jump about** or **around** vi poskakovat ■ **jump at** vt *(opportunity, offer)* chopit se čeho, využít čeho ■ **jump down** *I* vi seskočit, skočit dolů *II* vt **j. down sb's throat** zprudka se na koho osopit, vyletět na koho ■ **jump in** vi skočit dovnitř; *(into car* etc*)* nasednout; *(if you want a lift)* **j. in!** nasedněte si ■ **jump on** vt **1** *(horse, bicycle)* nasednout na co, *(horse* also*)* vyskočit na co; *(moving train)* naskočit do čeho **2 j. on sb** fig *(criticise)* obořit se na koho, pustit se do koho, inf seřvat koho; **he ~ed on me for telling them** rozkřiknul se na mne za to, že jsem jim to řekl ■ **jump out** vi *(of window, train* etc*)* vyskočit z čeho ♦ **his eyes nearly ~ed out of his head** fig oči mu lezly z důlků ■ **jump over** vt *(fence, ditch)* přeskočit (přes) co ■ **jump up** vi vyskočit

jumped-up [džampt'ap] adj inf *(boss, manager* etc*)* namyšlený, veledůležitý, nadutý

jumper ['džampə(r)] n **1** Br *(jersey)* svetřík, tričko, pulovr; Amer *(dress)* šatová sukně **2** *(person/ animal)* skokan

jumpiness ['džampinəs] n inf nervozita, lekavost, bojácnost

jumping ['džampiŋ] n **parachute j.** parašutismus, seskok padákem; **show j.** parkúr ■ **j. rope** švihadlo

jumping-off place [džampiŋ'ofpleis], **jumping-off point** [-point] n fig odrazový můstek, východisko

jump jet ['džampdžet] n Aviat letadlo s kolmým startem

jump-start ['džampsta:t] vt *(car)* nastartovat roztlačením or rozjezdem

jumpy ['džampi] adj (**-ier, -iest**) **1** *(person)* nervózní, bázlivý, vyplašený; *(market)* nejistý, kolísavý; **get j.** znervóznět; **he is very j.** je velmi nervózní, inf tečou mu nervy **2** *(motion)* trhavý

Jun abbr of **1 June** červen **2 Junior** see **Jnr**

junction ['džaŋkšən] n **1** *(of roads, railways)* křižovatka; *(of rivers)* stok, soutok; **an important railway j.** důležitý železniční uzel **2** Elec *(of wires)* napojení, zapojení, spojení ■ **j. box** spojovací or svorková skříňka

juncture ['džaŋkčə(r)] n **at this j.** fml v tomto okamžiku, za současných okolností

June [džu:n] n červen; **on the 7th of J.** sedmého (7.) června; see also **May**

jungle ['džaŋgl] n džungle; **the concrete j.** fig betonová džungle; **the law of the j.** zákon džungle, pěstní právo ■ **j. fever** Med malárie; **j. juice** inf *(alcohol)* fig ohnivá voda

junior ['džu:niə(r)] adj **1** *(younger)* mladší; **he is five years j. to her** je o pět let mladší než ona **2 Junior** (abbreviations **Jr, Jnr, Jun**) syn, junior, jun., jr, ml., m.; **John Smith, Junior** John Smith junior **3** *(subordinate)* nižší, podřízený; **j. officer/ clerk** nižší důstojník/ úředník; **be j. to sb** být komu podřízený **4** Sch **a)** Br **j. school** základní škola 7 – 11 let **b)** Amer **j. high school** nižší střední škola 11 – 15 let **c)** Amer Univ **j. college** dvouletá přípravná vysoká škola **5** Sport juniorský; **j. championship** juniorské mistrovství ● n **1** *(younger person)* **he is three years her j., he is her j. by three years** (on) je o tři roky mladší než ona **2** *(subordinate)* podřízený/ -á, níže postavený pracovník **3** Sch **a)** žák základní školy **b)** Amer žák nižší střední školy **c)** Amer Sch/ Univ student 3. předposledního ročníku střední/ vysoké školy **4** Amer inf *(way of addressing a son in a family)* mladý, mladej*

juniper ['džu:nipə(r)] n Bot jalovec

junk₁ [džaŋk] n **1** *(discarded* or *useless things)* haraburdí, harampádí, krámy, tretky; *(old iron)* staré železo; **a piece of old j.** starý krám, starý střep or křáp ■ **j. heap** smetiště, inf *(old car)* stará rachotina; **end up on a j. heap** fig skončit pod mostem; **throw sb on**

the j. heap fig odložit koho do starého železa; **j. mail** zbytečná pošta, reklama posílaná poštou; **j. yard** skládka **2** inf *(cheap goods, thrash)* laciné zboží, veteš, brak, šmejd ■ **j. bonds** St Ex spekulační obligace; **j. dealer** vetešník; **j. food** nekvalitní potraviny, nezdravá strava; **j. shop** vetešnictví, bazar **3** sl drogy zvl. heroin

junk$_2$ [džaŋk] n *(boat)* džunka

junket ['džaŋkit] n **1** Cook kyselé mléko sražené syřidlem, ≅ sýřenina **2** *(feast)* hostina, inf mejdan, joc hody **3** inf pej *(pleasure trip)* výlet za státní/ podnikové peníze maskovaný jako služební cesta

junkie, junky ['džaŋki] n sl feťák, narkoman neutr

junta ['džantə] n Mil, Pol (vojenská) junta, chunta

Jupiter ['džu:pitə(r)] n Myth, Astron Jupiter

Jurassic [džu'ræsik] adj Geol jurský; **J. period** jura; **J. Park** *(title of film)* Jurský park

juridical [džu'ridikl] adj právnický; *(of court)* soudní

jurisdiction [džuəris'dikšn] n jurisdikce, soudní or úřední pravomoc, kompetence; **it doesn't come within their j.** to není v jejich kompetenci

jurisprudence [džuəris'pru:dəns] n soudnictví, práva, právní věda

jurist ['džuərist] n jurista, právník

juror ['džuərə(r)] n porotce, člen poroty

jury ['džuəri] n porota; *(in competitions also)* jury [žiri] fem; **member of a j.** porotce ■ **j. box** lavice porotců

just [džast] adj **1** *(fair: ruler; decision, law; verdict)* spravedlivý **2** *(well-founded; complaint, reproach, demands)* oprávněný, opodstatněný; *(suspicion)* důvodný, opodstatněný **3** *(reward, punishment)* spravedlivý, zasloužený; **it is only j. that ...** je naprosto správné, že/ aby ... ♦ **he got his j. deserts** dostalo se mu spravedlivé odplaty **4** *(correct: account of sth)* pravdivý, přesný, správný ■ see **~ly** ● adv **1** *(very recently: usu with perfect tenses)* právě, zrovna; **I have (only) j. spoken to her** zrovna jsem s ní mluvil; **he has (only) j. left** právě odešel; **j. last week** zrovna minulý týden **2** *(at this/ that moment)* zrovna, právě; **j. now** právě or zrovna teď; **j. then** právě (tehdy), právě v té době; **they are having their lunch j. now** právě obědvají; **I am j. coming** už jdu; **I am j. (on the point of) leaving** zrovna odcházím **3** *(exactly)* zrovna, právě, přesně; **it's j. right** *(tool: hammer etc)* to je šikovné or coll šikovný* do ruky; **j. at the right time** v pravý čas, jako na zavolanou; **that's j. the thing I need** to já právě potřebuji; **that's j. what I wanted** to je přesně to, co jsem chtěl; **that's j. the thing** to je ono; **that's j. right for him** to je pro něho jako dělané, to se mu hodí do krámu ♦ **that's j. what the doctor ordered** fig to je pro mě/ něho/ něco ap jak stvořený*; **that's j. the ticket** má to všech pět pé, to je přesně ono **4 j. as** přesně jako, stejně jako; **you are j. as beautiful as her** ty jsi zrovna tak hezká jako ona; **do sth j. as it should be** udělat co jak náleží ♦ **j. as you please** jak je libo; **it's j. like him** to je celý on **5** *(barely)* sotva, jen tak tak; **he only j. caught the bus** tak tak, že mu neujel autobus; **he j. missed hitting a lorry** jen tak tak, že nenarazil do nákladního auta **6** *(only)* jen(om), pouze; **j. once** jen jednou; **j. this time** jen pro jednou; **there were j. five spectators** bylo tam jenom pět diváků; **that's j. empty talk** to jsou jenom fráze **7** *(simply)* prostě, jen; **it's j. not done** to se prostě nesluší or nedělá; **do sth j. for laughs** udělat něco jen tak pro zábavu, udělat něco jen z legrace; **j. try to understand!** snaž se mě trochu pochopit ♦ **it j. fell in my lap** přišel jsem k tomu jako slepý k houslím **8** emph **it's j. fantastic!** to je prostě senzační!; **j. you dare!** jen se opovaž!, jen to zkus!; **that's j. too bad!** to je tedy smůla!; **that's j. awful!** to je prostě příšerné! **9** *(other idiomatic phrases)* **it's j. as well that ...** ještě dobře, že ...; **it would be j. as well to phone them** bylo by záhodno or radno jim zavolat; **j. about** inf zrovna tak; **it's j. about the limit** to je zrovna tak dost; **j. in case** pro všechny případy, pro každý případ; **j. like that** z čista jasna, zčistajasna, pro nic za nic; **j. so i)** přesně tak **ii) everything must be j. so** všechno musí být jako ze škatulky; **j. the same** *(nevertheless)* přesto, stejně; *(it's not raining)* **but I'll take an umbrella j. the same** ale stejně si vezmu deštník ● n **the just** spravedliví lidé ♦ **sleep the sleep of the j.** spát spánkem spravedlivých

justice ['džastis] n **1** Jur spravedlnost, právo; **have j. on one's side** mít právo na své straně; **miscarriage of j.** justiční omyl; **bring sb to j.** hnát koho před soud, stíhat koho soudně; **the Department of J.** Amer ministerstvo spravedlnosti **2** *(fairness)* spravedlnost; *(of claims, objections)* oprávněnost; **sense of j.** smysl pro spravedlnost; **do sb j.** ukázat koho ve správném světle; **do oneself j.** ukázat se v nejlepším světle; **do j. to the meal** sníst jídlo s chutí; **to do him j., he didn't know** dlužno říci, že o tom nevěděl; je spravedlivé říci, že o tom nevěděl

3 *(judge)* Amer soudce; *(in titles* also*)* Br **J. of the Peace** smírčí soudce

justifiable ['džastifaiəbl] adj ospravedlnitelný, oprávněný, odůvodnitelný, omluvitelný

justification [džastifi'keišn] n **1** omluva, ospravedlnění; **with j.** plným právem, oprávněně; **without j.** neoprávněně, neodůvodněně; **in j. of ...** na obranu čeho **2** Typ justování; Comput zarovnání

justified ['džastifaid] adj **1** *(right, fair)* oprávněný; **be j. in doing sth** udělat něco oprávněně or plným právem **2** Typ justovaný; Comput zarovnaný

justify ['džastifai] vt (pt & pp **-ied**) **1** *(show rightness of)* zdůvodnit, odůvodnit, ospravedlnit; **j. one's behaviour** omlouvat své chování **2** *(be good reason for)* ospravedlňovat, omlouvat, být důvodem pro co; **nothing can j. such behaviour** takové chování je neomluvitelné ♦ **the end justifies the means** účel světí prostředky **3** Typ justovat; Comput zarovnat

justly ['džastli] adv **1** *(treat* etc*)* spravedlivě **2** *(with justification)* právem, oprávněně; **she was j. proud of her achievements** byla právem hrdá na své úspěchy

justness ['džastnəs] n cf **just** adj *(fairness)* spravedlnost; *(of claim, of reproach)* oprávněnost, opodstatněnost; *(of reward)* zaslouženost

jut [džat] vi (**-tt-**) **j. (out)** vyčnívat, přečnívat; *(cliff, land into sea)* vybíhat; **j. out from sth** vyčnívat z čeho; **j. out over sth** přečnívat nad čím

Jute [džu:t] n Hist Jut

jute [džu:t] n Text juta

juvenile ['džu:vənail] adj **1** *(young)* mladistvý; *(for young people: books, games)* jsoucí pro děti/ pro mladé; **j. court** soud pro mladistvé; **j. delinquent** mladistvý provinilec or pachatel; **j. delinquency** kriminalita mládeže **2** pej *(childish)* infantilní, dětinský; **don't be so j.** nebuď tak dětinský ● n *(person)* mladistvý, nezletilý, nezletilec, nezletilá osoba

juxtapose [džakstə'pəuz] vt klást/ položit vedle sebe; *(ideas)* klást proti sobě; Ling spojit slova/ věty prostým položením vedle sebe

juxtaposition [džakstəpə'zišn] n juxtapozice, kladení/ položení vedle sebe

K

K, k [kei] n (pl **K's, k's** [keiz]) *(letter)* K, k

K [kei] inf abbr *(eg in salaries)* **one thousand** tisíc; **earn 25K** vydělávat 25 tisíc

K [kei] Comput: abbr of **kilobyte** kB kilobyte

Kaffir ['kæfə(r)] n Ethnol Kafr

kaftan ['kæftæn] n kaftan

Kaiser ['kaizə(r)] n kaiser

kale, kail [keil] n kapusta kadeřavá

kaleidoscope [kə'laidəskəup] n kaleidoskop; **a k. of colours** kaleidoskop barev

kaleidoscopic [kəˌlaidə'skopik] adj kaleidoskopický

kamikaze [kæmi'ka:zi] adj & n kamikaze

Kampuchea [kæmpu'či:ə] n Kambodža

kangaroo [kæŋgə'ru:] n (pl **~s**) klokan ■ **k. court** neregulérní or nepravidelný soud, samozvaný soud

kaolin ['keiəlin] n Min kaolín

kapok ['keipok] n kapok

kaput [kə'put] adj sl kaput, zničený

karat ['kærət] n Amer karát

karate [kə'ra:ti] n Sport karate ■ **k. chop** úder karate

karma ['ka:mə] n Philos karma

karst [ka:st] n kras

kart [ka:t] n Sport motokára

Kashmir [kæš'miə(r)] n **1** Geog Kašmír **2 k.** Text kašmír

Kashmiri [kæš'miəri] adj kašmírský ● n Kašmířan/ -ka

kayak ['kajæk] n kajak

KC [kei'si:] Br abbr of **King's Counsel** královský soudní rada

kebab [ki'bæb] n Cook kebab

keel [ki:l] n Naut kýl; **be on an even k.** lit nekymácet se, být vyrovnaný; **stay on an even k.** fig udržet si (duševní) rovnováhu ● phr v ■ **keel over** vi **1** *(boat)* převrátit se, překotit se **2** fig *(of person: collapse)* složit se; *(faint)* omdlít

keen₁ [ki:n] adj **1** *(sharp)* **a)** *(knife, edge)* ostrý; *(wind)* ostrý, pronikavý, řezavý **b)** fig *(smell)* prudký, ostrý, pronikavý; *(light)* prudký, oslňující, pronikavý, řezavý; *(sound)* ostrý, řezavý; *(pain)* prudký, ostrý; *(feelings)* prudký, intenzivní; *(wit)* břitký, sžíravý; *(intellect)* pronikavý **c)** *(sight, eye)* bystrý, dobrý, ostrý; *(hearing)* ostrý, jemný **d)** *(competition)* ostrý; Br *(prices)* konkurenční **2** *(enthusiastic: sportsman, chess player etc)* nadšený, náruživý, vášnivý, dychtivý; **she is very k. on skiing** strašně ráda lyžuje; **she is very k. on dancing** je vášnivá tanečnice; **he is very k. on it** je do toho celý žhavý; **I'm not terribly k. on (playing) tennis** na tenis si zrovna moc nepotrpím; **he is k. on her** je do ní celý pryč ♦ **be as k. as mustard (to do sth)** být do čeho celý žhavý ■ **~ly** adv **1** *(sharply)* ostře **2** *(intensely)* prudce, intenzivně **3** *(enthusiastically)* nadšeně, náruživě, dychtivě, zaujatě

keen₂ [ki:n] vi Irish **be ~ing over sb** naříkat or bědovat nad kým, oplakávat koho ● n pohřební zpěv s lamentací nad mrtvým

keenness ['ki:nnəs] n cf also **keen** **1** *(sharpness)* ostrost, pronikavost **2** *(intensity)* prudkost, intenzivnost **3** *(enthusiasm)* nadšení, dychtivost, zaujetí, náruživost

keep [ki:p] n **1** *(maintenance)* živobytí, obživa; **earn one's k.** vydělat si na sebe; **he's not worth his k.** ten si nevydělá ani na chleba; **provide for sb's k.** starat se o čí obživu **2** *(in castle)* hlavní obranná věž, donjon [-žon] **3 for ~s** inf navždy, natrvalo; **borrow sth for ~s** vypůjčit si něco na věčnou oplátku ● v (pt, pp **kept**) **I** vt **1** *(retain)* (po)nechat si; *(old letters etc)* (u)schovat si; **k. some money for a rainy day** dát si nějaké peníze stranou; **k. sth in reserve** mít co v záloze or v rezervě; **k. sth as a souvenir** nechat si co na památku; **(you can) k. the change** drobné si nechte **2** *(have, own)* mít, vlastnit; *(have somewhere)* mít kde; **k. a car/ shop** mít auto/ obchod; **k. a dog as a pet** držet si or mít psa pro potěšení; **k. one's hands in one's pockets** mít ruce v kapsách; **k. one's car in a garage** mít auto v garáži; **k. the car in the yard** parkovat na dvoře **3** *(store)* uložit, uschovat, skladovat, uskladnit; *(have for sale)* mít na skladě, prodávat; **k. apples in the cellar** skladovat jablka ve sklepě; **k. sth in a cool place** udržovat co v chladu; **k. the flowers in fresh water** nechat květiny v čerstvé vodě; **k. sth in a safe place** uschovat co v bezpečí **4** *(detain)* **k. sb in prison** věznit koho **5** *(delay)* zdržet, zdržovat; **k. sb waiting** nechat koho čekat **6** *(maintain)* **a) k. oneself to oneself** žít sám pro sebe, držet se stranou, s nikým se nebratříčkovat; **k. oneself in good health** zachovat se při zdraví, udržet si zdraví **b)** *(in a given state/ position)* **k. sb alive** udržet koho při životě; **k. sth going** udržovat co v chodu; **k. a low profile** neexponovat se; **k. one's head** zůstat chladnokrevný; **k. sb ignorant** udržovat koho v nevědomosti; **k. sb continuously on the go** nedopřát komu odpočinku ♦ **k. one's end up** dobře se držet; **k. body and soul together** žít z ruky do úst **c)** *(in good order)* **k. sth in good**

repair *(houses, roads)* udržovat; **k. sth tidy** udržovat co v pořádku **d)** *(foodstuffs)* uchovávat **e) they k. a good table** tam se dobře vaří **f)** *(accounts, records)* vést; **k. a diary** psát si deník **g)** *(mistress)* vydržovat si **7** *(employ: cook, servant* etc*)* držet si, zaměstnávat **8** *(associate with)* **k. bad company** chodit do špatné společnosti; **k. sb company** dělat komu společnost **9** *(control)* **a)** *(somebody)* **k. a tight rein on sb** držet koho zkrátka or na uzdě; **k. sb at arm's length** držet si koho od těla; **k. sb in suspense** udržovat koho v napětí; **k. sb under constant pressure** stále na někoho naléhat or tlačit; **k. sb at it** nedopřát komu oddechu, šlapat komu na paty, honit koho jako psa **b)** *(oneself)* **k. one's temper** ovládat se, zachovat si chladnou hlavu; **k. one's cool** inf zachovat klid or rozvahu, zůstat chladnokrevný; **k. one's wits about one** vzít rozum do hrsti; **k. your hair on!** inf nerozčiluj se!, to chce klid! **c)** *(business)* řídit, mít **10** *(restrain)* **k. sb from doing sth** bránit komu v čem **11** *(look after)* **a)** *(family, budget)* starat se o koho/ co, *(family* also*)* živit; *(child at university)* vydržovat **b)** *(supervise: children* etc*)* dohlížet na koho; **k. an eye on sb** dávat pozor na koho, dohlížet na koho; **k. an eye open for sth** ohlídat si co; **k. the children busy** zabavit děti; **k. tabs on sb/ sth** kontrolovat koho/ co, mít koho/ co pod kontrolou **c) k. house for sb** hospodařit komu, starat se komu o domácnost, vést komu domácnost; **k. goal** Ftb hrát v brance **d)** *(tend)* **k. the garden** starat se o zahradu, zahradničit **e)** *(cattle* etc*)* chovat, *(bees* also*)* držet **12** *(secret)* uchovat, udržet; **k. sth secret** utajit co, držet co v tajnosti; **k. sth to oneself** nechat si co pro sebe; **k. this to yourself** (o tomto) nikomu ani muk, nech si to pro sebe; **k. sth from the press** utajit co před novináři **13** *(observe)* **a)** *(promise, word)* dodržet, splnit; **k. the appointment** dostavit se na smluvenou schůzku **b)** *(laws, rules)* dodržovat; *(discipline, order)* udržovat **c) the clock ~s good time** hodiny jdou dobře **d)** *(customs, traditions)* zachovávat **14** *(remain in a position)* **k. your seat** zůstaňte sedět; **k. one's job** udržet si zaměstnání **15** *(protect)* Mil *(fortress* etc*)* bránit, hájit; **k. sb from evil** chránit koho před zlem **16** *(celebrate: Christmas* etc*)* oslavovat, držet, slavit **17** Amer *(follow: road, path)* jít/ jet dále po čem **18** esp Amer *(remain)* **k. one's bed** zůstat ležet **II** vi **1** *(continue)* **a)** + pres p **k. doing sth** pokračovat v čem, stále něco dělat; **k. talking** stále mluvit; **k. moving!** nezastavujte se; **prices k. growing** ceny stále rostou; **he ~s dropping everything** stále mu všechno padá; **k. moaning** stále si stěžovat, expr stále fňukat ♦ **k. smiling!** vždy s úsměvem! **b)** *(to move in the specified direction)* **k. (to the) left** držet se vlevo; **k. straight on** jděte/ jeďte rovně **2** *(remain, stay in a certain state)* **a)** zůstat, setrvávat v nějakém stavu; **k. calm**, inf **k. cool** zachovat klid, neztratit nervy; **k. seated** zůstat sedět **b)** *(of weather)* **I hope it'll k. fine** doufám, že vydrží hezké počasí **c)** *(of health)* **how are you ~ing?** jak se máte?, jak se vám vede?; **k. in good health** těšit se dobrému zdraví; **k. fit** udržovat se v kondici, udržovat se fit **d)** *(of food)* uchovat se v dobrém stavu, zůstat poživatelným **III** phr vs ■ **keep ahead** vi udržovat si náskok; **k. ahead of one's competitors** udržovat si náskok před svými konkurenty ■ **keep at** vt **1 k. at sb** *(pester)* pohánět koho, pobízet koho; **k. sb at his/ her work** pobízet koho k práci **2** *(continue to work)* **k. at it** pokračovat v práci na čem ■ **keep away** *I* vi **1** *(from fire* etc*)* nepřibližovat se k čemu **2** *(from sb)* vyhýbat se komu, varovat se koho; **k. away from drink** vystříhat se alkoholu; **k. away from sb** vyhýbat se komu *II* vt **k. sb away from sb** bránit komu, aby se s kým stýkal; **k. sb away from sth** bránit komu v čem ■ **keep back** *I* vi nepřibližovat se; **k. back!** nepřibližujte se!; zůstaňte, kde jste! *II* vt **1** *(crowds, water)* zadržet; *(tears)* potlačit, zadržet **2** *(information)* (u)tajit, zatajit, nechat si pro sebe **3** *(part of salary)* zadržet, strhnout **4** *(delay)* **k. sb back** (po)zdržet koho **5** Sch **be kept back** opakovat rok, propadnout ■ **keep down** *I* vi zůstat dole, neukazovat se *II* vt **1** *(not raise: head* etc*)* sehnout, sklonit; **k. one's voice down** mluvit tiše **2** *(prices)* držet na nízké úrovni; *(expenses)* omezovat; **k. one's weight down** dávat si pozor na linii, hlídat si váhu **3** *(food)* udržet v žaludku ■ **keep from** vt **1 k. sb from doing sth** (za)bránit komu v čem, zdržet koho od čeho; **k. sb from sb** bránit komu stýkat se s kým **2** *(protect)* **k. sb from sth** chránit koho před čím **3 k. from doing sth** vyhnout se čemu; **I cannot k. from laughing** nemohu se ubránit smíchu ■ **keep in** *I* vt **1** *(not allow out)* nedovolit komu jít ven, potrestat koho domácím vězením; Sch nechat koho po škole; **the weather kept us in** kvůli počasí jsme se nedostali ven **2** *(fire)* udržovat; *(stomach)* zatáhnout **3 k. oneself/ one's family in clothes** šatit se/ šatit svou rodinu *II* vi **1** *(fire)* udržet se **2** *(stay in)* zůstat doma, nejít ven **3 k. in with sb** být s kým zadobře ■ **keep off** *I* vi nepřibližovat se, držet se opodál; **let's hope**

the rain will k. off doufejme, že nebude pršet *II* vt 1 *(intruders)* nedovolit vejít, nedovolit vstup; *(dog)* nevpustit; **k. off the grass!** *(sign)* chodit po trávníku zakázáno! 2 *(avoid: drugs, alcohol, topic)* vyhýbat se čemu, vystříhat se čeho 3 *(hat)* mít smeknutý; *(coat)* mít dole, mít svlečený ■ **keep on** *I* vi 1 *(continue)* pokračovat; *(rain etc)* trvat, pokračovat dál; **k. on doing sth** pokračovat v čem, stále něco dělat 2 *(continue going)* jít (stále) rovně; **k. straight on** imper jděte rovně 3 **k. on about sth** inf bez přestání o něčem mluvit, dlouze se o čem šířit 4 **don't k. on so** přestaňte s tím *II* vt 1 *(clothes)* nechat si na sobě, nesundávat 2 *(employee)* zaměstnávat dále, držet si dále ■ **keep on at sb** *(pester)* dorážet na koho ■ **keep out** *I* vi *(of room, property)* nevstupovat; *(of a quarrel)* nemíchat se do čeho; **k. out!** vstup zakázán!, nevstupovat!; **k. out of the sun/ rain** chránit se před sluncem/ deštěm; **k. out of the way** držet se stranou; **k. out of my sight!** nechoď mi na oči *II* vt *(people)* nedovolit komu vstup, nevpustit dovnitř; **k. sb out of danger** chránit koho před nebezpečím ■ **keep to** vt 1 *(plan)* plnit; *(deadlines)* dodržovat; *(promise, word)* dodržet, splnit, stát za čím; *(traditions)* zachovávat, dodržovat 2 *(not deviate from)* **k. to the point** neodbočovat, držet se projednávané otázky or věci; **k. to the beaten track** fig jít po vyšlapané cestičce 3 *(stay in)* **k. to one's room** nevycházet ven; **k. to one's bed** neopouštět lůžko 4 **k. sb to his promise** vyžadovat na kom, aby splnil svůj slib ■ **keep together** *I* vi zůstat spolu, držet (se) spolu *II* vt *(people)* držet pospolu, *(unite)* sjednotit; *(things)* uschovat spolu, mít na jednom místě; *(documents)* uložit spolu ■ **keep under** vt *(repress)* utlačovat ■ **keep up** *I* vi 1 *(continue) (noise, rain)* pokračovat, trvat, neustávat; *(of good weather)* pokračovat, udržet se i nadále 2 *(prices)* udržet se 3 *(not fall behind: in one's class work etc)* držet krok, nezůstat pozadu, stačit čemu; **k. (up) abreast of the times** držet krok s dobou *II* vt 1 *(support: roof etc)* nést, podpírat 2 *(maintain: prices, standards, correspondence, contacts etc)* udržovat; *(payments)* nepřerušit; *(attack)* pokračovat v čem; *(customs, traditions)* zachovávat, dodržovat ♦ **k. up the good work!**, **k. it up!** jen tak dál!, nesmíte polevit 3 *(from going to bed)* bránit komu jít spát, nenechat koho spát 4 *(in good order: house, garden)* udržovat v dobrém stavu, starat se o; *(one's English/ French)* udržovat si, udržovat na výši ■ **keep up with** vt 1 **k. up with sb** držet krok s kým, stačit komu ♦ **k. up with the times** jít s dobou; **k. up with the Joneses** nezůstávat v ničem pozadu za sousedy 2 **k. up with sb** *(k. in touch)* udržovat s kým kontakt

keeper ['ki:pə(r)] n 1 *(in museum)* kustod, kurátor; *(in library)* správce; *(in zoo, asylum)* ošetřovatel; **k. of the archives** archivář; **lighthouse k.** strážce majáku 2 inf *(goalkeeper)* brankář; Cricket strážce branky

-keeper *(in compounds)* **shopkeeper** obchodník; **innkeeper** hospodský

keeping ['ki:piŋ] n 1 *(care)* péče; **be in sb's k.** být v čí péči, být v úschově u koho 2 **in k. with sth** v souladu s čím, ve shodě s čím; **be out of k. with sth** být v rozporu s čím

keepsake ['ki:pseik] n památka, dárek na památku; **give sb sth as a k.** dát komu co na památku

keg [keg] n menší sud, soudek zprav. pivní, inf joc štěně

kennel ['kenl] n 1 *(doghouse)* psí bouda 2 **~s** *(for breeding)* psinec; *(for boarding)* útulek pro psy ● vt *(dog)* dát do boudy, chovat v boudě

Kenya ['kenjə, 'ki:njə] n Keňa

Kenyan ['kenjən, 'ki:njən] adj keňský ● n Keňan/ -ka

kept [kept] pt, pp of **keep** ● adj **k. woman** dated or joc vydržovaná milenka, metresa

kerb [kə:b] n Br obrubník chodníku ■ **k. crawler** osoba oslovující prostitutky z pomalu jedoucího auta; **k. crawling** hledání prostitutky z auta jedoucího pomalu podél chodníku

kerchief ['kə:čif] n arch 1 *(worn on the head/ neck)* šátek na hlavu/ na krk 2 *(handkerchief)* kapesník

kerfuffle [kə'fafl] n Br inf *(disorder)* zmatek, chaos; *(noise)* rámus, povyk, vyvádění; *(fight)* tahanice, rvačka, pranice

kernel ['kə:nəl] n 1 *(of nut, fruit stone)* jádro; *(of cereal)* zrno 2 fig jádro, podstata; **the k. of the matter** jádro věci

kerosene, kerosine ['kerəsi:n] n; esp Amer petrolej ■ **k. lamp** petrolejová lampa

kerning ['kə:niŋ] n Comput kerning, stlačování písmen

kestrel ['kestrəl] n Orn poštolka obecná

ketch [keč] n Naut keč dvoustěžňová plachetnice

ketchup ['kečəp] n kečup

kettle ['ketl] n čajník, konvice na vaření vody; **electric k.** varná konvice, elektrický čajník; **the k. is boiling** voda (v konvici) už vaří; **put the k. on** postavit na čaj/ kávu etc ♦ **this is a pretty k. of fish** to je pěkné nadělení, to je pěkná brynda; **this is**

a different k. of fish inf to je jiný tabák or kafe, to je jiná písnička

kettledrum ['ketldram] n Mus kotel, tympán

key [ki:] n **1** *(for lock, mechanism)* klíč, *(small)* klíček; **door key** klíč ke dveřím; **ignition key** klíček k zapalování; **master key**, **skeleton key** univerzální klíč; **under lock and key** pod zámkem; **put sth under lock and key** dát co pod zámek ▪ **key ring** kroužek na klíče **2** *(of piano, typewriter)* klávesa; *(of wind instrument)* klapka **3** Mus tónina, stupnice; **in the key of B-flat major** ve stupnici B dur; **play off key** hrát falešně **4** fig *(means, solution)* klíč; **the key to success** klíč k úspěchu **5** Sch *(to exercises)* klíč; *(to a drawing)* legenda ● adj klíčový; **key industry** klíčový průmysl; **key issue** stěžejní bod; **key point** uzlový bod; *(key question)* základní otázka ● **I** vt **1** *(adapt: speech, remarks, one's mood* etc*)* přizpůsobit **2** see **key in** **II** phr vs ▪ **key in** vt Comput zapsat na klávesnici ▪ **key up** vt **be all ~ed up** být velmi rozrušený, být velmi nervózní, být napjatý jako struna

keyboard ['ki:bo:d] n klávesnice

keyhole ['ki:həul] n klíčová dírka

keynote ['ki:nəut] n **1** Mus základní nota, základní tón tóniny, tónika **2** fig vůdčí myšlenka, ústřední motiv, klíčový význam

keystone ['ki:stəun] n Archit závěrečný klenák, svorník

keystroke ['ki:strəuk] n Comput úhoz, stisknutí klávesy

KG Br abbr of **Knight of the Garter** rytíř podvazkového řádu

kg abbr of **kilogramme(s), kilogram(s)** kg, kilogram

khaki ['ka:ki] n *(colour)* barva khaki ● adj khaki; **k. shirt** khaki košile

kibbutz [ki'buts] n kibuc

kick [kik] n **1** kopnutí; *(from person* also*)* kopanec; *(from gun)* zpětný ráz; **give sb a k. up the backside** inf kopnout koho do zadku; **give sb a k. in the pants** inf nakopat komu; **it's better than a k. in the backside** inf je to lepší než pár facek ♦ **a k. in the teeth** inf zákeřná rána, rána do zad **2** Ftb etc kop, střela; **corner/ free k.** rohový/ volný kop; **penalty k.** penalta, trestný kop; **scissors k.** nůžky **3** inf *(thrill, pleasure)* vzrušení, zábava, švanda; **get a big k. out of sth** mít z čeho zábavu or švandu; **for ~s** pro švandu, z psiny; **just for ~s** jen tak z hecu **4** *(strength, effectiveness)* **it's got a k. in it** inf *(alcohol)* má to říz, expr to by porazilo i vola; **he has no k. left in him** nedostává se mu energie, došel mu dech ● **I** vi **1** *(animal)* kopat; *(person)* kopat, rozdávat kopance ♦ **be alive and ~ing** být jako rybička, mít se čile k světu, *(older person)* být stále čilý **2** *(gun)* trhnout zpět **II** vt **1** *(of horse)* kopnout/ kopat, *(of person* also*)* dát kopanec; *(door)* kopnout do čeho; **k. sb's behind** inf kopnout koho do zadku; **k. the ball** kopnout do míče; **k. a goal** dát branku, skórovat ♦ **k. the bucket** inf natáhnout bačkory; **k. sb upstairs** inf *(promote sb to get rid of him)* vykopnout koho nahoru; **k. sb when he is down** kopat do koho, když je dole; **I could have ~ed myself** byl bych si dal pár facek; **k. one's heels** *(wait)* tvrdnout někde, moci někde vystát důlek **2** sl **k. the habit** *(addiction)* přestat s kouřením/ drogami/ pitím etc **III** phr vs ▪ **kick about** or **around** *I* vi **1** *(of person)* potulovat se, potloukat se, poflakovat se **2** **be still ~ing around** inf být stále na živu **3** *(of things)* inf povalovat se, být v nepořádku *II* vt **1** **k. a ball around** kopat do míče **2** **k. sb around** *(mistreat)* zacházet s kým špatně, pohrávat si s kým **3** *(idea)* sl prodiskutovat ▪ **kick against** vt **k. against sth** vzepřít se čemu, stavět se proti čemu; **k. against the pricks** jít hlavou proti zdi ▪ **kick away** vt odkopnout ▪ **kick back** *I* vi **1** *(retaliate)* pomstít se **2** *(gun)* trhnout zpět *II* vt *(ball)* odkopnout ▪ **kick in** vt *(door)* vyrazit kopnutím; **k. sb's teeth in** vyrazit komu zuby ▪ **kick off** *I* vt *(shoes, slippers* etc*)* skopnout, setřást z nohou *II* vi Ftb zahájit výkopem, začít zápas; fig *(of meeting* etc*)* zahájit, začít ▪ **kick out** *I* vi *(horse)* kopat, vyhazovat *II* vt **k. sb out** vykopnout koho, fig inf *(from club, school* etc*)* vyrazit, vyhodit; **get ~ed out of one's job** vyletět z práce ▪ **kick over** vt **k. over the traces** inf být jako utržený z řetězu ▪ **kick up** vt **1** *(horse)* **k. up its heels** vyhodit; inf **k. up one's heels** *(person)* inf vyhodit si z kopýtka **2** inf fig **k. up a fuss** stavět se na zadní; **k. up a row** inf ztropit povyk, strhnout pokřik, udělat rambajs

kickback ['kikbæk] n inf **1** *(of gun)* zpětný ráz **2** *(bribe)* provize, bakšiš, úplatek

kicker ['kikə(r)] n Ftb hráč, který provádí trestný kop

kickoff ['kikof] n Ftb začátek zápasu výkopem; **the k. is at 2pm** zápas začíná ve 14.00

kick-start ['kiksta:t] vt *(motor cycle)* našlápnout

kick-starter ['kiksta:tə(r)] n nožní startér or spouštěč motocyklu

kid[1] [kid] n **1** Zool kůzle; **male kid** kozlík **2** *(leather)* kozinka; **a bag made from kid**

taška z kozinky ■ **kid leather** kozinka; **kid gloves** jemné rukavičky, glazé rukavičky; **handle sb/ sth with kid gloves** jednat or zacházet s kým v rukavičkách/ opatrovat něco jako svátost or jako oko v hlavě **3** fig inf *(child)* dítě, děcko, holčička/ chlapeček; **~s** děti, drobotina; **when I was a kid** když jsem byl/ -a malý/ -á ■ **my kid sister/ brother** inf esp Amer moje (malá) sestřička/ můj (malý) bratříček

kid$_2$ [kid] v inf **(-dd-) I** vt **1** *(tease)* **kid sb (on)** škádlit, dobírat si; **they ~ded him about his name** dobírali si ho kvůli jeho jménu **2** *(fool, mislead)* **don't kid yourself!** jen si nic nenamlouvej!; **who do you think you are ~ding?** na to ti zrovna tak naletím **II** vi dělat si legraci; **no ~ding!** to není možná!, opravdu?, fakt?; **you must be ~ding!** nedělej si legraci!, ale jdi!

kidnap ['kidnæp] vt **(-pp-)** unést osobu násilím, odvléci

kidnapper ['kidnæpə(r)] n únosce

kidnapping ['kidnæpiŋ] n únos

kidney ['kidni] n Anat ledvina; Cook ledvinka ■ Med **k. failure** selhání ledvin; **k. machine** umělá ledvina; **k. stone** Med ledvinový kámen; Bot **k. bean** fazol obecný

kill [kil] n **1** *(act)* zabití; *(of hunted animal)* odstřel **2** Hunt usu sg úlovek, ulovená zvěř; *(killed by animal)* kořist; **a good k.** bohatý úlovek; **be in at the k.** *(of hunted animal)* být při odstřelu, fig být svědkem konce čeho ● **I** vt **1** *(animal, person)* zabít, usmrtit; *(of plague, epidemic)* zkosit; *(murder)* zavraždit, dated expr zamordovat, *(by beating)* ubít, utlouct; *(by shooting: person)* zastřelit, *(animal(s))* odstřelit, provést odstřel čeho, *(livestock* etc*)* porazit; **be ~ed** přijít o život, zahynout, zemřít; **be ~ed in action** padnout v boji; **k. oneself** zabít se, spáchat sebevraždu; **be ~ed by cancer** zemřít na rakovinu **2** *(weeds)* vyhubit; **be ~ed by frost** *(roses* etc*)* zmrznout, pomrznout **3** fig *(happiness)* zničit, zkazit; *(performance)* zkazit; *(hopes)* zmařit; **k. time** mařit or zabíjet čas; **have time to k.** nevědět co s časem, mít času habaděj; **be ~ing oneself with work** dřít jak otrok or galejník, pracovat do úmoru or úpadu; **k. oneself laughing** inf div se nepotrhat smíchy, svíjet se smíchy; **curiosity ~ed the cat** kdo se moc ptá, moc se doví **4** inf *(hurt)* **my back is ~ing me** bolí mě hrozně v zádech; **this heat is ~ing me** tohle vedro mě ničí or ubíjí **5** Parl *(proposal, bill)* odmítnout **6** Ftb etc *(ball)* stopnout, umrtvit **II** vi **thou shalt not k.** Bibl nezabiješ ♦ **she is dressed to k.** je vyparáděná or nafintěná **III** phr v ■ **kill off** vt **1** *(weeds)* vyhubit; *(animals)* vybít; *(whole nations)* vyhladit, vyhubit **2** fig *(hero: in book* etc*)* nechat umřít

killer ['kilə(r)] n vrah, zabiják; **hired k.** najatý vrah ■ **k. whale** Zool kosatka

killing ['kiliŋ] n zabití, usmrcení; *(murder)* vražda ♦ **make a k.** Fin udělat terno, uzavřít mimořádně výnosný obchod ● adj **1** *(blow)* smrtelný **2** *(tiring: work)* vyčerpávající, ubíjející, úmorný **3** somewhat dated *(hilarious)* jsoucí k popukání ■ **~ly** adv **be ~ly funny** být k popukání

killjoy ['kildžoi] n morous, suchar

kiln [kiln] n *(for pottery, bricks)* vypalovací pec, *(for drying)* sušicí pec, sušárna; *(for burning lime)* vápenka, vápenická pec

kilo ['ki:ləu] n (pl **~s**) kilo

kilobyte ['kiləubait] n Comput kilobyte

kilocalorie ['kiləukæləri] n kilokalorie, velká kalorie

kilogramme ['kiləgræm] n kilogram

kilohertz ['kiləuhə:ts] n Phys kilohertz

kilometre, Amer **kilometer** ['kiləmi:tə(r), ki'lomitə(r)] n kilometr; **do 10 kilometres** ujet 10 km; **do 100 kilometres per hour** jet rychlostí 100 km za hodinu

kiloton ['kiləutan] n kilotuna

kilovolt ['kiləuvəult] n kilovolt

kilowatt ['kiləwot] n kilowatt; **k. hour** kilowatthodina

kilt [kilt] n skotská suknice

kilter ['kiltə(r)] n Amer **be out of k.** *(engine)* mít poruchu, být porouchaný

kimono [ki'məunəu] n kimono ■ **k. sleeve** kimonový rukáv

kin [kin] n dated členové rodiny a příbuzní; **all his kin** všichni jeho příbuzní; **next of kin** nejbližší příbuzný; see also **kith**

kind$_1$ [kaind] n **1** *(sort, type)* druh, sorta, kategorie, typ; **of the same k.** stejného rázu; **trees of various ~s, various ~s of trees** různé stromy; **all ~s of goods** nejrůznější zboží; **all ~s of duties** všelijaké povinnosti; **all ~s of things** všelicos, leccos; **several ~s of wine** několikeré víno; **what k. of car is it?** jaké je to auto?; **paintings of all ~s** nejrůznější obrazy; **what k. of man is he?** co je to za člověka?; **what k. of person do you think I am?** za koho mě máš?; **he is not that k. of person** on není takový; **he is not the k. of person to lie** on by nikdy nelhal; **people of this k.** lidé tohoto typu; **these people are not my k.** tito lidé nepatří do stejné kategorie jako já, inf tito lidé nejsou moje krevní skupina; **I said nothing of the k.** nic takového jsem neřekl **2 of its k.** svého druhu; **a unique object of its k.** unikát **3 k. of . . .** něco jako, jakýsi; **a k. of revenge** jakási pomsta; **I was k. of nervous** inf byl jsem nějak or jaksi nervózní; **I am k. of sad about it** inf jsem z toho tak trochu smutný; **I k. of like it** inf mně se to vlastně docela líbí **4 in k. a) pay in k.** platit v naturáliích; **payment in k.** naturálie, dated deputát **b)** *(in similar fashion)* stejně; **pay sb back in k.** splatit komu stejným, oplácet komu stejnou mincí

kind$_2$ [kaind] adj laskavý, milý, přívětivý; **with your k. permission** s vaším laskavým svolením; **that's very k. of you** to jste hodný; **would you be so k. as to ...** byl byste tak laskav a ...; **would you be so k. as to tell me ...** řekl byste mi laskavě ... ■ see **~ly** adv

kinda ['kaində] Amer inf = **kind of**

kindergarten ['kindəga:tn] n mateřská škola, školka

kind-hearted [kaind'ha:tid] adj dobrosrdečný, laskavý

kind-heartedness [kaind'ha:tidnəs] n dobrosrdečnost, laskavost

kindle ['kindl] **I** vt **1** *(wood)* zapálit; *(fire also)* zažehnout, roznítit **2** fig *(feelings, enthusiasm)* vzbudit, vyvolat, roznítit **II** vi **1** *(wood, fire)* rozhořet se **2** *(love)* vzplanout, rozhořet se; *(interest)* probudit se

kindling ['kindliŋ] n *(wood)* dříví na podpal

kindly ['kaindli] adv **1** laskavě; **would you k. help me** buďte tak laskav a pomozte mi; **they treated me very k.** byli ke mně velmi milí **2 I don't take k. to his drinking** nijak se mi nelíbí, že pije; to, že pije, mě moc netěší ● adj (**-ier**, **-iest**) *(man)* laskavý, dobrosrdečný, bodrý, vlídný; *(smile, voice)* laskavý

kindness ['kaindnəs] n **1** *(quality)* laskavost, dobrota; *(affability)* vlídnost, přívětivost; **he is k. itself** je vtělená dobrota; **out of k.** z dobré vůle; **take advantage of sb's k.** zneužít čí dobroty, hřešit na čí dobrotu **2** *(kind act)* laskavost; **do sb a k.** prokázat komu laskavost

kindred ['kindrəd] n fml **1** *(relationship)* příbuzenský vztah **2** *(family and relatives)* rodina, příbuzní ● adj **1** *(related:* eg *languages)* příbuzný ♦ **k. spirits** fig spřízněné duše **2** *(similar)* podobný

kinetic [kai'netik, ki'-] adj kinetický

kinetics [kai'netiks, ki'-] n kinetika

king [kiŋ] n král; **the k. of beasts** král zvířat; **K. Edward VII** král Eduard VII.; **crown sb k.** korunovat koho za krále; **the three ~s** tři králové; **K.'s English** královská angličtina ♦ **it must have cost a k.'s ransom** to muselo stát majlant inf, muselo to být mastné inf

kingdom ['kiŋdəm] n království; **the animal/ vegetable/ mineral k.** živočišná/ rostlinná/ nerostná říše; **the K. of Heaven** nebeská říše, království nebeské ♦ **until** or **till k. come** donekonečna, celou věčnost; **he's gone to k. come** inf odebral se na věčnost or na onen svět

kingfisher ['kiŋfišə(r)] n Orn ledňáček

kingly ['kiŋli] adj královský, majestátní

kingpin ['kiŋpin] n **1** Techn hlavní svorník, hlavní čep **2** fig *(person)* hlavní opora; **he's the k. of the whole firm** je hlavní oporou celé firmy

king-size(d) ['kiŋsaiz(d)] adj velký, velkého formátu, *(bed)* nadměrné velikosti; fig joc *(headache)* příšerný; *(hangover)* parádní

kink [kiŋk] n **1** *(in rope)* přehyb, klička; *(in hair)* kudrna, vlna **2** *(quirk)* excentričnost; *(sexual deviation)* perverznost ● vi *(wire, rope)* zpřehýbat se, zauzlit se, překroutit se

kinky ['kiŋki] adj (**-ier**, **-iest**) *(person, clothes)* výstřední, excentrický; *(sexually)* perverzní

kinsfolk ['kinzfəuk] n +pl v = **kin**

kinship ['kinšip] n příbuzenství; *(closeness)* blízký vztah

kinsman ['kinzmən] n (pl **-men**) fml mužský příbuzný

kinswoman ['kinzwumən] n (pl **-women** [-wimin]) fml příbuzná

kiosk ['ki:osk] n **1** *(for newspapers* etc*)* kiosk, stánek **2** Br dated *(phone box)* (telefonní) budka

kip [kip] n; Br sl schrupnutí, šlofík; **have a kip** zchrupnout si, hodit si šlofíka; **get some kip** trochu si zchrupnout ● **I** vi (**-pp-**) zchrupnout si **II** phr v ■ **kip down** vi jít na kutě

kipper ['kipə(r)] n uzenáč, uzený sleď

kirk [kə:k] n Scot **1 the K.** skotská presbyteriánská církev **2** *(church)* kostel; **go to (the) k.** *(of Protestants)* jít do kostela

kiss [kis] n polibek, pusa, expr hubička; **a parting k.** polibek na rozloučenou; **give sb a k.** políbit koho, dát komu polibek; **the k. of life** Med dýchání z úst do úst, fig *(eg for industry)* oživení, oživující injekce; **the k. of death** polibek smrti, smrtelný úder ● **I** vt políbit; **k. sb's cheek** políbit koho na tvář; **k. sb on the mouth/ lips** políbit koho na ústa; **they ~ed each other** políbili se; **k. sb's ass** Amer sl vulg lézt komu do zadku; **k. sb goodbye** políbit koho na rozloučenou; **you can k. it goodbye** fig s tím se můžeš rozloučit; **k. sth better** pofoukat komu co **II** vi *(each other)* líbat se, hubičkovat se **III** phr v ■ **kiss away** vt *(tears)* slíbat

kisser ['kisə(r)] n sl ksicht, huba

kit [kit] n **1** Mil **full (field) k.** plná

polní; **march in full k.** pochodovat v plné polní 2 *(equipment)* nářadí, náčiní; **tool k.** brašna na nářadí, souprava nářadí; **first-aid k.** lékárnička; **sewing k.** šicí potřeby; Amer **utility k.** necesér 3 Sports *(clothes* etc*)* úbor, výbava, výstroj 4 **self-assembly** or **construction k.** stavebnice ● phr v ■ **kit out** vt **k. sb out (with sth)** vybavit koho (čím)

kitbag ['kitbæg] n Mil, Naut pytel na výstroj

kitchen ['kičən] n kuchyně; **field k.** polní kuchyně; **fitted k.** kuchyňská linka ■ **k. appliances** kuchyňské zařízení; **k. foil** alobal; **k. garden** zelinářská zahrada; **k. sink** dřez na nádobí; **k. table** kuchyňský stůl; **k. utensils** kuchyňské náčiní; **she packed everything but the k. sink** inf zabalila všechno kromě almary

kitchenette [kičə'net] n *(small kitchen)* kuchyňka; *(part of a room)* kuchyňský kout

kitchenware ['kičənweə(r)] n kuchyňské potřeby

kite [kait] n 1 *(toy)* (papírový) drak; **fly a k.** pouštět draka; **be as high as a k.** inf *(drunk)* být pod obraz boží, být nadrátovaný or zkárovaný; *(drugged)* být zfetovaný, být v narkotickém opojení ■ **k. flying** pouštění draka 2 Orn luňák

kith [kiθ] n **k. and kin** příbuzní a přátelé

kitsch [kič] n kýč

kitschy ['kiči] adj kýčovitý, barvotiskový

kitten [kitn] n kotě, koťátko ♦ **she'll have ~s** *(if she finds out)* inf fig *(person)* ta se z toho zjeví or zblázní

kittenish ['kitəniš] adj *(playful)* hravý jako kotě

kitty$_1$ ['kiti] n (pl **kitties**) inf *(cat)* micinka, kočička

kitty$_2$ ['kiti] n (pl **kitties**) 1 Cards bank, pinka 2 inf *(moneybox)* společná kasa

kiwi ['ki:wi] n 1 Orn kivi 2 also **k. fruit** kiwi 3 **Kiwi** inf *(New Zealander)* Novozélanďan

KKK abbr of **Ku Klux Klan** Kukluxklan, Ku-klux-klan

klaxon ['klæksən] n klakson

Kleenex TM ['kli:neks] n (pl unchanged or **~es**) papírový kapesník

kleptomania [kleptəu'meiniə] n kleptomanie

kleptomaniac [kleptəu'meiniæk] n kleptoman

km (pl **km** or **kms**) abbr of **kilometre(s)** kilometr, kilometry

knack [næk] n zručnost, dovednost, fortel; **get the k. (of doing sth)** přijít na správný trik or grif (jak co dělat); **lose the k. (of sth)** vyjít z cviku

knacker ['nækə(r)] n ras, pohodný

knackered ['nækəd] adj sl **to be k.** být jako rozlámaný or zmlácený, být jako vymačkaný citron, být utahaný jako kůň

knapsack ['næpsæk] n dated batoh, ruksak

knave [neiv] n 1 fml lump, darebák, pacholek 2 Cards spodek, kluk

knead [ni:d] vt 1 *(dough, clay* etc*)* hníst, propracov(áv)at, vypracovat 2 *(muscles, back* etc*)* masírovat

knee [ni:] n 1 Anat koleno; **bring sb to his ~s** fig srazit koho na kolena; **bruise one's k.** natlouci si koleno; **graze one's k.** odřít si koleno; **go down on one's ~s** pokleknout; **go down on one's ~s to sb** pokleknout před kým; **be on one's ~s** klečet, být na kolenou; **his ~s were shaking with fear** rozklepala se mu strachem kolena ■ **k. guard** chránič kolen; **k. bend** dřep; **k. sock** podkolenka 2 *(on trousers)* **~s** pl vytlačená kolena ● vt kopnout koho kolenem

kneecap ['ni:kæp] n čéška ● vt *(of terrorists)* zchromit prostřelením kolena

knee-deep [ni:'di:p] adj *(snow* etc*)* až po kolena; **he was k.-deep in water** byl až po kolena ve vodě; fig **be k.-deep in sth** být v čem až po krk

kneel [ni:l] vi (pt & pp **knelt**) klečet (**before sb** před kým); **k. down** pokleknout

knee-length ['ni:leŋθ] adj *(skirt)* dlouhý po kolena; *(boots)* vysoký po kolena; **k.-length socks** podkolenky

kneeler ['ni:lə(r)] n klekátko

kneepad [ni:'pæd] n nákolenice

knees-up ['ni:zap] n inf Br *(dance)* tancovačka, veselice; *(party)* Br mejdan

knell [nel] n umíráček; **toll the k.** fml zvonit umíráčkem

knelt [nelt] pt & pt of **kneel**

knew [nju:] pt of **know**

knickerbocker glory [nikəbokə'glo:ri] n ≅ zmrzlinový pohár s ovocem a šlehačkou

knickerbockers ['nikəbokəz] n pl formerly pumpky

knickers ['nikəz] n pl 1 somewhat dated *(underwear: for women)* kalhotky ♦ **get one's k. in a twist** inf *(get angry)* naježit se, rozčepýřit se, *(get into a panic)* začít panikařit; sl **k.!** *(rubbish)* blbost!, volovina!, nesmysl! 2 Amer = **knickerbockers**

knick-knack ['niknæk] n cetka, tretka, drobnůstka

knife [naif] n (pl **knives** [naivz]) nůž; **clasp k.** zavírací nůž, inf kudla; **flick k.** vystřelovací nůž; **pocket k.** kapesní nůž; **hold a k. at sb's throat** lit & fig položit komu nůž na krk ■ **k. edge** ostří nože; **k. handle** střenka nože ● vt bodnout koho nožem, zranit koho nožem

knight [nait] n Hist rytíř; Chess jezdec, kůň;

dub sb k. pasovat koho na rytíře ▪ **k. errant** potulný rytíř ● vt **k. sb** pasovat koho na rytíře, povýšit koho do šlechtického stavu

knighthood ['naithud] n **1** *(title)* rytířský titul **2** *(knights)* collect rytířstvo **3** *(character of knight)* rytířství

knightly ['naitli] adj *(chivalrous)* rytířský

knit [nit] v (pt & pp **~ted** or **knit**; pres p **~ting**) **I** vt **1** *(garment)* (u)plést; **she ~ted herself a scarf** upletla si šálu; **k. a sweater** uplést svetr **2 k. one's brow** zachmuřit se, svraštit obočí, kabonit se ● **II** vi **1** plést **2** *(of bone)* also **k. together**, **k. up** srůst

knitted ['nitid] adj (u)pletený; **k. goods** pleteniny, pletené zboží

knitting ['nitiŋ] n pletení ▪ **k. machine** pletací stroj; **k. needle** jehlice na pletení, pletací drát; **k. wool** vlna na pletení; **k. yarn** pletací příze

knitwear ['nitweə(r)] n pletené zboží

knob [nob] n **1** *(handle: of door, drawer, walking stick)* knoflík, *(of door* also*)* kulová klika **2** Rad, TV etc knoflík; **tuning k.** ladicí knoflík ♦ **the same to you with ~s on** Br sl *(reaction to an insult* etc*)* nemáme si co vyčítat **3** *(small piece)* kousíček; *(of butter)* ořech, oříšek **4** Br vulg *(penis)* fták, (v)ocas

knobbly ['nobli] adj (**-ier**, **-iest**) *(fingers)* uzlovitý; *(stock, wood)* sukovitý; **k. knees** kostnatá kolena

knock [nok] n **1** *(on door* etc*)* (za)klepání, (za)ťukání; **there was a k. (at the door)** někdo klepal (na dveře); **I'll give you a k. tomorrow morning** já na tebe ráno zaklepu **2** Aut *(in engine)* klepání **3** *(blow)* rána, úder; **get a k.** uhodit se; **get a k. on the head** dostat or utržit ránu do hlavy, *(hit oneself)* uhodit se or praštit se do hlavy; **be brought up in the school of hard ~s** projít tvrdou školou života **4** fig *(setback)* nezdar; *(criticism)* kritika; **the pound has taken a few ~s recently** kurs libry v poslední době značně utrpěl ● **I** vt **1** *(strike, hit)* udeřit, praštit, uhodit; **k. one's knee (against sth)** uhodit se (o něco) do kolena; **he ~ed his head against the door** bouchnul se hlavou o dveře; **k. a nail home** zatlouct hřebík; **k. sb to the ground** srazit koho na zem **2** fig **k. the living daylights out of sb** seřezat koho jako psa, dát komu pořádně na pamětnou; **k. sb's plans for six** udělat komu čáru přes rozpočet; **he's ~ing sixty** nemá daleko do šedesátky, je skoro šedesátník; **k. sb into a cocked hat** *(defeat)* inf rozdrtit koho, porazit koho na hlavu, naklepat to komu; **k. sb sideways**, **k. sb for six** uzemnit koho, vzít komu dech **3** *(criticize)* shazovat, *(film* etc*)* strhat **4** Br vulg *(have sex with)* přeříznout ženu vulg, vyspat se s kým inf, pomilovat se s kým inf **II** vi **1** klepat (also engine); **k. on** or **at the door** zaklepat or zaťukat na dveře **2** *(bump)* **k. against** or **into sth** vrazit do čeho, praštit se o co; **k. into a lamppost** *(car)* narazit or najet do kandelábru; **my knee ~ed against the desk** uhodil jsem se kolenem o stůl **III** phr vs ▪ **knock about** or **around** *I* vi inf **1** *(loiter)* potloukat se, poflakovat se; **k. about in the streets** potloukat se po ulicích; **he ~ed about in America for a while** nějakou dobu se potloukal po Americe **2** *(associate)* **k. about with sb** inf často se s kým stýkat, spřáhnout se s kým **3** *(of objects)* povalovat se *II* vt **1** *(beat)* (z)tlouci, natlouci komu, zbít; **he was badly ~ed about** *(in a crash)* byl hrozně zřízený **2** *(ideas)* zběžně prodiskutovat, naťuknout ▪ **knock back** vt **1** *(drink)* obrátit or kopnout or vrazit do sebe, vyzunknout; **he certainly ~s it** or **them back** pije jako duha or Dán, pije jako zjednaný or zjednanej* **2** *(cost)* **it must have ~ed him back a packet** inf to ho muselo stát majlant **3** *(shock, surprise)* **the news really ~ed him back** ta zpráva s ním otřásla, ta zpráva ho porazila ▪ **knock down** vt **1** *(thing)* shodit, *(person)* povalit, *(strike down)* srazit, skolit; *(driver, car* etc*)* srazit, *(run over, kill)* přejet; *(demolish: building)* strhnout; **he was ~ed down by a bus (and killed)** přejel ho autobus **2** *(price: of buyer)* usmlouvat, dosáhnout snížení; *(of seller)* jít dolů, snížit; **I managed to k. his price** or **k. him down to £20** podařilo se mi to usmlouvat or usmlouvat cenu na 20 liber **3** *(at auction)* **k. sth down to sb** přiklepnout co komu ▪ **knock in** vt *(nail* etc*)* zatlouct/zatloukat ▪ **knock off** *I* vt **1 k. sth off** *(from shelf* etc*)* shodit or srazit něco z čeho; *(statue's arm* etc*)* urazit **2** *(stop doing sth)* přestat s čím; **k. off work** inf skončit práci ♦ **k. it off(, will you)!** inf nech toho!, tak už dost!, *(shut up!)* inf dej si pohov! **3** *(deduct)* **k. two pounds off the price** zlevnit co o dvě libry, jít o dvě libry dolů s cenou **4** *(write quickly: words, music)* vysypat z rukávu **5** *(steal)* sl štípnout, šlohnout; *(rob; bank* etc*)* vyloupit; *(safe)* vykrást **6** sl *(kill)* oddělat, odklidit, *(shoot)* odbouchnout **7** sl *(have sex with)* vyspat se s kým, přeříznout ženu *II* vi skončit práci, udělat si pauzu; **k. off for an hour** udělat si na hodinu pauzu; **k. off at three** mít ve tři padla ▪ **knock out** vt **1** *(teeth, wedge* etc*)* vyrazit; *(empty: pipe)* vyklepat **2** Box **k. sb out** knokautovat koho **3** *(make unconscious)* omráčit; **he was ~ed out** ztratil vědomí **4** fig inf **k. sb out**

(exhaust) utahat or dorazit koho, dát komu zabrat; **k. oneself out** utahat se ♦ **k. the stuffing out of sb** vzít komu sebedůvěru, zdrbnout koho **5** Sport *(defeat and eliminate)* vyřadit **6** *(put out of action: tank* etc*)* vyřadit **7** *(astonish)* vyvést koho z míry; **I was completely ~ed out** inf *(*eg *when she kissed me)* byl jsem (celý) paf or zkoprnělý, vzalo mi to dech ■ **knock over** vt *(things: cup, drink* etc*)* převrhnout; *(chair* etc*)* překotit, svalit, *(vase, chair)* převrátit; *(person: by car, bus* etc*)* srazit ■ **knock together** *I* vt *(shelf* etc*)* stlouct; fig *(play, military blocks)* slepit, dát chvatně dohromady; *(meal)* Amer narychlo připravit, ukuchtit; **they need their heads ~ed together** inf je třeba je dát spolu dohromady *II* vi **his knees were ~ing (together)** třásla se mu kolena ■ **knock up** *I* vt **1** *(hit up: ball* etc*)* odpálit nahoru, poslat do výšky **2** Br *(wake)* **k. sb up** vzbudit koho zaklepáním **2** Amer sl *(woman)* zbouchnout, nabourat; **be ~ed up** *(pregnant)* Amer sl být v tom **3** *(make hurriedly: meal)* dát narychlo dohromady, rychle ukuchtit, *(buildings)* narychlo postavit, slepit **4** Br sl *(exhaust)* zničit, utahat; **be ~ed up** být vyplivnutý *II* vi *(in tennis, badminton, volleyball* etc*)* rozpinkat se, pinkat

knockabout ['nokəbaut] adj **1** hlučný, divoký, dovádivý; **k. comedy** fraška **2** *(for rough use)* **k. clothes** šaty na všední den or na štrapaci

knockdown ['nokdaun] adj attr **1 k. price** směšně nízká cena, *(at auction)* minimální cena **2** *(furniture)* rozkládací **3 k. blow** zdrcující úder

knocker ['nokə(r)] n **1** *(door~)* klepadlo na dveřích **2** sl vulg **(pair of) ~s** *(breasts)* kozy, nárazníky

knock-kneed [nok'ni:d] adj mající nohy do X, s nohama do X

knock-knees [nok'ni:s] n nohy do X

knockout ['nokaut] n **1** Box *(blow)* knokaut, sražení soupeře **2** Sport *(competition/ tournament)* vylučovací soutěž/ turnaj; **k. matches** vylučovací zápasy

knoll [nəul] n pahorek, návrší, kupa, kopeček

knot [not] n **1** *(in rope, string, tie* etc*)* uzel; **tie/ untie a k.** udělat or uvázat/ rozvázat uzel; **tie a k. in one's handkerchief** udělat si uzel na kapesníku; **tie the rope in a k.** uvázat provaz na uzel ♦ **marriage k.** svazek manželský; **tie the (marriage) k.** vstoupit do svazku manželského, *(of man)* oženit se/ *(of woman)* vdát se ♦ **cut the Gordian k.** rozetnout or přetnout gordický uzel; **his tongue got tied in ~s over the word** mohl si na tom slově zlámat jazyk **2** *(tangle: of hair* etc*)* chomáč **3** *(problem)* háček **4** *(in wood)* suk **5** Naut *(unit of speed)* uzel, inf námořní míle **6** *(cluster: of people)* hlouček, skupinka; *(of things)* shluk ● vt (-tt-) *(string)* udělat uzel na čem, zauzlit co; *(shoelaces* etc*)* zavázat na uzel; **k. two ropes together** svázat dva provazy na uzel ♦ **get ~ted** fig vulg jdi se vycpat, jdi se bodnout, vlez mi na hrb

knotted ['notid] adj zamotaný, zašmodrchaný

knotty ['noti] adj (**-ier**, **-iest**) **1** *(wood)* sukovitý; *(rope)* zapletený **2** fig *(puzzling)* zamotaný, spletitý; *(problem, question)* ožehavý

know [nəu] v (pt **knew**; pp **known**) **I** vt **1** *(have knowledge of)* **a)** *(fact, information)* vědět, znát; **do you k. her address?** znáte její adresu?; **do you k. his whereabouts?** víte, kde se zdržuje?; **do you know where she is?** víte, kde je? ona; **I don't k. anything about it** nic o tom nevím; **I k. what you need** vím, co potřebuješ; **do you k. that ...?** víte, že ...?; **I k. for a fact that ...** vím bezpečně, že ...; **I don't k. if** or **whether ...** nevím, jestli ...; *(he said it was very difficult)* – **don't I k. (it)!** já to vím moc dobře sám; **he must never k. it** nesmí se to nikdy dozvědět ♦ **he ~s which side his bread's buttered on** ten se vyzná v tlačenici; **I don't k. whether I am on my head or on my heels** nevím, kde mi hlava stojí **b)** *(language)* umět, znát; *(subject* also*)* vyznat se v čem; **he ~s Czech** umí česky; **he ~s his English** je to výborný angličtinář; **do you know any chemistry?** víte něco o chemii?; **k. sth thoroughly** znát co důkladně; **k. sth by heart** umět něco nazpaměť; **he doesn't k. the first thing about it** nemá o tom ani ponětí, nerozumí tomu ani za mák; **k. sth backwards** mít něco v malíčku, být v čem doma **c)** *(skill)* umět, dovést; **k. how to dance/ ski/ swim/ read** etc umět tancovat/ lyžovat/ plavat/ číst etc **2** *(distinguish, recognize)* poznat; **k. sth from sth** rozlišit co od čeho; **I knew him by his walk** poznal jsem ho podle chůze; **I knew him the moment I saw him** poznal jsem ho na první pohled; **I don't k. him from Adam** v životě jsem ho neviděl **3** *(be acquainted with: person)* znát, poznat; **k. sb by name/ by sight** znát koho podle jména/ od vidění; **a girl I k.** jedna známá; **I don't really k. him** já ho vlastně ni neznám; **I've ~n him for a long time** znám ho už dlouho; **get to k. sb better** poznat koho blíž **4** *(experience)* **he has ~n poverty** zažil bídu

II vi vědět; **I'll let you k.** dám vám vědět, dám vám zprávu; **as far as I k.**, **for all I k.** pokud vím; **who ~s?** kdo(ž) ví?; **do you k. about it?** víte o tom?; **you are old enough to k. better** jsi dost starý na to, abys měl rozum; **you k., I sometimes think that ...** víte, já si někdy myslím, že ... ● n **be in the k.** být informovaný, být zasvěcený

knowability ['nəuə'biləti] n poznatelnost

knowable ['nəuəbl] adj poznatelný

know-all ['nəuo:l] n rozumbrada, přemoudřelec; **he's a real k.-all** tváří se/ chová se, jako by sežral všechnu moudrost světa

know-how ['nəuhau] n znalosti, informovanost, know-how [nouhau] neuter indecl

knowing ['nəuiŋ] adj *(look, smile)* chápavý; *(person: shrewd)* bystrý, všímavý ■ **~ly** adv *(look, wink)* chápavě; *(deliberately)* úmyslně, vědomě ● n **there's no k. what would happen** nedá se předvídat, co by se stalo

know-it-all ['nəuito:l] n Amer see **know-all**

knowledge ['nolidž] n **1** *(awareness)* vědomí, povědomí; **to (the best of) my k.** pokud je mi známo, pokud vím; **to the best of my k. and belief** podle mého nejlepšího vědomí a svědomí; **without my k.** bez mého vědomí; **it has come to my k. that ...** dozvěděl jsem se, že ...; **I have no k. of what actually happened** není mi známo, co se ve vlastně stalo; **it's a matter of common k.** to je všeobecně známo, inf to je veřejné tajemství **2** *(familiarity)* znalosti(i), vědomosti; **improve one's k.** zlepšit or utvrdit si znalosti; **have a sound** or **thorough k. of sth** být v čem kovaný **3** *(learning)* vědění; **a piece of k.** poznatek; **thirst for k.** zvídavost, vědychtivost; **the extent of human k.** objem lidského vědění; **a spring of k.** pramen poznání **4** dated fml **have carnal k. of sb** mít s kým pohlavní styk

knowledgeable ['nolidžəbl] adj informovaný, erudovaný; **be very k.** mít velké znalosti; **be k. about sth** být znalý čeho

known [nəun] pp of **know** ● adj známý

knuckle ['nakl] n **1** Anat kotník prstu ♦ **get a rap over the ~s** dostat přes prsty; **be too near the k.** *(jokes* etc*)* být na samé hranici slušnosti **2** Cook koleno, kolínko; **k. of pork** vepřové kolínko ● phr vs ■ **knuckle down** vi **k. down to sth** pustit se do čeho; **you'd better k. down to some work** měl bys raději začít něco dělat ■ **knuckle under** vi podrobit se, podřídit se **(to sth** čemu)

knuckle-duster ['nakldastə(r)] n boxer zbraň – kovové prstence

knucklehead ['naklhed] n inf trouba, mamlas

knurl [nə:l] n vroubkování, rýhování ● vt vroubkovat, vrubovat

KO [kei'əu] abbr of **knockout** n knokaut ● vt knokautovat

koala [kəu'a:lə] n Zool also **k. bear** koala

kooky ['ku:ki] adj Amer inf **(-ier, -iest)** potřeštěný, ztřeštěný, praštěný

Koran [ko:'ra:n] n korán

Korea [kə'riə] n Korea

Korean [kə'riən] adj korejský ● n **1** *(person)* Korejec/ Korejka **2** *(language)* korejština

kosher ['kəušə(r)] adj **1** Relig košer **2** fig korektní, košer; **it's not quite k.** inf není to úplně košer, je to poněkud vachrlaté

kowtow [kau'tau] vi **k. to sb** poklonkovat před kým, podlézat komu, hrbit se před kým

kph [keipi:'eič] abbr of **kilometres per hour** km/h, kilometrů za hodinu

kraal [kra:l] n kraal

Kraut [kraut] n dated offens skopčák Němec, německý voják

Kremlin ['kremlin] n **the K.** Kreml

krypton ['kripton] n Chem krypton prvek

kudos ['kju:dos] n prestiž, čest, sláva

Ku Klux Klan [ku:klaks'klæn] n Kukluxklan, Ku-klux-klan

Kurd [kə:d] n Kurd/ -ka

Kurdish ['kə:diš] adj kurdský ● n kurdština

Kurdistan [kə:di'sta:n] n Kurdistán

Kuwait [ku'weit] n Kuvajt

Kuwaiti [ku'weiti] adj kuvajtský ● n *(person)* Kuvajťan/ -ka

kW abbr of **kilowatt(s)** kW, kilowatt

kWh abbr of **kilowatt hour(s)** kWh, kilowatthodina

L

L, l [el] n (pl **L's, l's** [elz]) *(letter)* L, l

L Aut abbr of **1 Learner driver** ≅ řidič v zácviku **2 Lake** jezero **3** (esp *on clothing)* **large** velký

l abbr of **1 litre(s)** l, litrů **2 left** levý

Lab abbr of **Labour** labourista

lab [læb] n inf abbr of **laboratory** laboratoř (neutr), laborka ■ **lab technician** laborant/ -ka

label ['leibl] n **1** cedulka, nálepka, etiketa, štítek; *(showing name)* jmenovka; *(tied on)* visačka; **stick-on l.** samolepka **2** Mus **(record) l.** gramofonová společnost, značka **3** fig označení, pej nálepka ● vt (**-ll-**; Amer **-l-**) **1** *(parcel* etc*)* opatřit or označit nálepkou/ vinětou/ visačkou/ jmenovkou; *(write on)* opatřit nápisem **2** fig označit, charakterizovat; *(person)* pej onálepkovat, dát komu nálepku

labia ['leibiə] pl of **labium**

labial ['leibiəl] adj Phon labiální, retný ● n Phon labiála, retnice

labiodental [leibiəu'dentl] adj Phon labiodentální, retozubný ● n Phon labiodentála, retozubná hláska

labium ['leibiəm] n (pl **labia**) Anat pysk

labor, labored, laborer, labor-intensive, labor-saving Amer see **labour, laboured, labourer, labour-intensive, labour-saving**

laboratory [lə'borətəri, Amer 'læbrəto:ri] n laboratoř; **phonetic l.** fonetický kabinet ■ **l. technician** or **assistant** laborant/ -ka; **l. conditions** laboratorní podmínky

laborious [lə'bo:riəs] adj **1** *(work* etc*)* namáhavý, perný, pracný **2** fig *(style)* těžkopádný, šroubovaný, vyumělkovaný ■ **~ly** adv pracně, namáhavě; *(write)* těžkopádně

labour, Amer **labor** ['leibə(r)] n **1** *(work)* práce; *(hard work)* namáhavá práce, dřina; *(hard effort)* námaha, úsilí; **manual l.** manuální práce; **paid l.** námezdní práce; Jur **hard l.** dated nucené práce; **slave l.** otrocká práce; Pol **division of l.** dělba práce; **after much l.** po velkém úsilí; **the fruits of sb's l.** ovoce or plody čí práce ■ **l. camp** pracovní tábor, tábor nucených prací **2** *(task)* práce, úkol; **a l. of Sisyphus** sisifovská práce; **a l. of Hercules** herkulovská práce; **it was a l. of love** byla to práce konaná z lásky k věci **3** *(manpower)* dělnictvo; *(workers)* dělníci, pracovní síly; **shortage of l.** nouze o dělníky ■ **L. Day** Amer Svátek práce 1. neděle v září; **l. dispute** pracovní spor; **l. exchange** dated Br burza práce, pracovní úřad; **l. force** pracovní síly; **l. movement** dělnické hnutí; **L. Party** Br labouristická strana **4** Br Pol **L.** = **L. Party**; **vote L.** volit labouristickou stranu **5** Med porodní bolesti; **be in l.** mít porodní bolesti; **go into l.** dostat porodní bolesti ■ **l. pain** porodní bolesti; **l. ward** porodní sál ● **I** vt *(point, subject)* rozvádět, rozmazávat, mluvit o čem rozvláčně; **I'd rather not l. the point** raději to nebudu rozvádět **II** vi **1** *(work hard)* těžce pracovat, dřít; fig **l. under a delusion** oddávat se iluzi, být na omylu **2** *(struggle, move with effort)* *(person)* pracně or s námahou se pohybovat; *(vehicle)* namáhavě jet do kopce ap.

laboured, Amer **labored** ['leibəd] adj **1** *(breathing)* těžký **2** *(style)* strojený, těžkopádný, šroubovaný

labourer, Amer **laborer** ['leibərə(r)] n pomahač, pomocný dělník; **day l.** nádeník; **farm l.** zemědělský dělník

labour-intensive, Amer **labor-intensive** [leibərin'tensiv] adj pracný, namáhavý

labour-saving, Amer **labor-saving** ['leibəseiviŋ] adj usnadňující práci; **l.-saving devices** *(in home)* domácí elektrické spotřebiče

Labrador ['læbrədo:(r)] n **1** Geog Labrador **2** Zool labrador lovecký pes

laburnum [lə'bə:nəm] n Bot zlatý déšť

labyrinth ['læbərinθ] n lit & fig bludiště, labyrint

lace [leis] n **1** *(fabric)* krajka; **bone/ Brussels l.** paličkovaná/ bruselská krajka ■ **l. collar** krajkový límec **2** *(of shoes)* **~s** tkaničky, šněrovadla ● **I** vt **1** *(fasten)* also **l. up** (za)šněrovat, zavázat; fig *(fingers)* proplést **2 l. a drink** přidat do nápoje alkohol; **l. one's tea with rum** ochutit si čaj rumem, inf vylepšit or říznout si čaj rumem **II** vi *(shoes)* šněrovat se, být šněrovací **III** phr v ■ **lace up** *I* vt *(shoes)* zašněrovat (si), zavázat (si) *II* vi *(of shoes)* šněrovat se, být šněrovací

lacerate ['læsəreit] vt **1** *(skin)* rozedřít, rozdrásat; *(by glass, razor blade* etc*)* pořezat; *(by claws* etc*)* rozdrápat **2** fig *(emotions)* hluboce zranit, velmi se dotknout čeho

laceration [læsə'reišn] n *(wound)* *(from glass* etc*)* řezná rána; *(tear)* tržná rána; *(from claws)* rozdrápaná kůže

lace-up ['leisap] adj *(shoes)* šněrovací ● n **l.-up (shoe)** šněrovací bota; **l.-ups** šněrovací boty

lachrymal ['lækriməl] adj Anat *(gland, canal)* slzný

lachrymose ['lækriməus] adj fml *(person)* plačtivý; fig *(story, film)* dojemný, sentimentální

lack [læk] n nedostatek; **l. of clarity/ comfort/ concentration** nejasnost/ nepohodlí/ nesoustředěnost; **l. of discipline/ interest/ modesty** neukázněnost/ nezájem/ neskromnost; **for l. of sth** vzhledem k nedostatku čeho; **he has no l. of confidence** nedostatkem sebevědomí zrovna netrpí ● **I** vt postrádat; **we l. money** nedostává se nám peněz, chybí nám peníze, nemáme dost peněz **II** vi **be ~ing in sth** postrádat co, nemít co; **he is ~ing in courage/ confidence** nemá dost odvahy/ sebedůvěry, chybí mu odvaha/ sebedůvěra **III** phr v ■ **lack for** vt **they l. for nothing** nic jim nechybí or neschází

lackadaisical [lækə'deizikl] adj *(apathetic)* netečný, lhostejný, apatický; *(careless)* nedbalý

lackey ['læki] n pej lokaj, přisluhovač

lacklustre, Amer **lackluster** ['læklastə(r)] adj matný, bez lesku; *(eye)* pohaslý; *(style, performance)* nevýrazný, neslaný nemastný

laconic [lə'konik] adj lakonický ■ **~ally** adv lakonicky

lacquer ['lækə(r)] n lak; **hair l.** lak na vlasy ● vt *(wood)* (na)lakovat, natřít lakem

lacrosse [lə'kros] n Sport lakros

lactation [læk'teišn] n **1** laktace **2** *(period of l.)* laktační období

lactic ['læktik] adj **l. acid** kyselina mléčná

lactose ['læktəus] n mléčný cukr

lacuna [lə'kju:nə] n fml (pl **-nae** [-ni:] or **~s**) *(in text)* mezera, lakuna

lacy ['leisi] adj (**-ier**, **-iest**) krajkový, krajkovitý

lad [læd] n inf **1** *(boy)* chlapec, kluk, hoch; **when I was a lad** když jsem byl mladý **2** *(young man)* mladík; **he's a strapping young lad** je to kluk radost pohledět **3** *(friend)* inf kamarád, kámoš; **the ~s** kamarádi, kolegové, kluci; **the ~s from work** kluci/ kamarádi v práci; **the ~s in the team** kluci v mužstvu; **our ~s have won** Sport naši (hoši) vyhráli; **he's a bit of a lad** inf je tak trochu flamendr

ladder ['lædə(r)] n **1** lit žebřík; **rope l.** provazový žebřík **2** fig **the social l.** společenský žebříček **3** *(in stocking)* spuštěné oko, očko na punčoše ● **I** vt **she ~ed her stocking** udělala si oko na punčoše **II** vi *(of stocking)* pustit oko

laddie ['lædi] n; esp inf Scot chlapec; mladý muž, mladík

laden ['leidn] adj pred *(loaded)* naložený; **trees l. with apples** stromy obtěžkané ovocem; **a lorry l. with goods** nákladní auto naložené zbožím

lading ['leidiŋ] n Comm náklad; **bill of l.** konosement

ladle ['leidl] n Cook naběračka; **soup l.** naběračka na polévku ● **I** vt Cook also **l. out** nabrat, nabírat **II** phr v ■ **ladle sth out** fig *(praise)* nešetřit čím

lady ['leidi] n (pl **-ies**) **1** *(woman)* paní, dáma; *(young lady)* mladá paní, slečna, děvče; **young l.!** milá slečno!; **old l.** stará žena, stařena; **ladies and gentlemen!** dámy a pánové!; **'Ladies'** *(WC)* 'Ženy', 'Dámy'; **where's the ladies, please?** prosím vás, kde je (tu) dámská toaleta?; **there's a French l. waiting for you** čeká tu na vás nějaká Francouzka; **the l. of my heart** poet or joc paní mého srdce; **the l. of the house** paní domu; **a l. of easy virtue** lehká dívka; **ladies' man** lev salonů (iron), sukničkář ■ **l. artist/ doctor** malířka/ doktorka, lékařka; **l. friend** kamarádka, přítelkyně **2** dated **this is my young l.** toto je moje snoubenka; **how's your good l.?** jak se má vaše paní manželka? **3** Relig **Our L.** Panna Maria; **Our L. of Sorrows** Panna Maria sedmibolestná **4** *(noblewoman)* šlechtična, *(as title)* Lady; **L. Di** Lady Diana

ladybird ['leidibə:d], Amer **ladybug** ['leidibag] n Ent slunéčko sedmitečné, beruška

lady-in-waiting [leidiin'weitiŋ] n (pl **ladies-in-waiting**) dvorní dáma

lady-killer ['leidikilə(r)] n svůdce, dobyvatel žen

ladylike ['leidilaik] adj chovající se jako dáma; *(behaviour)* uhlazený, vybraný; **it isn't l.** tak se dáma nechová

ladyship ['leidišip] n paní hraběnka/ markýza; milostpaní; **yes, Your L.** ano, milostpaní

lag$_1$ [læg] n *(delay)* zpoždění, prodleva; **time lag** mezidobí, časová mezera, časový interval ● **I** vi (**-gg-**) **lag behind sb/ sth** zaostávat or zůstávat pozadu or opožďovat se za kým/ čím; **lag behind** *(at school/ while walking)* být pozadu; **lag behind in sth** zaostávat v čem **II** vt Techn opatřit trubky ap. tepelnou izolací

lag$_2$ [læg] n **old lag** starý kriminálník

lager ['la:gə(r)] n ≅ ležák druh světlého piva

lagging ['lægiŋ] n Techn tepelná izolace trubek, bojleru ap.

lagoon [lə'gu:n] n laguna, jezírko s mořskou vodou

laid [leid] pt & pp of **lay** ♦ **be l.-up** *(be ill)* být v posteli, ležet (jako lazar), být na hromadě

laid-back [leid'bæk] adj inf klidný, uvolněný, nevzrušený

lain [lein] pp of **lie**$_2$

lair [leə(r)] n **1** *(for animals)* doupě, pelech, brloh **2** fig *(for brigands* etc*)* doupě

laird [leəd] n Scot statkář
laissez-faire [leisei'feə(r)] n nenucenost, ležérnost; Econ, Pol laissez faire [lese fér], politika nezasahování státu do obchodu
laity ['leiəti] n **1** Relig **the l.** laikové **2** *(people outside a profession)* laikové, neodborníci
lake [leik] n jezero, *(small)* jezírko; **mountain l.** mořské oko, horské jezero ■ **the L. District** Jezerní oblast v severozáp. Anglii
lam$_1$ [læm] v (**-mm-**) sl **I** vt dated *(thrash)* napráskat komu, zřezat **II** vi **l. into sb** *(physically)* vrhnout se na koho, pustit se do koho; *(verbally)* zpucovat koho
lam$_2$ [læm] n Amer sl upláchnutí, zdrhnutí; **be on the l.** být na útěku
lama ['la:mə] n Relig lama; **Dalai l.** dalajlama
lamb [læm] n **1** Zool jehně, beránek also fig, dim jehňátko; **sacrificial l.** obětní beránek; **be as gentle as a l.** mít beránčí or holubičí povahu, být mírný jako beránek ♦ **mutton dressed as l.** stará škatule, stará vykopávka **2** Cook jehněčí (maso), jehněčina; **leg of l.** jehněčí kýta ● vi *(of sheep)* bahnit se, vrhat jehňata; *(of farmer)* ošetřovat ovce při bahnění; **the ~ing season** doba bahnění
lambast [læm'bæst], **lambaste** [læm'beist] vt inf **1** *(thrash)* zmlátit, namlátit komu **2** *(scold)* sjet, sl zkérovat; *(criticize severely)* strhat
lambent ['læmbənt] adj esp attr *(glowing)* zářivý, lesklý; *(sparkling)* třpytivý, třpytný; fig *(humour)* jiskrný, brilantní
lambkin ['læmkin] n jehňátko; fig dated *(term of affection)* **my little l.!** moje zlatíčko!, broučku!
lambskin ['læmskin] n beránek, jehněčí or beránčí kůže
lambswool ['læmswul] n jehněčí vlna
lame [leim] adj **1** *(person, animal, leg)* chromý; **be l. in one leg** být chromý na jednu nohu, (also *temporarily)* kulhat na jednu nohu; **his right leg is l., he is l. in his right leg** kulhá na pravou nohu; **go l.** *(horse)* zchromnout **2** fig *(excuse, argument)* chabý, nepřesvědčivý, slabý ♦ **all comparisons are l.** každé srovnání kulhá ■ **~ly** adv fig nepřesvědčivě, neobratně, nešikovně ● vt zchromit, zmrzačit
lamé ['la:mei] n lamé
lameness ['leimnəs] n **1** *(limping)* kulhání **2** fig *(of excuse)* chabost, nepřesvědčivost
lament [lə'ment] n **1** *(~ation)* žaloba, nářek, bědování, hořekování **2** *(poem, song)* elegie, žalozpěv ● **I** vt **1** *(sb's death)* bědovat nad čím, naříkat na co **2** *(complain about)* stěžovat si na co, lamentovat nad čím, lkát nad čím **II** vi **l. over sth** hořekovat nad čím, lkát nad čím; **l. for sb** oplakávat koho
lamentable ['læməntəbl] adj *(regrettable)* politováníhodný; *(state of economy)* žalostný; *(piece of work)* mizerný, bídný
lamentation [læmən'teišn] n bědování, hořekování, lkaní; **she broke into loud ~s** dala se do hlasitého bědování
lamented [lə'mentid] adj **the late l.** blahé paměti
laminate ['læmineit] vt laminovat, vrstvit ● n laminát, vrstvená plastická hmota
laminated ['læmineitid] adj laminovaný, vrstvený
lamp [læmp] n **1** gen lampa, světlo, svítidlo; *(on car* etc*)* reflektor; **reading l.** lampa na čtení; **table l.** stolní lampa; **street l.** pouliční svítilna; **gas l.** plynová lampa **2** Med **sunray** or **sun l.** horské slunce
lamplight ['læmplait] n světlo lampy
lampoon [læm'pu:n] n hanopis, parodie, pamflet ● vt parodovat, zesměšňovat
lamppost ['læmppəust] n sloup svítilny, kandelábr
lamprey ['læmpri] n Zool mihule
lampshade ['læmpšeid] n stínidlo or stínítko lampy
lance [la:ns] n *(weapon)* kopí, *(formerly used by knights)* dřevce ■ **l. corporal** Br Mil svobodník ● vt Med *(abscess, boil, swelling)* proříznout, rozříznout
lancet ['la:nsit] n Med lanceta
land [lænd] n **1** *(not sea)* země, pevnina, souš, fml suchá země; **neck of l.** úžina, šíje; **on l.** na souši; **travel by l. and by sea** cestovat po souši i po moři; **sight l.** spatřit pevninu ■ **l. animal** suchozemský tvor; **l. forces** pozemní vojsko; **l. transport** pozemní přeprava **2 a)** *(for farming)* půda; **farm l.** zemědělská půda; **arable l.** ornice; **fallow l.** úhor; **virgin l.** panenská půda; **work (on) the l.** pracovat v zemědělství ♦ **live off the fat of the l.** mít zlaté časy, žít si jako v sedmém nebi; **see how the l. lies** fig prozkoumat půdu or terén, obhlédnout situaci ■ **l. reform** pozemková reforma **b)** *(property)* pozemek, pozemky ■ **l. register** katastr, pozemková kniha; **L. Registry** pozemkový úřad; **l. surveyor** geometr **c)** *(for building)* **a piece of building l.** stavební pozemek or parcela **d) the l.** *(rural areas)* venkov; **leave the l.** *(to work in industry)* odcházet z venkova **3** *(area)* oblast **4** Rhetor *(country)* země, stát; **one's native l.** rodná země; **travel in distant ~s** cestovat v dalekých zemích; **the L. of the Rising Sun** země

vycházejícího slunce Japonsko **5** fig *(realm)* **the Promised L.** Bibl zaslíbená země Palestina; **the l. of no return** onen svět; země, odkud není návratu ● **I** vi **1** *(of aircraft, spacecraft)* přistát, snést se, (do)sednout; **l. on the Moon** přistát na Měsíci **2** *(of boat)* přistát; *(passengers)* vylodit se, vystoupit z lodi, vyjít na pevninu **3** *(high jumper, ball)* dopadnout; **l. on all fours** dopadnout na všechny čtyři; **l. on one's feet** dopadnout na nohy ● **II** vt **1** Naut *(passengers)* vysadit, *(soldiers)* vylodit; *(goods)* vyložit; **l. a boat** vytáhnout člun na břeh **2** Aviat *(passengers)* vysadit, nechat vyjít; *(goods)* vyložit; **l. a plane** přistát s letadlem; **l. a man on the Moon** dopravit člověka na Měsíc **3 l. a fish** vytáhnout rybu na břeh **4** inf *(succeed in getting: job)* sehnat si, ulovit **5** inf *(get, place)* **that will l. you in jail** to tě přivede do kriminálu; **l. sb in trouble** způsobit komu potíže **6** inf *(blow)* **I'll l. you one** já ti jednu vrazím **7** inf *(encumber)* **get ~ed with sb** mít koho na krku; **I got ~ed with it** pověsili mi to na krk **III** phr v ■ **land up** vi inf *(in jail, ditch, hospital* etc*)* skončit kde; **I ~ed up having to wash up the dishes** nakonec jsem musel umývat nádobí

landed ['lændid] adj **l. gentry** šlechta vlastnící pozemky; **l. property** pozemkové vlastnictví

landholder ['lændhəuldə(r)] n **1** *(landowner)* majitel pozemků **2** *(tenant)* pachtýř, nájemce půdy

landing ['lændiŋ] n **1** Naut *(of people)* vylodění; *(of goods)* vyložení; *(of ship)* přistání ■ **l. stage** molo, můstek; **l. card** vstupní karta **2** *(of plane)* přistání; **forced l.** nouzové přistání; **smooth l.** hladké přistání **3** *(of high jumper)* doskok **4** *(on stairs)* odpočívadlo

landlady ['lændleidi] n *(of flat* etc*)* bytná, (paní) domácí; *(of pub)* hostinská, inf krčmářka

landlocked ['lændlokt] adj *(country)* vnitrozemský, bez přístupu k moři; **l. sea** vnitrozemské moře

landlord ['lændlo:d] n *(of flat* etc*)* bytný, (pan) domácí; *(of pub)* hospodský

landlubber ['lændlabə(r)] n suchozemská krysa

landmark ['lændma:k] n **1** Geog orientační bod; *(boundary marker)* milník, mezník **2** fig *(in history* etc*)* mezník, milník

landmine ['lændmain] n Mil pozemní mina

landowner ['lændəunə(r)] n majitel pozemků, statkář

landscape ['lændskeip] n **1** *(scenery)* krajina; **picturesque l.** malebný kraj; **lunar l.** měsíční krajina ♦ **blot on the l.** poskvrna krajiny ■ **l. gardening** zahradní architektura **2** *(picture)* krajinka ■ **l. painter** krajinář ● vt *(garden, park)* upravit zahradním architektem; *(wasteland)* upravit jako park

landslide ['lændslaid] n Geol sesuv půdy ■ Pol **l. victory** přesvědčivé vítězství

landward ['lændwəd] adj *(side, direction* etc*)* jsoucí směrem k pevnině

landward(s) ['lændwəd(z)] adv směrem k pevnině

lane [lein] n **1** *(in country: for walking)* cestička, chodník; *(for driving)* úzká silnice **2** *(in town)* ulička, ulice **3** *(on motorway)* **traffic l.** jízdní pruh; **four-lane highway** čtyřproudová dálnice **4** *(for shipping, aircraft)* trasa; *(in athletics, swimming)* dráha

language ['læŋgwidž] n **1** *(system)* jazyk; (esp *as spoken)* řeč; **the English/ German/ Czech language** anglický/ německý/ český jazyk, angličtina/ němčina/ čeština; **native l.** rodný jazyk, rodná řeč; **computer l.** počítačový jazyk; **dead l.** mrtvý jazyk; **scientific l.** jazyk vědy; **the l. of numbers** mluva čísel ■ **l. laboratory** jazyková laboratoř; **l. assistant** Univ jazykový lektor, lektor cizích jazyků; **l. school** jazyková škola **2** *(manner of expressing o.s.)* **strong l.** silná slova; **flowery l.** květnatý sloh, nabubřelé fráze; **coarse l.** obhroublý jazyk; **use foul l.** mluvit sprostě; **watch one's l.** dávat si pozor na jazyk

languid ['læŋgwid] adj malátný, mdlý; **grow l.** zmalátnět ■ **~ly** adv malátně, mdle

languish ['læŋgwiš] vi **1** *(plant)* chřadnout, vadnout; *(person: go weak)* **l. in the heat** malátnět horkem; fig *(industry)* upadat, degenerovat **2** *(suffer)* **l. in prison** strádat or trpět ve vězení **3 l. for love** prahnout po lásce

languishing ['læŋgwišiŋ] adj **1** *(look)* unylý **2** *(illness)* úporný

languor ['læŋgə(r)] n zemdlenost, malátnost, ospalost

languorous ['læŋgərəs] adj lenivý, ospalý, malátný; *(heat)* uspávající; *(rhythm, voice)* uspávající, jednotvárný; *(melody, music)* tklivý, dojemný ■ **~ly** adv malátně, ospale; jednotvárně; cf adj

lank [læŋk] adj *(hair)* zplihlý; **become l.** zplihnout

lanky ['læŋki] adj (**-ier, -iest**) *(tall and thin)* vytáhlý, vyčouhlý; **l. man** čahoun

lanolin(e) ['lænəlin] n lanolín

lantern ['læntən] n lucerna also Archit; **a street l.** pouliční svítilna; **Chinese l.** lampion; **magic l.** laterna magica, kouzelná svítilna

lantern-jawed [læntən'džo:d] adj s vpadlými tvářemi

Laos [laus] n Laos

Laotian ['laušiən] adj laoský ● n 1 *(person)* Laosan/ -ka 2 *(language)* laoština

lap$_1$ [læp] n *(part of body/ part of skirt)* klín; **sit on sb's l.** sedět komu na klíně; **have a child on one's l.** mít dítě na klíně ♦ **live in the l. of luxury** žít v přepychu, inf mít se jako prase v žitě; **it fell right into his l.** fig spadlo mu to do klína; **it is still in the l. of the gods** je to stále ještě velká neznámá

lap$_2$ [læp] n Sport kolo, etapa; *(of journey)* etapa, úsek; fig etapa, fáze; **l. of honour** čestné kolo; **four more ~s to go** Athlet ještě čtyři kola ● v (**-pp-**) **I** vt předběhnout/ předjet o celé kolo **II** vi projet/ proběhnout kolo; **he is ~ping at 50 seconds** jedno kolo uběhne za 50 vteřin

lap$_3$ [læp] v (**-pp-**) **I** vt **1** also **l. sth up** *(milk, water* etc*: of cat, dog)* chlem(s)tat, srkat **II** vi *(waves)* šplouchat, pleskat (**against sth** o co) **III** phr v ■ **lap up** vt **1** *(liquid)* srkat, chlem(s)tat **2** *(compliments, praise)* horlivě čemu naslouchat **3** *(believe)* hltat, spolknout

lapdog ['læpdog] n pokojový pes, polštářový psík, mazlíček

lapel [lə'pel] n *(of jacket, coat)* klopa

Lapland ['læplænd] n Geog Laponsko

Laplander ['læplændə(r)] n Laponec/ Laponka

Lapp [læp] n **1** *(person)* Laponec/ Laponka **2** *(language)* laponština ● adj laponský

lapping ['læpiŋ] n *(of milk: by cat* etc*)* chlem(s)tání, srkání; *(of waves)* šplouchání, pleskání

lapse [læps] n **1** *(of time)* časový úsek, časový interval; *(in a conversation)* prodleva, přestávka, pauza; **with the l. of time** s odstupem času; **after a l. of six months** po uplynutí šesti měsíců **2** *(of memory)* selhání; *(of duty)* zanedbání **3** *(mistake)* chybička, *(moral)* prohřešek, poklesek; *(decline)* úpadek **4** *(expiry: of claim)* promlčení; *(ending of right)* propadnutí, zaniknutí; **be in l.** *(of claim)* být promlčený ● vi **1** *(pass: time)* uplynout, uběhnout **2** *(make mistake)* prohřešit se, udělat chybu; *(fail)* selhat, zklamat **3** *(drift)* **l. into bad habits** osvojit si špatné návyky; **l. into silence** zmlknout; **l. into a coma** upadnout do bezvědomí; **he kept lapsing into Czech** stále přecházel do češtiny **4** *(passport)* propadnout; *(claims, right)* zaniknout, být promlčený; *(subscription)* vypršet **5** Relig **l. from one's faith** odpadnout od víry

lapsed [læpst] adj **1** *(law)* neplatný; *(passport)* propadlý **2** *(Catholic)* odpadlý

laptop ['læptop] n Comput **l. (computer)** laptop ● adj *(computer)* přenosný

lapwing ['læpwiŋ] n Orn čejka

larceny ['la:səni] n Jur Br krádež; **petty l.** drobná krádež

larch [la:č] n Bot modřín

lard [la:d] n Cook vepřové sádlo ● vt **1** *(meat)* (pro)špikovat, protáhnout **2** fig usu pej *(speech) (with quotations)* prošpikovat čím, proložit čím

larder ['la:də(r)] n spíž(e), spižírna

large [la:dž] adj **1** velký; *(person)* silný postavou, mohutný; euph tlustý; *(belly)* velký, tlustý; *(cheque)* expr tučný; *(reservoir)* rozlehlý; *(family)* velký, početný, mnohočlenný; *(meal)* vydatný; *(salary, pension)* vysoký; *(list)* dlouhý; **l. intestine** tlusté střevo; **extra l.** *(size of clothes)* nadměrná velikost; **in l. numbers** v hojném počtu; **to a l. extent** do značné míry; **on a l. scale** ve velkém; **have a l. family** mít velkou rodinu, mít mnoho dětí; **have a l. following** mít mnoho stoupenců; **grow ~r** *(moon)* dorůstat ♦ **as l. as life** v celé své kráse; **he is there as l. as life** je tam jako živý; **~r than life** v nadživotní velikosti, *(character)* legendární **2** *(extensive: power)* rozsáhlý; *(interests)* široký; *(changes)* dalekosáhlý **3** dated *(views)* svobodomyslný; *(generous)* dated velkorysý, velkodušný ■ see **~ly** ● adv **loom l.** hrozit; **be writ l.** být zjevný, být evidentní ● n **at l. a) be at l.** *(criminal)* být na svobodě; *(animals)* volně se pohybovat; **graze at l.** pást se ve volné přírodě **b)** *(thoroughly)* důkladně; **discuss sth at l.** podrobně něco prodiskutovat **c)** used after a noun *(as a whole)* všeobecně; **society at l.** celá společnost; **the public at l.** široká veřejnost

largely ['la:džli] adv *(to a great extent)* do značné míry, z valné části, větším dílem; *(chiefly)* především, převážně, většinou

largeness ['la:džnəs] n cf **large** adj **1** velikost; rozsáhlost **2** *(importance)* důležitost, význačnost

large-scale [la:dž'skeil] adj velký, rozsáhlý; *(structure)* velkorozměrový; **l.-scale immigration** hromadné přistěhovalectví; **l.-scale production** velkovýroba

largesse [la:'džes] n fml **1** *(generousness)* štědrost, velkorysost, velkodušnost **2** *(generous gifts)* velkorysé or štědré dary

largish ['la:džiš] adj dost velký

largo ['la:gəu] n (**~s**) Mus largo

lark$_1$ [la:k] n Orn skřivan ♦ **rise** or **get up with the l.** vstávat se slepicemi

lark$_2$ [la:k] n inf *(fun)* legrace, psina;

(prank) šprým, lotrovina; **for a l.** z psiny; **what a l.!** to je psina, to je legrace ● phr v ■ **lark about** or **around** vi skotačit, dovádět, dělat psinu

larkspur ['la:kspə:(r)] n Bot stračka

larva ['la:və] n (pl **larvae** [la:vi:]) larva

laryngitis [lærin'džaitis] n Med zánět hrtanu, laryngitida

larynx ['læriŋks] n Anat hrtan

lascivious [lə'siviəs] adj lascivní; *(person, behaviour)* necudný, nemravný, chlípný; *(look)* chlípný; *(remarks, jokes)* kluzký

lasciviousness [lə'siviəsnəs] n see adj lascivnost; necudnost, nemravnost, chlípnost; kluzkost

laser ['leizə(r)] n laser; Comput **l. (printer)** laserová tiskárna

lash [læš] n 1 *(eyelash)* brva, řasa 2 *(whip)* bič, řemínek biče 3 *(blow)* šlehnutí, rána bičem 4 fig *(of criticism)* ostří; **he felt the l. of her tongue** pocítil na sobě, jak má ostrý jazyk ona 5 *(of waves)* bičování, šlehání; *(of rain: on window)* šlehání, bubnování ● I vt 1 *(strike, beat)* šlehat, bičovat, mrskat bičem 2 *(windows: of rain, hail)* bubnovat or šlehat do oken; **l. the shore** *(waves)* šlehat or bičovat pobřeží 3 fig *(criticize)* tepat, pranýřovat; *(provoke)* **l. sb into a frenzy of action** vybičovat koho k horečné činnosti 4 *(tie, bound)* **l. sth together** něco spolu pevně svázat II vi **l. against sth** *(shore: of waves)* bičovat co, šlehat co; *(window: of rain, hail)* bubnovat or bičovat or šlehat do čeho III phr vs ■ **lash down** *I* vt připoutat, přivázat *II* vi *(of hail, rain)* bušit or bubnovat do střechy etc ■ **lash into sb** bít or řezat do někoho; *(verbally)* dorážet na koho, pustit se do koho ■ **lash out** vi 1 **l. out on all sides** bít or mlátit kolem sebe (hlava nehlava); **l. out at sb** bít koho hlava nehlava 2 **l. out at sb** *(verbally)* obořit se na koho 3 *(spend)* inf rozfofrovat; **l. out on sth** inf praštit se přes šrajtofli a koupit si něco

lashing ['læšiŋ] n 1 *(whipping)* bičování, mrskání 2 *(rope)* Naut uvazovací lano, vazák, kotevní lano 3 Br inf **~s of cream** kvanta šlehačky

lass [læs], **lassie** ['læsi] n inf; esp Scot & N Eng dívka, holka, žába; **a pretty l.** hezká žába, pěkná holka

lassitude ['læsitju:d] n fml únava, omrzelost, skleslost

lasso [lə'su:, Amer 'læsou] n (pl **~s** or **~es**) laso ● vt chytit do lasa

last₁ [la:st; Amer læst] adj 1 *(final: in time or order)* poslední; **the l. house** also krajní dům; **the l. but one**, **the second l.** předposlední, druhý od konce; **he was the l. to arrive/ leave** přišel/ odešel poslední; **at the (very) l. moment** or **minute** na or v poslední chvíli ♦ **l. will and testament** poslední pořízení; Relig **the L. Judgement** poslední soud; **the l. rites** poslední svátost or pomazání, svátost umírajících; **as a l. resort**, **in the l. resort** jako východisko z nouze, v krajním případě; **have the l. word** mít poslední slovo; **the l. word on sth** poslední (rozhodné) slovo o čem; **the l. word in elegance** vrchol elegance; **the l. word in fashion** poslední výkřik módy; **be on one's l. legs** být v posledním tažení, mít na kahánku, mlít z posledního; **my car is on its l. legs** auto mi už dosluhuje; **die in the l. ditch** bojovat do posledního dechu; **to the l. man** do posledního muže; **that's the l. straw** to přesahuje všechny meze, to nám ještě chybělo or scházelo; **that was the l. straw** to byla ta poslední kapka 2 *(most recent)* **a) last time** posledně, minule; **on the l. occasion** předešle; **in the l. two years** v posledních dvou letech; **his l. book** jeho poslední or nejnovější kniha **b)** *(of days, times of day, seasons etc)* **l. Sunday** minulou neděli; **l. month/ week** minulý měsíc/ týden; **l. year** v minulém roce, (v)loni; **in the year before l.** předloni; **l. summer** loni v létě; **l. night** *(in the evening)* včera večer, *(at night)* včera v noci; **the night before l.** předevčírem večer 3 *(least likely* or *suitable)* **that's the l. thing I needed** or **wanted** to jsem nejméně potřeboval, to je jako na vztek, to je jako z udělání ● adv 1 *(after all others)* jako poslední, nakonec; **come l.** přijít (jako) poslední; **l. of all** nakonec, úplně poslední; **rank l. in sth** být poslední v čem ♦ **l. but not least** v neposlední řadě, na neposledním místě; **he who laughs l. laughs longest** kdo se směje naposled, ten se směje nejlépe 2 *(most recently)* **when did you see her l.?** kdy jste ji naposledy viděl?, *(when did you meet her?)* kdy jste se s ní naposledy viděl? ● n 1 **the l. of the Hapsburgs** poslední Habsburk; **the l. of the Mohicans** fig poslední mohykán; **these are the l. of our potatoes** to jsou naše poslední brambory ♦ **breathe one's l.** vydechnout naposled 2 **at (long) l.** nakonec, konečně; **at l. he got the message** konečně mu to došlo 3 **to** or **till the very l.** až do poslední chvíle, až do úplného konce 4 **you have seen the l. of it** s tím se můžete rozloučit, s tím se už neshledáte; **you haven't heard the l. of this** o tomhle ještě uslyšíte; **I hope we've seen the l. of him** doufám, že jsme ho viděli naposledy ● I vi 1 *(continue, go on)* *(performance, meeting etc)* trvat; *(good* *weather* etc*)* vydržet **2** *(endure)* vydržet; **l. in a job** vydržet v zaměstnání **3** *(be enough: money, food)* also **l. (out)** vydržet, stačit komu **II** vt **1 l. sth (out)** vydržet co; **he will not l. (out) the night** *(patient)* do rána nevydrží, dnešní noc nepřežije **2 l. sb till ...** *(of supplies, money* etc*)* vydržet komu do ... **III** phr v ■ **last out** *I* vi **1** *(endure)* **l. out in a job** vydržet v zaměstnání **2** *(of supplies)* vydržet *II* vt **l. sth out** vydržet co; *(survive)* přežít co

last$_2$ [la:st] n *(shoemaker's)* (obuvnické) kopyto ♦ **stick to one's l.** držet se svého kopyta

last-ditch [la:st'dič] adj *(desperate)* **a l.-ditch attempt** (poslední) zoufalý pokus

lasting ['la:stiŋ] adj *(shoes, clothes, friendship)* pevný; *(peace)* stálý, trvalý

lastly ['la:stli] adv *(finally)* nakonec

last-minute [la:st'minit] adj *(decision* etc*)* přijatý na poslední chvíli

lat abbr of **latitude** zeměpisná šířka

latch [læč] n petlice, zástrčka, závora, západka dveří ● **I** vt *(door* etc*)* zavřít na petlici **II** vi *(of door* etc*)* zavírat se na petlici **III** phr v ■ **latch on** vi **1 l. on (to sth)** inf *(understand)* pochopit co, hovět čemu **2 latch on to sth** *(be enthusiastic about: idea)* vzít si co do hlavy **3 l. on to sb** pověsit se komu na krk

latchkey ['læčki:] n inf klíč od domovních dveří ■ **l. child** somewhat dated dítě ponechané samo sobě dítě zaměstnaných rodičů, které má klíč od bytu; v době nepřítomnosti rodičů se o sebe stará samo

late [leit] adj **1** *(behind schedule) (train, plane, arrival)* zpožděný, opožděný; *(marriage)* pozdní; **be l. (in coming)** přijít pozdě; **be five minutes l.** zpozdit se o pět minut; **be l. for the theatre** přijít pozdě do divadla; **be l. for one's train** přijít pozdě na vlak; **he was a little l.** přišel trochu pozdě; **he's always l.** vždy chodí pozdě; **be a l. riser** pozdě vstávat; **be l. with the rent** opozdit se s placením nájemného **2** *(far in time) (hour, autumn; potato; Gothic* etc*)* pozdní; **in the l. afternoon** pozdě odpoledne; **in the l. 70s** koncem 70. let; **in the l. summer** na sklonku léta; **he is in his l. fifties** má hodně přes padesát, bude mu brzy šedesát **3** attr *(deceased)* zesnulý; **her l. husband** její nebožtík manžel; **his l. wife** jeho nebožka manželka; **the l. lamented** blahé paměti **4** *(former: government)* bývalý **5** *(recent)* nedávný; **the l. war** poslední válka; see **latest** ■ see **~ly** ● adv **1** *(not on time, later than usual)* pozdě; **arrive l.** přijet pozdě, opozdit se; **arrive 5 minutes l.** opozdit se o 5 minut; **get up l.** pozdě vstávat; **sit up l., stay up l.** zůstat dlouho vzhůru, ponocovat; **sleep l.** dlouho spát; **till l. at night** pozdě do noci; **they are open l. today** mají dnes dlouho otevřeno ♦ **better l. than never** lépe pozdě než nikdy **2** *(far on in time)* **l. at night** v pozdních nočních hodinách; **l. in the afternoon** pozdě odpoledne; **l. in life** v pokročilém věku, na sklonku života; **it's getting l.** už je moc hodin ♦ **it's a bit l. in the day** lit je už poněkud pozdě, fig **it's a bit l. in the day to do that** na to je už trochu pozdě **3** *(recently)* **of l.** nedávno, v posledním čase, poslední čas, poslední dobou, od jisté doby; **even as l. as yesterday/ last year** dokonce ještě včera/ v minulém roce

latecomer ['leitkamə(r)] n opozdilec

lately ['leitli] adv nedávno, v posledním čase, v poslední době, poslední dobou; **until l.** až do nedávna

latency ['leitənsi] n see **latent** latentnost, skrytost, utajenost

lateness ['leitnəs] n **1** *(of person)* pozdní příchod, opoždění; *(of train)* zpoždění **2 the l. of the hour** pokročilá hodina

late-night ['leitnait] adj *(film, performance, bus)* ≅ noční

latent ['leitənt] adj *(heat)* latentní; *(ability)* skrytý, utajený; *(talent)* dřímající, skrytý

later ['leitə(r)] (comp of **late**) adj pozdější; **at a l. stage** v pozdějším stadiu; **at a l. time** později; **postpone sth to a l. day** odložit or přesunout co na později; **in l. life** v pokročilém věku ● adv později; **l. on** později; **a little l.** brzo potom; **a year l.** po uplynutí jednoho roku; **5 years l.** po pěti letech; **years l.** po letech; **l. that day/ week** později téhož dne/ později v tom týdnu; **I'll come l.** přijdu potom or později; **he came l. than usual** přišel později než obvykle ♦ **sooner or l.** dříve nebo později; **see you l.!** na shledanou

lateral ['lætərəl] adj boční, laterální

latest ['leitist] (superl of **late**) adj **1** nejpozdější, poslední; **the l. date** poslední or nejpozdější or nejzazší termín; **he was the l. to arrive** přijel poslední **2** *(most recent)* poslední, nejnovější; **his l. work** jeho nejnovější or poslední dílo; **dress after the l. fashion** oblékat se podle poslední módy; **the l. news** nejnovější zprávy, aktuality; **the l. world events** poslední události ve světě; **the l. gossip** nejnovější klepy; **the l. craze** poslední výkřik módy ● adv **she came l.** přišla jako poslední ● n **1** *(news)* nejnovější zpráva/ zprávy; **have you heard the l.?** slyšel jste, co je nového? **2** *(girlfriend/ boyfriend)* nejnovější děvče/ chlapec; **have you met her l.?** inf už jsi viděl její poslední objev? **3 at the l.** nejpozději;

on Monday at the l. nejpozději v pondělí; **when is the l. you can come?** kdy můžete nejpozději přijít?

latex ['leiteks] n latex

lath [la:θ] n lať, tyčka, lišta ♦ **be as thin as a l.** být hubený jako tyčka or šindel

lathe [leið] n Techn soustruh ▪ **l. operator** soustružník

lather ['la:ðə(r), 'læðə(r)] n **1** *(of soap)* pěna **2** *(sweat: on horse, athlete)* pot; **the horse was in a l.** kůň byl celý zpěněný ♦ **get into a l. (about sth)** inf **i)** *(get excited)* vynervovat se (kvůli něčemu) **ii)** *(get angry)* dopálit se or vypěnit (kvůli něčemu); **he got into a real l.** zpěnila se mu krev, dostal se do ráže ● **I** vt *(with soap)* (na)mydlit (**one's face** si tvář) **II** vi *(soap)* pěnit; *(horse)* zpěnit se

Latin ['lætin] n latina; **dog L.** kuchyňská latina ● adj latinský; **the L. alphabet** latinka; **L. America** Latinská Amerika; **L. American** **i)** latinskoamerický **ii)** n Latinoameričan

latitude ['lætitju:d; Amer -tu:d] n **1** Geogr zeměpisná šířka **2** **~s** *(areas)* končiny, oblasti **2** fig *(freedom)* volnost, svoboda, prostor

latrine [lə'tri:n] n latrína

latter ['lætə(r)] adj **1** pozdější, *(second of two)* druhý; **the l. half** druhá část **2** *(near to the end)* pozdější; **in the l. years** v pozdějších letech ● n, pron **the former ... the l.** (ten) první .... (ten) druhý

latter-day [lætə'dei] adj moderní, dnešní; **the L.-day Saints** usu pej svatí posledních dnů mormoni

latterly ['lætəli] adv v poslední době, poslední dobou

lattice ['lætis] n mříž(ka), mřížoví ▪ **l. window** mřížové okno s kosočtverečnými tabulkami

latticed ['lætist] adj mřížový, s mřížkou

latticework ['lætiswə:k] n mřížoví, mřížka

Latvia ['lætviə] n Lotyšsko

Latvian ['lætviən] adj lotyšský ● n **1** *(person)* Lotyš/ -ka **2** *(language)* lotyština

laud [lo:d] vt; fml or Rhetor chválit, vychvalovat, velebit

laudable ['lo:dəbl] adj fml chvályhodný

laudatory ['lo:dətəri] adj fml pochvalný; *(giving praise)* vychvalující

laugh [la:f] n **1** smích; *(raucous, penetrating l.)* řehot; **let out** or **give** or **utter a l.** zasmát se; **break into a l.** rozesmát se; **break into a loud l.** rozchechtat se; **have a good l. (about** or **over sth)** nasmát se (něčemu), dobře se (něčím) pobavit; **have the last l.** být tím, kdo se směje naposled **2** inf **a)** *(amusing incident)* **what a l.!** to je k popukání, to je sranda or psina; **a barrel of ~s** srandy kopec **b)** iron **that's a l.!, what a l.!** dovol, abych se zasmál **c)** *(amusing person)* **he's a good l., he's a l. a minute** inf je hrozně legrační, s ním je stále legrace, je s ním srandy kopec ● **I** vi (za)smát se; **l. aloud, l. out loud** hlasitě se zasmát, zachechtat se; **l. like a horse** inf řehtat se jako kůň/ kobyla; **l. like a drain** inf řehtat se na celé kolo; **l. up one's sleeve (at sb)** smát se (komu) pod vousy, smát se do hrsti; **l. in sb's face** chechtat se komu do očí; **l. at a joke** smát se vtipu; **burst out ~ing** vypuknout v smích, rozchechtat se, vyprsknout smíchy ♦ **don't make me l.** iron dovol, abych se zasmál; **you'll l. on the other side of the face** však on tě smích přejde; **l. before breakfast, you'll cry before supper** nechval dne před večerem; **he who laughs last** etc see **last** **II** vt **l. oneself silly** řehtat se jako blázen, chechtat se jako divý; **the idea was ~ed out of court** tomu nápadu se všichni vysmáli **III** phr vs ▪ **laugh at** vt **1** **l. at a joke** smát se vtipu **2** *(jeer)* **l. at sb** vysmívat or posmívat se komu **3** *(disregard: danger etc)* nebrat co vážně, nic si nedělat z čeho ▪ **laugh away** vt *(fears etc)* odbýt smíchem ▪ **laugh sb/ sth down** vt *(speaker/ objection, proposal etc)* vysmát se komu/ čemu, přehlušit koho/ co smíchem ▪ **laugh off** vt **1 l. sth off** *(dismiss: awkward situation, problem)* přejít co s humorem, odbýt co smíchem **2 l. one's head off** smát se div se nepotrhat

laughable ['la:fəbl] adj *(ridiculous)* směšný, absurdní; *(offer, increase in salary)* směšný, směšně malý or nízký ▪ **laughably** adv směšně, absurdně

laughing ['la:fiŋ] adj **1** *(faces, eyes)* usměvavý; **l. gull** racek chechtavý; **l. hyena** hyena skvrnitá **2** **it's no l. matter** to není k smíchu **3** **l. gas** rajský plyn ● n smích, *(loud)* chechtot, řehot ▪ **~ly** adv **1** *(in an amused manner)* pobaveně **2** *(ridiculously)* směšně, absurdně

laughing stock ['la:fiŋstok] n terč posměchu; **become the l. stock of everyone** být všem pro smích, stát se terčem všeobecného posměchu

laughter ['la:ftə(r)] n chechtot, smích; **ringing l.** hlaholivý smích; **uproarious l.** hurónský smích; **volley of l.** salva smíchu; **double up with l.** prohýbat se smíchem; **roar with l.** válet se smíchy; **howl/ scream/ shriek with l.** řičet/ řvát/ pištět smíchy; **split one's sides with l.** smát se, až se za břicho popadat

launch [lo:nč] n *(of vessel)* spuštění; *(of rocket)* odpálení, vypuštění; see also **launching**, **launch** vt ● **I** vt **1** *(ship)* spustit,

pustit na vodu **2** *(rocket)* odpálit, vypustit, odstartovat **3** *(reform, campaign, attack)* zahájit; *(reform* also*)* zavést; *(company)* založit; *(play)* uvést na scénu; *(new product)* uvést na trh **II** phr vs ■ **launch into** vt *(work, speech)* pustit se do čeho energicky ■ **launch out** vi **1** *(spend a lot)* praštit se přes kapsu **2 l. out into sth** *(start business)* začít podnikat v čem; **l. out on one's own** založit si vlastní firmu

launcher ['lo:nčə(r)] n odpalovací zařízení

launching ['lo:nčiŋ] n *(of ship)* spuštění; *(of rocket)* odpálení; *(of reform, attack)* zahájení; *(of company)* vytvoření, založení; *(of new product)* uvedení na trh, zahájení prodeje ■ **l. base** odpalovací základna; **l. pad** odpalovací rampa; **l. site** kosmodrom; **l. vehicle** nosná raketa

launder ['lo:ndə(r)] **I** vt **1** *(wash and iron)* prát a žehlit **2** fig *(money)* prát **II** vi prát a žehlit

launderette, laundrette [lo:ndə'ret], Amer **laundromat** ['lo:ndrəmæt] n prádelna samoobsluha, laundromat

laundress ['lo:ndres] n pradlena

laundry ['lo:ndri] n **1** pl **-ies** *(shop/ in house)* prádelna **2** *(washing)* prádlo; **do the l.** prát/ vyprat ■ **l. basket** koš na prádlo

laureate ['loriət; Amer 'lo:r-] n **Poet L.** dvorní básník; **a Nobel l.** laureát Nobelovy ceny

laurel ['lorəl] n **1** Bot & fig vavřín ■ **l. wreath** vavřínový věnec **2 laurels** pl fig vavříny, sláva; **reap ~s** dobýt vavříny; **crown the victor with ~s** ověnčit vítěze vavřínem; **rest on one's ~s** inf usnout na vavřínech

lav [læv] n inf see **lavatory**

lava ['la:və] n láva

lavatory ['lævətəri] n záchod, klozet, toaleta ■ **l. paper** toaletní papír; **l. bowl** záchodová mísa

lavender ['lævəndə(r)] n **1** Bot levandule **2** *(colour)* levandulová modř ■ **l. water** levandulová voda ● adj levandulově modrý

lavish ['læviš] adj **1** *(abundant) (meal)* bohatý; *(reception)* štědrý **2** *(luxurious)* přepychový, slavnostní, okázalý **3** *(generous)* štědrý; **be l. in** or **with one's praises (of sb)** neskrblit or nešetřit chválou (na koho) ■ see **~ly** ● vt **l. sth on sb** nešetřit čím na kom; **l. care/ affection on one's child** zahrnout své dítě péčí/ láskou; **l. food and drink on sb** štědře koho pohostit

lavishly ['lævišli] adv *(praise)* přemrštěně; *(give)* štědře; **spend money l.** rozhazovat peníze

law [lo:] n **1** *(statute)* zákon; **the letter of the l.** litera zákona; **there ought to be a l. against it** to by se mělo zakázat zákonem **2** *(body of ~s)* **the l.** zákon, právo; **equality before the l.** rovnost před zákonem; **in the name of the l.** jménem zákona; **observe** or **obey the l.** dodržovat zákon; **it is against the l.** to zákon nedovoluje, je to proti zákonu, na to jsou paragrafy; **break the l.** překročit zákon; **be on the wrong side of the l.** být v rozporu se zákonem; **take the l. into one's own hands** vzít právo do svých rukou; **within the bounds of the l.** v rámci zákona **3** *(legal system)* právo; **l. and order** veřejný pořádek; **a student of l.** student práv; **constitutional/ civil/ martial/ penal l.** ústavní/ občanské/ stanné/ trestní právo; **the l. of survival of the fittest** právo silnějšího ■ **l. court** soud; Amer **l. school** právnická fakulta; **L. Lord** Br člen nejvyššího odvolacího soudu tj. Horní sněmovny **4** *(justice)* **go to l.** podat žalobu na koho, zavést soudní řízení s kým **5** Sport pravidlo **6** Sci zákon; **l. of gravity** gravitační zákon; **l. of inertia** zákon setrvačnosti ♦ **Murphy's l., Sod's l.** zákon schválnosti **7 the l.** inf policie, policajti; **we'll get the l. on you** zavoláme na tebe policajty

law-abiding ['lo:əbaidiŋ] adj dbalý zákona

lawbreaker ['lo:breikə(r)] n porušovatel zákona

lawbreaking ['lo:breikiŋ] n porušení zákona/ práva

lawful ['lo:fl] adj Jur legální, legitimní; *(wife, husband)* zákonný; *(contract)* pravoplatný; **be born in l. wedlock** Jur být z manželského lože; **by l. means** legálně, zákonnou cestou ■ **~ly** adv zákonně, legálně, zákonnou cestou

lawgiver ['lo:givə(r)] n zákonodárce, člen zákonodárného sboru

lawless ['lo:ləs] adj *(country)* nemající zákony; *(person)* nerespektující zákon, nedbající zákona

lawlessness ['lo:ləsnəs] n anarchie, bezpráví

lawmaker ['lo:meikə(r)] n zákonodárce, člen zákonodárného sboru

lawn[1] [lo:n] n (anglický) trávník ■ **l. tennis** lawn-tennis dated, tenis na travnatém dvorci

lawn[2] [lo:n] n Text batist, linon

lawnmower ['lo:nməuə(r)] n žací strojek, sekačka na trávu

lawsuit ['lo:s(j)u:t] n soudní řízení, proces, soud; **be engaged in a l. with sb** soudit se s kým; **bring a l. against sb** podat na koho žalobu

lawyer ['lo:jə(r)] n advokát, právník,

právní zástupce; Amer notář; **defence l.** obhájce

lax [læks] adj **1** *(person)* nedbalý, ledabylý, laxní; *(discipline, morals)* uvolněný **2** *(not tense: string)* nenapnutý, nenatažený, volný **3** *(imprecise: definition)* vágní, nepřesný **4 lax bowels** řídká stolice

laxative ['læksətiv] n Med projímadlo, laxativum ● adj Med projímavý; **have a l. effect** mít projímavý účinek, projímat

laxity ['læksəti], **laxness** ['læksnəs] n see **lax 1** *(of person)* nedbalost, ledabylost, laxnost **2** *(of morals)* uvolněnost **3** *(of string* etc*)* volnost, nenapnutost

lay1 [lei] n Liter, Mus arch balada, lejch

lay2 [lei] adj **1** *(non-clerical)* laický, světský, necírkevní **2** *(nonprofessional)* laický, neodborný

lay3 [lei] pt of **lie**

lay4 [lei] n sl **she's a good l.** je dobrá v posteli/ do postele; **she's an easy l.** ta dá každému ● v (pt, pp **laid** [leid]) **I** vt **1** *(place/ put in specified position)* klást, pokládat, položit; **l. sth on sth** položit co na co; **l. the book on the table** položit knihu na stůl; **he laid his hand on my shoulder** položil mi ruku na rameno ♦ **l. sb to rest** pohřbít or pochovat koho; **l. one's cards on the table** vyložit karty; **l. hands on sb** vztáhnout na koho ruku; **he steals whatever he can l. his hands on** ukradne, na co přijde; **I've never laid eyes on him** nikdy v životě jsem ho neviděl **2** *(spread out)* (roz)prostřít; **l. the table** prostřít stůl; **he laid the blanket on the ground** rozprostřel na zem deku **3** *(carpet, pipe, cable, parquet floor, lino, foundations, wreath)* klást/ položit; **l. lino on the floor, l. the floor with lino** položit na podlahu linoleum, pokrýt podlahu linoleem; **l. mines** klást miny **4** *(arrange: fire)* připravit zátop or na topení; *(trap)* nastražit; *(snares)* klást; **l. an ambush** nastrojit or nastražit léčku **5** *(apply) (paint)* nanášet/ nanést **6** *(eggs)* snášet **7** *(plan, scheme)* vymyslet; *(new laws before parliament)* předložit **8** *(impose) (penalty, tax, fine)* uvalit; *(burden, duty)* uložit; **l. emphasis** or **stress on sth** zdůrazňovat co, akcentovat co; **l. responsibility for sth on sb** činit koho zodpovědným za co; **l. the blame for sth on sb**, **l. sth at sb's door** svalovat vinu za co na koho **9** Jur **l. an accusation against sb** vznést obžalobu proti komu, zažalovat koho; **l. claim to sth** činit si or uplatňovat nárok na co **10** *(wager)* vsadit; **l. £5 on a horse** vsadit 5 liber na koně **11** *(allay: fears)* zaplašit; *(doubts)* rozptýlit; *(rumours)* vyvrátit; *(ghosts: exorcise)* zaříkat **12 l. oneself open to criticism** vystavit se kritice; **l. oneself open to ridicule** zesměšnit se **13** vulg *(have sex with: woman)* přeříznout **II** vi *(hen)* snášet vejce **III** phr v ■ **lay about** vt **he laid about him with a stick** oháněl se kolem sebe holí ■ **lay aside** vt **1** *(put aside: book* etc*)* odložit; *(plan)* uložit co k ledu; *(sb's doubts)* rozptýlit **2** *(abandon: one's studies)* pověsit na hřebík **3** *(save)* uspořit (si), dát si stranou ■ **lay sth away** vt Amer rezervovat si co složením zálohy ■ **lay back** vt *(ears: dog* etc*)* sklopit ■ **lay before** vt **l. sth before sb** *(plan)* předložit komu co, *(complaint)* podat si u koho co ■ **lay by** vt *(provisions)* dát stranou, odložit si, rezervovat si ■ **lay down** vt **1** *(put down: book, pencil, bag)* položit, odložit; **l. oneself down to sleep** uložit se ke spánku **2** *(give up) (office)* složit or rezignovat na funkci; **l. down one's arms** složit zbraně; **l. down one's life** obětovat život **3** *(establish: rules, prices* etc*)* stanovit, určit/ určovat; *(conditions)* diktovat; *(plan)* formulovat; *(rights in a constitution)* zakotvit; **it is laid down that ...** je stanoveno, že ... ♦ **l. down the law** poručníkovat, roztahovat se ■ **lay in** vt *(food, water, coal* etc*)* zásobit se čím, dělat si zásoby čeho, *(supplies)* udělat si co; **l. in plenty of food** udělat si dostatečné zásoby potravin ■ **lay into** vt inf **l. into sb** *(attack physically)* vrhnout se na koho, pustit se do koho; *(verbally)* sjet koho, setřít koho, zpucovat koho ■ **lay off** *I* vt **1** *(workers; temporarily)* vysadit z práce; *(permanently)* propustit **2** *(stop)* **l. off sth** inf nechat čeho; **l. off alcohol** přestat pít; **l. off it!** nech toho!, přestaň!; **l. off my wife** nech mou ženu na pokoji *II* vi **l. off, will you?** přestaň, prosímtě!, tak už dost!, nech mě na pokoji! ■ **lay on** vt **1** *(paint)* nanášet ♦ **l. it on thick** *(exaggerate)* nadsazovat, přehánět, zveličovat; **l. it on with a trowel** *(praise)* mazat komu med kolem úst **2** *(provide: food, entertainment)* postarat se o, připravit; *(coach, transport, excursion)* zařídit **3** *(electricity, water)* (za)instalovat, zavést **4** sl esp Amer **l. one on sb** jednu komu přišít or utřít or vrazit ■ **lay out** vt **1** *(goods* etc*)* vyložit; *(corpse)* připravit k pohřbu **2** *(design, arrange)* uzpůsobit, plánovitě zařídit or upravit; *(house)* rozvrhnout **3** *(money: spend)* utratit, vydat, vyklopit **4** Box *(knock out)* inf knokautovat, poslat koho k zemi ■ **lay over** vi Amer *(stop over)* zastavit se, udělat (si) zastávku ■ **lay up** vt **1** *(supplies)* udělat si, nashromáždit ♦ **l. up trouble for oneself** přidělávat si problémy **2** inf *(confine to bed)* upoutat na lůžko; **he's laid up with pneumonia** leží se zápalem plic **3** *(ship)* vyřadit z provozu; *(car)* odstavit

layabout ['leiəbaut] n darmošlap, pecivál, povaleč

layaway ['leiəwei] n Amer *(goods)* rezervované zboží na zálohu; *(method of shopping)* rezervování zboží složením zálohy

lay-by ['leibai] n (pl **lay-bys**) Br Aut parkovací odpočívadlo po straně silnice/ dálnice

layer ['leə(r)] n **1** *(of bricks, concrete* etc*)* vrstva; Geol also ložisko; *(of paint* also*)* nátěr; *(of dirt* also*)* nános; **ozone l.** ozónová vrstva; fig Ling *(of meaning)* úroveň ■ **l. cake** dort mající několik vrstev **2** *(hen)* ['leiə(r)] nosnice; **a good/ poor l.** dobrá/ špatná nosnice **3** Hort hříženec ● vt **1** *(arrange in ~s)* (na)vrstvit, rozvrstvit **2** Hort hřížit

layette [lei'et] n kojenecká výbavička

layman ['leimən] n (pl **laymen**) **1** Relig laik **2** *(nonspecialist)* neodborník, laik; **explain sth in l.'s language** vysvětlit co populárně

lay-off ['leiof] n vysazení z práce; *(permanent)* propuštění z práce

layout ['leiaut] n **1** *(arrangement)* uspořádání, rozmístění, úprava; Typ Comput **page l.** grafická úprava stránky **2** *(plan)* situační plán

layover ['leiəuvə(r)] n Amer zastávka na cestě, přestávka, přerušení jízdy

laywoman ['leiwumən] n (pl **-women** [-wimin]) **1** Relig laička **2** *(nonspecialist)* laička, neodbornice

laze [leiz] **I** vi also **l. about** or **around** lenošit, povalovat se, potloukat se **II** phr v ■ **laze away** vt *(time, one's life)* prolenošit

laziness ['leizinəs] n lenost, lenivost

lazy ['leizi] adj (**-ier**, **-iest**) *(idle)* líný, lenivý, lenošivý, zahálčivý; *(slow-moving)* malátný, ochablý; **l. life** zahálčivý život; **be l.** lenošit; **become l.** zlenivět, zpohodlnět; **he's too l. to do his homework** je líný napsat domácí úkol; **he's a l. lump** je líný jako veš ♦ **l. Susan** Amer Cook otočný servírovací podnos s přihrádkami

lazybones ['leizibəunz] n inf lenoch, líná kůže

lb abbr of **pound** libra

Ld abbr of **Lord** lord

LCD [elsi:'di:] Comput abbr of **liquid crystal display** displej s kapalnými krystaly

LEA [eli:'ei] Br abbr of **Local Education Authority** místní školský úřad

leach [li:č] vt loužit, vyluhovat

lead$_1$ [led] n **1** *(metal)* olovo; **be as heavy as l.** být těžký jako kámen; **my legs feel like l.** mám nohy jako centy ♦ **swing the l.** Br lenošit, povalovat se ■ **l. alloy** olověná slitina; **l. pipe** olověná trubka; **l. seal** olověná pečeť **2** sl *(bullets)* olovo; **they pumped him full of l.** nakrmili ho olovem **3** *(in pencil)* tuha; **spare l.** náhradní tuha ■ **l. pencil** tužka **4** Naut olovnice; *(on fishing line)* olůvko **5** Typ proložka, proklad ● vt **1** *(cover with l.)* pokrýt olovem **2** *(weight with l.)* zatížit olovem

lead$_2$ [li:d] n **1 the l.** *(front position)* čelná pozice; Sport vedení; **be in the l.** být ve vedení, vést; **take the l.** převzít vedení, ujmout se vedení **2** *(distance/ time)* **have a three-goal l.** vést o tři góly; **have a l. of 50 metres** mít padesátimetrový náskok **3** *(initiative)* **give sb a l.** ukázat komu co **4** Theat *(principal role)* hlavní role; **play the l. in sth** hrát v čem hlavní roli **5** *(clue)* stopa **6** Cards **have the l.** vynášet; **it's my l.** vynáším já **7** *(leash)* vodítko, šňůra or řemínek na vodění psů **8** Elec přívod, přívodní kabel ● v (pt, pp **led** [led]) **I** vt **1** *(show the way)* (za)vést; **l. sb by the hand** vést koho za ruku; **l. sb to sb** zavést koho ke komu ♦ **l. the bride to the altar** vést nevěstu k oltáři; **l. sb an awful song and dance** *(girlfriend)* být velmi nestálý **2** *(influence)* **l. sb to sth** vést koho k čemu; **l. sb into believing sth** namluvit komu co ♦ **l. sb astray** zavést koho na scestí; **l. sb like a lamb to the slaughter** mít koho v hrsti, vést koho jako na porážku; **l. sb by the nose i)** vodit koho za nos **ii)** orat s kým; **l. sb up the garden path** inf vodit koho za nos **3** *(be the leader of)* řídit, vést; *(orchestra)* Br být koncertním mistrem; Amer dirigovat, řídit; *(political party, movement)* být v čele; *(prayers)* předříkávat; *(singing)* předzpěvovat; **l. a government** řídit vládu; **l. the field** *(in sport, in research)* být v čele; **l. an expedition** být v čele výpravy **4** *(life)* vést; **l. an orderly life** žít řádným životem; **l. an extravagant life** žít rozmařile; **l. a meagre existence** žít nuzně, třít bídu s nouzí; **l. a cosy life** inf sedět v teple, žít si jako prase v žitě; **l. a dog's life** zkoušet jako pes **5** Cards vynést, zahrát **6** Jur *(witness)* ovlivňovat **II** vi **1** *(of road, path)* vést; **where does this road l.?** kam vede tato cesta? ♦ **all roads l. to Rome** všechny cesty vedou do Říma **2** Sport vést, být ve vedení, být v čele; **l. by three metres/ goals** vést o tři metry/ o tři branky; fig **l. by example** jít příkladem vstříc **3** *(be first)* jít/ jet/ běžet etc první or v čele **4** Cards vynášet **5** *(result in)* **l. to sth** mít za následek co, vést k čemu **III** phr vs ■ **lead away** *I* vt *(prisoner* etc*)* odvést/ odvádět *II* vi vést pryč ■ **lead off** *I* vt *(person)* odvést *II* vi *(start: discussion, dance)* začít, zahájit ■ **lead on**

I vi vést, jít první; **l. on, Peter!** Petře, jdi první! *II* vt **lead sb on** *(trick)* bulíkovat koho, vodit koho za nos; *(tease)* utahovat si z koho, dobírat si koho ▪ **lead out** vt vyvést ▪ **lead up to** vt **1** *(path, road)* vést k čemu **2** *(precede)* předcházet čemu, odehrát se před čím; **events ~ing up to the war** události, které předcházely válce **3** *(in reasoning)* **what are you ~ing up to?** kam tím míříte?, o co vám jde?

leaded ['ledid] adj **1** *(door, box)* okovaný olovem; *(glass)* olovnatý **2** *(petrol)* s příměsí olova **3** Typ proložený, sázený proloženě

leaden [ledn] adj **1** fig *(sky)* olověný; *(sleep)* hluboký, těžký; *(limbs, heart)* těžký jako olovo; *(atmosphere)* tíživý **2** *(pipes* etc*)* olověný

leader ['li:də(r)] n **1** Pol leader, lídr, vůdčí osobnost, čelný představitel, vůdce; iron pohlavár **2** *(of group)* vedoucí; *(of trade unions)* předák; *(of strike, march)* organizátor; Gymn náčelník; **military l.** vojevůdce **3** Mus Br koncertní mistr; Amer dirigent; **choir l.** sbormistr **4** *(editorial: in newspapers)* úvodník **5** Sport *(in race* etc*)* vedoucí závodník/ kůň etc

leadership ['li:dəšip] n **1** *(direction)* vedení, vůdcovství; **under his l.** pod jeho vedením **2** *(leaders)* vedení, vůdci **3** *(qualities)* iniciativnost, podnětnost, vůdcovské kvality

lead-free ['ledfri:] adj *(paint, petrol)* bezolovnatý ● n bezolovnatý benzin, natural

lead-in ['li:din] n Rad TV uvedení, úvodní poznámka

leading ['li:diŋ] adj **1** *(first)* první; *(runner/ car* etc*)* vedoucí, jsoucí v čele **2** *(most important/ outstanding)* nejdůležitější, přední; *(institution)* významný; *(personality)* vůdčí, čelný; *(scientist)* přední; **l. article** úvodník; **the l. light** fig kapacita, hybná síla; **be the l. light** fig hrát prim; Theat **l. lady** milovnice; **l. man** první milovník; **l. role** hlavní role **3** **l. question** sugestivní or návodná otázka

leaf [li:f] n (pl **leaves** [li:vz]) **1** *(on plant)* list; pl listy, *(of trees, shrubs* also collect*)* listí; *(of rose)* (okvětní) lístek; **dead leaves** opadané listí; **fig l.** fíkový list also fig; **bay l.** bobkový list; **be in l.** mít listy, být zelený; **come into l.** *(of trees* etc*)* dostat listy, zazelenat se; **put out** or fml **put forth leaves** vyhnat listy; **in autumn the trees lose/ shed their leaves** na podzim listí opadává or stromy ztrácejí listí ♦ **tremble** or **shake like a l.** třást se jako osika ▪ **l. bud** listový pupenec; **l. mould** listovka prsť z listí **2** *(of book)* stránka, list; *(of paper)* list ♦ **turn over a new l.** začít nový život, *(mend one's ways)* dát se na pokání, polepšit se; **take a l. out of sb's book** vzít si z koho příklad **3** *(on table)* sklápěcí or sklopná deska; *(for pulling out)* vytahovací deska, výsuvný nástavec; *(of door)* křídlo **4** *(of metal: gold* etc*)* fólie; **gold/ silver l.** zlatá/ stříbrná fólie ● phr v ▪ **leaf through** vt *(book)* (pro)listovat

leafless ['li:fləs] adj bezlistý, *(tree)* holý

leaflet ['li:flət] n **1** *(single page)* usu Pol leták **2** *(brochure)* brožura, prospekt **3** *(instruction sheet)* návod; *(information sheet)* informační leták **4** *(young leaf)* poet lístek ● vt *(area)* roznášet or rozdávat or doručovat letáky/ prospekty kde

leafleting ['li:fletiŋ] n also **l. campaign** letáková akce

leafy ['li:fi] adj (**-ier, -iest**) listnatý

league$_1$ [li:g] n **1** *(organization)* liga, svaz, společnost; **the L. of Nations** Hist Společnost národů; **be in l. with sb** být s kým spolčen, pej být s kým spřažen or smluven (**against sb** proti komu); **they are in l. with each other, they are in l. together** jsou spolu spřaženi or spolčeni **2** Sport liga ▪ **l. game** ligový zápas; **l. table** ligová tabulka **3** *(class)* třída, kategorie; **be in a different l.** být o třídu lepší; **I am not in his l.** jemu se nevyrovnám; **be in the top l.** patřit mezi nejlepší, být jednička; **be in a l. of its own** nemít konkurenci

league$_2$ [li:g] n Hist *(measure)* stará délková míra – asi 3 míle; **seven-l. boots** sedmimílové boty

leak [li:k] n **1** *(in roof* etc*)* díra, skulina, otvor; *(in boat, vat, container)* trhlina, netěsnost; **have a l.** *(container)* kapat, být netěsný; **spring a l.** dostat trhlinu; **there's a l. in the gas pipe** z plynového potrubí uchází plyn **2** *(escape of liquid)* únik, unikání; *(of gas* also*)* ucházení **3** fig **a l. of information** únik or prozrazení informací **4** inf sl **have** or **take a l.** *(urinate)* vyčurat se ● **I** vt **1** **the tank is ~ing petrol** z nádrže uniká benzin **2** *(information)* prozradit, vyzradit (**to sb** komu) **II** vi **1** *(container, roof)* kapat, téci, být netěsný; *(pipe)* být netěsný; *(boat)* propouštět vodu, nabírat vodu; **the radiator is ~ing** radiátor teče; **the roof ~s** střechou zatéká; **it ~s like a sieve** je to děravé jako cedník **2** *(liquid)* unikat; *(gas)* unikat, ucházet **III** phr vs ▪ **leak in** vi *(water)* prosakovat dovnitř, téci dovnitř, zatékat, vnikat dovnitř ▪**leak out** vt **1** *(liquid, gas)* unikat **2** fig *(information)* uniknout, prozradit se, proniknout na veřejnost

leakage ['li:kidž] n *(loss)* **1** *(of liquid)* únik, unikání; *(of gas* also*)* ucházení **2** *(of information)* únik

leakproof ['li:kpru:f] adj *(container)* nepropustný, dokonale utěsněný; fig *(depart-*

ment etc*)* zabezpečený proti vyzrazení důvěrných informací

leaky ['li:ki] adj (**-ier**, **-iest**) *(roof)* děravý, zatékající; *(boat)* nabírající vodu; *(wooden vat)* rozeschlý; **be l.** *(container)* téci; **the shoes are l.** do těch bot teče

lean$_1$ [li:n] adj **1** *(meat)* libový; *(sausages)* dietní; *(person)* štíhlý, *(too thin)* vyhublý **2** fig *(harvest)* skrovný, hubený; *(year)* hubený; Techn *(gas, mixture)* chudý; *(concrete)* hubený ♦ **the l. years** hubená léta

lean$_2$ [li:n] n *(inclination)* sklon, naklonění ● v (pt, pp **leant** [lent] or **leaned** [li:nd]) **I** vi **1** *(be on incline: tower, tree)* naklánět se, sklánět se, mít sklon **2** *(rest)* opřít se; **l. against sth** opřít se o co; **l. on a stick** opírat se o hůl **II** vt *(prop)* **l. sth against sth** opřít co o co; **l. a ladder against the wall** opřít žebřík o stěnu, postavit žebřík ke stěně **III** phr vs ■ **lean back** vi opřít se vzadu, naklonit se dozadu, zaklonit se ■ **lean forward** vi naklonit se dopředu, předklonit se ■ **lean on** vt **1** *(depend)* **l. on sb** spoléhat se na koho; **l. on sb's advice** spoléhat se na čí radu **2** inf *(pressurize)* **l. on sb** činit na koho nátlak, inf zmáčknout koho ■ **lean out** vi vyklonit se; **l. out of the window** vyklonit se z okna, nahnout se z okna ■ **lean over** *I* vi naklánět se, sklánět se; **l. over to sb** naklonit se ke komu ♦ **l. over backwards (trying) to do sth** moci se přetrhnout ochotou něco udělat *II* vt **l. over the pram** sklonit se nad kočárkem; **l. over the fence** vyklonit se přes plot ■ **lean towards** vt *(tend)* fig **l. towards the view that ...** přiklánět se k názoru, že ...

leaning ['li:niŋ] adj *(tower)* nakloněný, šikmý ● n fig *(tendency)* náklonnost, sklon; **leftist ~s** levičácké tendence, levičáctví

leant [lent] pt, pp of **lean**

lean-to ['li:ntu:] n *(shed)* přístavek; *(shelter)* přístřešek ● adj přistavený

leap [li:p] n **1** *(jump)* skok; **in one leap, at a l.** jedním skokem; **take a l.** skočit; **his heart gave a l.** poskočilo mu srdce; **a l. in the dark** skok do tmy ■ **l. year** přestupný rok **2** fig *(sudden increase)* **a l. in prices** cenový skok ● v (pt, pp **leapt** [lept] or **leaped** [li:pt]) **I** vi skočit/ skákat, vyskočit; **l. aside** odskočit; **l. over a fence** přeskočit plot; **l. for joy** poskočit or skákat radostí; **his heart leapt for joy** fig srdce mu poskočilo radostí ♦ **look before you l.** dvakrát měř, jednou řež **II** vt **1** *(jump over)* přeskočit; **l. a ditch** přeskočit (přes) příkop **2 l. a horse over a fence** přeskočit s koněm přes plot **III** phr vs ■ **leap about** or **around** vi poskakovat, skotačit ■ **leap at** vt **1 l. at sb** skočit po kom **2** fig **l. at a chance/ offer** chňapnout po příležitosti/ po nabídce ■ **leap out** vi **1** *(jump out)* vyskočit **2** *(colours)* bít do očí ■ **leap up** vi **1** *(person)* vyskočit, vymrštit se, trhnout sebou; **l. (up) to one's feet** (vy)skočit na nohy **2** *(flames)* vyrazit, vyšlehnout; *(prices)* vyletět nahoru

leapfrog ['li:pfrog] n skok přes kozu přes něčí sehnutá záda; **play l.** přeskakovat se, skákat přes kozu fig ● vi (**-gg-**) *(of children)* přeskakovat se, skákat přes kozu fig

leapt [lept] pt, pp of **leap**

learn [lə:n] v (pt, pp **learned** [lə:nd] or **learnt** [lə:nt]) **I** vt **1** *(get knowledge)* (na)učit se, (na)studovat, osvojit si vědomosti; **l. to read** naučit se číst; **l. sth by heart** naučit se něco zpaměti or nazpaměť; **l. a trade** naučit se řemeslo ♦ **l. a thing or two** lecčemu se přiučit; **l. the ropes** naučit se v čem chodit; **I have ~t my lesson** to mi dalo lekci **2** *(be informed, hear)* dozvědět se, slyšet, doslechnout se, *(in book* etc *also)* dočíst se **II** vi **1** *(get knowledge)* učit se; **l. by rote** učit se mechanicky; **l. how to ski** (na)učit se lyžovat; **l. by** or **from one's mistakes** poučit se ze svých chyb; **be eager to l.** být zvídavý or vědychtivý, chtít se učit ♦ **l. the hard way** projít tvrdou školou **2** *(be informed)* dozvědět se, být informován; **l. of sth** dozvědět se o čem **III** phr v ■ **learn up** vt naučit se, inf našprtat se, inf nabiflovat se; *(by heart)* naučit se zpaměti

learned ['lə:nid] adj učený; *(journal, book)* vědecký, odborný; **a l. man** učenec ■ **~ly** adv učeně

learner ['lə:nə(r)] n *(beginner)* začátečník; *(student)* student, studující; **he is a slow l.** učení mu jde pomalu; **he is a quick l.** dobře or rychle se učí, je velmi učenlivý ■ Aut **l. driver** žák autoškoly

learning ['lə:niŋ] n **1** *(knowledge)* znalosti, vědomosti; **a man of l.** učenec; **a seat of l.** sídlo vzdělanosti **2** *(process of l.)* studium; **language l.** studium jazyka

learnt [lə:nt] pt & pp of **learn**

lease [li:s] n nájemní or pachtovní smlouva; **term of l.** nájemní lhůta ♦ **take a new l. of life** fig podruhé se narodit, dostat novou chuť do života, znovu se postavit na nohy ● vt **l. sth (out)** dát co do pronájmu or do pachtu

leasehold ['li:shəuld] n **1** držba nemovitostí v nájmu **2** *(property)* najatá nemovitost ● adj pronajatý, propachtovaný

leaseholder ['li:shəuldə(r)] n nájemce

leash [li:š] n *(for dogs)* vodítko, šňůra, řemínek; **take a dog out on a l.** vést psa na řemínku

leasing ['li:siŋ] n (pro)nájem nemovitostí; *(of machines, cars, computers* etc*)* leasing [li:zink]

least [li:st] adj **1** *(smallest)* nejmenší; **the l. quantity** nejmenší množství; **the line of l. resistance** cesta nejmenšího odporu **2** *(slightest)* **I haven't got the l. idea who ...** nemám ani potuchy/ sebemenší ponětí, kdo ... ● adv nejméně; **not l.** v neposlední řadě; **when he l. expected it** když to nejméně očekával; **at l.** alespoň, přinejmenším, nejméně; **last but not l.** na neposledním místě, v neposlední řadě; **the l. common multiple** nejmenší společný násobek; **l. of all would I want to insult her** ze všeho nejmíň bych ji chtěl urazit ● n **the l.** to nejmenší; **that's the l. I can do** to je to nejmenší, co mohu udělat; **that's the l. of my worries** s tím si moc hlavu nelámu; **not in the l.** ani v nejmenším, vůbec ne; **it is controversial, to say the l.** je to přinejmenším sporné

leather ['leðə(r)] n kůže; **real l.** pravá kůže; **imitation l.** koženka, napodobenina kůže ♦ **he is going hell for l.** upaluje, jako by mu půda pod nohama hořela ■ **l. goods** kožené zboží; **l. jacket** kožená bunda; **l. manufacture** kožedělný průmysl; **l. soles** kožené podešve ● vt **l. sb** *(thrash)* inf zřezat koho, nařezat or nasekat komu

leatherette [leðə'ret] n imitace kůže

leatherware ['leðəweə(r)] n kožená galanterie

leathery ['leðəri] adj *(skin)* drsný, hrubý; *(meat)* tuhý jako podešev

leave$_1$ [li:v] n **1** *(permission)* fml dovolení; **by** or **with your l.** s vaším dovolením; *(he took it)* **without so much as a by your l.** bez požádání; **who gave you l. to go?** kdo ti dovolil odejít? **2** *(from work)* dovolená; **sabbatical l., study l.** studijní dovolená; **maternity l.** mateřská dovolená; **be on sick l.** mít pracovní neschopnost; **he is on l.** je na dovolené; **go absent without l.** Mil vzdálit se (bez povolení) od útvaru **3** *(farewell)* **take one's l. from sb** rozloučit se s kým ♦ **take French l.** potají se vytratit, prásknout do bot; **take l. of one's senses** zbláznit se, pominout se, pomást se

leave$_2$ [li:v] v (pt, pp **left**) **I** vt **1** *(go away from)* **a) leave sb** odejít od koho, *(abandon)* opustit; *(girlfriend, boyfriend* also*)* rozejít se s kým, nechat koho; **l. sb to his fate** ponechat koho (svému) osudu ♦ **l. sb holding the baby** nechat koho ve štychu **b)** *(place: on foot/ in a vehicle/ by plane/ by boat)* odejít/ odjet/ odletět/ odplout odkud; **l. a room** odejít or vyjít z místnosti; **l. home** odejít z domova; **he left Hamburg yesterday** včera odcestoval z Hamburku, *(in a vehicle/ plane/ boat)* včera odjel/ odletěl/ odplul z Hamburku; **he never ~s his room** nikdy nevychází ze svého pokoje; **l. school** vychodit or zakončit školu, *(prematurely)* odejít ze školy, přerušit studium; **l. one's job** opustit místo; **l. the table** odejít od stolu **2** *(allow or cause to remain)* (po)nechat; **l. things unchanged** ponechat vše při starém; **l. a message** (za)nechat vzkaz; **l. a good/ bad impression** zanechat dobrý/ špatný dojem; **the wound left a scar** po ráně zůstala jizva; **the shock left her speechless** leknutím ztratila řeč or oněměla; **it left him (quite) cold** vůbec ho to nedojalo; **l. me alone** nech mě na pokoji; **l. the door open** nechat otevřené dveře, fig *(to sth)* nechat čemu otevřenou cestu, dát čemu zelenou; **l. things as they are** nechat něco jak to stojí a leží; **l. it as it is** nedotýkej se toho; **let's l. it at that** nechme to tak **3** *(bequeath: money* etc*)* odkázat v závěti **4** *(be survived by)* zanechat po sobě; **he ~s a wife and two children** zůstala po něm žena a dvě děti, zanechal po sobě ženu a dvě děti **5** *(forget)* zapomenout, nechat někde; **I left my watch at home** zapomněl jsem si doma hodinky **6** *(entrust)* svěřit, přenechat; **l. it to me** nech to na mně; **l. sth to chance** ponechat co náhodě; **can I l. my suitcase with you for a minute?** mohl byste mi chvíli pohlídat kufr? **7** Br Math **8 from 13 ~s five** 13 bez 8 je pět **8 be left** zbývat; **I have £20 left** zbývá or zůstává mi 20 liber; **there's nothing left** už nic nezbylo **II** vi *(go out, go away: on foot)* odejít/ odcházet; *(on a journey)* odcestovat; *(vehicle, person by vehicle)* odjet/ odjíždět; *(plane, person by plane)* odletět/ odlétat; *(ship)* odplout/ odplouvat; **l. for Prague** odjet/ odletět do Prahy; **l. for work** odejít do práce; **the train ~s at eight** vlak odjíždí v osm **III** phr vs ■ **leave about** or **around** vt *(clothes, money* etc*)* nechat co rozházené or pohozené or v nepořádku ■ **leave aside** vt *(question, problem)* nechat stranou, opominout, nebrat v úvahu ■ **leave behind** vt **1** *(forget)* zapomenout or nechat doma, nevzít si; **I've left my watch behind** zapomněl jsem si doma hodinky **2** *(choose not to take)* nevzít si, nevzít s sebou; **I'll l. my coat behind** kabát si nevezmu; **she had to l. the children behind** musela nechat děti doma; **l. all one's worries behind** hodit všechny starosti za hlavu; see also vt (**4**) **3** *(outstrip: competitors* etc*)* předehnat, nechat za sebou; **be** or **get left behind** zůstat vzadu, být předstižen ■ **leave in** vt **l. the key in**

(when unlocking) nechat klíč v zámku; **l. the meat in** *(the oven)* **for three hours** nechat péct maso v troubě tři hodiny ■ **leave off** *I* vt **1** *(heating)* nechat vypnuté, nezapnout; *(clothes)* nenosit, nevzít si (na sebe) **2** *(stop)* přestat; **l. off smoking** přestat kouřit; **has it left off raining?** přestalo už pršet? *II* vi **where did we l. off?** kde jsme přestali?; sl **l. off!** přestaň!, tak už dost! ■ **leave on** vt *(lights)* nechat svítit; *(radio)* nechat hrát; *(heating, computer)* nevypínat; *(coat)* nesundávat si, *(hat also)* nesmeknout na pozdrav ■ **leave out** vt **1** *(l. outdoors)* nechat venku **2** *(omit)* vynechat, *(on purpose: names in a list etc)* vypustit; **l. me out of this** do toho mě netahej, z toho mě vynech; **I felt left out** *(at a party)* byl jsem tam jako páté kolo u vozu, cítil jsem se tam jako ztracený ■ **leave over** vt **be left over** zbýt

leaven ['levn] n **1** kvasinky, kvasnice; *(fermenting dough)* kvásek **2** fig kvas ● vt nakvasit, nechat vykynout; fig *(enliven: occasion)* oživit; *(speech with jokes)* okořenit

leavening ['levniŋ] n see **leaven**

leaves [li:vz] pl of **leaf**

leave-taking ['li:vteikiŋ] n loučení, rozloučení

leaving ['li:viŋ] n *(departure)* odchod, *(by vehicle)* odjezd, *(by plane)* odlet, *(of boat)* odplutí ■ **l. day** Sch poslední den školy; **l. present** dárek na rozloučenou

leavings ['li:viŋz] n pl *(remains)* zbytky, pozůstatky; *(of food)* zbytky jídla

Lebanese [lebə'ni:z] adj libanonský ● n sg & pl Libanonec/ Libanonka

Lebanon ['lebənən] n **the L.** Libanon

lech [leč] phr v inf ■ **lech after** vt **l. after sb** pošilhávat po kom, mít na koho zálusk

lecher ['lečə(r)] n nemrava, chlípník, proutník; **an old l.** starý kozel

lecherous ['lečərəs] adj chlípný, vilný, smilný

lechery ['lečəri] n chlípnost, vilnost, smilnost

lectern ['lektən] n pulpit

lector ['lekto:(r)] n *(foreign language assistant)* Univ lektor

lecture ['lekčə(r)] n **1** *(talk)* also Univ přednáška; **a series of ~s** řada přednášek; **give a l.** mít or konat přednášku (**on sth** o čem); **the ~s are given in Czech** přednáší se česky ■ **l. hall, l. theatre** posluchárna, auditorium **2** fig *(reprimand)* kázání; **give** or **read sb a l.** (u)dělat komu kázání, číst komu levity ● **I** vi přednášet; **he ~s three times a week** přednáší třikrát týdně; **he ~s in linguistics** přednáší jazykovědu **II** vt *(reproach)* plísnit, kárat, napomínat, poučovat; **l. sb** číst komu levity, dělat komu kázání (**about sth** o čem)

lecturer ['lekčərə(r)] n přednášející; Br Univ vysokoškolský učitel, odborný asistent, **(senior) l.** docent; **he is a l. in philosophy** přednáší filozofii

lectureship ['lekčəšip] n Univ asistentské/ docentské místo

led [led] pt, pp of **lead**

LED [eli:'di:] Elec abbr of **light-emitting diode** světelná emisní dioda, svítící dioda

ledge ['ledž] n **1** lišta; *(shelf)* police, polička; *(of window) (outside)* římsa, *(inside)* parapet **2** *(on mountain)* výčnělek skály, skalní převis; *(under water)* šelf

ledger ['ledžə(r)] n **1** Comm hlavní kniha **2** Mus **l. line** pomocná linka

lee [li:] n **1** *(shelter)* úkryt, závětří; **in** or **under the lee of a rock** v závětří za skálou **2** Naut závětrná strana ● adj závětrný; **l. shore** závětrné pobřeží

leech [li:č] n Zool pijavice, pijavka ♦ **cling to sb like a l.** držet se koho jako klíště, pověsit se komu na paty

leek [li:k] n Bot pór, pórek

leer [liə(r)] n *(malevolent)* potměšilý or škodolibý pohled; *(lecherous)* lascivní or žádostivý pohled ● vi tlemit se (**at sb** na koho), dívat se potměšile; *(lecherously)* dívat se chlípně or lascivně

leery ['liəri] adj *(wary)* nedůvěřivý; **be l. of sth** mít k čemu nedůvěru, mít o čem pochybnosti

lees [li:z] n pl sedlina, usazenina, kal

leeward ['li:wəd] Naut adj závětrný; **L. Islands** Geog Závětrné ostrovy ● adv na závětrné straně, za větrem ● n závětrná strana

leeway ['li:wei] n **1** Naut, Aviat odchylka, úchylka od stanovené dráhy **2** fig *(freedom)* manévrovací prostor, volnost; **leave enough l.** ponechat časovou rezervu **3** *(backlog)* ztracený čas, časová ztráta; **make up l.** dohnat ztracený čas

left$_1$ [left] adj levý also Pol; **l. hand** levá ruka, levička; **l. wing** Pol levé křídlo, levice; Box **land sb a l. hook** zasadit komu levý hák ♦ **have two l. hands** fig mít obě ruce levé ● adv doleva, nalevo, vlevo; **turn l.** zatočit or zahnout or zabočit doleva or nalevo; **look neither l. nor right** neohlížet se ani nalevo ani napravo ● n **1** levá strana; **on the l.** nalevo; **a little way to the l.** kousek doleva; **to one's l.** po levé ruce; **to the l. of ...** nalevo od ...; **he stood on her l.** stál vlevo od ní; **keep to the l.** držet se vlevo **2** Pol levice, levé křídlo; **the far** or **extreme l.** krajní levice **3** Box úder levou rukou

left$_2$ [left] pt, pp of **leave**

left-hand [left'hænd] adj levý; **l.-hand drive** Aut levostranné řízení; **on the l.-hand side** nalevo

left-handed [left'hændid] adj **1** *(person)* levácký; **a l.-handed person** levák; *(tool: scissors* etc*)* jsoucí pro leváky **2** fig *(compliment)* dvojsmyslný

left-hander [left'hændə(r)] n **1** *(person)* levák **2** *(blow)* úder levou rukou or levičkou

leftie ['lefti] n see **lefty** inf

leftist ['leftist] n Pol levičák ● adj levičácký

left-luggage [left'lagidž] n Br **l.-luggage (office)** úschovna zavazadel

left-over ['leftəuvə(r)] adj zbylý ● n **l.-overs** zbytky (potravin)

left-wing ['leftwiŋ] adj Pol levý, levicový; **l.-wing party** levicová strana; **l.-wing bias** levičáctví

left-winger [left'wiŋə(r)] n **1** Pol levičák **2** Sport levé křídlo

lefty ['lefti] n **1** inf pej levičák, ruďas **2** Amer usu Sport levák

leg [leg] n **1** *(of person)* noha celá končetina; *(of smaller animal* also*)* tlap(k)a, pracka, Hunt also běh; **gammy l.** inf chromá noha; **break one's l.** zlomit si nohu; **have cramp in one's l.** mít křeč v noze; **limp with one's left l.** napadat na levou nohu; **walk as if one's ~s were tied** chodit jako svázaný ♦ **be all ~s** být samá ruka samá noha; **he is on his last ~s** mele z posledního, doklepává, má na kahánku; **be on its last ~s** *(government* etc*)* být v posledním tažení, *(car, carpet* etc*)* dodělávat, dosluhovat; **give sb a l. up** inf ztratit pro or za koho slov(íčk)o; **have one's tail between one's ~s** být jako zpráskaný pes; **he has hollow ~s** je jako bezedný, toho je lepší šatit než živit; **he hasn't a l. to stand on** fig *(he has no proof)* to nemůže nijak dokázat, *(he has no excuse)* to je neomluvitelné; **pull sb's l.** dobírat si koho, dělat si z koho dobrý den, střílet si z koho; **shake a l.** *(hurry)* pospíšit si, pospíchat; *(dance)* skočit si; **wear one's ~s off** div si paty neubrousit, div si nohy neušoupat; **walk sb off his ~s** utahat koho chůzí; **get one's l. over** sl pomilovat se **2** Cook **l. of pork/ mutton/ lamb/ veal/ venison** vepřová/ skopová/ jehněčí/ telecí/ srnčí kýta; **l. of goose** husí stehno **3** *(of table, chair* etc*)* noha; *(of compasses* etc*)* rameno **4** *(of trousers* etc*)* nohavice **5** *(stage: of journey)* úsek, etapa; Sport etapa ● vt **(-gg-) (to) l. it** inf *(go on foot)* šlapat or jít pěšourem

legacy ['legəsi] n Jur & fig dědictví, odkaz; **intellectual l.** intelektuální odkaz; **the l. of the war** dědictví války

legal ['li:gl] adj **1** *(lawful)* legální, zákonný, povolený zákonem, *(legitimate)* legitimní; **l. claim** právní nárok; **l. heir** zákonný or zákonitý dědic; **l. tender** zákonné platidlo; **by l. means** cestou práva **2** *(relating to the law) (business, affairs, department, adviser, protection, remedy, science)* právní; *(action, proceedings, inquiry, costs, notice, medicine)* soudní; *(faculty* Univ, *entity)* právnický; **l. holiday** Amer státní (bankovní) svátek; **l. profession** advokacie; **take l. action against sb** soudně koho stíhat; **take l. advice** poradit se s advokátem ■ **~ly** adv právně, soudně; **~ly binding** právně závazný; **~ly valid** pravoplatný; **be ~ly responsible** být zodpovědný před zákonem; **be ~ly incapacitated** být nesvéprávný

legalistic [li:gə'listik] adj striktně zachovávající zákony

legality [li'gæləti] n legálnost, legitimnost; *(of claim)* právní platnost

legalization [li:gəlai'zeišn] n legalizace; *(authentication* also*)* soudní ověření

legalize ['li:gəlaiz] vt legalizovat; *(authenticate: document* also*)* soudně ověřit

legate ['legət] n Relig (papežský) legát

legatee [legə'ti:] n odkazovník, legatář, osoba obdařená odkazem

legend ['ledžənd] n **1** *(story)* legenda, pověst, skazka; fig **a living l.** živá legenda **2** *(inscription)* nápis, epigraf; *(on map, photograph* etc*)* legenda

legendary ['ledžəndəri] adj legendární

leggings ['legiŋz] n pl kamaše, inf legíny

leggy ['legi] adj nohatý, dlouhonohý; *(with shapely legs)* s hezkýma nohama

legibility [ledžə'biləti] n čitelnost

legible ['ledžəbl] adj čitelný

legion ['li:džən] n **1** Mil legie; **the Foreign l.** cizinecká legie **2** fig *(numerous)* fml velké množství, hojnost; **such cases are l.** takových případů je spousta

legionary ['li:džənəri] adj legionářský ● n also **legionnaire** legionář

legionnaire [li:džə'neə(r)] n legionář; **l.'s disease** choroba legionářů

legislate ['ledžisleit] vi vydávat zákony, uskutečňovat zákonodárnou činnost; **l. for sth** fig vzít co v úvahu

legislation [ledžis'leišn] n legislativa, zákonodárství

legislative ['ledžislətiv; Amer -leitiv] adj zákonodárný, legislativní; **l. assembly** zákonodárný sbor; **l. power** legislativa

legislator ['ledžisleitə(r)] n zákonodárce, člen zákonodárného sboru

legislature ['ledžisleičə(r)] n zákonodárný sbor, dated legislatura

legit [li'džit] adj sl ou kej, fér, podle foršriftu

legitimacy [li'džitəməsi] n zákonnost, legitimnost; *(of child)* legitimnost, manželský původ; *(of reasons, objections)* oprávněnost; *(of suspicion)* důvodnost

legitimate [li'džitəmət] adj **1** *(lawful)* legální, legitimní, zákonný; *(means)* legální; *(claim)* právní **2** *(child)* legitimní, manželský, Jur z manželského lože **3** *(reasonable)* odůvodněný; *(requirement)* opodstatněný; *(suspicion)* důvodný; *(objections)* oprávněný ■ **~ly** adv legitimně; oprávněně

legitimize [li'džitəmaiz] vt fml legitimovat, *(child)* prohlásit za legitimní

legless ['legləs] adj beznohý, nemající nohy; fig sl pred *(very drunk)* sťatý, nadrátovaný

leg-pull ['legpul] n kanadský žertík, bouda

legroom ['legru:m] n prostor pro nohy např. v letadle

legume ['legju:m, li'gju:m] n luštěnina

leisure ['ležə(r); Amer 'li:žə(r)] n **l. (time)** volný čas, volná chvíle, volno; **a gentleman of l.** rentiér; **I'll do it at my l.** udělám to v klidu; **do it at your l.** udělejte si na to čas; **during one's l. time** ve svém volném čase ■ **l. centre** středisko pro zájmovou činnost

leisurely ['ležəli, Amer 'li:žəli] adj klidný, poklidný; **walk at a l. pace** jít pohodlným krokem, loudat se, volně se procházet

leitmotif, leitmotiv ['laitməuti:f] n Mus, Liter vůdčí or vedoucí motiv, leitmotiv

lemming ['lemiŋ] n Zool lumík

lemon ['lemən] n **1** *(fruit)* citron ■ **l. juice** citronová šťáva; **l. squeezer** mačkátko na citron; **l. tea** čaj s citronem; **l. tree** citronovník **2** *(fool)* trouba, hlupák, ťulpas; **I felt a real l.** připadal jsem si jako pitomec **3** Amer *(defective product,* etc *car)* zmetek ● adj *(colour)* citronový, citronově žlutý

lemonade [lemə'neid] n limonáda

lend [lend] v (pt, pp **lent**) **I** vt **1** *(money, pen* etc*)* **l. sb sth, l. sth to sb** (za)půjčit komu co **2** fig *(give)* **l. sb a hand** pomoci komu, být komu nápomocen; **l. an ear to sb/ sth** inf dopřát komu/ čemu sluchu; **l. a willing ear to sb** ochotně koho poslouchat or komu naslouchat; **l. one's name to sth** propůjčit čemu své (dobré) jméno **3** *(contribute)* **l. colour/ glamour to sth** dodat čemu barvitosti/ lesku **4 l. itself to sth** *(be suitable)* (eg *novel to dramatization)* hodit se k čemu, být vhodný k čemu **II** phr v ■ **lend out** vt *(money, books)* půjčovat

lender ['lendə(r)] n půjčovatel

lending ['lendiŋ] adj půjčující; *(bank)* věřitelský; **l. library** veřejná knihovna; **l. rate** zápůjční sazba; **l. charge** půjčovné

length ['leŋθ] n **1** *(measurement, extent)* délka; *(of film also)* metráž; *(distance)* vzdálenost; **unit of l.** jednotka délky; **what l. is it?** jak je to dlouhé?; **it is three metres in l.** je to tři metry dlouhé; **its total l. is ...** měří to celkem ...; **vary in l.** být různě dlouhý **2** *(duration)* trvání; **for a certain l. of time** na nějakou dobu; **what l. of time?** jak dlouho?; **the l. of a visit** trvání or délka návštěvy **3** Sport délka; **I swam five ~s** uplaval jsem pět délek; **win by two ~s** vyhrát o dvě délky **4** *(section)* dílec; *(of wallpaper)* pruh, pás; *(of cloth)* štůček ◆ **fall full l.** svalit se jak dlouhý tak široký; **keep sb at arm's l.** fig držet si koho od těla **5** *(effort)* **go to great ~s to do sth** vynaložit velké úsilí na co; **go to any l. to do sth** udělat cokoliv pro to, aby ... **6 at l.** *(finally)* konečně, nakonec; *(in detail)* **at (great) l.** obšírně, dlouze, rozvláčně; **explain sth at l.** zevrubně co vysvětlit

lengthen ['leŋθn] **I** vt *(garment* etc*)* prodloužit, nastavit **II** vi *(shadow, day)* dloužit se, prodlužovat se

lengthily ['leŋθili] adv *(speak)* rozvláčně, obšírně, zdlouhavě

lengthways ['leŋθweiz], **lengthwise** ['leŋθwaiz] adj podélný; **l. cut** podélný řez ● adv podélně, po délce

lengthy ['leŋθi] adj (**-ier, -iest**) *(illness, crisis, negotiations)* vleklý, zdlouhavý; *(meeting, discussion)* zdlouhavý; *(speech)* rozvláčný

lenience ['li:niəns], **leniency** ['li:niənsi] n shovívavost, mírnost

lenient ['li:niənt] adj *(teacher, judge)* shovívavý, mírný; **l. sentence** mírný rozsudek ■ **~ly** adv shovívavě, mírně; **mark ~ly** Sch mírně známkovat

lens [lenz] n **1** Anat čočka oční **2** *(in microscope* etc*)* čočka; *(in camera)* objektiv; *(in spectacles)* sklo; **contact l.** kontaktní čočka; *(for stamps* etc*)* zvětšovací sklo, lupa ■ **l. cap** Phot víčko objektivu; **l. hood** Phot clona proti bočnímu světlu

Lent [lent] n Relig půst, postní doba ■ **L. term** Br Univ *(Cambridge)* jarní trimestr

lent [lent] pt, pp of **lend**

Lenten ['lentən] adj postní; *(fare)* bezmasý

lentil ['lentil] n Bot čočka ■ **l. soup** čočková polévka

Leo ['li:əu] n Astron, Astrol Lev; **be a Leo** být ve znamení Lva

leopard ['lepəd] n leopard, levhart ◆ **the l. never changes its spots** lidská přirozenost se nezapře

leotard ['li:əta:d] n Sport trikot

leper ['lepə(r)] n Med malomocný also fig;

treat sb like a l. fig dívat se na koho jako na vraha; **feel like a l.** připadat si jako prašivý

leprechaun ['leprəko:n] n šotek, rarášek, skřítek

leprosy ['leprəsi] n Med lepra, malomocenství

leprous ['leprəs] adj Med malomocný, leprózní

lesbian ['lezbiən] adj lesbický ● n lesbičanka, lesbička

lèse majesté, lese majesty [leiz'mædžəstei] n *(high treason)* zločin velezrady; fig urážka majestátu

lesion ['li:žən] n Med léze, poškození, porucha

less [les] adj menší, méně; **l. money/ bread** méně peněz/ chleba; **be of l. importance** být méně důležitý; **the distance is l. than I thought** ta vzdálenost je kratší, než jsem si myslel; je to méně daleko, než jsem si myslel ♦ **(the) more haste, (the) l. speed** práce kvapná málo platná; **no l. a person than ...** sám ..., samotný ..., nikdo menší než ...; **no l. a person than the president** samotný prezident ● pron **in l. than an hour** za necelou hodinu; **I won't sell it for l. than £100** neprodám to za méně než 100 liber, neprodám to pod 100 liber; **it cost l. than £10** stálo to necelých 10 liber; **I have l. to do now than ...** teď mám méně práce, než ... ♦ **the l. said about it, the better** darmo mluvit; čím méně se o tom bude mluvit, tím lépe ● adv méně; **l. intelligent/ expensive/ hungry** méně inteligentní/ drahý/ hladový; **l. and l.** méně a méně; **more or l.** více méně; **l. by half** o polovinu méně; **no l. than £10** aspoň 10 liber; **he liked that even l.** to se mu teprve nelíbilo; **I read l. now than ...** teď čtu méně, než ... ♦ **I couldn't care l.** inf mně je to fuk, kašlu na to ● prep bez, minus; **9 l. 2 is 7** 9 bez 2 je 7; **that's £900 l. tax** dělá to 900 liber minus daň

lessee [le'si:] n *(of flat, house)* nájemce, nájemník; *(of land)* nájemce, pachtýř

lessen [lesn] **I** vt *(risk* etc*)* zmenšit, snížit **II** vi *(become less: pain* etc*)* zmenšit se, snížit se

lessening ['lesniŋ] n *(of importance, cost)* snižování, zmenšování, pokles; *(of value)* pokles; *(of powers)* omezení; *(of shock, effect)* zmenšení, zeslabení

lesser ['lesə(r)] adj menší; *(in importance)* méně důležitý or významný, druhotný; **l. nobility** nižší šlechta; **the l. calory** malá kalorie; **the L. Bear** Astron Malý medvěd, Malý vůz; **to a l. extent** v menší míře; **choose the l. of two evils** ze dvou zel si vybrat to menší; **l. mortals like me** joc obyčejní smrtelníci jako já; **Lesser Town** Malá Strana (v Praze)

lesser-known [lesə'nəun] adj méně známý

lesson ['lesn] n **1** Sch etc (vyučovací) hodina, lekce; **an English l.** hodina angličtiny; **a dancing/ singing l.** taneční hodina/ hodina zpěvu; **private ~s** kondice, soukromé hodiny; **give ~s in ...** dávat hodiny čeho; **take piano ~s** učit se hrát na klavír, chodit na klavír **2** fig poučení (pro příště), ponaučení; **the ~s of life** životní moudrost; **teach sb a l.** dát komu ponaučení or lekci; **learn one's l.** vzít si z čeho ponaučení **3** Relig čtení z Písma při bohoslužbě

lessor ['leso:(r)] n Jur pronajímatel

lest [lest] conj fml **1** *(for fear that)* aby ne; **he kept quiet l. he might** or **should be discovered** byl ticho, aby ho neobjevili **2** *(after 'be afraid', 'fear'* etc*)* **she was afraid l. he should drown** bála se, aby se neutopil

let[1] [let] n Tennis nový míč při podávání ♦ **without let or hindrance** Jur bez omezení

let[2] [let] n *(of house, flat)* (pro)nájem, najmutí; **take a flat on a short l.** najmout si na krátkou dobu byt ● vt (**-tt-**; pt, pp **let**) *(rent out)* pronajímat, pronajmout; **(room) to l.** (pokoj) k pronajmutí

let[3] [let] v (**-tt-**; pt, pp **let**) **I** vt **1** *(allow)* dovolit, nechat; **l. sb do sth** dovolit komu or nechat koho udělat co; **l. sth happen** dovolit, aby se něco stalo; **l. sb escape** nechat koho uprchnout; **l. sb have sth** nechat komu co, přepustit komu co; **he l. her have his room** přenechal jí svůj pokoj; **l. me introduce myself** dovolte, abych se představil; **l. an opportunity slip by** propást příležitost; **l. fresh air into the room** vpustit do pokoje čerstvý vzduch; **l. me show you how ...** počkejte, já vám ukážu, jak ...; **l. me do it, please** ukaž, já to udělám ♦ **I'll l. you know** dám vám vědět; **do not l. that worry you** to tě nemusí mrzet; **l. him have it** sl *(shoot him)* napal to do něho; **l. it go at that** nechme to tak; **l. things drift** dát věcem volný průběh; **l. sb know that ...** dát komu na vědomí, že ...; **l. sth pass** přejít co mlčením; **l. the cat out of the bag** prořeknout se **2** dated **l. blood** pouštět žilou **3 l. alone** natož(pak), nemluvě o; *(he didn't even come,)* **l. alone help me** natožpak, aby mi pomohl **II** aux v in 1st & 3rd person imperatives **l. us go** pojďme; **l. him come** ať přijde; **l. him do what he wants** ať si dělá, co chce; **l. us pray** modleme se; **let's get down to work** pusťme se do díla; **let's call it a day** pro dnešek dost; **l. me have it back** vraťte mi to; **l. there**

be no more of this tak už dost!, ať se to neopakuje! *III* phr vs ■ **let down** vt 1 *(lower)* spustit 2 *(lengthen)* Sew *(dress* etc*)* prodloužit ♦ **l. one's hair down** fig inf odvázat se 3 *(deflate: tyre* etc*)* vypustit 4 *(disappoint)* **feel l. down** mít pocit zklamání; **l. sb down** *(fail to help)* nechat koho ve štychu ■ **let in** vt 1 *(person, animal)* vpustit; **l. sb in** otevřít komu; **l. oneself in (with a key)** odemknout si 2 *(water, air)* propouštět; **my shoes l. in (water)** teče mi do bot; **the roof ~s the rain in** střecha zatéká; **the ship is ~ting in water** loď nabírá vodu 3 Aut *(clutch)* zasouvat, zasunout ■ **let in for** vt **l. oneself in for sth** nechat se do čeho zatáhnout, pověsit si co na krk; **you're ~ting yourself in for a lot of work** bereš si na sebe spoustu práce ■ **let in on** vt **l. sb in on sth** zasvětit koho do čeho; **l. sb in on a secret** prozradit komu tajemství ■ **let into** vt 1 *(allow to enter)* vpustit; **who l. you into the flat?** kdo vás vpustil do bytu?, kdo vám otevřel byt? 2 **l. sb into a secret** prozradit komu tajemství ■ **let off** *I* vt 1 *(allow to go)* (pro)pustit koho; *(allow to disembark: from car)* vysadit, nechat vystoupit 2 *(not punish)* **I'll l. you off this time** tentokrát nad tím přivřu oko, tentokrát ti to projde; **be l. off with a caution/ fine** vyváznout s napomenutím/ s pokutou 3 *(gun* etc*)* vystřelit z čeho; *(bomb, explosive)* detonovat, odpálit; *(fireworks)* vypálit or zapálit 4 *(steam, air)* vypustit; **l. off hot air** fig kecat, mluvit naplano; **l. off steam** fig odreagovat se, ulevit si *II* vi *(break wind)* inf prdnout, pšouknout si ■ **let on** vi inf 1 **l. on about sth** prořeknout něco; **don't l. on about it** o tom nikomu ani muk 2 *(pretend)* dělat se, že; **he's not as clever as he ~s on** není tak chytrý, jak se dělá ■ **let out** vt 1 *(release) (prisoner)* propustit, osvobodit; *(cat)* (vy)pustit ven; *(children)* pustit ven, nechat jít ven; **I'll l. myself out** já si najdu cestu ven sám 2 *(water, air)* vypustit 3 **l. out a scream/ cry** zavřískat/ vykřiknout 4 *(dresses)* povolit, popustit 5 *(rent out)* Br pronajmout ■ **let through** vt 1 *(air, light)* propustit/ propouštět 2 *(weak student)* nechat projít; *(report)* odsouhlasit ■ **let up** vi inf 1 *(rain)* přestat, *(diminish)* ustávat 2 *(relax)* inf polevit; **she never ~s up in her work** nedopřeje si oddechu, pracuje bez oddechu ■ **let up on** vt **l. up on sb** inf povolit komu uzdu, být na koho méně náročný

letdown ['letdaun] n zklamání; **what a let--down!** to je ale ostuda!

lethal ['li:θl] adj *(dose)* smrtelný, smrtící, letální; **l. weapon** smrtonosná zbraň; fig **this is absolutely l.** joc *(of alcoholic drink)* tohle je úplný zabiják

lethargic [lə'θa:džik] adj 1 Med letargický, chorobně spavý 2 fig *(apathetic)* letargický, netečný, malátný, otupělý; *(atmosphere)* uspávající

lethargy ['leθədži] n 1 Med letargie, chorobná spavost 2 fig malátnost, netečnost, otupělost

Lett [let] n 1 Lotyš/ -ka 2 *(language)* dated usu **Lettish** lotyština

letter ['letə(r)] n 1 *(of alphabet)* písmeno, litera; **capital/ small l.** velké/ malé písmeno; **the l. of the law** litera zákona; **stick to the l. of the law** lpět na liteře zákona; *(he obeyed the instructions)* **to the l.** do (slova a do) písmene, do posledního puntíku 2 *(communication)* dopis, psaní; **airmail l.** letecký dopis; **covering l.** průvodní dopis; **love l.** milostný dopis, milostné psaníčko; **registered l.** doporučený dopis, cenné psaní; **l. of appointment** jmenovací dopis; **l. of condolence** soustrastný dopis; **l. of credit** Comm akreditiv; **l. of invitation** pozvánka, zvací dopis; **l. of thanks** děkovný dopis; **answer a l.** odpovědět na dopis; **post a l.** poslat dopis, hodit dopis do schránky; **are there any ~s for me?** nemám nějakou poštu? ■ **l. post** or Amer **mail** listovní pošta; **l. bomb** dopisní bomba, dopis s výbušninou; **l. card** zálepka 3 **~s** písemnictví, literatura; **a man of ~s** spisovatel, literát, muž pera, umělec slova

letter box ['letəboks] n schránka na dopisy, poštovní schránka

letterhead ['letəhed] n hlavička dopisu, záhlaví dopisu

lettering ['letəriŋ] n *(inscription)* nápis; *(characters)* písmo, typ písma; *(written)* **in gold l.** zlatými písmeny

letter-opener ['letərəupənə(r)] n nůž na dopisy, perořízek

letterpress ['letəpres] n 1 *(method)* tisk z výšky 2 *(text)* tištěný text v protikladu k ilustracím

letter-writer ['letəraitə(r)] n pisatel dopisů; **be a poor l.-writer** být líný na psaní dopisů, nerad psát dopisy

lettuce ['letis] n Bot hlávkový salát

let-up ['letap] n *(stop)* zastavení, přerušení; *(reduction in intensity)* polevení; **without l.-up** bez ustání, v jednom kuse

leucocyte ['lu:kəusait] n leukocyt, bílá krvinka

leukaemia, Amer **leukemia** [lu:'ki:miə] n Med leukémie

levee ['levi] n Amer protipovodňová hráz zvl. u Mississippi

level ['levl] adj **1** *(flat: surface, floor, landscape* etc*)* rovný, plochý; *(spoonful)* vrchovatý **2** *(of the same height)* jsoucí na stejné úrovni or ve stejné výšce; **the water is l. with the banks** voda je ve výši břehů; **l. crossing** železniční přejezd úrovňový **3** *(horizontal)* vodorovný, horizontální, rovný; **maintain a l. course** Aviat udržovat stejnou výšku letu; **hold the tray l.** držet podnos rovně **4** *(equal: race)* vyrovnaný; **draw l. with sb** *(in a race)* dostihnout koho, doběhnout koho, *(in ball games* etc*)* vyrovnat skóre **5** *(steady)* klidný, odměřený; *(temperature)* stabilní; **speak in a l. voice** mluvit klidným or pevným hlasem; **keep a l. head** udržet si chladnou hlavu **6 I'll do my l. best** inf udělám vše, co bude v mých silách; **he did his l. best to annoy me** udělal všechno pro to, aby mě rozčilil ● n **1** *(height)* úroveň; *(of river)* hladina; **sea l.** úroveň mořské hladiny; **500 metres above sea l.** 500 m nad mořem, v nadmořské výšce 500 m; **at eye l.** ve výši očí ♦ **subsistence l.** existenční minimum **2** *(storey)* podlaží, patro, etáž **3** *(instrument)* **spirit l.** vodováha, libela **4** *(degree, amount)* úroveň, míra, výše, *(percentage)* procento; **the price l.** cenová úroveň or hladina; **l. of employment** zaměstnanost; **pollution l.** míra znečištění **5** *(rank)* úroveň; **at a regional l.** na regionální úrovni; **on the same l. as ...** na stejné úrovni jako ...; **at the highest l.** na nejvyšší úrovni **6** inf *(honest)* **be on the l. with sb** být ke komu upřímný ● v (**-ll-**, Amer **-l-**) **I** vt **1** *(ground, terrain)* srovnat, (z)planýrovat, (u)rovnat **2** *(aim)* **a) l. a gun at sb/ sth** namířit pušku na koho/ co **b)** fig *(questions, demands, remarks)* adresovat komu; *(blow)* zasadit; *(accusation)* vznést; *(criticism)* namířit na koho/ co **II** vi inf **l. with sb** být ke komu upřímný, hrát s kým otevřenou hru **III** phr vs ■ **level down** vt *(surface)* srovnat na nejnižší úroveň; *(salaries, differences)* vyrovnat směrem dolů, nivelizovat ■ **level off** *I* vt zploštit, srovnat *II* vi **1** *(production, performance, prices)* vyrovnat se, stabilizovat se **2** Aviat udržovat stejnou výšku letu ■ **level out** *I* vt **1** *(site)* zplanýrovat, srovnat **2** fig *(differences)* vyrovnat *II* vi see **l. off** vi ■ **level up** vt vyrovnat (směrem nahoru)

level-headed [levl'hedid] adj klidný, vyrovnaný, uvážlivý

leveller, Amer **leveler** ['levələ(r)] n **1** Pol egalitář, rovnostář ♦ **death is a great l.** smrt vyrovnává všechny rozdíly **2** Hist **the L~s** levelleři

lever ['li:və(r)] n **1** *(tool)* páka, páčidlo, sochor; *(small)* páčka; **gear l.** řadicí or rychlostní páka **2** fig hybná páka ● **I** vt manipulovat s čím pomocí páky **II** phr vs ■ **lever out** vt vypáčit; fig **l. sb out of his office** zbavit koho funkce ■ **lever up** vt zvednout pomocí páky

leverage ['li:vəridž] n **1** Mech síla páky; *(action)* činnost páky **2** fig *(influence)* vliv

leveret ['levərət] n Zool zajíček

levitate ['leviteit] **I** vt nechat koho levitovat **II** vi levitovat, vznášet se

levitation [levi'teišn] n levitace

levity ['levəti] n frivolnost, ledabylost, lehkomyslnost

levy ['levi] n (pl **-ies**) **1** *(of tax, duty* etc*)* vybírání z čeho **2** *(tax)* daň; *(duty)* clo ● vt (pt, pp **-ied**) *(tax)* vybírat; *(fine)* uložit

lewd [lu:d] adj nepřístojný, neslušný; *(lustful)* vilný, chlípný, oplzlý; *(joke)* obscénní, kluzký, necudný, oplzlý ■**~ly** adv nepřístojně; chlípně, necudně

lewdness ['lu:dnəs] n cf also **lewd** nepřístojnost, neslušnost; vilnost, chlípnost; necudnost; oplzlost

lexical ['leksikl] adj lexikální, slovní

lexicalize ['leksikəlaiz] vt lexikalizovat

lexicographer [leksi'kogrəfə(r)] n lexikograf, slovníkář

lexicography [leksi'kogrəfi] n Ling lexikografie, slovníkářství

lexicology [leksi'kolədži] n Ling lexikologie

lexicon ['leksikən] n Ling **1** (esp *of ancient languages)* lexikon, slovník **2** *(lexis)* slovní zásoba **3** *(of a subject)* lexikon

lexis ['leksis] n Ling lexika, slovní zásoba

liability [laiə'biləti] n (pl **-ies**) **1** Jur *(responsibility)* právní (z)odpovědnost, *(for sb's debt)* ručení; **refuse to take l. for sth** odmítat (z)odpovědnost zač **2** *(burden)* přítěž; **he is a l. to the team** *(because of his age* etc*)* je mužstvu na přítěž **3 (one's) l. to pay tax** povinnost platit daně; **l. for military service** vojenská povinnost **4** *(proneness: to disease* etc*)* náchylnost (**to sth** k čemu) **5** Fin **liabilities** pasiva, dluhy; **assets and liabilities** aktiva a pasiva

liable ['laiəbl] adj **1** *(responsible)* Jur zodpovědný; **be l. for sth** ručit za co, být zodpovědný za co, zodpovídat za co **2** *(likely)* **be l. to do sth** mít tendenci něco udělat; **the programme is l. to change** program podléhá změnám; **be l. to splinter** *(glass* etc*)* být tříštivý, snadno se tříštit; **be l. to make mistakes** mít tendenci dělat chyby; **the bomb is l. to explode soon** bomba asi brzy vybuchne **3** *(subject to)* **be l. for tax**

(goods) podléhat dani, být zdanitelný; **be l. to penalty** být trestný

liaise [li'eiz] vi **l. with sb** *(establish contact)* navázat s kým spojení, *(be in contact)* být ve spojení s kým

liaison [li'eizən] n **1** *(coordination)* also Mil spojení, spolupráce; *(person)* spojka ■ **l. officer** Mil styčný or spojovací důstojník **2** *(affair)* milostná aféra

liar ['laiə(r)] n lhář; **he is a terrible l. i)** strašně lže **ii)** *(he isn't good at it)* lhát moc neumí

lib [lib] inf abbr of **liberation**; **women's lib** inf hnutí za zrovnoprávnění žen, ≡ feminismus, feministické hnutí; **gay lib** inf hnutí za zrovnoprávnění homosexuálů

Lib [lib] Pol abbr of **Liberal 1** *(party)* liberální strana **2** *(person)* liberál

libation [lai'beišn] n fml **1** *(offering)* úlitba **2** joc pitka

libber ['libə(r)] n inf pej **women's l.** feministka

libel ['laibl] n Jur *(defamation)* utrhání na cti, nactiutrhání; *(publication)* hanopis ● vt (**-ll-**; Amer **-l-**) pomlouvat koho v tisku ap., utrhat komu na cti, očerňovat koho v tisku ap.

libellous, Amer **libelous** ['laibələs] adj hanlivý, (nacti)utrhačný, pomlouvačný

liberal ['libərəl] adj **1** Pol liberální **2** *(tolerant: person)* liberální, snášenlivý; *(views, ideas)* liberální, svobodomyslný, osvícený; *(education)* humanitní; **l. conscience** široké svědomí **3** *(generous)* velkorysý; *(abundant) (helping of food)* vydatný; **be l. with one's praise** nešetřit chválou **4** *(translation)* volný ■ see **liberally** ● n **1** Pol **L.** liberál **2** liberální or tolerantní člověk

liberalism ['libərəlizəm] n liberalismus

liberalize ['libərəlaiz] vt liberalizovat

liberally ['libərəli] adv liberálně; *(generously)* velkoryse; *(abundantly)* vydatně

liberate ['libəreit] vt **1** *(country, prisoners)* osvobodit **2** Chem *(gas)* uvolňovat; Fin *(capital)* uvolnit

liberated ['libəreitid] adj osvobozený; *(woman, times)* emancipovaný

liberation [libə'reišn] n osvobození; Chem *(of gasses, heat)* uvolnění, uvolňování ■ **l. theology** teologie osvobození

liberator ['libəreitə(r)] n osvoboditel

Liberia [lai'biəriə] n Libérie

Liberian [lai'biəriən] adj liberijský ● n *(person)* Liberijec/ Liberijka

libertine ['libəti:n] adj prostopášný, zhýralý ● n prostopášník, zhýralec; fml libertin

libertinism ['libəti:nizəm] n zhýralost, prostopášnost; Pol Hist libertinismus, volnomyšlenkářství

liberty ['libəti] n (pl **-ies**) **1** *(freedom from captivity)* no pl svoboda; **be at l.** být na svobodě, být svobodný **2** *(right, privilege)* usu pl **liberties** svobody; **civil liberties** občanské svobody **3** *(freedom to act)* **have the l. to choose** mít možnost volby; **we took the l. of asking for his help** opovážili jsme se ho požádat o pomoc; **you are at l. to refuse** můžeš to odmítnout; **take liberties with sb** dovolovat si ke komu; **take liberties with the text** nakládat volně s textem ■ **L. Hall** fig rajská svoboda

libidinous [li'bidinəs] adj libidinózní, chlípný

libido [li'bi:dəu] n libido, pohlavní pud

Libra ['li:brə] n Astrol Astron Váhy; **he is a L.** *(person)* je ve znamení Vah

librarian [lai'breəriən] n knihovník

librarianship [lai'breəriənšip] n knihovnictví

library ['laibrəri] n **1** *(building/ collection of books)* knihovna; **public l.** veřejná knihovna; **reference l.** příruční knihovna; **university l.** univerzitní knihovna ■ **l. rules** knihovní řád; **l. science** knihovnictví; **l. ticket** čtenářský průkaz **2** *(collection of records* etc*)* fonotéka **3** *(published series)* edice, knižnice, knihovna

librettist [li'bretist] n libretista

libretto [li'bretəu] n (pl **~s** or **libretti** [li'breti:]) libreto

Libya ['libiə] n Libye

Libyan ['libiən] adj libyjský ● n *(person)* Libyjec/ Libyjka

lice [lais] n pl of **louse**

licence, Amer **license** ['laisəns] n **1** *(permit)* povolení, osvědčení; *(for trade, bar)* licence, koncese; **driving l.** řidičský průkaz; **firearm l.** zbrojní pas; **hunting l.** honební lístek; **TV l.** poplatek za televizi; **grant sb a l.** udělit komu koncesi or licenci ■ **l. fee** licenční poplatek; Amer Aut **l. number** evidenční číslo **2** *(freedom)* svoboda, volnost; *(excessive freedom)* svévole, zvůle ♦ **poetic l.** básnická licence

license ['laisəns] n Amer see **licence** ● vt udělit licenci; **be ~d to do sth** mít licenci or povolení na co; **be ~d to practise medicine** mít lékařskou aprobaci; **be ~d to sell alcohol** mít povolení na prodej alkoholu

licensed ['laisənst] adj *(pub, premises)* mající oprávnění čepovat alkohol, mající hostinskou koncesi; *(trade)* koncesovaný; *(nurse* etc*)* diplomovaný

licensee [laisən'si:] n koncesionář, držitel licence or povolení; *(pub owner)* držitel hostinské koncese

licensing ['laisənsiŋ] adj **l. hours** Br otvírací hodiny podniků s výčepním právem; **l. laws** Br zákony regulující prodej alkoholických nápojů

licentiate [lai'senšiət] n licenciát

licentious [lai'senšəs] adj fml nevázaný, nezřízený, prostopášný

lichen ['laikən] n Bot lišejník

lick [lik] n **1** *(with tongue)* (o)líznutí; **have a l. of sth** líznout si čeho **2** sl *(speed)* **drive at quite a l.** jet pěkným fofrem; **drive at full l.** jet na plný* pecky; **go at a fair l.** *(run)* kalit si to/ řítit se horempádem **3** *(small quantity)* **give sth a l. of paint** trochu něco přetřít ♦ **give oneself/ sth a l. and a promise** trochu se/ něco opláchnout ● **I** vt **1** *(ice cream)* lízat, olizovat; *(stamp)* olíznout; *(plate)* olízat, vylízat; **it's finger-licking good** člověk se po tom olizuje ♦ **l. one's lips/ chops** olizovat se (jako kocour); **l. sb's boots** inf hrbit se před kým, lízat komu paty; **l. sb's arse** vulg lézt komu do prdele; **l. sb into shape** dostat koho na patřičnou úroveň, *(sportsman)* vytrénovat koho(, aby byl fit), dostat koho do formy; **l. sth into shape** dát co do pořádku **2** *(of flames)* olizovat **3** inf **l. sb** *(defeat)* natřít to komu, roznést koho; **I've got the problem ~ed** inf už jsem se s tím problémem vypořádal **II** vi **l. at sth** *(flames)* olizovat co **III** phr vs ■ **lick off** vt **l. sth off** slíznout co ■ **lick up** vt vylízat; *(of animals* also*)* vychlemtat

lickety-split [likəti'split] adv Amer inf horempádem, na plný* pecky

licking ['likiŋ] n inf *(beating)* výprask; *(defeat)* flastr, nakládačka; **get a good l.** dostat pořádný výprask, *(be defeated)* dostat pořádný flastr, dostat nakládačku

licorice ['likəris] see **liquorice**

lid [lid] n **1** *(cover)* víko, víčko, poklice, poklička ♦ **that puts the (tin) lid on it** inf to už přestává všechno, to je (tedy) vrchol; **take the lid off sth** inf *(disclose)* odhalit co, ukázat co v pravém světle; **flip one's lid** sl vypěnit **2** *(hat)* sl hučka, tralalák **3** *(of eye)* (oční) víčko

lie₁ [lai] n lež; **a barefaced** or **shameless l.** bezostyšná lež; **a downright l.** pustá lež; **a compassionate** or **white l.** milosrdná lež; **a king-sized l., a l. and a half** inf lež jako věž; **a pack of lies** snůška lží; **tell ~s** lhát; **a web of ~s** předivo lží ■ **l. detector** detektor lži ● v (pt & pp **lied** [laid]) **I** vi lhát; **l. to sb that ...** nalhat komu, že ... **II** vt **l. oneself blue in the face** lhát, až se hory zelenají; lhát, jako když tiskne; **l. one's way out of sth** vylhat se z čeho

lie₂ [lai] n poloha; **the l. of the land** tvářnost terénu, fig situace; **see how the land ~s** fig prozkoumat půdu, obhlédnout situaci ● v (pt **lay** [lei], pp **lain** [lein]; pres p **lying** ['laiiŋ]) **I** vi **1** *(person, animal, things)* ležet; **l. on one's back/ side/ front** ležet na zádech or naznak/ na boku/ na břiše; **l. at sb's feet** ležet komu u nohou also fig; **l. scattered around the room** *(clothes* etc*)* povalovat se po místnosti; Bibl **l. with sb** obcovat s kým ♦ **as one makes one's bed so one must l. on it** jak si kdo ustele, tak si i lehne; **let sleeping dogs l.** co tě nepálí, nehas! **2** *(be buried)* odpočívat; **here ~s XY** zde odpočívá or leží XY **3** *(be situated)* **a)** *(place)* být, ležet, nacházet se; **Moravia ~s to the north of Austria** Morava se nachází na sever od Rakouska; **Prague ~s in the heart of Europe** Praha leží v srdci Evropy; **l. at anchor** *(ship)* kotvit **b)** *(spread out)* rozkládat se; **a valley lay in front of us** před námi se rozkládalo údolí **c)** *(team, competitor)* **be lying** or **l. 1st/ 2nd** být na prvním/ druhém místě **d)** *(event)* **your life ~s before you** máš život před sebou; **we do not know what ~s ahead of us** nevíme, co nás čeká **4** *(be* or *remain in a certain condition)* **a)** *(person)* **l. awake** bdít; **l. awake all night** probdít celou noc; **l. dying** ležet na smrtelné posteli; **l. doggo** sl ani nemuknout, být zticha jako pěna; **l. idle** zahálet; **l. low** skrývat se, chovat se nenápadně; **l. in wait for sb** číhat na koho **b)** *(things) (house, castle)* **l. in ruins** ležet v troskách; *(land)* **l. fallow** ležet ladem **5** fig **l. in sth** *(problem, difficulty, solution)* spočívat v čem, tkvít v čem; **the difference ~s in the fact that ...** rozdíl tkví v tom, že ...; **the fault lies with you** chyba je na tvé straně, chyba je v tobě; **the responsibility for the strike ~s with the unions** za stávku nesou zodpovědnost odbory; **it ~s with you to do sth about it** je na vás, abyste s tím něco udělal; **my talent does not l. in that direction** na to nemám vlohy **II** phr vs ■ **lie about** or **around** vi **1** *(person)* povalovat se, poflakovat se **2** *(things)* povalovat se ■ **lie back** vi **1** lit **he lay back in his armchair** opřel se (pohodlně) v křesle **2** *(relax)* nevzrušovat se, dát si pohov ♦ **l. back on one's laurels** usnout na vavřínech ■ **lie behind** vt **what can l. behind this decision?** co se asi skrývá za tímto rozhodnutím? ■ **lie down** vi **1** lehnout si, položit se, ulehnout (**to sleep** k spánku) **2** fig **I won't take this lying down** já to tak nenechám, tohle si nedám líbit ■ **lie in** vi **1** *(sleep in)* přispat si, přiležet si, poležet si **2** arch slehnout při porodu ■ **lie over** vi *(decision)* být odložený ■ **lie to** vi Naut obrátit loď proti větru před zakotvením ■ **lie up** vi **1** *(during illness)* ležet **2** *(be out of use) (machine* etc*)* nebýt v používání, stát, být odstavený

lie-down [lai'daun] n inf šlofík; **have a lie-down** hodit si šlofíka, dát si dvacet

lie-in [lai'in] n inf **have a lie-in** přispat si, pospat si, poležet si

lieu [lju:, lu:] n **in l. of sth** namísto čeho; **accept a cheque in l. of cash** přijmout šek místo peněz

Lieut, Lt abbr of **Lieutenant** por.

lieutenant [lef'tenənt, Amer lu:'tenənt] n Mil poručík; Br nadporučík; **second l.** poručík; Amer **first l.** nadporučík ■ **l. colonel** podplukovník; **l. general** generálporučík; **l. commander** Navy korvetní kapitán

life [laif] n (pl **lives** [laivz]) **1** *(living things)* život; **animal l.** fauna, zvířena; **plant l.** flóra, květena, rostlinstvo; **is there l. on Mars?** je na Marsu život? **2** *(human existence)* život; **all one's l.** po celý život; **(he was there) as large as l.** inf jako živý; **bring sb back to l.** vzkřísit or oživit koho; **autumn of one's l.** babí léto, sklonek života; **be in the prime of (one's) l.** být v nejlepších letech; **be out of touch with l.** být odtržený od života; **colourful l.** bohatá or pestrá minulost; **depart this l.** skonat; **early in l.** v mladých letech; **earthly l.** pozemský život; **get ahead in l.** dělat kariéru; **give sb the shock of his l.** vylekat koho k smrti; **he is tired of l.** mrzí ho život; **hold on to l.** lpět na životě; **how's l.?** inf jak se vede?, jak si žiješ?; **humdrum l.** každodenní život; **it's a matter of l. and death** je to otázka života a smrti, jde o bytí a nebytí; **journey through l.** životní dráha; **the joys of l.** radosti a slasti života; **l. after death** posmrtný život; **l. is not all cakes and ale** život není žádný med; **l. on earth** vezdejší or pozemský život; **l.'s work** životní dílo; **married l.** manželství, manželské soužití; **such is l.** to už je osud; **take an active part in public l.** být veřejně činný; **the l. to come** onen svět; **weariness of l.** znechucení životem ■ **the l. cycle** koloběh života; **l. forms** formy života; **l. expectancy** předpokládaná délka života; **l. jacket** záchranná vesta **3** *(way of living)* **dissolute l.** nemravný život; **a dog's l.** fig bídný život; **lead a sheltered l.** žít jako poustevník; **they lead a cat-and-dog l.** mají se rádi jako kočka s myší; **the high l.** sladký život; **the l. of Riley** inf zahálčivý život; **village l.** vesnický život **4** *(liveliness)* život, živost; **he is full of l.** fig je velmi vitální; **come to l.** fig oživnout, ožít; **joy of l.** radost ze života; **be the l. and soul of the party** být duší večírku; **put l. into sth** oživit co **5** *(existence of an individual)* **five people lost their lives** pět lidí přišlo o život; **fear for sb's l.** bát se o koho, bát se o něčí život; **for the l. of me** za nic na světě; **his l. is at stake** jde mu o život; **his l. was hanging in the balance** měl na mále or na kahánku; **guard sth with one's l.** fig střežit co jako oko v hlavě; **owe sb one's l.** vděčit komu za život; **he paid for it with his l.** doplatil na to životem; **he ran for dear l.** běžel, jako by mu za patami hořelo; běžel jako splašený **6** *(biography)* životopis **7** *(durability: of batteries* etc*)* životnost; *(of food* etc*)* **shelf l.** trvanlivost **8** Art skutečnost; **draw from l.** kreslit podle skutečnosti **9** *(imprisonment)* inf also **l. imprisonment** doživotí, odsouzení k doživotnímu vězení; **be sentenced to l.**, **get l.** být odsouzen na doživotí; **it's a matter of l. and death** je to otázka života a smrti

life-and-death ['laifəndeθ] adj **l.-and-death struggle** boj na život a na smrt

lifeblood ['laifblad] n krev; fig zdroj životní síly

lifeboat ['laifbəut] n záchranný člun

lifeguard ['laifga:d] n plavčík

life jacket ['laifdžækit] n plovací vesta

lifeless ['laifləs] adj **1** *(dead: body)* neživý, mrtvý, *(as if dead)* bezvládný; **go around looking l.** chodit jako bez života; **a l. planet** planeta, na které není život **2** fig *(dull) (theory)* šedivý, školometský; *(hair)* matný, bez lesku

lifelike ['laiflaik] n *(portrait)* věrný; *(robot)* jako živý

lifeline ['laiflain] n **1** Naut záchranné lano; fig pupeční šňůra **2** *(palmistry)* čára života

lifelong ['laifloŋ] adj celoživotní; **l. friends** celoživotní přátelé

life-saving ['laifseiviŋ] n záchrana života ● adj *(techniques, apparatus* etc*)* sloužící pro záchranu života, záchranářský

life-size(d) ['laifsaiz(d)] adj *(portrait* etc*)* jsoucí v životní velikosti

lifer ['laifə(r)] n inf odsouzenec k doživotnímu vězení

lifetime ['laiftaim] n **1** celý život; **once in a l.** jednou za život; **in his l.** za jeho života **2 a chance of a l.** unikátní příležitost, životní šance **3** fig inf věčnost; **we had to wait a l.** museli jsme čekat celou věčnost

lift [lift] n **1** *(~ing)* zvednutí, vyzvednutí, pozvednutí **2** Br (Amer *elevator)* zdviž, výtah; **chair l.** sedačkový výtah, sedačková lanovka; **ski l.** lyžařský vlek; **take the l.** jet výtahem; **let's go down in the l.** jeďme dolů výtahem; **the l. is out of order** výtah nejezdí ■ **l. attendant** obsluha výtahu

3 *(free ride in sb's car)* svezení; **give sb a l.** svézt koho (v autě); **thumb** or **hitch a l.** stopnout si auto, jet stopem 4 fig *(encouragement)* povzbuzení, dodání odvahy; **the wine gave her a l.** to víno jí pozvedlo náladu 5 Aviat vztlak, nosná síla; Techn *(of valve, crane* etc*)* zdvih ● **I** vt 1 also **l. up** *(object)* zvednout (do výše), zdvihnout, vyzvednout; *(weight: of weightlifter)* vzepřít; *(head, eyes, lid)* pozdvihnout, zdvihnout, zvednout; *(lid* also*)* odklopit ♦ **he hasn't ~ed a finger today** dnes ani nehnul prstem; **l. the veil of secrecy** poodhrnout roušku tajemství 2 **l. sb's spirits** vzpružit koho, povzbudit koho, dodat komu odvahy 3 *(end: blockade, ban, restriction)* (z)rušit, odvolat 4 *(potatoes)* vyorat, vykopat 5 *(steal)* inf štípnout, šlohnout; *(plagiarize)* plagovat 6 **have one's face ~ed** dát si odstranit vrásky, nechat si udělat plastiku **II** vi *(fog, mist)* zvednout se, rozplynout se; *(sb's bad mood)* rozptýlit se **III** phr vs ■ **lift down** vt sundat, postavit or dát na zem ■ **lift off** *I* vi *(plane, rocket)* startovat *II* vt *(lid)* nadzvihnout, odklopit ■ **lift up** vt see **lift** vt **(1, 2)** ♦ **l. up one's head** vztyčit hlavu

liftman ['liftmæn] n (pl **-men** [-men]) liftboy

lift-off ['liftof] n Astronaut start ■ **l.-off speed** startovní rychlost

ligament ['ligəmənt] n Anat vaz, provazec, ligamentum

ligature ['ligəčə(r)] n Med, Typ, Mus ligatura

light$_1$ [lait] n 1 gen světlo; **bright l.** jasné světlo, jas; **dim l.** šero, přísvit; **eternal l.** Relig věčné světlo; **beam of l.** světelný paprsek; **electric l.** elektrické světlo; **l. and shade** světlo a stín; **at first l.** za rozednění; **the l. of dawn** rozbřesk; **the l. of day** denní světlo; **till first l.** až do bílého rána ♦ **the l. of hope** světlo naděje; **bring sth to l.** vynést co na světlo světa; **cast an unfavourable l. on sth** vrhat na co špatné světlo; **come to l.** vyjít najevo, vyjít na světlo boží, objevit se; **give sb the green l.** fig dát komu zelenou; **see sth in a different l.** fig vidět co v jiném světle; **see the l.** fig *(understand)* prohlédnout; **see the l. of day** spatřit světlo světa; **stand in sb's l.** lit stínit komu, inf zaclánět komu; **stand in one's own l.** fig šlapat si po štěstí; **throw l. upon sth** fig vyjasnit co ■ **l. shaft** světlík; **l. signal** světelný signál; **l. year** světelný rok; **be l. years ahead** fig být absolutně bez konkurence 2 *(lamp)* světlo, lampa, svítilna; **Bengal l.** bengálský oheň; **brake l.** Aut brzdové světlo, stopka; **fog l.** Aut mlhovka; **head l.** Aut reflektor; **neon l.** neónové světlo; **parking l.** Aut parkovací světlo; **street l.** lucerna, pouliční svítilna; **tail l.** Aut koncové světlo; **traffic ~s** dopravní světla; **jump the ~s** inf jet na červenou; **~s out** večerka; **put on a l.** rozsvítit (světlo); **the l. is on** je rozsvíceno ♦ **hide one's l. under a bushel** být nemístně skromný; **be the leading l. in sth** být na něco kapacita, být hybnou silou čeho, hrát kde prim ■ **l. bulb** žárovka 3 *(flame)* **give sb a l.** dát komu oheň; **can I have a l.?** můžete mi připálit?; **set l. to sth** zapálit co 4 Archit okno, okénko ● adj 1 *(colour)* světlý; *(hair)* světlý, blond 2 *(bright)* **it is getting l.** svítá; **while it is still l.** dokud je ještě den or světlo ● v (pt & pp **lit** or **~ed**) **I** vt 1 *(illuminate)* osvětlit; **l. the way for sb** posvítit komu 2 *(candle, lamp)* zapálit; **l. a cigarette** zapálit si (cigaretu); **l. one's pipe** zapálit si dýmku; **l. a fire** rozdělat oheň; **he didn't l. the fire** nezatopil **II** vi *(ignite: fire)* chytnout, chytit; *(straw* etc*)* vznítit se **III** phr vs ■ **light into sb** inf obořit se na koho, pustit se do koho, vyjet si na koho ■ **light on** or **upon** vt **l. on sth** náhodou něco objevit, přijít na co; **l. on sb/ sth** *(of look)* spočinout na kom/ čem ■ **light up** *I* vi 1 *(lights)* rozsvítit se, rozzářit se; **the room lit up** v místnosti se rozsvítilo světlo 2 *(face)* rozzářit se; *(eyes)* zazářit, zasvítit; **l. up with joy** rozzářit se radostí 3 *(have a cigarette)* zapálit si *II* vt 1 *(illuminate)* osvětlit; *(lights)* rozsvítit; **the house was all lit up** v celém domě se svítilo; **joy lit up her face** obličej se jí rozzářil radostí 2 *(cigarette)* zapálit (si)

light$_2$ [lait] adj 1 *(suitcase* etc, *clothes, rain, touch, sleep, footsteps, frost;* Mil *artillery, infantry; industry; metal; athletics)* lehký; *(dress* etc also*)* vzdušný, jako nadýchaný; *(material)* jemný, lehký, jako nadýchaný; *(pastry, snow)* kyprý, jako nadýchaný; *(pocket)* inf prázdný; **with a l. heart** s lehkou myslí; **be as l. as a feather** být lehký jako vánek; **be a l. sleeper** mít lehký spánek, spát jako na vodě 2 *(not difficult)* lehký, snadný; *(not severe: punishment, pain)* mírný; *(taxes)* nízký 3 *(not serious) (reading, music, programme)* lehký, nenáročný, zábavný ♦ **make l. of sth** bagatelizovat or zlehčovat co, nepřikládat čemu důležitost, brát co na lehkou váhu 4 *(alcoholic drinks)* slabý, málo alkoholický ● adv **travel l.** cestovat nalehko ■ see **~ly**

light-coloured [lait'kaləd] adj (**lighter-coloured**, **lightest-coloured**) světlý

lighten$_1$ ['laitn] **I** vt osvětlit, osvítit; *(hair)* obarvit na světlejší odstín; *(colour)* zjasnit **II** vi *(hair, colour)* zesvětlet, stát se světlejším

lighten$_2$ ['laitn] vt **1** *(weight, load)* snížit **2** fig *(workload)* snížit, zmírnit; *(taxes)* zmírnit; **l. one's conscience** odlehčit svému svědomí

lighter$_1$ ['laitə(r)] n **(cigarette) l.** zapalovač ■ **l. fluid** benzin do zapalovače

lighter$_2$ ['laitə(r)] n Naut *(barge)* překládací člun or bárka

lighterage ['laitəridž] n nakládání/ vykládání lodního nákladu na překládacích člunech

light-fingered [lait'fiŋgəd] adj dlouhoprstý; **be l.-fingered** krást jako straka

light-footed ['laitfutid] adj lehkonohý

light-haired ['laitheəd] adj světlovlasý

light-headed [lait'hedid] adj **1 I felt l.-headed** točila se mi hlava; **wine makes me l.-headed** víno mi stoupá do hlavy **2** *(frivolous)* lehkomyslný, nerozvážný, zbrklý

light-hearted [lait'ha:tid] adj bezstarostný; *(poem)* rozmarný; *(remark)* žertovný; *(book, film)* veselý, zábavný ■ **~ly** adv bezstarostně, rozmarně; s lehkým srdcem

lighthouse ['laithaus] n maják ■ **l. keeper** strážce majáku

lighting ['laitiŋ] n osvětlení; **street l.** pouliční osvětlení ■ **l. engineer** or **technician** osvětlovač; **l. fixture/ installation** osvětlovací těleso/ zařízení

lightly ['laitli] adv cf also **light**$_2$ adj **1** *(touch, walk, rain, eat; dressed* etc*)* lehce; *(touch* also*)* zlehka; **sleep l.** mít lehký spánek **2** *(casually)* s lehkým srdcem; **take sth l.** brát co na lehkou váhu; **get off l.** vyváznout lacino

lightness$_1$ ['laitnəs] n *(of colour, room* etc*)* světlost

lightness$_2$ ['laitnəs] n *(of objects, sleep, footstep* etc*)* lehkost; *(of punishment* etc*)* mírnost; *(of task)* snadnost, lehkost; *(of music, reading)* nenáročnost see also **light**$_2$ adj

lightning ['laitniŋ] n *(flash)* blesk; *(stroke* also*)* hrom; **the house was struck by l.** do domu uhodil blesk or hrom; **the tree was struck by l.** do stromu uhodilo, blesk rozčísl strom; **there was a flash of l.** zablesklo se; **as quick as l.** rychlý jako blesk; **go like greased l.** letět jako namydlený blesk ■ **l. conductor** bleskosvod, hromosvod; **a l. glance** bleskový pohled; **with l. speed** bleskurychle; **a l. visit** návštěva na otočku, kratičká návštěva

lights [laits] n pl Cook plíčky

lightweight ['laitweit] adj **1** *(suit, coat* etc*)* lehký, z lehkého materiálu **2** Box boxer lehké váhy **3** fig *(person)* povrchní, slabý, nevýznamný ● n Box lehká váha

lignite ['lignait] n lignit, hnědé uhlí

like$_1$ [laik] adj *(similar)* podobný; *(same)* stejný; **they are very l.** jsou si velmi podobní; **they are as l. as two peas (in a pod)** podobají se jako vejce vejci, jsou od sebe k nerozeznání ● adv **1 as l. as not** velmi pravděpodobně, s největší pravděpodobností **2** Br *(as it were)* **I was hungry, like, so I ...** inf víš, byl jsem jaksi hladový, a tak ...; **you're one of the family, l.** inf ty patříš tak říkajíc do rodiny ● prep **1** *(similar to/ the same as)* (podobně/ stejně) jako; **he studied physics, l. his father** studoval fyziku, (stejně) jako jeho otec; **tremble l. a leaf** třást se jako osika; **roar l. a lion** řvát jako lev; **it goes l. clockwork** jde to jako na běžícím pásu, šlape to jako hodinky; **it's just l. him** to je celý on; **it's not l. him to do that** on by něco takového neudělal; **it is done l. this** dělá se to takhle; **how can you speak l. that?** jak můžete takhle mluvit?; **it looks l. rain** vypadá to na déšť; **and things l. that** a podobně, a tak dále; **what is it l.?** jaké je to?; **something l. that** něco takového; **l. father l. son** jablko daleko od stromu nepadne **2 feel l. (doing) sth** mít chuť or chtít něco dělat; **I feel l. going there** mám chuť tam jít; **I don't feel l. going there** nechce se mi tam jít; **I feel l. some wine** dal bych si víno; **she felt l. crying** bylo jí do pláče; **I don't feel l. singing/ dancing** není mi do zpěvu/ do tance ● n **and the l.** a podobně; **the ~s of him** inf takoví jako on; **the ~s of me cannot afford it** inf lidé jako já si to nemohou dovolit, inf našinec si to nemůže dovolit; **l. attracts l.** rovný rovného si hledá ● conj inf **l. I said** jak jsem řekl; **he acted l. it belonged to him** choval se, jako by mu to patřilo

like$_2$ [laik] n **~s** záliby; **his ~s and dislikes** co má a nemá rád ● **I** vt **1 a)** *(be fond of in general)* mít rád, *(of people* also*)* líbit se komu, být sympatický komu; **I l. her** mám ji rád, líbí se mi, je mi sympatická; **I don't l. her** nemám ji rád, není mi sympatická, je mi protivná; **I began to l. her** začala mi být sympatická; **I l. spinach** mám rád špenát; **I don't l. spinach** špenát nemám rád, špenát já nerad, špenát já nejím; **do you l. wine?** máte rád víno?; **l. sth better** dávat čemu přednost, mít co raději **b)** *(find pleasant on a particular occasion)* líbit se komu; *(food, drink)* chutnat komu; **did you l. him?** líbil se ti?; **how did you l. the wine?** jak vám chutnalo to víno?; **did you l. this wine better?** chutnalo vám tohle víno víc?; **I l. this place very much** tady se mi moc líbí; **I don't l. the look of that man** ten člověk se mi nezamlouvá

♦ **I l. that!** to mě tedy podrž!, to je trochu moc!; **I l. his cheek** or **nerve** to je ale drzost! 2 *(enjoy: doing sth)* **I l. skiing** or **to ski** rád lyžuji; **he ~s to be awkward** rád dělá naschvály; **he ~s giving orders** rád rozkazuje; **she ~s to wear blue** ráda nosí modrou barvu 3 *(approve of)* **I l. people to be nice to each other** mně se líbí, když jsou lidé na sebe hodní 4 *(wish, want)* chtít, přát si; **what would you l.?** co si přejete?, inf co byste rád?, *(of food, drink* also*)* co si dáte?; **I'd l. to tell you something** rád bych vám něco řekl; **how would you l. your hair cut?** jak si přejete, abych vás ostříhal; **I'd l. to think that I am a good singer** lichotím si, že umím zpívat; **I would not l. to be in your shoes** nechtěl bych být v tvé kůži **II** vi **let him come whenever he ~s** ať přijde, kdy chce; **any amount you l.** jakékoliv množství; **as you l.** jak chcete; **if you l.** pokud chcete, chcete-li

likeable ['laikəbl] adj milý, příjemný, sympatický

likelihood ['laiklihud] n pravděpodobnost; **in all l.** se vší pravděpodobností; **there's little l. of my still being here** je velmi málo pravděpodobné, že tu ještě budu; **there's little l. of our finding it** je velmi málo pravděpodobné, že bychom to našli

likely ['laikli] adj (**-ier, -iest**) 1 *(probable)* pravděpodobný; **he's l. to come** asi or pravděpodobně přijde; **he's not l. to grow rich** ten asi nezbohatne; **a l. story!** to ti/ mu etc zrovna věřím, na to ti/ mu etc zrovna naletím 2 inf *(suitable: for a job* etc*)* vhodný; **a l. spot for a picnic** výborné místečko na piknik; **a l. lad** *(promising)* nadějný mladík ● adv pravděpodobně; **most l.**, **very l.**, **as l. as not** velmi pravděpodobně, s největší pravděpodobností; **not l.!** inf sotva, kdepak; **not bloody l.!** inf ani nápad!, starou belu!

like-minded [laik'maindid] adj stejně smýšlející; **l.-minded people** lidé téhož or stejného smýšlení

liken ['laikn] vt přirovnat (**to sb/ sth** ke komu/ k čemu)

likeness ['laiknəs] n 1 *(resemblance)* podoba; **a family l.** rodinná podoba; **he bears a strong l. to his father** je velmi podobný svému otci 2 *(portrait)* portrét

likewise ['laikwaiz] adv 1 *(also)* též, rovněž, jakbysmet 2 *(the same)* podobně; **to do l.** udělat totéž; *(pleased to meet you)* – **l.** nápodobně

liking ['laikiŋ] n 1 *(for person)* sympatie, náklonnost; **have a l. for sb** mít ke komu sympatie or náklonnost, držet na koho; **take a l. to sb** pojmout ke komu náklonnost, oblíbit si koho, pocítit ke komu sympatie 2 *(for thing)* **have a l. for sth** mít v čem zálibu, mít co v oblibě, potrpět si na co; **is it to your l.?** zamlouvá se vám to?, je to podle vašich představ?; **it's not to his l.** není mu to po chuti

lilac ['lailək] n 1 Bot šeřík, inf bez 2 *(colour)* šeříková barva, lila ● adj **l.(-coloured)** šeříkový

Lilo TM ['lailəu] n nafukovací matrace

lilt [lilt] n 1 *(of song)* svěží rytmus; *(in voice)* zpěvavá intonace 2 *(song)* veselá písnička

lilting ['liltiŋ] adj *(voice)* zpěvavý; *(melody, tune)* svěží, živý

lily ['lili] n Bot lilie; **water l.** leknín; **l. of the valley** konvalinka

lily-livered [lili'livəd] adj dated bázlivý, ustrašený, zbabělý; **a l.-livered person** strašpytel

lily-white [lili'wait] adj bělostný, liliový; fig cudný, počestný

limb [lim] n 1 Anat končetina, okončetina, úd; **artificial l.** protéza končetiny; **stretch one's ~s** protáhnout si údy; **the lower ~s** dolní končetiny; **risk life and l.** riskovat hlavu; **by risking life and l.** s nasazením vlastního života 2 *(of tree)* velká větev ♦ **l. of the law** fig rameno spravedlnosti; **be out on a l.** *(be isolated)* být osamocený, být kde jako ztracený, *(be in danger)* být v prekérní situaci

limber$_1$ ['limbə(r)] n Mil dělová kolesna

limber$_2$ ['limbə(r)] adj hbitý, mrštný, svižný ● phr v ■ **limber up** **I** vi rozcvičit se, rozhýbat se; *(of body, joints* etc*)* zvláčnět **II** vt rozcvičit, rozhýbat

limbo ['limbəu] n 1 Relig předpeklí, limbus; fig **remain in l.** *(plans* etc*)* zůstat nejistý or nedefinovaný 2 *(dance)* 'limbo' ■ **l. dancer** hadí žena/ muž

lime$_1$ [laim] n 1 Geol vápno; **slaked l.** hašené vápno 2 *(birdlime)* ptačí lep ● vt hnojit vápnem

lime$_2$ [laim] n Bot also **lime (tree)** lípa

lime$_3$ [laim] n *(citrus tree & fruit)* limeta; **l. (juice)** citronáda

lime kiln ['laimkiln] n vápenka

limelight ['laimlait] n jevištní osvětlení; **be in the l.** být v popředí zájmu, být středem pozornosti; **steal the l.** stát se středem pozornosti

limerick ['limərik] n limerick pětiřádková rýmovačka

limestone ['laimstəun] n vápenec

limey, Limey ['laimi] n Amer, Canad inf, usu pej Anglán

limit ['limit] n 1 *(boundary)* hranice, mez; *(limitation)* omezení; **the speed l.** povolená rychlost; **price l.** cenový limit; **age l.** věková hranice; **time l.** lhůta; **go to the ~s** neznat míru; **the absolute l.** krajní or nejzazší mez; **the ~s of one's patience** hranice trpělivosti; **push things to the utmost ~s** hnát věci do krajnosti; **the sky is the l.** meze se nekladou; **there is a l. to everything** odtud až potud; **within accepted ~s** v mezích normy; **without ~s** bez omezení **2** inf **that's the (giddy) l.!** to už přestává všechno, to je tedy vrchol!; **you are the (giddy) l.!** co je moc, to je moc! ● vt *(restrict)* omezit; **l. oneself to sth** omezit se na co; **our time is ~ed** náš čas je omezený; **I shall l. myself to a few remarks** omezím se na několik poznámek

limitation [limi'teišn] n **1** *(of freedom, export, spending* etc*)* omezení; **with certain ~s** s jistým omezením **2** *(shortcoming)* nedostatek, vada; **we all have our ~s** nikdo z nás není dokonalý

limited ['limitid] adj omezený; **l. edition** číslované vydání; **l. company** Br Comm společnost s ručením omezeným

limiting ['limitiŋ] adj *(factor, value* etc*)* mezní, omezující

limitless ['limitləs] adj bezmezný, neomezený; **l. possibilities** neomezené možnosti

limousine ['liməzi:n, limə'zi:n] n limuzína

limp$_1$ [limp] vi **1** *(walk unevenly)* kulhat, napadat na nohu, *(be lame* also*)* být chromý; fig *(verses)* pokulhávat; **l. a bit** pokulhávat; **l. with one's right leg** napadat na pravou nohu **2** *(of ship)* plout s potížemi ● n kulhání, kulhavost; **walk with a l., have a l.** kulhat; **have a pronounced l.** silně napadat na nohu

limp$_2$ [limp] adj **1** *(lacking energy)* malátný, mátožný; *(handshake)* vlažný, chabý; *(material, collar)* zplihlý; *(skin)* ochablý; *(plant)* zvadlý; **go l.** *(person)* ochabnout **2** *(book)* vázaný v měkkých deskách

limpet ['limpit] n **1** Zool přílepka, přílipka mořský plž ♦ **hold on to sb/ sth like a l.** držet se koho/ čeho jako klíště **2** ■ **l. mine** Mil přísavná mina

limpid ['limpid] adj *(water)* průzračný, čirý; *(prose)* průzračný; **l. eyes** oči jako studánky

limping ['limpiŋ] adj *(verse)* kulhavý

limpness ['limpnəs] n cf also **limp** malátnost, mátožnost, ochablost; zplihlost; zvadlost

limy ['laimi] adj vápenatý

linchpin ['linčpin] n **1** Techn zákolník **2** fig základní pilíř, opora, osa; **the l. of the Government's policy** základní pilíř vládní politiky

linctus ['liŋktəs] n Med sirup proti kašli

linden ['lindən] n Bot *(tree, wood)* lípa

line [lain] n **1** *(long mark)* čára, linka, linie; *(on face)* vráska; **straight l.** Math přímka; **curved l.** křivka; **wavy l.** vlnovka; **broken/ dotted l.** čárkovaná/ tečkovaná linka; **sine l.** sinusoida; **division l.** dílek stupnice; **l. of force** siločára, silokřivka; **horizontal/ vertical l.** vodorovná/ svislá čára; **starting/ finishing l.** Sport startovní/ cílová čára; **the l. of life** *(on palm)* čára života; **draw a l.** udělat čáru; **draw a l. under sth** podtrhnout co ♦ **all along the l.** v každém směru, v každém bodu **2** *(boundary)* hranice; **border l.** hraniční čára; **the L.** *(equator)* rovník; **dividing/ demarcation l.** dělicí/ demarkační čára ♦ **one must draw the l. somewhere** všechno má své meze; **I draw the l. at that** na to už nepřistoupím; **put one's life/ job on the l.** riskovat život/ ztrátu zaměstnání; **to lay it on the l. to sb** nalít komu čistého vína **3 lines** *(outline)* kontury, linie, rysy; **the graceful ~s of the new model** půvabné linie nového modelu **4** *(rope)* šňůra; **washing l.** prádelní šňůra; **fishing l.** vlasec, udice ♦ **swallow sth hook, l. and sinker** spolknout co i s navijákem, inf sežrat co i s chlupy **5** *(row)* řada; *(file* also*)* zástup; *(queue)* Amer fronta; *(of hills)* řetěz; **a l. of trees** řada stromů, stromořadí; **form a l.** seřadit se; **stand in l.** stát v řadě, Amer stát ve frontě; Amer **join the l.** *(queue)* postavit se do fronty; **in l. with sth** v souladu s čím **6** *(of descent)* (příbuzenská) linie; **direct l.** přímá linie; **in the male/ female l.** po meči/ po přeslici; **the last in one's l.** poslední svého rodu; **one's l. of ancestors** rodokmen **7 (production) l.** (výrobní) linka, běžící pás; **assembly l.** montážní linka **8** Telec linka; **hot l.** horká linka mezi státníky; **party l.** skupinový telefon, společný telefon ■ **l. broadcasting** rozhlas po drátě; **hold the l.** počkejte u telefonu, nepokládejte (telefon), zůstaňte u aparátu; **be on the l. to sb** telefonovat s někým **9** Elec vedení **10** *(travel route: bus, aircraft)* linka; Rail trať; *(company)* společnost; Rail *(track)* kolej **11 a)** *(of writing, text)* řádek, řádka; *(of poem)* verš; **the 2nd l. from the top/ bottom** druhá řádka odshora/ odspodu; **drop me a l.** napiš mi pár řádek **b)** Comput řádek, řádka ■ **l. editor** řádkový editor; **l. printer** řádková tiskárna; **l. spacing** řádkování **12** Mil linie; Naut formace; **battle ~s** bitevní čára or linie **13** *(policy)* kurs, linie; *(approach)* přístup, metoda, taktika; **a hard l.** tvrdý kurs; **party l.** Pol stranická linie also fig; **the l. of least resistance** cesta nejmenšího odporu; **follow** or **toe the l.** Pol zachovávat linii, držet se linie;

bring sb into l. přivést koho k poslušnosti, inf dát koho do lajny; **in l. with our conception** v souladu s naší koncepcí ♦ **fall into l.** podrobit se, podřídit se, přizpůsobit se, podvolit se **14** fig *(business)* odvětví, obor, branže; *(job)* obor; **l. (of goods)** druh zboží, sortiment; **the best in its l.** nejlepší svého druhu **15** inf *(information)* **give sb a l. on sth** upozornit koho na co; **get a l. on sb** něco se o kom dozvědět, získat o kom informace ● **I** vt **1** *(paper)* nalinkovat **2** *(clothes, curtains)* podšít, opatřit podšívkou; *(box: with paper* etc*)* vyložit, *(with padding)* (vy)vatovat ♦ **l. one's pockets** inf namastit si kapsu **3** *(avenue: of trees, crowds)* lemovat **II** phr v ■ **line up** *I* vi postavit se do řady, seřadit se, nastoupit; **l. up behind sb** fig postavit se za koho *II* vt **1** *(troops, prisoners)* nechat nastoupit, seřadit koho **2** *(organize, prepare: entertainment)* připravit, zorganizovat; *(support)* zmobilizovat

lineage ['linidž] n rod, rodinný původ; *(ancestry)* předkové; *(descendants)* potomstvo; **he comes of noble l.** pochází ze šlechtického rodu

linear ['liniə(r)] adj lineární; *(relationship)* přímý; **l. measure** délková míra; **l. equation** Math lineární rovnice

lined [laind] pt & pp of **line** ● adj **1** *(paper)* linkovaný, nalinkovaný; *(face of old person)* vrásčitý, zvrásnělý **2** *(garment)* podšitý, mající podšívku, s podšívkou

linen ['linin] n **1** *(cloth)* lněná tkanina, plátno; **unbleached l.** režné plátno ■ **l. goods** plátěné zboží **2** *(bed l.)* ložní prádlo; *(table l.)* stolní prádlo; *(underclothes)* spodní prádlo; **dirty l.** špinavé prádlo ■ **wash one's dirty l. in public** fig prát své špinavé prádlo na veřejnosti ■ **l. basket** prádelní koš; **l. cupboard** prádelník

liner$_1$ ['lainə(r)] n Naut zaoceánský or zámořský or transatlantický parník **2** *(plane)* dopravní letadlo létající na pravidelné lince

liner$_2$ ['lainə(r)] n **1** *(material: for clothing)* podšívkovina **2 bin** or **dustbin l.** sáček do odpadového koše **3** *(eyel.)* tužka na oční linky **4** Techn *(of cylinder)* vložka; *(of bearing)* pouzdro

linesman ['lainzmən], Amer also **lineman** ['lainmən] n (pl **-men**) **1** Sport pomezní rozhodčí **2** Rail traťmistr **3** Tel, Elec opravář vedení

line-up ['lainap] n **1** *(of suspects)* předváděčka (inf) **2** Sport *(of players)* sestava; Theat *(of actors)* obsazení **3** Amer *(queue)* řada, fronta

linger ['liŋgə(r)] vi **1** also **l. on** *(remain, be unwilling to leave)* prodlévat, zdržet se, nespěchat pryč; *(persist: sound)* doznívat; *(doubts)* trvat, nepřestávat; *(pain, fever)* nepolevovat **2** *(dawdle)* loudat se, váhat, otálet (**over sth** s čím); **l. over one's meal** loudat se s jídlem **3** *(remain in existence)* *(custom)* udržovat se

lingerie ['lænžəri] n fml dámské spodní prádlo

lingering ['liŋgəriŋ] adj *(death)* pomalý; *(illness)* vleklý; *(sound)* doznívající; *(look)* nyvý, toužebný; *(doubt)* přetrvávající

lingo ['liŋgəu] n (pl **~es**) inf joc or pej **1 the l.** místní jazyk z hlediska cizinců žijících v zemi **2** *(specialist jargon)* žargon, hantýrka

lingua franca [liŋgwə'fræŋkə] n lingua franca, společný jazyk

linguist ['liŋgwist] n **1** *(speaker of languages)* znalec jazyků, polyglot; **be a good l.** umět cizí jazyky, mít jazykové nadání, inf být dobrý na jazyky **2** *(specialist in ~ics)* lingvista, jazykovědec

linguistic [liŋ'gwistik] adj *(competence, awareness* etc*)* jazykový; *(science)* lingvistický, jazykovědný

linguistics [liŋ'gwistiks] n jazykověda, lingvistika

liniment ['linəmənt] n Pharm mazání

lining ['lainiŋ] n **1** Text podšívka; *(l. material)* podšívková látka, podšívkovina **2** *(of box)* vyložení **3** Techn obklad, obložení; *(brick l.)* vyzdívka; *(of piston)* těsnění **4** Anat výstelka

link [liŋk] n **1** *(of chain)* článek; fig *(person)* prostředník; **the crucial l. in the chain** hlavní článek řetězu; **the weak l.** nejslabší článek (řetězu); **the missing l.** chybějící článek **2** *(connection)* spojení; **a rail/ road/ radio l.** železniční/ silniční/ rádiové spojení; fig **cultural/ economic ~s** kulturní/ ekonomické vztahy **3** *(relationship)* vztah, souvislost; **the l. between freedom and progress** souvislost mezi svobodou a pokrokem ● **I** vt **1** *(connect)* spojit, spojovat, sdružit; **l. arms with sb** zavěsit se do koho **2** *(relate)* **be ~ed with sth** být spojený s čím, být ve vztahu k čemu; **be inseparably ~ed with sth** být s čím nedílně spojen **II** vi **l. (together)** spojit se, sdružit se **III** phr v ■ **link up** *I* vi *(people)* setkat se; *(troops)* spojit se, dosáhnout spojení; *(companies)* sdružit se; **l. up in space** spojit se ve vesmíru *II* vt spojit; *(facts)* dát do vzájemné souvislosti

linkage ['liŋkidž] n spojení, spřažení; *(relationship)* souvislost

linkman ['liŋkmæn] n (pl **-men** [-mən]) TV/ Rad rozhlasový/ televizní koordinátor

links [liŋks] n golfové hřiště na pobřeží

link-up ['liŋkap] n *(of spacecraft, troops)* spojení; **satellite l.-up** spojení přes satelit
linnet ['linit] n Orn konopka
lino ['lainəu] n inf linoleum, lino
linocut ['lainəukat] n linoryt
linoleum [li'nəuliəm] n linoleum
Linotype TM ['lainəutaip] n linotyp
linseed ['linsi:d] n lněné semeno or semínko ▪ **l. oil** lněný olej
lint [lint] n Med cupanina, dated šarpie
lintel ['lintl] n Archit dveřní nebo okenní překlad
lion ['laiən] n Zool lev; **social l.** lev salónů; **l.'s den** Bibl & fig jáma lvová; **l.'s share** lví podíl; **The White L.** *(name of pub)* U bílého lva ▪ **l. tamer** krotitel lvů
lioness ['laiənəs] n Zool lvice
lion-hearted [laiən'ha:tid] adj srdnatý, udatný; **Richard the Lion-hearted** Richard Lví srdce
lip [lip] n **1** Anat ret; *(of animal)* pysk; **~s** rty, ústa; **open one's ~s** otevřít ústa ♦ **hang on sb's ~s** viset komu na rtech, naslouchat komu s otevřenými ústy; **it's on everybody's ~s** říká to kdekdo; **keep a stiff upper lip** nenaříkat si **2** *(of jug)* hubička **3** fig *(cheek)* drzost; **none of your lip!** žádné odmluvy!, nech si ty drzosti!
lip-read ['lipri:d] vt, vi (pt, pp **lip-read** [-red]) odezírat ze rtů
lip-reading ['lipri:diŋ] n odezírání ze rtů
lip service ['lipsə:vis] n **pay l. to sth** *(principles, ideas)* hlásit se k čemu jen naoko, podporovat co jenom slovy
lipstick ['lipstik] n růž, rtěnka
liquefy ['likwifai] v (pt, pp **-ied**) **I** vt zkapalnit **II** vi zkapalnět
liqueur [li'kjuə(r)] n likér, sladká kořalka; **aniseed l.** anýzovka ▪ **l. glass** likérová sklenička
liquid ['likwid] n **1** *(fluid)* kapalina, tekutina **2** Phon likvida ● adj **1** *(fluid: substances)* kapalný, tekutý; *(air, fuel, oxygen* etc*)* kapalný; **l. bullet** tekutá střela; **l. gas** zkapalněný plyn; **l. glass** vodní sklo; **l. state** kapalné skupenství; joc **a l. lunch** tekutý oběd pivo **2** Fin *(capital)* likvidní, volný **3** fig *(eyes)* průzračný **4** Phon *('r' or 'l')* plynný
liquidate ['likwideit] vt **1** *(settle: debt)* (z)likvidovat, vyrovnat **2** *(company)* provést likvidaci čeho, likvidovat; *(funds)* učinit likvidním **3** euph *(murder)* (z)likvidovat, odstranit
liquidation [likwi'deišn] n **1** Comm likvidace; **go into l.** udělat bankrot or úpadek **2** euph *(murder)* likvidace, odstranění
liquidator ['likwideitə(r)] n Fin likvidátor
liquidity [li'kwidəti] n Fin likvidita, likvidnost
liquidize ['likwidaiz] vt Cook rozmixovat
liquidizer ['likwidaizə(r)] n Cook mixér
liquor ['likə(r)] n **1** *(alcohol)* alkohol; **be under the influence of l.** být pod vlivem alkoholu; **be the worse for l.** být opilý; **hard l.** kořalka, lihovina **2** Amer lihoviny, lihové nápoje ▪ **l. store** obchod s lihovinami **3** Cook šťáva (z masa, zeleniny etc)
liquorice, Amer **licorice** ['likəris] n *(plant)* lékořice; *(root)* lékořicový kořen; **l. stick** sladké dřevo
Lisbon ['lizbən] n Lisabon
lisp [lisp] **I** vi šišlat, inf šlapat si na jazyk **II** vt říci co šišlavě ● n **have a l.**, **speak with a l.** šlapat si na jazyk, šišlat
lissom(e) ['lisəm] adj pružný, ohebný, poddajný
list$_1$ [list] n seznam, soupis, listina, výčet; **attendance l.** prezenční listina, podpisový arch; **housing l.** bytový pořadník; **mailing l.** adresář; **l. of names** jmenný seznam; **price l.** ceník; **short l.** *(of candidates)* užší výběr ▪ **l. price** cena podle katalogu ● vt *(make a l.)* sepsat, vyjmenovat, vypočíst, pořídit soupis čeho; *(put on a l.)* zapsat do seznamu; Archit **~ed building** chráněná památka; Fin **~ed securities** kótované cenné papíry
list$_2$ [list] n Naut *(of ship)* náklon ● vi Naut *(ship)* naklánět se
listen ['lisn] **I** vi **1 l. to sb/ sth** poslouchat koho/ co, naslouchat komu/ čemu; **l. attentively** poslouchat pozorně; **l. (out) for sth** čekat, až se něco ozve; **l. out for the bell** čekat na zazvonění, čekat na zvonek **2** *(pay heed)* **l. to sb** poslouchat/ poslechnout koho, dát na čí slova; **he wouldn't l. to reason** nechtěl si dát říct; **if only I had ~ed to my father** kéž bych byl poslechl otce; **l., I've an idea** poslouchej or poslechni or poslyš, já mám nápad **II** phr v ▪ **listen in** vi **1** poslouchat rádio; **l. in to foreign stations** poslouchat cizí stanice **2** *(overhear: conversation)* naslouchat čemu; *(telephone: secretly)* odposlouchávat/ odposlechnout
listener ['lisənə(r)] n posluchač/ -ka; **(the) ~s** posluchači, posluchačstvo
listening ['lisniŋ] n poslech; **good l.!** hezký poslech!
listeria [lis'tiəriə] n Med listérie
listing ['listiŋ] n výčet, vyjmenování, seznam, soupis; zápis do seznamu; **theatre/ cinema ~s** programy divadel/ kin
listless ['listləs] adj lhostejný, netečný, nevšímavý, apatický
listlessness ['listləsnəs] n lhostejnost, netečnost, nevšímavost, apatičnost
lit [lit] pt, pp of **light**$_1$
Lit. [lit] inf abbr of **Literature** literatura

litany ['litəni] n (pl **-ies**) lit & fig litanie

lit crit [lit'krit] n inf Br abbr of **literary criticism** literární kritika

liter ['li:tə(r)] n Amer see **litre**

literacy ['litərəsi] n gramotnost

literal ['litərəl] adj *(meaning, translation)* doslovný ■ **~ly** adv doslova, doslovně

literal-minded [litərəl'maindid] adj prozaický, nemající fantazii

literary ['litərəri] adj literární; **l. trash** pokoutní literatura; **a l. man** *(expert)* literát; *(author)* spisovatel

literate ['litərət] adj **1** lit gramotný **2** *(well-educated)* vzdělaný, kultivovaný

literati [litə'ra:ti:] n pl vzdělanci, literáti, inteligence

literature ['litrəčə(r)] n **1** *(writings)* literatura **2** *(specialist l.)* (odborná) literatura **3** *(pamphlets* or *leaflets)* informační materiál, propagační literatura

lithe [laið] adj *(body)* pružný, mrštný, ohebný; *(movement)* vláčný

lithium ['liθiəm] n Chem lithium

litho ['laiθəu] n inf litografie, kamenotisk

lithograph ['liθəugra:f] n *(picture)* litografie, kamenotisk ● vt Typ litografovat, tisknout z kamene

lithographic [liθəu'græfik] adj litografický

lithography [li'θogrəfi] n *(method)* litografie, kamenotisk

Lithuania [liθju'einiə] n Litva

Lithuanian [liθju'einiən] adj litevský ● n **1** *(person)* Litevec, Litvan/ Litevka **2** *(language)* litevština

litigant ['litigənt] n Jur sporná strana, strana v soudní při ● adj Jur *(party)* sporný

litigate ['litigeit] vi Jur vést spor, soudit se

litigation [liti'geišn] n Jur (soudní) spor, pře, rozepře

litigious [li'tidžəs] adj **l. person** sudič/ -ka, kdo se rád soudí

litmus ['litməs] n Chem ■ **l. paper** lakmusový papírek; **l. test** lakmusová zkouška, zkouška lakmusem; fig rozhodující zkouška

litre ['li:tə(r)] n litr

litter ['litə(r)] n **1** *(rubbish)* odpadky, smetí; **please do not leave l.** neodhazujte odpadky(, prosím) ■ **l. bin** nádoba na odpadky **2** Zool vrh mláďat **3** Agr *(bedding for animals)* podestýlka, stelivo **4** Hist *(sedan chair)* also Med *(stretcher)* nosítka ● **I** vt **1** *(make untidy)* **l. sth with sth** zaneřádit co čím, rozházet co kde; **the floor is ~ed with paper** na podlaze je nastláno papíru, po podlaze jsou rozházeny papíry, po podlaze se povalují papíry **2 l. (down) a horse** podestlat pod koně **II** vi Zool vrhat, mít mladé

litter lout ['litəlaut], Amer, Can **litterbug** ['litəbag] n kdo odhazuje odpadky na veřejných místech

little ['litl] adj (comp & superl usu **smaller, smallest**) **1** *(small)* malý, nevelký; **a l. house** malý dům, domek; **a l. piece** kousek; **l. finger** malíček; **l. toe** malíček na noze; **L. Bear**, Amer, Canad **L. Dipper** Astron Malá medvědice, Malý vůz; **l. people**, **l. folk** fig skřítci, elfové **2** *(of time, distance)* **it's a l. way away** není to daleko, je to kousek; **the station is a l. way along the street** nádraží je kousek dál v této ulici; **a l. while ago** před chvilkou; **wait a l. while** počkej chvilku; **I spent a l. time in London** ztrávil jsem nějaký čas v Londýně **3** *(young)* **when I was l.** když jsem byl malý (kluk)/ když jsem byla malá (holka); *(younger) (brother, sister)* mladší **4** *(trivial, unimportant)* **l. me** moje maličkost; **l. ambitions** malicherné cíle; **he had a l. mishap** měl menší malér; **we had a l. argument** trochu jsme se pohádali, trochu jsme se spolu chytli; **we all have our l. failings** každý má své slabosti **5** expr maličký; often translated by diminutives **what an adorable l. doggie** to je rozkošný pejsek; **a cosy l. pub** hospůdka; **a cute l. hat** hezoučký klobouček; **a pretty l. garden** hezoučká zahrádka; **cheeky l. monkey** nezbeda, drzoun; **l. minds** malé dušičky; **a nice l. sum** pěkná sumička, pěkné peníze; **I know what your l. game is** já ti vidím do karet ● adv (comp **less** [les], superl **least** [li:st]) **1** *(not much)* málo, trochu; **he writes l. now** on teď málo píše; **he knows very l.** ví toho velmi málo; **make l. of sth** považovat co za nedůležité; **there's l. time left** zbývá málo času; **he had precious l. to say** řekl toho zatraceně málo; **however l. it may be** i když je toho zatraceně málo **2** *(rarely)* **as l. as possible** co nejméně **3** *(never)* fml **l. did I think that ...** nikdy jsem si nemyslel, že ... **4 a l.**, **a l. bit** trochu; **could you give me a l. more wine** mohl bych dostat ještě trochu vína?; **he knows a l. English** umí trochu anglicky; **stay a l. longer** ještě nechoďte, zůstaňte ještě chvíli; **I feel a l. bit better** cítím se trochu lépe **5 l. by l.** pozvolna, poznenáhla, postupně ● pron málo; **the l. we have**, **what l. we have** to málo, co máme; **be content with l.** být spokojen s málem; **I understood l. of what was said** rozuměl jsem jen malé části toho, co bylo řečeno

littoral ['litərəl] n pobřeží, přímoří ● adj pobřežní, přímořský

liturgical [li'tə:džikl] adj liturgický

liturgy ['litədži] n liturgie

livable, liveable ['livəbl] adj **1** *(bearable:*

life) snesitelný; **he's not l. with** s ním se nedá žít **2 l. in** *(house, room)* obyvatelný

live$_1$ [laiv] adj **1** *(living)* živý, žijící; **l. weight** živá váha; **l. bait** živá návnada; *(real)* (do)opravdový, (do)opravdický; **a real l. prince** inf (do)opravdický princ **2** fig *(issue)* aktuální, *(question* also*)* palčivý **3** *(wire)* nabitý, pod proudem; *(cartridge, ammunition)* ostrý; *(bomb)* nevybuchlý; *(coal, embers)* žhavý, řeřavý ♦ **be a l. wire** být jako rtuť; **she is a real l. wire** je to děvče jako jiskra or rtuť **4** TV, Rad **a l. broadcast** přímý přenos, živé vysílání ● adv *(broadcast)* TV, Rad přímo, přímým přenosem; **l. from Prague** přímý(m) přenos(em) z Prahy

live$_2$ [liv] **I** vt *(life)* vést, žít nějak; **l. a life of luxury/ poverty** žít v luxusu/ v bídě; **l. a Christian life** žít křesťansky; **l. a secluded life** žít v ústraní; **l. one's life to the full** žít naplno **II** vi **1 a)** *(be alive)* žít, být naživu; **as long as I l.** pokud budu žít, až do smrti; **(to) l. and let l.** žít a nechat žít; **l. to the ripe old age of ...** dožít se požehnaného věku ...; **he ~d to see the end of the century** dožil se konce století; **he won't l. through the night** do rána nevydrží or nepřežije; **l. and learn** stále se učit **b)** *(l. in a specific way)* **l. in affluence/ poverty** žít v blahobytu/ v bídě; **l. from day to day** žít ze dne na den; **l. as a parasite** cizopasit, týt z cizího; **l. from hand to mouth** žít z ruky do úst; **l. in comfort** žít v pohodlí; **l. in seclusion** žít osaměle ♦ **l. like a hermit** fig žít jako poustevník or jezevec; **l. in the lap of luxury** žít si jako prase v žitě **2** *(reside)* žít, bydlet, bydlit, přebývat kde; **where does she l.?** kde bydlí?; **live in a flat** bydlet v bytě; **l. in rented accommodation** bydlet v podnájmu; **she ~s on the first floor** Br bydlí v prvním poschodí, Amer bydlí v přízemí; **he ~s with his parents** bydlí u rodičů; **l. abroad** žít v zahraničí; **l. in exile** žít v exilu ♦ **l. in a fool's paradise** oddávat se iluzím; **l. on easy street** žít si jako Pánbůh (ve Frankrajchu); **l. in a world of one's own** žít ve svém vlastním světě **III** phr vs ■ **live by** vt **l. by sth** živit se čím, vydělávat si na živobytí čím; **he ~s by teaching** vydělává si na živobytí učením ■ **live down** vt **l. sth down** *(humiliation, disgrace)* přenést se přes co, překonat co ■ **live in** vi *(student)* být interním studentem or dated internistou, studovat interně; *(servant)* bydlet v domě zaměstnavatele ■ **live off** vt **l. off sb** žít na úkor koho, týt z koho; **l. off other people** žít na cizí účet ♦ **l. off** or **on the fat of the land** mít zlaté časy, pěstovat blahobyt ■ **live on** *I* vi *(continue to l.)* žít dál *II* vt **l. on sth** živit se čím, žít z čeho; **l. on charity** žít z milodarů; **l. on one's reputation** fig těžit ze své minulosti ■ **live out** *I* vi *(student)* nebýt interním studentem, nebydlet v internátu, bydlet mimo školu; *(maid)* nebydlet v domě zaměstnavatele etc *II* vt *(life)* strávit, prožít; *(winter)* přežít ■ **live together** vi *(share a flat* etc*)* bydlet spolu; *(unmarried couple)* žít spolu (na hromádce) ■ **live up** vt **l. it up** užívat si, hýřit ■ **live up to** vt *(expectations)* splnit; *(promises)* splnit, dodržet; *(principles)* žít podle čeho; **l. up to sb** vyrovnat se komu; **l. up to one's income** žít podle svých příjmů ■ **live with** vt **l. with sb** *(reside)* bydlet u koho; *(put up with)* snést koho, vydržet s kým žít; **l. with sth** akceptovat co, smířit se s čím; **you'll have to l. with it** musíš se s tím smířit, musíš se s tím naučit žít

liveable ['livəbl] adj see **livable**

live-in ['livin] adj *(maid* etc*)* bydlící v domě zaměstnavatele; **his l.-in girlfriend** dívka, která s ním žije; **her l.-in lover** přítel/ milenec, který s ní žije

livelihood ['laivlihud] n obživa, živobytí, existence; **earn one's l. as ...** vydělávat si na obživu jako ...

liveliness ['laivlinəs] n (cf **lively**) živost, temperamentnost, veselost; rušnost, oživenost

livelong ['livloŋ] adj dated or rhetor **all the l. day** celý or celičký boží den, od slunka do slunka

lively ['laivli] adj (**-ier**, **-iest**) **1** *(person)* živý, temperamentní, veselý, energický, čilý; *(music)* veselý, živý; **he is very l.** ani chvilku neposedí; **in a l. manner** živě **2** *(interest, imagination)* živý; *(imagination, fancy* also*)* bujný; *(mind)* bystrý; **take a l. interest in sth** živě se o něco zajímat **3** *(exciting: conversation, debate)* živý, *(debate, discussion* also*)* rušný, oživený; *(dialogue)* svižný; *(entertainment)* bujarý **4** *(colour)* živý

liven up [laivn'ap] **I** vt oživit, zpestřit; **l. things up** přinést trochu vzruchu **II** vi oživnout

liver$_1$ ['livə(r)] n Anat, Cook játra ■ **l. dumplings** játrové knedlíčky; **l. sausage** játrový salám; **l. diseases** jaterní nemoci

liver$_2$ ['livə(r)] n **high** or **fast l.** flamendr, hýřil

liveried ['livərid] adj livrejovaný

liverish ['livəriš] adj **1 be l.** mít něco s játry **2** *(irritable)* popudlivý, žlučovitý, mrzutý, nevrlý

livery ['livəri] n livrej

livestock ['laivstok] n živý inventář;

(cattle) dobytek; **l. and equipment** živý i mrtvý inventář ■ **l. breeding** dobytkářsví, zootechnika

livid ['livid] adj **1** *(blue-grey)* popelavý, zsinalý; **l. with rage** zsinalý zlostí **2** inf *(angry)* rozzuřený, rozlícený, rozvzteklený; **he's l.** je úplně nepříčetný (vztekem)

living ['liviŋ] adj *(alive)* živý; *(space)* životní, *(in house)* obytný; **a l. being** or **creature** živá bytost; **a l. corpse** živá mrtvola; **the greatest l. scholar** největší žijící učenec; **a l. legend** živá or žijící legenda; **not a l. soul** ani živá duše, inf ani noha ● n **1** **the l.** živí (lidé), žijící (lidé); **he is still in the land of the l.** je stále ještě naživu, je stále ještě mezi živými **2** *(livelihood)* obživa, živobytí, existence; **cost of l.** životní náklady; **make a l.** (u)živit se; **earn an honest l.** vydělávat si poctivě na živobytí; **scrape a l.** protloukat se; **what do you do for a l.?** jak si vyděláváte na živobytí? ■ **l. standard** životní úroveň **3** *(way of life)* **plain l.** prostý způsob života; **riotous l.** hýření; **the art of l.** umění žít **4** Relig obročí, prebenda, beneficium

lizard ['lizəd] n ještěrka; *(large)* ještěr

llama ['la:mə] n Zool lama

LLD [elel'di:] Latin abbr = JUDr., doktor práv

LLM [elel'em] Latin abbr = magistr práv

lo [ləu] interj arch hle!; **lo and behold!** heleďme se!

loach [ləuč] n *(fish)* sekavec

load [ləud] n **1** **a)** *(thing carried: on shoulders etc)* břemeno, Liter břímě; *(on vehicles)* náklad, *(contents also)* náplň **b)** in compounds **a busload of tourists** plný autobus turistů **2** *(permissible cargo)* nosnost, maximální zatížení; *(capacity)* kapacita; **peak l.** špičkové zatížení; **(work) l.** pracovní úvazek; **a teaching l.** učitelský úvazek **3** Elec *(carried)* napětí; *(supplied by dynamo etc)* výkon **4** fig **a)** **~s (of sth)** inf spousta (čeho), velké kvantum (čeho); **~s of money** fůra or hromada or spousta peněz; *(I have told you)* **~s of times** milionkrát **b)** **that's a l. off my mind** spadl mi kámen ze srdce, už to mám z krku; **that's a l. of rubbish** or **garbage** inf to je (úplná or pěkná) hovadina; **get a l. of this!** inf *(look)* podívej se na tohle, *(listen)* poslechni si tohle ● **I** vt **1** *(goods, vehicle)* naložit; **l. sth with sth** naložit co čím; **l. sth into/ onto sth** naložit co do čeho/ na co; **l. a lorry with coal** naložit kamion uhlím; fig **l. sb with honours** zahrnout koho vyznamenáními **2** *(gun, camera)* nabít; **l. a camera with a film** vložit do fotoaparátu film; **l. a basket with vegetables** nandat or naložit si do košíku zeleninu **3** Comput *(data)* zavádět, vkládat **II** vi *(boat, lorry etc)* nakládat **III** phr vs ■ **load down** vt naložit koho/ co těžkým nákladem; **he was ~ed down with presents** byl ověšen balíčky; **be ~ed down like a mule** být naložený jako soumar; fig **be ~ed down with work** mít práce až nad hlavu, být zavalen(ý) prací ■ **load up** *I* vt **1** *(goods, vehicle)* nakládat/ naložit **2** Comput nahrávat, zavádět data *II* vi *(boat etc)* nakládat

loaded ['ləudid] adj **1** *(of lorry)* naložený; *(gun)* nabitý; *(camera)* se založeným filmem; fig **be l. with metaphors** být plný metafor **2** sl **a)** *(rich)* zazobaný, prachatý; **he is l.** je to těžký pracháč **b)** *(drunk)* Amer sl namazaný, stříknutý **c)** *(high on drugs)* zfetovaný **3** *(dice)* zfalšovaný ♦ **the dice were l. against me** všechno se proti mně spiklo **4** fig **a l. question** záludná or zavádějící otázka

loader ['ləudə(r)] n **1** *(person, machine)* nakládač **2** Comput zaváděcí program

loading ['ləudiŋ] n *(of goods)* nakládání; Comput zavádění dat ■ **l. capacity** ložný prostor

loadstar ['ləudsta:(r)] n = **lodestar**

loaf$_1$ [ləuf] n (pl **loaves** [ləuvz]) **1** *(of bread)* bochník, pecen; **French l.** veka; **half a l. of bread** půlka chleba; **meat l.** sekaná; **sugar l.** homole cukru ♦ **half a l. is better than no bread** lepší něco než nic **2** inf *(head)* kokos, palice, makovice; **use your l.** pohni (trochu) mozkem

loaf$_2$ [ləuf] vi **l. (about** or **around)** povalovat se, flákat se, zahálet, zevlovat, lajdačit

loafer ['ləufə(r)] n **1** *(idler)* flákač, lajdák, zahálеč, lenoch **2** Amer *(shoe)* mokasín

loam [ləum] n jílovitá půda

loamy ['ləumi] adj hlinitý, jílovitý; **l. soil** jílovitá or hlinitá půda

loan [ləun] n **1** Fin půjčka, výpůjčka; **take up a l.** vzít si půjčku ■ **l. shark** lichvář **2** **have sth on l.** mít něco vypůjčené **(from a library** z knihovny); **can I have a l. of your dictionary?** mohu si od tebe vypůjčit slovník? ■ **l. translation** Ling kalk **3** = **loanword** ● vt **l. sth to sb** (za)půjčit komu co

loanword ['ləunwə:d] n Ling přejaté slovo, výpůjčka

loath, loth [ləuθ] adj pred **be l. to do sth** zdráhat se něco udělat, nemít chuť něco udělat ♦ **nothing l.** dated velmi ochotně, docela rád

loathe [ləuð] vt ošklivit si co, štítit se čeho, mít odpor k čemu; **she ~s snakes** ošklivi si hady, štítí se hadů; **l. sb's guts** inf nemoci koho vystát, mít koho plné zuby

loathing ['ləuðiŋ] n averze, odpor, nechuť (**for sb/ sth** ke komu/ čemu); **have a l. for sth** štítit se čeho

loathsome ['ləuðsəm] adj hnusný, odporný, ohavný

loaves ['ləuvz] n, pl of **loaf**

lob [lob] n Sport lob ● vt, vi (**-bb-**) Sport lobovat

lobby ['lobi] n **1** *(entrance hall)* předsíň, hala, *(of hotel)* vestibul, *(of theatre)* foyer **2** Parl kuloáry **3** Pol *(group)* nátlaková skupina, klika, lobby (fem); **the antiabortion l. is very strong** protipotratová lobby je velmi silná ● v (3rd person sg **lobbies**, pt, pp **lobbied**) **I** vt **l. sb** *(MP, minister, parliament)* intervenovat u koho, činit na koho nátlak **II** vi agitovat; **l. for sth** prosazovat co intervenováním u poslanců etc

lobbyism ['lobiizəm] n Pol lobbismus

lobbyist ['lobiist] n Pol lobbista

lobe [ləub] n Anat **1** *(of ear)* lalůček **2** *(of lungs, brains, leaf)* lalok

lobed ['ləubd] adj laločnatý

lobotomy [ləu'botəmi] n Med lobotomie

lobster ['lobstə(r)] n Zool humr ♦ **as red as a l.** červený jako rak ■ **l. pot** vrš na humry; **l. salad** humrový salát

local ['ləukl] adj místní; *(from this area)* zdejší; *(from that area)* tamější; *(population also)* domorodý; *(authority, council, government)* místní, obecní; *(anaesthetic, infection)* lokální; *(patriotism)* lokální, místní; *(train)* osobní; **l. call** Tel místní hovor; **l. colour** místní kolorit; **l. dignitaries** místní honorace; **l. authority elections** komunální volby; **he is/ is not a l. man** on je/ není odsud ■ see **~ly** ● n **1** *(person)* místní (obyvatel), domorodec; **the ~s** domorodci, místní (obyvatelstvo) **2** Br *(pub)* místní hospoda

locale [ləu'ka:l] n *(place)* místo; *(setting, scene)* dějiště; **the l. of the crime** místo zločinu

locality [ləu'kæləti] n (pl **-ies**) **1** *(location)* místo, umístění; Aviat poloha; *(of species)* místo výskytu, lokalita **2** *(area, neighbourhood)* místo, oblast

localize ['ləukəlaiz] vt **1** *(locate)* lokalizovat, určit **2** *(confine: eg strike)* lokalizovat, omezit na určitá místa

locally ['ləukəli] adv místně, lokálně; **he is well known l.** *(here)* zde je dobře znám, *(in his town)* ve svém městě je dobře znám

locate [ləu'keit] vt **1** *(place)* umístit; **it is conveniently ~d for shops** je výhodně situovaný v blízkosti obchodů **2** *(find)* lokalizovat, najít, určit místo čeho; *(cause of problem)* zjistit

location [ləu'keišn] n **1** *(place)* místo, kout **2** *(placing)* umístění, lokace **3** *(finding)* lokalizace, určení polohy **4** Cine exteriéry; **the film was shot on l.** film se natáčel v reálu; **they are on l. in France** natáčejí ve Francii

loc cit [lok'sit] abbr of **loco citato** l.c., na citovaném místě, tamtéž

loch [loch] n Scot jezero; *(sea l.)* mořské rameno, mořská zátoka, chobot

loci ['ləukai, 'ləusai] n pl of **locus**

lock$_1$ [lok] n **1** *(on door, drawer, box etc)* zámek; *(padlock)* visací zámek; **combination l.** heslový zámek; **safety l.** bezpečnostní zámek; **be under l. and key** být pod zámkem, *(person also)* být v kriminálu; **put sb/ sth under l. and key** dát koho/ co pod zámek **2** *(on canal)* plavební komora, zdymadlo **3** Aut poloměr rejdu **4** *(on machines, mechanisms etc)* zarážka; *(on guns)* uzávěr; Comput zámek **5** *(buy/ sell sth etc)* **l. stock and barrel** jak to leží a běží, se vším všudy, sakumpak ● **I** vt **1** *(door etc)* (u)zamknout; *(mechanism)* aretovat; *(wheel, brakes)* (za)blokovat; *(valuables)* zavírat na klíč; **the door ~ed itself** dveře se zaklaply or zabouchly **2** *(hold tightly)* **they were ~ed in each other's arms** vroucně se objímali; **l. horns** *(deer)* zaklesnout se do sebe **II** vi *(door, suitcase)* zamykat se, být na zámek; *(wheels)* (za)blokovat se **III** phr vs ■ **lock away** vt dát pod zámek, zavřít na klíč; *(criminal)* dát za mříže ■ **lock in** vt **l. sb in** zamknout koho v pokoji ap.; **l. oneself in** zamknout se v pokoji, koupelně ap. ■ **lock on** vi *(spaceship etc)* napojit se; *(of homing device)* **l. on to its target** zaměřit se na cíl ■ **lock out** vt **l. oneself out** zabouchnout si dveře; **l. sb out** nevpustit koho dovnitř, zavřít před kým dveře ■ **lock up** vt **1** *(house etc)* (u)zamknout, (u)zavřít na klíč; **l. sth up in a drawer** zamknout co do zásuvky; **l. sb up** zavřít, inf zašít do vězení; **he ought to be ~ed up** je zralý pro kriminál **2** Comm *(capital)* vázat, imobilizovat, pevně investovat

lock$_2$ [lok] n Rhet *(of hair)* kadeř, lokna, pramen vlasů

locker ['lokə(r)] n *(for clothes, valuables)* úschovní skříňka; **left-luggage l.** skříňka na zavazadla; **l. room** esp Amer šatna s uzamykatelnými skříňkami

locket ['lokit] n medailon, přívěsek

lockout ['lokaut] n Ind *(of workers)* výluka

locksmith ['loksmiθ] n zámečník

lock-up ['lokap] n **1** Amer sl *(prison)*

lapák, basa; *(cell)* vězeňská cela **2** Br obchod, obchůdek; *(garage)* garáž

loco$_1$ ['ləukəu] n (pl **~s**) inf lokomotiva, mašina

loco$_2$ ['ləukəu] adj Amer sl praštěný, ťuknutý; **he has gone l.** zcvoknul se, chytil ho rapl

locomotion [ləukə'məušn] n pohyb, lokomoce; **means of l.** dopravní prostředky

locomotive [ləukə'məutiv] n lokomotiva

locum ['ləukəm] n náhradník, zástupce zvl. lékaře nebo kněze

locus ['ləukəs] n (pl **loci** ['ləukai, 'ləusai]) geometrické místo

locust ['ləukəst] n *(insect)* saranče, kobylka; **like a swarm of ~s** jako kobylky

locution [ləu'kju:šn] n Ling rčení, úsloví

lodestar ['ləudsta:(r)] n vůdčí hvězda, esp polárka; fig *(person)* ideál, vzor; *(principle)* vůdčí princip

lodestone ['ləudstəun] n Miner magnetit, magnetovec

lodge [lodž] n **1** *(porter's)* vrátnice; **gamekeeper's l.** hájovna, myslivna; **hunting l.** lovecká bouda or chata; **shooting l.** altán **2** *(beaver's den)* doupě, nora **3 Freemason's l.** zednářská lóže **4** *(Amerindian dwelling)* vigvam ● **I** vt **1** *(accommodate)* ubytovat, poskytnout komu ubytování **2 l. a protest against sth** ohradit se proti čemu; **l. a complaint about sth** podat stížnost na co, reklamovat co; **l. a claim to sth** uplatňovat nárok na co **3** *(valuables)* deponovat, dát do úschovy **4 be ~d** *(bone in throat* etc*)* uváznout **II** vi **1** *(reside)* **l. with sb** bydlet u koho (v podnájmu), být u koho ubytován **2** *(become stuck)* uváznout; **a bone ~d in his throat** uvázla mu v hrdle kost

lodger ['lodžə(r)] n (pod)nájemník; **take (in) ~s** pronajímat pokoje

lodging ['lodžiŋ] n **1** nocleh; **night's l.** přenocování; **board and l.** byt a strava ■ **l. house** noclehárna, ubytovna **2 ~s** podnájem, byt v soukromí, privátní ubytování; **live in ~s** bydlet v soukromí or v podnájmu; **take ~s with sb** ubytovat se u koho

loft$_1$ [loft, Amer lo:ft] n **1** *(space under the roof)* půda; *(room)* podkrovní místnost, podkroví; **pigeon l.** holubník **2** Relig **organ l., choir l.** kůr

loft$_2$ [loft; Amer lo:ft] vt **l. the ball** Golf odpálit míček do výše; Ftb etc kopnout míč vysokým obloukem

loftily ['loftili, Amer 'lo:-] adv *(speak, say)* nabubřele, nadutě, povýšeně, zvysoka

loftiness ['loftinəs, Amer 'lo:-] n **1** *(of ideas)* vznešenost; *(of mountains, cathedral)* velebnost **2** *(haughtiness)* pýcha, nabubřelost, povznešenost

lofty ['lofti, Amer 'lo:-] adj (**-ier**, **-iest**) **1** *(high: mountains, church)* vznosný, velebný; fig *(ideas, sentiments)* povznášející, ušlechtilý, vznešený **2** *(haughty)* pyšný, povýšenecký, nadutý; *(speech)* nabubřelý **3** *(prose, style)* vzletný ■ adv see **loftily**

log$_1$ [log; Amer lo:g] n kláda; *(for firewood)* poleno ♦ **sleep like a l.** spát jako dřevo or dub or pařez, spát jako by ho/ji do hody hodil; **it is as easy as falling off a l.** to je lehký* jako facka ■ **l. cabin** srub, srubová chata

log$_2$ [log; Amer lo:g] n **1** Naut *(apparatus)* log, plavboměr **2** *(record)* deník; Naut lodní deník or kniha; Aviat palubní deník ● v (**-gg-**) **I** vt zanést or zaznamenat do (palubního/lodního) deníku **II** phr vs ■ **log in** or **on** vt & vi Comput přihlásit (se) do systému ■ **log off** or **out** vt & vi Comput odhlásit (se) ze systému ■ **log up** vt **1** Naut zanést co do palubního deníku **2** fig *(achieve: success)* zaznamenat; *(victory)* dosáhnout čeho

log$_3$ [log; Amer lo:g] n abbr of **logarithm** logaritmus ■ **l. tables** logaritmické tabulky

loganberry ['ləugənbəri] n *(fruit)* druh ostružiny; *(bush)* Loganův ostružiník hybrid ostružiny s malinou

logarithm ['logəriðəm] n Math logaritmus; **table of ~s** logaritmické tabulky

logarithmic [logə'riðmik] adj Math logaritmický

logbook ['logbuk] n **1** *(record)* deník; Naut lodní deník; Aviat palubní deník **2** Aut technický průkaz

loggerheads ['logəhedz] n pl **be at l. with sb** být s kým na kordy or na štíru, hněvat se s kým

loggia ['lodžiə] n lodžie

logging ['logiŋ] n dřevorubectví, těžba dřeva

logic ['lodžik] n logika, logičnost

logical ['lodžikl] adj logický; **the l. consequence** logický důsledek ■ **~ly** adv logicky

logician [ləu'džišən] n logik

logistics [ləu'džistiks] n pl logistika, fig organizace sladění různých činností

logo ['ləugəu] n logo, firemní znak

loin [loin] n **~s** bedra; **l. cloth** bederní pás; see **gird**

loiter ['loitə(r)] **I** vi *(dawdle)* lelkovat, zevlovat, poflakovat se; *(lag behind)* loudat se, courat se; *(lurk)* potloukat se; **l. with intent** often joc potulovat se se zlým úmyslem **II** phr vs ■ **loiter about** or **around** vi flákat se, flinkat se, povalovat se

loiterer ['loitərə(r)] n flákač, povaleč; *(straggler)* coural, loudal; *(suspicious person)* podezřelá osoba

loll [lol] **I** vi *(in armchair)* rozvalovat se; **l. against sth** ledabyle or nonšalantně se o něco opírat **II** phr vs ▪ **loll about** or **around** *(sit lazily)* rozvalovat se, hovět si, lenošit, nečinně sedět ▪ **loll out** vi *(dog's tongue)* viset (ven)

lollipop ['lolipop] n lízátko ▪ Br inf **l. lady/ man** muž/ žena převádějící v blízkosti škol děti přes silnici or vozovku

lollop ['loləp] vi *(animal)* cválat; *(hare)* hopkovat, poskakovat; *(person)* klátit se, courat se

lolly ['loli] n inf **1** *(lollipop)* lízátko; **an ice l.** sladký led na špejli **2** Br sl *(money)* prachy, mergle

London ['landən] n Londýn ▪ **L. shops** londýnské obchody; **L. pride** Bot lomikámen

Londoner ['landənə(r)] n Londýňan/ -ka

lone [ləun] adj osamělý ♦ **a l. wolf** vlk samotář also fig

loneliness ['ləunlinəs] n samota, osamělost, osamocenost

lonely ['ləunli] adj (**-ier, -iest**) **1** *(person)* opuštěný, osamělý, sám ♦ **l. hearts** osamělí lidé hledající partnera; **l. hearts column** rubrika 'seznámení hledají' **2** *(place)* osamělý, odříznutý od světa; **a l. place** samota

loner ['ləunə(r)] n samotář

lonesome ['ləunsəm] adj esp Amer see **lonely** ♦ **on one's l.** inf sám, osaměle

long$_1$ [loŋ, Amer lo:ŋ] adj (**longer** ['loŋgə(r)], **longest** ['loŋgist]) **1** *(in size)* dlouhý; *(journey, throw)* daleký; *(distance)* velký; *(glass)* vysoký; *(face)* protáhlý, podlouhlý; **l. johns** dlouhé spodky, podvlékačky; **l. jump** Sport skok daleký; **the bed is 2 metres l.** postel je dva metry dlouhá, postel měří dva metry; **it's a l. way from here** je to odsud daleko ♦ **be l. in the tooth** být stará vykopávka; **have a face as l. as a fiddle** tvářit se jako funebrák; **it is as broad as it is l.** je to prašť jako uhoď, vyjde to nastejno **2** *(in time)* dlouhý; *(job)* zdlouhavý; *(explanation, speech)* zdlouhavý, rozvláčný; *(holidays)* Sch hlavní; **at l. last** konečně, nakonec; **for a l. time** dlouho, nadlouho; **have a l. wait** dlouho se načekat; **have l. years of practical experience** mít dlouholetou praxi; **take a l. time over sth** dlouho se s čím zabývat; **how l. was the meeting?** jak dlouho trvala ta schůze?; **the film had a l. run** film se hrál dlouho; **a friendship of l. standing** dávné přátelství; **I haven't seen you for a l. time** už jsem tě dávno neviděl ♦ **to cut a l. story short** zkrátka a dobře; **be as happy as the day is l.** být šťastný jako blecha; **go a l. way** dotáhnout to daleko; *(of money, supplies* etc*)* dlouho vydržet; **in the l. run** nakonec; **that's looking a l. way ahead** to je daleká budoucnost, to je hudba budoucnosti **3** Sport *(serve)* příliš dlouhý **4 l. drink** velká sklenice nápoje; *(mixed alcoholic)* lihovina míšená s nealkoholickým nápojem s limonádou, tonikem ap. **5** *(vowel, syllable* etc*)* dlouhý ● adv **1** *(for a l. time)* dlouho; **live l.** žít dlouho, dožít se vysokého věku; **how l.?** jak dlouho?; **how l. have you been living here?** jak dlouho tu bydlíte?; **as l. as possible** co nejdéle; **he was l. in coming** dlouho nešel; **be l. in doing sth** dávat si načas s čím; **don't be too l. about it** udělej to rychle, inf nepárej se s tím; **I won't be l.** nezdržím se dlouho, budu hned zpátky **2** *(in relation to a point in time)* **l. ago** dávno, před dávnými časy; **l. after midnight** dlouho po půlnoci; **not l. ago** nedávno; **l. before his arrival** dlouho před jeho příjezdem **3** *(throughout)* **all day l.** celý den **4 as l. as, so l. as** *(provided that)* pokud, dokud; Amer only **as l. as** *(since)* protože; vzhledem k tomu, že; **as l. as I live** dokud budu žít; **as l. as the world exists** co svět světem stojí **5 ~er** déle; **no ~er, not any ~er** už ne; **how much ~er?** jak dlouho ještě?; **they're no ~er alive** už nejsou naživu; **things aren't like that any ~er** dnes už tomu tak není; **I can't wait any ~er** už nemohu dál čekat; **he no ~er lives here** už tu nebydlí **6 so l.!** inf ahoj!, nazdar!, buď zdráv!; **l. live ...!** ať žije ...! ● n **1 before l.** zanedlouho; **it won't take l.** nebude to trvat dlouho; **not for l.** (na) nedlouho, na krátkou dobu **2 the l. and the short of it is that ...** zkrátka řečeno ... **3** Poet dlouhá slabika

long$_2$ [loŋ] vi **l. for sb/ sth** toužit po kom/ čem; **l. for a glass of wine** mít chuť na skleničku vína; **to l.** or **be ~ing to do sth** mít chuť or cukání něco udělat

long [loŋ] abbr of **longitude** zeměpisná délka

longboat ['loŋbəut] n Naut šalupa, velký člun jako součást vybavení lodi

longbow ['loŋbəu] n luk

long-distance [loŋ'distəns] adj *(transport)* dálkový; Tel *(call)*, Rail *(train)* meziměstský; Sport **l.-distance race/ runner** běh na dlouhé trati/ běžec na dlouhé tratě

long-drawn-out [loŋdro:n'aut] adj *(sound, shout)* táhlý; *(speech, explanation)* rozvláčný; *(story* also*)* sáhodlouhý; *(meeting)* nekonečný

longevity [lon'dževəti] n dlouhověkost, dlouhý život

long-forgotten [loŋfə'gotn] adj dávno zapomenutý

long-haired [loŋ'heəd] adj *(person)* dlouhovlasý; *(animal)* dlouhosrstý

longhand ['loŋhænd] n normální písmo nikoli těsnopis

longing ['loŋiŋ] adj *(look)* toužebný ■ **~ly** adv toužebně ● n *(desire)* touha, roztoužení; *(nostalgia)* nostalgie; **secret l.** skryté or tajné přání

longish ['loŋiš] adj podlouhlý, podelší, dosti dlouhý

longitude ['loŋdžitju:d; Amer -tu:d] n esp Geogr zeměpisná délka

longitudinal [loŋdži'tju:dinl; Amer -tu:dinl] adj podélný; **l. section** podélný řez; fig **l. study** průběžná studie ■ **~ly** adv po délce

long-legged ['loŋlegid] adj dlouhodobý

long-life [loŋ'laif] adj *(salami, milk)* trvanlivý; *(battery)* s dlouhou životností

long-lived ['loŋlivd] adj *(family)* dlouhověký; *(friendship)* trvalý; *(prejudice)* zakořeněný

long-playing [loŋ'pleiiŋ] adj dlouhohrající; **l.-playing record** dlouhohrající deska, inf elpíčko

long-range [loŋ'reindž] adj **1** *(missile etc)* dalekonosný; *(vehicle)* dálkový **2** *(weather forecast, plan)* dlouhodobý

longshoreman ['loŋšo:mən] n (pl **-men**) Amer přístavní dělník, dokař

longsighted [loŋ'saitid] adj **1** Med dalekozraký **2** *(decision, policy)* prozíravý

long-standing [loŋ'stændiŋ] adj *(friendship)* dlouhodobý, dlouholetý; *(agreement)* dlouhotrvající

long-suffering [loŋ'safəriŋ] adj (nesmírně) trpělivý

long-term [loŋ'tə:m] adj dlouhodobý, dlouholetý; **a l.-term investment** dlouhodobá investice; **l.-term planning** prognostika

long-time ['loŋtaim] adj *(friend)* dlouholetý

longways ['loŋweiz] adv po délce, na délku

long-winded [loŋ'windid] adj *(person)* mnohomluvný, užvaněný; *(lecture, article)* nekonečný; *(description)* rozvláčný

loo [lu:] n Br inf klozet, záchod, ona místnost; **go to the loo** jít na záchod

loofah ['lu:fə] n Bot lufa

look [luk] n **1** *(glance)* pohled; **a faraway/ guilty/ knowing l.** nepřítomný/ provinilý/ chápavý pohled; **a questioning** or **searching/ reproachful/ shy l.** tázavý or pátravý/ káravý or vyčítavý/ plachý pohled; **a suspicious/ withering l.** podezíravý/ zničující or zdrcující pohled; **an affectionate/ annoyed l.** láskyplný/ mrzutý pohled; **a l. of longing** toužebný pohled; **have a l. at sth** podívat se na co, inf kouknout se na co; **have a quick l. at sth** omrknout si co; **have a l. at the newspaper** nahlédnout do novin; **have a l. around for sth** poohlédnout se po čem; **have a l. around** porozhlédnout se; **let me have a l.!** ukaž! **take a l. at sth** obhlédnout si co; **steal a l. at sb** kradmo or tajně se na koho podívat; **give sb a black l.** zamračit se na koho; **give sb a filthy l.** loupnout po kom očima; **give sb a questioning l.** pátravě se na koho podívat; **give sb a scathing l.** změřit si koho; **have a shifty l.** koukat jako bazilišek; **wither sb with a l.** zpražit koho pohledem **2** *(appearance, expression)* vzhled; **a l. in sb's face** výraz v čí tváři; **I don't like the l. of the place** mně se tu/ tam nelíbí; **I don't like the l. of that man/ of it** ten člověk/ to se mi nezamlouvá; **wear a l. of innocence** tvářit se nevinně; **by the l. of it** podle všeho **3 ~s** vzhled, vzezření; **good ~s** krása, hezký vzhled; **enhance one's ~s** zkrášlit se; **spoil** or **mar sb's ~s** hyzdit koho, *(of deformity* etc*)* deformovat koho; **have one's mother's good ~s** být hezký po matce **4** *(fashion)* (módní) linie; **the new l.** nová módní linie ● v **l** vi **1** *(glance, see)* dívat se, koukat se, podívat se; **l. defiantly** dívat se zarytě; **l.!** hele(ď)!, hle!; **l. who's coming** hele, kdo to jde; to se podívejme, kdo to přichází ♦ **that's ~ing far ahead** to je ještě daleko, to je hudba budoucnosti; **l. before you leap!** dvakrát měř, jednou řež! **2** *(seem)* vypadat, tvářit se **a) l. angry** tvářit se or vypadat nazlobeně; **l. bored** vypadat unuděně; **l. good** vypadat dobře; **l. sour** tvářit se kysele; tvářit se, jako by kousl/ kousla do kyselého jablka; **l. stunned** být jako omráčený; **l. well** vypadat dobře; **l. young** vypadat mladě or mladistvě; **l. younger and younger** mládnout; **you're ~ing very well** vypadáš moc dobře ♦ **things are never as bad as they l.** nic se nejí tak horké, jak se to uvaří; **l. down in the dumps** vypadat jako pytel or hromádka neštěstí **b) l. as if ...** vypadat jako by ...; **he ~s as if butter wouldn't melt in his mouth** vypadá or tváří se, jako by neuměl do pěti (na)počítat **c) l. like ...** vypadat jako ...; **l. like sb** podobat se komu, být komu podobný; **he ~s very much like you** je vám hrozně podobný; **he ~s like a tramp** vypadá jako vandrák or vagabund or šupák; **l. like a scarecrow** vypadat v čem jako strašák do zelí; **it ~s like rain** vypadá to na déšť; vypadá to, že bude pršet **3** *(search)* hledat; **I ~ed everywhere but I couldn't find it** hledal jsem všude, ale není to k nalezení **4** *(intend)* chystat se; **they are ~ing to appoint a new dir-**

ector chystají se jmenovat nového ředitele **II** vt **l. one's age** vypadat na svůj věk; **l. a sight** vypadat jako hastroš or jako maškara; **l. one's best** vypadat velmi dobře; **l. daggers at sb** loupat po kom očima; **l. death in the face** dívat se smrti do očí; **now l. what you have done!** cos to zas udělal? **III** phr vs ■ **look about** vt **l. about oneself** rozhlédnout se, podívat se kolem sebe ■ **look after** vt **1** lit podívat se za kým/ čím **2 l. after sb/ sth** *(take care of)* starat se or pečovat o koho/ co; *(supervise: children)* hlídat, dohlížet or dozírat na; *(luggage* etc*)* hlídat; **l. after the household** starat se o domácnost; **l. after yourself!** opatrujte se!; **he can l. after himself** ten se o sebe umí postarat ♦ **the devil ~s after his own** kopřivu mráz nespálí ■ **look ahead** vi lit & fig dívat se dopředu, fig dívat se do budoucnosti ■ **look around** *I* vi rozhlédnout se; **l. around for a job** (po)ohlédnout se or (po)ohlížet se po zaměstnání *II* vt *(museum)* prohlížet si; **l. around a room** rozhlížet se po pokoji ■ **look at** vt **1** *(glance)* dívat se na, hledět na; **l. at this picture** podívejte se na tento obrázek; **be nice to l. at** být hezký/ hezká na pohled; **she isn't much to l. at** není to žádná krasavice **2** *(check: manuscript, plan)* prohlédnout, zkontrolovat **3** *(view)* dívat se na co, pohlížet na fig; **whichever way you l. at it** ať se na to díváš jakkoliv ■ **look away** vi podívat se stranou, podívat se jinam ■ **look back** vi **1** *(in space)* ohlédnout se, podívat se zpět; **he left without ~ing back** odešel, ani se neohlédl **2** *(in time)* pohlížet nazpátek ♦ **since then he has never ~ed back** od té doby stále prosperoval, od té doby šel od úspěchu k úspěchu ■ **look down** *I* vi dívat se dolů, shlížet/ shlédnout (dolů) *II* vt **l. down one's nose at sb** dívat se na koho spatra; **l. down the hole** dívat se do jámy ■ **look down (up)on** vt **l. down on sb** dívat se na koho svrchu, dívat se na koho spatra or s despektem ■ **look for 1** *(seek)* hledat, pátrat po čem, shánět se po čem, pídit se po čem; **be ~ing for a job** hledat (si) práci ♦ **you're ~ing for trouble** říkáte si o nepříjemnosti or inf o malér **2** *(expect)* očekávat, doufat v co; **we were ~ing for a better result** doufali jsme, že to dopadne líp ■ **look forward to** vt těšit se na co; **I'm ~ing forward to my holiday** těším se na dovolenou, nemohu se dočkat dovolené; **be ~ing forward to seeing sb** těšit se na shledání s kým ■ **look in** vi **1** lit podívat se dovnitř **2** *(call on)* stavit se, zajít kam; **l. in at the pub** stavit se v hospodě ■ **look into** vt *(complaint* etc*)* prošetřit, vyšetřit, prozkoumat, přezkoumat; **I'll l. into the matter** já to vyšetřím, já se na to podívám ■ **look on** *I* vt *(consider)* posuzovat *II* vi přihlížet ■ **look onto** vt *(of window* etc*)* vést or jít kam; **l. onto the street** *(windows)* vést do ulice ■ **look out** vi **1 l. out (of) the window** vyhlížet or dívat se z okna **2 l. out on** *(of windows* etc*)* vyhlížet, jít or vést kam **3 l. out!** pozor!, buď opatrný ■ **look out for** vt **1** *(be on watch for)* dávat si pozor nač, číhat nač; **l. out for sb** vyhlížet koho; **l. out for pickpockets** dávat si pozor na kapsáře; **l. out for mistakes** pídit se po chybách **2** *(seek: job)* ohlížet se po čem; *(new staff)* hledat ■ **look over** vt *(report* etc*)* přehlédnout, (zběžně) prohlédnout; *(house* etc*)* prohlédnout si, podívat se na ■ **look round** vi see **look around**; **I am just ~ing round** *(in a shop)* jen se dívám ■ **look through** *I* vi *(window* etc*)* podívat se čím *II* vt **1 l. through the window** podívat se oknem (ven/ dovnitř) **2** *(correspondence, papers* etc*)* prohlédnout si, projít, probrat se čím; *(leaf through)* prolistovat; **she ~ed through her notes** prošla si své poznámky **3 he ~ed (straight) through me** tvářil se, jako by mě neviděl ■ **look to** vt **1** fml **l. to it that ...** *(make sure)* ujistit se, že ..., zajistit, aby ...; **l. to it that you are there** hleď tam být, inf koukej, abys tam byl; **2 l. to sb for sth** or **to do sth** očekávat od koho co; **l. to sb for help** čekat od koho pomoc; **they l. to their father to solve all their problems** spoléhají se, že otec vyřeší všechny jejich problémy ■ **look up** *I* vi **1** *(glance upwards)* podívat se nahoru, vzhlédnout **2** fig *(improve)* **things are ~ing up** situace se mění k lepšímu *II* vt **1** *(words)* vyhledat; **l. it up in the dictionary** podívej se na to do slovníku **2** *(visit)* **l. sb up** vyhledat koho, zajít za kým **3 l. sb up and down** přejíždět koho zrakem, přeměřit si koho ■ **look upon** vt **l. upon sb as a coward** dívat se or pohlížet na koho jako na zbabělce; see **look on** *(I)* ■ **look up to** vt **l. up to sb** vzhlížet ke komu s obdivem, s úctou ap., dívat se na koho jako na pánaboha

lookalike ['lukəlaik] n dvojník/ dvojnice; **Margaret Thatcher's l.** dvojnice Margaret Thatcherové

looker ['lukə(r)] n **be a good l.** inf být fešák/ fešanda

looker-on ['lukəron] n přihlížející, divák/ divačka

look-in ['lukin] n inf **1** *(chance)* šance, příležitost; **she didn't get a l.** nedostala vůbec šanci **2** *(short visit)* krátká návštěva

looking glass ['lukiŋgla:s] n zrcadlo

lookout ['lukaut] n **1** *(person)* strážný, hlídač **2 l. (tower)** rozhledna, pozorovatelna, vyhlídková věž **3** *(watch)* **be on the l. for sth** ohlížet se po čem, hledat co **4** Br inf *(prospect)* **it's a grim l. for us** naše vyhlídky jsou špatné **5 it's your own l.** to je váš problém

loom₁ [lu:m] n (tkalcovský) stav; **jet l.** tryskový stav

loom₂ [lu:m] **I** vi **1** also **l. up** *(appear)* vynořit se, objevit se nezřetelně; *(show indistinctly)* rýsovat se; *(stand tall: mountains* etc*)* vypínat se, tyčit se **2 l. large** *(threaten: war, eviction)* hrozit **3** *(approach)* **l. up** or **nearer** (eg *deadline)* hrozivě se blížit or přibližovat **II** phr v ■ **loom up** vi see **loom (1,3)**

loony ['lu:ni] adj **(-ier, -iest)** inf bláznivý, potrhlý, ztřeštěný ● n blázen, cvok ■ **l. bin** sl pej blázinec, cvokárna

loop [lu:p] n **1** *(in string, rope, wire)* also Rail smyčka; *(in string, rope,* also*)* klička; *(in intestine)* klička; *(in river, road)* záhyb; Knit oko **2** *(contraceptive coil)* nitroděložní tělísko **3** Elec uzavřený okruh **4** Comput *(set of instructions)* smyčka, cyklus **5** Aviat lopink, přemet ● **I** vt **1** *(string, rope)* uvázat na smyčku, udělat na čem smyčku **2** Aviat **to l. the l.** udělat lopink **II** vi *(road* etc*)* klikatit se

loophole ['lu:phəul] n **1** Mil střílna **2** fig (otevřená) zadní dvířka or vrátka; Jur **a l. in the law** mezera or skulina v zákoně; **tax l.** mezera v daňovém zákoně

loopy ['lu:pi] adj **(-ier, -iest)** sl *(crazy)* ťuknutý, praštěný, ujetý

loose [lu:s] adj **1** *(not firmly fixed)* volný; *(handle)* uvolněný, viklající se; *(nail, tooth)* viklající se, kývající se; *(tooth* also*)* viklavý; *(screw)* neutažený, nedotažený; *(rope)* neuvázaný, neupevněný; *(knot)* volný, uvolněný; *(board)* uvolněný, nepřibitý; *(balloon* etc*)* neupoutaný; *(dog)* odvázaný, nepřivázaný; *(hair)* rozpuštěný; **l. covers** *(on chairs* etc*)* snímatelné potahy; **be l.** *(tooth, nail)* viklat se, kývat se; **come l.** uvolnit se; *(knot)* rozvázat se; *(plywood)* odklížit or odlepit se; **get l.** *(board, screw)* uvolnit se; **break l.** *(dog, avalanche)* utrhnout se; **turn the dogs l.** odvázat psy; **have l. bowels** mít průjem ♦ **all hell broke l.** nastala mela, nastalo boží dopuštění, rozpoutalo se učiněné peklo; **be at a l. end** nevědět co s časem, nemít nic na práci; **have a l. tongue** mít nevymáchanou hubu, pouštět si hubu na špacír; **cut l.** rozřečnit se, pustit se do řečnění, spustit **2** *(l.-fitting: clothes)* velký, volný, *(baggy)* plandavý **3** *(goods)* nebalený; **l. change** drobné **4 a l. woman** lehká žena or dívka, prodejná žena or ženská or ženština; **l. living** lehkomyslný život; **l. morals** uvolněná morálka **5** *(not exact)* nepřesný, vágní; *(translation)* volný, přibližný **6** *(soil)* kyprý ■ **~ly** adv volně; *(approximately)* přibližně, zhruba; *(vaguely)* nepřesně, vágně; **fall ~ly** *(dress)* splývat; **hang ~ly** *(dress)* plandat ● n **be on the l.** být na svobodě; *(be on the run)* být na útěku ● **I** vt **1** *(free: animal, person)* pustit na svobodu **2** *(unfasten)* odvázat; *(hair)* rozpustit **3** *(slacken)* uvolnit, povolit **II** phr v ■ **loose off** *I* vt *(arrow, shot)* vystřelit, vypálit *II* vi *(open fire)* spustit palbu ♦ **l. off at sb** fig zahrnout koho přívalem nadávek

loose-fitting [lu:s'fitiŋ] adj volný; *(clothes* also*)* velký, *(baggy)* plandavý

loose-leaf [lus'li:f] adj *(album* etc*)* s volnými listy

loosen ['lu:sən] **I** vt **1** *(make less tight: screw, collar, cable, rope)* uvolnit, *(screw, belt, grip)* povolit; *(untie: knot)* rozvázat; *(soil)* zkypřit ♦ **l. sb's tongue** rozvázat komu jazyk **2** fig *(rules, restrictions)* zmírnit, přizpůsobit, liberalizovat **II** vi uvolnit se, povolit se; *(untie)* rozvázat se **III** phr v ■ **loosen up** vi *(relax)* uvolnit se; *(stop being shy)* ztratit ostych, osmělit se; Sport *(limber up)* rozcvičit se, rozhýbat se; Ftb, Mus rozehrát se

looseness ['lu:snəs] n cf also **loose** **1** volnost, uvolnění, uvolněnost, *(of screw)* neutaženost **2** *(of clothes)* dostatečná volnost, inf plandavost **3** *(of soil)* kyprost, nakypřenost **4** *(vagueness)* vágnost, nepřesnost **5** *(of morals)* uvolněnost

loot [lu:t] n kořist, lup; inf dated *(money)* prachy ● vt drancovat, loupit, rabovat, kořistit, plenit

looter ['lu:tə(r)] n plenitel, kořistník, drancovník

looting ['lu:tiŋ] n rabování, drancování, plenění

lop [lop] **I** vt **(-pp-)** **1** *(tree)* prořezat, proklestit **2** fig *(budget* etc*)* proškrtat, seškrtat **II** phr v ■ **lop off** vt **1** *(branch* etc*)* odřezat, odseknout; *(branches* etc*)* o(d)sekat, ořezat **2** *(expenses, time)* snížit, redukovat

lope [ləup] vi běžet dlouhými skoky

lop-eared [lop'iəd] adj mající svislé uši

lop-ears [lop'iəz] n svislé uši, *(of animals* also*)* svislé slechy

lopsided [lop'saidid] adj nesouměrný, nevyrovnaný; *(wall)* křivý; *(views)* excentrický

loquacious [ləu'kweišəs] adj fml (vý)řečný, hovorný, povídavý

loquacity [ləu'kwæsəti] n fml hovornost, povídavost, upovídanost, řečnost

lord [lo:d] n **1** *(ruler, master)* pán, vládce; **a feudal l.** feudální pán; **a press l.** tiskový magnát; **the ~s of industry** průmysloví magnáti; **be sb's l. and master** být pánem nad životem a smrtí koho; **one's l. and master** joc něčí manžel **2** *(nobleman)* lord ♦ **be as drunk as a l.** být opilý jako Dán; **live like a l.** žít si jako hrabě or baron or paša **3** Br **the (House of) Lords** Horní sněmovna, Sněmovna lordů **4** Br *(in titles of high officials)* **L. Chancellor** lord kancléř; **L. Mayor**, Sc **L. Provost** primátor; **L. Chief Justice** nejvyšší soudce **5 My L.** *(form of address) (to judges)* slavný soude; *(to baron)* pane barone; *(to bishop)* Vaše Excelence **6** Relig **the L. (God)** Pán Bůh, Hospodin; **the L.'s Day** den Páně; **the L.'s House** dům Páně; **the L.'s Prayer** Otčenáš, modlitba Páně; **the L.'s will** boží vůle, vůle Páně ♦ **the Good L.** Pánbůh; **(good) L.!** můj ty bože!, probůh!, můj ty smutku! ● vt **l. it** hrát si na velkého pána, dělat milostpána; **l. it over sb** komandovat koho, poručníkovat komu

lordly ['lo:dli] adj **(-ier, -iest) 1** *(haughty)* arogantní, povýšený, *(behaviour)* velkopanský **2** *(dwelling)* panský

lordship ['lo:dšip] n Br **1** *(title)* **his/ your l.** jeho/ vaše lordstvo; joc **would your l. like a cup of coffee?** přeje si milostpán kávu? **2** dated **l. over sth** vláda nad čím

lore [lo:(r)] n *(folk legend)* tradice, podání, zvyklosti; **weather l.** pranostika; **in local l.** podle místních tradic

lorgnette [lo:n'jet] n lorňon

lorry ['lori, Amer 'lo:ri] n Br nákladní auto, kamion, inf náklaďák; **tipping l.** vyklápěcí nákladní auto ♦ **it fell off the back of a l.** joc inf & euph je to kradené zboží ■ **l. driver** řidič nákladního auta

lose [lu:z] v (pt & pp **lost** [lost; Amer lo:st]) **I** vt **1** gen ztratit, ztrácet; *(leg, eye, virginity; customers, money at stock market, job* etc*)* ztratit, přijít o, *(money at cards,* Jur *a case)* prohrát; *(pursuers)* setřást, zbavit se koho; *(one's German* etc*)* zapomenout; **he has lost his hair/ teeth** vypadaly mu vlasy/ zuby; **l. its hair** *(of animal)* vypelichat; **l. consciousness** ztratit vědomí; **l. weight** zhubnout, spadnout se, ubývat na váze; **I've lost 3 kilos** zhubl jsem o tři kila, ztratil jsem tři kila; **l. one's hearing** ohluchnout, ztratit sluch; **l. one's sight** oslepnout, ztratit zrak; **l. its colour** *(of things)* pustit barvu, vyblednout; **l. fragrance** vyčichnout; **l. its edge** ztupit se; **l. one's footing** uklouznout; **watch that you don't l. it** hleď, abys to neztratil ♦ **have nothing to l.** nemít co ztratit; **he has lost his patience** došla mu trpělivost; **he lost no time (in) ...** nemeškal a ...; **l. no time in doing sth** udělat co ještě za tepla; **l. control of oneself**, inf **l. one's cool** ztratit nervy, přestat se ovládat; **l. control of one's car** ztratit vládu nad vozidlem; **l. heart** ztratit odvahu, (z)malomyslnět, poklesnout na mysli; **l. hope** ztratit naději; **l. one's bearing** ztratit orientaci; **l. one's footing** ztratit půdu pod nohama; **l. one's interest in sth** přestat se o co zajímat; **l. one's tongue** ztratit řeč; **l. one's way** zabloudit; **l. sight of sth** ztratit co z dohledu; **don't l. sight of the children** neztrácejte děti z očí **2** *(through death)* přijít o, ztratit, zemřít komu; **she has lost two children** zemřely jí dvě děti; **many lives were lost** mnoho lidí přišlo o život; **she has lost her husband** umřel jí manžel **3** *(not win: match, game)* prohrát; **Short lost four games to Kasparov** Short prohrál čtyřikrát s Kasparovem **4** *(of watch, clock)* **l. 10 minutes a day** zpožďovat se o deset minut denně; **my watch lost 30 minutes** hodinky se mi zpozdily o 30 minut **5** *(train)* zmeškat; *(opportunity)* nechat si ujít **6 you've lost me** *(I didn't catch what you said/ I've stopped understanding)* nerozuměl jsem vám, ztratil jsem nit **7** *(cause to l.)* **it lost him his job** ztratil kvůli tomu své zaměstnání **8** esp pass **all is lost** vše je ztraceno, po všem je veta; **get lost** zabloudit, ztratit se, *(disappear)* zmizet; **get lost** inf vypadni; **look lost** vypadat opuštěně, fig vypadat bezradně; **it was lost on him** *(joke, remark* etc*)* nedošlo mu to; **my words were lost on him** má slova na něj nezapůsobila **II** vi **1 l. on sth** *(business* etc*)* prodělat or ztratit na čem; Sport prohrát; **l. to sb** prohrát s kým; **you'll l. by it** bude to ve váš neprospěch, ztratíte tím; **l. in value** ztratit na hodnotě, znehodnotit se; **l. in intensity** oslábnout; **l. in strength** zeslábnout **2** *(of watch, clock)* zpožďovat se **III** phr v ■ **lose out** vi inf být škodný, prodělat (**on sth** na čem)

loser ['lu:zə(r)] n **1** Sport poražený; **he is a good/ bad l.** umí/ neumí prohrávat **2** fig ztroskotanec, zkrachovaná existence, neúspěšný člověk; **he's a born l.** nic mu v životě nevychází

losing ['lu:ziŋ] adj **1** *(team)* prohrávající; **be on the l. side** prohrávat; fig **a l. game** předem ztracená hra **2** *(unprofitable: business* etc*)* ztrátový, proděločný, nerentabilní

loss [los] n **1** *(instance or process of losing)* ztráta; **l. of blood** ztráta krve; **l. of appetite** nechutenství; **l. of eyesight** oslepnutí; **l. of hearing** ohluchnutí; **l. of time** časová ztráta; **l. of weight** úbytek na váze; **l. of memory** ztráta paměti **2** *(sth* *lost)* ztráta/ ztráty; Sport prohra; **l. of life** ztráty na životech; **suffer heavy ~es** utrpět velké ztráty; **make good a l.** nahradit ztrátu; **sell sth at a l.** prodat něco se ztrátou **3** fig **be at a l.** být na rozpacích; **find oneself at a l.** nevědět si rady; **I am at a l. what to say** nevím, co mám říci; **I am at a l. for words** nedostává se mi slov; **he's never at a l. for an excuse** má vždy pohotově výmluvu; **be at a l. without sth** být bez čeho jako bez ruky; **he is a dead l.** není k ničemu, je to hrozný případ

lost [lost] pt & pp of **lose** ● adj ztracený; *(cause)* beznadějný; *(civilization)* zaniklý, vyhynulý, vymizelý; *(opportunity)* promarněný; **go around like a l. soul** chodit jako bludná duše, chodit jako bez ducha; **l. property office**, Amer **l. and found department** ztráty a nálezy, oddělení ztrát a nálezů

lot$_1$ [lot] n inf **the l.**, **the whole l.**, **all the l.** *(everything)* všechno; **take the l.** vezměte si (to) všechno; **that's the l.** to je všechno; **he ate the l.** snědl to všechno

lot$_2$ [lot] n inf **a l.**, **lots** hodně, mnoho, spousta; **quite a l.** dost, hezká řádka čeho; **a l. of money**, **~s of money** spousta or hromada peněz; **a l. of people**, **lots of people** hodně lidí, inf moře lidí; **I saw quite a l. of him** dost často jsme se stýkali; **attach a l. of importance to sth** přikládat čemu velký význam; *(How many do you want?)* – **A l.** or **Lots.** Spoustu. ● adv inf **a l.**, **~s** moc, velmi, velice, inf hrozně; **I like her a l.** mám ji moc rád; **I'm feeling a l. better today** dnes je mi o moc lépe; **a fat l. you care** houby ti na tom záleží; **thanks a l.** mockrát děkuju also iron

lot$_3$ [lot] n **1** *(at auction)* položka; **l. No. 30** položka číslo 30 **2** *(group of people: eg students)* skupina; *(of holidaymakers, children in camps etc)* turnus; *(set of things)* souprava, dávka, *(of goods)* partie, *(delivered)* zásilka; St Ex balík akcií na prodej **3** *(piece of land)* parcela; Amer **parking l.** parkoviště, parking **4 a bad l.** lump, mizera, špatný člověk **5** *(sb's fortune, destiny)* osud; **a woman's l.** ženský úděl; **throw in one's l. with sb** spojit s někým svůj osud; **bemoan one's l.** naříkat si na svůj osud; **share the same l. with sb** sdílet s kým stejný osud; **it fell to my l. to ...** bylo mi souzeno, abych ... **6 choose sth by l.** vybrat co losem; **draw lots for sth** vylosovat co

loth [ləuθ] adj see **loath**

lotion ['ləušn] n vodička, voda kosmetická; **face l.** pleťová voda; **aftershave l.** voda po holení; **suntan l.** opalovací emulze

lottery ['lotəri] n loterie ■ **l. ticket** los v loterii, slosovací lístek

lotto ['lotəu] n loto společenská hra

lotus ['ləutəs] n Bot lotos ■ **l. flower** lotosový květ; **l. position** lotosová pozice užívaná v józe při meditaci

lotus-eater ['ləutəsi:tə(r)] n lotofág, zahálčivý požívač

loud [laud] adj **1** *(voices, laughter)* hlasitý, hlučný, halasný; *(applause)* bouřlivý; **in a l. voice** hlasitě, nahlas; **say sth l. and clear** říci co hlasitě a jasně; fig **be l. in one's praises of sb/ sth** halasně někoho/ něco vychvalovat **2** *(garish: colour)* řvavý, křiklavý, vtíravý **3** *(brash: manner)* hřmotný, halasný ■ see **loudly** ● adv hlasitě, nahlas, hlučně; *(protest)* halasně; *(applaud)* bouřlivě; **speak ~er** mluvte hlasitěji ♦ **actions speak ~er than words** ne slova, ale činy; je třeba jednání, ne mluvení

loudhailer [laud'heilə(r)] n megafon, hlásná trouba

loudly ['laudli] adv cf **loud** hlasitě, hlučně; *(dressed)* křiklavě, nápadně

loudmouth ['laudmauθ] n inf *(noisy person)* křikloun, tlučhuba; *(boaster)* chvastoun, furiant

loudmouthed ['laudmauðd, '-mauθt] adj inf křiklounský, halasný; *(boastful)* chvastounský

loudness ['laudnəs] n see also **loud** hlasitost, hlučnost; *(garishness)* křiklavost, vtíravost, řvavost

loudspeaker [laud'spi:kə(r)] n tlampač, amplion; *(on radio)* reproduktor; *(of hi-fi also)* inf reprobedna

lough [loch] n Ir jezero, dlouhá mořská zátoka

lounge [laundž] n **1** *(at airport etc)* hala; **arrivals/ departure l.** příletová/ odletová hala **2** *(in hotel)* hala, klubovna ■ **l. bar** salonek; **l. suit** vycházkový oblek **3** Br *(sitting room)* obývací pokoj ● **I** vi lenošit, povalovat se **II** phr v ■ **lounge about** or **around** povalovat se, rozvalovat se, lenošit, válet se v křesle ap.

lounger ['laundžə(r)] n **1** *(person)* povaleč, lenoch, flákač **2** *(settee)* lehátko

lour ['lauə(r)] see **lower**$_2$

louse [laus] n **1** *(insect)* (pl **lice** [lais]) veš; **be full of l.** být zavšivený **2** (pl **~s**) *(contemptible person)* ničema, lump, krysa, prevít ● phr v ■ **louse up** vt sl *(spoil, ruin)* zmrvit, zvrtat, zvrzat

lousy ['lauzi] adj inf **(-ier, -iest) 1** fig mizerný; *(weather, mood)* psí; **l. prospects** mizerné or zlé vyhlídky; **be a l. musician** hrát pod psa; **a l. job** svinská práce; **he's l.**

with money má peněz jako šlupek; **it's a l. place** je to zapadlá díra; **I feel l.** cítím se mizerně 2 *(covered with lice)* zavšivený

lout [laut] adj hulvát, klacek, hrubián, nevychovanec

loutish ['lautiš] adj neotesaný, nevychovaný, klackovitý

louvre, Amer **louver** ['lu:və(r)] n *(slat)* žaluziová destička; *(window blind)* žaluzie, žaluziová okenice

louvred, Amer **louvered** ['lu:vəd] adj žaluziový

lovable ['lavəbl] adj milý, sympatický, roztomilý, expr božský

love [lav] n **1 a)** *(affection)* láska; **motherly** or **maternal l.** mateřská láska, láska mateřská; **parental l.** rodičovská láska; **paternal l.** otcovská láska; **l. for one's parents** láska k rodičům; **l. of one's country** láska k vlasti; **out of l.** z lásky; **overflow with l.** rozplývat se láskou; **there's no l. lost between them** nemají se (zrovna) rádi; **for l. or money** za žádné peníze, za žádnou cenu; **for the l. of God** pro smilování boží **b)** *(sexual affection)* láska; **be in l.** být zamilován (**with sb** do koho), *(with each other)* milovat se; **be hopelessly/ madly in l.** být beznadějně/ bláznivě zamilován; **be head over heels in l. with sb** milovat koho k zbláznění, být do koho zamilován až po uši; **confess one's l. to sb** vyznat komu lásku; **declaration of l.** vyznání lásky; **fall in l. with sb** zamilovat se do koho; **first l.** první láska; **free l.** volná or svobodná láska; **l. at first sight** láska na první pohled; **l. for sale** prodejná láska; **lucky at cards, unlucky in l.** štěstí ve hře, neštěstí v lásce; **make l. to sb** *(have sexual intercourse)* milovat se s kým, souložit s kým; arch *(court)* dvořit se komu; **early l., young l.** mladická láska; **puppy l.** první láska; **rivals in l.** rivalové or sokové v lásce; **there's l. for you!** tomu se říká láska; **unrequited l.** nešťastná or neopětovaná láska; **old l. never dies** stará láska nerezaví ■ **l. act** milostný akt; **l. affair** milostný poměr, milostná aféra; **l. birds** milenci; **l. letter** milostný dopis, psaníčko; **l. line** *(on palm)* čára lásky; **l. match** sňatek z lásky; **l. potion** elixír lásky; **l. scenes** milostné scény; **l. song** milostná píseň **c)** *(strong liking)* **a l. of music** láska k hudbě; **labour of l.** práce ze záliby; **(heither) for l. or money** za žádné peníze, za žádnou cenu **2** *(greetings)* **give my l. to Jane** pozdravuj ode mne Janu; **send one's l. to sb** vzkázat komu pozdrav, pozdravovat koho; *(in letters)* **(with) l. from ...** líbá tě ..., srdečně tě zdraví ... **3** *(sweetheart)* miláček, milý, láska, poklad; **how are you, my l.?** jak se máš, poklade?; **she is the l. of my life** ona je moje životní láska **4** *(delightful person)* zlato, báječná osoba; *(child)* roztomilý chlapeček/ roztomilá holčička; **isn't he a l.!** je hrozně roztomilý, je úplně báječný **5** Tennis *(nil)* nula ● vt **1** *(have a strong affection for)* milovat, mít (moc) rád; **l. one's parents/ wife/ country** milovat své rodiče/ svou ženu/ svou vlast; **l. sb dearly** vroucně koho milovat; **I like you but I don't l. you** mám tě rád, ale nemiluji tě ♦ **l. me, l. my dog** musíš mě milovat takového, jaký jsem/ takovou, jaká jsem **2** *(enjoy)* mít rád, líbit se; **I l. that hat** ten klobouk se mi hrozně líbí; **she ~s horses** je zamilovaná do koní; **children l. to play, children l. playing** děti si rády hrají; **she ~s receiving guests** hrozně ráda přijímá hosty; **I'd l. to go with you** hrozně rád bych šel s tebou; *(Would you like to join me?)* – **Yes, I'd l. to.** Ano, velmi rád(a).

lovebird ['lavbə:d] n usu pl joc **~s** hrdličky

loveless ['lavləs] adj bez lásky

loveliness ['lavlinəs] n cf **lovely** půvab, krása, sličnost

lovely ['lavli] adj **(-ier, -iest) 1** *(beautiful)* půvabný, rozkošný, hezký, krásný; *(pleasing: puppy,* eg *kitten* etc*)* roztomilý; *(charming)* sympatický, milý; **she has a l. figure** má hezkou figuru; **today is a l. day** dnes je krásně; **be l. to look at** být krásný na pohled **2** *(enjoyable)* milý, báječný, fajn; **a l. meal** výborné jídlo; **thanks for the l. party** díky za hezký večírek; **we had a l. time** měli jsme se výborně; **it has been l. talking to you** hezky jsme si popovídali ● n inf *(person)* zlatíčko, miláček

lovemaking ['lavmeikiŋ] n **1** *(sexual intercourse)* milování, milostný styk, soulož **2** dated *(flirtation)* flirtování; *(courting)* dvoření

lover ['lavə(r)] n **1** *(sexual partner)* milenec, milý; **a pair of ~s** párek, milenci; **an inconstant l.** dated přelétavý ptáček or motýl; **she took a l.** našla si milence; **they were ~s for several years** měli spolu po několik let intimní vztahy **2** *(enthusiast: of art, music* etc*)* milovník, ctitel; *(of good wine, food* etc*)* vyznavač; *(of football* etc*)* fanoušek

lovesick ['lavsik] adj roztoužený, chorý láskou; **be l.** chřadnout láskou

loving ['laviŋ] adj *(affectionate)* milující, láskyplný; *(tender)* něžný ■ **~ly** adv s láskou

low$_1$ [ləu] adj **1** *(not high: wall, ceiling)* nízký; **a low neckline** hluboký výstřih; **low tide** odliv; **the river is low** v řece je nízká hladina vody; **fly at a low altitude** letět nízko; Geog **the Low Countries** Nizozemí; fig **keep a low profile** držet se zpátky, neexponovat se **2** *(in scale: temperature, pressure)* nízký; *(price* also*)* nízký, levný; *(pulse)* slabý; *(visibility, intelligence)* omezený; *(note)* hluboký; *(quality;* Sch *marks)* špatný, mizerný; *(battery)* slabý, téměř vybitý; **low gear** Aut nízká rychlost, jednička or dvojka; **be low in vitamins** být chudý na vitamíny; **we are low on supplies, our supplies are at a low ebb** docházejí nám zásoby **3** *(morale)* nízký; **low spirits** splín, deprese; **feel l.** mít depresi; **his spirits were at a low ebb** měl depresi **4 be low in health** být na tom zdravotně špatně; **he is rather low today** *(patient)* dnes se necítí moc dobře **5** *(inferior:* Biol *organisms)* primitivní, nižší; *(position)* nízký, podřízený; *(manners)* dated hrubý, neomalený; *(joke)* nevkusný; *(company)* špatný, nežádoucí; *(taste)* nízký; **pander to low taste** hovět nízkému vkusu; **be of low birth** být nízkého původu, pocházet z nižších vrstev **6** *(soft: voice)* tichý; **speak in a low voice** mluvit tiše or polohlasně or potichu, mluvit tichým hlasem **7** *(deep: voice, note)* hluboký ● adv **1** nízko; **fly low** letět nízko; **bow low** hluboce se uklánět; **run low** *(supplies)* docházet, inf scvrkávat se; **stoop so low as to ...** klesnout tak hluboko, že ...; **we are getting low on coal** dochází nám uhlí; **lie low** skrývat se; **he was laid low by an illness** sklátila ho nemoc; **search high and low** hledat všude možně **2 speak/ sing low** mluvit/ zpívat tichým hlasem ● n **1** Meteor tlaková níže **2** *(low point)* nejnižší bod, nejnižší úroveň; **reach an all-time low** *(relations* etc*)* dosáhnout nejnižšího bodu

low$_2$ [ləu] n *(of cattle)* bučení ● vi bučet

lowbrow ['ləubrau] adj *(person)* přízemní, málo kultivovaný, málo vzdělaný; *(literature, work of art)* nenáročný ● n nevzdělanec, nekulturní člověk

low-budget [ləu'badžit] adj úsporný

low-calorie [ləu'kæləri] adj nízkokalorický; *(diet)* redukční

low-cut [ləu'kat] adj *(dress)* s hlubokým výstřihem, dekoltovaný

low-down [ləu'daun] adj podlý, nízký, hanebný ● n inf důvěrné informace, holá fakta; **give sb the low-down on sb/ sth** informovat koho o kom/ čem důvěrně

lower$_1$ ['ləuə(r)] adj **1** cf **low**$_1$ nižší, hlubší etc **2** *(jaw, limbs)* dolní; *(storey, drawer)* spodní; **l. abdomen** podbřišek; **l. arm** předloktí; **l. deck** Naut podpalubí; **L. Chamber, L. House** Parl dolní sněmovna; **the l. middle class** maloburžoazie; **L. Austria** Geogr Dolní Rakousy; **L. Saxony** Dolní Sasko; **l. case** Typ malá písmena, spodní písmovka ● adv níže ● **I** vt **1** *(put down: flag, blind)* spustit; *(flag, window* also*)* stáhnout (dolů); *(lifeboats, sails)* spustit; *(seat)* snížit; *(eyes)* (s)klopit **2** *(reduce: voice)* ztišit, ztlumit; *(price, pressure, standard)* snížit; **l. the price of sth** zlevnit co **3** fig **l. oneself** *(by doing sth)* ponížit se; **l. oneself to do sth** snížit se k čemu **II** vi **1** *(weaken; voice* etc*)* zeslábnout **2** *(sink)* klesnout

lower$_2$ ['lauə(r)] vi **1** *(sky)* hrozivě se zatáhnout, zakabonit se **2** *(person)* mračit se, kabonit se; **l. at sb** (za)mračit se na koho

lower-class ['ləuəkla:s] adj z nižší společenské třídy; *(pub)* pro lidi z nižších tříd; *(habits)* proletářský

lowering ['lauəriŋ] adj *(sky)* zatažený, zakaboněný, zamračený; *(clouds)* hrozivý, nevěstící nic dobrého

lowest ['ləuist] adj superl of **low** nejnižší; **the l. common denominator** nejnižší společný jmenovatel

low-heeled [ləu'hi:ld] adj **l.-heeled shoes** boty na nízkém podpatku

low-key [ləu'ki:] adj *(person)* klidný, rezervovaný; *(approach)* diskrétní; *(informal)* neformální, bez ceremonií

lowland ['ləulənd] n nížina; usu pl **the L~s (of Scotland)** Skotská nížina

lowlander ['ləuləndə(r)] n obyvatel nížiny

low-level [ləu'levl] adj *(talks)* na nižší úrovni; *(radiation)* málo intenzivní; *(infection)* lehký

lowliness ['ləulinəs] n skromnost, pokora; *(of birth)* nízkost

lowly ['ləuli] adj (**-ier, -iest**) skromný, pokorný; **of l. birth** pocházející ze skromných poměrů

low-necked [ləu'nekt] adj *(dress)* dekoltovaný, s hlubokým výstřihem or dekoltem

low-paid [ləu'peid] adj špatně placený, mající nízký plat

low-pitched [ləu'pičt] adj **1** *(voice, note)* hluboký **2** *(roof)* s malým sklonem, mající malý sklon

low-pressure [ləu'prešə(r)] adj nízkotlaký; Meteor **l.-pressure area** oblast nízkého tlaku

low-price(d) [ləu'prais(t)] adj laciný, levný

low-rise [ləu'raiz] adj *(buildings)* nízký

low-spirited [ləu'spiritid] adj deprimovaný, demoralizovaný

low-voltage [ləu'voltidž] adj Elec slaboproudý

loyal ['loiəl] adj loajální; *(to wife, friend* also*)* věrný; *(to colleagues)* kolegiální; **l. service** věrné služby

loyalist ['loiəlist] n loajální občan; Hist loajalista ● adj loajální

loyalty ['loiəlti] n loajalita, oddanost, věrnost; **demonstrate one's l.** projevit svou loajalitu ■ **l. oath** přísaha věrnosti

lozenge ['lozindž] n **1** Med pastilka **2** Geom *(rhombus)* kosočtverec

LP [el'pi:] abbr of **long-playing record** LP deska, elpíčko

L-plate ['elpleit] n Aut tabulka s nápisem 'L' na autech řízených kandidáty autoškoly

LSD [eles'di:] abbr of **lysergic acid diethylamide** LSD narkotikum

Lt abbr of **Lieutenant** see also **Lieut** por., poručík

Ltd abbr of **Limited (liability)** s. r. o., společnost s ručením omezeným

lubricant ['lu:brikənt] n mazadlo, mazivo

lubricate ['lu:brikeit] vt *(mechanism)* (na)mazat, promazat, (na)olejovat; fig **he was well ~d** byl pěkně namáznutý

lubricating ['lu:brikeitiŋ] adj *(oil)* mazací; **l. system** mazání

lubrication [lu:bri'keišn] n mazání, olejování; **forced l.** tlakové mazání

lubricious [lu:'brišəs] adj vilný, chlípný, lascivní

lubricity [lu:'brisəti] n vilnost, chlípnost, lascivnost

lucerne [lu:'sə:n] n Bot (tolice) vojtěška

lucid ['lu:sid] adj **1** *(explanation)* jasný, srozumitelný; *(account, statement)* srozumitelný; *(style)* průzračný **2** *(clear-headed)* příčetný; *(mind)* jasný; **a l. moment** světlá or jasná chvilka; **the patient had l. moments** nemocný měl jasné chvilky ■ **~ly** adv jasně, srozumitelně

lucidity [lu:'sidəti] n see **lucid** jasnost, srozumitelnost; *(sanity)* příčetnost

luck [lak] n štěstí; **bad l., hard l., rotten l., tough l.** pech, smůla; **as l. would have it** na neštěstí, inf na potvoru; **be dogged by bad l.** být pronásledován smůlou; **be in l.** mít kliku, mít štěstí; **be out of l.** nemít štěstí, mít pech; **beginner's l.** první vyhrání; **he had the beginner's l.** měl štěstí, které provází začátečníky; **best of l.!** mnoho štěstí; **better l. next time** příště víc štěstí; **bring bad l.** přinášet smůlu; **for l.** pro štěstí; **g. luck!** zlom vaz!, mnoho štěstí!, ať to dobře dopadne; **he has all the l.** má ve všem štěstí; **he has no l.** nemá štěstí, nic se mu nedaří; **I had the good l. to win** poštěstilo se mi vyhrát; **I was down on my l.** měl jsem smůlu, opustilo mě štěstí; **it's real bad l.** to je vyložená smůla; **it's the l. of the draw** to je sázka do loterie; **try one's l. at sth** zkusit v čem štěstí; **what a stroke of l.!** to je ale štěstí!; **what bad l.!** to je ale smůla!; **with l.** budu-li mít štěstí; **with any l.** při troše štěstí ● phr v ■ **luck out** vi Amer inf mít z pekla štěstí

luckily ['lakili] adv naštěstí, na štěstí, šťastnou náhodou; **l. for him** naštěstí pro něho

luckless ['lakləs] adj fml smolařský, pronásledovaný smůlou; *(attempt)* neúspěšný; *(escapade)* nešťastný, neblahý

lucky ['laki] adj (**-ier**, **-iest**) *(fortunate)* šťastný, mající štěstí; **be l.** mít štěstí; **be l. at cards** mít štěstí ve hře; **I am not l.** mám smůlu; **he is a l. man** ten člověk má štěstí; **be born under a l. star** narodit se na šťastné planetě; **I was l. enough to win** poštěstilo se mi vyhrát; **it was a l. chance** byla to šťastná náhoda; **l. dip** kouzelná obálka, měšec štěstěny, štěstíčko; **a l. charm** talisman; **third time l.** do třetice všeho dobrého; **you'll be l. to get the job** to byste musel mít velkou kliku, abyste tohle místo dostal; **you are l. to have such a husband** máš štěstí, že máš takového manžela

lucrative ['lu:krətiv] adj ziskový, výnosný, lukrativní

lucre ['lu:kə(r)] n pej zisk; **filthy l.** mamon, mrzké peníze

Lucullan [lu:'kalən] adj **L. banquet** lukulské hody

Luddite ['ladait] n luddita, luddista; fig also odpůrce pokroku

ludicrous ['lu:dikrəs] adj absurdní, směšný

ludo ['lu:dəu] n *(game)* ≅ člověče nezlob se

lug$_1$ [lag] n **1** Techn nálitek, oko; *(handle)* držadlo **2** Scot or inf ucho

lug$_2$ [lag] vt (**-gg-**) inf **l. sth** *(suitcases, bags* etc*)* tahat se s čím, hmoždit se s čím, zápolit s čím

luggage ['lagidž] n zavazadla, kufry; **a piece of l.** jedno zavazadlo; **three pieces of l.** tři zavazadla; **hand l.** příruční zavazadla ■ **l. lockers** skříňky na uložení zavazadel; **l. rack** Rail prostor pro zavazadla, *(net)* síť pro zavazadla; Aut zahrádka nosič na střeše auta; **l. trolley** vozík na zavazadla; **l. van** Rail zavazadlový vůz; **l. ticket** zavazadlový lístek

lugger ['lagə(r)] n Naut lugr pobřežní plachetnice

lughole ['laghəul] n Br inf *(ear)* ucho

lugubrious [lə'gu:briəs] adj fml chmurný, pochmurný, žalostný; *(voice)* pohřební; *(song, expression)* truchlivý ■ **~ly** adv pochmurně, žalostně, truchlivě

Luke [lu:k] n Lukáš; **St L.'s Gospel** evangelium (podle) svatého Lukáše

lukewarm [lu:k'wo:m] adj vlažný lit &

fig; *(friendship* also*)* povrchní; *(support* also*)* nevalný

lull [lal] n *(in weather)* utišení větru ap.; *(in fighting)* přestávka; *(in conversation)* odmlčení, pauza, přestávka; **the l. before the storm** fig ticho před bouří ● vt *(child)* utišit, ukonejšit; **l. a baby to sleep** uspat dítě; *(make sb relax)* uklidnit koho; **we were ~ed into a sense of false security** nechali jsme se ukolébat klamným pocitem bezpečnosti

lullaby ['laləbai] n ukolébavka

lumbago [lam'beigəu] n Med houser, ústřel; **have l.** mít ústřel

lumbar ['lambə(r)] adj Anat bederní, lumbální

lumber$_1$ ['lambə(r)] n **1** esp Amer *(timber)* řezivo, stavební dříví **2** esp Br *(junk)* harampádí, haraburdí, veteš, staré krámy ■ **l. room** komora na haraburdí, kumbál ● **I** vt **1** also **l. up** *(place, room)* přecpat, zatarasit, zaneřádit; **l. a room with furniture** přecpat pokoj nábytkem **2** Br inf **l. sb with sth** pověsit or hodit někomu něco na krk, namočit někoho do něčeho; **l. oneself with sth** uvázat si co na krk; **be ~ed with sth** mít co na krku; **get ~ed with sth** přijít k něčemu, ani nevědět jak **3** esp Amer *(trees)* kácet, porážet; *(forest)* mýtit **II** vi kácet stromy, mýtit les

lumber$_2$ ['lambə(r)] vi also **l. along** *(person, elephant)* pohybovat se neohrabaně, *(person)* valit se jako parní válec, jít jako slon; *(tank)* valit se or řítit se s rachocením; *(cart)* jet s drkotáním

lumbering ['lambəriŋ] adj see **lumber**$_2$ těžkopádný, neohrabaný

lumberjack ['lambədžæk] n dřevorubec, drvoštěp

lumberjacket ['lambədžækit] n dlouhá těžká zimní bunda

lumberyard ['lambəja:d] n skladiště or sklad dříví

luminary ['lu:minəri] n **1** fig *(person)* vynikající osobnost, velikán, veleduch, koryfej ve vědě, umění **2** fml *(celestial)* svítivé nebeské těleso např. Slunce, Měsíc

luminosity [lu:mi'nosəti] n svítivost, zářivost

luminous ['lu:minəs] adj **1** lit svítivý, svítící, zářící; **l. paint** světélkující nátěr **2** fig *(explanation, writing)* průzračný

lump [lamp] n **1** *(of earth* etc*)* hrouda; *(of sugar)* kostka; *(of coal* etc*)* kus; *(in sauce* etc*)* hrudka, žmolek, chuchvalec, sraženina ■ **l. payment** jednorázová platba; **l. sum** paušální částka **2** *(swelling)* boule, otok, oteklina; *(cancerous)* nádor; **have a l. in one's throat** fig mít knedlík v krku **3** fig inf *(clumsy person)* trdlo, dřevo, nemotora, tele ● **I** vt **you will have to l. it** musíš se s tím smířit; **if she doesn't like it, she'll have to l. it** pokud se jí to nelíbí, pak má smůlu **II** vi *(flour, sauce)* hrudkovatět, dělat chuchvalce **III** phr v ■ **lump together** vt **1** *(things)* dát na jednu hromadu, dát dohromady **2** *(people)* házet/ hodit do jednoho pytle, nedělat rozdíly, posuzovat paušálně

lumpish ['lampiš] adj *(person)* nemotorný, neohrabaný

lumpy ['lampi] adj (**-ier**, **-iest**) *(sauce* etc*)* žmolkovitý, chuchvalcovitý; *(earth)* hroudovitý; *(figure)* beztvarý, tlustý; **go l.** Cook zežmolkovatět

lunacy ['lu:nəsi] n šílenství, bláznovství; **it's sheer l.** to je čiré bláznovství

lunar ['lu:nə(r)] adj měsíční, *(module)* lunární; **l. landscape** měsíční krajina; **l. eclipse** zatmění Měsíce; Astronaut **l. landing** přistání na Měsíci; **l. rover** lunochod

lunatic ['lu:nətik] adj šílený, bláznivý, ztřeštěný; **l. asylum** blázinec; **the l. fringe** extrémisté, extrémistická frakce nějakého hnutí ● n blázen, šílenec, pomatenec

lunch [lanč] n (lehký) oběd, polední jídlo; **at l.** při obědě; **have** or **take l.** (po)obědvat; **have sth for l.** dát si co k obědu; **l. is served at 12 o'clock** oběd se podává ve 12 hodin ■ **l. hour**, **l. break** polední přestávka ● vi obědvat

luncheon ['lančən] n fml oběd, polední jídlo ■ **l. meat** lančmít; **l. voucher** stravenka

lunchtime ['lančtaim] n poledne, polední hodiny; **at l.** v poledne, kolem poledne

lung [laŋ] n jedna plíce; **iron l.** železné plíce; **shout at the top of one's ~s** křičet z plných plic ■ **l. cancer** rakovina plic

lunge [landž] n **1** *(sudden movement)* prudký pohyb dopředu; **make a l. for sth** vrhnout se po čem, skočit po čem **2** Fencing výpad, bodnutí ● **I** vi Fencing udělat výpad; **l. at sb** vrhnout se na koho **II** phr v ■ **lunge out** vi **l. out at sb** zaútočit na koho, vrhnout se na koho

lupin, Amer **lupine** ['lu:pin] n Bot vlčí bob, lupina

lurch$_1$ [lə:č] n *(of vehicle)* škubnutí, trhnutí; *(of ship)* náhlé vybočení, zakymácení; *(of person)* vrávoravý pohyb např. opilce ● **I** vi **1** *(give a l.)* trhnout sebou, *(person)* zavrávorat **2** *(jerk forward)* pohybovat se trhavě; *(ship)* kymácet se, *(person)* kymácet se, vrávorat

lurch$_2$ [lə:č] n **leave sb in the l.** nechat koho na holičkách, nechat koho ve štychu

lurcher ['lə:čə(r)] n *(dog)* voříšek, psisko, nečistokrevný pes, inf podvraťák

lure ['ljuə(r)] n **1** *(bait)* návnada **2** *(attraction)* kouzlo; *(temptation)* svod, pokušení ● vt *(animal)* lákat, vábit; **l. sb into doing sth** svést koho k čemu; **l. sb away** *(staff, scientists, football players* etc*)* odlákat koho, přetáhnout koho kam, sl zlanařit; *(customers* also*)* odloudit, odvést; **l. sb out** vylákat koho ven

lurid ['ljuərid] adj **1** *(colour, dress)* křiklavý, nápadný; *(sky)* krvavě rudý **2** fig *(advertisement)* bombastický; *(description)* explicitní, plný nechutných podrobností

lurk [lə:k] vi **1** *(lie in wait)* číhat; **l. in the dark** skrývat se v temnotě **2** fig **l. in sb's mind**, **l. at the back of sb's mind** *(doubt, suspicion, fear)* pronásledovat koho, hlodat

luscious ['lašəs] adj *(food: sweet)* lahodný; *(fruit)* šťavnatý; *(colour)* sytý; *(girl)* k nakousnutí; *(voluptuous)* s bujnými ňadry

lush [laš] adj **1** *(vegetation)* bujný; *(grass)* šťavnatý; *(meadow)* bujně zelený **2** *(luxurious: life* etc*)* luxusní, přepychový ● n sl ochmelka, ochlasta

lust [last] n **1** *(sexual desire)* smyslnost, pej chtíč, vilnost **2** *(greed)* chtivost, žádostivost; **l. for power** žízeň or chtivost po moci ● vi **l. for** or **after sb/ sth** toužit po kom/ dychtit or bažit or prahnout po čem

luster ['lastə(r)] Amer see **lustre**

lusterless ['lastələs] Amer; see **lustreless**

lustful ['lastful] adj chtivý, žádostivý; *(lecherous)* chlípný, vilný

lustre ['lastə(r)] n **1** *(of hair, pearls)* lesk; *(of metals)* třpyt **2** *(glory)* sláva, lesk

lustreless ['lastələs] adj bez lesku; *(silk)* matný

lustrous ['lastrəs] adj lesklý, třpytivý; *(eyes)* zářící

lusty ['lasti] adj (**-ier, -iest**) *(strong and healthy)* zdatný, silný, robustní, plný života; *(appetite)* pořádný; *(voice)* zvučný; *(cheer)* hlasitý

lute [lu:t] n Mus loutna

lutenist ['lu:tənist] n Mus loutnista/ loutnistka

Lutheran ['lu:θərən] n luterán/ -ka ● adj luteránský

Lutheranism ['lu:θərənizm] n luteránství

Luxembourg ['laksəmbə:g] n Lucembursko

Luxembourger ['laksəmbə:gə(r)] n Lucemburčan/ Lucemburčanka

luxuriance [lag'zjuəriəns] n **1** *(of vegetation)* bujnost, bohatost; *(of plants)* hojnost; *(of hair)* bujnost; *(of style)* květnatost, přebujelost **2** *(luxury)* luxus, opulentnost

luxuriant [lag'zjuəriənt] adj **1** *(vegetation)* bujný; *(of hair)* bujný, hustý; *(of crops)* hojný; *(of style)* květnatý, přebujelý **2** *(luxurious)* luxusní, opulentní

luxuriate [lag'zjuərieit] vi **1** *(enjoy)* **l. in sth** kochat se čím, vychutnávat co, mít požitek z čeho **2** fml *(grow profusely: plants)* bujet, dařit se čemu

luxurious [lag'zjuəriəs] adj luxusní, opulentní, přepychový; *(voluptuous)* rozkošnický, požitkářský ■ **~ly** adv *(live)* luxusně; *(stretch out)* rozkošnicky, s požitkem

luxury ['lakšəri] n **1** *(comfort)* luxus, přepych, komfort; **live a life of l.** žít v luxusu; **live in the lap of l.** utápět se v penězích, mít zlaté časy ■ **l. flat** přepychový or exkluzivní or komfortní byt; **l. goods** luxusní zboží **2** *(treat)* (pl **-ies**) přepych, luxus, požitek; **it's a l. for them to drink wine** pít víno je pro ně přepychem; **life's little luxuries** drobné příjemnosti každodenního života

LV [el'vi:] Br abbr of **luncheon voucher** stravenka

LW abbr of **long wave** Rad DV, dlouhé vlny

lycée ['li:sei; Amer li:'sei] n lyceum

Lycra TM ['laikrə] n lycra [likra]

lye [lai] n louh

lying ['laiiŋ] adj prolhaný ● n lhaní, lež; **that would be l.** to by byla lež; **take refuge in l.** utéci or uchýlit se ke lži

lymph [limf] n Anat lymfa, míza, tkáňový mok ■ **l. gland**, **l. node** lymfatická uzlina

lymphatic [lim'fætik] adj lymfatický, mízní

lynch [linč] vt lynčovat

lynching ['linčiŋ] n lynčování

lynch law ['linčlo:] n soudce lynč, lynč(ování)

lynx [liŋks] n Zool rys

lynx-eyed [liŋks'aid] adj mající oči jako rys

lyre ['laiə(r)] n Mus lyra

lyric ['lirik] adj *(poem)* lyrický ● n **1** *(poem)* lyrická báseň **2** **lyrics** *(of song)* text, slova

lyrical ['lirikl] adj **1** lyrický **2** *(enthusiastic)* nadšený, horující; **get** or **wax l. about sth** nadšeně pro něco horovat

lyricism ['lirisizm] n lyričnost

lyricist ['lirisist] n **1** *(poet)* lyrický básník, lyrik **2** Mus textař zvl. pop-music

M

M, m [em] n (pl **M's** or **m's** [emz]) *(letter)* M, m

M abbr of **1 medium (size)** *(on clothes)* střední velikost **2** Br **motorway** dálnice

m abbr of **1 male (sex)** *(on forms)* mužský **2 married** *(on forms)* ženatý **3 masculine (gender)** m, mužský **4 metre(s)** m, metr(y)/ metrů **5 mile(s)** míle, mil **6 million(s)** mil., milion(y)/ milionů

MA [em'ei] abbr of **Master of Arts** Mgr., magistr společenských věd

ma [ma:] n inf *(mother)* maminka, matinka, máti, mamička; *(when addressing* also*)* mami

ma'am [mæm, ma:m] n fml *(form of address)* milostivá paní

mac$_1$ [mæk] also **mack** Br inf abbr of **mackintosh** gumák, plášť do deště

mac$_2$ [mæk] n Amer inf *(used to address a man)* kamaráde, kamarádíčku, brácho

macabre [mə'ka:brə] adj příšerný, děsný, hrůzostrašný; *(humour)* černý

macadam [mə'kædəm] n makadam ■ **m. road** makadamová silnice

macadamize [mə'kædəmaiz] vt *(road)* makadam(iz)ovat

macaroni [mækə'rəuni] n Cook makarony ■ **m. cheese** zapékané makarony se sýrem

macaroon [mækə'ru:n] n Cook makronek, makronka mandlový zákusek

macaw [mə'ko:] n Orn papoušek ara

mace$_1$ [meis] n **1** Hist *(weapon)* palcát, palice, kyj **2** *(ceremonial)* (obřadní) žezlo ■ **m. bearer** osoba nesoucí obřadní žezlo, ceremoniář, Univ pedel

mace$_2$ [meis] n *(spice)* muškátový květ

Macedonia [mæsi'dəuniə] n Makedonie

Macedonian [mæsi'dəuniən] n **1** *(person)* Makedonec/ Makedonka, Makedoňan/ -ka **2** *(language)* makedonština ● adj makedonský

macerate ['mæsəreit] **I** vt Techn macerovat, vyluhovat, máčet, extrahovat **II** vi macerovat se, vyluhovat se, máčet se

maceration [mæsə'reišn] n Techn macerace, vyluhování, máčení, extrakce

Mach [mæk] n Mach ■ **Mach (number)** Machovo číslo, mach; **flying at Mach three** letící rychlostí tří machů

machete [mə'šeti] n mačeta

Machiavellian [mækiə'veliən] adj machiavelistický, lstivý, úskočný

machination [mæki'neišn, mæši'-] n usu pl **~s** machinace, intriky, pletichy, pikle

machine [mə'ši:n] n **1** *(mechanical device)* stroj, přístroj, zařízení, automat; *(often in compounds)* **automatic m.** automat; **coffee m.** vařič na kávu; **drilling m.** vrtačka; **fruit m.** hrací automat; **sewing m.** šicí stroj; **washing m.** pračka; **office ~s** kancelářské stroje; **vending m.** prodejní automat ■ **m. code** Comput strojový kód; **m. fitter** strojní zámečník; **m. gun** kulomet; **m. intelligence** umělá inteligence; **m. language** Comput strojový jazyk; **m. operator** obsluha stroje, dělník pracující u stroje; **m. shop** mechanická dílna; **m. time** Comput strojový čas; **m. translation** strojový překlad; **m. tool** obráběcí stroj **2** *(car)* vůz; *(cycle)* kolo; *(locomotive)* lokomotiva, inf mašina **3** fig *(of person)* stroj, mašina; **work like a m.** pracovat jako stroj or mašina **4** fig Pol stroj, mašinerie, mašina, robot; **(the) bureaucratic m.** úřední mašinerie, byrokratická mašina; **electoral m.** hlasovací stroj or mašinerie; **war m.** válečný stroj, válečná mašinerie ● vt Techn obrábět, opracovat strojem; Sew ušít na šicím stroji

machine-readable [məši:n'ri:dəbl] adj Comput *(data* etc*)* strojově snímatelný

machinery [mə'ši:nəri] n **1** *(machines)* stroje, strojní zařízení or vybavení, strojní park; *(mechanism)* mechanismus; **agricultural m.** zemědělské stroje **2** fig mašinerie; **the m. of (the) government** vládní aparát; **administrative m.** administrativní aparát

machining [mə'ši:niŋ] n strojní obrábění, strojní zpracování

machinist [mə'ši:nist] n **1** Ind *(operator)* obsluha stroje; Sew šička na stroji **2** *(machine fitter)* strojní zámečník, strojník

machismo [mæ'čizməu] n usu pej chlapskost, okázalá mužnost, furiantství

macho ['mæčəu] adj chlapský, chlapácký, furiantský; **a m. man** chlapák, furiant ● n (pl **~s**) furiant, chlapák, macho [mačo]

mack [mæk] Br abbr of **mackintosh** see **mac$_1$**

mackerel ['mækrəl] n (pl **mackerel** or **mackerels**) makrela ■ **m. sky** beránky na obloze

mackintosh ['mækintoš] n nepromokavý plášť, plášť do deště, gumák

macramé [mə'kra:mi] n mřížkové krajky, macramé

macro ['mækrəu] n Comput makro, makroinstrukce

macro- pref makro-

macrobiotic [mækrəubai'otik] adj makrobiotický ● n **macrobiotics** makrobiotika

macrocosm ['mækrəukozəm] n makrokosmos

macroeconomics [mækrəui:kə'nomiks] n makroekonomie

macron ['mækron] n Typ vodorovná čárka nad písmenem pro označení délky

mad [mæd] adj (**madder**, **maddest**) **1** *(insane)* šílený, duševně nemocný, inf bláznivý, nenormální; **a mad person** blázen, šílenec; **go mad** zbláznit se, zešílet, přijít o rozum; **be going mad** přicházet o rozum; **he is mad** je to blázen, inf je to cvok; **drive sb mad** dohánět koho k šílenství, lézt komu strašně na nervy; **it is driving me mad** už z toho blázním; **it is enough to drive one mad** člověk by se z toho zbláznil, člověk by z toho vyletěl z kůže; **he's as mad as a March hare** docela mu přeskočilo, má o kolečko víc **2** inf *(foolish, crazy: person, plan, scheme, idea, fashion)* praštěný, ztřeštěný, bláznivý, trhlý, ujetý; **that was a mad thing to do** to bylo hotové bláznovství **3** inf *(keen, enthusiastic)* **be mad about sb/ sth** být do koho/ čeho blázen, zbláznit se do koho/ čeho, být do koho/ čeho celý pryč, sl baštit koho/ co; **I can't say I am mad about going there** nemohu říct, že bych se tam zrovna hrnul **4** *(angry)* naštvaný, vzteklý; **be mad with** or **at sb** být na koho naštvaný or namíchnutý or vulg nasraný, mít na koho (strašnou) zlost; **get mad** rozčílit se, namíchnout se, rozlítit se, dožrat se (**at sb** na koho); **he was blazing** or **hopping mad** vyváděl jako smyslů zbavený, řádil jako tajfun **5** *(wild, frenzied)* **be in a mad rush** mít strašně napilno; **there was a mad rush for the door** všichni se vrhli ke dveřím ♦ **like mad**: **work like mad** dřít jako blázen; **run like mad** běžet jako blázen or šílenec; **carry on like mad** vyvádět jako splašený; **they were fighting like mad** rvali se jako koně **6** *(dog)* vzteklý ■ see **madly** ● adv **be mad keen on sb/ sth** být do koho/ čeho celý pryč; **be mad keen on sport** být žhavý do sportu

madam ['mædəm] n **1** also **Madam** *(polite form of address)* paní, slečno; Hist milostivá paní; **can I help you, m.** *(in shops* etc*)* prosím(, paní), přejete si(, paní)?, co si přejete?; **Dear M.** *(in letter)* Vážená paní/ slečno **2** inf **a little m.** princeznička; pej namyšlený fracek **3** *(in brothel)* madam, majitelka nevěstince, sl bordelmamá

madcap ['mædkæp] n famfárum, třeštidlo, bouřlivák, horká hlava ● adj *(idea, plan* etc*)* ztřeštěný, praštěný

madden ['mædn] vt *(make mad)* dohnat k šílenství; *(infuriate)* rozčílit/ rozčilovat, pobouřit, dopálit

maddening ['mædniŋ] adj *(exasperating)* pobuřující, nesnesitelný, dohánějící k zoufalství; **it's m. that ...** štve or dopaluje mě, že ... ■ **~ly** adv nesnesitelně, otřesně, hrozně; **~ly stupid** příšerně pitomý

madder ['mædə(r)] n **1** Bot mořena barvířská, mořenový kořen **2** *(colour)* mořenová červeň

made [meid] pt & pp of **make**

Madeira [mə'diərə] n *(island)* Madeira; *(wine)* madeira ■ **M. cake** piškotový koláč

made-to-measure [meidtə'mežə(r)] adj *(suit* etc*)* na míru

made-up [meid'ap] adj **1** *(face)* nalíčený, namalovaný **2** *(story, excuse)* vymyšlený; *(evidence)* falešný

madhouse ['mædhaus] n inf lit & fig blázinec, cvokárna; **this place is a real m.** tady je to jako v blázinci

madly ['mædli] adv **1** *(frantically)* šíleně, jako pominutý; **run m.** běžet jako pominutý; **work m.** makat jak blázen **2** inf *(extremely)* šíleně, bláznivě; **be m. in love** být bláznivě zamilovaný; **be m. jealous** žárlit jako blázen

madman ['mædmən] n (pl **madmen**) blázen, šílenec; **behave like a m.** počínat si jako blázen; **carry on/ shout like a m.** vyvádět/ řvát jako zběsilý

madness ['mædnəs] n **1** *(insanity)* šílenství, bláznovství, pomatenost mysli; **a fit of m.** záchvat šílenství, inf rapl; **it's sheer m.!** to je čiré bláznovství!; **on the brink of m.** na pokraji šílenství **2** *(folly)* bláznovství, pošetilost, nerozum

Madonna [mə'donə] n **1** Relig Madona, Panna Maria **2** *(statue, picture)* also **madonna** madona, obraz/ socha madony

madrigal ['mædrigl] n Mus madrigal

madwoman ['mædwumən] n (pl **-women** [-wimin]) šílenec, blázen, duševně chorá žena; see also **madman**

maelstrom ['meilstrom] n **1** lit malström, vír vodní **2** fig vír; **in the m. of war** ve víru války

maestro ['maistrəu] n (pl **~s** or **maestri** ['maistri]) Mus maestro, mistr

Mafia ['mæfiə] n lit & fig mafie

mag [mæg] abbr of **magazine** (**1**) inf (ilustrovaný) časopis

magazine [mægə'zi:n] n **1** *(periodical)* obrázkový časopis, žurnál, magazín; **fashion m.** módy časopis **2** *(in gun)* zásobník **3** Mil *(store)* sklad, skladiště **4** Phot kazeta

magenta [mə'džentə] n Chem fuchsin; *(dye)* fuchsinové barvivo ● adj fuchsinový

maggot ['mægət] n červ, larva

maggoty ['mægəti] adj *(food)* červivý, prolezlý červy, hemžící se červy

Magi ['meidžai] n pl Relig **the M.** svatí tři králové

magic ['mædžik] n **1** *(witchcraft)* kouzlo, kouzla, čáry, magie; *(conjuring)* kouzelnictví, eskamotérství; **black m.** černá magie; **as if by m., like m.** jako kouzlem, jako když čarovným proutkem švihne; **appear as if by m.** objevit se někde jako kouzlem or zázrakem or jako by spadl z nebe; **perform m.** kouzlit, čarovat **2** *(enchanting quality: of words, poetry, sb's voice* etc*)* kouzlo, kouzelná moc, magie, přitažlivost, čarovný účinek ● adj **1** lit kouzelný, magický, divotvorný; **m. carpet** létající koberec; **m. eye** inf magické oko; **m. formula** zaklínadlo; **m. lantern** laterna magika; **m. wand** kouzelný or čarovný proutek **2** sl *(wonderful)* báječný, senzační, fantastický; **we had a m. time** měli jsme se senzačně or fantasticky ● phr v ■ **magic away** vt odčarovat, nechat zmizet

magical ['mædžikl] adj *(effect* etc*)* magický, kouzelný ■ **~ly** adv magicky, čarovně, kouzelně, jako kouzlem

magician [mə'džišn] n **1** *(wizard)* čaroděj, mág, černokněžník **2** *(conjuror)* kouzelník, iluzionista

magisterial [mædži'stiəriəl] adj **1** *(showing authority)* rozhodný, autoritativní, *(imperious)* pánovitý, panovačný **2** *(powers* etc*)* pravomoce ap. smírčího soudce ■ **~ly** adv pánovitě

magistrate ['mædžistreit] n smírčí soudce, úředník se soudní pravomocí, soudce první instance; **~s' court** soud první instance

magnanimity [mægnə'niməti] n velkorysost, velkodušnost, šlechetnost

magnanimous [mæg'næniməs] adj velkorysý, velkodušný, šlechetný

magnate ['mægneit] n magnát, král; **industrial/ film m.** průmyslový/ filmový magnát; **steel/ oil m.** ocelový/ petrolejový magnát or král

magnesia [mæg'ni:šə] n Chem magnézie

magnesium [mæg'ni:ziəm] n Chem magnezium, hořčík

magnet ['mægnit] n magnet

magnetic [mæg'netik] adj *(force, field, needle, pole)* magnetický; fig magnetický, přitažlivý; *(charm)* neodolatelný; *(personality)* přitažlivý, charizmatický; Comput **m. disk** magnetický disk; fig **the m. power of music** magnetická síla hudby

magnetism ['mægnətizəm] n magnetismus; *(of person* also*)* přitažlivost, charisma

magnetize ['mægnətaiz] vt (z)magnetizovat; fig *(audience* etc*)* fascinovat, uvádět do stavu vytržení, (z)hypnotizovat

magneto [mæg'ni:təu] n Techn magneto, magnetoelektrický stroj, induktor

magnification [mægnifi'keišn] n zvětšení; *(of sound)* amplifikace, zesílení

magnificence [mæg'nifisəns] n velkolepost, grandióznost, vznešenost

magnificent [mæg'nifisənt] n velkolepý, grandiózní, nádherný, vznešený, božský; *(meal)* báječný, vynikající

magnify ['mægnifai] vt **1** Opt zvětšit, zvětšovat; *(sound)* zesílit; **m. sth 5 times** zvětšit něco pětkrát **2** *(exaggerate: difficulties* etc*)* zveličovat **3** Relig *(praise: the Lord)* velebit

magnifying glass ['mægnifaiŋgla:s] n lupa, zvětšovací sklo

magnitude ['mægnitju:d] n **1** *(scale)* rozsah, míra; *(importance)* důležitost, závažnost; **the m. of the problem** závažnost problému **2** Astron magnituda

magnolia [mæg'nəuliə] n magnolie

magnum ['mægnəm] n **1** jedenapůllitrová láhev zvl. šampaňského **2 m. opus** životní dílo, vrcholné dílo umělce, vědce

magpie ['mægpai] n Orn straka; **steal** or **thieve like a m.** krást jako straka

Magyar ['mægja:(r)] n **1** *(person)* Maďar/ -ka **2** *(language)* maďarština ● adj maďarský

maharaja(h) [ma:hə'ra:džə] n mahárádža

mahogany [mə'hogəni] n **1** mahagon, *(tree)* mahagonový strom **2** *(colour)* mahagon, mahagonová barva ● adj mahagonový, mahagonové barvy

maid [meid] n **1** *(servant)* služebná, služka; *(in hotel)* pokojská; **lady's m.** komorná; **m. of all work** děvče or děvečka pro všecko; **m. of honour** mladá dvorní dáma **2** arch *(young girl)* panna, slečna; **the M. of Orleans** Panna orleánská; pej **old m.** stará panna

maiden ['meidn] n arch *(young girl)* děvče, slečna, *(virgin)* panna, poctivé děvče ● adj **1** *(unmarried)* svobodná, neprovdaná; **m. aunt** neprovdaná teta; **m. name** dívčí jméno **2 m. flight/ voyage** první let/ plavba; **m. speech** nástupní řeč

mail[1] [meil] n pošta; **delivery of the m.** doručování or doručení or donáška pošty; **privacy of the m.** listovní tajemství; **send sth by m.** poslat něco poštou; **has the m. arrived yet?** už přišla pošta? ■ **m. train** poštovní vlak; **m. van** poštovní vůz; **buy sth by m. order** koupit si co prostřednictvím zásilkové služby; **m.-order service** zásilková služba ● vt *(letter, packet)* odeslat; *(put in letter box)* vhodit do schránky; **m. sth to sb** poslat něco komu poštou

mail$_2$ [meil] n *(armour)* kroužkové brnění, kroužková zbroj ● vt **the ~ed fist** obrněná pěst

mailbag ['meilbæg] n poštovní vak

mailbox ['mailboks] n **1** Amer schránka na dopisy, poštovní schránka **2** Comput also **electronic m.** poštovní or elektronická schránka

mailing list ['meiliŋlist] n adresář

mailman ['meilmæn] n Amer (pl **-men** [-mən]) listonoš, (poštovní) doručovatel

maim [meim] vt zmrzačit, zohavit

main [mein] adj *(problem, road, street, film, subject,* Ling *clause* etc*)* hlavní; *(idea* also*)* ústřední; *(factor* also*)* rozhodující; *(question* also*)* kardinální; *(work* also*)* stěžejní; **the m. body of the army** jádro armády; **have the m. say** mít hlavní or rozhodující slovo; *(you've passed)* **that's the m. thing** to je (to) hlavní; **the m. thing to remember is ...** hlavně je třeba si pamatovat, že ... ■ **~ly** adv hlavně, větším dílem ● n **1** *(pipe, wire)* hlavní přívod vody/ plynu/ elektřiny **2 the mains** *(source: of water)* hlavní vodovodní potrubí, *(of gas)* hlavní přívod plynu, *(of electricity)* hlavní vedení ■ **~s receiver/ calculator** síťový přijímač/ kalkulátor; **m. cable** síťový kabel **3 in the m.** *(on the whole)* v podstatě, celkem, *(for the most part)* většinou

mainframe ['meinfreim] n Comput **m. (computer)** střediskový počítač

mainland ['meinlənd] n pevnina ■ **m. China** kontinentální Čína; **the m. of Europe** evropský kontinent

mainlander ['meinləndə(r)] n obyvatel pevniny

mainline ['meinlain] n dopravní tepna; Rail hlavní trať ■ **m. station** nádraží při hlavní trati ● vi sl píchnout si drogu

mainmast ['meinma:st] n Naut hlavní stěžeň

mainsail ['meinseil] n Naut hlavní plachta

mainspring ['meinspriŋ] n **1** *(of clock)* hnací pružina or pero **2** fig hlavní pohnutka or popud, hybná síla; **the ~s of human actions** hlavní pohnutky lidského jednání

mainstay ['meinstei] n **1** Naut hlavní stěh lano **2** fig opora, úhelný kámen; **he's the m. of the firm** je duší podniku, je hlavní oporou podniku; **the m. of our literature** *(important literary work)* úhelný kámen naší literatury

mainstream ['meinstri:m] n fig hlavní proud, hlavní tendence; **the m. of modern literature** hlavní proud moderní literatury ■ **m. politics** převládající politika

maintain [mein'tein] vt **1** *(preserve, keep up)* udržovat, dodržovat, zachovávat, *(peace, freedom* also*)* hájit, *(direction* also*)* držet; **m. a common household** žít ve společné domácnosti; **m. the price level** držet úroveň cen; **m. the proprieties** zachov(áv)at dekorum; **m. a stony silence** mlčet jako ryba, zatvrzele mlčet **2** *(look after: roads, buildings)* starat se o, udržovat (v dobrém stavu), *(machine* also*)* provádět údržbu čeho **3** *(financially: family)* živit; *(children at university)* vydržovat **4** *(assert)* tvrdit, prohlašovat; **m. one's innocence** trvat na své nevině

maintenance ['meintənəns] n cf **maintain 1** *(of traditions, order* etc*)* udržování, dodržování, zachovávání; **m. of law and order** udržování veřejného pořádku **2** *(of machinery, roads)* údržba, péče o co ■ **m. costs** náklady na údržbu; **m. gang** údržbářská četa; **m. man** údržbář, opravář, montér **3** *(support)* vydržování **4** Jur *(divorce allowance)* alimenty, výživné ■ **m. order** soudní příkaz o vyživovací povinnosti

maison(n)ette [meizə'net] n *(flat)* byt o dvou podlažích, mezonetový byt; *(house)* domek, domeček

maize [meiz] n kukuřice

Maj abbr of **Major** major

majestic [mə'džestik] adj majestátní, grandiózní, velkolepý; *(figure)* vznosný; **m. silence** majestátní klid ■ **~ally** adv velebně, majestátně

majesty ['mædžəsti] n **1** *(grandeur)* majestát(nost), vznešenost, velebnost **2** *(title)* majestát; **His/ Her M.** Jeho/ Její Veličenstvo

major$_1$ ['meidžə(r)] adj **1** *(principal)* hlavní, podstatný; **the m. part** převážná část; **m. road** hlavní silnice; **m. subject** Univ hlavní předmět; **'m. road ahead'** 'pozor, hlavní silnice' **2** *(significant)* důležitý, *(poet, writer)* přední; *(personality)* čelný; *(problem, task, project)* závažný, velký; *(injury)* vážný; **m. planets** velké planety **3** Mus *(key, chord)* durový; **in C m.** v C dur ● n **1** Mus *(m. key)* durová tónina **2** Amer Univ *(principal subject)* hlavní předmět or obor; **he's a physics m.** specializuje se na fyziku, studuje fyziku jako hlavní předmět **3** Jur **become a m.** stát se plnoletým ● vi Amer Univ **m. in English** specializovat se na angličtinu, studovat angličtinu jako hlavní obor

major$_2$ ['meidžə(r)] n Mil major; **m. general** generálmajor; **sergeant m.** rotný; **drum m.** plukovní bubeník, tambor

Majorca [mə'jo:kə] n Geog Mallorca

Majorcan [mə'jo:kən] n *(person)* obyvatel/ -ka Mallorky

majorette [meidžə'ret] n mažoretka

majority [mə'džorəti] n **1** většina; **an absolute/ clear/ overwhelming m.** absolutní/ nesporná/ drtivá většina; **the m. of people** většina lidí; **in the m. of cases** ve většině případů; **be in the m.** být ve většině ■ **a m. government** většinová vláda **2** Jur plnoletost, zletilost; **reach the age of m.** dosáhnout plnoletosti

make [meik] n **1** *(brand)* (výrobní) značka, typ; **cars of all ~s** auta všech značek; **of German m.** německé výroby; **it's our own m.** to je naše vlastní výroba **2 be on the m.** inf *(financially)* hnát se za ziskem, jít po penězích; *(be ambitious)* inf drát se dopředu, být kariérista; *(sexually)* balit, lovit, jet po kom ● v (pt & pp **made**) **I** vt **1** gen dělat, udělat; *(create: the world)* stvořit; *(produce)* vyrobit; *(prepare)* připravit; *(cars* etc*)* vyrobit; *(building)* postavit; *(dress)* (u)šít; *(meal)* uvařit, připravit, *(coffee, tea)* udělat, uvařit; *(cocktail)* namíchat; *(bread, cake)* upéct; *(report)* připravit, napsat; *(fire)* rozdělat; *(knot)* uvázat; *(contract)* uzavřít; *(document)* vyhotovit; *(film)* natočit; *(bouquet)* (u)vít; **m. sth by hand** dělat co ručně; **have a dress made** dát si ušít šaty; **made to measure** ušitý na míru; **be made of plastic** být z plastiku; **what is it made from?** z čeho se to dělá?; **the job is made for him** je pro tu práci jako stvořený; **they are made for each other** byli si souzeni, jsou pro sebe jako stvořeni; **I'll show you what I'm made of** já ti ukážu, co umím ♦ **m. mincemeat of sb** roznést koho na kopytech; **m. a hash of sth** inf zpackat co, zvorat co **2** *(execute: mistake, remark, curtsey, attempt, fuss* etc*)* (u)dělat; *(mistake* also*)* dopustit se čeho; *(plans* also*)* expr kout; *(experiment, analysis, test, changes, reservation* also*)* provést; *(excursion* also*)* podniknout; *(diagnosis* also*)* stanovit; *(confession)* učinit; *(attempt on sb's life)* spáchat; *(bet)* uzavřít; *(progress)* zaznamenat; *(speech)* pronést; **m. an application** zažádat si (**for sth** o co); **m. a charge against sb** vznést proti komu obvinění; **m. a date with sb** dát or dojednat si s kým schůzku; **anyone can m. a mistake** každý se může (z)mýlit; **m. a blunder** udělat botu, říznout se; **m. a move** Chess táhnout, udělat tah; **it's time I made a move** už musím jít; **m. sb a present of sth** dát komu co darem **3** *(establish: contact)* navázat; **m. friends with sb** navázat s kým přátelství, spřátelit se s kým **4** *(gain: money)* vydělat; *(profit)* dosáhnout čeho; *(name)* udělat si, *(reputation* also*)* získat si; **m. £800 per week** vydělávat 800 liber týdně; **m. a fortune** vydělat si velké peníze; **m. a name for oneself** proslavit se (**with sth** čím); **m. a pile** inf namastit si kapsu, nahrabat si peněz; **m. capital out of sth** fig těžit z čeho **5** *(cause sth)* způsobit, (u)dělat; **m. a disturbance/ row** vyvolat výtržnost/ rvačku; **m. (a lot of) noise** hlučet, dělat hluk or rámus, nadělat hodně hluku; **m. a lot of dust** hodně naprášit; **m. trouble for sb** dělat or způsobovat komu problémy; **m. sb's life a misery** ztrpčovat komu život **6** *(cause to be/ become)* **m. sb angry** rozhněvat koho, dopálit koho; **m. sth clear** objasnit co; **m. sth easier** usnadnit něco; **he ~s me nervous** znervózňuje mě něco; **7** *(force* or *compel)* **m. sb do sth** přimět koho k čemu; přimět koho, aby něco udělal; **m. sb leave** přimět koho k odchodu; **m. sb believe sth** namluvit komu co; **m. sb dance to one's tune** fig osedlat si koho; **what made you stop singing?** proč jste přestal zpívat? **8** *(appoint, elect)* zvolit, jmenovat; **she made him her spokesman** jmenovala ho svým mluvčím **9** *(of people: become sth)* **you'll m. a good footballer** bude z tebe dobrý fotbalista; **he'll m. a good teacher** bude z něho dobrý učitel **10** *(equal, add up to)* rovnat se; být; **two and two ~s four** dvě a dvě jsou čtyři **11** *(estimate)* odhadnout; **I m. the distance about 20 miles** podle mého je to asi 20 mil; **what time do you m. it?, what do you m. the time?** kolik máte hodin?; **I m. it half past five** podle mých hodinek je půl šesté **12** *(travel, cover: distance)* ujet, inf udělat **13** *(reach)* **m. 100 miles per hour** dosáhnout rychlosti 100 mil za hodinu; **m. rapid headway with sth** dělat v čem velké pokroky; **m. good time** dosáhnout dobrého času; **couldn't you m. it earlier?** inf nemohl byste přijít dříve?, nemohl byste to stihnout dříve?; **m. the finals** dostat se do finále; **m. it** inf stihnout to; *(in one's career)* udělat kariéru, někam to dotáhnout; **m. the front pages** *(story, news)* dostat se na první stránky novin **14** *(ensure success)* **it was his latest book that made him (famous)** proslavila ho jeho poslední kniha; **it made my day** udělalo mi to velkou radost; **he's got it made** inf ten má zajištěnou existenci, ten je za vodou **15** sl **m. sb** *(woman)* vyspat se s kým, dostat koho (do postele) **16 m. sth good** nahradit co, vyrovnat co; **m. good the deficit** vyrovnat schodek; **m. good the loss** nahradit ztrátu **17 m. the most of sth** co nejlépe něčeho využít; **you must m. the most of your stay in this country** měl byste svůj pobyt u nás co nejvíce využít **18 m. or break sb** být životně důležité pro koho; **it will**

m. or break us na tom závisí celý náš další osud, je to pro nás hop anebo trop **19 m. love to sb** (po)milovat se s kým **II** vi **1** *(act)* **he made as if to speak** zatvářil se, jako by chtěl něco říci **2** *(go)* **he made towards the door** namířil si to ke dveřím **3 m. do with sth** spokojit se s čím, vzít zavděk čím; **m. do without sth** obejít se bez čeho **4 m. sure of sth** ujistit se or přesvědčit se o čem, zjednat si or udělat si v čem jasno **III** phr vs ■ **make after** vt **m. after sb** arch pustit se za kým ■ **make away with** vt **m. away with oneself** spáchat sebevraždu; **m. away with sth** see **make off with sth** ■ **make for** vt **1** *(move towards)* namířit si to kam, zamířit kam; *(rush towards)* hnát se kam, vyrazit za kým, vrhnout se na koho/ co; **m. for home** vydat se domů; **the dog made for the cat** pes se vrhl na kočku **2** *(contribute to)* **this layout ~s for easier reading** tato úprava usnadňuje čtení ■ **make of** vt **what do you m. of it?** co si o tom myslíte?; **don't m. too much of it** nepřikládejte tomu příliš velkou důležitost, nedělejte z toho takovou událost ♦ **I can't m. head or tail of it** nevím, co si z toho mám vybrat ■ **make off** vi inf uprchnout, vzít roha ■ **make off with** vt **m. off with sth** uprchnout s něčím ukradeným; **he made off with my case** utekl s mým kufrem ■ **make out** *I* vt **1** *(see)* rozeznat; *(hear)* zaslechnout; *(sb's writing* etc*)* rozluštit, dešifrovat; **I could not m. out the address** nemohl jsem přečíst adresu **2** *(understand)* **I can't m. you out at all** já ti vůbec nerozumím; **I can't m. it out** nejsem z toho moudrý **3** *(assert, pretend)* předstírat; **m. out that ...** tvářit se, jako by ..., inf dělat (se), že ...; **he made out that he understood** tvářil se, jako by rozuměl; **she is not as bad as they m. out** není tak zlá, jak ji dělají; **he made out that he was very tired** předstíral, že je velmi unaven **4** *(draw up: list)* sestavit, vyhotovit; *(document, invoice)* vyhotovit; *(receipt)* vydat; **who do I m. the cheque out to?** na koho mám napsat šek? *II* vi **1** *(get along)* vést si; **he is making out very well** vede si velmi dobře **2** Amer sl *(neck)* muckat se; **m. out with sb** *(have sex)* vyspat se s kým ■ **make over** vt **1** *(transfer)* **m. sth over to sb** *(estate)* přepsat co na koho, upsat co komu **2** Amer *(convert: house* etc*)* předělat, přestavět, adaptovat; **the bedroom has been made over into a study** ložnici předělali na pracovnu ■ **make up** *I* vt **1 m. oneself up** nalíčit se, namalovat se, upravit si obličej, inf našminkovat se **2** *(prepare: prescription, medicine, bed)* připravit; *(list)* sestavit, sepsat, udělat; *(dress)* ušít **3** *(invent)* vymyslet si; **m. up an excuse** vymyslit si výmluvu; **don't believe her, she made it up** nevěřte jí, ona si to vymyslela **4** *(page)* Typ lámat **5** *(complete: team, quantity* etc*)* doplnit **6** *(constitute)* tvořit, skládat se z; **the committee is made up of ...** výbor se skládá z ... **7** *(compensate)* nahradit; **m. up the time** dohnat zpoždění **8 m. it up with sb** smířit se s kým **9 m. up one's mind** rozhodnout se *II* vi *(end quarrel)* smířit se ■ **make up for** vt **m. up for sth** kompenzovat co, vynahradit co; *(for injustices)* odčinit co, napravit co; **m. up for lost time** dohnat zpoždění, napracovat ztracený čas; **m. up for the loss** uhradit ztrátu ■ **make up to** vt **1 m. up to sb** *(flatter)* lichotit komu, vemlouvat se komu; *(make advances)* nadbíhat komu **2 m. it up to sb** vynahradit komu co; **I'll m. it up to you** já vám to vynahradím, *(for helping me)* já vám to oplatím

make-believe ['meikbili:v] n *(fantasy)* zdání, fantazie, fikce; **it's only m.-believe** to je jenom zdání; **live in a world of m.-believe** žít ve světě iluzí ■ **a m.-believe world** svět iluzí ● adj *(world)* fiktivní

maker ['meikə(r)] n **1** *(manufacturer)* výrobce; *(poet)* autor **2 the M.** Stvořitel Bůh ♦ **meet one's M.** odebrat se na věčnost

makeshift ['meikšift] adj *(improvised)* nouzový; *(temporary)* provizorní, dočasný ● n provizorium, dočasné řešení

make-up ['meikap] n **1** *(cosmetics)* make up, líčidlo, šminka; Theat also maska; **remove one's m.-up** odlíčit se ■ **m.-up bag** necesér; **m.-up artist** maskér; **m.-up remover** krém na odlíčení **2** *(composition: of team, cabinet* etc*)* složení **3** *(character, nature)* charakter, povaha; **generosity isn't part of his m.-up** velkorysost nepatří k jeho povahovým rysům **4** Typ lámání sazby do stránek, zlom

makeweight ['meikweit] n přívažek; fig **be somewhere as a m.** *(of person)* být někde jenom do počtu

making ['meikiŋ] n cf also **make 1** *(creation: of world)* stvoření; *(manufacture)* výroba, zhotovení; *(of food)* příprava; *(of film)* natočení; **in the m.** ve stavu zrodu, v procesu tvoření; **it's history in the m.** je to historie, která se odehrává před našima očima **2 ~s** předpoklady; **he has the ~s of a film star** má kvality budoucí filmové hvězdy; **he has the ~s of a successful politician** má všechny předpoklady k tomu, aby se z něj stal úspěšný politik

malachite ['mæləkait] n Min malachit

maladjusted [mælə'džastid] adj Psych *(child)* nepřizpůsobivý, neadaptabilní

maladjustment [mælə'džastmənt] n Psych nepřizpůsobivost, maladjustace

maladroit [mælə'droit] adj neobratný, nešikovný; **socially m.** sociálně nepřizpůsobivý

malady ['mælədi] n often fig (pl **maladies**) nemoc, choroba, neduh; **social maladies** neduhy společnosti

malaise [mə'leiz] n nevolnost, churavost; fig neklid, tíseň

malapropism ['mæləpropizəm] n malapropismus, trapná or komická záměna slov

malaria [mə'leəriə] n Med malárie, bahenní zimnice

malarian [mə'leəriən] adj Med malarický

Malay [mə'lei] adj malajský ● n **1** *(person)* Malajec/ Malajka **2** *(language)* malajština

Malaya [mə'leiə] n Malajsko

Malaysia [mə'leiziə] n Malajsie

Malaysian [mə'leiziən] n Malajsijec/ Malajsijka ● adj malajsijský

malcontent ['mælkəntent] adj nespokojený ● n nespokojenec

male [meil] adj **1** Zool, Bot samčí; *(person)* mužský; **m. child** dítě mužského pohlaví, chlapec; **m. descendant** potomek mužského pohlaví or v mužské linii rodu, Hist potomek po meči; **m. horse** hřebec; **m. flower** samčí květina; **m. nurse** ošetřovatel nemocných; pej **m. chauvinist** mužský šovinista, falokrat; **m. chauvinist pig** ≅ nechutný falokrat, falokratické prase **2** *(choir, voice)* mužský; **m. rhyme** mužský rým **3** Techn vnitřní zastrčitelný; *(thread)* vnější; **m. plug** zástrčka ● n *(animal)* samec; *(plant)* samčí rostlina; *(man)* muž; **~s and females** muži a ženy

malediction [mæli'dikšn] n fml prokletí, zlořečení

malevolence [mə'levələns] n zlomyslnost, zlovůle, zlovolnost

malevolent [mə'levələnt] adj zlomyslný, zlovolný, zlý

malformation [mælfo:'meišn] n Med malformace, znetvoření

malformed [mæl'fo:md] adj Med znetvořený, zrůdný

malfunction [mæl'faŋkšn] n funkční poruchy, selhání; *(breakdown: of machine)* defekt, porucha ● vi špatně fungovat, selhat

malice ['mælis] n **1** *(ill will)* zlomyslnost, zlá vůle, škodolibost, zlovolnost; **human m.** lidská zloba; **out of m.** ve zlém úmyslu; **I bear him no m.** nezlobím se na něho **2** Jur **m. aforethought** zlý úmysl, dolus; **with m. aforethought** se zlým úmyslem

malicious [mə'lišəs] adj **1** *(person)* zlomyslný, škodolibý, poťouchlý; *(remark also)* jízlivý, potměšilý; **m. pleasure** škodolibá radost; **m. gossip has it that ...** zlí jazykové tvrdí, že ... **2** Jur *(damage)* svévolný, zlovolný, úmyslný; **with m. intent** se zlým úmyslem

malign [mə'lain] adj **1** *(evil)* zhoubný, škodlivý; *(influence)* neblahý **2** Med zhoubný, maligní ● vt *(slander)* pomlouvat, osočovat, očerňovat, utrhat na cti komu; **much ~ed** *(eg government)* velmi kritizovaný

malignancy [mə'lignənsi] n **1** *(ill will)* zlovolnost, zloba, škodolibost **2** Med zhoubnost, malignita, zhoubné bujení

malignant [mə'lignənt] adj **1** *(person)* zlovolný, škodolibý; *(intention)* zlý; *(influence)* neblahý, zhoubný **2** Med zhoubný, maligní; **m. tumour** zhoubný nádor

malinger [mə'liŋgə(r)] vi simulovat; inf *(avoid work)* ulejvat se, ulívat se

malingerer [mə'liŋgərə(r)] n simulant; inf ulejvák

mall [mo:l] n esp Amer **(shopping) mall** nákupní středisko or areál

mallard ['mæla:d] n (pl unchanged or **~s**) Orn kachna divoká

malleability [mæliə'biləti] n *(of substances)* tvárnost, plastičnost, snadná zpracovatelnost; *(of metal* also*)* kujnost; fig *(of person)* poddajnost, povolnost

malleable ['mæliəbl] adj tvárný, ohebný, plastický; snadno zpracovatelný; *(metal* also*)* kujný; fig *(person)* poddajný, povolný, měkký

mallet ['mælit] n dřevěná palička; Croquet kroketová palička

mallow ['mæləu] n Bot sléz, malva

malnourished [mæl'naritšt] adj podvyživený, trpící podvýživou

malnutrition [mælnju'trišn] n podvýživa, podvyživenost; **suffer from m.** trpět podvýživou

malodorous [mæl'əudərəs] adj fml zapáchající, páchnoucí

malpractice [mæl'præktis] n Med zanedbání povinné péče, trestná nedbalost; *(in office)* zneužití úřední pravomoci; *(financial)* malverzace, zpronevěra

malt [mo:lt] n slad; **barley m.** ječný slad ■ **m. drink** nápoj ze sladu; **m. extract** sladový výtažek, sladovina; **m. whisky** sladová whisky ● vt *(barley)* sladovat

Malta ['mo:ltə] n Malta

malted ['mo:ltid] adj **m. milk** sladové mléko, ≅ ovomaltina

Maltese [mo:l'ti:z] adj maltský, dated maltézský; **M. cross** maltézský kříž also Techn ● n **1** *(person)* Malťan/ -ka **2** *(language)* maltský jazyk, maltština

maltreat [mæl'tri:t] vt zle zacházet s kým, trápit; *(using violence)* týrat

maltreatment [mæl'tri:tmənt] n zlé zacházení; *(using violence)* týrání

mamba ['mæmbə] n Zool mamba had

mambo ['mæmbəu] n mambo tanec

mamma ['ma:mə] n dated maminka, máma

mammal ['mæml] n savec

mammalian [mæ'meiliən] adj savčí, přináležející ke skupině savců

mammary ['mæməri] adj Anat prsní; **m. gland** prsní or mléčná žláza

mammography [mæ'mogrəfi] n mamografie

mammon ['mæmən] n mamon, (chorobná touha po) bohatství

mammoth ['mæməθ] n mamut ● adj mamutí; fig *(huge)* mamutí, gigantický, obrovský; **a m. organization** mamutí or gigantická organizace; **a m. task** gigantický or nadlidský úkol, inf práce pro vraha; Comm **m. reductions** superslevy

mammy ['mæmi] n **1** inf maminka, máma, mamička **2** Amer dated černošská chůva or služebná

man [mæn] n (pl **men** [men]) **1** *(adult male)* **a)** gen muž, inf mužský; **a young man** mladý muž, mladík, mládenec, jinoch; **an old man** starý muž, stařec, stařík, inf dědek; **a blind man** nevidomý, slepec; **a handsome man** krasavec; **dirty old man** starý nemrava; **all to a man** všichni do jednoho **b)** *(with manly qualities)* muž, chlap; **a giant of a man** chlap jako hora; **he is a real man** je to opravdový chlap; **behave like a man** chovat se jako chlap; **be a man, for goodness sake!** proboha, buď přece chlap; **take sth like a man** postavit se k něčemu jako muž, brát co jako chlap; **the army will make a man of you** na vojně z tebe udělají chlapa **2** *(husband)* muž, manžel; **my old man** inf můj starý, ten můj; **man and wife** muž a žena, manželé; **they live as man and wife** žijí spolu (jako manželé); **hook a man** uhnat muže **3** *(boyfriend)* chlapec, milý; *(lover)* milenec; *(fiancé)* snoubenec, nastávající **4** *(mankind)* also **Man** člověk, lidstvo, lidé **5** *(human being)* člověk, pl lidé; **all men are equal** všichni lidé jsou si rovni **6** *(type, person)* člověk, osoba; **a man of action** muž činu; **an impulsive man** impulsivní člověk; **a man of few words** málomluvný člověk; **a man of means** boháč, inf pracháč; **an ordinary man** obyčejný smrtelník; **a man of principles** zásadový člověk; **the man in the street** člověk z ulice, prostý člověk **7** *(in various walks of life)* **a)** *(servant)* sluha, služebník; *(butler)* vrchní sluha **b)** *(in industry)* dělník; *(in business)* zaměstnanec, úředník; *(repairman)* opravář; **we'll send a man round to you** *(to look at your washing machine* etc*)* pošleme k vám opraváře **c) our man in Prague** *(correspondent)* náš zahraniční korespondent v Praze, *(diplomat)* náš diplomatický zástupce v Praze **d)** *(soldier)* vojín, voják; **officers and men** důstojníci a mužstvo **e)** *(in professions)* **a medical man** lékař; **a man of law** právník; **a man of letters** muž pera, spisovatel; **a man of God** sluha boží; **a learned man** učenec **f)** *(student)* **he is an Oxford man** studuje na Oxfordu, *(graduate)* je absolventem oxfordské university, studoval na Oxfordu **g)** *(player)* hráč, člen mužstva, člen družstva **8** Chess figurka; Draughts kámen ● vt **1** *(ship)* opatřit posádkou; *(cannon, pumps, power station, telephone)* obsluhovat; *(fort)* obsadit posádkou; *(barricades)* bránit **2** *(machines: staff)* obsadit; **a ~ned spaceship** pilotovaná kosmická loď ● interj inf člověče!, kamaráde!, chlape jeden!, brácho!

manacle ['mænəkl] n **~s** okovy, pouta, želízka ● vt dát komu pouta

manage ['mænidž] **I** vt **1** *(company, business, hotel, project* etc*)* řídit, vést; *(property)* spravovat; *(football team, pop group, pop singer)* být manažerem čeho/ koho; **m. sb's affairs** starat se o čí záležitosti; **m. the household** starat se or pečovat o domácnost **2** *(handle: people, animals, children)* ovládat, vědět si rady s kým/ čím, poradit si s kým/ čím, zvládnout **3** *(cope with: task)* zastat, zvládnout, stačit na; *(suitcase* etc*)* unést, poradit si s čím; *(another portion)* zdolat, sníst; *(new machinery)* poradit si s čím, umět používat; **will you be able to m. it alone?** budete na to stačit sám?; **I can't m. the stairs** do těch schodů nevyjdu; **can you m. 10 o'clock?** hodí se ti přijít v 10 hodin? **4 m. to do sth** být s to or dokázat něco udělat; **I ~ed to finish it** podařilo se mi to dokončit; **I ~d to persuade him** povedlo se mi ho přesvědčit; **m. to fight back** vzmoci se na odpor; **how on earth did he m. to do that?** jak to, proboha, dokázal?; **he ~d to keep in good health** udržel si dobré zdraví **II** vi *(cope)* poradit si, pomoci si, vědět si rady; **can you m.?** nepotřebujete pomoct?; **you can easily m.** to snadno zvládnete; **I can m. by myself** já si poradím sám; **m. without sb/ sth** obejít se bez koho/ čeho; **she can m. on £50 a week** umí vyjít s 50 librami týdně; **if you can't m.** *(to come)* kdyby ti do toho něco přišlo

manageable ['mænidžəbl] adj *(task, job)* zvládnutelný; *(child)* poslušný

management ['mænidžmənt] n cf also **manage 1** *(of company, business, project)* řízení, vedení, management [menydžment, mene(d)ž-, manaž-]; *(of estate, property)* správa, spravování; **all the losses were caused by bad m.** všechny ztráty byly způsobeny špatným řízením ■ **m. studies** manažérské studium **2** *(people in charge: of company)* vedení, řízení, ředitelství, management; *(non-commercial)* vedení; *(of estate)* správa; **'under new m.'** 'nové vedení'; **joint consultations between workers and m.** společné konzultace mezi dělníky a vedením **3** *(handling: of situation* etc*)* zvládnutí; **he was praised for his m. of the situation** dostalo se mu pochvaly za to, jak si s tou situací poradil

manager ['mænidžə(r)] n **1** *(of company, business, hotel* etc*)* ředitel (podniku/ hotelu etc); *(of estate)* správce; *(of department, shop)* vedoucí, šéf; Theat **stage m.** inspicient, Br **literary m.** dramaturg **2** *(of pop group/ star, film star, boxer* etc*)* manažer; *(of sports team)* trenér **3** *(organizer)* organizátor; *(of household finances)* **she is a good m.** je dobrá hospodyně

manageress [mænidžə'res] n cf **manager** *(woman in charge of a business, shop, restaurant, hotel* etc*)* ředitelka; správkyně; vedoucí, šéfka, manažerka

managerial [mænə'džiəriəl] adj *(skills, expertise* etc*)* manažerský; **m. staff** vedoucí pracovníci

managing ['mænidžiŋ] adj **m. director** generální ředitel; **m. editor** šéfredaktor; pej *(woman: bossy)* pánovitá

Mancunian [mæŋ'kju:niən] adj manchesterský ● n obyvatel/ -ka Manchestru, kdo pochází z Manchestru; **he's a M.** pochází or je z Manchestru

mandarin ['mændərin] n **1 m. (orange)** *(fruit)* mandarinka **2** Hist *(Chinese official)* mandarín; fig pej *(official)* mandarín, bonz **3** Ling mandarínská čínština **4 m. (duck)** kachnička mandarínská

mandate ['mændeit] n mandát

mandatory ['mændətəri] adj fml *(compulsory)* povinný, obligatorní; **attendance is m.** účast je povinná

mandible ['mændibl] n **1** Anat dolní čelist, sanice **2** Zool čelist; *(of insects)* **~s** kusadla

mandolin(e) [mændə'lin] n Mus mandolína

mandrake ['mændreik] n Bot mandragora

mane [mein] n lit & fig hříva

man-eater ['mæni:tə(r)] n **1** *(animal)* lidožrout; *(human cannibal* also*)* kanibal, lidojed **2** fig *(woman)* lovkyně mužů, nymfomanka

maneuver [mə'nu:və(r)], **maneuverable** [mə'nu:vərəbl] adj Amer see **manoeuvre**, **manoeuvrable**

manful ['mænful] adj *(brave)* statečný, zmužilý, smělý; *(determined)* rozhodný, odhodlaný ■ **~ly** adv odvážně, směle; s odhodláním

manganese ['mæŋgəni:z] n Chem mangan

mange [meindž] n Med, Vet svrab, prašivina

mangel-wurzel ['mæŋglwə:zl] n krmná řepa

manger ['meindžə(r)] n žlab, koryto, jesle pro krmení ♦ **a dog in the m.** žába sedící na prameni, nepřejícný člověk

mangle$_1$ ['mæŋgl] n mandl ● vt *(laundry)* mandlovat

mangle$_2$ ['mæŋgl] vt **1** *(body)* zmrzačit, zohavit, inf zřídit; *(crush: car* etc*)* zdemolovat **2** *(text)* mrzačit; *(foreign language)* lámat

mango ['mæŋgəu] n (pl **~s** or **~es**) **1** *(fruit)* mango **2** *(tree)* mangovník

mangy ['meindži] adj (**-ier**, **-iest**) **1** *(animal)* prašivý, svrabovitý **2** fig *(shabby: coat, blanket, carpet)* vypelichaný, olezlý

manhandle ['mænhændl] vt **1** *(treat sb roughly)* zacházet s kým hrubě or brutálně, týrat koho **2** *(move: large object)* přetáhnout

manhole ['mænhəul] n průlez, vstupní otvor, *(into sewer)* vstupní šachta

manhood ['mænhud] n **1** *(maturity)* dospělost, mužný věk; **reach m.** dospět v muže **2** *(masculinity)* mužství, mužnost; **prove one's m.** dokázat své mužství **3** *(men collectively)* muži, mužské obyvatelstvo; **Scottish m.** skotští muži

man-hour ['mænauə(r)] n pracovní hodina, normohodina

manhunt ['mænhant] n pátrání po zločinci, stíhání uprchlíka/ zločince, hon na člověka

mania ['meiniə] n **1** Psych mánie; *(obsession)* Med obsese; **persecution m.** stihomam **2** *(zeal)* mánie, náruživost, posedlost, vášeň; **work m.** pracovní horečka; **have a m. for collecting stamps** být vášnivým sběratelem známek

maniac ['meiniæk] adj *(mad)* šílený; Psych maniakální, stižený mánií ● n **1** *(mad person)* šílenec; Psych maniak, člověk stižený mánií; **sex m.** erotoman, sexuální maniak, člověk posedlý po sexu; **drive like a m.** jet jako šílenec **2** fig *(enthusiast)* fanda, maniak; **he's a football m.** je zažraný do fotbalu; **he's a chess m.** je šachový maniak

maniacal [mə'naiəkl] adj šílený; fig posedlý

manic ['mænik] adj maniakální; **m. depression** maniodeprese

manic-depressive [mænikdi'presiv] adj

Med maniodepresivní ● n člověk trpící maniodepresivní psychózou

manicure ['mænikjuə(r)] n manikúra, manikýra ■ **m. set** manikúra souprava ● vt manikýrovat; **m. one's nails** pěstit si nehty

manicurist ['mænikjuərist] n manikér/ -ka or manikýrka

manifest$_1$ ['mænifest] adj fml *(obvious)* zřejmý, očividný, evidentní; **he made it m. that ...** dal jasně najevo, že ... ■ **~ly** adv zjevně, zřejmě ● vt *(show)* ukázat, projevit, dát najevo; **m. itself** projevit se; *(symptoms* etc*)* objevit se, ukázat se

manifest$_2$ ['mænifest] n Naut manifest, seznam nákladu; Aviat seznam zboží a cestujících

manifestation [mænife'steišn] n (cf **manifest**$_1$) projev, projevení; **it is a m. of their discontent** je to projev jejich nespokojenosti

manifesto [mæni'festəu] n (pl **~s** or **~es**) Pol manifest, prohlášení

manifold ['mænifəuld] adj fml *(numerous)* četný; *(varied)* rozličný, rozmanitý; *(uses, interests)* mnohostranný ● n Aut **inlet m.** sací potrubí; **exhaust m.** výfukové potrubí

manikin ['mænikin] n dated *(dwarf)* trpaslík, pidimužík, mužíček

Manil(l)a [mə'nilə] n **1 M. (hemp)** manilské konopí, manila **2 m. (paper)** balicí papír ■ **m. envelope** hnědá obálka **3** *(cigar)* doutník

manioc ['mæniok] n **1** Cook maniok, kasava **2** Bot *(plant)* manihot

manipulate [mə'nipjuleit] vt **1** *(machine)* obsluhovat, zacházet s čím, manipulovat s čím; *(vehicle)* manévrovat s čím **2** fig *(people, public opinion)* manipulovat koho/ co, ovládat koho/ co; *(facts, election results)* zkreslovat or falšovat or manipulovat co **3** Med *(bones)* napravit, *(after fracture)* srovnat, vkloubit

manipulation [məˌnipju'leišn] n cf also **manipulate** **1** *(of machine)* obsluha, manipulace s čím **2** fig manipulace, manipulování, falšování, volební machinace **3** Med napravení, srovnání, vkloubení

manipulative [mə'nipjulətiv] adj manipulativní

manipulator [mə'nipjuleitə(r)] n esp pej manipulátor s lidmi ap.

mankind [mæn'kaind] n **1** *(human race)* lidstvo, lidské pokolení, lidský rod; **the history of m.** dějiny lidstva **2** *(men collectively)* muži

manlike ['mænlaik] adj *(like a human: creature* etc*)* podobný člověku; *(like a male: woman)* vypadající jako muž

manliness ['mænlinəs] n mužnost, mužství

manly ['mænli] adj (**-ier**, **-iest**) mužný, chlapský; **in a m. fashion** mužně, zmužile, chlapsky

man-made [mæn'meid] adj *(material, fibres)* syntetický, umělý; *(lake, satellite)* umělý

manna ['mænə] n lit & fig mana

manned ['mænd] adj *(satellite)* s lidskou posádkou

mannequin ['mænikin] n **1** *(fashion model)* manekýn/ -ka **2** *(dummy)* figurína ve výkladní skříni

manner ['mænə(r)] n **1** *(way, method)* způsob; **in this m.** tímto způsobem, takto; **in the same m.** stejně; **in the following m.** následujícím způsobem, následovně; **in an orderly m.** organizovaně; **in such a m. that ...** tak, že ...; **in a m. of speaking** tak řečeno, jaksi, do jisté míry **2** *(behaviour)* jednání, chování, vystupování; **he has a pleasant m.** je velmi příjemný; **he has a confident m.** má jisté vystupování; **he has an overbearing m.** chová se pánovitě; **I don't like his m.** jeho chování se mi nelíbí **3** *(style)* *(in literature, art, architecture)* styl, *(art* also*)* manýra; **in the Italian m.** *(of painting)* v italském stylu **4** fml *(kind, type)* **all m. of people** nejrůznější lidé; **all m. of things** nejrůznější věci, všechno možné, kdeco, všelicos, leccos; **all m. of problems** celá škála problémů **5 manners** pl *(social etiquette)* způsoby, chování, mravy, inf móresy; **good ~s** dobré chování; **bad ~s** nevychovanost; **he has no ~s** neumí se chovat; **teach sb good ~s** naučit koho slušnosti; **forget one's ~s** zapomenout na dobré vychování; **have you forgotten your ~s?** jak se to chováš?; **~s!** to jsou mi manýry or móresy!; **~s be hanged!** kašlu na dobré mravy **6 manners** pl *(social customs)* obyčeje, mravy, zvyky

mannered ['mænəd] adj *(affected)* afektovaný; *(style)* strojený, vyumělkovaný

mannerism ['mænərizm] n *(in behaviour)* zvláštní návyky, zlozvyky; *(affectation)* afektovanost, přepjatost; *(of style)* strojenost, vyumělkovanost; *(in art)* manýrismus

mannerliness ['mænəlinəs] n dobré vychování, zdvořilost, kurtoazie

mannerly ['mænəli] adj dobře vychovaný, zdvořilý, způsobný

mannish ['mæniš] adj *(woman)* vypadající jako muž, jako chlap; **a m. woman** mužatka

manoeuvrability, Amer **maneuverability** [məˌnu:vərə'biləti] n *(of boat, aircraft* etc*)* ovladatelnost, řiditelnost, manévrovací schopnost

manoeuvrable, Amer **maneuverable** [mə'nu:vərəbl] adj (snadno) ovladatelný, řiditelný

manoeuvre, Amer **maneuver** [mə'nu:və(r)] n **1** Mil **a)** manévr; **a flanking m.** obchvatný manévr **b) ~s** pl *(exercises)* manévry, vojenské cvičení; **they are out on ~s** provádějí cvičení, jsou na cvičení **2** *(skilful movement: by car* etc*)* manévr **3** fig manévr, trik; **~s** pl čachry, pikle, machinace, pletichy ● **I** vt **1** *(car* etc*)* manévrovat s čím, řídit; *(animal: into a pen)* zavést, vmanévrovat **2** fig *(manipulate)* **m. sb into doing sth** vmanévrovat koho do čeho **II** vi manévrovat; Mil *(of troops)* provádět cvičení; fig **I need room to m.** potřebuji manévrovací prostor; **m. for position** snažit se získat výhodnou pozici

manoeuvring, Amer **maneuvering** [mə'nu:vəriŋ] n manévrování; fig **backstage m.** zákulisní čachry or machinace; Pol jednání v kuloárech

man-of-war [mænəv'wo:(r)] n válečná loď

manometer [mə'nomitə(r)] n manometr, tlakoměr

manor ['mænə(r)] n panství ■ **m. house** panské sídlo, (venkovský) zámeček

manpower ['mænpauə(r)] n *(personnel)* pracovní síly, stav zaměstnanců podniku; Mil početní stav vojska ■ **a m. shortage** nedostatek pracovních sil

manse [mæns] n Sk *(Church of Scotland)* fara

manservant ['mænsə:vənt] n (pl **menservants** ['mensə:vənts]) sluha, služebník

mansion ['mænšn] n *(large house)* velký dům; *(manor house)* panské sídlo, (venkovský) zámeček; **Mansions** Br velké luxusní činžovní domy

man-size(d) ['mænsaiz(d)] adj *(handkerchief)* pánský; *(steak, portion)* obrovský, pro chlapa; *(job)* nesnadný, náročný, pro chlapa

manslaughter ['mænslo:tə(r)] n Jur zabití neúmyslné

mantelpiece ['mæntlpi:s] n **1** *(shelf)* římsa nad krbem **2** *(surround)* plášť krbu

mantelshelf ['mæntlšelf] n (pl **-shelves** [-šelvz]) římsa nad krbem

mantilla [mæn'tilə] n mantila krajkový přehoz

mantis ['mæntis] n = **praying m.** kudlanka nábožná

mantle ['mæntl] n **1** *(cloak)* plášť bez rukávů, pelerína; fig *(covering)* **a m. of snow** sněhový příkrov **2** *(of gas lamp)* žárová punčoška

man-to-man [mæntə'mæn] adj *(talk)* upřímný, přímý, z očí do očí ● adv upřímně, otevřeně, přímo, jako chlap s chlapem

manual ['mænjuəl] adj *(work* etc*)* fyzický, manuální ● n **1** *(handbook)* příručka, rukověť, kompendium **2** Mus *(of organ)* manuál ■ **~ly** adv *(operate)* ručně; *(work)* manuálně

manufacture [mænju'fækčə(r)] n **1** *(making)* výroba, vyrábění, zhotovení; *(of foodstuffs* also*)* zpracování; **goods of foreign m.** zboží cizí výroby **2** *(product)* výrobek ● vt **1** gen vyrobit/ vyrábět, zhotovit; *(clothes* also*)* ušít; *(foodstuffs* also*)* zpracovat **2** usu pej *(invent: excuse)* vymyslet si, *(evidence* also*)* zkonstruovat

manufacturer [mænju'fækčərə(r)] n výrobce

manufacturing [mænju'fækčəriŋ] adj *(town)* průmyslový; *(capacity, techniques)* výrobní; *(industry)* zpracovatelský ● n průmyslová výroba

manure [mə'njuə(r)] n hnůj, mrva, *(fertilizer)* hnojivo; **farmyard m.** chlévská mrva; **artificial m.** umělé hnojivo; **liquid m.** močůvka, hnojůvka ● vt (po)hnojit

manuscript ['mænjuskript] n rukopis; **in m.** v rukopise nepublikovaný ■ **m. sources** rukopisné zdroje

many [meni] adj, pron (comp **more,** superl **most**) **1** mnoho; **m. children/ students** mnoho dětí/ studentů; **m. of them** mnoho z nich; **m. times** mnohokrát, mockrát; **how m. do you want?** kolik jich chceš?; **how m. times?** kolikrát?; **how m. pairs of shoes?** kolik párů bot?, kolikery boty?; **how m. dresses?** kolikery šaty?; **in m. cases** v mnoha případech, často; **as m. as 500** celých 500; **twice as m.** dvakrát tolik; **I have ten crowns too m.** mám o deset korun víc; **take as m. as you want** vezmi si kolik chceš; **a great m.** or **a good m. students** mnozí studenti, (celá) řada studentů, spousta studentů; **ten of them speak English and as m. German** deset z nich umí anglicky a stejný počet německy; **you ask too m. questions** moc se ptáš ♦ **a man of m. parts** člověk světa znalý **2 many a** + sg mnohý, mnozí, nejeden; **m. a problem/ student** nejeden problém/ student; **m. a time** nejednou; **m. a man would welcome the opportunity** mnohý or leckdo by takovou příležitost uvítal ● n **the m.** většina, velké množství lidí

many-coloured [meni'kaləd] adj pestrobarevný, mnohobarevný

many-sided [meni'saidid] adj **1** *(shape, figure)* mnohostranný **2** *(question, problem)* komplikovaný **3** *(personality)* mnohostranný, velmi talentovaný

map [mæp] n *(of country* etc*)* mapa; *(of town, streets)* plán, plánek; **relief map** plastická mapa; **road map** automapa; **weather map** meteorologická mapa; **put sth on the map** *(town, village* etc*)* proslavit něco, učinit co známým, udělat čemu jméno; **it is right off the map** je to na konci světa ● **I** vt (**-pp-**) *(area)* (z)mapovat, zhotovit mapu čeho; *(town)* udělat or zhotovit plán čeho **II** phr v ■ **map out** vt fig *(route)* vyznačit na mapě; *(essay* etc*)* rozvrhnout; *(plan: future)* rozplánovat (si), naplánovat (si) dopředu

maple ['meipl] n *(tree, wood)* javor ■ **m. leaf/ sugar/ syrup** javorový list/ cukr/ sirup

mapmaker ['mæpmeikə(r)] n kartograf

mapmaking ['mæpmeikiŋ] n kartografie

mapping ['mæpiŋ] n Comput mapování

mar [ma:(r)] vt (**-rr-**) (z)kazit, zmařit; *(sb's career)* narušit; *(sb's looks)* narušovat; **mar sb's enjoyment** (z)kazit komu radost ♦ **this can make or mar his future** toto může být rozhodující pro jeho budoucnost

Mar abbr of **March** březen

marabou ['mærəbu:] n **1** Orn marabu **2** *(feathers)* peří z marabua

marasmus [mə'ræzməs] n marazmus, zchátralost, sešlost věkem

marathon ['mærəθən] n maraton, maratonský běh; **dance m.** taneční maraton ■ **a m. speech** nekonečně dlouhý projev

marauder [mə'ro:də(r)] n Hist marodér, drancovník

marauding [mə'ro:diŋ] adj drancující, pustošící, plenící

marble ['ma:bl] n **1** *(stone)* mramor ■ **m. statue** mramorová socha; fig **m. cake** mramorovaná bábovka **2** *(glass or clay ball)* kulička; **play ~s** hrát kuličky; **let's have a game of ~s** zahrejme si kuličky ♦ **he hasn't got all his ~s** inf nemá všech pět pohromadě; **lose one's ~s** inf zcvoknout, zcvokatět ● adj attr mramorový; **a m. heart** kamenné srdce

marbled [ma:bld] adj *(paper, covers)* mramorovaný

March [ma:č] n březen; see also **May** ♦ **be as mad as a M. hare** být splašený jako janek, být potrhlý

march$_1$ [ma:č] n **1** Mil pochod; *(walk)* chůze, túra; **forced m.** usilovný pochod; **on the m.** na pochodu; **m. past** defilé; **a two-days' m.** dvoudenní pochod; **a m. of 30 km** pochod na 30 km, třicetikilometrový pochod ♦ **steal a m. on sb** předstihnout or předhonit koho v čem, vypálit komu rybník **2** *(demonstration)* demonstrace, manifestace; **protest m.** protestní pochod; **a peace m.** mírový pochod **3 the m. of time** běh času; **the m. of events** vývoj or běh událostí **4** Mus pochod, pochodová skladba; **a wedding m.** svatební pochod ● **I** vi **1** *(soldiers, demonstrators)* pochodovat, inf mašírovat; **forward m.!**, **quick m.!** pochodem v chod!; **m. past** defilovat; **m. in** vpochodovat; **m. out** vypochodovat **2** *(demonstrate)* demonstrovat **3** *(walk determinedly)* jít, kráčet, pochodovat; **he ~ed in** *(and demanded explanation)* vrazil or vtrhl or vmašíroval dovnitř; **she ~ed straight up to him** namířila si to přímo k němu **II** vt **1 we ~ed twenty miles today** dnes jsme urazili dvacet mil **2 m. sb off** nechat koho odpochodovat; **he was ~ed off to prison** byl odveden do vězení

march$_2$ [ma:č] n Hist usu pl **~es** hranice, pomezí; **the Welsh ~es** historické pomezí Anglie a Walesu

marcher ['ma:čə(r)] n *(in demonstration)* demonstrant/ -ka, manifestant/ -ka

marching [ma:čiŋ] adj **1 m. orders** Mil rozkaz k pochodu; fig inf **give sb his/ her m. orders** *(to boyfriend/ girlfriend* etc*)* pustit koho k vodě, dát komu kopačky **2 m. step** pochodový krok; **m. song** pochodová píseň

marchioness [ma:šə'nes] n markýza

mare ['meə(r)] n Zool kobyla, klisna ♦ **m.'s nest** fig iluse; *(disappointment)* zklamání

margarine [ma:džə'ri:n; Amer 'ma:rdžərin], Br inf also **marge** [ma:dž] n margarín

margin ['ma:džin] n **1** *(edge: of field, forest* etc*)* kraj, okraj; *(on page)* okraj, marginálie; **a note in the m.** poznámka na okraj(i) **2** fig *(extra amount)* volnost, rezerva, (manévrovací) prostor, vůle; **m. of error** tolerance chyb, tolerance úchylek; **m. of safety** míra bezpečnosti ♦ **win by a narrow/ wide m.** vyhrát těsně/ vyhrát s velkým náskokem **3** Comm **price/ profit m.** cenové/ ziskové rozpětí, marže

marginal ['ma:džinl] adj **1** attr **m. note** marginálie, poznámka na okraj(i) **2** *(small: improvement, difference)* nepatrný; *(effect also)* minimální, bezvýznamný; *(problem)* vedlejší; **a m. case** okrajový případ **3** Comm *(profit)* marginální **4 m. seat** Br Pol poslanecké křeslo získané jen těsnou většinou hlasů ■ **~ly** adv nepatrně, mírně, trochu, poněkud

margrave ['ma:greiv] n markrabě

margraviate [ma:greiviət] n markrabství (**of Moravia** moravské)

margravine [ma:grəvi:n] n markraběnka

marguerite [ma:gə'ri:t] n Bot kopretina

marigold ['mærigəuld] n Bot *(African, French m.)* aksamitník; **marsh m.** blatouch bahenní; **common** or **pot m.** měsíček

marihuana, marijuana [mæri'wa:nə] n marihuana; sl marjánka

marina [mə'ri:nə] n přístav pro jachty

marinade [mæri'neid] n Cook marináda

marinate [mæri'neit] vt Cook marinovat

marine [mə'ri:n] adj *(fish, plant* etc*)* mořský; **m. life** mořská fauna a flóra; **m. insurance** námořní pojištění; **m. engineer** lodní inženýr; **m. engineering** lodní stavitelství ● n **1** *(fleet)* loďstvo; **merchant m.** obchodní loďstvo **2** *(soldier)* vojín námořní pěchoty; **the Marines**, Amer **the M. Corps** námořní pěchota ♦ **tell that to the (horse) ~s!** inf to si vykládej své babičce, to ti nezbaštím, nevyprávěj nám tu pohádky

mariner ['mærinə(r)] n dated or fml námořník

marionette [mæriə'net] n marioneta, závěsná loutka

marital ['mæritl] adj *(relations, duty* etc*)* manželský; **m. status** rodinný stav; **live together in m. bliss** žít spolu šťastně a spokojeně

maritime ['mæritaim] adj *(powers, warfare, law)* námořní; *(climate, provinces)* přímořský

marjoram ['ma:džərəm] n Bot majoránka

mark$_1$ [ma:k] n **1** *(stain, spot)* skvrna, čmouha, šmouha; *(trace)* stopa, otisk, *(of foot)* šlápota, *(of wheels)* stopa po kolech, kolej; *(on body: scratch)* škrábnutí, *(scar)* jizva, šrám, *(after a blow* etc*)* modřina; **the thief left no ~s** zloděj nezanechal žádné stopy **2** *(distinguishing m.: on person)* zvláštní (tělesné) znamení; *(on horses* etc*)* lysina; *(birth-m.)* mateřské znaménko; Bibl **the m. of Cain** Kainovo znamení **3** *(symbol)* značka, znamení, znaménko, symbol; *(on scale)* ryska, dílek; **class m.** or **shelf m.** signatura na knize; **division m.** znaménko dělení; **interrogation m.** otazník; **exclamation m.** vykřičník; **length m.** čárka nad písmenem; **printer's m.** tiskařská značka; **punctuation m.** interpunkční znaménko; **quotation ~s** uvozovky; **reach/ pass the halfway m.** dostat se do poloviny/ přes polovinu; fig **as a m. of respect** jako výraz úcty **4** Sch (školní) známka; **good** or **high ~s** dobré známky; **low** or **bad ~s** špatné známky; **fail m.** nedostatečná; **overall m.** celková známka; **get full ~s** dostat samé jedničky; **get a fail m. in physics** propadnout z fyziky; **have excellent ~s in sth** mít v čem výborný prospěch **5** *(standard)* **be up to the m.** mít žádoucí úroveň, být na výši; **be below the m.** být neuspokojivý; **his work is not quite up to the m.** jeho práce není zcela uspokojivá **6** *(impact)* **make one's m.** proslavit se; **make one's m. as a poet** udělat si jméno jako básník; **leave its m. on sb** (eg *unhappy youth)* trvale koho poznamenat **7** Sport startovní čára; **be quick off the m.** prudce vystartovat; **on your ~s, get set, go!** na místa, pozor, teď! při startování **8** *(target)* **hit/ miss the m.** lit trefit se (do cíle)/ minout se cíle; fig být úspěšný/ neúspěšný; **be wide off the m.** lit mířit vedle, fig splést se, inf seknout se, inf být vedle jak ta jedle ● **I** vt **1** *(stain)* zašpinit, zamazat, umazat; *(with ink)* pokaňkat; *(on body: scratch)* poškrabat, *(scar)* zjizvit, zanechat jizvu; **his face was ~ed by smallpox** tvář měl zjizvenou neštovicemi; fig **the experience ~ed him for life** tato skutečnost ho poznamenala na celý život **2** *(label: towels)* (o)značit, (o)značkovat, (o)cejchovat; *(route)* vyznačit, opatřit značkami; **m. sth with a number** označit co číslem, očíslovat; **m. sth with price tags** označit co cenovkami; **m. sth with an asterisk** označit co hvězdičkou **3** *(indicate)* vyznačit; **m. a place on the map** vyznačit místo na mapě; **X ~s the spot** místo je označeno písmenem X ♦ **m. an era** znamenat převrat **4** Sch *(correct: essay)* opravit/ opravovat; *(give a m. to)* (o)známkovat, klasifikovat; **m. leniently** známkovat mírně **5** *(note)* **m. my words!** poslechněte mne; dobře si zapamatujte, co říkám; Br **m. you, I don't agree with him** já s ním ale samozřejmě nesouhlasím **6** Ftb etc *(player, opponent)* obsazovat, hlídat **7** Mil **m. time** pochodovat na místě; fig přešlapovat na místě odkládat rozhodnutí **II** vi **m. easily** *(material)* snadno se špinit **III** phr vs ■ **mark down** vt **1** *(note down)* poznamenat si **2** *(reduce: prices)* snížit; *(article)* snížit cenu čeho; **m. sb down** snížit komu známku ■ **mark off** vt **1** *(separate with fence)* oddělit; *(area)* ohraničit, vyznačit **2** *(measure)* odměřit **3** *(on list)* zaškrtnout ■ **mark out** vt **1** *(with lines: tennis court* etc*)* vyznačit čarami or sl lajnami, sl nalajnovat; *(with stakes)* vymezit kolíky, vykolíkovat **2** *(distinguish)* **this ~s him out from the other players** tímto se liší od ostatních hráčů **3** *(single out)* určit, vybrat (**for sth** pro co) ■ **mark up** vt **1** Sch **m. sb up** zvýšit komu známku **2** *(prices)* zvýšit, *(articles)* zvýšit ceny čeho

mark$_2$ [ma:k] n *(coin)* marka

markdown ['ma:kdaun] n *(of price)* snížení

marked [ma:kt] adj **1** *(noticeable: difference, contrast)* výrazný, nápadný, vyhraněný; *(trend)* zřetelný; *(improvement)* zřejmý, znatelný, citelný; *(accent)* silný **2** *(person)* poznamenaný; **he is a m. man** je na černé listině **3** Ling příznakový

markedly ['ma:kidli] adv *(different)* výrazně, nápadně; *(better)* podstatně, znatelně

marker ['ma:kə(r)] n **1** *(flag/ pole/ stake)* vytyčovací vlajka/ sloupek/ kolík ■ **m. buoy** výstražná bóje **2** *(bookmark)* záložka do knihy **3** *(pen)* značkovací fix, inf fixka **4** Sch examinátor **5** Sport *(at games: scorekeeper)* zapisovač bodů **6** Ling příznak, rozlišující znak

market ['ma:kit] n **1** gen trh; **go to m.** jít na trh; **at the m.** na trhu; **flea m.** bleší trh ■ **m. day** tržní den, trhový den; **m. hall**, **m. place**, **m. square** tržnice, tržiště; **m. stand** trhový or jarmareční stánek; **m. town** město, kde se konají trhy **2** Econ *(trade)* obchod, trh; **black m.** černý trh; **free m.** volný trh; **home m.** vnitřní or tuzemský trh; **foreign m.** zahraniční trh; **international m.** světový trh; **the property m.** trh s nemovitostmi; **the job m.** trh práce; **be on the m.** *(goods)* být na trhu ■ **m. economy** tržní hospodářství; **m. forecast** prognóza trhu; **m. garden** zelinářská zahrada; **m. gardener** zelinář; **m. gardening** zelinářství; **m. price** tržní cena; **m. research** průzkum trhu; **m. trends** vývoj trhu; **m. value** tržní hodnota **3** St Ex **(stock) m.** burza, burzovní trh; **play the m.** spekulovat na burze ■ **m. report** burzovní zpráva ● **I** vt *(sell)* prodávat; *(launch)* uvést or vrhnout výrobek na trh **II** vi Amer nakupovat; **go ~ing** jít na nákupy

marketability [ma:kitə'biləti] n prodejnost, zpeněžitelnost; St Ex obchodovatelnost

marketable ['ma:kitəbl] adj prodejný, zpeněžitelný; St Ex obchodovatelný

marketeer [ma:ki'tiə(r)] n **1** **(Common) M.** stoupenec myšlenky společného evropského trhu **2** **(black) m.** kšeftař, šmelinář, pokoutní obchodník, kdo obchoduje na černém trhu

marketing ['ma:kitiŋ] n marketing, marketink ■ **m. manager** vedoucí or ředitel marketingového oddělení; **m. strategy** marketingová strategie

marking ['ma:kiŋ] n cf **mark** vt **1** *(sign)* značka, označení; *(on aeroplane)* výsostný znak; Zool zabarvení, skvrny **2** *(of exams)* oprava, klasifikace **3** Sport obsazování protihráče

marksman ['ma:ksmən] n (pl **-men**) (elitní) střelec

marksmanship ['ma:ksmənšip] n přesná střelba, střelecké mistrovství, jistota v míření, inf výborná muška

mark-up ['ma:kap] n Comm marže, obchodní rozpětí ■ **m.-up price** prodejní cena

marmalade ['ma:məleid] n džem z citrusového ovoce; **orange m.** pomerančová zavařenina, pomerančový džem

marmoreal [ma:'mo:riəl] adj mramorový, z mramoru; *(like marble)* jako mramor, jako z mramoru, *(white)* mramorově bílý

marmot ['ma:mət] n svišť

maroon$_1$ [mə'ru:n] adj *(colour)* hnědočervený ● n hnědočervená barva

maroon$_2$ [mə'ru:n] n malá třaskavá signální raketa

maroon$_3$ [mə'ru:n] vt **1** lit vysadit na neobydleném ostrově **2** fig **be ~ed** být izolován; *(by floods, war* etc) **be ~ed somewhere** uváznout kde, zůstat kde vězet or inf trčet

marquee [ma:'ki:] n **1** *(tent)* (velký) stan; *(for circus)* cirkusový stan, šapitó **2** Amer *(canopy over entrance; at hotel* or *theatre)* markýza

marquess ['ma:kwis] n Br markýz

marquetry ['ma:kitri] n Art intarzie, marketerie

marquis ['ma:kwis] n *(in various countries)* markýz

marriage ['mæridž] n **1** *(state)* manželství, svazek or stav manželský; **broken m.** rozvrácené or rozpadlé manželství; **the yoke of m.** joc manželské jho, manželský chomout; **the fetters of m.** joc manželské okovy; **after five years of m.** po pěti letech manželství **2** *(wedding)* sňatek, *(ceremony)* svatba; **civil m.** civilní sňatek, svatba na radnici; **m. of convenience** sňatek z rozumu; **give a daughter away in m. to sb** fml dát komu dceru za manželku; **take sb in m.** oženit se s kým/ vdát se za koho ■ **m. announcement** svatební oznámení; **m. bureau** sňatková kancelář; **m. certificate** oddací list; **m. portion** věno; **m. vows** manželský slib **3** fig spojení, svazek

marriageable ['mæridžəbl] adj schopný/ -á uzavřít sňatek; **be of m. age** být na ženění/ vdávání; **a girl of m. age** děvče na vdávání

married ['mærid] adj *(man)* ženatý; *(woman)* vdaná; *(state)* manželský; **m. life** also manželský život, manželství; **married couple** manželský pár, manželé

marrow ['mærəu] n **1** Anat morek ♦ **chilled** or **frozen to the m.** prostydlý až do morku kostí, zmrzlý na kost **2** fig *(of statement* etc) jádro, podstata **3** Bot **(vegetable) m.** tykev, dýně

marrowbone ['mærəubəun] n Cook morková kost

marry ['mæri] **I** vt (pt & pp **married**) **1 m. sb** *(of man)* oženit se s kým, vzít si/ imperf brát si koho za ženu; *(of woman)* provdat or vdát se za koho, vzít si/ imperf brát si koho za muže; **m. money** *(of man)* bohatě se oženit **2** *(of father)* **m. one's daughter/ son** provdat dceru/ oženit syna **3** *(of priest)* **m. sb** oddat koho, dated sezdat koho **4** fig spojit, sladit **II** vi also **get married** *(of man/ woman)* oženit se/ vdát se; *(of couple)* vzít se, imperf brát se **III** phr v ■ **marry off** vt **m. off one's daughter** provdat dceru (**to sb** za koho), dated dostat dceru pod čepec

Mars [ma:z] n Mars

marsh [ma:š] n bažina, močál, mokřina ■ **m. gas** bahenní plyn; **m. fever** Med bahenní zimnice; **m. marigold** Bot blatouch bahenní

marshal ['ma:šl] n **1** Mil maršál; *(of royal household)* dvorní maršálek; **field m.** polní maršál **2** *(at public event)* pořadatel; *(in law court)* soudní zřízenec **3** Amer *(police chief)* šerif ● vt (**-ll-**, Amer **-l-**) **1** *(soldiers)* seřadit, nechat nastoupit, shromáždit; *(crowds)* zorganizovat **2 m. sb into/ out of a place** uvést/ odvést koho odkud obřadně **3** *(thoughts)* srovnat si, soustředit, uspořádat si

marshalling yard ['ma:šəliŋja:d] n Rail seřazovací nádraží

marshland ['ma:šlənd] n bažina, bažinatá půda

marshmallow [ma:š'mæləu] n **1** Bot proskurník lékařský **2** měkký cukrářský výrobek obsahující želatinu a cukr, ≅ indiánek

marshy [ma:ši] adj (**-ier**, **-iest**) bažinatý, bahnitý, močálovitý

marsupial [ma:'su:piəl] n vačnatec ● adj vačnatý

mart [ma:t] n **1** *(market)* trh, tržiště, bazar; **second-hand car m.** autobazar **2** *(auction room)* aukční síň

marten ['ma:tin] n Zool *(also fur)* kuna

martial ['ma:šl] adj vojenský; **court m.** vojenský soud; **m. arts** bojová umění, bojové sporty; **m. law** stanné právo; **impose m. law** vyhlásit stanné právo

Martian ['ma:šn] n Marťan/ -ka

martin ['ma:tin] n Orn jiřička (obecná)

martinet [ma:ti'net] n usu pej autoritář, tyran; *(woman)* semetrika

Martini TM [ma:'ti:ni] n vermut Martini

martyr ['ma:tə(r)] n mučedník; **a m.'s crown/ death** mučednická koruna/ smrt; **be a m. to the cause of ...** být mučedníkem za ...; **make a m. of oneself** dělat ze sebe trpitele; **she is a m. to rheumatism** vytrpí si pravá muka s revmatizmem ● vt (u)mučit; **put on a ~ed expression** fig zatvářit se trpitelsky

martyrdom ['ma:tədəm] n mučednictví, *(death)* mučednická smrt

marvel ['ma:vl] n **1** *(wonderful thing)* div; *(miracle)* zázrak; **the ~s of modern technology** divy moderní techniky; **the ~s of nature** zázraky přírody; **it is a m. that ...** je zázrak, že ...; **to work ~s** *(medicine etc)* mít výborné účinky, dělat zázraky **2** *(person)* báječný člověk; **you are a m.** ty jsi báječný/ -á, ty jsi učiněný anděl ● v (**-ll-**; Amer **-l-**) **I** vi **m. at sth** žasnout nad čím **II** vt **m. that/ why/ how ...** žasnout, že/ proč/ jak ...

marvellous, Amer **marvelous** ['ma:vələs] adj úžasný, báječný, nádherný, pozoruhodný; **a m. sight** skvělá podívaná; **that's (absolutely) m.** to je (úplně) skvělé ■ **~ly** adv bezvadně, úžasně, báječně

Marxism ['ma:ksizəm] n marxismus

Marxist ['ma:ksist] adj marxistický ■ n marxista

Mary ['meəri] n Marie; **the Virgin M.** Panna Maria, Maria Panna, madona

marzipan ['ma:zipæn] n Cook marcipán

mascara [mæ'ska:rə] n maskara

mascot ['mæskət] n maskot, talisman

masculine ['mæskjulin] adj mužský, chlapský; *(woman)* vypadající jako chlap; Ling *(gender etc)* mužský ● n Ling mužský rod, maskulinum; **in the m.** v maskulinu, v mužském rodě

masculinity [mæskju'linəti] n mužství, mužskost

mash [mæš] n **1** *(for animals)* šlichta **2** *(potatoes)* bramborová kaše, bramborové pyré **3** *(in brewing)* mladina ● vt rozmačkat; **~ed potatoes** bramborové pyré

MASH [mæš] abbr of **Mobile Army Surgical Hospital** pojízdná vojenská chirurgická ambulance

masher ['mæšə(r)] n *(for potatoes)* mačkadlo na brambory

mask [ma:sk, Amer mæsk] n **1** lit & fig maska, škraboška; Fencing kukla; **death m.** posmrtná maska; **put on a m.** lit & fig nasadit si škrabošku **2** Comput maska ● vt **1** *(face)* (za)maskovat, nasadit masku **2** *(feelings, truth)* skrývat, zastírat, maskovat; *(intentions)* (u)tajit, utajovat

masked [ma:skt, Amer mæskt] adj maskovaný; **m. ball** maškarní ples

masochism ['mæsəkizəm] n masochismus

masochist ['mæsəkist] n masochista

masochistic [mæsə'kistik] adj masochistický

mason ['meisn] n **1** *(builder)* zedník pracující s kamenem; *(stone-dresser)* kameník **2** *(freem.)* also **Mason** (svobodný) zednář

masonic [mə'sonik] adj zednářský

masonry ['meisnri] n **1** *(stonework)* zdivo **2** *(freem.)* also **M.** zednářství

masque [ma:sk, Amer mæsk] n maškaráda

masquerade [mæskə'reid] n **1** *(pretence)* maškaráda, divadýlko, komedie, fraška **2** *(procession)* maškaráda, mumraj ● vi **m. as ...** *(pretend to be)* vydávat se za ...; *(disguise o.s. as)* být převlečen za ...

mass$_1$ [mæs] n Relig also **M.** mše, bohoslužba; **High M.** slavné bohoslužby; **Midnight M.** půlnoční; **morning m.** jitřní, ranní (bohoslužba); **Requiem M.** zádušní mše; **celebrate** or **say m.** sloužit mši; **hear m.** účastnit se mše

mass$_2$ [mæs] n **1** Phys hmota, hmotnost; *(solid body of matter)* hmota, masa; **atomic m.** atomová hmotnost; Text **dyed in the m.** barvený ve hmotě **2** *(large quantity/ amount)* masa, spousta; *(of people)* davy, zástupy; *(of flowers)* moře, záplava; *(of thoughts, ideas)* změť; **his essay was a m. of mistakes** v jeho kompozici se to hemžilo chybami; **the tree is a m. of blossom** strom je jeden květ ■ **m. grave** hromadný hrob; **m. hysteria** davová psychóza; **m. media** masmédia; **m. meeting** tábor lidu **3** *(greater part, bulk)* většina, větší část; **the (great) m. of the people** většina lidí **4** pl **a) the ~es** široké or lidové masy **b)** inf **~es** spousta, fůra, hromada, velké kvantum; **~es of people** mraky lidí; **there were ~es of them** (eg *people)* bylo jich tam jako kobylek; **~es of money** inf moře peněz; **~es of work** inf hory práce ● **I** vt *(troops)* koncentrovat, shromáždit, soustředit **II** vi *(people)* shromáždit se; *(troops)* koncentrovat se, shromažďovat se; *(clouds)* kupit se

massacre ['mæsəkə(r)] n masakr, řež, krveprolití, hromadné vraždění; **the M. of the Innocents** vraždění mláďátek ● vt masakrovat, povraždit, hromadně vraždit, pobít, postřílet

massage ['mæsa:ž] n masáž, masírování; **vibratory m.** vibrační masáž; **give sb a m.** namasírovat koho ■ **m. parlour** masérský or masážní salon ● vt **1** *(person, muscles)* (na)masírovat; **m. sb** dát komu masáž **2** fig *(statistics, figures)* falšovat, manipulovat

masseur [mæ'sə:(r)] n masér

masseuse [mæ'sə:z] n masérka

massif ['mæsi:f] n masiv

massive ['mæsiv] adj masivní, ohromný; *(figure, structure, tree, rock, dam* etc*)* obrovský, mohutný; *(portion, dose)* vydatný, pořádný; *(price increase)* podstatný, značný; *(majority)* zdrcující; **a m. surge of enthusiasm** obrovská vlna nadšení; **on a m. scale** v obrovském množství ■ **~ly** adv obrovsky, ohromně, masivně; **a ~ly built man** muž jak hora, statný muž; **be ~ly in debt** inf vězet po krk v dluzích

mass-produce [mæsprə'dju:s] vt vyrábět ve velkém

mass-production [mæsprə'dakšn] n výroba ve velkém, hromadná or masová výroba

mast$_1$ [ma:st; Amer mæst] n **1** Naut stěžeň; *(for flag)* (vlajkový) stožár, (vlajková) žerď; see also **half-mast** **2** TV, Rad vysílací věž

mast$_2$ [ma:st; Amer mæst] n Bot bukvice jako krmivo pro vepře

mastectomy [mæ'stektəmi] n mamektomie, amputace prsu

master ['ma:stə(r); Amer 'mæs-] n **1** *(of dog, servants, household, situation)* pán; **be m. in one's own house** být pánem ve vlastním domě; **be one's own m.** být svým pánem, stát na vlastních nohou; **he's the m. of the situation** je pánem situace ♦ **serve two ~s** sedět na dvou židlích, sloužit dvěma pánům **2** *(of ship)* kapitán ■ **m. mariner** kapitán (obchodní lodi) **3** *(painter, musician* etc*)* mistr; **classical ~s** klasičtí mistři; **old ~s** staří mistři **4** *(expert)* znalec, mistr; **be m. of a subject** výborně ovládat co nějaký předmět, mít co v malíčku; **a m. of one's craft** mistr svého řemesla; **m. of the writer's craft** mistr pera; **chess m.** šachový mistr ■ **m. craftsman** mistr řemesla; **a m. carpenter** mistr tesařský **5** *(teacher)* dated učitel muž, *(in secondary school)* profesor; **German m.** učitel/ profesor němčiny, inf němčinář **6** **m. of ceremonies** konferenciér **7** Univ *(title)* magistr, *(in the Middle Ages)* mistr; **M. of Arts/ Science** magistr společenských věd/ přírodních věd **8** dated fml *(boy's title)* mladý pán; **the young m.** mladý pán **9** Univ *(head of college)* rektor **10** **m. (copy)** originál ■ **m. key** univerzální klíč; **m. switch** hlavní vypínač ● vt **1** *(feelings)* ovládnout; *(anger)* potlačit; *(problem, difficulty)* překonat; **m. one's temper** ovládnout se **2** *(foreign language)* osvojit si, zvládnout

masterful ['ma:stəfl; Amer 'mæs-] adj **1** *(dominating; person, tone)* panovačný, autoritářský **2** see **masterly** ■ **~ly** adv *(control)* autoritářsky; *(speak)* s autoritou, suverénně; *(skilfully: play* etc*)* mistrně, mistrovsky

masterly ['ma:stəli, Amer 'mæs-] adj mistrný, mistrovský; *(work of art)* velkolepý, mistrovský; *(performance of musician)* virtuózní, bravurní, suverénní; **in a m. fashion** mistrně, mistrovsky

mastermind ['ma:stəmaind] n *(genius)* geniální mozek, kapacita; *(of robbery)* inspirátor, organizátor, osnovatel, hlava ● vt *(robbery)* zorganizovat; *(campaign* also*)* vést, řídit

masterpiece ['ma:stəpi:s] n mistrovské dílo, mistrovský kus

masterstroke ['ma:stəstrəuk] n mistrovský kousek, mistrovský tah

mastery ['ma:stəri] n **1** *(knowledge: of language* etc*)* dokonalá or suverénní znalost; *(skill)* mistrovství, dokonalost v čem **2** *(control)* ovládání; *(upper hand)* převaha; **m. of the seas** převaha na moři; **gain m. over sb** získat nad kým převahu

masthead ['ma:sthed] n **1** Naut stožárový koš **2** Journ titulek novin

masticate ['mæstikeit] vt & vi žvýkat

mastication [mæsti'keišn] n žvýkání

mastiff ['mæstif] n doga

mastitis [mæ'staitis] n Med mastitida, mastitis, zánět prsní žlázy

mastodon ['mæstədon] n mastodont

masturbate ['mæstəbeit] vi masturbovat, onanovat

masturbation [mæstə'beišn] n masturbace, onanie

mat$_1$ [mæt] n **1** *(floor covering)* kobereček, předložka; *(doorm.)* rohož, rohožka; *(on table)* podložka pod nádobí, prostírání; *(of cloth)* dečka; *(beer m.)* pivní tácek; *(in gym)* žíněnka ♦ **be on the m.** fig jít na kobereček, být kárán představeným **2** *(of hair)* změť ● vi (**-tt-**) *(hair)* slepit se, zaplést se; *(weeds)* proplést se

mat$_2$ [mæt] adj see **matt**

matador ['mætədo:(r)] n matador

match$_1$ [mæč] n zápalka, sirka; **strike a m.** (roz)škrtnout zápalku; **put** or **set a m. to sth** zapálit co; **a box of ~es** krabička zápalek

match$_2$ [mæč] n **1** Sport zápas, utkání; *(between teams* also*)* střetnutí; Ftb inf & dated also mač; **a boxing m.** rohovnický zápas, rohovnické utkání; **a swimming m.** plavecký závod; fig **a slanging m.** slovní potyčka ■ **m. point** Tennis, Volleyball mečbol **2** *(equal)* **be a m. for sb in sth**, **be sb's m. in** or **at sth** vyrovnat se komu v čem; **he's a m. for anyone** může se postavit komukoliv, vyrovná se komukoliv; **in maths he is a m. for anyone** v matematice si s nikým nezadá; **be no m. for sb** nestačit na koho, být na koho krátký, nevyrovnat se komu; **he is no m. for her** kampak se na ni hrabe; **find** or **meet one's m. (in sb)** nalézt (v kom) důstojného soupeře **3** *(combination: of clothes, colours* etc*)* **be a good m.** hodit se k sobě, dobře ladit, jít dobře k sobě; **the skirt is a perfect m. for your new blouse** ta sukně se ti výborně hodí k tvé nové halence **4** *(couple)* dvojice; *(marriage)* manželství, sňatek; **a love m.** sňatek z lásky; **a good m.** *(person)* dobrá partie; **they are a good m.** výborně se k sobě hodí ● **I** vt **1** *(equal, be equal to)* **m. sb** vyrovnat se komu; **they can't m. our prices** v cenách nám nemohou konkurovat; **you can't m. him at chess** v šachu jsi na něho krátký; **this company cannot be ~ed for quality** kvalitou nemůže této firmě nikdo konkurovat **2** *(go with: colours, clothes)* hodit se k čemu, ladit s čím; **the blouse ~es her complexion** halenka jí jde k pleti; **I need a new hat to m. my coat** potřebuji nový klobouk, který by se mi hodil ke kabátu **3** *(find counterparts)* **m. the names with the photographs** přiřadit jména k fotografiím; **they are well ~ed** výborně se k sobě hodí; *(pairs of socks, gloves* etc*)* spárovat; **they are equally ~ed** jsou si rovnocenní **4** *(pit)* **m. one's strength/ skill/ knowledge against sb** změřit si s kým síly/ schopnosti/ znalosti **II** vi *(colours, pieces of clothing)* hodit se k sobě, dobře ladit, jít dobře k sobě; *(socks, gloves)* jít do páru; **these two colours do not m.** tyto dvě barvy se k sobě nehodí, tyto dvě barvy spolu neladí **III** phr vs ■ **match up** *I* vi *(correspond)* být v souladu *II* vt *(colours)* sladit; see also **match (3)** ■ **match up to** vt **1** vyrovnat se čemu; **his results don't m. up to mine** jeho výsledky se nevyrovnají mým **2** *(live up to)* **the holiday didn't m. up to our expectations** dovolená nesplnila naše očekávání

matchbox ['mæčboks] n krabička zápalek ■ **m. car** autíčko sběratelský model

matching ['mæčiŋ] adj *(colours* etc*)* jdoucí spolu, hodící se k sobě; **a m. set of glasses** souprava sklenic

matchless ['mæčləs] adj jedinečný, nemající sobě rovna

matchmaker ['mæčmeikə(r)] n dohazovač, zprostředkovatel sňatků

matchstick ['mæčstik] n zápalka

mate$_1$ [meit] n Chess mat ● v Chess **I** vt dát mat komu **II** vi matovat

mate$_2$ [meit] n **1** *(friend)* kamarád, inf kámoš; inf *(as form of address)* **m.!** kamaráde!, člověče!, brácho!, brachu! **2** *(at work)* kolega; *(at school)* spolužák **3** *(helper)* asistent, *(plumber's* etc*)* pomocník **4** Naut **first m.** zástupce kapitána, první důstojník **5** Zool partner, *(male)* sameček, *(female)* samička; joc *(husband/ wife)* manžel/ -ka ● **I** vt *(animals)* (s)pářit **II** vi *(animals)* (s)pářit se, *(birds* also*)* pojímat se

material [mə'tiəriəl] n **1** *(substance)* hmota, materiál, látka; **raw m.** surovina; **building ~s** stavební materiály; **insulating m.** izolační materiál; **synthetic m.** syntetická hmota **2** fig *(suitable person)* **he is**

university m. hodí se pro univerzitní studium; **he's officer m.** bude z něho důstojník **3** *(cloth)* látka; **cotton/ woollen m.** bavlněná/ vlněná látka **4** *(for article, thesis, novel)* materiál, dokumentace, prameny, látka; **m. for a novel** námět na román; **printed m.** tiskovina; **reading m.** četba **5** *(equipment)* potřeby; **writing m.** psací potřeby; **teaching ~s** učební pomůcky ● adj **1** *(physical, not spiritual)* materiální, hmotný; **the m. world** hmotný svět; **m. possessions** hmotné statky **2** Jur *(essential* etc*)* relevantní, závažný; *(difference)* zásadní; **m. evidence** hmatatelný důkaz; **that's not m.** to není relevantní ■ **~ly** adv *(different)* podstatně, zásadně

materialism [mə'tiəriəlizəm] n materialismus

materialist [mə'tiəriəlist] n materialista

materialistic [məˌtiəriə'listik] adj materialistický ■ **~ly** adv materialisticky

materialize [mə'tiəriəlaiz] vi **1** *(idea, scheme, proposal)* uskutečnit se, realizovat se; *(hopes)* splnit se; *(take shape)* konkretizovat se; **the promised pay increase never ~d** ke slíbenému zvýšení platu nikdy nedošlo **2** *(appear)* objevit se zčistajasna

maternal [mə'tə:nl] adj **1** *(motherly)* mateřský; **m. love** mateřská láska, láska mateřská **2** attr *(uncle, grandfather* etc*)* z matčiny strany

maternity [mə'tə:nəti] n mateřství ■ **m. benefits** mateřské dávky; **m. dress** těhotenské šaty; **m. hospital** porodnice; **m. leave** mateřská dovolená

matey, maty ['meiti] n kamarád, kámoš ● adj (**matier, matiest**) often pej kamarádský, důvěrný; **get m. with sb** přitelíčkovat se s kým

math [mæθ] n Amer inf matyka

mathematical [mæθə'mætikl] adj matematický; **m. precision** matematická přesnost ■ **~ly** adv matematicky

mathematician [mæθəmə'tišn] n matematik/ matematička

mathematics [mæθə'mætiks] n **1** *(subject)* matematika **2** *(calculations)* pl početní postup; **can you explain the m. of it?** můžeš mi vysvětlit, jak se to řeší?; **the m. of this problem are too difficult** tento příklad je matematicky příliš obtížný

maths [mæθs] n; Br inf matyka ■ **m. teacher** matematik/ matematička; **m. examination** zkouška z matematiky

matinée, Amer also **matinee** ['mætinei; Amer mætn'ei] n odpolední koncert or představení; *(in the morning)* matiné

matiness ['meitinəs] n družnost, inf kamarádšoft

mating ['meitiŋ] n Zool páření, *(birds* also*)* pojímání ■ **m. season** doba páření; **m. call** vábivé volání; *(of birds)* tokání

matins ['mætinz] n pl Relig matutinum, ranní modlitby

matriarch ['meitria:k] n žena jako hlava rodu v matriarchátu; fig starší žena těšící se úctě a autoritě okolí

matriarchy ['meitria:ki] n matriarchát

matric [mə'trik] n dated sl abbr of **matriculation**

matrices ['meitrisi:z] pl of **matrix**

matricide ['meitrisaid] n matkovražda; *(person)* vrah/ vražedkyně vlastní matky

matriculate [mə'trikjuleit] Univ **I** vt imatrikulovat studenta **II** vi imatrikulovat se

matriculation [məˌtrikju'leišn] n Univ imatrikulace ■ **m. number** imatrikulační číslo

matrimonial [mætri'məuniəl] adj *(problems, dispute* etc*)* manželský

matrimony ['mætriməni] n fml manželství, manželský stav

matrix ['meitriks] n (pl **~es** or **matrices** ['meitrisi:z]) **1** Techn *(mould)* matrice, lisovnice, raznice **2** Math matice

matron ['meitrən] n **1** formerly *(in hospital: nursing officer)* vrchní sestra **2** *(in school)* hospodářka, hospodářská správkyně **3** *(elderly married woman)* matrona **4** Amer *(in prison)* vězeňská dozorkyně **5 m. of honour** vdaná družička na svatbě

matronly ['meitrənli] adj *(appearance)* matronovitý; *(conduct, dignity)* matronský

matt [mæt] adj *(surface, paint)* nelesklý, matový, matný

matted ['mætid] adj *(hair)* slepený, zamotaný, zacuchaný; *(roots, plants)* propletený

matter ['mætə(r)] n **1** *(physical substance)* hmota, látka; **organic/ inorganic m.** organické or ústrojné/ anorganické or neústrojné látky; **grey m.** Anat šedá hmota mozková; **waste m.** výkaly **2** Med *(puss)* hnis; **discharge m.** hnisat **3** *(written material)* **printed m.** tiskovina, *(sent by post)* tiskopis; **reading m.** četba; **advertising m.** reklamy **4** *(affair, question)* záležitost, věc, otázka, problém; *(topic)* téma, námět; *(content)* **subject m.** obsah, myšlenková náplň; **an urgent m.** neodkladná záležitost; **an important m.** důležitá záležitost; **the heart of the m.** jádro problému, podstata věci; **that's quite another m.** to je něco docela jiného; **in the m. of ...** pokud jde o ...; **there's the m. of my promotion** a ještě bych rád připomněl záležitost mého povýšení; **it's no laughing m.** je to vážná věc **5 ~s** záležitosti; **business ~s** obchodní záležitosti; **~s of the heart** srdeční záležitosti; **as ~s stand** za těchto or současných okolností; **to make ~s worse** k dovršení všeho; **this complicates ~s even further** tím se všechno ještě komplikuje; **not to mince ~s** nebrat si servítky; **don't rush ~s** neukvapuj se **6** *(phrases)* **a) a m. of** otázka čeho; **a m. of honour** věc cti; **a m. of life and death** otázka života a smrti; **it's a m. of opinion** je to věc or otázka názoru; **a m. of time** otázka času; *(you should always lock the door)* **as a m. of course** jako samozřejmost; **it's a m. of a couple of hours** bude to trvat asi dvě hodiny; **it's just a m. of filling in a form** chce to jen vyplnit formulář **b) no m.!** to nevadí; **no m. how** ať jakkoli(v); **no m. who he is** ať je to kdokoli(v); **no m. where you are/ you go** ať jsi kdekoli(v)/ ať jdeš kamkoli(v); **no m. what happens** ať se stane cokoli(v); **no m. what he does** ať dělá cokoli(v) **c) what's the m.?** co se děje?, co se stalo?; **what's the m. with him?** co je mu?, co je s ním?; **there's sth the m. with the computer** na počítači je nějaká porucha, s počítačem něco je **d) as a m. of fact** ve skutečnosti, vlastně **e) for that matter** vlastně, ve skutečnosti ● vi být důležitý; **does it m.?** záleží na tom?, je to důležité?; **it doesn't m.** to nevadí, na tom nezáleží; **it hardly ~s** na tom pramálo záleží; **not that it ~s** ne že by na tom záleželo, ne že by to vadilo; **what does it m.?** co na tom záleží?; **does it m. to you if I ...** vadilo by ti, kdybych ...

matter-of-fact [mætərəv'fækt] adj *(person)* věcný, střízlivý; **in a m.-of-fact way** věcně, střízlivě, bez cirátů

matting ['mætiŋ] n *(material)* rohožovina, (rákosové/ kokosové) pletivo na rohože; *(used as mat)* (rákosová/ kokosová) rohož(ka)

mattock ['mætək] n motyka

mattress ['mætris] n matrace; **straw m.** slamník

maturation [mætju'reišn] n maturace, dozrávání, zrání

mature [mə'tjuə(r)] adj **1** *(person, mind)* dospělý, vyspělý; **sexually m.** pohlavně dospělý; **m. age** zralý věk; fig **upon m. consideration** po zralé úvaze **2** *(cheese)* zralý, uleželý; *(wine)* vyzrálý **3** Fin *(debt, bill etc)* splatný ● **I** vi **1** *(person)* dospět/ dospívat, dozrát; **m. into a man** dozrát v muže; fig *(idea, plan)* uzrát **2** *(wine)* vyzrát; *(cheese)* uležet se **3** Fin stát se splatným **II** vt *(cheese)* nechat uležet; *(wine)* nechat vyzrát

maturity [mə'tjuərəti] adj cf **mature** **1** dospělost, zralost; **reach m.** dospět; Jur stát se plnoletým **2** Fin splatnost; **on/ at m.** při splatnosti

maudlin ['mo:dlin] adj *(tearfully sentimental: person)* ufňukaný, ubrečený, sentimentální; *(story)* plačtivý, dojemný

maul [mo:l] vt zle zřídit; **~ed by a lion** potrhán lvem; fig *(criticize: play, book)* ztrhat kritikou

maundy ['mo:ndi] n Relig (obřadné) mytí nohou ■ **M. Thursday** Zelený čtvrtek

Mauritius [mə'rišəs] n Mauritius

mausoleum [mo:sə'li:əm] n mauzoleum

mauve [məuv] adj slézový, nafialovělý ● n slézová barva

maverick ['mævərik] n **1** Amer *(cattle, esp calf)* neoznačkovaný kus dobytka **2** *(person)* nonkonformista, Pol nekonformní politik

maw [mo:] n *(of cow)* slez 4. žaludek; *(of bird)* vole; fig chřtán, jícen např. pekla

mawkish ['mo:kiš] adj kýčovitý, nasládlý, plačtivě sentimentální; *(taste)* odporně sladký

mawkishness ['mo:kišnəs] n kýčovitost, nasládlost, sentimentálnost; odporně sladká chuť

max [mæks] abbr of **maximum** adj maximální ● n maximum

maxim ['mæksim] n maxima, průpověď

maximal ['mæksiməl] adj *(benefit etc)* maximální

maximization [mæksimai'zeišn] n maximalizace

maximize ['mæksimaiz] vt maximalizovat

maximum ['mæksiməm] n (**~s** or **maxima** ['mæksimə]) maximum; **use sth to the m.** maximálně něco využít; **production is at a m.** výroba dosáhla maximální výše ● adj *(speed, load, value)* maximální, špičkový

May [mei] n květen; **in (the month of) M.** v (měsíci) květnu; **on the 3rd of M.** 3. května; **last M./ next M.** loni/ napřesrok v květnu; **at the beginning/ end of M.** na začátku/ konci května; **in the middle of M.** v půli or v polovině května; **from M. to August** od května do srpna; **during M.** během května; **by the end of M.** do konce května; **he was born on 2nd M. 1968** narodil se 2. května 1968 ■ **m. blossom** Bot hloh; **M. Day** První máj, Svátek práce; Br Hist svátek svěcení jara

may [mei] modal v (3rd pers sg **may**, pt & cond **might**; no inf, pres or past part) **1** *(permission)* smět, moci; **m. I see you home?** smím or mohu vás doprovodit domů?; **m. I come in?** mohu or smím jít dál? **2** *(possibility, probability)* **he m.** or **might come in the afternoon** možná, že přijde odpoledne; **you m. know him** možná, že ho znáte; **he m. be coming later** třeba přijde později; **he m. have missed his train** možná zmeškal vlak; **something might have happened**

to him možná, že se mu něco stalo; **be that as it m.** ať je tomu jakkoli, buď jak buď, v každém případě, tak jak tak **3** *(purpose, fear)* **I'll write in order that** or **so that he might know about it** napíši mu, aby o tom věděl; **he's afraid that he might lose customers** bojí se o zákazníky **4** *(wish)* **m. you be happy together!** kéž jste spolu šťastni!, přeju vám hodně štěstí ve vašem společném životě; **long m. he live!** ať žije!

Maya ['maiə] n **1** *(person)* May, Indián/ -ka kmene Mayů **2** *(language)* mayština

Mayan ['maiən] adj mayský ● n **1** *(person)* May, Indián/ -ka kmene Mayů **2** Ling mayská jazyková skupina

maybe ['meibi(:)] adv možná, snad, třeba; **m. he will come** snad přijde; možná, že přijde

mayday, also **Mayday** ['meidei] n Naut, Aviat mezinárodní tísňový signál, SOS

mayfly ['meiflai] n Ent jepice

mayhem ['meihem] n **1** *(chaos)* zmatek, chaos; **create** or **cause m.** vyvolat zmatek **2** Jur dated or Amer zmrzačení

mayn't [meint] contr of **may not**

mayo ['meiəu] n Amer inf majonéza

mayonnaise [meiə'neiz] n majonéza; **egg m.** vejce s majonézou

mayor [meə(r)] n starosta, primátor; **lady m.** starostka; **Lord M.** primátor

mayoress [meər'es] n **1** *(mayor's wife)* paní starostová **2** rare *(female mayor)* starostka, primátorka

maypole ['meipəul] n máj(e), májka

maze [meiz] n bludiště, labyrint; fig *(of streets, rules* etc*)* labyrint, změť, spleť

mazurka [mə'zə:kə] n Mus mazurka

MB [em'bi:] abbr of **Bachelor of Medicine** ≅ MUDr.

Mb abbr of **megabyte** Mb, megabit

MC [em'si:] n abbr of **1 Master of Ceremonies** konferenciér **2 Military Cross** válečný kříž

MD [em'di:] abbr of **1 Doctor of Medicine** doktor lékařských věd **2** inf **Managing Director** generální ředitel

me$_1$ [mi:] pron **1** dir obj A mne, mě; D mně, mi; after prep G mne, D mně, A mne, L mně, I mnou; **he hit me** uhodil mne; **she thanked me** poděkovala mi; **without me** beze mne; **with me** se mnou **2** *(instead of I)* já; **it's me** to jsem já; **and what about me?** a co já? **3** joc **little me** moje maličkost

me$_2$ [mi:] n Mus mi

mead$_1$ [mi:d] n *(drink)* medovina

mead$_2$ [mi:d] n dated poet luh, lučina

meadow ['medəu] n louka, palouk, luh; **in the m.** na louce ■ **m. flower** luční květina

meagre, Amer **meager** ['mi:gə(r)] adj *(wages, pension)* bídný, skrovný; *(existence)* nuzný; *(meal)* nuzný, skrovný; **lead a m. existence** žít nuzně

meal$_1$ [mi:l] n **1** *(flour)* mouka hrubě mletá; **corn m.** kukuřičná mouka **2** Scot *(oatmeal)* ovesná mouka **3** moučka; **bone m.** kostní moučka

meal$_2$ [mi:l] n **1** *(occasion)* jídlo; **midday m.** oběd, polední jídlo; **evening m.** večeře; **have three ~s a day** jíst třikrát denně ■ Br **m. coupon**, **m. voucher**, **m. ticket** Amer stravenka; fig sl **m. ticket** *(husband, boyfriend)* živitel; **I have my ~s at a restaurant** stravuji se v restauraci **2** *(food)* jídlo; **hot and cold meals** studená a teplá jídla; **a m. of leftovers** jídlo ze zbytků; **this m. is not fit to eat** to jídlo se nedá jíst, to jídlo není poživatelné, vulg tohle není k žrádlu ♦ **make a m. of sth** fig dělat s čím ciráty or cavyky, přehánět co, nadělat toho s čím

mealtime ['mi:ltaim] n doba podávání jídla

mealy ['mi:li] adj (**-ier, -iest**) *(potatoes* etc*)* moučný

mealy-mouthed [mi:li'mauðd] adj opatrnický v řeči, vyhýbavý, mluvící vyhýbavě; **don't be so m.-mouthed** přestaň se vytáčet

mean$_1$ [mi:n] adj **1** *(miserly)* lakomý, skoupý, lakotný; **be m. with one's money** sedět na penězích **2** *(unkind)* ošklivý, zlý, sprostý; **be m. to sb** být na koho zlý, být na koho jako pes; **don't be m. to each other** nebuďte na sebe zlí; **it was m. of you to drink all the wine** bylo od tebe ošklivé, žes vypil všechno víno; **it was a m. thing to do** to byla sprosťárna **3** esp Amer *(nasty: character)* zlý, podlý **4** *(shabby: house, street, slums)* bídný, ubohý **5** dated *(lowly)* **be of m. parentage** být z nižších vrstev, být nízkého rodu **6** inf approv ohromný, senzační; **he plays a m. guitar** hraje senzačně na kytaru, válí to na kytaru **7** inf **be no m. sth** být v čem třída; **be no m. player** nebýt špatný hráč; **it is no m. achievement** je to nemalý úspěch

mean$_2$ [mi:n] vt (pt, pp **meant** [ment]) **1** *(signify)* znamenat, mít význam; **what does this word m.?** jaký má toto slovo význam?; **what does 'superficial' m.?** co znamená slovo 'superficial'?; **silence ~s consent** kdo mlčí, souhlasí; **the name ~s nothing to me** to jméno mi nic neříká **2** *(have in mind)* mínit, mít na mysli, chtít říci, myslet co vážně; **do you m. to say that ...** chcete tím říci, že ...; **you don't m. that, do you?** to přece nemyslíte vážně(, že ne?); **m. business** myslet to vážně; **how do you m.?** inf co tím myslíš?; **I m. what I say** já to myslím vážně; **do you see what I m.?** rozumíte mi?; **what I ~t to say is that ...** chtěl jsem tím říci, že ... 3 *(be of value)* **£ 50 ~s a lot to me** 50 liber je pro mě moc peněz; **your friendship ~s a lot to her** vaše přátelství pro ni moc znamená 4 *(involve)* znamenat; **it ~s getting up very early** to znamená, že budeme muset velmi brzy vstávat; **this will m. even more poverty** to znamená, že bude ještě větší bída; **he knew what it ~t to be hungry** poznal, co to znamená mít hlad, ≅ zakusil hlad 5 *(intend)* chtít, zamýšlet, mít v úmyslu; **m. to do sth** chtít něco udělat; **m. sb to do sth** chtít, aby někdo něco udělal; **I didn't m. her to hear it** nechtěl jsem, aby to slyšela; **the remark was ~t for you** ta poznámka byla namířena na vás or platila vám; **they were ~t for each other** byli si souzeni 6 **m. well by sb** myslet to s kým dobře; **he ~s you no harm** on to s vámi nemyslí špatně

mean$_3$ [mi:n] adj *(average: value, time)* střední, *(temperature* etc*)* průměrný ● n *(average)* průměr; **the golden** or **happy m.** zlatá střední cesta

meander [mi'ændə(r)] vi 1 *(river, road)* vinout se, klikatit se, tvořit zákruty; **the river ~s through the valley** řeka se vine or klikatí údolím 2 *(person: wander aimlessly)* toulat se, potulovat se, inf bloumat; fig *(digress)* odbíhat od tématu ● n meandr, záhyb or zákrut řeky, silnice

meandering [mi'ændəriŋ] adj *(river, road)* klikatý, křivolaký; fig *(speech)* nepřehledný, plný odboček

meanderings [mi'ændəriŋz] n pl záhyby, zákruty; fig *(of subject)* odbočky, odbíhání od tématu

meanie, meany ['mi:ni] n inf lakomec, škrob, držgrešle

meaning ['mi:niŋ] n 1 *(of word, symbol* etc*)* význam, smysl; **what's the m. of (the word) 'junk'?** jaký význam má or co znamená slovo 'junk'?; **change in m.** změna významu; **the opposite m.** obrácený smysl 2 *(purpose, significance)* smysl, význam; **the m. of life** smysl života; **life has lost its m. for him** život pro něj ztratil význam; **what's the m. of this?** co to má znamenat? ● adj *(look, smile)* významný, výmluvný

meaningful ['mi:niŋfl] adj 1 Ling *(word* etc*)* mající význam, jsoucí nositelem významu, významový; *(look, smile)* výmluvný, mnohoznačný 2 *(relationship* etc*)* smysluplný, hluboký

meaningless ['mi:niŋləs] adj 1 *(semantically)* nemající význam; *(platitudes, chatter)* prázdný, jalový; *(violence)* nesmyslný 2 *(futile: life)* prázdný, nicotný

meanness ['mi:nnəs] n cf **mean 1** *(miserliness)* lakomství, lakota, skoupost 2 sprostota, sprosťáctví, sprosťárna; *(nastiness)* podlost; **an act of m.** hanebnost 3 *(poverty)* ubohost, bída; **m. of spirit** duševní malost

means$_1$ [mi:nz] n sg or pl 1 *(method, way)* prostředek, způsob; **m. of communication/ expression/ production/ transport** dorozumívací/ výrazové/ výrobní/ dopravní prostředky; **by fraudulent/ lawful m.** podvodně/ legálně, legální cestou; **use dishonest m.** používat nekalé prostředky; **a m. to an end** prostředek k cíli; **a m. of doing sth** způsob, jak něco udělat; **get sth by devious m.** sehnat co postranními cestičkami ♦ **the end justifies the m.** účel světí prostředky; **by fair m. or foul** po dobrém nebo po zlém, dovolenými i nedovolenými prostředky 2 *(phrases)* **a) by m. of sth** pomocí čeho, prostřednictvím čeho; **by m. of surgery** operativně; **by m. of allusions** náznakově **b) by all m.** samozřejmě, ovšem, určitě, rozhodně; **by no m., not by any m.** v žádném případě, inf ani nápad; **smoke, by all m.** jen(om) si zapalte, klidně si zapalte; **take it, by all m.** jen si to vezměte

means$_2$ [mi:nz] n pl finanční prostředky, majetek, peníze; **a man of m.** boháč, zámožný člověk; **be without m.** *(family, children, wife)* být nezaopatřený, zůstat bez prostředků ♦ **live within one's m.** žít přiměřeně svým finančním možnostem; **live beyond one's m.** žít nad poměry ■ **m. test** zjištění potřebnosti před výplatou podpory

meant [ment] pt, pp of **mean$_2$**

meantime ['mi:ntaim] adv mezitím, prozatím, zatím ● n **in the m.** prozatím, mezitím; *(we'll continue in ten minutes)* **in the m., here is some music** poslechněte si mezitím trochu hudby

meanwhile ['mi:nwail] adv mezitím, prozatím, zatím

measles ['mi:zlz] n sg v spalničky, osypky; **German m.** zarděnky

measly ['mi:zli] adj inf (**-ier, -iest**) *(miserably small: present)* ubohý, *(wages)* mizerný, žalostný

measurable ['mežərəbl] adj 1 *(amount)* (z)měřitelný 2 *(noticeable: improvement, progress)* znatelný, patrný, zjevný ■ **measurably** adv *(perceptibly)* znatelně, patrně

measure ['mežə(r)] n 1 míra; **linear/ square/ cubic m.** délková/ plošná/ krychlová míra; **liquid m.** dutá míra; **her joy was beyond m.** měla nesmírnou radost

2 *(quantity)* množství, dávka; **a m. of whisky** jedna malá whisky; **give sb good** or **full m.** *(of beer/ of flour)* načepovat/ odvážit komu správnou míru; **give sb short m.** načepovat/ navážit komu málo, ošidit koho; **made to m.** *(suit)* šitý na míru ♦ **for good m.** fig a ještě k tomu, a ještě navíc, pro jistotu 3 *(instrument)* měřítko; *(for quantity)* odměrka, odměrná nádoba; **tape m.** měřicí pásmo, Sew krejčovský metr 4 *(degree)* **a m. of success** určitý stupeň úspěchu; **a m. of independence** určitá míra nezávislosti; **in some m.** do určité míry ♦ **take** or **get the m. of sb** udělat si o kom své mínění 5 *(step)* opatření, krok; **firm ~s** rozhodné kroky; **a stopgap m.** východisko z nouze; **repressive ~s** represivní opatření; **safety ~s** bezpečnostní opatření; **take strict ~s** učinit přísná opatření 6 Mus takt ● **I** vt 1 *(take measurement of: size, length, temperature* etc*)* změřit; **m. sb for a dress** vzít komu míru na šaty ♦ **m. one's length** fig natáhnout se jak široký tak dlouhý 2 *(assess, gauge: ability* etc*)* odhadnout, posoudit 3 **m. one's strength with** or **against sb** změřit s kým své síly 4 **m. one's words** vážit slova **II** vi *(be a certain size)* měřit **III** phr vs ■ **measure off** vt *(cloth)* odměřit, naměřit ■ **measure sth out** *(dose of medicine)* odměřit co, *(weights)* odvážit co ■ **measure up** *I* vi *(be good enough)* být na výši; **m. up to sth** poradit si s čím; **m. up to sb's expectations** *(*eg *hotel)* splnit čí očekávání *II* vt 1 *(shelf* etc*)* změřit, zjistit rozměry; **m. sb up** *(for suit)* vzít komu míru (na oblek(2 fig *(assess: situation* etc*)* posoudit, odhadnout; *(person)* posoudit, ohodnotit

measured ['mežəd] adj 1 *(steps)* odměřený; **walk with m. steps** jít odměřeným krokem 2 *(words)* uvážený, promyšlený

measureless ['mežələs] adj nezměrný, nesmírný

measurement ['mežəmənt] n 1 *(measuring)* měření 2 *(length, width* etc*)* rozměr; **chest m.** objem hrudníku; **take sb's ~s** změřit koho na šaty; **take the ~s of sth** změřit co, *(field* etc*)* vyměřit co

measuring ['mežəriŋ] n měření ■ **m. jug** odměrka; **m. tape** měřicí pásmo; Sew krejčovský metr; **m. worm** píďalka

meat [mi:t] n 1 maso; **white/ red m.** bílé/ tmavé maso; **selection of cold ~s** studená mísa, uzenářský nářez ■ **m. diet** masitá strava; **m. extract** masový výtažek or extrakt; **m. industry** masný průmysl; **m. loaf** sekaná; **m. pie** maso zapékané v těstě, piroh; **m. products** masné výrobky; **m. soup** masová polévka 2 arch *(food)* jídlo ♦ **argument is m. and drink to him** když se může hádat, je v sedmém nebi 3 fig *(substance)* jádro, obsah, podstata

meatball ['mi:tbo:l] n Cook karbanátek

meaty ['mi:ti] adj (**-ier**, **-iest**) 1 *(taste)* masový; **m. smell** vůně masa 2 *(book)* hutný, obsažný; *(novel)* dějově bohatý

Mecca ['mekə] n Mekka ♦ **this book fair is a M. for book lovers** tento knižní veletrh je ráj milovníků knih

mechanic [mi'kænik] n mechanik, montér

mechanical [mi'kænikl] adj mechanický; **m. engineer** strojní inženýr; **m. engineering** strojírenství; **a m. device** mechanismus ■ **~ly** adv mechanicky; **~ly-minded** mající technické myšlení

mechanics [mi'kæniks] n 1 *(science)* mechanika 2 **the m.** *(working parts)* mechanismus; fig **the m. of novel-writing** technika psaní románů

mechanism ['mekənizm] n mechanismus, zařízení, ústrojí; fig **the marketing m.** mechanismus trhu

mechanization [mekənai'zeišn] n mechanizace, technizace

mechanize ['mekənaiz] vt (z)mechanizovat

med abbr of **medium** *(size of clothes)* střední velikost

MEd [em'ed] abbr of **Master of Education** magistr pedagogických věd

medal ['medl] n medaile; *(for bravery* etc*)* řád; **gold/ silver/ bronze m.** zlatá/ stříbrná/ bronzová medaile ♦ **the reverse of the m.** fig stinná stránka věci, rub mince ■ **m. ribbon** řádová stuha

medallion [mə'dæliən] n 1 medailon, medailonek; *(medal)* medaile 2 Cook medailonek; **~s of veal** telecí medailonky

medallist, Amer **medalist** ['medəlist] n Sport nositel or držitel medaile, medailista; **an Olympic gold m.** nositel zlaté olympijské medaile

meddle [medl] vi 1 **m. in sth** *(interfere)* míchat se or plést se or vměšovat se do čeho, zasahovat do čeho; **m. in other people's affairs** plést se do cizích záležitostí 2 **m. with sth** *(*eg *sb's papers)* hrabat se v čem

meddler ['medlə(r)] n všetečka; **he's a terrible m.** stále se do všeho plete

meddlesome ['medlsəm], **meddling** ['medliŋ] adj netaktní, dotěrný, všetečný

media ['mi:diə] n pl **the m., mass m.** masmédia, komunikační média, (hromadné) sdělovací prostředky ■ **m. coverage** publicita; **it got little m. coverage** dostalo se tomu malé publicity

mediaeval [medi'i:vl], **mediaevalist** [medi'i:vəlist] see **medieval, medievalist**

medial ['mi:diəl] adj fml **1** *(position)* (pro)střední; **occupy a m. position** nacházet se uprostřed **2** Ling *(letters)* středoslovný, středoslovní, (pro)střední **3** *(in size)* prostřední, prostředně velký

median ['mi:diən] adj (pro)střední, středový; **m. line** Geom půlicí přímka; Amer **m. strip** dělicí pás dálnice ● n Math *(quantity)* průměrná hodnota, Stat medián; Geom *(line)* půlicí přímka, těžnice

mediate ['mi:dieit] **I** vi zprostředkovávat; **m. between A and B** zprostředkovávat mezi A a B; **m. in a dispute** dělat prostředníka ve sporu **II** vt *(agreement)* vyjednat, dosáhnout čeho, být zprostředkovatelem čeho

mediation [mi:di'eišn] n zprostředkování, mediace

mediator ['mi:dieitə(r)] n zprostředkovatel, prostředník; **act as a m.** zprostředkovat, zprostředkovávat

mediatory ['mi:diətəri] adj zprostředkovací, zprostředkovatelský; **in a m. capacity** jako zprostředkovatel

medic ['medik] n **1** inf doktor **2** Univ *(student)* medik

medical ['medikl] adj *(treatment, profession, science)* lékařský, *(examination* also*)* zdravotní, *(personnel)* zdravotnický; *(service)* zdravotnický, sanitní; **m. jurisprudence** soudní lékařství; **m. orderly** sanitář, pomocný ošetřovatel; **m. prescription** recept; **m. record** chorobopis; **m. school** Univ lékařská fakulta; **m. studies** medicína; **he is a m. student** studuje medicínu; **he is a m. man** on je doktor ■ **~ly** adv *(examine)* lékařsky ● n lékařská prohlídka

medicament [mə'dikəmənt] n lék, medikament, léčivo

Medicare ['medikeə(r)] n Amer federální nemocenské pojištění pro osoby nad 65 let

medicated ['medikeitid] adj medicinální, s léčivou přísadou

medication [medi'keišn] n léčení, léčebná kůra; *(drug)* lék, medikament, léčivo; **be on m.** brát léky

medicinal [me'disənl] adj léčivý, léčebný; **m. herb** léčivá bylina; **for m. purposes** k léčebným účelům

medicine ['medsn; Amer 'medisn] n **1** *(science)* lékařská věda, lékařství, medicína; **faculty of m.**, Amer **school of m.** lékařská fakulta; **study m.** studovat lékařství or medicínu; **practise m.** provozovat lékařskou praxi **2** *(drug)* lék, léčivo; **hide ~s from children** skrýt léky před dětmi ♦ **give sb a dose** or **taste of his own m.** fig oplatit komu stejnou mincí; **take one's m.** vzít si lék, fig spolknout hořkou pilulku ■ **m. ball** Sport medicinbal; **m. chest** lékárnička

medicine man ['medsinmæn] n (pl **-men**) *(witch doctor)* kouzelník, zaříkávač, šaman

medieval [medi'i:vl] adj středověký, medievální

medievalist [medi'i:vəlist] n medievalista

mediocre [mi:di'əukə(r)] adj tuctový, podprůměrný, omezený, nevalný

mediocrity [mi:di'okrəti] n **1** *(quality)* tuctovost, prostřednost, (pod)průměrnost **2** *(mediocre person)* tuctový člověk, žádné lumen

meditate ['mediteit] **I** vi **1** Relig, Philos meditovat, rozjímat **2** *(reflect)* rozjímat, hloubat, přemýšlet (**on sth** o čem) **II** vt **m. revenge** pomýšlet na pomstu

meditation [medi'teišn] n **1** Relig meditace, rozjímání **2** *(reflection)* hloubání, přemýšlení, uvažování; often pl **~s on life** úvahy o životě

meditative ['meditətiv; Amer -teitiv] adj *(person)* hloubavý, přemýšlivý; *(engrossed in thought)* zadumaný, zamyšlený

Mediterranean [meditə'reiniən] adj *(fauna)* středozemský; *(blood, type)* jižní; **the M. Sea** Středozemní moře ● n **the M. a) the M. Sea** Středozemní moře **b)** *(area)* Středozemí

medium ['mi:diəm] adj *(average)* střední, prostřední, průměrný; *(oven)* mírný; **of m. build** střední postavy; **of m. difficulty** střední obtížnosti; Rad **m. waves** střední vlny ● n (pl **~s**, or **media** [mi:diə]) **1** *(means)* (pl usu **media**) prostředek, prostřednictví; **through the m. of the press** prostřednictvím tisku; **the media** masmédia **2** *(environment)* prostředí; **sound travels through the m. of air** zvuk se šíří vzduchem **3** *(spiritualist)* (pl **mediums**) médium **4** *(middle course)* střed; **the happy m.** zlatá střední cesta; **strike a happy m.** najít zlatou střední cestu

medium-dry [mi:diəm'drai] adj *(wine)* polosuchý

medium-range [mi:diəm'reindž] adj *(rocket, aircraft, missile)* středního doletu

medium-sized [mi:diəm'saizd] adj střední velikosti, středně velký

medlar ['medlə(r)] n *(fruit, tree)* mišpule

medley ['medli] n **1** *(mixture)* směs(ice), míchanice, pel-mel; *(of races)* změť; **m. relay** polohová štafeta **2** Mus hudební směs, potpourri [potpuri]

medulla [me'dalə] n medula, dřeň kostní, nadledvinková; *(of spine)* mícha

meek [mi:k] adj mírný, poddajný, pej ustrašený, joc krotký; *(patient)* trpělivý; *(humble)* pokorný; **be as m. as a lamb** mít beránčí povahu, být jako jehně; **m. and mild** mírný jako beránek ■ **~ly** adv pokorně, trpělivě

meekness [ˈmi:knəs] n see **meek** mírnost, poddajnost, trpělivost, pokora

meerschaum [ˈmiəšəm] n mořská pěna; *(pipe)* pěnovka

meet [mi:t] **I** vt (pt, pp **met** [met]) **1** *(by chance)* potkat, potkat se or setkat se s kým (náhodou), narazit na koho; *(by arrangement)* sejít se s kým; **arrange to m. sb** umluvit si or dát si s kým schůzku, dát si s kým sraz; **fail to m. sb** minout se s kým; **happen to m. sb** náhodou koho potkat **2** *(collect)* jít komu naproti; *(connect with train, bus etc)* mít spojení na co; **m. sb at the station** jít/ jet komu naproti na nádraží, čekat na koho na nádraží; **m. sb halfway** přijít komu na půl cesty vstříc, fig vyjít komu na půl cesty vstříc **3** *(greet: delegates, politicians)* uvítat **4** *(get to know)* seznámit se s kým; **m. Mr X** seznamte se s panem X; dovolte, abych vám představil pana X; **I'd like you to m. my wife** rád bych vás představil své ženě; **pleased to m. you** těší mě(, že vás poznávám); **have you met all of them?** znáš je všechny? **5** *(join: road)* napojovat se na co, *(river)* vlévat se do čeho; **this road ~s the motorway at X** tato silnice se napojuje na dálnici v X; fig **my eyes met hers** naše zraky se střetly ♦ **there's more to it than ~s the eye** za tím ještě něco vězí; je to daleko komplikovanější, než se zdá **6** *(face)* čelit komu/ čemu, střetnout se s kým, utkat se s kým; **m. the enemy** čelit nepříteli, utkat se s nepřítelem; **a terrible sight met their eyes** naskytl se jim hrozný pohled; **m. violence with violence** na násilí odpovědět násilím ♦ **m. one's match** nalézt důstojného soupeře **7** *(satisfy: expectations, obligations, conditions, target, wish)* splnit; *(deadline, obligations)* dodržet; *(requirements)* splnit, vyhovět čemu, uspokojit co, učinit zadost čemu; *(costs, expenses)* uhradit, zaplatit, pokrýt; **the supply doesn't m. the demand** nabídka nestačí poptávce, poptávka převyšuje nabídku; **I'll m. you on this** v tomto vám vyhovím, v tomto vám vyjdu vstříc **II** vi **1** *(by chance)* potkat se, setkat se (náhodou); *(by arrangement)* sejít se, dát si spolu sraz; **we've arranged to m. next week** umluvili jsme si schůzku na příští týden; **we often m. in London** často se vídáme v Londýně; **when shall we m. again?** kdy se zase uvidíme?; **m. halfway** setkat se na půl cestě **2** *(become acquainted)* seznámit se; **we have already met** my se už známe; **we met in 1990** my jsme se seznámili v roce 1990 **3** *(join: roads)* spojit se, *(rivers)* slévat se; fig **their eyes met** jejich zraky se střetly ♦ **make (both) ends m.** vyjít or vystačit s penězi **III** phr vs ■ **meet up** vi inf potkat se; *(by arrangement)* setkat se, dát si sraz ■ **meet with** vt **1** *(encounter)* setkat se s čím; **m. with problems/ opposition** narazit na problémy/ opozici; **he met with an accident** měl nehodu; **m. with approval** setkat se se souhlasem; **m. with a good response** mít velký ohlas; **m. with no response** vyznít naprázdno; **she met with admiration** dostalo se jí obdivu **2 m. with sb** esp Amer potkat or setkat se s kým; see **meet** vt **(1, 2)** ● n **1** Sport Amer utkání, mítink lehkoatletický ap., *(commemorative)* memoriál **2** esp Br setkání lovců před honem

meeting [ˈmi:tiŋ] n **1** *(chance encounter)* setkání; *(arranged)* schůzka **2** *(of committee, club)* schůze; **general m.** valná hromada, plenární shromáždění; **summit m.** setkání na nejvyšší úrovni; Sch **examiners' m.** konference; **at the m.** na schůzi; **be in a m.** mít poradu; **open/ close a m.** zahájit/ skončit schůzi; **hold a m.** konat schůzi **3** Pol **mass m.** tábor lidu, demonstrace, mítink ■ **m. house** modlitebna; **m. place** seřadiště **4** Sport utkání, mítink, *(commemorative)* memoriál **5** *(of rivers)* soutok ■ **m. ground** fig styčná plocha, styčný bod

megabyte [ˈmegəbait] n Comput megabyte

megahertz [ˈmegəhə:ts] n Phys megahertz

megalith [ˈmegəliθ] n Archeol megalit předhistorická stavba

megalithic [megəˈliθik] adj Archeol megalitický

megalomania [megələuˈmeiniə] n megalomanie, velikášství, slavomam

megalomaniac [megələuˈmeiniæk] n megaloman

megaphone [ˈmegəfəun] n megafon

megawatt [ˈmegəwot] n megawatt

meiosis [maiˈəusis] n (pl **-ses** [-si:z]) Biol mejóza, redukční dělení

melancholia [melənˈkəuliə] n Psych *(disease)* melancholie, deprese

melancholic [melənˈkolik] adj melancholický, trudnomyslný, zádumčivý

melancholy [ˈmelənkəli] adj melancholický, trudnomyslný; *(duty, news etc)* smutný ● n melancholie, deprese, splín

melanin [ˈmelənin] n melanin tmavý pigment

mêlée, melee [ˈmelei, Amer ˈmeilei, meiˈlei] n *(of people)* tlačenice; *(fight)* pranice, mela, rvačka

mellifluous [meˈlifluəs], **mellifluent** [meˈlifluənt] adj libozvučný, příjemně znějící ■ **~ly** adv libozvučně, libozvučným hlasem

mellow ['meləu] adj **1** *(fruit)* zralý, dozrálý, šťavnatý; *(wine)* lahodný; *(colour)* měkký, teplý; *(light)* měkký, příjemný; *(sound, voice)* příjemný na poslech, lahodící sluchu, zvučný; *(musical instrument)* melodický **2** *(person)* vážný, klidný, zkušený, *(with age)* usedlý, zmoudřelý; Amer *(relaxed)* uvolněný **3** *(tipsy)* namáznutý, líznutý, mírně pod parou, mající špičku ● **I** vt **1** *(fruit)* nechat vyzrát; *(sounds, light)* ztlumit, zmírnit; *(colours)* ztlumit, změkčit; *(taste)* zjemnit **2** *(person)* **age ~ed him** s přibývajícím věkem zmoudřel or zvážněl; teď, když je starší, se s ním dá daleko lépe vyjít **II** vi **1** *(fruit, wine)* vyzrát; *(colours, sounds)* změkčit se; *(light, sounds)* zmírnit se, ztlumit se **2** *(person)* zmoudřet, zvážnět, být umírněnější

mellowness ['meləunəs] n cf **mellow** adj **1** zralost, dozrálost, šťavnatost; lahodnost; zvučnost, melodičnost **2** vážnost, usedlost, moudrost; uvolněnost **3** *(tipsiness)* špička

melodic [mə'lodik] adj melodický

melodious [mə'ləudiəs] adj melodický, libozvučný, lahodící sluchu, příjemný na poslech ■ **~ly** adv melodicky, libozvučně

melodiousness [mə'ləudiəsnəs] n melodičnost, libozvučnost

melodrama ['melədra:mə] n melodram

melodramatic [melədrə'mætik] adj melodramatický ■ **~ally** adv melodramaticky

melody ['melədi] n melodie, nápěv; **speech m.** melodie řeči

melon ['melən] n meloun; *(watermelon)* vodní meloun, arbuz

melt [melt] **I** vt **1** *(snow, butter, sugar)* rozpustit; *(metal)* roztavit **2** **m. sb's heart** obměkčit koho; **her tears would m. a heart of stone** plakala, že by se nad ní kámen ustrnul **II** vi **1** *(snow)* (roz)tát, rozplynout se; *(butter, sugar, snow)* rozpustit se/ rozpouštět se; *(metal)* (roz)tavit se; **~ed butter** rozpuštěné máslo; **it just ~s in your mouth** *(food)* jen se to na jazyku rozplývá, je to jedna báseň; **he looks as if butter would not m. in his mouth** tváří se jako mílius or neviňátko **2** fig *(person)* roztát, zjihnout; **m. into tears** rozplynout se v slzách **3** **m. into the crowd** zmizet v davu **III** phr vs ■ **melt away** vi *(snow)* roztát, rozehřát se; *(butter* etc) rozpustit se, roztéci se; fig *(money)* zmizet pod rukama; *(anger)* pominout, vyprchat; *(fears)* rozplynout se ■ **melt down** vt (vi) roztavit (se)

meltdown ['meltdaun] n Nucl roztavení přehřátého jádra nukleárního reaktoru

melting ['meltiŋ] n **1** *(of snow, butter)* rozpuštění; *(of metal)* roztavení ■ **m. point** bod tání, teplota tavení, teplota tání **2** **m. pot** *(of cultures/ nationalities: USA)* tavicí kotlík or kelímek ♦ **it's in the m. pot** fig není to ještě rozhodnuto

member ['membə(r)] n **1** *(of society, party* etc*)* člen, *(of party, police* also*)* příslušník; **be a m. of sth** být členem čeho; **become a m. of sth** stát se členem čeho, vstoupit do čeho; **m. of an audience** divák; **m. of a trade union** odborář; **M. of Parliament** poslanec; **staff m.** pracovník, zaměstnanec; **full m.** aktivní člen; **'~s only'** 'vstup jen pro členy'; **a useful m. of society** platný člen společnosti ■ **m. countries** členské státy **2** Archit prvek, článek; Math, Log člen **3** Anat **(male) m.** mužský úd, pyj

membership ['membəšip] n **1** *(being a member)* členství, příslušnost ■ **m. card** členská legitimace, členský průkaz; **m. fee** členský příspěvek **2** *(members)* členstvo; *(number of ~s)* počet členů

membrane ['membrein] n membrána; **mucus m.** sliznice; **cell m.** membrána buňky

memento [mə'mentəu] n (pl **~s** or **~es**) památka, suvenýr; **keep sth as a m. (of sth)** uschovat si co na památku (čeho)

memo ['meməu] n (pl **~s**) inf abbr of **memorandum** oběžník ■ **m. pad** poznámkový blok, zápisník

memoir ['memwa:(r)] n **1** *(written record)* zpráva, zápis, protokol; *(short biography)* stručný životopis **2** **~s** paměti, memoáry

memorable ['memərəbl] adj nezapomenutelný, pamětihodný, památný

memorandum [memə'rændəm] n (pl **memoranda** [-də]) **1** Admin oběžník; *(reminder)* poznámka **2** Jur rozklad, podání **3** Pol memorandum

memorial [mə'mo:riəl] adj *(plaque)* pamětní; **m. ceremony** panychida ● n památník; **war m.** pomník padlým ■ **M. Day** Amer Den památky padlých v USA

memorize ['meməraiz] vt **m. sth** naučit se co zpaměti or nazpaměť

memory ['meməri] n **1** *(faculty)* paměť; **logical/ photographic m.** logická/ fotografická paměť; **have a good/ bad m.** mít dobrou/ špatnou paměť; **have a short m.** mít krátkou paměť; **have a m. like a sieve** mít hlavu jako řešeto, mít děravou hlavu; **commit sth to m.** naučit se co zpaměti; **play sth from m.** hrát co zpaměti; **within my grandfather's m.** za paměti mého dědečka **2** *(recollection)* vzpomínka; **childhood memories** vzpomínky z dětství; **painful memories** bolestné vzpomínky; **have pleasant memories of sb** mít na koho příjemné vzpomínky **3 in m. of sth** na paměť čeho, v upomínku na co; **honour sb's m.** uctít čí památku **4** Comput paměť ■ **m. bank** paměťový blok

men [men] n pl of **man**

menace ['menəs] n **1** *(threat)* hrozba, výhrůžka; **demand money with ~s** vymáhat peníze pod pohrůžkou násilí **2** inf *(annoying person/ thing)* otrava ● vt hrozit komu, vyhrožovat komu

menacing ['menəsiŋ] adj *(look)* výhružný; *(cloud)* hrozivý ■ **~ly** adv výhružně; **look at sb ~ly** výhružně se na koho podívat

ménage [me'na:ž] n fml domácnost; **m. à trois** manželský trojúhelník

menagerie [mə'nædžəri] n zvěřinec, menažérie

mend [mend] n oprava; *(in dress)* správka; *(patch)* záplata ♦ **be on the m.** zlepšovat se, lepšit se, *(patient)* zotavovat se, uzdravovat se; **he's on the m.** jeho stav se lepší ● **I** vt **1** *(repair: machine, TV set, toy; roof, fence; shoes,* etc*)* opravit; *(clothes)* spravit, zašít, *(hole)* záplatovat, (za)látat; *(socks)* (za)látat **2** fig *(improve)* **m. one's ways** polepšit se, napravit se **II** vi *(recover; patient)* zotavit se, inf sebrat se; *(weather)* zlepšit se

mendacious [men'deišəs] adj fml *(person)* prolhaný, *(statement* etc*)* lživý, klamný, vylhaný

mendacity [men'dæsəti] n fml **1** *(untruthfulness)* lhářství, prolhanost **2** *(lie)* lež, lživé prohlášení

mending ['mendiŋ] n *(clothes for m.)* opravy, správky

menfolk ['menfəuk] n pl inf muži, mužský

menial ['mi:niəl] adj pej *(work)* podřadný, nekvalifikovaný; **a m. spirit** lokajská duše ● n pej sluha, služebník

meningitis [menin'džaitis] n Med meningitis, meningitida, zápal mozkových blan

menopausal [menəu'po:zl] adj Med klimakterický; *(woman)* jsoucí v přechodu

menopause ['menəupo:z] n Med **the m.** přechod, menopauza

menstrual ['menstruəl] adj menstruační; **m. cycle/ pain** menstruační cyklus/ bolesti

menstruate ['menstrueit] vi menstruovat, mít menstruaci

menstruation [menstru'eišn] n menstruace, perioda, měsíčky

menswear ['menzweə(r)] n pánské oděvy

mental ['mentl] adj **1** *(of the mind)* duševní, mentální; **m. capacity** mentální kapacita; **m. faculties** duševní schopnosti; **m. age** mentální věk; **m. arithmetic** počítání z hlavy; **m. agility** duševní čilost; **make a m. note of sth** zapsat si co do paměti, v duchu si něco říci; **make a m. note to do sth** v duchu si slíbit, že ... **2** *(psychiatric) (state/ disorders)* psychický; **m. illness/ instability/ anguish** duševní choroba/ labilita/ útrapy; **m. derangement** vyšinutí or zatemnění smyslů; **m. home, m. hospital** psychiatrická léčebna **3** inf pej *(mad)* šílený ■ **~ly** adv **1** duševně; **~ly alert** duševně čilý; **calculate ~ly** počítat v duchu **2** Med duševně, psychicky; **~ly ill** duševně nemocný, choromyslný; **~ly retarded** duševně zaostalý; **be ~ly handicapped** být mentálně postižený

mentality [men'tæləti] n mentalita

menthol ['menθol, Amer -θo:l] n mentol ● adj *(sweet, cigarette)* mentolový

mention ['menšn] n zmínka; **there is a m. of it/ it got a m. in the newspapers** je o tom zmínka v novinách/ dostalo se to do novin; **he got an honourable m.** dostalo se mu pochvalného uznání; **he made no m. of your work** o tvé práci se nezmínil ● vt zmínit se (**sb/ sth** o kom/ čem), připomínat, uvést; **m. sth in passing** zmínit se o čem letmo; **don't m. it** to nestojí za řeč, to je v pořádku; **without ~ing any names** aniž bych někoho jmenoval; **not to m. ...** nemluvě o ...; **m. sb in one's will** pojmout koho do závěti; **it is not worth ~ing** to nestojí za zmínku; **m. me to your wife** pozdravujte ode mne vaši ženu

mentor ['mento:(r)] n učitel, moudrý rádce nezkušené osoby

menu ['menju:] n **1** *(in restaurant* etc*)* jídelní lístek, menu; **what's on the m. today?** co je dnes na jídelním lístku? **2** Comput menu

meow [mi'au] see **miaow**

MEP [emi:'pi:] abbr of **Member of the European Parliament** poslanec Evropského parlamentu

mercantile ['mə:kəntail; Amer -ti:l] adj *(law, agreement)* obchodní; *(nation)* zabývající se obchodem; **m. marine** obchodní loďstvo

mercenary ['mə:sənəri; Amer -neri] adj **1** *(greedy)* hrabivý, zištný, chtivý peněz, kořistnický **2** *(troops)* žoldnéřský, námezdní ● n žoldnéř, námezdný voják, pej žoldák

merchandise ['mə:čəndaiz] n zboží; **offer one's m.** nabízet své zboží

merchant ['mə:čnt] n **1** *(wholesale trader)* **coal/ wine/ timber m.** obchodník s uhlím/ s vínem/ s dřevem; **The M. of Venice** Shakespeare Kupec benátský ■ **m. bank** obchodní banka; **m. navy** obchodní loďstvo; **m. ship** obchodní loď **2** Scot, Amer *(retailer)* (malo)obchodník **3** sl **a gossip**

m. *(woman)* klepna; **a doom m.** sýček, zvěstovatel neštěstí; **he's a real speed m.** on jezdí jako kat

merciful ['mə:sifl] adj milosrdný, soucitný, shovívavý, *(God)* milostivý, milosrdný; **m. sleep** milosrdný spánek; **be m. to** or **towards sb** být vůči komu soucitný or shovívavý ■ **~ly** adv **1** *(fortunately)* bohudík, naštěstí; **~ly, nobody was hurt** naštěstí se nikomu nic nestalo **2 treat sb ~ly** chovat se ke komu soucitně or ohleduplně

merciless ['me:siləs] adj nemilosrdný, nelítostný, bezohledný; **be m.** nemít slitování

mercurial [mə:'kjuəriəl] adj Chem rtuťový; fig *(person)* rtuťovitý, nestálý, neposedný, živý

Mercury ['mə:kjuri] n Myth, Astron Merkur

mercury ['mə:kjuri] n Chem rtuť

mercy ['mə:si] n (pl **-ies**) **1** *(compassion)* soucit, shovívavost; *(to enemy* etc*)* milosrdenství, slitování; Jur milost; **out of m.** ze soucitu; **without m.** nemilosrdně, nelítostně; **for m.'s sake** pro smilování boží; **be at sb's m.** být vydán komu na milost a nemilost; **leave sb/ sth at the m. of sb** nechat koho/ co na pospas komu; **show sb m.** smilovat se nad kým, být ke komu milosrdný; **beg for m.** prosit o milost **2** *(blessing)* štěstí; **it's a m. that she wasn't hurt** naštěstí se jí nic nestalo; **her death was a m.** smrt pro ni byla vysvobozením ■ **m. killing** usmrcení ze soucitu, Med eutanazie **3 be grateful** or **thankful for small mercies** být vděčný za malé laskavosti

mere$_1$ [miə(r)] adj pouhý; **it's a m. formality/ illusion** je to pouhá formalita/ pouhé zdání; **he's a m. clerk** je pouhým úředníkem; **he's a m. cipher** je učiněná nula, je páté kolo u vozu; **he is a m. child** on je stále ještě dítě; **he's a m. shadow of his former self** vypadá jako vlastní stín; fig není už zdaleka to, co dřív ■ **~ly** adv pouze; **~ly out of politeness** z pouhé zdvořilosti

mere$_2$ [miə(r)] n arch or poet jezero

meretricious [merə'trišəs] adj *(style* etc*)* umělý, strojený, kýčovitý

merge [mə:dž] **I** vi **1 m. (together)** spojit se, splynout, *(firms* also*)* sloučit se, sdružit se, fúzovat; *(crowds, streams)* slít se **2 m. into sth** spojit se s čím, splynout s čím **II** vt sloučit, spojit; *(firms* also*)* sdružit, fúzovat

merger ['mə:džə(r)] n Comm fúze, sloučení, splynutí

meridian [mə'ridiən] n **1** Geog, Astron poledník **2** fig vrchol

meringue [mə'ræŋ] n **1** *(substance)* sněhová pěna **2** *(small cake)* pusinka

merit ['merit] n *(worth)* cena, hodnota, význam; zásluha; *(advantage)* klad, přednost; **a work of great literary m.** dílo velké literární hodnoty; **each question must be decided on its own m.** or **~s** každou otázku je třeba posoudit podle konkrétní situace ● vt *(deserve: praise, reward, punishment)* zasluhovat, zasloužit (si), být hoden čeho; **he doesn't m. our trust** nezaslouží si naši důvěru

meritocracy [meri'tokrəsi] n meritokracie

meritorious [meri'to:riəs] adj záslužný, chvályhodný

mermaid ['mə:meid] n Myth mořská panna, Siréna; **Little M.** Malá mořská víla

merman ['mə:mæn] n Myth (pl **-men** [-men]) vodník mořský

merrily ['merili] adv vesele, zvesela, radostně

merriment ['merimənt] n veselí, radost; *(laughter)* veselý smích

merry ['meri] adj (**-ier**, **-iest**) **1** *(happy)* veselý, radostný; **M. Christmas** veselé Vánoce ♦ **the more the merrier** čím větší parta, tím větší legrace; **raise m. hell** spustit bandurskou, udělat randál **2** inf *(slightly drunk)* stříknutý; **be m.** mít náladičku ■ see **merrily**

merry-go-round ['merigəuraund] n kolotoč, fig blázinec

merrymaker ['merimeikə(r)] n dated flamendr, hýřil, fláma

merrymaking ['merimeikiŋ] n oslavování, radovánky, flámování; *(party)* mejdan

mesh [meš] n **1** *(of net, netting)* oko, očko; *(size of hole)* velikost oka ■ **m. bag** síťovka; **m. stockings** síťové punčochy **2** *(netting)* pletivo; **wire m.** drátěné pletivo; Text síťovina **3** Mech *(of gears)* záběr; **be in m.** být v záběru; **be out of m.** být ze záběru **4** fig **a m. of intrigue** síť intrik; **entangle sb in one's ~es** dostat koho do svých tenat ● vi **1** Mech **m. (together)** *(cogs)* zapadat do sebe **2** fig *(harmonize, coincide)* být v souladu **(with sth** s čím)

meshug(g)a [mə'šugə] adj sl praštěný, střelený, mešuge

mesmerize ['mezməraiz] vt hypnotizovat; fig fascinovat, okouzlit

mess [mes] n **1** *(untidy state)* **a)** lit nepořádek; *(of room* also*)* all inf binec, čurbes, maglajz, vulg bordel; *(dirty)* inf svinčík, chlívek, svinstvo; **his room is a complete m.** má u sebe strašný binec or vulg bordel; **his teeth are a m.** má hrozný* zuby; **he looks a m.** vypadá nemožně; **clean up that m.** ukliď ten svinčík **b)** euph *(excreta)* hovínko, hromádka; **the dog has made a m. here** pes tu udělal hromádku; **the baby**

has made a m. on the carpet dítě se vykakalo na koberec; **make a m. in one's pants** pokakat se (do kalhot), vulg podělat se **c)** fig **make a m. of sth** zbabrat or zvorat něco; **make a m. of one's life** zbabrat si život; **a pretty m. you've made of it** tys to ale dokonale zvoral **2** *(predicament)* brynda, malér; **it's a fine m.** to je teda malér!, to je pěkné nadělení!; **get oneself into a hell of a m.** pěkně si nadrobit, zavařit si pěknou kaši **3** Mil **a)** *(canteen)* jídelna; **field m.** polní kuchyně **b)** *(food)* menáž **4** Bibl **a m. of pottage** mísa čočovice ● **I** vt *(make dirty)* zašpinit; *(muddle)* zbabrat, zvorat **II** vi inf **1** *(meddle)* **m. with sb** otravovat or obtěžovat koho; **don't m. with me!** nezahrávej si se mnou! **2** Mil **m. with sb** stravovat se or jíst společně s kým **III** phr vs ■ **mess about** or **around** inf *I* vi **1** *(hang about, waste time)* povalovat se, flákat se **2** *(play the fool)* dělat blbosti, blbnout; **stop ~ing about** přestaň blbnout, už žádné blbosti **3** *(potter)* kutit *II* vt *(fiddle with)* hrát si s čím, hrabat se v čem; *(person)* vodit koho za nos, *(bully)* šikanovat ■ **mess about with** vt **1 m. about** or **around with sth** *(fiddle: sb's papers)* hrabat se v čem; *(sb's computer)* hrát si s čím **2 m. about** or **around with sb** obtěžovat koho; *(sb's husband/ wife)* svádět koho, nedat komu pokoj, *(have an affair)* tahat se s kým ■ **mess up** vt *(make untidy: house* etc*)* obrátit co vzhůru nohama, (z)přeházet, *(make dirty: house)* zaneřádit; *(spoil: job)* zvrtat, zbabrat, *(one's chances)* zahodit; **m. up sb's plans** nabourat komu plány

message ['mesidž] n **1** *(communication)* zpráva, sdělení, vzkaz, poselství; **take a m.** převzít vzkaz; **leave a m. for sb** nechat komu vzkaz; **can I give him a m.?** mohu mu něco vyřídit?; **a m. in a bottle** poselství v láhvi **2** *(moral: of play, film)* poučení, poselství, hlavní myšlenka, hlavní téma **3 get the m.** inf pochopit; **at last he got the m.** nakonec mu to došlo **4 ~s** Scot, Ir *(shopping)* nákupy; **do** or **get one's ~s** dělat nákupy, nakupovat

messenger ['mesindžə(r)] n posel, kurýr, spojka; **m. of God** fig *(lightning)* boží posel ■ **m. boy** poslíček

messhall ['mesho:l] n **officers m.** důstojnická jídelna

Messiah [mə'saiə] n **1 the M.** *(Jesus Christ)* Mesiáš, Vykupitel, Spasitel **2 m.** mesiáš, spasitel

messianic [mesi'ænik] adj spasitelský, mesiánský, vykupitelský

Messrs ['mesəz] pl of **Mr**; abbr of **Messieurs** pánové, firma

mess-up ['mesap] n zmatek, chaos, motanice

messy ['mesi] adj (**-ier, -iest**) *(untidy)* nepořádný, *(house)* zaneřáděný; *(dirty: person)* špinavý, ušmudlaný; *(confused)* chaotický; *(badly done)* ledabylý, lajdácký; **a m. child** šmudla; **a m. divorce** komplikovaný or traumatický rozvod

met [met] pt & pp of **meet**

metabolic [metə'bolik] adj Biol metabolický

metabolism [mə'tæbəlizəm] n Biol metabolismus, látková výměna

metal ['metl] n **1** kov ■ **a m. box** kovová skřínka **2** Br **(road) m.** štěrk **3 ~s** now rare koleje ● vt **1** *(cover with m.: roof* etc*)* pobít plechem **2** *(road)* vyštěrkovat

metallic [me'tælik] adj kovový, *(sound* also*)* plechový

metallurgic(al) [metə'lə:džik(l)] adj metalurgický, hutní; **m. industry** hutní průmysl

metallurgist [me'tælədžist] n metalurg, hutník

metallurgy [me'tælədži] n metalurgie, hutnictví

metalwork ['metlwə:k] n **1** *(activity)* obrábění kovů, *(craft)* **art m.** umělecké zámečnictví **2** *(objects)* práce z kovu, kovové výrobky

metalworker ['metlwə:kə(r)] n *(in factory)* kovodělník; *(craftsman)* umělecký zámečník

metamorphose [metə'mo:fəuz] vt, vi metamorfovat (se), transformovat (se), (pře)měnit (se)

metamorphosis [metə'mo:fəsis] n (pl **-phoses** [-fəsi:z]) metamorfóza, přeměna, proměna

metaphor ['metəfə(r), 'metəfo:(r)] n metafora; **mixed m.** smíšená metafora; **speak in ~s** mluvit obrazně

metaphoric(al) [metə'forik(l)] adj metaforický ■ **metaphorically** adv metaforicky; **metaphorically speaking** obrazně řečeno

metaphysical [metə'fizikl] adj metafyzický ■ **~ly** adv metafyzicky

metaphysician [metəfi'zišn] n metafyzik

metaphysics [metə'fiziks] n metafyzika

metastasis [me'tæstəsis] n (pl **-stases** [-stəsi:z]) Med metastáza

mete [mi:t] vi **m. out** *(punishment)* vyměřit, uložit; *(justice)* vykonat, učinit zadost čemu; *(rewards)* udělit, rozdělit

meteor ['mi:tiə(r)] n meteor, létavice ■ **m. shower** meteorický roj or déšť

meteoric [mi:ti'orik] adj meteorický; fig meteorický, bleskurychlý; **he had a m.**

career as an artist udělat závratnou uměleckou kariéru

meteorite ['mi:tiərait] n meteorit

meteorological [mi:tiərə'lodžikl] adj meteorologický

meteorologist [mi:tiə'rolədžist] n meteorolog

meteorology [mi:tiə'rolədži] n meteorologie

meter$_1$ ['mi:tə(r)] n *(for gas, electricity etc)* měřič, inf hodiny; **electricity m.** also elektroměr; **gas m.** also plynoměr; **parking m.** parkovací automat

meter$_2$ ['mi:tə(r)] n Amer for **metre**

methane ['mi:θein] n metan

method ['meθəd] n **1** *(way, technique)* metoda, postup, technika; **the m. of trial and error** metoda postupného přibližování, metoda pokusu a omylu **2** *(system, orderliness)* systematičnost, metodičnost, plánovitost ♦ **there's some m. in his madness** on není takový zmatkář, jak se na první pohled zdá, v jeho šílenství je systém

methodical [mə'θodikl] adj metodický, systematický, soustavný ■ **~ly** adv metodicky, soustavně

Methodism ['meθədizm] n Relig metodismus

Methodist ['meθədist] n Relig metodista/ metodistka

methodology [meθə'dolədži] n metodika, metodologie

meths [meθs] n inf esp Br denaturovaný líh

Methuselah [me'θju:zələ] n Bibl Metuzalém; joc **as old as M.** starý jako Metuzalém

methyl alcohol [mi:θail'ælkəhəl] n metylalkohol

methylated spirits [meθileitid'spirits] n denaturovaný líh

meticulous [mə'tikjuləs] adj (úzkostlivě) pečlivý, puntičkářský, precizní, pedantský; **m. work** precizní práce, *(requiring a lot of patience)* mravenčí práce ■ **~ly** adv pečlivě, precizně, pedantsky

Met Office ['metofis] n inf Br meteorologická stanice

metonymy [mə'tonəmi] n metonymie

metre, Amer **meter** ['mi:tə(r)] n **1** *(measure)* metr; **cubic/ square m.** krychlový/ čtvereční metr; **sell sth by the m.** prodávat co na metry; **be three ~s long/ deep** být tři metry dlouhý/ hluboký **2** Poet metrum, míra verše

metric ['metrik] adj metrický; **m. ton** metrická tuna; **m. system** metrická soustava; **go m.** přejít na metrickou soustavu

metrical ['metrikl] adj Poet metrický

metrication [metri'keišn] n zavedení metrické soustavy

Metro ['metrəu] n metro na evropském kontinentě

metronome ['metrənəum] n metronom

metropolis [mi'tropəlis] n metropole; *(capital)* hlavní město

metropolitan [metrə'politən] adj metropolitní, velkoměstský; Relig *(diocese)* arcibiskupský

mettle ['metl] n *(spirit)* odvaha, bojovnost; **show one's m.** ukázat, čeho je člověk schopen; **put sb on his m.** (eg *sportsman)* vyprovokovat koho k nejlepšímu výkonu

mew [mju:] n *(of cat)* mňoukání; *(of gull)* křik ● vi mňoukat; *(gull)* křičet

mewing ['mju:iŋ] n *(of cat)* mňoukání; *(of gull)* křik

mewl [mju:l] vi *(cat)* mňoukat; *(baby)* vrnět

mews [mju:z] n (pl unchanged) **1** *(m. flat)* byt adaptovaný z bývalých stájí **2** n pl stáje

Mexican ['meksikən] adj mexický ● n Mexičan/ -ka

Mexico ['meksikəu] n Mexiko

mezzanine ['mezəni:n] n mezanin, mezipatro

mg abbr of **milligram(s), milligramme(s)** mg, miligram

Mgr abbr of **Monsignor** msgre, monseigneur, monsignore

MHz abbr of **megahertz** MHz, megahertz

mi [mi:] n Mus mi solmizační slabika

miaou, miaow [mi(:)'au] n mňoukání ● vi mňoukat ● interj mňau

mica ['maikə] n slída

mice [mais] pl of **mouse**

Michaelmas ['miklməs] n svátek sv. Michala ■ **M. term** *(at some British Universities)* podzimní trimestr

mickey ['miki] n **take the m. out of sb** sl utahovat si z koho, dělat si z koho dobrý den, vodit koho za nos

micro ['maikrəu] n (pl **~s**) inf *(microcomputer)* mikropočítač

microbe ['maikrəub] n mikrob

microbiologist [maikrəubai'olədžist] n mikrobiolog

microbiology [maikrəubai'olədži] n mikrobiologie

microchip ['maikrəučip] n Comput mikročip

microcomputer ['maikrəukəmpju:tə(r)] n mikropočítač

microcosm ['maikrəukozəm] n mikrokosmos; fig svět v malém; **in m.** v malém

microelectronics [maikrəuilek'troniks] n mikroelektronika

microfiche ['maikrəufi:š] n mikrofiš

microfilm ['maikrəufilm] n mikrofilm ■ **m. reader** mikrofilmová čtečka

microlight ['maikrəulait] n ultralight lehké letadlo

micrometer [mai'kromitə(r)] n mikrometr

micron ['maikrən] n mikron

microorganism [maikrəu'o:gənizəm] n mikroorganismus

microphone ['maikrəfəun] n mikrofon

microprocessor ['maikrəuprəusesə(r)] n mikroprocesor

microscope ['maikrəskəup] n mikroskop, drobnohled

microscopic [maikrə'skopik] n mikroskopický, drobnohledný ■ **~ally** adv mikroskopicky

microsecond ['maikrəusekənd] n mikrovteřina

microsurgery [maikrəu'sə:džəri] n mikrochirurgie

microwave ['maikrəweiv] n **1** Rad mikrovlna **2 m. (oven)** mikrovlnná trouba

mid [mid] adj attr polovina čeho; **in mid May** v polovině května; **in mid afternoon** uprostřed odpoledne; **in mid winter** uprostřed zimy; **in mid air** ve vzduchu; **in mid ocean** uprostřed oceánu

mid- [mid-] pref **a midair collision** srážka ve vzduchu; **a midmorning snack** přesnídávka

midday [mid'dei] n poledne; **at m.** v poledne; **around m.** kolem poledne ■ **m. meal** polední jídlo; **m. rest** polední odpočinek or pauza

midden [midn] n dial hnojiště

middle ['midl] adj střední; *(point, finger)* prostřední; **m. age** střední věk; **the m. class** střední vrstvy; **the M. Ages** středověk; **the m. ear** Anat střední ucho; **M. East** Střední východ ● n **1** *(in space)* uprostřed, ve středu; **in the m. of the room** uprostřed pokoje; **from the m.** zprostředka; **he likes to be in the m. of things** je rád ve středu dění ♦ **in the m. of nowhere** na kraji světa, na ztracené vartě, v tramtárii, kde lišky dávají dobrou noc **2** *(in time)* **in the m. of the week** uprostřed týdne; **be in the m. of doing sth** právě něco dělat, mít co rozděláno, být uprostřed čeho **3** *(waist)* pás; **round the m.** kolem pasu

middle-aged [midl'eidžd] adj středního věku; **a m.-aged woman** žena středního věku

middle-class [midl'kla:s] adj týkající se střední třídy, pej měšťácký, buržoazní

middleman ['midlmæn] n (pl **-men** [-men]) prostředník, zprostředkovatel; Comm překupník

middle-of-the-road [midləvðə'rəud] adj *(politician)* umírněný

middleweight ['midlweit] n Box střední váha ■ **m. champion** přeborník ve střední váze

middling ['midliŋ] adj prostřední; *(performance)* vlažný; *(How are you?)* – **Fair to m.** Ujde to. Jakž takž.

Middx abbr of **Middlesex**

midfield ['midfi:ld] n Sport střed hřiště ■ **m. player** středový hráč

midge [midž] n komár

midget ['midžit] n *(dwarf)* trpaslík, pidimužík ● adj trpasličí, maličký, miniaturní

midland ['midlənd] adj attr *(region: of country)* střední ● n **the Midlands** Střední Anglie

midlife [mid'laif] n střední věk ■ **m. crisis** krize středního věku

midnight ['midnait] n půlnoc; **at m.** o půlnoci; **until m.** až do půlnoci; **well past m.** dlouho po půlnoci; **at the stroke of m.** přesně o půlnoci, v pravou půlnoc ♦ **burn the m. oil** ponocovat, pracovat dlouho do noci

midpoint ['midpoint] n střed, polovina

midriff ['midrif] n **1** Anat bránice **2** *(waist)* pás, *(stomach)* břicho; **a punch in the m.** rána do žaludku ■ **a m. bulge** joc *(big stomach)* tlustý břich, sl velké panděro, cejcha*

midshipman ['midšipmən] n (pl **-men**) Naut důstojnický aspirant, lodní kadet

midst [midst] n *(used after a prep)* střed, prostředek; **in the m. of the crowd** uprostřed davu; **there's a murderer in our m.** mezi námi je vrah

midstream [mid'stri:m] n **in m.** lit uprostřed proudu; fig uprostřed nějaké činnosti ♦ **change** or **swap horses in m.** fig přepřahat uprostřed řeky

midsummer [mid'samə(r)] n letní slunovrat; **in m.** uprostřed léta; **M.('s) Day** sv. Jana ■ **M. Night** svatojánská noc; **A M. Night's Dream** Shakespeare Sen noci svatojánské; **m. lightning** blýskání na časy; **m. madness** letní třeštění

midterm [mid'tə:m] n Pol polovina funkčního období; Sch polovina trimestru, Amer čtvrtletí ■ **m. exams** čtvrtletní zkoušky

midway [mid'wei] adv na půl cesty; **m. between A and B** uprostřed mezi A a B ● adj **reach a m. point in sth** *(project, negotiations* etc*)* dostat se do poloviny něčeho, mít něčeho polovinu za sebou

midweek [mid'wi:k] adv uprostřed týdne ● adj *(performance, flight* etc*)* uprostřed týdne; **take a m. flight** letět uprostřed týdne

midwife ['midwaif] n (pl **-wives** [-waivz]) porodní bába, porodní asistentka

midwifery [mid'wifəri; Amer -waif-] n Med porodnictví

midwinter [mid'wintə(r)] n zimní slunovrat; **in m.** uprostřed zimy

mien [mi:n] n fml vzhled, výraz tváře, vzezření

miff [mif] vt inf **be ~ed about sth** zlobit se kvůli čemu; **she was ~ed that he ...** měla mu za zlé, že ..., dotklo se jí, že (on) ..., zlobila se na něj, že ..., mrzelo ji na něm, že ...

might$_1$ [mait] v aux see **may**

might$_2$ [mait] n moc, síla; **with all one's m. and main** vší mocí; **strike with all one's m.** udeřit vší silou ♦ **m. is right** kdo má moc, má pravdu

mightily ['maitili] adv **1** *(powerfully)* vší silou **2** inf *(extremely)* ohromně, úžasně

mightiness ['maitinəs] n cf **mighty 1** moc, síla **2** mohutnost, impozantnost

mighty ['maiti] adj (**-ier**, **-iest**) **1** *(powerful: ruler)* mocný; *(strong)* silný; *(voice)* mohutný **2** *(mountains, ocean)* impozantní, mohutný **3 high and m.** povýšenecký, namyšlený ■ see **mightily** ● adv inf Amer *(extremely)* strašně, moc; **I'm m. pleased** to mě moc těší

migraine ['mi:grein] n migréna

migrant ['maigrənt] adj *(animal)* stěhovavý, *(birds* also*)* tažný, *(tribe* also*)* kočovný; **m. worker** *(seasonal)* sezónní or stěhovavý dělník; *(foreign commuter)* pendler ● n **1** *(bird)* stěhovavý or tažný pták; *(worker)* sezónní dělník; gastarbaitr, pendler **2** Austr imigrant, přistěhovalec

migrate [mai'greit, Amer 'mai-] vi *(nations, animals)* stěhovat se, migrovat; *(tribe, seasonal workers* also*)* kočovat

migration [mai'greišn] n see **migrate** stěhování, migrace, kočování

migratory ['maigrətəri, -'greitəri] adj *(bird)* stěhovavý, tažný; *(life)* kočovný

mike [maik] inf abbr of **microphone** mikrofon

milady [mi'leidi] n arch milostivá paní

milage ['mailidž] see **mileage**

milch [milč] adj dojný; **m. cow** dojná kráva, dojnice; fig dojná kráva, zlatý důl, tučná prebenda

mild [maild] adj **1** *(person, manner)* mírný, přívětivý **2** *(not harsh: weather, rain, winter, punishment)* mírný, *(climate* also*)* vlídný, *(wind* also*)* příjemný; *(night, evening)* vlahý; *(light)* tlumený; *(criticism)* shovívavý **3** *(taste; cigar)* jemný, *(cheese* also*)* lahodný; *(curry)* nepříliš ostrý, nepálivý ■ **~ly 1** *(gently)* mírně; **to put it ~ly** mírně řečeno, abych použil mírného výrazu **2** *(slightly)* poněkud, trochu ● n nepříliš silné tmavě zbarvené pivo

mildew ['mildju:] n *(on paper)* plíseň; Bot *(on cereals, flowers)* sněť, rez; *(on vine)* perenospora ● vi *(paper)* plesnivět; *(cereals, plants)* být napaden snětí/ rzí, *(vine)* být napaden perenosporou

mildewy ['mildju:i] adj (cf **mildew** v) napadený plísní/ rzí/ snětí/ perenosporou

mildness ['maildnəs] n cf **mild** adj **1** mírnost, přívětivost; vlídnost; vlahost; shovívavost **2** jemnost, lahodnost

mile [mail] n **1** *(measurement)* míle 1,6 km; **nautical m.** námořní or mořská míle 1852 m; **for ~s and ~s** na míle daleko; **for ~s around** široko daleko; **two ~s away** dvě míle odtud; **be ~s away** být na hony vzdálený; **be doing 60 miles per hour** jet rychlostí 60 mil za hodinu; **be ~s from anywhere** být na kraji světa **2** inf *(much)* **he's feeling ~s better** cítí se o mnoho lépe; **you are ~s out** jsi na velkém omylu, jsi vedle jak ta jedle **3** Sport **the m.** běh na jednu míli ♦ **it sticks out a m.** to je jasný* jako facka, to musí každého trknout

mileage ['mailidž] n **1** Aut *(distance)* vzdálenost v mílích; *(on indicator)* ujeté míle ♦ **get a lot of m. out of sth** inf hodně z něčeho vytěžit **2** Aut *(number of miles per gallon)* spotřeba benzinu

mil(e)ometer [mai'lomitə(r)] n ≡ počítač kilometrů

milestone ['mailstəun] n; lit & fig mezník, milník; **a m. in history** dějinný mezník

milieu ['mi:ljə:] n prostředí, milieu

militant ['militənt] adj bojovný, militantní ● n radikál, stranický aktivista

militarism ['militərizəm] n militarismus

militarist ['militərist] n militarista

militaristic [militə'ristik] adj militaristický

military ['militəri] adj vojenský; **m. forces** ozbrojené síly; **m. art** válečnické umění, válečnictví; **do one's m. service** konat vojenskou službu; **compulsory m. service** povinná vojenská služba; **m. hospital** lazaret ● n **the m.** branná moc, armáda, vojsko

militate ['militeit] vi **m. against sth** *(of facts, evidence* etc*)* svědčit or mluvit proti čemu

militia [mə'lišə] n milice; **people's m.** *(formerly in Communist countries)* lidové milice

militiaman [mə'lišəmən] n (pl **-men**) milicionář/ -ka

milk [milk] n mléko; **cow's/ goat's m.** kravské/ kozí mléko; **condensed m.** kondenzované mléko; **powdered m.** sušené mléko; **skimmed m.** sbírané mléko; **coffee with m.** bílá káva ♦ **it is no good crying over spilt m.** pozdě bycha honiti; **a land flowing with m. and honey** země oplývající mlékem a strdím ■ **m. bar** mléčný bufet; **m. can** konev na mléko; **m. chocolate** mléčná čokoláda; **m. delivery** donáška mléka; **m. products** mléčné výrobky; **m. shake** mléčný koktajl; **m. teeth** mléčný chrup; **m. tooth** mléčný zub ● **I** vt **1** *(cow, goat)* dojit **2** *(snake)* odebrat zmiji jed **3** fig *(customer, clients)* odírat, vysávat z koho peníze; **m. sb for money** dojit z koho peníze **II** vi **the cow ~s well** kráva dobře dojí

milker ['milkə(r)] n **1** *(person)* dojič/ -ka; *(machine)* dojička **2** *(cow)* **the cow is a good m.** kráva dobře dojí

milking ['milkiŋ] n dojení ■ **m. machine** dojička

milkmaid ['milkmeid] n dojička

milkman ['milkmən] n (pl **-men**) mlékař, roznášeč mléka

milksop ['milksop] n pej *(timid man/ boy)* strašpytel, změkčilec, bačkora, baba

milky ['milki] adj (**-ier**, **-iest**) **1** *(skin)* mléčně bílý, bílý jako mléko **2** *(coffee, tea)* s mlékem, *(coffee* also*)* bílý

Milky Way [milki'wei] n Astron Mléčná dráha

mill [mil] n **1** *(for grinding grain)* mlýn ♦ **that's grist to his m.** to je voda na jeho mlýn ♦ **put sb through the m.** *(in training, in the Army)* dát komu pořádně zabrat, pořádně koho prohnat, nechat koho projít tvrdou školou **2** *(for coffee, pepper* etc*)* mlýnek **3** *(factory)* továrna; Text **spinning/ weaving m.** přádelna/ tkalcovna; **saw m.** dřevařský závod ● **I** vt esp pass **1** *(grain)* mlít; **coarsely ~ed** umletý na hrubo **2** *(metals)* frézovat **3** *(coins)* vroubkovat **II** phr v ■ **mill about** or **around** *(crowds)* hemžit se, pobíhat

millennium [mi'leniəm] n (pl **millennia**) tisíciletí, milénium, tisící výročí

millepede ['milipi:d] see **millipede**

miller ['milə(r)] n mlynář

millet ['milit] n Bot proso

milli- ['mili-] pref mili-

milliard ['milia:d] n Br *(one thousand million(s))* miliarda

millibar ['miliba:(r)] n Meteor milibar

milligram(me) ['miligræm] n miligram

millilitre, Amer **-liter** ['milili:tə(r)] n mililitr

millimetre, Amer **-meter** ['milimi:tə(r)] n milimetr

milliner ['milinə(r)] n kloboučnice, modistka ■ **m.'s shop** obchod s dámskými klobouky

millinery ['milinəri] n *(trade)* kloboučnictví, modistství; *(articles)* klobouky pro ženy

milling ['miliŋ] n *(on coin)* vroubkování, rýhování

milling machine ['miliŋməši:n] n *(for metal)* fréza

million ['miljən] n **1** milion; **one m. pounds** milion liber; **three m. crowns** tři miliony korun ♦ **he is a husband in a m.** takového manžela, aby pohledal **2** inf **thanks a m.** tisíceré díky; **~s of times** nesčetněkrát, milionkrát

millionaire [miljə'neə(r)] n milionář

millionth ['miljənθ] adj miliontý; inf **for the m. time** po milionté ● n *(fraction)* miliontina

millipede ['milipi:d] n stonožka

millrace ['milreis] n mlýnský náhon

millstone ['milstəun] n mlýnský kámen ♦ **it's a m. round his neck** (eg *debts)* leží to na něm jako balvan, tíží ho to jako mlýnský kámen; **she is a m. round his neck** ona je pro něho přítěží

millwheel ['milwi:l] n mlýnské kolo

milord [mi'lo:d] n lord; *(as address)* mylord

milt [milt] n *(of fish)* mlíčí

mime [maim] n *(actor)* mim; *(art form, show)* pantomima ● **I** vi hrát pantomimu **II** vt **m. sb** napodobovat koho mimicky; **m. sth** napodobovat or vyjadřovat co mimicky

mimeograph ['mimiəgra:f] n cyklostyl ● vt (na)cyklostylovat, rozmnožit/ rozmnožovat

mimic ['mimik] n imitátor, parodista; **she is a very good m.** je výborná imitátorka, umí výborně napodobovat druhé ● vt (pp, pt **mimicked**) napodobovat, předvádět, imitovat; *(ridicule)* karikovat, parodovat

mimicry ['mimikri] n napodobování, imitování; Biol mimikry

mimosa [mi'məuzə] n Bot citlivka, mimóza

Min. abbr of **Minister** ministr; **Ministry** ministerstvo

min abbr of **1 minute(s)** min., minuta **2 minimum** minimální; minimum

minaret [minə'ret] n minaret

mince [mins] n Br sekané or mleté maso ● **I** vt *(meat)* rozsekat or rozřezat na drobno, pomlít na strojku na maso ♦ **he doesn't m. his words** nebere si ubrousek or servítek, říká všechno bez obalu **II** vi *(speak)* mluvit afektovaně; *(walk)* chodit afektovaně, cupitat, natřásat se

mincemeat ['minsmi:t] n **1** sladká náplň do pečiva ze sušeného ovoce a sirupu ♦ **make m. of sb** roznést koho na kopytech, vynést koho v zubech; *(in an argument* etc*)* rozcupovat koho, roztrhat koho na cucky 2 esp Amer *(minced meat)* sekané maso

mincer ['minsə(r)] n strojek or mlýnek na maso

mincing ['minsiŋ] adj pej afektovaný, strojený; **m. steps** drobné krůčky, cupitání, afektovaná chůze ■ **~ly** adv afektovaně, se strojenou roztomilostí

mind [maind] n 1 *(ability to think and feel)* mysl, duch; **state of m.** rozpoložení mysli; **peace of m.** duševní pohoda; **a cheerful m.** veselá mysl; **in m. and body** na duchu i na těle; **it was a load off his m.** spadl mu kámen ze srdce 2 *(intellect)* **a)** *(intellectual powers)* intelekt, rozum, mozek, hlava; **have a sharp** or **quick m.** mít bystrý mozek, mít pronikavý postřeh; **have a rational m.** mít střízlivý rozum; **broaden one's m.** rozšířit svůj rozhled; **read sb's m.** číst čí myšlenky; **the m. boggles at the idea** rozum nad tím zůstává stát; **dull sb's m.** ohlupovat koho **b)** *(sanity)* (zdravý) rozum; **he is not in his right m.** není zcela normální; **his m. is going** selhává mu rozum; **he is out of his m.** není při smyslech; **go out of one's m.** zbláznit se; **be of sound m.** být při jasném vědomí; **be stoned out of one's m.** *(be drunk)* být namol (opilý), *(of drug user)* být v extázi **c)** *(person)* duch, mozek, intelekt; **one of the greatest ~s of today** jeden z největších duchů dneška 3 *(memory)* paměť; **bear sth in m.** mít co na paměti, být pamětliv čeho; **bear in m. that ...** nezapomeň, že ...; **call sth to m.** upamatovat se na co, připamatovat si co; **cast one's m. back to sth** v duchu se k něčemu vrátit; **impress itself on sb's m.** vrýt se komu do paměti; **it has slipped my m.** zapomněl jsem na to; **it went clean out of my m.** zapomněl jsem na to jako na smrt; **while it is fresh in my m.** při or za dobré paměti ♦ **out of sight, out of m.** sejde z očí, sejde z mysli 4 *(opinion)* názor; **be clear in one's m. about sth** mít o čem jasno; **change one's m.** rozhodnout se jinak, rozmyslet se, rozmyslet si to; **give sb a piece of one's m.** říct komu své; **have a m. of one's own** mít svoji hlavu; **speak one's m.** říci otevřeně svůj názor, nebrat si servítky, říci co od plic; **to my m.** podle mého názoru 5 *(intention)* **be in two ~s about sth** váhat o čem; **make up one's m. to do sth** rozhodnout se or odhodlat se něco udělat; **have sth in m.** zamýšlet co; **have a good m. to do sth** mít sto chutí něco udělat; **he knows his own m.** ví, co chce; **set one's m. on (doing) sth** vzít si co do hlavy, usmyslit si co ● **I** vt 1 *(look after: child)* hlídat, dohlížet na koho, dozírat na koho; *(house, shop)* starat se o; *(luggage)* hlídat, dohlédnout na ♦ **m. your own business** hleď si svého, starej se o sebe 2 *(pay attention to)* dbát na, brát v úvahu; **m. sb's advice** Amer, Scot, Ir dbát na čí radu/ rady; **don't m. me!** na mne se neohlížej; **m. your language!** mírněte se v řeči; **M. the dog!** Pozor, zlý pes!; **M. the step!** Pozor schod! 3 *(take care)* **m. you are not late** ať nepřijdeš pozdě, hleď or inf koukej přijít včas, přijď určitě včas; **m. (that) she is well looked after** ať se mi o ni dobře postaráš 4 *(object)* **I don't m. the noise** (ten) hluk mi nevadí; **would you m. waiting for a few minutes?** počkal byste laskavě několik minut?; **I wouldn't m. a cup of coffee** dal bych si kávu **II** vi 1 *(object)* **she doesn't m.** jí to nevadí; **I didn't m.** nic jsem si z toho nedělal; **if you don't m.** když se nebudete hněvat, nevadí-li vám to, když dovolíte; **would you m. if ...** nevadilo by vám, kdybych ... 2 *(worry)* **never m.** to nic, to nevadí, to je jedno; **never you m.!** nestarej se!, po tom ti nic není! 3 **m. you** rozuměj(te), pochopte, mimochodem; **m. you, I've always said that** mimochodem, já jsem to vždycky tvrdil **III** phr v ■ **mind out** vi inf Br dávat pozor; **m. out (for sb/ sth)** *(beware of danger)* pozor (na koho/ co)

mind-blowing ['maindbləuiŋ] adj sl 1 *(drug)* halucinogenní, vzbuzující extázi 2 *(experience)* úžasný, ohromný

mind-boggling ['maindbogliŋ] adj sl ohromující, úžasný, nenormální

minded ['maindid] adj fml **be m. to do sth** mít chuť něco udělat

-minded [-maindid] suff **narrow-minded** úzkoprsý; **noble-minded** ušlechtilý; **romantically-minded** romantický, mající sklony k romantičnosti; **be politically-minded** zajímat se o politiku

minder ['maində(r)] n 1 *(for child)* pečovatelka o dítě 2 sl *(bodyguard of criminal)* gorila 3 *(of machine)* obsluha

mind-expanding ['maindikspændiŋ] adj *(drug)* psychedelický, halucinogenní

mindful ['maindfl] adj **be m. of sb/ sth** *(family/ duties, one's reputation* etc) dbát na co

mindless ['maindləs] adj 1 pej *(senseless: vandalism, destruction)* nesmyslný 2 *(stupid: person)* tupý 3 *(drudgery)* únavný, nudný, duchamorný

mind-reader ['maindri:də(r)] n čtenář myšlenek

mind-reading ['maindri:diŋ] n čtení myšlenek

mine$_1$ [main] pron; sg: m můj/ fem má, moje/ n mé, moje; pl: ma mí, moji/ mi & fem mé, moje/ n má, moje; **this book is m.** tato kniha je moje; **a friend of m.** jeden můj přítel; **is this m.?** je tohle moje?; **the pleasure is m.** potěšení je na mé straně

mine$_2$ [main] n **1** důl; *(coalm.* also*)* šachta, jáma; **ore m.** rudný důl; **gold m.** zlatý důl, důl na zlato; **opencast m.** povrchový důl; **work down the m.** pracovat v dole **2** fig *(of information)* zdroj **3** *(explosive)* mina; **lay ~s** klást miny; **clear a road of ~s** odminovat silnici ● **I** vt **1** *(coal* etc*)* dobývat, těžit, dolovat **2** Mil *(road* etc*)* podminovat, zaminovat **3** *(sea)* zaminovat; *(blow up)* vyhodit do vzduchu **II** vi dolovat; **m. for sth** *(extract)* těžit co

minefield ['mainfi:ld] n minové pole

minelayer ['mainleiə(r)] n minonoska

miner ['mainə(r)] n horník, havíř; **m.'s lamp** hornický kahan

mineral ['minərəl] n **1** minerál, nerost, ruda **2** *(m. water)* minerálka, Br also limonáda ● adj minerální; **m. oil** minerální olej; **m. water** minerálka, Br also limonáda; **the m. kingdom** neživá příroda; **m. wealth** nerostné bohatství

mineralogy [minə'rælədži] n mineralogie

mineshaft ['mainša:ft] n těžní jáma

minesweeper ['mainswi:pə(r)] n minolovka

mingle ['miŋgl] **I** vt (s)mísit, (po)míchat; **m. joy with sorrow** mísit radost s žalem **II** vi (s)mísit se, (s)míchat se, pomíchat se; *(noises, colours* also*)* prolínat se; **m. with artists** pohybovat se mezi umělci; **excuse me, I must go and m.** *(at party)* promiňte, musím se věnovat ostatním hostům

mingy ['mindži] adj **(-ier, -iest)** Br inf *(person)* skrblický, škudlivý; *(amount)* ubohý, mizerný

mini- ['mini-] pref mini-

mini ['mini] n *(skirt)* minisukně

miniature ['minəčə(r)] n gen miniatura, Art also drobnokresba, drobnomalba; **in m.** v miniatuře ● adj miniaturní; *(very small)* drobný, nepatrný; **m. edition** kolibří vydání; **m. painting** miniaturní malba; **m. golf** minigolf

minibus ['minibas] n mikrobus

minicab ['minikæb] n Br esp London mikrotaxi taxi pouze na objednávku

minicomputer ['minikəmpju:tə(r)] n Comput minipočítač, malý počítač

minim ['minim] n Mus půlová nota ■ **m. rest** půlová pomlka or pausa

minima ['minimə] pl of **minimum**

minimal ['miniməl] adj minimální velmi malý, co nejmenší; **only a m. improvement** jen minimální zlepšení ■ **~ly** adv nejméně, minimálně

minimize ['minimaiz] vt **1** *(reduce: costs* etc*)* minimalizovat, snížit or redukovat na minimum **2** *(underestimate: dangers, problems)* bagatelizovat, podceňovat

minimum ['miniməm] adj minimální, nejnižší možný, přijatelný ap.; **m. wage** minimální mzda; Fin **m. lending rate** minimální půjčovní sazba ● n (pl **minima** [-mə]) **a m. of £20/ 10 pupils** nejméně 20 liber/ 10 žáků; **reduce sth to a m.** snížit co na minimum; **at the very m. it will cost ...** bude to stát minimálně ...

mining ['mainiŋ] n **1** *(of coal, ore* etc*)* dolování, dobývání, těžba; *(industry)* důlní or báňský průmysl; **underground/ opencast m.** hlubinné/ povrchové dolování ■ **(the) m. industry** důlní or báňský průmysl, hornictví; **m. engineer** báňský or důlní inženýr **2** Mil kladení min; *(of area)* zaminování

minion ['minjən] n pej nohsled, přisluhovač; *(favourite)* oblíbenec; iron podřízený

miniskirt ['miniskə:t] n minisukně

minister ['ministə(r)] n **1** Pol ministr/ ministryně; **the M. of Defence** ministr obrany; **Prime M.** předseda vlády, premiér **2** Relig *(Presbyterian, Nonconformist)* pastor, duchovní ● vi fml **m. to sb** starat se o koho (pečlivě), pej obskakovat koho; **m. to sb's needs/ wants** uspokojovat čí potřeby/ přání, joc dělat komu pomyšlení, točit se kolem koho; **a -ing angel** anděl strážný

ministerial [mini'stiəriəl] adj Pol ministerský; **m. post** ministerské křeslo; **she held a m. post for six years** byla šest let ministryní

ministration [mini'streišn] n fml; often pl **~s** péče, ošetřování

ministry ['ministri] n **1** Pol ministerstvo; **the M. of the Interior** ministerstvo vnitra; **during his m.** v době, kdy byl ministrem **2** Relig **the m. a)** coll *(esp of Protestant religion)* kněžstvo **b)** *(service as minister)* kněžský úřad; **join the m.** *(Catholics)* stát se knězem or farářem, *(Protestants)* pastor

mink [miŋk] n *(animal, fur)* norek ■ **m. coat** norkový kožich

minnow ['minəu] n *(fish)* střevle

minor ['mainə(r)] adj **1** *(small: disagreement, alteration)* menší, *(detail)* drobný, *(exceptions)* malý, nepatrný, vzácný; *(loss)* zanedbatelný **2** *(unimportant)* nedůležitý, *(difference)* bezvýznamný **3** *(secondary: road)* vedlejší, *(components)* sekundární; *(role)* malý; *(writer)* druhořadý, méně významný, málo známý; *(official)* nižší; *(premise)* Log nižší; **m.**

subject Univ vedlejší or malý předmět; **m. episode** malá epizoda; **m. matter** vedlejší věc **4** *(not serious: offence, injuries, operation)* lehký **5** Geog **Asia M.** Malá Asie **6** Mus **a)** moll, mollový; **m. scale** mollová stupnice; **D m.** d moll **b) a m. second/ third** malá sekunda/ tercie **7** Br Sch sl *(younger of two brothers)* mladší ● n **1** *(in age)* nezletilý, nezletilec **2** Amer Univ vedlejší or malý předmět ● vi Amer Univ **m. in sth** studovat něco jako vedlejší předmět

Minorca [mi'no:kə] n Menorca, Minorca ostrov

Minorcan [mi'no:kən] adj minorský, menorský

minority [mai'norəti] n **1** menšina, minorita; **be in the m.** být v menšině ■ **m. government** menšinová vláda; **m. rights** menšinová práva **2** Jur neplnoletost, nezletilost

minster ['minstə(r)] n *(in York, Beverley)* minstr, velechrám, dóm, katedrála

minstrel ['minstrəl] n minstrel, středověký pěvec a básník; **a wandering m.** potulný zpěvák

mint₁ [mint] n **1** Fin mincovna **2** inf **a m. of money** hrůza peněz, majlant, hříšné peníze; **make a m.** vydělat velké peníze, vydělat balík (peněz); **he's worth a m.** má peněz jako želez ● adj *(coins)* zbrusu nový, *(stamps)* neorazítkovaný, nepoužitý; **be in m. condition** být zbrusu nový, být v bezvadném stavu ● vt *(coin)* razit; fig *(word)* (u)tvořit, *(phrase* also*)* razit

mint₂ [mint] n Bot máta; *(sweet)* větrový or mátový bonbon ■ **m. sauce** mátová omáčka

minuet [minju'et] n Mus menuet

minus ['mainəs] prep **1** Math bez, minus; **eight m. five equals three** osm bez pěti jsou tři **2** *(below zero) (the temperature is)* **m. five degrees Centigrade** minus pět stupňů (Celsia), pět stupňů pod nulou **3** inf *(without)* **I'm m. my car today** dnes jsem bez auta; **he returned home m. his wallet** vrátil se bez peněženky ● adj **1** *(number, value)* záporný, minusový; *(quantity)* záporný; *(sign)* minusový **2** Sch *(of marks or grades)* **I got B minus (B-)** dostal jsem B- ● n **1 m. (sign)** minusové znaménko, znaménko minus, minus **2** *(drawback)* nevýhoda, potíž

minuscule ['minəskju:l] adj **1** *(tiny)* drobný, malinký, maličký, nepatrný **2** *(lower-case: letters)* malý

minute₁ ['minit] n **1** *(period of time)* minuta; **it's five ~s to/ past six** je za pět minut šest/ je šest hodin a pět minut; **in ten minutes** za deset minut; **every ten ~s** každých deset minut; **arrive five ~s late** přijet o pět minut později; **a m.'s silence** minuta ticha ■ **m. hand** minutová ručička; **m. steak** Cook minutka **2** *(moment)* chvíle, chvilka, minutka; **at the last m.** na poslední chvíli; **have you got a m.?** máte chvilku čas?; **it won't take a m.** počkejte minutku, bude to hned; **he'll come any m. now** přijde každou chvilku or co nevidět **3** Geom, Geog minuta **4** usu pl protokol, zápis; **take the ~s** psát zápis; **the ~s of the last meeting** zápis z poslední schůze ● vt *(meeting)* pořídit or udělat zápis; *(fact, suggestion)* dát do zápisu, zaprotokolovat

minute₂ [mai'nju:t] adj **1** *(tiny)* maličký, malinký; *(slight: difference)* nepatrný, sotva postižitelný; **m. particles** droboučké částečky; **a m. percentage** mizivé procento **2** *(precise)* úzkostlivě pečlivý, minuciózní; **with m. care** s úzkostlivou pečlivostí; **in m. detail** velmi podrobně ■ **~ly** adv nepatrně, sotva postižitelně; *(in detail)* zevrubně, velmi podrobně, *(precisely)* důkladně, pečlivě

minutiae [mai'nju:šii:] n pl přesné podrobnosti, detaily

minx [miŋks] n inf nezbednice, uličnice; koketa

miracle ['mirəkl] n **1** Relig zázrak; **perform** or **work ~s** konat zázraky; **by a m.** zázrakem; **believe in ~s** věřit na zázraky **2** inf fig zázrak, div; **m. of technology** zázrak techniky; **by a m.** fig jako zázrakem; **I cannot work ~s** neumím přece čarovat; **it's a m. that he wasn't killed** jen zázrakem zůstal naživu; **work ~s** fig dělat divy

miraculous [mə'rækjuləs] adj zázračný; **a m. drug** zázračný lék ■ **~ly** adv zázračně

mirage [mə'ra:ž] n **1** fata morgána, vzdušné zrcadlení **2** *(illusion)* přelud, přízrak

mire ['maiə(r)] n bahno, bláto; **drag sb's name through the m.** fig vláčet koho blátem

mirror ['mirə(r)] n zrcadlo; **pocket m.** zrcátko; Aut **rear-view m.** zpětné zrcátko; **look at oneself in the m.** zhlížet se v zrcadle ■ **m. image** zrcadlový obraz ● vt *(reflect)* odrážet; **his moods m. his condition** jeho nálady odrážejí jeho duševní stav; **her face ~ed her pleasure** v obličeji se jí zračila radost

mirth [mə:θ] n fml radost, veselost, veselí; *(laughter)* smích

misadventure [misəd'vənčə(r)] n nehoda, nešťastná náhoda; **death by m.** smrt nešťastnou náhodou

misalliance [misə'laiəns] n mezaliance

misanthrope ['misənθrəup], also **misanthropist** [mis'ænθrəpist] n mizantrop, mrzout

misanthropic [misən'θropik] adj mizantropický, škarohlídský

misanthropy [mis'ænθrəpi] n mizantropie, škarohlídství

misapply [misə'plai] vt nesprávně použít; *(funds)* zneužít; *(waste: one's energy)* proplýtvat

misapprehend [misæpri'hend] vt fml nepochopit, špatně čemu porozumět

misapprehension [misæpri'henšn] n fml nepochopení, nedorozumění; **be under a m.** být na omylu

misappropriate [misə'prəuprieit] vt odcizit, přisvojit si; *(money, funds)* zpronevěřit, defraudovat

misappropriation [misəprəupri'eišn] n odcizení; *(of money)* zpronevěra, defraudace

misbehave [misbi'heiv] vi **m. (oneself)** špatně or nevhodně se chovat, dělat ostudu

misbehaviour, Amer **misbehavior** [misbi'heivjə(r)] n špatné or nevhodné chování, nevychovanost, nezdvořilost

miscalculate [mis'kælkjuleit] **I** vi udělat početní chybu, přepočítat se **II** vt *(amount)* špatně spočítat; *(distance)* špatně odhadnout

miscalculation [miskælkju'leišn] n početní chyba; *(wrong estimation)* nesprávný odhad

miscarriage [mis'kæridž] n **1** Med potrat samovolný; **have a m.** potratit **2 m. of justice** justiční omyl **3** Br fml somewhat dated *(of letter etc)* nedoručení

miscarry [mis'kæri] vi (**-ie-**) **1** Med potratit **2** *(fail)* selhat, nevyjít; *(plans also)* ztroskotat

miscast [mis'ka:st] vt (pt, pp **miscast**) *(play, film)* špatně or nevhodně obsadit; *(actor)* přidělit komu nevhodnou roli; **he was m. in** or **as Hamlet** hrál roli Hamleta, na kterou se vůbec nehodil

miscellaneous [misə'leiniəs] adj různý, rozmanitý, rozličný; *(mixed)* různorodý, pestrý; **m. expenses** různé výdaje

miscellany [mi'seləni] n (pestrá) směs, směsice, všehochuť; *(of writings)* literární směs or všehochuť, miscelanea, literární rozmanitosti, *(of poems)* výběr, antologie

mischance [mis'ča:ns] n fml nešťastná náhoda, smůla; **by a m., by some m.** nešťastnou náhodou

mischief ['misčif] n **1** *(naughtiness)* neplecha, uličnictví, darebáctví; **get up to m.** tropit neplechu, *(child also)* zlobit; **he is full of m.** všichni čerti s ním šijí, je jako z divokých vajec **2** *(person)* nezbedník, darebák **3** *(trouble)* zlomyslnost; **make m.** zasívat nesváry; **make m. for sb** způsobit komu nepříjemnosti **4** inf of joc *(harm)* **do sb/ oneself a m.** ublížit komu/ ublížit si fyzicky

mischievous ['misčivəs] adj **1** *(naughty)* nezbedný, rozpustilý, uličnický, zlobivý; **be m.** tropit neplechu; **m. behaviour** rozpustilost, uličnictví **2** *(malicious)* zlomyslný, zlovolný, zlý

misconceive [miskən'si:v] vt špatně pochopit, špatně si vysvětlit or vyložit, nepochopit

misconception [miskən'sepšn] n nepochopení, špatné pochopení; *(false belief)* mylná představa

misconduct [mis'kondakt] n **1** *(bad behaviour)* špatné chování; *(professional)* delikt, (služební) provinění; *(sexual)* nepřístojnost, *(adultery)* nevěra **2** *(bad management)* špatný management ● v [miskən'dakt] **I** vt špatně něco řídit **II** vi **m. oneself** špatně se chovat, *(sexually)* chovat se nepřístojně; *(professionally)* zneužít své pravomoci, špatně se zachovat

misconstruction [miskən'strakšn] n nesprávná interpretace

misconstrue [miskən'stru:] vt nesprávně interpretovat, špatně (si) vyložit

miscount [mis'kaunt] **I** vt *(votes etc)* špatně spočítat **II** vi přepočítat se

misdeed [mis'di:d] n zlý čin, zlý skutek

misdemeanour, Amer **misdemeanor** [misdi'mi:nə(r)] n *(misbehaviour)* nevhodné chování; Jur méně závažný trestný čin, delikt, přečin, přestupek

misdirect [misdə'rekt] vt **1** *(letter)* poslat na špatnou adresu; *(stranger)* poslat nesprávným směrem, špatně komu poradit; **~ed laughter** nevhodný smích **2** *(one's energies, efforts)* zaměřit nesprávným směrem, plýtvat čím; *(one's talents)* mrhat čím **3** *(jury)* nesprávně poučit

miser ['maizə(r)] n držgrešle, škrob, lakomec

miserable ['mizərəbl] adj **1** *(unhappy: person)* smutný, sklíčený, deprimovaný; *(life)* bezútěšný, strastiplný, mizerný, plný strastí; **look m.** být sklíčený, vypadat jako hromádka neštěstí; **it makes me m.** deprimuje mě to **2** *(unpleasant)* nepříjemný; *(weather)* plačtivý, ubrečený, psí; *(day)* ubrečený, šedivý; *(holiday)* pod psa **3** *(poor: streets, tenement)* ubohý; *(meal)* slabý, chudý **4** *(mean, paltry: wages, pension)* bídný, mizerný, žalostný ■ **miserably** adv *(die)* v bídě; **fail miserably** *(project,* Theat *play,* Sport *team,* Sch *student at an exam)* vybouchnout

miserliness ['maizəlinəs] n lakomství, lakota, skrblictví

miserly ['maizəli] adj lakomý, lakotný, skoupý

misery ['mizəri] n (pl **-ies**) **1** *(unhappiness)* smutek, sklíčenost; **look a picture of m.** vypadat jako hromádka neštěstí; **make sb's life a m.** nesmírně komu ztrpčit život **2** *(poverty)* bída, mizérie **3** *(suffering)* trápení, utrpení; **put an animal out of its m.** ukončit trápení zvířete; **put sb out of his m.** fig přestat někoho napínat (na skřipec) **4** inf *(person)* morous, mrzout, kakabus

misfire [mis'faiə(r)] vi **1** *(gun)* selhat; *(plan)* nevyjít, inf vybouchnout; *(joke)* minout se účinkem, vyznít do prázdna **2** *(engine)* selhat, vynechat ● n Mil, Aut selhání

misfit ['misfit] n **1** *(person)* nepřizpůsobivý člověk **2** *(piece of clothing)* špatně padnoucí šaty etc

misfortune [mis'fo:čən] n **1** *(bad luck)* smůla, neštěstí; **we had the m. to ...** měli jsme to neštěstí, že ... **2** *(accident, unfortunate event)* neštěstí, nešťastná náhoda, pohroma, rána; **a stroke of m.** rána osudu; **other peoples ~s** cizí neštěstí ♦ **~s never come singly** neštěstí nechodí samo

misgiving [mis'giviŋ] n often pl **~s** pochyby, pochybnosti, obavy; **he has some ~s about going there** je na pochybách or na vahách, zda tam má jít

misguided [mis'gaidid] adj *(decision)* nevhodný, pošetilý, bláznovský; *(kindness, generosity)* nemístný; **it was m. of them to try ...** bylo od nich scestné or bláhové snažit se ... ■ **~ly** adv *(believe, hope)* pošetile, bláhově

mishandle [mis'hændl] vt *(parcel)* poškodit, *(equipment)* špatně s čím zacházet; *(resources)* špatně s čím hospodařit; *(situation)* nezvládnout, neporadit si s čím

mishap ['mishæp] n (drobná) nehoda, (menší) malér, nepříjemnost; **without m.** bez nehody; **he had a little m.** měl menší malér

mishear [mis'hiə(r)] v (pt, pp **misheard** [-'hə:d]) **I** vt špatně slyšet, špatně čemu porozumět, přeslechnout **II** vi přeslechnout se

mishmash ['mišmæš] n inf mišmaš

misinform [misin'fo:m] vt nesprávně informovat, *(intentionally)* dezinformovat, inf mystifikovat

misinformation [misinfə'meišn] n nesprávná or zkreslená informace, *(intentional)* klamná informace, dezinformace

misinterpret [misin'tə:prit] vt **1** *(intentionally)* překroutit **2** *(make a wrong inference)* špatně si vyložit, špatně pochopit

misinterpretation [misintə:pri'teišn] n chybný výklad, nesprávné pochopení

misjudge [mis'džadž] vt *(distance etc)* špatně odhadnout; *(person also)* nedocenit, udělat si o kom nesprávné mínění

mislay [mis'lei] vt (pt, pp **mislaid** [-'leid]) (někam) založit, někam dát or zastrčit, někde nechat

mislead [mis'li:d] vt (pt, pp **misled** [-'led]) **1** *(give wrong idea)* (z)mýlit, splést, uvést v omyl; *(intentionally also)* oklamat **2** *(of guide)* vést nesprávným směrem; fig *(lead astray)* přivést na scestí

misleading [mis'li:diŋ] adj *(confusing)* zavádějící, *(deceptive also)* klamný, falešný

misled [mis'led] pt & pp of **mislead**

mismanage [mis'mænidž] vt *(company)* špatně vést or řídit; *(money)* špatně s čím hospodařit

mismanagement [mis'mænidžmənt] n špatný management, špatné řízení

misnomer [mis'nəumə(r)] n nevhodné pojmenování or označení

misogynist [mi'sodžənist] n nepřítel žen, misogyn

misplace [mis'pleis] vt **1** *(document)* špatně zařadit, dát na nesprávné místo **2** *(mislay, lose)* (někam) založit, někam dát, někde nechat

misplaced [mis'pleist] adj **1** *(trust, confidence)* nejsoucí na místě, bláhový, pošetilý; *(remark)* nemístný, nevčasný **2** *(mislaid)* ztracený, (někam) založený

misprint ['misprint] n tisková chyba

mispronounce [misprə'nauns] vt chybně vyslovit

mispronunciation [misprəˌnansi'eišn] n chybná výslovnost

misquotation [miskwəu'teišn] n chybná or nesprávná citace

misquote [mis'kwəut] vt chybně or nesprávně citovat

misread [mis'ri:d] vt (pt, pp **misread** [-'red]) nesprávně přečíst; *(misinterpret)* špatně pochopit, špatně si vysvětlit

misrepresent [misrepri'zent] vt *(facts)* zkreslit; *(words, truth)* překroutit; **he was ~ed as a radical** nesprávně se o něm tvrdilo, že je radikál

misrepresentation [misreprizen'teišn] n cf **misrepresent** zkreslení/ zkreslování, překroucení/ překrucování

miss$_1$ [mis] n **1** *(young woman)* slečna; **M. Knox** slečna Knoxová **2** *(form of address)* **a) M.!** slečno!; **excuse me, M.!** promiňte, slečno **b)** Sch **M.!** paní učitelko/ profesorko **3** *(beauty queen)* miss, královna krásy, **M. Europe** miss Evropy

miss$_2$ [mis] n **1** *(shot)* rána vedle, chybná rána, minutí cíle; *(throw)* chybný hod; **it was a m.** rána šla vedle; **it was a near**

m. *(shot)* rána šla těsně vedle; **we had a near m.** *(in a car)* jen tak tak že jsme se nesrazili ♦ **a m. is as good as a mile** těsně vedle je také vedle 2 inf **give sth a m.** vynechat něco, odpustit si něco; **give work a m.** ulejt se z práce ● **I** vt 1 **a)** *(fail to hit)* netrefit se, střelit vedle, (Ftb *penalty kick* also) zahodit; **m. the target** netrefit se, minout se cíle, *(of shot* also) jít vedle; **m. the ball** netrefit se do míče; **m. one's footing** ztratit rovnováhu, uklouznout; ♦ **m. one's vocation** minout se povoláním **b)** *(fail to catch: ball)* nechytit, *(bus, train* also) zmeškat, nestihnout, *(opportunity, deadline)* promeškat, *(opportunity, chance, film* etc) propást, nechat si ujít; **m. sb** *(not catch)* nechytnout koho, minout se s kým; **I ~ed the bus** zmeškal jsem autobus, ujel mi autobus ♦ **m. the bus** or **boat** fig propást or promeškat příležitost 2 *(fail to notice)* **a)** *(overlook)* přehlédnout, minout, nevidět; **m. one's stop** přejet stanici; **m. the road** minout cestu; **you can't m. it** to nemůžeš přehlédnout **b)** *(fail to hear)* přeslechnout, nezaslechnout; **I ~ed what you said** nezaslechl jsem, co jste říkal **c) m. the point** nepochopit podstatu věci; **he ~ed the point of the joke/ of what I said** nepochopil pointu vtipu/ nedošlo mu, co jsem chtěl říct 3 *(classes, shift)* zameškat, vynechat, mít absenci; *(appointment)* nedostavit se na co; **he ~ed five lessons** chyběl na pěti hodinách 4 *(omit: page* etc) vynechat, přeskočit 5 **a) m. sb** postrádat koho; **I m. her** chybí mi, stýská se mi po ní; **m. home** pociťovat stesk po domově **b) when did you m. the wallet?** kdy jste si všiml, že tu peněženku nemáte? 6 *(avoid: obstacle, traffic, accident)* vyhnout se čemu; **he just ~ed hitting a lorry** jen taktak, že nenarazil do náklaďáku **II** vi 1 *(fail to hit target)* netrefit se, minout se, *(shooting,* Ftb also) střelit vedle, *(throwing* also) hodit vedle 2 *(of engine)* vynechávat 3 **be ~ing** chybět, scházet; **who is ~ing?** kdo chybí?; **my wallet is ~ing** ztratila se mi peněženka, pohřešuji peněženku; **he's gone ~ing** ztratil se, je pohřešován **III** phr v ■ **miss out** *I* vt *(omit)* vynechat; **m. out the dull passages** vynechat or přeskočit nudné pasáže *II* vi **miss out on sth** inf přijít při čem zkrátka

missal ['misl] n Relig misál, mešní kniha

missed [mist] adj *(opportunity)* zmeškaný, promeškaný

misshapen [mis'šeipən] adj *(badly shaped)* neforemný; *(deformed)* deformovaný, znetvořený

missile ['misail; Amer 'misl] n 1 *(spear, stone* etc) metací zbraň 2 Mil střela; **guided m.** řízená střela; **cruise m.** řízená střela s plochou dráhou letu ■ **m. site** or **base** raketová základna; **m. launcher** raketomet, odpalovací rampa

missing ['misiŋ] adj chybějící; **m. person** nezvěstný, pohřešovaná osoba

mission ['mišn] n 1 *(task)* úkol, mise, poslání, pověření; Mil rozkaz; **sb's m. in life** životní poslání; **a historic m.** dějinné poslání; **go on a reconnaissance m.** jít na průzkum 2 Mil **combat m.** bojový let ■ **m. control** Astronaut řídicí středisko 3 **diplomatic m.** diplomatická mise, diplomatické zastoupení; **trade m.** obchodní zastupitelství 4 Relig misie

missionary ['mišənəri] n misionář/ -ka ● adj *(work)* misijní, misionářský

missis ['misiz] n Br inf **the m.** *(wife)* stará, lepší polovička, ta moje

missive ['misiv] n; fml or joc psaní, dopis; Hist list, poselství

misspell [mis'spel] vt (pt, pp **misspelled** or **misspelt** [-'spelt]) nesprávně napsat, udělat v čem pravopisnou chybu; *(in spelling aloud)* špatně hláskovat

misspelling [mis'speliŋ] n *(spelling mistake)* pravopisná chyba

misspelt [mis'spelt] pt, pp of **misspell**

misspent [mis'spent] adj *(youth, energy)* promarněný, promrhaný

missus ['misiz] see **missis**

missy ['misi] n dated inf slečinka

mist [mist] n 1 mlha, *(haze)* (mlžný) opar; **Scotch m.** mžení, mrholení 2 *(on window)* (sražená) pára, zamlžení 3 fig *(of tears)* závoj; **the ~s of time** šerý or temný dávnověk ● phr v ■ **mist over** or **up** *I* vi *(eyes)* zamžít se, zarosit se (slzami); *(glasses)* zarosit se, orosit se *II* vt *(eyes, glasses)* zarosit, zamžít, orosit

mistake [mis'teik] n *(error)* chyba, omyl, přehmat, inf bota; *(in spelling, grammar)* chyba; **a small m.** chybička; **a bad m.** vážný or těžký omyl, Sch hrubá chyba; **a fateful/ tragic m.** osudný/ tragický omyl; **a careless** or **thoughtless m.** chyba z nedbalosti; **a spelling m.** pravopisná chyba; **by m.** omylem; **make a m.** udělat chybu, zmýlit se; **it would be a m. to think that...** bylo by nesprávné si myslet, že...; **it was a m. for you not to go there** chybil jste, že jste tam nešel; **there must be some m.** v tom je or musí být nějaká mýlka ♦ **and no m.** inf *(without any doubt)* o tom nemůže být pochyby; **he's a rascal and no m.** on je darebák, o tom není pochyby; **make no m. (about it)** tím si můžete být jist ● vt (pt **mistook** [-'tuk], pp **mistaken** [-'teikən]) **1** *(misunderstand: sb's words)* špatně pochopit, špatně si vysvětlit/ vysvětlovat **2** *(fail to recognize)* zmýlit si; **m. sb for sb** splést si koho s kým; **m. sth for sth** splést si co s čím **3 there's no mistaking his meaning** je nabíledni, co chtěl říct **4 be ~n** mýlit se; **you're ~n** mýlíte se; **if I am not ~n** pokud se nemýlím; **there you're ~n** v tom se tedy mýlíte; **be very much ~n** šeredně se mýlit

mistaken [mis'teikən] adj *(belief, idea, conclusion)* mylný, *(belief* also*)* bláhový; *(zeal)* nemístný ■ **~ly** adv *(think, believe)* mylně, bláhově

mister ['mistə(r)] n **1** *(with names;* usu *Mr)* pan **2** sl *(as form of address)* **please m., can you tell me . . .** prosím vás, pane, můžete mi říci . . .

mistime [mis'taim] vt *(elections* etc*)* špatně načasovat

mistletoe ['misltəu] n jmelí

mistook [mi'stuk] pp of **mistake**

mistranslate [mistrænz'leit] vt nesprávně přeložit

mistranslation [mistrænz'leišn] n chyba v překladu, chybný překlad určitého místa

mistreat [mis'tri:t] vt špatně s kým/ čím zacházet

mistress ['mistrəs] n **1** *(of house, employer of domestic help)* paní; *(owner of dog)* panička; **she is m. of the situation** je paní situace **2 (school)mistress** učitelka/ *(secondary school* also*)* profesorka **3** *(lover)* milenka; **keep a m.** vydržovat si milenku

mistrust [mis'trast] n nedůvěra, podezíravost; **have a m. of sth** (eg *new ideas)* mít nedůvěru k čemu ● vt nedůvěřovat komu/ čemu

mistrustful [mis'trastfl] adj nedůvěřivý, podezíravý; **be m. of sb/ sth** nedůvěřovat komu/ čemu, mít pochyby o kom/ čem

misty ['misti] adj (**-ier**, **-iest**) **1** *(morning, day, weather)* mlhavý; **it was m.** byla mlha **2** *(window, eyes)* zamžený; **eyes m. with tears** oči zamžené slzami **3** *(memory)* nejasný, mlhavý

misty-eyed [misti'aid] adj dojatý; uslzený

misunderstand [misandə'stænd] v (pt, pp **misunderstood** [-'stud]) **I** vt neporozumět čemu, špatně rozumět čemu, špatně si vysvětlit; *(mishear)* přeslechnout **II** vi špatně pochopit, nerozumět, *(mishear)* přeslechnout se

misunderstanding [misandə'stændiŋ] n **1** *(failure to understand)* nepochopení, nedorozumění; **there must be some m.** to musí být nějaké nedorozumění **2** *(disagreement)* neshoda, nedorozumění

misunderstood [misandə'stud] pt, pp of **misunderstand** ● adj *(ideas* etc*)* nepochopený; *(artist* etc: *underrated)* nedoceněný

misuse [mis'ju:s] n **1** *(of power, authority)* zneužití; *(of funds)* zpronevěra, defraudace **2** *(of tool)* nesprávné zacházení s čím; *(of words, phrases)* nesprávné používání ● vt [mis'ju:z] **1** *(power* etc*)* zneužít; *(funds)* zpronevěřit **2** *(tools)* nesprávně zacházet s čím; *(words)* nesprávně používat

mite[1] [mait] n *(insect)* roztoč

mite[2] [mait] n **1** Hist *(coin)* hřivna, peníz ♦ **contribute one's m.** přispět svou hřivnou **2** *(small child)* **little m.** drobeček, brouček; **poor little m.** ubohý drobeček, chudinka malá **3** *(small amount)* troška; **I am a m. tired** inf jsem trošku unavený **4** Bibl **widow's m.** vdoví groš

miter ['maitə(r)] n Amer see **mitre**

mitigate ['mitigeit] vt *(pain)* (z)mírnit; *(punishment)* (z)mírnit, snížit; Jur **mitigating circumstances** polehčující okolnosti

mitigation [miti'geišn] n zmírnění, snížení; **plead sth in m.** uvést něco jako polehčující okolnost, uvést něco na obhajobu

mitre, Amer **miter** ['maitə(r)] n **1** *(bishop's)* mitra **2** Carp **m. (joint)** spoj na pokos

mitt [mit] n **1** *(glove)* palčák, palečnice **2 (baseball) m.** baseballová rukavice **3** inf *(boxing glove)* boxérská rukavice **4** sl usu pl **~s** *(hands)* pazoury, pracky, tlapy

mitten [mitn] n **1 = mitt (1) 2** *(glove with cutoff fingers)* rukavice bez prstů

mix [miks] n **1** směs, *(of people)* směsice; Cook **cake mix** koláčová směs (v sáčku) **2** *(act of ~ing)* (za)míchání; **give sth a good mix** něco důkladně zamíchat ● **I** vt **1** *(combine: ingredients)* smíchat; **mix water and wine (together), mix water with wine** smíchat víno s vodou; **mix an egg into the batter** přimíchat or zamíchat do těsta vajíčko; **mix sth thoroughly** řádně něco promísit; **mix one's drinks** pít všechno možné; **mix business and pleasure** spojovat příjemné s užitečným **2** *(prepare: drink, cocktail)* namíchat, *(mortar)* rozmíchat; *(medicine)* připravit **3** *(confuse)* **mix sb with sb** zmýlit or poplést si koho s kým **4** Mus, Film *(sound)* mixovat **5** sl **mix it** rvát se, prát se **II** vi **1 mix with sth** *(be able to combine)* dát se s čím míchat **2** *(go together)* jít spolu dohromady; *(colours* also*)* hodit se k sobě; **sport and smoking don't mix** sport nejde dohromady s kouřením **3** *(people)* **mix well** být společenský, snadno navazovat kontakt s lidmi; **I mix with all sorts of people** (já) přicházím do styku s nejrůznějšími lidmi **III** phr vs ■ **mix in** vt vmíchat, přimíchat ■ **mix up** vt **1** *(ingredients)* smíchat; *(medicine)* namíchat **2** *(confuse: facts, concepts)* (z)mást, (po)plést, plést si; *(papers, things)* zpřeházet, pomíchat; **mix sb up with sb else** poplést si koho s kým **3 be ~ed up about sth** nemít v čem jasno, mít v čem zmatek **4 get ~ed up in sth** zaplést or zamotat se do čeho, namočit se do čeho **5 get ~ed up with sb** dostat se do čí společnosti, začít si s kým

mixed [mikst] adj **1** *(assorted: sweets)* míchaný; Text *(material)* melírovaný; *(races)* křížený; **m. forest** smíšený les; **m. pickles** nakládaná zelenina, ≅ čalamáda **2** *(for both sexes: choir)* smíšený; *(school* also*)* koedukační; Tennis **m. doubles** smíšená čtyřhra **3** *(varied)* smíšený, různorodý; **m. success** střídavé úspěchy; **m. feelings** smíšené pocity; **with m. fortunes** se střídavými úspěchy; **a m. crowd of people** různorodá směsice; **it's a m. blessing** je to dvojsečná zbraň **4** Ling **m. vowel** smíšená samohláska, šva

mixed-up [mikst'ap] adj *(person, youngster)* neurotický, nevyrovnaný, zmatený

mixer ['miksə(r)] n **1** gen míchač, míchačka, mísidlo, mixér; Cook mixér; **mortar m.** míchačka na maltu ■ **m. tap** mísicí baterie **2** *(soft drink)* nealkoholický nápoj pro přimíchání do koktajlů **3** Rad *(person)* zvukový technik **4 be a good m.** být (velmi) společenský, umět to s lidmi, snadno navazovat známosti **5** sl *(troublemaker)* výtržník

mixture ['miksčə(r)] n směs, smíšenina; pej míchanice; Med mixtura; *(cake m.)* těsto; **fuel m.** palivová směs; **sponge m.** piškotové těsto

mix-up ['miksap] n *(confusion)* zmatek, nedorozumění; **there must have been a mix-up** muselo dojít k nějakému nedorozumění or inf zádrhelu

mm abbr of **millimetre(s)** mm

mnemonic [ni'monik] adj mnemotechnický ● n mnemotechnická pomůcka

MO [em'əu] abbr of **1 money order** dated poštovní poukázka **2 medical officer** závodní lékař, Mil vojenský lékař

moan [məun] n **1** *(groan)* zasténání, zaúpění; **~s** lkání, sténání, hořekování **2** *(grumble)* stížnost; **have a m.** postěžovat si, postesknout si ● vi **1** *(in pain* etc*)* sténat, naříkat, bědovat **2** *(grumble)* stěžovat si, skuhrat, reptat, nadávat (**about sth** kvůli čemu)

moaning ['məuniŋ] n **1** *(groaning)* sténání, úpění, lkání **2** *(grumbling)* reptání, skuhrání, stesky

moat [məut] n vodní příkop, *(of castle)* hradní příkop

mob [mob] n **1** *(crowd)* dav; **form a mob** srocovat se; **incite the mob** rozeštvat dav ■ **mob rule** vláda ulice **2 the mob** pej *(common people)* lůza, chátra **3** *(gang)* banda, gang, tlupa, parta; Amer sl **the Mob** *(Mafia)* mafie ● vt (**-bb-**) **1** *(singer, actor)* obléhat **2** *(attack)* napadnout, vrhnout se na

mobile ['məubail] adj **1** *(person)* mobilní, pohyblivý; *(having transport)* motorizovaný **2** *(library* etc*)* pojízdný; **m. home** Amer karavan, obytný přívěs; **m. (tele)phone** mobilní telefon **3** *(mind)* čilý; *(face)* výrazný, proměnlivý

mobility [məu'biləti] n see **mobile** pohyblivost, mobilita

mobilization [məubəlai'zeišn] n Mil & fig mobilizace

mobilize ['məubəlaiz] vt, vi Mil mobilizovat

mobster ['mobstə(r)] n esp Amer gangster, kriminálník, člen bandy

moccasin ['mokəsin] n mokasín

mocha ['mokə] n (káva) moka

mock [mok] n **make (a) m. of sb/ sth** tropit si z koho/ čeho posměch ● adj **1** *(emotions)* hraný, předstíraný; **m. horror/ surprise** hrané zděšení/ překvapení **2** *(battle, fight* etc*)* simulovaný **3 m. turtle soup** falešná želví polévka ● **I** vt **1** *(deride)* zesměšňovat, vysmívat or posmívat se komu/ čemu **2** *(mimic)* opičit or pitvořit se po kom, parodovat **3** *(thwart)* překazit, zmařit, vzdorovat čemu **II** vi **m. at sb/ sth** vysmívat se komu/ čemu, zesměšňovat koho/ co

mocker ['mokə(r)] n posměváček; *(sarcastic person)* jízlivec ♦ **put the ~s on sth** Br sl zbabrat něco

mockery ['mokəri] n **1** *(derision)* posměch, výsměch; **make a m. of sth** zesměšňovat co, vysmívat se čemu **2** *(travesty)* paskvil; **a m. of justice** výsměch spravedlnosti; **make a m. of sth** ukázat na absurdnost čeho, zbavit co důvěryhodnosti, udělat frašku z čeho

mocking ['mokiŋ] adj posměšný, uštěpačný, výsměšný ■ **~ly** adv posměvačně, uštěpačně

mockingbird ['mokiŋbə:d] n Orn sedmihlásek, drozd mnohohlasý

mock-up ['mokap] n maketa, model ve skutečné velikosti

MOD [eməu'di:] Br abbr of **Ministry of Defence** ministerstvo obrany

modal ['məudl] n Ling modální, způsobový; **m. verbs** způsobová slovesa

modality [məu'dæləti] n Ling modálnost

mod cons [mod'konz] n pl Br inf (moderní) komfort, moderní vymoženosti; **a house**

with all mod cons dům s veškerým komfortem

mode [məud] n **1** *(manner, way)* způsob, modus, forma; **m. of expression** způsob vyjadřování; **m. of transport** druh dopravy; **m. of life** způsob života **2** Ling (slovesný) způsob **3** Comput režim, způsob **4** *(fashion)* móda

model ['modl] n **1** *(representation)* model, maketa; **clay m.** hliněný model; **a statistical m.** statistický model ■ **m. aeroplane** model letadla **2** *(design)* model, vzor, typ; **the latest m.** poslední model **3** *(perfect example)* vzor; **a m. of accuracy** vzor přesnosti **4** *(artist's m.)* model; *(fashion m.)* manekýn/ -ka; **photographer's m.** fotomodelka; **work as a m.** být modelkou ● adj **1** *(translation)* vzorový **2** *(perfect)* vzorný; **a m. teacher/ pupil** vzorný učitel/ žák; **a m. school** vzorná škola; **a m. woman** vzor ženy ● v (**-ll-**, Amer **-l-**) **I** vt **1 m. sth on sth** tvořit co podle čeho; **m. oneself on sb** brát si koho za vzor **2** *(make a m.)* vymodelovat, udělat model **3** *(in fashion show; dresses, hats)* předvádět **II** vi *(in fashion show)* pracovat jako manekýn/ -ka, být manekýnem/ manekýnkou; *(for photographers)* být (foto)modelkou; *(for artists: work as a m.)* být modelkou; **m. for sb** *(pose on specific occasions)* stát/ sedět komu modelem

modelling, Amer **modeling** ['modəliŋ] n cf **model** v **1** *(of clay)* modelářství, modelování **2** *(working as a model)* profese manekýnky/ (foto)modelky; **do some m.** pracovat jako modelka or manekýnka

modem ['məudem] n Comput modem

moderate$_1$ ['modərət] adj **1** gen mírný; *(language, demands, policies, views* also*)* umírněný; *(drinker)* střídmý; *(slope)* povlovný; **be a m. drinker** pít s mírou, být zdrženlivý v pití; **be m. in one's statements** být mírný v projevech **2** *(average: ability)* průměrný, prostřední; *(speed)* nevelký ■ **~ly** adv mírně, umírněně, střídmě; **be ~ly priced** nebýt moc drahý; **a ~ly good performance** docela dobré představení; **a ~ly expensive house** nepříliš drahý dům ● n Pol umírněný, osoba s umírněnými názory

moderate$_2$ ['modəreit] **I** vt **1** *(demands, speed)* (z)mírnit; **m. one's temper** krotit se; **m. one's language** mírnit se v řeči **2** *(programme, debate)* moderovat, být moderátorem čeho **II** vi **1** *(wind)* zmírnit se, zeslábnout **2** Rad, TV moderovat, být moderátorem

moderation [modə'reišn] n **1** cf **moderate** adj mírnost; umírněnost; střídmost, zdrženlivost; **drink in m.** pít s mírou; **everything in m.** všeho s mírou **2** *(making less extreme)* zmírnění

moderator ['modereitə(r)] n **1** *(mediator: in dispute)* prostředník, vyjednávač **2** Relig, Nucl Phys moderátor

modern ['modən] adj moderní; *(history* also*)* novověký; *(world, times* also*)* současný; **M. Greek** moderní řečtina, novořečtina ● n stoupenec moderny, stoupenec moderních směrů

modernism ['modənizəm] n modernismus

modernist ['modənist] n modernista

modernity [mo'də:nəti] n modernost

modernization [modənai'zeišn] n modernizace, modernizování

modernize ['modənaiz] vt(i) (z)modernizovat (se)

modest ['modist] adj **1** *(not boastful)* skromný; **be m. about sth** nevytahovat se s čím; **he is m. about his success** úspěch mu nestoupl do hlavy **2** *(not large, moderate: income)* skrovný; *(house)* prostý, menší, skromný; *(demands)* umírněný, nenáročný; *(improvement)* mírný; *(suggestion)* skromný; **a m. little house** skromný domek **3** *(chaste: esp of women)* cudný; *(in one's behaviour)* rezervovaný, zdrženlivý

modesty ['modəsti] n cf **modest 1** skromnost; **false m.** falešná skromnost **2** skrovnost, prostota; umírněnost, nenáročnost **3** cudnost; rezervovanost, zdrženlivost

modicum ['modikəm] n trocha, troška, špetka; **m. of truth** zrnko pravdy; **there's a m. of truth in it** je na tom něco pravdy

modification [modifi'kejšn] n **1** modifikace, úprava, změna, obměna; *(of machine)* úprava, adaptace **2** Gram bližší určení

modifier ['modifaiə(r)] n Gram bližší určení, modifikátor

modify ['modifai] vt (pt, pp **-fied**) **1** modifikovat, upravit, obměnit, pozměnit; *(machine)* adaptovat, upravit **2** Ling blíže určit, blíže kvalifikovat

modish ['məudiš] adj módní; *(stylish)* elegantní, šik

modiste [məu'dist] n modistka

modular ['modjulə(r)] adj modulární

modulate ['modjuleit] vt Mus Techn modulovat

modulating ['modjuleitiŋ] adj *(frequency)* modulační

modulation [modju'leišn] n Mus, Techn modulace; Rad **frequency m.** (abbr **FM**) kmitočtová modulace

module ['modju:l] n modul; **space m.** kosmický modul; **lunar m.** lunární modul

moggie, moggy ['mogi] n inf micka, čička, kočka

mogul ['məugl] n inf *(magnate)* magnát, baron

MOH [eməu'eič] Br abbr of **Medical Officer of Health** now dated zdravotnický referent magistrátu

mohair ['məuheə(r)] n mohér

Mohammedan [məu'hæmidən] adj mohamedánský ● n mohamedán/ -ka

moist [moist] adj vlhký, poněkud mokrý; *(eyes)* zamžený; *(hands)* zvlhlý; **become m.** zvlhnout; *(eyes* also*)* zamžít se

moisten ['moisən] **I** vt navlhčit, zvlhčit, svlažit; **m. one's lips** svlažit si rty **II** vi *(eyes)* zvlhnout

moisture ['moisčə(r)] n vlhkost, vlhko, vláha; *(on window)* (sražená) pára

moisturize ['moisčəraiz] vt zvlhčit, navlhčit

moisturizer ['moisčəraizə(r)] n *(cream/ lotion)* hydratační krém/ voda

moisturizing ['moisčəraiziŋ] adj *(cream/ lotion)* hydratační

molar ['məulə(r)] n *(tooth)* stolička

molasses [məu'læsiz] n **1** sirup z nerafinovaného cukru **2** Amer *(treacle)* melasa

mold [məuld] n Amer = Br **mould**

molder ['məuldə(r)] n Amer = Br **moulder**

molding ['məuldiŋ] n Amer = Br **moulding**

moldy ['məuldi] adj Amer = Br **mouldy**

mole$_1$ [məul] n Anat pigmentová skvrna, znaménko

mole$_2$ [məul] n **1** *(animal)* krtek **2** *(secret agent)* špion na pracovišti, kde je přístup k přísně tajným materiálům

mole$_3$ [məul] n *(breakwater)* molo

molecular [mə'lekjulə(r)] adj molekulární

molecule ['molikju:l] n molekula

molehill ['məulhil] n krtina ♦ **make a mountain out of a m.** dělat z komára velblouda, zveličit něco, nadělat se vším krámů

molest [mə'lest] vt *(trouble;* also *sexually)* obtěžovat; *(be violent to)* napadnout

molestation [məulə'steišn] n obtěžování

moll [mol] n sl (gangsterova) holka or ženská

mollify ['molifai] vt (pt & pp **-fied**) obměkčit; *(angry person)* uklidnit, uchlácholit; *(sb's anger)* uchlácholit, ukonejšit

mollusc, Amer also **mollusk** ['moləsk] n Zool měkkýš

mollycoddle ['molikodl] vt hýčkat, rozmazlovat, chovat koho jako v bavlnce, dělat někomu pomyšlení ● n mazánek, rozmazlenec, zhýčkanec

Moloch ['məulok] n *(idol)* Moloch

Molotov cocktail [molətof'kokteil] n Molotovovův koktajl amatérská výbušnina

molt [məult] vi Amer = **moult**

molten ['məultən] adj *(metal, glass)* roztavený; **m. lava** tekutá láva

mom [mom, Amer ma:m] n Amer inf maminka, máma

moment ['məumənt] n **1** moment, chvíle, okamžik; dim chvilka, chvilička; **(an) anxious m.** horká chvíle; **the crucial m.** rozhodující okamžik, osudová chvíle; **a fitting m.** vhodná příležitost; **a lucid m.** světlá chvilka or chvíle duševně nemocného; *(expect sb)* **any m.** každou chvíli; **at that m.** v tu chvíli, vtom, v tom okamžiku; **at the m.** v tuto chvíli, momentálně; **at the very m.** zrovna v tu chvíli; **at the right** or **opportune m.** v pravou chvíli, v pravý čas; **come at the right m.** přijít jako na zavolanou; **(at) this m.** teď, momentálně, v tuto chvíli; **(at) this very m.** zrovna or právě teď, zrovna nyní; **at the last m.** na poslední chvíli; **at the very last m.** v posledním momentě; *(stay)* **for a m.** (na) chvíli, krátkou chvíli; **for a m. I thought that …** v prvním okamžiku jsem si myslel, že …; **in a m.** za chvíli, za chvilku; **in an unguarded m.** v nestřežené chvíli, v nestřeženém okamžiku; **the man of the m.** hrdina dne; **can you spare me a m., please?** mohl bych s vámi mluvit?, máte chvíli čas?; **on the spur of the m.** bez rozmýšlení; **wait a m.!** počkej moment!; **without a m.'s thought** bez dlouhého rozmýšlení, bez rozmyslu **2** fml *(significance)* význam; **it was an event of great m.** byla to událost nesmírného významu **3** Phys moment; **m. of force/ inertia** moment síly/ setrvačnosti

momentarily ['məuməntərəli] adv **1** *(briefly)* krátce, na chvíli **2** Amer *(at any moment)* za chvíli, každou chvíli

momentary ['məuməntəri] adj *(brief)* chvilkový, momentální, přechodný ■ see **momentarily**

momentous [məu'mentəs] adj *(important)* (nesmírně) důležitý, závažný, rozhodující; *(decision)* velkého dosahu; *(event)* historický, památný

momentum [məu'mentəm] n Phys kinetická energie, hybná síla; fig *(of events)* spád; **gain/ lose m.** lit nabírat/ ztrácet rychlost, fig *(of campaign)* dostat rychlý spád/ vyčerpat se

mommie, mommy ['momi, Amer 'ma:mi] n Amer inf maminka, máma

Mon abbr of **Monday** pondělí

Monaco ['monəkəu] n Monako

monarch ['monək] n monarcha, panovník, mocnář

monarchic(al) [mə'na:kik(l)] adj monarchický

monarchist ['monəkist] adj monarchistický ● n monarchista

monarchy ['monəki] n monarchie, mocnářství

monastery ['monəstəri] n mužský klášter

monastic [mə'næstik] adj klášterní, mnišský; **m. order** mnišský řád; **m. life** klášterní život

Monday ['mandi, 'mandei] n pondělí; see also **Tuesday**

Monegasque [moni'gæsk] adj monacký ● n obyvatel/ -ka Monaka

monetarism ['manitərizm] n monetarismus

monetarist ['manitərist] n monetarista

monetary ['manitəri] adj Fin *(policy)* monetární; *(unit, system, reform, crisis)* měnový; *(institutions, value)* peněžní; **the International M. Fund** Mezinárodní měnový fond

money ['mani] n **1** gen peníze; *(as investment)* kapitál; **a lot of m.** hodně peněz; **a mint** or **pile of m.** majlant, peněz jako želez; **a tidy sum of m.** pěkné peníze; **be free with one's m.** rozhazovat peníze; **be greedy for m.** třást se na peníze, lačnět po penězích; **be in the m.**, **be made of m.** mít spoustu peněz; **be rolling in m.** být zazobaný, mít peněz jako šlupek; **come into m.** zdědit peníze; **danger m.** rizikový příplatek; **earn m. on the side** chodit na fušky, mít vedlejší příjmy; **extort m. from sb** vydírat na kom peníze; **for my m.** fig podle mého názoru; **get one's money's worth** přijít si na své peníze; **have m. to burn** mít peněz jako smetí or třísek, nevědět co s penězi; **have no m.** nemít peníze; **have you got any m. on you?** máš u sebe nějaké peníze?; **he made a pot of m.**, **he made a bomb** vydělal balík peněz; **hoard m.** mamonit peníze; **it's a waste of m.** to je vyhazování peněz, to je škoda peněz; **Judas M.** jidášská mzda; **keep sb in m.** strkat komu peníze, finančně koho podporovat; **keep some m. for a rainy day** dát si peníze stranou; **loads of m.** fůra peněz; **lose m.** přijít o peníze; **make m. on sth** vydělat na čem (hodně peněz); **make m. hand over fist** hrabat peníze rukama nohama; **marry into m.** bohatě se oženit/ vdát; **m. is no object** peníze nehrají roli; **m. for jam** teplé místečko, zlatý důl; **m. talks** peníze světem vládnou; **murder for m.** vraždit pro peníze; **not for love or m.** za nic na světě; **owe sb m.** dlužit někomu peníze; **pay ready m.** platit hotovými; **pocket m.**, **spending m.** kapesné; **raise m.** sebrat peníze; **rake in m.** hrabat peníze; **ready m.** hotovost, hotové peníze; **spend a lot of m.** utratit spoustu peněz; **there's m. in it** na tom se dá (hodně) vydělat; **throw m. down the drain** vyhazovat peníze oknem; **throw one's m. about** lehkovážně utrácet; **your m. or your life** peníze nebo život ■ **m. market** finanční trh; **m. matters** finanční záležitosti; **m. order** poštovní poukázka; **m. supply** peněžní zásoba, celkové množství oběživa **2 moneys**, **monies** ['maniz] arch or Jur *(sum)* částka peněz

moneybags ['manibægz] n inf pej zazobanec, pracháč

moneybox ['maniboks] n pokladnička, inf kasička

moneychanger ['maničeindžə(r)] n **1** *(person)* směnárník **2** Amer *(machine)* měnič peněz

moneyed ['manid] adj majetný, zámožný, bohatý

money-grubber ['manigrabə(r)] n mamonář, hrabivec, chamtivec

money-grubbing ['manigrabiŋ] n mamonářství, hrabivost, chamtivost ● adj mamonářský, chrabivý, chamtivý

moneylender ['manilendə(r)] n půjčovatel peněz; *(usurer)* lichvář

moneylending ['manilendiŋ] n půjčování peněz; *(usury)* lichvářství

moneymaker ['manimeikə(r)] n **1** *(business)* úspěšný or výnosný podnik; *(product)* úspěšný výrobek **2** *(person)* osoba vydělávající mnoho peněz

moneymaking ['manimeikiŋ] n vydělávání peněz ■ **a m. product** úspěšný or rentabilní výrobek

moneyspinner ['manispinə(r)] n inf see **moneymaker (1)**

Mongol ['moŋgl] adj **1** mongolský **2** Med mongoloidní ● n **1** Mongol/ -ka **2** *(language)* mongolština **3** Med now usu offens **mongol** mongoloik, mongoloidní člověk

Mongolia [moŋ'gəuliə] n Mongolsko

Mongolian [moŋ'gəuliən] adj mongolský ● n **1** Mongol/ -ka **2** *(language)* mongolština

mongolism ['moŋgəlizəm] n Med usu offens mongolismus

Mongoloid ['moŋgəloid] adj **1** Anthrop mongoloidní **2** Med mongoloidní, trpící mongolismem

mongoose ['moŋgu:s] n (pl **~s** [-iz]) Zool promyka, mungo

mongrel ['maŋgrəl] n *(dog)* nečistokrevný pes, inf (v)oříšek; *(other animals)* kříženec ● adj míšený, křížený

monitor ['monitə(r)] n **1** TV, Comput, Med, Techn *(screen)* monitor; Rad also odposlouchávací rádiová stanice **2** Sch žák pověřený dozorem nebo jinými povinnostmi, ≅ arch prefekt **3** *(person)* Rad obsluha monitoru, zaměstnanec odposlouchávací služby; Tel odposlouchávač telefonních rozhovorů ● vt **1** *(listen in)* odposlouchávat, *(to foreign stations also)* monitorovat **2** *(check)* kontrolovat, sledovat, dohlížet na co

monitoring ['monitəriŋ] n see **monitor** v **1** odposlouchávání, monitorování **2** kontrola, kontrolování, sledování (na monitoru) ● adj Rad **m. service** odposlouchávací služba

monk [maŋk] n mnich, řeholník

monkey ['maŋki] n **1** Zool opice; **little m.** opička; **howler m.** vřešťan ♦ **make a m. of sb** sl tropit si z koho šašky ■ **m. cage** opičí klec; **m. house** pavilon opic; **m. suit** fig sl frak; see also **m. business** **2** inf *(child)* **(little) m.** nezbeda, dareba, uličník; **cheeky little m.** malý drzoun ■ **m. tricks** inf *(mischief)* uličnictví, skopičiny ● phr v ■ **monkey about** or **around** vi inf **1** *(play the fool)* vyvádět, blbnout, dělat opičky or opičárny **2** *(interfere)* **m. about** or **around with sth** hrát si s čím, vrtat se v čem

monkey business ['maŋkibiznis] n inf **1** *(mischief)* taškařiny, uličnictví **2** *(dishonest activity)* machinace, lumpárna, křivárna

monkey nut ['maŋkinat] n *(peanut)* arašíd, burský oříšek

monkey wrench ['maŋkirenč] n francouzský klíč

monkish ['maŋkiš] adj mnišský; fig **lead a m. life** žít jako mnich

mono ['monəu] n Mus mono; **in m.** v mono ● adj *(record, recording* etc*)* mono, monofonní

monochrome ['monəkrəum] adj monochrómní, jednobarevný; *(television, photograph)* černobílý ● n *(painting)* monochróm

monocle ['monəkl] n monokl

monogamous [mo'nogəməs] adj monogamický

monogamy [mo'nogəmi] n monogamie

monogram ['monəgræm] n monogram

monogrammed ['monəgræmd] adj s monogramem

monograph ['monəgra:f] n monografie

monolingual [monəu'liŋgwəl] adj jednojazyčný; **m. dictionary** výkladový slovník

monolith ['monəliθ] n monolit

monolithic [monə'liθik] adj monolitní, monolitický; fig jednolitý

monologue, monolog ['monəlog] n monolog

monoplane ['monəplein] n jednoplošník

monopolist [mə'nopəlist] n monopolista

monopolistic [məˌnopə'listik] adj monopolistický

monopolization [məˌnopəlai'zeišn] n cf **monopolize** monopolizace

monopolize [mə'nopəlaiz] vt **1** lit monopolizovat **2** fig *(person)* okupovat, zabrat (si) koho jen pro sebe; *(attention)* strhnout na sebe; **m. the conversation** nepustit nikoho ke slovu

monopoly [mə'nopəli] n monopol; **state m.** státní monopol; fig **have a m. in sth/ sb** mít na něco/ někoho monopol, přivlastňovat si něco/ někoho

monorail ['monəureil] n jednokolejnicová visutá dráha

monosyllabic [monəusi'læbik] adj Ling jednoslabičný; fig **be very m.** *(of person)* mluvit jednoslabičně, být skoupý na slovo

monosyllable ['monəusiləbl] n Ling jednoslabičné slovo; **speak in ~s** mluvit jednoslabičně, být skoupý na slovo

monotone ['monətəun] n **speak in a m.** mluvit monotónně ● adj monotónní, jednotvárný

monotonous [mə'notənəs] adj monotónní, jednotvárný ■ **~ly** adv jednotvárně; **she droned on ~ly** mlela monotónně

monotony [mə'notəni] n jednotvárnost, monotónnost, monotónie; **relieve the m. of sb's life** zpestřit komu život

monoxide [mə'noksaid] n Chem monoxid; **carbon m.** kysličník uhelnatý

monsoon [mon'su:n] n Meteor monzun ■ **m. rains** monzunové deště

monster ['monstə(r)] n **1** lit nestvůra, obluda, příšera, kreatura **2** *(evil person)* netvor, bestie, monstrum, výlupek všech špatností ● adj attr *(huge)* obrovitý, kolosální

monstrance ['monstrəns] n Relig monstrance

monstrosity [mon'strosəti] n obludnost, nestvůrnost, hanebnost; **it's a m. that ...** je hanebné, že ...

monstrous ['monstrəs] adj **1** *(huge)* obrovitý, gigantický, kolosální **2** *(appalling: crime)* obludný, nestvůrný; *(outrageous)* skandální; **it's m. that ...** je skandální, že ...

montage [mon'ta:ž] n Mus, Film montáž

month [manθ] n **1** **(calendar) m.** měsíc; **this m.** tento měsíc, v tomto měsíci; **last/ next m.** minulý/ příští měsíc, v minulém/ příštím měsíci; **every m.** každý měsíc; **every other m.** každý druhý měsíc; *(earn £800)* **a month** or **per month** měsíčně; **twice a m.** dvakrát měsíčně; **every three ~s** čtvrtletně; **in the m. of May** v měsíci květnu **2** *(period of time)* měsíc; **she is five ~s pregnant** je pět měsíců těhotná; *(the play ran)* **for five ~s** pět měsíců **3** *(I haven't seen him)* **for** or **in a m. of Sundays** hezkou dobu, drahný čas, léta letoucí ♦ **never in a m. of Sundays** až naprší a uschne, na svatého Dyndy

monthly ['manθli] adj *(payment, instalment, wages)* měsíční; **m. season ticket** měsíční jízdenka or lístek; **m. period** Med měsíčky, menstruace ● n **1** *(periodical)* měsíčník **2 monthlies** inf Med měsíčky, ženské věci ● adv *(every month)* měsíčně, každý měsíc

monument ['monjumənt] n **1** *(memorial)* pomník, památník; **a m. to soldiers killed in the war** pomník padlým ve válce **2 ancient ~s** historické památky or budovy; **a national m.** národní památka **3** fig **a m. to sth** *(sb's greatness, talent* etc*)* svědectví o čem, svědek čeho

monumental [monju'mentl] adj **1** *(of a monument)* památný **2** *(impressive: building, sculpture, work of art* etc*)* monumentální, velkolepý, inf úžasný **3** fig inf *(stupidity, blunder)* kolosální, nebetyčný, úžasný; **a m. fiasco** naprostá blamáž, nesmrtelná or světová ostuda **4 m. mason** kameník ■ **~ly** adv *(extremely: eg stupid)* kolosálně, úžasně, strašně

moo [mu:] n *(of cow)* bučení; **give a moo** zabučet ● vi bučet

mooch [mu:č] **I** vt Amer inf **1** *(cadge)* **m. sth off** or **from sb** *(money, cigarettes* etc*)* vyžebrat or vyprosit si od koho co, vyloudit or vyžadonit si co na kom **2** *(steal, pinch)* štípnout **II** phr v ■ **mooch about** or **around** inf chodit jako bez života; **m. about the house doing nothing** poflakovat se po domě, chodit (po domě) od ničeho k ničemu, zahálet doma

moocow ['mu:kau] n *(child language)* kravička

mood$_1$ [mu:d] n **1** *(disposition)* nálada, rozmar, rozpoložení; **a good/ bad m.** dobrá/ špatná nálada; **lousy** or **foul m.** mizerná or pohřební nálada; **be in a good/ bad m.** mít dobrou/ špatnou náladu, být dobře/ špatně naladěný; **I am in the m. for singing/ I am in no m. for singing** mám/ nemám náladu na zpěv; **put sb in a good/ bad m.** dobře koho naladit/ rozladit koho **2** *(atmosphere)* atmosféra, nálada **3** *(bad temper)* špatná nálada, nevrlost; **a man of ~s** náladový člověk; **be in a m.** být špatně naladěný

mood$_2$ [mu:d] n Gram způsob, modus; **the indicative/ imperative m.** oznamovací/ rozkazovací způsob, indikativ/ imperativ; **the subjunctive m.** konjunktiv

moodily ['mu:dili] adv nevrle, rozmrzele, rozladěně

moodiness ['mu:dinəs] n *(changeable moods)* náladovost; *(bad mood)* rozmrzelost, nevrlost, mrzutost, melancholická nálada

moody ['mu:di] adj (**-ier**, **-iest**) **1** *(temperamental)* náladový, vrtošivý **2** *(bad-tempered)* rozladěný, nevrlý, mrzutý ■ see **moodily**

moon [mu:n] n **1** Astron usu **the m.** Měsíc; **explore the surface of the m.** prozkoumat povrch Měsíce; **the dark/ the near side of the m.** odvrácená/ přivrácená strana Měsíce **2** gen měsíc, poet luna; **a new m.** nov; **a full m.** úplněk; **a half m.** půlměsíc; **a crescent m.** srpek měsíce; **there's no m. tonight** dnes nesvítí měsíc ♦ **promise sb the m.** slibovat komu hory doly, slibovat komu modré z nebe; **be over the m.** být v sedmém nebi, inf být šťastný jako blecha **3 once in a blue m.** jednou za uherský měsíc, málokdy, zřídka; **many ~s ago** velmi dávno ■ **m. buggy** lunochod; **m. landing** přistání na Měsíci ● **I** vi **1** *(move dreamily)* snít, být zasněný **2** sl *(show one's buttocks)* ukázat holý zadek **II** phr vs ■ **moon about** or **around** vi být zasněný, koukat do prázdna, být jako tělo bez duše ■ **moon away** vt *(time)* prosnít ■ **moon over sb** inf *(boyfriend* etc*)* trápit se touhou po kom

moonbeam ['mu:nbi:m] n měsíční paprsek

moon-faced ['mu:nfeist] adj s buclatými tvářemi, s tváří jak měsíček

moonless ['mu:nləs] adj *(night)* bezměsíčný

moonlight ['mu:nlait] n měsíční svit; **by m., in the m.** při měsíčku, poet za svitu luny; **it was m.** svítil měsíček ■ **do a m. flit** inf ztratit se bez placení z pronajatého bytu/ hotelu ● vi inf melouchařit, chodit na fušky

moonlighter ['mu:nlaitə(r)] n inf melouchář

moonlighting ['mu:nlaitiŋ] n inf melouchaření ■ **a m. job** melouch, fuška

moonlit ['mu:nlit] adj *(landscape)* ozářený or zalitý měsícem, poet koupající se v měsíčním svitu; *(night)* měsíčný

moonrise ['mu:nraiz] n východ Měsíce

moonscape ['mu:nskeip] n měsíční krajina

moonshine ['mu:nšain] n **1** see **moonlight 2** *(nonsense)* nesmysl(y), pitomost(i) **3** Amer sl načerno pálená lihovina

moonstone ['mu:nstəun] n měsíční kámen

moonstruck ['mu:nstrak] adj *(slightly mad)* potrhlý, padlý na rozum

moony ['mu:ni] adj zasněný, snivý

Moor [muə(r)] n Maur

moor$_1$ [muə(r)] n *(heath)* slatina, vřesoviště

moor$_2$ [muə(r)] **I** vt *(boat)* uvázat, upevnit, vyvázat **II** vi uvázat or vyvázat loď

moorhen ['muəhen] n vodní slípka

mooring ['muəriŋ] n **1** *(place)* kotviště, úvaziště **2** *(act)* vyvázání, uvázání **3** **~s** *(ropes, chains* etc*)* uvazovací lana or řetězy

Moorish ['muəriš] adj maurský

moorland ['muələnd] n vřesoviště

moose [mu:s] n Zool (pl unchanged) los severoamerický

moot [mu:t] adj **a m. point/ question** sporná or diskutabilní otázka; **it is a m. point whether ...** je diskutabilní, zda ... ● vt *(question, problem)* nadhodit, naznačit; **the question was first ~ed last year** tato otázka byla poprvé nadhozena v minulém roce

mop [mop] n **1** *(for floor)* mop, stírač podlahy na holi; *(for dishes)* kartáč na nádobí **2** inf **m. (of hair)** kštice, čupřina, pačesy ● v (**-pp-**) **I** vt *(floor)* utřít, vytřít; **mop one's brow** setřít si pot s čela **II** phr v ■ **mop up** vt **1** *(floor, spilt liquid)* utřít, vytřít, otřít; *(profits)* shrábnout **2** Mil *(enemy, resistance)* zlikvidovat, vyčistit od nepřítele

mope [məup] **I** vi být sklíčený or trudnomyslný **II** phr vs ■ **mope about** or **around** vi nečinně posedávat, inf čumět do blba

moped ['məuped] n moped

mopping-up [mopiŋ'ap] n Mil **m.-up (operations)** vyčišťovací operace, likvidace zbytků nepřátelského vojska

moraine [mə'rein] n Geol moréna, ledovcová suť

moral ['morəl] adj morální, mravní; **m. values** mravní hodnoty; **m. code** mravní kodex; **m. inhibitions** morální zábrany or skrupule; **m. philosophy** etika; **m. philosopher** etik ● n **1** *(of story)* mravní naučení **2** **~s** morálka, mravnost, mravy; **the decay of ~s** úpadek mravů; **a person without ~s** člověk bez morálky; **be of irreproachable ~s** být mravně bezúhonný

morale [mə'ra:l] n *(of troops, team* etc*)* morálka; **the falling m. of the enemy** klesající morálka nepřítele; **raise** or **boost sb's m.** povzbudit koho, zvednout čí morálku

moralist ['morəlist] n moralista, mravokárce

moralistic [morə'listik] adj moralistický, mravokárný

morality [mə'ræləti] n **1** *(conduct)* morálnost, morálka, mravy **2** *(moral science)* etika, mravouka **3** Theat **m. (play)** moralita, středověké mravoučné drama

moralize ['morəlaiz] vi moralizovat, dávat mravní naučení, dávat komu kázání

morass [mə'ræs] n bahno, bažina; fig **the m. of vice** bahno neřesti; **the m. of bureaucratic rules** změť byrokratických pravidel

moratorium [morə'to:riəm] n (pl **~s** or **moratoria** [-'to:riə]) moratorium (**on sth** na co)

Moravia [mə'reiviə] n Morava; **in M.** na Moravě

Moravian [mə'reiviən] adj moravský ● n *(person)* Moravan/ -ka

morbid ['mo:bid] adj **1** *(interests, ideas, mind)* morbidní; *(curiosity, jealousy)* chorobný; *(mood)* hřbitovní **2** Med *(diseased)* chorobný, *(growth)* patologický ■ **~ly** adv morbidně, chorobně

morbidity [mo:'bidəti] n see **morbid** morbidnost, chorobnost; patologičnost

mordant ['mo:dənt] adj *(acid)* leptavý; *(criticism)* sarkastický; *(irony)* sžíravý, kousavý

more [mo:(r)] pron **1** *(greater number* or *amount)* více; **m. and m.** stále více; **a lot m.** daleko více; **two m.** ještě dva; **many m.** o mnoho víc; **a little m.** ještě trochu; **what's m.** a co víc, a mimoto; **how many m.?** kolik ještě? ♦ **bite off m. than one can chew** ukousnout si příliš velké sousto; **there's m. to it** za tím ještě něco vězí; **you'll see m. of me** budete mě vidět častěji; **I don't want to hear any m. about it** už o tom nechci nic slyšet **2** **the m. they have, the more they want** čím víc mají, tím více chtějí **3** **what's m., they ...** a mimoto, oni ...; ba co víc, oni ... ● adj více, ještě; **three m. laps** ještě tři kola; **have some m. bread** vezmi si ještě chleba; **have some m. soup** přidejte si ještě polévky; **any m. questions?** máte ještě nějaké otázky?; **no m. arguing!** přestaňte se hádat, nehádejte se už ● adv **1** *(to form comparatives)* **m. beautiful** hezčí; **m. often** častěji; **make sth m. difficult** znesnadnit or ztížit něco; **become m. radical** radikalizovat se **2** *(to a greater degree)* více; **even m.** ještě více; **much m.** daleko více; **still m.** ještě více; **not any m.** už ne; **no m. than ten** jenom or pouze deset; **m. than enough** víc než dost, ažaž; **he is m. assiduous than capable** je spíše pilný než schopný; **he doesn't live here any m.** už zde nebydlí **3** *(again)* **once m.** ještě jednou **4** **m. or less** víceméně

morello [mo'reləu] n **m. (cherry)** višně

moreover [mo:r'əuvə(r)] adv navíc, mimoto, nadto, kromě toho, a co víc

mores ['mo:reiz] n pl zvyky, mravy, obyčeje

morgue [mo:g] n **1** *(mortuary)* márnice **2** Journ inf archiv

MORI ['mo:ri] abbr of **Market & Opinion Research Institute** MORI, Ústav pro výzkum trhu a veřejného mínění

moribund ['moriband] adj *(person)* umírající, jsoucí na prahu smrti; *(species)* vymírající; *(customs)* odsouzený k zániku; fig *(plan)* odsouzený k nezdaru

morning ['mo:niŋ] n **1** *(early m.)* ráno, jitro; *(forenoon)* dopoledne; **this m.** dnes ráno; **tomorrow/ yesterday m.** zítra/ včera ráno; **every m.** každé ráno; **one m.** jednou ráno; **in the m.** ráno; **in the ~s** každé ráno/ dopoledne; **early in the m.** brzy ráno, časně ráno, zrána; **in the early hours of the m.** v časných ranních hodinách; **on Sunday m.** v neděli ráno; **at two (o'clock) in the m.** ve dvě (hodiny) v noci; **at six in the m.** v šest ráno; **the whole of the m.** celé dopoledne; **from m. till night** od rána do večera; **good m.!** dobré ráno, dobré jitro, dobrý den; **the cool of the m.** ranní chlad; **that m. after (feeling)** ranní kocovina **2** attr adj *(newspaper, exercises)* ranní, *(dew,* Relig *mass)* jitřní; *(shift, tea break)* dopolední; **m. coat** žaket; **m. performance** matiné; **m. sickness** ranní nevolnost v těhotenství; **m. star** jitřenka

mornings ['mo:niŋz] adv vždy ráno, každé ráno; *(as opposed to afternoons)* vždy dopoledne, každé dopoledne

Moroccan [mə'rokən] adj marocký ● n Maročan/ -ka

Morocco [mə'rokəu] n Maroko

moron ['mo:ron] n **1** Med debilní člověk, debil **2** inf *(stupid person)* kretén, imbecil, pitomec

morose [mə'rəus] adj nevrlý, rozmrzelý, mrzoutský, nerudný

morpheme ['mo:fi:m] n Ling morfém

morphemic [mo:'fi:mik] n Ling morfémový

morphia ['mo:fiə], **morphine** ['mo:fi:n] n morfium

morphological [mo:fə'lodžikl] adj Ling, Biol morfologický

morphology [mo:'folədži] n Ling, Biol morfologie

morrow ['morəu] n arch or Rhetor **1 the m.** zítřek, den poté; **on the m.** následujícího dne **2** arch **good m.!** dobré ráno!

Morse [mo:s] n **M. (code)**, **M. (alphabet)** Morseova abeceda, morseovka; *(send sth)* **in M.** morseovkou

morsel [mo:sl] n **1** *(of food)* sousto; **a dainty** or **choice m. (of food)** lahůdka, delikatesa, vybraná pochoutka **2** fig *(of information* etc*)* drobet

mortal ['mo:tl] adj **1** *(that must die)* smrtelný; **the m. remains** tělesné pozůstatky; **the m. frame** tělesná schránka; **there was not a m. soul there** nebyla tam živá duše **2** *(causing death: blow)* smrtelný **3 m. enemy** úhlavní nepřítel; **m. combat** boj na život a na smrt; **m. hatred** nenávist až za hrob **4** *(extreme: anguish, fear)* hrozný, smrtelný; Relig **m. sin** smrtelný hřích **5 every m. thing** inf všechno se vším všudy, naprosto všechno; **it's no m. use** není to naprosto k ničemu ■ **~ly** adv *(wounded)* smrtelně; *(offended)* k smrti ● n smrtelník, pozemšťan

mortality [mo:'tæləti] n **1** *(state of being mortal)* smrtelnost **2** *(number of deaths)* počet mrtvých, ztráty na životech **3 m. (rate)** úmrtnost, mortalita; **infant m.** kojenecká úmrtnost

mortar$_1$ ['mo:tə(r)] n **1** *(bowl)* (h)moždíř; **m. and pestle** hmoždíř s paličkou **2** Mil minomet

mortar$_2$ ['mo:tə(r)] n *(cement)* malta ● vt *(join with m.)* spojovat maltou

mortarboard ['mo:təbo:d] n Univ *(cap)* (univerzitní) baret

mortgage ['mo:gidž] n hypotéka; **pay off a m.** splatit hypotéku ■ **m. debt/ deed** hypotekární dluh/ listina ● vt *(house, land)* zatížit hypotékou

mortgagee [mo:gi'dži:] n hypotekární or hypoteční věřitel

mortgager ['mo:gidžə(r)], Jur **mortgagor** [mo:gi'džo:(r)] n hypotekární or hypoteční dlužník

mortice ['mo:tis] see **mortise**

mortician [mo:'tišn] n Amer majitel or zaměstnanec pohřebního ústavu; *(firm)* pohřební ústav

mortification [mo:tifi'keišn] n **1** Relig mortifikace, umrtvování; **m. of the flesh** umrtvování těla **2** *(humiliation)* ponížení, pokoření; *(embarrassment)* rozpaky **3** Med sněť, gangréna

mortify ['mo:tifai] v (pt, pp **-ied**) **I** vt **1** Relig umrtvit/ umrtvovat (**the flesh** tělo) **2** *(humiliate)* zahanbit, pokořit, ponížit; *(embarrass)* přivést do rozpaků; **I was absolutely mortified** cítil jsem se hrozně trapně **II** vi Med *(tissue)* odumírat

mortifying ['mo:tifaiiŋ] adj *(humiliating)* zahanbující, pokořující; *(embarrassing)* trapný

mortise, mortice ['mo:tis] n Carp dlab, vybrání pro čep, výřez ■ **m. lock** zapuštěný zámek ● vt spojit na čep, začepovat

mortuary ['mo:čuəri] n (pl **-ies**) márnice, umrlčí komora

mosaic [məu'zeiik] n mozaika; also fig **a m. of colours** mozaika barev ■ **m. ceiling** mozaikový strop

Moscow ['moskəu] n Moskva

Moses ['məuziz] n Bibl Mojžíš ■ **M. basket** košík pro nemluvňata

Moslem ['mozlem] adj mohamedánský, muslimský ● n mohamedán/ -ka, muslim/ -ka

mosque [mosk] n mešita

mosquito [mo'ski:təu] n (pl **~es**) komár; *(tropical)* moskyt; **clouds of ~es** mračna komárů ■ **m. bite** komáří štípnutí

moss [mos] n Bot mech ♦ **a rolling stone gathers no m.** devatero řemesel, desátá bída

mossy ['mosi] adj (**-ier**, **-iest**) *(moss--covered)* obrostlý mechem, pokrytý mechem

most [məust] adj **1** *(greatest in number, amount, degree* etc*)* nejvíc(e); **he got (the) m. votes** získal největší počet or nejvíc hlasů; **he made the m. mistakes** udělal nejvíc chyb **2** *(the majority of)* většina; **m. people** většina lidí; **for the m. part** převážně, větším dílem, z větší části, většinou; **in m. cases** ponejvíce, většinou ● pron **1** *(the greatest amount)* nejvíc; **earn/ pay the m.** vydělávat/ platit nejvíc; **that's the m. I can say** víc říci nemohu; to je všechno, co mohu říct **2** *(the greater number/ part)* větší část, většina; **m. of them** většina z nich; **m. of my friends** většina z mých přátel; **m. of them are foreigners** jsou to většinou cizinci; **m. of the work** větší část práce; **at (the) m., at the (very) m.** nanejvýš, maximálně; **£50 at m.** nejvíc 50 liber ● adv **1** *(forming superlatives)* **the m. intelligent woman** nejinteligentnější žena; **the m. interesting programme** nejzajímavější program; **m. often** nejčastěji **2** *(to the greatest extent)* nejvíc; **he works (the) m.** on pracuje nejvíc; **he helped me (the) m.** on mi pomohl nejvíc; **that troubles me m.** to mě trápí nejvíc **3** *(very)* velmi, velice, nesmírně; **it was m. amusing** bylo to nesmírně or nanejvýš zábavné; **a m. comfortable flat** velice pohodlný byt; **it was m. unpleasant** bylo to velmi nepříjemné; **m. decidedly** zcela určitě; **m. certainly not** zcela určitě ne **4** Amer inf *(almost)* skoro, téměř; **m. everybody** skoro všichni ■ **~ly** adv *(mainly)* hlavně, především; *(for the most part)* ponejvíce, většinou, větším dílem; *(usually)* obyčejně, normálně; **they are ~ly students** ponejvíce jsou to studenti

MOT [eməu'ti:] n **1** Br abbr of **Ministry of Transport** ministerstvo dopravy **2 MOT (test)** Br Aut povinná technická kontrola vozidla ● vt (pt, pp **MOT'd** [eməu'ti:d]; pres p **MOT'ing** [eməu'ti:iŋ]) *(car)* podrobit vozidlo technické kontrole

mote [məut] n dated smítko ♦ **see the m. in sb's eye** dated vidět mrvu v oku bližního svého

motel [məu'tel] n motel

motet [məu'tet] n Mus moteto

moth [moθ] n **1** Ent noční motýl, můra **2 (clothes) m.** mol šatní

mothball ['moθbo:l] n naftalín, naftalínová kulička; **put sth in ~s** zakonzervovat něco, uskladnit něco; *(ship* etc*)* vyřadit z provozu

moth-eaten ['moθi:tn] adj prožraný od molů; inf *(shabby)* ošuntělý, ošumělý, zchátralý

mother ['maðə(r)] n **1** *(parent)* matka, maminka; **single m.** svobodná matka; **expectant m.** nastávající matka; **nursing m.** kojící matka; **M.'s Day** Svátek matek; **m.'s milk** mateřské mléko; **m.'s help** pomocnice v domácnosti; **every m.'s son** kdekdo, všichni do jednoho, všichni bez rozdílu or bez výjimky ♦ **necessity is the m. of invention** ≅ nouze naučila Dalibora housti ■ **m. country** rodná země; **m. tongue** mateřský or rodný jazyk, mateřská řeč **2** Relig matka; **M. of God** boží rodička; **M. Superior** matka představená, velebná matka ● vt *(care for)* **m. sb** starat se o koho jako (vlastní) matka; *(spoil sb)* rozmazlovat koho; **be ~ed by sb** *(be spoiled)* být kým rozmazlován

motherboard ['maðəbo:d] n Comput základní deska s plošnými spoji

motherfucker ['maðəfakə(r)] n vulg taboo kurva, svině, hajzl

motherhood ['maðəhud] n mateřství

mother-in-law ['maðərinlo:] n (pl **mothers-in-law**) tchyně

motherland ['maðəlænd] n vlast

motherless ['maðələs] adj nemající matku, jsoucí bez matky, osiřelý

motherly ['maðəli] adj mateřský

mother-of-pearl [maðərəv'pə:l] n perleť ■ **m.-of-pearl buttons** perleťové knoflíky

mother-to-be [maðətə'bi:] n nastávající matka

mothproof ['moθpru:f] adj odolný vůči molům

motif [məu'ti:f] n Mus, Art motiv

motion [məušn] n **1** *(movement)* pohyb; **the m. of the planets** pohyb planet; **set** or **put sth in m.** uvést co do pohybu, *(train)* rozjet; **keep sth in m.** udržovat co v pohybu ♦ **go through the ~s of doing sth** dělat co mechanicky, *(without sincerity)* dělat něco jen pro forma, předstírat něco ■ **m. picture** dated film **2** *(gesture)* gesto, pokyn, kývnutí

3 *(proposal)* návrh; **put forward** or **propose a m.** podat návrh; **the m. was carried** návrh byl přijat 4 fml **(bowel) m.** stolice; *(faeces)* stolice, výkaly; **have** or **pass a m.** mít stolici ● vt & vi **m. (to) sb (to do sth)** pokynout komu(, aby něco udělal); **m. sb in/ away** vt pokynout komu, aby vešel/ aby šel pryč

motionless ['məušnləs] adj nehybný; **stand m.** stát bez hnutí, stát nehybně or nehnutě

motivate ['məutiveit] vt *(students, employees)* motivovat, stimulovat; **be ~ed by greed** být hnán ziskuchtivostí

motivated ['məutiveitid] adj motivovaný; **be highly m.** být vysoce motivovaný

motivation [məuti'veišn] n motivace

motivational [məuti'veišənl] adj motivační

motive ['məutiv] n *(reason)* motiv, pohnutka, důvod; **political ~s** politické motivy; **evil ~s** nízké pohnutky; **ulterior ~s** postranní úmysly; **hidden ~s** skryté důvody; **with the best of ~s** s nejlepšími úmysly ● adj *(force)* hybný, hnací

motiveless ['məutivləs] adj neodůvodněný, bezdůvodný, jsoucí bez motivu

motley ['motli] adj (**-lier**, **-liest**) 1 *(varied, assorted)* různorodý 2 *(multicoloured)* pestrý, různobarevný, strakatý ● n směsice

motocross ['məutəukros] n motokros

motor ['məutə(r)] n 1 motor zvl. elektrický ■ **m. boat** motorový člun; **m. scooter** motorový skútr; **m. oil** motorový olej 2 Br dated *(car)* auto(mobil) ■ **m. show** autosalon; **m. traffic** automobilová doprava; **m. racing** automobilové závody; **m. sport** motorismus 3 *(producing motion) (nerves)* motorický; *(neurons)* pohybový

motorbike ['məutəbaik] n motorka, motocykl; **go by m.** jet na motorce

motorcade ['məutəkeid] n autokolona, kolona automobilů

motorcar ['məutəka:(r)] n Br fml automobil, vůz, auto

motorcoach ['məutəkəuč] n dated autobus

motorcycle ['məutəsaikl] n motocykl, motorka ■ **m. race** motocyklový závod; **m. combination** motocykl se sajdkárou

motorcyclist ['məutəsaiklist] n motocyklista, jezdec na motorce

motoring ['məutəriŋ] n automobilismus; **school of m.** autoškola ■ **a m. accident** automobilová nehoda; **a m. offence** dopravní přestupek

motorist ['məutərist] n automobilista

motorize ['məutəraiz] vt motorizovat

motorized ['məutəraizd] adj motorizovaný; Mil **m. troops** motorizované jednotky

motorman ['məutəmən] n (pl **-men**) *(train driver)* strojvůdce elektrického vlaku; *(tram driver)* řidič tramvaje

motorway ['məutəwei] n Br dálnice

mottled ['motld] adj *(animal)* skvrnitý, strakatý, kropenatý; *(skin)* mramorovaný

motto ['motəu] n (pl **~s**) moto, heslo, devíza

mould$_1$, Amer **mold** [məuld] n *(fungus)* plíseň, plesnivina

mould$_2$, Amer **mold** [məuld] n 1 Cook, Art, Metal etc forma, Techn also kadlub; Typ matrice, Build bednění; **ingot m.** kokila; **pressing m.** lisovací forma 2 *(pudding, jelly made in a m.)* pudink, rosol ve tvaru formy 3 fig *(character)* **be cast in the same m.** být na jedno kopyto or brdo, mít stejné postoje; **break the m.** fig vybočit z kolejí, opustit vyšlapanou cestičku ● vt 1 *(fashion)* formovat, *(plastic, glass)* lisovat; *(metal)* tvarovat; *(cast)* lít; **m. sth out of clay** or **in clay** modelovat něco z hlíny 2 fig **m. sb's character** utvářet čí charakter, formovat čí osobnost; **m. oneself on sb** brát si koho za vzor

moulder$_1$, Amer **molder** ['məuldə(r)] n Metal formovač, odlévač (do forem)

moulder$_2$, Amer **molder** ['məuldə(r)] vi trouchnivět, práchnivět, *(leaves)* tlít, hnít

mouldiness, Amer **moldiness** ['məuldinəs] n plíseň, ztuchlina

moulding, Amer **molding** ['məuldiŋ] n see also **mould**$_2$ vt 1 *(act of shaping)* modelování, formování; Metal lití 2 *(moulded article)* vymodelovaný předmět, Metal odlitek 3 Archit římsa, ozdobná lišta

mouldy, Amer **moldy** ['məuldi] adj (**-ier**, **-iest**) 1 plesnivý, zplesnivělý; **go m.** (z)plesnivět; **smell m.** páchnout ztuchlinou or plesnivinou 2 Br dated sl *(measly)* mizerný, bídný, ubohý

moult, Amer **molt** [məult] **I** vi *(birds)* pelichat; *(dogs, cats* etc*)* línat **II** vt *(hair, feathers)* ztrácet, shazovat ● n *(of birds)* pelichání; *(of dogs* etc*)* línání

mound [maund] n 1 *(small hill)* pahorek, kopeček, návrší; *(of earthwork)* val; **burial m.** pohřební mohyla 2 fig *(heap)* hromada; **a m. of dirty washing** hora špinavého prádla

mount$_1$ [maunt] n poet *(mountain)* hora; **M. Everest** Mount Everest

mount$_2$ [maunt] n 1 *(base, support: of machine)* podstavec, spodek, sokl; *(of colour slide)* rámeček; *(of microscope slide)* preparát; *(for photo, picture)* pasparta, rámeček, rám; *(for jewel)* obruba, objímka; *(for stamp: in collection)* nálepka; *(backing)* podložka 2 *(horse* etc*)* jezdecké zvíře ● **I** vt 1 *(horse, bicycle)* nasednout or vsednout na; *(throne)* usednout na; **m. sb on a horse** vysadit koho na koně, pomoci komu do sedla; **m. the pulpit** vystoupit na kazatelnu; **m. a pavement** *(of car)* najet na chodník **2** *(machine)* namontovat, připevnit, upevnit; *(into concrete)* zapustit; *(map)* podlepit, *(picture)* zarámovat; *(stamp)* nalepit; *(colour slide)* zarámovat; *(microscope specimen)* preparovat; *(jewel)* zasadit do čeho **3** *(organize: campaign, exhibition* etc*)* organizovat, uspořádat, pořádat **4 m. a guard** postavit stráž; **m. guard** stát na stráži **II** vi **1** *(onto horse)* nasednout **2** *(increase: pressure* etc*)* zvýšit se, (v)zrůst, stupňovat se **III** phr v ■ **mount up** vi **1** *(increase)* zvýšit se, stupňovat se, narůstat **2** *(accumulate)* nahromadit se

mountain ['mauntin] n **1** hora, kopec; **in the ~s** na horách; **go to the ~s** jet na hory ♦ **make a m. out of a molehill** dělat z komára velbylouda ■ **m. ash** Bot jeřáb; **m. bike** horské kolo; **m. chain** pás hor, horské pásmo; **m. chalet** horská bouda; **m. climbing** horolezectví; **m. dweller** horal; **m. goat** kamzík; **m. lake** horské jezero, pleso; **m. lion** Zool puma; **m. range** pohoří; **m. ridge** horský hřbet; **m. sickness** horská nemoc **2** fig *(of papers)* hora; **I've got ~s of work to go through** inf mám práce až nad hlavu; **he's a m. of a man** je to chlap jako hora

mountaineer [maunti'niə(r)] n horolezec/horolezkyně

mountaineering [maunti'niəriŋ] n horolezectví, alpinismus

mountainous ['mauntinəs] adj *(region)* hornatý; fig *(huge: waves)* obrovský, ohromný

mounted ['mauntid] adj *(police)* jízdní; Mil *(troops: motorized)* motorizovaný

mounting ['mauntiŋ] n cf **mount** vt, vi ● adj *(pressure, tension* etc*)* stupňující se, vzrůstající

mountings ['mauntiŋz] n *(fittings)* armatura

mourn [mo:n] vt(i) **m. (for) sb** oplakávat koho, truchlit nad kým; **m. sb's death** truchlit nad čí smrtí

mourner ['mo:nə(r)] n smuteční host, truchlící (pozůstalý), pozůstalý

mournful ['mo:nful] adj *(person)* smutný, zarmoucený; *(voice)* naříkavý, lkavý; *(mood, atmosphere)* pohřební; *(music)* smutný, pohřební

mourning ['mo:niŋ] n smutek; *(dress)* smuteční šat(y); *(period)* smutek, doba smutku; **house of m.** dům smutku; **be in m.** nosit or mít smutek

mouse [maus] n (pl **mice** [mais]) **1** Zool & Comput myš; **poor as a church m.** chudý jako kostelní myš; **be as quiet as a m.** být tichý jako myška ♦ **play cat and m. with sb**, **play a cat and m. game with sb** fig hrát si s kým jako kočka s myší ■ **m. hole** myší díra **2** fig *(timid person)* bázlivec, zakřiknutý člověk

mousetrap ['maustræp] n past na myši

mousse [mu:s] n **1** Cook (šlehaná) pěna; **chocolate m.** čokoládová pěna **2** *(for hairstyling)* pěnové tužidlo na vlasy

moustache [mə'sta:š] n knír; **have a m.** mít or nosit knír

mousy ['mausi] adj (**-ier**, **-iest**) **1** *(colour)* myší, šedivý jako myš; *(hair)* myší barvy **2** *(timid)* bázlivý, zakřiknutý

mouth [mauθ] n (pl **~s** [mauðz]) **1** *(of person)* ústa; expr pusa, inf or vulg huba; *(of animal)* huba, tlama; **corner of the m.** ústní koutek; **by word of m.** ústním podáním, ústně; **kiss sb on the m.** líbat koho na ústa; **screw up one's m.** zkřivit ústa ♦ **be a big m.** pouštět si hubu na špacír, být velká huba, být držka plechová; **be down in the m.** být deprimovaný, být jako zmoklá slepice; **foam at the m.** běsnit, soptit; **have a foul m.** mluvit hrubě or oplzle, být sprostý; **from the horse's m.** z první ruky, přímo od pramene; **he had his heart in his m.** byla v něm malá dušička; **keep one's m. shut** držet jazyk za zuby; **live from hand to m.** žít z ruky do huby, třít bídu s nouzí; **it makes my m. water** sbíhají se mi při tom sliny; **open one's big m.** inf prořeknout se; **put words into sb's m.** vložit slova do čích úst; **take the words from sb's m.** vzít komu něco z úst; **the news spread from m. to m.** zpráva letěla od úst k ústům; **why don't you keep your m. shut?** kdybys raději mlčel ■ **m. organ** foukací harmonika **2** *(of bottle)* hrdlo; *(of river, pit)* ústí; *(of cave)* (vstupní) otvor; *(of volcano, of cannon)* jícen ● vt **1** *(soundlessly)* artikulovat pouze rty **2** *(declaim)* deklamovat bombasticky or nabubřele

mouthful ['mauθful] n **1** *(of food)* sousto; *(of liquid, air)* doušek; **give sb a right m.** *(of bad language)* pořádně komu vynadat **2** *(sth difficult to say)* jazykolam; **it's quite a m.** na tom by si člověk zlomil jazyk **3** Amer inf dated **you said a m.** to mi mluvíte z duše, to jste řekl moc hezky

mouthpiece ['mauθpi:s] n **1** Mus nátrubek, *(of pipe)* náustek; *(of telephone)* mluvítko, mikrofon **2** fig **sb's m.** usu pej *(person, newspaper, institution* etc*)* něčí mluvčí or hlásná trouba

mouth-to-mouth [mauθtə'mauθ] adj **m.-**

-to-mouth resuscitation umělé dýchání z úst do úst

mouthwash ['mauθwoš] n ústní voda

mouthwatering ['mauθwo:təriŋ] adj vábný, lákavý, při čem se člověku sbíhají sliny v ústech

movability [mu:və'biləti] n pohyblivost, mobilnost

movable ['mu:vəbl] adj pohyblivý, mobilní; **m. holidays** pohyblivé svátky; Jur **m. effects** svršky; **m. goods** movitosti

move [mu:v] n **1** *(movement)* pohyb; **be on the m.** být v pohybu; **be always on the m.** *(person: travel)* být stále na cestách, nemít nikde stání, *(be busy)* být stále v permanenci, být stále na nohou; **I'd better make a m.** už budu muset jít, už bych měl jít; **get a m. on!** tak už běž!, *(hurry up)* pospěš si, inf švihni sebou; **they watched his every m.** pozorovali každý jeho pohyb **2** *(in chess* etc*)* tah; **whose m. is it?** kdo je na tahu?; **it's your m.** jsi na tahu **3** fig *(action, step, measure)* krok, tah, opatření; **a false m.** chybný krok, chyba, omyl; **that was a clever m.** to byl chytrý tah; **make the first m.** udělat první krok; **what's the next m.?** co budeme dělat dál? **4** *(change of home* etc*)* stěhování, přestěhování; *(change of job)* změna místa, přeložení ● **I** vt **1** gen pohnout čím, hýbat čím; *(shift: object)* posunout, přesunout, přenést, dát na jiné místo; *(vehicle)* odvézt, odjet s čím; *(obstacle)* odstranit; **be unable to m. sth** *(lift)* neuzvednout co, *(carry)* neunést co, *(shift)* nepohnout čím; **m. a chair closer to the window** přistrčit židli k oknu **2** *(to a new house/ office: sb, furniture)* přestěhovat; *(company, workers)* přeložit; *(troops)* převelet, přemístit; Sch *(pupil)* přesadit; Comput *(text)* přesunout; **m. house** přestěhovat se ♦ **m. heaven and earth** nasadit všechny páky; udělat vše, co je v lidských silách; inf jít za něčím jako beran **3** *(in games: piece)* táhnout čím **4** *(make, motivate)* **m. sb to do sth** přimět koho k čemu, *(by entreaties)* uprosit koho, aby něco udělal; **nothing will m. him** nic s ním nehne **5** *(affect emotionally)* **m. sb** dojmout koho; **be easily ~d** být lítostivý; **be ~d to tears** rozplakat se dojetím; **m. sb to tears** pohnout koho k slzám, rozplakat koho, dojmout koho k slzám; **m. sb to laughter** rozesmát koho; **tears will not m. me** slzy na mne neplatí **6** fml *(resolution* etc*)* navrhnout; **I m. that we ...** navrhuji, abychom ... **II** vi **1** gen pohnout se/ pohybovat se; *(change one's position)* přemístit se; **m. to another seat** přesednout si; **don't m.!** nehýbej se!, ani hnout!; **keep moving!** pohybujte se!, nestůjte na místě!; **m. nearer** postoupit blíž, přistoupit; **the clouds m. across the sky** mraky táhnou po obloze **2** *(m. house)* přestěhovat se; **m. to another office/ department** přejít do jiné kanceláře/ do jiného oddělení; **m. to another job** změnit zaměstnání; **I won't m. from here** odtud se nehnu, odtud mě nikdo nedostane ♦ **m. with the times** jít s duchem času **3** *(leave)* odejít; **it's time we were moving** je na čase, abychom šli (domů) **4** *(act)* jednat, něco podniknout; **you must m. first** ty musíš udělat první krok **5** *(in games)* táhnout, *(be due to m.* also*)* být na tahu **6** fml Amer esp Jur *(propose formally)* **m. for sth** navrhovat co **III** phr vs ■ **move about** or **around** *I* vt **1** *(furniture* etc*)* přesunovat, přestavovat, přemísťovat, posunovat z místa na místo **2** *(employee)* překládat, přemísťovat *II* vi přecházet z místa na místo, chodit sem a tam; *(travel)* být na cestách, hodně cestovat, cestovat z místa na místo ■ **move along** *I* vt posunout dále; *(vehicle)* popojet s čím, odjet dál; *(people)* přimět, aby postoupili, *(people in cars* etc*)* přimět, aby popojeli (dál) *II* vi posunout se, *(along seat)* poposednout si; *(on bus* etc*)* postoupit; *(cars)* popojet; **would you kindly m. along a bit** postoupil byste trochu?; **we'd better be moving along** inf myslím, že bychom už měli jít ■ **move away** *I* vt *(object)* odklidit; *(vehicle)* odvézt; *(person)* poslat pryč *II* vi **1** *(leave: people)* odejít, *(vehicles)* odjet; *(m. aside)* ustoupit stranou **2** *(m. house)* odstěhovat se (**from somewhere** odněkud); *(employee)* odejít ■ **move back** *I* vt **1** *(to original position)* vrátit zpět, *(piece of furniture)* postavit na dřívější místo; *(person: to old town* etc*)* přestěhovat zpět; *(soldiers)* přemístit zpět, stáhnout zpět **2** *(to the rear: chair* etc*)* posunout or postrčit or pošoupnout dozadu; *(people)* zatlačit dozadu; přimět, aby postoupili dozadu *II* vi cf vt **1** *(to original position)* vrátit se (zpět), (na)stěhovat se zpět; *(soldiers)* stáhnout se nazpět **2** *(to the rear: person)* ustoupit, ucouvnout, postoupit dozadu; *(troops)* ustoupit, stáhnout se (zpět), couvnout ■ **move down** *I* vt *(object)* posunout dolů, *(carry down)* snést; *(item on a list)* přesunout níž; Sch přesunout do nižší třídy *II* vi *(team)* sestoupit; Sch přejít o třídu níž ■ **move forward** *I* vt **1** *(chair)* posunout dopředu; *(chess piece)* táhnout dopředu čím; *(vehicle)* popojet s čím; *(person)* nechat postoupit (dopředu); **m. the clock forward** posunout hodiny dopředu **2** *(advance: event)* přeložit na dřívější termín

II vi postoupit (dopředu), pokročit (vpřed), popojít; *(car)* popojet ■ **move in** *I* vt **1** *(object)* dát dovnitř; *(furniture)* nastěhovat; *(car)* vjet s čím dovnitř; **m. sb in** *(into new home)* nastěhovat koho **2** *(police, troops)* nasadit *II* vi *(into new home)* nastěhovat se, přestěhovat se; *(police)* přiblížit se; **m. in with sb** přistěhovat se ke komu ■ **move off** *I* vt *(people)* poslat pryč *II* vi **1** *(person: go away)* odejít, vzdálit se; *(troops)* odtáhnout **2** *(car, train)* rozjet se; **when moving off** při rozjezdu ■ **move on** *I* vt *(clock)* posunout dopředu; **the police ~d us on** policie nás vyzvala, abychom se rozešli or abychom se nezastavovali *II* vi postoupit dál, jít dál, *(vehicle)* popojet; *(keep moving)* nezastavovat se, pokračovat v chůzi; *(progress)* postoupit ■ **move out** *I* vt **1** *(objects)* vyklidit; *(furniture)* vystěhovat **2** *(troops)* stáhnout, odvolat *II* vi *(leave house)* vystěhovat se ■ **move over** *I* vi *(make room)* stlačit se, uhnout, udělat kousek místa, *(on bench* also*)* poposednout *II* vt **m. sth over to sth** přisunout co k čemu ■ **move up** *I* vt *(object)* posunout nahoru; *(person: promote)* povýšit; Sch nechat postoupit do vyšší třídy *II* vi fig *(prices, rates)* zvýšit se; *(be promoted)* být povýšen, postoupit v zaměstnání; Sch postoupit do vyšší třídy

moveable ['mu:vəbl] adj see **movable**

movement ['mu:vmənt] n **1** *(motion)* pohyb; **freedom of m.** volnost pohybu **2** *(tendency)* tendence, trend; **the upward/ downward m. of prices** pohyb cen nahoru/ dolů **3** *(political* etc*)* hnutí, *(artistic* also*)* směr; **ecology/ emancipation/ liberation/ resistance m.** ekologické/ emancipační/ osvobozenecké/ odbojové hnutí **4** *(of goods)* přeprava **5** Mus *(of symphony* etc*)* věta **6** Techn *(mechanism)* soukolí; *(of clock)* hodinový strojek **7** Med **bowel m.** stolice

mover ['mu:və(r)] n **1** *(in meeting)* navrhovatel **2** Amer *(of furniture)* speditér, stěhovák **3 she's a lovely m.** umí se elegantně pohybovat

movie ['mu:vi] n esp Amer film; **the ~s** biograf, kino; **go to the ~s** jít do kina ■ **m. actor** filmový herec; **m. camera** filmová kamera; **m. people** filmaři; **m. star** filmová hvězda; **m. theater** Amer biograf, kino; **m. world** svět filmu

moviegoer ['mu:vigəuə(r)] n Amer návštěvník kina

moving ['mu:viŋ] adj **1** *(that moves)* pohyblivý; *(causing motion: mechanism, force)* hybný, hnací; *(in motion)* v pohybu; **a m. staircase** pohyblivé schody, eskalátor; **jump out of a m. train** vyskočit za jízdy z vlaku **2** *(causing emotion: film, speech)* dojemný

mow [məu] **I** vt (pt **~ed**; pp **mown** or **~ed**) *(grass)* žnout, kosit, sekat; *(wheat* etc*)* kosit, sekat **II** phr v ■ **mow down** vt požít, pokosit, posekat; fig *(slaughter)* skosit

mower ['məuə(r)] n *(person)* sekáč, žnec; *(machine)* žací stroj; *(for grass)* sekačka

mown [məun] pp of **mow**

Mozambique [məuzəm'bi:k] n Mosambik

MP [em'pi:] abbr of **1 Member of Parliament** poslanec britské Dolní sněmovny **2 Military Police** vojenská policie, sl empíci

mpg abbr of **miles per gallon** mil na galon

mph abbr of **miles per hour** mil za hodinu

MPhil [em'fil] abbr of **Master of Philosophy** magistr filosofie

Mr ['mistə(r)] abbr of **Mister** pan; **Mr & Mrs Smith** manželé Smithovi

MRBM [ema:bi:'em] abbr of **medium-range ballistic missile** balistická střela středního doletu

Mrs ['misis] abbr paní

MS abbr of **manuscript** rukopis

Ms [məz] se jménem – označení pro ženu bez rozlišování Mrs/ Miss

MSc [emes'si:] abbr of **Master of Science** Magistr přírodních věd

Mt abbr of **Mount** hora ve jménech hor

mth, Amer **mo** (pl **mths,** Amer **mos**) abbr měsíc kalendářní

much [mač] adj (**more, most**) mnoho, moc, hodně; **he doesn't have m. money** on nemá moc peněz; **I haven't got m. time** nemám moc času; **that's not m. help to me** to mi moc nepomůže; **how m. time have you got?** kolik máš času?; **without m. fuss** bez velkých cavyků; **as m. money as you need** tolik peněz, kolik potřebuješ; **add twice as m. milk** přidejte dvakrát tolik mléka ♦ **m. ado about nothing** mnoho povyku pro nic ● n **1** moc, mnoho; **how m.?** kolik; **not m.** moc ne; **how m. are apples?** kolik stojí jablka?; **how m. does it weigh?** jak je to těžké?, kolik to váží?; **I don't eat m. for lunch** na oběd moc nejím; **he didn't say m.** moc toho neřekl; **he doesn't have m. to say for himself** ten toho moc nenamluví; *(What do you think of her?)* — **Not m.** Nic moc.; **he'll never amount to m.** z něho nikdy nic nebude; **it doesn't amount to m., it doesn't count for m.** za moc to nestojí; **I can't say m. for his singing** o jeho zpěvu je lépe pomlčet; **there's m. to be said for this suggestion** návrh má mnoho kladů; **that doesn't say m. for his courage** to nesvědčí o jeho odvaze **2 not much of ...:**

he isn't m. of a talker moc toho nenamluví; **he's not m. of a singer** není žádný velký zpěvák; **I'm not m. of a speaker** nejsem žádný velký řečník; **it wasn't m. of a surprise** moc mě to nepřekvapilo **3 make m. of sth** přikládat čemu důležitost **4 this m. is certain** jedno je jisté; **I must say this m. for him** jedno mu musím přiznat **5** *(he left)* **without so m. as a word of thanks** aniž by poděkoval, a neřekl ani bú ● adv (**more, most**) **1** moc, hodně, mnoho, velmi; **very m.** moc, velmi; **I like it very m.** moc se mi to líbí; **I miss them very m.** moc se mi po nich stýská; **thank you very m.** mockrát or pěkně děkuji; **thank you ever so m.** mockrát děkuji, tisíceré díky; **I enjoyed the party very m.** na večírku se mi moc líbilo **2** *(with past participles)* **I am m. obliged** jsem vám (za to) velmi vděčný, mockrát (vám) děkuji; **you are very m. mistaken** hrozně or inf šeredně se mýlíte; **be m. sought after** být velmi vyhledávaný **3** *(after comparatives)* o moc, daleko; *(after superlatives)* daleko; **m. more** daleko víc; **m. slower/ harder** daleko pomalejší/ těžší; **m. more expensive** daleko dražší; **he feels m. better** cítí se o moc lépe, je mu daleko lépe; **m. the most expensive** daleko nejdražší **4 too m.** příliš moc; **it's a bit too m.** to je trochu moc; **talk too m.** moc mluvit, mít moc řečí; **eat too m./ drink too m.** jíst/ pít přes míru; **that was too m. for me** to pro mne bylo příliš moc, fig *(to bear)* to na mne bylo trochu moc; **she takes it too m. to heart** moc or příliš si to bere ♦ **he has had a drop too m.** poněkud přebral; **he didn't waste too m. time on it** vzal to zkrátka; **it's too m. of a good thing** to je moc dobrého najednou **5 as m.: twice as m.** dvakrát tolik; **as m. money as you want** tolik peněz, kolik potřebuješ; **that's as m. as to say that ...** to je jako bych řekl, že ...; *(lend me some money)* **I'd do as m. for you** já bych udělal totéž pro tebe **6 so m.** tolik; **so m. time** tolik času; **so m. the better** tím lépe; **so m. for today** tolik pro dnešek; **so m. for me** tolik, pokud jde o mne **7 m. as ...** jakkoli ...; **m. as I disliked it** jakkoli se mi to nelíbilo; **m. as I respect you, I can't ...** i když k vám mám velkou úctu, nemohu ... **8 m. to my surprise** k mému velkému překvapení; **m. to my delight** k mému nesmírnému potěšení

muchness ['mačnəs] n inf **they are much of a m.** jsou na jedno kopyto; *(of people* also*)* jsou jeden jako druhý

much-travelled, Amer **much-traveled** [mač'trævld] adj zcestovalý

muck [mak] n **1** *(dirt)* špína, svinstvo, neřád; *(mud)* bláto, bahno; *(manure)* hnůj; *(of dog)* psí hovínka; *(liquid manure)* močůvka; **covered in m.** zablácený ♦ **Lord M.** rytíř z Nemanic; **Lady M.** paní z Nemanic **2** fig *(defamatory remarks)* špína, bahno; *(obscenities)* sprosťárny, prasečinky, sviňárny; *(mess)* bordel, chlívek; *(inferior films, literature)* brak, škvár; **make a m. of sth** inf *(make sth dirty)* zasvinit co, *(bungle sth)* zbabrat něco ● phr vs ■ **muck about** or **around** *I* vt **1 m. sb about** or **around** fig vodit koho za nos, fig hrát si s kým na slepou bábu **2 m. sth about** or **around** zpřeházet komu co, hrabat se or šťourat se komu v čem *II* vi **1** *(idle)* flákat se, poflakovat se; *(lark about)* blbnout; **stop ~ing about** přestaň blbnout **2 m. about with sth** hrabat se v čem, přehazovat co **3 m. about with sb** vodit koho za nos ■ **muck in** vi inf *(help)* helfnout ■ **muck out** vi (vt) (vy)kydat hnůj ■ **muck up** vt inf **1** *(dirty)* zašpinit, zaneřádit, vulg zasvinit **2** *(spoil)* zbabrat; **m. up sb's plans** nabourat komu plány

muckraker ['makreikə(r)] n kdo odkrývá korupci; pej skandalizátor

muckraking ['makreikiŋ] n odhalování skandálů or korupce; pej vyhrabávání skandálů, skandalizace, ostouzení

muck-up ['makap] n inf *(mess)* nepořádek, inf maglaiz, bordel; *(bungle)* břídilství; **make a complete m.-up of sth** něco dokonale zvrtat

mucky ['maki] adj (**-ier, -iest**) adj **1** *(dirty)* špinavý, *(child)* ušmudlaný; *(muddy)* zablácený; **you m. pup** or **thing!** inf ty čuně!; **he's a real m. pup** vypadá jak čuně, špína z něho jen kape **2** *(rude)* sprostý, oplzlý

mucous ['mju:kəs] adj hlenový, sliznatý; **m. membrane** sliznice

mucus ['mju:kəs] n hlen, sliz

mud [mad] n **1** bláto; *(water: on roads* etc*)* břečka; *(in river* etc*)* bahno; **get stuck in the mud** *(of car)* uvíznout v blátě ♦ **here is mud in your eye!** inf dated ať ti slouží! ■ **m. bath** bahenní lázně; **m. pack** pleťová maska **2** fig **throw** or **sling mud at sb** kydat na koho hanu; **drag sb's name** or **sb through the mud** vláčet čí dobré jméno blátem; **his name is mud with me** u mě je odepsaný

muddle ['madl] n *(confusion)* zmatek, nepořádek; **everything was in a m.** všechno bylo páté přes deváté; **make a m. of everything** všechno poplést; **be in a m.** *(things)* být zpřeházený, *(person)* být popletený, nevědět si rady; **get into a m.** fig zamotat se ● **I** vt also **m. up** poplést, zamotat, expr zašmodrchat; **get ~d up** zamotat se, poplést se; **m. the issue** něco splést or zamotat || phr vs ■ **muddle along** vi žít ze dne na den, protloukat se ■ **muddle through** vi protlouct se, nějak si poradit, dostat se z bryndy

muddled ['madld] adj popletený, *(thoughts, ideas)* zmatený

muddle-headed [madl'hedid] adj popletený, zmatkařský; *(ideas, plan)* zmatený; **m.-headed person** popleta, zmatkař

muddy ['madi] adj (**-ier**, **-iest**) **1** *(dirty: shoes, floor)* zablácený; *(ground)* rozbahněný; *(road)* blátivý, pokrytý břečkou; *(water, wine)* zakalený; **become m.** *(liquid)* zkalit se **2** *(complexion)* popelavý; *(colour)* popelavý, špinavě bílý **3** *(thoughts)* zmatený, konfuzní; *(style)* nejasný, zmatený ● vt (pt & pp **-ied**) zamazat (blátem); **m. one's shoes** zablátit si boty ♦ **m. the waters** kalit vodu, vnést do něčeho zmatek, znejasnit situaci

mudguard ['madga:d] n *(on bicycle* etc*)* blatník

mudslinger ['madsliŋə] n pomlouvač, ostouzeč, nevymáchaná huba

mudslinging ['madsliŋiŋ] n špinavé pomluvy, utrhání na cti, ostouzení

muff$_1$ [maf] n *(for hands)* rukávník, dated muf; *(for ears)* klapky na uši

muff$_2$ [maf] vt inf *(bungle:* esp *in sports)* zvorat, zbabrat, zpackat; inf **m. a catch** sáhnout vedle, špatně chytit míč, nechytit míč

muffin ['mafin] n Cook malý vdoleček který se podává teplý s máslem

muffle ['mafl] vt **1** *(sound)* (u)tlumit, (z)dusit; *(noise)* zmírnit, ztišit; *(voice)* přitlumit, přiškrtit; *(laughter)* přitlumit; *(oar)* obalit **2** *(person)* also **m. up** navléci, nabalit, zachumlat

muffled ['mafld] adj **1** *(sound)* přidušený, tlumený; *(voice)* přidušený, přitlumený, přiškrcený; *(laughter, sobs)* tlumený; *(oar)* obalený **2** **m. up** *(person)* navlečený, nabalený

muffler ['maflə(r)] n **1** *(scarf)* (teplá) šála **2** Amer Aut tlumič (výfuku), Mil tlumič (zbraně)

mufti ['mafti] n dated Mil civil, civilní šaty; **in m.** *(soldiers on leave* etc*)* v civilu

mug$_1$ [mag] n **1** inf *(for tea, coffee)* hrnek, (velký) šálek; *(for beer)* sklenice, dated žejdlík, *(made of metal)* džbánek s rovnými stranami, *(large)* holba **2** sl pej or joc *(face)* ksicht, držka, huba, vizáž; **ugly mug** ohyzda ■ **mug shot** sl policejní fotografie zločince

mug$_2$ [mag] n inf *(dupe)* moula, ťulpas, dobrý vůl; *(fool)* blbec ♦ **a mug's game** hovadina, kravina

mug$_3$ [mag] vt (**-gg-**) inf **mug sb** přepadnout koho a oloupit

mug$_4$[mag] v (**-gg-**) phr v ■ **mug up** sl *I* vt **mug sth up** našprtat or nadřít or nabiflovat se něco; **mug up the Highway Code** nadřít se pravidla silničního provozu *II* vi **mug up for sth** *(test* etc*)* (na)šprtat se na co; **mug up on sth** *(English* etc*)* (na)šprtat or (na)dřít se co

mugger ['magə(r)] n pouliční zloděj a násilník

mugging ['magiŋ] n loupežné přepadení na ulici, přepadení a okradení

muggins ['maginz] n sg inf or joc *(fool)* trouba, hlupák, starý dobrý vůl; **I suppose m. will have to do it** a já, starý dobrý vůl, to asi budu muset udělat

muggy ['magi] adj (**-ier**, **-iest**) *(weather)* dusný; *(day)* parný, dusný; **it is m.** je dusno or parno

mulatto [mju:'lætəu] n (pl **~s** or **~es**) mulat/ -ka

mulberry ['malbəri] n **1** *(fruit, tree)* moruše ■ **m. juice** morušová šťáva **2** *(colour)* morušová barva, tmavofialová barva

mulch [malč] n Hort sláma, rašelina etc k mulčování ■ vt mulčovat

mule$_1$ [mju:l] n **1** Zool mula, *(male)* mul **2** *(stubborn person)* mezek, tvrdohlavec; **be as stubborn as a m.** být tvrdohlavý or paličatý or umíněný jako mezek

mule$_2$ [mju:l] n pantofel s otevřenou patou

mulish ['mju:liš] adj tvrdohlavý, paličatý, umíněný

mull [mal] vt svařit; **~ed wine** svařené víno ● phr v ■ **mull sth over** přemítat o čem, převracet něco v hlavě

mullah ['malə] n mullah, mohamedánský učenec

mullet ['malit] n (pl unchanged or **~s**) *(fish)* parmice; **red m.** parmice nachová

multi- [malti-] pref multi-, více-, několika-

multiaccess [malti'æksəs] n Comput multiuživatelský, víceuživatelský; **m. system** multiuživatelský systém

multichannel ['maltičænl] adj TV vícekanálový

multicellular [malti'seljulə(r)] adj vícebuněčný

multicoloured, Amer **multicolored** ['maltikaləd] adj mnohobarevný, vícebarevný, různobarevný

multifarious [malti'feəriəs] adj mnohotvárný, rozmanitý, rozličný

multilateral [malti'lætərəl] adj mnohostranný; Pol multilaterální

multilingual [malti'liŋgwəl] adj vícejazyčný, mnohojazyčný, několikajazyčný

multimedia [malti'mi:diə] n pl Comput multimédia ■ **m. communications** multimediální komunikace

multimillionaire [maltimiljə'neə(r)] n multimilionář, mnohonásobný milionář

multinational [malti'næšənl] adj *(state)* mnohonárodnostní, národnostní; *(company)* nadnárodní ● n nadnárodní společnost

multiparty [malti'pa:rti] adj Pol pluralitní; **the m. system** systém několika stran, pluralitní systém

multiple ['maltipl] adj mnohonásobný, několikanásobný, vícenásobný; **a m. collision** or **pile-up** hromadná srážka; Med **m. sclerosis** skleróza multiplex, roztroušená skleróza; **suffer m. injuries** utrpět četná zranění ● n **1** Math násobek, vícenásobek; **the lowest** or **least common m.** nejmenší společný násobek **2** also **m. store** filiálkový obchod

multiplicand [maltipli'kænd] n Math násobenec

multiplication [maltipli'keišn] n Math násobení ■ **m. sign** znaménko pro násobení; **m. table** násobilka

multiplicity [malti'plisəti] n mnohost, rozmanitost; **for a m. of reasons** z nejrůznějších důvodů; **m. of colours** mnohobarevnost; **m. of habits** nejrůznější zvyky

multiplier ['maltiplaiə(r)] n Math násobitel

multiply ['maltiplai] v (pt & pp **-lied**) **I** vt **1** Math (z)násobit; **two multiplied by three makes** or **equals six** dvě násobeno třemi se rovná šesti **2** *(animals)* množit, rozmnožovat; *(problems)* zmnohonásobit **II** vi **1** Math násobit **2** *(animals)* (roz)množit se, (roz)plemenit se; *(problems)* zmnohonásobit se; **m. like rabbits** množit se jako králíci

multipurpose [malti'pə:pəs] adj mnohoúčelový

multistorey [malti'sto:ri] adj *(building)* víceposchoďový, mnohoposchoďový; **m. car park** víceposchoďový or víceúrovňový parking

multitude ['maltitju:d] n **1** *(large number)* množství; *(crowd* also*)* dav(y); **for a m. of reasons** z celé řady důvodů **2 the m.** often pej masy, dav; **appeal to the m.** lichotit davu

multitudinous [malti'tju:dinəs] adj nesčetný, *(debts)* obrovský, mnohonásobný

multiuser [malti'ju:zə(r)] adj Comput multiuživatelský, víceuživatelský

mum$_1$ [mam] n inf máma, maminka; **hello, mum!** ahoj, mami!

mum$_2$ [mam] adj inf ♦ **keep m.** mlčet jako němý; **m.'s the word** nikomu ani muk

mumble ['mambl] **I** vt mumlat, huhňat **II** vi mumlat, huhňat, mluvit na půl úst or inf huby; **m. into one's beard** mručet si do vousů

mumbling ['mambliŋ] adj *(voice)* mumlavý, huhňavý ■ **~ly** adv huhňavě, na půl úst

mumbo jumbo [mambəu'džambəu] n *(gibberish)* hatmatilka, slátanina; *(professional)* hantýrka

mummify ['mamifai] vt (pt & pp **-fied**) mumifikovat

mummy$_1$ ['mami] n *(corpse)* mumie

mummy$_2$ ['mami] n inf *(mother)* máma, maminka; **m.'s darling** maminčin mazánek or mazlíček

mumps [mamps] n Med příušnice

munch [manč] vt & vi žvýkat, přežvykovat; **m. (at** or **on) sth** přežvykovat or žvýkat něco

mundane [man'dein] adj **1** *(worldly)* světský, pozemský **2** pej *(ordinary)* obyčejný, všední, triviální

Munich ['mju:nik] n Mnichov ■ **M. Agreement** Mnichovská dohoda

municipal [mju:'nisipl] adj městský, obecní; **m. council** obecní or městská rada; **m. elections** komunální volby; **m. taxes** místní daně

municipality [mju:ˌnisi'pæləti] n **1** *(town/ district)* obec/ město/ oblast se samosprávou **2** *(local government)* magistrát, obecní or městský úřad, municipalita

munitions [mju:'nišnz] n pl munice, střelivo, válečný materiál ■ **m. factory** muniční továrna

mural ['mjuərəl] n nástěnná malba ● adj *(painting)* nástěnný

murder ['mə:də(r)] n **1** vražda; **attempted m.** pokus o vraždu; **judicial m.** justiční vražda; **commit m.** spáchat vraždu, dopustit se vraždy ■ **the m. weapon** vražedná zbraň **2** fig inf **it's m.** *(it's frustrating)* to je utrpení, to je úplná kalvárie; **he screamed blue m.** křičel, jako by ho na nože bral; **he can get away with m.** tomu projde všechno ● vt **1** *(kill)* (za)vraždit; *(slaughter)* (z)masakrovat; inf *(opponents)* porazit na hlavu **2** fig *(language)* hanobit, mrzačit, komolit, przn it

murderer ['mə:dərə(r)] n vrah

murderess ['mə:dərəs] n vražednice

murderous ['mə:dərəs] adj **1** *(battle, attack)* vražedný; **m. intent** vražedný úmysl **2** fig inf *(deadline)* šibeniční; *(look)* vražedný; **he was in a m. mood** měl vztek, že by vraždil; měl vražednou náladu **3** *(dangerous: bend)* obávaný, nebezpečný **4** *(speed)* pekelný

murk [mə:k] n přítmí, temno

murky ['mə:ki] adj (**-ier, -iest**) **1** *(dark: night)* temný; *(sky)* chmurný, temný; *(water)* zakalený; *(window)* špinavý; *(weather)* pošmourný, zachmuřený **2** fig *(business, past)* pochybný

murmur ['mə:mə(r)] n **1** *(of stream)*

bublání, šumění; *(of voices)* šum; *(of rain, wind)* šumění; *(of leaves)* šelestění, šelest ♦ **without a m.** bez reptání 2 Med **heart m.** šelest na srdci ● I vt *(say in a low voice)* (za)mumlat II vi 1 cf n (1) bublat, šumět, šelestit 2 *(speak in a low voice)* mumlat, bručet si pod vousy; *(with discontent)* reptat; **m. against sth** reptat proti čemu

murmurings ['mə:məriŋz] n pl *(complaints)* reptání

Murphy's law ['mə:fizlo:] n joc zákon schválnosti

muscatel [maskə'təl] n *(wine)* muškát, muškátové víno

muscle ['masl] n 1 Anat sval; **strain a m.** namoci si sval; **have ~s of steel** mít svaly jako z ocele or ze železa; **he didn't move a m.** ani nemrkl ■ **m. power** fyzická síla 2 *(power)* inf moc, *(influence)* vliv; **the laws have no m.** ty zákony jsou bezzubé ● phr v ■ **muscle in on sth** inf vedrat se do čeho, urvat si podíl na čem

muscle-bound ['maslbaund] adj 1 *(too muscular)* pej jsoucí samý sval, přehnaně svalnatý 2 *(rigid)* tuhý, nepružný

muscleman ['maslmæn] n (pl **-men** [-men]) svalovec, inf vazba, korba

Muscovite ['maskəvait] adj moskevský ● n Moskvan/ -ka

muscular ['maskjulə(r)] adj 1 *(tissue, pain)* svalový; **m. dystrophy** svalová dystrofie; **m. strain** namožení svalů 2 *(body, arms)* svalnatý

Muse [mju:z] n Myth Múza ♦ **the darling of the ~s** miláček Múz

muse [mju:z] vi fml **m. on** or **about sth** přemítat or dumat or rozjímat o čem

museum [mju'zi:əm] n muzeum; **(art) m.** galerie ■ **m. piece** muzeální kus

mush [maš] n 1 *(soft mass)* kaše; Amer Cook kukuřičná kaše; **boil sth to a m.** *(potatoes, vegetables)* rozvařit co na kaši; **m. of snow** sněhová břečka 2 inf *(sentimentality)* sentimentální řeči, *(writing)* limonáda, *(song)* inf doják, ubrečená melodie

mushroom ['mašru:m] n Bot houba; Cook **(field/ meadow) m.** žampión; **edible/ poisonous m.** jedlá/ jedovatá houba ■ **m. cloud** atomový hřib; **m. growth** překotný růst; **m. soup** houbová polévka ● vi 1 **go ~ing** sbírat houby, chodit na houby 2 *(grow* or *spread rapidly) (blocks of flats, offices)* růst jako houby po dešti, bujet 3 Nucl stoupat v podobě hřibu

mushrooming ['mašru:miŋ] n Br houbaření

mushy ['maši] adj (**-ier, -iest**) cf **mush** 1 *(food)* kašovitý, *(fruit, vegetables)* rozměklý, jako bláto; **m. snow** sněhová břečka, rozbředlý sníh 2 *(sentimental: writing, film)* sentimentální, limonádový; *(speech, explanation)* rozbředlý, *(melody)* ubrečený

music ['mju:zik] n 1 *(art, compositions)* hudba, inf muzika; **background m.** hudební kulisa; **canned m.** reprodukovaná hudba; **incidental m.** scénická hudba; **have an ear for m.** mít smysl pro hudbu ♦ **it was m. to his ears** byla to pro něj rajská or nebeská hudba; **face the m.** sníst, co jsme si nadrobili ■ **m. centre** věž stereo; **m. festival** hudební festival; **m. hall** varieté; **m. lessons** hodiny hudby; **m. shop** hudebniny; **m. stand** pult na noty 2 *(written score)* noty, hudebniny; **sing from m.** zpívat z listu or z not; **words and m.** slova a hudba; **set sth to m.** zhudebnit něco ■ **m. paper** notový papír

musical ['mju:zikl] adj 1 *(arrangement, education, instrument)* hudební; *(clock)* hrací; **m. chairs** *(game)* škatule, škatule, hejbejte se 2 *(person)* muzikální, mající hudební sluch; *(gifted)* hudebně nadaný 3 *(tuneful: voice* etc*)* melodický ■ **~ly** adv hudebně; *(tunefully)* melodicky ● n *(m. comedy)* muzikál

musician [mju:'zišn] n hudebník, muzikant; **be a rotten m.** hrát mizerně, hrát jako šumař

musicianship [mju:'zišənšip] n hudební profesionalita, inf muzikantství

music-loving ['mju:ziklaviŋ] adj hudbymilovný

musicological [mju:zikə'lodžikl] adj muzikologický

musicologist [mju:zi'kolədžist] n muzikolog

musicology [mju:zi'kolədži] n muzikologie

musing ['mju:ziŋ] n snění, zadumanost

musk [mask] n pižmo, pižmová vůně

musket ['maskit] n Mil Hist mušketa

musketeer [maskə'tiə(r)] n mušketýr

muskrat ['maskræt] n ondatra pižmová

Muslim ['muzləm, 'mazləm] adj mohamedánský, muslimský ● n mohamedán/ -ka, muslim/ -ka

muslin ['mazlin] n Text mušelín

musquash ['maskwoš] see **muskrat**

mussel ['masl] n slávka jedlá

must$_1$ [mast, məst] v aux (pres only, no infin; inf neg **mustn't** [masnt]) 1 *(obligation, necessity)* **a)** musím, musíš etc; **you m. do it** musíš to udělat; **I m. be going (now)** už musím jít **b)** in neg sentences nesmím, nesmíš etc; **you mustn't contradict your father** nesmíš odmlouvat otci 2 *(probability)* **it m. be beautiful** to je jistě krásné, to musí být krásné; **you m. know the man** toho člověka určitě znáte; **they m. be there by now** už tam určitě jsou; **you m. have known that ...** musel jste (přece) vědět, že ... **3** *(expressing annoyance, indignation)* **she m. come just when ...** a ona musí přijít zrovna, když ...; **m. I go there again?** to tam or cožpak tam musím jít zase?; **m. you shout like this?** to musíte tak křičet? ● n inf nezbytnost; **a car is a m. for me** auto je pro mne nezbytnost; **this play is a m.** tuhle hru si nesmíte nechat ujít

must$_2$ [mast] n *(for wine)* mošt

must$_3$ [mast] n *(mustiness)* plíseň, ztuchlina

mustache [mə'sta:š] n Amer see **moustache**

mustard ['mastəd] n Bot & Cook hořčice ♦ **be as keen as m.** třást se na něco jako malý kluk, být do čeho celý žhavý ■ **m. plaster** hořčičná náplast; **m. pot** hořčičník, nádobka na hořčici; **m. gas** Chem yperit

muster ['mastə(r)] n Mil *(gathering)* nástup; *(inspection)* přehlídka ♦ **pass m.** fig obstát, být uspokojivý, *(product)* odpovídat normě ● **I** vt **1** *(gather)* shromáždit; *(troops)* nechat nastoupit; *(cattle)* sehnat (dohromady) **2** fig also **m. up** *(courage)* sebrat; **m. all one's strength** napnout všechny síly; **m. all one's patience** obrnit se trpělivostí **II** vi shromáždit se; *(troops)* nastoupit **III** phr vs ■ **muster in** vt *(troops)* povolat, přijmout do armády ■ **muster out** vt *(troops)* propustit z vojenské služby, vyřadit

mustiness ['mastinəs] n *(musty smell)* ztuchlina, zatuchlina zápach

mustn't ['masnt] = **must not**

musty ['masti] adj (**-ier, -iest**) **1** *(straw etc)* ztuchlý, zatuchlý, *(room etc)* páchnoucí ztuchlinou; **go m.** zatuchnout; **smell m.** páchnout ztuchlinou **2** *(old-fashioned)* zastaralý, vyšlý z módy

mutability [mju:tə'biləti] n proměnlivost, nestálost; Biol mutabilnost, schopnost mutace

mutable ['mju:təbl] adj proměnlivý, nestálý; Biol mutační, schopný tvořit mutace

mutant ['mju:tənt] n Biol mutant

mutate [mju:'teit] vt(i) měnit (se), mutovat

mutation [mju:'teišn] n změna, obměna; Biol mutace

mute [mju:t] adj *(person, amazement, astonishment, admiration,* Ling *letter)* němý; **be m. with rage** nebýt vzteky schopen slova ● n **1** Mus dusítko **2** dated *(person: dumb)* němý ● vt *(colour)* tlumit, *(sound also)* dusit

muted ['mju:tid] adj *(sound)* tlumený, zastřený, *(voice also)* přidušený, tichý; *(colour)* tlumený; *(criticism)* mírný; *(applause)* slabý, zdvořilý

mutilate ['mju:tileit] vt *(maim)* (z)mrzačit; *(face)* zohyzdit, znetvořit; fig *(text)* zkomolit

mutilation [mju:ti'leišn] n *(of body)* (z)mrzačení; *(of face)* zohyzdění, znetvoření; fig *(of text)* zkomolení

mutineer [mju:ti'niə(r)] n vzbouřenec, rebel, buřič

mutinous ['mju:tinəs] adj **1** Naut bouřící se, rebelantský, vzbouřivší se **2** *(child)* vzpurný, těžko zvládnutelný, odbojný

mutiny ['mju:təni] n vzpoura ● vi vzbouřit se (**against sb/ sth** proti komu/ čemu)

mutt [mat] n **1** inf *(foolish person)* trouba **2** pej sl *(dog)* voříšek, psisko, podvraťák

mutter ['matə(r)] n bručení, mumlání ● **I** vt mumlat, bručet, cedit něco skrz zuby; **m. sth to oneself, m. sth under one's breath** (za)mumlat si co pod vousy **II** vi mručet; *(complain)* reptat; *(of thunder)* vzdáleně burácet

muttering ['matəriŋ] n mručení; *(complaints)* reptání

mutton ['matn] n *(meat)* skopové; **a leg/ shoulder of m.** skopová kýta/ skopový hřbet ♦ **m. dressed (up) as lamb** inf pej stará vykopávka, stará nádhera

muttonhead ['matənhed] n inf pej gypsová hlava, zabedněná hlava, hlava skopová

mutual ['mju:čuəl] adj **1** *(affection, suspicion, trust)* vzájemný, obapolný; *(satisfaction, efforts, troop withdrawals)* oboustranný **2** *(shared: friends)* společný; **we are m. friends** jsme přátelé, přátelíme se ■ **~ly** adv vzájemně, navzájem, obapolně; oboustranně; **be ~ly exclusive** vzájemně se vylučovat

Muzak TM ['mju:zæk] n often pej hudební hluk or kulisa

muzziness ['mazinəs] n see **muzzy 1** popletenost, zmatenost **2** nezřetelnost, nejasnost, mlhavost

muzzle ['mazl] n **1** *(mouth of animal: dog, fox etc)* čenich, čumák, tlama **2** *(for dog)* náhubek, košík **3** *(of gun)* ústí ■ **m. velocity** počáteční rychlost střely ● vt **1** *(dog)* dát náhubek psovi **2** fig *(speaker)* zacpat komu ústa, umlčet koho; *(press)* umlčet

muzzle-loader ['mazlləudə(r)] n puška předovka

muzzy ['mazi] adj (**-ier, -iest**) **1** *(confused: person)* popletený, zmatený; *(ideas)* mlhavý, konfuzní, nejasný **2** *(blurred)* nezřetelný, mlhavý, nejasný; *(picture)* mající nejasné obrysy

MV [em'vi:] abbr of **motor vessel** motorové plavidlo

MW Rad abbr of **medium wave** SV, střední vlna

my [mai] poss adj **1** můj/ má/ mé; when referring to the subject svůj, svá, své in the respective case form; **m. umbrella** můj deštník; **I have my own umbrella** mám svůj vlastní deštník; **I have broken my arm** zlomil jsem si nohu; **in my country** u nás (v Česku/ Anglii etc); **for my part** já za svou osobu; **my old man** inf ten můj, můj starý **2** interj **my!, my goodness!** páni!, no ne!; **my, how you have grown!** no ne, tys ale vyrostl!

myopia [mai'əupiə] n krátkozrakost, myopie; fig Pol krátkozrakost, slepota

myopic [mai'əupik] adj krátkozraký

myriad ['miriəd] n Rhetor myriáda, nesčíslné množství

myrrh [mə:(r)] n myrha

myrtle ['mə:tl] n Bot myrta

myself [mai'self] pers pron **1** *(replacing 'I')* já; **m. and my brother** já a můj bratr **2** *(emphatic)* sám, osobně; **I am going there m.** jdu tam osobně, já sám tam jdu **3 by m.** sám; **I can manage by m.** já si poradím sám; **I am going there by m.** *(alone)* jdu tam sám **4** *(reflexive)* se, si; **I hurt m.** poranil jsem se; **let me introduce m.** dovolte, abych se představil; **I could have kicked m.** byl bych si dal pár facek **5** *(after prepositions)* G, A sebe; D, L sobě; I sebou; **about m.** o sobě **6 I am not feeling m. today** necítím se dnes ve své kůži

mysterious [mi'stiəriəs] adj mystický, tajemný, tajuplný, záhadný; **under m. circumstances** za záhadných okolností ■ **~ly** adv tajemně, tajuplně, záhadně

mystery ['mistəri] n záhada, tajemství, fig hádanka, rébus; **an air of m.** opar tajemství; **be shrouded in m.** být zahalený rouškou tajemství; **it is a m. to me** je mi to záhadou ■ **m. tour** cesta do neznáma; Relig Hist **m. play** pašijová hra

mystic ['mistik] adj mystický ● n mystik

mystical ['mistikl] adj mystický

mysticism ['mistisizm] n mysticismus

mystification [mistifi'keišn] n mystifikace, mystifikování

mystify ['mistifai] vt (pt & pp **-ied**) **1** *(puzzle)* (z)mást, zarazit, (s)plést, uvést v rozpaky **2** *(make obscure)* mystifikovat

mystique [mi'sti:k] n tajemnost, záhadnost, tajuplnost

myth [miθ] n mýtus; fig výmysl, nepravda, smyšlenka; **the m. of racial superiority** domněnka o rasové nadřazenosti

mythical ['miθikl] adj mytický; *(imaginary)* domnělý, smyšlený

mythological [miθə'lodžikl] adj mytologický, bájeslovný

mythology [mi'θolədži] n mytologie, bájesloví

myxomatosis [miksəmə'təusis] n Vet myxomatóza virová choroba králíků

N

N, n [en] n (pl **N's, n's** [enz]) *(letter)* N, n

N abbr of **North** S, sever

n abbr of **1 noun** s, substantivum **2 neuter** Gram n, neutrum

n/a, N/A abbr of **not applicable** nehodící se, nerelevantní

NAAFI ['næfi] Br abbr of **Navy, Army and Air Force Institutes** *(canteen/ shop)* kantýna/ prodejna pro britské vojáky

nab [næb] vt (**-bb-**) inf **1** *(catch: criminal)* chytit, čapnout, sbalit **2** *(steal)* štípnout; **nab sth for oneself** *(seat* etc*)* urvat si co pro sebe

nacelle [nə'sel] n *(on airship)* gondola; *(on balloon)* koš

nacre ['neikə(r)] n perleť

nadir ['neidiə(r)] n **1** Astron nadir, podnožník **2** fig *(lowest point)* nejnižší bod; **be at the n. of one's hopes** ztratit veškerou naději

naff [næf] adj Br sl *(lacking style)* nevkusný; *(inferior)* mizerný, fušerský, k ničemu

nag$_1$ [næg] n pej *(horse)* herka, stará kobyla

nag$_2$ [næg] n *(person)* bručoun, reptal, runcal; *(woman* also*)* xantipa; **she's an awful nag** je to strašná xantipa ● v (**-gg-**) **I** vt **1** *(criticize)* rýpat do koho, šťourat do koho, sekýrovat **2** *(of problems, doubts)* trápit, soužit, otravovat **II** vi *(scold continuously)* **nag at sb** rýpat or šťourat do koho, sekýrovat koho, *(be insistent)* nedat komu pokoj, dotírat na koho

nagger ['nægə(r)] n see **nag**$_2$ n

nagging ['nægiŋ] adj **1** *(wife)* hádavý, ubrblaný **2** *(pain)* hlodavý, neustálý; **a n. doubt** červ pochybnosti

naiad ['naiæd] n najáda, vodní víla

nail [neil] n **1** *(of finger, toe)* nehet; **bite/ cut one's ~s** kousat or okusovat/ stříhat si nehty; **fight tooth and n.** bojovat zuby nehty ■ **n. scissors/ varnish** or **polish** nůžky/ lak na nehty; **n. polish** or **varnish remover** odlakovač **2** Techn hřebík ♦ **be as hard as ~s** *(person)* být tvrdý jako skála, být neoblomný, *(bread)* být jako kámen, *(meat)* být jako houžev; **hit the n. on the head** fig trefit se do černého, uhodit hřebík na hlavičku; **a n. in sb's coffin** fig hřebík do čí rakve; *(pay cash)* **on the n.** z ručky do ručky, na dřevo ● **I** vt **1** *(fix with ~s)* přibít, přitlouct; **n. sth to sth** přibít co na co or k čemu ♦ **n. one's colours to the mast** otevřeně se hlásit ke svým názorům, stát za svými názory **2** inf *(catch: criminal)* dopadnout **3** inf *(expose: myth, untruth)* odhalit, poukázat na co **II** phr vs ■ **nail down** vt **1** *(lid)* přibít, přitlouct **2** fig *(person)* **n. sb down to sth** přinutit koho, aby se pro něco rozhodl ■ **nail up** vt *(picture)* přitlouct hřebíky; *(box, door, window)* zatlouct (hřebíky)

nailbrush ['neilbraš] n kartáček na nehty

nail file ['neilfail] n pilníček na nehty

naïve, naive [nai'i:v] adj naivní, bláhový; *(views* also*)* primitivní; **a n. person** naivka ■ **~ly** adv naivně, bláhově; **she ~ly believed them** byla tak bláhová, že jim věřila

naïveté [nai'i:vtei], **naïvety** [nai'i:vəti] n naivnost, bláhovost

naked ['neikid] adj **1** *(person)* nahý, nahatý; **half n.** polonahý; **stark n.** úplně nahatý; **strip sb n.** svléci koho do naha ♦ **be as n. as the day one was born** být nahý jako Adam/ být nahá jako Eva; být nahý/ nahá, jak ho/ ji pánbůh stvořil **2** *(tree, wall, countryside)* holý; *(sword)* nahý, obnažený; *(light)* nechráněný; **visible with** or **to the n. eye** viditelné prostým or pouhým okem **3** *(undisguised: facts)* holý; *(truth)* holý, pouhý, čirý; *(aggression)* nepokrytý; *(force)* brutální

nakedness ['neikidnəs] n nahota

namby-pamby [næmbi'pæmbi] adj *(person)* změkčilý, nerozhodný ● n změkčilec, ňouma

name [neim] n **1 a)** *(of person, town, country, street)* jméno; **Christian n., first n., given n.** křestní jméno; **family n.** příjmení, rodinné jméno; **maiden n.** dívčí jméno; **middle n.** druhé jméno; **assumed n.** falešné jméno; **cover n.** krycí jméno; **pen n.** pseudonym; **pet n.** mazlivé jméno; **stage n.** umělecké jméno; **my n. is John** jmenuji se Jan; **what's your n.?** jak se jmenujete?; **what's the n. of the town?** jak se jmenuje to město?; **change the n. of a street** přejmenovat ulici; **know sb by n.** znát koho podle jména; **sign one's full n.** podepsat se plným jménem ♦ **blacken sb's n.** očernit koho; **clear one's n.** rehabilitovat se; **drag sb's n. through the mud** vláčet koho blátem; **give a dog a bad n. and hang him** nasadit komu psí hlavu; **he doesn't have a penny to his n.** nemá ani halíř or vindru, smrdí korunou; **without naming any ~s** aniž bych kohokoliv jmenoval; **he's president in n. only** je prezidentem jen podle jména or jen na papíře; *(he'll do it)* **as sure as his n. is AB** jako že se AB jmenuje ■ **n. day** jmeniny; **n. tag** cedulka se jménem, jmenovka **b)** *(of objects, plants* etc*)* název, pojmenování, označení ■ **n.**

index jmenný rejstřík **c)** Ling **proper n.** vlastní jméno; **place n.** místní jméno **d) ~s** *(insults)* nadávky; **call sb ~s** nadávat komu, častovat koho nadávkami **e) company n.** firma; **trade n.** obchodní jméno or název **2 in the n. of** ve jménu, jménem; **in the n. of the law** jménem or ve jménu zákona **3** *(reputation)* (dobrá) pověst, prestiž, renomé, věhlas; **make a n. for oneself, make oneself a n.** udělat si dobré jméno, proslavit se; **have a good/ bad n.** mít dobrou/ špatnou pověst **4** *(famous person)* osobnost, věhlasné jméno; **all the big ~s in the art world** všechny osobnosti uměleckého světa ● vt **1** *(give a n. to)* pojmenovat, nazvat, dát komu/ čemu jméno; **they ~d him John** dali mu jméno Jan (**after his father** po otci) **2** *(identify: plants* etc*)* vyjmenovat; *(accomplices)* jmenovat, uvést jménem; **you n. it, we've got it** máme tu vše, nač si vzpomeneš ♦ **n. yours!** *(what will you drink?)* co si dáš? **3** *(appoint)* jmenovat; **n. sb (as) sth** jmenovat koho čím; **n. sb to an office** jmenovat koho na nějaké místo **4** *(specify: date* etc*)* stanovit, určit ♦ **n. the day** určit den svatby **5** *(mention)* zmínit se o kom/ čem, uvést; **he is ~d in the list** je uveden v seznamu

name-calling [ˈneimko:liŋ] n nadávání, nadávky

name-dropping [ˈneimdropiŋ] n vychloubání se slavnými známými

nameless [ˈneimləs] adj **1** *(anonymous)* bezejmenný; **someone who shall remain n.** někdo, koho nebudeme jmenovat **2** *(emotions)* nedefinovatelný, těžko definovatelný, nepopsatelný

namely [ˈneimli] adv a sice, totiž, to jest; **various journals, n. ...** různé časopisy, a sice ...

name part [ˈneimpa:t] n titulní role

nameplate [ˈneimpleit] n tabulka or štítek se jménem

namesake [ˈneimseik] n jmenovec

Namibia [nəˈmibiə] n Namibie

Namibian [nəˈmibiən] adj namibijský ● n *(person)* Namibijec/ Namibijka

naming [ˈneimiŋ] n see **name** vt **1** *(appointment)* jmenování **2** *(citation)* pochvala, pochvalné uznání

nan [næn] n Br *(baby talk)* bábi, bábinka

nana [ˈnænə] = **nan**

nancy [ˈnænsi] adj pej zženštilý ● n **n. (boy)** pej dated teplouš, buzerant

nanna [ˈnænə] = **nan**

nanny [ˈnæni] n chůva, vychovatelka k malým dětem

nanny goat [ˈnænigəut] n Zool koza samice

nap$_1$ [næp] n *(sleep)* šlofík; **have** or **take a nap** schrupnout si, zdřímnout si, dát si šlofíka ● vi (**-pp-**) dřímat ♦ **catch sb napping** nachytat koho na švestkách or na hruškách

nap$_2$ [næp] n Text vlas sukna

napalm [ˈneipa:m] n Mil napalm

nape [neip] n Anat **n. (of the neck)** šíje, vaz

naphtha [ˈnæfθə] n Chem nafta, ropa, zemní olej

naphthalene [ˈnæfθəli:n] n Chem naftalín

napkin [ˈnæpkin] n **1 (table) n.** ubrousek, servítek **2** Br fml *(nappy)* plena

Naples [ˈneiplz] n Neapol

Napoleonic [nəˌpəuliˈonik] adj napoleonský

napper [ˈnæpə(r)] n Br inf *(head)* palice, makovice, kebule

nappy [ˈnæpi] n Br inf *(for babies)* plenka; **disposable nappies** jednorázové plenky, plenky na jedno použití

narcissi [na:ˈsisai] pl of **narcissus**

narcissism [ˈna:sisizəm] n narcismus, narcisismus

narcissist [ˈna:sisist] n narcista, narcisista

narcissistic [na:siˈsistik] adj narcistický, narcisistický

narcissus [na:ˈsisəs] n (pl **narcissi** [na:ˈsisai] or **~es** [na:ˈsisəsiz]) Bot narcis, narciska

narcotic [na:ˈkotik] adj *(substance, effect)* narkotický, omamný, opojný ● n narkotikum, omamný prostředek, droga

nark$_1$ [na:k] n sl špicl, fízl, práskač ● vi špiclovat, fízlovat

nark$_2$ [na:k] vt inf *(annoy)* often pass **feel ~ed** zlobit se

narky [ˈna:ki] adj mrzutý, nabručený

narrate [nəˈreit] vt *(story)* vyprávět; *(event)* líčit, popisovat, popsat

narration [nəˈreišn] n vyprávění; *(of event, journey)* (vy)líčení, popisování, popis

narrative [ˈnærətiv] n *(story)* příběh; *(account)* líčení ● adj výpravný, epický; **n. poet** epik

narrator [nəˈreitə(r)] n vypravěč

narrow [ˈnærəu] adj **1** *(not wide: street, bridge, hips* etc*)* úzký; **become n.** zúžit se **2** *(restricted: scope)* omezený; *(sense)* úzký, užší; **in the n. sense of the word** v úzkém or v užším slova smyslu **3** *(mind, views)* omezený, bigotní, úzkoprsý; **have a n. mind** mít omezený mozeček; **a n. intellectual outlook** omezený duševní obzor **4** *(small: majority, victory, defeat)* těsný; **have a n. escape** uniknout jen o vlas, tak tak vyváznout **5** Ling *(vowel)* úzký

■ adv see **~ly** ● n **1** usu pl **~s** *(of sea)* úžina **2** **keep to the straight and n.** žít spořádaným životem, inf sekat dobrotu; **come off the straight and n.** dostat se na šikmou plochu, octnout se na šikmé ploše ● **I** vi zúžit se; **his eyes ~ed** zamhouřil oči **II** vt zúžit; **n. one's eyes** zamhouřit or přimhouřit oči **III** phr v ■ **narrow down** vt *(choice)* omezit; *(reduce)* redukovat, snížit, zmenšit; *(topic, theme)* blíže vymezit

narrow-gauge [nærəu'geidž] adj *(railway)* úzkokolejný

narrowly ['nærəuli] adv **1** *(only just: escape)* (jen) tak tak, o vlásek; *(win)* těsně **2** *(closely: observe)* zevrubně, velmi důkladně, úzkostlivě **3** *(explain)* (příliš) úzce

narrow-minded [nærəu'maindid] adj úzkoprsý, omezený, bigotní

narrow-mindedness [nærəu'maindidnəs] n úzkoprsost, omezenost, bigotnost

narrowness ['nærəunəs] n see **narrow 1** úzkost, těsnost **2** fig *(of outlook)* úzkoprsost, omezenost

narwhal ['na:wəl] n Zool narval

NASA ['næsə] abbr of **National Aeronautics and Space Administration** NASA americký Státní úřad pro letectví a kosmonautiku

nasal ['neizl] adj *(bone, mucus, cavities)* nosní; *(voice)* nosový, nazální, zastřený; **n. haemorrhage** krvácení z nosu; **speak in a n. voice** mluvit přes nos or nosem ■ **~ly** adv *(pronounce)* nazálně; *(speak)* přes nos ● n Ling nosovka, nazála

nasalization [neizəlai'zeišn] n Ling nazalizace

nasalize ['neizəlaiz] vt Ling nazalizovat

nascent ['næsnt] adj fml vznikající, rodící se

nastily ['na:stili] adv **1** *(unpleasantly)* nepříjemně; *(maliciously: remark)* zlovolně, zlomyslně; inf *(behave)* sprostě **2** *(seriously: burnt* etc*)* těžce, vážně; *(dangerously)* nebezpečně

nastiness ['na:stinəs] n see **nasty 1** *(unpleasantness)* nepříjemnost; *(of behaviour)* sprosťáctví; *(maliciousness)* zlomyslnost, zlovolnost **2** *(of injury)* závažnost, vážnost

nasturtium [nə'stə:šəm] n Bot řeřicha

nasty ['na:sti] adj (**-ier**, **-iest**) **1** *(unpleasant)* nepříjemný; *(disgusting)* odporný; *(weather)* ošklivý, škaredý, šeredný; *(wind)* ošklivý; **a n. habit** odporný (zlo)zvyk; **smell n.** odporně zapáchat or inf smrdět; **taste n.** mít odpornou chuť, být nechutný; **it's a n. business** to je pěkné nadělení, to je mrzutá věc; **be n. to sb** chovat se ke komu hrubě; **don't be n.** nebuď sprostý **2** *(unkind)* zlý, hrubý; *(malicious)* zlomyslný; **have a n. mind** být zlomyslný; **he's a n. piece of work** je to hrozný protiva, je to sprostý chlap, je to povedený ptáček; *(act)* hanebný, podlý **3** *(severe: wound, illness)* vážný, závažný; *(dangerous:* Aut *bend* etc*)* nebezpečný, ošklivý

nation ['neišn] n národ, země

national ['næšnəl] adj *(wealth, unity, colours, economy, enterprise, theatre)* národní; *(costume)* lidový; *(anthem, coat of arms, debt, holiday)* státní; *(championship)* celostátní, republikový; **N. Health Service** státní zdravotní péče; **n. monument** kulturní památka chráněná státem; **n. park** národní park; **do one's n. service** odsloužit si základní vojenskou službu ● n státní příslušník, občan země

nationalism ['næšnəlizm] n nacionalismus

nationalist ['næšnəlist] n nacionalista/nacionalistka ■ adj nacionalistický

nationality [næšə'næləti] n **1** *(citizenship)* státní příslušnost **2** *(ethnic group)* národnost

nationalization [næšnəlai'zeišn] n znárodnění, zestátnění

nationalize ['næšnəlaiz] vt znárodnit, zestátnit

nationwide [neišn'waid] adj *(survey, campaign* etc*)* celostátní ● adv celostátně

native ['neitiv] adj **1** *(town, village)* rodný; **n. soil** rodná or otcovská hrouda; **n. land** rodná zem, vlast; **n. language** rodný or mateřský jazyk, mateřština; **n. speaker** Ling rodilý mluvčí **2** *(innate: ability)* vrozený; **n. wit** zdravý selský rozum, hlava otevřená **3** *(indigenous)* domorodý, tuzemský; *(costume)* lidový, národní; *(food)* národní; **go n.** přizpůsobit se místním zvykům or místnímu způsobu myšlení **4** *(animal, plant)* **be n. to ...** pocházet z ..., být původem z ... **5** *(metal)* přírodní, *(gold)* ryzí ● n **1** *(of town)* rodák, *(of country)* rodilý obyvatel; *(original inhabitant)* původní obyvatel; pej domorodec; **he's a n. of Britain** je rodilý Brit **2** *(plant, animal)* **be a n. of ...** pocházet z ..., být původem z ...

nativity [nə'tivəti] n narození; Relig **the N.** Narození Páně; **N. play** vánoční hra; **N. scene** jesličky, betlém

NATO, Nato ['neitəu] abbr of **North Atlantic Treaty Organization** NATO, Severoatlantický pakt

natter ['nætə(r)] vi inf klábosit, tlachat, povídat, klevetit ● n tlachání, klábosení, kus řeči, inf pokec; **drop in for a n.** přijít na kus řeči or inf na pokec; **have a n.** popovídat si

nattily ['nætili] adv inf *(dressed)* elegantně, jako ze škatulky

natty ['næti] adj (**-ier**, **-iest**) inf **1** *(neat: clothes)* apartní, elegantní, jako ze škatulky;

be a n. dresser elegantně se oblékat **2** *(clever: device)* důmyslný, šikovný ■ adv see **nattily**

natural ['næčrəl] adj **1** *(resources, phenomena, forces; silk; science)* přírodní; **n. gas** zemní plyn; **n. disaster** živelní pohroma; **n. history** přírodopis **2** *(normal)* normální, přirozený; **n. childbirth** normální porod; **n. death**, **death from n. causes** přirozená smrt; **n. selection** přirozený výběr; **it's only n. that ...** je zcela samozřejmé or přirozené, že ... **3** *(manner)* přirozený, nestrojený; *(spontaneous)* nenucený, bezprostřední **4** *(ability, talent)* vrozený; **he's a n. artist** je rozený umělec ■ adv see **naturally** ● n **1** inf *(n. talent)* osoba s přirozeným talentem; **he's a n. for the part** ta role je mu šitá na tělo, ta role mu sedí **2** Mus *(sign)* odrážka

naturalism ['næčrəlizəm] n naturalismus

naturalistic [næčrə'listik] adj *(style, writer* etc*)* naturalistický

naturalist ['næčrəlist] n přírodovědec

naturalization [næčrəlai'zeišn] n naturalizace, udělení státního občanství cizinci ■ **n. papers** osvědčení o státním občanství

naturalize ['næčrəlaiz] vt **1** *(person)* naturalizovat, udělit cizinci státní občanství **2** Ling *(word, expression)* přejmout, uvést do jazyka **3** *(plant, animal)* aklimatizovat, přizpůsobit jinému prostředí

naturally ['næčrəli] adv **1** *(by nature: eg lazy)* od přírody, *(intelligent)* přirozeně **2** *(of course)* ovšem, samozřejmě, *(understandably)* pochopitelně **3** *(without affectation, unselfconsciously)* přirozeně, nenuceně, bezprostředně **4** *(without artificial help)* přirozeně, normálně, přirozenou cestou **5** *(easily, instinctively)* **it comes to him n.** má to dáno shůry, je to u něho úplně samozřejmé

naturalness ['næčrəlnəs] n přirozenost

nature ['neičə(r)] n **1** gen příroda; **a freak of n.** hříčka přírody; **gifts of n.**, **n.'s blessings** dary přírody; **laws of n.** zákony přírody; **the bosom of n.** lůno přírody; **n.'s work** dílo přírody; **return to n.** návrat k přírodě; **answer a call of n.** joc jít na stranu ■ **n. lover** milovník přírody; **n. reserve** přírodní rezervace **2** *(typical qualities)* **a)** *(of person, animal)* povaha; **human n.** lidská povaha; **his real n.** jeho pravá povaha or inf nátura; **by n.** od přírody; **I cannot help my n.** za svou povahu nemohu; **habit is second n.** zvyk je druhá přirozenost; **the n. of fish is to swim** přirozenou vlastností ryb je plavat **b)** *(of (non)material things)* charakter; **the n. of economic reform** charakter hospodářské reformy; **the n. of heredity** podstata dědičnosti **3** *(sort, kind)* druh, typ; **things of this n.** takové věci

naturism ['neičərizm] n naturismus, nudismus

naturist ['neičərist] n naturista, nudista ■ **n. beach** nudistická pláž

naught [no:t] n arch nula; **bring to n.** zmařit, zhatit, překazit; **come to n.** ztroskotat, nesplnit se, nevést k ničemu

naughtiness ['no:tinəs] n **1** *(mischievousness)* rošťáctví, nezbednost, uličnictví **2** *(of joke, story* etc*)* frivolnost, nevázanost, rozpustilost

naughty ['no:ti] adj (**-ier**, **-iest**) **1** *(mischievous)* rošťácký, nezbedný, uličnický, zlobivý; **it was n. of him** to od něho nebylo hezké **2** *(joke, story)* pikantní, rozpustilý, nevázaný; *(underwear)* sexy

nausea ['no:siə] n **1** Med *(feeling of sickness)* nevolnost, zvedání žaludku **2** *(disgust)* znechucení; **it fills me with n.** zvedá se mi z toho žaludek

nauseate ['no:sieit] vt **1** Med způsobovat komu nevolnost **2** fig *(disgust)* zhnusit, protivit se co komu

nauseating ['no:sieitiŋ] adj odporný, nechutný, hnusný; **have a n. smell** odporně zapáchat; **it's n.** dělá se mi z toho nanic, je mi z toho nanic ■ **~ly** adv odporně, nechutně

nauseous ['no:siəs, Amer 'no:šəs] adj **1** fig *(disgusting)* odporný **2** Med esp Amer **feel n.** cítit nevolnost

nautical ['no:tikl] adj námořní; **n. mile** námořní míle 1852 m

naval ['neivl] adj *(base, battle, officer, power)* námořní; *(architecture)* lodní; **n. forces** válečné loďstvo

nave [neiv] n **1** *(of church)* (hlavní) chrámová loď **2** *(of wheel)* hlava kola

navel ['neivl] n Anat pupek

navigable ['nævigəbl] adj *(river)* splavný; *(ship)* způsobilý plavby; *(balloon, airship)* řiditelný, ovladatelný

navigate ['nævigeit] **I** vt **1** *(river, sea)* plavit se po čem **2** *(ship)* řídit; *(aircraft)* pilotovat **II** vi Naut plavit se; **n. through sth** proplout čím

navigation [nævi'geišn] n **1** *(science, method)* navigace **2** Naut plavba; **inland n.** vnitrozemská plavba; **river n.** poříční plavba; **steam n.** paroplavba

navigator ['nævigeitə(r)] n **1** Naut navigátor **2** *(early explorer)* mořeplavec

navvy ['nævi] n nádeník, kopáč ♦ **work like a n.** být do práce jako kat, dřít jako mezek

navy ['neivi] n válečné námořnictvo; *(fleet)* námořní loďstvo; **merchant n.** obchodní loďstvo; **serve in the n.** být u námořnictva ▪ **n. blue** tmavomodrá barva, námořnická modř

Nazi ['na:tsi] adj nacistický; **N. terror** hnědý teror ● n nacista/ nacistka

Nazism ['na:tsizm] n nacismus

NB, nb [en'bi:] abbr of **nota bene** nota bene, všimněte si

NBC [enbi:'si:] Amer abbr of **National Broadcasting Company** NBC, Státní rozhlasová a televizní společnost

NCO [ensi:'əu] Br abbr of **noncommissioned officer** Mil poddůstojník

NE abbr of **northeast(ern)** severovýchod(ní)

Neanderthal [ni:'ændəta:l, Amer -drθo:l] adj neandertálský; **N. man** neandertálec

neap [ni:p] n **n. (tide)** slabý příliv, kvadraturní příliv

Neapolitan [niə'politən] adj neapolský ● n Neapolitán/ -ka

near [niə(r)] (**~er, ~est**) prep **1** *(in space)* u, blízko, vedle, nedaleko, v blízkosti, poblíž (all + G); **n. the church** u or vedle kostela; **n. the border** u hranic; **be n. (to) Prague** být blízko Prahy, být u Prahy; **don't go n. the fire!** nechoď k ohni!; **n. here** tady (poblíž); **is there a post office n. here?** je tu někde blízko pošta?; **be n. the finishing line** dobíhat závod; **sit down n. sb** přisednout si ke komu; **the man ~est you** ten člověk hned vedle tebe **2** *(in time)* blízko, u; **n. the end** u konce, ke konci; **he is n. the end of his days** jeho dny jsou sečteny; **it's getting n. Christmas** blíží se Vánoce **3** *(on the point of)* **be n. to tears** mít slzy na krajíčku, málem se rozplakat; **she came very n. being knocked down by a car** jen tak tak, že ji nesrazilo auto ● adv **1** *(in space)* blízko, nedaleko; **be very n.** být velmi blízko; **be n. at hand** být po ruce, být snadno dosažitelný; **he lives quite n.** bydlí docela blízko; **from n. and far** z blízka i z dáli ♦ **so n. and yet so far!** tak blízko, a přece tak daleko **2** *(in time)* **draw n.** blížit se, přibližovat se; **winter is drawing n.** chýlí se k zimě, blíží se zima **3** *(almost)* téměř, takřka; **a n. impossible task** takřka nezvládnutelný úkol; **the cinema was nowhere n. full** kino nebylo ani zdaleka plné **4** **it's n. enough** *(answers)* to jde, to je skoro správné; **they are the same height or as n. as makes no difference** jsou prakticky stejně vysocí ● adj **1** *(in space)* blízký; **her ~est neighbours** její nejbližší sousedé; **the n. side of the Moon** přivrácená strana Měsíce; **the N. East** Blízký východ **2** *(in time)* blízký; **in the n. future** v blízké or v nedaleké budoucnosti, brzy, vbrzku **3** *(closely related)* **our n. relations** naši blízcí příbuzní; **our ~est and dearest** naši blízcí **4** *(in number)* *(round it up)* **to the ~est £10** na nejbližších 10 liber; **a n. resemblance** blízká podobnost; **it was a n. disaster** málem to skončilo katastrofou; *(I won/ I caught the bus)* **but it was a n. thing** ale jen tak tak ● **I** vt *(place, time)* blížit se čemu; **we are ~ing Prague** přibližujeme se k Praze; **the building is ~ing completion** budova je téměř hotová; **he's ~ing his end** jde to s ním s kopce **II** vi *(place, deadline)* blížit se

nearby ['niəbai] adj blízký, nedaleký; **a n. village** nedaleká vesnice ● [-'bai] adv nedaleko, blízko, poblíž

nearly ['niəli] adv **1** *(almost)* skoro, téměř, takřka, málem, div ne; **he n. died with fright** málem umřel strachy; **he n. drowned** div se neutopil; **I n. fainted** bylo mi na omdlení; **I n. didn't go** málem jsem tam nešel **2** **not n.** zdaleka ne; **it's not n. as complicated** *(as I thought)* není to zdaleka tak složité

nearness ['niənəs] n blízkost

near-sighted [niə'saitid] adj krátkozraký

near-sightedness [niə'saitidnəs] n krátkozrakost

neat [ni:t] adj **1** *(room)* uklizený, čistý, jsoucí ve vzorném pořádku; *(handwriting)* úhledný, úpravný; *(garden, lawn)* udržovaný, ve vzorném stavu; **a n. job, a n. piece of work** čistá práce **2** *(person: orderly)* pořádný, pořádkumilovný; *(appearance)* úpravný, upravený; **be as n. as a new pin** být jako ze škatulky; **she is always n. and tidy** je vždycky vzorně upravená **3** *(clothes)* hezoučký, vkusný, elegantní; *(sb's figure)* pěkný, pohledný **4** *(skilful)* šikovný; *(trick)* chytrý; *(solution)* elegantní **5** *(spirits)* neředěný, nemíchaný, čistý, bez vody **6** Amer inf senzační, prima ▪ **~ly** adv *(dressed)* čistě; *(cleverly)* šikovně; **~ly put** výstižně řečeno

neatness ['ni:tnəs] n see **neat** **1** čistota, čistotnost; úhlednost **2** pořádkumilovnost, úpravnost **3** vkus, elegantnost **4** šikovnost

nebula ['nebjulə] n (pl **nebulae** ['nebjuli:]) Astron mlhovina, nebula

nebulous ['nebjuləs] adj **1** Astron mlhovinový **2** fig *(vague)* mlhavý, nejasný, matný, fml nebulózní

necessarily ['nesəsrəli] adv nutně; **it does not n. mean that ...** neznamená to nutně, že ...; **we don't n. have to go there** není nezbytné, abychom tam šli

necessary ['nesəsri] adj **1** *(essential)* nutný, nezbytný; *(measures, arrangements)* příslušný, patřičný, potřebný; *(qualification)* odpovídající, vyhovující; *(spare parts)* příslušný; **find sth n.** uznat co za nutné; **if n.** v případě nutnosti, bude-li třeba, eventuálně; **it's n. for you to come** je (po)třeba, abys přišel; **it is n. to say that ...** dlužno poznamenat, že ..., je nutno říci, že ...; **prove n.** jevit se nutným **2** *(unavoidable: consequence)* nevyhnutelný; **accept sth as a n. evil** brát or chápat co jako nutné zlo ● n Br inf **1 do the n.** udělat, co je potřebné **2** *(cash)* **the n.** prachy na co; **have you got the n.?** máš na to prachy?

necessitate [nə'sesiteit] vt vyžadovat; **the situation ~s it** situace to vyžaduje

necessitous [nə'sesitəs] adj dated fml nuzný, chudý, potřebný

necessity [nə'sesiti] n **1** *(need)* nutnost, potřebnost, nevyhnutelnost; **inescapable n.** osudová nutnost; **in case of n.** v případě nutnosti; **bow to n.** sklonit se před nutností; **out of n.** z nutnosti; **of n.** nezbytně, nutně ♦ **make a virtue out of n.** udělat z nouze ctnost; **n. is the mother of invention** ≅ nouze naučila Dalibora housti **2** *(necessary thing)* **one of the necessities of life** životní potřeba or nutnost; **the basic necessities of modern life** základní potřeby moderního života; **a car is a n. these days** v dnešní době je auto nezbytnou potřebou

neck [nek] n **1** Anat krk, šíje; **the back** or **nape of the n.** týl, vaz, zátylek; **have a graceful n.** mít šíji or krk jako labuť; **a stiff n.** ztuhnutí or ztrnutí šíje; **break one's n.** zlomit si or srazit si vaz; **grab sb by the scruff of the n.** chytit koho za krk; **crane one's n.** natahovat krk, moci si vykroutit krk; **fall on sb's n.** padnout komu kolem krku; **hang sb by the neck** oběsit koho; **tie a scarf around one's n.** uvázat si šálu kolem krku; **wring a hen's n.** zakroutit slepici krkem ♦ **be up to one's n. in work** mít práce až nad hlavu; **breathe down sb's n.** stále nad někým stát, šlapat komu na paty, *(of boss)* sedět na kom; **get it in the n.** inf chytit si to; **he is a pain in the n.** je protivný jako činže, je drzý jako štěnice; **have the brass n. to do sth** opovážit se něco udělat drze; **it's like a millstone round his n.** tíží ho to jako balvan; **save one's n.** zachránit si krk; **stick one's n. out** riskovat vlastní kůži; **win/ lose by a n.** vyhrát/ prohrát těsně **2** Cook **n. of lamb** skopová krkovička **3** *(of garment)* límec, výstřih; **polo n.** rolák; **low n.** hluboký výstřih **4** *(of bottle)* hrdlo; *(of violin, double bass)* krk; *(of violin, tooth)* krček **5** *(of land)* šíje, istmus, úžina ● vi inf *(of lovers; hug, kiss)* muckat se, muchlat se, miliskovat se

necking ['nekiŋ] n inf miliskování, laškování, muckání; *(hugging)* objímání

necklace ['nekləs] n náhrdelník

neckline ['neklain] n *(of dress)* výstřih

necktie ['nektai] n dated or Amer kravata

nectar ['nektə(r)] n nektar also fig; **it is like n.** je to jedna báseň

nectarine ['nektəri:n] n nektarínka

NEDC [eni:di:'si:], inf **Neddy** ['nedi] formerly Br abbr of **National Economic Development Council** Státní rada pro ekonomický rozvoj

née [nei] adj rozená; **Anna Smith, née Brown** Anna Smithová, rozená Brownová

need [ni:d] n **1** *(necessity)* nutnost, nezbytnost, potřeba; **if n. be** v případě nutnosti, eventuálně, bude-li zapotřebí; **in case of n.** v případě potřeby; **a pressing n. for new schools** neodkladná potřeba nových škol; **be (badly) in n. of sth** potřebovat něco (nutně); **there's no n. to change anything** není třeba nic měnit; **there was no n. to do that** to nebylo třeba; **there's no n. to be afraid** netřeba se bát; **there's no n. to raise your voice** nemusíš tak křičet; **there's no n. for you to go there** nemusíš tam chodit; **no n. to thank me** vždyť to nic není ♦ **your n. is greater than mine** (vezmi si to ty,) ty to potřebuješ víc než já **2 needs** pl (životní) potřeby; **to satisfy one's ~s** uspokojit své potřeby **3** *(poverty)* nouze, potřeba; *(adversity)* tíseň; **help sb in n.** pomoci komu v nouzi; **those in n.** potřební (lidé) ♦ **a friend in n. is a friend indeed** v nouzi poznáš přítele ● **I** vt **1** *(require)* potřebovat; **do you n. any help?** potřebujete pomoct?; **do you n. me?** potřebujete mě?; **n. sth badly** potřebovat co naléhavě; **n. a lot of attention** vyžadovat velkou péči; **n. sth like a dose of salts** inf potřebovat něco jako sůl, inf potřebovat něco jako prase drbání; **that's just what I ~ed** s tím jste mi kápl(a) do noty; **that's all we ~ed!, that's the last thing we ~ed!** to nám ještě scházelo or chybělo, to je jako z učarování or z udělání **2** *(in complex constructions)* **the wall ~s painting** ta zeď potřebuje natřít; **you n. your eyes fixed** máš něco s očima, potřebuješ jít s očima; **you n. your lungs seen to** měl by sis nechat vyšetřit plíce; **he ~s his head examined** inf nemá to v hlavě v pořádku **3** *(obligation)* muset; **n. to do sth** muset něco udělat; **we don't n. to get up early** nemusíme vstávat brzy **II** v aux muset; **I n.**

not, I needn't nemusím; **n. you shout so much?** musíte tak křičet?; **n. you go there?** musíš tam jít?; **I n. hardly tell you that ...** jistě ti nemusím říkat, že ...; **you ~n't worry** můžete být klidný; **you ~n't have bothered** nemusel jste se namáhat

needful ['ni:dfl] adj dated nutný, potřebný, nezbytný ● n inf **do the n.** udělat potřebné; **find the n.** *(money)* sehnat prachy

needle ['ni:dl] n **1** Sew, Med jehla; **n. and thread** jehla a nit; **thread a n.** navléci jehlu ♦ **a n. in a haystack** jehla v kupě sena; **I have pins and ~s in my leg** brní mě noha; sl **give sb the n.** podráždit koho, naštvat koho; **get the n.** naštvat se, rozčilit se ■ **n. case** jehelníček **2 knitting n.** pletací drát, jehlice na pletení; **a crochet n.** háček **3** *(pointer)* ukazatel, ručička; *(on a pair of scales)* jazýček; **compass n.** magnetka, (magnetická) střelka **4** *(of pine tree)* jehlice, jehlička; **~s** jehličí; *(rock, peak)* ostrý útes/ vrcholek; *(obelisk)* obelisk **5** Amer sl **the n.** injekce ● vt *(annoy)* popichovat, dráždit; *(provoke)* provokovat; *(tease)* dobírat si, utahovat si z koho

needless ['ni:dləs] adj *(unnecessary: expense, effort)* zbytečný; *(remark)* nevhodný, nepříhodný, nevčasný; **n. to say** *(he didn't keep his promise)* nemusím říkat, že ... ■ **~ly** adv zbytečně, zbůhdarma

needlewoman ['ni:dlwumən] n švadlena

needlework ['ni:dlwə:k] n *(sewing)* šití; *(embroidery)* háčkování

needs [ni:dz] adv **1** arch or joc nutně, jako z udělání, zrovna, jako naschvál; **he must n. break a leg** a on si musí zrovna zlomit nohu **2 if n. must** pokud to bude nezbytně nutné ♦ **n. must when the devil drives** *(proverb)* nouze láme železo

needy ['ni:di] adj (**-ier, -iest**) *(poor)* chudý, nuzný; **a n. family** chudá rodina ● n **the n.** chudí, potřební, nemajetní; **help the n.** pomáhat chudým

ne'er-do-well ['neəduwel] n budižkničemu

nefarious [ni'feəriəs] adj fml *(wicked: deeds etc)* mrzký, hanebný, podlý

neg abbr of **negative** negativní

negate [ni'geit] vt **1** *(law)* odvolat; *(order)* zrušit, anulovat; *(efforts)* přivést co vniveč; *(effect)* neutralizovat **2** *(deny)* popřít, negovat; Ling dát do záporu, negovat

negation [ni'geišn] n negace, Ling zápor; neutralizace; popření, negování

negative ['negətiv] adj **1** *(words, sentences)* negativní, záporný; *(answer, decision also)* odmítavý, zamítavý; **n. particle** záporka; Math **n. sign** minusové or záporné znaménko, znaménko minus **2** Elec záporný, negativní; **n. electrode** záporná elektroda, katoda ■ **~ly** adv negativně, záporně ● n **1** Ling zápor, negace; **in the n.** v záporu, záporně **2** *(answer)* záporná or zamítavá odpověď; **reply in the n.** odpovědět záporně or zamítavě **3** Phot negativ; Elec negativní pól

neglect [ni'glekt] vt **1** *(children, one's studies, duties, health, one's friends)* zanedbávat; *(one's appearance)* nepečovat o, nedbat o; *(advice)* neřídit se čím, nebrat v úvahu; *(rules)* nerespektovat; *(flu etc also)* přecházet, neléčit **2 n. to do sth** *(eg answer a letter)* opominout něco udělat ● n cf vt nedbalost, zanedbání, zanedbávání; *(of rules etc)* nerespektování; opomenutí; **n. of duty** zanedbání povinnosti; **allow sth to fall into n.** zanedbat něco; **be in a state of n.** *(house etc)* být v dezolátním stavu, *(garden also)* být zpustlý

neglected [ni'glektid] adj zanedbaný, zanedbávaný; *(garden, child also)* zpustlý

neglectful [ni'glektfl] adj nedbalý (své povinnosti); **be n. of sb** zanedbávat koho; **be n. of one's appearance** nepečovat o svůj zevnějšek

neglig(e) ['neglížei] n negližé, nedbalky

negligence ['neglidžəns] n nedbalost; **gross n.** hrubá nedbalost; **it is a case of gross n.** jedná se o hrubou nedbalost; **losses due to n.** ztráty zaviněné nedbalostí

negligent ['neglidžənt] adj **1** nedbalý; **be n. of sb** zanedbávat někoho; **be n. of one's duties** zanedbávat své povinnosti **2** *(manner, air)* ležérní, nonšalantní

negligible ['neglidžəbl] adj nepatrný, zanedbatelný, pominutelný

negotiable [ni'gəušiəbl] adj **1 the salary/ price is n.** o platu/ ceně je možno jednat **2** Fin *(bond, cheque)* převoditelný, obchodovatelný **3** *(road)* sjízdný; *(obstacles, difficulties)* překonatelný

negotiate [ni'gəušieit] **I** vt **1 a)** *(discuss)* projednávat, vyjednávat, jednat o čem, rokovat o čem **b)** *(arrange by negotiation: conditions, sale etc)* ujednat, sjednat, domluvit **2** *(obstacle)* překonat; **n. a bend** dobře vyjet or vybrat zatáčku **II** vi jednat, vyjednávat, rokovat; **n. with sb** vyjednávat s kým

negotiation [nigəuši'eišn] n often pl **~(s)** **1** jednání, vyjednávání; **top-level ~s** jednání na nejvyšší úrovni; **wage ~s** tarifní vyjednávání; **enter into ~s on sth** zahájit jednání o čem; **in the course of ~s** v průběhu jednání **2** *(of bend)* vybrání; *(of obstacles)* překonání

negotiator [ni'gəušieitə(r)] n vyjednávač, vyjednavatel

Negress ['ni:grəs] n often offens černoška, negerka

Negro ['ni:grəu] n (pl **~es**) often offens černoch, černý, offens negr

Negroid ['ni:groid] adj negroidní

neigh [nei] n (za)řehtání, (za)ržání, (za)řičení ● vi řehtat, ržát, řičet

neighbour, Amer **neighbor** ['neibə(r)] n **1** *(next-door n.)* soused/ -ka; *(country)* soused(ní země); **be sb's n.** sousedit s kým; **we were ~s at dinner** seděli jsme vedle sebe při obědě **2** Relig bližní; **love your n.** miluj bližního svého

neighbourhood, Amer **neighborhood** ['neibəhud] n **1** *(district)* sousedství, čtvrť, blízké okolí **2** *(of amount)* **a sum in the n. of £1 000** kolem (+G) or asi or přibližně 1 000 liber

neighbouring, Amer **neighboring** ['neibəriŋ] adj vedlejší, sousední, okolní; **n. countries** sousední or okolní země

neighbourly, Amer **neighborly** ['neibəli] adj *(relations)* sousedský

neither ['naiðə(r), esp Amer ni:ðə(r)] pron žádný ze dvou; **n. of them** žádný z nich z obou; *(Which will you have?)* — **N.** Žádný. ● adj **n. answer was correct** ani jedna odpověď nebyla správná; **in n. case** ani v jednom případě, v žádném z těchto dvou případů ● adv také ne; **I cannot speak Czech and n. can John** já neumím anglicky a John také ne ● conj **n. ... nor** ani ... ani; **he n. came nor phoned** (ani) nepřišel, ani nezavolal; **look n. left nor right** neohlížet se (ani) nalevo, ani napravo ♦ **have n. rhyme nor reason** nedávat smysl; **it's n. here nor there** to není podstatné

nelly ['neli] n ♦ **not on your n.!** Br sl ani nápad!

neo- [ni:əu-] pref neo-, novo-

neoclassical [ni:əu'klæsikl] adj novoklasi(cisti)cký, neoklasi(cisti)cký

neoclassicism [ni:əu'klæsisizm] n novoklasicismus, neoklasicismus

neocolonialism [ni:əukə'ləuniəlizm] n neokolonialismus, novokolonialismus

neolithic [ni:əu'liθik] adj Geol neolitický

neologism [ni'olədžizm] n Ling neologismus, novotvar

neon ['ni:on] n Chem neón ■ **n. tube** neónová trubice, inf neónka; **n. sign** neón

neoprene ['ni:əupri:n] n neopren

Nepal [ni'po:l] n Nepál

Nepalese [nepə'li:z], **Nepali** [ni'po:li] n nepálský ● n **1** *(person)* Nepálec/ Nepálka **2** *(language)* nepálština, nepálský jazyk

nephew ['nevju:, 'nefju:] n synovec

nephritis [ni'fraitis] n Med zánět ledvin, nefritida, nefritis

nepotism ['nepətizəm] n nepotismus, protěžování příbuzných

nereid, Nereid ['niəriid] n Myth nereida, nereidka, mořská víla

nerve [nə:v] n **1** Anat nerv; **auditory/ olfactory/ peripheral n.** sluchový/ čichový/ obvodový nerv; **a bundle of ~s** uzlíček nervů; **his ~s are bad** má slabé nervy; **have an attack of ~s** *(before exam* etc*)* mít trému; **have ~s of steel** mít nervy jako z ocele; **get on sb's ~s** jít komu na nervy; **his ~s are on edge** má napjaté nervy; **his ~s snapped** povolily mu nervy ■ **n. cell** nervová buňka; **n. centre** nervové ústředí or centrum; **n. gas** Mil nervový plyn **2** *(courage)* no pl odvaha; **keep one's n.** neztratit odvahu; **lose one's n.** ztratit odvahu **3** *(cheek)* drzost, opovážlivost; **she had the n. to oppose me** odvážila se mi oponovat; **what a n.!** to je ale drzost! ● vt **n. sb to do sth** vybízet or pobízet koho, aby něco udělal; dodávat komu odvahy k čemu; **n. oneself to do sth** dodat si odvahy k čemu

nerveless ['nə:vləs] adj **1** *(weak)* malátný, chabý **2** *(calm)* chladnokrevný; *(fearless)* nebojácný, neohrožený

nerve-racking ['nə:vrækiŋ] adj vyčerpávající, nervy drásající

nervous ['nə:vəs] adj **1** Anat nervový; **n. system** nervová soustava; **n. breakdown** nervové zhroucení; **have a n. breakdown** zhroutit se, sesypat se **2** *(on edge)* nervózní; *(before exams)* ztrémovaný; *(tense)* napjatý, rozechvělý; *(afraid)* ustrašený, vystrašený, vynervovaný; **make sb n.** znervóznit koho; **get n.** znervóznět ■ **~ly** adv nervózně

nervousness ['nə:vəsnəs] n cf **nervous** nervozita; tréma; napjatost, rozechvělost; nervové napětí; ustrašenost

nervy ['nə:vi] adj (**-ier, -iest**) vynervovaný, nervózní; *(movements)* trhavý

nest [nest] n **1** *(bird's, wasps')* hnízdo ♦ **leave the n.** lit, fig vyletět z hnízda; **feather one's n.** namastit si kapsu, obohatit se; **stir up a hornet's n.** píchnout do vosího hnízda ■ **n. egg** finanční rezerva, peníze pro případ nouze **2** *(den)* hnízdo, pelech; **a n. of robbers** zlodějské doupě; **machine-gun n.** kulometné hnízdo **3 a n. of tables** sada stolečků ● vi **1** *(birds)* hnízdit **2 go ~ing** (jít) vybírat hnízda **3 n. together** *(boxes)* zapadat do sebe

nesting ['nestiŋ] n hnízdění ■ **n. bird** hnízdící pták

nestle [nesl] **I** vi **1** *(settle comfortably)* **n. up to sb** přitulit se ke komu; **n. down in an armchair** uvelebit se v křesle; **n. down in**

bed stočit se do klubíčka v posteli **2** *(lie in a sheltered position)* skrývat se; **be nestling in the hills** *(of village)* skrývat se mezi horami, být ověnčený horami; **n. among the trees** *(of house)* skrývat se mezi stromy **II** vt **n. one's head against sb's shoulder** opřít se komu hlavou o rameno

nestling ['nestliŋ] n pískle, holátko, neopeřené ptáčátko

net$_1$ [net] n **1** síť, *(small)* síťka; **landing net** Fishing podběrák; fig síť, léčka, past, tenata; **fall into the net** upadnout do léčky or do pasti; **be caught in sb's net** upadnout do čích tenat or sítí **2** Sport síť; **the ball's in the net** míč je v síti, Ftb etc also míč je v brance; **come up to the net** Tennis jít na síť ■ **net play** Tennis hra u sítě, hra na síti **3** *(for hair)* síťka (na vlasy) **4** Text síťovina ■ **net bag** síťová taška, síťovka; **net curtain** tylová záclona, záclona z průhledné látky ● v (**-tt-**) **I** vt **1** *(butterfly* etc*)* chytit do sítě, *(fish, game* also*)* ulovit do sítě; fig *(criminal)* dopadnout **2** Sport **n. the ball** Tennis zahrát míč do sítě; **net a goal** Ftb vsítit branku **II** vi Ftb skórovat

net$_2$ [net] adj *(income, weight* etc*)* čistý; **a net profit** or **gain** čistý zisk ● vt (**-tt-**) *(earn: salary, income)* vydělat čistého

netball ['netbo:l] n Sport ≅ dívčí košíková

nether ['neðə(r)] adj arch or joc dolejší; **the n. regions** or **world** onen svět, záhrobí

Netherlander ['neðəlændə(r)] n Nizozemec/ Nizozemka, Holanďan/ -ka

Netherlands ['neðələndz] n pl **the N.** Nizozemí, Nizozemsko, Holandsko

nett [net] adj see **net**$_2$ adj

netting ['netiŋ] n *(fabric)* síťovina; **wire n.** drátěné pletivo, *(fence)* drátěné oplocení

nettle ['netl] n Bot kopřiva ♦ **grasp the n.** kousnout do kyselého jablka, popadnout býka za rohy ■ **n. rash** Med kopřivka ● vt inf *(person)* rozčilovat, popouzet, jít na nervy; **get ~d** rozčilovat se

network ['netwə:k] n síť; **rail n.** železniční síť; **computer n.** počítačová síť; **power--distribution n.** Elec veřejná rozvodná síť ■ **n. marketing** Comm síťový prodej

neural ['njuərəl] adj Anat nervový

neuralgia [nju'rældžə] n Med neuralgie

neurasthenia [njuərəs'θi:niə] n Med neurastenie, nervová slabost

neurasthenic [njuərəs'θenik] n Med neurastenik/ neurastenička ● adj neurastenický

neuritis [nju'raitis] n Med neuritis, neuritida, zánět nervů

neurological [njuərə'lodžikl] adj Med neurologický

neurologist [njuə'rolədžist] n Med neurolog

neurology [njuə'rolədži] n Med neurologie

neuron ['njuəron] n neuron

neuropath ['njuərəupæθ] n Med neuropat, nervově chorý

neuropathic [njuərəu'pæθik] adj Med neuropatický

neuropathology [njuərəupə'θolədži] n Med neuropatologie

neurosis [nju'rəusis] n (pl **neuroses** [njuə'rəusi:z]) Med neuróza

neurosurgeon [njuərəu'sə:džn] n neurochirurg

neurosurgery [njuərəu'sə:džəri] n neurochirurgie

neurotic [njuə'rotik] adj neurotický; **be n. about sth** inf být z čeho vynervovaný ■ **~ly** adv neuroticky ● n neurotik/ neurotička

neuter ['nju:tə(r)] adj Gram *(gender)* střední ● n **1** Gram neutrum, střední rod **2** Zool bezpohlavní tvor; *(castrated animal)* kastrát, vykastrované zvíře; Bot bezpohlavní rostlina ● vt *(cat, dog)* (vy)kastrovat

neutral ['nju:trəl] adj neutrální, Pol also nestranný, nezaujatý; **n. ground** neutrální půda; **n. observer** nezaujatý pozorovatel; **remain n.** nikomu nestranit ● n Aut neutrál

neutrality [nju:'træləti] n neutralita

neutralization [nju:trəlai'zeišn] n neutralizace

neutralize ['nju:trəlaiz] vt neutralizovat; Mil zneškodnit

neutrino [nju:'tri:nəu] n Phys neutrino

neutron ['nju:tron] n neutron ■ **n. bomb** neutronová puma

never ['nevə(r)] adv **1** *(at no time)* nikdy, jakťěživ; **n. again** už nikdy, nikdy víc; **n. ever** inf nikdy v životě; **n. before** nikdy předtím; **he n. puts anything (back) in its place** nikdy nedá nic na místo; **better late than n.** lépe pozdě než nikdy; **you n. know** člověk nikdy neví; **n. in my life have I seen anything like that** jakťěživ jsem nic takového neviděl; **I'll n. set foot in that house again** do toho domu už (nikdy) nevkročím **2** emph **a)** *(in surprise)* **you n. asked her out!** neříkej mi, že sis s ní dal schůzku; **you've n. lost your key again!** snad jsi zase neztratil klíč?; **well I n.!** no ne!, páni!, koukejme se! **b) n. mind!** (to) nevadí, nic se nestalo; **n. mind what people say** nic nedej na to, co se říká!; **he didn't even come, n. mind help me** ani nepřišel, natožpak aby mi pomohl; **n. you fear!** žádné strachy!, nic se nebojte!

never-ending [nevər'endiŋ] adj *(speech, journey)* nekonečný, bez konce

nevermore [nevə'mo:(r)] adv už nikdy víc
never-never [nevə'nevə(r)] n inf **buy sth on the n.-never** koupit co na splátky ■ **n.--never land** bájná země, země hojnosti
nevertheless [nevəðə'les] adv nicméně, a přece, však
new [nju:, Amer nu:] adj **1** gen nový; *(unused* also*)* nepoužitý; *(clean: shirt, tablecloth* etc also*)* čistý, jiný; *(sheet of paper)* čistý; **a new film/ novel/ invention** nový film/ román/ vynález; **new clothes** nové šaty; **be as good as new** být zánovní or zachovalý; **it is like new** je to jako nové ♦ **a new broom sweeps clean** nové koště dobře mete; **(as) clean as a new pin** čistý jako ze škatulky **2** *(modern)* moderní; *(fashion)* nový; *(latest: issue)* nejnovější, poslední; **the new look** or **style** nová módní linie; **a new release** *(film)* filmová novinka **3** *(fresh: potatoes)* nový, *(wine)* mladý; **new moon** nov; **a new town** satelitní město ♦ **a new lease of life** druhá míza; **break new ground** vykonat pionýrskou práci; **I feel a new person** cítím se jako znovuzrozený; **inject new life into sth** *(project, industry* etc*)* oživit co; **make a new start in life, turn over a new leaf** začít nanovo **4** *(unfamiliar)* **it's new to me** to je pro mě novinka **5** *(recently arrived)* **new boy/ girl** nováček, nový pracovník/ nová pracovnice; **he's new here** je tu nováček; **I'm new to this place** já jsem tu nový, nejsem tu dlouho **6 New Year** nový rok; **New Year's Day** Nový rok; **New Year's Eve** silvestr; **New Year's greeting** novoroční pozdrav **7** Geog **New Caledonia** Nová Kaledonie; **New Caledonian** novokaledonský; **New England** Nová Anglie; **New Englander** obyvatel Nové Anglie; **New Guinea** Nová Guinea; **New Hebridean** novohebridský; **New Hebrides** Nové Hebridy; **New Jersey** New Jersey, adj newjerseyský; **New Mexico** Nové Mexiko, adj novomexický; **New Orleans** New Orleans, adj neworleanský; **New York** New York, adj newyorský; **New Yorker** Newyorčan/ -ka; **New Zealand** Nový Zéland, adj novozélandský; **New Zealander** Novozélanďan/ -ka ■ adv see **newly**
newborn ['nju:bo:n] adj **n. baby** novorozeně, miminko
Newcastle ['nju:ka:sl] n **carry** or **take coals to N.** nosit dříví do lesa
newcomer ['nju:kamə(r)] n nově příchozí; *(in job* etc*)* nováček
newfangled [nju:'fæŋgld] adj pej *(device, idea)* módní, supermoderní
Newfoundland ['nju:fəndlənd] n **1** Geog Newfoundland **2** *(dog)* **N. (dog)** novofundlanďan, novofundlandský pes ● adj attr newfoundlandský
newish ['nju:iš] adj inf zánovní
newly ['nju:li] adv čerstvě; *(in a different way)* nově; **n. built houses** nově postavené domy; **n. painted** čerstvě natřený; **a n. married couple** novomanželé, novopečení manželé; **n. made bread** čerstvě upečený chléb
newlywed ['nju:liwed] n usu pl **the ~s** novomanželé, novopečení manželé
news [nju:z] n **1** *(information)* zpráva/ zprávy, zvěst(i); **a piece of good n.** dobrá or radostná zpráva; **an interesting/ sad piece of n.** zajímavá/ smutná zpráva; **break the n. to sb (that ...)** sdělit komu zprávu(, že ...); **that's good/ bad n.** to je dobrá/ špatná zpráva; **have you had any n. of him?** máte o něm nějaké zprávy?; **what's the n.?** co je nového?; **tell us your n.** co máš nového?; **that's n. to me** to je pro mě novinka ♦ **no n. is good n.** žádná zpráva je dobrá zpráva; **make the n. i)** dostat se do novin or zpráv **ii)** zavdávat podnět k řečem **2** Rad, TV **the n.** zprávy, zpravodajství; **here is the n.** vysíláme zprávy, poslechněte si zprávy; **the latest n.** aktuality; **n. in brief** zprávy ve zkratce; **listen to the n.** poslouchat zprávy ■ **n. agency** tisková agentura; **n. bulletin** zpravodaj, zpravodajství; **n. conference** tisková konference; **n. item** zpráva, *(short: in newspaper)* noticka; **n. media** sdělovací prostředky; **n. sheet** informační bulletin; **n. summary** přehled zpráv
newsagent ['nju:zeidžənt] n prodavač novin a časopisů
newsboy ['nju:zboi] n **1** *(in street)* kamelot, pouliční prodavač novin **2** *(delivery boy)* doručovatel novin
newscast ['nju:zka:st] n Rad, TV zprávy, zpravodajství
newscaster ['nju:zka:stə(r)] n TV, Rad hlasatel/ -ka zpráv
newsdealer ['nju:zdi:lə(r)] n Amer prodavač novin
newsflash ['nju:zflæš] n krátká zpráva
newsletter ['nju:zletə(r)] n zpravodaj časopis
newsmaker ['nju:zmeikə(r)] n osoba, o které se píše
newsman ['nju:zmæn] n (pl **-men** ['-mən]) Amer novinář
newsmonger ['nju:zmaŋgə(r)] n usu pej klepař/ -ka, (esp *of women)* klepna
newspaper ['nju:zpeipə(r)] n noviny, list; **daily/ weekly n.** deník/ týdeník ■ **n. article** novinový článek; **n. clipping** or **cutting** novinový výstřižek

newspaperman ['nju:zpeipəmæn] n (pl **-men** [-men]) novinář

newsprint ['nju:zprint] n novinový papír

newsreader ['nju:zri:də(r)] n TV, Rad hlasatel/ -ka zpráv

newsreel ['nju:zri:l] n filmový týdeník

newsroom ['nju:zru:m] n redakce zpráv místnost

newsstand ['nju:zstænd] n novinový stánek, kiosk s novinami

newsvendor ['nju:zvendə(r)] n prodavač novin; *(in street)* see **newsboy (1)**

newsworthy ['nju:zwə:ði] adj **be n.** být zajímavý pro masmédia

newsy ['nju:zi] adj (**-ier**, **-iest**) inf *(letter)* plný novinek

newt [nju:t] n mlok ◆ **be (as) pissed as a n.** sl být nalitý jako slíva, bejt* vožralej* jak štěně

next [nekst] adj *(coming immediately after)* **1** *(in time)* následující, příští; **n. time** příště; **n. Monday/ week/ month/ year** *(immediately following)* příští pondělí/ týden/ měsíc/ rok; **the n. Monday/ week** *(in the past/ future)* následující pondělí/ týden, to pondělí/ týden na to; **n. time** příště; **in the n. few days** v nejbližších dnech; **on the n. day** na druhý den; **starting from n. week** počínaje příštím týdnem **2** *(in space: house, street)* vedlejší; **the n. petrol station** nejbližší benzinová stanice; **in the n. room** vedle v pokoji **3 a)** *(in sequence)* další, příští, následující, druhý; **the n. episode** další pokračování, *(in the past/ future)* následující pokračování; **the n. page** další or následující stránka; **the n. room** sousední pokoj; **when is the n. train to ...?** kdy jede další vlak do ...?; **who is n.?** kdo je na řadě? další, prosím **b) the n. man/ person** kdokoliv jiný; *(I can take a joke)* **as well as the n. man, but ...** stejně dobře jako kdokoliv jiný, ale ... **c) the n. thing** načež, vzápětí poté **d) the n. world** onen svět, záhrobí, posmrtný život ● adv **1** *(afterwards)* potom, pak, poté, dál(e); **what n.?** co dál?; **what did you do n.?** cos udělal potom?; **what shall we do n.?** co budeme dělat teď or nyní?; **what will you have n.?** co si dáte dál?; **what comes n.?** co následuje? **2** *(n. time)* příště, zase, po druhé; **when I n. see her** až se s ní setkám příště; **when I n. saw her** když jsem se s ní setkal po druhé; **when n. we meet** až se zase uvidíme; **when shall I see you n.?** kdy vás zase uvidím?; **the n. time I see him, I ...** jak ho uvidím, ... **3** *(after superlatives)* **the n. largest size** druhá or další největší velikost **4** emph *(after question words)* **what will they think of n.?** co si ještě nevymyslí? ● prep **n. to 1** *(beside)* vedle; **he sat n. to me** seděl vedle mne; *(wear wool)* **n. to one's skin** na holém těle, přímo na těle **2** *(in comparison)* po; *(the most important composer)* **n. to Smetana** po Smetanovi; **n. to skiing I like swimming best** po lyžování mám nejraději plavání **3** *(almost)* skoro, málem, téměř, bezmála; **it was n. to impossible** bylo to téměř or skoro or takřka nemožné; **it costs n. to nothing** je to téměř or skoro zadarmo; **it's n. to nothing** to je jako nic, nestojí to ani za řeč; **I got it for n. to nothing** dostal jsem to za babku or skoro zadarmo or za pár korun; **we know n. to nothing about it** nevíme o tom prakticky nic; **in n. to no time** v krátkém čase, inf co by dup ● n **1 n., please** další, prosím **2 n. of kin** nejbližší příbuzný, nejbližší příbuzní

next door [nekst'do:(r)], attr **next-door** adj sousední, vedlejší; **our n.-door neighbour** náš soused od vedle; **that's n. door to madness** to hraničí s šílenstvím ● adv vedle, v sousedství; **they live n. door to us** bydlí vedle nás

nexus ['neksəs] n spojení, spojitost, souvislost

NHL [eneič'el] abbr of **National Hockey League** NHL, Národní hokejová liga

NHS [eneič'es] Br abbr of **National Health Service** státní zdravotní péče

Niagara Falls [nai,ægərə'fo:lz] n pl Niagarské vodopády

nib [nib] n *(of pen)* hrot, špička

nibble ['nibl] vt (vi) **n. (at) sth** *(of mice etc)* okusovat or ohryzávat or ohlodávat co; *(of people: food)* pojídat co, *(biscuits, chocolate etc also)* chroupat, chroustat; **n. (at) the leaves** okusovat listy ◆ **n. at the bait** *(fish)* oťukávat návnadu, fig zabírat, projevit zájem ● n **1** *(at the bait)* oťukávání **2 have a n.** sníst něco málo, něco si zakousnout, inf něčeho si ďobnout

nibs [nibz] n Br inf iron **his n.** jeho Veličenstvo, jeho Majestát, jeho Vašnost

Nicaragua [nikə'rægjuə, nikə'ra:gwə] n Nikaragua

Nicaraguan [nikə'rægjuən, nikə'ra:gwən] n Nikaragujec/ Nikaragujka ● adj nikaragujský

Nice [ni:s] n Nice

nice [nais] adj **1** *(pleasant)* **a)** *(agreeable)* příjemný, *(person also)* milý, sympatický, laskavý, hodný, slušný, inf fajn, *(smile also)* sympatický, milý, *(weather also)* hezký, *(climate also)* příznivý, mírný, *(manners)* uhlazený; **how n. of you!, that's jolly n. of you!** to je od vás moc milé, to jste hodný;

that would be n. to by bylo prima; **have a n. time!** mějte se hezky; **n. to meet you** rád vás poznávám **b) be n. to sb** být ke komu ohleduplný **c)** *(tasty)* chutný, dobrý, prima; **a n. cup of coffee** dobrá káv(ičk)a; **I could do with a n. cup of coffee** dal bych si kafíčko (inf), bodla by mi káva (inf); **a n. dinner** prima večeře **d) n. and ...** inf **n. and plump** kulaťoučký; **n. and soft** měkoučký; **it's n. and warm here** je tu příjemně teplo **2** *(pretty: face, house)* pěkný, hezký, krásný; sl **a n. bit of fluff** pěkná kůstka **3** iron *(bad)* **that's a n. mess!** to je pěkné nadělení!; **you made a n. mess of the job!** tys to teda pěkně zvrtal!; **that's a n. mess you've got us into!** tys nám to pěkně zavařil, dostals nás do pěkné kaše or bryndy **4** *(subtle: distinction)* jemný **5 be a n. fit** *(shoes, dress)* výborně sedět

nicely ['naisli] adv cf **nice 1** *(pleasantly)* hezky, příjemně, mile; *(politely)* zdvořile **2** *(well)* inf dobře, fajn; **he's doing n.** vede si výborně; **the patient is doing n.** pacient se hezky zotavuje; **that will do n.** to zcela postačí, to úplně stačí; **that will suit me n.** to se mi výborně hodí **3** *(carefully)* přesně; *(distinguish* also*)* jemně

nice-looking ['naislukiŋ] adj hezký, pěkný; **a n.-looking man/ woman** fešák/ fešanda

nicety ['naisəti] n **1** *(subtlety)* finesa, jemnost ♦ **to a n.** velmi přesně, inf na chlup přesně **2 niceties** jemné rozdíly; **the niceties of meaning** jemné významové rozdíly

niche [ni:š] n výklenek, nika; fig **find one's n.** *(in life)* najít si uspokojivé zaměstnání

Nick [nik] dimin of **Nicholas**; **Old N.** lucifer, satan, rohatý, ďábel

nick$_1$ [nik] n **1** *(notch)* vroubek, vrub, zářez; *(on crockery)* otlučené místo; *(on skin)* říznutí ♦ **in the n. of time** na or v poslední chvíli, v pravou chvíli, v hodině dvanácté **2 be in good/ poor n.** inf být v dobrém/ špatném stavu ● vt **n. oneself** říznout se; **n. one's chin** říznout se na bradě

nick$_2$ [nik] n sl **the n.** basa, kriminál; **in the n.** v base ● vt sl **1 n. sb** *(arrest)* zabásnout koho **2** *(steal)* šlohnout, štípnout, votočit* all sl

nickel ['nikl] n **1** Chem nikl ■ **n. silver** alpaka **2** Amer pěticent, niklák

nickel-plated [nikl'pleitid] adj poniklovaný

nicker ['nikə(r)] n Br dated sl *(pound)* libra šterlinků; **ten n.** deset liber

nickname ['nikneim] n přezdívka ● vt přezdívat komu, dát přezdívku

nicotine ['nikəti:n] n nikotin ■ **n. poisoning** nikotinismus, otrava nikotinem

niece [ni:s] n neteř

niff [nif] n Br sl smrad, puch

niffy ['nifi] adj (**-ier, -iest**) Br inf smradlavý

nifty ['nifti] adj inf **1** *(tool)* šikovný, snadno ovladatelný, *(gadget)* důmyslný; *(person)* šikovný, obratný, zručný **2** *(smart)* švihácký **3** *(clever: idea)* šikovný, chytrý; **a n. piece of work** pěkná prácička

Niger ['naidžə(r)] n *(country, river)* Niger, *(country* also*)* Nigerská republika

Nigeria [nai'džiəriə] n Geog Nigérie

Nigerian [nai'džiəriən] n Nigerijec/ Nigerijka ● adj nigerijský

niggard ['nigəd] n skrblík, krkoun

niggardliness ['nigədlinəs] n see **niggardly** skrblictví, lakota

niggardly ['nigədli] adj *(mean)* lakotný, skoupý, skrblický; *(present)* ubohý, *(contribution)* mizivý, směšný, nepatrný; **be n. with sth** desetkrát něco v ruce obrátit

nigger ['nigə(r)] n offens inf negr ♦ **work like a n.** offens dřít jako mezek or otrok; **the n. in the woodpile** offens zakopaný pes, žába na prameni

niggle ['nigl] **I** vi párat se (**over sth** s čím); **n. over every detail** handrkovat se kvůli každému detailu **II** vt *(worry, annoy)* trápit, soužit

niggling ['nigliŋ] adj **1** *(petty: person)* hnidopišský, puntičkářský, malicherný; *(insignificant: details)* bezvýznamný, nicotný, malicherný; *(job)* jednotvárný, nezáživný **2** *(pain)* hlodavý, bodavý; *(question, doubt)* vtíravý ● n kverulantství

nigh [nai] adj arch **the end of the world is n.** blíží se konec světa

night [nait] n **1** noc; *(evening)* večer; **all n.** celou noc; **last n.** včera večer; **on Friday n.** v pátek večer; **at n.** v noci; **by n.** v noci, za noci; **Prague by n.** noční Praha; **day and n.** ve dne v noci, dnem i nocí; **Holy N.** svatá noc; **I don't sleep at n.** v noci nespím; **he woke up in the n.** v noci se vzbudil; **in the deep of the n.** uprostřed noci; **far into the n.** dlouho or hluboko do noci; **from morning till n.** od rána do večera; **late at n.** v pozdních nočních hodinách; **make a n. of it** prohýřit or slavit celou noc; **n. after n.** noc co noc; **put sb up for the n.** dát komu nocleh; **sit up all n.** prosedět celou noc např. u nemocného; **sleepless n.** bezesná noc; **spend the n. with sb** strávit s kým noc; **spend the n. dancing** protancovat noc; **starlit n.** hvězdnatá noc; **stay awake all n.**

probdít celou noc; **stay the n.** přespat, zůstat přes noc; **till late at n.** pozdě do noci; **under the cloak of n.** pod rouškou noci; **wedding n.** svatební noc; **white ~s** bílé noci; **woman of the n.** pouliční holka ■ **n. duty** noční služba; **n. flight** Aviat noční let; **n. porter** noční vrátný; **n. school** večerní škola; **n. shift** noční směna; **n. stick** Amer policejní obušek, pendrek 2 Theat večerní představení; **poetry n.** večer poezie; **first n.** premiéra

nightcap ['naitkæp] n fig sklenička před spaním

nightclothes ['naitkləuðz] n *(pyjamas)* pyžamo; *(nightdress)* noční košile

nightclub ['naitklab] n bar, noční klub

nightdress ['naitdres] n noční košile dámská nebo dětská

nightfall ['naitfo:l] n soumrak, setmění; **at n.** za soumraku

nightgown ['naitgaun] n = **nightdress**

nightie ['naiti] n inf noční košile

nightingale ['naitiŋgeil] n Orn slavík

nightjar ['naitdža:(r)] n Orn lelek lesní, inf kozodoj

nightlife ['naitlaif] n noční život

nightlight ['naitlait] n noční světlo

nightlong [nait'loŋ] adj celonoční

nightly ['naitli] adj 1 *(at night)* noční, *(in the evening)* večerní 2 *(every night)* každonoční/ každovečerní ● adv *(every night)* každou noc/ každý večer, noc co noc/ večer co večer

nightmare ['naitmeə(r)] n lit & fig noční můra, zlý sen; **it haunted him like a n.** tížilo ho to jako zlý sen or můra; **it's like a n.** je to jako zlý sen

nightmarish ['naitmeəriš] adj děsivý, hrůzný, strašidelný

night owl ['naitaul] n inf fig noční pták, noční sůva, noční flamendr

nights [naits] adv esp Amer v noci, po nocích; **work n.** pracovat po nocích

nightshade ['naitšeid] n Bot lilek; **deadly n.** rulík zlomocný

nightshirt ['naitšə:t] n noční košile

nightspot ['naitspot] n Amer noční podnik

night storage heater [nait'sto:ridž-hi:tə(r)] n akumulační kamna na noční proud

night-time ['naittaim] n noc; **at n.** v noci

night watchman [nait'wočmən] n (pl **-men**) noční hlídač

nihilism ['naiilizəm] n nihilismus

nihilistic [naii'listik] adj nihilistický

nil [nil] n 1 Sport nula; **they won three nil, they won three goals to nil** vyhráli tři nula 2 *(nothing)* nic

Nile [nail] n **the N.** řeka Nil

nimble ['nimbl] adj 1 *(agile: person)* mrštný, rychlý, hbitý, jako rtuť or šídlo; *(fingers)* šikovný, hbitý; **be very n. on one's feet** být velmi pohyblivý, být jako čamrda 2 *(skilful)* zručný, dovedný 3 *(mind)* bystrý ■ **nimbly** adv mrštně, svižně, hbitě

nimbleness ['nimblnəs] n see **nimble** svižnost, šikovnost, hbitost; zručnost, dovednost

nimbus ['nimbəs] n gloriola, nimbus, svatozář

nincompoop ['niŋkəmpu:p] n inf blbeček, pitomeček, hlava dubová, ňouma

nine [nain] adj devět; **n. students** devět studentů; **n. hundred** devět set; **n. times** devětkrát ♦ **have n. lives like a cat** mít tuhý život jako kočka, být nezmar; **be a n.-days wonder** mít jepičí úspěch ● n devítka ♦ **dressed up to the ~s** vyfintěný, oháknutý, vyšňořený (jako na svatbu), v plné parádě; **dress up to the ~s** hodit se do gala, vyparádit se

ninepins ['nainpinz] n *(game)* kuželky ♦ **go down like n.** padat jako hniličky or mouchy

nineteen [nain'ti:n] adj devatenáct; **n. times** devatenáctkrát ● n devatenáctka ♦ **she talks n. to the dozen** mele páté přes deváté, huba jí jen jede, stále jí jede klapačka

nineteenth [nain'ti:nθ] adj devatenáctý ♦ **the n. (hole)** joc Golf *(bar in clubhouse)* 'devatenáctá jamka', výčep v klubu ● n devatenáctý; *(fraction)* devatenáctina

ninetieth ['naintiəθ] adj *(in series)* devadesátý ● n devadesátý; *(fraction)* devadesátina

ninety ['nainti] adj devadesát; **n.-nine times out of a hundred** v devadesáti případech ze sta ● n devadesátka; **a man in his nineties** devadesátník

ninth [nainθ] adj devátý ● n devátý v pořadí; *(fraction)* devítina

Nip [nip] n offens Japončík

nip [nip] n 1 *(pinch)* štípnutí; *(bite)* kousnutí; **the dog gave me a nip on the leg** pes mě kousl do nohy 2 **there's a nip in the air today** dnes je tam mrazík 3 *(of alcohol)* kapka, sklenička, štamprle, inf frťan 4 Cook pikantní chuť ● v **(-pp-)** I vt 1 *(pinch)* štípnout; *(finger in a door)* uskřípnout; *(bite)* kousnout 2 Hort *(vine)* zaštipovat, *(shoots)* uštipovat ♦ **nip sth in the bud** zmařit co v zárodku 3 *(plants)* spálit or sežehnout mrazem; **the plants were ~ped** rostliny omrzly 4 Amer inf *(steal)* štípnout, šlohnout II vi *(go quickly)* **nip out** vyběhnout ven; **nip across** or **along** or **over to the shop** zaskočit do obchodu; **nip round** or **over to one's neighbour** skočit k sousedce, zajít na skok k sousedce; **nip round to the post office** doskočit na poštu III phr v ■**nip off** *I* vt *(twig)* odštípnout; *(with clippers)* odstřihnout *II* vi vyběhnout; **he ~ped off home** zaskočil si domů

nipper ['nipə(r)] n **1** inf *(small child)* klouček, klučina, *(girl)* holčička; **a little n.** (malý) špunt **2 ~s, a pair of ~s** štípačky

nipple ['nipl] n **1** Anat (prsní) bradavka **2** *(teat on feeding bottle)* dudlík k sání **3** Techn **(grease) n.** maznice

nippy ['nipi] adj (**-ier**, **-iest**) **1** Br inf *(quick)* rychlý; **a n. little car** šikovný auťáček, sl žihadlo; **look n.!** hni sebou! **2** *(chilly: weather)* mrazivý; **it's a bit n. today** dnes je tam mrazík, dnes tam přituhlo

nirvana [niə'va:nə] n Relig nirvána

nit$_1$ [nit] n Zool hnida

nit$_2$ [nit] n dated inf trouba, mamlas, blbeček, zabedněnec

niter ['naitə(r)] Amer = **nitre**

nit-pick ['nitpik] vi inf hledat na čem hnidy or vši, být puntičkář

nit-picker ['nitpikə(r)] n inf puntičkář, hnidopich, rýpal

nit-picking ['nitpikiŋ] adj inf hnidopišský, puntičkářský ● n hnidopišství

nitrate ['naitreit] n Chem dusičnan, nitrát; **cellulose n.** nitrocelulóza; **sodium n.** dusičnan sodný

nitration [nai'treišn] n Chem nitrace

nitre, Amer **niter** ['naitə(r)] n Chem ledek, dusičnan draselný

nitric ['naitrik] adj Chem **n. acid** kyselina dusičná; **n. oxide** kysličník dusnatý

nitrogen ['naitrədžən] n Chem dusík; **n. dioxide** kysličník dusičitý; **n. fertilizer** dusíkaté hnojivo

nitroglycerin(e) [naitrəu'glisərin] nitroglycerin

nitrous ['naitrəs] adj Chem dusitý, dusný; **n. acid** kyselina dusitá; **n. oxide** kysličník dusný, rajský plyn

nitty-gritty [niti'griti] n inf **get down to the n.-gritty** *(in a discussion)* přistoupit k jádru věci

nitwit ['nitwit] n inf trouba, blbeček, dutá hlava

no [nəu] adj **1** *(not any)* žádný; **no sensible person would ...** žádný rozumný člověk by ...; **I have no money** nemám peníze; **I have no children** nemám děti; **it's of no interest** to není zajímavé; **under no circumstances** za žádných okolností; **he's no good** není k ničemu; **on no account** za žádnou cenu **2** *(not a)* **I am no expert** já nejsem žádný odborník; **he is no genius** on není žádný génius; **you are no friend** ty nejsi žádný kamarád; **there is no such thing** nic takového neexistuje; **in no small way** v hojné míře, v nemalé míře; **no way!** inf v žádném případě **3** *(with gerund)* **there's no pleasing him** jemu se hned tak nezavděčíš; **there's no denying it** to se nedá popřít **4** *(in prohibitions)* **no parking** parkování zakázáno; **no right turn** zákaz odbočení vpravo ● adv **1** *(answer)* ne, nikoli; **do you like her? — no, I don't** líbí se ti? — ne, nelíbí; **no, you are wrong** ne, mýlíte se **2** *(with comp)* **no more than ...** ne víc než ...; **no less than ...** alespoň ...; **you are no better than me** ty nejsi o nic lepší než já; **it is no more expensive than ...** není to o nic dražší než ...; **I'm no fatter than you are** nejsem o nic tlustší než ty ● n (pl **noes**) záporný hlas, hlas proti, *(person)* osoba hlasující proti; **the noes have it** většina hlasů je proti

No, no abbr of **number** (pl **Nos, nos**) č., číslo

no-account [nəuə'kaunt] adj Amer inf bezvýznamný; *(no use)* jsoucí k ničemu

Noah ['nəuə] n Bibl Noe ♦ **N.'s ark** Noemova archa

nob$_1$ [nob] n inf esp Br lepší člověk; **the ~s** panstvo, lepší lidi, nóbl společnost, horních deset tisíc

nob$_2$ [nob] n inf *(head)* palice, kebule

nobble ['nobl] vt sl **1** *(racehorse: make lame)* zchromit, *(drug)* nadrogovat **2** *(bribe: judge* etc) podplatit, podmáznout **3** *(catch: criminal)* chytit, čapnout **4** *(get dishonestly)* štípnout, čmajznout

Nobel [nəu'bel] n **N. prize** Nobelova cena ■ **the N. prizewinners** laureáti Nobelovy ceny

nobility [nəu'biləti] n šlechta, aristokracie; fig **n. of mind** ušlechtilost ducha

noble ['nəubl] adj **1** *(aristocratic)* urozený, šlechtický; **be of n. descent** být šlechtického původu **2** *(mind, sentiments, ideals)* ušlechtilý; *(person* also*)* šlechetný; *(gesture)* velkorysý; *(deed)* krásný; *(brave: resistance, feat)* hrdinský; **it was n. of you** bylo to od vás krásné **3** *(building)* impozantní, vznosný ● n *(person)* Hist šlechtic, aristokrat; **the ~s** šlechta

nobleman ['nəublmən] n (pl **-men**) šlechtic, aristokrat, pán

noblewoman ['nəublwumən] n (pl **-women** [-wimin]) šlechtična, aristokratka

nobly ['nəubli] adv **1** *(aristocratically)* **n. born** urozený **2** *(finely)* šlechetně, ušlechtile; *(bravely)* hrdinně; *(splendidly)* báječně; *(selflessly)* velkoryse **3** *(impressively)* impozantně, vznosně

nobody ['nəubədi] pron nikdo; **n. else** nikdo jiný; **n. knew about it** nikdo o tom nevěděl ♦ **it's n.'s business** nikomu po tom nic není; **it hurts like n.'s business** inf bolí to jako čert; **scream like n.'s business** řvát jako pominutý; **he is n.'s fool** není žádný hlupák, na toho si nikdo nepřijde ● n nula, páté kolo u vozu, nicka; **he is a n.** on je učiněná nula

no-claims [nəu'kleimz] adj **no-claims bonus** Ins bonus, sleva na pojistném za bezeškodní průběh pojištění

nocturnal [nok'tə:nl] adj *(visit, birds)* noční

nocturne ['noktə:n] n Mus nokturno

nod [nod] n **1** *(signal)* kývnutí (hlavou), *(in agreement)* přikývnutí, znamení or pokyn hlavou; **she gave me a nod** kývla hlavou na pozdrav, pozdravila mne kývnutím hlavy; **answer with a nod** přikývnout na souhlas **2** fig **a nod is as good as a wink (to a blind man** or **horse)** chytrému napověz, hloupého trkni; *(the proposal went through)* **on the nod** inf hladce, jednohlasně, bez velké diskuse **3** *(nap)* krátký spánek, šlofík ♦ **the Land of Nod** inf *(sleep)* říše snů, hajany; **go to the Land of Nod** jít do hajan ● v **(-dd-)** **I** vi **1** *(person)* (při)kývnout, (za)kývat hlavou, pokývnout; *(in greeting)* pozdravit kývnutím hlavy; **nod (in agreement)** (při)kývnout na souhlas; **he ~ded without saying a word** mlčky přikývl; **he ~ded to me to leave the room** dal mi znamení hlavou, abych odešel z místnosti **2** *(flowers)* kývat se, *(crops)* kývat se, kolébat se ve větru; *(plumes* also*)* pohupovat se **3** *(doze)* podřimovat, klímat, inf tlouct špačky; **he was ~ding over a book** podřimoval nad knihou ♦ **catch sb ~ding** přistihnout koho při nepozornosti; **even Homer can nod** chybovat je lidské, i mistr tesař se utne **II** vt **nod one's head** přikývnout hlavou **(in agreement** na souhlas); **nod one's agreement** přikývnout hlavou na souhlas; **nod a greeting** přikývnout na pozdrav, pozdravit přikývnutím **III** phr v ■ **nod off** vi usnout, zdřímnout si; **he is ~ding off** padá mu hlava

nodal ['nəudl] adj Anat uzlový, nodální; fig *(point)* uzlový

nodding ['nodiŋ] adj **have a n. acquaintance with sb** znát se s kým od vidění

noddle ['nodl] n inf palice, makovice, kokos, hlava neutr; **use your n.** namáhej si trochu mozek

node [nəud] n **1** Astron, Elec, Math uzel **2** Anat uzlina, ganglie **3** Bot uzlina, nodus

nodular ['nodjulə(r)] adj uzlovitý

nodule ['nodju:l] n uzlík; Med nodulus, uzlinka; Bot kolénko; Geol hlíza, pecka, konkrece

noggin ['nogin] n **1** *(measure)* ≅ 0,15l; *(alcoholic drink)* inf ≅ deci, decák **2** inf *(head)* hlava, kebule, kokos

no-go area [nəu'gəueəriə] n uzavřená or zakázaná oblast pro policii ap.

no-hoper [nəu'həupə(r)] n ztracený případ, zkrachovaná existence

nohow ['nəuhau] n inf nikterak, vůbec ne

noise [noiz] n **1** gen hluk; **a crackling n.** praskání, šramocení; **a hissing n.** syčení; **a hammering n.** bušení kladivem; **background ~s** zvuková kulisa ■ **n. level** hlučnost, hladina hluku; **n. prevention** boj s hlukem **2** *(din)* halas, rámus, kravál; *(shouting)* křik, povyk; **it's enough n. to bring the house down** je tu křiku jako na jarmarku; **make a lot of n.** rámusit, dělat rámus **3** Rad, TV rušení, šum; Communications šum **4** **~s** inf **make ~s about sth** naznačovat něco; **he made polite ~s about my book** zdvořile mi pochválil knihu **5** **make a (lot of) n. about sth** nadělat kolem čeho (velký) rozruch, nadělat kolem čeho moc řečí **6** inf **a big n.** velké zvíře, hlavoun ● phr v ■ **noise sth about** or **abroad** dated or fml rozhlašovat něco, rozkřikovat něco

noiseless ['noizləs] adj nehlučný, tichý, bezhlučný ■ **~ly** adv tiše, potichu, nehlučně

noiseproof ['noizpru:f] adj zvukově izolovaný, odhlučněný

noisily ['noizili] adv hlučně, hřmotně, halasně

noisiness ['noizinəs] n *(being noisy)* hlučnost, halasnost; *(noise)* rámus, hluk, *(shouting)* křik, povyk

noisome ['noisəm] adj fml *(smell)* odporný; *(noxious)* zdraví škodlivý

noisy ['noizi] adj **(-ier, -iest)** **1** hlučný, *(voice* also*)* hřmotný, *(laughter, crowd, publicity* also*)* halasný; *(children* also*)* ukřičený; *(machine* also*)* rámusivý, (h)lomozný, *(music)* ryčný; **a n. child** křikloun, řvoun; **the children are very n.** děti dělají velký rámus **2** fig *(colour)* křiklavý, řvavý

nomad ['nəumæd] n kočovník, nomád

nomadic [nəu'mædik] adj kočovný, kočovnický, nomádský; **n. life** kočovný život

no-man's-land ['nəumænzlænd] n lit & fig země nikoho

nom de plume [nomdə'plu:m] n (pl **noms de plume**) [nomdə'plu:m]) n pseudonym

nomenclature [nəu'meŋkləčə(r)] n nomenklatura

nominal ['nominl] adj **1** nominální; *(value)* jmenovitý **2** *(rent, fee, sum)* symbolický, zanedbatelný, formální ■ **~ly** adv nominálně

nominate ['nomineit] vt **1** *(propose; as candidate)* nominovat, navrhnout, kandidovat **2** *(appoint: to an office)* jmenovat; *(player)* postavit **3** *(date, venue of event* etc*)* stanovit, určit

nominative ['nomənətiv] n nominativ, první pád ● adj nominativní

nominee [nomi'ni:] n **1** *(proposed)* kandidát **2** *(appointed)* designovaná osoba

non- [non-] pref ne-

nonagenarian [nəunədžə'neəriən] adj devadesátník

nonaggression [nonə'grešn] n neútočení ■ **n. pact** pakt o neútočení

nonalcoholic [nonælkə'holik] adj nealkoholický, lihuprostý

nonaligned [nonə'laind] adj Pol *(country)* neangažovaný or nezúčastněný (v politických blocích), neutrální

nonalignment [nonə'lainmənt] n Pol neangažovanost (v politických blocích), neutrálnost

nonattendance [nonə'tendəns] n neúčast, absence (**at lectures** na přednáškách)

nonbeliever [nonbi'li:və(r)] n Relig nevěřící, nevěrec

nonbreakable [non'breikəbl] adj nerozbitný

nonce word ['nonswə:d] n příležitostné slovo

nonchalance ['nonšələns] n nonšalance, nenucenost; *(slovenliness)* nedbalost, ledabylost

nonchalant ['nonšələnt] adj nonšalantní, nenucený; *(slovenly)* nedbalý, ledabylý

noncombatant [non'kombətənt] adj nebojující, neválčící ● n nebojující osoba, osoba neúčastnící se boje

noncommissioned [nonkə'mišnd] adj Mil **n. officer** poddůstojník

noncommittal [nonkə'mitl] adj *(answer)* vyhýbavý, nezávazný; *(speech)* k ničemu se nezavazující ■ **~ly** adv nezávazně, vyhýbavě

nonconductor [nonkən'daktə(r)] n Elec nevodič

nonconformism [nonkən'fo:mizəm] n nonkonformismus

nonconformist [nonkən'fo:mist] n nonkonformista

noncontributory [nonkən'tribjutəri] adj *(pension scheme)* placený zaměstnavatelem

nondelivery [nondi'livəri] n nedodání, *(of mail)* nedoručení

nondenominational [nondinəmi'neišnl] adj přístupný lidem různého vyznání

nondescript ['nondiskript] adj *(taste)* nijaký, ani takový ani makový; *(person, music)* tuctový

none [nan] pron nikdo/ nic, žádný; **n. of the girls/ books** žádná z děvčat/ knih; **n. of it is mine** nic z toho mi nepatří; **it's n. of your business** po tom or do toho ti nic není, nepleť se do toho; **he would have n. of it** nechtěl o tom ani slyšet; **be second to n. at doing sth** umět něco jako žádný jiný; **he is second to n. at maths** v matematice si s nikým nezadá; **n. of your crafty tricks!** žádné chytračení!; **n. other than ...** nikdo menší než ... ● adv **be n. the wiser** být stejně chytrý jako předtím; **it's n. too pleasant** není to nijak příjemné; **he's n. the worse for it** nijak mu to neuškodilo

nonentity [no'nentəti] n *(person)* nicka, (učiněná or úplná) nula

nonet [nəu'net] n Mus nonet

nonetheless [nanðə'les] adv nicméně, přece

non-event [noni'vent] n neúspěch, fiasko, nezdar

nonexistent [nonig'zistənt] adj neexistující

nonfiction [non'fikšn] n (populárně) naučná literatura ● adj nebeletristický, (populárně) naučný

noninterference [nonintə'fiərəns], **nonintervention** [nonintə'venšn] n Pol nevměšování

nonmember [non'membə(r)] n nečlen

no-nonsense [nəu'nonsəns] adj *(approach, person)* praktický, střízlivý, věcný

nonparty [non'pa:ti] adj bezpartijní, nestranický, *(candidate)* nezávislý

nonpayment [non'peimənt] n neplacení, nezaplacení

nonperson ['nonpə:sn] n neexistující osoba bez občanských práv, např. disident

nonplussed [non'plast] adj zmatený, vyvedený z míry, překvapený, zaražený

nonproductive [nonprə'daktiv] adj nevýrobní

non-profitmaking [non'profitmeikiŋ], Amer usu **nonprofit** [non'profit] adj nevýdělečný, neziskový

nonproliferation [nonprəulifə'reišn] n nešíření (**of nuclear weapons** atomových zbraní)

nonresident [non'rezidənt] adj *(pupil)* externí; *(porter* etc*)* nebydlící v domě

nonreturnable [nonri'tə:nəbl] adj *(bottle, container)* nevratný

nonsense ['nonsəns] n **1** *(absurdity)* nesmysl, hloupost, absurdnost; **talk n.** mluvit nesmysly; **it is n. to say that ...** je nesmyslné tvrdit, že ... **2** *(foolish behaviour)* hlouposti, pošetilé chování; **he'll stand no n. from anybody** nejsou s ním žádné žerty, s ním si není radno zahrávat ● interj **n!, stuff and n.** nesmysl!, blbost!, houby (s octem)!

nonsensical [non'sensikl] adj nesmyslný, absurdní, *(sentence* etc also*)* nedávající smysl ■ **~ly** adv absurdně, nesmyslně

nonshrink [non'šriŋk] adj nesrážlivý

nonsmoker [non'sməukə(r)] n *(person)* nekuřák; Rail *(compartment)* nekuřácké oddělení

nonstarter [non'sta:tə(r)] n **1** Horseracing nestartující kůň **2** fig inf **be a n.** *(project* etc*)* být předem odsouzený k neúspěchu, nemít vyhlídky na úspěch, *(person)* být předem ztracený případ

nonstick [non'stik] adj *(frying pan)* teflonový

nonstop [non'stop] adj *(flight)* přímý, nonstop, *(train* also*)* jedoucí bez zastávky ● adv *(talk* etc*)* stále, nepřetržitě, nonstop, inf v jednomu kuse; **fly n.** letět přímo or nonstop

nonswimmer [non'swimə(r)] n neplavec

nontaxable [non'tæksəbl] adj nepodléhající dani, nezdanitelný

nontoxic [non'toksik] adj netoxický

noodle ['nu:dl] n **1** Cook usu pl **~s** nudle ■ **n. soup** nudlová polévka **2** fig dated *(fool)* hlupák, trouba **3** inf *(head)* palice, kebule; **use your n.** inf namáhej si trochu závity

nook [nuk] n kout, koutek; **secluded n.** odlehlý kout; **search every n. and cranny** prohledat všechny kouty, prohledat každou skulinku

noon [nu:n] n poledne; **at n.** v poledne; **until n.** až do dvanácti; **at the stroke of n.** úderem dvanácté

noonday ['nu:ndei], **noontide** ['nu:ntaid] n poledne; **be as clear as n.** být nad slunce jasnější ■ **the n. sun** polední slunce

no-one ['nəuwan] pron nikdo; see **nobody**

noose [nu:s] n smyčka; **the (hangman's) n.** oprátka; **tighten a n.** utáhnout smyčku ♦ **escape the n.** uniknout oprátce

nope [nəup] interj inf ne!

nor [no:(r)] conj ani; **neither ... nor** ani ... ani; **neither Peter nor Paul** ani Petr ani Pavel; **look neither left nor right** neohlížet se ani nalevo ani napravo; *(he will not go)* **nor will you** a ty také ne ♦ **have neither rhyme nor reason** nemít ani hlavu ani patu

Nordic ['no:dik] adj *(Scandinavian)* skandinávský; *(race, features)* nordický

norm [no:m] n norma

normal ['no:ml] adj normální, obvyklý; **within n. limits** v mezích normálu ● n **1** *(usual state, standard* etc*)* normál; **his temperature is above/ below n.** má zvýšenou/ sníženou teplotu; **things are again back to n.** všechno je zase jako předtím **2** Geom normála

normality [no:'mæləti] n normálnost

normalization [no:məlai'zeišn] n normalizace, normalizování

normalize ['no:məlaiz] vt normalizovat (**diplomatic relations** diplomatické styky)

normally ['no:məli] adv normálně, obyčejně

Norman ['no:mən] n **1** Hist Norman/ -ka **2** *(a native of Normandy)* Normanďan/ -ka **3** Ling normandské nářečí, normanština ● adj **1** Hist normanský; **the N. Conquest** Normanský zábor **2** Geog normandský

Normandy ['no:məndi] n Geog Normandie

normative ['no:mətiv] adj normativní

Norse [no:s] n also **Old N.** stará norština ● adj Hist skandinávský, severský, nordický

Norseman ['no:smən] n Hist (pl **-men**) Viking

north [no:θ] n **1** sever; **in the n.** na severu; **from the n.** ze severu; **to the n. of** severně od, na sever od; **from n. to south** od severu k jihu **2 the N.** *(of England/ Moravia* etc*)* sever, Severní Anglie/ Morava etc ● adj severní; **the N. Pole** severní pól, severní točna; **a n. wind** severák; **N. America** Severní Amerika; **N. American** severoamerický; **the North Country** Br Severní Anglie; **N. Sea** Severní moře ● adv *(towards the n.)* směrem na sever; **n. of** severně od, na sever od; **face n.** být obrácen na sever

northbound ['no:θbaund] adj *(carriageway)* vedoucí k severu or na sever, *(train)* jedoucí na sever

northeast [no:θ'i:st] n severovýchod; **in the n.** na severovýchodě; **to the n.** na severovýchod

northeasterly [no:θ'i:stəli] adj severovýchodní ● n *(wind)* severovýchodní vítr

northeastern [no:θ'i:stən] adj *(provinces)* severovýchodní, na severovýchodě

northerly ['no:ðəli] adj *(wind, direction)* severní; **in a n. direction** severním směrem

northern ['no:ðən] adj *(hemisphere, wind)* severní; **the n. lights** severní polární záře

Northerner ['no:ðənə(r)] n osoba pocházející ze severu, obyvatel severní části země, seveřan

northernmost ['no:ðənməust] adj *(land)* nejsevernější

northward ['no:θwəd] adj also **~ly** *(direction)* jdoucí směrem na sever ● adv also **~s** směrem na sever

northwest [no:θ'west] n severozápad; **to**

the n. na severozápad ● adj severozápadní ● adv severozápadně; **n. of** severozápadně od

northwesterly [no:θ'westəli] adj severozápadní ● n *(wind)* severozápadní vítr

northwestern [no:θ'westən] adj *(frontier, territory)* severozápadní

Norway ['no:wei] n Norsko

Norwegian [no:'wi:džən] adj norský ● n **1** *(person)* Nor/ -ka **2** *(language)* norština

nose [nəuz] n **1** Anat nos; *(of animal)* čenich, čumák, *(of pig)* rypák; **aquiline** or **hooked n.** orlí nos; **parson's n.** biskup u drůbeže; **pug n.** tupý nos; **blow one's n.** vysmrkat se; **have a runny n.** mít rýmu, inf mít svíčku u nosu; **his n. is bleeding** teče mu z nosu krev; **hold one's n.** zacpávat si nos; **pick one's n.** dloubat se v nose; **press one's n. against a windowpane** přimáčknout nos k oknu; **speak through one's n.** huhňat, mluvit nosem; **the tip of one's n.** špička nosu; **thrust sth under sb's n.** strčit co komu pod nos ■ **n. bone** nosní kost; **n. job** plastická operace nosu ♦ **cut off one's n. to spite one's face** fig řezat do vlastního masa; **follow one's n.** jít přímo za nosem; **he can't see beyond the end of his n.** nevidí si na špičku nosu; **he has always got his n. in books** stále leží v knihách; **it's as plain as the n. on your face** je to jasný* jako facka; **it's right under your n.** máš to přímo před nosem; **lead sb by the n.** vodit koho za nos; **look down one's n. at sb** dívat se na koho spatra or svrchu; **make sb pay through the n.** vzít koho na hůl, natáhnout koho; **pay through the n.** platit jak mourovatý; **poke one's n. into other people's affairs** strkat nos do cizích záležitostí; **put sb's n. out of joint** převézt koho; **that put his n. out of joint** způsobilo to na něho jako studená sprcha; **rub sb's n. in sth** inf dát komu co sežrat inf, fig; **thumb one's n. at sb** udělat na koho dlouhý nos; **turn up one's n. at sth** ohrnovat nad čím nos **2** *(sense of smell)* čich ♦ **have a (good) n. for sth** mít na co (dobrý) čich **3** *(of wine)* buket, aróma, vůně **4** *(of car, aircraft)* předek; *(of ship)* příď; **n. to tail** *(of cars)* nárazník na nárazník ● **I** vi (vt) **the ship ~d (her way) through the fog** loď se pomalu posunovala v mlze **II** phr vs ■ **nose about** or **around** vi čenichat, *(person also)* slídit ■ **nose out** vt vyčenichat; *(of person* also*)* vyslídit

nosebag ['nəuzbæg] n *(for horse)* obročnice, pytlík na obrok který se zavěšuje koni na hlavu

nosebleed ['nəuzbli:d] n krvácení z nosu; **have a n.** krvácet z nosu

nosedive ['nəuzdaiv] n **1** Aviat střemhlavý let, let střemhlav; *(person)* **take a n.** *(fall)* plácnout sebou jak dlouhý tak široký, políbit matičku zemi **2** *(of prices, popularity)* prudký pokles ● vi letět střemhlav; *(prices)* prudce poklesnout

nosegay ['nəuzgei] n kytička, kytka

nosey ['nəuzi] adj see **nosy**

Nosey Parker [nəuzi'pa:kə(r)] n zvědavec, všetečný člověk; **be a right N. P.** být zvědavý jako stará bába, do všeho strkat nos

nosh [noš] n Br, Austr inf *(food)* bašta, žrádlo, žrádýlko ● vi esp Br inf baštit, ládovat se

nosh-up ['nošap] n esp Br inf *(large meal)* žranice

nostalgia [no'stældžə] n nostalgie, stesk

nostalgic [no'stældžik] adj nostalgický, rozlítostněný, tesklivý, sladkobolný; **feel n.** cítit stesk ■ **~ly** adv nostalgicky, tesklivě

nostril ['nostrəl] n Anat nosní dírka, nozdra

nosy, nosey ['nəuzi] adj (**-ier, -iest**) inf zvědavý, všetečný

not [not] adv **1** *(after verb)* ne-; **he's not here** není tu; **I did not hear you** neslyšel jsem tě **2** *(instead of a clause)* ne; **I hope not** doufám, že ne; **I believe not** věřím, že ne; domnívám se, že ne **3** *(to indicate a negative alternative)* **are you going or not?** jdeš nebo ne? **4** emph **not I** já ne; **not any more** už ne; **not one of them** ani jeden z nich; **not yet** ještě ne; **not a chance** ani pomyšlení; **not a single one** ani jediný; **not again!** už zase?; **not him!** kdepak on!; **not at all** vůbec ne; **not likely** sotva, stěží; **not in the least** ani v nejmenším

notable ['nəutəbl] adj *(person)* vynikající, význačný, významný; *(event)* pamětihodný; *(achievement)* pozoruhodný; *(difference)* značný ■ **notably** adv zejména ● n významná osobnost, notábl, hodnostář; **~s** honorace

notary ['nəutəri] n **n. (public)** notář

notation [nəu'teišn] n notace; **musical n.** notový záznam

notch [noč] n **1** *(cut)* zářez, vroubek, zoubek **2** *(grade of excellence)* **be a n. above the others** být o třídu lepší než ostatní ● **I** vt udělat vrub or zářez na čem **II** phr v ■ **notch sth up** fig *(victory)* dosáhnout čeho, *(record, title)* získat

note [nəut] n **1** *(written record)* poznámka; **take** or **make ~s** dělat si poznámky; **make a n. of sth** poznamenat si co; **compare ~s** vyměnit/ vyměňovat si zkušenosti or dojmy **2 a)** *(short letter)* poznámka, krátký dopis; **a n. of thanks** děkovný dopis **b)** *(formal communication: diplomatic)* nóta; **sick n.** neschopenka **c) promissory n.** úpis, dluhopis, **delivery n.** dodací list; **credit n.** dobropis **d) n. in the margin** poznámka na okraj(i) 3 *(banknote)* bankovka; **a five-pound n.** pětilibrová bankovka, pětilibrovka 4 *(notice)* **take n. of sth** vzít co v úvahu, povšimnout si čeho; **take no n. of sth** nebrat co v úvahu; **worthy of n.** hodný povšimnutí, pozoruhodný 5 *(importance)* **a man of n.** významný člověk; **a scientist of some n.** eminentní vědec 6 Mus nota; *(piano key)* klávesnice ♦ fig **strike a false n.** udeřit na špatnou strunu 7 *(tone)* tón; **the highest n.** nejvyšší tón ● **I** vt 1 *(observe, notice)* povšimnout si (**sth** čeho; **that ...** že ...); *(mention)* poznamenat; **it was ~d by everyone** povšimli si toho všichni 2 *(write down)* **n. (down)** zaznamenat si, poznamenat si **II** phr v ■ **note sth down** poznamenat si něco

notebook ['nəutbuk] n 1 zápisník, notes 2 Comput notebook, lehký přenosný počítač

noted ['nəutid] adj **be n. for sth** být pověstný or vyhlášený čím

notepad ['nəutpæd] n blok

notepaper ['nəutpeipə(r)] n dopisní papír

noteworthy ['nəutwə:ði] adj pozoruhodný

nothing ['naθiŋ] pron 1 *(not anything)* nic; **absolutely n.** dočista nic; **n. serious** nic vážného; **n. at all** zhola nic; **n. else** jinak nic; **n. special** nic zvláštního; **I've had n. to eat** nic jsem nejedl; **he said n. further** nic jiného neřekl; **he knows n. about the world** neví nic o světě 2 *(phrases)* **as if n. had happened** jako by se nechumelilo; **be good for n.** být k nepotřebě; **be n. but skin and bone** být kost a kůže; **buy sth for next to n.** koupit co za babku or facku; **come to n.** neuskutečnit se, zvrtnout se, padnout; **for next to n.** *(buy)* za babku or pakatel; **for n.** zdarma; **get n. for one's pain** odejít s nepořízenou; **have n. to do** mít dlouhou chvíli, nemít co dělat; **have n. better to do** nemít nic jiného or lepšího na práci; **have n. to call one's own** být učiněný žebrák; **have n. to eat** nemít co jíst, inf, expr nemít co do huby; **have n. to lose** nemít co ztratit; **I have n. to do with it** já nic, já muzikant; nemám s tím nic společného; **it's n. less than a crime** je to úplný or prostě zločin; **it's next to n.** to je jako nic; **it's n. to write home about** není to nic zvláštního; **it will come to n.** nebude z toho nic; **n. but ...** pouze ..., jenom ...; **n. could be easier** nemůže být nic snadnějšího; **n. doing!** nic naplat, nedá se nic dělat; **n. of the sort** nic takového; **n. of importance** nic důležitého; **n. will come of it** z toho nic nebude; **that's n. but lies** to jsou jen samé lži; **there's n. to it** to je hračka, to není žádné umění, to je snadné; **there's n. to be done** nic naplat, nedá se nic dělat; **you have n. to complain about** nemáte si nač stěžovat; **he wants for n.** nic mu neschází, nic nepostrádá ● n 1 Math nula 2 *(trifle)* nic, maličkost; **it's a mere n. to you** pro tebe je to maličkost ● adv **n. like that** nic takového; **it's n. like a house** to vůbec nevypadá jako dům; **it's n. like as good as ...** není to zdaleka tak dobré, jako ...

nothingness ['naθiŋnəs] n nicota; **stare out into n.** hledět do prázdna

notice ['nəutis] n 1 *(public)* vyhláška, oznámení, zpráva, upozornění; **death n.** smuteční oznámení, parte; **obituary n.** nekrolog ■ **n. board** vývěsní tabule, inf vývěska, nástěnka, informační panel 2 *(warning)* výstraha, upozornění; *(sign)* cedule, nápis; **at short n.** v krátké lhůtě; **at very short n.** v šibeničním termínu; **until further n.** až do odvolání 3 *(formal notification: prior to leaving employment* etc*)* výpověď; **hand in one's n.** *(of employee)* dát výpověď; **give sb n.** *(of employer, landlord* etc*)* dát komu výpověď; **be given n.** dostat výpověď; **be dismissed without n.** být na hodinu propuštěn 4 *(attention)* povšimnutí; **attract n.** upoutat pozornost; **bring sth to sb's n.** upozornit koho na co; **it has come to my n. that ...** doslechl or dozvěděl jsem se, že ...; **it escaped his n.** ušlo mu to, nevšiml si toho; **sit up and take n.** zírat; **take n. of sth** povšimnout si čeho; **take no n. of sth** nevšímat si čeho, nedbat or nedat na co; **he takes no n. of what people say** nedbá na lidské řeči; **be worthy of n.** stát za povšimnutí 5 *(review)* krátká recenze, anotace ● vt (po)všimnout si koho/čeho, zpozorovat, registrovat, vzít v úvahu; **I haven't ~d anything** ničeho jsem si nevšiml; **she wants to be ~d** chce upoutat pozornost

noticeable ['nəutisəbl] adj patrný, znatelný, pozorovatelný; *(visible)* viditelný; *(obvious)* zřejmý, očividný, vůčihledný; *(striking)* markantní; **a n. change** viditelná změna ■ **noticeably** adv patrně, znatelně, vůčihledně; **not noticeably** nijak zvlášť

notifiable ['nəutifaiəbl] adj *(disease)* podléhající ohlašovací povinnosti

notification [nəutifi'keišn] n cf **notify** oznámení, ohlášení, uvědomění, avízo

notify ['nəutifai] vt (pt & pp **-fied**) **n. sb of sth, n. sth to sb** *(report)* (o)hlásit komu co, *(inform)* informovat or zpravit or uvědomit koho o čem, sdělit or oznámit komu co; **n. the authorities of sth** hlásit co úřadům

notion ['nəušn] n **1** *(idea)* myšlenka, nápad; *(concept)* pojem, koncept; *(conception)* pojetí, koncepce, představa; *(opinion)* názor; *(vague idea)* dojem, ponětí, potucha; **I had a n. that ...** měl jsem dojem, že ...; **where did you get the n. that I didn't like you** co tě vedlo k domněnce, že tě nemám rád; **that's not my n. of friendship** já mám jinou představu o tom, co je přátelství **2** *(whim)* nápad, chuť, nutkání; **a stupid n.** hloupý nápad; **get a n. to do sth** dostat chuť něco udělat **3 ~s** pl dated or Amer *(haberdashery)* galanterie

notional ['nəušnl] adj **1** *(hypothetical: eg figures)* předpokládaný, hypotetický; *(symbolic: payment, price)* nominální, symbolický **2** *(imaginary)* imaginární; Phil spekulativní **3** Ling *(word)* plnovýznamový **4** Amer *(fanciful)* vysněný, neskutečný

notoriety [nəutə'raiəti] n neblahá or smutná proslulost

notorious [nəu'to:riəs] adj neblaze or smutně proslulý, nechvalně známý; *(criminal, liar, alcoholic)* notorický; **a n. customer** fig vyhlášená or známá firma, výlupek všech špatností, povedený ptáček; **it is a n. fact that ...** je bohužel dobře or notoricky známo, že ... ■ **~ly** adv notoricky; **be ~ly slow** být nechvalně známý svou pomalostí

notwithstanding [notwiθ'stændiŋ] prep přes, nehledě na, vzdor or navzdory čemu ● adv nicméně, přese všecko, přesto ● conj **n. that ...** navzdory tomu, že ..., ačkoliv ..., třebaže ...

nougat ['nu:ga:] n nugát

nought [no:t] n **1** *(number)* nula; **n. point four** nula celá čtyři 0,4 ♦ **~s and crosses** mlýnek dětská hra **2** fml *(nothing)* nic; **come to n.** neuskutečnit se; **bring to n.** zmařit

noun [naun] n Ling substantivum, podstatné jméno; **proper/ common n.** vlastní/ obecné jméno; **masculine/ feminine n.** maskulinum/ femininum ■ **n. phrase** nominální or jmenná fráze

nourish ['nariš] vt **1** lit *(person)* živit, vyživovat, *(plant, tissue* etc also*)* dodávat výživu čemu **2** fig *(hope)* chovat

nourishing ['narišiŋ] adj výživný, *(soup* also*)* silný; **cook n. food** vařit výživně

nourishment ['narišmənt] n výživa, jídlo; **refuse all n.** odmítat potravu; fig **intellectual n.** duševní potrava or strava

nous [naus] n Br inf zdravý (selský) rozum, filip, důvtip

nouveau riche [nu:vəu'ri:š] n (pl **~x ~s** [nu:vəu'ri:š]) zbohatlík, parvenu

Nov abbr of **November** list., listopad

nova ['nəuvə] n (pl **~s** or **novae** [-vi:]) nova hvězda

Nova Scotia [nəuvə'skəušə] n Nové Skotsko

novel$_1$ [novl] n román; **a n. by ...** román od ...

novel$_2$ [novl] adj originální, původní, neotřelý

novelette [novə'let] n **1** *(long story)* novela **2** *(inferior novel)* románek, limonáda

novelist ['novəlist] n romanopisec, prozaik

novelistic [novə'listik] adj románový

novella [nəu'velə] n novela

novelty ['novlti] n **1** *(newness)* novost; *(originality)* originalita, původnost **2** *(innovation)* novinka, novum; **it is a n.** je to něco nového **3** *(trinket)* inf drobnůstka, hračička

November [nəu'vembə(r)] n listopad; see also **May**

novice ['novis] n Eccl novic; fig *(beginner)* začátečník, adept

novocaine TM ['nəuvəukein] n novokain

now [nau] adv **1 a)** *(at this moment)* teď, nyní, právě; **just now** právě teď, zrovna teď; **right now** momentálně; **they are having their lunch just now** právě obědvají; **any day now** v těchto dnech; **any minute now** každou chvíli, co nevidět; **it's all the rage now** teď se to nosí, teď to letí; **where on earth are you going now?** kampak zas jdeš? **b)** *(immediately)* hned; **here and now** okamžitě; **can you do it now?** můžete to udělat hned?; **it's now or never** teď, anebo nikdy **c)** *(already)* už; **I'm going to bed now** já (už) jdu spát; **I must fly now** já už musím letět; **we are out of the woods now** už je to za námi **2** *(after prep)* **as from now** od této chvíle; **by now** touto dobou, už; **for now** momentálně; **from now on** od této chvíle, nadále, napříště, od nynějška; **up to now** dosud, posud; **our experience up to now** naše dosavadní zkušenost; **he must be at home by now** už musí být doma; **good bye for now** zatím sbohem, tak sbohem **3** *(nowadays)* nyní, v dnešní době, dnes **4** *(introducing a statement)* **now the next thing he did was ...** a další co udělal, bylo ...; **now you've made your mark** ty ses ale vyznamenal; **now be quiet for a while** buď přece chvíli ticho; **now you are talking** to si dám líbit **5** *(phrases)* **every now and then** každou chvíli; **now and again, now and then** čas od času, časem, občas, tu a tam; **now ... now** jednou ... jednou, hned ... hned; **now, now!** *(stop shouting)* no no, no tak ● conj **now (that)** teď když; **now that you mention it** teď, když se o tom zmiňujete

nowadays ['nauədeiz] adv teď, dnes,

v dnešní době, v současné době, nyní, v nynější době

nowhere ['nəuweə(r)] adv **1** *(in no place)* nikde; **she is n. to be found** není k nalezení; **he has n. to live** nemá kde být **2** *(to no place)* nikam; **n. else** nikam jinam; **get n. with sb** neuspět or nepochodit u koho; **he has n. to go** nemá kde hlavu složit ♦ **get n. in the race** neumístit se v závodě **3 n. near** zdaleka ne; **n. near full** zdaleka ne plný ● pron **from n.** odnikud; *(he appeared)* **as if from n.** jako by z nebe spadl, jako by ze země vyrostl, z čista jasna, kde se vzal tu se vzal; **in the middle of n.** v pustině, kde dávají lišky dobrou noc

noxious ['nokšəs] adj *(gas* etc*)* škodlivý; *(influence)* neblahý

nozzle ['nozl] n tryska, hubice

Nr Amer abbr of **Number** číslo

nr abbr of **near** blízko

NSB [enes'bi:] Br abbr of **National Savings Bank** státní spořitelna

NSPCC [enespi:si:'si:] Br abbr of **National Society for the Prevention of Cruelty to Children** ≅ Anglická asociace pro ochranu dětí před týráním

NT [en'ti:] abbr of **1 National Trust** spolek pro kulturní a památkovou péči **2 New Testament** Bibl Nový zákon

nth [enθ] adj entý; **for the nth time** ikskrát, fig tisíckrát

Nth abbr of **North** S, sever, adj severní

nuance ['nju:a:ns] n odstín, nuance

nub [nab] n *(of problem, matter)* podstata, jádro

nubile ['nju:bail] adj *(of girls: old enough to marry)* na vdávání, vdavekschopná; *(sexually attractive)* sexy

nuclear ['njukliə(r)] adj **1** *(energy* etc*)* nukleární, jaderný, atomový; **n. fission/ physics/ reactor/ warhead/ tests/ weapons** nukleární štěpení/ fyzika/ reaktor/ hlavice/ pokusy/ zbraně, **n. warheads/ tests/ weapons** also atomové hlavice/ pokusy/ zbraně; **n. age** atomový věk; **n. diplomacy** atomová diplomacie; **n. power station** atomová elektrárna **2** Sociol **n. family** jaderná or nukleární rodina

nuclear-free [njukliə'fri:] adj *(zone)* bezatomový

nucleic [nju'kli:ik] adj nukleový; **n. acid** nukleová kyselina

nucleus ['nju:kliəs] n Phys, Astron fig (pl **nuclei** ['nju:kliai]) jádro; Biol *(of cell)* jádro, nukleus

nude [nju:d] adj nahý, obnažený; **n. photo** Art akt; *(pornographic)* nahotinka; **n. magazines** erotické časopisy ● n Art akt; *(swim, bathe, pose* etc*)* **in the n.** nahý

nudge [nadž] vt **1** *(with elbow)* šťouchnout, strčit do koho loktem **2** *(push)* **n. one's way** *(through the crowd)* prodírat se **3** *(encourage)* povzbuzovat; **n. sb into doing sth** popichovat koho, aby něco udělal ● n *(with elbow)* štulec; **give sb a n.** strčit do koho loktem, dát komu štulec

nudism ['nju:dizəm] n nudismus

nudist ['nju:dist] n nudista, stoupenec nudismu ■ **n. colony** nudistická kolonie; **n. beach** nudistická pláž, inf nudipláž

nudity ['nju:dəti] n nahota

nugget ['nagit] n **1** (esp *of gold)* nugget, valoun **2** fig **~s** *(of wisdom)* zrnka; *(of information* etc*)* drobty

nuisance ['nju:sns] n *(person)* otrava, dotěra, protiva; *(thing)* otrava, *(fact)* mrzutost, svízel; **he's a terrible n.** je strašně otravný, je s ním strašná svízel; **what a n.!** to je ale mrzuté!, to je otrava!; **make a n. of oneself** být otravný

nuke [nju:k] n inf **1** *(bomb)* atomová bomba, atomovka **2** esp Amer jaderná elektrárna ● vt inf *(attack)* použít atomové bomby proti komu/ čemu

null [nal] adj Jur **n. and void** neplatný, zmateční, zmatečný; **declare sth n. and void** prohlásit co za neplatné, anulovat co

nullify ['nalifai] vt (pp, pt **-ied**) anulovat, prohlásit za neplatné

numb [nam] adj **1** *(without sensation)* strnulý, ztuhlý, *(with cold)* zkřehlý; **go n.** *(limb)* (s)trnout, (z)tuhnout, (z)dřevěnět, (z)mrtvět, *(with cold)* (z)křehnout, prokřehnout; **my fingers are n.** nemám cit v prstech, *(with cold)* inf zalezlo mi za nehty; **my foot is n.** brní mě noha; **my feet are n. with cold** zebou mě nohy **2** fig *(unable to move: with fear* etc*)* ztuhlý, zaražený; **go n. with terror** ztuhnout hrůzou, (úlekem) zůstat stát jako solný sloup ● vt **1** *(limb)* učinit ztuhlým, *(with cold)* učinit zkřehlým; *(pain)* (z)mírnit, (z)tišit, (u)tlumit; *(with anaesthetic)* znecitlivit **2** fig omámit, otupit, *(with shock)* paralyzovat

number ['nambə(r)] n **1** Math číslo; *(figure)* číslice; **even/ odd n.** sudé/ liché číslo; **prime n.** prvočíslo; **complex/ decimal/ rational/ random/ whole n.** komplexní/ desetinné/ racionální/ libovolné/ celé číslo; **radical n.** odmocnitel; **base n.** odmocněnec; **a four-figure n.** čtyřmístné číslo; **a square n.** dvojmocnina ■ **n. cruncher** Comput superpočítač, žrout čísel, fig *(person,* eg *physicist)* polykač čísel **2** *(as identifier, in series)* číslo; **n. ten/ twelve** etc desítka/ dvanáctka etc; **reference/ registration/ serial n.** jednací/ evidenční/ sériové číslo; **telephone n.** telefonní číslo; **have you got my n.?** máte moje (telefonní) číslo?; **dial a wrong n.** vytočit nesprávné číslo; **take sb's n.** Aut poznamenat si čí číslo; **he lives at n. ten** bydlí v desítce, *(of house)* bydlí v domě číslo deset ♦ **his n. is up** inf už je s ním konec or amen; **get sb's n.** inf prokouknout koho **3** *(quantity)* počet, množství, kvantum; **a great n. of ...** velký počet or množství ...; **(quite) a n. of people** (celá) řada lidí; **a small n. of ...** menší počet ..., hrstka ...; **in large ~s** v hojném počtu; **they were nine in n.** bylo jich devět; **there's an increasing n. of cases of ...** přibývá případů čeho; **time without n.** nesčetněkrát, xkrát; **win by force of ~s** vyhrát početní převahou **4** *(group, collection)* **one of our n.** jeden z nás **5 n. one a)** *(oneself)* inf **look after n. one** starat se (především) sám o sebe **b) be n. one in sth** zaujímat přední místo v čem; **he's my n. two** on je můj zástupce ■ **the n. one problem** problém číslo jedna, hlavní problém; **the n. one enemy** úhlavní nepřítel **6** *(issue: of magazine* etc*)* číslo, výtisk, sešit; **n. three** třetí číslo, trojka **7** Mus, Theat číslo, kousek, *(song)* píseň, *(dance)* tanec **8** *(dress, car)* model **9** Gram číslovka; **cardinal/ ordinal n.** základní/ řadová číslovka; **category of n.** kategorie čísla **10** inf *(job)* rachota; **a cushy n.** ulejvka, šikovný flek, tučná prebenda **11 ~s** *(arithmetic)* počty ● **I** vt **1** *(give a n. to)* očíslovat, označit číslem; **the seats are ~ed** sedadla jsou očíslována **2** *(count)* počítat; **his days are ~ed** jeho dny jsou sečteny; **n. sb among one's friends** počítat koho mezi své přátele **II** vi **1** *(amount to)* **we ~ed thirty** bylo nás třicet **2 n. among** patřit mezi; **he ~s among the great composers** patří mezi velké skladatele **3 n. (off)** odpočítat/ odpočítávat se

numbering ['nambəriŋ] n číslování ■ **n. system** systém číslování

numberless ['nambələs] adj nesčíslný, nespočetný, nesčetný

numberplate ['nambəpleit] n poznávací značka, tabulka s poznávací značkou

numbness ['namnəs] n see **numb 1** *(of limbs)* strnulost, ztuhlost; *(with cold)* zkřehlost **2** fig *(of mind, senses)* otupělost, malátnost

numbskull ['namskal] n ťulpas, zabedněnec, dutá or prázdná hlava

numeracy ['nju:mərəsi] n znalost základních početních úkonů

numeral ['nju:mərəl] n **1** cifra, číslice; **Arabic/ Roman ~s** arabské/ římské číslice **2** Ling číslovka

numerate ['nju:mərət] adj **be n.** ovládat základy matematiky, inf umět počítat

numerator ['nju:məreitə(r)] n Math čitatel

numerical [nju:'merikl] adj Math numerický, číselný, početní; **n. control** číslicové řízení; **n. order** číselné pořadí; **n. superiority** početní převaha ■ **~ly** adv číselně, početně; **~ly superior** mající početní převahu or přesilu

numerous ['nju:mərəs] adj četný, početný; *(family)* početný, velký; **she has n. friends** má mnoho přátel; **on n. occasions** často, nejednou, v mnohých případech

numismatic [nju:miz'mætik] adj numizmatický

numismatics [nju:miz'mætiks] n numizmatika

numismatist [nju:'mizmətist] n numizmatik/ numizmatička

nun [nan] n řeholnice, řádová sestra, jeptiška; **become a n.** jít do kláštera

nuncio ['nanšiəu] n Relig nuncius; **the Papal n.** papežský nuncius

nunnery ['nanəri] n dated ženský klášter

nuptial ['napšl] adj fml or joc *(ceremony)* svatební ● n fml or joc **~s** svatba

nurse [nə:s] n **1** *(in hospital)* ošetřovatelka, sestra; **male n.** ošetřovatel, zdravotní pomocník; **district n.** pečovatelka o nemocné v jejich domovech **2** *(nanny)* chůva, guvernantka, opatrovnice dětí **3 wet n.** kojná ● **I** vt **1** Med ošetřovat, opatrovat, léčit; **n. a cold** léčit si rýmu **2** *(breast-feed)* kojit, krmit z prsu; *(hold)* chovat (**in one's arms** v náručí; **in one's lap** na klíně) **3** fig *(grudge)* chovat, pěstovat si; *(hopes)* dělat si, kojit se čím ♦ **n. a viper on in one's bosom** hřát si hada na prsou **II** vi **1** *(be a n.)* být ošetřovatelkou, pracovat jako ošetřovatelka **2** *(of baby)* pít z prsu

nursemaid ['nə:smeid] n chůva, guvernantka

nursery ['nə:səri] n **1** *(in house)* dětský pokoj ■ **n. rhyme** říkanka, dětský popěvek **2 day n.** jesle; **residential n.** ≅ týdenní jesle ■ **n. school** Br mateřská škola, školka od 2 do 5 let **3 n. slopes** cvičné svahy, svahy se sjezdovkami pro začátečníky **4 (tree) n.** Hort, Forest školka ovocná/ lesní

nurseryman ['nə:sərimən] n (pl **-men**) Forest, Hort školkař

nursing ['nə:siŋ] n **1** *(profession)* ošetřovatelství ■ **n. college** střední zdravotnická škola **2** *(care)* ošetřování nemocných, péče o nemocné ■ **n. home** sanatorium zvl. pro staré lidi; **n. officer** vrchní sestra, *(male)* vrchní ošetřovatel **3** *(breast-feeding)* kojení

■ **n. bottle** esp Amer sací láhev; **n. mother** kojící matka

nursling ['nə:sliŋ] n kojenec

nurture ['nə:čə(r)] vt **1** *(bring up)* vychovat, vychovávat; *(nourish)* živit **2** fig *(foster: hope)* chovat; *(scheme, plan)* osnovat, kout ● n *(of a child)* péče o koho; *(upbringing)* výchova

NUS [enju:'es] Br abbr of **National Union of Students** Svaz britských studentů

NUT [enju:'ti:] Engl abbr of **National Union of Teachers** Celostátní odborový svaz učitelů

nut [nat] n **1** *(fruit)* ořech, *(small)* oříšek ♦ **a hard n. to crack** tvrdý or těžký oříšek, ožehavý problém ■ **n. kernel** ořechové jádro **2** *(small lump of coal)* ořech **3** sl *(head)* palice, kokos; **use your n.!** namáhej si trochu závity; **be off one's nut** inf zbláznit se; **do one's nut** rozzuřit se, mít záchvat hněvu **4** Techn matka, matice šroubová ♦ **the ~s and bolts of sth** inf základní principy čeho, základní praktické detaily **5 nuts** sl pej: **be ~s** být cvok, být potrhlý, být padlý na hlavu; **be ~s about sb/ sth** jančit za kým/ čím, být do koho/ čeho blázen **6 ~s** Amer sl *(testicles)* koule ● interj **~s!** nesmysl!; **~s to him!** sl ať si trhne nohou!

nut-brown [nat'braun] adj ořechový, oříškově hnědý

nutcase ['natkeis] n sl cvok, blázen

nutcracker(s) ['natkrækə(z)] n louskáček

nuthatch ['nathæč] n Orn brhlík

nuthouse ['nathaus] n pej cvokárna, cvokhaus, fig blázinec

nutmeg ['natmeg] n muškát, muškátový oříšek

nutria ['nju:triə] n *(animal & fur)* nutrie ■ **n. coat** nutriový kožich

nutrient ['nju:triənt] adj *(substance)* výživný ● n výživná látka

nutrition [nju'trišn] n výživa

nutritious [nju'trišəs] adj výživný

nuts [nats] n pl see **nut (4,5)**

nutshell ['natšel] n ořechová skořápka ♦ **in a n.** stručně (řečeno), jedním slovem, v kostce

nutter ['natə(r)] n Br sl cvok; **he's a n.** je padlý na hlavu, je (po)trhlý, straší mu ve věži, má švába na mozku

nutty ['nati] adj **1** *(cake, flavour)* oříškový, ořechový **2** inf *(crazy)* potrhlý, padlý na hlavu; **be n. about sb/ sth** být blázen do koho/ čeho

nuzzle ['nazl] **I** vt *(of animal)* lísat se čumákem ke komu; *(dog)* očichávat **II** vi **n. up against sb** lísat se ke komu, *(nestle)* přitulit se ke komu

NW abbr of **northwest**, **Northwest** SZ, severozápad

NY abbr of **New York** New York, Nový York stát

NYC abbr of **New York City** New York City

nylon ['nailon] n **1** Text nylon ■ **n. stockings** nylonové punčochy, inf nylonky; **n. tights** nylonové punčochové kalhoty or punčocháče **2 (a pair of) ~s** nylonové punčochy, inf nylonky

nymph [nimf] n Myth nymfa

nymphet ['nimfit] n zajíček

nympho ['nimfəu] n inf nymfomanka

nymphomania [nimfə'meiniə] n nymfomanie

nymphomaniac [nimfə'meiniæk] n nymfomanka

NZ abbr of **New Zealand** Nový Zéland

O

O, o [əu] n (pl **O's, o's** [əuz]) **1** *(letter)* O, o **2** *(nought: in saying telephone numbers etc)* nula; **his telephone number is seven five o three** jeho telefonní číslo je sedm pět nula tři

o [əu] interj see **oh**

oaf [əuf] n (pl **~s**) *(clumsy man)* moula, nemotora, neohrabanec; *(uncouth man)* hulvát, hrubián, křupan

oafish ['əufiš] adj *(clumsy)* neohrabaný, těžkopádný, nemotorný; *(uncouth)* hrubý, hulvátský, neomalený

oak [əuk] n *(tree & wood)* dub, *(wood* also*)* dubové dřevo ■ **oak forest/ table** dubový les/ stůl; **oak apple** duběnka

oaken ['əukən] adj dated fml *(made of oak)* dubový

oakum ['əukəm] n koudel

OAP [əuei'pi:] Br inf abbr of **a) old age pension** penze **b) old age pensioner** penzista

oar [o:(r)] n **1** *(for rowing)* veslo; **pull a good oar** dobře veslovat, být dobrý veslař ♦ **put** or **shove** or **stick one's oar in** inf strkat do něčeho nos, (za)míchat se do něčeho; **rest on one's ~s** usnout na vavřínech **2** *(person)* veslař/ -ka

oarsman ['o:zmən] n (pl **-men**) veslař

oarswoman ['o:zwumən] n (pl **-women** [-wimin]) veslařka

OAS [əuei'es] abbr of **Organization of American States** OAS, Organizace amerických států

oasis [əu'eisis] n (pl **oases** [əu'eisi:z] lit & fig oáza; **an o. of calm** fig oáza míru

oat [əut] n see **oats** ■ **oat flakes** ovesné vločky

oatcake ['əutkeik] n ovesný keks

oath [əuθ] n (pl **~s** [əuðz]) **1** *(vow)* přísaha; **an o. of allegiance** přísežný slib; **take** or **swear an o.** Jur složit přísahu, přísahat; **be under o.** být pod přísahou; **break one's o.** porušit přísahu; *(it's true)* **on my o.** dated čestně, přísahám **2** *(blasphemy)* kletba, klení, zaklení; *(swearword)* nadávka, hrubé slovo; **a string of ~s** příval nadávek

oatmeal ['əutmi:l] n *(flour)* ovesná mouka; *(flakes)* ovesné vločky

oats [əuts] n usu pl, sometimes sg v oves; Cook **rolled o.** ovesné vločky; **a field of o.** ovesné pole ♦ **feel one's o.** inf *(feel lively)* překypovat energií, *(feel important)* cítit se důležitým; **sow one's wild o.** vybouřit se; **be off one's o.** inf nemít chuť na jídlo; **be getting one's o.** inf pravidelně souložit

OAU [əuei'ju:] abbr of **Organization of African Unity** OAJ Organizace africké jednoty

obduracy ['obdjurəsi] n see **obdurate** **1** umíněnost, paličatost; zatvrzelost, zarytost **2** tvrdost; neoblomnost, neúprosnost

obdurate ['obdjurət] adj **1** *(stubborn)* umíněný, tvrdošíjný, paličatý; *(sinner)* zatvrzelý, zarytý **2** *(hardhearted)* tvrdý citově, *(unyielding)* neoblomný, neúprosný

OBE [əubi'i:] abbr of **Officer (of the Order) of the British Empire** britský záslužný řád

obedience [ə'bi:diəns] n poslušnost; **blind o.** slepá poslušnost; **unconditional o.** absolutní poslušnost; **refuse o. to sb** vypovědět komu poslušnost

obedient [ə'bi:diənt] adj poslušný; **be o.** být poslušný, poslouchat

obelisk ['obəlisk] n obelisk

obese [əu'bi:s] adj obézní, otylý, tělnatý

obesity [əu'bi:səti] n obezita, otylost, tělnatost

obey [ə'bei] vt poslouchat/ (u)poslechnout; *(conventions, instinct, regulations, laws* etc*)* řídit se čím; **o. the law** řídit se zákonem, dodržovat zákon; **o. sb blindly** or **implicitly** poslouchat koho slepě or na slovo; **refuse to o.** odepřít poslušnost

obfuscate ['obfaskeit] vt *(issues)* zatemnit, činit nesrozumitelným or nejasným; *(mind)* zatemnit

obituary [ə'bitjuəri] n (pl **-ies**) nekrolog ■ **o. notice** zpráva o úmrtí v novinách

object$_1$ ['obdžikt] n **1** *(thing)* předmět, věc; Philos objekt ■ **o. glass** Opt objektiv **2** *(focus of sth)* předmět; **be an o. of sb's attention** *(thing, person)* budit čí pozornost, být předmětem čího zájmu; **become an o. of ridicule** být terčem posměchu; **be an o. of sb's criticism** být terčem čí kritiky **3** *(aim)* cíl, účel; **his o. in life is ...** jeho životním cílem je ...; **with the o. of gain** ze zištných důvodů; **fail in one's o.** nedosáhnout svého cíle; **what's the real o. of his journey?** jaký je skutečný cíl jeho cesty? **4** *(obstacle)* **money is no o.** peníze nerozhodují, peníze nehrají roli **5** Ling předmět, objekt; **direct/ indirect o.** přímý/ nepřímý předmět **6** Br inf *(ridiculous-looking person)* hastroš, strašidlo **7** ■ **o. lesson** názorná lekce

object$_2$ [əb'džekt] **I** vi mít námitky or výhrady; **o. to sth** namítat or mít námitky proti čemu, ohradit se proti čemu **II** vt **o.**

that ... namítat/ namítnout, že ..., opáčit, že ...

objection [əb'džekšn] n **1** *(argument against)* námitka (**to sth** proti čemu); **legitimate ~s** oprávněné námitky; **make** or **raise** or **voice an o.** vznést námitku **2** *(dislike, opposition)* nesouhlas, námitky; **have an o. to (doing) sth** mít námitky proti čemu; *(I'd like to join you)* **if you have no o.** pokud proti tomu nic nemáte; **what are your ~s to the plan?** co proti tomu plánu máte?; **I have no ~s** nic nenamítám

objectionable [əb'džekšənəbl] adj nepřijatelný; *(conduct, remark)* nevhodný, neomalený; nehorázný; *(smell)* nepříjemný, odporný; *(person)* protivný, nesnesitelný

objective [əb'džektiv] n **1** *(aim)* cíl, úkol; Mil cíl, objekt, terč; **reach one's o.** dosáhnout svého cíle **2** Phys, Opt objektiv ● adj **1** *(impartial: report, account* etc*)* objektivní; *(fair* also*)* nezaujatý, nestranný **2** Ling *(case)* předmětový; **o. genitive** objektový genitiv ■ **~ly** adv objektivně, věcně, nezaujatě, nestranně

objectivity [obdžek'tivəti] n see **objective** objektivnost, nestrannost, nezaujatost

objector [əb'džektə(r)] n odpůrce, oponent; **conscientious o.** odpůrce povinné vojenské služby z náboženského přesvědčení nebo z důvodů svědomí

objet d'art [obžei'da:] n (pl **objets d'art** [obžei'da:]) umělecký předmět

obligate ['obligeit] vt fml **be/ feel ~d to do sth** cítit se povinován něco udělat

obligation [obli'geišn] n povinnost, závazek, obligace; **without o.** nezávazně; **family ~s** rodinné povinnosti; **moral o.** morální povinnost; **meet one's ~s** dostát svým závazkům; **be under an o. to do sth** mít povinnost něco udělat

obligatory [ə'bligətəri] adj **1** *(attendance,* Sch *subject)* povinný; *(rules* etc*)* závazný **2** inf *(usual)* obligátní, nezbytný; **with the o. cigarette in his mouth** s obligátní cigaretou v ústech

oblige [ə'blaidž] **I** vt **1** usu pass *(compel)* **o. sb to do sth** zavázat koho k čemu, vyžadovat od koho co, nutit koho k čemu; **be ~d to do sth** být povinen or muset něco udělat; **I was ~d to refuse** musil jsem odmítnout; **they were ~d to sell their house in order to ...** museli prodat dům, aby ... **2 o. sb** *(do a favour to sb)* prokázat komu laskavost, zavděčit se komu, vyjít komu vstříc; **try to o. everybody** snažit se vyhovět or zavděčit všem; **could you o. me with a cigarette?** mohl byste mi laskavě dát/ půjčit cigaretu?; **could you o. us with a song?** mohl byste nám zazpívat nějakou písničku? **II** vi **be happy to o.** rád vyhovět; **I'd be only too happy to o.** s největší radostí or milerád vám/ jí/ mu etc vyhovím

obliged [ə'blaidžd] adj vděčný; **I am much o. to you** mockrát (vám) děkuji, fml jsem vám velmi zavázán or vděčný (**for sth** za co); **I'd be much o.** byl bych vám za to velmi vděčný; **much o.!** pěkně děkuji!

obliging [ə'blaidžiŋ] adj ochotný, úslužný, pozorný; *(to customers* also*)* kulantní ■ **~ly** adv ochotně, laskavě, úslužně

oblique [ə'bli:k] adj **1** *(slanting)* šikmý; Math *(angle)* kosý; Ling *(case)* nepřímý **2** fig *(hint, reference)* nepřímý, skrytý; *(look, glance)* pohled úkosem ■ **~ly** adv šikmo; *(hint)* nepřímo; *(look)* úkosem ● n šikmá čára

obliterate [ə'blitəreit] vt **1** *(remove:* eg *fingerprints)* odstranit, setřít; *(traces)* zahladit; *(memories)* vymazat z paměti; *(erase)* vygumovat, vymazat; *(stamp)* orazítkovat, přetisknout **2** *(destroy)* zničit; *(city)* srovnat se zemí

obliteration [əˌblitə'reišn] n see **obliterate** **1** odstranění, zahlazení, vymazání; *(of stamp)* orazítkování **2** *(destruction)* zničení; *(of city)* srovnání se zemí

oblivion [ə'bliviən] n **1** *(state of being forgotten)* zapomnění, zapomenutí; **fall into o.** upadnout v zapomnění or zapomenutí **2** *(unconsciousness)* bezvědomí; **drink oneself into o.** opít se namol or do němoty

oblivious [ə'bliviəs] adj **be o. of sth** nevnímat co, nebýt si vědom čeho; **he was totally o. to what was happening** neměl ani ponětí o tom, co se dělo

oblong ['obloŋ] adj *(table* etc*)* obdélníkový ● n obdélník

obnoxious [ob'nokšəs] adj odporný, hnusný; *(person* also*)* protivný, nesnesitelný; *(behaviour)* nehorázný, nepřístojný, strašný; *(smell)* strašný, odporný, odpuzující

oboe ['əubəu] n Mus hoboj ■ **o. player** hobojista

oboist ['əubəuist] n Mus hobojista

obscene [əb'si:n] adj obscénní; *(joke, talk)* oplzlý, inf sprostý; *(posture, gesture)* necudný, sprostý; fig inf *(prices, demands)* nestydatý, nehorázný ■ **~ly** adv oplzle, sprostě; nestydatě; **he cursed ~ly** neslušně zaklel

obscenity [əb'senəti] n see **obscene** **1** *(being obscene)* obscénnost, oplzlost, necudnost **2** *(obscene word)* oplzlé or sprosté slovo

obscurantism [obskju'ræntizəm] n obskurantismus, tmářství, zpátečnictví

obscurantist [obskju'ræntist] n obskurant, tmář, zpátečník, nepřítel pokroku

obscure [əb'skjuə(r)] adj **1** *(unclear)* nejasný; *(vague)* mlhavý; *(argument)* zmatený; *(poetry, book)* málo srozumitelný **2** *(unknown: author* etc*)* bezvýznamný, neznámý, obskurní; *(post, job)* nedůležitý; *(village)* zapadlý; **lead an o. life** žít v ústraní; **become o.** zapadnout **3** *(indistinct: memory)* mlhavý, nejasný **4** *(dark)* temný, tmavý ■ **~ly** adv nejasně; mlhavě, *(present, explain)* zmateně ● vt **1** *(hide: sun, view* etc*)* zatemňovat, zakrýt, zastřít **2** fig *(meaning)* zatemnit; *(confuse)* učinit nesrozumitelným; *(truth)* zastírat; *(mind)* kalit or zatemňovat

obscurity [əb'skjuərəti] n see **obscure 1** nejasnost, mlhavost; zmatenost; nesrozumitelnost **2** *(of author)* obskurnost; *(of origin)* neznámý původ, nízký původ; **live in o.** žít v ústraní; **sink into o.** upadnout v zapomenutí **3** *(of night)* temnota, tma

obsequious [əb'si:kwiəs] adj podlézavý, patolízalský, servilní

obsequiousness [əb'si:kwiəsnəs] n podlézavost, patolízalství, servilnost, poklonkování

observable [əb'zə:vəbl] adj pozorovatelný, *(visible)* viditelný; *(discernible)* zřejmý, znatelný

observance [əb'zə:vəns] n **1** *(of law)* dodržování, zachovávání **2** Relig **~s** observance

observant [əb'zə:vənt] adj **1** *(alert)* všímavý, pozorný; **how o. of him** ten má ale postřeh **2 be o. of the law** dodržovat zákony

observation [obzə'veišn] n **1** *(watching)* pozorování; *(by police)* dozor; **powers of o.** pozorovací schopnost; **be under o.** *(medical/ police)* být pod lékařským/ policejním dohledem; **escape o.** nebýt povšimnut ■ **o. balloon** výzkumný balón; **o. car** Amer Rail vyhlídkový vůz; **o. hole** kontrolní okénko; **o. post** pozorovatelna; **o. satellite** špionážní družice; **o. tower** vyhlídková věž **2** *(comment)* poznámka, připomínka; **make an o.** podotknout, přičinit poznámku

observatory [əb'zə:vətri] n Astron hvězdárna, observatoř; Meteor meteorologická stanice

observe [əb'zə:v] **I** vt **1** *(watch)* pozorovat; *(notice)* zpozorovat, povšimnout si čeho; *(by police)* sledovat, mít pod policejním dozorem **2** *(remark, comments)* poznamenat co, prohodit co, zmínit se o čem **3** *(rules, laws)* dodržovat, *(rules, regulations, prohibition, instructions)* dbát na, respektovat; *(religious holidays)* světit, slavit; **failure to o. the law** porušení zákona **II** vi **1** *(watch)* přihlížet; Sch hospitovat na hodině **2** *(remark)* poznamenat, prohodit, konstatovat, podotknout

observer [əb'zə:və(r)] n *(watcher)* přihlížející; Mil, Pol etc pozorovatel; *(at examination)* přísedící

obsess [əb'ses] vt **be ~ed by** or **with sth** být něčím (jako) posedlý; **she is ~ed with cleanliness** je úzkostlivě čistotná

obsession [əb'sešn] n posedlost (**with sth** čím); *(fixed idea)* fixní idea, mánie, utkvělá myšlenka; **have an o. for sth** být po něčem (jako) posedlý; **it has become an o. with him** je tím naprosto posedlý

obsessive [əb'sesiv] adj Psych obsesní, obsedantní; **o. neurosis** nutkavá neuróza

obsolescent [obsə'lesnt] adj zastarávající, přestávající se používat; *(technology)* překonaný

obsolete ['obsəli:t] adj zastaralý, překonaný; **become o.** zastarat

obstacle ['obstəkl] n překážka; fig potíž, problém, překážka; **put ~s in sb's path** fig klást komu překážky; **clear away ~s** lit & fig odstranit překážky ■ **o. course** Sport překážková dráha

obstetric(al) [ob'stetrik(l)] adj Med porodnický

obstetrician [obstə'trišn] n Med porodník

obstetrics [ob'stetriks] n Med porodnictví

obstinacy ['obstinəsi] n see **obstinate 1** svéhlavost, umíněnost, tvrdohlavost **2** *(of illness)* tvrdošíjnost; *(of resistance)* zarputilost, úpornost

obstinate ['obstinət] adj **1** *(stubborn)* umíněný, tvrdohlavý, svéhlavý, paličatý **2** *(tenacious: illness, pain, fever)* tvrdošíjný; *(resistance)* zarputilý, úporný ■ **~ly** adv **1** umíněně, tvrdohlavě **2** tvrdošíjně; zarputile

obstruct [əb'strakt] vt **1** *(traffic, road, passage)* (za)blokovat, zatarasit; *(artery, vein)* ucpat; *(pipe)* ucpat, zacpat; **o. sb's view** bránit or překážet komu ve výhledu **2** *(impede: progress)* bránit čemu, brzdit co, mařit co; **o. a policeman in the course of his duty** bránit policistovi ve výkonu jeho služby; Parl **o. a bill** blokovat přijetí zákona; Sport **o. a player** blokovat hráče

obstruction [əb'strakšn] n see **obstruct 1** zablokování, zatarasení; ucpání; bránění v čem **2** Parl obstrukce, maření, bránění čemu; Sport blokování

obstructionism [əb'strakšənizəm] n Pol obstrukční politika; inf házení klacků pod nohy

obstructive [əb'straktiv] adj obstrukční; **be o.** dělat potíže, inf stavět se na zadní

obtain [əb'tein] **I** vt fml *(get)* dostat, obdržet, získat; *(buy* also*)* koupit; *(results* also*)* dosáhnout čeho; *(after an effort)* sehnat; **o. a book** koupit knihu; **o. justice** zjednat (si) spravedlnost; **o. sth from sb** sehnat co od koho; **it can be ~ed** je to k dostání, dostane se to **II** vi fml *(be valid, prevail)* existovat, *(rules)* platit, být v platnosti; *(custom)* udržovat se, být dodržován; **the situation ~ing in Europe** situace, ve které se nachází Evropa

obtainable [əb'teinəbl] adj k dostání; *(result)* dosažitelný; **is this book still o.?** je tato kniha stále ještě k dostání?; **it is o. from this shop** je to k dostání v tomto obchodě

obtrude [əb'tru:d] **I** vt fml **1 o. oneself/ one's views on sb** vnucovat se/ vnucovat své názory komu **2** *(stick out)* vystrčit, vysunout **II** vi **1** *(intrude)* vnucovat se, vtírat se **2** *(stick out)* vyčnívat, vystupovat

obtrusion [əb'tru:žn] n cf **obtrude, obtrusive 1** vnucování se, vtíravost **2** *(pushing out)* vystrkování; *(sticking out)* vyčnívání

obtrusive [əb'tru:siv] adj *(intrusive: person)* vtíravý, dotěrný, nediskrétní, vyzývavý; *(smell)* pronikavý; *(colours)* křiklavý; *(clothes)* nápadný; *(architecture)* do očí bijící; *(furniture)* nevkusný

obtuse [əb'tju:s] adj **1** Geom *(angle)* tupý **2** *(slow-witted)* nechápavý, omezený, tupý; **slightly o.** přihlouplý

obtuseness [əb'tju:snəs] n *(slow-wittedness)* omezenost, nechápavost, tupost

obverse ['obvə:s] adj *(side)* přední, lícní, lícový ● n **1** *(of coin)* přední strana, avers **2** *(of statement, argument)* opak, protějšek; **the o. of love is hate** opakem lásky je nenávist

obviate ['obvieit] vt *(difficulty)* předejít čemu, vyhnout se čemu; *(danger)* zabránit or čelit čemu

obvious ['obviəs] adj zřejmý, patrný, evidentní, samozřejmý; **an o. mistake** evidentní or zjevná chyba; **it is o. that ...** je zřejmé, že ...; je vidno or nasnadě or nabíledni, že ...; **it is o. to anyone** to je jasné každému ■ **~ly** adv zřejmě, zjevně, patrně

ocarina [okə'ri:nə] n Mus okarína

occasion [ə'keižn] n **1** *(opportunity)* příležitost; **if the o. arises** pokud se k tomu naskytne příležitost; **rise to the o.** dokonale se čeho zhostit **2** *(point in time)* **on this o.** při této příležitosti; **on that o.** při té příležitosti; **on the last o.** předešle, naposledy; **on each o.** pokaždé, vždycky; **on o.** příležitostně, tu a tam; **on innumerable ~s** bezpočtukrát **3** *(reason, need)* důvod, potřeba; **you have no o. to be angry** nemusíš se rozčilovat; **there's no o. for alarm** není se třeba znepokojovat **4** *(special event)* **a festive o.** slavnostní chvíle; **it was quite an o.** byla to dost velká událost; **clothes for every o.** šaty pro každou příležitost ● vt *(cause)* způsobit, vyvolat, zavdat příčinu k čemu; **your behaviour ~ed us much anxiety** tvé chování nás velmi znepokojovalo

occasional [ə'keižnl] adj **1** příležitostný, občasný; **an o. smoker** sváteční kuřák **2 o. music** příležitostná hudba; **o. verses** příležitostné verše ■ **~ly** adv příležitostně, sem tam, čas od času, někdy

occlusion [o'klu:žn] n okluze; Dent also skus; Phon also uzávěr

occult [o'kalt] adj okultní, skrytý, tajný ● n **the o.** nadpřirozeno; *(skills)* magie, okultní vědy

occultism ['okaltizəm] n okultismus

occultist [o'kaltist] n okultista

occupancy ['okjupənsi] n *(of property)* držení; *(of house, flat)* obývání

occupant ['okjupənt] n *(of house, flat, room)* nájemník, obyvatel, uživatel; *(of car)* cestující; *(of position)* osoba zastávající funkci

occupation [okju'peišn] n **1** *(employment)* zaměstnání, povolání, výdělečná činnost; **what's your o.?** jaké máte zaměstnání?; **he's a teacher by o.** je povoláním učitel **2** *(pastime)* zábava; **his favourite o. is reading** ve volném čase nejraději čte **3** *(of flat, house)* obývání, držení **4** Mil okupace, obsazení; **army of o.** okupační armáda

occupational [okju'peišənl] adj profesionální; **o. disease** choroba z povolání; **o. hazard** riziko povolání; **o. psychology** psychologie práce; **o. therapy** ergoterapie

occupied ['okjupaid] adj *(country, table)* obsazený; *(flat also)* obydlený

occupier ['okjupaiə(r)] adj *(of country)* okupant; *(of flat, house: tenant)* nájemník, *(owner)* držitel, obyvatel

occupy ['okjupai] vt (pp, pt **-ied**) **1** *(house, flat)* obývat, bydlet v čem **2** *(country)* obsadit, zabrat; *(time, space)* zabírat **3** *(person, mind)* zaměstnávat; **o. oneself with sth** obírat se čím

occur [ə'kə:(r)] vi (**-rr-**) **1** *(happen)* udát se, odehrát se, přihodit se, dojít k čemu; **many changes have ~red since then** od té doby došlo k mnoha změnám **2** *(be found, exist)* existovat, vyskytovat se kde, nacházet se kde **3** *(come to mind)* **o. to sb** napadnout komu; **it ~ed to me that ...** napadlo mi, že ...; **did it ever o. to you that ...?** (ne)napadlo tě někdy, že ...?

occurrence [ə'karəns] n **1** *(event)* událost, příhoda, případ 2 *(presence)* výskyt; **frequency of o.** frekvence výskytu

ocean ['əušən] n 1 oceán, moře ♦ **a drop in the o.** kapka v moři; **~s of sth** inf *(of food, drink* etc*)* moře čeho, ohromné množství čeho, kvanta čeho; **there's ~s of it** je toho jako hub po dešti ■ **an o. liner** zaoceánská loď; **an o. voyage** zaoceánská plavba 2 **Ocean** oceán; **the Atlantic O.** Atlantský oceán; **the Pacific O.** Tichý oceán, Pacifik

ocean-going ['əušngəuiŋ] adj *(ship)* zaoceánský

Oceania [əusi'a:niə] n Oceánie

Oceanian [əusi'æniən] adj oceánický ● n obyvatel/ -ka Oceánie

oceanic [əuši'ænik] adj 1 lit oceánský; *(climate* also*)* přímořský 2 fig *(huge)* obrovský

oceanographer [əušə'nogrəfə(r)] n oceánograf

oceanography [əušə'nogrəfi] n oceánografie

ocelot ['osəlot] n Zool ocelot

och [och] interj Scot ó!, oh!; **och aye!** ó ano!, (to) jó!

ochre, Amer **ocher** ['əukə(r)] n okr, *(colour* also*)* okrová žluť ● adj okrový, žlutohnědý

o'clock [ə'klok] adv **it's five o'clock** je pět hodin; **at the stroke of ten o'clock** úderem desáté

Oct abbr of **October** říj., říjen

octagon ['oktəgən] n osmiúhelník, osmihran

octagonal [ok'tægənəl] adj osmiúhelníkový, osmiúhlý, osmihranný

octane ['oktein] n oktan ■ **o. number**, **o. rating** oktanové číslo

octave ['oktiv] n Mus, Poetry oktáva

octet [ok'tet] n Mus 1 *(piece of music)* oktet 2 *(group)* okteto

October [ok'təubə(r)] n říjen; **in O.** v říjnu; **(on) the third of O.** třetího října ■ **the O. Revolution** Říjnová revoluce; see also **May**

octogenarian [oktəudžə'neəriən] n osmdesátník/ osmdesátnice ● adj osmdesátiletý

octopus ['oktəpəs] n (pl **~es**) 1 Zool chobotnice 2 fig pijavice

octosyllable [oktə'siləbl] n *(verse)* osmislabičný verš; *(word)* osmislabičné slovo

ocular ['okjulə(r)] adj fml *(defects* etc*)* oční 2 *(that can be seen)* viditelný

oculist ['okjulist] n oční lékař

odd [od] adj 1 *(strange)* divný, podivný, zvláštní, neobvyklý; *(person* also*)* podivínský, samorostlý; *(custom* also*)* svébytný, kuriózní; *(idea* also*)* originální, bizarní; inf **an o. bod, an o. customer** divný patron, divný brouk; **it is o. that ...**, **the o. thing is that ...** zvláštní je, že ...; **find something o.** divit se čemu; **there's something o. about that man** ten člověk se mi nějak nezdá; **there's something o. here** tady není něco v pořádku 2 *(occasional)* náhodný, příležitostný; **at o. times** příležitostně; **I smoke the o. cigarette** tu a tam si zakouřím; **do o. jobs** dělat příležitostné práce 3 *(number)* lichý 4 *(not matching: socks, gloves* etc*)* nejdoucí do páru, lichý; **they are an o. couple** oni spolu nejdou do páru; **two o. socks** dvě ponožky nejdoucí do páru 5 *(extra, additional:* eg *player)* nadbytečný, přebývající; **be the o. man out** *(be without a partner)* být přebytečný or nadbytečný or lichý; *(be different: person, thing)* nezapadat, lišit se od ostatních; **earn a few o. dollars** vydělat si pár dolarů navíc ■ adv see **~ly**

oddball ['odbo:l] n inf podivín, divný patron, výstřední člověk, excentrik; **he's a bit of an o.** je tak trochu podivín ● adj podivínský, excentrický, výstřední

oddity ['odəti] n cf **odd** 1 *(strangeness)* podivnost; *(of person* also*)* podivínství, excentričnost 2 *(person)* podivín, divný patron; *(thing)* kuriozita

odd-jobman [od'džobmæn] n (pl **-men** [-mən]) něčí pravá ruka, člověk na příležitostné práce, dated faktótum

oddly ['odli] adv 1 *(strangely: speak, behave)* podivně, zvláštně, kuriózně 2 **o. enough** kupodivu; **o. enough, he didn't notice anything** kupodivu si ničeho nevšiml

oddment ['odmənt] n *(of fabric)* zbytek; **~s** drobnosti; *(of furniture)* jednotlivé kusy nábytku ze soupravy

oddness ['odnəs] n see **odd** *(strangeness)* zvláštnost, podivnost, neobvyklost; *(eccentricity)* podivínství, výstřednost, excentričnost

odds [odz] n pl 1 *(chances)* šance; **what are the o.?** jaké jsou vyhlídky?; **the o. are in his favour** je ve výhodě, má dobré vyhlídky; **the o. are that ...** je velmi pravděpodobné, že ... 2 *(in betting)* pravděpodobnost výhry; **the o. are five to one** pravděpodobnost výhry je pět ku jedné, inf šance jsou pět ku jedné 3 *(disadvantage)* **against all the o.** proti všemu očekávání, navzdory všemu; **fight against overwhelming o.** potýkat se s nesmírnými překážkami, mít malé šance na úspěch, Mil, Sport bojovat proti obrovské přesile 4 Br inf *(difference)* **what's the o.?** jaký je v tom rozdíl?; **it makes no o.** to je jedno, to je prašť jako uhoď; **it makes no o. to me** mně to nevadí, mně je to jedno 4 *(variance)* **be at o. with sb** mít s kým různice or spor; **be at o. with sth** (eg *different ideas, attitudes)* být v rozporu s čím, být s čím na štíru; **set people at o. with each other** rozeštvávat lidi, poštvat lidi proti sobě **5 o. and ends** maličkosti, drobnosti; **I have some o. and ends to attend to** mám vyřídit nějaké drobnosti

odds-on [odz'on] adj **the o.-on favourite** jasný favorit ● adv **it's o.-on that he will win** vsadil bych se, že vyhraje

ode [əud] n óda (**to**, **on** na); **Ode to Joy** *(Beethoven)* Óda na radost

odious ['əudiəs] adj *(person)* odporný, protivný; *(action)* ohavný; *(behaviour)* odpuzující ♦ **comparisons are o.** každé srovnání kulhá

odium ['əudiəm] n *(condemnation)* odsouzení, zavržení, odmítnutí; *(repugnance)* odpor, opovržení

odometer [əu'domitə(r)] n Aut počítač kilometrů

odontologist [odon'tolədžist] n Med odontolog

odontology [odon'tolədži] n Med odontologie

odor ['əudə(r)] Amer see **odour**

odorous ['əudərəs] adj *(fragrant)* vonný, voňavý; *(malodorous)* zapáchající

odour, Amer **odor** ['əudə(r)] n **1** gen pach; *(bad smell)* zápach, smrad; *(fragrance)* vůně, odér; **pungent o.** pronikavý zápach **2** fig **be in good/ bad o. with sb** být u koho dobře/ špatně zapsán

odourless, Amer **odorless** ['əudələs] adj *(gas* etc*)* bez zápachu, nezapáchající; *(flower)* nevonící, bez vůně

odyssey ['odəsi] n Myth & fig odysea

OECD [əui:si:'di:] abbr of **Organization for Economic Co-operation and Development** OECD, Organizace pro hospodářskou spolupráci a rozvoj

oedema, Amer **edema** [i:'di:mə] n Med edém

Oedipus ['i:dipəs] n Hist Oidipus ■ **O. complex** oidipovský komplex

oenology [i:'nolədži] n enologie, nauka o vinařství

o'er ['əuə(r)] prep, adv arch, Poet = **over**

oesophagus, Amer **esophagus** [i:'sofəgəs] n (pl **oesophagi** [i:'sofəgai]) Anat jícen, ezofágus

of [ov, unstressed əv] prep **1** *(indicating possession)* **a friend of mine** jeden můj přítel; **the brother of her mother** bratr její matky **2** *(part of)* **the leg of the table** noha stolu; **the corner of the street** roh ulice **3** *(indicating origin, authorship)* **a woman of humble origin** žena prostého původu; **the plays of Shakespeare** Shakespearovy hry **4** *(after words expressing quantity, content)* **a bottle of beer** láhev piva; **a piece of cake** kousek dortu; **many of them** mnozí z nich; **there were five of us** bylo nás pět; **a city of 20,000** město, které má 20 000 obyvatel; dvacetitisícové město; **a team of footballers** fotbalové mužstvo **5** *(indicating quality, identity, depiction* etc*)* **a man of courage** odvážný člověk; **a woman of great intelligence** nesmírně inteligentní žena; **the city of Leeds** město Leeds; **a map of Bohemia** mapa Čech; **that fool of a policeman** ten pitomý policajt; **a photo of my father** fotografie mého otce **6** *(indicating age)* **a boy of five** pětiletý chlapec **7 a)** *(expressing subject of action)* **the support of the voters** voličská podpora **b)** *(expressing object of action)* **the destruction of the town** zničení města **8** *(indicating spacial and temporal relations)* **north of Prague** na sever od Prahy; **within a year of their wedding** do roka po (jejich) svatbě; **a quarter of five** Amer čtvrt na pět **9** *(with dates)* **the sixth of June** šestého června **10** *(indicating material)* **a house of stone** kamenný dům; **a shirt made of cotton** bavlněná košile **11** *(indicating absence, riddance, deprivation)* **get rid of sth** zbavit se čeho; **cure sb of sth** vyléčit koho z čeho; **deprive sb of sth** zbavit koho čeho **12** *(indicating cause)* **die of cancer** zemřít na rakovinu; **die of hunger** zemřít hladem **13** *(concerning)* **think of sb** myslet na koho; **learn of sth** dozvědět se o něčem; **be sure of sth** být si jist čím; **his knowledge of Czech** jeho znalost češtiny ♦ **what of it?** a co má být? **14** after adj **a) it was kind/ cruel** etc **of you** bylo to od vás laskavé/ kruté etc; **it was wrong of you** to od vás nebylo správné **b) guilty of sth** vinný or vinen čím; **be tired of sth** být unaven čím, mít čeho dost **15** *(in temporal expressions)* **a) of late** v poslední době **b)** dated or dial **of an evening** večer, po večerech

off [of, Amer o:f] prep **1** *(down, away from)* z, ze; **fall off a wall** spadnout ze stěny; **take one's mind off sth** přestat na něco myslet **2** *(indicating removal)* **take the lid off sth** sundat z čeho pokličku; **take sth off the programme/ agenda** vzít or stáhnout co z programu/ z pořadu; **take a little off the price** slevit trochu z ceny **3** *(from)* od; **buy sth off sb** inf koupit co od koho **4** *(indicating direction)* **a cool breeze off the sea** chladný větřík od moře; **the ship went off course** loď se odchýlila od kursu; **he couldn't take his eyes off her** mohl na ní oči nechat; fig **get off the subject** odchýlit se or odbočit od tématu **5** *(indicating location)* **a)** *(off a road or street)* **a lane off the main street** ulička odbočující z hlavní ulice **b)** *(at some distance)* nedaleko, stranou od; **an island off the coast** ostrov poblíž pobřeží; **two miles off the coast** dvě míle od pobřeží **c)** fig **be (way** or **wide) off the mark** *(be mistaken)* hluboce se mýlit, inf být vedle jak ta jedle; **be off one's head** být padlý na hlavu, být praštěný; **be off one's food** nemít chuť na jídlo; **be off form** Sport nebýt ve formě **6** *(free from, absent from)* **be off duty** nebýt ve službě; **I took a week off work** vzal jsem si týden volna ● adv **1** *(distant: locally, temporally)* **a long way off** daleko; **the village is two miles off** vesnice je dva kilometry daleko; **the day is not far off when ...** není daleko den, kdy ... **2** *(indicating departure)* pryč; **I am off now** tak já už jdu; **I must be off** už musím jít; **they are off** už jsou pryč, už odjeli; **where are you off to?** kam jdete?, kam máte namířeno?; **be off like a shot** vyrazit jako střela; **off with you!** odchod!, inf hybaj (pryč)!, offens táhni pryč!; **off to bed with you!** *(to a child)* hybaj do postele! **3** *(indicating removal)* **take one's clothes off** svléci se; **have one's jacket off** být bez saka **4** *(indicating price reduction)* **give somebody £10 off** slevit komu 10 liber **5** *(absence from work* etc*)* **a day off** den dovolené; **he's off today** dnes není v práci; **I'll take the afternoon off** vezmu si odpoledne volno; **take a week off** vzít si týden dovolené; **he's off sick** je marod, má pracovní neschopnost **6 on and off** nepravidelně, čas od času ● adj **1** *(day, year)* nešťastný; **have an off day** mít černý or smolný den **2** *(TV, electricity)* vypnutý; *(machine* also*)* zastavený; *(light* also*)* zhasnutý; *(tap)* zavřený; *(handbrake)* uvolněný; **the lights are off** světla jsou zhasnutá, je zhasnuto **3** pred *(cancelled: match* etc*)* odvolaný; *(engagement)* zrušený; **the classes are off** vyučování odpadá; **the match/ our trip is off** zápas/ náš výlet se nekoná **4** Br *(not available: in a restaurant* etc*)* *(I am afraid)* **salmon is off** losos už není **5** *(bad: food)* zkažený, *(milk* also*)* kyselý; **the meat is a bit off** maso už trochu zapáchá **6 be well off** být zámožný, být na tom dobře; **he's badly off for money/ time** je na tom špatně s penězi/ s časem, má málo času; **how are we off for bread?** kolik máme chleba?, jak jsme na tom s chlebem? **7** *(unwell)* **feel (a bit) off colour** necítit se ve své kůži **8** *(unacceptable)* **that's a bit off** inf to je už trochu moc, to už trochu přeháníte ● vt Amer sl *(kill)* oddělat, odkrouhnout, odpravit

offal ['ofəl] n Cook vnitřnosti, droby

offbeat ['ofbi:t] adj *(unconventional)* nekonvenční, svérázný, excentrický

off-centre, Amer **off-center** [of'sentə(r)] adj **1** lit jsoucí mimo střed, výstředný **2** fig excentrický, vyšinutý

off-chance ['ofča:ns] n **on the off-chance** pro případ, zkusmo; **visit sb on the off-chance of seeing him** zkusit někoho zastihnout doma

off-colour [of'kalə(r)] adj **1** Br **feel off-colour** necítit se dobře, nebýt ve své kůži **2** Amer *(joke)* lechtivý, neslušný

offence, Amer **offense** [ə'fens] n **1** Jur delikt, trestný čin, *(minor* also*)* přestupek; **capital o.** hrdelní zločin; **driving o.** dopravní přestupek; **second o., subsequent o.** recidiva; **commit an o.** dopustit se trestného činu **2** no pl *(insult)* urážka; **give o. to sb** urazit koho; **take o. at sth** urazit se kvůli čemu, pohoršit se nad čím; **be quick to take o.** být urážlivý; **I meant no o.** nechtěl jsem vás urazit, nechtěl jsem se vás dotknout **3** fig **it's an o. against common sense** to je proti zdravému rozumu **4** Mil *(attack)* útok

offend [ə'fend] **I** vt **1** esp pass urazit, dotknout se koho; **be easily ~ed** být urážlivý; **she was ~ed when ...** urazila se, když ... **2** fig **o. the eye/ ear** urážet zrak/ sluch **II** vi **o. against sth** *(rules)* provinit se proti čemu; **o. against common sense** provinit se proti zdravému rozumu; **o. against the law** provinit se proti zákonům; **o. against humanity** provinit se proti lidskosti

offender [ə'fendə(r)] n Jur delikvent, provinilec; **first o.** poprvé trestaný; **a habitual** or **persistent o.** recidivista; **a young o.** mladistvý provinilec

offense [ə'fens] n **1** Amer = **offence** **2** Amer Sport útok, útočná řada

offensive [ə'fensiv] adj **1** *(insulting: remarks)* urážlivý; *(language)* hrubý; *(behaviour)* hrubý, nepřístojný **2** *(smell)* odporný **3** Mil útočný; **o. weapons** útočné zbraně ● n ofenziva, útok; **take the o.** přejít do ofenzivy

offer ['ofə(r)] n nabídka; *(proposal* also*)* návrh; **o. of marriage** nabídka k sňatku; **special o.** zvláštní nabídka; **make an o.** učinit nabídku; **he made me an o. I couldn't refuse** učinil mi nabídku, kterou jsem nemohl odmítnout; **be on o.** *(jobs* etc*)* být k dispozici ● **I** vt **1** *(salary, goods* etc*)* nabídnout, nabízet; *(reward* also*)* vypsat; **o. sth for sale** nabídnout co ke koupi; **o. sth to sb, o. sb sth**

nabídnout co komu **2** *(express: thanks)* vzdát; **o. sb one's condolences** projevit komu soustrast; **o. one's congratulations to sb** gratulovat komu, blahopřát komu **3** *(propose)* nabídnout, navrhnout; **he ~ed to help us** nabídl se, že nám pomůže; **o. one's hand in marriage** dated fml požádat koho o ruku **4** *(provide: view, shade)* poskytnout; **the hotel ~s every convenience** hotel poskytuje veškerý komfort **5** *(put up)* **o. resistance** bránit se **II** vi *(arise: opportunity etc)* vyskytnout se, objevit se **III** phr v ▪ **offer up** vt *(sacrifice)* přinést/ přinášet

offering ['ofəriŋ] n **1** *(action)* nabídka, nabízení **2** *(gift)* dar **3** Relig *(sacrifice)* oběť

offertory ['ofətəri] n Relig **1** *(ritual)* ofertorium, obětování **2** *(collection)* ofěra, sbírání příspěvků

offhand [of'hænd], **offhanded** [of'hændid] adj *(casual)* nenucený, ležérní; *(remark)* improvizovaný, nepřipravený, spontánní; *(abrupt)* bryskní; **say sth in an o. manner** říci něco na půl úst ● adv only **offhand** *(say)* hned, okamžitě, bez přípravy; **speak o.** mluvit spatra

offhandedly [of'hændidli] adv ledabyle, nedbale, lehkomyslně

office ['ofis] n **1** *(room, building)* kancelář; **booking o.** Rail výdejna jízdenek, Theat pokladna; **central o.** ústředí; **cashier's o.** výplatní pokladna; **customs o.** celnice; **doctor's o.** Amer ordinace; **design o.** návrhářské oddělení; **exchange o.** směnárna; **head o.** ředitelství, centrála; **lawyer's o.** advokátní kancelář; **notary's o.** notářství; **post o.** pošta; **reception o.** recepce ▪ **o. block** or **building** administrativní budova, budova s kancelářemi; **o. equipment** kancelářské potřeby; **o. furniture** kancelářský nábytek; **o. hours** úřední hodiny, Amer *(of doctor)* ordinační hodiny; **o. manager(ess)** vedoucí kanceláře; **o. work** úřadování, práce v úřadě, kancelářská práce; **o. worker** úředník, kancelářský zaměstnanec **2** Br *(government department)* ministerstvo; **Home O.** ministerstvo vnitra; **Foreign O.** ministerstvo zahraničí; **Immigration O.** přistěhovalecký úřad **3** *(position)* úřad, funkce; **high o.** vysoký úřad; **be in o., hold o.** *(person)* zastávat funkci or úřad, *(political party)* být u moci, vládnout; **take o.** ujmout se funkce, *(political party)* převzít vládu; **seek o.** ucházet se o úřad; **the incumbent of an o.** držitel úřadu; **relieve sb of his o.** zprostit koho úřadu **4 sb's good ~s** něčí laskavé zprostředkování; **through his good ~s** díky jeho laskavé pomoci **5** Relig bohoslužby

officer ['ofisə(r)] n **1** Mil důstojník; **liaison o.** styčný or spojovací důstojník; **non-commissioned o.** poddůstojník; **reserve o.** záložní důstojník, důstojník v záloze ▪ **o. rank** důstojnická hodnost, **o. corps** důstojnický sbor **2** **police o.** policista, policejní strážník; **o.!** pane strážníku!; **prison o.** vězeňský dozorce, sl bachař **3** Admin úředník, úřední osoba, referent, funkcionář; **careers o.** poradce pro volbu povolání; **customs o.** celník; **information o.** informátor, úředník v informacích; **local government o.** úředník místní správy; **personnel o.** pracovník osobního oddělení, inf kádrovák; **returning o.** sčítací komisař; **welfare o.** sociální pracovník

official [ə'fišl] adj oficiální, úřední; *(secret)* úřední, služební; **the o. receiver** Jur likvidátor ▪ **~ly** adv oficiálně; **declare sth ~ly** oficiálně něco prohlásit ● n (vyšší) úředník, úřední osoba, (veřejný) činitel, funkcionář, referent; **customs o.** celník; **junior o.** nižší úředník; **court o.** soudní úředník; **top government ~s** vysocí vládní činitelé, vládní špičky

officialdom [ə'fišəldəm] n byrokracie

officialese [əˌfišə'li:z] n úřední hantýrka

officiate [ə'fišieit] vi **o. as ...** mít funkci koho, dělat koho, fungovat jako; Relig sloužit (mši); **o. at a ceremony** vést obřady

officious [ə'fišəs] adj *(overzealous)* přehnaně horlivý; *(bossy)* panovačný, autoritářský; *(interfering)* všetečný; **be very o.** *(overzealous)* moci se přetrhnout horlivostí

offing ['ofiŋ] n **be in the o.** chystat se, být na obzoru; **there's a thunderstorm in the o.** hrozí bouřka, schyluje se k bouřce

offish ['ofiš] adj inf chladný, (příliš) rezervovaný

off-key ['ofki:] adj **1** Mus falešný **2** *(remark)* nevhodný, nevhod ● adv Mus **sing/ play off-key** zpívat/ hrát falešně

off-licence ['oflaisəns] n Br *(shop)* obchod s alkoholickými nápoji, alkoholické nápoje

off-line [of'lain] adj Comput nespřažený

off-load ['ofləud] vt **1** *(passengers)* nechat vystoupit, vysadit; *(goods)* vyložit, Naut vylodit **2** *(responsibilities)* zbavit se čeho

off-peak [of'pi:k] adj **off-peak heating** vytápění na noční proud; **off-peak electricity** noční proud; **off-peak hours** doba mimo (dopravní) špičku

off-piste [of'pi:st] adj Sport mimo sjezdovku

offprint ['ofprint] n separát, zvláštní otisk

off-putting ['ofputiŋ] adj Br *(smell)* odporný, odpuzující, *(behaviour, person also)* protivný, nesympatický; *(sight, meal)* nevábný, nelákavý

offset ['ofset] n **1** Typ ofset, ofsetový

tisk **2** *(counterbalance)* protiváha; *(compensation)* kompenzace ● [of'set] vt (pt & pp **offset**; pres p **offsetting**) **1** *(make up for)* vyrovnávat, vyvažovat, být protiváhou **2** Typ vytisknout ofsetem

offshoot ['ofšu:t] n **1** Bot výhonek, odnož, šlahoun **2** fig *(of family)* ratolest, potomek; *(of organization)* odbočka, pobočka; *(spin-off)* vedlejší aplikace, vedlejší produkt

offshore [of'šo:(r)] adj **1** *(near shore: fishing)* v pobřežních vodách, *(island* etc*)* jsoucí nedaleko pobřeží **2** *(wind)* pevninský, jdoucí od pobřeží **3** *(bank account, funds)* jsoucí v zahraničí

offside$_1$ [of'said] adj Sport ofsajd, jsoucí v postavení mimo hru; **be o.** být v ofsajdu, být v postavení mimo hru ● adv Sport ofsajd, v ofsajdu, v postavení mimo hru

offside$_2$ [of'said] adj Aut *(when driving on the left-hand/ right-hand side:* eg *wheel, road)* pravý/ levý ● n Aut *(when driving on the left-hand/ right-hand side)* pravá/ levá strana vozidla

offspring ['ofspriŋ] n **1** fml or joc *(child)* ratolest, potomek **2** pl *(children)* potomstvo, ratolesti **3** fig dopad, následek

offstage [of'steidž] adv v zákulisí, za scénou ● adj zákulisní

off-the-cuff [ofðə'kaf] adj *(remarks)* improvizovaný, vysypaný z rukávu, nepřipravený; *(speech* also*)* (pronesený) spatra

off-the-peg [ofðə'peg] adj *(clothes)* konfekční

off-the-record [ofðə'reko:d] adj neoficiální, důvěrný

off-white [of'wait] adj *(colour)* špinavě bílý, bělavý, krémově bílý

oft [oft] adv arch často; (esp *in compounds)* **oft-repeated** často or mnohokrát opakovaný; **oft-quoted** často citovaný

often ['ofn, 'oftən; Amer 'o:fn] adv často; **quite o.** dost často, nezřídka; **more often than not** většinou, povětšině; **every so o.** tu a tam, čas od času; **how o.?** jak často?; **how o. do I have to tell you?** kolikrát ti to mám říkat?; **it is not o. that ...** nestává se často, že ...

ogle ['əugl] vt **o. sb** okukovat or očumovat koho; **o. sth** *(eg cake)* pošilhávat po čem

ogre ['əugə(r)] n zlý obr z pohádek, obr-lidožrout; fig necita, nelida, ras

ogress ['əugrəs] n zlá obryně z pohádek; fig necita, ženská jako ras

oh [əu] interj *(expressing surprise, admiration)* ó!, oh!, no ne!; *(seeking confirmation)* **oh?**, **oh, really?** opravdu?, skutečně?; **oh dear!** no nazdar!, propána!; *(not me,)* **oh no!** kdepak!; **oh bother!** k sakru!; **oh boy!** dated inf ach jo!, páni!

ohm [əum] n Phys ohm

OHMS [əueičem'es] Br abbr of **On His/ Her Majesty's Service** ve službách Jeho/ Jejího Veličenstva razítko na úředních zásilkách osvobozených od poštovného

oil [oil] n **1** gen olej; **cooking/ olive o.** stolní/ olivový olej; **cod-liver o.** rybí tuk; **suntan o.** olej na opalování; **sardines in o.** sardinky v oleji, olejovky ♦ **burn the midnight o.** ponocovat, pracovat/ studovat po nocích; **pour o. on troubled waters** fig uklidnit rozbouřenou hladinu **2** *(petroleum)* nafta; **crude o.** ropa; **fuel o.** topná nafta; **engine o.** motorový olej; **lubricating o.** mazací olej; **explore for o.** hledat naftu ■ **o. company** petrolejářská or naftařská společnost; **o. cup** maznice; **o. heating** naftové topení; **o. magnate** or **tycoon** naftový magnát, petrolejový král; **o. pipeline** ropovod; **o. platform** těžební plošina; **o. rig** vrtná naftová věž; **o. slick** naftová skvrna na moři; **o. tanker** tanková loď or tanker pro přepravu nafty; **o. well** ropný vrt **3** Art *(painting)* olej, olejomalba; **o. paints** olejové barvy; **paint in ~s** malovat olejovými barvami ● vt *(machine)* (na)olejovat, (na)mazat (olejem) ♦ **o. the wheels** fig připravit terén; **o. sb's palm** fig podmazat koho

oil-bearing ['oilbeəriŋ] adj naftonosný, roponosný

oilcan ['oilkæn] n kanystr na olej; *(for lubricating)* olejnička

oilcloth ['oilkloθ] n voskované plátno

oiled ['oild] adj **1** *(machine)* naolejovaný, namazaný **2** *(drunk)* namazaný; **be well o.** být pořádně namazaný

oilfield ['oilfi:ld] n naftové pole

oil-fired ['oilfaiəd] adj naftový, na naftu

oilskin ['oilskin] n **1** *(cloth)* impregnované plátno, voskové plátno **2** *(clothing)* **~s** nepromokavý oděv nejčastěji pláštěnka

oily ['oili] adj (**-ier**, **-iest**) **1** *(substance)* olejnatý; *(fingers, clothes)* zamaštěný; *(soup, hair, skin)* mastný **2** fig *(fawning)* úlisný, přehnaně zdvořilý

ointment ['ointmənt] n Pharm mast, mazání ♦ **a fly in the o.** zakopaný pes, žába na prameni

OK, okay [əu'kei] interj inf dobrá, prima, fajn, O.K. [oukej]; **OK?** rozumíš?, souhlasíš? ● adv dobře, fajn; **the engine is working OK** motor funguje dobře ● adj prima, fajn, dobrý; **is it OK if ...?** nemáte nic proti tomu, když ...; **I am OK, thanks** děkuji, mám se dobře; **everything is OK** všechno je v pořádku ● n schválení, souhlas; **give the OK** dát souhlas ● vt *(approve: suggestion, plan)* schválit

okapi [əu'ka:pi] n Zool okapi

okay [əu'kei] see **OK**

old [əuld] adj **1** *(not young)* starý; **an o. man** starý muž, stařec; **an o. woman** stará žena, stařena; **o. age** staroba, stáří; **an o. fogey** inf starý paprika; **an o. hag** inf babizna, vulg stará rašple; **an o. maid** stará panna; **an o. gentleman** starý pán; **get** or **grow o.** zestárnout; **o. people's home** domov důchodců; **in one's o. age** na stará kolena **2** *(of a particular age)* **he's ten years o.** je mu deset let, je starý deset let, je stár deset let; **how o. is he?** kolik je mu let?, jak je starý?; **he is o. enough to look after himself** je dost starý na to, aby se o sebe postaral **3** *(not new/ fresh/ recent)* starý; *(clothes: worn)* obnošený, *(not fashionable)* staromódní; *(bread)* okoralý, suchý, tvrdý; **an o. banger** inf *(car)* stará rachotina, starý krám **4** *(former: address)* starý; *(house)* dřívější; **the good o. days** staré zlaté časy; **o. boy/ girl** *(of school)* dřívější absolvent/ -ka; **for o. time's sake** ze staré známosti **5** *(friend, rival)* starý, dlouhodobý **6** *(experienced)* starý, zkušený, ostřílený; **the o. man** starý, šéf; **an o. soldier** starý or ostřílený voják; **an o. sweat** dated stará vojna; **an o. stager** starý mazák; **be an o. hand at sth** mít v čem rutinu, být v čem ostřílený **7** *(expressing affection)* **my o. man/ woman** *(husband/ wife)* inf můj starý/ moje stará, ten můj/ ta moje; **he's a kind o. soul** je to dobrák od kosti **8** *(intensifying)* **any o. thing** kdejaký krám; **it's the same o. story** to je stará písnička ● n **1 of o. a) in days of o.** v dávných dobách, za starých časů, před dávnými časy **b)** *(for a long time)* **I know her of o.** znám ji už dlouho **2** pl **the o.** staří; **young and o. alike** staří i mladí

old-age [əuld'eidž] adj **old-age pension** starobní důchod, penze; **old-age pensioner** penzista

olden ['əuldən] adj attr arch **in o. days/ times** za starých časů

older ['əuldə(r)] adj starší

old-established [əuldi'stæblišt] adj *(custom)* starodávný, starobylý, starý

old-fashioned [əuld'fæšnd] adj zastaralý, nemoderní, staromódní

oldish ['əuldiš] adj postarší

old-maidish [əuld'meidiš] adj staropanenský

old-time [əuld'taim] adj starobylý, starodávný

old-timer [əuld'taimə(r)] n veterán, stará vojna

old-world [əuld'wə:ld] adj tradiční, starobylý

oleander [əuli'ændə(r)] n Bot oleandr

O level [əu'levl] n Sch now dated = **Ordinary level** základní stupeň všeobecných středoškolských zkoušek, zkouška nižšího stupně střední školy

olfactory [ol'fæktəri] adj čichový; **o. nerve/ organ** čichový nerv/ orgán

oligarchy ['oliga:ki] n oligarchie

olive ['oliv] n **1** *(tree)* olivovník; *(wood)* olivové dřevo ■ **o. branch** olivová ratolest; **o. grove** olivový háj; **hold out an o. branch to sb** nabídnout komu ruku k smíru **2** *(fruit)* oliva ■ **o. oil** olivový olej; **o. crown** olivový věnec **3** *(colour)* **o. (green)** olivová zeleň, olivově zelená ● adj *(colour)* olivový

Olympiad [ə'limpiæd] n olympiáda

Olympic [ə'limpik] adj olympijský; **O. flame** olympijský oheň; **O. Games** olympijské hry; **O. idea** olympijská myšlenka; **the O. village** olympijská vesnice ● n pl **the Olympics** olympijské hry

ombudsman ['ombudzmən] n (pl **-men**) ombudsman, ochránce lidských práv

omega ['əumigə] n omega

omelette, Amer **omelet** ['omlət] n omeleta ♦ **you can't make an o. without breaking eggs** když se kácí les, lítají třísky

omen ['əumen] n znamení; **a good o.** dobré znamení, slibná perspektiva; **a bad o.** výstražné znamení; **a bird of ill o.** zlověstný pták, fig posel špatných zpráv

ominous ['ominəs] adj *(foreboding evil)* zlověstný, znepokojující, nevěstící nic dobrého, *(threatening)* hrozivý ■ **~ly** zlověstně; hrozivě

omission [əu'mišn] n **1** vynechání, *(deliberate)* vypuštění; *(failure to include)* opomenutí, přehlédnutí; **sins of o.** lehkomyslné opomenutí, hříšné zanedbání povinností **2** *(omitted text)* vynechávka

omit [əu'mit] vt (**-tt-**) vynechat; *(deliberately)* vypustit; *(overlook:* eg *mistake)* přehlédnout; *(forget)* opomenout; **o. doing sth, o. to do sth** opomenout něco udělat, neudělat něco

omnibus ['omnibəs] n **1** fml dated *(bus)* omnibus, autobus, autokar **2** *(edition)* antologie, vybrané spisy ■ **o. volume** antologie

omnipotence [om'nipətəns] n všemohoucnost, všemocnost

omnipotent [om'nipətənt] adj všemohoucí, všemocný ● n **the O.** Všemohoucí

omnipresence [omni'prezəns] n všudypřítomnost

omnipresent [omni'prezənt] adj všudypřítomný

omniscience [om'nisiəns] n vševědoucnost

omniscient [om'nisiənt] n vševědoucí

omnivore ['omnivo:(r)] n Zool všežravec

omnivorous [om'nivərəs] adj Zool všežravý; fig *(reader)* hltavý

on [on] prep **1** *(position)* na, v(e) +L; *(motion, direction)* na +A, do; **the pen is on the table** pero je na stole; **put the pen on the table** položit or dát pero na stůl; **put the lid on the pot** přikrýt hrnec pokličkou; **hit sb on the head** uhodit koho do hlavy; **on the right/ left** napravo/ nalevo; *(relatives)* **on one's father's/ mother's side** příbuzní z otcovy/ matčiny strany **2** *(in(to) a means of travel)* **travel on the bus/ the train** cestovat autobusem/ vlakem; **eat on the train** jíst ve vlaku; **get on the train** nastoupit do vlaku; **on foot** pěšky **3** *(indicating thing carried)* **I don't have a driving licence on me** nemám u sebe řidičský průkaz; **he's got a gun on him** má u sebe zbraň **4** *(indicating membership, support)* **he is on the committee** (on) je ve výboru; **I am on your side** jsem na tvé straně, máš mou podporu **5** *(indicating time)* **a)** *(day, date)* **on Monday** v pondělí; **on Mondays** každé pondělí, v pondělí; **on the 5th of May** 5. pátého května; **on my birthday** v den mých narozenin; **on or after the 5th of May** počínaje 5. pátým květnem **b)** *(at the time of/ immediately after)* **on his arrival** po jeho příjezdu; **on the death of his mother he started ...** po smrti své matky začal ...; *(remember a tune etc)* **on first hearing** na první poslech; **on hearing that ... (he)** když se doslechl, že ... **6** Rad, TV **I saw it on television** viděl jsem to v televizi; **she heard it on the radio** slyšela to v rádiu or v rozhlase **7** Mus **play sth on the violin** (za)hrát něco na housle **8** *(about)* o; **talk/ lecture on sth** hovořit/ přednášet o čem; **a book/ film on Scotland** kniha/ film o Skotsku; **on this subject** o tomto tématu, na toto téma **9** *(indicating means)* **be on bread and water** žít o chlebu a vodě; **live on charity** žít z milodarů; **run on petrol** *(cars etc)* jezdit na benzin, být poháněný benzinem **10** **have a beer on me** dej si pivo na můj účet; **this is on me** toto platím já **11** *(near)* u, poblíž; **a house on the main road** dům u hlavní ulice **12** *(approximately)* asi tak; **just on a year ago** asi tak před rokem **13** *(indicating reason, basis, condition)* **it is based on fact** je to založeno na skutečnosti; **on no account** za žádnou cenu, za žádných okolností; **on condition that ...** pod podmínkou, že ...; **on that ground** z toho důvodu; *(do sth)* **on sb's advice** na čí radu; **you have it on my word** máš na to moje slovo **14** *(against)* **march on the capital** pochodovat na hlavní město; **the police have nothing on me** policie na mě nic neví **15** *(against sb's interest)* inf **tell on sb** žalovat na koho; **the computer conked out on me** inf počítač mi vypověděl službu, vyplivl mi počítač; **then his sister died on him** pak mu umřela sestra **16** *(phrases)* **travel on business** cestovat služebně; **he's on holiday** je na dovolené; **he's on the go all the time** je stále v jednom kole, je stále v permanenci; **cash on the nail** peníze z ručky do ručky, inf prachy na dřevo ● adv **1** *(in place)* **put the hat/ coat/ shoes on** nasadit si klobouk/ obléct si kabát/ obout si boty; **he had nothing on** byl nahý; **he had a coat on** měl na sobě kabát **2** *(indicating continued action)* **speak/ read/ wait/ sleep on** mluvit/ číst/ čekat/ spát dále; **she talked on and on** mluvila a mluvila; **it went on and on** nemělo to konce; **the party still went on** večírek ještě pokračoval dál **3** *(indicating movement forward)* **move on!** postupte dál! **4** *(indicating time)* **from that day on** od toho dne; **it's getting on for eight** už je skoro osm hodin; **well on in the afternoon** později odpoledne **5** *(phrases)* **she's always on at me** stále mě sekýruje (**about sth** kvůli čemu); **what's he on about now?** o čem to zas mluví?, co to zase mele?; **later on** později; **on and off** čas od času, tu a tam ● adj **1** *(switched on: light, TV, radio)* zapnutý; *(tap)* otevřený, puštěný; *(engine, motor)* spuštěný, v chodu; **the radio was on very loud** rádio hrálo velmi hlasitě, inf rádio řvalo; **in the on position** v poloze 'zapnuto' **2** **be on** *(be performed)* být na programu, *(film, play)* hrát se, *(on TV, radio)* vysílat se; *(match)* konat se; **what's on at the theatre?** co se hraje or co dávají v divadle?; **have you got anything on tonight?** máš dnes večer něco (na programu)?; **I've got nothing on** nemám nic (na programu), mám volno **3** **be on** inf **a)** *(be acceptable)* **that just isn't on** takhle to prostě nejde, to je naprosto nepřijatelné; **you're on!** *(I accept)* platí!, dohodnuto!, ujednáno! **b)** *(be feasible)* *(I'll never finish by Sunday)* **it just isn't on** to se prostě nedá, to je nad mé síly **c)** inf **are you on?** *(for a game etc)* hraješ (s námi)?, *(for a trip)* přidáš se (k nám)? **4** **the police are on to him** jde po něm policie

onanism ['əunənizəm] n onanie, onanování, masturbace

once [wans] adv **1** *(on one occasion)* jednou; **once a week/ month** jednou týdně/ měsíčně; **o. more** ještě jednou, opět; **for o.** výjimečně, pro tentokrát; **not o.** ani jednou; **o. or twice o. in a while** tu a tam, občas; **o. or twice** párkrát; **o. only** jen jednou; **o. and for all** jednou provždy, definitivně ♦ **o. in a blue moon** jednou za uherský měsíc; **o. bitten twice shy** kdo se jednou spálil, bojí se ohně **2** *(formerly)* jednou, kdysi; **this town was o. famous** toto město bylo kdysi slavné ♦ **o. upon a time there was a king** byl jednou jeden král **3 at o. a)** *(immediately)* ihned, okamžitě **b)** *(at the same time)* najednou; **don't all speak at o.** nemluvte všichni najednou; **they were all shouting at o.** křičeli jeden přes druhého **4 all at o.** *(suddenly)* náhle, z ničeho nic, najednou ● conj *(as soon as)* jakmile; *(I never wake before nine,)* **o. I get to sleep** jakmile usnu ● n **just this o.** jen pro tentokrát

once-over ['wansəuvə(r)] n inf **1** *(glance)* **give sb/ sth the o.-over** přejet koho/ co očima, někoho/ něco si zběžně prohlédnout, někoho si změřit **2 give sb a** or **the o.-over** *(beat up)* dát komu pořádný výprask

oncologist [oŋ'kolədžist] n onkolog/ onkoložka

oncology [oŋ'kolədži] n onkologie

oncoming ['onkamiŋ] adj **1** *(approaching: season)* blížící se, nadcházející; *(danger)* hrozící **2** *(car)* protijedoucí, jedoucí v protisměru ● n *(of winter)* příchod

one [wan] adj **1** *(numeral)* m jeden/ fem jedna/ neutr jedno; **it's o. o'clock** je jedna hodina; **o. hundred/ thousand** (jedno) sto/ (jeden) tisíc; **the baby will be o. (year old) next month** dítěti bude příští měsíc rok; **Chapter O.** kapitola první **2** *(single, only)* jediný; **my o. mistake was ...** jediná chyba, kterou jsem udělal, byla ...; **the o. way to go about it is ...** jediný způsob, jak to řešit, je ...; **the o. and only XY** nepřekonatelný or nedostižný XY; **never for o. moment** nikdy ani na chvíli **3** *(a certain)* **o. Mr Herd** nějaký pan Herd **4** *(in temporal expressions)* **o. day** jednoho dne; **o. summer evening** jednoho letního večera **5** *(same)* stejný, tentýž; **o. and the same** jeden a tentýž, jeden a ten samý; **at o. and the same time** ve stejnou dobu, zároveň; **on o. and the same day** ve stejný den; **o. and the same woman** jedna a ta samá žena; **it's o. and the same thing** je to jedno a totéž; **it's all o.** to je prašť jako uhoď, to je jeden čert **6** *(as intensifier)* **his room is o. big mess** v pokoji má hrozný nepořádek **7** *(in agreement)* **they were o. in demanding that ...** požadovali jako jeden muž, aby ... ● pron **1 o. of ...** jeden z ...; **o. of us** jeden z nás; **any o. of them** kdokoliv z nich; **not o. of them** ani jeden z nich **2** *(replacing noun)* **a)** *(after the, that, this, any, which, every* etc*)* **which o.?** který?, **any o.?** kterýkoliv; **this/ that o.** tento/ tamten; **the o. in the corner** ten v rohu **b)** *(joke, story)* vtip, anekdota; **do you know the o. about ...?** znáte ten vtip o ...? **c)** *(drink)* sklenička; **shall we have a quick o.?** dáme si ještě jednu rychlou?; **o. for the road** sklenička na cestu **d)** *(blow)* **he landed him o.** ubalil mu jednu **e)** *(after adjectives)* **blue shirts and white ~s** modré košile a bílé (košile) **f)** *(as object) (I have no stamps)* **can you lend me o.?** můžete mi jednu (známku) půjčit? **3** *(someone)* někdo; **I am not o. for (going to) parties** mě na mejdany moc neužije; **I'm not a great o. for wine** já si na víno moc nepotrpím **4 o. another** vzájemně, jeden druhého/ druhému etc; **they know o. another** znají se; **we help o. another** vzájemně si pomáháme **5** impers pron fml člověk, jeden; **o. never knows** člověk nikdy neví; **o. must do one's duty** musíme konat svou povinnost; **in these circumstances o. wants to be alone** za takových okolností je člověk nejraději sám; **it's enough to kill o.** to by člověka or jednoho zabilo; **with o.'s own eyes** na vlastní oči

one-act play [wanækt'plei] n Theat aktovka, jednoaktovka, hra o jednom dějství

one-armed [wan'a:md] adj jednoruký; *(lever)* jednoramenný; **one-armed bandit** inf hrací automat na mince hazardní

one-eyed [wan'aid] adj jednooký ♦ **in the land of the blind the one-eyed man is king** mezi slepými jednooký králem

one-handed [wan'hændid] adj **1** *(one-armed)* jednoruký **2** *(throw)* provedený jednou rukou ● adv jednou rukou

one-horse [wan'ho:s] adj **1** *(cart)* jednospřežný **2** fig pej **a o.-horse town** Zapadákov, Zlámaná Lhota

one-legged [wan'legid] adj jednonohý

one-man [wan'mæn] adj *(vehicle)* jednomístný; *(job)* pro jednu osobu; **a one-man show** Theat sólové představení, Art výstava obrazů jednoho malíře, individuální výstava

oneness ['wannəs] n jednota; *(wholeness)* celistvost, ucelenost; *(harmony)* soulad; *(uniqueness)* jedinečnost, singularita

one-night [wan'nait] adj **a one-night stand** Theat jediné představení; fig *(brief affair)* láska na jednu noc

one-off [wan'of] adj Br inf jednorázový, výjimečný; **a one-off payment** jednorázová platba ● n výjimka, něco neopakovatelného

one-party [wan'pa:ti] adj Pol **a one-party system** systém jedné strany

one-piece [wan'pi:s] adj **one-piece swimsuit** jednodílné plavky

one-room [wan'ru:m] adj **a one-room flat** jednopokojový byt

onerous ['əunərəs] adj *(task)* obtížný; *(duty)* tíživý

oneself [wan'self] pron (pl **-selves** [-'selvz]) **1** refl G sebe, D sobě, si, A sebe, se, L sobě, I sebou; **dress o.** obléct se; **be happy with o.** být se sebou spokojený; **keep o. to o.** uzavřít se do sebe; **live for o.** žít sám pro sebe; **be wrapped in o.** být uzavřený do sebe **2 be o.** *(one's usual self)* být sám sebou **3 (all) by o. a)** *(alone)* sám, o samotě **b)** *(without help)* sám, bez cizí pomoci

one-sided [wan'saidid] adj *(decision)* jednostranný; *(game* also*)* nerovný; *(biased: judgement, opinion)* zaujatý, předpojatý ■ **~ly** adv jednostranně; zaujatě, předpojatě

one-storey(ed) ['wansto:rid] adj *(house)* přízemní

one-time ['wantaim] adj dřívější, bývalý, někdejší

one-to-one [wantə'wan] adj *(teaching)* individuální

one-track [wan'træk] adj Rail jednokolejný; fig **he's got a one-track mind** má v hlavě jen jedno, *(he thinks only of sex)* nemyslí na nic jiného než na sex

one-upmanship [wan'apmənšip] n snaha trumfnout své kolegy/ známé etc

one-way [wan'wei] adj *(traffic, street)* jednosměrný; *(ticket)* jednoduchý, jen tam ne zpáteční

ongoing ['ongəuiŋ] adj *(continuing)* pokračující; *(current: debate)* současný, právě probíhající, aktuální

onion ['anjən] n cibule ♦ **know one's ~s** Br inf vyznat se ve svém oboru; **spring ~s** cibulky ■ **o. sauce/ soup** cibulová omáčka/ polévka; **o. dome** cibulovitá báň, kopule

onion-shaped ['anjənšeipt] adj cibulovitý

onionskin ['anjənskin] n *(paper)* pauzovací papír

on line, attr **on-line** [on'lain] adj Comput spřažený

onlooker ['onlukə(r)] n divák; *(after an accident)* přihlížející, pej zevloun, čumil, zvědavec

onlooking ['onlukiŋ] adj přihlížející

only ['əunli] adj jediný, samotný, sám; **the o. clothes I have** jediné šaty, které mám; **his o. son** jeho jediný syn; **the o. child** jediné dítě, jedináček; **one and o.** jeden jediný; **you are my o. hope** ty jsi má jediná naděje; **I was the o. person present** byl jsem tam sám; *(I am worried)* **you are not the o. one** nejsi sám/ sama ● adv **1** *(exclusively)* jen, jenom, pouze, výhradně; **admission by invitation o.** vstup jen pro zvané; **for external application o.** Med užívat zevně, jen pro zevní použití; **o. I saw John** Jana jsem viděl jenom or jedině já; **for official use o.** jen or výhradně pro služební účely; **he's o. interested in money** jde mu jen o peníze **2** *(merely, just)* jen, jenom, pouze; **she's o. a child** je to ještě dítě; **I am o. human** jsem přece jenom člověk; **express train in name o.** rychlík jen podle jména; **he o. pretended to agree** souhlasil jen na oko; **it's o. a stone's throw away** je to co by kamenem dohodil; **o. 10 spectators** pouze deset diváků; **o. to discover that ...** jen aby zjistil, že ... **3** *(emphasizing recentness of event)* **o. just** zrovna, právě; **o. an hour or so ago** asi tak před hodinou; **o. yesterday** zrovna včera **4 o. too ...: o. too gladly** s největší ochotou; **be o. too aware that ...** až příliš dobře si uvědomovat, že ... **5 if o. I knew** kéž bych to věděl; **if o. she came** kdyby jen přišla; **if o. I were with you** kdybych tak byl s tebou; **if o. for the reason that ...** už jen proto, že ... **6 not o. ... but also** nejen ... ale i; **not o. Peter but also Paul** nejen Petr, ale i Pavel ● conj jenže, ale; *(this coat is very nice,)* **o. it's too expensive** jenže je příliš drahý; *(I'd do it,)* **o. I am too busy** ale mám moc práce

o.n.o [əuen'əu] Br abbr of **or nearest offer, or near offer** *(in advertisements)* **£ 30 o.n.o** ≅ kolem 30 liber, plus minus 30 liber

onomatopoeia [onəumætə'pi:ə] n onomatopoie, zvukomalba

onomatopoeic [onəumætə'pi:ik] adj onomatopoický, zvukomalebný

onrush ['onraš] n *(of attackers, water, feelings)* nápor; *(of anger)* záchvat

onset ['onset] n **1** *(attack)* útok **2** *(beginning: of disease)* propuknutí; *(of winter)* příchod

onslaught ['onslo:t] n prudký útok or nápor; fig **make an o. on sb/ sth** *(verbally)* ostře někoho/ něco kritizovat

onto ['ontu, 'ontə] prep **1** *(moving on to)* **climb o. the roof** vylézt na střechu; **the crowd ran o. the pitch** dav vtrhl na hřiště; **look o. the street** *(room, windows)* vést do ulice; **a window o. the world/ o. Europe** okno do světa/ do Evropy **2** *(phrases)* **be o. sb i)** *(pursue: criminal)* inf pronásledovat, být komu na stopě **ii)** *(nag sb)* sekýrovat koho, dorážet na koho, nedat komu pokoje **iii)** *(speak to:* eg *solicitor)* obrátit se na koho, promluvit si s kým; **be o. sth** *(information)* inf dopátrat se čeho

ontology [on'tolədži] n ontologie

onus ['əunəs] n **the o.** fml *(responsibility)* povinnost, zodpovědnost; *(burden)* břímě, tíže; **the o. of proof** břímě důkazu; **the o. to do it lies with him** udělat to musí on; je na něm, aby to udělal

onward ['onwəd] adj směřující dopředu; **the o. march of time** běh času, ubíhání času ● adv Amer see **onwards** ● interj vpřed!, kupředu!

onwards ['onwədz] adv **1** *(forward)* vpřed, dopředu, kupředu; **march o.** pochodovat kupředu **2 from this time o.** od nynějška, ode dneška; **from the 1st of January o.** počínaje 1. lednem

onyx ['oniks] n Min onyx ■ **an o. paperweight** onyxové těžítko

oodles ['u:dlz] n pl inf *(lots)* **o. of money** fůra peněz, peněz jako želez; **o. of food** kvanta jídla

oomph [umf] n inf **1** *(energy)* elán **2** *(sex appeal)* sex-appeal [seksepi:l]; **have o.** být sexy

ooze [u:z] n *(mud)* řídké bahno ● **I** vi *(water, blood)* prýštit, řinout se, crčet **II** vt **the wound was oozing pus** z rány vytékal hnis; **o. confidence** oplývat sebevědomím; **o. good health** překypovat zdravím; **o. money** topit se v penězích

op [op] n Med, Mil abbr of **operation** operace

opacity [əu'pæsəti] n **1** lit neprůhlednost, neprůsvitnost, matnost, opacita **2** fig *(of text)* nejasnost, nesrozumitelnost

opal ['əupl] n Min opál

opalescent [əupə'lesnt] n opalescentní, opalescenční, opalizující

opaque [əu'peik] adj **1** lit neprůhledný, neprůzračný, neprůsvitný, opakní **2** *(text)* nejasný, nesrozumitelný

op art ['opa:t] n op-art

op cit [op'sit] abbr of Lat **opere citato** *(in the work cited)* op. cit., v uvedeném díle

OPEC ['əupek] abbr of **Organization of Petroleum Exporting Countries** OPEC, Organizace zemí vyvážejících ropu

open ['əupən] adj **1** *(not closed: door, window, eye* etc*)* otevřený; **o. wound** otevřená or zející rána; **half o.** napůl otevřený; **slightly o.** pootevřený; **wide o.** *(door)* otevřený dokořán, *(eyes)* zeširoka or široko otevřené oči; **fly o.** *(door, window)* rozletět se; **fling** or **throw the door o.** rozevřít dveře; **the door burst o.** dveře se rozletěly; **I can't keep my eyes o.** klíží se mi oči; **break the door o.** vylomit dveře; **lay sb's head o.** rozbít komu hlavu ♦ **sleep with one eye o.** spát na půl oka, spát jako zajíc; **keep one's eyes o.** mít otevřené oči, dávat si pozor; **leave the door o.** fig nechat si otevřená zadní vrátka (**to sth** k čemu) **2** *(not enclosed: plain, space, countryside)* otevřený; *(sea, ocean)* širý, volný; **in the o. air** pod širým nebem, na čerstvém vzduchu, venku, v přírodě **3** *(not fastened: shirt, coat)* nezapnutý, rozepnutý; *(packet)* rozbalený, nezabalený **4** *(unfolded: book)* otevřený, *(arms* also*)* rozpřažený, *(legs)* roztažený; *(flowers)* rozvinutý, rozkvetlý; **receive sb with o. arms** přijmout koho s otevřenou náručí ♦ **have an o. hand** být štědrý; **be an o. book** *(person)* být jako otevřená kniha **5** *(not covered: wagon)* otevřený; *(car)* bez střechy, se staženou střechou; *(boat)* nemající palubu, bez paluby; *(bottle)* otevřený, odzátkovaný; *(of pan)* odkrytý, nezakrytý; **o. sandwich** obložený chlebíček; **o. burner** kahan **6** *(unprotected)* nechráněný; *(wiring)* neizolovaný; Rail *(level crossing)* nechráněný; **lay oneself o. to criticism** vystavovat se kritice **7** *(not blocked: road)* volný, otevřený (**to** pro); *(view)* otevřený, *(on road* also*)* široký **8** *(for business: shop, office)* otevřený; **be o.** *(shop)* mít otevřeno; **o. to the public** přístupný veřejnosti **9** *(available: job, post)* volný, neobsazený; *(period of time)* volný **10** *(not concealed)* zjevný, neskrývaný; **an o. secret** veřejné tajemství; **o. hostility** otevřené nepřátelství; **an o. letter** otevřený list; **an o. criticism** otevřená kritika; **an o. violation of a treaty** flagrantní porušení smlouvy **11** *(frank)* otevřený, upřímný; **o. manner** otevřenost v jednání; **be o. with sb** mluvit s kým otevřeně or upřímně **12** *(undecided: question)* otevřený; **the matter remains o.** tato záležitost ještě nebyla uzavřena **13** *(unrestricted: competition)* veřejný, *(meeting, trial)* přístupný veřejnosti; **o. market** volný trh; **o. day** Sch den otevřených dveří; **o. cover** Ins všeobecná pojistka **14** *(with wide spaces: forest)* řídký; *(fabric, pattern)* prolamovaný **15 be o. to advice** být přístupný radám, dát si poradit; **be o. to bribery** být úplatný; **keep an o. mind** být přístupný jiným názorům ■ see **openly** ● n **the o. 1** *(outdoors)* **in the o.** venku, na čerstvém vzduchu, pod širým nebem; *(out of town)* v přírodě **2 be out in the o.** *(scandal, secret)* být venku; **bring sth out into the o.** přestat se s něčím tajit, zveřejnit něco; **come out into the o.** *(affair)* vyjít najevo, *(person)* fig odkrýt karty, vyjevit své úmysly ● **I** vt **1** *(door, window, book, eyes)* otevřít; *(book, newspaper* also*)* rozevřít; *(curtain)* rozhrnout;

(envelope: unstick) rozlepit; *(bottle)* otevřít, odzátkovat, (eg *of wine)* načít; **o. the throttle** Aut přidat plyn, akcelerovat, sešlápnout plyn ♦ **refuse to o. one's mouth** mlčet jako zařezaný; **o. one's big mouth** prořeknout se; **o. sb's eyes** otevřít komu oči 2 *(unfasten: coat, shirt)* rozepnout; *(collar)* rozhalit 3 *(area, region)* zpřístupnit; **o. a road** otevřít silnici 4 *(start)* začít; *(exhibition, meeting, fire)* zahájit; *(motorway)* uvést do provozu; **o. a conversation** dát se do řeči 5 *(set up: business, shop)* zřídit, otevřít; *(school)* otevřít 6 Fin **o. an account** zřídit si or otevřít si účet (**with a bank** u banky) 7 Med **o. the bowels** mít stolici 8 fig **o. one's heart to sb** vylít komu své srdce, svěřit se komu **II** vi 1 *(door, window* etc*)* otevřít se, *(book, magazine* etc also*)* rozevřít se; *(envelope)* rozlepit se; **it won't o.** nedá se to otevřít 2 *(for business: shop)* otevírat 3 *(start)* začínat (**with sth** čím); *(play)* mít premiéru, *(film)* přijít do kin **III** phr vs ■ **open on** vi **o. on to the garden/ street** *(door)* vést na zahradu/ na ulici ■ **open out** *I* vi 1 *(widen: road, river)* rozšiřovat se; **the river ~s out into a lake** (ta) řeka se vlévá or ústí do jezera 2 *(bud, flower)* otevřít se, rozvít se; *(earth)* rozestoupit se 3 *(map)* dát se rozložit 4 **o. out before sb** or **before sb's eyes** *(valley)* rozprostírat se před kým, *(view)* otevřít se před kým, objevit se před kým, naskytnout se zrakům koho 5 *(become less reserved)* uvolnit se, rozvázat, stát se hovornějším *II* vt 1 *(map, newspapers)* rozložit, rozevřít 2 *(make wider: hole* etc*)* rozšířit, zvětšit ■ **open up** *I* vi 1 *(door)* otevřít se; *(flower)* otevřít se, rozvít se; *(parachute)* rozevřít se; fig *(horizons, fields)* otevírat se, *(prospects* also*)* rýsovat se 2 *(become talkative)* rozvázat, stát se sdílnějším; **o. up to sb** svěřit se komu 3 *(start shooting)* zahájit palbu 4 inf *(accelerate)* přidat plyn 5 *(become interesting: game)* dostat spád *II* vt 1 *(unlock: house* etc*)* odemknout, otevřít 2 *(make accessible: region)* zpřístupnit; *(path in a jungle)* prosekat 3 *(start: business)* otevřít, zřídit 4 *(game)* otevřít, oživit, dát čemu spád

open-air [əupən'eə(r)] adj **o.-air theatre** divadlo v přírodě; **o.-air cinema** letní kino; **o.-air restaurant** zahradní restaurace; **o.-air museum** skanzen

open-and-shut [əupənən'ʃat] adj *(choice)* jednoduchý; *(case)* jasný, evidentní, vyložený

opencast ['əupənka:st] adj *(mining)* povrchový

open-ended [əupən'endid] adj *(contract)* nelimitovaný, časově neohraničený; *(category)* nevymezený, neohraničený; *(subject)* bezbřehý

opener ['əupənə(r)] n 1 gen otvírač, otvírák; **bottle/ tin o.** otvírač lahví/ konzerv 2 fig **for ~s** inf pro začátek

open-eyed [əupən'aid] adj se široce otevřenýma očima

open-handed [əupən'hændid] adj štědrý, kavalírský

open-heart ['əupənha:t] adj Med *(surgery)* prováděný na otevřeném srdci

open-hearted [əupən'ha:tid] adj otevřený, přímý, upřímný

opening ['əupəniŋ] n 1 *(act of o.)* otevření; *(of negotiations, game of chess, cards* etc*)* zahájení, začátek 2 *(gap)* otvor; *(cleft)* štěrbina; *(in hedge, branches)* mezera, průhled; *(in wall)* díra, průlom; *(forest clearing)* mýtina 3 *(official o.: of play)* premiéra; *(of art exhibition)* vernisáž; *(of motorway)* uvedení do provozu ■ **o. night** premiéra 4 *(opportunity)* příležitost, šance; *(vacancy)* volné místo 5 **hours of o.**, also ■ **o. time(s)** otvírací doba, *(in shops* also*)* prodejní doba ● adj počáteční; *(remarks, speech, ceremony)* úvodní

openly ['əupənli] adv otevřeně; *(visibly)* viditelně, zjevně; *(publicly)* veřejně; **tell sb o.** říci někomu něco přímo

open-minded [əupən'maindid] adj nezaujatý, jsoucí bez předsudků

open-mindedness [əupən'maindidnəs] n nezaujatost, názorová tolerantnost

open-mouthed [əupən'mauðd] adj s otevřenými ústy, inf s otevřenou pusou or hubou

open-necked [əupən'nekt] adj *(shirt)* s rozepnutým límcem; **o.-necked shirt** rozhalenka

openness ['əupənnəs] n 1 *(frankness)* otevřenost, upřímnost 2 *(of spirit)* názorová tolerantnost, přístupnost (**to sth** čemu) 3 *(of terrain)* otevřenost

open-plan [əupən'plæn] adj *(office)* otevřený, bez přepážek

openwork ['əupənwə:k] n Text ažura, prolamování ■ **o. stockings** ažurované or prolamované punčochy

opera$_1$ ['opərə] n opera; **comic o.** komická opera ■ **o. (company)** operní společnost; **o. composer** operní skladatel; **o. glasses** divadelní kukátko; **o. (house)** opera budova

opera$_2$ ['əupərə] pl of **opus**

operand ['opərænd] n Math, Comput operand

operate ['opəreit] **I** vi 1 *(function: machine)* běžet, fungovat, být v činnosti; **o. at full speed** *(machine)* běžet na plné obrátky;

o. at full capacity *(factory)* pracovat naplno 2 *(system)* fungovat; *(medicine: be effective)* učinkovat, mít účinek, působit; **o. against sb** působit v čí neprospěch 3 Med operovat; **o. on sb for cancer** operovat koho na rakovinu 4 Mil operovat, provádět operace **II** vt 1 *(machine, device)* obsluhovat, zacházet s čím; *(power: machine* etc*)* pohánět; **the clock is ~d electrically** tyto hodiny jsou na elektřinu 2 *(manage: business)* řídit, spravovat; *(law)* aplikovat; **o. a mine** těžit v dole

operatic [opə'rætik] adj *(music, singer)* operní

operating ['opəreitiŋ] adj attr 1 *(costs, capacity)* provozní, výrobní; **o. instructions** návod k obsluze; **o. system** operační systém 2 Med **o. theatre**, Amer **o. room** operační sál; **o. surgeon** chirurg, operatér

operation [opə'reišn] n 1 *(functioning)* **a)** *(machine)* činnost, chod, provoz; *(plant, bus service)* provoz; **be in o.** být v provozu, být v chodu; **be out of o.** být mimo provoz, *(factory* also*)* stát; **put a plant into o.** uvést podnik do provozu **b)** *(of drug)* účinek, působení **c)** *(law)* platnost; **be in o.** být v platnosti 2 *(causing to function: machine, device* etc*)* obsluha 3 *(management)* řízení; *(application: of system, policy)* použití 4 *(act, activity)* akce; **a police o.** policejní akce or zásah; **a rescue o.** záchranná akce; **clearance ~s** odklizovací práce 5 Mil operace 6 Med operace; **Caesarean o.** císařský řez; **undergo an o. for sth** podrobit se operaci čeho; **have a kidney o.** dát si operovat ledviny 7 *(enterprise)* podnik, společnost 8 Math operace, úkon 9 Comput operace ■ **o. code** operační kód

operational [opə'reišənl] adj 1 *(ready for use: machine)* provozuschopný, *(vehicle* also*)* pojízdný; *(in use: machine* etc*)* v provozu 2 Mil *(unit)* akceschopný, bojeschopný; **o. range** akční rádius 3 *(costs, expenditure, problems)* provozní

operative ['opərətiv] adj 1 *(in use: law)* platný, v platnosti; **become o.** vstoupit v platnost, nabýt účinnosti 2 Med *(treatment)* operativní 3 **the o. word** slovo, na kterém je důraz, důležité slovo ● n 1 *(worker)* dělník; **machine o.** obsluha stroje, strojník 2 Amer *(secret agent)* tajný agent

operator ['opəreitə(r)] n 1 *(technician)* technik, operátor; **crane o.** jeřábník; **camera o.** kameraman; **lathe o.** soustružník; **computer o.** operátor, osoba obsluhující počítač; **machine o. = machine operative** 2 Tel *(person)* telefonista/ telefonistka, spojovatel/ -ka; *(switchboard)* ústředna, centrála; **radio o.** radiotelegrafista 3 *(company)* podnik, *(company owner)* podnikatel 4 **a smooth** or **slick** or **shifty o.** prohnaný or rafinovaný chlap, vychytralec 5 Math operátor

operetta [opə'retə] n opereta

ophthalmologist [ofθæl'molədžist] n Med oftalmolog, oční lékař

ophthalmology [ofθæl'molədži] n Med oftalmologie, oční lékařství

opiate ['əupiət] n opiát ● adj opiový

opinion [ə'pinjən] n 1 *(view, belief)* názor, mínění, náhled; **public o.** veřejné mínění; **in my o.** podle mého (názoru); **be of the o. that ...** domnívat se, že ..., být toho názoru, že ...; **be of the same o.** být stejného mínění; **difference of o.** odchylnost v názorech, názorové různice; **adhere to one's o.** trvat na svém; **it's a matter of o.** to je věc názoru, inf přijde na to ■ **o. poll** anketa, průzkum veřejného mínění 2 *(estimation)* názor; **have a good/ bad o. of sb** mít o kom dobré/ špatné mínění; **he has too high an o. of himself** moc si o sobě myslí; **what's your o. of him?** co si o něm myslíte? 3 *(advice)* posudek, dobrozdání; **expert o.** odborné vyjádření, znalecký or odborný posudek

opinionated [o'pinjəneitid] adj *(obstinate)* tvrdohlavý, umíněný; *(self-willed)* svéhlavý

opium ['əupiəm] n lit & fig opium ■ **o. addict** opioman/ -ka, požívač/ -ka opia; **o. addiction** opiomanie; **o. den** opiové doupě

opossum [ə'posəm] n Zool vačice

opp abbr of **opposite** opak

opponent [ə'pəunənt] n protivník, soupeř, Sport also protihráč; *(in debate)* oponent; *(of regime)* odpůrce/ odpůrkyně

opportune ['opətju:n] adj *(time)* vhodný, příhodný, pravý; *(remark)* případný, příléhavý, vhodný ■ **~ly** adv vhodně, případně, příléhavě

opportunism [opə'tju:nizəm] n oportunismus

opportunist [opə'tju:nist] n oportunista, prospěchář ● adj oportunistický, prospěchářský; **o. policy** konjunkturální politika

opportunity [opə'tju:nəti] n (pl **-ties**) 1 *(chance)* příležitost, šance; **a welcome/ unique o.** vítaná/ jedinečná příležitost; **an o. to do sth** or **of doing sth** příležitost něco udělat; **at the first** or **earliest o.** při nejbližší příležitosti; **miss an o.** propást příležitost; **seize an o.** chopit se příležitosti 2 *(prospect)* šance, možnost; **job opportunities** pracovní příležitosti; **opportunities for advancement** možnosti povýšení

oppose [ə'pəuz] vt 1 **o. sth** *(be against)* být proti čemu, *(speak against)* vystoupit proti čemu; **o. sb** oponovat komu, stavět se proti komu; **o. a motion** být proti návrhu **2** *(contrast:* eg *different subjects)* stavět do protikladu, stavět proti sobě

opposed [ə'pəuzd] adj **1** *(hostile)* **be o. to sth** být proti čemu, nesouhlasit s čím; **be o. to smoking** být nepřítelem kouření **2 as o. to** na rozdíl od

opposing [ə'pəuziŋ] adj **1** *(army)* nepřátelský; *(party)* opoziční; **the o. team** mužstvo soupeře; **the o. party** Jur odpůrčí strana, odpůrce **2** *(contrasting: views* etc*)* protichůdný, opačný

opposite ['opəzit] adj **1** *(facing)* protější, protilehlý; *(page)* vedlejší; **the o. side** protější strana; **the o. bank** protější břeh, protější strana řeky; **the person o.** *(me)* můj protějšek u stolu; **the house o.** protější dům **2** *(opposing: direction)* opačný; **in the o. direction** v protisměru **3** *(contrary: views)* opačný, protikladný, protichůdný; **the o. sex** druhé pohlaví; *(the Prime Minister)* **and his Czech o. number** a jeho český protějšek or kolega; **o. poles** protipóly ● n protiklad, opak; **the very o.** pravý opak; **quite the o.** právě naopak; **the o. is true** je tomu právě naopak, opak je pravdou ● adv naproti, proti; **the man sitting o.** muž sedící naproti ● prep proti, naproti; **he lives o. our house** bydlí naproti; **she was sitting o. me** seděla proti mně; **o. one another** proti sobě; **play o. sb** Theat hrát spolu s kým hlavní roli

opposition [opə'zišn] n **1** *(resistance)* odpor; **meet with strong o.** narazit na silný odpor; **without o.** bez odporu **2** *(contrast)* protiklad; **in o. to sth** v protikladu k čemu; **be in o. to sb** být proti komu, mít jiné názory než někdo **3** Pol **the O.** opozice; **be in o.** být v opozici ■ **O. Parties** opoziční strany

oppress [ə'pres] vt **1** *(tyrannize)* utiskovat, utlačovat **2** fig *(make uncomfortable: of worry, heat, anxiety)* tížit, *(poverty* also*)* deptat

oppression [ə'prešn] n **1** *(tyranny)* útisk, útlak, tyranie **2** fig *(of anxiety* etc*)* tíseň, tíha, tlak; *(of sb's spirits)* sklíčenost, stísněnost

oppressive [ə'presiv] adj **1** *(laws)* represivní, *(regime* also*)* utlačovatelský, tyranský **2** fig **o. atmosphere** *(air)* těžký vzduch, *(mood)* tísnivá or napjatá atmosféra, napjaté ovzduší; *(heat)* úmorný; *(thought)* skličující ■ **~ly** adv **1** *(rule)* represivně, tyransky **2** fig **weigh ~ly on sb** skličovat koho; **it was ~ly hot** bylo úmorné vedro

oppressor [ə'presə(r)] n utiskovatel, utlačovatel

opt [opt] **I** vi **opt for sth** rozhodnout se pro co; **opt to do sth** rozhodnout se něco udělat **II** phr v ■ **opt out** vi rozhodnout se k neúčasti (**of sth** v čem)

optative ['optətiv] adj Ling optativní, přací ● n Ling optativ, způsob přací

optic ['optik] adj Anat *(nerve)* optický, zrakový ● n Br *(in bar)* dávkovač

optical ['optikl] adj **1** *(illusion, effect)* zrakový, optický; **o. art** op-art **2 o. fibre** optické vlákno; **o. character reader** Comput optický snímač znaků; **o. character recognition** optické rozpoznávání znaků

optician [op'tišn] n optik/ optička

optics ['optiks] n sg optika

optimism ['optimizəm] n optimismus; **die-hard o.** nezdolný optimismus; **his o. was infectious** nakazil všechny svým optimismem

optimist ['optimist] n optimista/ optimistka

optimistic [opti'mistik] adj optimistický ■ **~ally** adv optimisticky

optimize ['optimaiz] vt optimalizovat, maximálně využít

optimum ['optiməm] n (pl **~s** or **optima** ['optimə]) optimum ● adj optimální (**conditions** podmínky)

option ['opšn] n **1** *(choice)* možnost (výběru), alternativa; **have no o.** nemít na vybranou; **I have little o. but ...** nezbývá mi, než ...; **there are several ~s (available)** existuje několik možností; **keep one's ~s open** nechat si možnost volby, nechat si otevřená zadní vrátka **2** Sch, Univ volitelný or fakultativní předmět **3** Comm, Fin *(on house* etc*)* předkupní právo, opce; *(on shares)* přednostní právo na koupi

optional ['opšənl] adj volitelný, výběrový, fakultativní, nepovinný; Sch **o. subject** volitelný předmět; Gymn **o. exercises** volná sestava; **o. extras** Comm další vybavení např. do auta

opulence ['opjuləns] n hojnost, nadbytek, bohatství; **live in o.** žít v nadbytku

opulent ['opjulənt] adj bohatý, zámožný; *(clothes, house, room)* nádherný, okázalý, skvostný; *(vegetation)* bujný

or [o:(r), unstressed ə] conj **1** *(introducing an alternative)* **a)** *(in positive statements)* nebo; **either today or tomorrow** buď dnes nebo zítra; **either one or the other** buď jeden nebo druhý; **whether you like it or not** ať se ti to líbí nebo ne **b)** *(in negative statements)* ani; **he can't read or write** neumí ani číst, ani psát **2** *(otherwise)* jinak; *(he must know something about it)* **or they would not have chosen him** jinak by ho nevybrali **3** *(phrases)* **a) either ... or** buď ... anebo; **either ... or else** buď ...

nebo jinak **b) you'd better do it – or else!** *(used as a threat)* raději to udělej, nebo bude zle **c) or rather** nebo spíše, přesněji řečeno **d) or so** asi; **ten minutes or so** asi deset minut **e) or something**: **are you blind or something?** jsi slepý nebo co? **f) or what?** nebo co?; **are you stupid or what?** jsi hloupý nebo co?

oracle ['orəkl] n věštírna, orákulum; *(person)* expr prorok, autorita, orákulum

oral ['o:rəl] adj *(cavity, hygiene)* ústní; *(consonant, sex)* orální; **o. examination** ústní zkouška; **o. tradition** ústní podání; *(stage)* Psych orální ■ **~ly** adv ústně ● n **the o.** ústní zkouška

orange ['orindž] n **1** *(fruit)* pomeranč ■ **o. juice** pomerančová šťáva; **o. peel** pomerančová kůra **2 o. (tree)** pomerančovník **3** *(colour)* oranžová barva ● adj *(in colour)* oranžový

orangeade [orindž'eid] n oranžáda

orang-utan [o:ˌræŋu:'tæn], **orang-outang** [o:ˌræŋu:'tæŋ] n Zool orangutan

orate [o:'reit] vi fml or joc pronést řeč; *(pompously)* řečnit, mluvit bombasticky

oration [o:'reišn] n orace, slavnostní proslov; **funeral o.** pohřební řeč, smuteční orace

orator ['orətə(r)] n (dobrý) řečník, orátor; **platform o.** táborový řečník

oratorical [orə'torikl] adj řečnický (**gift** nadání)

oratorio [orə'to:riəu] n Mus oratorium

oratory$_1$ ['orətəri] n *(art of speaking)* řečnictví; **have the gift of o.** mít řečnický talent

oratory$_2$ ['orətəri] n Relig oratorium, oratoř

orbit ['o:bit] n **1** Astron, Space *(path)* oběžná dráha; *(single circuit)* oběh, *(of spacecraft, satellite* also*)* oblet; **put a satellite into o.** vypustit družici na oběžnou dráhu **2** fig okruh; *(area of power)* sféra vlivu **3** Anat *(of eye)* orbita, očnice ● **I** vt obíhat/ oběhnout co/ kolem čeho **II** vi obíhat or létat po oběžné dráze

orbital ['o:bitl] adj orbitální, oběžný; **o. velocity** oběžná rychlost; *(road)* okružní

orchard ['o:čəd] n ovocný sad; **cherry o.** třešňový sad

orchestra ['o:kistrə] n Mus orchestr; **a dance/ string/ symphony o.** taneční/ smyčcový/ symfonický orchestr; **chamber o.** komorní orchestr ■ **o. pit** orchestřiště, (místo pro) orchestr

orchestral [o:'kestrəl] adj orchestrální

orchestrate ['o:kistreit] vt Mus orchestrovat, instrumentovat; fig *(eg campaign)* zorganizovat

orchestration [o:ki'streišn] n Mus orchestrace, instrumentace

orchid ['o:kid] n Bot orchidea, orchidej

ordain [o:'dein] vt **1** Relig vysvětit; **he was ~ed priest** byl_ vysvěcen na kněze **2** *(destine)* určit, stanovit; **fate ~ed that they should meet** bylo jim souzeno, aby se setkali **3** *(decree)* nařídit; *(law)* stanovit

ordeal [o:'di:l] n utrpení, zkouška, *(stronger)* muka, kalvárie, martyrium; **o. by fire** Hist zkouška ohněm; **go through an o.** prodělat kalvárii, zakusit své

order ['o:də(r)] n **1** *(sequence)* pořadí, pořádek, sled; posloupnost; **alphabetical o.** abecední pořádek; **chronological o.** časová posloupnost, časové or chronologické pořadí; **word o.** slovosled; **arrange sth in o. of size** uspořádat něco podle velikosti; **inverted word o.** obrácený slovosled; **numerical o.** číselné pořadí; **let's do things in o.** vezměme to po pořádku; **in alphabetical o.** podle abecedy, abecedně, v abecedním pořádku; **the o. of events** sled událostí ♦ **it's the o. of the day** to je příkaz doby, to je heslo dne **2** *(tidiness)* pořádek; **put sth in o.** dát co do pořádku; **put one's things in o.** dát si věci do pořádku; **get one's ideas in o.** srovnat or utřídit si myšlenky; **everything is in o.** všechno je v pořádku ♦ **put one's own house in o.** zamést si před vlastním prahem **3** *(discipline)* pořádek, disciplína; **law and o.** právní řád, zákonnost; **restore o.** obnovit pořádek; **restore law and o.** zjednat právo; **rule sb out of o.** *(in meeting)* odejmout komu slovo **4** *(functioning state: of machine* etc*)* **be in working o.** fungovat, být v pořádku; **be out of o.** nefungovat, být porouchaný; **the lift is out of o.** výtah nejezdí **5** *(command)* rozkaz, příkaz; Mil also povel; *(ministerial)* výnos; **by o. of sb** na čí příkaz, z příkazu koho; **carry out an o.** splnit příkaz; **give ~s** nařizovat, poroučet; **on the ~s of sb** z rozkazu koho; **I won't take ~s from anybody** já si nedám od nikoho poroučet, mně nikdo rozkazovat nebude; **it's doctor's ~s** nařídil to lékař; **marching ~s** rozkaz k pochodu; **until further ~s** až do dalšího nařízení; **we have ~s to wait** máme příkaz čekat ♦ **give sb his marching ~s** *(boyfriend/ girlfriend)* inf pustit koho k vodě **6** Comm **a)** *(request for goods)* objednávka, zakázka (**for sth** čeho); **made to o.** *(clothes)* šitý na objednávku; **place an o.** zadat objednávku; *(in restaurant)* **can I take your o.?** máte vybráno?, co si dáte? ♦ **it's a tall o.** to je trochu moc, to je silný tabák ■ **o. form** objednávkový formulář **b)** *(goods ordered)* objednávka, objednané zboží **7** Fin

standing o. bankovní příkaz; **money o.**, **postal o.** poštovní poukázka; Jur **court o.** soudní příkaz **8** *(system)* systém, řád, zřízení; **social o.** společenské zřízení; **economic o.** ekonomický řád; **the lower ~s** nižší vrstvy, drobný lid **9** Biol řád **10** *(rank)* třída; **of the highest o.** první třídy, nejvyššího řádu **11** Relig řád; **religious o.** mnišský řád; **take holy ~s** být vysvěcen na kněze **12** *(decoration)* řád, vyznamenání; **the O. of the Garter** Podvazkový řád **13** *(phrases)* **a) in o.** v pořádku; **an apology is in o.** je třeba se omluvit **b) in o. that ..., in o. to ...** aby; *(he came early)* **in o. to get a seat** aby dostal místo; *(post a letter early)* **in o. that it would arrive in time** aby přišel včas ● **I** vt **1** *(command)* rozkázat, nařídit, poručit, přikázat; *(doctor)* předepsat; **o. sb to do sth** nařídit komu co; **he ~ed them to wait** přikázal, aby čekali; **he ~ed the traitor to be executed** nařídil, aby byl zrádce zastřelen; **o. sb off the field** Ftb vyloučit koho; **o. sb to leave the country** vykázat koho ze země ♦ **that's just what the doctor ~ed** přišlo to jako na zavolanou, to se mi/ mu/ nám etc hodí do krámu **2** *(goods, taxi* etc*)* objednat; **he ~ed himself a glass of wine** objednal si sklenici vína **3** *(organize: society)* organizovat; *(one's affairs)* dát si do pořádku; *(one's thoughts)* uspořádat si **II** vi *(in restaurant)* objednat si **III** phr v ■ **order about** or **around** vt **o. sb about** or **around** komandovat or sekýrovat koho, sl buzerovat koho

orderliness ['o:dəlinəs] n **1** *(of room)* pořádek **2** *(of person, behaviour)* spořádanost, pořádnost, pedantství **3** *(of crowd)* ukázněnost, organizovanost, disciplinovanost

orderly ['o:dəli] adj **1** *(tidy: room)* uklizený, jsoucí v pořádku **2** *(methodical: person, mind)* organizovaný, systematický, metodický, pedantský; **in an o. manner** or **fashion** organizovaně **3** *(well-behaved: person)* řádný, pořádný, *(life)* spořádaný; *(crowd)* disciplinovaný, ukázněný; **lead an o. life** žít řádně **4 o. officer** důstojník konající službu; **o. room** písárna ● n Mil **1** *(officer's attendant)* dated vojenský sluha, ordonance **2** Med zdravotník, sanitář

ordinal ['o:dinl] adj *(number)* řadový, pořadový ● n číslovka řadová

ordinance ['o:dinəns] n fml *(governmental)* výnos, dekret; *(of local authority* etc*)* vyhláška; **city o.** městská vyhláška

ordinand ['o:dinænd] n Eccl ordinand, svěcenec

ordinarily ['o:dənrəli] adv *(as a rule)* zpravidla, normálně, obvykle, obyčejně

ordinary ['o:dnəri] adj **1** *(usual, normal)* běžný, obyčejný, všední; **an o. day** všední den **2** *(average)* obyčejný, průměrný; *(commonplace)* tuctový; **a very o. face** tuctová tvář; **o. man** obyčejný smrtelník; **o. folk** obyčejní or normální lidé ♦ **O. level** Sch now obsolete zkouška střední obtížnosti ≅ nižší stupeň maturity; **o. seaman** Amer námořník; **o. shares** Br Fin kmenové akcie ● n **out of the o.** mimořádný, nadprůměrný; **nothing out of the o.** nic mimořádného or zvláštního

ordinate ['o:dənət] n Math pořadnice, ordinála

ordination [o:di'neišn] n Eccl ordinace, (vy)svěcení na kněze

ordnance ['o:dnəns] n Mil **1** *(artillery)* dělostřelectvo **2** *(military supplies)* munice **3** *(corps)* technické vojsko **4 o. map** generální mapa, inf generálka; **O. Survey** Br ≅ Státní kartografický ústav

ore [o:(r)] n ruda; **iron ore** železná ruda ■ **ore mine** rudný důl

oregano [ori'ga:nəu, Amer ə'regənou] n Bot, Cook dobromysl, oregano

organ ['o:gən] n **1** Anat orgán; Euph *(penis)* (pohlavní) úd, pyj; **the ~s of speech** mluvidla; **the vocal ~s** hlasové ústrojí **2** Mus varhany; **mouth o.** foukací harmonika; **barrel o.** flašinet, kolovrátek **3** *(agency, periodical)* orgán; **the party o.** stranický orgán

organ-grinder ['o:gəngraində(r)] n flašinetář

organic [o:'gænik] adj **1** Chem, Biol organický; **o. chemistry** organická chemie; **o. substance** organická or ústrojná látka **2 o. farming** ekologické zemědělství; **o. vegetables** ekologická zelenina **3** *(arranged as a system)* organický; **an o. whole** organický or ústrojný celek; **o. evolution** organický vývoj ■ **~ally** adv organicky, ústrojně; *(grown)* ekologicky

organism ['o:gənizəm] n organismus

organist ['o:gənist] n Mus varhaník

organization [o:gənai'zeišn] n **1** *(organizing)* organizování, organizace, *(of concerts* etc also*)* pořádání **2** *(arrangement)* uspořádání ■ **o. chart** organizační schéma **3** *(group of people)* organizace; **a mammoth o.** gigantická organizace; **charity o.** charitativní organizace; **mass o.** masová organizace; **youth o.** svaz mládeže

organizational [o:gənai'zeišnl] adj *(skills, methods)* organizační; **provide the o. backup** organizačně něco zajistit

organize ['o:gənaiz] **I** vt **1** *(give ~d structure to: party, club* etc*)* organizovat, zřídit, ustavit; *(life)* plánovat (si); *(time, work, day)* rozvrhnout (si); **o. one's thoughts**

uspořádat si myšlenky **2** *(arrange)* zařídit; *(party, sports event)* uspořádat, organizovat; *(food, drinks for a party)* postarat se o; *(into teams)* rozdělit **3** *(unionize: workers)* odborově organizovat **II** vi Pol sdružovat se do odborové organizace

organized ['o:gənaizd] adj organizovaný; *(unionized)* syndikalizovaný; *(methodical)* systematický, metodický; **o. chaos** organizovaný chaos; **o. crime** organizovaný zločin

organizer ['o:gənaizə(r)] n **1** *(person)* organizátor **2** *(diary)* **(personal) o.** diář

organizing ['o:gənaiziŋ] adj *(committee)* organizační

orgasm ['o:gæzəm] n orgasmus

orgy ['o:dži] n lit & fig orgie; **an o. of colour** barevné orgie

oriel ['o:riəl] n also **o. window** arkýř

orient ['o:riənt] n **1 the O.** Východ, Orient **2** ['o:rient] vt see **orientate**

oriental [o:ri'entl] adj *(languages)* orientální; *(studies)* orientalistický; **O. studies** orientalistika ● n orientálec/ orientálka

orientalist [o:ri'entəlist] n orientalista

orientate ['o:riənteit] vt orientovat; **o. oneself** orientovat se

orientation [o:riən'teišn] n orientace

orienteering [o:riən'tiəriŋ] n orientační běh

orifice ['orifis] n otvor, ústí

origin ['oridžin] n **1** *(ancestry: of person)* původ; **be of French/ Czech o.** být francouzského/ českého původu, pocházet z Francie/ z Čech; **be of humble ~s** vyjít z malých poměrů **2** *(of world)* vznik, počátek; *(of river)* pramen; *(of word)* původ; **The O. of Species** *(Darwin)* O původu druhů

original [ə'ridžənl] adj **1** *(first, initial)* prvotní, původní, prapůvodní; **the o. cause** prapříčina; **o. sin** dědičný hřích; **the o. inhabitants of America** původní obyvatelé Ameriky **2** *(painting)* původní, originální; *(document)* pravý, autentický; *(idea)* originální, nový, tvůrčí; *(research)* samostatný **3** *(unusual, eccentric)* rázovitý, svérázný, samorostlý, osobitý ■ adv see **~ly** ● n **1** *(book, painting)* originál; **read a book in the o.** číst knihu v originále **2** *(eccentric person)* podivín, samorostlý or svérázný člověk, výstřední člověk

originality [əˌridžə'næləti] n originalita, originálnost

originally [ə'ridžənəli] adv **1** *(initially)* původně **2** *(with originality)* originálně, tvůrčím způsobem, nově, osobitě

originate [ə'ridžineit] **I** vt *(create)* vytvořit; *(invent)* vynalézt; *(policy* etc*)* uvést v život **II** vi vzniknout; **o. in sth** *(*eg *quarrel)* mít původ v čem; **o. from sth** *(*eg *information)* povstat z čeho, pocházet z čeho; **he ~s from Germany** pochází z Německa

originator [ə'ridžineitə(r)] n původce; *(of company)* zakladatel; *(inventor)* vynálezce

oriole ['o:riəul] n Orn žluva

Orkneys ['o:kniz], **Orkney Islands** [o:kni'ailəndz] n pl **the O./ the Orkney Islands** Orkneje

ornament ['o:nəment] n ornament, ozdoba, okrasný předmět ● vt (o)zdobit, (o)krášlit, *(room)* vyzdobit

ornamental [o:nə'mentl] adj okrasný, ozdobný, dekorační

ornate [o:'neit] adj *(church* etc*)* bohatě zdobený, okázalý; *(style, turn of phrase)* květnatý; *(letters)* iluminovaný ■ **~ly** adv *(decorated)* bohatě; *(describe, write)* rozvláčně, květnatě

ornateness [o:'neitnəs] n see **ornate** honosnost, okázalost, nádhera; *(of style)* květnatost

ornithology [o:ni'θolədži] n ornitologie

orphan ['o:fən] n sirotek; **be left an o.** osiřet ● vt udělat sirotkem; **be ~ed** osiřet

orphanage ['o:fənidž] n sirotčinec

orthodontics [o:θə'dontiks] n ortodontie, ortodoncie

orthodox ['o:θədoks] adj ortodoxní, pravověrný; Relig **the O. Church** pravoslavná církev

orthodoxy ['o:θədoksi] n ortodoxnost, ortodoxie, pravověrnost

orthographic(al) [o:θə'græfik(l)] adj ortografický, pravopisný

orthography [o:'θogrəfi] n ortografie, pravopis

orthopaedics, Amer **orthopedics** [o:θə'pi:diks] n sg ortopedie

orthopaedist, Amer **orthopedist** [o:θə'pi:dist] n ortopéd

OS [əu'es] abbr of **1** Amer **ordinary seaman** námořník hodnost **2 Ordnance Survey** Br Státní kartografický ústav **3 outsize** nadměrná velikost

oscillate ['osileit] vi **1** Phys, Elec oscilovat, kmitat; *(pendulum)* kývat se **2** fig oscilovat, kolísat

oscillation [osi'leišn] n see **oscillate** **1** oscilace, kmitání; kývání **2** fig oscilace, kolísání

osier ['əuziə(r)] n košíkářská vrba; *(twig)* vrbový prut

osmosis [oz'məusis] n Phys osmóza

osprey ['osprei] n Orn orlovec

ossification [osifi'keišn] n (z)kostnatění, osifikace

ossify ['osifai] v (pp & pt **-ied**) **I** vi (z)kostnatět **II** vt působit kostnatění or osifikaci čeho

ostensible [o'stensəbl] adj domnělý, zdánlivý; *(pretended)* předstíraný ■ **ostensibly** adv zdánlivě, domněle

ostentation [osten'teišn] n ostentativnost, okázalost

ostentatious [osten'teišəs] adj *(showy)* okázalý, honosný, nápadný; *(conspicuous)* demonstrativní, ostentativní; **o. indifference** ostentativní nezájem

ostler ['oslə(r)] n formerly podkoní, štolba

ostracism ['ostrəsizəm] n ostrakismus

ostracize ['ostrəsaiz] vt Hist & fig ostrakizovat; *(from group, club* etc*)* vyloučit

ostrich ['ostrič] n pštros ■ **o. feather** pštrosí pero

OT abbr of **Old Testament** Starý zákon

other ['aðə(r)] adj **1** *(additional)* další; **he has two o. sons** má ještě dva další syny; **some o. students came** přišli ještě nějací další studenti; **no o. details are necessary** není třeba žádných dalších podrobností; **apart from o. things** mimoto **2** *(different)* jiný; **have no o. choice** nemít jinou volbu; **have o. things on one's mind** mít v hlavě jiné věci; **have you any o. questions?** máte nějaké jiné dotazy?; **in o. words** jinými slovy; **maybe some o. time** snad někdy jindy **3** *(the second of two)* (ten) druhý; *(opposite)* protější; **the o. side of the river** druhý břeh řeky; **the o. side of the coin** druhá strana mince; **the o. world** onen svět, záhrobní svět; **cross one leg over the o.** přehodit si nohu přes nohu; **but on the o. hand** ale na druhé straně, naproti tomu; **every o. day** každý druhý den; **it's the o. way round** je to obráceně or naopak **4** *(remaining)* ostatní; **all the o. members** všichni ostatní členové; **the o. luggage** ostatní zavazadla **5** *(phrases)* **a) the o. day** onehdy, nedávno, tuhle; **the o. night** tuhle v noci **b) some time or o.** někdy **c) o. than** kromě ● pron **1** jiný; **one after the o.** jeden za druhým; **the misfortunes of ~s** cizí neštěstí; **place oneself above ~s** vyvyšovat se nad druhé **2 the ~s** ostatní **3 each o.** jeden druhého, vzájemně, se; **they can't stand each o.** nesnášejí se; **they avoid each o.** vyhýbají se jeden druhému; **tease each o.** škádlit se **4 somebody/ something or o.** kdosi/ cosi; **he could do no o. than ...** nemohl jinak, než ... ● adv **somehow/ somewhere or o.** jaksi/ kdesi

otherwise ['aðəwaiz] adv **1** *(differently)* jinak; **how are things o.?** jak se máte jinak?; **think o.** vidět to jinak; **unless o. stated** pokud není stanoveno jinak **2** *(at other times)* jindy; *(today he has spent more money)* **than he o. does** než jindy ● conj sice, jinak, v opačném případě ● adj **the truth is quite o.** ve skutečnosti je tomu docela jinak

otherworldly [aðə'wə:ldli] adj *(person)* ne z tohoto světa, vzdálený světu; *(expression)* zasněný, jsoucí u vytržení

otiose ['əutiəus] adj fml *(unnecessary, pointless)* zbytečný, planý

OTT [əuti:'ti:] sl abbr of **over the top**; **that's a bit OTT** to je trochu moc!; **his behaviour was totally OTT** choval se naprosto výstředně

otter ['otə(r)] n vydra; *(fur)* vydra, vydří kožešina

ottoman$_1$ ['otəmən] n **1** *(seat)* polstrovaná lavice s úložným prostorem **2** *(sofa)* otoman

Ottoman$_2$ ['otəmən] adj Hist otomanský, osmanský ● n Hist Osman/ -ka

OU [əu'ju:] Br abbr of **Open University** 'otevřená univerzita', univerzita pro dálkové studium

ouch [auč] interj au!, ouvej!

ought [o:t] modal v (neg **ought not**, contr **oughtn't** ['o:tnt]) **1** *(indicating obligation, moral duty)* **I ought to go** měl bych jít; **you o. to talk to him** měl bys s ním promluvit; **you o. to help him** měl bys mu pomoct; **you o. not to have told her** neměls jí o tom říkat; **you o. to be ashamed of yourself** měl by ses stydět **2** *(indicating advice, recommendation)* **we o. to talk about it** měli bychom si o tom promluvit; **he o. to be locked up/ hanged** ten je zralý pro kriminál/ pro šibenici; **you o. to have done it long ago** tos měl udělat už dávno; **you o. to have seen it** tos měl vidět **3** *(indicating likelihood)* **she o. to be home now** už by měla být doma; **he o. to have been there by ten** měl tam být do deseti; **that o. to do** to by mělo stačit

ounce [auns] n **1** unce 28,35 g **2 he hasn't an o. of common sense** nemá ani za mák rozumu; **he hasn't got an o. of shame in him** nemá kouska studu v těle; **every o. a hero** hrdina každým coulem

our ['auə(r)] poss adj; sg: m **náš**/ fem, neutr **naše**; pl: ma **naši**; mi, neutr **naše** **1 o. son** náš syn; **o. friends** naši přátelé **2** *(phrases)* **in my/ o. country** u nás ve Skotsku/ v Anglii ap.; **in o. house** u nás doma; **in o. day** za našich časů; **in o. midst** mezi námi; Relig **O. Father** *(prayer)* Otčenáš; **O. Lady** Panna Maria; **O. Lord** Hospodin

ours ['auəz] poss pron cf **our** náš/ naše etc;

a friend of o. jeden náš přítel; **those books are o.** ty knihy jsou naše; **o. is a large family** naše rodina je velká ♦ **one of o.** náš člověk

ourselves [auə'selvz] pron **1** refl se, si; sami sebe, sami sobě; **we enjoyed o.** dobře jsme se bavili; **we must see it for o.** musíme to vidět sami; **we ask o.** ptáme se sami sebe **2** emph sami; **we o. don't believe it** my tomu sami nevěříme **3 by o. a)** *(alone)* sami, osamoceně **b)** *(without help)* sami, bez cizí pomoci; **all by o.** úplně sami

oust [aust] vt *(drive out)* vyhnat, vypudit; *(from a post)* vytlačit z místa, inf vylít koho; *(opponent)* zbavit se koho; *(tenant)* vystěhovat, zbavit držby domu/ bytu; *(from property)* vypudit z držby; **o. sb from power** zbavit koho moci; **o. sb from the market** vytěsnit koho z trhu

out [aut] adv **1** *(not inside)* venku; *(indicating motion)* ven; **o. you go!** marš ven!; **he's o. and about again** už je zase na nohou **2 be o. a)** *(not at home)* nebýt doma, být pryč, být mimo dům, *(not in office)* být pryč, nebýt v kanceláři, nebýt přítomen, být mimo budovu; *(book in library)* být půjčen, nebýt v regále; *(be o. of town)* být mimo město; **be o. in the garden** být na zahradě; **be o. playing** hrát si venku; **be o. in the country** být ve volné přírodě; **go o. to get some fresh air** jít na čerstvý vzduch **b) let's go o. this evening, let's have an evening o.** pojďme večer někam ven, *(to the cinema/ theatre)* pojďme dnes večer do kina/ do divadla, *(to a restaurant)* pojďme se dnes někam najíst **3** *(indicating distance)* **a long way o.** daleko; **o. at sea** na moři; **the ship is five miles o. of Liverpool** loď je pět mil od Liverpoolu **4 be o.** *(not hidden: sun, stars)* svítit, být na obloze, vyjít; *(flowers)* kvést, být rozkvetlý; **the book is o.** kniha (už) vyšla, kniha je už v prodeji; fig **the truth will o.** pravda vyjde na světlo, pravda vyjde najevo; **word is o. that ...** povídá se, že ... **5** *(used with superlative adjectives: in existence)* inf **the best computer o.** nejlepší současný počítač; nejlepší počítač, jaký existuje ♦ **he is o. and away the best player** on je daleko nejlepší hráč **6** Sport *(ball)* **be o.** být v autu **7** *(not in fashion)* **be o.** být z módy, nenosit se, být nemoderní **8** *(fire)* vyhaslý; *(light)* zhaslý **9** *(government, political party)* **be o.** nebýt u moci, nevládnout **10** *(worn o.)* **his jacket is o. at the elbow** má děravé lokty na saku **11** *(to the end)* **before the day is o.** ještě dnes; **before the week is o.** do konce týdne, ještě tento týden **12** *(not desirable)* inf vyloučený; **swimming is o.** žádné plavání!, plavat se nejde **13** *(indicating aim, intent)* **be o. to do sth** usilovat o co, jít po čem; **she is o. to get him** inf jde po něm; **he's o. to win** chce za každou cenu vyhrát **14 be o.** *(on strike)* stávkovat, být ve stávce **15 be o.** *(be unconscious)* být v bezvědomí **16** *(clearly and loudly)* **say sth o. loud** říct něco pěkně nahlas or bez obalu; **shout o.** vykřiknout; **tell sb sth straight o.** říci něco někomu na rovinu **17** *(indicating a mistake)* **be o. in one's calculations** přepočítat se; **be ten pounds o.** přepočítat se o deset liber; **be ten pounds o. of pocket** prodělat deset liber **18** see also **o. of**; see also verb entries for uses in phr vs ● prep inf ven; **go/ run o. the door** vyjít/ vyběhnout dveřmi; **look o./ jump o. the window** inf podívat se/ vyskočit oknem ● n **the ins and ~s of sth** podrobnosti or detaily čeho

out- [aut-] pref **1** forming vt eg **outlive** přežít **2** with n *(isolated)* **outhouse** kůlna

outa ['autə] Amer = **out of**

outage ['autidž] n **1** *(of power)* výpadek, přerušení dodávky **2** Comm nedodané or chybějící zboží

out-and-out [autən'aut] adj *(complete: defeat)* totální, *(fool, madness, disaster)* naprostý; **he's an out-and-out liar** je to lhář prolhaná, je to notorický lhář

outback ['autbæk] n Austr vnitrozemí

outbid [aut'bid] vt (**-dd-**; pt, pp **outbid**) *(at auction)* nabídnout víc než jiný, přelicitovat

outboard motor [autbo:d'məutə(r)] n přívěsný lodní motor

outbreak ['autbreik] n *(of war)* vypuknutí; *(of disease)* propuknutí; **an o. of emotion** citový výlev; **at the o. of war** na počátku války

outbuilding ['autbildiŋ] n přístavba samostatně stojící; *(shed)* kůlna

outburst ['autbə:st] n *(of anger)* výbuch; *(of emotion)* výlev, nával

outcast ['autka:st] n vyvrhel, pária, vyděděnec, vyhnanec ● adj proskribovaný, zavržený, prohlášený za psance

outclass [aut'kla:s] vt zastínit, být o třídu lepší než někdo, Sport o třídu převyšovat

outcome ['autkam] n *(of competition, election etc)* výsledek; **I don't know what the o. will be** nevím, k čemu to povede

outcrop ['autkrop] n Geol východ horniny na povrch ● vi (**-pp-**) vybíhat na povrch

outcry ['autkrai] n (pl **-cries**) pobouření, bouřlivý protest (**about/ against sth** kvůli/ proti čemu); **raise an o.** vyvolat bouři nevole

outdated [aut'deitid] adj *(technology, machine, word)* zastaralý; *(theory, ideas)* překonaný; *(clothing)* nemoderní, vyšlý z módy, staromódní

outdid [aut'did] pt of **outdo**

outdistance [aut'distəns] vt Sport, Horseracing předhonit, nechat daleko za sebou

outdo [aut'du:] vt (pt **outdid**, pp **outdone** [aut'dan]) předčit, překonat, přetrumfnout; **not to be ~ne** aby nezůstal(a) pozadu; **o. one's master** předčit svého mistra

outdone [aut'dan] pp of **outdo**

outdoor ['autdo:(r)] adj **1** *(sports, aerial)* venkovní; *(swimming pool)* otevřený, venkovní; **o. games** hry hrané na hřišti, hry hrané venku; **she's an o. type** chodí ráda do přírody, je ráda na čerstvém vzduchu; **lead an o. life** chodit často do přírody **2** *(clothes, shoes: for walking)* vycházkový; *(shoes also)* inf štrapační **3** *(photograph)* exteriérový; **an o. scene** exteriér

outdoors [aut'do:z] adv venku, *(in the open air)* v přírodě, na čerstvém vzduchu; **is it cold o.?** je venku or tam zima? ● n **the great o.** (volná) příroda

outer ['autə(r)] adj **1** vnější, zevní; *(door)* venkovní; *(suburbs)* okrajový; **o. ear** vnější ucho; **o. garments** svrchní oděv; **o. space** kosmos, vesmír, meziplanetární prostor; **the o. world** okolní svět **2** Geog **O. Hebrides** Vnější Hebridy

outermost ['autəməust] adj *(most distant)* nejvzdálenější

outfall ['autfo:l] n *(of drain)* odtok, výtok; *(of river)* ústí

outfield ['autfi:ld] n Sport vnější pole

outfit ['autfit] n **1** *(equipment: tools)* nářadí; *(for camping, riding)* výstroj, výzbroj, potřeby, vybavení; **repair o.** brašna s nářadím **2** *(set of clothes)* souprava, šaty, sl (v)ohoz; *(for sports)* úbor, dres; Mil výstroj, *(uniform)* uniforma; **baby's o.** dětská souprava **3** inf *(group)* skupina, parta, banda ● vt (**-tt-**) vybavit, vystrojit

outfitter ['autfitə(r)] n **gentlemen's ~s** pánská konfekce, pánské oděvy obchod; **sports o.** obchod se sportovními potřebami

outflank [aut'flæŋk] vt Mil obklíčit; fig **o. sb** *(outwit)* vyzrát na koho

outflanking [aut'flæŋkiŋ] adj **o. manoeuvre** obchvatný manévr

outflow ['autfləu] n **1** *(of liquid)* odtok, výtok, odtékání; *(place of o.)* výpust **2** *(of capital)* odliv, únik

outfox [aut'foks] vt inf přelstít, obelstít, ošidit

outgoing ['autgəuiŋ] adj **1** *(departing: tenant)* odcházející; *(ship)* odplouvající; *(government, president)* předávající úřad **2** *(sociable: person)* společenský, snadno navazující styky, extrovertní

outgoings ['autgəuiŋz] n pl výdaje

outgrow [aut'grəu] vt (pt **outgrew** [-'gru:]; pp **~n** [-'grəun]) **1** *(clothes)* vyrůst z čeho **2** *(bad habits)* vyrůst z čeho, zbavit se čeho; *(interests)* nechat čeho, přestat se zajímat o co; **she has ~n her dolls** panenky ji už nezajímají, panenkám už odrostla

outgun [aut'gan] vt (**-nn-**) Mil mít větší palební sílu než kdo; fig překonat, přemoci

out-Herod [aut'herəd] vt **out-Herod Herod** být papežštější než papež

outhouse ['authaus] n **1** see **outbuilding** **2** Amer venkovní záchod, inf joc kadibudka

outing ['autiŋ] n *(trip)* výlet; **go on an o.** udělat si výlet; **school/ firm's o.** školní/ podnikový výlet; **go for an o. in a car** vyjet si na projížďku, projet se autem, vyjet si autem

outlandish [aut'lændiš] adj pej bizarní, exotický, *(behaviour)* zarážející; *(clothes)* výstřední, extravagantní ▪ **~ly** adv bizarně, výstředně

outlast [aut'la:st] vt *(live longer)* přežít, přečkat koho; *(endure longer)* vydržet déle než; *(idea)* přetrvat

outlaw ['autlo:] n formerly psanec, člověk mimo zákon ● vt **o. sb** formerly prohlásit koho za psance, postavit koho mimo zákon; **o. sth** zakázat co, prohlásit co za protizákonné

outlay ['autlei] n útraty, výdaje; **o. of energy** výdej energie; **warrantable o.** oprávněný výdaj

outlet ['autlet] n **1** *(for liquid)* odtok; *(in reservoir)* přepad; *(for smoke)* vývod, kouřovod; *(for steam)* ventil; *(of river)* výpust; *(of research: publication)* výstup **2** Comm *(market)* odbytiště; *(sales point)* prodejna firemní **3** fig *(for emotion)* ventil; **~s for publication** publikační možnosti

outline ['autlain] n **1** *(silhouette)* silueta, obrys(y), kontury; *(of face)* profil; *(sketch)* náčrt(ek), skica, nárys; **draw sth in o.** načrtnout něco ▪ **an o. map** obrysová mapa **2** *(summary)* shrnutí, přehled, synopse, stručný nástin; **an o. of Czech literature** nástin české literatury; **in (broad) o.** v hlavních or povšechných rysech, heslovitě, povšechně; **in rough o.** v hrubých rysech ● vt **1** *(draw)* načrtnout, nakreslit v obrysech **2** *(summarize)* shrnout; *(give a general description)* nastínit; *(programme)* koncipovat

outlive [aut'liv] vt *(live longer)* přežít, přečkat; **she ~d her husband by two years** přežila svého manžela o dva roky; **to have ~d its usefulness** *(suit etc)* dosloužit, *(method, technology)* přežít se

outlook ['autluk] n **1** *(view)* vyhlídka, výhled; **the house has a pleasant o. onto a park** z domu je pěkný výhled na park **2** *(viewpoint)* názor (**on sth** na co), pojetí, představa, rozhled; **narrow intellectual o.** omezený duševní obzor; **broaden one's o.** rozšířit svůj rozhled **3** *(prospect)* vyhlídka, perspektiva, výhled; Meteor předpověď; **a promising o.** slibná perspektiva; **the o. for the future** vyhlídka do budoucnosti

outlying ['autlaiiŋ] adj *(remote: village)* odlehlý, osamělý, vzdálený; *(urban areas)* periferní; **the o. suburbs of a city** širší okolí velkoměsta, příměstské obce

outmanoeuvre, Amer **outmaneuver** [autmə'nu:və(r)] vt fig vyzrát nad kým, přechytračit koho

outmoded [aut'məudid] adj nemoderní, staromódní, vyšlý z módy; *(technology* etc*)* zastaralý; **become o.** vyjít z módy, zastarat

outnumber [aut'nambə(r)] vt převyšovat počtem, mít početní převahu; **we were ~ed two to one by the enemy** nepřítel nad námi měl dvojnásobnou převahu

out of ['autəv] prep **1** *(indicating location: away from, outside)* mimo, ven z čeho; **be o. of town** být mimo město; **be o. of mesh** Techn nebýt v záběru **2** *(indicating movement)* (ven) z; **he came o. of the house** vyšel z domu; **fall o. of a window** vypadnout z okna **3** *(indicating cause, motive)* z; **o. of curiosity/ despair/ envy/ pity** ze zvědavosti/ zoufalství/ závisti/ soucitu; **o. of spite** natruc, naschvál **4** *(indicating source)* z; **drink o. of a glass** pít ze sklenice; **pay for sth o. of one's own pocket** zaplatit za co z vlastní kapsy ♦ **look like sth o. of a fashion magazine** vypadat jako vystřižený ze žurnálu **5** *(from among)* z; **nine o. of ten** devět z deseti **6** *(indicating material)* **made o. of wood** vyrobený ze dřeva **7** *(indicating condition)* **be o. of order** nefungovat, být rozbitý; **be o. of danger** být mimo nebezpečí **8** *(lacking)* **I'm o. of petrol** došel mi benzin; **be o. of work** být bez práce **9** *(indicating exclusion)* **he's o. of the race** je vyřazen ze závodu, nepostoupil do dalšího kola **10 I'm glad to be o. of it** *(not involved)* jsem rád, že s tím nemám nic společného; **leave me o. of it** do toho mě nezatahuj; **be a bit o. of it** *(excluded)* stát stranou ostatních, moc se nebavit, být poněkud ztracený

out-of-date [autəv'deit] adj **1** see **outdated** **2** *(expired: passport)* neplatný

out-of-door, out-of-doors [autəv'do:(z)] see **outdoor, outdoors**

out-of-the-way [autəvðə'wei] adj **1** *(isolated)* odlehlý, zastrčený, zapadlý; **an out-of--the-way place** zapadlý kout **2** *(uncommon)* neobvyklý, nezvyklý

outpatient ['autpeišnt] n Med ambulantní pacient; **the ~s' department** poliklinika, ambulance

outplay [aut'plei] vt předčit ve hře, hrát lépe než, inf přehrát; often pass **we were completely ~ed (by them)** hráli o třídu lépe, inf ani jsme si neškrtli, úplně nás přehráli

outpoint [aut'point] vt *(in boxing* etc*)* porazit na body

outpost ['autpəust] n Mil fig předsunutá hlídka; *(distant settlement)* výspa (v cizím moři)

outpouring ['autpo:riŋ] n *(of emotion)* citový výlev

output ['autput] n **1** *(production)* (celková) produkce, výroba, objem výroby; **(rate of) o.** výkonnostní norma; **gross o.** hrubá výroba **2** *(of generator)* výkon **3** *(literary, symphonic* etc*)* tvorba, dílo **4** Comput výstup ■ **o. device** výstupní zařízení

outrage ['autreidž] n **1** *(affront)* potupa, pohana; *(scandal)* skandál; **an o. against humanity/ society** zločin proti lidskosti/ společnosti; **cause public o.** způsobit veřejné pohoršení; **it's an o. that ...** je skandální, že ... **2** *(brutal act)* ukrutnost, zvěrstvo, hanebný čin; **a bomb o.** pumový útok **3** *(indignation)* rozhořčení, pobouření, nevole ● vt *(person)* rozhořčit, pobouřit; *(sense of decency)* urazit; *(ideals)* pošlapat; **be ~d at** or **by sth** rozhořčit se nad čím, být čím pobouřen

outrageous [aut'reidžəs] adj **1** *(shocking)* nestydatý, neslýchaný; *(lie)* hanebný, nestydatý; *(demands)* nestoudný; *(prices)* nekřesťanský, nestydatý; *(behaviour, manners)* skandální, otřesný; *(weather)* nesnesitelný, příšerný; **that's o.!** to je skandál! **2** *(extravagant: clothes)* výstřední ■ **~ly** adv nestydatě; *(behave)* skandálně; **~ly expensive** nekřesťansky or nestydatě drahý

outrider ['autraidə(r)] n motocyklová eskorta

outright ['autrait] adj **1** *(absolute, utter: deception, hypocrisy)* absolutní, vyložený; *(liar)* notorický; *(refusal, denial)* kategorický; *(arrogance)* naprostý **2** *(clear: win, winner)* jednoznačný, nepochybný **3** *(sale)* za hotové ● adv [aut'rait] **1** *(openly)* otevřeně, přímo; **I told him o. what I thought of him** řekl jsem mu otevřeně, co si o něm myslím **2** *(immediately)* **he was killed o.** byl na místě mrtev **3** *(clearly: win)* jednoznačně, nepopiratelně **4** *(sell, buy: for cash)* za hotové, hotově

outset ['autset] n začátek, počátek; **from the (very) o.** od samotného počátku, od prvního okamžiku; **at the o.** zpočátku

outshine [aut'šain] vt (pt, pp **outshone** [-'šon]) **1** lit *(star* etc*)* svítit jasněji než co **2** fig **o. sb** excelovat nad kým, zastínit koho

outside [aut'said] n **1** *(of building, container)* vnějšek, vnější část; **from the o.** zvenčí, zvnějšku, z venku; **on the o.** na vnější straně **2** Aut **overtake on the o.** *(when driving on left/ right)* předjíždět zprava/ zleva **3 at the o.** nanejvýš; **earn £200 at the very o.** vydělat nanejvýš 200 liber ● adv *(outdoors)* venku; **go o.** jít ven; **is it cold o.?** je venku zima?, je tam zima?; **wait o.** čekat venku ● prep also **o. of 1** *(building* etc*)* vně čeho, před čím; **be/ go o. the cinema** být před kinem/ jít před kino **2** *(beyond)* mimo; **it is o. my competence** to není v mé kompetenci, to přesahuje moji kompetenci; **o. office hours** mimo úřední hodiny; **fall o. the scope of sth** přesahovat rámec čeho; **o. the province of science** mimo rámec vědy **3** *(other than)* kromě, s výjimkou koho/ čeho ● ['autsaid] adj *(surface, staircase)* vnější; *(wall)* venkovní; *(seats)* krajní; *(interests)* vedlejší; *(work)* externí; **be cut off from the o. world** být odříznutý od světa; **an o. opinion** nezávislý posudek; **o. broadcast** reportáž; **o. lane** Aut jízdní pruh k předjíždění; **o. left/ right** Sport levý/ pravý křídelní útočník

outsider [aut'saidə(r)] n *(stranger)* cizí osoba; Sport outsider, závodník s malými vyhlídkami na vítězství

outsize [aut'saiz] adj **o. clothes** oděvy nadměrné velikosti

outskirts ['autskə:ts] n pl *(of town)* periférie, předměstí, okraj města; **on the o.** na předměstí, na periférii, na okraji města

outsmart [aut'sma:t] vt inf obelstít, přelstít, vyzrát na koho, inf vypéct

outspoken [aut'spəukən] adj otevřený, přímočarý; **be o.** mluvit otevřeně; **be very o.** nebrat si servítky; **be an o. critic of sth** otevřeně něco kritizovat

outspread ['autspred] adj *(arms)* rozpřažený, otevřený; *(wings)* rozpjatý, roztažený

outstanding [aut'stændiŋ] adj **1** *(remarkable)* vynikající, pozoruhodný; *(beauty)* mimořádný, neobyčejný; *(scientist)* význačný; *(expert)* na slovo vzatý **2** *(prominent: feature)* nápadný; **the o. feature of this car is its speed** tento vůz se vyznačuje (velkou) rychlostí **3** *(unpaid)* nezaplacený, nevyrovnaný, dlužný; *(bill)* nevyřízený; *(unresolved: problem)* nevyřešený; *(work)* nehotový, nedokončený, nedodělaný

outstay [aut'stei] vt *(guests)* zůstat or zdržet se déle než kdo ♦ **o. one's welcome** zneužít čího pohostinství

outstretched [aut'strečt] adj **with his arms o.** s rozpřaženýma rukama

outstrip [aut'strip] vt **(-pp-)** *(in a race)* předstihnout, předběhnout; *(competitors)* fig předčit, předstihnout, inf přetrumfnout

outvote [aut'vəut] vt přehlasovat; **be ~d** být přehlasován

outward ['autwəd] adj **1 o. journey** cesta tam; **o. bound** *(train, ship)* odjíždějící/ odplouvající z přístavu **2** *(external: calmness)* vnější; *(beauty)* zevní, na pohled; **o. effect** vnější efekt ■ **~ly** adv navenek; **he remained ~ly calm** navenek zůstal klidný

outwards, esp Amer **outward** ['autwəd(z)] adv *(towards the outside)* směrem ven; **the door opens o.** dveře se otevírají směrem ven

outweigh [aut'wei] vt převažovat nad čím

outwit [aut'wit] vt obelstít, přelstít

outwork ['autwə:k] n *(work)* domácká práce

outworker ['autwə:kə(r)] n domácký dělník

outworn [aut'wo:n] adj *(custom)* zastaralý; *(idea, expression)* otřepaný

ova ['əuvə] pl of **ovum**

oval ['əuvəl] adj also **o.-shaped** oválný, vejčitý ● n ovál

ovarian [əu'veəriən] adj Anat vaječníkový, ovariální; **o. cyst** vaječníková cysta

ovary ['əuvəri] n **1** Anat vaječník **2** Bot semeník

ovation [əu'veišn] n ovace, bouřlivý or neutuchající potlesk; **give sb a standing o.** odměnit koho bouřlivým potleskem

oven [avn] n **1** Cook (pečicí) trouba; Br **cook sth in a slow o.** péci co v mírné troubě ♦ **it's like an o. in here** je tu (horko) jako v peci; **have a bun in the o.** inf joc být v tom, mít zaděláno být těhotná **2** *(for baking pottery)* vypalovací pec; *(for drying)* sušicí pec

ovenproof ['avnpru:f] adj *(dish)* žáruvzdorný

oven-ready [avn'redi] adj připravený k pečení; **oven-ready foods** polotovary na pečení

ovenware ['avnweə(r)] n varné sklo, ohnivzdorný porcelán, ohnivzdorná keramika

over ['əuvə(r)] prep **1** *(above)* nad; **the sky o. our heads** obloha nad námi; **the balcony juts out o. the street** balkon vyčnívá nad ulicí; **the bridge extends o. the river** most se klene nad řekou **2** *(on top of, covering)* na, přes; **put a cloth o. the table** prostřít na stůl ubrus; **she wore a cardigan o. her dress** přes šaty měla zapínací svetr **3** *(across, on the other side)* přes, na druhou stranu, na druhé straně; **a bridge o. the river** most přes řeku; **the house o. the road** dům na druhé straně silnice, dům přes silnici; **jump o. the stream** přeskočit potok; **the village o. the border** vesnice za hranicemi; **o. my dead body** fig jen přes mou mrtvolu **4** (esp *with 'all')* po; **all o. England** po celé Anglii; **all o. the world** po or na celém světě; **all o. the town** po celém městě; **snow is falling all o. the country** *(Czech Republic/ Great Britain)* na celém území republiky/ Velké Británie padá sníh **5** *(during)* přes, během, o; **o. the holidays** o prázdninách, přes prázdniny, během prázdnin; **o. the weekend** o víkendu; *(we had a nice chat)* **o. a cup of coffee** nad šálkem kávy; *(we'll discuss it)* **o. lunch** při obědě, během oběda; **drag one's feet o. sth** nemoci se rozhoupat, dělat něco na dlouhé lokte **6** *(more than)* víc než, přes; **for o. a week** více než týden, přes týden; **it took me well o. an hour** zabralo mi to hodně přes hodinu; **it's o. two miles long** je to víc než dvě míle dlouhé; **she is o. sixty** je jí přes šedesát **7** *(indicating control)* **rule o. a country** vládnout zemi; **have a hold o. sb** mít na koho vliv; **he has no hold o. me** on na mě nemůže; **she has no control o. her emotions** vůbec se neovládá; **it just came o. me** přišlo to na mne zčista jasna **8** *(concerning)* **quibble o. words** hádat se o slovíčka; **fight o. sth** bít se o co; **an argument o. money** hádka kvůli penězům **9** *(by means of)* **o. the telephone** telefonicky; **I heard it o. the radio** slyšel jsem to v rozhlase **10** *(indicating recovery from)* **get o. sth** překonat něco, přenést se přes co, vyrovnat se s čím **11** Math **nine o. three** devět děleno třemi **12 o. and above** mimo to, nádavkem, ještě navíc k; **they get tips o. and above their wages** mimo mzdu dostávají spropitné ● adv **1** *(across)* **fly o.** přeletět; **walk o. to sb** přistoupit ke komu; **lean o. to sb** nahnout se ke komu; **o. here** tuhle/ *(indicating motion)* semhle; **o. there** tamhle; **we invited some friends o.** pozvali jsme si několik přátel **2** *(everywhere)* **the world o.** po celém světě; **he was looking for it all o.** hledal to všude možně; **she was wet all o.** byla celá mokrá **3** *(downwards, sideways)* **knock a vase o.** převrhnout vázu; **keel o.** Naut položit se na bok; fig *(person)* poroučet se na zem **4** *(from one side to another)* **turn the meat o.** obrátit maso na druhou stranu **5** *(so as to cover)* **cover o.** přikrýt; **paint o.** zatřít, přetřít **6** *(again)* **several times o.** několikrát (za sebou); **o. and o. (again)** opětovně, znovu a znovu, zas a zas **7** *(remaining)* **if there is any money left o.** pokud zbudou nějaké peníze; *(five into eighteen goes three)* **with three o.** a zbudou tři **8** *(in addition)* **men of thirty and o.** muži nad třicet let **9** *(through)* **skim o. sth** přeletět něco očima; **talk sth o.** prodiskutovat něco **10** *(finished)* **our friendship is o.** naše přátelství skončilo; **it'll soon be o.** brzy to skončí; **it was o. in no time** uteklo to jako voda ● n Cricket směna série šesti hodů

over- ['əuvə(r)] pref pře-

overabundance [əuvərə'bandəns] n nadbytek, přebytek

overabundant [əuvərə'bandənt] adj nadbytečný

overact [əuvər'ækt] vi (vt) Theat hrát afektovaně, hrát přemrštěně

overall ['əuvəro:l] adj *(total: impression, improvement, mark, view, length, price)* celkový, *(view* also*)* globální; Comput *(directory)* souhrnný ● [əuvər'o:l] adv celkově; *(on the whole)* vcelku ● ['əuvəro:l] n pracovní plášť, halena; *(for children)* kombinéza, overal

overalls ['əuvəro:lz] n pl overal, (pracovní) kombinéza, montérky, *(blue)* modráky

overambitious [əuvəræm'bišəs] adj příliš ctižádostivý

overanxious [əuvər'æŋkšəs] adj příliš úzkostlivý; **be o. to please** snažit se zavděčit za každou cenu

overate [əuvər'eit] pt of **overeat**

overawe [əuvər'o:] vt *(intimidate)* zastrašit; *(impress)* mocně na koho zapůsobit; **be ~d** být zaražen; mít obavy z koho/ čeho

overbalance [əuvə'bæləns] **I** vi převážit se, *(person* also*)* ztratit rovnováhu **II** vt převážit, *(capsize)* převrhnout, převrátit, překotit

overbearing [əuvə'beəriŋ] adj pej panovačný, povýšenecký, suverénní; *(manner)* neomalený, zpupný ■ **~ly** adv panovačně, povýšenecky; **behave ~ly** chovat se pánovitě

overbid [əuvə'bid] vt **(-dd-**; pt & pp **-bid)** **I** vt **o. sb** podat vyšší nabídku než někdo jiný, přeplatit koho, přelicitovat koho ● n ['əuvəbid] *(at auction)* vyšší nabídka, vyšší licitace; *(in bridge)* vyšší hláška **II** vi nabídnout víc

overblown [əuvə'bləun] adj **1** *(flower,* fig *beauty)* odkvétající **2** *(pretentious: style)* nabubřelý, bombastický

overboard ['əuvəbo:d] adv **1** Naut přes palubu; **man o.!** muž přes palubu!; **throw sb/ sth o.** lit hodit někoho/ něco přes palubu **2** fig **go o.** přehánět, zabíhat příliš daleko; **go o. about sth** rozplývat se nad něčím, nekriticky něco vychvalovat; **go o. for sb**

zabouchnout se do koho, zamilovat se do koho až po uši; **throw sb o.** fig hodit koho přes palubu, odepsat koho, nechat koho jeho osudu; **throw sth o.** (eg *project)* upustit od čeho

overbook [əuvə'buk] vt *(hotel/ flight* etc*)* rezervovat více pokojů/ letenek než je k dispozici

overburden [əuvə'bə:dn] vt **o. sb with sth** přetížit koho čím; **o. sb with work** přetížit or zavalit koho prací; **o. one's stomach** přejíst se, inf přecpat se, přecpat si žaludek; **be ~ed with debts** inf být po krk zadlužený, být až po krk v dluzích

overcame [əuvə'keim] pt of **overcome**

overcapitalize ['əuvə'kæpitəlaiz] vt Ekon překapitalizovat podnik

overcast [əuvə'ka:st, Amer -kæst] adj *(sky)* zatažený, oblačný; **it's o.**, **the sky is o.** je zataženo, je zamračeno; fig *(countenance)* zakaboněný, zachmuřený

overcautious [əuvə'ko:šəs] adj nadmíru opatrný, pej opatrnický

overcharge [əuvə'ča:dž] vt **1** *(customer)* počítat komu moc, účtovat komu příliš vysokou cenu, inf šidit **2** *(battery)* přebít, příliš nabít, *(circuit, style)* přetížit

overcoat ['əuvəkəut] n svrchník, kabát, plášť

overcome [əuvə'kam] v (pt **-came** [-keim], pp **-come**) **I** vt **1** *(enemy, opponent)* zvítězit nad kým, přemoci koho; *(bad habit)* překonat, zbavit se čeho; *(obstacle)* překonat, zdolat, zmoci; *(temptation)* odolat čemu, nepodlehnout čemu; *(disappointment)* přenést se přes co; **o. one's anger** ovládnout se, opanovat se **2** pass **be o. by the enemy** podlehnout nepříteli; **he was o. by fatigue** zmocnila se ho únava; **he was o. by sleep** přemohl ho spánek; **he was o. with rage** zmocnil se ho vztek **II** vi fml zvítězit; **we shall o.!** vítězství bude naše

overcompensation [əuvəkompən'seišn] n Psych překompenzování

overconfident [əuvə'konfidənt] adj **1** *(self-assured)* přehnaně sebejistý, domýšlivý **2** *(too optimistic: about winning* etc*)* příliš optimistický

overcook [əuvə'kuk] vt převařit, rozvařit

overcrop [əuvə'krop] vt (**-pp-**) *(soil)* vymrskat

overcrowded [əuvə'kraudid] adj *(bus, train)* přecpaný; *(auditorium, school)* přeplněný; *(country)* přelidněný; *(streets)* hemžící se lidmi

overcrowding [əuvə'kraudiŋ] n přelidnění; *(in bus, train* etc*)* tlačenice

overdo [əuvə'du:] vt (pt **-did** [-'did], pp **-done** [-'dan]) **1** *(exaggerate)* přehnat, přehánět; **he's ~ing it** or **things** *(he's working too hard)* bere si toho na sebe moc, přepíná se, *(he's going too far)* přehání to; **he doesn't believe in ~ing things** tomu práce moc nevoní, do ničeho se moc nežene **2** *(drink/ smoke* etc *too much)* přehánět to s čím; **o. the smoking** přehánět to s kouřením **3** Cook přepéci, příliš propéci, *(boil)* převařit

overdone [əuvə'dan] adj **1** *(exaggerated: politeness* etc*)* přehnaný, přílišný **2** Cook *(meat)* příliš propečený

overdose ['əuvədəus] n příliš silná or nadměrná dávka léku, drogy ● vt předávkovat, předozovat

overdraft ['əuvədra:ft] n přečerpání na běžném účtu, krátkodobý úvěr; **arrange an o.** sjednat si možnost šekového přečerpání

overdraw [əuvə'dro:] vt (pt **-drew** [-'dru:], pp **-drawn** [-'dro:n]) *(bank account)* přečerpat, překročit, inf přetáhnout; **I am ~n** mám přečerpaný účet

overdue [əuvə'dju:] adj *(train, bus* etc*)* zpožděný, *(payment)* opožděný, nezaplacený včas, dávno splatný, prošlý; *(reform)* dlouho očekávaný; **the train is o.** vlak má zpoždění

overeat [əuvər'i:t] vi (pt **overate** [-'et], pp **overeaten** [-'i:tn]) přejíst se/ přejídat se

overestimate [əuvər'estimeit] vt odhadnout příliš vysoko; *(sb's abilities)* přecenit

overexert [əuvərig'zə:t] vt **o. oneself** přepínat se

overexpose [əuvərik'spəuz] vt *(film)* přeexponovat

overexposure [əuvərik'spəužə(r)] n *(of film)* přeexponování

overextended [əuvərik'stendid] adj neúměrně zatížený, předlužený podnik

overfeed [əuvə'fi:d] vt (pt & pp **-fed** [-'fed]) překrmit

overflew [əuvə'flu:] pt of **overfly**

overflow [əuvə'fləu] vi **1** *(bath* etc*)* přetéci/ přetékat; *(river)* **o. its banks** rozlít se, rozvodnit se, vylít se z břehů **2** fig *(with emotion)* překypovat čím; **o. with love** rozplývat se or překypovat láskou ● ['əuvəfləu] n **1** *(flooding)* záplava **2** *(from cistern, sink)* **o. (pipe)** přepadová trubka, přepadové potrubí **3** *(excess: of production)* přebytek; *(of emotion)* přemíra, nával; **population o.** přelidnění **4** Comput přeplnění

overfly [əuvə'flai] vt (pt **-flew** [-'flu:], pp **-flown** [-'fləun]) přeletět

overfunding [əuvə'fandiŋ] n přefinancování

overgrown [əuvə'grəun] adj **1** *(with grass,*

weeds etc*)* zarostlý 2 **he's just an o. child** je jako velké dítě

overhang [əuvə'hæŋ] v (pt & pp **overhung** [-'haŋ]) **I** vt vyčnívat nad čím, *(of cliff* also*)* viset nad čím **II** vi vyčnívat ● ['əuvəhæŋ] n výčnělek, vyčnívající část; *(cliff)* převis, převislá skála

overhasty [əuvə'heisti] adj ukvapený, unáhlený ■ **overhastily** adv ukvapeně, unáhleně

overhaul [əuvə'ho:l] vt 1 *(engine)* důkladně prohlédnout a opravit, udělat generální opravu čeho; *(patient)* podrobit důkladné prohlídce; *(system)* revidovat; *(syllabus)* revidovat, přepracovat 2 *(overtake)* předehnat, předjet; *(catch up)* dohonit ● ['əuvəho:l] n *(of machine)* generální oprava, důkladná prohlídka

overhead ['əuvəhed] adj nadzemní; **o. cable** nadzemní or závěsný kabel; **o. crossing** nadjezd; **o. expenses** režijní náklady; **o. projector** stolní zpětný projektor; **o. service** Sport vrchní podání ● [əuvə'hed] adv nad hlavou

overheads ['əuvəhedz] n pl režie, režijní náklady

overhear [əuvə'hiə(r)] vt (pt & pp **~d** [-'hə:d]) zaslechnout, náhodou vyslechnout; **I ~d you talking about me** náhodou jsem slyšel, jak o mně hovoříte

overheat [əuvə'hi:t] **I** vt *(engine)* přehřát; *(room)* přetopit **II** vi *(engine)* přehřát se/ přehřívat se, příliš se zahřát; fig *(economy)* přehřát se

overheated [əuvə'hi:tid] adj 1 *(room)* přetopený; *(engine)* přehřátý 2 fig *(economy)* přehřátý; *(discussion)* vzrušený, plný vzruchu

overhung [əuvə'haŋ] pt & pp of **overhang**

overindulge [əuvəin'daldž] **I** vt 1 *(appetite, desire)* příliš hovět čemu; *(fantasies)* nechat se unést čím 2 *(person)* rozmazlovat, hýčkat **II** vi příliš si popřávat; **o. in eating** být nestřídmý v jídle; **o. in alcohol** příliš pít

overjoyed [əuvə'džoid] adj **be o.** zářit štěstím, být bez sebe radostí, být v sedmém nebi

overkill ['əuvəkil] n Mil přezbrojení atomovými hlavicemi; fig přemíra, exces

overlaid [əuvə'leid] pt & pp of **overlay**

overland ['əuvəlænd] adj vedoucí po souši or suchou cestou, suchozemský ● [əuvə'lænd] adv po souši, po pozemní komunikaci, suchou cestou

overlap ['əuvəlæp] n přesahování, překrývání, vzájemné přečnívání; Geol přesmyk ● [əuvə'læp] v (**-pp-**) vi, (vt) **o. (each other)** *(in space: slates* etc*;* fig *concepts* etc*)* překrývat se; *(in time)* křížit se

overlay [əuvə'lei] vt (pt & pp **-laid** [-'leid]) *(cover with a thin layer)* pokrýt, potáhnout čím, *(walls)* obložit/ obkládat čím; *(wood: with ivory)* vyložit čím ● ['əuvəlei] n potah, povlak, obložení

overleaf [əuvə'li:f] adv na druhé straně, na rubu; **continued o.** *(in book, magazine)* pokračování na následující straně

overload [əuvə'ləud] vt 1 (pp also **overladen** [-'leidn]) *(vehicle, animal)* přetížit, příliš zatížit, příliš naložit 2 Elec, Econ přetížit; fig **be ~ed with work** být přetížen or zavalen prací ● ['əuvələud] n přetížení

overlook [əuvə'luk] vt 1 *(have view of: room, castle, windows* etc*)* mít vyhlídku na, vést kam; **a room ~ing the city** pokoj s vyhlídkou na město 2 *(fail to notice)* přehlédnout, nepovšimnout si čeho 3 *(ignore: offence, rude behaviour)* přivřít or zamhouřit nad čím oko, mávnout nad čím rukou 4 *(supervise)* dohlížet na koho/ co

overly ['əuvəli] adv esp Amer příliš(ně), moc, tuze

overmanned [əuvə'mænd] adj *(factory* etc*)* s nadměrným počtem pracovníků

overnight [əuvə'nait] adv 1 *(during the night)* přes noc; **stay o. with sb** přespat u koho 2 fig *(suddenly)* ze dne na den, přes noc; **he became famous o.** stal se přes noc slavným ● ['əuvənait] adj 1 *(stay)* na jednu noc; **an o. guest** host or nocležník na jednu noc; **o. bag** příruční zavazadlo 2 *(sudden)* náhlý, okamžitý; **be an o. success** stát se přes noc úspěšným

overpaid [əuvə'peid] pt & pp of **overpay**

overpass ['əuvəpa:s, Amer 'ouvərpæs] n Amer Aut nadjezd

overpay [əuvə'pei] vt (pt & pp **overpaid** [-'peid]) přeplatit; zaplatit víc, než je nutné; inf předat se

overplay [əuvə'plei] vt Theat přehrávat ♦ **o. one's hand** zajít příliš daleko, příliš riskovat, přestřelit, inf přepísknout to

overpopulated [əuvə'popjuleitid] adj přelidněný

overpopulation [əuvə,popju'leišn] n přelidnění

overpower [əuvə'pauə(r)] vt 1 *(physically)* přemoci, zvítězit nad kým 2 **he was ~ed by heat** zmohlo ho horko

overpowering [əuvə'pauəriŋ] adj 1 *(heat)* úmorný, k zalknutí, dusivý; *(smell)* pronikavý 2 *(desire)* neodolatelný

overproduce [əuvəprə'dju:s] vt Econ nadprodukovat

overproduction [əuvəprə'dakšn] n nadprodukce, nadvýroba

overran [əuvə'ræn] pt of **overrun**

overrate [əuvə'reit] vt přecenit; *(writer)* ohodnotit příliš vysoko

overreach [əuvə'ri:č] vt **o. oneself** brát si toho na sebe příliš moc, mířit příliš vysoko

override [əuvə'raid] vt (pt **-rode** [-'rəud], pp **-ridden** [-'ridn]) **1** *(disregard: opinion, claim, desire)* nedbat čeho **2** *(cancel out: decision, ruling)* anulovat; *(objection)* nepřipustit **3** *(be more important than)* převažovat nad čím **4** *(horse)* schvátit, uhnat

overriding [əuvə'raidiŋ] adj *(principle)* prvořadý, hlavní; *(interest)* převažující; *(need)* naléhavý

overrode [əuvə'rəud] pt of **override**

overrule [əuvə'ru:l] vt *(decision)* zrušit, zbavit platnosti; *(claim)* zamítnout; *(objection)* nepřipustit

overrun [əuvə'ran] v (pt **overran** [-'ræn], pp **o.**) **I** vt **1** *(invade: country)* obsadit, okupovat, vtrhnout do země; **the garden is o. with weeds** zahrada je zaplevelená **2** *(time limit)* překročit **3** *(overflow: banks)* zaplavit **II** vi *(speech, meeting)* protáhnout se (**by five minutes** o pět minut)

oversaw [əuvə'so:] pt of **oversee**

overseas [əuvə'si:z] adj **1** *(market, trade, country* etc*)* zámořský **2** *(foreign: student, visitor* etc*)* zahraniční; **o. broadcasting** vysílání do zámoří ● adv v zámoří; *(Europe from Britain)* na evropském kontinentě

oversee [əuvə'si:] vt (pt **-saw** [-'so:], pp **-seen** [-'si:n]) *(supervise: person, work)* dohlížet na, dozírat na koho/ co

overseer ['əuvəsi:ə(r)] n gen dozorce; *(foreman)* mistr, dílovedoucí; *(in mine)* důlní, revírník; Hist *(of slaves)* dohlížitel

oversensitive [əuvə'sensitiv] adj přecitlivělý

oversexed [əuvə'sekst] adj **be o.** být posedlý sexem

overshadow [əuvə'šædəu] vt lit & fig zastínit

overshoot [əuvə'šu:t] vt (pt & pp **-shot** [-'šot]) **1** *(target)* přestřelit; *(turning, exit on motorway)* přejet; **o. the runway** vyjet ze startovací dráhy **2** fig **o. the mark** přestřelit, (za)jít příliš daleko

oversight ['əuvəsait] n přehlédnutí, nedopatření; **through** or **by an o.** nedopatřením

oversimplification [əuvəsimplifi'keišn] n přílišné zjednodušení, *(of ideas)* vulgarizace, zploštění

oversimplify [əuvə'simplifai] vt (pt & pp **-fied** [-faid]) příliš zjednodušit, *(idea)* zploštit, vulgarizovat

oversize(d) [əuvə'saiz(d)] adj nadměrně veliký

oversleep [əuvə'sli:p] vi (pt & pp **-slept** [-'slept]) zaspat

overspend [əuvə'spend] vi (pt & pp **-spent** [-'spent]) nadměrně utrácet

overspill ['əuvəspil] n *(of population)* přebytek obyvatelstva ■ **o. town** ≅ satelitní město

overstaffed [əuvə'sta:ft] adj *(office)* s nadměrným počtem zaměstnanců

overstate [əuvə'steit] vt *(problems)* přehánět

overstay [əuvə'stei] vt **o. one's welcome** zneužívat pohostinství

overstep [əuvə'step] vt (**-pp-**) překročit; fig **o. one's authority** překročit svou pravomoc; **o. the bounds of decency** překročit meze slušnosti ♦ **o. the mark** or **the limits** zajít příliš daleko, přehnat to

overstrung [əuvə'straŋ] adj *(person)* **1** nervově přetažený, předrážděný, nervózní **2** Mus *(piano)* se zkříženými strunami

overt [əu'və:t] adj otevřený, neskrývaný, netajený

overtake [əuvə'teik] vt (pt **-took** [-'tuk], pp **-taken** [-'teikn]) **1** *(runners)* předběhnout/ předbíhat, Aut předjet, předjíždět; fig *(competitors)* předstihnout; **No overtaking!** Zákaz předjíždění! **2 be ~n by surprise** být překvapen; **he was ~n with** or **by fear** zmocnil se ho or přepadl ho strach; **we were ~n by events** byli jsme zaskočeni vývojem událostí

overtax [əuvə'tæks] vt **1** *(person)* přetěžovat; **o. oneself** přepínat své síly **2** Fin předanit, zatížit nadměrnými daněmi

over-the-counter [əuvəðə'kauntə(r)] adj Pharm **o.-the-counter drugs** léky prodávané bez lékařského předpisu

overthrow [əuvə'θrəu] vt (pt **-threw** [-'θru:], pp **-thrown** [-'θrəun]) *(government, regime, dictator)* svrhnout; *(theory)* vyvrátit ● ['əuvəθrəu] n **1** *(of regime)* svržení **2** Cricket přehození dlouhý hod

overtime ['əuvətaim] n **1** *(work)* práce přes čas, přesčas; **I did eight hours o.** odpracoval jsem osm přesčasových hodin ■ **o. ban** zákaz přesčasové práce; **o. pay** mzda za práci přes čas **2** Amer Sport nastavený čas ● adv přes čas, přesčas; **work o.** pracovat přesčas

overtone ['əuvətəun] n **1** Mus svrchní tón, harmonický tón **2** fig podtón (**of jealousy/ racism** žárlivosti/ rasismu)

overtook [əuvə'tuk] pt of **overtake**

overture ['əuvətjuə(r)] n **1** Mus předehra, ouvertura **2** fig usu pl **~s** podněty, návrhy; **make ~s of peace to the enemy** začít vyjednávat s nepřítelem o míru

overturn [əuvə'tə:n] **I** vt **1** *(chair* etc*)* převrátit, překotit, překlopit, převrhnout **2** *(regime* etc*)* svrhnout; *(decision)* zvrátit, změnit **II** vi překlopit se, převrátit se, převrhnout se

overview ['əuvəvju:] n (souhrnný) přehled, přehledná zpráva

overweening [əuvə'wi:niŋ] adj samolibý, nafoukaný, arogantní

overweight [əuvə'weit] adj *(luggage, parcel)* příliš těžký, nad přípustnou váhu; *(person)* mající přes váhu; *(fat)* otylý, tlustý; **be o.** mít přes váhu

overwhelm [əuvə'welm] vt **1** lit zaplavit, zatopit; fig **be ~ed with work** být zavalen prací; **be ~ed with grief** být zdrcen žalem; **be ~ed with joy** být bez sebe radostí **2** *(defeat)* rozdrtit, přesvědčivě porazit

overwhelming [əuvə'welmiŋ] adj *(defeat)* zdrcující; *(majority)* drtivý, převážný, zdrcující, valný; *(desire, hospitality)* nepřekonatelný, nesmírný ■ **~ly** adv nesmírně, neobyčejně; **she was ~ly kind** byla nesmírně laskavá

overwind [əuvə'waind] vt (pt & pp **-wound** [-'waund]) *(clock)* přetáhnout

overwork [əuvə'wə:k] **I** vt **1** *(person)* přepínat; *(horse)* schvátit **2** *(phrase, expression)* nadužívat **II** vi přepracovat se, předřít se ● n přepracování, přepracovanost, přetíženost; **ill through o.** nemocný z přepracování

overworked [əuvə'wə:kt] adj přepracovaný, inf předřený; **an o. expression** otřelý or otřepaný výraz

overwrought [əuvə'ro:t] adj **1** *(person)* nervózní, podrážděný, nervově přetažený **2** *(style: too elaborate)* vyumělkovaný

overzealous [əuvə'zeləs] adj příliš horlivý

ovoid ['əuvoid] adj vejcovitý

ovulate ['ovjuleit] vi ovulovat

ovulation [ovju'leišn] n ovulace

ovum ['əuvəm] n (pl **ova** ['əuvə]) n Biol vajíčko

owe [əu] **I** vt **1** *(money)* dlužit; **owe sb sth, owe sth to sb** dlužit komu co; **I owe you a beer** dlužím ti pivo; **how much do I owe you?** kolik vám dlužím?, kolik jsem vám dlužen? **2** *(obedience, loyalty)* být povinován komu čím **3** *(be indebted)* **owe sth to sb/ sth** vděčit za něco komu/ čemu, děkovat za něco komu/ čemu; **owe sb a great deal** být komu velmi zavázán **II** vi dlužit (**for sth** za co), mít dluh

owing ['əuwiŋ] adj dlužný, nevyrovnaný, nezaplacený; **the money o. to them** jejich pohledávky; peníze, které mají mezi lidmi ● prep **o. to** vzhledem k čemu, kvůli čemu, díky čemu, skrz co; **o. to sudden illness** vzhledem k náhlé nemoci; **o. to his foresight** díky jeho předvídavosti; **o. to his being Czech** vzhledem k tomu, že je Čech

owl [aul] n Orn sova; **barn owl** sova pálená; **eagle owl** výr ♦ **he's a wise old owl** má filipa, je to hlava otevřená; **night owl** fig noční pták

owlet ['aulət] n soví mládě, sůvě

own [əun] adj **1** *(belonging to)* vlastní; **with one's o. eyes** na vlastní oči; **he has his o. business** má vlastní podnik; *(do sth)* **off one's o. bat** z vlastní iniciativy, na vlastní pěst; **at one's o. expense** ve vlastní režii, na vlastní náklad **2** *(done for oneself)* **o. goal** vlastní branka; **cook one's o. meals** vařit si sám; **blow one's o. trumpet** vychvalovat se; **be one's o. man** být svým pánem; **make one's o. arrangements** zařídit se podle svého ● pron **1 is that house your o.?** patří ten dům vám?; **my o. is better** můj/ moje je lepší **2 of my o.** můj (vlastní); **I have a room of my o.** mám svůj vlastní pokoj; **have a mind of one's o.** mít svou vlastní hlavu **3 on one's o. a)** *(alone)* sám, o samotě; **at last they were on their o.** konečně byli sami **b)** *(without help)* sám, na vlastní pěst, bez cizí pomoci **c)** inf *(exceptional)* **he is on his o.** je o třídu lepší než všichni ostatní **4 come into one's o.** přijít si na své, najít uplatnění, dojít ocenění **5 hold one's o. a)** obstát, nedat se, uhájit se; **he can hold his o. against anybody** on se může měřit s kýmkoliv **b)** *(not lose strength: of patient)* držet se **6 get one's o. back (on sb)** pomstít se (komu) ● **I** vt **1** *(possess)* vlastnit, mít; **o. a shop** mít or vlastnit obchod; **who owns this land?** kdo je vlastníkem tohoto pozemku?, komu patří tento pozemek? ♦ **he behaved as if he ~ed the place** choval se, jako by mu to všechno patřilo **2** *(admit)* přiznat; **he ~ed that I was right** přiznal, že mám pravdu; **o. oneself defeated** přiznat svou porážku **II** vi **o. to sth** přiznat se k čemu **III** phr v ■ **own up** vi přiznat se, inf kápnout božskou; **o. up to sth** přiznat se k čemu

owner ['əunə(r)] n vlastník, majitel; **joint o.** spoluvlastník, spolumajitel; **rightful o.** pravoplatný majitel; **who is the o. of this house?** komu patří tento dům?

ownerless ['əunələs] adj nikomu nepatřící, *(dog)* potulný, bez pána

owner-occupied [əunər'okjupaid] adj *(house)* obývaný vlastníkem

owner-occupier [əunər'okjupaiə(r)] n obyvatel vlastního domu

ownership ['əunəšip] n vlastnictví, držba; **under new o.** pod novým vedením

ox [oks] n (pl **oxen** ['oksn]) **1** *(formerly used for pulling carts)* vůl ♦ **be as strong as an ox** mít sílu jako býk or medvěd **2** dated esp pl hovězí dobytče, kus hovězího dobytka; **oxen** hovězí dobytek, skot

oxalic [ok'sælik] adj **o. acid** kyselina šťavelová

Oxbridge ['oksbridž] n sometimes pej = **Oxford and/ or Cambridge (University)** Oxford a Cambridge/ Oxford nebo Cambridge ■ **O. accent** oxfordský or cambridgeský přízvuk

oxcart ['okska:t] n vůz tažený volem/ voly

oxen ['oksn] pl of **ox**

oxeye (daisy) ['oksai; oksai'deizi] n kopretina

Oxfam ['oksfæm] abbr of **Oxford Committee for Famine Relief** britská charitativní organizace

oxidation [oksi'deišn] n Chem okysličení, oxidace

oxide ['oksaid] n Chem kysličník, oxid

oxidize ['oksidaiz] vt(i) Chem okysličovat (se), oxidovat

Oxon ['okson] abbr of **1 Oxoniensis** *(esp in degree titles)* oxfordský, oxfordské univerzity **2 Oxfordshire** hrabství

Oxonian [ok'səuniən] n *(student or former student)* oxfordský student ● adj oxfordský týkající se univerzity

oxtail ['oksteil] n hovězí oháňka ■ **o. soup** polévka z hovězí oháňky

oxyacetylene [oksiə'setəli:n] adj kyslíkoacetylenový; **o. burner** kyslíkoacetylenový hořák, autogen; **o. welding** autogenní svařování

oxygen ['oksidžən] n Chem kyslík ■ **o. bottle, o. cylinder** kyslíková bomba

oxygenate ['oksidžəneit] n Chem okysličovat

oxygenation [oksidžə'neišn] n Chem okysličování

oyster ['oistə(r)] n ústřice; **pearl o.** perlorodka ♦ **the world is his o.** má otevřený svět, má nedozírné možnosti ■ **o. bed** ústřicový slap; **o. farming** chov ústřic; **o. shell** lastura ústřice

oystercatcher ['oistəkæčə(r)] n Orn ústřičník velký

oz abbr of **ounce(s)** unce

ozone ['əuzəun] n ozón ■ **o. layer** ozónová vrstva; **a hole in the o. layer** ozónová díra; **o. friendly** *(spray)* bezfreonový

P

P, p [pi:] n (**p's** [pi:s]) *(letter)* P, p ♦ **mind one's p's and q's** chovat se slušně, být velmi zdvořilý

p abbr of **1** (pl **pp**) **page** str., strana **2** [pi:] **penny**, **pence** pence

pa [pa:] n inf taťka, tatínek, papá

PA [pi:'ei] abbr of **1 personal assistant** osobní tajemník **2 Press Association** tisková asociace **3 public address system** místní rozhlas, tlampače, reproduktory

p.a. abbr of **per annum** ročně, za rok

pace$_1$ [peis] n **1** *(step)* krok; **it's only a few ~s away** je to jen pár kroků odsud; **take three ~s forward** udělejte tři kroky dopředu ♦ **put sb through his ~s** prozkoumat čí ledví, sáhnout komu na zoubek; **put a car through its ~s** podrobit auto zatěžkávací zkoušce **2** *(speed)* tempo; **at a slow p.** pomalu, zvolna, *(walk also)* pomalým krokem; **walk at a brisk p.** jít svižným krokem; **go at a snail's p.** táhnout se jako hlemýžď; **set the p.** udávat tempo; **force the p.** vnutit komu tempo; **stand the p.** vydržet tempo ● **I** vi **p. up and down the room** přecházet po místnosti, chodit po místnosti sem a tam **II** vt **1** *(room, corridor, cell etc)* přecházet po čem, chodit sem a tam kde **2** *(competitor: set the pace)* udávat tempo **III** phr vs ▪ **pace sth off** or **out** vt odměřit or vyměřit co kroky

pace$_2$ ['peisi, 'pa:čei] prep Lat aniž bychom se chtěli dotknout koho

pacemaker ['peismeikə(r)] n **1** Sport vodič, osoba udávající tempo **2** Med kardiostimulátor, pacemaker [peismejkr]

Pacific [pə'sifik] adj **the P. (Ocean)** Tichý oceán, Pacifický oceán, Pacifik

pacifier ['pæsifaiə(r)] n **1** *(person)* mírotvorce, pacifikátor, usmiřovatel **2** Amer *(dummy)* dudlík, dumlík, dětské šidítko

pacifism ['pæsifizəm] n pacifismus

pacifist ['pæsifist] adj pacifistický ● n pacifista

pacify ['pæsifai] vt (pt & pp **-fied**) **1** *(soothe)* (u)chlácholit, (u)konejšit, uklidnit, *(crowd)* upokojit **2** *(country)* pacifikovat

pack [pæk] n **1** gen břemeno; *(bundle)* ranec; *(rucksack)* ruksak, Mil torna, dated tornistra; *(on animal)* náklad ▪ **p. animal** soumar **2** *(packet: of washing powder etc)* krabice, balík; *(of cigarettes)* Amer balíček, krabička **3** *(of cards)* karty, sada karet, balík, sl pakl **4** *(of wolves, dogs)* smečka; *(of submarines)* operační skupina; *(of Scouts, Brownies)* roj **5** pej *(group)* banda, tlupa, horda, sebranka; **a p. of thieves** zlodějská banda; **a p. of lies** snůška lží; **that's a p. of lies** to jsou samé lži **6** Rugby roj **7** Med zábal, obklad; **face p.** pleťová maska ● **I** vt **1** *(wrap up: goods)* zabalit; **p. sth in a box** zabalit co do bedny **2** *(luggage)* sbalit; *(put in bags: clothes etc)* zabalit; **p. one's case** sbalit or inf spakovat si kufr; **p. one's bags** sbalit si kufry, sbalit se, inf spakovat se **3** *(cram: commuters, crowd)* namačkat, natlačit, *(articles also)* nacpat, napěchovat; **we were ~ed like sardines** byli jsme namačkáni jako sardinky; **play to ~ed houses** hrát před vyprodaným hledištěm; **the novel is ~ed with action** román má rychlý dějový spád or je plný děje **4** *(soil)* (s)pěchovat, (u)dusat **5** *(jury, committee)* obsadit vlastními lidmi **6** *(have)* **p. a lot of influence** dated mít velký vliv **7** Amer *(carry: eg gun)* mít, nosit **8 p. a (hefty) punch** mít ruku jako kladivo, Box mít tvrdý úder **II** vi **1** *(prepare luggage)* balit **2** *(fit: items)* vejít se **3 send sb ~ing** poslat koho po svých, *(stronger)* poslat koho k čertu, vyrazit s kým dveře **III** phr vs ▪ **pack away** vt *(because not needed)* odložit ♦ **he can really p. it away** *(food)* tomu ale chutná ▪ **pack down** vt *(soil)* udusat ▪ **pack in** *I* vt **1 p. it in** inf *(give sth up: job etc)* zabalit to, praštit s tím, vykašlat se na to, *(smoking etc)* přestat s čím; **p. it in!** nech toho!, přestaň s tím! **2** inf **the new film is ~ing them in** ten nový film je hitem sezóny or magnetem pro diváky *II* vi *(of machine, engine)* vypovědět službu, inf vyplivnout ▪ **pack into** vi *(crowd in)* namačkat se; **we all ~ed into his car** všichni jsme se nacpali do jeho auta ▪ **pack off** vt **p. the children off to bed** vypakovat děti do postele ▪ **pack out** vt usu pass **be ~ed out** *(theatre etc)* být nabitý, být nacpaný do posledního místa ▪ **pack up** *I* vi **1** *(for journey)* sbalit se **2** inf Br *(give up)* zabalit to **3** *(engine)* inf vyplivnout *II* vt *(suitcase)* sbalit, zabalit; *(tools)* uklidit

package ['pækidž] n **1** *(parcel)* balík, zásilka; *(small)* balíček **2** Amer *(packet: eg of biscuits)* balíček **3** Comm *(group, set: of proposals etc)* soubor, balík; Comput **software p.** sada programů ▪ **p. deal** Comm souhrnná transakce; **p. store** Amer obchod s lihovinami; **p. tour** or **holiday** hromadný turistický zájezd s předplacenými službami ● vt *(wrap: goods)* (za)balit, opatřit obalem

packaging ['pækidžiŋ] n obal, obalový materiál, balení

pack drill [pæk'dril] n Mil cvičení v plné polní za trest

packer ['pækə(r)] n balič/ -ka; *(machine)* balička, balicí stroj

packet ['pækit] n **1** *(small parcel)* balíček, zásilka **2** *(of biscuits* etc*)* balíček, *(of cigarettes* also*)* krabička; *(of soup, seeds* etc*)* sáček; **pay p.** výplata, výplatní sáček **3** Br inf *(fortune)* balík (peněz), fůra peněz, majlant; **cost a p.** stát hříšné peníze; **he made a p.** vydělal balík or fůru peněz **4** Comput **p. switching** přepojování paketů

packhorse ['pækho:s] n soumar, nákladní kůň používaný k nošení břemen

packing ['pækiŋ] n **1** *(process)* balení; **do one's p.** balit **2** *(material)* obal; **inclusive of p.** včetně balného ■ **p. case** přepravní bedna; **p. list** konsignace **3** Techn *(of piston* etc*)* těsnění

pact [pækt] n pakt, smlouva; **a nonaggression p.** pakt o neútočení; **make a p. with sb** uzavřít s kým smlouvu

pad [pæd] n **1** *(cushioning material)* **a)** *(for shoulders)* vycpávka **b)** *(for protection: for knee, elbow)* chránič, *(for knee* also*)* nákolenka, nákolenice **2** *(inkpad)* razítkovací polštářek, poduška na razítka **3** *(of cotton)* tampon **4** *(of paper)* blok; **a writing pad** poznámkový blok **5** Astronaut **(launching) p.** odpalovací rampa, *(for helicopters)* heliport, helikoport **6** Zool *(of animal's foot)* bříško **7** sl *(flat, room)* kvartýr, bejvák all inf; **bachelor pad** garsonka, staromládenecký byt ● **I** vt (**-dd-**) *(shoulders)* opatřit vycpávkami **II** phr v ■ **pad about** vi *(person)* chodit tiše, tiše se pohybovat; *(dog* etc*)* pobíhat ■ **pad out** vt **1** *(clothing)* vatovat, *(shoulders)* opatřit vycpávkami **2** *(essay, speech)* rozředit, protáhnout, vyplnit slovní vatou

padded ['pædid] adj *(furniture)* čalouněný, polstrovaný; *(shoulders)* vycpaný, s vycpávkami; *(garment)* vatovaný; *(bra)* se zpevněnými košíčky; **p. cell** vyčalouněná cela pro duševně choré ♦ **be well p.** *(fat)* být při těle

padding ['pædiŋ] n **1** *(material)* vata, vatelín, vycpávka, *(for furniture, room)* čalouny **2** fig *(in essay)* (slovní) vata, balast

paddle ['pædl] n **1** *(oar)* pádlo **2** *(blade of waterwheel)* lopatka; *(wheel)* lopatkové kolo ■ **p. boat**, **p. steamer** kolesový parník **3** *(wade)* brouzdání; **have a p.** brouzdat se **4** Amer *(table tennis bat)* pálka ● **I** vt **1** *(boat)* pohánět pádlem ♦ **p. one's own canoe** fig být nezávislý, umět si poradit **2** Amer inf *(spank: child)* dát dítěti výprask **II** vi **1** *(in boat)* pádlovat **2** *(wade)* brouzdat se, čvachtat se

paddling pool ['pædliŋpu:l] n brouzdaliště

paddock ['pædək] n *(enclosure for horses)* výběh pro koně; *(of racecourse)* padok

paddy$_1$ ['pædi] n (pl **paddies**) **1** also **p. field** rýžové pole **2** *(rice)* neloupaná rýže

paddy$_2$ ['pædi] n Br inf *(fit of temper)* vztek; **get into a p.** rozvzteklit se

Paddy ['pædi] n offens (pl **Paddies**) Irčan

paddy wagon ['pædiwægən] n Amer inf zelený anton

padlock ['pædlok] n visací zámek ● vt zamknout (visacím zámkem)

padre ['pa:drei] n **1** Mil vojenský kněz, kurát **2** Br *(priest)* kněz

paederast, paederasty etc see **pederast, pederasty**

paediatric, Amer **pediatric** [pi:di'ætrik] adj pediatrický

paediatrician, Amer **pediatrician** [pi:diə'trišn] n dětský lékař, pediatr

paediatrics, Amer **pediatrics** [pi:di'ætriks] n dětské lékařství, pediatrie

paedophile, Amer **pedophile** ['pi:dəufail] n pedofil

paedophilia, Amer **pedophilia** [pi:dəu'filiə] n pedofilie, sexuální náklonnost k dětem

pagan ['peigən] n pohan/ -ka; fig neznaboh/ neznabožka ● adj pohanský

paganism ['peigənizəm] n pohanství

page$_1$ [peidž] n **1** *(in hotel)* also **pageboy** poslíček, liftboy, pikolík **2** Hist *(of knight)* páže, panoš; *(at wedding)* mládenec ● vt **to p. sb** vyvolat koho (rozhlasem)

page$_2$ [peidž] n **1** *(of book, newspaper* etc*)* strana, stránka; **front p.** *(of newspaper)* titulní stránka; **the sports/ literary p.** sportovní/ literární rubrika; **on p. twenty** na dvacáté stránce, na straně dvacet ■ **p. proof** Typ stránková korektura; Comput **p. printer** stránková tiskárna; **p. three girl** nahotinka **2** fig stránka, kapitola; **a glorious p. of our history** slavná kapitola našich dějin; **go down in the ~s of history** dostat se do dějin ● vt Typ paginovat, stránkovat, číslovat stránky čeho

pageant ['pædžənt] n slavnost s průvodem v historických krojích

pageantry ['pædžəntri] n nádherná podívaná, kostýmovaná slavnost, okázalost, pompa

pageboy ['peidžboi] n **1** *(hairstyle)* páže, účes na páže **2** see **page**$_1$ **(1)** **3** *(at wedding)* see **page**$_1$ **(2)**

paginate ['pædžineit] vt (o)paginovat, (o)stránkovat

pagination [pædži'neišn] n paginace, stránkování, číslování stránek

pagoda [pə'gəudə] n pagoda

paid [peid] pt & pp of **pay** ● adj placený, *(labour* also*)* námezdní; **poorly p.** bídně or uboze placený ♦ **put p. to sth** (eg *hopes)* inf zhatit co

paid-up [peid'ap] adj **1** *(share)* splacený **2** *(member)* mající zaplacené členské příspěvky; **a fully p.-up member** člen, který řádně zaplatil členské příspěvky; fig přesvědčený stoupenec např. komunistické strany

pail [peil] n kbelík, džber, vědro, coll kýbl

pailful ['peilful] n (plné) vědro; **a p. of water** vědro vody, coll kýbl vody

pain [pein] n **1** *(physical)* bolest; **be in p.** mít bolesti; **he isn't in p.** nemá bolesti; **suffer from acute p.** mít silné bolesti; **a scream** or **cry of pain** bolestný výkřik; **scream with p.** křičet bolestí; **I felt a sharp p. in my back** pocítil jsem prudkou bolest v zádech; **my back gives me p.** bolí mě v zádech; **put an animal out of its p.** dorazit poraněné zvíře ♦ **growing ~s** potíže růstu; **the ~s and pleasures of sth** (eg *parenthood)* radosti a strasti čeho **2** *(mental suffering)* bolest, žal, zármutek, hoře, fml bol **3** inf *(annoying person/ thing)* otrava; **he's a real p.** je hrozně protivný ♦ **he's a p. in the neck** or vulg **arse/** Amer **ass** je protivný jako štěnice, je děsný blbec; **he gives me a p. in the neck** mám ho plný* zuby **4 ~s** *(efforts)* úsilí, snaha, námaha; **be at ~s to do sth** snažit se (všemožně) něco udělat; **spare no ~s (to do sth/ doing sth)** nelitovat námahy(, aby ...); **take great ~s** vynaložit velké úsilí, dát si velkou práci **5 on** or **under p. of death** pod trestem smrti ● vt *(cause distress to)* způsobit bolest; **it ~s me to have to tell you that ...** s bolestí vám musím oznámit, že ...

pained [peind] adj *(expression, look)* bolestný, zkormoucený

painful ['peinfl] adj **1** *(physically)* bolestivý; *(death)* těžký; **it is p. to the touch** je to bolestivé na dotek; **my back is still p.** stále mě ještě bolí v zádech; **a remedy for p. joints** lék proti bolestem kloubů **2** *(causing distress)* nepříjemný; *(memories)* bolestný; *(experience)* trpký **3** inf *(terrible: performance)* ubohý, mizerný, trapný ■ **~ly** adv **1** *(hit)* silně; *(walk)* s námahou, s potížemi **2** *(as intensifier)* hrozně; **it was ~ly obvious that ...** bylo až příliš zřejmé, že ...

painkiller ['peinkilə(r)] n lék proti bolestem, utišující prostředek; **be on ~s** brát léky proti bolestem

painless ['peinləs] adj **1** *(childbirth)* bezbolestný, *(operation* etc also*)* nebolestivý **2** fig *(decision)* snadný ■ **~ly** adv bezbolestně, bez bolesti; *(without problems)* bez problémů, snadno

painstaking ['peinzteikiŋ] adj *(research)* důkladný, pečlivý, pečlivě provedený, úzkostlivě přesný; *(accuracy)* úzkostlivý; *(person)* pečlivý, svědomitý ■ **~ly** adv pečlivě, svědomitě

paint [peint] n **1** barva; *(varnish: on furniture, car* etc*)* lak; **enamel/ emulsion p.** smaltová/ emulzní barva; **a coat of p.** nátěr; **wet p.!** čerstvě natřeno! ■ **p. shop** lakýrnictví; **p. stripper** odstraňovač starých nátěrů **2 ~s** barvy; **oil/ water ~s** olejové/ vodové barvy; **box of ~s** pouzdro s barvami **3** pej **(war) p.** *(make-up)* líčidlo ● **I** vt **1** *(room)* vymalovat; *(wall, furniture)* natřít, *(with varnish)* nalakovat; *(picture)* namalovat; **p. the door white** nabarvit dveře na bílo, natřít dveře bílou barvou; **p. one's nails** nalakovat si nehty; **p. one's face** nalíčit se ♦ **let's p. the town red** inf fig pojďme na tah, pojďme si zaflámovat **2** *(throat)* vytřít; **p. a wound with iodine** najódovat ránu **3** fig *(describe)* popsat, (vy)líčit, vykreslit **II** vi malovat; **p. in oils** malovat olejovými barvami **III** phr vs ■ **paint in** vt *(add)* přimalovat ■ **paint out** or **over** vt přemalovat, zatřít, zamalovat, zakrýt co barvou

paintbox ['peintboks] n pouzdro s barvami

paintbrush ['peintbraš] n (malířský) štětec

painted ['peintid] adj *(with paint)* natřený; *(with make-up)* pej zmalovaný

painter$_1$ ['peintə(r)] n **1** *(artist)* malíř; **landscape p.** krajinář **2** *(house p.)* malíř, natěrač

painter$_2$ ['peintə(r)] n Naut vazák, uvazovací or kotevní lano

painting ['peintiŋ] n **1** *(activity)* malování; *(of walls* also*)* natírání **2** *(picture)* obraz, malba; **oil p.** olejomalba, olej; **watercolour p.** akvarel

paintwork ['peintwə:k] n nátěr; *(on car)* lak

pair [peə(r)] n **1** *(of gloves, socks* etc*; of horses)* pár; **the gloves are not a p.** rukavice nejdou do páru; **a p. of socks** pár ponožek, jedny ponožky; **two ~s of shoes** dva páry bot, dvoje boty **2** *(man and woman)* dvojice; *(of lovers;* also Zool*)* párek; **bridal p.** snoubenci; **the happy p.** novomanželé **3** *(two)* dva, dvojice; **walk in ~s** jít po dvou, jít ve dvojicích; **form ~s** vytvořit dvojice ♦ **show sb a clean p. of heels** ukázat komu paty, vzít nohy na ramena **4** *(object consisting of two parts)* **a p. of scissors/ pyjamas/ scales/ sunglasses/ trousers** nůžky/ pyžamo/ váha/ sluneční brýle/ kalhoty; **five ~s of trousers** patery kalhoty; **try this p.** *(of trousers, glasses* etc*)* zkuste si tyhle ● **I** vt *(socks)* dávat do párů, (s)párovat; *(people)* (s)párovat, *(animals)* spár(k)ovat **II** vi *(animals)* pářit se **III** phr vs ■ **pair off** *I* vt rozdělit do párů; **p. sb off with sb** *(find sb a girlfriend/ boyfriend)* dát koho dohromady s kým *II* vi *(dancers)* vytvořit páry; *(children at school* etc*)* vytvořit dvojice ■ **pair up** *I* vt *(socks, people)* spárovat, dát do párů *II* vi **p. up with sb** vytvořit s kým dvojici

pajamas [pə'dža:məz] Amer see **pyjamas**

Paki ['pæki] n offens Pákistánec/ Pákistánka ● adj *(restaurant* etc*)* pákistánský

Pakistan [pa:ki'sta:n] n Pákistán

Pakistani [pa:ki'sta:ni] n Pákistánec/ Pákistánka ● adj pákistánský

pal [pæl] n kamarád, inf kámoš ● phr v ■ **pal up** vi **p. up with sb** skamarádit se s kým

palace ['pæləs] n palác ■ **p. gardens** zámecká zahrada; **p. revolution** palácová revoluce

palatable ['pælətəbl] adj *(meal)* chutný; *(drink)* lahodný; fig *(idea)* přijatelný

palatal ['pælətl] adj **1** Anat patrový **2** Phon palatální ● n Phon palatála, měkká or předopatrová hláska

palatalize ['pælətəlaiz] vt Phon palatalizovat

palatalization [pælətəlai'zeišn] n Phon palatalizace

palate ['pælət] n **1** Anat patro; **soft/ hard p.** měkké/ tvrdé patro **2 have a delicate p.** být labužník; **for delicate ~s** pro labužníky

palatial [pə'leišl] adj *(hotel, residence)* přepychový, okázalý, luxusní

palaver [pə'la:və(r)] n inf *(fuss)* okolky, cavyky; *(bother)* nepříjemnosti, komplikace, inf otrava

pale₁ [peil] adj **1** *(face, complexion)* bledý; **he went/ turned p.** zbledl; **be as p. as death** být mrtvolně bledý, být bledý jako mrtvola **2** *(colour)* bledý, světlý; *(light)* mdlý ● vi **her problems p. into insignificance beside his** její problémy se nedají srovnat s jeho

pale₂ [peil] n *(post)* kůl; *(fence)* ohrada, plot z kůlů ♦ **be beyond the p.** být společensky neúnosný, být zcela nepřijatelný

paleness ['peilnəs] n bledost

Palestine ['pæləstain] n Palestina

Palestinian [pælə'stiniən] n Palestinec/ Palestinka ● adj palestinský

palette ['pælət] n Art (malířská) paleta ■ **p. knife** (malířská) špachtle

paling ['peiliŋ] n tyčkový plot

palisade [pæli'seid] n **1** Hist palisáda, kolová hradba; *(fence)* ohrada z kůlů **2** Amer **~s** útesy kolem řeky

palish ['peiliš] adj pobledlý, dost bledý

pall₁ [po:l] n **1** *(over coffin)* pohřební příkrov, pokrývka na rakev **2** fig *(of smoke)* clona **3** Amer *(coffin)* rakev s mrtvým

pall₂ [po:l] vi **to p. on sb** ztratit pro koho na zajímavosti, přejíst se komu; **it began to p. on me after a few days** po několika dnech se mi to začalo přejídat

pallbearer ['po:lbeərə(r)] n nosič rakve

pallet₁ ['pælət] n Techn (přepravní) paleta

pallet₂ ['pælət] n *(bed)* kavalec, pryčna; *(mattress)* slamník

palletization [pælətai'zeišn] n paletizace

palliasse ['pæliæs] n slamník

palliate ['pælieit] vt *(disease)* zmírnit; *(crime)* být polehčující okolností pro co

palliative ['pæliətiv] adj paliativní, mírnící ● n paliativum, paliativní prostředek

pallid ['pælid] adj **1** *(complexion)* (voskově) bledý, sinalý; *(light)* mdlý, slabý **2** fig *(insipid)* nezáživný, fádní

pallor ['pælə(r)] n bledost, sinalost

pally ['pæli] adj (**-ier**, **-iest**) inf **be p. with sb** kamarádit se s kým, být s kým jedna ruka

palm₁ [pa:m] n **1** Bot **p. (tree)** palma; **a coconut p.** palma kokosová; **date p.** datlovník **2** *(leaf)* palmový list ♦ **carry off the victor's p.** odnést si palmu vítězství ■ **P. Sunday** květná neděle

palm₂ [pa:m] n *(of hand)* dlaň ♦ **read sb's p.** hádat komu z ruky; **grease sb's p.** inf podmazat, podplatit koho; **have an itchy p.** inf brát úplatky; **have sb in the p. of one's hand** mít koho v hrsti; **know sth like the p. of one's hand** znát co jako své boty ● **I** vt *(coin)* schovat v dlani **II** phr v ■ **palm off** vt **p. sb off with sth** *(excuse* etc*)* odbýt koho čím; **p. sth off on sb** podstrčit komu co

palmist ['pa:mist] n hadač/ -ka z ruky, chiromant/ -ka

palmistry ['pa:mistri] n věštění z ruky, chiromantie

palpable ['pælpəbl] adj hmatatelný

palpate [pæl'peit] vt Med prohmatat, vyšetřit pohmatem

palpation [pæl'peišn] n Med pohmat, palpace

palpitate ['pælpiteit] vi **1** *(heart)* bušit, tlouci rychle **2** *(tremble)* třást se (**with terror** hrůzou)

palpitation [pælpi'teišn] n Med palpitace, bušení srdce zrychlené

palsy ['po:lzi] n Med ochrnutí, paralýza; **shaking p.** třesavka; **cerebral p.** mozková obrna

paltry ['po:ltri] adj (**-ier**, **-iest**) ubohý, *(income* also*)* bídný, hubený, mizerný; *(sum)* zanedbatelný

pampas ['pæmpəs] n pampa

pamper ['pæmpə(r)] vt often pej hýčkat, rozmazlovat ♦ **lead a ~ed life** žít si jako v bavlnce or ve vatičce

pamphlet ['pæmflət] n brožura; Pol pamflet, hanopis, leták

pamphleteer [pæmflə'tiə(r)] n Pol pamfletista, hanopisec, pisatel letáků

pan₁ [pæn] n **1** *(for frying)* pánev, pánvička; *(saucepan)* hrnec or kastrol s držadlem, rendlík; *(for roasting)* pekáč ♦ **out of the frying pan into the fire** z deště pod okap **2** *(of scales)* miska; *(for gold)* rýžovací miska or pánev **3 lavatory pan** klozetová mísa **4** *(in ground)* mulda **5** Hist Mil *(for gunpowder)* pánvička ♦ **a flash in the pan** jepičí úspěch, plácnutí do vody **6** Amer sl *(face)* ksicht, ciferník, vizáž ● v (**-nn-**) **I** vt **1** *(gold)* rýžovat **2** esp Amer *(criticize: book, film etc)* ztrhat, prudce zkritizovat **II** vi **pan for gold** rýžovat zlato **III** phr v ■ **pan out** vi vyvíjet se, udát se, zběhnout se; **if things pan out as we hope** pokud půjde vše podle našeho očekávání; **pan out well** klapnout, vyjít

pan₂ [pæn] n Film, TV panoramatický záběr, sl švenk ● **I** vt *(camera)* najíždět kamerou **II** vi panorámovat, zabírat panoramaticky

pan- [pæn-] pref pan-

panacea [pænə'siə] n všelék, panacea

panache [pə'næš] n fig švih, grácie, inf šmrnc; **dress with p.** oblékat se se švihem

Panama ['pænəma:] n *(state, city)* Panama ■ **P. Canal** Panamský průplav

panama ['pænəma:] n **p. (hat)** panama, panamský klobouk

Panamanian [pænə'meiniən] n Panamec/ Panamka ● adj panamský

Pan-American [pænə'merikən] adj panamerický

pancake ['pænkeik] n palačinka, lívanec ♦ **(as) flat as a p.** (eg *countryside)* rovný jako stůl or placka ■ **p. landing** Aviat přistání bez vysunutého podvozku, inf přistání na břicho

panchromatic [pænkrəu'mætik] adj panchromatický

pancreas ['pæŋkriəs] n Anat slinivka břišní, pankreas

panda ['pændə] n Zool panda ■ **p. car** Br inf policejní auto

pandemic [pæn'demik] adj *(disease)* pandemický ● n pandemie

pandemonium [pændə'məuniəm] n *(chaos)* chaos, zmatek; *(uproar)* pozdvižení, rozruch, rámus

pander ['pændə(r)] vi **p. to sb** podbízet se komu; **p. to low taste** hovět nízkému vkusu; **p. to one's readers** *(author)* nadbíhat čtenářům ● n kuplíř, pasák

Pandora [pæn'do:rə] n Myth Pandora; **P.'s box** Pandořina skřínka ♦ **open a P.'s box** fig otevřít Pandořinu skřínku, píchnout do vosího hnízda

p and p [pi:ən'pi:] abbr of **postage and packing** poštovné a balné

pane [pein] n tabule skla, okenní tabule

panegyric [pænə'džirik] n chvalořeč, panegyrik(a)

panel [pænl] n **1** *(of wood, glass)* panel, tabule, *(of door* also*)* výplň; *(in wainscoting)* (obkladová) deska; Sew vsazený díl **2** Art dřevěná deska; *(picture)* malba na dřevě; **p. painting** deskové malířství **3** Aut *(section of bodywork)* díl, dílec **4 control p.** ovládací panel; **instrument p.** přístrojová deska; **switchboard p.** rozvodová skříň **5** Jur *(jury)* porota, *(list of jurors)* seznam porotců **6** TV, Rad *(of experts)* panel, tým, skupina odborníků; **a p. of judges** porota ■ **p. discussion** panelová diskuse ● vt (**-ll-**, Amer **-l-**) *(wall)* obložit/ obkládat, táflovat, panelovat, deštit; *(ceiling* also*)* kazetovat

panelled, Amer **paneled** ['pænəld] adj *(wall, room)* obložený, táflovaný, deštěný; *(ceiling)* kazetovaný

panelling, Amer **paneling** ['pænəliŋ] n *(wall, room)* obložení, táflovaní, deštění; *(of ceiling)* kazetování

panellist, Amer **panelist** ['pænəlist] n *(jury member)* porotce; *(on TV, Radio)* diskutér, účastník panelové diskuse, host

pang [pæŋ] n usu pl **1** *(of pain)* svíravá or škubavá bolest; **hunger ~s** svírání žaludku **2** fig **~s of conscience** hryzení or výčitky svědomí; **he has ~s of conscience** hryže or hlodá ho svědomí

panhandle ['pænhændl] v sl **I** vi žebrat **II** vt **p. money from sb** pumpnout koho o peníze, žebrat na kom peníze, *(get by cheating)* ošidit koho o peníze

panic ['pænik] n panika, zděšení; **cause p.** způsobit paniku; **this led** or **gave rise to a p.** vzešla z toho panika; **get into a p.** zděsit se ■ **p. buying** horečné nakupování; **hit the p. button** ztratit hlavu; **it was p. stations** inf nastala panika ● vi (pt & pp **panicked**) **I** vi ztratit hlavu, pozbýt rozvahy, zpanikařit; **I ~ked** zmocnila se mě panika; **don't p.!** jen žádnou paniku!, nedělej paniku! **II** vt pobláznit, vyvolat u koho paniku, zbavit koho rozvahy

panicky ['pæniki] adj inf zpanikařený, panikářský, poplašený; **get p.** zpanikařit, ztratit hlavu

panic-stricken ['pænikstrikən] adj vyděšený, zachvácený panickou hrůzou

pannier ['pæniə(r)] n **1** *(on bicycle, motorcycle)* sedlová brašna **2** *(for donkey* etc*)* proutěný koš na břemena

panoply ['pænəpli] n **1** Hist panoplie, plná rytířská výzbroj **2** fig *(array)* paleta; **a wonderful p. of colours** barevná nádhera

panorama [pænə'ra:mə] n *(view)* panoráma; *(survey* also*)* přehled; **p. window** Aut panoramatické sklo

panoramic [pænə'ræmik] adj *(view, photo)* panoramatický; fig celkový, povšechný

panpipes ['pænpaips] n pl Mus Panova flétna

pansy ['pænzi] n (pl **-ies**) **1** Bot maceška **2** sl pej *(sissy)* bábovka, baba, bačkora; *(homosexual)* teplouš, buzerant, buzík

pant [pænt] n prudké oddychnutí, zasupění; **his breath came in short ~s** těžce oddychoval, supěl, lapal po dechu ● **I** vi těžce oddychovat, lapat po dechu, funět, supět; **p. for breath** lapat po dechu, sotva dechu popadat **II** phr vs ■ **pant for sth** vt *(drink)* prahnout po čem, *(revenge* also*)* dychtit po čem; **p. for sb** *(with desire)* toužit po kom ■ **pant sth out** *(say)* říci co udýchaně

pantaloon [pæntə'lu:n] n **1** Theat also **P.** Pantalone, paňáca, šašek **2** Amer, Br dated pl only kalhoty; Hist pantalóny

pantechnicon [pæn'teknikən] n Br stěhovací vůz

pantheism ['pænθiizəm] n panteismus

pantheist ['pænθiist] n panteista

pantheistic [pænθi'istik] adj panteistický

pantheon ['pænθiən] n panteon

panther ['pænθə(r)] n Zool panter, levhart; Amer puma

panties ['pæntiz] n pl **(a pair of) p.** kalhotky dámské, dětské

pantihose, also **panty-** ['pæntihəuz] n Amer punčocháče, punčochové kalhoty

panto ['pæntəu] n Br inf (pl **~s**) = **pantomime** (1)

pantograph ['pæntəugra:f] n **1** Techn pantograf **2** Elec pantograf, sběrač proudu

pantomime ['pæntəmaim] n **1** Br vánoční revue pro děti **2** *(mime)* pantomima, němohra **3** fig komedie

pantry ['pæntri] n spíž, spižírna, komora

pants [pænts] n pl **1** *(trousers)* **(a pair of) p.** kalhoty; **two pairs of p.** dvoje kalhoty ♦ **have ants in one's p.** inf být neposeda, chvíli neposedět; **scare the p. off sb** nahnat komu šílený strach, způsobit, že má někdo strachu plné kalhoty; **catch sb with his p. down** inf nachytat koho na hruškách; **be caught with one's p. down** zažít trapas **2** Br *(underp.) (for men)* slipy; *(for women)* kalhotky

pantsuit ['pæntsu:t] n Amer kalhotový kostým

pantyhose ['pæntihəuz] see **pantihose**

pap [pæp] n **1** *(mush)* kaše; *(for babies* also*)* kašička **2** fig *(literature)* brak, škvár, šmejd

papa [pə'pa:, Amer 'pa:pə] n dated inf táta, tatínek, papá

papacy ['peipəsi] n *(institution)* papežství, pontifikát; *(term of office)* pontifikát

papal ['peipl] adj papežský

paparazzo [pæpə'rætsəu] n (pl **paparazzi** [pæpə'rætsi]) lovec fotografií, senzacechtivý fotoreportér, paparazzo, pl paparazziové

papaya [pə'paiə] n *(tree, fruit)* papája (melounová)

paper ['peipə(r)] n **1** *(material)* papír; **writing p.** dopisní papír; **blotting p.** Sch sací papír, piják; **scrap p.** makulatura; **a piece of p.** kus papíru; **a sheet of p.** arch or list papíru; **they want it on p.** chtějí to písemně or černé na bílém; **it exists on p. only** zůstalo to jen na papíře ♦ **a scrap of p.** fig *(useless document)* cár papíru; **it is not worth the p. it is written on** je to cár papíru, na to je škoda papíru ■ **a p. bag/ napkin** papírový sáček/ ubrousek; **p. industry** papírenství; **p. mill** papírenský závod; **p. money** papírové peníze, bankovky; **p. profits** fiktivní zisky; **p. tiger** papírový tygr; **p. warfare** papírová válka **2** *(newspaper)* noviny; **morning p.** ranní noviny; **evening p.** večerník **3 ~s** *(identity ~s)* papíry, doklady; **may I see your ~s** vaše doklady, prosím; **show one's ~s** legitimovat se **4** Univ písemná zkouška, písemka, kompozice **5** *(article)* vědecký článek or spis, stať, vědecká práce, elaborát; *(talk)* referát, přednáška; **write a p.** napsat článek; **read** or **give a p.** přednést referát **6** *(wallp.)* tapeta **7** Pol **a white p.** bílá kniha ● **I** vt *(wall, room)* (vy)tapetovat **II** phr v ■ **paper over** vt **1** lit *(with wallpaper)* zakrýt tapetou, přelepit tapetou **2** *(disagreement, facts)* zastřít, zaretušovat ♦ **p. over the cracks** zaretušovat konfliktní postoje

paperback ['peipəbæk] n brožovaná kniha ■ **a p. edition** brožované vydání

paperboy ['peipəboi], fem **papergirl** ['peipəgə:l] n *(deliverer)* doručovatel/ -ka novin, kolportér/ -ka; *(seller)* kamelot/ -ka, pouliční prodavač/ -ka novin

paperclip ['peipəklip] n sponka, svorka na spisy

papergirl ['peipəgə:l] see **paperboy**
paperhanger ['peipəhæŋə(r)] n tapetář
paperhanging ['peipəhæŋiŋ] n tapetování
paperknife ['peipənaif] n (pl **-knives**) nůž na papír
paperweight ['peipəweit] n těžítko na spisy
paperwork ['peipəwə:k] n administrativa, písemnosti, agenda; pej papírování; **do the p.** vyřizovat písemnosti; **it involves a lot of p.** je u toho velká agenda, inf je s tím moc papírování
papier-mâché [pæpiei'mæšei; French papjemaše] n papírmašé, papírová hmota
papilla [pə'pilə] n (pl **papillae** [-li:]) Anat papila, bradavka
papism ['peipizəm] n pej papeženství
papist ['peipist] adj pej papeženský ● n offens papeženec/ papeženka
paprika ['pæprikə] n paprika
Papua ['pæpuə] n Papua
Papuan ['pæpuən] adj papuánský ● n **1** *(person)* Papuánec/ Papuánka **2** Ling papuánský jazyk
Papua New Guinea [pæpuənju:'gini] n Papua-Nová Guinea
par [pa:(r)] n **1** *(equality)* roveň, Fin also **par value** nominální hodnota, pari; **at par** Fin za nominální hodnotu; **be on a par with sb/ sth** být na stejné úrovni jako kdo/ co; **put sb on a par with sb** stavět koho na roveň komu; **you can't put him on a par with Einstein** s Einsteinem se nemůže srovnávat **2** *(average)* normál, průměr; Golf par normální počet úderů na jamku nebo dráhu; **well below par** hluboko pod normálem; **feel a bit below** or **under par** necítit se ve své kůži; **it's par for the course** fig inf to se dalo čekat
par, para [pa:, 'pærə] abbr of **paragraph** odst., odstavec
parable ['pærəbl] n přirovnání, parabola, Bibl podobenství
parabola [pə'ræbələ] n Geom parabola
parabolic [pærə'bolik] adj Geom parabolický
parachute ['pærəšu:t] n padák ■ **p. jump** seskok padákem; **p. jumping** Sport parašutismus, seskoky padákem; **p. landing** or **drop** shození or *(of soldiers)* vysazení padákem; **p. troops** výsadkové jednotky ● **I** vi seskočit padákem **II** vt *(supplies* etc*)* shodit (padákem), *(soldiers* also*)* vysadit (padákem), provést výsadek koho
parachutist ['pærəšu:tist] n parašutista/ parašutistka, výsadkář/ -ka
parade [pə'reid] n **1** *(procession)* přehlídka, průvod, pochod; *(political)* demonstrace, pochod; Mil vojenská přehlídka; **fashion p.** módní přehlídka; **be on p.** Mil vykonávat přehlídku; **May Day p.** májový průvod **2** *(public promenade)* korzo, promenáda; *(street of shops)* ulice s obchody **3** *(inspection of troops)* apel, nástup, přehlídka **4 p. (ground)** Mil (vojenské) cvičiště, sl execírák, cvičák **5** *(display)* vystavení na odiv; **make a p. of sth** blýsknout se čím, stavět co na odiv ● **I** vi **1** Mil defilovat, konat slavnostní pochod; Pol demonstrovat, pochodovat ulicemi **2** *(show off)* pyšně si vykračovat **II** vt **1** *(troops)* nechat pochodovat or defilovat **2** *(show off)* **p. sth** *(new clothes, car, knowledge* etc*)* honosit se čím, stavět co na odiv, předvádět se s čím, blýsknout se s čím
paradigm ['pærədaim] n *(of science; pattern of behaviour* etc*)* paradigma; Gram vzor, paradigma
paradigmatic [pærədig'mætik] adj Gram paradigmatický
paradise ['pærədais] n **1** Bibl **P.** *(heaven)* ráj; **the gates of P.** brána do ráje; **expulsion from P.** vyhnání z ráje **2** *(state of happiness)* ráj; **it's p. here** je to tu jako v ráji; **live in a fool's p.** dělat si iluze, oddávat se iluzím
paradisiacal [pærədi'ziəkl] adj rajský
paradox ['pærədoks] n paradox
paradoxical [pærə'doksikl] adj paradoxní ■ **~ly** [-kli] adv paradoxně
paraffin ['pærəfin] n **1** also **p. wax** parafín **2** also **p. oil** parafínový olej; *(for lamps)* petrolej; *(for stove)* topný olej ■ **p. lamp** petrolejová lampa
paragliding ['pærəglaidiŋ] n paragliding, klouzavé plachtění pomocí lehkého padákového křídla
paragon ['pærəgən] n zářný vzor; **a p. of virtue** vzor or výlupek (vší) dokonalosti, výlupek všech ctností; **he's no p.** není zrovna vzorem dokonalosti
paragraph ['pærəgra:f] n **1** *(in writing)* odstavec; Jur also paragraf; **begin** or **start a new p.** začít nový odstavec **2** *(short article in a newspaper)* noticka, krátký sloupek **3** Typ also **p. mark** odstavcové znaménko
Paraguay ['pærəgwai] n Paraguay [-gvaj]
Paraguayan [pærə'gwaiən] adj paraguayský [-gvaj-] ● n Paraguayec/ Paraguayka
parakeet ['pærəki:t] n andulka, malý papoušek obecné označení drobných druhů papoušků s dlouhým ocasem
parallel ['pærəlel] adj **1** *(lines, streets)* rovnoběžný; **p. lines** rovnoběžky; **p. bars** bradla **2** pred **p. to** or **with sth** rovnoběžný or souběžný s čím; **the road runs p. with** or **to the river** silnice vede rovnoběžně s řekou **3** *(similar, corresponding)* obdobný,

analogický; *(happening at the same time)* současný **4** Comput *(printer, port* etc*)* paralelní, *(display, programming* etc*)* souběžný; Elec **p. circuit** paralelní zapojení ● n **1** also **p. line** rovnoběžka **2** also **p. of latitude** Geog rovnoběžka **3** *(similarity)* obdoba, podobnost, analogie; **~s between the past and the present** paralely or analogie mezi minulostí a přítomností; **be without p.** *(eg disaster, achievement* etc*)* nemít obdoby **4** *(comparison)* **draw a p. between A and B** provést srovnání mezi A a B **5** Elec **connected in p.** paralelně zapojený ● vt **1** *(run parallel to)* být rovnoběžný s čím **2** *(equal, match)* vyrovnat se čemu; **my experiences p. yours** moje zkušenosti se dají srovnat s tvými

parallelism [ˈpærəlelizm] n *(of lines)* rovnoběžnost; *(of cases)* paralelismus, obdoba, podobnost

parallelogram [pærəˈleləgræm] n rovnoběžník

paralyse, Amer **paralyze** [ˈpærəlaiz] vt Med & fig paralyzovat, ochromit; **be ~d in both legs** být ochrnutý na obě nohy; **be ~d with fright** strnout hrůzou

paralysis [pəˈræləsis] n (pl **-ses**) **1** Med ochrnutí, obrna, paralýza; **infantile p.** dětská obrna; **creeping p.** also fig progresivní paralýza **2** fig *(of industry, economy* etc*)* ochromení

paralytic [pærəˈlitik] adj **1** Med paralytický **2** Br inf *(drunk)* namol opilý ● n paralytik

paramedic [pærəˈmedik] n Med paramedik, záchranář

parameter [pəˈræmitə(r)] n **1** Math parametr **2** fig *(characteristic feature)* charakteristika, aspekt

paramilitary [pærəˈmilitəri] adj polovojenský, paramilitaristický

paramount [ˈpærəmaunt] adj fml **1** *(consideration)* prvořadý, eminentní; **be of p. importance** mít klíčový or eminentní význam **2** *(ruler)* svrchovaný

paranoia [pærəˈnoiə] n Med paranoia; inf fig nadměrná podezíravost

paranoiac [pærəˈnoiæk] n, adj = **paranoid**

paranoid [ˈpærənoid] adj paranoický, paranoidní ● n paranoik/ paranoička

paranormal [pærəˈno:ml] adj paranormální

parapet [ˈpærəpit] n parapet

paraphernalia [pærəfəˈneiliə] n všechno možné; všechno, co k tomu patří; *(equipment: for climbing* etc*)* výstroj, výbava, *(for painting)* náčiní

paraphrase [ˈpærəfreiz] n parafráze, *(rewording)* opis jinými slovy ● vt parafrázovat, opsat jinými slovy

paraplegia [pærəˈpli:džə] n Med paraplegie

paraplegic [pærəˈpli:džik] adj Med paraplegický ● n paraplegik/ paraplegička

parapsychology [pærəsaiˈkolədži] n parapsychologie

parasite [ˈpærəsait] n Bot & Zool parazit, cizopasník; fig parazit, příživník

parasitic(al) [pærəˈsitik(l)] n **1** *(animal, plant)* parazitní, parazitický, cizopasný **2** fig *(person)* parazitický, příživnický, cizopasnický **3** *(disease)* parazitární, vyvolaný or způsobený parazity

parasol [ˈpærəsol] n slunečník ■ **p. mushroom** bedla

paratactic [pærəˈtæktik] adj Ling souřadný, parataktický

parataxis [pærəˈtæksis] n Ling souřadnost, parataxe

paratrooper [ˈpærətru:pə(r)] n Mil parašutista, výsadkář

paratroops [ˈpærətru:ps] n Mil parašutisté, výsadkáři, výsadkové oddíly

parboil [ˈpa:boil] vt částečně uvařit, předvařit

parcel [ˈpa:sl] n **1** *(package)* balíček, (malý) balík; **post a p.** podat balíček ■ **p. post** balíková pošta; **send sth by p. post** poslat co jako balíček **2** *(piece of land)* parcela **3 be part and p. of sth** být nedílnou součástí čeho ● phr vs ■ **parcel out** vt rozdělit, *(land* also*)* rozparcelovat, rozměřit ■ **parcel up** vt (za)balit, dát or svázat do balíku, udělat z čeho balík

parch [pa:č] vt vysušit, sežehnout; Cook *(corn* etc*)* opražit

parched [pa:čt] adj **1** *(land, throat)* vyprahlý; *(lips)* okoralý; **be p. (with thirst)** umírat or hynout žízní; **I am absolutely p. (with thirst)** inf mám žízeň jako trám **2** Cook *(corn)* pražený

parchment [ˈpa:čmənt] n pergamen ■ **p. paper** pergamenový papír

pard [pa:d], **pardner** [ˈpa:dnə(r)] n Amer sl kamarád, kámoš

pardon [ˈpa:dn] n **1** *(forgiveness)* prominutí, odpuštění (**for sth** čeho); **ask sb's p. for sth** žádat koho o or za prominutí čeho; **(I) beg your p.** *(sorry)* promiňte!, odpusťte!; *(what did you say?)* prosím? **2** Jur milost; **general p.** všeobecná amnestie; **grant sb a p.** udělit komu milost, omilostnit koho **3** Relig odpustek ● vt **1** *(forgive)* **p. sb for sth** or **for doing sth** prominout or odpustit komu co, omluvit koho za co; **p. my interrupting you but . . .** promiňte, že vám skáču do řeči, ale . . . **2** Jur **be ~ed** dostat milost

● interj **p.!**, Amer **p. me** *(sorry)* promiňte!, odpusťte!; *(what did you say?)* prosím?, jakže?

pardonable ['pa:dənəbl] adj omluvitelný, odpustitelný, prominutelný

pare ['peə(r)] **I** vt **1** *(fruit, vegetables)* (o)loupat, (o)čistit **2** *(trim: nails)* (o)ostříhat **II** phr v ■ **pare down** vt fig *(expenses)* redukovat, snížit; *(text)* zkrátit

parent ['peərənt] n **1** lit rodič; *(father/ mother)* otec/ matka; **my ~s** moji rodiče, inf naši; **~s-in-law** tchán a tchyně **2** fig *(source)* zdroj, předchůdce, prapůvodce **3** ■ **p. company** mateřská společnost; **p. plant** matečná rostlina; **p. tree** matečný strom

parentage ['peərəntidž] n *(origin)* (rodinný) původ; **of humble p.** prostého původu, z prosté rodiny; **children of unknown p.** děti neznámých rodičů

parental [pə'rentl] adj **1** *(love, care, rights)* rodičovský; *(house)* otcovský, rodný **2** Biol parentální

parenthesis [pə'renθəsis] n (pl **-ses** [-si:z]) **1** *(inserted word, clause)* vsuvka, parenteze **2** *(bracket)* závorka; **in p.** v závorce

parenthetical [pærən'θetikl] adj parentetický, vsunutý; fig *(remarks)* řečený mimochodem, na okraj ■ **~ly** adv fig *(remark, mention)* mimochodem

parenthood ['peərənthud] n rodičovství; *(motherhood)* mateřství; *(fatherhood)* otcovství; **planned p.** plánované rodičovství

parentless ['peərəntləs] adj nemající rodiče, jsoucí bez rodičů, osiřelý

parent-teacher association [peərənt 'ti:čər əsəusieišn] n rodičovské sdružení

par excellence [par'eksəlãs] adv par excellence, povýtce

pariah [pə'raiə] n pária; fig also vyvrhel, prašivá ovce

parietal [pə'raiətl] adj Anat temenní, parietální; **p. bone** temenní kost

paring ['peəriŋ] n **1** *(of fruit* etc*)* loupání, čištění; *(of nails)* stříhání ■ **p. knife** nůž na čištění zeleniny **2 ~s** *(of apple)* slupky; *(of nails)* ostříhané nehty

Paris ['pæris] n Paříž

parish ['pæriš] n **1** Relig farnost ■ **p. church** farní kostel; **p. priest** RC farář; Protestant pastor; **p. register** matrika **2** also **civil p.** obec, správní okrsek; **p. council** obecní rada

parishioner [pə'rišənə(r)] n farník/ farnice

parish-pump [pæriš'pamp] adj *(parochial)* lokální, provinciální; *(quarrels)* malicherný

Parisian [pə'riziən] adj pařížský ● n Pařížan/ -ka

parity ['pærəti] n (pl **-ties**) **1** *(equality: of votes, pay* etc*)* rovnost, stejnost, parita; **we give them p. of treatment** stavíme je na roveň **2** Fin parita **3** Comput **odd/ even p.** lichá/ sudá parita ■ **p. bit** paritní bit

park [pa:k] n **1** *(public)* park, fml sady; **amusement p.** zábavní park, lunapark; **municipal p.** městské sady; **national p.** přírodní rezervace, národní park; **game p.** obora; **safari p.** safari **2** *(around country house)* park, pozemek se zelení **3** esp Amer Sport hřiště **4 (car) p.** parkoviště, parking ● **I** vt **1** *(vehicle)* (za)parkovat **2** *(bags, box* etc*)* odložit, nechat kde; **we ~ed the children with my mother** inf děti jsme dali k mé mamince; **she ~ed herself on the couch** inf uvelebila se na gauči **II** vi parkovat

parka ['pa:kə] n **1** *(worn by Eskimos)* kožešinový kabátek s kapucí **2** delší sportovní bunda s kapucí, parka

parking ['pa:kiŋ] n parkování; **No P.!** Zákaz parkování; Zákaz stání; **P. Allowed** Stání dovoleno ■ **p. meter** parkoměr, parkovací automat; **p. fee** poplatek za parkování; **p. light** parkovací světlo; **p. place** parking; **p. ticket** pokuta za nesprávné parkování

parkland ['pa:klænd] n park kolem zámečku, pozemek se zelení

parkway ['pa:kwei] n Amer alej, stromořadí

parky ['pa:ki] adj (**-ier**, **-iest**) Br inf *(air, weather)* chladný, mrazivý; **it's a bit p. today** dnes je dost chladno

parlance ['pa:ləns] n fml způsob řeči; **common p.** prostá řeč; **in legal p.** v právnickém jazyce

parley ['pa:li] n jednání, vyjednávání zvl. mezi znepřátelenými stranami ● vi jednat, vyjednávat

parliament ['pa:ləmənt] n parlament; **get into p.** stát se poslancem; **Member of P.** poslanec; **Houses of P.** Br parlamentní budova

parliamentarian [pa:ləmen'teəriən] n parlamentář

parliamentarianism [pa:ləmen'teəriənizəm] n parlamentarismus

parliamentary [pa:lə'mentəri] adj *(debate, reform, party)* parlamentní; **p. privilege** poslanecká imunita; **p. question** interpelace v parlamentu

parlour, Amer **parlor** ['pa:lə(r)] n **1** *(in house)* dated salon, přijímací pokoj ■ **p. game** společenská hra; **p. socialist** salonní socialista **2** esp Amer **beauty p.** salon krásy, kosmetický salon; **funeral p.** pohřební ústav

Parmesan [pa:mi'zæn] n also **P. cheese** parmazán, parmezán

parochial [pə'rəukiəl] adj **1** Relig fml farní

2 fig *(person, attitude)* úzkoprsý; *(ideas)* omezený; *(politics, bigotry)* provinciální

parochialism [pə'rəukiəlizəm] n omezenost, úzkoprsost, provinciálnost

parody ['pærədi] n parodie ● vt (**-ie-**) parodovat, napodobovat

parole [pə'rəul] n Jur podmíněné propuštění, propuštění na čestné slovo; **be released on p.** být podmíněně propuštěn ● vt *(prisoner)* propustit podmíněně

parolee [pərəu'li:] n propuštěnec na podmínku

paroxysm ['pærəksizəm] n záchvat, *(of laughter, rage* also*)* výbuch

parquet ['pa:kei] n **1** *(flooring)* parkety ■ **p. floor** parkety, parketová podlaha **2** Amer přízemí v divadle

parrot ['pærət] n lit & fig papoušek ♦ **be as sick as a p.** *(be thoroughly disappointed)* být totálně zhnusen ● vt *(words)* papouškovat

parrot-fashion ['pærətfæšn] adv jako papoušek; **repeat sth p.-fashion** opakovat něco jako papoušek

parry ['pæri] vt (**-ie-**) *(blow)* odrazit, zachytit; *(awkward question)* vyhnout se přímé odpovědi na co, inf zahrát co do autu

parse [pa:z] vt *(sentence)* rozebrat, udělat rozbor čeho

parsimonious [pa:si'məuniəs] adj skrblický, nemístně šetrný ■ **~ly** adv skrblicky

parsimony ['pa:siməni] n skrblictví, lakota

parsley ['pa:sli] n Bot petržel

parsnip ['pa:snip] n Bot pastinák ♦ **fine words butter no ~s** sliby jsou chyby

parson ['pa:sən] n **1** Relig duchovní; *(Protestant)* pastor **2** Cook **p's nose** biskup u drůbeže

parsonage ['pa:sənidž] n fara

part [pa:t] n **1** *(portion, proportion)* část, součást; *(section)* díl, dílek, oddíl, *(of text)* úryvek; *(of inheritance)* podíl; *(of form)* rubrika; *(of book: volume)* díl, *(chapter)* kapitola; *(piece)* kus, *(small)* kousek; *(component part)* složka, součást; *(of body)* část, partie, krajina, místo (na těle), *(organ)* orgán; **the exam is in three ~s** zkouška se skládá ze tří částí; **two ~s (of) water to one p. (of) milk** dva díly vody na jeden díl mléka; **which p. of your arm hurts?** kde vás (ta) ruka bolí?; **in the early p. of summer** počátkem léta; **the funny/ sad p. about it is that ...** legrační/ smutné na tom je, že ...; **the hardest p. is remembering it** nejobtížnější je zapamatovat si to; **that's only p. of the problem** to je jen část problému; **these duties are p. of my work** toto patří k mým povinnostem; **the greater p. of the population** větší or převážná část obyvatelstva; **for the most p.** většim dílem, povětšině; **in p.** částečně; see also **parcel** **2** *(area: of country)* část, oblast, kraj, končina, kout; *(of countryside)* část, místo, partie; **he is not from our p. of the world** on není od nás; **travel in foreign ~s** cestovat po cizině; **how long are you staying in these ~s?** jak dlouho se tu zdržíte? **3** *(equal portion of a whole)* **a tenth (part)** desetina, desátý díl; **a fiftieth p.** padesátina; **divide sth in equal ~s** rozdělit co stejným or rovným dílem **4** Techn díl, dílec, součástka; **spare ~s** náhradní díly or součástky; **prefabricated p.** prefabrikát, panel **5** *(instalment: of encyclopedia)* sešit; *(of novel)* pokračování, *(of serial)* epizoda **6** Ling **~s of speech** větné členy **7** *(role)* **a)** Theat role, úloha, inf part; **play the p. of Hamlet** hrát roli Hamleta **b)** gen úloha, úkol, role; *(participation, share)* účast, podíl (**in sth** na čem); *(duty)* povinnost; **take p. in sth** účastnit se čeho, *(in sports competitions* also*)* startovat v čem; **take an active p. in public life** být veřejně činný; **I had no p. in that** já jsem s tím neměl nic společného; **I want no p. in it** mě z toho vynechte; **for my p.** já za or pro svou osobu, co se mě týče ♦ **a man/ woman of many ~s** mnohostranný muž/ mnohostranná žena; **he is a man of many ~s** je to člověk světa znalý **8** Mus *(orchestral)* part, *(vocal)* hlas, part **9** *(side)* strana; **take sb's p.** stavět se na něčí stranu, stranit komu; **it was an error on my p.** to byla z mé strany chyba, v tom jsem udělal chybu **10 take sth in good/ bad p.** nebrat/ brát co ve zlém **11 private ~s** *(genitals)* genitálie, pohlavní orgány **12** Amer *(in hair)* pěšinka ● adj **take sth in p. exchange** vzít co na protiúčet ● adv **he is p. English, p. Czech** je napůl Angličan a napůl Čech; **the skirt is p. cotton, p. polyester** sukně je ze směsi bavlny a polyesteru ● **I** vt **1** *(divide)* rozdělit; **p. one's hair** učesat se na pěšinku; **wear one's hair ~ed** česat se na pěšinku; *(crowd)* rozdělit **2** *(separate: mother and children)* rozdělit; *(lips, curtains)* rozevřít; *(legs, branches)* roztáhnout; *(waves)* rozrážet ♦ **till death us do p.** *(in marriage)* až do smrti, dokud nás smrt nerozdělí **3 p. company with sb** rozejít se s kým, *(have different views)* rozcházet se s kým v názorech; **this is where I p. company with you** v tomto s vámi už nesouhlasím; **at this point the two proposals p. company** v tomto bodě se oba návrhy liší **II** vi **1** *(lips)* rozevřít se; *(clouds)* roztrhnout se; *(crowd)* rozestoupit se **2** *(say goodbye)* rozloučit se; **we ~ed good friends** rozešli jsme se v dobrém **3** *(break)* roztrhnout se **III** phr v ■ **part with sth** zříci se čeho, rozloučit se s čím; **p. with sb** rozloučit se s kým

partake [pa:'teik] vi (pt **partook** [-'tuk], pp **partaken** [-'teikn]) arch or fml **p. of sth** *(food)* jíst, sníst co, najíst se čeho, *(drink)* vypít co, napít se čeho; **p. of sb's meal** pojíst s kým

Parthian shot [pa:θiən'šot] n uštěpačná poznámka před odchodem

partial ['pa:šl] adj **1** *(incomplete)* částečný, dílčí; **a p. eclipse of the sun** částečné zatmění slunce; **a p. success** dílčí úspěch **2 be p. towards sb** *(biassed:* eg *referee)* stranit komu **3 be p. to sb/ sth** být nakloněn komu, trpět na koho/ potrpět si na co, mít zálibu v čem ■ **~ly** adv **1** *(partly)* částečně; **be ~ly deaf** nedoslýchat, být nahluchlý; **~ly broken** nalomený **2** *(in a biassed manner)* předpojatě

partiality [pa:ši'æləti] n **1** *(bias)* předpojatost, stranění (**towards sth** čemu); **show p. towards sth** stranit čemu **2** *(liking)* **p. for sth** záliba v čem, slabost pro co; **p. for sb** slabost pro koho, náklonnost ke komu

participant [pa:'tisipənt] n účastník/ účastnice; *(in course)* frekventant/ -ka, kursista/ kursistka

participate [pa:'tisipeit] vi **1** *(take part)* **p. in sth** účastnit se čeho; *(in a race* also*)* startovat v čem **2** *(share: profits* etc*)* **p. in sth** podílet se na čem, mít podíl na čem

participation [pa:ˌtisi'peišn] n účast (**in sth** na čem); *(in profits)* podíl, spoluúčast

participator [pa:'tisipeitə(r)] n účastník

participial [pa:ti'sipiəl] adj Gram participiální

participle ['pa:tisipl] n příčestí, participium

particle ['pa:tikl] n **1** částečka, částice; **p. of dust** zrnko or zrníčko prachu, prášek, smítko prachu; **soot p.** saze **2** Phys **(elementary) p.** částice ■ **p. accelerator** urychlovač částic

particular [pə'tikjulə(r)] adj **1** *(specific)* **this p. book** právě tato kniha; **in this p. case** v tomto konkrétním or speciálním případě; **for no p. reason** z žádného konkrétního důvodu **2** *(special, exceptional)* zvláštní, obzvláštní, mimořádný, enormní; **be of p. importance/ interest** být mimořádně důležitý/ zajímavý; **pay p. attention to sth** zvláště se věnovat čemu, zvláště se zaměřit na co **3 in p.** *(especially)* obzvláště, zejména, zvláště, hlavně; **nothing in p.** nic zvláštního **4** *(fussy)* choulostivý, úzkostlivý, *(about food)* vybíravý; **be very p. about one's appearance** dávat si velmi záležet na zevnějšku, velmi si potrpět na svůj zevnějšek; **be very p. about tidiness** velmi dbát na pořádek ■ adv see **particularly** ● n usu pl podrobnost, údaj, jednotlivost; **personal ~s** osobní údaje, nacionále, personálie; **go into ~s** jít or zabíhat do podrobností; **for full ~s apply to ...** máte-li zájem o podrobnosti, obraťte se na ...; bližší podrobnosti podá ...

particularize [pə'tikjuləraiz] vt **1** *(specify)* konkretizovat, specifikovat **2** *(go into detail)* jít do detailu

particularly [pə'tikjuləli] adv **1** *(specifically)* jmenovitě **2** *(especially)* obzvláště, zejména, zvláště; **it is not p. important** není to nijak zvlášť důležité; **I am not p. sorry about it** nijak zvlášť or inf nijak extra mě to nemrzí; **you don't look p. happy** nevypadáš moc šťastně, nijak zvlášť šťastně nevypadáš

parting ['pa:tiŋ] n **1** *(leave-taking)* rozchod, loučení; **at p.** při loučení ♦ **the p. of the ways** křižovatka, rozcestí, *(of lovers, friends)* rozchod **2** Br *(in hair)* pěšinka ● adj **a p. kiss** polibek na rozloučenou; **a p. shot** poznámka před odchodem, jízlivá poznámka na rozloučenou

partisan [pa:ti'zæn] n **1** *(supporter)* (oddaný) přívrženec, stoupenec pol. strany, hnutí ap. **2** Mil partyzán/ -ka ● adj **1** stranický, zaujatý, předpojatý **2** Mil partyzánský

partition [pa:'tišn] n **1** *(~ing: of country)* dělení **2 p. (wall)** příčka, přepážka **3** *(section)* oddíl, oddělení ● **I** vt *(country)* rozdělit; *(room* also*)* přepažit, přehradit **II** phr v ■ **partition off** vt *(part of room)* oddělit přepážkou

partly ['pa:tli] adv částečně, zčásti; **p. ..., p. ...** dílem ..., dílem ...; **p. because** zčásti proto, že ...

partner ['pa:tnə(r)] n **1** *(spouse)* manžel/ -ka, druh/ družka; **p. in life** životní partner; *(companion)* společník/ společnice; *(in tennis* etc*)* spoluhráč/ -ka; *(at work)* kolega, spolupracovník; **dancing p.** taneční partner/ -ka; **sparring p.** sparingpartner; **boozing p.** inf kamarád z mokré čtvrti, kumpán, s kterým popíjíme **2** Comm partner, společník, podílník; **trading p.** obchodní partner ● **I** vt **p. sb** být partnerem koho; *(dance with)* tančit s kým; *(play with)* hrát s kým, dělat komu spoluhráče **II** phr v ■ **partner sb off with sb** spárovat koho s kým

partnership ['pa:tnəšip] n **1** partnerství; *(at work)* spolupráce; **work in p. with sb** spolupracovat s kým **2** Comm obchodní sdružení, společnost, společenství; **go into p. with sb** spojit se s kým, vytvořit s kým společenství

partook [pa:'tuk] pt of **partake**

partridge ['pa:tridž] n Orn (pl unchanged or **~s**) koroptev

part-time [pa:t'taim] adj **1** *(employment)* vedlejší, na zkrácený úvazek; **p.-time worker** pracovník se zkrácenou pracovní dobou **2** *(student)* externí, dálkový ● adv **work p.-time** pracovat na zkrácený úvazek, mít vedlejší zaměstnání

part-timer [pa:t'taimə(r)] n pracovník se zkrácenou pracovní dobou

party ['pa:ti] n (**-ie-**) **1** *(social gathering)* večírek, malá slavnost, oslava; inf mejdan, slezina; **birthday p.** oslava narozenin; **cocktail p.** koktajl; **dinner p.** večírek; **stag p.** pánská jízda; **hen p.** dámský večírek, dámská slezina or jízda; **give a p.** uspořádat večírek, **throw a p.** udělat večírek ■ **p. game** společenská hra **2** Pol strana; **join the Conservative P.** vstoupit do konzervativní strany ■ **p. line** stranická linie; **p. member** straník, člen strany; **p. discipline** stranická disciplína; **follow the p. line** dodržovat stranickou linii **3** *(group)* skupina, parta, výprava; **a rescue/ working p.** záchranná/ pracovní četa; **the wedding p.** svatebčané; **a p. of six people** skupina šesti lidí ■ **p. line** Tel skupinový telefon **4** Jur strana; **the insured p.** pojištěnec; **the guilty p.** viník; **parties to a dispute** sporné strany; **contracting parties** kontrahenti, smluvní strany; **I won't be a p. to that** k tomu se nepropůjčím; **be a p. to a crime** být spoluúčastníkem trestného činu ● vi oslavovat, chodit na večírky

parvenu ['pa:vənju:] n parvenu, zbohatlík

paschal ['pæskl] adj velikonoční, paschální

pass [pa:s] n **1** *(permit)* průkazka; Mil *(for leave of absence)* propustka; Theat volný lístek; **a free p.** Rail, Bus volná jízdenka; **a weekly/ monthly p.** týdenní/ měsíční jízdenka **2** *(in mountains)* soutěska, průsmyk; **mountain p.** horský průsmyk **3** Sch & Univ složení zkoušky bez vyznamenání; **get a p. in Czech** prospět z češtiny **4 things have come to a pretty p. when ...** došlo to tak daleko, že ... **5** Sport přihrávka, nahrávka, pas; Fencing předkrok, výpad **6** *(by conjurer)* (kouzelnický) hmat; *(by hypnotist)* uspávající pohyb **7** *(overflight)* přelet **8 make a p. at sb** dělat or činit komu návrhy ● **I** vt **1** *(move past: building)* (pro)jít/ *(car* etc*)* (pro)jet kolem čeho, míjet; *(river)* téci/ protékat kolem čeho; *(road)* vést kolem čeho; *(person)* potkat, projít kolem koho **2** *(overtake: walker)* předejít, *(runner)* předběhnout; *(car* etc*)* předjet; *(frontier)* překročit, přejít; *(surpass)* předstihnout; **p. a turning point** překonat bod obratu **3** *(hand)* **p. sb sth** podat komu co; **p. me the salt, please** podejte mi laskavě sůl ♦ **p. the buck to sb** přehrát něco na někoho; **p. the baton** lit & fig předávat štafetu komu **4** Sport *(ball, puck)* přihrát, nahrát, podat **5** Sch, Univ *(exams)* složit, absolvovat, projít u čeho, obstát v čem; vykonat; *(student, candidate)* nechat projít **6** *(approve: bill)* schválit, přijmout, odhlasovat; **p. the censors** *(of film)* být schválen cenzurou, dostat se přes cenzuru **7** *(counterfeit bank notes)* rozšiřovat, dát do oběhu **8 p. one's eyes over sth** klouzat po čem očima; **p. one's hand over sth** přejet po čem rukou **9** *(time)* trávit; **p. the time** krátit si dlouhou chvíli, inf zabíjet čas; **that ~ed some time** zase uběhla trocha času **10** *(pronounce: judgement)* Jur vynést, vyhlásit; *(sentence)* vynést rozsudek, vyřknout ortel; **p. judgement on sb** gen posuzovat koho, pronést úsudek o kom; **p. an opinion** vyslovit svůj názor; **p. a remark** utrousit poznámku **11** Physiol *(excrement)* vyměšovat; **p. blood** mít krev v moči; **p. water** močit; **p. wind** mít větry **II** vi **1** *(move past: person)* (pro)jít/ procházet kolem; *(marchers)* pochodovat kolem; *(vehicle)* (pro)jet/ projíždět kolem, přejet kolem; *(boat)* (pro)plout kolem; *(plane)* přeletět **2** *(overtake: walker)* předejít, *(runner)* předběhnout; *(of vehicle)* předjet/ předjíždět **3** *(move on)* jít dále, popojít; *(vehicle)* jet dále, popojet; **p. along** or **down the bus** postoupit dále v autobusu; **p. down the assembly line** posunovat se po výrobním pásu; **p. out of sight** ztratit se z dohledu ♦ **p. from mouth to mouth** *(piece of gossip)* letět od úst k ústům; **p. from one generation to the next** přecházet z generace na generaci **4** *(elapse: time, holiday* etc*)* (u)plynout, uběhnout/ ubíhat, běžet, utéci/ utíkat; **it'll p. in no time** uteče to jako voda; **a year never ~es without him visiting us** není roku, aby nás nenavštívil **5** *(be transformed)* přejít do čeho, změnit se na; **p. to a liquid state** *(oxygen)* přejít do kapalného skupenství **6** *(be transferred: title, power, authority)* přejít na koho **7** fml *(happen, take place)* stát se, odehrát se, udát se, přihodit se; **if it ever comes to p.** pokud k tomu vůbec kdy dojde; **nobody knows what ~ed between them** nikdo neví, co se mezi nimi událo; **bring sth to p.** uskutečnit něco **8** *(come to an end, disappear: pain)* přejít, pominout; *(wind, anger)* utišit se; *(life)* skončit; **it'll p.** to přejde **9** *(be acceptable)* ujít, ucházet, být obstojný; **it'll p.** ujde to **10** *(in exam)* projít **11** Sport nahrát, přihrát **12** *(in cards)* pauzovat, pauzírovat, nehrát; **(I) p.** pas **13 p. for sb** být pokládán or považován za koho, moci se vydávat za koho **III** phr vs ■ **pass away** *I* vi **1** *(end)* skončit; *(disappear: anger)* pominout **2** *(time)* plynout **3** Euph *(die)* skonat, zesnout, dokonat *II* vt *(while away: time)* krátit si ■ **pass by** *I* vi *(go past)* (pro)jít/ projet kolem, míjet; see also **pass** vi (**1**) *II* vt **1** *(disregard, overlook: problems* etc*)* ignorovat, nedbat čeho, přejít bez povšimnutí **2** *(of life)* rozplynout se pod rukama ■ **pass down** vt *(traditions)* předat; *(inheritance)* zanechat, zůstavit, postoupit komu; *(disease)* přenést na ■ **pass off** *I* vi **1** *(event:* eg *a demonstration)* proběhnout **2** *(disappear: pain* etc*)* pominout, *(effects of a drug)* přestat působit **3 he could p. off as an Englishman** mohl by se vydávat za Angličana, prošel by jako Angličan *II* vt **p. oneself/ sb off as ...** vydávat se/ někoho za ...; **p. sth off as one's own work** vydávat něco za vlastní práci; **he ~es himself off as a scientist** vydává se za vědce ■ **pass on** *I* vi **1** Euph *(die)* zesnout, skonat **2** *(proceed)* přejít na; **p. on to the next item on the agenda** přejít na další bod programu; **p. on to other matters** přejít na další záležitosti *II* vt *(knowledge, news)* předat; *(disease)* přenést, nakazit koho čím ■ **pass out** vi **1** *(faint)* omdlít, ztratit vědomí, upadnout do mdlob **2** Mil *(cadet)* absolvovat, být vyřazen jako důstojník ■ **pass over** *I* vi Euph *(die)* zesnout *II* vt **1 p. sb over** *(not promote)* přeskočit při povyšování **2 p. over sth in silence** přejít co mlčením ■ **pass through** *I* vi *(town)* projíždět; **I am only ~ing through** já tudy jenom projíždím *II* vt *(town, village)* procházet/ projíždět čím; fig *(difficult period)* prožívat, *(crisis* also*)* prodělávat ■ **pass up** vt *(forego: offer)* inf nepřijmout, *(opportunity)* nechat si ujít

passable ['pa:səbl] adj **1** *(road)* sjízdný, *(bridge)* průjezdný **2** *(tolerable)* snesitelný, obstojný, ucházející, *(knowledge* also*)* slušný ■ **passably** adv obstojně, slušně; *(tolerably)* snesitelně; **passably good** docela dobrý

passage ['pæsidž] n **1** *(process of passing)* **the p. of time** plynutí or tok času **2** *(action of passing)* průchod, procházení, *(of vehicles)* průjezd; **birds of p.** tažní or stěhovaví ptáci **3** *(voyage)* plavba; *(fare)* lodní lístek **4** *(right of p.)* právo průchodu/ průjezdu **5** Parl *(of bill)* schválení **6** *(way through)* průchod, průjezd; *(corridor)* chodba; **an underground p.** podchod; **a difficult p.** neschůdná cesta **7** *(part of book, piece of music)* pasáž; *(inserted p.)* vsuvka **8** Techn kanál, potrubí; Anat kanálek; **lacrimal ~s** slzní kanálky, slzovody; **the back p.** konečník

passageway ['pæsidžwei] n průchod

passbook ['pa:sbuk] n vkladní knížka, výpis z účtu

passé ['pæsei, Amer pæ'sei] adj usu pred pasé, odbytý

passenger ['pæsindžə(r)] n **1** cestující, pasažér ■ **p. coach**, Amer **p. car** osobní vagon; **p. liner** osobní loď; **p. train** osobní vlak **2** Br pej *(ineffective member of a team)* přívažek, mrtvá duše

passer-by [pa:sə'bai] n (pl **passers-by**) kolemjdoucí, mimojdoucí, chodec/ chodkyně

passim ['pæsim] adv passim, na různých místech v textu, porůznu

passing ['pa:siŋ] adj **1** *(going past)* procházející, *(vehicle)* projíždějící; *(time)* plynoucí **2** *(fleeting: interest, fancy)* přelétavý, chvilkový, dočasný; **a p. fancy** chvilková libůstka **3** *(casual: glance, remark)* zběžný ● n **1** see **pass** vt, vi; *(of time)* běh, ubíhání; *(of beauty)* ztráta; **with the p. of time** postupem času **2** Euph *(death)* skon, odchod **3 in p.** mimochodem, letmo; **mention sth in p.** mimochodem se o něčem zmínit, naznačit něco, inf naťuknout něco

passion ['pæšn] n **1** *(intense love)* **p. for sb** vášeň or vášnivá láska ke komu; **crime of p.** zločin ze žárlivosti **2** *(enthusiasm, fervour)* vášeň, zápal, náruživost, nadšení (**for sth** pro co); **a p. for gambling** hráčská vášeň; **have a p. for sth** *(cooking, reading* etc*)* libovat si v čem, dělat něco k smrti rád **3** *(strong feeling)* vášeň, vášnivost, žár, zápal, zanícení, patos; **with p.** vášnivě, náruživě, se zanícením; **indulge one's ~s** hovět svým vášním **4** *(angry state)* záchvat hněvu, afekt; **act in the heat of p.** jednat v afektu; **fly into a p.** rozvzteklit se **5** Relig **the P.** sg pašije ■ **p. play** pašijová hra; **p. flower** mučenka; **p. fruit** plod mučenky

passionate ['pæšənət] adj **1** *(expressing intense feeling)* vášnivý; *(love* also*)* horoucí; *(speech)* plamenný, patetický, procítěný; *(appeal)* důtklivý **2** *(person)* vášnivý, temperamentní; *(quick-tempered)* horkokrevný **3** *(ardent)* vášnivý, *(sportsman)* zanícený, náruživý, *(chess player* etc also*)* zažraný (inf) ■ **~ly** adv vášnivě; plamenně etc cf adj; **fall ~ly in love** vášnivě se zamilovat

passive ['pæsiv] adj pasivní, trpný; **p. resistance/ smoking** pasivní rezistence/ kouření; Gram **p. voice** trpný rod, pasivum ■ **~ly** adv pasivně, trpně ● n pasivum, trpný rod; **in the p.** v pasivu, v trpném rodě

passivity [pæ'sivəti] n pasivnost, trpnost, pasivita

passkey ['pa:ski:] n univerzální klíč, paklíč

Passover ['pa:səuvə(r)] n Relig *(Judaism)* pesach, svátek nekvašených chlebů

passport ['pa:spo:t] n (cestovní) pas; fig *(to success* etc*)* klíč; **a p. to the world** brána do světa ▪ **p. control** pasová kontrola

password ['pa:swə:d] n heslo vojenské ap.

past [pa:st] n **1** *(former time)* **the p.** minulost; **the remote p.** dávná or daleká minulost; **in the p.** v minulosti, dříve; **live in the p.** žít v minulosti; **it's a thing of the p.** to patří minulosti, to bývalo kdysi, to už je pasé; **it has become a thing of the p.** to už se přežilo; **lay the ghost of the p.** zúčtovat s minulostí; **make a clean break with the p.** nadobro se rozejít s minulostí **2** *(person's p. life)* minulost; **a man with a p.** muž s bohatou minulostí **3** Gram minulý čas; **in the p. (tense)** v minulém čase ● adj **1** *(of an earlier time)* dřívější; *(quarrels)* někdejší, starý; *(generation)* předcházející, dřívější; *(mayor, president)* bývalý; *(suffering)* přestálý; **in times p.** v dřívějších dobách; **for some time p.** už po nějakou dobu; **the crisis is now p.** krize už pominula; **that's p. history** to už patří minulosti, to je stará záležitost **2** *(last: week, month, year)* minulý, uplynulý **3** Gram *(time, participle* etc*)* minulý ● prep **1** *(in temporal expressions)* po; **five (minutes) p. ten** pět minut po desáté, deset (hodin) a pět minut; **a quarter p. ten** čtvrt na jedenáct; **half p. ten** půl jedenácté; **well p. midnight** dlouho po půlnoci **2** *(motion)* kolem, mimo; **he walked p. the church** prošel kolem kostela; *(position)* za; **it's just p. the church** je to hned za kostelem **3** *(beyond)* **he is p. fifty** je mu přes padesát; **it's long p. your bedtime** už jsi měl dávno spát; **he's p. help** není mu pomoci; **I'm p. caring** mně je to už jedno; **he is p. hope** je to beznadějný or ztracený případ; **I wouldn't put anything p. him** u něho by mě nic nepřekvapilo **4 be p. it** být už (na něco) příliš starý, už nestačit ● adv kolem; **go/ drive/ march/ run/ sail p.** jít/ jet/ pochodovat/ běžet/ plout kolem, projít/ projet/ přepochodovat/ proběhnout/ proplout kolem; **rush p.** přehnat se kolem

pasta ['pæstə] n těstovina, těstoviny

paste [peist] n **1** *(soft mixture)* kaše, pasta, tvárná masa; **plaster p.** sádrová kaše **2** *(glue)* lepidlo **3** Cook *(dough)* těsto; *(spread)* pasta; **anchovy p.** sardelová pasta; **tomato p.** rajský protlak **4** *(jewellery)* štras, strass ● **I** vt **1** *(stick)* (na)lepit, přilepit; *(put glue on)* natřít lepidlem; **p. A and B together** slepit A a B (dohromady); **p. sth into sth** vlepit co do čeho **2** inf dated **p. sb one** jednu někomu vlepit or přišít or ubalit **3** Comput *(text* etc*)* zabudovat **III** phr v ▪ **paste up** vt nalepit; *(poster)* vylepit

pasteboard ['peistbo:d] n lepenka, kartón

pastel ['pæstl] n *(crayon, picture)* pastel; *(colour)* pastelová barva, inf pastel ● adj *(shades, colours* etc*)* pastelový

pasteurization [pa:sčərai'zeišn] n pasterizace, pasterace

pasteurize ['pa:sčəraiz] vt pasterizovat, pasterovat

pastiche [pæ'sti:š] n Liter, Mus, Art pastiš, napodobenina

pastille ['pæstil] n pastilka

pastime ['pa:staim] n zábava, kratochvíle, rozptýlení

pasting ['peistiŋ] n inf *(beating)* výprask; *(defeat)* nářez; **give sb a good p.** napráskat komu, namydlit komu; **our team got** or **took a real p.** dostali jsme pořádnou nakládačku

pastor ['pa:stə(r)] n Relig pastor, duchovní pastýř

pastoral ['pa:stərəl] adj **1** Art, Liter, Mus pastorální; *(relating to shepherds)* pastýřský, pastevecký; *(idyllic)* idylický **2** Relig pastorský, pastýřský, biskupský; **p. letter** pastýřský list ● n **1** Liter, Mus, Theat pastorála **2** *(p. letter)* Relig pastýřský list

pastry ['peistri] n (pl **pastries**) **1** *(dough)* těsto; **puff p.** lístkové těsto ▪ **p. cutter** formička **2** *(cake)* moučník, kousek pečiva; **pastries** drobné pečivo, cukroví ▪ **p. cook** cukrář

pasture ['pa:sčə(r)] n *(land)* pastvina, pastvisko, pastviště; *(growth of grass* etc*)* pastva; **put cattle out to p.** vyhnat dobytek na pastvu; fig **move on to ~s new** ohlížet se po něčem novém ● **I** vt *(animals)* pást **II** vi pást se

pasty$_1$ ['peisti] adj **(-ier, -iest) 1** *(texture)* kašovitý, těstovitý, vazký **2** *(complexion)* bledý, zsinalý, bílý jako tvaroh

pasty$_2$ ['pæsti] n Cook piroh, pirožka, nadívaná paštika

pasty-faced ['peistifeist] adj bledý jako tvaroh; **be p.-faced** být jako syrovátka or zelinka

Pat abbr of **patent (number)** patent

pat$_1$ [pæt] n *(tap)* poklepání, dotek, lehké plácnutí, ťuknutí; **give sb a p. on the shoulder** poklepat někomu na rameno; **give sb a p. on the back** fig vyjádřit někomu uznání, gratulovat někomu ● vt **(-tt-) 1** *(tap)* poklepat, poplácat, pohladit ♦ **p. sb on the back** lit poklepat někomu na rameno, fig vyjádřit někomu uznání; **p. oneself on the back** fig gratulovat si **2** *(dry by ~ting)* osušit;

p. one's hair (down) přihladit or poopravit si vlasy

pat$_2$ [pæt] n *(lump: of butter)* hrudka, oříšek

pat$_3$ [pæt] adv **1** *(exactly)* dokonale; **know sth off p.** znát něco, jako když bičem mrská; **learn sth off p.** naučit se něco nazpaměť; **she's always got an excuse p.** má vždy pohotově výmluvu **2 stand p.** esp Amer neustoupit ani o píď ● adj *(answer, excuse)* pohotový

patch [pæč] n **1** *(for mending)* záplata, *(for shoe* also*)* příštipek ♦ **he is not a p. on you** nemůže se s tebou srovnávat, nesahá ti ani po kotníky **2** *(over eye)* páska **3** *(sticking plaster)* náplast **4** Mil *(on uniform)* hodnostní označení, náramenník **5** *(of land)* malá parcela, kousek; *(part of garden)* záhon; **strawberry p.** záhon jahod **6** *(small area)* místo; *(of colour, oil, on animal's fur)* skvrna; **fog / icy ~es** místní mlhy/ námrazy; **there will be icy ~es** místy bude náledí; **a bald p.** lysina **7** *(beauty spot)* muška **8** *(of time)* inf období; **strike a bad** or **rough p.** dostat se do úzkých, mít zlé časy **9** Br inf *(of policeman, prostitute* etc*)* rajon, revír ● **I** vt *(mend: clothes)* (za)látat, přišít záplatu na co; *(tyre)* zalepit; *(holes in roof, fence)* vyspravit **II** phr v ■ **patch together** vt *(speech, report)* sesmolit, slepit ■ **patch up** vt **1** *(clothes)* zalátat; *(fence, roof* etc*)* vyspravit; **p. sth up** spravit něco narychlo, sflikovat něco **2** fig *(relationship)* dát do pořádku

patchwork ['pæčwə:k] n ruční práce sešívaná z pestrých kousků; **a p. of fields** mozaika polí

patchy ['pæči] adj (**-ier**, **-iest**) **1** *(fog, mist)* místní **2** *(uneven: work)* nerovnoměrný, různý; *(performance)* nevyrovnaný; *(knowledge)* kusý, mezerovitý

pate [peit] n dated or joc *(head)* kokos, šiška

pâté ['pætei] n paštika

patent ['peitənt] n patent; **take out a p. on sth** dát si co patentovat ■ **p. leather** laková kůže; **p. leather shoes** lakýrky; **p. medicine** značkový lék ● adj **1** *(invention)* patentovaný **2** *(obvious: untruth)* očividný, zřejmý ■ **~ly** adv zřejmě, očividně; **it is ~ly obvious that ...** je očividné, že ...; je nad slunce jasnější, že ... ● vt *(invention)* patentovat

paternal [pə'tə:nl] adj *(love, authority* etc*)* otcovský; *(grandmother* etc*)* z otcovy strany; **the p. roof** otcovská střecha, rodný krov

paternalism [pə'tə:nəlizm] n paternalismus

paternalistic [pəˌtə:nə'listik] adj paternalistický

paternity [pə'tə:nəti] n paternita, otcovství ■ **p. test** určení otcovství

path [pa:θ] n (pl **~s** [pa:ðz]) **1** *(footpath)* stezka, pěšina, chodník, cestička ♦ **lead sb up the garden p.** vodit koho za nos **2** *(trajectory)* dráha; **flight p.** Aviat letová dráha **3** fig cesta; **the p. to salvation/ success** cesta ke spáse/ k úspěchu; **be on a downward p.** být na šikmé or nakloněné ploše

pathetic [pə'θetik] adj **1** *(pitiable)* žalostný, politováníhodný, vzbuzující soucit **2** inf *(inadequate, contemptible)* ubohý; *(hopeless)* nemožný; *(wages)* žalostný ■ **~ally** adv uboze, žalostně

pathological [pæθə'lodžikl] adj patologický, chorobný

pathologist [pə'θolədžist] n patolog/ patoložka

pathology [pə'θolədži] n patologie

pathos ['peiθos] n patos, patetičnost

pathway ['pa:θwei] n cestička, chodník, stezka

patience ['peišns] n **1** trpělivost; **have p. with sb** mít s kým strpení; **have the p. of a saint** mít andělskou or svatou trpělivost; **lose one's p. with sb** ztratit s kým trpělivost; **my p. is wearing thin** dochází mi trpělivost; **with p.** trpělivě **2** Br *(card game)* pasiáns; **play p.** hrát pasiáns

patient ['peišnt] adj trpělivý; **be p. with sb** být ke komu trpělivý, mít s kým trpělivost; **be p.!** mějte strpení! ■ **~ly** adv trpělivě; **bear one's cross ~ly** nést trpělivě svůj kříž ● n pacient, nemocný

patina ['pætinə] n patina

patio ['pætiəu] n **1** *(veranda)* veranda, terasa **2** *(inner courtyard)* vnitřní dvůr, patio

patois ['pætwa:] n Ling místní nářečí

patriarch ['peitria:k] n patriarcha also Relig, praotec, kmet

patriarchal [peitri'a:kl] adj patriarchální, starosvětský

patriarchy [peitri'a:ki] n patriarchát

patrician [pə'trišn] n patricij/ -ka

patrimony ['pætriməni] n patrimonium, dědičný majetek, rodinný majetek

patriot ['pætriət] n patriot/ -ka, vlastenec/ vlastenka

patriotic [pætri'otik] adj vlastenecký, patriotický

patriotism ['pætriətizm] n vlastenectví, patriotismus

patrol [pə'trəul] n **1** *(~ling)* hlídka, stráž, dated patrola; *(by watchman)* obchůzka; **be on p.** hlídkovat, být na hlídce **2** *(person, group of people* etc*)* hlídka, patrola, stráž ■ **p. boat** hlídkový člun; **p. car** policejní vůz; **p. wagon** Amer zelený anton ● v (**-ll-**) **I** vi hlídkovat, být na hlídce, být na stráži **II** vt *(border)* hlídat, střežit; *(area, streets)* být na obchůzce kde, hlídkovat kde

patrolman [pə'trəulmən], (pl **-men**)/ **patrolwoman** [pə'trəulwumən], (pl **-women** [-wimin]) n Amer policista/ policistka, policejní hlídka osoba

patron ['peitrən] n **1** *(of the arts)* mecenáš, *(of festival, TV transmissions* etc*)* sponzor; *(supporter)* příznivec **2** *(protector)* patron, ochránce ■ **p. saint** svatý patron **3** *(regular customer/ visitor* etc*)* stálý zákazník/ návštěvník

patronage ['pætrənidž] n **1** *(support)* patronát, záštita; *(of the arts)* podpora, sponzorování; pej *(favouritism: in politics, business)* protekce; **under the p. of ...** pod patronátem koho **2** Comm klientela, zákaznictvo, pravidelní návštěvníci, pravidelné nakupování **3** dated *(condescension)* povýšené chování

patronize ['pætrənaiz] vt **1** *(pub, cinema)* často chodit do čeho, pravidelně navštěvovat, *(shops)* být stálým zákazníkem čeho, pravidelně nakupovat kde **2** *(treat in a condescending way)* **p. sb** chovat se ke komu blahosklonně or povýšeně, jednat s kým zvysoka; **stop patronizing me** přestaň mě poučovat

patronizing ['pætrənaiziŋ] adj pej *(person, manner, attitude)* povýšený, blahosklonný ■ **~ly** adv povýšeně, blahosklonně, zvysoka; *(say* also*)* povýšeným tónem

patronymic [pætrə'nimik] n patronymikon, patronymikum, jméno po otci ● adj patronymický, odvozený z otcova jména

patsy ['pætsi] n (pl **-ie-**) Amer sl *(weakling)* bačkora, bábovka; *(gullible person)* ťulpas, hejl; *(scapegoat)* obětní beránek

patter1 ['pætə(r)] n *(of feet)* cupot, cupitání; *(of rain: on windows* etc*)* cákání, cákot, bubnování ● vi *(feet, child)* cupitat, cupat; *(rain: on panes)* bubnovat, cákat

patter2 ['pætə(r)] n inf **1** *(glib speech)* povídání, řeči, žvanění **2** *(jargon)* žargon, slang ● vi žvanit, brebentit

pattern ['pætən] n **1** *(design)* vzor; *(on wallpaper, carpet* etc*)* vzor, vzorek, dated inf mustr **2** *(model)* **a)** Techn šablona, vzor; Sew střih, střihová předloha; *(for knitting)* vzor (na pletení); **knit from a p.** plést podle vzoru **b)** *(laudable example)* vzor; **set a p.** sloužit jako vzor **3** *(sample of cloth* etc*)* vzorek, ukázka ■ **p. book** vzorkovnice **4** *(arrangement)* systém, konfigurace, schéma; *(of behaviour)* vzorec; Ling **sentence p.** větný vzorec; **the p. of events** průběh událostí; **fall into a p.** tvořit systém ● vt **1** *(fabric)* vzorovat, vzorkovat, opatřit vzorem **2** **p. oneself on sb** brát si za vzor koho, řídit se podle čího vzoru

patterned ['pætənd] adj vzorkovaný, vzorovaný, se vzor(k)em

paunch [po:nč] n **1** (velké) břicho, inf panděro, pupek; **he's getting a p.** roste mu břicho **2** *(of cow)* bachor

paunchy ['po:nči] adj (**-ier**, **-iest**) břichatý

pauper ['po:pə(r)] n chuďas, nuzák, chudák; **p.'s grave** hrob chudých, společný hrob; **he died a p.** zemřel v bídě, zemřel jako chudák

pauperism ['po:pərizm] n pauperismus, zbídačení

pauperization [po:pərai'zeišn] n pauperizace, zbídačování

pauperize ['po:pəraiz] vt pauperizovat, zbídačovat

pause [po:z] n **1** *(break)* přestávka, pauza; *(in speech)* odmlčení, odmlka, pomlka v řeči; **without a p.** nepřetržitě, bez přerušení; **give sb p.** přimět koho k zamyšlení **2** Mus koruna, fermata ● vi zastavit, udělat přestávku; *(in speech)* odmlčet se; *(rest)* odpočinout si; **he ~ed for breath** odmlčel se, aby se nadechl

pave [peiv] vt **1** *(with tiles, bricks* etc*)* (vy)dláždit (**with sth** čím) **2** fig **p. the way for sb/ sth** připravit komu/ pro co půdu

pavement ['peivmənt] n **1** Br *(footway)* chodník **2** *(paved surface)* dlažba **3** Amer vozovka, jízdní dráha

pavilion [pə'viliən] n **1** *(building; stand at an exhibition)* pavilon; *(tent)* velký stan **2** Br Sport klubovní dům

paving ['peiviŋ] n dlažba; Amer koberec vozovky; *(material)* dlažební materiál ■ **p. stone** dlaždice, dlažební kámen or kostka

pavlova [pæv'ləuvə] n also **p. cake** pěnový dort zpravidla se šlehačkou a ovocem

paw [po:] n **1** Zool zvířecí noha, pracka; *(tiger's, lion's)* tlapa, *(cat's)* tlapka **2** inf joc or pej *(hand)* pracka, *(child's)* packa; **keep your ~s off me!** dej ty pracky pryč! ♦ **cat's paw** fig nastrčená figura ● vt(i) **1** **p. (at) sth** dotýkat se čeho tlap(k)ou or prackou, *(dog, cat* also*)* škrábat na co; **p. the ground** *(horse)* hrabat kopyty **2** vt *(touch improperly: girl, woman* etc*)* osahávat

pawl [po:l] n záchytka ozubeného kola

pawn1 [po:n] n Chess pěšec, pěšák; **a passed p.** volný pěšec; **queen a p.** proměnit pěšce ♦ **be a mere p. in sb's hands** být pouhou loutkou v čích rukou

pawn2 [po:n] vt zastavit, dát do zástavy ● n zástava; **in p.** v zástavě; **put sth in p.** zastavit co, dát co do zástavy or do zastavárny

pawnbroker ['po:nbrəukə(r)] n zastavárník; **at the p.'s** v zastavárně

pawnshop ['po:nšop] n zastavárna

pay [pei] n *(wages)* mzda; *(salary)* plat; Mil služné, sl žold; **overtime p.** odměna za přesčasy; **his first month's p.** jeho první výplata; **the p. is good** plat je dobrý, plat mám dobrý, platí dobře; **be in sb's p.** pej být v čích službách, být v čím žoldu; **strike for higher p.** stávkovat za vyšší mzdy ■ **p. bed** *(in hospital)* soukromé nemocniční lůžko, placené lůžko; **p. envelope** Amer výplatní sáček; **p. freeze** zmrazení mezd; **p. increase** zvýšení mzdy; **p. negotiations**, **p. talks** vyjednávání o mzdách; **p. packet** Br výplatní sáček; **p. phone**, Amer **p. station** telefonní automat, telefonní budka; **p. rise** zvýšení mezd; **p. slip** výplatní páska ● v (pt & pp **paid**) **I** vt **1** *(duty, tax, bill, a sum of money)* (za)platit, *(person)* (za)platit komu, vyplatit koho, *(bill* also*)* vyrovnat, Comm proplatit; *(wages, sb's share, dividends)* vyplatit; *(prize in lottery* etc*)* proplatit, vyplatit; *(outstanding sum)* doplatit, *(extra sum)* připlatit, *(debt)* splatit; **p. sb £20** zaplatit někomu 20 liber; **get paid** dostat mzdu/ plat, dostat výplatu; **when will I get paid for the translation?** kdy dostanu za ten překlad zaplaceno? ♦ **p. sb tit for tat** oplatit komu stejnou mincí **2** fig *(be profitable)* vyplatit se komu; **it ~s me to live abroad** vyplatí se mi žít v zahraničí; **it'll p. you to start immediately** inf nejlépe uděláte, když začnete hned **3 p. sb a visit** vykonat u koho návštěvu, navštívit koho; **p. sb a compliment** polichotit komu, pochválit koho; **p. attention to sth** dávat na co pozor; **p. homage to sb** vzdát komu hold; **p. the price for sth** nést následky čeho, platit za co **II** vi **1** platit; **p. well** platit dobře; **p. by cheque/ (by) cash** platit šekem/ hotově; **p. for sth** (za)platit za co; **p. on the way out** *(for parking)* platit při výjezdu; **p. through the nose** inf platit jak mourovatý; **p. on the nail** vyplatit peníze na dřevo **2** *(be profitable)* inf vyplácet se, vynášet, rentovat se; **farming doesn't p.** zemědělství se nevyplácí; **the firm doesn't p.** ten podnik nic nevynáší; **crime doesn't p.** zločin se nevyplácí; **it ~s to be honest** s poctivostí nejdál dojdeš **3** fig **you'll p. for this** toto ti nedaruji, za to budeš pykat, na to doplatíš **III** phr vs ■ **pay back** vt **1** *(loan)* splatit, vrátit **2** *(compliment, visit)* oplatit; **p. sb back in kind** oplatit komu stejným; **I'll p. you back for that!** to ti nedaruji; **I'll p. you back with interest** vrátím ti to i s úroky or s nádavkem ■ **pay in** vt *(money)* uložit, vložit, deponovat; *(cheque)* deponovat ■ **pay off** *I* vt **1** *(debt)* splatit, *(in instalments* also*)* uplatit **2** *(dismiss)* vyplatit a propustit, dát komu výpověď **3** *(bribe)* podplatit *II* vi vyplatit se ■ **pay out** vt **1** *(money)* vydat, utratit **2** *(rope)* popustit, nechat odvinout ■ **pay up** *I* vt *(debt)* splatit, vyplatit, vyrovnat *II* vi platit; **p. up or else!** vaše peníze, nebo bude zle!

payable ['peiəbl] adj splatný, čerpatelný; **p. beforehand/ on delivery/ at sight** splatno předem/ při doručení/ při předložení; **p. in cash** splatno v hotovosti; **make a check p. to sb** vystavit šek na koho

pay-as-you-earn [peiəzju:'ə:n] n *(tax system)* systém placení daní strháváním ze mzdy

paycheck ['peiček] n Amer **1** výplata šekem **2** fig mzda, plat

payday ['peidei] n výplatní den, inf joc den brannosti

PAYE [pi:eiwai'i:] abbr of **pay-as-you--earn** see above

payee [pei'i:] n příjemce platby, remitent, adresát poštovní poukázky

payer ['peiə(r)] n plátič, plátce/ plátkyně; **a bad/ slow p.** špatný/ pomalý platič

paying ['peiiŋ] adj **1** *(profitable)* rentabilní, výnosný; **be a p. concern** vyplatit se **2 p. guest** host v penzionu, platící host; **p. patient** soukromý pacient

paying-in-slip [peiiŋ'inslip] n doklad o vkladu

payload ['peiləud] n užitečné zatížení letadla, rakety

paymaster ['peima:stə(r)] n pokladník, intendant; **be sb's p.** pej platit si koho, financovat koho např. teroristy

payment ['peimənt] n **1** see **pay** vt (**1**) *(paying)* placení, zaplacení, proplacení, platba, *(of wages)* výplata, *(of debt* also*)* vyrovnání; **demand for p.** urgence platby; **p. in cash** placení v hotovosti; **p. by bill** platba směnkou; **on p. of £10** po zaplacení 10 liber; **do sth without p.** udělat něco gratis ■ **p. bill** platební směnka **2** *(amount paid)* poplatek, platba; *(reward)* odměna, *(fee)* honorář

payoff ['peiof] n **1** *(of debt)* splacení, vyplacení **2** inf *(bribe)* úplatek, podmazání **3** *(profit)* výnos, výtěžek **4** *(climax, final outcome)* inf rozuzlení

payola [pei'əulə] n esp Amer sl *(bribe)* úplatek; *(bribery)* korupce, úplatkářství

payroll ['peirəul] n výplatní listina; **have 50 people on one's p.** zaměstnávat or mít ve stavu 50 lidí

PC [pi:'si:] abbr of **1 personal computer** osobní počítač **2** Br **police constable** (pl **PCs**) konstábl, policista, policejní strážník **3** Br **Privy Councillor** or **Privy Counsellor** člen státní rady **4 political correctness** politická správnost, politicky správný projev

pc written abbr of **1 postcard** pohlednice,

pohled **2** (Amer **pct**) **per cent** %, procent(a); **30 pc** 30 %

pd written abbr of **paid** zaplacený

PE [piː'iː] abbr of **physical education** tělocvik

pea [piː] n **1** *(plant)* hrách; *(one seed)* hrách, hrášek ♦ **they are (as) alike as two ~s in a pod** jsou si podobni jako vejce vejci ■ **p. green** hrášková zeleň **2** Cook **~s** hrách (collect); **green ~s** zelený hrášek ■ **p. soup** hrachová polévka

peace [piːs] n **1** *(freedom from war* or *conflict)* mír; *(p. treaty* also*)* mírová smlouva; *(period of p.)* období míru; **a separate p.** separátní mír; **domestic p.** mír v domácnosti; **the P. of Versailles** versailleský mír; **the country is at p. now** nyní vládne v zemi mír; **make (one's) p. with sb** usmířit se s kým ■ **p. talks** mírové rozhovory; **p. rally** mírová demonstrace, mírové shromáždění; **p. offering** dárek na usmířenou **2** *(state of calm)* klid, pokoj; **p. and quiet** klid a mír, svatý klid; **p. of mind** duševní pohoda; **a haven of p.** oáza klidu a míru; **leave me in p.!** nech mě na pokoji!, inf neotravuj mě!; **sleep in p.** odpočívej v pokoji **3 the p.** *(law and order)* veřejný klid (a pořádek); **keep the p.** dodržovat veřejný pořádek; **disturb the p.** rušit klid

peaceable ['piːsəbl] adj **1** *(peace-loving: nation, person)* mírumilovný **2** *(demonstration)* pokojný, nenásilný

peaceful ['piːsful] adj **1** *(quiet, calm)* klidný, poklidný; *(sleep, work, development* also*)* pokojný; *(place)* útulný **2** *(peaceable: nation)* mírumilovný; *(coexistence, use of atomic energy)* mírový ■ **~ly** adv mírumilovně; pokojně, klidně; **sleep ~ly** spát klidně

peacekeeping ['piːskiːpiŋ] n dodržování míru vojsky OSN ■ **p. force** mírová jednotka (OSN)

peace-loving ['piːslaviŋ] adj mírumilovný

peacemaker ['piːsmeikə(r)] n mírotvorce, usmiřovatel, pacifikátor

peach [piːč] n **1** *(fruit)* broskev, **p. (tree)** broskev, broskvoň ■ **p. Melba** pohár Melba s vanilkovou zmrzlinou a malinovou šťávou **2** *(colour)* broskvová barva **3** inf **she's a real p.** je to děvče jako lusk, je to holka k nakousnutí or k pomilování; **it's a p.** to je prima, to je bezva; **have a ~es and cream complexion** mít tváře jako broskvičky

peacock ['piːkok] n páv ♦ **proud as a p.** pyšný jako páv ■ **p. butterfly** babočka paví oko

peahen ['piːhen] n pávice

peak [piːk] n **1** *(of cap)* štítek, inf kšilt **2** *(of mountain)* vrchol, vrcholek, temeno, *(mountain)* (horský) štít **3** fig *(of career, fame, power)* vrchol; **reach a p., reach its p.** *(traffic* etc*)* vrcholit, kulminovat; **reach the p. of one's career** dosáhnout vrcholu své kariéry ● adj *(traffic, load)* špičkový; *(production, output, demand)* rekordní; *(value, load)* maximální; **at p. hours** v době špičky; **the p. season** hlavní sezona, vrchol sezony ● vi *(production, demand, sales)* dosáhnout maxima or vrcholu; **he ~ed too soon** *(athlete)* dostal se příliš brzy do vrcholné formy

peaked [piːkt] adj *(roof)* špičatý; *(cap)* se štítkem

peaky ['piːki], also **peaked** [piːkt] adj (**-ier, -iest**) Br inf *(pale)* pobledlý; *(face)* ztrápený; *(child, look)* neduživý; **he feels a bit p. today** dnes se necítí or není ve své kůži

peal [piːl] n **1** *(of bells)* hlahol, zvonění; **a p. of thunder** zahřmění, zadunění hromu; **~s of laughter** salva smíchu **2** *(set of bells)* zvonkohra ● **I** vt zvonit or vyzvánět na zvon **II** vi *(bells)* zvonit, vyzvánět; *(thunder)* dunět **III** phr v ■ **peal out** vi *(bells)* hlaholit, vyzvánět

peanut ['piːnat] n **1** arašíd, burský oříšek, burák ■ **p. butter** arašídové máslo; **p. oil** podzemnicový olej **2** inf fig **~s** *(small sum)* mizerný groš, mizerných pár korun

pear ['peə(r)] n **1** *(fruit)* hruška **2** *(tree)* also **p. tree** hrušeň, hruška; *(wood)* hrušeň

pearl [pəːl] n **1** *(gem)* perla, *(of sweat)* perlička, krůpěj; **real ~s** pravé perly ♦ **cast ~s before swine** házet perly sviním; **have teeth like ~s** mít zuby jako perličky ■ **p. fisher, p. diver** lovec perel; **p. necklace** perlový náhrdelník; **p. oyster** perlorodka; **p. barley** perlové krupky, perličky **2** *(mother-of-p.)* perleť ■ **p. button** perleťový knoflík **3** fig *(of wisdom, of architecture* etc*)* perla

pearly ['pəːli] adj (**-ier, -iest**) **1** *(colour)* perleťový, běloskvoucí; **the P. Gates** joc nebeská brána **2 p. king/ queen** „král/ královna" pouličních prodavačů mající právo nosit oděv ozdobený perleťovými knoflíky

pear-shaped ['peəršeipt] adj hruškovitý

peasant ['peznt] n **1** venkovan/ -ka, rolník/ -ice, sedlák/ selka; **the ~s** rolnictvo **2** pej křupan, venkovský or vesnický balík, neotesanec

peasantry ['pezntri] n rolníci, venkované, *(social group)* rolnictvo

pease pudding [piːz'pudiŋ] n hrachová kaše

peasouper [piː'suːpə(r)] n Br dated mlha hustá jako mléko

peat [piːt] n rašelina ■ **p. bog** rašeliniště

peaty ['piːti] adj (**-ier, -iest**) *(soil)* rašelinatý, rašelinitý, rašeliništní

pebble ['pebl] n **1** *(stone)* křemen, oblázek ♦ **you are not the only p. on the beach** nejsi jediný na světě **2** *(rock crystal)* křišťál, ryzí křemen; *(polished)* křišťálové sklo

pebble-dash ['pebldæš] n hrubá omítka s oblázky

pebbly ['pebli] adj (**-ier**, **-iest**) *(soil)* kamenitý; *(beach)* oblázkový

pecan [pi'kæn] n *(tree)* (ořechovec) pekan; *(nut)* pekanový ořech, ořech puma

peccadillo [pekə'diləu] n (pl **~s** or **-es**) poklesek, prohřešek, hříšek

peccary ['pekəri] n Zool pekari, pekar

peck [pek] n *(of bird)* klovnutí, klofanec, zobnutí; inf *(kiss)* pusa, hubička ● **I** vt **1** *(bird: pick up)* zobat, klovat; *(strike with beak)* klovat or klofat/ klovnout or klofnout koho/ do čeho; **p. (at) sb's finger** klofnout koho do prstu **2** inf *(kiss)* letmo políbit, inf líbnout **II** vi **p. at sth** cf vt (**1**) klovat do čeho; **p. at one's food** rýpat se v jídle; **p. at a typewriter** psát jako datel **III** phr v ■ **peck out** vt vyklovat

pecker ['pekə(r)] n **1** Amer vulg *(penis)* pták, ocas **2** Br inf **keep your p. up!** hlavu vzhůru!, drž se!

pecking order ['pekiŋo:də(r)] n fig inf hierarchie

peckish ['pekiš] adj Br inf *(hungry)* **I feel p.** něco bych si zakousl; **it made me feel a bit p.** trochu mi z toho vyhládlo

pectic ['pektik] adj Chem pektinový

pectin ['pektin] n Chem pektin

pectoral ['pektərəl] adj Anat hrudní, prsní, pektorální; Relig *(cross)* pektorální

peculiar [pi'kju:liə(r)] adj **1** *(strange)* zvláštní, divný, podivný, bizarní; **I feel a bit p.** není mi nějak dobře, je mi nějak divně **2** *(special)* osobitý, svérázný; **p. to sb/ sth** charakteristický or typický pro koho/ co; **a style p. to the 1950s** styl charakteristický pro padesátá léta ■ **~ly** adv **1** *(strangely)* podivně **2** *(especially)* (ob)zvlášť

peculiarity [pi,kju:li'ærəti] n **1** *(oddity)* zvláštnost, podivnost, *(of behaviour)* výstřednost **2** *(specificity: of dress* etc*)* osobitost, svéráznost, svébytnost **3** *(characteristic)* charakteristický rys, typická vlastnost

pecuniary [pi'kju:niəri] adj fml *(affairs)* peněžní; *(penalties)* peněžitý; *(gain, aid)* materiální, finanční

pedagogic(al) [pedə'godžik(l)] adj pedagogický

pedagogue ['pedəgog] n **1** arch or fml pedagog, učitel **2** *(pedant)* mentor, pedant, puntičkář

pedagogy ['pedəgodži] n pedagogika

pedal ['pedl] n **1** Techn pedál, nožní páka; *(on sewing machine, bike)* šlapadlo; **clutch/ brake p.** pedál spojky/ brzdy ■ **p. car** šlapací auto; **p. boat** šlapadlo; **p. brake** nožní brzda **2** Mus pedál; **soft/ loud p.** levý/ pravý pedál; **p. point** prodleva ● v (pp & pt **-ll-**, Amer also **-l-**) **I** vt pohánět šlapáním do pedálů **II** vi šlapat (na kole), jet na kole; **p. uphill** jet or šlapat na kole do kopce

pedant ['pedənt] n pedant, puntičkář

pedantic [pi'dæntik] adj pedantický, puntičkářský ■ **~ally** adv pedanticky, puntičkářsky

pedantry ['pedəntri] n pedanterie, puntičkářství, hnidopišství

peddle ['pedl] **I** vt **1** *(from house to house)* prodávat po domech, podomně obchodovat s čím **2** *(drugs)* pokoutně obchodovat s čím; **drug peddling** pokoutní obchod s drogami **3** fig *(disseminate: news, gossip)* rozšiřovat; *(theory, ideas)* propagovat **II** vi provozovat podomní obchod

peddler ['pedlə(r)] n **1** Amer = **pedlar** **2** *(drug pusher)* (pokoutní) obchodník s drogami

pederast ['pedəræst] n pederast

pederasty, also **paederasty** ['pedəræsti] n pederastie

pedestal ['pedistl] n **1** *(base: of column)* pata, postament; *(of statue)* podstavec, sokl, fml postament, piedestal ■ **p. lamp** stojací lampa; **p. table** stůl s jednou nohou **2** fig piedestal; **place sb on a p.** postavit někoho na piedestal, udělat si z někoho modlu

pedestrian [pə'destriən] n chodec, pěší; **~s only** pouze pro pěší ● adj **1** pro chodce, pro pěší, pěší; **p. crossing** přechod pro chodce; **p. precinct** pěší zóna **2** fig *(dull, prosaic)* přízemní, šedivý, prozaický, suchopárný

pediatric [pi:di'ætrik], **pediatrician** [pi:diə'trišn], **pediatrics** [pi:di'ætriks] see **paediatric, paediatrician, paediatrics**

pedicure ['pedikjuə(r)] n pedikúra, pedikýra

pedigree ['pedigri:] n **1** *(ancestry: of people, animals; genealogical table)* rodokmen **2** *(background: of people)* původ ● adj *(animal)* čistokrevný, čisté rasy, s rodokmenem; **a p. dog** čistokrevný pes, pes čisté rasy

pedlar ['pedlə(r)] n podomní obchodník

pee [pi:] n inf **have** or **take a pee** vyčurat se; **I need a pee** chce se mi čurat ● vi čurat

peek [pi:k] n kouknutí, *(furtive)* kradmý pohled; **have** or **take a p. at sth** kouknout se na co ● vi **p. at sth** kouknout or mrknout se na co, *(furtively)* pokradmu se na co mrknout

peekaboo [pi:kə'bu:] interj **p.!** kuk!

peel [pi:l] n *(of orange, lemon)* kůra, *(of apple, potato)* slupka ● **I** vt *(fruit, potatoes)* oloupat, *(vegetables also)* (o)čistit, *(potatoes also)* (o)škrábat ♦ **keep one's eyes ~ed** mít oči na stopkách **II** vi **1** *(skin)* loupat se; *(wallpaper)* odlepit se; *(paint)* odprýsk(áv)at se, oddrolovat se/ oddrolit se, udrolit se, opad(áv)at **2** Amer inf *(undress, esp strippers)* svlékat se **III** phr vs ■ **peel away** *I* vi *(bark)* loupat se/ odloupnout se; cf also **peel** vi *II* vt *(wallpaper)* stáhnout, strhnout; *(bark)* (o)loupat, uloupnout ■ **peel back** vt *(cover)* stáhnout; *(label)* odlepit ■ **peel off** *I* vt **1** *(wallpaper, glove)* stáhnout, *(paint)* odstranit; *(bark)* (o)loupat **2** *(item of clothing)* stáhnout (ze sebe), svléci; **p. off one's clothes** svléci se *II* vi **1** = **peel** vi **2** Aviat *(turn away: from a formation)* oddělit se, vyčlenit se

peeler ['pi:lə(r)] n **1** *(potato p.)* škrabka **2** Amer sl *(stripper)* striptérka **3** Br dated sl policajt, polda

peelings ['pi:liŋz] n pl oloupané slupky, oškrabky

peep$_1$ [pi:p] n **1** *(of bird)* pípnutí, zapípání **2** fig muk, hlesnutí, ceknutí; **one more p. out of you and ...** inf ještě jednou cekni, a ...; *(Have you heard from him?)* – **Not a p.!** inf Ani ň! ● vi *(bird)* pípnout, pípat; *(horn)* (za)troubit, (za)houkat

peep$_2$ [pi:p] n kouknutí, *(furtive)* kradmý pohled; **have** or **take a p. at sth** kouknout se na co, mrknout se na co ● **I** vi **p. at sth** kouknout se na co; **p. through the keyhole** dívat se klíčovou dírkou; **p. in** nakouknout dovnitř; **p. into the room** nahlédnout do pokoje; **no ~ing!** nekoukej se! **II** phr v ■ **peep out** vi vykouknout; **the sun ~ed out** vysvitlo slunce, objevilo se slunce

peepers ['pi:pəz] n inf *(eyes)* kukadla, oči

peephole ['pi:phəul] n špehýrka, kukátko ve dveřích

Peeping Tom [pi:piŋ'tom] n voyeur, čumil

peepshow ['pi:pšəu] n **1** *(stereoscopic pictures)* panoráma **2** *(erotic live show)* peep show [pi:pšou]

peer$_1$ [piə(r)] n **1** *(noble: in Britain)* peer [pi:r]; *(outside Britain)* aristokrat, šlechtic, pair [pér] **2** *(equal: in age/ status etc)* jedinec stejné věkové skupiny/ stejného postavení etc; **he is well-liked by his ~s** mezi sobě rovnými je oblíben

peer$_2$ ['piə(r)] vi upřeně hledět, zírat

peerage ['piəridž] n **1** *(peers)* šlechta, aristokracie, *(in Britain)* peerové **2** *(rank)* šlechtická hodnost, šlechtický titul

peeress [piər'es] n *(female peer)* peerka, pairka; *(wife/ widow of a peer)* žena peera/ vdova po peerovi

peerless ['piələs] adj nemající sobě rovna, jedinečný

peeved [pi:vd] adj inf rozmrzelý, naštvaný, otrávený; **be p. about sth** být kvůli něčemu rozmrzelý

peevish ['pi:viš] adj *(querulous)* nevrlý, podrážděný, mrzutý ■ **~ly** adv podrážděně, nevrle

peewit ['pi:wit] n Zool čejka

peg [peg] n **1** *(stake)* kolík; *(for hat etc)* věšák, skoba; **(tent) p.** (stanový) kolík; **(clothes) p.** kolíček (na prádlo); **(tuning) p.** *(for musical instrument)* (ladicí) kolíček; **off the p.** *(clothes)* konfekční, hotový **2** *(in barrel)* čep, dřevěná zátka **3** *(in mountaineering)* (horolezecká) skoba **4** Techn *(dowel)* kolík, kolíček, (dřevěný) hřeb, čep; *(for soling shoes)* kolíček, flok **5** fig **a p. to hang sth on** *(argument, attack etc)* záminka pro co; **to take sb down a p. or two** srazit komu hřebínek, spražit koho ● vt (pt & pp **-gg-**) **I** vt **1** *(fasten)* připevnit kolíkem or kolíčkem/ kolíky or kolíčky; *(fasten together: with dowel(s))* spojit kolíkem or kolíčkem/ kolíky or kolíčky; *(washing)* přikolíčkovat, pověsit, *(tent)* přikolíkovat **2** *(mark out: area)* vykolíkovat **3** fig *(price)* stabilizovat **II** phr vs ■ **peg away at sth** inf dělat na čem jako šroub; *(study)* biflovat or dřít něco ■ **peg down** vt připevnit kolíkem; *(tent)* přikolíkovat ■ **peg out** *I* vt **1** *(washing)* pověsit, přikolíčkovat **2** *(area)* vyznačit kolíky, vykolíkovat *II* vi sl *(die)* zaklepat bačkorama, natáhnout brka

pegboard ['pegbo:d] n dírkovaná deska např. pro hry

pegging ['pegiŋ] n **be level p.** Sport mít stejný počet bodů, mít stejné umístění

peg leg ['pegleg] n dřevěná noha, protéza; fig inf *(person)* člověk s dřevěnou nohou

pejorative [pi'džorətiv] adj pejorativní, hanlivý ■ **~ly** adv pejorativně, hanlivě

Pekin(g)ese [pi:ki'ni:z] adj pekingský ● n **1** *(person)* obyvatel/ -ka Pekingu **2** *(language)* pekinština **3** *(dog)* **p.** pekingský palácový psík, pekinéz

pelican ['pelikən] n Zool pelikán ■ **p. crossing** přechod pro chodce s ručně ovládanými světly

pellet ['pelit] n **1** *(of paper, bread, wax etc)* kulička **2** *(for airgun)* brok **3** *(small pill)* pilulka, tabletka

pell-mell [pel'mel] adv **1** *(untidily: pile, scatter)* páté přes deváté, bez ladu a skladu **2** *(run, rush etc: in a disorderly manner)* jeden přes druhého, *(headlong)* horempádem

pellucid [pi'lu:cid] adj **1** Biol *(membrane, zone)* průsvitný **2** *(water)* čirý, průzračný **3** fig *(style, idea)* jasný, průzračný

pelmet ['pelmit] n garnýž, kryt závěsu záclon

pelt₁ [pelt] n *(skin)* kůže zvl. se srstí; *(fur)* kožešina

pelt₂ [pelt] **I** vt **p. sb with snowballs, p. snowballs at sb** házet po kom sněhovými koulemi, bombardovat koho sněhovými koulemi; **he was ~ed with eggs/ stones** házeli po něm vejci/ kameny **II** vi **1** *(of rain)* **it was ~ing (down) with rain, the rain was ~ing down** lilo jako z konve; **p. against the window** *(of rain)* bičovat or šlehat do oken **2** *(run)* uhánět, upalovat, hnát se (o překot); **he was ~ing down the stairs** řítil se dolů po schodech ● n Br **at full p.** úprkem, tryskem

pelvic ['pelvik] adj pánevní

pelvis ['pelvis] n pánev

pen₁ [pen] n *(for writing)* pero; **fountain p.** plnicí pero; **ballpoint** or **ball p.** kuličkové pero, propisovací tužka, inf propiska; **felt-tip** or **fibre p.** fix, inf fixka ♦ **at the stroke of the p.** jedním škrtem pera; **put p. to paper** inf pustit se do psaní, chopit se pera; **a slip of the p.** přepsání; **a novel from the p. of XY** román z pera XY; **the p. is mightier than the sword** pero je mocnější než meč ■ **p. friend** or **pal** přítel, s kterým si dopisujeme; **p. name** pseudonym; **p. pusher** fig inf pej kancelářská krysa or myš, škrabálek ● vt **(-nn-)** *(write: letter* etc*)* napsat

pen₂ [pen] n *(for animals)* ohrada, *(for sheep* dial also*)* košár; *(for submarines)* neprůstřelný kryt; *(for children)* (dětská) ohrádka ● vt **(-nn-) p. in/ up** *(animals)* zavřít do ohrady; *(person)* uvěznit, zavřít

pen₃ [pen] n Amer inf *(penitentiary)* basa, lapák

pen₄ [pen] n *(female swan)* labuť; cf **cob**

Pen abbr of **Peninsula** poloostrov

penal ['pi:nl] adj **1** *(law, code)* trestní; *(colony, settlement)* trestanecký; **p. servitude** nucené práce **2** *(taxation)* tíživý

penalize ['pi:nəlaiz] vt **1** *(punish)* potrestat **2** *(put at a disadvantage)* poškodit/ poškozovat, znevýhodnit **3** *(make punishable)* učinit trestným

penalty ['penəlti] n (pl **-ties**) **1** Jur trest, *(fine)* pokuta; **the death p.** trest smrti; **on** or **under p. of £50** pod pokutou 50 liber; **under p. of death** pod trestem smrti **2** *(for breach of contract)* penále ■ **p. clause** sankční doložka **3** fig *(adverse consequence)* cena, daň; **the p. for being famous** cena za slávu; **pay the p. for sth** pykat za co, splácet daň za co **4** Sport *(ball games)* **p. (kick)** trestný kop, pokutový kop, Ftb also penalta ■ **p. area** Ftb pokutové území, velké vápno; **p. point** trestný bod; **p. shot** *(in ice hockey)* trestné střílení

penance ['penəns] n Relig pokání; **do p. for sth** činit pokání za co; **as a p.** Relig jako pokání, za pokání, fig za trest, joc also jako pokání

pen-and-ink [penənd'iŋk] adj **pen-an-ink drawing** perokresba, kresba perem

pence ['pens] n pl of **penny**

penchant ['pã:ŋšã:ŋ] n sklon, náklonnost, záliba, slabost; **have a p. for sth** mít slabost pro co, mít zálibu v čem

pencil ['pensl] n **1** tužka; **propelling p.** krejón; **coloured p.** pastelka; **write sth in p.** napsat něco tužkou ■ **p. case** penál; **a p. drawing** kresba tužkou; **p. sharpener** ořezávátko **2 eyebrow p.** tužka na obočí ■ **p. batteries** tužkové baterie ● **I** vt *(outline)* načrtnout tužkou **II** phr v ■ **pencil in** vt *(note provisionally: date of meeting* etc*)* provizorně stanovit, provizorně si zapsat

pendant ['pendənt] n *(ornament)* přívěsek na řetízku

pendent ['pendənt] adj fml **1** *(hanging)* visící **2** *(overhanging: cliff, rock* etc*)* převislý

pending ['pendiŋ] adj **1** *(undecided: lawsuit)* nerozhodnutý, dosud projednávaný; *(negotiations)* neskončený ■ **the p. tray** košík s nevyřízenou poštou **2** *(imminent)* blížící se, (eg *war)* hrozící ● prep až do; **p. his arrival** až do jeho příjezdu

pendulous ['pendjuləs] adj *(sagging: breasts)* visící

pendulum ['pendjuləm] n kyvadlo ■ **p. clock** kyvadlové hodiny, pendlovky

penetrate ['penətreit] **I** vt **1** *(go through)* proniknout co/ čím; *(go into)* vniknout do čeho, *(bullet)* zavrtat se do čeho, Mil *(enemy defences)* prolomit, prorazit **2** *(infiltrate)* infiltrovat; *(permeate: smell)* prolínat, pronikat, prostoupit/ prostupovat **3** fig *(intentions, disguise)* prohlédnout; *(mystery)* pochopit; *(sb's thoughts)* uhodnout **II** vi **1 p. into sth** *(enemy territory)* proniknout kam/ do čeho **2** *(sink in, be understood)* dojít komu; *(I tried to explain it to him but)* **it didn't p.** ale nedošlo mu to

penetrating ['penətreitiŋ] adj *(sound, look, thought, mind)* pronikavý; **have a p. mind** mít pronikavý postřeh

penetration [penə'treišn] n cf **penetrate** **1** proniknutí, vniknutí do čeho; prolomení **2** infiltrace; prolínání, prostoupení **3** prohlédnutí, pochopení čeho

penguin ['peŋgwin] n tučňák

penholder ['penhəuldə(r)] n násadka na pero

penicillin [penə'silin] n Med penicilin

peninsula [pə'ninsjulə] n poloostrov

peninsular [pə'ninsjulə(r)] adj poloostrovní

penis ['pi:nis] n Anat penis, pyj ■ **p. envy** Psych závist penisu

penitence ['penitəns] n pokání, kajícnost

penitent ['penitənt] adj *(sinner)* kající, kajícný; **a p. sinner** kajícný hříšník ● n kajícník/ kajícnice

penitentiary [peni'tenšəri] n (pl **-ries**) Amer federální or státní věznice, káznice

penknife ['pennaif] n (pl **-knives** [-naivz]) kapesní nůž

pennant ['penənt] n praporek, vlaječka

penniless ['peniləs] adj bez groše, s prázdnou kapsou, chudý (jako kostelní myš), inf s holým zadkem, švorcový; **be p.** nemít ani groš, inf být švorc

Pennines ['penainz] n pl **the P.** *(mountain range)* Penniny

penny ['peni] n (pl **pence** [pens] or individual coins **pennies** ['peniz]) **1** *(unit of currency, coin)* pence, penny (indecl) **2** Amer inf cent **3** fig groš, krejcar, korunka; **be without a p.** být bez haléře; **watch** or **count every p.** obracet každou korunu, střádat korunku ke korunce; **spend a p.** inf odskočit si (na záchod); **a p. for your thoughts** na co myslíš?; **it cost him a pretty p.** stálo ho to pěkný peníz or hezkých pár korun; **in for a p., in for a pound** když už, tak už; **he hasn't got a p. to his name, he hasn't got two pennies to rub together** nemá ani krejcar or vindru, smrdí grošem; **suddenly the p. dropped** náhle se mu rozbřesklo, náhle mu svitlo, náhle mu to došlo ■ **p. dreadfuls** braková or šestáková literatura, červená knihovna

penny-pincher ['penipinčə(r)] n skrblík, lakomec

penny-pinching ['penipinčiŋ] adj skrblický

pension ['penšn] n důchod, penze; **old age p.** starobní důchod; **disability p.** invalidní důchod; **draw one's p.** pobírat důchod ■ **p. fund** penzijní fond; **p. scheme** důchodové pojištění ● phr v ■ **pension off** vt **p. sb off** penzionovat koho, poslat koho do důchodu

pensioner ['penšənə(r)] n **(old age) p.** důchodce, penzista

pensive ['pensiv] adj zamyšlený, zahloubaný, zadumaný, zasněný ■ **~ly** adv zamyšleně, zadumaně

pentagon ['pentəgən] n Geom pětiúhelník; Amer Pol **the P.** Pentagon sídlo ministerstva obrany USA

pentagonal [pen'tægənl] adj pětiúhlý

pentathlon [pen'tæθlən] n Sport pětiboj, Hist pentatlon; **modern p.** moderní pětiboj

Pentecost ['pentikost] n letnice, Svatodušní svátky; Amer Svatodušní neděle

penthouse ['penthaus] n (pl **-houses** [-hauziz]) **1** *(apartment)* luxusní střešní byt, ateliérový byt, mansarda **2** *(roof)* přístřešek

pent-up [pent'ap] adj *(emotions)* potlačovaný, potlačený

penultimate [pə'naltimət] adj předposlední ● n Ling předposlední slabika

penury ['penjəri] n **1** *(poverty)* nouze, bída; **utter p.** holá bída; **live in p.** třít bídu s nouzí **2** *(scarcity)* nedostatek čeho, nouze o co

peony ['pi:əni] n Bot pivoňka

people ['pi:pl] n pl **1** gen lidé; **a crowd of p.** dav lidí; **many p.** mnoho lidí; **p. like you and me** lidé jako já a ty **2** n sg (pl **~s**) *(nation)* národ; **the ~s of Europe** evropské národy **3** Pol **the p.** lid; **the will of the p.** vůle lidu; **a man of the p.** muž z lidu; **the voice of the p.** hlas lidu; **go to the p.** vypsat volby **4** *(as a head of nominal phrases)* **the Czech/ English/ Russian p.** Češi/ Rusové/ Angličané; **young p.** mladí (lidé), mládež; **young p. of today** dnešní mládež; **white/ black p.** běloši/ černoši; **blind p.** slepci; **village p.** vesničané, obyvatelé vesnic; **working p.** pracující (lidé), dělníci; **theatre p.** divadelníci, lidé od divadla; **silly p.** hloupí lidé, hlupáci; **the p. of Prague** Pražané, obyvatelé Prahy; **p. in high places** vysoké kruhy, lidé ve vysokých funkcích **5** *(in impersonal uses)* **p. say that ...** říká or povídá se, že ...; **that's the way p. lived then** tak se tehdy žilo; **I don't want p. to talk about it** nechci, aby se o tom mluvilo; **what would p. say?** co by tomu řekli lidé **6** inf *(parents/ family)* rodiče/ rodina; **what would your p. say?** co by tomu řekli vaši? ● vt osídlit, zalidnit

pep [pep] n inf elán, verva, energie; **be full of p.** překypovat energií ■ **p. pill** pilulka pro povzbuzení; **p. talk** povzbuzení; **give sb a p. talk** promluvit komu do duše, dodat komu kuráž ● phr v ■ **pep up** vt (**-pp-**) *(person)* vzpružit, dodat komu kuráž; *(conversation, party)* oživit, vnést do něčeho život; *(business)* vnést kam nového ducha

pepper ['pepə(r)] n **1** *(powder)* pepř; **black/ white p.** černý/ bílý pepř; **season with p.** (o)pepřit ■ **p. mill** mlýnek na pepř; **p. pot** pepřenka **2** *(vegetable)* paprika, paprikový lusk; **sweet/ hot p.** sladká/ pálivá paprika; **three ~s** tři papriky, tři paprikové lusky ● vt Cook (o)pepřit, okořenit pepřem; **p. sth with quotations/ jokes** etc *(speech* etc*)* okořenit co citáty/ vtipy

pepper-and-salt [pepərən'so:lt] adj *(textiles)* pepř a sůl; *(hair, beard)* prošedivělý, prokvetlý

peppercorn ['pepəko:n] n zrnko pepře ■ **p. rent** Br symbolické or nominální nájemné

peppermint ['pepəmint] n **1** Bot máta peprná **2** *(sweet)* větrový or mátový bonbon, mentolka ■ **p. tea** odvar máty peprné

peppery ['pepəri] adj **1** Cook peprný, *(hot)* ostrý, pikantní **2** *(person: hot-headed)* vznětlivý, prchlivý, popudlivý **3** *(biting)* ostrý, kousavý, štiplavý, sžíravý

peppy ['pepi] adj (**-ier**, **-iest**) inf *(person)* energický, živý, plný elánu

pepsin ['pepsin] n pepsin

peptic ['peptik] adj Med peptický; **p. ulcer** peptický vřed

per [pə:(r)] prep *(for each of time, price* etc*)* na, za, podle; **p. person** na osobu; **p. head** or **capita** na hlavu; **twice p. day/ week/ month/ year** dvakrát za den/ za týden/ za měsíc/ za rok, dvakrát denně/ týdně/ měsíčně/ ročně; **p. annum** ročně; **p. second** za sekundu; **miles p. hour** kilometrů za hodinu; **revolutions p. minute** obrátek za minutu; **how much is it p. day?** kolik je to na den?; **as p. order** podle objednávky; **p. se** *(as such)* jako takový, sám o sobě; **100 p. cent** (na) 100 procent

perceive [pə'si:v] vt **1** gen vnímat; *(distinguish)* rozeznat **2** *(notice)* povšimnout si čeho **3** *(understand)* **p. sth as sth** chápat or interpretovat co jako co; **I ~d his words as a threat** jeho slova jsem bral jako výhrůžku

percentage [pə'sentidž] n **1** *(proportion)* procento, část; **a small p. of the population** malá část obyvatelstva **2** *(share of profits)* procento, podíl v procentech, procentuální podíl **3** Br inf *(advantage)* **there is no p. in complaining** stěžovat si nemá cenu or smysl, stížnosti k ničemu nevedou

perceptible [pə'septəbl] adj vnímatelný, pozorovatelný; *(visible)* viditelný, *(audible)* slyšitelný; *(noticeable: improvement, change, deterioration)* citelný, patrný, značný, podstatný ■ **perceptibly** adv viditelně; *(noticeably)* citelně, podstatně, patrně

perception [pə'sepšn] n **1** Psych *(faculty)* vnímání; **sensory p.** smyslové vnímání **2** *(conception, notion)* chápání, názor na co; **his p. of the situation** jeho chápání situace **3** *(perceptiveness)* prozíravost, *(perceptive remark)* postřeh

perceptive [pə'septiv] adj **1** *(sensory)* smyslový **2** *(observant: person)* vnímavý, bystrý, prozíravý; *(analysis)* pronikavý

perch₁ [pə:č] n *(fish)* okoun

perch₂ [pə:č] n *(hen-roost)* hřad, *(in tree)* větev; *(for birds in cage)* bidýlko; fig *(pedestal)* piedestal ● vi sedět na hřadě, hřadovat; *(person)* trůnit, sedět na vyvýšeném místě

perch₃ [pə:č] n *(old measure)* 5 1/2 yardu ≅ 5 metrů

percolate ['pə:kəleit] vt filtrovat

percolator ['pə:kəleitə(r)] n kávovar

percuss [pə'kas] vt Med proklepávat/ proklepat, vyšetřit poklepem

percussion [pə'kašn] n **1** Mus **the p.** bicí (nástroje), skupina bicích nástrojů, perkuse ■ **p. instrument** bicí nástroj; **p. section** bicí (nástroje), perkuse **2** Med poklep, vyšetřování poklepem, perkuse **3** Mil perkuse; **p. cap** roznětka, kapsle

percussionist [pə'kašənist] n hráč na bicí nástroj(e), perkusionista, bubeník

perdition [pə'dišn] n Relig (věčné) zatracení

peregrination [perəgri'neišn] n usu pl; joc or lit **~s** cestování, putování, bloudění

peregrine falcon [perəgrin'fo:lkən] n Orn sokol stěhovavý

peremptory [pə'remptəri] adj pej *(person, manner, tone of voice)* pánovitý; *(command)* kategorický, strohý ■ **peremptorily** adv pánovitě; kategoricky, stroze

perennial [pə'reniəl] adj *(plant)* stále zelený, víceletý; *(youth)* věčný; *(constant)* stálý, *(recurring)* stále se vracející, stále se opakující ■ **~ly** adv *(constantly)* stále, věčně ● n *(plant)* trvalka, perena

perestroika [perə'stroikə] n perestrojka, přestavba

perfect ['pə:fikt] adj **1** *(flawless: performance, knowledge of English, pronunciation)* dokonalý, bezvadný, perfektní; *(exemplary: wife, host, order)* vzorný, *(conduct, work)* ukázkový; *(fitting: gift)* výborně se hodící, vhodný; *(not damaged)* v bezvadném stavu, bezvadný; **be a p. fit** *(clothes)* padnout jako ulitý; **nobody is p.** nikdo není bez chyby; **she speaks p. English** mluví perfektně or dokonale anglicky ♦ **practice makes p.** cvičení dělá mistra **2** *(absolute: idiot)* naprostý, totální, absolutní; *(right)* svatý, plný; **he is a p. ass** je to vyložený osel; **it was a p. disaster** byla to hotová katastrofa **3** Gram *(form)* perfektní; **p. tense** perfektum **4** Mus *(interval, fourth, octave* etc*)* čistý; *(pitch)* absolutní ■ adv see **~ly** ● n Gram perfektum; **the present/ past p.** přítomné/ minulé perfektum; **in the p.** v perfektu ●

[pəˈfekt] vt *(technology, method)* zdokonalit; *(knowledge)* doplnit si

perfectibility [pəˌfektəˈbiləti] n schopnost se zdokonalit

perfectible [pəˈfektəbl] adj zdokonalitelný, schopný zdokonalení

perfection [pəˈfekšn] n dokonalost; **it fits you to p.** dokonale ti to padne; **do sth to p.** být na něco mistr, umět něco vzít do ruky, dokonale něco zvládnout

perfectionist [pəˈfekšənist] n perfekcionista, puntičkář

perfective [pəˈfektiv] adj Gram *(aspect, verb)* dokonavý, perfektivní

perfectly [ˈpə:fiktli] adv cf **perfect 1** *(faultlessly)* dokonale, vzorně, bezvadně, ukázkově **2** *(absolutely)* absolutně, naprosto, totálně; **it's p. obvious** je to naprosto zřejmé, je to nabíledni; **he was p. right to do it** udělal to plným právem; **you are p. free to go** můžeš klidně or beze všeho (ode)jít

perfidious [pəˈfidiəs] adj perfidní, proradný, věrolomný, zrádný

perfidiousness [pəˈfidiəsnəs], **perfidy** [ˈpə:fidi] n perfidnost, proradnost, věrolomnost, zrádnost

perforate [ˈpə:fəreit] vt *(pierce: several times)* perforovat, dírkovat, proděravit, *(once)* prorazit, udělat otvor v čem/ do čeho; *(stamps)* zoubkovat

perforation [pə:fəˈreišn] n perforování, perforace, děrování; *(on stamps)* zoubkování

perform [pəˈfo:m] **I** vt **1** *(work, duty)* vykonat; *(duty, function, task)* splnit; *(operation, calculation, manoeuvre)* provést; *(miracles)* dělat, konat; **p. an operation on sb** operovat koho **2** *(stage: play)* dávat, hrát; *(role)* hrát, představovat; *(concerto: of conductor)* provést; *(concerto, song: of performer)* přednést, *(song, opera role* also*)* (za)zpívat; *(ceremony)* vykonat; *(mass)* celebrovat; **p. magic** kouzlit, předvádět kouzla; *(conjuring tricks)* provozovat magii **II** vi **1** *(actor, musician)* hrát; *(dancer)* tančit; *(singer)* zpívat **2** *(function)* **a)** *(vehicle, machine)* fungovat, běžet, *(machine* also*)* pracovat; **p. well/ excellently/ badly** fungovat dobře/ výborně/ špatně, *(firm)* mít dobré/ výborné/ špatné výsledky **b)** *(footballer* etc*)* **p. well** podat dobrý výkon, dobře hrát, *(examination candidate)* dobře dopadnout **c)** euph *(accomplish sexual intercourse)* zmoci se na něco; **he couldn't p.** na nic se nezmohl

performance [pəˈfo:məns] n **1** Theat etc **a)** *(production: of play)* produkce, uvedení, inscenace, provedení; Mus provedení **b)** *(manner of performing)* Theat hra, (herecké) podání, interpretace; Mus přednes, interpretace; **give a flawless p.** podat vynikající výkon, inf hrát jak pánbůh **c)** *(show: theatre, cinema)* představení, repríza; **a gala p.** gala představení; **a morning p.** matiné; **is there an afternoon p.?** hrají odpoledne? **2** *(showing: of sportsman, student, artist)* výkon; *(of machine, vehicle* also*)* výkonnost; *(of stock market)* chování; **brilliant p.** bravurní výkon; **poor p.** špatný výkon **3** see **perform** vt (**1**) *(carrying out)* provedení, vykonání, splnění **4** inf **a)** *(disgraceful behaviour)* fig divadlo, divadýlko*, cirkus **b)** *(rigmarole, fuss)* ceremonie, okolky, cavyky

performer [pəˈfo:mə(r)] n *(in front of audience)* (výkonný) umělec, interpret, učinkující; **circus p.** artista, inf cirkusák; Theat *(of a role)* představitel

performing [pəˈfo:miŋ] adj **1** *(dog, bear* etc*)* cvičený; *(artist)* výkonný **2** *(rights)* provozovací **3 p. arts** múzická umění

perfume [ˈpəfju:m] n **1** *(pleasant smell)* vůně **2** *(bottled)* parfém, voňavka; **wear p.** používat parfém, parfémovat se; **put on p.** navonět se ● [pəˈfju:m] vt navonět, (na)parfémovat, postříkat or napouštět voňavkou

perfumery [pəˈfju:məri] n **1** *(shop)* parfumerie **2** *(perfumes)* voňavky, voňavkářské zboží

perfunctory [pəˈfaŋktəri] adj *(action: superficial)* povrchní, ledabylý; *(done as a duty)* letmý, zběžný, formální ■ **perfunctorily** adv zběžně, ledabyle, povrchně, formálně

perhaps [pəˈhæps, inf præps] adv možná, snad, třeba; *(if necessary, as the case may be)* eventuálně; **p. so** možná, že ano; **p. you would be kind enough to ...** *(polite request)* kdybyste byl or buďte tak laskav a ...

peril [ˈperil] n nebezpečí; *(risk)* riziko; **be in p. of one's life** být ve smrtelném nebezpečí; **do sth at one's p.** (u) dělat něco na vlastní nebezpečí

perilous [ˈperələs] adj nebezpečný; *(risky)* riskantní ■ **~ly** adv nebezpečně; **we came ~ly close to bankruptcy/ defeat** byli jsme na pokraji bankrotu/ porážky

perimeter [pəˈrimitə(r)] n Geom obvod; *(of area)* hranice

period [ˈpiəriəd] n **1** *(length of time)* období, doba, údobí; *(of notice, deadline)* lhůta; **a p. of time** časové období; **p. of validity** doba platnosti; **probationary p.** zkušební období; **for a p. of two years** na dobu dvou let **2** Hist *(epoch)* epocha, éra, věk, údobí; **the Romantic p.** romantismus; **the postwar p.** poválečné období ■ **p. furniture** stylový or dobový nábytek; **p. costume** dobový or historický kroj; **p. piece i)** *(old-fashioned person or object)* starožitnost **ii)**

(music, play, painting from a certain p.) dobový dokument **3** Geol perioda, doba; **the glacial p.** doba ledová; **the Jurassic p.** jura, jurský útvar **4** *(in sb's life)* údobí, etapa, fáze **5** Sch vyučovací hodina; **a double p.** dvouhodina; **a free p.** volná hodina, okénko; **during our English p.** v hodině angličtiny **6** *(in ice hockey)* třetina **7** Chem perioda, Math also občíslí; Phys doba kmitu; Astron perioda, doba oběhu planety **8** Gram perioda, souvětí; esp Amer *(full stop)* tečka; **I will not pay, p.!** já to nezaplatím, a tím to končí! **9** Mus perioda **10** *(menstruation)* menstruace, perioda, měsíčky; **have one's p.** mít měsíčky, menstruovat ▪ **p. pains** menstruační bolesti

periodic [piəri'odik] adj **1** gen periodický, pravidelný, pravidelně se opakující **2** Chem **p. table** periodická tabulka

periodical [piəri'odikl] n časopis, periodikum ● adj see **periodic** ▪ **~ly** adv periodicky, pravidelně

peripatetic [peripə'tetik] adj **1** Philos peripatetický **2** *(life style)* potulný **3** Br Sch **p. teacher** učitel s úvazkem na několika školách

peripheral [pə'rifərl] adj *(issue)* periferní, okrajový; *(nerves)* periferní ● n Comput periferní zařízení

periphery [pə'rifəri] n **1** periferie, okraj; **the p. of a town** okrajová část města **2** Comput *(peripheral device)* periferní zařízení

periphrasis [pə'rifrəsis] n (pl **-ses** [-si:z]) parafráze; Ling perifráze, opisné vyjádření

periphrastic [pəri'fræstik] adj opisný, perifrastický

periscope ['periskəup] n periskop

perish ['periš] **I** vi **1** *(die: people)* umřít, zahynout; *(nation)* zahynout; *(culture, nation)* zaniknout; *(animal)* uhynout; **I'm ~ing** inf jsem napůl zmrzlý **2** *(rubber, leather)* opotřebit se, odřít se, ztratit pevnost; *(food)* zkazit se **II** vt **1** *(rubber, leather)* zničit, poškodit **2** lit ♦ **p. the thought** chraň bůh, nedej pánbůh, nedej bože

perishable ['perišəbl] adj *(products)* (snadno) podléhající zkáze ● **perishables** n pl druhy zboží podléhající rychlé zkáze

perishing ['perišiŋ] adj **1** inf *(cold)* vražedný, strašný **2** inf *(damned)* zatracený, zpropadený ▪ **~ly**, also **perishing** adv; **it's ~ly cold there** je tam zima jako v psírně or morně

peritonitis [peritəu'naitis] n Med peritonitida, zánět pobřišnice

periwig ['periwig] n Hist paruka

periwinkle ['periwiŋkl] n **1** Bot brčál, barvínek **2** Zool dated mořský hlemýžď

perjure ['pə:džə(r)] vt **p. oneself** křivě přísahat

perjurer ['pə:džərə(r)] n křivopřísežník

perjury ['pə:džəri] n křivá přísaha; *(in a court)* křivé svědectví; **commit p.** křivě přísahat

perk$_1$ [pə:k] n inf = **perquisite** *(benefit from job: eg company car etc)* výhoda, požitek

perk$_2$ [pə:k] phr v ▪ **perk up** *I* vt **1 he/ the dog ~ed up his/ its ears** (on)/ pes našpicoval uši **2 p. sb up** *(cheer up: eg good news, visit, letter, glass of wine etc)* vzpružit, dodat komu nových sil, dát komu chuť do života *II* vi *(cheer up)* dostat lepší náladu; *(after illness)* postavit se na nohy; *(liven up)* oživnout, *(party)* rozproudit se; *(become interested)* fig našpicovat uši, zavětřit

perm$_1$ [pə:m] n Br inf trvalá ondulace, inf trvalá ● vt **p. sb's hair** udělat komu trvalou; **have one's hair ~ed** dát si (udělat) trvalou; **her hair is ~ed** má trvalou

perm$_2$ [pə:m] n inf abbr of **permutation (2)** *(in football pools)* triz, rozpis

permafrost ['pə:məfrost] n permafrost, trvale zamrzlá půda

permanence ['pə:mənəns], **permanency** ['pə:mənənsi] n stálost, trvalost

permanent ['pə:mənənt] adj *(job, income, worker, member)* stálý; *(residence, disability, peace, neutrality)* trvalý; *(dye)* stálý, trvanlivý; *(revolution)* Pol permanentní, trvalý; *(position)* stabilní; *(solution)* definitivní; *(cold in the nose)* trvalý, zastydlý; *(complaints)* neustálý, ustavičný; **p. capital** Fin fixní kapitál; Comput **p. memory** permanentní paměť; **p. staff** kmenoví pracovníci; **p. wave** see **perm**$_1$ ▪ **~ly** adv **1** *(constantly)* trvale, stále, neustále, permanentně; **be ~ly on the go** být stále v permanenci **2** *(definitely)* nastálo, natrvalo, nadobro; **live somewhere ~ly** mít kde trvalý pobyt

permanganate [pə:'mæŋgəneit] n *(potassium p.)* hypermangan

permeability [pə:miə'biləti] n propustnost, permeabilita

permeable ['pə:miəbl] n propustný, prostupný, permeabilní

permeate ['pə:mieit] **I** vt *(smell)* rozšířit se kde; *(liquid)* prosáknout čím; fig **a mood of defeat ~d the army** v armádě se rozšířila poraženecká nálada **II** vi **p. through sth** proniknout čím; *(smell)* rozšířit se kde

permissible [pə'misəbl] adj přípustný; **maximum p. load** maximální dovolené zatížení; **it is not p.** to nepřichází v úvahu

permission [pə'mišn] n povolení, dovolení, svolení, souhlas; **planning p.** stavební povolení; **give sb p. to do sth** udělit komu souhlas k čemu; **ask for sb's p. to do sth** požádat koho o povolení k čemu; **you have my p. to leave** můžete odejít; **with your (kind) p.** s vaším (laskavým) svolením

permissive [pə'misiv] adj *(upbringing)* liberální, tolerantní; *(behaviour)* volný; **p. society** permisivní společnost

permit ['pə:mit] n povolení; *(pass)* propustka, Comm povolení, licence; **import/ export p.** dovozní/ vývozní povolení; **fishing p.** rybářský lístek; **residence p.** povolení k pobytu; **work p.** pracovní povolení ● [pə'mit] v (**-tt-**) **I** vt **1** *(allow)* dovolit, povolit; *(authorize)* autorizovat, dát k čemu souhlas; *(tolerate)* tolerovat, připouštět/ připustit; **p. sb to do sth** dovolit komu co **2** *(make possible)* umožnit; **the new window ~s better air circulation** nové okno umožňuje lepší proudění vzduchu **II** vi **weather ~ting** za příznivého počasí; **time ~ting** pokud to časově vyjde

permutation [pə:mju'teišn] n **1** Math permutace **2** also inf **perm** *(in football pools)* triz, rozpis

permute [pə'mju:t] vt permutovat

pernicious [pə'nišəs] adj *(influence)* zhoubný, škodlivý; *(gossip)* zlomyslný; **be p. to health** být zdraví škodlivý; Med **p. anaemia** zhoubná or perniciózní anemie

pernickety [pə'nikəti] adj **1** inf *(fussy)* pedantický, puntičkářský, hnidopišský **2** *(job)* precizní, *(fiddly)* nimravý

peroxide [pə'roksaid] n peroxid ■ **a p. blonde** pej odbarvená blondýna

perpendicular [pə:pən'dikjulə(r)] adj kolmý (**to sth** k čemu); *(cliff)* strmý; Archit *(style)* perpendikulární sloh ■ **~ly** adv kolmo ● n kolmice, svislice; **drop a p.** spustit kolmici (**to sth** nač); **be out of the p.** nebýt kolmý

perpetrate ['pə:pətreit] vt **1** *(crime)* spáchat, dopustit se čeho **2** joc *(be guilty of: blunder, second-rate film* etc*)* mít na svědomí

perpetrator ['pə:pətreitə(r)] n *(of crime)* pachatel

perpetual [pə'pečuəl, pə'petjuəl] adj stálý, trvalý, věčný; *(complaints, quarrels)* ustavičný; **the p. snow** věčný sníh; **p. motion (machine)** perpetuum mobile; **a p. student** věčný student; **p. calendar** věčný kalendář; **p. check** Chess věčný šach ■ **~ly** adv věčně, trvale, neustále, ustavičně ● n Hort trvalka, perena

perpetuate [pə'pečueit, pə'petjueit] vt *(tradition)* udržovat, zachovávat; *(memory)* uchovat v živé paměti; *(power)* udržet

perpetuity [pə:pə'tju:əti] n **in p.** natrvalo, nastálo, navždy; Jur na doživotí

perplex [pə'pleks] vt zmást, uvést do rozpaků, inf poplést

perplexed [pə'plekst] adj zmatený, bezradný; **be p. about sth** nevědět si s čím rady ■ **~ly** adv *(look, ask)* zmateně, udiveně, bezradně

perplexing [pə'pleksiŋ] adj podivný, nepochopitelný, zarážející; **I find her silence rather p.** nedovedu si vysvětlit její mlčení

perplexity [pə'pleksəti] n zmatenost, rozpačitost; *(of problem)* komplikovanost, složitost

perquisite ['pə:kwizit] n fml see **perk**$_1$

perry ['peri] n (pl **-ries**) hruškový mošt

pers written abbr of **1 person** osoba **2 personal** osobní

persecute ['pə:sikju:t] vt **1** *(oppress)* pronásledovat, perzekvovat, šikanovat; **he was ~d for his convictions** byl pronásledován pro své přesvědčení **2** *(harass: with questions)* obtěžovat, dorážet na koho, dotírat na koho

persecution [pə:si'kju:šn] n perzekuce, pronásledování ■ **p. mania** Psych paranoa, stihomam

persecutor ['pə:sikju:tə(r)] n pronásledovatel/ -ka

perseverance [pə:si'viərəns] n vytrvalost, úpornost

persevere [pə:si'viə] vi vytrvat; **p. with** or **at** or **in sth** vytrvat v čem; **p. in one's efforts to do sth** úporně pokračovat ve svém úsilí něco udělat; **she ~d with Czech** pokračovala ve studiu češtiny

persevering [pə:si'viəriŋ] adj vytrvalý, houževnatý, úporný ■ **~ly** adv vytrvale, houževnatě, úporně

Persia ['pə:šə] n Hist Persie

Persian ['pə:šən] n Hist **1** Peršan/ -ka **2** Ling perština ● adj perský; **P. blinds** žaluzie; **P. carpet** perský koberec, peršan; **P. (cat)** perská kočka; **the P. Gulf** Perský záliv; **P. lamb i)** Zool karakulská ovce **ii)** *(fur)* perzián

persist [pə'sist] vi **1** *(persevere)* vytrvat, pokračovat (**in** or **with sth** v čem or s čím); *(in one's faith)* setrvat v čem **2** *(continue to exist: fever, rain, pain)* nepolevovat, nepřestávat, trvat

persistence [pə'sistəns], **persistency** [pə'sistənsi] n vytrvalost, úpornost; *(of rain* etc*)* trvání, neústupnost; *(of cough, illness, high temperature)* úpornost

persistent [pə'sistənt] adj **1** *(person: tenacious)* houževnatý, vytrvalý, *(liar)* zarytý, tvrdošíjný, *(suitor, journalist)* neodbytný; **p. offender** recidivista **2** *(cough, illness)* úporný, nepolevující; *(fever)* nepolevující; *(fog)* neústupný; *(rain)* neustálý, vytrvalý;

(nagging, complaints) ustavičný **3** Bot *(leaves)* neopadavý, neopadávající ■ **~ly** adv cf also adj *(tenaciously)* houževnatě, vytrvale, úporně, tvrdošíjně; *(continuously)* (neu)stále, ustavičně

person ['pə:sn] n **1** (pl **people**) *(human being, individual)* člověk, pl lidé; **a young p.** mladý člověk, *(woman)* mladá žena, *(man)* mladý muž, mladík; **an educated p.** vzdělaný člověk, inteligent; **an ordinary sort of p.** prostý člověk; **he's not that sort of p.** on není takový; **he was the only p. present** byl tam sám, byl jediný přítomný **2** (pl **~s**) *(in official use* or pej*)* osoba; **an unauthorized/ unknown p.** nepovolaná/ neznámá osoba; **a missing p.** pohřešovaná osoba; **a strange p.** pej podivná existence; **a table for six ~s** stůl pro šest osob; **a certain p.** někdo; **another p.** někdo jiný; **this applies to all ~s who ...** toto se týká všech osob, které ... **3** Jur osoba; **artificial** or **legal p.** právnická osoba; **natural p.** fyzická osoba **4** (pl **~s**) Gram osoba; **third p. singular/ plural** třetí osoba singuláru/ plurálu **5** (pl **~s**) Relig **God in three ~s** Bůh ve třech osobách **6** *(body)* **have sth on** or **about one's p.** fml mít něco u sebe **7 he came in p.** přišel osobně

persona [pə:'səunə] n (pl **-nae** [-ni:]) **1** Psych osobnost **2** Jur **p. grata/ non grata** persona grata/ non grata; fig **p. non grata** nevítaný člověk

personable ['pə:sənəbl] adj příjemného zevnějšku, pohledný; *(pleasant)* příjemný, milý

personae [pə:'səuni:] n pl of **persona**

personage ['pə:sənidž] n (důležitá) osobnost; **political ~s** politické osobnosti

personal ['pə:sənl] adj **1** *(private)* **a)** *(correspondence, affair,* etc*)* soukromý, osobní; **a p. telephone call** hovor na výzvu; **p. data** personálie **b)** *(for one's own use: property)* osobní, soukromý, vlastní; **p. secretary** osobní sekretář or tajemník; **p. property insurance** pojištění domácnosti; **p. accident insurance** individuální úrazové pojištění **c)** *(feelings)* osobní, nejvnitřnější; *(friend)* důvěrný, blízký; *(life)* soukromý, intimní **d)** *(hygiene)* osobní **e) p. computer** osobní počítač **2** *(individual)* osobní, individuální; *(interests* also*)* partikulární; **p. freedom** osobní or individuální svoboda; **it's his p. view** to je jeho osobní or soukromý názor; **my p. opinion is that ...** já si osobně myslím, že ... **3** *(in person)* osobní; *(signature)* vlastnoruční; **he made a p. appearance at the meeting** dostavil se na schůzi osobně; **p. stereo** walkman [volkmen] **4** *(discourteous: remarks)* urážlivý, osobní; **nothing p.!** neberte to osobně, nevztahujte to na sebe **5** Gram *(pronoun)* osobní ■ adv see **personally**

personality [pə:sə'næləti] n **1** Psych *(character)* osobnost; **he has got a lot of p.** má vyhraněnou osobnost; **split p.** schizofrenie ■ **p. type** typ osobnosti **2** *(famous person)* osobnost, inf formát; TV, Film, Sport hvězda; **a leading scientific p.** přední vědecká osobnost ■ **p. cult** kult osobnosti

personalize ['pə:sənəlaiz] vt **1** *(make personal)* individualizovat **2** *(personify)* zosobňovat

personalized ['pə:sənəlaizd] adj *(stationery)* individualizovaný; *(handkerchiefs* etc*)* s monogramem

personally ['pə:snəli] adv; cf also **personal** **1** *(in person)* osobně; *(deliver a letter)* osobně, vlastnoručně **2** *(speaking for myself, as far as I am concerned)* **P., I disagree** pokud jde o mě or co se mě týče, já nesouhlasím **3 take sth p.** brát něco osobně, vztahovat něco na sebe

personification [pə:ˌsonifi'keišn] n zosobnění, ztělesnění; **be the p. of elegance/ kindness** etc být zosobněná elegance/ laskavost

personify [pə:'sonifai] vt (pt & pp **-fied**) ztělesnit, zosobnit; **goodness personified** zosobněná dobrota

personnel [pə:sə'nel] n **1** *(staff)* personál, zaměstnanci, osazenstvo ■ **p. manager** vedoucí osobního oddělení **2** *(p. department)* osobní or personální oddělení **3** Mil vojsko, mužstvo ■ **p. carrier** (vojenský) transportér

perspective [pə'spektiv] n perspektiva; fig *(viewpoint)* hledisko, stanovisko, zorný úhel; **in a longer-term p.** v dlouhodobější perspektivě; **to keep things in p.** udržet si smysl pro správnou míru; **get things out of p.** ztratit smysl pro míru

Perspex TM ['pə:speks] n plexisklo

perspicacious [pə:spi'keišəs] adj fml *(person)* bystrý, prozíravý, důvtipný; *(judgment)* pronikavý

perspicacity [pə:spi'kesəti] n fml prozíravost, důvtipnost; *(of judgment)* pronikavost

perspicuous [pə'spikjuəs] adj *(clear)* jasný, průzračný, srozumitelný

perspiration [pə:spə'reišn] n pocení; **beads of p.** kapky potu

perspire [pə'spaiə(r)] vi potit se; **my hands are perspiring** potí se mi ruce

persuade [pə'sweid] vt přesvědčit, přemluvit; **p. sb into doing sth** or **to do sth** přesvědčit or přemluvit or přimět koho, aby něco udělal; **be easily ~d** dát se snadno přesvědčit; **p. sb out of sth** vymluvit někomu něco

persuasion [pə'sweižn] n 1 *(persuading)* přesvědčování; **after a lot of p.** po dlouhém přesvědčování; **be amenable to p.** nechat se přesvědčit, být přístupný přesvědčování 2 fml *(conviction)* **it is my p. that ...** jsem přesvědčen, že ... 3 Relig *(denomination, sect)* vyznání, náboženství; Pol smýšlení, přesvědčení; **people of various ~s** lidé různých vyznání; Pol lidé různého smýšlení

persuasive [pə'sweisiv] adj *(arguments)* přesvědčivý; *(salesman)* výřečný, vemlouvavý; *(voice, tone)* vemlouvavý, přemlouvavý, sugestivní ■ **~ly** adv přesvědčivě; vemlouvavě, přemlouvavě

pert [pə:t] adj 1 *(girl)* hubatý, *(reply)* drzý, troufalý; *(hat)* koketní; *(nose)* šibalský; *(bottom)* svůdný 2 Amer *(lively)* čilý, živý

pertain [pə'tein] vi fml **p. to sth** 1 *(be relevant to sth)* fml týkat se čeho, vztahovat se na co, být relevantní pro co 2 *(be appropriate)* být vhodný pro co

pertinence ['pə:tinəns] n relevantnost, vhodnost, náležitost; *(of remark)* případnost

pertinent ['pə:tinənt] adj *(relevant)* relevantní (**to sth** pro co); *(comment)* věcný, případný ■ **~ly** adv *(relevantly)* patřičně, správně, oprávněně; *(to the point)* případně, věcně

perturb [pə'tə:b] vt *(worry)* zneklidňovat, znepokojovat, způsobovat komu starosti

perturbed [pə'tə:bd] adj *(worried)* zneklidněný, znepokojený; **I was p. to hear that ...** znepokojila mě zpráva, že ...

perturbing [pə'tə:biŋ] adj *(worrying)* zneklidňující, znepokojující, vzbuzující obavy

Peru [pə'ru:] n Peru

perusal [pə'ru:zl] n *(thorough reading)* důkladné přečtení, pročtení; *(of documents)* prozkoumání, prostudování

peruse [pə'ru:z] vt 1 *(read thoroughly)* důkladně přečíst, *(document)* prostudovat, vzít si pod lupu 2 joc *(read quickly)* přeletět něco očima

Peruvian [pə'ru:viən] adj peruánský ● n *(person)* Peruánec/ Peruánka

pervade [pə'veid] vt *(spread throughout: smell)* prostoupit, naplnit, rozšířit se kde; *(light)* zalít; *(ideas)* rozšířit se kde, proniknout kam

pervasive [pə'veisiv] adj *(perfume)* pronikavý; *(influence)* dalekosáhlý, všudypřítomný

perverse [pə'və:s] adj 1 *(stubborn)* umíněný, zatvrzelý 2 *(unreasonable)* zvrácený, nepřirozený ■ **~ly** adv 1 umíněně, zatvrzele 2 zvráceně, nepřirozeně

perversion [pə'və:šn] n 1 *(of evidence, truth)* překroucení, překrucování 2 *(sexual)* úchylnost, zvrhlost, zvrácenost

perversity [pə'və:səti] n 1 *(stubbornness)* zatvrzelost, umíněnost; *(unreasonable behaviour)* zvrácenost 2 *(sexual abnormality)* zvrhlost, úchylnost, perverze

pervert ['pə:və:t] n zvrhlík, sexuálně úchylný člověk ● [pə'və:t] vt 1 *(corrupt morally)* (z)kazit, korumpovat 2 *(truth)* překroutit

pesky ['peski] adj (**-ier**, **-iest**) esp Amer inf *(flies, problem)* otravný

pessary ['pesəri] n (pl **-ies**) Med pesar

pessimism ['pesəmizəm] n pesimismus, škarohlídství

pessimist ['pesəmist] n pesimista, škarohlíd

pessimistic [pesə'mistik] adj pesimistický, škarohlídský; **be p. about one's future** nevidět svou budoucnost růžově, neslibovat si moc od své budoucnosti ■ **~ally** adv pesimisticky

pest [pest] n 1 Zool škůdce; **~s** škůdci, *(insects)* škodlivý hmyz; **p. control** boj proti škůdcům 2 *(annoying person, animal, activity)* otrava, *(person* also*)* protiva; **the little p.** *(child)* mrška or potvůrka malá! 3 arch *(pestilence)* mor zvl. dýmějový

pester ['pestə(r)] vt obtěžovat, dotírat na koho; **p. sb with questions** mořit or trýznit koho otázkami; **p. sb to do sth** dotírat na koho, aby něco udělal

pesticide ['pestisaid] n pesticid

pestilence ['pestiləns] n dated mor zvl. dýmějový

pestilent ['pestilənt], **pestilential** [pesti'lenšl] adj fig inf *(irritating: flies, noise* etc*)* protivný, otravný, odporný

pestle ['pesl] n palička (do hmoždíře)

pet$_1$ [pet] n 1 **p. (animal)** domácí zvířátko, pokojové zvířátko, mazlíček, zvířátko chované v bytě pro potěšení; **keep a dog as a p.** mít psa pro potěšení ■ **a p. mouse** ochočená myš(ka); **p. food** krmivo pro domácí zvířátka 2 *(favourite)* often pej miláček; **teacher's p.** oblíbenec or miláček učitele, šplhoun; **mummy's p.** maminčin mazánek or mazlíček ■ **a p. student** oblíbený student; **(sb's) p. theory** (něčí) zamilovaná teorie; **(sb's) p. subject** (něčí) oblíbené téma rozhovoru; **it is my p. hate** k tomu mám (nepřekonatelnou) averzi 3 inf **a)** *(lovable person)* **she is a perfect p.** je moc milá; **be a p. and ...** buď tak hodný a ... **b)** *(term of endearment: for child, young woman)* miláček; **yes, (my) p.** ano, miláčku ■ **p. name** přezdívka, přízvisko, mazlivé jméno ● v (**-tt-**) **I** vt 1 *(pamper: child)* hýčkat, rozmazlovat 2 *(an-*

imal) hladit; *(child)* mazlit se s kým, laskat **II** vi *(lovers)* muckat se, miliskovat se, mazlit se spolu

pet$_2$ [pet] n dated **be in a p.** mít vztek, mít dopal

petal [petl] n Bot okvětní lístek, korunní plátek květu

petard [pe'ta:d] n petarda ♦ **be hoist with one's own p.** chytit se do vlastní pasti; kdo jinému jámu kopá, sám do ní padá

peter ['pi:tə(r)] phr v ■ **peter out** vi **1** *(money, supplies)* docházet; *(path)* ztratit se, mizet; *(river)* vyschnout; *(conversation)* váznout; *(excitement, interest)* opadat/ opadnout **2** *(song, noise, voice)* dozní(va)t; *(fire)* dohasínat, skomírat **3** *(plan)* padnout ● n Amer sl *(penis)* frantík

petite [pə'ti:t] adj *(woman, girl)* drobný, útlý; půvabný

petition [pə'tišn] n **1** *(with signatures)* petice; **sign a p.** podepsat petici **2** Jur žádost, podání; **p. for divorce** žádost o rozvod; **p. in bankruptcy** vyhlášení úpadku ● **I** vt **p. sb/ sth** (eg *authorities)* požádat koho/ co (**for sth** oč), obrátit se na koho/ co s žádostí **II** vi **1 p. for sth** zorganizovat petiční akci zač **2** Jur **p. for divorce** podat si žádost o rozvod, zažádat o rozvod

petitioner [pə'tišənə(r)] n gen žadatel/ -ka; Jur žalobce; *(in divorce)* navrhovatel

petrel ['petrəl] n Orn buřňák

petrify ['petrifai] vt (pt & pp **-fied**) **1** lit zkamenit, proměnit v kámen, petrifikovat, Geol fosilizovat **2** fig *(frighten)* nahánět komu strach; **he was petrified** zůstal jako zkamenělý, krve by se v něm nedořezal; **he was petrified with fear** ztuhl hrůzou

petrochemical [petrəu'kemikl] adj petrochemický ● n petrochemický výrobek

petrochemistry [petrəu'kemistri] n petrochemie

petrodollar ['petrəudolə(r)] n petrodolar

petrol ['petrəl] n esp Br benzin; **unleaded p.** bezolovnatý benzin; **run on p.** jezdit na benzin; **we ran out of p.** došel nám benzin ■ **p. bomb** Molotovovův koktajl; **p. pump** benzinové čerpadlo; **p. station** benzinová pumpa or stanice

petroleum [pə'trəuliəm] n nafta, ropa ■ **p. industry** naftový průmysl; **p. jelly** vazelína

petticoat ['petikəut] n dated spodnička; *(full-length slip)* kombiné

pettifogging ['petifogiŋ] adj malicherný; *(person)* pedantický, puntičkářský

pettiness ['petinəs] n cf also **petty 1** triviálnost, banálnost **2** *(small-mindedness)* malichernost, malost

petting ['petiŋ] n *(sexual)* petting [petynk]

pettish ['petiš] adj nevrlý, nasupený, mrzoutský ■ **~ly** adv nevrle, rozmrzele

petty ['peti] adj (**-ier**, **-iest**) **1** *(trivial: details, regulations* etc*)* triviální, banální, nedůležitý **2** *(minor)* drobný; **p. cash** peníze na drobné výdaje; **p. official** malý úředník, úředníček, pej kancelářská myš; **p. theft** drobná krádež **3** *(small-minded)* malicherný; *(remark)* jízlivý; **p. bourgeois** maloměšťák/ maloměšťačka; **p. bourgeoisie** maloměšťáci, maloměšťanstvo

petulance ['petjuləns] n podrážděnost, nevrlost

petulant ['petjulənt] adj podrážděný, mrzutý, nevrlý

petunia [pə'tju:niə] n Bot petúnie

pew [pju:] n **1** (kostelní) lavice **2** inf joc **take a pew!** posaďte se!, sedněte si!, joc vezměte místo!

pewit ['pi:wit] = **peewit**

pewter ['pju:tə(r)] n cín, *(ware)* cínové nádobí

Pfc, PFC abbr of **private first class** Amer svobodník

PG abbr of **1 parental guidance** *(of film)* mládeži přístupno na doporučení rodičů **2 paying guest** platící host v penzionu

p & h abbr of **postage and handling** poštovné a balné

phallic ['fælik] adj *(symbol)* falický

phallus ['fæləs] n (pl **-li** [-lai] or **~es**) *(as a symbol)* falos, falus

phantom ['fæntəm] n *(ghost)* fantom; *(illusion)* vidina, přízrak, přelud ■ **p. limb pain** fantomová bolest pocit bolesti v amputovaném údu; **p. pregnancy** hysterické těhotenství

Pharaoh ['feərəu] n farao(n)

pharmaceutical [fa:mə'su:tikl] adj farmaceutický

pharmacist ['fa:məsist] n lékárník/ lékárnice, magistr/ magistra

pharmacological [fa:məkə'lodžikl] adj farmakologický

pharmacologist [fa:mə'kolədžist] n farmakolog

pharmacology [fa:mə'kolədži] n farmakologie

pharmacy ['fa:məsi] n **1** *(discipline)* farmacie **2** *(shop)* lékárna

pharyngitis [færən'džaitis] n Med zánět hltanu, faryngitida, faryngitis

pharynx ['færiŋks] n hltan, farynx

phase [feiz] n **1** gen fáze, *(period* also*)* období, údobí, *(stage* also*)* stadium, etapa, úsek, *(of development)* stupeň; inf **it's just a p. he's going through** to ho časem přejde, s tím se časem vypořádá **2** Astron *(of moon)*, Chem, Phys fáze; **be in p.** být ve fázi; **be**

out of p. být fázově posunutý ♦ **be out of p. with the times** nejít s duchem doby ● **I** vt *(introduce gradually)* provádět postupně, zavádět postupně; *(synchronize:* eg *traffic lights)* (ze)synchronizovat **II** phr vs ■ **phase in** vt *(reform, production, new model* etc*)* zavádět postupně ■ **phase out** vt *(old model)* postupně přestat vyrábět, nechat doběhnout; *(production, jobs)* postupně redukovat; *(subsidies)* postupně zrušit

phased [feizd] adj *(development, withdrawal)* postupný

PhD [pi:eič'di:] abbr of **Doctor of Philosophy** doktor filozofie ■ **his PhD thesis** jeho doktorská dizertace

pheasant ['feznt] n Orn bažant

phenix ['fi:niks] n Amer fénix

phenol ['fi:nol] n fenol

phenomena [fə'nominə] n pl of **phenomenon**

phenomenal [fə'nominl] adj *(extraordinary: memory, knowledge* etc*)* fenomenální, neobyčejný, úžasný; *(boredom)* neuvěřitelný ■ **~ly** adv fenomenálně, úžasně, neuvěřitelně

phenomenalism [fə'nominəlizəm] n Philos fenomenalismus

phenomenology [fəˌnomi'nolədži] n Philos fenomenologie

phenomenon [fə'nominən] n **1** (pl **phenomena**) jev, úkaz, fenomén **2** *(remarkable person, thing* etc*)* fenomén; **she is a tennis p.** (ona) je tenisový fenomén

phew [fju:] interj uf!, páni!

phial [faiəl] n lahvička; *(for serum)* ampule

philander [fi'lændə(r)] vi chodit na zálety, běhat za děvčaty

philanderer [fi'lændərə(r)] n sukničkář, záletník, donchuan, přelétavý ptáček

philanthropic(al) [filən'θropik(l)] adj filantropický, lidumilný

philanthropist [fi'lænθrəpist] n filantrop, lidumil

philanthropy [fi'lænθrəpi] n filantropie, lidumilnost

philatelic [filə'telik] adj filatelistický

philatelist [fi'lætəlist] n filatelista/ filatelistka

philately [fi'lætəli] n filatelie

-phile [-fail] suff, n -fil; **Anglop.** anglofil/ -ka ● adj -filský; **Anglop.** anglofilský

philharmonic [fila:'monik] adj filharmonický (**orchestra** orchestr) ● n **P.** *(orchestra)* filharmonie

philippic [fi'lipik] n filipika, útočná řeč

Philippine ['filəpi:n] adj filipínský

Philippines ['filəpi:nz] n **the ~s** Geog Filipíny; **in the ~s** na Filipínách

Philistine ['filistain] adj **1** lit filištínský **2** fig **p.** šosácký, maloměšťácký, omezený ● n **1** Hist Filištín **2** fig **p.** šosák, maloměšťák, omezenec, nevzdělanec

philological [filəu'lodžikl] adj filologický

philologist [fi'lolədžist] n filolog/ filoložka v angličtině: jazykovědec zabývající se vývojem jazyka

philology [fi'lolədži] n filologie

philosopher [fi'losəfə(r)] n filozof/ filozofka; **the p.'s stone** kámen mudrců

philosophical [filə'sofikl] adj **1** *(school, principles)* filozofický **2** *(calm, resigned)* moudrý, klidný; **be very p. about sth** brát co filozoficky

philosophize [fi'losəfaiz] vi filozofovat, hloubat, inf mudrovat, rozumovat

philosophy [fi'losəfi] n (pl **-phies**) filozofie; **moral p.** etika; **p. of life** životní filozofie; **that's my p.** to je moje krédo, tak se na to dívám já; **(to) lecture in p.** přednášet filozofii ■ **a p. student** student filozofie

philtre, Amer **philter** ['filtə(r)] n čarovný or kouzelný nápoj; **love p.** nápoj lásky

phiz [fiz], **phizog** ['fizog] n Br dated inf *(face)* vizáž, ciferník

phlegm [flem] n **1** Med *(mucus)* hlen **2** dated or fml *(coolness)* stoický klid, chladnokrevnost

phlegmatic [fleg'mætik] adj flegmatický, netečný; *(cool)* chladnokrevný ■ **~ally** adv flegmaticky; chladnokrevně

phlox [floks] n Bot plamenka, flox

-phobe [-fəub] suff, n -fob; **Anglophobe** anglofob/ -ka

phobia ['fəubiə] n fobie, chorobný strach (**about sth** před něčím); fig averze (**about computers** k počítačům)

-phobia ['-fəubiə] suff, n -fobie, -fobství; **Francophobia** frankofobie, frankofobství

-phobic ['-fəubik] suff, n -fobský; **Anglophobic** anglofobský

Phoenicia [fə'nišə] n Hist Fénicie, Foinikie

Phoenician [fə'nišn] adj Hist fénický, foinický ● n Féničan/ -ka, Foiničan/ -ka

phoenix, Amer **phenix** ['fi:niks] n Myth fénix; **rise like a p. from the ashes** zrodit se jako fénix z popela

phone$_1$ [fəun] n telefon; **pick up/ put down the p.** zvednout/ položit telefon; **over the p.** telefonicky; **the p. is ringing** zvoní telefon; **you are wanted on the p.** máte telefon; **she is never off the p.** stále telefonuje ♦ **be on the p. a)** telefonovat **b)** *(have a p.)* mít (doma) telefon ■ **p. book** telefonní seznam; **p. booth** or **box** telefonní budka; **p. call** telefonní hovor, telefon; **make a p. call** zatelefonovat; ●

I vi (za)telefonovat, (za)volat; **thanks for phoning** díky, žes zavolal; **p. for sb/ sth** *(plumber, taxi* etc*)* zatelefonovat pro koho/ co **II** vt (za)volat or (za)telefonovat komu, inf brnknout komu; **p. Prague** zavolat do Prahy **III** phr vs ▪ **phone back** v(t)i zavolat (komu) zpátky ▪ **phone in** *I* vi zavolat někam; **p. in sick** telefonicky hlásit absenci následkem onemocnění *II* vt oznámit něco telefonem

phone$_2$ [fəun] n Ling hláska

phonecard ['fəunka:d] n telefonní karta

phone-in ['fəunin] n rozhlasový or televizní program s telefonickou účastí posluchačů/ diváků

phoneme ['fəuni:m] n Ling foném

phonemic [fəu'ni:mik] adj Ling fonémický, fonematický, fonémový

phonetic [fə'netik] adj Ling fonetický; **p. transcription** fonetický přepis, fonetická transkripce ▪ **~ally** adv foneticky

phonetician [fəuni'tišn] n fonetik/ fonetička

phonetics [fə'netiks] n fonetika

phoney, phony ['fəuni] adj (**-ier, -iest**) inf pej *(jewel, name)* falešný, *(banknote* also*)* falšovaný, padělaný; *(accent)* nepravý, předstíraný; *(methods)* dryáčnický, *(tears)* předstíraný, krokodýlí; **a p. doctor** šarlatán ● n *(person)* podvodník, *(doctor)* šarlatán; *(thing)* padělek, falzifikát, kopie, podvrh

phonograph ['fəunəgra:f] n Amer dated gramofon

phonological [fəunə'lodžikl] adj fonologický

phonology [fəu'nolədži] n fonologie

phooey ['fu:i] interj *(disgust)* fuj!, hanba!, *(scorn)* pah!, bah!

phosphate ['fosfeit] n Chem fosforečnan, fosfát

phosphoresce [fosfə'res] vi fosforeskovat, světélkovat

phosphorescence [fosfə'resns] n fosforescence, světélkování

phosphorescent [fosfə'resnt] adj fosforeskující, světélkující

phosphorous ['fosfərəs] adj Chem fosforový, obsahující fosfor

phosphorus ['fosfərəs] n fosfor

photo ['fəutəu] n (pl **~s**) inf fotka; see **photograph**

photocell ['fəutəusel] n fotoelektrický článek, fotonka, inf fotobuňka

photocopier ['fəutəukopiə(r)] n fotokopírovací přístroj, (foto)kopírka, xerox

photocopy ['fəutəukopi] n fotokopie ● vt (pt & pp **-ied**) pořídit or (u)dělat fotokopii/ fotokopie čeho, inf (o)xeroxovat co

photoelectric [fəutəui'lektrik] adj fotoelektrický; **p. cell** see **photocell**

photoengraving [fəutəuin'greiviŋ] n Typ chemigrafie, výroba štočků

photogenic [fəutəu'dženik] adj fotogenický

photograph ['fəutəgra:f] n fotografie, snímek, inf fotka; **black-and-white/ colour p.** černobílá/ barevná fotografie; **in the p.** na fotografii; **take a p. (of sb/sth)** (vy)fotografovat (koho/ co); **have one's p. taken** dát se vyfotografovat ♦ **take a good p.** být fotogenický ● **I** vt (vy)fotografovat **II** vi **p. well/ badly** dobře/ špatně se fotografovat

photographer [fə'togrəfə(r)] n fotograf/ -ka

photographic [fəutə'græfik] adj fotografický; **p. articles** fotopotřeby; **p. laboratory** fotolaboratoř; **p. memory** fotografická paměť; **p. studio** fotoateliér

photography [fə'togrəfi] n fotografování, fotografie

photon ['fəuton] n Phys foton

photosensitive [fəutəu'sensətiv] adj Phys citlivý na světlo

photostat TM ['fəutəustæt] n fotokopie

photosynthesis [fəutəu'sinθəsis] n fotosyntéza

phrasal verb [freizl'və:b] n frázové sloveso

phrase [freiz] n **1** *(expression)* výraz, rčení, fráze, spojení, obrat; **set p., stock p.** ustálené rčení; **hackneyed p.** otřepaná fráze; **hollow p.** dutá fráze; **turn of p.** formulace, slovní obrat; **he has a very ornate turn of p.** mluví velmi květnatě ▪ **p. book** konverzační příručka **2** Mus fráze ● vt **1** *(formulate)* formulovat, vyjádřit **2** Mus frázovat

phraseology [freizi'olədži] n frazeologie

phrasing ['freiziŋ] n Mus frázování

phrenology [frə'nolədži] n frenologie

Phrygian ['fridžiən] adj frýžský, frygický; **P. cap** frygická čapka

phut [fat] n inf *(sound)* puf ● adv **go p.** vzít za své, zaniknout; *(firm)* zkrachovat; *(machine)* vypovědět službu

physical ['fizikl] adj **1** *(material)* fyzický, materiální, hmotný (**world** svět); **it's a p. impossibility** je to fyzicky nemožné **2** *(of the body)* tělesný, fyzický; **p. education** tělovýchova, tělocvik; **p. culture** tělesná kultura; **p. exercise**, inf **p. jerks** prostná cvičení; **p. examination** zdravotní prohlídka; **p. therapist** Med fyzikální terapeut, rehabilitační pracovník; **p. therapy** fyzioterapie, *(after accident)* rehabilitace; **be in good p. health**

být tělesně zdráv **3** Phys, Chem fyzikální; **p. chemistry** fyzikální chemie; **p. geography** fyzický zeměpis; **p. sciences** přírodní vědy ● n inf zdravotní prohlídka ■ **~ly** adv fyzicky, tělesně; **~ly handicapped** tělesně postižený; **~ly challenged** politically correct euphemism fyzicky znevýhodněný tj. tělesně postižený; **be ~ly fit** být tělesně zdatný; **it's ~ly impossible** je to fyzicky nemožné

physician [fi'zišn] n lékař, doktor

physicist ['fizisist] n fyzik

physics ['fiziks] n +sg v *(science)* fyzika; **nuclear p.** nukleární fyzika

physio ['fiziəu] n inf fyzikální terapeut

physiognomy [fizi'onəmi] n (pl **-mies**) *(facial features)* fyziognomie, vizáž, výraz tváře

physiological [fiziə'lodžikl] adj fyziologický

physiologist [fizi'olədžist] n fyziolog

physiology [fizi'olədži] n fyziologie

physiotherapist [fiziəu'θerəpist] n fyzikální terapeut

physiotherapy [fiziəu'θerəpi] n fyzioterapie, rehabilitace

physique [fi'zi:k] n vzrůst, stavba těla, figura; **be of a fine p.** být (pěkně) urostlý, mít pěknou postavu

pi [pai] Math pí, Ludolfovo číslo

pianist ['pi:ənist] n pianista, klavírista, hráč na klavír; **virtuoso p.** klavírní virtuos

piano [pi'ænəu] n piano, klavír; **(concert) grand p.** (koncertní) křídlo; **baby grand p.** krátké křídlo; **upright p.** pianino; **play the p.** hrát na klavír; **a piece for p.** klavírní skladba ■ **p. accompaniment** klavírní doprovod; **p. accordion** tahací harmonika; **p. concerto** klavírní koncert; **take p. lessons** učit se hře na klavír, inf chodit na klavír

pianoforte [pi͵ænəu'fo:ti] n piano, dated pianoforte

piazza [pi'ætsə] n **1** *(square)* náměstí, tržiště **2** Amer veranda, terasa u bytu

picaninny [pikə'nini] = **piccaninny**

picaresque [pikə'resk] adj pikareskní

picayune [pikə'ju:n] adj Amer *(worthless)* nepatrný, zanedbatelný, mizivý; *(small-minded)* malicherný ● n pěticent; **I don't care a p.** mně je to naprosto fuk

piccaninny [pikə'nini] n (pl **-nies**) inf racialist černoušek, mouřenínek

piccolo ['pikələu] n Mus pikola

pick [pik] n **1** *(pickaxe)* krumpáč, špičák; Mount cepín horolezecká hůl s bodcem; *(toothpick)* zubní párátko **2** *(choice)* výběr; **take your p.** vyberte si ♦ **the p. of the bunch** to nejlepší, *(of people)* smetánka, elita ● **I** vt **1** *(choose)* vybrat, vybírat (si), zvolit (si); **p. a dish** vybrat si jídlo; **p. a team** postavit mužstvo; **p. one's words** pečlivě vybírat slova; **p. one's way carefully** opatrně postupovat dopředu; **p. a winner** lit & fig vsadit na správného koně; **you really know how to p. them** iron ty si tedy umíš vybrat **2** *(pluck: flowers, fruit, lettuce, gooseberries* etc*)* trhat, *(fruit, hops)* česat, sklízet, *(grapes)* sbírat, sklízet, *(strawberries, mushrooms* etc*)* sbírat ♦ **p. sb's brains** tahat z koho rozumy, vyzvídat na kom **3** *(remove small pieces)* **p. one's teeth** čistit si zuby párátkem, párat se v zubech; **p. one's nose** dloubat or rýpat or šťourat se v nose; **p. hairs off a dress** obírat vlasy ze šatů; **p. a bone clean** okousat or ohryzat kost; **p. meat off a bone** obrat/ obírat kost ♦ **p. holes in sth** *(criticize)* hledat na čem chlupy, hledat v čem slabiny; **p. holes in sb's theory** nabourat čí teorii; **p. sb/ sth to pieces** *(author/ play* etc*)* ztrhat or ztepat koho/ co; **have a bone to p. with sb** mít s kým nevyřízený účet **4** *(steal)* **p. sb's pocket** vybrat or vybrakovat komu kapsu, okrást koho **5** *(provoke)* **p. a quarrel** vyprovokovat or začít hádku; **p. a fight** vyprovokovat rvačku **6** *(lock)* vypáčit, vylomit, otevřít násilím, otevřít šperhákem **7** *(peck up: corn* etc*)* zobat **8** *(guitar)* brnkat or trsat na co **II** vi **p. and choose** vybírat si, být vybíravý **III** phr vs ■ **pick at** vt **1 p. at one's food** piplat se or nimrat se or šťárat se or vrtat se v jídle **2** *(pull: loose thread)* tahat za co; *(flakes)* olupovat, oškrabávat **3** *(criticize)* hledat na kom chyby, šťourat do koho ■ **pick off** vt **1** *(apples/ an apple* etc*)* otrhat/ utrhnout; *(fluff)* obrat; *(scab)* strhnout, seškrábnout **2** *(shoot)* **p. one by one** postřílet jednoho po druhém ■ **pick on** vt **1** *(single out)* vybrat si **2** *(victimize)* zasednout si na koho, *(criticize)* pořád na někom něco vidět ■ **pick out** vt **1** *(choose)* vybrat (si), zvolit (si) **2** *(see, spot:* eg *in the crowd)* zahlédnout, spatřit, inf zmerčit, inf zblejsknout **3** *(highlight)* zdůraznit, dát něčemu vyniknout **4** *(tune)* vyťukat na klavír, improvizovat ■ **pick over** or **through** vt *(tomatoes, apples, clothes* etc*)* probrat, přebrat ■ **pick up** *I* vt **1** *(lift)* **a)** *(papers/ a piece of paper* etc*: from the floor)* posbírat, sebrat (ze země)/ zvednout, zdvihnout; *(book* etc*)* vzít do ruky **b)** *(child)* (vy)zvednout, vzít koho na ruku; **p. oneself up** *(after a fall)* postavit se na nohy, vstát; **p. up one's feet** *(when walking)* zvedat nohy **c) p. up the phone** zvednout telefon or sluchátko **d)** *(stitch: in knitting)* nabrat **e)** fig **p. up the bill** *(pay)* muset zaplatit útratu; **p. up a cue** Theat zachytit narážku; **p. up the**

gauntlet zvednout hozenou rukavici; **p. up the pieces** lit posbírat střepy, fig zachránit co se dá, vzchopit se, postavit se na nohy; **p. up the story** navázat nit rozhovoru; **p. up the trail** najít stopu; **I'd like to p. up a point you made earlier** rád bych navázal na to, co jste řekl dřív **2** *(collect: letters, parcel, coat from the cleaners* etc*)* vyzvednout (si); *(person)* (za)stavit se pro koho, přijet or dojet pro koho, vyzvednout koho, *(hitchhiker)* vzít or svézt koho; *(of bus: passengers)* nabírat, sbírat, přibírat **3** *(arrest)* inf sbalit, sebrat **4** *(girlfriend/ boyfriend)* inf sbalit, klofnout, nabalit si, narazit si **5** *(rescue: of helicopter, lifeboat)* zachránit **6** *(get)* **a)** *(buy cheaply)* inf dostat, koupit, sehnat, přijít k čemu **b)** *(earn)* vydělat/ vydělávat; **p. up good money** hodně vydělávat **c)** *(win: prize)* získat, vyhrát **d)** *(acquire: skill, bad habits)* pochytit, osvojit si, *(skill: by watching)* odpozorovat, *(language)* pochytit, naučit se; *(news)* do(z)vědět se **e)** *(catch: illness, infection)* chytit, nakazit se čím, *(illness* also*)* uhnat si **f)** *(sound)* zaslechnout; Rad, TV *(station)* chytit, *(signal, message)* zachytit **g)** *(mistakes)* najít **h)** *(speed)* zvýšit, nabrat; **p. up speed** zrychlit, nabrat rychlost *II* vi **1** *(get better: patient)* pookřát, sebrat se, postavit se na nohy **2** *(improve)* zlepšit se; *(trade)* oživit se, oživnout; *(firm)* postavit se na nohy; *(prices)* zvednout se **3** *(continue: conversation)* **we ~ed up where we left off** vrátili jsme se v rozhovoru tam, kde jsme přestali, *(work* etc*)* pokračovali jsme odtud, kde jsme přestali **4** **p. up with sb** sl mít s kým divný* spolky

pickaback ['pikəbæk] n, adv see **piggyback**

pickaninny [pikə'nini] n Amer see **piccaninny**

pickaxe, Amer **pickax** ['pikæks] n krumpáč, špičák

picker ['pikə(r)] n *(of fruit, grapes)* česáč; *(of cotton, strawberries* etc*)* sběrač; **mushroom p.** houbař; **hop p.** chmelař, česáč chmele

picket ['pikit] n **1** *(stake)* kůl, tyčka, laťka ■ **p. fence** tyčkový plot **2** **(strike) p.** stávková hlídka; *(outside embassy* etc*)* protestní hlídka, demonstrant(i) **3** Mil polní stráž, předsunutá hlídka ■ **p. line** stanoviště stávkové hlídky; **cross the p. line** přejít kolem stávkové hlídky být stávkokazem ● **I** vt *(factory)* rozestavit stávkové hlídky před čím, hlídkovat před čím; *(of demonstrators)* demonstrovat před čím **II** vi postavit stávkové hlídky/ stávkovou hlídku

picking ['pikiŋ] n **1** *(of fruit)* trhání, česání; *(of mushrooms)* sbírání; *(of strawberries)* sklizeň **2** *(amount of fruit picked)* úroda **3** **~s** zisk, výtěžek; *(stolen goods)* kořist, lup; **it's easy ~s** je to výnosný kšeft; **the ~s are good** vynáší to, inf sype to **4** **~s** *(leftovers)* zbytky

pickle ['pikl] n **1** *(~d vegetables)* usu pl **~s** nakládaná zelenina, zelenina v nálevu; **mixed ~s** čalamáda, zeleninová směs v nálevu **2** esp Amer *(~d gherkin)* kyselá okurka **3** *(brine)* lák, slaný nálev; *(vinegar solution)* (sladko)kyselý nálev, marináda; *(for wood, leather)* mořidlo **4** *(mess, predicament)* inf brynda, kaše, šlamastyka; **be in a pretty p.** být v pěkné kaši ● vt *(vegetables)* naložit, nakládat, konzervovat

pickled ['pikld] adj **1** *(vegetables)* nakládaný; *(gherkin)* kyselý; *(herring)* marinovaný **2** *(drunk)* inf opilý, naložený v alkoholu, vulg ožralý

picklock ['piklok] n **1** *(instrument)* šperhák, paklíč **2** *(thief)* bytový zloděj

pick-me-up ['pikmiap] n Med posilující prostředek, povzbuzující lék; *(drink)* povzbuzující nápoj, inf joc elixír života, životabudič, *(strong drink)* inf lomcovák

pickpocket ['pikpokit] n kapesní zloděj, kapsář; **beware of ~s!** pozor na kapsáře!

pick-up ['pikap] n (pl **pick-ups**) **1** *(on a record-player)* přenoska **2** **pick-up (truck)** pick-up (G pick-upu) malý nákladní automobil, dodávka **3** *(girl/ boy)* inf pej náhodná známost, *(esp in a sexual context)* vulg holka/ chlap do postele **4** *(improvement)* zlepšení, *(of trade)* oživení, *(of health)* zotavení **5** *(of engine)* akcelerace, rozbíhání

picky ['piki] adj (**-ier**, **-iest**) esp Amer inf vybíravý, náročný, *(eater* also*)* mlsný

picnic ['piknik] n piknik; **go for** or **on a p.** udělat si piknik, *(trip)* udělat si výlet do přírody s piknikem; **it was no p.** inf nebyl to žádný med ■ **p. site** výletní místo ● vi (**-ck-**) udělat si piknik, jíst v přírodě, (z)účastnit se pikniku

picnicker ['piknikə(r)] n účastník pikniku

Pict [pikt] n Hist Pikt

Pictish ['piktiš] adj Hist piktský

pictorial [pik'to:riəl] adj **1** *(calendar)* obrázkový, *(magazine, newspaper* also*)* ilustrovaný; *(description)* názorný, *(style)* živý **2** *(art)* malířský ● n *(magazine)* obrázkový or ilustrovaný časopis

picture ['pikčə(r)] n **1** gen obraz, obrázek; *(painting)* obraz, malba, *(portrait)* portrét; *(drawing)* kresba, *(in outlines)* nákres; *(illustration)* obrázek, ilustrace; *(photo)* fotografie, snímek, inf fotka; **in the p.** na obrázku/ na fotografii; **draw/ paint a p. of sth** nakreslit/ namalovat obraz čeho; **paint a p. of sb** namalovat čí portrét; **take a p. of sb, take sb's p.** vyfotografovat koho; **be as pretty as a p.** *(person)* být (krásný/ krásná) jako obrázek, *(object, landscape etc)* být jako když to namaluje ■ **p. book** obrázková kniha; **p. gallery** galerie, obrazárna, **p. postcard** pohled **2** TV obraz **3** *(film)* film; **~s** kino, biograf; **go to the ~s** jít do kina **4** *(image, idea)* představa, obraz, obrázek; **get the p. of sth** učinit si o čem obraz or představu; **have a distorted p. of sth** mít o čem nesprávnou představu; **be in the p.** být do čeho zasvěcený, být v obraze; **put sb in the p.** zasvětit koho do situace; **be the p. of health** kypět zdravím; **look the p. of innocence** tvářit se jako neviňátko or lilium; **look the p. of misery** vypadat jako hromádka neštěstí ● vt **1** *(imagine)* představit si; **p. sth to oneself** představovat si něco; **he ~d himself as a pilot** viděl se jako pilot **2** *(describe)* vylíčit, popsat **3** *(paint, draw)* namalovat, nakreslit

picturesque [pikčə'resk] adj malebný, barvitý; **a p. landscape** malebná krajina

piddle ['pidl] n inf **have a p.** (esp *child)* vyčurat se, vylulat se ● **I** vi inf čurat, lulat **II** phr v ■ **piddle around** vi povalovat se, inf válet si šunky

piddling ['pidliŋ] adj inf *(details)* bezvýznamný, malicherný; *(pay)* žalostný, ubohý

pidgin ['pidžin] n Ling pidgin, pidžin předstupeň kreolštiny; inf pej makaronština, hatmatilka ■ **p. English** pidginizovaná angličtina v bývalých britských koloniích

pie [pai] n Cook *(with meat)* piroh, pečivo s masovou náplní, páj; *(with fruit)* koláč; **fruit p.** ovocný koláč ♦ **p. in the sky** vzdušné zámky, modré z nebe, hudba budoucnosti sliby; **have a finger in every p.** inf do všeho se plést, být ve všem namočený; **it's as easy as p.** inf je to hračka; **be as sweet as p.** inf mít srdce ze zlata

piebald ['paibo:ld] adj *(horse)* grošovaný ● n *(horse)* grošák

piece [pi:s] n **1** *(portion: bread, wood etc)* kus, kousek, díl(ek); *(of land also)* parcela, pozemek, *(large)* lán; **a p. of paper** papír, kus papíru, *(sheet)* arch papíru; **a little p.** kousek ♦ **it's a p. of cake** fig inf je to hračka ■ **p. goods** kusové zboží **2** *(fragment)* kus, kousek, *(of vase, glass etc also)* střep, střípek; *(component part)* část, součást, díl; **break sth to ~s** rozbít něco na kousky; **cut sth to ~s** rozsekat co na kusy, *(with scissors)* rozstříhat co; **take sth to ~s** *(mechanism)* rozebrat něco, demontovat něco ♦ **be all of a p.** být v celku or v jednom kuse, fig být stejného druhu; **be all of a p. with sth** *(actions, ideas etc)* odpovídat čemu, být v souladu s čím; **be (still) in one p.** být celý or nepoškozený, *(person)* být v pořádku, být živ a zdráv; **go to ~s** rozpadnout se na kusy, fig *(person)* zhroutit se tělesně or duševně, *(get into a panic)* zpanikařit; **pick sth to ~s** *(criticize: play etc)* ztrhat co **3** *(item)* **a)** *(single article)* kus, exemplář; **a p. of furniture** kus nábytku; **a p. of luggage** zavazadlo; **three ~s of luggage** tři zavazadla; **a p. of old junk** starý krám; **an exhibition p.** ukázkový exemplář **b)** *(single instance: with abstract nouns)* **a p. of advice/ information/ news/ knowledge** rada/ informace/ zpráva/ poznatek; **two ~s of news** dvě zprávy; **a p. of good news** dobrá zpráva; **a sad p. of news** smutná or truchlivá zpráva ♦ **give sb a p. of one's mind** vynadat komu, říci komu své, vypůjčit si koho; **he is a nasty p. of work** je to povedený ptáček **4** *(part of a set: eg of jigsaw puzzle)* díl, dílek, část; esp in compounds **a three-p. suite** třídílná (sedací) souprava; **a three-p. suit** oblek s vestou; **a twenty--p. orchestra** dvacetičlenný orchestr; *(put sth together)* **p. by p.** kousek po kousku **5** *(artistic work)* dílo, práce, kus; Mus also skladba; Art also obraz, malba; *(sculpture also)* socha, *(play)* hra; **a piano p.** klavírní skladba **6** *(coin)* mince, peníz; **a ten-pence p.** desetipence; **a five-crown p.** pětikoruna ♦ **thirty ~s of silver** Bibl třicet stříbrných **7** *(in games: chess)* figura, figurka; *(in draughts, chequers)* kámen **8** inf pej becoming dated *(woman, girl)* **a nice little p.** pěkná kost or kůstka; **p. of ass** Amer vulg **i)** *(woman, girl)* ženská, holka **ii)** *(sex)* soulož ● phr v ■ **piece together** vt **1** *(jigsaw)* složit, sestavit; *(from broken pieces)* složit, slepit, dát dohromady **2** *(facts, evidence, event)* rekonstruovat

pièce de résistance [pi,esdəre'zistã:ns] n (pl **pièces de résistance**) vyvrcholení, zlatý hřeb; *(of meal)* hlavní chod

piecemeal ['pi:smi:l] adv *(sell off)* kus po kuse, po kouskách, postupně; *(tell)* nesouvisle ● adj *(approach)* nesoustavný, nesystematický, fragmentární; *(description)* nesouvislý

piecework ['pi:swə:k] n práce v úkolu, úkolová práce, akord; **be on p.** pracovat v úkolu

pieceworker ['pi:swə:kə(r)] n pracovník v úkolu

pied [paid] adj pestrý; *(animal)* strakatý

pier [piə(r)] n **1** *(jetty)* molo; *(landing stage)* přístaviště **2** *(pillar: of bridge)* pilíř

pierce [piəs] vt **1** *(penetrate)* prorazit, proniknout; *(with drill)* provrtat; *(with knife)* proříznout; *(with pointed instrument)* probodnout, propíchnout; **have one's ears ~ed** dát si propíchnout uši **2** *(of scream, sound)* **p. the silence** proniknout tichem, proříznout ticho

piercing ['piəsiŋ] adj *(sound, voice)* pronikavý; *(look)* pichlavý, bodavý, upřený; *(wind)* řezavý; **give a p. cry** pronikavě vykřiknout ■ **~ly** adv pronikavě, *(look)* upřeně

pietà [pi:e'ta:] n *(painting)* pieta

piety ['paiəti] n (pl **-ties**) zbožnost, nábožnost; **filial p.** láska k rodičům, synovská or dceřiná láska

piffle ['pifl] n inf žvásty, tlachy, nesmysly; **don't talk p.!** nekecej!, nežvaň! ● vi žvanit, kecat

piffling ['pifliŋ] adj inf nepatrný, *(excuse)* nicotný, malicherný

pig [pig] n **1** Zool vepř, prase; **suckling p.** podsvinče; **be in p.** *(sow)* být březí or sprasná ♦ **buy a p. in a poke** koupit zajíce v pytli; **~s might fly!** až naprší a uschne, na svatého Dyndy; **make a p.'s ear of sth** inf něco zbabrat, vulg něco zprasit ■ **p. farm** vepřín, výkrmna vepřů **2** fig pej *(of person: dirty)* prase, čuně; *(greedy)* nenažranec, hltoun; **eat like a p.** žrát jako prase or čuník; **make a p. of oneself** přecpat se, přežrat se **3** *(unpleasant task)* **it's a real p. of a job** inf je to svinská práce **4** Amer sl pej *(policeman)* polda, fízl **5** Metal *(ingot)* houska surového železa ■ **p. iron** surové železo v houskách ● v (**-gg-**) **I** vi *(sow)* vrhnout selata, oprasit se **II** vt **1 p. oneself** Amer sl nažrat se, nacpat se **2 p. it** inf žít ve špíně **III** phr v ■ **pig out** vi naládovat se, nacpat si břicho

pigeon ['pidžən] n **1** Orn holub; **carrier p.**, **homing p.** poštovní holub; **clay p.** asfaltový or hliněný holub ♦ **put** or **set a cat among the ~s** udělat kozla zahradníkem ■ **p. fancier** holubář; **p. loft** holubník; Med **p. breast** ptačí hruď **2** inf **it's not my p.** to se mě netýká, to není můj problém

pigeon-breasted [pidžən'brestid], **pigeon-chested** [pidžən'čestid] adj Med mající ptačí hruď

pigeonhole ['pidžənhəul] n přihrádka; fig **put people in ~s** škatulkovat lidi, řadit lidi do škatulek ● vt lit roztřídit do přihrádek; *(categorize)* klasifikovat, (roz)třídit, inf pej (roz)škatulkovat

pigeon-toed ['pidžəntəud] adj mající dovnitř obrácené špičky nohou; **be p.-toed** šlapat si na palce

piggery ['pigəri] n (pl **-ies**) **1** *(pig farm)* vepřín **2** inf *(greediness)* žravost, hltavost, nenasytnost

piggish ['pigiš] adj **1** *(eyes, features)* prasečí **2** *(greedy)* hltavý, nenasytný; *(dirty)* špinavý jako čuně **3** inf Br *(stubborn)* paličatý, tvrdohlavý

piggy ['pigi] n (pl **-ies**) Baby talk prasátko ■ **p. bank** kasička, prasátko, pokladnička ● adj **1** *(greedy)* hltavý, žravý, nenasytný **2** *(eyes* etc*)* prasečí

piggyback ['pigibæk] n *(p. ride)* **give sb a p.** vzít koho na záda, nést koho na zádech ● adv **ride** or **be carried p.** nést se or vézt se na zádech ● adj *(ride)* na zádech

pigheaded [pig'hedid] adj tvrdohlavý, umíněný, paličatý ■ **~ly** adv tvrdohlavě, umíněně, paličatě, jako mezek

pigheadedness [pig'hedidnəs] n tvrdohlavost, umíněnost, tvrdá hlava

piglet ['piglət] n selátko, prasátko, podsvinče

pigment ['pigmənt] n pigment, kožní barvivo ● vt zbarvit pigmentem

pigmentation [pigmen'teišn] n pigmentace

pigmy ['pigmi] n see **pygmy**

pigpen ['pigpen] n Amer = **pigsty**

pigskin ['pigskin] n **1** lit vepřová kůže, vepřovice **2** inf (Amer *football)* míč, mičuda

pigsty ['pigstai] n Br **1** lit prasečí chlívek, vepřín **2** fig inf *(dirty* or *untidy place)* chlív, chlívek, bordel; **this place is like a p.** je tu svinčík, je to tu jako v chlívě, expr je tu bordel jako v tanku

pigswill ['pigswil] n **1** lit šlichta, žrádlo pro prasata **2** fig pej *(meal)* šlichta, žrádlo; *(soup, coffee, beer)* břečka

pigtail ['pigteil] n cop, copánek; **~s** culíky

pike₁ [paik] n Hist píka, kopí

pike₂ [paik] n (pl **pike** or individually **~s**) *(fish)* štika

pikestaff ['paiksta:f] n **be as plain as a p.** být nad slunce jasnější, být jasné jako facka

pilaf(f) ['pi:læf], **pilau** [pi:'lau] n Cook pilaf, pilav rýže se zeleninou a masem

pilchard ['pilčəd] n Zool sardinka

pile₁ [pail] n **1** *(heap)* hromada, halda, *(of wood* also*)* hranice, *(of books* also*)* stoh, *(of papers, plates* etc also*)* štos; **be in a p.** být na hromadě **2** fig inf *(large amount)* hromada, fůra, spousta; **a p. of money, ~s of money** hromada or fůra peněz; **make a p.** zazobat se, nahrabat si, vydělat si velké peníze; **have ~s of trouble** mít fůru starostí; **have a p. of things to do** být zavalený prací, mít fůru práce **3** *(funeral p.)* pohřební hranice **4** Elec článek; *(atomic p.)* atomový reaktor **5** inf *(large building)* velký dům, dům jako hrad ● **I** vt (na)kupit, skládat na hromadu, *(books)* stohovat, štosovat, *(wood)* rovnat na hromadu; *(food on a plate)* nakládat/ naložit, (na)vršit; **his desk was ~d with books** na stole měl hory or haldy knih, měl stůl zavalený knihami **II** phr vs ▪ **pile in** vi inf *(get in)* nahrnout se dovnitř, nacpat se dovnitř ▪ **pile off** vi *(from bus* etc*)* vyhrnout se ▪ **pile on** vi **1** *(onto bus* etc*)* vecpat se, nahrnout se **2 p. it on** inf *(exaggerate)* přehánět, chvástat se ▪ **pile out** vi inf vyhrnout se (**of** z) ▪ **pile up** *I* vi *(work)* nashromáždit se, nahromadit se, *(debts)* narůst/ narůstat, *(clouds, problems)* (na)kupit se; *(crash: cars)* inf najet na sebe, srazit se hromadně *II* vt nahromadit, navršit, nakupit, *(money)* (na)hrabat, mamonit; *(evidence)* (na)shromáždit

pile$_2$ [pail] n Text vlas

pile$_3$ [pail] n Archit kůl, pilot; *(for bridge)* pilíř

pile-driver ['paildraivə(r)] n **1** Build beranidlo **2** inf fig *(blow)* silná rána, pecka

piles [pailz] n pl Med hemoroidy [-roi-], inf zlatá žíla

pile-up ['pailap] n Aut inf hromadná or řetězová srážka

pilfer ['pilfə(r)] vi, vt *(steal small quantities)* (u)krást

pilferer ['pilfərə(r)] n drobný zloděj, zlodějíček

pilfering ['pilfəriŋ] n zlodějna, drobné krádeže

pilgrim ['pilgrim] n poutník/ poutnice

pilgrimage ['pilgrimidž] n pouť; **go on a p. to ..., make a p. to ...** jít na pouť do ...; fig **life's p.** pozemská pouť

pill [pil] n pilulka, tabletka; **the p.** inf antikoncepční tabletka; **be on the p.** inf užívat antikoncepční tabletky ♦ **swallow/ sweeten a bitter p.** spolknout/ osladit hořkou pilulku

pillage ['pilidž] n drancování, loupení, plenění ● **I** vt (vy)plenit, (vy)drancovat **II** vi plenit, drancovat, rabovat

pillar ['pilə(r)] n **1** Archit sloup, pilíř; **supporting p.** nosný sloup ♦ **go from p. to post** chodit od čerta k ďáblu **2** fig *(of smoke)* sloup, *(of water, mercury)* sloupec; Bibl **a p. of salt** solný sloup; **a p. of society** pilíř společnosti

pillar-box ['piləboks] n Br poštovní schránka ve tvaru červeného sloupu

pillbox ['pilboks] n **1** Med krabička na pilulky **2** Mil bunkr, kulometné hnízdo **3** *(hat)* toka, pej kastrol

pillion ['piljən] n tandem, zadní sedadlo motocyklu; **p. passenger** tandemista ● adv **ride p.** jet na tandemu

pillory ['piləri] n pranýř ● vt (pt & pp **-ied**) Hist & fig stavět koho na pranýř, pranýřovat

pillow ['piləu] n polštář, poduška; **a p. of moss** mechová poduška

pillowcase ['piləukeis], **pillowslip** ['piləuslip] n povlak na polštář

pilot ['pailət] n **1** Aviat pilot/ -ka, letec/ letkyně; **automatic p.** automatický pilot; **test p.** zkušební pilot **2** Naut lodivod **3 p. (light)** zapalovací plamínek u karmy ap. ▪ **p. scheme** zkušební or průzkumný or pilotní projekt **4** Amer Rail ochranný rám lokomotivy ● vt **1** *(plane, ship)* pilotovat **2** fig *(guide)* vést, řídit; **p. sth through** *(eg bill in Parliament)* prosadit, protlačit **3** *(test: project* etc*)* testovat

pimento [pi'mentəu] n **1** *(vegetable)* also **pimiento** [pi'mjentəu] sladká paprika lusk **2** *(spice)* nové koření, piment **3** *(tree)* pimentovník

pimp ['pimp] n pasák ● vi **p. for sb** dělat komu pasáka

pimple ['pimpl] n vyrážka, uher, dated vimrle; **his face comes out in ~s** na tváři se mu dělá vyrážka

pimply ['pimpli] adj (**-ier, -iest**) trudovitý, uhrovitý, s trudovitou tváří

pin [pin] n **1** *(for sewing)* špendlík; *(tiepin)* jehlice, spona; *(hair~)* vlásenka; **safety p.** zavírací or patentní špendlík; **drawing p.** napínáček, připínáček; **knitting p.** pletací drát or jehlice ♦ **be as clean as a new p.** být čistý jako ze škatulky; **~s and needles** brnění; **I 've got ~s and needles in my foot** brní mě noha; *(it's so quiet)* **you could hear a p. drop** že by bylo slyšet špendlík spadnout; **for two ~s I'd resign** moc nechybí, abych dal výpověď **2** Techn čep, kolík, kolíček; **cotter p.** závlačka **3** *(for string instruments)* kolíček **4** Elec *(of plug)* pól **5** Med *(in surgery)* svorka **6** *(in bowling)* kuželka **7** Amer *(brooch)* brož **8 (rolling) p.** váleček na těsto **9 ~s** inf *(legs)* špejle ● v (**-nn-**) **I** vt **1** *(attach with ~s)* **p. sth to sth** přišpendlit co k čemu, *(with drawing ~s)* připíchnout co k čemu; **p. together** sešpendlit **2** fig **p. one's hopes on sb/ sth** skládat své naděje v někoho/ v něco; **p. one's eyes on sth** upřít na něco oči; **p. sth on sb** *(blame)* svalit vinu za co na koho, *(crime)* přišít co komu; **it's impossible to p. anything on them** nedá se jim nic dokázat **3** *(press, hold tight)* **p. sb against the wall** přitlačit koho ke stěně **4** Chess *(piece)* vázat **II** phr vs ▪ **pin back** vt **p. back your ears!** inf teď napni uši!, zapiš si to za uši! ▪ **pin down** vt **1** *(with pins)* přišpendlit, připíchnout **2** *(trap)* **p. sb down** přitlačit or přimáčknout koho (**to sth** k čemu) **3** fig **p. sb down to doing sth** přimět or inf dotlačit koho k čemu; **p. down the exact meaning of a word** přesně definovat význam slova ▪ **pin up** vt 1 *(poster)* připíchnout, vyvěsit 2 *(hem* etc) přišpendlit; *(hair)* vyčesat nahoru a sepnout

PIN [pin] abbr of **personal identification number** PIN, osobní identifikační číslo

pinafore ['pinəfo:(r)] n *(apron)* zástěra ▪ **p. dress** šatová sukně

pinball ['pinbo:l] n *(game)* hra s hracím automatem; **p. machine** hrací automat, elektrický kulečník

pincer movement ['pinsəmu:vmənt] n Mil obchvat, obchvatný manévr

pincers ['pinsəz] n pl 1 Zool klepeta 2 *(tool)* **(a pair of) ~s** štípací kleště, štípačky; **small p.** klíšťky

pinch [pinč] n 1 *(squeezing)* štípnutí; **give sb a p. on the cheek** štípnout někoho do tváře 2 fig **at a p.** v krajním případě; **if it comes to the p.** dojde-li k nejhoršímu; **feel the p.** mít finanční problémy 3 *(of salt* etc*)* špetka, ždibec; *(of snuff)* šňupec ♦ **take sth with a p. of salt** *(disbelieve)* brát co s rezervou ● I vt 1 *(squeeze with fingers)* štípnout; **p. sb's bottom, p. sb on the bottom** štípnout koho do zadnice; **p. one's fingers** *(in the door)* přiskřípnout si prsty; **these shoes p. my heels** tyto boty mě tlačí na patě 2 inf Br *(steal)* štípnout, šlohnout, čajznout; **p. sb's girlfriend** přebrat komu dívku 3 inf *(arrest)* sbalit, zabásnout 4 Hort uštipovat, zaštipovat ● II vi 1 *(shoe)* tlačit, *(sleeve)* škrtit, táhnout ♦ **he knows where the shoe ~es** ví, kde ho bota tlačí 2 **p. and scrape** škudlit, utrhovat si od úst III phr vs ▪ **pinch back** or **off** vt *(buds)* odštipovat, zaštipovat

pinched [pinčt] adj 1 *(face)* ztrhaný, přepadlý 2 **be p. for sth** *(money, space, time)* mít něčeho nedostatek, mít něčeho málo

pincushion ['pinkušn] n jehelníček

pine$_1$ [pain] n Bot borovice, sosna; **umbrella p.** pinie ▪ **p. cone** borová šiška; **p. forest** borový or sosnový les; **p. wood** *(material)* borové dřevo, borovice

pine$_2$ [pain] I vi 1 **p. for sb/ sth** toužit po kom/ čem; **p. for one's country** prahnout po vlasti 2 *(be sad)* tesknit, trápit se žalem II phr v ▪ **pine away** vi chřadnout žalem

pineapple ['painæpl] n ananas

ping [piŋ] n *(sound: of bell)* cinknutí; *(of bullet)* zahvízdnutí, zasvištění ● vi 1 *(bell)* cinknout, *(bullet)* (za)hvízdat 2 Amer *(car engine)* klepat

ping-pong ['piŋpoŋ] n ping-pong, stolní tenis

pinhead ['pinhed] n 1 lit špendlíková hlavička 2 inf *(fool)* tupec, pitomec, trouba

pinion$_1$ ['pinjən] n Techn pastorek

pinion$_2$ ['pinjən] n 1 Orn konec křídla 2 Poet peruť ● vt *(hold fast)* pevně uchopit; **p. sb against the wall** přitlačit koho ke zdi

pink$_1$ [piŋk] n 1 *(colour)* růžová (barva) ♦ **be in the p. of health** být zdravý jako ryba or řípa or buk 2 *(flower)* hvozdík, karafiát ● adj 1 *(in colour)* růžový; **go** or **turn p.** zrůžovět, *(blush)* začervenat se, zardít se ♦ **see p. elephants** vidět bílé myšky 2 inf Pol levičácký

pink$_2$ [piŋk] vt Sew *(cut with ~ing shears)* entlovat

pink$_3$ [piŋk] vi *(knock: of a car engine)* klepat

pinkie ['piŋki] n Scot, Amer malíček

pinking scissors ['piŋkiŋsizəz], **pinking shears** ['piŋkiŋši:əz] n pl Sew entlovací nůžky

pinkish ['piŋkiš] adj narůžovělý; inf Pol levičácký

pinnacle ['pinəkl] n 1 Archit vrchol stavby, fiála, ozdobná věžička 2 *(mountain peak)* vrchol(ek) 3 fig *(of fame, career)* vrchol; *(of modern technology)* vrchol

pinny ['pini] n inf zástěra

pinpoint ['pinpoint] vt *(problem, cause)* přesně zjistit or stanovit; *(location, time* etc*)* přesně určit

pinprick ['pinprik] n 1 lit píchnutí špendlíkem 2 fig malá nepříjemnost

pinstripe ['pinstraip] n Text úzký proužek na obleku; proužkový oblek

pint [paint] n *(measure)* pinta Br 0.57 litres; Amer 0.47 litres; **a p. of beer** (velké) pivo; **go for a p.** jít na pivo; **he likes his p.** má rád pivo, *(is fond of alcohol)* rád si přihne

pinta ['paintə] n Br inf ≅ půllitr mléka v lahvi

pinto ['pintəu] n Amer *(horse)* grošák, strakoš ▪ **p. bean** fazole strakatá

pint-sized ['paintsaizd] adj pej **be p.-sized** *(person)* být jako střízlík, být jako za groš kudla; **a p.-sized fellow** malé pivo

pin-up ['pinap] n fotografie svůdné ženy

pinwheel ['pinwi:l] n 1 *(firework)* kateřinské kolo 2 Amer *(toy)* větrník

pioneer [paiə'niə(r)] n 1 *(settler)* pionýr 2 fig pionýr, průkopník, novátor; **a p. in the field of ...** průkopník v oboru ... ▪ **p. work** průkopnická práce 3 Mil ženista, dated zákopník, sapér ● vt 1 *(land, wilderness)* osídlit 2 **p. sth** *(new technology, research* etc*)* být první v čem, být průkopníkem čeho

pioneering [paiə'niəriŋ] adj *(methods, work* etc*)* průkopnický, novátorský

pious ['paiəs] adj 1 *(person, act)* zbožný,

(person also*)* pobožný, nábožný, pej pobožnůstkářský **2 a p. hope** or **wish** zbožné přání ■ **~ly** adv zbožně; pej pobožnůstkářsky

pip1 [pip] n **1** *(seed: in apples, pears* etc*)* jádro, jadérko, pecička **2 the ~s a)** Br Tel *(when using a pay phone)* pípání naznačující, že je třeba vhodit novou minci **b)** Rad *(time signal)* časový signál **3** *(on radar screen)* světelný bod, odražený signál **4** *(on dice, domino)* puntík **5** Br Mil hvězdička, frčka, pecka

pip2 [pip] n inf **give sb the p.** jít komu na nervy, inf pěnit někomu krev

pip3 [pip] vt (**-pp-**) Br inf *(defeat)* porazit; **p. sb at the post** *(in race)* zvítězit nad kým o prsa; *(getting a contract)* vyfouknout něco někomu před nosem

pipe [paip] n **1** *(for water, gas* etc*)* roura, trubka, potrubí, vedení; **gas p.** plynová trubka, plynovod; **waste p.** odtoková or odpadní roura; **overflow p.** přepadová trubka ■ **p. fitter** potrubář, instalatér **2** Anat **respiratory p.** dýchací trubice **3** *(for smoking)* dýmka, fajfka, *(short-stemmed* also*)* lulka; **smoke a p.** kouřit dýmku ♦ **put that in your p. and smoke it!** inf zapiš si to za uši! ■ **p. cleaner** šťárák na čištění dýmky; **p. rack** stojánek na dýmky; **p. stem** troubel dýmky; **p. tobacco** lulkový tabák; fig **p. dream** chiméra, iluze, přelud, vzdušné zámky **4** Mus *(flute, p. on organ)* píšťala; **the ~s** *(bagpipes)* dudy ● **I** vt **1** *(water* etc*)* vést/ rozvádět potrubím, *(oil* also*)* vést ropovodem; *(music)* vysílat; **~d music** hudební kulisa **2** *(tune: on flute/ bagpipes)* zahrát něco na píšťalu/ dudy; *(sing)* zazpívat tenkým hláskem; *(say)* říci něco pisklavě, zaskřehotat **3** Naut **p. sb aboard** pozdravit or přivítat koho na lodi (za)pískáním **4** Cook *(icing, cream)* ozdobit čím **5** Sew olemovat, ozdobit lemovkou **II** vi Mus hrát na píšťalu, *(on bagpipes)* hrát na dudy **III** phr vs ■ **pipe down** vi inf *(quieten down)* přestat křičet, utišit se; *(become less arrogant)* sklapnout, schlípnout, svěsit uši ■ **pipe up** vi *(voice)* ozvat se; *(person)* říci tenkým hláskem, pípnout

pipeline ['paiplain] n **1** dálkové potrubí or vedení; *(for gas* also*)* plynovod; *(for oil* also*)* ropovod **2** ♦ **be in the p.** *(be dealt with)* projednávat se, být v jednání; *(new laws* etc*)* připravovat se; **I've got an article in the p.** mám rozpracovaný článek

piper ['paipə(r)] n hráč na píšťalu, dated pištec; *(on bagpipes)* dudák ♦ **he who pays the p. calls the tune** koho chleba jíš, toho píseň zpívej

pipette [pi'pet] n násoska, pipeta

piping ['paipiŋ] n **1** *(pipe)* potrubí, *(system of pipes* also*)* trubky, trubkový rozvod **2** Sew lemovka, paspule, paspulka **3** Cook *(on cakes)* ozdoby na dortu prováděné trubičkou na zdobení **4** Mus hra na píšťalu, *(on bagpipes)* hra na dudy ● adj **p. hot** *(soup, tea)* (velice) horký, vřelý

pipit ['pipit] n Orn linduška

pipsqueak ['pipskwi:k] n inf pej nedochůdče, chuděrka, nýmand

piquancy ['pi:kənsi] n lit & fig pikantnost

piquant ['pi:kənt] adj lit & fig pikantní

pique [pi:k] n uraženost, nakvašenost, roztrpčenost; **he left in a fit of p.** uraženě or nakvašeně odešel ● vt esp pass **1** *(offend)* urazit, dotknout se koho; *(annoy)* naštvat; **she was rather ~d to find out that ...** dost se jí dotklo, že ... **2** *(arouse: interest, curiosity)* podnítit

piqué ['pi:kei] n Text pik, piké

piracy ['pairəsi] n **1** Naut pirátství, námořní lupičství, korzárství; **air p.** vzdušné pirátství **2** *(of book)* nedovolené přetištění, porušení autorského práva; Comp **software p.** programové or softwarové pirátství

piranha [pə'ra:nə] n (pl **piranha** or **~s**) **p. (fish)** piraňa

pirate ['pairət] n **1** Naut *(person)* pirát, námořní lupič; *(ship)* pirátská loď ■ **p. radio** pirátská stanice **2** *(of book, software)* pirát; *(of ideas)* zloděj ● vt *(ideas, invention)* ukrást; **~d edition** *(of book)* neoprávněný tisk, pirátské vydání

piratical [pai'rætikl] adj pirátský

pirouette [piru'et] n pirueta ● vi *(perform a p.)* udělat piruetu, *(perform ~s)* dělat piruety

Pisces ['paisi:z] n Astron, Astrol Ryby

piss [pis] vulg n **1 a)** *(urine)* scanky, chcanky; **take the p. out of sb** Br *(make fun of)* dělat si z koho srandu or vulg prdel, dělat si z koho šprťouchlata not vulg; **it's a piece of p.** *(it's easy)* to je úplná sranda, to je hračka not vulg **b)** *(urination)* chcaní, scaní; **go for a p.** jít se vychcat or vyscat, **have** or **take a p.** vychcat se **2 go (out) on the p.** jít se (v)ožrat or namazat ■ **p. artist** *(drunkard)* ožrala, ochlasta ● **I** vt **p. one's pants, p. oneself** pochcat se; **p. oneself laughing** pochcat se smíchy, scát smíchy **II** vi lit chcát, močit neutr; **it's ~ing with rain** leje jako z konve not vulg **III** phr vs ■ **piss about** or **around** vi poflakovat se, čurákovat ■ **piss down** vt lít jako z konve not vulg ■ **piss off** *I* vi **p. off!** odprejskni!, jdi do prdele! *II* vt nasrat koho; **be ~ed off** být nasraný (jak brigadýr); **get ~ed off** nasrat se

pissed [pist] adj **1** Br vulg sl *(drunk)* ožralý, zkárovaný, zhulákaný; **be p. as a newt** být nalitý jak dělo, být nametený **2** Amer vulg sl **p. (off)** nasraný, naštvaný neutr

pisshead ['pished] n Br vulg sl *(drunkard)* ožrala, ochlasta

piss-up ['pisap] n vulg chlastačka, pitka not vulg, chlastparty inf; **go on a p.-up** jít na tah not vulg

pistachio [pi'sta:šiəu] n (pl **~s**) *(nut)* pistácie, zelená mandle; *(tree)* řečík pistáciový; **p.-flavoured ice cream** pistáciová zmrzlina ● adj *(colour)* pistáciový

piste [pi:st] n Ski (lyžařská) sjezdovka

pistil ['pistil] n Bot pestík

pistol [pistl] n pistole; **starting p.** startovací pistole ♦ **hold a p. to sb's head** položit komu nůž na krk ■ **p. shot** výstřel z pistole

piston ['pistən] n píst ■ **p. engine** pístový motor; **p. pump** pístové čerpadlo; **p. ring** pístní kroužek; **p. rod** pístnice, ojnice; **p. stroke** zdvih pístu

pit$_1$ [pit] n **1** *(hole in ground)* jáma; **refuse p.** odpadová jáma ♦ **be like a bottomless p.** jíst jako nezavřený, mít bezedný žaludek **2** *(mine)* jáma, šachta, důl; **go down the p.** fárat (pod zem), sjíždět do dolu; **work down the p.** pracovat v dole, inf fárat; **leave the p.** vyfárat **3** Theat přízemí, parter, parket; **orchestra p.** orchestřiště **4** *(quarry)* kamenolom; **gravel p.** štěrkoviště **5** *(in cockfighting)* aréna **6** *(trap)* past **7** Anat **the p. of the stomach** žaludeční důlek, žaludeční krajina **8** *(shallow mark: on ceramics* etc*)* důlek; *(on skin* also*)* jizva **9** Aut *(at garage)* jáma; *(at racetrack)* box, **the ~s** depo; **assembly p.** montážní jáma **10** Amer St Ex parket, kruhový parket burzy **11** Sport *(for long jump)* doskočiště **12** Br sl *(bed)* kutě, pelech **13 the p.** Bibl or Rhet peklo **14 be the ~s** inf esp Amer být pod úroveň, být pod psa, být pod vši kritiku ● vt (**-tt-**) **1** esp pass *(mark)* **be ~ted with sth** být posetý čím; **a face ~ted with smallpox** tvář poďobaná od neštovic **2 p. one's strength/ wits against sb** (z)měřit si sílu/ inteligenci s kým; **p. sb against sb** postavit koho proti komu

pit$_2$ [pit] n Amer *(in fruit)* pecka ● vt (**-tt-**) Amer *(fruit)* vypeckovat, odpeckovat

pitapat [pitə'pæt] adv *(of heart)* ťuk ťuk, buch buch, *(of feet)* dupy dup, *(of small children)* ťap ťap; **go p.** *(heart)* rozbušit se ● n *(of heart)* tlukot, tlučení, bušení; *(of feet)* dupot, *(of small children)* cupitání, ťapání

pitch$_1$ [pič] n *(tar)* smola, smůla ♦ **be as black as p.** *(person)* offens být černý jako mouřenín, *(hairs* etc*)* černý jako smola; **it's p. dark in there** je tam tma jako v pytli ■ **p. darkness** tma jako v pytli, hluboká tma, tma tmoucí

pitch$_2$ [pič] n **1** *(throw)* hod, vrh, způsob vrhu, Baseball nadhoz **2** esp Br *(sports field)* hřiště; Cricket část hřiště mezi brankami **3** *(street vendor's place)* stanoviště, štace, rajon **4** *(of note, voice;* also Phon*)* výška; Mus tón; **give the p.** udat tón; **absolute** or **perfect p.** absolutní sluch; **the highest detectable p.** nejvyšší slyšitelný tón **5** *(of slope, roof)* sklon **6** *(level, degree, intensity)* úroveň, stupeň; **reach the highest p.** *(excitement, speculation* etc*)* dosáhnout nejvyššího stupně **7** inf *(sales p.)* dryáčnické vychvalování zboží, balamucení (zákazníků) **8** Amer inf **make a p. for sth** brousit si nač zuby, ucházet se oč; **he made a p. for her** pokusil se ji sbalit ● **I** vt **1** *(throw: ball* etc*)* hodit/ házet čím, vrhnout/ vrhat; **p. hay** nakládat seno, házet seno podávkami; **the horse ~d the rider off** kůň shodil jezdce **2** *(put up: tent, camp)* stavět/ postavit, rozbít **3** *(tone)* udat; **p. one's voice too high** začít zpívat/ nasadit příliš vysoko, mluvit vysokým hlasem; **it's ~ed too high for me** pro mě je to moc vysoko **4** fig *(price)* stanovit, nasadit, určit; **p. one's aspirations too high** být příliš ctižádostivý **II** vi **1** *(fall)* spadnout, svalit se, skácet se; **p. forward** spadnout dopředu, přepadnout **2** *(ship, plane)* kymácet se; **p. and toss** houpat se **3** *(bounce: rebound)* odrazit se **4** Baseball dělat nadhazovače, nadhazovat **III** phr vs ■ **pitch in** vi inf **1** *(start working)* pustit se do práce; *(start eating)* pustit se do jídla **2 p. in (with sth)** přispět (něčím); **we are all expected to p. in** každý by měl přiložit ruku k dílu ■ **pitch into sb** pustit or dát se do koho, obořit se na koho, inf navézt/ navážet se do koho; **p. into sth** *(meal* etc*)* pustit se do čeho ■ **pitch on** vt inf rozhodnout se pro koho/ co ■ **pitch out** vt *(rubbish, person)* vyhodit

pitch-black [pič'blæk] adj černý jako uhel

pitchblende ['pičblend] n smolinec

pitched [pičt] adj **1** *(roof)* šikmý **2 p. battle** urputná bitva

pitcher ['pičə(r)] n **1** *(jug)* džbán **2** Baseball nadhazovač

pitchfork ['pičfo:k] n vidle, podávky ● vt **1** *(hay)* házet (vidlemi), podávat (vidlemi) **2 p. sb into sth** *(job)* upíchnout koho kde, *(forcefully)* dosadit koho kam

piteous ['pitiəs] adj žalostný, politováníhodný

pitfall ['pitfo:l] n **1** fig úskalí, léčka; **be full of ~s** být ošemetný, být plný nástrah **2** lit *(trap)* nástraha, léčka

pith [piθ] n **1** *(of bone, plant)* dřeň; *(spinal marrow)* arch mícha **2 the p. of sth** podstata or jádro čeho

pithead ['pithed] n Mining ústí jámy, zhlaví jámy, ohlubeň jámy

pithiness ['piθinəs] n fig *(of writing, style* etc*)* konciznost, výstižnost, pregnantnost

pithy ['piθi] adj (**-ier**, **-iest**) *(remark, comment)* výstižný, přiléhavý; *(terse)* hutný, pregnantní, koncizní; *(humour)* jadrný ■ **pithily** adv výstižně, přiléhavě, koncizně

pitiable ['pitiəbl] adj politováníhodný, ubohý

pitiful ['pitiful] adj **1** *(arousing pity: person)* politováníhodný, ubohý; *(appearance, state)* zubožený; **p. sight** obraz bídy a utrpení **2** *(deserving contempt: wage)* ubohý, prabídný ■ **~ly** adv uboze, zuboženě; **she is ~ly thin** je hubená, že je na ni žalost pohledět; **it is ~ly obvious that ...** je až příliš zřejmé, že ...

pitiless ['pitiləs] adj *(person)* nelítostný, bezcitný; *(harsh: weather)* drsný, *(winter)* tuhý, krutý

pittance ['pitəns] n ubohá mzda, mizerný groš, almužna; **work for a p.** pracovat za pár šupů, pracovat za pakatel

pitted ['pitid] adj **1** *(fruit)* vypeckovaný, odpeckovaný **2** *(marked: face)* dolíčkovatý

pituitary [pi'tju:itəri] n also **p. gland** hypofýza

pity ['piti] n **1** *(compassion)* soucit, lítost; **out of p.** ze soucitu; **I feel p. for her** je mi jí líto **2** *(mercy)* slitování; **take p. on sb** slitovat or ustrnout or smilovat se nad kým, zželet se koho; **for p.'s sake!** proboha! **3** *(shame)* **what a p.!** to je ale škoda!; **it's a p. that ...** je škoda, že ...; *(we've got to leave now,)* **more's the p.** bohužel ● vt (pt & pp **pitied**) **p. sb** litovat koho; **p. oneself** litovat se

pitying ['pitiiŋ] adj *(smile, look)* soucitný

pivot ['pivət] n **1** Techn otočný čep; fig pilíř, opora **2** Sport *(pivotman)* pivot ● vi **1** lit otočit se/ otáčet se **2** fig **p. on sth** *(eg an argument, sb's life)* záviset na čem, točit se kolem čeho

pivotal ['pivətl] adj *(factor, role)* základní; *(position)* klíčový; *(decision)* rozhodující

pixie, pixy ['piksi] n šotek, skřítek, rarášek, diblík

pizza ['pi:tsə] n pizza ■ **p. parlour** pizzerie

Pk abbr of **Park** park

pkt abbr of **packet** balíček

placard ['plæka:d] n plakát; *(at protest march)* transparent ● vt **1** *(wall)* polepit plakáty **2** *(slogan* etc*)* plakátovat, propagovat na plakátech

placate [plə'keit] vt uklidnit, ukonejšit, uchlácholit, udobřit

placatory [plə'keitəri] adj *(remarks)* konejšivý, chlácholivý, *(tone, attitude* also*)* smířlivý

place [pleis] n **1** gen **a)** místo; **a secluded p.** osamělé místo; **in this p.** tady, tu; **in that p.** tam; **in another p.** jinde; **in ~s** místy; **in the same p.** tamtéž; **in various ~s** leckde, na různých místech; **all over the p.** všude (kolem); **from p. to p.** z místa na místo; **I like this p.** tady se mi líbí; **this p. is very draughty** tady je velký průvan; **the p. was teeming with people** hemžilo se tam lidmi; **this is the p. where it happened** tady se to stalo; **this is no p. for us** tady to není nic pro nás; **keep sth in a dry p.** udržovat něco v suchu ♦ **I can't be in two ~s at once** nemohu se přece rozpůlit **b)** Amer **some p.** někde; **no p.** nikde; **every p.** všude; **are you going any p.?** jdeš někam?; **he had no p. to go** neměl kam jít **2** *(locality)* místo; *(country/ city/ village)* země/ město/ vesnice; **a little p. in the country** *(village)* malá vesnička; **I've seen many ~s** hodně jsem toho viděl/ procestoval; **Norway is a lovely p.** Norsko je krásná země ♦ **go ~s i)** jezdit po světě, cestovat **ii)** inf *(be successful)* někam to dotáhnout, mít úspěch ■ **p. names** místní jména **3** *(building)* **a)** *(restaurant/ hotel/ pub* etc*)* restaurace/ hotel/ hospoda etc; **we stayed/ lunched in a small p. in a village** spali jsme v malém hotelu v jedné vesnici/ jedli jsme v malé restauraci v jedné vesnici **b)** *(house, home)* dům; *(flat)* byt; **p. of residence** bydliště; **at/ to your p.** u vás/ k vám; **stay at sb's p.** přespat or přenocovat u koho; **your p. or mine?** půjdem k tobě nebo ke mně?; **he invited me to his p.** pozval mě k sobě/ k nim (domů) ♦ **you've come to the wrong p.** jste na špatné adrese; **don't behave as if you owned the p.** neroztahuj se tu **c)** *(seat)* místo, sedadlo, Sch lavice; **take your ~s** sedněte si; **change ~s with sb** přesednout si, vyměnit si s někým místo **4** *(appropriate p.)* **put sth back in its p.** dát co na své místo; **give up one's p. to sb** uvolnit komu své místo ♦ **be the right man in the right p.** být (někde) na svém místě; **know one's p.** znát své místo, držet se zpátky; **put sb in his p.** odkázat někoho do patřičných mezí, inf vyběhnout s kým; **it is out of p. here** sem se to nehodí; **I felt out of p.** cítil jsem se nesvůj; **his heart is in the right p.** má srdce na pravém místě **5** *(for a specific purpose)* **a hiding p.** skrýše; **a meeting p.** místo srazu, *(for a march)* seřadiště; **a parking p.** parkoviště; **p. of birth** rodiště, místo narození na formulářích; **p. of destination** místo určení **6** *(post)* místo, zaměstnání ♦ **get a p. at university** být přijat na univerzitu **7** *(in competition)* místo, umístění; **he finished in the 2nd place** skončil druhý or na druhém místě **8** *(situation)* **(if I were) in your p.** být vámi, na vašem místě, (být) ve vaší situaci; **I would not like to be in your p.** nechtěl bych být ve vaší situaci, inf nechtěl bych s vámi měnit; **put oneself in sb else's p.** vcítit se do něčí situace **9** *(table setting)* prostření **10** Math **to four decimal ~s** na čtyři desetinná místa **11 in the first p.** za prvé, především, předně, v první řadě; **in the second/ third/ fifth p.** za druhé/ za třetí/ za páté **12 take p.** *(meeting, conference)* konat se, odehrávat se **13 in p. of sb/ sth** místo koho/ čeho; **she played in my p.** hrála místo mě **14 people in high ~s** vyšší kruhy; **have friends in high ~s** mít konexe or známosti ve vyšších kruzích ● vt **1** *(put)* dát, položit; *(ball)* umístit; *(furniture)* rozestavit; *(person: at table)* posadit; **p. sth upright** postavit něco; **he ~d the book on the table** položil knihu na stůl; **p. sth on the agenda** dát co na pořad ♦ **p. obstacles in sb's way** házet komu klacky pod nohy; **p. sth in good hands** dát něco do dobrých rukou; **p. oneself at the mercy of sb** vydat se komu na milost a nemilost; **p. one's hopes with sb** vkládat do koho naděje **2** *(find work/ home for)* umístit; **p. sb in charge of a company** svěřit komu vedení firmy **3** *(order, work)* zadat (**with sb** komu); *(contract)* uzavřít (**with sb** s kým); *(money)* investovat, dát do čeho **4** usu pass **be ~d** *(town, shop, town hall* etc*)* nacházet se; **how are you ~d for time?** jak jste na tom s časem?; **we are well ~d for shops** nemáme to daleko do obchodů **5** Sport *(in races* etc*)* **be ~d second/ third** obsadit druhé/ třetí místo, být druhý/ třetí **6** *(identify)* **I can't p. him** nemohu si vzpomenout, kdo to je; neumím si ho zařadit

placebo [plə'si:bəu] n (pl **~s** or **~es**) n Med placebo

placement ['pleismənt] n umístění

place-name ['pleisneim] n místní jméno

placenta [plə'sentə] n (pl **~s** or **-tae** [-ti:]) placenta

placid ['plæsid] adj klidný, mírný, vyrovnaný

placidity [plə'sidəti] n mírnost, vyrovnanost

placket ['plækit] n rozparek na sukni

plagiarism ['pleidžərizəm] n plagiát

plagiarist ['pleidžərist] n plagiátor

plagiarize ['pleidžəraiz] vt plagovat

plague [pleig] n **1 the p.** *(bubonic p.)* (dýmějový) mor; **avoid sb/ sth like the p.** vyhýbat se někomu/ něčemu jako čert kříži ♦ **the brown/ red p.** hnědý/ rudý mor **2** *(scourge)* pohroma, metla; **the p. of locusts** invaze kobylek **3** inf *(annoying person)* otrava ● vt **p. sb** trápit or soužit někoho; **p. sb with questions** neustále se někoho na něco vyptávat, dotírat na koho s otázkami, zahrnovat koho neustálými dotazy

plaice [pleis] n (pl **plaice** or **~s**) Zool *(fish)* platejs, platýs

plaid [plæd] n **1** *(garment)* pléd **2** *(fabric)* tartan; *(pattern)* tartanový vzor ■ **p. skirt** tartanová sukně

plain$_1$ [plein] n Geog rovina, planina, pláň

plain$_2$ [plein] n Knit oko pletené hladce ● adj **1** *(clear)* jasný; *(obvious)* zřejmý; **it's as p. as the nose on your face** je to jasné jako facka, je to nabíledni; **tell sb sth in p. English** říci někomu něco po lopatě; **do I make myself p.?** je to jasné?; **that's what I call p. English** tomu říkám jasná řeč; **it was p. from his behaviour that ...** z jeho chování bylo jasné, že ... **2** *(unpatterned: fabric)* hladký, bez vzoru; *(of one colour)* jednobarevný; *(paper: unheaded)* bez hlavičky, *(unruled)* nelinkovaný; *(envelope)* obyčejný; **p. flour** hladká mouka; **p. chocolate** hořká čokoláda; **in p. clothes** *(of police)* v civilním oděvu ♦ **it was p. sailing** šlo to jako po másle, byla to hračka **3** *(simple, unsophisticated)* obyčejný; *(living* also*)* skromný; *(food, cooking)* jednoduchý, prostý, domácí **4** *(unambiguous: facts)* holý, *(truth* also*)* čirý, čistý; **tell sb the p. truth** nalít komu čistého vína **5** *(sheer: nonsense)* naprostý **6** *(unattractive)* nehezký, nevzhledný, ošklivý ■ **~ly** adv *(clearly)* jednoduše, jasně; *(simply)* jednoduše, prostě; *(bluntly: say)* naplno, na plnou hubu or pusu

plain-clothes [plein'kləuðz] adj **a p.-clothes policeman** neuniformovaný policista, policista v civilu, tajný

plainness ['pleinnəs] n **1** *(clearness)* jasnost, *(obviousness)* zřejmost **2** *(simplicity)* jednoduchost, prostota **3** *(unattractiveness)* nevzhlednost, ošklivost

plain-spoken [plein'spəukən] adj otevřený, přímý, mluvící bez obalu

plaintiff ['pleintif] n žalobce/ žalobkyně, žalující strana

plaintive ['pleintiv] adj *(voice)* naříkavý, lkavý, *(song)* teskný, tesklivý, tklivý, *(look)* smutný

plait [plæt] n cop; **wear one's hair in ~s** nosit copy ● vt *(basket, rope)* (u)plést; **p. one's hair** uplést si cop(y), zaplést si vlasy do copu/ do copů

plan [plæn] n **1** *(scheme)* plán, *(project)* projekt; Pol program; **flight p.** letový plán; **seating p.** zasedací pořádek; **draw up a p.** vypracovat plán; **go according to p.** postupovat podle plánu **2** *(intention)* plán, záměr; **the p. is to leave very early** chceme vyrazit velmi brzy; **the best p. for you will be ...** nejlepší bude, když ...; **what are your ~s for today?** co máte dnes na plánu?; **that doesn't suit my ~s** to se mi nehodí do krámu; **thwart sb's ~s** zkřížit or zhatit čí plány ♦ **knock sb's ~s for six** udělat komu čáru přes rozpočet **3** *(diagram)* plán, náčrt, nárys; *(of building* etc*)* **(ground) p.** půdorys **4** *(outline: of novel* etc*)* osnova; *(of speech, essay* also*)* koncept ● v (-nn-) **I** vt **1** *(conference)* organizovat; *(time)* (roz)plánovat (si), *(programme)* rozpracovat; *(crime)* připravovat; **p. sth in great detail** podrobně něco rozplánovat **2** *(intend)* chystat se, pomýšlet na, mít v úmyslu, plánovat; **we p. to go to Austria** chystáme se jet do Rakouska **3** *(house* etc*)* projektovat **4** *(novel, article)* koncipovat, vypracov(áv)at osnovu čeho **II** vi **1** plánovat **2** **p. for sth** *(expect)* očekávat něco, počítat s čím **3** **p. on doing sth** *(intend)* chystat se or mít v úmyslu něco dělat; **p. on sth** *(happening)* počítat s čím **III** phr v ■ **plan out** vt rozvrhnout, rozplánovat

plane₁ [plein] n Bot **p. (tree)** platan

plane₂ [plein] n *(tool)* hoblík ● vt **p. (off)** (o)hoblovat; **p. sth down** zhoblovat něco

plane₃ [plein] n inf *(aeroplane)* letadlo, letoun; **jet p.** tryskáč; **fighter p.** stíhačka, stíhací letoun; **by p.** letecky ■ **a p. crash** letecká havárie; **a p. ticket** letenka ● vi *(glider, bird)* plachtit, letět klouzavým letem, vznášet se

plane₄ [plein] n **1** Geom, Archit rovina ■ **p. geometry** planimetrie **2** fig *(intellectual* etc*)* úroveň, rovina; *(social)* vrstva

planet ['plænit] n planeta, oběžnice

planetarium [plænə'teəriəm] n (pl **~s** or **-ria** [-riə]) planetárium

planetary ['plænətəri] adj planetární, oběžnicový

plank [plæŋk] n **1** *(board)* deska, prkno, *(thick)* fošna ♦ **he is as thick as two (short) ~s** inf je pitomý jako patník or pařez **2** fig Pol **the main** or **central p.** *(of policy* etc*)* úhelný kámen, opěrný pilíř

plankton ['plæŋktən] n Biol plankton

planned [plænd] adj plánovitý, plánovaný; **p. economy** plánované hospodářství

planner ['plænə(r)] n plánovač, projektant; **town p.** urbanista

planning ['plæniŋ] n plánování; **long--term p.** dlouhodobé plánování, prognostika; **family p.** plánované rodičovství; **city** or **town p.** urbanismus ■ **p. permission** stavební povolení

plant₁ [pla:nt] n **1** Bot rostlina; **house p.** pokojová rostlina; **annual p.** jednoletá rostlina, letnička; **sensitive p.** Hort mimóza, citlivka, fig skleníková květinka ■ **p. kingdom** rostlinná říše **2** *(police p.)* **a)** *(person)* špicl (nasazený do organizace) **b)** *(~ed evidence)* podstrčené or inf narafičené důkazy o vině ● **I** vt **1** *(flowers, potatoes, trees* etc*)* sázet, (za)sadit; *(flowerbed; garden with trees* etc*)* osázet/ osadit čím; *(field: with wheat)* osít čím, *(with vegetables)* osázet čím **2** fig *(mines)* klást; *(bomb)* nastražit, skrýt kde; *(spy)* nasadit; *(blow, punch)* vrazit komu; **p. an idea in sb's mind** přivést koho na myšlenku, nasadit komu brouka do hlavy ♦ **have both feet ~ed firmly on the ground** stát oběma nohama (pevně) na zemi **3** **p. sth on sb** *(stolen goods, drugs)* podstrčit komu co, *(evidence)* nastražit or inf narafičit důkazy proti komu **II** phr v ■ **plant out** vt vysadit

plant₂ [pla:nt] n **1** *(factory)* továrna, provozovna, podnik; **hydroelectric p.** hydrocentrála **2** *(equipment)* zařízení, agregát, aparatura; **refrigeration p.** chladírenské zařízení

plantain ['plæntin] n **1** *(weed)* jitrocel **2** *(type of banana)* banán

plantation [plæn'teišn] n plantáž

planter ['pla:ntə(r)] n **1** *(person)* pěstitel; *(in tropical countries)* plantážník **2** *(machine)* sázecí stroj; *(for seeds)* secí stroj **3** *(container)* ozdobný květináč

plaque [plæk, pla:k] n **1** *(on wall)* plaketa, pamětní deska **2** Med *(on teeth)* povlak, plak

plasma ['plæzmə] n plazma; **blood p.** krevní plazma

plaster ['pla:stə(r)] n **1** Build *(for walls)* omítka **2** **p. (of Paris)** sádra; Med **p. (cast)** sádrový obvaz, Art sádrový odlitek; **his arm was in p.** měl ruku v sádře **3** Br *(for cuts)* **(sticking) p.** leukoplast ● **I** vt **1** Build *(wall)* omítnout/ omítat **2** *(daub: make-up* etc*)* inf naplácat or napatlat na co **3** *(cover)* **p. a wall with posters** polepit stěnu plakáty; **she is ~ed with make-up** je zmalovaná až hrůza **4** *(defeat)* inf rozdrtit; *(beat up)* zmlátit koho jako žito **II** phr vs ■ **plaster over** or **up** vt *(crack, hole)* zasádrovat

plastered ['pla:stəd] adj sl *(drunk)* namazaný, zlitý, zkárovaný; **get p.** namazat se, ožrat se

plasterer ['pla:stərə(r)] n štukatér, fasádník, omítkář

plastering ['pla:stəriŋ] n **1** Build omítka, štukatura **2** *(beating up)* pořádný výprask **3** *(heavy defeat)* drtivá porážka

plastic ['plæstik] n **1** *(material)* plast, umělá hmota; **~s** umělé hmoty **2** inf *(credit card)* plastická karta, kreditní karta; **pay (for sth) with p.** platit (za co) kreditní kartou ● adj **1** *(made of p.: cup, card)* plastický; *(bag, raincoat)* igelitový; *(crockery)* z umělé hmoty; **p. explosive** plastická trhavina **2** *(flexible)* plastický, *(malleable)* tvárný, inf *(person)* snadno ovlivnitelný **3** Art **p. arts** výtvarná umění **4** Med **p. surgery** plastická chirurgie; **p. surgeon** plastický chirurg

Plasticine TM ['plæstəsi:n] n plastelína

plasticity [plæ'stisəti] n plastičnost, tvárnost

plate [pleit] n **1** *(dish* or *its contents)* talíř; *(for serving)* tác, podnos; **a p. of soup** talíř polévky ♦ **it was handed to him on a p.** inf spadlo mu to do klína; **have too much on one's p.** mít toho moc, nevědět kam dřív skočit **2** *(silver dishes/ cutlery)* stříbro, stříbrné příbory a nádobí **3** *(sheet of metal)* kovová deska, plát, plech, *(of glass)* tabule; *(small p.)* kovový plátek, kovová destička **4** *(name plaque)* štítek se jménem; *(licence-p., number-p.)* tabulka se státní poznávací značkou; **a car with foreign ~s** auto s cizí poznávací značkou **5** Typ, Phot deska; *(illustration)* (celostránková) ilustrace **6 (dental) p.** zubní protéza, umělý chrup **7** Racing *(trophy)* pohár; *(race)* pohárový běh **8** Baseball *(home p.)* domácí meta ● vt **1** *(coat with metal)* plátovat, pokovovat **2** *(cover: with metal plates)* (o)plechovat, *(with armour plates)* (o)pancéřovat

-plated ['-pleitid] **silver-/ gold-plated** pozlacený, postříbřený galvanicky

plateau ['plætəu] n (pl **~s** or **~x** [-təuz]) **1** Geog náhorní plošina or rovina, plató **2** fig **reach a p.** *(prices)* stabilizovat se, dosáhnout stabilní hladiny

plateful ['pleitful] n *(content)* talíř; **a p. of soup** talíř polévky

platelet ['pleitlət] n Anat krevní destička

platform ['plætfo:m] n **1** *(stage)* pódium; *(for speakers)* tribuna; Sch stupínek **2** Rail nástupiště; *(for loading)* rampa, nákladiště ■ **p. ticket** peronní lístek, inf peronka **3** Pol *(programme)* platforma, program

plating ['pleitiŋ] n **1** galvanické pokovování; *(gold-p./ silver-p.)* zlacení/ stříbření **2** *(armour-p.)* pancéřování

platinum ['plætinəm] n platina ■ **a p. blonde** *(woman)* platinová blondýna

platitude ['plætitju:d] n (otřepaná) fráze, banalita

platitudinous [plæti'tju:dinəs] adj frázovitý, banální

platonic [plə'tonik] adj **1** *(philosophy)* **P.** platónský **2** *(love, friendship)* platonický

platoon [plə'tu:n] n Mil četa

platter ['plætə(r)] n **1** *(for serving:* esp *meat, fish)* mísa, podnos **2** inf Amer *(record)* gramofonová deska

platypus ['plætipəs] n (pl **~es**) **(duck-billed) p.** ptakopysk

plaudits ['plo:dits] n pl fml ovace, potlesk, hold; *(uncritical praise)* vychvalování, opěvování

plausibility [plo:zə'biləti] n see **plausible** přijatelnost; *(of argumentation)* přesvědčivost; *(of data)* hodnověrnost

plausible ['plo:zəbl] adj *(excuse, explanation)* přijatelný; *(story)* pravděpodobný, (docela dobře) možný; *(person)* hodnověrný, věrohodný; *(manner, argument, alibi)* přesvědčivý; *(liar)* dobrý; *(lie)* hodnověrně znějící; *(data)* hodnověrný ■ **plausibly** adv *(argue)* přesvědčivě; *(explain)* přijatelně

play [plei] n **1** Theat hra, (divadelní) kus, drama; **a radio/ television p., a p. for radio/ television** rozhlasová/ televizní hra; **a one-act p.** hra o jednom dějství, jednoaktovka; **a three-act p.** hra o třech dějstvích; **stage a p.** uvést hru na scénu, inscenovat hru **2** *(amusement)* hra, zábava, kratochvíle; **children at p.** děti při hře; **a p. on words** slovní hříčka ♦ **it is child's p.** je to hračka, je to lehké jako facka **3** Sport hra; **abandon p.** přerušit hru; **be in p./ be out of p.** *(ball)* být ve hře/ být v autu; **it's your p.** teď hraješ ty, Cards teď vynášíš or neseš ty, Chess jsi na tahu ♦ **fair p.** lit & fig fair play [fér plej], čistá hra; **foul p.** nedovolená hra, nečistá hra, fig špinavá hra, zákulisní čachry **4** *(manoeuvre)* esp Amer **a)** *(in a game)* **a fine passing/ defensive p.** hezká přihrávka/ výborný obranný manévr **b)** fig esp Amer **make a p. for sb/ sth** ucházet se o koho/ pokusit se o co; **he made a p. for my girlfriend** ucházel se o mou dívku **5** *(shifting movement, interaction: of light, shades, colours)* hra, *(of muscles* also*)* vlnění ♦ **come into p.** přicházet ke slovu, začít působit; **bring sth into p.** uvést něco, nechat něco působit **6** Techn vůle; **give the rope more p.** popustit lano ● **I** vt **1** Theat **a)** *(act: role)* hrát, představovat, interpretovat; **p. (the part of) Hamlet** hrát (roli) Hamleta; **they are ~ing Hamlet** (v divadle) dávají or hrají Hamleta; **p. a town/ a theatre** hrát v nějakém městě/ divadle **b)** fig **p. an important role** (se)hrát důležitou roli; **p. the fool** šaškovat, dělat ze sebe kašpara, jančit; **p. the innocent** tvářit se jako neviňátko or svatoušek; **p. God** hrát si na Pána Boha; **p. gooseberry** dělat křena **2** Mus **a)** *(instrument)* hrát na co; **p. the violin** hrát na housle; **p. the trumpet** hrát or troubit or foukat na trumpetu **b)** *(melody, piece)* hrát; *(note)* zahrát; **p. Mozart** hrát Mozarta; **p. dance music** hrát k tanci **c)** fig **p. first fiddle** hrát někde prim, mít rozhodující slovo; **p. second fiddle** hrát někde druhé housle, být někde páté kolo u vozu; **p. it by ear** improvizovat **3** *(records, tapes)* přehrávat, pouštět (si), *(stereo)* pouštět si **4** *(for amusement)* **a)** *(cards, chess, games* etc*)* hrát; *(match, game* also*)* sehrát; *(tournament)* hrát na čem, zúčastnit se čeho; **p. sports** sportovat; **p. soldiers** hrát si na vojáky; **he ~ed many tournaments** hrál na mnoha turnajích; **p. a cautious game** hrát opatrně; **p. a good/ poor game** zahrát dobře/ špatně ♦ **p. cat and mouse with sb** hrát si s kým jako kočka s myší; **p. games with sb** hrát s kým komedii; **p. it both ways** hrát to na obě strany **b)** *(opposing player)* hrát s kým, hrát proti komu, utkat se s kým, mít za soupeře koho; **Scotland will p. England** Skotsko se utká s Anglií **c)** *(chess piece)* táhnout or zahrát s čím, *(card)* vynést/ vynášet; **p. a pawn** táhnout pěšcem; **p. a trump** vynést trumf; **p. the ball to sb** přihrát komu (míč) ♦ **p. ball with sb** hrát si s kým do noty **d)** *(position)* hrát kde, *(manager, coach)* dělat; **p. (in) wing** hrát na křídle; **p. (in) goal** chytat, být v brance, dělat brankáře **5** *(gamble)* **p. the horses** sázet na koně; Fin **p. the stock market** spekulovat na burze v malém měřítku; **p. the property market** spekulovat s nemovitostmi **6** *(trick, joke)* **p. a trick on sb** udělat komu lumpárnu; **p. a practical joke on sb** provést komu kanadský žertík **7** *(direct: light, jet of water)* zamířit čím na co **8** *(fish)* unavit **II** vi **1** Theat **a)** *(act)* hrát, být hercem/ herečkou; **p. in sth** hrát v čem; **p. to a full house** hrát před vyprodaným hledištěm **b)** *(be performed: play, film)* hrát se; **Hamlet is ~ing tonight** dnes (večer) se hraje Hamlet, dnes dávají Hamleta; **what's ~ing at the theatre?** co dávají v divadle? **c)** *(pretend)* **p. dead** dělat mrtvého; **p. dumb** stavět se hloupým, hrát si na hloupého **2** Mus *(person, band, radio, stereo, record)* hrát, *(instrument* also*)* znít, být slyšet; **p. to sb** hrát komu **3** *(children)* hrát si, bavit se; **run away and p.!** běž si hrát!; **p. at soldiers** hrát si na vojáky; **p. with dolls** hrát si s panenkami; **p. with oneself** euph masturbovat; **p. with words** hrát si se slovíčky; **p. with fire** hrát si s ohněm, riskovat; **p. with sb** zahrávat si s kým; **p. truant** chodit za školu; **what are you ~ing at?** co to má znamenat? **4** Sport, Games **a)** gen hrát; **p. well/ badly** hrát dobře/ špatně; **p. in a team** hrát v mužstvu or za mužstvo ♦ **p. foul** udělat podraz; **p. fair** hrát fér(ovou hru); **p. fair with sb** hrát s někým fér or poctivou hru **b)** *(hit)* zahrát, střelit; **he ~ed into the right corner** vypálil do pravého rohu; **p. into the net** zahrát do sítě ♦ **p. into sb's hands** hrát komu do karet; **p. into each other's hands** nahrávat si; **p. by the rules** dodržovat pravidla **c) the pitch ~s well/ badly** na hřišti se hraje dobře/ špatně **5** *(gamble)* hrát, spekulovat; **p. for money** hrát o peníze ♦ **p. for high stakes** hrát vysokou hru **6** *(fountain)* být v činnosti, fungovat; *(light)* míhat se, *(sun, moon on water)* zrcadlit se; **a smile ~ed on** or **around her lips** zlehka se usmála, úsměv jí pohrával na rtech or na tváři; **lightning ~ed across the sky** oblohu překřížil blesk **III** phr vs ■ **play about** vi *(children)* hrát si, bavit se, *(frolic)* dovádět ■ **play about with** vt **1** *(tamper with: camera, radio)* hrát si s čím, sahat na co **2** *(trifle with: sb, sb's feelings)* zahrávat si s kým/ s čím **3** *(consider: idea)* pohrávat si s čím ■ **play along** *I* vi spolupracovat; *(pretend)* **p. along with sth** *(suggestions, ideas)* naoko s čím souhlasit *II* vt *(deceive)* **p. sb along** vodit koho za nos, klamat koho; *(tease)* dělat si z koho legraci ■ **play around** vi **1 = p. about 2** *(be promiscuous: of women)* tahat se s kdekým, mít mnoho milenců ■ **play around with = play about with**; **p. around with one's food** rýpat or nimrat se v jídle ■ **play back** vt *(tape, film)* znovu si přehrát ■ **play down** vt *(difficulty, disaster)* bagatelizovat, *(achievement, victory* also*)* zlehčovat ■ **play in** vt **1 p. sb in** uvítat koho hudbou **2 p. oneself in** rozehrát se; fig přivyknout si ■ **play off** *I* vi Sport hrát rozhodující zápas *II* vt **p. A off against B** poštvat A proti B; **he ~ed them off against each other** štval or inf hecoval je proti sobě ■ **play on** *I* vi pokračovat ve hře *II* vt **1** *(fears, weaknesses)* využívat čeho, zneužívat čeho; *(feelings)* apelovat or útočit na co; **p. on sb's heartstrings** působit na čí city **2 p. on words** hrát si se slovíčky **3 p. on sb's nerves** *(eg waiting, situation, sb's manner* etc*)* znervózňovat koho, rozčilovat koho, jít komu na nervy ■ **play out** vt **1** Mus **p. sb out** vyprovodit koho hudbou, hrát komu k odchodu **2** Theat *(scene)* (za)hrát; **the drama which is being ~ed out in**

Bosnia drama, které se odehrává v Bosně **3** inf **be completely ~ed out** *(exhausted)* být vyřízený, být vyčerpaný ■ **play through** vt Mus *(piece)* zahrát od začátku do konce, přehrát ■ **play up** *I* vt **1** *(stress: role, one's experience* etc*)* zdůrazňovat, vyzdvihovat, klást důraz na co; *(exaggerate)* zveličovat, nafukovat **2** Br inf *(bother, cause trouble)* zlobit; **my back is ~ing me up** zlobí mě záda *II* vi **1** *(car, computer, injured shoulder* etc*)* zlobit **2 p. up to sb** *(flatter)* lichotit or pochlebovat komu, podlízat komu ■ **play upon** = **play on**

playable ['pleiəbl] adj hratelný

play-act ['pleiækt] vi *(pretend)* předstírat, hrát divadýlko, inf filmovat to

play-acting ['pleiæktiŋ] n *(pretence)* předstírání, inf filmování, divadýlko, komedie

play-actor ['pleiæktə(r)] n fig komediant

playback ['pleibæk] n *(replay)* reprodukce, přehrávka, playback ■ **p. head** snímací hlava

playbill ['pleibil] n **1** *(poster)* divadelní plakát **2** Amer *(programme)* divadelní program

playboy ['pleiboi] n playboy, světák, švihák

Play-Doh TM ['pleidəu] n modelovací hmota

player ['pleiə(r)] n **1** Sport hráč/ hráčka; **tennis p.** tenista/ tenistka; **chess p.** šachista; **hockey p.** hokejista; **volleyball p.** volejbalista, odbíjenkář; **bridge p.** hráč bridže; **are you a bridge/ chess p.?** hrajete bridž/ šach? **2** Mus hráč na co; **solo p.** sólista; **guitar p.** hráč na kytaru, kytarista; **piano p.** pianista, klavírista **3** arch *(actor)* herec/ herečka

player-piano ['pleiəpiænəu] n pianola, mechanický klavír

playfellow ['pleifeləu] n kamarád z dětství

playful ['pleiful] adj škádlivý, šprýmovný; *(child, animal)* hravý, dovádivý, skotačivý; *(smile, remark)* šibalský, šelmovský, čtverácký; **p. struggle** hravé zápolení; **be as p. as a kitten** být hravý jako kotě ■ **~ly** adv *(remark, say)* šibalsky; *(behave)* rozpustile

playgoer ['pleigəuə(r)] n návštěvník divadla

playground ['pleigraund] n dětské hřiště, Sch školní dvůr; fig populární rekreační místo zvl. pro boháče

playgroup ['pleigru:p] n ≅ školka kroužek pro děti v předškolním věku organizovaný zpravidla jednou z jejich matek

playhouse ['pleihaus] n (pl **-houses** [-hauziz]) **1** *(theatre)* divadlo **2** *(children's toy)* **a)** *(for dolls)* domeček pro panenky **b)** *(Wendy house)* domeček pro děti na hraní

playing ['pleiiŋ] n **1** Mus hra, (hudební) podání; **guitar p.** hra na kytaru **2** ■ **p. card** hrací karta; **p. field** hřiště; **the school p. field** školní hřiště ♦ **a level p. field** rovnost šancí; **compete on a level p. field** *(individual, firms)* soutěžit za stejných podmínek

playlet ['pleilət] n *(one-act play)* (jedno)aktovka

playmate ['pleimeit] n kamarád z dětství

play-off ['pleiof] n play-off [pleiof]

playpen ['pleipen] n dětská ohrádka

playpiece ['pleipi:s] n esp Scot přesnídávka

playroom ['pleiru:m] n dětský pokoj pro hry

playschool ['pleisku:l] n = **playgroup**

playsuit ['pleisu:t] n dupačky

plaything ['pleiθiŋ] n lit & fig hračka; **be sb's p.** fig *(person)* sloužit komu pro zábavu

playtime ['pleitaim] n čas na hry; Sch velká přestávka

playwright ['pleirait] n dramatik

plaza ['pla:zə] n **1** *(open square)* náměstí, tržiště **2** Amer **(shopping) p.** *(shopping centre)* nákupní středisko

PLC, plc [pi:el'si:] Br abbr of **Public Limited Company** veřejná s.r.o., veřejná společnost s ručením omezeným

plea [pli:] n **1** *(request)* prosba; *(appeal)* výzva; **make a p. for help/ mercy** prosit o pomoc/ milost **2** *(excuse)* odůvodnění, zdůvodnění, záminka, výmluva **3** Jur žalobní odpověď, odpověď na žalobu; **enter a p. of guilty/ not guilty** přiznat před soudem vinu/ prohlásit se za nevinného ■ **p. bargaining** dohoda při přiznání viny

plead [pli:d] v (pt & pp **~ed**; Jur also **pled**) **I** vt **1** Jur *(argue)* **p. sb's case, p. the case for sb** zastupovat koho, hájit koho **2** *(as excuse)* odvolávat se na co; **p. ignorance of the law** odvolávat se na neznalost zákona; **she ~ed a headache** vymluvila se na bolest hlavy **II** vi **1** *(beg)* (snažně) prosit, (naléhavě) žádat; **p. with sb (for sth)** snažně koho prosit (o co); **p. with sb to do sth** prosit koho, aby něco udělal **2** Jur **p. for sb** zastupovat koho; **p. guilty** přiznat (před soudem) vinu; **p. not guilty** prohlašovat se za nevinného, popírat vinu

pleading ['pli:diŋ] n **1** *(entreaty)* snažná prosba or žádost **2** Jur obhajoba ● adj *(look, voice)* úpěnlivý, prosebný ■ **~ly** adv úpěnlivě

pleadings ['pli:diŋz] n pl Jur protokol o přelíčení, procesní spisy

pleasant ['pleznt] adj příjemný, *(person, face* also*)* milý, sympatický; *(news* also*)* radostný, potěšitelný ■ **~ly** adv příjemně, mile

pleasantry ['plezntri] n **1** *(joke)* žert, šprým **2** esp pl **pleasantries** zdvořilosti, poklony; **exchange pleasantries** vyměnit/ vyměňovat si zdvořilosti

please [pli:z] interj prosím; **come in, p.** vstupte, prosím; more formal račte vstoupit; **pass me the salt, p.** podejte mi, prosím (vás), sůl; **would you phone me, p.?** buď tak hodný a zavolej mi ● **I** vt **1** *(give pleasure to)* potěšit, zavděčit se komu, udělat komu radost; *(satisfy)* uspokojit; **p. sb with a gift** potěšit koho dárkem; **p. sb greatly** udělat komu velkou radost; **you can't p. everybody** všem se nelze zavděčit; **there's no pleasing him** jemu se nezavděčíš; **he is difficult to p.** jemu je těžko vyhovět **2 p. oneself** dělat si podle svého, vyhovět si; **p. yourself!** dělej, jak myslíš; posluž si! **3 p. God he will recover** Bůh dá, že se uzdraví **II** vi **1** *(give pleasure)* **be eager** or **anxious to p.** snažit se vyhovět, snažit se vyjít vstříc **2** *(choose)* **if you p.** *(in requests)* fml & dated s vaším dovolením, prosím (vás); **he told me I was stupid, if you p.!** představte si, že mi řekl, že jsem hlupák; **(just) as you p.** jak je libo, jak si přejete; **I go where I p.** chodím si, kam chci

pleased [pli:zd] adj spokojený, potěšený; **be p. with sth** být s čím spokojený, mít z čeho radost, těšit se z čeho; **oh, I am p.** to mám radost; **I'll be p. to come** rád přijdu; **p. to meet you** těší mě; **he looks very p. with himself** tváří se velmi samolibě; **we are p. to inform you that ...** s potěšením Vám oznamujeme, že ...

pleasing ['pli:ziŋ] adj příjemný, milý; **be p. to the eye/ ear** lahodit oku/ uchu

pleasurable ['pležərəbl] adj příjemný, radostný

pleasure ['pležə(r)] n **1** *(enjoyment, happiness)* radost, potěšení, požitek; **childish p.** dětinská radost; **genuine p.** nelíčená radost; **malicious p.** zlomyslná radost; **to my great p.** k mé velké radosti; **take p. in sth** těšit se z čeho, libovat si v čem **2 sexual/ sensual p.** sexuální/ smyslná rozkoš **3** *(amusement)* zábava; **do sth for p.** dělat něco pro zábavu; **combine business with p.** spojit příjemné s užitečným; **business comes before p.** napřed práce, potom zábava; **pursue p.** honit se za radovánkami ■ **p. beach** rekreační pláž; **p. boat** výletní loď; **p. resort** výletní místo **4** *(source of p.)* radost, potěšení; **empty ~s** bezduché radovánky; **it was a p. to listen to him** bylo radost ho poslouchat; **the child is a p. to look at** je to dítě radost pohledět; **the ~s of country life** radosti or radovánky venkovského života; **be sb's only p. in life** být jedinou radostí koho **5** *(in polite phrases)* **with p., it's a p.** s radostí, velmi rád, milerád; *(thank you!)* — **it's been a p.** rádo se stalo; **the p. is mine/ ours** potěšení je na mé/ naší straně; **may I have the p. (of this dance)?** fml smím prosit? **6** *(desire)* **at your p.** fml jak si přejete, podle libosti; *(be detained)* **at** or **during Her Majesty's p.** Jur na neurčito, podle libosti Jejího Veličenstva

pleasure-loving ['pležəlaviŋ], **pleasure-seeking** ['pležəsi:kiŋ] adj požitkářský, rozmařilý, hedonistický, holdující radovánkám

pleat [pli:t] n záhyb, inf fald ● vt skládat, řasit, *(skirt)* plisovat

pleated ['pli:tid] adj *(skirt)* plisovaný

plebeian [plə'bi:ən] adj Hist & fig plebejský, neurozený ● n plebej, plebejec/ plebejka

plebiscite ['plebisait] n plebiscit, lidové hlasování

plectrum ['plektrəm] n (pl **~s** or **plectra** [-trə]) Mus trsátko

pled [pled] Amer Scot pt & pp of **plead**

pledge [pledž] n **1** *(promise)* slib, příslib, závazek; **a £20 p.** příslib dvaceti liber; **give a p. to sb** dát komu své slovo; **keep one's p.** dodržet slib, dostát slibu; **break a p.** nedodržet slib, nedostát slibu; **take** or **sign the p.** joc písemně se zavázat k abstinenci **2** *(token)* projev, důkaz; **as a p. of my love/ friendship** na důkaz lásky/ přátelství **3** *(security: in pawnshop* etc*)* zástava, záruka **4** fml *(toast)* přípitek; **let's drink a p. to his success** připijme si na jeho úspěch ● vt **1** *(promise)* slíbit, přislíbit, zavázat se; **p. sb one's word** dát někomu slovo; **p. oneself to do sth** zavázat se k čemu; **be ~d to secrecy** být vázán slibem mlčenlivosti **2** *(offer as security, pawn)* zastavit, dát do zástavy; **~d securities** zastavené cenné papíry

Pleistocene ['plaistəusi:n] n **the P.** pleistocén ● adj pleistocénní

plenary ['pli:nəri] adj **1** plenární; **a p. session** plenární schůze, plénum, plenární zasedání **2 p. powers** neomezená plná moc

plenipotentiary [plenipə'tenšəri] n zplnomocněnec, plnomocník, zmocněnec ● adj **ambassador p.** zplnomocněný velvyslanec

plentiful ['plentiful] adj hojný; *(in number)* početný; *(supplies, harvest, diet, meal)* bohatý; *(hair)* bohatý, hustý; *(land, year)* úrodný ■ **~ly** [-fəli] adv bohatě, hojně

plenty ['plenti] n *(abundance)* hojnost, nadbytek; **in p.** v hojnosti, v přebytku; **the years of p.** úrodná léta, léta blahobytu; **horn of p.** roh hojnosti ● pron **1** *(enough)* dost, dostatek; **have p. to eat/ drink** mít dostatek jídla/ pití; **have p. of time for sth** mít na něco dost času; **have p. to do, have p. to keep oneself occupied** mít dostatek práce, mít o zábavu postaráno; **have p. to choose from** mít dostatečný výběr **2** *(a lot)* spousta, hodně, mnoho; **p. of milk/ wine/ time** spousta mléka/ vína/ času; **there's p. of snow in the mountains** na horách je spousta sněhu; **take p. of exercise** mít hodně pohybu ● adj Amer *(abundant)* hojný ● adv esp inf Amer **it's p. big enough** je to dost velké; **be p. thirsty** mít pořádnou žízeň

plenum ['pli:nəm] n plénum, plenární zasedání

pleonasm ['pli:ənæzəm] n pleonasmus

plethora ['pleθərə] n fml přemíra, nadbytek, přebytek

pleurisy ['pluərəsi] n Med zánět pohrudnice, pleuritida

pliability [plaiə'biləti] n (see **pliable**) ohebnost, poddajnost, pružnost, přizpůsobivost

pliable ['plaiəbl], **pliant** ['plaiənt] adj **1** *(plastic, branch* etc*)* ohebný, poddajný, pružný **2** *(person)* poddajný, přizpůsobivý; *(docile)* poslušný

pliers ['plaiəz] n pl **(a pair of) p.** (kombinované) kleště, inf kombinačky

plight [plait] n nouze, neutěšená situace; **be in a sad** or **sorry p.** být v zoufalé situaci

plimsolls ['plimsəlz] n pl Br **(a pair of) p.** tenisky, cvičky

plinth [plinθ] n *(of column)* plint, podstavec; *(of statue)* patka, sokl

Pliocene ['plaiəusi:n] n **the P.** pliocén ● adj pliocenní

PLO [pi:el'əu] abbr of **Palestine Liberation Organization** Organizace pro osvobození Palestiny

plod [plod] n *(walk)* namáhavá chůze ● v **(-dd-) I** vi *(trudge)* plahočit se, trmácet se, vléci se **II** phr vs ■ **plod along** vi jít co noha nohu mine, pomalu se plahočit ■ **plod away** vi **p. away at sth** pachtit se s čím, lopotit se s čím ■ **plod on** vi plahočit se dál; fig nevzdávat se, vytrvat ■ **plod through** vt *(passage, book* etc*)* prokousat se čím

plodder ['plodə(r)] n usu pej dříč, tahoun, pracant; *(student)* šprtoun, šprták

plodding ['plodiŋ] adj *(step)* těžký; *(walk)* namáhavý; *(style)* těžkopádný; *(research)* zdlouhavý, pracný ■ **~ly** adv těžce, těžkopádně, namáhavě; pracně

plonk$_1$ [ploŋk] n *(noise)* žuchnutí ● adv žuch, žbluňk; **fall p. on the ground** inf spadnout s žuchnutím na zem; **p. in the middle** přesně doprostřed/ uprostřed ● vt also **p. down** *(drop, put down)* hřmotně upustit/ položit; **he ~ed himself down in an armchair** žuchnul sebou do křesla

plonk$_2$ [ploŋk] n inf břečka, mizerné víno, patoky

plonker ['ploŋkə(r)] n Br sl pej **1** *(fool)* pitomec, vůl **2** *(penis)* ocas

plop [plop] n *(sound)* žblunknutí ● adv se žblunknutím; **it fell p. into the water** spadlo to se žblunknutím do vody, **go p.** udělat žblunk ● v **(-pp-) I** vi žblunknout/ žblunkat, šplouchnout/ šplouchat

plot$_1$ [plot] n **1** *(conspiracy)* konspirace, komplot, úklady, spiknutí (**against sb** proti komu); **hatch a p.** osnovat spiknutí **2** Liter fabule, děj; Theat zápletka; **be thin on p.** být dějově chudý; **the p. thickens** fig joc zápletka se komplikuje **3** Amer Archit *(diagram)* plán, *(of building)* půdorys ● v **(-tt-) I** vt **1 p. to kill sb** ukládat komu o život, připravovat na někoho atentát; **p. vengeance** osnovat pomstu **2** *(position, course)* určit; *(draw on map)* zakreslit **3** *(graph)* sestrojit **II** vi osnovat spiknutí (**against the government** proti vládě), konspirovat, kout pikle

plot$_2$ [plot] n *(of land)* parcela, kousek půdy, pozemek; **a vegetable p.** zelinářský záhon; **a building p.** stavební parcela or pozemek

plotter$_1$ ['plotə(r)] n *(conspirator)* spiklenec/ spiklenkyně, intrikán/ intrikánka

plotter$_2$ ['plotə(r)] n Comput kreslicí zařízení, souřadnicový zapisovač, plotter

plotting$_1$ ['plotiŋ] n intrikaření, pletichaření, spiklenectví

plotting$_2$ ['plotiŋ] adj **p. board** or **table** kreslicí stůl

plough, Amer **plow** [plau] n **1** *(implement)* pluh ◆ **put one's hand to the p.** fig přiložit ruku k dílu, plivnout si do dlaní **2** Astron **the P.** Velký vůz **3** *(land)* orná půda ● **I** vt **1** *(land)* (po)orat, zorat; *(furrow)* vyorat **2** Fin *(money)* investovat **3** Br Univ inf *(fail: exam)* vyletět od zkoušky, *(candidate)* vyhodit od zkoušky, nechat proletět **II** vi orat **III** phr vs ■ **plough back** vt *(profits, money)* znovu investovat ■ **plough in** vt *(manure* etc*)* zaorat ■ **plough into** vt **1 p. into sth** *(vehicle)* inf vrazit or narazit do čeho; **p. into the crowd** vjet do davu **2** Amer *(work)* najet na něco, zahrabat se do čeho ■ **plough through** vt *(crowd)* protlačit se, prodírat se; *(book, task)* prokousat se čím ■ **plough up** vt *(field)* zaorat

ploughland, Amer **plowland** ['plaulænd] n orná půda

ploughman, Amer **plowman** ['plaumən] n (pl **-men**) oráč; **p.'s lunch** *(served with beer in a pub)* sýr s chlebem a nakládanou zeleninou

ploughshare, Amer **plowshare** ['plauʃeə(r)] n radlice

plover ['plavə(r)] n Orn kulík; **golden p.** kulík zlatý

plow [plau] see **plough**

ploy [ploi] n *(trick)* fígl, finta, trik

pluck [plak] n **1** *(courage)* odvaha, statečnost **2** *(tug: eg at one's sleeve)* zatáhnutí **3** Cook vnitřnosti, droby ● **I** vt **1** *(an apple, a rose)* utrhnout, *(fruit, flowers)* trhat **2** *(chicken, goose)* (o)škubat, *(feathers)* (vy)škubat ♦ **p. sb from the jaws of death** vyrvat koho z náruče smrti **3** *(eyebrows)* vytrh(áv)at **4** **p. the strings of a guitar** brnkat na kytaru **II** vi **p. at sth** *(sleeve, skirt* etc*)* zatáhnout/ tahat zač **III** phr vs ■ **pluck off** *(feathers)* vyškubat ■ **pluck up courage** fig dodat si odvahy or kuráže, vzmužit se

plucky ['plaki] adj (**-ier**, **-iest**) odvážný, kurážný, statečný ■ **pluckily** adv odvážně, kurážně, statečně

plug [plag] n **1** *(in bath, sink, barrel)* zátka, *(in barrel* also*)* čep, *(for leak)* ucpávka, těsnění; *(of cotton wool)* chomáček, tampon; *(for ears)* ucpávka ♦ **pull the p. on sb** fig vypálit komu rybník; **pull the p. on sth** *(project, plan)* znemožnit něco **2** Elec zástrčka, vidlice; inf *(socket)* zásuvka; Aut *(spark p.)* svíčka **3** Build **(wall) p.** hmoždinka, hmoždík **4** *(of tobacco)* žvanec **5** inf TV, Rad *(repeated mention)* reklama **6** Amer sl *(blow)* rána, šupa ● v (**-gg-**) **I** vt **1** *(barrel)* zazátkovat, *(hole, gap)* ucpat, zacpat, utěsnit, *(crack)* zatmelit **2** inf *(tooth)* zaplombovat **3** Elec *(appliance, cable)* zapojit **4** inf *(advertise)* dělat reklamu čemu, vychvalovat **5** Amer sl *(shoot)* odprásknout, provrtat **II** phr vs ■ **plug away** vi inf makat, dřít jako šroub (**at sth** na čem), lopotit se (**at sth** s čím); **p. away at one's German** dřít se or šrotit němčinu ■ **plug in** vt *(appliance)* zapojit, připojit ■ **plug up** vt *(hole, gap)* zazátkovat, ucpat, utěsnit; *(crack)* zatřít, zatmelit

plughole ['plaghəul] n odtokový or výpustný otvor ♦ **go down the p.** inf *(be wasted, ruined)* přijít vniveč, jít k čertu, vulg jít do prdele

plug-in ['plagin] adj napájený ze sítě, připojitelný pomocí zástrčky

plug-ugly ['plagagli] n Amer sl výtržník, chuligán ● adj ošklivý jako opice, škaredý jako noc

plum [plam] n **1** *(tree, fruit)* švestka, slíva ♦ **he speaks with a p. in his mouth** inf mluví, jako by měl horkou bramboru v puse ■ **p. brandy** slivovice; **p. cake** švestkový koláč; **p. pudding** Amer, Br dated vánoční pudink **2** *(colour)* červenofialová barva **3** fig inf *(good job)* lehárna, koryto ● adj **1** *(colour)* švestkově modrý **2** **a p. job** výborný flek

plumage ['plu:midž] n peří, opeření

plumb [plam] n **p. (line)** olovnice; **be out of p.**, **be off p.** *(wall)* nebýt svislý ● adv **1** *(vertically)* svisle, kolmo **2** *(exactly)* rovnou, přesně; **p. in the middle** přesně uprostřed **3** Amer inf *(completely)* naprosto, dočista; **he's p. crazy** je absolutně střelený ● vt **1** *(depth)* (z)měřit hloubku olovnicí, sondovat **2** fig *(mystery)* snažit se dostat čemu na kloub; **p. the depths of despair** dostat se až na dno zoufalství

plumber ['plamə(r)] n instalatér, klempíř

plumbiferous [plam'bifərəs] adj obsahující olovo

plumbing ['plamiŋ] n **1** *(work)* instalatérské práce **2** *(pipes* etc*)* instalace

plume [plu:m] n **1** *(feather)* (ptačí) pero; *(on helmet)* chochol ♦ **deck oneself in borrowed ~s** chlubit se cizím peřím **2** *(of smoke, steam)* oblak ● vt **1** **p. itself**, **p. its feathers** *(bird)* rovnat si peří **2** fig **p. oneself on sth** honosit se čím

plumed [plu:md] adj *(hat)* ozdobený peřím; *(helmet)* ozdobený chocholem

plummet ['plamit] n *(weight)* olověné závaží; Angling olůvko; *(plumb line)* olovnice, hloubkoměr ● vi **1** *(bird, plane)* letět střemhlav **2** *(prices, profits, birthrate)* prudce (po)klesnout; fig *(values, morale)* zhroutit se

plummy ['plami] adj (**-ier**, **-iest**) **1** *(voice)* inf pej snobský **2** inf *(job)* senzační, lážový **3** *(colour)* tmavočervený

plump₁ [plamp] adj **1** *(baby, cheeks)* baculatý, *(face)* buclatý, boubelatý **2** euph *(fat)* silný, zavalitý, obtloustlý, silnější, *(woman* also*)* plnoštíhlá, kyprá **3** *(animal)* pěkně vykrmený ● **I** vt **1** *(pillow)* načechrat, natřást **2** *(fowl)* vykrmit **II** phr vs ■ **plump out** vi *(face, cheeks)* kulatit se, zakulacovat se, *(person, animal)* přibírat na váze ■ **plump up** vt *(pillow)* načechrat, natřást

plump₂ [plamp] n *(sound)* žuchnutí ● phr vs ■ **plump for sb/ sth** rozhodnout se pro koho/ co ■ **plump down** vt **p. sth down** praštit čím, hodit co dolů; **p. (oneself) down in an armchair** žuchnout (sebou) do křesla

plunder ['plandə(r)] vt drancovat, plenit ● n **1** *(~ing)* drancování, plenění **2** *(lot)* kořist, lup

plunge [plandž] n **1** *(dive)* skok do vody ♦ **take the p.** fig přestat váhat, udělat rozhodný krok, *(get married)* inf praštit do toho **2** *(of share prices* etc*)* prudký pokles ● **I** vt *(immerse)* ponořit; *(thrust)* uvrhnout; **he ~d the dagger into her heart** vrazil jí dýku do srdce; **p. the country into war** uvrhnout or zavléct zemi do války; **the room was ~ed into darkness** místnost se pohroužila do tmy **II** vi **1** *(fall: person)* zřítit se; *(dive into water)* skočit do vody; *(bird, plane)* letět střemhlav; *(road, cliff)* mít prudký spád, prudce klesat, prudce se svažovat **2** *(prices, temperature)* prudce klesnout **III** phr vs ■ **plunge forward** vi *(person, horse)* vyrazit kupředu, *(vehicle)* vyřítit se ■ **plunge into** vt **p. into sth** fig skočit do čeho rovnýma nohama, bezhlavě se do něčeho pustit

plunger ['plandžə(r)] n **1** *(for blocked drains)* pryžová přísavka **2** Techn *(piston)* plunžrový píst, plunžr

plunging ['plandžiŋ] adj *(neckline)* hluboký

plunk [plaŋk] adv inf see **plonk**$_1$ ● v *(strum)* brnkat

pluperfect [plu:'pə:fikt] n Ling předminulý čas, plusquamperfektum

plural ['pluərəl] n plurál, množné číslo; **in the p.** v plurálu, v množném čísle ● adj plurálový

pluralism ['pluərəlizəm] n pluralismus

pluralist ['pluərəlist] n pluralista ● adj also **~ic** [pluərə'listik] pluralitní

plurality [pluə'ræləti] n **1** *(of views* etc*)* pluralita, mnohost, rozmanitost **2** Amer Pol prostá většina ne absolutní

plus [plas] prep **1** Math plus, a; **two p. four is six** dvě plus čtyři je šest; **p. or minus five** plus minus pět; **p. ten degrees** plus deset stupňů **2** *(as well as)* plus, a k tomu ještě, a navíc; **three adults p. two children** tři dospělí plus dvě děti ● adj **1** Phys, Math kladný; **a p. quantity** kladná veličina; **p. sign** plusové znaménko, znaménko plus; **p. pole** kladný pól **2** *(more than)* víc(e) než, přes; **he's fifty p.** je mu přes padesát let, je mu víc než padesát let ● n **1** *(symbol)* (znaménko) plus **2** *(advantage)* klad, přednost, výhoda, inf plus; **that's a p. for him** to je pro něho plus

plus-fours [plas'fo:z] n pl golfky, pumpky

plush [plaš] n Text plyš ● adj **1** *(made of p.)* plyšový (**carpet** koberec) **2** inf *(luxurious: hotel, restaurant* etc*)* přepychový, luxusní

Pluto ['plu:təu] n Astron *(planet)* Pluto; Myth Pluto, Pluton

plutocracy [plu:'tokrəsi] n plutokracie

plutocrat ['plu:təukræt] n plutokrat

plutocratic [plu:təu'krætik] adj plutokratický

plutonium [plu:'təuniəm] n Chem plutonium

pluvial ['pluviəl] adj dešťový

ply$_1$ [plai] n *(layer of plywood)* vrstva; *(strand: of rope, wool)* pramen, pramének; **three-ply** *(wood)* třívrstvý, *(rope)* třípramenný, *(wool)* ze tří vláken

ply$_2$ [plai] v (**-ie-**) **I** vt **1** fml *(manipulate)* zacházet s čím; **ply one's needle** dated pilně se ohánět s jehlou; **ply one's oars** veslovat **2** *(perform: trade)* provozovat, vykonávat **3** *(travel: route)* (pravidelně) jezdit po čem, obstarávat (kyvadlovou) dopravu na určité trase; **ply the route between X and Y** jezdit mezi X a Y **4** *(offer insistently, press)* **ply sb with food** neustále někoho krmit; **ply sb with drink** stále někomu nabízet nápoje, *(with alcoholic drink)* nalévat koho alkoholem; **ply sb with questions** dotírat na koho or zasypávat koho otázkami **II** vi **1 p. between X and Y** *(bus, ship)* jezdit mezi X a Y **2 ply for hire** *(taxis, boatmen)* nabízet své služby, hledat zákazníky

plywood ['plaiwud] n překližka ■ **p. sheet** překližková deska

PM [pi:'em] n Br abbr of **Prime Minister** premiér, ministerský předseda

pm [pi:'em] n abbr of **post meridiem** odpoledne, večer; **at 2 pm** ve dvě hodiny odpoledne; **at 8 pm** v osm hodin večer

PMT [pi:em'ti:] n Med abbr of **premenstrual tension** premenstruační tenze

pneumatic [nju'mætik] adj **1** Techn pneumatický, *(drill* etc also*)* na stlačený vzduch; **p. brake** pneumatická brzda; **p. tyre** pneumatika **2** Br dated sl *(woman)* pěkně stavěná, prsatá ■ **~ally** adv pneumaticky; **~ally operated** pneumaticky ovládaný, jsoucí na stlačený vzduch

pneumonia [nju:'məuniə] n Med zápal plic; **single/ double p.** jednostranný/ oboustranný zápal plic

PO [pi:'əu] abbr of **1 post office** poštovní úřad **2** also **po**; **postal order** poštovní poukázka **3 petty officer** poddůstojník

poach$_1$ [pəuč] **I** vt **1 p. game/ fish** lovit zvěř/ chytat ryby načerno or v cizím revíru **2** *(ideas)* (u)krást, přisvojit/ přisvojovat si; *(players, workers)* přetahovat, lanařit **II** vi pytlačit; **p. for sth** see vt (1) ♦ **p. on sb's preserve** fig lézt komu do zelí, lovit v cizím revíru

poach$_2$ [pəuč] vt Cook *(egg)* vařit ve skle bez skořápky; *(fish)* dusit, pařit; **~ed eggs** vejce do skla or ve skle

poacher$_1$ ['pəučə(r)] n *(person)* pytlák

poacher$_2$ ['pəučə(r)] n Cook nádoba na vejce do skla; hrnec na dušení

poaching ['pəučiŋ] n pytlačení

POB [pi:əu'bi:], **PO Box** [pi:əu'boks] n abbr of **post office box** poštovní přihrádka

pock [pok] see **pockmark**

pocked [pokt] see **pockmarked**

pocket ['pokit] n **1** *(in clothing)* kapsa; **breast p.** náprsní kapsa; **trouser p.** kapsa u kalhot; *(walk/ stand)* **with one's hands in one's ~s** s rukama v kapsách ♦ **have sb/ sth in one's p.** mít koho/ co v kapse; **live in sb's p.** být u koho pečený vařený; **put one's pride in one's p.** zapomenout na hrdost ■ **p. calculator/ diary/ dictionary/ edition/ watch** kapesní počítačka/ kalendář(ík)/ slovník/ vydání/ hodinky; **p. money** kapesné; **p. torch** baterka; **p. veto** Amer prezidentské veto nepodepsáním zákona **2** *(on billiard table)* otvor, díra; Geol kapsa; *(in suitcase)* přihrádka; **air p.** Aviat vzdušná díra **3** *(small area)* fig *(of resistance)* ohnisko; **~s of unemployment** oblasti s vysokou nezaměstnaností **4** *(financial means)* kapsa, peněženka; **out of one's own p.** z vlastní kapsy, na vlastní účet ♦ **dig deep into one's p.** sáhnout hluboko do kapsy; **it's hard on the p.** leze to do peněz, stojí to hříšné peníze; **line one's p.** namazat si kapsu; **be in p.** *(after a sale* etc*)* mít zisk, skončit se ziskem ● vt **1** *(put in one's p.)* dát si do kapsy **2** *(steal)* shrábnout (do vlastní kapsy)

pocketbook ['pokitbuk] n **1** *(small notebook)* zápisníček **2** *(wallet)* náprsní taška, peněženka **3** Amer *(handbag)* kabelka **4** Amer paperback [pejprbek], kniha do kapsy

pocketful ['pokitful] n plná kapsa

pocketknife ['pokitnaif] n kapesní nůž, zavírací nůž

pocket-size(d) ['pokitsaiz(d)] adj **1** *(revolver* etc*)* kapesní; *(book)* kapesního formátu, do kapsy **2** fig *(tiny)* maličký, miniaturní, *(person)* jako za groš kudla

pockmark ['pokma:k] n **1** *(from smallpox)* důlek po neštovici **2** *(on surface)* důlek, jamka

pockmarked ['pokma:kt] adj **1** *(face)* zjizvený or poďobaný od neštovic **2** *(surface)* zjizvený čím, **p. with bulletholes** posetý stopami po kulkách

pod [pod] n Bot lusk ♦ **they are as alike as two peas in a pod** jsou si podobni jako vejce vejci

podgy ['podži] adj (**-ier**, **-iest**) zavalitý, obtlouslý, vypasený; *(arms, hands)* jako válečky, *(face)* jako měsíček

podium ['pəudiəm] n (pl **~s** or **podia** [-diə]) pódium, stupínek

poem ['pəuim] n báseň

poet ['pəuit] n básník, fml poeta; **p. laureate** dvorní básník

poetaster [pəui'tæstə(r)] n pej veršotepec, básnílek

poetess [pəui'tes] n básnířka

poetic [pəu'etik] n básnický, poetický; *(diction)* vzletný; **p. justice** ideální spravedlnost; **p. licence,** Amer **license** básnická licence; **p. theory** poetika

poetics [pəu'etiks] n poetika

poetry ['pəuətri] n **1** lit poezie; **epic/ lyric p.** epika/ lyrika; **write p.** psát básně or verše; **read p.** číst/ recitovat verše **2** fig **the p. of home** poezie or kouzlo domova

po-faced [pəu'feist] n Br inf pej upjatý, škrobený, *(disapproving)* nevrlý

pogrom ['pogrəm] n pogrom

poignancy ['poinjənsi] n (see **poignant**) *(of wit)* sžíravost, sarkastičnost; *(of emotion)* intenzita, hloubka

poignant ['poinjənt] adj *(beauty)* úchvatný; *(wit)* sarkastický, sžíravý; *(remark* also*)* přiléhavý; *(hunger)* mučivý, trýznivý; *(pain)* palčivý; *(sorrow, regret)* hluboký; *(memory, look, smile)* bolestný; *(touching: scene)* dojemný ■ **~ly** adv *(pungently)* sžíravě, sarkasticky; *(touchingly)* dojemně; *(look, smile)* bolestně

poinsettia [poin'setiə] n poinsettie pokojová rostlina

point ['point] n **1** *(tip: of pencil, pen, knife, sword)* hrot, špička, *(of tongue, chin, foot)* špička; *(of a star)* cíp ♦ **threaten sb at knife/ gun p.** dát komu nůž na krk/ hrozit komu namířenou pistolí; **not to put too fine a p. on it** řečeno bez obalu, abych to řekl na rovinu **2** *(small dot)* **a)** *(full stop)* tečka; **exclamation p.** Amer vykřičník; **decimal p.** desetinná čárka; **two p. three** or **2.3** dvě celé tři or 2,3 **b)** *(tiny mark)* bod, tečka, puntík **3** *(on scale, thermometer)* bod, stupeň; **boiling/ melting/ freezing/ setting p.** bod varu/ tání/ mrazu/ tuhnutí; **to all ~s of the compass** na všechny světové strany; **the cardinal ~s** hlavní světové strany; **p. of reference** orientační bod ♦ *(his manner was abrupt)* **to the p. of rudeness** že to hraničilo s hrubostí; **up to a (certain) p.** do jisté míry **4** *(particular place)* bod, místo; **p. of intersection** Geom průsečík; **an assembly p.** shromaždiště, místo srazu; **a customs p.** celní stanoviště; **a supply p.** výdejna; **~s of interest** *(in a city)* pamětihodnosti; **the p. where the accident occurred** místo, kde došlo k nehodě **5** *(moment)* chvíle, moment; *(stage)* stadium, fáze; **from that p. on** od té chvíle; **at one p. I thought that ...** jednu chvíli jsem si myslel, že ...; **the turning p.** rozhodující moment, obrat; **the culminating p. in his career** vyvrcholení jeho kariéry; **be on the p. of leaving** být na odchodu, chystat se odejít; **be at the p. of death** být na pokraji smrti; **work to the p. of exhaustion**

pracovat do úmoru 6 *(issue)* **a)** *(thing to be discussed)* bod, téma, otázka; **the main ~s** hlavní body; **p. by p.** bod po bodu; **p. of view** hledisko; **let's go on to the next p.** přejděme k dalšímu bodu; **he made a p. that ...** poznamenal, že ...; **he pressed the p. that ...** zdůraznil, že ...; **opinions vary on this p.** v tomto se názory různí; **he had a p. there** na tom, co řekl, něco je; **you have made your p.** *(so let me answer)* už jsi řekl své; **a p. of order** procedurální poznámka; **that's a p. in his favour** to se mu přičítá k dobru; **I make it a p. never to quarrel** ze zásady se nehádám; **he makes a p. of always coming five minutes before the beginning** zásadně přichází pět minut před začátkem **b) the p.** *(essential thing)* podstata problému, jádro věci, vtip; *(of joke)* pointa; **the p. is that ...** vtip je v tom, že ..., jde o to, že ...; **in p. of fact** ve skutečnosti; **a case in p.** typický případ; **a p. of honour** otázka cti; **that's the whole p.** v tom je ten vtip; **grasp the p.** dovtípit se; **speak briefly and to the p.** mluvit stručně a k věci; **keep** or **stick to the p.!** neodbočujte!, držte se tématu!; **that's beside the p.** to sem nepatří; **your feelings are beside the p.** vaše pocity s tím nemají nic společného ♦ **if it came to the p.** *(would you risk your life?)* kdyby šlo do tuhého, kdyby na to přišlo, kdyby došlo na lámání chleba 7 *(purpose)* cíl, smysl, účel, význam, inf cena; **what's the p. of that?** jaký to má smysl or význam?; **there's no p. in going there** nemá smysl or inf cenu tam chodit 8 *(characteristic)* **sb's strong p.** něčí silná stránka, něčí plus, inf něčí parketa; **sb's weak p.** něčí slabina; **his strong p. is ...** jeho silnou stránkou je ...; **it's not my strong p.** to není moje parketa; **beer has its ~s** *(but I prefer wine)* pivo má (sice) něco do sebe 9 Sport bod; **match p.** mečból; **win on ~s** Box vyhrát na body ♦ **he can give me ~s at golf** v golfu na něho nestačím, v golfu je o třídu lepší 10 Rail **~s** výhybky 11 Br Elec *(socket)* zásuvka 12 Ballet **~s** špičky; **dance on ~s** tancovat na špičkách ● **I** vt 1 *(aim; gun)* namířit, zamířit (**sth at sb/ sth** čím na koho/ co); *(camera, telescope)* zamířit, zaměřit; *(vehicle)* otočit, nařídit, změnit směr čeho; **p. a rifle at sb** zamířit puškou na koho; **p. one's finger at sb** ukázat na koho prstem; **p. sb on his way** ukázat komu cestu; *(if they turn up,)* **p. them in my direction** pošli je za mnou ♦ **p. the finger at sb** *(accuse sb)* ukázat na někoho prstem 2 **p. the way** lit & fig ukázat cestu; **p. the moral that ...** zdůraznit or podtrhnout, že ... 3 *(sharpen: pencil)* ořezat, zašpičatit, udělat špičku na čem, *(stick)* zašpičatit 4 Build *(walls)* spárovat 5 Ling *(punctuate: text)* opatřit interpunkčními znaménky **II** vi 1 **a)** *(person: with finger* etc*)* **p. at** or **to sb/ sth** ukazovat na koho/ co; **it's rude to p.** ukazovat prstem se nesluší **b)** *(sign, needle on dial)* ukazovat, mířit; **the compass needle ~s (to the) north** magnetka kompasu ukazuje na sever 2 *(be directed: gun, telescope, vehicle)* být namířen, mířit, směřovat; **the gun was ~ing at me** pistole byla namířena or mířila na mne 3 Hunt *(dog)* stavět **III** phr vs ■ **point out** vt 1 *(show)* **p. sth out to sb** ukázat komu co, upozornit koho na co 2 *(mention, emphasize)* **p. sth out (to sb)** zmínit se (komu) o čem; **he ~ed out that...** poukázal na to, že ...; **it has been ~ed out that ...** bylo poukázáno na to, že ... ■ **point to** vt 1 *(indicate)* ukazovat na, naznačovat, dávat tušit, nasvědčovat čemu; **everything ~s to his guilt** všechno nasvědčuje tomu, že je vinen 2 *(call attention to)* poukázat/ poukazovat na; **they p. to their excellent results** poukazují na své výborné výsledky ■ **point up** vt *(emphasize: differences, contrast, similarity)* zdůraznit/ zdůrazňovat, podtrhnout

point-blank [point'blæŋk] adj 1 *(shot)* z bezprostřední blízkosti; **he was shot at p.-blank range** byl zastřelen z bezprostřední blízkosti 2 *(denial, refusal)* kategorický ● adv 1 *(shoot)* z bezprostřední blízkosti 2 *(refuse, deny)* kategoricky; **say sth p.-blank** říci co bez obalu

pointed ['pointid] adj 1 *(sharp: pencil, nose)* ostrý, špičatý, *(chin, stick, roof)* špičatý; Archit *(arch)* lomený, gotický; *(style, window)* gotický 2 *(remark)* jízlivý, kousavý, pichlavý; *(reference)* neskrývaný, jednoznačný; *(absence, departure, indifference)* demonstrativní, ostentativní; **make a p. remark** významně poznamenat 3 *(wit)* břitký ■ **~ly** adv 1 *(speak)* jízlivě, kousavě 2 *(refer to sth)* bez obalu, přímo 3 *(leave, ignore sb)* demonstrativně, ostentativně

-pointed ['-pointid] suff, in compounds **five-pointed** *(star)* pěticípý

pointer ['pointə(r)] n 1 *(stick)* ukazovátko 2 *(on dial, scale)* ukazatel, ručička, *(of balance)* jazýček 3 fig *(hint, piece of advice)* rada, tip 4 *(sign, indication)* příznak, náznak; **all the ~s indicate that ...** všechno ukazuje na to, že ...

pointless ['pointləs] adj zbytečný, bezúčelný, *(life)* prázdný; *(violence)* svévolný; **it's p.** to nemá smysl or význam ■ **~ly** adv zbytečně

pointlessness ['pointləsnəs] n zbytečnost, *(absurdity)* nesmyslnost

pointsman ['pointsmən] n (pl **-men**) Br Rail výhybkář

point-to-point [pointtə'point] n Br also **point-to-point race** amatérský překážkový dostih

poise [poiz] n **1** *(composure)* nenucenost, vyrovnanost **2** *(physical elegance)* elegantní držení těla **3** *(assurance)* sebejistota ● **I** vt *(keep suspended: javelin, fork)* držet napřažený, krátce podržet; **his fork was ~d above his plate** s vidličkou nad talířem **II** vi *(hover)* viset ve vzduchu

poised [poizd] adj **1** *(self-possessed)* sebejistý; *(manner)* nenucený **2** *(sword, javelin)* napřažený; *(hovering)* visící ve vzduchu **3 be p. to do sth**, **be p. for sth** být připraven něco udělat; **be p. to attack** být připraven zaútočit

poison ['poizn] n lit & fig jed; **take p.** požít jed, otrávit se jedem ♦ **name your p.** inf, **what's your p.?** inf co si dáte?, co budete pít? ■ **p. gas** otravný plyn; **p.-pen letter** anonymní dopis, anonym ● vt **1** lit (o)trávit; Ecol *(air, rivers)* zamořit/ zamořovat, kontaminovat; **p. oneself** otrávit se **2** fig *(morally)* (z)kazit; *(relations)* narušit, zkalit; **p. sb's trust** vzbudit v kom nedůvěru; **p. sb's mind** kápnout někomu jed do duše; **p. sb's mind against sb** podněcovat or popichovat koho proti komu

poisoner ['poizənə(r)] n travič/ -ka

poisoning ['poizəniŋ] n otrava; **food p.** otrava potravinami; **lead p.** otrava olovem; **die of p.** zemřít na otravu

poisonous ['poizənəs] adj **1** *(plant, mushroom, snake)* jedovatý, *(mushroom* also*)* prašivý; *(gas)* otravný; *(drug)* toxický **2** fig *(ideology)* škodlivý, zhoubný; *(literature)* rozkladný; *(remark)* jízlivý; *(tongue)* jedovatý

poke₁ [pəuk] n dial sáček ♦ **buy a pig in a p.** inf kupovat zajíce v pytli

poke₂ [pəuk] n **1** *(prod)* dloubnutí, šťouchnutí, rýpnutí; **give sb a p. in the ribs** šťouchnout koho do žeber; **give the fire a p.** rozhrábnout oheň **2** Amer *(punch)* rána, šupa, pecka; **take a p. at sb** vrazit komu jednu **3** Br sl vulg *(sexual intercourse)* píchačka vulg; **have a p.** vulg strčit si, píchnout si ● **I** vt **1** *(jab: person)* strčit do koho, šťouchnout do koho; *(nudge)* dloubnout do koho; *(push into sth)* strčit or rýpnout do čeho; *(fire)* prohrábnout, rozhrábnout; **p. sb in the ribs** šťouchnout koho do žeber ♦ **p. fun at sb** utahovat si z koho, dobírat si koho, pošťuchovat koho **2 p. sth into sth** strčit co do čeho, strčit čím do čeho; **p. a hole in sth** udělat v čem díru, prorazit co; **p. one's head out of the window** vystrčit hlavu z okna ♦ **p. one's nose into sth** fig strkat do něčeho nos, plést se do čeho **3** Amer inf *(punch)* **p. sb on the nose** dát komu jednu do nosu **4** Br vulg *(have sex with)* píchat s kým, šoustat s kým (both vulg) **II** phr vs ■ **poke about** or **around in sth** *(in one's bag* etc*)* vrtat se v čem; fig strkat do něčeho nos, plést se do čeho ■ **poke at** vt **p. at one's food** vrtat se v jídle ■ **poke out** *I* vi *(toe, elbow; newspaper from sb's pocket* etc*)* vyčnívat, inf vyčuhovat, čouhat *II* vt **p. sb's eye out** vypíchnout or vyrazit někomu oko

poker₁ ['pəukə(r)] n *(for fire)* pohrabáč ♦ **be as stiff as a p.** chodit jako dřevěný, být prkenný

poker₂ ['pəukə(r)] n *(card game)* poker ■ **p. face** kamenný obličej, nehybná tvář

poker-faced ['pəukəfeist] adj mající tvář z kamene, s kamenným obličejem; **be p.** tvářit se nevyzpytatelně or neproniknutelně or kamenně, nepohnout ani brvou

pokey ['pəuki] n Amer sl *(jail)* basa, lapák ● adj = **poky**

poky ['pəuki] adj (**-ier**, **-iest**) *(room, house)* mrňavý

Poland ['pəulənd] n Polsko

polar ['pəulə(r)] adj **1** Geog polární; **p. bear** lední medvěd; **the p. lights** polární záře **2** *(views)* protichůdný, diametrálně odlišný

polarity [pəu'lærəti] n Phys polarita

polarization [pəulərai'zeišn] n polarizace

polarize ['pəuləraiz] vt(i) polarizovat (se)

Polaroid TM ['pəuləroid] n **1** *(camera)* fotoaparát 'Polaroid' **2** *(photo)* polaroidní snímek

Pole [pəul] n Polák/ Polka

pole₁ [pəul] n **1** *(for phone/ electricity lines* etc*)* sloup, *(for flags)* stožár; *(for vaulting, for tents)* tyč; *(for punting)* bidlo; *(for skiers)* hůl, hůlka; *(in fence)* kůl, tyčka; *(for climbing plants)* tyčka; *(for gardening)* podpěrný kolík, podpěrná tyč ♦ **be up the p.** Br inf **i)** *(crazy)* mít o kolečko víc **ii)** *(in difficulty)* být v bryndě **iii)** *(mistaken)* být vedle; **drive sb up the p.** přivádět koho k šílenství, rozčílit koho do nepříčetnosti ■ see **p. vault**, **p. vaulter** **2** *(old measure: perch)* 5½ yardu ● vt *(punt)* pohánět člun bidlem

pole₂ [pəul] n Elec, Astron, Geog pól; **North/ South P.** severní/ jižní pól ♦ **be ~s apart** být diametrálně odlišný, být naprosto jiný, být na hony vzdálený

poleaxe, Amer **poleax** ['pəulæks] vt **1** *(battle axe)* válečná sekyra **2** *(butcher's axe)* řeznická sekyra ● vt **1** *(kill)* zabít

2 fig **he was ~d by the news** ta zpráva ho zdrtila

polecat ['pəulkæt] n Zool tchoř

polemic [pə'lemik] adj polemický ● n polemika

polemical [pə'lemikl] adj polemický

polemicist [pə'lemisist] n polemik

polemics [pə'lemiks] n sg polemika

pole vault ['pəulvo:lt] n skok o tyči ● vi skákat o tyči

pole vaulter ['pəulvo:ltə(r)] n skokan/ -ka o tyči, tyčkař

police [pə'li:s] n *(institution)* policie, *(policemen/ policewomen* also*)* policisté; **call the p.** zavolat policii; **join the p.** jít k policii; **be in the p.** být u policie; **the p. are after him** jde po něm policie; **ten p. were injured** deset policistů bylo zraněno ■ **p. car** policejní auto; **p. constable** Br strážník; **p. court** policejní soud; **p. dog i)** policejní pes **ii)** *(German shepherd)* vlčák; **p. escort** policejní doprovod; **p. force** policie, policejní sbor; **p. informer** konfident; **p. inspector** policejní inspektor; **p. officer** policista, strážník; **p. protection** policejní ochrana; **p. patrol** policejní hlídka; **p. record** trestní rejstřík; **p. state** policejní stát ● vt *(area)* udržovat kde pořádek, hlídat; *(frontier)* hlídat, střežit; *(agreement, elections)* kontrolovat dodržování čeho, vykonávat kontrolu nad čím

policeman [pə'li:smən] n (pl **-men**) policista, strážník, člen policejního sboru

policewoman [pə'li:swumən] n (pl **-women** [-wimin]) policistka, členka policejního sboru

policy ['poləsi] n (pl **-cies**) **1** Pol politika; **interventionist p.** intervenční politika; **social p.** sociální politika ■ **p. line** politický kurs, politická linie; **p. statement** programové prohlášení **2** *(of company)* koncepce, strategie, orientace **3** *(personal principle)* **it is good p. to avoid conflicts** je záhodno vyhýbat se konfliktům **4** Ins pojistka; **take out an insurance p.** pořídit si or uzavřít pojistku, pojistit se ■ **p. holder** pojištěnec/ pojištěnka

polio ['pəuliəu] n dětská obrna ■ **p. victim** dítě (po)stižené obrnou

poliomyelitis [pəuliəumaiə'laitis] n fml dětská obrna, poliomyelitida

Polish ['pəuliš] adj polský ● n *(language)* polština

polish ['poliš] n **1** *(for furniture)* (lešticí) pasta, politura; *(for floor)* vosk na parkety; *(for shoes)* krém, leštidlo na boty; *(for nails)* lak na nehty **2** *(act of polishing)* (na)leštění, (na)pastování, (na)voskování, (na)lakování; **give sth a p.** *(shoes/ floor/ nails)* něco vyleštit/ napastovat/ nalakovat; **my shoes could do with a p.** měl bych si vyleštit boty, mé boty by potřebovaly vyleštit **3** *(shine)* lesk **4** fig *(of event)* lesk, inf glanc; *(of manner)* elegance, uhlazenost, společenský švih ● **I** vt **1** *(furniture, floor)* (vy)leštit, (na)pastovat; *(shoes)* (vy)leštit, (vy)cídit; *(metal objects)* vyleštit, vycídit; *(nails)* (vy)leštit, (na)lakovat; **p. one's shoes** vyleštit or vycídit si boty **2** *(style* etc*)* vybrousit, propracovat, vytříbit, vypilovat **3** *(manner)* vybrousit, zjemnit, dodat čemu kultivovanosti **II** phr vs ■ **polish off** vt inf **1** *(meal)* spořádat, slupnout, zbaštit, zblajznout; *(drink)* obrátit do sebe, vycucnout, kopnout do sebe **2** *(work)* dorazit, spěšně dokončit, zbavit se čeho **3** *(opponent)* vyřídit, rozdrtit; *(kill)* oddělat, odkrouhnout ■ **polish up** *I* vi **p. up well** dobře se leštit/ cídit *II* vt **1** *(shoes, floor* etc*)* vyleštit **2** fig *(one's German* etc*)* zdokonalit se v čem, osvěžit si co, oprášit si co; *(style)* vypilovat, vybrousit; *(manner)* vybrousit, dodat čemu kultivovanosti

polished ['polišt] adj **1** *(furniture, shoes)* vyleštěný, *(shoes, metal objects)* vycíděný; *(stone, glass)* vyhlazený, obroušený **2** *(style)* vypilovaný, vytříbený **3** *(manner)* kultivovaný, vybroušený

polisher ['polišə(r)] n **1** *(person)* leštič, čistič **2** *(machine)* leštička; *(for floors)* leštička na parkety

polite [pə'lait] adj **1** *(person)* zdvořilý; *(respectful: answer* also*)* uctivý; *(phrases)* zdvořilostní; **be p.** být zdvořilý, vyjadřovat se zdvořile; **be p. to sb** být ke komu zdvořilý; **make p. conversation** vyměňovat si zdvořilůstky **2** *(society)* dobrý, vybraný **3** Ling **use the p. form** vykat ■ **~ly** adv zdvořile; *(respectfully)* uctivě

politeness [pə'laitnəs] n zdvořilost, uctivost; **out of p.** ze zdvořilosti

politic ['polətik] adj taktický, diplomatický, prozíravý, obezřetný; **it would not be p. to refuse** nebylo by taktické (to) odmítnout

political [pə'litikl] adj politický; **p. asylum** politický azyl; **p. correctness** or **PC** politická správnost, politicky správný projev; **p. prisoner** politický vězeň; **p. science** politická věda; **seek/ grant p. asylum** žádat o politický azyl/ udělit or poskytnout politický azyl ■ **~ly** adv politicky

politician [polə'tišn] n politik; **small-time p.** bezvýznamný politik

politicize [pə'litisaiz] vt politizovat

politicking ['polətikiŋ] n pej politikaření

politico [pə'litikəu] n inf politický pletichář, politikář

politico- pref politiko-

politics ['polətiks] n **1** (+sg v) *(profession, political affairs)* politika; **go into p.** stát se politikem, vstoupit do politiky; **discuss/ talk p.** diskutovat/ mluvit o politice **2** (+sg v) Sch, Univ politická věda **3** (+sg v) intrikaření, manévrování; **office p.** kancelářské intriky **4** (+pl v) *(views)* politické názory; **what are his/ her p.?** jaké má politické názory?

polka ['polkə] n Mus polka

polka dot ['polkədot] n Text puntík ● **polka-dot** adj puntíkový, puntíkovaný

poll [pəul] n **1** Pol *(elections)* volby; **the day of the p.** den konání voleb; **be defeated at the ~s** prohrát ve volbách **2 the ~s** *(place)* **go to the ~s** jít volit, jít k urnám **3** *(votes cast)* voličská účast, počet odevzdaných hlasů; **a light/ heavy p.** slabá/ velká účast při volbách; **there was a 70 % p.** voleb se zúčastnilo 70 % voličů; **they got 20 % of the p.** získali 20 % hlasů **4 (opinion) p.** anketa, průzkum veřejného mínění **5** *(list of electors)* volební seznam; *(list of taxpayers)* seznam daňových poplatníků ■ **p. tax** *(abolished in 1993 and replaced by council tax)* daň z hlavy ● vt **1** *(obtain: votes)* získat **2** *(in opinion p.)* dotázat se koho; **30 % of those ~ed** 30 % dotázaných **3** Comput *(terminal)* vyzývat **4** *(tree)* odříznout korunu or vršek čeho **5** *(horns)* přiříznout

pollard ['pola:d] n Forest výstavek, strom s uříznutou korunou ● vt Forest *(tree)* uříznout korunu čeho

pollen ['polən] n pyl ■ **p. count** množství pylu ve vzduchu

pollinate ['poləneit] vt opylit/ opylovat

polling ['pəuliŋ] n *(voting)* hlasování; *(elections)* volby ■ **p. booth** volební kabina, zástěna ve volební místnosti; **p. day** den voleb; **p. station** volební místnost

pollster ['pəulstə(r)] n osoba provádějící průzkum veřejného mínění

pollutant [pə'lu:tənt] n polutant, látka znečišťující životní prostředí

pollute [pə'lu:t] vt *(environment)* znečistit, zamořit

polluted [pə'lu:tid] adj **1** *(environment)* znečistěný, zamořený **2** Amer sl *(drunk)* zkárovaný, zlitý, sťatý

pollution [pə'lu:šn] n *(of environment)* znečistění (životního prostředí), *(of air also)* exhalace; **car fumes p.** znečistění výfukovými plyny ■ **p. level** stupeň znečistění

polo ['pəuləu] n **1** Sport pólo na koních; **water p.** vodní pólo **2 p. neck** *(collar, sweater)* rolák

polonaise [polə'neiz] n polonéza

polo-neck ['pəuləunek] adj rolákový

polonium [pə'ləuniəm] n Chem polonium

poltergeist ['poltəgaist] n portergeist, duch ohlašující se klepáním, shazováním předmětů ap.

poltroon [pol'tru:n] n dated or joc zbabělec, bázlivec, strašpytel

poly ['poli] inf (pl **polys**) = **polytechnic**

poly- ['poli-] pref poly-, multi-, mnoho-

polyamide [poli'æmaid] n Chem polyamid

polychromatic [polikrəu'mætik] n mnohobarevný, polychromatický

polyclinic [poli'klinik] n zdravotnické středisko

polyester [poli'estə(r)] n polyester

polygamist [pə'ligəmist] n polygamista, muž žijící v mnohoženství

polygamous [pə'ligəməs] adj polygamní, polygamický

polygamy [pə'ligəmi] n polygamie, mnohoženství

polyglot ['poliglot] n polyglot ● adj polyglotní, polyglotický, mnohojazyčný

polygon ['poligən] n mnohoúhelník, polygon

polygonal [pə'ligənl] adj mnohoúhelníkový, polygonální

polyhedron [poli'hi:drən] n mnohostěn

polymath ['polimæθ] n polyhistor

polymer ['polimə(r)] n polymer

polymerization [polimərai'zeišn] n polymerizace, polymerace

Polynesia [poli'ni:ziə] n Polynésie

Polynesian [poli'ni:ziən] adj polynéský ● n *(person)* Polynésan/ -ka

polynomial [poli'nəumiəl] n mnohočlen, polynom ● adj mnohočlenný, polynomický

polyp ['polip] n polyp

polyphonic [poli'fonik] n Mus polyfonní, polyfonický, mnohohlasý

polyphony [pə'lifəni] n polyfonie, mnohohlasost

polypropylene [poli'prəupəli:n] n polypropylén

polystyrene [poli'stairi:n] n polystyrén

polysyllabic [polisi'læbik] adj víceslabičný, mnohoslabičný

polytechnic [poli'teknik] n Br polytechnika vysoká škola zvl. technického a přírodovědného zaměření; od r. 1993 mají tyto instituce statut univerzit

polytheism ['poliθiizəm] n polyteismus, mnohobožství

polythene ['poliθi:n] n Br polyetylen; *(plastic)* polyetylenová fólie, igelit ■ **p. bag** igelitová taška, inf igelitka

pom [pom] n Austr pej sl Anglán

pomade [pəu'meid] n pomáda na vlasy ● vt (na)pomádovat

pomegranate ['pomigrænət] n Bot *(fruit)* granátové jablko ■ **p. tree** granátovník, marhaník granátový

pommel ['paml] n **1** *(on saddle, sword)* hruška **2** Gymn madlo ■ **p. horse** kůň s madly ● vt bušit or tlouci do koho/ čeho – zvl. pěstmi

pommy ['pomi] n pej Austr sl Anglán

pomp [pomp] n okázalost, pompa, nádhera; **with great p. (and circumstance)** s velkou pompou or okázalostí

pompom ['pompom] n **1** Mil *(gun)* pom--pom **2** *(on hat, dress* etc*)* kulovitý střapeček, inf bambulka, dated pompón

pomposity [pom'posəti] n *(of manner)* domýšlivost, nadutost; *(of style)* nabubřelost, strojenost; *(of speech)* bombastičnost; *(of celebration)* okázalost, pompéznost

pompous ['pompəs] adj *(person)* nafoukaný; *(style)* strojený, nabubřelý; *(speech)* bombastický ■ **~ly** adv nadutě, domýšlivě; *(speak)* bombasticky

ponce [pons] n Br sl **1** *(pimp)* pasák **2** *(effeminate man)* zženštilý muž; pej *(homosexual)* teplouš ● **I** vi *(pimp)* dělat pasáka **II** phr v ■ **ponce about** or **around** vi sl **1** *(show off)* natřásat se, předvádět se, honit vodu **2** *(mess about)* poflakovat se; **stop poncing about** *(and get on with it)* přestaň se poflakovat

poncho ['pončəu] n pončo

pond [pond] n *(large: for fish)* rybník; *(in garden)* vodní nádrž(ka), (zahradní) bazén; **the p.** inf joc *(Atlantic)* velká louže ■ **p. life** fauna žijící v rybnících

ponder ['pondə(r)] **I** vt *(consequences)* přemítat o čem, uvažovat o čem, přemýšlet o čem; *(options)* zvažovat, posuzovat **II** vi *(think)* **p. over** or **on sth** přemýšlet or uvažovat o čem, hloubat nad čím

ponderous ['pondərəs] adj *(movement)* nemotorný, neohrabaný; *(style)* neumělý, *(way of speaking)* těžkopádný ■ **~ly** adv nemotorně, těžkopádně

pong [poŋ] n Br inf smrad; **what a p.!** tady je děsný smrad! ● vi smrdět

pontiff ['pontif] n pontifex; **the (Supreme) P.** nejvyšší kněz, velekněz, papež

pontifical [pon'tifikl] adj **1** Relig pontifikální **2** pej *(tone, pronouncements)* kazatelský

pontificate [pon'tifikət] n pontifikát ● [pon'tifikeit] vi fig (sáhodlouze) poučovat, kázat, dělat se důležitým

Pontius Pilate [pontiəs'pailət] Pilát Pontský

pontoon$_1$ [pon'tu:n] n ponton; *(on seaplane)* plovák ■ **p. bridge** pontonový most

pontoon$_2$ [pon'tu:n] n Br Cards jednadvacet, oko, očko

pony ['pəuni] n **1** Zool poník, pony ■ **p. trekking** jízda na poníku ♦ *(come)* **on Shank's p.** po svých **2** Br sl *(£25)* 25 liber **3** Amer Sch sl *(crib)* tahák

ponytail ['pəuniteil] n koňský ohon; **wear one's hair in a p.** nosit ohon or vlasy v ohonu

poodle ['pu:dl] n Zool pudl, pudlík

poof [puf], **poofter** [puftə(r)] n Br sl *(male homosexual)* offens teplouš, homouš

poofy ['pufi] adj **(-ier, -iest)** Br sl offens teploušský

pooh [pu:] interj **p.!** *(expressing disgust)* fuj!; *(expressing disdain)* ph!, pch!, pha!, no a co!

pooh-pooh [pu:'pu:] vt bagatelizovat, zlehčovat

pool$_1$ [pu:l] n **1** *(of rain, spilt liquid)* louže, kaluž; *(of blood)* kaluž, tratoliště **2** *(pond)* rybník; *(in river)* tůň, tůňka; *(underground)* jezírko; *(of oil)* ložisko **3** *(swimming p.)* plavecký bazén, plovárna; **paddling p.** brouzdaliště

pool$_2$ [pu:l] n **1** *(common fund)* společný fond, společný vklad; Cards bank **2** *(of experts)* skupina; *(of workers)* reserva; *(of ideas)* reservoár, zásobárna; *(of blood, genes)* banka; **typing p.** písárna **3** *(football ~s)* **the ~s** sazka; **do the ~s** tipovat, sázet, hrát v sazce; **win the ~s** vyhrát v sazce ■ **~s coupon** sázenka **4** *(of firms)* sdružení; kartel **5** Amer kulečník ■ **p. hall**, **p. room** Amer kulečníková herna; **p. table** kulečníkový stůl ● vt *(resources)* dát dohromady, *(efforts)* spojit, sjednotit

poop$_1$ [pu:p] n Naut *(stern)* záď lodi

poop$_2$ [pu:p] vt esp Amer sl *(exhaust)* utahat, zdrbnout; **be ~ed out** být utahaný, být vyplivnutý

poo-poo ['pu:pu:] n *(excrement: baby talk)* **make poo-poo** *(defecate)* kakat ● vi kakat

poor ['puə(r)] adj **1** *(not wealthy)* chudý, nuzný, chudobný, nemajetný; **become** or **get p.** zchudnout ♦ **p. relation** fig chudý příbuzný; **as p. as a church mouse** chudý jako kostelní myš; **make oneself out to be p.** dělat ze sebe chudáka **2 be p. in sth** být chudý na co; **be p. in vitamins** *(food)* být chudý na vitamíny **3** *(not good)* **a)** *(in quantity: crop, attendance, output)* špatný, slabý; *(pay)* mizerný **b)** *(in quality)* špatný, bídný; *(soil, year)* chudý, neúrodný; *(results, knowledge)* špatný, nevalný, chabý; *(performance)* špatný, nedostatečný, nevyhovující; *(consolation)* slabý; **it was in p. taste** bylo to nevkusné; **he is a p. loser** neumí prohrávat; **he is a p. shot** má špatnou mušku **c)** *(sight, hearing)* slabý; **be in p. health**

nebýt zdravý, churavět, postonávat; **have p. sight/ hearing** špatně vidět/ slyšet **d)** *(in ability)* **I am a p. cook** neumím moc vařit; **he is a p. traveller** nesnáší dobře cestování; **be p. at physics** nevyznat se ve fyzice; **have a p. sense of direction** špatně se orientovat, mít špatnou orientaci; **have a p. grasp of sth** špatně se v něčem orientovat **4** *(unfortunate)* ubohý; **p. man/ chap** chudák, ubožák; **p. woman** ubožačka, chudák ženská; **p. me!** já chudák!, já nešťastník!; **p. you!** chudáku!; **p. little thing** chudáček, ubožátko **5** *(pathetic: excuse, attempt)* ubohý, směšný ● n **the p.** chudina, chudí (lidé) ■ **P. Laws** Hist chudinské zákony; **p. box** pokladnička pro chudé v kostele

poorhouse ['puəhaus] n (pl **-houses** [-hauziz]) Hist chudobinec

poorly ['puəli] adj pred *(ill)* churavý, nezdravý; **be p.** být nemocný, stonat; **feel p.** necítit se dobře; **he has been p. for a long time** už dlouho postonává ● adv **1** *(live, dress, dressed)* chudobně, nuzně, bídně; **be p. off** být chudý **2** *(paint)* špatně, uboze, bídně **3** *(inadequately: pay)* špatně, mizerně, nevalně; **be p. planned** být nepřipravený; **be p. researched** *(dissertation, thesis)* špatně fundovaný; **think p. of sb** mít o kom nevalné mínění; **do p.** *(in exam)* špatně dopadnout

poorness ['puənəs] n (see **poor**) *(of soil)* neúrodnost; *(of quality)* nedokonalost, podřadnost; *(of performance)* nedostatečnost, ubohost; *(of leadership, eyesight)* slabost

poor-spirited [puə'spiritid] adj bázlivý, ustrašený, zbabělý

pop$_1$ abbr of **population** obyvatelstvo

pop$_2$ [pop] n esp Amer *(dad)* táta, tatínek; *(elderly man)* strejda, pantáta

pop$_3$ [pop] n **1** *(sound)* prásknutí, třesknutí; inf *(shot)* výstřel **2** *(fizzy drink)* limonáda, inf joc bublinková voda **3** *(popular music)* pop-music, pop, populární hudba ■ **p. singer** zpěvák pop-music; **p. art** pop-art **4** dated inf **in p.** *(in pawn)* ve frcu ● adv **go p.** třesknout, bouchnout, udělat prásk or bum ● v (**-pp-**) **I** vi **1** *(go p.: cork)* bouchnout; *(bulb, balloon, bubble)* prasknout; *(seedpod, popcorn)* puknout; *(ears)* zalehnout komu v čem ♦ **his eyes were ~ping out of his head** měl oči navrch hlavy, oči mu lezly z důlků **2** Br inf *(go quickly)* **p. across** or **over to the shop** zaskočit or zaběhnout do obchodu; **p. into town** zaskočit do města; **p. upstairs** zaskočit nahoru; **p. across and see me** zaskoč se na mě podívat **II** vt **1** *(balloon, bubble)* nechat prasknout, propíchnout (s prasknutím); *(cork)* vytáhnout s bouchnutím **2** *(put)* strčit; **p. a letter in the post** hodit dopis do schránky; **p. one's head out** vystrčit hlavu **3** *(pawn)* dated inf dát do frcu **4** ♦ **p. the question** inf požádat o ruku **III** phr vs ■ **pop back** vi zajít or zaběhnout zpátky, vrátit se ■ **pop in** vi přijít na skok, stavit se; **p. in sometimes** stav se někdy ■ **pop off** vi inf **1** *(die)* natáhnout bačkory **2** *(leave)* **p. off home** zaběhnout si domů ■ **pop out** vi odskočit si; **p. out to see sb** odběhnout si za kým ■ **pop over** vi **p. over to see me** přijď se na mě podívat ■ **pop up** vi **1** *(appear: head)* vynořit se, objevit se **2** *(come up)* zaběhnout nahoru (**to sb's place** k někomu)

popcorn ['popko:n] n pražená kukuřice

Pope ['pəup] n **1** RC papež **2** Eastern Orthodox pop

popery ['pəupəri] n pej papeženství

pop-eyed [pop'aid] adj inf s vykulenýma očima

popgun ['popgan] n (dětská) vzduchovka

popish ['pəupiš] adj pej papeženský

poplar ['poplə(r)] n Bot topol

poplin ['poplin] n Text popelín ■ **p. blouse** popelínová halenka

poppa ['popə] n Amer inf táta

popper ['popə(r)] n Br inf Sew patentka, patentní knoflík, druk

poppet ['popit] n inf zlatíčko, drahoušek; **yes, my p.!** ano, zlatíčko!

poppy ['popi] n Bot mák ■ **p. seed** mák semeno; **p.-seed cake** makový koláč

poppycock ['popikok] n inf blbost, nesmysl; **don't talk p.!** nekecej (blbosti)!, nežvaň!

pops [pops] n esp Amer inf táta

populace ['popjuləs] n **the p.** obyvatelstvo, lid, obyčejní lidé; **the p. at large is** or **are against it** většina obyvatelstva je proti tomu

popular ['popjulə(r)] adj **1** *(well-liked)* **a)** *(personality)* oblíbený, populární, známý; **be very p. (with sb)** být (u koho) velmi oblíbený, být (u koho) v kursu; **she is very p. with the boys** má mnoho ctitelů **b)** *(fashionable: product, colour* etc*)* populární, módní, v oblibě, v kursu; *(restaurant, resort)* vyhledávaný, hodně navštěvovaný; **be p. with the audience** *(play, film)* mít velkou návštěvnost; **be p. with the readers** *(book)* být hodně čtený **2** *(suitable for ordinary people: music)* populární, lehký; **p. prices** lidové ceny; **a p. concert** estráda; *(lecture, journal)* populárně vědecký **3** *(common: view, misconception)* běžný, všeobecně rozšířený; *(movement)* lidový; **by p. request** na všeobecné přání ▪ **~ly** adv všeobecně; **it is ~ly believed that ...** všeobecně se předpokládá, že ...

popularity [popju'lærəti] n see **popular** **1** oblíbenost, popularita, obliba; **enjoy great p.** těšit se velké oblibě; **his p. is on the wane** jeho obliba klesá **2** populárnost, lidovost

popularization [popjuləraiˈzeišn] n popularizace

popularize ['popjuləraiz] vt *(music, sport* etc*)* propagovat; *(science, philosophy)* popularizovat

popularizer ['popjuləraizə(r)] n *(of ideas)* propagátor, popularizátor

populate ['popjuleit] vt obydlit, osídlit, zalidnit, *(colonize* also*)* kolonizovat; **densely ~d** hustě obydlený or osídlený, lidnatý; **sparsely** or **thinly ~d** řídce obydlený

population [popju'leišn] n obyvatelstvo, populace; **(the) game p.** stav zvěře; **Prague has a p. of about 1.2 million** Praha má asi 1,2 milionu obyvatel; **student p.** studentstvo, studenti při sociologickém průzkumu ▪ **p. census** sčítání obyvatelstva; **p. density** hustota obyvatelstva; **p. explosion** populační exploze

populism ['popjulizəm] n populismus

populist ['popjulist] n populista ● adj populistický

populous ['popjuləs] adj hustě obydlený, hustě zalidněný, lidnatý

pop-up ['popap] adj *(book)* s prostorovými vyklápěcími obrázky; *(headlights)* zatažitelný; *(toaster)* automatický ▪ **pop-up menu** Comput překryvné menu

porcelain ['po:slin] n porcelán; **made of p.** z porcelánu, porcelánový ▪ **p. ware** porcelán, porcelánové zboží; **a p. cup/ plate** porcelánový šálek/ talíř; **p. clay** kaolin

porch [po:č] n **1** Br *(of house)* krytý vchod; *(of church, large building)* portál **2** Amer veranda

porcupine ['po:kjupain] n Zool dikobraz

pore$_1$ [po:(r)] n Anat pór

pore$_2$ [po:(r)] phr v ▪ **pore over** vt *(study: map, details)* pečlivě studovat, být zahloubaný do čeho; **p. over a book** být zabraný or ponořený do studia/ četby knihy; **p. over one's books** *(study, read)* ležet v knihách

pork [po:k] n vepřové maso ▪ **p. butcher** uzenář; **p. chop** vepřová kotleta; **p. joint** vepřová kýta

porker ['po:kə(r)] n krmník, krmné prase

pork pie [po:k'pai] n **1** lit vepřový piroh **2** fig sl *(lie)* lež

porky ['po:ki] adj **(-ier, -iest)** pej *(fat)* sádelnatý, vypasený

porn [po:n] n inf abbr of **pornography** porno; **hard/ soft p.** tvrdé/ měkké porno ▪ **p. film** pornofilm; **p. shop** sexšop

porno ['po:nəu] adj inf pornografický ● n esp Amer = **porn**

pornographic [po:nəˈgræfik] adj pornografický ▪ **~ally** adv pornograficky

pornography [po:'nogræfi] n pornografie

porosity [po'rosəti] n poréznost, průlinčitost, pórovitost

porous ['po:rəs] adj porézní, pórovitý, průlinčitý

porousness ['po:rəsnəs] = **porosity**

porphyry ['po:fəri] n Miner porfyr

porpoise ['po:pəs] n (pl unchanged or **~s**) Zool sviňucha

porridge ['poridž] n **1** Cook ovesná kaše, vločková kaše ▪ **p. oats** ovesné vločky **2** fig inf *(jail)* vězení, basa ♦ **do p.** Br sl *(be in prison)* bručet, sedět, lepit pytlíky

port$_1$ [po:t] n *(harbour)* přístav, *(town* also*)* přístavní město; **naval/ fishing p.** válečný/ rybářský přístav; **p. of discharge/ loading/ registry** vykládací/ nakládací/ domovský přístav; **come into p.** vplout do přístavu; **leave p.** vyplout ♦ **p. of call** lit přístav, v němž loď staví; fig inf zastávka, místo návštěvy, štace; **one's last p. of call** poslední štace; **any p. in a storm** tonoucí se i stébla chytá ▪ **p. authorities** přístavní správa; **p. dues** přístavní poplatky

port$_2$ [po:t] n **1** Naut, Aviat *(~hole)* kruhové okno lodní, letadlové **2** Naut *(for loading)* nákladní branka **3** Comput port **4** Techn otvor; **inlet/ outlet p.** vstupní/ výstupní otvor **5** Mil *(in wall, tank)* střílna

port$_3$ [po:t] n *(left side)* Naut levobok, Aviat levá strana, levé křídlo; **land to p.** Naut přistát levým bokem

port$_4$ [po:t] n *(wine)* portské (víno)

portability [po:tə'biləti] n přenosnost

portable ['po:təbl] adj **1** *(radio* etc*)* přenosný; *(typewriter)* kufříkový **2** *(transferable: pension)* přenosný, převoditelný **3** Comput *(compatible: software)* přenositelný ● n *(typewriter)* kufříkový psací stroj; *(TV)* přenosný televizor; *(computer)* přenosný počítač

portage ['po:tidž] n *(transport)* doprava; *(cost)* dopravné

portal ['po:tl] n portál, brána ▪ **p. vein** vrátnicová žíla

portend [po:'tend] vt fml věštit, být předzvěstí or znamením čeho, naznačovat, ohlašovat

portent ['po:tent] n fml *(omen)* předzvěst, znamení; **a p. of doom** špatné znamení

portentous [po:'tentəs] adj **1** *(ominous)* zlověstný **2** *(momentous)* mimořádný **3** *(solemn)* slavnostní; *(pompous)* okázalý, pompézní, bombastický ■ **~ly** adv zlověstně; slavnostně; okázale

porter$_1$ ['po:tə(r)] n **1** *(of luggage,* also *on expeditions)* nosič; *(in market)* skládač or vykládač zboží **2** Br *(door attendant: in hotel)* vrátný, portýr; *(in university)* pedel; **p.'s lodge** vrátnice **3** Amer *(on train)* zřízenec lůžkového vozu

porter$_2$ ['po:tə(r)] n porter tmavé anglické pivo

portfolio [po:t'fəuliəu] n **1** *(briefcase)* sloha, mapa **2** Pol ministerské křeslo, ministerský úřad, portfej; **Minister without p.** ministr bez portfeje **3** *(of artist, designer)* kolekce **4** Fin portfolio

porthole ['po:thəul] n Naut kruhové okno

portico ['po:tikəu] n (pl **~s, ~es**) Archit portikus, arkáda, kryté sloupořadí

portion ['po:šn] n **1** *(part)* část; *(of ticket* etc*)* útržek; *(share)* díl **2** *(helping of food)* porce **3** fml **marriage p.** věno **4** *(fate)* úděl, osud ● phr v ■ **portion out** vt *(money, work* etc*)* rozdělit (**among, between sb** mezi koho)

Portland cement [po:tləndsi'ment] n portlandský cement, portland

portliness ['po:tlinəs] n korpulentnost, tělnatost

portly ['po:tli] adj (**-ier, -iest**) korpulentní, tělnatý, statný

portmanteau [po:t'mæntəu] n (pl **~s, ~x**) velký kufr dated ■ **p. word** složenina, složené slovo, kufříkové slovo

portrait ['po:trət] n lit & fig portrét, podobizna; *(in words* also*)* popis; **paint a p. of sb** portrétovat koho, namalovat čí portrét; **draw a p. of sth** *(of writer)* popsat or vylíčit něco ■ **p. painter** see **portraitist**

portraitist ['po:trətist] n portrétista/ portrétistka

portray [po:'trei] vt **1** *(depict)* vylíčit, popsat, vykreslit **2** *(act role of)* ztělesnit, zahrát roli koho **3** *(artist)* zobrazit, nakreslit (čí portrét)

portrayal [po:'treiəl] n **1** Art *(portrait)* portrét; *(portraying)* zobrazení **2** *(description)* popis, vylíčení, *(of person)* charakteristika **3** Theat interpretace

Portugal ['po:tjugl] n Portugalsko

Portuguese [po:tju'gi:z] adj portugalský ● n **1** *(person)* Portugalec/ Portugalka **2** *(language)* portugalština

pose [pəuz] n **1** *(position, stance)* držení těla, postoj, *(of model* also*)* póza, pozice; **take up a p.** zaujmout postoj or pózu; **hold a p.** udržet pózu **2** *(posture)* póza, předstírání; **it's only a p., it's all a p.** to je jenom póza ● **I** vi **1** Art, Phot sedět/ stát modelem, inf pózovat **2** *(masquerade)* **p. as sb** vydávat se za koho, prohlašovat se za koho; **p. as a friend of the poor** stavět se jako přítel chudých **3** *(posture)* pózovat **II** vt **1** *(put forward: problem)* postavit, *(question)* nadhodit, *(formulate)* formulovat **2** *(represent: threat, problem)* představovat

poser$_1$ ['pəuzə(r)] n *(show-off)* vychloubač, vejtaha

poser$_2$ ['pəuzə(r)] n *(difficult question)* těžký oříšek inf, *(at exam)* chyták

poseur [pəu'zə:(r)] n pej pozér

posh [poš] adj inf *(hotel, restaurant, wedding, people)* nóbl, *(clothes* also*)* šik; *(accent)* snobský ● adv **talk p.** mluvit se snobským akcentem ● phr v ■ **posh up** vt **p. sth up** nablýskat něco, vyfešákovat něco; **p. oneself up** vyparádit se, vyšňořit se

poshness ['pošnəs] n inf nóbl mravy, snobství

posit ['pozit] vt fml *(postulate: theory)* navrhnout, postulovat

position [pə'zišn] n **1** *(location, place)* místo, pozice, umístění, poloha, *(soldiers, guards)* rozmístění; Mil, Chess postavení; **fix a ship's p.** určit polohu lodi; **they took up their ~s** rozmístili se, zaujali své pozice **2** *(pose)* držení těla, postoj, pozice; **in a sitting/ standing/ lying/ kneeling p.** vsedě/ vstoje/ vleže/ vkleče; **hold sth in an upright p.** držet něco na stojato or vertikálně; **sit in a twisted p.** sedět zkroucený **3** *(switch)* **be in the on/ off p.** být v poloze zapnuto/ vypnuto, být zapnutý/ vypnutý **4** *(situation)* situace; **my financial p.** moje finanční situace; **I am in a good financial p.** finančně na tom nejsem špatně; **from a p. of strength** z pozice síly; **be in an awkward/ difficult p.** být v nepříjemné/ obtížné situaci; **his p. is precarious** má to nahnuté; **be in a p. to do sth** mít možnost or být schopen něco udělat; **put yourself in my p.** vmysli se do mé situace **5** *(rank)* **a)** *(in society, hierarchy)* postavení; **be in a subordinate p.** být v podřízeném postavení **b)** *(in a table, on a scale)* umístění, místo; **be/ finish in fourth p.** být/ skončit čtvrtý **6** *(job)* místo, postavení, úřad, funkce; **have a secure p.** mít pěkné postavení; **be in a high p.** zastávat vysoký úřad or vysokou funkci; **apply for a p.** zažádat si o místo **7** *(point of view)* stanovisko, postoj, názor; **what's your p. on ...?** jak se díváte na ...?, jaký máte názor na ...? **8** *(counter)* přepážka, okénko, pokladna; **'p. closed'** „zavřeno" ● vt **1** *(place in p.: soldiers, policemen)* rozmístit, rozestavit; *(ladder)* postavit, přistavit; **p. oneself** postavit se, posadit se, zaujmout postavení **2 be ~d** *(building* etc*)* být situován, nacházet se **3** *(telescope, lamp)* zaměřit, orientovat **4** *(locate)* určit pozici čeho

positional [pəˈzišənəl] adj *(warfare)* poziční

positive [ˈpozətiv] adj **1** Math, Phot, Phys kladný, pozitivní; Ling *(form: not comp or superl)* pozitivní; **p. feedback** pozitivní zpětná vazba **2** *(affirmative)* **a)** *(answer, attitude, response)* kladný, souhlasný; *(sign)* příznivý **b)** *(constructive: criticism, suggestion)* konstruktivní; **p. thinking** pozitivní myšlení; **p. discrimination** pozitivní diskriminace **c)** *(result of test)* pozitivní **3** *(sure)* jistý čím; **I am (absolutely) p. about it** jsem si tím (naprosto) jist(ý), vím to (zcela) určitě; *(are you sure?)* — **P.!** Naprosto!, inf Na beton! **4 p. vetting** prověrka spolehlivosti, *(after 1989 in the Czech Republic* also*)* ≅ lustrace **5** *(clear)* **a)** *(unambiguous: instructions, rules, orders)* jednoznačný, jasný, přesný, nedvojsmyslný; *(action, measure)* energický **b)** *(definite: proof)* nezvratný **6** *(pleasant: experience, feeling)* příjemný **7** *(absolute: outrage, disgrace, miracle, nightmare)* vyložený; *(disaster)* naprostý; *(extreme: pleasure, delight)* absolutní ■ see **positively** ● n **1** Ling *(degree of adj)* pozitiv **2** Phot **p. (print)** pozitivní otisk or obraz, kopie **3** Elec kladná svorka **4 reply in the p.** dát kladnou odpověď

positively [ˈpozətivli] adv see **positive** **1** Elec **p. charged** pozitivně nabitý **2** *(affirmatively)* kladně, pozitivně; *(definitely)* jednoznačně, nedvojsmyslně **3** *(constructively: act, think)* konstruktivně **4** *(absolutely)* absolutně, naprosto, vyloženě; **it was p. disgraceful** bylo to vyloženě skandální

positiveness [ˈpozətivnəs] n see **positive** **1** *(certainty)* jistota; *(of evidence)* nezvratnost **2** *(constructiveness)* konstruktivnost, pozitivní přístup

positivism [ˈpozətivizəm] n pozitivismus

positivist [ˈpozətivist] adj pozitivistický ● n pozitivista

positivistic [pozətiˈvistik] adj pozitivistický ■ **~ally** adv pozitivisticky

positron [ˈpozitron] n pozitron

poss [pos] inf dated abbr of **possible** možný; **possibly** možná; **as soon as p.** co nejdříve

posse [ˈposi] n esp Hist četa or oddíl dobrovolníků na pomoc šerifovi; fig skupina

possess [pəˈzes] vt **1** *(own)* vlastnit, mít; *(foreign language)* vládnout čím; **p. the secret of success** znát tajemství úspěchu **2** see also **possessed**; *(obsess)* posednout, popadnout; **what ~ed him to do that?** co ho k tomu dohnalo or vedlo?

possessed [pəˈzest] pp adj **1** *(by an evil spirit)* posedlý; **work like one p.** pracovat jako posedlý; **be p. by the devil** být posedlý ďáblem **2** pp **be p. of sth** fml *(talent, charm)* být obdařen čím

possession [pəˈzešn] n **1** *(ownership)* vlastnictví; **be in p. of sth** vlastnit něco; **keep sth in one's p.** podržet si co v majetku; Sport **be in p. of the ball** mít míč, být u míče **2** Jur držba, držení; **take p. of sth** převzít co, ujmout se čeho, převzít držbu čeho; **in full p. of one's senses** při jasném vědomí **3** *(by evil)* posedlost **4** see **possessions**

possessions [pəˈzešnz] n pl **1** *(belongings)* jmění; **all our ~s** veškeré naše jmění; **strip sb of all his p.** obrat koho o všechno **2** *(colonies)* državy

possessive [pəˈzesiv] adj **1** *(parent)* panovačný; *(jealous: lover)* žárlivý; *(behaviour)* majetnický; **be p. about sb/ sth** lpět na kom/ čem, chtít koho/ co jen pro sebe, chtít si koho/co přivlastnit **2** Ling přivlastňovací ● n Ling posesívum, *(case/ pronoun)* přivlastňovací pád/ zájmeno

possessor [pəˈzesə(r)] n majitel, vlastník; Jur držitel

possibility [posəˈbiləti] n (pl **-ties**) **1** *(likelihood)* možnost; **within the bounds of p.** v mezích možností; **unimagined possibilities** netušené možnosti; **there's no p. of a mistake** omyl je nemožný **2** *(eventuality)* možnost, eventualita; **there was no other p.** nebyla žádná jiná možnost; **he prepared for all possibilities** připravil se na všechny eventuality

possible [ˈposəbl] adj **1** *(that can be done)* možný; *(acceptable* also*)* přijatelný, vhodný; *(achievable: result* etc also*)* dosažitelný; *(imaginable* also*)* představitelný; **if p.** pokud možno; **if at all p.** když to jen trochu půjde; **in every way p.** všemožně; **it is (quite) p. that ...** je (docela) možné, že ...; **as soon as p.** co nejdříve; **as far as p.** v mezích možností; **try every p. means** použít všech prostředků; **the best way p.** nejlepší možný způsob **2** *(potential)* možný, případný, eventuální, potenciální; **p. losses** eventuální ztráty **3** *(for emphasis)* **of what p. use can it be to him?** k čemu to, proboha, může potřebovat? ■ adv see **possibly** ● n **1** *(choice)* možná alternativa; *(candidate)* možný kandidát **2 the art of the p.** umění možného

possibly [ˈposəbli] adv **1** *(perhaps)* snad, možná, třeba, eventuálně; *(by any chance)* náhodou; **could you p. close the door?** mohl byste laskavě zavřít dveře? **2** *(conceivably* usu neg*)* **I cannot p. do it** v žádném případě to nemohu udělat

possum ['posəm] n *(opossum)* inf vačice ♦ **play p.** dělat mrtvého brouka, *(pretend to be sleeping)* předstírat spánek

post$_1$ [pəust] n *(pole)* tyč, tyčka, kůl; *(lampp.)* stojan; *(telegraphp.)* sloup; *(gatep.)* sloup, sloupek; *(of four-poster bed)* sloupek; **starting/ finishing p.** Racing startovní/ cílový sloup ♦ **be left at the p.** lit & fig zastavit se před cílem; **be pipped at the p.** nechat si ujít vítězství; **go from pillar to p.** chodit od Piláta k Herodesovi, chodit od čerta k ďáblu; **be as deaf as a p.** být hluchý jako pařez; **be the first past the p.** lit doběhnout první, fig získat většinu ● vt also **p. up** *(display: posters)* (vy)lepit, (na)lepit, vyvěsit/ vyvěšovat; **p. bills on a wall** lepit plakáty na zeď; **'p. no bills!'** „lepit plakáty zakázáno"

post$_2$ [pəust] n 1 *(job)* místo, práce, zaměstnání, funkce; **a responsible p.** odpovědná funkce; **a ministerial p.** ministerské křeslo; **hold a prominent p.** zastávat významnou funkci; **take up one's p. as ...** nastoupit ve funkci ... 2 Mil stanoviště, stanice; **die at one's p.** zemřít při výkonu služby; Br **first p.** budíček; **last p.** večerka, dated čepobití 3 *(trading p.)* obchodní středisko or stanice ● vt 1 *(position)* umístit; *(sentry)* postavit 2 *(employee)* přeložit, přidělit služebně kam; *(soldier* also*)* odvelet kam

post$_3$ [pəust] n esp Br *(mail)* pošta; **send sth by p.** poslat něco poštou; **reply by return of p.** odpovědět obratem pošty; **put sth in the p.** odeslat něco; **drop sth in the p.** hodit něco do schránky; **has the p. been?** už byla pošta? ■ **p. office** pošta, poštovní úřad; **p. office box** poštovní přihrádka ● vt 1 **p. sth** poslat něco poštou (**to sb** komu), odeslat něco, dát něco na poštu, *(letter: put in box)* vhodit do schránky; *(packet)* poslat, *(take to the post office)* vzít or zanést na poštu; **I'll p. it to you tomorrow** pošlu ti to zítra 2 *(inform)* **keep sb ~ed** průběžně or pravidelně někoho informovat (**about sth** o čem) 3 *(enter in ledger)* zanést, zapsat

post- [pəust-] pref post-, po-

postage ['pəustidž] n poštovné, porto; **p. paid** vyplaceně; **p. and packing** poštovné a balné ■ **p. stamp** poštovní známka

postal ['pəustl] adj poštovní; **p. card** Amer dopisnice, korespondenční lístek; **p. code** poštovní směrovací číslo; **p. district** poštovní obvod; **p. order** poštovní poukázka; **p. vote** hlas zaslaný poštou

postbag ['pəustbæg] n Br 1 *(sack)* poštovní pytel 2 *(correspondence)* pošta došlé zásilky

postbox ['pəustboks] n Br poštovní schránka

postcard ['pəustka:d] n (cf **postal card**) dopisnice, lístek; **(picture) p.** pohlednice, pohled

postcode ['pəustkəud] n Br poštovní směrovací číslo

postdate [pəust'deit] vt postdatovat, opatřit pozdějším datem

poster ['pəustə(r)] n plakát; *(at conferences)* poster

poste restante [pəust'restã:nt] n Br poste restante

posterior [po'stiəriə(r)] adj *(in time)* pozdější; **be p. to sth** následovat po čem ● n inf zadnice, zadek, zadní část (těla)

posterity [po'sterəti] n *(future generations)* budoucí pokolení, *(descendants)* potomci, potomstvo; **go down to p.** zapsat se do dějin

post-free [pəust'fri:] adj Br vyplacený ● adv vyplaceně, franko

postgraduate [pəust'grædjuət] adj postgraduální ● n postgraduální student

posthaste [pəust'heist] adv co (možná) nejrychleji, v nejkratší možné lhůtě

posthumous ['postjuməs] adj posmrtný ■ **~ly** adv posmrtně

postimpressionism [pəustim'prešnizəm] n postimpresionismus

postimpressionist [pəustim'prešnist] n postimpresionista

postindustrial [pəustin'dastriəl] adj postindustriální (**society** společnost)

posting ['pəusting] n 1 *(of diplomat)* vyslání; *(employee to a different job)* přemístění; *(soldier)* odvelení kam 2 *(of letter, packet)* odeslání, podání; **place of p.** podací pošta 3 *(in ledger)* záznam

postman ['pəustmən] n (pl **-men**) listonoš, (poštovní) doručovatel, inf pošťák; **has the p. been (yet)?** došla už pošta?, byl tu už pošťák? ♦ **postman's knock** dětská hra na listonoše doručování dopisů za polibek

postmark ['pəustma:k] n poštovní razítko; **date as p.** datum podle poštovního razítka ● vt orazítkovat, orazit, opatřit razítkem

postmaster ['pəustma:stə(r)] n poštmistr

post meridiem [pəustmə'ridiəm] adv fml *(in the afternoon)* odpoledne; *(in the evening)* večer

postmistress ['pəustmistrəs] n poštmistrová

postmodernism [pəust'modənizəm] n postmodernismus

postmodernist [pəust'modənist] n postmodernismus

postmortem [pəust'mo:təm] n Med pitva; fig **hold a p. on sth** *(game, elections)* rozpitvávat něco

postnatal [pəust'neitl] adj postnatální, poporodní; **p. care** péče po narození; **p. depression** postnatální deprese

postpone [pəust'pəun] vt *(meeting* etc) odložit, odročit, posunout; **the meeting has been ~d till Friday** schůze byla odložena or přesunuta na pátek; **p. one's departure** odložit (svůj) odjezd

postponement [pəust'pəunmənt] n see **postpone** odložení, odročení, přesunutí

postposition [pəustpə'zišn] n Ling postpozice

postpositive [pəust'pozətiv] n Ling postpozitivní

postprandial [pəust'prændiəl] adj joc *(nap, walk)* poobědní

postscript ['pəustskript] n **1** *(to letter)* postskriptum, douška, dodatek; *(to book, article)* doslov **2** fig *(to events)* dohra; *(at end of speech)* krátká poznámka

postulate ['postjulət] n postulát, východiskový princip ● ['postjuleit] vt postulovat, stanovit jako postulát; **p. that ...** postulovat, že ...

posture ['posčə(r)] n *(body position)* držení těla, postoj; pej póza; fig *(attitude)* přístup, postoj; fig póza ● vi pej pózovat

postvocalic [pəustvəu'kælik] adj postvokalický

postwar [pəust'wo:] adj poválečný; **the p. period** poválečné období

postwoman ['pəustwuman] n (pl **-women** [-wimin]) listonoška, (poštovní) doručovatelka, inf pošťačka

posy ['pəuzi] n kytice, kytička, inf kytka

pot [pot] n **1** *(saucepan)* hrnec, kastrol; **~s and pans** kuchyňské nádobí ♦ **go to p.** inf *(company)* jít od desíti k pěti; *(morals)* upadnout; *(plans)* zhatit se; **take p. luck** zkusit něco namátkou, udělat hokus pokus ■ **p. roast** dušené maso **2** *(for tea, coffee)* konvice; *(for jam)* sklenice; *(for mustard)* kelímek; *(for paint)* plechovka; *(plant p.)* květináč; **a chamber p.** nočník, noční nádoba; **a lobster p.** koš na chytání raků ■ **p. plant** rostlina pěstovaná v květináči **3** inf *(large sum)* **~s of money** žoky or fůra or balík peněz; **have ~s of money** mít peněz jako želez **4** sl *(marijuana)* marjánka, tráva **5** inf Amer Cards bank **6** inf Sport *(trophy)* pohár **7** *(potshot)* **take a p. at sb** vystřelit na koho bez míření or nazdařbůh **8** inf *(belly)* bachor ● v **(-tt-)** **I** vt **1** *(preserves)* zavařovat; *(meat)* konzervovat **2** *(plant)* zasadit or dát do květináče **3** *(baby)* posadit na nočník **4** Billiards *(ball)* srazit do díry or otvoru **5** *(shoot: rabbit)* zastřelit **II** vi **1** *(shoot)* **p. at sth** střílet po čem **2** *(make pottery)* vyrábět hrnčířské or keramické zboží

potable ['pəutəbl] adj *(drinkable)* pitný

potash ['potæš] n potaš, draslo, Chem uhličitan draselný

potassium [pə'tæsiəm] n draslík ■ **p. cyanide** Chem kyanid draselný, cyankáli; **p. permanganate** manganistan draselný, hypermangán

potato [pə'teitəu] n (pl **~es**) **1** *(plant)* brambor **2** Cook brambor, brambora, zemák; **mashed ~es** bramborové pyré, bramborová kaše; **boiled ~es** vařené brambory ♦ **drop sth like a hot p.** pustit co, jako by to pálilo ■ **p. beetle, p. bug** mandelinka bramborová; **p. chips** Amer, **p. crisps** bramborové křupinky; **p. field** bramboriště; **p. masher/ peeler** mačkadlo/ škrabka na brambory

potbellied [pot'belid] adj břichatý, pupkatý; *(from hunger)* mající nadmuté břicho

potbelly ['potbeli] n *(from overeating)* panděro, pupek, bachor; *(from hunger)* nadmuté or nafouklé břicho

potboiler ['potboilə(r)] n komerční dílo kniha, hra ap.

potency ['pəutənsi] n **1** *(strength: of medicine)* účinnost; *(of drink)* síla, opojnost **2** *(virility)* potence

potent ['pəutənt] n **1** *(medicine)* účinný; *(weapon)* mocný, účinný; *(drink)* silný, opojný; *(influence)* velký; *(argument)* pádný, přesvědčivý **2** *(virile)* potentní

potentate ['pəutənteit] n *(ruler)* potentát, mocnář; fig magnát, potentát, expr papaláš

potential [pə'tenšl] adj potenciální, možný; incorrectly potencionální ■ **~ly** adv potenciálně ● n potenciál also Phys, Elec etc; **have p.** mít schopnosti; **fulfil** or **realize one's p.** realizovat se

potentiality [pətenši'æləti] n potenciálnost, potencialita

potful ['potful] n (plný) hrnec; *(of coffee)* (plná) konvice

pothole ['pothəul] n **1** Geol sluj, jeskyně **2** *(in road)* výmol, rigol, jáma ve vozovce

potholer ['pothəulə(r)] n Br jeskyňář, speleolog

potholing ['pothəuliŋ] n Br speleologie, výzkum jeskyň

potion ['pəušn] n lektvar; **love p.** elixír lásky

potpourri [pəu'puri] n *(mixture of herbs)* potpourri [potpuri]; fig *(medley)* Mus, Liter směs, všehochuť, potpourri

potsherd ['potšə:d] n Archeol hliněný střep, zlomek nádoby

potshot ['potšot] n výstřel nazdařbůh,

rána bez míření or naslepo; **take a p. at sth** vystřelit na něco bez míření; fig **take a potshot** vystřelit od boku

potted ['potid] adj **1** *(plant)* v květináči; *(meat)* konzervovaný **2** inf fig *(condensed)* stručný, v kostce; **a p. history of England** stručné dějiny Anglie

potter$_1$ ['potə(r)] n hrnčíř; **p.'s clay** hrnčířká hlína; **p.'s wheel** hrnčířský kruh

potter$_2$ ['potə(r)] **I** vi = **potter about** **II** phr vs ■ **potter about** or **around** *I* vt **p. around the house** *(do odd jobs)* kutit, zabývat se drobnými pracemi *II* vi *(idle one's time)* zahálet, poflakovat se, okounět; **p. about in the garden** vrtat se v zahradě ■ **potter along** vt **p. along the road** vléci se po cestě

pottery ['potəri] n **1** *(craft)* hrnčířství, keramika **2** *(earthenware)* hrnčířské zboží; *(ceramics)* keramika **3** *(shop)* hrnčířská dílna

potty$_1$ ['poti] adj (**-ier**, **-iest**) Br inf ťuknutý, praštěný, střelený; **go p.** zcvoknout, zpitomět; **be p. about sth** být do čeho zblázněný; **be (absolutely) p. about sb** být do koho celý pryč, být do koho cvok

potty$_2$ ['poti] n esp Br nočníček, hrníček

potty-trained ['potitreind] adj *(baby)* naučený chodit na nočníček

pouch [pauč] n **1** *(bag)* vak, brašna; *(for money)* Hist měšec; *(for ammunition)* nábojnice, sumka; *(for tobacco)* váček or inf pytlík na tabák; *(for mail)* esp Amer poštovní pytel; pouch součást skotského kroje **2** Zool vak

pouf(fe) [puf, pu:f] n **1** *(seat)* taburet **2 pouf** Br inf teplý; see **poof(ter)**

poulterer ['pəultərə(r)] n Br *(seller of poultry)* obchodník/ obchodnice s drůbeží; dated drůbežář/ -ka; **p.'s shop** obchod s drůbeží

poultice ['pəultis] n Med teplý obklad, náplast, náplasťový obvaz; **a mustard p.** hořčičná placka obklad ● vt přiložit teplý obklad

poultry ['pəultri] n **1** Zool drůbež ■ **p. farm** drůbežárna; **p. farmer** drůbežář/ -ka, drůbežník/ drůbežnice, chovatel drůbeže; **p. farming** drůbežnictví, chov drůbeže **2** Cook drůbež, drůbeží maso

pounce [pauns] n skok ● vi **1** *(cat, lion etc)* skočit; *(eagle etc)* vrhnout se dolů **2 p. (up)on sb/ sth** vrhnout se na koho/ co; **the police ~d on the drug pushers** policie udělala razii na drogové dealery; **they ~d upon him** sesypali se na něj; **they ~d on everything he said** stále ho chytali za slovo; **p. on an opportunity** skočit po příležitosti

pound$_1$ [paund] n **1** *(money)* libra; **one p. sterling** libra šterlinků ♦ **in for a penny, in for a p.** když už, tak už ■ **a p. note/ coin** librová bankovka/ mince, papírová/ kovová librovka **2** *(weight)* libra 0,454kg; **half a p.** půl libry, ≅ čtvrtka; **a quarter of a p.** ≅ osminka; **sell sth by the p.** prodávat něco na libry ♦ **a pound of flesh** krvavá cena

pound$_2$ [paund] **I** vt **1** *(crush: stones)* (roz)drtit, roztloukat/ roztlouci; *(grain)* šrotovat; *(pepper, cinnamon, sugar)* (roz)tlouci, utlouci, rozetřít; **p. sth to pieces** roztlouci/ rozbít něco na kusy; **p. a city to rubble** *(by bombs)* rozbombardovat město na trosky; **p. garlic to a paste** rozetřít česnek na kaši **2** *(strike: with hammer)* bušit do čeho; *(earth)* (u)dusat, udupat; *(meat)* naklepat; *(door, typewriter, piano)* bušit do čeho; **p. sb** *(with fists)* bušit do koho **3** *(bombard)* bombardovat, *(shell* also*)* ostřelovat **4 p. the beat** *(policeman)* dělat obchůzku, být na obchůzce **II** vi **1** *(on door, ceiling)* bušit, mlátit **2** *(heart)* bušit (jako kladivo), bouchat; *(waves: against rocks)* tříštit se o co, bušit do čeho **3** *(move heavily)* dupat, dusat; **come ~ing down the stairs** s dupotem seběhnout po schodech **III** phr vs ■ **pound away** vi **1** *(heart)* bít or bušit jako kladivo **2** *(on typewriter)* mlátit do čeho **3 p. away at sth** *(job, task)* inf makat na čem ■ **pound down** vt **1** *(crush)* rozdrtit, rozmělnit **2** *(earth, snow)* udupat, udusat ■ **pound out** vt *(tune)* vybrnkat; *(letter)* naklepat na stroji ■ **pound up** vt rozdrtit, roztlouci, rozmělnit

pound$_3$ [paund] n *(for animals)* ohrada pro zatoulaný dobytek; *(for cars)* parkoviště zabavených vozů

pounding ['paundiŋ] n **1** *(of hammer)* bušení, rány; *(of heart)* bušení; *(of guns, shells)* odstřelování; *(of hooves)* dusot; **p. of the waves** vlnobití **2** *(severe defeat)* inf nátěr; **take a p.** dostat nátěr or flastr; **give sb a p.** porazit koho na hlavu

pour [po:(r)] **I** vt **1** *(liquid)* lít, nalít/ nalévat, *(into another container)* přelít/ přelévat; *(metal)* lít, odlévat, slévat; *(sand, grain, sugar, rice* etc*)* (na)sypat, *(into another container)* přesypat/ přesypávat; **p. sth into sth** nalít něco do čeho; **p. sth down the drain** vylít co do kanálu; **p. gravy over sth** polít něco omáčkou ♦ **she looks as if she has been ~ed into that dress** ty šaty jí padnou jako ulité; **p. cold water on sb's plans** dát někomu studenou sprchu; **p. oil on troubled waters** lít olej na rozbouřené vlny, zchladit horké hlavy **2** *(drink)* nalít, naservírovat, *(beer in pub* also*)* načepovat; **shall I p. you some tea?** mohu vám nalít čaje? **3** *(invest: money)* vrazit; **p. money down the drain** inf vyhodit peníze do luftu

II vi **1** *(water, liquid)* téci proudem, lít se, valit se, fml linout se; *(blood, sweat)* téci proudem, hrnout se, valit se, řinout se, *(p. down)* stékat ve stružkách; *(smoke)* valit se *(sand, sugar, rice)* sypat se; *(light: through windows* etc*)* vlévat se, linout se **2** *(rain)* lít, inf cedit; **it's ~ing (with rain)** leje, prší jen se leje; **the rain ~ed down** lilo jako z konve ♦ **it never rains but it ~s** smůla nad smůlu, neštěstí nechodí nikdy samo **3** *(crowd)* **p. into a building/ out of a building** nahrnout se do budovy/ vyhrnout se z budovy **4 the jug doesn't p. well** z tohoto džbánu se nenalévá dobře **III** phr vs ▪ **pour away** vt vylít ▪ **pour forth** vi *(people)* valit se, hrnout se ▪ **pour in** *I* vi **1** *(rain)* valit se dovnitř; *(light)* vlévat se dovnitř **2** *(crowd)* nahrnout se dovnitř, *(cars)* přijíždět masově *II* vt *(money)* investovat ve velkém ▪ **pour off** vt odlít, odlévat; *(sand, sugar)* odsypat ▪ **pour out** *I* vt **1** *(liquid)* vylít/ vylévat; *(drink)* nalévat, servírovat; *(rice, sugar)* vysypat **2** *(information)* šířit, rozšiřovat **3** *(goods,* eg *cars: from factories)* vrhnout na trh **4** *(emotions)* dát volný průchod čemu; **p. out one's heart to sb** vylít si někomu své srdce, otevřít někomu své srdce *II* vi *(liquid)* vytékat proudem, valit se ven

pouring ['po:riŋ] adj *(rain)* prudký; *(cream)* tekutý

pout [paut] n našpulení úst; *(sulky)* vzdorovité ušklíbnutí ● **I** vi **1** (na)špulit ústa or rty **2** *(sulk)* trucovat, trucovitě špulit ústa **II** vt *(lips)* (na)špulit

poverty ['povəti] n **1** lit bída, chudoba, nouze; **grinding p.** holá bída, bída s nouzí; **live in p., be reduced to p.** žít v bídě or v chudobě or v nouzi ▪ **p. line** hranice or mez chudoby; **p. trap** past chudoby **2** fig *(of imagination, language)* chudoba; **p. of ideas** myšlenková prázdnota

poverty-stricken ['povətistrikən] adj zbídačený, zbědovaný; *(areas)* postižený bídou, zbídačelý

POW [pi:əu'dablju:] abbr of **prisoner of war** válečný zajatec

powder ['paudə(r)] n **1** gen prášek, Mil prach; *(of sugar)* moučka; **curry p.** kari koření; **milk p.** sušené mléko; **washing p.** prášek na praní; **grind sth to (a) p.** rozdrtit or rozemlít co na prach ♦ **keep one's p. dry** mít se na pozoru, být ve střehu ▪ **p. blue** modřidlo, šmolka; **p. keg** lit & fig sud (střelného) prachu; **be sitting on a p. keg** fig sedět na sudu s prachem; **p. snow** prachový sníh, inf prašan **2** *(cosmetic)* pudr; **talcum p.** tělový pudr; **baby p.** dětský zásyp ▪ **p. compact** pudřenka; **p. puff** labutěnka; **p. room** euph (dámská) toaleta ● **I** vt **1** *(crush)* rozetřít or rozemlít or rozmělnit (na prach or prášek), pulverizovat, *(sugar)* rozemlít na moučku **2 p. oneself, p. one's face** napudrovat se; **p. a baby** zasypat dítě ♦ **p. one's nose** euph odskočit si, *(more* inf*)* jít se vyčurat **3 be ~d with snow** *(eg trees* etc*)* být poprášený sněhem, inf být pocukrovaný sněhem **II** vi *(crumble)* **p. easily** *(eg soil)* být rozpadavý, snadno se rozpadat

powdered ['paudəd] adj *(milk)* sušený; Amer *(sugar)* práškový, moučkový

powdering ['paudəriŋ] n *(of snow)* poprašek

powdery ['paudəri] adj **1** *(like powder)* práškovitý, jako prach; **p. snow** prachový sníh **2** *(covered with powder)* inf zaprášený **3** *(crumbling: stone)* rozpadavý

power ['pauə(r)] n **1** *(strength)* **a)** *(physical: of muscles)* síla; *(of storm)* prudkost; *(of voice)* mohutnost ♦ **more p. to your elbow!** mnoho úspěchu!, mnoho zdaru! **b)** *(capacity: of engine)* síla, výkon, rychlost; **traction p.** tažná síla; **we are losing p.** ztrácíme rychlost; **run at full p.** jet na plné obrátky **c) adhesive p.** přilnavost; **corrosive p.** leptavost; **healing p.** léčivá moc; **penetrating p.** průbojnost; **purchasing p.** kupní síla, koupěschopnost **d)** *(of telescope)* zvětšovací schopnost; *(of microscope)* rozlišovací mohutnost **e)** *(energy)* energie; Elec *(current)* (elektrický) proud; **generate p.** vyrábět (elektrickou) energii ▪ **p. failure** výpadek elektřiny; **p. point** zásuvka; **p. plant** or **station** elektrárna; **p. saw** motorová pila, *(electric)* elektrická pila; **p. supply** zásobování elektrickou energií **f)** *(of argument)* přesvědčivost; *(of concentration)* schopnost; *(of suggestion)* působivost; **creative p.** tvořivost; **~s of imagination** představivost; **intellectual ~s** intelektuální schopnosti; **be within sb's ~s** být v něčích silách **g)** ♦ **do sb a p. of good** nesmírně komu prospět, jít komu k duhu **2** *(influence)* **a)** *(control)* vliv, moc; **have p. over sb** mít na koho vliv; **have sb in one's p.** mít koho v moci; **have no p. over sb** nemít na koho žádný vliv **b)** Pol moc; **absolute p.** absolutní moc; **be in p.** Pol být u moci; **come into p.** Pol ujmout se moci, nastoupit k moci; **seize p.** uchvátit moc, zmocnit se vlády; **be hungry for p.** lačnět po moci; **to struggle for p.** bojovat o moc, inf rvát se o koryta ▪ **p. politics** mocenská politika **c)** *(authority)* pravomoc, moc, kompetence; **executive p.** výkonná moc; **p. of attorney** Jur plná moc; **the p. of veto** právo veta; **it is beyond my p.** to není v mé pravomoci

3 a) *(~ful person* or *institution)* autorita; **be a p. behind sth** hrát v čem důležitou roli; **the ~s that be** inf vyšší místa, inf ti tam nahoře, (dnešní) vrchnost or mocipáni; **the p. behind the throne** šedá eminence **b)** *(~ful force)* **supernatural ~s** nadpřirozené síly; **the ~s of evil, evil ~s** zlé síly or mocnosti **c)** *(nation)* mocnost, stát; **world ~s** světové velmoci; **colonial ~s** koloniální mocnosti **4** Math mocnina; **the third p. of x** třetí mocnina x; **x to the p. of three** x na třetí ● **I** vt *(engine, motor)* pohánět; **be ~ed by electricity** být poháněný elektřinou **II** vi *(runner, car* etc*)* inf hnát se; **p. away from the others** nechat ostatní daleko za sebou

powerboat ['pauəbəut] n motorový člun

power-driven ['pauədrivn] adj *(tool)* motorový

powerful ['pauəful] adj **1** *(wrestler* etc*)* silný; *(build)* statný; *(engine)* silný, výkonný; *(blow, voice)* silný, mocný; *(medicine)* silný, účinný **2** *(influential: person)* vlivný, *(ruler, empire)* mocný; **have p. friends** mít konexe, mít vlivné přátele **3** fig *(music, picture)* působivý; *(speech)* plamenný, sugestivní; *(argument)* přesvědčivý; *(emotion)* silný, intenzivní ■ **~ly** adv silně; **be ~ly built** být statné postavy; **I was ~ly affected by the music** ta hudba na mě mocně zapůsobila

powerhouse ['pauəhaus] n (pl **-houses** [-hauziz]) **1** *(power station)* elektrárna **2** fig *(place,* eg *university: of new ideas)* laboratoř, líheň **3** fig *(person)* dynamo, hybná síla, dynamická osobnost

powerless ['pauələs] adj **1** *(helpless)* nemohoucí, bezmocný (**against sth** proti čemu, tváří v tvář čemu) **2** *(unable)* **be p. to intervene** nemoci zasáhnout; **I was p. to help her** nemohl jsem jí pomoci ■ **~ly** adv *(watch)* bezmocně

powerlessness ['pauələsnəs] n bezmocnost, nemohoucnost

powwow ['pauwau] n **1** *(of North Amer Indians)* shromáždění, rokování **2** inf joc *(meeting to discuss sth)* porada, (neformální) konference, válečná porada fig joc; *(discussion)* jednání, diskuse; **a family p.** rodinná rada

pox [poks] n dated **1** *(smallpox)* pravé neštovice, variola ♦ **a pox on ...** *(sb/ sth)* zatracený or proklatý ..., k čertu s ... **2** inf *(syphilis)* tripl, syfl

poxy ['poksi] adj sl *(salary, reward)* ubohý, žalostný

pp abbr of **1 pages** strany **2** also **per pro** = **per procurationem** per procura, na základě plné moci

p & p abbr of **postage and packing** poštovné a balné

PPE [pi:pi:'i:] Br Univ *(esp Oxford)* abbr of **politics, philosophy and economics** politika, filozofie a ekonomika

PPS or **pps** [pi:pi:'es] abbr of **1 post postscriptum** druhé postskriptum, druhá douška **2** (only **PPS**) **Parliamentary Private Secretary** Parlamentní soukromý tajemník

pr abbr of **1** (pl **prs**) **pair** pár **2 price** cena

Pr abbr of **prince** princ

PR [pi:'a:(r)] inf abbr of **1 public relations** styk s veřejností **2 proportional representation** Parl poměrné zastoupení

practicability [præktikə'biləti] n see **practicable** proveditelnost, uskutečnitelnost, reálnost; *(of road)* sjízdnost

practicable ['præktikəbl] adj **1** *(feasible: plan, project)* proveditelný, uskutečnitelný, reálný; *(possible: solution)* možný **2** *(road)* sjízdný ■ **practicably** adv reálně

practical ['præktikl] n *(class)* praktikum, praktické cvičení; *(exam)* praktická zkouška ● adj **1** *(not theoretical)* **a)** *(training, experience)* praktický; **for all p. purposes** prakticky vzato **b) p. nurse** Amer pomocná zdravotní sestra **2** *(sensible: person)* praktický, rozumný; **have a p. mind** uvažovat prakticky; **now be p.!** *(we can't afford it)* prosím tě, buď rozumný! **3** *(functional: tool, clothes)* praktický, účelný, funkční **4** *(feasible: plan)* proveditelný, uskutečnitelný **5** *(virtual)* **it's a p. certainty that ...** je prakticky jisté, že ... **6 a p. joke** kanadský žertík, taškařina ■ **~ly** adv prakticky; *(almost* also*)* téměř, skoro; **it's ~ly finished** už je to prakticky hotové; **that's p. a gift** to je skoro zadarmo

practicality [prækti'kæləti] n (pl **-ties**) see **practical 1** *(of person)* praktičnost, rozumnost **2** *(of clothes* etc*)* praktičnost, účelnost, funkčnost **3** *(feasibility: of plan)* proveditelnost, uskutečnitelnost **4 practicalities** praktické podrobnosti or detaily

practice ['præktis] n **1** *(not theory)* praxe; **in p.** v praxi, *(practically)* prakticky; **put sth into p.** *(plan, ideas)* uskutečnit or realizovat něco **2** *(professional activity: of doctor, lawyer)* praxe, vykonávání profese, výkon profese; *(clientele)* klientela; *(place: doctor's/ lawyer's)* soukromá ordinace/ advokátní kancelář; **medical p.** lékařská praxe; **be in p.** *(doctor)* praktikovat, provozovat lékařskou praxi; **set up a p.** *(medical)* otevřít si (soukromou) ordinaci, *(legal)* otevřít si advokátní kancelář **3** *(exercise)* cvičení, nacvičování, procvičování, *(revision)* opakování; *(training)* trénování, trénink; *(experience)* zkušenost; **keep in p.** udržovat se ve cviku; **get out of p.** vyjít z cviku; **it's good p.** to je dobrá škola; **it comes with p.** je to otázka cviku

♦ **p. makes perfect** cvičení dělá mistra ▪ **p. ammunition** cvičné náboje or střelivo; **p. flight** cvičný let; **p. game** cvičná hra **4** *(session)* Sport trénink; *(rehearsal: of choir)* Mus zkouška; **fire p.** protipožární cvičení; **he had the fastest time in p.** dosáhl nejrychlejšího tréninkového času **5** *(habit)* zvyk; *(custom)* zvyk, mrav, obyčej; **make a p. of doing sth**, **make it a p. to do sth** navyknout si co (pravidelně) dělat **6** *(procedure)* praktika, osvědčený způsob or postup, uzance; **sharp p.** nekalé jednání, machinace; **it's a good p.** to je osvědčený postup; **it's standard** or **common p. to pay in advance** běžně se platí předem, běžná praxe je zaplatit předem ● vt, vi see **practise**

practise, Amer **practice** ['præktis] **I** vt **1** *(to improve one's skills)* cvičit, nacvičovat, procvičovat, Theat zkoušet; Sport trénovat; **p. one's English on sb** vyzkoušet si na kom svou angličtinu **2** *(put into practice: principles)* praktikovat, uplatňovat or uskutečňovat v praxi; **p. virtue** žít ctnostně ♦ **he should p. what he preaches** měl by se chovat podle toho, co hlásá **3** *(profession)* provozovat, vykonávat; **p. medicine** provozovat lékařství, provádět lékařskou praxi; **p. law** vykonávat advokacii **4** *(religion)* vyznávat, praktikovat, řídit se podle čeho **II** vi **1** gen cvičit, nacvičovat; Sport trénovat **2** *(doctor, lawyer)* provozovat praxi, *(doctor* also*)* praktikovat, *(lawyer* also*)* vykonávat advokacii

practised, Amer **practiced** ['præktist] adj *(experienced)* zkušený; *(skilled)* dovedný, zručný; *(artificial: smile)* nacvičený

practising, Amer **practicing** ['præktisiŋ] adj *(doctor)* praktikující, provozující lékařskou praxi; *(Catholic* etc*)* aktivní, praktikující

practitioner [præk'tišənə(r)] n praktik, *(of profession)* provozovatel, vykonávatel; Med **general p.** praktický lékař; **private p.** soukromý lékař; **dental p.** zubní lékař

praesidium [pri'sidiəm] n see **presidium**

pragmatic [præg'mætik] adj pragmatický ▪ **~ally** adv pragmaticky

pragmatism ['prægmətizəm] n pragmatismus

pragmatist ['prægmətist] n pragmatista

Prague [pra:g] n Praha

prairie ['preəri] n travnatá step, prérie ▪ **p. dog** psoun prériový

praise [preiz] n **1** *(approval)* chvála, pochvala; **in p. of sb** k chvále koho; **win p.** dostat pochvalu; **be worthy of p.** zasloužit si pochvalu; **have nothing but p. for sb** nemoci si někoho vynachválit; **sing sb's/ sth's ~s** vychvalovat koho/ co, vynášet koho/ co do nebes **2** Relig velebení, chvalořečení; **p. be!** chvála (Pánu) Bohu!, bohudíky ● vt **1** *(express approval)* chválit, pochválit (**sb for (doing) sth** koho za co); **p. sb to the skies** vynášet koho do nebes; **he deserves to be ~d** zaslouží si chválu **2** Relig *(God)* velebit

praiseworthy ['preizwə:ði] adj chvályhodný; *(work, deed)* záslužný

pram [præm] n Br kočárek

prance [pra:ns] vi **1** *(horse)* skákat, vzpínat se, vyhazovat; *(person)* poskakovat **2** *(strut)* **p. about** pyšně si vykračovat, vykračovat si jako páv

prang [præŋ] n Br sl havárie ● vt Br sl *(crash: car)* rozflákat, *(aeroplane)* havarovat

prank [præŋk] n recese, vylomenina, ptákovina, kanadský žertík; **a schoolboy p.** klukovina; **play a p. on sb** provést komu kanadský žertík

prankster ['præŋkstə(r)] n šprýmař

prat [præt] n Br sl blbeček, imbecil

prate [preit] vi dated žvanit (**about sth** o čem)

prattle ['prætl] n brebentění, tlachání ● vi tlachat, brebentit

prawn [pro:n] n Zool garnát ▪ **p. cocktail** kokteil z garnátů

pray [prei] **I** vi **1** Relig modlit se; **let us p.** (po)modleme se; **p. to God for sth** modlit se k Bohu za co; **p. for sb** modlit se za koho; **he is past ~ing for** *(he will die)* toho už nic nezachrání **2** arch fml **p. be seated** sedněte si, prosím **II** vt arch fml **1** Relig *(God)* orodovat u Boha; **p. God for forgiveness** orodovat u Boha za odpuštění **2** *(request)* **p. sb to do sth** prosit koho o co

prayer ['preə(r)] n **1** Relig modlitba; *(service)* pobožnost; **the Lord's P.** (modlitba) Otčenáš; **say a p.** pomodlit se (**for sb** za koho); **say one's ~s** modlit se; **my p. was answered** moje modlitba byla vyslyšena ▪ **p. beads** růženec; **p. book** modlitební knížka; **p. wheel** modlicí mlýnek **2** *(entreaty)* úpěnlivá prosba

praying mantis [preiiŋ'mæntis] n kudlanka nábožná

pre- [pri:-, pri-] pref před-, pre-, předem; cf **premarital** předmanželský; **predestination** predestinace; **prearrange** předem zařídit

preach [pri:č] **I** vi **1** Relig kázat, mít kázání; **p. to deaf ears** kázat hluchým **2** fig **p. to sb, p. at sb** dělat komu kázání, mentorovat někoho ♦ **p. to the converted** přesvědčovat přesvědčené; inf chtít učit zloděje krást **II** vt **1 p. a sermon** kázat, dělat kázání **2** *(advocate)* **a)** Relig **p. the Gospel/ the word of God** hlásat evangelium/ slovo boží **b)** fig *(tolerance, virtue, economy* etc*)* propagovat, šířit

preacher [ˈpri:čə(r)] n **1** kazatel, **(woman) p.** kazatelka; fig hlasatel; *(sermonizer)* mentor **2** Amer *(minister)* pastor, duchovní

preachify [ˈpri:čifai] vi inf pej (pt & pp **-fied**) moralizovat, mentorovat, poučovat

preadolescent [priædəˈlesnt] adj předpubertální

preamble [priˈæmbl] n úvod, Jur preambule; *(of book)* předmluva

prearrange [pri:əˈreindž] vt zařídit předem, dohodnout předem

prebend [ˈprebənd] n prebenda

precarious [priˈkeəriəs] adj **1** *(uncertain)* nejistý; *(situation* also*)* prekérní, ošidný, svízelný; **make a p. living as ...** protloukat se všelijak jako ... **2** *(unsafe: path, politics)* nebezpečný, riskantní; *(state of health)* na pováženou; **his position is p.** má to nahnuté ■ **~ly** adv **live ~ly** protloukat se všelijak, tlouct to všelijak

precariousness [priˈkeəriəsnəs] n cf **precarious 1** prekérnost, nejistota, ošidnost **2** nebezpečnost, riskantnost

precaution [priˈko:šn] n (preventivní) opatření; **fire ~s** protipožární opatření; **safety ~s** bezpečnostní opatření; **do sth as a p.** udělat co pro jistotu or z opatrnosti; **take ~s** zajistit se, učinit potřebná opatření, *(in sex)* použít antikoncepční prostředek, chránit se; **I took the p. of informing his parents** pro jistotu jsem o tom zpravil jeho rodiče

precautionary [priˈko:šənəri] adj *(measures)* preventivní; **take p. measures against sth** učinit proti čemu bezpečnostní opatření

precede [priˈsi:d] vt **1** *(in order, time)* předcházet čemu, *(of people)* jít před; *(in rank)* být v pořadí or hodností před kým; *(in importance)* být důležitější než **2 p. sth with sth** *(speech with a joke* etc*)* uvést co čím

precedence [ˈpresidəns] n **1** *(in importance)* větší důležitost, priorita; **take p. over sth** mít prioritu or přednost před čím; **give p. to sth over sth** nadřadit co čemu **2** *(in rank)* precendence, společenská přednost

precedent [ˈpresidənt] n precedens; **create** or **establish** or **set a p.** vytvořit precedens; **without p.** nebývalý, nemající obdoby, bezpříkladný, bezprecedentní

preceding [priˈsi:diŋ] adj předchozí, předešlý, předcházející

precept [ˈpri:sept] n poučka, naučení, pravidlo, přikázání

pre-Christian [pri:ˈkriscən] adj předkřesťanský

precinct [ˈpri:siŋkt] n **1** Br *(in a town)* **a pedestrian p.** pěší zóna; **a shopping p.** nákupní středisko, obchodní čtvrť **2** *(of university, hospital)* also **~s** areál **3** Amer *(electoral or police district)* obvod, okrsek **4 ~s** *(surrounding area)* okolí

precious [ˈprešəs] adj **1** *(of great value)* cenný, drahý, drahocenný, vzácný; **p. metals** drahé or vzácné kovy; **p. stones** drahé kameny, drahokamy **2** *(treasured: friend, friendship, memories, time, moment)* vzácný; **waste sb's p. time** okrádat koho o (vzácný) čas **3** pej *(person)* afektovaný; *(style, language* etc*)* strojený, vyumělkovaný, preciózní ● adv inf *(used before 'little', 'few')* **he had p. little to say** řekl toho sakramentsky or zoufale or žalostně málo; **p. few of them turned up** přišlo jich žalostně málo ● n **my p.!** miláčku!, drahoušku!

precipice [ˈpresəpis] n propast; fig also záhuba, zkáza ♦ **be on the edge of a p.** lit & fig být na pokraji propasti, *(economy)* být na pokraji krachu

precipitate [priˈsipiteit] n Chem sraženina, precipitát ● **I** vt **1** *(crisis, disaster, one's departure)* uspíšit **2** *(hurl down)* fml shodit, vrhnout dolů; fig **p. a country into war** uvrhnout zemi do války **II** vi Chem (vy)srážet se, Phys zhušťovat se, kondenzovat se ● [priˈsipitət] adj **1** *(rash: decision, departure)* spěšný, kvapný, překotný, chvatný; *(action)* neuvážený, nepředložený; *(person)* unáhlený **2** *(steep)* strmý, příkrý ■ **~ly** adv cf adj spěšně, kvapně, nakvap; neuváženě; unáhleně

precipitation [priˌsipiˈteišn] n **1** *(haste)* chvat, kvap, překotnost, unáhlenost **2** Chem srážení, precipitace **3** Meteor srážky

precipitous [priˈsipitəs] adj **1** *(steep)* strmý, srázný, příkrý **2** *(hasty)* unáhlený, kvapný ■ **~ly** adv *(steeply)* příkře, srázně; **fall away ~ly** příkře se svažovat, srázně spadat

précis [ˈpreisi:] n (pl **précis** [ˈpreisi:z]) resumé, shrnutí, výtah ● vt shrnout, resumovat

precise [priˈsais] adj **1** *(exact: amount)* přesný; *(time)* přesně stanovený; *(description)* precizní; **to be p.** přesně řečeno; **to be more p.** přesněji řečeno, lépe řečeno; **to put sth in more p. terms** upřesnit něco, precizovat něco; **at that p. moment** zrovna v tu chvíli **2** *(meticulous)* precizní, úzkostlivě pečlivý; pej puntičkářský, pedantský

precisely [priˈsaisli] adv **1** *(exactly)* přesně, správně; *(measure* also*)* exaktně; *(work)* precizně; **at two o'clock p.** přesně ve dvě hodiny; **put sth more p.** upřesnit or precizovat něco **2** *(just)* zrovna, právě; **that's p. the reason why I disagree** právě proto nesouhlasím 3 *(quite so)* přesně tak!, právě!, správně!

precision [pri'sižn] n přesnost, *(scholarly also)* exaktnost; *(of work)* preciznost; **lack of p.** nepřesnost; **with clockwork p.** se strojovou přesností ■ **p. engineering** přesné strojírenství; **p. tool** přesný nástroj; **p. work** přesná or precizní práce

preclude [pri'klu:d] vt *(prevent: possibility)* předejít čemu, zabránit čemu; *(exclude)* vyloučit; **p. sb from doing sth** zabránit komu v čem, znemožnit komu co

precocious [pri'kəušəs] adj 1 *(teenager)* předčasně vyspělý or vyvinutý; **a p. child** zázračné dítě 2 pej *(child behaving like an adult)* přemoudřelý ■ **~ly** adv *(behave)* přemoudřele

precociousness [pri'kəušəsnəs], **precocity** [pri'kosəti] n předčasná vyspělost; pej přemoudřelost

preconceived [pri:kən'si:vd] adj *(opinion)* apriorní, předpojatý, zaujatý

preconception [pri:kən'sepšn] n apriorní or předpojatý názor; *(prejudice)* předsudek

precondition [pri:kən'dišn] n předpoklad, nezbytná podmínka

precook [pri:'kuk] vt předvařit

precursor [pri:'kə:sə(r)] n předchůdce

predate [pri:'deit] vt 1 *(precede: historical event)* být staršího data než co, předcházet čemu časově, být starší or dřívější než co 2 *(cheque, document)* antedatovat

predator ['predətə(r)] n *(animal, bird)* dravec, predátor; *(person)* chamtivec, hrabivec

predatory ['predətəri] adj *(animal, bird)* dravý; fig loupeživý, loupežnický, kořistnický; **p. wars** loupeživé války

predecease [pri:di'si:s] vt zemřít dříve než někdo jiný, předejít koho na věčnost

predecessor ['pri:disesə(r)] n *(person)* předchůdce/ předchůdkyně; *(ancestor)* předek; *(thing: eg book)* předcházející kniha stejného autora ap., *(event: eg concert)* předcházející koncert

predestination [pri:ˌdesti'neišn] n predestinace, předurčení

predestine [pri:'destin] vt predestinovat, předurčit

predetermination [pri:ditə:mi'neišn] n Philos predeterminace, předurčení

predetermine [pri:di'tə:min] vt Philos předurčit lidské jednání, predeterminovat

predicament [pri'dikəmənt] n dilema, nesnáz, tíseň, trampoty; **be in a p.** mít dilema, mít nesnadné rozhodování

predicate ['predikət] n Ling, Log přísudek, predikát ● ['predikeit] vt 1 *(assert)* tvrdit, vypovídat; **p. sth of sb/ sth** tvrdit or vypovídat něco o kom/ čem, přisuzovat komu/ čemu co; **p. of sb/ sth that ...** vypovídat o kom/ čem, že ... 2 *(base)* **p. sth on sth** zakládat něco na čem; **be ~d on sth** *(have as a condition)* implikovat něco

predicative [pri'dikətiv] adj Ling predikativní; **p. complement** doplněk ■ **~ly** adv predikativně

predict [pri'dikt] vt předpovídat, prorokovat, věštit

predictable [pri'diktəbl] adj předvídatelný, očekávatelný, *(person, reactions)* průhledný; **you are so p.** ty jsi tak průhledný ■ **predictably** adv jak se dalo očekávat or předpokládat, samozřejmě; **p., he forgot about it** on na to samozřejmě zapomněl

prediction [pri'dikšn] n předpověď, proroctví, věštba

predilection [pri:di'lekšn] n záliba (**for sth** v čem); **have a p. for sth** mít slabost pro co, potrpět si na co

predispose [pri:di'spəuz] vt predisponovat, (u)činit náchylným (**to sth** k čemu); **be ~d to sth** mít sklon k čemu; **p. sb in favour of sth** získat koho pro co; **I'm not ~d to help them** nemám chuť jim pomáhat

predisposition [pri:dispə'zišn] n 1 Med náchylnost, vrozený sklon (**to sth** k čemu), predispozice (**to use language** používat jazyk) 2 *(inclination)* sklon (**to sth** k čemu; **to do sth** k tomu, aby ...)

predominance [pri'dominəns] n převládání, převaha (**of sb/ sth over sb/ sth** koho/ čeho nad kým/ čím); **the p. of one country over another** nadvláda jedné země nad druhou

predominant [pri'dominənt] adj 1 *(having more power: party, power)* dominantní, vládnoucí 2 *(prevailing)* převážný, převládající, převažující, dominující ■ **~ly** adv *(mostly)* většinou, převážně

predominate [pri'domineit] vi 1 *(be more influential)* dominovat; *(be more important)* převládat, být převládající; *(views)* panovat 2 *(be more numerous)* být ve většině, být v převaze; *(be more noticeable: colour)* převládat, převažovat

pre-election [pri:i'lekšn] adj *(campaign, promises)* předvolební

pre-eminence [pri:'eminəns] n primát, dominující postavení

pre-eminent [pri:'eminənt] adj *(scholar)* vynikající, eminentní; *(leading: nation)* vedoucí, dominující; **be p. in one's field** vynikat ve svém oboru, mít ve svém oboru primát ■ **~ly** adv 1 *(above all)* především, v první řadě 2 *(highly: distinguished)* nesmírně

pre-empt [pri:'empt] vt 1 *(forestall)*

předejít čemu, zabránit čemu **2** *(anticipate: question* etc*)* anticipovat, předjímat **3** Jur *(land* etc*)* získat předkupním právem

pre-emption [pri:ˈempšn] n **1** preventivní akce **2** Jur předkup; *(right)* předkupní právo

pre-emptive [pri:ˈemptiv] adj *(attack, strike)* preventivní; **pre-emptive right** předkupní právo

preen [pri:n] vt **1** *(of bird: feathers)* čistit si, čechrat si; **p. itself** *(of bird)* (na)čechrat si peří **2 p. oneself i)** *(dress up)* parádit se, fintit se **ii)** *(congratulate oneself)* **p. oneself on sth** vychloubat se čím, honosit se čím

pre-establish [pri:iˈstæbliš] vt předem určit, předem (u)stanovit

pre-established [pri:iˈstæblišt] adj předem stanovený or určený

preexist [pri:igˈzist] vi existovat před čím, *(soul)* existovat dříve, preexistovat

preexistence [pri:igˈzistəns] n Philos preexistence, dřívější existence, dřívější život

prefab [ˈpri:fæb] n inf panelový dům

prefabricated [pri:ˈfæbrikeitid] adj *(house)* prefabrikovaný, montovaný; **p. section** prefabrikát, hotový stavební dílec

prefabrication [pri:fæbriˈkeišn] n prefabrikace

preface [ˈprefəs] n předmluva; *(to speech)* úvod, úvodní slova ● vt *(book)* opatřit co předmluvou, napsat k čemu předmluvu; *(speech)* uvést (**with a joke** anekdotou)

prefect [ˈpri:fekt] n **1** *(in British schools)* dozorce nad studenty, ≅ prefekt **2** Admin *(in France, Italy)* prefekt

prefecture [ˈpri:fekčə] n prefektura

prefer [priˈfə:(r)] vt **1** *(like better)* dávat přednost čemu, mít raději, preferovat; *(food/ drink* also*)* jíst/ pít raději, *(on a particular occasion)* dát si raději; *(music* also*)* raději poslouchat; *(person: be more fond of)* mít raději, *(find more beautiful)* **I p. Jane** Jana se mi líbí víc; **I p. Prague to London** Praha se mi líbí víc než Londýn, v Praze se mi líbí víc než v Londýně; **I p. to take a bus rather than (to) go by car** raději jezdím autobusem než autem; **I'd p. you to stay** byl bych raději, kdybys zůstal **2 p. charges against sb** zažalovat koho, vznést proti komu obžalobu **3** *(submit: petition)* podat, předložit

preferable [ˈprefərəbl] adj výhodnější, lepší (**to sth** než co); *(more suitable)* vhodnější

preference [ˈprefərəns] n **1** *(greater liking)* přednost; **have a p. for sth** dávat něčemu přednost, potrpět si na něco; **drink wine in p. to beer** dávat přednost vínu před pivem **2** *(greater partiality)* **give p. to sb over sb** dávat přednost or stranit komu před kým **3** *(thing preferred)* priorita; **state your ~s** uveďte své požadavky or svá přání

preferential [prefəˈrenšl] adj přednostní; *(terms)* výhodnější, preferenční; **give sb p. treatment** stranit komu, inf nadržovat komu ■ **~ly** adv přednostně

preferred [priˈfə:d] adj *(creditor)* preferenční; **p. stock** preferenční or prioritní akcie

prefix [ˈpri:fiks] n Ling předpona, prefix ● vt Ling prefigovat, spojit s předponou, tvořit pomocí předpony

preflight [ˈpri:flait] adj fml *(checks* etc*)* předletový

preform [pri:ˈfo:m] vt Techn předtvarovat, předformovat

preggers [ˈpregəz] pred adj sl **she's p.** je v tom, má zaděláno je v jiném stavu

pregnancy [ˈpregnənsi] n (pl **-cies**) **1** *(of woman)* těhotenství, Med gravidita; **high-risk p.** rizikové těhotenství; **phantom p.** domnělé těhotenství ■ **p. test** těhotenská zkouška **2** Zool *(of animal)* březost, *(of cow* also*)* stelnost

pregnant [ˈpregnənt] adj **1** *(woman)* těhotná, v jiném stavu; Med gravidní; **get p. (by sb)** otěhotnět (s kým); **get sb p.** inf přivést koho do jiného stavu neutr; udělat komu dítě, sl zbouchnout koho; **she is four months p.** je ve čtvrtém měsíci **2** Zool březí, *(cow* also*)* stelná **3** *(pause, silence)* výmluvný, tíživý

preheat [pri:ˈhi:t] vt nahřát, předehřát

prehensile [priˈhensail] adj *(tail)* chápavý

prehistoric(al) [pri:hiˈstorik(l)] adj předhistorický, prehistorický, pravěký; fig předpotopní

prehistory [pri:ˈhistri] n prehistorie, pravěk

pre-industrial [pri:inˈdastriəl] adj *(period)* manufakturní

prejudge [pri:ˈdžadž] vt *(person)* předem posoudit, udělat si o kom předem úsudek; *(negatively)* předem odsoudit; Jur prejudikovat

prejudice [ˈpredžudis] n **1** *(bias)* předsudek; *(of jury, judge: against sb)* zaujatost, předpojatost; **racial p.** rasové předsudky; **be steeped in p.** být plný předsudků; **be above p.** být povznesen nad předsudky **2** *(harm)* gen & Jur újma, škoda; **be to the p. of sth** Jur být na újmu čemu; **without p. to sth** bez újmy na čem ● vt **1** *(influence)* (nepříznivě) ovlivnit **2** *(harm: chances)* ohrozit, poškodit

prejudiced [ˈpredžudist] adj *(person)* mající předsudky; *(against sb/ sth)* předpojatý, zaujatý; *(opinion)* předpojatý; **be p. against sb/ in favour of sb** být proti komu zaujatý/ stranit komu

prejudicial [predžu'dišl] adj škodlivý; **be p. to sth** být na újmu čemu, škodit čemu

prelate ['prelət] n Relig prelát

prelim ['pri:lim] n inf **1** usu pl **~s** *(examination)* předběžná zkouška **2 ~s** Typ titulní listy

preliminary [pri'liminəri] adj **1** *(investigation, report, hearing* etc*)* předběžný, *(remarks* also*)* vstupní, úvodní; *(measure)* přípravný **2** Sport *(round, heat)* vylučovací; **p. to his departure** před svým odjezdem ● n (pl **-ries**) **1** *(p. measure)* předběžné opatření **2** Sport *(match)* předzápas; *(heat, contest)* vylučovací běh/ soutěž etc **3 preliminaries** *(remarks)* úvodní or vstupní poznámky; *(measures)* předběžná opatření

prelude ['prelju:d] n úvod, předehra; Mus preludium; fig **a p. to sth** předzvěst čeho, malá ukázka čeho ● vt Mus preludovat; fig být předzvěstí čeho

premarital [pri:'mæritl] adj *(sex, relations)* předmanželský

premature [premə'tjuə(r)] adj **1** *(arrival, birth, death, ejaculation, ageing)* předčasný; *(baby)* nedonošený, předčasně narozený **2** pej *(hasty: conclusion, decision)* unáhlený, ukvapený, *(decision* also*)* neuvážený; **he was a little p.** jednal poněkud unáhleně ■ **~ly** adv *(bald, grey, born)* předčasně; *(decide)* unáhleně, neuváženě, ukvapeně

premed [pri:'med] abbr **1** see **premedication** **2** Amer Univ **a)** student přípravného kursu pro studium medicíny **b)** přípravný kurs pro studium medicíny

premedical [pri:'medikl] adj *(student)* připravující se na studium medicíny

premedication [pri:medi'keišn] n premedikace, příprava pacienta k anestezii podáním léků

premeditate [pri:'mediteit] vt předem plánovat

premeditated [pri:'mediteitid] adj *(crime, murder)* úkladný, záměrný

premenstrual [pri:'menstruəl] adj premenstruální, předmenstruální; **p. tension** premenstruální tenze

premier ['premiə(r)] adj přední, prvořadý; **Britain's p. exporter of ...** přední britský vývozce čeho; **be of p. importance** mít prvořadý význam ● n Pol premiér, ministerský předseda

première ['premieə(r)] n *(of play* etc*)* premiéra, premiérové představení ● vt *(play, film* etc*)* **be ~d** mít premiéru, být uveden na scénu/ do kin

premiership ['premiəšip] n **1** *(office)* úřad or funkce ministerského předsedy **2** *(period)* **during his p.** v době, kdy byl premiérem or předsedou vlády

premise, Br also **premiss** ['premis] n předpoklad, esp Log premisa; **on the p. that ...** za předpokladu, že ...

premises ['premisiz] n pl *(of school, factory)* prostory; *(of business)* provozní místnosti, provozovna, podnik; **licensed p.** podnik mající oprávnění podávat alkoholické nápoje; **office p.** kanceláře; **exhibition p.** výstaviště, výstavní plocha; **on the p.** v budově/ provozovně/ restauraci etc; **off the p.** mimo budovu/ restauraci etc; **he asked me to leave the p.** požádal mě, abych odešel (z jeho pozemku/ podniku etc)

premiss ['premis] see **premise**

premium ['pri:miəm] n **1** Ins pojistné, pojistná prémie **2** *(bonus)* prémie, přídavek, příplatek; St Ex ážio ■ **p. bond** prémiová obligace **3** ♦ **be at a p.** lit *(shares)* být nad pari; fig *(be highly valued)* být velmi žádaný, mít cenu zlata, být v kursu; **put a p. on sth** vysoce něco cenit, přikládat něčemu velkou důležitost

premolar [pri:'məulə(r)] adj *(tooth)* třenový, premolární ● n třenový zub, premolár

premonition [premə'nišn] n (zlá) předtucha, (neblahé) tušení; **have a p. that ...** mít neblahé tušení, že ...

prenatal [pri:'neitl] adj prenatální

prenuptial [pri:'napšl] adj předsňatkový, předmanželský, předsvatební

preoccupation [pri:ˌokju'peišn] n **1** *(obsession)* zaujetí, posedlost; **his p. with money** jeho posedlost penězi; *(worry)* ustaranost, starosti **2** *(absent-mindedness)* roztržitost, zadumanost

preoccupied [pri'okjupaid] adj *(deep in thought)* zamyšlený, zadumaný, roztržitý; *(worried)* ustaraný; **be p. with sth** dělat si s něčím starosti or těžkou hlavu, stále na něco myslet; *(he answered)* **in a p. manner** roztržitě

preoccupy [pri'okjupai] vt (pt & pp **-pied**) způsobovat komu starosti, zaměstnávat čí pozornost

preordain [pri:o:'dein] vt předurčit, predestinovat

prep [prep] n inf **1** Br (esp *in private boarding school)* **a)** *(homework)* domácí úkol or úloha **b)** *(study period)* domácí studium **2** = **prep school** see **preparatory school**

prepaid [pri:'peid] **1** pt & pp of **prepay** **2** adj *(postage)* vyplacený

preparation [prepə'reišn] n **1** *(preparing: of meal, lecture, event, for exams* etc*)* příprava (**for** na); **be in p.** *(publication)* připravovat se; **in p. for sth** v přípravách na něco

2 ~s přípravy; **make ~s for sth** *(journey, wedding, war)* připravovat se na něco, dělat na něco přípravy **3** Chem preparát, přípravek, Med also lék **4** fml Sch *(homework)* (domácí) úloha or úkol

preparatory [pri'pærətəri] adj **1** *(committee, course, training)* přípravný; *(investigations, report, measures)* předběžný **2** Br Sch **p. school**, also inf **prep school** soukromá škola pro děti od 7 do 13 let **3** Amer soukromá střední škola, ≅ soukromé gymnázium ● adv **p. to** před čím; **p. to departure** or **departing** před odjezdem

prepare [pri'peə(r)] **I** vt *(in most contexts)* připravit/ připravovat; *(meal* also*)* (u)vařit, (při)chystat, uchystat; *(room for visitors)* připravit, přichystat, *(bed)* ustlat; *(data)* zpracovat; **p. sb for sth** připravit koho na co; **p. the ground** or **the way for sth** připravit (si) půdu pro něco; **be preparing to leave** chystat se or připravovat se na odchod/ odjezd, konat přípravy na odchod/ odjezd **II** vi **p. for sth** připravit/ připravovat se na něco, chystat se na něco, *(ceremony, party* etc*)* konat přípravy na něco; **p. for the worst** připravit or přichystat se na nejhorší

prepared [pri'peəd] adj **1** *(ready)* připravený, přichystaný; **be p. for sth** být na něco připravený, očekávat něco **2** *(willing)* ochoten, připraven, svolný; **be p. to do sth** být ochoten něco udělat

prepay [pri:'pei] vt (pt & pp **prepaid**) zaplatit předem, předplatit; see also **prepaid**

prepayment [pri:'peimənt] n předplacení, placení předem

preponderance [pri'pondərəns] n převaha, přesila; **p. of evidence** převaha důkazů jedné strany

preponderant [pri'pondərənt] adj převážný, převažující, mající převahu

preponderate [pri'pondəreit] vi převažovat, převládat

preposition [prepə'zišn] n předložka

prepositional [prepə'zišənl] adj předložkový

prepossessing [pri:pə'zesiŋ] adj příjemný, sympatický, přitažlivý

preposterous [pri'postərəs] adj *(accusation, view* etc*)* absurdní, nesmyslný; *(price)* šílený; *(clothes, spectacles* etc*)* groteskní, směšný, komický; **be p.** být nemožný

preppy, preppie ['prepi] n Amer inf **1** *(student)* student/ -ka soukromé střední školy **2** fig mladík/ dívka z bohaté rodiny ● adj (přehnaně) uhlazený, pečlivě oblečený

preprogrammed [pri:'prəugræmd] adj předprogramovaný, předem naprogramovaný

prepuce ['pri:pju:s] n Anat předkožka, prepucium

prerecord [pri:ri'ko:d] vt Rad, TV předem nahrát

prerequisite [pri:'rekwəzit] n (nezbytný) předpoklad, předběžná podmínka ● adj žádoucí, *(condition)* nezbytný

prerogative [pri'rogətiv] n výsada, přednost, přednostní právo, privilegium, prerogativa

Pres abbr of **President** prezident

presage ['presidž] n *(omen)* znamení, předzvěst ● vt být předzvěstí or znamením čeho

Presbyterian [prezbi'tiəriən] adj presbyteriánský ● n presbyterián

presbytery ['prezbitəri] n **1** *(priest's house)* fara **2** *(part of church)* presbyterium, presbytář, kněžiště **3** *(administrative body)* konzistoř

preschool [pri:'sku:l] adj předškolní (**education** výchova)

preschooling [pri:'sku:liŋ] n předškolní výchova

prescience ['presiəns] n předvídání, schopnost předvídat, jasnozřivost

prescient ['presiənt] adj jasnozřivý, jasnovidný

prescribe [pri'skraib] vt **1** *(medicine)* předepsat, (na)ordinovat; fig *(recommend)* doporučit; **p. sth for sb** naordinovat or předepsat komu co **2** *(decree)* nařídit, stanovit, předepsat; **~d books** Br Sch předepsaná četba

prescription [pri'skripšn] n Med **1** *(written instruction)* lékařský předpis, inf recept (**for sth** na co); **available only on p.** jen na lékařský předpis; **write out a p.** napsat lékařský předpis ■ **p. charge** poplatek za vystavení lékařského předpisu **2** *(prescribed medicine)* lék; **make up the p.** připravit (předepsaný) lék **3** fig *(recommendation)* recept (**for a happy life** na štěstí)

prescriptive [pri'skriptiv] adj normativní (**grammar** gramatika); **p. right** právo vzniklé vydržením, vydržené právo

preselect [pri:si'lekt] vt předem zvolit, *(gear)* předvolit

presence ['prezns] n **1** přítomnost, účast, prezence; **in sb's p., in the p. of sb** v přítomnosti or za přítomnosti koho; **your p. is requested at ...** dovolujeme si Vás pozvat na ...; **the p. of mind** duchapřítomnost **2** *(appearance)* vystupování, zevnějšek, osobní kouzlo; **he has great stage p.** fascinuje diváky svou osobností **3** *(people present)* **a police p.** přítomnost policie; **there was a large police p. at the stadium** na stadionu bylo velké množství policistů

present$_1$ ['preznt] adj **1** *(attending)* přítomný, přítomen pred; **be p. at a meeting** být přítomen na schůzi, účastnit se schůze; **I was p. when ...** byl jsem při tom, když ...; **he was the only person p.** byl tam sám; **all the people p. were very moved** všichni přítomní byli velmi dojati; **p. company excepted** vyjma přítomné, o přítomných se nemluví **2** *(be found in sth: substance* etc*)* **be p.** být kde, nacházet se, vyskytovat se **3** *(current: situation, problems)* nynější, současný, momentální; **the p. day** dnešek, naše doba, současnost; **at the p. time** v současné době; **to the p. day** dodnes; **the p. writer** pisatel těchto řádků; **in the p. case** v našem or v tomto případě; **the p. proposal** projednávaný návrh; **his p. address** jeho nynější adresa **4** Ling *(tense, participle* etc*)* přítomný; **p. tense** přítomný čas, prézens ■ see **~ly** ● n **1 the present** *(now)* současnost, dnešek; **the immediate p.** žhavá přítomnost; **at p.** nyní, momentálně, v současné době; **nothing else at p.** prozatím nic jiného, to je prozatím vše; **for the p.** prozatím; **up to the p.** až po naše dny or časy, (až) dodneška ♦ **there's no time like the p.** co můžeš udělat dnes, neodkládej na zítřek **2** Ling přítomný čas, prézens; **in the p.** v přítomném čase, v prézentu

present$_2$ ['preznt] n *(gift)* dar, dárek; **give sb a p.** dát komu dar; **give sb sth as a p.** darovat komu co; **make sb a p. of sth** dát komu co darem, obdarovat koho čím ● [pri'zent] vt **1** *(give, hand over)* **a)** *(as a gift)* dát (darem), věnovat, darovat; **they ~ed him with a book** věnovali mu knihu; fig **p. sb with a fait accompli** postavit někoho před hotovou věc **b)** *(prize, medal)* udělit **2** *(introduce sb formally)* představit; **may I p. Mr S.** dovolte, abych vám představil pana S. **3 p. oneself** *(at sb's office)* fml přijít kam, dostavit se kam, hlásit se kde; **p. oneself to the best advantage** ukázat se v nejlepším světle **4** Rad, TV *(programme)* uvést/ uvádět; **the programme was ~ed by XY** program uváděl or TV moderoval XY **5** *(offer)* **a)** *(put on: film, play)* uvádět, prezentovat **b)** *(put forward: theory)* vyložit, vysvětlit; *(view)* vyslovit; *(complaint)* podat; *(apology, compliment)* vyslovit; **p. one's apology** omluvit se, vyslovit své politování; **p. a bill in Parliament** podat or předložit návrh zákona; **p. a check for payment** předložit šek k proplacení **c)** *(show: passport, ticket)* předložit, ukázat ♦ **p. arms!** Mil k poctě zbraň! **d)** *(pose: problems)* způsobovat; **p. a sorry sight** skýtat žalostnou podívanou; **her departure ~ed us with a problem** její odchod nám způsobil problémy; **if the opportunity ~s itself** pokud se k tomu naskytne příležitost

presentable [pri'zentəbl] adj *(person)* pohledný, příjemného zjevu, působící dobrým dojmem; *(clothes)* slušný, ucházející, přijatelný; **make oneself p.** upravit se, inf dát se do pucu ■ **presentably** adv *(dressed)* slušně, přijatelně

presentation [prezən'teišn] n see **present** vt **1** *(of gift)* předání; *(of price, medal* also*)* udělení; *(gift)* dar, dárek; **make sb a p.** dát or věnovat někomu dar ■ **p. ceremony** slavnostní udílení cen, *(of medals)* slavnostní předávání medailí; **p. copy** autorský výtisk **2** *(introduction)* představení, uvedení **3** Rad, TV uvedení, uvádění, *(of a discussion programme)* moderování **4** *(of film, play, opera* etc*)* uvedení; *(production: of play)* inscenace, *(of film, TV programme)* produkce; *(performance)* představení, předvedení; *(acting, manner of p.)* podání **5** Comm *(of products)* vystavování, propagace, uvedení na trh; *(of models)* přehlídka **6** *(of theory)* vysvětlení, vyložení; *(of plan, passport, ticket, cheque* etc*)* předložení; *(of petition, proposition)* podání; **on p. of the ticket** při předložení lístku/ jízdenky; **the cheque is payable on p.** tento šek je splatný při předložení **7** Med *(of foetus)* prezentace poloha

present-day [prezənt'dei] adj dnešní, současný, moderní, soudobý

presenter [pri'zentə(r)] n **1** Rad, TV hlasatel/ -ka, moderátor/ -ka **2** *(of petition)* předkladatel/ -ka; *(of cheque)* předložitel, doručitel

presently ['prezntli] adv **1** *(soon)* hned, za okamžik, v momentě; **she'll be here p.** bude tu hned **2** esp Amer *(currently)* nyní, teď, zrovna

presentiment [pri'zentimənt] n předtucha, tušení

preservation [prezə'veišn] n see **preserve** **1** *(of traditions* etc*)* udržování, dodržování, zachování; *(of beauty)* péče o **2** *(of food)* konzervování, konzervace, sterilování, sterilace, zavařování; Sci, Med preparace; **p. of monuments** památková péče; **be in an excellent state of p.** být velmi zachovalý; **cultural p.** památková péče

preservative [pri'zə:vətiv] adj Cook konzervační ● n konzervační prostředek

preserve [pri'zə:v] vt **1** *(building, manuscript)* udržovat (v dobrém stavu), *(eyesight)* udržovat si (v dobrém stavu), chránit si; *(beauty)* udržovat si, pečovat o; *(customs, traditions)* udržovat, dodržovat, zachovávat;

(health) zachovat si; *(peace)* udržet, zachovat; **be well ~d** být dobře udržovaný, být v dobrém stavu **2** *(keep from decay)* konzervovat, *(foodstuffs* also*)* zavařovat, sterilovat, nakládat; *(specimen)* preparovat **3** *(protect)* chránit; **may God p. you!** Bůh vás opatruj! ● n **1 game p.** (honební) revír, obora **2** fig **be a male p.** být vyhrazený pro muže ♦ **poach on sb's p.** lézt komu do zelí, lit & fig pytlačit v cizím revíru **3** usu pl **~s** *(jams)* zavařeniny, *(fruit)* kompoty, *(vegetables, pickles)* nakládaná zelenina

preset [pri:ˈset] vt (**-tt-**; pt & pp **preset**) *(video, cooker* etc*)* předem nastavit, *(mode)* předvolit ● adj předběžně or předem nastavený, předvolený

preshrunk [pri:ˈšraŋk] adj *(fabric)* předsrážený

preside [priˈzaid] vi předsedat (**at** or **over a meeting** schůzi); *(over an organization)* vést, být předsedou čeho

presidency [ˈprezidənsi] n prezidentský úřad, prezidentství; **assume the p.** nastoupit do prezidentského úřadu

president [ˈprezidənt] n **1** *(of state, of association)* prezident **2** Amer *(of company)* prezident, generální ředitel; Amer Univ rektor

presidential [preziˈdenšl] adj prezidentský (**candidate** kandidát); **p. term** Amer prezidentské období 4 roky; **p. year** rok prezidentských voleb

presiding [priˈzaidiŋ] adj **p. judge** předseda soudu

presidium [priˈsidiəm] n prezidium, předsednictvo

press [pres] n **1 the p., the P. a)** *(newspapers)* tisk, noviny; **the daily p.** denní tisk; **the gutter p.** bulvární tisk; **the world p.** světový tisk; **in the p.** v novinách, v tisku ■ **p. agency** tisková agentura; **p. agent** tiskový referent; **p. attaché** tiskový atašé or přidělenec; **p. baron** tiskový magnát; **p. clipping** or **cutting** novinový výstřižek; **p. conference** tisková konference; **p. office** tiskové středisko; **p. officer** tiskový mluvčí; **p. release** prohlášení pro tisk **b)** *(journalists)* tisk, novináři, zástupci tisku; **keep sth from the P.** ututlat něco před novináři; **the p. supports the President** tisk je or novináři jsou na straně prezidenta ■ **p. box** novinářská lóže, místa pro novináře; **p. gallery** novinářská galerie Br v Dolní sněmovně **2** *(treatment in the p.)* **be given** or **have a good/ bad p.** mít příznivý/ nepříznivý ohlas v tisku, *(book, play* etc*)* mít dobré/ špatné kritiky **3** *(printing)* **a) go to p.** jít do tisku; **be in p.** být v tisku; **the book is ready for p.** kniha je připravena do tisku; **stop p.** nejnovější zpráva/ zprávy došlé po uzávěrce novin ■ **p. run** náklad, tiráž **b)** *(machine)* lis; **printing p.** tiskařský lis; **rotary p.** rotačka ♦ **news hot from the p.** čerstvá zpráva, nejnovější zpráva **c)** *(publishing house)* nakladatelství; **the University P.** univerzitní nakladatelství **4** Techn lis; *(for racket)* napínací rám; *(for skis)* napínák; **garlic p.** lis na česnek **5 give sth a p. i)** *(button)* něco stlačit or stisknout **ii)** *(squeeze: hand* etc*)* něco stisknout or zmáčknout **iii)** *(iron: dress)* něco vyžehlit **6** *(crush)* tlačenice, mačkanice **7** Weightlifting vzepření tahem **8** Br dated or dial velká skříň ve zdi ● **I** vt **1** *(push: button, bell, trigger)* stlačit, stisknout, zmáčknout/ mačkat; *(clutch, brakes)* sešlápnout; *(squeeze:* eg *hand)* (s)tisknout; *(clothes in a suitcase)* stlačit; *(flower)* vylisovat; *(grapes)* (vy)lisovat; *(lemon)* (vy)mačkat/ vymačkávat; **p. one's lips together** sevřít or semknout rty; **p. one's nose against the windowpane** přitlačit nos na okno; **p. sb against the wall** přitlačit koho ke zdi; **p. sb to one's breast** (při)tisknout koho k srdci ■ **p. button** tlačítko; **p. stud** stiskací knoflík, patentka **2** *(iron: clothes)* (vy)žehlit **3** *(manufacture: records, machine components)* lisovat **4** fig **a)** *(urge)* naléhat na koho, pobízet koho k čemu; **p. sb to do sth** naléhat or tlačit na koho, aby něco udělal **b)** *(harass)* dotírat na koho, *(with questions* also*)* dorážet na koho; *(enemy)* tísnit; **p. sb hard** dělat na koho velký nátlak **c)** *(force)* **p. sb into doing sth** přinutit koho k čemu **d)** *(impose)* **p. one's views on sb** vnutit komu své názory; **p. one's attentions on sb** vnucovat se komu, vnucovat komu svou pozornost; **p. home an advantage** využít své výhody; **p. the point** trvat na svém; Jur **p. the charges against sb** stíhat koho soudně, zahájit proti komu soudní řízení **5** Weightlifting vzepřít tahem **II** vi **1** *(exert pressure)* stlačit; **p. here** zde stlačit; **p. down** stlačit, *(with foot* also*)* sešlápnout; **p. against sb** tlačit se na koho **2** fig *(make anxious)* **p. (up)on sb's mind** tížit or skličovat or sužovat koho, doléhat na koho **3** *(push)* **p. forward** nahrnout se dopředu; **p. around sb** natlačit se kolem koho; **p. through the crowd** protlačit se davem **III** phr vs ■ **press ahead** vi **p. ahead with sth** pokračovat v čem ■ **press for** vt urgovat, vyžadovat, vymáhat, domáhat se čeho; **p. for a pay rise** domáhat se zvýšení platu ■ **press on** vi pokračovat; *(with journey)* jet dál, pokračovat v cestě; **p. on with one's job** pracovat na něčem ze všech sil or na plné obrátky, nedat si pokoj ■ **press out** vt *(juice)* vytlačit, vymačkat

pressed [prest] adj **1** Techn *(steel, glass)* lisovaný **2 be p. for time** mít napilno, být v časové tísni, inf mít fofr; **we are p. for space** máme málo místa, nedostává se nám místa

press-gang ['presgæŋ] n Hist verbíři ● vt **1** Hist, Mil násilně (na)verbovat or odvést koho na vojnu, nahánět koho na vojnu **2** Br **p.-gang sb into (doing) sth** (při)nutit někoho k čemu, inf honit někoho do něčeho

pressing ['presiŋ] adj **1** *(urgent: business, matter)* neodkladný, spěšný, *(need, question)* akutní, palčivý; *(task)* naléhavý **2** *(insistent: invitation)* naléhavý, důrazný **3** Techn *(mould, pressure)* lisovací ● n *(of records, of olives)* lisování

pressman ['presmæn, -mən] n (pl **-men** [-men, -mən]) **1** Br novinář, žurnalista **2** Amer tiskař

pressmark ['presma:k] n signatura knihy

press-on ['preson] adj přilnavý, adhezivní

press-up ['presap] n Br Sport vzpor ležmo, klik; **do p.-ups** dělat kliky

pressure ['prešə(r)] n **1** gen, Phys, Meteor tlak; **atmospheric p.** atmosférický tlak; **excess/ negative p.** přetlak/ podtlak; **high/ low blood p.** vysoký/ nízký krevní tlak ■ **p. cabin** Aviat přetlaková kabina; **p. cooker** tlakový hrnec; **p. gauge** manometr, tlakoměr; **p. suit** Aviat přetlakový oblek **2** fig *(compulsion)* tlak, nátlak; **psychological p.** psychologický nátlak; **bring p. to bear on sb, put p. on sb** činit or vykonávat na koho nátlak; **do sth under p.** dělat co z přinucení or pod nátlakem ■ **p. group** nátlaková skupina **3** *(stress, strain)* tlak, zátěž, tíha, stres; **due to p. of work** vzhledem k návalu práce; **the ~s of modern life** stres moderního života; **be under a lot of p.** být přetížený, inf být v presu, inf nevědět kam skočit ● vt see **pressurize (2)**

pressure-cook ['prešəkuk] vi vařit v tlakovém hrnci

pressurization [prešərai'zeišn] n Aviat přetlakování, vyrovnávání tlaku

pressurize ['prešəraiz] vt **1** Aviat udržovat normální tlak, vyrovnávat tlak **2** fig *(put pressure on: person, government)* vykonávat tlak na koho/ co, vystavovat koho/ co tlaku; **p. sb into doing sth** or **to do sth** činit na koho nátlak, aby něco udělal

pressurized ['prešəraizd] adj Aviat **p. cabin** přetlaková kabina

prestige [pre'sti:ž] n prestiž; **a question of p.** prestižní otázka ● adj *(car, area)* reprezentační

prestigious [pre'stidžəs] adj prestižní, reprezentativní

presto ['prestəu] adv Mus presto ◆ **hey p.!** čáry, máry, fuk!

prestressed [pri:'strest] adj *(concrete)* předpjatý

presumable [pri'zju:məbl] adj pravděpodobný, předvídatelný

presumably [pri'zju:məbli] adv pravděpodobně, podle všeho, patrně, asi; **he will p. arrive later** přijede asi or patrně později

presume [pri'zju:m] **I** vt **1** *(suppose)* předpokládat, domnívat se; **let's p. that ...** předpokládejme, že ..., dejme tomu, že ...; **p. sb innocent** pokládat koho za nevinného; **I p. so** asi ano **2** *(dare)* dovolit si; **I wouldn't p. to disturb you** nedovolil bych si vás vyrušovat **II** vi *(take liberties)* **p. on sb's kindness** zneužívat čí laskavosti; **p. upon sth** nadužívat čeho

presumption [pri'zampšən] n **1** *(assumption)* předpoklad, domněnka, hypotéza; Jur prezumpce (**of innocence** neviny); **it's only a p.** to je pouze domněnka; **the p. is that ...** předpokládá se, že ... **2** *(boldness)* troufalost, *(conceit)* arogance; **excuse my p.** promiňte mi mou troufalost

presumptuous [pri'zampčuəs] adj troufalý, arogantní, domýšlivý ■ **~ly** adv arogantně, domýšlivě

presuppose [pri:sə'pəuz] vt předpokládat

presupposition [pri:sapə'zišn] n předpoklad

pretence, Amer **pretense** [pri'tens] n **1** *(deception)* předstírání, fingování, maškaráda; **make a p. of doing sth** dělat něco (jenom) na oko; **he makes a p. of working** dělá, aby se neřeklo; **drop all ~s** ukázat se v pravém světle **2** *(pretext)* záminka; **under the p. that ...** pod záminkou, že ...; **on** or **under false ~s** pod falešnou záminkou **3** *(pretentiousness)* pretenze, póza; **a man without p.** skromný člověk; člověk, který není přítelem okázalosti

pretend [pri'tend] **I** vt **1** *(make believe)* předstírat, fingovat, dělat jako by, tvářit se jako by; **p. illness** simulovat nemoc; **p. to be stupid** dělat ze sebe hloupého; **he ~ed not to hear** dělal, že neslyší; **he ~ed not to see me** neznal se ke mně; **he only ~ed to agree** souhlasil jen na oko **2** *(claim)* tvrdit; **p. to know everything** hrát si na chytrého; **I don't p. to understand** netvrdím, že tomu rozumím **II** vi **1** *(feign)* předstírat, přetvařovat se; **p. as if** *(everything is fine)* tvářit se jako by ...; **stop ~ing** přestaň se přetvařovat **2** *(lay claim to: throne)* **p. to sth** dělat si na co nárok ● adj Child language *(make-believe: gun, money)* jakoby

pretender [pri'tendə(r)] n pretendent,

uchazeč; **p. to the throne** pretendent or nápadník trůnu

pretense [pri'tens] n Amer see **pretence**

pretension [pri'tenšn] n 1 *(claim)* pretenze, nárok; **he makes** or **has no ~s to** *(being an expert on the subject)* netvrdí, že ..., nenárokuje si, že ... 2 *(pretentiousness)* okázalost, honosnost; cf **pretentious**

pretentious [pri'tenšəs] adj *(thinking too much of oneself)* domýšlivý, arogantní; *(style)* afektovaný, vyumělkovaný; *(speech)* nabubřelý; *(ostentatious: décor)* okázalý; *(house)* honosný ■ **~ly** adv domýšlivě; *(speak)* nabubřele; *(decorate)* okázale

pretentiousness [pri'tenšəsnəs] n (see **pretentious**) domýšlivost; afektovanost; okázalost; honosnost

preterite, Amer **preterit** ['pretərit] adj Ling préteritální; **the p. tense** préteritum, minulý čas ● n préteritum, minulý čas

pretext ['pri:tekst] n záminka, výmluva; **a p. for sth** záminka pro co or k čemu; *(she left)* **under** or **on the p. of having a meeting** pod záminkou, že má schůzi

prettify ['pritifai] vt (pt & pp **-fied**) zkrášlit, přizdobit; **p. oneself** zkrášlit se

prettily ['pritili] adv *(dressed)* hezky, krásně

pretty ['priti] adj (**-ier**, **-iest**) 1 *(attractive)* hezký, pěkný, krásný; dim hezoučký; **a p. girl/ lass** hezká dívka/ žába fig; **a p. little house** hezoučký domeček; **she is as p. as a picture** je krásná jako obrázek, je to holka jako obrázek; **make oneself p.** upravit se, vyparádit se ♦ **I'm not just a p. face** joc já nejsem úplně blbý or blbej*, to musí mít člověk tůdle 2 inf iron pěkný; **that's a p. kettle of fish** to je pěkné nadělení; **get oneself into a p. mess** zavařit si pěknou kaši 3 inf *(it cost me)* **a p. penny** hezkých pár korun, pěkné peníze 4 pej *(speeches)* slaďoučký ■ adv see **prettily** ● adv inf 1 *(rather)* dost, docela, pěkně; **your German is p. good** mluvíte docela dobře německy; **that's p. expensive** je to pěkně drahé, inf je to dost mastné; **I'm p. well** daří se mi docela dobře; **it was p. bad** bylo to dost ubohé 2 *(almost)* **I'm p. sure that ...** jsem si téměř jist(ý), že ... 3 ♦ **he is sitting p.** tomu je hej ● n inf **my p.!** arch or joc zlatíčko!, miláčku! ● phr v ■ **pretty up** vt zkrášlit, okrášlit, přizdobit

pretzel ['pretsl] n Cook preclík

prevail [pri'veil] I vi 1 *(triumph: common sense, justice)* zvítězit, triumfovat; **p. against** or **over sb** *(enemy)* zvítězit nad kým 2 *(predominate)* převládat, převažovat; *(view)* panovat, *(conditions)* vládnout II phr v ■ **prevail (up)on** vt **p. on sb to do sth** fml nutit koho k čemu; naléhat na koho, aby něco udělal

prevailing [pri'veiliŋ] adj 1 *(wind)* převládající 2 *(current: fashion)* dnešní, současný; *(situation, conditions: now)* stávající, nynější, *(then)* tehdejší; *(opinion)* převládající, rozšířený

prevalence ['prevələns] n *(widespread occurrence)* velká rozšířenost; *(frequency)* častý výskyt; *(popularity: eg of theories, fashions)* popularita, obliba

prevalent ['prevələnt] adj 1 *(predominating)* převládající, převažující; *(widespread)* velmi rozšířený, *(opinion)* vládnoucí; *(fashion)* oblíbený 2 *(current)* dnešní, nynější, *(in the past)* tehdejší

prevaricate [pri'værikeit] vi vykrucovat se, vymlouvat se, vytáčet se, kličkovat

prevarication [pri͵væri'keišn] n výmluvy, vytáčky, vykrucování; **after much p.** po dlouhém vytáčení

prevent [pri'vent] vt zabránit čemu, zamezit čemu, *(avoid)* vyhnout se čemu, *(take preventive measures)* předejít čemu; **p. sb from doing sth** zabránit komu v čem, znemožnit komu co; **he was ~ed from attending the conference** nebylo mu dovoleno účastnit se konference

preventable [pri'ventəbl] adj čemu lze zabránit, čemu lze předejít; *(danger)* odvratitelný; **the accident was p.** nehodě se dalo zabránit

prevention [pri'venšn] n zabránění čemu, předcházení čemu, prevence; Med prevence, profylaxe; **fire p.** protipožární ochrana; **noise p.** boj s hlukem; **crime p.** prevence trestné činnosti ♦ **p. is better than cure** lépe nemocem předcházet, než je léčit

preventive [pri'ventiv] adj preventivní, Med also profylaktický; **p. measures** preventivní opatření; **p. medicine** preventivní lékařství; **p. detention** Jur **i)** Br ochranná vazba **ii)** Amer vyšetřovací vazba; **p. war** preventivní válka ● n *(measure)* preventivní opatření; Med ochranný or profylaktický prostředek

preview ['pri:vju:] n 1 *(showing: of film, play)* předpremiéra, *(of exhibition)* vernisáž; *(for press)* předváděčka 2 *(trailer: Film, TV)* filmová/ televizní reklama, ukázka, upoutávka ● vt **p. a film** *(show)* uvést film v předpremiéře, *(see)* shlédnout předpremiéru filmu

previous ['pri:viəs] adj 1 *(day, week etc)* předešlý, předcházející, předchozí; **on the p. day** předešlého dne, den předtím 2 *(prior)* dřívější; **p. to your arrival** před vaším příjezdem; **on a p. occasion** už předtím; **he has several p. convictions** byl již několikrát trestaný **3** *(former)* dřívější, předchozí; **the p. holder of the record** dřívější držitel rekordu; **the p. speaker** předchozí mluvčí, předřečník **4** inf *(hasty)* unáhlený; *(presumptuous)* troufalý; **aren't you being rather p. in assuming that ...** není to od tebe poněkud troufalé předpokládat, že ... ■ **~ly** adv *(before)* předtím, dříve; *(already)* už; **we have met ~ly** my se už známe

prewar [priːˈwɔː(r)] adj předválečný; **in the p. period** před válkou

prey [prei] n lit & fig kořist; **bird of p.** dravec, dravý pták; **beast of p.** šelma, dravec, dravé zvíře; **fall p. to sth** *(of animals)* stát se kořistí čeho ♦ **be (a) p. to doubts** být zmítán pochybnostmi, trápit se pochybnostmi; **fall p. to temptation** podlehnout pokušení ● vi **1 p. (up)on** *(of animals: hunt)* lovit, živit se čím **2** fig **p. upon sb** *(of thieves)* okrádat, vykořisťovat, inf odírat **3** fig **p. upon sb's mind** *(Subj: thoughts, worries)* sužovat koho, trápit koho, hlodat komu v mozku

price [prais] n **1** Comm *(cost)* cena; **cash p.** cena za hotové; **cost p.** výrobní cena; **fixed p.** pevná cena; **list p.** cena podle katalogu; **stock-market p.** burzovní kurs; **~s are rising/ falling** ceny jdou nahoru/ dolů, ceny stoupají/ klesají; **pay an extortionate p.** platit hříšné peníze; **what's the p. of ...** kolik stojí ...? ■ **p. adjustment** úprava ceny, cenové vyrovnání; **p. ceiling** cenový strop; **p. control** cenová regulace; **p. cut** snížení cen; **p. fixing** stanovení cen; **p. freeze** zmrazení cen; **p. increase** zvýšení cen; **p. index** cenový index; **p. limit** cenový limit; **p. range** cenové rozpětí; **p. tag** cenovka, visačka s cenou; **p. war** konkurenční snižování cen, cenová válka **2** fig *(penalty)* cena; **the p. of fame** cena za slávu; **at any p.** za každou cenu, mermomocí; **not at any p.** za žádnou cenu; **a heavy p.** *(eg for freedom)* příliš velká cena, krvavá daň; **pay the p.** fig dostat za vyučenou, odnést si to; **pay the p. for sth** platit or pykat za něco; **at that p.** za tuhle cenu **3** *(value)* hodnota, cena; **be without** or **beyond p.** být neocenitelný; **put a p. on sth** stanovit cenu čeho; **put** or **set a high p. on friendship** přikládat velký význam přátelství, velmi si vážit přátelství; *(we can do it)* **at a p.** bude to něco stát, nebude to levné **4** *(in betting)* **what p. he'll be late** o co se vsadíš, že přijde pozdě; fig **what p. your promises now?** *(when sneering at sth)* k čemu jsou teď tvé sliby?, jak mohu teď po tom, cos udělal věřit tvým slibům? ● **I** vt **1** *(fix p. of)* stanovit cenu čeho; *(mark with a p.)* označit zboží cenami, *(put tags on)* opatřit zboží cenovkami; **be reasonably ~d** být za rozumnou cenu; **be ~d too high/ low** být příliš drahý/ levný **2** *(ask p. of)* informovat se o ceně, dotázat se na cenu **II** phr vs ■ **price down** vt inf snížit cenu čeho ■ **price out** vt **p. oneself** or **one's goods out of the market** nadcenit své zboží a přestat být konkurenceschopným; **p. sb out of the market** vytlačit koho z trhu snižováním cen ■ **price up** vt inf zvýšit cenu/ pl ceny čeho, zdražit

priceless [ˈpraisləs] adj **1** *(precious)* vzácný, neocenitelný, k nezaplacení, mající nesmírnou cenu **2** inf *(amusing: joke)* k popukání; *(person)* povedený, podařený; **it was p.** *(very funny)* bylo to za všechny prachy

pricey, pricy [ˈpraisi] adj **(-ier, -iest)** Br inf *(expensive)* mastný, moc drahý; **quite p.** dost drahý

pricing [ˈpraisiŋ] n Comm tvorba cen ■ **p. policy** cenová politika

prick [prik] n **1** *(with pin)* píchnutí, bodnutí; **give oneself a p.** píchnout se ♦ **~s of conscience** výčitky svědomí **2** vulg *(penis)* ocas, pták, penis neutr **3** vulg offens *(idiot)* vůl, čurák ● **I** vt *(person)* píchnout; *(balloon, blister)* propíchnout; **p. oneself** píchnout se; **p. one's finger** píchnout or bodnout se do prstu **(with** or **on sth** čím**)**; **she ~ed her finger on a needle** píchla se jehlou do prstu; fig **his conscience ~ed him** měl výčitky svědomí **II** phr vs ■ **prick out** vt Hort *(seedlings)* přepíchat/ přepichovat, inf pikýrovat ■ **prick up** vt **p. up its ears** *(dog)* našpicovat uši; **p. up one's ears** *(person)* nastražit uši, natahovat uši, zbystřit pozornost

pricking [ˈprikiŋ] n *(sensation)* píchání, bodání

prickle [ˈprikl] n **1** *(of rose etc)* osten, bodlina, trn; *(of hedgehog)* bodlina **2** *(sensation)* píchání, bodání; *(caused by wool etc)* škrábání, svědění; fig *(of hostility etc)* osten ● **I** vt píchat; *(clothes, jumper)* škrábat **II** vi svědit, škrábat

prickly [ˈprikli] adj **(-ier, -iest)** **1** *(rose etc)* trnitý, ostnatý; *(hedgehog)* bodlinatý **2** *(irritable)* nedůtklivý, durdivý, popudlivý, naježený; **be as p. as a hedgehog** být pichlavý jako ježek **3 p. heat** Med potničky; **p. pear** Bot opuncie

pride [praid] n **1** *(satisfaction)* hrdost, pýcha approv, uspokojení; **take p. in sth** být na něco hrdý, pyšnit se čím; **look with p. at sth** dívat se na něco s hrdostí or s pýchou or s uspokojením **2** *(source of satisfaction)* pýcha, chlouba; **be sb's p. and joy** být čí chloubou or pýchou **3** *(self-satisfaction)* hrdost, pýcha; **have one's p.** mít svou hrdost, mít hrdost v těle; **put one's p. in one's pocket** zapomenout na svou hrdost **4** pej pýcha, nadutost, vypínavost, zpupnost; **injured p.** uražená pýcha or ješitnost; **puff oneself out with p.** nadýmat se pýchou ♦ **p. comes before a fall** pýcha předchází pád **5** *(of lions)* smečka ● vt **p. oneself on (doing) sth** být na něco pyšný or hrdý, zakládat si na čem, chlubit se čím

prie-dieu [pri:'djə:] n klekátko

priest [pri:st] n kněz, duchovní; **parish p.** RC farář

priestess ['pri:stes] n *(non-Christian)* kněžka, duchovní žena

priesthood ['pri:sthud] n **1** *(office)* kněžství, kněžský úřad; **enter the p.** stát se knězem **2** *(body of priests)* kněžstvo

priestly ['pri:stli] adj (**-ier, -iest**) kněžský

prig [prig] n *(self-righteous)* mravokárce, moralista, svatoušek; *(smug)* samolibý člověk, ješita

priggish ['prigiš] adj *(self-righteous)* mravokárný, moralistický; *(smug)* samolibý, ješitný

prim [prim] adj (**~mer, ~mest**) also **p. and proper** *(person, manner)* škrobený, upjatý, (přehnaně) korektní; *(expression, smile)* strojený; *(clothing)* cudný, počestný ■ **~ly** adv *(behave)* škrobeně, upjatě; *(dress)* cudně

prima ballerina [pri:məbælə'ri:nə] n primabalerína

primacy ['praiməsi] n **1** *(primary role)* prvořadost, prvenství, primát **2** Eccl *(office of archbishop)* primasství

prima donna [pri:mə'donə] n lit & fig primadona

primaeval [prai:'mi:vl] see **primeval**

prima facie [praimə'feiši] adv na první pohled, zjevně, evidentně ● adj *(evidence)* hodnověrný, dostatečný; **a p. facie case of ...** evidentní případ čeho

primary ['praiməri] n (pl **-ries**) **1 p. (election)** Amer primární volby, primárky; **open p.** otevřené primárky **2 p. (school)** základní škola, obecná škola **3 p. (colour)** základní barva **4** Biol **p. (feather)** letka křídla ● adj **1** *(main)* hlavní, prvořadý, primární; **p. stress** hlavní přízvuk; **be of p. importance** být nesmírně důležitý, mít prvořadou důležitost **2** *(basic)* základní, primární; **p. colour** základní barva; **p. meaning** primární or základní význam; **p. health care** základní lékařská péče; **p. research** základní výzkum **3** *(education)* základní, elementární; **p. school** základní škola, obecná škola **4** Econ *(products)* základní; *(cost)* prvotní; **p. commodities** suroviny **5** Geol *(rock)* prvohorní, původní; Biol **p. flora/ fauna** prvotní flóra/ fauna ■ **primarily** adv hlavně, především, v první řadě

primate$_1$ ['praimət] n Zool primát; **~s** primáti, nehetnatci

primate$_2$ ['praimət] n Eccl primas

prime [praim] adj **1** *(chief: motive, suspect, target)* hlavní, nejdůležitější; *(fundamental: cause)* základní; **be of p. importance** mít prvořadý význam **2** *(goods)* prvotřídní; **be in p. condition** *(car, machine)* být ve výborném stavu, *(sportsman)* být ve výborné kondici; **be of p. quality** mít prvotřídní kvalitu; **p. beef** prvotřídní hovězí maso **3** Math **p. number** prvočíslo; **p. factor** prvočinitel **4** ♦ **p. coat** *(of paint)* podkladový nátěr, spodní nátěr; **p. cost** vlastní náklady; **p. meridian** nultý poledník; **p. minister** premiér, předseda vlády; **p. mover** fig hybná síla, iniciátor, duše čeho; **p. rate** Fin základní úrok; **p. time** TV špičkový divácký čas ● n **1 be in the p. of life, be in one's p.** být v nejlepších letech, být v nejlepším věku; **be past one's p.** nebýt už nejmladší **2** Math prvočíslo ● vt **1** Mil *(gun)* odjistit, *(explosive)* připravit k výbuchu; *(pump)* zalít, naplnit vodou; *(machine)* uvést do chodu, spustit ♦ **p. the pump** fig postavit podnik etc na nohy **2** *(brief: person)* instruovat, seznámit se situací; **p. sb for an interview** připravit koho na pohovor or interview **3** *(with paint)* opatřit základním nátěrem, apretovat **4 p. sb with drink** nadrátovat koho; **be well ~d** být střiknutý

primer ['praimə(r)] n **1** *(paint)* podkladová or základní barva **2** *(book: for children)* slabikář; *(textbook)* učebnice, úvod do čeho **3** Mil roznětka

primeval, primaeval [prai'mi:vl] adj pravěký, *(prehistorical)* pradávný; **p. forest** prales; **p. man** pračlověk

primitive ['primətiv] adj **1** *(from an early stage)* prvotní, původní; *(society)* prvobytný; **p. language** prajazyk **2** *(unsophisticated)* primitivní; *(art)* naivní ● n **1** *(unsophisticated person)* primitiv/ -ka, primitivní člověk; *(artist)* primitivista/ primitivistka, naivista **2** Math primitivní funkce

primitivism ['primətivizəm] n **1** Art naivní umění, primitivismus **2** pej primitivismus

primness ['primnəs] n see **prim** škrobenost, upjatost, hyperkorektnost; *(of voice)* afektovanost; *(of smile, expression)* strojenost

primordial [prai'mo:diəl] adj prvopočáteční, prvotní

primrose ['primrəuz] n **1** Bot prvosenka **2** *(p. colour)* světležlutá barva ● adj *(colour)* světležlutý

primula ['primjulə] n (pl **~s**, **-lae** [-li:]) Bot petrklíč

Primus TM ['praiməs] n Br primus, vařič pro táboření

prince [prins] n **1** lit & fig princ, *(king's son* also*)* kralevic; *(ruler)* kníže, vladař, panovník; **crown p.** korunní princ; **p. consort** princ manžel královský choť; **P. Charming** princ z pohádky vysněný nápadník; **the P. of Darkness** kníže pekel, kníže pekelné, Satan; **live like a p.** žít si jako král **2** *(of industry)* magnát; **the ~s of this world** mocní tohoto světa; **p. among men** vzácný zjev, vzácný člověk

princedom ['prinsdəm] n knížectví

princeling ['prinsliŋ] n princátko

princely ['prinsli] adj *(power)* knížecí, fig *(reward, wage)* královský

princess [prin'ses] n princezna; *(wife of non-royal prince)* kněžna; **P. Royal** Br královská princezna zprav. nejstarší dcera krále/ královny

principal ['prinsəpl] adj **1** *(main)* hlavní; *(concern* also*)* prvořadý; *(mistake)* kardinální; *(witness)* korunní; **the p. cause of lung cancer is smoking** nejčastější příčinou rakoviny plic je kouření **2** Mus *(violin, horn)* první; **p. conductor** šéfdirigent **3** Theat *(actor)* hlavní, vedoucí **4** Ling *(clause)* hlavní; **p. parts** kmenové tvary slovesa: in English inf, pt, pp ■ **~ly** adv především, hlavně, v první řadě ● n **1** *(of school, college)* rektor; Amer Sch ředitel; **p.'s office** ředitelna **2** Jur mandant, klient, zmocnitel **3** Theat *(main character)* hlavní role, hlavní osoba; *(in duel)* duelant **4** Fin jistina, základní kapitál bez úroků

principality [prinsə'pæləti] n knížectví

principle ['prinsəpl] n **1** *(basic tenet)* princip, zásada, pravidlo; *(scientific)* princip, zákon, věta; **uncertainty p.** Phys princip neurčitosti; **Archimedes' p.** Archimedův zákon; **the first ~s** základní pravidla; **in p.** v zásadě, v podstatě, v principu; **on the p. that ...** podle principu, že ... **2** *(for behaviour)* zásada, princip; **a matter of p.** zásadní or principiální otázka, otázka zásadní povahy; **as a matter of p., on p.** zásadně, ze zásady; **for reasons of p.** ze zásadních důvodů; **have high ~s** být zásadový; **it's against my ~s to eat meat** ze zásady nejím maso; **it goes against my ~s** to se nesrovnává s mým svědomím

principled ['prinsəpld] adj *(person)* zásadový

print [print] n **1** *(typeface)* tisk, písmo, druh písma; **small p.** drobný tisk, petit; **in small p.** petitem ■ **p. head** Comput tiskací hlava; **p. menu** Comput menu pro tisk; **p. size** velikost tisku; **p. speed** rychlost tisku **2** *(of publications)* **in p.** v tisku; **be in p./ be out of p.** *(book)* být v prodeji, být k dostání/ být rozebraný; **get into p.** dostat se do tisku ■ **p. run** náklad, tiráž **3** Art tisk, reprodukce, grafický list; *(engraving)* rytina; **~s** grafika **4** Phot kopie, obrázek z negativu; **(positive) p.** pozitiv; **have ~s made** dát si udělat obrázky **5** *(fabric)* tisk, potištěná tkanina; *(silk)* imprimé; **cotton p.** (potištěný) kartoun ■ **p. dress** šaty z potištěné látky, šaty s tištěným vzorem **6** *(impression: of finger)* otisk, *(of foot* also*)* stopa, šlépěj, šlápota; *(of tyre)* stopa kola; **take sb's ~s** sejmout komu otisky prstů ● **I** vt **1** *(book, newspaper, design)* (vy)tisknout, natisknout; *(publish: story, article)* otisknout, publikovat, zveřejnit, *(book* also*)* vydat **2** *(write in block letters)* psát tiskacím písmem **3** Text potisknout **4** Phot udělat fotografii z negativu, (o)kopírovat **5** *(mark)* (u)dělat stopu/ stopy čeho, *(inadvertently)* zanechat stopu/ stopy čeho **II** vi **1** *(printer, computer)* tisknout; **the book is ~ing** kniha se tiskne, kniha je v tisku **2** *(write in block letters)* psát tiskacím písmem **3** Phot *(negative)* **p. well** dobře vyjít **III** phr vs ■ **print off** vt **1** Typ (vy)tisknout, natisknout **2** Phot *(negative)* udělat kopii snímku ■ **print out** vt Comput vytisknout

printable ['printəbl] adj *(article* etc*)* způsobilý k tisku, vhodný k vytištění; *(word)* **is it p.?** snese to papír?

printed ['printid] adj **1** vytištěný, natištěný; **p. matter** tiskopis, tiskovina; **the p. word** tištěné slovo; **p. cotton** potištěný kartoun **2 p. circuit** tištěný spoj

printer ['printə(r)] n **1** Typ *(person)* tiskař, *(typographer)* typograf; **p.'s error** tisková chyba; **p.'s imp** tiskařský šotek; **p's ink** tiskařská čerň, tiskařské barvivo; **p.'s reader** tiskárenský korektor; **be at the ~s** být v tisku **2** Comput tiskárna; **p. driver** ovládač tiskárny

printing ['printiŋ] n **1** *(process)* tisk; **rotary p.** rotaprint ■ **p. house** tiskárna; **p. press** tiskařský lis or stroj; **p. trade** tiskárenský průmysl, polygrafie; **p. works** tiskárna velká **2** *(writing in block letters)* psaní tiskacím písmem **3** *(print run)* náklad, tiráž

printout ['printaut] n Comput výtisk, otisk, výstup na tiskárně

prior$_1$ ['praiə(r)] adj **1** *(previous)* dřívější; *(preliminary)* předchozí; **without p. warn-**

ing bez předchozího upozornění, nečekaně **2 a p. claim** přednostní právo (**to sth** nač) ● **prior to** prep phrase před; **p. to my departure** před mým odjezdem, do mého odjezdu

prior₂ ['praiə(r)] n Relig převor

prioress [praiə'res] n Relig převorka

prioritize [prai'oritaiz] vt **1** *(arrange in order of priority)* seřadit podle důležitosti **2** *(give priority to)* dát čemu přednost, preferovat něco

priority [prai'orəti] n (pl **-ties**) přednost, priorita, prvenství; **according to p.** podle důležitosti or závažnosti; **give p. to sth** preferovat co, dávat čemu přednost; **do sth as a matter of p.** udělat něco přednostně; **take p. over sth** mít přednost před čím; **get one's priorities right** rozlišit důležité od méně důležitého; **be the current p.** být v kursu, inf nosit se

priory ['praiəri] n (pl **-ries**) Relig převorství; *(church)* převorský kostel

prise, Amer **prize** [praiz] vt **p. sth open** vypáčit něco, otevřít něco páčením; **p. sth off** *(lid* etc*)* vypáčit, odstranit páčením ♦ **p. sth out of sb** fig vypáčit z koho něco; **we had to p. every word out of him** museli jsme z něho tahat každé slovo

prism ['prizəm] n hranol, prizma; **optical p.** optický hranol

prismatic [priz'mætik] adj hranolový, prizmatický; **p. colours** duhové barvy

prison ['prizn] n vězení, věznice, inf kriminál; **be in p.** být ve vězení, inf být v kriminále; **go to p.** jít do vězení; **put sb in p., send sb to p.** poslat koho do vězení, uvěznit koho ■ **p. camp** zajatecký tábor; **p. cell/ diet** vězeňská cela/ strava; **p. conditions** vězeňské podmínky; **p. sentence** trest odnětí svobody; **p. warder,** fml **p. officer** vězeňský dozorce, inf bachař

prisoner ['prizənər] n vězeň/ -kyně; Mil zajatec; **political p., p. of conscience** politický vězeň; **p. of war** válečný zajatec; **hold sb p.** věznit koho; **take sb p.** zajmout koho, vzít koho do zajetí; **be taken p.** padnout do zajetí

prissy ['prisi] adj afektovaný, upejpavý, přehnaně stydlivý, inf dated cimprlich, cimfrlich

pristine ['pristi:n] adj *(beauty)* dokonalý, nezkažený; *(condition* also*)* bezvadný, bez poskvrnky; *(original)* původní, ryzí; **be in p. condition** být jako nový

privacy ['privəsi, Amer 'praivəsi] n **1** *(seclusion, private life)* soukromí; **the right to p.** právo na soukromí; **lack of p.** nedostatek soukromí; **can I have some p.?** můžete mě nechat chvíli o samotě? **2** *(secrecy)* **p. of the post** listovní tajemství; **do sth in the strictest p.** *(wedding, meeting* etc*)* udělat něco v naprosté tajnosti

private ['praivət] adj **1** *(not for the public: property, land, road, beach* etc*)* soukromý; **P.!** *(notice on land, room* etc*)* Vstup zakázán!; **p. view** Art vernisáž **2** *(personal: letter, affairs* etc also*)* soukromý, osobní, privátní; **sb's p. life** něčí soukromí **3** *(confidential)* důvěrný; *(sitting, hearing)* uzavřený, neveřejný, tajný, s vyloučením veřejnosti; **p. and confidential** přísně důvěrné; **keep sth p.** nechat si něco pro sebe **4** *(not institutional: education, hospital)* soukromý, *(lessons* also*)* privátní; **p. tuition** (privátní) kondice; **p. businessman** soukromník, soukromý podnikatel; **p. detective** soukromý detektiv; **p. eye** inf očko, šerlok, čmuchal, neutr soukromý detektiv; **p. hotel** penzion; **act in a p. capacity** vystupovat jako soukromá osoba **5** *(secluded: place)* tichý, intimní; *(person)* rezervovaný; **a p. room** separé; **the wedding will be p.** svatba se bude konat v úzkém kruhu rodinném **6** *(ordinary)* **p. individual** (obyčejný) občan, jednotlivec; **p. soldier** prostý or řadový voják, vojín **7 p. parts** *(genitals)* přirození, ohanbí, genitálie ■ adv see **privately** ● n **1** Mil vojín, řadový voják; **p. first class** Amer svobodník **2 ~s** euph *(genitals)* přirození, ohanbí **3 in p.** *(in confidence)* mezi čtyřma očima, mezi námi; Jur s vyloučením veřejnosti

privateer [praivə'tiə(r)] n korzár; *(ship)* korzárská loď

privately ['praivətli] adv see **private 1** *(not publicly, not institutionally)* soukromě; **be p. owned** být v soukromém majetku **2** *(personally)* osobně, privátně **3** *(confidentially)* důvěrně, mezi čtyřma očima; Jur *(in camera)* s vyloučením veřejnosti

privation [prai'veišn] n often pl **~s** strádání, nouze, odříkání; **endure** or **suffer great ~s** zakusit velká strádání

privatization [praivətai'zeišn] n privatizace

privatize ['praivətaiz] vt privatizovat

privet ['privit] n Bot ptačí zob

privilege ['privəlidž] n **1** *(prerogative)* privilegium, výsada, výsadní právo; **Parliamentary p.** poslanecká imunita **2** *(honour)* no pl vyznamenání, čest, pocta; **it was a p. for me** bylo to pro mne vyznamenání; **I had the p. of talking to him personally** měl jsem tu čest mluvit s ním osobně ● vt privilegovat, vyznamenat

privileged ['privəlidžd] adj *(life, minority, classes)* privilegovaný ● **the p.** n pl privilegované vrstvy

privy ['privi] adj **1 be p. to sth** být do něčeho zasvěcený **2 P. Council** Br tajná rada, Královská rada; **p. purse** královská apanáž ze státního rozpočtu; **p. seal** tajná pečeť ● n dated záchod zvl. venkovní

prize$_1$ [praiz] n **1** *(award)* cena, odměna; **cash** or **money p.** peněžní odměna; **receive/ award a p.** získat/ udělit cenu; **presentation of ~s** udílení cen; **win first p. in a contest** Sport vyhrát první cenu v soutěži ▪ **p. competition** soutěž o ceny; **p. fight** Box profesionální rohovnické utkání; **p. fighter** profesionální boxer **2** *(in lottery)* výhra; **special p.** prémie, zvláštní výhra ▪ **p. draw** loterie, tombola; **the p. list** seznam výherců ● adj **1** *(rose, bull, exhibit)* výstavní, ukázkový, vyznamenaný cenou; *(prizewinning: essay)* poctěný or vyznamenaný cenou **2** inf iron *(complete)* naprostý; **a p. idiot** naprostý hlupák, more expr korunovaný vůl **3** *(valuable)* vzácný, drahocenný ● vt *(for value)* (vysoce) (o)cenit, oceňovat; fig *(friendship* etc*)* vážit or cenit si čeho

prize$_2$ [praiz] vt Amer see **prise**

prize-giving ['praizgiviŋ] n udílení cen

prizewinner ['praizwinə(r)] n *(in lottery)* výherce; *(of literary/ academic award)* nositel or laureát ceny

pro$_1$ [prəu] prep inf *(in favour of)* pro; **he is pro capital punishment** je pro trest smrti; fml **quid pro quo** něco za něco ● n pro, klad, přednost; **the ~s and cons** pro a proti, klady a zápory, přednosti or výhody a nevýhody **(of sth** čeho)

pro$_2$ [prəu] n (pl **~s**) inf abbr of **1 professional** esp Sport profík ▪ **a pro footballer** fotbalový profesionál **2 prostitute** šlapka, prostitutka

pro$_3$ [prəu] see **pro forma**

pro- [prəu-] pref pro-; **pro-American** proamerický; **be pro-life** Amer být odpůrcem potratů

probability [probə'biləti] n (pl **-ties**) *(likelihood;* Math*)* pravděpodobnost; **in all p.** nejspíše, s největší pravděpodobností ▪ **p. theory** teorie pravděpodobnosti; **p. model** pravděpodobnostní model

probable ['probəbl] adj pravděpodobný; **it is highly p.** je to velmi pravděpodobné ▪ **probably** adv pravděpodobně, asi, patrně; **most probably** nejspíše

probate ['prəub(e)it] n *(authentification)* soudní ověření poslední vůle ▪ **p. court** soud pro věci pozůstalostní

probation [prə'beišn] n **1** Jur podmíněné propuštění; **he was put on p.** byl odsouzený k podmíněnému trestu ▪ **p. officer** probační úředník **2** *(of employee)* zkušební doba; **be on p.** být přijat na zkušební dobu **3** Relig noviciát

probationary [prə'beišənəri] adj zkušební; **p. period** *(in employment &* Jur*)* zkušební doba; Relig noviciát

probationer [prə'beišənə(r)] n **1** *(employee)* zaměstnanec ve zkušební lhůtě; *(teacher)* Br kandidát učitelství, učitelský praktikant **2** Jur podmíněně propuštěný odsouzenec **3** Relig novic

probe [prəub] n **1** Med, Techn sonda; Astronaut **(space) p.** kosmická sonda **2** *(investigation)* vyšetřování, šetření, pátrání; **a police p.** policejní šetření ● **I** vt **1** Med, Techn sondovat, zkoumat or vyšetřovat sondou; Astronaut provádět průzkum čeho **2** *(investigate: causes, mystery)* zkoumat **II** vi zkoumat, provádět průzkum **III** phr v ▪ **probe into** vt zkoumat; *(sb's private affairs)* vyptávat se na koho/ co, strkat nos do čeho, míchat se do čeho

probing ['prəubiŋ] n (see **probe** v) zkoumání, vyšetřování; Techn sondáž, sondování; Med vyšetřování sondou ● adj *(look)* zkoumavý; *(mind)* bystrý, pronikavý; *(questions)* zvídavý, inf jdoucí na tělo

probity ['prəubəti] n fml poctivost, integrita

problem ['probləm] n **1** *(issue)* problém, otázka, věc; *(difficulty)* problém, potíž; **financial ~s** materiální problémy; **a thorny p.** ožehavý problém; **the p. of ...** problém or otázka čeho; **be faced with a p.** stát před problémem; **have a drink p.** mít problémy s alkoholem or s pitím; **it poses many ~s** jsou s tím velké problémy; **it's no p.** to není žádný problém; **I have ~s with the ignition** zlobí mě zapalování; **we've run into a lot of ~s** nakupila se nám spousta problémů ▪ **a p. child** problémové dítě, těžko vychovatelné dítě **2** Math problém, úloha, zadání, příklad; Chess studie, úloha; **solve a p.** (vy)řešit problém

problematic(al) [problə'mætik(l)] adj problematický

proboscis [prəu'bosis] n (pl **-scises** [-sisi:z], or **-scides** [-sidi:z]) Zool chobot, *(of insects)* sosák; inf *(nose)* frňák, chobot

procedural [prəu'si:džərəl] adj procedurální

procedure [prəu'si:džə] n postup, procedura, řízení; **the parliamentary p.** parlamentní řízení; **the correct p.** regulérní postup; **questions of p.** procedurální otázky; **the normal p. is to answer in writing** normálně se odpovídá písemně; **what's the p.?** jak je třeba postupovat?

proceed [prə'si:d, prəu'-] vi **1** *(continue)*

pokračovat; **p. with sth** *(plan, investigations)* pokračovat v čem **2** *(be in progress: meeting, negotiations)* probíhat, odehrávat se; **the conference ~ed** *(according to plan)* konference probíhala ... **3** fml *(go)* jít, ubírat se, *(vehicle)* jet; **p. to gate four** Aviat dostavte se k východu č. 4; **p. on one's way** pokračovat v cestě; **we then ~ed to Glasgow** potom jsme jeli do Glasgowa; **I then ~ed to the station** pak jsem šel na nádraží **4** *(move on: to the next item on the agenda)* přistoupit or přikročit or přejít k čemu; **p. to the next class** postoupit do vyšší třídy; **I ~ed to write the report** potom jsem začal psát zprávu **5** *(act)* postupovat; **I am not sure how to p.** nevím, jak mám postupovat; **p. with caution** postupovat opatrně **6** *(originate)* **p. from sth** mít původ v čem; **the horrors that p. from war** hrůzy způsobené válkou **7** Jur **p. against sb** podat na koho žalobu

proceeding [prəˈsi:diŋ] n **1** *(course of action)* postup, opatření; **your best way of p. would be ...** nejlépe by bylo, kdybyste ... **2 ~s** pl **a)** *(meeting)* schůze, jednání; *(discussion)* debata, diskuse; *(ceremony)* oslava; **the ~s were interrupted by ...** jednání (schůze) bylo přerušeno čím, oslava/ diskuse etc byla přerušena čím **b)** *(records: of meeting)* protokol, zápis; *(publication: of learned society)* sborník, akta **c)** Jur řízení; **arbitration/ bankruptcy/ disciplinary ~s** arbitrážní/ konkurzní/ kárné řízení; **take** or **institute legal ~s against sb** zahájit proti komu soudní řízení

proceeds [ˈprəusi:dz] n pl *(yield)* výtěžek, výnos; *(from sales)* zisk, tržba, *(takings)* příjmy

process$_1$ [ˈprəuses] n **1** *(series of actions, changes)* proces, průběh; **the ageing p.** proces stárnutí; **in the p. of time** v průběhu času; **be in the p. of doing sth** právě něco dělat; **in the p. of doing this she realized that ...** když to dělala, uvědomila si, že ...; **I broke my leg in the p.** *(while doing sth)* při tom jsem si zlomil nohu; **be in the p. of construction** *(house)* být rozestavěný; **it's a long** or **slow p.** je to velmi zdlouhavé **2** *(method)* postup, proces, *(in industry)* technologie, způsob zpracování; **a new manufacturing p.** nová výrobní technologie ■ **p. data/ calculation** procesní data/ kalkulace; **p. engineering** technologie výrobních procesů **3** Jur *(legal action)* spor, pře, soudní řízení; *(writ)* obeslání, obsílka, předvolání **4** Bot, Zool výrůstek ● vt **1** *(data, raw materials, information, waste)* zpracovat; *(food)* konzervovat; *(milk)* sterilizovat; Phot *(film)* vyvol(áv)at **2** *(deal with: applications, claims)* vyřídit/ vyřizovat, *(orders* also*)* odbavit/ odbavovat

process$_2$ [prəuˈses] vi *(go in procession)* kráčet v průvodu or procesí, jít procesím

processed [ˈprəusest] adj *(cheese)* tavený; *(material)* zpracovaný

processing [ˈprəusesiŋ] n zpracování, *(of food)* konzervování, konzervace; *(of milk)* sterilace; *(of orders)* vyřizování; *(of photos)* vyvolávání ■ Comput **p. program** zpracovatelský program; **p. mode/ speed** režim/ rychlost zpracování

procession [prəˈsešn] n průvod, Relig also procesí; *(demonstration)* demonstrace, pochod; **funeral/ carnival p.** pohřební/ karnevalový průvod; **a p. of visitors came to the house** fig přišlo k nám celé procesí návštěv

processional [prəˈsešənl] adj *(song)* procesionální ■ n *(book)* procesionál; *(song)* procesionální píseň, píseň zpívaná při průvodu or procesí

processor [ˈprəusesə(r)] n **1 (food) p.** kuchyňský robot **2** Comput procesor; **word p.** textový procesor

proclaim [prəˈkleim] vt **1** *(declare)* vyhlásit, prohlásit, proklamovat; **p. independence** vyhlásit nezávislost; **p. sb king** prohlásit or provolat koho králem; **p. oneself heir to the throne** prohlásit se za dědice trůnu **2** *(reveal, show)* prozrazovat, dosvědčovat; **his accent ~ed him a foreigner** jeho přízvuk nasvědčoval, že je cizinec

pro-choice [prəuˈčois] adj usu Amer *(candidate, voter)* podporující právo ženy na volbu tj. na interupci; **p.-choice supporter** see **pro-choicer**

pro-choicer [prəuˈčoisə(r)] n usu Amer stoupenec práva ženy na volbu tj. na interupci, stoupenec práva na volbu

proclamation [prokləˈmeišn] n **1** *(act of proclaiming: of war, amnesty, state of emergency)* vyhlášení **2** *(thing proclaimed)* provolání, prohlášení, proklamace, výzva; **issue a p.** vydat prohlášení

proclivity [prəuˈklivəti] n sklon, dispozice, náchylnost (**for** or **to** or **towards sth** k čemu); **sb's sexual proclivities** něčí (zvláštní or bizarní) sexuální záliby or choutky

proconsul [prəuˈkonsəl] n prokonzul, zástupce konzula

procrastinate [prəuˈkræstineit] vi být nerozhodný, váhat, okolkovat, inf přešlapovat na místě

procrastination [prəuˌkræstiˈneišn] n váhání, otálení, průtahy, okolky ♦ **p. is the thief of time** ≅ co můžeš udělat dnes, neodkládej na zítřek

procrastinator [prəu'krestineitə(r)] n váhavec, liknavec, louda(l)

procreate ['prəukrieit] vt fml *(children)* rodit, plodit; fig tvořit, vytvářet ● vi rodit děti; *(animals)* rozmnožovat se

procreation [prəukri'eišn] n rodění dětí; *(of animals)* rozmnožování

Procrustean [prəu'krastiən] adj **1** Myth prokrustovský; **p. bed** Prokrustovo or prokrustovské lože **2** fig *(solution, measures)* drakonický

proctor ['proktə(r)] n **1** Br Univ *(Oxford, Cambridge)* proktor **2** Amer Univ *(invigilator)* dohlížitel při písemných zkouškách

procurable [prə'kjuərəbl] adj fml opatřitelný, k dostání, k mání

procurator ['prokjureitə(r)] n **1** Hist prokurátor **2** Scot **p. (fiscal)** prokurátor, návladní

procure [prə'kjuə(r)] **I** vt **1** *(obtain)* opatřit; **p. sth for sb** opatřit komu co; **p. sb's acquittal** Jur dosáhnout toho, aby byl někdo zproštěn viny **2** *(prostitute)* obstarat, dohodit **II** vi *(for prostitution)* dělat kuplíře or pasáka

procurement [prə'kjuəmənt] n **1** *(acquisition)* nabytí, získání; *(buying)* koupě **2** *(of prostitutes)* kuplířství

procurer [prə'kjuərə(r)] n *(pimp)* pasák, kuplíř

procuress [prə'kjuərəs] n kuplířka

prod [prod] n **1** *(poke)* šťouchnutí, rýpnutí; **give sb a p. in the ribs** šťouchnout koho do žeber **2** fig *(urging)* pobídka, popud; **give sb a p.** pobídnout or postrčit koho; **he needs a p.** je třeba ho postrkovat or popohánět **3** *(instrument)* tyčka s bodcem ● v **(-dd-) I** vt **1** *(with finger)* šťouchnout; *(with stick)* rýpnout **2** fig *(urge)* pobídnout, postrčit, popohánět **II** vi **p. at sth** strčit or šťouchnout do čeho; **he needs ~ding** je nutno ho popohánět

prodigal ['prodigl] adj rozmařilý, marnotratný; **the p. son** marnotratný syn; **the return of the p. son** návrat marnotratného syna ■ **~ly** adv rozmařile, marnotratně

prodigality [prodi'gæləti] n rozmařilost, marnotratnost

prodigious [prə'didžəs] adj *(vast: amount)* obrovský; *(marvellous: achievement* etc*)* úžasný, nesmírný, ohromný, vynikající

prodigy ['prodədži] n (pl **-ies**) *(marvel)* div, zázrak; **a child p.** zázračné dítě

produce ['prodju:s] n Agr (polní) plodiny, (zemědělské) výrobky; **p. of France** vyrobeno ve Francii ● [prə'dju:s] **I** vt **1** *(manufacture)* vyrobit/ vyrábět, zhotovit, (vy)produkovat; *(book)* napsat; *(record)* natočit; *(painting)* namalovat; *(sculpture)* vytvořit; *(meal)* uvařit, připravit **2** *(yield: crops)* plodit, dávat; *(interest)* nést; **this area ~s good wine** v této oblasti se vyrábí dobré víno; **the cows are producing a lot of milk** krávy dobře dojí **3** Biol *(offspring)* mít; **p. many children** mít mnoho dětí **4** *(play)* režírovat, inscenovat; *(film)* být producentem čeho **5** *(cause: illness, problem)* způsobit, *(anger, fear, reaction)* vyvolat; *(heat)* vyvíjet; **p. no effect** nemít účinek; **p. sparks** jiskřit; **p. waves on the surface of the lake** zvlnit or zčeřit hladinu jezera **6** *(show: passport, ticket)* předložit, prokázat se čím; *(witness)* předvést; *(evidence)* předložit; *(alibi)* prokázat **7** Math *(line)* prodloužit, protáhnout **II** vi *(tree)* rodit, nést ovoce; *(land)* rodit, nést úrodu; *(factory)* vyrábět, být v provozu

producer [prə'dju:sə(r)] n producent, výrobce; Agr producent, pěstitel; Theat režisér; TV, Rad produkční, Film also producent

producer gas [prodju:sə'gæs] n generátorový plyn

product ['prodakt] n **1** Ind výrobek, produkt; Agr also plodina, plod; Econ **gross national p.** hrubý národní produkt **2** *(result)* výsledek, ovoce, plod, produkt; **the p. of our labour** výsledek naší práce; **he's the p. of his era** fig je dítětem své doby; **the p. of a diseased mind** výplod chorého mozku **3** Math součin **4** Chem produkt, zplodina; **~s of combustion** zplodiny spalování

production [prə'dakšn] n **1** *(manufacturing)* výroba, produkce; *(of oil, coal* etc*)* těžba; **joint p.** kooperace, společná výroba; **mass p.** hromadná výroba; **means of p.** výrobní prostředky; **put sth into p.** začít něco vyrábět ■ **p. line** běžící pás; **p. costs** výrobní náklady; **p. engineer** technolog **2** *(quantity produced)* výroba; **a fall/ increase in p.** snížení/ zvýšení výroby **3** *(of film, TV programme)* produkce; Theat *(artistic direction)* režie, *(staging)* inscenace; **joint p.** koprodukce **4** *(of document, ticket)* předložení; **on p. of this letter ...** při předložení tohoto dopisu ...

productive [prə'daktiv] adj gen & Ling produktivní; *(land)* úrodný; *(mine)* výnosný; *(business)* rentabilní; fig **a p. life** plodný život; **a p. meeting** užitečná schůze

productivity [prodak'tivəti] n produktivita, výkonnost; *(of land)* úrodnost, výnosnost; *(of mine)* výnosnost; **p. of labour** produktivita práce ■ **p. bonus** výkonnostní prémie

prof, Prof [prof] inf abbr of **professor** Univ profesor, dated sl prófa

profanation [profə'neišn] n profanace, znesvěcení

profane [prə'fein] adj **1** *(secular)* světský, profánní **2** *(blasphemous)* bezbožný, rouhavý; **use p. language** rouhat se, vést rouhavé řeči; klít, *(speak obscenely)* mluvit sprostě ● vt *(shrine, tradition)* profanovat, znesvětit/ znesvěcovat

profanity [prə'fænəti] n (pl **-ties**) see **profane** adj **1** světskost, profánnost **2** *(oath)* kletba; *(obscene word)* sprosté slovo; **utter profanities** mluvit bezbožně or rouhavě, *(speak obscenely)* mluvit sprostě

profess [prə'fes] vt **1** *(declare openly: faith, belief, views)* hlásit se k čemu **2** *(belong to: religion)* **p. the Catholic faith** být katolíkem, vyznávat katolickou víru **3** *(claim)* **p. that ...** prohlašovat, že ..., tvrdit, že ...; *(claim falsely)* vychloubat se, že ...; **she ~es to speak Chinese** tvrdí, že umí čínsky; **I don't p. to be an expert** *(in this subject)* nechci ze sebe dělat odborníka; **p. oneself to be ...** prohlašovat se za ...

professed [prə'fest] adj **1** *(avowed: Marxist, atheist)* zapřisáhlý; **be a p. Christian** hlásit se ke křesťanské víře **2** *(supposed: friend)* takzvaný, domnělý **3** Relig **a p. monk/ nun** profes/ -ka ■ **~ly** [prə'fesidli] adv *(avowedly: antagonistic)* otevřeně; *(supposedly)* prý, takzvaně

profession [prə'fešn] n **1** *(occupation)* povolání, profese, zaměstnání; **the teaching/ medical p.** lékařské/ učitelské povolání, lékařství/ učitelství; **the oldest p. (in the world)** nejstarší povolání or řemeslo; **choose a p.** zvolit or vybrat si povolání; **he is a lawyer/ painter by p.** je povoláním právník/ malíř; **the legal p.** advokacie **2 the p.** *(members)* **the teaching p.** učitelstvo, učitelé, učitelský stav **3** *(declaration)* vyznání (**of faith** víry)

professional [prə'fešənl] adj **1** *(related to a profession: journal, education, jargon, opinion, qualification* etc*)* odborný; *(circles)* odborný; *(etiquette, honour)* stavovský; *(secret)* úřední; *(skill, approach, standard)* profesionální; *(duties, misconduct)* služební; *(skilled, competent)* kvalifikovaný; **p. advancement** postup v zaměstnání; **p. disease** nemoc z povolání **2** *(full-time: boxer, footballer, soldier, writer* etc*)* profesionální, z povolání; *(killer)* profesionální, najatý; **p. army** profesionální armáda; **p. soldier** voják z povolání; **go** or **turn p.** Sport stát se profesionálem ■ adv see **~ly** ● n *(not amateur)* profesionál

professionalism [prə'fešənəlizm] n **1** *(high standard)* profesionálnost, profesionalita **2** Sport profesionalismus

professionally [prə'fešnəli] adv see **professional** adj **1** *(educated)* odborně; *(work, act, behave)* profesionálně; **judge sth p.** něco odborně posoudit **2** *(as profession: sing, act, play football* etc*)* profesionálně

professor [prə'fesə(r)] n Br Univ *(chair holder)* profesor jen univerzitní; Amer Univ *(also lecturer)* **assistant p.** ≅ asistent; **associate p.** ≅ docent

professorship [prə'fesəšip] n profesura, Br also univerzitní (profesorská) stolice; **associate p.** Amer docentura

proffer ['profə(r)] vt fml **1** *(arm, drink)* nabídnout; *(resignation)* podat; *(gift, advice)* dát; *(apology, thanks)* vyslovit **2** *(put forward: opinion)* vyslovit, vyjádřit; *(suggestion)* podat; *(remark)* udělat

proficiency [prə'fišənsi] n dovednost, zručnost, zdatnost, mistrovství, rutina; *(in language)* dobrá znalost čeho; **her p. in English** její znalost angličtiny

proficient [prə'fišnt] adj *(worker)* zručný, zkušený, mající rutinu; *(musician, swimmer)* vynikající, výborný; **he is p. in Czech** umí výborně česky; **become p. in English** zvládnout dobře angličtinu

profile ['prəufail] n **1** *(side view: esp of face)* profil, pohled ze strany; *(outline)* obrys, silueta; **in p.** z profilu, ze strany **2** *(biographical)* profil, portrét, medailón; **keep** or **maintain a low p.** držet se zpátky, neexponovat se; **have a high p.** velmi se exponovat **3** Techn profil, řez; **vertical/ horizontal p.** podélný/ příčný řez ● vt **1 p. sb** napsat čí charakteristiku, Journ napsat medailón o kom **2 be ~d against sth** *(be silhouetted)* rýsovat se na čem

profit ['profit] n **1** Comm zisk, výnos, inf profit; **net p.** čistý zisk or výnos; **unearned p.** bezpracný zisk; **make a p. on sth** vydělat na čem, mít z čeho zisk; **sell sth at a p.** prodat něco se ziskem; **show** or **yield p.** vykázat zisk; Ins **with-~s policy** pojištění s účastí na zisku ■ **p. margin** ziskové rozpětí; **p. motive** zainteresovanost, zisková motivace **2** fig *(advantage, benefit)* prospěch, užitek; **turn sth to one's p.** využít čeho ve svůj prospěch, obrátit co ve svůj prospěch ● **I** vt fml **p. sb** být komu k užitku, pomoci komu **II** vi **p. by sth** or **from sth** mít z čeho užitek or výhodu, inf profitovat z čeho; **p. at sb else's expense** přiživovat se na účet někoho

profitability [profitə'biləti] n rentabilita, ziskovost, výnosnost

profitable ['profitəbl] adj **1** Comm *(business)* rentabilní, výnosný, lukrativní; *(job)* výnosný, dobře placený; **be p.** rentovat se **2** *(worthwhile: meeting, negotiations)* užitečný, prospěšný; **make a p. use of sth** výhodně něco využít

profiteer [profi'tiə(r)] n šmelinář, spekulant, dated keťas ● vi šmelinařit, lichvařit, dated keťasit

profiteering [profi'tiəriŋ] n šmelina, černý obchod, spekulace

profitless ['profitləs] adj **1** Comm nerentabilní, nevýnosný, neziskový **2** *(useless: discussion, exercise)* neužitečný

profit-making ['profitmeikiŋ] adj *(aiming to make profit)* výdělečný; *(profitable)* rentabilní

profit-sharing ['profitšeəriŋ] n podíl na zisku ● adj *(scheme, trust)* s podílem na zisku

profligacy ['profligəsi] n **1** *(extravagance)* rozhazovačnost, rozmařilost, marnotratnost **2** *(debauchery)* zhýralost, hýření, prostopášnost

profligate ['profligət] adj **1** *(extravagant)* rozhazovačný, rozmařilý, utrácivý; **the p. use of public funds** plýtvání veřejnými prostředky **2** *(dissolute)* neřestný, zhýralý

pro forma (invoice) [prəu'fo:mə(invois)] n pro forma faktura, předběžná faktura

profound [prə'faund] adj *(silence, sigh, sleep, thought, truth, respect)* hluboký, *(knowledge)* důkladný; *(book)* myšlenkově bohatý; *(interest)* opravdový; *(indifference)* naprostý; *(changes)* dalekosáhlý ■ **~ly** adv hluboko, hluboce; **~ly sad** hluboce zarmoucený; **~ly indifferent** naprosto lhostejný

profundity [prə'fandəti] n see **profound** **1** *(of understanding, thought)* hloubka; *(of knowledge)* důkladnost, zevrubnost; *(of interest)* opravdovost **2** (pl **-ties**) *(wise remark)* důvtipná poznámka, hluboká myšlenka

profuse [prə'fju:s] adj **1** *(abundant)* hojný, bohatý; *(vegetation)* bujný; *(bleeding, sweating)* silný, hojný, Med profúzní; **grow in p. abundance** *(vegetation)* bujně růst **2** *(apologies, thanks)* přespřílišný, přehnaný, přemrštěný; **be p. in one's thanks** rozplývat se díky; **be p. in one's praise** překypovat chválou ■ **~ly** adv *(bleed)* hojně, silně; **grow p.** bujně růst, bujet, růst jako houby po dešti; **apologize ~ly** být samá omluva, stále se omlouvat

profusion [prə'fju:žn] n *(abundance)* hojnost, nepřeberné množství, velké kvantum; **in p.** hojně

progenitor [prəu'dženitə(r)] n fml předek, praotec; *(forerunner)* předchůdce

progenitrix [prəu'dženitriks] n fml matka rodu, zakladatelka rodu

progeny ['prodžəni] n (+pl v) *(offspring)* potomstvo, potomci, inf ratolesti

progesterone [prəu'džestərəun] n progesteron

prognosis [prog'nəusis] n (pl **-ses** [-si:z]) prognóza also Med, předpověď

prognostic [prog'nostik] adj prognostický

prognosticate [prog'nostikeit] vt inf **1** *(predict)* předpovídat, prognózovat **2** *(be a sign of)* být předzvěstí or znamením čeho

prognostication [prog,nosti'keišn] n prognostika

program ['prəugræm] n **1** Comput program **2** Amer see **programme** ● vt & vi programovat

programmable [prəu'græməbl, 'prəugræməbl] adj *(computer, oven* etc*)* programovatelný

programme, Amer **program** ['prəugræm] n **1** *(broadcast item)* program, relace, pořad; **bedtime p.** ≅ večerníček; **literary p.** literární program or pásmo ■ **p. music** programní hudba **2** *(list of items)* program, pořad; **a p. of activities** program akcí; **be on the p.** být na programu; **put sth on a p.** zařadit co do programu; **take sth off the p.** stáhnout co z programu; **the highlight of the p.** hlavní atrakce programu **3** *(plan)* plán, program; **a political p.** politický program; *(timetable)* rozvrh; **dance p.** taneční pořádek ● vt **1** usu pass *(put sth on a p.: trip* etc*)* dát na program; **be ~d for Sunday** být naplánován na neděli, být na programu v neděli **2** *(set)* nastavit, (na)programovat; **the video is ~ed to switch itself on at ten** video je nastaveno na deset

programmed learning [,prəugræmd'lə:niŋ] n programované učení

programmer, Amer **programer** ['prəugræmə(r)] n *(person)* programátor; *(device)* programovací zařízení

programming ['prəugræmiŋ] n esp Comput programování ■ **p. language** programovací jazyk; **p. support** programové zabezpečení

progress ['prəugres] n **1** *(forward movement)* pohyb vpřed, postup; **we made slow p.** (eg *through the marshes*) postupovali jsme pomalu **2** *(advance)* pokrok(y), rozvoj, vývoj; *(of illness)* průběh; **the p. of civilization** rozvoj or vývoj civilizace; **make some p.** pohnout se z místa; **make rapid p.** postupovat rychle; **the patient is making good p.** pacient se rychle zotavuje; **she is making good p. in German** dělá velké pokroky v němčině; **be making good p. with sth** *(job, thesis* etc*)* stát si s něčím dobře, být s něčím daleko, pohnout s něčím; **be making p. with sb** *(boy-/ girlfriend)* být s někým daleko ■ **p. chart** postupový diagram **3** **be in p.** *(inquiry, meeting)* probíhat; **'blasting in p.'** 'v lomu se střílí' ● [prəu'gres] **I** vi

1 *(move forward)* postupovat, postoupit, jít kupředu; **as the day ~ed** s postupujícím dnem **2** *(make p.)* postupovat, pokračovat, vyvíjet se; *(student)* dělat pokroky; *(patient)* zotavovat se; *(situation)* měnit se k lepšímu **II** vt *(work)* pokračovat s čím; **p. sb's application** vyřizovat čí žádost

progression [prə'grešn] n **1** *(advance: of army, disease)* postup; *(evolution)* pokrok, vývoj, rozvoj **2** Math posloupnost, řada; **arithmetical/ geometric(al) p.** aritmetická/ geometrická řada **3** Mus progrese, sekvence

progressive [prəu'gresiv] adj **1** *(gradual: development, change)* postupný; *(taxation, disease)* progresivní **2** *(forward-looking)* pokrokový, progresivní, moderní; Pol also pokrokářský **3** Ling *(assimilation)* progresivní; *(tense, form)* průběhový ■ **~ly** adv postupně, progresivně ● n **1** Pol pokrokář/ -ka **2** Ling *(tense)* průběhový čas; **in the p.** v průběhovém čase

prohibit [prəu'hibit] vt **1** *(forbid)* zakázat, zapovědět; **p. sb from doing sth** zakázat komu co; **be ~ed** být zakázaný **2** *(prevent)* **p. sb from doing sth** bránit komu v čem, znemožňovat komu co; **my poor health ~s me from travelling** špatný zdravotní stav mi nedovoluje cestovat

prohibition [prəui'bišn] n zákaz; US Hist **the P.** prohibice ■ **P. laws** prohibiční zákony

prohibitionist [prəui'bišənist] n prohibičník, prohibicionista, stoupenec prohibice

prohibitive [prəu'hibitiv] adj **1** *(tax, price)* prohibitivní, *(tariff* also*)* prohibiční **2** *(cost, prices)* závratný, přemrštěný

project$_1$ ['prodžekt] n **1** *(scheme)* akce (**in aid of the unemployed** ve prospěch nezaměstnaných) **2** Sch samostatná práce, referát, studie; **research p.** badatelský or výzkumný úkol **3** *(industrial)* projekt; **pilot p.** zkušební projekt

project$_2$ [prə'džekt] **I** vt **1** *(plan: scheme, visit)* esp pass zamýšlet, plánovat, mít v úmyslu; see **projected** **2** *(forecast, extrapolate: figures, production)* odhadnout, promítnout do budoucnosti, extrapolovat, přibližně určit **3** *(throw, send forth: object)* vrhat, házet, metat, mrštit; *(missile)* vystřelit, odpálit; *(shadow)* vrhat; *(voice)* učinit slyšitelným; způsobit, aby doléhal daleko **4** *(film, slide)* promítat **5** *(put across: image)* prezentovat, profilovat; **he tries to p. himself as (being) ...** *(an expert, humanist* etc*)* snaží se působit dojmem koho; **p. one's fears onto sb** přenášet na koho své obavy **6** Geom promítat, dělat průmět **II** vi *(jut out)* vyčnívat, *(rock, promontory)* vybíhat

projected [prə'džektid] adj *(figures)* odhadovaný, předpokládaný; *(visit)* plánovaný, chystaný

projectile [prəu'džektail] n náboj, střela, dated projektil

projection [prə'džekšn] n **1** Cine promítání, projekce ■ **p. booth** or **room** promítací kabina; **p. screen** promítací plátno or stěna **2** Geom promítání; *(result of p.)* průmět **3** *(overhang)* výčnělek, výběžek, výstupek **4** *(of missile)* vrhání, metání **5** *(estimate)* odhad, extrapolace, předpověď

projectionist [prə'džekšənist] n promítač, kinooperatér

projector [prə'džektə(r)] n Cine promítací přístroj, projektor, promítačka

prolapse ['prəulæps] n Med výhřez, prolaps

prole [prəul] n Br pej inf proletář neutr

proletarian [prəulə'teəriən] adj proletářský ● n proletář/ -ka

proletariat [prəulə'teəriət] n proletariát

pro-life [prəu'laif] adj *(movement, campaign, politician)* zaměřený proti interupci, prosazující 'právo na život'

pro-lifer [prəu'laifə(r)] n odpůrce potratů, stoupenec 'práva na život'

proliferate [prəu'lifəreit] vi *(insects, animals)* rychle se množit; *(weeds)* bujet, rozbujet se; *(in number)* rozrůstat se; *(nuclear weapons)* šířit se

proliferation [prəuˌlifə'reišn] n (see **proliferate**) bujení, bujné množení, proliferace; *(of nuclear weapons, ideas)* šíření

prolific [prəu'lifik] adj rychle se množící; *(writer, composer)* plodný

prolix ['prəuliks] adj fml *(speech)* rozvláčný, rozvleklý; *(speaker)* mnohomluvný

prolixity [prəu'liksəti] n zdlouhavost, rozvláčnost

prologue, Amer **prolog** ['prəulog] n **1** Liter prolog **2** fig *(prelude)* předehra, začátek

prolong [prəu'loŋ] vt prodloužit; Fin *(bill* also*)* prolongovat

prolongation [prəuloŋ'geišn] n prodloužení, prolongace

prolonged [prəu'loŋd] adj *(silence, absence)* dlouhotrvající

prom [prom] n inf abbr of **1 promenade a)** Br *(at seaside* etc*)* promenáda, korzo **b)** Amer *(dance)* **school/ college p.** školní/ fakultní ples **2 promenade concert** promenádní koncert **3 the Proms** Br každoroční londýnský letní festival promenádních koncertů

promenade [promə'na:d] n **1** = **prom** (**1 a,b**) **2 p. (concert)** = **prom** (**2**) **3** *(walk)* promenáda, korzování

prominence ['prominəns] n see **prominent** **1** *(of physical features)* nápadnost **2** *(im-*

portance) důležitost, významnost; *(fame)* proslulost, sláva; **give p. to sth**, **bring sth into p.** zdůraznit co, vypíchnout co

prominent ['prominənt] adj **1** *(standing out: teeth)* vyčnívající; *(cheekbone)* vysedlý, vystouplý; *(chin, jaws)* vystouplý; *(nose)* nápadný, vystouplý, výrazný **2** *(striking, salient: feature)* nápadný, do očí bijící, *(difference)* markantní, výrazný; *(position)* dobře viditelný **3** *(important: personality)* přední, čelný, prominentní; *(famous)* proslulý, význačný; **hold a p. post** zastávat významnou funkci ■ **~ly** adv *(displayed)* na viditelném místě; **figure ~ly in sth** hrát v čem významnou úlohu, exponovat se v čem

promiscuity [promi'skju:əti] n see **promiscuous 1** *(sexual)* promiskuita, časté střídání partnerů **2** dated fml promíšenost, směsice

promiscuous [prə'miskjuəs] adj **1** *(partner)* promiskuitní, nestálý, přelétavý, střídající často partnery v pohlavním styku, *(woman also)* inf lehká **2** *(indiscriminate)* nevybíravý **3** dated fml *(mixed)* promíšený, nejednotný

promise ['promis] n **1** *(pledge)* slib, příslib; **idle** or **empty ~s** plané or jalové sliby, těšínská jablíčka; **p. of marriage** manželský slib; **make** or **give sb a p.** dát komu slib (**that ...** že ...); **keep a p.** dodržet slib; **break one's p.** nedodržet or porušit (svůj) slib; **be tied by a p.** být vázán slibem; **under a p. of secrecy** pod slibem mlčenlivosti ♦ **~s, ~s!** sliby, nic než sliby; sliby (jsou) chyby **2** *(prospect: of agreement* etc*)* naděje na co **3** *(indication of future success)* **a writer of p.** nadějný or slibný spisovatel ● **I** vt **1** *(pledge)* slíbit/ slibovat, přislíbit; **p. sb sth**, **p. sth to sb** slíbit/ slibovat komu co; **she ~d to come, she ~d that she will come** slíbila, že přijde ♦ **p. sb the earth** or **the moon** slibovat komu hory doly, slibovat komu modré z nebe **2** *(indicate)* **it ~s to be a fine day** vypadá to na pěkný den; **it ~s to be interesting** zdá se, že to bude zajímavé **3** *(assure)* *(you will not regret it,)* **I (can) p. (you)** opravdu, fakt, slibuji **II** vi **1 I p.** máte můj slib; **do you p.?** slibujete mi to? **2 p. well** *(enterprise)* slibně se rozvíjet; *(situation)* být nadějný, vypadat slibně, opravňovat k nadějím; *(person)* být nadějný **3** *(that's all I have,)* **I p.** opravdu, fakt

promised ['promist] adj **the p. land** zaslíbená země

promising ['promisiŋ] adj slibný, nadějný; **it doesn't look very p.** nevypadá to růžově

promissory note [promisəri'nəut] n dluhopis, dlužní úpis, vlastní směnka

promo ['prəuməu] n inf propagační videoklip

promontory ['promənt̮əri] n výběžek pevniny, mys

promote [prə'məut] vt **1** *(in rank)* povýšit; **p. sb to (the rank of) captain** povýšit někoho na kapitána **2** Sport **our team was ~d** naše mužstvo postoupilo (**to the second division** do druhé divize); Br **p. a pawn** Chess proměnit pěšce **3** *(foster: conception, ideas)* prosazovat, podporovat; *(sb's interests)* hájit; **p. friendly relations** rozvíjet dobré vztahy **4** Comm *(publicize)* dělat čemu reklamu, propagovat co

promoter [prə'məutə(r)] n **1** *(of scheme)* propagátor/ -ka; *(supporter: of good causes)* podporovatel/ -ka, zastánce **2** *(organizer)* organizátor/ -ka; *(instigator)* iniciátor/ -ka **3** *(of sporting event* etc*)* sponzor

promotion [prə'məušn] n see **promote 1** *(in rank)* povýšení, postup **2** Sport postup; **win p.** postoupit **3** *(fostering: of ideas)* prosazování, propagace; **p. of foreign trade** podpora zahraničního obchodu **4** *(of product)* propagace, reklama

promotional [prə'məušənl] adj *(video, material)* propagační, reklamní

prompt [prompt] adj **1** *(quick: answer)* rychlý, promptní, pohotový; *(delivery, relief)* okamžitý; **be p. in doing sth** promptně něco udělat; **for p. cash** za hotové **2** *(punctual)* dochvilný, přesný ● adv přesně; **at three o'clock p.** přesně ve tři hodiny ■ **~ly** adv okamžitě, pohotově, promptně, bez zbytečných průtahů ● vt **1** *(incite)* pobízet, pobádat, ponoukat; **p. sb to do sth** pobízet koho k čemu **2** *(memories)* oživovat; *(conclusion)* vést k čemu **3** Sch, Theat napovídat komu; **she needed to be ~ed** potřebovala nápovědu ● n **she needed an occasional p.** tu a tam potřebovala napovědět

prompter ['promptə(r)] n Theat, TV nápověda

promulgate ['proməlgeit] vt **1** *(disseminate: idea* etc*)* propagovat, rozšiřovat **2** *(law, decree)* uveřejnit, vyhlásit, promulgovat

prone [prəun] adj **1** *(liable)* **be p. to sth** *(illness)* být náchylný k čemu; **be p. to laziness** rád si zalenošit; **be p. to do sth** mít sklon or tendenci k čemu **2 lie p.**, **be p.** ležet na břiše

proneness ['prəunnəs] n náchylnost or sklon (**to sth** k čemu)

prong [proŋ] n **1** *(of fork)* zub, hrot; *(of antler)* parůžek; *(of plug)* kolík **2** *(of attack)* strana, křídlo ● vt nabodnout, napíchnout

-pronged [-proŋd] adj suff **two-pronged** *(fork)* dvouzubý; *(attack)* ze dvou stran

pronominal [prəu'nominl] adj Ling zájmenný, pronominální

pronoun [ˈprəunaun] n Ling zájmeno; **personal p.** osobní zájmeno

pronounce [prəˈnauns] **I** vt **1** Ling vyslovit/ vyslovovat; **how is it ~ed?** jak se to vyslovuje? **2** *(declare)* prohlásit; **p. sb dead** konstatovat čí smrt; **p. sb guilty** prohlásit koho vinným; Jur **p. judgment** vynést or vyslovit or vyhlásit rozsudek **II** vi **p. on sth** fml vyjádřit se k čemu; **p. for/ against sb** Jur vynést rozsudek ve prospěch/ v neprospěch koho

pronounced [prəˈnaunst] adj *(tendency)* zřetelný, markantní; *(views)* vyhraněný; **have a p. limp** silně or nápadně kulhat

pronouncement [prəˈnaunsmənt] n prohlášení; Jur *(of sentence)* vyhlášení, vynesení

pronto [ˈprontəu] adv sl fofrem, natotata, v tu ránu; **and p.!** a ať to frčí!

pronunciation [prəˌnansiˈeišn] n výslovnost

proof [pru:f] n **1** *(evidence)* důkaz; **the burden of p.** břemeno důkazu; **as p. of sth, as p. that ...** na důkaz toho, že ...; **take sth as p. that ...** považovat něco za důkaz, že ...; **have you any p.?** máte nějaké důkazy?; **his words are p. of his stupidity** jeho slova dokazují, že je hlupák **2 p. of identity** prokázání totožnosti; **p. of delivery** důkaz o dodání; **p. of postage** doklad o odeslání; **p. of purchase** doklad o koupi **3** Math zkouška (správnosti), Log důkaz **4** *(alcoholic strength)* **70° proof** ≅ Br 40 %, Amer 35 % alkoholu **5** Typ obtah, korektura; **galley p.** sloupcový obtah, sloupcová korektura; **author's p.** autorská korektura ● adj Br **be p. against fire/ bullets/ rust** být ohnivzdorný/ neprůstřelný/ rezuvzdorný; **be p. against temptation** být obrněný proti pokušení ● vt **1** *(make waterproof: fabric)* impregnovat; *(make soundproof)* zvukově (od)izolovat **2** *(proofread)* číst korekturu

proofread [ˈpru:fri:d] vt, vi (pt & pp **proofread** [ˈpru:fred]) číst korekturu čeho

proofreader [ˈpru:fri:də(r)] n korektor; **~'s mark** korekturní značka

proofreading [ˈpru:fri:diŋ] n čtení or provádění korektury

prop$_1$ [prop] n **1** gen podpěra; Techn also vzpěra; Mining stojka; *(for washing line)* (podpěrná) tyč; Hort podpěra, podpěrná tyč, podpěrný kolík **2** fig opora, vzpruha, berlička; **I don't need any ~s** já nepotřebuji žádné berličky ● v (**-pp-**) **I** vt *(lean)* opřít; **p. sth against sth** opřít co o něco; **p. oneself against sth** opřít se o co; **he ~ped his bike against the wall** opřel si kolo o stěnu **II** phr v ■ **prop up** vt **1** *(lean)* **p. oneself/ sth up against sth** opřít se/ co o co **2** *(support: wall)* podepřít/ podpírat; fig *(currency)* podepřít; *(regime)* podporovat, podpořit

prop$_2$ [prop] n Theat inf abbr of **property** rekvizita

prop$_3$ [prop] n Aviat inf abbr of **propeller** vrtule

propaganda [propəˈgændə] n often pej propaganda, agitace; **crude p.** křiklavá or primitivní propaganda ■ **p. film/ leaflet/ poster** propagační film/ leták/ plakát

propagandist [propəˈgændist] n propagandista, agitátor

propagate [ˈpropəgeit] fml **I** vt **1** *(animals, plants)* množit, rozmnožovat **2** *(views, knowledge)* šířit, rozšiřovat, propagovat **II** vi **1** *(animals, plants)* množit se, rozmnožovat se **2** *(news, disease, fire)* šířit se, rozšiřovat se

propagation [propəˈgeišn] n see **propagate 1** množení, rozmnožování **2** šíření, rozšiřování, propagace

propane [ˈprəupein] n Chem propan

propel [prəˈpel] vt (**-ll-**) **1** *(power: vehicle, boat)* hnát, pohánět; *(push)* strkat, tlačit **2** fig **p. sb to power** dopomoci komu k moci; **he is ~led by ambition** je puzen or hnán ctižádostí

propeller [prəˈpelə(r)] n Aviat vrtule, Naut lodní šroub ■ **p. shaft** hnací hřídel, Aut kloubový hřídel

propelling [prəˈpeliŋ] adj **p. force** hnací síla; **p. pencil** Br krejon

propensity [prəˈpensəti] n sklon, náklonnost, tendence, náchylnost; **a p. to do** or **for doing sth** sklon k čemu; **have a p. to exaggerate** rád přehánět, mít tendenci přehánět

proper [ˈpropə(r)] adj **1** *(appropriate: tool)* vhodný, *(clothes* also*)* přiměřený, *(time* also*)* příhodný, *(place)* náležitý, *(house, job)* pořádný; *(medical care)* řádný, *(term, spelling)* správný, *(reward, attention)* patřičný, náležitý; **put sth in its p. place** dát co na patřičné or své místo; **make a p. job of sth** udělat co pořádně **2** *(seemly)* **be p.** slušet se, patřit se; **as is right and p.** jak se sluší a patří; **do the p. thing by sb** *(a girl)* vědět, co se sluší; euph oženit se s kým, vzít si koho **3** *(real)* opravdový, pravý; **it's not a p. gun** *(it's a toy)* to není opravdový or expr opravdický revolver; **call sth by it's p. name** nazvat co pravým jménem **4** *(actual)* vlastní; **the competition p.** vlastní soutěž; **in the p. sense of the word** ve vlastním slova smyslu **5** inf *(as intensifier)* skutečný, učiněný, vyložený, jaksepatří; **he is a p. terror** je to hotový postrach; **she is a p. little madam** je hrozně rozmazlená **6** pred **p. to** typický pro;

customs p. to the country zvyky typické pro tu zemi **7** Ling **p. name, p. noun** vlastní jméno **8** Math **p. fraction** pravý zlomek ● adv inf **beat sb good and p.** *(defeat)* porazit koho na hlavu; **beat sb up good and p.** zbít koho jaksepatří

properly ['propəli] adv see **proper 1** *(appropriately)* vhodně, patřičně, náležitě, přiměřeně; *(fully: shut)* úplně, řádně; **it's not working p.** nefunguje to dobře; **do sth p.** udělat něco (po)řádně; **the brake isn't working p.** brzda špatně zabírá **2** *(behave)* slušně, řádně **3 p. speaking** *(strictly speaking)* v pravém slova smyslu **4** *(thoroughly: defeat)* jaksepatří, pořádně

propertied ['propətid] adj majetný; **the p. classes** majetné třídy

property ['propəti] n (pl **-ties**) **1** *(quality, characteristics)* vlastnost; **healing properties** léčivé vlastnosti **2** *(belongings)* vlastnictví, majetek, jmění; **personal/ private p.** osobní/ soukromý majetek; **public p.** veřejný majetek; **that's my p.** to je moje, to patří mně; **lost p. office** oddělení ztrát a nálezů ■ **p. rights** vlastnická práva **3** *(land and buildings)* nemovitost(i), realita, reality; *(land)* pozemek, pozemky; **invest in p.** investovat do nemovitostí ■ **p. tax** majetková daň; **p. market** trh s nemovitostmi **4** Theat pl **properties** rekvizity ■ **p. man** or **manager** rekvizitář; **p. mistress** rekvizitářka

prophecy ['profəsi] n věštba, proroctví

prophesy ['profəsai] vt, vi prorokovat, věštit

prophet ['profit] n věštec, prorok; **a false p.** falešný prorok; **a p. of doom** sýček, zvěstovatel neštěstí

prophetess [profi'təs] n věštkyně, prorokyně

prophetic [prəu'fetik] adj věštecký, prorocký

prophylactic [profə'læktik] adj preventivní, profylaktický

prophylaxis [profə'læksis] n prevence, profylaxe

propinquity [prəu'piŋkwəti] n **1** *(in space)* blízkost, *(in time)* časová blízkost **2** *(in relationship)* blízké příbuzenství

propitiate [prəu'pišieit] vt (u)chlácholit, usmířit

propitious [prə'pišəs] adj *(time, moment)* příhodný, vhodný; *(circumstances)* příznivý **(for sth** k čemu)

proponent [prə'pəunənt] n zastánce, přívrženec, stoupenec

proportion [prə'po:šn] n **1** *(share)* podíl, část, procento; **a tiny p.** mizivé procento; **my p. of the profits** můj podíl na zisku **2** *(ratio)* also Math poměr, proporce; **the p. of marriages to the population** poměr sňatků k počtu obyvatelstva **3** *(harmony)* **be in p.** být symetrický, být souměrný, být přiměřený; **be out of p. with sth** být nepřiměřený čemu **4** fig **have no sense of p.** neznat míru; **see things in p.** dívat se na věci v širších souvislostech; **the press blew it out of all ~s** novináři to hrozně nafoukli, novináři z toho udělali aféru **5 in p. to sth** v poměru k čemu, úměrně k čemu **6 ~s** *(dimensions: of building, ship* etc*)* rozměry, *(of problem* also*)* rozsah; **a woman of ample ~s** žena bujných tvarů; **reach alarming/ enormous ~s** dosáhnout děsivých/ obrovských rozměrů ● vt přizpůsobit (**sth to sth** co čemu), sladit co

proportioned [prə'po:šnt] in compounds **well-/ badly-p.** souměrný/ nesouměrný; **a nicely p. lady** hezky urostlá žena

proportional [prə'po:šənl] adj **1** úměrný (**to sth** čemu); **inversely p.** nepřímo úměrný; **p. representation** Pol poměrné zastoupení **2** Comput **p. spacing** proporcionální rozteč znaků; **p. font** proporcionální písmo ■ **~ly** adv úměrně

proportionality [prə,po:šə'næləti] n úměrnost, proporcionálnost

proportionate [prə'po:šnət] adj přiměřený, úměrný (**to sth** čemu) ■ **~ly** adv přiměřeně, úměrně

proposal [prə'pəuzl] n **1** *(suggestion)* návrh; **put forward a p.** podat návrh; **a p. for changes** návrh změn; **consider a p.** posoudit návrh, rokovat o návrhu **2** *(offer)* nabídka; *(of marriage:* usu *from a man)* nabídka k sňatku

propose [prə'pəuz] **I** vt **1** *(suggest)* navrhnout (**sth to sb** komu co); **p. that ..., p. doing sth** navrhnout, aby ... **2** *(nominate: candidate)* navrhnout; *(present: resolution, policy)* předložit/ předkládat, vystoupit s čím; **p. Mr X as** or **for treasurer** navrhnout pana X za pokladníka; **p. marriage to sb** nabídnout komu sňatek, požádat koho o ruku; **p. sb's health, p. a toast to sb** připít komu na zdraví **3** *(intend)* mít v úmyslu, hodlat; **I p. leaving** or **to leave early, I p. an early start** hodlám vyrazit brzy **II** vi **1** *(offer marriage)* **p. to sb** nabídnout komu ruku **2** ♦ **man ~s, God disposes** člověk míní, pánbůh mění

proposed [prə'pəuzd] adj *(visit)* plánovaný, chystaný; *(changes)* navrhovaný

proposer [prə'pəuzə(r)] n navrhovatel

proposition [propə'zišn] n **1 a)** *(suggestion)* návrh; *(offer)* nabídka; **an attractive p.** lákavá nabídka **b)** pej *(improper p.)* nemravný návrh 2 Log logický výrok; Math poučka, věta; **Pythagorean p.** Pythagorova věta 3 inf *(task)* záležitost, věc; **a tough p.** tvrdý oříšek; **it will be no easy p.** nebude to nijak lehké 4 **the shop is not a paying p.** ten obchod se nevyplácí or není rentabilní ● vt **p. sb** inf dělat komu nemravné návrhy zpravidla muž ženě, nabízet své služby prostitutka ap.

propound [prə'paund] vt fml *(theory, argument)* předložit k úvaze, navrhnout; *(question)* položit

proprietary [prə'praiətəri] adj 1 *(rights)* vlastnický; *(classes)* majetný; *(attitude)* majetnický 2 *(goods)* patentovaný; Comput **p. language/ program** autorizovaný jazyk/ program

proprietor [prə'praiətə(r)] n majitel, vlastník; **joint p.** spoluvlastník

proprietress [prə'praiətrəs] n majitelka, vlastnice

propriety [prə'praiəti] n 1 *(decency)* slušnost; *(correctness)* korektnost, správnost; **in all p.** ve vší počestnosti; **within the bounds of p.** v mezích slušnosti 2 **the proprieties** dekorum; **observe the proprieties** zachovat dekorum, dodržet společenskou formu

props [props] n Theat **(stage) p.** rekvizity

propulsion [prə'palšn] n pohon; **rocket/ jet p.** raketový/ tryskový pohon

propulsive [prə'palsiv] adj *(force, power)* pohonný

pro rata [prəu'ra:tə] adj poměrný, stanovený poměrným dílem ● adv poměrně or v poměru k čemu

prorate [prəu'reit] vt úměrně or poměrně rozdělit

prorogation [prəurəu'geišn] n Parl odročení

prorogue [prəu'rəug] vt Parl odročit

prosaic [prəu'zeiik] adj prozaický fig; *(dull)* všední, obyčejný; *(life)* monotónní; *(down-to-earth)* přízemní ■ **~ally** adv prozaicky, všedně, příliš střízlivě

proscenium [prəu'si:niəm] n (pl **proscenia** [prəu'si:niə]) Theat proscénium, předscéna

proscribe [prəu'skraib] vt 1 *(forbid: organisation* etc*)* úředně zakázat, proskribovat 2 Hist *(outlaw)* **p. sb** postavit koho mimo zákon, prohlásit koho za psance

prose [prəuz] n 1 Liter próza ■ **p. writer** prozaik/ prozaička 2 Br Sch & Univ *(translation)* překlad do cizího jazyka

prosecute ['prosikju:t] vt 1 Jur trestně stíhat (**sb for sth** koho za co); **'trespassers will be ~d'** „nepovolaným vstup zakázán" 2 fml *(pursue: war)* vést; *(duties)* konat; *(research, inquiry)* provádět; *(interests)* pěstovat

prosecution [prosi'kju:šn] n 1 *(proceedings)* trestní stíhání 2 **the p.** *(person prosecuting)* žalující (strana); *(state)* prokuratura; **speech for the p.** obžalovací řeč 3 *(pursuit: of war)* vedení, *(research)* provádění, *(duties)* výkon, konání, *(one's interests)* pěstování

prosecutor ['prosikju:tə(r)] n Jur žalobce; **public p.** státní zástupce, prokurátor

proselyte ['prosəlait] n Relig prozelyta/ prozelytka; fig also nově získaný přívrženec/ nově získaná přívrženkyně

proselytize ['prosələtaiz] vt obracet na víru

prosodic [prə'sodik] adj prozodický

prosody ['prosədi] n prozódie

prospect ['prospekt] n 1 *(outlook)* perspektiva, vyhlídka; **~s for the future** vyhlídky do budoucnosti; **have good ~s** mít dobré perspektivy or vyhlídky; **a job with no ~s** bezperspektivní zaměstnání 2 *(chance, hope)* naděje, možnost; **have little p. of succeeding** mít malou naději na úspěch; **what are my ~s of being accepted?** jaké mám šance na přijetí? 3 *(good candidate)* nadějný kandidát; *(promising product)* nadějný výrobek 4 dated or Poet *(view)* výhled, vyhlídka ● [prə'spekt] v I vt *(land, region)* provádět průzkum čeho jako prospektor, pátrat po vzácných nerostech kde II vi **p. for oil/ gold** hledat naftu/ zlato, pátrat po naftě/ zlatě jako prospektor

prospecting [prə'spektiŋ] n prospektorství, pátrání po vzácných nerostech

prospective [prə'spektiv] adj 1 *(future: colleague)* budoucí 2 *(possible)* možný, eventuální, potenciální; **a p. buyer** zájemce o koupi (**of sth** čeho); **a p. customer** potenciální zákazník 3 *(intended: journey* etc*)* plánovaný, *(expected: event)* očekávaný

prospector [prə'spektə(r)] n prospektor; **gold p.** hledač zlata

prospectus [prə'spektəs] n brožurka, leták, prospekt

prosper ['prospə(r)] vi *(business)* prosperovat, prospívat; *(arts, business, town, country)* vzkvétat, kvést

prosperity [prə'sperəti] n blahobyt, prosperita, rozkvět; *(boom)* konjunktura

prosperous ['prospərəs] adj *(firm, country)* prosperující, vzkvétající; **p. times** období prosperity ■ **~ly** adv *(live)* v blahobytu

prostate ['prosteit] n also **p. gland** prostata

prosthesis [pros'θi:sis] n Med protéza; Ling proteze, předrážka

prosthetic [pros'θetik] adj Med protézní, protetický; Ling protetický

prostitute ['prostitju:t] n prostitutka, nevěstka; **male p.** prostitut ● vt 1 **p. oneself** lit & fig prostituovat se, prodávat své tělo, dělat prostitutku **2** *(one's talents, conscience, ideals)* prodávat

prostitution [prosti'tju:šn] n prostituce; fig *(of the press* etc*)* prodejnost

prostrate ['prostreit] adj **1** *(lying on stomach)* **lie p.** ležet tváří k zemi; **lie p. before sb** fig hrbit se or plazit se před kým, kořit se komu **2 be p. with exhaustion/ grief** být unavený k smrti/ být zkrušen žalem ● [pro'streit] vt **1 p. sb** srazit koho k zemi; **p. oneself (at sb's feet)** padnout (před kým) na tvář, fig plazit se před kým, inf expr padnout před kým na hubu **2 be ~d with** or **by grief** být zkrušen žalem

prostration [pro'streišn] n **1** padnutí na tvář před kým; Relig prostrace **2** Med *(exhaustion)* celková vyčerpanost, prostrace

prosy ['prəuzi] adj *(dull: book, speech* etc*)* nudný, rozvláčný

Prot abbr see **Protestant**

protagonist [prəu'tægənist] n **1** Theat, Cine protagonista, hlavní hrdina **2** fig **the main p.** Pol hlavní protagonista **3** *(supporter)* přívrženec, stoupenec

protect [prə'tekt] vt **1** *(person, environment, countryside* etc*)* chránit, ochraňovat; **p. sb/ sth from** or **against sth** chránit koho/ co před čím; **p. oneself from sth** chránit se před čím **2** *(defend: rights, interests)* bránit, hájit; *(industry)* podporovat **3** Comput *(eg file)* zabezpečit

protected [prə'tektid] adj *(species, area* etc*)* chráněný

protection [prə'tekšn] n **1** lit ochrana (**for sb against sth** koho před čím); **be under sb's p.** být pod ochranou koho **2** *(of rights, interests)* obrana **3** Econ **(trade) p.** celní ochrana, ochranářství, protekcionismus **4** ■ **p. racket, p. money** úplatky za „ochranu“, vyděračství

protectionism [prə'tekšənizəm] n Econ protekcionismus, ochranářství

protectionist [prə'tekšənist] adj Econ protekcionistický, ochranářský

protective [prə'tektiv] adj **1** *(clothing, goggles, coat of paint, custody, cover)* ochranný; *(measures, system, tariff)* Econ ochranářský **2** *(care)* starostlivý ● n Amer *(condom)* kondom, prezervativ

protector [prə'tektə(r)] n **1** *(person)* ochránce, patron **2** *(for elbow, shin, sleeve* etc*)* chránič

protectorate [prə'tektərət] n protektorát

protectress [prə'tektrəs] n ochránkyně

protégé, fem **protégée** ['protəžei] n chráněnec/ chráněnkyně, protežé

protein ['prəuti:n] n protein, bílkovina; **food high in p.** strava bohatá na bílkoviny

pro tem [prəu'tem] abbr of **pro tempore** adj provizorní, prozatímní ● adv provizorně, prozatím; Amer **President Pro Tempore** předseda amerického senátu jako Speaker v House of Representatives

protest ['prəutest] n **1** gen protest; **as a p., in p.** na znamení protestu or nesouhlasu, jako projev protestu; **make a p. about sth** protestovat proti čemu; **do sth under p.** udělat co nedobrovolně or s protestem ■ **p. demonstration/ march/ vote** protestní demonstrace/ pochod/ hlas **2** Jur námitka; Comm směnečný protest ● [prə'test] **I** vi *(complain)* protestovat, ohrazovat se; *(demonstrate)* demonstrovat; **p. against** or **about sth** protestovat proti čemu ♦ **p. too much** ohrazovat se podezřele moc **II** vt **1** *(declare)* **he ~ed his innocence, he ~ed that he was innocent** zapřísahal se, že je nevinen; ujišťoval o své nevině **2** Amer *(decision, policy, measure* etc*)* protestovat or demonstrovat proti čemu

Protestant ['protistənt] n protestant, evangelík ● adj protestantský, evangelický

Protestantism ['protistəntizəm] n protestantismus, protestantství

protestation [protə'steišn] n **1** *(declaration)* **~s of love/ innocence** ujišťování o lásce/ nevině **2** *(protest)* protest(ování)

protester [prəu'testə(r)] n *(complainer)* protestující; *(demonstrator)* demonstrant

protocol ['prəutəukol] n gen, Dipl, Comput protokol

proton ['prəuton] n Phys proton

protoplasm ['prəutəuplæzəm] n Biol protoplazma

prototype ['prəutəutaip] n prototyp

protozoan [prəutəu'zəuən] n Zool prvok

protracted [prə'træktid] adj *(war, illness)* vleklý, *(debate, negotiations* also*)* zdlouhavý; *(absence)* dlouhotrvající

protractor [prə'træktə(r)] n Math úhloměr

protrude [prə'tru:d] **I** vi vyčnívat, *(rock)* přečnívat; *(ears)* odstávat; *(eyes)* být vypoulené **II** vt vysunout, vystrčit

protruding [prə'tru:diŋ] adj vyčnívající; *(rock)* přečnívající; *(ears)* odstávající; *(eyes)* vypoulený; *(ribs)* vystupující

protrusion [prə'tru:žn] n *(object)* výstupek, výčnělek, výběžek

protuberance [prə'tju:bərəns] n Astron protuberance; Biol *(on trees)* výrůstek

protuberant [prə'tju:bərənt] adj vystupující, *(eyes)* vyboulený

proud [praud] adj **1** approv hrdý, pyšný; **be p. of sb/ sth** být hrdý or pyšný na koho/ co; **be p. of sth** pyšnit se čím; **it's nothing to be p. of** s tím bych se moc nechlubil;

I am p. to say that ... můžu se pochlubit, že ..., mohu s hrdostí or hrdě prohlásit, že ... 2 pej pyšný, namyšlený, povýšený, arogantní; **be as p. as a peacock** být pyšný jako páv 3 *(majestic: mountains, cathedral)* majestátní 4 *(protruding)* **be** or **stand p. of sth** vystupovat or vyčnívat z čeho ■ see **~ly** ● adv **they did us p.** snesli nám modré z nebe

proudly ['praudli] adv hrdě, pyšně; *(arrogantly)* pyšně (pej); *(majestically)* majestátně

provable ['pru:vəbl] adj dokazatelný, *(lie, assertion)* prokazatelný

prove [pru:v] v (pt **~d**, pp **~d** or **proven** ['pru:vn]) **I** vt 1 *(show)* dokázat; **p. sth (to sb)** dokázat (komu) co; **p. sb's guilt**, **p. that sb is guilty** usvědčit koho, dokázat čí vinu; **p. one's identity** prokázat svou totožnost, legitimovat se; **p. sb a liar** usvědčit koho ze lži; **p. sb wrong** dokázat komu, že nemá pravdu; **he ~d his case** or **point** dokázal, že má pravdu 2 *(put to the test: method)* vyzkoušet, podrobit co zkoušce; *(one's courage)* dokázat; **p. oneself**, **p. one's worth** osvědčit se ♦ **the exception ~s the rule** výjimka potvrzuje pravidlo 3 Jur *(will)* (úředně) ověřit 4 Cook *(dough)* nechat vykynout **II** vi, (also vt) 1 *(turn out)* ukázat se jakým; **p. (to be) necessary** ukázat se nutným; **he ~d to be incompetent** ukázalo se, že je neschopný; **if that ~s to be the case**, **should that p. to be the case** v kladném případě, pokud tomu tak bude; **if it ~s otherwise** v záporném or opačném případě 2 Cook *(dough)* kynout; **leave the dough to p.** nechte těsto kynout

proven ['pru:vn] pp of **prove** ● [esp Scot 'prəuvn] adj *(method)* osvědčený, vyzkoušený, *(experience)* prokazatelný

provenance ['provənəns] n provenience, původ; **country of p.** *(of goods)* země původu

proverb ['provə:b] n přísloví; **(the Book of) P~s** Bibl Kniha přísloví

proverbial [prə'və:biəl] adj příslovečný; fig also příslovečně známý, pověstný

provide [prə'vaid] **I** vt 1 *(supply)* poskytnout; *(make available)* dát k dispozici; *(get: eg food)* opatřit, postarat se o; *(transport)* zajistit; *(electricity)* dodávat; *(answer)* dát; *(example)* doložit čím; *(car with a radio etc)* vybavit čím; **p. sb with sth** poskytnout komu co, *(with food, clothes etc)* zaopatřit koho čím; **p. documentary evidence for sth** dokumentovat něco; **p. accommodation for sb** ubytovat koho, poskytnout komu ubytování; **p. warmth** *(eg sun)* poskytovat teplo, hřát; **p. a book with a preface** opatřit knihu předmluvou; **p. sb with clothes** (o)šatit koho 2 *(stipulate: of agreement, clause, contract, law)* (u)stanovit, stipulovat; **the agreement ~s that ...** v dohodě se stanoví, že ... **II** vi **God** or **the Lord will p.** Bůh nám/ vám etc nedá zahynout **III** phr vs ■ **provide against** vt *(danger, disaster, hardships)* předcházet čemu, udělat opatření proti čemu; *(abuse:* subj *law, treaty, rules* etc*)* chránit proti čemu ■ **provide for** vt 1 *(family)* starat se or pečovat o, zaopatřit, živit; *(children* also*)* být živitelem koho; **be ~d for** mít zajištěnou existenci 2 *(of law, treaty, rules* etc*)* **p. for sth** stanovit co, stipulovat co

provided (that) [prə'vaidid (ðæt)] conj pokud, jestliže; za předpokladu, že; *(I'll do it)* **p. that you pay (me) in advance** pokud mi předem zaplatíš

providence ['providəns] n prozřetelnost, osud; **divine p.** řízení boží or osudu; **tempt p.** pokoušet osud or štěstěnu

provident ['providənt] adj prozřetelný; *(thrifty)* šetrný, hospodárný

providential [provi'denšl] adj seslaný Prozřetelností, osudový, šťastný ■ **~ly** adv z boží prozřetelnosti, díky bohu, šťastnou náhodou

provider [prə'vaidə(r)] n živitel, chlebodárce

providing (that) [prə'vaidiŋ(ðæt)] conj see **provided (that)**

province ['provins] n 1 *(region)* provincie, oblast; Relig *(of archbishop)* provincie, arcibiskupství 2 **the ~s** venkov, dated provincie; **live in the ~s** žít na venkově 3 fig *(field: of activity)* obor, resort; *(of responsibility)* kompetence; **it's outside the p. of science** je to mimo rámec vědy; **that's not within my p.** to přesahuje moji kompetenci

provincial [prə'vinšl] adj provinciální, provinční, maloměstský; **p. town** maloměsto; **p. backwater** expr Balíkov ● n 1 pej venkovan, provinciál 2 Relig provinciál, představený řeholní provincie

provincialism [prə'vinšəlizəm] n provincialismus

provision [prə'vižn] n 1 *(act of supplying)* poskytnutí, dodá(vá)ní; *(for one's own team* etc*)* obstarávání, nákup; **p. of food** zásobování potravinami 2 *(supply, stock)* zásoba, rezerva; **~s** *(food)* potraviny, proviant 3 *(arrangement)* opatření; *(stipulation)* ustanovení, nařízení, předpis; *(condition)* podmínka; **p. for the aged** zaopatření ve stáří; **with the p. that ...** za předpokladu, že ...; **make p. for sth** brát něco v úvahu, zohledňovat něco, *(foresee)* předvídat něco; **make ~s for one's family** zaopatřit svou rodinu; **no p.**

was made for the old and infirm o staré a nemocné nebylo postaráno

provisional [prə'vižənl] adj provizorní, *(measures)* dočasný, přechodný, (pro)zatímní ■ **~ly** adv provizorně, dočasně, přechodně ● n **P.** člen Prozatímního křídla Irské republikánské armády

proviso [prə'vaizəu] n (pl **~s** or **~es**) *(condition)* podmínka, výhrada, dated výminka; *(clause)* doložka, klauzule; **make a p. that ...** vyhradit si, že ...; **with the p. that ...** pod podmínkou, že ...

Provo ['prəuvəu] n inf člen Prozatímního křídla Irské republikánské armády

provocation [provə'keišn] n provokace; **at the slightest p.** při sebemenší provokaci; **do sth under p.** být k čemu vyprovokován

provocative [prə'vokətiv] adj provokativní, vyzývavý; **p. behaviour** vyzývavé chování ■ **~ly** adv provokativně, vyzývavě

provoke [prə'vəuk] vt (vy)provokovat, (vy)dráždit, inf (vy)hecovat, *(dog, opponent)* rozdráždit; *(anger, smile, criticism, comment, public outcry)* vyvolat; *(pity)* probudit; **p. sb to do sth** vyprovokovat koho k čemu; vyprovokovat někoho k tomu, aby něco udělal; **p. sb's anger** dopálit koho; **his words ~d much comment** jeho slova vyvolala značnou odezvu

provoking [prə'vəukiŋ] adj provokační; *(annoying: circumstance, fact)* mrzutý, nemilý, k zlosti

provost ['provəst] n **1** Scot starosta; **Lord P.** primátor **2** Br *(some universities)* ≅ děkan koleje **3** Relig probošt

prow [prau] n příď lodi

prowess ['praues] n *(skill)* zručnost, obratnost, šikovnost, dovednost; Sport zdatnost; **sexual p.** sexuální výkonnost

prowl [praul] n číhaná; **be on the p.** *(lion, burglar)* obcházet, číhat, plížit se, *(man/ woman)* brousit za děvčaty/ lovit muže, být na lovu ■ **p. car** policejní hlídka, hlídkový vůz ● **I** vt **p. the streets** potloukat se or brousit po ulicích **II** phr v ■ **prowl about** or **around** obcházet or brousit někde

prowler ['praulə(r)] n tulák, podezřelá osoba, *(thief)* chmaták

prox [proks] abbr of **proximo** příští měsíc

proximity [prok'siməti] n blízkost; **in (close) p. to sth** v (bezprostřední) blízkosti čeho; **in the p. of** v blízkosti čeho

proximo ['proksiməu] adv Comm příští měsíc

proxy ['proksi] n Jur *(power)* zmocnění, plná moc; *(person)* zmocněnec, plnomocník; **by p.** v zastoupení; **vote by p.** hlasovat prostřednictvím zmocněnce

prs abbr of **pairs** páry

prude ['pru:d] n prudérní muž/ žena, puritán/ -ka; **be a p.** být prudérní or (přepjatě) stydlivý, být přehnaně cudný

prudence ['pru:dəns] n see **prudent 1** prozíravost, rozvaha, rozvážnost, uvážlivost; *(circumspection)* opatrnost, obezřelost **2** *(of decision)* moudrost; *(of answer)* promyšlenost

prudent ['pru:dənt] adj **1** *(person)* prozíravý, rozvážný, uvážlivý; *(circumspect* also*)* opatrný, obezřelý, obezřetný **2** *(decision, choice)* moudrý; *(answer)* dobře uvážený, promyšlený; **it would be p. to wait** bylo by moudré počkat

prudery ['pru:dəri] n prudérie, umravněnost

prudish ['pru:diš] adj prudérní, umravněný, puritánský ■ **~ly** adv prudérně, umravněně, puritánsky

prune$_1$ [pru:n] n sušená švestka

prune$_2$ [pru:n] vt **1** *(hedge)* přistřihovat, zarovnat, *(thin out)* prostříhat; *(tree)* ořezat, oklestit, *(thin out)* proklestit, prořezat/ prořezávat **2** *(expenditure)* snížit, redukovat, omezit; *(production)* omezit; *(text)* proškrtat, zkrátit

pruning ['pru:niŋ] n (see **prune**) klestění, stříhání, prořezávání; *(of budget)* krácení; *(of production)* omezení ■ **p. knife** zahradnický nůž, (zahradnická) žabka; **p. shears** zahradnické nůžky

prurience ['pruəriəns] n lascivnost, vilnost, chlípnost

prurient ['pruəriənt] adj lascivní, chlípný, vilný, necudný

Prussia ['prašə] n Prusko

Prussian ['prašən] adj pruský, pej prušácký; **P. blue** pruská modř ● n **1** *(person)* Prus/ -ka, usu pej Prušák/ Prušačka **2** *(language)* **Old P.** stará pruština

pry$_1$ [prai] vi (pt & pp **pried** [praid]) slídit, čmuchat, být zvědavý; **pry into sb's affairs** strkat nos do něčích záležitostí

pry$_2$ [prai] vt (pt & pp **pried** [praid]) Amer = **prise**

prying ['praiiŋ] adj zvědavý, všetečný, slídivý

PS, ps [pi:'es] abbr of **postscript** P.S. dodatek, douška, postskriptum

psalm [sa:m] n Relig žalm; **(the Book of) P~s** Kniha žalmů

psalmist ['sa:mist] n Relig žalmista

psalmody ['sæmədi] n Mus (pl **-ies**) psalmodie

Psalter ['so:ltə(r)] n žaltář

pseud [sju:d] n inf pozér, vejtaha, honimír ● adj = **pseudo (1)**

pseudo ['sju:dəu] adj **1** *(pretentious:*

book, ideas) rádoby intelektuální; *(person)* afektovaný 2 *(false)* předstíraný, falešný ● n see **pseud** n

pseudo- ['sju:dəu-] pref pseudo-

pseudonym ['sju:dənim] n pseudonym, krycí jméno

psi abbr of **pounds per square inch** liber (tlaku) na čtvereční palec

psoriasis [sə'raiəsis] n Med lupenka, psoriasis, psoriáza

PST [pi:es'ti:] Amer abbr of **Pacific Standard Time** tichomořský čas

psych [saik] **I** vt inf **p. sb (out) 1** vyvést koho z konceptu, vynervovat koho 2 *(see through sb)* prokouknout koho **II** phr v ■ **psych up** vt inf *(prepare)* **p. oneself up for sth** nabrat k něčemu sílu, duševně se na něco připravit

Psyche ['saiki] n Myth Psýché

psyche ['saiki] n psyché, psýcha, psychika, duševno

psychedelic [saikə'delik] adj psychedelický

psychiatric [saiki'ætrik] adj psychiatrický

psychiatrist [sai'kaiətrist] n psychiatr/ psychiatryně

psychiatry [sai'kaiətri] n psychiatrie

psychic ['saikik] adj **1** *(powers)* nadpřirozený, *(research)* parapsychologický; **be p., have p. powers** být jasnozřivý, mít šestý smysl; **you must be p.!** ty musíš být jasnovidec! **2** also **~al** *(mental: disorders* etc*)* psychický ● n jasnovidec, *(medium)* médium

psycho ['saikəu] n Amer inf šílenec, blázen, psychopat

psychoanalyse, Amer **psychoanalyze** [saikəu'ænəlaiz] vt psychoanalyzovat

psychoanalysis [saikəuə'næləsis] n psychoanalýza

psychoanalyst [saikəu'ænəlist] n psychoanalytik/ psychoanalytička

psychoanalytic(al) [saikəuænə'litik(l)] adj psychoanalytický

psycholinguistic [saikəuliŋ'gwistik] adj psycholingvistický

psycholinguistics [saikəuliŋ'gwistiks] n psycholingvistika

psychological [saikə'lodžikl] adj psychologický; **the p. moment** psychologický moment; **p. warfare** psychologická válka; **p. pressure** psychologický nátlak

psychologist [sai'kolədžist] n psycholog/ psycholožka

psychology [sai'kolədži] n psychologie

psychopath ['saikəupæθ] n psychopat/ -ka

psychopathic [saikəu'pæθik] adj psychopatický

psychosis [sai'kəusis] n (pl **psychoses** ['saikəusi:z]) psychóza

psychosomatic [saikəusəu'mætik] adj psychosomatický

psychotherapist [saikəu'θerəpist] n psychoterapeut/ -ička

psychotherapy [saikəu'θerəpi] n psychoterapie

psychotic [sai'kotik] adj psychotický ● n psychotik/ psychotička

PT [pi:'ti:] abbr of **physical training** tělocvik, tělesná výchova

pt abbr of **1 part** (also **Pt**) část **2 pint** (pl **pts**) pinta **3 point** (pl **pts**) Sport bod **4 port** (also **Pt**) *(on map)* přístav

PTA [pi:ti:'ei] abbr of **parent-teacher association** rodičovské sdružení

ptarmigan ['ta:migən] n Orn bělokur

Pte Mil abbr of **Private** vojín

pterodactyl [terəu'dæktil] n ptakoještěr, pterodaktyl

PTO, pto [pi:ti:'əu] abbr of **please turn over** obraťte prosím, obraťte laskavě

pub [pab] n Br inf abbr of **public house** hospoda, hospůdka, inf krčma, lokál, pej putyka; *(in the country)* hostinec ■ **pub talk** pivní řeči; **go on a pub crawl** táhnout od hospody k hospodě, chodit po hospodách, jít na tah (po hospodách)

puberty ['pju:bəti] n puberta, pohlavní dospívání; **belated p.** opožděná puberta; **the age of p.** pubertální věk

pubescence [pju:'besəns] n **1** *(puberty)* puberta **2** Zool, Bot ochmýření

pubescent [pju:'besənt] adj **1** *(girl, boy)* pubertální, (jsoucí) v pubertě **2** *(plant, animal)* ochmýřený

pubic ['pju:bik] adj *(bone)* stydký; **p. hair** ochlupení na ohanbí

pubis ['pju:bis] n (pl **pubes**) Anat stydká kost

public ['pablik] adj **1** gen veřejný; *(state: debt, revenue, education)* státní; *(contract)* vládní; *(civic: duty, spirit* etc*)* občanský; **be p. knowledge** být veřejně známý; **cause p. indignation** pobouřit veřejnost; **be in the p. interest** být ve veřejném zájmu; **be in the p. eye** být na očích veřejnosti; **be active in p. life** být veřejně činný; **make sth p.** zveřejnit něco, oznámit co veřejně, jít s něčím na veřejnost **2** St Ex **go p.** *(company)* nabídnout akcie na burze **3** *(in collocations)* **p. address system** místní rozhlas; **p. administration** státní správa; **p. bar** ≅ výčep; **p. call box** telefonní budka; **p. company** veřejná obchodní společnost; **p. convenience** veřejné záchodky; **p. defender** Amer veřejný obhájce; **p. domain** veřejný majetek; **be in the p. domain** *(publication, invention)* být majetkem veřejnosti; **p. enemy (number one)** veřejný nepřítel (číslo jedna); **p. holiday** den pracovního klidu; **p. house** Br hospoda, hostinec; **p. money** veřejné prostředky; **create a p. nuisance** budit veřejné pohoršení; **p. opinion** veřejné mínění; **p. opinion poll** průzkum veřejného mínění; **p. ownership** veřejné vlastnictví; **p. prosecutor** prokurátor; **P. Records Office** Br státní archiv; **p. relations** styk s veřejností; **p. relations officer** tiskový mluvčí; **p. school i)** Eng soukromé internátní gymnázium **ii)** Amer & Scot státní škola; **p. sector** veřejný sektor; **p. servant** státní zaměstnanec; **p. service** *(Civil Service)* státní služba; **p. spirit** smysl pro celek, angažovanost; **p. tender** veřejné soutěžní řízení; **p. transport** veřejná or hromadná doprava; **p. utility** veřejně prospěšný podnik; **p. welfare** veřejný blahobyt, sociální péče; **p. works** veřejné práce ■ **~ly** adv veřejně; **~ly owned** *(company)* státní, jsoucí ve veřejném vlastnictví ● n **the p.** veřejnost; **the general p.** široká or nejširší veřejnost; **in p.** na veřejnosti, před zraky veřejnosti, veřejně; **be open to the p.** být přístupný veřejnosti; **the cinema-going p.** návštěvníci kin, filmové publikum ♦ **wash one's dirty linen in p.** prát špinavé prádlo na veřejnosti

publican ['pablikən] n hospodský, hostinský

publication [pabli'keišn] n **1** *(publishing)* publikace, uveřejnění, vydání, otištění; **accept sth for p.** přijmout co k uveřejnění ■ **p. date** datum vydání **2** *(work)* publikace, uveřejněné dílo; **'~s'** *(on CV)* „publikační činnost", „publikace" ■ **p. price** cena výtisku

publicist ['pablisist] n **1** *(advertiser)* reklamní pracovník, *(manager)* vedoucí propagačního odělení **2** *(political journalist)* publicista

publicity [pab'lisəti] n **1** *(media attention)* publicita **2** *(advertising)* propagace, reklama, inzerce ■ **p. agency** reklamní kancelář; **p. campaign** propagační kampaň; **p. department** propagační oddělení; **p. material** propagační materiál

publicize ['pablisaiz] vt propagovat, dělat čemu publicitu or reklamu

publish ['pabliš] **I** vt **1** *(article, letter, poem)* uveřejnit, *(book, magazine)* vydat, publikovat; **be ~ed** vyjít (**by Leda** v nakladatelství Leda); **~ed weekly** vychází týdně **2** *(letters, documents, accounts)* zveřejnit; **p. a denial of sth** dementovat něco **II** vi *(scholar)* publikovat, mít publikační činnost

publisher ['pablišə(r)] n nakladatel, vydavatel; *(publishing house)* also **~s** nakladatelství, vydavatelství; **newspaper p.** vydavatel(ství) novin, Amer majitel novin

publishing ['pablišiŋ] n nakladatelská práce ■ **p. company**, **p. house** nakladatelství

puce [pju:s] n hnědočervená barva ● adj hnědočervený; *(with rage)* brunátný

puck$_1$ [pak] n Ice Hockey touš, puk, kotouč

puck$_2$ [pak] n *(sprite)* skřítek, šotek, rarášek

pucker ['pakə(r)] n *(crease)* záhyb, fald ● v also **p. up** **I** vt **1** *(forehead, brow)* svraštit, zkrabatit, stahovat do vrásek; *(lips)* svraštit, stáhnout; *(for kissing)* našpulit; **p. up one's face (to cry)** nabírat k pláči **2** *(material)* zřasit, plisovat **II** vi **1** *(lips)* svraštit se, stáhnout se; *(forehead)* svraštit se, (z)krabatit se, zkrabatět **2** *(material)* zřasit se, skládat se

pud [pud] n inf see **pudding**

pudding ['pudiŋ] n **1** Cook pudink, nákyp; **chocolate p.** čokoládový pudink; **Christmas p.** vánoční pudink; **rice p.** rýžový nákyp; **semolina p.** krupičná or krupicová kaše; **suet p.** těsto z mouky a loje; **Yorkshire p.** yorkshirský pudink pečený svítek jako příloha k masu ■ **p. basin** forma na pudink ♦ **be in the p. club** dated sl být v tom, být nabouraná **2** *(dessert)* dezert, zákusek; **what's for p.?** co máme jako dezert? **3** *(savoury dish)* **pease p.** hrachové pyré, hrachová kaše; **black p.** ≅ jelito; **white p.** ≅ jitrnice **4** inf *(podgy person)* tlouštík, neohrabanec; *(slow & stupid person)* also **p.-** **-head** trouba, ťulpas; *(clumsy person)* nešika

puddle ['padl] n louže, kaluž; euph loužička

pudenda [pju:'dendə] n pl ohanbí, zevní genitálie, pohlavní orgány zvl. ženské

pudgy ['padži] adj (**-ier, -iest**) see **podgy**

puerile ['pjuərail] adj dětinský, pošetilý, infantilní

puerility [pjuə'riləti] n dětinskost, pošetilost, infantilnost, dětinské chování

puerperal [pju:'ə:pərəl] adj puerperální týkající se šestinedělí; **p. fever** horečka omladnic

Puerto Rican [pwə:təu'ri:kən] adj portorický ● n Portoričan/ -ka

Puerto Rico [pwə:təu'ri:kəu] n Portoriko

puff$_1$ [paf] n **1** *(of air, wind)* závan, fouknutí, *(of wind* also*)* zadutí, poryv; *(of breath)* dechnutí, dýchnutí, vydechnutí; *(of smoke)* obláček, oblak, kotouč; *(on cigarette)* tah, puk, bafnutí; *(blow out the candles)* **in** or **with one p.** na jedno fouknutí; **take a p. at a pipe** bafnout si or zabafat si z dýmky ♦ **disappear like a p. of smoke** zmizet or vytratit se jako pára ■ **p. adder** Zool zmije útočná **2** *(breath)* dech, dýchání; **be out of p.** být zadýchaný, nestačit s dechem, být bez dechu **3** Cook *(pastry)* pečivo z odpalovaného or páleného těsta; **cream p.** ≅ větrník **4** *(for make-up)* **(powder) p.** labutěnka **5** *(publicity)* inf dated **give sth a p.** udělat něčemu reklamu ● **I** vt **1** *(smoke: pipe)* bafat z čeho, *(cigarette)* bafat co; *(emit: smoke)* vyfouknout/ vyfukovat; *(of chimney, train)* chrlit; **p. sth away** odfouknout něco; **p. sth down** sfouknout něco dolů; **p. smoke in sb's face** foukat komu kouř do tváře **2** Sew *(eg sleeves)* nabrat/ nabírat **3 be ~ed (out)** inf být udýchaný, být bez dechu, sotva dechu popadat **II** vi **1** *(person)* foukat, *(pant)* funět, supět, odfukovat, těžce oddychovat; *(train)* supět, pufat; *(chimney)* čadit, kouřit **2 p. on one's pipe/ cigar** bafat z dýmky/ bafat doutník **3 p. into the station** *(train)* přisupět **III** phr vs ■ **puff out** vt **1** *(extinguish: candle)* sfouknout **2** *(inflate: cheeks, sail)* nafouknout, nadmout; *(hair, feathers)* načechrat **3** *(emit: smoke, steam)* vyfouknout/ vyfukovat **4 p. sb out** usu pass (Subj: *run, climb)* zbavit koho dechu, uhnat koho; **be ~ed out** sotva dechu popadat ■ **puff up** *I* vt **1** *(swell: eyes, ankle, cheeks)* **be ~ed up** být napuchlý, být oteklý **2 be ~ed up with pride** nadýmat se pýchou *II* vi *(swell)* opuchnout, otéci

puffball ['pafbo:l] n Bot pýchavka houba

puffed-up ['paftap] adj **1** *(swollen)* napuchlý **2** *(conceited)* nadutý, fouňovský

puffin ['pafin] n Orn papuchalk

puffy ['pafi] adj (**-ier, -iest**) *(face, lips)* opuchlý, napuchlý, oteklý

pug [pag] n also **pug dog** mopslík ■ **pug nose** tupý nos, inf knoflík, inf pej pršák

pugnacious [pag'neišəs] adj bojechtivý, agresivní; *(remark, expression)* vyzývavý ■ **~ly** adv *(act)* agresivně, vyzývavě

pug-nosed [pag'nəuzd] adj *(animal)* tuponosý; *(person)* **be p.-nosed** mít nos jako knoflík

puke [pju:k] vi inf *(baby)* (po)blinkat; neutr (vy)zvracet; vulg blít; **you make me p.** je mi z tebe na zvracení ● n zvratky

pulchritude ['palkritju:d] n fml krása, nádhera

pull [pul] n **1** Techn *(of engine)* tah, trakce, pohon; *(of magnet, moon* etc*)* přitažlivost **2** *(tug)* zátah; **give sth a p.** zatáhnout za co, škubnout or cuknout čím **3** fig *(attraction)* přitažlivost, půvab, kouzlo; **the p. of the sea** volání moře **4** fig inf *(influence)* vliv; *(patronage)* protekce; **have a lot of p.** být velmi vlivný; **he has a lot of p. with the director** má protekci u ředitele **5** *(at bottle)* loknutí, lok, doušek; **take a p. at a bottle** pořádně si loknout z lahve **6** *(on cigarette/ pipe)* šluk/ bafnutí, potáhnutí; **take a p. at a cigarette/ pipe** šluknout si z cigarety/ bafnout si z fajfky **7** *(prolonged effort)* **a hard p.** *(climb)* namáhavý výstup; **the last two miles were a hard p.** poslední dvě míle byly velmi únavné **8** *(handle)* táhlo; *(knob)* knoflík; *(cord)* šňůra **9** *(rowing)* vyjížďka na člunu **10** Typ *(proof)* obtah, korektura ● **I** vt **1 a)** *(draw)* táhnout, *(drag* also*)* vléci; *(p. down: blind)* stáhnout, zatáhnout; *(curtains)* zatáhnout; *(cord)* zatáhnout za co; **p. sb's hair** vytahat or krákat koho za vlasy; **p. sb's ears** vytahat koho za uši; **p. a door shut** zavřít dveře přitažením; **p. a rope taut** napnout lano; **p. a lead** *(of dog)* škubnout šňůrou **b)** *(idiomatic phrases)* ♦ **p. the carpet from under sb** fig podrazit komu nohy; **p. sb's chestnuts out of the fire** fig tahat za koho kaštany z ohně; **p. faces** dělat obličeje or inf ksichty; **p. a fast one on sb** sehrát s kým habaďůru or betla; **p. sb's leg** tahat koho za nos, utahovat si z koho, tropit si z koho šašky or kašpary; **p. sth to pieces** *(criticize: book, film)* ztrhat co, rozcupovat co; **p. one's punches** lit Box šetřit protivníka; fig **he didn't p. his punches** nikoho nešetřil; **p. the wool over sb's eyes** věšet komu bulíky na nos, balamutit koho **2** *(operate: string, lever)* zatáhnout za; **p. the trigger** stisknout or zmáčknout kohoutek; **p. strings for sb** protěžovat koho **3** *(tow: load, cart)* táhnout **4** *(draw out: cork, gun)* vytáhnout, *(tooth* also*)* vytrhnout; *(beer)* (na)čepovat, (na)točit; *(chicken* etc*)* Cook vykuchat; **p. a drawer open** vytáhnout zásuvku; **p. a gun on sb** vyhrožovat komu revolverem, vytáhnout na koho zbraň **5** *(strain: muscle, tendon)* natáhnout **6** *(boat)* veslovat s čím; **p. a good oar** dobře veslovat ♦ **p. one's weight** udělat svůj díl, plně se na něčem podílet **7** *(attract: crowds, girls)* přitahovat; **I don't p. any girls** inf nemůžu sbalit žádnou holku **8** inf *(bring off)* dokázat, (úspěšně) zvládnout; *(robbery)* provést **9** Typ **p. a proof** udělat obtah **II** vi **1** *(tug)* táhnout; **p. at sb's sleeve** zatahat koho za rukáv; **p. at a rope** zatáhnout za lano; **p. to the right/ left** *(car, boat)* táhnout doprava/ doleva; **p. well** *(engine)* dobře táhnout; **'pull!'** *(on door)* „sem" **2** *(move: car)* **p. into the left lane** zařadit se or přejet do levého pruhu; *(oarsmen)* **p. for the shore** veslovat k břehu **3 p. for sb** fandit komu, podporovat koho, prosazovat koho **III** phr vs ■ **pull about** vt *(treat roughly: person/ thing)* špatně s kým/ s čím zacházet or nakládat ■ **pull ahead** vi **p. ahead of sb/**

sth *(car)* předjet koho/ co, *(team, sportsman)* předstihnout koho/ co, nechat koho/ co za sebou ■ **pull along** vt *(sled, cart)* táhnout, tahat (za sebou); **p. sb along** přitáhnout koho (za paži) ■ **pull apart** *I* vt **1** *(separate: sheets of paper)* oddělit; *(curtains, bushes)* rozhrnout; *(fighters)* roztrhnout, odtrhnout od sebe **2** *(take to pieces: radio, machine)* rozmontovat **3** *(criticize)* rozcupovat, strhat *II* vi *(break)* rozpadnout se ■ **pull around** vt **1** *(cart, toy)* táhnout/ tahat za sebou **2 p. the horse around** otočit koně zpět ■ **pull at** vt **1** *(strain:* eg *at the leash)* trhat or škubat čím; **p. at sb's sleeve** zatahat koho za rukáv; **p. at a rope** zatáhnout za provaz **2** *(at pipe, cigar)* bafat z čeho; **p. at a bottle** přihnout si (z lahve) ♦ **p. at sb's heartstrings** zahrát na sentimentální strunu ■ **pull away** *I* vt odtáhnout, *(from sb's hands)* vytáhnout *II* vi **1** *(move off: train, car)* rozjet se, dát se do pohybu **2** *(runner, competitor)* získat náskok (**from the others** před ostatními), nechat koho za sebou ■ **pull back** *I* vi **1** *(troops)* ustoupit, stáhnout se zpátky **2** *(step backwards)* ustoupit dozadu **3** fig **p. back from (doing) sth** ustoupit od čeho *II* vt stáhnout zpět ■ **pull down** *I* vt **1** *(blind* etc*)* stáhnout (dolů) **2** *(demolish: building)* zbourat, zbořit, provést demolici čeho, strhnout **3** *(weaken:* Subj *illness)* oslabit, podlomit čí zdraví, vzít komu síly; fig *(depress)* deprimovat, zkrušit, srazit komu hřebínek **4** Amer inf *(earn)* vydělat, přijít si na *II* vi *(blind* etc*)* dát se stahovat, být stahovatelný ■ **pull in** *I* vt **1** *(rope* etc*; stomach)* vtáhnout, *(stomach, claws, tentacles)* zatáhnout **2** *(p. inside: by force)* zavléci, zatáhnout, přitáhnout, *(into water)* stáhnout **3** *(horse: rein in)* přitáhnout koni uzdu **4** *(attract: customers, spectators)* přitahovat, získávat **5** inf *(earn)* přijít si na, vydělat si **6** inf *(arrest)* zabásnout; **p. in the whole gang** vybrat všechny do jednoho *II* vi **1** *(of claws)* být zatahovatelný **2** *(of train)* vjet or přijet do stanice; *(of car, driver: stop)* zastavit, *(park)* zaparkovat, *(move to side: to let sb pass)* zajet na stranu, zajet k okraji silnice ■ **pull off** *I* vt **1** *(covering)* sundat, *(abruptly)* strhnout, *(tablecloth)* stáhnout; *(clothes, shoes, stockings, tights, gloves)* stáhnout (si), sundat (si); *(bandage)* sejmout, sundat **2** *(accomplish: difficult task)* zdařile provést, dokázat co, zvládnout co; *(crime)* spáchat; **p. it off** dokázat to; **he ~ed off quite a coup** udělal terno, podařil se mu pěkný or husarský kousek (**with sth** s čím) *II* vi *(leave: motorway)* sjet z čeho ■ **pull on** vt *(clothes, boots* etc*)* natáhnout; *(pillow slip)* navléci ■ **pull out** *I* vt **1** *(extract)* vytáhnout; *(tooth, hair, weeds, page from a book* etc also*)* vytrhnout; *(take out of bag* etc*)* vyndat, vytáhnout; **p. out weeds** plít **2** *(stretch)* natáhnout; *(table)* vytáhnout **3** *(troops)* stáhnout, odvelet, odvolat **4** ♦ **p. out all the stops** nasadit všechny páky, vynaložit veškeré úsilí, vybičovat se k vysokému výkonu; **p. your finger out!** inf hni sebou!, neseď tam jak buchta! *II* vi **1** *(army)* stáhnout se, ustoupit, odtáhnout **2** *(into the road: vehicle)* vyjet; *(to overtake)* vybočit, vyjet do rychlejšího pruhu; *(train)* odjet, vyjet (ze stanice) ■ **pull over** *I* vt *(topple)* převrhnout, *(on top of oneself)* stáhnout na sebe *II* vi *(car, driver: to the side)* zajet na stranu ■ **pull round** *I* vt **1** *(cart)* otočit **2 p. sb round** *(revive)* probrat koho z mdlob, vzkřísit koho *II* vi *(regain consciousness)* přijít k sobě, nabýt vědomí; *(get better)* zotavit se, sebrat se ■ **pull through** *I* vt **1** lit protáhnout **2** *(help recover)* postavit koho na nohy; *(help surmount)* dostat koho z čeho *II* vi *(recover)* vykřesat se z čeho, vylízat se z čeho, dostat se z čeho ■ **pull together** *I* vt **1** *(team, group)* stmelit, sjednotit **2 p. oneself together** sebrat se, vzpamatovat se; **p. yourself together!** vzmuž(te) se! *II* vi **1** *(on rope)* táhnout spolu, fig táhnout za jeden provaz, stmelit se, sjednotit se, Pol also jít v jednom šiku **2** *(on oars)* veslovat zároveň ■ **pull up** *I* vt **1** lit vytáhnout nahoru; *(raise: flag)* vztyčit; *(dress, skirt)* vyhrnout, zvednout; *(knees to chin)* skrčit, přitáhnout ♦ **p. one's socks up** vyhrnout si rukávy, plivnout si do dlaní, pořádně zabrat **2** *(uproot: weeds)* vytrhnout, vytrhat **3** *(move closer: chair)* přisunout **4** *(stop: horse, car)* zastavit, *(horse* also*)* zarazit **5** *(improve: score, marks)* zlepšit, vytáhnout **6** *(reprimand)* vyčinit komu, dát komu přes prsty *II* vi **1** *(stop)* zastavit/ zastavovat (se) **2 p. up with sb** dohnat koho, vyrovnat se komu

pull-down menu [puldaun'menju:] n Comput roletové menu

pullet ['pulit] n kuře, slepička

pulley ['puli] n kladka; **p. (block)** kladkostroj

pull-in ['pulin] n Br Aut *(lay-by)* odpočívadlo; *(cafe)* motorest

Pullman TM ['pulman] n **1** *(carriage)* Pullmanův vůz, inf pulman **2** *(train)* luxusní rychlík

pull-out ['pulaut] n **1** *(of magazine)* samostatná příloha **2** *(of troops)* stažení ● adj *(section of magazine* etc*)* vyjmutelný, samostatný; *(table, bed)* skládací, roztahovací

pullover ['puləuvə(r)] n pulovr, svetr

pulmonary ['palmənəri] adj plicní; **p. diseases** plicní nemoci, nemoci plic

pulp [palp] n **1** *(soft mass)* kaše; *(paper p.)* papírovina; **wood p.** celulóza, dřevovina; **beat sth to a p.** rozbít něco na padrť or na maděru; **beat sb to a p.** seřezat někoho jako psa **2** *(in fruit)* dužnina, dřeň, maso; *(in tooth)* dřeň **3** fig ■ **p. literature** brak, škvár; **p. magazine** plátek ● vt rozmělnit, rozdrtit

pulpit ['pulpit] n **1** *(in church)* kazatelna **2 the p.** *(clergy)* kněžstvo, duchovenstvo

pulsar ['palsa:(r)] n Astron pulsar

pulsate [pal'seit] vi *(heart)* bít, bušit, tlouci, pulzovat; *(music, room)* vibrovat; **p. with life** být plný života; **the place is pulsating with life** pulzuje tam život

pulsation [pal'seišn] n see **pulsate 1** bušení, tepání, pulzace; vibrování **2** *(one beat)* tep

pulse$_1$ [pals] n **1** *(of heart)* pulz, tep; **take** or **feel sb's p.** změřit komu tep or pulz; fig **the p. of life** tep života ■ **p. rate** počet tepů **2** *(of music, drums)* rytmus **3** Phys impulz ● vi pulzovat; *(music)* vibrovat

pulse$_2$ [pals] n Bot, Cook luštěnina

pulverize ['palvəraiz] vt rozemlít na prášek, rozmělnit, pulverizovat

puma ['pju:mə] n puma

pumice ['pamis] n also **p. stone** pemza

pummel ['paml] vt (Br **-ll-**, Amer **-l-**) bušit do koho/ čeho

pump$_1$ [pamp] n Techn pumpa, čerpadlo; **bicycle p.** hustilka; **petrol p.** benzinové čerpadlo ■ **p. attendant** pumpař; **p. gun** opakovačka; **p. priming** fig rozsáhlé vládní investice k oživení národního hospodářství; **p. room** *(at spa)* zřídelní pavilon ● **I** vt **1** *(air, oil, water)* pumpovat, čerpat; **p. air into a tyre** pumpovat vzduch do pneumatiky ♦ **p. sb for money** tahat or pumpovat z koho peníze; **p. sb for sth** *(information)* vyzvídat co na kom, tahat z koho rozumy o čem **2** *(stomach)* vypláchnout, inf vypumpovat **3** *(pedal)* opakovaně sešlápnout; *(handle, lever)* zamanipulovat s čím; *(shake: sb's hand)* energicky čím potřást **4** *(shoot)* **p. sb full of lead** dated napumpovat koho olovem; **he ~ed ten bullets into the car** nastřílel do auta deset nábojů **5** *(invest: money)* investovat **II** vi **1** *(person, machine)* pumpovat, čerpat; *(heart)* silně tlouct **2** *(blood from wound)* tryskat, prýštit **III** phr vs ■ **pump in** vt načerpat; *(funds)* investovat ■ **pump out** vt **1** *(air, water)* vypumpovat, vyčerpat; *(stomach)* vypláchnout **2** fig pej *(mass-produce: graduates, books etc)* chrlit ■ **pump up** vt *(tyre)* nahustit, napumpovat

pump$_2$ [pamp] n *(plimsoll)* teniska, plátěnka; *(for dancing)* baletní střevíc; Amer *(shoe with heel)* lodička

pumping station ['pampiŋsteišn] n čerpací stanice

pumpkin ['pampkin] n tykev, dýně

pun [pan] n slovní hříčka, kalambúr ● vi (**-nn-**) dělat slovní hříčky

Punch [panč] n ≅ Kašpárek; **P.-and--Judy show** loutkové představení ♦ **be as pleased as P.** být štěstím bez sebe, inf být šťastný jako blecha

punch$_1$ [panč] n **1** *(blow)* rána pěstí; **have a strong p.** *(boxer)* mít tvrdý or silný úder ♦ **pack a p.** mít těžkou ruku, mít pěst jako kladivo **2** *(vigour)* průbojnost, elán, nadšení ■ **punch line** *(of joke)* pointa ● vt *(hit)* udeřit or praštit (pěstí); *(repeatedly)* tlouci (pěstí); **p. sb's face** dát komu do nosu

punch$_2$ [panč] n *(for making holes: in paper)* dírkovač(ka), děrovač(ka); *(for tickets)* proštipovačka, proštipovací kleštičky, *(machine)* Rail kompostér; *(for metal)* prorážečka, *(for stamping)* razník ● **I** vt *(ticket)* proštípnout; *(perforate: paper)* perforovat; *(metal, leather)* probít/ probíjet; **p. the time clock**, **p. one's time card** píchat příchod **II** phr vs ■ **punch in** vt **1** Amer píchat příchod do práce **2 p. sb's face in** sl rozbít komu hubu, rozmlátit komu ciferník ■ **punch out** vt vyrazit

punch$_3$ [panč] n *(drink)* punč ■ **p. bowl** bowle na punč

punchball ['pančbo:l] n punchingball trénovací rohovnický míč

punch-drunk ['pančdraŋk] adj *(boxer)* groggy; *(exhausted: after a long session etc also)* zničený, zmořený, otupělý

punched card [pančt'ka:d] n děrný štítek

punched tape [pančt'teip] n děrná páska

punch-up ['pančap] n inf rvačka, výtržnost; **they had a p.-up** porvali se

punchy ['panči] adj (**-ier, -iest**) *(writing)* živý, poutavý, působivý

punctilious [paŋk'tiliəs] adj fml *(regarding etiquette)* velmi korektní; *(in carrying out one's duties)* úzkostlivě pečlivý, pedantský ■ **~ly** adv *(meticulously)* s úzkostlivou pečlivostí, pedantsky

punctual ['paŋkčuəl] adj přesný, dochvilný; *(arrival)* včasný; **you are requested to be p.** přijďte, prosím, včas ■ **~ly** adv přesně, dochvilně, včas

punctuality [paŋkču'æləti] n dochvilnost, přesnost, včasnost; **be a stickler for p.** potrpět si na přesnost

punctuate ['paŋkčueit] **I** vt **1** lit *(text)* udělat or vyznačit v čem interpunkci, opatřit interpunkcí **2** fig *(interrupt)* **his speech was ~d by applause** jeho projev byl přerušován potleskem; **p. one's speech with jokes** prošpikovat svou řeč vtipy **II** vi klást interpunkční znaménka

punctuation [paŋkču'eišn] n Ling interpunkce ▪ **p. marks** interpunkční or rozdělovací znaménka

puncture ['paŋkčə(r)] n **1** *(of tyre, balloon)* (pro)píchnutí, proražení; **I've got a p.** praskla mi pneumatika, píchl jsem **2** *(in skin)* vpich, píchnutí; Med **lumbar p.** lumbální punkce ● **I** vt **1** gen propíchnout, perforovat; *(tyre)* píchnout **2** *(pride)* ranit, dotknout se čeho **II** vi *(tyre, balloon)* prasknout

pundit ['pandit] n **1** inf *(expert)* znalec, expert, autorita **2** Relig pandit, pundit [both pandyt] brahmánský nebo hinduistický učenec

pungency ['pandžənsi] n **1** *(of smell)* ostrost, pronikavost, *(of taste)* ostrost, pikantnost **2** *(of wit)* sžíravost; *(of remark)* jízlivost

pungent ['pandžənt] adj **1** *(taste)* ostrý, pikantní, *(smell)* ostrý, pronikavý **2** *(wit)* sžíravý; *(remark)* jízlivý, štiplavý

punish ['paniš] vt **1** *(person, crime)* (po)trestat, more fml *(traitors* etc*)* ztrestat; **p. sb for (doing) sth** potrestat koho zač **2** *(drive hard)* přetěžovat, inf dá(va)t komu zabrat, *(treat roughly: engine)* přetěžovat, *(opponent)* nešetřit

punishable ['panišəbl] adj trestný; **p. offence** trestný čin; **be p. by a fine** podléhat pokutě

punishing ['panišiŋ] adj *(blow)* tvrdý; *(race, pace, schedule)* vyčerpávající, vysilující; *(heat)* úmorný ● n **1** *(punishment)* potrestání; *(defeat)* drtivá porážka **2 take a p.** *(opponent)* dostat co proto, být bit jako žito

punishment ['panišmənt] n **1** *(punishing)* potrestání **2** *(penalty)* trest; **capital p.** trest smrti; **corporal p.** tělesný trest **3 take a lot of p.** *(car, team)* inf dostat pořádně zabrat; **be a devil for p.** makat jak šroub, být do práce jako kat

punitive ['pju:nətiv] adj **1** *(expedition)* trestný, kárný **2** *(taxation)* tíživý

Punjab ['pandža:b] n **the P.** Paňdžáb

Punjabi [pan'dža:bi] adj paňdžábský ● n obyvatel Paňdžábu; *(language)* paňdžábština

punk [paŋk] n **1** *(person)* punk [pank], pank, punker, inf pankáč; *(music)* **p. (rock)** punk **2** Amer *(hoodlum)* chuligán, syčák, grázl ● adj *(movement, music)* punkový; *(clothes, hairstyle* etc*)* pankáčský

punnet ['panit] n *(eg for strawberries)* košíček

punster ['panstə(r)] n vtipálek, šprýmař libující si ve slovních hříčkách

punt$_1$ [pant] n pramice, člun s plochým dnem poháněný odpichováním bidlem ● **I** vi odstrkávat pramici bidlem; **go ~ing** vyjet si s pramicí **II** vt odpichovat bidlem

punt$_2$ [pant] vi, (vt) Ftb (za)hrát z voleje, *(goalkeeper)* provést výkop z rukou ● n výkop míče z rukou, kop z voleje; **give the ball a p.** vykopnout míč z rukou

punt$_3$ [pant] n inf *(bet)* sázka ● vi *(in card games; bet on horses)* sázet

punter ['pantə(r)] n **1** *(better)* sázkař; *(gambler)* hazardní hráč **2** *(average customer)* inf průměrný zákazník podléhající snadno primitivním reklamám; *(of prostitute)* sl amant

puny ['pju:ni] adj (**-ier, -iest**) pej **1** *(person: small)* mrňavý, zakrslý, *(weak)* neduživý, slabý; **a p. creature** nedochůdče **2** *(effort)* ubohý, chabý

pup [pap] n **1** *(puppy)* štěně, psíček ♦ **be in pup** *(bitch)* čekat štěňata, být březí **2** *(young animal: seal, otter* etc*)* mládě **3** fig *(youth)* holobrádek, zelenáč; **you mucky pup!** (joc *to children*) ty čuně!

pupa ['pju:pə] n (pl **~e** ['pju:pi:]) kukla

pupil$_1$ ['pju:pl] n **1** Sch *(of primary & lower school)* žák, školák, *(of higher classes of secondary schools* also*)* student, středoškolák; *(of a Czech grammar school* also*)* gymnazista **2** *(of musician, painter)* žák, odchovanec; *(follower)* následovník

pupil$_2$ ['pju:pl] n Anat zřítelnice, zornice, panenka

puppet ['papit] n **1** loutka; **string p.** závěsná loutka, marioneta; **glove p.** maňásek, prstová loutka ▪ **p. theatre** loutkové divadlo; **p. show** loutkové představení **2** fig Pol loutka, nastrčená figura ♦ **be sb's p.** být loutkou v něčích rukou ▪ **p. government** loutková vláda

puppeteer [papi'tiə(r)] n loutkář

puppetry ['papitri] n loutkařství

puppy ['papi] n (pl **puppies**) **1** *(young dog)* štěně, psíček **2** pej dated *(youth)* zelenáč, holobrádek **3** ▪ **p. fat** dětská baculatost; **p. love** dětská láska

purchase ['pə:čəs] n fml **1** *(buy)* koupě, nákup; **hire p.** doplňková půjčka; **I have some ~s to make** musím udělat nějaké nákupy; **on p. of larger quantities** při odběru většího množství ▪ **p. price** kupní or nákupní cena **2** *(grip, hold)* uchopení, zachycení; *(wrestling)* úchop; **get** or **gain a p.** *(climber)* zachytit se, najít záchytný bod; **he couldn't get a p. on the wet surface** nemohl najít na mokrém povrchu záchytný bod ● vt *(buy)* (za)koupit, obstarat

purchaser ['pə:čəsə(r)] n kupec, nákupčí, kupující

purchasing ['pə:čəsiŋ] adj **p. power** kupní síla, koupěschopnost

purdah ['pə:də] n fig **be in p.** žít samotářsky, uzavírat se světu

pure [pjuə(r)] adj **1** *(unmixed: air, water, style)* čistý, *(alcohol, wool* also*)* stoprocentní; *(silk* also*)* pravý, *(gold* also*)* ryzí, *(water)* průzračný, čistý **2** *(science, maths)* čistý, teoretický **3** *(chaste)* čistý, nevinný, *(girl)* dated poctivá; **be as p. as a lily** or **as the driven snow** být nevinný jako lilium **4** *(sheer: pleasure)* čistý, nezkalený; *(truth)* čistý, čirý, svatý, holý; *(malice, chance)* čirý; *(nonsense)* vyložený, naprostý; *(conjecture, guesswork)* pouhý, nic než; *(madness)* hotový; *(necessity)* holý ■ **~ly** adv čistě; **for ~ly practical reasons** z čistě praktických důvodů; **~ly and simply** prostě a jednoduše

purebred ['pjuəbred] adj čistokrevný ● n *(horse)* čistokrevný kůň

puree, purée ['pjuərei, Amer pjuə'rei] n Cook pyré, kaše; **apple p.** jablečné pyré; **potato p.** bramborová kaše; **tomato p.** rajský or rajčatový protlak ● vt rozmačkat na kaši, rozmixovat, udělat z čeho protlak or pyré

purgative ['pə:gətiv] adj Med projímavý, purgativní ● n Med projímadlo, purgativum

purgatory ['pə:gətri] n **1** Relig usu **P.** očistec **2** fig očistec, peklo; **go through p.** vytrpět si svoje, mít peklo na zemi

purge [pə:dž] n **1** gen očista, Pol čistka; **the Stalin ~s** stalinské čistky **2** Med dated projímadlo ● vt **1** Pol očistit, provést čistku čeho; *(traitors)* eliminovat (**from** z) **2** *(guilt, sin)* smýt **3** Med *(bowels)* pročistit, vyčistit projímadlem

purification [pjuərifi'keišn] n Techn & gen čištění; fig *(eg of soul)* očista

purifier ['pjuərifaiə(r)] n čistička, čisticí zařízení

purify ['pjuərifai] vt (pt & pp **-fied**) *(water, air)* čistit; Chem also čeřit; fig *(soul, person)* očistit

purism ['pjuərizəm] n purismus

purist ['pjuərist] n purista

puritan, Relig **Puritan** ['pjuəritən] adj Relig & fig puritánský ● n puritán/-ka

puritanical [pjuəri'tænikl] adj puritánský

puritanism, Relig **Puritanism** ['pjuəritənizəm] n Relig & fig puritanismus, puritánství

purity ['pjuərəti] n see **pure** *(of water, sound* etc*)* čistota; *(of motives)* ušlechtilost

purl [pə:rl] n *(in knitting)* **p. (stitch)** oko pletené obrace ● vi (vt) plést (co) obrace; **knit one, p. one** (plést) jedno oko hladce, jedno obrace

purloin [pə:'loin] vt fml odcizit, zcizit, joc koupit co za pět prstů

purple ['pə:pl] n **1** *(colour)* červenofialová barva; *(dye, cloth)* purpur, nach **2** fig **the p.** *(bishops)* kardinálská hodnost; *(nobility)* šlechta; **the royal p.** královský šarlat ● adj **1** *(in colour: bluish)* červenofialový, *(reddish)* nachový; *(face)* brunátný **2** *(prose)* květnatý; **p. patch** nabubřelá fráze

Purple Heart [pə:pl'ha:t] n **1** Amer Mil Purpurové srdce medaile za zranění v bitvě **2 p. h.** inf *(drug)* amfetaminová tabletka

purport ['pə:po:t] n fml smysl, význam ● [pə:'po:t] vt *(claim)* fml tvrdit, vydávat se zač; **he ~s to be an expert** prohlašuje o sobě, že je znalec; vydává se za znalce

purported [pə:'po:tid] adj údajný ■ **~ly** adv údajně

purpose ['pə:pəs] n **1** *(reason, aim)* účel, cíl; *(intention)* záměr; **for that p.** za tím účelem; **on p.** úmyslně, záměrně, schválně, naschvál; **for what p.?** za jakým účelem?, k čemu?, proč?; **what was the p. of his visit here?** z jakého důvodu tu byl?; **suit sb's p.** být někomu vhod, hodit se komu (do krámu) ■ **p. clause** Ling účelová věta **2** *(use, end)* **what's the p. of this room?** k čemu slouží tato místnost?; **for residential ~s** k obytným účelům; **for charitable ~s** pro dobročinné účely; **it will serve the p.** to bude vhodné, to bude vyhovovat; **to all intents and ~s** prakticky vzato; *(plead with sb but)* **to no p.** neúspěšně, marně **3** *(determination)* rozhodnost; **sense of p.** cílevědomost; **he has a sense of p.** je cílevědomý; ví, co chce; **lack of p.** nedostatek cílevědomosti ● vt dated zamýšlet, mít v úmyslu; **p. to do sth** mít v úmyslu něco (u)dělat

purpose-built [pə:pəs'bilt] adj postavený pro speciální účel, účelový

purposeful ['pə:pəsful] adj *(resolute)* cílevědomý, rezolutní; *(walk)* rozhodný, rázný ■ **~ly** adv cílevědomě, rozhodně

purposeless ['pə:pəsləs] adj *(life)* bezcílný; *(act)* neúčelný; *(violence)* svévolný

purposely ['pə:pəsli] adv záměrně, schválně, úmyslně

purr ['pə:(r)] **I** vi *(cat)* příst; *(engine)* hučet, vrčet, *(sewing machine)* bzučet; **p. like a cat** příst jako kočka **II** vt *(murmur)* ševelit ● n *(of cat)* předení; *(of engine)* hučení, vrčení

purse$_1$ [pə:s] n **1** *(for money,* esp *coins)* peněženka, portmonka, váček na peníze **2** Amer *(handbag)* kabelka **3** fig *(money available, funds)* finance, finanční možnosti; **public p.** státní pokladna or finance; **out of one's own p.** z vlastní kapsy; **it's beyond my p.** nemohu si to dovolit, je to pro mne příliš drahé ♦ **hold** or **control the p.**

strings vést finance, vládnout penězi v zemi etc; **keep one's p. closed** sedět na penězích **4** Sport *(prize money)* peněžní cena

purse₂ [pə:s] vt *(lips, mouth)* also **p. up** stáhnout, sevřít, vzdorně sešpulit

purser ['pə:sə(r)] n Naut pokladník

pursue [pə:'sju:] vt **1** *(chase)* honit, pronásledovat, *(thief* also*)* stíhat; fig **he has been ~d by misfortune** smůla se mu lepí na paty **2** fig *(strive for)* usilovat o co; *(pleasure)* honit se za čím; *(goals)* sledovat, jít za čím; *(policy)* provádět; *(one's work, hobbies)* věnovat se čemu; *(one's studies)* pokračovat v čem; **p. a subject** rozvíjet téma ♦ **p. a chimera** honit se za přeludem

pursuer [pə:'sju:ə(r)] n **1** lit pronásledovatel **2** Scot Jur žalobce

pursuit [pə'sju:t] n **1** *(criminals)* pronásledování, stíhání; **be in hot p. of sb** být komu v patách **2** fig *(striving for)* usilování oč; *(of pleasure, profit)* honba za čím; *(of knowledge)* získávání; *(of studies)* pokračování v čem; *(of profession)* vykonávání **3** *(hobby, pastime)* kratochvíle, zábava **4** Sport *(cycling race)* stíhací závod

purvey [pə'vei] vt fml **1** *(sell)* prodávat; *(supply:* esp *food)* dodávat; **p. sth to sb** dodávat komu co, zásobovat koho čím **2** *(communicate: information)* poskytovat, sdělovat; *(rumours)* rozšiřovat

purveyor [pə'vejə(r)] n fml **1** Comm *(supplier)* dodavatel **2** *(of gossip)* šiřitel/ -ka

purview ['pə:vju:] n fml *(scope)* rozsah, rámec; *(competence)* **be within the p. of sb** spadat do čí kompetence

pus [pas] n hnis; **discharge pus** *(wound)* hnisat

push [puš] n **1** *(shove)* strčení, postrčení, zatlačení; **give sb a p.** *(in a car/ boat)* roztlačit koho/ odstrčit koho; **give me a p.!** zatlač mi trochu!; **give the door a hard p.** strčit pořádně do dveří ♦ **give sb the p.** *(boyfriend/ girlfriend)* inf poslat koho k vodě, more inf dát komu kopačky, *(get rid of sb)* odkopnout koho, *(dismiss from work)* vyhodit koho; **get the p.** *(from work)* dostat vyhazov, vyletět; **if it comes to the p.** inf bude-li to (absolutně) nutné, dojde-li k nejhoršímu; **at a p.** v případě nutnosti, v nouzovém případě **2** *(pressing: of button* etc*)* stlačení ▪ **p. button** tlačítko, knoflík; **p. bolt** závora **3** Mil *(attack)* **the big p.** velká ofenziva **4** Comm **a sales p.** prodejní propagační kampaň **5** inf *(encouragement)* povzbuzení, inf postrčení; **he needs a p.** fig je třeba ho postrčit **6** *(drive)* elán, energie, dynamismus; **have a lot of p.** být velmi energický, mít páru ● **I** vt **1** *(move by ~ing: cart, pram)* tlačit; *(shove)* **p. sb/ sth** strčit do koho/ čeho; **p. sb to one side** odstrčit koho stranou; **p. one's way through the crowd** protlačit se davem; **p. things to extremes** hnát věci do krajnosti **2** *(button)* zmáčknout, stlačit, stisknout, zatlačit na **3** *(advocate: views, candidate)* prosazovat; *(product)* propagovat, dělat čemu reklamu **4** *(sell illegally: drugs)* pokoutně prodávat **5** *(instigate, put pressure on)* **p. sb into doing sth** or **to do sth** nutit/ or *(urge)* tlačit na koho, aby něco udělal; **p. sb to the limits** nutit koho k maximálnímu výkonu; **be ~ed for time/ money** inf mít málo času/ peněz, nedostávat se komu času/ peněz; **I was ~ed to finish it** inf dokončil jsem to jen tak tak; **p. oneself hard** dřít se jak nádeník, těžce makat; *(I'll try to finish it by tomorrow)* **but it's ~ing it a bit** inf ale bude to fofr or kvalt **6** *(strain: voice)* přepínat ♦ **p. one's luck** riskovat, pokoušet štěstí **7** inf *(approach)* **he's ~ing fifty** jde or táhne mu na padesátku **II** vi **1** *(move: cart)* tlačit; **stop ~ing** *(me)* nestrkejte or nešťouchejte do mě, netlačte se na mě, *(children,)* **stop ~ing!** nestrkejte se! **2** *(on doors)* **'Push!'** Tam **3** **p. at sth** zatlačit na co, stlačit co; **she ~ed between us** protlačila se mezi námi **III** phr vs ▪ **push about** vt see **p. around** ▪ **push ahead** vi pokračovat energicky dál; **p. ahead with sth** *(plans)* uskutečňovat or prosazovat co ▪ **push along** *I* vt *(pram* etc*)* tlačit před sebou *II* vi inf **I must be ~ing along** už budu muset jít ▪ **push around** vt **p. sb around i)** *(physically)* špatně s kým nakládat **ii)** *(bully)* orat s kým, sekýrovat koho, sl vulg buzerovat koho ▪ **push aside** vt **1** lit odsunout stranou, *(shove aside)* odstrčit stranou **2** *(problems)* ignorovat, nedbat na; *(proposal)* odmítnout; *(doubts, fears)* zaplašit ▪ **push away** vt odsunout, odšoupnout, *(energetically, quickly)* odstrčit, *(pram)* odtlačit ▪ **push back** vt **1** *(object)* odstrčit or zatlačit zpět; *(bolt: on door)* odsunout, odstrčit; **p. one's hair back from one's forehead** shrnout si vlasy z čela **2** Mil *(enemy)* odrazit, zahnat **3** *(meeting)* odložit na pozdější datum ▪ **push by** see **p. past** ▪ **push down** *I* vt **1** *(object)* sesunout, shodit, *(knock over)* převrhnout; *(person: into water)* shodit, *(make fall)* shodit na zem, *(from cliff)* svrhnout **2** *(handle)* stisknout, stlačit; *(pedal)* sešlápnout **3** *(price)* snížit, stlačit, srazit *II* vi tlačit dolů ▪ **push for** vt *(argue for)* vyžadovat, volat po čem; *(campaign for)* prosazovat, propagovat, bojovat za ▪ **push forward** *I* vt lit zatlačit dopředu, postrčit; *(ideas)* zdůrazňovat; **p. one's way forward** tlačit se dopředu *II* vi **1** see **p. ahead**

2 *(person)* lit & fig drát se dopředu 3 Mil *(advance)* postoupit ■ **push in** *I* vt 1 **p. sth in** vtlačit, zatlačit dovnitř, *(by force)* vecpat dovnitř; *(drawer)* zasunout, zavřít; *(button)* stlačit; **p. one's way in** vtlačit se dovnitř; **p. sb in** vtlačit koho dovnitř, *(into water)* shodit koho do vody 2 **p. sth in** *(break: window pane)* vyrazit, vymáčknout, rozbít, *(door)* vylomit ♦ **p. sb's face in** sl dát někomu do nosu, sl vulg rozmlátit komu ciferník, dát komu přes držku *II* vi *(person)* vtlačit se kam ■ **push off** *I* vt 1 *(boat)* odstrčit; **p. oneself off** odstrčit se 2 **p. sb off sth** *(knock off)* shodit někoho z čeho *II* vi 1 *(in boat: from bank)* odstrčit se 2 *(go away)* inf klidit se, zmizet; **p. off!** koukej mazat!, dej si (v)odchod!, vypadni! ■ **push on** *I* vi inf *(with journey)* pokračovat v cestě, *(on foot/ by car* etc*)* jít/ jet dál; *(with one's job)* pokračovat energicky v práci; *(with reforms* etc*)* dále prosazovat *II* vt 1 *(lid: on the jar)* přitlačit 2 fig inf *(encourage)* **p. sb on to do sth** pobízet koho k čemu ■ **push out** *I* vt 1 *(car, pram)* vytlačit 2 fig **p. sb out** *(of the running)* odstavit koho, *(dismiss)* vytlačit koho z místa, *(of the market)* zbavit se čí konkurence ♦ **p. the boat out** lit odrazit člun, fig inf *(celebrate extravagantly)* odvázat se 3 Bot *(shoots)* vyhánět *II* vi Bot *(shoots)* vyrážet; *(leaves, snowdrops)* rašit, pučet ■ **push over** vt 1 *(pass, move over)* přesunout, odsunout; **p. sth over to sb** přistrčit co ke komu 2 *(knock over)* převrhnout ■ **push past** vi protlačit se kolem, *(violently)* prodrat se kolem ■ **push through** *I* vt 1 **p. sth through sth** protlačit co čím, prostrčit co čím; **p. one's way through (the crowd)** protlačit se (davem), *(energetically)* proklestit si cestu (davem), *(more roughly)* procpat or prodrat se (davem) 2 *(decision)* prosadit, dosáhnout schválení čeho, *(bill)* protlačit schvalovacím řízením *II* vi 1 Mil prolomit nepřátelskou obranu 2 **p. through the crowd** protlačit or prodrat se davem ■ **push to** vt *(door)* přirazit, dovřít, zaklapnout ■ **push up** vt 1 *(lever* etc*)* posunout nahoru ♦ **p. up (the) daisies** být (už) pod kytičkama, být or ležet (už) pod drnem, čuchat ke kytičkám odspodu 2 *(prices)* vyhnat, vyšroubovat

push-bike ['pušbaik] n Br *(bicycle)* (jízdní) kolo

push button ['pušbatn] n tlačítko ■ **p.-button telephone** tlačítkový telefon; **p.-button dialling** tlačítková volba

pushcart ['puška:t] n Amer *(trolley: in supermarket)* nákupní vozík

pushchair ['pusčeə(r)] n Br sporťák kočárek

pusher ['pušə(r)] n inf *(of drugs)* pokoutní prodavač drog

pushiness ['pušinəs] n see **pushy** 1 ctižádostivost, ambicióznost 2 vlezlost, vtíravost, široké lokty

pushover ['pušəuvə(r)] n inf 1 *(dupe, sucker)* hejl, kavka; **be a p.** dát se opít rohlíkem 2 *(easy task)* **it's a p.** je to hračka 3 *(opponent who is easy to beat)* snadný soupeř; **he's a p.** on není žádný soupeř

pushpin ['pušpin] n Amer napínáček

pushrod ['pušrod] n Aut rozvodová tyč

push-start ['pušsta:t] n Aut **give sb a p.-start** roztlačit koho ● vt *(car)* nastartovat co roztlačením

push-up ['pušap] n usu Amer klik, spec vzpor ležmo

pushy ['puši] adj (**-ier**, **-iest**) *(ambitious)* ctižádostivý, ambiciózní; *(forward)* neodbytný, vlezlý, vtíravý; **be p.** mít široké or ostré lokty

pusillanimity [pju:silə'niməti] n malomyslnost, malodušnost, ustrašenost

pusillanimous [pju:si'lænimәs] adj malomyslný, malodušný, ustrašený

puss [pus] n micka, čička, číča; **p., p.!** čiči! ♦ **P. in Boots** Kocour v botách

pussy ['pusi] n (pl **-ies**) 1 *(cat)* micka, čičinka, čiči, kočička 2 **p. willow** Bot jíva 3 sl *(female genitals)* kočička, číča, pička vulg

pussycat ['pusikæt] n *(baby talk)* kočička; see **pussy** (1)

pussyfoot ['pusifut] vi also **p. about** or **around** *(act cautiously)* být nerozhodný or opatrnický, přešlapovat na místě

pussyfooting ['pusifutiŋ] n nerozhodnost, přešlapování na místě ● adj nerozhodný, opatrnický

pustule ['pastju:l] n vřídek, puchýřek, pupínek, uher

put ['put] v (**-tt-**; pt & pp **put**) **I** vt 1 *(place)* **a)** lit dát kam, umístit, *(horizontally)* položit/ klást, *(vertically)* postavit/ stavět, *(insert)* vložit, (za)strčit, zasunout; *(hang)* pověsit/ věšet, zavěsit; *(pour into: milk* etc*)* nalít, *(sand* etc*)* nasypat; *(stick on)* nalepit; **p. iodine on one's finger** potřít si prst tinkturou; **p. some butter on the bread** namazat chléb máslem; **p. sb in the grave** uložit koho do hrobu; **p. sth in its place** uložit co (na své místo); **p. a ladder against the wall** opřít žebřík o stěnu, přistavit or postavit žebřík ke stěně; **p. one's arms around sb's neck** vzít koho kolem krku; **p. salt on one's food** posolit si jídlo; **p. sugar in one's coffee** osladit si kávu; **p. a stamp on the letter** nalepit na dopis známku, oznámkovat dopis; **p. clean sheets on the beds** povléknout postele; **p. fish into a pond** nasadit ryby do rybníka; **p. the children to bed** uložit děti do postele **b)** *(idioms)* **p. all one's eggs in one basket** vsadit vše na jednu kartu; **p. a foot wrong** fig šlápnout vedle; **I didn't know where to p. myself** radši bych se neviděl, mohl jsem se hanbou do země propadnout; **p. the cat among the pigeons** udělat kozla zahradníkem; **I don't know where he ~s it all** nevím, kam to všechno dává; jí jako bezedný; **I wouldn't p. it past him** on je všeho schopný; u něho bych se nedivil, kdyby ...; **p. one's cards on the table** fig vyložit karty (na stůl), hrát s otevřenými kartami; **p. one's cares behind one** hodit všechno za hlavu, pověsit starosti na hřebík; **p. one's hand to the plough** přiložit ruku k dílu; **p. sb on the scrap heap** dát koho do starého železa; **p. the cart before the horse** jít na co z opačného konce; **p. sb in his place** odkázat koho do patřičných mezí, inf vyběhnout s kým; **p. sth in cold storage** fig uložit co ad acta, dát co k ledu; **p. yourself in my place** or **position** vžij se do mé situace **2** *(cause to go/ penetrate)* **p. one's fist through a window** vyrazit pěstí okno; **p. a bullet through one's head** prohnat si hlavu kulí; **p. one's arm into the sleeve** vsunout ruku do rukávu ♦ **p. one's head in a noose** lit & fig strčit hlavu do oprátky **3** *(fit, fix)* **p. a lock on a door** dát or namontovat na dveře zámek; **p. a patch on sth** přišít na co záplatu **4** *(impose: tax, duty)* uvalit; **p. a limit on sth** limitovat něco, omezit co; *(add)* **p. an extra penny on income tax** zvýšit o jedno procento daň z příjmu; **put £5 on the price** zvýšit cenu o 5 liber, přirazit 5 liber na ceně; **p. sth on sb's bill** připsat co komu na účet **5** *(bring into a specified condition)* **p. a satellite into orbit** vypustit družici; **p. sb in a good mood** dobře koho naladit; **p. sb in a bad mood** zkazit komu náladu, rozladit koho; **p. sb in prison** uvěznit koho; **p. sb on a diet** předepsat komu dietu; **p. sb on a train** posadit koho na vlak; **p. sb on his guard** varovat koho; **p. sth right** napravit co, uvést co na správnou míru; **p. sth at sb's disposal** dát komu co k dispozici ♦ **p. one's own house in order** zamést si před vlastním prahem; **p. sth at stake** dávat co v sázku; **p. new life into sth** vnést někam nového ducha, vnést do čeho život **6** *(bring about)* **p. an end** or **stop to sth** skoncovat s čím, udělat or učinit čemu přítrž **7** *(rate, classify)* **I'd p. him among the best writers** zařadil bych ho mezi nejlepší spisovatele; **I'd p. her age at fifty** hádal bych jí padesát; **p. sb on an equal footing with sb** zrovnoprávnit koho s kým; **p. sb on a par with sb** stavět koho na roveň komu; **p. one's family before everything else** řadit zájmy rodiny nade vše ostatní, upřednostnit rodinu **8** *(say, express)* říci, vyjádřit; **I don't know how to p. it** nevím, jak to říci or vyjádřit; **he p. it in a few words** vyjádřil to několika slovy; **how can I p. it?** jak bych to řekl?; **how would you p. it in English?** jak se to řekne anglicky?; **to p. it briefly ...** krátce řečeno ...; **p. sth more precisely** upřesnit co; **p. sth in a nutshell** říci co v kostce; **you shouldn't p. it like that** neměl byste o tom tak mluvit ♦ **not to p. too fine a point on it** abych to řekl na rovinu, řečeno bez obalu **9** *(ask: question)* položit, dát; *(submit: suggestion, motion)* předložit; **I p. it to you that you are to blame** podle mého názoru je to vaše vina **10** *(transfer, render)* **p. a poem into Czech** přeložit or převést báseň do češtiny; **p. a verb into the present tense** dát sloveso do přítomného času; **p. sth into verse** zveršovat co; **p. sth to music** zhudebnit co ♦ **p. an idea into action** proměnit myšlenku v čin, uskutečnit myšlenku or nápad **11** *(invest: money)* investovat, dát, *(time, energy* also*)* věnovat čemu; **p. money into sth** dát do čeho peníze; *(bet)* vsadit (**on** na) **12** Sport **p. the shot** vrhat koulí **13 stay p.** inf setrvat na místě, nehnout se z místa, *(remain sitting)* zůstat sedět; **he can never stay p. for long** nemá nikde stání; **be hard p. (to it) to do sth** shledat co velmi obtížným **II** vi Naut **p. to sea** *(vessel)* vyplout na moře, odplout **III** phr vs ■ **put about** *I* vt **1** *(spread: rumour, story)* **p. sth about** rozšiřovat co, jít s čím na veřejnost, pustit co do světa **2** Naut **p. a boat about** změnit kurs lodi **3 be p. about by sth** znepokojovat se čím *II* vi změnit kurs lodi ■ **put across** vt **1** *(communicate: idea, point of view* etc*)* vysvětlit, přesvědčivě vyložit; *(one's talents)* prosadit; **p. oneself across** ukázat se v dobrém světle, udělat dobrý dojem **2** *(play a trick)* **p. it across** or **p. one across on sb** inf (u)šít na koho boudu, napálit koho, věšet komu bulíky na nos ■ **put aside** vt **1** *(book* etc*)* odložit, *(work* also*)* přerušit **2** *(ignore: differences)* zapomenout na co; *(animosity, conflicts)* ukončit, skoncovat s čím **3** *(save)* **p. a little aside**, **p. some money aside** dát si co stranou, nahospodařit si nějaké peníze, pamatovat na zadní kolečka ■ **put away** vt **1** *(tidy: toys* etc*)* uklidit, odklidit, *(car)* dát do garáže **2** *(lock up: in prison)* zavřít, zabásnout, *(in mental hos-*

pital) dát koho do blázince **3** *(save)* **p. sth away** dát si co stranou; **p. sth away for a rainy day** myslet na zadní kolečka **4** inf *(food)* zbaštit, spořádat; *(drink)* hodit or vlít do sebe, kopnout do sebe **5** *(kill painlessly: pet)* bezbolestně utratit, *(person)* odklidit ■ **put back** vt **1** *(replace, return)* vrátit (na místo), vrátit zpět **2** *(postpone: meeting)* odložit or přeložit (na pozdější dobu) **3** *(delay)* oddálit, zdržet, zpomalit; *(watch)* **p. one's watch back by 5 minutes** posunout hodinky o 5 minut zpět; **p. one's clock back an hour** posunout si hodiny o hodinu zpět **4** inf *(drink)* hodit do sebe ■ **put by** vt *(save: money)* dát si stranou ■ **put down** *I* vt **1** *(object)* položit, *(vertically)* postavit; *(receiver)* položit, zavěsit; *(knitting, book in the middle of reading* etc*)* odložit; **I couldn't p. the book down** nemohl jsem se od (té) knihy odtrhnout **2** *(passenger)* vysadit, vyložit, nechat vystoupit **3** *(umbrella)* složit; *(lid)* přiklopit; *(car roof)* stáhnout **4** *(land)* Aviat přistát s čím **5** *(pay: deposit)* zaplatit; *(write down)* **a)** *(telephone number* etc*)* zapsat (si), zaznamenat (si), poznamenat si **b)** *(enrol sb/ oneself)* zapsat (se), přihlásit (se), dát se zapsat; **p. one's name/ sb down for a race** přihlásit se/ někoho k závodu; **p. me down for the trip** zapište mě na výlet **c)** *(classify)* **p. sth down as expenses** zapsat něco jako výdaje; **p. sb down as a German** považovat koho za Němce; **I should p. him down as about fifty** řekl bych, že je mu kolem padesáti; odhadl bych ho tak na padesát **6** *(put on agenda)* dát na pořad jednání **7** *(crush: rebellion)* potlačit; **p. sth down by fire and the sword** potlačit něco ohněm a mečem, utopit něco v krvi **8** *(belittle: subordinates* etc*)* ponižovat, shazovat **9** *(kill painlessly:* eg*pet)* dát utratit **10** *(attribute)* **p. sth down to sth** přičítat or připisovat co čemu; **I p. it down to his stupidity** já si to vysvětluji jeho hloupostí **11** ♦ **p. one's foot down** fig dupnout si, zakročit, bouchnout pěstí do stolu *II* vi Aviat přistát ■ **put forth** vt *(shoots, leaves)* vyhnat/ vyhánět, *(buds)* nasazovat na co ■ **put forward** vt **1** *(watch)* posunout or postrčit dopředu **2** *(bring forward: meeting* etc*)* přeložit na dřívější termín **3** *(propose)* **a)** *(theory, hypothesis)* předložit; **p. forward a proposition** předložit návrh, vystoupit s návrhem **b)** *(candidate)* navrhnout; **p. oneself forward as a candidate** kandidovat ■ **put in** *I* vt **1** *(place in: key* etc*)* vsunout, vložit; *(comma)* klást, udělat; **p. the car in** dát vůz do garáže **2** *(fit in: shower, central heating* also*)* (za)instalovat, *(new floor)* položit/ pokládat; *(windowpane)* vsadit; *(film into camera)* založit **3** *(enter: item)* Comm zapsat, vepsat; *(draw in)* zakreslit **4** *(include)* zahrnout, zmínit se o čem; *(insert: word, sentence, paragraph)* vložit, vsunout do čeho; *(add:* eg *chapter in a book)* přidat, dopsat; *(interpose: remark)* dodat ♦ **p. in a word for sb** ztratit za koho slovo, intervenovat za koho; **p. in an appearance** objevit se někde, ukázat se někde **5** *(contribute)* přispět; *(devote: time, work, effort)* vynaložit/ vynakládat, věnovat; **p. in some good work** odvést dobrou práci **6** *(appoint: manager* etc*)* dosadit **7** Cricket *(send in: opposing team)* poslat na pálku **8** *(apply)* **p. oneself in for sth**, **p. one's name in for sth** ucházet se o co; **p. in an application for a job** podat si žádost o zaměstnání **9** ♦ **p. one's foot in it** inf udělat faux-pas, dopustit se netaktnosti; **p. one's oar in** fig přiložit si polínko, přisadit si *II* vi **1** *(apply)* **p. in for sth** *(post)* ucházet se o co; **p. sb in for promotion** navrhnout koho na povýšení **2** Naut **p. in at a port** stavět v přístavu ■ **put inside** vt inf **p. sb inside** *(imprison)* zavřít koho, sl zašít koho ■ **put off** vt **1** *(passenger)* vysadit, vyložit; **I asked him to p. me off near the station** požádal jsem ho, aby mi zastavil blízko nádraží **2** *(postpone: meeting)* odložit, přesunout na později, odročit, *(decision)* oddálit, odkládat; **p. sth off till Sunday** přeložit co na neděli; **p. off doing sth** zdráhat se co udělat; **the matter cannot be p. off** tato záležitost nestrpí odkladu **3 p. sb off sth** *(discourage)* odradit or odstrašit koho od čeho, *(repel)* zprotivit or zošklivit or znechutit komu co **4** *(distract)* rušit **5** *(switch off: light* etc*)* zhasnout, *(heater, TV)* vypnout ■ **put on** vt **1 a)** *(clothes)* obléci si, dát si na sebe, obléci se do čeho; *(shoes)* obout si, *(hat, mask)* nasadit si, dát si, *(ring)* nasadit (si), nastrčit (si), *(gloves, stockings)* navléci si, *(scarf)* uvázat si, *(belt)* vzít si, opásat se čím; *(patch)* přišít, *(skis)* připnout (si); Mus *(strings)* natáhnout; **p. on one's clothes** ustrojit se, obléci se; **p. on a fresh shirt** vzít si jinou košili; **p. on one's Sunday best** obléci se svátečně, inf oháknout se, hodit se do pucu or do gala; **p. on one's seat belt** Aut, Aviat připoutat se **b)** *(coat of paint)* nanést; *(cream)* natřít se čím; **p. on eye shadow** nanést si oční stíny, inf udělat si stíny; **p. one's face on** inf namalovat se, expr našminkovat se **c)** fig *(assume)* **p. on an act** hrát divadýlko, filmovat to; **p. on the innocent act** hrát si na nevinného; **p. on a sulky face** nasupit se; **p. a brave face on it** dělat jakoby se nic nestalo; **p. on a friendly expression** ukázat (komu) vlídnou tvář; **p. on airs and graces** předstírat vznešenost, nosit nos vysoko; **p. it on** předstírat **d)** *(provide: buses)* přistavit, *(extra trains)* nasadit; *(meal)* naservírovat **2** Cook **p. sth on** dát co vařit, dát co na plotnu **3** *(switch on: TV, radio* etc*)* zapnout, pustit; **p. on a light** rozsvítit; **p. on the brakes** sešlápnout brzdu, (za)brzdit **4** *(stage: a play* etc*)* inscenovat, uvést; *(exhibition)* pořádat; *(party)* dávat **5** *(add, increase: price)* zvýšit; **p. on weight** přibrat (na váze), ztloustnout **6** *(pressure)* vyvíjet; **p. pressure on sb** dělat na koho nátlak ♦ **p. the squeeze on sb** inf zmáčknout koho, uhodit na koho aby se přiznal nebo zaplatil dluh **7** *(impose: tax)* uvalit; *(attribute)* **put a price on sth** odhadnout cenu čeho **8** Tel **p. sb on to sb** spojit koho s kým **9 p. sb on to sth** *(inform sb)* upozornit koho nač, informovat koho o čem, říci komu o čem; **p. sb on to a good piano teacher** pomoci komu sehnat dobrého učitele klavíru ▪ **put out** *I* vt **1** *(place outside: dustbin)* vynést, *(empty milk bottles)* dát ven, dát přede dveře; *(dog, cat)* poslat ven, vystrčit před dveře; *(tongue)* vypláznout; **p. the washing out (to dry)** pověsit prádlo, dát (ven) sušit prádlo; **p. sb out of the room** vykázat koho z místnosti, *(by force)* vyhodit koho z místnosti; **p. sth out of one's thoughts** zapudit myšlenky na co ♦ **p. sb out to grass** fig dát koho do starého železa **2** *(stick out: feelers* etc*)* vystrčit; *(stretch out: legs)* natáhnout ♦ **p. out feelers** fig sondovat, ohledávat terén **3** *(remove: eye)* vypíchnout, vydloubnout; *(dislocate: ankle)* vymknout si, vyvrtnout si **4** *(arrange: dishes, cutlery)* prostřít; *(chessmen)* postavit **5** *(extinguish: fire)* uhasit, *(cigarette)* zhasit; *(lamp, light)* zhasnout, zhášet; *(gas, heating)* vypnout **6** *(make unconscious)* zbavit vědomí; Box knokautovat **7** Bot *(leaves)* vyhnat/ vyhánět **8** *(issue)* vydat, *(publish)* publikovat, zveřejnit, *(news, story)* rozšířit **9** *(upset)* **be p. out about sth** být vyveden z míry kvůli čemu; **be easily p. out** nechat se snadno vyvést z klidu **10** *(inconvenience)* obtěžovat; **don't p. yourself out for us** neobtěžujte se kvůli nám *II* vi Naut *(set sail)* **p. out to sea** vyplout na moře ▪ **put over** vt see **p. across**; **p. one over on sb** inf esp Amer (u)šít na koho boudu, věšet komu bulíky na nos ▪ **put through** vt **1** Tel **p. sb/ a call through** spojit koho/ hovor; **p. sb through to sb** přepojit koho na koho **2** *(carry through: bill, reforms)* prosadit, protlačit **3 p. sb through sth i)** *(subject sb to sth: ordeal, test* etc*)* vystavit or podrobit koho čemu **ii) p. sb through university** vydržovat koho na studiích ▪ **put together** vt **1** *(assemble)* složit, dát dohromady, *(machine)* smontovat, sesadit; *(people)* shromáždit; *(he is cleverer, richer* etc*)* **than all of us p. together** než my všichni dohromady **2** *(compile: report)* připravit; *(evidence, facts)* dát dohromady, shromáždit; *(essay)* napsat, dát dohromady ♦ **p. two and two together** fig umět si co lehce spočítat, být hned doma, vyvodit si co; **p. two and two together and make five** *(jump to conclusions)* dělat ukvapené závěry ▪ **put under** vt Med *(make unconscious)* uspat, dát komu narkózu ▪ **put up** *I* vt **1** *(raise: hand)* zvednout; *(flag)* vztyčit; *(sail)* napnout; *(umbrella)* rozevřít; **p. your hands up!, p. 'em up!** ruce vzhůru! ♦ **p. sb's back up** rozházet si to u koho, rozhněvat si koho, naštvat koho **2** *(display: sign, poster* etc*)* vyvěsit, *(poster* also*)* vylepit; *(hang: picture, curtains)* pověsit **3** *(build, erect: building, tent, scaffolding)* postavit; *(structure)* smontovat **4** *(missile)* vystřelit; *(satellite)* uvést na oběžnou dráhu **5** *(increase: prices, taxes* etc*)* zvýšit/ zvyšovat **6 p. sth up for sale** nabídnout co k prodeji; **p. sth up for auction** dát co do dražby **7** *(p. forward: candidate)* navrhnout, kandidovat koho **8 p. up resistance** klást odpor; **p. up a stern fight** bojovat jako lev **9 p. sb up** *(for the night)* ubytovat koho, dát komu nocleh **10 p. sb up to sth** nabádat or ponoukat koho k čemu *II* vi *(stay)* **p. up at a hotel** ubytovat se v hotelu ▪ **put upon** vt usu pass **be p. upon** být zneužíván; **I won't be p. upon any longer** už se nenechám vykořisťovat or zneužívat ▪ **put up with** vt **p. up with sth/ everything** nechat si co/ všechno líbit; **p. up with a lot** vytrpět si svoje, muset leccos překousnout; **why do you p. up with it?** proč to (vlastně) trpíte?

putative ['pju:tətiv] adj fml domnělý; *(father)* údajný, domnělý; Jur putativní

put-down ['putdaun] n sl *(snub)* usazení, uzemnění

put-off ['putof] n esp Amer inf *(excuse, pretext)* výmluva, vytáčka

put-on ['puton] n Amer *(hoax)* podfuk, inf habaďůra ● adj předstíraný, fingovaný

put-put ['patpat] n *(sound of engine)* puf-puf ● vi pufat, dělat puf-puf

putrefaction [pju:tri'fækšn] n hniloba, zahnívání, rozklad

putrefy ['pju:trifai] vi (pt & pp **-fied**) fml hnít, rozkládat se, zahnívat

putrid ['pju:trid] adj **1** *(decaying)* rozkládající se, zahnívající, *(smell)* hnilobný **2** inf *(horrible)* hnusný, vulg k zblití

putsch [puč] n puč

putt [pat] n Golf úder směrem na jamku, doklepnutí or přiklepnutí do jamky ● vt, vi hrát směrem na jamku

putter ['patə(r)] n Golf hůl pro hru v jamkovišti

putting ['patiŋ] n Golf **1** hra v jamkovišti **2 p. green** jamkoviště

putty ['pati] n *(for fixing glass* etc*)* (sklenářský) tmel, kyt ♦ **be (like) p. in sb's hands** být hříčkou v čích rukou; **he's like p. in her hands** ona s ním orá a vláčí ■ **p. knife** roztírací nůž, špachtle ● v (pt & pp **-tied**) **I** vt **p. (up)** *(cracks)* (za)tmelit, vykytovat **II** phr v ■ **putty in** *(pane of glass)* zakytovat

put-up job [putap'džob] n inf narafičená záležitost or věc, bouda

put-upon ['putəpon] adj *(badly treated)* ušlápnutý

put-you-up ['putjuap] n Br inf dated gauč

puzzle ['pazl] n **1** *(riddle)* hádanka; *(rebus)* rébus; *(jigsaw)* skládanka, skládačka, skládací hra; *(brainteaser)* hlavolam; **crossword p.** křížovka **2** fig *(mystery)* záhada, hádanka; **it's a p. to me why** ... je pro mě záhadou, proč ..., nechápu, proč ... ● **I** vt mást, plést; **p. sb** (Subj: *problem, phenomenon* etc*)* vrtat komu hlavou, ležet komu v hlavě; **that ~d me** to mě zarazilo; **what ~s me is ...** čemu nerozumím je ..., co mě mate je ... **II** vi **be ~d about sth** pozastavovat se nad čím; **I'm puzzled** vrtá mi hlavou **III** phr vs ■ **puzzle sth out** rozluštit or vyluštit co, přijít čemu na kloub ■ **puzzle over** vt **p. one's head over sth** lámat si nad čím hlavu, snažit se čemu přijít na kloub, koumat nad čím

puzzled ['pazld] adj zmatený, bezradný, vyvedený z míry

puzzling ['pazliŋ] adj záhadný; *(affair)* zamotaný, spletitý; *(attitude)* nevysvětlitelný

PVC [pi:vi:'si:] abbr of **polyvinyl chloride** PVC, polyvinylchlorid

Pvt Amer Mil abbr of **private** vojín

PW [pi:'dablju:] Br abbr of **Policewoman** policistka

pygmy, pigmy ['pigmi] n **1** *(member of a tribal group)* also **P.** Pygmej **2** fig *(small person)* trpaslík, skrček; *(insignificant person)* nicka, nula

pyjama, Amer also **pajama** [pə'dža:mə] adj attr *(jacket, top, trousers, bottoms)* pyžamový

pyjamas, Amer also **pajamas** [pə'dža:məz] n pl **(a pair of) p.** pyžamo, indecl pyžama; **where are your p.?** kde máš pyžamo?

pylon ['pailən] n pylon, stožár, sloup; **electric p.** sloup dálkového vedení

pyramid ['pirəmid] n pyramida; Geom jehlan ■ **p. selling** Comm pyramidální prodej, řetězový prodej

pyramidal [pi'ræmidl] adj pyramidální; Geom jehlanovitý

pyre ['paiə(r)] n **(funeral) p.** pohřební hranice

Pyrenean [pirə'ni:ən] adj pyrenejský

Pyrenees [pirə'ni:z] n pl Pyreneje

Pyrex TM ['paireks] n pyrex, varné sklo ■ **a P. dish** pyrexová nádoba, nádoba z pyrexového skla

pyrite(s) ['pairait(s)] n Chem pyrit, kyz železný

pyromania [pairəu'meiniə] n pyromanie, chorobné žhářství

pyromaniac [pairəu'meiniæk] n pyroman, pyromaniak, chorobný žhář

pyrotechnic(al) [pairəu'teknik(l)] adj pyrotechnický

pyrotechnics [pairəu'tekniks] n **1** (+sg v) *(science)* pyrotechnika **2** (+pl v) *(fireworks)* ohňostroj **3** (+pl v) fig *(brilliant display of skill)* oslňující výkon; **verbal p.** ohňostroj slov

Pyrrhic ['pirik] adj **P. victory** Pyrrhovo or pyrrhonské vítězství

Pythagoras [pai'θægərəs] n Pythagoras řecký filozof; **P.'s theorem** Pythagorova věta

Pythagorean [pai,θægə'ri:ən] adj pythagorejský; **P. proposition** Pythagorova věta

python ['paiθən] n Zool krajta

pyx [piks] n Relig ciborium kalich na hostie

Q

Q, q [kju:] n (pl **Q's, q's** [kju:z]) *(letter)* Q, q

Q written abbr of **1 question** otázka; **Q and A** inf otázky a odpovědi **2 Queen** Chess D, dáma

QB [kju:'bi:] abbr of **Queen's Bench Division** Br Královský soud

Qatar ['kæta:(r), kæ'ta:(r)] n Geog Katar

QC [kju:'si:] n abbr of **Queen's Counsel** Jur královský rada

QED [kju:i:'di:] abbr of **quod erat demonstrandum** Q.E.D., což se mělo dokázat

qt [kju:'ti:] abbr of **1 quart(s)** kvart dutá míra ≅ 1,14 l **2** (also **Q.**) **quiet** tichý; **do sth on the qt** udělat co potají

qty written abbr of **quantity** množství

qua [kwei, kwa:] prep fml jako; **money qua money** peníze jako takové

quack$_1$ [kwæk] n *(of duck)* kvákání, káchání, křik kachen ● vi *(duck)* káchat, kvákat

quack$_2$ [kwæk] n **q. (doctor)** mastičkář, šarlatán, dryáčník ● attr adj šarlatánský, dryáčnický

quackery ['kwækəri] n šarlatánství, dryáčnictví

quad [kwod] n abbr of **1 quadrangle** *(courtyard)* nádvoří **2 quadruplet** čtyřče

quadrangle ['kwodræŋgl] n **1** Geom čtyřúhelník **2** *(courtyard)* čtyřúhelníkové nádvoří

quadrangular [kwo'dræŋgjulə(r)] adj čtyřúhelníkový, čtyřhranný

quadrant ['kwodrənt] n kvadrant, čtvrtkruh

quadraphonic, quadrophonic [kwodrə'fonik] adj kvadrofonní, kvadrofonický

quadratic [kwo'drætik] adj Math kvadratický; **q. equation** kvadratická rovnice

quadrature ['kwodrəčə(r)] n kvadratura

quadrilateral [kwodri'lætərəl] adj čtyřstranný, čtyřúhelný ● n čtyřstran

quadrille [kwo'dril] n čtverylka

quadrophonic see **quadraphonic**

quadruped ['kwodruped] n fml čtyřnožec, čtvernožec, quadruped

quadruple ['kwodrupl, kwo'dru:pl] n čtyřnásobek ● adj čtyřnásobný ● **I** vt zčtyřnásobit, násobit čtyřmi **II** vi zčtyřnásobit se, čtyřnásobně se zvětšit

quadruplet ['kwodruplət, kwo'dru:plit] n čtyřče; **~s** čtyřčata

quadruplicate [kwo'dru:plikət] adj čtyřnásobný ● n **in q.** ve čtyřech vyhotoveních or exemplářích

quaff [kwof] dated **I** vt obrátit do sebe, inf vyzunknout **II** vi hltavě pít, dopřávat si piva ap.

quagmire ['kwægmaiə(r), 'kwogmaiə(r)] n **1** lit bažina, močál, bahno **2** fig *(of vice)* bahno; *(predicament)* šlamastyka, kaše

quail$_1$ [kweil] vi *(feel fear)* chvět se, třást se (**before sb/ sth** před kým/ čím); **q. at the sight/ at the thought of sth** zachvět se při pohledu/ při pomyšlení na co

quail$_2$ [kweil] n Orn křepelka

quaint [kweint] adj **1** *(picturesque: cottage, village)* barvitý, malebný, idylický; *(original)* originální; *(old-fashioned: custom etc)* starodávný **2** *(odd: idea, thought)* podivný, kuriózní, bizarní, komický ■ **~ly** adv **1** *(decorated)* malebně **2** *(dressed)* legračně, inf srandovně

quaintness ['kweintnəs] n see **quaint 1** malebnost, starodávnost **2** bizarnost, komičnost

quake [kweik] vi **1** *(of the earth)* chvět se, otřásat se **2** *(of persons)* chvět se, třást se; **q. with fear** třást se strachy ● n inf *(earthquake)* zemětřesení

Quaker ['kweikə(r)] n Relig kvaker [kvaker, kveikr]/ -ka, příslušník Society of Friends

Quakerism ['kweikərizəm] n Relig kvakerství

qualification [kwolifi'keišn] n **1** *(training)* kvalifikace; *(ability)* **~s** způsobilost; *(document)* vysvědčení, *(certificate)* osvědčení, diplom; **a teaching q.** učitelská aprobace; **what sort of ~s do you need for this job?** jakou je třeba mít pro toto zaměstnání kvalifikaci?; **have the necessary ~s** mít potřebnou kvalifikaci, mít potřebné vzdělání **2** *(act of qualifying)* skončení studia, získání kvalifikace or diplomu; **obtain a q.** kvalifikovat se **3** Sport kvalifikace **4** *(condition)* podmínka, předpoklad **5** *(restriction)* výhrada; **accept sth without q./ with some ~s** přijmout co bez výhrad/ s určitými výhradami; **recommend sb without q.** doporučit koho bez nejmenší výhrady

qualified ['kwolifaid] adj **1** *(trained)* kvalifikovaný; *(having diploma)* diplomovaný; *(teacher)* aprobovaný **2** *(competent)* způsobilý, *(having authority)* kompetentní, zmocněný, oprávněný; **be q. for sth** být způsobilý k čemu, mít způsobilost pro co; **I don't feel q. to talk about it** necítím se kvalifikován or povolán o tom mluvit **3** *(limited: acceptance, approval)* podmíněný

qualifier ['kwolifaiə(r)] n **1** Sport *(sportsman)* sportovec, který se kvalifikoval;

(match) vylučovací zápas **2** Ling blíže určující výraz např. přívlastek

qualify ['kwolifai] v (pt & pp **-fied**) **I** vt **1** *(make eligible)* kvalifikovat, činit koho způsobilým; *(entitle)* oprávnit, dát komu oprávnění (**for sth** k čemu) **2** *(modify: statement, remark)* modifikovat, blíže vysvětlit or vymezit, *(make less extreme)* zmírnit **3** Ling blíže určit **II** vi **1** *(obtain training, diploma* etc*)* kvalifikovat se, získat kvalifikaci, *(as teacher)* získat učitelskou aprobaci; **q. as a doctor** vystudovat lékařství **2** Sport *(in competition)* kvalifikovat se; **q. for the finals** probojovat se do finále **3** *(be eligible)* být způsobilý, splňovat podmínky pro co; **q. for membership** splňovat podmínky pro členství

qualifying ['kwolifaiŋ] adj **1** *(remark)* vysvětlující, vymezující **2** *(match, competition)* kvalifikační; *(examination: at end of study)* závěrečný

qualitative ['kwolitətiv] adj kvalitativní

quality ['kwoləti] n (pl **-ies**) **1** *(degree of excellence)* kvalita; *(of goods)* jakost, jakostní třída; **goods of good/ better/ inferior q.** zboží dobré/ lepší/ horší kvality; **goods of poor q.** zboží špatné kvality, nekvalitní zboží; **have q.** *(of person)* mít formát ■ **q. assurance** záruka jakosti; **q. goods** jakostní zboží; **q. control** kontrola jakosti **2** *(feature, characteristics)* vlastnost, *(desirable feature: of person)* dobrá vlastnost, kvalita; **q. newspaper** Br prestižní noviny; **display one's good qualities** ukázat své kvality **3** arch or joc urozenost, společenská prestiž; **people of q.** lepší lidi

qualm [kwa:m] n **1** *(scruple, misgiving)* pochyba, skrupule; **~s of conscience** výčitky svědomí; **have** or **feel no ~s about sth** nedělat si z čeho svědomí **2** dated *(nausea)* nevolnost

quandary ['kwondəri] n dilema, rozpaky; **be in a q.** být na rozpacích, nemoci se rozhodnout, stát před těžkou volbou; **he was in a q. about what to do** byl na rozpacích, co dělat

quango ['kwæŋgəu] n acronym of **quasi-autonomous non-governmental organization** Br částečně autonomní nevládní organizace

quanta ['kwontə] pl of **quantum**

quantifiable ['kwontifaiəbl] adj vyčíslitelný

quantification [kwontifi'keišn] n vyčíslení, kvantitativní vyjádření

quantifier ['kwontifaiə(r)] n Math, Philos kvantifikátor, kvantor

quantify ['kwontifai] vt vyčíslit, stanovit množství

quantitative ['kwontitətiv] adj kvantitativní; **q. analysis** kvantitativní analýza ■ **~ly** adv kvantitativně

quantity ['kwontəti] n (pl **-ies**) **1** *(amount)* množství, počet, kvantum; **in q.**, **in large quantities** ve velkém množství **2** Philos, Log kvantita **3** Math veličina; **unknown q.** neznámá veličina, fig velký otazník, velká neznámá **4** Ling délka, kvantita **5** Build **q. surveyor** stavební ekonom

quantum ['kwontəm] n (pl **quanta** ['kwontə]) **1** *(amount)* fml kvantum, množství **2** Phys kvantum; **q. theory** kvantová teorie; **q. leap** kvantový přeskok, fig nesmírný pokrok, velký krok vpřed

quarantine ['kworənti:n] n karanténa; **be in q.** být v karanténě; **put sb in q.** dát koho do karantény ● vt dát do karantény

quark$_1$ [kwa:k] n Phys kvark

quark$_2$ [kwa:k] n *(cheese)* tvaroh

quarrel ['kworəl] n **1** *(argument)* hádka, spor, pře, rozepře, roztržka; **have a q. about sth** přít or hádat se o co; **start** or **pick a q.** začít spor; **the q. degenerated into a brawl** hádka se zvrhla ve rvačku **2** *(disagreement)* námitka; **I have no q. with him** nemám proti němu nic ● vi **1** *(argue)* vadit se, hádat se, přít se **2** **q. with sth** *(disagree: with a decision, estimate* etc*)* mít proti čemu námitky, nesouhlasit s čím

quarrelsome ['kworəlsəm] adj hádavý, hašteřivý, nesnášenlivý, svárlivý

quarrelsomeness ['kworəlsəmnəs] n hádavost, hašteřivost, nesnášenlivost

quarry$_1$ ['kwori] n **1** Min lom; **stone q.** kamenolom; **slate q.** břidlicový lom **2** fig *(of information* etc*)* pokladnice ● v (pt & pp **-rried**) **I** vt *(sand, slate)* dobývat, těžit, *(stone also)* lámat **II** vi **q. for sth** dobývat or těžit co, fig hledat co; **q. in old documents** hrabat se ve starých dokumentech

quarry$_2$ ['kwori] n **1** Hunt kořist **2** fig *(person)* oběť

quarryman ['kworimən] n (pl **-men**) lamač kamene

quart [kwo:t] n *(measure: 2 pints)* kvart ≅ 1,14 litru ♦ **try to put a q. into a pint pot** snažit se o nemožné

quarter ['kwo:tə(r)] n **1** *(one fourth)* čtvrt, čtvrtina, čtvrtka; **a q. of an hour/ litre** čtvrthodina/ čtvrtlitr; **a q. of a century** čtvrt století; **three ~s of the population** tři čtvrtiny obyvatelstva; **divide sth into ~s** rozdělit co na čtvrtiny, rozčtvrtit něco **2** *(weight: quarter pound)* 113 g; **a q. (of a pound) of coffee/ salami** etc, **please** ≅ 10 deka kávy/ salámu, prosím **3** *(in telling time)* 15 minut, čtvrthodina; Br **it's a q. past**

four, Amer **it's a q. after four** je čtvrt na pět; Br **it's a q. to five**, Amer **it's a q. of five** je tři čtvrtě na pět **4** *(three months)* čtvrt roku, Admin kvartál; **(once) every q.** čtvrtletně, kvartálně **5** Amer, Can *(coin: 25 cents)* čtvrtdolar, 25 centů **6** *(of moon)* čtvrt; **the moon is in the first q.** měsíc je v první čtvrti **7** *(part of town)* čtvrť; **a residential q.** obytná čtvrť **8** Cook *(of animal)* čtvrtka **9** Amer Sch čtvrtletí; Univ půl semestru **10** Her pole, čtvrt štítu **11** *(direction)* **from all ~s** ze všech stran, odevšad, ze všech koutů světa ♦ **at close ~s** zblízka, z bezprostřední blízkosti; **fight(ing) at close ~s** boj zblízka **12** *(persons, group of people)* **well-informed ~s** dobře informované kruhy; **the plan was criticized in some ~s** v určitých kruzích byl plán kritizován; **we won't get any help from that q.** od něho/ od nich etc žádnou pomoc nedostaneme **13 ~s** *(lodgings)* obydlí, ubytování, ubikace, Mil also kasárna; **be confined to ~s** mít kasárníka **14** Naut *(part of ship)* **the port/ starboard q.** levobok/ pravobok **15** Naut *(for battle)* stanoviště, postavení **16** arch or fml *(mercy)* milost; **give q.** dát milost; **give no q.** nikoho nešetřit, neznat v čem bratra; **ask for q.** prosit o milost ● adj *(share, part)* čtvrtinový ● vt **1** *(divide into four)* rozdělit na čtyři části or díly, *(person as punishment)* Hist rozčtvrtit **2** *(divide by four)* dělit čtyřmi **3** *(accommodate: soldiers)* ubytovat

quarterback ['kwo:təbæk] n Amer Ftb obránce, zadák

quarterdeck ['kwo:tədek] n Naut zadní část paluby

quarterfinal [kwo:tə'fainl] n Sport čtvrtfinálový zápas

quarterfinalist [kwo:tə'fainəlist] n Sport účastník čtvrtfinále

quarterfinals [kwo:tə'fainlz] n Sport čtvrtfinále

quartering ['kwo:təriŋ] n **1** *(dividing up)* dělení na čtyři díly; *(execution)* (roz)čtvrcení **2** Mil ubytování

quarterlight ['kwo:təlait] n Br Aut trojúhelníkové větrací okénko

quarterly ['kwo:təli] adj čtvrtletní, kvartální ● adv *(appear: periodical)* čtvrtletně; *(pay)* čtvrtletně, kvartálně ● n *(periodical)* čtvrtletník

quartermaster ['kwo:təma:stə(r)] n **1** Mil ubytovatel, důstojník zásobovací služby **2** Naut kormidelní poddůstojník

quarter note ['kwo:tənəut] n Amer Mus čtvrťová nota

quartet(te) [kwo:'tet] n Mus kvartet, kvarteto

quarter tone ['kwo:tətəun] n Amer Mus čtvrttón

quarto ['kwo:təu] n *(paper or book size)* kvart, čtvrtarchový formát ■ **q. paper** kvartový papír

quartz [kwo:ts] n křemen ■ **q. crystal** krystal křemene; **q. clock** křemenné hodiny

quasar ['kweiza:(r)] n Astron kvazar

quash [kwoš] vt **1** Jur *(annul: verdict)* zrušit, prohlásit za neplatné **2** *(suppress: uprising, revolt)* potlačit, udusit; *(emotion)* potlačit; *(suggestion, objection)* odmítnout

quasi- ['kwa:zi, 'kweizai] pref kvazi-, quasi-; **quasi-scientific** kvazivědecký, quasivědecký, pavědecký

quatercentenary [kwætəsen'ti:nəri] n **1** *(anniversary)* čtyřsté výročí **2** also **q. celebrations** oslavy čtyřstého výročí

Quaternary [kwə'tə:nəri] adj Geol čtvrtohorní, kvartérní ● n čtvrtohory, kvartér

quatrain ['kwotrein] n Liter čtyřverší, kvartet, quatrain

quaver ['kweivə(r)] **I** vi *(voice)* chvět se, třást se; *(person)* mluvit třaslavým hlasem; Mus trylkovat **II** vt **q. sth (out)** říci/ zazpívat něco třaslavým hlasem ● n **1** Br Mus osmina ■ **q. rest** osminová pomlka or pausa **2** *(of voice)* třaslavý hlas; *(of sound)* třaslavý zvuk; Mus *(trill)* trylek, tremolo

quavering ['kweivəriŋ] adj *(voice)* třaslavý, chvějící se ■ **~ly** adv třaslavě, třaslavým hlasem

quay [ki:] n Naut přístavní hráz, nábřeží, přístaviště

quayside ['ki:said] n Naut nábřeží, přístavní zeď; **along the q.** po nábřeží

queasiness ['kwi:zinəs] n nevolnost, zvedání žaludku, Med nauzea

queasy ['kwi:zi] adj **(-ier, -iest) I feel q.** je mi zle, je mi špatně od žaludku, je mi nanic

queen [kwi:n] n **1** usu **Queen** *(sovereign, wife of a king)* královna; **Q. Elizabeth II** královna Alžběta II.; **the Q. of England** anglická královna; **the Q.'s English** královská angličtina ■ **q. consort** králova choť; **Q.'s consort** královnin manžel; **q. dowager** královská vdova; **the q. mother** královna matka **2** fig **the q. of the ball** královna plesu; **the q. among the flowers** *(rose)* královna květin; **beauty q.** královna krásy **3** *(of bees, ants)* královna ■ **q. bee** včelí královna **4** Cards dáma; **q. of hearts** srdcová dáma, sl hercová dáma **5** Chess dáma, královna; **q.'s pawn** dámský pěšec **6** pej sl *(homosexual)* teplouš, buzerant **7 turn Q.'s evidence** svědčit proti spoluviníkům ● **I** vt **1** Chess **q. a pawn** proměnit pěšce v dámu

2 q. it inf dělat ze sebe velkou dámu **II** vi Chess *(of a pawn)* proměnit se v dámu

queenly ['kwi:nli] adj královský, majestátní

queer [kwiə(r)] adj **1** *(strange)* podivný, zvláštní, *(bizarre)* bizarní; **he's a q. fish** je to divný pavouk **2** *(suspect, shady)* podezřelý, podivný; **a q. customer** povedený ptáček; **there's sth q. about him** ten se mi moc nepozdává **3** inf *(crazy)* ťuknutý, střelený; **he's a bit q. in the head** je trochu střelený, nemá to v hlavě v pořádku **4** *(queasy)* dated inf **I feel q.** necítím se dobře neutr, je mi blbě **5** offens *(homosexual)* teplý, přihřátý, homosexuální neutr **6 be in Q. Street** dated Br sl mít dluhů jako smetí, být zadlužený až po uši, být pan z Nemanic ● n offens teplouš, buzerant, buzik, homouš ■ **q. bashing** zaujatost proti homosexuálům ● vt **q. sb's pitch** inf udělat komu čáru přes rozpočet, zavařit to komu, vypálit komu rybník

quell [kwel] vt **1** *(rebellion)* potlačit, udusit **2** *(overcome: passion)* (z)krotit, potlačit; *(fear, anxiety)* překonat, zaplašit

quench [kwenč] vt **1** fml *(fire, flames)* uhasit **2** *(thirst)* (u)hasit, utišit, zahnat, ukojit; *(desire)* potlačit, *(enthusiasm* also*)* utlumit **3** Metal (za)kalit

quenchless ['kwenčləs] adj fml *(flames)* neuhasitelný

quern [kwə:n] n ruční mlýnek na obilí

querulous ['kweruləs] adj mrzoutský, morousovitý, nevrlý, kverulantský; **a q. old man** starý morous or mrzout ■ **~ly** adv nevrle, mrzoutsky

query ['kwiəri] n (pl **-ies**) **1** *(question)* otázka, dotaz (**about sth** na co); **reply to a q.** odpovědět na dotaz; **have a q. to put to sb** mít na koho dotaz **2** *(question mark)* otazník **3** Comput dotaz; **q. language** dotazovací jazyk ● vt (pt & pp **-ied**) **1** *(ask)* (o)tázat se, zeptat se; **q. sb (about sth)** otázat se koho na co, konzultovat co s kým, *(ask questions)* vyptávat se koho nač, dotazovat se koho nač; **he queried the matter with the boss** konzultoval tu záležitost s šéfem **2** *(express doubt)* **q. sth** brát co v pochybnost, pochybovat o čem, *(the amount charged)* reklamovat co; **q. sb's ability** mít pochybnosti o čích schopnostech

quest [kwest] n fml pátrání, hledání; **the q. for sb/ sth** pátrání po čem, hledání čeho ● vi **q. for sth** hledat co, pídit se po čem, *(for riches)* bažit po čem, pachtit se za čím

question ['kwesčən] n **1** *(query)* otázka, dotaz; **ask sb a q., put a q. to sb** položit komu otázku; **ask ~s** klást otázky, tázat se, dotazovat se, *(pry)* vyzvídat; **ask a parliamentary q.** interpelovat v parlamentě; **shower sb with ~s** zasypat koho otázkami; **answer sb's q.** odpovědět na čí otázku; **don't ask such silly ~s** neptej se tak pitomě; **may I ask you a q.?** smím se tě na něco zeptat? ♦ **ask a silly q. and you get a silly answer** jaká otázka, taková odpověď; **pop the q.** vyjádřit se, požádat dívku o ruku ■ **q. master** konferenciér **2** Ling otázka; **direct/ indirect q.** přímá/ nepřímá otázka; **yes/no q.** zjišťovací otázka; **WH question, information q.** doplňovací otázka ■ **q. mark** otazník, fig otazník, sporná záležitost; **there is a q. mark hanging over the future of our firm** budoucnost naší firmy je nejistá, budoucnost naší firmy je velkým otazníkem **3** *(issue, problem, matter)* problém, záležitost, otázka, věc; **a burning q.** akutní otázka; **it's beside a q.** to se netýká věci; **it's a q. of practice** je to věc praxe; **it's only a q. of time** je to jen otázka času; **it's a q. of two days** je to záležitost dvou dní; **it's only a q. of whether ...** jde jen o to, zda ...; **4** *(doubt)* pochyba; **be beyond q.** být mimo diskusi; **there's no q. about it** o tom není pochyby; **his loyalty is/ is not in q.** o jeho loajalitě je možno pochybovat/ jeho loajalita je nesporná **5** *(likelihood, possibility)* **there's no q. of that happening** to nepřichází v úvahu; **it's out of the q.** to je vyloučeno, to nepřichází v úvahu; **call sth into q.** vyjádřit o čem pochybnosti, zpochybnit co; **there was no q. of people not having enough to eat** o tom, že by lidé neměli dost jídla, se nedalo mluvit **6 in q.** o který jde, příslušný; **the matter in q.** záležitost, o kterou jde; **the person in q.** příslušná osoba; osoba, o kterou jde ● vt **1** *(ask ~s)* dotazovat se koho, vyptávat se koho, zpovídat; Sch *(examiner)* zkoušet; *(interrogate: police)* vyšetřovat, vyslýchat; **q. sb closely** zpovídat koho **2** *(express doubt about, dispute)* zpochybnit, pochybovat o čem; **q. sb's authorship** zpochybňovat čí autorství; **q. sb's qualifications** vyjádřit pochybnosti o čí kvalifikaci

questionable ['kwesčənəbl] adj **1** *(debatable: motive, decision, assertion)* diskutabilní, problematický; **it is q. whether ...** je diskutabilní, zda ... **2** *(doubtful, dubious)* pochybný; **of q. taste** pochybného vkusu

questioner ['kwesčənə(r)] n gen tazatel/ -ka; *(in quiz shows)* konferenciér/ -ka; *(police interrogator)* vyšetřovatel

questioning ['kwesčəniŋ] adj *(look)* pátravý, tázavý; **give sb a q. look** pátravě se na koho podívat ■ **~ly** adv pátravě ● n *(interrogation)* výslech, vyšetřování

questionnaire [k(w)esčə'neə(r)] n anketa, dotazník; **complete a q.** vyplnit dotazník

queue [kju:] n Br *(of people)* fronta, řada lidí; **stand in a q.** stát ve frontě; **join the q.** postavit se do fronty; **jump the q.** předběhnout/ předbíhat ve frontě ● vi Br also **q. up** stát or čekat ve frontě; **q. (up) for sth** stát na něco ve frontě; **q. here for a taxi** zde se stavte do fronty na taxi; **spend an hour queuing, q. for an hour** stát hodinu ve frontě

queue-jumper ['kju:džampə(r)] n osoba předbíhající ve frontě

queue-jumping ['kju:džampiŋ] n předbíhání ve frontě

quibble ['kwibl] n puntičkářská kritická poznámka, malichernost, expr hnida ● vi **q. about** or **over sth** hledat na čem hnidy; **q. over words** hádat se o slovíčka; **it's not worth quibbling about** nestojí to za dohadování

quibbler ['kwiblə(r)] n malicherný kritik; *(hairsplitter)* puntičkář, hnidopich, slovíčkář

quick [kwik] adj **1 a)** *(rapid: train, pace etc)* rychlý, *(answer also)* promptní, okamžitý; **he is a q. worker** ten se umí ohánět; **be as q. as a flash** být rychlý jako blesk; *(give it back to me)* **and be q. about it!** a honem!, a dělej!; *(five shots)* **in q. succession** v rychlém sledu, rychle za sebou, ráz na ráz; **q. march!** Mil *(command)* pochodem vchod! **b)** *(done in a short time: kiss)* letmý, *(look also)* zběžný; *(speech)* krátký; **have a q. look at sth** omrknout něco (rychle); **have a q. wash** opláchnout se (rychle); **have a q. meal** rychle něco pojíst, rychle do sebe něco hodit ♦ **have a q. one** inf *(drink)* hodit do sebe skleničku, *(sex)* Br sl rychle se pomilovat, dát si rychlovku **2** *(hasty)* **be q. to take offence** hned se urazit, urazit se kvůli každé maličkosti, být hrozně urážlivý; **have a q. temper** být prchlivý, být popudlivý, mít výbušnou povahu; **be q. to lash out** být od rány, nejít pro ránu daleko; **put a q. stop to sth** udělat s čím krátký konec; **make a q. job of sth** vzít něco hopem **3** *(lively)* živý; *(sharp)* bystrý, chápavý; **a q. mind** otevřená hlava, hlava otevřená; **he has a q. mind** myslí mu to; **be q. to learn** být učenlivý; **be a q. reckoner** umět rychle počítat; **be q. at repartee** pohotově odpovídat; **be q. to act** mít se k dílu; **have a q. tongue** mít ostrý jazýček ♦ **she is q. on the uptake** inf myslí jí to, pálí jí to; **be q. off the mark** nezdržovat se, promptně začít ● adv rychle, honem; **come q.!** honem or rychle přijď!; **get a doctor, q.!** sežeňte rychle lékaře!; **get rich q.** rychle zbohatnout; see also **quickly** ● n *(tender flesh:* esp *under nails)* živé maso ♦ **cut sb to the q.** fig tít koho do živého, bolestně se koho dotknout; **the q. and the dead** fml arch živí a mrtví

quick-acting ['kwikæktiŋ] adj *(medicine)* rychle působící, rychle zabírající

quick-change [kwik'čeindž] adj **q.-change artist** Theat mistr rychlých převleků

quicken ['kwikn] **I** vt **1** *(speed up: pace, rhythm)* zrychlit; **q. one's pace** zrychlit krok, přidat do kroku **2** fig *(stimulate: interest, imagination)* podnítit **II** vi **1** *(step, pulse)* zrychlit se **2** fig fml *(hope, interest)* vzrůstat **3** *(foetus)* pohnout se, začít se hýbat

quickening ['kwikəniŋ] n zrychlení; *(of foetus)* pohyby

quick-firing ['kwikfaiəriŋ] adj Mil rychlopalný

quick-freeze [kwik'fri:z] vt (pt **-froze** [-'frəuz], pp **-frozen** [-'frəuzn]) rychle zmrazit

quickie ['kwiki] n inf or sl **1** *(drink)* rychlý drink, panák vypitý narychlo **2** *(sex)* vulg číslo narychlo **3** *(meeting)* inf rychlovka, kratičká or krátká schůze

quicklime ['kwiklaim] n nehašené vápno

quickly ['kwikli] adv rychle; **as q. as possible** co nejrychleji; **I q. changed my mind** rychle jsem si to rozmyslel

quickness ['kwiknəs] n **1** *(speed)* rychlost **2** *(of wit)* bystrost, důvtip, chápavost **3** *(hastiness)* ukvapenost; *(sb's)* **q. of temper** vznětlivost

quicksand ['kwiksænd] n tekoucí písek, Mining kuřavka

quick-setting [kwik'setiŋ] adj Techn *(glue, concrete)* rychle tuhnoucí; *(mortar)* rychle tvrdnoucí

quicksilver ['kwiksilvə(r)] n rtuť ♦ **be like q.** *(be agile)* mít rtuť v těle, mít jiskru, umět sebou hodit, *(of children)* být jako z hadích ocásků ● adj fig živý, čilý

quick-tempered [kwik'tempəd] adj prchlivý, popudlivý, vznětlivý

quick-witted [kwik'witid] adj bystrý, inteligentní, pohotový, chápavý

quid$_1$ [kwid] n Br inf libra; **could you lend me five q.?** mohl bys mi půjčit pět liber?

quid$_2$ [kwid] n *(lump of tobacco for chewing)* žvanec tabáku, bago

quid pro quo [kwidprəu'kwəu] n protihodnota, půjčka za oplátku

quiescent [kwi'esnt] adj fml klidný, pokojný; *(passive)* trpný, pasivní

quiet ['kwaiət] adj **1** *(not loud: voice, footsteps)* tichý, tlumený; *(car)* nehlučný; *(music)* tichý, nevtíravý; *(cough)* tlumený; **speak in a q. voice** mluvit tiše, mluvit tichým hlasem **2** *(silent: person)* tichý; **be**

or **keep q.** mlčet, být zticha; **go q.** ztichnout, zmlknout; **be q.!** (buď) ticho!, buď zticha!, klid!, *(stop talking* also*)* mlč!; **be as q. as a mouse** ani nehlesnout, být tichý jako myška or pěna; **it is q. here** je tu klid **3** *(without activity: village)* tichý; *(sea)* klidný; **a q. place** tiché zákoutí; **the roads are q.** na silnicích není velký provoz; **things are very q. at the moment** momentálně se toho moc neděje; **we had a q. wedding** svatbu jsme slavili jen v úzkém kruhu rodinném **4** *(discreet: diplomacy)* diskrétní, *(colour)* tlumený, nevtíravý, *(tie)* decentní, *(clothes)* nenápadný **5** *(secret, disguised: hatred)* skrytý; **have a q. word with sb** promluvit si s kým mezi čtyřma očima; **be q. about this!, keep this q.!** nikomu o tom neříkej!, inf nikomu o tom ani muk! **6** *(gentle: child)* tichý, mírný, *(animal)* mírný, krotký ■ see **~ly** ● n ticho, klid; **a minute's q.** minuta ticha; **peace and q.** pokoj a klid; **do sth on the q.** dělat něco potají ● vt **q. sb (down)** *(eg children)* uklidnit or utišit koho; **q. a horse** uklidnit koně; see **quieten**

quieten ['kwaiətn] **I** vt **1** *(noisy children)* utišit; *(crying baby)* upokojit, ukonejšit; *(noise of engine)* ztišit **2** *(make calm)* uklidnit, *(angry person)* uchlácholit; fig *(conscience)* upokojit; *(pain)* utišit; *(fears)* zaplašit **II** vi *(child)* utišit se **III** phr v ■ **quieten down** *I* vi *(become silent)* utišit se; *(become calm)* uklidnit se, upokojit se; *(settle down)* usadit se *II* vt *(child)* utišit, uchlácholit; *(engine)* ztišit

quietism ['kwaiətizəm] n kvietismus

quietist ['kwaiətist] adj kvietistický ● n kvietista/ -ka

quietly ['kwaiətli] adv see **quiet** adj **1** *(not loudly, silently)* tiše, potichu **2** *(discreetly)* diskrétně, *(dress: simply)* nenápadně **3** *(gently)* mírně, klidně **4** *(secretly: hate* etc*)* tajně, skrytě

quietness ['kwaiətnəs] n see **quiet 1** *(silence)* ticho; *(taciturnity)* mlčenlivost; *(lack of noise: of machine)* nehlučnost **2** *(stillness)* ticho, klid **3** *(of colour)* decentnost, *(of clothes* also*)* nenápadnost

quietude ['kwaiətju:d] n fml klid, pokoj

quiff [kwif] n *(hairstyle)* patka

quill [kwil] n **1** *(feather)* (ptačí) pero; *(stem of feather)* brk **2** *(of porcupine, hedgehog)* bodlina **3 q. pen** (husí) brk(o)

quilt [kwilt] n **(continental) q.** prošívaná deka or pokrývka; *(eiderdown)* prachová or péřová přikrývka ● vt prošívat; *(with padding)* (vy)vatovat

quilted ['kwiltid] adj prošívaný, vatovaný

quilting ['kwiltiŋ] n **1** *(technique)* prošívání, vatování, *(of furniture)* vycpávání, polstrování **2** *(material)* vycpávka, polštářování

quin [kwin] n Br inf abbr of **quintuplet** paterče, jedno z paterčat

quince [kwins] n *(fruit, tree)* kdoule ■ **q. jelly** kdoulový rosol

quincentenary [kwinsen'ti:nəri] n **1** *(anniversary)* pětisté výročí **2** also **q. celebrations** oslavy pětistého výročí

quinine [kwi'ni:n] n chinin

quinsy ['kwinzi] n dated zánět mandlí, (hnisavá) angína

quint [kwint] n Amer abbr of **quintuplet** paterče, jedno z paterčat

quintessence [kwin'tesns] n fml **1** *(essential part: of theory* etc*)* podstata, jádro, kvintesence **2** *(embodiment)* ztělesnění

quintessential [kwinti'senšl] adj typický

quintet(te) [kwint'tet] n Mus kvintet, kvinteto

quintuple ['kwintjupl] adj pětinásobný, pateronásobný ● n pětinásobek, pateronásobek ● **I** vt zpětinásobit, zpateronásobit **II** vi zpateronásobit se, zpětinásobit se, pětinásobně se zvětšit

quintuplet [kwin'tju:plət] n (Br also **quin**, Amer also **quint**) paterče; **~s** paterčata

quip [kwip] n *(witty remark)* bonmot; *(gibe)* šleh, ironická poznámka ● vi **(-pp-)** vtipkovat

quire ['kwaiə(r)] n **1** Polygr tiskový arch **2** *(24* or *25 sheets)* kniha papíru 24 or 25 listů

quirk [kwə:k] n **1** *(of person)* výstřednost, manýra **2 a q. of fate** hříčka osudu

quirky ['kwə:ki] adj **(-ier, -iest)** podivný, bizarní

quirt [kwə:t] n esp Amer jezdecký bičík spletený z řemínků ● vt šlehnout/ šlehat jezdeckým bičíkem

quisling ['kwizliŋ] n kolaborant s okupanty, zrádce, quisling

quit [kwit] v **(-tt-**; pt & pp **~ted** or esp Amer **quit) I** vt **1** *(leave)* odejít odkud, opustit co **2** *(give up)* esp Amer nechat čeho, vzdát se čeho; **q. school** nechat školy; **q. the army** odejít z armády; **q. one's job** dát výpověď z práce, inf praštit se svým zaměstnáním; **have notice to q. one's flat** mít výpověď z bytu; **give sb notice to q. his/ her flat** dát komu výpověď z bytu **3** inf esp Amer *(stop)* přestat s čím, nechat čeho; **I've q. smoking** přestal jsem kouřit; **q. it!** tak už dost!, přestaň! **4** Comput *(program)* přerušit, zastavit **II** vi **1** *(leave one's job)* dát výpověď; *(politician)* odstoupit z úřadu, podat demisi **2** Amer *(leave)* odejít **3** *(accept defeat)* vzdát se **4** Comput přerušit program ● adj **1 be q. of sb/ sth**

zbavit se koho/ čeho, mít koho/ co z krku **2** see **quits**

quite [kwait] adv **1** *(fairly, rather)* dost, docela; **q. good/ interesting** dost or docela dobrý/ zajímavý; **q. big/ small** dost velký/ malý; **q. often** dost často; **it's q. likely** je to dost or docela pravděpodobné; **until q. recently** až donedávna; **she sings q. well** ona zpívá docela dobře; **it's q. possible** je to docela možné ♦ **he's not q. with it** má dlouhé vedení, nejde mu to na rozum; **he's doing q. well** vede se mu docela dobře **2** *(completely, entirely)* naprosto, úplně; **be q. confused** být z čeho celý popletený; **I'll be q. frank with you** budu k vám naprosto upřímný; **you are q. right** přesně tak, máte svatou pravdu; **I q. understand** naprosto vás chápu; **be q. mad** or **cuckoo about sb** inf být do koho celý blázen or paf **3** *(exactly)* přesně, úplně; **it's not q. what I wanted** není to přesně to, co jsem chtěl; **not to be q. to sb's liking** nebýt komu (zrovna) po chuti; **I am not feeling q. myself** nejsem docela ve své kůži **4** used as intensifier inf **she's q. a cook** ona je výborná kuchařka; **q. the best** zdaleka nejlepší; **it's q. a way** je to pěkný kousek; **q. a while** dost dlouho; **q. a lot of ...** celkem dost, hezká řádka čeho; **q. a lot of money** hezká hromádka peněz; **I have had q. a job with it** dalo mi to dost práce, inf dalo mi to fušku, inf dalo mi to dost zabrat; **q. a stretch of the journey** pěkný kus cesty; **you are q. a comedian** ty jsi ale vtipálek; **be q. something** mít formát; **that's q. enough!** tak už dost! **5** used as an interj **q. (so)!** jasně!, přesně tak!

quits [kwits] adj **now we're q., let's call it q.** inf jsme si kvit

quitter ['kwitə(r)] n kdo hází flintu do žita; **he is a q.** nemá výdrž; **I'm no q.** já se hned tak nevzdám; já když něco začnu, tak to i dokončím

quiver$_1$ ['kwivə(r)] **I** vi **1** *(tremble: voice, person)* chvět se, třást se; **q. with fear** třást se strachy; **q. like a jelly** třást se jako osika, chvět se jako list **2** *(flutter: leaves)* třepetat se, *(flame)* plápolat, mihotat se **II** vt **q. its wings** *(bird: lark* etc*)* (za)třepetat křídly ● n *(of wings)* třepetání; *(of joy)* záchvěv

quiver$_2$ ['kwivə(r)] n *(for arrows)* toulec

quivering ['kwivəriŋ] adj *(voice)* chvějivý, třesoucí se, třaslavý

qui vive [ki:'vi:v] n Br **be on the q. v.** být ve střehu, mít se na pozoru

quixotic [kwik'sotik] adj donkichotský, donkichotovský, pošetile idealistický ■ **~ally** adv donkichotsky, donkichotovsky

quiz [kwiz] n (pl **quizzes** ['kwiziz]) **1** *(game: on TV)* **q. show, q. game** televizní kvíz **2** Amer Sch krátká ústní zkouška, písemka ● vt (**-zz-**) **1** *(question closely)* vyptávat se koho (**about sth** na co), vyslýchat **2** Amer Sch zkoušet

quizmaster ['kwizma:stə(r)] n moderátor kvízového pořadu

quizzical ['kwizikl] adj *(glance)* tázavý, *(smile)* ironický, pobavený ■ **~ly** adv tázavě; ironicky, pobaveně

quod [kwod] n Br sl *(jail)* basa, kriminál, chládek; **in q./ out of q.** v base/ venku z basy; **go to q.** jít do chládku

quoin [koin, kwoin] n Archit *(cornerstone)* rohový kámen; *(corner)* roh, nároží

quoit [koit, kwoit] n kroužek na házení na cíl; **~s** házení kroužků na cíl

quorate ['kwo:reit] adj fml **be q.** být usnášeníschopný

quorum ['kwo:rəm] n kvorum, většina potřebná k hlasování; **constitute a q.** být usnášeníschopný

quota ['kwəutə] n *(of work)* norma, penzum; *(share)* podíl, *(share allotted)* příděl, kvóta ■ **q. system** přídělový systém

quotation [kwəu'teišn] n **1** *(passage)* citát, citace; **q. marks** uvozovky; **end of q.** konec citátu, potud citát; **put sth in q. marks** dát co do uvozovek **2** St Ex kotace, kotování **3** Comm *(estimate)* nabídka ceny a podmínek

quote ['kwəut] n **1** *(quotation)* citát, citace **2** *(statement)* prohlášení **3** Comm *(estimate)* (cenová) nabídka **4** **~s** uvozovky; **in ~s** v uvozovkách ● **I** vt **1** *(cite: words, passage)* citovat; **q. the Bible/ Plato** citovat bibli/ Platóna **2** *(mention)* **q. sb** odvolat se na koho; Admin *(reference number)* uvést, odvolat se na co; **can I q. you on this?** mohu se v této věci na vás odvolat? **3** *(prices)* uvést, udat **4** St Ex zaznamenat cenu or kurs **II** vi **1** *(cite)* citovat; **q. from Plato** citovat z Platóna **2** Comm **q. for sth** *(for doing a job)* podat nabídku na co **3** **q. – unquote** cituji – konec citátu

quotidian [kwəu'tidiən] adj fml každodenní

quotient ['kwəušənt] n **1** Math kvocient **2** Br **intelligence q.** inteligenční kvocient

qv [kju:'vi:] abbr of **quod vide** což viz odkaz na stránku, knihu ap.

QWERTY, qwerty ['kwə:ti] adj **Q. keyboard** klávesnice QWERTY

R

R, r [a:(r)] n (pl **R's**, **r's**) *(the letter)* R, r; **the three R's** tři základní znalosti; čtení, psaní a počítání

R abbr of **1 Rex** král **2 Regina** královna **3 river** řeka **4** Amer Pol **Republican** republikán(ská strana) **5 Réaumur** R **6** Comm **registered (trademark)** ochranná známka **7 radius** poloměr **8** Amer **restricted** *(film)* mládeži do 16 let nepřístupno

r abbr of **right** pravý

RA [a:r'ei] Br abbr of **1 Royal Academy** Královská akademie **2 Royal Academician** člen Královské akademie

rabbi ['ræbai] n rabín, rab(b)i, rabí; **the Chief R.** vrchní rabín

rabbinical [rə'binikl] adj rabínský

rabbit ['ræbit] n **1** Zool králík ■ **r. burrow**, **r. hole** kraličí nora or díra; **r. hutch** králíkárna; **r. punch** rána do šíje, rána do týla hranou dlaně; **r. warren i)** bludiště kraličích chodeb **ii)** fig *(maze)* labyrint, bludiště **2** *(fur)* králík, králičina, kraličí kožišina; *(meat)* kraličí maso ● vi (**-tt-**) **1 go ~ting** lovit králíky, jít na králíky **2** also **r. on** žvanit, mlít or mlátit pantem, nedat hubě pokoj; **r. on about sb/ sth** brebentit o kom/ čem

rabble ['ræbl] n **1** *(mob)* (povykující) dav **2** pej *(lower classes)* **the r.** chátra, lůza, holota

rabble-rouser ['ræblrauzə(r)] n štváč, buřič, podněcovatel

rabble-rousing ['ræblrauziŋ] n štváčství, buřičství ● adj štváčský, buřičský

rabid ['ræbid, 'reibid] adj **1** Vet vzteklý, stižený vzteklinou; fig *(person)* zběsilý, zuřivý **2** *(fanatical: supporter)* fanatický, vášnivý; *(hatred)* fanatický, zuřivý, zběsilý

rabies ['reibi:z] n Vet vzteklina

RAC [a:rei'si:] abbr of **Royal Automobile Club** Královský automobilový klub jeden ze dvou největších britských automotoklubů

raccoon, Br also **racoon** [rə'ku:n] n Zool mýval

race$_1$ [reis] n **1** *(contest)* závod(y); *(on foot* also*)* běh; **a relay/ marathon r.** štafeta/ maraton, štafetový závod/ maratonský běh; **the rat r.** fig štvanice, shon; **the arms r.** závody ve zbrojení; **run a r.** běžet závod or v závodě, účastnit se závodu, závodit (**with** or **against sb** s kým); **take part in a (cycle) r.** jet (cyklistický) závod; **a r. against time** fig závod s časem; **it was a r. to get it finished** jen taktak jsme to stihli (dokončit) ■ **r. card** dostihový program; **r. meeting** dostihy **2** *(current; in sea, river)* (silný) proud, proudění **3** arch *(of sun, moon, life)* dráha, běh **4 the ~s** (koňské) dostihy; **go to the ~s** jít na dostihy ● **I** vt **1** *(compete against)* **r. sb** závodit s kým, běžet/ jet s kým o závod; **I'll r. you there!** kdo tam bude dřív? **2** *(horse)* přihlásit koně k dostihu **3** *(engine)* túrovat **4** *(rush)* **r. sb off to hospital** zavést koho rychle do nemocnice; **r. a bill through the House** rychle prosadit schválení zákona v parlamentu **II** vi **1** *(compete)* závodit; *(run/ ride* or *drive)* běžet/ jet (o) závod, účastnit se běžeckého/ cyklistického etc závodu; **r. against time** fig závodit s časem **2** *(rush, go fast)* rychle běžet/ jet etc; **r. in/ out/ past** vběhnout (úprkem) dovnitř/ vyletět ven/ proletět kolem; **r. about** pobíhat (jak splašený); **r. across the sky** *(clouds)* honit se po obloze **3** *(pulse)* (překotně) bušit; *(engine)* protáčet se

race$_2$ [reis] n **1** *(ethnic group)* rasa, plemeno; **Nordic r.** nordická rasa, *(in Nazi ideology* also*)* vyšší rasa **2** Biol, Zool *(species)* druh; Biol also odrůda; **the human r.** lidské pokolení, lidské plémě, lidský rod, lidstvo ■ **r. hatred** rasová nenávist; **r. relations** mezirasové vztahy, vztahy mezi rasami; **r. riots** rasové nepokoje **3** fml *(ancestry, descent)* rod, původ; **people of noble r.** lidé urozeného původu **4** fig *(of poets,* etc*)* kasta

racecourse ['reisko:s] n Br dostihová dráha, turf

racegoer ['reisgəuə(r)] n milovník dostihového sportu, milovník turfu

racehorse ['reisho:s] n závodní or dostihový kůň

racer ['reisə(r)] n **1** *(person)* závodník, *(cyclist* also*)* běžec **2** *(horse)* závodní or dostihový kůň; *(dog)* závodní chrt **3** *(bike/ motorbike)* závodní kolo/ motocykl; *(car)* závodní automobil; *(yacht)* závodní jachta, závodní člun

racetrack ['reistræk] n **1** *(for cars, bicycles* etc*)* závodní dráha **2** *(for horses)* dostihová dráha, závodiště pro koně, turf

raceway ['reiswei] n *(millrace)* vodní náhon

rachitic [rə'kitik] adj rachitický, křivičný

rachitis [rə'kaitis] n rachitida, křivice

racial ['reišl] adj rasový; **r. discrimination** rasová diskriminace; **r. issue** rasová otázka; **r. prejudice** rasový předsudek; ■ **~ly** ['reišəli] adv rasově; **be ~ly motivated** *(attack* etc*)* být rasově motivovaný

racialism ['reišəlizəm] n rasismus

racialist ['reišəlist] adj rasistický ● n rasista/ rasistka

racing ['reisiŋ] n závodění, závody; **(horse) r.** (koňské) dostihy; **motor/ cycle r.** automobilové/ cyklistické závody ● adj *(bicycle, car, yacht* etc*)* závodní; **r. driver** automobilový závodník; **r. pigeon** poštovní holub

racism ['reisizəm] n rasismus

racist ['reisist] n rasista

rack$_1$ [ræk] n **1** *(shelf, shelves)* regál, police, polička; *(stand: for bottles)* stojan, *(for clothes, hats)* věšák; *(for pipes, plates* also*)* stojánek; *(for luggage: in bus, train)* síť or police (na zavazadla), *(on car)* zahrádka, *(on bike)* nosič; Mil *(for bombs)* nosič pum; **a suit off the r.** konfekční oblek **2** Hist *(instrument of torture)* usu **the r.** skřipec; **put sb on the r.** natáhnout koho na skřipec, vyslýchat koho právem útrpným; **be on the r.** fig *(be in pain)* snášet or trpět muka, *(be in distress)* být jako na trní or na skřipci **3** Techn ozubnice; **r. and pinion** ozubnice s pastorkem ■ **r. railway** ozubnicová dráha ● **I** vt **1** *(wine* etc*)* stáčet, přetáčet **2** Hist *(torture)* natahovat na skřipec **3** *(torment:* Subj *pain, remorse* etc*)* trápit, trýznit, sužovat; **~ed by doubt** trýzněný pochybami **4 r. one's brains (over sth)** inf fig lámat si (nad čím or s čím) hlavu, usilovně (o čem) přemýšlet **II** phr v ■ **rack up** vt Amer *(points, victory)* zaznamenat

rack$_2$ [ræk] n **go to r. and ruin** *(person)* upadnout/ upadat, jít to s kým s kopce; *(business)* zkrachovat, inf přijít na buben; *(house)* (z)chátrat

racket$_1$, **racquet** ['rækit] n **1** Sport raketa **2** *(snowshoe)* sněžnice

racket$_2$ ['rækit] n inf **1** *(din)* kravál, randál, brajgl, virvál; **make a r., kick up a r.** dělat rámus, rámusit, dělat boží dopuštění **2** *(swindle)* podvod, *(shady business)* machinace; *(extortion)* vydírání **3** inf joc *(job)* facha, rachota; **what's your r.?** kde děláš?

racketeer [rækə'tiə(r)] n podvodník, gauner; *(extortioner)* vyděrač; *(criminal)* gangster; **drug r.** překupník drog ● vi vydírat, provádět machinace

racketeering [rækə'tiəriŋ] n vydírání, vyděračství, raketýrink, čachry, machinace

raconteur [rækon'tə:(r)] n (dobrý) vypravěč

racoon [rə'ku:n] = **raccoon**

racquet ['rækit] = **racket**$_1$ **(1)**

racy ['reisi] adj **(-ier, -iest) 1** *(lively: speech, writing* etc*)* živý, plný vervy **2** *(suggestive: anecdote, story)* šťavnatý, pikantní, jadrný

RADA ['ra:də] Br abbr of **Royal Academy of Dramatic Art** Královská akademie dramatických umění

radar ['reida:(r)] n radar ■ **r. beacon** radiolokační maják; **r. operator** radarista; **r. trap** radarová past

radial ['reidiəl] adj radiální, paprskový ■ **~ly** adv paprskovitě ● n Aut *(tyre)* radiální pneumatika

radian ['reidiən] n radián

radiance ['reidiəns], **radiancy** ['reidiənsi] n **1** *(of light)* jas, záře, třpyt **2** *(of beauty)* oslnivost

radiant ['reidiənt] adj **1** *(light)* jasný, zářivý; *(beauty)* oslnivý; **r. future** světlá budoucnost **2 be r. with joy/ happiness** zářit radostí/ štěstím **3** Phys *(heat)* sálavý, *(energy)* zářivý ■ **~ly** adv *(smile)* šťastně, blaženě; **~ly beautiful** oslnivě krásný

radiate ['reidieit] **I** vt **1** Phys vyzařovat; *(heat)* sálat **2** fig **r. happiness** zářit štěstím; **r. health** kypět zdravím **II** vi zářit, vyzařovat; *(heat)* sálat; *(roads, lines)* paprskovitě se rozbíhat

radiation [reidi'eišn] n **1** Nucl radiace, záření; Med ozařování; **radioactive r.** radioaktivní záření ■ **r. treatment** ozařování **2** Phys záření, vyzařování; **infrared r.** infračervené záření

radiator ['reidieitə(r)] n **1** *(for heating)* radiátor, topné těleso **2** Aut chladič

radical ['rædikl] adj radikální; *(changes, reforms* also*)* drastický, podstatný, zásadní ■ **~ly** adv radikálně, *(change* also*)* zásadně, drasticky ● n **1** Pol radikál **2** Chem radikál; Ling kmen; Math odmocnina

radio ['reidiəu] n **1** *(r. set)* rádio, radiopřijímač; **a portable r.** přenosné rádio; **a car r.** autorádio ■ **r. cassette** radiomagnetofon, rádio s kazetovým magnetofonem **2** *(system)* rádio; **by r.** rádiem ■ **r. communication** radiové spojení; **r. ham** radioamatér; **r. taxi** radiotaxi **3** usu **the r.** *(broadcasting)* rozhlas, rádio; **I heard it on the r.** slyšel jsem to v rozhlase; **speak on the r.** mluvit v rozhlase; **listen to the r.** poslouchat rádio or rozhlas ■ **r. news** rozhlasové zprávy; **r. play** rozhlasová hra; **r. station** rozhlasová stanice ● **I** vt **1 r. sb** zavolat komu rádiem, spojit se s kým rádiem **2 r. sth** *(information, message)* vysílat co rádiem, předat co rádiem

radioactive [reidiəu'æktiv] adj radioaktivní **(radiation/ waste** záření/ odpad)

radioactivity [reidiəuæk'tivəti] n radioaktivita

radiocarbon [reidiəu'ka:bən] n Chem radiouhlík ■ **r. dating** radiouhlíkové datování

radio-controlled [reidiəukən'trəuld] adj řízený rádiem

radiogram ['reidiəugræm] n **1** dated gramorádio **2** *(message)* radiotelegram, radiogram

radiographer [reidi'ogrəfə(r)] n Med rentgenolog/ rentgenoložka

radiography [reidi'ogrəfi] n radiografie

radiologist [reidi'olədžist] n radiolog/ radioložka

radiology [reidi'olədži] n radiologie

radiotherapist [reidiəu'θerəpist] n odborník v radioterapii, radioterapeut/ -ička

radiotherapy [reidiəu'θerəpi] n radioterapie

radish ['rædiš] n Bot ředkev, ředkvička

radium ['reidiəm] n rádium ■ **r. therapy** radioléčba, radioterapie

radius ['reidiəs] n (pl **-dii** [-diai]) rádius, poloměr; **within a r. of five miles** v okruhu pěti mil

RAF [a:rei'ef; inf ræf] Br abbr of **Royal Air Force** Královské vojenské letectvo

raffia ['ræfiə] n rafie

raffish ['ræfiš] adj *(person)* prostopášný, *(behaviour* also*)* rozpustilý; *(look)* rošťácký ■ **~ly** adv prostopášně, rozpustile, rošťácky

raffle ['ræfl] n tombola ● vt **r. sth (off)** dát co do tomboly jako cenu

raft [ra:ft] n **1** *(made of logs)* vor **2** Sport *(inflatable)* raft **3** Amer inf **~s of** spousta, moře; **~s of letters, a r. of letters** hromada dopisů ● **I** vt *(logs)* plavit; *(people, goods)* plavit na voru **II** vi Sport raftovat, pěstovat rafting; **go ~ing** jít raftovat

rafter ['ra:ftə(r)] n Build trám, krokev

rafting ['ra:ftiŋ] n Sport rafting

rag[1] [ræg] n **1** *(cloth)* hadr; **a piece of r.** kus hadru; **it's like a chewed r.** je to jako kus hadru ♦ **chew the r.** inf remcat; **feel like a wet r.** být jako kus hadru, být jako tělo bez duše, být jako pytlem praštěný ■ **r. doll** hadrová panenka; inf **r. trade** konfekční průmysl **2** *(shred)* cár, cucek; **be torn to ~s** být roztrhaný na cucky **3 ~s** staré šaty, hadry; **glad ~s** sl sváteční hadry; **put on one's glad ~s** nastrojit se; **be dressed in ~s and tatters** být oblečený v hadrech, být jako hadrník ♦ **go from ~s to riches** stát se z chuďasa milionářem **4** inf pej *(newspaper)* plátek **5** inf Amer **be on the r.** *(menstruate)* menstruovat, mít menstruaci, inf vulg mít krámy

rag[2] [ræg] n **1** *(prank)* kanadský žertík; inf dated **for a r.** z legrace **2** Univ majáles, studentský karneval s vybíráním peněz na dobročinné účely ● v **(-gg-)** *(tease)* škádlit, utahovat si z koho

ragamuffin ['rægəmafin] n **1** *(urchin)* uličník/ uličnice, rošťák/ rošťačka **2** *(vagrant)* trhan, vandrák, vagabund

rag-and-bone man [rægən'bəunmæn] n (pl **-men** [-men]) hadrář

ragbag ['rægbæg] n Br fig *(hotchpotch: of ideas, theories* etc*)* směsice, mišmaš

rage [reidž] n **1** *(violent anger)* vztek, zlost, zuřivost; **a fit of r.** záchvat zuřivosti; **be beside oneself with r.** neznat se zlostí; **be livid with r.** být zsinalý hněvem; **fly into a r.** dopálit se, vzkypět or vzplanout hněvem; **vent one's r. on sth** vylévat si na čem vztek **2** fig *(of storm, wind)* běsnění, burácení **3** *(fashion)* **it's all the r. now** to teď hrozně letí or frčí, to se teď nosí, to je teď velká móda ● vi **1** *(person)* zuřit, řádit, vztekat se, vyvádět jako pominutý; **rant and r. at sb** pouštět na někoho hrůzu **2** *(sea, wind)* bouřit, burácet; *(storm, battle)* běsnit; *(epidemic, plague)* řádit

ragged ['rægid] adj **1** *(clothes)* roztrhaný, rozedraný, v cárech; *(person)* otrhaný, oblečený v hadrech **2** *(uneven)* nerovný, nepravidelný; *(coastline)* rozervaný, členitý **3** fig *(performance* etc*)* nevyrovnaný, *(piece of work)* nedotažený **4 run sb r.** utahat koho, uštvat koho

ragging ['rægiŋ] n škádlení, utahování si z koho

raging ['reidžiŋ] adj **1** *(person)* vzteklý, zuřivý **2** *(pain)* nesnesitelný, strašný; *(passion, argument)* prudký; *(fever)* vysoký; **have a r. thirst** umírat žízní **3** *(wind)* burácivý; *(sea)* bouřlivý; *(battle)* zběsilý

raglan ['ræglən] n raglán ■ **r. sleeve** raglánový rukáv

ragout [ræ'gu:] n Cook ragú

ragtime ['rægtaim] n ragtime synkopová hudba

ragwort ['rægwə:t] n Bot starček přímětník

raid [reid] n **1** *(attack)* Mil přepad, vpád, nájezd; **air r.** nálet; **make a r. into a neighbouring country** vtrhnout do sousední země **2** *(police)* razie, šťára, zátah, náhlá prohlídka **3** *(by thieves)* loupežné přepadení, vyloupení ● vt **1** Mil *(town, country)* vpadnout do čeho, zaútočit na co **2** (Subj: *police)* udělat razii or šťáru **3** *(bank)* přepadnout, vyloupit **4** fig joc *(fridge, larder)* vyplenit, vybrat

raider ['reidə(r)] n **1** Mil útočník, člen přepadového oddílu, Hist nájezdník; *(ship/ plane)* přepadová loď/ přepadové letadlo **2** *(thief)* lupič, gangster **3** Comm burzovní spekulant usilující o převzetí podniku

rail[1] [reil] n **1** *(bar: in fence)* tyčka, příčel, příčka; *(on stairs, bridge, ship)* zábradlí, *(on balcony)* balustráda; *(for towels)* držák; *(for curtain)* tyč, konzola **2** *(for train, tram)* kolej ♦ **go off the ~s** lit *(train)* vykolejit, fig *(person)* ztratit hlavu, nevědět kudy kam, být vyšinutý, být vedle, *(morally)* dostat se na šikmou plochu or na scestí; **get back on the ~s** vrátit se do starých kolejí **3** *(mode of transport)* železnice; *(travel)* **by r.** železnicí, po železnici, vlakem ■ **r. connection/ fare/ station** železniční spojení/ jízdné/ stanice; **r. car** Amer železniční vagon; **r. strike** stávka železničářů ● **I** vt *(goods)* poslat dráhou, dopravit dráhou **II** phr vs ■ **rail in** vt ohradit ■ **rail off** vt uzavřít, oddělit zábradlím

rail$_2$ [reil] vi **r. at** or **against sb/ sth** *(complain)* láteřit na koho/ co, proklínat koho/ co, hubovat na koho/ co

rail$_3$ [reil] n Orn chřástal

railcar ['reilka:] n **1** Rail motorový vůz, inf motorák **2** cf Amer **rail car** železniční vagon

railcard ['reilka:d] n Rail průkazka na slevu

railing ['reiliŋ] n often pl zábradlí; *(fence)* plot

raillery ['reiləri] n fml škádlení, popichování

railroad ['reilrəud] n Amer železnice; see **railway** for phrases ● vt **1** Amer *(send by rail)* poslat dráhou **2** *(push: bill)* Parl prosadit; **r. sb into (doing) sth** vmanévrovat koho do čeho, přimět koho k čemu

railway ['reilwei] n esp Br železnice ■ **r. carriage** n Br železniční vagon; **r. engine** Br lokomotiva; **r. guide** jízdní řád; **r. station** železniční stanice; **r. yard** železniční depo

railwayman ['reilweimən] n (pl **-men**) Br železničář

rain [rein] n **1** lit déšť; **acid r.** kyselý déšť; **spit with r.** poprchávat, drobně pršet; **it's pouring with r.** leje jako z konve; **it looks like r.** vypadá to na déšť; **r. fell** silně pršelo ♦ **come r. or shine** za každou cenu, stůj co stůj, ať se děje co se děje ■ **r. belt** pásmo dešťů; **r. check** Amer vstupenka i na následující zápas, pokud se pro déšť nehrálo; **I'll take a r. check on that** já si to nechám na jindy; **r. cloud** dešťový oblak **2 the ~s** *(season)* období dešťů **3** *(of bullets, arrows etc)* déšť, mračno; *(of blows)* krupobití ● **I** vi pršet; **it's ~ing** prší ♦ **it's ~ing cats and dogs, it's ~ing buckets** prší jen se leje, leje (tam) jako z konve; **it never ~s but it pours** neštěstí (nikdy) nechodí samo **II** vt **r. blows/ questions on sb** zasypat koho ranami/ otázkami; **r. curses on sb's head** svolávat na něčí hlavu hromy a blesky **III** phr vs ■ **rain down** vi *(projectiles)* pršet, sypat se, *(blows)* sypat se ■ **rain off**, Amer **rain out** vt **the game was ~ed off/ out** hra musela být přerušena pro déšť

rainbow ['reinbəu] n duha; **be all the colours of the r.** hrát všemi barvami ♦ **chase ~s** honit se za přízraky ■ **r. trout** Zool pstruh duhový

raincoat ['reinkəut] n plášť do deště, nepromokavý plášť

raindrop ['reindrop] n dešťová kapka, kapka deště

rainfall ['reinfo:l] n (dešťové) srážky; *(amount)* množství (dešťových) srážek

rainforest ['reinforist] n deštný prales

rainproof ['reinpru:f] adj nepromokavý, vodotěsný

rainwater ['reinwo:tə(r)] n dešťová voda, dešťovka

rainy ['reini] adj (**-ier, -iest**) *(day, period)* deštivý; *(weather also)* mokrý, expr plačtivý; **the r. season has set in** nastaly deště ♦ **keep** or **save sth for a r. day** schovat si něco pro strýčka Příhodu, myslet na zadní kolečka

raise [reiz] n **1** esp Amer *(pay increase)* zvýšení platu **2** Cards zvýšení hlášky ● **I** vt **1** *(lift: object, hand, eyes, glass)* (po)zvednout, (po)zdvihnout; *(ladder)* přistavit; *(gun to shoulder)* přiložit; *(curtain, blind)* vytáhnout; *(anchor)* zdvihnout; *(flag)* vztyčit; *(dust)* (ro)zvířit; **r. a blister** udělat si puchýř; **r. one's hand against sb** vztáhnout na někoho ruku; **r. a warning finger to sb** zvednout varovně prst, pohrozit komu; **r. one's hat to sb** zdravit koho pozvednutím klobouku, zvednout klobouk na pozdrav komu; **r. one's glass to sb** připít na čí zdraví; **r. the flag of freedom** fig vztyčit prapor svobody **2** *(make higher: ceiling, road, building, seat etc)* zvýšit ♦ **r. the roof** fig spustit hromobití **3** *(erect: building, statue)* postavit **4** *(increase: living standard, offer, price, production, tax)* zvýšit; *(cause to increase: tension, temperature)* způsobit zvýšení čeho **5** *(promote)* povýšit (**to the rank of ...** do hodnosti ...) **6** *(boost)* **r. sb's spirits** vzpružit koho; **r. sb's hopes** dát komu naději **7** *(collect)* **a)** *(army)* sebrat, postavit, naverbovat, *(money)* sebrat, sehnat, shromáždit, *(funds)* (za)opatřit, získat **b)** *(support)* získat **8** *(make, create)* **a)** *(difficulty, problem)* způsobit; *(question)* nanést, vznést, vzít co na přetřes; *(objections, requirements)* vznést; **r. sth with sb** konzultovat co s kým; **r. an alarm** strhnout poplach, bít na poplach; **r. one's voice** pozvednout svůj hlas; **r. an outcry** strhnout pokřik; inf **r. merry hell** spustit bandurskou, řádit jak pominutý **b)** *(doubts, suspicion)* (v)zbudit; *(laughter)* vyvolat; *(cheer)* být odměněn čím **c)** *(ghost)* vyvol(áv)at; **r. sb from the dead** vzkřísit koho **9** *(children)* vychovat/ vychovávat; *(animals)* chovat, pěstovat **10** *(end: blockade)* zvednout, *(siege,* *embargo, ban)* zrušit **11** inf *(contact)* navázat, spojit se s kým **12** Cards zvýšit sázku **13** Math **r. a number to the power of two/ three/ four** etc umocnit číslo na druhou/ třetí/ čtvrtou etc **II** phr v ■ **raise oneself up** pozvednout se

raised [reizd] adj *(voice)* zvýšený; *(arm)* napřažený

raisin ['reizən] n hrozinka

raison d'être [reizoň'detrə] n důvod, raison d'être

rake$_1$ [reik] n **1** *(garden tool)* hrábě, hrabice ♦ **be as thin as a r.** být hubený jako lunt or šindel, být jako tyčka **2** *(for fire)* pohrabáč ● **I** vt **1** *(leaves)* (s)hrabat/ shrabovat, *(garden path)* uhrabat **2** *(scan)* přelétnout pohledem, *(by gun)* ostřelovat **II** vi *(search)* prohrabávat; **r. through one's papers** prohrabávat se v papírech **III** phr vs ■ **rake in** vt inf *(money)* hrabat; **he's raking it in** vydělává or rejžuje těžký prachy ■ **rake off** vt inf *(percentage of profit)* shrábnout ■ **rake out** vt **1** *(fire)* rozhrabat; *(ashes)* vyhrabat, odklidit **2** inf *(information)* vyhrabat ■ **rake over** vt **1** *(soil)* uhrabat **2** fig **r. over the past** hrabat se v minulosti, vyhrabávat staré historky ■ **rake up** vt **1** *(r. together: leaves etc)* shrabat; *(people, money)* (s potížemi) sehnat **2 r. up the past** hrabat se v minulosti; **r. up old quarrels** vyhrabávat staré spory

rake$_2$ [reik] n dated hejsek, zhýralec, zpustlík, prostopášník z vyšších vrstev

rake$_3$ [reik] n **1** Naut *(of mast, funnel)* záklon **2** Theat *(stage)* šikmé jeviště, *(seats, auditorium)* stupňovitý

raked [reikt] adj *(inclined: stage)* svažující se směrem k divákům

rake-off ['reikof] n inf zisk, profit, procenta

rakish ['reikiš] adj hejskovský, zpustlý, zhýralý; **with his hat at a r. angle** s frajersky nasazeným kloboukem, s kloboukem na stranu ■ **~ly** adv hejskovsky; **live ~ly** vyhazovat si z kopýtka, žít zhýrale

rally ['ræli] n (pl **-ies**) **1** *(gathering)* shromáždění; Pol mítink, demonstrace, manifestace; **peace r.** mírová manifestace ■ **r. point** Pol shromaždiště **2** Aut rely, rallye [reli] **3** Tennis výměna míčů od podání po získání bodu **4** *(recovery)* vzpamatování se, *(in health)* also St Ex zotavení se ● v (**-ie-**) **I** vt **1** *(gather: supporters etc)* shromáždit **2 r. sb's spirits** dodat komu odvahy **II** vi **1** *(after illness)* okřát, sebrat se, zotavit se, postavit se na nohy; St Ex zotavit se **2** *(gather)* shromáždit se; **r. to the defence of sb** spojit se na obranu koho **III** phr v ■ **rally round** vi(t) **r. round (sb)** *(leader)* sjednotit se (kolem koho), postavit se do jednoho šiku (pod čím vedením), *(person in distress)* přispěchat na pomoc komu

rallying ['ræliiŋ] adj **r. cry** výzva k soutěži

ram [ræm] n **1** Zool beran **2** Mil Hist **battering ram** beran **3** Techn beranidlo, buchar; *(piston)* píst, plunžr **4** Astron, Astrol **the Ram** skopec ● v (**-mm-**) **I** vt **1** *(crash into)* vrazit do čeho, narazit do čeho **2** *(push: pile etc)* zatloukat, zarážet; **ram sth home** *(point)* vtlouci co komu do hlavy **II** vi **ram into sth** narazit do čeho **III** phr vs ■ **ram down** vt *(earth)* upěchovat; *(pile)* zarazit ■ **ram in** vt zarazit, zatlouct

RAM [ræm] Comput abbr of **Random Access Memory** RAM

Ramadan [ræmə'da:n] n ramadán, ramazán muslimský měsíc půstu

ramble ['ræmbl] n *(hike)* túra, pěší výlet; *(walk)* procházka, toulka; **go for** or **on a r.** jít na túru ● vi **1** *(hike)* trampovat, vandrovat, chodit do přírody; **go rambling** jít do přírody **2** *(walk)* procházet se, potulovat se **3** fig *(in speech)* blábolit, mluvit nesouvisle **4** Hort *(plant)* popínat se, růst volně

rambler ['ræmblə(r)] n **1** *(hiker)* tramp, pěší turista **2** *(in speech)* žvanil **3** Hort *(rose)* popínavá růže

rambling ['ræmbliŋ] adj **1** *(speech, book)* nesouvislý **2** *(plant)* popínavý ● n **1** *(hiking)* vandrování (v přírodě) **2** *(wandering about)* toulky **3** *(in speech)* often pl **~s** žvanění, jalové or plané řeči, rozbíhavé mluvení

ramification [ræmifi'keišn] n **1** lit *(branching)* (roz)větvení; Anat *(of veins)* větvení, ramifikace **2** fig *(consequence)* důsledek

ramify ['ræmifai] vt(i) (roz)větvit/ rozvětvovat (se)

ramp [ræmp] n **1** *(sloping surface)* šikmá plošina, rampa **2** Aviat *(movable steps)* schůdky k letadlu **3** Amer *(slip road)* příjezd na dálnici

rampage [ræm'peidž] n **be** or **go on the r.** zuřit, řádit jak pominutý, řádit jak tajfún, vyvádět jako utržený z řetězu ● vi **r. (about)** řádit, vyvádět, inf odvázat se; see also **be on the r.**

rampant ['ræmpənt] adj **1** *(plants; corruption, crime, criminality)* rozbujelý, *(plants, bureaucracy also)* přebujelý **2** Her vzpřímený, vztyčený; **lion r.** stojící lev na erbu

rampart ['ræmpa:t] n hradba, hradby, ochranný val; fig *(protection)* ochrana, záštita

ramrod ['ræmrod] n Mil, Hist nabiják ♦ **stand as stiff as a r.** stát, jako by spolkl pravítko; stát jako svíce

ramshackle ['ræmšækl] adj *(building)* zchátralý, polorozpadlý, jsoucí na spadnutí; *(car)* rozhrkaný

ran [ræn] pt of **run**

ranch [ra:nč] n Amer ranč ● vi hospodařit na ranči, farmařit

rancher ['ra:nčə(r)] n Amer rančer

rancid ['rænsid] adj *(butter* etc*)* žluklý; **go** or **turn r.** zežluknout

rancor Amer = **rancour**

rancorous ['ræŋkərəs] adj zahořklý, nevraživý

rancour, Amer **rancor** ['ræŋkə(r)] n zahořklost, nevraživost, zlomyslnost; **r. against sb** nevraživost proti komu

rand [rænd] n rand jihoafrická peněžní jednotka

R and D [a:rən'di:] abbr of **research and development** výzkum a vývoj

random ['rændəm] n **at r.** nahodile, nazdařbůh, namátkou; **shoot at r.** střílet bez míření or naslepo ● adj **1** náhodný, namátkový, nesoustavný; **a r. number** libovolné číslo; **r. selection** nahodilý výběr; **make r. checks** namátkou kontrolovat; **a r. shot** výstřel naslepo **2** Comput **r. access memory** (abbr **RAM**) paměť s přímým přístupem ■ **~ly** adv namátkově, nesoustavně

randy ['rændi] adj (**-ier**, **-iest**) Br inf **1** *(lustful)* smyslný, chlípný; **a r. old man** starý chlípník **2** *(excited)* (pohlavně) vzrušený neutr, rozrajcovaný

rang [ræŋ] pt of **ring**

range [reindž] n **1** *(of mountains)* pásmo, řada; **a mountain r.** horské pásmo, horstvo, pohoří **2** *(selection, variety: of goods)* výběr, paleta, sortiment; *(of colours)* paleta, rejstřík; *(of emotions, interests, ability)* škála; *(of proposals)* řada **3** *(extent)* **a)** *(of voice, salaries, temperatures* etc*)* rozsah, rozpětí; **vocal r.** hlasový rozsah; **price r.** cenové rozpětí ♦ **give free r. to one's imagination** popustit uzdu fantazii **b)** *(capacity)* gen dosah; *(of visibility)* dohled; *(of hearing)* doslech; *(of weapon)* dostřel, donosnost; *(flying r.)* dolet; *(of fire engine)* dostřik; **at close r.** zblízka; **be within/ out of (firing) r.** *(target)* být na dostřel/ být mimo dostřel; **operational r.** pole působnosti; **r. of action** akční rádius **4** Mil **shooting** or **firing r.** střelnice **5** Biol *(habitat)* habitat **6 a kitchen r.** kuchyňský sporák **7** Amer *(prairie)* pastviny ● **I** vi **1 r. from ... to ...** *(extend)* být v rozsahu or rozmezí od ... do ..., pohybovat se mezi ... a ..., *(vary:* eg *temperatures)* kolísat mezi ... a ... **2** *(roam)* **r. over/ through** potulovat se kde/ po čem; **r. through the streets** potloukat se po ulicích **II** vt **1** *(troops* etc*)* seřadit; **they ~d themselves** seřadili se **2** *(roam)* potulovat se kde/ po čem **3** *(classify)* **r. sb/ oneself among ...** *(group)* počítat or řadit koho/ se mezi ... **4** *(aim: gun, telescope)* zaměřit **5** Amer *(cattle)* vyhnat na pastvu, nechat se pást

rangefinder ['reindžfaində(r)] n dálkoměr

ranger ['reindžə(r)] n **1** *(of forest)* lesník, revírník **2** Amer *(law officer)* příslušník jízdní vojenské hlídky **3** Amer *(commando)* přepadový oddíl

rangy ['reindži] adj (**-ier**, **-iest**) **1** *(tall and thin)* dlouhý, vytáhlý **2** *(spacious)* prostorný, prostranný

rank$_1$ [ræŋk] n **1** *(grade)* **a)** Mil hodnost; **reach the r. of captain** dosáhnout hodnosti kapitána **b)** *(in company)* hodnost, služební postavení, služební stáří **c) the ~s** Mil mužstvo; **reduce an officer to the ~s** degradovat důstojníka **d)** *(social status)* (společenské) postavení, místo ve společnosti; **be of noble r.** být urozený; **a person of r.** vysoce postavený člověk **2** *(row)* řada, Mil řad, linie; **the r. and file** Pol členstvo politické strany ♦ **break ~s** Mil porušit formaci, fig narušit jednotu; **close ~s** Mil & fig semknout řady **3 taxi r.** stanoviště taxi **4** Mus řada píšťal u varhan ● **I** vt **1 r. sb among ...** *(the best* etc*)* řadit or počítat někoho mezi ...; **r. sb among one's friends** řadit někoho mezi své přátele **2** Amer *(outrank)* mít vyšší hodnost než kdo **II** vi **r. among ...** řadit se mezi ...; **r. first** mít primát; **he ~s as an expert/ a great writer** je pokládán za odborníka/ za velkého spisovatele ● adj **1** *(prolific: vegetation)* bujný; **be r. with weeds** *(garden, fields)* být zarostlý plevelem, být zaplevelený **2** *(foul-smelling)* smrdutý, (silně) zapáchající, smradlavý **3** *(coarse: language)* vulgární **4** *(absolute, utter)* esp pej *(stupidity, insolence)* naprostý, totální; *(injustice)* do nebe volající

ranking ['ræŋkiŋ] n klasifikace, třídění ● adj Amer **r. officer** nejvyšší přítomný důstojník

rankle ['ræŋkl] vi **r. with sb** trápit koho, být komu proti mysli

rankness ['ræŋknəs] n see **rank** adj **1** bujnost, zaplevelenost **2** (silný) zápach, smrad **3** vulgárnost

ransack ['rænsæk] vt **1** *(search: room, wardrobe)* prohledat, prohrab(áv)at **2** *(plunder: house)* vyloupit, vyrabovat, *(town)* vyplenit

ransom ['rænsəm] n výkupné; **hold sb to r.** vydírat koho výkupným, fig vydírat koho, držet koho jako rukojmího ♦ **a king's r.** celé jmění, velká suma peněz ● vt *(free: by paying r.)* zaplatit za koho výkupné

rant [rænt] vi *(shout)* řvát jak pominutý, hartusit; **r. (and rave) at sb** seřvávat koho, pouštět na koho hrůzu; **r. and rave** řádit jako šílený

rap$_1$ [ræp] n **1** *(blow)* rána, úder; *(knock)* zaklepání ♦ **give sb a r. over the knuckles** skřípnout koho, klepnout koho or dát komu přes prsty; **I don't care a r. about it** inf kašlu na to, dlabu na to **2** *(blame)* vina; **take the r.** inf odnést si to, odskákat si to, vypít si to (**for sth** za co) ● vi (**-pp-**) **I** vt *(table, window)* klepat na ♦ **r. sb over the knuckles** inf usu fig dát komu přes prsty, dát komu přes pazoury **II** vi **1** *(knock)* **r. on the door** zaklepat na dveře **2** Amer inf *(talk)* povídat, žvanit **III** phr v ■ **rap out** vt *(orders* etc*)* vyštěkávat, chrlit; *(message: by knocking)* vyťuk(áv)at

rap$_2$ [ræp] n Mus rap

rapacious [rə'peišəs] adj fml *(greedy: esp for money)* hrabivý, chamtivý, lakotný

rapacity [rə'pæsəti] n hrabivost, chamtivost

rape$_1$ [reip] n **1** *(sex crime)* znásilnění ■ **r. victim** oběť znásilnění **2** arch únos ● vt znásilnit

rape$_2$ [reip] n Bot řepka olejka ■ **r. oil** řepkový olej

rape$_3$ [reip] n *(remains of grapes)* matoliny

rapeseed ['reipsi:d] n řepkové semeno ■ **r. oil** řepkový olej

rapid ['ræpid] adj rychlý; *(development, change* also*)* bouřlivý; *(rise, decline)* rapidní, prudký; *(slope)* prudký, příkrý, srázný; **r. eye movement** REM, rychlé pohyby očí ve spánku; **in r. succession** v rychlém sledu ■ **~ly** adv rychle, prudce, rapidně ● n pl **~s** peřeje, slapy

rapid-fire [ræpid'faiə(r)] adj attr **1** Mil *(gun)* rychlopalný **2** *(questions)* kladený v rychlém sledu

rapidity [rə'pidəti] n (see **rapid**) rychlost, prudkost, rapidnost

rapier ['reipiə(r)] n Fencing rapír

rapine ['ræpain] n fml drancování, plenění

rapist ['reipist] n násilník, pachatel znásilnění

rapport [ræ'po:(r)] n blízký vztah, vzájemné porozumění, ztotožnění; **have a good r. with sb** dobře si s kým rozumět, mít s kým hodně společného

rapprochement [ræ'prošmõ] n sblížení

rapt [ræpt] adj *(absorbed)* zaujatý; **r. in thought/ contemplation** pohroužený v myšlenkách/ úvahách; **listen with r. attention** nábožně poslouchat

rapture ['ræpčə(r)] n extáze, blaženost; **be in ~s** být jako u vytržení, být na vrcholu blaha, celý zářit; **go into ~s over sth** rozplývat se nad čím, být z čeho celý pryč, expr padat před čím na zadek

rapturous ['ræpčərəs] adj nadšený, extatický; **r. applause** neutuchající or frenetický potlesk, bouřlivé ovace

rare$_1$ [reə(r)] adj (**~r**, **~st**) **1** *(uncommon)* řídký, *(stamp, earth)* vzácný; *(exceptional)* výjimečný, unikátní; **a r. specimen** rarita; **on r. occasions** zřídka **2** *(not dense: air* etc*)* řídký, zředěný **3** inf *(extreme)* nesmírný, mimořádný, nevšední; **a person of r. kindness** vzácně or mimořádně laskavý člověk ■ **~ly** adv zřídka, málokdy

rare$_2$ [reə(r)] adj *(steak)* krvavý

rarebit ['reəbit] n also **Welsh r.**, **Welsh rabbit** topinka s taveným sýrem

rarefied ['reərifaid] adj **1** *(air)* zředěný **2** fig *(atmosphere)* nadnesený

raring ['reəriŋ] adj inf netrpělivý, dychtivý, nedočkavý; **be r. to do sth** nedočkavě chtít něco udělat

rarity ['reərəti] n kuriozita, rarita, vzácnost

rascal ['ra:skl] n **1** *(mischievous child)* dareba, rošťák, nezbeda, uličník **2** somewhat dated *(dishonest person)* podvodník, lump, mizera

rash$_1$ [ræš] adj *(person)* ukvapený, zbrklý, unáhlený; *(act* also*)* nepředložený, neprozřetelný; *(decision)* ukvapený, neuvážený; **be r.** být hr; **it was r. of you** to od vás bylo neprozřetelné ■ **~ly** adv ukvapeně, zbrkle, unáhleně, neprozřetelně; **I ~ly offered to help her** neprozřetelně jsem jí nabídl pomoc

rash$_2$ [ræš] n **1** Med vyrážka; **heat r.** potničky; **come out in a r.** vyrazit se, dostat vyrážku **2** *(outbreak: of strikes)* vlna, *(of disasters)* série

rasher ['ræšə(r)] n plátek slaniny or šunky

rashness ['ræšnəs] n (see **rash**$_1$) ukvapenost, zbrklost, unáhlenost, neprozřetelnost

rasp [ra:sp] n **1** *(file)* rašple **2** *(sound)* (za)vrzání, (za)skřípění, (za)skřípání; *(of voice)* chraplavost, drsnost, skuhravost, *(of breathing)* supění, *(of cough)* drhnutí ● **I** vt **1** Techn rašplovat **2** *(say)* říci chraplavým hlasem **II** vi skřípat **III** phr vs ■ **rasp away** or **off** vt odstranit rašplováním, orašplovat ■ **rasp out** vt *(orders, insults)* vykřikovat skřehotavým or skuhravým hlasem

raspberry ['ra:zbəri] n **1** *(fruit)* malina **2** *(bush)* maliník **3** inf **blow a r.** pohrdavě psouknout ústy

rasping ['ra:spiŋ] adj *(sound)* skřípavý; *(voice)* chraplavý, skřehotavý, skuhravý; **speak in a r. voice** mluvit skřehotavě, skřehotat

rat [ræt] n **1** Zool krysa; **brown r.** potkan ♦ **be like a drowned r.** být mokrý jako myš, vypadat jako zmoklá slepice; **smell a r.** větřit lumpárnu ■ **r. poison** krysí jed; **the r. race** inf štvanice v zaměstnání, dravá soutěž, fig boj o koryta **2** pej mizera, svině, neřád, hajzl **3** Amer *(informer)* udavač, fízl **4** inf somewhat dated **rats!** safra!, kruci!, hergot!, kuš! ● v (**-tt-**) **I** vi **go ~ting** jít na krysy **II** phr v ■ **rat on** vt inf **1 r. on sb** *(betray)* udělat komu podraz; *(inform on)* udat koho, expr prásknout koho **2 r. on sth** rozmyslet si co

ratable adj see **rateable**

rat-arsed ['ræta:st] adj Br vulg sl opilý, namazaný, ožralý; **get r.-a.** namazat se, zhulákat se

rat-a-tat(-tat) [rætə'tæt(tæt)] n ťuky, ťuk; *(sharps)* ratata(ta)

ratbag ['rætbæg] n sl svině, lump

ratcatcher ['rætkæčə(r)] n krysař

ratchet ['ræčit] n Techn západka, rohatkové ústrojí ■ **r. wheel** rohatka; **r. effect** Econ řetězová reakce, efekt západky

rate [reit] n **1** *(ratio, proportion)* poměr, stupeň, míra, výskyt; **birth r.** porodnost; **crime r.** kriminalita; **death r.** úmrtnost; **divorce r.** rozvodovost; **sickness r.** nemocnost; **r. of flow** průtok **2** Fin sazba, kurs, tarif; **r. of exchange** devizový kurs; **conversion r.** přepočítací kurs; **r. of interest** úroková míra or sazba **3** *(price, charge)* cena, sazba, tarif, taxa; **freight r.** přepravní tarif, dopravné; **night r.** Elec noční tarif; **postal r.** poštovní tarif; **r. of duty** celní sazba; **a cheaper r. for children** sleva pro děti **4** *(speed)* rychlost, tempo; **growth r.** tempo růstu; **pulse r.** počet tepů; **at a slow/ fast/ incredible r.** pomalým/ rychlým/ neuvěřitelným tempem; **at this/ that r.** *(under these conditions)* pokud to takhle půjde dál, za těchto okolností; **at this r. she'll never get anywhere** za těchto okolností z ní nikdy nic nebude **5 at any r.** v každém případě, buď jak buď, rozhodně **6 ~s** Br dated místní daně ● vt **1** *(estimate worth, value)* hodnotit; **r. sth very highly** *(film, novel)* mít o čem dobré mínění, cenit co vysoko; **how do you r. that film?** co si myslíš o tom filmu? **2** *(consider)* **r. sb among one's friends** považovat koho za přítele; **r. sb as the best sportsman** považovat koho za nejlepšího sportovce **3** sl *(think highly of)* uznávat koho/ co

rateable ['reitəbl] adj Br dated zdanitelný místními poplatky; **r. value** zdanitelná hodnota

ratepayer ['reitpeiə(r)] n poplatník místních daní

ratfink ['rætfiŋk] n Amer sl **1** *(unpleasant person)* špinavec, svině **2** *(informer)* krysa, fízl

rather ['ra:ðə(r)] adv **1** *(somewhat, a bit)* trochu, poněkud, *(fairly)* dost; **I'm r. tired** jsem trochu or poněkud unavený; **she's r. plain** je dost ošklivá; **he's a r. good player, he's r. a good player** hraje dost dobře, je to docela dobrý hráč; **I r. think that ...** mám-li být upřímný, já si myslím, že ... **2** *(preferably)* spíše, raději; **r. than** spíše než; **I'd r. wait** raději bych počkal; **I'd r. not** raději ne; **I would r. go there alone** šel bych tam raději sám; **I'd r. you didn't do it** byl bych raději, kdybys to nedělal **3** *(more exactly)* **or r.** nebo spíše; **she's Czech, or r. Slovak** ona je Češka, nebo spíše Slovenka ● [ra:'ðə:(r)] interj dated (no) jasně!, no ovšem!, to bych řek(l)!; **Do you like it? — R.!** Líbí se ti to? — A jak!, To bych řek!

ratification [rætifi'keišn] n ratifikace

ratify ['rætifai] vt (pt & pp **-ied**) ratifikovat

rating1 ['reitiŋ] n **1** *(assessment)* (o)hodnocení, posouzení, ocenění; **credit r.** Fin stanovení úvěrové spolehlivosti klientů; **have a high r.** mít vysoké hodnocení, mít vysoký kurs **2 ~s** TV, Radio popularita televizního/ rozhlasového programu **3** Naut Mil *(rank)* námořník

rating2 ['reitiŋ] n *(scolding)* (po)kárání, (vy)plísnění

ratio ['reišiəu] n poměr, relace, koeficient; **sex r.** poměrné zastoupení obou pohlaví; **in direct/ inverse r. to ...** v přímém/ nepřímém poměru k ...; **in the r. of three to one** v poměru tři ku jedné; **the r. of teachers to students, the teacher--student r.** poměr počtu učitelů k počtu studentů

ration ['ræšən] n dávka, příděl, inf porce; **be on double ~s/ short ~s** dostávat dvojnásobný/ snížený příděl ■ **r. book** potravinové lístky ● vt *(food)* přidělovat or dávat po dávkách, dá(va)t na lístky; **I'm going to r. you to two beers a day** dovolím ti dvě piva denně

rational ['ræšənl] adj racionální, rozumový; **a r. being** rozumná bytost

rationale [ræšə'na:l] n **1** *(reasons)* odůvodnění (**for** pro) **2** *(logic: of system, argument)* logika

rationalism ['ræšnəlizəm] n racionalismus

rationalist ['ræšnəlist] n racionalista

rationalistic [ræšnə'listik] adj racionalistický

rationality [ræšə'næləti] n racionálnost, racionalita, rozumovost

rationalization [ræšnəlai'zeišn] n racionalizace, zhospodárnění

rationalize ['ræšnəlaiz] vt racionalizovat, zhospodárnit

rationing ['ræšəniŋ] n přídělový systém, vázaný trh, prodej na lístky

rattan [rə'tæn] n *(plant)* rotang, rotan; *(cane)* rákoska ▪ **r. furniture** rotan(g)ový nábytek

rattle ['rætl] n **1** *(noise: of chains, keys)* chrastění, chřestění; *(of chains, sabres)* řinčení; *(of cars)* hrčení; *(of engine)* klepání; *(of windows)* řinčení, drnčení, vibrace; *(of machines)* lomoz, rachot; **death r.** smrtelný chropot **2** *(for baby)* chrastítko; *(for sports fans)* řehtačka ● **I** vi *(machine)* rachotit, lomozit; *(car)* hrčet; *(chain)* řinčet, chrastit; *(sabres)* řinčet; *(engine)* klepat; *(gunfire)* třaskat; *(rattlesnake)* chřestit; *(window panes)* řinčet, drnčet, vibrovat; **r. at the door** zalomcovat dveřmi **II** vt **1** *(keys, chains)* chrastit čím; *(bottles)* hrkotat čím; *(door)* lomcovat čím ♦ **r. one's sabre** harašit zbraněmi **2** *(upset)* vyděsit, poplašit, vyvést z konceptu; **get ~d** vyděsit se **III** phr vs ▪ **rattle off** vt *(poem)* oddrmolit, vysypat ze sebe, *(speech)* odemlít ▪ **rattle on** vi mlít pantem, žvanit ▪ **rattle through sth** *(meeting, work)* rychle něco dokončit

rattler ['rætlə(r)] Amer = **rattlesnake**

rattlesnake ['rætlsneik] n Zool chřestýš

ratty ['ræti] adj (**-ier**, **-iest**) inf **1** *(irritable)* nevrlý, podrážděný, rozladěný **2** Amer *(shabby)* ošuntělý, sešlý, olezlý

raucous ['ro:kəs] adj **1** *(hoarse)* chraptivý, chraplavý **2** *(noisy)* hlučný, hřmotný, halasný ▪ **~ly** adv chraptivě; halasně

raucousness ['ro:kəsnəs] n **1** *(of voice)* chraplavost, chraptivost **2** *(unpleasant loudness)* halasnost

raunchy ['ro:nči] adj (**-ier**, **-iest**) inf **1** *(voice)* smyslný; *(story)* pikantní **2** Amer *(bawdy)* chlípný, prostopášný

ravage ['rævidž] n usu pl **the ~s of time** zub času; **the ~s of war** válečná spoušť ● vt *(ruin)* pustošit, devastovat; *(plunder)* (vy)drancovat, (vy)plenit

rave [reiv] vi **1** *(be delirious)* blouznit, třeštit, být v deliriu; *(talk enthusiastically)* inf básnit, fantazírovat, rozplývat se chválou **2** *(be angry)* **(rant and) r.** vztekat se, zuřit **3** *(at party)* inf flámovat, hýřit, odvázat se ● n inf **1** *(praise)* nadšená kritika, chvalozpěv kritika ▪ **r. reviews** nadšené kritiky **2** *(craze, fashion)* móda; **the latest r.** nejnovější výstřelek módy; **it's all the r.** to je teď velká móda **3** Br *(party)* divoký mejdan spojený často s požíváním drog

raven ['reivn] n krkavec ▪ **r. hair** havraní vlasy

raven-haired [reivn'heəd] adj mající havraní vlasy, mající vlasy černé jako havran

ravenous ['rævənəs] adj **be r.** mít hlad jako vlk, mít hrozný hlad ▪ **~ly** adv **be ~ly hungry** mít hlad jako vlk

raver ['reivə(r)] n inf fláma, flamendr, hýřil

rave-up ['reivap] n Br somewhat dated sl *(lively party)* divoký večírek

ravine [rə'vi:n] n strž, rokle, úžlabina

raving ['reiviŋ] adj **1** *(mad)* nepříčetný; *(fanatical)* fanatický **2** inf *(as intensifier: complete)* **a r. lunatic** naprostý šílenec; *(striking)* **she is a r. beauty** je to oslňující krasavice, je strašně krásná ● adv inf **he is r. mad** je naprosto šílený ● n **~s** blouznění, blábolení, třeštění, fantazírování

ravioli [rævi'əuli] n raviola, usu pl ravioly taštičky z nudlového těsta

ravish ['ræviš] vt **1** dated *(rape)* zhanobit, znásilnit; arch *(abduct)* unést **2** fig *(delight)* uchvátit, okouzlit, unést

ravishing ['rævišiŋ] adj *(sight)* úchvatný, *(girl)* okouzlující ▪ **~ly** adv úchvatně; **~ly beautiful** oslnivě krásná

ravishment ['rævišmənt] n **1** dated *(rape)* zhanobení, znásilnění; arch *(abduction)* únos **2** *(delight)* extáze, vytržení

raw [ro:] adj **1** *(uncooked: vegetables, meat)* syrový **2** *(unprocessed: sugar, leather, silk, cotton, ore)* surový; *(brick)* nepálený; *(alcohol)* čistý, bez příměsí; **r. material** surovina ♦ **give sb a r. deal** zachovat se ke komu nespravedlivě or neférově **3** *(data)* prvotní, nezpracovaný, hrubý **4** fig *(people: inexperienced)* nezkušený, zelený **5** *(sore: wound)* otevřený, nezahojený; *(skin)* odřený, opruzený; *(nerves)* citlivý; **scratch one's skin r.** rozškrábat si pokožku **6** *(weather, climate)* drsný, nevlídný; *(wind)* syrový **7** Amer *(rude)* hrubý, neslušný, vulgární ● n **1** Amer inf *(go swimming)* **in the r.** nahý, nahatý **2** **touch sb on the r.** inf dotknout se koho na citlivém místě, tnout koho do živého

rawboned [ro:'bəund] adj pej vyzáblý, vychrtlý

rawhide ['ro:haid] n *(skin)* surová kůže ▪ **r. (whip)** býkovec

rawness ['ro:nəs] n see also **raw** **1** *(of meat* etc*)* syrovost **2** *(of leather* etc*)* surovost, nezpracovanost **3** *(of data)* nezpracovanost **4** *(inexperience)* nezkušenost, fig zelenost **5** *(of wound)* nezahojenost **6** *(of weather)* drsnost, nevlídnost **7** Amer *(rudeness)* neslušnost, neslušné chování, hrubost, vulgárnost

ray$_1$ [rei] n **1** *(of light)* paprsek; **a r. of sunlight** sluneční paprsek; **alpha ~s** alfa paprsky **2** fig **a r. of hope** paprsek naděje, světlý bod

ray$_2$ [rei] n *(fish)* rejnok
ray$_3$ [rei] n Mus re solmizační slabika
rayon ['reion] n Text umělé hedvábí, rajon ● adj rajonový, z umělého hedvábí
raze [reiz] vt strhnout, srovnat se zemí; **r. sth to the ground** *(building, town)* srovnat něco se zemí, obrátit něco v prach a popel; **be ~d to the ground** *(be destroyed by fire)* lehnout popelem, shořet do základů
razor ['reizə(r)] n břitva; **safety r.** holicí strojek na žiletky; **electric r.** elektrický holicí strojek ♦ **be on a ~'s edge** fig být v kritické situaci, být na ostří nože ■ **r. blade** (holicí) čepelka
razorback ['reizəbæk] n **1** *(whale)* plejtvák **2** Amer *(pig)* divoký vepř
razorbill ['reizəbil] n Orn alka
razor-sharp ['reizəša:p] adj **1** lit *(blade, knife* etc*)* ostrý jako břitva **2** *(mind)* bystrý
razor-shell ['reizəšel] n Zool střenka mlž
razz [ræz] vt Amer inf škádlit, dobírat si, popichovat
razzle ['ræzl] n dated sl **go on the r.** jít na flám; **be out on the r.** flámovat, být na tahu
razzle-dazzle [ræzl'dæzl], **razzmatazz** [ræzmə'tæz] n inf rachot, jarmareční povyk, křiklavá okázalost
RC [a:'si:] abbr of **1 Red Cross** Červený kříž **2 Roman Catholic** římský katolík
Rd abbr of **Road** silnice, cesta
RE abbr of **Religious Education** *(religion)* náboženská výchova, náboženství
re$_1$ [rei] n Mus re solmizační slabika
re$_2$ [ri:] prep Admin ohledně, ve věci, pokud jde o ...; *(in letter head)* 'věc'; **re your letter** pokud jde o Váš dopis
reach [ri:č] n **1** *(range)* dosah; **within r./ out of r.** na dosah/ mimo dosah; **be within easy r.** být snadno dosažitelný, *(shops, beach* etc*)* být blízko, být nedaleko, být pár kroků od čeho **2** fig **be within/ beyond** or **out of sb's r.** *(job)* být pro někoho dosažitelný/ nedosažitelný, *(car* etc*: in price)* být cenově dostupný/ nedostupný, *(decision)* být/ nebýt v čí kompetenci **3 ~es** *(of river* etc*)* tok, úsek; *(of woodland)* oblast; **the upper/ lower ~es of the Vltava** horní/ dolní tok Vltavy **4 make a r. for sth** sáhnout/ sahat po čem ● **I** vt **1** *(arrive at)* **a)** *(place, town, port* etc*)* *(on foot)* přijít, dojít/ *(run up to)* přiběhnout/ doběhnout/ *(by car* etc*)* přijet, dojet/ *(by boat)* připlout, doplout/ *(by plane)* přiletět/ doletět/ gen dorazit/ dostat se kam; **r. one's destination** dostat se k cíli; **r. the top of the hill** vyjít/ vyjet na kopec; **we ~ed Prague at 9 am** do Prahy jsme přijeli/ přiletěli v 9 ráno ♦ **r. the end of one's tether** být u konce svých sil, být úplně vyřízený **b)** *(letter)* dojít, být doručený; **applications should r. us by Friday** žádosti k nám musí být doručeny do pátku **c)** *(sound)* **r. sb's ears** doletět ke komu, být slyšet, dolehnout/ doléhat ke komu **d)** fig *(come to: conclusion, view)* dojít k čemu; *(decision)* učinit; *(compromise)* dosáhnout čeho; **r. a deadlock** *(in negotiations* etc*)* uváznout na mrtvém bodě, octnout se na mrtvém bodě, dostat se do slepé uličky; **r. maturity** dospět; **r. a peak** vrcholit, kulminovat; **r. an agreement with sb on sth** dohodnout se s kým o čem; **r. the peak of one's career** dostoupit vrcholu své kariéry; **r. an impasse** octnout se ve slepé uličce **2** *(extend as far as, come up/ down to)* sahat kam; **r. the floor** *(curtains)* dosahovat až na zem; **r. the pedals** dosáhnout na pedály; **the water ~ed my waist** voda mi sahala or byla (až) po pás **3** *(by stretching)* dosáhnout or dostat na co **4** *(pass: from a shelf* etc*)* **can you r. me (down) that book?** můžeš mi podat tu knihu? **5** *(contact: person)* spojit se s kým; **r. sb on the phone** spojit se s kým telefonicky **6** Amer Jur *(bribe)* podmazat **II** vi **1** *(with hand, arm)* **r. for sth** sáhnout/ sahat po čem, hmátnout/ hmatat po čem; **r. for a gun** sáhnout po pistoli ♦ **r. for the stars** fig mířit vysoko; **r. for the sky!** Amer joc ruce vzhůru! **2** *(extend: garden, fields* etc*)* sahat or dosahovat (až) k čemu, *(forests, region* etc*)* rozkládat se kam **3** *(be long/ tall enough)* dosáhnout kam; **it won't r.** není to dost dlouhé; **can you r.?** dosáhneš tam? **III** phr vs ■ **reach back** vi *(in time)* sahat do určité doby ■ **reach down** vi **1** *(person)* **r. down for sth** sklonit se or shýbnout se pro co **2** *(clothes, hair* etc*)* sahat (až) po kolena, pás ap. ■ **reach out** *I* vi **r. out for sth** sáhnout po čem *II* vt **r. out one's hand for sth** sáhnout po čem, natáhnout po čem ruku ■ **reach up** vi **1** *(raise one's arm)* zvednout paži; **r. up for sth** natáhnout se (nahoru) pro co **2** *(rise: water level, snow)* **r. up to the windows** sahat až po okna, dosáhnout výše oken
reachable ['ri:čəbl] adj dosažitelný; **is he r. by phone?** je k dosažení telefonicky?
reach-me-downs ['ri:čmidaunz] n inf obnošené šatstvo předávané mladším sourozencům ap.
react [ri'ækt] vi reagovat
reaction [ri'ækšn] n **1** Chem, Phys, Med reakce; **chain r.** lit & fig řetězová reakce **2** *(response)* reakce; **what was her r. to the news?** jak na tu zprávu reagovala? **3** Pol reakce; **the forces of r.** reakční síly
reactionary [ri'ækšənəri] adj pej reakční, zpátečnický ● n (pl **-ies**) zpátečník/ zpátečnice, reakcionář/ -ka

reactivate [ri'æktiveit] vt reaktivovat

reactor [ri'æktə(r)] n Phys reaktor

read [ri:d] n **1** *(act of ~ing)* čtení; **have a quiet r.** v klidu si počíst; **can I have a r. of your paper?** mohu si přečíst vaše noviny? **2** *(~ing matter)* čtení, čtivo; **it's a good r.** je to výborné čtení, hezky se to čte, je to velmi čtivé ● v (pt & pp **read** [red]) **I** vt **1 a)** *(book, magazine etc)* (pře)číst; *(poem: recite)* recitovat, přednášet/ přednést; *(paper at conference)* přednést; **r. sb sth** přečíst někomu něco; **r. a paper** přednést referát, referovat; **r. sb to sleep** uspat koho čtením **b)** Comput *(data, file)* číst, snímat **c)** *(interpret)* **r. sth as ...** vyložit si or interpretovat něco jako ... ♦ **we can take it as read** [red] **that ...** můžeme předpokládat, že ... **d)** *(make out)* **r. music** znát noty; **r. cards** vykládat karty; **r. the stars** hádat z hvězd; **r. sth from sb's eyes** vyčíst komu co z očí ♦ **r. sb's mind** číst komu myšlenky; **r. sb like a book** vidět někomu do svědomí, vidět někomu až do žaludku; **r. sb's lips** lit odečítat komu ze rtů; fig **r. my lips** dobře mě poslouchejte **e)** *(communication by radio)* **do you r. me?** slyšíte mě? **2** *(have a wording)* **the sign ~s 'Stop'** na značce je „Stop" **3** *(of measuring instruments)* ukazovat; **the thermometer is ~ing 25 degrees** teploměr ukazuje 25 stupňů **4** *(at university)* studovat **II** vi **1** číst (**about sth** o čem); **r. aloud**, **r. out loud** číst nahlas; **he ~s well** čte dobře, *(learner)* umí dobře číst; **r. to sb** předčítat or číst někomu ♦ **r. between the lines** číst mezi řádky **2** *(have wording)* znít; **the letter ~s as follows** dopis zní následovně **3** *(give an impression)* **the book ~s well/ badly** kniha se čte dobře/ špatně **4** Br Univ *(study)* studovat; **r. for an examination** připravovat se na zkoušky; **r. for a history degree** studovat historii **III** phr vs ■ **read back** vt *(eg dictated letter from shorthand, telephone number)* přečíst znovu, zopakovat ■ **read in** vt Comput *(data)* načítat, zavádět ■ **read into** vt **you shouldn't r. too much into it** nesmíte tomu přikládat příliš velkou důležitost ■ **read off** vi **1** *(list)* přečíst **2** *(figures from a dial)* vyčíst ■ **read on** vi číst dál, pokračovat ve čtení ■ **read out** vt *(letter etc)* přečíst něco nahlas ■ **read over** or **through** vt **r. sth over** or **through** pročíst or přečíst si něco, *(reread: speech, paper etc)* přečíst si něco znovu ■ **read up** vt(i) **r. up (on) sth** prostudovat si něco, nastudovat si prameny k čemu

read [red] pt & pp of **read** [ri:d] ● adj **be well/ badly r.** být/ nebýt sečtělý

readable ['ri:dəbl] adj **1** *(handwriting)* čitelný **2** *(interesting)* **the book is r.** ta kniha se dá číst

readdress [ri:ə'dres] vt *(mail)* přeadresovat, poslat na jinou adresu

reader ['ri:də(r)] n **1** *(of books etc)* čtenář/ -ka; *(of a conference paper)* referent; **he's an avid** or **keen r.** je vášnivý čtenář **2** Comput snímač, čtečka; **r. for microfilm cards** snímač mikrofilmových štítků **3** *(schoolbook)* čítanka, *(anthology)* antologie; **a child's r.** slabikář **4** Br Univ ≅ docent **5** Typ (tiskárenský) korektor

readership ['ri:dəšip] n **1** *(of magazine etc)* čtenářstvo **2** Br Univ *(post)* docentura

readily ['redili] adv **1** *(without hesitation)* pohotově; *(willingly)* ochotně **2** *(easily)* snadno, lehce

readiness ['redinəs] n see **ready 1** připravenost; Mil pohotovost; **r. for battle** bojová pohotovost **2** *(willingness)* ochota; **r. to help** ochota pomoci

reading ['ri:diŋ] n **1** gen čtení, četba; *(recital)* četba, *(of poetry)* recitace, přednes, *(evening of poetry r.)* recitační večer; **a man of wide r.** sečtělý člověk ■ **r. book** čítanka; **r. desk** čtenářský pult; **r. glass** čtecí lupa; **r. glasses** brýle na čtení; **r. lamp** stolní lampa; **r. list** doporučená četba; **the r. public** čtenářstvo, čtenářská obec; **r. room** studovna, čítárna; **a r. knowledge of a language** pasivní znalost jazyka **2** *(r. material)* četba, čtení, inf čtivo **3** *(of instrument, gauge)* údaj, hodnota **4** *(interpretation)* interpretace, výklad, hodnocení; **what's your r. of the situation** jak se na situaci díváte vy? **5** *(version)* verze, (textová) varianta, (různo)čtení **6** Pol Parl *(of bill)* čtení

readjust [ri:ə'džast] **I** vt **1** *(mechanism, instrument)* znovu nastavit; *(prices)* přizpůsobit **2 r. oneself** přizpůsobit se **II** vi znovu se přizpůsobit (**to sth** k čemu)

readjustment [ri:ə'džastmənt] n přizpůsobení se; *(of mechanism)* opětné nastavení

ready ['redi] adj (**-ier, -iest**) **1** *(prepared)* připravený (**for sth** na co); *(meal also)* hotový, uvařený; **are you r.?** jsi už připraven?; **she's getting r.** připravuje se, chystá se; **dinner is r.** jídlo je hotové **2** *(willing)* ochotný; **be r. to do sth** být ochoten něco udělat; **be r. to die** být odhodlaný umřít; **he's always r. to lend a hand** je vždy ochoten pomoci **3** *(quick)* pohotový, rychlý; **have a r. wit** být pohotový a vtipný; **have a r. answer** mít odpověď po ruce, pohotově odpovědět, nechodit pro odpověď daleko **4** inf **be r. to drop** být utahaný k smrti, být zbitý jako pes; **I'm r. to drop** ještě chvíli a padnu **5** *(within reach)* pohotově; **r. to hand** po ruce; **r. cash** hotové peníze; **pay r. money** platit hotovými or hotově ● n **1 have sth at the r.** *(pen, gun)* mít něco pohotově **2 readies** inf *(cash)* prachy ● vt (pt & pp **-ied**) *(prepare)* připravit; **r. oneself for sth** připravit se na něco ■ adv see **readily**

ready-cooked [redi'kukt] adj předvařený, předem uvařený

ready-made [redi'meid] adj **1** *(clothes)* konfekční **2** *(excuse, answer)* pohotový, předem přichystaný

ready-to-serve [reditə'sə:v] adj **r.-to-s. meals** hotová jídla

ready-to-wear [reditə'weə(r)] adj *(clothes)* konfekční

reaffirm [ri:ə'fə:m] vt *(assert again)* znovu potvrdit, znovu zdůraznit

reafforest [ri:ə'forist] vt znovu zalesnit

reagent [ri'eidžənt] n Chem reagent, činidlo

real [riəl] adj **1** *(not imaginary: object, life, world)* skutečný, reálný; **a r. event** skutečná událost; **it's a r. problem** je to skutečný problém **2** *(authentic: silk, pearls)* pravý; **r. ale** opravdové pivo vyráběné tradičně; **r. coffee** zrnková káva; **the r. cause** vlastní příčina; **a r. man** pravý or celý muž; **the r. state of affairs** pravý stav věcí; **in the r. sense of the word** v pravém slova smyslu; **mask one's r. intentions** skrývat své skutečné záměry ♦ **it's the r. thing** to je to pravé, *(true love)* to je opravdová láska ♦ **get r.!** sl probuď se! **3** *(proper: Socialist)* opravdový, pravý; *(rest, holiday)* pořádný, jaksepatří; *(bad luck)* vyložený; *(danger)* reálný; **he's a r. treasure** je to zlatý člověk, je to učiněný poklad; **miss one's r. vocation** minout se povoláním; **he looks a r. sight** vypadá hrozně, na něho je teda pohled **4 r. estate** nemovitost, realita ● adv Scot Amer inf velice, úžasně, děsně; **have a r. good time** úžasně se (po)bavit ● n **1** Philos skutečno **2 for r.** inf Sport *(play)* na ostro; **is it for r.?** *(do you mean it?)* myslíš to vážně? ■ adv see **really**

realign [ri:ə'lain] vi Pol přeskupit se

realignment [ri:ə'lainmənt] n Pol přeskupení

realism ['riəlizəm] n realismus

realist ['riəlist] n realista

realistic [riə'listik] adj realistický; *(attitude)* praktický, střízlivý; *(wages)* adekvátní; *(expectations)* reálný ■ **~ally** adv realisticky, reálně; **~ally you can't expect them to ...** reálně od nich nemůžeš očekávat, že ...

reality [ri'æləti] n skutečnost, realita; **in r.** ve skutečnosti, fakticky; **become r.** uskutečnit se, realizovat se

realizable ['riəlaizəbl] adj uskutečnitelný

realization [riəlai'zeišn] n **1** *(awareness)* poznání, uvědomění si **2** *(fulfilment: of aim, dream)* uskutečnění, realizace **3** Fin *(of assets)* realizace, zpeněžení

realize ['riəlaiz] vt **1** *(become aware of, understand)* uvědomit si, pochopit; **do you r. that ...?** uvědomuješ si, že ...; **at last I ~d that ...** nakonec jsem pochopil, že ..., inf nakonec mi došlo, že ... **2** *(achieve: goal, aim, dream)* uskutečnit, realizovat; **r. one's (full) potential** plně se realizovat **3** Fin *(assets)* realizovat

really ['riəli] adv **1** *(actually)* skutečně, opravdu, vážně; *(in reality)* ve skutečnosti; **do you r. mean it?** myslíš to vážně? **is it r. him?** je to opravdu on? **2** *(used as intensifier)* skutečně, doopravdy; **it was r. beautiful** bylo to doopravdy krásné **3** *(with negative statements)* vlastně; **it's nothing r.** *(it doesn't matter)* to vlastně ani nevadí; **I don't r. know him** já ho vlastně ani neznám; **I didn't r. mean it** já jsem to tak nemyslel **4** *(expressing surprise, doubt, mild protest)* **oh, r.?** vážně?, fakt?, to snad ne?

realm [relm] n fml **1** *(kingdom)* království, říše **2** fig *(domain, field)* sféra, oblast, obor; **the r. of politics** sféra politiky

ream [ri:m] n **1** *(of paper)* rys dříve 480 archů, nyní 500 **2 ~s** inf fig kvanta, stohy; **write ~s on sb/ sth** psát o kom/ čem celé romány, líčit něco rozvláčně or zeširoka

reap [ri:p] **I** vt **1** Agr *(corn)* kosit, žnout, sklízet **2** fig sklízet/ sklidit; **r. the benefits of one's endeavour** sklízet ovoce své práce; **r. the full benefits of sth** plně si něčeho užít ♦ **(sow the wind and) r. the whirlwind** kdo seje vítr, sklidí bouři **II** vi žnout, sklízet

reaper ['ri:pə(r)] n **1** *(person)* sekáč, žnec/ žnečka **2** *(machine)* sekačka; **r. and binder** samovazač **3 the (Grim) R.** fig *(death)* zubatá s kosou, smrtka

reappear [ri:ə'piə(r)] vi objevit se znovu, opět se objevit, *(sun, person* also*)* znovu se ukázat

reappearance [ri:ə'piərəns] n znovuobjevení (se)

reappraisal [ri:ə'preizl] n přehodnocení, přezkoumání

reappraise [ri:ə'preiz] vt přehodnotit, přezkoumat

rear$_1$ [riə(r)] n **1** *(of garden, yard* etc*)* zadní část, zadek, *(of building)* zadní trakt; **at the r. of the house** *(outside)* (vzadu) za domem, *(inside)* vzadu v domě; *(viewed)* **from the r.** zezadu **2** Mil týl ♦ **attack sb from the r.** vpadnout někomu do týla, fig vpadnout někomu do zad; **bring up the r.** fig uzavírat průvod, kráčet poslední **3** inf *(buttocks)* zadnice, zadek; **a kick in** or **on the r.** kopanec do zadku ● adj *(entrance, wheel, seat, lights)* zadní; Mil týlový; **r. admiral** Mil Naut kontradmirál

rear$_2$ [riə(r)] I vt 1 *(animals)* chovat, pěstovat; *(children)* vychov(áv)at; *(plants)* pěstovat 2 **r. its head** *(animal)* vztyčit or vzpřímit hlavu; **racism ~ed its ugly head again** fig strašidlo rasismu opět vystrkuje růžky II vi **r. (up)** *(horse)* vzpínat se/ vzepnout se

rearguard ['riəga:d] n Mil zadní voj; **r. action** boj zadního voje, fig ústupový manévr

rearm [ri'a:m] v(i)t Mil znovu (se) vyzbrojit

rearmament [ri'a:məmənt] n znovuvyzbrojení

rearrange [ri:ə'reindž] vt 1 *(objects)* přeskupit; *(books)* přeřadit; *(furniture)* přestavit; *(flat, room)* zařídit jinak; **r. one's hair** upravit si vlasy 2 *(fix new date of: meeting* etc*)* změnit dobu konání čeho, přeložit

rearrangement [ri:ə'reindžmənt] n (see **rearrange**) 1 přeskupení, přeřazení, přestavení 2 změna doby konání, přeložení

rearview mirror [riəvju:'mirə(r)] n Aut zpětné zrcátko

reason ['ri:zn] n 1 *(cause)* důvod, příčina, pohnutka; **all the more r.** tím spíše; **be the r. for sth** být příčinou čeho; **by r. of ...** fml pro, kvůli; **for ~s of space** pro nedostatek místa; **for health ~s** ze zdravotních důvodů; **for some r.** z nějakého důvodu; **for technical ~s** z technických důvodů; **for this r.** z tohoto důvodu; **for that r.** proto, z toho důvodu; **for no r. at all** bez příčiny; **for ~s best known to him** z důvodů, které zná nejlépe on; **give me your ~s for leaving** jaké máš důvody k odchodu?; **I have my ~s** mám k tomu své důvody; **I have ~s to believe that ...** mám důvodné podezření, že ...; *(why do you ask?)* — **no particular r.** jen tak; **he didn't say that without r.** neřekl to jen tak; **you have no r. to complain** nemáš si proč stěžovat; **within r.** v rozumných mezích ♦ **have neither rhyme or r.** nemít ani hlavu ani patu 2 *(rationality)* rozum; **be bereft of r.** být zbaven rozumu; **be endowed with r.** být obdařený rozumem; **only man has r.** jen člověk má rozum; **she has lost her r.** ztratila rozum, pominula se 3 *(common sense)* **listen to r.** dát or nechat si říct, dát si poradit; **see r.** dostat rozum, umoudřit se ♦ **it stands to r.** to je samozřejmé ● I vi 1 *(think logically)* (logicky) uvažovat 2 *(argue)* **r. with sb** přesvědčovat koho; **there's no ~ing with him** s ním se nedá rozumně mluvit II vt 1 *(persuade)* **r. sb out of sth** vymluvit co komu; přesvědčit někoho, aby něco nedělal 2 **r. that ...** tvrdit, že ... III phr v ■ **reason out** vt *(problem)* vyřešit; **r. out why/ how ...** vydedukovat proč/ jak ...

reasonable ['ri:znəbl] adj 1 *(sensible: person, attitude, explanation)* rozumný; **be r.!** buď rozumný!, měj rozum! 2 *(moderate: price)* mírný, dostupný; **their prices are r.** mají rozumné ceny, je tam lacino 3 *(fair: fee)* přiměřený; *(tolerable: weather)* obstojný; **she speaks r. English** mluví obstojně anglicky ■ **reasonably** adv 1 *(sensibly: behave, argue)* rozumně 2 *(quite)* **reasonably well** docela dobře, obstojně; **reasonably good** docela dobrý

reasoned ['ri:znd] adj *(argument)* logický, promyšlený, *(approach)* zdůvodněný

reasoning ['ri:zəniŋ] n uvažování, usuzování

reassemble [ri:ə'sembl] I vt 1 *(people)* znovu shromáždit 2 Techn remontovat, znovu smontovat II vi *(people)* znovu se shromáždit

reassess [ri:ə'ses] vt přehodnotit

reassessment [ri:ə'sesmənt] n přehodnocení

reassurance [ri:ə'šuərəns] n *(assurance)* opětovné ujištění; *(comfort)* útěcha, uklidnění, vzpruha

reassure [ri:ə'šuə(r)] vt *(comfort)* uklidnit, (opětně) ujistit

reassuring [ri:ə'šuəriŋ] adj konejšivý, uklidňující ■ **~ly** adv uklidňujícím způsobem, konejšivě

reawaken [ri:ə'weikn] I vt znovu probudit; *(feelings)* oživit II vi *(from sleep)* znovu se probudit

rebate ['ri:beit] n 1 *(on goods)* sleva, rabat 2 **tax r.** odpis daní; *(refund)* refundace, vrácení části zaplacené částky

rebel ['rebl] n povstalec, rebel, vzbouřenec, buřič ■ **r. forces** povstalecké síly ● [ri'bel] vi (vz)bouřit se, povstat; *(against authority)* vzepřít se komu/ čemu

rebellion [ri'beljən] n povstání, vzpoura, bouře; **foment r.** štvát ke vzpouře; **rise (up) in r.** udělat vzpouru, vzbouřit se

rebellious [ri'beljəs] adj *(nation, acts)* buřičský, rebelantský, odbojný, *(teenager)* vzpurný, vzdorovitý ■ **~ly** adv odbojně, vzpurně

rebelliousness [ri'beljəsnəs] n buřičství, odbojnost, vzpurnost

rebirth [ri:'bə:θ] n znovuzrození; *(revival)* renesance

reborn [ri:'bo:n] adj znovuzrozený; **be r.** znovu se narodit; **I feel r.** cítím se jako znovuzrozený

rebound ['ri:baund] n *(of ball)* odraz; *(catch a ball)* **on the r.** při odrazu; **marry**

sb on the r. inf oženit se s kým na truc or ze vzteku pod vlivem dřívějšího zklamání ● [ri'baund] vi 1 *(ball)* odskočit, odrazit se (**against sth** od čeho) 2 fig **r. on sb** *(decision, scheme)* obrátit se proti komu 3 *(recover: prices, shares* etc*)* znovu stoupat, jít nahoru

rebroadcast [ri:'bro:dka:st] vt opakovat, (od)vysílat znovu ● n opakování rozhlasového programu

rebuff [ri'baf] n příkré or strohé odmítnutí, odbytí; **meet with a r.** být stroze odmítnut; *(from opposite sex)* dostat košem ● vt **r. sb** stroze koho odmítnout; dát komu košem

rebuild [ri:'bild] vt (pt & pp **rebuilt** [ri:'bilt]) 1 *(building)* přestavět, znovu vystavět, *(adapt)* adaptovat; *(factory)* rekonstruovat 2 *(economy, relations)* obnovit

rebuilding [ri:'bildiŋ] n (see **rebuild**) přestavba, adaptace, rekonstrukce; obnova

rebuke [ri'bju:k] n důtka, pokárání, výtka ● vt pokárat, udělit komu důtku; **r. sb for sth** pokárat koho za co; **r. sb for being careless** pokárat koho za nedbalost

rebus ['ri:bəs] n rébus

rebut [ri'bat] vt (**-tt-**) *(argument)* vyvrátit

rebuttal [ri'batl] n vyvrácení

rec abbr of **recreation ground** rekreační prostor přístupný veřejnosti

recalcitrance [ri'kælsitrəns] n vzpurnost, vzdorovitost

recalcitrant [ri'kælsitrənt] adj vzpurný, vzdorovitý

recall [ri'ko:l] n 1 Mil povolání; *(signal)* signál k návratu; *(of embassy staff)* odvolání, povolání zpět; *(of library book)* požadavek na vrácení, *(of faulty goods)* stažení ♦ **disappear beyond r.** zmizet v nenávratnu 2 *(memory)* paměť, vybavovací schopnost; **total r.** fotografická paměť; **powers of r.** vybavovací schopnost 3 Comput znovuvyvolání ● vt 1 *(remember)* vzpomenout si na, vybavit si, upamatovat se; **I don't r. his name** nemohu si vzpomenout, jak se jmenuje; **as I r.** pokud si vzpomínám 2 *(summon back)* vyzvat k návratu, *(ambassador)* odvolat; *(library book)* upomínat vrácení; Mil *(reservists)* povolat; *(faulty goods)* stáhnout 3 Comput znovu vyvolat

recant [ri'kænt] I vt odvolat, *(heresy* also*)* zříci se čeho veřejně, odříci se čeho II vi učinit odvolání, odvolat

recantation [ri:kæn'teišn] n odvolání, zřeknutí se

recap$_1$ ['ri:kæp] n inf *(summary)* shrnutí ● vt, vi (**-pp-**) inf *(summarize)* shrnout, krátce zopakovat

recap$_2$ [ri:'kæp] n Amer *(of tyre)* nový protektor ● vt (**-pp-**) *(retread: tyre)* protektorovat

recapitulate [ri:kə'pitjuleit] vt, vi shrnout, krátce zopakovat, rekapitulovat

recapitulation [ri:kəpitju'leišn] n rekapitulace, souhrn, shrnutí

recapture [ri:'kæpčə] vt 1 *(animal)* znovu chytit, *(prisoner)* znovu chytit cr dopadnout; *(town, position)* znovu dobýt 2 fig *(feeling, atmosphere)* zachytit, evokovat; *(memory)* oživit ● n 1 *(of prisoner)* opětné dopadení; *(of town)* znovudobytí 2 fig zachycení, evokace

recast [ri:'ka:st] vt (pt & pp **recast**) 1 *(reformulate: sentence, paragraph)* přeformulovat, přepsat, *(article)* přestylizovat 2 Theat *(play)* přeobsadit, nově obsadit; *(actor)* dát komu jinou roli 3 Metal znovu odlít, přelít ● n přelití, přetavení

recce ['reki] n Mil inf průzkum; **go on a r.** jít na průzkum ● vi(t) provádět průzkum (čeho)

recd Comm abbr of **received** přijato

recede [ri'si:d] vi 1 *(move back)* vzdálit se; *(waters)* opadat, *(water level)* poklesnout; **the tide was receding** začal odliv 2 fig *(hope)* mizet, rozplynout se; *(fear)* ztrácet se 3 **his hair has started to r.** začínají se mu dělat kouty, začínají mu vpředu řídnout vlasy, začínají mu ustupovat vlasy

receding [ri'si:diŋ] adj *(chin, forehead)* ustupující, *(hair)* řídnoucí

receipt [ri'si:t] n 1 *(act of receiving)* příjem, obdržení; **acknowledge r. of sth** potvrdit příjem čeho; **pay on r.** platit při příjmu; **on r. of the goods** po obdržení or přijetí zboží 2 *(in writing)* potvrzení, stvrzenka, potvrzenka, kvitance; **postal r.** podací lístek; *(for a purchase)* účtenka, účet 3 **~s** *(money)* tržba, příjmy ● vt kvitovat, dát potvrzení na co, potvrdit

receive [ri'si:v] I vt 1 *(get)* dostat, obdržet, přijmout; *(salary, pension)* dostávat, pobírat; *(stolen goods)* přechovávat; **we have not ~d your letter yet** váš dopis nám ještě nedošel; *(training)* absolvovat 2 *(blow)* dostat; *(injuries)* utrpět; **we ~d excellent treatment** výborně s námi zacházeli ♦ **r. one's just deserts** neuniknout trestu, být po zásluze potrestán 3 *(visitors, new members)* přijmout; **be well ~d** být dobře přijat; **r. sb with open arms** přijmout někoho s otevřenou náručí 4 *(signal)* zachytit; **are you receiving me?** slyšíte mě? II vi 1 *(visitors)* přijímat návštěvy 2 Tennis být na příjmu 3 Jur přechovávat kradené zboží

received [ri'si:vd] adj 1 **r. opinion** všeobecný názor 2 **R. Pronunciation** Br spisovná výslovnost britské angličtiny

receiver [ri'si:və(r)] n **1** *(person)* příjemce; *(of stolen goods)* přechovávač/ -ka kradeného zboží **2** Jur, Fin **the (official) r.** likvidátor **3** *(on telephone)* sluchátko; **lift/ replace the r.** zvednout/ položit sluchátko **4** *(radio)* přijímač **5** Tennis příjemce servisu, hráč na příjmu

receiving [ri'si:viŋ] adj **be on the r. end of sth** odnést si to za něco; **I am on the r. end of his fits of temper** já musím snášet jeho špatné nálady

recent ['ri:sənt] adj nedávný, *(news)* čerstvý, aktuální, nejnovější; **in r. years** v posledních letech ■ **~ly** adv nedávno, v těchto dnech, v poslední době, poslední dobou, v posledním čase; **until (quite) ~ly** až do nedávna

receptacle [ri'septəkl] n nádoba, nádržka

reception [ri'sepšn] n **1** *(welcome)* přivítání, uvítání, přijetí; **get a warm r.** být vřele přivítán ■ **r. camp** sběrný tábor; **r. centre** Br přijímací středisko; **r. class** *(in infant school)* přípravná třída; **r. room** přijímací pokoj **2** *(in hotel)* **r. (desk)** recepce; **at r.** v recepci ■ **r. clerk** Amer recepční **3** *(formal party)* recepce, banket; **give a r.** pořádat recepci **4** TV, Rad příjem

receptionist [ri'sepšənist] n recepční

receptive [ri'septiv] adj vnímavý, receptivní; **be r. to new ideas** být přístupný novým nápadům

receptor [ri'septə(r)] n Anat receptor

recess [ri'ses] n **1** Parl parlamentní prázdniny; Jur soudní prázdniny **2** Amer Sch přestávka **3** Amer Jur přestávka v jednání, odročení jednání **4** *(alcove)* výklenek **5** *(secret place)* zákoutí, tajný kout(ek); **the inmost ~es of one's heart** tajné záhyby duše ● **I** vt *(meeting, hearing)* odložit, odročit **II** vi odložit zasedání, udělat přestávku v jednání

recession [ri'sešn] n Econ recese

recharge [ri:'ča:dž] **I** vt *(battery)* znovu nabí(je)t, dobí(je)t; *(rifle)* znovu nabít ♦ **r. one's batteries** fig načerpat nových sil **II** vi nabí(je)t se, dobí(je)t se ● n opětné nabití, opětné dobití

rechargeable [ri'ča:džəbl] adj *(battery)* dobíjitelný, znovu nabíjecí, znovu dobíjecí

recidivism [ri'sidivizəm] n recidiva

recidivist [ri'sidivist] n recidivista

recipe ['resəpi] n recept, předpis; *(secret)* tajemství; **a r. for success** recept na úspěch

recipient [ri'sipiənt] n příjemce, *(of mail also)* adresát

reciprocal [ri'siprəkl] adj **1** *(mutual)* reciproční, vzájemný, obapolný **2** Ling *(reflexive verbs)* reciproční **3** Math reciproční, reciproký ■ **~ly** adv vzájemně, navzájem; *(trade)* mezi sebou

reciprocate [ri'siprəkeit] **I** vt *(smiles)* opětovat; *(help, invitation)* revanšovat se za **II** vi revanšovat se

reciprocity [resi'prosəti] n reciprocita, vzájemnost

recital [ri'saitl] n **1** Mus recitál; **piano r.** klavírní recitál **2** *(account: of details)* výčet, podrobné vylíčení

recitation [resi'teišn] n deklamace, recitace, přednes

recitative [resitə'ti:v] n recitativ

recite [ri'sait] **I** vt **1** *(poetry)* přednášet, recitovat, deklamovat **2** *(facts)* líčit, *(details)* vypočítávat/ vypočíst; **r. one's tables** Math odříkávat násobilku **II** vi recitovat, přednášet

reckless ['rekləs] adj lehkomyslný; *(rash)* unáhlený; *(thoughtless)* bezhlavý, bezmyšlenkovitý; *(fearless)* opovážlivý; **r. driving** bezohledná hazardní jízda, nedodržování dopravních předpisů ■ **~ly** adv lehkomyslně; unáhleně; bezhlavě, bezohledně

recklessness ['rekləsnəs] n lehkomyslnost, unáhlenost, opovážlivost

reckon ['rekən] **I** vt **1** *(calculate; costs, time* etc*)* (vy)počítat, spočítat, vypočíst **2** *(consider, judge)* považovat; **he's ~ed to be the best player** je považován za nejlepšího hráče **3** *(think, suppose)* myslet si; *(estimate)* odhadnout/ odhadovat, předpokládat; **I r. we should do it** myslím si, že bychom to měli udělat; **I r. he is about 60** řekl bych, že je mu asi 60; **r. sb on a par with sb** stavět koho na roveň s kým **II** vi počítat **III** phr vs ■ **reckon on** vt **r. on sb/ sth** počítat s kým/ čím; **I r. on completing it soon** počítám, že to brzy skončím ■ **reckon up** vt *(bill* etc*)* spočítat ■ **reckon with** vt počítat s; **he's a man to be ~ed with** s ním je třeba počítat ■ **reckon without sb/ sth** nepočítat s kým/ čím

reckoner ['rekənə(r)] n **ready r.** matematické tabulky

reckoning ['rekəniŋ] n *(calculation)* výpočet; *(estimation)* odhad; **be out in one's r.** přepočítat se ♦ **the day of r.** Relig & fig den zúčtování; **there'll be a heavy r. to pay** to ti/ nám/ vám etc přijde draho

reclaim [ri'kleim] vt **1** *(land)* zúrodnit, kultivovat, *(marsh, sea)* vysušit, *(desert)* zavlažit/ zavlažovat **2** *(get back)* dostat zpět, získat zpět, *(luggage)* vyzvednout si **3** fml *(person: from sin)* napravit **4** *(recycle)* recyklovat ● n **1 be past** or **beyond r.** být nenapravitelný **2 baggage** or **luggage r.** výdej zavazadel

reclamation [reklə'meišn] n **1** *(of land)* zúrodnění, kultivace; *(of marshland)* vysušení; *(of desert)* zavlažení/ zavlažování **2** *(of possessions)* znovunabytí **3** *(recycling)* recyklace, recyklování

recline [ri'klain] **I** vt *(head)* opřít se čím; *(seat)* sklopit **II** vi *(person: be stretched out)* ležet, být natažen; *(lie back)* uložit se; *(seat)* být sklápěcí

reclining [ri'klainiŋ] adj *(seat)* sklápěcí např. v letadle; Art *(nude* etc*)* ležící; **r. chair** sklápěcí křeslo

recluse [ri'klu:s] n poustevník/ poustevnice, samotář/ -ka; **live like a r.** vést poustevnický život, být jako jezevec

reclusive [ri'klu:siv] adj samotářský, odloučený od světa

recognition [rekəg'nišn] n **1** *(acknowledgment)* uznání; **in r. of** jako projev uznání; **win r.** získat uznání, prosadit se **2** *(identification)* poznání, rozpoznání; *(he wore a false beard)* **to avoid r.** aby nebyl poznán, aby ho nepoznali; **change out of all r.** změnit se k nepoznání

recognizable ['rekəgnaizəbl] adj poznatelný, rozeznatelný, znatelný; **be r. by sth** dát se poznat podle čeho ■**recognizably** adv zřejmě, zjevně, očividně

recognize ['rekəgnaiz] vt **1** *(know again)* poznat, *(identify* also*)* rozpoznat; **fail to r.** nepoznat; **I ~d him by his knock** poznal jsem ho podle klepání **2** *(acknowledge)* gen & Pol uznat; *(diploma)* nostrifikovat; **refuse to r. a treaty** neuznat smlouvu **3** *(be aware of)* být si vědom čeho, *(admit)* přiznat

recognized ['rekəgnaizd] adj uznávaný; *(accredited: agent, school* etc*)* akreditovaný, pověřený

recoil [ri'koil] vi **1** Mil *(cannon)* mít zákluz; *(rifle)* mít zpětný ráz **2** *(of person)* ucuknout, couvnout; fig **r. in horror** s hrůzou se odvrátit; **r. in fear** uskočit strachy **3** fig *(rebound)* **r. on sb** fig vymstít se komu, vrátit se komu zpět jako bumerang, obrátit se proti komu ● ['ri:koil] n *(of cannon)* zákluz; *(of rifle)* zpětný ráz

recollect [rekə'lekt] **I** vt vzpomenout si, upamatovat se na, vybavit si; **I r. that ...** vzpomínám si, že ... **II** vi vzpomínat si, upamatovat se; **as far as I can r.** pokud si vzpomínám

recollection [rekə'lekšn] n vzpomínka; **to the best of my r.** pokud si dobře pamatuji; **have only a hazy r. of sth** vzpomínat si na něco jen mlhavě

recommence [ri:kə'mens] vt, vi začít znovu

recommend [rekə'mend] vt **1** *(put in a good word for)* doporučit; **r. sb to sb** doporučit koho komu (**for sth** pro něco) **2** *(advise)* doporučit, poradit; **r. sb to do sth** poradit komu co; poradit komu, aby něco udělal; **it is not to be ~ed** to se nedoporučuje **3** arch or fml **r. one's soul to God** svěřit svou duši Bohu

recommendable [rekə'mendəbl] adj doporučitelný

recommendation [rekəmen'deišn] n doporučení, rada; **on sb's r.** na čí radu; **a letter of r.** doporučující dopis

recompense ['rekəmpens] n **1** *(reward)* odměna, odplata **2** Jur *(compensation)* odškodné, odškodnění ● vt **r. sb for sth** odměnit se komu za co, *(for damage, loss)* odškodnit koho za co

reconcile ['rekənsail] vt **1** *(people)* (u)smířit; *(dispute, difference)* urovnat **2** *(make compatible: aims, statements, ideas* etc*)* uvést v soulad **3** **r. oneself to sth** smířit se s čím

reconciliation [rekənsili'eišn] n *(of people)* smíření, smír; *(of differences)* urovnání; *(of opinions)* uvedení v soulad

recondite ['rekəndait] adj fml *(subject)* abstrúzní, ezoterický; *(writer)* obskurní

recondition [ri:kən'dišn] vt důkladně opravit; *(engine)* provést generálku čeho; *(tyre)* protektorovat

reconnaissance [ri'konisəns] n Mil (inf also **recce**) průzkum, rekognoskace ■ **r. patrol** průzkumná hlídka

reconnoitre, Amer **reconnoiter** [rekə'noitə(r)] **I** vt Mil (pro)zkoumat, rekognoskovat **II** vi provést/ provádět průzkum

reconquer [ri:'koŋkə(r)] vt Mil znovu dobýt

reconquest [ri:'koŋkwest] n Mil znovudobytí

reconsider [ri:kən'sidə(r)] **I** vt *(consider again: decision)* znovu přezkoumat, znovu posoudit, znovu zvážit, *(revise)* revidovat **II** vi změnit názor; *(change one's mind)* rozmyslet si to

reconsideration [ri:kənsidə'reišn] n znovuposouzení, opětné přezkoumání, *(change)* revize

reconstitute [ri:'konstitju:t] vt **1** *(committee, board)* znovu vytvořit, reorganizovat **2** *(food)* připravit z prášku; *(dried milk)* rozpustit ve vodě

reconstruct [ri:kən'strakt] vt **1** *(building, bridge)* přestavět, rekonstruovat; *(city)* přebudovat, přestavět; *(national economy)* obnovit **2** *(crime)* rekonstruovat

reconstruction [ri:kən'strakšn] n (see **reconstruct**) přestavba, přebudování, rekonstrukce; obnova; **International Bank for R. and Development** Mezinárodní banka pro obnovu a rozvoj

record ['reko:d] n **1** *(account)* záznam; *(of meeting)* zápis, protokol; *(of attendance)* listina; *(official document)* doklad, podklad; **a photographic r.** obrazový záznam, obrazová dokumentace; **for the r.** pro pořádek; **he went on r. as saying ...** veřejně prohlásil, že ...; **it is on r. that ...** je doloženo, že ...; **keep a r. of sth** vést o čem záznam; **make a r. of sth** zaznamenat něco; **there's no r. of it** není o tom písemný doklad; **to put** or **set the r. straight** aby bylo jasno; **this is off the r.** toto je neoficiální, mezi námi řečeno **2** *(past history)* **a)** *(achievement)* úspěchy; **have an excellent r.** dosáhnout výborných výsledků, *(at school* also*)* mít výborný prospěch, být dobrým žákem; **academic r.** vzdělání; **have a good r. of service** být výborným pracovníkem; **the applicant with the best r.** žadatel s nejlepšími předpoklady; **spoil one's r.** pokazit si to **b) have a good attendance r.** mít dobrou docházku; **her attendance r. is bad** (ona) má špatnou docházku, často chyběla **c) have a good r. for safety** *(car, plane)* osvědčit se z bezpečnostního hlediska; **this firm has an excellent r. for quality** tato firma je vyhlášená kvalitou svého zboží **d) (criminal) r.** trestní rejstřík; **he hasn't got a r.** nebyl trestán **e) case r.** Med chorobopis, popis choroby **3** *(data)* usu **~s** evidence; *(historical)* archiv; **Public ~s** veřejný archiv **4** Mus (gramofonová) deska, gramodeska; *(recording)* nahrávka; **long-playing r.** dlouhohrající deska, elpíčko ▪ **r. player** gramofon; **r. collection** diskotéka **5** *(best performance)* gen & Sport rekord; **set/ break a r.** vytvořit/ zlomit rekord; **speed r.** rychlostní rekord ▪ **r. holder** rekordman, držitel rekordu; **do sth in r. time** udělat něco v rekordním čase **6** Comput záznam ● [ri'ko:d] **I** vt **1** *(note: detail, fact)* zapsat, zaznamenat, *(in register)* zanést, *(take minutes of)* dělat zápis z čeho, (za)protokolovat, *(describe: events)* popsat, (vy)líčit **2** *(Subj: thermometer, meter)* (za)registrovat, naměřit, ukazovat; *(needle)* ukázat **3** *(on tape, on disk)* nahrát/ nahrávat **II** vi *(video, tape recorder)* nahrávat; **he's ~ing in the studio** nahrává ve studiu

record-breaking ['reko:dbreiking] adj rekordní

recorded [ri'ko:did] adj **1** *(music, programme)* nahraný **2** *(documented: fact)* (písemně) doložený **3 r. delivery** doporučená zásilka; **send sth by r. delivery** poslat něco doporučeně or rekomando

recorder [ri'ko:də(r)] n **1** Techn *(apparatus)* zapisovač, registrační přístroj; **flight r.** letový zapisovač, černá skříňka; **tape r.** magnetofon **2** *(musical instrument)* zobcová flétna **3** *(in court)* zapisovatel

recording [ri'ko:diŋ] n *(of music)* nahrávka; *(of programme)* záznam ● adj *(equipment)* Mus etc nahrávací; *(instrument)* zapisovací; *(tape)* magnetofonový

recount [ri'kaunt] vt *(tell)* líčit, vyprávět

re-count [ri:'kaunt] vt *(count again)* přepočítat, spočítat znovu ● ['ri:kaunt] n Pol přepočítání hlasů

recoup [ri'ku:p] vt *(get back)* získat zpět; **r. one's losses** vynahradit si ztráty, odškodnit se; **r. one's costs** dostat zpět své peníze, přijít ke svým penězům

recourse [ri'ko:s] n útočiště; **have r. to sb** obrátit se na koho; **have r. to sth** uchýlit se k čemu

recover [ri'kavə(r)] **I** vt *(get back)* dostat zpět, získat zpět, znovu nabýt; *(territory)* Mil dobýt zpět; **r. sth from the sea floor** vyzvednout co z mořského dna; **r. one's losses** vynahradit si ztráty; **r. one's breath** znovu popadnout dech; **r. one's composure** uklidnit se; **r. one's strength** znovu nabýt sil; **r. consciousness** nabýt vědomí, přijít k sobě; **r. damages** být odškodněn, dostat náhradu škody **II** vi *(after accident)* zotavit se, *(after illness* also*)* uzdravit se, vyléčit se; *(from setback)* vzpamatovat se, vzchopit se

re-cover [ri:'kavə(r)] vt znovu pokrýt; *(book)* znovu obalit; *(chair)* znovu potáhnout

recoverable [ri'kavərəbl] adj *(debt)* dobytný; *(expenditure)* návratný

recovery [ri'kavəri] n see **recover 1** znovunabytí, znovuzískání; Mil znovudobytí **2** *(from illness)* zotavení, uzdravení; **full r.** úplné uzdravení; **I wish you a speedy r.** přeji vám, abyste se rychle zotavil; **make a r.** zotavit se ▪ **r. room** Amer oddělení intenzivní pooperační péče **3** Aut ▪ **r. service** odtahová služba; **r. vehicle** havarijní vůz, inf havárka

recreate [ri:kri'eit] vt znovu vytvořit

recreation [rekri'eišn] n **1** *(relaxation)* zotavení, rekreace, rozptýlení ▪ **r. centre** fitcentrum; **r. ground** dětské hřiště **2** Sch přestávka

recreational [rekri'eišənl] adj rekreační

recriminate [ri'krimineit] vi vznést protiobvinění, rekriminovat

recrimination [ri,krimi'neišn] n obviňování, svalování viny, rekriminace

recriminatory [ri'kriminətəri] adj rekriminační

recruit [ri'kru:t] n Mil branec, rekrut, inf bažant; *(new member)* nový člen, *(of staff)* nováček ● vt Mil odvést/ odvádět brance, Hist (na)verbovat; *(new members)* získat/ získávat; *(employees)* provádět nábor

recruitment [ri'kru:tmənt] n *(of soldiers)* odvod; *(of employees)* nábor

recta ['rektə] pl of **rectum**

rectal ['rektəl] adj rektální; **r. passage** konečník

rectangle ['rektæŋgl] n Geom obdélník, pravoúhelník

rectangular [rek'tæŋgjulə(r)] adj Geom obdélníkový, pravoúhlý

rectifiable ['rektifaiəbl] adj (see **rectify**) napravitelný, korigovatelný; rektifikovatelný, schopný rektifikace

rectifier ['rektifaiə] n Elec usměrňovač

rectification [rektifi'keišn] n Techn, Chem rektifikace; Elec usměrnění

rectify ['rektifai] vt (pt & pp **-ied**) **1** *(mistake)* korigovat, opravit; *(situation)* napravit **2** Techn rektifikovat; Elec usměrnit

rectitude ['rektitju:d] n fml přímost, správnost, čestnost

rector ['rektə(r)] n **1** Relig pastor anglikánské církve **2** esp Br Sch *(head of certain colleges, schools)* ředitel; Scot Univ volený rektor bez výkonné pravomoci **3** [rekto:(r)] rektor evropské univerzity

rectory ['rektəri] n *(rector's house)* fara

rectum ['rektəm] n (pl **~s** or **recta** ['rektə]) Anat konečník

recumbent [ri'kambənt] adj fml ležící; **r. figure** ležící postava; **be r.** ležet; **in a r. posture** ležmo

recuperate [ri'kju:pəreit] vi zotavit se, (po)okřát, vyléčit se; **r. from sth** zotavit se z čeho

recuperation [ri,kju:pə'reišn] n Med zotavení, uzdravení se, vyléčení se

recur [ri'kə:(r)] vi **(-rr-)** *(occur again)* opakovat se znovu, *(reappear: theme* etc*)* vracet se, znovu se vynořit, *(problem)* znovu se vyskytnout; **r. to sb** znovu komu napadnout

recurrence [ri'karəns] n opakování (se), opětný výskyt; *(of disease)* recidiva

recurrent [ri'karənt] adj *(repeated)* opakovaný, znovu se vyskytující; Med *(fever)* návratný

recurring [ri'kə:riŋ] adj **1** *(persistent: problem, dream)* často se vracející **2** Math *(decimal fraction)* periodický

recusant ['rekjuzənt] n **1** rekuzant odpůrce protestantského náboženství **2** Hist disident

recycle [ri:'saikl] vt recyklovat, opětně využít odpadů

recycling [ri:'saikliŋ] n recyklace odpadů – druhotné využití

red [red] adj **(redder, reddest) 1** červený; *(hair)* rusý, rezavý, zrzavý, ryšavý, *(fiery r.)* rudý jako oheň; *(dark r.)* rudý, *(face of an angry person* also*)* brunátný; **claret r.** vínový; **go** or **turn r.** zčervenat, *(face* also*)* zrudnout, zbrunátnět; **go r. with anger** zrudnout hněvem; **be as r. as a beetroot** být červený jak ředkvička or rajče, červenat se až po uši; **be as r. as a lobster** být rudý jako rak; **take a r. pen to sth** opravit něco červeně **2** Pol rudý; **R. China** Rudá Čína **3** *(compounds)* **a) r. admiral** Ent babočka admirál **b) r. alert** červený poplach, nejvyšší pohotovost **c) R. Army** Rudá armáda **d) r. blood cell** červená krvinka **e) r. card** Sport červená karta; **receive the r. card** dostat červenou kartu, být vyloučen do konce zápasu **f) r. carpet** červený koberec; **roll out** or **put out the r. c. for sb** *(guest)* přijmout koho s velkými poctami; **r.-c. treatment** slavnostní přijetí **g) r. cent** Amer **it's not worth a r. c.** nestojí to ani za zlámanou grešli **h) r. corpuscle** červená krvinka **i) R. Crescent** Červený půlměsíc; **R. Cross** Červený kříž **j) r. deer** jelen evropský **k) r. duster** inf, **r. ensign** vlajka britského obchodního loďstva **l) r. flag** Pol rudá vlajka; **the R. F.** Rudá vlajka revoluční píseň **m) r. heat** červený or rudý žár; **bring sth to r. h.** rozžhavit něco do červena **n) r. herring** lit uzený sleď, uzenáč; fig falešná stopa **o) R. Indian** Indián **p) r. light** Aut červená; **go through a r. light** jet na červenou **q) r. meat** červené maso hovězí, skopové a zvěřina **r) Little R. Riding Hood** Červená Karkulka **s) the R. Sea** Rudé moře **t) r. tape** byrokracie, inf úřední šiml ● n **1** *(colour)* červeň, červená (barva), rudá barva; **dressed in r.** oblečen(á) v červeném ♦ **to see r.** fig vidět rudě, zuřit, soptit hněvem **2** *(wine)* červené (víno); *(in snooker)* červená (koule) **3** *(deficit)* **be in the r.** *(company)* mít deficit, být ztrátový, *(person)* být zadlužený **4** Pol rudý, inf ruďas, komouš komunista, levičák

redbreast ['redbrest] n Orn červenka

redbrick ['redbrik] adj **r. university** univerzita postavená v nedávné době

redcurrant [red'karənt] n Bot červený rybíz

redden ['redən] **I** vi *(person)* zčervenat, zrudnout; **her face ~ed** zčervenala, polilo ji horko **II** vt *(make red)* načervenit, (na)barvit na červeno

reddish ['rediš] adj načervenalý, narudlý, *(hair)* rusý; **r. blond** rusovlasý; **r. brown** červenohnědý

redecorate [ri:'dekəreit] vt *(repaint: room, flat)* nově vymalovat; *(with wallpaper)* znovu vytapetovat, přetapetovat

redecoration [ri:,dekə'reišn] n nové vymalování; *(with wallpaper)* nové tapety, přetapetování

redeem [ri'di:m] vt **1** *(from pawn)* vyplatit ze zastavárny **2** *(pay: debt)* uhradit, splatit, umořit, *(mortgage)* splatit, *(bill)* honorovat **3** *(promise)* splnit, dodržet, dostát čemu, *(obligation)* dostát čemu **4** *(compensate for: error)* odčinit, *(one's faults)* vyvážit; **r. oneself** polepšit se, napravit se **5** *(cash: bill)* dát si proplatit, *(voucher, cheque)* zpeněžit, inkasovat **6** *(save: reputation)* zachránit; *(loss)* vynahradit si; Relig *(sinner)* spasit **7** *(save: prisoners)* Hist vykupovat

redeemable [ri'di:məbl] adj **1** *(from pawn)* vyplatitelný **2** *(debt)* splatitelný, umořitelný; *(voucher, cheque)* inkasovatelný, zpeněžitelný; *(bond)* vypověditelný **3** *(error, crime)* odčinitelný; *(sinner)* spasitelný

redeemer [ri'di:mə(r)] n Relig **the R.** Vykupitel, Spasitel

redeeming [ri'di:miŋ] adj *(quality)* spásný, pozitivní, světlý, vyvažující všechny nedostatky; **the only r. feature of the film is ...** jediné, co ten film dělá snesitelným, je ...

redemption [ri'dempšn] n see **redeem** **1** vyplacení (ze zastavárny) **2** splacení, umoření **3** splnění, dodržení **4** odčinění **5** zpeněžení, inkasování **6** spasení; **be beyond** or **past r.** být nenapravitelný **7** vykupování

redeploy [ri:di'ploi] vt *(troops)* přesunout, přemístit, provést přesun koho; *(staff)* přeložit, přeřadit

redeployment [ri:di'ploimənt] n *(of troops)* přesun, přemístění; *(of staff)* přeložení, přeřazení

redevelop [ri:di'veləp] vt *(area)* přestavět, *(modernize)* modernizovat, *(slums)* asanovat

red-haired [red'heəd] adj rusovlasý, ryšavý, zrzavý

red-handed [red'hændid] adv **catch sb r.-h.** přistihnout koho při činu, fig nachytat koho na hruškách

redhead ['redhed] n *(woman)* rusovláska; pej zrzek/ fem also zrzka, ryšavec

red-hot [red'hot] adj **1** *(very hot)* rozpálený, rozžhavený, *(coal, metal* also*)* řeřavý **2** *(news)* čerstvý, nejnovější, *(sure: tip)* (naprosto) spolehlivý **3** *(passionate)* nadšený, vášnivý **4** *(expert)* kovaný **5** *(passion)* vášnivý **6** *(sensational)* senzační, pikantní

redial [ri:'daiəl] vt Tel znovu vytočit

redid [ri:'did] pt of **redo**

redirect [ri:də'rekt, ri:dai'rekt] vt **1** *(letter, parcel)* přeadresovat, poslat na jinou adresu **2** *(traffic)* přesměrovat **3** fig *(efforts)* přeorientovat

rediscover [ri:di'skavə(r)] vt znovuobjevit

redistribute [ri:di'stribju:t] vt znovu rozdělit, přerozdělit

redistribution [ri:distri'bju:šn] n přerozdělení, nové rozdělení

red-letter day [red'letədei] n památný den, svátek

red-light district [red'laitdistrikt] n čtvrť nevěstinců, prostitutek a sexshopů

redness ['rednəs] n (see also **red**) červeň, rudost, rudá barva; *(of hair)* rusost, ryšavost

redo [ri:'du:] vt **1** *(do again)* předělat **2** inf *(redecorate)* přemalovat, *(with paper)* přetapetovat **3** *(hair)* znovu učesat, přečesat

redolent ['redələnt] adj fig **be r. of sth** *(be evocative of)* zavánět čím, připomínat co

redouble [ri:'dabl] **I** vt **1** zdvojnásobit; **r. one's efforts** zdvojnásobit své úsilí **2** Cards hlásit rekontra **II** vi *(efforts)* zdvojnásobit se ● n Cards rekontra, ré

redoubt [ri'daut] n Hist Mil *(stronghold)* reduta, pevnůstka

redress [ri'dres] n fml náprava, náhrada; **seek r.** domáhat se or dožadovat se práva ● vt *(wrongs, grievances)* napravit, *(one's errors)* odčinit ♦ **r. the balance** obnovit rovnováhu

redshank ['redšæŋk] n Orn vodouš

redskin ['redskin] n offens rudokožec

redstart ['redsta:t] n Orn rehek zahradní, čermák

reduce [ri'dju:s] **I** vt **1** *(make smaller)* **a)** *(size)* zmenšit, redukovat **b)** *(height)* zmenšit, *(wall* etc*)* snížit **c)** *(weight)* snížit; **r. one's weight (to ...)** zhubnout (na ...), inf spadnout se (na ...) **d)** *(length, distance)* zkrátit **e)** *(pressure)* snížit, *(speed* also*)* zpomalit, zmírnit, zvolnit, *(temperature)* snížit, srazit, *(authority)* oslabit **2** *(price)* snížit, srazit, ubrat z čeho, *(goods)* zlevnit, snížit cenu čeho; *(wages)* snížit, zkrátit; *(expenses, costs)* redukovat, snížit; *(reserves)* zmenšit, ztenčit; *(scale of operations)* omezit **3** Cook *(sauce)* zahustit vyvařením **4** Math *(fractions)* rozložit, redukovat, zkrátit; Chem redukovat, odkysličit; **r. fractions to a common denominator** uvést zlomky na společného jmenovatele **5** Mil degradovat (**to** na) **6** Med *(fracture)* narovnat, reponovat; *(swelling)* rozehnat **7** *(force to a specified condition)* **r. sb to tears** dohnat koho k slzám; **be ~d to poverty** octnout se v bídě, být zbídačený; **be ~d to ashes** *(house)* lehnout popelem; **be ~d to begging** chodit žebrotou; **he was ~d to borrowing money** nezbylo mu (nic jiného) než si půjčit/půjčovat peníze; **r. sth to pulp** rozsekat co na padrť **II** vi Amer *(slim)* **be reducing** držet redukční dietu, hubnout

reduced [ri'dju:st] adj *(price)* snížený;

(goods, fare) zlevněný; *(version)* zmenšený, menší; **at r. prices** zlevněně ♦ **live in r. circumstances** strádat, žít v nuzných poměrech

reducible [ri'dju:səbl] adj redukovatelný; Math *(fraction)* zlomek v rozšířeném tvaru tj. dá se krátit

reducing [ri'dju:siŋ] adj Chem, Techn redukční; **r. agent** redukční činidlo; **r. diet** redukční dieta; **r. glass** zmenšovací sklo

reduction [ri'dakšn] n see **reduce 1** zmenšení, redukce; snížení; **r. in weight** úbytek na váze **2** *(of prices)* snížení, sleva; *(of costs)* redukce, snížení; *(of wages)* snížení, krácení; **is there any r. for children?** je nějaká sleva pro děti? **3** zahuštění **4** Math redukce, (z)krácení, rozložení; Chem odkysličení, redukce **5** degradace (**to** na) **6** Med repozice, reponování; *(of swelling)* rozehnání

reductionism [ri'dakšənizəm] n redukcionismus

redundancy [ri'dandənsi] n (pl **-ies**) **1** *(of workers)* nadstav, nadpočetnost; *(unemployment)* nezaměstnanost; **voluntary r.** dobrovolné skončení pracovního poměru; **100 redundancies were announced** bylo oznámeno, že bude propuštěno 100 zaměstnanců ■ **r. payment** odstupné při skončení pracovního poměru **2** *(superfluousness)* redundantnost, redundance, nadbytečnost

redundant [ri'dandənt] adj **1** *(superfluous)* nadbytečný, redundantní; **be r.** *(person)* být nepotřebný **2** esp Br *(worker)* nadpočetný, nadbytečný; **be made r.** být propuštěn z práce zpravidla s poskytnutím odstupného

reduplicate [ri'dju:plikeit] vt **1** zdvojovat/zdvojit; *(repeat)* opakovat **2** Ling *(syllable)* reduplikovat ● [ri'djuplikit] adj zdvojený; Ling reduplikovaný

reduplication [ri,dju:pli'keišn] n zdvojení; *(repeating)* opakování; Ling reduplikace

redwing ['redwiŋ] n Orn drozd cvrčala

redwood ['redwud] n sekvoje vždyzelená

re-echo [ri'ekəu] **I** vi ozývat se **II** vt zopakovat ozvěnou

reed [ri:d] n **1** Bot rákos, collect also rákosí ♦ **he is a broken r.** fig je jako tělo bez duše, je jako nalomená lilie; **be like a r. tossed about in the wind** být jako třtina ve větru ■ **r. basket** košík z rákosí; **r. bunting** Orn strnad rákosní; **r. warbler** Orn rákosník; **r. organ** harmonium; **r. pipe** šalmaj, pastýřská píšťala **2** Mus *(of wind instrument)* jazýček, plátek ■ **r. instruments** jazýčkové nástroje

re-edit [ri:'edit] vt *(book etc)* znovu redigovat; *(publish)* znovu vydat; *(film)* provést nový střih čeho

re-educate [ri:'edjukeit] vt převychovat

re-education [ri:edju'keišn] n převýchova

reedy ['ri:di] adj (**-ier, -iest**) **1** lit *(place)* porostlý rákosím **2** *(instrument)* jazýčkový; *(voice)* pej ostrý, pištivý

reef [ri:f] n **1** *(in sea)* útes, skalisko, rif; **coral r.** korálový útes **2** Naut kasací pás ■ **r. knot** soukenický uzel **3** Min žíla

reefer ['ri:fə(r)] n **1** *(jacket)* lodní kabátec **2** sl tráva, dříví marihuanová cigareta

reek [ri:k] n zápach, smrad, puch; fig závan čeho ● vi **r. of sth** páchnout or čpět čím; **he ~s of garlic** zapáchá česnekem, je z něho cítit česnek

reel [ri:l] n **1** *(for thread)* cívka, inf špulka; *(for film, wire)* kotouč; *(for hose, for fishing)* naviják; *(of paper)* role **2** *(dance)* rejdovák ● **I** vt Techn navinout **II** vi **1** *(move unsteadily)* potácet se, vrávorat; **r. drunkenly down the road** opile vrávorat po ulici; **the blow sent him ~ing** dostal ránu, až se zapotácel **2 my head is ~ing** točí se mi hlava, jdou na mne mdloby **III** phr vs ■ **reel in** vt Fishing *(line)* navinout, namotat; *(fish)* přitáhnout si ■ **reel off** vt **1** *(say rapidly)* **r. sth off** *(list)* oddrmolit co, *(poem)* odříkávat něco jako násobilku, *(know by heart)* umět co jako když bičem mrská **2** *(thread)* odmotat, odvinout ■ **reel up** Fishing *(line)* navinout

re-elect [ri:i'lekt] vt znovu zvolit

re-election [ri:i'lekšn] n znovuzvolení, opětovné zvolení

re-employ [ri:im'ploi] vt znovu zaměstnat

re-enter [ri:'entə(r)] vt **1** *(enter again)* znovu vejít do čeho, vrátit se kam, vrátit se or vstoupit do čeho **2** *(write again)* znovu zapsat or zanést; Comput znovu zavést ● vi **1** *(return)* vrátit se, znovu vejít, opět vstoupit **2 r. for an exam** přihlásit se znovu na zkoušku

re-entry [ri:'entri] n opětovný vstup, návrat

re-examine [ri:ig'zæmin] vt *(candidate)* znovu přezkoušet; *(case, question)* znovu přezkoumat; *(witness)* znovu vyslechnout

re-export [ri:ek'spo:t] vt reexportovat ● [ri:'ekspo:t] n reexport

ref₁ [ref] n Sport inf abbr of **referee** soudce, rozhodčí

ref₂ [ref] Admin abbr of **reference (number)** jednací číslo, odvolací číslo

reface [ri:'feis] vt *(wall)* omítnout, nahodit, dát čemu novou fasádu

refashion [ri:'fæšn] vt nově upravit, dát čemu novou úpravu; *(dress etc)* přešít

refectory [ri:'fektəri] n *(in college)* menza; *(in school)* jídelna; *(in monastery, convent)* refektář

refer [ri'fə:(r)] v (**-rr-**) **I** vt **1** *(pass on:*

matter) předat, postoupit; **r. a dispute to arbitration** postoupit spor arbitrážní komisi **2** *(send)* **r. sb to sb** odkázat koho na koho; **r. sb to hospital** poslat koho do nemocnice **3** Univ *(thesis)* vrátit k přepsání **II** vi **1** *(allude to)* **r. to sth** narážet nač, zmínit/ zmiňovat se o čem; Comm **we r. to your letter of 5 May** odvoláváme se na Váš dopis z 5. května **2** *(name)* **r. to sb as Bill** říkat komu Bill; **r. to sth as ...** říkat čemu jak **3** *(consult: dictionary, book)* nahlédnout do čeho, podívat se do čeho **4** *(apply to)* **r. to sth** (Subj: *rules, orders)* platit pro, týkat se čeho **III** phr v ■ **refer back** vt **r. sth back to sb** *(document)* vrátit co zpět komu k opětnému posouzení

referable [ri'fə:rəbl] adj **r. to sth** přičitatelný čemu

referee [refə'ri:] n **1** Sport rozhodčí, soudce **2** Jur smírčí soudce, rozhodčí **3** *(for job)* **act as sb's r., be sb's r.** poskytnout komu doporučení or referenci ● **I** vt Sport *(match)* soudcovat, Ftb also (od)pískat **II** vi soudcovat, dělat rozhodčího, Ftb also pískat

reference ['refərəns] n **1** *(mention)* **a r. to sth** zmínka o čem, poukaz na co, *(allusion)* narážka na co; **make a r. to sth** zmínit se o čem, poukázat na co; **with r. to your letter ...** odvoláváme se na Váš dopis ... **2** *(recommendation)* also pl **~s** doporučení, dobrozdání, doporučující posudek, reference; **could you give me a r., please?** můžete mi dát laskavě doporučení?; **you'll need three ~s** budete potřebovat tři doporučení **3** *(in book)* odkaz, odvolávka, *(footnote)* poznámka; *(on map)* souřadnice, koordináta; Comm also **r. number** jednací číslo, číslo jednací; **keep sth for future r.** ponechat si co pro budoucí potřebu ■ **r. book** příručka; **r. library** příruční knihovna **4** *(connection)* **have** or **bear some/ no r. to sth** týkat/ netýkat se čeho **5** *(authority)* kompetence; **be outside the committee's r.** přesahovat kompetenci výboru

referendum [refə'rendəm] n (pl **~s** or **referenda** [-də]) referendum; **hold a r. on sth** uspořádat o čem referendum

refill [ri:'fil] vt naplnit, doplnit, *(glass* also*)* dolít; **r. sb's glass** dolít komu skleničku ● n ['ri:fil] **1** *(for pen, lighter)* nová náplň, *(for propelling pencil)* náhradní tuha; *(for notebook)* nová vložka; **the pen needs a r.** pero je vypsané **2** *(drink)* **would you like a r.?** inf dáte si ještě jednu?

refine [ri'fain] **I** vt **1** *(oil, sugar)* rafinovat; *(metals)* (zu)šlechtit **2** *(manners)* zjemnit, kultivovat, *(taste)* tříbit **3** *(techniques)* vylepšit, zdokonalit **II** vi **r. (up)on sth** *(theory)* vylepšit co; *(point)* blíže rozvést

refined [ri'faind] adj **1** *(oil, sugar)* rafinovaný, *(metals)* zušlechtěný **2** *(person)* uhlazený, *(manners, language)* vybraný; *(face, features)* kultivovaný

refinement [ri'fainmənt] n **1** *(of oil, sugar)* rafinace; *(of metal)* zušlechťování **2** *(of person)* uhlazenost, jemnost; *(of manners, language)* vybranost, vybroušenost, *(of style* also*)* vytříbenost **3** *(improvement)* zdokonalení, vylepšení; *(of meaning)* finesa

refinery [ri'fainəri] n (pl **-ies**) *(for oil, sugar)* rafinerie; *(for metals)* afinerie

refining [ri'fainiŋ] n see **refine 1** rafinace, afinace, zušlechťování, čištění **2** *(improvement)* zdokonalování, *(of style)* tříbení

refit ['ri:fit] n *(of ship)* oprava, znovuvystrojení ● [ri:'fit] vt **(-tt-)** *(ship)* znovu vystrojit; *(factory)* znovu vybavit

reflate [ri:'fleit] vt Econ *(economy)* oživit

reflation [ri:'fleišn] n Econ reflace náprava měny, oživení hospodářství

reflationary [ri:'fleišnəri] adj Econ reflační

reflect [ri'flekt] **I** vt **1** *(light, sound)* odrážet, *(image* also*)* zrcadlit; **be ~ed** zrcadlit se; **be ~ed in the mirror** odrážet se v zrcadle; **her face ~ed her pleasure** v tváři se jí zračila radost **2** fig *(opinion, problems, ideas)* obrážet, vyjadřovat, svědčit o čem; **r. credit on sb** sloužit komu ke cti **II** vi *(think)* uvažovat, přemítat (**on sth, about sth** o čem) **III** phr v ■ **reflect (up)on** vt svědčit o čem; **r. well/ badly on sb** vrhat na koho dobré/ špatné světlo; **how is this going to r. on his father?** do jakého světla to staví jeho otce?

reflected [ri'flektid] adj odražený ♦ **bathe in r. glory** přiživovat se na něčí popularitě

reflection, Br also **reflexion** [ri'flekšn] n **1** *(of light, sound; image)* odraz, *(of light* also*)* odlesk **2** fig *(of ideas* etc*)* ohlas, odlesk; **a pale r. of sth** inf chabý odlesk čeho **3** *(thought)* úvaha; **on due r.** po zralé úvaze **4** *(comment)* often pl **~s** poznámky, úvahy (**on sth** o čem), rozjímání

reflective [ri'flektiv] adj **1** *(surface)* odrážející, zrcadlící; *(mirror)* odrazový **2** *(person)* přemýšlivý, rozjímavý, reflexivní, inf dumavý

reflector [ri'flektə(r)] n **1** Astron *(telescope)* zrcadlový dalekohled **2** Aut odrazové sklo

reflex ['ri:fleks] n **1** gen & Physiol reflex; **conditioned/ unconditioned r.** podmíněný/ nepodmíněný reflex **2** Phot **r. (camera)** zrcadlovka ● adj **1** Physiol *(movement, action)* bezděčný, mimovolný, reflexivní **2 r. camera** zrcadlovka

reflexive [ri'fleksiv] adj Ling *(pronoun, verb)* zvratný ■ **~ly** adv zvratně, reflexivně

reform$_1$ [ri'fo:m] n reforma; **educational r.** reforma školství, školská reforma ■ **r. school** Amer nápravný ústav, nápravné zařízení, dated polepšovna ● **I** vt *(institution)* reformovat; *(conduct)* zlepšit **II** vi *(person)* zlepšit se, polepšit se

reform$_2$, **re-form** [ri:'fo:m] **I** vt *(form again)* znovu (u)tvořit; Mil nechat nastoupit, sešikovat **II** vi znovu se utvořit; Mil znovu se sešikovat or zformovat

reformat [ri:'fo:mæt] vt Comput přeformátovat

reformation [refə'meišn] n **1** *(of institution)* reforma **2** *(of person)* náprava, polepšení **3** Relig **the R.** Reformace

reformative [ri'fo:mətiv] adj *(reforming)* nápravný

reformatory [ri'fo:mətəri] n formerly nápravný ústav, dated polepšovna ● adj reformní, reformační

reformed [ri'fo:md] adj **1** *(institution)* (z)reformovaný **2** *(person)* napravený, *(sinner)* kající; *(alcoholic)* bývalý **3** Relig *(church)* reformovaný, evangelický

reformer [ri'fo:mə(r)] n Pol reformátor/ -ka

reformism [ri'fo:mizəm] n reformismus

reformist [ri'fo:mist] n reformista/ reformistka ● adj reformistický

refract [ri'frækt] vt(i) Phys lámat (se)

refracting [ri'fræktiŋ] adj Phys lámavý, lomivý

refraction [ri'frækšn] n Phys **1** *(property)* lámavost, lomivost **2** *(phenomenon)* lom

refractory [ri'fræktəri] adj **1** *(person)* umíněný, tvrdohlavý, svéhlavý, vzpurný **2** Techn žáruvzdorný, ohnivzdorný

refrain$_1$ [ri'frein] n Mus refrén

refrain$_2$ [ri'frein] vi **r. from (doing) sth** zdržet se čeho, upustit od čeho, neudělat něco; **r. from comment** zdržet se komentáře, odpustit si poznámky; **please r. from smoking** nekuřte, prosím

refresh [ri'freš] vt **1** *(invigorate:* Subj *drink)* osvěžit, občerstvit, vzpružit, *(exercise)* vzpružit, dodat komu nových sil; **r. oneself** osvěžit se, okřát, *(with food, sleep)* posilnit se **2 r. one's memory** osvěžit si paměť

refresher [ri'frešə(r)] n **1** *(drink)* osvěžující nápoj **2 r. course** Univ doplňkový kurs postgraduální

refreshing [ri'frešiŋ] adj **1** osvěžující, *(drink* also*)* občerstvující, chladivý; *(sleep)* posilující; *(holiday)* dodávající nových sil, odpočinkový **2** *(idea)* originální; *(change)* příjemný

refreshment [ri'frešmənt] n občerstvení, *(snack)* něco malého k jídlu; **~s** občerstvení, bufet; **light ~s** lehká jídla; **~s will be served** bude se podávat občerstvení ■ **r. bar** bufet

refrigerate [ri'fridžəreit] vt (o)chladit; *(freeze)* zmrazit

refrigerated [ri'fridžəreitid] adj chlazený, zmražený

refrigeration [ri,fridžə'reišn] n (o)chlazení, zchlazení

refrigerator [ri'fridžəreitə(r)] n lednička, chladnička; *(storeroom)* chladírna ■ **r. wagon** mrazírenský vagon, chladírenský vůz; **r. plant** chladírenské zařízení

refrigerator-freezer [ri,fridžəreitə'fri:zə(r)] n lednička s mrazničkou

refuel [ri:'fju:əl] v (pt, pp, press p **-ll-**, Amer **-l-**) vi(t) (na)tankovat palivo/ pohonnou látku/ benzin ap.

refuelling [ri:'fju:əliŋ] n (na)tankování, doplňování pohonných hmot ■ **r. stop** zastávka pro natankování

refuge ['refju:dž] n **1** *(shelter)* útulek, přístřeší; *(in mountains)* horský útulek; **take r. from the storm** schovat se před bouří **2** fig útočiště; **find r. in philosophy** najít útočiště ve filozofii; **take r. in lying** utéci se ke lži **3** Br *(traffic island)* refýž, nástupní ostrůvek

refugee [refju'dži:] n Pol emigrant, utečenec, uprchlík, běženec

refund [ri'fand] vt nahradit, uhradit, refundovat, vrátit komu peníze za vadné zboží ● ['ri:fand] n náhrada, vrácení peněz, refundace; **demand a r.** požadovat vrácení peněz

refundable [ri'fandəbl] adj refundovatelný

refurbish [ri:fə:biš] vt modernizovat, *(house* also*)* renovovat

refurbishment [ri:'fə:bišmənt] n modernizace, *(house* also*)* renovace

refusal [ri'fju:zl] n **1** gen odmítnutí, odepření; **flat r.** kategorické or příkré odmítnutí; **r. to help** odepření pomoci; **make a gesture of r.** mávnout odmítavě rukou; **meet with a r.** být odmítnut **2** *(of application)* zamítnutí, *(patent* also*)* odepření **3** Jur **right of first r.** předkupní právo **4** Equest odepření skoku

refuse$_1$ [ri'fju:z] **I** vt **1** *(invitation, offer, gift)* odmítnout, *(request* also*)* oslyšet, nevyhovět čemu; **r. to believe sth** odmítnout něčemu uvěřit; **r. to recognize sth** neuznat co; **r. to do sth** odmítnout něco udělat; **r. to sign sth** odepřít co podepsat; **r. obedience** odepřít or vypovědět poslušnost; **r. an order** neuposlechnout rozkazu; **r. to have anything to do with sb** nechtít mít s někým nic společného; **r. to be tied down** nechtít se vázat; **r. to open one's mouth** mlčet jako zarytý; **it ~s to go away** nechce to zmizet, vrací se to jako bumerang

2 *(application)* zamítnout; *(visa)* neudělit 3 Equest *(jump)* odepřít II vi 1 *(person)* odmítnout 2 Equest *(horse)* odepřít skočit, uhnout

refuse$_2$ ['refju:s] n Br *(household)* odpadky, smetí; *(industrial)* odpad(ky) ▪ **r. bin** nádoba na smetí; **r. chute** šachta na odpadky; **r. collection** sběr odpadků; **r. disposal** odvoz odpadků; **r. dump** skládka odpadků; **r. lorry** vůz na odvoz odpadků

refutation [refju'teišn] n *(of argument* etc*)* vyvrácení

refute [ri'fju:t] vt vyvrátit

regain [ri'gein] vt 1 *(get back: territory)* znovu dobýt; *(possession* etc*)* získat zpět, stát se znovu majitelem čeho; *(lost time)* dohnat; **r. one's composure** znovu se uklidnit; **r. consciousness** (znovu) přijít k vědomí; **r. one's freedom** osvobodit se, znovu získat svobodu; **r. one's footing** nabýt ztracené rovnováhy, fig postavit se opět na nohy; **r. one's health** uzdravit se, zotavit se; **r. one's strength** zesílit, znovu nabýt sil 2 fml *(reach again: road, river bank)* znovu se dostat kam, znovu dorazit kam

regal ['ri:gəl] adj *(royal)* královský; *(bearing)* vznešený; *(banquet)* okázalý ▪ **~ly** adv královsky; vznešeně; okázale

regale [ri'geil] vt **r. sb with sth** *(with food)* bohatě koho počastovat čím; *(with stories)* obveselovat koho čím

regalia [ri'geiliə] n regálie; **in full r.** v plné parádě

regard [ri'ga:d] n 1 *(attention, heed)* ohled, zřetel; **have r. for sb/ sth** brát na koho/ co ohled or zřetel; **have no r. for sth** neohlížet se na co, nebrat na co ohled; **without r. to sth** bez ohledu na co 2 *(respect)* **r. for sb/ sth** úcta ke komu/ čemu; **hold sb in high r.** velmi si koho vážit, mít o kom vysoké mínění 3 *(connection)* **in this r.** v tomto ohledu, v této souvislosti; **with** or **in r. to sth** se zřetelem na co, pokud jde o co, pokud se týče čeho, co se týče čeho 4 **~s a)** *(in letters)* **R~s, John** Se srdečnými pozdravy Váš John **b) give him my (kind) ~s** vyřiďte mu mé (srdečné) pozdravy; **best ~s to Peter** srdečný pozdrav Petrovi; **they send their ~s** dávají Vás pozdravovat, pozdravují Vás 5 fml *(look)* pohled ● vt 1 *(consider)* považovat, kvalifikovat (**sth as sth** co jako co); **r. sth as one's duty** považovat co za svou povinnost; **r. sb as one's friend** pohlížet na koho jako na přítele, považovat koho za přítele, vidět v kom přítele; **r. sth very seriously** brát co velmi vážně; **be ~ed as ...** být považován za ..., platit za ... 2 *(esteem, respect)* **r. sb highly** velmi si koho cenit 3 **as ~s ...** pokud jde o ... 4 fml *(look)* dívat se na, pozorovat

regarding [ri'ga:diŋ] prep ohledně čeho, stran čeho

regardless [ri'ga:dləs] prep **r. of sth** bez ohledu nač, bez zřetele k čemu or na co; **r. of the price** bez ohledu na cenu ● adv (i) přesto, stejně, navzdory všemu; *(I protested)* **but he did it r.** ale on to přesto udělal

regatta [ri'gætə] n Naut regata

regd written abbr of **registered 1 r. trademark** zapsaná ochranná známka 2 *(letter)* doporučený

regency ['ri:džənsi] n regentství ▪ **R. style** Archit styl Regence, regentský styl počátek 19. stol.

regenerate [ri'dženəreit] I vt regenerovat, obrodit, obnovit; *(interest)* znovu vzbudit, oživit II vi regenerovat se ● [ri'dženərət] adj obnovený, regenerovaný, oživený

regeneration [ri,dženə'reišn] n regenerace, obroda, přerod, *(of interest)* obnovení, oživení

regenerative [ri'dženərətiv] adj regenerační

regent ['ri:džənt] n 1 Hist regent 2 Amer Univ člen správní rady

regime [rei'ži:m] n 1 Pol režim, zřízení 2 fig *(management* etc*)* systém, vedení 3 Med dieta, životospráva

regimen ['redžimən] n Med životospráva, dieta, režim

regiment ['redžimənt] n Mil pluk, dated regiment ● ['redžiment] vt fig reglementovat, sešněrovat

regimental [redži'mentəl] adj Mil plukovní ● n pl **~s** Mil uniforma, stejnokroj, *(of a regiment)* plukovní uniforma

regimentation [redžimen'teišn] n fig reglementace, sešněrování

region ['ri:džən] n 1 Geog, Admin kraj, oblast, území 2 Anat *(of body)* partie 3 fig sféra, oblast 4 **in the r. of £50** kolem 50 liber, přibližně 50 liber

regional ['ri:džənl] adj regionální, Admin krajský, oblastní

regionalism ['ri:džənəlizəm] n regionalismus

register ['redžistə(r)] n 1 *(book)* záznamník, kniha záznamů, výkaz, protokol; *(list)* seznam, soupis; *(in hotel)* kniha hostů; **class r.** třídní kniha; **commercial r.** obchodní rejstřík; **electoral r.** voličský seznam; **land r.** pozemková kniha; **r. of births, deaths and marriages** matrika 2 *(gauge)* záznamový přístroj, zapisovací přístroj; *(reckoner)* počitadlo, měřič 3 Mus rejstřík, registr; Ling rovina;

Typ soutisk ● **I** vt **1** *(record officially)* **a)** (Subj: *authorities)* registrovat, evidovat, *(in files)* zanést do čeho **b)** (person: *birth, death)* ohlásit; *(fact, figure)* zahrnout, podchytit; *(child at school, trademark)* přihlásit; *(student)* zapsat; **r. a protest** protestovat **2** *(measuring instrument: indicate)* ukazovat; *(show: face, expression)* vyjadřovat; **his face ~ed disapproval** z jeho tváře bylo možno vyčíst nesouhlas **3** *(parcel, letter)* poslat doporučeně; *(luggage)* podat **4** *(understand)* pochopit; *(realize: fact)* uvědomit si, (za)registrovat **5** Typ seřizovat krytí stránek, seřizovat soutisk **II** vi **1** *(enrol)* zapsat se, dát se zapsat; **r. in a hotel** hlásit se v hotelu; **r. with the police** hlásit se na policii; **r. for a course** přihlásit se do kursu **2** inf *(mentally)* **a)** *(remember)* **her name didn't r. with me** její jméno mi nic neříkalo **b)** *(notice)* **it didn't r. with her** nezaregistrovala to

registered ['redžistəd] adj **1** *(student)* (řádně) zapsaný; *(voter)* registrovaný; *(company)* zapsaný; *(nurse)* diplomovaný, kvalifikovaný; **r. bond** registrovaná obligace; **r. trademark** ochranná známka; **r. national landmark** Amer chráněná památka **2 r. letter** doporučený dopis, rekomando, cenné psaní; **by r. post** doporučeně, rekomando; **send a letter r.** poslat dopis doporučeně

registrar [redži'stra:(r)] n **1** Br Admin matrikář, úředník vedoucí záznamy; **r.'s office** ≅ matrika **2** Univ kvestor **3** Br Med odborný lékař, primář

registration [redži'streišn] n see **register 1** registrace, zaevidování; *(of birth* etc*)* ohlášení; *(of facts)* podchycení; *(of students)* zápis ■ **r. fee** zápisné; **r. number** evidenční číslo; Aut státní poznávací značka; **r. office** ohlašovna **2** *(of luggage)* podej

registry ['redžistri] n registratura, spisovna ■ **r. office** matrika; **get married in a r. office** mít svatbu na radnici, mít civilní sňatek

regrade [ri:'greid] vt přeřadit do jiné kategorie, přetřídit

regress [ri'gres] vi fml Biol, Psych vracet se do dřívějšího stavu

regression [ri'grešn] n Biol, Psych regrese

regressive [ri'gresiv] adj regresivní

regret [ri'gret] n **1** *(sorrow)* lítost, politování, *(sadness)* zármutek, žal; **feel r.** cítit lítost; **with r.** s lítostí, s politováním; **(much) to my r.** k mé (veliké) lítosti **2 ~s a)** *(excuses)* omluva; **send one's ~s** omluvit se **b)** *(remorse)* lítost; **have no ~s about sth** nelitovat něčeho ● vt **(-tt-)** litovat, fml želet; **I r. that ...** lituji, že ..., je mi líto, že ...; **you will live to r. it** budeš toho jednou litovat; **I r. to say it was true** byla to bohužel pravda; **I r. to tell you that ...** *(in letter)* s lítostí ti musím oznámit, že ...

regretful [ri'gretful] adj *(look, smile)* lítostivý; **he was r. about it** bylo mu to líto ■ **~ly** adv lítostivě, s lítostí, s politováním; **I ~ly have to decline your offer** lituji, ale musím vaši nabídku odmítnout

regrettable [ri'gretəbl] adj politováníhodný (**mistake** omyl); **a r. habit** nechvalný zvyk ■ **regrettably** adv *(unfortunately)* bohužel, naneštěstí, na neštěstí; *(irritatingly)* jako naschvál; **a r. small income** žalostně malý příjem

regroup [ri:'gru:p] vt(i) přeskupit (se)

regular ['regjulə(r)] adj **1** *(breathing, pulse, heartbeat* etc*)* pravidelný, stejnoměrný; **at r. intervals** v pravidelných časových intervalech; **on a r. basis** pravidelně; **make r. visits to the doctor** chodit pravidelně k lékaři **2** *(punctual)* **be as r. as clockwork** být přesný jako hodin(k)y **3** *(even: features, teeth* etc*)* pravidelný **4** *(usual: doctor, dentist)* obvyklý; **it's r. practice** je to běžná or normální praxe **5** *(permanent: employment)* stálý, *(army)* stálý, pravidelný, *(member, student)* řádný, *(officer)* aktivní, *(customer, visitor, buyer)* stálý, pravidelný; **r. workforce** kmenový stav pracovníků; **r. soldier** voják z povolání **6** *(systematic)* systematický; *(in accordance with the rules)* regulérní **7** Ling *(verb* etc*)* pravidelný **8** inf often ironic *(complete: hero)* opravdový, skutečný, *(rascal)* vyložený, hotový, učiněný **9** inf Amer *(pleasant)* sympatický, inf prima, fajn; **a r. guy** prima chlapík, sympaťák ■ adv see **~ly** ● n **1** *(customer: in pub, restaurant* etc*)* stálý host **2** *(soldier)* voják z povolání, *(officer)* aktivní důstojník

regularity [regju'lærəti] n pravidelnost

regularize ['regjuləraiz] vt uspořádat, upravit, uvést do pořádku

regularly ['regjuləli] adv pravidelně, *(evenly)* stejnoměrně

regulate ['regjuleit] vt **1** *(machine, flow)* regulovat, upravit **2** *(traffic)* řídit; *(expenditure)* přizpůsobit; *(one's life)* uspořádat si

regulation [regju'leišn] n **1** *(control)* regulace, řízení **2** *(rule)* předpis, směrnice, ustanovení; **~s** předpisy, řád, statut; **according to the ~s** podle předpisů; **contrary to the ~s, against the ~s** proti předpisům or směrnicím; **disciplinary ~s** kázeňský řád; **traffic ~s** dopravní řád ● adj *(uniform, dress* etc*)* předpisový, předepsaný, služební

regulator ['regjuleitə(r)] n regulátor

regurgitate [ri'gə:džiteit] vt *(food)* (opakovaně) zvracet; fig *(information)* přežvykovat, neustále opakovat

regurgitation [riˌgə:dži'teišn] n Med regurgitace obsahu žaludku, zpětné proudění krve; *(of facts)* přežvykování, nekonečné opakování

rehabilitate [ri:ə'biliteit] vt **1** *(ex-criminal, invalid)* rehabilitovat, *(to society)* znovu zařadit or zapojit do života společnosti, reintegrovat **2** Pol rehabilitovat, *(to a former position)* reinstalovat **3** *(building)* modernizovat, renovovat

rehabilitation [ri:əbili'teišn] n see **rehabilitate** **1** rehabilitace; reintegrace **2** rehabilitace, reinstalace **3** modernizace, renovace

rehash [ri:'hæš] vt *(artistic material* etc*)* přepracovat, předělat; *(ideas)* znovu ohřívat ● ['ri:hæš] n *(work of art)* odvar; **it's just a r.** to není nic nového, to je stará písnička

rehearsal [ri'hə:sl] n **1** Theat, Mus zkouška; **dress r.** generální zkouška, generálka; **the play is in r.** hra se právě zkouší **2** *(of facts, grievances)* výčet

rehearse [ri'hə:s] vi(t) zkoušet hru ap.

reheat [ri:'hi:t] vt (znovu) ohřát

rehouse [ri:'hauz] vt přestěhovat, opatřit komu náhradní byt

reign [rein] n vláda, panování, *(of king)* kralování; **in** or **under the r. of ...** za vlády koho; **r. of terror** hrůzovláda, vláda teroru ● vi lit vládnout, fig also panovat; **silence ~s** vládne or panuje ticho; **r. supreme** suverénně vládnout

reigning ['reiniŋ] adj *(monarch)* vládnoucí, panující, kralující; *(dynasty)* panovnický; *(champion)* současný, stávající

reimburse [ri:im'bə:s] vt fml *(person)* odškodnit; *(expenses)* uhradit; *(loss, costs)* nahradit; *(price of damaged goods* etc*)* refundovat

reimbursement [ri:im'bə:smənt] n (see **reimburse**) náhrada, refundace, odškodnění

reimport [ri:im'po:t] vt reimportovat ● [ri:'impo:t] n zpětný dovoz

rein [rein] n **1** *(for horse)* oprať, otěž ♦ fig **keep sb on a tight r.** držet koho na uzdě or zkrátka, inf držet někoho u huby; **give sb free r.** dát komu volnou ruku, přenechávat komu volné pole **2** **~s** otěže; *(for child)* (dětské) kšír(k)y, vodítko ♦ **the ~s of government** otěže vlády; **hold the ~s** být u vesla, mít hlavní slovo ● phr vs ■ **rein back** vt přitáhnout otěže koni ■ **rein in** vt fig **r. sb in** přitáhnout komu uzdu, šlapat komu na paty

reincarnate [ri:in'ka:neit] vt převtělit; **be ~d** převtělit se ● [ri:in'ka:nət] adj převtělený

reincarnation [ri:inka:'neišn] n reinkarnace, převtělení

reindeer ['reindiə(r)] n Zool sob

reinforce [ri:in'fo:s] vt zpevnit, *(walls)* zesílit, *(concrete)* vyztužit, armovat; *(orchestra, crew, military unit)* posílit

reinforced [ri:in'fo:st] adj **r. concrete** armovaný beton, železobeton

reinforcement [ri:in'fo:smənt] n see **reinforce** **1** zpevnění, zesílení; výztuž, armatura; posílení **2** **~s** Mil fig posily

reinstate [ri:in'steit] vt fml *(person: to office)* znovu dosadit do úřadu, *(to job)* znovu přijmout, vrátit komu místo; *(law and order)* znovunastolit

reinstatement [ri:in'steitmənt] n opětné dosazení do úřadu

reinvest [ri:in'vest] vt znovu investovat

reissue [ri:'išu:] vt *(book)* znovu publikovat or vydat, reeditovat nezměněné vydání; *(stamps, banknotes)* vydat novou emisi ● n *(book)* nové nezměněné vydání, dotisk; *(of stamps, banknotes)* nová emise

reiterate [ri'itəreit] vi(t) opakovat, znovu zdůraznit

reiteration [riˌitə'reišn] n fml opakování, opětné zdůraznění

reject ['ri:džekt] n Comm zmetek; **~s** zmetky, brak; fig **a social r.** vyděděnec, pária ■ **r. goods** partiové zboží, kazové zboží; **r. shop** obchod s partiovým zbožím ● [ri'džekt] vt *(offer)* odmítnout; *(application)* zamítnout; *(suitor)* odmítnout, odbýt; *(child)* zavrhnout

rejection [ri'džekšn] n odmítnutí, *(of application)* zamítnutí, *(of child)* zavrhnutí; **meet with r.** *(proposal* etc*)* být zamítnut

rejoice [ri'džois] vi radovat se, těšit se, plesat; **r. at** or **over sth** radovat se z čeho

rejoicing [ri'džoisiŋ] n veselí, zábava; **~s** slavnost, oslavy, radovánky

rejoin$_1$ [ri:'džoin] vt **1** *(join again)* znovu se připojit, *(go back to)* vrátit se kam/ ke komu; **r. one's regiment** (opět) nastoupit k svému pluku; **r. the main road** vrátit se na hlavní silnici **2** *(join together)* znovu spojit

rejoin$_2$ [ri'džoin] vi(t) fml *(reply)* odvětit (na co), namítnout (co)

rejoinder [ri'džoində(r)] n fml replika, odpověď

rejuvenate [ri'džu:vəneit] vt omladit; fig osvěžit, oživit

rejuvenation [riˌdžu:və'neišn] n omlazení; fig oživení

rekindle [ri:'kindl] **I** vt **1** *(fire)* znovu rozdmýchat **2** fig *(passion, hatred)* znovu roznítit; *(hope)* znovu oživit; *(old quarrels)* znovu vyhrabat **II** vi *(fire, passion)* znovu vzplanout

relapse [ri'læps] n Med recidiva, návrat

(choroby); fig recidiva, opětné spáchání zločinu; **have a r.** Med znovu onemocnět ● vi **1** Med znovu onemocnět **2** fig *(into crime)* recidivovat, spáchat znovu zločin; **r. into unconsciousness** znovu ztratit or pozbýt vědomí

relate [ri'leit] **I** vt **1** *(link)* uvést/ uvádět do souvislosti or spojitosti, uvést do vztahu; **r. sth to sth** uvést co do spojitosti s čím **2** *(tell: story)* vyprávět, *(events)* popisovat **II** vi **1** *(be ~d)* mít vztah, být ve vztahu; **r. to sb/ sth** týkat se koho/ čeho **2 r. to sb** *(be able to r.)* rozumět si s kým; **r. to children** umět to s dětmi; **r. to sth** *(sympathise)* sympatizovat s čím, mít pro co porozumění

related [ri'leitid] adj **1** *(in family)* příbuzný, spřízněný **2** *(connected)* spojený, jsoucí ve spojitosti or vztahu, *(disciplines, languages)* příbuzný; **be r. to sth** být v relaci k čemu, souviset s čím, mít souvislost s čím

relating [ri'leitiŋ] adj **r. to** v souvislosti s čím

relation [ri'leišn] n **1** *(~ship)* vztah; **diplomatic ~s** diplomatické styky; **mutual ~s** vzájemné vztahy; **have intimate ~s with sb** mít s kým intimní vztahy; **with r. to, in r. to** ve vztahu k čemu **2** *(connection)* **a)** gen vztah, spojitost, souvislost; **there's no r. between the two matters** mezi těmito dvěma věcmi není žádná souvislost **b)** *(relative)* příbuzný; **a close r.** blízký příbuzný; **a poor r.** also fig chudý příbuzný; **he is a r. of mine** on je můj příbuzný **3** *(of story)* vyprávění

relationship [ri'leišənšip] n **1** *(connection)* vztah, relace; **the r. between A and B** vztah mezi A a B **2** *(between people)* vztah(y); **a purely business r.** čistě obchodní vztah; **have a (sexual) r. with sb** mít s kým poměr; **have a good/ bad r. with sb** dobře/ špatně s kým vycházet

relative ['relətiv] n **1** *(person)* příbuzný; **a r. of mine** jeden můj příbuzný; **a near/ distant r.** blízký/ vzdálený příbuzný **2** Ling vztažná or relativní věta ● adj **1** *(not absolute)* relativní, poměrný; **r. density/ humidity/ majority** relativní hustota/ vlhkost/ většina; **the r. advantages of ...** relativní přednosti čeho; **relative to ...** v poměru k ... **2** Ling *(clause, pronoun)* vztažný, relativní **3** Mus *(pitch)* relativní; **r. key** souběžná tónina; **r. major/ minor** souběžná durová/ mollová stupnice ■ **~ly** adv poměrně, relativně; **it is ~ly difficult** je to dost těžké; **they are ~ly poor** jsou poměrně or dost chudí

relativism ['relətivizəm] n relativismus

relativity [relə'tivəti] n relativita; Phys **the theory of r.** teorie relativity

relativize ['relətivaiz] vt relativizovat

relax [ri'læks] **I** vt **1** *(muscles)* uvolnit, relaxovat; *(grip)* uvolnit; Med *(bowels)* působit projímavě na střeva, projímat **2** *(calm)* uklidnit; **music will r. you** při hudbě se uvolníte or uklidníte **3** fig *(discipline)* uvolnit, povolit; **r. one's effort** polevit ve studiu/ v práci etc **II** vi uvolnit se, relaxovat (se), rekreovat se; *(grip)* povolit; **lie down and r.** natáhnout se a odpočinout si

relaxation [ri:læk'seišn] n **1** *(rest)* uvolnění, odpočinek, oddech, relaxace, *(holiday)* rekreace **2** *(of rules, discipline etc)* uvolnění, zmírnění

relaxed [ri'lækst] adj *(person, discipline)* uvolněný; *(manner, smile, atmosphere)* nenucený; **feel r.** být klidný, inf nevzrušovat se

relaxing [ri'læksiŋ] adj *(restful)* uklidňující; *(holiday)* rekreační

relay ['ri:lei] n **1** *(team of workers)* četa; *(of horses)* Hist čerstvá přípřež; **work in ~s** pracovat na směny **2** Sport **r. (race)** štafeta, štafetový závod **3** Techn relé **4** *(broadcast)* přenos, relace ■ **r. station** Rad, TV retranslační stanice ● vt **1** *(message)* předat **2** Rad, TV *(concert etc)* přenášet

release [ri'li:s] n **1** *(from prison, of hostages)* propuštění (na svobodu); *(liberation)* osvobození; *(of animals)* vypuštění; *(from obligation)* zproštění; **a feeling of r.** pocit uvolnění; fig **death was a r. for him** smrt pro něj byla vysvobozením **2** *(letting go: of bombs)* shození; *(of brakes)* uvolnění; *(of clutch)* vysunutí **3** *(distribution: of film)* uvedení (do kin), *(book)* vyjití, *(news)* zveřejnění; **the film is on general r.** film je v distribuci **4** *(thing ~d)* **the latest ~s** *(films/ records)* nejnovější filmy/ gramodesky; **a new film r.** filmová novinka; **a press r.** tisková zpráva, oznámení pro tisk **5** *(lever/ mechanism)* uvolňovací páka/ mechanismus, *(of camera)* spoušť ■ **r. valve** odlehčovací ventil ● vt **1** *(set free: prisoner)* propustit na svobodu, *(captive)* pustit na svobodu; *(animal)* vypustit, *(dog from chain)* odvázat; fig *(from obligation)* zprostit čeho; Jur **r. sb on bail** propustit koho na kauci; **r. sb from a promise** zprostit koho slibu **2** *(grip)* uvolnit; *(bombs)* shazovat/ shodit; *(gas, air)* vypustit **3** *(lever)* uvolnit, *(brakes)* uvolnit, povolit, *(safety catch of revolver)* odjistit, *(trigger)* stlačit **4** *(new film)* uvést do kin; *(book, record)* vydat, dát do prodeje, *(news, information)* zveřejnit; **be ~d** *(film)* běžet v kinech; *(new model)* být na trhu **5** Jur vzdát se nároku

relegate ['religeit] vt **1** *(downgrade)* degradovat **2** Sport **be ~d** *(team)* sestoupit

relegation [reli'geišn] n Sport sestup

relent [ri'lent] vi **1** *(person)* povolit, dát se obměkčit, ustoupit **2** *(storm)* zmírnit se; *(frost)* povolit; *(pain)* povolit, ubývat čeho

relentless [ri'lentləs] adj *(implacable)* neoblomný; *(struggle)* nelítostný, urputný; *(effort)* vytrvalý, neutuchající; *(noise)* nepřetržitý, *(rain)* neustálý, vytrvalý ■ **~ly** adv urputně, vytrvale, nepřetržitě; **pursue one's aim ~ly** jít tvrdě za svým (cílem)

relevance ['reləvəns], **relevancy** ['relivənsi] n relevantnost, důležitost, význam

relevant ['reləvənt] adj **1** *(pertinent)* relevantní, důležitý; *(topical)* aktuální; **the facts r. to the case** fakta týkající se případu **2** *(appropriate)* příslušný, odpovídající; **on the r. page** na příslušné straně

reliability [ri,laiə'biləti] n spolehlivost, *(of person* also*)* důvěryhodnost, hodnověrnost, solidnost

reliable [ri'laiəbl] adj spolehlivý, *(trustworthy)* důvěryhodný, hodnověrný; *(businessman)* seriózní; **a r. source** dobrý or spolehlivý pramen or zdroj informací; **he is most r.** je naprosto spolehlivý ■ **reliably** adv spolehlivě, důvěryhodně; **I am reliably informed that ...** slyšel jsem ze spolehlivého or z dobrého pramene, že ...

reliance [ri'laiəns] n *(trust)* důvěra (**on sb/ sth** v koho/ co); *(dependence)* závislost (**on alcohol/ on one's salary** na alkoholu/ na svém platu)

reliant [ri'laiənt] adj *(dependent)* závislý; **be r. on sth** být odkázaný na co, záviset na čem

relic ['relik] n **1** Relig relikvie **2** *(reminder of the past)* přežitek, pozůstatek; **a r. of paganism** přežitek pohanství **3** inf fig pej *(old person)* stará vykopávka, *(old car)* stará rachotina

relief$_1$ [ri'li:f] n Art, Geog reliéf, *(quality)* plastičnost; **high/ low r.** hautreliéf/ basreliéf; **stand out in r. against the sky** kontrastovat s oblohou v pozadí ■ **r. map** reliéfní or plastická mapa; **r. printing** reliéfní tisk

relief$_2$ [ri'li:f] n **1** *(alleviation: from pain, anxiety)* zmírnění, úleva; **bring r. to sb** ulehčit (se) komu, přinést komu úlevu; **that's a r.!** to mi spadl kámen ze srdce; **sigh with r.** oddechnout si úlevou **2** *(help)* pomoc, podpora; **famine r.** pomoc obětem hladomoru ■ **r. fund** podpůrný fond; **r. worker** pracovník humanitární organizace **3** *(diversion: from monotony)* (vítaná) změna, uvolnění; **provide light r.** sloužit pro pobavení **4** Amer *(state benefit)* sociální dávky **5** *(of guard)* střídání, výměna ■ **r. bus** náhradní autobus **6** *(of city)* osvobození

relieve [ri'li:v] vt **1** *(alleviate: pain, distress)* zmírnit, utišit; *(boredom, monotony)* zpestřit, rozptýlit **2 r. oneself** euph ulevit si, vykonat tělesnou potřebu **3 r. sb of sth** *(of duties)* zprostit koho čeho, euph inf *(steal)* šlohnout or štípnout komu co; **r. sb of his office** zprostit koho úřadu; **r. sb of his purse** pomoci komu od peněženky **4** *(replace: worker)* vystřídat, *(guard* also*)* vyměnit **5** *(liberate: city)* osvobodit

relieved [ri'li:vd] adj **I felt r.** ulevilo se mi

religion [ri'lidžən] n náboženství; **what r. are you?** jakého jste vyznání?; **practise one's r.** vyznávat své náboženství

religiosity [ri,lidži'osəti] n zbožnost, pobožnost, nábožnost

religious [ri'lidžəs] adj **1** *(ceremony, convictions)* náboženský; *(holiday, music)* církevní; **r. education** náboženství **2** *(devout)* pobožný, zbožný, nábožný; **be very r.** být velmi nábožný; **r. awe** posvátná hrůza **3** fig *(scrupulous: attention, care)* úzkostlivý, úzkostlivě pečlivý ■ **~ly** adv nábožně, pobožně; fig úzkostlivě; **do sth ~ly** dělat něco s úzkostlivou pečlivostí ● n *(monk/ nun)* řeholník/ řeholnice

reline [ri:'lain] vt *(garment)* opatřit novou podšívkou; **r. the brakes** vyměnit vložku brzd

relinquish [ri'liŋkwiš] vt **1** *(give up: hope, claim)* vzdát se čeho, *(property, possessions, office)* vzdát se, zříci se čeho, *(plan)* upustit od čeho, *(habit)* zbavit se čeho **2 r. one's grip** or **hold of** or **on sth** pustit co, pustit se čeho

relinquishment [ri'liŋkwišmənt] n (see **relinquish**) vzdání se, zřeknutí se, odstoupení od čeho

reliquary ['relikwəri] n relikviář

relish ['reliš] n **1** *(pleasure, zest)* požitek, rozkoš, slast; **do sth with r.** dělat něco s potěšením, strašně rád něco dělat; **eat with r.** jíst s velkou chutí **2** (esp *in negative sentences)* **I have lost all r. for music** hudba mě už nebaví; **I have no r. for alcohol** já si na alkohol nepotrpím **3** *(spicy appetizer)* chuťovka, pikantní předkrm; *(sauce)* omáčka ● vt **1** *(enjoy)* vychutnávat co, kochat se čím; **r. sb's embarrassment** vychutnávat něčí rozpaky **2** *(food, drink)* pochutnávat si na čem

relive [ri:'liv] vt znovu proží(va)t

reload [ri:'ləud] vt *(gun)* znovu nabít; Comput *(program)* znovu zavést

relocate [ri:ləu'keit] vt fml přemístit, přestěhovat, *(population, refugees)* přesídlit; Comput *(program)* přemístit

relocation [ri:ləu'keišn] n přemístění, přestěhování; *(of population, refugees)* přesídlení; Comput přemístění ■ **r. expenses** náhrada výdajů na stěhování

reluctance [ri'laktəns] n **1** *(unwillingness)* neochota, zdráhání, nechuť; **with r.** s nechutí, neochotně, zdráhavě **2** Phys reluktance, magnetický odpor

reluctant [ri'laktənt] adj neochotný, zdráhavý; **be r. to do sth** zdráhat se or zpěčovat se něco udělat; **I am r. to speak about it** příčí se mi o tom mluvit ■ **~ly** adv neochotně, zdráhavě, s nechutí, nerad

rely [ri'lai] v (pt & pp **relied**) phr v ■ **rely on** or **upon** vt **1** *(count on)* počítat s kým/ čím; **r. on sb to do sth** počítat s tím, že někdo něco udělá; spoléhat se, že někdo něco udělá; **you can r. on him to come** můžete se na něho spolehnout, že přijde **2** *(have trust in)* spoléhat se na koho, důvěřovat komu; **she can't be relied upon** na ni se nelze spolehnout **3** *(be dependent on)* být odkázán na koho/ co, záviset na kom/ čem; **have to r. on sb's help** být odkázán na čí pomoc

REM [rem] abbr of **rapid eye movements** REM, rychlé oční pohyby

remain [ri'mein] vi **1** *(be left)* zbýt/ zbývat; **very little ~ed of the original church** z původního chrámu zbylo velmi málo; **that ~s to be seen** to se (teprve) uvidí; **the fact ~s that ...** faktem zůstává, že ...; **it only ~s for me to wish you every success** mně zbývá jen popřát Vám mnoho úspěchu **2** *(stay)* zůst(áv)at, setrv(áv)at; **please r. seated** zůstaňte prosím sedět, nevstávejte prosím; **the matter ~s open** záležitost zůstává otevřená; **he ~ed a soldier** zůstal na vojně; **r. faithful to sb** zachovat komu věrnost; **r. on the sidelines** držet se zpátky **3** *(in letters)* **I r. yours faithfully ...** fml s veškerou úctou

remainder [ri'meində(r)] n **1** gen & Math zbytek; **the r.** *(remaining people)* zbytek, zbylí or ostatní (účastníci/ diváci/ hosté etc); **for the r. of her life** (po) zbytek života **2** Comm **~s** zbytky, neprodané zboží; *(newspapers, journals)* remitenda, *(books)* neprodané výtisky, ležáky ● vt Comm dát do výprodeje, prodávat za zlevněnou cenu

remaining [ri'meiniŋ] adj ostatní, zbývající

remains [ri'meinz] n pl **1** euph *(corpse)* **(mortal) r.** tělesné pozůstatky, tělesná schránka **2** *(of building)* trosky, rozvalina; Archeol ruina, zřícenina **3** *(of meal, property etc)* zbytky

remake [ri:'meik] vt (pt & pp **remade** [ri:'meid]) předělat, znovu udělat ● ['ri:meik] n *(film)* nová verze staršího filmu, remake [rímejk]

remand [ri'ma:nd] vt Jur *(case)* odročit; **r. sb in custody** vzít koho do vyšetřovací vazby; **r. sb on bail** propustit koho (z vyšetřovací vazby) na kauci ● n Jur *(of case)* odročení, odložení; *(of person)* vyšetřovací vazba; **be on r.** *(in custody)* být ve vyšetřovací vazbě, *(on bail)* být propuštěn na kauci

remark [ri'ma:k] n **1** *(comment)* poznámka, připomínka; **a factual r.** faktická poznámka; **a cutting r.** kousavá or sžíravá poznámka; **a malicious r.** jízlivost; **make** or **pass a r.** udělat poznámku, poznamenat **2** *(notice)* povšimnutí, pozornost; **be worthy of r.** stát za povšimnutí ● **I** vt **1** *(comment)* poznamenat, podotknout, *(casually)* prohodit **2** dated fml *(notice)* (po)všimnout si, všímat si **II** phr v ■ **remark (up)on sth** komentovat něco, mít k něčemu připomínku, vyjádřit se o něčem

remarkable [ri'ma:kəbl] adj *(notable)* pozoruhodný; *(extraordinary)* nevšední, neobyčejný; **it is r. that ...** je zvláštní or pozoruhodné, že ... ■ **remarkably** adv pozoruhodně, neobyčejně; **remarkably enough** kupodivu; je zvláštní, že ...

remarriage [ri:'mæridž] n nový sňatek

remarry [ri:'mæri] **I** vi (Subj: *man/ woman)* znovu se oženit/ vdát or provdat **II** vt znovu oženit/ vdát or provdat

remedial [ri'mi:diəl] adj **1** *(measures, action)* nápravný **2** Br Sch *(education)* doplňovací; **r. classes** doučovací hodiny, doučování **3** Med léčivý, kurativní; **r. exercises** nápravný tělocvik, zdravotní gymnastika

remedy ['remədi] n **1** Med lék, prostředek, fig also opatření (**for sth** proti čemu); **a universal r.** univerzální lék; **a r. for flu** lék proti chřipce ♦ **be beyond** or **past r.** být nenapravitelný **2** Jur odvolání, rekurz ● vt (pp & pt **-ied**) léčit, fig napravit, zlepšit; **the situation cannot be remedied** je to bezvýchodná situace

remember [ri'membə(r)] **I** vt **1** *(recollect)* vzpomenout si na co, pamatovat si, *(recognize)* pozn(áv)at; **to r. that ...** vzpomínat si, že ...; **don't you r. me?** cožpak si na mě nevzpomínáte?; **I r. meeting him** pamatuji si, že jsem ho potkal; **I r. her looking for it** vzpomínám si, že to hledala ♦ **I r. it as if it were yesterday** pamatuji si to, jako by to bylo včera; **a night to r.** nezapomenutelná noc; **she ~s a thing or two** už něco pamatuje **2** *(not forget)* **r. to do sth** nezapomenout něco udělat; **r. to phone** nezapomeň zatelefonovat; **r. sb in one's prayers** pamatovat na koho ve svých modlitbách; **r. to bring the book** nezapomeň přinést tu knihu **3** *(commemorate: battle, the fallen)* připomínat si, slavit památku koho/ čeho

4 *(send regards to)* **r. me to your sister** pozdravujte ode mne vaši sestru **II** vi **I r. now** už si vzpomínám; **if I r. rightly** pokud si dobře pamatuji; **as far as I can r.** pokud si pamatuji

remembrance [ri'membrəns] n fml **1** *(recollection)* vzpomínka; *(memory* also*)* upomínka; **to the best of my r.** pokud si vzpomínám; **I have no r. of it** vůbec si na to nevzpomínám; **in r. of sb/ sth** v upomínku na koho/ co ■ **R. Day** or **Sunday** Br Den památky padlých 11. listopadu nebo nejbližší neděle **2** *(memento)* suvenýr, upomínkový předmět, památka

remind [ri'maind] vt **r. sb of sth** připomínat/ připomenout komu co; **r. sb that ...** připomenout komu, že ...; **r. sb to do sth** připomenout komu, aby něco udělal; **she ~s me of her sister** připomíná mi podobou svou sestru; **keep being ~ed of sth** fig mít něco stále na talíři; **that ~s me!** teď mi napadá, že ...; mimochodem, ...

reminder [ri'maində(r)] n připomínka; **(letter of) r.** Comm, Admin upomínka, urgence; **serve** or **act as a r. of sth** připomínat co, být připomínkou čeho

reminisce [remi'nis] vi vzpomínat nostalgicky, oddávat se vzpomínkám

reminiscence [remi'nisəns] n vzpomínka, reminiscence; **~s of my youth** reminiscence z mého mládí

reminiscent [remi'nisənt] adj **1** *(suggestive)* **be r. of sth** připomínat co, být podobný čemu; **his style is r. of Kundera** stylem připomíná Kunderu **2** *(nostalgic: mood, style)* nostalgický

remiss [ri'mis] adj *(negligent)* nedbalý (**in (doing) sth** v čem), laxní; **it was rather r. of you** to od tebe bylo trochu ledabylé

remission [ri'mišn] n **1** Relig odpuštění **2** Jur *(from prison sentence, debt)* prominutí, odpuštění; **he got two years' r. for good conduct** za dobré chování ho propustili (z vězení) o dva roky dříve **3** Med *(of pain)* polevení, úleva, ústup; *(of disease)* remise, dočasná úleva

remit$_1$ ['ri:mit] n kompetence, pravomoc; **it's outside my r.** to není v mé kompetenci

remit$_2$ [ri'mit] v (**-tt-**) **I** vt **1** *(sins, sentence, debt)* prominout, odpustit, *(tax)* osvobodit od čeho, *(reduce: tax* etc*)* snížit **2** *(send: money)* poukázat, poslat **3** Jur postoupit zpět nižší instanci **4** *(postpone)* odkládat/ odložit, odročit **5 r. one's efforts** polevit ve svém úsilí **II** vi *(abate)* zmenšit se, *(pain)* polevit

remittance [ri'mitəns] n **1** *(of money)* poukázání, převod, poslání **2** *(sum of money)* odeslaná peněžní částka, *(payment)* platba

remnant ['remnənt] n **1** *(of food* etc*)* zbytek, often pl **~s** zbytky, *(of cloth* also*)* ústřižky, odstřižky, *(of building* etc*)* trosky; **~s of an army** trosky armády ■ **r. sale** výprodej zbytků **2** fig pozůstatky, přežitky

remold [ri:'məuld] Amer see **remould**

remonstrance [ri'monstrəns] n fml protest, výtka, remonstrace, *(complaint)* stížnost

remonstrate ['remənstreit] vi *(protest)* protestovat, mít námitky (**against sth** proti čemu); *(object)* **r. with sb (about sth)** stěžovat si u koho (na co), činit komu výtky (kvůli čemu)

remorse [ri'mo:s] n výčitky svědomí; **be filled with r.** mít výčitky svědomí; **without r.** nemilosrdně, bez (jakýchkoliv) výčitek svědomí

remorseful [ri'mo:sfl] adj kajícný, zkroušený ■ **~ly** adv kajícně, zkroušeně

remorseless [ri'mo:sləs] adj fig *(merciless)* nemilosrdný, nelítostný, bezcitný, krutý, *(ambition)* bezmezný, nezřízený ■ **~ly** adv nelítostně, bezcitně; bezmezně

remote [ri'məut] adj **1** *(distant)* vzdálený, daleký, *(isolated* also*)* odlehlý, izolovaný, pej *(village)* zapadlý, zastrčený; **a r. corner (of the world)** zapadlý kout **2** *(in time: future)* vzdálený, daleký; **the r. past** daleká or dávná minulost; **in the r. past** před dávnými časy **3** *(relative)* vzdálený **4** *(slight: chance)* malý, mizivý; **he doesn't have the ~st chance** nemá ani tu nejmenší šanci **5** *(aloof)* nepřístupný, uzavřený **6 r. control** *(of plane* etc*)* dálkové řízení, TV, Rad dálkové ovládání **7** Comput *(input, inquiry, processing* etc*)* dálkový ■ adv see **~ly**

remote-controlled [riməutkən'trəuld] adj dálkově řízený or ovládaný

remotely [ri'məutli] adv **1** *(distantly)* vzdáleně **2** *(vaguely)* neurčitě; **it is r. possible that ...** je určitá možnost, že ...; není vyloučeno, že ...; **it is not r. possible** to je zcela vyloučeno

remoteness [ri'məutnəs] n see **remote 1** vzdálenost, odlehlost, dálka, vzdálení; *(of village)* zastrčenost, zapadlost **2** vzdálenost, oddálenost (**in time** v čase) **3** *(improbability)* nepravděpodobnost **4** *(aloofness)* nepřístupnost, uzavřenost

remould, Amer **remold** [ri:'məuld] vt *(tyre)* protektorovat ● ['ri:məuld] n protektorovaná pneumatika

remount [ri:'maunt] **I** vt **1** *(bicycle, horse)* znovu nasednout na **2** *(picture, photograph)* podlepit, rentoalovat **II** vi *(on horse, bicycle)* nasednout ● n náhradní kůň

removable [ri'mu:vəbl] adj snímatelný, výměnný; *(collar)* připínací

removal [ri'mu:vl] n see **remove** vt, vi 1 odstranění, odklizení, odhrnutí, vyklizení; amputace 2 sejmutí, sundání; svlečení, *(of shoes)* vyzutí 3 vyjmutí; vyoperování; vyškrtnutí; vyčištění; Techn odmontování 4 zproštění (**of office** úřadu), sesazení, svržení 5 **a)** odstranění; zaplašení, zažehnání **b)** zrušení **c)** oddělání, odklizení 6 *(from house)* (pře)stěhování ■ **r. expenses** výdaje na přestěhování; **r. van** stěhovací vůz

remove [ri'mu:v] **I** vt 1 *(take away)* odstranit, dát pryč, *(dishes from table)* odklidit, sklidit, *(snow from pavement)* odklidit, odhrnout, *(furniture)* vyklidit; Med *(limb)* amputovat; *(picture from wall)* sejmout, sundat, *(scales from fish)* seškrabat; **r. one's make-up** odlíčit se ♦ **r. the scales from sb's eyes** fig otevřít komu oči 2 *(take off)* sundat, sejmout; *(clothing)* svléknout, svléci, *(hat, coat, gloves)* sundat, *(shoes)* (vy)zout; *(bandage, plaster)* sejmout; **r. one's shoes** zout se, vyzout si boty 3 *(take out)* vyndat, vyjmout; Med *(appendix, tumour)* vyoperovat; *(paragraph)* vyškrtnout; *(stain)* odstranit, vyčistit; Techn odmontovat, vymontovat 4 *(dismiss, oust)* **r. sb from office** zprostit koho úřadu or funkce; **r. sb from power** zbavit koho moci, sesadit, *(ruler)* svrhnout 5 *(eliminate)* **a)** *(problems, difficulties)* odstranit, *(fears)* zaplašit, *(danger)* zažehnat **b)** *(embargo)* zrušit **c)** euph *(kill)* oddělat 6 **r. oneself** joc odejít 7 **be far ~d from sth** být čemu na hony vzdálený 8 **a cousin once/ twice ~d** bratranec z druhého/ třetího kolena **II** vi *(move house)* přestěhovat se ● n 1 *(degree of kinship)* stupeň příbuznosti 2 *(distance)* **be (at) one r. from sth** být čemu velmi blízko; **be many ~s from sth** být čemu na hony vzdálený

remover [ri'mu:və(r)] n 1 *(removal man)* speditér, inf stěhovák 2 **nail-varnish r.** odlakovač; **paint r.** odstraňovač nátěrů; **stain r.** čistič skvrn

remunerate [ri'mju:nəreit] vt fml honorovat, odměňovat

remuneration [riˌmju:nə'reišn] n fml odměna, úplata, plat

remunerative [ri'mju:nərətiv] adj fml lukrativní, dobře placený, výnosný

renaissance [ri'neisəns] n znovuzrození; fig *(revival)* obnova, obroda; Art **the R.** renesance ■ **r. art/ style** renesanční umění/ styl; **a R. man** renesanční or univerzální člověk

renal ['ri:nl] adj usu attr renální, ledvinový; **r. calculus** ledvinový kámen

rename [ri:'neim] vt přejmenovat, překřtít

renascent [ri'næsnt] adj probouzející se, obrozující se

rend [rend] vt (pt & pp **rent** [rent]) fml 1 *(tear: fabric)* roztrhnout; *(wood)* rozštípnout, rozpoltit ♦ **r. sb's heart** drásat or rvát komu srdce 2 *(wrench)* **r. sb/ sth from sb** vyrvat komu koho/ co

render ['rendə(r)] **I** vt 1 fml *(give: help)* poskytnout, *(service* also*)* prokázat; *(judgment)* vynést; *(homage)* složit, vzdát; **r. thanks to sb** vyslovit komu díky ♦ **r. unto Caesar the things that are Caesar's** Bibl dát/ dávat císaři, co je císařovo 2 Comm *(account)* předložit 3 *(perform: song)* zazpívat, *(piece of music)* zahrát, interpretovat 4 *(translate)* přeložit, přetlumočit; **~ed into Czech** přeloženo do češtiny 5 fml *(make)* učinit koho jakým; **r. sb harmless** zneškodnit koho; **r. sb speechless** vzít komu řeč 6 *(fat)* škvařit 7 Build omítnout **II** phr vs ■ **render down** *(fat)* škvařit ■ **render up** vt *(fortress)* vydat; *(prisoner)* předat

rendering ['rendəriŋ] n 1 *(performance)* Art, Music, Poetry interpretace, esp Theat also provedení 2 *(translation)* překlad, převod 3 Build *(plaster)* omítka

rendezvous ['rondivu:] n (pl unchanged ['rondivu:z]) 1 *(meeting)* schůzka (**with sb** s kým), inf rande 2 *(place)* místo schůzky ● vi *(meet)* sejít se, *(group* also*)* setkat se, also Mil dát si sraz

rendition [ren'dišn] n fml 1 *(performance)* interpretace, esp Theat also provedení 2 překlad, převod

renegade ['renigeid] n odpadlík/ odpadlice, renegát/ -ka, odrodilec ● adj renegátský, odpadlický, odrodilecký

renege, renegue [ri'ni:g, ri'neig] vi fml 1 odstoupit od čeho; **r. on one's promise/ word** nedodržet slib/ slovo 2 Cards renoncovat, nepřiznat barvu, dopustit se renoncu

renegotiate [ri:ni'gəušieit] vt znovu projednat, *(contract)* novelizovat

renew [ri'nju:] vt 1 *(start again: discussions, negotiations, efforts)* obnovit; **r. one's friendship with sb** začít se s kým znovu přátelit 2 *(recover)* **r. one's strength** znovu nabýt sil, sebrat se; **with ~ed strength** s čerstvými silami 3 *(extend: passport, bill, subscription)* prodloužit, prolongovat 4 *(replace: worn tyres)* vyměnit; *(stocks)* doplnit

renewable [ri'nju:əbl] adj obnovitelný; *(passport, bill)* prolongovatelný

renewal [ri'nju:əl] n (see **renew**) obnova, obnovení; *(extension)* prolongace; *(replacement: eg of worn tyres)* výměna; *(of stocks)* doplnění; *(of diplomatic relations)* znovunavázání, obnovení

rennet ['renit] n *(for curdling milk)* syřidlo

renounce [ri'nauns] **I** vt fml **1** *(claim, right, title)* zříci se čeho, vzdát se čeho; **r. the world** odříci se světa; *(contract)* vypovědět, zrušit **2** *(faith, convictions)* zapřít/ zapírat, zříci se čeho **3** *(give up)* **r. alcohol/ cigarettes** zanechat pití/ kouření **II** vi Cards renoncovat, nepřiznat barvu

renouncement [ri'naunsmənt] n see **renunciation**

renovate ['renəuveit] vt *(building)* renovovat, opravit, *(modernize)* modernizovat; *(painting)* restaurovat

renovation [renəu'veišn] n renovace, restaurace

renown [ri'naun] n věhlas, proslulost, dobrá pověst; **a man of high r.** muž zvučného jména

renowned [ri'naund] adj slavný, věhlasný, proslulý, renomovaný; **be r. for sth** být známý čím

rent$_1$ [rent] n *(for house, flat, room)* nájemné, činže; *(for farm)* pachtovné; **for r.** Amer k pronajmutí ■ **r. control** regulace nájemného; **r. rebate** sleva na nájemném ● **I** vt **1** *(hire: house, room)* najmout, vzít do nájmu, *(land* also*)* propachtovat si, *(TV, car* etc*)* najmout (si), (vy)půjčit (si) **2** *(let)* also **r. out** pronajmout, dát do nájmu, *(land* also*)* propachtovat

rent$_2$ [rent] n *(tear)* trhlina; *(in rock)* puklina

rent$_3$ [rent] pt & pp of **rend**

rental [rentl] n **1** *(sum paid: for house, flat)* nájemné, činže, nájem, *(for land)* pachtovné, *(for car, TV* etc*)* půjčovné ■ **r. car** nájemný vůz; **r. charge** půjčovné; **r. company** půjčovna **2** *(income from rent)* výnos z nájemného **3** Amer **r. library** veřejná knihovna

rented ['rentid] adj *(house)* nájemní, činžovní; **live in r. accommodation** bydlet v podnájmu

rent-free [rent'fri:] adj *(house)* obývaný zdarma, nepodléhající placení nájemného ● adv zdarma, bez nájemného

renumber [ri:'nambə(r)] vt přečíslovat

renunciation [ri,nansi'eišn] n fml see **renounce 1** zřeknutí se, vzdání se čeho, odřeknutí se čeho; *(of contract)* vypovězení, výpověď, zrušení **2** zapírání, zřeknutí se

reopen [ri'əupən] **I** vt opět or znovu otevřít; Jur *(case)* obnovit; *(affair)* rozvířit ♦ **r. old wounds** rozjitřit staré rány **II** vi *(school/ shop)* znovu zahájit vyučování/ prodej; *(wound)* znovu se otevřít

reorder [ri:'o:də(r)] vt **1** *(goods)* znovu objednat **2** *(reorganize: books, data)* nově uspořádat

reorganization [ri,o:gənai'zeišn] n reorganizace

reorganize [ri'o:gənaiz] **I** vt reorganizovat, přeorganizovat **II** vi reorganizovat se

rep$_1$ [rep] n abbr of **1** inf **repertory** Theat repertoárové divadlo **2** Comm inf **representative** obchodní zástupce, agent ● vi pracovat jako obchodní zástupce **3** Amer inf **reputation** reputace, pověst **4 Rep** Amer abbr of **a) Representative** člen Sněmovny reprezentantů **b) Republican** Republikán

rep$_2$ [rep] n Text ryps

repack [ri:'pæk] vt přebalit

repaid [ri:'peid] pt & pp of **repay**

repaint [ri:'peint] vt přemalovat, přebarvit, znovu natřít, *(picture)* znovu namalovat, předělat

repair$_1$ [ri'peə(r)] n oprava, správka; **be beyond r.** být neopravitelný, nedat se spravit; **be in good/ bad r.** být v dobrém/ špatném stavu; **be under r.** být v opravě; **the ~s to the car** opravy auta ■ **r. shop** opravárna, opravna, správkárna; **car r. shop** autoopravna ● vt **1** *(mend)* opravit, spravit; *(clothes* also*)* zašít; **have sth ~ed** dát si něco opravit **2** *(error)* napravit, *(wrong, injustice* also*)* odčinit

repair$_2$ [ri'peə(r)] vi fml or joc *(go)* odebrat se kam; **they ~ed to the pub** odebrali se do hospody

repairable [ri'peərəbl] adj opravitelný, spravitelný

repairer [ri'peərə(r)] n opravář/ -ka

reparable ['repərəbl] adj fml *(damage)* napravitelný; *(loss)* nahraditelný

reparation [repə'reišn] n **1** *(amends)* náprava, odčinění, *(for damage)* kompenzace **2 ~s** (usu *for war damage)* reparace, odškodnění

repartee [repa:'ti:] n pohotová (trefná) odpověď; **be good at r.** umět pohotově odpovědět

repast [ri'pa:st] n fml jídlo, pokrm

repatriate [ri:'pætrieit] vt repatriovat ● [ri:'pætriət] n repatriant/ -ka

repatriation [ri:pætri'eišn] n repatriace

repay [ri:'pei] vt (pt & pp **repaid** [ri:'peid]) **1** *(debt)* splatit, umořit, *(money)* vrátit, *(expenses)* (u)hradit **2** fig *(visit)* oplatit; **r. sb for sth** o(d)platit komu co; **how can I r. you?** jak se vám mohu odvděčit?; **r. sb for his kindness** odvděčit or inf revanšovat se komu za jeho laskavost, oplatit komu jeho laskavost ♦ **r. evil with good** o(d)plácet zlé dobrým

repayable [ri:ˈpeiəbl] adj splatný

repayment [ri:ˈpeimənt] n see **repay** 1 splacení, proplacení, *(of debt* also*)* vyrovnání, umoření, *(of expenses)* uhrazení; *(sum)* splátka 2 *(of kindness* etc*)* oplacení

repeal [riˈpi:l] vt *(law)* zrušit, prohlásit za neplatný ● n *(of law)* odvolání, zrušení, derogace

repeat [riˈpi:t] I vt 1 *(say again)* (z)opakovat; **r. oneself/ itself** opakovat se; **r. sth ad nauseam** omílat něco (až) do omrzení; **it doesn't bear ~ing** to se nedá opakovat 2 *(do again)* opakovat, udělat znovu, *(song/ music)* zopakovat, zazpívat/ zahrát znovu 3 TV, Rad opakovat, reprízovat 4 Sch, Univ opakovat třídu/ zkoušku II vi 1 *(say again)* opakovat 2 *(recur)* opakovat se 3 *(food)* **r. on sb** vyvolávat u koho říhání 4 Amer Pol volit vícekrát ● n 1 gen opakování ■ **r. order** opakovaná objednávka; Jur **r. offender** recidivista; Comput **r. function** funkce opakování 2 TV, Rad repríza, opakovaný program; Mus *(passage)* repríza, *(sign)* repetice, repetiční znaménko ■ **r. performance** Theat opakované představení, repríza představení

repeated [riˈpi:tid] adj opakovaný, opětovný ■ **~ly** adv opakovaně, opětovně, znovu a znovu

repeater [riˈpi:tə(r)] n 1 *(rifle, gun)* opakovačka 2 Amer Pol několikanásobný volič 3 Amer Sch repetent/ -ka 4 *(clock)* opakovačky hodiny 5 Jur *(habitual offender)* recidivista

repeating [riˈpi:tiŋ] adj 1 *(gun)* opakovací 2 Math *(recurring)* periodický

repel [riˈpel] v (**-ll-**) I vt 1 *(attacker, enemy)* odrazit, zahnat, čelit čemu; *(sb's advances)* odradit, odbýt; *(flies)* odpuzovat; *(water)* odpuzovat 2 (Subj: *smell, violence)* odpuzovat, znechucovat II vi Elec & Phys odpuzovat se

repellent [riˈpelənt] adj odpuzující, odpudivý ● n odpuzující prostředek; *(for insects)* repelent; prostředek na hubení hmyzu, insekticid

repent [riˈpent] I vt litovat čeho, kát se z čeho II vi kát se, litovat

repentance [riˈpentəns] n pokání, kajícnost, lítost

repentant [riˈpentənt] adj kajícný; **a r. sinner** kající hříšník

repercussion [ri:pəˈkašn] n 1 *(consequence)* dopad, odezva, následek; **have ~s on sth** mít (zpětný) dopad na něco, ovlivnit něco 2 *(echo)* ozvěna

repertoire [ˈrepətwa:(r)] n repertoár

repertory [ˈrepətəri] n 1 also **r. theatre** repertoárové divadlo 2 *(of songs* etc*)* repertoár

repetition [repəˈtišn] n opakování

repetitious [repəˈtišəs], **repetitive** [riˈpetitiv] adj usu pej opakující se, *(work)* stále stejný, monotónní

rephrase [ri:ˈfreiz] vt přeformulovat, vyjádřit jinak or jinými slovy

replace [riˈpleis] vt 1 *(put back)* vrátit na své místo; **r. the receiver** Tel zavěsit or položit sluchátko 2 *(person: in job)* nahradit, vystřídat; *(faulty part, broken glass)* vyměnit; **r. sth for sth** nahradit co čím

replaceable [riˈpleisəbl] adj výměnný, nahraditelný

replacement [riˈpleismənt] n see **replace** 1 vrácení na místo; *(of receiver)* zavěšení 2 *(substituting of person)* nahrazení, vystřídání; *(of equipment)* výměna ■ **r. costs** reprodukční náklady; **r. purchase** náhradní koupě; **r. part** náhradní díl 3 *(person)* náhrada, náhradník; **we have no r. for you** nemáme za tebe náhradu

replay [ˈri:plei] n Sport 1 *(match)* opakovaný zápas 2 *(recording)* opakované promítání ze záznamu ● [ri:ˈplei] vt 1 *(match)* hrát znovu, opakovat 2 *(recording)* opakovat znovu ze záznamu

replenish [riˈpleniš] vt *(bottle)* doplnit; *(glass)* dolít; *(supplies)* doplnit (**sth with sth** co čím)

replenishment [riˈplenišmənt] n doplnění; *(of glass)* dolití

replete [riˈpli:t] adj fml plný, naplněný; **be r. with sth** *(fuel)* být dobře zásoben čím; **be r. with food** být dosyta najedený

replica [ˈreplikə] n kopie, reprodukce, replika; **she is the exact r. of her mother** je celá matka, je navlas podobná matce

reply [riˈplai] (**-ie-**) n 1 *(answer)* odpověď; *(retort)* replika; **he made no r.** neodpověděl, mlčel; **there was no r.** Tel nikdo to nebral; **be ready with a r.** nechodit pro odpověď daleko, mít pohotovou odpověď; **say (sth) in r.** říci (co) v odpověď; **in r. to your letter** Comm v odpověď na Váš dopis 2 Jur replika ● I vt odpovědět na co, odvětit na co; **what did he r.?** jak odpověděl? II vi odpovědět, odvětit; **r. to a letter** odepsat, odpovědět na dopis

reply-paid [riˌplaiˈpeid] adj **r.-p. letter** dopis se zaplacenou odpovědí

repoint [ri:ˈpoint] vt Build znovu spárovat zeď

report [riˈpo:t] n 1 *(account)* zpráva, hlášení, referát, *(of a firm* etc*)* výkaz, *(statement)* prohlášení; Mil hlášení, raport; Med buletin; **expert's r.** znalecký posudek, znalecké dobrozdání, expertíza; **give a r. on sth** podat o čem zprávu ■ **r. stage** Br Parl *(of bill)* stadium projednávání **2** *(in media)* reportáž (**on sth** o čem), *(news)* zpráva; **here is a r. from John Smith** TV, Rad hlásí se John Smith **3** Br Sch **(school) r.** (školní) vysvědčení ■ **r. card** Amer (školní) vysvědčení **4** Jur **law ~s** soudní protokoly **5** *(rumour)* fml **r. has it that . . .**, povídá se, že . . .; slyšel jsem, že . . .; **know sth only by r.** znát co jen z doslechu **6** fml *(reputation)* pověst; **a man of good r.** muž dobré pověsti; **give sb a good r.** vřele koho doporučit, dát komu dobré vysvědčení **7** *(of gun, pistol* etc*)* rána, zvuk výstřelu ● **I** vt **1** *(announce)* oznámit, (o)hlásit; *(findings, results)* referovat o čem, podat zprávu o čem; **r. that . . .** hlásit, že . . . **2** *(in media)* reportovat, hlásit, psát o čem; **the papers r. that . . .** v novinách se píše, že . . .; noviny píší, že . . . **3** *(notify authorities: of fire, crime)* (o)hlásit, oznámit, nahlásit, *(culprit to police* also*)* udat; *(complain)* **r. an official** stěžovat si na úředníka; **r. sth to the police** oznámit co na policii; **r. sb sick** oznámit, že je někdo nemocný **II** vi **1** *(give account of)* referovat, podat zprávu (**on sth** o čem), *(reporter)* přinášet reportáž or zprávu, reportovat **2** *(present oneself)* hlásit se; **r. for duty** hlásit se or dostavit se do služby; **r. to sb** dostavit se ke komu, hlásit se u koho; **r. sick** hlásit se jako nemocný **III** phr vs ■ **report back** vi **1** *(return: soldier)* hlásit se zpět u jednotky, *(journalist)* vrátit se zpět **2** *(present report)* podat hlášení ■ **report to** vt **r. to sb** být komu podřízený; **who do you r. to?** kdo je vaším nadřízeným ■ **report out** vt Amer Pol *(bill)* vrátit návrh zákona Kongresu s opravami a doplňky

reportage [ri'po:tidž, repo:'ta:ž] n reportáž

reported [ri'po:tid] adj **1** (o)hlášený **2** Ling **r. speech** nepřímá řeč ■ **~ly** adv údajně, prý; **he is ~ly very ill** je údajně velmi nemocný

reporter [ri'po:tə(r)] n **1** *(for newspaper* etc*)* reportér, zpravodaj, dopisovatel **2** Jur zapisovatel

repose [ri'pəuz] v fml **I** vt **1 r. oneself** odpočinout si **2** *(trust, confidence)* vkládat (**in sb** do koho) **II** vi **1** *(rest)* odpočívat **2** *(theory, belief)* **r. on sth** spočívat na čem, zakládat se na čem ● n fml **1** *(rest)* klid, *(sleep)* spánek **2** *(composure)* (duševní) klid, pohoda, uvolněnost

repository [ri'pozitəri] n (pl **-ies**) **1** *(warehouse)* sklad(iště) **2** fig *(of knowledge: person)* studnice, *(of secrets)* důvěrník

repossess [ri:pə'zes] vt **1** znovu převzít do vlastnictví **2** (Subj: *building society)* odejmout neplatičům vlastnictví nemovitosti koupené na hypotéku

repossession [ri:pə'zešn] n see **repossess 1** opětné převzetí do vlastnictví **2** odejmutí vlastnictví neplatičům splátek

repp [rep] n Text ryps

reprehend [repri'hend] vt fml *(criticize)* (po)kárat, (vy)plísnit

reprehensible [repri'hensəbl] adj zavrženíhodný, hodný zavržení, trestuhodný

represent [repri'zent] vt **1** *(stand for)* představovat, zobrazovat, odrážet, *(symbolize* also*)* symbolizovat; *(be an example of)* být typickým příkladem čeho **2** *(describe as: often misleadingly)* **r. sb/ sth as . . .** prohlásit koho/ co za . . ., prezentovat koho/ co jako . . . **3** *(act for, speak for)* reprezentovat, zastupovat **4** Theat *(character)* zahrát, interpretovat

representation [reprizen'teišn] n see **represent 1** zobrazení, odraz; příklad čeho, symbolizace **2** Pol reprezentace, zastoupení; **proportional r.** paritní zastoupení **3** fml **~s** stížnost; **make ~s to sb about sth** *(complain)* stěžovat si u koho na co, *(protest)* protestovat u koho proti čemu

representational [reprizen'teišənl] adj Art figurativní

representative [repri'zentətiv] adj **1** *(typical)* reprezentativní, typický; **be r. of sth** být typický pro co **2** Pol *(institutions, democracy)* zastupitelský, parlamentní ● n **1** gen zástupce, představitel, reprezentant **2 (sales) r.** obchodní zástupce **3** Amer poslanec sněmovny reprezentantů

repress [ri'pres] vt **1** *(revolt)* potlačit, *(population)* utiskovat, utlačovat **2** *(smile, cough, sexual desires)* potlačovat, přemáhat

repressed [ri'prest] adj potlačený; Psych s potlačenými pudy, trpící represí

repression [ri'prešn] n útisk; Psych represe; **sexual r.** potlačení sexuálních pudů

repressive [ri'presiv] adj represivní; **r. measures** represivní opatření

reprieve [ri'pri:v] vt **1** Jur *(criminal)* omilostnit, udělit komu milost, pardonovat, *(postpone sb's punishment)* odložit čí výkon trestu **2** *(company)* ušetřit, dočasně ponechat v provozu ● n **1** Jur omilostnění, milost, *(postponement)* odklad výkonu trestu zvl. smrti **2** fig oddech, úleva

reprimand ['reprima:nd] n *(rebuke)* pokárání, napomenutí; *(professional)* důtka ● vt (po)kárat, napomenout, dát komu důtku

reprint ['ri:print] n dotisk, reprint, přetisk; nové, nezměněné vydání ● [ri:'print] vt znovu vytisknout, přetisknout

reprisal [ri'praizəl] n esp pl **~s** odveta, odplata, represálie, odvetná opatření; **in r. for sth** odvetou za co

repro ['ri:prəu] n inf abbr of **reproduction** reprodukce

reproach [ri'prəuč] n **1** *(criticism)* výčitka; **heap ~es on sb** zahrnovat koho výčitkami; **a look of r.** vyčítavý pohled; **beyond** or **above r.** bezvadný **2** *(source of shame)* ostuda, hanba ● vt vyčítat; **r. sb for sth** vyčítat komu co, předhazovat komu co; **r. oneself for sth** vyčítat si co; **you have nothing to r. yourself for** or **with** nemáš si co vyčítat

reproachful [ri'prəučfl] adj *(look, words)* vyčítavý, káravý ■ **~ly** adv vyčítavě, káravě; **look sb up and down ~ly** přeměřit si někoho pohledem

reprobate ['reprəubeit] adj mravně zkažený, zvrhlý; Relig zatracený ● n mravně zkažený člověk, zvrhlík ● vt zavrhnout, Relig zatratit

reprobation [reprəu'beišn] n Relig zatracení

reprocess [ri:'prəuses] vt znovu zpracovat

reprocessing [ri:'prəusesiŋ] n znovuzpracování; **nuclear r.** zpracování radioaktivního odpadu

reproduce [ri:prə'dju:s] **I** vt reprodukovat, kopírovat, rozmnožit (tiskem), *(experiment)* opakovat **II** vi Biol rozmnožovat se

reproducible [ri:prə'dju:səbl] adj opakovatelný, reprodukovatelný

reproduction [ri:prə'dakšn] n **1** Biol rozmnožování, množení **2** *(copying: of document, painting* etc*)* reprodukce, reprodukování **3** *(copy)* kopie, napodobenina, otisk

reproductive [ri:prə'daktiv] adj *(organs, process)* rozmnožovací

reproof [ri'pru:f] n fml pokárání, výtka, výčitka

reprove [ri'pru:v] vt fml (po)kárat, hanit, plísnit

reproving [ri'pru:viŋ] adj fml *(glance, remark* etc*)* káravý ■ **~ly** adv káravě

reptile ['reptail] n Zool plaz; fig *(insult)* patolízal, pochlebník

republic [ri'pablik] n republika

republican [ri'pablikən] adj republikánský; **the R. party** Republikánská strana ● n republikán

repudiate [ri'pju:dieit] vt *(person)* zříci se koho, zavrhnout, neznat se ke komu; *(authority, charge)* odmítnout; *(authorship)* neznat se k čemu; *(obligation)* odstoupit od čeho, *(debt)* odmítnout zaplatit; Ins *(policy)* vypovědět

repudiation [ri͵pju:di'eišn] n **1** *(disowning: of person)* zřeknutí se koho, zapuzení **2** *(rejection)* odmítnutí; *(of obligation)* odstoupení od čeho, *(of debt)* odmítnutí zaplatit; *(of policy)* vypovězení

repugnance [ri'pagnəns] n odpor, nechuť

repugnant [ri'pagnənt] adj odporný, odpuzující, nechutný; **I find the idea r.** ten nápad se mi příčí; **he found him r.** byl mu odporný

repulse [ri'pals] vt *(drive back: attack)* odrazit; *(rebuff)* odmítnout ● n Mil odražení; *(refusal)* odmítnutí

repulsion [ri'palšn] n **1** *(revulsion)* odpor, nechuť, averze; **feel r. for sth** cítit k čemu odpor **2** Phys odpudivost, odpuzování

repulsive [ri'palsiv] adj **1** *(disgusting)* nechutný, hnusný, odporný, odpudivý **2** Phys *(forces)* odpudivý

reputable ['repjutəbl] adj *(company, tradesman)* seriózní; *(person)* čestný, vážený, mající dobrou pověst; *(source)* spolehlivý

reputation [repju'teišn] n (dobrá) pověst, (dobré) jméno, prestiž, inf reputace; **a good/ bad r.** dobrá/ špatná pověst; **harm/ tarnish sb's r.** poškodit/ pošpinit čí pověst; **enjoy a high r.** těšit se výborné pověsti; **he has a r. for being very lazy** je o něm známo, že je velký lenoch; je pověstný svou leností

repute [ri'pju:t] n fml *(reputation)* pověst, renomé; **be of good r.** mít dobrou pověst; **a house of ill r.** euph nevěstinec, vykřičený dům; **a woman of ill r.** žena pochybné pověsti; **a scientist/ writer of (some) r.** renomovaný spisovatel/ vědec ● vt pass **he is ~d to be rich** říká se o něm, že je bohatý

reputed [ri'pju:tid] adj údajný ■ **~ly** adv údajně, prý

request [ri'kwest] n **1** *(demand)* požadavek, žádost, *(plea)* prosba, *(wish)* přání; **at sb's r., at the r. of sb** na čí žádost; **on r.** na požádání; **by popular r.** na všeobecné přání ■ **a r. programme** pořad na přání posluchačů; **a r. stop** zastávka na znamení **2** Rad skladba na čí přání; **play a r. for sb** hrát skladbu na něčí přání ● vt (po)žádat; **you are ~ed to be punctual** přijďte prosím včas; **you are ~ed not to smoke** nekuřte prosím!; **visitors are ~ed not to touch the exhibits** nedotýkejte se (prosím) vystavených předmětů; **Mr & Mrs Smith r. the pleasure of your company at ...** Manželé Smithovi si považují za čest Vás pozvat na ...

requiem ['rekwiəm] n **1** also **r. mass** rekviem, zádušní mše **2** Mus rekviem

require [ri'kwaiə(r)] vt **1** *(need: care, attention, caution* etc*)* vyžadovat, potřebovat, inf chtít; **the situation ~s that ...** situace vyžaduje, aby ...; **the dress ~s altering** ty šaty je třeba přešít; **if ~d** pokud to bude potřeba; **r. surgery** (Subj: *sb's condition)* vyžadovat (si) chirurgický zákrok **2** *(demand: obedience, explanation, qualification* etc*)* požadovat, vyžadovat; **it is ~d that you ...** žádáme, abyste ..., je třeba, abyste ...; **passengers are ~d not to smoke** žádáme cestující, aby nekouřili **3** fml *(wish)* žádat si, přát si, chtít; **will you r. tea?** budete si přát čaj?

required [ri'kwaiəd] adj požadovaný, potřebný; **r. reading** povinná četba; **r. subject** Amer povinný předmět

requirement [ri'kwaiəmənt] n **1** *(need)* potřeba; **according to your ~s** podle vašich potřeb **2** *(demand)* požadavek, nárok, *(condition)* podmínka; **fulfil** or **satisfy the ~s for sth** *(job, course* etc*)* splňovat podmínky pro co

requisite ['rekwizit] adj fml *(necessary: time, money, documents* etc*)* potřebný, odpovídající, požadovaný ● n fml *(thing needed)* potřeba, *(requirement)* požadavek; **toilet/ travel ~s** toaletní/ cestovní potřeby; **sports ~s** sportovní potřeby

requisition [rekwi'zišn] n **1** *(official demand)* žádost, objednávka, zakázka **2** Mil rekvizice, zabrání, vymáhání ● vt **1** Admin objednat, požádat o co, vyžádat, nárokovat **2** Mil zabrat, rekvírovat, vymáhat

requital [ri'kwaitl] n *(repayment)* odměna, odplata (**for sth** za co); *(revenge)* odplata, pomsta

requite [ri'kwait] vt fml **1** *(repay: kindness)* oplatit, splatit (**sth with sth** co čím); **~d love** opětovaná láska **2** *(avenge: bad deed, wrong)* **r. sb for sth** pomstít se komu za co, oplatit komu co

reran [ri:'ræn] pt of **rerun**

reread [ri:'ri:d] vt (pt & pp **reread** [ri:red]) znovu přečíst

reredos ['riədos] n Relig, Art retábl, retabulum

reroute [ri:'ru:t] vt *(traffic)* odklonit, vést objížďkou; *(flight)* změnit kurs

rerun [ri:'ran] vt (pt **reran** [ri:'ræn]; pp **rerun**, pres p **rerunning**) Film, Theat znovu uvést, reprízovat, TV also znovu vysílat ● ['ri:ran] n Film, Theat repríza, *(of TV programme* also*)* opakované vysílání

resale ['ri:seil] n další prodej, prodej z druhé ruky

resat [ri:'sæt] pt & pp of **resit**

rescind [ri'sind] vt fml *(contract, agreement)* zrušit, anulovat; *(law)* odvolat

rescue ['reskju:] n *(from danger)* záchrana, *(from captivity)* osvobození; **come to sb's r., come to the r. of sb** přijít komu na pomoc ■ **r. operation/ party/ service** záchranná akce/ četa/ služba ● vt *(from danger)* zachránit, *(from captivity)* osvobodit; **r. sb from drowning** zachránit koho před utonutím

rescuer ['reskju:ə(r)] n zachránce; *(from captivity)* osvoboditel

research [ri'sə:č] n výzkum, bádání, vědecká práce; **scientific r.** vědecký výzkum; **do r. into sth** provádět výzkum čeho ■ **r. establishment** výzkumné pracoviště; **r. fellow** aspirant; **r. fellowship** stáž, (stipendijní) studijní pobyt; **r. project** výzkumný úkol; **r. work** výzkum, průzkum, bádání, vědecká práce ● **I** vi provádět výzkum, bádat, zkoumat, studovat; **r. into** or **on sth** provádět výzkum čeho, zkoumat co, studovat co **II** vt zkoumat, provádět výzkum čeho; **a well--~ed book** dobře fundovaná kniha

researcher [ri'sə:čə(r)] n výzkumník, badatel, vědecký pracovník

resemblance [ri'zembləns] n podoba, podobnost; **bear a r. to sb** podobat se komu; **bear no r. to sb/ sth** vůbec se komu/ čemu nepodobat

resemble [ri'zembl] vt podobat se komu; **r. sb (in sth)** podobat se komu (v čem); **r. each other** vzájemně se podobat

resent [ri'zent] vt brát co ve zlém, nesnášet, zlobit se na co; **r. sb** být vůči komu zatrpklý, chovat vůči komu zášť; **r. sb's success** nepřát komu jeho úspěch; **he ~ed her being there** její přítomnost mu byla proti mysli

resentful [ri'zentful] adj zatrpklý, plný zášti, nepřející

resentment [ri'zentmənt] n zatrpklost, zášť, zlá krev; **breed r.** dělat zlou krev

reservation [rezə'veišn] n **1** *(booking)* rezervace, objednávka letenky, ubytování ap; **make a r.** *(in a hotel)* objednat or rezervovat si pokoj, *(in a restaurant)* objednat si stůl, *(on a train/ plane)* objednat or zajistit si místenku/ letenku **2** *(misgiving, qualification)* výhrada; **without r.** bez výhrad; **with the r. that ...** s výhradou, že ...; **have ~s about sb/ sth** mít ke komu/ čemu výhrady **3** *(Indian land)* rezervace

reserve [ri'zə:v] n **1** *(store: of money, provisions* etc*)* rezerva, zásoba; **oil/ gold ~s** zásoby nafty/ zlata; **~s of food** zásoby potravin; **hidden ~s** skryté rezervy; **keep sth in r.** mít co v rezervě or v záloze; **keep a little in r.** *(money)* dát si něco stranou, schovat si něco pro strejčka Příhodu ■ **r. currency** rezervní měna **2** *(qualification, misgiving)* výhrada, dated rezervace; **without r.** bez výhrad **3** *(reticence)* rezerva, zdrženlivost **4** *(area of land)* rezervace; **nature r.** přírodní rezervace **5** Comm **r. (price)** minimální cena, vyvolávací cena **6** Mil záloha; *(soldier)* voják v záloze, záložník; **~s** záložní jednotky **7** Sport **r. (player)** náhradník ■ **r. team** náhradní mužstvo ● vt **1** *(book in advance: seat, room* etc*)* rezervovat, zamluvit, objednat **2** *(keep)* ponechat si; **r. one's strength** šetřit si síly; **r. one's judgment about sth** nevyjádřit se k čemu;

r. the right to do sth ponechat *or* vyhradit si právo něco udělat

reserved [ri'zə:vd] *adj* **1** *(reticent)* rezervovaný, zdrženlivý, uzavřený do sebe, odměřený **2** *(room, seat etc)* rezervovaný, zamluvený, zadaný; **all rights r.** všechna práva vyhrazena ■ **~ly** [ri'zə:vidli] *adv* rezervovaně, zdrženlivě

reservist [ri'zə:vist] *n* voják v záloze, záložník, *dated* rezervista

reservoir ['rezəvwa:(r)] *n* **1** *(for water, gas)* rezervoár, nádrž; *(artificial lake)* přehradní jezero, přehrada, přehradní nádrž **2** *fig* *(of talent, knowledge)* zásobárna, pokladnice

reset [ri:'set] *vt* (*pt & pp* **reset**, *pres p* **resetting**) *(watch)* znovu nařídit; *Typ* *(text)* znovu vysázet, přesázet ● *n* *Comput* vynulování, znovunastavení ■ **r. button** nulovací tlačítko; **r. key** výmazová klávesa

resettle [ri:'setl] *vt* *(refugees)* přesídlit; *(territory)* opět osídlit

reshape [ri:'šeip] *vt* *(clay)* přeformovat; *(text)* přepsat; *(industry)* reorganizovat

reshuffle [ri:'šafl] *vt* **1** *(cards)* znovu zamíchat **2** *Pol* *(cabinet)* vyměnit funkce *v čem* ● *n* **1** *(of cards)* nové zamíchání **2** *Pol* **a Cabinet r.** přeskupení funkcí v kabinetu

reside [ri'zaid] *vi* *fml* **1** *(live)* bydlet, přebývat; *(president, institutions etc)* sídlit, mít sídlo *kde* **2** *fig* *(be present in)* spočívat, tkvít (**in sth** v čem)

residence ['rezidəns] *n* *fml* **1** *(home)* dům; *(of president, ambassador)* rezidence, sídlo; **hall of r.** *Br Univ* kolej **2** *(stay)* pobyt; **permanent r.** trvalý pobyt; **take up r. in London** usadit *or* usídlit se v Londýně ■ **r. permit** povolení k pobytu

resident ['rezidənt] *adj* *(residing)* bydlící, sídlící; *(inhabitant of town)* místní, usedlý; **be r. abroad** bydlet v zahraničí ● *n* *(of town)* místní občan, usedlík, občan; *(in hotel, guest house)* host

residential [rezi'denšl] *adj* *(area)* obytný, rezidenční; *(course, student)* internátní; **r. district** obytná čtvrť, *(fashionable)* vilová čtvrť

residual [ri'zidjuəl] *adj* zbytkový, reziduální, zbylý

residue ['rezidju:] *n* *gen & Math* zbytek; *Chem* zbytek, reziduum, sedlina

resign [ri'zain] **I** *vi* **1** *(from post)* rezignovat, odstoupit, podat demisi, *(from office)* vzdát se úřadu, složit úřad; **r. from a committee** položit funkci ve výboru **2** *Chess* vzdát se **II** *vt* **1** *(job)* vzdát se *čeho*, rezignovat na *co*; **r. one's post** vzdát se úřadu, odstoupit z funkce **2** **r. oneself to sth** smířit se s čím; **r. oneself to one's fate** smířit se s osudem

resignation [rezig'neišn] *n* see **resign** **1** *(from job)* výpověď, *(from office)* rezignace, demise, odstoupení (z funkce); **hand in one's r.** podat demisi **2** *(patient acceptance)* odevzdanost, rezignace; **with r.** rezignovaně

resigned [ri'zaind] *adj* rezignovaný; **become r. to sth** smířit se s čím ■ **~ly** [ri'zainidli] *adv* rezignovaně

resilience [ri'ziliəns], **resiliency** [-nsi] *n* **1** *(of rubber etc: springiness)* pružnost, elastičnost, *(toughness)* odolnost **2** *(of people)* vitalita, energie, životní síla, nezdolnost

resilient [ri'ziliənt] *adj* **1** *(springy)* pružný, elastický, *(tough)* odolný, pevný **2** *fig* *(person)* energický, houževnatý

resin ['rezin] *n* pryskyřice

resinous ['rezinəs] *adj* pryskyřičný

resist [ri'zist] *vt* **1** *(temptation, offer, sb's charms)* odol(áv)at *čemu*, nepodlehnout *čemu*; **he can't r. alcohol** neumí si odříci alkohol **2** *(oppose)* **r. sth** bránit se čemu, vzepřít se čemu, stavět se proti čemu; **r. change** bránit se změnám

resistance [ri'zistəns] *n* **1** *(to enemy, change)* odpor; **passive r.** pasivní rezistence *or* odpor; **put up a stiff r. to sb** postavit se komu rezolutně na odpor, klást komu tuhý odpor ■ **r. movement** hnutí odporu, odbojové hnutí ♦ **take** *or* **follow the line of least r.** jít cestou nejmenšího odporu **2** *(to disease)* odolnost *proti čemu* **3** *Phys* odpor

resistant [ri'zistənt] *adj* **1** *Med, Biol* odolný (**to sth** vůči čemu), *(immune)* imunní; *(surface)* pevný **2** *(opposed: to change etc)* vzdorující *čemu*, odporující *čemu*

-resistant [-ri'zistənt] *suff* in compounds odolný, -vzdorný; **fire-resistant** ohnivzdorný; **heat-resistant** odolný proti teplu, teplovzdorný, žárovzdorný

resistor [ri'zistə(r)] *n* *Elec* odporník, odpor, rezistor

resit [ri:'sit] *vt(i)* (*pp & pp* **resat** [ri:'sæt]; *pres p* **resitting**) *(exam)* opakovat (zkoušku) *písemnou* ● ['ri:sit] *n* opravná zkouška *písemná*, reparát

resole [ri:'səul] *vt* *(shoes)* podrazit; **have one's shoes ~d** dát si podrazit boty

resolute ['rezəlu:t] *adj* *(person, approach, attitude)* rezolutní, energický, rozhodný, *(measure)* rázný ■ **~ly** *adv* rezolutně, rozhodně, rázně

resoluteness ['rezəlu:tnəs] *n* rozhodnost, rezolutnost, ráznost, odhodlanost

resolution [rezə'lu:šn] *n* **1** *(determination)* rozhodnost, ráznost, rezolutnost, odhodlanost; **he lacks r.** nedostává se mu rozhodnosti 2 *(motion, decree)* rezoluce, usnesení, prohlášení; **pass a r.** schválit usnesení 3 *(decision, mental pledge)* předsevzetí, rozhodnutí; **New Year ~s** novoroční předsevzetí 4 *(solving: of problem, conflict* etc*)* (vy)řešení, rozřešení; **an amicable r. of a conflict** smírné vyřešení konfliktu 5 Chem rozložení (**into** na); Med *(of swelling)* splasknutí, rozehnání; Mus rozvedení akordu 6 Comput **r. (capability)** rozlišovací schopnost

resolvable [ri'zolvəbl] adj *(problem)* řešitelný

resolve [ri'zolv] **I** vt 1 *(problem, quarrel,* Math *equation)* vyřešit; *(doubts)* rozptýlit 2 *(decide)* rozhodnout se (**to do sth** něco udělat), předsevzít si 3 *(break down)* rozložit, Phys rozštěpit 4 Med *(swelling, tumour)* rozehnat 5 Mus *(chord)* rozvést **II** vi *(decide)* **r. on (doing) sth** rozhodnout se pro co, rozhodnout se něco udělat ● n fml 1 *(determination)* rozhodnost; **strengthen sb's r.** posílit čí rozhodnost 2 *(decision)* rozhodnutí

resonance ['rezonəns] n rezonance

resonant ['rezənənt] adj 1 *(voice)* zvučný, *(loud)* halasný, hlaholivý 2 Phys rezonanční

resonate ['rezəneit] vi zaznívat, znít, zvučet

resonator ['rezəneitə(r)] n rezonátor

resort [ri'zo:t] n 1 *(holiday place)* letovisko; **health r.** lázně, léčebna; **holiday r.** výletní místo, rekreační středisko; **seaside r.** přímořské letovisko; **ski r.** lyžařské středisko 2 *(recourse)* východisko; **as a last r.** v krajním případě; **without r. to threats** bez výhrůžek ● phr v ▪ **resort to** vt *(violence)* uchýlit se k čemu, *(measure, trick* also*)* sáhnout k čemu, přikročit k čemu; **r. to law** použít práva

resound [ri'zaund] vi *(noise, voices)* ozývat se, znít, rozléhat se, *(engines)* dunět; **the hall ~ed with applause** v sále se ozval potlesk, sál se rozezněl potleskem

resounding [ri'zaundiŋ] adj 1 *(loud: voice)* halasný; *(applause)* bouřlivý 2 fig *(very great: success, failure)* obrovský, monumentální; **a r. victory** vítězství na celé čáře ▪ **~ly** adv 1 *(loudly)* halasně 2 *(successful)* nesmírně; *(win/ lose)* na celé čáře

resource [ri'zo:s, ri'so:s] n 1 pl **~s** zdroje, suroviny, prostředky; **financial/ human/ natural ~s** finanční/ lidské/ přírodní zdroje; **the world's ~s of oil** světové zásoby nafty 2 *(inner capacity)* schopnost; **a woman of great r.** žena, která si umí poradit; **summon all one's ~s** sebrat všechen svůj um; **I was left to my own ~s** musel jsem se spolehnout jen sám na sebe, musil jsem si poradit sám 3 *(expedient)* východisko; **as a last r.** jako východisko z nouze

resourceful [ri'zo:sful, -'so:s-] adj vynalézavý, duchapřítomný, pohotový, umějící si poradit ▪ **~ly** adv *(act, behave)* duchapřítomně, pohotově

resourcefulness [ri'zo:sfulnəs, -'so:s-] n pohotovost, vynalézavost, duchapřítomnost

respect [ri'spekt] n 1 *(esteem)* úcta, respekt; **command r.** těšit se úctě; **have r. for sb** mít koho v úctě, respektovat koho; **be held in r.** být vážený; **as a token of our r.** na důkaz naší úcty; **do sth out of r. for sb** udělat něco z úcty ke komu; **with (all) due r.** při vší úctě 2 *(consideration)* ohled(uplnost); **treat sb with r.** být ke komu ohleduplný; **he has no r. for anything** nic nemá v úctě 3 **~s** *(regards)* pozdravy; **pay one's ~s to sb** pozdravovat koho uctivě; **pay one's last ~s to sb** vzdát komu poslední poctu 4 *(regard, aspect)* ohled, zřetel, hledisko, stránka; **in every r.** v každém ohledu, v každém směru; **in this r.** v tomto ohledu, po této stránce; **in no r.** v žádném směru; **with r. to ...** pokud jde o ..., s ohledem na ..., stran čeho, v souvislosti s čím ● vt 1 respektovat; *(customs, the law)* dodržovat; **r. sb** mít ke komu úctu, mít koho ve vážnosti, cenit si koho 2 **as ~s ...** pokud jde o ..., stran čeho

respectability [ri͵spektə'biləti] n see **respectable** (1) váženost, úctyhodnost; pořádnost, slušnost, počestnost; solidnost, serióznost

respectable [ri'spektəbl] adj 1 *(estimable)* vážený, úctyhodný; *(decent, proper: person)* pořádný, slušný, (esp *woman)* počestný; *(decent* also*)* solidní, seriózní; *(clothes)* slušný, přijatelný 2 *(fairly good: player, wages)* docela dobrý, ucházející; **play a r. game of golf** hrát docela dobře golf ▪ **respectably** adv *(behave, dress)* slušně

respected [ri'spektid] adj vážený

respecter [ri'spektə(r)] n **be no r. of persons** nedělat mezi lidmi rozdíly; **death is no r. of persons** smrt si nevybírá

respectful [ri'spektful] adj uctivý (**towards sb** ke komu); **stand at a r. distance** stát v uctivé vzdálenosti ▪ **~ly** adv uctivě

respective [ri'spektiv] adj příslušný; **the r.** ten který; **they went to their r. rooms** rozešli se do svých pokojů ▪ **~ly** adv často bez českého ekvivalentu; příslušně; **Russian and Czech courses are held in Moscow and Prague ~ly** kurs ruštiny se koná v Moskvě, kurs češtiny v Praze

respiration [respə'reišn] n dýchání

respirator ['respəreitə(r)] n respirátor, dýchací přístroj

respiratory [riˈspirətəri, Amer ˈrespərətəri] adj *(tract, organs)* dýchací, respirační

respire [riˈspaiə(r)] vt & vi fml dýchat

respite [ˈrespait] n fml **1** *(rest)* oddech; **without r.** bez oddechu, bez ustání, bez přestání **2** *(temporary reprieve)* odklad

resplendence [riˈsplendəns] n oslňující lesk, třpyt; *(splendour)* nádhera, velkolepost

resplendent [riˈsplendənt] adj *(shining)* zářící, zářivý; *(splendid)* nádherný, velkolepý, honosný ■ **~ly** adv *(shine)* třpytivě; *(dress)* nádherně, velkolepě, honosně

respond [riˈspond] vi **1** *(answer)* **r. to a question** odpovědět na otázku; **she ~ed with a smile** odpověděla úsměvem **2** *(react)* reagovat (**to sth** na co); **be quick to r.** pohotově reagovat; **r. to sb's needs** reagovat na čí potřeby; **the patient ~s well to treatment** pacient reaguje příznivě na léčení

respondent [riˈspondənt] n **1** Jur odpůrce, žalovaný **2** *(in opinion poll)* respondent, dotazovaný

response [riˈspons] n **1** *(reply)* odpověď; **he made no r.** neodpověděl; **in r. to ...** v odpověď na ... **2** *(reaction)* reakce, ohlas; **his speech met with a lively r.** jeho slova měla velkou odezvu; **meet with no r.** nemít odezvu **3** *(liturgical)* responzorium **4** Comput **r. time** doba odezvy

responsibility [riˌsponsəˈbiləti] n (pl **-ies**) **1** *(being responsible)* (z)odpovědnost; **sense of r.** pocit odpovědnosti; **have r. for sth** být za co zodpovědný; **on one's own r.** na vlastní odpovědnost; **take r. for sth** přijmout odpovědnost za něco, vzít něco na sebe; **refuse to accept r. for sth** odmítat za něco odpovědnost **2** *(duty)* povinnost, úkol; **his responsibilities include ...** mezi jeho povinnosti patří ...

responsible [riˈsponsəbl] adj **1** *(in charge)* (z)odpovědný; **be r. for sth** mít něco na starosti, mít co v referátu **2** *(accountable)* **be r. for sth** nést za něco odpovědnost; **hold sb r. for sth** činit koho zodpovědným za co, klást komu co za vinu **3** *(trustworthy)* odpovědný, seriózní; **r. newspapers** seriózní noviny **4 a r. position** odpovědné místo ■ **responsibly** adv *(behave, act)* zodpovědně

responsive [riˈsponsiv] adj **1** *(person: sensitive)* citlivý, vnímavý, *(to suggestions)* přístupný; *(audience)* živě reagující **2** *(brakes, keyboard)* citlivý; **be r. to the market** *(industry)* reagovat na trh; **be r. to treatment** *(patient, illness)* reagovat na léčení

responsiveness [riˈsponsivnəs] n (see **responsive**) citlivost, vnímavost, přístupnost

rest$_1$ [rest] n **1** *(relaxation)* odpočinek, *(break, pause)* přestávka, oddech, pauza; **day of r.** den odpočinku; **have a good r.** dobře si odpočinout; **I'd like a r.** chtěl bych si odpočinout; **not to give sb a moment's r.** nedopřát komu ani chvilku klidu; **you need to take a r. from the children** potřebuješ si odpočinout od dětí ♦ **not to give one's tongue** or **jaw a r.** inf stále mlít or mlátit pantem; **give it a r.!** nech toho!, obrať list! ■ **r. cure** Med klid na lůžku; **r. day** den pracovního klidu **2** *(inactivity, motionlessness)* klid; **at r.** v klidu; **come to r.** *(vehicle etc)* zastavit se; **set sb's mind at r.** uklidnit koho **3** euph *(death)* **eternal r.** věčný odpočinek; **lay sb to r.** uložit koho k věčnému odpočinku **4** *(support)* opěra, podpěra, *(of telephone)* vidlice; **foot r.** podnožka **5** Mus pomlka, pauza ● **I** vi **1** *(relax)* odpočinout si, odpočívat; **he's ~ing** odpočívá; **I won't r. until I have reached my aim** nebudu mít klid, dokud nedosáhnu svého; **R. in Peace!** *(on tombstones)* odpočívej v pokoji!, spi sladce! **2** *(lean: ladder, person)* opřít/ opírat se (**against sth** o co); *(be supported)* **r. on sth** *(roof etc)* spočívat na čem, fig *(theory, argument)* být založen na čem; **the responsibility ~s with you** zodpovědnost spočívá na tvých bedrech ♦ **r. on one's laurels** usnout na vavřínech **3** *(be, remain)* **r. assured that ...** buď si jist, že ...; **it ~s with you to decide** je na vás, abyste rozhodl **II** vt **1** *(allow to r.: horses)* nechat odpočinout; **r. one's eyes/ arms/ legs** dát odpočinout očím/ pažím/ nohám; Jur **r. one's case** skončit obhajobu **2** *(lean: ladder)* opřít; **r. one's head against the wall** opřít se hlavou o stěnu

rest$_2$ [rest] n *(remainder)* **the r.** zbytek, ostatek; **the r. of the money** zbytek peněz, zbývající peníze; **the r. of the things/ students** ostatní věci/ studenti; *(I'll remember it)* **for the r. of my life** nadosmrti ♦ **a cut above the r.** extra třída; **for the r.** pokud jde o ostatní

restart [riːˈstaːt] **I** vt znovu začít; *(machine)* znovu nastartovat **II** vi znovu nastartovat

restate [riːˈsteit] vt **1** *(reiterate: argument)* zopakovat, *(one's innocence)* znovu potvrdit **2** *(formulate differently)* přeformulovat, vyjádřit jinak

restaurant [ˈrestəront] n restaurace ■ **r. car** Rail jídelní vůz

restaurateur [restərəˈtəː(r)] n restauratér

restful [ˈrestful] adj *(spot)* klidný, tichý;

(hobby) rekreační, uklidňující; *(holiday)* osvěžující, odpočinkový

resting ['restiŋ] adj **r. place** euph hrob, místo posledního odpočinku

restitution [resti'tju:šn] n **1** *(of property)* restituce, navrácení původnímu majiteli **2** Jur odškodnění

restive ['restiv] adj *(horse)* jankovitý; *(person)* svéhlavý, mající bujnou krev; *(restless)* neklidný, nepokojný, neposedný, nervózní

restless ['restləs] adj neklidný, nepokojný; *(fidgety)* neposedný; **grow r.** zneklidnět; **a r. spirit** nepokojná krev; **have a r. night** neklidně spát ■ **~ly** adv neklidně, nepokojně, neposedně

restlessness ['restləsnəs] n neklid, nepokoj, nervozita

restock [ri:'stok] vt **1** *(with supplies, food)* znovu zásobit **2** *(pond, river)* zarybnit

restoration [restə'reišn] n **1** *(return)* vrácení, navrácení **2** *(restoring: of building, monument* etc*)* restaurování, restaurace, renovování, renovace; *(of land)* rekultivace **3 the R.** Hist restaurace Stuartovců v r. 1660

restorative [ri'sto:rətiv] adj *(food, medicine)* posilňující, regenerační ● n posilňující or regenerační prostředek

restore [ri'sto:(r)] vt **1** *(return: stolen property to its owner)* vrátit **2** *(return: sb to a former condition)* **r. sb's confidence** vrátit komu sebedůvěru; **r. sb to health** vrátit komu zdraví; **be ~d to health** uzdravit se **3 r. sth a)** *(old customs, law and order, taxes* etc*)* obnovit co; **r. the monarchy** obnovit monarchii **b)** *(building, monument, old furniture* etc*)* restaurovat, renovovat

restorer [ri'sto:rə(r)] n **1** Art restaurátor **2 hair r.** prostředek podporující růst vlasů

restrain [ri'strein] vt **1 r. sb from (doing) sth** zabránit komu v čem **2** *(discipline: children)* krotit; *(overpower: prisoner)* přemoci; **r. oneself** ovládat se, inf držet se zpátky **3** fig *(emotions)* krotit, tlumit, *(laughter, tears* also*)* potlačovat

restrained [ri'streind] adj *(person)* rezervovaný, zdrženlivý; *(emotions)* potlačený; *(criticism)* uměřený, umírněný

restraint [ri'streint] n **1** *(restriction)* omezení, restrikce; **without r.** bez omezení, svobodně; **wage r.** mzdové omezení **2** *(self-control)* sebeovládání, sebekázeň, rezervovanost, zdrženlivost; **laugh without r.** nevázaně se smát

restrict [ri'strikt] vt omezit, ohraničit; **r. oneself to five cigarettes a day** omezit se na pět cigaret denně

restricted [ri'striktid] adj **1** *(access, use* etc*)* omezený; Br Aut **a r. area** *(with parking restrictions)* oblast s omezeným parkováním, *(with speed limit)* oblast s omezenou rychlostí jízdy **2 a r. zone** Br oblast s omezeným přístupem veřejnosti **3** *(secret: document, data)* tajný, důvěrný, jen pro služební potřebu

restriction [ri'strikšn] n omezení; **import ~s** dovozní omezení; **put** or **place** or **impose ~s on sth** stanovit na co omezení

restrictive [ri'striktiv] adj restriktivní, omezující

restring [ri:'striŋ] vt (pt & pp **restrung** [ri:'straŋ]) *(musical instrument)* vyměnit struny na čem; *(tennis racket)* znovu vyplést

rest room ['restru:m] n Amer toaleta, WC

result [ri'zalt] n **1** *(consequence)* následek, důsledek; **as a r. of sth** následkem čeho; **with disastrous ~s** s katastrofálními důsledky; **with the r. that ...** což mělo za následek, že ... **2** *(of match, elections* etc*)* výsledek, *(of exams* also*)* prospěch **3** *(successful outcome)* dobrý výsledek, úspěch; **our approach is beginning to show ~s** náš přístup už začíná nést ovoce; **our team needs a r. next Sunday** inf příští neděli musí naše mužstvo vyhrát ● phr vs ■ **result from** vt **r. from sth** pramenit z čeho, vzejít z čeho, mít původ v čem, být způsoben čím; **the fire ~ed from negligence** oheň byl způsoben nedbalostí ■ **result in** vt **r. in sth** mít za následek co, vést k čemu

resultant [ri'zaltənt] adj výsledný, z toho vyplývající ● n Math rezultant, Phys rezultanta, výslednice

resume [ri'zju:m] **I** vt **1** *(begin again)* začít znovu, obnovit, *(continue: after stopping)* pokračovat v čem; **r. singing** začít znovu zpívat; **we ~d our discussion** pokračovali jsme v naší diskusi; **r. one's duties** znovu se ujmout svých povinností **2** *(occupy again)* **r. one's seats** zaujmout svá místa, opět si sednout **II** vi pokračovat, začít znovu

résumé ['rezjumei] n **1** *(summary)* resumé or résumé [rezymé], shrnutí **2** Amer životopis písemný dokument

resumption [ri'zampšən] n opětný začátek, obnovení čeho, *(continuation: after stopping)* pokračování po přerušení

resurface [ri:'sə:fis] **I** vt *(road)* dát nový povrch, opravit povrch **II** vi *(submarine, diver)* znovu se vynořit or objevit, fig *(stolen objects)* znovu se objevit

resurgence [ri'sə:džəns] n znovuoživení, obroda, obnova

resurgent [ri'sə:džənt] adj obrozující se, znovuožívající

resurrect [rezə'rekt] vt vzkřísit, fig *(old customs, habits)* vzkřísit, obnovit; *(old dress* etc*)* joc znovu vyhrabat

resurrection [rezə'rekšən] n vzkříšení, Relig also zmrtvýchvstání; fig vzkříšení, obnovení

resuscitate [ri'sasiteit] vt Med resuscitovat, oživit, vzkřísit k životu

resuscitation [ri,sasi'teišən] n Med resuscitace, oživování, přivádění k životu

ret. abbr of **retired** ve výslužbě

retail ['ri:teil] n Comm maloobchod, prodej v drobném ■ **r. business** maloobchod, *(shop)* detailní obchod; **r. dealer** maloobchodník, obchodník v drobném; **r. outlet** prodejna, maloobchodní prodejna; **r. price** maloobchodní cena; **r. price index** index maloobchodních cen; **r. trade** maloobchod, obchod v drobném; **r. trader** obchodník v drobném, detailista ● adv v drobném, v malém ● **I** vt **1** Comm prodávat v malém or v drobném **2** fig *(spread: gossip)* roznášet, šířit **II** vi **r. at** or **for...** prodávat se za...; **they r. at £10 each** prodávají se po deseti librách za kus

retailer ['ri:teilə(r)] n maloobchodník, obchodník or prodejce v drobném, detailista, retailer

retailing [ri:'teiliŋ] n maloobchodní podnikání

retain [ri'tein] vt **1** *(keep: heat)* udržet (si); *(water)* nepropouštět; *(urine)* zadržet; *(money)* ponechat si; *(old customs)* podržet (si), uchovávat (si), zachovávat (si); *(dignity)* uchovat si; *(right to do sth)* vyhradit si, zachovat si **2** *(remember)* (za)pamatovat si, podržet v paměti **3** Jur *(engage: lawyer)* angažovat zaplacením honoráře; **~ing fee** palmáre

retainer [ri'teinə(r)] n **1** Jur *(fee)* peněžitá záloha advokátovi **2** arch sluha; Hist poddaný

retake [ri:'teik] vt (pt **retook** [-'tuk], pp **retaken** [-'teikn]) **1** *(recapture: town, fortress)* dobýt zpět, znovu dobýt **2** Film *(scene)* vzít ještě jednou, opakovat záběr **3** *(exam)* znovu opakovat ● ['ri:teik] n **1** znovudobytí, opětné dobytí **2** Film opakovaný záběr, *(retaking)* opakování záběru **3** *(of exam)* opakování

retaliate [ri'tælieit] vi *(person: for bad treatment)* **r. (against sb for sth)** pomstít se (komu za co); *(for unfair practices)* Econ podniknout protiopatření, učinit odvetná opatření; *(against enemy)* provést protiútok or odvetný útok

retaliation [ri,tæli'eišn] n odplata, odveta, Mil odvetný útok; **in r.** jako odvetné opatření, inf na oplátku

retaliatory [ri'tæliətəri] adj odvetný; **r. measures** odvetná opatření

retard [ri'ta:d] vt *(development)* zpomalit, zpozdit; Aut *(ignition)* zpožďovat

retardation [rita:'deišn] n zpomalení, zpoždění, retardace, *(in development)* zaostávání

retarded [ri'ta:did] adj **1** *(delayed)* opožděný, zpožděný **2** *(mentally)* (duševně) zaostalý, retardovaný

retch [reč] vi mít zvedání žaludku, být komu na zvracení

retching ['rečiŋ] n zvedání žaludku, žaludeční nevolnost, dávení

retd abbr of **retired** ve výslužbě

retell [ri:'tel] vt (pt & pp **retold** [-'təuld]) vyprávět znovu, *(in a different way* or *language)* převyprávět

retention [ri'tenšn] n see **retain 1** udržení, zachování, uchování; **r. (of urine)** Med zadržení or retence moči **2** *(ability to remember)* retence, retenze, schopnost zapamatovat si něco, schopnost udržet něco v paměti

retentive [ri'tentiv] adj *(memory)* trvalý, dlouhodobý

rethink [ri:'θiŋk] vt (pt & pp **rethought** [-'θo:t]) znovu uvážit, znovu promyslet ● ['ri:θiŋk] n **have a r. about sth** znovu něco promyslet

reticence ['retisəns] n rezervovanost, zdrženlivost, rezerva

reticent ['retisnt] adj rezervovaný, zdrženlivý, nesdílný; **be r. about sth** příliš o něčem nemluvit, nechávat si co pro sebe

retina ['retinə] n Anat sítnice, retina

retinue ['retinju:] n svita, družina, doprovod slavných osobností

retiral [ri'taiərəl] n Scot = **retirement (1)**

retire [ri'taiə(r)] **I** vi **1** *(from job)* (ode)jít do důchodu or do penze, jít na odpočinek **2** *(withdraw)* ustoupit; **r. from public life** odejít z veřejného života, uchýlit se do soukromí; **r. into oneself** uzavřít se do sebe; **r. to one's rooms** joc odebrat se do svých komnat **3** dated or joc *(go to bed)* jít spát **II** vt penzionovat, dát do důchodu

retired [ri'taiəd] adj jsoucí v důchodu, v penzi, na penzi, na odpočinku; **a r. teacher/ colonel** učitel/ plukovník ve výslužbě

retiree [ri,taiə'ri:] n Amer důchodce

retirement [ri'taiəmənt] n **1** *(retiring)* odchod do penze or důchodu or do výslužby **2** *(being retired)* (starobní) důchod, penze, výslužba; **go into r.** odejít do důchodu or do penze, jít na odpočinek; **take early r.** odejít předčasně do důchodu ■ **r. age** důchodový věk; **r. fund** penzijní fond

retiring [ri'taiəriŋ] adj **1** *(reserved)* nesdílný, rezervovaný **2** **r. age** důchodový věk; **to reach r. age** dosáhnout důchodového věku

retold [ri:'təuld] pt & pp of **retell**

retook [ri:'tuk] pt of **retake**

retort$_1$ [ri'to:t] vi odseknout, pohotově odpovědět ● n *(reply)* odseknutí, pohotová odpověď

retort$_2$ [ri'to:t] n Chem retorta, křivule

retouch [ri:'tač] vt Phot retušovat

retrace [ri'treis] vt **1** *(recall)* znovu si vybavit, zrekapitulovat, *(reconstruct)* zrekonstruovat **2 r. one's steps**, **r. one's path** vrátit se stejnou cestou

retract [ri'trækt] **I** vt **1** *(pull in: undercarriage, claws, horns)* zatáhnout, vtáhnout **2** *(withdraw: statement)* odvolat, vzít zpět; *(offer, agreement)* ustoupit od čeho **II** vi **1** *(undercarriage etc)* zatáhnout se **2** *(withdraw)* odvolat

retractable [ri'træktəbl] adj **1** *(landing gear)* zatažitelný, vtažitelný **2** *(statement etc)* odvolatelný

retraction [ri'trækšn] n **1** *(drawing in)* zatažení, vtažení **2** *(of statement)* odvolání, *(of false information)* dementi; *(of promise, agreement)* ústup od dohody

retrain [ri:'trein] vt(i) přeškolit (se)

retraining [ri:'treiniŋ] n přeškolení

retread [ri:'tred] vt *(tyre)* protektorovat pneumatiku ● ['ri:tred] n *(tyre)* protektorovaná pneumatika

retreat [ri'tri:t] n **1** Mil ústup; **beat** or **sound the r.** troubit na ústup; **beat a hasty r.** Mil dát se rychle na ústup, fig vzít nohy na ramena; **cut off sb's line of r.** odříznout komu cestu (zpátky) **2** *(shelter)* útulek, *(hiding place)* úkryt ● vi ustoupit/ ustupovat, couvat

retrench [ri'trenč] **I** vt *(expenditure)* omezit, seškrtat; *(abridge: book)* zkrátit, seškrtat **II** vi omezit se ve výdajích, snížit výdaje

retrial [ri:'traiəl] n Jur obnova řízení

retribution [retri'bju:šn] n odplata, trest; **divine r.** trest boží

retributive [ri'tribjutiv] adj kárný, odvetný, retribuční; **r. measures** kárná or trestní opatření

retrievable [ri'tri:vəbl] adj **1** *(sum)* dobytný, vymahatelný; *(loss, mistake)* napravitelný **2** Comput vyhledatelný

retrieval [ri'tri:vl] n **1** *(getting back)* opětné nabytí, znovuzískání **2** *(of mistake)* náprava; **be beyond r.** být beznadějný **3** Comput *(of data)* vyhledávání; **information r. system** systém vyhledávání informací

retrieve [ri'tri:v] vt **1** *(get back)* získat zpět; *(rescue, save)* zachránit; *(fortune, health)* znovu nabýt; *(loss)* nahradit **2** *(mistake)* napravit; *(situation)* zachránit **3** Comput *(data)* vyhled(áv)at **4** Hunt aportovat

retriever [ri'tri:və(r)] n retriever druh loveckého psa

retro$_1$ ['retrəu] abbr of **retrorocket** Aviat, Astronaut brzdná raketa

retro$_2$ ['retrəu] n sl retro, retrospektivní dílo ● adj *(film etc)* retro

retroactive [retrəu'æktiv] adj retroaktivní; **with r. effect** se zpětnou platností ■ **~ly** adv retroaktivně, se zpětnou platností

retrograde ['retrəugreid] adj retrográdní; *(policy)* zpátečnický

retrogression [retrəu'grešn] n zpáteční pohyb, ústup; *(decline)* regrese

retrogressive [retrəu'gresiv] adj zpětný, zpáteční; *(declining)* regresivní

retrorocket ['retrəurokit] n Aviat, Astronaut brzdná raketa

retrospect ['retrəuspekt] n **in r.** viděno z dnešní perspektivy

retrospection [retrəu'spekšn] n retrospekce, retrospektiva

retrospective [retrəu'spektiv] adj retrospektivní ■ **~ly** adv retrospektivně ● n Art retrospektiva souborná výstava

retune [ri:'tju:n] vt Mus, Rad přeladit

return [ri'tə:n] n **1** *(going/ coming back)* návrat; **on his r.** při jeho návratu ♦ **the r. of the prodigal son** návrat marnotratného syna; **the point of no r.** kritický bod; bod, z něhož není návratu ■ **the r. journey** zpáteční cesta; **r. motion** zpětný pohyb; **r. ticket** see (3) **2** *(giving/ taking/ sending back)* vrácení; **by r. (of post)** obratem pošty **3** also **r. ticket** *(round trip)* zpáteční jízdenka, Aviat zpáteční letenka; **two ~s to Glasgow, please** dvakrát zpáteční do Glasgowa, prosím ■ **r. fare** jízdné tam i zpět; **r. flight** zpáteční let, *(both ways)* let tam i zpět **4** *(to earlier state)* návrat; **r. to work** návrat do práce po stávce; **the r. to school** návrat do školy **5** Fin **a)** *(yield)* výnos, výtěžek **b) tax r.** daňové prohlášení **6** *(recompense)* odměna; **in r.** na revanš, na oplátku, náhradou (**for sth** za co) ■ **r. visit** reciproční návštěva, návštěva na oplátku; **r. match** odvetný zápas, odvetné utkání **7** Sport Tennis vrácení podání, return **8** Comput (also *on typewriter)* **carriage r.** návrat vozíku **9** *(of candidate)* zvolení **10** Pol **election ~s** *(results)* volební výsledky **11 many happy ~s (of the day)!** (přeji vám) všechno nejlepší (k narozeninám)!, blahopřeji k narozeninám ● **I** vi **1** *(come back)* vrátit se (zpět), přijít zpět, *((by) car etc)* přijet zpět, *((by) boat/ plane)* připlout/ přiletět zpět; **r. to work** opět nastoupit do práce, vrátit se do práce; **r. to health** znovu se uzdravit; **he left, never to r.** odešel a nikdy se nevrátil ♦ **r. to Abraham's bosom** vrátit se do lůna Abrahámova

2 *(reappear: pain, fever* etc*)* objevit se znovu **II** vt **1** *(give back)* vrátit; *(bring/ send/ take back)* přinést/ poslat/ vzít zpět; **r. to sender** vraťte odesilateli **2** *(put back)* dát zpět, vrátit zpět, položit zpět, postavit zpět, *(file)* zařadit zpět **3** *(money)* vrátit, splatit; *(kindness, compliment)* oplatit, revanšovat se za, *(greetings, affections)* opětovat; **r. fire** opětovat palbu **4** Sport *(ball: hit back)* odrazit, vrátit, *(kick back)* odkopnout **5** *(elect MP)* zvolit; **r. sb to office** zvolit koho znovu do funkce **6** Jur **r. a verdict of guilty/ not guilty** vyhlásit výrok „vinen"/ „nevinen" **7** *(reply)* odvětit, opáčit **8** Fin *(profit, interest* etc*)* vynést, přinášet, dávat

returnable [ri'tə:nəbl] adj *(container, bottle)* návratný, vratný, *(with deposit)* zálohovaný, na zálohu

returning [ri'tə:niŋ] adj **r. officer** Br Parl volební komisař

reunification [ri:ju:nifi'keišn] n opětné sjednocení, znovusjednocení

reunify [ri:'ju:nifai] vt znovusjednotit

reunion [ri:'ju:njən] n setkání, *(of former graduates* etc*)* sjezd, sraz

reunite [ri:ju'nait] **I** vt **1** *(put together: family members* etc*)* dát or přivést dohromady; **they were ~d** opět se shledali **2** *(reconcile)* smířit **II** vi znovu se setkat or sejít; *(countries)* znovu se sjednotit

reusable [ri:'ju:zəbl] adj znovu použitelný, recyklovatelný

reuse [ri:'ju:z] vt znovu použít ● [ri:'ju:s] n opětovné použití

rev [rev] inf abbr of **revolution** Aut otáčka; **4 000 ~s per minute** 4 000 otáček za minutu ■ **rev counter** otáčkoměr ● v (pt & pp **revved**, pres p **revving**) **I** vt also **rev up** *(engine)* túrovat, přivést do vysokých otáček **II** vi (Subj: *engine)* rozběhnout se, inf rozeřvat se

Rev [rev] inf abbr of **Reverend** velebníček

revaluate [ri:'væljueit] Amer = Br **revalue**

revaluation [ri:vælju'eišn] n *(of property* etc*)* přecenění, nové ocenění; *(of currency)* revalvace

revalue [ri:'vælju:] vt *(property* etc*)* přehodnotit, znovu ohodnotit; *(currency)* revalvovat

revamp [ri:'væmp] vt inf *(book, play, programme* etc*)* předělat, fig oprášit; *(house)* vylepšit, renovovat

revanchist [ri'vænšist] adj revanšistický ● n revanšista

reveal [ri'vi:l] vt **1** *(disclose: truth, plan)* odhalit, *(secret* also*)* prozradit, vyzradit **2** *(show)* ukázat, vyjevit; **r. one's true character** ukázat svou pravou tvář; **r. oneself** *(God)* zjevit se

revealed [ri'vi:ld] adj **r. religion** zjevené náboženství

revealing [ri'vi:liŋ] adj **1** *(document, facts)* poučný **2** *(dress* etc*)* s hlubokým výstřihem

reveille [ri'væli] n Mil budíček; **sound the r.** troubit budíček

revel ['revl] vi (**-ll-**, Amer **-l-**) **1** dated *(make merry)* bavit se, hýřit, vyhazovat si z kopýtka **2 r. in sth** mít požitek z čeho, kochat se čím; **r. in gossip** vyžívat se v pomlouvání ● n dated usu pl **~s** hýření, radovánky

revelation [revə'leišn] n **1** *(disclosure)* odhalení; fig *(surprise)* objev; **it was a r. to me** to mi otevřelo oči **2** Relig zjevení; **R.** Zjevení svatého Jana, Apokalypsa

reveller, Amer **reveler** ['revələ(r)] n flamendr, hýřil

revelry ['revəlri] n usu pl **revelries** hýření, radovánky, hlučné oslavování

revenge [ri'vendž] n **1** *(retaliation)* pomsta, msta, odveta; **out of r.** ze msty; **take one's r. (on sb)** pomstít se (komu) ♦ **r. is sweet** pomsta je sladká **2** Sport odvetné utkání ● vt pomstít; **r. oneself**, **be ~d** pomstít se (**for sth** za co)

revengeful [ri'vendžful] adj mstivý, pomstychtivý ■ **~ly** adv mstivě, pomstychtivě

revenger [ri'vendžə(r)] n mstitel/ -ka

revenue ['revənju:] n **1** *(income)* příjem, důchod; **public ~s** státní příjmy, státní důchod **2** *(department)* Br **the Inland R.**, Amer **Internal R.** daňový úřad, finanční správa ■ **r. stamp** kolek

reverberate [ri'və:bəreit] **I** vi **1** *(sound)* rozléhat se, ozývat se; *(light, heat)* odrážet se **2** fig *(spread: ideas, news, scandal* etc*)* šířit se **II** vt odrážet

reverberation [riˌvə:bə'reišn] n **1** *(sound)* ozvěna, rezonance **2** *(of light)* odraz **3** fig **~s** *(repercussions)* dopad, odezva, ohlas

revere [ri'viə(r)] vt fml uctívat

reverence ['revərəns] n hluboká or posvátná or zbožná úcta; **he felt great r. for his teacher** pociťoval ke svému učiteli posvátnou úctu ● vt fml **r. sb/ sth** mít ke komu/ čemu posvátnou úctu

reverend ['revərənd] adj **1** Relig velebný, důstojný; **the R. Father** ctihodný otec titul anglikánských duchovních; **the R. Robert Jones** důstojný or velebný pán Robert Jones; **the R. Mother** velebná matka **2** *(respected)* ctihodný ● n inf *(Catholic)* farář, *(Protestant)* pastor

reverent ['revərənt] adj uctivý ■ **~ly** adv s úctou

reverential [revə'renšl] adj uctivý, mající posvátnou úctu

reverie ['revəri] n snění; **fall into a r.** zasnít se; **be lost in r.** oddávat se snění

revers [ri'viə(r)] n (pl **revers** [-iəz]) klopa, záložka

reversal [ri'və:sl] n **1** *(of situation, policy)* dramatický zvrat or obrat, pronikavá změna **2** *(of order)* obrácení, převrácení; *(of roles)* výměna **3** *(setback)* nezdar; Med obrat k horšímu, recidiva; **r. of fortune** rána osudu **4** Jur *(of a sentence)* zrušení **5 r. film** inverzní film

reverse [ri'və:s] adj **1** *(opposite: direction)* opačný, *(trend, process, effects* also*)* protichůdný, *(order* also*)* obrácený; *(dictionary)* retrográdní; **in r. order** v opačném pořádku **2 the r. side** *(of cloth)* rub, *(of page)* zadní strana, *(of coin, medal)* zadní strana, rub, reverz **3** Aut **r. gear** zpáteční rychlost, zpátečka; Comput **r. video**, **r. display** inverzní zobrazení ● n **1** *(opposite)* opak; **the (very) r. is the case** je tomu právě naopak, opak je pravdou; **quite the r.!** přesně naopak! **2** *(back: of page)* zadní strana, *(of cloth)* rub, *(of coin, medal)* zadní strana, rub, reverz **3** Aut zpáteční rychlost; *(on video* etc*)* zpětný chod; **go into r.** zařadit zpáteční rychlost **4** *(setback)* Med obrat k horšímu, recidiva, opětné onemocnění ● **I** vt **1** *(change: situation)* zvrátit, *(policy, opinion)* radikálně změnit, *(invert: order)* převrátit, obrátit **2** *(annul: decision)* anulovat, zrušit, *(judgement)* zrušit **3** *(car)* couvat s čím; *(engine/ machine)* obrátit chod motoru/ stroje **4** Tel **r. the charges** telefonovat na účet volaného, účtovat poplatky volanému **II** vi Aut *(driver, car)* couvat; **r. into the garage** zacouvat do garáže

reversible [ri'və:səbl] adj **1** Text *(jacket, coat)* oboustranný, *(cloth* also*)* obojlícní; Techn vratný, reverzní **2** Jur *(decision)* odvolatelný, anulovatelný

reversing [ri'və:siŋ] adj **r. light** zpětný světlomet couvací; **r. motion** vratný pohyb

reversion [ri'və:šn] n **1** *(to former state)* návrat do původního stavu, *(to a bad state)* opětné zhoršení; Biol reverze, návrat k původnímu typu **2** Jur *(of property)* navrácení původnímu držiteli

revert [ri'və:t] vi **1** *(return: to former state)* (na)vrátit se k čemu, pej znovu upadnout do nepříznivého stavu; **r. to childhood** dětinštět **2** Biol **r. to type** vrátit se k původnímu typu **3** *(in speaking)* vrátit se (**to sth** k čemu) **4** Jur *(property)* přejít zpět, opět připadnout

review [ri'vju:] n **1** *(of book, film* etc*)* recenze, kritika, posudek; **have excellent ~s/ have very bad ~s** *(film, book)* být výborně přijat/ být velmi kritizovaný, mít výbornou kritiku or výborné kritiky/ mít špatnou kritiku ■ **r. copy** recenzní výtisk **2** *(magazine)* revue [revý], časopis **3** *(survey)* bilance, zpětný pohled **4** *(reassessment)* přezkoumání, *(of pay, prices)* revize; **be subject to r.** podléhat přezkoumání ■ **r. body** kontrolní komise **5** Mil přehlídka ● vt **1** *(book* etc*)* recenzovat, posoudit, referovat o čem, napsat kritiku čeho **2** *(survey)* podat bilanci čeho **3** *(reassess)* znovu přezkoumat, revidovat **4** Mil **r. the troops** vykonat přehlídku vojska **5** Amer Sch, Univ *(subject)* opakovat

reviewer [ri'vju:ə(r)] n recenzent, kritik

revile [ri'vail] vt fml hanobit, tupit, očerňovat

revise [ri'vaiz] **I** vt **1** *(alter: opinion, estimate, policy)* revidovat, *(attitude)* změnit **2** *(correct: manuscript)* korigovat, *(update)* přepracovat, znovu zpracovat, provést revizi; **a ~d edition** přepracované vydání **3** Br *(for exams: subject)* opakovat **II** vi Br Sch *(study)* opakovat, připravovat se na zkoušku

revised [ri'vaizd] adj **1** *(figures)* revidovaný **2** *(edition)* přepracovaný; **the R. Version** revidovaný překlad bible z r. 1884

revision [ri'vižn] n **1** *(study)* opakování ■ **r. lesson** opakovací hodina **2** *(of policy)* revize, změna **3** *(of dictionary)* přepracování; *(revised version)* přepracované vydání

revisionism [ri'vižənizəm] n revizionismus

revisionist [ri'vižənist] adj revizionistický ● n revizionista/ revizionistka

revisit [ri:'vizit] vt *(person, place)* znovu navštívit

revitalize [ri:'vaitəlaiz] vt znovu oživit

revival [ri'vaivl] n **1** *(of old customs, economy)* (znovu)oživení, *(of old fashions)* znovuobjevení, *(of old values)* návrat k čemu; **religious r.** oživení náboženského života **2** *(of play)* nová inscenace **3** *(from a faint)* nabytí vědomí

revive [ri'vaiv] **I** vt **1** *(from a faint)* přivést k vědomí, *(from near death)* Med resuscitovat, vzkřísit **2** *(hope, interest, fear, economy)* oživit, *(memories)* budit, vyvolávat; *(old customs)* oživit, *(friendship)* obnovit, *(old quarrels)* obnovit, vyhrabat **3** *(play)* znovu inscenovat **II** vi **1** *(regain consciousness)* přijít k vědomí, *(regain strength, health)* zotavit se, nabýt nových sil **2** *(economy)* vzpamatovat se

revocation [revəu'keišn] n see **revoke** **1** zrušení; anulování; stornování; odvolání;

odebrání **2** Bridge renoncování, nepřiznání barvy

revoke [ri'vəuk] **I** vt *(law)* zrušit; *(decision)* anulovat; *(order)* zrušit, stornovat; *(will, patent)* odvolat; *(driving licence, diploma, permit)* odebrat; **until ~d** až do odvolání **II** vi Bridge renoncovat, nepřiznat barvu

revolt [ri'vəult] n *(uprising)* povstání, vzpoura, vzbouření, revolta; **rise (up) in r.** vzbouřit se; **be in r. against sth** bouřit se proti čemu ● **I** vi *(rise up)* vzbouřit se, revoltovat, povstat (**against sb** proti komu) **II** vt *(disgust)* **it ~s me** *(food)* dělá se mi z toho nanic, zvedá se mi z toho žaludek; **be ~ed by sth** být čím znechucený or zhnusený

revolting [ri'vəultiŋ] adj **1** *(disgusting: smell)* hnusný, odpudivý, *(story)* nechutný, *(food)* odporný; **I find it r.** je mi to odporné, hnusí se mi to **2** inf *(nasty: person, act)* hanebný, *(weather)* hrozný, strašný, děsný

revolution [revə'lu:šn] n **1** Pol & fig revoluce, převrat **2** Aut, Techn otáčka, obrátka; **3 000 ~s per minute** 3 000 otáček or obrátek za minutu ▪ **r. counter** otáčkoměr **3** Astron *(of planet)* oběh

revolutionary [revə'lu:šnəri] adj revoluční, *(events also)* převratný ● n revolucionář/ -ka

revolutionize [revə'lu:šənaiz] vt revolucionizovat

revolve [ri'volv] **I** vt **1** *(rotate)* otáčet čím **2** fig **r. sth in one's mind** *(problem, arguments)* převracet něco v hlavě **II** vi *(rotate: wheel)* otáčet se, točit se; *(planet also)* obíhat (**round the sun** kolem slunce); **a wheel ~s on** or **round its axis** kolo se otáčí kolem své osy **III** phr v ▪ **revolve around** vt **r. around sb/ sth** fig točit se kolem koho/ čeho; **my life ~s around my work** můj život se točí kolem mé práce

revolver [ri'volvə(r)] n revolver

revolving [ri'volviŋ] adj *(chair)* otáčivý; *(stage, stool)* otáčecí; *(light)* otáčecí, otočný; *(door)* otáčivý, turniketový; Fin, Comm **r. credit** opakovací or revolvingový úvěr

revue [ri'vju:] n Theat revue [revý], *(satirical)* kabaret

revulsion [ri'valšn] n **1** *(disgust)* odpor, hnus; **he turned away in r.** zhnuseně se odvrátil **2** *(sudden change of feeling)* náhlá změna, zvrat

reward [ri'wo:d] n **1** *(recompense)* odměna; **as a r.** za odměnu; **receive one's just r.** dostat spravedlivou odměnu **2** *(advantage: of job etc)* přednost ● vt **r. sb for sth** odměnit koho za co, vynahradit komu co

rewarding [ri'wo:diŋ] adj **1** *(satisfying)* uspokojivý, uspokojující; *(task, work, theme)* vděčný **2** *(financially)* lukrativní, přinášející zisk, vyplácející se

rewind [ri:'waind] vt (pt & pp **rewound** [-'waund]) *(film)* přetočit, *(thread, tape)* převinout; *(watch)* znovu natáhnout

rewire [ri:'waiə(r)] vt opatřit co novým elektrickým vedením; **have one's house ~d** nechat si předělat v domě elektrické vedení

reword [ri:'wə:d] vt přeformulovat, přestylizovat

rewrite [ri:'rait] vt (pt **rewrote** [-'rəut], pp **rewritten** [-'ritn]) přepsat, přestylizovat, přepracovat ● ['ri:rait] n přepis, nová verze

Reykjavik ['reikjəvik] n Reykjavík

rh abbr of **right hand** pravá ruka

rhapsodic [ræp'sodik] adj **1** Mus rapsodický **2** fig *(ecstatic)* extatický

rhapsodize ['ræpsədaiz] vi fml **r. about sth** básnit o čem, být nad čím u vytržení

rhapsody ['ræpsədi] n (pl **-ies**) Mus rapsodie; fig nadšená chvála; **go into rhapsodies over sth** rozplývat se nad čím chválou

Rhenish ['ri:niš] adj rýnský now dated

rheostat ['riəstæt] n Elec reostat

rhesus ['ri:səs] n **1** Biol **r. factor** rhesus faktor, Rh-faktor; **r. positive** Rh plus, **r. negative** Rh minus **2** Zool **r. monkey** makak rhesus

rhetoric ['retərik] n **1** lit rétorika, řečnictví **2** fig plané řeči, žonglování se slovy, slovní ekvilibristika

rhetorical [ri'torikl] adj **1** řečnický, rétorický; **r. question** řečnická otázka **2** fig pej *(style, speech)* nabubřelý, frázovitý, květnatý ▪ **~ly** adv pej nabubřele, frázovitě

rhetorician [retə'rišn] n řečník, rétor; pej frázista

rheumatic [ru'mætik] adj revmatický; **r. fever** revmatická horečka ● n **1** *(person)* revmatik **2 ~s** sg inf revma, revmatismus neutr

rheumatism ['ru:mətizm] n revmatismus, hostec

rheumatoid ['ru:mətoid] adj **r. arthritis** akutní kloubový revmatismus

rheumy ['ru:mi] adj (**-ier, -iest**) *(eyes)* krhavý, chorobně slzivý

Rh factor = rhesus factor

Rhine [rain] n **the R.** Rýn ▪ **R. wine** rýnské (víno)

Rhineland ['rainlænd] n Porýní

rhinestone ['rainstəun] n napodobenina démantu, štras

rhino ['rainəu] n (pl unchanged or **~s**) inf nosorožec

rhinoceros [rai'nosərəs] n nosorožec

rhizome ['raizəum] n Bot oddenek

Rhodes ['rəudz] n Rhodos

rhododendron [rəudə'dendrən] n Bot rododendron, pěnišník

rhomb = rhombus

rhombic ['rombik] adj Geom kosočtvercový; Min rombický

rhombus ['rombəs] n (pl also **rhombi** [-bai]) Geom kosočtverec

Rhone ['rəun] n **the R.** Rhôna

rhubarb ['ru:ba:b] n **1** Bot rebarbora, reveň **2** Amer *(squabble)* hádka, rvačka

rhyme [raim] n **1** rým ♦ **without r. or reason** beze smyslu; **have neither r. nor reason** nemít ani hlavu ani patu **2** *(poem)* báseň; **nursery r.** říkanka, popěvek; **in r.** ve verších ● vt(i) *(word, line)* rýmovat (se)

rhythm ['riðəm] n rytmus; **she's got r.** má smysl pro rytmus, má rytmus v těle

rhythmic(al) ['riðmik(l)] adj rytmický ■ **~ally** rytmicky

RI Sch abbr of **Religious Instruction** náboženství

rib [rib] n **1** Anat žebro; **dig** or **poke sb in the ~s** šťouchnout or rýpnout koho do žeber ■ **rib cage** hrudní koš **2** Cook žebro, žebírko; **rib of beef** hovězí žebro or žebírko **3** *(of ship, aircraft, vault)* žebro, *(of leaf, insect's wing)* žilka; *(of umbrella)* drát; Text vroubek, žebro ● vt (**-bb-**) inf *(tease)* škádlit, popichovat, dobírat si, utahovat si z koho

RIBA abbr of **Royal Institute of British Architects** Královský institut britských architektů

ribald ['ribld] adj *(laughter)* nevázaný, rozpustilý, bujný, *(joke)* pikantní, košilatý, lechtivý, *(language)* frivolní

ribaldry ['ribldri] n rozpustilost, nevázanost; pikantnost, lechtivost; frivolnost

ribbed [ribd] adj **1** *(vault)* žebrový, s žebrovím **2** Knit žebrový

ribbon ['ribən] n **1** *(for hair)* stuha, stužka, inf mašle, pentle, *(on medal)* stužka, *(for typewriter)* páska **2** fig *(of land, cloud)* úzký proužek; **tear sth to ~s** roztrhat co na cucky ■ **r. development** pásová zástavba podél silnic

riboflavin(e) [raibəu'fleivin] n riboflavin vitamin B2

rib-tickler ['ribtiklə(r)] n inf vtip, šprým

ribwort ['ribwə:t] n jitrocel

rice [rais] n rýže ■ **r. field** rýžové pole; **r. pudding** rýžový nákyp

rich [rič] adj **1** *(wealthy)* bohatý; **r. people** boháči; **get r.** zbohatnout **2** *(lavish: tapestries, clothes)* nádherný, skvostný, *(furniture)* přepychový, *(gift)* cenný, *(banquet)* velkolepý **3** *(prolific: vegetation)* bujný; *(harvest)* bohatý, požehnaný; **r. in vitamins/ proteins** bohatý na vitaminy/ proteiny; **be r. in fish** být bohatý na ryby, oplývat rybami; **a r. supply of ideas** bohatost nápadů **4** *(fertile: soil)* úrodný **5** *(full: colour)* sytý, *(voice)* plný, zvučný **6** *(eventful: life)* bohatý na události, plný **7** *(food)* těžký **8** Br inf *(funny)* legrační; **that's r.! i)** to je legrační **ii)** to je trochu moc ■ see **~ly** ● n **1 the r.** boháči **2 ~es** bohatství; **the ~es of the Earth** bohatství Země

richly ['ričli] adv **1** *(rewarded)* bohatě, štědře **2** *(dressed)* nádherně, *(furnished)* přepychově; **be r. deserved** být plně zasloužený **3** *(illustrated)* bohatě

richness ['ričnəs] n see also **rich 1** *(wealth)* bohatství **2** *(luxury)* nádhera, přepychovost, *(lavishness)* velkolepost **3** *(of vegetation* etc*)* bujnost **4** *(of soil)* úrodnost **5** *(of colour)* sytost; *(of voice)* zvučnost **6** *(of life)* plnost

rick$_1$ [rik] n Agr stoh

rick$_2$ [rik] n *(in ankle)* vyvrtnutí ● vt *(one's ankle)* vyvrtnout si

rickets ['rikits] n Med křivice, rachitida

rickety ['rikəti] adj **1** *(shaky: chair* etc*)* rozviklaný **2** Med rachitický, křivičný

ricochet ['rikəšei] n odraz střely, *(bullet)* odražená střela ● vi (also **-tt-**) *(bullet)* odrazit se, odrážet se

rid [rid] vt (pt & pp **rid**; pres p **-dd-**) zbavit; **rid the house of mice** zbavit dům myší; **rid the country of communism** zbavit zemi komunismu; **rid the world of poverty** sprovodit ze světa bídu; **rid oneself of sth** zbavit se čeho ● adj, pp **get rid of sth** zbavit se čeho; **be rid of sb/ sth** mít koho/ co z krku

riddance ['ridəns] n **good r. (to him)!** zaplať Pánbůh, že ho máme z krku!

ridden [ridn] pp of **ride**

-ridden [ridn] suff in compounds **flea-ridden** zablešený, zamořený blechami; **debt-ridden** zadlužený

riddle$_1$ ['ridl] n **1** *(puzzle)* hádanka; **ask sb a r.** dát komu hádanku; **talk in ~s** mluvit v hádankách, mluvit jako Pythie **2** *(mystery)* záhada; **the r. of the universe** tajemství vesmíru; **she is a r. to me** ona je pro mě záhadou

riddle$_2$ ['ridl] vt *(pierce)* proděravit, prostřílet; **r. sth with bullets** prostřílet něco ● n *(sieve)* síto, řešeto

riddled ['ridld] adj *(full)* **be r. with holes** být děravý jako cedník, být samá díra; **be r. with mistakes** hemžit se chybami, být samá chyba; **be r. with spies** být prošpikovaný špióny

ride [raid] n **1** *(on vehicle, bicycle, boat, horse* etc*)* jízda, *(for pleasure)* vyjížďka, projížďka, výlet; **sleigh r.** vyjížďka na saních; **go for a car/ motorcycle/ horse r.** vyjet si autem/ na motocyklu/ na koni ♦ **take sb for a r.** inf vzít koho na hůl, doběhnout or napálit koho, Amer sl also pozvat koho na vyjížďku autem a zavraždit ho 2 Amer *(lift)* svezení (stopem); **thumb a r.** stopnout si auto; **he gave me a r. to the station** svezl mě na nádraží; **give me a r. on your shoulders, Daddy** tati, vem mě na koníčka 3 *(quality of travel)* **this car gives a smooth r.** v tomto autě se jezdí pohodlně; fig **you are in for a rough r.** nebudeš to mít lehké, bude to fuška 4 Amer *(in fairground)* **a)** atrakce kolotoč, lochneska ap. **b)** jízda 5 *(track for riding)* jezdecká cesta, stezka pro koně ● v (pt **rode** [rəud], pp **ridden** ['ridn], pres p **riding**) **I** vt 1 *(horse, donkey, motorcycle)* jet/ jezdit na čem; **he doesn't know how to r. a bicycle/ motorcycle** neumí jezdit na kole/ řídit motocykl; **he ~s his bike to school** jezdí na kole do školy; **she rode her horse into the stable** zajela s koněm do stáje 2 *(travel over)* projet/ projíždět čím, objet/ objíždět; **r. the prairies** projíždět prériemi 3 **r. a race** účastnit se v závodě 4 Amer *(travel on)* jet/ jezdit čím; **r. a train/ bus/ subway** jet vlakem/ autobusem/ podzemní dráhou; **r. a bus to work** jezdit do práce autobusem; **r. the waves** *(surfer)* klouzat po vlnách ♦ **r. the storm** fig překonat krizi, proplout úskalím čeho; **r. one's luck** spoléhat na štěstí 5 Amer *(give a lift to)* svézt, zavézt, vzít; **I'll r. you there** já tě tam zavezu 6 Amer *(pressure)* **r. sb too hard** být na koho příliš přísný **II** vi 1 *(on a horse, bicycle, motorcycle, in a cart etc)* jet/ jezdit na čem; *(in a car, train, bus)* jet čím; **r. hell for leather** jet s větrem o závod, jet na plný plyn; **r. for a fall** jet hlava nehlava, fig zahrávat si s ohněm 2 *(float)* plout, *(seagull)* klouzat; **r. at anchor** kotvit ♦ **be riding high** fig být na koni, mít zlaté časy; **we'll have to let the matter r.** musíme to nechat svému osudu; **let it r.!** nech to plavat 3 *(depend)* záviset na čem; **everything ~s on whether ...** všechno závisí na tom, zda ... **III** phr vs ■ **ride about** or **around** vi jezdit, objíždět ■ **ride down** vt 1 *(trample)* porazit koho koněm 2 *(catch up with)* dostihnout, dohonit ■ **ride out** *I* vt přečkat, přestát; *(crisis, difficulty)* překonat ♦ **r. out the storm** fig proplout úskalím čeho, vyváznout se zdravou kůží *II* vi vyjet si na koni/ kole ap. ■ **ride up** vi 1 *(approach: rider)* přijet, přiblížit se 2 *(skirt)* (vy)lézt nahoru, vyhrnout se

rider ['raidə(r)] n 1 *(horseman)* jezdec/ jezdkyně; *(of bike)* cyklista/ cyklistka; *(of motorbike)* motocyklista/ motocyklistka; **pillion r.** spolujezdec 2 *(on scales)* jezdec 3 *(addition)* dodatek; *(to bill)* doplněk, příloha; **I'd like to add a r.** *(to what has been said)* chtěl bych k tomu ještě dodat ...

ridge [ridž] n *(of mountain, roof, wave, ploughed land)* hřeben; *(of nose)* hřbet; **a r. of mountains** horský hřeben; Meteor **a r. of high pressure** hřeben vysokého tlaku ● vt *(form into ridges)* svraštit; Agr orat do hřebenů; *(sand)* tvořit hřebeny na čem

ridicule ['ridikju:l] n posměch, výsměch; **hold sb/ sth up to r.** zesměšňovat koho/ co, tropit si z koho/ čeho posměšky ● vt zesměšňovat, tropit si posměch z koho/ čeho, posmívat se komu/ čemu

ridiculous [ri'dikjuləs] adj směšný, groteskní, absurdní; **look r.** vypadat nemožně, vypadat jak maškara; inf **don't be r.!** neblázni!, nebuď směšný! ■ **~ly** adv směšně, groteskně; **it's ~ly expensive/ cheap** to je hříšně or nemožně drahé/ to je směšně laciné

ridiculousness [ri'dikjuləsnəs] n směšnost, absurdnost

riding ['raidiŋ] n jízda na koni ■ **r. boots/ breeches** jezdecké holínky/ kalhoty; **r. school** jezdecká škola, jízdárna; **r. sport** jezdectví, jezdecký sport

rife [raif] adj 1 *(widespread: disease etc)* rozšířený; **be r.** *(disease)* řádit; *(rumour)* kolovat; **rumour is r. that ...** rozvířily se dohady, že ... 2 *(full)* **be r. with** oplývat čím; **be r. with weeds** *(garden)* být samý plevel, být zaplevelený

riffraff ['rifræf] n inf lůza, sebranka, pakáž, holota

rifle$_1$ ['raifl] n puška; **automatic r.** automatická puška; **air r.** vzduchovka ■ **r. range** dostřel pušky

rifle$_2$ ['raifl] **I** vt 1 *(search: pockets, desk)* prohledat 2 *(rob: safe)* vykrást; *(steal)* ukrást **II** vi **r. through sth** *(wallet, pockets)* prohledat co, *(rubbish)* prohrab(áv)at

rift [rift] n 1 *(crack)* trhlina, prasklina ■ **r. valley** příkopová propadlina 2 fig *(in friendship)* roztržka, rozchod; Pol rozkol, rozštěpení; *(quarrel)* spor, neshoda

rig [rig] n 1 Naut takeláž, lanoví, oplachtění 2 gen *(equipment)* výbava, zařízení, vybavení 3 *(oil rig: on land)* naftová věž, vrtná věž, *(offshore)* vrtná plošina 4 *(clothes)* inf parádní oblečení, inf ohoz, hadry, hábit; **in full rig** inf v plné parádě 5 Amer *(lorry)* tahač s návěsem ● **I** vt 1 Naut vystrojit loď, opatřit takeláží, olanit 2 fig *(election, market)* (z)manipulovat **II** phr vs ■ **rig out** vt 1 *(equip)* vybavit, vystrojit 2 inf *(dress)* nastrojit, vyparádit; **rig oneself out** naparádit se, inf oháknout se ■ **rig up** vt 1 *(instal)* (za)instalovat, postavit 2 *(improvise: shelter etc)* zimprovizovat, narychlo připravit

rigger ['rigə(r)] n Naut vybavovač lodi

rigging ['rigiŋ] n Naut lanoví, takeláž, vybavení lodi

right [rait] n **1** *(side)* pravá strana; **on the r.** napravo, po pravé ruce; **keep to the r., keep to your r.** držte se vpravo, *(walk)* choďte vpravo; **drive on the r.** jezdit vpravo; **turn to the r.** zatočit doprava; **on** or **to the r. of the museum** napravo od muzea **2** Pol **the r., the R.** pravice; **the extreme r.** krajní pravice; **move to the r.** posunout se doprava **3** *(what is morally r.)* dobro; **distinguish between r. and wrong** rozlišovat mezi dobrem a zlem; **the ~s and wrongs of sth** argumenty pro a proti čemu; **be in the r.** být v právu; **try to set the world to ~s** chtít předělat svět **4** *(entitlement)* právo, nárok; **civil/ human ~s** občanská/ lidská práva; **equal ~s** stejná práva, rovnoprávnost; **as of r.** plným právem; **by r.** oprávněně, právem; **have r. of domicile** mít domovské právo; **have a r. to sth** mít na něco nárok; **have a r. to do sth** mít právo něco udělat; **have every r. to do sth** mít plné právo něco udělat; **what r. have you got to say that?** jakým právem to říkáte?; **you have the least r. to talk** ty radši mlč, ty máš nejmíň co mluvit; **have the r. of way** mít přednost v jízdě; **be within one's ~s to do sth** mít plné právo něco udělat; **he's rich in his own r.** sám je rovněž bohatý **5** Comm **~s** práva; **have the sole ~s to sth** mít na co výhradní práva; **all ~s reserved** všechna práva vyhrazena **6** *(in boxing: punch)* úder pravou rukou ● adj **1** *(not left)* pravý; **r. hand** pravá ruka; **on your r. hand** po (vaší) pravici, napravo **2** *(fair, morally correct, just)* správný; **it is not r. to steal/ lie** krást/ lhát se nemá; **as is r. and proper** jak se sluší a patří; **do the r. thing by sb** zachovat se ke komu správně; **he was perfectly r. to do so** udělal to plným právem **3** *(correct, true: address, answer, choice, conditions, decision)* správný, *(time)* správný, přesný; **be r.** *(person)* mít pravdu, *(clock)* jít správně or dobře; **that's r.** to je pravda; **am I r. for ...?** jdu správně do ...?; **put sth r.** dát co do pořádku; **put sb r.** vyvést koho z omylu **4** *(appropriate, proper: document, tool, word)* vhodný, správný; *(direction, road, train)* správný; **just at the r. time** or **moment** v pravou chvíli, jako na zavolanou; **be the r. man for sth** být pro něco jako dělaný; **you are the r. one** ty jsi ten pravý; **be in the r. frame of mind for sth** být na něco (správně) naladěný; **have friends in the r. places** mít konexe **5** *(satisfactory)* **a)** *(functioning well)* **the computer is not quite r.** počítač není úplně v pořádku; **things are not r. between us** mezi námi to neklape **b)** *(in good health)* zdravý; **I don't feel r.** není mi dobře; **in one's r. mind** při chladném or zdravém rozumu; **he is not r. in the head** nemá všech pět pohromadě **6** inf Br *(as intensifier)* **look a r. sight** vypadat jako maškara or strašidlo; **I felt a r. idiot** připadal jsem si jako úplný hlupák; **make a r. mess of sth** obrátit něco vzhůru nohama **7 all r.!** dobře, v pořádku, dobrá; **all r. then** tak dobře ♦ **she's a bit of all r.** inf to je ale kost!; **we are doing all r.** jsme na tom dobře ● adv **1** *(not left)* napravo, vpravo, doprava; **it is r. of the museum** je to napravo od muzea; **turn r.** zatočit doprava, dát se doprava; **look neither r. or left** nedívat se ani napravo ani nalevo; Mil **eyes r.!** vpravo hleď!; **lash out left, r. and centre** bít hlava nehlava **2** *(correctly, accurately: guess, answer)* správně, *(hear)* dobře; **it's r. up my street** to se mi výborně hodí, to je moje; **serves you r.!** to ti patří!, dobře ti tak! **3** *(justly)* správně, dobře; **you did r.** zachoval ses správně **4** *(directly, straight)* přímo, *(exactly)* přesně; **r. away** (i)hned, okamžitě; **r. now** momentálně, právě teď; **r. here** zrovna tady; **r. in the middle** zrovna uprostřed; **I'll be r. with you** hned přijdu; **arrive r. on the dot** přijet na minutu **5** *(all the way)* až; **r. at the end** až na konci; **r. to the bitter end** až do poslední chvíle; **r. from the start** už od samého začátku; **she looks r. through me** dělá, jako by mě neviděla; fig **see r. through sb** vidět komu až do žaludku ● **I** vt **1** *(return to a proper position)* vyrovnat, narovnat; **r. itself** *(boat, plane)* vyrovnat se **2** *(put right)* napravit **II** vi *(correct itself: fault)* spravit se, *(problem)* vyřešit se

right-angled ['raitæŋgld] adj pravoúhlý

righteous ['raičəs] adj **1** *(just)* spravedlivý, *(virtuous)* počestný **2 r. indignation** oprávněné rozhořčení; **r. anger** spravedlivý hněv **3** pej samolibý, domýšlivý

righteousness ['raičəsnəs] n spravedlnost; *(virtuous conduct)* počestnost

rightful ['raitful] adj *(owner)* pravoplatný; *(punishment)* spravedlivý, oprávněný

right-hand [rait'hænd] adj pravý; **r.-h. side** pravá strana; **sb's r.-h. man** něčí pravá ruka; Aut **r.-h. drive** jízda vpravo

right-handed [rait'hændid] adj *(person)* pravácký; *(punch)* vedený pravou rukou; *(tool)* pro pravou ruku; **a r.-h. man** pravák

right-hander [rait'hændə(r)] n **1** *(person)* pravák **2** Box *(punch)* úder pravou rukou

rightist ['raitist] adj Pol pravicový, pravičácký ● n pravičák, konzervativec

rightly ['raitli] adv **1** *(accurately)* správně, přesně; *(correctly)* správně, dobře; *(with certainty)* s určitostí; **if I remember r.** pokud si dobře vzpomínám **2** *(justifiably)* právem, oprávněně; **quite r.** zcela oprávněně, plným právem; **and r. so** a to plným právem

right-minded [rait'maindid] adj poctivý, slušný, řádný

rightness ['raitnəs] n **1** *(accuracy)* přesnost, správnost **2** *(justness)* správnost, spravedlivost, *(of claim)* oprávněnost **3** *(appropriateness)* správnost, vhodnost

right-wing ['raitwiŋ] adj Pol pravicový, pravicově orientovaný, pej pravičácký; **r.-w. extremism** pravičácký extrémismus

right-winger ['raitwiŋə(r)] n **1** Pol pravičák **2** Sport pravé křídlo

rigid ['ridžid] adj **1** *(material)* tuhý, neohebný, nepoddajný, rigidní; Comput **r. disk** nepružný disk **2** *(person)* kožený, komisní, nepružný; *(discipline)* přísný, strohý; *(policies)* nepřizpůsobivý ■ **~ly** adv *(stand)* toporně; *(behave)* komisně; *(oppose)* důsledně

rigidity [ri'džidəti] n see **rigid 1** tuhost, neohebnost, rigidnost **2** komisnost, nepružnost, nepřizpůsobivost

rigmarole ['rigmərəul] n **1** *(procedure)* ciráty, ceremonie, shon, nepříjemnosti **2** *(talk)* žvanění

rigor n Amer = **rigour**

rigor mortis [rigə'mo:tis] n Med rigor mortis, posmrtná ztuhlost

rigorous ['rigərəs] adj rigorózní; *(rules)* přísný, *(regime)* tvrdý, *(climate)* drsný, *(observance)* důsledný, *(analysis)* důsledný, precizní ■ **~ly** adv rigorózně, přísně, důsledně, precizně

rigour, Amer **rigor** ['rigə(r)] n **1** *(strictness)* přísnost, tvrdost, *(harshness: of climate)* drsnost **2** *(scrupulousness)* důslednost, preciznost

rig-out ['rigaut] n inf (v)ohoz, hábit, hadry all inf

rile [rail] vt inf **1** *(person)* dráždit, popuzovat, jít na nervy komu **2** Amer *(water)* (z)kalit

Riley ['raili] n **live the life of R.** žít si jako paša, mít zlaté časy, inf žít si jako prase v žitě

rill [ril] n poet *(brook)* potůček

rim [rim] n *(of cup, bowl)* okraj; *(of spectacles)* obruba, obroučka; *(of wheel)* loukoť

rime₁ [raim] arch n see **rhyme**

rime₂ [raim] n Liter jíní, jinovatka

rimless ['rimləs] adj *(spectacles)* bez obrouček

-rimmed [-rimd] suff **red~ eyes** oči začervenalé od pláče; **gold~/ horn~ glasses** zlaté/ kostěné brýle

rimy ['raimi] adj (**-ier**, **-iest**) ojíněný

rind [raind] n *(on bacon)* kůže; *(on cheese)* kůrka, *(on fruit)* slupka, *(on lemon, oranges* also*)* kůra

ring₁ [riŋ] n **1** *(for finger)* prsten, prstýnek; *(for nose, ear)* kruh; **a wedding r.** snubní prsten ■ **r. finger** prsteník **2** *(round object: for swimmer)* kolo, kruh; *(for serviette, for identifying bird,* Techn *for sealing)* kroužek; *(metal hoop)* obruč; **key r.** kroužek na klíče; Gymn **the ~s** kruhy ■ **r. exercise** cvičení na kruzích **3** *(circle)* gen kruh; *(of people)* kruh; *(of smoke)* kroužek; *(on water surface)* kolo, kruh; **the ~s of Saturn** Saturnovy prstence; **annual r.** letokruh; **have ~s round one's eyes** mít kruhy pod očima ♦ **run ~s round sb** fig strčit koho do kapsy ■ Aut **r. road** vnější dopravní okruh **4** *(for cooking: electric)* plotýnka, *(gas)* hořák **5** *(for boxing)* ring; *(at circus)* manéž, aréna **6** *(group of people: of smugglers, gangsters)* tlupa, banda ● vt **1** *(surround)* obklopit **2** *(draw circle round: item on list)* zakroužkovat **3** *(bird)* (o)kroužkovat

ring₂ [riŋ] n **1** *(sound: at door)* (za)zvonění, zvuk zvonku, *(of phone)* zvonění (telefonu); *(of swords)* řinčení, *(of coins)* cinkání; **the r. of voices** zvuk hlasů; fig **have the r. of truth** znít pravděpodobně; **there's a r. at the door** někdo zvoní; **give two ~s** zazvonit dvakrát **2** Br inf zatelefonování; **give sb a r.** zatelefonovat komu, inf zazvonit komu, inf brnknout komu ● v (pt **rang** [ræŋ], pp **rung** [raŋ]) **I** vi **1** *(doorbell, telephone* etc*)* (za)zvonit, *(alarm clock* also*)* zadrnčet, *(church bells* also*)* hlaholit, vyzvánět; **the bell rang** zazvonil zvonek, *(doorbell)* někdo zazvonil; **the bells are ~ing for church** zvoní na mši **2** *(sound bell)* zazvonit; **r. for sb** (za)zvonit na koho **3** Br Tel zatelefonovat, zavolat **4** *(resound: voices, laughter)* ozývat se, znít, hlaholit, být slyšet; *(swords)* řinčet; **my ears are ~ing** zvoní mi v uších; **r. hollow** znít dutě; **r. true/ false** znít pravděpodobně/ nepravděpodobně **II** vt **1** *(doorbell)* zazvonit (na zvonek) u dveří; *(church clock)* **r. the hours** odbíjet hodiny; **r. the alarm** bít na poplach; inf **that ~s a bell** to mi připadá povědomé; **he rang the changes on his theme** říkal jedno a totéž různými způsoby **2** Br *(phone)* zavolat komu **III** phr vs ■ **ring back** vi(t) **1** *(answer: call)* zavolat zpět **2** *(phone again)* zavolat znovu ■ **ring down** vt **r. down the curtain** Theat spustit oponu; fig **r. down the curtain on sth** ukončit co, uzavřít co, udělat za čím tečku ■ **ring in** *I* vi

1 zatelefonovat do studia 2 Amer *(clock in)* píchnout si při příchodu do práce *II* vt **r. in the New Year** přivítat zvoněním Nový rok ▪ **ring off** vi zavěsit, položit sluchátko ▪ **ring out** *I* vi zaznít, ozvat se, rozeznít se *II* vt **r. out the old year** rozloučit se zvoněním se starým rokem, odzvonit starému roku ▪ **ring round** vt obtelefonovat ▪ **ring up** vt 1 Br *(phone)* **r. sb up** zavolat komu, inf brnknout komu 2 **r. up the curtain** Theat vytáhnout oponu; fig **r. up the curtain on sth** zahájit něco

ringer ['riŋə(r)] n 1 *(of bells)* zvoník 2 **be a dead r. for sb** inf podobat se komu jako vejce vejci

ringing ['riŋiŋ] adj *(bell)* zvonící; *(voice, laughter)* zvonivý, hlaholivý; *(tone)* Tel vyzváněcí ● n zvonění, *(of alarm clock also)* drnčení, *(of church bells also)* vyzvánění, hlahol; *(of cowbells)* cinkot, cinkání; *(in ears)* zvonění, hukot

ringleader ['riŋli:də(r)] n pej vůdce, původce or osnovatel spiknutí, odporu ap.

ringlet ['riŋlət] n kadeř, prstenec, lokna

ringside ['riŋsaid] n první řada u ringu/ manéže ● adj *(seat)* jsoucí v první řadě

ringworm ['riŋwə:m] n Med lišej kroužkový

rink [riŋk] n *(for ice-skating)* kluziště; *(for roller-skating)* dráha pro kolečkové brusle

rinse [rins] n see v 1 *(rinsing)* vyplachování, proplachování, *(quick wash)* opláchnutí; (vy)máchání; **give one's mouth a r.** vypláchnout si ústa 2 *(for hair)* přeliv ● I vt *(clothes)* (vy)máchat, *(dishes, hands)* opláchnout, *(mouth, bottle)* vypláchnout II phr v ▪ **rinse down** vt spláchnout, *(car)* opláchnout; *(food)* zapít ▪ **rinse out** vt promýt, vypláchnout

Rio de Janeiro [ri:əudəžə'niərəu] n Rio de Janeiro [žanej-]

riot ['raiət] n 1 Pol bouře, nepokoje; *(of mob)* výtržnost(i), srocování davu; **race ~s** rasové nepokoje ▪ **the R. Act** Br Hist zákon proti srocování ♦ **read sb the r. act** fig ostře někoho pokárat, postavit koho do pozoru, vzít (si) koho na paškál 2 *(profusion)* **a r. of colours/ emotion** barevné orgie/ nával citů 3 inf **be a r.** *(person, event)* být děsně legrační; **that girl is a r.** ta holka je číslo or numero ● vi Pol bouřit se, *(mob)* dělat výtržnosti ● adv **run r. a)** *(hooligans)* dělat výtržnosti, vyvádět **b)** *(vegetation)* rozbujet se **c) let one's imagination run r.** popustit uzdu své fantazii

rioter ['raiətə(r)] n 1 Pol buřič, rebelant, vzbouřenec 2 *(hooligan)* výtržník

riotous ['raiətəs] adj 1 Pol buřičský, rebelantský; *(mob)* výtržnický; **r. assembly** srocení; **r. conduct** výtržnictví 2 *(unrestrained)* nevázaný; **r. living** hýření; **a r. party** hlučný večírek 3 inf *(funny)* strašně legrační ▪ **~ly** adv buřičsky; nevázaně; **it was ~ly funny** bylo to k popukání

rip [rip] n trhlina, díra ● v (**-pp-**) I vt 1 *(tear)* roztrhnout prudce, rozervat; **r. sth to pieces** or **shreds** roztrhat něco na cucky, fig also rozcupovat co; **r. a letter open** prudce roztrhnout dopis 2 *(snatch)* **r. sth from sb/ sth** vytrhnout komu co/ vytrhnout co z čeho II vi 1 *(tear)* roztrhnout se 2 inf *(go fast)* uhánět; **let her r.** *(accelerate)* šlápni na to!; **let r. at sb** pustit se do koho; **let r. against sth** rozhorlit se proti čemu III phr vs ▪ **rip off** vt 1 *(tear off)* urvat, *(clothing)* strhnout; **r. the clothes off sb** strhnout z koho šaty 2 fig inf **r. sb off** ošidit koho při placení, sedřít z koho kůži, vzít koho na hůl 3 *(steal: wallet etc)* inf ukrást, štípnout, *(rob: bank etc)* vykrást ▪ **rip out** vt vytrhnout ▪ **rip up** vt *(document, clothes)* roztrhat; *(street)* rozkopat

RIP [a:rai'pi:] abbr of **Rest in Peace** *(on tombstone)* odpočívej v pokoji!, spi sladce!

ripcord ['ripko:d] n *(of parachute)* vytahovací lanko

ripe [raip] adj 1 *(fruit, corn)* zralý, uzrálý; *(lips)* plný 2 *(cheese)* uleželý 3 *(old age)* požehnaný, vysoký; **live to the r. old age of 90** dožít se požehnaného věku 90 let 4 **be r. for sth** být zralý pro co; **be r. for marriage** být na vdávání/ ženění; **the time is r. for action** nyní je třeba jednat

ripen ['raipən] lit & fig I vt nechat vyzrát or uzrát II vi dozrát, vyzrát

ripeness ['raipnəs] n zralost, vyzrálost

rip-off ['ripof] n inf *(swindle)* zlodějna, vydřidušství ▪ **rip-off artist** inf podfukář, podvodník

riposte [ri'post] n fml 1 *(retort)* pohotová or vtipná odpověď, odseknutí 2 Fencing riposta, odveta ● vi odseknout

ripper ['ripə(r)] n *(murderer)* rozparovač

ripple ['ripl] n 1 *(on water)* vlnka, vlnky, vlnění, *(on wheat field)* vlnění 2 *(sound: of brook)* zurčení, bublání, *(of waves)* šplouchání, hučení; *(of conversation)* šum, *(of laughter)* kaskáda ♦ **cause a r.** fig *(eg scandal)* zčeřit hladinu čeho, vyvolat rozruch ● I vt *(water)* (z)čeřit, rozčeřit, rozvířit, zvlnit; *(muscles)* rozehrát II vi 1 *(water: undulate)* vlnit se 2 *(murmur: brook)* zurčet, bublat, *(waves)* šplouchat, hučet

rip-roaring [rip'ro:riŋ] adj inf 1 *(wild and noisy)* divoký 2 *(fantastic)* senzační, prvotřídní, fantastický

rise [raiz] n 1 *(small hill)* pahorek, kopeček, návrší, vyvýšenina; *(slope)* svah **2** *(upward movement: of plane, balloon)* stoupání; *(of curtain)* zdvižení; *(of sun, moon)* východ; *(to power, fame)* vzestup; *(progress: of country, empire, company)* rozkvět, rozvoj, rozmach; **the r. and fall of ...** vzestup a pád čeho **3** *(increase)* gen zvýšení; *(in prices, temperature)* vzestup, stoupání, zvýšení; *(of water)* stoupání, přibývání; *(in population)* přírůstek; *(in wages)* růst, zvýšení; *(in standards)* zlepšení; **be on the r.** být na vzestupu, růst, vzrůstat; **be given a r.** dostat přidáno (na platu) **4** *(of river)* pramen **5** **give r. to sth** způsobit co, zapříčinit co; **give r. to difficulties/ hopes** způsobit potíže/ vzbuzovat naděje; **this gave r. to a panic** vzešla z toho panika **6** fig inf **get a r. from sb** dopálit koho ● v (pt **rose** [rəuz], pp **risen** ['rizn]) **I** vi **1** fml *(get up: from lying)* vstát, zvednout se, *(from a sitting or kneeling position* also*)* postavit se, stoupnout si, *(after fall)* postavit se na nohy, zvednout se ze země; *(from bed)* vstát/ vstávat; **r. early** vstávat brzy ♦ **r. and shine!** vstávat!; **r. from the dead** Bibl vstát z mrtvých; **r. like a phoenix from the ashes** zrodit se jako fénix z popela **2** *(go up)* **a)** *(sun, moon)* vyjít/ vycházet; *(balloon, plane)* stoupat, letět vzhůru; *(lift)* jet nahoru; *(curtain)* jít nahoru, zvedat se; *(river)* stoupnout, rozvodnit se, *(water level)* zvýšit se; *(wind)* zvednout se, strhnout se; *(dough)* (na)kynout, zvedat se; *(swimmer)* vynořit se; *(fish)* Angling brát ♦ **r. to the bait** fig nechat se nachytat, inf skočit na špek; **r. to the occasion** or **challenge** or **task** vypořádat se s čím, poradit si s čím, úspěšně se čeho zhostit; **make sb's hackles r.** rozzlobit or naštvat koho **b)** *(prices, standard of living)* stoupat, růst; *(temperature, pressure)* zvyšovat se, jít nahoru; *(value)* narůstat **c)** *(voice)* zvýšit se; **his spirits rose** zlepšila se mu nálada; **she felt her colour r.** cítila, jak se červená **3** *(mountain, building)* tyčit se, čnít, zvedat se nad čím; **r. to a height of ...** *(mountain)* vystupovat or tyčit se do výšky ... **4** *(river)* pramenit **5** *(professionally, socially)* **r. to a high position** dopracovat se vysokého postavení; **r. in the world** někam to dotáhnout, mít úspěch, dělat kariéru; **r. in sb's esteem** získat u koho na vážnosti, stoupnout v čích očích **6** also **r. up** *(revolt)* vzbouřit se, povstat, udělat vzpouru **7** fml *(adjourn: assembly)* rozejít se, *(meeting)* skončit, *(Parliament)* skončit zasedání **II** phr vs ▪ **rise above** vt *(overcome: problems)* překonat, *(petty jealousies)* povznést se nad co ▪ **rise up** vi **1** *(get up)* vstát, povstat; *(balloon)* stoupat, jít nahoru **2** *(revolt)* **r. up (in revolt)** povstat, vzbouřit se **3** *(appear: figure, mountain* etc*)* objevit se **4** Relig **r. up from the dead** vstát z mrtvých

risen ['rizn] pp of **rise** ● adj **Christ is r.** Kristus vstal z mrtvých

riser ['raizə(r)] n **1** **be an early r.** vstávat brzy, být ranní ptáče; **be a late r.** být zvyklý pozdě vstávat, vstávat pozdě **2** Techn *(in plumbing)* stoupací trubka, stoupačka

risible ['rizəbl] adj fml směšný, legrační

rising ['raiziŋ] adj **1** *(sun)* vycházející; *(tide, prices)* stoupající; *(wind)* nabývající na intenzitě; *(anger)* narůstající ♦ **the land of the r. sun** *(Japan)* země vycházejícího slunce **2** *(generation)* dorůstající, nastupující, nový ● n **1** *(of sun)* východ **2** *(rebellion)* vzpoura

risk [risk] n **1** gen riziko, nebezpečí; **take** or **run the r. of sth** riskovat co; **take ~s** riskovat; **at one's own r.** na vlastní nebezpečí or odpovědnost, na vlastní pěst; **children at r.** ohrožené děti; **put sth at r.** ohrozit něco; **there's no r. of his coming** nehrozí nebezpečí, že by přišel **2** Ins pojistné riziko; **be a good/ bad r.** představovat malé/ velké riziko ● vt **1** *(endanger: one's career, future* etc*)* riskovat, dávat všanc or v sázku; **r. one's life for sb** riskovat pro někoho vlastní krk **2** *(venture)* troufnout si; **I'll r. it** já si to troufnu, inf já to risknu

risky ['riski] adj **(-ier, -iest)** *(undertaking)* riskantní, povážlivý, *(hazardous)* hazardní, nebezpečný, *(adventurous)* dobrodružný

risotto [ri'zotəu] n rizoto

risqué ['riskei] adj *(joke, story)* pikantní, choulostivý, kluzký, frivolní

rissole ['risəul] n karbanátek masový nebo rybí s příměsí zeleniny a brambor

rite [rait] n obřad, ritus; **the last ~s** poslední pomazání or svátost

ritual ['ričuəl] adj rituální, obřadný, ceremoniální ▪ **~ly** adv rituálně, obřadně ● n rituál, obřad

ritzy ['ritsi] adj **(-ier, -iest)** dated inf nóbl, hogofogo

rival ['raivl] n rival/ -ka, *(in love* also*)* sok/ -yně; Sport soupeř/ -ka, protivník/ protivnice; Comm konkurent/ -ka; **~s in love** sokové/ sokyně v lásce ▪ **a r. candidate** protikandidát; **a r. firm** konkurenční firma ● vt **(-ll-**, Amer also **-l-)** **r. sb/ sth in sth** vyrovnat se komu/ čemu v čem; **I can't r. him for speed** v rychlosti se mu nevyrovnám

rivalry ['raivəlri] n rivalita, soupeření, řevnivost; Comm konkurence

riven ['rivn] adj dated fml rozpolcený

river ['rivə(r)] n **1** lit řeka, fml (vodní) tok, *(major)* veletok; **the r. Thames** řeka

Temže; **down/ up r.** po/ proti toku ♦ inf **sell sb down the r.** zradit koho, prodat koho za jidášský groš ■ **r. basin** povodí **2 ~s of blood/ tears** potoky or proudy krve/ slz

riverbank ['rivəbæŋk] n břeh řeky

riverbed ['rivəbed] n řečiště, koryto řeky

riverside ['rivəsaid] n břeh řeky ■ **r. restaurant** restaurace u řeky; **by the r.** u řeky

rivet ['rivit] n Techn nýt ● vt (s)nýtovat; fig fascinovat ♦ **stand ~ed to the spot** zůstat stát jako přikovaný or přibitý or zkamenělý

riveting ['rivitiŋ] adj strhující, fascinující

rivulet ['rivjulət] n říčka

rly abbr of **railway** železnice

rm abbr of **room** pokoj, místnost

RM abbr of **Royal Marines** britská námořní pěchota

RN [a:r'en] abbr of **1 Royal Navy** Královské (válečné) loďstvo **2** Amer **Registered Nurse** diplomovaná zdravotní sestra

RNA [a:ren'ei] abbr of **ribonucleic acid** RNA, kyselina ribonukleová

roach [rəuč] n **1** *(fish)* plotice **2** inf *(cockroach)* šváb **3** sl *(stub of a marijuana cigarette)* vajgl

road [rəud] n **1** silnice, cesta; **main** or **major r.** hlavní silnice; **trunk r.** dálková silnice; **minor r.** vedlejší silnice; **the Glasgow r., the r. to Glasgow** glasgowská silnice, silnice do Glasgowa; **is this the right r. for London?** jedu dobře do Londýna?; **by r.** autem; Comm po ose, po nápravě; **my car is off the r.** mé auto je nepojízdné, mám auto v opravě; **take to the r.** *(driver)* vyrazit na cestu, *(tramp)* stát se tulákem; **take the wrong r.** jet špatně; **Mr X from across the r.** pan X odnaproti ♦ **all ~s lead to Rome** všechny cesty vedou do Říma; **be on the right r.** fig být na dobré cestě, vést si dobře; **the r. to success** cesta k úspěchu; **be on the (rocky) r. to ruin** řítit se do záhuby; **have one for the r.** fig dát si (ještě) skleničku na rozloučenou; **you're in my r.!** inf Br stojíš mi v cestě, *(I can't see)* máš tlustý* sklo; **get out of my r.!** Br inf uhni! ■ **r. hog** inf pirát silnic; **r. sense** smysl pro bezpečnou jízdu; **r. sign** dopravní značka; **r. surface** svršek silnice; **r. works** práce na silnici **2** *(in names of streets)* třída; **cross the r.** přejít přes ulici **3** usu pl **~s** Naut rejda **4** Amer *(railway)* železnice, dráha

roadblock ['rəudblok] n uzávěra cesty

road hog ['rəudhog] n Amer inf pirát silnic

roadhouse ['rəudhaus] n (pl **-houses** [-hauziz]) hostinec u silnice

roadmap ['rəudmæp] n automapa

roadroller ['rəudrəulə(r)] n silniční válec

roadshow ['rəudšəu] n kočovné divadlo

roadside ['rəudsaid] n okraj silnice; **along the r.** podél silnice; **r. cafe** kavárna u silnice

roadstead ['rəudsted] n Naut rejda

roadway ['rəudwei] n vozovka

roadworthiness ['rəudwə:ðinəs] n Aut *(of vehicle)* způsobilost k jízdě

roadworthy ['rəudwə:ði] adj Aut *(vehicle)* způsobilý k jízdě

roam [rəum] **I** vt **1** *(walk: streets, woods)* toulat se čím, potulovat se po čem **2** *(travel: world)* cestovat or jezdit or harcovat po čem **II** vi **1 r. about sth** *(streets)* toulat se čím, *(house)* chodit (sem a tam) po čem, *(world)* cestovat po čem **2** fig **his thoughts ~ed over the past** bloudil myšlenkami v minulosti; **let one's imagination r.** popustit uzdu své fantazii **III** phr vs ■ **roam about** or **around** vi *(aimlessly)* potulovat se, chodit bez cíle ● n toulka

roamer ['rəumə(r)] n tulák

roaming ['rəumiŋ] adj tulácký, toulavý, *(gaze, thoughts)* těkavý ● n toulání

roan [rəun] adj *(horse)* grošovaný ● n *(horse)* grošovaný kůň, grošák

roar [ro:(r)] n **1** *(of lion)* řev; **give a r.** zařvat **2** *(of person)* řev, řvaní, silný křik, vřískání; *(of crowd)* povyk, rámus; *(of battle)* vřava; **a r. of laughter** ryčný smích; **a r. of applause** bouřlivý potlesk, bouře potlesku **3** *(of machine, engine)* vrčení, hrčení, *(of engines* also*)* řev, *(traffic)* hukot, rachot, hřmot **4** *(of sea, wind)* burácení, *(of thunder* also*)* rachot ● **I** vi **1** *(lion)* řvát/ zařvat **2** *(person)* řvát/ zařvat, (za)vřískat; *(radio)* vřískat; *(crowd)* povykovat, rámusit; **r. with laughter** řvát or řičet smíchy **3** *(engine, machine)* vrčet, hrčet, *(traffic)* rámusit **4** *(wind)* burácet, *(sea* also*)* hučet, *(thunder)* rachotit, burácet **II** vt **1** also **r. out** *(orders, curses)* řvát, ječet, *(songs)* hulákat **2** *(engine)* přivést do vysokých obrátek, inf túrovat

roaring ['ro:ring] adj **1** (see **roar** v) řvoucí, vřískající, povykující, rámusící; vrčící; burácející, hučící, ječící **2** fig *(riotous: success)* obrovský, fantastický **3** *(brisk: trade, business)* čilý, znamenitý; **do a r. trade** čile obchodovat ● adv **be r. drunk** být namol opilý, být pod obraz ● n see **roar** n

roast [rəust] n **1** Cook pečeně, pečené maso **2** Amer piknik s opékáním masa ● adj *(pork, veal)* pečený; *(potatoes)* opékaný; **r. pork/ sirloin/ veal** vepřová/ svíčková/ telecí pečeně; **r. beef** rostbíf ● **I** vt **1** *(meat)* péci, opékat; *(coffee beans, nuts, ore)* (u)pražit, opražit; **r.**

oneself in the sun opékat se or škvařit se na slunci **2** inf *(criticize)* **r. sb** ostře koho kritizovat, řezat do koho **II** vi *(meat)* péci se; inf *(person)* hrozně se potit, péct se, *(in the sun)* opékat se na slunci

roasted ['rəustid] adj *(coffee, nuts)* pražený; *(meat)* pečený

roaster ['rəustə(r)] n **1** *(chicken)* kuře na pečení, *(pig)* sele (na pečení) **2** *(hot day)* pařák

roasting ['rəustiŋ] n **1** lit pečení; *(of coffee)* pražení ■ **r. spit** rožeň **2** inf *(criticism)* tvrdá kritika; **give sb a (good/ real) r.** inf (pořádně) sjet or setřít koho ● adj **1** *(hot)* parný; **it's r. today** dnes je šíleně horko, dneska to praží **2** *(meat)* na pečení

rob [rob] vt (**-bb-**) **1** *(person)* oloupit, okrást; *(bank)* vyloupit; *(house, flat)* vykrást/ vykrádat; **rob sb of sth** ukrást komu co, okrást or oloupit koho oč, uloupit komu co; **I've been ~bed!** zloděj!, chyťte zloděje! ♦ **rob Peter to pay Paul** vytloukat klín klínem **2** *(deprive)* vzít komu co; **rob sb of his freedom** vzít komu svobodu; **the team was ~bed of victory** mužstvo bylo připraveno o vítězství např. špatným soudcovstvím

robber ['robə(r)] n lupič, zloděj; **bank r.** bankovní lupič; **sea r.** námořní lupič; pirát, bukanýr

robbery ['robəri] n krádež, loupež; **bank r.** bankovní loupež; **r. with violence** Jur loupežné přepadení; **it's sheer r., it's just plain r.** fig *(overcharging)* to je hotová loupež, to je okrádání

robe [rəub] n **1** *(garment)* hábit, háv, (obřadní) roucho; Jur, Univ talár **2** *(dressing gown)* župan ● vt obléci, *(in r.)* obléci do taláru; **r. oneself in sth** fml obléci se do čeho

robin ['robin] n Orn červenka

robot ['rəubot] n robot, automat ■ **r. pilot** automatický pilot

robotics [rəu'botiks] n robotika, robotová technika

robust [rəu'bast] adj *(person)* robustní, statný, mohutný, robustní postavy; *(structure)* solidní, důkladný; *(engine)* silný, *(health)* pevný, železný; *(humour)* rázovitý, hrubý; *(style)* jadrný; *(defence)* rozhodný; *(resistance)* prudký

robustness [rəu'bastnəs] n (see **robust**) robustnost, statnost, mohutnost; solidnost, důkladnost; pevnost; rázovitost; jadrnost; rozhodnost; prudkost

rock$_1$ [rək] n **1** *(substance)* skála; Geol hornina; **volcanic r.** sopečná hornina; **build on r.** stavět na skále **2** *(large mass of stone)* skála, skalisko, úskalí, útes, *(boulder)* balvan; **the ship struck the r.** loď narazila na útes; **whisky on the ~s** whisky s ledem ♦ **be on the ~s** inf *(person)* být na mizině, být švorc, *(firm)* bankrotovat; *(marriage)* hroutit se ■ **r. climber** horolezec; **r. climbing** horolezectví; **r. face** skalní stěna; **r. garden** skalka, alpínum; **r. plant** skalnička, alpínka; **r. salt** kamenná sůl **3** Amer *(stone)* kámen, balvan **4** *(sweet)* cukrkandl, kandys **5** sl *(diamond)* diamant; **~s** šperky

rock$_2$ [rok] **I** vt **1** *(swing)* houpat, *(cradle)* kolébat; **r. a baby to sleep** ukolébat dítě, uspat dítě kolébáním **2** *(shake: town, building,* fig *government* etc*)* otřást čím, *(boat* – Subj: *waves)* kymácet čím, rozhoupat ♦ **r. the boat** fig inf pokoušet osud **II** vi **1** *(in a rocking chair* etc*)* houpat se **2** *(violently)* otřást se, *(boat)* (za)kymácet se, rozkymácet se; **r. with laughter** válet se smíchy ● n *(music)* rock, rocková hudba; **r. and roll** rokenrol

rock-bottom [rok'botəm] n nejnižší bod; **hit r.-b.** přijít na mizinu, zkrachovat ● adj *(prices)* nejnižší možný

rocker ['rokə(r)] n **1** *(of cradle, chair)* oblouk kolébky/ houpací židle ♦ **be off one's r.** inf být (pytlem) praštěný **2** *(chair)* houpací židle **3** *(performer)* rocker, rockový zpěvák or hudebník; *(follower)* obdivovatel rocku

rockery ['rokəri] n skalka, alpínum

rocket ['rokit] n **1** Aviat, Astronaut raketa; **launch a r.** odpálit or vypustit raketu ■ **r. plane** raketové letadlo; **r. propulsion** raketový pohon; **r. range** raketová základna **2** Mil raketa, raketová střela; **signal r.** světlice; **cruise r.** okřídlená raketa ■ **r. launcher** raketomet **3** Br inf *(reprimand)* vynadání, zpucunk, vulg sprdunk; **give sb a r.** zpucovat někoho ● vi **1** *(prices)* vyletět nahoru, prudce stoupnout; **r. to fame** stát se přes noc slavným **2** *(move fast)* **r. past** inf proletět jako namydlený blesk

rock-hard ['rokha:d] adj tvrdý jako kámen

Rockies ['rokiz] n pl inf **the R.** = **Rocky Mountains** Skalnaté hory

rocking ['rokiŋ] adj **r. chair** houpací židle; **r. horse** houpací kůň

rock'n'roll [rokən'rəul] n rokenrol

rocky$_1$ ['roki] adj (**-ier, -iest**) *(mountain, coast, hill)* skalnatý, *(soil)* kamenitý; **the R. Mountains** Skalnaté hory, dated Hory skalisté

rocky$_2$ ['roki] adj inf *(unsteady: situation)* prekérní, svízelný, *(health)* chatrný, *(government)* nestabilní, labilní

rococo [rə'kəukəu] adj rokokový ● n rokoko

rod [rod] n **1** *(of iron)* tyč, *(of wood)* prut, hůl; *(for punishment)* rákoska, *(for curtains)* tyč; **dowsing r.** virgule, proutek pro hledání vody; *(symbol of authority)* hůl, berla; **fishing r.** rybářský prut ♦ **rule with a r. of iron** vládnout železnou rukou; **spare the r. and spoil the child** škoda každé rány, která padne vedle; **make a r. for one's own back** (u)plést si na sebe bič **2** Techn tyč, táhlo; **tie r.** ojnice; *(for surveying)* měřičská lať **3 r. bacterium** tyčinková bakterie **4** *(measure)* = **perch** tyč 5,03m **5** Amer sl *(gun)* bouchačka **6** vulg *(penis)* fták, šroubovák

rode [rəud] pt of **ride**

rodent ['rəudənt] adj hlodavý ● n hlodavec

rodeo ['rəudiəu] n rodeo

roe$_1$ [rəu] n (pl **roe** or **roes**) *(species)* also **roe deer** srnec; *(female)* srna, srnka

roe$_2$ [rəu] n (pl **roe**) **1** *(fish eggs)* also **hard roe** jikry **2** *(sperm)* also **soft roe** mlíčí

roebuck ['rəubak] n *(male roe deer)* srnec

roentgen ['rontgən] n rentgen ● adj rentgenový

roger ['rodžə(r)] Telec interj rozumím, potvrzuji příjem ● vt vulg *(have sex with – Subj: man)* pomilovat se s kým

rogue [rəug] n **1** pej *(scoundrel)* ničema, lotr, lump ■ **~s' gallery** fotoarchiv hledaných zločinců; fig pěkná cháska **2** joc usu approv *(mischievous person)* rošťák, šibal, taškář; *(child)* uličník, rošťák **3** Zool samotář, eg *(elephant)* slon-samotář **4** fig **a r. missile** zbloudilá raketa

roguery ['rəugəri] n (pl **-ies**) *(dishonesty)* lumpárna, ničemnost; *(mischievousness)* rošťáctví, taškářství

roguish ['rəugiš] adj **1** *(wicked)* dated ničemný, padoušský **2** *(mischievous)* šibalský, rošťácký, taškářský

roister ['roistə(r)] vi řádit, hlučně hýřit

roisterer ['roistərə(r)] n flamendr, fláma, hýřil/ -ka

role, rôle [rəul] n role, úloha **a)** Theat, Cine **title/ leading/ supporting r.** titulní/ hlavní/ vedlejší role; **play the r. of Hamlet** hrát roli Hamleta **b)** fig **play an important r. in sth** (se)hrát v čem důležitou roli

role-playing ['rəulpleiiŋ] n Psych, Sch hraní rolí

roll [rəul] n **1** *(of paper)* role, kotouč, *(of parchment, tobacco)* svitek, *(of film)* svitek, kotouč, *(of banknotes)* svazek, *(of fabric)* stůčka, role, *(of hair)* rulička, svitek; *(of butter)* mušlička; *(of flesh, fat)* záhyb, fald, polštářek ■ **r. neck** rolák **2** Cook **(bread) r.** houska, rovný rohlík, bochánek, *(rye r.)* dalamánek; **ham/ cheese r.** *(sandwich)* houska or chlebíček se šunkou/ se sýrem; **sausage r.** ≅ klobása v těstíčku; **Swiss r.** závin, ruláda piškotová **3** *(list)* seznam; **electoral r.** volební seznam, soupiska; **call the r.** zjišťovat prezenci; **r. of honour** listina cti ■ **r. call** Mil apel, nástup **4** *(movement)* **a)** *(swaying movement: of sea)* vzdouvání, *(of waves also)* zvedání a klesání; *(of ship)* kývání, houpání, příčné kymácení, *(of car)* kolébání, *(of plane)* kolísání, *(of hips)* kroucení or pohupování boky **b)** Gymn kotoul; **forward/ backward r.** kotoul vpřed/ nazad ♦ **have a r. in the hay** inf *(have sex)* vyválet se spolu (v seně) **5** *(sound: of thunder)* burácení, rachocení, dunění, *(of drums)* víření ● **I** vi see also phr vs **1** *(ball, marble)* kutálet se; *(person also, animal)* válet se; *(tears)* řinout se, kanout po tváři; **r. in the mud** válet se v blátě ♦ **be ~ing in money, be ~ing in it** inf topit se v penězích; **keep the ball ~ing** fig udržovat konverzaci; **be ~ing in the aisles** fig válet se smíchy; **heads will r.** inf budou padat hlavy **2** *(sway: ship)* kymácet se, houpat se, kolébat se, *(plane)* houpat se, *(person)* pohupovat se při chůzi, houpat se v bocích **3** *(sound: drums)* vířit, *(thunder)* burácet, *(cannons)* dunět, *(music, voice, echo)* ozývat se **II** vt see also phr vs **1** *(ball)* kutálet, *(barrels also)* válet, valit, *(boulder)* valit, *(logs)* kutálet; *(eyes)* koulet or kroutit čím; *(cigarette)* (u)balit (si), (u)kroutit (si), *(wool)* (s)motat (**into a ball** do klubíčka); **the hedgehog ~ed itself into a ball** ježek se stočil do klubíčka; **she ~ed the child in a blanket** zabalila dítě do deky **2** *(flatten)* *(dough, pastry)* vyválet, rozválet; *(metal)* válcovat, *(road, field)* (u)válcovat, *(field also)* (u)válet **3** Ling **r. one's r's** vyslovovat důrazně písmeno „r" **III** phr vs ■ **roll about** or **around** vi *(balls)* kutálet se; *(person)* převalovat se, válet se; **r. about on the grass** válet se v trávě; **r. about with laughter** inf válet se smíchy ■ **roll along** *I* vi *(river)* valit se; *(car)* jet, ujíždět; fig *(project)* jít kupředu, postupovat *II* vt *(wheelbarrow, car)* tlačit, *(hoop)* kutálet ■ **roll around** = **roll about** ■ **roll away** *I* vi *(ball)* odkutálet se; *(car)* vzdálit se; fig *(troubles)* zmizet *II* vt *(trolley)* odtlačit ■ **roll back** *I* vi (za)kutálet se zpět, valit se zpět; *(waves)* vracet se do moře; fig *(memories)* přicházet na mysl, vybavovat se v paměti *II* vt *(carpet)* svinout, srolovat; *(enemy)* zatlačit zpět, přinutit k ústupu; *(prices)* vyvolat prudký pokles čeho ■ **roll by** vi **1** *(car)* míjet, projíždět kolem, *(procession)* procházet kolem **2** *(time)* ubíhat, utíkat, míjet ■ **roll down** *I* vi *(ball)* kutálet se, *(boulders)* valit se dolů, hrnout se dolů; *(tears)* řinout se, kanout *II* vt *(blind)* stáhnout, *(sleeves, stockings)* shrnout dolů ■ **roll in** *I* vi **1** *(ball)* přikutálet se; inf *(arrive)* přijet, dorazit; *(person)* přivalit se **2** *(offers, money, letters* etc*)* přicházet ve velkém množství, jen se komu hrnout *II* vt *(car)* přitlačit dovnitř, *(barrel)* přikutálet or přivalit ■ **roll off** *I* vi odkutálet se; *(cars from production line)* vyjíždět/ vyjet z čeho *II* vt *(print)* vytisknout ■ **roll on** *I* vi *(ball* etc*)* kutálet se dál; *(time)* běžet, ubíhat (dál) ♦ **r. on Christmas!/ the holidays!** inf už aby tu byly Vánoce/ prázdniny *II* vt **1** *(stocking)* natáhnout si **2** *(paint)* nanášet válečkem ■ **roll out** *I* vi *(ball, tear)* vykutálet se; *(person: from bed)* inf vykutálet se, vyhrabat se z čeho *II* vt **1** *(barrel)* vyvalit, *(cart, car)* vytlačit; *(carpet)* rozvinout **2** *(dough, pastry)* uválet, vyválet, rozválet; *(metal)* vyválcovat, rozválcovat ■ **roll over** *I* vi *(barrel)* převalit se; *(vehicle)* převrátit se, *(car* also*)* obrátit se na střechu; *(person: in bed)* obrátit se (na druhý bok), *(repeatedly)* převalovat se *II* vt *(patient)* obrátit na druhý bok ■ **roll past** see **roll by** ■ **roll up** *I* vt *(map, carpet)* stočit, svinout, srolovat; *(rope, cable)* navinout, svinout; *(trousers)* ohrnout (si), *(sleeves)* vyhrnout (si) ♦ **r. up one's sleeves** fig plivnout si do dlaní, pustit se s chutí do práce *II* vi **1** *(hedgehog, cat* etc*)* stočit se do klubíčka **2** inf *(arrive)* přivalit se, přihrnout se **3 r. up!** inf přistupte blíž!

rolled [rəuld] adj *(carpet)* stočený, svinutý; *(steel)* válcovaný; Cook *(meat)* rolovaný; **r. oats** ovesné vločky

rolled-up ['rəuldap] adj (see **roll up**) svinutý, stočený, zavinutý, navinutý

roller ['rəulə(r)] n **1** *(for painting, pastry, massage)* váleček; Techn, Agr válec, Text kalandr; **steam r.** parní válec ■ **r. bearing** válečkové ložisko; **r. bandage** obinadlo; **r. blind** roleta; **r. coaster** horská dráha; **r. towel** nekonečný ručník **2** *(curler)* natáčka; **she put her hair in ~s** dala si natáčky **3** *(wave)* valivá vlna

Rollerblade TM ['rəuləbleid] n kolečková brusle dvě kolečka v jedné řadě

roller-skate ['rəuləskeit] n kolečková brusle ● vi jezdit na kolečkových bruslích

rollick ['rolik] vi inf also **r. about** **1** *(romp)* dovádět, skotačit, pobíhat **2** *(make merry)* řádit, vyvádět, vyhazovat si z kopýtka

rollicking ['rolikiŋ] adj *(boisterous: person)* nevázaný, rozdováděný; *(play)* fraškovitý, obhrouble komický, šprýmovný; *(party)* divoký; **we had a r. good time** bavili jsme se senzačně ● n Br inf *(telling-off)* zpucunk; **give sb a r.** setřít or sjet koho; **get a r.** slíznout si to

rolling ['rəuliŋ] adj **1** *(ship)* kymácející se; *(gait)* kolébavý; *(sea)* vzdouvající se, rozbouřený **2** *(countryside)* zvlněný, vlnitý **3** *(schedule)* pohyblivý, *(launch of product)* postupný **4 r. stone** tulák, nestálý člověk; **be a r. stone** potloukat se světem, nevydržet na jednom místě ♦ **a r. stone gathers no moss** devatero řemesel, desátá bída ● n see **roll** v ■ **r. mill** *(factory)* válcovna, *(machine)* válcovací stolice; **r. pin** válek, váleček na těsto; **r. stock** Rail vozový park

rollmop ['rəulmop] n zavináč

roll-neck(ed) ['rəulnek(t)] adj **r.-n. sweater** rolák, svetr s rolákem

roll-on ['rəulon] n **1** *(deodorant)* dezodorant opatřený kuličkou **2** *(corset)* elastická bokovka

roll-on roll-off [rəulonrəul'of] n ferry, loď pro převážení nákladních aut s nákladem

rolltop ['rəultop] adj **r. desk** stahovací psací stůl, psací stůl se žaluzií, dated americký psací stůl

roll-up ['rəulap] n ukroucená or ubalená cigareta

roly-poly [rəuli'pəuli] adj inf kulaťoučký, tlusťoučký, baculatý, boubelatý ● n **1** inf joc cvalík, tlouštík **2 r.-p. (pudding)** vařená roláda se zavařeninou

ROM [rom] n Comput abbr of **read only memory** ROM, permanentní paměť pouze s možností čtení

romaine [rəu'mein] n Amer Bot **r. (lettuce)** římský salát

Roman ['rəumən] n **1** Hist Říman/ -ka **2** Typ **r. (type)** antikva ● adj *(architecture, calendar, law, history, numerals)* římský; **R. alphabet** latinka; **R. candle** *(in fireworks)* římská svíce

Roman Catholic [rəumən'kæθəlik] n katolík/ katolička ● adj římskokatolický; **the R. C. Church** římskokatolická církev

romance [rəu'mæns] n **1** *(romantic quality: of era, way of life)* kouzlo, poezie, *(of travel)* kouzlo, romantika **2** fig *(lies)* výmysly, báchorky **3** *(love affair)* románek, milostný poměr, milostné dobrodružství; **a holiday r.** prázdninová láska; **have a r. with sb** mít s kým románek **4** *(love story)* milostný román, pej limonáda; *(adventure story)* dobrodružný román; *(heroic)* rytířský román **5** Liter *(medieval novel)* historický román o lásce a dobrodružství **6** Mus romance ● adj **R.** *(language)* románský ● vi fantazírovat, vymýšlet si báchorky

Romanesque [rəumə'nesk] adj Archit románský

Romania [ru'meiniə] n Rumunsko

Romanian [ru'meiniən] adj rumunský ● n **1** *(person)* Rumun/ -ka **2** *(language)* rumunština

romantic [rəu'mæntik] adj **1** lit romantický; **the R. movement** romantismus **2** *(affair, attachment)* milostný ■ **~ally** adv romanticky; **they are ~ally involved** mají spolu něco, mají spolu románek ● n **1** Art, Mus, Liter also **R.** romantik **2** fig *(daydreamer)* romantik, snílek

romanticism [rəu'mæntisizəm] n (Art, Mus, Liter also **R.**) romantismus

romanticist [rəu'mæntisist] n (Art, Mus, Liter also **R.**) romantik

romanticize [rəu'mæntisaiz] vt *(person, childhood* etc*)* idealizovat, *(war)* romantizovat

Romany ['rəuməni] n **1** *(person)* Rom/ -ka, now offens Cikán/ -ka v etnickém smyslu **2** *(language)* romština, romský jazyk, now offens cikánština ● adj romský, offens cikánský

Rome [rəum] n Řím ♦ **all roads lead to R.** všechny cesty vedou do Říma; **R. wasn't built in a day** Řím nebyl vystavěn přes noc, všechno chce svůj čas; **when in R. do as the Romans do** jiný kraj, jiný mrav; kdo chce s vlky být, musí s nimi výti

romp [romp] n **1** *(frolic)* dovádění, skotačení **2** *(play, film)* fraška **3** *(easy victory)* hladké vítězství ● **I** vi **1** *(children, kittens, puppies* etc*)* dovádět, skotačit, poskakovat **2 r. home** *(win)* hladce zvítězit **II** phr vs ■ **romp away** vi odhopsat ■ **romp through** vt *(test, work)* udělat co levou rukou

rompers ['rompəz] n also **romper suit** dětská kombinéza

rood [ru:d] n **1** Archit Relig kříž, krucifix; **r. screen** lektorium **2** Br *(square measure)* ≅ 10 arů

roof [ru:f] n (pl **~s**) **1** *(of house, vehicle)* střecha; *(of tunnel, cave)* strop, klenba; **folding r.** stahovací or sklápěcí střecha; **the Celestial r.** fig nebeská klenba ♦ **hit the r.** fig skákat do stropu; **live under the same r.** bydlet pod jednou střechou; **not have a r. over one's head** nemít střechu nad hlavou, nemít kam hlavu složit; **go through the r.** inf *(get angry)* vzplanout hněvem, vypěnit; *(prices)* vyletět do závratné výše, překonat všechny rekordy ■ **r. garden** zahradní terasa; **r. rack** zahrádka na autě **2** Anat **the r. of the mouth** patro ● **I** vt *(house)* pokrýt střechou **II** phr v ■ **roof in** or **over** vt zastřešit

roofing ['ru:fiŋ] n Build střešní krytina ■ **r. felt** dehtová lepenka; **r. tile** krytinová taška

roofless ['ru:fləs] adj nezastřešený, jsoucí bez střechy

rooftop ['ru:ftop] n střecha; **shout** or **scream sth from the ~s** vytrubovat/ vytroubit něco, roztrubovat něco do světa

rook$_1$ [ruk] n Orn havran

rook$_2$ [ruk] n Chess věž

rook$_3$ [ruk] vt inf *(swindle)* oškubat, ošulit

rookie ['ruki] n inf zelenáč, nováček, ucho; Mil bažant

room [ru:m] n **1** *(in house)* pokoj, místnost, *(in country house* also*)* světnice; *(in hotel)* pokoj; *(in public place: hall)* sál, síň, *(office)* kancelář; **dining/ living r.** jídelna/ obývací pokoj; **single/ double r.** jednolůžkový/ dvoulůžkový pokoj; **furnished r.** zařízený pokoj; **~s to let** volné pokoje; **the whole r. protested** všichni v místnosti/ v sále protestovali **2 ~s** pl *(lodgings)* **live in ~s** bydlet v podnájmu **3** *(space)* místo, prostor; **make r. for sb** udělat or uprázdnit komu místo; **there's enough r. for everybody** je tu dost místa pro všechny; **take too much r.** zabírat moc místa; **there's r. for improvement** mnohé je ještě možné změnit; **here there's no r. for sentiment** tady není místo pro city ♦ **there's no r. to swing a cat** nedá se tu ani otočit or pohnout ● vi Amer **r. with sb** *(share a flat)* bydlet s kým; **r. together** bydlet spolu

-roomed [-ru:md] in compounds -pokojový; **a two-r. flat** dvoupokojový byt

roomer ['ru:mə(r)] n Amer (pod)nájemník

rooming house ['ru:miŋhaus] n Amer penzion

roommate ['ru:mmeit] n spolubydlící

roomy ['ru:mi] adj (**-ier, -iest**) *(house, office)* prostorný, prostranný; *(suitcase)* skladný, prostorný; *(garment)* volný

roost [ru:st] n hřad ♦ **come home to r.** *(misdeeds)* vymstít se komu; **rule the r.** mít hlavní slovo, poroučet ● vi *(bird)* usadit se na hřad, *(sleep)* hřadovat, nocovat na hřadě

rooster ['ru:stə(r)] n Amer Orn kohout

root [ru:t] n **1** *(of tree, plant* & fig*)* kořen; **pull a plant up by the ~s** vyrvat rostlinu z kořene or i s kořenem; **take** or **strike r.** lit & fig zapustit kořeny; **put down (new) ~s in a place** fig usadit se někde, zapustit někde kořeny **2** Anat *(of tooth, tongue)* kořen, *(of hair)* kořínek **3** fig **~s** *(family ties)* kořeny, rodokmen **4** fig *(source, basis: of problems)* pramen, příčina, *(of evil)* kořen; **the r. of the problem is ...** základní příčinou tohoto problému je ...; **strike at the r. of evil** jít na kořen zla ■ **r. beer** Amer šumivý nealkoholický nápoj s bylinným výtažkem; **r. cause** základní příčina; **r. crop** kořenová plodina; **r. vegetable** kořenová zelenina **5** Ling kořen, *(base form)* základ **6** Math *(of equation)* kořen; **square/ cube r.** druhá/ třetí odmocnina ● **I** vi *(plants)* (za)pustit kořeny, ujmout se **II** vt **1** *(plant)* zasadit **2 stand ~ed to**

the spot stát jako přikovaný, stát jako solný sloup **III** phr vs ■ **root about** or **around** vi **r. about in sth** *(animal)* rýt v čem, *(person: in manuscripts etc)* hrabat se v čem ■ **root for** vt Amer inf **r. for sb** držet komu palce, *(team)* fandit komu ■ **root out** vt fig **1** *(do away with: corruption, evil)* vykořenit, *(disease, prejudice)* vymýtit **2** *(find)* vyhrabat ■ **root up** vt *(plant etc)* vytrhnout z kořene

rootstock ['ru:tstok] n Bot oddenek

rope [rəup] n **1** provaz, Naut lano; *(for curtains)* šňůra; **~s** Naut lanoví; **anchor r.** kotevní lano; **climb a r.** šplhat po laně ♦ **give sb plenty of r.** fig dát komu velký (manévrovací) prostor or volnou ruku **2 the r.** *(hanging)* provaz, oprátka; **give sb the r. for sth** dát komu za něco provaz **3** Mount **a r. of climbers** lanové družstvo **4 the ~s** Box provazy ringu ♦ **be on the ~s** lit být v provazech, fig být v úzkých, být v tísni; **to know the ~s** umět v tom chodit, vyznat se (v tlačenici); **learn the ~s** naučit se v tom chodit, zaběhnout se v čem; **show sb the ~s** zasvětit koho do čeho; ukázat komu, jak to chodí **5** *(of onions)* svazek; *(of pearl)* šňůra, *(of hair)* pletenec ● **I** vt **1** *(package)* zavázat, převázat; **r. sb to a post** přivázat koho ke sloupu **2** *(lasso: cattle etc)* chytat do lasa **II** phr vs ■ **rope in** vt **1** *(land)* ohradit lanem **2** fig **r. sb in (to do sth)** naverbovat koho (na něco), zapřáhnout koho (do čeho), inf zlanařit koho (k čemu); Amer inf *(by trickery)* zatáhnout koho (do čeho) aféry ap. ■ **rope off** vt *(cordon off)* oddělit lanem ■ **rope up** *I* vi *(climbers)* navázat se na lano *II* vt **1** *(package)* zavázat provazem, převázat **2** *(climbers)* navázat na lano

ropedancer ['rəupda:nsə(r)] n provazolezec, tanečník na provaze

ropewalker ['rəupwo:kə(r)] n provazolezec, provazochodec

rop(e)y ['rəupi] adj **(-ier, -iest)** Br inf *(of poor quality)* mizerný, nekvalitní; **feel r.** *(ill)* nebýt se ve své kůži, nebýt fit, cítit se mizerně

ro-ro ['rəurəu] see **roll-on roll-off**

rosary ['rəuzəri] n (pl **-ies**) růženec; **say the r.** modlit se růženec

rose$_1$ [rəuz] pt of **rise**

rose$_2$ [rəuz] n **1** Bot *(flower & bush)* růže ♦ **life is no bed of ~s** život není jen samá zábava or není peříčko; **his life isn't exactly a bed of ~s** nemá zrovna na růžích ustláno; **there is no r. without a thorn** není růže bez trní; **everything is coming up ~s** všechno báječně vychází, všechno jde jako po másle; **under the r.** fml důvěrně, dated sub rosa; **that'll put the ~s back into your cheeks** to vám vrátí barvu do tváře ■ **r. bush** růže, růžový keř; **r. garden** růžová zahrada, růžový sad **2** *(colour)* růžová (barva) **3** *(of watering can)* růžice **4** Archit rozeta, růžice ■ **r. window** rozetové okno ● adj růžový

rosé ['rəuzei] n růžové víno

rosebay [rəuz'bei] n Bot oleandr

rosebud ['rəuzbad] n růžové poupě

rose-coloured ['rəuzkaləd] adj **see everything through r.-c. spectacles** dívat se na všechno růžovými brýlemi

rosehip ['rəuzhip] n šípek

rosemary ['rəuzməri] n (pl **-ies**) Bot rozmarýna

roseola [rəu'zi:ələ] n Med rozeola infekční vyrážka

rosette [rəu'zet] n **1** *(decorative)* růžice, rozeta **2** Archit rozeta

rosewater ['rəuzwo:tə(r)] n růžová voda

rosewood ['rəuzwud] n Bot růžové dřevo

rosin ['rozin] n kalafuna ● vt nakalafunovat, natřít kalafunou

roster ['rostə(r)] n **(duty) r.** rozpis služeb

rostrum ['rostrəm] n (pl **rostra** ['rostrə]) *(for speaker)* tribuna, *(for conductor)* pódium

rosy ['rəuzi] adj **(-ier, -iest) 1** *(in colour: cheeks)* růžový, červený jako růže **2** fig *(prospects, future)* nadějný, skvělý; **paint a r. picture of sth** malovat or líčit něco růžovými barvami

rot [rot] n **1** *(of fruit, vegetables, wood)* hniloba, *(wood also)* trouchnivění, práchnivění; *(of tooth)* (zubní) kaz; **dry r.** dřevomorka **2** fig *(in society)* prohnilost, mravní zkaženost ♦ **then the r. set in** fig a pak to začalo jít od desíti k pěti **3** inf *(nonsense)* nesmysl, blbost; **don't talk r.!** nekecej!, nežvaň! ● v **(-tt-) I** vi **1** *(fruit, vegetable)* (s)hnít, *(wood, bones)* (z)trouchnivět, (z)práchnivět, tlít; *(tooth)* (z)kazit se **2** fig *(person)* **r. in prison** hnít ve vězení; **let him r.!** ať jde do háje!, vykašli se na něj! **II** vt nechat shnít/ ztrouchnivět/ zkazit **III** phr v ■ **rot away** vi (s)hnít, (z)trouchnivět, (z)práchnivět

rota ['rəutə] n rozpis služeb; **on a r. basis** na střídačku, po řadě, střídavě

Rotarian [rəu'teəriən] adj rotariánský ● n rotarián

rotary ['rəutəri] adj **1** *(movement)* otáčivý, otočný, rotační **2** *(crane)* otočný, otáčivý; **r. cultivator** půdní fréza; **r. iron** mandl; **r. (printing) press** rotačka; **r. printing** rotaprint; **r. snowplough** vířivý sněžný pluh **3 R. Club** Rotaryklub

rotate [rəu'teit] **I** vt **1** *(turn)* otáčet, točit **2** Agr *(crops, staff)* střídat **II** vi **1** *(turn)* otáčet se, točit se, rotovat; **r. on an axis** točit se kolem osy **2** *(crops, staff)* střídat se

rotating [rəu'teitiŋ] adj otáčející se, rotující; *(crops)* střídající se

rotation [rəu'teišn] n **1** *(rotating)* otáčení, rotace **2** *(one turn)* otáčka, obrátka **3 r. of crops** střídání plodin, střídavý osevní postup; **work in** or **by r.** pracovat na střídačku, střídat se

rote [rəut] n **learn sth by r.** naučit se co nazpaměť

rotgut ['rotgat] n sl břečka, brynda nekvalitní alkohol

rotor ['rəutə(r)] n Techn rotor ■ **r. blade** list rotoru

Rotovator TM ['rəutəveitə(r)] n Br půdní fréza

rotten ['rotn] adj **1** *(fruit, vegetables)* shnilý, *(egg, tooth)* zkažený, *(wood)* shnilý, zpuchřelý, ztrouchnivělý, práchnivý; **r. to the core** skrz naskrz prohnilý **2** fig prohnilý, zkažený, *(corrupt)* korumpovaný **3** inf *(very bad)* **a)** *(person)* **be r. to sb** být na koho jako pes; **feel r. about sth** být z čeho nešťastný; **I feel r. about it** je mi z toho nanic **b)** *(weather, film, book)* mizerný; **be a r. shot** mít špatnou mušku; **he's a r. player** hraje mizerně, hraje pod psa **4** *(mean)* hanebný, podlý, ničemný; **it was a r. thing to do** to byla hanebnost **5** *(ill)* **I feel r.** je mi nanic ■ **~ly** adv **treat sb ~ly** inf chovat se ke komu hnusně

rottenness ['rotnnəs] n see **rotten 1** shnilost, zkaženost **2** prohnilost **3** *(meanness)* hanebnost, podlost, ničemnost

rotter ['rotə(r)] n dated Br inf mizera, prevít

rotund [rəu'tand] adj fml **1** *(round: object)* kulatý, okrouhlý, oblý **2** *(person: plump)* kulaťoučký, obtloustlý, baculatý **3** *(style, speech)* bombastický, pompézní, nabubřelý, rozšafný

rotunda [rəu'tandə] n Archit rotunda

rotundity [rəu'tandəti] n *(of person)* obtloustlost, baculatost, tělnatost; *(of style)* bombastičnost, pompéznost

rouble ['ru:bl] n rubl

roué ['ru:ei] n dated or joc prostopášník, zhýralec

rouge [ru:ž] n růž, rtěnka ● vt **r. one's cheeks** (na)malovat se, (na)líčit si tváře

rough [raf] adj **1** *(uneven: ground, road)* nerovný, hrbolatý, *(terrain)* zvlněný, zvrásněný, *(cloth)* drsný, hrubý, *(skin, hands)* drsný, hrubý, rozpukaný, rozpraskaný **2** *(sea)* bouřlivý, rozbouřený; *(weather)* sychravý, drsný; *(wind)* syrový, sychravý **3** *(harsh: voice)* drsný, hrubý, chraptivý, chraplavý, *(tone)* drsný, *(speech)* hrubý, sprostý, vulgární ♦ **have a r. time of it** nemít to lehký*, muset se otáčet, mít někde tvrdý chlebíček **4** *(taste, wine)* trpký **5** *(behaviour)* hrubý, neotesaný, neurvalý, hulvátský; *(game: eg rugby)* surový; *(handling)* nešetrný; **a r. customer** hrubián, neurvalec, surovec ♦ **be a r. diamond** mít dobré jádro pod drsnou slupkou; **have a r. edge to one's tongue** mít špičatý or ostrý jazyk; **give sb the r. side of one's tongue** sjet koho **6** *(approximate: estimate, guess)* hrubý, přibližný, *(account, outline)* povšechný; **at a r. estimate** zhruba, přibližně **7** *(not finalized)* **r. drawing** náčrt, skica; **r. copy** koncept; **make a r. copy of sth** napsat něco nanečisto **8** *(unwell)* **I feel r.** inf je mi nanic, cítím se mizerně ■ see **roughly** ● adv *(play)* tvrdě, surově; *(speak)* hrubě, neurvale, sprostě, hulvátsky; **sleep r.** přespávat venku or pod širým nebem ● n **1** *(ground)* nerovný terén **2** fig **take the r. with the smooth** snášet dobré i zlé **3** *(hoodlum)* výtržník, násilník **4** *(unfinished copy)* koncept; **write sth out in r.** napsat něco nanečisto ● **I** vt **r. it** žít primitivně bez pohodlí **II** phr vs ■ **rough out** vt *(drawing, plan)* načrtnout, nastínit, naskicovat ■ **rough up** vt **1** *(hair)* rozcuchat **2** *(beat up)* sl zmlátit, zřídit, podat si zastrašit bitím

roughage ['rafidž] n vlákniny v potravě

rough-and-ready [rafən'redi] adj **1** *(makeshift: method, equipment)* nouzový, provizorní **2** *(work)* narychlo udělaný, splácaný **3** *(person)* hrubý, neotesaný **4** *(living conditions)* primitivní

rough-and-tumble [rafən'tambl] adj *(life)* divoký, bouřlivý, nespoutaný ● n *(fight)* rvačka, pračka, výtržnost; **the r.-and-t. of politics** politické vření or tahanice

roughcast ['rafka:st] n Build hrubá omítka ● vt (pt & pp **-cast**) Build hrubě omítat

roughen ['rafn] **I** vt *(surface)* zdrsnit; *(hands, skin)* způsobit zhrubnutí čeho; **his hands were ~ed by hard work** ruce mu zhrubly těžkou prací **II** vi *(hands* etc) zhrubnout

rough-hewn [raf'hju:n] adj *(wood)* nahrubo otesaný; fig *(features)* hrubý; *(unrefined: person)* neotesaný

roughhouse ['rafhaus] n inf rvačka

roughly ['rafli] adv **1** *(approximately)* přibližně, zhruba, asi, odhadem; **r. the same** přibližně stejný; **r. speaking** zhruba **2** *(violently)* hrubě; *(play)* surově, tvrdě

roughneck ['rafnek] n **1** inf *(thug)* výtržník, rowdy, chuligán **2** *(on oil rig)* dělník na vrtné plošině pro těžbu nafty

roughness ['rafnəs] n see **rough** adj **1** nerovnost, hrbolatost; zvlněnost, zvrásněnost, drsnost, hrubost, rozpraskanost **2** rozbouřenost; sychravost; syrovost **3** drsnost, hrubost, sprostota, vulgárnost **4** trpkost, trpká příchuť **5** hrubost, neotesanost, neurvalost, hulvátství; surovost, sprostota, nešetrnost, hrubiánství **6** přibližnost, povšechnost

roughrider [raf'raidə(r)] n krotitel/ -ka koní

roughshod ['rafšod] adj *(horse)* okovaný proti klouzání ♦ **ride r. over sb** nemazat se s kým, být s kým hned hotový

rough-spoken [raf'spəukən] adj *(rude)* vulgární, hrubý v řeči

roulette [ru:'let] n ruleta

Roumania, Roumanian see **Rumania, Rumanian**

round [raund] adj **1** *(circular)* kulatý, okrouhlý, zaoblený; *(spherical)* kulatý, kulový, sférický; **the earth is r.** země je kulatá; **a r. dance** kolový tanec; **the r. table** lit & fig, **the R. Table** Myth kulatý stůl **2** *(cheeks: plump)* kulatý, baculatý, *(body)* plný, baculatý, boubelatý; **have r. shoulders** mít kulatá záda **3** *(figure)* zaokrouhlený, *(full)* celý, rovný; **a r. figure** zaokrouhlené číslo; **a r. dozen** *(full)* rovný or celý tucet; **it comes to a r. £10** přijde to na rovných 10 liber **4 r. trip** zpáteční cesta, cesta tam a zpět **5** dated *(unequivocal: denial* etc*)* jednoznačný, jasný **6** Ling *(vowel)* zaokrouhlený **7 r. robin** oběžník s rezolucí, ke kterému se připojují podpisy ■ see **roundly** ● adv; for phr vs see also verb entries **1** *(on all sides)* kolem (dokola), okolo; **all the way r.** kolem dokola; **all r.** všude kolem, všude okolo; **walk/ drive/ sail r. sth** obejít/ objet/ obeplout co; **have a good look r.** důkladně vše prohledat **2** *(in the opposite direction)* **turn r.** otočit se; **look r.** ohlédnout se; **it's the other way r.** je to naopak or obráceně **3** *(in a full circle or cycle)* **all year r.** po celý rok; **Christmas will soon be r. again** brzy tu zase budou Vánoce **4** *(when measuring circumference)* **a tree two metres r.** strom o obvodu dva metry **5** *(to every member)* **we have enough plates to go r.** máme dost talířů pro všechny; **send sth r.** dát co kolovat **6** *(by a longer route)* **the long way r.** oklikou, obchůzkou/ *(by car* etc*)* objížďkou; **go the long way r.** zajít/ zajet si **7** inf *(to sb's house)* **invite sb r.** pozvat někoho na návštěvu; **I'll be r. in a minute** přijdu hned, jsem hned zpátky ♦ **come r.** *(give in)* dát si říct **8 go r. and r. in circles** fig pohybovat se v bludném kruhu, nevědět kudy kam ● prep; for phr vs see also verb entries **1** *(on all sides)* kolem, okolo; **r. the table** kolem stolu; **form a circle r. sb** utvořit kolem koho kruh; **there's a ring r. the moon** měsíc má kolo; **sail r. the world** plout kolem světa **2** *(encircling)* **he put his arm r. her waist** obejmul ji kolem or okolo pasu ♦ **twist sb r. one's little finger** otočit si někoho kolem or okolo prstu; **I cannot get my tongue r. that word** nemohu ze sebe to slovo vypravit **3** *(near)* kolem, v blízkosti; **somewhere r. here** někde tady; **the countryside r. Lancaster** krajina kolem or poblíž Lancasteru **4** *(to* or *at the other side of sth)* na druhé straně; **r. the corner** za rohem; **he disappeared r. the back of the house** zmizel za domem; **lurk r. the corner** číhat za rohem or za bukem ♦ **Christmas is r. the corner** Vánoce už klepou na dveře, Vánoce jsou za dveřmi; **be r. the bend** inf být potrhlý; **drive sb r. the bend** inf připravit koho o rozum; **you're driving me r. the bend** já se z tebe zblázním **5** *(when covering sth)* **put a scarf r. one's neck** dát si na krk šálu **6** *(to* or *at various points)* **show sb r. the town/ garden** provést koho po městě/ po zahradě; **drive r. Europe** projet Evropu, jezdit po Evropě; **look r. the room** podívat se po pokoji **7** *(measuring circumference)* **he is 90 cm r. the waist** má 90 cm kolem pasu **8** *(approximately)* kolem, okolo, asi; **r. 5 o'clock** kolem páté hodiny ● n **1** *(circle)* kolečko, kroužek; *(slice: of bread)* krajíček, *(of ham, cheese, meat* etc*)* (kulatý) plátek, kolečko, *(sandwich)* chlebíček **2** *(series)* řada, série; **a r. of parties** série or řetěz večírků; **the daily r.** každodenní kolotoč **3** *(one in a series: of elections, talks)* kolo, série; **the next r. of talks** další kolo rozhovorů; **a r. of drinks** runda piva/ rumu etc; **let's have another r.** dejme si ještě jednu rundu **4** *(delivery)* **a paper/ milk r.** jedna (pravidelná) roznáška novin/ mléka; **do a paper r.** *(have a job)* roznášet noviny; **go on one's ~s** *(paperboy/ milkman)* roznášet noviny/ mléko, *(postman)* doručovat poštu; **a doctor's ~s** návštěvy pacientů, objíždění pacientů, *(in hospital)* vizita **5** Mil, Police obchůzka **6 go the ~s** *(joke, story)* kolovat; **we went the ~s of all the pubs** obešli jsme všechny hospody **7** *(in boxing, wrestling)* kolo, Cards partie **8** *(of shots, applause)* salva **9** Mus kánon ● **I** vt **1** *(make r.)* zaokrouhlit, zakulatit; Ling vyslovovat zaokrouhleně **2** *(go r.: corner)* zatočit za co; *(obstacle)* obejít, objet; Naut *(cape)* obeplout **II** phr vs ■ **round down** vt *(price, sum)* zaokrouhlit dolů ■ **round off** vt **1** *(sharp edges)* zaoblit, zakulatit **2** *(complete: series)* doplnit, kompletovat; *(meal)* zakončit, završit **(with sth** čím); *(life's work, one's career)* korunovat, završit (**with sth** čím) **3** *(figure)* zaokrouhlit ■ **round on** vt **r. on sb** *(attack also verbally)* zaútočit na koho, pustit se do koho ■ **round out** *I* vt *(complete)* doplnit *II* vi zakulatit se, zaoblit se ■ **round up** vt *(bring together: people)* shromáždit, svolat; *(criminals)* pochytat, vybrat, udělat razii na; *(cattle)* sehnat dohromady; *(facts)* shromáždit ■ **round upon** see **r. on**

roundabout ['raundəbaut] n Br **1** *(at fair)* kolotoč **2** Aut křižovatka s kruhovým objezdem ♦ **it's swings and ~s, what you gain on the swings you lose on the ~s** je to prašť jako uhoď ● adj **1** *(indirect)* **take a r. route** jet oklikou or objížďkou, *(by mistake)* zajet si **2** fig **explain sth in a r. way** vysvětlovat něco velmi rozvláčně; **by r. means** postranními cestičkami

rounded ['raundid] adj **1** *(shape)* kulatý, oblý; *(edges)* zaoblený; *(cheeks)* baculatý **2** *(number,* Ling *lips)* zaokrouhlený **3** *(style)* vyzrálý, vyvážený

roundel ['raundl] n **1** Liter rondel, rondó **2** Mil kruhová poznávací značka vojenského letounu

rounders ['raundəz] n Br Sport ≅ pasák

roundhouse ['raundhaus] n (pl **-houses** [hauziz]) n Rail kruhové depo, rotunda

roundish ['raundiš] adj *(figure)* kulaťoučký, (dost) baculatý

roundly ['raundli] adv *(criticize)* nemilosrdně, bez obalu; *(defeat)* drtivě

round-shouldered [raund'šəuldəd] adj nahrbený; **be r.-s.** mít kulatá záda

roundsman ['raundzmən] n (pl **-men**) **1** Br Comm roznášeč mléka ap. **2** Amer policista na obchůzce, pochůzkář

round-table [raund'teibl] adj attr *(discussions* etc*)* konaný u kulatého stolu

roundup ['raundap] n **1** *(act: of cattle)* sehnání; *(of people)* shromáždění; *(of criminals)* hromadné zatýkání, policejní zátah, razie **2** *(cattle)* sehnaná stáda dobytka **3** *(of news)* souhrn; **sports r.** sportovní zprávy

roundworm ['raundwə:m] n škrkavka

rouse [rauz] **I** vt **1** *(wake)* probudit, (vy)burcovat, *(from a daydream)* vytrhnout, vyrušit, *(from apathy)* vyburcovat; **r. sb from a deep sleep** vyburcovat koho z hlubokého spánku **2** *(stir: admiration, hope, love)* vzbudit, probudit, *(interest* also*)* podnítit, *(suspicion, hatred)* vyvolat, *(passions)* roznítit; **r. a crowd** rozvášnit or rozohnit dav; **r. sb to action** vyburcovat koho k činu **3** *(provoke to anger)* rozčilit, nadzvednout **II** vi fml *(wake oneself)* probudit se

rousing ['rauziŋ] adj *(speech)* plamenný, strhující; *(music, march)* řízný; *(applause)* bouřlivý, *(cheers)* nadšený

roustabout ['raustəbaut] n Amer **1** *(in dock)* dokařský dělník **2** *(unskilled worker)* pomocný dělník, nádeník

rout$_1$ [raut] n **1** *(defeat)* Mil poražení na hlavu; Sport debakl; **put the enemy to r.** rozprášit nepřítele **2** *(flight)* úprk **3** Jur *(mob)* srocení ● vt **1** *(defeat)* Mil porazit na hlavu, rozprášit; *(opponent)* rozdrtit **2** *(put to flight)* obrátit na útěk

rout$_2$ [raut] **I** vi *(pig)* also **r. about** rýt, rýpat v čem **II** phr v ■ **rout out** vt vyhnat, vypudit; **r. sb out of his bed** vytáhnout koho z postele

route [ru:t, æmer also raut] n **1** *(way)* cesta, dráha, trasa; fig cesta, způsob; *(of bus)* linka, Aviat (letecká) linka; **escape r.** úniková cesta; **let's take another r.** jeďme jinudy; **it is off my r.** mám to z cesty ■ **r. map** automapa **2** [raut] Mil rozkaz k přesunu ■ **r. march** cvičný pochod **3** Amer *(delivery round)* donáška; **he's got a paper r.** roznáší noviny **4** Med způsob podání léku, aplikace; **by oral r.** orálně, ústy ● vt (pres p **routeing**, pt & pp **routed**) *(bus, train, plane)* určit trasu čemu, poslat trasou

routine [ru:'ti:n] n **1** *(regular procedure)* obvyklý or standartní postup, běžná or normální praxe, běžný režim **2** pej rutina; **mindless r.** bezmyšlenkovitá rutina; **daily r.** každodenní práce or program; **it's part of the daily r.** to patří k dennímu pořádku; **fall into one's old r.** zapadnout do vyježděných kolejí **3** Dancing, Skating figura; Theat číslo, vystoupení **4** pej inf **don't give me that r. about ...** nech si ty řečičky o ... ● adj **1** *(regular: visit, meeting)* pravidelný, rutinní, *(check-up)* pravidelný, běžný; *(tasks)* každodenní **2** *(monotonous)* mechanický, stereotypní, šablonovitý

roux [ru:] n jíška, zápražka

rove [rəuv] **I** vi *(person)* toulat se, potulovat se, bloudit; *(eyes)* těkat; **his eyes ~d around the room** bloudil očima po místnosti **II** vt *(streets)* potulovat se po čem; *(countryside)* vandrovat kde, provandrovat co

rover ['rəuvə(r)] n **1** tulák/ tulačka, poutník **2** pirát

roving ['rəuviŋ] adj *(life)* tulácký, potulný; **r. ambassador** velvyslanec se zvláštním posláním; **r. reporter** zvláštní dopisovatel; **r. thoughts** roztěkané myšlenky; **he has a r. eye (for the girls)** joc pošilhává po děvčatech

row$_1$ [rəu] n **1** *(of people, trees, seats, houses* etc*)* řada; **in the first r.** v první řadě; **four times in a r.** třikrát za sebou ■ see **r. house** **2** Hort *(of potatoes* etc*)* řádek **3** Comput řádka

row$_2$ [rəu] n *(outing in a boat)* vyjížďka na člunu; **go out for a r.** vyjet si na člunu, jít si zaveslovat ● **I** vi veslovat; **r. back** veslovat zpět **II** vt *(boat)* veslovat na čem; *(passengers)* přepravit na veslici; **r. a race** účastnit se veslařského závodu

row$_3$ [rau] n inf **1** *(loud noise)* kravál, rámus, brajgl, povyk; **kick up a r.** ztropit povyk, udělat brajgl, strhnout pokřik **2** *(quarrel)* hádka, spor; Pol protest; **have a r. with sb** pohádat se s kým, mít s kým výstup **3 give sb a r.** (**for sth**) seřvat or setřít koho (za co) ● vi **r.** (**with sb**) hádat se (s kým)

rowan ['rəuən, 'rauən] n Bot *(tree)* jeřáb; *(fruit)* also **~berry** jeřabina

rowboat ['rəubəut] n Amer (veslařský) člun

rowdiness ['raudinəs] n *(behaviour)* neurvalost, výtržnictví; *(noise)* brajgl, rámus, kravál; *(violence)* rvačka, pračka

rowdy ['raudi] adj (**-ier**, **-iest**) *(noisy)* hlučný, rámusivý; *(disorderly)* výtržnický, neurvalý, rváčský ● n (pl **rowdies**) výtržník, rváč, neurvalec; *(at football matches)* rowdy

rowdyism ['raudiizəm] n výtržnictví, chuligánství

rower ['rəuə(r)] n veslař

row house ['rəuhaus] n (pl **-houses** [-hauziz]) Amer řadový domek

rowing$_1$ ['rəuiŋ] n Sport veslování ■ **r. boat** Br (veslařský) člun, loďka s vesly; **r. club** veslařský klub

rowing$_2$ ['rauiŋ] n *(quarrelling)* hádání, hádky

rowlock ['rolək] n esp Br havlinka vidlice pro veslo

royal ['roiəl] adj **1** lit královský, *(household* also*)* panovnický; **the Princess R.** korunní princezna **2** inf *(splendid)* skvělý, báječný, výtečný; **we had a r. time** měli jsme se výtečně or skvostně; **they gave us a (right) r. welcome** přivítali nás královsky **3** Amer inf *(as intensifier)* **be a r. pain** být hrozně protivný; **he gives me a r. pain** mám ho plný* zuby **4** in compounds **R. Air Force** Královské vojenské letectvo; **R. Academy** Královská akademie; **r. blue** královská or berlínská modř; **R. Commission** královská revizní komise; **R. Engineers** Královské ženijní vojsko; **the R. Family** královská rodina; **r. flush** Cards královská sekvence; **r. jelly** Beekeeping mateří kašička; **R. Navy** Královské loďstvo ■ **~ly** adv královsky; fig also báječně, senzačně ● n usu pl inf **the R~s** členové královské rodiny

royalism ['roiəlizəm] n roajalismus, royalismus [roajaliz-]

royalist ['roiəlist] n roajalista, royalista [roaja-]

royalty ['roiəlti] n **1** *(royal persons)* královská rodina, členové královské rodiny **2** *(rank, dignity)* královská důstojnost, královská hodnost **3** usu pl **royalties** *(for writer)* autorský honorář; *(for patent)* licenční poplatky

RP [a:'pi:] abbr of **received pronunciation** spisovná výslovnost britské angličtiny

rpm [a:pi:'em] abbr of **revolutions per minute** Techn obrátky za minutu

RPM [a:pi:'em] dated abbr of **resale price maintenance** zachování maloobchodních cen

RR Amer abbr of **Railroad** železnice

RRP [a:ra:'pi:] Comm abbr of **recommended retail price** doporučená maloobchodní cena

RSC [a:res'si:] abbr of **Royal Shakespeare Company** Královská shakespearovská společnost

RSI abbr of **repetitive strain injury** zranění z opakovaného přepětí

RSPCA [a:respi:si:'ei] Br abbr of **Royal Society for the Prevention of Cruelty to Animals** ≅ Královská společnost pro ochranu zvířat (před týráním)

RSVP [a:resvi:'pi] abbr of **répondez s'il vous plaît** odpovězte laskavě

Rt Hon Br Pol abbr of **(the) Right Honourable** ctihodnosti oslovení poslance, člena tajné rady

Rt Rev(d) Relig abbr of **Right Reverend** titul biskupa ctihodný otec

rub [rab] n **1** *(massage)* tření, masírování, mnutí, masáž; **give sb's back a r.** namasírovat komu záda **2** *(polish)* **give sth a r.** *(furniture)* vyleštit něco **3 there's the r.** fig v tom je ten háček or ta potíž, v tom to vězí ● v (**-bb-**) **I** vt **1** *(polish)* leštit; *(with sandpaper)* (o)smirkovat; utřít (např. tabuli); **r. sth dry** vytřít co do sucha, usušit co třením **2 r. one's eyes** mnout si or třít si or protírat si oči; **r. one's hands in delight** (za)mnout si spokojeně ruce ♦ **r. shoulders with artists** pohybovat se mezi umělci, kamarádit se s umělci; inf **r. sb's nose in it** dát to někomu sežrat, omlátit něco komu o hubu **3** *(massage)* třít, masírovat **4** *(apply: liniment, ointment)* vtírat; **r. ointment on the wound** natřít ránu mastí **5** *(chafe: heels)* (o)dřít **II** vi **1 r. against sth** otřít/ otírat se o co; **the cat ~bed against my leg** kočka se mi otřela o nohu; **r. against the ground** *(boat)* drhnout o dno **2** *(chafe: collar)* dřít, *(shoes* also*)* tlačit **III** phr vs ■ **rub along** vi inf **1** *(manage: financially)* protloukat se, jakž takž vycházet **2** *(get on)* **r. along (together)** Br jakž takž spolu vycházet, jakž takž se snášet ■ **rub away** *I* vt *(tears, sweat)* utřít, setřít, *(inscription)* smazat, setřít; *(stain)* vyčistit, vydrhnout *II* vi **it won't r. away** *(stain)* nedá se to vyčistit ■ **rub down** vt **1** *(horse: dry)* otřít, *(clean)* vyhřebelcovat; **r. oneself down** vytřít se, inf vyfrotýrovat se **2** *(clean: wall)* očistit, *(with sandpaper)* osmirkovat, obrousit čím ■ **rub in** vt **1** *(lotion, oil)* vetřít/ vtírat **2** fig **there's no need to r. it in** není třeba to stále rozmazávat ■ **rub off** *I* vt *(erase: writing)* vymazat, vygumovat; *(dirt)* otřít, *(stain)* setřít, odstranit or vyčistit třením; *(old paint)* odrhnout, osmirkovat, *(paint through wear)* sedřít, odřít *II* vi odřít se; **r. off on sb** *(paint)* potřísnit koho; *(quality)* přenést se na koho, ovlivnit koho; **the newspaper ink ~bed off on my hands** zašpinil jsem si ruce od novin(ové černě) ■ **rub out** *I* vt **1** *(stain)* odstranit třením, *(scrub out)* odrhnout, *(with sandpaper)* vysmirkovat, vyčistit smirkem; *(writing)* vygumovat, vymazat **2** Amer sl *(kill)* oddělat, odpravit *II* vi dát se setřít, *(with eraser)* dát se vymazat or vygumovat ■ **rub together** vt **r. one's hands together** (za)mnout si ruce ♦ **not have two pennies to r. together** fig být chudý jako kostelní myš ■ **rub up** *I* vt **1** *(polish)* vyleštit, vycídit **2 r. sb up the wrong way** být komu trnem v očích, být komu proti srsti, být komu solí v očích **3** *(revise)* našprtat se *II* vi **1** *(animal)* třít se/ otírat se (**against sb's leg** komu o nohu) **2** inf **r. up against sb** *(meet)* stýkat se s kým, kamarádit se s kým **3** inf **r. up on sth** *(subject)* nabiflovat se co

rubber$_1$ ['rabə(r)] n **1** *(material)* guma, pryž, *(unprocessed, synthetic* also*)* kaučuk ■ **r. band** gumička; **r. cheque** inf pružný šek nekrytý; **r. plant** fíkus; **r. tree** Bot gumovník, kaučukovník; see also **r. stamp** **2** Br *(for erasing)* (mazací) guma **3** Amer inf *(condom)* guma, ochrana **4** Amer *(boots)* galoše

rubber$_2$ ['rabə(r)] n Bridge, Whist robr dvě vyhrané hry ze tří

rubberize ['rabəraiz] vt pogumovat, impregnovat

rubberneck ['rabənek] n inf **1** *(onlooker)* čumil, zevloun, zvědavec **2** *(tourist)* turista účastník hromadného zájezdu ● vi zevlovat

rubber stamp [rabə'stæmp] n razítko ● **rubber-stamp** vt lit (o)razítkovat, opatřit razítkem ♦ **r.-s. everything** všechno odkývat

rubbery ['rabəri] adj gumovitý, kaučukovitý; *(elastic)* pružný

rubbing ['rabiŋ] n **1** (see **rub**) tření; *(polishing)* leštění, cídění; *(scrubbing)* drhnutí; *(with sandpaper)* smirkování **2** ■ **r. alcohol** čistý alkohol

rubbish ['rabiš] n **1** *(from household)* odpadky, smetí, *(from factory* also*)* odpad; *(from building site)* rum, suť ■ **r. bin** nádoba na smetí, popelnice; **r. collection** odvoz (domovního) odpadu; **r. chute** šachta na odpadky; **r. dump** *(public)* skládka odpadků **2** inf *(inferior goods;* also *books, records* etc*)* brak, šmejd, šunt **3** inf *(nonsense)* hovadina, blbost, kravina; **talk a load of r.** mluvit nesmysly, nevidět si do huby; **(what a lot of) r.!** blbost! ● vt **r. sth** inf *(sb's views)* shazovat co

rubbishy ['rabiši] adj *(article, programme, book)* mizerný, podřadný, ubohý

rubble ['rabl] n *(ruins)* sutiny, trosky; *(on building site)* rum

rub-down ['rabdaun] n tření or drhnutí ručníkem, *(massage)* masáž; **give sb a r.-d.** namasírovat koho; **give sth a r.-d.** vyleštit něco

rubella [ru:'belə] n Med zarděnky, rubeola

Rubicon ['ru:bikən] n Rubikon; **cross the R.** překročit Rubikon

rubicund ['ru:bikənd] adj fml ruměný, brunátný

ruble ['ru:bl] n = **rouble**

rubric ['ru:brik] n záhlaví, nadpis; **under the r. ...** v oddíle ...

ruby ['ru:bi] n (pl **-ies**) **1** *(stone)* rubín **2** *(colour)* rubínová barva ● adj **1** *(colour)* rubínový, rubínově rudý **2** *(made of rubies)* rubínový, z rubínů

ruck [rak] n **1** *(in rugby)* mlýn; *(in race)* peloton **2** pej *(mass)* plebs, dav **3** *(crease)* záhyb, fald ● vi **ruck up** *(crease)* krčit se, mačkat se

rucksack ['raksæk] n esp Br ruksak, batoh

ruckus ['rakəs] n esp Amer *(disturbance)* kravál, výtržnost, hádka

ruction ['rakšn] n inf usu pl **~s** *(angry protest)* povyk, randál, pozdvižení

rudder ['radə(r)] n Aviat, Naut kormidlo

rudderless ['radələs] n jsoucí bez kormidla; fig jsoucí bez efektivního vedení

ruddy ['radi] adj (**-ier, -iest**) **1** *(person)* červenolící, rudolící, *(face)* ruměný, brunátný; *(sky, glow)* narudlý, načervenalý **2** dated Br sl *(damned)* proklatý, zatracený, zpropadený

rude [ru:d] adj **1** *(impolite)* nezdvořilý, neslušný, nevychovaný, neomalený, *(insolent)* drzý, *(uncouth)* hulvátský, hrubý, klackovský, neotesaný; **don't be r. to your father** nebuď k otci drzý **2** *(indecent: story, joke)* sprostý, oplzlý; **r. words** hrubosti **3** *(sudden)* prudký, nenadálý, *(shock)* krutý ♦ **it was a r. awakening for me** byla to pro mě studená sprcha **4** *(simple: dwelling, tools)* rudimentární, elementární; *(lifestyle)* prostý, necivilizovaný, primitivní **5 be in r. health**

oplývat or kypět zdravím ■ **~ly** adv *(behave)* hrubě, neomaleně, klackovsky

rudeness ['ru:dnəs] n (see **rude**) **1** nezdvořilost, neslušnost; drzost, hulvátství, hrubost, hrubé chování **2** oplzlost, sprostota, sprosťárna **3** prudkost, nenadálost **4** rudimentárnost; prostota

rudimentary [ru:di'mentəri] adj fml rudimentární; *(knowledge)* elementární

rudiments ['ru:dimənts] n *(of a subject)* základy

rue$_1$ [ru:] n Bot routa

rue$_2$ [ru:] vt (pres p **rueing** or **ruing**, pt & pp **rued**) fml or joc želet, litovat; **you'll live to r. it** jednou toho budete litovat

rueful ['ru:ful] adj *(look)* zkroušený, smutný; *(situation)* žalostný, politováníhodný ■ **~ly** adv smutně, zkroušeně

ruff$_1$ [raf] n **1** *(frill)* nabíraný límec, krejzl, krejzlík, okruží; *(on animal)* límec **2** Orn jespák bojovný

ruff$_2$ [raf] n Cards trumf(nutí), přebití

ruffian ['rafiən] n dated pej násilník, rváč, surovec, neurvalec

ruffle ['rafl] n *(on shirt, blouse)* karnýr, volán, ryš; *(on water)* vlnka ● vt **1** *(hair)* (roz)cuchat, rozčechrat, rozježit; *(feathers)* (na)čepýřit, rozčepýřit; **r. (up) its feathers** *(bird)* rozčepýřit se, načechrat si peří; *(clothes, bedclothes)* zmuchlat, pomačkat **2** *(water surface)* (z)čeřit, rozčeřit, (roz)vlnit **3** *(person: disconcert)* znepokojit, vyvést z míry or z konceptu, *(upset)* dotknout se koho ♦ **r. sb's feathers** hnout komu žlučí

ruffled ['rafld] adj **1** *(hair)* rozcuchaný, rozježený; *(feathers)* načepýřený; *(clothes, bedclothes)* zmuchlaný; *(water)* zčeřený **2** *(person)* dotčený, znepokojený **3** *(with a frill: blouse* etc*)* s volánem, s karnýrem

rug [rag] n **1** *(carpet)* (menší) koberec, *(long and narrow* also*)* běhoun, *(small)* kobereček, *(by bed)* předložka ♦ **pull the r. from under sb's feet** fig podrazit komu nohy **2** Br *(blanket)* (vlněná) pokrývka, houně; **travelling r.** pléd

rugby ['ragbi] n Sport also **r. football** ragby ■ **r. footballer** or **player** ragbista; **R. League** ragby s 13 hráči; **R. Union** rugby s 15 hráči

rugged ['ragid] adj **1** *(countryside)* drsný, divoký, *(terrain)* nerovný, *(rocky)* skalnatý, *(road)* nerovný, hrbolatý, *(coastline, cliffs)* rozeklaný **2** *(face)* výrazný, *(features)* hrubý, *(appearance)* chlapský **3** *(person)* silný, robustní; *(character, lifestyle)* drsný **4** *(resistance)* zarputilý **5** *(equipment)* spolehlivý

ruggedness ['ragidnəs] n see **rugged** **1** drsnost, nerovnost, rozeklanost **2** výraznost, hrubost **3** robustnost; drsnost **4** zarputilost **5** spolehlivost

rugger ['ragə(r)] n inf Sport ragby

ruin ['ru:in] n **1** *(building)* ruina, zřícenina, fig *(person)* ruina; **~s** ruiny, zříceniny, *(of army;* fig *of hopes* etc*)* trosky; **be** or **lie in ~s** lit ležet v troskách, fig být v troskách **2** *(destruction)* zkáza, úpadek; *(financial)* mizina, bankrot; **go to rack and r.** vzít za své, inf jít cugrunt **3** *(cause)* **it will be his r.** to bude jeho konec, to ho zruinuje; **alcohol was his r.** alkohol byl jeho zhoubou ● vt *(building)* pustošit, (roz)bořit; *(car, toy, clothes, hope)* zničit; *(eyes)* (z)kazit (si), pokazit (si); *(health)* (z)ničit (si), podkopat (si), (z)ruinovat (si); *(joke)* pokazit; *(child)* (z)kazit; **r. oneself** zničit se, zruinovat se; **r. sb's good mood** (po)kazit komu náladu

ruination [ru:i'neišn] n zničení, zhouba, zkáza, záhuba

ruined ['ru:ind] adj **1** *(reputation, health)* zničený, zruinovaný; *(person: financially)* zruinovaný, na mizině; *(holiday)* zkažený **2** *(building)* rozbořený, v rozvalinách

ruinous ['ru:inəs] adj *(price)* horentní, *(costs)* přivádějící na mizinu; *(war)* ničivý, destruktivní ■ **~ly** adv **~ly expensive** šíleně drahý

rule [ru:l] n **1** *(regulation)* pravidlo, Admin also předpis, nařízení, směrnice, ustanovení; **a grammar r.** mluvnické pravidlo; **a hard and fast r.** pevné pravidlo, pravidlo platící bez výjimky; **~s and regulations** pravidla a ustanovení; **the ~s of the game** lit & fig pravidla hry; **break a r.** porušit pravidlo; **stick to the r. book** dělat všechno podle pravítka **2** *(usual practice)* pravidlo, zvyklost; **I make it a r. never to quarrel** ze zásady se nehádám; **cold winters are the r. here** studené zimy jsou tu pravidlem; **as a r.** zpravidla; **r. of thumb** přibližné pravidlo; **do sth by r. of thumb** udělat něco od oka ♦ **the exception proves the r.** výjimka potvrzuje pravidlo **3** *(authority)* vláda, panství; **under British r.** pod britskou (nad)vládou; **the r. of law** právní řád **4** *(for measuring)* měřítko, pravítko, metr; **folding r.** skládací metr; **slide r.** logaritmické pravítko ● **I** vt **1** *(govern)* vládnout, panovat komu, kde, ovládat **2** *(passions, emotions)* ovládat, držet na uzdě, krotit **3** Jur, Admin *(decide)* rozhodnout; *(decree)* nařídit, stanovit, nadekretovat; **r. sb out of order** odejmout komu slovo; **r. that ...** rozhodnout, že ... **4** *(draw line on)* nakreslit, narýsovat, *(lines on: paper)* (na)linkovat **II** vi **1** *(govern)* vládnout (**over sb** komu) **2** *(prevail)* vládnout, převládat **3** Jur *(decide)* rozhodnout (**on sth** o čem, v čem); **r. in sb's favour** *(judge)* rozhodnout v čí prospěch **III** phr vs ■ **rule off** vt oddělit linkou ■ **rule out** vt *(exclude: possibility, suspect)* vyloučit; **that possibility cannot be ~d out** tuto možnost nelze vyloučit

ruled ['ru:ld] adj *(paper, block)* linkovaný

ruler ['ru:lə(r)] n **1** *(sovereign)* vládce/ vládkyně, panovník/ panovnice, vladař/ -ka; **absolute r.** absolutní vladař **2** *(for measuring)* pravítko

ruling ['ru:liŋ] adj **1** *(monarch, party, class)* vládnoucí; *(family)* panovnický; *(principle)* vůdčí **2** *(prevalent)* převládající, *(prices* also*)* současný, stávající, nynější ● n Jur rozhodnutí, výnos, (soudní) nařízení; **give a r. on sth** vydat soudní rozhodnutí o čem

rum$_1$ [ram] n *(drink)* rum ■ **r. toddy** grog

rum$_2$ [ram] adj dated Br inf podivínský, bizarní

Rumania [ru'meiniə] n Rumunsko

Rumanian [ru'meiniən] adj rumunský ● n **1** *(person)* Rumun/ -ka **2** *(language)* rumunština

rumba ['rambə] n rumba ● vi tančit rumbu

rumble ['rambl] n see vi **1** hřmění, burácení, dunění; hřímání; hrkotání, rachocení; praskání, hrčení; kručení ■ **r. seat** Amer Aut sklápěcí sedadlo v zadní části sportovního vozu **2** Amer sl rvačka mezi gangy výtržníků, výtržnost ● **I** vi **1** *(thunder)* burácet, dunět; *(cannon)* hřímat, dunět; *(wagon, cart)* hrkotat, drkotat, rachotit; *(in pipes* impers*)* praskat, *(water)* hrčet; *(stomach)* kručet v čem **2** inf Amer *(fight)* prát se, rvát se **II** vt inf *(see through: trick, person)* prokouknout

rumbling ['rambliŋ] n **1** see vi (**1**) burácení, dunění, hřímání; rachocení; praskání, hrčení; kručení **2** **~s** *(of discontent)* reptání

rumbustious [ram'basčəs] adj inf *(music)* hřmotný, halasný; *(person)* divoký, nespoutaný

ruminant ['ru:minənt] n Zool přežvýkavec ● adj **1** Zool přežvýkavý **2** fig hloubavý, přemítavý

ruminate ['ru:mineit] vi **1** Zool přežvykovat **2** fig *(ponder)* přemítat, hloubat, uvažovat (**on** or **about** or **over sth** o čem)

rumination [ru:mi'neišən] n **1** Zool přežvykování **2** fig hloubání, přemítání

ruminative ['ru:minətiv] adj přemítavý, hloubavý; *(look)* zamyšlený ■ **~ly** adv zamyšleně, přemítavě

rummage ['ramidž] n **1** *(search)* **have a good r. in sth** pořádně se v čem pohrabat, pořádně něco prošťourat **2** Amer *(jumble)* **r. sale** bazarový prodej ● vi **r. through sth** přehrabovat se v čem, prohrabávat co; **r. about** or **around in sth** prohrabávat co, dolovat v čem (fig)

rummy ['rami] n **1** Cards remy, žolíky **2** inf Amer *(drunk)* ochlasta, ochmelka

rumour, Amer **rumor** ['ru:mə(r)] n fáma, pověst(i), řeči; **r. has it that ..., there's a r. going round that ...** proslýchá se, že ..., povídá se, že ..., prý ... ● vt **it is ~ed that ...** povídá se, že ..., prý ...; **she is ~ed to be very rich** je prý velmi bohatá

rump [ramp] n **1** *(of animal)* zadek; *(of bird)* kostrč, inf biskup; joc *(of person)* zadek, zadnice, zadní část **2** Cook **r. (steak)** ramstek **3** *(remnant: of organization, group)* zbytky, trosky; Br Hist **the R. (Parliament)** kusý parlament za vlády Cromwella 1648 – 1653

rumple ['rampl] vt *(clothes, paper)* zmačkat, zmuchlat; *(hair)* rozcuchat, zmuchlat; **r. one's dress** pomačkat si šaty

rumpus ['rampəs] n inf *(noise)* povyk, kravál, brajgl, bengál; **kick up a r.** strhnout povyk; **have a r. with sb** vjet si s kým do vlasů ■ **r. room** Amer, Austr společenská místnost pro hry a zábavu v rodinném domku

run [ran] n **1** *(on foot)* běh, poklus; **go for a r.** jít se proběhnout; **break into a r.** rozběhnout se; **she does everything on the r.** dělá všechno v poklusu; **take a dog for a r.** vzít psa ven, vzít psa proběhnout **2** *(of machine)* běh, chod; **idle r.** běh naprázdno **3** *(flight: from jail* etc*)* útěk; **be on the r.** být na útěku (**from the police** před policií); **make a r. for it** *(escape)* uprchnout, prásknout do bot, vzít do zaječích **4** *(outing, in car)* projížďka, vyjížďka; **go out for a r. (in the car)** jít se projet, vyjet si autem **5** *(journey: in vehicle)* cesta, jízda, Aviat let, *(route)* trasa; **approach r.** přiblížení na přistání, nálet; **a three hours' r. (by car/ train)** tříhodinová cesta (autem/ vlakem); **the Dover-Calais r.** trasa Dover – Calais; **it's only a short r. by car** autem je to jen kousek **6** *(track: for sledging, skiing)* dráha, **ski r.** sjezdovka **7** *(animal enclosure)* ohrada, výběh **8** *(use)* **have a free r. of sb's library** mít k volnému použití něčí knihovnu; **give sb the free r. of one's house** dát komu k dispozici svůj dům **9** *(stretch of time)* **we had a long r. of good/ bad luck** dlouho nám přálo štěstí/ měli jsme dlouho pech; **the play/ film had a long r.** hra byla dlouho na programu/ film se dlouho hrál or dával; **have a long r. in office** být dlouho ve funkci ♦ **have a good r. for one's money** přijít si na své (peníze); **in the long r.** nakonec, koneckonců, celkem vzato **10** *(rush, demand)* velká sháňka or poptávka, nákupní horečka (**on sth** po čem), velký zájem (**on**

sth o co); **a r. on the bank** útok na banku, masové vybírání vkladů **11** *(ordinary kind)* **the common r. of mankind** obyčejní smrtelníci; **be out of the common r.** vynikat, vymykat se z průměru; **be just r. of the mill** být průměrný, nebýt žádný zázrak or lumen **12** *(trend)* tendence, trend; **the usual r. of events** normální běh událostí; **the r. of opinion** vývoj veřejného mínění **13** Cards postupka, sekvence; **a r. of three** terce, inf tercka **14** Amer Pol *(bid)* **his r. for the presidency** jeho kandidatura na prezidentský post **15** Cricket, Baseball přeběh **16** *(in stocking)* oko **17** *(of salmon)* tah **18** *(of goods)* série; *(of book)* **printing r.** náklad, tiráž **19** Mus pasáž, běh, lauf **20** Comput *(of a program)* běh **21 the ~s** inf *(diarrhoea)* průjem Neutr, běhavka; **have the ~s** mít běhavku ● v (**-nn-**; pt **ran** [ræn], pp **run** [ran]) **I** vi **1** běžet/ běhat, *(fast)* inf expr pádit, mazat, upalovat, mést si to, pelášit; **r. downstairs/ upstairs** seběhnout dolů/ vyběhnout nahoru (po schodech); **r. indoors** vběhnout dovnitř, vběhnout do domu; **r. for a tram** běžet na tramvaj; **r. helter-skelter, r. hell for leather** běžet horempádem **2** *(go quickly)* (za)skočit, zaběhnout kam, pro co; *(by car)* inf zajet kam; **r. and fetch sth** běžet pro něco, zaskočit pro něco; **run to get sth** doskočit pro co; **I have to r. home** *(and change, and have sth to eat)* musím si zaskočit domů **3** *(in a race)* běžet, závodit; **r. in a race** účastnit se závodu, běžet závod; **r. for ...** *(team, country* etc*)* závodit za ..., běžet/ běhat za ... **4** *(flee)* utéci, uprchnout; **cut and r.** inf vzít do zaječích; **r. for one's life** běžet, jako by šlo o život; **r. for it!** inf upaluj pryč!, uteč!, utíkej! **5** *(extend)* **a)** *(in space: road, tunnel)* vést, *(river)* téci, *(mountain range)* rozprostírat se, táhnout se; **the road ~s along the river** silnice vede kolem řeky **b)** *(in time:* eg *film)* trvat (**for 2 hours** dvě hodiny); **the play will r. for three months** hra se bude hrát or dávat tři měsíce **6** (Subj: *hand, fingers, eyes)* **his fingers ran over the keys** přeletěl prsty klaviaturu; **he ran his eyes over the text** přeletěl očima text **7** *(rumour, news)* šířit se **8** *(describing text, tune)* znít; **the letter ~s as follows** dopis zní následovně; **the text ~s as follows** text je formulován následovně **9** *(occur: illness)* **it ~s in the family** je to u nich/ u nás etc dědičné, to je u nich/ u nás etc v rodině **10** *(flow)* téci, téct, vytékat, *(blood from wound* also*)* crčet, *(sweat, tears* also*)* řinout se, *(eyes)* slzet; **his nose is ~ning** teče or kape mu z nosu, má rýmu; **sweat was ~ning down his face** pot se mu řinul z čela **11** *(colour)* pouštět; *(ink)* rozpíjet se **12** *(become)* **r. dry** vyschnout; **r. wild** zdivočet; **r. amok** dostat amok; **it makes my blood r. cold** stydne mi při tom krev v žilách; **our supplies are ~ning short** docházejí nám zásoby; **let one's imagination r. wild** popustit uzdu své fantazii **13** *(provide service: bus, train)* jezdit; **the trains r. on time** vlaky jezdí na čas **14** *(function: machine)* běžet, fungovat; **the engine ~s quietly** motor má tichý chod **15** Naut **r. aground** najet na mělčinu **16** Pol *(stand)* kandidovat; **r. for president** or **the presidency** kandidovat na prezidenta **II** vt **1** *(cover: distance)* běžet, uběhnout; *(race)* běžet, zaběhnout; **r. a marathon** běžet maraton(ský běh); **to r. errands for sb** obstarávat pro koho pochůzky **2** *(hunt: deer* etc*)* štvát; **r. the horses into the ground** uštvat koně; **r. sb off his feet** inf utahat koho k smrti; **be r. off one's feet** uběhat si nohy **3** *(enter: candidate for election)* postavit or vybrat za kandidáta, ustanovit or učinit kandidátem; *(horse: for race)* přihlásit k závodu **4** *(cause to flow)* **r. (oneself) a bath** napustit (si) vanu; **r. water into a bath** napustit vodu do vany **5** *(pass quickly)* **r. one's fingers through one's hair** prohrábnout si vlasy; **r. one's tongue over one's lips** olíznout si rty; **r. one's eyes over sth** přeletět po čem očima or pohledem, inf mrknout se na co; **he ran his fingers over the lump** ohmatal si bouli **6** *(go through)* **r. a blockade** prolomit blokádu; **r. one's head against a brick wall** jít hlavou proti zdi **7** *(smuggle: guns, drugs)* pašovat, obchodovat s čím ilegálně **8** *(manage: company)* řídit, spravovat, *(household)* vést; *(newspaper, magazine)* vydávat; *(show)* uspořádat, organizovat; *(experiment)* provádět **9 r. a car** mít auto; **r. a Mercedes** jezdit s mercedesem; **they r. two cars** mají dvě auta; **I can't afford to r. a car** já si auto nemohu dovolit **10** *(transport)* zavézt, vzít; **r. sb to the station** zavézt koho or zajet s kým na nádraží **11** *(drive)* řídit, jet s čím; **r. one's car into a tree** najet s autem do stromu **12** *(operate)* **they r. two buses a day** jejich autobusy jezdí dvakrát denně **13** *(lead: rope, cable, wire)* vést kudy **14** *(publish: article, story)* přinést, publikovat, otisknout **15** Med **r. a temperature** mít teplotu or horečku **16 r. the risk** or **danger of sth** vydávat se v nebezpečí čeho **17** Comput *(software)* používat; *(load: program)* zavádět **III** phr vs ■ **run about** or **around** vi pobíhat, běhat; *(children)* honit se; *(be busy)* **r. about all the time** mít napilno, inf lítat jako hadr na holi ■ **run across** *I* vi přeběhnout; **r. across**

to sb zaskočit za kým *II* vt *(meet by chance)* náhodou potkat, náhodou se setkat s kým; **r. across sth** náhodou něco objevit ■ **run after** vt **r. after girls** běhat za děvčaty; **he ~s after anything in a skirt** běhá za každou sukní ■ **run along** vi *(go away)* **I must be ~ning along** už budu muset jít or běžet; **r. along to bed, children!** tak, děti, alou do postele ■ **run around with** vt **r. around with sb** přátelit se s kým; *(have an affair)* inf tahat se s kým ■ **run at** vt **r. at sb** *(with a knife)* zaútočit na koho, vyrazit na koho ■ **run away** *I* vi utéci; **r. away from home** utéci z domu; **r. away and play now, children** děti, běžte si hrát; **don't r. away** *(wait)* počkej, neuteč mi; **r. away from problems** utéci před problémy *II* vt *(water)* vypustit ■ **run away with** vt **1 r. away with sth/ sb** *(money/ sb's wife)* utéci s čím/ s kým **2** Sport *(victory)* hravě vyhrát **3 r. away with the idea** or **notion that ...** namlouvat si, že ... **4 he lets his imagination r. away with him** nechá se unášet fantazií, fantazíruje ■ **run back** *I* vi **1** lit běžet zpět **2 come ~ning back** *(husband/ wife)* přijít pokorně zpět, vrátit se **3** *(review)* **r. back over sth** projít si něco ještě jednou *II* vt **1** *(drive back)* zavézt zpět **2** *(rewind: tape, film)* převinout ■ **run down** *I* vi **1** lit seběhnout, sběhnout **2** *(battery)* vybít se; *(clock)* zastavit se *II* vt **1** Aut *(pedestrian: knock down)* srazit, *(run over)* přejet **2** *(animal)* uštvat; *(criminal)* dopadnout, dostihnout; *(object)* objevit **3** *(reduce: numbers* etc*)* snižovat, redukovat **4** *(denigrate)* očerňovat, shazovat ■ **run in** *I* vi **1** lit vběhnout (dovnitř) **2** Br formerly **'~ning in'** „v záběhu" *II* vt **1** formerly *(engine)* zabíhat, *(car)* zajíždět, mít v záběhu **2** inf *(arrest)* zavřít, zašít, zabásnout ■ **run into** vt **1** *(problems, difficulties)* narazit na co, setkat se s čím, dostat se do čeho **2** *(meet by chance)* náhodou se setkat s kým **3** *(collide: tree)* vrazit do čeho **4 r. into millions** *(amount to: debts)* dosahovat or jít do milionových částek ■ **run off** *I* vi = **r. away** *(I)* *II* vt **1** *(liquid)* vypustit **2** *(excess weight)* vyběhat **3** *(print)* vytisknout; *(copy)* okopírovat ■ **run on** *I* vi **1** *(continue)* pokračovat dál; *(drag on)* vléci se **2** inf *(talk incessantly)* nepřetržitě žvanit, pořád mlátit hubou, joc mít řečí jak Palacký; **he ran on and on** mlel a mlel **3** Typ *(line)* pokračovat bez odstavce *II* vt Typ *(lines of text)* sázet bez odstavců ■ **run out** *I* vi **1** *(person)* vyběhnout; *(liquid)* odtéci, *(through leak)* vytéci **2** *(supplies, money)* dojít, vyčerpat se; *(goods)* doprodat se **3** *(expire: lease, contract)* vypršet, skončit *II* vt **1** *(rope, cable)* odvinout **2** Cricket *(batsman)* vyřadit ze hry ■ **run out of** vt **we've r. out of coffee/ patience** došla nám káva/ trpělivost; **we've r. out of petrol** došel nám benzin ■ **run out on sb** *(wife, husband)* utéci komu, odejít od koho ■ **run over** *I* vi **1 r. over to sb** zaskočit za kým **2** *(overflow: cup* etc*)* přetéci/ přetékat **3** TV, Rad *(programme)* protáhnout se, trvat déle *II* vt **1** *(pedestrian)* přejet **2** *(go through)* projít, rekapitulovat ■ **run through** *I* vi proběhnout *II* vt **1** *(document)* projít, *(book)* prolistovat **2** *(rehearse: role)* projít, zopakovat; *(piece of music)* přehrát **3** *(use up: money)* promrhat, promarnit **4 r. sb through with a sword** probodnout or fml proklát koho mečem ■ **run up** *I* vi vyběhnout nahoru; *(approach)* **r. up to sb** přiběhnout ke komu *II* vt **1** *(flag)* vztyčit **2** *(debts)* nadělat, zabřednout do čeho; **r. up a huge bill** udělat velkou útratu; **r. up sb's phone bill** zvyšovat komu telefonní účet, mluvit na čí účet **3** *(dress, blouse)* spíchnout ■ **run up against** vt *(problems, difficulties)* setkat se s čím, narazit na co, zabřednout do čeho

runabout ['ranəbaut] n inf *(small car)* vozítko, malé auto, *(boat)* malý člun

runaround ['ranəraund] n inf **give sb the r.** vodit koho za nos, *(husband, wife)* podvádět

runaway ['ranəwei] n uprchlík/ uprchlice, *(child)* tulák/ tulačka dítě, které uprchlo z domova ● adj **1** *(child)* toulavý; *(convict)* uprchlý, prchající, na útěku **2** *(horse)* splašený; *(car, railway truck)* neovladatelný; **r. inflation** pádivá inflace, hyperinflace **3** *(success)* úžasný

rundown ['randaun] n **1** inf *(report)* souhrnná zpráva; **give sb a quick r. on sth** přehledně informovat koho o čem, podat komu o čem stručnou zprávu **2** *(reduction: of industry, factory* etc*)* restrikce, snižování počtu pracovníků v čem

run-down [ran'daun] adj **1** *(exhausted)* vyčerpaný, utahaný; *(battery)* vybitý **2** *(dilapidated)* zchátralý

rune [ru:n] n runa

rung$_1$ [raŋ] pp of **ring**

rung$_2$ [raŋ] n **1** *(of ladder)* příčel, příčka, stupeň; *(of chair)* trnož **2** fig *(in hierarchy)* stupínek, stupeň

runic ['ru:nik] adj runový (**inscription** nápis)

run-in ['ranin] n inf *(argument)* spor, rozepře

runner ['ranə(r)] n **1** Sport *(person)* běžec, závodník v běhu; *(horse)* závodní kůň **2** *(messenger)* poslíček, posel **3** usu in compounds *(smuggler)* pašerák, podloudník;

drug r. pašerák drog 4 *(slide: for drawer)* vodící lišta; *(on sledge)* sanice; *(on skate)* nůž 5 Bot výhonek, odnož, šlahoun; **r. beans** fazol šarlatový, zelená fazole 6 *(cloth for table, carpet)* běhoun 7 **do a r.** inf *(from restaurant* etc*)* vytratit se or utéct bez placení

runner-up [ranər'ap] n (pl **runners-up**) druhý, kdo se umístil na druhém místě

running ['raniŋ] n 1 Sport běh; **take up r.** začít běhat ♦ **make the r.** určovat tempo závodu, fig udávat tón; **be in/ out of the r. for sth** mít/ nemít šanci na co; **put sb out of the r.** odstavit koho na vedlejší kolej ■ **r. shoes** běžecké boty, boty na běhání; **r. board** formerly stupátko auta 2 *(management)* vedení, řízení 3 *(functioning: of machine, engine* etc*)* chod, běh; **silent r.** tichý or bezhlučný chod 4 *(smuggling)* pašování, pašeráctví, podloudný obchod ● adj 1 *(person, animal)* běžící; **a r. jump** skok s rozběhem; **take a r. kick at a ball** kopnout do míče z rozběhu ♦ **you can (go and) take a r. jump** můžeš mi vlézt na záda, můžeš mi být ukradený 2 *(flowing: water)* tekoucí, *(tap)* kapající, *(eyes)* slzící; Med *(sore)* hnisající; **have a r. nose** mít rýmu 3 after n *(consecutive)* za sebou; **four days/ times r.** čtyři dny/ čtyřikrát za sebou 4 *(continuous)* průběžný, současný; **r. commentary** TV, Rad přímá reportáž, průběžný komentář 5 *(operating)* **be in r. order** být provozuschopný, být schopný provozu; **r. costs** provozní výdaje; **r. repairs** běžné opravy 6 Pol **r. mate** Amer spolukandidát na přidruženou funkci např. při volbě prezidenta

runny ['rani] adj (**-ier**, **-iest**) 1 *(honey)* tekutý, tekoucí; *(jam, sauce)* řídký; *(omelette)* polotekutý 2 *(eyes)* slzící; **I've got a r. nose** teče mi z nosu, mám rýmu

run-off ['ranof] n (pl **run-offs**) Sport rozhodující utkání or závod, *(final)* finále

run-of-the-mill [ranəvðə'mil] adj obyčejný, všední, průměrný, banální

run-on ['ranon] n **run-on (line)** Typ řádka pokračující bez odsazení

runproof ['ranpru:f] adj 1 *(tights)* nepouštějící očka 2 *(colour)* neroztékající se, stálý, nepouštějící

runt [rant] n 1 *(animal)* nedochůdče 2 pej *(person)* skrček, zakrslík

run-through ['ranθru:] n *(cursory reading)* prohlédnutí, zběžné přečtení; *(rehearsal)* rychlá celková zkouška; **give sth a r.-t.** zběžně něco projít, proběhnout si co

run-up ['ranap] n 1 Sport rozběh 2 fig **the r.-up to the elections** předvolební období, předvolební kampaň

runway ['ranwei] n 1 Aviat ranvej, runway [ranvej], *(for takeoff/ landing)* rozjezdová/ přistávací dráha 2 Amer *(for animals)* výběh

rupee [ru:'pi:] n Fin rupie

rupture ['rapčə(r)] n 1 *(breaking)* protržení, roztržení, přetržení; *(bursting)* prasknutí; Pol *(of relations)* zpřetrhání 2 Med *(hernia)* kýla, hernie, pruh ● vt 1 *(split)* protrhnout, přetrhnout; fig *(relations)* přetrhat 2 Med **r. oneself** přivodit si kýlu

rural ['ruərəl] adj vesnický, venkovský; **r. areas** venkov

ruse [ru:z] n lest, finta, úskok

rush$_1$ [raš] n Bot (pl **~es**) sítina, rákos; **in the ~es** v rákosí ■ **r. mat** rákosová rohožka, rohožka z rákosu

rush$_2$ [raš] n 1 *(hurry)* spěch, kvap, *(stronger)* kvalt, honička, inf fofr, frmol; **be in a r.** mít naspěch, mít honičku, inf mít fofr; **there's no r.** není třeba spěchat, *(with a job)* to nespěchá; **what's the r.?** nač ten spěch?; **do sth in a r.** udělat něco v chvatu or ve spěchu or nakvap ■ **a r. job** spěšná práce, inf kvaltovka; **a r. order** spěšná objednávka 2 *(of crowd)* nával, tlačenice, skrumáž; **a r. for seats** honba na sedadla; **a r. for tickets** bitva o lístky; **make a r. for the door** hnát se splašeně ke dveřím 3 *(great demand)* **a r. on** or **for sth** velká sháňka or poptávka po čem 4 *(busy time: of day)* špička; *(in shops* etc*)* návaly; **the morning/ evening r.** ranní/ večerní špička; **the Christmas r.** vánoční shon or štvanice ■ **r. hour** dopravní špička, doba dopravní špičky 5 **gold r.** zlatá horečka, zlaté opojení 6 *(surge: of water, blood, tears, reproaches)* příval, *(of emotions)* nával 7 *(attack)* útok; **make a r. at sb** vrhnout se na koho 8 **~es** Cin první verze filmu před závěrečným sestřihem ● I vi 1 *(hurry)* spěchat, chvátat, inf kvaltovat; *(run)* běžet, hnát se; *(car)* uhánět, řítit se; **r. to sb** rozběhnout se ke komu; **r. to sb's help** přispěchat komu na pomoc; **don't r.** nespěchej, nehoň se; **there's no need to r.** není třeba spěchat; see also phr vs **rush about/ in/ out** etc 2 *(crowd)* hrnout se, hnát se 3 *(act precipitately)* see (**III**) **rush into** 4 *(surge: water, blood)* hrnout se; **the blood ~ed to his head** krev se mu nahrnula do hlavy **II** vt 1 *(do quickly: work* etc*)* spěchat s čím; **don't r. things** neukvapuj se (s ničím), neuspěchej to; **r. a meal** narychlo se najíst 2 *(cause to hurry)* popohánět, pobízet, inf honit; **don't r. me** nespěchej na mě; **r. sb off his feet** uštvat koho 3 *(transport quickly)* **r. sb to hospital** odvézt koho rychle do nemocnice; **r. reinforcements to the front** spěšně dopravit na frontu posily 4 Mil *(attack: enemy's positions* etc*)* zaútočit na koho/co **5** inf **r. sb for sth** *(overcharge)* pumpnout koho oč **III** phr vs ▪ **rush about** or **around** vi pobíhat ▪ **rush at** vt **r. at sb** vrhnout se na koho, řítit se na koho ▪ **rush in** vi vřítit se (dovnitř); *(crowd, water)* nahrnout se dovnitř ▪ **rush into** vt *(act precipitately)* **r. into sth** udělat něco ukvapeně; **don't r. into anything** neukvapuj se, inf nebuď hr; **r. headlong into things** hnát se do všeho jako blázen, hrnout se do všeho střemhlav ▪ **rush off** vi odspěchat, odchvátat, odkvapit ▪ **rush out** *I* vi vyřítit se, *(liquid)* vyhrnout se *II* vt *(book)* rychle vydat ▪ **rush through** vt *(job)* rychle or spěšně udělat, *(business)* spěšně vyřídit, *(bill)* rychle projednat, nechat rychle schválit ▪ **rush up** *I* vi přichvátat, přispěchat, přikvapit *II* vt *(troops)* rychle dopravit

rusk [rask] n (dětský) suchar

russet ['rasit] adj červenohnědý, rezavě červený ● n **1** *(colour)* červenohnědá (barva) **2** *(apple)* reneta

Russia ['rašə] n Rusko

Russian ['rašn] adj ruský ● n **1** *(person)* Rus/ -ka **2** *(language)* ruština

Russky ['raski] n pej Rusák, Ivan

rust [rast] n **1** *(on iron)* rez ▪ **r. remover** odrezovač; **r. resistance** odolnost proti rezavění; **r. stain** rezavá skvrna **2** *(colour)* rezavá (barva) **3** Bot rez, sněť ● adj also **r.-coloured** rezavý, rezitý ● **I** vt způsobit (z)rezavění čeho **II** vi **1** lit (z)rezivět, (z)rezavět **2** fig *(talent)* (za)krnět/ zakrňovat **III** phr vs ▪ **rust in** vi *(screw)* zarezavět ▪ **rust through** *I* vi prorezavět *II* vt způsobit prorezavění čeho ▪ **rust up** vi zarezavět

rust-coloured, Amer **rust-colored** [rast-'kaləd] adj rezavý

rusted ['rastid] adj rezavý, zrezivělý; **become r.** zrezivět

rustic ['rastik] adj selský, venkovský, rolnický, rustikální; *(rough, unrefined)* drsný, neotesaný ● n pej venkovan/ -ka, sedlák/ selka; pej (vesnický) balík, křupan

rusticate ['rastikeit] vt Br Univ *(student)* dočasně vyloučit, relegovat ● vi usadit se na venkově

rustle ['rasl] n *(of silk, dress, banknotes)* šustění, šustot; *(of leaves* also*)* šelestění, šelest, *(of paper)* šustění, šramot, šramocení ● **I** vi *(silk, paper)* (za)šustit, (za)šustět; *(leaves)* (za)šelestit **II** vt **1** *(skirt, paper)* (za)šustět čím, *(leaves)* (za)šelestit čím **2** esp Amer krást dobytek or koně **III** phr v ▪ **rustle up** vt inf *(meal)* narychlo připravit; **r. up some food** narychlo splašit něco k jídlu

rustler ['raslə(r)] n esp Amer *(of cattle/ horses)* zloděj dobytka/ koní

rustling ['rasliŋ] n **1** see **rustle** n **2** esp Amer *(of cattle/ horses)* kradení dobytka/ koní

rustproof ['rastpru:f] adj *(metal)* rezuvzdorný, nerezavějící; *(paint)* antikorozní, protikorozní

rusty ['rasti] adj (**-ier**, **-iest**) **1** *(metal* etc*)* rezavý; **get r.** zrezavět **2** fig **my German is a bit r.** v němčině jsem trochu vyšel z cviku, moje němčina potřebuje oprášit

rut$_1$ [rat] n Zool říje ● vi (**-tt-**) říjet, být v říji

rut$_2$ [rat] n **1** *(in track)* (vyjetá) kolej **2** fig vyježděná kolej, rutina; **be (stuck) in a r.** pohybovat se ve vyježděných kolejích; **get into a r.** zapadnout do vyježděných or vyjetých kolejí; **get out of a r.** vybočit z kolejí ● vt *(road)* vyjezdit, rozjezdit

ruthenium [ru'θi:niəm] n Chem ruthenium

ruthless ['ru:θləs] adj **1** *(person: unpitying)* bezohledný, necitelný, *(cruel)* krutý **2** *(criticism, sarcasm)* nemilosrdný ▪ **~ly** adv bezohledně, krutě; nemilosrdně

ruthlessness ['ru:θləsnəs] n see **ruthless** **1** bezohlednost, necitelnost, krutost **2** nemilosrdnost

rutted ['ratid] adj *(surface)* rozježděný, *(road)* vyježděný

rutting ['ratiŋ] n **r. season** doba říje

RV abbr of **Revised Version** Bibl revidovaný překlad bible z r. 1885

Rwanda [ru'ændə] n *(country)* Rwanda

Rwandan [ru'ændən] adj rwandský ● n Rwanďan/ -ka

rye [raj] n **1** *(cereal)* žito ▪ **rye bread** žitný chléb **2** Amer inf žitná whisky ▪ **rye whisk(e)y** žitná whisky

S

S, s [es] n (pl **S's, s's**) [esiz] *(the letter)* S, s

S abbr of **1 South** jih **2 Saint** sv., svatý **3 small** (esp *on clothing)* malý

s abbr of **1** old Br **shilling** šilink **2 single** svobodný

SA written abbr of **1 South Africa** Jižní Afrika **2 South America** Jižní Amerika **3 South Australia** Jižní Austrálie **4 Salvation Army** Armáda spásy

Sabbatarian [sæbə'teəriən] n *(Jew/ Christian)* vyznavač přísného svěcení soboty/ neděle

Sabbath ['sæbəθ] n **1** *(for Jews)* sabat, inf šábes; *(for Christians)* neděle, den Páně; **keep/ break the s.** světit/ porušit sabat/ den Páně ■ **the S. day** den sabatu/ den Páně **2 (witches') s.** sabat čarodějnic

sabbatical [sə'bætikl] adj **1** Relig sabatový **2** Univ **s. leave** roční vědecká dovolená ● n Univ vědecká dovolená; **be on s., have a s.** mít vědeckou dovolenou

saber ['seibə(r)] n Amer = **sabre**

sable ['seibl] n **1** Zool (kuna) sobol **2** *(fur)* sobolí kožešina, sobolina ■ **s. antelope** Zool kozoroh tmavý; **a s. coat** sobolí kožich ● adj *(colour)* černý; fig *(gloomy)* (po)chmurný

sabotage ['sæbəta:ž] n sabotáž, diverze ● vt lit & fig sabotovat

saboteur [sæbə'tə:(r)] n sabotér/ -ka, záškodník/ záškodnice

sabre, Amer **saber** ['seibə(r)] n šavle ■ **s. rattling** řinčení zbraněmi, militarismus

sabre-toothed tiger [seibətu:θt'taigə(r)] n tygr šavlozubý

sac [sæk] n Bot, Zool vak, váček

saccharin ['sækərin] n sacharin, cukerín

saccharine ['sækəri:n] adj **1** Chem sacharinový, cukerínový **2** fig, pej *(novel, film)* limonádový, *(smile)* nasládlý, cukrový

sacerdotal [sæsə'dəutl] adj kněžský

sachet ['sæšei] n sáček, pytlíček, váček

sack$_1$ [sæk] n **1** *(bag/ its contents)* pytel; Amer also sáček; **a s. of potatoes** pytel brambor; **a s. of candy** Amer sáček bonbonů ■ **s. race** závod v pytlích **2** inf *(dismissal)* vyhazov; **get the s.** dostat vyhazov, vyletět (na dlažbu), dostat padáka; **give sb the s.** vyhodit koho (z práce), propustit koho (z práce) **3** esp Amer sl **hit the s.** jít na kutě, zalehnout, somewhat vulg jít chrápat **4 s. (dress)** pytel, pytlové šaty ● **I** vt **1** *(put in ~s)* plnit co do pytlů, pytlovat **2** *(dismiss)* vyhodit, propustit (z práce); **get ~ed** dostat padáka **II** phr v ■ **sack out** vi Amer inf vychrápat se dosyta

sack$_2$ [sæk] n *(pillage)* drancování, plenění ● vt plenit, drancovat

sackcloth ['sækkloθ] n pytlovina ♦ **be in** or **wear s. and ashes** sypat si popel na hlavu, kát se, bít se v prsa

sackful ['sækful] n (plný) pytel množství; **two ~s of potatoes** dva pytle brambor

sacking ['sækiŋ] n **1** *(material)* pytlovina **2** *(dismissal)* propuštění (z práce) **3** *(pillaging: of city)* plenění, drancování

sacrament ['sækrəmənt] n svátost; **the Holy** or **Blessed S.** nejsvětější svátost (oltářní); **the last ~s** poslední pomazání; **the s. of marriage** svátost manželství

sacramental [sækrə'mentl] adj *(rites)* svátostný, sakramentální; **s. wine** mešní víno ● n svátostina

sacred ['seikrid] adj **1** *(holy)* posvátný, svatý; *(music)* duchovní, kostelní **2** *(revered)* svatý; **s. cow** posvátná kráva, modla; **nothing is s. to him** nic mu není svaté **3** *(duty, mission, obligation)* svatý **4 s. to Venus** zasvěcený Venuši; **s. to the memory of . . .** zasvěceno památce koho

sacrifice ['sækrifais] n Relig & fig oběť; **blood s.** krvavá oběť; **make ~s for sb** přinášet komu oběti, obětovat se pro koho ● vt Relig & fig obětovat; **s. oneself for one's country** položit život na oltář vlasti

sacrificial [sækri'fišl] adj obětní; **s. lamb/ offering** obětní beránek/ dar

sacrilege ['sækrəlidž] n lit & fig svatokrádež; **commit s.** dopustit se svatokrádeže, spáchat svatokrádež

sacrilegious [sækrə'lidžəs] adj svatokrádežný

sacristan ['sækristən] n kostelník

sacristy ['sækristi] n Relig sakristie, zákristie

sacrosanct ['sækrəusæŋkt] adj posvátný, svatosvatý, nedotknutelný

sacrum ['seikrəm] n Anat (pl **sacra** ['sækrə]) křížová kost

sad [sæd] adj (**sadder, saddest**) **1** *(unhappy)* smutný, zarmoucený, zkormoucený; *(smile)* smutný, bolestný; **grow s.** zesmutnět; **make sb s.** rozesmutnit koho, zarmoutit koho; **it makes me s.** je mi z toho smutno; **I feel s.** je mi smutno **2** *(depressing: news)* smutný, zarmucující, skličující; *(landscape)* smutný, pochmurný, nevlídný; *(song)* teskливý, tklivý; *(thoughts)* temný; *(loss)* krutý **3** *(unfortunate: duty)* **it is my s. duty to . . .**

mám smutnou povinnost ... 4 *(deplorable: situation)* politováníhodný ■ see **sadly**

sadden ['sædn] vt zarmoutit, zkormoutit, rozesmutnit

saddle ['sædl] n 1 *(on horse, bicycle, motorbike)* sedlo; **climb into the s.** vyhoupnout se do sedla ♦ **be in the s.** sedět v sedle, fig inf sedět pevně v sedle ■ **s. horse** jezdecký kůň 2 Cook *(of lamb, venison* etc*)* hřbet 3 Geog sedlo ● I vt *(horse)* osedlat; **s. oneself with sth** uvázat si co na krk; **be ~d with sb/ sth** mít koho/ co na krku II phr v ■ **saddle up** vi osedlat koně

saddlebag ['sædlbæg] n jezdecká brašna

saddler ['sædlə(r)] n sedlář

saddlery ['sædləri] n (pl **-ies**) 1 *(shop, trade)* sedlářství 2 *(articles)* sedla, postroje

sadism ['seidizəm] n sadismus

sadist ['seidist] n sadista

sadistic [sə'distik] adj sadistický

sadly ['sædli] adv 1 *(in a sad manner)* smutně 2 *(unfortunately)* bohužel; **s., I won't be able to help you** já vám bohužel nebudu moci pomoct 3 *(regrettably)* **a s. neglected garden** hrozně zanedbaná zahrada

sadness ['sædnəs] n smutek, zármutek

sadomasochism [seidəu'mæsəkizəm] n sadomasochismus

sae [esei'i:] abbr of **stamped addressed envelope** ofrankovaná obálka s adresou

safari [sə'fa:ri] n safari; **go on a s.** jet na safari ■ **s. park** safari

safe$_1$ [seif] n 1 *(for valuables)* trezor, sejf, nedobytná pokladna 2 *(for food)* spíž, spižírna

safe$_2$ [seif] adj (**~r, ~st**) 1 *(not dangerous: ladder, toy)* bezpečný, *(building* also*)* důkladný, solidní; **s. load** dovolené zatížení; **make a bomb s.** zneškodnit bombu 2 *(secure: place)* bezpečný; **in s. hands** v dobrých rukou; **keep sth in a s. place** bezpečně něco uložit, uschovat něco v bezpečí 3 *(risk-free: investment)* bezpečný, bezrizikový, spolehlivý; **a s. house** *(for spies)* konspirační byt; **a s. winner** jistý vítěz; **a s. estimate** spolehlivý odhad; **with a s. conscience** s klidným svědomím; **it is a s. assumption that ...** je možno klidně or s jistotou předpokládat, že ...; **play s.** neriskovat ♦ **to be on the s. side** pro jistotu, inf pro strýčka Příhodu; **(it is) better (to be) s. than sorry** opatrnosti nikdy nezbývá 4 *(reliable: goalkeeper, worker)* spolehlivý, *(driver* also*)* opatrný 5 *(protected from danger)* v bezpečí; **he'll be s. here** zde bude v bezpečí, zde mu nic nehrozí; **nothing is s. from him** před ním nic neobstojí; **be as s. as houses** být naprosto spolehlivý; **it's s. with me** *(secret)* budu mlčet jako hrob 6 *(unharmed)* živ a zdráv, v pořádku; **the passengers are s.** *(after an accident)* cestujícím se nic nestalo, cestující vyvázli bez úrazu ■ see **safely**

safeblower ['seifbləuə(r)] n kasař/ -ka používající výbušniny

safebreaker ['seifbreikə(r)] n kasař/ -ka

safe-conduct [seif'kondakt] n průvodní list zaručující bezpečnost, Hist glejt

safecracker ['seifkrækə(r)] = **safebreaker**

safe deposit ['seifdipozit] n **s.-d. (box)** bezpečnostní schránka

safeguard ['seifga:d] n ochrana, záštita; *(against theft* etc*)* bezpečnostní opatření; *(guarantee)* záruka ● vt zabezpečit, zajistit; **s. one's interests** chránit své zájmy; **s. oneself against sth** zajistit se proti čemu

safekeeping [seif'ki:piŋ] n úschova; **in sb's s.** v úschově u koho

safely ['seifli] adv 1 *(securely: locked)* bezpečně, *(hidden)* dobře 2 *(carefully: drive)* opatrně, *(invest)* bez rizika 3 *(confidently: assume, say, conclude)* klidně, s jistotou 4 *(without problems)* bez problémů, hladce; *(unharmed)* **come back s.** vrátit se ve zdraví

safety ['seifti] n 1 *(absence of danger)* bezpečí, bezpečnost; **road s.** bezpečnost na silnici; **s. first!** bezpečnost především; **endanger sb's s.** ohrozit čí bezpečnost; **fear for sb's s.** bát se o koho, bát se o čí bezpečí; **play for s.** neriskovat 2 in compounds **s. belt** Aut, Aviat bezpečnostní pás; **s. binding** Ski bezpečnostní vázání; **s. catch** *(of gun)* pojistka; **s. chain** pojistný řetěz; **s. curtain** Theat železná opona; **s. island** Amer ostrůvek pro chodce; **s. lamp** Mining kahan; **s. lock** bezpečnostní zámek; **s. match** bezpečnostní zápalka; **s. measure** bezpečnostní opatření; **s. pin** spínací or zavírací špendlík; **s. razor** holicí strojek; **s. valve** pojistný ventil

saffron ['sæfrən] n 1 Bot šafrán, Hort krokus; Cook šafrán 2 *(colour)* šafránová žluť ● adj šafránový, *(colour* also*)* šafránově žlutý

sag [sæg] n 1 *(in rope)* průhyb, průvěs, prohnutí, *(in ceiling)* průhyb; *(in roof)* zborcení 2 *(in prices)* pokles, klesání ● vi (**-gg-**) 1 *(rope)* prohnout se, prověsit se; *(roof)* prohnout se, zbortit se; *(branch)* ohnout se, viset dolů; *(breasts)* viset dolů 2 *(prices, demand)* poklesnout, snížit se; *(spirits)* poklesnout; *(conversation)* ochabnout

saga ['sa:gə] n 1 lit sága, báj(e), legenda 2 *(novel,* fig *complicated story)* sága

sagacious [sə'geišəs] adj bystrý, prozíravý, důvtipný ■ **~ly** adv bystře, prozíravě, důvtipně

sagacity [sə'gæsəti] n bystrost, prozíravost, důvtip, důvtipnost

sage$_1$ [seidž] n mudrc, mudřec ● adj moudrý ■ **~ly** adv moudře

sage$_2$ [seidž] n Bot šalvěj ■ **s. green** šedozelená (barva)

sagging ['sægiŋ] adj see **sag** vi **1** prohnutý, prověšený; zborcený; ohnutý; visící dolů **2** pokleslý, *(conversation)* ochabující

Sagittarius [sædži'teəriəs] n Astron, Astrol Střelec

sago ['seigəu] n ságo ■ **s. palm** ságovník

Sahara [sə'ha:rə] n **the S. (Desert)** (poušť) Sahara

Saharan [sə'ha:rən] adj saharský

said [sed] pt & pp of **say** ● adj *(aforementioned)* uvedený, zmíněný, dotyčný

sail [seil] n **1** *(on boat)* plachta; **set s.** vyplout; **in full s.** s rozvinutými plachtami ■ **s. boat** plachetnice ♦ **take the wind out of sb's ~s** vypálit komu rybník, vzít/ brát komu vítr z plachet **2** *(on windmill)* lopatka **3** *(journey)* plavba, *(excursion)* vyjížďka na lodi, výlet lodí; **go for a s.** vyjet si na jachtě ● **I** vi **1** *(move on water: person)* plavit se, *(boat also)* plout; **s. down the river** plout po proudu řeky; **s. round the world** plavit se or plout kolem světa ♦ **s. close to the wind** zahrávat si s ohněm **2** *(travel by boat)* jet lodí, plavit se **3** *(as sport)* plachtit **4** *(begin a journey: ship, passenger)* vyplout, odplout **5** fig *(glider, bird)* plout vzduchem, klouzat; *(ball)* letět; **she ~ed past** proplula kolem; **he ~ed through his exams** hravě složil všechny zkoušky, proplul všemi zkouškami **II** vt **1** *(travel over:* Subj: *ship, person)* **s. the seas** plavit se po mořích; **s. the Atlantic** (pře)plavit se přes Atlantský oceán; **s. one's own yacht** *(own)* mít vlastní jachtu **2** *(steer)* pilotovat **III** phr vs ■ **sail in** vi inf *(enter a conversation, argument)* vložit se do čeho, zamíchat se do čeho ■ **sail into** vt inf **s. into sb** *(scold)* pustit se do koho, dát se do koho

sailboard ['seilbo:d] n surf

sailboarder ['seilbo:də(r)] n surfař/ -ka

sailboarding ['seilbo:diŋ] n surfing

sailcloth ['seilkloθ] n Text plachtovina

sailing ['seiliŋ] n cf also **sail** vi **1** (moře)plavba; *(sport)* plachtění ♦ **it was plain s.** šlo to jako po másle, byla to hračka ■ **s. boat** plachetnice **2** *(departure)* odplutí, vyplutí; **the next s.** další loď (**to X** do X)

sailor ['seilə(r)] n námořník; inf **be a poor** or **bad s.** špatně snášet plavbu na lodi, trpívat mořskou nemocí

saint [seint] n svatý, světec/ světice; **S. John** svatý Jan; **S. Joan** svatá Jana, Johanka z Arku; **S. Bernard (dog)** bernardýn; **All S~s' Day** Všech svatých; **~'s day** svátek, jmeniny; **S. Vitus Dance** tanec svatého Víta ♦ **have the patience of a s.** mít svatou or andělskou or božskou trpělivost; **live like a s.** žít jako světec/ světice

sainted ['seintid] adj *(person)* blahořečený; *(place)* posvátný, posvěcený ♦ **my s. aunt!** dated matičko skákavá!

sainthood ['seinthud] n svatost

saintliness ['seitlinəs] n svatost; pej svatouškovství

saintly ['seintli] adj (**-ier**, **-iest**) *(person)* andělský, *(life)* bezúhonný, život světce/ světice; pej pokrytecký, svatouškovský; *(smile)* krotký

sake$_1$ [seik] n **for sb's s.**, **for the sake of sb** kvůli komu; **do it for my s.** udělej to kvůli mně or pro mě; **you should do it for your own s.** měl byste to udělat kvůli sobě; *(he went there)* **for his children's s.** kvůli svým dětem; **for the s. of appearances** aby se neřeklo; **for the s. of good will** pro dobrou vůli; **for the s. of interest** pro zajímavost; **art for art's s.** umění pro umění; **science for it's own s.** kabinetní věda; **for goodness s.!**, **for heaven's s.!** proboha!

sake$_2$, **saki** ['sa:ki] n *(drink)* saké

salable ['seiləbl] Amer = **saleable**

salacious [sə'leišəs] adj fml *(books, pictures)* necudný, lascivní, frivolní, *(language also)* oplzlý, *(smile)* chlípný ■ **~ly** adv necudně, lascivně, oplzle, chlípně

salad ['sæləd] n salát; **fruit s.** ovocný salát ■ **s. bowl** mísa na salát, salátová mísa; **s. days** telecí léta; **s. dressing** zálivka na salát

salamander ['sæləmændə(r)] n mlok, salamandr

salami [sə'la:mi] n Cook salám; **Hungarian s.** uherák

salaried ['sælərid] adj **s. post** místo s pevným platem; **s. employee** zaměstnanec s pevným měsíčním platem

salary ['sæləri] n pevný plat zprav. měsíční, gáže, dated služné; **draw a s.** mít pevný plat ■ **s. negotiations** tarifní vyjednávání; **s. scale** mzdový tarif; **s. slip** proužek z výplatní listiny

sale [seil] n **1** *(selling)* prodej; **be for s.** být na prodej, být prodejný; **not for s.** neprodejný; **love for s.** prodejná láska; **be up for s.** být na prodej; **put sth up for s.** nabídnout něco ke koupi, dát co do prodeje **2** *(instance of selling)* prodej; **make a s.** uskutečnit prodej; **we only make cash ~s** prodáváme jen za hotové **3** **~s** odbyt; **increase ~s** zvýšit odbyt; **slump in ~s** odbytová krize ■ **~s crisis**

odbytová krize; **~s department** odbyt, prodejní oddělení; **~s manager** vedoucí odbytového oddělení, obchodní ředitel; **~s representative** obchodní agent **4** *(at bargain price)* výprodej; **end-of-season s.** doprodej za zlevněné ceny; **clearance s.** výprodej zbytků; **rummage** or **jumble s.** bazar zprav. pro charitativní účely; **get sth in the ~s** dostat něco ve výprodeji **5 s. by auction** aukce

saleable ['seiləbl] adj prodejný

saleroom ['seilru:m] n prodejní místnost

salesclerk ['seilzklə:k] n Amer prodavač/ -ka

salesgirl ['seilzgə:l], **saleslady** ['seilzleidi] n prodavačka

salesman ['seilzmən] n (pl **salesmen**) **1** *(in shop)* prodavač **2** *(commercial traveller)* obchodní cestující

salesroom ['seilzru:m] Amer = **saleroom**

saleswoman ['seilzwumən] n (pl **saleswomen** [-wimin]) **1** *(in shop)* prodavačka **2** *(commercial traveller)* obchodní cestující

salient ['seiliənt] adj **1** *(feature)* charakteristický, význačný **2** *(angle)* vypuklý

saline ['seilain] adj solný

salinity [sə'linəti] n slanost; *(content)* obsah soli

saliva [sə'laivə] n sliny

salivary ['sælivəri] adj slinný; **s. gland** slinná žláza

salivate ['sæliveit] vi slinit, vylučovat sliny; *(baby, old people;* pej *men with lust)* slintat

salivation [sæli'veišn] n slinění, salivace; *(of baby)* slintání

sallow ['sæləu] adj *(pale)* (nezdravě) bledý, nažloutlý, zsinalý ● n Bot vrba, jíva

sallowness ['sæləunəs] n *(of complexion)* nažloutlost, (nezdravá) bledost, zsinalost

sally ['sæli] n **1** Mil výpad **2** *(remark)* duchaplná poznámka ● phr v ■ **sally forth** or **out** vi *(set out)* vyrazit, vypravit se

salmon ['sæmən] n Zool losos; **smoked s.** uzený losos ■ **s. pink** *(colour)* lososová barva; **s. trout** pstruh lososový

salmonella [sælmə'nelə] n (pl **salmonellae** [-li:]) Biol, Med salmonela; **s. poisoning** salmonelóza

salon ['sælon] n salon; **hairdressing s.** kadeřnický salon; **beauty s.** salon krásy, kosmetika

saloon [sə'lu:n] n **1** *(public room)* sál, salon; *(on ship)* salon **2** Amer *(bar)* hospoda, výčep, lokál; **s. (bar)** Br bar **3 s. (car)** limuzína

salopettes [sælə'pets] n pl Ski oteplovačky, lyžařské kalhoty

salt [so:lt, solt] n **1** Cook, Chem sůl; **kitchen s.** kuchyňská sůl; **rock s.** sůl kamenná; **put s. on one's food** solit si jídlo ♦ **the s. of the earth** sůl země; **be worth one's s.** stát za něco, být co k čemu; **rub s. into sb's wounds** jitřit staré rány; **take sth with a pinch of s.** brát něco s výhradami **2 ~s** Med *(smelling ~s)* aromatická sůl; **bath ~s** koupelové soli ♦ **like a dose of ~s** *(very fast:* eg *spend money)* než řekneš švec, v cuku letu, jedna dvě; **need sth like a dose of ~s** už si o něco dlouho koledovat, potřebovat něco jako sůl např. výprask **3** inf **old s.** starý mořský vlk **4** fig *(zest)* koření ● adj *(water)* slaný; *(beef, pork* etc*)* solený, nasolený ● **I** vt solit; *(cure)* nasolit **II** phr vs ■ **salt away** vt **1** inf *(money)* dát si stranou; *(dishonestly)* dát si bokem, ulít si **2** *(food)* nasolit ■ **salt down** vt *(meat* etc*)* nasolit, naložit do soli

SALT [so:lt] abbr of **Strategic Arms Limitation Talks/ Treaty** SALT, Rozhovory/ Smlouva o omezení strategických zbraní

saltcellar ['so:ltselə(r)] n solnička, slánka

salted ['so:ltid] adj *(butter)* slaný; **s. herring** slaneček

salt-free ['so:ltfri:] adj bez soli, neobsahující sůl

saltiness ['so:ltinəs] n slanost

saltpetre, Amer **saltpeter** [so:lt'pi:tə(r)] n ledek

saltshaker ['so:ltšeikə(r)] n solnička, slánka

salt water ['so:ltwo:tə(r)] n slaná voda ● adj **saltwater** *(fish, plant)* mořský

salty ['so:lti] adj (**-ier, -iest**) slaný

salubrious [sə'lu:briəs] adj **1** *(climate)* zdravý **2** *(respectable: bar, district)* slušný; **not very s.** netěšící se příliš dobré pověsti

salutary ['sæljutəri] adj *(exercise* etc*)* blahodárný, prospěšný, *(advice, experience)* užitečný; **a s. lesson** užitečná lekce

salutation [sælju'teišn] n *(greeting)* pozdrav(ení); *(in letters)* oslovení

salute [sə'lu:t] n *(greeting)* pozdrav, Mil (vojenský) pozdrav, (za)salutování, *(of guns)* salva; **give (sb) a s.** zasalutovat (komu), pozdravit (koho); **stand at the s.** salutovat, pozdravit; *(they raised their fists)* **in s.** na pozdrav ● **I** vt **1** *(greet)* zdravit **(with a wave** zamáváním) **2** Mil *(with hand)* salutovat komu, (po)zdravit koho; *(with guns)* vypálit salvu na počest koho **3** fig *(applaud: sb's courage, achievement)* obdivovat, fig smeknout/ smekat před čím **II** vi Mil salutovat, (po)zdravit

Salvador ['sælvədo:(r)] n Salvador

Salvador(e)an [sælvə'do:riən] n Salvadořan/ -ka ● adj salvadorský

salvage ['sælvidž] n **1** *(rescue: of vessel, cargo)* záchrana, zachránění; *(saving: of waste paper/ of scrap material)* sběr starého papíru/ železa **2** *(vessel/ cargo)* zachráněná loď/ zachráněný náklad; *(waste paper/ scrap material)* sebraný starý papír/ šrot ■ **s. point** sběrna surovin **3** *(proceeds from sale of ~d goods)* výnos z prodeje zachráněného zboží ● vt *(from ship, furniture* etc*)* zachránit

salvation [sæl'veišn] n **1** Relig spása; **eternal s.** věčná blaženost ■ **the S. Army** Armáda spásy **2** fig záchrana; **that was my s.** to byla moje záchrana or spása

salve$_1$ [sælv] n Med lit & fig (hojivá) mast, balzám ♦ **as a s. to one's conscience** pro klid svědomí ● vt fml *(conscience)* uspokojit, uklidnit, utišit

salve$_2$ [sælv] vt = **salvage** vt

salver ['sælvə(r)] n tác, podnos

salvo ['sælvəu] n (pl **~s** or **~es**) **1** *(of guns)* salva **2** fig *(of laughter)* výbuch; **a s. of applause** bouřlivý potlesk

SAM [sæm] abbr of **surface-to-air missile** raketa země-vzduch

Samaritan [sə'mæritən] n Relig samaritán/ -ka; **the Good S.** milosrdný samaritán/ milosrdná samaritánka; **the ~s** ≅ linka důvěry

samba ['sæmbə] n *(dance)* samba ● vi tancovat sambu

same [seim] adj stejný, shodný, ten samý, tentýž/ tatáž/ totéž, pl titíž/ tytéž/ tatáž; **(one and) the s. man** (jeden a) tentýž muž; **at the s. time** ve stejnou dobu, zároveň; **the same as ...** stejný jako ...; **it's much the s. thing** je to víceméně totéž; **speak the s. language** fig mít společný jazyk, mluvit stejným jazykem; **be of the s. opinion (as ...)** být stejného názoru (jako ...), myslet si totéž (jako ...); **they are of the s. age** jsou stejně staří; **amount to the s. thing** vyjít nastejno; **the s. old song/ story/ tune** stará or pořád stejná or otřepaná písnička; **in the s. mould** na jedno brdo; **in the s. breath** jedním dechem; **be in the s. boat** být na tom stejně, být na stejné lodi; **we're going the s. way** máme společnou cestu ● pron **1 the (very) s.** (ten)týž, stejný; **the s.** *(identical thing)* totéž; **I'd do the s.** já bych udělal totéž; **the s. to you** nápodobně; **it is the s.** je to stejné; **it amounts to the s.** je to jedno a totéž, vychází to nastejno; **the s. again** *(drink)* ještě jednou totéž, repete; *(I hate the man)* **s. here** já také **2** Comm **for delivery of s.** za dodávku uvedeného zboží/ strojů ap. ● adv stejně; **treat everybody the s.** chovat se ke všem stejně; **all the s.**, **just the s.** stejně, přesto; **but I went there all the s.** ale já jsem tam přesto šel; **it's all the s. to me** mně je to jedno, inf mně je to fuk, mně je to volný*; **thanks all the s.** stejně děkuji

sameness ['seimnəs] n shodnost, totožnost

sampan ['sæmpæn] n Naut sampan čínský říční člun

sample ['sa:mpl] n **1** Comm, Sociol (ukázkový) vzorek, *(example)* příklad, ukázka; **bring a s. of your work** přineste s sebou ukázku svého díla; **collection of ~s** vzorkovnice ■ **s. copy** ukázkový výtisk; **s. issue** vzorová stránka **2** Med výtěr, odběr; **take a blood s.** provést odběr krve ● vt *(food, wine)* ochutnat, okusit, ochutnávat, sl koštovat

sampler ['sa:mplə(r)] n **1** *(taster)* ochutnávač, degustátor, *(person taking samples)* vzorkař, vzorkovač **2** *(embroidery)* ≅ vzorek výšivky

sampling ['sa:mpliŋ] n **1** *(tasting)* ochutnávání, degustace **2** *(taking samples)* vzorkování, odběr vzorků **3** Stat provádění statistického výběru ■ **s. theory** teorie výběrového šetření

sanatorium [sænə'to:riəm] n (pl **sanatoria** [sænə'to:riə]) sanatorium, ozdravovna

sanctification [sæŋktifi'keišn] n posvěcení

sanctify ['sæŋktifai] vt (pt & pp **-ied**) **1** posvětit **2** *(sanction)* sankcionovat, schválit, uznat

sanctimonious [sæŋkti'məuniəs] adj svatouškovský, licoměrný, pokrytecký ■ **~ly** adv svatouškovsky, licoměrně, pokrytecky

sanctimoniousness [sæŋkti'məuniəsnəs] n svatouškovství, licoměrnost, pokrytectví

sanction ['sæŋkšn] n **1** *(approval)* schválení, sankcionování, *(permission)* povolení; **these measures have the s. of tradition** tato opatření jsou prověřena v praxi **2** Pol, Econ **~s** sankce; **economic ~s** ekonomické sankce ● vt schválit, povolit, sankcionovat

sanctity ['sæŋktəti] n svatost; *(of life)* posvátnost; *(of rights)* nedotknutelnost, neporušitelnost

sanctuary ['sæŋkčuəri] n **1** *(holy place)* svatyně; *(part of altar)* svatostánek, tabernákl **2** *(refuge)* útočiště, azyl; *(for birds, animals)* přírodní rezervace; **seek s. with sb** hledat u koho útočiště

sanctum ['sæŋktəm] n (pl also **sancta** ['sæŋktə]) **1** *(holy place)* svatyně **2** fig joc *(private place)* doupě, pelech

sand [sænd] n **1** gen písek ♦ **build on s.** stavět na písku; **bury one's head in**

the s. strkat hlavu do písku (jako pštros) ■ **s. dunes** písečné přesypy; **s. trap** Amer Golf písková překážka **2 ~s** *(beach)* pláž **3** Amer inf *(courage)* kuráž; **lose one's s.** ztratit kuráž ● **I** vt **1** see **sand down** **2** *(sprinkle s. on)* posypat co pískem **II** phr v ■ **sand down** vt **s. sth down** (o)hladit or (o)brousit co smirkovým papírem

sandal ['sændl] n sandál, opánek

sandalled ['sændld] adj *(wearing sandals)* **a s. boy** chlapec v sandálech

sandalwood ['sændlwud] n santalové dřevo

sandbag ['sændbæg] n pytel s pískem ● vt (**-gg-**) *(shore up/ protect)* vyztužit/ chránit pytli s pískem

sandbank ['sændbæŋk] n mělčina, písčina

sandblast ['sændbla:st] vt pískovat, tryskat or otryskávat pískem ● n trysk písku

sandblasting ['sændbla:stiŋ] n tryskání or otryskávání pískem

sandbox ['sændboks] n Amer *(in playground)* pískoviště

sandboy ['sændboi] n **be as happy as a s.** být na vrcholu blaha, inf být šťastný jako blecha

sander ['sændə(r)] n *(machine)* bruska se skelným papírem

sandpaper ['sændpeipə(r)] n smirkový or skelný papír ● vt (o)brousit or (o)hladit smirkovým papírem, smirkovat

sandpit ['sændpit] n **1** *(quarry)* pískovna **2** *(in playground)* pískoviště

sandstone ['sændstəun] n pískovec

sandstorm ['sændsto:m] n písečná bouře

sandwich ['sæn(d)widž] n sendvič dva plátky chleba; **open s.** obložený chlebíček; **a ham s.** šunkový sendvič ■ **s. bar** bufet, snack-bar; **s. man** nosič plakátů, chodící reklama ● vt **~ed between two fat men** vmáčknutý or inf napasovaný or napresovaný mezi dva tlusťochy

sandy ['sændi] adj (**-ier, -iest**) **1** *(soil)* písčitý, písečnatý; *(beach, desert)* písečný **2** *(hair, person)* rezavý, nazrzlý

sane [sein] adj **1** *(person)* Psych duševně zdravý, coll normální, Psych & Jur příčetný **2** fig *(sensible: person, advice, decision, approach)* rozumný

sang [sæŋ] pt of **sing**

sangfroid [soŋ'frwa:] n chladnokrevnost, (anglický) klid, bohorovnost

sanguinary ['sæŋgwinəri] adj fml *(battle)* krvavý; *(person)* krvelačný, krvežíznivý

sanguine ['sæŋgwin] adj **1** *(optimistic)* optimistický **2** *(complexion)* brunátný ■ **~ly** adv optimisticky, s důvěrou

sanitarium [sænə'teəriəm] n (pl also **sanitaria** [sænə'teəriə]) Amer sanatorium, ozdravovna

sanitary ['sænətəri] adj *(regulations)* hygienický; **s. cordon** sanitární or sanitní kordón; **s. facilities** sociální zařízení; **s. inspector** hygienik; **s. towel**, Amer **s. napkin** dámská vložka

sanitation [sæni'teišn] n *(toilets)* hygienická zařízení; *(sewage)* kanalizace; **these buildings have no s. whatsoever** v těchto budovách nejsou naprosto žádná hygienická zařízení; **s. man** Amer popelář

sanitize ['sænitaiz] vt **1** *(sterilize)* dezinfikovat **2** inf fig *(expurgate: book, film, story, news* etc*)* cenzurovat, vyškrtat or odstranit závadná místa v čem

sanity ['sænəti] n **1** *(mental health)* duševní zdraví, coll normálnost; Jur příčetnost; **doubt sb's s.** pochybovat o něčí normálnosti **2** *(reasonableness)* rozumnost

sank [sæŋk] pt of **sink**

Sanskrit ['sænskrit] n sanskrt, dated sanskrit ● adj sanskrtský, dated sanskritský

Santa (Claus) ['sæntə(klo:z)] n Ježíšek, Santa Claus

sap$_1$ [sæp] n Bot míza; fig *(vigour)* energie, svěžest, míza

sap$_2$ [sæp] n Mil podkop, (přibližovací) zákop, sapa ● vt (**-pp-**) **1** Mil podkopat, prokopávat zákopy přímo vpřed **2** fig *(undermine: strength)* podkopat, *(confidence)* podrývat, *(health)* podlomit

sap$_3$ [sæp] n dated inf *(fool)* pitomec, trouba, ťulpas

sap$_4$ [sæp] n *(cosh)* zabiják železo obalené kůží ● vt Amer sl praštit or vzít přes hlavu zabijákem

saphead ['sæphed] n Amer sl = **sap**$_3$

sapling ['sæpliŋ] n Bot *(young tree)* stromeček, mladý strom

sapper ['sæpə(r)] n Mil ženista, dated sapér, zákopník

Sapphic ['sæfik] adj **1** *(verse* etc*)* sapfický **2** dated fml lesbický ● n *(verse)* sapfický verš

sapphire ['sæfaiə(r)] n Min safír; *(colour)* safírová modř ● adj safírový, *(colour)* safírově modrý

Saracen ['særəsn] n Hist Saracén/ -ka ● adj saracénský

sarcasm ['sa:kæzəm] n sarkasmus, jízlivost, štiplavá poznámka

sarcastic [sa:'kæstik] adj sarkastický, uštěpačný, jízlivý ■ **~ally** adv sarkasticky, uštěpačně

sarcophagus [sa:'kofəgəs] n (pl **~es** or **-phagi** [-fəgai]) sarkofág

sardine [sa:'di:n] n *(fish)* sardinka ♦ **packed** or **squashed (in) like ~s** namačkáni jako sardinky

Sardinia [sa:'diniə] n Sardinie

Sardinian [sa:'diniən] adj sardinský ● n 1 *(person)* Sardiňan/ -ka 2 *(language)* sardština

sardonic [sa:'donik] adj sardonický, zatrpklý, *(expression)* potměšilý ■ **~ally** adv sardonicky, zatrpkle, potměšile

sarge [sa:dž] n Mil inf seržant, četař

sari ['sa:ri] n *(garment)* sárí

sarky ['sa:ki] adj (**-ier**, **-iest**) Br inf sarkastický

sartorial [sa:'to:riəl] adj **s. elegance** elegance v pánském odívání ■ **~ly** adv *(dressed)* elegantně, módně

SAS [esei'es] Br abbr of **Special Air Service** speciální výsadková jednotka

sash$_1$ [sæš] n *(ceremonial, decorative)* šerpa

sash$_2$ [sæš] n *(window frame)* rám svisle posuvného okna ■ **s. window** svisle posuvné okno

Sassenach ['sæsənæk] n Scot pej or joc Anglán/ -ka

sassy ['sæsi] adj (**-ier**, **-iest**) Amer inf *(saucy)* drzý

Sat abbr of **Saturday** sobota

sat [sæt] pt & pp of **sit**

Satan ['seitən] n satan(áš), ďábel, lucifer

satanic [sə'tænik] adj satanský, ďábelský

Satanism ['seitənizəm] n satanismus

Satanist ['seitənist] n satanista

satchel ['sæčəl] n (školní) brašna, aktovka

sate [seit] vt *(hunger)* ukojit, zahnat, *(thirst* also*)* uhasit, *(desire)* ukojit; **s. one's hunger** nasytit se

sated ['seitid] adj *(with food)* nasycený; *(sexually)* ukojený; pej *(to excess)* přesycený čeho; **feel s.** cítit se nasycený/ ukojený

satellite ['sætəlait] n 1 Astron, Telec satelit, družice, Telec also umělá družice, *(Russian* also*)* sputnik ■ **s. broadcasting** vysílání přes družici; **s. dish** satelitní (parabolická) anténa, inf satelit 2 Pol satelit, satelitní stát; **s. town** satelitní město

satiate ['seišieit] vt *(hunger, desires, lust* etc*)* ukojit; *(thirst* also*)* uhasit; *(person, animal)* nasytit; **be ~d with pleasure** pej nabažit se rozkoší

satiation [seiši'eišn] n *(with food)* sytost, nasycení; *(excessive)* přesycení

satiety [sə'taiəti] n = **satiation**

satin ['sætin] n Text satén, atlas ● adj Text saténový, atlasový; *(skin)* hedvábný, sametový; *(finish)* hedvábný

satire ['sætaiə(r)] n satira; **a s. on sth** satira na něco

satiric(al) [sə'tirik(l)] adj satirický ■ **satirically** adv satiricky

satirist ['sætərist] n satirik

satirize ['sætəraiz] n satirizovat, *(if* Subj *not a person* also*)* být satirou na

satisfaction [sætis'fækšn] n 1 *(fulfilment: of hunger)* ukojení; *(of demands)* uspokojení; *(of debt)* vyrovnání 2 *(contentment)* spokojenost; **rub one's hands with s.** mnout si spokojeně ruce, být na výsost spokojený; **to his complete s.** k jeho plné spokojenosti; **express one's s.** vyjádřit svou spokojenost; **acknowledge sth with s.** kvitovat něco s uspokojením 3 *(redress)* zadostiučinění, satisfakce, *(of damage)* odškodnění; **demand s. from sb** požadovat od koho satisfakci

satisfactory [sætis'fæktəri] adj vyhovující, uspokojivý, dostatečný; *(excuse* also*)* přijatelný; *(reason)* pádný, závažný; **bring sth to a s. conclusion** přivést něco ke zdárnému konci

satisfied ['sætisfaid] adj *(happy)* spokojený, uspokojený; *(order)* vyřízený; **a s. customer** spokojený zákazník; **be s. with sth** spokojit se s něčím; **he is never s.** nic mu není po chuti, stále má něco extra; **supremely s.** na výsost spokojený

satisfy ['sætisfai] vt (pt & pp **-fied**) 1 *(make contented)* uspokojit; **nothing satisfies him** nic mu není po chuti, není s ničím spokojený; **he is hard to s.** je těžké se mu zavděčit 2 *(fulfil: requirements)* splnit/ splňovat; *(hunger)* ukojit; *(thirst)* uhasit; *(curiosity, demand, needs)* uspokojit; *(debt)* splatit, vyrovnat; *(order)* vyřídit 3 *(convince)* přesvědčit; **s. sb that ...** přesvědčit koho, že ...; **s. oneself that ...** přesvědčit se, že ...

satisfying ['sætisfaiiŋ] adj *(result, job)* uspokojující, uspokojivý; *(meal)* vydatný

satsuma [sæt'su:mə] n mandarínka

saturate ['sæčəreit] vt 1 *(drench)* namočit, promočit; **become ~d in blood** nasáknout krví 2 Chem *(solution)* nasytit 3 *(market)* saturovat, nasytit (**with sth** čím)

saturation [sæčə'reišn] n saturace, nasycení ■ **s. bombing** kobercový nálet, kobercové bombardování; **s. point** Chem, Comm bod nasycení; **reach s. point** *(market)* nasytit se

Saturday ['sætədei, -di] n sobota; **Easter S.** Bílá sobota; **on S.** v sobotu; **on ~s** každou sobotu; **last/ next S.** minulou/ příští sobotu

Saturn ['sætə:n] n Myth, Astron Saturn

satyr ['sætə(r)] n Myth satyr

sauce [so:s] n 1 Cook omáčka; **apple s.** jablečné pyré; **dill/ tomato/ white s.** koprová/ rajská/ bílá omáčka ♦ **what's s. for the goose is s. for the gander** co je dobré pro jednoho, je dobré i pro druhého; co může Petr, může i Pavel ■ **s. boat** omáčník

2 inf *(insolence)* drzost, hubatost; **none of your s.!** nech si ty drzosti!

saucepan ['so:spən] n pánev, kastrol

saucer ['so:sə(r)] n podšálek; inf fig **flying s.** létající talíř

saucily ['so:sili] adv (see **saucy**) drze; provokativně, koketně

sauciness ['so:sinəs] n (see **saucy**) drzost; vyzývavost, provokativnost, koketnost

saucy ['so:si] adj (**-ier**, **-iest**) *(cheeky)* drzý, hubatý; *(sexually suggestive)* vyzývavý, provokativní, koketní

Saudi Arabia [saudiə'reibiə] n Saúdská Arábie

Saudi (Arabian) [saudi(ə'reibiən)] adj saúdskoarabský

sauerkraut ['sauəkraut] n kyselé zelí

sauna ['so:nə] n sauna

saunter ['so:ntə(r)] vi loudat se, courat se, jít co noha nohu mine; **he ~ed up to us** přiloudal se k nám ● n procházka, špacír; **go for a s.** jít se trochu projít

saurian ['so:riən] n ještěr

sausage ['sosidž] n 1 *(thin)* uzenka, nožička párku, *(thicker: short)* vuřt, *(long)* klobása; *(large)* salám; **liver s.** játrový salám; **blood s.** jelito ■ **s. dog** inf joc jezevčík; **s. meat** náplň do uzenin/ párků; **s. roll** Br klobásové maso zapékané v těstíčku 2 ♦ **not a s.!** Br dated joc ani ň!, naprosto nic

sauté ['səutei] vt (pt & pp **~ed** or **~d**, pres p **~ing**) rychle opéci or osmažit ● adj (o)smažený; **s. potatoes** smažené brambory ● n minutka

savage ['sævidž] adj 1 *(fierce)* zuřivý, zběsilý, lítý, krvežíznivý; *(cruel)* krutý, brutální; **a s. revenge** brutální pomsta 2 fig *(criticism)* nemilosrdný; *(satire, humour)* sžíravý; *(mood)* vražedný fig; *(competition)* nelítostný; *(cuts, measures, changes)* drastický 3 *(primitive)* primitivní, barbarský, divošský ● n *(primitive person)* divoch/ divoška, barbar; **live like a s.** žít jako zvíře ● vt 1 (Subj: *lion, tiger)* napadnout, vrhnout se na koho, *(kill)* roztrhat, (Subj: *dog)* pokousat 2 *(criticize)* strhat; *(tell off)* seřvat

savagely ['sævidžli] adv see **savage** adj 1 zuřivě, divoce, krutě, brutálně 2 nemilosrdně, sžíravě, nelítostně

savageness ['sævidžnəs] n see **savage** adj 1 zuřivost, krutost, brutálnost 2 nemilosrdnost, sžíravost, nelítostnost

savagery ['sævidžəri] n 1 *(of tribe)* primitivnost, barbarství 2 *(of attack)* krutost, brutalita, bestiálnost

savanna(h) [sə'vænə] n savana

save$_1$ [seiv] n Ftb chycení míče, krytí střely; **a beautiful s.** vynikající zákrok brankáře ● I vt 1 *(rescue)* zachránit; **s. sb from sth** zachránit koho před čím, *(from disaster)* uchránit or ušetřit koho před čím; **s. sb's life** zachránit komu život ♦ **s. one's neck/ skin** or **hide** zachránit si krk or kůži, uniknout o vlásek smrti; **s. (one's) face** fig zachovat si tvář, zachránit svou reputaci; **s. the day** zachránit situaci; **God s. the Queen!** Bůh ochraňuj královnu! 2 Relig spasit 3 *(put by)* **a)** *(money)* dát (si) stranou, odložit (si), (u)spořit (si), (u)šetřit (si); *(fuel)* šetřit s čím; **s. time** ušetřit čas **b)** *(not use up: space)* šetřit, *(cake, wine)* nechat (si), schovat (si) na později, *(eyes)* chránit (si), šetřit (si); **s. one's voice** šetřit si hlas ♦ **s. your breath!** nech si své rozumy!, šetři si dech! **c)** *(collect: stamps etc)* sbírat 4 *(spare: trouble, bother, effort)* ušetřit komu co; **s. oneself the trip** ušetřit si cestu; **you could have ~d yourself the trouble** mohl sis ušetřit námahu 5 Ftb *(shot, penalty)* krýt, *(goal)* zabránit čemu 6 Comput uložit **II** vi 1 *(put money by)* (u)šetřit; **s. (up) for sth** šetřit si na co; **scrimp and s.** utrhovat si od úst 2 *(economize)* **s. on food/ electricity** šetřit na jídle/ elektřině 3 Ftb *(prevent a goal)* zachránit or odvrátit gól **III** phr v ■ **save up** *I* vi **s. up for sth** šetřit or spořit na co *II* vt *(money)* šetřit, spořit; *(stamps)* sbírat; **s. oneself up for sth** šetřit se na něco

save$_2$ [seiv] prep, Conj dated kromě; **nothing s. a few sandwiches** nic, leda pár chlebíčků; **I know nothing about it s. that ...** nevím o tom nic, kromě toho, že ...; **s. for** s výjimkou koho/ čeho, kromě koho/ čeho

saveable ['seivəbl] adj zachránitelný; Ftb *(shot)* chytatelný

saver ['seivə(r)] n střadatel, střádal

-saver [-seivə(r)] n suff **it is a money-s.** (u)šetří vám to peníze

saving ['seiviŋ] n 1 *(thrift)* spoření; *(amount saved)* úspora; **encourage s.** podporovat spoření 2 **~s** úspory; **all his life ~s** jeho celoživotní úspory; **dig into one's ~s** sáhnout na úspory, hrábnout do úspor; **live off one's ~s** žít z úspor ■ **~s account** spořitelní účet; **put into a ~s account** uložit na knížku; **~s bank** spořitelna; **~s book** spořitelní knížka; **~s stamp** spořitelní známka ● adj 1 **s. clause** výhrada 2 **s. grace** kladná stránka; **his s. grace is his sense of humour** jediné, co je na něm sympatické, je jeho smysl pro humor

saviour, Amer **savior** ['seivjə(r)] n zachránce, osvoboditel; Relig **the S.**, **Our S.** Spasitel

savoir-faire ['sævwa:feə(r)] n *(practical)* dovednost, šikovnost, coll fortel; *(social)* bontón

savor, savory etc see **savour, savoury** etc

savour, Amer **savor** ['seivə(r)] n **1** *(taste, flavour)* aroma, (pří)chuť (**of garlic** česneku) **2** fig *(enjoyable quality: of life, youth* etc*)* kouzlo, půvab **3** *(trace: of racism, cynicism* etc*)* náznak, nádech, stín čeho ● vt **1** *(food, cigarette* etc*)* pochutnávat si na čem, vychutnat **2** fig vychutnat/ vychutnávat, *(music, beauty* etc*)* kochat se čím; **s. sth to the full** maximálně něco vychutnat

savourless, Amer **savorless** ['seivələs] adj mdlé chuti, jsoucí bez chuti

savouriness, Amer **savoriness** ['seivərinəs] n see **savoury 1** pikantnost, ostrost **2** chutnost, lahodnost

savoury, Amer **savory** ['seivəri] adj **1** Cook *(salty)* slaný, *(spicy)* pikantní, ostrý **2** *(tasty)* chutný, lahodný **3** fig *(pleasant)* příjemný, lákavý, svůdný; **not a very s. individual** dosti pochybné individuum ● n Br chuťovka, jednohubka

savoy [sə'voi] n also **s. cabbage** kapusta (kadeřavá), kadeřávek

savvy ['sævi] n sl důvtip, zdravý selský rozum; inf becoming dated **use your s.!** namáhej si trochu svoje závity! ● adj sl mazaný, honěný or kovaný v čem ● vt sl kapírovat, rozumět čemu; **s.?** je to jasný*?, už ti to došlo?

saw$_1$ [so:] n pila, pilka; **chain s.** řetězová pila; **musical s.** (zpívající) pila, kanadská pila; **circular s.** cirkulárka ● **I** vt (pt **~ed**, pp **~ed** or **~n**) **1** *(log)* (po)řezat; **s. sth in two** přeříznout něco (na dva kusy or ve dví), rozřezat něco na dva kusy **2 his arms ~ed the air** divoce šermoval rukama; **the bird's wings ~ed the air** pták mával prudce křídly **II** vi *(person)* řezat; **s. (away) on the violin** fidlat or vrzat na housle **III** phr vs ■ **saw down** *(trees)* kácet ■ **saw off** vt odřezat/ odříznout ■ **saw up** vt pořezat

saw$_2$ [so:] pt of **see**

saw$_3$ [so:] n rčení, úsloví, průpověď

sawbones ['so:bəunz] n dated joc *(surgeon)* řezník

sawbuck ['so:bak] n Amer **1** koza na řezání dříví **2** *($10)* desetidolarovka

sawdust ['so:dast] n piliny

sawed-off [so:d'of] Amer see **sawn-off**

sawfish ['so:fiš] n *(fish)* piloun

sawhorse ['so:ho:s] n Br koza na řezání dříví

sawmill ['so:mil] n pila závod

sawn [so:n] pp of **saw**$_1$ **(II)**

sawn-off [so:n'of] adj *(shotgun)* puška s upilovanou hlavní

sawyer ['so:jə(r)] n pilař, dělník na pile

sax [sæks] n inf *(saxophone)* saxofon, saxík

saxifrage ['sæksifreidž] n Bot lomikámen

Saxon ['sæksn] n **1** *(person)* Sas/ -ka; Hist *(Anglo-Saxon)* Anglosas/ -ka **2** Ling saština ● adj saský; Hist anglosaský

saxophone ['sæksəfəun] n saxofon

saxophonist [sæk'sofənist] n saxofonista/ saxofonistka

say [sei] n **1** *(opinion)* **have one's s.** říci své, říci svůj názor; **have one's final s.** říci své poslední slovo **2** *(right to decide)* slovo v čem, právo do čeho mluvit; **have a s. in sth** spolurozhodovat o čem; **have the main s. over** or **in sth** mít v čem hlavní slovo; **have no s. in sth** nemít do čeho co mluvit, nemít na co vliv ● v (pt & pp **said**; 3rd pers pres sg **says** [sez]) **I** vt **1** *(tell in words)* říci/ říkat, pravit; *(mention)* podotknout, poznamenat; *(reply)* odpovědět, odvětit; *(promise)* slíbit; *(pronounce)* vyslovit; **s. it again** zopakuj to; **s. sth to sb** říci komu co; **s. hello** (po)zdravit; **s. goodbye** rozloučit se; **s. a mass** sloužit mši; **s. a prayer** (po)modlit se; **s. one's rosary** (po)modlit se růženec; **s. please/ thank you** poprosit/ poděkovat; **s. yes/ no to an offer** přijmout/ odmítnout nabídku; **s. yes to everything** souhlasit se vším, všechno odkývat ♦ **before you could s. Jack Robinson** než bys řekl švec; **he hasn't too much to s. for himself** on není žádný velký řečník, on toho moc nenamluví; **when all is said and done** suma sumárum, jedno k druhému; **he didn't s. a word** neřekl ani slovo, inf ani necekl or nepípnul; **he's not one to s. much** je skoupý na slovo; **I wouldn't s. no to a cup of coffee** dál bych si říct kávu; **mean what one ~s** mluvit vážně; **s. goodbye to all one's hopes** pohřbít všechny své sny; **you don't mean to s. that ...** chcete mi snad or snad mi nechcete namluvit, že ...; **you needn't have said that** to sis mohl odpustit, tos nemusel říkat **2** (Subj: *newspapers)* psát, *(thermometer, clock, sign, gauge)* ukazovat, *(Bible, law, rules)* říkat; **what do the papers s.?** co píší noviny?, co se píše v novinách?; **it ~s in the papers that ...** v novinách stojí, že ...; **it ~s here that ...** tady se píše, že ...; **the Bible ~s that ...** bible říká, že ..., v bibli stojí, že ...; **the poster ~s that ...** na plakátu se píše, že ...; **his look said everything** jeho pohled říkal vše **3** *(allege)* říkat, tvrdit; **they s. that ...** říká se, že ..., slyšel jsem, že ..., prý ...; **you know what they s.** víš, co se říká; **he is said to have left** on údajně or prý odešel; **as they s.** jak se říká **4** *(think)* říci, myslet si; **what do you s. to that?** co na to říkáte?, inf co vy na to?; **I'd s. (that) ...** já si myslím, že ...; **there's a lot to be said for it** má to hodně do sebe, hodně pro to mluví; **what would people s.?** co by řekli lidé?, inf co by na to lidi? 5 *(assume)* předpokládat; **I'd s. he is 20** podle mě je mu asi dvacet; **let's s. that ...** předpokládejme, že ..., dejme tomu, že ...; **shall we s. Monday at six** řekněme v pondělí v šest; **s. you fall ill** a co když onemocníte? 6 *(mean)* znamenat; **it's long, that is to s., about 50 pages** je to dlouhé, to jest totiž asi 50 stránek **II** vi 1 *(tell)* říci; **he won't s.** on to nechce říct; **that goes without ~ing** to je samozřejmé, to se rozumí samo sebou 2 **so to s.** tak řečeno 3 **I s.!** páni!, no ne!, *(look)* podívej!; inf **you don't s.!** vážně?, fakt?, nepovídej!, to není možné

SAYE [eseiwai'i:] dated Br abbr of **Save--as-You-Earn** pravidelné spoření přímým strháváním z platu

saying ['seiiŋ] n průpověď, rčení, pořekadlo, úsloví; **as the s. goes** jak se říká

say-so ['seisəu] n inf 1 *(assertion)* tvrzení, *(recommendation)* doporučení 2 *(authorization)* schválení, svolení, souhlas, přiklepnutí; **without the boss's say-so** bez šéfova souhlasu

s/c abbr of **self-contained** *(flat)* s vlastním vchodem

scab [skæb] n 1 *(on cut, blister)* strup, stroupek; **pick a s.** odloupnout si stroupek 2 *(scabies)* svrab, prašivina 3 Br inf pej *(strikebreaker, blackleg)* stávkokaz ● vi 1 Med pokrýt se strupem 2 Br inf pej dělat stávkokaze

scabbard ['skæbəd] n *(for sword, dagger)* pochva

scabby ['skæbi] adj **(-ier, -iest)** 1 *(skin)* strupovitý, pokrytý strupy 2 *(animal)* prašivý, svrabovitý

scabies ['skeibi:z] n svrab, prašivina

scabrous ['skeibrəs] adj fml *(joke, story)* choulostivý, oplzlý

scaffold ['skæfəuld] n 1 Build lešení 2 *(for execution)* popravní lešení

scaffolding ['skæfəulding] n (materiál na) lešení; **erect** or **put up s.** postavit lešení

scalawag ['skæləwæg] n Amer = **scallywag**

scald [sko:ld] vt 1 *(burn: skin etc)* opařit; **s. one's hands with milk** opařit si ruce mlékem 2 Cook *(vegetables)* spařit, *(milk)* povařit zahřát pod bod varu 3 *(sterilize)* vyvařit, steril(iz)ovat ● n opařenina

scalding ['sko:ldiŋ] adj 1 *(water)* vařící, *(soup)* vřelý, vařící 2 *(sun, tears)* palčivý; *(criticism)* sžíravý ● adv **s. hot** vařící

scale$_1$ [skeil] n 1 *(of fish, skin)* šupina; *(of paint)* šupinka, vločka; *(on teeth)* zubní kámen; *(in boiler)* kotelní kámen ♦ **the ~s fell from his eyes** spadly mu šupiny z očí, prohlédl; **remove the ~s from sb's eyes** sundat komu klapky z očí, otevřít komu oči ● vt *(fish)* oškrabat, zbavit šupin

scale$_2$ [skeil] n 1 *(of map, model)* měřítko; **on a s. of 5 miles to 1 inch** v měřítku 5 mil na 1 palec ■ **s. model** maketa 2 *(on thermometer etc)* stupnice ■ **s. line** ryska na stupnici 3 Mus stupnice, škála 4 *(system of grading)* stupnice, škála, tarif, soustava; **decimal s.** desetinný systém; **sliding s.** klouzavá stupnice; **salary s.** platová stupnice, mzdový sazebník; **s. of charges** stupnice poplatků; **s. of tax rates** daňový sazebník 5 *(extent)* rozsah, míra; **on a large/ small s.** ve velkém/ malém (měřítku), ve velkém/ malém rozsahu; **on a modest s.** v nevelkém or skromném rozsahu; **produce sth on a mass s.** vyrábět co masově ● **I** vt *(mountain)* zlézt, vyšplhat se na co **II** phr vs ■ **scale down** vt zmenšit, zredukovat, *(production)* omezit, utlumit ■ **scale up** vt 1 *(drawing)* nakreslit ve větším měřítku 2 *(demands)* zvýšit, *(production)* rozšířit

scales ['skeilz] n pl **(a pair** or **set of) ~s** váha, váhy ♦ **tip the ~s** být jazýčkem na vahách or na váze; **weigh on an even/ uneven s.** měřit komu stejným/ dvojím loktem, mít stejný/ dvojí metr, být nestranný/ zaujatý

scallion ['skæliən] n Amer *(spring onion)* jarní cibule, cibulka

scallop, scollop ['skoləp] n 1 Zool hřebenatka mlž; Cook lastura zvl. hřebenatky svatojakubské 2 Text kroužkování, zoubkování ● vt 1 *(vegetables, fish)* gratinovat, zapékat 2 Text kroužkovat

scallywag, Amer **scalawag** ['skæliwæg] n inf darebák, rošťák, uličník

scalp [skælp] n 1 Anat kůže na hlavě pokrytá vlasy 2 formerly *(Indian trophy)* skalp; fig Pol trofej ♦ **be after sb's s.** fig mít na koho spadeno, jít po kom ● vt skalpovat; *(tickets)* Amer sl prodávat na černém trhu s velkým ziskem

scalpel ['skælpəl] n Med skalpel

scaly ['skeili] adj **(-ier, -iest)** šupinatý; *(paint, plaster)* odprýskaný

scam [skæm] n esp Amer sl podfuk

scamp$_1$ [skæmp] n often used playfully *(mischievous child)* uličník, dareba, drzoun, *(adult)* mizera

scamp$_2$ [skæmp] vt *(job)* odflinknout, odfláknout, zfušovat

scamper ['skæmpə(r)] n **go for a s.** jít se proběhnout ● vi also **s. about** or **around**

(child, puppy) poskakovat, *(squirrel, hare* also*)* hopkat; **s. away** or **off** odpelášit, vzít do zaječích, *(person* also*)* prásknout do bot; **s. through a book** přečíst knihu na přeskáčku

scampi ['skæmpi] n Cook krevety

scan [skæn] n Med tomografické snímkování; *(in pregnancy)* ultrazvukové vyšetření, inf ultrazvuk ● v (**-nn-**) **I** vt **1** *(cast eyes over: newspaper)* rychle přeletět **2** *(scrutinize: horizon* etc*)* prozkoumat, *(face)* zkoumavě si prohlédnout **3** *(*Subj: *searchlight, radar)* prohledávat **4** Comput *(image, pattern)* snímat, *(data)* prohlížet, prohledávat, skenovat **5** *(verse)* skandovat **II** vi Liter dát se skandovat **III** phr v ■ **scan in** vt, Comput *(graphic images)* snímat a zavádět

scandal ['skændl] n **1** *(affair)* skandál, aféra; **a political s.** politická aféra; **cause a s.** způsobit skandál; **a series of corruption ~s** řada korupčních or úplatkářských afér **2** *(disgrace, shame)* skandál, ostuda, hanba; **it is a s. that ...** je skandální, že ..., je hanba, že ... **3** *(gossip)* klepy, pomluvy; **spread s.** pomlouvat, rozšiřovat pomluvy ■ **s. sheet** bulvární plátek

scandalize ['skændəlaiz] vt *(shock)* pobouřit, pohoršit, vzbudit čí pohoršení

scandalmonger ['skændlmaŋgə(r)] n pomlouvač, fem klepna, drbna, m klepař; **~s** pl zlí jazykové

scandalous ['skændələs] adj **1** *(conduct, attitude* etc*)* skandální, budící pohoršení, pobuřující; **that's s.!** to je skandál! **2** *(report, news)* pomlouvačný ■ **~ly** adv skandálně; *(expensive)* nekřesťansky; **talk ~ly about sb** pomlouvat koho, utrhat komu na cti

Scandinavia [skændi'neiviə] n Skandinávie

Scandinavian [skændi'neiviən] n Skandinávec/ Skandinávka ● adj skandinávský

scanner ['skænə(r)] n **1** Techn snímač, snímací zařízení, skener, scanner **2** Med tomograf, skener

scant [skænt] adj malý, nepatrný, mizivý, pramalý, skrovný; **pay s. attention to sth** věnovat čemu malou pozornost; **show s. regard for sth** brát pramalý ohled na co

scantiness ['skæntinəs] n see **scanty 1** chudost, skrovnost, slabost, nepatrnost; kusost **2** *(of clothing)* nedostatečnost

scanty ['skænti] adj (**-ier**, **-iest**) **1** *(meal)* chudý, *(food)* skrovný, hubený, *(income)* hubený, slabý, bídný, *(means)* nepatrný; *(hair)* prořídlý, řídký; *(knowledge, information)* omezený, kusý **2** *(clothing)* sporý ■ **scantily** adv **1** skrovně, chudě, slabě, nepatrně **2** **scantily dressed** spoře oděný

scapegoat ['skeipgəut] n obětní beránek

scar [ska:(r)] n **1** gen jizva, *(deep,* usu *on face)* šrám; *(burn)* jizva po spálenině, popálenina; *(scratch)* škrábanec **2** fig *(on good name)* skvrna, poskvrna ● v (**-rr-**) **I** vt **1** *(face, skin)* zjizvit, zanechat na čem jizvu or šrám **2** fig *(emotionally)* poznamenat; **be permanently ~red by sth** být čím natrvalo poznamenán **3** *(furniture)* poškrábat, popálit, poškodit **II** vi zanechat jizvu/ škrábanec

scarce [skeəs] adj *(rare)* vzácný; *(infrequent)* řídký; *(in short supply: goods)* nedostatkový, úzkoprofilový; **s. currency** nedostatková měna; **food was s.** bylo málo potravin, potravin bylo poskrovnu; **money is s. with us** nedostává se nám peněz ♦ **make oneself s.** inf zmizet, zdejchnout se, vypařit se, vzít roha

scarcely ['skeəsli] adv **1** *(only just)* sotva, stěží, jen tak tak; **be s. audible** být sotva or taktak slyšitelný; **it is s. believable** tomu lze sotva uvěřit **2** **s. anybody/ anything/ ever** sotvakdo/ sotvaco/ sotvakdy, málokdo/ máloco/ málokdy, zřídkakdo/ zřídkaco/ zřídkakdy **3** *(hardly)* sotva, stěží; **you can s. hold it against him** to mu můžete sotva mít za zlé **4** *(no sooner)* sotva; **s. had he arrived when ...** jen co přijel, už ...

scarceness ['skeəsnəs], **scarcity** ['skeəsəti] n *(shortage)* nedostatek; *(rarity)* vzácnost ■ **scarcity value** hodnota exkluzivity

scare [skeə(r)] n **1** *(fright)* úlek, leknutí; **give sb a s.** polekat or vyděsit koho **2** *(alert)* poplach, alarm; *(panic)* panika, hysterie; **bomb s.** hrozba pumového útoku; **cause a s.** vyvolat paniku ■ **s. tactics** vyvolávání paniky ● **I** vt polekat, postrašit, vyděsit, poděsit, nahnat komu hrůzu; inf **s. the living daylights out of sb** vystrašit koho k smrti; **be ~d out of one's wits** mít nahnáno, mít plné kalhoty strachu; vulg **be shit ~d of sth** být z čeho posraný **II** vi **I don't s. easily** já mám pro strach uděláno, já se hned tak nepolekám **III** phr vs ■ **scare away** or **off** vt zaplašit, odehnat; *(people* also*)* odradit ■ **scare up** vt Amer inf splašit, narychlo sehnat

scarecrow ['skeəkrəu] n lit & fig strašák do zelí, fig hastroš, maškara; **look like a s.** vypadat jako strašidlo, vypadat jako strašák do zelí

scared [skeəd] adj vylekaný, vystrašený

scaredy cat ['skeədikæt] n inf strašpytel, ustrašenec, bázlivec

scarehead ['skeəhed] n Amer inf palcový titulek

scaremonger ['skeəmaŋgə(r)] n panikář, šiřitel poplašných zpráv

scaremongering ['skeəmaŋgəriŋ] n panikářství, šíření poplašných zpráv

scarf [ska:f] n (pl **scarfs** [ska:fs] or **scarves** [ska:vz]) *(long: for neck)* šála, *(square)* šátek

scarlet ['ska:lət] n **1** *(colour)* šarlatová barva, šarlat; **go s.** zardít se or zčervenat studem, zapýřit se ■ **s. fever** Med spála **2** Relig *(cloth: of cardinals)* purpur ● adj šarlatový; **s. woman** Br dated or joc padlá ženština, prostopášnice

scarp [ska:p] n *(steep slope)* příkrý svah, sráz; *(of fortification)* parapetní strana příkopu

scarper ['ska:pə(r)] vi Br inf zahnout, vzít roha, zdejchnout se

scarred [ska:d] adj zjizvený

scarves [ska:vz] pl of **scarf**

scary ['skeəri] adj inf (**-ier, -iest**) **1** *(story)* strašidelný, nahánějící hrůzu, *(film also)* hrůzostrašný; *(experience)* hrůzný **2** *(timid)* bázlivý, lekavý, bojácný

scat [skæt] n Mus skat ● vi **1** inf usu imper **s.!** zmizni!, vypadni! **2** Mus skatovat

scathing ['skeiðiŋ] adj *(remark)* kousavý, jízlivý, uštěpačný; *(criticism)* břitký, sžíravý, zdrcující; *(look)* zničující; **be very s. about sb** nemít pro koho nic než pohrdání ■ **~ly** adv kousavě, jízlivě, uštěpačně

scatological [skætə'lodžikl] adj skatologický, nechutný, neslušný, sprostý; Med koprolaický

scatter ['skætə(r)] n see **scattering** ● **I** vt **1** *(throw here and there: eg clothes, papers in a room)* rozházet/ rozhazovat, pohodit/ pohazovat; *(seed)* rozsét/ rozsévat; *(light)* rozptýlit; *(toys)* rozházet, roztahat po čem; **s. gravel/ sand on the pavement, s. the pavement with gravel/ sand** posypat or poházet chodník štěrkem/ pískem **2** pass **lie ~ed all over the room** *(toys, clothes)* povalovat se po místnosti; **the hills are ~ed with hamlets** po kopcích jsou roztroušeny vesničky **3** *(disperse: crowd, flock)* rozehnat; *(enemy)* rozprášit (na všechny strany); *(clouds)* roztrhat, rozehnat, *(leaves – Subj wind)* rozfoukat; Meteor **~ed showers** místní přeháňky **II** vi **1** *(people)* rozptýlit se, rozejít se, *(in a hurry)* rozprchnout se, rozutéct se, *(clouds)* protrhat se, rozptýlit se **2** *(beads)* rozsypat se, *(marbles)* rozkutálet se **III** phr v ■ **scatter about** or **around** vt rozházet co (na všechny strany)

scatterbrain ['skætəbrein] n ztřeštěnec, popleta, zmatkař, inf šus, pošuk

scatterbrained ['skætəbreind] adj ztřeštěný, zbrklý, potrhlý, roztržitý neutr, nesoustředěný neutr

scattering ['skætəriŋ] n **1** *(of people)* (ojedinělé) hloučky; *(of shops)* skupinka, shluk **2** Phys rozptyl

scatty ['skæti] adj inf (**-ier, -iest**) **1** = **scatterbrained 2** *(mad)* (pytlem) praštěný, na hlavu padlý; **it would drive one s.** z toho by se člověk zbláznil, inf z toho by jeden zmagořil

scavenge ['skævindž] **I** vi **1** *(birds, animals)* hledat si potravu **2** *(people)* **s. in the dustbins** hrabat se or přehrabovat se v popelnicích **II** vt **s. food in the bins** vybírat zbytky z popelnic; **s. a car** rozebrat auto na součástky

scavenger ['skævindžə(r)] n **1** *(vulture)* mrchožrout; fig *(person)* vydřiduch **2** *(street cleaner)* metař

SCE [essi:'i:] abbr of **Scottish Certificate of Education** ≅ skotské maturitní vysvědčení

scenario [sə'na:riəu] n scénář, fml or fig scenário

scenarist ['si:nərist] n scénárista

scene [si:n] n **1** Theat & fig *(stage)* scéna, jeviště, kulisy ♦ **behind the ~s** lit & fig v zákulisí; **goings-on behind the ~s** zákulisní čachry ■ **s. painter** malíř dekorací; **s. shifter** kulisář **2** Theat, Film *(sequence)* scéna, obraz, epizoda, sekvence; **outdoor s.** Film exteriér; **Act 3, s. 1** 3. jednání, obraz 1. **3** *(outburst of emotion)* scéna, výstup; **make a s.** udělat scénu **4** *(place, setting)* dějiště, místo; **the s. of the crime** místo (zlo)činu; Mil **the s. of operations** válčiště, bojiště; **the s. of the novel is London** děj románu se odehrává v Londýně; **I was the first on the s.** já jsem byl první na místě, já jsem tam byl první **5** inf *(field, sphere)* **the political s.** politické kolbiště, politická aréna or scéna; **the literary s.** literární nebe; **the jazz s.** svět džezu; **appear on the s.** objevit se (na scéně); **disappear from the s.** zmizet (ze scény); **he wants to be on the s.** chce být při tom ♦ **it is not my s.** to není moje parketa, v tom se zrovna nevyžívám; **sport is not (really) my s.** sport není (zrovna) moje parketa; **his s. is sport** jeho doménou je sport, žije sportem; **need a change of s.** potřebovat změnu povětří or vzduchu, potřebovat na čas vypřáhnout **6** *(view)* scenérie, pohled, krajina

scenery ['si:nəri] n **1** *(landscape)* krajina, scenérie, pohled, příroda, *(part of landscape)* partie; **the s. has a character of its own** krajina má zvláštní ráz **2** Theat dekorace, kulisy

scenic ['si:nik] adj **1** Theat scénický **2** *(picturesque: location, countryside)* malebný; **s.**

beauty malebnost krajiny; **s. railway** *(train)* vyhlídkový vlak; *(roller coaster)* horská dráha; **s. beach** Amer chráněná pláž rezervace

scent [sent] n **1** *(odour)* pach, zápach; *(pleasant smell)* vůně; *(of food, wine* etc also*)* aróma **2** *(perfume)* parfém; **use s.** (na)parfémovat se ■ **s. shop** parfumérie **3** Hunt stopa; **be on the s.** lit & fig být na stopě (**of sb/ sth** koho/ čeho); **lose the s.** ztratit stopu; **throw sb off the s.** lit & fig svést or setřást koho ze stopy **4** *(sense of smell)* čich **5 s. of danger/ fear** pocit nebezpečí/ strachu ● **I** vt **1** *(prey)* (z)větřit, *(drugs* etc*)* vyčenichat, vypátrat čichem **2** *(danger)* (vy)tušit; *(scandal)* vyslídit, inf vyčenichat; **s. trouble** větřit potíže or nesnáze, větřit v něčem čertovinu **3** *(perfume)* (na)parfémovat **II** phr v ■ **scent out** vt vyčenichat, vypátrat

scepter ['septə(r)] n Amer see **sceptre**

sceptic, Amer **skeptic** ['skeptik] n skeptik, pochybovač

sceptical, Amer **skeptical** ['skeptikl] adj skeptický, pochybovačný; **take a s. view of sth** dívat se na co skepticky; **be s. about sth** pochybovat o čem ■ **~ly** adv skepticky

scepticism, Amer **skepticism** ['skeptisizəm] n skepse (**about sth** o čem)

sceptre, Amer **scepter** ['septə(r)] n žezlo; **the royal s.** královské žezlo

sch abbr of **school** škola

schedule ['šedju:l, Amer skedju:l] n **1** *(programme)* program, plán; *(of work)* časový plán, rozpis práce; **production s.** výrobní program, harmonogram výroby; **be behind s.** opožďovat se s plánem; **on s.** podle plánu, v termínu **2** *(timetable: for trains)* jízdní řád; **flight s.** letový řád; **the train is running behind s.** vlak má zpoždění **3** *(list)* seznam, *(inventory)* inventář; **s. of prices** ceník; **s. of charges** přehled sazeb, sazebník ● vt **1** *(event)* stanovit termín čeho, *(appointment)* dát si na program; **it is ~d for Friday** je to naplánováno na pátek **2** *(work, period)* rozplánovat (si)

scheduled ['šedju:ld, Amer skedju:ld] adj **1** *(planned: time)* stanovený, *(event)* naplánovaný, jsoucí na programu **2 s. flights** pravidelné lety

schema ['ski:mə] n (pl **~ta** ['ski:mətə]) **1** *(diagram)* diagram, schéma, náčrtek **2** Philos schéma

schematic [ski:'mætik] adj schématický ■ **~ally** adv schématicky

scheme [ski:m] n **1** *(plan)* plán, projekt; **irrigation s.** zavlažovací projekt **2** *(plot)* intrika, komplot; **diabolical s.** ďábelský plán **3** Admin plán, systém; **superannuation s.** systém důchodového (při)pojištění; **profit-sharing s.** systém podílu na zisku ● vi *(plot)* intrikařit, pletichařit, strojit úklady

schemer ['ski:mə(r)] n intrikán, pletichář; *(in a conspiracy)* spiklenec

scheming ['ski:miŋ] n machinace, úklady, pletichy ● adj intrikánský, pletichářský; *(methods, girl)* rafinovaný

scherzo ['skə:tsəu] n Mus scherzo

schism ['skizəm] n schizma, rozkol v církvi

schismatic [skiz'mætik] adj schizmatický, rozkolnický ● n schizmatik/ schizmatička, rozkolník/ rozkolnice

schizoid ['skitsoid] adj schizoidní ● n schizoidní člověk

schizophrenia [skitsəu'fri:niə] n schizofrenie; **suffer from s.** trpět schizofrenií

schizophrenic [skitsəu'frenik] n schizofrenik/ schizofrenička ● adj schizofrenní, trpící schizofrenií

schlemiel [šlə'mi:l] n Amer inf smolař

schlep(p) [šlep] vt (**-pp-**) Amer inf tahat, vláčet ● n Amer inf **1** *(bungler)* trouba, ňouma **2** *(arduous procedure)* otrava

schlock [šlok] n Amer inf šmejd

schmal(t)z [šmo:lts] n sl sentimentalita

schmuck [šmak] n Amer sl ňouma, trouba; **he is a complete s.** je to úplný trouba

schnap(p)s [šnæps] n šnaps, kořalka

schnitzel ['šnitsəl] n Cook (smažený) řízek

schnorrer ['šno:rə(r)] n Amer inf **1** žebrák **2** vyžírka

scholar ['skolə(r)] n **1** *(learned person)* učenec, vědec, badatel, *(specialist)* odborník; **a Homer s.** vynikající znalec Homéra; **a Slavonic/ Greek s.** slávista/ helénista **2** *(scholarship holder)* stipendista **3** *(student)* **he is a good/ poor s.** dobře/ špatně se učí

scholarly ['skoləli] adj **1** *(person)* učený **2** *(essay, paper)* vědecký, odborný, erudovaný, zasvěcený; *(approach)* vědecký, teoretický **3** *(circles, journal, periodical)* akademický

scholarship ['skoləšip] n **1** *(learning)* učenost, vzdělanost, vědecká erudovanost **2** *(grant)* stipendium, *(research s.* also*)* stáž; **win a s. to Oxford** získat stipendium do Oxfordu ■ **s. holder** stipendista, držitel stipendia

scholastic [skə'læstik] adj **1** *(of school)* školní, studijní **2** Philos scholastický ● n scholastika

school₁ [sku:l] n **1** gen škola; *(classes)* vyučování; **nursery s.** mateřská škola, školka; **primary s.** základní škola; **secondary s.** střední škola, *(esp age 15-18)*, Amer **High s.** ≅ gymnázium ne výběrová škola; **boarding s.** internátní škola; **night s.** večerní škola; **public s.** Engl soukromá škola, Amer veřejná škola; **art s.** umělecko-průmyslová škola; **military s.** vojenské učiliště; **s. of motoring** autoškola; **at s.** ve škole; **to s.** do školy; **after s.** po vyučování, po škole; **be absent from s.** chybět ve škole; **do well/ badly at s.** dobře/ špatně se učit, prospívat/ neprospívat; **s. starts at nine** vyučování začíná v devět hodin; **there's no s. tomorrow** zítra není vyučování or škola; **we were at s. together, I was at school with him/ her** chodili jsme spolu do školy, byli jsme spolužáci, známe se od školy ■ **children of s. age** mládež školou povinná; **s. board** školní rada; **s. fees** školné; **s. hours** vyučování; **in s. hours** v době vyučování; **out of s. hours** mimo vyučování; **s. system** školství; **s. uniform** školní uniforma; **s. year** školní rok 2 Univ *(department)* katedra, institut; *(faculty)* fakulta; esp Amer *(university)* univerzita; **s. of medicine** lékařská fakulta; **law s.** právnická fakulta 3 Art, Liter, Philos škola; **s. of thought** myšlenkový směr; **the s. of life** škola života; **be of the old s.** být ze staré školy ● vt 1 *(teach)* (na)učit koho čemu; *(train)* (vy)školit, poskytnout komu výcvik v čem; *(animal)* cvičit, drezírovat 2 *(discipline)* **s. oneself in patience** naučit se trpělivosti; **s. sb in good manners** naučit koho slušnému chování

school$_2$ [sku:l] n *(of fish)* hejno

schoolbag ['sku:lbæg] n školní brašna, (školní) aktovka

schoolbook ['sku:lbuk] n učebnice ■ **s. hero** čítankový hrdina

schoolboy ['sku:lboi] n žák, školák ■ **s. slang** školní hantýrka; **s. trick** klukovský kousek, klukovina

schoolchild ['sku:lčaild] n školák/ školačka; pl **schoolchildren** [-čildrən] školáci, školní mládež

schooldays ['sku:ldeiz] n pl školní léta

schoolfellow ['sku:lfeləu] n spolužák/ spolužačka

schoolgirl ['sku:lgə:l] n školačka

schooling ['sku:liŋ] n 1 *(education)* vzdělání, studium; *(training)* výcvik, školení 2 *(of horse)* výcvik, drezúra

school-leaver [sku:l'li:və(r)] n absolvent

school-leaving [sku:l'li:viŋ] adj **s.-l. age** věk, kdy končí povinná školní docházka

schoolmaster ['sku:lma:stə(r)] n becoming dated učitel, *(in senior classes of secondary school* also*)* profesor

schoolmate ['sku:lmeit] n see **schoolfellow**

schoolmistress ['sku:lmistrəs] n becoming dated učitelka, *(in senior classes of secondary school* also*)* profesorka

schoolroom ['sku:lru:m] n třída místnost

schoolteacher ['sku:lti:čə(r)] n učitel/ -ka, *(in senior classes of secondary school* also*)* profesor/ -ka

school yard ['sku:lja:d] n školní dvůr, školní nádvoří

schooner ['sku:nə(r)] n 1 *(boat)* škuner 2 *(for sherry)* velká sklenice; Amer, Austr *(for beer)* vysoká sklenice

schuss [šus] n Ski šus, prudký přímý sjezd ● vi Ski jet/ sjíždět na lyžích šusem, šusovat

schwa [šwa:, šva:] n Phon šva (symbol ə)

sciatica [sai'ætikə] n Med ischias

science ['saiəns] n 1 *(organized knowledge)* věda; **armchair s.** kabinetní věda 2 *(discipline)* věda, nauka; **exact ~s** exaktní vědy; **social ~s** společenské vědy or nauky; **medical s.** lékařství, lékařská věda, medicína; **the natural ~s** přírodní vědy ■ **S. Faculty** přírodovědecká fakulta; **s. fiction** sci-fi, vědecko-fantastická literatura 3 *(skill)* umění, um, dovednost; **the s. of cooking** kuchařské umění

scientific [saiən'tifik] adj vědecký; *(precise* also*)* exaktní; *(relating to natural s.)* přírodovědný ■ **~ally** adv vědecky; exaktně; **treat sth ~ally** traktovat něco vědecky

scientist ['saiəntist] n vědec, badatel; **(natural) s.** přírodovědec

sci-fi [sai'fai] n sci-fi ● adj sci-fi, vědecko-fantastický

scimitar ['simitə(r)] n zahnutá šavle, turecká šavle

scintillate ['sintileit] vi 1 *(stars)* třpytit se, mihotat se, jiskřit 2 *(person: in conversation)* oslňovat, sršet duchaplností, blýsknout se

scintillating ['sintileitiŋ] adj 1 lit třpytivý, jiskřivý 2 fig *(witty)* jiskřící vtipem; *(information)* fascinující ■ **~ly** adv **~ly witty** sršící vtipem

scion ['saiən] n 1 Bot odnož, výhonek; *(for grafting)* roub 2 fig *(descendant)* potomek

scissors ['sizəz] n pl 1 **(a pair of) s.** (jedny) nůžky; **pinking s.** entlovací nůžky 2 Sport **s. kick** Ftb nůžky, **s. (jump)** skok vysoký nůžkovým stylem

sclerosis [sklə'rəusis] n skleróza; **multiple s.** skleróza multiplex, roztroušená skleróza

scoff$_1$ [skof] n posměšek, jízlivost ● vi vysmívat se (**at sb** komu), tropit si posměšky (**at sb** z koho), inf ohrnovat nad kým nos

scoff$_2$ [skof] n inf *(food)* bašta, žrádlo ● vt *(eat fast)* zbaštit, zhltnout

scoffer ['skofə(r)] n posměváček

scoffing ['skofiŋ] n úsměšky, posměšky, výsměch ● adj posměšný, výsměšný, pohrdavý ■ **~ly** adv posměšně, pohrdavě

scold [skəuld] I vt nadávat/ (vy)nadat

komu, lát komu, (vy)plísnit koho, (vy)peskovat koho; **s. sb for sth** vyhubovat komu za co **II** vi hubovat, inf runcat ● n dated xantipa, fúrie

scolding ['skəuldiŋ] n hubování, plísnění; **give sb a s.** vyplísnit někoho

scone [skon] n buchtička, vdoleček k čaji, někdy polévaný máslem

scoop [sku:p] n **1** *(for flour, coal)* lopatka; *(for liquids)* naběračka, sběračka; *(for ice cream)* porcovací lžíce; **coal s.** lopatka na uhlí **2** *(amount: of ice cream* etc*)* porce, kopeček **3** Journ exkluzivní reportáž, novinářská senzace, inf sólokapr **4** Fin terno, velký zisk ● **I** vt **1** lit nabírat **2** Fin *(big profit, first price)* shrábnout **3** Journ *(story)* vyfouknout komu co před nosem; *(rival newspapers)* předběhnout **II** phr vs ■ **scoop out** vt **1** *(remove)* vybrat lopatkou/ *(liquids)* naběračkou/ *(water from boat)* kbelíkem etc **2** *(hollow: hole in earth)* vyhloubit, *(wood, centre of melon* etc*)* vydlabat ■ **scoop up** vt nabrat; *(gather together)* sebrat, posbírat

scoot [sku:t] vi inf *(run quickly)* pelášit, pádit; *(run away)* vzít roha, vzít do zaječích; **s.!** maž pryč!

scooter ['sku:tə(r)] n **1** *(toy)* koloběžka **2** *(motor s.)* skútr

scope [skəup] n **1** *(range: of inquiry, study, topic, competence)* rozsah, rámec; **the s. of sb's duties** rozsah čích povinností **2** *(extent of knowledge, talents)* rozsah, šíře; *(grasp)* chápavost, vnímavost; **be beyond sb's s.** *(job)* přesahovat čí schopnosti **3** *(opportunity)* možnost(i), prostor; **endless s.** neomezené možnosti; **give sb s. to do sth** dát komu prostor or volnost k čemu; **give sb full s. (to do sth)** dát komu volnou ruku **4** inf *(microscope)* mikroskop; *(periscope)* periskop; *(telescope)* dalekohled, teleskop

scorch [sko:č] n popálené místo, *(on cloth)* skvrna po ožehnutí, propálené místo ● **I** vt **1** *(with iron)* lehce spálit, opálit **2** *(meat)* připálit **3** *(grass)* spálit, sežehnout, *(with sun)* vysušit, způsobit vyrudnutí **4** inf *(criticize)* ztrhat, ztepat **II** vi **1** *(grass)* usychat, schnout **2** inf *(in car)* jet na plný* pecky, kalit to

scorched-earth policy [sko:čt'ə:θpoləsi] n politika spálené země

scorcher ['sko:čə(r)] n inf **1** *(hot day)* pařák; **today is a (real) s.** dnes je horko k zalknutí **2** *(thrilling film, event* etc*)* bomba, senzace

scorching ['sko:čiŋ] adj **1** *(heat, sun)* palčivý **2** *(criticism)* sžíravý **3** *(speed)* fantastický ● adv **a s. hot day** parný den

score [sko:(r)] n **1** Sport skóre, výsledek, dosažený počet bodů; **the final s.** konečný výsledek; **what's the s.?** jaký je stav zápasu?, inf kolik je to?; **the s. is 2:1** skóre je 2:1 ♦ **know the s.** fig inf vidět věci v pravém světle, nedělat si iluze; vědět, zač je toho loket; **make a s. with sb** udělat na někoho dojem **2** *(in exam)* známka, výsledek **3** Mus noty, *(of classical music)* partitura **4** dated *(running account)* účet; **what's the s.?** kolik to dělá?, co jsem dlužen? ♦ **have a s. to settle with sb** fig mít s kým nevyřízené účty or nevyřízený účet; **settle the s. with sb** fig vyřídit si to s kým **5** *(line, mark)* vrub, vroubek, rýha; *(on body)* škrábanec **6** *(twenty)* dvacet; **~s of people** desítky lidí, *(many)* spousty lidí; **~s of times** nesčetněkrát; **the spectators were leaving in their ~s** diváci masově odcházeli **7** *(cause, ground)* důvod; **on the s. of illness** kvůli nemoci; **on what s.?** z jakého důvodu?; **you needn't worry on that s.** v tom ohledu si nemusíš dělat starosti ● **I** vt **1** *(point)* získat, dosáhnout čeho; *(goal)* zaznamenat, (v)střelit, dát, vsítit; **each correct answer ~s two points** za každou správnou odpověď obdržíte dva body ♦ **s. a bull's eye** fig uhodit hřebík na hlavičku, trefit se do černého **2** Mus *(symphony* etc*)* instrumentovat **3** *(scratch)* poškrabat; *(cut)* udělat na čem rýhu or zářez, *(pastry)* naříznout; *(mountains* – Subj: *glaciers)* zbrázdit **II** vi **1** *(player, team)* (cf also vt) získat bod, Ftb vstřelit branku; **s. well/ badly** dosáhnout dobrého/ špatného výsledku **2** *(be successful)* **s. with the girls** mít úspěch u dívek, inf bodovat u holek; **that's where she ~s** fig tady je silná v kramflecích **3** sl *(sexually)* **s. with a woman** dostat ženu (do postele) **III** phr vs ■ **score off** vt **1** *(delete)* vyškrtnout **2** inf **s. off sb** *(in debate* etc*)* ztrapnit koho, blýsknout se na čí účet ■ **score out** or **through** vt přeškrtnout/ přeškrtat, vyškrtnout ■ **score up** vt inf *(debt)* připsat (**to sb** komu); **s. sth up against sb** přičíst komu co na vrub ♦ **s. it up to me** fig jedna nula pro mě

scoreboard ['sko:bo:d] n tabule ukazující skóre

scorekeeper ['sko:ki:pə(r)] n Sport zapisovatel bodů

scorer ['sko:rə(r)] n **1** Ftb střelec branky **2** see **scorekeeper**

scorn [sko:n] n **1** *(contempt)* opovržení, pohrdání, despekt; **treat sb with s.** jednat s kým přezíravě or zvysoka **2** **be the s. of sb** *(classmates, colleagues* etc*)* být terčem posměchu koho ● vt **1** *(despise)* pohrdat, opovrhovat kým; *(treat contemptuously)* jednat s kým zvysoka; **s. danger** pohrdat nebezpečím, nedbat na nebezpečí **2** *(turn down:*

advice, invitation etc*)* odmítnout co, pohrdnout čím

scornful ['sko:nfl] adj opovržlivý, pohrdavý, přezíravý; **be s. of sb** pohrdat or opovrhovat kým; **be s. about sb** mluvit o kom opovržlivě ■ **~ly** adv pohrdavě, opovržlivě, s opovržením, *(treat* also*)* zvysoka

Scorpio ['sko:piəu] n Astrol, Astron Štír; **she is a S.** narodila se ve znamení Štíra

scorpion ['sko:piən] n Zool štír, škorpión

Scot [skot] n Skot/ -ka

Scotch [skoč] n **1** *(whisky)* skotská (whisky), whisky, viska **2 the S.** dated; now offens Skotové ● adj dated, now offens skotský; **S. broth** hustá zeleninová polévka s kroupami a luštěninami; **S. egg** karbanátek s natvrdo vařeným vejcem uvnitř; **S. mist** mžení, mrholení; **S. pine = Scots pine; S. tape** TM samolepicí páska; **S. terrier** skotský teriér

scotch [skoč] vt *(rumours)* umlčet, zarazit, zastavit; *(plot, plan)* zmařit; *(suppress: revolt)* potlačit

Scotchman ['skočmən], **Scotchwoman** ['-wumən] dated; now offens see **Scotsman, Scotswoman**

scot-free [skot'fri:] adj beztrestný; **be let off s.-f.** beztrestně vyváznout

Scotland ['skotlənd] n Skotsko ■ **S. Yard** Scotland Yard dřívější sídlo velitelství londýnské policie; nyní **New S. Yard** název budovy, ne instituce

Scots [skots] adj skotský; **I am S.** *(not English)* jsem Skot ● n **1** *(language)* skotština, skotská angličtina **2 the S.** Skotové

Scotsman ['skotsmən] n (pl **Scotsmen**) Skot

Scotswoman ['skotswumən] n (pl **Scotswomen** [-wimin]) Skotka

Scotticism ['skotisizəm] n skoticismus, skotský výraz v angličtině

Scottie ['skoti] n also **S. dog** skotský teriér

Scottish ['skotiš] adj skotský ● n *(language)* skotská angličtina, skotština

scoundrel ['skaundrəl] n **1** ničema, gauner, grázl, lump **2** inf mizera, holomek, klacek

scour$_1$ ['skauə(r)] vt **1** *(clean: pots* etc*)* drhnout, čistit, cídit **2** *(erode)* podemlít, vymlít ● n **give the sink a good s.** pořádně vydrhnout dřez

scour$_2$ ['skauə(r)] **I** vt *(search: terrain)* pročesat; *(shops, town)* proběhat, prolézt **II** phr vs ■ **scour about** vi **s. about for sth** hledat co

scourer ['skauərə(r)] n drátěnka

scourge [skə:dž] n **1** *(for flogging)* důtky **2** fig *(curse)* bič, metla, pohroma; **the s. of mankind** metla lidstva **3** *(person)* postrach ● vt lit bičovat; fig *(criticize)* tepat

Scouse [skaus] adj inf liverpoolský ● n **1** *(person)* obyvatel Liverpoolu **2** *(dialect)* liverpoolský dialekt

scout [skaut] n **1 (boy) s.** skaut; **(girl) s.** skautka **2** Mil **a)** *(person)* průzkumník, pátrač, rozvědčík, zvěd; *(boat)* hlídkový or strážní člun; **s. plane** průzkumný letoun **b)** *(exploration)* průzkum; fig inf **have a s. around for sth** poohlédnout se po čem **3** *(for footballers, dancers* etc*)* lovec; **talent s.** lovec talentů ● vi **1** Mil provádět průzkum **2 s. around for sth** pátrat po čem

scouting ['skautiŋ] n **1** Mil průzkum; fig *(for talent)* lov talentů ■ **s. party** průzkumná hlídka, rozvědka **2** *(movement)* skauting

scoutmaster ['skautma:stə(r)] n skautský vedoucí

scowl [skaul] n *(bad-tempered)* zamračený or zakaboněný výraz, *(very angry)* nasupený výraz ● vi *(in annoyance)* (za)mračit se, zakabonit se, *(angrily)* nasupit se; **s. at sb** mračit se na koho, podívat se na koho nazlobeně

scowling ['skauliŋ] adj zamračený, zakaboněný, nasupený

Scrabble TM ['skræbl] n desková hra, při které se z písmen sestavují slova

scrabble ['skræbl] vi **s. (about) for sth** *(search gropingly)* šmátrat po čem, *(in handbag, pocket)* lovit co v čem

scrag [skræg] n **1** also **s. end** Cook krkovička **2** *(skinny person)* vyzáblý člověk, hubeňour ● vt **(-gg-)** inf *(throttle)* uškrtit, zakroutit komu krkem

scraggly ['skrægli] adj **(-ier, -iest)** *(beard)* neupravený, nepěstěný

scraggy ['skrægi] adj **(-ier, -iest)** *(person)* vyzáblý, vychrtlý

scram [skræm] vi **(-mm-)** esp Amer sl vypařit se, zdejchnout se; usu in imper **s.!** vypadni!, odprejskni!

scramble ['skræmbl] n **1** *(climb)* namáhavé šplhání **2** *(rush)* shon, tahanice, inf frmol; **a s. for tickets** velká sháňka po lístcích, bitva o lístky; **a s. for seats** honba na sedadla, tahanice o místa; **a s. for jobs** hon za prací **3** Sport motokros ● v **(-pp-) I** vi **1** *(move with difficulty)* **s. to one's feet** namáhavě se zvednout; **s. out of sth** vyhrabat se z čeho; *(climb)* šplhat se, inf drápat se, inf škrábat se; **s. up a hill** drápat or škrábat se na kopec **2** *(struggle)* **s. for sth** tahat se o co, drát or rvát se o co; **s. for seats** tahat se o místa **3** Mil *(squadron)* rychle vzletět **II** vt **1** Telec, Rad (za)šifrovat **2** Aviat, Mil dát rozkaz k vzlétnutí **3 ~d eggs** míchaná vejce

scrambler ['skræmblə(r)] n šifrovací zařízení

scrambling ['skræmbliŋ] n Sport motokros

scrap$_1$ [skræp] n **1** *(small piece)* kousek, *(of paper)* útržek, cár, ústřižek, *(of cloth)* zbytek, cár; *(of poetry)* úryvek, fragment; **~s of conversation** útržky rozhovoru **2** **~s** *(of food)* zbytky **3** *(waste)* odpad; *(metal)* šrot; **sell sth for s.** prodat něco do šrotu ■ **s. iron** staré železo; **s. paper** papír na poznámky, makulatura; **s. yard** sklad šrotu ● vt (**-pp-**) *(discard: furniture, clothes, weapons)* vyřadit, *(car)* dát do šrotu; *(plan)* upustit od čeho

scrap$_2$ [skræp] n inf *(fight)* rvačka, pračka, *(quarrel)* hádka ● vi *(fight)* rvát se; *(quarrel)* hádat se

scrapbook ['skræpbuk] n album (novinových výstřižků etc); Comput obrázkové album uschovávající grafické obrazy

scrape [skreip] n **1** inf *(predicament)* nesnáze, potíže, inf malér, průšvih; **get into a s.** dostat se do maléru or inf do průšvihu; **be in a fine s.** být v pěkné bryndě **2** *(scratch: on knee etc)* odřenina, oděrka, *(on furniture etc)* škrábanec **3** *(sound: of pen, chalk)* (za)skřípání; *(of violin)* vrzání ● **I** vt **1** *(clean: carrots, potatoes, shoes)* (o)škrabat; *(paint; scales from fish)* seškrábat **2** *(scratch: furniture, paintwork, car)* (lehce) odřít, poškrábat; *(touch)* zavadit o, (za)drhnout o, dřít se o; **the car ~d the wall** auto zavadilo o stěnu; **the boat ~d the bottom** člun se zadrhl o dno ♦ **you must be scraping (the bottom of) the barrel** inf to na tom musíš být opravdu špatně, to už musíš mlít z posledního **3** **s. one's knee/ elbow** odřít se na koleně/ lokti, odřít si koleno/ loket **4** *(produce noise)* **s. one's feet** šoupat nohama; **s. the violin** vrzat or fidlat na housle **5** fig **s. a living** živořit, jen taktak vycházet s penězi, třít bídu s nouzí **II** vi **1** *(economize)* **to pinch and s.** škudlit **2** *(rub)* otřít se (**against sth** o co); **s. against the wall** *(wheel, mudguard etc)* (za)drhnout o zeď **3** **bow and s. to sb** hrbit se před kým, ohýbat před kým hřbet, inf lézt někomu do zadku **III** phr vs ■ **scrape along** vi protloukat se, živořit ■ **scrape away** *I* vt oškrabat *II* vi **s. away on a violin** vrzat or fidlat na housle ■ **scrape by** vi vystačit, vyjít (**on a small income** s malým příjmem) ■ **scrape in** vi jen taktak or s odřenýma ušima se dostat dovnitř ■ **scrape into** vt *(parliament/ university)* jen taktak se dostat do parlamentu/ na univerzitu ■ **scrape off** *I* vt *(mud)* oškrábat, *(skin on knee etc)* odřít se na koleně ap. *II* vi *(paint)* **s. off easily** dát se snadno seškrábat ■ **scrape out** vt vyškrábnout/ vyškrábat ■ **scrape through** *I* vi *(person)* protáhnout se, proklouznout, *(thing)* prolézt *II* vt *(gap)* protáhnout se čím; *(exam)* proklouznout or prolézt při čem ■ **scrape together** or **up** vt *(money, food)* splašit, schrastit; *(team etc)* sestavit s velkými potížemi

scraper ['skreipə(r)] n **1** *(for muddy shoes)* škrabák **2** *(hand tool: for fruit, potatoes)* škrabka; **paint s.** špachtle

scrapheap ['skræphi:p] n **1** lit skládka, smetiště **2** fig **put sb on the s.** dát koho do starého železa, odepsat někoho

scraping ['skreipiŋ] n **1** *(sound: of chalk)* skřípání, *(of violin)* vrzání, skřípání **2** *(thin layer: of butter etc)* tenká vrstva **3** **~s** *(of food)* zbytky; *(from carrots etc)* oškrabky

scrappiness ['skræpinəs] n (see **scrappy**) **1** útržkovitost, nesouvislost, splácanost **2** agresivita

scrappy ['skræpi] adj (**-ier**, **-iest**) **1** *(made up of bits)* útržkovitý, kusý; *(meal)* splácaný; *(knowledge)* povrchní, zlomkovitý; **a s. speech** nesouvislý projev; **his English is s.** v angličtině má značné mezery **2** Amer *(aggressive)* agresivní, hádavý

scratch [skræč] n **1** *(wound)* škrábanec, šrám; *(from a fingernail, claw also)* drápanec, *(from a claw also)* seknutí drápem ♦ **escape without a s.** vyváznout bez (jediného) škrábnutí **2** *(mark: on furniture)* škrábanec, *(on glass, record also)* rýha ■ **s. pad** Amer poznámkový blok; Comput zápisníková paměť přídavná; **s. paper** Amer papír na poznámky **3** *(sound)* škrábání, *(of pen)* skřípot, *(of record)* šelest **4** **have a s.** poškrabat se; **give sb a s.** poškrabat někoho **5** **start from s.** začít od píky or od ničeho, začít od Adama, začít úplně od začátku; **build a factory from s.** postavit továrnu na zelené louce; inf **be** or **come up to s.** být na (patřičné) úrovni; **bring sb/ sth up to s.** dostat koho/ co na patřičnou úroveň ● adj *(team)* splácaný, *(meal also)* improvizovaný ● **I** vt **1** *(to relieve an itch)* **s. one's head** (po)škrábat or podrbat se na hlavě ♦ **s. a living selling vegetables** těžce se protloukat prodejem zeleniny; **you s. my back and I'll s. yours** ruka ruku myje; já na bráchu, brácha na mě **2** *(mark: furniture etc)* poškrábat, (Subj: *cat also*) podrápat ♦ **s. the surface of sth** fig řešit něco jen aby se neřeklo, dotknout se čeho jen povrchně **3** *(wound* – Subj: *cat, person)* škrábnout, poškrabat, drápnout, podrápat; **s. oneself badly**, **get ~ed badly** *(eg when pruning roses)* zle se podrápat **4** *(irritate* – Subj: *wool etc)* štípat, kousat **5** Sport *(match)* skrečovat **II** vi **1** *(to relieve an *itch)* (po)škrábat se **2** *(cat)* škrábat, drápat; **s. like a wild cat** škrábat or drápat jako divoká kočka **3** Sport *(withdraw from race etc)* odvolat svou účast, nestartovat, nenastoupit **III** phr vs ■ **scratch about** or **around** vi fig inf ohlížet se, shánět se (**for sth** po čem) ■ **scratch off** vt odškrábat, seškrábat ■ **scratch out** vt **1** *(cross out: name)* vyškrtnout **2 s. sb's eyes out** lit & fig vyškrábat or vydrápat komu oči ■ **scratch together** or **up** vt *(money)* sehnat s potížemi, splašit, někde vyšťárat, *(team)* dát dohromady s velkými potížemi

scratchy ['skræči] adj (**-ier**, **-iest**) **1** *(pen)* rozskřípaný, skřípavý, *(sound)* skřípavý, vrzavý **2** *(blanket, sweater)* štípavý, kousavý **3** *(record)* poškrábaný

scrawl [skro:l] n škrábanice, mazanina, drápanice, čmáranice, klikyháky ● **I** vt načmárat, naškrábat **II** vi čmárat, škrábat, drápat (jako kocour)

scrawny ['skro:ni] adj *(person, neck)* vychrtlý, vyzáblý

scream [skri:m] n **1** *(cry)* výkřik; *(of birds)* skřek; *(of animal)* zavřeštění, zaječení; *(of tyres)* skřípot; *(of sirens)* ječení; **s. of pain** bolestný výkřik; **a heartrending s.** srdcervoucí výkřik; **give a loud s.** hlasitě vykřiknout; **~s of laughter** salvy or výbuchy smíchu **2 it was a s.** inf *(situation, event etc)* bylo to děsně legrační; **he's an absolute s.** je hrozně komický, je s ním děsná zábava or sranda, je ohromný ● **I** vi **1** *(shout)* křičet, řvát, *(baby)* (za)ječet, (za)vřískat, *(monkey)* (za)vřeštět; **s. at sb** křičet or *(stronger)* řvát na koho; **s. with laughter** řvát smíchy; **s. like nobody's business** inf řvát jak pominutý **2** *(tyres, brakes)* skřípat; *(siren)* ječet, vřeštět, výt **II** vt *(insults)* ječet, *(commands)* vykřikovat, vyřvávat; **s. one's head off** inf řvát or ječet jako pominutý; **s. the place down** řvát jako tur **III** phr v ■ **scream out** *I* vi vykřiknout, zaječet, zavřeštět; **s. out for sth** hlasitě se čeho domáhat *II* vt *(name)* zavolat, zavřeštět

screaming ['skri:miŋ] adj **s. headlines** palcové titulky ■ **~ly** adv **it was ~ly funny** inf bylo to k popukání

scree [skri:] n Geol suť

screech [skri:č] n *(of person)* (za)vřeštění, zavřísknutí, *(of women also)* (za)ječení; *(of birds)* křik, skřek(y); *(of owls)* houkání; *(of tyres, brakes)* (za)skřípění, skřípot ■ **s. owl** výreček americký ● **I** vt *(order)* zavřeštět, zaječet, zařvat skřehotavým hlasem, zaskřehotat **II** vi (za)vřeštět, (za)ječet; *(tyres, brakes)* (za)skřípat; **s. like a monkey** vřeštět or ječet jako opice; **s. with delight** (za)vřískat radostí

screed [skri:d] n fig dlouhé povídání, litanie, celý román; **write ~s (and ~s)** napsat celé romány

screen [skri:n] n **1** *(partition)* dělicí stěna, přepážka, příčka; *(for privacy)* paraván, španělská stěna, zástěna; *(as protection)* **fire s.** zástěna u kamen, paraván; **s. of trees** clona stromů; **smoke s.** lit & fig kouřová clona **2** Film plátno; TV, Comput obrazovka; **projection s.** projekční or promítací plátno; **wide s.** široké plátno; **adapt sth for the s.** *(book, story)* zfilmovat co ■ **s. actor/ actress** filmový herec/ herečka; **s. reporter** filmový zpravodaj **3** fig maska, pláštík, plášť; **act as a s. for sth** fig být pouhým pláštíkem pro co **4** *(sieve)* síto, *(for sand also)* prohazovačka **5** Amer Sport blokování soupeře ● **I** vt **1** *(film)* uvádět, dávat, promítat; *(TV programme)* dávat, vysílat **2** *(shelter)* chránit; *(hide)* schovávat, maskovat; **he ~ed his eyes with his hand** zaclonil si oči rukou **3** *(employees)* prověřovat, formerly kádrovat; *(luggage)* prosvítit/ prosvěcovat; *(passengers)* kontrolovat; Med rentgenovat, snímkovat **4** *(sift)* prosévat, *(sand also)* prohazovat **II** phr v ■ **screen off** vt *(with partition/ curtain etc)* oddělit přepážkou/ záclonou etc

screening ['skri:niŋ] n **1** *(of personnel)* prověřování, formerly kádrování, after 1989 also lustrace **2** *(of film)* promítání, TV vysílání **3** Med screening [skri:nink]

screenplay ['skri:nplei] n Cine scénář

screenwriter ['skri:nraitə(r)] n Cine scénárista

screw [skru:] n **1** Techn šroub; **adjusting s.** stavěcí šroub ♦ **he has got a s. loose** inf má o kolečko víc, přeskočilo mu; **put the ~s on (sb)** inf fig skřípnout koho, přitáhnout komu uzdu ■ **s. top** šroubovací uzávěr or víčko **2** Naut (lodní) šroub, Aviat vrtule **3** Br sl *(prison officer)* bachař **4** sl vulg *(sex)* číslo; **have a s.** pomilovat se, zapíchat si; **she's a good s.** vulg je dobrá v posteli **5** Br inf *(salary)* **he earns on a good s.** vydělává pěkný* prachy ● **I** vt **1** Techn *(bolt, screw)* (při)šroubovat (**to sth** k čemu); **s. sth tight** pevně něco přitáhnout; see also phr vs **2** *(crumple: piece of paper, handkerchief)* zmačkat; **s. the letter into a ball** zmačkat dopis do chumáče; **he ~ed his face into a smile** stáhl obličej do úsměvu **3** sl *(con)* **s. sb** podfouknout or napálit koho, *(rip off)* vzít koho na hůl **4** vulg *(have sexual intercourse)* souložit s kým, píchat s kým **5 s. you!** vulg jdi do hajzlu!; **s. what he thinks!** vulg na jeho mínění seru! **II** vi **1** *(lid etc)* dát se odšroubovat **2** *(have intercourse)* vulg šoustat, píchat **III** phr vs ■ **screw around** vi **1** *(sleep around)* sl vulg spát s kdekým, *(woman* also*)* dát každýmu* **2** Amer *(waste time)* flákat se ■ **screw down** *I* vt přišroubovat *II* vi dát se přišroubovat ■ **screw in** vt našroubovat (dovnitř) ■ **screw off** vt(i) odšroubovat (se) ■ **screw on** *I* vt našroubovat, přišroubovat ♦ **his head is ~ed on (the right way)** myslí mu to, je to hlava otevřená, má hlavu na pravém místě *II* vi dát se přišroubovat or našroubovat, být určený k přišroubování ■ **screw out** vt **1** lit vyšroubovat; *(liquid)* vyždímat (**of sth** z čeho) **2** fig inf **s. money out of sb** vyrazit or vyždímat peníze z koho ■ **screw together** *I* vt sešroubovat, spojit šrouby *II* vi dát se sešroubovat ■ **screw up** vt **1** *(tighten)* utáhnout, přitáhnout **2** *(crumple)* zmačkat, zmuchlat **3** inf *(eyes)* mhouřit, přivřít, *(mouth)* (z)křivit; **s. up one's courage** dodat si odvahy, vzmužit se **4** sl *(mess up)* zpackat, zmršit, vulg zkurvit **5** **get ~ed up about sth** inf nervovat se or bláznit kvůli čemu

screwball ['skru:bo:l] n esp Amer inf blázen, cvok ● adj ťuknutý, praštěný

screwdriver ['skru:draivə(r)] n šroubovák

screwed [skru:d] adj Br sl *(drunk)* namazaný, nalitý, na mol

screw-top(ped) [skru:'top(t)] adj mající šroubovací víčko or uzávěr

screwed-up [skru:d'ap] adj sl neurotický, zmatený

screw-up ['skru:ap] n sl chaos, zmatek

screwy ['skru:i] adj inf (**-ier**, **-iest**) ťuknutý, praštěný

scribble ['skribl] n čmáranice, drápanice, klikyháky ● **I** vt *(note, message)* načmárat, nadrápat **II** vi čmárat, škrábat

scribbler ['skriblə(r)] n pej *(writer)* pisálek, škrabálek

scribbling ['skribliŋ] n mazanice, škrábanice ■ **s. pad** Br poznámkový blok

scribe [skraib] n **1** Hist *(copyist)* opisovač, písař **2** *(in Biblical times: religious scholar)* zákoník

scrimmage ['skrimidž] n **1** Sport mlýn, *(in American football)* zápas o míč **2** *(brawl)* rvačka, pranice, tahanice

scrimp [skrimp] vi skrblit, škudlit (**on sth** na čem); **s. on food** šetřit na jídle, odměřovat jídlo ♦ **s. and save** utáhnout si opasek, odtrhovat si od úst

script [skript] n **1** *(handwriting)* rukopis, rukopisné písmo **2** Typ skript, psané písmo; **Roman s.** latinka; **in italic s.** kurzivou **3** Sch, Univ *(in examination: written answers)* písemná práce **4** Cine, TV, Rad scénář; Theat text (hry) ■ **s. girl** skriptérka **5** Jur originál ● vt Cine, TV, Rad napsat scénář čeho

scriptural ['skripčərəl] adj biblický

Scripture ['skripčə(r)] n **1** *(Christian)* also **the ~s** Písmo svaté, Bible **2** *(non-Christian)* **scriptures** posvátné knihy **3** Sch *(Religious Education)* náboženství

scriptwriter ['skriptraitə(r)] n Cine scénárista

scroll [skrəul] n **1** *(of parchment)* svitek **2** *(of violin)* šnek **3** Comput přetáčení obrazu ● **I** vi Comput přetáčet **II** phr vs ■ **scroll down/ up** vt přetáčet dolů/ nahoru, posouvat dolů/ nahoru

Scrooge [skru:dž] n skrblík, držgrešle, lakomec, chamtivec

scrotum ['skrəutəm] n (pl also **scrota** ['skrəutə]) Anat šourek, skrotum

scrounge ['skraundž] inf **I** vi žebrat, chodit s prosíkem; **s. off sb** žít na čí útraty **II** vt **s. sth off sb** vyžebrat si co na kom; **s. a cigarette off sb** vyloudit na kom cigaretu ● n inf **be on the s. for sth** vyžebrávat si něco; **he's always on the s.** stále se přiživuje na úkor druhých

scrounger ['skraundžə(r)] n inf vyžírka, příživník

scrub$_1$ [skrab] n *(undergrowth)* křoví, podrost ■ **s. pine** kosodřevina

scrub$_2$ [skrab] n **give sth a good s.** řádně něco vydrhnout; **give my back a s.** vydrhni mi záda ■ **s. brush** Amer rýžák ● v (**-bb-**) **I** vt **1** *(floor)* vydrhnout, *(carpet)* vyčistit kartáčem; *(dishes)* umýt **2** inf *(cancel: order)* anulovat, zrušit; *(tape)* vymazat **II** vi drhnout **III** phr vs ■ **scrub down** vt *(walls)* důkladně umýt; **s. oneself down** vydrhnout se ■ **scrub out** vt *(dirt, mark)* vydrhnout, *(pots* also*)* vycídit ■ **scrub up** vi *(surgeon)* vydrhnout si ruce před operací

scrubber ['skrabə(r)] n Br sl pej *(whore)* štětka, běhna, kurva

scrubbing ['skrabiŋ] n drhnutí ■ **s. brush** rýžák, hrubý kartáč

scruff$_1$ [skraf] n ♦ **take sb by the s. of the neck** popadnout koho za límec or inf za flígr

scruff$_2$ [skraf] n inf *(untidy person)* otrhanec, obejda; *(woman)* coura; **look a right s.** vypadat jako čuně

scruffy ['skrafi] adj (**-ier**, **-iest**) inf ošumělý, ošuntělý, špinavý, neupravený

scrum [skram] n **1** Rugby mlýn ■ **s. half** mlýnová spojka **2** fig *(tussle, jostle)* tahanice, mela, skrumáž ● phr v ■ **scrum down** vi Rugby utvořit mlýn

scrummage ['skramidž] n Rugby mlýn ● vi utvořit mlýn

scrumptious ['skrampšəs] adj Br inf *(meal)* chutný, prima

scrumpy ['skrampi] n jablečný mošt s větším množstvím alkoholu než v obyčejném moštu

scrunch [skranč] n (see vt, vi) chroupání, chroustání; vrzání, skřípání; *(of tyres)* skřípot ● **I** vt *(biscuit)* chroupat, *(apple)* chroustat **II** vi *(snow underfoot)* vrzat, skřípat, chřupat; *(tyres)* skřípat **III** phr v ■ **scrunch up** vt **1** *(paper)* zmačkat, pomačkat **2** Amer choulit se

scruple ['skru:pl] n often pl **~s** ohledy, skrupule, zábrany; **have no ~s** nemít žádné zábrany, nemít skrupule; **have no ~s about doing sth** udělat co bez skrupulí, dělat něco s klidným svědomím ● vi **not to s. to do sth** udělat co bez skrupulí or s klidným svědomím

scrupulous ['skru:pjuləs] adj *(conscientious)* svědomitý, zásadový, skrupulózní; *(meticulous: person)* úzkostlivě pečlivý, puntičkářský, pedantský, *(cleanliness)* úzkostlivý, *(account)* puntičkářsky přesný ■ **~ly** adj *(conscientiously)* svědomitě; *(meticulously)* puntičkářsky, s úzkostlivou pečlivostí, *(clean)* úzkostlivě

scrupulousness ['skru:pjuləsnəs] n (see **scrupulous**) svědomitost, zásadovost, skrupulóznost; pečlivost, puntičkářství, pedantství, úzkostlivost

scrutineer [skru:ti'niə(r)] n Br *(of votes)* skrutátor/ -ka

scrutinize ['skru:tinaiz] vt **1** *(examine)* (pečlivě) (pro)zkoumat, prohlížet, *(check)* (pře)zkoumat, (pře)kontrolovat **2** *(stare)* **s. sb** pátravě se na koho podívat, změřit si koho od hlavy k patě

scrutiny ['skru:təni] n (pl **-nies**) **1** *(examination)* (pečlivé) (pro)zkoumání, (pečlivá) prohlídka, *(check)* (důkladná) kontrola, přezkoumání **2** Pol *(of votes)* skrutinium, *(re--count)* přepočítání **3** *(stare)* pátravý pohled

scuba ['sku:bə] n akvalung ■ **s. diving** potápění s kyslíkovým přístrojem, sportovní potápění

scud [skad] vi (**-dd-**) *(ship)* klouzat, být unášen větrem; *(clouds)* honit se (**across the sky** po obloze)

scuff [skaf] **I** vt **1** *(shoe)* okopat, odřít **2** *(shuffle)* **s. one's feet** šoupat nohama **II** vi šoupat nohama ● n **s. (mark)** odřené místo

scuffle ['skafl] n *(fight)* potyčka, šarvátka, rvačka, výtržnost ● vi rvát se, prát se (**with sb** s kým)

scull [skal] n **1** *(oar)* párové veslo; *(double-paddle: at stern)* záďové veslo **2** *(boat)* skul ● vi veslovat párovým/ záďovým veslem

scullery ['skaləri] n (pl **-ries**) umývárna nádobí ■ **s. maid** pomocnice kuchařky, umývačka nádobí

sculpt [skalpt] **I** vi zabývat se sochařstvím, inf sochařit **II** vt *(statue)* (vy)tesat

sculptor ['skalptə(r)] n sochař

sculptress ['skalptrəs] n sochařka

sculptural ['skalpčərəl] adj sochařský; **s. group** sousoší

sculpture ['skalpčə(r)] n **1** *(art)* sochařství **2** *(object)* socha, skulptura, plastika ● **I** vi provozovat sochařství, inf sochařit **II** vt *(in stone)* tesat; *(in clay etc)* modelovat

scum [skam] n **1** *(on liquid, sea)* nečistá pěna; *(on pond)* šlem; *(in bath)* nános špíny **2** inf pej *(worthless person)* neřád, šupák, *(despicable person)* vyvrhel; **the s.** spodina, verbež; **the s. of the earth** spodina společnosti

scumbag ['skambæg] n sl ničema, lump, neřád, šupák

scupper ['skapə(r)] n Naut palubní odtok ● vt **1** *(ship)* potopit úmyslně vlastní loď **2** Br inf *(plan, attempt)* zhatit, potopit, pohřbít fig; **s. sb's chances** udělat komu čáru přes rozpočet, inf polepit to komu; **s. one's chances with sb** rozlít si to u koho ♦ **we are ~ed** jsme vyřízení, je s námi konec

scurf [skə:f] n **1** *(dandruff)* lupy **2** *(on skin)* šupinky mrtvé kůže

scurrility [ska'riləti] n see **scurrilous** **1** *(of statement)* nactiutrhačství, *(of action)* hanebnost **2** *(coarseness)* hrubost, sprostota, vulgárnost

scurrilous ['skarələs] adj **1** *(defamatory)* pomlouvačný, nactiutrhačný, *(lying)* lživý, vylhaný; *(ignoble)* hanebný, podlý **2** *(coarse)* vulgární, hrubý, sprostý

scurry ['skari] n **1** *(hurry)* chvat, kvap, spěch **2** *(sound)* cupitání, cupot ● v (pt & pp **scurried**) **I** vi **1** *(rush)* pelášit, hnát se, inf mazat **2** *(move with small steps)* cupitat **II** phr vs ■ **scurry about** vi pobíhat (sem a tam) ■ **scurry away** or **off** vi *(animal)* odpelášit; *(person)* vzít nohy na ramena, mazat pryč

scurvy ['skə:vi] n Med kurděje, skorbut

scuttle$_1$ ['skatl] n **(coal) s.** uhlák, kbelík na uhlí

scuttle$_2$ ['skatl] n cupitání, cupot ● vi cupitat, pobíhat; cf also **scurry** phr vs

scuttle$_3$ ['skatl] vt *(ship)* potopit úmyslně vlastní loď

Scylla ['silə] n **be between S. and Charybdis** fig být mezi Scyllou a Charybdou, fig být ve dvojím ohni

scythe [saið] n kosa ● vt kosit, síci or sekat (kosou)

SDI [esdi:'ai] abbr of **Strategic Defense Initiative** Strategická obranná iniciativa tzv. hvězdné války

SE abbr of **southeast(ern)** JV, jihovýchod(ní)

sea [si:] n **1** often **the s.** moře; **the ~s** (širé) moře; **across the s.** za mořem; **at s.** na moři; **by s.** *(travel)* lodí, *(transport* also*)* po moři; **by the s.** u moře; **choppy s.** neklidné or poněkud rozbouřené moře; **furrow the ~s** brázdit moře; **go to s.** *(become a sailor)* stát se námořníkem; **the high s.**, **the open s.** širé moře; **inland s.** vnitrozemské moře; **out at s.** na širém moři; **put to s.** vyplout na moře; **rough s.** rozbouřené moře; **sail the ~s** plavit se po moři or po mořích; **the s.'s roar** řev moře ♦ **be all at s.** tonout v nejistotě, být zmatený, být vedle; **be** or **lie beyond the seven ~s** být za devaterými or devatero horami; **between the devil and the deep blue s.** v dvojím ohni, mezi Scyllou a Charybdou; **the s. of mankind** lidské moře, lidské mraveniště; **a s. of faces** moře tváří ■ **s. air** přímořský vzduch; **s. anemone** Zool sasanka živočich; **s. animal** mořský živočich; **s. bathing** koupání v moři; **s. battle** námořní bitva; **s. calf** tuleň obecný; fig **s. change** radikální změna; **s. cow** mořská kráva, ochechule; **s. cucumber** Zool sumýš; **s. dog** starý mořský vlk; **s. god** mořský bůh, bůh moře; **s. green** mořská zeleň; **s. lane** mořská trasa; **find one's s. legs** zvyknout si na plavbu po moři; **s. level** úroveň mořské hladiny; **above s. level** nad mořem; **s. lion** lvoun, lachtan; **s. mile** námořní míle; **s. power i)** námořní velmoc **ii)** *(naval strength)* síla na moři; **s. robber** námořní lupič; **s. shanty** námořnická píseň; **s. shipping** námořní plavba, námořní přeprava; **s. urchin** mořský ježek; **s. wall** mořská hráz, přístavní hráz; **s. water** mořská voda **2** often **Sea** *(in proper names)* moře; **the Black S.** Černé moře; **the Dead S.** Mrtvé moře; **the Mediterranean S.** Středozemní moře; **the S. of Tranquillity** Moře klidu na Měsíci

seabed ['si:bed] n mořské dno

seabird ['si:bə:d] n mořský pták

seaboard ['si:bo:d] n atlantské pobřeží

seaborne ['si:bo:n] adj *(trade)* námořní, oceánský; *(goods, troops)* dopravovaný po moři

seacoast ['si:kəust] n mořské pobřeží

seafarer ['si:feərə(r)] n námořník, mořeplavec

seafaring ['si:feəriŋ] adj *(nation)* mořeplavecký; *(boat)* námořní

seafloor ['si:flo:(r)] n mořské dno

seafood [si:fu:d] n mořské potraviny, mořské ryby, drobní jedlí korýši a měkkýši ■ **s. restaurant** rybí jídelna or restaurace

seafront ['si:frant] n nábřeží mořské

seagoing ['si:gəuiŋ] adj *(nation, family)* mořeplavecký; *(boat)* námořní

seagull ['si:gal] n Orn racek

seahorse ['si:ho:s] n Zool mořský koník

seal$_1$ [si:l] n Zool tuleň; *(~skin)* tulení kůže, síl, sílskin ● vi **go ~ing** jít na lov tuleňů

seal$_2$ [si:l] n **1** *(tool)* pečetidlo, pečetítko, *(ring)* pečetní prsten; *(on document)* pečeť; *(on crate, on meter)* plomba; **s. of office** úřední razítko; **put** or **set one's s. to sth** přiložit svou pečeť na co, opatřit co svou pečetí, *(crate)* přivěsit na co svou pečeť; **remove the s. from sth** odpečetit něco ♦ **set one's s. on sth** fig vtisknout něčemu svou pečeť; **to put one's s. of approval on sth** něco (oficiálně) schválit **2** Jur úřední pečeť; **under s.** pod pečetí ♦ **the s. of the confessional** zpovědní tajemství; **under the s. of secrecy** pod rouškou or pod pečetí tajemství **3** *(on bottle)* uzávěr; **an airtight/ watertight s.** vzduchotěsný/ vodotěsný uzávěr **4** *(washer)* těsnění ● **I** vt **1** *(document)* opatřit pečetí; **s. a patent** udělit patent ♦ **s. sth with a kiss** stvrdit co polibkem; **s. sth in blood** zpečetit něco svou krví **2** *(decide)* rozhodnout, zpečetit; **s. one's fate** zpečetit svůj osud (**by doing sth** čím) **3** Jur *(door)* (úředně) zapečetit **4** *(close: parcel)* uzavřít, *(metal container* also*)* zatavit, *(envelope)* zalepit, *(with wax)* zapečetit ♦ **my lips are ~ed** budu mlčet jako hrob; **keep your lips ~ed** (nikomu) ani muk! **5** *(insulate: window* etc*)* utěsnit, *(gap: with putty* also*)* zatmelit, *(with concrete)* zacementovat spáry etc **II** phr vs ■ **seal in** vt hermeticky uzavřít; *(flavour)* zachovat v čem ■ **seal off** vt (těsně) uzavřít, *(door, window* also*)* zazdít, *(street* also*)* zatarasit, zablokovat ■ **seal up** vt *(letter)* zalepit; *(gap, crack)* utěsnit; *(jar)* hermeticky uzavřít

sealant ['si:lənt] n těsnicí materiál, těsnivo

sealed [si:ld] adj *(closed)* uzavřený, *(envelope)* zalepený, *(with wax)* zapečetěný, *(door, flat)* (úředně) zapečetěný, *(jar)* hermeticky uzavřený

sealer ['si:lə(r)] n **1** *(person)* lovec tuleňů **2** *(ship)* loď na lov tuleňů

sealing ['si:liŋ] n těsnění ■ **s. wax** pečetní vosk; **s. cement** tmel

sealskin ['si:lskin] n tulení kůže

seam [si:m] n **1** *(on garment, stocking)* šev; Techn *(weld)* (svárový) šev, Anat šev, sutura, *(scar)* jizva; **be bursting at the ~s** praskat ve švech, párat se, *(suitcase)* být nacpaný k prasknutí, fig **the hall was bursting at the ~s** v sále bylo natřískáno or našlapáno **2** *(of ore)* žíla, *(of coal)* ložisko, sloj ● vt *(sew)* sešít, udělat šev na čem; *(metal)* svařit

seaman ['si:mən] n (pl **-men**) námořník

seamanship ['si:mənšip] n námořnické umění

seamen ['si:mən] pl of **seaman**

seamless ['si:mləs] adj *(stocking, tube)* bezešvý

seamstress ['semstrəs, 'si:mstrəs] n somewhat dated švadlena

seamy ['si:mi] adj (**-ier, -iest**) fig špinavý, pochybný; **the s. side of life** stinné stránky života

séance ['seia:ns] n seance spiritistická

seaplane ['si:plein] n hydroplán

seaport ['si:po:t] n námořní přístav

sea quake ['si:kweik] n mořské zemětřesení

sear [siə(r)] vt **1** *(burn)* spálit, ožehnout, sežehnout; *(brand)* ocejchovat **2** Med *(cauterize)* vypálit, kauterizovat **3** Cook *(meat)* osmahnout, zprudka opéci **4** *(wither)* zvadnout ● adj *(plant)* uvadlý, zvadlý, uschlý

search [sə:č] n **1** *(for missing person, object)* hledání, pátrání (**for sb/ sth** po kom/ čem); **go in s. of sth** jít něco hledat; **make a s. for sb** pátrat po kom, hledat koho ■ **s. party** pátrací četa **2** *(by police, customs)* prohlídka; **house s.** domovní prohlídka ■ **s. warrant** rozkaz k domovní prohlídce **3** Comput vyhledávání ● **I** vt **1** *(room, house)* prohled(áv)at, hledat v čem; *(drawers)* prohled(áv)at, prohrab(áv)at; *(manuscripts, library)* pátrat v čem **2** (Subj: *police, customs* etc*)* prohlížet, prohlédnout, provést prohlídku koho/ čeho; **s. the woods for sb** pročesávat lesy při hledání koho; **s. the sky** (Subj: *searchlights)* přejíždět po obloze ♦ **s. me!** vím já!, copak vím!, nemám tušení!; **s. one's conscience** zpytovat svědomí **3** Comput vyhledávat **II** vi hledat, pátrat; **s. for sth** pátrat po čem; **s. for truth** hledat pravdu ♦ **s. high and low** všechno prohledat **III** phr vs ■ **search out** vt objevit, odhalit, vypátrat ■ **search through** vt *(drawers, papers, documents)* prohledat, prohrabat; **s. through sb's pockets** (pro)šacovat komu kapsy, (pro)šacovat koho

searcher ['sə:čə(r)] n pátrač, účastník pátrání

searching ['sə:čiŋ] adj *(look)* zpytavý, pátravý, zvídavý, *(question)* zvídavý ■ **~ly** adv *(look)* pátravě; *(ask)* zvídavě

searchlight ['sə:člait] n světlomet

searing ['siəriŋ] adj **1** *(heat)* strašlivý; *(light)* oslňující **2** *(pain)* ostrý, pronikavý, trýznivý; fig *(criticism)* břitký, nemilosrdný; *(grief)* mučivý

seascape ['si:skeip] n **1** *(view)* mořská scenérie **2** Art marína, obraz moře

seashell ['si:šel] n lastura, mušle

seashore ['si:šo:(r)] n mořský břeh, pobřeží, *(beach)* pláž; **on the s.** na pobřeží

seasick ['si:sik] adj trpící mořskou nemocí; **be s.** mít mořskou nemoc

seasickness ['si:siknəs] n mořská nemoc

seaside ['si:said] n **be at the s.** být u moře; **go to the s.** jet k moři ■ **s. holiday** dovolená u moře; **s. resort** přímořské letovisko or lázně; **s. town** přímořské město

season ['si:zn] n **1** *(time of year)* **a)** *(spring, summer* etc) (roční) období; **the four ~s** čtvero ročních období **b) the dry/ rainy s.** období sucha/ dešťů; **the rainy s. has set in** nastaly deště **c) the growing s.** vegetační období; **the mating** or **breeding s.** (doba) páření; **the rutting s.** říje **2** Sport, Fashion, Tourism sezona; **the close s.** doba hájení zvěře a ryb; **the high s.** vrcholná sezona; **the hunting s.** lovecká sezona; **the silly s.** okurková sezona fig; **the hit of the s.** šlágr sezony; **be in s.** *(fruit)* dozrávat; *(cow* etc*)* běhat se, *(dog* also*)* hárat ■ **s. ticket** Theat abonentní vstupenka, permanentka, Rail, Bus etc *(monthly/ weekly)* měsíční/ týdenní jízdenka **3 in due s.** ve vhodném okamžiku, postupem času **4 'S.'s greetings'** „Veselé Vánoce a šťastný nový rok" ● vt **1** Cook ochutit, okořenit; fig *(speech: with jokes)* okořenit; **s. sth with pepper** opepřit něco **2** *(timber)* nechat vyschnout; *(wine)* nechat uležet **3** *(temper)* mírnit

seasonable ['si:zənəbl] adj **1** *(clothing)* přiměřený; *(weather)* typický pro roční období **2** *(opportune: time)* vhodný, příhodný, *(advice)* včasný, v pravou chvíli

seasonal ['si:zənl] adj *(commodities, workers, variations)* sezonní ■ **~ly** adv sezonně; **~ly adjusted** *(statistics)* očištěný od sezonních výkyvů

seasoned ['si:znd] adj **1** *(food)* okořeněný, ochucený; **highly s.** silně kořeněný, ostrý **2** *(wood)* vyschlý; *(wine)* uleželý **3** *(person)* ostřílený, zkušený

seasoning ['si:zəniŋ] n koření

seat [si:t] n **1** *(piece of furniture: chair)* židle, *(stool)* stolička, sedátko, *(bench)* lavička, *(in car)* sedadlo; *(on bicycle, horse)* sedlo; **folding s.** sklápěcí sedátko; **toilet s.** záchodové sedátko; **take a s.** posadit se, sednout si; **please stay in your ~s** nevstávejte prosím ♦ **take a back s.** lit sednout si dozadu v autě, fig ustoupit do pozadí;

all the other things have taken a back s. for a while všechno ostatní bylo dočasně odsunuto do pozadí ■ **s. belt** bezpečnostní or poutací pás **2** *(of chair)* sedadlo židle, sedací plocha, *(of trousers)* zadnice kalhot, inf *(buttocks)* zadní část, zadnice ♦ inf **drive/ fly by the s. of one's pants** řídit/ létat instinktivně **3** *(place to sit)* místo (k sezení), sedadlo; **a window s.** místo u okna; **book** or **reserve ~s** rezervovat (si) místa, objednat si lístky; **I'd like to book two ~s** chtěl bych si objednat dvě místa; **is this s. free?** je tu volno?; *(booked up)* **to the last s.** do posledního místečka ■ **s. reservation** místenka **4** Pol Parl (poslanecké) křeslo, (poslanecký) mandát; **contest/ win a s.** kandidovat na/ získat poslanecké křeslo **5** *(centre: of commerce, learning)* středisko, *(of government* etc*)* sídlo; **episcopal s.** biskupský stolec **6** Med *(of infection)* ohnisko, ložisko; fig *(of revolt)* ohnisko **7** Br **country s.** venkovské sídlo, venkovský zámeček **8** Equest sed na koni, držení těla; **have a good s. on a horse** mít dobrý sed na koni **9** Techn *(of valve)* sedlo ● **I** vt **1** *(person)* posadit, usadit; **s. oneself** posadit se; **be ~ed** sedět; **please remain ~ed** zůstaňte prosím sedět, nevstávejte prosím **2** *(accommodate: hall)* **the hall ~s 200 people** do sálu se vejde 200 lidí, v sále je 200 míst (k sezení); **the car can s. four** v autě jsou čtyři místa **3** Techn *(valve)* uložit **II** vi *(go baggy: skirt, trousers)* vysedět se or vyboulit se na zadnici

-seater ['si:tə(r)] in compounds **a two-s. (car/plane)** dvousedadlové auto/ dvoumístné letadlo

seating ['si:tiŋ] n místa k sezení, *(of hall* etc*)* kapacita; **there's additional s. at the back** vzadu jsou ještě další místa k sezení ■ **s. plan** *(in theatre* etc*)* rozdělení sedadel; **the s. capacity of the hall is ...** sál pojme ..., kapacita sálu je ...

SEATO ['si:təu] formerly abbr of **Southeast Asia Treaty Organization** SEATO, Pakt pro jihovýchodní Asii

seaward ['si:wəd] adj *(breeze)* vanoucí od moře ve dne ● adv also **~s** směrem k moři or do moře

seaweed ['si:wi:d] n (mořská) řasa, chaluha

seaworthy ['si:wə:ði] adj *(boat)* způsobilý k námořní dopravě; *(packing)* zámořský

sebaceous [sə'beišəs] adj Anat mazový, tukový; **s. gland** mazová žláza

seborrhoea [sebə'ri:ə] n Med mazotok, seborea

sebum ['si:bəm] n Anat (kožní) maz

sec [sek] abbr of **1 second(s)** n Br inf sekunda, fig chvilička, moment(íček); **just a sec** počkej moment; **wait a sec** počkej chvilku **2 secretary** sekretář/ -ka

secant ['si:kənt] n **1** Geom sečna **2** Math sekans, sekanta goniometrická funkce

secateurs ['sekətə:z] n **(a pair of) s.** zahradnické nůžky

secede [si'si:d] vi Pol odtrhnout se, odloučit se, odštěpit se od čeho, vystoupit **(from sth** z čeho)

secession [si'sešn] n Pol odtržení (se), odloučení (se), odštěpení (se), vystoupení, secese

seclude [si'klu:d] vt odloučit, izolovat, držet v ústraní; **s. oneself** držet se v ústraní, izolovat se, stranit se

secluded [si'klu:did] adj odloučený, izolovaný; **a s. place** samota, osamělé místo, zákoutí; **lead a s. life** žít odloučeně, žít samotářsky

seclusion [si'klu:žn] n odloučení, izolace, ústraní; *(loneliness)* osamělost; **live in s.** žít samotářky, žít v ústraní

second$_1$ ['sekənd] adj **1** *(in series)* druhý; **the s. floor** Br druhé poschodí, Amer první poschodí; **the s. largest city** druhé největší město; **every s. day** každý druhý den; **for the s. time** podruhé **2** *(additional)* další, ještě jeden; **a s. helping** nášup; **s. offence** Jur recidiva; **take a s. helping of soup** dát si ještě jednou polévku; **will you have a s. cup of coffee?** dáte si ještě jeden šálek kávy?; **get a s. opinion** obstarat si další or ještě jeden posudek ♦ **get one's s. wind** chytit druhý dech; **have s. thoughts about sth** nechat si něco projít hlavou; **on s. thoughts** po zralé úvaze; **s. sight** fig schopnost předvídat budoucnost **3** *(inferior)* **of the s. order** druhého řádu; **s. best** druhý nejlepší; **settle for s. best** spokojit se s tím, co je; Mil **be s. in command** být zástupcem velitele ♦ **be s. to none (in sth)** nemít sobě rovného (v čem), být (v čem) bez konkurence, být (v čem) absolutní jednička; **play s. fiddle** být v podřízeném postavení, hrát kde druhé housle, být páté kolo u vozu; **find a s. home somewhere** najít kde druhý domov or druhou vlast **4** *(of the same kind)* **s. childhood** dětinství, stařecká dětinskost; **he thinks he's a s. Einstein** myslí si, že je druhý Einstein; **become s. nature to sb** přejít komu do krve, stát se pro koho druhou přirozeností **5 s. cousin** bratranec/ sestřenice z druhého kolena, inf vlastník/ vlastnice ● adv **1** *(arrive, speak)* jako druhý, *(in race)* **come s.** skončit or umístit se na druhém místě; **travel s.** class jet druhou třídou **2** *(secondly)* za druhé ● vt

1 *(proposal, motion in meeting)* podpořit 2 *(show agreement)* **s. sb** přizvukovat komu; **I s. that!** s tím naprosto souhlasím! ● n 1 *(in order)* **the s.** druhý; **he was the s. to arrive** přišel (jako) druhý; **come in a good** or **close s.** *(in a race)* být bezpečně druhý, přijít do cíle v těsném závěsu za vítězem; **Richard the S.** Richard druhý 2 *(date)* **the s. of March** druhého března 3 Aut *(s. gear)* druhá rychlost, dvojka; **drive in s.** jet dvojkou 4 Br Univ *(honours degree)* **get an upper/ lower s.** ≅ dostat dvojku/ trojku 5 Mus sekunda 6 Box sekundant 7 **~s** partiové zboží; *(s. helping)* nášup ■ **~'s shop** partiový obchod

second$_2$ ['sekənd] n 1 *(unit of time)* vteřina, sekunda; **a fraction of a s.** zlomek vteřiny; **within ~s** během několika vteřin 2 fig *(instant)* vteřin(k)a, minutka, okamžik; **in a s.** za okamžik

second$_3$ [si'kond] vt *(employee)* delegovat, vyslat, přidělit kam k výkonu služby; Mil *(officer)* odvelet

secondary ['sekəndəri] adj 1 *(consideration, importance)* podružný, druhotný, sekundární; *(role)* vedlejší, podružný, okrajový; *(road, stress)* vedlejší; *(voltage)* sekundární; **s. smoking** pasivní kouření; **s. product** vedlejší produkt; **be of s. importance** být podružný 2 **s. school** střední škola; **s. education** středoškolské vzdělání

second-best [sekənd'best] adj druhý nejlepší; *(solution)* nouzový; **be s.-b. to sb** být ve stínu koho ● adv **come off s.-b.** nedopadnout dobře

second-class [sekənd'kla:s] adj 1 *(travel, ticket)* druhé třídy; *(mail)* Br za snížené poštovné, Amer tiskovina, tiskopis 2 *(goods)* druhé kategorie, druhé kvality ● adv **travel s.** cestovat druhou třídou

second-degree [sekənddi'gri:] adj 1 Med **s.-d. burns** popáleniny druhého stupně 2 **s.-d. murder** Amer vražda bez přitěžujících okolností

second-hand ['sekəndhænd] adj *(goods)* z druhé ruky, použitý, upotřebený, *(books)* antikvární; *(car)* ojetý; **s.-h. shop** bazar, (esp *clothes* also) secondhand [seknthend]; **s.-h. bookshop** antikvariát ● adv z druhé ruky; **buy sth s.-h.** koupit něco z druhé ruky

second-in-command [sekəndinkə'ma:nd] n Mil zástupce velitele

secondly ['sekəndli] adv za druhé

secondment [si'kondmənt] n dočasné přeřazení, Mil převelení

second-rate [sekənd'reit] adj druhořadý, podřadný; *(literature)* brakový

secrecy ['si:krəsi] n tajemství, tajnost, mlčenlivost; *(of documents)* utajení; **s. of the post** listovní tajemství; **in s.** tajně; **in utter s.** ve vší tajnosti; **under the seal of s.** pod pečetí tajemství; **lift the veil of s.** poodhrnout roušku tajemství

secret ['si:krət] n 1 gen tajemství, tajnost; **military/ official/ trade s.** vojenské/ služební/ výrobní tajemství; **open s.** veřejné tajemství; **in s.** tajně; **keep/ divulge a s.** uchovat/ prozradit tajemství; **have no ~s from sb** nemít před kým žádné tajnosti; **make no s. of sth** netajit se čím; **tell sb a s.**, **let sb in on a s.** prozradit komu tajemství 2 *(key, recipe)* tajemství, klíč; **the s. of success** tajemství čího úspěchu, klíč k čímu úspěchu ● adj tajný; **s. code/ fund** tajný kód/ fond; **s. agent** tajný (agent), špion; **s. service** tajná služba; **s. wish** skryté or tajné přání; **keep sth s.** udržovat co v tajnosti, tutlat co ■ **~ly** adv tajně, vskrytu, pod rukou

secretaire [sekrə'teə(r)] n sekretář kus nábytku

secretarial [sekrə'teəriəl] adj *(skills)* tajemnický, sekretářský; **have a s. job** pracovat jako tajemník/ tajemnice, sekretář/ -ka

secretariat [sekri'teəriət] n sekretariát

secretary ['sekrətəri] n 1 Admin sekretář/ -ka, tajemník/ tajemnice, jednatel/ -ka 2 Pol **s. (of state)** Br ministr, Amer **S. of State** ministr zahraničí; **S. of Treasury** Amer ministr financí, **Home S.** Br ministr vnitra

secretary-general [sekrətəri'dženərəl] n (pl **secretaries-general**, **secretary-generals**) generální tajemník

secrete [si'kri:t] vt 1 Anat, Med vyměšovat, vylučovat 2 *(hide)* ukrýt, skrýt

secretion [si'kri:šn] n 1 Anat, Med vyměšování, vylučování; **salivary s.** vyměšování slin 2 *(hiding)* ukrytí

secretive ['si:krətiv] adj tajnůstkářský, mlčenlivý; **be s. about sth** nechávat si něco pro sebe, moc o něčem nemluvit, dělat s čím tajnosti

sect [sekt] n sekta

sectarian [sek'teəriən] adj sektářský ● n sektář/ -ka

sectarianism [sek'teəriənizm] n sektářství

section ['sekšn] n 1 *(part)* část; *(of country* also*)* oblast; *(of town* also*)* čtvrť; *(of building)* trakt; *(of road, railway line)* úsek; *(of kitchen units)* díl; *(of orange, grapefruit)* dílek; **prefabricated s.** Build panel 2 *(department)* oddělení, odbor, útvar, referát, sekce; *(in academy)* kabinet; *(sector)* sektor, odvětví 3 Mus *(of orchestra)* sekce, nástrojová skupina; **the string/ woodwind s.** smyčcové/ dřevěné nástroje, inf smyčce/ dřeva 4 *(of community)* skupina 5 *(of* *newspaper* etc*)* rubrika; *(of text)* úsek, oddíl; *(of law)* paragraf, oddíl; **the sports s.** sportovní rubrika **6** *(cross-section)* řez, profil; **in s.** v průřezu; *(microscopic)* řez **7** Med **Caesarean s.** císařský řez ● **I** vt rozdělit na části or díly **II** phr v ■ **section off** vt oddělit, *(part of street)* uzavřít

sectional ['sekšənl] adj **1** *(furniture)* sektorový; *(garage)* panelový **2** *(interests)* dílčí, partikulární, lokální **3 s. drawing** řez

sectionalism ['sekšənəlizəm] n partikularismus, (politické) sektářství

sector ['sektə(r)] n **1** sektor, úsek; **the public/ private s.** veřejný/ soukromý sektor **2** Geom výseč

secular ['sekjulə(r)] adj **1** *(life, art)* světský, *(lay: clergy)* sekulární, laický; *(school)* laický, necírkevní; **s. authority** světská moc **2** *(ancient, long-lasting)* prastarý, věkovitý

secularization [sekjulərai'zeišn] n zesvětštění, sekularizace

secularize ['sekjuləraiz] vt zesvětštit, sekularizovat

secure [si'kjuə(r)] adj **1** *(safe: place, jail, investment)* bezpečný **2** *(firm: knot, grip)* pevný; *(door, window)* dobře zavřený; **make sth s.** *(rope, ladder)* zajistit něco **3** *(assured: job, position, income, existence)* jistý, zajištěný, *(future)* zajištěný, zabezpečený; **financially s.** hmotně zajištěný **4** *(emotionally)* vyrovnaný, klidný, bez obav; **feel s. about sth** nedělat si kvůli čemu starosti, neznepokojovat se čím ■ **~ly** adv *(safely)* bezpečně; *(firmly)* pevně ● vt **1** *(fasten)* upevnit, připevnit, *(tie* also*)* přivázat, *(with chain)* připoutat; *(close: door, window)* pevně zavřít, *(with bolt)* zajistit, *(lock)* (u)zamknout **2** *(future)* zajistit, zabezpečit; *(loan, debt)* zajistit, zaručit **3** *(obtain: job, support, orders)* získat; *(high profits)* docílit čeho; *(majority)* dosáhnout čeho

security [si'kjuərəti] n (pl **-ties**) **1** *(safety)* bezpečí, bezpečnost; *(s. measures)* bezpečnostní opatření; **tighten s.** zpřísnit bezpečnostní opatření; **national s.** bezpečnost státu; **for reasons of s.** z bezpečnostních důvodů ■ **s. check** bezpečnostní kontrola; **S. Council** Rada bezpečnosti; **s. leak** únik tajných informací; **s. police** tajná policie **2** *(assurance)* zajištění, jistota; **material s.** zajištěná existence, materiální zabezpečení; **social s.** sociální zabezpečení; **s. of employment** definitiva **3** Fin záruka, zástava, kauce; *(guarantor)* ručitel; **stand s. for sb** zaručit se za koho finančně **4** *(department)* bezpečnost **5** Comput zabezpečení **6 securities** obligace, cenné papíry; **government securities** vládní cenné papíry

secy written abbr of **secretary** sekretář/ -ka

sedan [si'dæn] n **1** Amer Aut limuzína, sedan **2** Hist *(s. chair)* nosítka

sedate [si'deit] adj *(person)* klidný, usedlý, vážný; *(behaviour)* rozvážný; *(pace)* pozvolný; *(life)* poklidný ■ **~ly** adv klidně, vážně; rozvážně; pozvolně; poklidně ● vt dávat komu sedativa

sedation [si'deišn] n utišení, uklidnění pomocí sedativ

sedative ['sedətiv] adj sedativní, uklidňující ● n sedativum, uklidňující prostředek

sedentariness ['sedəntərinəs] n sedavý způsob života

sedentary ['sedəntəri] adj *(job, life)* sedavý

sedge [sedž] n ostřice, rákos

sediment ['sedimənt] n **1** gen usazenina, sedlina; *(in river)* nánosy, splaveniny **2** Chem *(in solution)* sraženina, sediment

sedimentation [sedimen'teišn] n sedimentace, usazování

sedition [si'dišn] n pobuřování, štvaní

seditious [si'dišəs] adj pobuřující, štvavý

seduce [si'dju:s] vt **1** *(sexually)* svést **2** fig *(attract)* přitahovat, lákat, vábit; **s. sb away from a firm** odlákat koho firmě (**by sth** čím)

seducer [si'dju:sə(r)] n svůdce, svůdník

seducible [si'dju:səbl] adj podléhající svodům

seduction [si'dakšn] n **1** *(seducing)* svedení, svádění, lákání **2** fml pl **the ~s of sth** kouzlo or přitažlivost or svody čeho; **the ~s of country life** kouzlo vesnického života

seductive [si'daktiv] adj svůdný; *(offer)* lákavý ■ **~ly** adv *(smile)* svůdně

seductiveness [si'daktivnəs] n svůdnost, *(of offer)* lákavost

seductress [si'daktrəs] n svůdnice

sedulous ['sedjuləs] adj *(diligent)* horlivý, přičinlivý; *(assiduous)* vytrvalý, houževnatý; *(painstaking)* pečlivý, svědomitý ■ **~ly** adv horlivě; přičinlivě; vytrvale; pečlivě

see$_1$ [si:] v (pt **saw**, pp **seen**) **I** vt **1** *(perceive with eyes)* vidět, *(notice)* uvidět, spatřit, *(witness* also*)* být při čem, být svědkem čeho; **can you s. him?** vidíte ho?; **I can't s. a thing** já vůbec nic nevidím; **I saw in the newspapers that ...** viděl or četl jsem v novinách, že ...; **I saw him cross the bridge/ crossing the bridge** viděl jsem ho přejít přes most/ jak přechází přes most; **s. sth with one's own eyes** vidět něco na vlastní oči ♦ **the blow made him s. stars** dostal ránu or facku, až se mu v očích zajiskřilo **2** *(look at, watch, check)* **a) s. page 30** viz stranu 30 **b)** *(check)* podívat se na, zkontrolovat; **may I s. that handbag?**

mohu se podívat na tu kabelku?; **may I s. your passport?** váš pas, prosím; **s. sth for oneself** přesvědčit se o čem na vlastní oči **c)** *(as spectator)* podívat se na, shlédnout, *(football match* also*)* přihlížet čemu; **s. a film** (po)dívat se na film; **you must s. it** to si nesmíte nechat ujít **d) s. the world** vidět kus světa **e)** *(learn from reading/ listening)* **you'll s. that in the next chapter/ lecture** o tom si přečtete v následující kapitole/ o tom uslyšíte v následující přednášce **f)** *(find out)* **look and s. what the time is** podívej se, kolik je hodin; **go and s. where the children are** podívej se po dětech ♦ **s. how the land lies** oťukat si situaci, sondovat terén **g)** *(ensure)* **s. (to it) that ...** postarat se, aby ..., hledět, aby ..., ať ...; **s. that he does his homework** ať napíše domácí úkol **3** *(perceive mentally)* **a)** *(understand)* chápat, pochopit, rozumět čemu; **do you s. what I mean?** rozumíte mi?; **I can s. your point** rozumím, oč vám jde; inf **he's beginning to s. the light** už mu to dochází **b)** *(judge, interpret)* **I s. it differently** já to chápu or vidím jinak, já tomu rozumím jinak; **as I s. it** podle mého (názoru or soudu or mínění); **how do you s. it?** jak na to pohlížíte?, jak to vidíte?; **s. sth in a different light** vidět něco v jiném světle, dívat se na něco jinýma očima **c)** *(recognize)* vidět, být si vědom čeho, uvědomovat si; **s. the advantages of sth** uvědomovat si výhody čeho **d)** *(imagine, visualize)* představit si; **can you s. me as an actor?** umíš si mě představit jako herce?; **s. sb as a hero** vidět v kom hrdinu; **I can still s. him** vidím ho před sebou jako živého **4 a)** *(experience)* zažít; **he has ~n a great deal in his life** hodně toho v životě zažil; **he has ~n bad times** prožil mnoho zlého; **they have ~n better days** zažili lepší časy; **he has never ~n active service** nikdy nebyl na frontě; **s. the world** podívat se do světa **b)** *(with non-personal subjects)* **this week will s. the start of the festival** v tomto týdnu bude zahájen festival; **his hair looks as if it hasn't ~n a comb for a week** už se nejmíň týden nečesal, má hlavu jako vrabčí hnízdo **c)** *(be the scene of)* **this firm has ~n many changes** v tomto podniku došlo k mnoha změnám **5** *(meet)* **a)** *(by arrangement)* navštívit, jít ke komu; **s. the doctor** jít k lékaři, navštívit or vyhledat lékaře; **could I s. you for a minute?** mohl bych s vámi chvilku mluvit? **b)** *(by chance)* setkat se s kým, uvidět se s kým **c)** *(visit)* **he's gone to s. his aunt** je na návštěvě u tety, zajel k tetě; **come and s. us sometimes** přijď nás někdy navštívit, přijď někdy k nám; **s. little of sb** vidět se s kým málo ♦ **s. a man about a dog** euph jít na stranu **d)** *(receive a visit)* přijmout; **he can't s. you now** nyní vás nemůže přijmout **e)** *(go out with)* **s. too much of sb** často se s kým objevovat, často se stýkat; **be ~ing sb else** zahýbat komu, být komu nevěrný **f)** *(saying goodbye)* **s. you!**, inf **I'll be ~ing you!** ahoj!, nashle!; **s. you soon**, **s. you later!** na shledanou; **s. you tomorrow!** na shledanou zítra! **6 a)** *(accompany, escort)* doprovodit; **s. sb home** doprovodit koho domů; **s. sb to the door** jít s kým ke dveřím, doprovodit koho ke dveřím **b)** *(in poker: equal the bet)* přijmout sázku **II** vi **1** *(with eyes)* vidět; **he ~s poorly with his left eye** vidí špatně na levé oko; **s. as far as the coast** vidět až na pobřeží ♦ **for all the world to s.** před celým světem; inf **he cannot s. for looking** pro oči nevidí, má vlčí mlhu; **have eyes to s. and ears to hear** mít oči k vidění a uši k slyšení; **s. red** zuřit, soptit **2** *(find out)* **I'll go and s.** já se podívám; **s. for oneself** přesvědčit se osobně **3** *(understand)* chápat, rozumět; **don't you s.?** cožpak to nechápeš?; **I s.!** á!, aha!, rozumím!, no jo!; **oh, I s.** ach tak! **4** *(consider)* **s. fit to do sth** považovat za vhodné něco udělat **5 let me s.!** *(while hesitating)* okamžik!, moment!, počkejte prosím! **III** phr vs ■ **see about** vt *(take care of)* **s. about sth** postarat se o co; **I must s. about dinner** musím připravit oběd; *(he refused to do it)* **well, we'll s. about that!** to se na to podíváme!, to se ještě uvidí! ■ **see in** vt **1 I can't think what she ~s in him** nechápu, co na něm vidí **2 s. sb in** uvést koho; **s. the New Year in** uvítat Nový rok ■ **see into** vt **s. into sth** prozkoumat něco, prověřit něco, prošetřit něco ■ **see off** vt **1** *(at a railway station* etc*)* doprovodit or vyprovodit koho; **s. a friend off** doprovodit přítele **2** *(chase away)* zahnat koho (**with a stick** holí); *(repel: attack)* odrazit ■ **see out** vt **1** *(to the door)* doprovodit ke dveřím; **I'll s. you out** já vás vyprovodím ven **2 we have enough coal to s. the winter out** máme dost uhlí až do konce zimy ■ **see over** or **round** vt *(house)* prohlédnout si, podívat se na, projít si ■ **see through** vt **1** *(window)* vidět skrz ♦ **I can't s. through you** inf fig máš tlustý sklo **2** inf **s. through sb** prokouknout koho, coll mít koho přečtenýho*; **I can s. right through you** vidím do tebe; **I can s. through your tricks** já ti vidím do karet **3** *(task)* **s. sth through** dovést něco do konce **4** *(help)* **s. sb through sth** pomoci komu něco překonat; **s. sb through**

difficulties pomoci komu v nouzi ■ **see to** vt **1** *(attend to)* postarat se o, *(watch over)* dohlédnout na co; inf **I need my stomach ~n to** musím si nechat vyšetřit žaludek **2 s. to it that ...** postarat se, aby ..., dbát na to, aby ..., vzít si na starost, aby ...

see$_2$ [si:] n Relig *(of bishop)* biskupství, biskupská stolice; **Holy S.**, **S. of Rome** Apoštolská stolice, Svatá stolice

seed [si:d] n **1** collect semeno, arch símě, sémě; *(of corn)* zrní; *(for sowing)* osivo; *(single)* semeno/ pl semena, semínko; *(of corn)* zrno, *(of poppy* etc also*)* zrníčko, *(in fruit)* jádro, jadérko ♦ **go to s.** zakládat na semeno, fig *(person)* scházet, upadat, nedbat na sebe; **sow the ~s of doubt in sb's mind** nasadit někomu brouka do hlavy, vzbudit v kom nedůvěru, zasít v kom semínko nedůvěry; **sow the ~s of discord** dělat zlou krev, rozsévat semeno sváru ■ **s. pearl** perličky; **s. potato** sadbový brambor; **s. money** první peníze pro financování projektu **2** Bibl *(offspring)* símě, potomstvo **3** *(sperm)* chám, sperma, *(single)* spermie, Zool samčí semeno **4** Tennis nasazený hráč ● **I** vt **1** *(field, garden)* osít; **s. a field with barley** osít pole ječmenem **2** *(take ~s from: fruit)* odpeckovat, zbavit zrníček or jadérek **3** Tennis nasadit; **she is ~ed number two** je nasazenou hráčkou číslo dvě **II** vi zakládat (na) semeno, zrát

seedbed ['si:dbed] n **1** lit pařeniště, semeniště **2** fig *(of talent)* líheň

seedcake ['si:dkeik] n Cook sladký kmínový koláč

seedcorn ['si:dko:n] n osivo, obilí na setí

seeddrill ['si:ddril], **seeder** ['si:də(r)] n secí stroj

seediness ['si:dinəs] n *(shabbiness)* otrhanost, ošumělost; *(of person)* zanedbanost, sešlost, *(of area)* sešlost; *(of buildings)* zchátralost

seedless ['si:dləs] adj bezjaderný, bez jadérek, bez jader; **s. raisin** rozinka bez jadérek

seedling ['si:dliŋ] n semenáček, sazenice, sazenička; **~s of flowers** sazeničky květin

seedy ['si:di] adj **(-ier, -iest)** inf **1** *(shabby)* ošumělý, zanedbaný, *(clothes* also*)* otrhaný, *(person* also*)* sešlý; *(bar, part of town)* pochybný; *(dilapidated: building)* zchátralý **2** dated *(unwell)* inf chcíplý, nachcípaný **3** *(fruit)* plný jadérek

seeing ['si:iŋ] n vidění; **s. is believing** uvěřím jen tomu, co uvidím; dokud to neuvidím, neuvěřím ● conj **s. (that)...** vzhledem k tomu, že ...

seek [si:k] v (pt & pp **sought**) **I** vt **1** *(search for: person, solution, answer)* hledat, *(solitude)* vyhledávat; *(job)* hledat, ucházet se o; **s. a living** hledat obživu ♦ **s. one's fortune** hledat štěstí **2** *(ask for: political asylum)* žádat o; *(expert opinion)* vyžádat si; **s. sb's advice** prosit koho o radu, jít ke komu na radu **3** *(attempt)* **s. to do sth** snažit se něco udělat; **s. to oblige sb** snažit se někomu vyjít vstříc **II** phr vs ■ **seek after** vt hledat, vyhledávat; **sought-after** vyhledávaný ■ **seek for** vt *(change, reforms)* usilovat o, pokoušet se dosáhnout čeho ■ **seek out** vt vyhledat, *(person* also*)* zajít za kým

seeker ['si:kə(r)] n hledač (**of** or **after truth** pravdy); **a s. after pleasure** požitkář

-seeker ['si:kə(r)] in compounds **pleasure-s.** požitkář; **revenge-s.** Pol revanšista; **peace-s.** bojovník za mír

seem [si:m] vi zdát se **a)** +adj **she ~s happy** zdá se, že je spokojená; vypadá spokojeně; **she ~s (to be) nice** zdá se, že je sympatická; **he ~s much older** (on) vypadá daleko starší **b)** +inf **he ~ed to like the idea** zdálo se, že se mu ten nápad líbí; **he ~s to have forgotten about it** zdá se, že na to zapomněl; **nothing ~s to suggest that ...** nic nenasvědčuje tomu, že ...; **he ~s to know what he is doing** zdá se, že ví, co dělá **c)** +(like) +n **it ~ed (like) ages to him, it ~ed an eternity to him** připadalo mu to jako věčnost; **it ~s (like) an excellent idea** zdá se, že je to dobrý nápad; **what ~s to be the trouble?** co se děje?, v čem je problém? **d)** impers **it ~s that ...** zdá se, že ...; **it ~s as if it were yesterday** (zdá se) jako by to bylo včera; **so it ~s** vypadá to tak; zdá se, že ano; **it ~s not** zdá se, že ne; **there ~s to be some mistake** tady musí jít o nějaký omyl

seeming ['si:miŋ] adj zdánlivý ■ **~ly** adv patrně, podle všeho

seemly ['si:mli] adj **(-ier, -iest) 1** *(behaviour)* slušný, korektní; **it isn't s. for you to** +inf nesluší se or nehodí se, abys ... **2** *(dress)* slušný, vhodný

seen [si:n] pp of **see**

seep [si:p] vi **s. through sth** prosáknout or prostoupit or proniknout čím/ do čeho; **s. into sth** vsáknout do čeho; **s. out of sth** prosakovat ven z čeho, vyvěrat z čeho, *(gas)* unikat z čeho

seepage ['si:pidž] n prosakování, průsak, pronikání, vyvěrání

seer [siə(r)] n fml prorok, věštec, jasnovidec

seesaw ['si:so:] n houpačka dvouramenná ■ **s. motion** kývavý pohyb; **s. prices**

kolísavé ceny ● vi houpat se na dvouramenné houpačce; fig *(prices)* prudce kolísat

seethe [si:ð] vi **1** *(boil)* vařit, být ve varu, *(sea, water in rapids)* pěnit **2** fig běsnit, zuřit; **be seething with anger** or **rage** kypět zlostí **3** *(be crowded)* **the streets were seething with people** v ulicích se to hemžilo lidmi, v ulicích to vřelo

see-through ['si:θru:] adj průhledný, průsvitný ● n *(blouse/ dress)* průsvitná halenka/ průsvitné šaty

segment ['segmənt] n **1** gen segment, díl(ek), část; *(of orange)* dílek; *(of worm)* článek **2** Geom *(of circle)* úseč; Techn segment ● [seg'ment] **I** vt rozčlenit, rozdělit na části or úseky **II** vi (roz)dělit se, členit se

segregate ['segrigeit] vt oddělit, separovat, segregovat podle rasy/ pohlaví/ vyznání

segregation [segri'geišn] n segregace; **racial s.** rasová segregace

seismic ['saizmik] adj seizmický

seismograph ['saizməgra:f] n seizmograf

seismography [saiz'mogrəfi] n seizmografie

seismologist [saiz'molədžist] n seizmolog

seismology [saiz'molədži] n seizmologie

seize [si:z] **I** vt **1** *(grab)* chytit, uchopit, popadnout, inf drapnout; *(bird)* chytit, lapit; **s. sb by the arm** chytit koho za ruku; **s. sb by the collar** chytit or popadnout or inf drapnout koho za límec; **he ~d the rail** *(to steady himself)* chytil se zábradlí ♦ **s. the bull by the horns** fig popadnout býka za rohy **2** fig **s. the opportunity** chopit se or využít příležitosti, popadnout příležitost za pačesy **3** *(by force)* **s. power** uchvátit moc, strhnout na sebe moc, zmocnit se vlády; **the rebels ~d the radio station** povstalci se zmocnili radiostanice **4** *(apprehend: criminal)* dopadnout, zadržet, zatknout; *(hostages)* unést; **s. the thief** chopit se zloděje **5** *(confiscate)* (z)konfiskovat, zabavit, úředně odebrat **6** *(overcome)* **he was ~d with horror/ anger** obešla ho hrůza/ popadla ho zlost; **s. sb's imagination** podnítit čí představivost **II** vi **s. (up)** Techn *(bearing)* zadřít se **III** phr vs ■ **seize on** vt *(opportunity)* chopit se čeho; *(pretext, excuse)* chytit se čeho, využít čeho, vymluvit se na co; *(idea)* přijmout (za vlastní), hlásit se k čemu ■ **seize up** vi **1** *(mechanism)* zadřít se, *(brakes, engine, traffic)* zablokovat se **2** Med *(joint)* znehybnět, ztuhnout; *(heart)* zastavit se, dojít k zástavě čeho ■ **seize upon** = **s. on**

seizure ['si:žə(r)] n see **seize 1** chycení, uchopení; *(of opportunity)* využití čeho **2** *(of power)* uchvácení, uchopení **3** *(of criminal)* dopadení, zadržení, zatknutí; *(of hostages)* unesení **4** *(of property* etc*)* zabavení, konfiskace, exekuce **5** *(of machinery)* zadření, zablokování **6** Med záchvat; **heart s.** srdeční záchvat

seldom ['seldəm] adv zřídka(kdy), málokdy; **I s. go out** zřídka někam chodím, téměř nevycházím

select [si'lekt] vt vybrat, (z)volit (si); *(football player)* vybrat, stavět/ postavit ● adj **1** *(exclusive: restaurant, neighbourhood)* exkluzivní, *(company)* uzavřený, vybraný; **s. committee** Br Parl zvláštní výbor **2** *(goods)* prvotřídní, výběrový, *(food)* lahůdkový

selected [si'lektid] adj vybraný; *(customers)* privilegovaný; **in s. stores** ve vybraných obchodech; Liter **s. works** výbor z díla, vybraná díla

selection [si'lekšn] n **1** *(choosing)* výběr, vybírání; **natural s.** přirozený výběr; **make a s.** provést výběr **2** *(selected items: stories, music)* výběr; **~s from Verdi** vybrané ukázky z Verdiho **3** Sport výběr, vybrané mužstvo or družstvo, reprezentační mužstvo **4** *(assortment)* sortiment, paleta

selective [sə'lektiv] adj **1** *(memory, school)* výběrový, Comm *(demand)* selektivní; **we have to be s.** musíme si vybírat, musíme provádět výběr **2** Amer Mil **s. service** výběrová vojenská povinnost

selectivity [səˌlek'tivəti] n selektivnost, výběrovost

selector [si'lektə(r)] n **1** Sport trenér který sestavuje mužstvo **2** Techn selektor, volič; Aut řadicí páka

selenium [sə'li:niəm] n Chem selen

self [self] n (pl **selves** [selvz]) **1** Psych já; **my better/ true s.** moje lepší/ pravé já; **my other s.** moje druhé já; **he's his old s. again** už je zase ve své kůži, už je to zase on; **he's a mere shadow of his former s.** je z něho jen troska **2** *(self-interest)* vlastní prospěch; **think of nothing but s.** myslet jenom na sebe **3** Comm **pay s.** *(on cheque)* splatno sobě; inf **for my wife and s.** pro ženu a mne

self- [self] pref sebe-, samo-

self-absorbed [selfəb'so:bd] adj egocentrický, ponořený sám do sebe

self-abuse [selfəb'ju:s] n euph samohana, sebeukájení, masturbace

self-acting [self'æktiŋ] adj samočinný, automatický

self-addressed [selfə'drest] adj **s.-a. envelope** obálka s vlastní adresou

self-adhesive [selfəd'hi:siv] adj samolepicí

self-analysis [selfə'næləsis] n sebeanalýza
self-appointed [selfə'pointid] adj *(leader, guardian)* samozvaný
self-assurance [selfə'šuərəns] n sebejistota, sebedůvěra, sebevědomí
self-assured [selfə'šuəd] adj sebejistý, sebevědomý
self-catering [self'keitəriŋ] adj *(holiday)* bez stravy, s vlastním stravováním
self-censorship [self'sensəšip] n autocenzura
self-centred, Amer **self-centered** [self'sentəd] adj egocentrický, zaměřený sám na sebe
self-cleaning [self'kli:niŋ] adj samočistící
self-closing [self'kləuziŋ] adj samouzavírací
self-coloured [self'kaləd] adj jednobarevný
self-confessed [selfkən'fest] adj *(alcoholic, murderer)* podle vlastního doznání; **he's a s.-c. drug addict** sám přiznal, že je narkoman
self-confidence [self'konfidəns] n sebedůvěra, sebevědomí; **lack s.-c.** postrádat sebevědomí
self-confident [self'konfidənt] adj sebevědomý, sebejistý
self-conscious [self'konšəs] adj **1** *(shy)* nesmělý, rozpačitý **2** Philos sebeuvědomující si
self-contained [selfkən'teind] adj **1** *(independent)* samostatný, nezávislý **2** *(flat)* samostatný, se samostatným příslušenstvím, usu se samostatným vchodem **3** *(person)* rezervovaný
self-contradictory [selfkontrə'diktəri] adj navzájem se vylučující, rozporný
self-control [selfkən'trəul] n sebeovládání; **lose one's s.-c.** přestat se ovládat, ztratit nervy
self-defence [selfdi'fens] n sebeobrana; **in s.-d.** v sebeobraně
self-delusion [selfdə'lu:žn] n sebeklam
self-denial [selfdi'naiəl] n sebezapření
self-determination [selfditə:mi'neišn] n Pol sebeurčení
self-discipline [self'disəplin] n sebekázeň, sebeovládání
self-doubt [self'daut] n pochybnosti o sobě; **he has moments of s.-d.** má chvíle, kdy pochybuje sám o sobě
self-drive [self'draiv] adj **s.-drive car** auto bez šoféra k pronajmutí
self-educated [self'edjukeitid] adj autodidaktický, samoucký; **a s.-e. person** samouk, autodidakt
self-effacing [selfi'feisiŋ] adj skromný, rezervovaný, držící se zpátky or v pozadí
self-employed [selfim'ploid] adj samostatný, samostatně výdělečně činný
self-esteem [selfis'ti:m] n **1** *(confidence)* sebeúcta **2** *(conceit)* samolibost, ješitnost
self-evident [self'evidənt] adj zřejmý, zjevný, evidentní, jsoucí nabíledni; **that's s.-e.** to se rozumí samo sebou ■ **~ly** adv samozřejmě
self-examination [selfigzæmi'neišən] n sebeanalýza, introspekce
self-explanatory [selfik'splænətəri] adj evidentní, nevyžadující vysvětlení
self-financing [selffai'nænsiŋ] adj sebefinancující se
self-fulfilment [selfful'filmənt] n sebenaplnění
self-governing [self'gavəniŋ] adj samosprávný, autonomní
self-government [self'gavənmənt] n Pol samospráva, autonomie
self-help [self'help] n svépomoc
self-hypnosis [selfhip'nəusis] n autohypnóza
self-importance [selfim'po:təns] n domýšlivost, nadutost, sebeuspokojení
self-important [selfim'po:tənt] adj domýšlivý, nadutý, namyšlený
self-imposed [selfim'pəuzd] adj dobrovolný, dobrovolně přijatý
self-improvement [selfim'pru:vmənt] n sebezdokonalení, sebevzdělání
self-indulgence [selfin'daldžəns] n požitkářství, nestřídmost, bezuzdnost
self-indulgent [selfin'daldžənt] adj požitkářský, nestřídmý, bezuzdný
self-inflicted [selfin'fliktid] adj sobě způsobený; **s.-i. wound** úmyslné sebezranění
self-interest [self'intrəst] n vlastní zájem, egoismus; **do sth out of s.-i.** udělat co (čistě) ve vlastním zájmu
selfish ['selfiš] adj sobecký, egoistický ■ **~ly** adv sobecky, egoisticky
selfishness ['selfišnəs] n sobectví, egoismus
selfless ['selfləs] adj nezištný, obětavý, altruistický ■ **~ly** adv nezištně, obětavě, altruisticky
selflessness ['selfləsnəs] n nezištnost, obětavost, altruismus
self-loading [self'ləudiŋ] adj *(gun)* samonabíjecí
self-love [self'lav] n sebeláska
self-made [self'meid] adj **self-made man** selfmademan [selfmeidmen] kdo dosáhl svého postavení vlastním úsilím

self-opinionated [selfə'pinjəneitid] adj samolibý, domýšlivý, neústupný

self-pity [self'piti] n sebelítost; **he's full of s.-p.** stále se lituje

self-portrait [self'po:treit] n autoportrét, vlastní portrét

self-possessed [selfpə'zest] adj klidný, vyrovnaný, rozvážný; **be s.-p.** ovládat se

self-possession [selfpə'zešn] n sebeovládání, rozvážnost

self-praise [self'preiz] n sebechvála, samochvála

self-preservation [selfprezə'veišn] n sebezáchova; **instinct of s.-p.** pud sebezáchovy

self-propelled [selfprə'peld] adj samohybný

self-raising [self'reiziŋ], Amer **selfrising** [-raiziŋ] adj Cook **s.-r. flour** mouka s kypřícím práškem

self-regulated [self'regjuleitid] adj samočinně regulovaný

self-regulating [self'regjuleitiŋ] adj samoregulující

self-regulation [selfregju'leišn] n samoregulace, autoregulace

self-reliance [selfri'laiəns] n soběstačnost

self-reliant [selfri'laiənt] adj soběstačný

self-respect [selfri'spekt] n sebeúcta

self-respecting [selfri'spektiŋ] adj **1** *(having self-respect)* mající sebeúctu, dbající o svou pověst **2** *(girl)* slušná, pořádná; *(journalist, teacher, liberal* etc*)* správný, hodný toho jména

self-restraint [selfri'streint] n zdrženlivost, sebekázeň, sebeovládání; **have no s.-r.** neznat míru

self-righteous [self'raičəs] adj pokrytecký, licoměrný, svatouškovský ■ **~ly** adv pokrytecky, licoměrně

self-righteousness [self'raičəsnəs] n pokrytectví, licoměrnost, svatouškovství

self-rising [self'raiziŋ] see **self-raising**

self-rule [self'ru:l] n Pol autonomie, samospráva

self-sacrifice [self'sækrifais] n obětavost, sebeobětování

self-sacrificing [self'sækrifaisiŋ] adj (sebe)obětavý

selfsame ['selfseim] adj týž, tentýž, ten samý; **on the s. day** téhož dne; **he said the s. thing to me** řekl mi přesně totéž

self-satisfaction [selfsætis'fækšn] n sebeuspokojení, samolibost

self-satisfied [self'sætisfaid] adj sebeuspokojený, samolibý

self-seeking [self'si:kiŋ] adj sobecký, egoistický

self-service [self'sə:vis] adj samoobslužný; **a s.-s. shop** samoobsluha ● n *(shop)* samoobsluha, *(restaurant)* restaurace se samoobsluhou, samoobslužná restaurace, automat

self-serving [self'sə:viŋ] adj zištný, vypočítavý

self-styled [self'staild] adj *(leader)* samozvaný; *(expert)* takzvaný

self-sufficiency [selfsə'fišənsi] n soběstačnost

self-sufficient [selfsə'fišənt] adj soběstačný

self-supporting [selfsə'po:tiŋ] adj **1** *(financially)* soběstačný, finančně nezávislý **2** *(structure)* samonosný

self-taught [self'to:t] adj autodidaktický, samoucký; **a s.-t. person** samouk

self-willed [self'wild] adj tvrdohlavý, paličatý

sell [sel] n **1** *(method of ~ing)* **hard/ soft s.** prodej s razantní reklamou/ prodej s mírnou reklamou or bez reklamy **2** dated *(disappointment)* zklamání ● v (pt & pp **sold**) **I** vt **1** *(goods)* prodat, prodávat; **s. sth to sb, s. sb sth** prodat komu co; **s. sth at a loss/ profit/ discount** prodat něco se ztrátou/ se ziskem/ se slevou; **s. sth cheap** prodat něco levně; **they s. apples at 40 pence a pound** prodávají jablka po 40 pencích za libru; **s. sth by auction** vydražit něco; **it's quality that ~s our shoes** naše boty se prodávají díky své kvalitě ♦ **s. one's life dear** prodat svůj život draze; **s. sb short** *(cheat)* vzít koho na hůl, ošidit koho **2** *(stock)* prodávat, mít (na prodej), vést; **do you s. stamps?** prodáváte známky?, máte známky? **3** fig **s. oneself** *(take bribes)* být prodejný, nechat se zkorumpovat, zaprodat se; **s. oneself to the devil** upsat duši ďáblu; **s. oneself to the enemy** zaprodat se nepříteli **4** fig *(betray)* zradit, zaprodat ♦ **s. sb for a mess of pottage** prodat koho za mísu čočovice **5** fig inf **s. sth to sb** *(promote: idea, reforms, changes* etc*)* prodat co komu přesvědčit koho o užitečnosti čeho; **to s. oneself** *(at a job interview)* umět se prodat **6 be sold on sth** inf být nadšený pro co or čím; **he's not sold on it** není pro to moc nadšený **II** vi *(person)* prodávat; *(goods)* prodávat se; **s. well** jít (dobře) na odbyt; **s. like hot cakes** jít na dračku **III** phr vs ■ **sell back** vt (od)prodat zpět ■ **sell off** vt odprodat; *(cheaply: unwanted goods)* rozprodat, vyprodat za sníženou cenu or *(at a loss)* pod cenu ■ **sell out** *I* vt **1** Comm *(whole supply of sth)* vyprodat, doprodat; **we are sold out of milk** mléko už nemáme; **we are sold out of this size**

tato velikost je už vyprodána, tuto velikost už nemáme (na skladě) **2** *((part of) share of business)* odprodat **3** *(tickets, match, concert)* vyprodat; **'Sold out'** „Vyprodáno" **4** *(betray)* zaprodat, zradit *II* vi **1** *(sell business/ share of business)* prodat firmu/ odprodat podíl na firmě **2 we're sold out of cigarettes** cigarety už nejsou, cigarety už nemáme; **the tickets sold out in a day** lístky se vyprodaly za den **3** *(betray: one's principles)* **s. out to sb** zaprodat se komu ■ **sell up** vt **1** *(business)* prodat, likvidovat; *(everything:* eg *before leaving the country)* rozprodat **2** Br Jur (Subj: *debtor)* **he was sold up** jeho majetek byl vydražen ve prospěch věřitelů

sell-by date ['selbaideit] n datum, do kterého musí být zboží prodáno; fig joc **be past one's s.-by d.** *(person)* nebýt už nejmladší, *(ideas)* staromódní

seller ['selə(r)] n **1** *(person)* prodávající, prodavač/ -ka, *(merchant)* obchodník/ obchodnice; **s.'s market** trh prodávajícího když poptávka převyšuje nabídku **2** *(product)* **it's a good/ poor s.** dobře/ špatně se to prodává; **it's a big s.** jde to na dračku

selling ['seliŋ] n prodej; **pyramid s.** pyramidální obchod ■ **s. price** prodejní cena

Sellotape TM ['seləuteip] Br n izolepa, (samo)lepicí páska ● vt **sellotape** vt (s)lepit or přilepit izolepou

sellout ['selaut] n **1** *(performance)* kasovní trhák, vyprodané představení, *(concert)* vyprodaný koncert; **the match was a s.** zápas se hrál před vyprodaným stadionem **2** Comm *(product)* prodejní šlágr **3** *(betrayal)* zrada, politický výprodej

selvage, selvedge ['selvidž] n Sew lem, obruba

selves [selvz] pl of **self**

semantic [sə'mæntik] adj sémantický, významový; **s. change** změna významu ■ **~ally** [-əli] adv sémanticky, významově

semanticist [sə'mæntisist] n sémantik

semantics [sə'mæntiks] n sémantika, významosloví, nauka o významu; **argue about s.** hádat se o slovíčka

semaphore ['seməfo:(r)] n **1** *(signalizing by arms/ flags)* signalizace pažemi/ praporky **2** Rail semafor, návěstidlo ● vt signalizovat pažemi/ praporky

semblance ['sembləns] n zdání; **a s. of normality/ order** zdání normálnosti/ pořádku

semen ['si:mən] n sperma, chám

semester [sə'mestə(r)] n semestr

semi ['semi] n (pl **~s**) abbr of **semidetached** půldomek, polovina dvojdomku

semi- ['semi] pref semi-, polo-, půl-

semiautomatic [semio:tə'mætik] adj poloautomatický

semibreve ['semibri:v] n Mus esp Br celá nota

semicircle ['semisə:kl] n polokruh, půlkruh

semicircular [semi'sə:kjulə(r)] adj polokruhový, půlkruhový

semicolon [semi'kəulən] n středník

semiconductor [semikən'daktə(r)] n Elec polovodič

semiconscious [semi'konšəs] adj jsoucí v polovědomí, jsoucí v mrákotách

semiconsciousness [semi'konšəsnəs] n polovědomí, mrákoty

semidarkness [semi'da:knəs] n pološero

semidetached [semidi'tæčt] adj **s. house** půldomek, polovina dvojdomku ● n = **s. house**

semifinal [semi'fainl] n Sport semifinálový zápas; **~s** semifinále

semifinalist [semi'fainəlist] n Sport semifinalista/ -stka

semi-invalid [semi'invəlid] n poloinvalida

semiliterate [semi'litərət] adj pologramotný ● n poloviční analfabet

seminal ['seminl] adj **1 s. duct** chámovod; **s. fluid** sperma, chám **2** fig *(work, thinker)* původní, vlivný

seminar ['semina:(r)] n Univ seminář, cvičení ■ **s. paper** seminární práce

seminarian [semi'neəriən], **seminarist** ['seminərist] n seminarista

seminary ['seminəri] n Relig seminář

semiofficial [semiə'fišl] adj polooficiální

semiologist [semi'olədžist] n Ling sémiolog, sémiotik/ sémiotička

semiology [semi'olədži] n Ling sémiologie, sémiotika

semiotic [semi'otik] adj sémiotický

semiotics [semi'otiks] n sémiotika

semiprecious [semi'prešəs] adj **s. stone** polodrahokam

semiquaver ['semikweivə(r)] n Mus esp Br šestnáctina, šestnáctinová nota

Semite [si:'mait] n Semita

Semitic [sə'mitik] adj semitský

semitone ['semitəun] n Mus půltón

semivowel ['semivauəl] n Ling polosamohláska

semolina [semə'li:nə] n krupice ■ **s. pudding** krupicová or krupičná kaše

sempstress ['sempstrəs] n Br rare = **seamstress** švadlena

Sen abbr of **1 Senate** senát **2 Senator** senátor **3** (also **Snr, Sr**) **senior** starší, senior; **Frank J Howard Sen** Frank J. Howard starší

SEN [esi:'en] Br abbr of **State Enrolled Nurse** diplomovaná (zdravotní) sestra

senate ['senət] n **1** Pol senát; **the United States Senate** americký senát **2** Univ akademický senát

senator ['senətə(r)] n senátor/ -ka

senatorial [senə'to:riəl] adj senátorský

send [send] v (pt & pp **sent**) **I** vt **1 a)** *(letter, parcel, money)* poslat, zaslat, *(s. off)* odeslat, *(letters to a number of people)* rozeslat; **s. sb word (to say) that ...** poslat komu vzkaz, že ... **b)** *(radio: signal, appeal)* vysílat **c)** *(person: somewhere)* poslat; **s. the children to bed** poslat děti spát; **s. sb to prison** dát or poslat koho do vězení, inf zavřít koho; **s. sb home** poslat koho domů ♦ **s. sb to court** obžalovat koho, pohnat koho před soud; Ice Hockey **s. sb to the sin bin** poslat koho na trestnou lavici; **s. sb to university** dát koho studovat (na univerzitu); fig **s. sb to Coventry** ignorovat koho např. stávkokaze; **s. sb on his/ her way** poslat koho po svých; **s. sb to the gallows** odsoudit koho na smrt (oběšením) **d) s. sb one's love** nechat koho pozdravovat; **s. sb one's apologies** omluvit se komu **2** *(cause sb/ sth to move)* **s. the ball to sb** poslat or přihrát komu míč; **s. sb flying** porazit koho na zem, srazit koho (k zemi); **s. the enemy flying** rozprášit nepřítele; **s. sb tumbling down the stairs** srazit koho ze schodů; **the blow sent him flying** dostal ránu a poroučel se na zem; **the explosion sent everything crashing down** po výbuchu se všechno zřítilo ♦ **s. sb packing** poslat koho do háje, vyrazit s kým dveře **3** *(cause to become)* **s. sb crazy** or **berserk** přivádět koho k šílenství; **s. sb into a rage** rozzuřit koho **4** dated sl *(enrapture)* strhnout, přivádět do extaze **II** vi inf *(s. word)* **she sent to say that ...** vzkázala, že ... **III** phr vs ▪ **send away** *I* vt **1** *(letter, parcel)* odeslat; **s. a child away to school** poslat dítě do soukromé školy **2 we had to s. them away empty-handed** museli odejít s prázdnýma rukama *II* vi **s. away for sth** napsat si o něco, objednat si něco písemně ▪ **send back** vt **1** *(faulty goods, meal)* vrátit **2** *(person)* poslat zpět **3** *(light)* odrážet ▪ **send down** vt **1** *(temperature)* srazit, *(prices)* snížit **2** Br Univ *(expel)* vyloučit, relegovat **3** inf *(to prison)* odsoudit; **he was sent down for 5 years** byl odsouzen k 5 letům vězení ▪ **send for** vt **1 s. for sb** *(doctor, priest)* poslat pro koho, zavolat koho; **s. for a taxi** zavolat taxi; **s. for help** poslat pro pomoc **2 s. for sth** *(goods: by post)* objednat co, nechat si poslat co, *(catalogue)* vyžádat si ▪ **send forth** vt fml **1** *(messenger)* vyslat **2** *(light)* vyzařovat, *(heat)* sálat; *(leaves)* nasadit/ nasazovat; *(smell)* vydávat, šířit ▪ **send in** vt **1** *(troops)* poslat kam; *(application, resignation)* podat **2** Ftb etc *(player)* poslat na hřiště ▪ **send off** *I* vt **1** *(letter)* odeslat, *(parcel* also*)* (vy)expedovat **2** *(children to school)* poslat or vypravit, inf expr vypakovat ♦ **s. sb off with a flea in his ear** inf vyprášit komu kožich **3** Ftb *(player)* vyloučit ze hřiště *II* vi **s. off for sth** *(by post)* objednat si něco, napsat si o co ▪ **send on** vt **1** *(letter)* poslat na novou adresu, poslat za kým **2 s. sb on (in advance)** poslat koho napřed; **s. sb on a reconnaissance mission** poslat koho na výzvědy **3** Sport *(player)* poslat do hry, nasadit ▪ **send out** *I* vt **1** *(by post)* odeslat, zaslat, *(invitations, leaflets* etc *also)* rozeslat/ rozesílat **2** *(person, search party)* vyslat, vypravit **3** *(light)* vyzařovat, *(heat)* sálat, *(smell)* šířit, vydávat, *(radio signals)* vysílat *II* vi **s. out for sth** *(sandwiches, beer)* poslat si pro co, nechat si přinést co ▪ **send round** vt **1** *(circulate)* nechat or dát kolovat **2 s. sb round (to sb/ somewhere) (for sb/ sth)** poslat koho (ke komu/ kam) (pro koho/ co) ▪ **send up** vt **1** lit *(to upper floor)* poslat nahoru; *(rocket)* odpálit **2** *(prices)* zvýšit, *(drastically)* vyhnat; **s. sb's temperature up** způsobit komu zvýšení teploty **3** Br inf *(make fun of)* parodovat, zesměšňovat, imitovat posměšně **4** Amer sl *(s. to prison)* zabásnout

sender ['sendə(r)] n odesílatel/ -ka

send-off ['sendof] n **give sb a s.-off** uspořádat pro koho oslavu na rozloučenou; *(at airport/ station)* přijít se s kým rozloučit (na letiště/ na nádraží)

send-up ['sendap] n inf parodie

Senegal [seni'go:l] n Senegal

Senegalese [senigə'li:z] adj senegalský ● n Senegalec/ Senegalka

senile ['si:nail] adj senilní, *(physically)* sešlý věkem

senility [sə'niləti] n senilnost, marasmus, *(physical)* sešlost věkem

senior ['si:niə(r)] adj **1** *(in age)* starší; *(in rank)* vyšší, nadřízený, *(with longer service)* služebně starší, Mil mající vyšší hodnost, nadřízený; **s. consultant** Med primář; **s. lecturer** Br Univ docent; **s. partner** *(in business)* hlavní společník; **s. citizen** starší (spolu)občan, euph důchodce; **he is s. to me** *(in age)* je starší než já, *(in rank)* je můj nadřízený, Mil má vyšší hodnost než já **2 Senior** starší, senior; **John Round S.**

John Round senior ● n 1 *(s. person)* **he is three years my s.** je o tři roky starší než já 2 Amer *(student)* student posledního or nejvyššího ročníku, *(in secondary school* also*)* maturant

seniority [si:ni'orəti] n 1 *(in age)* vyšší věk 2 *(in rank)* nadřízenost, *(length of service)* služební stáří

sensation [sen'seišn] n 1 *(ability to feel)* cit v ruce, v noze ap. 2 *(feeling in one's body, impression)* pocit; **a s. of warmth** pocit tepla; **a tingling s.** mravenčení; **I had a s. of being watched** měl jsem pocit, že se na mě někdo dívá 3 *(exciting event, excitement)* senzace; **create** or **cause a s.** vzbudit senzaci, způsobit pozdvižení, vyvolat rozruch; **the concert was a s.** koncert byl senzační

sensational [sen'seišənl] adj *(marvellous)* senzační, úžasný; *(news)* báječný

sensationalism [sen'seišnəlizəm] n *(of the press* etc*)* senzacechtivost, honba za senzacemi

sensationalist [sen'seišnəlist] n *(journalist)* senzacechtivý novinář ● adj senzacechtivý, senzacemilovný, honící se za senzacemi

sense [sens] n 1 *(faculty of perception)* smysl, smyslový orgán; **the five ~s** pět smyslů; **s. of hearing/ sight/ smell/ taste/ touch** sluch/ zrak/ čich/ chuť/ hmat; **a sixth s.** šestý smysl; **have a keen s. of hearing** mít dobrý sluch ■ **s. organ** smyslový orgán 2 **senses** *(normal state of mind)* **come to one's ~s i)** *(regain consciousness)* nabýt vědomí **ii)** *(stop behaving foolishly)* přijít k rozumu, umoudřit se, dostat rozum; **bring sb to his ~s i)** přivést koho k vědomí **ii)** přivést koho k rozumu; **take leave of one's ~s** ztratit (zdravý) rozum, zbláznit se, pomást se; **be in full possession of one's ~s** být plně při smyslech 3 *(practical wisdom)* **common s.** zdravý rozum, selský rozum; **business s.** smysl pro obchod, obchodní duch; **offend against common s.** hřešit proti zdravému rozumu; **he hasn't got an ounce of common s.** nemá ani za mák rozumu; **he has more s. than you** má víc rozumu než ty; **you can't get any s. out of him** není s ním kloudná řeč; **make good s.** být smysluplný, mít hlavu a patu; **it doesn't make s.** to nedává smysl, inf nemá to ani hlavu, ani patu; **he thinks he has a monopoly of common s.** myslí si, že má patent na rozum 4 *(sensation)* smysl, *(feeling)* (po)cit; **have a s. of sth** mít cit pro co; **have a (good) s. of direction** mít orientační smysl; **have a fine s. of justice** mít dokonalý smysl pro spravedlnost; **a s. of responsibility** pocit zodpovědnosti; **have a s. of humour** mít smysl pro humor; **he has precious little s. of humour** má žalostně málo smyslu pro humor 5 *(meaning)* gen smysl, *(of word)* význam; **in the broadest/ narrow/ real/ true s. of the word** v (nej)širším/ v úzkém/ v pravém/ ve vlastním slova smyslu 6 *(respect, way)* **in a s.** v určitém smyslu; **in every s.** v každém ohledu ● vt *(feel)* cítit, pociťovat, uvědomovat si, *(danger)* vycítit, inf větřit, *(catastrophe)* předvídat, tušit, mít předtuchu čeho ♦ **s. sth in the wind** cítit něco ve vzduchu

senseless ['sensləs] adj 1 *(absurd)* nesmyslný, absurdní; *(pointless)* zbytečný; **s. killings** nesmyslné zabíjení 2 *(unconscious)* jsoucí v bezvědomí; **knock sb s.** omráčit koho ■ **~ly** adv nesmyslně, absurdně

senselessness ['sensləsnəs] n see **senseless** 1 absurdita, nesmyslnost 2 bezvědomí

sensibility [sensə'biləti] n (pl **-ties**) 1 *(physical)* citlivost 2 *(emotional)* citovost; *(artistic)* vnímavost, senzibilita 3 **sensibilities** city, citlivost; **offend sb's sensibilities** dotknout se koho, dotknout se čích citů; **appeal to sb's sensibilities** apelovat na čí city

sensible ['sensəbl] adj 1 *(reasonable)* rozumný, *(person* also*)* uvážlivý, soudný; *(idea* also*)* dobrý; **(do) try to be s.** měj (přece) rozum; **you can't hold a s. conversation with him** není s ním kloudná řeč, s ním se nedá rozumně (pro)mluvit 2 *(practical: clothes, shoes)* účelný, praktický; **make a s. use of resources** účelně využít zdroje 3 fml rare *(notable: difference)* znatelný 4 fml *(aware)* **I am s. of the fact that ...** jsem si vědom toho, že ... ■ **sensibly** adv 1 rozumně; soudně 2 *(dress)* účelně, prakticky 3 fml *(perceptibly)* znatelně, citelně

sensibleness ['sensəblnəs] n rozumnost

sensitive ['sensətiv] adj 1 *(skin, eyes, material, film)* citlivý (**to sth** na co); **be s. to the cold** být zimomřivý 2 *(easily offended, touchy)* nedůtklivý, jemnocitný, útlocitný; **a s. soul** citlivá dušička, inf citlivka 3 *(delicate: issue, matter, topic)* delikátní, choulostivý 4 *(document)* důvěrný ■ **~ly** adv *(react)* nedůtklivě

sensitivity [sensə'tivəti] n see **sensitive** 1 citlivost 2 nedůtklivost, jemnocit(nost), útlocitnost 3 delikátnost, choulostivost 4 důvěrnost

sensitize ['sensətaiz] vt učinit citlivým, senzibilizovat

sensor ['sensə(r)] n senzor, snímač, čidlo

sensory ['sensəri] adj *(nerve)* senzorický; **s. perception** smyslové vnímání

sensual ['sensjuəl] adj smyslný, senzuální; **s. pleasure** smyslná rozkoš

sensuality [sensju'æləti] n smyslnost, senzuálnost

sensuous ['sensjuəs] adj 1 *(sensual: lips, person)* smyslný 2 *(art, music)* senzuální, působící na smysly ■ **~ly** adv smyslně, senzuálně

sent [sent] pt & pp of **send**

sentence ['sentəns] n 1 Ling věta ■ **s. stress** větný přízvuk 2 Jur rozsudek, odsouzení, trest; **the death s.** trest smrti, fml, esp fig ortel smrti; **life s.** doživotní trest, (odnětí svobody na) doživotí; **pronounce s.** vynést rozsudek, fml, esp fig vyřknout ortel; **serve one's s.** odpykávat si trest ● vt Jur odsoudit; **s. sb to life imprisonment** odsoudit koho k doživotnímu žaláři

sententious [sen'tenšəs] adj bombastický, patetický, moralistický ■ **~ly** adv bombasticky, pateticky, moralisticky

sententiousness [sen'tenšəsnəs] n patetičnost, bombastičnost

sentient ['sentiənt] adj schopný vnímat; **s. life** vědomý život

sentiment ['sentimənt] n 1 *(feeling)* cit, cítění 2 *(sentimentality)* sentimentálnost, city; **here there is no room for s.** tady není místo na city 3 **~s** fml *(opinion, point of view)* mínění, názor; **my ~s exactly!** já si myslím přesně totéž

sentimental [senti'mentl] adj sentimentální, *(tune* also*)* plačtivý, rozcitlivělý, ubrečený, *(value)* citový ■ **~ly** adv sentimentálně

sentimentalism [senti'mentəlizəm] n sentimentalismus

sentimentalist [senti'mentəlist] n sentimentální člověk

sentimentality [sentimen'tæləti] n sentimentálnost, sentimentalita, přecitlivělost; **reek of s.** být plný sentimentality

sentinel ['sentinl] n Mil dated stráž, hlídka; fig **stand s. over sth** být or stát na stráži čeho, chránit co

sentry ['sentri] n (pl **sentries**) Mil stráž, hlídka, strážný ■ **s. box** strážní budka; **s. duty** strážní služba; **be on s. duty** stát na stráži

sep abbr of **separate** see below

sepal ['sepəl] n kališní lístek, lupen

separable ['sepərəbl] adj oddělitelný, odlučitelný

separate ['seprət] adj *(part)* oddělený; *(different: category, meaning)* odlišný, jiný, *(matter, issue)* jiný; *(individual)* individuální, *(interests)* partikulární; *(independent: organisation, unit)* samostatný, *(entrance)* samostatný, zvláštní; *(peace, treaty)* separátní; *(existence, identity)* vlastní; **under s. cover** ve zvláštní obálce, v oddělené zásilce, samostatně; **a s. room** zvláštní or extra pokoj; **that's a s. issue** to je jiná otázka, to je něco jiného; **the kitchen is s. from the main building** kuchyně je mimo hlavní budovu; **they have s. rooms** *(children)* mají každý svůj pokoj, *(husband and wife)* mají oddělené ložnice, nesdílejí ložnici; **on ten s. ways** na deset různých způsobů; **they went their s. ways** šli každý svou cestou, fig *(in life)* každý žil svým vlastním životem ■ **~ly** adv odděleně, samostatně, zvlášť, extra; **live ~ly** žít zvlášť or odděleně; *(husband and wife* also*)* nežít spolu; **pay ~ly** platit každý zvlášť ● n **~s** kombinace sukně a halenky, kalhot a halenky etc ● ['sepəreit] I vt 1 *(divide up)* rozdělit, *(fighting dogs)* roztrhnout od sebe; **s. sb from sb** oddělit koho od koho ♦ **s. the wheat from the chaff** Bibl oddělit zrno od plev, oddělit koukol od pšenice; **s. people from their money** připravit lidi o peníze 2 *(detach: train coaches* etc*)* oddělit 3 Cook *(milk)* odstřeďovat, sbírat; **s. the white from the yolk** oddělit bílek od žloutku II vi 1 *(come apart)* rozdělit se; *(split up)* rozejít se; **they have ~d for good** definitivně se rozešli 2 *(split off)* oddělit se III phr v ■ **separate out** vt(i) oddělit (se), rozdělit (se)

separated ['sepəreitid] adj *(couple)* žijící odděleně, nežijící spolu; **be s.** být odloučeni

separation [sepə'reišn] n 1 *(division)* oddělení, rozdělení, separace; **the S. of Church and State** odluka církve od státu ■ **s. allowance i)** Mil odlučné **ii)** *(alimony)* výživné, alimenty 2 *(of couple)* odluka, rozluka; **s. from bed and board** odluka or rozluka od stolu a lože

separatism ['sepərətizəm] n separatismus

separatist ['sepərətist] n separatista

separator ['sepəreitə(r)] n odstředivka

sepia ['si:piə] n 1 Zool sépie 2 Art *(pigment)* sépie ● adj *(paint, pigment)* sépiový

sepsis ['sepsis] n Med sepse, otrava krve

Sept abbr of **September** září

September [sep'tembə(r)] n (see also **May**) září; **in S.** v září; **during S.** během září; **every S.** vždy v září, každé září ■ **S. weather/ mists** etc zářijové počasí/ mlhy ap.

septet [sep'tet] n Mus 1 septet skladba 2 septeto soubor

septic ['septik] adj 1 Med septický; **go s.** zhnisat, podebrat se 2 **s. tank** septik, vyhnívací nádrž or jímka

septicaemia, Amer **septicemia** [septi'si:miə] n Med sepse, otrava krve

septuagenarian [septjuədžə'neəriən] adj mající věk sedmdesátníka 70 – 79, sedmdesátiletý mající 70 • n sedmdesátník 70 – 79

septuplet [sep'tju:plit] n sedmerče; **~s** sedmerčata

sepulchral [sə'palkrəl] adj *(voice)* hrobový; *(atmosphere)* pohřební

sepulchre, Amer **sepulcher** ['sepəlkə(r)] n hrob, náhrobek; **the Holy S.** Svatý hrob; **a whited s.** fml, fig farizej, pokrytec

sequel ['si:kwəl] n **1** *(consequence)* následek **2** *(continuation: to book)* pokračování; **it had an unpleasant s.** mělo to nepříjemnou dohru

sequence ['si:kwəns] n **1** *(order)* řada, pořadí, sled; **logical s.** logický sled; **s. of tenses** Ling souslednost časů; **in s.** po pořádku, jeden po druhém; **in chronological s.** chronologicky **2** *(series)* **a)** série; **the s. of events** sled událostí **b)** Cards sekvence, postupka, figura **c)** Math řada, posloupnost **d)** Chem, Biol řada **e)** Mus, Cine, Eccl sekvence

sequential [si'kwenšl] adj **1** *(forming a sequence)* postupný; Comput postupný, sekvenční (**access** přístup) **2** fml **be s. to** or **upon sth** následovat po čem ■ **~ly** adv postupně

sequester [si'kwestə(r)] vt **1** fml *(isolate)* **s. sb** izolovat koho; **s. oneself from the world** uzavřít se do sebe, izolovat se před lidmi **2** Jur = **sequestrate**

sequestered [si'kwestəd] adj fml *(place)* odlehlý, odloučený od světa, osamocený; **lead a s. life** žít v ústraní, žít osaměle

sequestrate ['si:kwəstreit] vt Jur obstavit, sekvestrovat; fml *(confiscate)* konfiskovat, zabrat

sequestration [si:kwə'streišn] n sekvestrace; fml *(confiscation)* konfiskace

sequin ['si:kwin] n flitr, pajetka

sequin(n)ed ['si:kwind] adj ozdobený flitry or pajetkami

sequoia [si'kwoiə] n Bot sekvoje; **giant s.** sekvoje obrovská

Serb [sə:b] n Srb/ -ka

Serbia ['sə:biə] n Srbsko; **in S.** v Srbsku

Serbian ['sə:biən] adj srbský • n **1** *(person)* Srb/ -ka **2** *(language)* srbština

Serbo-Croat [sə:bəu'krəuæt], **Serbo-Croatian** [sə:bəukrəu'eišn] n Ling srbochorvatština • adj srbochorvatský

serenade [serə'neid] n serenáda, dostaveníčko • vt **s. sb** (za)zpívat or (za)hrát komu serenádu

serene [sə'ri:n] adj **1** *(person)* klidný, rozvážný; *(sea, lake)* klidný; *(sky)* jasný **2 His/ Her S. Highness** Jeho/ Její Jasnost ■ **~ly** adv klidně, pokojně

serenity [sə'renəti] n see **serene 1** klid, poklid, pokoj, vyrovnanost **2** *(as title)* **S.** Jasnost

serf [sə:f] n Hist nevolník/ nevolnice

serfdom ['sə:fdəm] n Hist nevolnictví; fig poroba, okovy

serge [sə:dž] n Text *(material)* serž, kepr

sergeant ['sa:džənt] n Mil četař, seržant; **s. major** staršina ♦ **she is a proper s. major** ona je hrozný metr, je hotový generál; **stand over sb like a s. major** stát nad někým jako policajt

serg(t) abbr of **sergeant**

serial ['siəriəl] n **1** TV, Rad seriál; *(in magazine: novel)* román na pokračování; **radio/ TV s.** rozhlasový/ televizní seriál **2** *(periodical)* periodikum • adj **1** *(in* or *forming a series)* sériový, pořadový; **s. number** pořadové číslo; **a s. murderer** mnohonásobný vrah **2** *(story, novel* etc*)* na pokračování; **s. rights** právo vysílat na pokračování **3 s. music** seriální hudba **4** Comput **s. port** sériový; **s. access** sekvenční přístup

serialization [siəriəlai'zeišn] n *(of book)* zveřejňování or otiskování na pokračování, Rad, TV vysílání na pokračování

serialize ['siəriəlaiz] vt *(book)* zveřejňovat or otiskovat na pokračování; Rad, TV vysílat na pokračování

serially ['siəriəli] adv TV, Rad formou seriálu, jako seriál; *(in magazine* etc*)* na pokračování

series ['siəri:z] n (pl **series**) **1** *(set)* řada, sada, *(of stamps, banknotes, coins)* série, *(of books)* řada, edice, knižnice **2** *(of lectures, programmes, concerts)* cyklus, řada **3** TV, Rad seriál **4** Elec **s. connection** sériové zapojení

serious ['siəriəs] adj **1** *(not frivolous: manner)* vážný, *(person* also*)* opravdový, *(newspaper, publication)* seriózní **2** *(earnest)* vážný, opravdový; **are you s. (about it)?** myslíte to vážně or doopravdy?; **I am completely s.** myslím to docela vážně; **he seems deadly s.** zdá se, že to myslí smrtelně vážně; **is he s. about her?** myslí to s ní vážně?; **give s. thought to sth** vážně se nad čím zamyslet **3** *(grave: mistake, problem)* vážný, závažný; *(illness)* vážný, těžký, *(guilt)* těžký; *(considerable: damage)* značný, *(loss)* značný, těžký; **have s. worries/ intentions** mít vážné obavy/ úmysly

seriously ['siəriəsli] adv **1** *(behave)* vážně, seriózně **2** *(in earnest)* opravdově, doopravdy; **he's thinking about it s.**

vážně o tom uvažuje; **s. though . . .** ale (teď) vážně . . ., ale teď žerty stranou . . . **3** *(gravely: ill, wounded)* vážně, těžce; *(deteriorate)* povážlivě

seriousness ['siəriəsnəs] n see **serious** **1** vážnost, opravdovost, serióznost; **in all s.** zcela vážně **2** *(gravity)* vážnost, závažnost; *(of situation)* povážlivost; *(of damage)* závažnost, rozsah, dosah

serjeant-at-arms [sa:džəntət'a:mz] n parlamentní ceremoniář

sermon ['sə:mən] n **1** Relig kázání; **preach a s.** kázat **2** pej kázání; **give sb a s. (on sth)** udělat komu kázání (o čem)

sermonize ['sə:mənaiz] **I** vt **s. sb** mluvit komu do svědomí, dělat komu kázání **II** vi vést mravokárné řeči, mluvit jako z kazatelny

sermonizer ['sə:mənaizə(r)] n mentor, moralista

sermonizing ['sə:mənaiziŋ] adj *(tone)* kazatelský

serous ['siərəs] adj Med serózní

serpent ['sə:pənt] n Zool & fig had

serpentine ['sə:pəntain] adj fml *(snakelike)* hadovitý, *(river, lane)* klikatý, křivolaký, vinoucí se, *(road* also*)* plný serpentin

serrated [sə'reitid] adj *(edge)* zoubkovaný, vroubkovaný, zubatý; *(knife)* zubatý, s pilovitým ostřím, s pilkou

serration [sə'reišn] n zoubkování; *(of knife)* pilovité ostří

serried ['serid] adj *(ranks)* sevřený, semknutý

serum ['siərəm] n (pl **~s** or **sera** [-rə]) sérum

servant ['sə:vənt] n **1** *(domestic)* sluha, služebník, *(maid)* also **s. girl** služka, služebná **2 civil s.** státní úředník; **public ~s** veřejní zaměstnanci; **civil ~s** státní úřednictvo; **be a civil s.** být ve státní službě; **s. of the Lord** sluha or služebník Páně **3** arch **Your (most) humble s.**, **Your (most) obedient s.** *(at end of letter)* ponížený služebník

serve [sə:v] n Tennis etc servis, podání; **it's your s.** máš servis, podáváš ty ● **I** vt **1 a)** *(employer, God/ country, society)* sloužit komu/ čemu; **he has ~d his country well** sloužil věrně své vlasti ♦ **you cannot s. two masters** fig dvěma pánům nelze sloužit; **s. two masters** fig sedět na dvou židlích **b) if my memory ~s me right** pokud si dobře vzpomínám, neklame-li mě paměť **2 a)** *(in shop)* obsluhovat; **are you being ~d?** už dostáváte? **b)** *(food, drink)* (na)servírovat, podat, přinést; **s. sb (with) sth** (na)servírovat komu co; **lunch is ~d at 12 o'clock** oběd se podává ve 12 hodin; **this recipe ~s two** tento recept je pro dvě osoby ♦ **first come, first ~d** kdo dřív přijde, ten dřív mele **c)** Relig *(mass)* sloužit, celebrovat **d) s. notice on sb** dát komu výpověď; **s. a summons on sb** doručit komu obsílku **3** *(function)* **the car ~d me well** auto mi udělalo dobrou službu; **the box ~d me as a table** krabice mi sloužila jako stůl; **it has ~d its purpose** splnilo to svůj účel **4** *(supply: gas, electricity)* dodávat, zásobovat čím **5** *(complete, go through)* **a) s. one's apprenticeship** vyučit se **b)** Mil **s. one's time** (vy)konat vojenskou službu, inf odkroutit si vojenskou službu **c) s. a prison sentence**, inf **s. time** *(in jail)* odpykat si trest ve vězení **6** Sport *(ball)* pod(áv)at, servírovat **7** Agr *(animals)* pokrýt samici **8 (it) ~s you right!** dobře ti tak!, to ti patří! **II** vi **1 a)** *(be in service)* sloužit, dělat sluhu/ služku **b) s. on a committee/ jury** být ve výboru/ v porotě **2** *(at table)* servírovat, obsluhovat **3 a)** *(in the army)* sloužit **b)** *(in profession)* zastávat funkci koho; **s. as a mayor** zastávat funkci primátora **4** *(function)* **s. as . . .** sloužit jako . . .; **s. as a storeroom** sloužit jako sklad; **it ~s to show that . . .** to ukazuje, že . . .; **it ~s as an example** slouží to jako příklad **5** Sport servírovat, podávat **6** Relig sloužit or celebrovat mši **III** phr vs ■ **serve out** vt **1** *(food)* naservírovat, *(rations)* rozdělit, vydat **2** *(time in army)* odsloužit si, inf odkroutit si; *(sentence)* odsedět si ■ **serve up** vt **1** *(food)* naservírovat, vydat **2** pej *(offer: excuse* etc*)* vytasit se s čím, naservírovat komu

server ['sə:və(r)] n **1** Sport podávající hráč **2** Relig *(at mass)* ministrant **3** *(fork)* servírovací or předkládací vidlička, *(spoon)* naběračka; **a pair of ~s** servírovací příbor **4** *(tray)* podnos, tác

service ['sə:vis] n **1** *(employment)* **a)** *(in firm)* služba, práce; **15 years' s. with the same firm** 15 let služby u stejné firmy; **loyal s.** věrné služby **b)** *(public)* **civil s.** státní služba; **foreign s.** diplomatické služby; **intelligence s.** zpravodajská služba **c)** Mil **military s.** vojenská služba, inf vojna; **front-line s.** služba na frontě; **the S~s** armáda; **he saw active s. in Vietnam** zúčastnil se bojů ve Vietnamu **d)** formerly *(as servant)* služba; **be in sb's s.** být u koho ve službě; **enter sb's s.** jít ke komu do služby **2** *(work provided)* **a)** gen služba; **reciprocal s.** protislužba; **offer one's ~s** nabídnout své služby; **enlist sb's ~s** vyhledat čí služby; **be of s.** být něco platný; **round-the-clock s.** permanentní služba **b)** *(in shop, restaurant)* obsluha; **fast s.** rychlá obsluha; **s. is extra** obsluha se platí zvlášť ■ **s. charge** přirážka za obsluhu **c)** *(public* *utility)* **bus/ train s.** autobusová/ vlaková doprava; **transport ~s** dopravní služby; **the telephone/ postal s.** telefonní/ poštovní služba; **essential ~s** *(water supply* etc*)* základní služby; **the bus s. to London** autobusové spojení or autobusová doprava do Londýna; **a daily s. between Prague and London** denní letecké spojení mezi Prahou a Londýnem, pravidelná letecká linka Praha--Londýn ■ **s. industry** služby (obyvatelstvu) **d)** *(business)* **banking/ insurance ~s** bankovní/ pojišťovací služby; **funeral s.** pohřební služba **e)** *(department)* **health/ social ~s** zdravotnictví/ sociální služby **3** Relig bohoslužba, *(mass)* mše; **hold a s.** *(say mass)* celebrovat or sloužit mši **4** *(maintenance)* údržba, *(overhaul)* kontrola, podrobná prohlídka s údržbou ■ **s. station** autoservis, benzinová pumpa s opravnou **5** *(working order: machine)* **be in/ out of s.** být v provozu/ mimo provoz; **come into s.** *(bridge)* být uveden do provozu **6** *(set of dishes)* servis, souprava; **tea/ dinner s.** čajový/ jídelní servis **7** Sport servis, podání; Tennis ■ **s. line** zadní čára **8 s. hatch** servírovací okénko; **s. stairway** pomocné schodiště ● vt **1** *(car, machine)* důkladně prohlédnout, *(machine)* provést všeobecnou údržbu **2** *(mate with: female animal)* pokrýt

serviceable ['sə:visəbl] adj **1** *(usable)* použitelný **2** *(practical: clothes* etc*)* praktický, účelný

serviceman ['sə:vismən] n (pl **-men**) **1** Mil voják, příslušník armády, vojenská osoba; **National s.** Br voják základní or prezenční služby **2** Amer *(mechanic)* opravář

servicewoman ['sə:viswumən] n (pl **-women** ['-wimin]) Mil příslušnice armády

serviette [sə:vi'et] n ubrousek, inf servítek ■ **s. ring** kroužek na ubrousek

servile ['sə:vail] adj podlézavý, patolízalský, servilní

servility [sə:'viləti] n podlézavost, patolízalství, servilnost

serving ['sə:viŋ] n **1** *(at table)* servírování, podávání **2** *(helping of food)* porce ● adj *(chairman* etc*)* současný, úřadující

servitude ['sə:vitju:d] n otroctví, nevolnictví, poroba; **penal s.** těžký žalář

servo ['sə:vəu] n (pl **servos**) inf **1** *(~mechanism)* servomechanismus **2** *(~motor)* servomotor ■ **s.(-assisted) brakes** servobrzdy

servomechanism ['sə:vəumekənizəm] n servomechanismus

servomotor ['sə:vəuməutə(r)] n servomotor

sesame ['sesəmi] n Bot sezam ♦ **open s.!** fig Sezame, otevři se! ■ **s. oil** sezamový olej

session ['sešn] n **1** *(meeting)* schůze, zasedání; Jur, Parl zasedání; **be in s.** zasedat, Pol, Jur also rokovat; **a closed s.** neveřejné zasedání **2** *(for painter)* sedění komu **3** Univ/ Sch *(academic/ school year)* akademický/ školní rok; esp Amer *(term)* semestr

set [set] n **1 a)** *(of screwdrivers, keys* etc*)* souprava, sada, *(of chairs,* also*)* garnitura, *(of carriages)* souprava, garnitura; *(of machinery)* soustrojí, agregát; *(of tyres)* obutí; *(of strings)* Mus potah; *(of banknotes, coins, stamps* etc*)* série; *(of samples, dresses, stamps)* kolekce; *(of magazines, of writings)* komplet; *(of cutlery, plates)* servis; *(of cards)* sekvence; **a s. of pipes** píšťaly; **a manicure s.** manikúra, manikýra; **a construction s.** stavebnice **b)** *(pair: of matching underwear)* souprava; **a s. of false teeth** umělý chrup; **a s. of headphones** sluchátka; **both ~s of grandparents** obojí prarodiče, dědeček a babička z obou stran **c)** *(game)* hra; **a chess s.** šachy **d)** Math množina ■ **s. theory** teorie množin **2** Tennis etc set, sada **3** *(social group)* **the literary s.** literární svět; **the smart s.** (společenská) smetánka, módní společnost; **Peter and his s.** Petr a jeho parta; Br Sch skupina; **be in the top s.** být v nejlepší skupině **4** Theat kulisy, dekorace, *(scene)* scenérie ■ **s. designer** jevištní výtvarník **5 a wireless** or **radio/ transistor/ TV s.** radiopřijímač/ tranzistorový přijímač, inf tranzistorák/ televizor **6** *(hairdo)* ondulace **7** Hort *(young plant)* sazenice, sazenička, cibulka, *(cutting)* řízek **8** *(badger's burrow)* also **sett** doupě, brloh **9** *(posture: of shoulders* etc*)* držení **10** *(setting: of cement, jelly)* tvrdnutí **11** ♦ **make a dead s. at sb** hrát to na někoho, mazat komu med kolem pusy ● adj **1** *(prescribed: rules)* pevně stanovený, předepsaný; *(wage, price)* pevný; **s. figures** *(in figure skating)* povinné cviky **2** *(fixed)* **a)** *(smile)* strnulý; *(facial expression)* nehybný; *(routine)* neměnný; *(views)* vyhraněný; **become s. in one's ways** zachovávat neměnnou rutinu, zkostnatět, ustrnout **b)** *(date, day)* určený, stanovený **c) s. menu** *(in restaurant)* menu, jednotná sestava pokrmů **d)** Ling **s. phrase** or **expression** ustálená fráze, ustálené spojení, idiom **e)** Sch, Univ *(subject, reading, text)* povinný, předepsaný **3** *(resolved)* **be s. on sth** umínit si co (udělat); **she is s. on going to university** je pevně rozhodnuta jít na univerzitu; **she is dead s. against it** je vyloženě proti tomu **4** *(likely)* **he's well s. to win** má velkou šanci vyhrát ● v (pt & pp **set**; **-tt-**) **I** vt **1** *(place in a specified position)* **a)** gen umístit, dát kam, *(upright)* postavit, *(horizont-*

ally) položit, *(lean: ladder* etc*)* opřít o co; **s. sth upright** postavit co; **s. sth before sb** *(plate, bowl, food)* postavit něco před koho; **s. a child on his feet** postavit dítě na nohy ♦ **he won't s. the Thames on fire** není to žádný lumen, ten neudělá díru do světa **b) s. sth to sth** dát co k čemu, přiložit co k čemu; fml **s. a glass to one's lips** přiložit sklenici ke rtům; **s. fire to sth**, **s. a match to sth** zapálit něco **c)** *(locate: house, story)* usu pass situovat, umístit; **a house s. on a hill** dům umístěný na kopci; **the story is s. in Prague** děj se odehrává v Praze; **his eyes are s. too close** oči má posazené příliš blízko sebe **d)** *(put into position: bone)* fixovat, narovnat; **s. sth in concrete** zalít něco cementem **e)** *(in hierarchy)* **s. a high value on sth** přikládat čemu velkou důležitost; **s. store by sth** přikládat čemu velký význam, dát na co **2 a)** *(adjust: mechanism)* seřídit; *(watch, clock)* nařídit, *(alarm clock)* nastavit; *(fuse of explosive)* načasovat; **s. the dial to zero** nařídit číselník na nulu; **I s. my alarm for five** nastavil jsem budíka na pět **b)** *(arrange)* **s. sth in order** uspořádat něco **3** *(prepare: table)* prostřít; *(trap, snare)* nastražit, nalíčit; **s. the table for four** prostřít stůl pro čtyři osoby; **s. the scene for sth** připravit pro co půdu ♦ **s. one's mark** or **stamp on sth** vtisknout čemu svou pečeť **4** *(establish)* **a)** *(date, deadline, price)* stanovit, určit **b) s. the tone for sth** udávat tón v čem; **s. the fashion** určovat módu; udávat tón v módě, zavést módu; **s. the pace (for sb)** udávat (komu) tempo **c) s. sb an example** or **a good example** jít komu příkladem, dávat komu dobrý příklad; **s. sb a bad example** dávat komu špatný příklad, kazit koho **d) s. a record** vytvořit or dobýt or udělat rekord **e) s. one's sights too high** nasadit příliš vysokou laťku, chtít toho přehnaně moc, neznat míru **5** *(cause)* **a)** *(start)* **s. sth in motion**, **s. sth going** lit dát co do pohybu, rozhýbat co, fig *(project* etc*)* rozběhnout co, rozjet co; fml **s. sth afoot** rozhýbat co, rozjet co; **s. sth swinging** rozhoupat co, rozkývat co; **s. sth vibrating** rozechvět co; **s. the clock going** uvést hodiny do chodu **b)** *(change state)* **s. sb free** osvobodit koho; **s. a dog free** uvolnit přivázaného psa; **s. tongues wagging** dostat se do lidských řečí; **s. sb's mind at ease** uklidnit or upokojit koho ♦ **s. sth to rights** uvést něco na pravou míru **c) s. the dog on** or **after sb** poštvat na koho psa **d)** *(solidify: concrete)* nechat ztvrdnout, *(jelly, yoghurt)* nechat ztuhnout **6** *(pose: problem)* postavit **7** *(assign: task, exercise)* zadat, *(rules)* předepsat ♦ **s. a fox to keep the geese** udělat kozla zahradníkem **8** *(hair)* naondulovat si **9** Typ (vy)sázet **10** *(plant)* zasadit **11** Mus **s. sth to music** zhudebnit něco **II** vi **1** *(sun, moon, stars)* zapadnout/ zapadat **2** *(jelly, pudding)* ztuhnout, *(cement, plaster)* ztvrdout **3** *(bone)* srůst **4 s. to work** pustit se do práce, chopit se díla **III** phr vs ■ **set about** vt **1** *(begin)* **s. about doing sth** pustit or dát se do čeho; **I don't know how to s. about it** nevím, jak na to ♦ **s. about sth the wrong way** vzít co za špatný konec **2** inf **s. about sb** *(attack)* pustit se do koho (**with a stick** holí) ■ **set against** vt **1 s. sb against sb** *(influence)* navádět koho proti komu, *(incite)* poštvat koho proti komu; **s. people against each other** poštvat lidi proti sobě, rozeštvat lidi; **s. oneself against sth** postavit se proti čemu **2** *(balance against)* kompenzovat čím ■ **set apart** vt **1** *(distinguish)* odlišit; **his talent ~s him apart from the others** vyniká nad ostatními svým nadáním **2** *(money)* dát (si) stranou, *(time)* vyhradit (si) ■ **set aside** vt **1** *(put down: knitting, book)* odložit; **s. sb/ sth aside** odsunout koho/ co na vedlejší kolej **2** *(reserve: time)* rezervovat (si), *(money)* dát (si) stranou, odložit (si) **3** *(disregard: differences, hostilities, quarrels)* upustit od, zapomenout na; *(bitterness)* zbavit se čeho; *(formalities)* upustit od čeho **4** Jur *(verdict, decision)* zrušit ■ **set back** vt **1** *(place at a distance)* usu pass **the house is s. back from the road** dům je trochu vzdálen od cesty **2** *(delay: programme, plan)* (po)zdržet **3** inf *(cost)* **how much will it s. us back?** na kolik nás to přijde? ■ **set down** vt **1** *(tray, suitcase)* položit **2** Br *(passenger:* Subj *bus)* vysadit, nechat vystoupit **3** *(establish: criteria, rules, code of practice* etc*)* (u)stanovit **4 s. sb down as ...** považovat koho za co **5 s. one's thoughts down (on paper)** svěřit své myšlenky papíru ■ **set forth** *I* vi fml vyrazit, vydat se *II* vt *(plan)* předložit, *(plan* also*)* vyložit, vysvětlit; *(objections)* přednést ■ **set in** *I* vi *(frosts, winter, thaw)* nastat; **winter is ~ting in** zima se hlásí; *(disease)* ohlásit se, propuknout; *(panic)* propuknout, nastat *II* vt Sew *(sleeve)* vsadit; *(jewel)* zasadit ■ **set off** *I* vi *(depart)* vyjít, vyrazit, vyjet, *(ship)* vyplout; **s. off on a journey** vydat se or vypravit se or vyrazit na cestu; **s. off for home** odebrat se domů ♦ **s. off on the wrong foot** vykročit levou nohou, vzít něco za špatný konec *II* vt **1** *(start: alarm, fireworks)* spustit, *(bomb)* odpálit, detonovat, *(panic, war)* vyvolat, rozpoutat; **s. sb off laughing/ crying** rozesmát/

rozplakat koho; **that really s. her off** inf pak ji už nebylo možno zastavit 2 *(enhance)* zvýraznit; **s. off a clause by a comma** oddělit větu čárkou, vyčlenit větu; **s. sth off against the claim** započítat co (pohledávku) proti nároku žalobce ■ **set on** vt 1 **s. sb/ sth on sb** *(person/ dog)* poštvat koho co na koho 2 *(attack)* zaútočit na koho; **s. on sb like a pack of dogs** dorážet na koho jako vosy, vrhnout se na koho jako supi ■ **set out** *I* vi 1 *(depart)* see **set off** vi 2 *(intend)* **s. out to do sth a)** *(person)* vytknout si co, mít v úmyslu or hodlat udělat co **b)** *(book, study, speech)* mít za cíl co 3 *(start)* začít *II* vt 1 *(arrange: chairs)* rozestavit, rozmístit, uspořádat; *(chess pieces)* postavit na šachovnici; *(merchandise)* rozložit, vyložit; *(nets)* Fishing rozprostřít; fig *(essay)* rozvrhnout si 2 *(ideas, proposals)* přednést, vysvětlit ■ **set to** vi 1 *(start working enthusiastically)* pustit se do toho, vyhrnout si rukávy, vzít za to 2 inf *(start fighting)* pustit se do sebe ■ **set up** *I* vt 1 *(place in position)* **a)** *(building)* postavit, *(tent, pole, monument* also*)* vztyčit; **s. up camp** rozbít tábor **b)** *(machine, apparatus)* instalovat, smontovat, sesadit; Typ připravit stroj k tisku 2 *(arrange: meeting, visit)* dohodnout, zorganizovat; *(experiment)* připravit; *(tribunal)* sestavit 3 *(establish: school)* založit, otevřít; *(commission, club, organisation, firm)* zřídit, *(commission* also*)* ustavit; *(scholarship)* vytvořit; *(record)* vytvořit; **s. up house** založit si domácnost 4 *(in business)* **s. sb up in business** pomoci komu zařídit podnik; **s. oneself up** etablovat se ♦ **be well s. up** mít jisté postavení, být na tom dobře, mít zajištěnou existenci 5 *(provide)* **s. sb up with sth** poskytnout komu co, sehnat komu co 6 *(cause: infection)* způsobit 7 *(restore to health)* **s. sb up** (Subj: *drink, holiday* etc) postavit koho na nohy 8 inf *(frame up)* **be s. up** být falešně obviněn *II* vi **s. up on one's own** *(in business)* postavit se na vlastní nohy, zřídit si vlastní podnik, inf udělat se pro sebe; *(s. up home)* založit si domácnost; **s. up as a lawyer** zařídit si advokátní kancelář ■ **set upon** vt see **set on (2)**

setback ['setbæk] n nezdar, neúspěch; **despite the ~s** přes potíže

sett₁, Amer **set** [set] n *(badger's den)* doupě, brloh

sett₂ [set] n *(cobblestone)* dlažební kostka

settee [se'ti:] n divan, pohovka, gauč

setter ['setə(r)] n *(dog)* stavěč; setr

setting ['setiŋ] n 1 *(background)* pozadí; *(surroundings)* prostředí; *(of film, novel)* lokalizace; Theat výprava, dekorace, kulisy 2 *(of jewel)* zasazení 3 *(place s.)* prostírání 4 Mus *(arrangement)* úprava, aranžmá 5 *(of jelly/ cement)* tuhnutí/ tvrdnutí ■ **s. point** bod tuhnutí; **s. time** doba tvrdnutí 6 Hairdr ■ **s. lotion** tužidlo na vlasy

setting-up [setiŋ'ap] n *(of company)* zřízení, zavedení, založení

settle₁ ['setl] n *(wooden bench)* dřevěná lavice zprav. s úložným prostorem

settle₂ ['setl] **I** vt 1 *(place comfortably)* usadit, uložit; **s. a child on one's lap** posadit si dítě na klín; **s. oneself comfortably in an armchair** uvelebit se v křesle 2 *(resolve: matter)* vyřídit; *(conflict, dispute)* urovnat, vyřešit; **s. one's affairs** urovnat si své záležitosti, dát si do pořádku své záležitosti; **s. sth out of court** vyřešit co mimosoudně or dohodou; **I have a matter to s. with you** mám s tebou nějaké vyřizování; **s. sb's hash** inf zvednout někomu mandle, setřít koho 3 *(agree on)* dohodnout se or domluvit se na čem, dojednat, vyjednat; **it was ~d that ...** bylo rozhodnuto, že ...; **nothing has been ~d yet** ještě se nic nerozhodlo; **s. a matter once for all** udělat za čím definitivní tečku, vyřešit co jednou provždy; **that ~d it** tím to bylo rozhodnuto; **that's ~d then** dobře, tak platí; dobře, ujednáno 4 *(pay: debt)* vyrovnat, splatit, zapravit, zlikvidovat; **s. a claim** likvidovat škodu; **s. an account** vyrovnat účet; **let me s. the bill** dovolte, abych zaplatil (účet) ♦ **s. accounts with sb** fig vyřídit si s někým účty, vypořádat se s někým; **have an account to s. with sb** mít s kým nevyřízené účty 5 *(colonize)* kolonizovat, osídlit 6 *(calm: nerves)* uklidnit; **the rain will s. the dust** po dešti se přestane prášit, déšť usadí prach 7 *(deal with)* **s. sb** vyřídit si to s kým, *(verbally* also*)* vytmavit to komu; **we'll soon s. him!** my mu to spočítáme **II** vi 1 *(come to live)* usídlit se, usadit se; **s. in Canada** usadit se v Kanadě; *(in house, flat)* zabydlet se, *(in job)* zvyknout si, zapracovat se; *(get used to: different climate)* aklimatizovat se; **s. comfortably in an armchair** inf uvelebit se v křesle; **the cat ~d in my lap** kočka se mi uvelebila na klíně 2 *(become calm: person, wind)* uklidnit se; *(weather)* ustálit se, vyjasnit se; **I cannot s. to anything** nemohu se na nic soustředit 3 *(dust, sediment)* usadit se; *(fly, wasp, bird)* (u)sednout (si) (**on sth** na co); **his gaze ~d on the book** očima spočinul na knize, jeho zrak spočinul na knize 4 *(spread: smile on face)* rozhostit se; *(fog)* **s. over sth** rozprostřít se nad čím 5 *(subside: road, house)* sednout 6 Jur **s. out of court** vyřídit spor dohodou or mimosoudně

7 see also phr vs **s. into, s. on, s. with III** phr vs ■ **settle back** vi pohodlně se opřít v křesle ap. ■ **settle down** *I* vi **1** *(in armchair)* uvelebit se, *(on grass)* rozložit se; *(in new home)* zabydlet se, zařídit se; *(in new job, new school)* zvyknout si kde **2** *(become more stable)* usadit se, zakotvit, ustálit se **3 s. down to do sth** pustit se do čeho; **s. down to work** zasednout k práci; **s. down to a game of chess** usadit se k partii šachu **4** *(calm down: child)* uklidnit se, *(situation* also*)* znormalizovat se *II* vt **s. oneself down in an armchair** uvelebit se or roztáhnout se v křesle; **s. sb down for the night** *(children, patients)* uložit koho k spánku ■ **settle for** vt *(accept)* spokojit se s čím; *(there was no whisky)* **we had to s. for vodka** museli jsme se spokojit s vodkou; **I won't s. for less than £100** pod sto liber nepůjdu ■ **settle in** *I* vi *(in house, flat)* zabydlet se, zařídit se; *(in job, school)* zvyknout si kde or na co *II* vt **s. sb in** pomoci komu, aby se přizpůsobil ■ **settle into** vt *(get used to)* navyknout si na, přizpůsobit se čemu; **s. sb into a new job** zapracovat koho ■ **settle on** vt **1** *(decide)* **they've ~d on Italy** *(for their holiday)* rozhodli se pro Itálii **2 s. money/ property on sb** převést or napsat na koho peníze/ majetek ■ **settle up** *I* vi **s. up with sb** *(pay)* zaplatit komu *II* vt *(bill)* zaplatit, vyrovnat ■ **settle with sb** vyrovnat se s kým

settled ['setld] adj **1** *(weather)* stálý, ustálený **2** *(person)* řádný, spořádaný; *(habits)* ustálený; *(opinion)* ustálený, vyhraněný; *(procedure)* zavedený; **feel s.** mít pocit jistoty, cítit se dobře **3** *(account, bill)* zaplacený, uhrazený **4** *(inhabited)* obydlený, *(colonized)* kolonizovaný

settlement ['setlmənt] n see also **settle 1** *(of problem)* vyřešení, *(of conflict)* urovnání, vyřízení; **a s. out of court** mimosoudní smír **2** *(agreement)* dohoda; *(decision: on date* etc*)* rozhodnutí; **reach a s.** dosáhnout dohody **3** *(of debts)* úhrada, vyrovnání, zaplacení, likvidace **4** Jur *(financial: donation)* darování, převedení; *(dowry)* věno; **s. of one's estate** napsání poslední vůle **5** *(colonization)* osídlení, kolonizace; *(colony)* kolonie, *(village)* osada, sídliště

settler ['setlə(r)] n kolonista/ kolonistka, osadník/ osadnice, osídlenec/ osídlenka

set-to ['settu:] n (pl **set-tos**) inf *(argument)* hádka, rozepře, spor; *(fight)* rvačka; **have a s.-to with sb** chytit se s kým, vjet si s kým do vlasů

set-up ['setap] n (pl **set-ups**) **1** inf *(system, structure: of company* etc*)* struktura neutr, uspořádání neutr; *(situation)* situace, okolnosti; **explain sb the s.-up** vysvětlit komu, jak to chodí; **it's a funny s.-up** to je zvláštní situace **2** inf *(rigged game)* předem dohodnutý výsledek hry

seven [sevn] adj sedm; **Chapter s.** sedmá kapitola, kapitola sedm; **he is s.** je mu sedm (let) ♦ **sail the s. seas** obeplout všechna moře; **s. fat years and s. lean years** sedm tučných a sedm hubených let; **lie beyond the s. seas** být za devaterými or devatero horami ● n sedmička; *(card)* sedma; **there were s. of us** bylo nás sedm ♦ **I am totally at sixes and ~s over this** jsem z toho jelen

sevenfold ['sevnfəuld] adj sedminásobný, sedmeronásobný ● adv sedminásobně, sedmeronásobně

seven-league ['sevnli:g] adj **s.-l. boots** sedmimílové boty

seventeen [sevn'ti:n] adj sedmnáct ● n sedmnáctka

seventeenth [sevn'ti:nθ] adj sedmnáctý; **the s. century** sedmnácté století ● n *(fraction)* sedmnáctina; *(in series)* sedmnáctý

seventh ['sevnθ] adj sedmý; **a s. part i)** sedmý díl **ii)** *(fraction)* sedmina; **come s.** skončit sedmý; **S.-Day Adventist** adventista sedmého dne; **be in s. heaven** být v sedmém nebi ● n **1** *(fraction)* sedmina; **five ~s** pět sedmin **2** *(in series)* sedmý **3** Mus septima, **s. (chord)** septakord

seventhly ['sevnθli] adv za sedmé

seventieth ['sevntiəθ] adj sedmdesátý ● n **1** *(in series)* sedmdesátý **2** *(fraction)* sedmdesátina

seventy ['sevnti] adj sedmdesát; **she is (about) s. (years old)** je jí (asi) sedmdesát ● n (pl **seventies**) sedmdesát, sedmdesátka; **in the seventies** v sedmdesátých letech; **in the early/ late seventies** počátkem/ koncem sedmdesátých let; **man/ woman in his/ her seventies** sedmdesátník/ sedmdesátnice; **he is in his early/ late seventies** má něco přes sedmdesát/ jde or inf táhne mu na osmdesátku; **we were doing s.** Aut jeli jsme sedmdesátkou =70 mil; **the temperature was in the seventies** bylo přes 70 (stupňů) 70-80° Fahrenheita

sever ['sevə(r)] vt **1** *(cut: rope)* přetnout, přeříznout, přeseknout; *(hand)* useknout, odseknout; *(communications)* přerušit **2** fig *(relations)* přerušit; *(ties of friendship)* přervat, zpřetrhat; *(nation, party)* rozštěpit

several ['sevrəl] adj několik; **s. times** několikrát; **s. pairs of trousers** několikery kalhoty; **s. kinds of wine** několikeré víno; *(published)* **in s. languages** několikajazyčně; **I am in the dark about s. things**

leccos mi není jasné; **there are s. ways of doing this** toto je možné dělat různými způsoby or různě ♦ **have s. irons in the fire** mít několik or víc or vícero želízek v ohni ● n několik; **s. of us** někteří z nás

severance ['sevrəns] n *(of relations)* přerušení ■ **s. pay** odstupné při skončení pracovního poměru

severe [si'viə(r)] adj **1** *(strict)* **a)** *(person)* přísný, striktní; **be s. with sb** být na koho přísný, inf být na koho jako pes; **be s. on sb** přísně koho posuzovat **b)** *(punishment)* přísný, tvrdý; *(rules)* striktní; *(criticism)* ostrý, sžíravý **2** *(extreme: weather)* drsný; *(winter)* tuhý, krutý; *(cold)* velký; *(pain)* prudký, silný; *(illness)* těžký, vážný; *(loss)* těžký; *(test)* zatěžkávací; **sustain s. injuries** utrpět těžká zranění; **there was a s. frost** byl velký mráz, mrzlo jen praštělo **3** *(austere: architecture, style)* strohý, *(clothes also)* upjatý ■ **~ly** adv **1** *(judge)* přísně, striktně; *(punish)* tvrdě; *(criticise)* ostře, sžíravě **2** *(ill, injured)* vážně, těžce **3** *(dress)* stroze, upjatě

severity [si'verəti] n see **severe 1** přísnost, striktnost, *(of punishment)* tvrdost, přísnost, *(of criticism)* sžíravost **2** drsnost; tuhost; prudkost; *(of injuries, illness)* vážnost **3** strohost, upjatost

Seville [sə'vil] n Sevilla ■ **S. orange** Bot pomerančovník hořký; *(fruit)* plod pomerančovníku hořkého

sew [səu] v (pt **sewed** [-d], pp **sewn** [-n]) **I** vt, vi šít; **s. sth in** všít co; **s. sth on** přišít co; **s. sth together** sešít něco (k sobě) **II** phr v ■ **sew up** vt **1** *(hole)* zašít, *(in sock etc also)* spravit, zaštupovat; Med *(wound)* sešít **2** inf fig *(contract, deal)* získat; *(result of game, elections)* dohodnout předem; **it's all ~n up** inf máme to v suchu

sewage ['su:idž] n odpadní vody, kanalizační splašky ■ **s. disposal** čištění odpadních vod; **s. system** kanalizace; **s. works** čistírna odpadních vod

sewer1 ['su:ə(r)] n kanál, stoka; inf **have a mouth like a s.** být sprostý jako dlaždič or kanál ■ **s. rat** potkan

sewer2 ['səuə(r)] n Sew krejčí/ švadlena, šička

sewerage ['su:əridž] n **1** *(system)* kanalizace **2** *(sewage)* odpadní vody, kanalizační splašky

sewing ['səuiŋ] n šití; **she likes s.** ráda šije; **I've got a lot of s. to do** mám spoustu šití ■ **s. machine** šicí stroj; **s. kit** šicí potřeby

sewn [səun] pp of **sew**

sex [seks] n **1** *(gender)* pohlaví; **the opposite s.** opačné pohlaví; **the strong(er) s./ the weaker s.** silné or silnější/ něžné pohlaví; **young people of both ~es** mladí lidé obojího pohlaví **2** *(intercourse)* sex, pohlavní styk; **have s. with sb** souložit s kým ■ **s. act** milostný akt; **s. appeal** sexuální přitažlivost, sex-appeal; **s. drive** pohlavní pud, libido; **s. education** sexuální výchova; **sex life** sexuální život; **s. maniac** erotoman; **s. offender** pachatel sexuálního trestného činu; **s. organ** pohlavní orgán; **s. shop** sexshop ● vt *(animal)* určit/ určovat pohlaví čeho

sex-hungry ['sekshaŋgri] adj sexuálně vyhladovělý or neukojený

sexism ['seksizəm] n sexismus

sexist ['seksist] adj sexistický ● n sexista

sexless ['sekslәs] adj bezpohlavní, asexuální

sex-mad ['seksmæd] adj posedlý po sexu; **he/ she is s.-mad** nemyslí na nic než na sex

sexologist [sek'solədžist] n sexuolog/ sexuoložka

sexology [sek'solədži] n sexuologie

sexpot ['sekspot] n sexbomba

sextet(te) [seks'tet] n Mus sextet, sexteto

sexton ['sekstən] n **1** Relig kostelník **2** *(beetle)* hrobařík

sextuple ['sekstjupl] adj šestinásobný, šesteronásobný ● n šestinásobek, šesteronásobek ● **I** vt (z)násobit šesti, šestkrát zvětšit **II** vi šestkrát se zvětšit

sextuplet ['sekstjuplət] n šesterče; **~s** šesterčata

sexual ['sekšuəl] adj sexuální, pohlavní; **s. abuse** pohlavní zneužití; **s. act** sexuální or pohlavní akt; **s. assault** sexuální přepadení or útok, pokus o znásilnění; **s. harassment** sexuální obtěžování; **s. intercourse** pohlavní styk; **have s. intercourse with sb** mít pohlavní styk s kým, souložit s kým ■ **~ly** adv pohlavně, sexuálně; **~ly active** pohlavně aktivní; **~ly transmitted disease** nemoc přenášená pohlavním stykem

sexuality [sekšu'æləti] n sexualita

sexy ['seksi] adj (**-ier, -iest**) inf **1** *(erotic: show, film)* erotický **2** *(person, clothes)* sexy, vzrušující, pohlavně dráždivý, inf rajcovní; **be s.** vypadat sexy, inf být rajcovní

Seychelles [sei'šelz] n pl **the S.** Seychely; **in the S.** na Seychelách

SF [es'ef] abbr of **science fiction**

sgd abbr of **signed** podepsáno

Sgt Mil abbr of **Sergeant** četař, seržant

sh [š] interj pst!

shabbiness ['šæbinəs] n **1** *(of clothes)* ošumělost, ošoupanost; *(of house)* nuznost;

(of person) otrhanost, zanedbanost **2** *(of treatment)* šupárna, podlost, špinavost

shabby ['šæbi] adj (**-ier**, **-iest**) **1** *(clothes)* obnošený, ošumělý, ošoupaný, roztrhaný; *(fur coat)* opelichaný; *(house, furnishings)* nuzný; *(person: in rags)* otrhaný, *(unkempt)* zanedbaný, inf šupácký **2** *(treatment)* podlý; **play a s. trick on sb** vyvést komu lumpárnu, udělat komu špinavost ■ **shabbily** adv *(dressed)* v obnošených šatech; *(behave)* podle

shack [šæk] n chatrč, chýše, barabizna ● vi inf **s. up with sb** žít s kým na hromádce or na divoko

shackle ['šækl] n usu pl **~s** pouta, okovy; fig *(of prejudices, conventions)* pouta ♦ **cast** or **throw off the ~s** zlámat okovy nesvobody ● vt spoutat, nasadit komu pouta; **s. sb to sth** připoutat koho k čemu; fig omezovat koho v čem

shade [šeid] n **1** *(shadow)* stín; **light and s.** světlo a stín; **in the s. of a tree** ve stínu stromu; **35 degrees in the s.** 35 stupňů ve stínu; **sit in the s.** sedět v chládku ♦ **put sb in the s.** zastínit koho, zatlačit koho do pozadí **2** *(of colour)* odstín, tón; fig *(of meaning)* významové nuance; **politicians of various ~s** politikové různého zabarvení; **of every s. and hue** všech odstínů **3** *(lampshade)* stínítko na lampu, stínidlo; *(eyeshade)* stínítko na oči, štítek čepice; Amer *(blind on window)* žaluzie **4** **~s a)** Poet *(growing darkness)* **the ~s of night** stíny noci **b)** *(trace)* podtón **c)** inf esp Amer brýle proti slunci **5** *(small quantity)* **a s.** drobet, trochu; **it is a s. better** je to o chlup or vous lepší, je to kapku or krapet lepší; **he's a s. better today** dnes je mu trochu lépe or inf líp ● **I** vt **1** *(eyes)* (za)stínit (si); *(window)* zatemnit **2** Art (vy)stínovat, *(with lines)* (vy)šrafovat **II** vi *(merge: colours, concepts)* splývat **III** phr v ■ **shade in** vt Art (vy)stínovat kresbu

shadiness ['šeidinəs] n fig *(of dealings)* pochybnost, podezřelost

shading ['šeidiŋ] n Art stínování, odstínění barev, *(hatching)* šrafování

shadow ['šædəu] n **1** *(of figure, house etc)* stín; **cast a s. on** or **over sth** lit & fig vrhat na co stín ♦ **be afraid of one's own s.** bát se or lekat se vlastního stínu; **he's a mere s. of his former self** je z něho jen troska, je z něho pouhý stín; **he casts a long s.** fig jeho vliv or moc sahá daleko, je nesmírně vlivný; **live in sb's s.** fig žít v čím stínu ■ **s. cabinet** stínový kabinet; **s. play** stínohra **2** *(under eyes)* **have ~s under one's eyes** mít kruhy pod očima; **eye ~s** *(cosmetic)* oční stíny; **put on eye ~s** nanést si or inf udělat si stíny **3** inf *(spy)* stín, špeh, inf fízl; **put a s. on sb** nechat někoho sledovat **4** **follow sb like a s.** sledovat koho jako stín **5** *(trace, hint)* **without the s. of a doubt** bez nejmenší pochyby, nepochybně, dozajista ● vt **1** *(cast shadow on)* stínit, vrhat stín na **2** *(follow)* **s. sb** sledovat or špehovat or inf fízlovat koho, pověsit se komu na paty

shadow-box ['šædəuboks] vi provádět stínový box; fig bojovat s větrnými mlýny

shadow-boxing ['šædəuboksiŋ] n Sport stínový box; fig boj s větrnými mlýny

shadowy ['šædəui] adj **1** *(shady: wood, path)* stinný, temný, *(dark: corridor)* temný **2** fig *(hazy: thought)* vágní, mlhavý, *(indistinct: outline)* nejasný **3** *(mysterious)* tajemný

shady ['šeidi] adj (**-ier**, **-iest**) **1** lit *(place)* stinný, jsoucí ve stínu, zastíněný **2** *(dealings, person, organization)* pochybný, podezřelý

shaft [ša:ft] n **1** *(of axe)* rukojeť, topůrko, *(of hammer)* násada, *(of spear)* násada, ratiště, *(of feather)* osa, *(of bone)* Anat diafýza **2** *(of cart)* oj **3** Techn *(for propeller)* hřídel; **driving/ driven s.** hnací/ hnaný hřídel; **Cardan s.** kardanový hřídel; **transmission s.** převodový hřídel **4** *(of lift, mine)* šachta **5** *(of light)* paprsek **6** *(arrow)* šíp; fig *(of wit, satire)* šleh, *(of malice)* špička, posměšek **7** Amer sl **he got the s.** naletěl, vzali ho na hůl ● vt **1** Amer sl *(cheat)* napálit, vzít na hůl **2** vulg *(have sex with)* šoustat s kým, píchat s kým

shag$_1$ [šæg] n *(tobacco)* ≅ machorka silný, hrubý tabák

shag$_2$ [šæg] n Orn kormorán chocholatý

shag$_3$ [šæg] vt Br sl souložit s kým

shagged [šægd] pred adj Br sl also **s. out** *(very tired)* vyplivnutý

shaggy ['šægi] adj (**-ier**, **-iest**) *(hair)* chundelatý, střapatý; *(beard)* rozcuchaný; *(eyebrows)* štětinatý, chundelatý; *(dog)* chlupatý, chundelatý; *(bear, carpet)* huňatý

shaggy dog story [šægi'dogsto:ri] n rozvláčná povídačka která nemá ani hlavu ani patu, vtip kameňák dlouhá anekdota s nejapným koncem

shah [ša:] n šah, šach panovník

shake [šeik] n **1** **give sb a s.** (za)třást or (za)třepat kým; **give sb a good s.** zalomcovat kým; **give sth a s.** (za)třepat, (po)třást čím, *(bottle of medicine etc also)* protřepat, zatřepat čím; **a s. of the head** potřepání hlavou, *(in disagreement)* zavrtění hlavou **2** **in two ~s (of a lamb's tail)** v mžiku, než bys řekl švec **3** Amer inf *(milk shake)* mléčný koktajl, koktejl; inf Amer *(earthquake)* zemětřesení; *(deal)* **he'll give**

you a fair s. on tě neošidí, inf on tě nevezme na hůl **4 ~s a)** inf **have the ~s** mít třesavku **b)** inf **he's no great ~s** není to žádný lumen or zázrak; inf **it's no great ~s** není to nic světoborného ● v (pt **shook** [šuk], pp **shaken** ['šeikn]) **I** vt **1** *(person)* (za)třást kým, (za)třepat kým; *(bottle of medicine)* protřepat, zatřepat čím, *(cocktail)* protřepat, promíchat; *(sleeper)* zalomcovat kým; *(passengers* – Subj: *bus)* smýkat or házet or zmítat kým; *(door, gate* etc*)* (za)cloumat or (za)lomcovat čím; *(building* – Subj: *earthquake, bomb* etc*)* otřást/ otřásat čím; **s. one's head** potřást hlavou, *(in disagreement, in disbelief)* (za)vrtět or (za)kroutit hlavou; **s. sb's hand** potřást komu rukou, podat or stisknout komu ruku, **s. hands** podat si ruce, *(on a deal)* plácnout si; **he shook some apples from the tree** setřásl se stromu nějaká jablka, natřásl jab(l)ka; **s. one's fist at sb** pohrozit komu pěstí ♦ **s. a leg** inf **i)** pohnout kostrou, hodit or hnout sebou **ii)** inf zatancovat si, skočit si; **s. the bottle before use** or **using** před použitím protřepte **2** *(undermine: faith, confidence)* otřást čím, zviklat **3** *(shock)* otřást kým, šokovat; **he was badly shaken by the news** byl tou zprávou zdrcený, ta zpráva ho velmi šokovala; **s. the world** otřást světem **II** vi (za)třást se, (za)chvět se; **s. like a jelly** or **like a leaf** třást or chvět se jako osika; **s. with cold/ fear** třást se zimou/ strachem, tetelit se zimou/ strachy; **s. with laughter** svíjet se or válet se smíchy; **s. in one's shoes** být strachy bez sebe, třást or klepat se strachy; **she was shaking with anger** cloumal s ní vztek; **his knees were shaking** rozklepala se mu kolena; **s. on it** *(on a deal)* plácnout si na to **III** phr vs ■ **shake down** *I* vt **1** *(fruit)* (se)třást, (s)klátit třesením **2** Amer sl *(extort)* **s. sb down for £100** pumpnout koho o 100 liber **3** Amer *(search)* prohledat *II* vi inf **1** *(sleep:* eg *on the floor)* uložit se, ustlat si improvizovaně **2** inf *(adapt: to new job, situation)* zvyknout si, přizpůsobit se ■ **shake off** vt **1** *(sand, snow)* setřást, setřepat, otřepat, sklepat, oklepat; **s. off the dust** oprášit se ♦ **s. the dust off one's feet** s úlevou odejít s úmyslem nikdy se nevrátit **2** fig *(pursuer, habit, cold, depression)* zbavit se koho/ čeho, *(fatigue, worries, depression* also*)* setřást ze sebe ■ **shake out** *I* vt **1** *(tablecloth* etc*)* vyklepat, vytřepat **2** fig *(out of apathy, complacency* etc*)* vyburcovat koho z čeho *II* vi Mil *(spread out)* utvořit rojnici ■ **shake up** vt **1** *(liquid)* protřepat; *(pillow)* natřást **2** *(upset* sb – Subj: *accident* etc*)* otřást kým, (Subj: *illness)* dát komu co proto, dát komu pořádně zabrat; **be badly ~n up** být ve stavu šoku **3** *(person: out of complacency)* vyburcovat **4** *(company* etc*)* důkladně reorganizovat **5** *(local business)* Amer inf ždímat, vydírat

shakedown ['šeikdaun] n **1** *(bed)* nouzové spaní or lože **2** Amer sl *(extortion)* vyděračství **3** Amer sl *(search)* šťára, razie **4** *(voyage/ flight)* zkušební plavba/ let ● adj *(voyage, flight)* zkušební; **be in a s. period** být ve zkušební době

shaken ['šeikn] pp of **shake**

shake-out ['šeikaut] n Econ inf restrikce, zeštíhlení drastické snížení počtu pracovníků; **s.-out of staff** snížení stavu; **s.-out of inefficient organizations** restrikce nevýkonných organizací

shaker ['šeikə(r)] n *(for cocktails)* šejkr; **salt s.** solnička

Shakespearean, Shakespearian [šeik'spiəriən] adj shakespearský, shakespearovský ● n shakespearovec, shakespearolog, odborník na Shakespeara

shake-up ['šeikap] n *(of company)* radikální reorganizace

shakily ['šeikəli] adv rozechvěle, třaslavě; *(walk)* nejistě, nejistým krokem; *(speak)* třaslavě, roztřeseným hlasem

shakiness ['šeikinəs] n see also **shaky** **1** vratkost, rozviklanost; *(of voice)* rozechvělost, třaslavost **2** chatrnost; vratkost; chabost; mlhavost; prekérnost; ubohost

shaky ['šeiki] adj **(-ier, -iest)** **1** *(table, chair)* rozviklaný, vratký; *(hand)* třesoucí se, třaslavý; *(writing)* roztřesený; *(knees)* roztřesený; *(voice)* rozechvělý, třaslavý, roztřesený; **he is s. on his legs** pletou se mu nohy, má vratkou chůzi, je nejistý na nohou; **he's still s.** *(after his accident)* je stále ještě otřesen, ještě se nevzpamatoval; **be on s. ground** být na vratké půdě **2** *(weak: health)* chatrný; *(regime)* vratký; *(memory)* chabý; *(memories)* mlhavý; *(future)* nejistý; *(financial situation)* prekérní; *(knowledge)* chabý, ubohý; *(theory)* nepodložený, stojící na vodě; **he is a bit s. in maths** v matematice je slabý v kramflecích; **his Russian is a bit s.** s jeho ruštinou to není moc slavné; **I feel s.** je mi slabo, udělalo se mi slabo ■ see **shakily**

shale [šeil] n lupek, (jílovitá) břidlice ■ **s. oil** břidličný olej

shall [šæl; weak form šəl] (neg **shall not**, contracted **shan't** [ša:nt]; pt **should** [šud], neg **should not**, contracted form **shouldn't** ['šudnt]) **1** future aux *(1st person only)* **a) I/we shall** or **I'll/ we'll** [ail/ wi:l] **do it** udělám/ -e to; **I shan't be able to do it** nebudu to moci udělat **b)** *(in suggestions, in questions)* **s. we have another drink?** dáme si ještě skleničku?; **where s. I drop you?** kde vás mám vyložit?; **let's call it quits, s. we?** jsme si kvit, ano? **2** fml emph; in 2nd & 3rd person *(command, obligation, threat)* **you s. do as I say** uděláš, co říkám; Bibl **thou shalt not kill** nezabiješ!; **you s. do it now** uděláš to okamžitě

shallot [šə'lot] n Agr šalotka, množilka

shallow ['šæləu] adj **1** *(water, plate)* mělký; *(breathing)* povrchní **2** *(person, knowledge)* povrchní; *(talk)* plytký, povrchní, jalový; *(novel)* jalový, bezcenný ● n pl **~s** mělčina

shallowness ['šæləunəs] n malá hloubka; fig povrchnost, *(of talk* also*)* plytkost, jalovost

shalt [šælt] arch 2nd pers. sg of **shall**

sham [šæm] n **1** *(pretence)* přetvářka, faleš, fraška; **it's all a big s.** není to nic než komedie **2** *(impostor)* šarlatán, podvodník ● adj **1** *(pretended: marriage)* předstíraný, *(sentiment* also*)* hraný **2** *(jewellery)* nepravý ● v **(-mm-) I** vt předstírat; *(illness)* simulovat **II** vi předstírat, hrát komedii, dělat jako; *(you are not really ill)* **you are only ~ming** ty to jen tak simuluješ

shamble ['šæmbl] vi loudat se, šourat se, vléci se; **s. up to sb** přišourat se ke komu

shambles ['šæmblz] n sg **1** *(disorder)* nepořádek, inf binec, somewhat vulg bordel; **the house was a s.** dům byl vzhůru nohama **2** *(chaotic situation)* zmatek; **he made a s. of the job** naprosto to zpackal; **the match was a s.** zápas skončil fiaskem

shambolic [šæm'bolik] adj inf chaotický

shame [šeim] n **1** *(feeling)* stud, ostych, zahanbení, rozpaky; **blush with s.** (za)rdít se studem or hanbou; **go red with s.** zrudnout or zapýřit se studem; **he hasn't got an ounce of s. in him** nemá kouska studu v těle **2** *(disgrace)* ostuda, hanba; **to my great s.** k mé hanbě; **the s. of it!** ta hanba!; **s. on you!** mohl by ses stydět!; **put sb to s.** zahanbit koho; **bring s. on sb** přivést koho do hanby **3** *(pity)* **what a s.!** to je škoda or smůla!, to je ale hrozné!, škoda!; **it's a crying s. that ...** je to do nebe volající křivda, že ...; **it's a s. you can't come** škoda, že nemůžete přijít ● vt **1** *(disgrace)* udělat komu hanbu or ostudu, zostudit koho **2** *(put to s.)* zahanbit koho, zastínit koho

shamefaced [šeim'feist] adj zahanbený, zaražený

shameful ['šeimful] adj hanebný, ostudný; **how s.!** ta hanba!; **it's s.** to je hanba ■ **~ly** adv *(behave)* hanebně

shameless ['šeimləs] adj nemravný, nestoudný, nestydatý, *(lie)* nestydatý, drzý; **she is quite s. about it** vůbec se za to nestydí ■ **~ly** adv beze studu, nestydatě, necudně; **lie ~ly** drze or nestydatě lhát

shamelessness ['šeimləsnəs] n necudnost, nestydatost, nestoudnost

shaming ['šeimiŋ] adj ponižující, pokořující

shammy ['šæmi] n inf also **s. leather** semiš

shampoo [šæm'pu:] n **1** *(for hair)* šampon na vlasy **2** *(washing hair with s.)* mytí vlasů or hlavy šamponem; **s. and set** now dated vodová (ondulace) ● vt *(hair)* umýt si, *(person)* umýt komu vlasy; **have one's hair ~ed** dát si umýt vlasy

shamrock ['šæmrok] n Bot jetel plazivý; *(leaf)* trojlístek

shandy ['šændi] n pivo s limonádou

shank [šæŋk] n **1** Anat *(of person)* bérec, holeň; *(of horse)* holeň, bércová kost; *(meat)* maso z nohy, noha **2** inf **~s** *(legs)* hnáty, haxny ♦ **go on** or **use S.'s pony** jít po svých **3** fig *(of glass)* stopka; *(of knife)* střenka, *(of spoon)* držadlo, *(of anchor, screw)* dřík; Mus náustek, nátrubek

shan't [ša:nt] = **shall not**

shantung [šæn'taŋ] n šantungové hedvábí, šantung

shanty1 ['šænti] n (pl **-ties**) *(hut)* chatrč, chýše, chaloupka

shanty2 ['šænti] n (pl **-ties**) Mus námořnická píseň pracovní

shantytown ['šæntitaun] n kolonie nuzných domků, periférie z chatrčí

SHAPE [šeip] abbr of **Supreme Headquarters Allied Powers Europe** Vrchní velitelství spojeneckých sil v Evropě

shape [šeip] n **1** *(outer form)* tvar, podoba, forma; **the s. of a sphere** tvar koule; **oval s.** oválný tvar; **in the s. of ...** v podobě čeho; **go out of s.** ztratit tvar; **retain its s.** uchovat si tvar; **the cloud has a strange s.** ten mrak má zvláštní tvar **2** *(silhouette)* silueta, *(human)* nejasně se rýsující postava **3** Sport *(fitness)* kondice, forma; *(economy)* stav; **be in good s.** Sport být v dobré kondici, být v dobré formě, *(economy)* být v dobrém stavu, prosperovat; **knock** or **lick sb into s.** dostat koho do formy, dostat koho na patřičnou úroveň **4** *(guise)* podoba; **in human s.** v lidské podobě ♦ **a devil in human s.** ďábel v lidské podobě **5** fig *(of society)* uspořádání; **take s.** *(plan)* konkretizovat se, nabývat podobu, rýsovat se; *(ideas, opinions)* (vy)krystalizovat se, vyhranit/ vyhraňovat se; **put one's ideas into s.** (z)formulovat své myšlenky **6** *(mould: for hats)* (kloboučnická) forma ● **I** vt **1** *(wood, stone)* opracovávat; *(clay)* modelovat **2** fig *(character)* formovat, utvářet; *(public opinion)* utvářet, *(influence)* usměrňovat, ovlivňovat **II** vi also **s. up** **1** *(plan)* dostávat podobu, rýsovat se, nabývat na určitosti; **things are shaping (up) well** vypadá to dobře, situace je slibná **2** *(person)* **s. up well** dobře si vést, mít se or vypadat k světu, vzbuzovat naděje; **how is he shaping (up) in his new job?** jak si vede v novém zaměstnání?

shaped ['šeipt] adj **s. like a triangle** mající tvar trojúhelníku, ve tvaru trojúhelníku; **a beautifully s. figure** pěkně tvarovaná postava; **finely s. lips** pěkně vykrojená ústa

-shaped [-šeipt] in compounds ve tvaru čeho; **U-s.** ve tvaru U; **bell-s.** zvonovitý; **egg-s.** vejcovitý

shapeless ['šeipləs] adj *(figure, garment, head)* neforemný, *(mass)* beztvarý, beztvárný

shapelessness ['šeipləsnəs] n neforemnost, beztvarost, beztvárnost

shapely ['šeipli] adj (**-ier**, **-iest**) *(woman)* hezká, pěkných or lepých tvarů; *(legs)* hezky modelovaný; *(figure)* souměrný, pěkně rostlý, *(voluptuous)* vnadný; **be s.** mít (dobrou) figuru, inf mít pěknou kostru; **a s. pair of legs** hezké nohy

shard [ša:d] n **1** *(of glass, pottery)* střep **2** Zool krovka

share ['šeə(r)] n **1** *(of profits, money, trouble, blame)* podíl, díl; **a fair/ unfair s.** spravedlivý / neúměrný podíl; **have a s. in sth** mít na čem podíl, podílet se na čem, být na čem účastný; **have a s. in the profits** mít podíl na zisku; **he has had more than his (fair) s. of trouble** potíží si užil víc než dost **2** Fin akcie ■ **s. certificate** certifikát na akcie; **s. dealer** burzovní makléř; **s. indexes** indexy akcií; **s. price** odběrní kurs akcie ● **I** vt **1** *(divide: money, food, chocolates* etc*)* **s. sth with sb** rozdělit se s kým o co; **s. sweets among the children** podělit děti bonbóny; **s. one's last crust with sb** rozdělit se s kým o poslední (košili) **2** *(use jointly)* sdílet, mít spolu; **s. a room/ flat with sb** bydlet spolu s kým, mít s kým společný pokoj/ byt; **s. the same lot with sb** sdílet s kým stejný osud **3** *(have in common: interests, hope* etc*)* sdílet, mít společný; **s. the same views** mít stejné názory **II** vi **s. in sth** *(profits)* podílet se na čem, *(work* also*)* účastnit se na čem, *(joy, sorrow)* sdílet co ♦ **s. and s. alike** bratrsky se rozdělit **III** phr v ■ **share out** vt rozdělit

sharecropper ['šeəkropə(r)] n esp Amer zemědělský pachtýř platící za nájem půdy a nářadí částí výnosu

shared ['šeəd] adj společný, společně používaný, sdílený

shareholder ['šeəhəuldə(r)] n akcionář/ -ka, vlastník/ vlastnice akcií, podílník/ podílnice; **majority/ minority s.** majoritní/ menšinový or drobný akcionář

shareholding ['šeəhəuldiŋ] n držba akcií

share-out ['šeəraut] n rozdělení, rozdělování

shark [ša:k] n **1** Zool žralok **2** fig *(swindler)* podvodník, podfukář, lump; **loan s.** lichvář **3** inf Amer *(genius)* **be a s. at sth** být na něco expert

sharp [ša:p] adj **1** *(knife, blade, claw* etc*)* ostrý, *(sword* also*)* břitký, *(pencil)* ostrý, špičatý, dobře ořezaný, *(point, nose, chin)* špičatý; **s. features** ostře řezané rysy **2** *(photo)* ostrý, jasný; *(TV picture, contrast)* ostrý; *(outline)* ostrý, zřetelný **3** *(acute: angle)* ostrý; **a s. bend** prudká zatáčka, serpentina; **make a s. turn** prudce zahnout **4** *(abrupt: blow)* prudký; *(sudden: change, rise, fall)* náhlý **5** *(intense: pain)* prudký, pronikavý; *(wind)* ostrý, řezavý, pronikavý; *(hunger)* ukrutný; *(disappointment)* trpký, hořký **6** Cook *(sour)* kyselý, *(bitter)* trpký **7** *(harsh: tongue)* ostrý, štiplavý; *(answer)* příkrý, ostrý; *(voice)* pronikavý; *(temper)* prchlivý, výbušný; **have a s. tongue** mít jazyk jako břitvu, mít ostrý jazyk; **give sb the s. edge of one's tongue** dát to komu sníst horké, pořádně komu vynadat **8** *(keen: eyes)* ostrý; *(hearing)* jemný; *(mind)* bystrý, pronikavý; *(person)* bystrý, duchaplný, *(child)* chápavý; **be s. of hearing** mít dobrý sluch; **keep a s. watch for sth** dávat si na něco dobrý pozor; **he's as s. as a needle** je chytrý jako opice **9** *(brisk: pace)* ostrý, rychlý; **be s. about it** a mrskni sebou **10** pej *(cunning)* vychytralý, rafinovaný; **s. practice** machinace, nekalé jednání or praktiky; **that was a s. move** fig to byl chytrý tah **11** Mus *(too high)* (příliš) vysoký falešný; **A s./ C s./ D s.** ais, cis, dis ■ see **sharply** ● adv **1** Mus *(too high)* vysoko falešně **2** *(precisely)* přesně; **at six o'clock s.** přesně v šest **3 turn s. left/ right** *(road)* zatáčet prudce doleva/ doprava **4** inf **look s.!** pospěš si!, mrskni sebou!, hni sebou! ● n Mus křížek

sharp-edged [ša:p'edžd] adj *(knife, axe, sword)* ostrý, *(outline* also*)* jasný, zřetelný; *(piece of furniture* etc*)* s ostrými rohy, mající ostré hrany

sharpen ['ša:pn] **I** vt **1** *(knife, blade)* (na)brousit, (na)ostřit, obtáhnout na řemeni, na brousku; *(pencil)* ořezat; **s. sth to a point** zašpičatit or zahrotit něco **2** fig *(appetite)* povzbudit, zvýšit; *(wit)* bystřit, tříbit; *(pain)* rozjitřit; *(desire)* zvýšit **3** Mus zvýšit o půltón; *(sing/ play above the correct pitch)* zpívat/

hrát vysoko **4** *(outline, contrast)* zvýraznit **II** vi *(pain)* rozjitřit se; *(voice)* stát se strohým, ztvrdnout

sharpener ['ša:pənə(r)] n *(for knife: machine)* brus; *(steel)* ocilka, *(stone)* brousek; **(pencil) s.** ořezávátko

sharpening ['ša:pəniŋ] n ostření, broušení ■ **s. stone** (obtahovací) brousek

sharp-eyed [ša:p'aid] adj bystrozraký, mající dobrý zrak, mající oči jako ostříž

sharpish ['ša:piš] adj Br dost ostrý ● adv Br inf rychle

sharply ['ša:pli] adv see also **sharp 1** *(pointed)* ostře **2** *(contrast)* ostře, výrazně **3** *(abruptly: turn)* prudce; *(change, rise, fall)* náhle **4** *(speak)* stroze, příkře **5** *(listen)* pozorně

sharpness ['ša:pnəs] n see **sharp 1** ostrost, špičatost **2** ostrost, jasnost **3** prudkost **4** prudkost, náhlost, nenadálost **5** pronikavost, řezavost, palčivost, trpkost, hořkost **6** kyselost, trpkost **7** příkrost; prchlivost, výbušnost **8** jemnost; bystrost, pronikavost, duchaplnost; chápavost **9** rychlost, ostrost **10** vychytralost, rafinovanost

sharpshooter ['ša:pšu:tə(r)] n **1** lit výborný střelec, ostrostřelec **2** Amer fig dravý byznysman

sharp-sighted [ša:p'saitid] adj bystrozraký; *(perspicacious)* prozíravý

sharp-tempered [ša:p'tempəd] adj zlostný, prchlivý; **a s.-t. person** horká hlava

sharp-tongued [ša:p'taŋd] adj jízlivý, kousavý, sarkastický; **be s.-t.** mít jazyk jako břitvu, mít ostrý jazýček

sharp-witted [ša:p'witid] adj důvtipný, bystrý, duchaplný

shatter ['šætə(r)] **I** vt **1** *(window, vase)* rozbít (na kousky), roztříštit **2** fig *(hopes, plans)* zmařit; *(confidence)* podrýt, podkopat; **s. sb's nerves** zničit komu nervy; **s. sb's illusions** vyvést koho z klamu, zničit or rozbít čí iluze; **he was ~ed by the news** byl tou zprávou zdrcen **3** *(exhaust)* vyčerpat, uštvat, zkrušit **II** vi *(glass, mirror)* roztříštit se

shattered ['šætəd] adj **1** *(nerves)* zničený, pocuchaný **2** inf Br zničený, uštvaný, vyřízený, k smrti unavený

shattering ['šætəriŋ] adj **1** *(news)* zdrcující, otřesný; *(disappointment)* krutý, hořký **2** *(defeat)* drtivý **3** inf Br *(tiring)* vyčerpávající

shatterproof ['šætəpru:f] adj netříštivý

shave [šeiv] n **1 have a s.** oholit se **2 have a close** or **narrow s.** uniknout jen o vlas, jen tak tak uniknout or vyváznout; **that was a close s.** to byla klika ● v (pp **shaved** or **shaven** ['šeivn]) **I** vt **1** *(face)* (o)holit; *(head* also*)* vyholit; **s. one's legs** oholit si nohy **2** *(wood)* (o)hoblovat **3** *(graze)* lehce zavadit o co, zlehka se dotknout čeho, inf štrejchnout o co **II** vi *(person)* (o)holit se **III** phr v ■ **shave off** vt *(beard, head)* vyholit

shaven ['šeivn] adj *(face)* oholený, vyholený; *(head)* ostříhaný do hola, vyholený

shaver ['šeivə(r)] n **1** *(electric razor)* elektrický holicí strojek; **s. point**, Amer **s. outlet** zástrčka pro holicí strojek **2** dated inf *(youngster)* výrostek, klacek

Shavian ['šeiviən] adj shawovský ● n stoupenec G. B. Shawa

shaving ['šeiviŋ] n **1** *(process)* holení ■ **s. brush** holicí štětka, štětka na holení; **s. cream** pěna na holení; **s. things** potřeby na holení **2** *(of wood)* hoblina, hoblovačka; *(metal)* tříska, štěpina, inf špona

shawl [šo:l] n široký šál, přehoz

she [ši:] pers pron **1** ona; **she and I** ona a já, já s ní, my s ní; **it was she who did it** to ona to udělala **2** *(referring to boat, car)* depending on gender on člun, ona loď, ono auto; as subject usually untranslated ● n **it's a she** *(animal)* je to samička/ *(dog)* fenka etc, *(baby)* je to děvčátko or holčička; **is it a he or a she?** je to chlapeček nebo holčička?

she- [ši:-] pref **she-elephant** slonice; **she-ass** oslice; **she-wolf** vlčice etc

sheaf [ši:f] n (pl **sheaves** [ši:vz]) *(of corn)* snop; *(of letters, papers)* svazek

shear [šiə(r)] v (pt **~ed**, pp **shorn** [šo:n] or **~ed**) **I** vt *(sheep, wool)* (o)stříhat; fml **be shorn of sth** být zbaven čeho; **be shorn of one's power** být zbaven své moci **II** vi stříhat **III** phr v ■ **shear off** *I* vt *(hair, fleece)* odstřihnout; **the back of the car was shorn off** *(in an accident)* zadek auta byl odtržen or odříznut or se utrhl *II* vi **s. off** *(break off: branch)* ulomit se; *(part:* eg *propeller)* ulomit se, uletět

shearer ['šiərə(r)] n *(of sheep)* střihač/ -ka (ovcí), postřihovač/ -ka (ovcí)

shearing ['šiəriŋ] n **1** *(process)* stříž, stříhání **2 ~s (of wool)** ovčí rouno, stříž, ostříhaná vlna

shears ['šiəz] n pl velké nůžky; *(for gardening)* zahradnické nůžky; *(for sewing)* krejčovské nůžky; *(for sheep)* nůžky na stříhání ovcí; *(for metal)* nůžky na plech; **pinking s.** entlovací nůžky

shearwater ['šiəwo:tə(r)] n Orn buřňák

sheath [ši:θ] n (pl **sheaths** [ši:ðz]) **1** *(for sword)* pochva; *(for tool)* pouzdro **2** *(condom)* kondom, ochrana, prezervativ

sheaves [ši:vz] n pl **sheaf**

shed$_1$ [šed] n *(in garden)* kůlna, přístřešek; *(for cattle)* stáj; *(industrial)* hala; *(for tram)* remíza; *(for plane)* hangár; **goat s.** kozí chlívek

shed$_2$ [šed] vi (**-dd-**; pt & pp **shed**) **1** *(leaves)* shodit, ztrácet; *(horns)* shodit; *(clothes)* svléci, shodit ze sebe; **s. a few pounds** inf shodit nějaký* to kilo; **s. its skin** *(snake)* svlékat kůži; **s. hairs** *(fur)* línat **2** *(tears)* ronit, prolévat; *(blood)* prolít/ prolévat ♦ **s. light on sth** objasnit co, vnést do něčeho jasno or světlo; **s. crocodile tears** ronit krokodýlí slzy

she'd [ši:d] = **she would**, **she had**

sheen [ši:n] n lesk

sheep [ši:p] n (pl **sheep**) ovce; **stray s.** bludná ovce ♦ **the black s. of the family** černá ovce rodiny; **separate the s. from the goats** oddělit koukol od pšenice; **make s.'s eyes at sb** dated dělat na koho zamilované oči, házet po kom očkem ■ **s. farm** ovčí farma; **s. farming** chov ovcí

sheep-dip ['ši:pdip] n dezinfekční koupel pro ovce; *(substance)* dezinfekční prostředek na ovce

sheepdog ['ši:pdog] n ovčácký pes, inf ovčák

sheepfold ['ši:pfəuld] n ovčín, salaš

sheepish ['ši:piš] adj zaražený, rozpačitý, zahanbený ■ **~ly** adv zaraženě, zahanbeně

sheepishness ['ši:pišnəs] n rozpaky, rozpačitost

sheepskin ['ši:pskin] n **1** lit ovčí kůže, skopovice ■ **s. hat** beranice **2** **s. (jacket)** kožíšek z ovčí kůže **3** Amer inf Univ diplom

sheer$_1$ [šiə(r)] adj **1** *(absolute, utter)* čirý, absolutní, naprostý; **that's s. nonsense** to je naprostý nesmysl; **I met him by s. chance** potkal jsem ho čirou náhodou; **it was s. agony** byla to hotová muka; **it was s. perfection** byla to dokonalost sama **2** *(stockings)* velmi jemný, pavučinkový **3** *(very steep: cliff)* příkrý, srázný, *(vertical)* kolmý ● adv *(rise: steeply)* strmě, příkře, *(vertically)* kolmo

sheer$_2$ [šiə(r)] **I** vi Naut *(ship)* vybočit z dráhy **II** phr vs ■ **sheer away** or **off** vi vyhnout se; **s. away from sth** *(subject, discussion)* zavést řeč na jiné téma

sheet [ši:t] n **1** *(for bed)* prostěradlo; **top/ bottom s.** horní/ spodní prostěradlo; **between the ~s** v posteli; **change the ~s** vyměnit ložní prádlo ♦ **go as white as a s.** zblednout jako stěna **2** *(of paper)* arch, list; **attendance s.** prezenční listina; **balance s.** Comm bilance, účetní rozvaha; **order s.** Comm objednací list; **double s.** dvojarch; **payroll s.** mzdový list ♦ **have a clean s.** fig mít čistý štít, těšit se dobré pověsti; Ftb etc *(not concede any goals)* mít čistý štít ■ **s. music** Mus partitura **3** inf *(newspaper)* plátek **4** *(of glass)* tabule; *(of metal)* plát, deska; **baking s.** plech na pečení; **brass s.** mosazný plech ■ **s. ice** tabulový led; **s. iron** ocelový plech **5** *(of water/ snow)* vodní/ sněhová plocha; *(of rain, flames)* clona ■ **s. lightning** blýskání na časy, blýskavice **6** inf **be three ~s to the wind** *(be drunk)* být pod parou **7** **s. anchor** záchranná kotva; fig kotva naděje ● vi **s. down** *(rain)* lít jako z konve

sheik(h) [šeik] n šejk

shelf [šelf] n (pl **shelves** [šelvz]) **1** *(individual)* polička, police, *(in cupboard)* regál; **shelves** *(unit of furniture)* regál, police ♦ **be left on the s.** *(girl)* zůstat na ocet, *(worker)* patřit do starého železa ■ Comm **s. life** *(of goods)* skladovatelnost; **s. room** místo v regálech **2** Geol *(of rock)* (skalní) římsa, převis; *(in sea)* šelf

shell [šel] n **1** *(of egg, nut)* skořápka; *(of snail)* ulita; *(on seashore)* lastura, škeble; *(of crab, tortoise, lobster)* krunýř; Bot *(of pea* etc*)* struk ♦ **come out of one's s.** fig vylézt ze své ulity; **retire into one's s.** stáhnout se do své ulity ■ **s. game** Amer skořápky hazardní hra **2** *(of house)* kostra, zdivo, *(unfinished)* hrubá stavba; *(of ship)* trup; *(of car)* karosérie **3** Mil granát; esp Amer *(cartridge)* patrona ■ **s. shock** Med válečná neuróza ● **I** vt **1** *(peas, boiled egg)* loupat, *(nuts)* louskat **2** Mil odstřelovat dělostřelecky **II** phr v ■ **shell out** *I* vt *(payments)* inf zacálovat (**for sth** za co) *II* vi **s. out for sth** cálovat za co

she'll [ši:l] = **she will**

shellac [šə'læk] n šelak ● vt (**-ck-**) **1** *(varnish)* (na)lakovat, natírat/ natřít **2** inf Amer *(defeat)* natřít to komu

shellacking [šə'lækiŋ] n Amer inf *(beating)* výprask; **get** or **take a s.** dostat výprask or nářez; **they got a s.** natřeli jim to

shellfire ['šelfaiə(r)] n fig Mil střelba z děla, dělostřelba

shellfish ['šelfiš] n (pl unchanged) Zool & Cook drobní jedlí korýši a měkkýši

shelling ['šeliŋ] n Mil dělostřelba, střelba z děla

shellproof ['šelpru:f] adj Mil obrněný, opancéřovaný, opatřený pancéři

shell-shocked ['šelšokt] adj Med trpící válečnou neurózou

shelter ['šeltə(r)] n **1** *(refuge, protection)* úkryt, útočiště, bezpečí, ochrana, záštita; **take s. from the rain** schovat se před deštěm; **where can we find s.?** kde se můžeme schovat? **2** *(structure)* úkryt, útulek, přístřeší, Mil kryt, bunkr; *(for sentry)* strážní budka; **air-raid s.** protiletecký kryt; **bus s.** zastávka autobusů s přístřeškem **3** *(for homeless people, for victims)* útulek **4** **Shelter** Br dobročinná organizace pro pomoc bezdomovcům ● **I** vt **1** *(protect)* (u)chránit, *(hide)* skrývat, ukrývat; **s. sb from sb/ sth** chránit koho před kým/ čím **2** *(give refuge)* poskytnout přístřeší or útulek komu **II** vi ukrýt se, schovat se; **s. from the rain** schovat se před deštěm; **s. behind sb** schovávat se za zády koho

sheltered ['šeltəd] adj **1** *(place)* chráněný; *(life)* bezstarostný **2** **s. accommodation**, **s. housing** byty pro tělesně postižené a přestárlé

shelve [šelv] vt **1** *(books)* dát na polici, *(in library)* zařadit **2** fig *(suspend: plan)* uložit co ad acta, *(project)* dát co k ledu **3** *(provide with shelves)* opatřit policemi or regály

shelves [šelvz] pl of **shelf**

shelving ['šelviŋ] n **1** *(in shops)* regály; *(at home)* police, přihrádky **2** *(postponement)* odložení

shepherd ['šepəd] n **1** lit pastýř (ovcí), ovčák; **~'s crook** pastýřská hůl ■ **s. boy** pasáček; **s. dog** Amer ovčácký pes, ovčák; **s.'s pie** Cook bramborová kaše zapečená s mletým masem **2** Relig pastýř; **the Good S.** Ježíš Kristus ● vt **1** *(tend: sheep)* pást **2** *(marshal)* **he ~ed the tourists into the museum** zavedl turisty do muzea; **he ~ed the tourists across the road** převedl turisty přes silnici

shepherdess [šepə'des] n pastýřka

sherbet ['šə:bət] n **1** *(powder)* šuměnka, šumák; *(drink)* šumivá limonáda **2** Amer ovocná zmrzlina

sheriff ['šerif] n šerif; Scot smírčí soudce ■ **S. Court** Scot soud první instance

sherry ['šeri] n (pl **sherries**) šery, sherry

she's [ši:z] = **1 she is 2 she has**

Shetland ['šetlənd] n Geog **the ~s**, **the S. Isles** or **Islands** Shetlandy; **in the ~s** na Shetlandech ● adj **1** Geog shetlandský **2** *(jumper)* ze shetlandu; *(pony, wool)* shetlandský

shew [šəu] v (pt **shewed**, pp **shewn** [šəun]) arch see **show** vt, vi

shibboleth ['šibəleθ] n Bibl šibolet; *(catchword)* heslo, slogan

shield [ši:ld] n **1** Her erb; Mil štít; Zool štít, krunýř; Techn (ochranný) kryt, (ochranný) štít **2** fig záštita, ochrana, štít; **God is our s.** Bůh je naše záštita ● vt chránit, ochraňovat (**sb against** or **from sb/ sth** koho před kým/ čím); **s. sb** držet nad kým ochrannou ruku; **s. one's eyes (from the sun) with one's hand** clonit si rukou oči (před sluncem)

shift [šift] n **1** *(change)* změna, *(of place)* přesun, změna místa or polohy, *(of opinion)* změna, posun; **a s. to the left/ right** Pol posun doleva/ doprava; Ling **a s. in meaning** posun významu; Amer Aut řazení rychlosti; **s. key** *(on typewriter)* přeřaďovač, přemykač; Comput přeřaďovač **2** *(period of work, group of workers)* směna, inf šichta, *(period of work* also*)* služba; **day/ night s.** denní/ noční směna; **work (in) ~s, be on ~s** pracovat na směny ■ **s. work** práce na směny; **the factory is run on a s.** továrna jede na směny **3** *(dress)* úzké rovné šaty; dated *(undergarment)* kombiné **4** dated **make s. with sth** (u)spokojit se s čím, umět si poradit s čím; **make s. without sth** poradit si bez čeho ● **I** vt **1** *(move)* **a)** posunout, (po)hnout čím z místa, *(from one place to another)* přemístit, přesunout, přenést; *(vehicle)* odjet s čím, přesunout, *(reverse)* couvnout s čím; *(lid)* sundat; fig *(attention)* obrátit (**to sth** na co); **s. the blame for sth on sb** svalit vinu za co na koho, inf přišít komu něco na triko **b)** *(part of body)* pohnout/ hýbat čím; **s. from one foot to the other** přešlapovat z nohy na nohu; **s. yourself!** inf hni sebou!, *(hurry)* pospěš si! **c)** *(transfer: employee)* přeřadit **d)** Amer Aut **s. gears** řadit, přeřazovat, přehazovat **e)** Theat *(scenery)* měnit, vyměňovat **2** Comm *(old stock)* zbavit se čeho **3** sl *(food)* zblajznout; *(drink)* kopnout do sebe **4** *(stain)* odstranit **II** vi **1** *(move)* pohnout se, posunout se; **the desk won't s.** *(it's fixed)* s psacím stolem se nedá hýbat; **could you s. along/ down?** inf mohl byste se posunout dál/ dolů? **2** *(change: wind)* změnit směr, obrátit se; *(policy)* změnit se **3** Amer Aut řadit **4** inf *(move quickly, person)* uhánět, hnát se, letět; *(car)* kalit to, svištět; **you'll have to s.** *(if you want to catch the train)* budeš muset kmitat **5** **s. for oneself** *(manage)* poradit si sám, *(look after oneself)* starat se o sebe

shifting ['šifting] adj posunující se, pohyblivý; **s. sands** pohyblivé písky

shiftless ['šiftləs] adj **1** *(lazy)* líný, lenivý, zahálčivý **2** *(lacking motivation)* netečný, apatický

shifty ['šifti] adj (**-ier**, **-iest**) inf *(person)* podezřelý, záludný; *(look)* těkavý; **s.-eyed** s vyhýbavým pohledem

Shiite ['ši:ait] n **S. (Muslim)** šíita ● adj šíitský

shilling ['šiliŋ] n Br formerly šilink dvacetina libry ♦ **take the King's/ Queen's s.** dát se naverbovat, dát se na vojnu

shilly shally, shilly-shally ['šilišæli] vi (pt & pp **-lied**) pej váhat, otálet, dělat drahoty

shilly shallying ['šilišæliiŋ] n váhání, otálení, průtahy, drahoty

shimmer ['šimə(r)] vi *(silk, jewellery)*

lesknout se, třpytit se, *(stars)* blikat, *(light)* mihotat se, kmitat ● n lesk, třpyt, blikání, kmitání, mihotání

shimmering ['šiməriŋ] adj třpytivý, třpytný, lesklý, blýskavý, mihotavý

shin [šin] n **1** Anat holeň; **kick sb in the ~s** kopnout koho do holeně **2** Cook přední kližka ● vi (**-nn-**) **s. up a tree/ drainpipe** vyšplhat se na strom/ po okapové rouře; **s. down a tree/ drainpipe** sešplhat (se) se stromu/ po okapové rouře

shinbone ['šinbəun] n holenní kost

shindig ['šindig] n inf **1** *(party)* hlučný mejdan **2** = **shindy**

shindy ['šindi] n inf randál, brajgl, kravál, rambajs; **kick up a s.** spustit bandurskou, udělat brajgl or bugr, hulákat jako na lesy

shine [šain] n *(of shoes, floor, hair)* lesk, *(of jewels)* třpyt; **have a s.** lesknout se; **have a s. of grease** lesknout se mastnotou; **give sth a s.** vyleštit co ♦ **come rain, come s.** i kdyby se stalo nevím co, i kdyby na sůl nebylo; inf **take a s. to sb** *(get to like)* oblíbit si koho, *(get infatuated with)* zbláznit se do koho ● v (pt & pp **shone** [šon]) **I** vt **1** (pt & pp usu **~d**) *(polish)* also **s. up** naleštit, *(brass, silver)* vycídit, *(shoes)* (vy)leštit, (vy)čistit **2** *(torch, light)* posvítit na; **s. a torch on sth/ in sb's eyes** posvítit baterkou na co/ komu do očí **II** vi **1** *(sun, light, moon)* svítit, *(eyes)* zářit, *(surface, silk)* lesknout se, třpytit se; **the sun is shining in my eyes** slunce mi svítí do očí ♦ **make hay while the sun ~s** fig kuj železo, dokud je žhavé **2** *(excel)* **s. at** or **in sth** oslňovat or vynikat or excelovat v čem **III** phr vs ■ **shine out** vi **1** *(sun)* vysvitnout, objevit se **2 s. out from sb** *(fellow students* etc*)* vynikat nad kým, předčit koho ■ **shine up** vi **s. up to sb** Amer podkuřovat komu, inf lézt komu do zadnice

shiner ['šainə(r)] n dated sl *(black eye)* monokl, modřina na oku

shingle ['šiŋgl] n **1** *(pebbles)* collect oblázky, *(beach)* oblázková pláž **2** *(tile)* šindel; Amer inf *(nameplate)* tabulka s firmou **3** *(hairstyle)* chlapecký účes u žen, dated bubikopf, mikádo ● vt *(roof)* pokrýt or obíjet šindelem

shingles ['šiŋglz] n Med pásový opar, herpes

shingly ['šiŋgli] adj oblázkový; **a s. beach** oblázková pláž

shining ['šainiŋ] adj **1** *(metal, hair)* lesklý; *(eyes, face)* zářící, rozzářený **2** *(outstanding)* skvělý, vynikající; **a s. example** zářný příklad

shinny ['šini] Amer = **shin** vi

shinty ['šinti] n Sport (skotský) pozemní hokej

shiny ['šaini] adj (**-ier**, **-iest**) **1** *(metal, hair)* lesklý, *(silk)* třpytivý **2** *(clothes: worn)* oblýskaný

ship [šip] n **1** *(vessel)* loď; **a merchant/ sailing s.** obchodní/ plachetní loď; **on board s.** na palubě, na lodi; **travel by s.** jet lodí ♦ **when my s. comes home** or **in** fig až přijdu k penězům; **the s. of the desert** *(camel)* koráb pouště **2** Amer inf letadlo ● v (**-pp-**) **I** vt **1** *(transport)* **a)** *(send: by ship/ air/ overland)* expedovat or odeslat lodí/ letecky/ po souši **b)** *(carry: by ship/ air/ rail* etc*)* dopravit or přepravit lodí/ letadlem/ železnicí **2** *(take on board)* nalodit; **s. water** nabrat/ nabírat vodu trhlinou **II** vi *(passengers)* nastoupit na loď, nalodit se **III** phr v ■ **ship off** vt **1** *(goods)* expedovat, odeslat **2** fig joc *(children to grandparents, boarding school)* vyexpedovat kam, poslat z domu

shipboard ['šipbo:d] n **on s.** na (palubě) lodi ■ **a s. romance** milostné dobrodružství na moři

shipbuilder ['šipbildə(r)] n stavitel lodí, loďař

shipbuilding ['šipbilding] n stavba lodí, loďařství

shipload ['šipləud] n lodní náklad, kargo

shipmaster ['šipma:stə(r)] n kapitán obchodní lodi

shipmate ['šipmeit] n námořník sloužící na stejné lodi

shipment ['šipmənt] n **1** *(cargo, goods sent)* náklad, kargo; **arms s.** náklad zbraní **2** *(taking on board)* nalodění, naloďování; *(transporting)* doprava lodí

shipowner ['šipəunə(r)] n majitel lodi, rejdař

shipper ['šipə(r)] n *(sender)* zasilatel/ -ka, odesilatel/ -ka; *(transporter)* přepravce

shipping ['šipiŋ] n **1** *(traffic)* námořní plavba; *(ships)* obchodní lodi, loďstvo; **ocean s.** mořeplavectví **2** *(loading)* nalodění, naloďování; *(transport: by sea)* lodní doprava ■ **s. agent** zástupce lodní společnosti; **s. documents** průvodní doklady; **s. instructions** dopravní dispozice; **s. space** lodní prostor; **s. traffic** lodní doprava

shipshape ['šipšeip] adj inf tiptop ♦ **s. and Bristol fashion** v nejlepším pořádku ● adv tiptop, ve vzorném pořádku or stavu; **get things s.** dát všechno do pořádku

shipwreck ['šiprek] n **1** *(event)* ztroskotání lodi **2** *(ship)* vrak lodi ● vt způsobit ztroskotání; **be ~ed** ztroskotat

shipyard ['šipja:d] n loděnice

shire ['šaiə(r)] n *(county)* hrabství ■ **s. horse** tažný kůň

shirk [šə:k] **I** vt *(duties)* vyhnout se čemu, inf ulejt se z práce; **s. from an obligation** inf vyzout se ze závazku; **s. from telling sb the truth** vyhnout se sdělení pravdy **II** vi inf ulejvat se, flákat se

shirker ['šə:kə(r)] n ulejvák inf, flákač inf

shirt [šə:t] n košile; Sport trikot, Ftb etc dres; **a long-/ short-sleeved s.** košile s dlouhým/ krátkým rukávem ♦ **keep your s. on** inf to chce klid, nerozčiluj se, nevztekej se; **put one's s. on a horse** inf prosázet všechno do posledního halíře; **a stuffed s.** inf náfuka, nadutec

shirtfront ['šə:tfrant] n náprsenka

shirting ['šə:tiŋ] n košilová tkanina, širtynk

shirtless ['šə:tləs] adj jsoucí bez košile

shirt-sleeves ['šə:tsli:vz] n pl **be in one's s.-sleeves** být bez saka, být jenom v košili

shirttail ['šə:tteil] n cíp or spodek košile, podolek

shirtwaister ['šə:tweistə(r)] n (dámské) volné šaty košilového střihu

shirty ['šə:ti] adj (**-ier, -iest**) Br sl načepýřený; **get s. with sb** naštvat se na koho, být naštvaný na koho

shit [šit] n vulg, taboo – English & Czech **1** *(excrement)* hovno, collect hovna; **dog s.** psí hovínko, psí hromádka; **horse s.** kobylinec, koninec ♦ **be in the s.** být v hajzlu, být v prdeli; **beat** or **knock** or **kick the s. out of sb** mlátit koho, div duši nevypustí; **I don't give a s.** mně to může být ukradený*, seru na to; **scare** or **frighten** or **terrify the s. out of sb** vyděsit koho k smrti, pořádně komu nahnat; **treat sb like s.** srát na koho (jak na placatej kámen), zacházet s kým jak s hadrem **2** *(act of emptying the bowels)* **have** or Amer **take a s.** (jít) srát; **have the ~s** mít sračku (jak bič), mít zadek v kalupu **3** *(person)* sviňák, hajzl, lump **4** *(nonsense)* blbina, kravina, hovadina; **that's a load of s.!** to je pěkná hovadina!; **don't give me that s.!** ty voloviny říkej někomu jinýmu*!, to si vyprávěj svý* babičce!; **no s.!** neříkej!, nepovídej! úžas or nezájem **5** *(hashish)* haš, háš ● v (**-tt-**; pt & pp **shat** [šæt]) **I** vi srát **II** vt **s. oneself**, **s. one's pants** posrat se ♦ **s. bricks** mít plnou prdel strachu, mít plný* kalhoty ● interj do prdele!

shite [šait] = **shit**

shithead ['šithed] n vulg hajzl, sviňák

shithouse ['šithaus] n vulg hajzl záchod

shitless ['šitləs] adj vulg **be scared s.** být podělaný or posraný strachy; **be bored s.** být unuděný k smrti

shit list ['šitlist] n černá listina; **get on sb's s. l.** rozlít or polepit si to u koho

shit-scared ['šitskeəd] adj vulg mít plný* kalhoty or plnou prdel strachu

shitty ['šiti] adj (**-ier, -iest**) vulg **1** *(worthless)* posraný, jsoucí na hovno; **be s.** stát za hovno **2** *(mean)* **what a s. thing to do!** to je ale podlost or hnus!, jak může být někdo tak hnusný!

shiver$_1$ ['šivə(r)] n **1** *(from fear, fever)* zachvění, záchvěv, *(from cold* also*)* mrazení; **it sent a s. down my spine** obešel mě z toho mráz **2 the ~s** třesavka; **get the ~s** roztřást se, dostat třesavku; fig **it gives me the ~s** naskakuje mi z toho husí kůže ● vi *(with fear, cold)* třást se, klepat se, chvět se (**with sth** čím); **s. with cold** třást se zimou

shiver$_2$ ['šivər] n *(fragment)* střepina, odštěpek ● vt(i) *(splinter)* roztříštit (se)

shivery ['šivəri] adj **I feel s.** mrazí mě

shoal$_1$ [šəul] n **1** *(of fish)* hejno **2** fig *(large numbers)* usu pl **~s** spousta, hromada; *(of letters)* stohy, *(of tourists)* houfy, davy; **in ~s** masově, ve velkém množství

shoal$_2$ [šəul] n mělčina; *(sandbank)* písečná lavice

shock [šok] n **1** *(impact)* náraz, *(of earthquake, explosion)* otřes ■ **s. absorber** Aut tlumič nárazů **2 electric s.** elektrický šok; **get/ receive a s.** dostat elektrickou ránu **3** Med **be in a state of s.** být ve stavu šoku ■ **s. therapy** šoková terapie **4** *(psychological: upset)* šok, rána, otřes; *(scare)* úlek, polekání, zděšení; **give sb a s.** šokovat koho; **give sb the s. of his life** vylekat koho k smrti; **it was a terrible s. for him** byl to pro něj hrozný šok; **it's been a bit of a s. for him** bylo to pro něj trochu šokující **5 a s. of hair** kštice, kadeř, čupřina **6** Mil **s. troops** úderné jednotky ● **I** vt **1** *(stun)* otřást kým; *(make indignant)* rozhořčit; *(frighten)* poděsit **2** *(offend, scandalize)* pohoršit, šokovat; **be ~ed** zhrozit se; **his words ~ed her** zhrozila se nad jeho slovy **3** *(stimulate)* **s. sb into action/ out of his apathy** vyburcovat koho k činnosti/ z jeho apatie **4** Elec **s. sb** dát komu elektrickou ránu **II** vi *(book, film)* šokovat

shocked [šokt] adj **1** *(stunned)* ohromený, šokovaný, otřesený, *(distressed)* rozechvělý **2** *(scandalized)* pohoršený

shocker ['šokə(r)] n inf *(film, book)* drasťák

shockheaded [šok'hedid] adj rozcuchaný, střapatý

shocking ['šokiŋ] adj **1** *(news)* otřesný, šokující, strašný **2** *(appalling: weather, food* etc*)* hrozný, příšerný, otřesný; *(behaviour)* hanebný, skandální; **what a s. thing to say** jak můžeš něco takového říci? **3** *(colour)* křiklavý, řvavý ■ **~ly** adv inf příšerně, otřesně, hrozně

shockproof ['šokpru:f] adj *(watch* etc*)* odolný proti nárazům

shod [šod] pt & pp of **shoe**

shoddily ['šodili] see **shoddy**

shoddiness ['šodinəs] n see **shoddy** **1** fušeřina, povrchní práce **2** nekvalitnost, nekvalita

shoddy ['šodi] adj **1** *(work)* fušerský, odbytý, odfláknutý, povrchní; **a s. piece of work** fušeřina **2** *(goods)* nekvalitní, mizerný **3** *(treatment, behaviour)* šupácký ● n sukno z recyklované vlny ■ **shoddily** adv *(built, made)* fušersky, lajdácky; *(treat)* šupácky

shoe [šu:] n **1** *(footwear)* bota, střevíc; **a man's/ woman's ~s** pánské/ dámské boty, pánská/ dámská obuv; **put on one's ~s/ take off one's ~s** obout/ (vy)zout si boty; **change one's ~s** přezout si boty ♦ **he knows where the s. pinches** ví, kde ho bota tlačí; **I wouldn't like to be in his ~s** nechtěl bych být v jeho kůži or na jeho místě; Amer **if the s. fits, wear it** chytrému napověz, hloupého trkni; kdo se cítí, ten se vtípí; **lick sb's ~s** plazit se před kým; **shake in one's ~s** být bez sebe strachy; **step into** or **fill sb's ~s** nastoupit na čí místo ■ **s. box** krabice od bot; **s. polish** krém na boty; **s. repairs** opravna obuvi; **s. shop** obchod s obuví; **s. size** číslo bot; **save one's s. leather** šetřit si boty; **waste a lot of s. leather** fig hodně se nachodit, chodit od čerta k ďáblu, moct si nohy uchodit **2** *(horses.)* podkova **3** **(brake) s.** brzdová čelist ■ **brake s. lining** brzdové obložení **4** *(for sledge)* kování ● vt (pt & pp **shod** [šod]) **1** *(horse)* podkovat, okovat **2** joc **be well shod** *(person)* být dobře obutý

shoeblack ['šu:blæk] n pouliční čistič or cídič bot

shoebrush ['šu:braš] n kartáč na boty

shoehorn ['šu:ho:n] n lžíce na boty

shoelace ['šu:leis] n šněrovadlo, tkanička or tkanice do bot; **your s. is undone** máš rozvázanou tkaničku or rozšněrovanou botu

shoemaker ['šu:meikə(r)] n obuvník šijící/ opravující boty, švec

shoemender ['šu:mendə(r)] n obuvník opravující boty, švec

shoeshine ['šu:šain] n Amer **1** *(polishing shoes)* pouliční čištění bot; **have a s.** dát si vyčistit boty **2** inf **s. (boy)** pouliční čistič or cídič bot

shoestring ['šu:striŋ] n Amer šněrovadlo, tkanice or tkanička do bot; **do sth on a s.** dělat něco s malým provozním kapitálem; **live on a s.** žít z ruky do úst ■ **a s. budget** restriktivní rozpočet

shoetree ['šu:tri:] n napínák na boty

shone [šon] pt & pp of **shine**

shoo [šu:] interj *(to chickens* etc*)* kšc!, kšá!; *(to dog)* fuj!; *(to child)* hybaj!, maž! ● vt zahnat **(sb/ sth** koho/ co)

shook [šuk] pt of **shake**

shoot [šu:t] n **1** Bot *(of tree, bush)* výhonek, *(from seed* also*)* klíček, *(of vine)* úponek; **put forth ~s** nasazovat výhonky, rašit **2** Hunt *(meeting)* hon; *(area)* revír, honitba **3** Cine natáčení **4** Amer *(chute: for wood, coal)* skluz **5** *(rapid)* peřej, slap ● v (pt & pp **shot** [šot]) **I** vt **1** Mil střelit/ střílet na, vystřelit na; *(gun)* vystřelit/ střílet z čeho, vypálit ránu z čeho; *(bullet)* vystřelit, *(arrow)* vystřelit, vypustit, *(missile)* odpálit **2** *(person, animal)* **a)** *(hit)* střelit, zasáhnout; **s. sb in the leg** střelit koho do nohy **b)** *(wound)* poranit, postřelit **c)** *(kill)* zastřelit, *(execute* also*)* popravit zastřelením, *(traitor)* odstřelit; **s. sb dead** zastřelit koho; **s. oneself** zastřelit se **3** fig **s. a glance at sb, s. a glance in sb's direction** střelit or šlehnout po kom pohledem or očima; **s. a question at sb** vypálit na koho otázku; **s. questions at st** bombardovat koho otázkami ♦ **s. a line** Amer inf přehánět, kecat, vytahovat se; **s. the breeze** or **the bull** Amer inf žvanit, kecat **4** Sport *(goal, basket)* střelit **5** **s. the bolt** zasunout or zašoupnout zástrčku ♦ **s. one's bolt** fig vystřílet všechny patrony, vynést všechny trumfy; **s. the rapids** projíždět peřejemi; **s. the lights** Aut inf přejet na červenou **6** Cine *(film)* natočit/ natáčet; *(photo)* vzít, udělat **7** Amer sl *(drug)* píchnout si **8** **s. one's wad** **i)** vulg pustit šťávu vulg, ejakulovat neutr, **ii)** fig říci svoje **9** Amer sl **s. the works** **i)** *(spend all one's money)* rozházet všechny peníze, inf rozfofrovat prachy **ii)** *(tell secrets)* všechno vyzradit **II** vi **1** *(with gun* etc*)* střelit/ střílet, vystřelit; **~!** pal!, střílej!; **don't s.!** nestřílej!; **s. at sb/ sth** vystřelit na koho/ co or po kom/ po čem; **s. at random** střílet bez míření; **s. on sight** střílet bez výstrahy; **s. from the hip** střílet od boku; **s. straight** střílet přesně; **s. wide** střelit/ střílet vedle **2** *(hunt)* lovit, být na lovu, být na honu; **go ~ing** jít na hon **3** *(move suddenly)* **s. by** or **past** upalovat or uhánět kolem; **s. across the road** rychle přeběhnout přes silnici; **s. out of sth** vyletět or vystřelit odkud **4** Cine točit, natáčet, filmovat; Phot fotit **5** Sport **s. at goal** střílet/ vystřelit or vypálit na branku **6** esp Amer *(speak)* **s.!** mluv!, ven s tím! **7** Bot *(sprout)* nasazovat výhonky, *(bud)* pučet, rašit **III** phr vs ▪ **shoot away** *I* vi *(continuously)* vytrvale střílet, pálit *II* vt ustřelit, odstřelit ▪ **shoot down** vt *(plane, pilot)* sestřelit, *(prisoner)* odstřelit, inf odprásknout; fig inf *(plan)* potopit; inf **s. sth down in flames** *(theory)* vyvrátit něco, rozsekat co (na padrť), rozcupovat co ▪ **shoot for** vt Amer fig *(aim for)* dát si co za cíl ▪ **shoot off** *I* vi **1** inf *(leave hurriedly)* vyletět, vystřelit, vypálit pryč, upalovat pryč **2** vulg sl *(ejaculate)* pustit šťávu vulg, vystříknout *II* vt *(gun)* vystřelit z čeho; **s. one's mouth off** pustit si hubu na špacír ▪ **shoot out** inf *I* vi *(run out)* vyletět (ven), vyrazit, vypálit ven, vystřelit ven *II* vt **s. it out** vyřídit si spor střílením ▪ **shoot through** vt **the analysis was shot through with error** analýza se hemžila chybami ▪ **shoot up** *I* vi **1** *(flames)* vyšlehnout; *(prices)* vyletět nahoru, prudce se zvýšit **2** *(grow rapidly)* růst jako z vody; *(buildings)* vyrůst jako houby po dešti; **he has shot up** vytáhl se *II* vt **1 s. up a town** ohrožovat město bezhlavým střílením **2 he was badly shot up** utrpěl těžká zranění **3** sl *(heroin)* píchnout si co

shooter ['šu:tə(r)] n sl *(gun)* bouchačka

shooting ['šu:tiŋ] n **1** *(firing)* střelba, palba; *(incident)* přestřelka ▪ **s. gallery** střelnice, Amer sl party narkomanů; Amer dated sl **s. iron** bouchačka **2** *(killing, murder)* zastřelení, vražda; **there have been several ~s** došlo k několika vraždám, několik lidí bylo zastřeleno **3 he is good at s.** dobře střílí **4** Hunt lov, odstřel; **pheasant s.** odstřel bažantů ♦ **the whole s. match** inf celý (ten) krám, všechno dohromady, všechno se vším všudy ▪ **s. licence** honební lístek; **s. stick** myslivecká sedačka **5** Cine filmování, natáčení ▪ **s. script** technický scénář; **s. speed** natáčecí frekvence ● adj **1** *(pain)* škubavý, bodavý, vystřelující, prudký **2 s. star** létavice, padající hvězda **3** Br dated Aut **s. brake** stejšn, kombi

shoot-out ['šu:taut] n přestřelka

shop [šop] n **1** gen obchod, prodejna, *(small)* krám(ek), obchůdek, *(boutique)* butik, boutique, Br *(large store)* obchodní dům; **a butcher's (s.)** řeznictví; **a fish s.** rybárna; **a corner s.** nárožní obchod; **work in a s.** pracovat v obchodě; **go to the shops** jít na nákupy; **she is out at the ~s** je na nákupech; **set up s.** otevřít si obchod ♦ **talk s.** hovořit o práci or pracovně ▪ **s. assistant** Br prodavač/ -ka; **s. talk** rozhovor o práci, pracovní rozhovor; **s. window** výkladní skříň, výloha **2** *(workshop)* dílna; **repair s.** opravárna, opravna, správkárna; **assembly s.** montovna, montážní hala; **closed s.** formerly podnik, který směl zaměstnávat jen odboráře ▪ **s. steward** dílenský důvěrník ● v (-pp-) **I** vi nakupovat; **go ~ping** jít na nákupy; **be ~ping for sth** jít se po čem podívat do obchodu **II** vt inf **s. sb** *(to the police)* udat koho komu **III** phr v ▪ **shop around** vi rozkoukat se, rozhlédnout se; **s. around for sth** ohlížet se po čem

shopfitter ['šopfitə(r)] n Br aranžér/ -ka

shopfloor [šop'flo:(r)] n *(place)* dílna, hala, provoz; *(workers)* dělnictvo; **be on the s.** pracovat jako dělník, být dělníkem ▪ **s. opinions** názory dělníků; **s. worker** (manuální) dělník

shopgirl ['šopgə:l] n prodavačka

shopkeeper ['šopki:pə(r)] n obchodník/ obchodnice, majitel/ -ka obchodu

shoplifter ['šopliftə(r)] n krámský zloděj/ krámská zlodějka

shoplifting ['šopliftiŋ] n krádež v obchodě zvl. v samoobsluze

shopper ['šopə(r)] n zákazník/ zákaznice, nakupující

shopping ['šopiŋ] n **1** *(activity)* nakupování, nákupy; **do one's s.** nakoupit/ nakupovat, (u)dělat nákupy; **I have some s. to do** musím udělat nějaké nákupy, musím (si) něco nakoupit ▪ **s. bag** nákupní taška; **s. basket** nákupní košík; **s. centre** or **precinct** Br, **s. mall** Amer nákupní or obchodní středisko, nákupní zóna; **s. list** seznam věcí k nakoupení; **s. trolley**, Amer **s. cart** nákupní vozík v samoobsluze **2** *(purchases)* nákupy, nakoupené zboží

shopsoiled ['šopsoild], Amer **shopworn** ['šopwo:n] adj *(goods)* ušpiněný or poškozený z obchodu

shore$_1$ [šo:(r)] n **1** *(of sea)* pobřeží, *(of river, lake)* břeh; *(beach)* pláž ▪ **s. dinner** Amer jídlo z mořských ryb; **s. patrol** Amer *(naval police)* pobřežní hlídka **2 ~s** *(country)* **return to one's native ~s** vrátit se do své rodné země; **on these ~s** v této zemi **3** *(land)* souše; **on s.** na pobřeží, na souši ▪ **s. leave** dovolení opustit loď

shore$_2$ [šo:(r)] n *(prop)* podpěra, vzpěra ● vt also **s. (up)** podpořit; fig *(totalitarian regime* etc*)* podpořit, poskytnout podporu čemu, inf podržet co; *(currency)* zpevnit

shorn [šo:n] pp of **shear** ● adj *(head)* holý, nakrátko ostříhaný; **be s. of sth** být zbaven čeho

short [šo:t] adj **1** *(in length; dress, stick* etc*)* krátký; *(steps* also*)* malý; *(article,* also*)* stručný; **very s.** velmi krátký, kraťoučký; **a s. novel** novela; **make sth ~er** *(dress)* zkrátit co, *(article* also*)* zestručnit, zredukovat, seškrtat ♦ **to cut a long story s.** zkrátka a dobře;

have sb by the s. hairs Amer, **have sb by the s. and curlies** Br mít koho v hrsti **2** *(not tall)* malý, malé postavy; **s. and stocky** malý a zavalitý; **he's rather s.** je menší (postavy); **s. arse** vulg sl šprček, skrček, malý* pivo **3** *(distance)* krátký; *(walk* also*)* malý; **a s. cut** zkratka, nadcházka; **take a s. cut** nadejít si, jít zkratkou; **a s. way off** opodál, nedaleko; **it's only a s. distance from here** není to odsud daleko; **he lives a s. distance from the station** bydlí blízko nádraží **4** *(brief: interval of time)* krátký; **a short time ago** před krátkým časem, před nedávnem; **after a s. time** zanedlouho potom; **be on s. time** pracovat na zkrácený úvazek; **for a s. time** nakrátko, ne nadlouho, krátkodobě; **in a s. time** zakrátko; **time is s.** není času nazbyt; **in the s. run** v krátké perspektivě; Fin **a s. loan** krátkodobá půjčka ♦ **give sth s. shrift** nedělat s čím cavyky, vzít co zkrátka, udělat s čím krátký proces **5** *(brusque: reply)* úsečný, *(rude)* příkrý, nevlídný; *(manner)* strohý, nevlídný; **have a s. temper** být nedůtklivý or podrážděný; **give sb s. shrift** nepárat se s kým, udělat s kým krátký proces **6** Ling **a)** *(syllable, vowel)* krátký **b)** *(abbreviated)* **TU is s. for Trade Union** TU je zkratka pro Trade Union (odborový svaz) **7** *(insufficient)* **I am s. of petrol** mám málo benzinu; **money is s.** nejsou peníze; **we are s. of money** máme málo peněz; **be s. of breath** lapat dech; **give sb s. weight** ošidit koho na váze; **goods in s. supply** nedostatkové or úzkoprofilové zboží; **have a s. memory** mít krátkou paměť; **we are one man s.** chybí nám jeden muž/ *(player)* hráč/ *(worker)* pracovník etc **8** Cook *(pastry)* křehký, drobivý **9** Elec **s. circuit** zkrat, krátké spojení ● adv **1** *(abruptly)* náhle, nenadále, prudce; **stop** or **pull up s.** prudce zastavit; *(in speech)* zarazit se **2 fall s. of the target** Mil padnout před cíl; fig **fall s. of sb's expectations** nesplnit čí očekávání; **go s. of sth** mít čeho nedostatek; **we are running s. of petrol** dochází nám benzin; **time is running s.** nezbývá moc času **3 cut sb s.** skočit komu do řeči **4 in s.** zkrátka, krátce or stručně řečeno **5 s. of** kromě, až na; **nothing s. of a miracle** *(can save me)* nic než zázrak, jen zázrak ● n **1** inf Cine krátký film, krátkometrážní film **2** inf *(drink)* frťan, štamprle, panák **3** inf Elec zkrat, krátké spojení, inf kraťas ● vt Elec zkratovat, spojit nakrátko ■ **~ly** adv *(soon)* brzy, hned, zanedlouho, zakrátko; **~ly after** brzy na to, krátce po tom; **we are coming ~ly** přijdeme zanedlouho

shortage ['šo:tidž] n nedostatek; **housing s.** nouze o byty, nedostatek bytů; **s. of water** nedostatek vody; **manpower s.** nedostatek pracovních sil; **have no s. of admirers** být obletovaný/ obletovaná ze všech stran

shortbread ['šo:tbred] n pečivo z křehkého těsta

shortcake ['šo:tkeik] n **1** Br = **shortbread** **2** Amer koláč s čerstvým ovocem; **strawberry s.** jahodový koláč

short-change [šo:t'čeindž] vt **s.-c. sb** špatně dát komu zpátky, špatně vrátit komu, ošidit koho při vracení, fig *(swindle)* obalamutit koho, podvést koho, vzít koho na hůl

short-circuit [šo:t'sə:kit] n Elec zkrat, spojení nakrátko ● **I** vt zkratovat, způsobit zkrat; fig *(bypass)* obejít co, vyhnout se čemu **II** vi zkratovat se

shortcoming ['šo:tkamiŋ] n nedostatek, vada, chyba

shortcrust ['šo:tkrast] n **s. pastry** křehké pečivo

shortdated [šo:t'deitid] adj Fin *(stock)* krátkodobý

shorten ['šo:tn] **I** vt zkrátit; *(article)* zestručnit, seškrtat **II** vi *(days, evenings)* krátit se

shortening ['šo:təniŋ] n **1** zkrácení, *(of article)* zestručnění **2** Cook tuk do pečiva

shortfall ['šo:tfo:l] n Comm manko, schodek, deficit

short-haired [šo:t'heəd] adj krátkovlasý

shorthand ['šo:thænd] n těsnopis, stenografie; **take sth down in s.** dělat si těsnopisný záznam čeho, stenografovat co, psát co těsnopisem ■ **s. typist** stenotypista/ stenotypistka

shorthanded [šo:t'hændid] adj **be s.** mít nedostatek pracovníků

shortish ['šo:tiš] adj *(in length, time)* docela krátký, nepříliš dlouhý; *(in height)* dost malý, pomenší

short-list ['šo:tlist] n užší výběr ● vt *(candidates)* zahrnout koho do užšího výběru

short-lived [šo:t'livd] adj **be s.-l.** lit mít krátký život, mít jepičí život; *(success, happiness)* nemít dlouhého trvání

shortly ['šo:tli] see **short**

short-range [šo:t'reindž] adj **1** *(missile, aircraft)* krátkého doletu; *(guns)* jsoucí pro boj zblízka **2** *(plan)* krátkodobý

shorts [šo:ts] n **1** *(short trousers)* krátké kalhoty, šortky; *(boxer s.)* trenýrky **2** *(men's underpants)* spodky, spodní kalhoty

short-sighted [šo:t'saitid] adj lit & fig *(person, policies)* krátkozraký; **be s.-s. in one eye** být krátkozraký na jedno oko ■ **~ly** adv krátkozrace

short-sightedness [šo:t'saitidnəs] n krátkozrakost

short-sleeved ['šo:tsli:vd] adj *(shirt)* s krátkými rukávy

short-staffed [šo:t'sta:ft] adj **we are s.-s.** nemáme dost pracovníků, chybí nám pracovníci

short-tempered [šo:t'tempəd] adj prchlivý, popudlivý, vznětlivý; **be s.-t. with sb** nemít s kým trpělivost

short-term [šo:t'tə:m] adj krátkodobý

short-wave [šo:t'weiv] adj *(receiver)* krátkovlnný

short-winded [šo:t'windid] adj dýchavičný

shorty ['šo:ti] n inf pej prcek, šprček, malý* pivo

shot$_1$ [šot] n **1** *(from gun* etc*)* výstřel, rána; fig **a s. in the dark** rána naslepo; **fire** or **take a s. at sb** vystřelit na koho; **suddenly a s. rang out**, **suddenly there was a s.** náhle se ozval výstřel; **without firing a s.** bez jediného výstřelu; **we heard ~s** zaslechli jsme výstřely or střelbu ♦ *(would you marry me?)* – **like a s.!** inf v tu ránu, bez váhání; **not by a long s.** ani zdaleka ne **2** Sport střela; Golf úder; Basketball hod na koš; **have** or **take a s. at goal** vystřelit na branku **3** *(in shot-putting: weight)* koule; *(discipline)* vrh koulí **4** *(shotgun pellets)* broky **5** *(marksman)* inf **be a good** or **dead/ poor** or **lousy** or **rotten s.** být výborný/ mizerný střelec, mít dobrou/ špatnou mušku **6** Phot fotografie, snímek; Cine, TV záběr; **be out of s.** být mimo zorné pole **7** *(injection)* **give sb a s.** dát komu injekci **8** inf *(dose: of rum* etc*)* panák, štamprle **9** *(attempt)* **have a s. at sth** zkusit si něco; inf **I gave it my best s.** dělal jsem, co jsem mohl **10 a big s.** Amer inf papaláš, hlavoun, velké zvíře, pohlavár

shot$_2$ [šot] pt & pp of **shoot** ● adj **1** sl *(rid)* **get s. of sb/ sth** zbavit se koho/ čeho, mít od koho/ čeho svatý pokoj **2** Text *(material)* **be s. through with sth** být protkávaný čím

shotgun ['šotgan] n (lovecká) ručnice ■ **a s. wedding** inf svatba z donucení

should$_1$ [šəd; stressed šud] modal v (neg **should not**, contracted **shouldn't** ['šudnt]) **1** (expres *advisability, duty)* **you s. see a doctor** měl bys jít k lékaři; **you s. go home** měl bys jít domů; **you s. have told me** měls mi to říct; **you shouldn't drink so much** neměl bys tolik pít; **he s. resign** měl by podat rezignaci; **you s. be the last one to talk** ty bys měl raději mlčet, ty máš nejmíň co mluvit **2** *(conditional)* **s. anybody phone ...** kdyby někdo telefonoval ...; **s. anything happen to me** kdyby se se mnou něco stalo **3** fml (expres *purpose: after 'so that', 'in order that') (he read the statement slowly)* **in order that everybody s. understand** aby všichni rozuměli **4** *(after 'if', 'in case' to suggest that sth is unlikely to happen)* **if you s. change your mind** kdyby sis to náhodou rozmyslel **5** (expres *probability)* **he s. be home by now** teď už by měl být doma, teď už asi bude doma; **this s. be interesting** to by mohlo být zajímavé **6** (expres *surprise) (I was about to leave when)* **who s. appear but Frank** a k mému překvapení se objevil Frank, a kdo se neobjevil jako Frank **7** (expres *disbelief)* **why s. he think that?** proč by si to měl myslet? **8** *(in a 'that' clause)* **we are delighted that he s. agree** jsme velmi rádi, že souhlasí **9** *(in polite requests)* **I s. like to make a phone call** mohl bych si zavolat? **10** *(with 'think', 'say'* etc *to express tentative opinions)* **I s. say that ...** řekl bych, že ...

should$_2$ [šəd; stressed šud] pt of **shall**

shoulder ['šəuldə(r)] n **1** Anat rameno; **~s** ramena, bedra; **shrug one's ~s** pokrčit rameny; **dislocate one's s.** vykloubit si rameno; **tap sb on the s.** poklepat komu na rameno; **sling a bag over one's s.** přehodit si tašku přes rameno; **raise the rifle to one's s.** přiložit pušku k líci ♦ **cry on sb's s.** postěžovat si komu; **give sb the cold s.** zachovat se ke komu odmítavě; **have a good head on one's ~s** mít otevřenou hlavu, být hlava otevřená; **have broad ~s** hodně toho vydržet; **place sth on sb's ~s** házet co komu na krk, inf přišít co komu na triko; **put one's s. to the wheel** přiložit ruku k dílu, vzít za to; **rub ~s with artists** pohybovat se mezi umělci; *(fight together)* **s. to s.** bok po boku ■ **s. blade** Anat lopatka; **s. strap** *(of garment)* ramínko u kombiné ap. **2** Cook plec(ko), ramínko; **pork s.** vepřová plec **3** *(of hill)* hřbet, hřeben **4** *(of road)* banket, krajnice; **hard s.** *(of motorway)* zpevněná krajnice ● vt **1** *(pick up)* dát si na rameno; **s. arms!** na rameno zbraň! **2** *(push)* odstrčit ramenem; **s. one's way through the crowd** protlačit se davem **3** *(responsibilities)* vzít si na sebe

shoulder-high [šəuldə'hai] adv až po ramena; **stand s.-h. to sb** být komu až po ramena; **carry sb s.-h.** nést koho na ramenou

shoulder-length [šəuldə'leŋθ] adj *(hair)* sahající až po ramena

shout [šaut] n **1** *(cry)* výkřik, zavolání, zakřičení; **~s** výkřiky, křik, pokřik; **~s of laughter** salvy smíchu; **give a s.** vykřiknout, zakřičet; **give me a s.** *(if you need me)* zavolej mě; **~s of joy** radostné výkřiky

2 esp Aus, NZ inf runda; **it's my s.** teď platím já ● **I** vt **s. an order** zařvat or vyštěknout rozkaz; **s. oneself hoarse** ochraptět ♦ **s. sth from the rooftops** vytrubovat or roztrubovat něco do světa; **it's nothing to s. about** s tím bych se moc nechlubil **II** vi *(be noisy)* křičet, vykřikovat, *(loudly)* rámusit, povykovat; **s. at sb** zavolat na koho, *(loudly)* zakřičet or zahulákat na koho, *(repeatedly)* pokřikovat; **start ~ing at sb** rozkřičet se na koho; **s. at the top of one's voice** křičet zplna hrdla; **s. for help** volat o pomoc; **s. for joy** jásat radostí; **s. in chorus** křičet sborem **III** phr vs ■ **shout down** vt *(person)* ukřičet, umlčet křikem ■ **shout out** vi(t) vykřiknout (co), zakřičet (co), *(very loudly)* zařvat (co)

shouting ['šautiŋ] n křik, povyk, *(very loud)* řev, hulákání

shove [šav] n **1** lit náraz, strčení, šťouchnutí, vražení do koho; **give sb/ sth a (good) s.** (pořádně) strčit do koho/ čeho **2** inf fig **give sb the s.** *(sack)* vyrazit koho ● **I** vt see also phr vs **1** *(push: table etc)* posunout, postrčit; *(person)* strčit do koho, *(out of the way)* odstrčit **2** inf *(put)* strčit, hodit; **s. it in the drawer** hoď to do šuplíku **II** vi **push and s.** tlačit se, strkat se, šťouchat se ♦ **s. in one's oar** inf přisadit si, přiložit polínko (na oheň), přisolit si **III** phr vs ■ **shove sb about** or **around** fig poručníkovat or komandovat komu ■ **shove away** vt odstrčit ■ **shove back** vt *(chair)* posunout dozadu; *(person)* odstrčit dozadu, zatlačit zpět ■ **shove off** *I* vt *(boat)* odstrčit od břehu *II* vi **1** *(Subj: person in boat)* odstrčit se **2** inf **s. off!** *(leave)* vypadni!, mažˇ pryč! ■ **shove on** vt inf *(coat)* nahodit si, *(hat)* narazit si ■ **shove onto** vt **s. sth onto sb** *(blame)* hodit co na koho, házet co komu na krk ■ **shove out** vt vystrčit; *(person)* vyhodit, vyrazit s kým dveře ■ **shove up** vi inf uhnout, posunout se dál

shovel ['šavl] n lopata; **(power) s.** Techn lopatové rypadlo ● vt **(-ll-)** *(coal etc)* házet lopatou; **s. the snow** odklidit or odházet sníh; **s. food into one's mouth** házet do sebe jídlo; **s. sth in** inf *(profits)* shrábnout

shovelful ['šavəlful] n *(quantity)* (plná) lopata

show [šəu] n **1** *(making sth evident)* projev; **without any s. of anger/ feeling** aniž by na něm byl vidět hněv/ aniž by projevil jakýkoliv cit **2** *(for an audience)* **a)** Theat představení; TV, Rad program; **puppet s.** loutkové představení; **variety s.** estráda, varieté; **ice s.** lední revue; **mime s.** pantomima; **quiz s.** TV kvíz ■ **s. business** zábavní průmysl televize, film, divadlo ap. **b) fashion s.** módní přehlídka **c)** *(exhibition)* výstava; **agricultural s.** zemědělská výstava; **flower s.** výstava květin; **motor s.** automobilový salon, autosalon; **be on s.** být vystaven **d)** *(display)* **a s. of strength** demonstrace síly; **make a great s. over sth** stavět něco na odiv, ohánět se čím, *(of knowledge* also*)* blýskat se čím; **put on a s.** *(pretend)* filmovat to; **put on a s. for sb's benefit** hrát s někým komedii, vodit koho za nos; **steal the s.** soustředit pozornost na sebe **e)** Pol **s. of hands** hlasování zdvižením ruky **f)** fig inf **put up a good/ poor s.** vyznamenat se/ moc se nevyznamenat; dated Br **jolly good s.!** výborně!, bravo! **g)** fig *(undertaking, business etc)* **run the whole s.** mít podnik etc pevně v ruce; **he thinks he runs the s.** myslí si, že o všem rozhoduje; myslí, že je pupek světa; **give the s. away** prozradit or vyzradit něco ● v (pt **~ed**, pp **shown** [šəun]) **I** vt **1** *(display)* **a)** *(tickets, passport)* předložit, ukázat, prokázat se čím **b)** *(presents, photos)* ukázat, *(breasts etc also)* odhalit; *(one's bottom)* odhalit, ukázat, vystrčit; *(teeth)* ukázat, *(animal)* (vy)cenit ♦ **s. one's true colours** ukázat se v pravém světle or ve své pravé podobě; **s. sb in a bad light** vrhnout na někoho špatné světlo, stavět koho do nepříznivého světla; **s. sb the door** ukázat komu dveře **c)** *(exhibit: pictures, flowers etc)* vystavovat; *(models)* předvádět **d)** *(demonstrate)* ukázat, předvést, demonstrovat; **s. me how to do it** ukaž mi, jak se to dělá **e)** *(point out)* ukázat; **s. sb the way** ukázat komu cestu **f)** *(conduct)* **s. sb round sth** *(town etc)* provést koho čím or po čem (see also phr vs); **s. sb to the door** doprovodit koho ke dveřím; **s. a lady to her room** doprovodit dámu do (jejího) pokoje **g)** *(register – Subj thermometer etc)* ukazovat; **the thermometer ~s 25°C** na teploměru je or teploměr ukazuje 25°C **h)** *(depict – Subj: picture, photo etc)* ukazovat, zobrazovat, představovat; **this photo ~s me at the age of six** na této fotografii mi bylo šest (let) **i)** fig **I'll s. him!** *(I'll teach him a lesson)* já mu ukážu(, zač je toho loket) **2** *(perform)* Theat *(play)* hrát, dávat, *(film also)* promítat; TV vysílat, ukazovat, dávat **3** *(reveal)* **a) that blouse ~s your bra** v těch šatech je ti vidět podprsenka; **s. signs of restlessness** jevit známky neklidu; **the carpet ~s dirt** na tomto koberci je vidět špína ♦ **s. one's claws** vystrkovat drápky; **s. a leg!** inf tak už vstávej!; **s. a clean pair of heels** vzít nohy na ramena, vzít do zaječích; **be afraid to s. one's face** bát se vystrčit nos ze dveří, mít strach vylézt z domu **b) s. one's age** nezapřít svůj věk **c) s. one's hand** fig ukázat or odkrýt karty, vyložit karty na stůl, říct něco na rovinu **d) s. oneself in one's true colours** ukázat se v pravé podobě, vybarvit se **e)** *(talent)* ukázat, *(emotions, reluctance, readiness* also*)* projevit, *(unity)* manifestovat; *(fear:* Subj: *face, eyes* etc*)* prozradit/ prozrazovat ♦ **s. no gratitude** zachovat se nevděčně **4** *(prove)* ukazovat, dokazovat, svědčit o čem, *(respect)* prokazovat, projevovat; **the document ~s that ...** dokument dokazuje, že ...; **this ~s you to be a liar** toto dokazuje, že lžeš or že jsi lhář **5** Fin *(profit, loss)* vykazovat **II** vi **1** *(be visible)* být vidět, *(petticoat* also*)* vykukovat, koukat **2** *(be revealed: fear, anger)* být zjevný, *(in eyes)* zračit se **3** *(turn up)* ukázat se, přijít, dostavit se; **she didn't s. after all** nakonec nepřišla nedostavila se **4** *(film)* **be ~ing** běžet, být na plátnech kin; **what's ~ing?** co dávají? **5** *(exhibit: artist)* vystavovat **6** *(prove)* dokazovat **7** Horseracing umístit se; **s. ahead** běžet v čele, vést **III** phr vs ■ **show around** vt **s. sb around (sth)** *(factory, museum* etc*)* provést koho (čím) ■ **show in** vt uvést koho do pokoje etc ■ **show off** *I* vi předvádět se, producírovat se, ukazovat se, naparovat se; **stop ~ing off** přestaň se předvádět *II* vt **1** *(skills, knowledge)* blýskat se čím; *(clothes)* předvádět, *(one's children)* chlubit se kým **2** *(set off: colour, shape* etc*)* zvýrazňovat, dávat čemu vyniknout; **s. sb's figure off to advantage** dávat vyniknout čí postavě ■ **show round** see **show around** ■ **show through** vi prosvítat ■ **show up** *I* vi **1** *(be visible)* být vidět, *(appear)* objevit se; *(difference)* být rozeznatelný; **s. up against the sky** rýsovat se proti obloze **2** inf *(turn up)* ukázat se, objevit se *II* vt **1** *(make prominent: dirt)* zvýraznit **2** *(reveal: defects)* ukázat, odhalit **3** *(unmask)* odhalit; **it ~ed him up for what he is** ukázalo ho to v pravém světle or co je zač **4** inf *(embarrass)* přivést do rozpaků; **his bad manners ~ed me up** bylo mi hanba or styděl jsem se, jak je nevychovaný

showcase ['šəukeis] n vitrína; fig výkladní skříň čeho

showdown ['šəudaun] n konfrontace, (rozhodující) (z)měření sil

shower ['šauə(r)] n **1 a)** *(of rain)* přeháňka, (pře)prška, krátký liják; **scattered ~s** místy přeháňky **b)** *(of arrows, blows, bullets, curses)* krupobití; *(of curses, questions, reproaches)* příval; *(of sparks, meteorites)* déšť **2** *(for washing)* **s. (bath)** sprcha; **take** or **have a s.** osprchovat se ■ **s. cabinet** sprchovací kout **3** Br pej *(gang)* banda syčáků **4** Amer **bridal/ baby** etc **s.** party se sbírkou na nevěstu/ novorozeně etc ● **I** vt **1** *(wash: child)* (o)sprchovat **2** fig **s. sb with sth** *(blows, presents, money, grenades, reproaches, questions)* zasypat koho čím, *(honours, favours)* zahrnout koho čím; **s. sb with kisses** zulíbat koho **II** vi **1** *(wash)* (o)sprchovat se, dát si sprchu **2** also **s. down** *(blows* etc*)* sypat se

showerproof ['šauəpru:f] adj nepromokavý

showery ['šauəri] adj deštivý

showgirl ['šəugə:l] n revuální tanečnice, sboristka

showground ['šəugraund] n výstaviště

showily ['šəuili] see **showy**

showiness ['šəuinəs] n (see **showy**) nápadnost; fintivost; teatrálnost; strojenost; pompéznost, okázalost; řvavost

showing ['šəuiŋ] n **1** *(exhibition)* výstava **2** *(of film)* promítání **3** *(standard of performance)* Sport výkon, forma; **on our present s.** *(we should win)* v (naší) momentální formě

showjumping ['šəudžampiŋ] n parkúrové skákání

showman ['šəumən] n (pl **-men**) showman [-men]/ -ka, fig also herec

showmanship ['šəumənšip] n showmanství [-men-]

shown [šəun] pp of **show**

show-off ['šəuof] n inf vejtaha

showpiece ['šəupi:s] n **1** *(exhibit)* exponát, vystavovaný předmět **2** *(excellent example)* parádní or kabinetní kousek

showplace ['šəupleis] n *(tourist attraction)* pozoruhodnost

showroom ['šəuru:m] n výstavní síň, předváděcí síň; **be in s. condition** *(car, furniture)* být v bezvadném stavu

showstopper ['šəustopə(r)] n inf zlatý hřeb večera/ programu, trhák

showy ['šəui] adj (**-ier**, **-iest**) *(clothes)* nápadný; *(person: as regards clothes)* fintivý; *(manner)* teatrální, strojený; *(decor)* efektní; *(celebration)* pompézní, okázalý; *(colour)* řvavý; **wear s. clothes** oblékat se nápadně ■ **showily** adv *(dress)* nápadně, fintivě; *(behave)* teatrálně, strojeně; *(celebrate)* pompézně, okázale

shrank ['šræŋk] pt of **shrink**

shrapnel ['šræpnl] n Mil **1** *(shell)* šrapnel **2** *(fragments)* střepiny granátu; **a piece of s.** úlomek šrapnelu, střepina

shred [šred] n **1** *(of fabric, paper)* cár, cucek; **be in ~s, be torn to ~s** *(clothes)* být nadranc; **tear sth to ~s** roztrhat co na cucky or na cimprcampr, rozcupovat co, fig *(criticize)* ztrhat co; **tear sb's arguments to ~s** rozbít čí argumentaci na padrť **2 not a s. of truth** ani špetka pravdy; **not a s. of evidence** ani (ten) sebemenší důkaz; **not to have a s. of honesty/ conscience** nemít kouska cti v těle/ nemít vůbec svědomí ● vt (**-dd-**) **1** *(paper)* (roz)trhat na kousky, *(with knife/ scissors)* rozřezat/ (roz)stříhat na kousky **2** *(vegetables)* (roz)krájet na drobno, *(grate: carrots)* (na)strouhat, *(cabbage)* (na)krouhat

shredder ['šredə(r)] n **1** Techn trhací stroj; *(for documents)* skartovací stroj **2** Cook struhadlo; *(in mixer)* nůž na zeleninu

shrew [šru:] n **1** Zool rejsek **2** fig pej *(woman)* semetrika, xantipa, štěkna; **The Taming of the S.** Zkrocení zlé ženy Shakespeare

shrewd [šru:d] adj gen chytrý; *(crafty: move)* rafinovaný, mazaný, šikovný; *(clear-sighted)* prozíravý; *(wise)* moudrý; *(politician)* obratný; *(assessment)* přesný; *(solution)* důvtipný; **make a s. guess** udělat správný odhad, bystře něco odhadnout ■ **~ly** adv chytře, mazaně, rafinovaně; *(answer)* vtipně; **she guessed ~ly that ...** správně odhadla, že ...

shrewdness ['šru:dnəs] n (see **shrewd**) chytrost; rafinovanost, mazanost; prozíravost; duchaplnost; obratnost; přesnost

shrewish ['šru:iš] adj hašteřivý, svárlivý

shriek [šri:k] n (pronikavý) výkřik, zaječení, vypísknutí, zavřeštění; **~s of laughter** výbuchy smíchu; **give a s.** zaječet, vypísknout ● vi (za)křičet, (za)ječet, (za)vřískat; **s. with laughter** řvát or pištět smíchy; **s. with pain** křičet bolestí

shrift ['šrift] n **give sb/ sth short s.** udělat s kým/ čím krátký proces or konec, nepárat se s kým/ čím, nedělat s kým/ čím cavyky

shrike [šraik] n Orn ťuhýk

shrill [šril] adj *(voice, sound)* ostrý, řezavý, pronikavý, *(laughter, shriek, sound of bagpipes)* ječivý

shrimp [šrimp] n **1** Zool garnát mořský ráček **2** inf pej *(small person)* prcek, šprček, skřet, malý* pivo ● vi usu **go shrimping** jít lovit garnáty

shrine [šrain] n **1** *(tomb)* hrob or hrobka světce, *(relic case)* relikviář **2** *(place of worship)* svatyně; *(holy place)* svaté místo; fig **a s. of learning** svatyně vědění

shrink [šriŋk] v (pt **shrank**, pp **shrunk**) **I** vi **1** *(cloth, garment)* srazit se/ srážet se **2** *(grow smaller)* scvrknout se; *(metal)* smrštit se/ smršťovat se; *(wood)* seschnout; fig *(sales)* snižovat se; *(savings)* tenčit se, ubývat čeho, inf scvrknout se; *(staff)* snížit se **3** fig *(recoil: through disgust, horror* etc*)* **s. away** or **back** ucuknout, (u)couvnout; **s. into oneself** stáhnout se do sebe **4** *(hesitate)* **s. from (doing) sth** zdráhat se něco udělat; **s. from responsibility** vyhýbat se zodpovědnosti **II** vt *(garment –* Subj: *hot water)* způsobit sražení; Tex *(fabric)* vysrážet ● n pej sl psychiatr, psychoanalytik

shrinkage ['šriŋkidž] n *(of garment)* sražení, srážení, Tex *(of fabric)* vysrážení; *(of metal)* smršťování, smrštění; *(of wood)* sesychání; *(of staff)* snižování; *(of production)* snižování, redukce ■ **s. allowance** přídavek na sražení

shrinking ['šriŋkiŋ] adj *(shy)* nesmělý, bázlivý, ostýchavý, bojácný ◆ **a s. violet** fig *(timid person)* citlivka, skleníková květinka; **she's no s. violet** není to žádná citlivka

shrink-wrap ['šriŋkræp] vt balit do smršťovací fólie

shrivel ['šrivl] v (**-ll-**, Amer also **-l-**) **I** vi *(fruit, vegetable)* scvrknout se/ scvrkávat se, sesychat/ seschnout se, *(flower)* uvadnout; *(skin)* ztrácet svěžest, pokrýt se vráskami, svraštit se, svrasknout; **a ~led old lady** scvrklá stařenka **II** vt *(plants –* Subj: *heat)* vysušit, způsobit zvadnutí; *(skin)* tvořit vrásky, zbavit svěžesti **III** phr vs ■ **shrivel away** vi cf **shrivel** vi seschnout se, scvrknout se; *(flower)* uvadnout; pokrýt se vráskami; *(worries)* rozplynout se v páru ■ **shrivel up** vi **1** see **shrivel (I) 2** *(become shy)* **I just ~led up** *(when he shouted at me)* byl bych se nejraději do země propadl

shroud [šraud] n **1** *(for burial)* rubáš **2** fig *(of mist)* závoj, *(of mystery)* rouška, clona ● vt fig *(in mist)* zahalit; *(in mystery)* obestřít čím

Shrovetide ['šrəuvtaid] n masopust

Shrove Tuesday [šrəuv'tju:zdi] n masopustní úterý

shrub [šrab] n keř, křovina

shrubbery ['šrabəri] n křoví, křoviny, křovinný porost

shrug [šrag] n pokrčení rameny; **give a s.** pokrčit rameny ● **I** vt **s. one's shoulders** pokrčit rameny **II** vi pokrčit rameny **III** phr v ■ **shrug off** vt *(problems, failure, affair* etc*)* pokrčit nad čím rameny, odbýt co pokrčením ramen, mávnout nad čím rukou, nic si z čeho nedělat

shrunk [šraŋk] pp of **shrink**

shrunken ['šraŋkən] adj *(person, body)* scvrklý, *(apple* etc also*)* svrasklý; Anthrop **s. head** smrštěná hlava

shucks [šaks] excl interj Amer inf houby! výraz zklamání, rozpaků, netrpělivosti; *(He thinks the world of you.)* **- S. Does he really?** Ale houby!, To sotva!

shudder ['šadə(r)] n **1** *(shiver)* mrazení;

a cold s. went through me zamrazilo mne ♦ **it gives me the ~s** inf naskakuje mi z toho husí kůže, mrazí mě z toho **2** *(of machine, engine, car)* trhnutí, otřes, zachvění; **give a s.** zachvět se ● vi **1** *(person)* (o)třást se, chvět se; **s. with disgust** otřást se hnusem; **I ~ed** zamrazilo mě; **the thought of it makes me s.** když na to pomyslím, obchází mě hrůza **2** *(machine)* otřásat se, chvět se, vibrovat

shuffle ['šafl] n **1** *(walk)* šouravá chůze; **walk with a s.** šourat se **2** *(of cards)* zamíchání, promíchání; **give the cards a good s.** řádně zamíchat karty **3** *(rearrangement)* výměna; Pol **a s. of the Cabinet** výměna křesel ve vládě, přeskupení ministrů ● **I** vt **1 s. one's feet** přešlapovat z nohy na nohu; **he ~d his feet as he walked** při chůzi šoural nohy po zemi; **s. out of sth** vykroutit se z čeho, vyhnout se čemu **2** *(cards)* (za)míchat, promíchat; **s. papers** hrabat se v papírech **II** vi **1** *(walk)* šourat se **2** Cards míchat (karty) **III** phr v ■ **shuffle off** vt **1** *(responsibility)* vyhnout se/ vyhýbat se čemu **2 s. off this mortal coil** fig opustit tento svět, usnout věčným snem

shuffling ['šafliŋ] adj *(steps, walk)* šouravý

shun [šan] vt (**-nn-**) *(person, publicity)* vyhýbat se komu/ čemu; **s. society** stranit se společnosti

'shun [šan] interj Mil pozor!

shunt [šant] n **1** Rail posunování, posun **2** Elec bočník **3** Br sl *(car crash)* bouračka ● vt **1** Rail posunovat; **s. a train into a siding** odstavit vlak na vedlejší kolej **2** inf **s. sth around** *(furniture)* přesunovat co, přemísťovat co; *(person)* přeložit

shunter ['šantə(r)] n posunovač, výhybkář; *(engine)* posunovací lokomotiva

shunting ['šantiŋ] n posun, posunování ■ **s. engine** posunovací lokomotiva; **s. yard** seřaďovací kolejiště or nádraží

shush [šuš] interj pst!, pšt! ● **I** vt utišit or napomenout koho syknutím **II** vi být tiše

shut [šat] adj zavřený; **we are s. on Saturdays** *(shop)* v sobotu máme zavřeno, *(office* also*)* v sobotu neúřadujeme; **slam the door s.** zabouchnout dveře; **his mouth is never s.** stále něco mele, nezavře pusu; **keep one's mouth s.** držet jazyk za zuby; **keep one's purse s.** škrtit groš, být lakomý ● v (**-tt-**; pt & pp **shut**) **I** vt **1** *(door, book, mouth* etc*)* zavřít, *(door, book, handbag, wallet* also*)* zaklapnout; *(sliding door, drawer, bolt)* zavřít, zašoupnout ♦ **s. one's mind to sth** zavírat před čím oči; **s. sb's mouth for him** inf umlčet koho, zacpat komu hubu, přimět koho k mlčení **2** *(office)* zavírat (**at six** v šest); **s. your mouth** or **face!** vulg drž hubu!, drž zobák! **3 s. sb into sth** zavřít koho do čeho; **I s. the door on my finger** přivřel or přiskřípl jsem si ve dveřích prst; **s. the door on sb** nechat koho stát přede dveřmi, zavřít komu dveře před nosem **II** vi **1** *(door, window)* zavřít se; *(lid* etc also*)* zaklapnout; **the window won't s.** okno se nedá zavřít **2** *(shop, library)* zavírat **III** phr vs ■ **shut away** vt **1** *(criminal)* zavřít, uvěznit ♦ **s. oneself away from the world** uzavřít se před světem or do své ulity **2** *(precious objects)* dát co pod zámek ■ **shut down** *I* vt *(shop, business)* zavřít, *(factory* also*)* zastavit provoz v čem; *(airport)* uzavřít; *(machine)* odstavit *II* vi *(shop)* zavřít, *(factory)* zastavit provoz ■ **shut in** vt zavřít, uvěznit ■ **shut off** *I* vt **1** *(gas, water)* uzavřít, zastavit, přerušit dodávku čeho; *(electricity)* vypnout, přerušit přívod; *(machine)* vypnout **2** *(isolate)* odloučit, izolovat *II* vi *(machine, heater)* vypnout se (**automatically** automaticky) ■ **shut out** vt **1** *(leave outside: person)* nevpustit dovnitř, *(lock out)* vymknout **2** *(exclude: light)* stínit; *(person: from decision-making)* vyloučit z čeho ■ **shut to** vt *(door)* dovřít, *(with a bang)* přibouchnout ■ **shut up** *I* vt **1** *(house: before leaving)* zamknout, *(shop)* zavřít **2** *(imprison)* zavřít, uvěznit **3** inf *(silence)* **s. sb up** přimět koho k mlčení, umlčet koho, vulg zacpat komu hubu *II* vi **1** inf *(be quiet)* mlčet; **s. up!** mlč!, přestaň!, ticho!, budeš už konečně potichu!, vulg drž hubu!; **do s. up, will you?** tak už přece mlč **2** *(close)* zavřít obchod

shutdown ['šatdaun] n *(of factory)* zastavení provozu, *(of shop)* zavření; TV *(daily transmission)* konec vysílání

shut-eye ['šatai] n inf šlofík; **I need some s.-e.** potřebuji si trochu zdřímnout; **get some s.-e.** trochu si zdřímnout

shut-in ['šatin] adj Amer upoutaný doma, neschopný vycházet z domu ● n invalida, člověk neschopný vycházet z domu

shut-off ['šatof] n *(of electricity, water* etc*)* přerušení dodávky ■ **a s.-off feeling** pocit izolovanosti; **s.-off switch** hlavní vypínač

shutout ['šataut] n **1** *(lockout of workers)* výluka **2** Amer Sport vítězství s nulou

shutter ['šatə(r)] n **1** *(on window)* okenice; **put up the ~s** zavřít okenice; fig zavřít krám **2** Phot závěrka

shuttered ['šatəd] adj *(house)* se zavřenými okenicemi

shuttle ['šatl] n **1** *(on weaving loom)* člunek **2 s. service** kyvadlová doprava; **s. train** kyvadlový vlak **3** Astronaut **(space) s.**

raketoplán ● vi chodit/ jezdit/ létat sem a tam, pendlovat

shuttlecock ['šatlkok] n badmintonový míček

shy$_1$ [šai] adj (**shyer**, **shyest**) **1** *(timid)* nesmělý, ostýchavý; *(smile)* plachý; **feel s.** ostýchat se; **don't be s.** neostýchejte se; **be s. of doing sth** ostýchat se něco dělat; **be s. of speaking in public** netroufat si vystupovat na veřejnosti; **fight s. of work** vyhýbat se práci, odtahovat se od práce ♦ **once bitten twice s.** chybami se člověk učí; kdo se jednou spálil, podruhé si už dá pozor **2** *(animal)* plachý; **the dog is s. of strangers** pes se bojí cizích lidí **3** Amer **we are s. of $10** postrádáme or chybí nám 10 dolarů ● **I** vi (pt & pp **shied**) *(horse)* leknout se, plašit se, vzepřít se (**at a fence** před překážkou) **II** phr v ■ **shy away** vi **s. away from sth** vyhýbat se čemu

shy$_2$ [šai] n Br inf **1** *(throw)* hod; **have** or **take a s. at sth with a stone** hodit po čem kamenem **2** *(attempt)* pokus; **have** or **take a s. at sth** zkusit (si) něco ● vt (pt & pp **shied**) hodit čím

Shylock ['šailok] n lichvář, vydřiduch

shyness ['šainəs] n see **shy**$_1$ **1** nesmělost, ostýchavost, rozpačitost **2** plachost

shyster ['šaistə(r)] n Amer sl *(crook)* podvodník, šejdíř; *(corrupt lawyer)* podvodný právník

Siamese [saiə'mi:z] adj siamský, thajský; **S. cat** siamská kočka; **S. twins** lit & fig siamská dvojčata ● n **1** *(person)* Siamec/ Siamka, Thajec/ Thajka **2** *(language)* siamština **3** *(cat)* siamská kočka

Siberia [sai'biəriə] n Sibiř

Siberian [sai'biəriən] adj sibiřský ● n Sibiřan/ -ka

sibilant ['sibilənt] n sykavka

sibling ['sibliŋ] n fml sourozenec; *(brother/ sister)* bratr/ sestra

Sicilian [si'siliən] adj sicilský ● n Sicilan/ -ka

Sicily ['sisili] n Sicílie

sick [sik] adj **1** *(ill)* **a)** nemocný, churavý, chorý, inf marod; **a s. man** nemocný (člověk); **s. people** nemocní (lidé); **be off s.** nebýt v práci kvůli nemoci; **fall s.**, **get s.**, inf **take s.** onemocnět, inf začít marodit; **be worried s. about sb** trnout strachy o koho **b)** *(in compounds)* **s. bay** marodka, ošetřovna; **s. leave** pracovní neschopnost; **be on s. leave** mít pracovní neschopnost; **s. note** neschopenka; **s. pay** nemocenské dávky, nemocenská **2** *(nauseous)* **be s.** zvracet, vrhnout; **I feel (a bit) s.** je mi nevolno, je mi na zvracení, zvedá se mi žaludek; **he was s. all over the bed** pozvracel celou postel; **he was s. all over** vulg celý se poblil; **he was s. twice in the morning** ráno dvakrát zvracel; **I think I'm going to be s.** myslím, že budu zvracet; **milk makes me s.** z mléka se mi dělá špatně ■ **s. bag** sáček na zvracení **3** *(tasteless: joke)* nevkusný, nechutný; inf *(humour)* morbidní; **what a s. thing to do!** jak může někdo udělat něco tak nechutného **4** inf *(disgusted, fed up)* **I am s. of it** jsem z toho otrávený, mám toho dost, je mi z toho nanic; **I am s. and tired of it** mám toho plný* zuby; **that's enough to make one s.** z toho by člověk zvracel; **make sb s.** hýbat komu žlučí ● n **1** Br inf *(vomit)* zvratky **2** **the s.** nemocní ● phr v ■ **sick up** *I* vt inf *(food)* **s. sth up**, **s. up sth** vyzvracet or vyzvrátit něco *II* vi zvracet, inf blinkat

sickbay ['sikbei] n ošetřovna

sickbed ['sikbed] n lože or lůžko nemocného; **get off one's s.** opustit lůžko

sicken ['sikən] **I** vt **1** *(turn sb's stomach)* zvedat žaludek komu, zvedat komu žaludek; **the smell ~s me** z toho zápachu se mi zvedá žaludek **2** *(disgust)* zhnusit, znechutit **II** vi **1** *(become ill)* **he is ~ing for sth** něco se ho chytá, bude asi nemocen **2** **s. of sth** být čím znechucen or otráven, mít čeho dost

sickening ['sikəniŋ] adj **1** *(nauseating: smell* etc*)* vyvolávající zvracení; **it's s.** je mi z toho na zvracení **2** fig *(disgusting)* odporný, nechutný; *(upsetting: sight)* otřesný; inf *(annoying)* protivný ■ **~ly** adv nechutně, odporně, protivně

sickle ['sikl] n Agr srp ♦ Pol formerly **the hammer and s.** srp a kladivo

sick-list ['siklist] n seznam nemocných; **be on the s.-l.** být nemocen, chybět v práci etc kvůli nemoci

sickly ['sikli] adj (**-ier**, **-iest**) **1** *(person)* neduživý, churavý, *(child* also*)* stonavý; *(complexion, pallor)* chorobný, nezdravý; *(smile)* mdlý; **be s.** postonávat, polehávat; **2** *(nauseating)* nechutný; *(mawkish)* nasládlý, sentimentální

sickness ['siknəs] n **1** *(illness)* nemoc, choroba; **radiation s.** nemoc z ozáření; **mountain s.** horská nemoc ■ **s. benefit** Br nemocenské dávky, nemocenská, dávky v nemoci **2** *(nausea)* nevolnost, zvedání žaludku, nucení k zvracení, Med nauzea; **car s.** nevolnost při jízdě autem; **air s.** nevolnost při letu

sickroom ['sikru:m] n **1** *(sick bay)* marodka, ošetřovna **2** *(at home)* pokoj nemocného

side [said] n **1** *(surface)* **a)** *(outer: of cube* etc*)* strana **b)** *(not top/ bottom; not back/*

front) (boční) strana, bok; **lay the barrel on its s.** položit sud na bok **c)** *(vertical: of cave, trench, bath tub)* stěna; *(of house)* (boční) stěna; *(of mountain: slope)* úbočí, svah **d)** *(flat: of coin, cloth* etc*)* strana; **the right/ wrong s. of the cloth** líc/ rub tkaniny; **the reverse s. of the coin** rub mince; **this s. up!** *(on parcel)* neklopit ♦ **know which s. one's bread is buttered on** umět si všechno dobře spočítat, umět v tom chodit; **there are two ~s to everything** každá věc má rub a líc **e)** *(of sheet of paper)* strana, *(page* also*)* stránka **2** *(edge: of road, pool)* kraj, okraj; *(of river, pond)* břeh; **at the s. of the road** na okraji cesty, u cesty, při cestě **3** *(part)* **a)** Anat bok; **lie on one's s.** ležet na boku, lehnout si na bok; **s. by s.** bok po boku, vedle sebe; **not leave sb's s.** nehnout se od někoho ani na krok; **sit by my s.** sedni si ke mně ♦ **be a thorn in sb's s.** být komu solí v očích, být komu trnem v oku; **get on the right/ wrong s. of sb** vyžehlit si to u koho/ rozlít si to u koho; **split one's ~s laughing** svíjet se smíchy, popadat se za břicho smíchy **b)** *(of animal: as meat)* půlka **c)** *(of object)* strana, část, *(of town)* část, konec; **the other s. of the room** druhá část místnosti; **from s. to s.** ze strany na stranu ♦ **get out of bed on the wrong s.** vstát levou nohou; **take sb to one s.** vzít si koho stranou; **jump to one s.** uskočit stranou; **on every s., on all ~s** ze všech stran **d)** fig *(to do sth)* **(to) be on the safe s.** pro jistotu, pro každý případ; **be on the small s.** *(person)* být malé postavy; **be on the wrong s. of the law** být v rozporu se zákonem, být na opačné straně zákona; **come down on the right s. of the fence** přidat se k vítězné straně; inf **have a bit on the s.** (esp *of men)* zahýbat, mít milenku, mít někoho bokem; **he's on the right/ wrong s. of fifty** není mu ještě padesát/ je mu přes padesát; **make a bit of money on the s.** chodit na fušky, mít vedlejší výdělek; **put sth to one s.** *(money)* dát si něco stranou, ušetřit si; **stagger along from s. to s.** pohybovat se ode zdi ke zdi **4** *(aspect)* stránka, aspekt; **all ~s of the question** všechny aspekty problému; **be able to see the funny s. of things** mít smysl pro humor; **have a seamy s.** mít svou stinnou stránku; **look on the black s.** vidět věci černě; **look on the bright s. of things** dívat se na něco růžovými brýlemi, být optimista **5** *(of family)* **on one's father's/ mother's s.** z otcovy/ matčiny strany; dated or joc **on the distaff s.** po přeslici **6** *(opposing group)* strana, tábor; **change ~s** přejít na druhou stranu, přidat se k protivníkovi, Pol přestoupit k opozici; **take ~s with sb** přidat se na čí stranu, stranit komu; **be on sb's s.** fig stát na čí straně, přát komu; **victory turned to our s.** vítězství se přiklonilo na naši stranu **7** Sport *(team)* mužstvo **8** TV Br dated kanál ● adj **1** *(window, wall)* boční, *(entrance, street)* postranní, vedlejší; *(road, effects)* vedlejší; *(in church: aisle)* boční; **s. parting** *(in hair)* pěšinka; **s. table** odkládací stůl; **s. salad** salát příloha; **s. dish** příloha **2** *(secondary: issue)* podružný, vedlejší, okrajový; **s. street** postranní ulice **3 a s. glance** pohled úkosem ● vi **s. with sb** být na čí straně, stranit komu, držet s kým

sidearm ['saida:m] n boční zbraň

sideboard ['saidbo:d] n příborník, kredenc

sideboards ['saidbo:dz], Amer **sideburns** ['saidbə:nz] n kotlet(k)y, licousy krátké

sidecar ['saidka:(r)] n Aut sajdkár(a), sidecar, přívěsný vozík, inf sajdka ■ **s. passenger** spolujezdec v sajdkáru

-sided ['saidid] suff -stranný; **two-sided** dvoustranný

sidekick ['saidkik] n sl kámoš; *(assistant)* pomocník, parťák, kumpán, pej spřeženec, přisluhovač

sidelight ['saidlait] n **1** Aut boční světlo **2** fig zajímavý postřeh

sideline ['saidlain] n **1** Sport postranní čára; **remain on the ~s** fig držet se stranou, držet se zpátky; **keep sb on the ~s** odsunout koho na vedlejší kolej **2** *(job/ product)* vedlejší zaměstnání/ produkt

sidelong ['saidloŋ] adj *(glance)* kosý, *(surreptitious)* kradmý; **give sb a s. glance** podívat se na koho úkosem ● adv úkosem; **glance s. at sb** podívat se na koho úkosem, *(surreptitiously)* podívat se na koho kradmo

sidereal [sai'diəriəl] adj Astron hvězdný, siderický

side-saddle ['saidsædl] n dámské sedlo ● adv **ride s.-s.** sedět při jízdě na koni bokem

sideshow ['saidšəu] n *(at fairground)* vedlejší atrakce; *(secondary programme)* vedlejší program

sidesman ['saidzmən] n (pl **-men**) Br kostelní sluha

sidesplitting ['saidsplitiŋ] adj *(story, joke)* k popukání, hrozně legrační

sidestep ['saidstep] n krok stranou, úkrok; Sport klička, obejití hráče ● v **(-pp-) I** vt **1** *(opponent* Ftb, Rugby*)* obejít, vyhnout se komu kličkou; Box uhnout se čemu **2** fig *(question, issue, responsibility)* vyhnout se čemu **II** vi Box **1** *(dodge)* uhnout, vyhnout se, ukročit **2** fig kličkovat, uhýbat, kroutit se

sidestroke ['saidstrəuk] n plavání na boku, inf ouško; **do the s.** plavat na boku

sideswipe ['saidswaip] vt zachytit bokem o vozidle ● n boční náraz

sidetrack ['saidtræk] n esp Amer vedlejší kolej ● vt *(person)* odvést čí pozornost; *(topic)* odbočovat od čeho

sidewalk ['saidwo:k] n Amer chodník; **hit the ~s** inf být na dlažbě, hledat zaměstnání

sideways ['saidweiz] adj *(step, movement)* stranou, boční; *(glance)* úkosem; **give sb a s. glance** házet po někom očkem ● adv stranou, na stranu, bočně, *(glance)* úkosem; **tilt one's cap s.** posunout si čepici na stranu ♦ **be knocked s. by sth** být z čeho celý pryč, být z čeho paf

sidewinder ['saidwaində(r)] n **1** Amer *(blow)* hák, rána z boku **2** *(snake)* chřestýš **3** Mil protiletadlová střela vzduch – vzduch

siding ['saidiŋ] n **1** Rail vedlejší kolej, odstavná kolej; *(for shunting)* seřaďovací kolej; *(to factory etc)* vlečka **2** Amer Build obklad stěn proti dešti

sidle ['saidl] vi krást se; **s. up** or **over to sb** přikrást se ke komu; **s. away** odplížit se, odkrást se

siege [si:dž] n Mil obléhání, obležení; **lay s. to sth** oblehnout co; **be under s.** být v obležení; **raise the s.** ukončit obléhání

sienna [si'enə] n *(earth)* siena; *(colour)* žlutohnědá barva; **burnt s.** siena pálená ● adj žlutohnědý

sierra [si'erə] n sierra, pohoří ve Španělsku, v Lat. Americe

Sierra Leone [si,erəli'əun] n Sierra Leone

Sierra Leonean [si,erəli'əuniən] n Sierraleoňan/ -ka ● adj sierraleonský

siesta [si'estə] n siesta, odpočinek zprav. po obědě; **have** or **take a s.** trávit siestu

sieve [siv] n síto, sítko, řešeto, *(for kitchen)* cedník; *(for sand, gravel)* prohazovačka ♦ **have a memory like a s.** mít děravou paměť or hlavu, mít hlavu jako řešeto ● vt *(flour)* přesít, prosít; *(soup)* procedit, propasírovat, prolisovat; *(gravel)* proházet/ prohazovat sítem

sift [sift] **I** vt **1** *(sieve)* prosít, prosévat; *(sand gravel)* proházet sítem **2** *(sprinkle)* **s. sugar onto a cake** posypat koláč cukrem **3** fig **s. through sth** pečlivě něco prozkoumat or probrat or prověřit **II** phr v ■ **sift out** vt prosít, vytřídit proséváním; fig vytřídit

sifter ['siftə(r)] n **1** *(sieve)* síto, sítko; *(for gravel also)* prohazovačka **2** *(shaker)* sypátko

sigh [sai] n vzdech, povzdech, vzdechnutí; *(of wind)* (za)hučení; **heave a s.** povzdechnout si; **heave a s. of relief** oddechnout si úlevou ● vi **1** *(person)* (po)vzdechnout (si), vzdychat; *(wind)* (za)hučet; **s. with relief** oddechnout si úlevou **2 s. for sb/ sth** dated vzdychat po kom/ čem

sight [sait] n **1** *(faculty)* zrak; **have good/ poor s.** mít dobrý/ špatný zrak; **his s. is failing** ztrácí zrak; **lose one's s.** ztratit zrak, přijít o zrak, oslepnout ♦ **second s.** šestý smysl ■ **s. test** zraková zkouška **2** *(range of vision)* dohled **a) be in** or **within s.** být v dohledu, být na dohled, být vidět, být viditelný, fig *(exams, Christmas etc)* být za dveřmi, být na obzoru, být na dosah ruky; **land in s.!** země na obzoru!; **keep sb in s.** nespustit koho z očí, mít koho stále na očích **b) be out of s.** být z dohledu, být mimo dohled, (už) nebýt vidět; **be out of sb's s.** být někomu z očí; **get out of sb's s.** klidit se někomu z očí, jít někomu z očí; **(not) let sb out of one's s.** (ne)spustit koho z očí; **stay out of sb's s.** nechodit komu na oči; **keep out of my s.!** nechoď mi na oči ♦ **out of s., out of mind** sejde z očí, sejde z mysli **c) disappear from s.** zmizet z očí or z dohledu or z obzoru **3** *(glimpse; seeing)* pohled; **at first s.** na první pohled; **at s.** Mus *(play, sing)* z listu, *(translate)* bez přípravy; **catch s. of sb** uvidět or zahlédnout or spatřit koho; **have a s. of sb/ sth** uvidět koho/ co; **know sb by s.** znát koho od vidění; **lose s. of sb** ztratit koho z očí; **you mustn't lose s. of the fact that ...** nesmíš zapomenout, že ...; **shoot at s.** střílet bez výstrahy **4** *(sth seen)* **a)** *(spectacle)* pohled, podívaná; **a s. for sore eyes** inf, **a s. for the gods** podívaná pro bohy; **I cannot stand the s. of him** nemohu ho ani vidět or cítit, nemohu ho vystát; **what a lovely s.!** to je krásný pohled! **b) ~s** *(things worth seeing)* pamětihodnosti, pozoruhodnosti, památky; **the ~s of Prague** pozoruhodnosti Prahy; **show sb the ~s of a town** provést koho po městě, ukázat komu pozoruhodnosti města **c)** *(sth shocking)* **look a s.** vypadat nemožně, vypadat jako strašidlo; **be a sorry s.** vypadat zuboženě; inf **what a s. you are!** ty ale vypadáš!, ty máš ale ránu! **5** Mil **~s** záměrné zařízení, mířidla, hledí ♦ **have one's ~s set on sth** inf mít něco v merku, mít na co zálusk, dělat si na co zuby; **set one's ~s too high** chtít toho trochu moc **6 take a s. at sth** *(with a gun etc)* vzít si co na mušku **7** inf **a (damn) s. better** daleko lepší; **not by a long s.** ani zdaleka ne ● vt **1** *(see)* uvidět, spatřit **2** *(aim: gun)* namířit **(at sth** na co)

sighted ['saitid] adj *(person)* vidoucí, vidomý

sighting ['saitiŋ] n spatření, zpozorování;

at the first s. of ... při prvním spatření čeho; **another s. of the star has been reported** bylo hlášeno, že se tato hvězda znovu objevila

sightless ['saitləs] adj slepý, nevidomý

sightlessness ['saitləsnəs] n slepota

sightly ['saitli] adj (**-ier**, **-iest**) pohledný, pěkný

sight-read ['saitri:d] vt Mus číst/ hrát/ zpívat z listu

sightseeing ['saitsi:iŋ] n prohlížení pozoruhodností or památek; **go s.** jít si prohlédnout město, jít na prohlídku pamětihodností ■ **a s. tour** okružní jízda městem, vyhlídková jízda

sightseer ['saitsi:ə(r)] n turista/ turistka, návštěvník/ návštěvnice města, účastník okružní jízdy

sign [sain] n **1** *(symbol)* symbol; Ling znak; Math symbol, znaménko; **plus/ minus s.** znaménko plus/ minus; **the ~s of the Zodiac** Astrol znamení zvěrokruhu; **this s. means 'taboo'** tento symbol znamená „tabu" **2** *(gesture: with hand* etc*)* znamení; **give sb a s.** dát komu znamení; **make the s. of the cross** (po)křižovat se ■ **s. language** znakový jazyk, inf posunková řeč **3** *(notice)* nápis, vývěska, *(board)* tabule, cedule; *(over shops* also*)* vývěsní štít, *(with name of business)* firemní štít, firma; Aut **traffic s.** dopravní značka; **road s.** ukazatel cesty; **neon s.** neónové světlo **4** *(indication)* Med & gen příznak, *(evidence, proof)* důkaz, známka, znamení, *(trace)* stopa, známka; **as a s. of ...** na znamení čeho; **that's a good s.** to je dobré znamení; **it is a sure** or **unmistakable s. of ...** to je neklamným znamením toho, že ...; **there's no s. of rain** nic nenasvědčuje tomu, že by mohlo pršet; po dešti není ani stopy; **there's no s. of her agreeing** nic nenasvědčuje tomu, že bude souhlasit; **he showed no ~s of wanting to leave** neměl se k odchodu; **she gave no s. of hearing me** nedala nijak najevo, že mě slyší; **is there any s. of her?** už se objevila?, **there's no s. of her anywhere** není po ní nikde ani stopy; **a s. of the times** znamení doby ● **I** vt **1** *(letter, contract)* podepsat; *(picture, book* also*)* signovat, opatřit šifrou or parafou; **s. one's name** podepsat se; **s. your name here** podepište se sem; **s. sth with three crosses** udělat pod čím tři křížky **2** *(engage)* smluvně přijmout, angažovat **3** *(provide with ~s)* opatřit nápisy or tabulemi **II** vi **1** *(s. one's name)* podepsat se **2** **s. to sb** dát komu znamení (**to do sth** aby něco udělal) **III** phr vs ■ **sign away** vt *(rights, inheritance)* vzdát se čeho, postoupit co komu ◆ **s. away one's soul to the devil** upsat duši ďáblovi ■ **sign for** vt *(registered letter* etc*)* potvrdit příjem čeho podpisem ■ **sign in** vt(i) zapsat (se); **s. in for a trip** přihlásit se na výlet zapsáním ■ **sign off** vi **1** TV, Rad skončit vysílání, rozloučit se **2** *(end letter)* skončit ■ **sign on** *I* vt see **sign up** vt *II* vi **1** see **sign up** vi **2** *(register as unemployed)* hlásit se jako nezaměstnaný ■ **sign out** *I* vt zapsat komu odchod, odepsat koho *II* vi zapsat se při odchodu, odepsat se; *(worker)* odpíchnout si při odchodu inf ■ **sign over** vt *(property* etc*)* přepsat (**to sb** na koho) ■ **sign up** *I* vt **1** Mil odvést, najmout, získat do armády; formerly (na)verbovat, (z)rekrutovat **2** *(employee)* přijmout, angažovat, *(footballer)* zajistit smlouvou *II* vi **1** Mil přihlásit se do armády dobrovolně, inf dát se na vojnu, dated dát se naverbovat **2** *(for job)* přihlásit se do čeho, dát se najmout **3** *(enrol)* přihlásit se do čeho, dát se zapsat do čeho

signal$_1$ ['signl] n **1** *(indication)* signál, znamení, pokyn; esp Rail návěst; *(message)* zpráva; **distress s.** nouzový signál; **time s.** časový signál; **give sb the s. to do sth** dát komu pokyn k čemu ■ **s. flag** signální praporek **2** Rail návěstidlo, semafor ■ **s. box**, Amer **s. tower** hradlo, stavědlo **3** TV, Rad signál; Tel tón, signál; **busy s.** Amer obsazovací tón **4** Br Mil **S~s** spojaři; Amer **S. Corps** spojovací armádní sbor ● v (**-ll-**, Amer **-l-**) **I** vt **1** *(gesture)* naznačit; **s. (to sb) that ...** dát (komu) znamení, že ...; **s. sb to come over** pokynout komu, aby přišel; **s. a right/ left turn** *(cyclist, driver)* signalizovat odbočování doprava/ doleva **2** *(indicate)* **s. one's intention to leave** oznámit úmysl odejít **3** *(mark: beginning, decline, change)* naznačovat, signalizovat **II** vi **1** gen dát znamení; **s. to sb to do sth** vybídnout koho znamením k čemu; dát komu znamení, aby něco udělal **2** Aut dát znamení, zapnout blinkr

signal$_2$ ['signl] adj attr fml *(triumph, achievement, victory, success)* skvělý, pozoruhodný; *(honour)* obzvláštní; *(failure)* naprostý ■ **~ly** adv pozoruhodně; *(fail)* naprosto

signalize ['signəlaiz] vt signalizovat

signaller ['signələ(r)] n Mil spojař

signalman ['signəlmən] n (pl **-men**) Rail hradlař; Mil spojař

signatory ['signətəri] n (pl **-ries**) signatář, podepisující strana ● adj *(powers, states)* signatární

signature ['signəčə(r)] n **1** *(name)* podpis, *(of artist* also*)* signatura; **specimen s.** podpisový vzor; **forged s.** padělaný podpis; **put one's s. to sth** podepsat co, stvrdit co podpisem **2** Mus předznamenání ■ **s. tune**

Rad, TV znělka **3** Typ tiskový arch, signatura **4** Amer Pharm signatura, návod k užívání léku

signboard ['sainbo:d] n *(noticeboard)* vývěsní tabule; Amer *(signpost)* ukazatel (směru)

signer ['sainə(r)] n podepsaný, fml signatář

signet ring ['signitriŋ] n pečetní prsten

significance [sig'nifikəns] n *(meaning)* význam, *(importance* also*)* důležitost; **it is of no s.** to není důležité; **to attach great s. to sth** přikládat čemu velkou důležitost or váhu

significant [sig'nifikənt] adj **1** *(considerable)* značný; *(important, notable: discovery)* důležitý, významný, závažný **2** *(meaningful: look)* významný, mnohoříkající ■ **~ly** adv **1** *(considerably: change, improve)* značně; významně, závažně **2** *(look)* významně; **~ly enough, they both arrived late** příznačné je, že přišli oba pozdě

signify ['signifai] vt (pt & pp **-fied**) **1** *(mean)* znamenat **2** *(show, indicate)* naznačit, ukázat

signpost ['sainpəust] n **1** *(direction sign)* ukazatel cesty, směrová tabule **2** fig náznak ● vt značkovat, opatřit co tabulkami; **the road is well ~ed** silnice je dobře značená

signwriter ['sainraitə(r)] n malíř písma, malíř štítů

Sikh [si:k] n sikh

silage ['sailidž] n Agr siláž

silence ['sailəns] n **1** *(absence of noise)* ticho, klid; **deathly s.** hrobové ticho **2** *(absence of talking* also*)* mlčení; **eloquent s.** výmluvné mlčení; **break s.** přerušit mlčení, promluvit; **in s.** mlčky, potichu; **s.!** ticho!, tiše!, buďte zticha! **3** *(pause)* pauza, odmlčení; **a long s. ensued** následovala dlouhá pauza ● vt **1** *(person)* umlčet, přinutit k mlčení, *(enemy guns)* umlčet; *(sound)* ztlumit, *(machine)* odhlučnit **2** *(opposition)* umlčet

silencer ['sailənsə(r)] n tlumič; *(on car)* tlumič výfuku

silent ['sailənt] adj **1** *(quiet)* **a)** *(person)* tichý; **s. partner** tichý společník; **s. majority** mlčící většina; **be s.** být zticha, mlčet; **remain s.** zůstat zticha, nemluvit; **become s.** ztichnout; **fall s.** odmlčet se; **be as s. as the grave** mlčet jako hrob **b)** *(room, forest)* tichý, *(engine, vehicle, running)* tichý, nehlučný; **s. film** němý film **2** *(taciturn)* mlčenlivý, nemluvný **3** *(unspoken: prayer)* tichý; *(accusation)* nevyslovený, *(reproach)* němý **4** Ling němý ■ **~ly** adv potichu, mlčky, *(without noise)* tiše; *(run: machine)* nehlučně

Silesia [sai'li:žiə] n Slezsko

Silesian [sai'li:žiən] adj slezský ● n Slezan/ -ka

silhouette [silu'et] n silueta ● vt **be ~d against sth** rýsovat se proti čemu or na pozadí čeho

silica ['silikə] n křemen, kysličník křemičitý ■ **s. sand** křemičitý or křemenný písek; **s. glass** křemenné sklo

silicate ['silikət] n silikát, křemičitan

siliceous [si'lišəs] n křemičitý, křemitý

silicon ['silikən] n křemík ■ **s. chip** křemíkový čip

silicone ['silikəun] n silikon; **s. breast implant** prsní implantace se silikonovou vložkou; **s. breasts** vylepšená prsa

silicosis [sili'kəusis] n Med silikóza

silk [silk] n **1** *(fabric)* hedvábí; *(thread)* hedvábné vlákno ♦ **dressed in ~s and satins** přepychově oblečený ■ **s. dress** hedvábné šaty; **s. industry** hedvábnický průmysl **2** Br Jur *(barrister)* soudní rada

silken ['silkən] adj **1** arch *(made of silk)* hedvábný **2** fig *(hair, skin)* hedvábný, jako hedvábí; *(voice)* sametový, lahodný; pej úlisný, medový

silkscreen printing [silkskri:n'printiŋ] n Typ sítotisk, serigrafie

silkworm ['silkwə:m] n Zool housenka bource morušového

silky ['silki] adj (**-ier, -iest**) **1** *(like silk: fabric, hair, skin)* hedvábný, jako hedvábí **2** *(voice)* sametový, lahodný; *(manner)* uhlazený, pej úlisný

sill [sil] n *(of window)* parapet; *(of door)* práh; *(of car)* stupátko, stupačka

silliness ['silinəs] n **1** *(quality)* hloupost, pitomost, pošetilost **2** *(silly behaviour)* bláznění, vyvádění, pošetilé chování

silly ['sili] adj (**-ier, -iest**) **1** *(stupid)* hloupý, pitomý, pošetilý, inf blbý; **s. season** Journ okurková sezóna; **don't be s.!** neblázni!, nehloupni!; **you s. thing!** ty blázínku!; **make oneself look s.** zesměšnit se; **that was a s. thing to do** tos udělal or vyvedl pěknou hloupost; inf **drink oneself s.** opít se pod obraz (boží) **2** *(comical: hat, costume etc)* komický, směšný, legrační, inf srandovní; *(absurd)* absurdní ● n inf hlupáček, blázínek, tele

silly billy [sili'bili] n inf hlupáček, blázínek, trumbera; **don't be such a s. b.** nebuď takový trumbera

silo ['sailəu] n silo

silt [silt] n bahno, naplavenina ● vt(i) also **s. up** zanést or zaplavit (se) bahnem or pískem

Silurian [sai'l(j)uəriən] adj Geol silurský

silver ['silvə(r)] n **1** *(metal)* stříbro; **German s.** alpaka **2** *(coins)* (stříbrné) mince, drobné (mince); **£5 in s.** 5 liber v drobných ♦ **thirty pieces of s.** jidášská odměna

3 *(dishes/ cutlery)* stříbro, stříbrné nádobí/ příbory ● adj 1 lit stříbrný ♦ **be born with a s. spoon in one's mouth** být dítětem Štěstěny, umět se narodit; **every cloud has a s. lining** všechno zlé je pro něco dobré, všechno má své dobré stránky 2 in compounds **s. birch** Bot bříza bradavičnatá; **s. bromide/ chloride** Chem bromid/ chlorid stříbrný; **s. fir** stříbrný smrk; **s. foil** stříbrná fólie; **s. fox** stříbrná liška; **s. grey** stříbrošedá barva; **s. jubilee** 25. výročí; **s. medal** Sport stříbrná medaile; **s. paper** postříbřený papír; **s. plate** *(plating)* postříbření; *(articles)* postříbřené předměty; **s. screen** stříbrné plátno; **s. wedding** stříbrná svatba

silver-plate [silvə'pleit] vt postříbřit

silver-plated [silvə'pleitid] adj postříbřený

silversmith ['silvəsmiθ] n zlatník, stříbrotepec

silverware ['silvəweə(r)] n 1 *(dishes, cutlery)* stříbro, stříbrné nádobí a příbory 2 *(goods)* stříbrné zboží

silvery ['silvəri] adj 1 *(material, hair)* stříbrný, stříbřitý, prostříbřený, stříbrně se lesknoucí 2 *(voice)* jasný, zvonivý

similar ['similə(r)] adj 1 gen podobný, obdobný; *(amount)* skoro stejný; **in a s. way** podobně; **a style s. to rococo** sloh obdobný rokoku; **they are very s.** jsou si velmi podobní/ podobné (**in appearance** vzhledem); **I have problems s. to yours** mám podobné problémy jako vy 2 *(triangles)* podobný ■ **~ly** adv podobně, obdobně, analogicky

similarity [simə'lærəti] n podobnost, obdobnost

simile ['siməli] n Liter přirovnání, příměr

similitude [si'militju:d] n podobnost

simmer ['simə(r)] n slabé vření; **keep sth on the s.** mírně něco vařit, nechat co slabě vřít ● I vt mírně vařit, vařit na mírném ohni; **let sth s.** nechat něco mírně vařit II vi vařit se na mírném ohni; fig **s. with anger** vřít or kypět hněvem III phr v ■ **simmer down** vi fig *(become calm)* uklidnit se

simper ['simpə(r)] n upejpání se, afektované chování; **with a s.** *(say sth)* afektovaně ● vi upejpat se

simpering ['simpəriŋ] n afektovanost, upejpavost, strojenost ● adj afektovaný, upejpavý

simple ['simpl] adj 1 *(easy: task, solution, method)* jednoduchý, snadný, nekomplikovaný; **the operation is very s.** operace je velmi jednoduchá; **it's far from s.** není to nikterak jednoduché 2 *(plain: life, tastes, dress)* prostý, jednoduchý; **the s. truth is ...** je prostě pravda, že ...; **it's based on a s. principle** je to založeno na jednoduchém principu 3 *(not sophisticated)* prostý, obyčejný; **s. folk** prostí or obyčejní lidé 4 *(s.--minded)* prostoduchý, přihlouplý, omezený ♦ **S. Simon** ≅ hloupý Honza 5 *(not compound:* Math *fraction* etc; Fin *interest,* Med *fracture)* jednoduchý; Ling *(sentence)* jednoduchý, prostý ■ **simply** adv 1 *(in a simple fashion)* jednoduše, prostě 2 *(only, merely)* pouze, jen tak; **simply for fun** jen tak z legrace 3 *(as intensifier: really, absolutely)* prostě; **I simply adore it** já to prostě zbožňuji; **you simply must come** ty prostě musíš přijít

simple-minded [simpl'maindid] adj prostoduchý, přihlouplý, omezený

simpleton ['simpltən] n prosťáček, jelimánek, omezenec, inf bambula

simplex ['simpleks] n 1 Ling simplex jednoduché slovo, sloveso bez předpony 2 Comput simplex, simplexní přenos ■ **s. method** simplexní metoda

simplicity [sim'plisəti] n see also **simple** 1 jednoduchost, snadnost, nekomplikovanost; **it's s. itself** je to nanejvýš jednoduché 2 *(plainness)* jednoduchost, prostota 3 *(lack of sophistication)* prostota, obyčejnost 4 *(foolishness)* prostoduchost, omezenost, přihlouplost

simplification [simplifi'keišn] n zjednodušení, simplifikace, *(overs.)* vulgarizace

simplify ['simplifai] vt zjednodušit/ zjednodušovat, *(overs.)* vulgarizovat

simplistic [sim'plistik] adj simplicistní, přehnaně zjednodušující, simplifikující, vulgarizující

simulate ['simjuleit] vt 1 *(feign: illness)* simulovat, *(pleasure, emotions)* předstírat 2 *(imitate)* imitovat, napodobit 3 *(conditions* etc*)* simulovat, modelovat

simulated ['simjuleitid] adj 1 *(leather* etc*)* umělý 2 Comput *(request* etc*)*, Techn *(flight* etc*)* simulovaný

simulation [simju'leišn] n 1 *(feigning)* předstírání; *(imitation)* napodobování; *(by animals)* mimeze, mimikry 2 Techn, Comput simulace ■ **s. language/ programme** simulační jazyk/ program

simulator ['simjuleitə(r)] n simulátor, simulační program; Aviat **flight s.** simulátor letu, cvičná pilotní kabina, letový trenažér

simultaneity [simltə'neiəti] n simultánnost, současnost

simultaneous [siml'teiniəs] adj současný, simultánní; **s. translation/ interpretation** simultánní překlad/ tlumočení; Math **s. equation** simultánní rovnice ■ **~ly** adv současně, zároveň, simultánně

sin [sin] n Relig & fig hřích, fig also prohřešek, poklesek, *(minor)* hříšek; **original s.** dědičný hřích; **commit a s.** zhřešit; **repent of one's ~s** kát se z hříchů; **it would be a s. not to buy it** byl by (zrovna) hřích to nekoupit ♦ **live in s.** joc žít na divoko, žít na hromádce; **be as ugly as s.** být ohyzdný or ošklivý jako noc, být šeredný jako ropucha ● vt **(-nn-)** (z)hřešit; *(against standards, rules, principles* etc*)* prohřešit se proti čemu; **s. against God** prohřešit se or (z)hřešit proti Bohu

since [sins] adv *(up to now)* od té doby, *(in the meantime)* mezitím; **and she has been here ever s.** a od té doby je tu; **she has married s.** mezitím se vdala; **long s.** už (je tomu) dlouho ● prep **(ever) s. 1950** (už) od r. 1950; **s. when?** odkdy?; **s. then** (už) od tehdy; **we've been here since March** jsme tu už od března ● conj **1** (expr *time)* od té doby, co ...; *(I haven't seen him)* **s. he got married** (od té doby,) co se oženil; **s. he was a child, he ...** už odmala or odmalička ... **2** *(because)* protože, poněvadž, jelikož, fml ježto

sincere [sin'siə(r)] adj upřímný, otevřený; *(thanks)* upřímný, vroucí ■ **~ly** adv upřímně; **Yours sincerely, Sincerely,** Amer **Sincerely Yours** *(in letter)* se srdečným pozdravem, s upřímným pozdravem, *(formal)* s (veškerou) úctou

sincerity [sin'serəti] n upřímnost, otevřenost; **in all s.** se vší upřímností, zcela upřímně or otevřeně

sine [sain] n Math sinus ■ **s. curve** sinusoida

sinecure ['sinikjuə(r), Amer sainikjuə(r)] n sinekura; **this job is no s.** tady to není žádná lehárna inf

sinew ['sinju:] n šlacha

sinewy ['sinju:i] adj šlachovitý; fig *(tree)* sukovitý; *(style)* jadrný

sinful ['sinful] adj hříšný; fig *(waste* etc*)* hříšný, skandální ■ **~ly** adv hříšně

sinfulness ['sinfulnəs] n hříšnost

sing [siŋ] n inf **have a s.** zazpívat si ● v (pt **sang** [sæŋ], pp **sung** [saŋ]) **I** vt **1** *(song, duet, aria, note)* (za)zpívat; **s. a baby to sleep** uspat dítě zpěvem ♦ **s. the same old tune** zpívat pořád stejnou písničku, mlít pořád stejnou; **s. a different tune** fig změnit tón, zpívat jinou písničku **2** *(praise)* **s. sb's praises** vynášet koho, vychvalovat koho, velebit koho; **s. one's own praises** vychvalovat se **II** vi **1** *(person)* zpívat, *(to oneself)* zpívat si, vyzpěvovat si, prozpěvovat si; *(be a singer)* zpívat, být zpěvákem; **s. in tune** zpívat čistě; **s. out of tune** zpívat falešně; **s. from music** zpívat podle not; **s. softly** broukat si, prozpěvovat si, notovat si **2** *(kettle)* bublat, syčet; *(bullets)* svištět; *(wind)* skučet; *(ears)* hučet or znít komu v uších **3** poet **s. of sth** opěvovat co **4** Amer sl *(confess)* zpívat, mluvit; **make sb s.** rozvázat komu hubu or jazyk **III** phr vs ■ **sing along** vi zpívat spolu ■ **sing away** *I* vi *(to oneself)* prozpěvovat si, vyzpěvovat si *II* vt *(cares, worries)* zahnat zpěvem, zbavit se čeho zpěvem ■ **sing out** *I* vi **1** zpívat z plna hrdla; *(voice)* ozvat se, zaznít **2** inf *(shout)* vykřiknout *II* vt *(warning, order* etc*)* vykřiknout, zavolat, zakřičet ■ **sing up** vi zpívat hlasitěji

singalong [siŋəloŋ] n zpívání; **have a s.** sejít se a zazpívat si (spolu)

Singapore [siŋə'po:(r)] n Singapur

singe [sindž] vt *(clothes)* sežehnout; *(hair)* ožehovat, ožehnout, *(feathers on chicken)* ožehovat, opalovat ♦ **get one's wings ~d** fig popálit si křídla, se zlou se potázat ● n **s. (mark)** *(from ironing)* ožehnuté místo, *(hole)* propálené místo

singer ['siŋə(r)] n zpěvák/ zpěvačka; **opera s.** operní zpěvák or pěvec; **solo s.** sólista; **cabaret s.** šansoniér/ -ka; **folk s.** písničkář/ -ka; **she is a good s.** dobře zpívá

singing ['siŋiŋ] n zpívání, zpěv; *(of kettle)* syčení, bublání; *(in ears)* hučení; *(of bullets)* svištění; **choral s.** sborový zpěv; **teach s.** učit zpěv ■ **a s. bird** zpěvný pták; **s. lessons** hodiny zpěvu; **take s. lessons** chodit na hodiny zpěvu

single ['siŋgl] adj **1** *(one only)* **a)** *(sole)* jediný, jen jeden; **a s. apple** *(hanging on a tree)* jediné jablko, jen jedno jablko; **not a s. one** ani jediný; **not a s. time** ani jednou ♦ **stake everything on a s. card** vsadit vše na jednu kartu **b)** *(separate)* jednotlivý; **every s. citizen** každý jednotlivý občan; **every s. one of them** každý or emph každičký z nich; **the s. most important** *(event, problem* etc*)* nejdůležitější ze všech **2** *(not double, treble* etc*)* jednoduchý; **s. room** jednolůžkový pokoj; **s. ticket** jízdenka (jen) tam ne zpáteční; **s. cream** smetana; Mil **s. combat** boj muže proti muži; **be in s. figures** *(inflation)* být pod 10 %; **walk in s. file** jít husím pochodem **3** *(not married)* svobodný/ svobodná, *(woman* also*)* neprovdaná; **s. mother** svobodná matka ● n **1** Rail jízdenka (jen) tam ne zpáteční **2** *(record)* singl **3** Tennis **~s** dvouhra, singl ■ adv see **singly** ● phr v ■ **single out** vt *(choose: for attention* etc*)* vybrat (si), vytipovat (si)

single-barrelled [siŋgl'bærəld] adj *(gun)* jednohlavňový

single-breasted [siŋgl'brestid] adj *(suit)* jednořadový

single-celled [siŋgl'seld] adj Biol jednobuněčný

single-cylinder [siŋgl'silində(r)] adj *(engine)* jednoválcový

single-decker [siŋgl'dekə(r)] n jednoposchoďový autobus

single-density [siŋgl'densəti] adj Comput *(disk)* s jednoduchou hustotou (záznamu)

single-engined [siŋgl'endžind] adj *(plane)* jednomotorový

single-entry [siŋgl'entri] adj **s.-e. bookkeeping** jednoduché účetnictví

single-handed [siŋgl'hændid] adj sám, bez cizí pomoci ● adv also **~ly** bez cizí pomoci, samostatně

single-line [siŋgl'lain] adj Rail jednokolejný; Aut *(traffic)* pouze v jednom pruhu

single-masted [siŋgl'ma:stid] adj *(ship)* jednostěžňový

single-minded [siŋgl'maindid] adj vytrvalý, houževnatý, cílevědomý

singleness ['siŋglnəs] n **s. of mind** or **purpose** cílevědomost

single-seater [siŋgl'si:tə(r)] n Aviat jednomístné letadlo

singlet ['siŋglət] n nátělník, tričko bez rukávů

singly ['siŋgli] adv **1** *(one at a time)* jednotlivě, po jednom ♦ **misfortunes never come s.** neštěstí nikdy nechodí samo **2** *(individually: packaged)* po jednom, zvlášť

singsong ['siŋgsoŋ] adj *(voice)* zpěvavý ● n **1** *(voice)* zpěvavý hlas **2** Br *(singing)* **have a s.** zazpívat si (spolu)

singular ['siŋgjulə(r)] adj **1** Ling singulárový, v singuláru, v jednotném čísle **2** *(remarkable)* výjimečný, jedinečný, mimořádný **3** *(odd)* zvláštní, ojedinělý, nezvyklý ● n Ling singulár, jednotné číslo; **in the s.** v singuláru, v jednotném čísle ■ **~ly** adv výjimečně, mimořádně

singularity [siŋgju'lærəti] n výjimečnost, mimořádnost

sinister ['sinistə(r)] adj **1** *(ominous)* zlověstný, hrozivý, pochmurný **2** Her levý, v levé půli štítu

sink$_1$ [siŋk] n **1** *(basin)* výlevka, *(in kitchen* also*)* dřez; *(for hands)* umývadlo **2** *(cesspool)* žumpa; fig kloaka, stoka lidské společnosti

sink$_2$ [siŋk] v (pt **sank** [sæŋk], pp **sunk** [saŋk]) **I** vt **1 a)** *(boat)* potopit **b)** fig **s. one's money in sth** utopit v čem peníze **c)** fig inf *(drink)* vyzunknout, hodit or vlít do sebe **d) be sunk in thought** být zamyšlen or zahloubán, být pohřížen v myšlenky, být pohroužen do myšlenek; **be sunk in a book** být zabrán or zahloubán do knihy **e)** *(forget: differences)* přenést se přes, *(one's pride)* přemoci; *(problems in alcohol)* utopit v čem **2** fig *(ruin: person)* potopit, zničit, *(plan)* potopit, zmařit, překazit, znemožnit, zkřížit komu co; *(chances, hopes)* zmařit; **s. sb's chances** also udělat komu čáru přes rozpočet; **the scandal will s. him** tento skandál ho zničí; **we are sunk** *(we're lost)* jsme ztraceni **3** *(bore: shaft)* (vy)hloubit, vrtat, *(well* also*)* (vy)kopat **4** *(plunge: knife, dagger)* vrazit do čeho, *(post, pile)* zatlouct do země, *(in a hole)* vsadit, *(in concrete)* zapustit; **s. one's teeth into sth** zakousnout se do čeho; **s. its claws into sth** zatnout do čeho drápy; **s. one's hands deep in one's pockets** zabořit ruce hluboko do kapes; **she sank her head in her hands** skryla obličej do dlaní **5** Sport *(golf ball)* zahrát do jamky; *(billiard ball)* zahrát do kapsy **6** *(lower: gaze)* sklopit; *(voice)* tišit **II** vi **1 a)** *(boat)* potopit se, ponořit se, klesnout ke dnu, *(person)* utopit se ♦ **leave sb to s. or swim** ponechat koho osudu **b)** *(sun)* zapadnout **c)** fig **s. without a trace** *(idea, project* etc*)* upadnout v zapomnění **2** *(subside)* **a)** *(land)* sesedat se/ sesednout se, *(house)* propadat se **b) s. into sth** *(mud, snow)* zapadnout do čeho, zabořit se do čeho; fig *(debts)* zapadnout or upadnout do čeho; fig **s. into oblivion** upadnout v zapomenutí; **s. into anarchy** upadnout do anarchie **c) s. under the weight of sth** *(shelf)* prohýbat se pod tíhou čeho; **s. under the weight of debt** *(company)* hroutit se pod tíhou dluhů **3** *(drop)* **a)** *(pressure, temperature, water level)* (po)klesnout, snížit se **b) s. to the floor** zhroutit se; **s. to one's knees** klesnout or padnout na kolena, pokleknout; **s. into a chair** klesnout do křesla **c) s. into a deep sleep** upadnout do hlubokého spánku **4** *(fall)* **a)** *(prices, profits)* (po)klesnout **b)** *(slope)* prudce se svažovat **c)** fig **her spirits** or **her heart sank** klesla na mysli, pozbyla odvahy **d) s. in sb's estimation** klesnout v očích koho, rozházet si to u koho; **s. to sb's level** klesnout na čí úroveň, zahodit se s kým **5** fig **be ~ing fast** *(be dying)* dated or fml umírat, mít smrt na jazyku **III** phr vs ■ **sink away** vi *(ground)* svažovat se ■ **sink in** *I* vi **1** *(into mud, snow)* zapadnout, zabořit se **2** inf *(be understood)* být pochopen kým, *(allusion)* dojít to komu; **has it sunk in yet?** už vám to došlo? *II* vt *(stakes)* zatlouct do země, *(pylon)* zapustit do betonu ap.

sinker ['siŋkə(r)] n **1** Fishing olůvko ♦ **swallow sth hook, line and s.** spolknout co i s navijákem, sežrat co i s chlupama, zbaštit to někomu **2** Amer *(doughnut)* kobliha

sinking ['siŋkiŋ] n *(of ship)* potopení; *(of shaft)* vyhloubení, *(of well* also*)* vykopání ● adj **1** *(ship)* potápějící se **2 have a s. feeling** mít nepříjemný pocit (v žaludeční krajině)

sinless ['sinləs] adj bez hříchu, prostý hříchu

sinner ['sinə(r)] n hříšník/ hříšnice

Sino- ['sainəu-] pref čínsko-

sinologist [sai'nolədžist] n sinolog

sinology [sai'nolədži] n sinologie

sinuosity [sinju'osəti] n křivolakost, klikatost; vlnění, vlnivý pohyb

sinuous ['sinjuəs] adj *(road, street)* křivolaký, klikatý; *(movement)* vlnivý ■ **~ly** adv křivolace, klikatě; vlnivě

sinus ['sainəs] n Anat dutina; *(in head)* čelní dutina

sinusitis [sainə'saitis] n Med sinusitida, sinusitis

Sioux [su:] n (pl **Sioux** [su:(z)]) **1** *(person)* Siúx, Sioux **2** *(language)* siúxský jazyk ● adj siúxský

sip [sip] n malý doušek, hlt, troška; **have a s. of sth** upít čeho, usrknout co, *(alcohol* also*)* inf líznout si čeho ● v **(-pp-) I** vt pít malými doušky, upíjet, popíjet, usrkávat **II** vi **s. at sth** usrkávat co, popíjet co

siphon ['saifən] n násoska; **soda s.** sifónová láhev ● **I** vt (od)čerpat (násoskou), *(wine)* stáčet **II** phr vs ■ **siphon off** vt **1** lit odčerpat, odsát, *(beer, wine)* stáhnout, stočit **2** fig *(money, funds)* odčerpat ■ **siphon out** vt vyčerpat or přečerpat násoskou

sir [sə:(r)] n **1** *(polite form of address)* **yes, s.** ano, pane, *(to president/ teacher/ headmaster/* Mil *general/ captain* etc*)* ano, pane prezidente/ učiteli/ řediteli/ generále/ kapitáne; *(in letters)* **Dear S.!**, **My dear S.!** vážený pane; **my dear s.** iron můj milý or drahý **2** emph esp Amer **no, s.!** kdepak!, ani nápad! **3** *(in titles)* sir

sire ['saiə(r)] n **1** *(animal)* plemeník; *(stallion)* plemenný or chovný hřebec **2** arch *(to king)* Vaše Veličenstvo ● vt *(beget: of animal)* (z)plodit

siren ['sairən] n **1** *(device)* siréna **2** Myth Siréna **3** *(woman)* siréna, svůdnice

sirloin ['sə:loin] n Cook svíčková, roštěnec

sirocco [si'rokəu] n scirocco [široko] horký středomořský vítr

sirup ['sirəp] Amer = **syrup**

sis [sis] n inf *(sister)* ségra, švica sl, švestra sl

sisal ['saisəl] n **1** *(plant)* agáve sisalová **2** *(fibre)* sisal

sissy ['sisi] n *(coward)* bázlivec, strašpytel, bábovka; *(effeminate person)* slaboch, ufňukanec, změkčilec, citlivka ● adj slabošský, změkčilý

sister ['sistə(r)] n **1** sestra; **my big s.** moje starší sestra **2** *(nun)* řeholní sestra, řeholnice **3** Br *(nurse)* staniční sestra **4** ■ **s. company** *(firm)* sesterská firma; **s. ship** sesterská loď; **s. nations** bratrské země

sisterhood ['sistəhud] n sesterství, *(solidarity)* solidarita mezi ženami

sister-in-law ['sistərinlo:] n (pl **sisters-in--law**) švagrová

sisterly ['sistəli] adj sesterský

Sisyphean [sisi'fi:ən] adj sisyfovský; **a S. task** sisyfovská práce

Sisyphus ['sisifəs] n Sisyfos

sit [sit] v **(-tt-**; pt & pp **sat** [sæt]) **I** vt **1** *(place: child)* posadit kam, *(adult* also*)* nabídnout komu místo kde; **s. oneself down** posadit se **2** Br **s. an examination** dělat or skládat zkoušku **3** *(have space for)* **the bus ~s 40 people** v autobuse je 40 míst k sezení **4 s. a horse well** mít dobrý sed na koni **II** vi **1** *(take a seat)* sednout si, posadit se; **there's nowhere to s.** není si kam sednout **2** *(be seated)* **a)** *(person)* sedět; **s. by sb** sedět vedle koho; **s. still** sedět bez hnutí; **s. at table** sedět u stolu, jíst; **are you ~ting comfortably?** sedíte pohodlně?; **s.!** *(to dog)* sednout!; **he can't s. still** chvilku neposedí; **s. in front of the television** sedět u televize; **s. for an examination** skládat zkoušku ♦ **be ~ting pretty** stát si dobře; **he's ~ting pretty** tomu je hej; **s. tight** zůstat sedět, nehýbat se; **s. on the fence** sedět na dvou židlích, hrát to na obě strany, vyčkávat, váhat **b)** *(perch: bird)* sedět na vejcích **c)** *(be placed: object)* ležet kde, *(clock, wardrobe, car* etc*)* stát kde; **the car is ~ting in front of the house** *(inactive)* auto trčí před domem **3** Art **s. for sb** sedět komu modelem, pózovat komu **4** *(be in session)* zasedat **5** *(be a member)* **s. on a committee** být členem výboru, být ve výboru; **s. on a jury** být členem poroty, zasedat v porotě; **s. for ...** Parl zastupovat koho **6** inf *(baby-sit)* hlídat or opatrovat dítě/ děti zprav. za peněžitou odměnu **III** phr vs ■ **sit about** or **around** vi posedávat, nic nedělat ■ **sit back** vi **1** lit opřít se o opěradlo; *(relax)* pohodlně si sednout, uvelebit se **2** *(do nothing)* složit ruce v klín, *(refuse to take part)* nečinně přihlížet čemu ■ **sit down** vi **1** posadit se, sednout si; **s. down to table** sednout si ke stolu; **s. down in a chair** sednout si na židli **2 s. down together at a negotiating table** zasednout k jednání **3 take sth ~ting down** *(insults* etc) nebránit se proti čemu, přijmout něco bez protestu ■ **sit in** vi **1** *(attend as visitor)* **s. in on sth** účastnit se čeho (jako host), přihlížet čemu **2 s. in for sb** zastupovat někoho **3** *(hold a s.-in)* demonstrovat vsedě, *(workers)* uskutečnit okupační stávku ■ **sit on** *I* vi *(continue ~ting)* zůstat sedět *II* vt **1** *(suppress: suggestion)* potlačit **2** inf *(delay dealing with)* sedět na čem ■ **sit out** *I* vi *(s. outside)* sedět venku *II* vt **1** *(stay until end)* vydržet (až) do konce **2** *(not take part in: dance)* vynechat ■ **sit through** vt *(speech, concert)* vyslechnout do konce ■ **sit up** *I* vt *(baby)* posadit *II* vi **1** *(on bed)* vztyčit se, posadit se z polohy vleže ♦ **s. up and take notice** zbystřit pozornost; **that will make him s. up and take notice** ten bude zírat **2 s. up late** ponocovat, vysedávat dlouho do noci; **s. up all night** prosedět or probdít celou noc; **s. up with a sick person** bdít u nemocného

sitcom ['sitkom] n inf situační komedie, inf situačka

sit-down ['sitdaun] n inf krátká přestávka ■ **a s.-d. strike** okupační stávka; **a s.-d. meal** (řádné) jídlo u stolu

site [sait] n **1** *(area)* prostor, plocha, místo; **caravan s.** autokempink; **camping s.** kempink; **launching s.** kosmodrom **2** Build **building s.** stavební pozemek, *(house under construction)* staveniště **3** Archeol naleziště **4** *(of event, crime* etc*)* místo ● vt *(locate: building, factory)* umístit, situovat

sit-in ['sitin] n demonstrace vsedě; *(strike)* okupační stávka

siting ['saitiŋ] n *(of building, factory* etc*)* umístění, volba místa pro stavbu čeho

sitter ['sitə(r)] n **1** Art model/ -ka **2** *(baby--s.)* opatrovník/ opatrovnice or hlídač/ -ka dětí zprav. za peněžitou odměnu **3** Sport sl *(easy chance)* vyložená šance

sitting ['sitiŋ] adj **1** *(seated)* sedící, *(bird)* sedící na vejcích; **s. position** sed, poloha vsedě **2** Pol *(in office)* úřadující, jsoucí ve funkci **3 s. duck** inf lehká kořist; **s. room** obývací pokoj; **s. target** lehký terč ● n **1** Art sedění **2** *(of committee)* schůze, zasedání **3 at one s.** na posezení, na jeden zátah; **read a book at one s.** přečíst knihu v jednom tahu

situate ['sičueit] vt umístit, situovat

situated ['sičueitid] adj **1 be s. somewhere** *(village, town)* nacházet se kde, ležet kde, rozkládat se kde, *(house)* být umístěn kde **2 how are you s. for money?** jak jste na tom s penězi?

situation [siču'eišn] n **1** *(circumstances)* situace, postavení; **be in an awkward s.** být v nepříjemném postavení or v nepříjemné situaci ■ **s. comedy** situační komedie **2** *(location)* poloha, umístění **3** *(job)* místo; **~s vacant** volná místa; **~s wanted** zaměstnání hledají

sit-up ['sitap] n (pl **sit-ups**) *(exercise)* sed--leh

six [siks] adj šest; **he's s. (years old)** je mu šest; **the baby is s. months old** dítěti je šest měsíců or půl roku ♦ **be s. feet under** být pod drnem; **it's s. of one and half a dozen of the other** je to prašť jako uhoď ● n *(figure, tram* etc*)* šestka ♦ **be at ~es and sevens over sth** inf být zmatený, být z čeho janek, mít z čeho zamotanou hlavu; **knock sb for s.** inf porazit koho na hlavu

sixer ['siksə(r)] n Br *(in cubs, brownies)* vedoucí šestky

sixfold ['siksfəuld] adj šestinásobný ● adv šestinásobně; **increase s.** (eg *profits)* zvýšit se šestinásobně

six-footer [siks'futə(r)] n dlouhán, inf čahoun; **be a six-footer** měřit (víc než) 180 cm

six-pack ['sikspæk] n inf esp Amer šest piv v kartonu, karton s šesti pivy

sixpence ['sikspəns] n formerly *(coin)* šestipence

six-shooter ['siksšu:tə(r)] n Amer šestiranný revolver

sixteen [siks'ti:n] adj šestnáct ● n šestnáctka

sixteenth [siks'ti:nθ] adj šestnáctý ● n **1** *(in series)* šestnáctý **2** *(fraction)* šestnáctina ■ **a s. note** Mus šestnáctina, šestnáctinová nota

sixth [siksθ] adj šestý; **s. sense** šestý smysl; **s. form** Br ≅ oktáva, maturitní třída; **s. former** ≅ oktaván, maturant

sixthly ['siksθli] adv za šesté

sixtieth ['sikstiəθ] adj šedesátý ● n **1** *(in series)* šedesátý **2** *(fraction)* šedesátina

sixty ['siksti] adj šedesát ● n šedesátka; **the sixties** šedesátá léta; **in the sixties** v šedesátých letech

sizable ['saizəbl] adj = **sizeable**

size$_1$ [saiz] n **1** gen velikost; *(of difficulty, problem* also*)* rozsah, závažnost; *(of country, forest* also*)* rozloha; *(of paper, envelopes* etc*)* formát; *(of carpet, bed* etc*)* rozměry; *(of debt)* výše, úhrnná částka; **according to s.** podle velikosti; **be the s. of a pea** být velký jako hrášek; **be equal in s.** být stejně veliký; **she's about your s.** je asi tak velká jako vy; **cut sth to s.** přiříznout or přistřihnout něco na správnou velikost ♦ **cut sb down to s.** odkázat koho do patřičných mezí, usadit koho, srazit komu hřebínek; inf **that's about the s. of it** tak takhle to tedy vypadá **2** *(of clothes, shoes, gloves)* velikost, míra, číslo; **small/ medium s.** malá/ střední velikost; **what s. do you take in shoes?** jakou máte velikost bot?; **my s. is ...** nosím číslo ...; **try sth for s.** zkusit si velikost; **it's two ~s too big** je to o dvě čísla větší ● **I** vt seřadit podle velikosti **II** phr v ■ **size up** vt inf posoudit, odhadnout ♦ **I have got him ~d up** vidím mu až do žaludku, mám ho prokouknutýho*, už jsem si ho otipoval

size$_2$ [saiz] n klih ● vt klížit

sizeable ['saizəbl] adj *(building, estate)* dost velký; *(sum, income)* značný; *(problem)* závažný ■ **sizeably** adv značně, pořádně

-sized [-saizd] in compounds **medium--sized** střední velikosti; **life-sized** v životní velikosti

sizzle ['sizl] vi *(fat)* prskat, syčet ● n syčení, prskání

sizzler ['sizlə(r)] n inf *(hot day)* pařák

sizzling ['sizliŋ] adj **1** *(sputtering)* prskající **2** inf *(hot)* žhoucí, rozpálený

skate$_1$ [skeit] n brusle ♦ **get** or **put one's ~s on** inf hnout sebou, hodit sebou ● **I** vi bruslit, *(on roller ~s)* jezdit na kolečkových bruslích ♦ **s. on thin ice** být or ocitnout se na tenkém ledě, mít kluzkou půdu pod nohama **II** phr vs ■ **skate over** or **round** vt *(problem)* lehce se čeho dotknout, přejít přes co, vyhnout se čemu ■ **skate through** vt *(exam, test* etc*)* projít čím/ u čeho

skate$_2$ [skeit] n *(fish)* rejnok

skateboard ['skeitbo:d] n skateboard [-bort], skate

skateboarder ['skeitbo:də(r)] n skateboarder [-bor-], skateboardista [-dy-], inf skejtař

skateboarding ['skeitbo:diŋ] n skateboarding [-bor-], jízda na skateboardu, skejtování

skater [skeitə(r)] n bruslař/ -ka

skating ['skeitiŋ] n bruslení; **ice / roller s.** bruslení na ledě/ na kolečkových bruslích; **figure s.** krasobruslení ■ **s. rink** kluziště

skedaddle [ski'dædl] vi Br inf vzít do zaječích, prásknout do bot; **s.!** vypadni!, kliď se!

skein [skein] n **1** *(of wool* etc*)* přadeno **2** *(of wild geese)* hejno

skeletal ['skelitl, ski'li:tl] adj fml *(person)* vyhublý na kost, vychrtlý

skeleton ['skelitən] n **1** Anat kostra, fml skelet; **be a walking s., be like a s.** být kost a kůže, být vychrtlý jako kostlivec ♦ **have a s. in the cupboard** mít co skrývat, mít máslo na hlavě, mít pošramocenou reputaci **2** Techn kostra, *(of building* also*)* skelet **3** *(of book, poem* etc*)* skica, náčrt, *(of theory)* nástin **4** ■ **s. key** univerzální klíč, inf šperhák; **s. plan** rámcový plán; **s. staff** nejnutnější počet pracovníků

skeptic ['skeptik], **skeptical** ['skeptikl], **skepticism** ['skeptisizəm] Amer see **sceptic**, **sceptical**, **scepticism**

sketch [skeč] n **1** *(rough drawing)* náčrt(ek), skica, studie, nárys **2** *(brief outline)* (krátké) resumé, nástin, *(of book* etc*)* náčrt, skica; **character s.** medailon **3** Theat skeč; Liter fejeton; **a humorous s.** humoreska ● **I** vt Art, Liter načrtnout, naskicovat, nahodit co v hrubých rysech **II** vi skicovat, dělat si náčrtky **III** phr vs ■ **sketch in** vt zhruba zakreslit or vkreslit; *(verbally)* zhruba popsat ■ **sketch out** vt zhruba naskicovat, vyznačit v obrysech

sketchbook ['skečbuk] n náčrtník

sketchily ['skečili] adv (see **sketchy**) povrchně, povšechně, útržkovitě

sketchiness ['skečinəs] n (see **sketchy**) povšechnost, povrchnost, útržkovitost

sketch map ['skečmæp] n plánek, situační náčrt

sketchpad ['skečpæd] n náčrtník

sketchy ['skeči] adj **(-ier, -iest)** *(inadequate: knowledge* etc*)* povrchní, povšechný, *(research work* also*)* nepropracovaný, inf nedotažený; *(incomplete)* útržkovitý, kusý

skew [skju:] n **be on the s.** být nakřivo or našikmo ● adj **1** *(slanting, angled)* šikmý, zešikmený; Math asymetrický **2** *(not straight: picture)* visící nakřivo **3** fig *(biassed: view)* zaujatý, předpojatý ● vt *(facts)* překroutit, *(results)* zkreslit

skewbald ['skju:bo:ld] adj *(animal,* esp *horse)* strakatý, grošovaný ● n grošák, strakáč

skewer ['skju:ə(r)] n Cook drát na opékání masa, grilovací jehla; *(wooden)* špejle; *(larger: metal)* rožeň ● vt *(meat)* nabodnout or napíchnout na rožeň/ na špejli

ski [ski:] n Sport & Aviat lyže; **(a pair of ~s)** lyže pár ■ **s. boots** lyžařské boty; **s. flight** let na lyžích; **s. jump** *(ramp)* skokanský můstek, *(action)* skok na lyžích; **s. lift** lyžařský vlek; **s. slope** sjezdovka; **s. stick** lyžařská hůl ● vi lyžovat, *(go in for ~ing* also*)* lyžařit; **go skiing** jít lyžovat, *(on holiday)* jet lyžovat, jet na lyžařský zájezd; **s. down the slope** sjíždět svah na lyžích

skibob ['ski:bob] n skibob

skid [skid] n **1** *(of car* etc*)* smyk; **go** or **get into a s.** dostat smyk ■ **s. lid** sl ochranná přilba; **s. marks** brzdné smykové stopy **2** fig *(of prices)* skluz **3** *(on wheel)* ližina **4** Amer **he was on the ~s, he hit the ~s** šlo to s ním s kopce; **put the ~s under sb** fig podrazit komu nohy; **put the ~s under**

sb's plans zhatit or zmařit čí úmysly ■ **s. row** Amer pochybná čtvrť kde žijí bezdomovci; **life on s. row** život mezi spodinou ● vi (**-dd-**) *(person)* uklouznout, *(wheel)* prokluzovat, *(car)* dostat smyk; **s. into a tree** dostat smyk a narazit do stromu

skier ['ski:ə(r)] n lyžař/ -ka; **cross--country s.** běžkař; **downhill s.** sjezdař

skies [skaiz] pl of **sky**

skiff [skif] n skif

skiffle [skifl] n skiffle

skiing ['ski:iŋ] n lyžování, jízda na lyžích; **cross-country s.** běh na lyžích, inf lyžování na běžkách; **downhill s.** sjezd, sjezdové lyžování; **water s.** vodní lyžování ■ **s. instructor** lyžařský instruktor; **s. trip** lyžařský zájezd

skilful, Amer **skillful** ['skilful] adj *(person)* dovedný, zručný, šikovný; *(performance)* vynikající; *(leadership)* kompetentní; **be s. with one's hands** být šikovný na práci, mít šikovné or zlaté ruce; **be a s. writer** vládnout dobře perem ■ **~ly** adv dovedně, zručně, šikovně

skill [skil] n **1** *(ability)* schopnost, dovednost; *(dexterity)* zručnost, šikovnost, umění, *(gained through experience)* zběhlost, rutinovanost; **his s. at improvising** jeho umění improvizovat **2** *(learned technique)* dovednost; *(knowledge)* znalost, odbornost; *(gift)* talent; **language ~s** jazykové dovednosti

skilled [skild] adj **1** *(qualified: worker, engineer)* kvalifikovaný, vyučený, odborně školený; **s. labour** kvalifikovaná práce **2** *(experienced)* zkušený, rutinovaný, *(manually)* zručný, dovedný; *(clever)* šikovný, obratný; **be s. at doing sth** umět co dobře dělat, mít v čem praxi

skillet ['skilit] n Amer pánev na smažení

skillful etc Amer see **skilful** etc

skim [skim] v (**-mm-**) **I** vt **1** *(scum, fat etc from liquid)* sebrat, sbírat z čeho; *(cream from milk)* sebrat, odstředit z čeho, *(milk)* odstředit co **2** *(glide over: surface)* lehce se dotknout, klouzat po povrchu; **they were ~ming pebbles over the lake** házeli u rybníka žabky **II** vi **s. across** or **over sth** *(bird, plane)* klouzat nad čím; *(pebble)* **s. over** or **across the lake** dělat žabky na hladině jezera **III** phr vs ■ **skim off** vt **1** *(cream, scum)* sebrat/ sbírat sběračkou **2** *(profits)* shrábnout ■ **skim through** vt *(book etc)* proletět, prolistovat, inf omrknout co

skimmed [skimd] adj **s. milk** odstředěné mléko

skimp [skimp] **I** vt *(food, resources)* šetřit, skrblit, škudlit co or čím; *(job)* odbýt, udělat šlendriánsky **II** vi škudlit, lakotit; **s. on food/ material** šetřit na jídle/ materiálu

skimpy ['skimpi] adj (**-ier**, **-iest**) *(meal)* skrovný, chudobný; *(skirt)* kratičký, minimální ■ **skimpily** adv **be skimpily dressed** být polonahá

skin [skin] n **1** *(of person)* kůže, pokožka, *(esp of face)* pleť; **a dark/ a fair s.** tmavá/ světlá pleť; **she has a beautiful s.** má krásnou pleť or pokožku; **graze one's s.** odřít se; **horny s.** mozolnatá kůže; *(wear sth)* **next to one's s.** na holém těle ♦ **be nothing but s. and bone** být kost a kůže, být vychrtlý na kost; **escape by the s. of one's teeth** vyváznout jenom o chlup or jen taktak; **be soaked to the s.** být promoklý na kůži or na kost; **fear for one's s.** bát se o krk; **get under sb's s.** brnkat komu na nervy; **have a thick s.** mít hroší kůži; **risk one's s.** riskovat svou kůži; **save one's s.** vyváznout se zdravou kůží ■ **s. disease** kožní nemoc; **s. diver** sportovní potápěč; **s. graft** transplantace kůže; **s. lotion** pleťové mléko; **s. tissue** kožní tkáň **2** *(from animal)* kůže; *(fur)* kožešina; **a crocodile/ tiger s.** krokodýlí/ tygří kůže; **a rabbit s.** králičí kožka, králičina **3** *(of fruit, vegetables)* slupka, kůra, kůže; *(of sausage)* slupka; **boil potatoes in their ~s** vařit brambory ve slupce **4** *(on milk)* škraloup **5** Elec *(on wire)* izolace **6** *(skinhead)* skin, skinhead **7** Br sl *(cigarette paper)* cigaretový papír **8** sl **s. flick** porno film; **s. mag** Amer sl porno časopis ● vt (**-nn-**) **1** *(animal)* stáhnout co z kůže; *(fruit, potatoes)* (o)loupat; Elec *(wire)* stáhnout izolaci z čeho ♦ **keep one's eyes ~ned** dávat si bacha, mít oči na stopkách **2** *(graze)* **s. one's elbow/ knee** odřít si loket/ koleno **3** Br sl *(rob)* oškubat, odřít o peníze; **s. sb at cards** oškubat koho v kartách ♦ **s. sb alive** odřít koho z kůže

skin-deep [skin'di:p] adj povrchní ● adv povrchně

skinflint ['skinflint] n lakomec, škrob, držgrešle, krkoun; **he's no s.** on na nějakou tu korunu nekouká, není žádný škrob

skinful ['skinful] n inf **he's had a s.** *(he's drunk)* už má dost, má řádně nakoupeno

skinhead ['skinhed] n skin, skinhead, holá lebka

skinless ['skinləs] adj *(sausages)* jsoucí bez slupky

-skinned ['skind] in compounds **he's dark--skinned** má tmavou pleť

skinny ['skini] adj (**-ier**, **-iest**) hubený, velmi štíhlý; vyhublý, pej vychrtlý, vyzáblý

skint [skint] adj Br sl **be s.** nemít ani vindru, být švorc(ovej*)

skin-tight ['skintait] adj *(garment)* přiléhavý

skip$_1$ [skip] n poskok, poskočení, malý skok; **he gave a little s. of pleasure** poskočil radostí ● **I** vi **1** gen poskakovat, skákat, *(gambol)* hopsat, hopkat; *(with rope)* skákat přes švihadlo **2 s. from subject to subject** nedržet se tématu, přeskakovat z jednoho na druhé **II** vt **1** *(omit: chapter, passage)* vynechat, přeskočit; *(miss)* **s. school** chodit za školu, ulejvat se ze školy ♦ **s. it!** sl nech toho!, dej si pohov! **2** Amer inf *(town, country)* pláchnout, ztratit se **3** Amer **s. rope** skákat přes švihadlo **III** phr vs ■ **skip about** vi poskakovat; fig *(speaker)* nedržet se tématu ■ **skip off** vi inf pláchnout ■ **skip over** vt *(omit)* přeskočit, vynechat ■ **skip through** vt *(book)* zběžně prolistovat, prolétnout

skip$_2$ [skip] n *(for rubble)* skip, výsypný kontejner zvl. pro přepravu stavebního rumu ap.

skipper ['skipə(r)] n *(of small ship;* Sport inf *of team)* kapitán

skipping ['skipiŋ] n skákání přes švihadlo ■ **s. rope** švihadlo

skirl [skə:l] n kvílení (dud)

skirmish ['skə:miš] n **1** Mil potyčka, půtka, šarvátka **2** fig *(argument)* hádka, spor

skirt [skə:t] n **1** *(garment)* sukně; **straight/ pleated s.** rovná/ skládaná sukně; **flared s.** zvonová or široká sukně **2** Techn **piston s.** plášť pístu **3** Br sexist sl *(woman)* kost; **a nice bit of s.** pěkná kost ● vt **1** *(hill, town)* objet/ objíždět, (Subj *road* etc also) vést kolem **2** fig *(avoid: issue, problem)* obejít, vyhnout se čemu

skirting ['skə:tiŋ] n Br **s. (board)** podlažní lišta

skit [skit] n parodie (**on sth** na co), satira; Theat satirický skeč

skittish ['skitiš] adj **1** *(person: playful)* frivolní, rozpustilý **2** *(horse)* plachý, lekavý

skittle [skitl] n **1** *(pin)* kuželka **2 ~s** *(game)* kuželky; **play ~s** hrát kuželky ♦ **it's not all beer and ~s** není to žádný med, není to žádná slast ■ **s. alley** kuželna, kuželník

skive [skaiv] vi Br inf; also **s. off** *(from work)* ulejt* se z práce; *(from school)* ulejt* se ze školy, jít za školu

skiver [skaivə(r)] n ulejvák, flákač

skivvy ['skivi] n Br inf děvče or děvečka pro všechno; **treat sb like a s.** jednat s někým jako s onucí

skulduggery [skal'dagəri] n inf machinace, lumpárna; joc lotrovina, lumpárna

skulk [skalk] vi krást se, plížit se; *(prowl)* potulovat se, obcházet; **there's sb ~ing around the house** někdo se potuluje kolem domu

skull [skal] n **1** Anat lebka **2** inf *(head, brain)* palice ♦ **get it into your thick s.** zapiš si to za uši **3 s. and crossbones** umrlčí lebka

skullcap ['skalkæp] n **1** Jewish kipa, jarmulka obřadní čepička **2** Bot šišák

skunk [skaŋk] n **1** Zool *(animal & fur)* skunk **2** fig inf *(contemptible person)* ničema, lump, špinavec ● vt Amer sl *(defeat)* porazit na hlavu

sky [skai] n (pl **skies**) **1** gen also **skies** nebe, obloha; **clear s.** jasná obloha, jasné nebe; **in the s.** na obloze; **the clouds drift across the s.** mraky táhnou po obloze; **under the open s.** pod širým nebem, inf pod širákem ♦ **out of a clear blue s.** zčistajasna, z ničeho nic, jako když kouzelným proutkem mávne; **it's all pie in the s.** inf to je hudba budoucnosti; **the s. is the limit** meze se nekladou, máme/ máte etc neomezené možnosti ■ **s. blue** azur, blankyt(ná modř) **2 skies** *(climate)* klima, podnebí; **the sunny skies of Italy** slunná Itálie

sky-blue [skai'blu:] adj blankytný, azurový, azurově modrý

skydiver ['skaidaivə(r)] n Sport parašutista/ parašutistka, výsadkář/ -ka

skydiving ['skaidaiviŋ] n Sport parašutismus, seskok(y) volným pádem

sky-high [skai'hai] adj *(prices)* přemrštěný, závratný ● adv nesmírně vysoko, až do oblak, *(increase prices)* závratně

skyjack ['skaidžæk] n inf únos letadla ● vt unést letadlo

skyjacker ['skaidžækə(r)] n inf únosce/ únoskyně letadla

skylark ['skaila:k] n skřivan ● vi inf blbnout, vyvádět (ztřeštěnosti)

skylarking ['skaila:kiŋ] n inf blbnutí, legrácky, ztřeštěné chování

skylight ['skailait] n vikýř, světlík, *(in roof)* střešní okno

skyline ['skailain] n *(horizon)* horizont, *(of hills, city)* silueta, panorama

skyscraper ['skaiskreipə(r)] n mrakodrap

skywards ['skaiwədz] adv vysoko nahoru, do nebe

skyway ['skaiwei] n letecká linka

slab [slæb] n *(of stone, wood)* deska, *(of metal)* plát; *(for path)* dlaždice; **building s.** stavební panel; *(of bread)* velký krajíc, *(of cake)* silný plátek

slack [slæk] n **1** *(of rope* etc*)* průvěs, provis, prověšení; **take up the s. on the rope** napnout prověšené lano **2** Econ stagnace, ochablost ● adj **1** *(loose: rope,* *wire)* volný, povolený, nenapjatý, *(knot, belt)* volný, uvolněný, *(grip)* slabý; **become s.** uvolnit se 2 *(careless)* nedbalý; *(lazy)* líný, ochablý; *(lax)* laxní; **be s. about one's duties** zanedbávat své povinnosti; **get s. in one's work** povolit v práci 3 *(market)* chabý, stagnující; **business is s.** prodej jde nevalně, obchodům se nedaří ■ see **slackly** ● **I** vi *(worker)* polevit v práci, flákat se, *(schoolchild/ student)* polevit v učení/ ve studiu **II** phr v ■ **slack off** see **slacken off**

slacken [slækn] **I** vt 1 *(loosen: rope etc)* povolit, popustit, uvolnit; *(reins)* povolit, *(sail)* uvolnit 2 *(reduce: speed, pace)* zmírnit, zvolnit **II** vi 1 *(rope)* uvolnit se; *(grip)* povolit 2 *(lessen: speed)* zmírnit se, *(demand)* ochabnout, (ze)slábnout; *(sales)* váznout; *(wind)* (ze)slábnout, ztišit se, polevit **III** phr vs ■ **slacken off** *I* vt 1 *(rope)* povolit, popustit 2 *(speed)* snížit *II* vi 1 *(rope)* uvolnit se 2 *(speed, demand)* snížit se, zvolnit se 3 *(person)* povolit; **s. off in one's studies** ochabnout ve studiu ■ **slacken up** see **slacken off** vi (3)

slackening ['slækniŋ] n *(of rope)* povolení, uvolnění, popuštění; *(of speed)* zmírnění; *(of wind)* ochabnutí, polevení

slacker ['slækə(r)] n inf flákač, ulejvák, budižkničemu

slackly ['slækli] adv *(work)* liknavě; **hang s.** *(rope)* být prověšený, být uvolněný

slackness ['slæknəs] n 1 *(of rope)* průvěs, provis, prověšení 2 *(carelessness)* nedbalost, *(laziness)* lenost, lenivost; *(laxness)* laxnost 3 *(of trade)* ochablost, stagnace

slacks [slæks] n (dámské) dlouhé kalhoty

slag [slæg] n 1 *(from mine)* hlušina; *(from foundry)* struska, škvára ■ **s. heap** strusková halda, struskový odval 2 sl *(woman)* špindíra, cuchta, coura ● vt inf (**-gg-**) *(criticize)* očerňovat, pomlouvat, shazovat

slain [slein] pp of **slay** ● n fml **the s.** vojáci padlí na bitevním poli

slake [sleik] vt 1 *(thirst)* (u)hasit, zahnat, utišit; fig *(desire etc)* ukojit 2 *(lime)* hasit; **~d lime** hašené vápno

slalom ['sla:ləm] n Sport slalom; **giant s.** obří slalom ■ **s. course** slalomová dráha; **s. racer** slalomář

slam [slæm] n 1 *(of door, window)* bouchnutí, prásknutí 2 Cards slam; **little** or **small s.** malý slam; **grand s.** velký slam ● v (**-mm-**) **I** vt 1 *(close: door, window)* zabouchnout, přibouchnout; **s. the door** bouchnout dveřmi; **s. the window shut** přirazit okno; **s. the door in sb's face** zabouchnout komu dveře před nosem 2 *(do sth with violence)* **s. one's fist on the table** bouchnout pěstí do stolu; **s. the ball into the net** napálit míč do sítě; **s. on the brakes, s. the brakes on** šlápnout prudce na brzdy, prudce sešlápnout brzdy 3 *(criticize)* **s. sb** sjet koho, navézt se do koho 4 sl *(defeat)* nandat to komu, roznést koho na kopytech **II** vi 1 *(door, lid etc)* zabouchnout se, přibouchnout se 2 sl inf **s. into sth** *(car)* vrazit or nabourat do čeho **III** phr v ■ **slam down** vt **s. sth down** praštit něčím; **s. down the receiver** praštit sluchátkem

slander ['sla:ndə(r)] n gen & Jur pomluva, urážka na cti ● vt pomlouvat, hanobit

slanderer ['sla:ndərə(r)] n pomlouvač, (nacti)utrhač

slanderous ['sla:ndərəs] adj pomlouvačný, hanlivý, (nacti)utrhačný

slang [slæŋ] n slang, hantýrka, argot ■ **s. expression** slangový výraz ● vt **s. sb** proklínat koho, spílat komu

slanging match ['slæŋiŋmæč] n Br **have a s. match** sprostě si nadávat, vzájemně se urážet

slangy ['slæŋi] adj (**-ier, -iest**) slangový, argotický

slant [sla:nt] n 1 *(slope)* sklon, šikmost; **the floor has a s.** podlaha je nakloněná 2 *(perspective)* pohled, názor, perspektiva; **get a new s. on sth** začít se na co dívat jinýma očima 3 *(bias)* tendenčnost, předpojatost ● **I** vt gen sešikmit; fig *(news)* podávat tendenčně or předpojatě **II** vi *(road)* svažovat se, mít sklon; *(handwriting)* mít sklon

slanted ['sla:ntid] adj *(article, report)* tendenční, předpojatý

slant-eyed ['sla:ntaid] adj offens šikmooký

slanting ['sla:ntiŋ] adj nakloněný, šikmý, *(slope, road)* svažující se; *(handwriting)* ležatý

slap [slæp] n 1 *(blow: light)* plácnutí, plesknutí, *(stronger)* rána (dlaní) ♦ **a s. in the face** lit políček, fig facka, urážka; **give sb a s. on the wrist** lit & fig klepnout koho přes prsty; **give sb a s. on the back** poklepat komu na rameno 2 *(of waves)* šplouchání, šplounání, pleskání 3 Br inf joc **s. and tickle** muckání, ošahávání ● adv inf also **s.-bang** 1 *(straight)* rovnou; **the car ran s. into the tree** auto najelo přímo na strom 2 *(exactly)* **s. in the middle** přímo uprostřed ● v (**-pp-**) **I** vt 1 *(hit)* plácnout, uhodit; **s. sb's face, s. sb on the face** dát or vlepit komu facku or políček ♦ **s. sb on the back** poklepat komu na rameno; **s. sb's wrist** klepnout koho přes prsty 2 inf *(put carelessly)* **s. some paint over sth** rychle co přetřít, nahodit barvu na co **II** phr vs ■ **slap down** vt **1** *(book on table* etc*)* třísknout čím, prásknout čím **2** fig **s. sb down** přiskřípnout komu prsty, dát komu za vyučenou ■ **slap on** vt **1** *(apply carelessly: colour, make-up)* naplácat, nahodit, napatlat **2** *(put on top: money, tax)* přirazit na co

slap-bang [slæp'bæŋ] adv inf přímo, rovnou; **it was s.-b. in the middle of the road** přímo uprostřed silnice

slapdash ['slæpdæš] adj *(careless: person)* povrchní, nedbalý; *(work)* fušerský, lajdácký, ledabylý ● adv ledabyle, lajdácky

slaphappy ['slæphæpi] adj inf (**-ier**, **-iest**) bláznivě nezodpovědný, ztřeštěný

slapstick ['slæpstik] n klauniáda, groteska ■ **s. humour** fraškovitý humor

slap-up ['slæpap] adj Br inf přepychový; **a s.-up meal** fantastická žranice inf

slash [slæš] n **1** *(action: with knife/ sword)* říznutí/ seknutí **2** *(wound: with knife* etc*)* řez, řezná rána, *(with sword* etc*)* sek, sečná rána; *(cut: in wood* etc*)* zářez, vrub, zásek **3** Sew rozparek **4** *(in prices, wages, expense)* radikální snížení **5** Typ lomítko **6** Br & Austr sl **have a s.** vychcat se vulg; **go for a s.** jít se vychcat ● **I** vt **1** *(cut)* pořezat, rozřezat, *(with sword* etc*)* (roz)seknout; *(material)* rozříznout; *(undergrowth)* prosekat, proklestit; **s. one's way through the jungle** prosekat se džunglí; **s. one's wrists** podřezat si žíly; **s. sb's throat** podříznout komu krk or hrdlo **2** *(hit: with whip)* šlehnout **3** fig *(prices, wages, expenses)* prudce snížit; Comm **prices ~ed** prudké snížení cen **4** Sew opatřit rozparkem **5** *(criticize harshly)* řezat do koho/ čeho, ostře koho/ co kritizovat **II** vi **s. at sb with a knife/ stick** ohnat se po kom nožem/ holí; **s. at the weeds** sekat or vysekávat plevel **III** phr v ■ **slash off** vt *(sum of money from price* etc*)* srazit, slevit

slashing ['slæšiŋ] adj *(criticism)* sžíravý, břitký

slat [slæt] n lišta úzká, *(wooden* also*)* lať, laťka

slate [sleit] n **1** *(rock)* břidlice; Build břidlicová taška; Sch dated (břidličná) tabulka ♦ **have a clean s.** mít čistý štít; **have a s. loose** mít o kolečko víc; **have sth on the s.** mít něco na sekyru na dluh; **wipe the s. clean** smazat to a začít znovu ■ **s. blue/ grey** břidlicová modř/ šeď; **s. quarry** břidlicový lom **2** Amer Pol kandidátka ● adj *(roof)* břidlicový ● vt **1** *(roof)* pokrýt břidlicí **2** Amer inf **a)** Pol *(propose)* kandidovat, vybrat za kandidáta (**for sth** na co) **b)** pass *(schedule)* plánovat; **it is ~d to begin at eight** začátek je stanoven na osm hodin **c)** *(expect)* **he is ~d to go far** ten to určitě daleko dotáhne **3** Br inf *(criticize harshly)* ostře (z)kritizovat, *(play, book, author)* ztrhat

slater ['sleitə(r)] n pokrývač břidlicí

slating ['sleitiŋ] n **1** Build břidlicová krytina **2** Br inf **give sb a s.** *(scold)* setřít koho, vynadat komu (co se do něj vejde), omýt komu hlavu, *(criticise)* ztrhat koho/ co

slattern ['slætən] n inf pej **1** šmudla, špindíra, cuchta, bordelářka **2** Amer coura, děvka

slatternly ['slætənli] n inf pej *(woman)* neupravená, zanedbaná, špinavá

slaty ['sleiti] adj *(in colour)* břidlicové barvy

slaughter ['slo:tə(r)] n **1** *(of animals: for food)* (jateční) porážka, porážení **2** *(massacre: of people)* vyvražďování, krveprolití, masakr, fig jatky, jatka; *(of animals)* hromadné vybíjení, pobíjení ♦ **drive sb like a lamb to the s.** hnát koho na jistou smrt **3** Sport inf *(defeat)* masakr ● vt **1** *(animal)* porazit, zabít **2** *(people)* (vy)vraždit, povraždit, zmasakrovat **3** Sport rozdrtit

slaughterhouse ['slo:təhaus] n jatky

Slav [sla:v] n Slovan/ -ka ● adj slovanský

slave [sleiv] n lit & fig otrok/ otrokyně; **galley s.** galejník; **be a s. to fashion** být otrokem módy; **be sb's s.** dělat komu otroka; **make a s. of sb** dělat si z koho otroka; **she is a s. to her family** otročí rodině, dělá své rodině otroka ■ **s. driver** lit dozorce nad otroky, fig otrokář, *(disciplinarian)* ras, pes; **s. labour** otrocká práce, *(workforce)* otroci; **s. ship** otrokářská loď; **s. trader** otrokář ● vi also **s. (away)** dřít (se), otročit, makat, lopotit se; **s. (away) at sth** pachtit se s čím

slaveholder ['sleivhəuldə(r)] n majitel otroků, otrokář

slaver₁ ['sleivə(r)] n **1** *(trader)* obchodník s otroky **2** *(ship)* otrokářská loď

slaver₂ ['slævə(r)] vi *(dribble)* slintat, cintat, slinit ● n sliny vytékající

slavery ['sleivəri] n otroctví, otrokářství

Slavic ['sla:vik] adj Amer slovanský; **S. Studies** slavistika ● n slovanština

slavish ['sleiviš] adj *(imitation, devotion)* otrocký, slepý ■ **~ly** adv otrocky, *(blindly)* slepě

Slavonic [slə'vonik] adj esp Br slovanský ● n slovanština

slay [slei] vt (pt **slew** [slu:], pp **slain** [slein]) **1** fml or Amer zabít **2** sl **this will s. you** budeš se válet smíchy, tohle je k popukání, budeš z toho úplně mrtvý

sleaze [sli:z] n *(squalidness)* nechutnost, špinavost, morální bahno; *(pornography)* pornografie

sleazy ['sli:zi] adj (**-ier**, **-iest**) *(squalid)*

špinavý, ubohý; *(disreputable:* eg *bar)* pochybný

sled [sled] esp Amer, **sledge** [sledž] n sáně ● vi sáňkovat; **go sledding/ sledging** jít sáňkovat

sledge(hammer) ['sledž(hæmə(r))] n perlík, kovářské kladivo, přitloukací kladivo ♦ **take a s. to crack a nut** jít s kanónem na vrabce

sleek [sli:k] adj **1** *(hair, fur)* hladký, lesklý **2** *(appearance)* uhlazený, líbivý; *(manner)* úlisný **3** *(car)* elegantní ■ **~ly** adv *(behave)* úlisně ● vt uhladit; **s. one's hair back** or **down** uhladit si vlasy

sleekness ['sli:knəs] n see **sleek 1** hladkost, lesklost **2** uhlazenost; úlisnost, líbivost **3** elegantnost

sleep [sli:p] n **1** gen spánek; **winter s.** zimní spánek; **get some s.** vyspat se, prospat se; **get a lot of s.** hodně se vyspat; **get enough s.** pořádně se vyspat; **go and get some s.** jdi se trochu vyspat; **go to s.** usnout, *(limbs: go numb)* zdřevěnět, zmrtvět; **have a good s.** dobře se vyspat; **he succumbed to s., he was overcome with s.** zmocnil se ho spánek, přemohl ho spánek; **how much s. did you get?** jak dlouho jsi spal?; **induce s.** přivodit spánek; **lie down to s.** ulehnout ke spánku; **lose s. over sth** nespat kvůli čemu; **put sb to s.** *(patient)* uspat; euph *(dog, cat)* utratit bezbolestně; **rouse sb from his s.** vyburcovat koho ze spánku; **snatch some s.** ukrást si chvilku spánku; **talk in one's s.** mluvit ze spánku; **walk in one's s.** být náměsíčný **2** *(nap)* **have a s.** zdřímnout si **3 rub the s. out of one's eyes** protřít si oči ● v (pt & pp **slept**) **I** vt **1 not to s. a wink** ani oka nezamhouřit **2** *(accommodate)* **the hotel ~s 100** tento hotel má kapacitu 100 lůžek; **the bed ~s two** tato postel je pro dvě osoby **II** vi spát; *(baby* also*)* spinkat; **s. at sb's place** spát or přespat or (pře)nocovat u koho; **can I s. at your place?** mohu u vás přespat?; **s. late** spát dlouho; **s. like a log** spát jako špalek or dřevo; **s. peacefully** spát klidně; **s. well** spát dobře; **s. with one eye open** spát jen na půl oka; **the bed hasn't been slept in** v této posteli nikdo nespal **III** phr vs ■ **sleep around** vi inf spát s kdekým ■ **sleep away** vt **s. the day away** prospat celý den ■ **sleep in** vi **1** *(stay in bed late)* přispat si, spát dlouho; *(oversleep)* zaspat **2** *(stay in:* esp *servants)* bydlet v domě zaměstnavatele ■ **sleep off** vt vyspat se z čeho; **s. it off** vyspat se z opice ■ **sleep on** *I* vi spát dál, pokračovat ve spaní *II* vt **let's s. on it** nechme to na ráno, ráno je moudřejší večera ■ **sleep out** vi **1** *(away from home)* nespat doma; *(in the open air)* spát pod širým nebem **2** *(of staff)* nespat v místě pracoviště, chodit na noc domů ■ **sleep through** vt *(lecture, speech)* prospat; **s. through the alarm clock** zaspat zvonění budíku ■ **sleep together** vi spát spolu ■ **sleep with** vt inf spát s kým

sleeper ['sli:pə(r)] n **1** *(person)* spáč/ -ka; **be a light/ heavy s.** mít lehký/ tvrdý spánek **2** *(train)* lůžkový vlak; *(coach)* spací vůz **3** Br Rail *(on track)* pražec

sleepily ['sli:pili] adv ospale; **blink s.** ospale mrkat

sleepiness ['sli:pinəs] n (see **sleepy**) ospalost

sleeping ['sli:piŋ] adj spící; **S. Beauty** Šípková Růženka; **s. bag** spací pytel; **s. berth** Rail lehátko; **s. car** spací vůz; **s. draught** uspávací prostředek; Comm **s. partner** tichý společník; **s. pill** prášek na spaní; **s. quarters** ložnice; **s. sickness** spavá nemoc; **the s. capacity** ubytovací kapacita ♦ **let s. dogs lie** co tě nepálí, nehas

sleepless ['sli:pləs] adj *(night)* bezesný; **have a s. night** ani oka nezamhouřit

sleeplessness ['sli:pləsnəs] n nespavost

sleepwalk ['sli:pwo:k] vi být náměsíčný

sleepwalker ['sli:pwo:kə(r)] n náměsíčník

sleepwalking ['sli:pwo:kiŋ] n náměsíčnost

sleepwear ['sli:pweə(r)] n noční úbor

sleepy ['sli:pi] adj (**-ier, -iest**) **1** *(person)* ospalý; *(not yet awake)* rozespalý; **I am s., I feel s.** chce se mi spát, jdou na mě dřímoty; **I am awfully s.** jsem strašně ospalý; **it makes me s.** uspává mě to **2** *(town)* dřímající ■ see **sleepily**

sleepyhead ['sli:pihed] n inf ospalec

sleet [sli:t] n plískanice, déšť se sněhem; **the snow turned into s.** sníh se změnil v plískanici

sleeve [sli:v] n **1** *(of garment)* rukáv; **jacket s.** rukáv u saka; **kimono s.** kimono(vý) rukáv ♦ **roll up one's ~s** vyhrnout si rukávy, fig vzít pořádně za práci; **have sth up one's s.** mít něco v rezervě or v záloze, mít něco za lubem; **laugh up one's s.** smát se pod vousy, smát se do hrsti **2** Techn objímka, manžeta, pouzdro **3** *(of record)* obal (gramodesky)

sleeveless ['sli:vləs] adj *(garment)* bez rukávů

sleigh [slei] n *(for transport)* saně ■ **s. bell** rolnička; **s. ride** vyjížďka na saních

sleight [slait] n **s. of hand** kouzelnický trik; **by s. of hand** trikem

slender ['slendə(r)] adj **1** *(person, finger)*

štíhlý, *(waist* also*)* útlý, úzký **2** *(poor: income, resources)* skrovný, nepatrný; *(slight: hope)* mizivý, pramalý, hubený, slabý; *(majority)* těsný; *(excuse)* chabý, slabý; **win by a s. majority** zvítězit těsnou většinou

slenderly ['slendəli] adv **s. built** štíhlý, štíhlé postavy

slenderness ['slendənəs] n see **slender** **1** štíhlost, útlost, hubenost **2** *(of income)* skrovnost; *(of excuse)* chabost, slabost

slept [slept] pt & pp of **sleep**

sleuth [slu:θ] n dated čmuchal, detektiv neutr

slew₁ [slu:] pt of **slay**

slew₂, Amer also **slue** [slu:] n inf spousta, hromada; **~s of work** spousta práce

slew₃, Amer also **slue** [slu:] **I** vt *(crane)* otáčet, otočit čím **II** vi *(person: in chair)* otočit se, otáčet se

slewed [slu:d] adj sl *(drunk)* nalitý, zkárovaný

slice [slais] n **1** *(of salami, lemon)* kolečko; *(of bread)* krajíc, skýva, *(thin)* krajíček; *(of cake)* kousek, kus, řez; *(of meat)* plátek, řízek **2** fig *(part: of income, profits)* část, díl, podíl; *(of land, life)* kus, výsek **3** Cook *(utensil)* servírovací nůž, *(for cake)* servírovací lopatka **4** Sport faleš ● **I** vt **1** *(bread, salami: cut into pieces)* nakrájet, nařezat; *(divide)* rozkrojit, přeříznout **2** Sport *(ball)* řezat, dát míči faleš **II** vi krájet **III** phr vs ■ **slice off** vt ukrojit, odkrojit, uřezat ■ **slice up** vt *(cut into pieces)* rozkrájet, pokrájet

sliced [slaist] adj *(cheese, ham)* krájený; *(bread)* porcovaný

slicer ['slaisə(r)] n *(knife)* nůž na sýr ap.; *(machine)* kráječ, *(for meat)* řezačka

slick [slik] n **1** *(of oil)* naftová skvrna na vodě **2** Amer *(magazine)* líbivý časopis tištěný na křídovém papíře ● adj **1** inf often pej *(person: in manner)* úlisný, uhlazený, pochlebnický; *(solution)* povrchní; **a s. operator** prohnaný chlápek **2** inf *(efficient)* šikovný, dovedný, profesionální; **a s. campaign** šikovně or chytře provedená kampaň **3** *(hair)* hladce učesaný, ulíznutý **4** Amer *(slippery)* kluzký ● phr vs ■ **slick back** vt **s. back one's hair** uhladit si vlasy, přičísnout si vlasy ■ **slick up** vt Amer *(house, room)* nablýskat, nalízat; **s. oneself up** upravit se, dát se do pořádku

slicker ['slikə(r)] n Amer inf **1** *(swindler)* prohnaný chlap, podfukář **2** **city s.** městský floutek or hejsek **3** Amer *(raincoat)* plášť do deště

slide [slaid] n **1** *(act of sliding)* klouzání, sklouznutí, skluz, smyk **2** *(chute: in playground)* skluzavka; *(on ice)* klouzačka, skluzavka; *(for logs)* smyk **3** *(landslide)* sesuv půdy **4** *(drop: in prices)* pokles; **a s. in share prices** pokles cen akcií **5** Phot diapozitiv, inf diák ■ **s. frame** diarámeček; **s. projector** diaprojektor **6** *(microscope s.)* preparát **7** Techn smykadlo ■ **s. valve** šoupátko **8** Math **s. rule** logaritmické pravítko **9** Br *(for hair)* sponka (do vlasů) **10** Mus *(of trombone* etc*)* snižec ● v (pt & pp **slid**) **I** vt posunout; **s. sth into sth** zasunout or vsunout or zastrčit co do čeho; **s. sth out of sth** vysunout co odkud **II** vi **1** *(on slippery surface)* klouzat, *(slip)* sklouznout, uklouznout; *(deliberately)* sklouznout se, klouzat se; **s. off** *(ladder)* ujet, sesmeknout se; **s. down** *(land)* sesunout se; **s. through sth** proklouznout čím; **he slid down the bannisters** sjel dolů po zábradlí **2** *(move quietly)* **he slid into the room** vklouzl do místnosti **3** *(prices)* klesat/ klesnout **4** *(decline)* upadat; **s. into primitivism** sklouznout k primitivismu; **let things s.** nechat věcem volný průběh

sliding ['slaidiŋ] adj *(door, window)* posuvný; *(roof)* stahovací; Fin **s. scale** klouzavá stupnice, pohyblivá sazba cen, mezd ap.

slight [slait] n *(affront)* urážka, nešetrnost, nešetrné jednání, pohana ● adj **1** *(small, not serious: error)* malý, drobný; *(complication* also*)* menší; *(improvement, change* also*)* nepatrný; *(loss)* zanedbatelný; *(pain)* mírný; *(difference)* malý, bezvýznamný; Med *(temperature)* mírný, trochu zvýšený; *(possibility)* určitý; *(acquaintance)* povrchní; **I've got a s. cold** jsem trochu nachlazen; **have a s. cough/ limp** pokašlávat/ pokulhávat; **not in the ~est** ani v nejmenším, vůbec ne; **I haven't got the ~est idea** nemám ani zdání or potuchy; **he doesn't have the ~est chance** nemá sebemenší šanci; **not to have the ~est doubt about sth** nemít o čem nejmenší pochyby **2** *(person, build)* drobný, útlý, *(girl* also*)* subtilní ● vt *(offend)* urazit, inf shodit; *(ignore)* přehlížet, ignorovat; *(sb's memory)* pohanit ■ **~ly** adv **1** *(a little)* poněkud, trochu, mírně, nepatrně; **s. bitter** nahořklý; **s. open** pootevřený; **s. drunk** podroušený; **s. sour** trochu kyselý, nakyslý **2** **s. built** drobný, útlý, *(girl* also*)* subtilní

slighting ['slaitiŋ] adj *(offensive)* urážlivý; *(disparaging)* znevažující, pohrdavý, podceňující

slightness ['slaitnəs] n see **slight** **1** *(triviality)* bezvýznamnost, nepatrnost, zanedbatelnost **2** *(of build)* útlost, subtilnost

slim [slim] adj (**-mm-**) **1** *(person, figure)* štíhlý, *(waist* also*)* útlý, úzký, tenký, *(ankle, volume)* útlý **2** *(poor: resources, income)* skrovný, nepatrný; *(hope, chance)* mizivý, nepatrný; *(evidence)* chabý, slabý ● v (**-mm-**) **I** vi držet dietu **II** vt *(*Subj: *diet)* zeštíhlovat, způsobit zhubnutí **III** phr v ■ **slim down** *I* vt **1** *(person –* Subj: *diet, exercise)* vést k hubnutí **2** fig *(industry)* snížit stavy kde *II* vi **1** *(person)* zeštíhlet, shodit na váze **2** *(business)* zeštíhlet, snížit počet svých pracovníků

slime [slaim] n *(of snail)* sliz, *(mud)* (mazlavé) bláto, bahno

slimmer ['slimə(r)] n osoba držící dietu

slimming ['slimiŋ] adj *(diet)* redukční, odtučňovací; *(meals, foods)* nízkokalorický; *(exercises)* na hubnutí, na snížení váhy, zeštíhlující ● n odtučňovací kůra

slimness ['slimnəs] n see **slim 1** štíhlost; útlost **2** skrovnost; *(of chances)* mizivost

slimy ['slaimi] adj (**-ier**, **-iest**) **1** *(mud)* mazlavý, *(secretion)* slizký; *(wall)* oslizlý **2** fig *(flattering)* úlisný, podlézavý, falešně přívětivý

sling [sliŋ] n **1** Mil & toy prak; Med *(for broken arm)* páska; **have one's arm in a s.** nosit ruku na pásce **2** *(for hoisting by crane* etc*)* smyčka; *(for rifle)* řemen ■ **s. ball** míč s poutkem ● v (pt & pp **slung** [slaŋ]) **I** vt **1** inf *(throw)* mrštit, vrhnout/ vrhat, metat ♦ **s. mud** or **dirt at sb** házet po kom blátem, špinit koho, pomlouvat koho **2** *(suspend)* **s. a bag over one's shoulder** přehodit si tašku přes rameno ♦ **s. one's hook** inf zdejchnout se, ztratit se **II** phr v ■ **sling out** vt inf vyhodit

slingshot ['sliŋšot] n Amer prak dětský

slink [sliŋk] v (pt & pp **slunk** [slaŋk]) **s. away** or **off** vytratit se; **s. into the room** vkrást se do místnosti

slinkily ['sliŋkili] adv *(walk: woman)* vyzývavě, svůdně

slinky ['sliŋki] adj (**-ier**, **-iest**) **1** *(clothes)* přiléhavý **2** *(manner of walking)* houpavý, svůdný

slip [slip] n **1** *(act of ~ping)* **a)** *(on ice, banana* etc*)* uklouznutí, sklouznutí; **he's had a nasty s.** uklouzl a ošklivě upadl **b)** Aviat **(side) s.** klouzání po křídle **c) give sb the s.** utéci komu, upláchnout komu **2** *(mistake)* chyba, nedopatření, *(slight mistake)* lapsus, menší omyl, pochybení, *(oversight)* přehlédnutí; **s. of the tongue** přeřeknutí, fml lapsus linguae; *(giving away a secret)* prořeknutí; **a s. of the pen** přepsání; **it was a s. of the tongue** to mi uklouzlo or uletělo inf ♦ **there's many a s. 'twixt (the) cup and (the) lip** neříkej hop, dokud jsi nepřeskočil; nechval dne před večerem **3** *(piece of paper)* lístek, útržek; *(receipt)* stvrzenka, potvrzenka, účtenka; **delivery s.** dodací list **4** *(landslide)* sesuv, sesouvání **5 a s. of a girl** Br děvče jako proutek; *(small child)* malé děvčátko **6** *(for pillow)* povlak **7** *(petticoat: full length)* kombiné, *(half length)* spodnička **8** Hort řízek, *(for grafting)* roub **9** Naut **the ~s** skluz ● v (**-pp-**) **I** vt **1** *(slide)* zasunout, vsunout, zastrčit; **s. a bolt home** zastrčit or zasunout zástrčku; **s. a letter under the door** zastrčit pod dveře dopis; *(give secretly)* **s. sb a letter** podstrčit komu psaní; **s. sb a tenner** podstrčit komu desetilibrovku; **s. sb sth into his hand** vtisknout komu co do ruky **2** *(be forgotten, be overlooked)* **s. sb's memory** vypadnout komu z paměti; **it ~ped my mind** zapomněl jsem na to; **it ~ped my notice** nevšiml jsem si toho, to mi uniklo **3** *(escape)* **the dog ~ped its leash** pes vyklouzl z řemínku **4** *(release)* **s. a dog from its leash** uvolnit psa z řemínku **5 s. a disc** přivodit si výhřez meziobratlové plotýnky, inf vyhodit si plotýnku; **a ~ped disc** výhřez meziobratlové plotýnky **6** Aut *(clutch)* způsobit proklouznutí spojky; Sew *(stitch)* vynechat **II** vi **1** *(slide)* **a)** *(person: on ice* etc*)* uklouznout, sklouznout; *(foot)* uklouznout, ujet; *(clutch)* proklouzávat; **the clutch is ~ping** prokluzuje mi spojka; **s. from sb's hand** vyklouznout komu z ruky ♦ **s. from sb's grip** fig *(control, situation)* vymknout se komu z ruky **b)** *(knife)* sjet, ujet, smeknout se, sklouznout **c)** *(go unnoticed)* **s. into the room** vklouznout do místnosti; **s. into bed** vklouznout do postele; **s. into a role** vklouznout do role **d) let the opportunity s.** nechat si ujít příležitost; **let sth s. through one's fingers** nechat si co proklouznout mezi prsty **2** *(go down: prices)* snižovat se; *(decline)* zhoršovat se, jít dolů; *(be less efficient)* ochabovat **III** phr vs ■ **slip away** vi **1** *(leave unnoticed)* vytratit se, diskrétně zmizet **2** euph *(die)* tiše zesnout, zhasnout ■ **slip back** vi **1** *(return: unnoticed)* nepozorovaně se vrátit, *(quickly:* eg *home)* zaskočit zpět **2** *(prices)* sklouznout dolů **3** *(deteriorate)* zhoršit se, *(production)* snížit se ■ **slip by** vi *(person)* proklouznout; *(time)* uběhnout, utéct/ utíkat, (u)plynout ■ **slip down** vi **1** *(fall: person)* uklouznout; *(socks, skirt)* sklouznout dolů, *(glasses)* sesmeknout se, sešoupnout se **2** *(go quickly)* Br inf **s. down to a shop** skočit do obchodu ■ **slip in** *I* vi *(person)* vklouznout dovnitř; *(mistake)* vloudit se do textu *II* vt *(sheet into printer)* zasunout; Aut *(clutch)* zasunout, zařadit hladce; *(coin into slot)* vhodit ■ **slip off** *I* vt *(clothes)* svléci si, *(gloves, ring)* stáhnout, *(hat)* smeknout *II* vi **1** *(person)* vyklouznout, vytratit se **2** *(hat, shoulder strap)* sesmeknout se, sklouznout ■ **slip on** vt *(coat)* hodit na sebe, nahodit si, *(ring)* nasadit si, navléct si ■ **slip out** vi **1** *(person)* nepozorovaně odejít, vytratit se **2** *(animal)* utéci; *(word)* vyklouznout komu (z úst) **3** *(go out)* jít na chvíli ven ■ **slip past** vi see **slip by** ■ **slip through** vi proklouznout ■ **slip up** vi inf *(make a mistake)* zmýlit se, udělat chybu; *(make a blunder)* udělat botu

slipknot ['slipnot] n klouzavý uzel

slip-ons ['sliponz] n pl also **s.-on shoes** lehké polobotky bez šněrování, mokasíny

slipper ['slipə(r)] n **1** *(houseshoe)* trepka, domácí střevíc, pantofel, bačkora **2** *(for dancing)* lehký (dámský) střevíc, lodička

slippery ['slipəri] adj **1** *(surface, road)* kluzký; *(fish)* slizký; **be as s. as ice** být hladký jako led ◆ **be on the s. slope** octnout se na šikmé ploše **2** fig inf *(person)* úlisný, úskočný; *(unreliable)* nespolehlivý; **be as s. as an eel** být hladký jako úhoř

slippy ['slipi] adj (**-ier, -iest**) **1** *(slippery)* kluzký **2** Br inf dated **... look s. (about it)!** ... a hoď sebou!

slip road ['sliprəud] n Br *(on motorway)* nájezd na dálnici

slipshod ['slipšod] adj *(careless)* ledabylý; *(work)* lajdácký, hudlařský, hajdalácký

slipstream ['slipstri:m] n **1** Aviat vrtulový proud **2** Aut zpětný proud vzduchu za rychle jedoucím autem ap.

slip-up ['slipap] n *(mistake)* chyba; *(blunder)* hrubá chyba, bota

slipway ['slipwei] n Naut skluz

slit [slit] n **1** *(narrow opening)* štěrbina, skulina; *(incision)* zářez **2** *(in a skirt)* rozparek **3** vulg škvíra, ženské přirození ● vt (**-tt-**) rozříznout; **s. sb's throat** podříznout komu hrdlo; **s. an envelope open** rozříznout or otevřít obálku

slither ['sliðə(r)] vi *(snake, person)* klouzat; **s. down** sklouznout or sjet dolů

slithery ['sliðəri] adj kluzký, klouzavý

sliver ['slivə(r)] n **1** *(of wood)* tříska, štěpina, *(of glass, bone)* štěpina, střepina **2** *(of meat, cheese)* tenký plátek, plátеček, kousíček

slivovitz(a) ['slivəvits(ə)] n slivovice

slob [slob] n inf **(lazy) s.** povaleč, lenoch, flákač; **dirty s.** čuně, šmudla; **a big fat s. of a man** tlustý moula ● vi **s. around** flákat se

slobber ['slobə(r)] vi slintat, cintat; fig inf **s. over sb** *(admire)* básnit o kom, opěvovat koho ● n sliny

slobbery ['slobəri] adj uslintaný, *(kisses)* vlhký

sloe [sləu] n *(tree and fruit)* trnka ■ **s. gin** trnkový likér

sloe-eyed [sləu'aid] adj mající oči jako trnky, tmavooký

slog [slog] n inf **1** *(effort)* dřina, perná práce, plahočení; **it was a hard s.** byla to fuška **2** *(hard stroke)* Sport bomba fig, dělovka ● v (**-gg-**) **I** vi **1** *(work hard)* **s. away** makat jako šroub; **s. away at sth** dřít se s čím, mořit se s čím, hmoždit se s čím; **s. on with sth** dál se plahočit s čím **2** *(walk, go)* **s. up the hill** pachtit se do kopce **II** vt **1 s. one's way through the bushes** namáhavě se prodírat houštinami **2** Br *(hit: ball)* napálit; **s. it out** *(fight)* rozdat si to, *(argue)* vyměnit si názory

slogan ['sləugən] n heslo; **chant ~s** provolávat hesla

slogger ['slogə(r)] n inf dříč

sloop [slu:p] n Naut *(small ship)* šalupa

slop [slop] n **1** *(waste water)* usu pl **~s** splašky, odpadní voda **2** *(swill for pigs)* **~s** šlichta, pomyje; fig *(tasteless food)* also **~s** míchanina, brynda **3** Liter, Cine limonáda, slaďák, doják ● v (**-pp-**) **I** vi *(spill out)* vystříknout, stříkat, šplouchat, *(overflow)* přetékat, přelít se, překypovat **II** vt vylít, rozlít **III** phr vs ■ **slop about** or **around** vi *(in water)* čvachtat se, cákat se, *(do nothing)* poflakovat se ■ **slop out** vi *(in jail)* vylévat splašky

slope [sləup] n **1** *(incline)* sklon, naklonění, *(downwards* also*)* spád; *(of roof)* zešikmení **2** *(falling* or *rising ground)* svah, *(of mountain)* úbočí; *(steep: downwards)* sráz **3** *(for skiing)* sjezdovka, lyžařský svah ● **I** vi also **s. down** svažovat se, spadat, mít spád, sklánět se **II** phr vs ■ **slope off** vi Br inf *(go away)* vytratit se, zdejchnout se, zašít se ■ **slope up** vi *(road* etc*)* stoupat

sloping ['sləupiŋ] adj *(ground: downwards)* svažující se, klesající; *(upwards)* stoupající; *(roof)* šikmý, nakloněný, zešikmený; *(shoulders)* skleslý, kulatý; *(writing)* ležatý

sloppily ['slopili] adv *(dress)* nedbale; *(write)* neúpravně; *(work)* lajdácky, ledabyle

sloppiness ['slopinəs] n see **sloppy 1** neupravenost, zanedbanost, nedbalost; neúpravnost; vágnost **2** *(of work)* lajdáctví, ledabylost **3** sentimentálnost

sloppy ['slopi] adj (**-ier, -iest**) **1** *(untidy)* neupravený, zanedbaný, nedbalý; *(writing)* neúpravný; *(thinking)* vágní, nepřesný **2** *(work)* lajdácký, hajdalácký, ledabylý **3** *(sentimental)* sentimentální, *(book, film)* limonádový, slaďácký ■ adv see **sloppily**

slosh [sloš] **I** vt **1** Br inf *(hit: person)* praštit, vrazit komu jednu **2** *(splash)* cákat **II** vi **s. (about)** čvachtat se, cákat se

sloshed [slošt] adj inf nalitý, namazaný, ožralý; **get s.** namazat se, zlinýrovat se

slot [slot] n **1** *(opening)* štěrbina, škvíra, *(for coins)* otvor (na mince); *(groove)* drážka ▪ **s. machine** *(for gambling)* jednoruký bandita; *(vending machine)* automat; **s. meter** automatický plynoměr na mince **2** *(in timetable)* okénko ● v **(-tt-)** **I** vt *(coin into machine* etc*)* vhodit; **s. a song into the programme** zařadit píseň do programu **II** phr vs ▪ **slot in** vt **s. sb in** zařadit si koho do svého programu, vymezit si pro koho čas ▪ **slot together** vi *(two parts)* zapadat do sebe, hodit se k sobě

sloth ['sləuθ] n **1** Zool lenochod **2** *(laziness)* lenost, lenivost

slothful ['sləuθful] adj *(indolent)* líný, lenivý, těžkopádný

slouch [slauč] n **1** *(in posture)* **have a s.** hrbit se **2** inf **be no s. at sth** nebýt žádný* ořezávátko, být v něčem dobrý, být na co klasa ● vi **1** *(when sitting/ standing)* hrbit se **2 s. (about** or **around)** bloumat, potloukat se

Slovak ['sləuvæk], **Slovakian** [sləu'vækiən] adj slovenský ● n **1** *(person)* Slovák/ Slovenka **2** *(language)* slovenština

Slovakia [sləu'vækiə] n Slovensko; **in S.** na Slovensku

sloven [slavn] n dated nepořádník, lajdák; *(woman)* pej špindíra, šmudla, nepořádná ženská

Slovene ['sləuvi:n], **Slovenian** [sləu'vi:niən] adj slovinský ● n **1** *(person)* Slovinec/ Slovinka **2** *(language)* slovinština

Slovenia [sləu'vi:niə] n Slovinsko; **in S.** ve Slovinsku

slovenly ['slavnli] adj *(careless)* nedbalý, *(work* also*)* lajdácký, ledabylý, povrchní; *(scruffy)* nedbale oblečený, neupravený, špinavý, zpustlý

slow [sləu] adj **1** *(not fast: runner, vehicle, progress)* pomalý, *(speed, pace, tempo* also*)* pozvolný, mírný; *(change)* ponenáhlý; **at a s. pace** pomalu, zvolna; **it's s. work** zabere to hodně času; **make s. progress** postupovat pomalu; **show a film in s. motion** ukázat film zpomaleně **2** *(not quick to learn)* **be s. (on the uptake)** pomalu chápat, být nechápavý or těžko chápající, inf pej mít dlouhý* vedení; **be a s. learner** učit se pomalu; **he's s. at figures** počty mu jdou ztuha; **he is a very s. reader** čte velmi pomalu **3 be s. to do sth** or **about doing sth** dát si s čím na čas, váhat s čím; **not to be s. to do sth** udělat co okamžitě **4 be (ten minutes) s.** *(watch, clock)* opožďovat se (o deset minut), jít (o deset minut) pozdě **5** *(dull: place)* nezajímavý, nudný; *(film, novel)* rozvleklý, rozvláčný **6** *(economic growth)* pomalý, stagnující **7** Cook *(oven)* mírný; Aut *(road, surface)* nevhodný pro rychlou jízdu; **s. lane** *(on motorway)* pruh pro pomalou jízdu; **s. train** osobní vlak ● adv pomalu; **go s.** *(driver)* jet pomalu; *(workers)* stávkovat zpomalením práce; **the clock is going s.** hodiny jdou pozadu, hodiny se zpožďují ● **I** vt *(horse)* přimět ke zpomalení, přitáhnout; *(traffic)* zpomalit **II** vi *(of car, driver)* zpomalit **III** phr v ▪ **slow down** or **up** *I* vt *(car)* snížit rychlost čeho; *(progress)* zdržet, zpomalit *II* vi zpomalit, zvolnit jízdu, ubrat plyn

slowcoach ['sləukəuč] n Br *(in moving)* loudal; *(mentally)* těžkopádný člověk

slowdown ['sləudaun] n **1** *(in demand* etc*)* zpomalení **2** Amer **s. (strike)** stávka zpomalením práce

slowly ['sləuli] adv pomalu, ponenáhlu, (po)zvolna; *(think)* těžkopádně; *(talk)* rozvláčně; **s. but surely** pomalu ale jistě

slow-motion [sləu'məušn] adj *(film, projection)* zpomalený

slowness ['sləunəs] n see **slow** **1** pomalost, mírnost **2** nechápavost, těžkopádnost **3 his s. to react** jeho pomalá reakce **4** *(of film, book)* rozvleklost, rozvláčnost **5** *(of growth)* stagnace, pomalost **6** *(of oven)* mírnost

slowpoke ['sləupəuk] n Amer = **slowcoach**

slow-witted [sləu'witid] adj nechápavý, nedovtipný, inf přitroublý

slowworm ['sləuwə:m] n Zool slepýš křehký

sludge [sladž] n **1** *(soft mud)* bahno, břečka; *(sediment)* kal, usazenina **2** *(sewage)* splašky, odpadní voda

slue [slu:] Amer see **slew**$_{2,3}$

slug [slag] n **1** Zool slimák **2** *(bullet)* kulka, střela **3** Typ celistvá linotypová řádka sazby **4** Amer inf frťan, panák **5** *(blow)* silná rána, bomba ● vt inf **(-gg-)** *(hit)* praštit, udeřit; **s. it out with sb** rozdat si to s kým

sluggard ['slagəd] n liknavec, lenoch

sluggardly ['slagədli] adj liknavý, líný

sluggish ['slagiš] adj **1** *(indolent)* líný, lenivý, pomalý, liknavý; *(steps)* těžkopádný; *(temperament)* flegmatický **2** *(slow: traffic, growth)* pomalý; *(market)* mdlý, *(economy)* stagnující; *(engine)* pomalu se rozbíhající; *(river)* pomalu tekoucí ▪ **~ly** adv líně, lenivě, liknavě; *(move)* pomalu; Comm mdle

sluggishness ['slagišnəs] n see **sluggish** **1** lenivost, línost, liknavost; flegmatičnost **2** pomalost; stagnace

sluice [slu:s] n **1** *(in waterway)* zdymadlo,

plavební komora ■ **s. gate**, **s. valve** vrata zdymadla, stavidlo **2 give sth a s. (down)** umýt co proudem vody ● vt **s. sth down** umýt *or* opláchnout *or* propláchnout co proudem vody

slum [slam] n *(house)* brloh, doupě, díra, ubohé obydlí; *(area)* **~s** slumy, chudinská čtvrť ■ **s. clearance** asanace slumů; **s. dwelling** brloh ● **I** vi navštěvovat slumy **II** vt **s. it a)** žít v ubohých podmínkách **b)** jít do levné restaurace/ do podřadného hotelu etc

slumber ['slambə(r)] n fml dřímota, spánek; **disturb sb's ~s** vyrušit koho ze spánku ■ **s. party** Amer dívčí party s přenocováním ● vi dřímat

slummy ['slami] adj (**-ier**, **-iest**) inf *(run-down: house, area)* zanedbaný, zpustlý

slump [slamp] n **1** *(drop: in production, prices)* náhlý pokles, prudké snížení; *(of morale)* prudký pokles; **a s. in sales** odbytová krize **2** Econ krize, recese, stagnace ● vi **1** *(production, sales)* prudce klesnout, náhle se snížit, *(prices* also*)* propadnout se, spadnout, zhroutit se **2 s. into an armchair** sklesnout do křesla; **he was ~ed over the wheel** *(in car)* ležel bezvládně na volantě

slung [slaŋ] pt & pp of **sling**

slunk [slaŋk] pt & pp of **slink**

slur [slə:(r)] n **1** *(stigma)* skvrna, pomluva; *(insult)* **cast a s. on sb's reputation** (po)špinit čí pověst, zhanobit čí dobré jméno **2** Mus *(mark)* ligatura **3 speak with a s.** polykat slova ● v (**-rr-**) **I** vt **1** *(words, syllables)* špatně artikulovat; **his speech is ~red** (usu *because of drunkenness or stroke)* špatně artikuluje, polyká slova **2** Mus hrát/ zpívat vázaně *or* legato **II** phr v ■ **slur over** vt *(syllables, words)* polykat

slurp ['slə:p] n inf srkání, usrkávání ● vt, vi srkat, usrkávat

slurred [slə:d] adj *(speech)* nesrozumitelný; Mus vázaný

slush [slaš] n **1** *(melting snow)* rozbředlý sníh, *(mud & snow)* břečka, blátivý sníh **2** inf *(sentimental novel, film* etc*)* limonáda, doják, cajdák **3 s. fund** tajný korupční fond

slushy ['slaši] adj (**-ier**, **-iest**) **1** *(snow)* rozbředlý, mokrý, blátivý, *(mud)* kašovitý **2** inf *(novel, film* also*)* kýčovitý, limonádový

slut [slat] n pej špindíra, cuchta; *(prostitute)* coura, běhna

sluttish ['slatiš] adj *(in appearance)* ucouraný, špinavý, neupravený; *(behaviour)* zhýralý, prostopášný

sly [slai] adj (**slier**, **sliest** *or* **slyer**, **slyest**) *(person)* mazaný, chytrácký, prohnaný; *(smile)* potutelný; *(trick)* vychytralý ● n **on the s.** potají, vskrytu, ve vší tichosti, pokoutně ■ **~ly** adv mazaně, prohnaně, chytrácky; potutelně

slyboots ['slaibu:ts] n inf lišák, vykutálený chlapík

slyness ['slainəs] n (see **sly**) mazanost, chytráctví, prohnanost; potutelnost; vychytralost

smack$_1$ [smæk] n **1** *(taste)* příchuť **(of garlic** česneku) **2** *(hint)* náznak ● vi **s. of sth** mít příchuť čeho, chutnat čím, fig zavánět čím; **s. of racism** zavánět rasismem

smack$_2$ [smæk] n **1** *(slap)* rána dlaní, *(on face)* facka, *(on bottom)* plácnutí; **give sb a s. on the bottom** plácnout koho po zadku **2** *(loud kiss)* mlaskavá pusa **3** *(sound)* plesknutí, plácnutí; *(of whip)* prásknutí; *(of lips)* mlasknutí **4** inf **have a s. at sth** *or* **at doing sth** pokusit se o co, zkusit co ● vt **1** *(slap)* plácnout, plesknout; **s. sb's bottom** naplácat komu (na) zadek, přehnout koho přes koleno **2 s. one's lips** mlasknout ● adv **1** *(forcefully)* **run s. into a tree** najet přímo do stromu **2 s. in the middle of sth** zrovna uprostřed čeho

smack$_3$ [smæk] n Naut rybářský člun

smack$_4$ [smæk] n sl *(heroin)* prášek, heroin neutr

smacker ['smækə(r)] n inf **1** *(kiss)* mlaskavá pusa **2** *(blow)* plácnutí, plesknutí **3** Amer sl dolar

smacking ['smækiŋ] n výprask; **give sb a s.** naplácat komu, přehnout koho přes koleno

small [smo:l] adj **1** *(not big)* **a)** *(table, house)* malý, nevelký; *(very s.)* maličký; *(steps)* drobný; *(intestine)* tenký; Mil *(arms)* ruční; *(waist)* útlý, tenký; attr phrases often translated by diminutives **a s. house** malý dům, domek; **a s. bottle/ bowl/ hook/ leaf/ mistake/ pile** lahvička/ miska/ háček/ lístek/ chybička/ hromádka; **get** *or* **grow s.** zmenšit se; **make sth ~er** zmenšit něco **b)** *(amount, salary, sum* etc*)* malý, nepatrný, skrovný, *(very small)* mizivý; *(meal)* lehký; inf **a s. ad** (malý) inzerát; **s. ads (section)** malý oznamovatel; **s. change** drobné (peníze); **a s. number of people** hrstka lidí; **a s. voice** tenký hlas **2** *(unimportant)* nedůležitý; **s. talk** (povrchní) společenská konverzace; **that's no s. matter** to není maličkost; **be of no s. importance** být velmi důležitý; **in my s. way** svým skromným způsobem; **in no s. way** v nemalé míře ◆ **s. fry** fig *(unimportant person)* malé zvíře **3** fig *(petty: person)* malicherný **4 in the s. hours** v pozdních nočních hodinách, v časných ranních hodinách **5** Typ **s. print** petit, fig drobný tisk ve smlouvě ● n **1 s. of the back**

Med kříž; **a pain in the s. of the back** bolesti v kříži 2 **~s** Br inf *(underwear)* spodní prádlo ● adv **cut sth up s.** nadrobno co nakrájet

smallholder ['smo:lhəuldə(r)] n malorolník, drobný zemědělec

smallholding ['smo:lhəuldiŋ] n malá usedlost

smallish ['smo:liš] adj menší, pomenší, dost malý

small-minded [smo:l'maindid] adj *(narrow-minded)* úzkoprsý; *(petty)* malicherný

small-mindedness [smo:l'maindidnəs] n úzkoprsost, malichernost

smallness ['smo:lnəs] n malost; *(pettiness)* malichernost

smallpox ['smo:lpoks] n Med neštovice

small-scale [smo:l'skeil] adj *(map)* v malém měřítku; *(model)* zmenšený; *(war)* lokální

small-time [smo:l'taim] adj druhořadý, bezvýznamný; **a s.-t. politician** bezvýznamný politik

small-town [smo:l'taun] adj pej provinční, maloměstský, *(politics* also*)* lokální

smarm [sma:m] vi inf **s. over sb** podkuřovat komu, podlézat komu, pochlebovat komu ● n podlézavost, servilnost, patolízalství, úlisnost

smarmy ['sma:mi] adj (**-ier**, **-iest**) inf úlisný, podlézavý, patolízalský

smart [sma:t] adj **1** *(elegant)* elegantní, slušivý, *(fashionable)* módní; *(neat)* upravený; *(hotel)* luxusní; **you look very s. in your new dress** ty nové šaty ti velmi sluší; **you always look s.** tobě to vždycky sluší; **make oneself s.** upravit se, inf dát se do pucu ♦ **the s. set** společenská smetánka, mondénní společnost **2** *(intelligent)* bystrý; *(clever: person)* chytrý, pej mazaný, prohnaný, zchytralý, rafinovaný; *(answer)* břitký, *(witty)* vtipný; *(impertinent)* drzý; **don't you get s. with me!** nech si ty drzosti! ■ **s. alec(k)** chytrák, lišák, prohnaný člověk **3** *(brisk: pace)* ostrý, *(work)* rychlý; **look s.!** přidej!, dělej! **4** *(rebuke)* ostrý ● n *(pain)* pálení, štípání ● vi **1** *(hurt: eyes, wound)* pálit, štípat **2** fig cítit se dotčený čím, být roztrpčen čím; **he ~ed at** or **under the insult** urážka ho ťala do živého ■ **~ly** adv **1** *(dress)* elegantně, decentně **2** chytře, pej vychytrale, mazaně **3** (blesku)rychle, okamžitě

smarten [sma:tn] vt also **s. up** *(house)* vyspravit; *(person)* dát do pucu; **s. oneself up** upravit se, vylepšit se

smartness ['sma:tnəs] n see **smart** adj **1** elegance, slušivost, módnost **2** bystrost; chytrost, mazanost, rafinovanost

smarty-pants ['sma:tipænts] n inf chytrák, iron přemoudřelec

smash [smæš] n **1** *(loud noise)* bouchnutí, *(of breaking)* třesk(nutí), řinkot **2** *(collision)* autonehoda, bouračka, srážka **3** *(blow)* prudká rána; Sport smeč **4** St Ex krach **5** Mus ■ **s. hit** hit, šlágr ● adv **go** or **run s. into a tree** vrazit prudce do stromu ● **I** vt **1** *(break)* rozbít; *(shatter)* roztříštit, roztlouci, *(intentionally: window)* vyrazit, *(windows)* vymlátit, vytlouct; **s. sth to smithereens** rozbít něco napadrť or nadranc **2** *(crash: car)* nabourat; **s. one's fist on the table** bouchnout pěstí do stolu **3** Sport *(record)* zlomit; **s. the ball** smečovat **4** *(destroy: opposition)* zlikvidovat, *(demonstration)* rozehnat, *(drug ring)* rozbít **II** vi **1** *(break)* rozbít se, *(shatter)* roztříštit se **2** **s. into sth** *(car)* prudce narazit do čeho **III** phr vs ■ **smash down** vt *(door)* rozštípat, vyrazit ■ **smash in** vt **1** *(door)* vyrazit; *(window* also*)* rozbít **2** **s. sb's face in** sl rozbít komu hubu, rozmlátit komu ciferník ■ **smash up** vt *(furniture)* rozmlátit; *(pub, room, car)* zdemolovat, rozbít na mraky

smash-and-grab raid [smæšən'græbreid] n rozbití a vyloupení výkladní skříně

smashed ['smæšt] adj **1** *(shattered)* roztříštěný, rozmlácený, *(car)* rozbitý na mraky **2** *(intoxicated: on alcohol)* nalitý, zkárovaný; *(on drugs)* zfetovaný, zpajcovaný

smasher ['smæšə(r)] n inf **1** *(attractive woman)* fešanda, hezký kus, *(man)* fešák **2** *(term of praise)* **you're a s.!** ty jsi kanon

smashing ['smæšiŋ] adj inf senzační, fantastický; **we had a s. time** fantasticky jsme se bavili

smash-up ['smæšap] n Aut bouračka, *(with another vehicle)* srážka, inf karambol; Rail železniční neštěstí

smattering ['smætəriŋ] n zanedbatelné množství; slabá znalost; **he has a s. of English** umí trochu anglicky

smear [smiə(r)] n **1** *(stain)* skvrna, *(smudge)* čmouha; *(of ink)* kaňka; **~s of paint/ grease/ blood** barevné/ mastné/ krvavé skvrny **2** fig *(defamation)* (špinavá) pomluva, pomlouvání, hanobení, nactiutrhačství ■ **s. campaign** pomlouvačná kampaň **3** Med výtěr; **cervical s.** výtěr z děložního hrdla ● **I** vt **1** *(butter)* rozetřít, *(paint)* natřít na co; **s. sth with paint**, **s. paint on sth** natřít co barvou, nanést na co barvu **2** *(make dirty, smudge)* umazat, potřísnit, *(with ink)* pokaňkat; **s. sth with sth** umazat or zašpinit co čím **3** fig *(slander)* **s. sb** pošpinit koho, hanobit or očerňovat koho **II** vi *(paint)* roztékat se, *(ink)* rozmazávat se

smell [smel] n **1** *(sense of s.)* čich **2** *(odour)* pach, *(fragrant)* vůně, *(unpleasant)* zápach, *(stench)* smrad; **a s. of burning** zápach spáleniny, spálenina; **have a bad s.** zapáchat; **have a pleasant s.** příjemně vonět; **there's a s. of burning here** tady to páchne spáleninou **3** *(sniff)* **have** or **take a s. at sth** (při)čichnout si k čemu, přivonět (si) k čemu ● v (pt & pp **~ed** or **smelt**) **I** vt **1** *(notice, detect)* **a)** lit (u)cítit, *(dog)* (z)větřit; **I can s. gas** je tu cítit plyn **b)** fig *(sense: danger, trouble)* tušit, cítit, předvídat ♦ **s. a rat** tušit něco podezřelého, větřit v čem lumpárnu **2** *(sniff at)* **s. sth** (při)čichnout (si) k čemu **II** vi být cítit, páchnout; *(unpleasantly)* páchnout, zapáchat; **s. good** or **sweet** vonět; **s. of sth** být cítit čím, *(unpleasant)* zapáchat or páchnout or čpět čím, inf smrdět čím, *(pleasant)* vonět čím; **s. musty** zapáchat ztuchlinou; **his breath ~s** zapáchá mu z úst, inf somewhat vulg smrdí mu z huby; **s. to high heaven** smrdět jak tchoř **III** phr v ■ **smell out** vi (Subj: *dog)* vyslídit, vyčenichat; fig (Subj: *person: plot* etc) odhalit, vyčenichat, vyzvědět

smelliness ['smelinəs] n zápach, *(stench)* smrad, puch

smelling salts ['smeliŋso:lts] n pl čichací sůl

smelly ['smeli] adj (**-ier, -iest**) páchnoucí, zapáchající; *(stinking)* smradlavý; **it's awfully s. in here** tady je hrozný zápach; **he has s. feet** zapáchají or inf smrdí mu nohy

smelt$_1$ [smelt] pt & pp of **smell**

smelt$_2$ [smelt] vt *(ore)* tavit; *(metal)* vytavovat

smelter ['smeltə(r)] n **1** tavič **2** tavicí pec **3** huť

smidgen, smidgin ['smidžən] n inf ždibec, drobet, troška; **just a s.** jen trošku

smile [smail] n úsměv; **a scornful s.** pohrdavý úsměv; **with a happy s.** s úsměvnou tváří; **give sb a s.** usmát se na koho; **be all ~s** být samý úsměv; **take that s. off your face!** přestaň se tak šklebit!; **wear a sunny s.** zářit spokojeností ♦ **the s. of fortune** přízeň osudu ● **I** vi (u)smát se; **s. happily** spokojeně se usmívat; **make sb s.** rozesmát koho; **s. at sb** (u)smát se na koho ♦ **fortune ~d on him** usmálo se na něj štěstí; **keep smiling!** vždy s úsměvem! **II** vt **s. one's thanks** usmát se na znamení díků; **s. one's consent** usmát se na souhlas, souhlasně se usmát; **s. a bitter s.** zatrpkle or kysele se usmát

smiling ['smailiŋ] adj usměvavý, úsměvný; **a s. face** usměvavý obličej

smirch [smə:č] vt fml **1** *(stain)* poskvrnit, pošpinit **2** fig *(sb's reputation)* (po)špinit

smirk [smə:k] n *(self-satisfied)* samolibý úsměv, *(foolish)* slabomyslný úsměv ● vi *(smugly)* samolibě se šklebit, *(foolishly)* hloupě se uculovat

smite [smait] vt (pt **smote,** pp **smitten**) arch fml *(hit hard)* prudce udeřit; *(punish)* potrestat; see **smitten**

smith [smiθ] n *(blacksmith)* kovář

smithereens [smiðə'ri:nz] n pl kousíčky; **smash sth to s.** rozbít co napadrť or na kousíčky; **be reduced to s.** být na padrť, být na maděru

smithy ['smiði] n kovárna

smitten ['smitn] pp of **smite** ● adj **1** *(afflicted: with blindness)* postižený čím; **be s. with remorse** trpět výčitkami svědomí **2** inf *(besotted)* posedlý; **be s. with sb** být do koho zblázněný or zabouchlý

smock [smok] n pracovní plášť, halena; *(for pregnant women: blouse)* těhotenská blůza, *(dress)* těhotenské šaty

smocking ['smokiŋ] n Sew žab(ič)ky, ozdobné zřasení, nabírání

smog [smog] n Meteor smog, mlha s kouřem; fig kouřová clona

smoke [sməuk] n **1** lit kouř; **cigarette s.** cigaretový kouř; **cloud/ wisp of s.** oblak/ závoj or pruh kouře; **the room is thick with s.** v místnosti je nakouřeno jako v putyce, v pokoji je husto kouřem; **disappear like a puff of s.** zmizet jako dým ♦ **go up in s.** *(house)* vyhořet, *(plans)* ztroskotat, zhatit se, obrátit se vniveč; **there's no s. without fire** není kouře bez ohně, fig není šprochu, aby na něm nebylo pravdy trochu ■ **s. bomb** kouřová or dýmová bomba; **s. signal** kouřový signál **2** **have a s.** zakouřit si; **he went out for a s.** šel si ven zakouřit **3** inf dated *(cigarette)* cigareta **4** Br sl *(hashish)* haš ● **I** vi **1** *(person)* kouřit; **s. like a chimney** hulit jako lokomotiva or komín **2** *(lamp)* čadit, čoudit, kouřit **II** vt **1** *(cigarette etc)* (vy)kouřit ♦ **s. the pipe of peace** fig usmířit se s kým, zakopat válečnou sekyru **2** Cook *(fish, meat)* (vy)udit **III** phr v ■ **smoke out** vt *(fox)* vykouřit

smoked [sməukt] adj **1** uzený; **s. fish** uzená ryba; **s. meat** uzené (maso) **2** **s. glass** kouřové sklo

smokeless ['sməukləs] adj *(fuel)* bezdýmný; **a s. zone** oblast, kde je zakázáno topit tuhým palivem

smoker ['sməukə(r)] n **1** *(person)* kuřák; **be a cigar s.** kouřit doutníky **2** Rail kuřák, kuřácký vagón, *(compartment)* kupé pro kuřáky

smokestack ['sməukstæk] n **1** *(of steamship)* komín (parníku) **2** *(of factory etc)* (tovární) komín; **s. industries** těžký průmysl **3** Amer komín (lokomotivy)

smokescreen ['sməukskri:n] n kouřová clona; fig pláštík; **cover sth with a s.** lit & fig zamlžit něco

smoking ['sməukiŋ] n kouření; **give up s.** přestat kouřit, odnaučit se kouření; **no s.!** kouření zakázáno!, nekuřte!

smoky ['sməuki] adj (**-ier**, **-iest**) **1** *(chimney, lamp)* čoudící, čadící **2** *(room)* zakouřený, začouzený **3** *(meat, bacon)* uzený **4** *(glass)* kouřový

smolder ['sməuldə(r)] Amer see **smoulder**

smooch [smu:č] vi inf *(kiss)* pusinkovat se, hubičkovat se ● n **have a s.** *(kiss)* pusinkovat se; *(pet)* muckat se, muchlat se

smooth [smu:ð] adj **1** *(surface)* hladký; *(hair)* rovný, *(to the touch)* hebký, hladký; *(skin)* hebký, jemný; *(chin)* hladce vyholený; *(road)* hladký, rovný; *(sea)* klidný; **be as s. as glass** být hladký jako zrcadlo or sklo; **be worn s.** *(tyre)* být do hladka sjetý; **be as s. as silk** být hebký jako hedvábí; **be s. to the touch** být hladký na omak **2** *(flight, crossing)* klidný, *(landing)* hladký **3** *(regular: breathing, supply)* pravidelný, *(traffic)* plynulý; *(trouble-free)* bezproblémový, bez problémů **4** Cook *(dough)* vláčný; *(wine, whisky)* jemný, lahodný **5** pej *(slick)* úlisný, lichotivý; **s. talk** hladká slova, medové řečičky; **be a s. character** být liška podšitá, být hladký jako had ● n **take the rough with the s.** snášet dobré i zlé ● **I** vt *(skirt)* uhladit, *(tablecloth)* narovnat; *(wood)* hladce ohoblovat ♦ **to s. sb's path** zametat komu cestu or cestičku, připravit komu cestičku **II** phr vs ▪ **smooth away** vt **1** *(creases)* uhladit, zahladit **2** fig *(problems)* urovnat ▪ **smooth back** vt *(hair)* přihladit si ▪ **smooth down** vt **1** *(clothes, hair)* uhladit (si); *(wood)* ohoblovat **2** fig *(person)* uklidnit ▪ **smooth out** vt **1** *(creases)* vyrovnat, vyhladit **2** *(difficulties)* odstranit ▪ **smooth over** vt *(quarrel)* urovnat, uhladit; **s. things over** dát věci do pořádku

smoothie, smoothy ['smu:ði] n inf lichotník, krasořečník; **he is a s.** je hladký or kluzký jako had or úhoř

smoothly ['smu:ðli] adv **1** *(shave, move)* hladce **2** *(without problems)* hladce, bez problémů; **everything is running s.** všechno jde jako na drátkách **3** *(gently: rise, fall)* povlovně **4** *(talk)* úlisně

smoothness ['smu:ðnəs] n see **smooth** adj **1** hladkost, hebkost; *(of road)* rovný povrch **2** *(regularity)* pravidelnost, plynulost **3** *(of dough)* vláčnost; *(of wine, whisky)* jemnost, lahodnost **4** *(slickness, flattery)* úlisnost, lichotivost

smooth-running [smu:ð'raniŋ] adj *(machine, engine)* dobře fungující, *(running quietly)* mající tichý chod

smooth-spoken ['smu:ð spəukn], **smooth-tongued** ['smu:ðtaŋd] adj úlisný, lichotivý, falešný

smote [sməut] pt of **smite**

smother ['smaðə(r)] **I** vt **1** *(person)* udusit, zadusit, zardousit **2** *(fire)* zadusit, udusit; *(sound)* utlumit; *(laughter, yawn)* potlačit; *(scandal)* ututlat **3** *(cover)* pokrýt; **fruit ~ed in cream** ovoce s tlustou vrstvou šlehačky; fig **s. sb with kisses** zasypat koho polibky **II** vi udusit se

smoulder, Amer **smolder** ['sməuldə(r)] vi *(fire, hatred)* doutnat

smudge [smadž] n *(stain)* rozmazaná skvrna, čmouha; *(of ink)* kaňka ● **I** vt zamazat, umazat, *(piece of writing)* rozmazat, pokaňkat **II** vi *(ink)* rozmazávat se, rozpíjet se

smudgy ['smadži] adj (**-ier**, **-iest**) zamazaný, rozmazaný

smug [smag] adj (**-gg-**) *(person)* samolibý, domýšlivý ▪ **~ly** adv samolibě, domýšlivě

smuggle ['smagl] vt *(goods)* pašovat; **s. sth in/ out** propašovat něco do země/ ven, *(in car etc)* provézt něco do země/ ven, tajně or podloudně dovézt/ vyvézt

smuggled ['smagld] adj **s. goods** pašované zboží, kontraband

smuggler ['smaglə(r)] n pašerák/ pašeračka, podloudník/ podloudnice; **drug s.** pašerák drog

smuggling ['smagliŋ] n pašování, pašeráctví, podloudnictví ▪ **s. ring** pašerácký gang

smugness ['smagnəs] n samolibost, sebeuspokojení

smut [smat] n **1** *(stain)* (skvrna od) saze, rozmazaná saze **2** inf pej *(vulgarity: word)* sprosté slovo, oplzlost, *(story, picture, dirty joke)* prasečinka, obscénnost, *(pornography)* porno(grafie); **the papers are now full of s.** v novinách teď není nic než sex, noviny jsou teď samá sprostota

smutty ['smati] adj (**-ier**, **-iest**) **1** *(dirty)* špinavý, zamazaný **2** fig *(word)* oplzlý, sprostý, *(humour)* oplzlý; *(story)* necudný, pornografický

snack [snæk] n *(small meal)* občerstvení, svačin(k)a, něco malého k jídlu, snack [snek]; **have a s.** nasvačit se, dát si něco malého k jídlu ▪ **s. bar** bufet, snack-bar [snekbar], automat, kantýna

snag [snæg] n **1** *(difficulty)* problém, potíž, zádrhel, háček; **there's just one s.** má to jen jeden háček; **that's the s.** tady je zakopaný pes, to je ten kámen úrazu; **hit a s.** dostat se do problémů, mít malér **2** *(in clothes: tear)* trhlina, *(pulled thread)* vytažená nit **3** *(projection)* výčnělek, hrbolek; *(in water: of tree)* pařez, pahýl, vyčnívající větev ● v (**-gg-**) **I** vt **1 he ~ged his sweater on the barbed wire** zachytil svetrem o ostnatý drát **2** Amer inf urvat si, uchvátit; *(rich husband)* klofnout **II** vi **s. on sth** (Subj: *rope, clothes)* zachytit se za co

snail [sneil] n Zool hlemýžď, šnek; **at a s.'s pace** jako hlemýžď, hlemýždím krokem or tempem, jako zpomalený film

snake [sneik] n had; **grass s.** užovka ♦ **a s. in the grass** zrádce, falešník, falešný přítel; **writhe like a s.** kroutit se jako úhoř; **~s and ladders** stolní společenská hra; **s. charmer** zaklínač or zaříkávač hadů; **s. poison** hadí jed ● vi kroutit se or vinout se jako had

snakebite ['sneikbait] n hadí uštknutí or kousnutí

snakeskin ['sneikskin] n hadí kůže

snaky ['sneiki] adj (**-ier, -iest**) **1** *(sinuous: river)* klikatý, vinoucí se, *(mountain road)* křivolaký **2** *(person)* úskočný, zákeřný

snap [snæp] n **1** *(sound: of breaking branch)* prasknutí, *(of whip)* prásknutí; *(of fingers)* lusknutí; *(of scissors)* cvaknutí, cvakání; **at a s. of sb's fingers** na lusknutí prstů **2** *(bite: of teeth)* chňapnutí, rafnutí **3** Phot snímek, fotka, momentka **4 s. (fastener)** patentka, stiskací knoflík, druk **5** Amer **it's a s.!** je to hračka snadný úkol, to je maličkost **6 cold s., a s. of cold weather** studená vlna, *(in May)* zmrzlí muži **7** karetní hra **8** *(vigour)* jiskra, elán, energie; **put a bit of s. into it!** trochu života do toho umírání! ● interj inf **s.!** *(in identical situations)* no ne!, to je náhodička!, je to možný*?; **my father is a doctor — s., so is mine!** můj otec je lékař — to je ale náhodička, můj také! ● adj *(vote)* bleskový; *(election)* neočekávaný; *(decision, judgement)* okamžitý, rychlý ● v (**-pp-**) **I** vt **1** *(fingers)* lusknout/ luskat čím; *(whip)* prásknout čím; **s. sth shut** zavřít co s cvaknutím or prásknutím **2** *(break: branch)* ulomit **3** Phot (vy)fotit, udělat fotku koho/ čeho **II** vi **1** *(break)* prasknout, zlomit se, *(bone)* zlomit se (s křupnutím); *(thread, string, wire)* přetrhnout se, *(in several places)* zpřetrhat se **2** *(whip)* prásknout/ práskat; **s. shut** *(lid)* zacvaknout se, *(noisily)* zabouchnout se; **s. into place** *(attachment)* Techn zapadnout, zaskočit; fig **my patience finally ~ped** nakonec mi došla trpělivost **3** *(of dog)* **s. at sb** chňapnout/ chňapat po kom; **s. at sb's hand** rafat komu po ruce; **s. at an opportunity** chňapnout po příležitosti **4** *(speak brusquely)* **s. at sb** osopit se na koho, štěkat na koho **5** inf **something ~ped in him** ztratil nervy, inf vytekly or povolily mu nervy **III** phr vs ■ **snap off** *I* vt *(break off)* ulomit; *(bite off)* ukousnout ♦ **s. sb's head off** vynadat komu, vzít si koho na paškál, utrhnout komu hlavu fig *II* vi *(break off)* ulomit se ■ **snap out** *I* vt *(order)* vyštěknout, vykřiknout, zařvat; *(orders)* vyřvávat *II* vi **s. out of sth** *(depression, mood, bad habit* etc*)* dostat se z čeho ■ **snap up** vt **1** *(bargains)* skoupit **2** Amer inf **s. it up!** hni sebou!, pohyb!

snapdragon ['snæpdrægən] n Bot hledík, inf lví tlamičky, lví hubičky

snappish ['snæpiš] adj *(irritable)* popudlivý, nevrlý

snappishness ['snæpišnəs] n *(irritability)* popudlivost, nevrlost

snappy ['snæpi] adj (**-ier, -iest**) inf **1** *(quick: pace)* ostrý, svižný; *(conversation)* živý ♦ **be s. about it!, and make it s.!** a hni sebou!, mrskni sebou!, hoď sebou! **2** *(translation)* výstižný; *(reply)* trefný **3** *(stylish)* elegantní; **be a s. dresser** umět se oblékat **4** *(irritable)* popudlivý, nevrlý

snapshot ['snæpšot] n Phot momentka; **take a s.** udělat momentku

snare ['sneə(r)] n **1** *(trap)* past, léčka; *(made of wire)* oko, osidlo; **set a s.** nastražit past **2** fig léčka, nástraha, tenata ● vt **1** *(animals)* chytat/ chytit do pasti or do oka **2** fig **s. a husband** klofnout or ulovit manžela

snarl$_1$ [sna:l] n *(of dog)* vrčení, *(of tiger)* řev; inf *(of person)* bručení, reptání; **give a s.** zavrčet, *(tiger)* zařvat; **say sth with a s.** zabručet co ● **I** vi vrčet; **s. at sb** (za)vrčet na koho **II** vt **s. a greeting** zabručet něco na pozdrav

snarl$_2$ [sna:l] n inf *(on wool* etc*)* uzel; *(tangle)* spletenina, motanice; *(in traffic)* zácpa ● **I** vt(i) *(wool)* zamotat (se) **II** phr v ■ **snarl up** *I* vt *(wool)* zamotat; *(traffic)* zablokovat *II* vi *(of traffic)* zablokovat se

snarl-up ['sna:lap] n motanice, motanina, spleť; *(in traffic)* zácpa, dopravní chaos

snatch [snæč] n **1** *(act)* chytnutí, popadnutí; **make a s. at sth** chmátnout po čem; *(dog)* chňapnout po čem **2** Br inf *(robbery)* krádež; *(kidnapping)* únos **3** usu pl *(fragments: of conversation)* útržky, zlomky, *(of poetry, music)* úryvky, fragmenty **4** Weightlifting trh **5** Amer sl *(female genitals)* ženské přirození neutr ● **I** vt **1** *(seize)* popadnout; **s. sth from sb** vyrvat někomu něco; fig **s. an opportunity** chopit se příležitosti, chytit příležitost za pačesy **2** *(get sth quickly)* **s. a meal** narychlo se najíst; inf **s. some sleep** ukrást si chvilku spánku 3 inf *(steal)* šlohnout; *(victory)* odnést si; **s. a kiss from sb** ukrást komu pusu **II** vi **1 s. at sth** chmátnout or chňapnout po čem **2 s. at an opportunity** chopit se příležitosti **III** phr vs ■ **snatch away** vt vytrhnout, vyrvat, vyškubnout ■ **snatch up** vt popadnout; *(bargains)* vykoupit

snazzy ['snæzi] adj (**-ier**, **-iest**) sl *(stylish)* prudce elegantní

sneak [sni:k] n **1** *(devious person)* potměšilec, tichošlápek ■ **s. thief** chmaták; **s. preview** eg Film předpremiéra **2** Sch sl žalobníček ● adj *(attack)* zákeřný, *(visit)* tajný ● **I** vt **1** *(give secretly)* **s. sth to sb** *(note, money)* podstrčit komu co, nenápadně komu co dát **2** *(take secretly)* tajně vzít; **s. a look at sb** kradmo se na koho podívat **3** inf *(steal)* šlohnout **II** vi **1** *(move furtively)* see phr vs **2** Sch sl žalovat; **s. on sb** žalovat na koho **III** phr vs ■ **sneak about** vi chodit plíživým krokem, chodit jako tichošlápek ■ **sneak away** or **off** vi odkrást se, odplížit se ■ **sneak in/ out** vi přikrást or vplížit se dovnitř, vkrást se/ vykrást se ■ **sneak past** vt proklouznout kolem (**sb/ sth** koho/ čeho) ■ **sneak up** vi **s. up on sb** přikrást se ke komu

sneakers ['sni:kəz] n pl inf esp Amer tenisky

sneaking ['sni:kiŋ] adj tajný, *(feeling)* plíživý; **I had a s. suspicion that ...** nemohl jsem se zbavit dojmu, že ...

sneaky ['sni:ki] adj (**-ier**, **-iest**) *(sly)* potměšilý, rafinovaný, záludný

sneer [sniə(r)] n **1** *(expression)* uštěpačný or jízlivý smích, jízlivý úsměv, úšklebek **2** *(remark)* uštěpačná poznámka, jízlivost ● vi zlomyslně or uštěpačně or jízlivě se smát; **s. at sb/ sth** posmívat se komu/ čemu, zesměšňovat koho/ co

sneering ['sniəriŋ] adj uštěpačný, jízlivý, posměšný ■ **~ly** adv uštěpačně, jízlivě, posměšně

sneeze [sni:z] n kýchnutí; **~s** kýchání; **let out a s.** kýchnout ● vi kýchnout/ kýchat; inf **it's not to be ~d at** (eg *offer)* není to k zahození, stojí to za uváženou

snicker ['snikə(r)] vi **1** Amer see **snigger** **2** *(whinny)* řehtat, ržát ● n **1** Amer see **snigger** **2** (za)řehtání, (za)ržání

snide [snaid] adj *(sarcastic)* uštěpačný, sarkastický, jízlivý; **make s. remarks about sb** dělat na koho špičky, brousit si na kom vtip

sniff [snif] n přičichnutí; **have** or **take a s. at sth** (při)čichnout si k čemu ● **I** vi **1** čichat, *(dog)* čenichat, větřit; **s. at sth** čichat k čemu, přičichnout si k čemu, *(scornfully)* ohrnovat nad čím nos; *(dog)* **s. at sth** čmuchat k čemu, čenichat co ♦ inf **it is not to be ~ed at** není to k zahození, ujde to, není to marný* **2** *(from cold, crying* etc*)* popotahovat nosem **II** vt **1** *(smell)* čichat, přičichnout k čemu; *(dog)* očichat, čenichat co ♦ **s. trouble** větřit čertovinu **2** *(inhale: air)* vdechnout, *(cocaine, heroin, tobacco)* šňupat, *(glue)* čichat k čemu **III** phr vs ■ **sniff out** vt (Subj: *dog)* vyčenichat, zvětřit; inf *(secret, plot)* vyzvědět, vyčmuchat, vyslídit

sniffer dog ['snifədog] n hledač narkotik pes

sniffle ['snifl] inf see **snuffle** ♦ **he has the ~s** teče mu z nosu, má rýmu

snifter ['sniftə(r)] n **1** inf *(drink)* štamprle, panák, prcek **2** Amer **s. glass** baňatá sklenice, inf napoleonka

snigger ['snigə(r)] n *(snicker)* hihňání, chichot(ání); *(sarcastic)* ušklíbnutí; **give a s.** uchichtnout se ● vi hihňat se, chichotat se, chechtat se pod vousy

sniggering ['snigəriŋ] n chichot, hihňání

snip [snip] n **1** *(cut)* zástřih, zastřižení; *(action)* stříhání; *(noise)* **the s. of scissors** cvakot nůžek **2** *(piece cut off)* ústřižek, *(from newspaper)* výstřižek **3** *(bargain)* výhodná koupě ● v (**-pp-**) **I** vt stříhat; **s. sth off** odstřihnout co; **s. sth out** vystřihnout co **II** vi **s. at sth** stříhat co

snipe [snaip] n Orn bekasína ● vi **s. at sb/ sth** střílet na koho/ co or ostřelovat koho/ co ze zálohy; fig *(criticize)* útočit na koho, kritizovat koho

sniper ['snaipə(r)] n ostřelovač, snajpr, sniper

snippet ['snipət] n **1** *(of cloth, paper)* ústřižek **2** usu pl **~s** *(of conversation)* útržky, fragmenty; **~s of news** krátké zprávy

snitch [snič] n sl **1** *(person)* práskač **2** joc *(nose)* frňák **3** Br inf **it's a s.** je to lehký* jako facka ● vt inf **1** *(steal)* šlohnout menší věc **2** *(tell tales)* **s. on sb** prásknout koho sl, donášet na koho

snivel ['snivl] vi (Br **-ll-**, Amer **-l-**) **1** *(whine)* fňukat, pofňukávat, kňourat, *(cry)* brečet **2** *(because of cold)* posmrkávat, popotahovat

sniveller ['snivələ(r)] n kňoural, ufňukanec

snivelling ['snivliŋ] adj ufňukaný, ubrečený ● n **1** *(whining)* fňukání, kňourání **2** *(because of cold)* posmrkávání, popotahování

snob [snob] n snob

snobbery ['snobəri] n snobismus, snobství

snobbish ['snobiš] adj snobský

snobby ['snobi] adj inf (**-ier**, **-iest**) snobský

snog [snog] n Br inf cicmání, mazlení;

have a s. pomazlit se (spolu) ● vi(t) (**-gg-**) pusinkovat se (s kým), cicmat se (s kým), mazlit se (s kým), líbat se (s kým)

snook [snu:k] n usu fig **cock a s. at sb** udělat na koho dlouhý nos, strouhat komu mrkvičku

snooker ['snu:kə(r)] n kulečník s kapsami ● vt Br inf přivést do nesnází; **be ~ed** být v rejži*, být v pěkné bryndě

snoop [snu:p] n inf **1** = **snooper** **2 have a s. around** porozhlédnout se kolem sebe ● vi inf čmuchat, slídit; **s. around** čmuchat, vyzvídat; **s. on sb** špehovat koho

snooper ['snu:pə(r)] n čmuchal, fízl, špicl

snootily ['snu:tili] adv inf domýšlivě, nafoukaně, snobsky

snooty ['snu:ti] adj inf (**-ier**, **-iest**) domýšlivý, nafoukaný, snobský

snooze [snu:z] n inf schrupnutí, šlofík; **have a s.** schrupnout si, dát si šlofíka, dát si or hodit si dvacet ● vi dřímat, podřimovat, tlouci špačky

snore [sno:(r)] n chrápání ● vi chrápat, joc řezat dříví

snoring ['sno:riŋ] n chrápání

snorkel ['sno:kl] n *(of swimmer)* dýchací trubice, snorkel, šnorchl ● vi (Br **-ll-**, Amer **-l-**) potápět se se šnorchlem

snort [sno:t] n **1** *(of horse)* (od)frknutí; *(of pig)* zachrochtání; *(of person)* zasupění, zafunění; *(of laughter)* vyprsknutí; **give a s.** *(horse)* odfrknout si; **he gave a s. of contempt** pohrdlivě odfrkl **2** inf *(drink)* štamprle, frťan, panák; **have a s.** dát si frťana ● **I** vi *(horse)* frkat, odfrkávat; *(person: with rage)* supět; *(pig)* (za)chrochtat **II** vt **1** *(cocaine)* šňupat **2 s. a greeting** zabručet něco na pozdrav

snorter ['sno:tə(r)] n **1** inf *(drink)* panák, štamprle, frťan **2** as intensifier **a s. of an exam** peprná zkouška; **a s. of a problem** hotový hlavolam

snot [snot] n inf sopel, nosní hlen neutr

snotty ['snoti] adj (**-ier**, **-iest**) inf **1** *(nose, handkerchief)* usoplený; *(child, face)* usmrkaný **2** fig *(snooty)* arogantní, domýšlivý, nafoukaný

snotty-nosed [snoti'nəuzd] adj *(child)* usoplený; see also **snotty (2)**

snout [snaut] n **1** *(of pig)* rypák, *(animals)* čenich, tlama **2** inf *(person's nose)* frňák, rypák ♦ **have one's s. in the trough** inf fig být u koryta **3** *(of gun* etc*)* hlaveň

snow [snəu] n **1** lit sníh; **as white as (the driven) s.** bílý jako (padlý) sníh; **blanket of s.** sněhová pokrývka, sněhový příkrov; **the roads are covered with s.** silnice jsou zaváty sněhem; **the ~s of yesteryear** loňské sněhy ■ Amer **s. belt** pásmo sněhu; **s. leopard** Zool sněžný leopard; **S. White and the Seven Dwarfs** Sněhurka a sedm trpaslíků; **The S. Queen** ledová královna **2** *(on TV screen)* sněžení **3** sl *(cocaine)* koks **4** Amer sl **s. job** balamucení, ukecávání ● **I** vi sněžit; **it's ~ing** sněží, padá sníh **II** vt Amer sl **s. sb** balamutit koho; **s. sb into doing sth** ukecat koho, aby něco udělal **III** phr vs ■ **snow in** vt **be** or **get ~ed in** zapadnout sněhem, uváznout ve sněhu ■ **snow off** vt **be ~ed off** *(event, match* etc*)* být odvolán or odpadnout vzhledem k silnému sněžení ■ **snow under** vt **be ~ed under with work** být zavalený prací, mít hrozný fofr v práci, nevědět kam dřív skočit ■ **snow up** vt see **snow in**; **the road is ~ed up** cesta je zavátá sněhem

snowball ['snəubo:l] n sněhová koule ♦ **he doesn't stand a s.'s chance in hell** nemá ani tu nejmenší šanci ■ **have a s. fight** koulovat se; **s. effect** lavinovitý vzrůst ● **I** vi **1** (Subj: *children)* koulovat se **2** fig lavinovitě se šířit **II** vt **s. sb** házet po kom koulemi, koulovat koho

snow-blind ['snəublaind] adj oslepený sněhem

snow blindness ['snəublaindnəs] n sněžná slepota

snowbound ['snəubaund] adj zapadlý or zavátý sněhem, odříznutý sněhovými závějemi od světa

snow-covered ['snəukavəd] adj zasněžený, pokrytý or zavátý sněhem

snowdrift ['snəudrift] n sněhová závěj

snowdrop ['snəudrop] n Bot sněženka

snowfall ['snəufo:l] n sněžení, Meteor sněhové srážky; **heavy s.** husté sněžení; **there was a heavy s.** hustě sněžilo

snowfield ['snəufi:ld] n sněžné pole

snowflake ['snəufleik] n sněhová vločka

snowman ['snəumæn] n (pl **-men** ['-men]) sněhulák; **build a s.** stavět/ postavit sněhuláka

snowmobile ['snəuməbi:l] n sněžný skútr

snowplough, Amer **snowplow** ['snəuplau] n **1** Aut sněhový pluh **2** *(in skiing)* pluh

snowshoe ['snəušu:] n sněžnice pro chůzi ve sněhu

snowslide ['snəuslaid], **snowslip** ['snəuslip] n (sněhová) lavina

snowstorm ['snəusto:m] n sněhová bouře, chumelenice, vánice

snowsuit ['snəusu:t] n lyžařská kombinéza

snow-white [snəu'wait] adj sněhobílý, bílý jako sníh, bělostný

snowy ['snəui] adj (**-ier**, **-iest**) **1** *(hills* etc*)* zasněžený; *(weather)* se sněhovými srážkami; *(roads)* pokrytý sněhem, zavátý sněhem; **a s. grave** bílá smrt; **it was very s. yesterday** včera hodně sněžilo **2** *(white)* bílý jako sníh, sněhobílý

SNP [esen'pi:] abbr of **Scottish National Party** Skotská národní strana

Snr, snr abbr of **senior** senior, starší

snub [snab] n odbytí, příkré odmítnutí, ignorování; **give sb a s.** odbýt koho, dát komu košem ● vt **1** inf *(rebuff)* odbýt, poslat koho k šípku, dát komu košem; *(suggestion)* odmítnout **2** *(reprove)* sjet, setřít, usadit **3** *(ignore)* inf ignorovat, nevšímat si koho ● adj *(nose)* zvednutý, ohrnutý

snub-nosed [snab'nəuzd] adj *(person)* s ohrnutým nosem

snuff$_1$ [snaf] n šňupací tabák; **take s.** šňupat

snuff$_2$ [snaf] **I** vt **1** *(candle)* also **s. out** zhasit **2** sl **s. it** fig natáhnout bačkory **II** phr v ■ **snuff out** vt **1** *(candle)* zhasit **2** *(rebellion)* udusit, potlačit; *(hopes)* zmařit

snuffbox ['snafboks] n tabatěrka na šňupací tabák

snuffle ['snafl] n funění, supění; **I have the ~s** mám rýmu, teče mi z nosu ● vi *(because of cold)* posmrkávat; *(when weeping)* fňukat, kňourat

snuff movie [snaf'mu:vi] n Amer brutální pornofilm ukazující skutečnou vraždu

snug [snag] adj **(-gg-) 1** *(comfortable)* pohodlný; *(cosy and warm: room)* útulný, *(bed)* vyhřátý; *(garment, sleeping bag)* pohodlný, teploučký; **it is very s. here** je tu pohodlíčko, je tu velmi příjemně; **be nice and s.** cítit se příjemně; **I am as s. as a bug in a rug** joc je mi tu jako v peřinách **2 be a s. fit** *(garment)* být dobře vypasovaný, padnout jako ulitý ■ **~ly** adv pohodlně, útulně; **fit ~ly** *(clothes)* dobře padnout, padnout jako ulitý ● n Br *(in pub)* salónek

snuggle ['snagl] **I** vi stočit se do klubíčka; **s. against sb** přitulit se ke komu; **s. up in an armchair** uvelebit se v křesle; **s. down with a book** udělat si pohodlíčko a číst **II** vt *(child* etc*)* přitulit se

snugness ['snagnəs] n pohodlí, útulnost; *(of garment)* těsnost, přiléhavost; **the s. of one's home** domácí pohodlíčko

so [səu] adv **1** *(expressing degree)* tak **a)** *(so very)* **so clever/ stupid** tak chytrý/ hloupý; **but he is so fat** ale on je tak hrozně tlustý; **it was so kind of you to tell me** bylo od vás moc laskavé, že jste mi to řekl; **she is ever so beautiful** ona je nesmírně hezká **b) so many people/ so much money** tolik lidí/ tolik peněz; **I haven't so much as a penny** nemám ani halíř; **I didn't get so much as a reply** *(from her)* ani se neobtěžovala s odpovědí; *(she left me)* **without so much as a goodbye** aniž by se se mnou aspoň rozloučila; **I love you so (much)** já tě mám tolik rád; **so much for your promises** tak takhle je to s tvými sliby; **so much for that** víc už není třeba říkat, tohle stačí **c) so far** dosud, posud, zatím **d)** *(I am very busy)* **so much so that ...** natolik, že ... **e) a week/ month or so** asi tak týden/ měsíc; **ten or so** asi deset **f) so ... that ...** tak ..., že ...; **they live so far that ...** bydlí tak daleko, že ...; **he was so pleased that ...** měl takovou radost, že ... **g) not so ... as ...** ne tak ... jako ...; **he is not so fat as his brother** není tak tlustý jako jeho bratr; **he is not so much ill as tired** není ani tak nemocný, jako je unavený **h) she is not so good a student as her brother** není tak dobrá studentka jako její bratr **i)** fml **be so kind as to ...** buď tak laskav a ... **j) so long!** na shledanou!; *(how are things?)* — **Not so bad** ujde to **2** *(expressing manner)* tak(hle), takto; **hold the paintbrush (like) so** drž štětec takhle; **he likes everything to be just so** on musí mít všechno tiptop, chce mít všechno akorát; **so it was that ...** a tak se stalo, že ...; **it (just) so happens that I know her** (čirou) náhodou ji znám; **and so on (and so forth)** a tak dále; **so be it** budiž; **so to say, so to speak** tak řečeno; inf **so what?** no a co (má být)? **3** *(used in place of a word, phrase, clause)* **a)** *(after believe, think, hope, suppose* etc*)* **I think so** myslím, že ano; **I suppose so** asi ano; **I hope so** doufám, že ano; **if so ...** pokud ano, ..., pokud je tomu tak, ...; **perhaps so** snad ano **b)** *(used to express agreement) (they won)* **so they did** to je pravda, je tomu tak **c)** *(also)* **she is single and so am I** je svobodná a já také **4** *(introductory)* **and so ...** a tak ...; *(in exclamations)* **so you are his wife!** tak vy jste jeho žena; **so that's why he didn't answer** tak proto neodpověděl ● conj **1** *(expressing purpose)* aby **a) so (that) ...** *(I'll wash this shirt)* **so (that) you can wear it** aby sis ji mohl vzít **b) so as (to) ...** *(she listened carefully)* **so as not to miss anything** aby mu nic neušlo **2** *(expressing result) (the banks were closed)* **so I don't have any money** a tak or a proto nemám žádné peníze

soak [səuk] n **1 give sth a s.** namočit něco **2** *(drunkard)* ožrala, ochmelka ● **I** vt **1** *(beans* etc*)* máčet, *(washing* also*)* namáčet **(sth in sth** co v čem); **s. oneself in sth** fig zabrat se or ponořit se do čeho **2** *(drench)* **be** or **get ~ed** promoknout skrznaskrz; **get ~ed to the skin** promoknout or zmoknout na kůži **3** inf *(exploit)* odřít/ odírat; **s. the rich** pouštět žílou boháčům **II** vi **1** *(washing, beans etc)* máčet se, *(washing also)* být namočený **2 s. through** prosáknout čím **III** phr vs ■ **soak in** vi **1** *(water etc)* vsáknout se, vpít se **2** fig **let's hope that it has ~ed in** doufejme, že mu to už došlo ■ **soak out** *I* vt *(stain)* odstranit máčením *II* vi odstranit se máčením ■ **soak up** vt **1** *(liquid)* nasáknout, vsáknout, vpít, (Subj: *soil)* vstřeb(áv)at; *(sun)* užívat si čeho, chytat; *(alcohol)* nasávat **2** *(information)* vstřeb(áv)at, absorbovat

soaked [səukt] adj **1** *(person)* **s. (through)** promoklý (na kůži), promočený; **s. in blood** nasáklý krví; **s. in sweat** propocený **2 the town is s. in history** město má bohatou historii, město je prodchnuté historií

soaking ['səukiŋ] adj *(person)* promoklý; *(coat etc)* promočený ● adv **be s. wet** být promoklý (na kůži) ● n *(steeping)* máčení; **give sth a s.** nechat co máčet

so-and-so ['səuənsəu] n **1** *(unspecified person)* ten a ten **2** pej **a nasty so-and-so** mizera jeden; **an old so-and-so** prevít stará

soap [səup] n **1** *(substance)* mýdlo; **a bar** or **cake of s.** mýdlo, kostka mýdla ■ **s. powder** mýdlový prášek **2 soft s.** fig pochlebování, sladké řečičky **3 s. (opera)** televizní/ rozhlasový seriál ● vt namydlit

soapbox ['səupboks] n krabice na mýdlo; inf improvizovaná tribuna ■ **s. orator** pouliční řečník ♦ **he's on his s. again** už zase řeční

soapdish ['səupdiš] n miska or pouzdro na mýdlo, mýdelník, mýdelníček

soapflakes ['səupfleiks] n pl mýdlové vločky

soapstone ['səupstəun] n mastek, steatit

soapsuds ['səupsadz] n pl mydliny, mýdlová voda

soapy ['səupi] adj (**-ier**, **-iest**) **1** *(water)* mýdlový, mydlinový; *(hands)* namydlený; *(taste)* mýdlový, chutnající jako mýdlo **2** inf fig & pej *(manner, person)* úlisný, *(voice also)* medový

soar [so:(r)] **I** vi **1** *(rise up)* see **s. up 2** *(glide: bird, plane)* vznášet se, klouzat, plachtit **3** fig **a)** *(building, tower)* tyčit se do výše, *(mountains also)* vypínat se **b)** *(prices, temperature etc)* závratně stoupnout, vyletět nahoru; *(popularity)* stoupat, *(hopes)* zvýšit se **II** phr v ■ **soar up** vi vznést se vysoko or k nebesům

soaring ['so:riŋ] adj **1** *(aeroplane)* stoupající **2** fig *(tower)* tyčící se do výše; *(prices)* závratně stoupající; *(popularity)* rychle stoupající

sob [sob] n vzlyk, škyt; **~s** vzlykot, vzlykání; **give a s.** (za)vzlyknout; **she answered with a s.** zavzlykla v odpověď ■ inf **s. story** doják ● (**-bb-**) **I** vi vzlykat **II** vt **she ~bed herself to sleep** zmožena pláčem usnula **III** phr v ■ **sob out** vt povědět s pláčem ♦ **s. one's heart out** hořce plakat, moci si oči vyplakat

s.o.b. [esəu'bi:] Amer vulg abbr of **son of a bitch** čubčí syn, neřád

sobbing ['sobiŋ] n vzlykání, vzlykot ● adj vzlykající

sober ['səubə(r)] adj **1** *(not drunk)* střízlivý **2** *(moderate)* mírný, střídmý, vážný, věcný; *(sedate)* usedlý; *(sensible)* rozvážný, rozumný; *(facts)* holý; **take a s. view of life** posuzovat život realisticky, podívat se na co střízlivě **3** *(clothing)* prostý, jednoduchý, střízlivý; *(colour)* decentní ■ **~ly** adv rozvážně, rozumně, střízlivě ● phr vs ■ **sober down** *I* vi *(calm down)* uklidnit se *II* vt uklidnit, ukonejšit ■ **sober up** *I* vt **1** lit **this will s. him up** po tomhle vystřízliví **2** fig přivést koho k rozumu *II* vi lit & fig vystřízlivět, fig also přijít k rozumu, zmoudřet

sobering ['səubəriŋ] adj **have a s. effect** působit vystřízlivění; **it's a s. thought** nad tím je třeba se zamyslet; to je představa, po které nadšení vychladne

sober-minded [səubə'maindid] adj střízlivý, rozumný, realistický

sobriety [səu'braiəti] n fml **1** *(moderation)* střízlivost, střídmost **2** *(seriousness)* vážnost, věcnost; *(sedateness)* usedlost; *(being sensible)* rozvážnost, rozumnost **3** *(of dress)* jednoduchost, prostota, *(of colour also)* decentnost

sobriquet ['səubrikei] n fml somewhat dated přezdívka

Soc abbr of **1 Socialist** socialistický **2 Society** *(club)* klub, sdružení, kroužek

so-called [səu'ko:ld] adj takzvaný

soccer ['sokə(r)] n fotbal, kopaná ■ **s. ball/ match** fotbalový míč/ zápas; **s. player** Br inf, Amer neutr fotbalista

sociability [səušə'biləti] n družnost, společenskost

sociable ['səušəbl] adj *(gregarious)* společenský, družný; *(friendly)* přátelský; **be s.** být společenský, umět to s lidmi ■ **sociably** adv družně, společensky ● n Amer večírek

social ['səušl] n (společenský) večírek ● adj **1 a)** *(class, history, policy, problems, reform, security, stratification, welfare, worker)* sociální; **s. democracy** sociální demokracie; **s. engineering** sociální inženýrství; **s. dis-**

ease nemoc způsobená sociálními faktory, euph *(VD)* pohlavní nemoc **b)** *(considerations, conventions, ills, life, order, ownership)* společenský; **s. climber** společenský šplhoun; **s. drinking** společenské pití požívání alkoholických nápojů; **s. sciences** společenské vědy **c)** *(call, visit)* přátelský **2** *(gregarious)* společenský ■ **~ly** adv sociálně, společensky; **we don't see each other ~ly** společensky se nestýkáme

socialism ['səušəlizəm] n socialismus

socialist ['səušəlist] adj socialistický ● n socialista

socialistic [səušə'listik] adj pej socanský dated, tíhnoucí k socanství dated, flirtující se socialismem

socialite ['səušəlait] n often pej světák, lev salonů

socialization [səušəlai'zeišn] n **1** Psych přizpůsobení se životu ve společnosti **2** Pol socializace, zespolečenštění

socialize ['səušəlaiz] **I** vi *(go out)* chodit do společnosti, chodit mezi lidi; *(make friends)* navazovat přátelství **II** vt Pol zespolečenštit, socializovat

societal [sə'saiətl] adj společenský

society [sə'saiəti] n (pl **-ties**) **1** *(social community)* společnost; **a useful member of s.** platný člen společnosti; **be a danger to s.** ohrožovat společnost **2** *(of a particular type)* **capitalist s.** kapitalistická společnost; **a civilized s.** civilizovaná společnost; **Western s.** západní společnost; **consumer s.** konzumní společnost **3** **(high) s.** vznešená or lepší společnost; **the cream of s.** společenská smetánka; **in the best s.** v nejlepší společnosti; **shun s.** stranit se společnosti; **(sb's) rank in s.** společenské postavení ■ **the s. column** společenská rubrika; **s. gossip** klepy z vyšší společnosti; **s. man** lev salonů; **s. wedding** svatba v lepších kruzích **4** *(club, organization)* klub, sdružení, společnost, spolek; **charitable s.** dobročinný spolek; **debating s.** debatní klub; **the S. of Friends** *(Quakers)* společnost přátel; **the S. of Jesus** tovaryšstvo Ježíšovo **5** *(company)* společnost; **I enjoy her s.** jsem rád v její společnosti

socio- ['səušiəu] pref socio-, společensko-; **sociobiology** sociobiologie

socioeconomic [səušiəui:kə'nomik] adj společenskoekonomický

sociolinguistic [səušiəuliŋ'gwistik] adj sociolingvistický

sociolinguistics [səušiəuliŋ'gwistiks] n sociolingvistika

sociological [səušiə'lodžikl] adj sociologický

sociologist [səuši'olədžist] n sociolog/socioložka

sociology [səuši'olədži] n sociologie

sociopolitical [səušiəupə'litikl] adj společenskopolitický

sock$_1$ [sok] n ponožka, *(knee-length)* podkolenka; **ankle s.** kotníčková ponožka; Aviat **wind s.** větrný pytel ♦ **put a s. in it!** inf Br drž hubu!; inf **you must pull your ~s up** musíš zabrat, musíš přidat

sock$_2$ [sok] inf n rána, šupa pěstí; **give sb a s. on the jaw** dát komu jednu do zubů, dát komu přes hubu ● **I** vt praštit; **s. sb on the jaw** dát komu do zubů; **s. him one!** vraz or ubal or přišij mu jednu!; **s. it to sb** dát komu co proto **II** phr v ■ **sock away** vt Amer *(money)* uspořit, ušetřit

socket ['sokit] n **1** Elec *(for bulb)* objímka, *(for plug)* zásuvka **2** *(of joint)* jamka; *(of eye)* důlek; *(of tooth)* zubní lůžko **3** Carp zářez, vybrání, výřez, drážka ■ **s. wrench** násuvný klíč

sod$_1$ [sod] n *(piece of turf)* drn ♦ **under the s.** *(in one's grave)* pod drnem

sod$_2$ [sod] sl n **1** *(bastard)* hajzl, vůl; **silly s.!** vůl jeden! **2** inf *(wretch)* **poor old s.** chudák stará; **the poor old s. got the sack** vyhodili ho, chudáka starého; see **Sod's Law** **3** vulg **a s. of a job** svinská or posraná práce taboo **4** **s. all** *(nothing)* hovno taboo; **he knows s. all about it** ví o tom hovno taboo ● **I** vt **s. it!** do prdele! taboo; **s. him!** ten mi může políbit prdel! taboo **II** phr v ■ **sod off** vi **s. off!** jdi se vycpat!, vlez mi na záda!, jdi do prdele! taboo

soda ['səudə] n **1** Chem soda, uhličitan sodný; **baking s.** zažívací or jedlá soda; **caustic s.** louh sodný **2** *(drink)* **s. (water)** soda, sifon, Amer *(soft drink)* limonáda, sodovka; **a whisky and s.** whisky se sodou ■ **s. fountain i)** *(café)* bufet, výčepní pult pro limonády etc **ii)** sifonová láhev

sodden ['sodn] adj *(ground)* nasáklý vodou, rozměklý; *(clothes)* promočený; **be s. with drink** být pěkně zlitý

sodding ['sodiŋ] adj Br sl proklatý, zatracený, posraný taboo, svinský taboo; **what a s. nuisance!** do prdele!, k sakru!; **stupid s. thing!** pitomý krám!

sodium ['səudiəm] n Chem sodík ■ **s. bicarbonate** zažívací or jedlá soda; **s. chloride** chlorid sodný, kuchyňská sůl; **s. nitrate** dusičnan sodný; **s. sulphate** síran sodný

Sodom ['sodəm] n Bibl Sodoma; **S. and Gomorrha** Sodoma a Gomora

sodomite ['sodəmait] n sodomita

sodomy ['sodəmi] n sodomie

Sod's Law [sodz'lo:] n zákon schválnosti

sofa ['səufə] n pohovka, divan ■ **s. bed** rozkládací gauč

soft [soft] adj **1** gen měkký **a)** *(yielding: pillow, carpet)* měkký, *(butter, chocolate* also*)* rozměklý, *(fruit* also*)* kašovitý, *(ground* also*)* rozměklý, blátivý, *(soil* also*)* kyprý, *(meat* also*)* jemný, *(cheese* also*)* tavený, mazlavý; **nice and s.** měkoučký; **s. to the touch** měkký na omak; **a book in s. covers** brožovaná kniha **b)** *(flabby: muscles)* ochablý **c)** *(wood)* měkký, jehličnatý; *(metal)* měkký, kujný; *(pencil)* měkký **2** *(smooth: skin)* hebký, jemný, *(hair* also*)* hedvábný, jako hedvábí, *(surface)* hladký **3** *(gentle)* **a)** *(breeze, rain)* mírný, vlahý **b)** *(not harsh)* jemný, *(sound, voice, light, colour)* měkký, *(colour* also*)* jemný, pastelový, *(light* also*)* tlumený, přitlumený, *(voice* also*)* mírný, libozvučný, *(not loud: voice, music, steps, tap)* tichý, tlumený **c)** Phot *(negative)* měkký; Br **s. focus** měkce kreslící; *(image)* nekontrastní **d)** *(heart)* měkký, dobrý, dobrácký ♦ **have a s. spot for sb/ sth** mít slabost pro koho/ co, být na koho/ co zatížený, *(for sb)* držet or trpět na koho **e)** Ling *(consonant)* měkký ■ Anat **s. palate** měkké patro **4** *(weak)* **a)** *(character)* slabý, *(person)* poddajný, povolný, ústupný, málo energický, příliš měkký, *(government)* slabý, nerozhodný; *(lenient)* shovívavý, mírný, málo přísný; **be s. with sb** být ke komu shovívavý; **be too s. with one's children** všechno svým dětem dovolit, být na děti příliš měkký **b)** *(not tough)* slabošský, změkčilý, zženštilý **c)** inf *(mentally)* praštěný, pitomý; **he's s. in the head** straší mu ve věži, má to v hlavě vykradený*; **he's going s. in the head** měkne mu mozek; **don't be s.!** *(silly)* nežvaň! **d) s. soap** *(flattery)* sladké řečičky; **use s. soap on sb** žehlit si to u koho, pochlebovat komu, mazat komu med kolem huby **5** inf *(easy: job, life)* pohodlný, pohodový, inf somewhat dated lážový; **a s. touch** *(person)* hejl, trouba, kořen; **a s. option** cesta nejmenšího odporu; **a s. target** lehce zasažitelný cíl, nechráněný cíl proti leteckému útoku; **he's a s. touch** fig sl s ním je lehká práce, dá se snadno oškubat, ochotně dá or půjčí peníze **6** *(drink)* nealkoholický, *(drug)* měkký nenávykový; **s. porn** mírná pornografie, mírné porno **7** *(not steep: slope)* pozvolný, mírný **8** Comput *(hyphen, page break)* podmíněný **9** Fin *(currency)* měkký, nekonvertibilní; *(market)* měkký, přizpůsobivý ■ adv see **softly**

softball ['softbo:l] n Amer Sport softbal

soft-boiled [soft'boild] adj **a s.-b. egg** vejce naměkko or na měkko

soft-centred, Amer **soft-centered** [soft-'sentəd] adj *(sweet, chocolate)* plněný

soft-cover [soft'kavə(r)] adj Amer brožovaný, v měkkých deskách

soften ['sofən] **I** vt gen změkčit; *(skin, taste)* zjemnit; *(light, voice)* (z)tlumit, *(voice* also*)* ztišit, *(light* also*)* (při)tlumit; *(person)* obměkčit; *(pain, blow)* zmírnit; *(impact)* ztlumit **II** vi *(ground, butter, leather)* změknout; *(skin)* zjemnit se, zjemnět; *(voice)* ztišit se, zjihnout; *(person)* obměkčit se; *(views, pain, anger)* zmírnit se; *(light)* ztlumit se; *(wind)* zeslábnout **III** phr v ■ **soften up** *I* vt **1** *(make softer: ground* etc*)* změkčit, *(skin)* zjemnit **2** *(person)* obměkčit, oblomit; *(anger)* zmírnit **3** Mil *(enemy positions: by bombardment)* oslabit *II* vi *(person)* obměkčit se; inf **s. up on sb** být ke komu shovívavější

softener ['sofənə(r)] n *(for water)* změkčovací prostředek; *(for fabric)* avivážní prostředek

softening ['sofəniŋ] n změkčení; *(of skin)* zjemnění; *(of person)* obměkčení; *(of the brain)* měknutí

soft-footed [soft'futid] adj *(person)* mající tichý krok; *(tiger)* tiše našlapující

soft-headed [soft'hedid] adj slabomyslný, přihlouplý, inf přitroublý

soft-hearted [soft'ha:tid] adj dobrosrdečný, dobrácký, inf měkkosrdcatý

softie ['softi] n (pl **~s**) inf **1** *(soft-hearted person)* dobrotisko **2** *(weak person)* slaboch, měkkota, bábovka

softly ['softli] adv **1** *(gently: touch)* lehce, jemně; *(blow: breeze)* mírně **2** *(tenderly: smile)* laskavě, *(treat children)* shovívavě **3** *(quietly: speak, sing)* tiše; **tread s.** měkce našlapovat

softly-softly [softli'softli] adj *(manner, approach)* velmi opatrný, obezřetný

softness ['softnəs] n see **soft 1** gen měkkost, *(of soil)* kyprost; *(of meat)* jemnost; *(of muscles)* ochablost; *(of metal)* měkkost, kujnost **2** *(of skin)* hebkost, jemnost; *(of surface)* hladkost **3** *(of rain, breeze)* mírnost, vlahost; *(of sound, voice)* měkkost, tlumenost; *(of image)* nekontrastnost, mlhavost; *(of heart)* měkkost, dobráckost **4** *(weakness)* slabost; *(of person)* poddajnost, povolnost, ústupnost; *(leniency)* shovívavost; *(lack of toughness)* změkčilost; *(foolishness)* praštěnost, pitomost **5** *(of job)* pohodlnost, ulejvárna, lehárna **6** *(of drink)* nealkoholičnost; *(of drug)* měkkost **7** *(of slope)* povlovnost, mírnost **8** Fin *(of currency)* měkkost, nekonvertibilita

soft-pedal [soft'pedl] v (Br **-ll-**, Amer **-l-**) **I** vt fig mírnit, tlumit **II** vi fig **s.-p. on sth** *(reforms)* zpomalovat, zmírnit tempo čeho

soft-soap [soft'səup] vt inf **s.-soap sb** pochlebovat komu, mazat komu med kolem pusy, inf žehlit si to u koho; **s.-soap sb into doing sth** přemluvit koho lichocením k čemu

soft-spoken [soft'spəukən] adj mluvící tichým hlasem

software ['softweə(r)] n Comput software

softy ['softi] see **softie**

soggy ['sogi] adj (**-ier**, **-iest**) mokrý, *(soil)* rozmoklý; *(clothes)* promočený; *(food)* kašovitý

soh [səu] n Mus sol solmizační slabika

soil$_1$ [soil] n **1** *(earth)* země, půda, zemina; **fertile/ infertile s.** úrodná/ neúrodná půda; **virgin s.** panenská půda **2** fig fml *(country)* země, území; **native s.** rodná hrouda or země; **on British s.** na britském území or teritoriu

soil$_2$ [soil] **I** vt **1** *(clothes* etc*)* zašpinit, ušpinit, umazat, potřísnit **2** fig *(reputation)* pošpinit ♦ fig **s. one's hands with sb/ sth** špinit si s kým/ čím ruce **II** vi **s. (easily)** *(clothes)* špinit se

soiled [soild] adj *(dirty)* zašpiněný, umazaný, ušpiněný; *(stained)* potřísněný; *(dressings)* použitý

soirée ['swa:rei] n fml společenský večírek or večer, soaré

sojourn ['sodžən] n pobyt; *(place)* místo pobytu ● vi fml bydlet, pobývat, zdržovat se

solace ['soləs] n útěcha, vzpruha; **find s. in alcohol** nalézt útěchu v alkoholu ● vt *(person)* (u)těšit

solar ['səulə(r)] adj **1** *(related to sun)* sluneční; **s. energy/ radiation** sluneční energie/ záření; **s. system** sluneční soustava **2** Anat **s. plexus** solární pleteň, solární plexus

solarium [sə'leəriəm] n (pl **~s**, **solaria** [-riə]) Med solárium

sold [səuld] pt & pp of **sell** ● adj prodaný

solder ['soldə(r)] n pájka ● **I** vt letovat; *(s. together)* sletovat; **s. sth to sth** přiletovat co k čemu; **s. sth on sth** naletovat co nač **II** vi letovat

soldered ['soldəd] adj **s. joint** pájený spoj

soldering ['soldəriŋ] adj letovací, pájecí; **s. iron** páječka; **s. lamp** pájecí lampa

soldier ['səuldžə(r)] n **1** Mil voják, vojín; *(military man)* příslušník armády; **play at ~s** hrát si na vojáky ♦ **old s.** vojenský veterán, inf stará vojna; **s. of fortune** žoldnéř **2** Zool voják mravenec ● **I** vi být ve vojenské službě, sloužit jako voják, inf vojančit **II** phr v ■ **soldier on** vi vydržet, vytrvat, nedat se

soldierly ['səuldžəli] adj *(bearing, appearance)* vojenský

soldiery ['səuldžəri] n **1** *(soldiers)* vojáci, vojsko, pej soldateska **2** somewhat dated *(profession)* vojenské povolání, inf vojančina

sole$_1$ [səul] n *(fish)* mořský jazyk

sole$_2$ [səul] n *(of foot)* chodidlo, šlapka; *(of sock* etc*)* šlapka; *(of shoe)* podešev, podrážka; **leather ~s** kožené podešve ● vt *(shoe)* podrazit

sole$_3$ [səul] adj **1** *(only:* eg *survivor)* jediný **2** *(exclusive: rights)* výhradní (**to sth** na co), výlučný; *(beneficiary)* univerzální ■ **~ly** adv **1** *(only)* jedině, pouze **2** jedině, plně, zcela; **be ~ly responsible for sth** nést zač veškerou zodpovědnost

solecism ['solisizm] n **1** Ling solecismus, syntaktická chyba **2** *(violation of good manners)* faux pas, společenský prohřešek

solemn ['soləm] adj **1** *(procession* etc*)* slavnostní, obřadný, důstojný, pej okázalý, pompézní **2** *(serious: face, expression, mood, voice)* vážný, slavnostní **3** *(oath, declaration)* slavnostní, místopřísežný, *(promise)* závazný ■ **~ly** adv slavnostně, obřadně, okázale; vážně; *(swear)* místopřísežně

solemnity [sə'lemnəti] n see **solemn** **1** slavnostnost, obřadnost, pej okázalost, pompéznost **2** vážnost, slavnostnost

solemnize ['soləmnaiz] vt důstojně (o)slavit; *(marriage)* (slavnostně) konat

solenoid ['solənoid] n Elec solenoid

sol-fa [sol'fa:] n Mus solmizace, solfeggio [-edžo]

solicit [sə'lisit] **I** vt **1** *(support, information)* získávat, dožadovat se čeho, ucházet se o **2 s. men** (Subj: *prostitute)* nabízet se mužům, nabízet mužům sexuální služby **II** vi *(prostitute)* nabízet sexuální služby

solicitation [səˌlisi'teišn] n **1** (naléhavá) prosba **2** = **soliciting**

soliciting [sə'lisitiŋ] n *(by prostitute)* Jur nabízení sexuálních služeb za úplatu

solicitor [sə'lisitə(r)] n **1** Br právní zástupce a obhájce u nižších soudů **2** Amer právní zástupce magistrátního soudu **3 S. General** (pl **~s General**) Br druhý státní prokurátor; Amer generální prokurátor

solicitous [sə'lisitəs] adj **1** *(concerned)* starostlivý, pečlivý, ochotný **2** *(eager)* horlivý, snaživý

solicitude [sə'lisitju:d] n **1** *(concern, consideration)* starostlivost, pečlivost, ochota **2** *(eagerness)* horlivost, snaživost

solid ['solid] adj **1** *(not liquid* or *gas)* pevný, tuhý; **s. state** pevné skupenství; **s. food** tuhá potrava; **s. fuel** pevné palivo; **s. body** pevné těleso **2** *(of one substance)* pevný, solidní, masivní; **s. rock** pevná or masivní hornina; **made of s. gold** vyrobený celý ze zlata, vyrobený z masivního zlata **3** *(not hollow: tyre)* plný **4** *(of one specified colour)* jednolitý; **a white rose on a s. blue**

background bílá růže na jednolitě modrém podkladu **5** *(unbroken: line)* nepřetržitý, plný, souvislý; **we had three s. weeks of rain** pršelo nám bez přerušení tři týdny **6** *(dense)* hutný, kompaktní, celistvý; *(crowd)* hustý; **be a s. mass of flames** být v jednom plameni **7** *(reliable)* **a)** *(sturdy: structure, foundations)* pevný; *(furniture, house)* bytelný, solidní; **a man of s. build** muž statné postavy **b)** fig *(knowledge)* pevný, solidní; *(firm, worker, research)* solidní, spolehlivý, *(advice)* spolehlivý, dobrý **c)** *(respectable: person, citizen)* solidní **8** Pol *(support)* solidní, masivní, *(unanimous)* jednomyslný **9** Math *(figure)* celý; Geom **s. geometry** prostorová geometrie ■ adv see **solidly** ● adv **be frozen s.** být naprosto zmrzlý, být zmrzlý na kost; **be written s.** psát se dohromady or bez spojovníku ● n **1** Geom (pevné) těleso **2** **~s** *(food)* tuhá potrava **3** Chem pevné látky, *(from liquid)* sušina

solidarity [soli'dærəti] n solidarita ■ **s. strike** solidární stávka

solidify [sə'lidifai] v (**-ie-**) **I** vi *(become solid)* ztuhnout *(metal, lava* also*)* (z)tvrdnout; *(blood)* srazit se; fig *(support)* upevnit se, utužit se **II** vt způsobit (z)tuhnutí or (z)tvrdnutí

solidity [sə'lidəti] n see **solid** **1** pevnost, tuhost **2** pevnost, solidnost, masivnost **3** *(of tyre)* plnost **4** *(of colour)* jednolitost **5** nepřetržitost **6** hutnost, kompaktnost, celistvost **7** *(of structure)* pevnost; *(of furniture)* bytelnost, solidnost; *(of knowledge)* pevnost, solidnost; *(of firm, research)* solidnost, spolehlivost **8** Pol solidnost, jednomyslnost

solidly ['solidli] adv **1** *(firmly)* pevně; *(built)* pevně, solidně, bytelně **2** *(work: continuously)* nepřetržitě **3** *(vote: unanimously)* jednohlasně

solid-state [solid'steit] adj **1** Phys týkající se pevných látek **2** Elec polovodičový

soliloquize [sə'liləkwaiz] vi vést samomluvu, mluvit sám k sobě

soliloquy [sə'liləkwi] n samomluva, monolog

solitaire [soli'teə(r)] n Amer Cards pasiáns; **play s.** hrát pasiáns

solitary ['solətəri] adj **1** *(alone: person, life, childhood)* osamělý, *(person)* (žijící) v ústraní; *(tree)* osamělý; **s. confinement** izolace, separace vězně; **lead a s. existence** žít osamoceně, držet se v ústraní **2** *(sole: example, incident, reason, question)* jediný; **give me one s. reason why ...** uveď jeden jediný důvod, proč ...; **a s. case of ...** jediný or ojedinělý případ čeho **3** *(remote: place)* odlehlý, izolovaný, ležící stranou, *(village* also*)* zapadlý **4** *(empty of people)* prázdný, opuštěný

solitude ['solətju:d] n osamělost; *(of place)* odlehlost, izolovanost, *(of village* also*)* zapadlost

solo ['səuləu] n (pl **solos**) **1** Mus sólo; **he played a violin s.** hrál houslové sólo **2** Aviat samostatný let ● adj **1** Mus sólový; **s. singer** sólista/ sólistka **2** *(flight)* samostatný ● adv **1** Mus **sing/ play s.** zpívat/ hrát sólo(vě) **2** *(alone)* sám, samostatně; **fly s.** letět samostatně, uskutečnit samostatný let

soloist ['səuləuist] n Mus sólista/ sólistka

Solomon ['soləmən] n Šalamoun ■ **the S. Islands** Geog Šalamounovy ostrovy

solstice ['solstis] n slunovrat; **the summer/ winter s.** letní/ zimní slunovrat

solubility [solju'biləti] n rozpustnost

soluble ['soljubl] adj **1** *(substance)* rozpustný **2** *(problem)* řešitelný

solution [sə'lu:šn] n **1** *(answer)* (vy)řešení (**to sth** čeho); *(to a riddle* also*)* vyluštění **2** Chem roztok

solve [solv] vt *(equation)* vyřešit, *(riddle* also*)* vyluštit; *(mystery, crime)* objasnit

solvent ['solvənt] n Chem rozpouštědlo, rozpustidlo ■ **s. abuse** (zne)užívání rozpouštědel jako drog ● adj **1** Fin solventní **2** *(substance)* rozpustný

Somali [sə'ma:li] adj somálský ● n Somálec/ Somálka

Somalia [sə'ma:liə] n Somálsko

somatic [səu'mætik] adj Med somatický

sombre, Amer **somber** ['sombə(r)] adj **1** *(dark: place)* temný, *(colour)* tmavý **2** *(gloomy: mood)* sklíčený, zasmušilý, *(thoughts)* ponurý; **a s. prospect** chmurná perspektiva

sombreness, Amer **somberness** ['sombənəs] n see **sombre** **1** tmavost, temnota **2** sklíčenost, zasmušilost, ponurost

some [sam, weak form səm] adj **1** in affirmative sentences, in questions expecting a positive reply, after 'if', 'whether' with a positive emphasis – sometimes not translated **a)** *(an unspecified number)* několik, nějací, *(several)* někteří, pár; **s. new books** několik nových knih; **I bought s. flowers for her** koupil jsem jí nějaké květiny; **did you bring s. cigarettes?** přinesl jsi nějaké cigarety? **b)** *(an unspecified quantity)* nějaký, trochu; **have you got s. money?** máte (nějaké) peníze?; **can I borrow s. money from you?** můžeš mi půjčit nějaké peníze?; **I must buy s. cheese** musím koupit (nějaký) sýr; **give me s. bread** dejte mi chleba; **can I get s. milk?** mohu dostat trochu mléka?; **I need s. hot water** potřebuji trochu horké vody; **spare oneself s. work**

ušetřit si práci 2 *(certain: not all)* některý, určitý; **s. shops are still open** některé obchody jsou ještě otevřené; **s. people work, others don't** někteří lidé pracují, jiní ne 3 **a)** *(a considerable amount)* **it's s. distance from here** je to odsud dost daleko; **for (quite) s. time** už dost dlouho; **for s. time to come** ještě nějaký čas; **make s. headway** udělat velký krok kupředu; **that was s. wind** to byl pořádný vítr **b)** *(a considerable number)* **s. years ago** před mnoha lety **c)** inf *(expressing admiration)* **that's s. beer!** tomu se říká pivo!, to je ale pivo!; **that's s. man!** to je mužský jaksepatří, to je ale chlap **d)** iron **s. dictionary that is!** to má být slovník?; **s. friend you are!** to si říkáš kamarád? 4 *(small amount, quantity, certain degree)* **I have s. misgivings** mám určité pochybnosti; **that is s. proof** to je svého druhu důkaz; **the candidate must have s. knowledge of Czech** kandidát musí mít určitou znalost češtiny or musí umět trochu česky; **add s. sugar/ salt to sth** přisladit/ posolit si co 5 *(unknown or unspecified)* nějaký, jakýsi, jeden; **s. woman wants to speak to you** chce s vámi mluvit nějaká žena or pej jakási ženská; **he teaches at s. language school** učí na nějaké or na jedné jazykové škole ● pron 1 *(people)* někteří (lidé), někdo, mnozí; *(there were 50 delegates)* **s. came by train, some by coach** někteří (z nich) přijeli vlakem, jiní autobusem; **s. say that ...** někteří lidé říkají, že ...; **s. of us** někteří z nás 2 *(when referring)* **a)** *(to plural nouns)* některé, nějaké, *(a few)* několik, *(certain ones)* určité; **s. of my books** některé z mých knih; *(where are the photos?)* **there are s. in the drawer** nějaké jsou v zásuvce; **have s.!** *(nuts etc)* vemte si!, posložte si! **b)** *(to singular nouns)* **I agree with s. of what you say** s něčím z toho, co říkáte, souhlasím; *(here is the beer)* **have s.!** posložte si, napijte se; **s. more whisky?** dáte si ještě whisky? ● adv 1 *(approximately: with numbers)* asi, přibližně; **s. twenty miles** nějakých or asi dvacet mil; **a group of s. ten boys** skupina asi deseti chlapců 2 Amer inf *(a little)* trochu; *(a lot)* pořádně; **he is feeling s. better today** dnes se cítí trochu lépe; **we really drank s. last night** včera jsme se jaksepatří zlinýrovali

somebody ['sambədi] pron 1 *(unspecified person)* někdo, kdosi; **s.'s friend** něčí přítel; **s. important** někdo důležitý; **s. else** někdo jiný; **s. must have seen it** někdo to musel vidět 2 *(important person)* **be (a) s.** být někdo, něco znamenat; **he thinks he is s.** myslí si, že je pupek světa

someday ['samdei] adv někdy or jednou v budoucnu

somehow ['samhau] adv 1 *(in some way)* **s. (or other)** nějak, jaksi; **we'll muddle through s.** nějak se proklepeme; **I'll get there s.** nějak se tam dostanu; **we'll get by s.** nějak se protlučeme 2 *(for some reason)* **s., I know she'll get the job** z nějakého důvodu si myslím, že to místo dostane

someone ['samwan] pron see **somebody**

someplace ['sampleis] adv Amer někde, *(to some place)* někam; **go s.** jít někam

somersault ['saməso:lt] n 1 gen kotoul, also fig kotrmelec; **perform ~s** lit & fig dělat kotrmelce 2 *(acrobatic)* přemet, salto ● vi 1 *(gymnast)* udělat kotoul, *(in air)* udělat přemet or salto 2 *(car)* převrátit se, obrátit se na střechu

something ['samθiŋ] pron 1 gen něco; **s. or other** něco, cosi; **s. else** něco jiného; **s. extra** něco navíc, *(money* etc*)* něco na přilepšenou; **s. new** něco nového; **s. light** *(to eat)* něco dietního; **s. to eat** něco k jídlu, něco k snědku; **have s. to do** mít co dělat; **have you got s. to read?** máte co číst?; **there's s. fishy about it** to se mi nějak nezdá, v tom or tady je něco podezřelého; **I have got s. wrong with my stomach** mám něco se žaludkem; **he does s. in television** dělá něco v televizi; **at six s.** něco po šesté; **she's forty s.** je jí něco přes čtyřicet ♦ **a little s.** malá pozornost; inf **they have (got) s. going** mají něco mezi sebou, pečou to spolu 2 *(s. significant)* **there's s. in it** na tom něco je; **there's s. to it** *(it's not bad)* má to něco do sebe; inf **she's got s.** ta má šmrnc; inf **he's quite s.** on skutečně něco znamená, on je skutečně někdo; **it's quite s.**, Amer **it's s. else** to je fantastické, to je něco úžasného; *(they won)* **that's quite s.** to je tedy výkon 3 **or s.** nebo co; **are you mad or s.?** blázníš nebo co?, ty ses snad musel zbláznit ● adv 1 **s. like** něco jako; **s. like that** něco takového; **it was s. like an orange** vypadá to trochu jako pomeranč; **s. like two miles** kolem dvou mil ♦ **(now) that's s. like it!** inf to už by šlo, takhle si to dám líbit 2 inf **he was shouting s. awful** příšerně hulákal; inf **the pain is s. shocking** příšerně to bolí 3 **he's s. of a poet** je tak trochu básník

sometime ['samtaim] adv 1 *(in future)* někdy, některý den, jednou; **you must come and see us s.** musíte nás někdy navštívit; **we'll have to do it s.** jednou to budeme muset udělat 2 *(in past)* **s. last month**

někdy v minulém měsíci ● adj attr 1 *(former: president, chairman* etc*)* dřívější, někdejší 2 Amer *(occasional)* příležitostný

sometimes ['samtaimz] adv někdy, občas; **s. ..., s. ...** jednou ..., jednou ...; **s. ... and at other times ...** někdy ..., jindy zase ...

somewhat ['samwot] adv poněkud, (tak) trochu; **we were s. disappointed** byli jsme poněkud zklamaní

somewhere ['samweə(r)] adv 1 *(in some place)* někde; *(to some place)* někam; **s. or other** *(be/ go)* kdesi/ kamsi; **from s.** odněkud; **from s. or other** odkudsi; **s. else** *(be/ go)* někde jinde/ někam jinam; **have s. to live** mít kde bydlet ♦ **at last I am getting s.** inf konečně jsem se hnul z místa, už jsem z nejhoršího 2 fig *(approximately)* **she is s. in her fifties** (ona) má něco přes padesát; **he earns s. around ....** vydělává kolem ...

somnambulism [som'næmbjulizəm] n náměsíčnost, somnambulismus

somnambulist [som'næmbjulist] n náměsíčník/ náměsíčnice, somnambul/ -ka

somnolence ['somnələns] n ospalost, dřímota

somnolent ['somnələnt] adj 1 *(sleepy)* ospalý, dřímavý 2 *(causing sleep)* uspávající, jednotvárný

son [san] n lit & fig syn; **my son** *(boy)* můj syn, můj chlapec, můj kluk; Bibl **prodigal s.** marnotratný syn; offens **s. of a bitch** čubčí syn, hajzl both taboo

sonar ['səuna:(r)] n sonar, ultrazvukový zaměřovač ponorek

sonata [sə'na:tə] n Mus sonáta; **piano/ violin s.** klavírní/ houslová sonáta, sonáta pro klavír/ housle ■ **s. form** sonátová forma

son et lumière [sonei'lu:mieə(r)] n son et lumière montáž hudby, světelných efektů a mluveného slova

song [soŋ] n 1 gen píseň, písnička; *(popular s.* also*)* šlágr; *(music-hall s.* also*)* kuplet ♦ **make a s. and dance about sth** nadělat kolem čeho moc řečí, dělat s čím okolky, *(exaggerate)* dělat z komára velblouda; inf **buy sth for a s.** koupit co za babku ■ **s. cycle** písňový cyklus 2 *(act of singing)* **give us a s.** zazpívej (nám) něco; **burst into s.** dát se do zpěvu, zapět 3 *(of bird)* zpěv, *(of nightingale* also*)* klokot, tlukot

songbird ['soŋbə:d] n zpěvný or zpěvavý pták, pěvec

songbook ['soŋbuk] n zpěvník

songfest ['soŋfest] n Amer posezení se zpěvem

songster ['soŋstə(r)] n 1 *(person)* zpěvák 2 *(bird)* see **songbird**

songstress ['soŋstrəs] n zpěvačka

songwriter ['soŋraitə(r)] n písničkář skladatel/ autor textu

sonic ['sonik] adj zvukový, akustický; **s. barrier** Aviat zvuková bariéra; **s. boom** Aviat aerodynamický třesk při překročení zvukové bariéry; **s. depth finder** Naut echolot

son-in-law ['saninlo:] n (pl **sons-in-law** ['sanz-]) zeť

sonnet ['sonit] n Liter sonet, znělka

sonny ['sani] n inf dated *(form of address)* synku!, chlapče!, hochu!

sonority [sə'norəti] n zvučnost, sonornost

sonorous ['sonərəs] n zvučný, sonorní

soon [su:n] adv 1 *(in a short time)* brzy, vbrzku, zanedlouho, zakrátko, fml záhy; **it'll s. be Christmas** brzy budou Vánoce; **write s.!** brzy (mi) napiš!; **see you s.!** brzy na shledanou; **you'll be feeling better s.** brzy ti zase bude lépe; **I'll be back s.** brzy se vrátím 2 *(not long)* **s. after (that), s. afterwards** brzy nato, brzy poté, nedlouho potom; **s. after midnight** brzy po půlnoci 3 **as s. as** jakmile, jen(om) co; **as s. as possible** co (možná) nejdříve; **as s. as I saw her, I recognized her** poznal jsem ji, hned jak jsem ji uviděl 4 *(early)* brzy; **very s.** velmi brzy; **too s.** příliš brzy; **they arrived too s.** přijeli příliš brzy ♦ **don't speak too s.** nechval dne před večerem; neříkej hop, dokud jsi nepřeskočil; **I must not speak too s.** nesmím to zakřiknout 5 **I'd just as s. stay at home** raději bych zůstal doma, *(I don't mind one way or another)* já klidně zůstanu doma

sooner ['su:nə(r)] adv 1 *(earlier)* dříve, dřív; **s. or later** dříve nebo později; **the s. the better** čím dřív(e), tím lépe or líp*; **the s. we finish, the s. we can leave** čím dřív skončíme, tím dřív můžeme (ode)jít/ (ode)jet 2 **no s. had he come than he started to work** sotva or jen(om) co přišel, (už) začal pracovat; **no s. said than done** jen co to řekl(a), hned to udělal(a) 3 *(suggesting preference)* **I would s. stay at home** raději bych zůstal doma; **I'd s. not** raději ne; **would you s. I called back later?** nemám raději přijít později?; **he'd s. die than ...** raději by zemřel, než ...

soot [sut] n saze, kopt, mour; **soiled with s.** začerněný sazemi; **black as s.** černý jak saze, inf ukoptěný, mourovatý ● phr v ■ **soot up** vt **s. sth up** zanést co sazemi; **become ~ed up** *(chimney)* zanést se sazemi

soothe [su:ð] vt *(calm)* uklidnit, upokojit; *(child* also*)* (u)konejšit, *(quieten)* (u)tišit; *(sb's* *anger, angry person)* uchlácholit; *(pain)* (z)tišit, (z)mírnit; *(bad conscience)* (u)tišit; **s. sb's toothache** zmírnit komu bolest zubů; fig **s. the eye** lahodit oku

soothing ['su:ðiŋ] adj **1** *(calming: music)* uklidňující, konejšivý, *(voice, tone, words* also*)* chlácholivý; *(effect)* blahodárný, uklidňující **2** *(medicine)* utišující, zmírňující bolest or pálení etc; *(bath)* způsobující uvolnění ■ **~ly** adv *(speak, stroke)* konejšivě, chlácholivě

soothsayer ['su:θseiə(r)] n věštec, jasnovidec, hádač or hadač (budoucnosti)

soothsaying ['su:θseiŋ] n věštění, jasnovidectví, hádání budoucnosti

sooty ['suti] adj (**-ier**, **-iest**) **1** *(soiled with soot)* začerněný sazemi, *(walls* etc*)* zakoptěný **2** *(black)* černý jako saze

sop [sop] n **1** Cook **~s** máčený chléb kousky namočené před požitím v mléce, polévce ap. **2** fig *(to appease sb)* šidítko, *(bribe)* úplatek, úlitba; **as a s. to public opinion** pro uklidnění veřejnosti **3** inf *(sissy, milksop)* bábovka, bačkora ● v (**-pp-**) **I** vt *(bread)* (na)máčet/ namočit **II** phr v ■ **sop up** vt *(mop up: liquid)* utřít, vysušit (hadrem), *(gravy)* vytřít chlebem ap.

sophism ['sofizəm] n sofizma, sofismus

sophist ['sofist] n sofista

sophisticated [sə'fistikeitid] adj **1** *(person, manner)* kultivovaný, *(slick)* uhlazený; *(elegant)* elegantní, vkusný, šik; *(worldly)* světaznalý, znalý světa; *(taste)* vybraný; *(audience, reader)* náročný, kulturní, vysoce kultivovaný; *(voters* etc*: well-informed)* dobře informovaný; **s. elegance** rafinovaná elegance **2** *(art)* náročný, rafinovaný; *(theory)* náročný, složitý, sofistikovaný **3** *(machinery, technology)* složitý, vysoce rozvinutý, komplikovaný, sofistikovaný

sophistication [səˌfisti'keišn] n see **sophisticated** **1** kultivovanost, uhlazenost; elegance, dobrý vkus; znalost světa; vybranost; náročnost, kulturnost, vysoká kultivovanost; dobrá informovanost **2** náročnost, rafinovanost; složitost, sofistikovanost **3** složitost, sofistikovanost

sophistry ['sofistri] n sofistika; *(sophism)* sofizma

Sophocles ['sofəkli:z] n Sofoklés

sophomore ['sofəmo:(r)] n Amer student/ -ka druhého ročníku univerzity nebo střední školy

soporific [sopə'rifik] adj uspávající, uspávací; *(weather)* ospalý ● n uspávací prostředek

sopping ['sopiŋ] adj also **s. wet** *(person)* promočený; *(from rain)* promoklý (skrz naskrz or až na kůži); *(shirt: sweaty)* propocený

soppy ['sopi] adj (**-ier**, **-iest**) inf **1** *(sentimental)* sentimentální; *(story, film* also*)* limonádový, slaďácký **2** *(effeminate)* zženštilý **3 be s. about sb** *(be in love)* být do koho zabouchnutý

soprano [sə'pra:nəu] n (pl **~s** [-nəuz]) *(voice)* soprán, sopránový hlas; *(singer: boy/ woman)* sopranista/ sopranistka ■ **s. clef** sopránový C klíč; **s. voice** sopránový hlas

sorbet ['so:bei] n Cook šerbet, sorbet

sorcerer ['so:sərə(r)] n čarodějník, kouzelník, čaroděj

sorceress ['so:sərəs] n čarodějnice, kouzelnice; čarodějka, ježibaba

sorcery ['so:səri] n *(art)* čarodějnictví, kouzelnictví, čarování, magie; *(magic)* čáry, kouzla

sordid ['so:did] adj **1** *(filthy)* špinavý; *(poor, squalid)* bídný, ubohý, nuzný **2** fig *(loathsome)* hanebný, nízký, podlý

sordidness ['so:didnəs] n see **sordid** **1** špinavost; bída, ubohost, nuznost **2** fig hanebnost, nízkost, podlost

sore [so:(r)] adj **1** *(painful: muscle, tendon, spot* etc*)* bolestivý; *(because of friction)* opruzený; *(hurting: knee, foot, tummy)* bolavý; *(knees: from kneeling)* otlačený; *(feet: from walking)* otlačený, odřený, rozbolavělý; *(wound: inflamed)* rozjitřený, zapálený, hnisavý; *(eyes)* podrážděný; **I have a s. throat** bolí mě v krku; **my eyes are s.** pálí mě oči; **my legs are s.** bolí mě nohy; **where is it s.?** kde to bolí?; **I am s. all over** bolí mě celé tělo ♦ **it's a sight for s. eyes** inf to je podívaná pro bohy **2** fig **it's a s. point** to je choulostivá záležitost **3** inf esp Amer *(angry)* naštvaný (**at sb** na koho); **get s. (over sth)** naštvat se (kvůli čemu), namíchnout se (kvůli čemu); **feel s. about sth** zlobit se or hněvat se kvůli čemu ■ adv see **~ly** ● n Med bolavé místo; *(caused by friction)* opruzenina; **cold s.** opar

sorehead ['so:hed] n Amer inf kverulant, mrzout, reptal, šťoura

sorely ['so:li] adv **1** *(needed)* naléhavě; *(missed)* bolestně; **s. tried**, **s. tested** *(nation, friendship)* těžce zkoušený; **be s. tempted** být ve velkém pokušení **2** *(wounded)* bolestně

soreness ['so:nəs] n **1** *(ache)* bolestivost, bolení **2** inf esp Amer *(anger)* naštvanost, rozzlobenost

sorority [sə'rorəti] n Amer Univ dívčí klub or spolek

sorrel ['sorəl] n **1** *(horse)* ryzák, ryšavý kůň **2** Bot šťovík

sorrow ['sorəu] n *(grief)* zármutek, žal, *(stronger)* hoře; **deep s.** hluboký smutek; **to**

my great s. k mému nesmírnému zármutku; **this was a great s. to me** velmi mě to zarmoutilo; **time heals all ~s** čas vše zhojí; **drown one's ~s in alcohol** utopit hoře v alkoholu; **I am writing to express my s. at your sad loss** dovolte, abych Vám vyjádřil hlubokou soustrast nad Vaší bolestnou ztrátou ● vi *(grieve)* **s. at** or **over sth** rmoutit se nad čím

sorrowful ['sorəuful] adj *(person, look)* lítostivý, smutný

sorry ['sori] adj (**-ier**, **-iest**) **1** *(apologetic)* **I am s. about it** je mi to líto, mrzí mě to; **I am terribly s.** je mi to nesmírně líto; **I am s. I am late** promiňte, že jsem se opozdil; **s. to trouble you** promiňte, že vás obtěžuji **2** *(sad)* **feel s. for sb** mít s kým soucit; **feel s. for oneself** litovat se; **I am s. for you** je mi vás líto **3** *(pitiful)* **be in a s. state** být v zuboženém stavu, vypadat zuboženě; **be a s. sight** skýtat žalostnou podívanou ● interj **1** *(apologizing)* **s!** promiňte!, pardon!; **s., wrong number** Tel promiňte, to je omyl **2** *(when failing to hear)* **s.?** prosím?

sort [so:t] n **1** *(kind)* druh, typ, sorta; *(make)* značka; **this s. of music** taková hudba, tento druh hudby; **machines of all ~s** stroje všeho druhu; **we have all ~s of books** máme knihy všeho druhu; **we have two/ three ~s of wine** máme dva/ tři druhy vína, máme dvojí/ trojí víno; **what s. of man is he?** co je to za člověka?; **a s. of peace** jakýs takýs mír; inf **he is an artist of a s.** or **of ~s** je tak trochu umělec; **and all that s. of thing** a tak podobně; **nothing of the s.** nic takového; **something of the s.** něco takového **2** inf *(person)* **she is a good s.** *(girl/ woman)* je to prima děvče/ ženská; **he is not a bad s.** není zlý; **he's my s.** to je můj člověk, inf to je moje krevní skupina; **it takes all ~s to make the world** lidé jsou všelijací **3 be** or **feel out of ~s** necítit se ve své kůži, být indisponovaný ● adv inf **s. of** tak trochu, tak nějak, jaksi; **I s. of expected it** já jsem to tak trochu očekával; **can you speak English? – s. of** umíte anglicky? – jakž takž ● **I** vt *(classify)* klasifikovat, třídit; *(mail)* (roz)třídit; *(lentils)* přeb(í)rat **II** phr vs ■ **sort out** vt **1** *(select)* vytřídit **2** *(tidy up: papers, books, room)* dát do pořádku **3** *(resolve: problem)* vyřešit; **it will s. itself out** to se vyřeší samo, to se vytříbí; **s. sth out in one's mind** srovnat si něco v hlavě **4** inf **s. oneself out** *(solve one's problems)* vyřešit si své problémy; **s. sb out** *(help him solve his problems)* věnovat se komu, dát si s kým práci, vzít koho do rukou **5** inf **s. sb out** *(punish)* udělat s kým krátký proces, dát komu za vyučenou ■ **sort through** vt *(letters, papers, magazines* etc*)* roztřídit

sortie ['so:ti] n **1** Mil výpad; Mil Aviat bojový let **2** fig joc **make a s. to ...** *(shop, pub* etc*)* zaskočit or vyrazit kam

sorting ['so:tiŋ] n třídění ■ **s. office** *(in post office)* třídírna; **s. programme** Comput třídicí program

SOS [esəu'es] n SOS

so-so ['səusəu] adj, adv *(how are you?)* **so--so** jakžtakž, ujde to, za moc to nestojí; *(what was the play like?)* **so-so** nic zvláštního, nic světoborného

sotto voce [sotəu'vəuči] adv **1** *(quietly)* tiše, polohlasně **2** Mus sotto voce

soufflé ['su:flei] n Cook suflé, soufflé, bublanina

sought [so:t] pt & pp of **seek**

sought-after ['so:ta:ftə(r)] adj *(person)* vyhledávaný; *(object)* **these coins are much s.-a.** o tyto mince je velký zájem

soul [səul] n **1** Relig duše; **bless my s.!, upon my s.!** dated no tohle!, to bych nebyl řekl!; **All S.'s Day** Dušiček, Dušičky; **God rest his s.** dej mu, Bože, věčnou slávu!; **commend one's s. to God** poručit duši Bohu **2** *(inner being, animating spirit)* duše, duch, hybná síla; **an indomitable s.** nezlomný duch; **see into sb's s.** vidět někomu do svědomí or do duše; **she was the life and s. of the party** byla duší večírku **3** *(person)* **not a living s.** ani živá duše; **he is a good s.** je to dobrák, je to dobrá duše; **poor s.!** chudák!/ chudinka! ■ **s. mate** spřízněná duše **4** *(personification)* **he is the s. of discretion** on je zosobněná diskrétnost **5** Mus soul, soulová hudba **6** Amer ■ **s. brother** černý bližní or bratr, bratr černoch

soul-destroying ['səuldistroiiŋ] adj *(repetitive job)* duchamorný; *(place)* deprimující

soulful ['səulful] adj *(look)* oduševnělý; *(song)* dojemný, vroucí; *(person)* citový ■ **~ly** adv oduševněle; dojemně, vroucně

soulless ['səulləs] adj **1** *(work)* duchamorný, bezduchý **2** *(person: heartless)* nemající cit, necitlivý

soul-searching ['səulsə:čiŋ] n zpytování svědomí, sebeanalýza

soul-stirring ['səulstə:riŋ] adj *(speech)* strhující, podmanivý

sound$_1$ [saund] n **1** Phys, TV, Radio zvuk; **at the speed of s.** rychlostí zvuku ■ **s. archives** fonotéka, zvukový archiv; **s. barrier** zvuková bariéra; **s. effects** zvukové efekty; **s. engineer** zvukový technik, inf zvukař; **s. recording** zvukový záznam; **s. wave** zvuková vlna **2** *(noise: of voice, music, footsteps)* zvuk, *(of voices* also*)* hlahol, halas; *(of bells)* hlahol, vyzvánění; *(of drums)* víření; *(of storm, sea, wind)* hučení, burácení; *(of engines)* hukot, hučení; *(of trees, forest)* šum(ění), šumot; *(of rain)* šelest; *(of silk)* šustění; **a grating** or **rasping s.** skřípání, skřípot; **the s. of the violin** hlas houslí; **not a s. was to be heard** bylo naprosté ticho, nebylo slyšet ani hlásku; **I hear the s. of voices** slyším hlasy; **within s. of sth** na doslech čeho **3** Ling hláska; **vowel s.** samohláska **4** TV, Radio *(volume)* hlasitost, zvuk; **turn the s. down** ztlumit rádio; **turn the s. up** zesílit zvuk **5** *(impression)* **I don't like the s. of that** to se mi nechce líbit; **it's fairly easy, by the s. of it** zdá se, že je to velmi snadné; **he was very annoyed, by the s. of it** vypadá to, že byl velmi naštvaný ● **I** vt **1** *(wind instrument, trumpet)* zatroubit na; **s. the alarm** troubit or zvonit or bít na poplach; **s. the retreat** zatroubit na ústup; **the driver ~ed his horn** řidič zatroubil **2** *(pronounce)* vyslovit; **one shouldn't s. the 'p' in 'psychology'** ve slově „psychology" se nevyslovuje „p" **3** Med *(chest etc)* proklepat, vyšetřit poklepem **II** vi **1** *(make a noise)* (za)znít, ozvat se, být slyšet; **a gun ~ed** ozval se výstřel, bylo slyšet výstřel **2** *(give an impression)* **a)** *(by voice or tone)* **it ~s hollow** zní to dutě; **he ~s tired** podle hlasu mi připadá unavený; **you s. like my father** ty mluvíš jako můj otec **b)** *(seem)* **that ~s reasonable** to se zdá být rozumné, to zní rozumně; **it doesn't s. very interesting to me** mně se to nezdá moc zajímavé; **it doesn't s. bad** to nevypadá or nezní špatně, to vypadá slibně; **how does it s. to you?** jak se to jeví tobě? **III** phr v ■ **sound off** vi inf *(talk at length)* vykládat zeširoka (**to sb about sth** komu o čem), pouštět si hubu na špacír

sound$_2$ [saund] adj **1** *(sturdy: foundations)* pevný, *(building)* důkladný, solidní; *(in good condition)* v dobrém stavu **2** *(healthy: person, body, heart)* zdravý; *(health)* pevný; **be of s. mind** být při jasném vědomí ♦ **be as s. as a bell** být zdravý jako řípa; **a s. mind in a s. body** v zdravém těle zdravý duch; **come back safe and s.** vrátit se živ a zdráv **3** *(reliable: knowledge)* bezpečný, solidní **4** *(dependable: firm)* spolehlivý, solidní, seriózní; *(currency)* pevný; *(safe: investment)* bezpečný **5** *(well-founded: argumentation)* podložený, přesvědčivý; *(sensible)* rozumný; *(advice)* moudrý; *(measure, procedure)* osvědčený **6** *(thorough: beating)* pořádný; *(defeat)* zdrcující; **give sb a s. thrashing** dát komu pořádný výprask **7** *(sleep)* hluboký, tvrdý ■ **~ly** adv **1** *(built)* důkladně, solidně **2** *(argue)* přesvědčivě; *(advise)* moudře; *(invest)* rozumně **3** *(defeat)* přesvědčivě, na hlavu **4** *(sleep)* tvrdě

sound$_3$ [saund] n **1** Naut olovnice **2** Med sonda ● **I** vt Naut (z)měřit hloubku olovnicí **II** phr v ■ **sound out** vt *(sb's intentions)* sondovat; **s. things out** zjistit, jaká je situace

sound$_4$ [saund] n Geog mořská úžina, průliv

soundboard ['saundbo:d] n **1** *(over pulpit)* stříška nad kazatelnou **2** Mus rezonanční deska

sounding$_1$ ['saundiŋ] adj Mus **s. board** see **soundboard**

sounding$_2$ ['saundiŋ] n Naut, Meteor sondování, sondáž ■ **s. balloon** meteorologický balón; **s. line** ruční hloubkoměr s olovnicí

soundless ['saundləs] adj tichý, nehlučný ■ **~ly** adv tiše

soundness ['saundnəs] n see **sound** adj **1** důkladnost, solidnost; dobrý stav, nepoškozenost **2** zdravost, pevné zdraví **3** solidnost **4** spolehlivost, solidnost, serióznost **5** *(of sleep)* tvrdost, hloubka

soundproof ['saundpru:f] adj zvukotěsný ● vt (zvukově) izolovat

soundproofing ['saundpru:fiŋ] n zvuková izolace, zvukotěsnost

soundtrack ['saundtræk] n zvuková stopa, zvukový záznam

soup [su:p] n polévka; **clear s.** hovězí vývar ♦ **be in the s.** inf být v bryndě, být ve štychu ■ **s. kitchen** vývařovna pro chudé; **s. plate** polévkový or hluboký talíř; **s. spoon** polévková lžíce; **s. tureen** polévková mísa, terina ● phr v ■ **soup up** vt inf *(engine)* zvýšit výkon motoru, převrtat motor na vyšší výkon, inf seštelovat

soupçon ['su:pson] n fml or joc *(trace)* špetka, troška, ždibec

sour ['sauə(r)] adj **1** *(taste: of lemon etc)* kyselý, *(of unripe fruit also)* trpký; **s. cherry** višně ♦ **s. grapes** lit & fig kyselé hrozny **2** *(rancid: milk)* sražený, zkysaný; *(smell)* kyselý; **go** or **turn s.** *(milk)* (z)kysat, *(wine etc)* (z)octovatět, zkysnout; fig **go** or **turn s.** *(relationship)* skončit zklamáním, *(situation)* vzít obrat k horšímu; **everything turned s. on us** všechno se obrátilo proti nám **3 s. cream** kyselá or kysaná smetana; **s. dough** kvásek **4** *(bad-tempered: person)* nevrlý, nevlídný; *(smile)* nakyslý, *(face)* kyselý, zachmuřený; **pull a s. face** udělat kyselý obličej **5** *(soil)* kyselý ● **I** vi **1** *(milk)* (z)kysnout, srazit se **2** *(person)* zatrpknout; *(friendship, relationship)* zhoršit se, přinést zklamání, zhořknout **II** vt *(relations)* pokazit ■ **~ly** adv nevrle, nevlídně, kysele

source [so:s] n 1 *(of river)* pramen 2 *(origin)* zdroj, pramen; **s. of energy/ income** zdroj energie/ příjmů ■ **s. information/ language** Comput vstupní informace/ zdrojový jazyk; **tax income at s.** Fin zdanit příjem u jeho vzniku 3 *(of information)* informační zdroj; **according to reliable ~s** podle důvěryhodných zdrojů 4 *(cause)* příčina; *(of infection)* ohnisko 5 **~s** *(in research)* prameny; **give one's ~s** uvést literaturu; **manuscript ~s** rukopisné zdroje

sour-faced ['sauəfeist] adj zachmuřený, mrzutý, nasupený

sourness ['sauənəs] n see **sour** adj 1 kyselost, trpkost 2 *(of person)* nevrlost, mrzutost, nevlídnost 3 *(of soil)* kyselost

sourpuss ['sauəpus] n inf mrzout, bručoun, škarohlíd

souse [saus] vt 1 Cook *(fish)* marinovat; *(meat)* naložit do slaného nálevu 2 *(soak)* máčet, zalít, polít; **s. oneself in water** ponořit se do vody 3 sl **get ~d** zlít se, zhulákat se; **be ~d** být zlitý ● n Cook marináda, *(brine)* slaný nálev

south [sauθ] n jih; **to the s. of Prague** jižně od Prahy; **from the s.** z jihu; **in the s. of ...** na jihu čeho; **the S.** *(in USA)* Jih; **in the s. of France** na jihu Francie, v jižní Francii ● adj jižní; **a s. wind** jižní vítr, vítr z jihu; **S. Africa** Jižní Afrika; **S. African i)** adj jihoafrický **ii)** n Jihoafričan/ -ka; **S. America** Jižní Amerika; **S. American i)** adj jihoamerický **ii)** n Jihoameričan/ -ka; **S. Carolina** Jižní Karolína; **S. Carolinian** jihokarolínský; **S. Dakota** Jižní Dakota; **S. Dakotan** jihodakotský; **S. Korea** Jižní Korea; **S. Korean i)** adj jihokorejský **ii)** n Jihokorejec/ Jihokorejka; **the S. Pole** jižní pól; **at the S. Pole** na jižním pólu; **the S. Seas** Jižní moře ● adv (směrem) na jih, jižně, jižním směrem; **it lies s. of Glasgow** *(village)* leží jižně od Glasgowa; **walk s.** jít jižním směrem; **the room faces s.** okna pokoje vedou na jih

southbound ['sauθbaund] adj vedoucí or směřující na jih

southeast [sauθ'i:st] n jihovýchod ● adj jihovýchodní; **Southeast Asia** Jihovýchodní Asie ● adv na jihovýchod, jihovýchodně

southeasterly [sauθ'i:stəli] adj *(direction)* jihovýchodní, na jihovýchod; *(wind* also*)* od jihovýchodu ● n jihovýchodní vítr

southerly ['saðəli] adj *(direction)* jižní, na jih; *(wind)* jižní, od jihu ● adv směrem na jih ● n jižní vítr, vítr od jihu

southern ['saðən] adj jižní; **s. accent** jižní akcent; **in s. France/ Moravia** v jižní Francii/ na jižní Moravě; **the s. hemisphere** jižní polokoule; **s. lights** (jižní) polární záře

southerner ['saðənə(r)] n obyvatel jihu; *(in USA)* Jižan

southpaw ['sauθpo:] n Box levák

southward ['sauθwəd] adj (směřující) na jih ● adv na jih, jižně, k jihu

southwards ['sauθwədz] adv na jih, jižně, k jihu

southwest [sauθ'west] n jihozápad ● adj jihozápadní ● adv jihozápadně, na jihozápad

southwesterly [sauθ'westəli] adj *(direction)* jihozápadní, na jihozápad; *(wind* also*)* od jihozápadu ● n jihozápadní vítr

southwestern [sauθ'westən] adj jihozápadní

souvenir [su:və'niə(r)] n památka, upomínkový předmět, suvenýr; **keep sth as a s.** uschovat si co jako suvenýr

sou'wester [sau'westə(r)] n 1 *(hat)* (nepromokavý) námořnický klobouk 2 inf *(wind)* jihozápadní vítr, vítr od jihozápadu

sovereign ['sovrin] n 1 *(monarch)* panovník, vládce 2 *(old coin)* sovereign ● adj 1 Pol *(state, territory)* suverénní, svrchovaný; *(ruler)* absolutní 2 *(utmost: contempt)* naprostý, absolutní

sovereignty ['sovrənti] n (pl **-ties**) suverenita, svrchovanost

soviet ['səuviət] n Hist *(council)* rada, sovět; **the Supreme S.** Nejvyšší sovět ● adj Hist sovětský; **S. Russia** Sovětské Rusko; **the S. Union** Sovětský svaz; **the Union of S. Socialist Republics** Svaz sovětských socialistických republik

sow$_1$ [səu] vt (pt **sowed**; pp **sowed** or **sown** [səun]) 1 *(seed, crop)* (za)sít, rozsévat; **s. wheat** zasít pšenici 2 *(field* etc*)* osít, zasít; **s. a field with barley** osít pole ječmenem, zasít na pole ječmen 3 fig Mil *(mines)* klást ♦ **as you s. so shall you reap** jak si kdo ustele, tak si i lehne; **s. the seeds of discord** rozsévat semeno sváru, vyvolávat zlou krev; **s. the seeds of doubt in sb** zasít semínko nedůvěry; **s. one's wild oats** vybouřit se; **s. the wind and reap the whirlwind** kdo seje vítr, sklízí bouři

sow$_2$ [sau] n Zool *(pig)* svině, prasnice; *(of wild boar)* divoká svině ♦ **you can't make a silk purse out of a s.'s ear** ≅ čím hrneček navře, tím zapáchá

sower ['səuə(r)] n *(person)* rozsévač/ -ka; *(machine)* secí stroj

sowing ['səuiŋ] n *(action)* osévání, (o)setí, osev, setba; *(period)* doba setí, setba

sown [səun] pp of **sow**

sox [soks] n pl Amer sl = **socks**

soya ['soiə] n sója ■ **s. bean** sójový bob;

s. flour or **meal** sójová mouka; **s. sauce, soy (sauce)** sójová omáčka

sozzled ['sozld] adj Br inf namazaný, ožralý, nametený; **be s.** mít opici, mít draka

spa [spa:] n **1** *(town)* lázně, lázeňské město **2** *(spring)* léčivý pramen

space [speis] n **1** *(room available)* místo, prostor, plocha; **cargo s.** ložná plocha; **floor s.** podlahová plocha; **living s.** obytná plocha; **save s.** ušetřit místo; **take up a lot of s.** zabrat hodně místa; **clear a s. for sth** udělat na něco místo; **there's ample s. for parking** je k dispozici dostatek místa na parkování; **there isn't enough s. for all of them** pro všechny tu není dost místa **2** *(gap)* mezera, vzdálenost, prázdné místo, prázdný prostor, prázdná plocha; Mus mezera mezi linkami osnovy; Typ *(between letters, words)* mezera, *(between lines)* proložka, proklad mezi řádky; **open s.** prázdné prostranství ■ **s. bar** mezerník **3** *(of time)* časový úsek; **in the s. of two hours** během dvou hodin; **in the s. of three years** s odstupem tří let **4** Phys prostor; **time and s.** čas a prostor, časoprostor; Astronaut **(outer) s.** kosmický prostor, vesmír, kosmos; **the conquest of s.** dobývání vesmíru ♦ **stare into s.** dívat se or zírat do prázdna ■ **the s. age** kosmický věk, éra kosmických letů; **s. capsule** kosmická kabina; **s. flights** lety do kosmu or do vesmíru; **s. lab(oratory)** kosmická laboratoř; **s. probe** kosmická sonda; **s. programme** kosmický program; **s. research** výzkum vesmíru; **s. rocket** kosmická raketa; **s. shuttle** raketoplán; **s. sickness** nevolnost při letu do vesmíru; **s. station** kosmická or orbitální stanice; **s. travel** kosmické lety ● vt also **s. out 1** *(objects)* rozmístit, *(players, people)* rozestavit; *(seedlings)* rozsadit; **s. them out more** dejte je dál od sebe, postavte je dál od sebe **2** Typ proložit, *(words)* prostrkat

space-age ['speiseidž] adj attr kosmického věku

spacecraft ['speiskra:ft] n kosmická loď or stanice

spaced-out [speist'aut] adj sl zfetovaný, omámený po požití drogy

spaceman ['speismæn] n (pl **-men** [-mən]) astronaut, *(Russian)* kosmonaut

spaceship ['speisšip] n kosmická loď

spacesuit ['speissju:t] n skafandr

space-time [speis'taim] n časoprostor ■ **s.-t. continuum** časoprostorové kontinuum

spacewalk ['speiswo:k] n vycházka v kosmickém prostoru ● vi vystoupit do kosmického prostoru

spacewoman ['speiswumən] n (pl **-women** [-wimin]) astronautka, *(Russian)* kosmonautka

spacing ['speisiŋ] n **1** Typ *(horizontal)* prostrkávání; *(between columns)* mezera mezi sloupci; *(vertical: between lines)* řádkování; **single/ double s.** jednoduché řádkování/ řádkování s dvojitou mezerou **2** *(between trees)* mezera, vzdálenost; *(time interval)* interval

spacious ['speišəs] adj prostorný, prostranný; *(suitcase, room* also*)* skladný; *(park, hall)* rozlehlý, velký

spaciousness ['speišəsnəs] n (see **spacious**) prostornost, prostrannost; skladnost; rozlehlost

spade [speid] n **1** *(garden tool)* rýč ♦ **call a s. a s.** nazývat věci pravým jménem, říci něco naplno **2** Cards **~s** piky; **the ace of ~s** pikové eso **3** racist offens negr **4** esp Amer sl **have sth in ~s** oplývat čím, mít čeho do aleluja; **I'll tell him in ~s** řeknu mu to na rovinu

spadeful ['speidful] n *(quantity)* (plný) rýč; **by the s.** ve velkém, po lopatách

spadework ['speidwə:k] n *(preliminary work)* přípravné práce

spaghetti [spə'geti] n Cook špagety ■ **s. western** italský western; **s. junction** složitá křižovatka s podjezdy a nadjezdy

Spain [spein] n Španělsko ♦ **build castles in S.** stavět vzdušné zámky

span$_1$ [spæn] n **1** *(of hands, arms, wings, aircraft)* rozpětí; *(of bridge)* oblouk, klenební pole, travé; *(of girder)* pole, rozpětí **2** *(range: of subjects, responsibilities)* rozsah **3** *(length of time)* údobí, (časový) interval; *(of attention)* rozsah; **life s.** délka života; **for a brief s.** krátkou dobu **4** *(of oxen, mules)* spřežení **5** arch *(measurement)* píď ● vt **(-nn-) 1** *(cross - Subj: bridge)* klenout se nad čím, překlenovat, pnout se nad čím, vést přes co **2** *(build a bridge across: river, valley)* přemostit **3** *(in time)* trvat, zahrnovat

span$_2$ [spæn] arch pt of **spin**

spangle ['spæŋgl] n flitr, pajetka ● vt ozdobit or okrášlit flitrem or pajetkami; **~d with stars** posetý hvězdami

Spaniard ['spænjəd] n Španěl/ -ka

spaniel ['spænjəl] n *(dog)* španěl; **cocker s.** kokršpaněl

Spanish ['spæniš] adj španělský; **the S.** Španělé; **S. America** Španělská Amerika; **S. fly** Zool puchýřník lékařský ● n *(language)* španělština

Spanish-American [spænišə'merikən] adj Latinoameričan, Hispanoameričan; *(in USA)*

Američan španělského původu ■ **S.-A. War** španělsko-americká válka 1898

spanish-speaking ['spænišspi:kiŋ] adj mluvící španělsky

spank [spæŋk] n plácnutí; **give sb a s. (on the bottom)** dát komu na zadek ● **I** vt **s. sb's bottom** *(child)* naplácat komu zadek **II** vi inf dated **be ~ing along, go ~ing along** *(on horse, car* etc*)* pádit, uhánět, hasit si to

spanking ['spæŋkiŋ] n **give sb a s.** naplácat komu, dát komu na zadek, přehnout koho přes koleno ● adj *(pace)* rychlý, svižný ● adv inf dated **s. new** zbrusu nový; **s. clean** vymydlený, čisťounký

spanner ['spænə(r)] n Br klíč na matice; **adjustable s.** francouzský klíč ♦ **put** or **throw a s. in the works** udělat komu čáru přes rozpočet

spar$_1$ [spa:] n **1** Naut stěžeň, stožár **2** Aviat podélník křídla

spar$_2$ [spa:] n Min živec

spar$_3$ [spa:] vi (**-rr-**) **1** *(train)* utkat se tréninkově **2** *(argue)* přít se, pošťuchovat se

spare ['speə(r)] n **1** *(component)* náhradní díl, součástka; **~s** náhradní díly **2** *(wheel)* rezervní kolo, rezerva ● adj **1** *(surplus: money)* přebytečný, *(ticket)* navíc; *(left over)* zbylý; *(available)* k dispozici; *(time, seats)* volný **2** *(in reserve: component, battery, lead)* náhradní; *(room)* hostinský, pro hosty; **a s. tyre** náhradní pneumatika, Br inf *(on body)* špeky na břiše, tukový polštář; **a s. wheel** rezerva, rezervní kolo **3** *(thin)* hubený, vyzáblý **4** Br inf *(mad)* **go s.** zbláznit se, zešílet; **drive sb s.** dohnat koho k šílenství ● vt **1** *(show mercy to)* **s. sb's life** darovat komu život; **s. sb's feelings** šetřit čí city; **he doesn't s. himself** nešetří se; **if I am ~d** pokud se toho dožiji, pokud budu ještě žít **2** *(save: trouble* etc*)* ušetřit koho/čeho; **please, s. us the details** ušetři nás prosím podrobností; **s. my blushes** ušetři mě rozpaků; **be ~d sth** být ušetřen čeho; **s. oneself the trouble/ embarrassment** ušetřit si námahu/ ostudu; **s. oneself some work** ušetřit si práci **3** *(make available)* **can you s. me some petrol?** můžete mi nechat or dát trochu benzinu?; **can you s. me a few minutes?** mohl byste mi věnovat několik minut? **4** *(be available)* **have enough and to s.** mít víc než dost; **I have not much time to s.** nemám času nazbyt, nemám čas or kdy; **I have an hour to s.** mám hodinu času; **I have some money to s.** mám nějaké peníze navíc **5** *(do without)* postrádat; **I can't s. him just now** teď ho nemohu postrádat **6** *(use sparingly, begrudge)* **s. no expense** nelitovat peněz; **s. no pains** or **trouble** or **effort to do sth** nelitovat námahy na co; **s. neither money nor time** nelitovat peněz ani času; **we shall s. no effort** vynasnažíme se ze všech sil ♦ **s. the rod and spoil the child** stromeček se musí ohýbat, dokud je mladý

sparerib ['speərib] n Cook vepřové žebírko

sparing ['speəriŋ] adj šetrný; **be s. with sth** *(food, medicine)* šetřit s čím, *(praise, compliments)* skrblit čím; **be s. of** or **with words** moc toho nenapovídat, být skoupý na slovo ■ **~ly** adv šetrně; *(eat, drink)* střídmě, s mírou

spark [spa:k] n **1** *(from flame, electricity)* jiskra ♦ **a bright s.** chytrý člověk, *(child)* bystré dítě ■ **s. plug** Aut svíčka **2** fig *(glimmer)* **a s. of sth** *(of intelligence* etc*)* záblesk čeho, *(of generosity* etc*)* kousek čeho, špetka čeho; **have the s. of genius** mít božskou jiskru **3** **~s** inf **a)** Br elektrikář **b)** *(radio operator)* radista ● **I** vi jiskřit **II** vt also **s. off** *(interest, enthusiasm)* probudit, podnítit; *(argument, panic)* vyvolat, vyprovokovat; *(explosion)* způsobit

sparking ['spa:kiŋ] adj **s. plug** Aut svíčka

sparkle ['spa:kl] n jiskření, třpyt, záře; *(of wine)* jiskra; **a s. came into her eyes** zazářily jí oči; **the wine has lost its s.** víno ztratilo jiskru; **put a s. into sth** fig *(discussion, party)* oživit ● vi *(snow, dew)* jiskřit se, třpytit se; *(metal)* (za)lesknout se, blýskat se; *(jewels)* třpytit se, lesknout se; *(eyes)* (za)planout, (za)zářit, (za)jiskřit; *(wine)* jiskřit, perlit; **s. with wit** jiskřit or sršet vtipem; **the house was sparkling with cleanliness** dům svítil čistotou

sparkler ['spa:klə(r)] n **1** *(firework)* prskavka **2** sl diamant

sparkling ['spa:kliŋ] adj **1** *(jewel)* třpytící se; *(lights)* zářící; *(eyes)* jiskrný, zářivý; **be s. clean** lesknout se or zářit čistotou **2** *(wit)* jiskřivý; *(witty: person, speech, conversation)* sršící vtipem, brilantní **3** *(wine)* šumivý

sparring ['spa:riŋ] adj **s. match** tréninkový zápas; **s. partner i)** Sport sparingpartner **ii)** fig oponent v debatě

sparrow ['spærəu] n vrabec; **house s.** vrabec domácí

sparrowhawk ['spærəuho:k] n Orn krahujec

sparse [spa:s] adj řídký, *(hair* also*)* prořídlý; *(scattered)* řídký, rozptýlený; *(resources, information)* skrovný ■ **~ly** adv *(populated)* řídce, málo; **the flat was ~ly furnished** v bytě bylo málo nábytku

spartan ['spa:tən] adj fig **lead a s. life** vést spartánský život

spasm ['spæzəm] n **1** Med křeč, spazma, spazmus; *(of cough, pain, laughter)* záchvat **2** fig **a s. of activity** záchvat činnosti; **work in ~s** pracovat sporadicky

spasmodic [spæz'modik] adj **1** Med křečovitý, spastický; *(movements)* trhavý **2** fig *(occasional: activity)* sporadický ■ **~ally** adv **1** Med křečovitě **2** fig *(work etc)* sporadicky

spastic ['spæstik] adj **1** Med spastický **2** fig offens *(clumsy)* neohrabaný, těžkopádný, *(slow: mentally)* zabedněný ● n **1** Med člověk trpící spastickou obrnou **2** fig offens nemotora, zabedněnec, blbeček

spat1 [spæt] pt & pp of **spit**1

spat2 [spæt] n *(worn over shoes)* kamaše

spat3 [spæt] Amer inf n hádka ● vi hádat se, štěkat na sebe

spate [speit] n **1** *(of letters, orders etc)* spousta, záplava; *(of abuse, insults, words)* příval, záplava; *(of murders)* série, řada **2** Br *(flood)* záplava, povodeň; **be in (full) s.** *(river)* být rozvodněný

spatial ['speišl] adj prostorový ■ **~ly** adv prostorově

spatiotemporal [speišiəu'tempərəl] adj časoprostorový

spatter ['spætə(r)] n **1** *(mark: on clothes etc)* cákanec, skvrna **2 a s. of rain** (s)prška, přeprška; **a s. of applause** krátký potlesk **3** *(sound)* cákání, cákot, pleskání ● **I** vt postříkat, zastříkat, pocákat; **s. sth with mud, s. mud over sth** postříkat or zacákat co blátem **II** vi **the rain ~ed down on the roof** na střechu pleskal déšť

spatula ['spætjulə] n Art špachtle, stěrka; Cook stěrka; Med špátle na přitlačení jazyka

spawn [spo:n] n **1** *(of fish, shellfish, frogs)* potěr, jikry **2** *(of mushrooms)* podhoubí, mycelium ● **I** vi *(frogs, fish etc)* (vy)třít se **II** vt **1** Zool klást jikry **2** fig *(produce)* (z)plodit, být příčinou čeho, zapříčiňovat; **s. crime** plodit zločin, být příčinou zločinu

spay [spei] vt *(female animal)* (vy)kastrovat, (vy)kleštit

SPCA [espisi:'ei] Amer abbr of **Society for the Prevention of Cruelty to Animals** Společnost pro ochranu zvířat (před týráním)

SPCC [espisi:'si:] Amer abbr of **Society for the Prevention of Cruelty to Children** Společnost pro ochranu dětí (před týráním)

speak [spi:k] v (pt **spoke** [spəuk], pp **spoken** ['spəukn]) **I** vt **1** *(say, utter)* říci; *(pronounce)* vyslovit; **s. the truth** mluvit pravdu ♦ **s. one's mind** říci (komu) své mínění, říci (co) otevřeně **2** *(language)* **s. English/ Czech/ German** mluvit anglicky/ česky/ německy; **can you s. English?** umíte anglicky?, mluvíte anglicky?; **'English spoken'** „Zde se mluví anglicky" ♦ **s. the same language** lit & fig mluvit stejným jazykem, fig mluvit společným jazykem, sdílet stejný názor **II** vi **1** *(talk)* **a)** mluvit (**to sb about sth** s kým o čem); **s. in a whisper** mluvit šeptem, šeptat; **please, s. more slowly** mluvte prosím pomaleji; **I'll s. to my wife about it** já o tom promluvím s manželkou; **he didn't s. of you** o vás nemluvil; **s. in a dialect** mluvit nářečím ♦ **~ing of Frank** když tak mluvíme o Frankovi; **she has no voice to s. of** její hlas nestojí za řeč; **s. off the cuff** mluvit bez přípravy; **s. (with one's) tongue in (one's) cheek** mluvit neupřímně or poťouchle; **s. on behalf of sb** mluvit čím jménem; **we mustn't s. too soon** nesmíme to zakřiknout **b)** *(expressing an opinion)* **frankly ~ing** upřímně řečeno; **generally ~ing** celkem vzato; **metaphorically ~ing** obrazně řečeno; **s. highly of sb** mluvit o kom s uznáním or pochvalně; **s. ill of sb** fml mluvit o kom neuctivě, pomlouvat koho; **s. in favour of sb** mluvit ve prospěch koho, intervenovat za koho; **strictly ~ing** přesně řečeno **c)** Tel **who is ~ing?** kdo je u telefonu?; **may I s. to John?** — **~ing** mohu mluvit s Janem? — u telefonu **d)** *(be on friendly terms with)* mluvit s kým; **she isn't ~ing to me** ona se mnou nemluví; **they aren't ~ing to one another** oni spolu nemluví, *(husband and wife also)* mají tichou domácnost **e) so to s.** abych tak řekl, jaksi, takřka **2** *(make a speech)* promluvit, mít projev or řeč, řečnit; **s. at a conference** referovat na konferenci; **s. on sth** mluvit or *(lecture)* přednášet o čem **3** fig *(suggest)* **his poetry ~s of loneliness** jeho poezie je plná smutku; **actions s. louder than words** ne slova, ale činy; je třeba jednat, ne mluvit **4** fml *(gun)* ozvat se, *(trumpet)* zaznít **III** phr vs ■ **speak against** vt **s. against sth** vyslovit se proti čemu, kritizovat co ■ **speak for** vt **1** *(as spokesman)* **s. for sb** mluvit čím jménem, *(as supporter)* mluvit v čí prospěch; **~ing for myself** co se mě týká; **that ~s well of her** to mluví v její prospěch; **the facts s. for themselves** fakta mluví sama za sebe **2 s. for itself** *(be obvious)* být zřejmý; **it ~s for itself** to mluví samo za sebe **3 be spoken for** *(goods)* být zamluvený; **she is already spoken for** dated je už zadaná ■ **speak out** vi **s. out for sth** (pro)mluvit ve prospěch čeho; **s. out against sth** protestovat proti čemu, pozvednout hlas proti čemu ■ **speak up** vi **1** *(s. louder)* mluvit hlasitěji; **could you s. up a little?** mohl byste mluvit trochu hlasitěji? 2 **s. up for sb** zastat se koho, intervenovat za koho, dělat komu advokáta

-speak ['spi:k] in pej compounds žargon; **advertiserspeak** jazyk reklam; **computer-speak** počítačový žargon; **femspeak** žargon feministek; **newspeak** novořeč, ptydepe

speakeasy ['spi:ki:zi] n Amer Hist lokál, podloudný výčep za prohibice

speaker ['spi:kə(r)] n 1 gen mluvčí; *(orator)* řečník; *(at conference)* referent, přednášející; **the last** or **previous s.** předchozí mluvčí, předřečník; **I am not much of a s.** já nejsem žádný velký řečník 2 Ling *(of language)* mluvčí; **a native s. of English** anglický rodilý mluvčí; **he's an excellent s. of English** mluví výborně anglicky 3 Pol mluvčí, spíkr, speaker; Br *(in parliament)* předseda Dolní sněmovny; **the S. of the House** Amer speaker sněmovny reprezentantů 4 *(loudspeaker)* amplión, tlampač, *(in stereo system)* reproduktor, inf bedna

speaking ['spi:kiŋ] n mluvení, řečnění; **the art of s.** řečnické umění; **plain s.** jasná řeč ● adj 1 *(robot, doll)* mluvící; **s. clock** Br přesný čas telefonická informační služba; **s. tube** zvukovod 2 *(involving speech)* **a s. part** mluvená role; **have a good s. voice** mít hezký hlas ♦ **be on s. terms with sb** mluvit s kým; **they are no longer on s. terms** (oni) už spolu nemluví, pohádali se 3 *(likeness)* živý, věrný

-speaking [-spi:kiŋ] in compounds mluvící; **Czech-s.** mluvící česky; **the English-s. countries** anglicky mluvící země

spear [spiə(r)] n 1 *(weapon)* oštěp; *(harpoon)* harpuna 2 *(of asparagus)* hlavička ● vt 1 *(fish)* harpunovat; *(person, part of body)* probodnout oštěpem 2 *(food)* napíchnout (**meat with one's fork** maso na vidličku)

spearhead ['spiəhed] n špička or hrot oštěpu; fig Mil čelní oddíl; *(person)* průkopník ● vt **s. sth** lit & fig být v čele čeho, razit cestu čemu

spearmint ['spiəmint] n 1 Bot máta peprná 2 *(sweet)* větrový or mátový bonbon ● adj větrový, mátový

spec [spek] inf abbr of 1 **specification** specifikace 2 **speculation**; **we went there on s.** šli jsme tam nazdařbůh or inf na blint

special ['spešl] n 1 *(edition)* zvláštní vydání; *(programme)* zvláštní or mimořádný program 2 *(police officer)* pomocný strážník 3 **chef's s.** specialita šéfkuchaře ● adj 1 *(not usual)* zvláštní; *(for a specific purpose: clothing, equipment, training etc)* speciální; *(publication)* účelový; *(specialized: dictionary)* specializovaný, odborný; **s. agent** *(spy)* zvláštní agent, tajný; **the S. Branch** Br zvláštní oddělení policie; **s. constable** pomocný strážník; **s. edition** zvláštní vydání; **s. effects** Film speciální efekty; **s. school** zvláštní škola; **s. train** zvláštní vlak; **send sth by s. delivery** poslat něco expres 2 *(particular, out of the ordinary: powers, privileges, funds)* mimořádný 3 *(exceptional)* výjimečný, extra; **it is nothing s.** není to nic výjimečného, není to nic extra; **pay s. attention to sth** věnovat čemu zvláštní pozornost; **the town has a s. charm** město má osobité kouzlo; **what's so s. about her?** co je na ní tak mimořádného or zvláštního? ■ **~ly** adv zvlášť, *(for a particular purpose)* speciálně; *(above all)* obzvláště; *(especially)* zvlášť, mimořádně; **it was not ~ly good** *(meal)* nebylo to nijak zvlášť chutné, nebylo to nic extra; *(would you like to join us?)* — **not ~ly** ani ne, nijak zvlášť

specialism ['spešəlizəm] n specializace, obor, odbornost

specialist ['spešəlist] n odborník/ odbornice, specialista/ specialistka, znalec/ znalkyně; *(doctor)* odborný lékař; **a s. in sth** odborník v čem or na co; **an eye/ ear s.** oční/ ušní lékař ● adj *(advice, knowledge)* odborný; *(skills)* speciální

speciality [speši'æləti], Amer **specialty** ['spešəlti] n (pl **-ties**) 1 *(sth special)* zvláštnost, specialita 2 *(area of study)* obor, specializace

specialization [spešəlai'zeišn] n specializace; *(special subject)* specializace, obor

specialize ['spešəlaiz] vi specializovat se (**in sth** na co)

specialized ['spešəlaizd] adj specializovaný; *(knowledge)* speciální, odborný

specialty Amer see **speciality**

species ['spi:ši:z] n (pl **species**) 1 Biol rod, druh, *(plant also)* odrůda; **the human s.** lidstvo 2 fig inf or joc *(of politician, writer etc)* typ

specific [spə'sifik] n 1 Med *(drug)* specifikum 2 **~s** bližší podrobnosti, detaily ● adj 1 *(definite)* určitý, specifický; *(precise: instructions)* přesný, jasný; *(example)* konkrétní; **can you be more s. (about it)?** můžete to konkretizovat or upřesnit? 2 **s. to sb/ sth** specifický or typický or charakteristický pro koho/ co 3 Biol, Chem, Phys specifický; **s. gravity** specifická or měrná váha; **s. heat** měrné teplo ■ **~ally** adv 1 *(explicitly: warn, state, forbid)* explicitně, výslovně 2 *(specially: designed, written)* speciálně 3 *(namely)* konkrétně

specification [spesəfi'keišn] n 1 *(specify-*

ing) specifikace, upřesnění **2** *(details, instructions)* also **~s** specifikace, přesný popis

specify ['spesəfai] vt (pt, pp **-fied**) specifikovat, blíže vymezit, zpřesnit, přesně stanovit, podrobně popsat, konkretizovat; *(enumerate)* vyjmenovat; **unless otherwise specified** pokud nejsou uvedeny jiné pokyny

specimen ['spesəmən] n **1** *(sample)* vzor(ek), ukázka; *(of signature)* vzor; **a blood s.** odběr krve ■ **a s. signature** podpisový vzor **2** *(single example)* exemplář, ukázka, příklad; *(of work)* ukázka, specimen; **a rare s.** rarita ■ **a s. copy** *(book)* volný or recenzní výtisk, *(magazine)* ukázkové číslo **3** inf usu pej *(person)* individuum, typ, exemplář; **he's a strange s.** je to podivín

specious ['spi:šəs] adj **1** *(argument, excuse)* pochybný, vratký; *(claim)* neopodstatněný **2** *(charm)* klamný, zdánlivý, šálivý, falešný

speck [spek] n **1** *(of dust)* smítko; *(dot)* černá tečka; **a s. of soot** saze **2** *(stain)* skvrnka, černá tečka **3** *(small amount)* **not a s. of truth** ani špetka pravdy

speckle ['spekl] n skvrnka, malá skvrna, flíček ● vt pokrýt drobnými skvrnami

speckled ['spekld] adj skvrnitý, kropenatý, strakatý

specs [speks] n pl inf abbr of **spectacles** brejle

spectacle ['spektəkl] n **1** *(show)* podívaná; Film velkofilm; Theat divadelní show; **make a s. of oneself** předvádět se, producírovat se **2** **(a pair of) ~s** brýle, inf brejle ♦ **see everything through rose-coloured ~s** vidět všechno růžovými brýlemi or růžově ■ **s. case** pouzdro na brýle

spectacled ['spektəkld] adj **1** *(person)* obrýlený, mající brýle, brýlatý, s brýlemi **2** Zool **a s. cobra** brejlovec, kobra indická

spectacular [spek'tækjulə(r)] adj **1** *(display* etc*)* efektní, honosný; **a s. film** velkofilm **2** *(remarkable)* pozoruhodný, neobyčejný ● n efektní show, *(film)* velkofilm, výpravný film, TV televizní show ■ **~ly** adv *(beautiful)* pozoruhodně, neobyčejně

spectator [spek'teitə(r)] n divák; **the ~s** publikum, diváctvo ■ **s. sports** divácky atraktivní sporty

specter Amer see **spectre**

spectra ['spektrə] pl of **spectrum**

spectral ['spektrəl] adj Phys spektrální

spectre, Amer **specter** ['spektə(r)] n přízrak, strašidlo, duch, zjevení; fig **the s. of hunger** strašidlo hladu

spectrum ['spektrəm] n (pl **~s** or **spectra** [-trə]) **1** Phys spektrum ■ **s. analysis** spektrální analýza **2** *(range)* škála, paleta; **a broad s. of opinions** široká paleta or škála názorů

speculate ['spekjuleit] vi **1** *(meditate)* hloubat, rozjímat, spekulovat; *(guess)* spekulovat, dohadovat se (**about sth** o čem) **2** Comm, Fin spekulovat (**in sth** s čím)

speculation [spekju'leišn] n see **speculate** **1** rozjímání, hloubání, spekulování; *(guesswork)* dohady, spekulace **2** Fin, Comm spekulace (**in sth** s čím)

speculative ['spekjulətiv] adj spekulativní

speculator ['spekjuleitə(r)] n spekulant/-ka

sped [sped] pt & pp of **speed**

speech [spi:č] n **1** Ling **a)** *(faculty)* jazyk, řeč; **the gift of s.** dar řeči; **freedom of s.** svoboda projevu ■ **s. defect** or **impediment** vada řeči; **s. organs** mluvidla; **s. sound** hláska; **s. therapy** logopedie **b)** *(manner of s.)* mluva, způsob mluvení; *(elocution)* artikulace; **his s. was slurred** pletl se mu jazyk **c)** *(dialect)* nářečí, mluva **d)** Gram promluva; **direct/ indirect s.** přímá/ nepřímá řeč; **parts of s.** slovní druhy **e)** Comput **s. processing** zpracování řeči; **s. recognition** rozpoznání řeči; **s. synthesis** syntéza řeči; **s. synthesizer** syntetizátor řeči or hlasu **2** *(address)* řeč, projev, proslov; *(short)* spíč, speech; **make** or **deliver** or **give a s.** pronést řeč (**on** or **about sth** o čem); **s. for the defence** obhajovací řeč; **s. for the prosecution** obžalovací řeč ■ **s. day** Br Sch slavnost udílení cen za školní rok **3** Theat monolog

speechify ['spi:čifai] vi (pt & pp **-fied**) inf usu pej řečnit, řečňovat

speechless ['spi:čləs] adj **1** lit němý **2** fig **be s.** ztratit řeč, nebýt mocný řeči or slova; **be s. with terror** oněmět hrůzou; **the shock left her s.** zděšením ztratila řeč, leknutím oněměla

speechmaker ['spi:čmeikə(r)] n řečník/ řečnice

speechmaking ['spi:čmeikiŋ] n řečnění

speechwriter ['spi:čraitə(r)] n pisatel/ -ka projevů

speed [spi:d] n **1** *(rate of movement: of vehicle, traffic, wind)* rychlost; *(ability to move quickly)* (velká) rychlost; *(haste)* spěch; *(of running, walking, production* etc*)* rychlost, tempo; **at s.** velkou rychlostí; **at a s. of 60 mph** rychlostí 90 km/hod; **at top s.** maximální rychlostí; **drive at breakneck s.** jet krkolomnou rychlostí; **he replied with s.** promptně odpověděl; **lose s.** ztratit/ ztrácet rychlost; **pick up s.** nab(í)rat rychlost, zrychlit/ zrychlovat; **with all possible s.** co nejrychleji; **with lightning s.** bleskurychle

■ **s. cop** Amer inf dopravní policajt; **s. indicator** rychloměr; **s. limit** povolená rychlost; **exceed the s. limit** překročit povolenou rychlost; **s. merchant** inf pirát silnic; **s. skater** rychlobruslař; **s. skating** rychlobruslení; **s. trap** Aut radarová past **2** *(gear: of car, bicycle)* rychlost **3** Phot *(of film)* citlivost, stupeň citlivosti; *(of shutter)* expozice; *(of lens)* světelnost **4** sl *(drug)* amfetamin ● **I** vi **1** (pt & pp **sped**) *(go quickly: cars)* jet rychle, míhat se, svištět; *(person)* utíkat, uhánět, inf upalovat **2** Aut (pt & pp **~ed**) překročit povolenou rychlost **II** vt (pt & pp **~ed** or **sped**) *(process)* urychlit; **s. sb on his/ her way** rozloučit se s kým, joc vypoklonkovat koho **III** phr vs ■ **speed along** vi (pt & pp **~ed** or **sped**) řítit se, kalit to, *(on foot* also*)* uhánět or inf upalovat (kolem) ■ **speed off** vi (pt & pp **~ed** or **sped**) rychle se vzdálit, inf odfrčet, *(on foot)* odkvapit, odchvátat, fml odkvačit ■ **speed up** *I* vi (pt & pp **~ed**) *(car, driver)* zvýšit rychlost, zrychlit; *(person)* zrychlit; *(worker)* zrychlit tempo, začít pracovat rychleji *II* vt *(person)* přimět k rychlejší chůzi or práci, popohnat; *(work)* urychlit, zrychlit, zvýšit tempo práce

speedboat ['spi:dbəut] n rychlý motorový člun

speedily ['spi:dili] adv rychle, urychleně; *(reply)* promptně, vzápětí

speeding ['spi:diŋ] n překročení rychlosti, jízda nedovolenou rychlostí

speedometer [spi'domitə(r)] n tachometr, rychloměr

speed-up ['spi:dap] n zrychlení, *(of work, research* etc also*)* urychlení

speedway ['spi:dwei] n **1** *(race, track; sport)* plochá dráha **2** Amer expresní dálnice

speedwell ['spi:dwel] n Bot rozrazil

speedy ['spi:di] adj (**-ier, -iest**) rychlý, *(reply* also*)* promptní; *(recovery)* rychlý, brzký ■ adv see **speedily**

speleologist [spi:li'olədžist] n speleolog

speleology [spi:li'olədži] n speleologie

spell$_1$ [spel] v (pt & pp **spelt** or **spelled**) **I** vt **1** *(write)* psát/ napsat pravopisně; *(aloud)* hláskovat, spelovat; **how do you s. it?** jak se to píše? **2** fig *(mean: success, disaster* etc*)* představovat, znamenat; **it ~s trouble** z toho nic dobrého nekouká **II** vi hláskovat; **learn to s.** naučit se pravopis(u) **III** phr v ■ **spell out** vt **1** *(read letter by letter)* (vy)hláskovat; *(decipher)* dešifrovat **2** *(explain clearly: consequences, implications)* jasně vysvětlit; **s. sth out to sb** říci komu co po lopatě, říci komu co naplno

spell$_2$ [spel] n *(magic words)* kouzelné slovo; *(incantation)* zaklínadlo, zaříkadlo; **put** or **cast a s. on sb** začarovat koho, uřknout koho; **break a s.** zrušit kouzlo

spell$_3$ [spel] n **1** *(period)* období, doba; **a cold/ hot s.** studená/ teplá vlna; **we expect a s. of warm weather** očekáváme teplé počasí; **for a s.** (na) nějakou dobu, (na) chvíli; **be going through a bad s.** potýkat se s problémy, mít potíže **2 take ~s at the wheel** střídat se u volantu

spellbinder ['spelbaində(r)] n *(speaker)* strhující řečník; *(book/ film)* napínavá kniha/ napínavý film

spellbinding ['spelbaindiŋ] adj okouzlující, fascinující, *(book)* napínavý

spellbound ['spelbaund] adj *(audience)* zaujatý; *(princess, castle)* začarovaný; **hold the audience s.** fascinovat or zaujmout obecenstvo

spell-check(er) ['spelčekə(r)] n Comput korektor pravopisu

speller ['spelə(r)] n **1 be a good/ bad s.** umět/ neumět pravopis **2** Amer *(spelling book)* slabikář

spelling ['speliŋ] n pravopis, ortografie ■ **s. bee** Amer soutěž ve znalosti pravopisu; **s. book** slabikář; **s. mistake** pravopisná chyba

spelt$_1$ [spelt] pt & pp of **spell**$_1$

spelt$_2$ [spelt] n Bot pšenice špalda

spelunker [spi'laŋkə(r)] n Amer jeskyňář, speleolog

spend [spend] v (pt & pp **spent**) vt **1** *(money)* utratit/ utrácet, vynakládat/ vynaložit, vydávat; **s. money on clothes** utrácet peníze za šaty; **how much do you s. on food?** kolik vydáváte za potraviny?, jaké máte výdaje na potraviny?; **she ~s £50 a month on cigarettes** prokouří 50 liber měsíčně; **s. money like water** rozhazovat oběma rukama; **s. a fortune on heating** protopit spoustu peněz ♦ **to s. a penny** euph odskočit si, jít na stranu **2** *(time)* **a)** *(devote)* věnovat, vynaložit, strávit; **she ~s too much time shopping** vynakládá moc času na nakupování, nakupování jí zabere dost času **b)** *(pass)* strávit; **s. a lot of time with one's friends** strávit hodně času s přáteli; **I spent the whole afternoon queuing** celé odpoledne jsem prostál ve frontě; **we spent the winter in Spain** přes zimu jsme byli ve Španělsku ♦ **s. the night with sb** euph vyspat se s kým **3** *(exhaust)* **s. itself** *(storm, gale)* vyzuřit se, vybouřit se, *(anger, fury)* pominout

spender ['spendə(r)] n **he is a big s.** (on) hodně utrácí, mrhá penězi

spending ['spendiŋ] n výdaje, útrata ■ **s. money** kapesné; **s. power** kupní síla; **go on a**

a s. spree jít utrácet ve velkém, vyhodit si z kopýtka

spendthrift ['spendθrift] n marnotratník, rozhazovačný člověk, hýřil ● adj marnotratný, rozhazovačný

spent ['spent] pt & pp of **spend** ● adj **1** *(bullet, match)* použitý; *(fuel)* vyhořelý **2** *(person: tired)* vyčerpaný; **he's a s. force** už nemá žádný vliv, je odbytá veličina

sperm [spə:m] n (pl **~s** or **sperm**) spermie; sperma, chám ■ **s. whale** vorvaň (obrovský)

spermicide ['spə:misaid] n spermicid antikoncepční prostředek

spew [spju:] **I** vi **1** *(vomit)* zvracet, vrhnout; **it makes me s.** je mi z toho na zvracení **2** also **s. out** or **forth** *(lava, smoke)* chrlit se, *(blood)* prýštit, stříkat **II** vt **1** also **s. up** *(food, drink)* zvracet, vrhnout **2** also **s. out** *(lava, smoke, propaganda)* chrlit

sphere [sfiə(r)] n **1** *(globe)* also Geom koule **2** Astron nebeská klenba; **music of the ~s** hudba sfér **3** fig *(range: of interests, influence, activity)* oblast, sféra, okruh, obor; **a s. of influence** sféra vlivu; **a s. of activity** okruh činnosti

spherical ['sferikl] adj **1** *(in shape)* kulový, kulovitý **2** Math sférický; **s. geometry** sférická geometrie; **s. triangle** sférický trojúhelník

sphincter ['sfiŋktə(r)] n Anat *(muscle)* svěrač, sfinkter

sphinx [sfiŋks] n (pl **~es** or **sphinges** ['sfindžis]) *(statue)* sfinga, sfinx

sphinxlike ['sfiŋkslaik] adj záhadný, tajemný, nevyzpytatelný

spice [spais] n **1** Cook koření; **mixed ~s** míchané koření **2** fig pikantní příchuť, inf šťáva, šmrnc; **be the s. of life** být solí or kořením života ● vt **1** Cook okořenit **2** fig **s. (up)** *(story)* opepřit, okořenit

spiciness ['spaisinəs] n see **spicy 1** výrazná or pikantní chuť **2** *(of humour)* pikantnost, šťavnatost, inf pikantérie

spick-and-span [spikən'spæn] adj *(house, room)* (čistý) jako klícka, jako ze škatulky, lesknoucí se čistotou; *(person: neat)* jako z bavlnky, jako z cukru, *(clean)* čistý jako alabastr, čistý jako padlý sníh

spicy ['spaisi] adj **(-ier, -iest) 1** *(food)* ostrý, silně kořeněný **2** *(story)* pikantní, *(joke)* šťavnatý, peprný

spider ['spaidə(r)] n pavouk; **~'s web** pavučina, pavoučí síť ■ **s. crab** mořský pavouk; **s. monkey** chápan

spiel [špi:l] n inf dryáčnické vychvalování, balamucení, kecy; **give sb a long s. about why ...** dlouze komu vykládat, proč ...; **a sales s.** vychvalování zboží; **launch into a s. about how ...** spustit jakési kecy o tom, jak ...

spiffing ['spifiŋ] adj dated inf báječný, úžasný, ohromný

spiffy ['spifi] adj **(-ier, -iest)** Amer sl ohozený, vyšňořený, naparáděný

spigot ['spigət] n **1** *(in cask)* kolíková zátka, čep **2** Amer *(tap)* kohout(ek)

spike [spaik] n **1** *(on railings, wall)* špice, hrot; *(on shoes)* hřeb; *(on cactus* etc*)* osten; *(for paper)* bodec; **s. heel** vysoký tenký podpatek; Sport **~s** tretry **2** *(peak: of graph)* vrchol **3** Bot *(of flower)* stvol; *(of corn)* klas **4** *(smash in volleyball)* smeč, sl hřebík ● vt **1** *(impale)* napíchnout, nabodnout **2** fig Br inf **s. sb's guns** udělat komu čáru přes rozpočet, zhatit čí plány **3** inf *(lace: drink with rum* etc*)* říznout čím **4** *(in volleyball)* smečovat

spiked [spaikt] adj *(railings)* opatřený hroty; **s. shoes** tretry; fig inf *(drink)* říznutý rumem ap.

spiky ['spaiki] adj **(-ier, -iest) 1** *(railings)* špičatý, opatřený hroty; *(hedgehog)* ostnatý; *(hair)* ježatý **2** Br inf *(short-tempered)* mrzutý, nevrlý, nepřívětivý

spill$_1$ [spil] n **1** *(of oil* etc*)* rozlití; louže; **could you wipe up that s.?** mohl bys utřít to rozlité or tu louži? **2** *(fall: from bike, horse)* pád; **take a s.** spadnout ● v (pt & pp **~ed** or **spilt**) **I** vt **1** *(liquid)* rozlít, vylít, inf vybryndat; *(blood)* prolít/ prolévat; *(sugar, flour)* rozsypat ♦ inf **s. the beans about sth** prozradit něco, vyklopit něco, more inf vyžvanit or vykecat něco **2** *(rider* – Subj: *horse)* shodit; *(load* – Subj: *lorry* etc*)* ztratit, vytrousit **II** vi *(liquid)* vylít se; *(grain* etc*)* vysypat se **III** phr vs ■ **spill out** *I* vi *(liquid)* vylít se, přetéci; *(sugar, grain* etc*)* vysypat se, rozsypat se; *(clothes from drawers)* vyčnívat, inf koukat; *(crowd)* vyhrnout se ven, vyrojit se ven *II* vt *(liquid)* vylít; *(grain* etc*)* vysypat, utrousit ■ **spill over** vi přelít se, *(grain)* vysypat se

spill$_2$ [spil] n *(of wood)* tříska, louč

spillage ['spilidž] n **1** *(spilling: of grain)* vysypání, *(of oil* etc*)* rozlití, vylití **2** *(quantity)* vysypané zboží, vylitá tekutina **3** Comm ztratné způsobené vadným obalem

spilt [spilt] pt & pp of **spill**

spin [spin] n **1** *(turning movement)* točivý pohyb, rotace, otáčení, otočka, víření; *(of dancer, skater)* pirueta; **give the wheel a s.** roztočit kolo; **give the top a s.** roztočit káču; **my head is in a s.** točí se mi hlava **2** *(in spin-drier)* ždímání **3** Aviat vývrtka; **go into a s.** přejít do vývrtky **4** fig inf **be in a (flat) s.** (z)panikařit, (za)zmatkovat; **I've been in a real s. all day long** dnes jsem byl celý den v jednom kole **5** Tennis, Cricket faleš; **give the ball (a) s., put (a) s. on the ball** dát míčku faleš ■ **s. bowler** Cricket nahazovač, který dává míčku faleš **6** inf somewhat dated *(short ride in a car, on a bicycle* etc*)* projížďka; **go for a s.** jít se projet ● v (**-nn-**; pt **spun** [span] or arch **span** [spæn], pp **spun**) **I** vt **1** *(turn rapidly)* rychle točit čím, roztočit co, otočit čím, vířit čím; **s. a wheel** roztočit kolo; **s. a top** pustit káču, roztočit káču **2** *(yarn)* (u)příst, spřádat; *(web – Subj: spider)* soukat, tkát ♦ **s. sb a yarn** vykládat komu báchorky, věšet komu bulíky na nos; **s. a web of lies** spřádat lži **3** *(toss: coin)* hodit si cvrnknutím **4** Sport **s. the ball** dát míčku faleš, *(with racket)* říznout **5** *(in washing machine)* (vy)ždímat, odstředit **II** vi **1** *(rotate)* točit se rychle, otáčet se, rotovat, vířit; *(dancer)* točit se, dělat piruetu; *(wheels in mud, snow)* protáčet se; *(plane)* převracet se, řítit se vývrtkou k zemi, *(car)* otočit se proti směru jízdy **2** fig **my head is ~ning** točí se mi hlava; **this racket makes my head s.** z toho kraválu se mi točí hlava **3** *(spinner)* příst **4** *(in washing machine)* ždímat, odstřeďovat **III** phr vs ■ **spin along** vi *(move quickly: car)* uhánět (s větrem o závod), svištět, kalit si to ■ **spin out** vt **1** *(money, supplies)* vydržet s čím dlouho, šetřit s čím, vyjít s čím, *(meat* etc*)* nastavit strouhankou ap. **2** *(meeting)* protahovat, *(holiday)* prodlužovat; *(story)* natahovat, rozpřádat, rozvláčně vyprávět ■ **spin round** *I* vi rychle se otáčet/ otočit *II* vt rychle otáčet/ otočit čím

spina bifida [spainə'bifidə] n Med vrozený zadní rozštěp páteře

spinach ['spinič] n špenát

spinal [spainl] adj Anat páteřní; *(nerve)* míšní, spinální; **s. column** páteř; **s. cord** mícha; **s. disc** meziobratlová ploténka; **a s. injury** zranění páteře

spindle ['spindl] n Text & Techn vřeteno

spindleshanks ['spindlšæŋks] n inf **1** *(legs)* dlouhé hubené nohy **2** *(person)* dlouhán, čahoun

spindly ['spindli] adj (**-ier**, **-iest**) *(person)* vytáhlý, hubený jako tříska; **s. legs/ arms** nohy/ ruce hubené jako hůlky

spin-drier, spin-dryer [spin'draiə(r)] n ždímačka odstředivá, odstředivka

spin-dry [spin'drai] vti (vy)ždímat v odstředivé ždímačce, odstředit

spin doctor ['spindoktə(r)] n inf ≅ konzultant politické strany pro mediální politiku

spine [spain] n **1** Anat páteř; *(of book)* hřbet; *(of mountain range)* hřeben, hřbet **2** *(of hedgehog* etc*)* bodlina, osten, *(of plants)* osten, trn

spine-chiller ['spainčilə(r)] n Film, Liter horor, drasťák

spine-chilling ['spainčiliŋ] adj děsivý, hrůzostrašný, nahánějící hrůzu

spineless ['spainləs] adj **1** Zool bezobratlý; *(plants)* nemající ostny **2** *(person)* bezpáteřný, nemající (žádnou) páteř, *(weak)* slabošský, *(cowardly)* zbabělý ■ **~ly** adv zbaběle, slabošsky

spinet [spi'net] n **1** Mus spinet **2** Amer pianino

spinner ['spinə(r)] n **1** Text přadlák/ přadlena **2** *(in fishing)* třpytka **3** Cricket *(spin bowler)* nahazovač, který dává míčku faleš, *(ball)* míček hozený s falší

spinney ['spini] n esp Br houští, houština; *(small wood)* lesík

spinning ['spiniŋ] n předení, spřádání ■ **s. machine** spřádací stroj; **s. top** *(toy)* káča, vlček; **s. wheel** kolovrátek na předení, kolovrat; **s. mill** přádelna

spin-off ['spinof] n *(by-product)* vedlejší produkt

spinster ['spinstə(r)] n neprovdaná dívka/ žena, pej stará panna

spinsterhood ['spinstəhud] n staropanenství

spinsterish ['spinstəriš] adj staropanenský

spiny ['spaini] adj (**-ier**, **-iest**) ostnatý; *(plant)* ostnatý, trnitý

spiral ['spairəl] n lit & fig spirála; **inflationary s.** inflační spirála; **a s. of smoke** spirála kouře ● adj spirálovitý, šroubovitý; **s. balance** mincíř; **s. binding** spirálová vazba; **s. staircase** točité schody ● v (**-ll-**, Amer **-l-**) **I** vi **1** *(plane: upwards/ downwards)* stoupat/ klesat vývrtkou **2** *(prices, inflation: upwards/ downwards)* prudce vystoupit/ klesnout **II** phr vs ■ **spiral down** vi *(plane)* klesat vývrtkou; *(prices)* prudce klesat ■ **spiral up** vi *(plane)* stoupat vyvrtkou; *(smoke)* vinout se nahoru; *(prices)* prudce stoupat/ stoupnout

spire ['spaiə(r)] n *(of church)* štíhlá špička věže, špičatá věž, jehla

spirit ['spirit] n **1** *(soul)* **a)** *(person's mind, feelings)* duše, duch, duševno; **generosity of s.** šlechetnost duše; **be with sb in s.** být v duchu s kým; **he was troubled in s., his s. was troubled** bylo mu těžko na duši **b)** Relig duše, duch; **the ~s of the dead** duše mrtvých; **the Holy S.** Duch svatý **2** *(ghost)* duch, přízrak, strašidlo; **raise ~s** vyvolávat duchy **3** *(person)* **the leading s.** vůdčí duch, hybná síla; **a restless s.** nepokojný duch **4** *(courage)* odvaha, kuráž, elán; *(vigour)* energie; **show s.** nebát se;

his s. was broken ztratil odvahu or kuráž 5 *(attitude)* přístup; **fighting s.** bojovnost; **public s.** společenská angažovanost, smysl pro celek; **team s.** smysl pro kolektiv; **the s. of the age** duch doby; **take sth in the wrong s.** špatně něco pochopit; **that's the s.!** tak to má být!, tak se mi to líbí! 6 *(meaning: of law)* podstata, smysl, duch 7 **~s** *(mental state, mood)* nálada; **be in good ~s** být dobré mysli, být v dobré míře; **be in high ~s** být v dobré náladě; **be in low ~s** být skleslý; **bolster sb's s.** dod(áv)at někomu mysli 8 *(alcoholic drink)* usu pl lihoviny 9 Chem líh; **methylated ~s** denaturovaný líh ■ **s. gum** lihové lepidlo; **s. lamp** lihový kahan; **s. level** vodováha; **s. stove** lihová kamínka ● vt **s. sth away** or **off** něco tajně odnést; *(steal)* vyfouknout co; **s. sb away** tajně někoho odvést, tajně koho propašovat pryč

spirited ['spiritid] adj *(person)* temperamentní; *(courageous)* statečný, kurážný; *(reply)* řízný; **give a s. performance** Mus hrát s vervou

spiritual ['spiritjuəl] adj duchovní, duševní; **s. life** duchovní život ● n Mus spirituál

spiritualism ['spiritjuəlizəm] n spiritismus, duchařství

spiritualist ['spiritjuəlist] n spiritista, duchař

spit₁ [spit] n 1 *(action)* (od)plivnutí; *(saliva)* slina, sliny; *(on ground)* plivanec, chrchel; **have a s.** odplivnout si ♦ **s. and polish** leštění, cídění 2 **there was a s. of rain** trochu mrholilo 3 inf *(~ting image)* věrná podoba; **she's the (dead) s. of her mother** je jako by matce z oka vypadla ● v (**-tt-**; pt & pp **spat** [spæt]) I vt vyplivnout, plivat; **s. blood** plivat krev; (Subj: *snake)* **s. poison** stříkat jed; fig *(curses)* vychrlit II vi 1 gen plivat; *(in contempt)* odplivnout si; **s. in sb's face** plivnout komu do tváře 2 *(person: while talking; cat; hot fat)* prskat; *(fire)* praskat 3 **it's ~ting (with rain)** mrholí, poprchává III phr vs ■ **spit out** vt *(food etc)* vyplivnout; **s. it out!** Br inf tak ven s tím!, tak to ze sebe vysyp! ■ **spit up** vt 1 *(blood etc)* plivat 2 Amer *(vomit: baby)* zvracet, inf blinkat

spit₂ [spit] n 1 Cook rožeň 2 Geog *(strip of land)* kosa, ostroh, jazyk země ● vt nabodnout na rožeň

spit₃ [spit] n *(spade's depth)* hloubka rýče; **dig two ~s deep** zrýt na hloubku dvou rýčů

spite [spait] n 1 *(malice)* zlomyslnost, zlovůle, vzdor, truc; **do sth out of s.** udělat co ze zlomyslnosti or ze vzdoru, udělat co naschvál or inf natruc 2 **in s. of sth** navzdory čemu, nehledě na co; **in s. of everything** přes to přese všechno ● vt *(annoy)* zlobit, rozčilit; **he did it to s. his father** udělal to otci na zlost or na vztek ♦ **cut off one's nose to s. one's face** řezat si pod sebou větev, poškozovat své vlastní zájmy

spiteful ['spaitful] adj zlomyslný, zlovolný, potměšilý; *(gloating)* škodolibý; *(remark* also*)* jízlivý; *(tongue)* jízlivý, jedovatý ■ **~ly** adv zlomyslně; škodolibě; jízlivě; jedovatě

spitefulness ['spaitfulnəs] n (see **spiteful**) zlomyslnost; potměšilost; jízlivost; jedovatost

spitfire ['spitfaiə(r)] n drak chrlící oheň; fig *(woman)* dračice, saň

spitroast ['spitrəust] vt opékat na rožni

spitting ['spitiŋ] adj **the s. image** věrná podoba; **he is the s. image of his father** je jako by otci z oka vypadl; jsou si s otcem navlas podobní

spittle ['spitl] n *(saliva)* slina, sliny; *(on floor)* plivanec, chrchel

spittoon [spi'tu:n] n plivátko

spiv [spiv] n Br dated sl podfukář, podvodník; *(black marketeer)* čachrář

splash [splæš] n 1 *(noise)* žbluňknutí; *(spray)* šplíchnutí, cáknutí ♦ **make a s.** fig způsobit senzaci 2 *(patch: of water, mud)* cákanec, šplíchanec, *(of oil, colour)* skvrna 3 *(in drink: of whisky* etc*)* kapka, krapet, slza, hlt, *(of soda)* trochu ● I vt 1 *(water)* cákat, stříkat, rozstřikovat; **s. sb with sth** pocákat koho čím; **s. oneself with sth** pocákat or postříkat se čím; **s. water on the floor** pocákat podlahu vodou; **s. paint on the picture** naplácat na obraz barvu; **s. sb with mud** ohodit koho blátem; **s. water into sb's face** chrstnout komu vodu do obličeje 2 fig *(news in newspapers)* vytisknout palcovými titulky II vi 1 *(water)* stříkat, šplíchat, cákat, šplouchat 2 *(move)* **s. through sth** *(mud, slush, water)* brouzdat se čím III phr vs ■ **splash about** *I* vi *(in water)* šplouchat se, cákat se, máchat se; *(in mud* etc*)* čvachtat se *II* vt *(water)* stříkat čím; fig *(money)* rozhazovat plnými hrstmi ■ **splash down** vi *(space module)* přistát do moře ■ **splash out** vi praštit se přes kapsu, inf pustit chlup; **s. out on sth** nešetřit na čem

splashdown ['splæšdaun] n *(of space module)* přistání do moře

splatter ['splætə(r)] n 1 *(~ing)* šplíchání; *(sound: of rain)* bubnování 2 *(mark)* šplíchanec, cákanec ● I vt postříkat, pocákat, zablátit II vi stříkat, *(rain: on roof* etc*)* bubnovat

spleen [spli:n] n 1 Anat slezina 2 fig *(irritability)* podrážděnost, zlost; **vent one's**

s. on sb vylít/ vylévat si na kom vztek **3** Br dated *(melancholy)* trudnomyslnost, splín

splendid ['splendid] adj **1** *(magnificent: clothes, sunset* etc*)* nádherný, *(building, occasion* etc*)* velkolepý, honosný **2** *(excellent: achievement, idea)* úžasný, ohromný; *(holiday)* prima, skvělý; **we had a s. time** měli jsme se báječně or skvěle; **that would be s.** to by byla nádhera ■ **~ly** adv **1** nádherně, velkolepě **2** úžasně, ohromně; skvěle, božsky, báječně

splendiferous [splen'difərəs] adj inf báječný, senzační

splendour, Amer **splendor** ['splendə(r)] n nádhera, velkolepost, vznešenost, honosnost

splenetic [splə'netik] adj fml nevrlý, popudlivý

splice [splais] vt **1 s. (together)** *(film, tape)* slepit; *(rope)* splést, svázat ♦ inf Naut **s. the mainbrace** rozdělovat mužstvu rum **2** Br joc *(marry)* **get ~d** praštit or bouchnout do toho, vlézt do chomoutu

splicer ['splaisə(r)] n *(for films)* lepička

splint [splint] n Med dláha, dlaha, dlážka; **his arm was in a s.** or **in ~s** měl ruku v dlahách ● vt *(broken arm)* dát do dlah

splinter ['splintə(r)] n střepina, *(wooden)* tříska, štěpina; *(of bone)* úlomek ■ **s. group** Pol frakce ● **I** vi *(glass, bone)* roztříštit se; *(wood)* rozštípnout se; *(political party)* rozštěpit se **II** vt *(glass, bone)* roztříštit; *(wood)* rozštípnout/ rozštípat **III** phr v ■ **splinter off** vi odštěpit se, fig also odtrhnout se

split [split] n **1** *(in clothes)* díra, roztržené místo; *(in wood, rock, wall, ice)* prasklina, puklina; *(in skin)* prasklina **2** Pol rozkol, rozštěpení; Relig schisma; *(among friends)* roztržka **3** *(of profits* etc*)* (roz)dělení, *(share)* díl, podíl **4** Gymn **~s** rozštěp, sed roznožný, provaz, inf špagát; **do the ~s** udělat rozštěp **5** *(sweet)* **banana s.** banánový dezert se zmrzlinou **6** esp Amer malá láhev ● adj *(lip)* rozštěpený; *(skirt)* s rozparkem, rozstřižený; **s. personality** rozpolcená osobnost; **s. infinitive** infinitiv s vloženým adverbiem; Comput **s. screen** rozdělená obrazovka; **in a s. second** ve zlomku vteřiny ● v (**-tt-**; pt & pp **split**) **I** vt **1** *(cleave: wood)* (roz)štípat; *(slate)* rozštípnout; *(garment)* roztrhnout; **s. the atom** rozštěpit or rozbít atom; **s. sb's skull** rozpoltit komu lebku; **the lightning s. the tree** blesk rozčísl strom; **s. sth in two** rozpůlit co, rozbít co na dvě části ♦ **s. hairs** fig hrát si se slovíčky, hledat v čem hnidy; **s. one's sides laughing** válet se smíchy, popadat se za břicho smíchy **2** *(divide)* **a)** gen rozdělit (**in four parts** na čtyři části) **b)** Pol rozštěpit, způsobit rozkol čeho; Amer **s. a ballot** rozdělit hlas volit kandidáty různých polit. stran **c)** *(profits, costs)* podělit or (roz)dělit se o co; **s. the profit three ways** rozdělit zisk na tři díly **d) s. the difference** lit rozdělit sporný rozdíl v ceně, fig urovnat spor kompromisem, sejít se na půl cesty **II** vi **1** *(wood, marble, rock)* puknout, rozštípnout se; *(garment)* roztrhnout se; **s. at the seams** rozpárat se; **s. open** puknout, prasknout; **my head is ~ting** hrozně mě bolí hlava, hlava se mi může bolestí rozskočit **2** *(divide)* rozdělit se; *(political party)* rozštěpit se (**on** or **over sth** kvůli čemu) **3** inf *(leave)* vzít roha **III** phr vs ■ **split off** *I* vt odštípnout, oddělit, uštípnout; *(break)* ulomit, odlomit; *(with axe)* odseknout, useknout *II* vi **1** lit odštípnout se, ulomit se; *(rock)* uvolnit se, odlomit se **2** fig *(group)* odštěpit se, *(from larger group)* osamostatnit se ■ **split on** vt Br inf **s. on sb** udat koho, prásknout koho ■ **split up** *I* vt **1** *(wood)* rozštípnout/ rozštípat; *(cake)* rozdělit; *(profits)* (roz)dělit se o co, rozdělit si; *(fighting boys)* roztrhnout **2** *(meeting* – Subj: *police)* přerušit, zastavit, *(crowd)* rozehnat **3** *(organization)* rozštěpit, *(into small groupings)* rozdrobit *II* vi **1** *(tree, rock)* puknout **2** *(couple)* rozejít se; *(organization)* rozštěpit se, rozdrobit se; *(crowd)* rozejít se; *(divide)* rozdělit se; **s. up into four groups** rozdělit se na čtyři skupiny

splitting ['splitiŋ] n dělení, štěpení; **the s. of the atom** rozbití atomu ● adj **I have a s. headache** mám hroznou bolest hlavy; **it gave me a s. headache** hrozně se mi z toho rozbolela hlava

split-up ['splitap] n *(of partners)* rozchod, *(divorce)* rozvod; *(of political party)* rozštěpení, rozkol

splodge [splodž], **splotch** [sploč] n inf *(of paint)* skvrna, flek, *(of ink* also*)* kaňka ● vt pocákat, pokaňkat

splurge [splə:dž] n inf **1** *(shopping spree)* bláznivé nakupování **2 a big publicity s.** halasná reklama ● **I** vt *(money)* rozhazovat, marnotratně vyhazovat, vyhodit do větru **II** phr v ■ **splurge out** vt **s. out on sth** pustit na něco korunu, utratit na co moc peněz

splutter ['splatə(r)] n **1** *(confused speech)* breptání, drmolení, *(of engine)* pokašlávání **2** *(spitting)* prskání; *(of fire)* praskání ● vi **1** *(speaker; hot fat)* prskat, *(flames)* praskat **2** *(speak confusedly)* drmolit, breptat; *(engine)* pokašlávat; **s. with rage** sršet hněvem

spoil [spoil] n usu pl **the ~s 1** *(loot)* kořist, lup; *(profit)* zisk, výdělek; **the ~s of war/ office** válečná kořist/ požitky plynoucí z úřadu **2** Amer Pol **~s system** rozdílení úřadů vítěznou politickou stranou, korytářství ● v (pt & pp **~ed**, or **spoilt**) **I** vt **1** *(mar: pleasure, mood* etc*)* (z)kazit, pokazit, (z)kalit; *(holiday)* (z)kazit, narušit; *(impression)* rušit; *(view –* Subj *chimneys, high rises)* hyzdit; **s. sth for sb** kazit komu co, znechutit komu co; **s. sb's life** zkazit or otrávit komu život **2** *(damage)* **s. one's health** (po)kazit si or zničit (si) zdraví, ublížit si na zdraví; **s. sb's chances** házet komu klacky pod nohy, zmařit komu příležitost or šanci **3** *(pamper)* (z)kazit, (z)hýčkat, rozmazlovat ♦ **spare the rod and s. the child** stromek se má ohýbat, dokud je mladý; **be spoilt for choice** nevědět, co si vybrat **4** *(ballot paper)* učinit neplatným **II** vi *(food, fruit)* kazit se, podléhat zkáze **III** phr v ■ **spoil for** vt **be ~ing for sth** *(argument, fight)* dychtit po čem, vyhledávat co

spoiler ['spoilə(r)] n **1** Aut, Aviat spoiler, rušič vztlaku, Aviat also interceptor **2** Amer Pol kandidát ubírající jinému kandidátovi hlasy

spoilsport ['spoilspo:t] n otrava, morous, kazimír, kakabus

spoilt [spoilt] pt & pp of **spoil** ● adj *(food)* zkažený; *(child)* rozmazlený, zhýčkaný, zkažený; *(ballot paper)* neplatný

spoke[1] [spəuk] pt of **speak**

spoke[2] [spəuk] n *(in wheel)* paprsek; *(in ladder)* příčel ♦ **put a s. in sb's wheel** házet komu klacky pod nohy

spoken ['spəukən] pp of **speak** ● adj **1** *(language, word)* mluvený, hovorový; **s. Czech** hovorová čeština **2 be s. for** být už zadaný, být už zaslíbený

-spoken [spəukən] suff **be smooth-s.** mluvit uhlazeně

spokesman ['spəuksmən] n (pl **-men**) mluvčí

spokesperson ['spəukspə:sn] n mluvčí

spokeswoman ['spəukswumən] n (pl **-women** [-wimin]) mluvčí

spoliation [spəuli'eišn] n fml *(plundering)* (vy)loupení, (vy)plenění

sponge [spandž] n **1** Zool *(in sea)* (mořská) houba **2** *(for washing)* (mycí) houba or hubka ♦ **throw in the s.** hodit/ házet flintu do žita ■ **s. rubber** houbovitá pryž, mechová guma **3** *(sponging)* **give sth a s.** *(floor, wall, table)* umýt or utřít co houbou ■ **s. bag** necesér; **s. bath** důkladné umytí houbou; **give sb a s. bath** pořádně koho umýt; **s. cloth** froté utěrka **4** Cook **s. (cake)** piškotový moučník ■ **s. mixture** piškotové těsto ● **I** vt **1** *(clean)* umýt houbou, setřít, smýt houbou **2** *(soak up)* vytřít, vysušit houbou **3** inf pej *(scrounge)* **s. sth off** or **from sb** vyžebrat si co od koho **II** phr vs ■ **sponge down** vt *(body, car)* umýt (houbou); *(wall* etc also*)* omýt ■ **sponge off** vt *(stain)* odstranit, umýt (houbou) ■ **sponge off** or **on** vt **s. on sb** týt z koho, cizopasit na kom, přiživovat se na kom ■ **sponge out** vt *(stain)* odstranit, umýt (houbou) ■ **sponge up** vt vytřít, vysát houbou

sponge-down ['spandždaun] n **have a s.-d.** rychle se umýt; **give sth a s.-d.** něco (rychle) utřít or umýt

sponger ['spandžə(r)] n inf pej příživník, parazit both fig, vyžírka

spongy ['spandži] adj (**-ier**, **-iest**) houbovitý, porézní

sponsor ['sponsə(r)] n patron, sponzor; Fin ručitel, garant; *(godparent)* kmotr/ kmotra; **act as a s. for sb** sponzorovat koho ● vt gen **1** *(fund)* podporovat finančně, mít patronát nad čím; *(finance: study, conference* etc*)* financovat, sponzorovat **2** Fin *(loan)* být ručitelem or garantem čeho **3** *(godchild)* být kmotrem/ kmotrou koho

sponsored ['sponsəd] adj **s. walk/ silence** etc „sponzorovaný" pochod/ „sponzorované" mlčení etc charitativní akce

sponsorship ['sponsəšip] n *(support)* podpora, patronát, záštita; *(financing)* financování, sponzorování; *(of loan)* ručitelství za

spontaneity [spontə'neiəti] n spontánnost, nenucenost

spontaneous [spon'teiniəs] adj spontánní; *(style)* nenucený; **s. combustion** samovolné vznícení, samovznícení ■ **~ly** adv spontánně; nenuceně; samovolně

spoof [spu:f] n inf **1** *(parody)* parodie (**of sth** na co) **2** *(hoax)* vtip, šprým, kanadský žertík ● adj *(programme)* parodický; *(phone call)* udělaný z legrace ● vt *(novel, style* etc*)* parodovat; *(person)* esp Amer dělat si legraci z koho

spook [spu:k] inf n **1** *(ghost)* duch, strašidlo **2** Amer *(spy)* tajný, fízl ● vt esp Amer *(frighten)* (po)strašit, (vy)děsit; **I don't s. easy** já mám pro strach uděláno

spooky ['spu:ki] adj (**-ier**, **-iest**) inf strašidelný, zlověstný, nahánějící hrůzu

spool [spu:l] n Phot cívka, Sew *(for thread, of thread* also*)* špulka; *(for film)* kotouč; *(for fishing line)* naviják ● vt navíjet na cívku, na rybářský naviják ap.

spoon [spu:n] n **1** *(utensil)* lžíce; *(for tea, coffee)* lžička; **soup/ coffee s.** polévková lžíce/ kávová lžička ♦ **be born with a silver s. in one's mouth** být dítětem štěstěny, umět se narodit **2** *(quantity)* see **spoonful** **3** Golf hůl s širokou hlavicí ● **I** vt nabírat lžící **II** vi inf dated mazlit se (spolu), cicmat se

III phr vs ■ **spoon out** vt vybírat (jakoby) lžící ■ **spoon up** vt **1** *(eat)* jíst lžící **2** *(clean: spillage)* sebrat lžící

spoonerism ['spu:nərizəm] n legrační přeřeknutí, (náhodné) přesmyknutí hlásek or slabik

spoon-feed ['spu:nfi:d] vt (pt & pp **spoon--fed**) **1** *(baby, invalid)* krmit lžičkou **2** *(pupil)* nalejvat* vědomostmi, vyložit komu co po lopatě, vodit koho za ručičku

spoonful ['spu:nful] n *(quantity)* (plná) lžíce čeho; **two ~s of sugar** dvě lžíce cukru

sporadic [spə'rædik] adj sporadický, ojedinělý; *(occasional)* občasný, příležitostný ■ **~ally** adv sporadicky, čas od času, občas, ojediněle

spore [spo:(r)] n Biol výtrus, spora

sporran ['sporən] n Scot kožená brašna součást mužského kroje; nosí se vpředu na skotské suknici

sport [spo:t] n **1** *(physical exercise)* sport; **do** or **play s.** pěstovat sport, sportovat; **he does a lot of s.** hodně sportuje; **be good at ~(s)** být dobrý sportovec **2** fml *(hunting)* lov; *(fishing)* chytání ryb, rybaření **3 ~s** *(event)* lehkoatletické utkání ■ see **sports 4** dated *(amusement)* **say sth in s.** říci něco z legrace **5** inf *(person)* **be a good s.** být prima kluk/ holka; **come on, be a s.!** nekaz přece legraci! ● vt *(wear, display)* honosit se čím, okázale nosit, stavět na odiv

sporting ['spo:tiŋ] adj **1** *(fixtures, interests)* sportovní; *(gun)* lovecký; **s. editor** Amer sportovní redaktor **2** *(behaviour)* správný, prima, férový **3 there's a s. chance that ...** je určitá šance, že ... ■ **~ly** adv sportovně, férově, slušně

sports [spo:ts] adj sportovní; **s. car/ clothes/ club/ column** sportovní auto/ šaty/ spolek/ rubrika; **s. commentary/ editor/ facilities** sportovní zpravodajství/ redaktor/ vybavení; **s. hall/ jacket/** TV **programme** sportovní hala/ sako/ vysílání; **s. ground** hřiště; **s. instructor** cvičitel, učitel sportu, instruktor ● n Amer see **sport (1)**

sportsman ['spo:tsmən] n (pl **-men**) **1** gen sportovec, sportsman; *(hunter)* myslivec **2** *(person who plays fair)* **he's a real s.** on je opravdový sportovec

sportsmanlike ['spo:tsmənlaik] adj sportovní; *(behaviour, gesture* etc also*)* férový

sportsmanship ['spo:tsmənšip] n sportovnost, sportovní duch

sportswear ['spo:tsweə(r)] n *(for sport)* sportovní oblečení; *(casual clothes)* rekreační or pohodlné oblečení

sportswoman ['spo:tswumən] n (pl **-women** [-wimin]) sportovkyně

sporty ['spo:ti] adj **(-ier, -iest)** inf **1** *(person, clothes)* sportovní **2** *(showy)* sekáčský, elegantní, vystrojený

spot [spot] n **1** *(dot: on animal)* skvrna; *(on fruit* also*)* skvrnka; *(on fabric, clothes)* puntík, tečka; *(on dice, domino)* puntík; **a red tie with blue ~s** červená kravata s modrými puntíky; **a horse with a white s. on its head** kůň s bílou lyskou na čele; **see ~s before one's eyes** mít mžitky před očima ♦ **change one's ~s** změnit se charakterově; **knock ~s off sb** inf *(be much better)* strčit koho do kapsy, přetrumfnout koho, převyšovat koho o dvě hlavy; *(defeat)* porazit koho na hlavu ■ **s. welding** bodové svařování **2** Med znaménko, znamínko; *(pimple)* uher, pupínek; **have ~s** mít vyrážku; **come out in ~s** dostat vyrážku ♦ **beauty s.** znaménko krásy **3** *(stain)* skvrna, inf flek; *(of ink)* kaňka; **~s of mud** skvrny od bláta; fig skvrna, poskvrna; **a s. on sb's reputation** skvrna na čí dobré pověsti **4** *(place)* **a)** místo, místečko, lokalita, kout(ek); **a picnic s.** výletní místo; **a quiet** or **peaceful s.** tichý koutek, tiché zákoutí; **a black s.** *(on road)* místo častých nehod; **a night s.** noční lokál ■ **s. height** Geogr výškový údaj **b)** *(on body)* **a tender s.** bolestivé or bolavé místo ♦ **have a soft s. for sb** trpět na koho, mít ke komu sympatie, mít pro koho slabost; **have a soft s. for sth** být na co zatížený, potrpět si na co; **it's my weak s.** to je moje Achillova pata, to je moje slabina **c)** *(there and then)* **do sth on the s.** udělat co okamžitě, udělat co na místě (samém); **stand rooted** or **riveted to the s.** stát jako přikovaný or přibitý, stát jako socha, zkamenět úžasem ■ **s. cash** placení v hotovosti; **for s. cash** za hotové; **s. checks** namátková kontrola; **s. goods** Comm pohotové zboží, okamžitý trh **d)** fig inf *(difficult situation)* brynda, prekérní situace, svízel; **be in a tight s.** být v úzkých, být v (pěkné) bryndě, být v prekérní situaci; **put sb on the s.** dostat or přivést koho do nesnází **e) a high s.** vrcholná událost, vrchol **5** inf *(small amount)* **a s. of sth** trocha or troška čeho; *(of alcohol* also*)* kapka, slza, hlt, krapet, štamprle; **a s. of wine** hlt vína; **I had a s. of bother** měl jsem určité problémy; **would you like a s. of lunch?** dáte si něco malého k obědu? **6** *(in show,* Rad, TV*)* číslo; *(news item)* krátká zpráva; *(advertisement)* reklamní vysílání; **have a s. in a show** mít číslo or výstup v zábavním programu **7** *(job)* zaměstnání, místo **8** Billiards koule s tečkou **9** Theat inf *(spotlight)* bodový reflektor ● v **(-tt-) I** vt **1** *(notice)* zpozorovat, zahlédnout, spatřit, postřehnout; *(find)* najít;

(talent) objevit; **happen to s. sb** zavadit o koho pohledem; **well ~ted!** dobrý postřeh!, je dobré or výborné, že sis toho všiml **2** *(stain)* zašpinit, udělat na čem skvrnu; *(with ink)* pokaňkat, udělat na čem kaňku **3** Billiards postavit kouli na určitou tečku **II** vi **1** **it's ~ting with rain** mrholí, poprchává **2** *(garment)* **s. (easily)** špinit se (snadno)

spot-check [spot'ček] vt provést namátkovou kontrolu čeho

spotless ['spotləs] adj úzkostlivě čistý, bez poskvrnky; čistý jako ze škatulky; fig *(reputation)* bezúhonný ▪ **~ly** adv **~ly clean** čisťounký, vymydlený, čistý jako ze škatulky

spotlessness ['spotləsnəs] n vzorná čistota; fig bezúhonnost, vzorná pověst

spotlight ['spotlait] n gen bodové světlo or osvětlení, Theat bodový reflektor; Aut reflektor, světlomet; **turn the s. on sb** lit namířit na koho reflektory, fig obrátit na koho pozornost; **be in the s.** fig být středem pozornosti ● vt osvětlit, ozářit; fig obrátit na co pozornost

spot-on [spot'on] adj inf *(remark, analysis)* dokonale přesný, nachlup přesný; **his guess was s.-on** odhadl to na vlas přesně

spotted ['spotid] adj **1** *(garment, fabric)* tečkovaný, puntíčkovaný **2** *(speckled)* strakatý, kropenatý **3** *(marked, stained)* zašpiněný, pokrytý skvrnami, inf flekatý **4** Med **s. fever** skvrnitý tyfus

spotter ['spotə(r)] n **1** *(observer)* pozorovatel **2** *(enthusiast)* **train/ plane s.** náruživý pozorovatel vlaků/ letadel **3** Aviat Mil **s. (plane)** pozorovací letoun **4** inf Amer tajný; *(working for a company)* revizor

spotty ['spoti] adj **1** *(skin)* flekatý; *(with pimples)* uhrovitý **2** *(performance)* nevyrovnaný

spot-welding ['spotweldiŋ] n Techn bodové sváření

spouse [spaus] n fml choť fem & m

spout [spaut] n **1** *(of teapot, kettle)* hubice, hubička, *(of watering can)* hubice; *(gutter, gargoyle)* chrlič, *(of pump)* výtoková trubice, *(on pipe)* výtok ♦ **be up the s.** *(chances)* sl být v tahu or v čudu, vulg být v hajzlu, *(person: be lost)* být ztracený, *(woman: be pregnant)* být v tom **2** *(jet of water)* vodotrysk, gejzír, *(from whale)* sloup, gejzír **3** also **s.-hole** *(of whale)* stříkací otvor ● **I** vt **1** *(gush: water, lava, oil)* stříkat, chrlit **2** inf pej deklamovat, odříkávat; *(figures)* sypat ze sebe; *(nonsense)* žvanit, mlít **II** vi **1** *(water, oil)* stříkat, tryskat, chrlit se, *(lava)* chrlit se, *(smoke)* chrlit se, valit se **2** fig **s. (on) about sth** mlít or žvanit or kecat o čem

sprain [sprein] n vymknutí, vyvrtnutí ● vt *(ankle, wrist)* vymknout si, vyvrtnout si; **I've ~ed my foot** vymkl jsem si nohu

sprang [spræŋ] pt of **spring**$_2$

sprat [spræt] n *(fish)* šprota, Zool šprot ♦ **use a s. to catch a mackerel** or **whale** málo vsadit, hodně vyhrát

sprawl [spro:l] n **1** *(posture)* rozvalená poloha **2** **urban s.** živelný růst měst ● **I** vi **1** *(sit, lie)* **be ~ing in an armchair** *(exhaustedly)* ležet bezvládně v křesle, *(casually)* rozvalovat se v křesle; **send sb ~ing** poslat někoho k zemi **2** *(suburbs, bushes)* rozrůstat se, bujet **II** vt usu pass **he was ~ed in the armchair** ležel rozvalený v křesle, rozvaloval se v křesle

sprawling ['spro:liŋ] adj **1** *(town, suburbs)* rozrůstající se chapadlovitě **2** *(body)* roztažený, *(casually)* rozvalený **3** *(writing)* roztažený, kostrbatý

spray$_1$ [sprei] n **1** *(bouquet)* kytička **2** *(cut branch with leaves)* větévka, větvička, ratolest, haluzka **3** *(brooch)* brož, ozdobná spona ve tvaru kytičky

spray$_2$ [sprei] n **1** *(tiny drops)* prška, mžení; *(of seawater)* vodní tříšť; *(of other liquids)* kapénky čeho, rozprášená tekutina **2** *(container)* rozprašovač, sprej ▪ **s. can** rozprašovač; **s. gun** stříkací pistole **3** *(act of ~ing)* postřik, stříkání; **give sth a s.** postříkat co **4** *(preparation: against infestation)* postřik; **hair s.** lak na vlasy **5** fig *(shower: of bullets, sparks)* déšť, prška ● **I** vt *(plants: with insecticide)* (po)stříkat, *(with water)* zavlažit kropením, zalít; *(street, plants with water)* pokropit; *(car: with paint)* nastříkat; *(perfume)* rozprášit, rozstříknout; **s. perfume around the room** rozstříknout or rozprášit po místnosti vůni; **s. one's hair** *(with hair s.)* nalakovat si vlasy; fig **s. the enemy with bullets** pokropit nepřítele kulkami **II** vi stříkat, vystřikovat; **s. out of sth** vystříknout z čeho

sprayer ['spreiə(r)] n rozprašovač; *(for crops)* postřikovač

spread [spred] n **1** *(extent, expanse)* **a)** *(of wings, branches)* rozpětí, *(of sail)* šířka, *(of land)* rozloha, rozsah **b)** *(of time)* **over a s. of several years** v průběhu několika let **c)** *(range: of prices)* rozsah, rozpětí, *(of products)* výběr, škála, *(of interests)* spektrum, *(of opinions, possibilities)* škála **d)** **middle-age s.** korpulence or zaoblování se ve středním věku; **he's beginning to get a middle-age s.** začíná být obtloustlý, inf začíná zakládat na sádlo **2** *(dissemination: disease, news)* šíření, rozšiřování, *(of ideas also)* propagace **3** *(cover: for bed)* přehoz **4** inf *(meal s. out on table)* hody, hostina stůl plný dobrot **5** Cook *(for bread)* pomazánka; **cheese s.** tavený sýr **6** Journ, Typ *(two pages)* dvojstránka; **a full-page s.** *(article/ advertisement)* celostránkový článek/ inzerát **7** Amer inf *(farm)* ranč ● v (pt & pp **spread**) **I** vt **1** *(open out)* also **s. out** *(wings)* rozepnout, roztáhnout; *(carpet)* natáhnout, rozprostřít; *(sails)* rozvinout; *(arms)* rozevřít, rozpřáhnout, Sport rozpažit; *(legs)* rozevřít, roztáhnout; **the peacock s. its tail** páv rozevřel ocas ♦ **s. one's wings** fig rozepnout křídla, vyletět z hnízda, postavit se na vlastní nohy **2 s. oneself** *(person)* roztáhnout se, rozvalit se; *(s. one's things)* rozložit si své věci; *(write, talk)* šířit se o čem, psát zeširoka o čem ♦ **s. oneself too thinly** příliš tříštit své zájmy **3** *(apply: butter, jam)* namazat; *(paint, glue)* nanést, natřít co čím; **s. butter on bread** namazat chléb máslem **4** *(lay out: papers, photos, newspaper, map* etc*)* rozložit; *(tablecloth)* prostřít **5** *(distribute)* also **s. out** *(payment of tax)* rozvrhnout, repartovat; *(work)* rozvrhnout si; *(manure)* rozházet, rozmetat; *(hay)* rozhrabat **6** *(disseminate: news)* šířit, rozšiřovat, *(gossip* also*)* roznášet; *(gospel)* hlásat; *(disease)* (roz)šířit, roznést/ roznášet; *(smell)* vydávat **II** vi **1** *(extend)* **a)** *(in space)* protahovat se, roztáhnout se; *(stain)* zvětšit se, rozšířit se; *(fire, desert)* šířit se, rozrůstat se **b)** *(panic, news, rumour, disease)* (roz)šířit se; **s. like wildfire** *(rumour)* letět od úst k ústům **2** *(butter)* dát se roztírat or mazat **III** phr vs ■ **spread about** or **around** vt *(news, rumours)* (roz)šířit, roznášet/ roznést mezi lidmi; *(seed)* roztrousit ■ **spread out** *I* vt see **spread** vt (**1**), (**5**) *II* vi **1** *(plain, forest)* rozprostírat se **2** *(disperse: troops, search party* etc*)* rozvinout se **3** *(sails)* rozvinout se

spread-eagled [spred'i:gld] adj **be s.-e.** stát rozkročmo s rozpaženýma rukama při policejní prohlídce, ležet s rozpaženýma or rozhozenýma rukama např. po sražení autem

spreadsheet ['spredši:t] n Comput tabulkový kalkulátor, tabulkový procesor

spree [spri:] n inf **go on a spending s.** jít nakupovat ve velkém, mít záchvat utrácení; **go on a (drinking) s.** jít flámovat, jít na tah

sprig [sprig] n ratolest, větvička s listím; **a s. of mistletoe/ parsley** snítka jmelí/ petržele

sprightly ['spraitli] adj (**-ier, -iest**) *(person)* živý, hbitý, plný života; (eg *old person)* čilý, čiperný, křepký; *(tune)* veselý; **he is very s. for his age** je na svůj věk velmi čilý

spring$_1$ [spriŋ] n *(season)* jaro, poet vesna; **in (the) s.** na jaře, zjara; **s. is in the air** jaro je už ve vzduchu; **s. has come** už je jaro, nastalo jaro ■ **s. day** jarní den; **s. onion** jarní cibulka; **she's no s. chicken** není už žádný zajíc, už má svá léta

spring$_2$ [spriŋ] n **1** Techn pružina, *(in watch)* pero; Aut **~s** pérování; **coil s.** spirálová pružina ■ **s. balance** mincíř; **s. mattress** pérová matrace **2** *(leap)* skok; **in one s.** jedním skokem ■ **s. tide** skočný příliv maximální příliv při úplňku a novu **3** *(of water)* pramen, studánka, *(in spa)* zřídlo, vřídlo; **hot ~s** horké prameny ■ **s. water** pramenitá voda **4** *(elasticity)* pružnost, elastičnost, elasticita; *(in step)* pružnost, svižnost ● v (pt **sprang** [spræŋ], pp **sprung** [sprаŋ]) **I** vi **1** *(leap)* skočit; **s. at sb** skočit na koho, vrhnout se na koho; **s. away** odskočit; **s. into action** začít jednat; **s. open** náhle se otevřít; **s. out of bed** vyskočit z postele; **s. to attention** Mil postavit se do pozoru; **s. to life** náhle oživnout, *(engine)* naskočit; **s. to mind** přijít komu na mysl, napadnout komu; **s. to one's feet** prudce se postavit, vyskočit; **s. to sb's defence** spěchat komu na pomoc **2** *(appear)* objevit se; **where did you s. from?** kde ses tu vzal?; **where did these books s. from?** odkud se tu vzaly ty knihy? **3** *(originate: jealousy, fear, prejudice, problem)* **s. from sth** mít původ v čem, vzniknout z čeho, pramenit z čeho; **s. into being** vzniknout; **s. from a wealthy family** pocházet z bohaté rodiny **II** vt **1** *(trap)* sklapnout; Mil *(mine)* odpálit, přivést k výbuchu; *(lock)* (nechat) zaklapnout **2 s. sth on sb** *(news, surprise, decision)* překvapit koho (s) čím, zaskočit koho čím, nečekaně co komu oznámit; **I am sorry that I have to s. it on you like this but ...** promiň, že s tím přicházím tak znenadání, ale ... **3** *(develop)* **s. a leak** *(tank)* začít téct; *(boat)* začít nabírat vodu **4** *(warp: plank)* zkřivit, zvlnit, zdeformovat **5** sl *(set free: prisoner)* dostat z vězení **III** phr vs ■ **spring back** vi **1** *(jump back)* odskočit, (u)skočit dozadu **2** *(return to its position: lever* etc*)* (za)skočit zpět; *(branch)* vymrštit se nahoru ■ **spring up** vi **1** *(get up)* vyskočit **2** *(appear: wind)* zvednout se, zdvihnout se, *(storm* also*)* přihnat se; **s. up like mushrooms** *(high rises, housing estates, factories)* (vy)růst jako houby po dešti; *(problem)* vynořit se **3** *(grow: teenager)* vytáhnout se, rychle vyrůst

springboard ['spriŋbo:d] n **1** *(for diving)* skokanské prkno; Gymn odrazový můstek **2** fig odrazový můstek

spring-clean [spriŋ'kli:n] vt *(clean thor-*

oughly) (vy)gruntovat ● ['spriŋkli:n] n gruntování, důkladný úklid

spring-cleaning [spriŋ'kli:niŋ] n gruntování, jarní úklid

springiness ['spriŋinəs] n pružnost, elastičnost, elasticita, *(of step* also*)* plavnost

springtime ['spriŋtaim] n jaro, poet vesna

springy ['spriŋi] adj (**-ier**, **-iest**) pružný, elastický, *(step)* pružný, plavný

sprinkle ['spriŋkl] n **1** *(of salt, pepper)* špetka; *(of vinegar)* pár kapek **2 a s. (of rain)** sprška, přeprška, přeháňka ● **I** vt **1** *(lawn, plant* etc*)* zalít, pokropit, *(pavement, dusty street)* pokropit, postříkat; **s. water on sth**, **s. sth with water** pokropit co vodou **2 s. sugar/ breadcrumbs** etc **on sth** posypat co cukrem/ strouhankou etc; **s. salt on sth** posolit co **3** fig usu pass **be ~d with sth** *(text with metaphors, quotations)* být vyšperkován čím, *(hair with grey)* být protkán čím, *(sky with stars)* být poset(ý) čím, *(fields with snow)* být poprášen čím **II** vi *(rain)* mžít

sprinkler ['spriŋklə(r)] n **1** Hort, Agr postřikovací or kropicí zařízení **2** *(on watering can* etc*)* kropáč, růžice **3** ■ **s. system** automatické hasicí zařízení reagující na kouř

sprinkling ['spriŋkliŋ] n *(small quantity)* troška, *(pinch)* špetka; **a s. of rain** sprška, přeprška; **a s. of snow** poprašek sněhu

sprint [sprint] n *(race)* sprint, běh na krátkou vzdálenost; **the final s.** závěrečný spurt, finiš; fig maximální vypětí sil, (závěrečný) finiš ● vi Sport sprintovat; *(dash)* rychle běžet, hnát se, inf mazat

sprinter ['sprintə(r)] n sprintér, běžec na krátké vzdálenosti

sprite [sprait] n skřítek, šotek

spritzer ['spritsə(r)] n (vinný) střik

sprocket ['sprokit] n **1** *(tooth)* zub řetězového kola **2 s. (wheel)** řetězové kolo ■ **s. chain** kloubový řetěz

sprout [spraut] n **1** *(on plant)* výhonek, odnož; *(from bean, potato)* klíček **2 (Brussels) ~s** kapusta růžičková **3** inf Amer *(child)* ratolest, *(boy)* kluk, *(girl)* holka, žába ● **I** vi **1** *(bean, wheat, seed)* klíčit, *(grass, leaves, trees* etc*)* rašit, *(buds* also*)* pučet **2** fig *(appear)* also **s. up** *(factories, buildings, suburbs)* vyrůst jako houby po dešti **II** vt **1** *(leaves, shoots* etc*)* vyhnat; *(seeds)* nechat klíčit **2** fig inf *(beard)* nechat si narůst

spruce$_1$ [spru:s] n **1** Bot **s. (fir)** smrk **2** *(wood)* smrk, smrkové dřevo

spruce$_2$ [spru:s] adj *(person)* elegantní, upravený; *(clothes)* čisťounký, jako ze škatulky; *(neatly dressed)* vyšňořený, vyštafírovaný ■ **~ly** adv *(dressed)* elegantně, bezvadně ● phr v ■ **spruce up** vt **1 s. oneself up**, **get ~d up** vystrojit se, vyštafírovat se, nastrojit se **2** *(car, building)* dát do pořádku

sprung [sprʌŋ] pp of **spring**$_2$ ● adj *(mattress)* pérovaný

spry [sprai] adj (**-er** or **sprier**, **-est** or **spriest**) svižný, čilý, hbitý ■ **~ly** adv svižně, hbitě

spud [spʌd] n inf *(potato)* brambora

spume [spju:m] n pěna

spun [spʌn] pt & pp **spin** ● adj *(silk)* předený; **s. sugar** cukrová vata

spunk [spʌŋk] n **1** inf *(courage)* kuráž **2** Br dated vulg sperma neutr

spunky ['spʌŋki] adj (**-ier**, **-iest**) inf *(person)* kurážný, smělý; *(answer)* rozhodný, nebojácný

spur [spə:(r)] n **1** Equest, Bot, Zool ostruha jezdce/ květu/ kohouta; **a pair of ~s** ostruhy; **put** or **set ~s to one's horse** pobídnout or bodnout koně ostruhami, dát koni ostruhy ♦ **win one's ~s** vysloužit si ostruhy, dobýt si uznání **2** fig *(stimulus)* pobídka, popud; **act** or **serve as a s. to sb in sth** být komu pobídkou v čem; **do sth on the s. of the moment** udělat něco bez rozmyslu or bez přemýšlení or z okamžitého popudu **3** Geog výběžek **4** Rail vedlejší kolej ● vt (**-rr-**) also **s. on 1** *(horse)* pobídnout koně ostruhami, dávat koni ostruhy **2** fig pobízet, nabádat, povzbuzovat, podněcovat, pohánět; **s. sb on** *(to work harder)* popohánět koho; **be ~red on by ambition** být hnán ctižádostí

spurious ['spjuəriəs] adj **1** *(false: interest, sympathy)* předstíraný, hraný; *(flattery)* pokrytecký; *(coin, documents, name)* falešný **2** *(claim, evidence, argument)* nepodložený, neopodstatněný ■ **~ly** adv falešně, hraně; *(claim)* neprávem

spuriousness ['spjuəriəsnəs] n see **spurious 1** hranost, předstírání; pokrytectví **2** nepodloženost, neopodstatněnost

spurn [spə:n] vt fml opovrhovat/ opovrhnout kým/ čím; *(lover)* zavrhnout, odbýt, dát komu košem; **s. sb's help** odvrhnout čí nabízenou pomoc

spurt [spə:t] n **1** *(gush: of liquid)* výtrysk; *(of flame)* vyšlehnutí **2** *(sudden burst of speed)* spurt, rychlý běh; **put on the final s.** nasadit závěrečný finiš; **a s. of activity** krátkodobé zvýšení úsilí ● **I** vi **1** *(liquid)* vystříknout/ stříkat, vytrysknout/ tryskat **2** *(run)* utíkat, pádit **II** vt **her wound was ~ing blood** z rány jí stříkala krev; **the volcano was ~ing lava** z kráteru se chrlila láva, sopka chrlila lávu

sputter ['spʌtə(r)] **I** vi **1** *(candle, fire)*

praskat, *(fat)* prskat, škvařit se; *(engine)* pokašlávat, vynechávat 2 *(stutter)* zajikat se, koktat; *(spit)* prskat při mluvení; **he was ~ing with rage** prskal or soptil vzteky ‖ vt *(apology)* vykoktat ● n 1 praskání, prskání; pokašlávání 2 zajikání se, koktání; prskání

sputum ['spju:təm] n (pl **sputa** [-tə]) chrchel, Med sputum

spy [spai] n špion, vyzvědač, tajný agent; *(police s.)* špeh, konfident, inf pej fízl, špicl; **s. in the cab** inf kolečko, tachograf neutr ■ **s. film/ story/ ring/ satellite** špionážní film/ příběh/ síť/ satelit ● v (pt & pp **spied**) I vi provádět špionáž(ní činnost); **s. for the enemy** provádět špionáž pro nepřítele; **s. on sb** špehovat koho; **s. into other people's affairs** strkat nos do cizích věcí ‖ vt fml *(notice: figure, object)* (z)pozorovat, (u)vidět, zahlédnout ‖‖ phr v ■ **spy out** vt vypátrat, objevit, odhalit, vyšpehovat; **s. out the land** Mil prozkoumat terén, fig prozkoumat or inf očíhnout situaci

spycatcher ['spaikæčə(r)] n „lovec" špionů

spyglass ['spaigla:s] n (malý) dalekohled

spyhole ['spaihəul] n špehýrka, kukátko ve dveřích

spying ['spaiiŋ] n gen & Ind špionáž, špionážní činnost

spymaster ['spaima:stə(r)] n šéf tajných služeb, šéf špionáže

Sq abbr of **Square** n., náměstí

sq abbr of **square** Math čtvereční; **sq m.** m^2

squabble ['skwobl] n hádka, pře, rozmíška, třenice ● vi vadit se, škorpit se, hádat se; **s. with sb over** or **about sth** vadit se s kým o co

squabbling ['skwobliŋ] n handrkování, hašteření, tahanice

squad [skwod] n 1 Mil družstvo, četa; **a firing s.** popravčí četa 2 **a police s.** policejní oddíl; **flying s.** přepadový oddíl; **drugs s.** protidrogové komando ■ **s. car** vozidlo policejní hlídky, motorizovaná policejní patrola 3 Sport mužstvo, družstvo; **the Scotland football s.** skotské národní mužstvo 4 *(of workmen)* četa; **demolition s.** demoliční četa

squaddie ['skwodi] n Br sl vojín, obyčejný voják

squadron ['skwodrən] n Mil 1 *(of cavalry)* eskadrona 2 Aviat eskadra, letka 3 Naut eskadra ■ **s. leader** major letectva

squalid ['skwolid] adj 1 *(house, street)* špinavý, zanedbaný; *(furnishings, clothes, conditions)* bídný, nuzný 2 fig *(deed, motive)* nízký, podlý, hanebný; *(affair)* špinavý; *(gossip)* nechutný, odporný ■ **~ly** adv *(live)* nuzně, bídně, v nuzných podmínkách; *(behave)* podle, hanebně, nízce

squall [skwo:l] n 1 *(storm with wind)* bouře s větrem, náhlý liják; *(wind)* prudký náraz větru; **snow ~s** sněhová bouře 2 *(loud cry: of baby)* ječení, vřeštění ● vi *(bawl)* vřískat, vřeštět

squally ['skwo:li] adj **s. showers** vítr s deštěm or se sněhem

squalor ['skwolə(r)] n *(filth)* špína; *(poverty)* nouze, bída; *(degrading conditions)* ponižující bída; **live in s.** žít v nesmírné bídě; **the s. and corruption of the big city** bahno velkoměsta

squander ['skwondə(r)] vt *(money)* rozhazovat, plýtvat čím; *(inheritance)* promrhat; *(time)* (pro)marnit, promrhat, mrhat čím; *(opportunity)* promarnit, propást

squanderer ['skwondərə(r)] n marnotratník, rozhazovačný člověk

square ['skweə(r)] n 1 *(shape)* gen & Geom čtverec; *(tile)* dlaždice, dlaždička; *(on fabric)* káro; *(on chessboard)* pole; *(on paper)* čtvereček; *(of glass)* tabulka ♦ inf **we are back to s. one** jsme tam, kde jsme byli; **go back to s. one** začít znovu; **start from s. one** začít od Adama 2 *(in town)* náměstí; Amer *(block of houses)* blok domů, *(distance)* jeden blok vzdálenost; **village s.** náves; **barrack s.** kasárenský dvůr, nádvoří kasáren; **in the s.** na náměstí 3 Mil Hist *(battle formation)* čtverhranný šik, karé 4 Math kvadrát, druhá mocnina, dvojmocnina, čtverec 5 *(instrument)* úhelník; *(T-s.)* příložník; *(set s.)* rýsovací trojúhelník ♦ inf **be on the s.** být správný, být v pořádku; inf **I'm telling you this on the s.** říkám ti to rovnou or na rovinu 6 dated pej sl *(old-fashioned person)* staromódní člověk, paďour, šosák ● adj 1 *(in shape)* čtvercový, čtyřhranný, čtverhranný; *(forming right angle)* pravoúhlý; *(shoulders)* hranatý; **s. brackets** hranaté závorky; **s. dance** čtverylka ♦ **be like a s. peg in a round hole** být na nesprávném místě 2 Math čtvereční; **s. number/ root** druhá mocnina/ odmocnina; **four s. metres** čtyři metry čtvereční 3 *(meal)* pořádný, vydatný 4 inf *(honest: transaction)* poctivý; **a s. deal** spravedlivé uspořádání; **give sb a s. deal** jednat s kým poctivě; **give everybody a s. deal** měřit všem stejně 5 inf *(frank)* upřímný, otevřený; **be s. with sb** být ke komu upřímný 6 *(even)* **get s. with sb** vyrovnat se s kým; **we're all s.** *(in money)* jsme si kvit 7 dated sl *(old-fashioned)* staromódní ■ see **squarely** ● adv 1 *(at right angles)* **s. with**

sth v pravém úhlu k čemu, kolmo k čemu **2** *(straight: hit, strike* etc*)* přímo, rovnou; **s. on the jaw** přímo do brady ● **I** vt **1** *(make s.)* upravit do čtverce, dát čemu čtvercový tvar, srovnat do pravého úhlu; **s. one's shoulders** narovnat ramena, napřímit se; *(wood, stone)* opracovat do hranolu ♦ **s. the circle** (snažit se) provést kvadraturu kruhu **2** Math umocňovat or povyšovat na druhou, zdvojmocňovat; **four ~d is sixteen** čtyři na druhou je šestnáct **3** *(settle)* vyrovnat; **s. sth with one's conscience** srovnat si něco se svým svědomím **4 s. sth with sb** *(arrange)* zařídit něco s kým **5** *(equalize)* **s. the match** vyrovnat zápas **6** inf *(bribe)* podmáznout **II** vi *(agree)* souhlasit, shodovat se (**with sth** s čím) **III** phr vs ■ **square away** vt Amer **s. sth away** dát co do pořádku, připravit co ■ **square off** *I* vt **1** *(make s.)* zarovnat do pravého úhlu **2** *(piece of paper, playing field)* rozdělit na čtverce *II* vi esp Amer *(fighters)* postavit se do střehu, zaujmout bojovou/ obrannou pozici ■ **square up** vi **1** *(fighters)* postavit se do střehu, zaujmout bojovou/ obrannou pozici; **s. up to sb** postavit se komu; **s. up to sth** vypořádat se s čím, poradit si s čím **2** inf *(settle)* vyrovnat účet

squared ['skweəd] adj *(paper)* čtverečkovaný

squarely ['skweəli] adv **1** *(directly)* přímo, rovnou ♦ **face sth s.** postavit se čemu tváří v tvář **2** *(honestly)* poctivě, férově

squarish ['skweəriš] adj přibližně čtvercový, přibližně čtvercového tvaru

squash [skwoš] n **1** *(drink)* sirup, (ovocná) šťáva; **orange/ lemon s.** pomerančová/ citronová šťáva, citronáda **2** *(crush)* tlačenice, nával, nátřesk; *(with five of us in the room)* **it's a bit of a s.** je tu trochu těsno **3** Sport also **s. rackets** or **racquets** squash ■ **s. court** kurt na squash **4** Amer *(vegetable)* tykev, dýně ● **I** vt **1** also **s. up** (roz)mačkat, (roz)drtit, *(box)* slisovat **2** fig inf *(silence: person)* usadit, zpražit, setřít; *(objection)* odmítnout **3 s. sb/ sth in** natlačit or namačkat koho/ co dovnitř; **~ed like sardines** namačkaní jako herynci **II** vi **1** *(squeeze)* **s. in** *(people)* namačkat se or vecpat se kam, dovnitř; **s. up** stlačit se **2** *(get ~ed: fruit* etc*)* rozmačkat se

squashy ['skwoši] adj (**-ier**, **-iest**) *(fruit)* kašovitý, rozměklý; *(cushion)* měkký

squat [skwot] n **1** *(position)* dřep, sed ve dřepu **2** neoprávněně obsazená budova, inf squat [skvot] ● adj **1** *(person)* podsaditý, zavalitý **2** *(building)* obsazený squatery ● vi (**-tt-**) **1** *(crouch)* dřepět, sedět na bobku **2** also **s. down** dřepnout si **3** *(in house)* bydlet ve squatu

squatter ['skwotə(r)] n kdo neoprávněně obsadí budovu, squater [skvo-]

squaw [skwo:] n **1** lit indiánská žena or dívka, squaw [skvav] **2** inf pej ženská, bába; **my s.** *(wife)* moje stará

squawk [skwo:k] n *(of birds)* krákání, kdákání, pronikavý křik, *(of people)* skřehotavý výkřik ● vi **1** *(bird)* krákat, kdákat; *(person)* skřehotat, rámusit **2** inf *(complain)* hubovat, runcat **3** inf *(inform)* žvanit před policií

squeak [skwi:k] n **1** *(of mouse)* (za)pištění, (vy)písknutí, *(of other small animals* also*)* (za)kviknutí, zakvičení, vykviknutí; *(of person)* zapištění, zaječení; *(of door, floorboards)* zavrzání, *(of chalk)* zaskřípání; **give a s. of pleasure** vykviknout radostí; **there wasn't a s. out of her** ani nemukla or nepípla **2** ♦ **he had a narrow s.** měl namále, unikl jen o vlas ● **I** vi **1** *(door, shoes, chalk)* (za)vrzat; *(small animal)* (vy)kviknout, zakvičet; *(bird, mouse)* (za)pištět, vypísknout **2** sl *(inform the police)* prásknout to, píchnout to, zpívat **II** phr v ■ **squeak through** vt **1** lit jen taktak se protáhnout **2** fig *(in exams)* jen taktak projít

squeaky ['skwi:ki] adj (**-ier**, **-iest**) *(voice)* pisklavý; *(shoes, floorboards)* vrzavý, *(door)* skřípavý

squeal [skwi:l] n *(of animal)* (za)kvičení; *(of tyres)* (za)skřípání; *(of person)* (za)ječení, (za)vřískání, vypísknutí ● vi **1** *(pig)* kvičet, *(brakes, tyres)* skřípat; **s. with pain** řvát or ječet bolestí; **s. with delight** řičet rozkoší; **s. like a stuck pig** vřískat or vřeštět, jako by ho na nože bral **2** sl *(inform)* píchnout to, prásknout to; **s. on sb** udat koho, shodit koho (u policie), píchnout to na koho

squeamish ['skwi:miš] adj **1** *(person)* přecitlivělý, fajnový, *(easily nauseated)* štítivý; **be s. about sth** štítit se čeho; **don't be so s.!** nebuď taková fajnovka!; **this film is not for the s.** toto není film pro citlivé dušičky **2** *(prudish)* puritánský, prudérní

squeamishness ['skwi:mišnəs] n see **squeamish 1** přecitlivělost, fajnovost, štítivost **2** prudérnost

squeeze ['skwi:z] n **1** *(squeezing)* stisknutí, sevření, zmáčknutí; *(of hand)* stisk; *(hug)* vroucí objetí, přitisknutí k sobě; **give sth a s.** zmáčknout co **2** *(on bus* etc*)* tlačenice, nátřesk, nával; **it was a tight s. for us** *(in a car)* museli jsme se pořádně stlačit, byli jsme tam natlačeni jak sardinky **3** *(small amount)* trocha; **a s. of toothpaste** malé množství zubní pasty; **a s. of lemon** několik kapek citronu **4** Fin **(credit) s.** omezení úvěru

5 ♦ **put the s. on sb** zmáčknout koho, vyvinout na koho tlak ● **I** vt gen zmáčknout, stlačit; *(arm, hand)* stisknout; *(lemon, sponge)* vymačkat; **s. water out of sth** (vy)mačkat or *(from clothes)* (vy)ždímat z čeho vodu; **s. clothes into a suitcase** namačkat šaty do kufru; **s. sth into sth** vmáčknout or vtlačit or natlačit or vtěsnat co do čeho; **s. sb in** najít pro koho místo, vměstnat koho dovnitř, *(into one's schedule)* najít si pro koho čas **II** vi **s. in/ out** vtlačit se dovnitř/ vytlačit se ven; **s. into a tram** vecpat se do tramvaje, *(many people)* nacpat or natlačit se do tramvaje; **s. through a crowd** protlačit se davem; **s. sth through sth** *(hole)* protáhnout co čím; **s. up** stěsnat se, stlačit se; **you'll have to s. up a bit** budete se muset trochu stlačit

squeezer ['skwi:zə(r)] n mačkátko; **lemon s.** mačkátko na citrony

squelch [skwelč] n čvachtání ● v(t)i **s. (one's way) through sth** čvachtat se čím

squib [skwib] n **1** *(firecracker)* prskavka, rachejtle ♦ **damp s.** fig fiasko, neúspěch **2** somewhat dated *(piece of satire)* pamflet, satira

squid [skwid] n Zool oliheň

squiffy ['skwifi] adj Br dated inf *(slightly drunk)* připitý, nalíznutý, stříknutý

squiggle ['skwigl] n *(scrawl)* čmáranice; *(wavy line)* kudrlinka písma ● vi (na)čmárat

squiggly ['skwigli] adj klikatý, kroucený

squint [skwint] n **1** Med šilhání, šilhavost, strabismus; **have a s.** šilhat **2** inf fig *(glimpse)* letmý or kradmý pohled; **have** or **take a s. at sth** mrknout se na co; **let me have a s. at it** já se na to mrknu; **take a s. at this!** mrkni se na tohle! ● **I** vi **1** Med šilhat **2** *(with eyes half shut)* mhouřit oči; **s. at sth** *(quickly)* mrknout se na co, *(sidelong)* podívat se na co úkosem; **s. through sth** *(peephole etc)* nakukovat čím; **s. like a cat** mhouřit oči jako kocour **II** vt **s. one's eyes** mhouřit oči ● adj inf *(not straight)* šikmý, křivý ● adv na šikmo, nakřivo

squint-eyed ['skwintaid] adj *(person)* šilhavý; *(sidelong: look)* pohled úkosem; **be s.-e.** šilhat

squire ['skwaiə(r)] n **1** *(landowner)* Hist venkovský šlechtic, zeman **2** Hist *(for knight)* panoš, zbrojnoš **3** dated *(escort)* kavalír **4** Br inf or joc *(term of address)* **good morning, s.!** dobrý den, šéfe!

squirearchy ['skwaiəra:ki] n ≅ vláda velkostatkářů

squirm [skwə:m] vi *(wriggle: snake, person)* kroutit se; *(fish)* mrskat se; *(person: from discomfort)* ošívat se; *(from embarrassment)* moci se hanbou propadnout

squirrel ['skwirəl] n Zool veverka ● phr v ■ **squirrel away** vt inf *(hoard)* hrabat, inf křečkovat

squirt [skwə:t] n **1** *(of liquid)* střik, stříknutí, trysk **2** *(implement)* stříkačka ■ **s. gun** Amer vodní stříkací pistole **3** offens *(person)* šašek, vejtaha; *(short person)* prcek, skřet, malý* pivo ● vt *(liquid)* stříkat čím; *(person)* postříkat; **s. water at sb**, **s. sb with water** postříkat koho vodou

squish [skwiš] vt inf rozmačkat

squishy ['skwiši] adj (**-ier**, **-iest**) kašovitý

Sr written abbr of **senior** senior, starší

Sri Lanka [sri:'læŋkə, šri'-] n Srí Lanka

Sri Lankan [sri:'læŋkən] adj srílanský ● n Srílančan/ -ka, Lančan/ -ka

SRN [esa:r'en] formerly Br abbr of **State Registered Nurse** diplomovaná sestra

SRO [esa:r'əu] abbr of **Standing Room Only** místa jen k stání

SS abbr of **1 Saints** svatí **2** [es'es] **steamship** parník

SSE abbr of **south-southeast** jihojihovýchodní, jihojihovýchodně

SSW abbr of **south-southwest** jihojihozápadní, jihojihozápadně

St abbr of **1 Saint** sv., svatý **2 street** ul., ulice

st abbr of **stone** jednotka váhy ≅ 6,35 kg

Sta abbr of **Station** nádraží, stanice

stab [stæb] n **1** *(act of ~bing)* bodnutí; *(wound)* bodná rána ♦ **a s. in the back** fig rána do zad, zákeřný čin, věrolomnost ■ **s. wound** bodná rána **2** *(of pain)* píchnutí, škubnutí; fig **have a s. of conscience/ guilt** mít výčitky svědomí/ pocit viny **3** inf **have a s. at (doing) sth** zkusit (si) co, pokusit se o co ● v (**-bb-**) **I** vt **1** *(injure)* bodnout; **s. sb to death** *(s. several times)* ubodat koho, *(s. once)* probodnout koho ♦ **s. sb in the back** lit & fig vrazit komu nůž do zad, fig also vrazit komu kudlu do zad **2** *(thrust)* vpíchnout, zapíchnout; **he ~bed a needle into my finger** píchl mne jehlou do prstu; **I ~bed my finger with a needle** píchl jsem se jehlou do prstu **II** vi **s. at sb/ sth with one's finger** ukazovat na koho/ co prstem; **s. at sth with a knife** bodat do čeho nožem

stabbing ['stæbiŋ] n bodnutí nožem or dýkou etc, zranění or zabití bodnou ránou ● adj **s. pain** píchání

stability [stə'biləti] n stabilita; *(of job, relationship also)* trvalost, stálost; **her mental s.** její duševní vyrovnanost

stabilization [steibəlai'zeišn] n stabilizace

stabilize ['steibəlaiz] **I** vt stabilizovat; *(political situation also)* konsolidovat; *(cur-*

rency, health, knowledge also*)* upevnit **II** vi stabilizovat se, konsolidovat se, upevnit se

stabilizer ['steibəlaizə(r)] n Techn stabilizátor

stable$_1$ [steibl] adj **1** *(unchanging)* stabilní; *(weather)* stálý; *(peace, relationship)* trvalý; *(currency)* pevný **2** *(person)* vyrovnaný, stálé povahy **3** Chem, Phys stabilní

stable$_2$ [steibl] n **1** *(for horses)* konírna, stáj; **a racing s.** závodní stáj ♦ **the Augean ~s** Augiášův chlév; **lock the s. door after the horse has bolted** přijít s křížkem po funuse ■ **s. boy** stájník, ošetřovatel koně **2** fig Aut inf *(of racing team)* stáj ● vt ustájit

stack [stæk] n **1** *(pile)* hromada, halda; *(of hay)* kupa, *(of straw* also*)* stoh; *(of papers: neatly piled)* štos, *(of wood)* hranice; Mil *(of guns)* pyramida **2** *(chimneystack)* vysoký komín **3** inf *(large quantity)* spousta, hromada; **~s of money** spousta peněz ● vt also **s. up** *(pile up)* narovnat na hromadu ♦ **be well ~ed** inf *(woman)* mít mohutné popředí, být řádně vyvinutá vpředu; **the cards** or **odds are ~ed against us** jsme v nevýhodě, nemáme příliš dobré vyhlídky

stadium ['steidiəm] n (pl **~s** or **stadia** ['steidiə]) stadion

staff [sta:f] n **1** *(employees)* zaměstnanci, personál, kádr pracovníků; *(teachers)* učitelský sbor; **editorial s.** redakce, redaktoři; **domestic s.** služebnictvo; **be on the s.** patřit do kolektivu pracovníků; **my fellow members of s.** moji kolegové, moji spolupracovníci; **we have a s. of twenty** máme dvacet pracovníků; **we are always short of s.** máme stále málo lidí ■ **s. canteen** závodní jídelna; **s. meeting** Sch pedagogická konference; **s. nurse** ošetřovatelka v nemocnici; **s. training** závodní or firemní školení **2** Mil štáb; **general s.** generální štáb; **s. officer** štábní důstojník **3** (pl also **staves** [steivz]) *(stick)* hůl; *(of shepherd)* pastýřská hůl; Relig biskupská berla; *(flagpole)* žerď ♦ **the s. of life** *(bread)* základní potravina, sůl života **4** Mus (pl **staves** [steivz]) notová osnova ● vt *(office, company)* obsadit personálem

staffer ['sta:fə(r)] n Journ redaktor/ -ka, člen redakce

staffing ['sta:fiŋ] n nábor pracovníků ■ **s. levels** počet pracovníků; **have s. problems** mít problémy s náborem pracovníků

staffroom ['sta:fru:m] n Sch sborovna

stag [stæg] n **1** Zool & Hunt jelen ■ **s. party** pánská jízda **2** Ent **s. beetle** roháč (obecný)

stage [steidž] n **1** *(platform)* pódium **2** Theat **a)** *(raised platform)* jeviště, scéna; **revolving s.** otáčivé jeviště; **on s.** na scéně, na jevišti; **go on s.** vejít na scénu; **put a play on the s.** inscenovat hru; **adapt a novel for the s.** zdramatizovat román, upravit román pro jeviště ■ **s. adaptation** jevištní úprava; **s. design** výprava; **s. designer** jevištní výtvarník; **s. direction** režie; **s. fright** tréma; **s. manager** asistent režie; **s. properties** divadelní rekvizity; **s. whisper** slova stranou, fig šuškání **b) the s.** divadlo jako profese, inf or joc prkna, která znamenají svět; **go on the s.** jít k divadlu, stát se hercem; **leave the s.** odejít od divadla ■ **s. name** pseudonym, umělecké jméno herce **3** *(period: of development)* stadium, stupeň, etapa; *(of disease)* stadium, fáze; *(historical)* období, epocha; **at this stage** v této chvíli; **by ~s, in ~s** postupně; **it is in its early ~s** je to v počátečních fázích; **at an advanced s.** v pokročilém stadiu **4** *(part of journey)* etapa, úsek **5** *(section of rocket)* stupeň **6** arch inf *(stagecoach)* dostavník ● vt **1** *(put on: play)* inscenovat, uvést na scénu **2** *(organize: ceremony, festival)* organizovat, (us)pořádat **3** *(fake: accident)* zaranžovat, nainscenovat, zinscenovat

stagecoach ['steidžkəuč] n dostavník

stagehand ['steidžhænd] n Theat kulisář

stage-manage [steidž'mænidž] vt **1** *(play)* režírovat **2** *(event)* zaranžovat, zinscenovat

stager ['steidžə(r)] n **old s.** starý kozák or mazák

stage-struck ['steidžstrak] adj **be s.-s.** být posedlý divadlem, vášnivě toužit po divadelní kariéře

stag(e)y ['steidži] adj (**-ier, -iest**) pej teatrální

stagflation [stæg'fleišn] n Econ inf stagflace

stagger ['stægə(r)] n **1** (za)vrávorání; **with a s.** vrávoravě **2 ~s** Vet *(in horses)* jankovitost ● **I** vi *(with tiredness, drunkenness)* potácet se, vrávorat, motat se; **s. out** vypotácet se; **s. to one's feet** s námahou se zvednout **II** vt **1** *(astonish)* usu pass **be ~ed** být ohromen; **I was ~ed by the news** ta zpráva mne ohromila **2** *(work hours, lunch hours* etc*)* odstupňovat začátky pracovní doby jednotlivých pracovníků

staggering ['stægəriŋ] adj **1 give sb a s. blow** praštit koho, až se zapotácí **2** *(amazing: success)* závratný; *(problems)* enormní; *(news, amount)* ohromující ● n *(of holidays)* rozvržení nástupů na dovolenou; **s. of working hours** odstupňování začátků pracovní doby

stagnant ['stægnənt] adj *(still: water)* stojatý, *(foul)* zahnívající; *(air)* zatuchlý; fig *(society)* stagnující, ustrnulý ve vývoji

stagnate [stæg'neit] vi *(economy)* stagnovat; *(person)* ustrnout, stagnovat

stagnation [stæg'neišn] n *(of water)* nehybnost, zahnívání; *(of economy)* stagnace; *(of person)* ustrnutí

stagy ['steidži] see **stag(e)y**

staid [steid] adj *(person)* usedlý, konzervativní; *(clothes)* formální

stain [stein] n **1** gen skvrna, inf flek, *(larger)* mapa; **blood s.** krvavá skvrna, skvrna od krve; *(inkstain)* kaňka ♦ **a s. on sb's reputation** skvrna na čí pověsti ■ **s. remover** čistič skvrn **2** *(dye)* mořidlo ● **I** vt **1** *(mark)* pošpinit, potřísnit, umazat, poskvrnit; *(with blood)* zakrvácet **2** fig *(reputation* etc*)* zhanobit, pošpinit **3** *(dye: wood)* (na)mořit **II** vi *(become marked)* zašpinit se, umazat se, potřísnit se

stained [steind] adj **1** *(soiled: dress, sheet)* potřísněný, zamazaný, samá skvrna, inf flekatý; **s. with grease/ perspiration** zamaštěný/ zapocený; **s. with blood** zakrvavený **2 s. glass** barevné sklo, chrámové sklo; **s.-glass window** vitrail katedrální **3** *(reputation)* zhanobený, pošpiněný

-stained [steind] in compounds zašpiněný od čeho; **nicotine-stained** hnědý or žlutý od nikotinu; **sweatstained** *(shirt)* upocený, se skvrnami od potu

stainless ['steinləs] adj **1** *(reputation)* bezúhonný **2 s. steel** nerez ocel

stair [steə(r)] n **1** *(step)* schod, *(small)* schůdek **2 ~s** schody, schodiště; **on the ~s** na schodech; **go down/ up the ~s** jít po schodech dolů/ nahoru; **fall down the ~s** spadnout or inf sletět se schodů; **above/ below stairs** formerly Br fig u panstva/ v místnostech pro služebnictvo

staircase ['steəkeis], Amer **stairway** ['steəwei] n schodiště, schody; **spiral s.** točité schody

stairwell ['steəwel] n schodišťová šachta

stake$_1$ [steik] n **1** *(pole)* kůl; *(for plants)* tyčka; **drive a s. into the ground** zatlouci kůl do země **2** Hist *(for execution)* hranice; **die** or **be burnt at the s.** být upálen na hranici ● **I** vt **1** *(plant)* přivázat k podpůrné tyčce, podepřít tyčkou **2** *(boat, animal)* uvázat ke kůlu **II** phr vs ■ **stake out** vt **1** *(land)* označit kolíky, vykolíkovat parcelu ap. **2** *(person)* střežit

stake$_2$ [steik] n **1** *(bet)* sázka ♦ **play for high ~s** hrát vysokou hru, hrát o velké peníze; **put sth at s.** dávat co v sázku; **his life is at s.** jde mu o život, jeho život je v sázce; **his reputation was at s.** byla v sázce jeho pověst **2** Fin *(share)* kapitálová účast, podíl; *(investment)* investice; fig **have a (big) s. in sth** mít na čem (velký) zájem **3 ~s a)** *(prize money)* cena **b)** usu **Stakes** dostihy při nichž účastníci přispívají na ceny ● vt **1** *(bet)* sázet; **s. one's life on sth** dávat za co všanc svůj život, ručit za co hlavou; **s. everything on a single card** vsadit vše na jednu kartu **2 s. one's claim to sth** nárokovat si něco, dožadovat se čeho **3** Amer podpořit koho finančně, dotovat koho

stakeout ['steikaut] n Amer policejní dohled

stalactite ['stæləktait] n stalaktit, krápník rostoucí od stropu

stalagmite ['stæləgmait] n stalagmit, krápník rostoucí směrem nahoru

stale [steil] adj **1** *(bread: old)* starý, *(dry)* oschlý, okoralý; *(cheese: dry)* vysušený, *(mouldy)* zplesnivělý; *(beer)* vyčichlý, vyčpělý, zvětralý; *(air)* špatný, vydýchaný; *(smell)* zatuchlý; **go s.** *(bread)* ztvrdnout, okorat; *(beer)* vyčichnout **2** *(joke, news)* otřelý, otřepaný, starý; *(beauty)* uvadlý **3** *(athlete, performer)* opotřebovaný, unavený

stalemate ['steilmeit] n **1** Chess pat **2** fig slepá ulička; **reach s.** dostat se do slepé uličky ● vt Chess dát pat; *(negotiations)* přivést do slepé uličky, být na mrtvém bodě

staleness [steilnəs] n **1** *(of bread)* okoralost; *(of beer)* vyčpělost, zvětralost **2** *(of joke)* otřepanost

stalk$_1$ [sto:k] n *(of plant, flower)* lodyha; *(of wheat* etc*)* stonek; *(of fruit, leaf)* stopka; *(of cabbage)* košťál; *(of wineglass)* nožka, stopka

stalk$_2$ [sto:k] **I** vt **1** *(game, criminal)* vysledovat, vystopovat; *(person)* přikrást se ke komu; (Subj: *animal)* připlížit se ke kořisti **2** fig also vi (Subj: *disease, hunger, terror)* **s. (through) the country** řádit v zemi **II** vi *(walk)* kráčet strnule; **s. out of the room** demonstrativně opustit místnost

stall [sto:l] n **1** *(at market)* stánek, krámek, bouda, kiosk; **market s.** jarmareční stánek; **newspaper s.** novinový stánek **2** *(in stable)* stání, box; arch *(stable)* stáj **3 ~s** Br Theat parter, přízemí vpředu, křesla **4** *(in church)* lavice ● **I** vt **1** *(cow, horse)* ustájit **2** *(delay: decision)* oddalovat, odkládat; *(keep waiting: person)* odbývat, nechat čekat **3** *(engine)* přetížit, nechat zhasnout; *(plane)* přetáhnout **II** vi **1** *(engine)* zhasnout, inf chcípnout; *(plane)* ztratit rychlost **2** *(delay)* hrát na čas, vytáčet se; **s. on sth** *(decision, sale)* odkládat

stalling ['sto:liŋ] adj *(tactic)* zdržovací

stallion ['stæljən] n (plemenný) hřebec, plemeník

stalwart ['sto:lwət] n *(supporter)* (oddaný) stoupenec; **the party ~s** věrní členové strany

● adj **1** *(in build)* statný, silný, robustní **2** *(supporter)* oddaný, inf skalní; *(belief)* neochvějný ■ **~ly** adv *(support)* oddaně; *(believe)* neochvějně

stamen ['steimən] n Bot tyčinka

stamina ['stæminə] n odolnost, výdrž

stammer ['stæmə(r)] n koktavost, koktání; **speak with a s.** koktat, zadrhávat; **he has a s.** trpí koktavostí, koktá ● **I** vi koktat, zadrhávat; **start ~ing** zakoktat se **II** vt also **s. out** vykoktat

stammerer ['stæmərə(r)] n koktavý člověk, pej kokta(l)

stammering ['stæməriŋ] adj koktající ● n koktání, zadrhávání

stammeringly ['stæməriŋli] adv koktavě

stamp [stæmp] n **1** *(postage s.)* (poštovní) známka; **fiscal** or **revenue s.** kolek, kolková známka; **trading s.** obchodní známka, kupon; **TV s.** cenina na televizi; **affix a s. on sth** přilepit na co známku ■ **s. album** album na poštovní známky; **s. collecting** filatelie; **s. collection** sbírka známek; **s. collector** sběratel/ -ka známek, filatelista/ filatelistka; **s. duty** kolkovné; **s. machine** frankotyp **2** *(rubber s.: instrument; mark)* razítko; **date s.** datumovka, razítko s datem **3** *(trait)* **bear the s. of sth** *(originality, authenticity)* mít or nést pečeť or punc čeho **4** *(calibre)* kalibr; **a man of his s.** člověk jeho kalibru; **of the old s.** *(worker, doctor)* ze staré školy **5** *(noise of boots)* dupot, dupání ● **I** vt **1** *(letter, envelope)* (o)známkovat, (o)frankovat, přilepit na co známku; **a ~ed addressed envelope** frankovaná obálka s adresou **2** *(document)* (o)razítkovat, opatřit razítkem; *(on metal)* vyrazit ♦ **s. one's personality on sth** vtisknout čemu pečeť své osobnosti **3 s. one's foot** dupnout; **they were ~ing their feet** dupali **II** vi *(tread heavily)* dupat, chodit/ jít hlučně or s dupotem; **s. on sb's foot** dupnout komu na nohu; **s. in** přivalit se s dupotem; **he ~ed out** *(angrily)* vztekle vyběhl ven; **s. about the house** *(noisily/ angrily)* hlučně/ vztekle pobíhat po domě **III** phr vs ■ **stamp down** vt *(loose earth, snow)* udupat, udusat ■ **stamp on** vt **1** *(pattern, design)* otisknout, natisknout, *(on metal)* vyrazit **2** *(rebellion)* potlačit, udusit; *(proposal)* odmítnout ■ **stamp out** vt **1** *(fire)* uhasit dupáním, udupat; *(cigarette)* zašlápnout **2** *(strike, dissent)* potlačit; *(disease, corruption, crime)* vykořenit, vymýtit **3** *(punch out)* vyrazit, vysekat, probít **4** *(rhythm)* vydupávat

stampede [stæm'pi:d] n *(of animals)* divoký or zběsilý úprk; *(of people)* velký nával; *(when trying to escape)* bezhlavý útěk, masová panika; **a s. for the door** masový úprk ke dveřím ● **I** vt *(cattle)* splašit; *(crowd)* vyvolat paniku davu; fig **s. sb into doing sth** dohnat koho k čemu, vehnat koho do čeho **II** vi *(animals)* splašit se; *(crowd)* dát se na bezhlavý útěk; **s. for the door** hnát se bezhlavě k východu

stamping ground ['stæmpiŋgraund] n **it's his s. g.** fig to je jeho rajón, to je jeho oblíbené místo

stance [stæns, sta:ns] n **1** Sport & gen *(posture)* postoj, pozice; **take up a s.** zaujmout postoj **2** *(attitude)* postoj, přístup

stand [stænd] n **1** *(position)* **a)** lit **come to a s.** *(halt)* zastavit se; **she took her s. near the door** postavila se poblíž dveří **b)** fig postoj, stanovisko (**on sth** k čemu); **a firm s.** rozhodný postoj; **take a s. on sth** zaujmout k čemu stanovisko **c)** Mil **make a s.** bránit se, postavit se na odpor **2** *(stall)* stánek, *(newsstand* also*)* kiosk, kiosek, *(at fair* also*)* bouda, *(in exhibition* also*)* kóje **3** *(piece of furniture: for lamp, hats, bicycles, guns, umbrellas, towels* etc*)* stojan, *(for magazines* also*)* regál, polička; Mus *(for music)* pult **4** *(for speaker, in sports ground)* tribuna; *(bands.)* podium **5** *(for taxis)* stanoviště **6** Amer *(witness box)* svědecká lavice; **take the s.** svědčit **7** inf **a one-night s.** známost jen na jednu noc ● v (pt & pp **stood** [stud]) **I** vi **1** *(be upright)* stát; Mil **s. at** or **to attention** stát v pozoru; **s. on tiptoe** stát na špičkách; **I was so tired I could hardly s.** byl jsem tak unaven, že jsem se sotva držel na nohou; **s. in a queue** stát or čekat ve frontě; **s. face to face with sth** stát čemu tváří v tvář ♦ **it made my hair s. on end** vstávaly mi z toho hrůzou vlasy na hlavě; **s. in the way of sb's happiness** stát v cestě něčímu štěstí; **s. on one's own two feet** postavit se na vlastní nohy; **s. riveted** or **rooted to the spot** zkamenět úžasem, zůstat stát jako přikovaný; **s. on feet of clay** stát na hliněných nohou **2** *(get up)* vstát, povstat, postavit se **3** *(be supported)* **s. on sth** stát na čem, spočívat na čem, fig *(argument* etc*)* spočívat na čem; **the building ~s on solid foundations** budova stojí or je postavená na pevných základech **4** *(be situated)* stát, být (umístěn) kde; *(village, castle)* nacházet se; **s. in the way** překážet ♦ **let nothing s. in one's way** nezastavit se před ničím, jít (i) přes mrtvoly; **s. in the background** stát v pozadí; **s. at life's threshold** stát na prahu života **5** *(measure)* **a)** *(person)* měřit, *(building, tree)* být vysoký jak **b)** *(thermometer)* ukazovat, vystoupit na **6 s. as a candidate** kandidovat **7** *(rank: hotel)* **s. among the best**

patřit mezi nejlepší; **s. first/ second** být první/ druhý; **it ~s high on my list of priorities** přikládám tomu velkou důležitost **8** *(remain unchanged)* **s. idle** *(machine)* stát, nefungovat; **the houses s. empty** domy jsou prázdné; **time stood still** čas se zastavil; **let the tea s.** nechat čaj odstát **9** *(be valid: decision, verdict, arrangement)* platit **10** fig *(be likely)* **we s. to lose a lot of money** riskujeme, že přijdeme o spoustu peněz; **we s. to make a considerable profit** máme šanci dosáhnout značného zisku **11** fig *(be in a situation)* **as things** or **matters s.** v současné situaci, za daných okolností; **how do things s.?** jaká je situace?; **s. in need of help** potřebovat pomoc; **s. ready** být připraven; **I s. corrected** přiznávám chybu, omyl je na mé straně; **she ~s high in my esteem** mám o ní vysoké mínění **12** Amer inf *(pay)* platit rundu; **you're ~ing** teď platíš ty, teď je řada na tobě **II** vt **1** *(place)* postavit; **she stood the child on a chair** postavila dítě na židli; **the teacher stood me in the corner** učitel mě poslal do kouta; **s. the bicycle against the wall** opřít kolo o stěnu ♦ **s. sth on its head** postavit něco na hlavu, obrátit co vzhůru nohama **2** *(withstand: pressure, temperature, heat)* vydržet, snášet/ snést, být odolný vůči čemu; *(pain)* vydržet; *(loss –* Subj: *person)* vyrovnat se s čím, *(attack)* odolat čemu, ubránit se čemu; **s. one's ground** nedat se; **s. the pace** vydržet tempo, držet s čím krok; **s. the test** obstát ve zkoušce; **s. the test of time** *(theory)* osvědčit se **3** *(put up with)* snést, snášet, tolerovat, strpět; **he won't s. any nonsense** nestrpí žádné nesmysly; **I can't s. him** nesnáším ho, nemůžu ho vystát; **she can't s. the sight of him** nemůže ho ani cítit, nemůže mu přijít na jméno; **I can't s. watching it** nemohu se na to dívat; **I can't s. it any longer** déle už to nevydržím **4** inf *(need)* **I could s. a coffee** dal bych si kávu **5** Jur **s. security** or **surety for sb** dělat komu ručitele; **s. witness for sb** *(at wedding)* jít komu za svědka **6** inf *(pay for)* **s. sb a drink** poručit komu skleničku; **s. a round** zaplatit rundu **7 you don't s. a chance!** nemáš ani tu nejmenší šanci!; **we s. a good chance of success** máme dobré vyhlídky na úspěch **III** phr vs ■ **stand about** or **around** vi postávat kde, zevlovat, okounět ■ **stand aloof** vi **s. aloof from sth** neplést se do čeho, stát or držet se stranou od čeho ■ **stand apart** vi stát stranou ■ **stand aside** vi *(move aside)* ustoupit (stranou), uhnout; fig *(withdraw)* Pol odstoupit, vzdát se kandidatury ■ **stand back** vi **1** *(move back)* ustoupit dozadu, ucouvnout **2** *(be situated at a distance:* eg *church)* **s. back from the road** být poněkud vzdálen od silnice **3** fig *(from a problem)* podívat se na co s odstupem ■ **stand between** vt **nothing ~s between you and success** tvému úspěchu nestojí nic v cestě ■ **stand by** *I* vt **1 s. by the window** stát u okna **2 s. by sb** stát komu po boku, inf nenechat koho v rejži* **3** *(adhere to: promise)* dodržet, *(decision)* držet se čeho, trvat na čem; **s. firmly by one's decision** trvat pevně na svém rozhodnutí *II* vi **1** *(remain uninvolved)* nečinně přihlížet **2** *(be ready: person, vehicle)* být připraven, *(army)* být v pohotovosti; Mil **s. by for orders** očekávat rozkazy; **have sb ~ing by** mít koho po ruce ■ **stand down** vi **1** Pol *(withdraw: candidate)* odstoupit, *(resign also)* rezignovat **2** Jur *(from witness box)* odejít ze svědecké lavice **3** Mil mít rozchod ■ **stand for** vt **1** Pol *(office)* ucházet se o, kandidovat na; **s. for Labour** kandidovat za labouristy **2** *(represent)* znamenat; **what does SOS s. for?** co znamená SOS? **3 s. for sth** *(tolerate)* tolerovat, dovolit; **I'm not going to s. for it** to nebudu tolerovat, to nedovolím ■ **stand in** vi **s. in for sb** zastupovat koho, vzít to za koho, inf zaskočit/ zaskakovat za koho, *(teacher)* suplovat za koho ■ **stand off** vi Naut držet se od pobřeží, *(sail away)* odplout ■ **stand on** vt **s. on ceremony** dělat cavyky, chovat se formálně; **please, don't s. on ceremony** prosím vás, nechte obřadností ■ **stand out** vi **1** *(protrude)* vyčnívat, vystupovat; *(veins on neck)* vystoupit, vystupovat **2** *(be visible)* být nápadný, vynikat, bít do očí, *(colour)* dominovat; **s. out above all the others** vynikat nad všemi ostatními **3** *(hold out)* **s. out against sth** postavit se proti čemu; **s. out for sth** trvat na čem ■ **stand over** *I* vi *(items at meeting)* zůstat neprojednaný *II* vt **1** fig *(supervise)* **s. over sb** stát nad někým, šlapat komu na paty; **s. over sb with a whip** stát nad někým jako dráb **2** *(postpone)* odložit, odsunout ■ **stand to** vi Mil být v (bojové) pohotovosti; **s. to!** na místa! ■ **stand up** *I* vi **1** *(rise to one's feet)* vstát, povstat, stoupnout si, postavit se, vztyčit se ♦ **s. up and be counted** stát za svými názory **2** *(be upright)* **I can hardly s. up straight** sotva se držím na nohou **3** *(be valid: claim, argument)* obstát **4 s. up for sb** zastat se koho, postavit or zasadit se za koho; **s. up for oneself** bránit se, hájit se **5 s. up to sb** postavit se komu, vzdorovat komu; **s. up to sth** postavit se proti čemu, vzdorovat or čelit čemu; (Subj:

shoes, clothes etc – *to hard wear)* vydržet *II* vt **1** *(put upright)* postavit **2** inf *(fail to meet: boy-/ girlfriend)* nechat čekat, nepřijít na schůzku s kým

stand-alone [stændə'ləun] adj Comput *(system)* samostatný

standard ['stændəd] n **1** *(norm)* norma; *(criterion)* měřítko; **moral ~s** mravní normy; **be above/ below s.** mít/ nemít žádoucí úroveň; **I have my ~s** mám své zásady **2** *(level, degree)* úroveň, standard; **s. of living** životní úroveň; **be of a high s.** mít vysokou úroveň, být na výši **3** *(for measures, weights)* etalon; **monetary s.** měnový standard; **the gold s.** zlatý standard, zlatá měna ♦ **use double ~s** měřit dvojím loktem or metrem **4** *(flag)* vlajka, standarta, zástava, korouhev; **the royal s.** královská vlajka ● adj **1** *(normal: conditions, temperature, pressure)* normální, *(rate)* základní; *(usual: practice)* obvyklý, běžný; *(typical)* typický; *(average)* průměrný; *(equipment, model, price)* standartní; *(product)* typový; Rail **s. gauge** normální rozchod; **s. time** místní čas **2** *(text, works)* základní, klasický **3** Ling *(language)* spisovný **4** **s. lamp** Br stojací lampa

standard-bearer ['stændədbeərə(r)] n Mil also fig praporečník

standardization [stændədai'zeišn] n standardizace, normalizace, unifikace

standardize ['stændədaiz] vt standardizovat, normalizovat, unifikovat

standby ['stændbai] n **1** *(person)* náhradník/ náhradnice; *(equipment)* záložní zařízení, *(plane)* náhradní letoun; **be on s.** být v pohotovosti, mít pohotovostní službu **2** Aviat *(ticket)* stand-by letenka ● adj pohotovostní, záložní, náhradní

standee [stæn'di:] n inf stojící cestující/ divák

stand-in ['stændin] n náhradník; Theat dublující herec, Cin also dublér; *(stunt man/ woman)* kaskadér/ -ka

standing ['stændiŋ] n **1** *(status: social)* společenské postavení, postavení ve společnosti, pozice; *(reputation)* (dobrá) pověst, (dobré) jméno, renomé; *(in opinion polls* etc*)* popularita; **his financial s.** jeho finanční situace; **a scientist of some s.** renomovaný vědec **2** *(rank)* pořadí, hodnost, dated rank; Sport, Sch umístění, místo; **~s** žebříček **3** *(duration)* trvání; **of long s.** dlouhotrvající; *(relationship)* dlouholetý; **a friendship of long s.** dávné or dlouholeté přátelství; **of five years' s.** trvající pět let, pětiletý ● adj **1** *(upright)* stojící; **s. room** místa k stání; **s. lamp** stojací lampa **2** Sport *(from s. position)* **s. jump** skok z místa; **s. start** pevný start; **a s. ovation** bouřlivé ovace **3** *(permanent: army, committee of Parliament* etc*)* stálý; Fin **s. order** trvalý příkaz; **s. rule** pevné pravidlo; **a s. joke** zdroj neustálých narážek, stálý terč posměchu **4** *(grain)* nastojato, neposečený **5** *(water)* stojatý

stand-offish [stænd'ofiš] adj odměřený, nepřístupný, (velmi) rezervovaný; **be s.** udržovat si odstup ■ **~ly** adv odměřeně, chladně

stand-offishness [stænd'ofišnəs] n odměřenost, nepřístupnost, rezervovanost

standpipe ['stændpaip] n stoupací trubka, čerpadlová trubka

standpoint ['stædpoint] n hledisko, stanovisko; **from my s.** z mého hlediska or stanoviska

standstill ['stændstil] n **be at a s.** být v klidu, *(car, train)* stát, *(traffic)* nepohybovat se, *(machines)* být v klidu, stát; **come to a s.** zastavit (se); **bring sth to a s.** zastavit co, *(paralyse: production* etc*)* ochromit co, paralyzovat co

stand-up ['stændap] adj *(meal)* pojídaný ve stoje or v bufetu; **s.-up comedian** sólový komik

stank [stæŋk] pt of **stink**

stanza ['stænzə] n strofa

staple1 ['steipl] n *(for paper)* drátěná sponka, drátek (do sešívačky); *(for cables, wires)* skoba/ *(small)* skob(ič)ka tvaru U ● vt *(sheets of paper)* sešít sešívačkou; *(wire)* připevnit skobičkami

staple2 ['steipl] adj *(food)* základní, *(product)* hlavní ● n *(food)* základní potravina; *(product)* hlavní produkt, hlavní zboží; *(raw material)* základní surovina

stapler ['steiplə(r)] n sešívačka

star [sta:(r)] n **1** Astron hvězda, dim hvězdička; **the morning/ evening s.** jitřenka/ večernice; **falling** or **shooting s.** létavice; **fixed s.** stálice; **sleep (out) under the ~s** spát pod širým nebem; **a sky studded with ~s** nebe poseté hvězdami ♦ **be born under a lucky/ an unlucky s.** narodit se na šťastné/ nešťastné planetě; **it is written in the ~s** je to psáno ve hvězdách; **read sth in the ~s** číst něco ve hvězdách; Amer **the S~s and Stripes** hvězdy a pruhy americká vlajka; **you can thank your lucky s. that ...** můžeš si gratulovat, že ... ■ **s. wars** hvězdné války **2** *(asterisk; symbol of excellence)* hvězdička **3** *(celebrity)* hvězda, star; **film s.** filmová hvězda, kinohvězda ■ **get sb s. billing** udělat komu velkou reklamu; **s. part** hlavní role ● adj *(attraction)* hlavní, největší; *(treatment)* prvotřídní ● v (**-rr-**), **I** vt Cine dát komu hlavní roli; **this film ~s X and Y** v hlavních rolích tohoto filmu účinkují X a Y

II vi Cine hrát hlavní roli, účinkovat v hlavní roli

starboard ['sta:bo:d] n Naut pravobok

starch [sta:č] n škrob ■ **s. powder** škrobová moučka ● vt (na)škrobit

starch-reduced [sta:čri'dju:st] adj *(foodstuffs)* se sníženým obsahem škrobu

starchy ['sta:či] adj (**-ier**, **-iest**) *(food)* škrobovitý, škrobnatý; *(stiffened)* naškrobený; fig škrobený, upjatý

star-crossed ['sta:krost] adj narozený na nešťastné planetě

stardom ['sta:dəm] n sláva; **rise to s.** stát se hvězdou

stare [steə(r)] n (upřený) pohled; **a fixed s.** strnulý pohled; **give sb a piercing s.** probodnout/ probodávat někoho očima ● **I** vi *(vacantly)* koukat or zírat do prázdna, inf čumět do prázdna; **s. at sb** upřeně se na koho (po)dívat, zírat na koho; **s. hard at sb** zabodnout do koho oči; **s. after sb** stíhat koho pohledem **II** vt **it's staring you in the face** máš to přímo před nosem; **the answer is staring you in the face** odpověď je nabíledni **III** phr vs ■ **stare out** vt **s. sb out** přimět koho sklopit oči or odvrátit pohled, znejistit koho upřeným pohledem

starfish ['sta:fiš] n Zool hvězdice

stargazer ['sta:geizə(r)] n inf **1** *(astronomer)* astronom **2** *(astrologer)* astrolog **3** *(daydreamer)* snílek

staring ['steəriŋ] adj *(eyes, bystanders)* zírající; **look at sb with s. eyes** podívat se na koho upřeně

stark [sta:k] adj **1** *(bare: landscape)* holý, nehostinný, nevlídný, *(branches, hills, wall)* holý, *(cliffs)* drsný, *(room's decor)* přísný, strohý, prostý; *(silhouette)* zřetelný, jasně vystupující; *(light)* prudký, oslňující **2** *(absolute: poverty)* naprostý, strašlivý; **it's s. madness** to je hotové šílenství, to je prostě šílenství; **in s. contrast to sth** v příkrém or nápadném rozporu s čím **3** *(blunt: description)* strohý, přímočarý, *(words)* tvrdý, příkrý; *(style)* strohý, jednoduchý; *(realism)* drsný; *(truth)* holý, čirý, trpký ● adv **s. naked** úplně nah(at)ý, nahý jako Adam/ nahá jako Eva; inf **he's gone s. raving mad** dočista se zbláznil, naprosto zcvokatěl

starkers ['sta:kəz] adj pred inf nahatý, v Adamově/ Evině rouše, jak ho/ ji pánbůh stvořil

starkness ['sta:knəs] n see **stark 1** holost, drsnost, přísnost, strohost; prudkost **2** *(of contrast)* příkrost **3** strohost, tvrdost, příkrost; drsnost; trpkost

starless ['sta:ləs] adj bezhvězdný

starlet ['sta:lət] n often pej (filmová) hvězdička, začínající herečka

starlight ['sta:lait] n světlo or svit hvězd

starling ['sta:liŋ] n Orn špaček

starlit ['sta:lit] adj *(night)* hvězdnatý, hvězdný, *(sky also)* pokrytý hvězdami; *(landscape)* ozářený hvězdami

starry ['sta:ri] adj (**-ier**, **-iest**) **1** *(night)* hvězdnatý, hvězdný, *(sky also)* pokrytý or ozdobený hvězdami **2** *(eyes)* zářící, planoucí

starry-eyed [sta:ri'aid] adj *(person)* romantický, *(dreamy)* zasněný, *(naive)* naivní, dívající se na vše růžovými brýlemi

star-spangled ['sta:spæŋgld] adj *(flag)* hvězdnatý; *(sky)* posetý hvězdami

star-studded ['sta:stadid] adj **1** *(sky)* posetý hvězdami **2** fig Film, Theat **a s.-s. cast** hvězdné obsazení

start$_1$ [sta:t] n *(sudden movement)* **give a s.** trhnout or škubnout sebou leknutím; **you gave me a s.** tys mě polekal, to jsem se polekal or vyděsil; **he woke up with a s.** náhle or s trhnutím se probudil, byl vytržen ze spánku ● **I** vi **1** also **s. up** *(jump nervously)* trhnout sebou, škubnout sebou, cuknout sebou; **s. out of one's sleep** být vytržen ze spánku, náhle se probudit; **s. (up) from one's chair** vyskočit ze židle **2 tears ~ed to her eyes** vytryskly or vyhrkly jí slzy, do očí se jí začaly drát slzy **II** vt *(hare, pheasant* etc*)* vyplašit

start$_2$ [sta:t] n **1** *(beginning)* začátek, počátek, zahájení; **at the s.** na začátku, na počátku, zpočátku; **for a s.** *(to begin with)* pro začátek, *(firstly)* nejdříve; **from the s.** (hned) od začátku or od počátku; **from s. to finish** od začátku do konce; **the s. of the school year** začátek or zahájení školního roku ♦ **get off to a good/ bad s.** začít dobře/ špatně; **get sb off to a good s.** pomoct komu na nohy, dát komu něco do začátku; **make an early s.** *(on journey)* vyrazit brzy; **make a fresh** or **new s. (in life)** začít nový život, začít nanovo; **a good s. is half the battle** s chutí do toho a půl je hotovo **2** Sport *(of race)* start; **flying s.** letmý start, fig počáteční výhoda; **false s.** předčasný start **3** *(advantage: in race)* náskok, výhoda ● **I** vt **1** *(begin)* začít (s čím), načít; *(negotiations)* zahájit, otevřít; *(new jar, barrel, bottle, packet)* načít, *(loaf also)* nakrojit, *(bottle also)* otevřít, *(barrel of beer also)* narazit; *(new book: read)* začít číst, rozečíst, *(write)* začít psát, rozepsat; *(journey)* vydat se na, vyrazit na; **s. a new job** nastoupit na nové místo; **s. work** začít pracovat, nastoupit do práce; **s. one's holiday** nastoupit dovolenou, inf jít na dovolenou; **s. school** začít chodit do školy, *(after holidays)* začít nový školní rok; **I am ~ing a cold** pokouší se o mě rýma; **s. a new life** začít nový život 2 *(cause)* **a)** *(initiate: fight, violence)* vyprovokovat; *(war, quarrel)* začít, rozpoutat, vyvolat; *(fashion)* zavést; *(fire)* založit; *(conversation)* začít, navázat, *(topic of conversation)* nadhodit; *(rumour)* dát vznik čemu; **s. a baby** *(woman)* otěhotnět ♦ **s. the ball rolling** fig rozjet co **b)** *(set in motion: car)* nastartovat, *(motor, machine)* spustit **c)** *(found: school, business)* založit, *(restaurant, shop)* otevřít; **s. a family** založit rodinu **d) s. sb in sth** *(in work, new career, political party)* pomoci komu, aby se etabloval v čem; uvést koho do čeho **e)** Sport *(race)* odstartovat **II** vi **1** *(begin: in time)* začít, začínat, *(negotiations* etc*)* být zahájen; *(in space: path, street, field* etc*)* začínat; *(river)* pramenit; **it will s. at seven** začne to v sedm (hodin); **s. doing sth** začít něco dělat; **s. singing** začít zpívat, dát se do zpěvu, spustit píseň; **s. laughing/ crying** začít se smát, rozesmát se/ začít plakat, rozplakat se; **it ~ed raining, it ~ed to rain** začalo pršet, rozpršelo se, spustil se déšť; **let's get ~ed** pusťme se do práce, začněme; **once she gets ~ed there's no stopping her** jakmile spustí, nikdo ji nezastaví **2** *(car)* nastartovat; *(engine* also*)* chytit, naskočit; **to start (off) with** *(firstly)* především, *(at the beginning)* nejdříve **3** *(depart: person)* vydat se na cestu; *(bus, train)* vyjet; **s. for home** vydat se domů **III** phr vs ■ **start back** vi vydat se na zpáteční cestu ■ **start in** vt inf **1 s. in to do sth, s. in on (doing) sth** začít něco dělat, pustit se do čeho **2 s. in on sb** pustit se do koho, obořit se na koho ■ **start off** *I* vi **1** *(begin)* začít; **s. off with sth** začít čím; **he ~ed off by telling us that ...** nejdříve nám řekl, že ...; **s. off badly/ well** začít špatně/ dobře **2** *(leave: person)* vyjít, *(on journey)* vyrazit, *(run)* vyběhnout; *(drive)* vyjet; **s. off on a journey** vydat se na cestu **3** *(begin talking)* spustit **4** *(in career, life)* **he ~ed off as a teacher** začal jako učitel *II* vt **1** *(film, story, book, meeting)* začít, zahájit (**with sth** čím); **he ~ed the conference off with a speech** konferenci zahájil proslovem **2** *(alarm)* spustit; **s. sb off (talking)** rozpovídat koho; dát komu záminku, aby spustil; **s. sb off crying/ laughing** rozplakat/ rozesmát koho ■ **start on** vt **1** *(begin: task)* pustit se do čeho; **s. on a meal** pustit se do jídla **2** *(attack)* **s. on sb** pustit se do koho ■ **start out** vi *(begin)* **s. out on a journey** vydat se na cestu (**for** do); **s. out on a new career** začít novou profesi ■ **start over** vi Amer *(begin again)* začít znovu od začátku ■ **start up** *I* vt **1** *(establish: school, political party)* založit; *(restaurant)* otevřít; *(factory)* uvést do provozu; *(conversation)* začít, navázat **2** *(car)* nastartovat; *(engine)* spustit, uvést v chod *II* vi **1** *(begin: music)* ozvat se **2** *(engine)* naskočit, chytit

starter ['sta:tə(r)] n **1** Sport *(runner)* startující, závodník, *(horse)* startující kůň **2** Sport *(official)* startér **3** Aut startér, spouštěč ■ **s. motor** elektrický spouštěč **4** Cook předkrm; **as a s.** jako předkrm **5** fig **for ~s** pro začátek, předně **6** *(person)* **he is a late s.** nemyslí mu to, nezapaluje mu to, inf má dlouhé vedení, *(child)* je zpožděný ve vývoji

starting ['sta:tiŋ] n *(of engine)* spuštění; *(of war)* rozpoutání ● adj *(initial: salary)* počáteční; *(block, line, pistol, shot)* startovní; **s. gate** Horse racing startovací stroj; **s. handle** klika k natáčení motoru; **s. point** východisko; **s. price i)** gen počáteční cena **ii)** *(at auction)* vyvolávací cena **iii)** Horse racing konečný poměr sázek na koně před dostihem

startle ['sta:tl] **I** vt postrašit, polekat, poděsit; *(animals)* vyplašit; **I was ~d to see how old he looked** vyděsil jsem se, jak vypadá staře **II** vi polekat se

startling ['sta:tling] adj **1** *(astonishing)* překvapující; *(resemblance, coincidence)* úžasný, neuvěřitelný; *(discovery)* senzační; *(dress)* křiklavý **2** *(frightening)* alarmující ■ **~ly** adv *(beautiful, similar)* úžasně

start-up ['sta:tap] n *(of machine)* nastartování; *(of business)* založení nového podniku; Comput spuštění, inicializace ■ **s.-up cost** náklady na rozběh výroby; Comput **s.-up program** spouštěcí or inicializační program

starvation [sta:'veišn] n hladovění; *(of besieged garrison)* vyhladovění; **die of s.** zemřít hladem or hlady ■ **s. wages** hladové mzdy; **s. diet** drastická dieta

starve [sta:v] **I** vi *(suffer hunger)* hladovět, trpět hlady; *(die)* also **s. to death** zemřít hladem or hlady; inf **I'm starving!** umírám hlady!, mám hlad jako vlk! **II** vt **1** *(cause to suffer hunger)* nechat hladovět, mořit hlady; *(garrison)* also **s. out (into surrender)** přimět ke kapitulaci vyhladověním **2** *(cause to die)* umořit hlady **3** fig *(deprive)* **s. sb of sth** *(funds)* odepřít komu co, neposkytnout komu co; **be ~d of affection** hladovět or prahnout po lásce **III** phr v ■ **starve out** vt vyhladovět

starving ['sta:viŋ] adj hladovějící, vyhladovělý

stash [stæš] vt also **s. away** inf skrýt, schovat, ulejt, *(money* also*)* schov(áv)at do matrace ● n **the s. of money** ukryté peníze

state [steit] n **1** *(condition)* **a)** gen stav; **be in a s. of war** být ve válečném stavu; **declare a s. of emergency** vyhlásit výjimečný stav; **be in a good/ bad s. (of repair)** *(house, car, road, carpet)* být dobře/ špatně udržovaný; **be in a s. of disrepair** or **neglect** být v havarijním stavu; **be in a sorry s.** být v hrozném stavu; **be in a s. of flux** *(situation)* stále se měnit, být v pohybu; **the car is not in a s. to be driven** auto je nepojízdné or v nepojízdném stavu; **he is in no (fit) s. to travel** není schopen cesty; **the real s. of affairs** skutečný stav věcí, skutečnost; **the s. of the nation** stav země; **the S. of the Union Address** poselství o stavu unie ♦ **in a s. of nature** joc nahý, jak ho pánbůh stvořil **b) married/ single s.** manželský/ svobodný stav **c)** Chem skupenství; **in a solid/ liquid/ gaseous s.** v tuhém/ kapalném/ plynném skupenství **d)** inf *(anxiety)* **be in a s. about sth** být z čeho velmi rozrušený, být z čeho celý pryč; **get into a s. about sth** začít kvůli čemu panikařit **e)** inf **what a s. this place is in!** *(it's dirty, untidy* etc*)* tady je ale chlívek!; **be in a right s.** *(be drunk/ look terrible)* být pod obraz boží/ vypadat hrozně **2** Pol *(nation)* also **State** stát; *(government)* stát, vláda; *(department)* ministerstvo; **the S~s** Spojené státy; **the S. Department** Amer Ministerstvo zahraničí; **s. apartments** reprezentační místnosti **3** *(pomp)* pompa, protokol; **be received in great s.** být přijat s veškerou pompou; **lie in s.** *(deceased person)* být vystaven k uctění památky **4** Hist *(social position)* stav ● adj **1** *(budget, capitalism, subsidy, ownership, enterprise)* státní; *(sector* also*)* veřejný **2** *(official: dinner, occasion)* slavnostní ● vt *(utter)* vyslovit, *(intention)* prohlásit; *(formulate: conditions)* formulovat, *(problem)* postavit; *(give: price, amount, name, address)* uvést, udat, *(price* also*)* stanovit, určit, *(specify)* upřesnit, precizovat; *(present)* podat, přednést, předložit; **s. an account** vyúčtovat; **s. one's opinion** vyslovit svůj názor; **s. one's case** uvést své důvody, říct své; **s. that ...** prohlásit, že ...; **as ~d above** jak je uvedeno výše

statecraft ['steitkra:ft] n umění vládnout

stated ['steitid] adj *(fixed: time, amount)* stanovený, určený; *(declared: aim, date)* uvedený; **at the s. price** za stanovenou or dohodnutou cenu; **at the s. time** v uvedenou dobu

statehood ['steithud] n státnost, státní suverenita, samostatnost, statut státu

stateless ['steitləs] adj jsoucí bez státní příslušnosti

stateliness ['steitlinəs] n *(of building)* impozantnost; *(of ceremony)* velkolepost; *(of person)* důstojnost

stately ['steitli] adj (**-ier**, **-iest**) *(building)* vznosný, mohutný, impozantní, *(ceremony)* velkolepý; *(person, bearing)* důstojný, vážný; **s. home** venkovský zámeček

statement ['steitmənt] n **1** *(act of stating: of conditions)* formulace, *(of problem)* postavení, *(of facts, details)* uvedení, udání, *(specification)* upřesnění, *(of theory* etc*)* přednesení, předložení **2** *(declaration)* prohlášení, výrok, tvrzení; *(to police)* výpověď; **a sworn s.** přísežné prohlášení; **take down sb's s.** sepsat s kým protokol; Jur **make a s.** vypovídat u soudu **3** Fin **bank s.** výpis z účtu

state of the art [steitəvði'a:t] n současný stav vývoje (**in sth** v čem) ● **state-of-the-art** adj *(computer, procedures, system)* nejmodernější, nejnovější, nejlepší

stateroom ['steitru:m] n **1** Naut luxusní kabina; Amer *(in railway coach)* salonek **2** *(in public building)* salon

stateside ['steitsaid] Amer inf adj americký ● adv ve Státech

statesman ['steitsmən] n (pl **-men**), fem **stateswoman** (pl **-women** [-wimin]) státník, politik/ politička, státní činitel/ -ka

statesmanlike ['steitsmənlaik] adj státnický

statesmanship ['steitsmənšip] n státnické schopnosti, státnická prozíravost

static ['stætik] adj **1** Phys statický; **s. electricity** statická elektřina **2** *(unchanging)* stálý, neměnný ● n **1** Rad TV rušivé zvuky, šumy **2 s. (electricity)** statická elektřina **3** Amer inf *(trouble)* **give sb a lot of s. about sth** zpucovat koho za co

statics ['stætiks] n sg *(discipline)* statika

station ['steišn] n **1** *(for transport)* **railway/ bus** or **coach s.** železniční/ autobusové nádraží, železniční stanice/ stanice autobusů; *(stop)* zastávka; **at the s.** na nádraží ■ **s. agent** Amer náčelník or přednosta stanice; **s. buffet/ hall** Rail nádražní bufet/ hala **2** *(establishment)* **fire s.** hasičská zbrojnice, protipožární stanice; **gas s.** Amer/ **petrol** or **filling s.** Br benzinová pumpa; **police s.** policejní komisařství or stanice; **polling s.** volební místnost; **power s.** elektrárna; **service s.** motorest; **weather s.** meteorologická stanice ■ **s. house** Amer policejní stanice **3** Rad, TV stanice, *(channel)* vysílač **4** Mil *(post)* stanoviště; *(base)* základna; *(position)* postavení; **action ~s** připravit k boji!, na místa! **5** Relig **the S~s of the Cross** křížová cesta **6** Austr *(ranch)* farma; **cattle/ sheep s.** dobytkářská/ ovčí farma **7** dated *(rank)* společenské postavení; **marry below one's s.** dopustit se mezaliance; **marry above one's s.** vzít si muže/ ženu vyššího společenského postavení; **have ideas above one's s.** dělat se důležitým, povyšovat se **8 s. wagon** kombi ● vt **1** *(position)* rozmístit, rozestavit, postavit **2** *(garrison)* umístit, ubytovat

stationary ['steišnəri] adj *(not moving: vehicle)* stojící; *(not movable: crane)* nepojízdný, nepohyblivý; *(not changing: prices)* stabilní, fixní, stálý

stationer ['steišənə(r)] n papírník; **s.'s (shop)** papírnictví

stationery ['steišnəri] n papírnické zboží, psací potřeby; **s. with a business logo** úřední dopisní papír(y), papír(y) s úřední or firemní hlavičkou; **office s.** kancelářské potřeby

stationmaster ['steišnma:stə(r)] n Rail náčelník or přednosta stanice

statistic [stə'tistik] n statistický údaj, statistická položka

statistical [stə'tistikl] adj statistický ■ **~ly** adv statisticky

statistician [stæti'stišn] n statistik/ statistička

statistics [stə'tistiks] n **1** +sg v *(science)* statistika **2** +pl v **a)** *(data)* statistické údaje, statistická čísla **b)** inf *(of woman)* also **vital s.** míry přes prsa, pas a boky

stator ['stejtə(r)] n Techn stator

statue ['stætju:] n socha, pomník; **the S. of Liberty** Amer Socha svobody

statuesque [stætju'esk] adj *(beauty)* sošný, skulpturální; **a woman of s. beauty** žena, která je krásná jako socha

statuette [stætju'et] n soška

stature ['stæčə(r)] n **1** *(height)* vzrůst, postava; **he is short of** or **in s.** je malé postavy **2** fig *(status)* formát; **a scientist of considerable s.** vědec velkého formátu

status ['steitəs] n **1** *(in society)* (společenské) postavení, *(in company)* pozice; *(prestige)* prestiž ■ **s. symbol** symbol společenského postavení **2 legal s.** právní postavení; **marital s.** manželský stav; **financial s.** finanční situace

status quo [steitəs'kwəu] n status quo, současný stav; **maintain the s. q.** udržovat status quo

statute ['stætju:t] n **1** Jur statut, *(law)* zákon; **s. of limitations** zákon o promlčení, zákon o promlčovacích lhůtách ■ **s. book** zákoník; **be on the s. book** *(law)* být v platnosti **2** Admin předpis; **the ~s** *(of club, university, party)* řád, stanovy; **the University ~s** univerzitní řád; **in accordance with the ~s** v souladu se stanovami

statutory ['stætjutəri] adj *(regulations, law, duty)* zákonný, statutární; *(declaration)* (místo)přísežný; *(order)* vládní; *(powers)* úřední, *(holiday)* zákonem stanovený; *(offence)* uvedený v zákoně, podle zákona; **s. rape** Amer pohlavní zneužití

staunch$_1$ [sto:nč] adj *(supporter)* spolehlivý, neochvějný, věrný, zásadový

staunch$_2$ [sto:nč] vt *(bleeding)* zastavit

stave [steiv] n **1** *(of barrel)* dužina, boční lať **2** Mus notová osnova **3** *(stanza)* strofa ● phr vs ■ **stave in** vt (pt & pp **~d** or **stove** [stəuv]) prolomit, prorazit dovnitř, promáčknout ■ **stave off** vt (pt & pp **~d**) *(avoid)* vyhnout se čemu; *(attack)* odrazit; *(danger)* zažehnat; *(hunger, thirst)* zahnat

staves [steivz] n pl see **staff (3, 4)**

stay$_1$ [stei] n **1** *(period of ~ing)* pobyt; **a week's s.** týdenní pobyt; **have an overnight s. in London** přespat v Londýně; **enjoy your s.!** užijte si pobyt! **2** Jur **s. of execution** *(of death penalty)* odklad trestu smrti; *(of other types of sentences)* odklad výkonu trestu ● **I** vi **1** *(remain)* zůstat; **s. open till 8 o'clock** být otevřený do osmi, *(shop)* mít otevřeno do osmi; **s. cool** inf zachovat si chladnou hlavu; **s. at home** zůstat doma; **s. in bed** zůstat ležet; **s. awake all night** probdít celou noc; **s. put** setrvat na místě, nehnout se z místa; **I can't s. any longer** nemohu se déle zdržet; **how long are you ~ing?** jak dlouho se zdržíte?; **s. calm** zůstat klidný; **s. cheerful** udržet si dobrou náladu; **s. to dinner** zůstat na oběd **2** *(reside temporarily)* pobýt/ pobývat, přebývat, být na návštěvě, zůstat, *(in hotel)* bydlet; **in which hotel are you ~ing?** v kterém hotelu bydlíte?; **s. overnight in Prague** přespat or přenocovat v Praze; **you can s. with us** or **in our place** můžete přenocovat or *(for longer)* bydlet u nás **3** Scot *(live permanently)* bydlet **II** vt **1** *(endure)* vydržet; **s. the course** dokončit dostih, fig vydržet (do konce) **2** dated *(one's anger)* potlačit; *(hunger)* zahnat, ukojit **3** Jur *(delay: order, sentence)* odložit **III** phr vs ■ **stay away** vi **s. away from school** nejít do školy; **s. away from sb** vyhýbat se komu; **s. away from my wife!** nech mou ženu na pokoji ■ **stay behind** vi zůstat kde déle, zdržet se déle; Sch *(as punishment)* zůstat po škole ■ **stay down** vi **1** lit zůstat dole **2** Sch opakovat **3** *(food)* udržet se v žaludku ■ **stay in** vi **1** *(at home)* zůstat doma, nejít ven **2** *(at school as punishment)* zůstat po škole ■ **stay off** vt *(school)* vynechat, nejít kam; *(avoid:*

fattening foods, alcohol) vyhýbat se čemu ■ **stay on** vi zůstat, setrvat kde; **s. on at school** pokračovat ve studiu ■ **stay out** vi zůstat venku; *(strikers)* pokračovat ve stávce; **s. out of sb's sight** nechodit komu na oči; **s. out of sb's way** jít komu z cesty ■ **stay over** vi přenocovat, přespat mimo domov ■ **stay up** vi **1** *(not go to bed)* zůstat vzhůru, nejít spát; **s. up late** zůst(áv)at dlouho vzhůru, ponocovat **2** *(tent)* nespadnout, zůstat stát; *(picture)* nespadnout, zůstat viset

stay$_2$ [stei] n **1** Naut stěh; fig opora **2** Archit *(prop, support)* podpěra, opěra **3 ~s** *(in corset)* kostice korzetu; dated *(corset)* korzet

stay-at-home ['steiəthəum] n inf pecivál; **be no s.-at-h.** být podnikavý, nemít doma stání ● adj domácký

stayer ['steiə(r)] n vytrvalý člověk, kdo se snadno nevzdává

staying power ['steiiŋpauə(r)] n výdrž, vytrvalost

STD [esti:'di:] abbr of **1 subscriber trunk dialling** Tel automatická dálková volba, předčíslí **2 sexually transmitted disease** nemoc přenášená pohlavním stykem

stead [sted] n **in sb's s.** fml za někoho, (na)místo někoho; **stand sb in good s.** dobře komu posloužit, být velmi užitečný

steadfast ['stedfa:st, Amer -fæst] adj *(person)* cílevědomý, vytrvalý; *(belief)* neotřesitelný, nezviklatelný; *(supporter)* oddaný, loajální, věrný; *(stare, look)* upřený, nepohnutý ■ **~ly** adv *(believe)* pevně, neotřesitelně; *(support)* oddaně, loajálně; *(look)* upřeně

steadfastness ['stedfa:stnəs, Amer -fæst-] n vytrvalost, cílevědomost; *(of belief)* neotřesitelnost, nezviklatelnost; *(of look)* upřenost

steadily ['stedili] adv **1** *(firmly: walk)* jistým krokem; *(gaze)* upřeně **2** *(regularly)* stále, konstantně; *(nonstop: drizzle, work)* nepřetržitě, ustavičně; *(breathe)* pravidelně; *(gradually)* postupně; **his health grew s. worse** jeho zdraví se postupně zhoršovalo

steadiness ['stedinəs] n **1** *(of voice, nerves, gaze)* pevnost; **s. of gait/ hand** jistý krok/ jistá or pevná ruka **2** *(of prices, interest rates)* stabilnost, *(of demand)* stálost, *(of breathing)* pravidelnost; *(of relationship)* trvalost, stálost; *(reliability)* spolehlivost, solidnost

steady ['stedi] adj **(-ier, -iest) 1** *(hand)* jistý, pevný; *(ladder, building)* stabilní; *(gaze)* pevný, upřený; *(voice, nerves)* pevný; **be s. on one's feet** mít jistý krok; **he's not very s. on his feet** sotva se drží na nohou, *(from drunkenness)* jde vrávoravým krokem, potácí se; **the table is not s.** stůl nestojí pevně, stůl se viklá; inf **they are going s.** mají spolu vážnou známost, chodí spolu **2** *(flow, stream, progress)* neustálý, nepřetržitý, stálý **3** *(reliable)* solidní, spolehlivý, vyrovnaný ● n inf vážná známost, něčí chlapec/ děvče, nápadník/ nápadnice ● v (pt & pp **steadied**) **I** vt **1** *(stabilize: ladder)* přidržet; *(boat, plane)* vyrovnat; **s. oneself** (za)chytit se, nabýt rovnováhy; **he steadied himself holding on to a chair** chytil se židle(, aby neupadl) **2 s. oneself**, **s. one's nerves** uklidnit se **II** vi **1** *(person)* uklidnit se, *(boat)* vyrovnat se; *(hand)* přestat se třást **2** *(prices)* ustálit se, stabilizovat se

steady state theory [stedi'steitθiəri] n teorie ustáleného stavu vesmíru

steak [steik] n biftek, steak, stejk, přírodní řízek neobalovaný, plátek masa, *(of fish)* filé; **rump s.** ramstek; **s. and kidney pie** pečivo plněné masem a ledvinkami; **s. tartare** tatarský biftek ■ **s. knife** nůž na maso s pilovým ostřím

steakhouse ['steikhaus] n (pl **~s** [-hauziz]) gril, jídelna specializující se na opékané maso

steal [sti:l] n **1** Amer *(theft)* krádež **2** inf *(bargain)* **it's a s. at only $20 dollars** za 20 dolarů je to prakticky zadarmo ● v (pt **stole** [stəul], pp **stolen** ['stəulən]) **I** vt **1** *(money, object)* (u)krást, zcizit, odcizit, uloupit; **s. sth from sb** ukrást komu co, okrást koho oč **2** fig **s. sb's ideas** (u)krást čí nápady; **s. sb's girlfriend** odvést or odlákat or přebrat komu dívku; **s. a look at sb** tajně or kradmo se na koho podívat ♦ **s. a march on sb** předstihnout koho v čem, vypálit komu rybník; **s. the show** soustředit or strhnout pozornost na sebe; **s. sb's thunder** chlubit se cizím peřím **II** vi **1** *(rob)* krást; **he was caught (in the act of) ~ing** byl přistižen při krádeži **2** *(creep)* krást se; **s. in** vkrást or vplížit se dovnitř; **s. away** or **off** odkrást se, odplížit se, vytratit se; **s. up to sb** přikrást or přitočit se ke komu; **a strange feeling of sadness stole over him** zmocnil se ho zvláštní pocit smutku

stealth [stelθ] n lest; **by s.** lstí, pokradmu ■ **the S. bomber** TM neviditelný bombardér radarem nezjistitelný

stealthy ['stelθi] adj *(glance)* nenápadný, kradmý, *(steps)* kradmý ■ **stealthily** adv nepozorovaně, pokradmu; **approach sb stealthily** přitočit se ke komu

steam [sti:m] n **1** *(vapour)* pára, *(condensation)* (sražená) pára ■ **s. bath** parní lázeň **2** Techn & Rail pára; **run on s.** být poháněný párou, jezdit na páru; **at full s.** plnou párou; ♦ **pick up s.** *(vehicle)* nabrat rychlost, *(cam-*

paign) rozjíždět/ rozjet se, dostat spád; **full s. ahead!** lit plnou parou vpřed!, **go full s. ahead** fig postupovat mílovými kroky; **he ran out of s.** došel mu dech fig, nevydržel do finiše; **let off s.** odreagovat se, ulevit si; **under one's own s.** sám, bez cizí pomoci ■ **s. engine** parní stroj, Rail parní lokomotiva; **s. iron** napařovací žehlička; **s. navigation** paroplavba; **s. pipeline** parovod ● **I** vt **1** gen pařit; *(food* also*)* dusit; *(clothes)* napařit; *(dumplings)* napařit **2** *(unstick with s.)* **s. open an envelope** rozlepit obálku nad párou **II** vi **1** *(give off s.: soup* etc*)* kouřit se z čeho, pářit se **2** *(move: train)* supět; **s. into the station** přisupět do stanice; **the ship ~ed into the port** parník přisupěl do přístavu; fig **she ~ed angrily into the room** přihnala se do místnosti jako fúrie **III** phr vs ■ **steam off** *I* vt *(stamp)* odlepit nad párou *II* vi *(train)* odfunět, odsupět; *(car: drive away quickly)* odfrčet ■ **steam over** vi *(window, mirror)* zamžít se, zapotit se ■ **steam up** *I* vi *(window, glasses)* zamžít se, orosit se *II* vt **1** *(window)* zamžít, opotit, zamlžit **2** fig inf **be all ~ed up** zuřit, soptit; **get all ~ed up** div neprasknout vzteky (**about sth** kvůli čemu)

steamboat ['sti:mbəut] n říční parník, parní člun

steam-driven ['sti:mdrivn] adj poháněný párou, jsoucí na páru

steamed ['sti:md] adj *(food)* dušený, vařený v páře

steamed-up [sti:md'ap] adj **1** *(window)* opocený, zamlžený, orosený **2** fig inf *(angry)* zuřivý, soptící hněvem

steamer ['sti:mə(r)] n **1** Naut parník; **by s.** parníkem **2** Cook tlakový hrnec, inf papiňák

steaming ['sti:miŋ] adj **1** *(very hot: bath)* velmi horký, *(soup, water* also*)* vřelý **2** fig inf *(angry)* soptící hněvem **3** inf *(drunk)* napařený ● adv **s. hot** vřelý

steamroll ['sti:mrəul] vt **1** *(road)* (u)válcovat **2** fig = **steamroller** vt

steamroller ['sti:mrəulə(r)] n parní válec ■ fig **s. tactics** taktika parního válce, bezohledný postup ● vt **s. a bill through parliament** fig protlačit návrh zákona v parlamentu

steamship ['sti:mšip] n Naut parní loď, parník ■ **s. company** paroplavební společnost

steamy ['sti:mi] adj (**-ier, -iest**) **1** *(room)* plný páry; *(mirror, window)* zamlžený, zamžený, orosený **2** inf *(erotic: film)* nabitý erotikou, silně erotický, *(scene)* žhavý

steed [sti:d] n poet oř

steel [sti:l] n **1** *(metal)* ocel; **alloyed/ cast/ forged/ rolled s.** legovaná/ litá/ kovaná/ válcovaná ocel; **stainless s.** nerez, nerezavějící ocel ♦ **have nerves of s.** mít nervy z oceli, mít železné nervy; **have muscles of s.** mít svaly (jako) z oceli ■ **s. band** Mus karibská kapela sestávající z bubnů vyrobených z barelů; **s. baron** ocelářský král; **s. girder** traverza; **s. grade** jakost oceli; **s. guitar** Mus havajská kytara; **s. (industry)** ocelářský průmysl; **s. wool** drátěná vlna, *(for cleaning)* drátěnka; **s. works** ocelárna; see **s. blue**, **s. grey** **2** *(for sharpening knives)* ocilka ● vt **s. oneself** zocelit se, obrnit se (**against sth** proti čemu); **s. one's heart** zatvrdit se

steel blue [sti:l'blu:] n ocelová modř ● **steel-blue** adj ocelově modrý

steel grey [sti:l'grei] n ocelová šeď ● **steel-grey** adj ocelově šedý

steelworker ['sti:lwə:kə(r)] n ocelář

steelworks ['sti:lwə:ks] n +sg or pl ocelárna, huť

steely ['sti:li] adj (**-ier, -iest**) **1** *(in colour: sky)* ocelově šedý **2** *(determination, willpower)* nezlomný, *(nerves)* železný, ze železa, z oceli; *(look, expression)* ledový, ocelový

steep$_1$ [sti:p] adj **1** *(slope, road)* strmý, příkrý, *(cliff, hill)* strmý, srázný, *(staircase)* příkrý, *(ascent, climb, gradient)* prudký, strmý **2** *(sharp: increase, fall)* prudký **3** *(excessive: price)* přemrštěný, inf mastný, nestydatý **4** inf *(unreasonable: demand* etc*)* přehnaný; **that's pretty s.!, that's a bit s.!** to je trochu silný* kafe!, to mě teda podrž!, to už teda přestává všecko! ■ **~ly** adv *(of slope* etc*: rise, climb, drop)* příkře, prudce, strmě; *(of costs, prices: rise, fall)* prudce

steep$_2$ [sti:p] vt *(soak: washing)* máčet, namočit; Cook *(beans, peas)* namočit, máčet; *(cucumbers)* nakládat; **s. beans in water** namáčet fazole ve vodě, namočit fazole do vody; fig **s. oneself in sth** *(subject)* ponořit se do čeho; **be ~ed in prejudice** být plný předsudků; **he is ~ed in English literature** je honěný v anglické literatuře inf; **this town is ~ed in vice** toto město je prosáklé neřestí

steepen ['sti:pn] vi *(costs, road)* ostřeji stoupat

steeple ['sti:pl] n štíhlá věž s vysokou špičkou

steeplechase ['sti:plčeis] n Horseracing steeplechase, překážkový dostih, Athlet běh na 3 000 metrů překážek; terénní běh

steeplejack ['sti:pldžæk] n Br opravář vysokých komínů or věží

steepness ['sti:pnəs] n see **steep** **1** strmost, příkrost, sráznost, prudkost **2** prudkost **3** přemrštěnost, nestydatost **4** přehnanost

steer$_1$ [stiə(r)] n Amer inf rada, tip; **bum s.** špatný tip, mizerná rada ● **I** vt

1 *(car, bicycle)* řídit; *(boat)* kormidlovat, řídit kormidlem; **s. a course for ...** zamířit kam; fig **s. a different course** *(company)* změnit koncepci or zaměření 2 *(person)* (za)vést; **try to s. him away from me** snaž se ho držet ode mne 3 **s. the conversation away from sth** zamluvit něco **II** vi 1 *(driver)* řídit, šoférovat; *(helmsman)* kormidlovat; **s. for sth** *(in boat)* namířit loď směrem na co, zamířit lodí k čemu ♦ **s. clear of sb/ sth** vyhnout se komu/ čemu jako čert kříži or na sto honů 2 *(car)* **s. well/ badly** dát se dobře/ špatně řídit

steer$_2$ [stiə(r)] n Agr volek, mladý vůl

steering ['stiəriŋ] n Aut řízení; Naut kormidlování ■ Aut **s. column** sloupek řízení; Pol **s. committee** kontrolní výbor; Aut **s. system** systém řízení; Aut **s. wheel** volant

steersman ['stiəzmən] n (pl **-men**) n kormidelník

stem [stem] n 1 *(of plant)* stonek, lodyha; *(of tree, family tree,* Ling *of word)* kmen; *(of fruit)* stopka, *(of leaf)* stopka, řapík; *(of grain)* stéblo 2 *(of glass)* stopka, nožka 3 *(of pipe)* troubel 4 Mus *(of note)* nož(ič)ka noty 5 Naut příď lodi ● **I** vi 1 **s. from sth** být výsledkem čeho, být zapříčiněn čím 2 Skiing plužit **II** vt *(check, stop: bleeding)* zastavit; *(flood)* zastavit hrází; *(attack)* odvrátit, zastavit

stem christie [stem'kristi] n Skiing kristiánka

-stemmed [stemd] in compounds (see **stem** n (1)) **long~** *(plant/ tree/ glass)* s dlouhou lodyhou/ kmenem/ stopkou

stem-turn ['stemtə:n] n Skiing přívratný oblouk

stench [stenč] n puch, odporný zápach, smrad; **there's an awful s. here** tady to strašně smrdí

stencil ['stensl] n šablona; *(for duplicating)* (rozmnožovací) blána ● vt (Br **-ll-**, Amer **-l-**) nakreslit pomocí šablony

sten gun ['stengan] n lehký kulomet

stenographer [ste'nogrəfə(r)] n stenograf/ -ka

stenography [ste'nogrəfi] n těsnopis, stenografie

stenotypist ['stenəutaipist] n stenotypista/ -stka

stentorian [sten'to:riən] n fml *(voice)* stentorský, zvučný

step [step] n 1 *(pace)* **a)** krok, *(small s.)* krůček; *(sound: footsteps)* also **~s** kroky, zvuk kroků; **walk with slow ~s** jít pomalým krokem; **take three ~s forwards/ backwards** udělat tři kroky dopředu/ dozadu; **she took a s. towards him** vykročila směrem k němu; **she was following a few ~s behind him** šla několik kroků za ním **b)** *(distance)* kus, kousek; **it's (quite) a good s. to the station** na nádraží je to (pěšky) pěkný kus or kousek; **it's only a few ~s** je to jenom pár kroků **c)** *(in phrases)* **a false s.** lit & fig chybný krok, fig also poklesek, chyba; **be in s./ be out of s.** jít/ nejít stejným krokem, *(in dancing)* držet/ nedržet takt or rytmus, fig držet/ nedržet krok s čím; **keep in s.** držet krok, fig držet se na úrovni, nezůstávat pozadu; **mind** or **watch one's s.** lit jít or našlapovat opatrně, fig chovat se opatrně, držet se zpátky, zachovávat míru; **proceed s. by s.** postupovat krok za krokem, fig also postupovat systematicky 2 fig see also (**1 c**) *(move, action)* krok; *(measure)* opatření; **it's a s. in the right direction** je to krok správným směrem; **take the first s.** udělat první krok k čemu; **the first s. is always the hardest** fig každý začátek je těžký; **watch sb's every s.** fig nespouštět koho z očí, dávat si na koho pozor; **take ~s (to do sth)** podniknout kroky, aby ...; **take ~s against sth** učinit proti čemu opatření; **take legal ~s against sb** stíhat koho soudně 3 *(way of walking)* krok, chůze; **have a light s.** mít lehkou chůzi 4 *(stair)* schod, *(small)* schůdek; inf **mind the s.!** pozor schod! 5 **~s a)** *(ladder)* schůdky, žebřík; **folding ~s, a pair of ~s** skládací žebřík **b)** *(stairs)* *(in front of house)* schody, *(inside: to upper floor)* schodiště ● v (**-pp-**) see also phr vs **I** vi udělat krok; **s. on sb's foot** šlápnout komu na nohu; **s. over sth** překročit co; **s. into sth** vstoupit do čeho; **s. inside!** pojďte dál!, vstupte!; **s. onto/ off the train** nastoupit/ vystoupit z vlaku; **s. on the brake** zabrzdit; inf Aut **s. on it!**, Amer **s. on the gas!** šlápni na to!; fig *(walk faster)* přidej!, hejbni* kostrou! **II** vt 1 *(arrange in ~s)* uspořádat stupňovitě or terasovitě 2 **s. two/ three ~s** udělat dva/ tři kroky **III** phr vs ■ **step aside** vi 1 lit ukročit, odstoupit/ ustoupit stranou 2 *(in job)* **s. aside to make way for sb** ustoupit ve prospěch koho ■ **step back** vi 1 lit udělat krok dozadu, ustoupit dozadu 2 fig **s. back from sth** podívat se na co s odstupem ■ **step down** *I* vi 1 lit sestoupit dolů, sejít dolů 2 fig *(as candidate)* vzdát se kandidatury, *(from office)* vzdát se místa, rezignovat (**in favour of sb** ve prospěch koho) *II* vt *(reduce: voltage)* snížit ■ **step forward** vi 1 lit vystoupit (dopředu/ z řady), *(move forward)* postoupit dopředu 2 fig *(volunteer)* dobrovolně se přihlásit ■ **step in** vi 1 *(enter)* vstoupit 2 *(intervene)* zakročit, zasáhnout, vložit se do něčeho ■ **step off** *I* vt 1 *(train, bus, plane)* vystoupit z čeho 2 *(measure by walking)* odměřit kroky *II* vi **s.**

off on the right/ wrong foot začít dobře/ špatně ■ **step out** vi **1** *(go out)* vyjít ven **2** *(speed up)* přidat (do kroku), pospíšit si **3** Amer **s. out on sb** *(be unfaithful)* zahýbat komu ■ **step up** *I* vi **1** **s. up to sb** přistoupit ke komu, přiblížit se ke komu **2** *(increase: pressure)* zvýšit se *II* vt inf *(production, efforts)* zvýšit

stepbrother ['stepbraðə(r)] n nevlastní bratr

stepchild ['stepčaild] n (pl **-children** [-čildrən]) nevlastní dítě

stepdaughter ['stepdo:tə(r)] n nevlastní dcera, arch pastorkyně

stepfather ['stepfa:ðə(r)] n nevlastní otec, otčím

stepladder ['steplædə(r)] n dvojitý žebřík, inf štafle

stepmother ['stepmaðə(r)] n nevlastní matka, macecha

steppe [step] n step

stepping-stone ['stepiŋstəun] n nášlapný kámen; fig odrazový můstek

stepsister ['stepsistə(r)] n nevlastní sestra

stepson ['stepsan] n nevlastní syn, arch pastorek

step-up ['stepap] n inf *(increase)* zvýšení

stereo ['steriəu] n **1** *(s. sound)* stereo; **in s.** stereofonně; **a s. recording** stereofonní nahrávka **2** *(set)* stereofonní aparatura, stereo, věž

stereophonic [steriə'fonik] adj stereofonní

stereophony [steri'ofəni] n stereofonie

stereoscope ['steriəskəup] n stereoskop

stereoscopic [steriə'skopik] adj stereoskopický

stereotype ['steriətaip] n **1** Typ *(plate)* stereotyp **2** fig *(idea, person)* stereotyp, šablonovité zobrazení ● vt **1** Typ stereotypovat **2** fig (u)dělat stereotypním or šablonovitým, schematizovat

stereotyped ['steriətaipt] adj stereotypní, šablonovitý, schematický, *(hero* also*)* čítankový

sterile ['sterail] adj **1** *(barren)* neplodný, *(person, marriage* also*)* sterilní, *(soil* also*)* neúrodný, *(flower, animal* also*)* jalový; fig *(discussion)* planý, jalový, *(prose)* bezobsažný **2** *(germ-free)* sterilní

sterility [stə'riləti] n (see **sterile**) neplodnost, sterilita, jalovost, neúrodnost

sterilization [sterəlai'zeišn] n sterilizace

sterilize ['sterəlaiz] vt sterilizovat

sterilizer ['sterəlaizə(r)] n sterilizátor

sterling ['stə:liŋ] n *(currency)* šterlink, sterling, libra šterlinků; **pay in s.** platit v britských librách or v librách sterlinků ■ **s. area** librová oblast ● adj fig fml *(excellent)* vynikající, prvotřídní; *(character)* ryzí

stern$_1$ [stə:n] adj *(strict: person, face)* přísný, *(face* also*)* nevlídný, *(warning* also*)* strohý; *(resolution)* pevný; **be made of ~er stuff** fig být z jiného těsta ■ **~ly** adv přísně, stroze, nevlídně

stern$_2$ [stə:n] n Naut záď lodi

sternness ['stə:nnəs] n (see **stern**$_1$) přísnost, strohost

sternum ['stə:nəm] n (pl **~s** or **sterna** ['stə:nə]) n Anat hrudní kost, sternum

steroid ['stiəroid, 'ste-] n steroid; **ban sb from athletics for taking anabolic ~s** zakázat komu účast v atletických závodech, protože bral anabolické steroidy

stertorous ['stə:tərəs] adj fml *(breathing)* chroptivý, Med stertorózní

stethoscope ['steθəskəup] n Med stetoskop

stetson ['stetsən] n kovbojský širák

stevedore ['sti:vədo:(r)] n dokařský dělník

stew [stju:] n **1** Cook dušené maso se zeleninou, ragú **2** inf **be in a s. (about sth)** být velmi rozčilený or být celý vedle (kvůli čemu) ● **I** vt *(meat)* dusit, *(fruit* also*)* zpracovávat na kompot, kompotovat **II** vi *(meat)* dusit se ♦ **s. in one's own juice** dusit or smažit se ve vlastní šťávě; **let sb s. in his own juice** nechat koho dusit ve vlastní šťávě

steward ['stju:əd] n *(on plane, ship)* stevard; *(on estate)* hospodář; *(at dance, sports event)* pořadatel; *(shop s.)* odborářský důvěrník

stewardess [stju:ə'des] n stevardka, *(on plane* also*)* letuška

stewed [stju:d] adj **1** Cook *(meat)* dušený; **s. fruit** kompot; **s. apples** jablkový kompot **2** inf *(drunk)* opilý, namazaný; **get s.** namazat se

stewing ['stju:iŋ] n ■ **s. pan** kastrol na dušení

Sth abbr of **South** jižní

stick$_1$ [stik] n **1** *(piece of wood)* dřevo, kus dřeva; *(for hitting)* hůl(ka), *(heavy)* klacek, *(for walking)* (vycházková) hůl, *(switch)* prut, *(for peas, beans)* tyčka, *(thicker)* sloupek; *(drumstick)* palička bubnu; Mus *(baton)* taktovka; **hockey s.** hokejka; **ski s.** lyžařská hůl(ka); **have legs like ~s** mít nohy jako tyčky ♦ **be in a cleft s.** být v bezvýchodné situaci; **get the wrong end of the s.** špatně něco pochopit **2** *(of rhubarb)* stonek; *(of celery, wax, chalk)* tyčinka; *(of deodorant)* kosmetická tyčinka; **cheese ~s** sýrové tyčinky; **French s.** veka; **a s. of rock**

cukrový špalík **3** Aviat *(control lever)* páka ručního řízení **4** Mil **a s. of bombs** série bomb **5** inf *(person)* typ, chlápek, ženská; **he's a good old s.** je to starý dobrák **6 ~s** *(firewood)* roští; inf **a few ~s of furniture** několik kousků nábytku ♦ inf **he lives (out) in the ~s** bydlí v nějakém Zapadákově **7** inf *(criticism)* kritika; inf **give sb s.** vzít si koho na paškál (**for sth** za co); **get a lot of s.** schytat si to, dostat vynadáno (**from sb** od koho) ● vt *(plants)* podepřít tyčkou

stick$_2$ [stik] v (pt & pp **stuck** [stak]) **I** vt see also phr vs **1** *(jab)* **a)** *(knife, dagger, spear)* (za)píchnout, (za)bodnout or vbodnout; **s. a knife into sb's stomach** bodnout koho nožem do břicha **b)** *(elbow)* **he stuck his elbow in my ribs** šťouchl mne loktem do žeber; **your umbrella is ~ing into my leg** píchášš mě deštníkem do nohy; **I've stuck the needle into my finger** píchl jsem se jehlou do prstu **c) s. the spit through the chicken** napíchnout kuře na rožeň **2 s. a pig** zapíchnout vepře **3** *(put somewhere)* **a)** *(fasten: badge)* připnout, připíchnout **b)** *(insert: candles into holders)* zastrčit, *(card into a pack)* zasunout; **with his hands stuck in his pockets** s rukama zastrčenýma v kapsách ♦ **s. one's nose into other people's business** strkat nos do cizích záležitostí; vulg **you know where you can s. that** můžeš si to strčit, víš kam; **s. it!** vulg jdi do prdele!; **you can s. it!** můžeš si to strčit za klobouk **c)** *(put onto sth)* nastrčit; **s. one's hat on** nasadit si klobouk **d) she stuck her head round the door/ through the window** strčila hlavu do dveří/ do okna **4** *(with glue: label, stamp)* přilepit (**on sth** na co, **to sth** na co, k čemu); *(poster)* vylepit, nalepit; **s. no bills!** lepení plakátů zakázáno!; **s. the blame on sb** svalit na koho vinu **5** inf esp Br *(tolerate: sb/ sth)* snášet; **I can't s. it** leze mi to krkem, mám toho plný* zuby; **I can't s. her** nemohu ji ani cítit **6** inf **s. sb with a fine** napařit komu pokutu; **get stuck with sb/ sth** mít koho/ co na krku **II** vi **1** *(nail, pin* etc*)* **s. in sth** zapíchnout se do čeho; **the needle stuck in my finger** píchl jsem se jehlou do prstu **2** *(be fixed with glue* etc*: stamp)* držet; **the T-shirt is ~ing to me** tričko se mi lepí na tělo; **s. to the pan** přichytit se k pánvi ♦ **make a charge s.** prokázat obvinění **3** *(jam: lift* etc*)* uvíznout, zůstat vězet, *(drawer)* zablokovat se, nedat se otevřít; *(car in mud)* zapadnout ♦ **s. to sb's fingers** fig zůstat or uvíznout komu za prsty **4** *(remain)* **s. in sb's memory** vrýt se or vepsat se komu do paměti, ulpět komu v paměti; **s. in the house** nehnout se z domu, trčet or vězet doma ♦ **s. in sb's craw** or **gizzard** lit uvíznout komu v hrdle, fig příčit se komu **5** *(protrude)* vyčnívat **III** phr vs ■ **stick around** vi inf zůstat (blízko), *(wait)* počkat; **s. around, we may need your help** neodcházej, možná, že budeme potřebovat tvoji pomoc ■ **stick at** vt **1 s. at it** *(persevere)* nepolevit **2** *(stop)* **s. at nothing** před ničím se nezastavit ■ **stick by** vt inf **s. by sb** stát za kým, podpořit koho; **s. by one's promise** dodržet slib ■ **stick down** vt **1** *(with glue)* přilepit, nalepit **2** inf **a)** *(put down)* položit, hodit **b)** *(write down)* zapsat si ■ **stick in** *I* vt **1** *(knife, fork)* zabodnout do čeho, probodnout co čím, *(nail)* zatlouct, *(needle)* vpíchnout, zapíchnout **2** *(insert: key)* (za)strčit, zasunout, vsunout dovnitř; *(cork)* vrazit dovnitř **3** *(photos, stamps: into album)* vlepit or nalepit do čeho *II* vi *(dart, arrow)* zabodnout se, zapíchnout se ■ **stick on** *I* vt **1** *(stamp, label)* nalepit, přilepit; *(add: sum)* připočíst, přidat **2** inf *(hat)* nasadit si, *(coat, jacket)* hodit na sebe spěšně *II* vi *(stamp)* držet ■ **stick out** *I* vt **1** *(hand)* napřáhnout, *(feelers, head)* vystrčit, *(tongue)* vypláznout; **s. out one's chest** vypnout hrudník ♦ **s. one's neck out** dávat v sázku hlavu or život (**for sb** za někoho) **2** *(difficult situation)* **s. it out** vydržet, nepovolit *II* vi **1** *(protrude)* vyčnívat; *(ears)* odstávat, *(teeth)* vystupovat dopředu **2** *(be noticeable: colour* etc*)* být nápadný, bít do očí ♦ inf **it ~s out a mile** to bije do očí, to se nedá přehlédnout, *(it's obvious)* to je jasný* jako facka ■ **stick out for** vt usilovat o co, zasazovat se o co, prosazovat co ■ **stick to** vt **1** *(schedule, diet)* dodržovat, *(promise)* splnit, dodržet; **s. to the point** držet se tématu, neodbočovat; **s. to the facts** držet se fakt; **s. to one's guns** držet se svého, stát na svém; **s. to one's last** fig držet se svého kopyta **2 s. to sb** držet se v čí blízkosti, sledovat koho ■ **stick together** vi *(pages)* být slepený; inf fig *(family, partners* etc*)* držet (po)spolu, držet pohromadě ■ **stick up** *I* vt **1** *(sign, poster)* vylepit **2 s. up one's hand** Sch hlásit se; inf **s. 'em up!** ruce vzhůru!, pracky nahoru! sl **3** inf Amer *(rob: bank)* vyloupit, vykrást, přepadnout *II* vi *(tower, chimney)* čnít, *(aerial)* vyčnívat, inf čouhat, *(branch: out of water)* vyčnívat, trčet; *(hair)* trčet nahoru; *(nail)* trčet ven ■ **stick up for** vt *(one's principles)* hájit, vystoupit na obranu čeho; **s. up for oneself** bránit or hájit svá práva, nedat se; **s. up for sb** zastat se koho ■ **stick with** vt inf **1 s. with sb** zůstat na čí straně, zůstat komu věrný **2 s. with sth**

(subject, activity) vytrvat v čem, pokračovat v čem

sticker [ˈstikə(r)] n **1** *(label)* nálepka **2** inf *(determined person)* houževnatý or vytrvalý člověk; **he's a s.** má výdrž

stickiness [ˈstikinəs] n lit lepivost, *(of skin)* lepkavost; fig *(of weather)* dusné počasí, vedro, dusno; *(of air)* těžký vzduch

sticking plaster [ˈstikiŋpla:stə(r)] n leukoplast

stick-in-the-mud [ˈstikinðəmad] n zkostnatělec, zkostnatělý člověk; *(killjoy)* morous

stickleback [ˈstiklbæk] n *(fish)* koljuška (obecná)

stickler [ˈstiklə(r)] n **be a s. for sth** *(for details, precision, punctuality, tidiness)* být na co puntičkář or pedant, potrpět si na co

stick-on [ˈstikon] adj *(label etc)* samolepicí; **a s.-on label** samolepka

stickpin [ˈstikpin] n Amer jehlice do kravaty

stick-up [ˈstikap] n Amer inf loupežné přepadení, loupež

sticky [ˈstiki] adj **(-ier, -iest) 1** *(tending to adhere: floor, fingers, hands)* lepkavý, *(sweaty* also*)* vlhký, upocený; *(substance)* mazlavý; *(paint)* čerstvý ♦ **have s. fingers** euph krást jako straka, mít nenechavé ruce **2** inf *(weather)* dusný, *(day)* parný, *(air in room)* těžký **3** inf fig *(difficult: situation)* choulostivý, nepříjemný; **be s. about sth** dělat s čím ciráty ♦ **be (batting) on a s. wicket** být v ošemetné situaci; **come to a s. end** špatně skončit **4 s. tape** izolepa, lepicí páska; **s. label** samolepka, samolepicí nálepka

stiff [stif] adj **1** *(rigid: cardboard)* tuhý, tvrdý, *(collar)* tuhý, naškrobený; *(corpse)* ztuhlý **2** Cook *(dough, paste)* tuhý **3** *(body, limbs)* strnulý, ztuhlý; **have a s. neck** mít strnutí šíje; **be s. with cold** být prokřehlý ♦ **keep a s. upper lip** neklesat na duchu, nevěšet hlavu, nenaříkat si **4 be s.** *(door, drawer, lever)* jít ztuha, *(door* also*)* špatně se zavírat/ otvírat **5** *(person, manner)* škrobený, prkenný, upjatý, kožený; *(bearing)* toporný **6** *(resistance)* houževnatý, tuhý; *(competition, pace)* ostrý; *(opposition)* silný; *(climb)* náročný; *(examination)* těžký, obtížný; *(breeze, drink)* silný; **put up a s. resistance to sb** klást komu tuhý odpor **7** *(high: price)* přemrštěný, mastný **8** *(harsh: sentence)* přísný, tvrdý; **give sb a s. talking-to** pořádně to komu vytmavit, ostře komu vynadat **9** inf **that's a bit s.!** to už je trochu moc!, to už je přespříliš! **10** Amer inf *(drunk)* ožralý, tuhý; **get s.** ožrat se ■ see **~ly** ● adv inf **be scared s.** být ztuhlý strachy, umírat strachy, být strachy celý bez sebe; **be bored s.** umírat nudou, být unuděný k smrti ● n **1** sl *(corpse)* mrtvola **2** Amer *(tramp)* vagabund; *(drunkard)* opilec

stiffen [ˈstifn] **I** vt **1** *(collar)* (na)škrobit, vyztužit; *(make stronger)* zpevnit, vyztužit **2** *(punishment)* zostřit **3** *(morale)* posílit, zvýšit **II** vi *(person, body)* ztuhnout, *(with cold)* zkřehnout; *(morale)* zvýšit se

stiffener [ˈstifnə(r)] n **1** *(in collar)* kostice **2** inf Br *(drink)* životabudič

stiffly [ˈstifli] adv **1** *(move)* strnule, ztuha, *(bow)* topornĕ **2** *(coldly: smile)* chladně

stiff-necked [stifˈnekt] adj *(stubborn)* umíněný, paličatý, neústupný; *(proud)* arogantní, namyšlený

stiffness [ˈstifnəs] n see **stiff** adj **1** tuhost, tvrdost **2** *(of body)* tuhost, strnulost; **s. of neck** strnutí šíje **3** *(of manner)* škrobenost, prkennost, upjatost, topornost **4** *(of resistance)* neohroženost, houževnatost; *(of exams)* obtížnost **5** *(of prices)* přemrštěnost **6** *(of punishment)* tvrdost, přísnost

stifle [ˈstaifl] **I** vt **1** *(suffocate)* udusit **2** fig *(criticism, freedom of speech)* potlačit, umlčet, *(rebellion)* udusit, potlačit, *(noise)* přehlušit, *(yawn)* přemoci/ přemáhat, potlačit; **the heat nearly ~d me** dusil jsem se vedrem **II** vi udusit se

stifling [ˈstaifliŋ] adj *(smoke, heat)* dusivý, *(air)* dusný, tíživý, nedýchatelný ■ **~ly** adv **it's ~ly hot (in here)** je (tu) horko k zalknutí or k zadušení

stigma [ˈstigmə] n (pl **~s** or **~ta**) **1** *(mark of shame)* stigma, znamení hanby **2** Bot blizna **3** Relig (pl **~ta**) stigma

stigmatize [ˈstigmətaiz] vt **1** Relig stigmatizovat **2** fig *(brand)* pranýřovat, veřejně odsoudit; **s. sb as ...** ocejchovat koho jako ...

stile [stail] n **1** *(over fence)* přelízka, schůdky přes plot **2** *(turn~)* turniket **3** Build sloupek

stiletto [stiˈletəu] n **1** *(dagger)* krátká tenká dýka, Hist stilet **2** *(heel)* also **s. heel** jehlový podpatek, jehla **3** inf **~s** boty na jehlovém podpatku or na jehlách

still$_1$ [stil] adj **1** *(motionless)* nehybný, nepohnutý; **s. life** Art zátiší ♦ **s. waters run deep** tichá voda břehy mele **2** *(quiet)* tichý; **be as s. as a mouse** být tichý jako myška or jako pěna **3** *(wine, drink)* nešumivý; **a s. photograph** statická fotografie ● adv *(motionless)* nehybně, nepohnutě, bez hnutí; *(calmly)* klidně; **he stood s.** stál nepohnutě; **sit s.!** nevrť se! ● vt **1** *(critic, protest)* umlčet **2** *(allay: fears)* zaplašit, zahnat, *(anger)* potlačit, utišit, *(pain)* utišit ● n

1 in the s. of the night v tichu noci **2** Cine fotografie z filmu

still$_2$ [stil] adv **1** *(temporal: as formerly)* stále ještě, ještě, dosud, inf pořád; **he is s. alive** je ještě naživu; **he is s. a student** stále ještě studuje; **it's s. fresh in my memory** mám to ještě v čerstvé paměti; **we s. have enough time** ještě nám zbývá dost času; **he's s. going strong** *(elderly person)* je stále ještě chlapík **2** *(nevertheless)* přesto, přece však; Amer inf **s. and all** *(after all)* přesto přese všecko; **but he s. did it** a přesto to udělal; *(although I was ill)* **I s. went to work** přesto jsem šel do práce **3** with a comp *(even)* ještě; *(Tom is kind)* **but John is s. kinder** or **kinder s.** ale Jan je ještě laskavější; **better s. . . .** *(even better)* nebo ještě lépe . . .

still$_3$ [stil] n *(for making alcohol: apparatus)* destilační přístroj; *(small distillery)* palírna, vinopalna

stillbirth ['stilbə:θ] n porod mrtvého dítěte; *(foetus)* mrtvý plod, mrtvě narozené dítě

stillborn ['stilbo:n] adj mrtvě narozený

stillness ['stilnəs] n **1** *(motionlessness)* nehybnost **2** *(quietness)* ticho, klid

stilt [stilt] n **1** *(for walking)* chůda; **walk on ~s** chodit na chůdách **2** Archit pilota; **built on ~s** postavený na pilotách, pilotový

stilted ['stiltid] adj *(person)* afektovaný; *(speech, style* also*)* šroubovaný, *(manner* also*)* strojený, škrobený

Stilton TM ['stiltən] n also **S. cheese** stiltonský sýr ≅ rokfór

stimulant ['stimjulənt] n povzbuzující prostředek, stimulans ● adj povzbuzující, osvěžující, vzpružující

stimulate ['stimjuleit] vt **1** gen stimulovat, povzbuzovat/ povzbudit, *(interest)* podněcovat/ podnítit; *(sexually)* dráždit; **s. further effort** dát podnět k dalšímu úsilí; **s. sb to do sth** podnítit koho k čemu **2** *(economy)* stimulovat, oživit

stimulating ['stimjuleitiŋ] adj **1** Med povzbuzující, stimulační **2** *(discussion)* podnětný

stimulation [stimju'leišn] n **1** *(act)* stimulace, povzbuzení, podnícení; *(from physical exercise)* osvěžení; *(sexual)* dráždění, *(state)* vzrušení **2** *(of economy)* oživení, rozproudění **3** *(stimulus)* povzbuzující prostředek; *(incentive)* stimul

stimulus ['stimjuləs] n (pl **stimuli** [-lai]) podnět, pobídka, popud, stimul(us)

sting [stiŋ] n **1** *(organ: of bee, wasp)* žihadlo; *(of jellyfish)* žahavka, *(of nettle)* žahavý chloupek **2** *(act of ~ing, wound: of insect)* štípnutí, bodnutí, *(wound* also*)* štípanec, pupen or pupínek po štípnutí etc; *(of jellyfish, nettle)* popálení **3** *(pain: of nettle, ointment, antiseptic)* pálení; *(of wind)* bodání; *(of smoke)* štípání **4** fig *(of remorse)* osten; *(of argument)* ostří **5** sl *(swindle)* podraz ♦ **take the s. out of sth** *(argument)* ulomit čemu hrot or ostří; **a s. in the tail** *(of sth)* fig trn v oku, nepříjemná stránka, osten ● v (pt & pp **stung** [staŋ]) **I** vt **1** *(bee, wasp etc)* štípnout, bodnout, *(many times)* poštípat, *(nettles)* popálit; *(wind, smoke)* štípat; *(hail, rain)* šlehat do tváře; **I was stung by a wasp** bodla mě vosa **2** (Subj: *comment, sarcasm, remark)* dotknout se koho; **he was stung by her insults** její urážky se ho dotkly, její urážky ho bolely; **s. sb into doing sth** podnítit or vyprovokovat koho k čemu **3** inf *(swindle, overcharge)* vzít koho na hůl, ošulit, pustit komu žílou; **he stung me for a tenner** vytáhl ze mne desetilibrovku **II** vi **1** *(insect)* štípat, bodat, *(nettles)* žahat, být žahavý; *(eyes: because of smoke)* štípat, pálit; *(skin: when hit by whip)* štípat; **the smoke made her eyes s.** kouř ji štípal do očí **2** *(insults)* bolet, dotknout se

stingily ['stindžili] adv see **stingy**

stinginess ['stindžinəs] n lakotnost, skrblictví

stinging ['stiŋiŋ] adj **1** *(pain)* pálivý, palčivý, štiplavý; *(ointment)* vyvolávající štípání **2** *(remark)* kousavý, pichlavý; *(answer)* břitký **3 s. nettle** kopřiva žahavka

stingy ['stindži] adj (**-ier**, **-iest**) *(person)* lakomý, lakotný, skoupý, skrblický; *(portion)* malý, skrovný; *(wages)* hubený; **be s.** skrblit; **be s. with food** šetřit na jídle ■ **stingily** adv lakotně, skrblicky

stink [stiŋk] n **1** lit puch, smrad; **what a s.!** tady je (ale) smrad! ■ **s. bomb** smrdutá puma **2** fig inf **kick up a s., make** or **create a s.** udělat cirkus, udělat velký rámus ● v (pt **stank** [stæŋk], pp **stunk** [staŋk]) **I** vi **1** lit smrdět, (odporně) páchnout; **s. of sth** *(garlic* etc*)* páchnout or smrdět čím; **s. to high heaven** smrdět jako tchoř ♦ inf **s. of money** mít peněz jako š(l)upek **2** inf fig *(be bad)* být k ničemu **II** phr vs ■ **stink out** vt **1** inf *(room, place)* zasmradit **2** *(fox)* vykouřit/ vykuřovat, vypudit kouřem ■ **stink up** vt Amer inf *(room)* zasmradit

stinker ['stiŋkə(r)] n inf **1** *(person)* prevít, mizera, protiva, syčák **2** *(difficult task)* pekelný problém, fuška, dřina; **the exam was a real s.!** ta zkouška mě/ nám dala opravdu zabrat

stinking ['stiŋkiŋ] adj **1** lit smradlavý, smrdutý, odporně páchnoucí **2** inf pej *(town, place)* odporný, nechutný, hnusný, vulg posraný; **I've got a s. cold** mám příšernou rýmu; **you can keep your s. money** strč si svý* (posraný) peníze do zadku vulg ● adv inf **he's s. rich** topí se v penězích, vulg má peněz jako sraček

stint [stint] n **1** *(fixed amount of work)* úkol, penzum; **do a s. at the wheel** převzít volant, chvíli řídit; **he did a two-year s. in the army** odsloužil or odkroutil si dva roky v armádě; **I've done my s. for today** dnes jsem už udělal dost, dnes už jsem si svoje udělal **2** fml *(limitation)* omezení; **without s.** *(give)* štědře, velkoryse; **give one's praise without s.** nešetřit chválou ● **I** vt **s. oneself of sth** nedopřát si co **II** vi **s. on sth** *(food* etc*)* šetřit or inf škudlit na čem

stipend ['staipend] n *(official income: esp of clergyman)* služné, plat, příjem

stipendiary [stai'pendjəri] adj placený ● n osoba dostávající služné

stipple ['stipl] vt, vi Art kreslit tečkovací technikou, tečkovat

stipulate ['stipjuleit] vt **1** *(make a condition)* vymínit si, vyžadovat; **s. that ...** vyhradit si, že ... **2** *(price, date)* specifikovat, stanovit

stipulation [stipju'leišn] n *(condition)* podmínka; **with the s. that ...** pod podmínkou, že ...

stir [stə:(r)] n **1** *(~ring)* míchání; **give sth a s.** zamíchat něco **2** fig *(commotion)* poprask, rozruch; **cause a s., make a s.** vyvolat rozruch or pozdvižení, rozvířit hladinu, způsobit poprask ● v **(-rr-)** **I** vt **1** *(mix: liquid, sauce)* (za)míchat, *(paint* etc*)* promíchat; **s. sth into sth** *(flour into batter)* vmíchat or zamíchat co do čeho, *(egg into soup)* zakvedlat co do čeho **2** *(move)* hýbat čím, *(leaves)* zvířit, třepetat čím; *(water)* rozčeřit; inf **s. yourself, s. your stumps!** hni sebou!, hoď sebou! **3** fig **a)** *(emotions)* probudit; **s. sb's heart** chytit koho u srdce, dojmout koho **b)** *(incite)* (vy)burcovat; **s. sb to sth** vyburcovat koho k čemu; **s. sb to activity** vyprovokovat koho k činnosti **II** vi **1** *(person)* hýbat se/ hnout se, *(leaves* also*)* třepat se, třepetat se; **don't s.!** ani hnout! **2** fml *(awake: love)* probudit se **III** phr v ■ **stir up** vt **1** *(liquid)* zamíchat; *(mud, dust)* rozvířit, *(dust* also*)* zvířit ♦ **s. things up** rozvířit hladinu; **s. up a hornet's nest** píchnout do vosího hnízda **2** fig *(attention, curiosity)* vyvolat; *(feelings)* probudit; *(passions, hatred)* rozdmýchat; *(mob)* podněcovat, pobuřovat, rozvášnit; *(old quarrels)* vyhrabat; **s. up trouble** dělat rozbroje; **s. up public opinion** vyburcovat veřejné mínění; **s. up ill feeling** dělat zlou krev

stir-fry [stə:'frai] vt rychle opéci, osmažit

stirrer ['stə:rə(r)] n **1** inf *(troublemaker)* provokatér, podněcovatel, buřič **2** Cook *(utensil)* vařečka, měchačka

stirring ['stə:riŋ] adj *(speech)* strhující, vzrušující, plamenný; *(song)* dojemný; *(reading)* poutavý, strhující; *(times)* pohnutý ● n hnutí; **the first ~s of nationalism** první projevy nacionalismu

stirrup ['stirəp] n třmen; Anat třmínek ■ **s. cup** pohár vína na rozloučenou

stitch [stič] n **1** Sew steh; Knit *(loop)* oko, očko; *(style of knitting/ crochet)* pletený/ háčkovaný vzor; **pick up/ drop a s.** nabrat/ pustit očko ♦ **be without a s. on** být úplně nahý; **I haven't a s. to wear** nemám si co obléct, nemám co na sebe; **a s. in time saves nine** co můžeš udělat dnes, neodkládej na zítřek **2** Med steh; **he had to have ~es** museli ho šít; **I'll have my ~es taken out tomorrow** zítra mi budou vytahovat stehy **3** **have a s.** *(pain)* mít píchání v boku při běhu; **I have got a s.** píchá mě v boku **4** fig inf **be in ~es** smát se na celé kolo; **his story had us in ~es** jeho historka nás hrozně rozesmála ● **I** vt Sew, Med sešít; *(tear)* zašít **II** vi šít **III** phr vs ■ **stitch on** vt *(patch)* našít; *(button)* přišít ■ **stitch up** vt **1** *(material, hem, wound)* sešít **2** sl *(incriminate falsely)* falešně obvinit, zkonstruovat falešné obvinění proti komu

stoat [stəut] n Zool hranostaj

stock [stok] n **1** *(supply)* zásoba, zásoby; Comm sklad, zásoba zboží; *(selection)* výběr; **be out of s.** *(item)* nebýt na skladě, být vyprodaný; **have sth in s.** mít co na skladě; **idle s.** ležák; **keep sth in s.** skladovat co, mít co na skladě; **lay in a s.** udělat si zásoby **(of coal** uhlí); **renew one's s. of sth** doplnit si zásoby; **surplus ~s** přebytek zásob; **take s. i)** lit udělat inventuru **ii)** fig **take s. of sth** *(of situation)* posoudit or zvážit or zhodnotit co; **we're out of s.** došly nám zásoby **2** Fin *(company's capital)* (základní) akciový kapitál; **~s and shares** cenné papíry; **government s.** vládní cenné papíry ■ **s. exchange** or **market** burza cenných papírů **3** *(live~)* živý inventář, stav dobytka ■ **s. breeder** or **farmer** dobytkář, chovatel dobytka; **s. farming** živočišná výroba, dobytkářství ♦ **lock, s. and barrel** jak to všechno leží a běží, inf sakumprásk **4** Cook masový vývar, bujón ■ **s. cube** polévková kostka, masox **5** Bot levkoje, fiala zimní **6** *(family descent)* původ; *(tribe, race)* rasa, plemeno; Ling (jazyková) skupina or rodina; **be of French s.** být francouzského původu; **be of good s.** pocházet z dobré rodiny **7** Hist **~s** *(instrument of torture)* kláda **8** Naut **~s** *(in shipyards)* lešení **9** ♦ **be a laughing s.** být terčem posměchu ● adj **1** *(normal, typical)* **a)** *(size, goods)* normální, běžný, sériový; **available in all s. sizes** k dispozici ve všech běžných velikostech **b)** *(unoriginal, trite: argument, excuse, phrase)* otřelý, omletý, *(question, answer)* klasický, typický **2** *(kept in stock: goods)* jsoucí stále na skladě, stále skladovaný **3** Theat *(play)* repertoárový ● **I** vt **1** *(have in stock: goods)* mít na skladě, skladovat, vést, prodávat **2** *(supply, fill with supplies: shop)* zásobit/ zásobovat, *(fridge, larder)* doplnit, naplnit; *(pond, river, stream: with fish)* nasadit co do čeho; *(farm: with livestock)* vybavit čím **II** phr v ■ **stock up** *I* vt zásobit, doplnit *II* vi zásobit se; **s. up on** or **with sth** zásobit se čím, doplnit si zásoby čeho

stockade [sto'keid] n **1** *(enclosure)* palisády, kolová ohrada **2** Amer Mil *(prison)* vojenská věznice

stockbreeder ['stokbri:də(r)] n chovatel dobytka, dobytkář

stockbreeding ['stokbri:diŋ] n dobytkářství, odborný chov dobytka

stockbroker ['stokbrəukə(r)] n burzovní makléř

stockbroking ['stokbrəukiŋ] n (burzovní) makléřství

stockcar ['stokka:(r)] n motokára ■ **s. racing** závody motokár

stockholder ['stokhəuldə(r)] n akcionář, držitel akcií

Stockholm ['stokhəum] n Stockholm

stockily ['stokili] adv **s. built** zavalité postavy

stockiness ['stokinəs] n podsaditost, zavalitost, robustnost

stockinet(te) [stoki'net] n Tex trikotýn

stocking ['stokiŋ] n **1** gen punčocha; *(knee-length)* podkolenka; **a pair of ~s** pár punčoch, punčochy; **in one's ~(ed) feet** bez bot, (jen) v ponožkách **2** also **(Christmas) s.** lit punčocha na vánoční dárky; **what do you want in your s.?** co bys chtěl pod stromeček? ■ **s. filler** malý vánoční dárek

stock-in-trade [stokin'treid] n **1** Comm celková zásoba zboží v obchodě **2** fig běžná výbava or součást; **cynicism is part of a politician's s.-in-t.** cynismus patří k řemeslu politika

stockist ['stokist] n Br velkoobchodník, dodavatelská firma určitého zboží

stockjobber ['stokdžobə(r)] n burzovní dohodce, senzál; Amer formerly pej spekulant s akciemi

stockman ['stokmən] n (pl **-men**) **1** *(stockbreeder)* dobytkář; *(farmhand)* honák **2** Amer skladník

stockpile ['stokpail] n zásoba (**of weapons** zbraní); **the nuclear s.** arzenál atomových zbraní ● vt *(weapons)* hromadit

stockpot ['stokpot] n hrnec na polévkový vývar

stockroom ['stokru:m] n Comm sklad

stock-still [stok'stil] adv nehybně; **stand s.** stát bez hnutí

stocktaking ['stokteikiŋ] n **1** Comm inventura, inventarizace; **do s.** dělat inventuru **2** fig pohled zpět, zhodnocení situace

stocky ['stoki] adj (**-ier**, **-iest**) podsaditý, sporý; *(heavily built)* robustní

stockyard ['stokja:d] n ohrada pro dobytek shromážděný pro odvoz na trh nebo na jatky

stodge [stodž] n inf těžko stravitelné jídlo

stodgy ['stodži] adj (**-ier**, **-iest**) **1** *(food)* těžko stravitelný, ležící v žaludku **2** fig *(style, book)* nezáživný; *(person)* fádní, nudný, suchopárný; *(behaviour)* škrobený

stoic ['stəuik] n Philos **Stoic** stoik ● adj stoický

stoical ['stəuikl] adj stoický ■ **~ly** adv stoicky

stoicism ['stəuisizəm] n stoicismus; fig stoický klid, vyrovnanost

stoke [stəuk] **I** vt **1** *(fire)* udržovat, přikládat do čeho; *(boiler)* roztopit **2** fig *(interest, enthusiasm)* podněcovat; *(anger)* vyvolávat **II** phr v ■ **stoke up** *I* vt *(enthusiasm)* podnítit *II* vi **1** lit přiložit do ohně **2** Br inf *(feed oneself)* naládovat se, nafutrovat se

stokehold ['stəukhəuld] n Naut kotelna

stokehole ['stəukhəul] n **1** Naut kotelna **2** *(in furnace)* přikládací otvor

stoker ['stəukə(r)] n esp Naut topič

STOL [stol] abbr of **short take-off and landing** letoun s krátkým vzletem a přistáním

stole$_1$ [stəul] n **1** Relig (kněžská) štóla **2** *(women's garment)* štóla, přehoz (přes ramena), pléd

stole$_2$ [stəul] pt of **steal**

stolen ['stəulən] pp of **steal** ● adj *(goods)* kradený; **receiver of s. goods** překupník kradeného zboží

stolid ['stolid] adj flegmatický, pej netečný ■ **~ly** adv flegmaticky, netečně

stomach ['stamək] n **1** Anat, Zool žaludek; **have an upset s.** mít žaludeční potíže; **lie heavy on sb's s.** lit & fig ležet komu v žaludku; **on an empty s.** na lačný žaludek, na lačno; **the sight turned his s.** při pohledu na to se mu zvedl žaludek ■ **s. ache** bolesti žaludku, žaludeční bolesti; **s. upset** žaludeční potíže **2** *(abdomen)* břicho, *(paunch* also pej*)* pupek, panděro; **develop a s.** nechat si narůst břicho; **lie on one's s.** ležet na břiše; **pull in one's s.** vtáhnout břicho **3** fig **have no s. for sth** nemít na co žaludek, nebýt na co stavěný ● vt fig *(tolerate: person, rudeness)* snést/ snášet, vydržet; **I cannot s. him/ it** mám ho/ to v žaludku, mám ho/ toho plný* zuby, nemohu ho/ to vystát

stomp [stomp] vi dupat, dusat, těžce našlapovat; **s. (off) out of the room** vyřítit se (s dupotem) z místnosti

stone [stəun] n **1** *(material, piece of rock)* kámen; **a house built of s.** kamenný dům; **be as hard as s.** být tvrdý jako kámen; **lay the foundation s.** položit základní kámen; **turn into s.** zkamenět ♦ **heart of s.** kamenné srdce; **I am not made of s.** nejsem přece ze dřeva; **kill two birds with one s.** zabít dvě mouchy jednou ranou; **leave no s. unturned** použít všech prostředků, zkusit všechno; **a rolling s. gathers no moss** když se kámen valí, mech se nanabalí; **a stepping s.** odrazový můstek; **that would melt a heart of s.** kámen by se ustrnul; **a s.'s throw from here** co by odtud kamenem dohodil ■ **S. Age** doba kamenná; **s. quarry** kamenolom **2** *(memorial)* náhrobní kámen, náhrobek, Archeol stéla **3 precious s.** drahokam; **semiprecious s.** polodrahokam **4** *(in fruit)* pecka, jádro ■ **s. fruit** peckovice, peckové or peckovité ovoce **5** Med kámen, kamínek **6** Br *(unit of weight)* kámen = 6,35 kg ● adj kamenný, z kamene ● vt **1** *(throw ~s at: person/ car* etc*)* házet kamením po kom/ čem; *(as punishment)* (u)kamenovat; **s. sb to death** ukamenovat koho **2** *(fruit)* odpeckovat, zbavit pecek **3** sl **s. the crows!** kruci!, sakra!

stone-blind [stəun'blaind] adj inf úplně or zcela slepý

stone-broke [stəun'brəuk] Amer inf see **stony-broke**

stonechat ['stəunčæt] n Orn bramborníček

stone-cold [stəun'kəuld] adj ledový, studený jako led ● adv **s.-c. sober** naprosto střízlivý

stoned [stəund] adj sl *(drunk)* namol opilý, namazaný, nadrátovaný; *(drugged)* nadopovaný

stone-dead [stəun'ded] adj inf tvrdý, naprosto mrtvý; **kill sb s.-d.** inf oddělat koho

stone-deaf [stəun'def] adj inf hluchý jako poleno or pařez

stonemason ['stəunmeisn] n kameník

stonewall [stəun'wo:l] vi **1** *(when answering)* odpovídat vyhýbavě; Parl dělat obstrukci **2** Cricket odpalovat defenzívně

stoneware ['stəunweə(r)] n kameninové výrobky

stonework ['stəunwə:k] n kamenné zdivo

stony ['stəuni] adj (**-ier**, **-iest**) **1** *(beach, soil, ground)* kamenitý **2** *(unfeeling: look, countenance)* kamenný; *(silence)* ledový

stony-broke [stəuni'brəuk] adj inf **be s.-b.** nemít ani vindru, být na suchu

stony-faced [stəuni'feist] adj s kamennou tváří

stony-hearted [stəuni'ha:tid] adj **be s.-h.** mít kamenné srdce

stood [stud] pt & pp of **stand**

stooge [stu:dž] n **1** Theat herec podřadných rolí; *(comedian's s.)* partner komika **2** inf pej *(subordinate)* přisluhovač, lokaj

stool [stu:l] n **1** *(seat)* stolička, sedátko, sedačka; *(foot~)* podnožka; **folding s.** skládací sedátko ♦ **fall between two ~s** fig sedět na dvou židlích ■ **s. pigeon** lit volavý pták, volavka, fig inf volavka, *(informer)* donašeč, fízl, práskač **2** esp Med *(faeces)* stolice

stoop$_1$ [stu:p] n **1 have a s.** mít kulatá záda; **walk with a s.** hrbit se při chůzi, chodit nahrbeně **2** *(of bird of prey)* střemhlavý let ● **I** vt *(head)* sklonit, sehnout **II** vi **1** *(bend down)* also **s. down** sehnout se **2** *(stand with a s.)* hrbit se, mít kulatá záda, *(walk with a s.)* chodit nahrbeně **3** *(plunge: bird of prey)* vrhnout se na kořist střemhlavým letem **4 s. to sth** *(lower oneself: to cheating, lying* etc*)* snížit se k čemu, *(condescend: to doing sth)* uráčit se udělat co

stoop$_2$ [stu:p] n Amer schody k domu s verandou

stop [stop] n **1** *(stopping place: for bus, tram)* zastávka; *(for train)* zastávka, stanice; *(for ship)* přístav; *(for plane)* místo přistání; **request s.** zastávka na znamení; **miss one's s.** přejet zastávku ■ **s. sign** Aut stopka; **s. lights** brzdová světla **2** *(act of ~ping)* zastavení; **come to a s.** *(car)* zastavit (se), *(traffic)* zastavit se; *(rain)* přestat; *(meeting)* skončit; **come to a sudden s.** *(vehicle)* náhle (se) zastavit; **put a s. to sth** skoncovat s čím, učinit čemu přítrž; **put a quick s. to sth** udělat s čím krátký konec **3** *(break: in journey)* zastávka, přerušení jízdy; Aviat mezipřistání; *(in work)* pauza, přestávka; **without a s.** *(work, drive)* bez přestání, bez přestávky **4** Ling *(full s.)* tečka; Phon *(sound)* souhláska závěrová, okluzíva **5** Mus *(on organ)* rejstřík ♦ **pull out all the ~s** fig vybičovat se k maximálnímu výkonu, zmobilizovat všechny síly, nasadit všechny páky **6** Techn *(for door, on machine)* zarážka ■ **s. valve** uzavírací ventil **7** Phot clona ● v (**-pp-**) **I** vt **1** *(cause to halt)* **a)** *(when moving: person, vehicle, clock)* zastavit, *(when hitchhiking* also*)* stopnout; *(engine, mechanism* also*)* vypnout; *(ball)* stopnout; *(blow, attack)* odrazit; *(thief)* chytit; **s. thief!** chyťte zloděje! ♦ **s. the clock of history** zastavit kolo dějin **b)** *(from continuing: activity)* zastavit, *(temporarily: fighting* etc*)* přerušit; *(bleeding)* zastavit, *(progress)* bránit čemu; *(match, speaker)* přerušit; **rain ~ped play** zápas byl přerušen kvůli dešti **2** *(prevent: war)* zabránit čemu, předejít čemu; *(publication)* zabránit čemu, *(by court order)* zakázat; **s. sb from (doing) sth** zabránit komu v čem; **s. sth from happening** předejít čemu; **s. oneself from doing sth** málem něco udělat; **what's ~ping you?** co vám v tom brání? **3** *(cease, finish: noise)* přestat s čím, nechat čeho; **s. smoking** přestat kouřit, *(permanently)* přestat s kouřením, nechat kouření; **s. talking** přestat se bavit, zmlknout; **s. worrying** přestat si dělat starosti; **he never ~s talking** stále něco mele; **s. it!** přestaň!, už toho nechej!, dej už pokoj! **4** *(withhold: payments)* zastavit, přestat platit; *(credit)* zastavit, zarazit; *(cheque, subscription)* zrušit, odvolat; *(electricity, gas)* vypnout, přerušit dodávku čeho **5** *(block: hole)* ucpat, zacpat, utěsnit; *(with cork)* zazátkovat; *(fill: tooth)* zaplombovat; **s. one's ears** zacpávat si uši **6** Mus *(string)* zmáčknout, *(finger hole)* zacpat **II** vi **1** *(person, watch)* zastavit se, zůstat stát, *(vehicle* also*)* zastavit; **my watch has ~ped** zastavily se mi hodinky; **does the bus s. near the station?** zastavuje or staví tento autobus u nádraží?; **s. dead, s. in one's tracks** zůstat stát jako přibitý; **s. at nothing** nezastavit se před ničím, neštítit se ničeho, jít přes mrtvoly; **s. short of sth** zastavit se před čím; **s. and think** zamyslet se; **how long do we s. here?** jak dlouho tady budeme stát?; **I never s.** jsem stále v permanenci, stále lítám, nezastavím se **2** *(come to an end)* (s)končit, přestat; *(music)* dohrát; *(road)* končit (se); **the rain has ~ped** přestalo pršet; **he knows when to s.** *(drinking)* ví, kdy přestat; zná svou míru **3** *(stay)* zůstat, zdržet se; **s. for dinner** zůstat na večeři **III** phr vs ■ **stop away** vi **s. away from sth** *(meeting)* nezúčastnit se čeho; **s. away from school** nejít do školy ■ **stop behind** vi *(keep in)* zůstat déle, zdržet se déle; Sch *(as punishment)* zůstat po škole ■ **stop by** vi Amer **s. by at sb's place** (za)stavit se u koho; **s. by somewhere** *(shop* etc*)* stavit se někde ■ **stop down** vi **1** *(food)* udržet se v žaludku **2** Phot přiclonit ■ **stop in** vi **1** *(stay in)* zůstat doma, inf trčet doma **2** *(pay a short visit)* zastavit se kde/ u koho ■ **stop off** vi **1 s. off at sb's house** stavit se u koho **2** *(interrupt a journey)* udělat si zastávku kde, přerušit jízdu ■ **stop on** vi inf *(at school/ at work)* pokračovat ve studiu/ pokračovat v zaměstnání ■ **stop out** vi inf *(strikers)* stávkovat dále, nenastoupit do práce ■ **stop over** vi zastavit se krátce kde; Aviat udělat mezipřistání; *(passenger)* přerušit cestu ke krátkému pobytu ■ **stop up** *I* vt *(hole)* ucpat, zacpat *II* vi inf *(stay awake)* zůstat vzhůru, nejít spát

stopcock ['stopkok] n uzavírací kohout

stopgap ['stopgæp] n nouzové východisko, nouzové řešení; *(person)* pomocník v nouzi, prozatímní náhradník ■ **s. measure** nouzové opatření

stopover ['stopəuvə(r)] n krátká zastávka, přerušení cesty; Aviat mezipřistání ■ **s. ticket** okružní jízdenka/ letenka

stoppage ['stopidž] n **1** *(of game, work)* přerušení; *(strike)* zastavení práce, stávka **2** *(deduction from wages)* srážka **3** *(blockage: of pipe)* ucpání; Med obstrukce, ucpání

stopper ['stopə(r)] n *(plug)* zátka, uzávěr ● vt zazátkovat

stopping ['stopiŋ] n zastavení; **'no s.'** „zákaz zastavení"; **s. and starting** Aut pomalé popojíždění; *(in work)* neustálé přerušování ■ **s. distance** Aut brzdná vzdálenost; **s. train** zastávkový vlak

stop-press [stop'pres] n *(news)* nejnovější zprávy, zprávy došlé během tisku

stopwatch ['stopwoč] n stopky

storage ['sto:ridž] n **1** *(of food, goods)* skladování, uskladnění; *(of furniture)* úschova; *(of energy)* akumulace; **put sth in s.** uskladnit co ♦ **put sth into cold s.** fig dát co k ledu, odložit co ad acta ■ **s. charge** skladištní poplatek; **s. heater** akumulační kamna; **s. space** skladovací prostor **2** Comput paměť ■ **s. capacity** kapacita paměti

store [sto:(r)] n **1** *(stock: of goods, food)* zásoba, zásoby, rezervy; *(of knowledge, wisdom)* pokladnice, studnice; **lay in a s. of food** udělat si zásoby potravin; **have sth in s.** mít co v záloze ♦ **there's a surprise in s. for you** čeká na vás překvapení; **we never know what the future has in s. (for us)** nemůžeme vědět, co nás čeká v budoucnosti; **set great/ little s. by sth** přikládat čemu velký/ malý význam **2** *(warehouse)* skladiště, sklad **3 a)** *(large shop)* (velký) obchod; **department s.** obchodní dům **b)** Amer *(shop)* prodejna, obchod, krám ■ **s. detective** dozorce v obchodě ● vt **1** *(put away: food, agricultural products)* uskladnit, uložit do skladu, *(keep in s.)* skladovat; *(documents)* uložit/ ukládat; Comput *(data)* uložit do paměti **2** also **s. up** *(accumulate: food, fuel)* utvořit si zásoby čeho; **s. sth away** nashromáždit si co **3** *(hold –* Subj*: fridge, cupboard* etc*)* pojmout, uskladnit, mít obsah

storehouse ['sto:haus] n (pl **-houses** [-hauziz]) sklad; fig studnice, pokladnice

storekeeper ['sto:ki:pə(r)] n **1** skladník/ skladnice **2** Amer obchodník, majitel malého obchodu

storeroom ['sto:ru:m] n skladiště místnost

storey, Amer **story** ['sto:ri] n (pl **~s,** Amer **-ries**) podlaží, etáž, poschodí; **on the third s.** ve třetím poschodí, Amer ve druhém poschodí; **a five-s. building** pětiposchoďová or pětipatrová budova

-storeyed, Amer **-storied** [-'sto:rid] adj suff -poschoďový, -etážový; **a six-s. building** šestiposchoďová or šestipatrová budova

stork [sto:k] n Orn čáp

storm [sto:m] n **1** Meteor bouře, *(thunderstorm* also*)* bouřka; *(snows.)* sněhová bouře, vánice, metelice; *(strong wind)* vichřice, vichr, smršť; **cyclonic s.** cyklon; **magnetic s.** magnetická bouře; **a s. is gathering** chystá se bouřka ♦ **a s. in a teacup** bouře ve sklenici vody; **weather a s.** přestát bouřku, fig absolvovat něco bez úhony, vyváznout se zdravou kůží ■ **s. centre** or Amer **center** oko bouře; fig ohnisko nepokoje; **s. cloud** bouřkový mrak; **s. door** Amer vnější protismršťové dveře; **s. petrel** Orn buřňák, bouřňák **2** fig *(of protest)* bouře protestů; **a s. of applause** bouře potlesku, bouřlivé ovace; **a s. of anger/ laughter** výbuch vzteku/ smíchu **3** Mil **take sth by s.** vzít co útokem or ztečí; inf **take the audience by s.** podmanit si obecenstvo ■ **s. troops** úderná vojska, jednotka zvláštního nasazení; **s. trooper** příslušník jednotky zvláštního nasazení ● **I** vt zaútočit na co **II** vi **1** *(talk angrily)* hřímat, bouřit **2** *(move angrily)* **s. out** vztekle se vyřítit ven

stormy ['sto:mi] adj (**-ier, -iest**) **1** *(weather)* bouřlivý, *(sea* also*)* rozbouřený; **s. petrel** Orn buřňák, bouřňák **2** fig *(discussion, relationship)* bouřlivý, *(life* also*)* rušný, *(temper* also*)* vznětlivý

story$_1$ ['sto:ri] n (pl **-ries**) **1** *(account)* příběh, historie; *(description)* podání, líčení, popis; **the s. of Nelson Mandela** životní příběh Nelsona Mandely; **it's a long s.** to je dlouhá historie; **what's the real s.?** jak to vlastně bylo ve skutečnosti?; **but that's another s.** ale to je něco jiného, to sem ale nepatří; **according to his s.** podle jeho podání; **her s. of the burglary** její popis loupeže; **it's the same old s.** to je stará písnička ♦ **to cut a long s. short** zkrátka a dobře **2** *(tale)* vyprávění, příběh, Liter also povídka, *(fairy tale)* pohádka, *(apocryphal s.)* apokryf, *(fable)* bajka, *(based on folklore)* pověst; *(tall s.)* báchorka, povídačka; *(funny s.)* anekdota, (legrační) historka, vtip; **an adventure s.** dobrodružný příběh; **a bedtime s.** pohádka na dobrou noc; **a detective s.** detektivka; **a ghost s.** strašidelný příběh; **a love s.** milostná historie, milostný příběh, příběh lásky; **a serial s.** povídka na pokračování; Liter **short s.** novela; **a travel s.** cestopis **3** Journ článek, reportáž; *(event)* **the biggest s. of the year** největší senzace or událost roku **4** *(plot)* fabule, zápletka, děj; *(of film)* scénář, scenário; **the s. is set in London** děj se odehrává v Londýně **5** inf *(lie)* báchorka, výmysl; *(rumour)* pověst; **all sorts of stories are going round the town** po městě se vypráví všelicos

story$_2$ ['sto:ri] n Amer see **storey**

storybook ['sto:ribuk] n kniha povídek ● adj **s. ending** happy end, šťastný konec, konec jako v pohádce

story line ['sto:rilain] n děj, dějová zápletka

storyteller ['sto:ritelə(r)] n **1** lit vypravěč **2** inf euph lhář/ -ka

stout [staut] adj **1** *(corpulent)* zavalitý, silný, korpulentní, tlustý; *(man* also*)* podsaditý; *(woman* also*)* plné postavy; **he is rather s.** je poněkud při těle **2** *(strong: fence, wall, material)* pevný; *(house)* důkladný, solidní **3** *(brave)* udatný, statečný; *(resolute: resistance)* zmužilý; *(refusal)* rozhodný; **offer s. resistance** zmužile se bránit; **have a s. heart** být statečný ■ see **~ly** ● n černé pivo, černý ležák

stout-hearted [staut'ha:tid] adj statečný, kurážný

stoutly ['stautli] adv *(resolutely)* statečně, zmužile; *(deny)* rozhodně; *(believe)* pevně; **s. built** *(person)* podsaditý; *(house)* solidně postavený

stoutness ['stautnəs] n see **stout 1** zavalitost, korpulentnost, tloušťka; podsaditost **2** pevnost, důkladnost, solidnost **3** udatnost, statečnost; zmužilost, rozhodnost

stove$_1$ [stəuv] n **1** *(for heating)* kamna; **paraffin s.** mazutová kamna; **oil s.** naftová kamna **2** *(cooker)* sporák; **electric/ gas s.** elektrický/ plynový sporák

stove$_2$ [stəuv] pt & pp of **stave**

stovepipe ['stəuvpaip] n **1** lit roura od

kamen **2** inf **s. (hat)** vysoký cylindr **3 ~s** Br inf *(trousers)* roury

stow [stəu] **I** vt **1** *(ship, cargo)* naložit/ nakládat **2** see **stow away** vt **3 s. it!** Br sl *(stop)* nech toho!, nech si to!, už je toho dost! **II** phr vs ■ **stow away** *I* vi *(on ship, plane, train)* cestovat jako černý pasažér *II* vt *(put away: provisions, luggage)* uložit, *(money)* schovat si

stowaway ['stəuəwei] n černý or slepý pasažér

strabismus [strə'bizməs] n Med šilhavost, strabismus

straddle ['strædl] n also **s. jump** straddle styl skoku vysokého ● vt **1** *(ditch)* stát rozkročmo nad čím; *(horse, bicycle, chair)* sedět obkročmo na čem **2** *(span* – Subj: *bridge* etc*)* klenout se nad čím, vést přes

strafe [stra:f, streif] vt *(with machine guns)* ostřelovat; *(with bombs)* bombardovat

straggle ['strægl] n rozptýlený hlouček ● vi **1** *(be scattered: houses, trees)* být roztroušený; *(hair)* viset nedbale, být rozcuchaný **2** *(drop behind)* **s. along behind sb** courat se za kým; **s. in** *(one by one)* trousit se dovnitř

straggler ['strægIə(r)] n opozdilec, louda

straggling ['strægliŋ] adj *(village)* roztažený, táhnoucí se; *(houses)* roztroušený, rozptýlený; *(plants)* rozrostlý na všechny strany; *(hair)* rozcuchaný

straggly ['strægli] adj (**-ier**, **-iest**) *(hair)* rozcuchaný

straight [streit] adj **1** *(not bent: road)* rovný, *(not curved* also*)* nezahnutý; *(shot, pass)* přímý; *(hair)* hladký; Math *(angle)* přímý; **a s. line** rovná čára, Math přímka; **have a s. aim** mít dobrou mušku **2** *(upright: stance)* rovný, přímý, vzpřímený; **the picture isn't s.** obraz visí na šikmo or nakřivo; **your tie/ hat isn't s.** máte nakřivo kravatu/ klobouk; **put** or **set the picture s.** narovnat obraz, fig říci otevřeně, jak se věci mají; **as s. as a ramrod** rovný jako svíce; **as s. as a die** rovný, jak když střelí ♦ **keep a s. face** zachovat si ledový výraz, ani nehnout brvou **2** *(honest)* přímý, upřímný, otevřený, čestný; *(refusal)* kategorický; **be s. with sb** být ke komu upřímný, jednat s kým na rovinu; **give a s. answer to a s. question** odpovědět přímo na přímou otázku **3 a s. tip** spolehlivá rada, spolehlivý tip **4** *(clear)* jasný; **let's get this s.** abychom si rozuměli, aby mezi námi nedošlo k omylu; **let's get things s.** řekněme si otevřeně, jak se věci mají; **tell sb the s. truth** říci komu čistou pravdu, nalít komu čistého vína fig **5** *(tidy, in order: room, desk, affairs)* v pořádku; **put** or **set sth s.** dát co do pořádku, *(room* also*)* uklidit; **put things s.** dát všechno do pořádku, *(clarify)* všechno si ujasnit **6** *(straightforward: victory)* hladký, jednoznačný; **a s. swap** přímá výměna, inf výměna z ručky do ručky; **s. A's** Sch samé jedničky; Pol **a s. fight** Br volební souboj mezi dvěma kandidáty **7** *(utter)* **it's s. propaganda** není to nic než propaganda **8** *(consecutive)* (jdoucí) za sebou; **have six s. wins** vyhrát šestkrát za sebou; **I worked for ten s. hours** pracoval jsem nepřetržitě deset hodin **9** *(neat: whisky, brandy)* čistý, nezředěný **10** Theat *(play)* činohra, konvenční or klasická hra ne muzikál ap. **11** sl konvenční; *(heterosexual)* normální, nehomosexuální; *(nonalcoholic)* nezávislý na alkoholu ● adv **1** *(in a s. line: walk)* rovně, přímo; *(uprightly: stand, sit)* rovně, zpříma; *(shoot)* přesně; **go s. on** jděte rovně, jděte přímo (dál); **the road runs s.** silnice vede přímo; **she was looking s. at me** dívala se přímo na mě; **she drove s. into the tree** najela přímo do stromu; **stand up s.!** narovnej se!, stůj rovně!; **I can hardly walk s.** sotva pletu nohama; fig **I can't think s.** nemyslí mi to; nevím, kde mi hlava stojí, jsem z toho už zpitomělý; **I can't see s.** nevidím dobře; **I can't talk s.** sotva pletu jazykem ♦ **s. from the horse's mouth** z první ruky; **let sb have it s.** dát komu co proto; **go s.** *(criminal)* polepšit se, inf začít sekat dobrotu, začít žít spořádaným životem **2** *(immediately)* **s. (away)** přímo, rovnou, hned; **go s. home** jít rovnou domů nikde se nezdržovat; **I'll come s. back** hned se vrátím; **get s. on with the job** jít přímo k věci; fig **I'll come s. to the point** půjdu přímo k (jádru) věci **3** *(frankly)* otevřeně, přímo, upřímně; **tell sb s. (out)** říci co komu přímo; **give it to sb s.** říci něco komu na plnou hubu or od plic ● n **1** Sport rovinka; **the final** or **home s.** cílová rovinka **2 keep to the s. and narrow** sekat dobrotu; **come off the s. and narrow** dostat se na šikmou plochu or na scestí, sejít z pravé cesty **3** inf *(heterosexual)* nehomosexuál **4** Cards postupka; **s. five** postupka pěti karet stejné barvy

straightaway [streitə'wei] n Amer Horseracing rovina, rovinka; *(road)* rovný úsek silnice; *(rail)* rovný úsek dráhy ● adv ihned, okamžitě, namístě

straighten ['streitn] **I** vt **1** *(wire, nail)* narovnat, vyrovnat; Aut *(wheels)* srovnat; *(road)* napřímit; *(hair)* narovnat kudrnaté vlasy **2** *(tie, hat)* upravit si; *(picture)* narovnat; **s. one's shoulders** napřímit se **3** *(tidy: desk)* uklidit; *(affairs)* dát do pořádku, zorganizovat **II** vi *(hair)* narovnat se; *(person)* napřímit se;

(road) vést rovně **III** phr vs ▪ **straighten out** *I* vi *(hair)* narovnat se; *(road: after a series of bends)* vyrovnat se, začít vést rovně *II* vt **1** *(wire)* narovnat **2** *(situation)* vyjasnit, *(problems)* vyřešit; *(confusion)* dát do pořádku; inf **I'll s. him out** já ho naučím moresům, já mu to vytmavím ▪ **straighten up** *I* vt **1** *(picture)* narovnat, *(hat)* nasadit si rovně **2** *(tidy)* uklidit, dát do pořádku *II* vi napřímit se, vzpřímit se, narovnat se

straight-faced [streit'feist] adj **be s.-f.** ani nehnout brvou ● adv bez mrknutí oka

straightforward [streit'fo:wəd] adj **1** *(person)* přímočarý; *(account)* pravdivý, bez příkras **2** *(easy: task)* jednoduchý, snadný, *(examination question)* nekomplikovaný, *(language)* srozumitelný

strain$_1$ [strein] n **1** Mech zatížení, *(of material)* namáhání; *(on rope)* zatížení, napětí; *(pressure)* tlak; **snap under the s.** *(rope, cable)* přetrhnout se pod přílišným napětím; **put too much s. on sth** *(rope)* příliš co zatížit; **take the s. off sth** *(arch, girder)* odlehčit or odtížit co **2** fig *(mental, of job)* zatížení, *(effort)* vypětí; *(excessive: at work)* přetížení, přepracování; *(tiredness)* nadměrná únava, vyčerpání; **mental s.** nervové vypětí, stres; **it put a great deal of s. on him** byl to pro něj velký nápor; **suffer from s.** být přetažený **3** Med *(of muscle)* natažení, namožení; **give one's back a s.** ztrhat se v kříži, namoci si záda ● **I** vt **1** *(rope, beams, girders)* přetížit, nadměrně zatížit; *(relationship)* vystavit zkoušce; **s. one's ears** *(to hear sth)* natahovat or napínat uši; **s. one's eyes** napínat oči or zrak, snažit se zahlédnout; **s. sb's patience** přepínat čí trpělivost; **s. every nerve to do sth** vyvinout velké úsilí ve snaze něco udělat **2** Med *(muscle)* namoci si; *(nerves)* přepínat, *(eyes)* přepínat, namáhat, přemáhat; **s. oneself** namoci se; iron **don't s. yourself!** aby ses nepřetrhnul; **s. one's back** namoci si záda **3** *(filter: liquid)* (pře)cedit; *(pass through)* (pře)pasírovat **II** vi *(pull)* **s. at sth** cloumat or trhat or smýkat čím; **s. after effect** honit se za efektem; **s. to hear** napínat uši **III** phr v ▪ **strain off** vt *(water)* slít

strain$_2$ [strein] n **1** *(breed: of animals)* plemeno, rasa; *(of virus)* kmen; *(of plants)* druh, odrůda, varieta **2** *(trace)* sklon, náchylnost (**to sth** k čemu) **3** *(style)* styl; *(touch)* nádech, přídech (**of fantasy** fantazie); **written in the same s.** ve stejném stylu or duchu **4** **~s** poet hudba, melodie, zvuky, tóny

strained [streind] pt & pp **strain** ● adj **1** *(manner)* nepřirozený, *(conversation, smile also)* nucený; *(atmosphere, relations)* napjatý; *(nerves)* napjatý, inf pocuchaný **2** *(muscle, back)* namožený; *(ankle)* vymknutý, vyvrtnutý **3** *(liquids)* přecezený; *(vegetables)* slitý

strainer ['streinə(r)] n **1** Cook cedník **2** Techn filtr

strait [streit] n **1** Geog often pl úžina; **the S~s of Gibraltar** Gibraltarský průliv **2** **~s** fig tíseň, nouze; **be in dire** or **desperate ~s** být v zoufalé situaci; **financial ~s** finanční tíseň

straitened ['streitnd] adj **live in s. circumstances** žít v nuzných poměrech

straitjacket ['streitdžækit] n svěrací kazajka

straitlaced [streit'leist] adj puritánský, prudérní

strand$_1$ [strænd] n poet *(shore)* pobřeží, *(beach)* pláž; *(of river, lake)* břeh ● vt **1** **be ~ed** *(ship)* uvíznout, najet na mělčinu **2** fig *(person)* **be ~ed** zůstat někde trčet, uvíznout kde bez prostředků; **leave sb ~ed** nechat koho na holičkách

strand$_2$ [strænd] n **1** *(fibre, thread)* vlákno, nit; *(of hair, rope)* pramen; *(of beads)* šňůra **2** *(of plot)* dějová linie

stranded ['strændid] adj see **strand**$_1$

strange [streindž] adj **1** *(unknown, unfamiliar)* neznámý, cizí; **s. faces** neznámé tváře **2** *(unaccustomed)* **be s. to sth** *(customs)* nebýt obeznámen s čím, *(place)* nebýt kde doma, *(work)* nebýt na co zvyklý, nebýt v čem doma; *(when I returned from abroad)* **I found everything very s.** bylo mi všechno velmi cizí **3** *(peculiar)* zvláštní, (po)divný, neobvyklý, kuriózní; **it is s. that ...** je divné, že ...; **s. as it may seem ...** jakkoliv se to může zdát podivné ...; **what a s. idea!** to je podivný nápad! **4** *(unwell)* **I feel s.** necítím se ve své kůži, je mi divně ▪ **~ly** adv **1** *(behave)* (po)divně, prapodivně, neobvykle **2** **~ly enough** kupodivu

strangeness ['streindžnəs] n see **strange** **1** neznámost, cizost **2** *(oddness)* zvláštnost, podivnost, kurióznost

stranger ['streindžə(r)] n **1** *(unknown person)* neznámý (člověk), neznámý muž/neznámá žena; **he is a s. here** je tu cizí, není zdejší, není odtud; **I am a s. here myself** já jsem tu také cizí, já také nejsem zdejší **2** **be a s. to sth** *(town)* nevyznat se kde, *(job)* nebýt s čím obeznámen; **he is no s. to success** úspěch mu není cizí

strangle ['stræŋgl] vt **1** *(murder)* uškrtit, zaškrtit, zardousit, zadávit **2** *(suppress: freedom, criticism)* potlačit, *(revolt)* udusit v zárodku

stranglehold ['stræŋglhəuld] n **1** lit škrticí

sevření **2** fig **have a s. on sb/ sth** mít koho/ co v moci

strangler ['stræŋglə(r)] n škrtič

strangulation [stræŋgju'leišn] n *(process)* škrcení, dušení, rdoušení; *(murder)* zaškrčení, zardoušení; Med strangulace

strap [stræp] n **1** *(belt: of leather)* řemen; *(for carrying, on harness)* popruh; *(for dress, bra)* ramínko; *(for sandals)* řemínek; *(on bus, underground)* držák, držadlo, záchytný řemen; *(for watch)* řemínek, pásek **2** *(for beating)* pásek; **give sb the s.** dát komu výprask (řemenem) ● vt (**-pp-**) **1** *(secure with straps)* připoutat, připevnit or upevnit co řemenem or popruhy; *(in car/ plane)* **s. oneself in(to the seat)** připoutat se (v autě/ v letadle) **2** also **s. up** *(bandage)* obvázat **3** dated *(punish)* **s. sb** dát komu výprask

straphanger ['stræphæŋə(r)] n pravidelný cestující ve veřejném dopravním prostředku

strapless ['stræpləs] adj **s. bra/ dress** podprsenka/ šaty bez ramínek

strapping ['stræpiŋ] adj urostlý, statný

Strasbourg ['stræzbə:g] n Štrasburk

strata ['stra:tə] pl of **stratum**

stratagem ['strætədžəm] n Mil válečná lest; *(trick)* lest, úskok

strategic [strə'ti:džik] adj strategický; *(point)* opěrný; *(of great importance)* strategicky důležitý ■ **~ally** adv strategicky; *(important)* ze strategického hlediska; **~ally it was a brilliant plan** ze strategického hlediska to byl vynikající plán

strategics [strə'ti:džiks] n pl Mil (válečná) strategie

strategist ['strætədžist] n stratég; **armchair s.** pej pivní stratég

strategy ['strætədži] n strategie

stratification [strætifi'keišn] n Geol stratifikace, vrstevnatost; **social s.** sociální stratifikace or rozvrstvení

stratified ['strætifaid] adj vrstevnatý, vrstvený; *(society)* rozvrstvený

stratify ['strætifai] vt(i) (pt & pp **-fied**) **1** Geol ukládat (se) ve vrstvách, (na)vrstvit (se) **2** *(society)* rozvrstvit (se), rozdělit (se) do společenských vrstev

stratosphere ['strætəsfiə(r)] n stratosféra

stratospheric [strætə'sferik] adj stratosférický

stratum ['stra:təm] n (pl **strata** ['stra:tə]) Geol, Sociol vrstva

straw [stro:] n **1** *(single stalk)* stéblo slámy; collect sláma ♦ **a drowning man will clutch at a s.** tonoucí se i stébla chytá; **grasp at ~s** chytat se stébla, hledat alespoň jiskřičku naděje; inf **I don't care a s.** or **two ~s!** mně je to úplně volný*; inf **it's not worth a s.** nestojí to za zlámanou grešli; **it's the last s. that breaks the camel's back** plná číše snadno přeteče; **man of s.** panák, nastrčená figurka; **that's the last s.** to už přesahuje všechny meze, to nám ještě scházelo ■ **s. hat** slaměný klobouk, slamák; **s. mat** slaměná rohož; **s. mattress** slamník; Amer **s. poll** or **vote** neoficiální or zkušební hlasování, *(in election)* průzkum volebních preferencí **2** *(for drinking)* slámka, brčko; **drink sth through a s.** pít co slámkou

strawberry ['stro:bəri] n (pl **-ies**) *(fruit)* jahoda; *(plant)* jahodník ■ **s. blonde** rusovláska; **s. mark** mateřské znamínko připomínající jahodu

straw-coloured, Amer **-colored** ['stro:kaləd] adj slámový, slámově žlutý

stray [strei] n **1** *(animal)* zatoulané zvíře; *(dog)* zaběhlý or zatoulaný pes; *(bullet)* bludná kulka **2** **~s** Rad, Telec poruchy, praskání ● adj **1** *(animal)* zatoulaný, *(sheep, cow* etc*)* zbloudilý; *(dog)* zatoulaný, zaběhlý, *(ownerless)* opuštěný; *(child)* zatoulaný, ztracený; *(bullet)* zbloudilý **2** *(random: thoughts)* těkavý; *(curls)* uvolněný **3** *(occasional: car, tourist)* ojedinělý, náhodný, výjimečně se vyskytující ● vi **1** *(animal, person)* zatoulat se, *(child, dog, sheep)* zaběhnout se; *(get lost)* ztratit se ♦ **s. from the straight and narrow** octnout se na šikmé ploše, sejít z pravé cesty **2** *(speaker, writer)* odbíhat od tématu, odchýlit se od tématu, odbočit/ odbočovat **3** *(thoughts)* těkat

streak [stri:k] n **1** *(mark)* pruh, *(of paint)* čmouha, *(of water)* pramének; *(of fat)* vrstva; *(in hair)* pramen; *(of light)* paprsek, záblesk, *(of lightning)* zablýsknutí; *(in minerals)* žíla ♦ **like a s. of lightning** jako blesk **2** *(of madness)* sklon k, náchylnost k čemu; **he has a stubborn s.** má svou hlavu, je tvrdohlavý; **a s. of bad luck** smůla; **I had a s. of good luck** přálo mi chvíli štěstí, drželo se mě štěstí **3** inf **do a s.** proběhnout nahý z recese před zraky veřejnosti ● **I** vt **be ~ed** *(striped)* být pruhovaný, mít pruhy, *(smeared)* mít čmouhy; **the window was ~ed with finger marks** na okně byly čmouhy od prstů; **her hair is ~ed with grey** má prokvetlé or prošedivělé vlasy; **have one's hair ~ed** dát si melírovat vlasy **II** vi **1** inf *(move quickly)* **s. past** proletět kolem; **s. out** vyřítit se **2** *(run naked)* proběhnout nahý mezi lidmi při veřejné příležitosti

streaker ['stri:kə(r)] n naháč který proběhne z recese mezi lidmi při veřejné příležitosti

streaky ['stri:ki] adj (**-ier**, **-iest**) **1** *(hair)* melírovaný; *(marble, rock)* žilkovaný; *(paint)* čmouhovitý, šmouhovitý **2** *(bacon, meat)* prorostlý

stream [stri:m] n **1** *(brook)* potok, *(in mountains)* bystřina, *(small river)* říčka, řeka, *(current)* proud; **go with/ against the s.** lit & fig plout s proudem/ proti proudu **2** *(flow: of liquid)* proud, tok; *(of tears)* proud, příval, potoky; *(of blood)* potoky; *(of light)* záplava; *(of people, cars)* proud(y); *(of words, abuse)* příval, záplava, *(of abuse, blows* also*)* krupobití; **s. of consciousness** Liter proud vědomí **3** Techn **come on s.** *(factory, oil well)* zahájit provoz, být uveden do provozu **4** Br Sch prospěchová skupina třída sestavená z žáků s přibližně stejným prospěchem ● **I** vt **1** Br Sch *(pupils)* rozdělit do tříd podle prospěchu **2 his wound ~ed blood** z rány se mu řinula krev **II** vi **1** *(flow)* téci (proudem), plynout, proudit; *(tears, sweat, blood)* řinout se; *(eyes)* slzet; *(people)* hrnout se, proudit; *(cars)* proudit; **tears were ~ing down his face** z očí se mu řinuly slzy; **sweat ~ed down his forehead** z čela se mu řinul pot **2** *(flutter: flag, hair)* vlát ve větru

streamer ['stri:mə(r)] n **1** *(banner)* korouhev; *(paper ribbon)* fábor, *(made of cloth)* pentle **2** Journ palcový titulek

streaming ['stri:miŋ] n Br Sch (roz)dělení do skupin/ tříd podle prospěchu ● adj inf **I've got a s. cold** mám příšernou rýmu

streamlet ['stri:mlət] n poet potůček; strouha

streamline ['stri:mlain] vt **1** *(car, aeroplane)* dát čemu aerodynamický tvar **2** fig *(system, method, production* etc*)* racionalizovat

streamlined ['stri:mlaind] adj **1** *(car, aeroplane)* aerodynamický **2** fig *(organization, production)* racionalizovaný; *(industry)* restrukturovaný

street [stri:t] n **1** ulice; **in** or Amer **on the s.** na ulici; **two ~s away** o dvě ulice dále; **be on the ~s** *(have nowhere to live)* spávat na ulici, být bezdomovec; **walk the ~s** *(prostitute)* šlapat chodník, živit se prostitucí; **put sb out on the ~s** vyhodit koho na dlažbu; inf **be ~s ahead of the others** být bez konkurence, být absolutní jednička; **it's right up my s.** to je moje (parketa), to mi sedí; **roam the ~s** bloumat po ulicích; **take to the ~s** vyjít do ulic, bouřit se ■ **s. arab** dated dítě ulice, bezprizorné dítě; **s. cleaner** or **sweeper** metař/ -ka; inf **s. cred(ibility)** správný image v očích dnešní mladé generace; **s. door** venkovní dveře; **s. fighter** pouliční rváč; **s. lighting** pouliční osvětlení, osvětlení ulic; **s. map** plán(ek) města, map(k)a města; **s. trader**, Amer **s. vendor** pouliční prodavač; **s. trading** pouliční prodej; **s. value** *(of drugs)* tržní hodnota **2** inf *(people)* **the whole s.** celá ulice

streetcar ['stri:tka:(r)] n Amer tramvaj, inf elektrika

streetlamp ['stri:tlæmp], **streetlight** ['stri:tlait] n kandelábr, pouliční svítilna

streetwalker ['stri:two:kə(r)] n holka z ulice, šlapka sl, lehká holka

streetwise ['stri:twaiz] adj obeznámený s místními problémy

strength [streŋθ] n **1** *(physical: of person, animal, muscle)* síla; **a man of great s.** velmi silný muž; **muster all one's s.** napnout or sebrat všechny síly; **measure one's s. with sb** změřit s kým své síly, inf rozdat si to s kým **2** *(health)* pevné zdraví; **he's recovering his s.** vrací se mu síly; **when I have my s. back** až budu zase při síle; **go from s. to s.** lit rychle se uzdravovat, rychle nabývat sil, fig *(business)* vzkvétat, prosperovat **3** *(of character, faith, will, friendship)* pevnost; *(of feelings)* síla, intenzita; *(of evidence, reason)* přesvědčivost, váha; **moral s.** morální síla; **s. of purpose** rozhodnost **4** Pol, Mil síla, moc; **from a position of s.** z pozice síly **5** *(of noise, colour)* síla, intenzita; *(of electric current)* intenzita; *(of solution)* koncentrace; *(of alcohol)* síla, stupeň **6** *(asset)* silná stránka, klad; **one of his main ~s is ...** jedním z jeho hlavních kladů je ... **7** *(of structure)* pevnost, důkladnost; *(of material)* odolnost **8** *(of currency)* pevnost; *(of market prices)* stabilita **9** *(numbers: of staff)* početní stav, osazenstvo, *(workforce)* stav zaměstnanců (podniku); Mil stav vojska; **be below s.** mít nedostatek zaměstnanců; **be up to (full) s.** mít plný stav; **his followers turned up in s.** jeho stoupenci přišli ve velkém počtu

strengthen ['streŋθn] **I** vt **1** *(body, muscle)* posilovat/ posílit, *(muscle* also*)* (u)tužit; *(eyesight)* zlepšit; *(voice)* zesílit, zvýšit; *(person)* dodat komu sil **2** *(structure, wall)* zpevnit, zesílit; *(material)* zpevnit **3** *(unity, friendship)* upevnit, posílit, utužit; *(discipline)* utužit; *(knowledge)* utvrdit; **s. sb's opinion** utvrdit koho v názoru **4** *(currency)* zpevnit, *(market)* stabilizovat, *(economy)* ozdravit **II** vi zesílit; cf vt

strengthening ['streŋθniŋ] n see **strengthen** vt **1** posílení, utužení; zlepšení; zvýšení **2** zpevnění **3** posílení, zpevnění, utvrzení **4** zpevnění, stabilizace, ozdravení

strenuous ['strenjuəs] adj **1** *(energetic: effort, attempt)* energický; *(support)* horlivý; *(opposition)* tvrdošíjný; *(attack)* prudký **2** *(requiring great effort)* namáhavý, vyčerpávající, *(climb, march* also*)* náročný, *(work)* namáhavý, krušný, klopotný fml ■ **~ly** adv energicky, usilovně, tvrdošíjně, prudce

streptococcus [streptəˈkokəs] n (pl **streptococci** [streptəˈkoksai]) streptokok

stress [stres] n **1** Techn napětí, namáhání, pnutí **2** Med stres, nervové vypětí, zátěž organismu; **be under s.** být ve stresu; **put sb under s.** stresovat koho, vystavit koho stresu ■ **s.-related illness** stresové onemocnění **3** *(emphasis)* **a)** gen důraz, zdůraznění; **lay** or **put (great) s. on sth** klást důraz na co, zdůraznit/ zdůrazňovat co; **the s. has always been on quality** vždy jsme kladli důraz na kvalitu **b)** Ling přízvuk; *(accentuation)* přízvukování, kladení přízvuků **c)** Mus přízvuk, důraz ● vt **1** *(emphasize)* **a)** *(point, detail)* zdůraznit, *(sb's merits)* vyzvednout, *(values)* klást důraz na co **b)** Ling *(syllable, word)* přízvukovat, klást přízvuk na **2** Techn namáhat

stressed [strest] adj **1** Ling *(syllable, word)* přízvučný **2** *(person)* žijící ve stresu, inf stresovaný **3** Techn přetížený

stressful [ˈstresful] adj *(situation, period)* stresový

stretch [streč] n **1** *(elasticity)* elastičnost, pružnost, roztažnost, roztažitelnost **2** *(act of ~ing, state of being ~ed)* roztažení, natažení, rozpínání; **have a s.** protáhnout se; **give one's legs a s.** protáhnout si nohy; **be at full s.** *(rope)* být maximálně zatížený; **work at full s.** pracovat naplno, pracovat s největším vypětím, *(factory)* pracovat na plnou kapacitu ♦ **by no s. of imagination** v žádném případě; **not by a long s.** zdaleka ne **3** *(expanse: of land)* kus; *(section: of road, journey, river)* úsek, kus, část; **quite a s. of the journey** pěkný kus cesty; **home s.** Sport cílová rovinka **4** *(period of time)* časový úsek; **a two-hour s.** dvě hodiny; **work for ten hours at a s.** pracovat nepřetržitě deset hodin; **he did a five-year s.** *(in jail)* odkroutil si pět let ve vězení; **for days at a s.** celou řadu dní ● adj Text *(material)* elastický, strečový, pružný ● **I** vt **1** *(extend: rope, wire)* natáhnout, *(bedspread)* roztáhnout, *(nets)* rozestřít, *(wings)* rozpínat, roztáhnout; **s. one's neck** natahovat krk; **s. sth tight** napnout co, vypnout co ♦ **s. one's legs** inf *(go for a walk)* jít se protáhnout **2** *(lengthen)* protáhnout, prodloužit, vytáhnout, *(widen: garment, shoe)* roztáhnout, rozšířit; *(new shoes: by wearing)* rozšlápnout, rozchodit; *(stretch out of shape: pullover* etc*)* vytahat; Hist **s. sb on the rack** natáhnout koho na skřipec; **have one's shoes ~ed** dát si roztáhnout boty; **s. one's lead** zvýšit vedení v utkání **3** *(make go further: meat)* nastavit, *(money)* šetřit s čím; *(resources)* plně využít; *(students, workers)* plně vytížit; **s. oneself** snažit se, dát si záležet **4** *(meaning, truth)* překrucovat, *(authority)* zneužívat ♦ **s. a point** přivřít oko, udělat výjimku; **that's ~ing it a bit** to už trochu přeháníte **II** vi **1** *(elastic)* roztáhnout se; *(become longer)* vytáhnout se, prodloužit se; *(become wider)* rozšířit se, *(pullover)* roztáhnout se, *(out of shape)* vytahat se; *(shoes)* rozchodit se, rošlápnout se, roztáhnout se **2** *(person, cat: after sleep* etc*)* protáhnout se/ protahovat se; *(when trying to reach sth)* natáhnout se; **he ~ed across me** natáhl se přese mne **3** *(land, forest)* (roz)prostírat se, sahat, táhnout se **4** *(afford)* **my salary won't s. to a new computer** ze svého platu si nový počítač nemohu dovolit **III** phr vs ■ **stretch back** vi *(queue)* sahat, táhnout se; *(traditions)* sahat do minulosti ■ **stretch out** *I* vt **1** *(arms)* rozpřáhnout, rozevřít, vztáhnout; *(legs)* natáhnout si pohodlně; **s. oneself out** *(lie down)* pohodlně si lehnout, natáhnout se **2** *(make longer)* protáhnout, prodloužit; *(meeting)* protahovat *II* vi *(lie down)* natáhnout se, pohodlně si lehnout; *(countryside, forest)* rozprostírat se, táhnout se

stretcher [ˈstrečə(r)] n **1** Med nosítka **2** *(for shoes, gloves)* napínák; Art *(for canvas)* (napínací) rám ■ **s. party** Mil oddíl zdravotníků nosičů raněných nebo nemocných ● phr v ■ **stretcher off** vt odnést na nosítkách

stretcher-bearer [ˈstrečəbeərə(r)] n Mil nosič raněných or nemocných

stretchmarks [ˈstrečma:ks] n pl Med strie kůže zvl. po těhotenství

stretchy [ˈstreči] adj (**-ier**, **-iest**) elastický, pružný

strew [stru:] vt (pt **~ed**, pp **~ed** or **strewn** [stru:n]) **1** *(sand, gravel, clothes)* rozházet **2** *(cover)* pokrýt; **the path was strewn with flowers** cesta byla pokryta kvítím

strewth [stru:θ] interj somewhat dated sl sakra!, k sakru!

stricken [ˈstrikən] dated pp of **strike** ● adj **s. with grief** zdrcený žalem; **s. with blindness** postižený slepotou; **s. with poverty** zbídačený; **s. with fear** ztuhlý strachy, zděšený; **be s. with illness** být churavý; **be s. with remorse** mít hryzení svědomí

-stricken [ˈ-strikən] in compounds postižený čím; **grief-s.** zdrcený žalem; **panic-s.** postižený panikou

strict [strikt] adj **1** *(not lenient: teacher, parent)* přísný, *(official)* komisní; *(views,* *principles)* strohý, *(rules)* rigorózní, striktní; *(Methodist, Catholic* etc*)* hluboce věřící; *(discipline)* přísný, železný, pevný; **he's very s. about discipline** vyžaduje přísnou kázeň; Sch **he's a s. marker** přísně známkuje; **he's very s. with his children** je na své děti velice přísný, drží děti velmi zkrátka **2** *(precise: interpretation, meaning, translation)* přesný, exaktní; *(accuracy, truth)* absolutní; **in s. confidence** přísně důvěrně, mezi čtyřma očima; **in the s. sense of the word** přísně vzato, v přesném smyslu slova ■ **~ly** adv přísně, rigorózně, striktně; *(absolutely)* absolutně; **~ly speaking** přesně řečeno, přísně vzato

strictness ['striktnəs] n see **strict 1** přísnost, komisnost; strohost, rigoróznost, striktnost **2** přesnost, exaktnost

stricture ['strikčə(r)] n **1** usu pl **~s** *(criticism)* **pass ~s on sb/ sth** ostře koho/ co kritizovat; **his ~s were justified** jeho kritika byla oprávněná **2** Med zaškrcení, striktura

stride [straid] n **1** *(step)* velký or dlouhý krok; **with giant ~s** dlouhými kroky; **in one s.** jedním krokem ♦ **get into one's s.** dostat se do tempa; **take sth in one's s.** *(disaster)* dobře se s čím vypořádat, *(exams)* nenechat se čím vyvést z míry, hravě si s čím poradit **2** fig *(progress)* pokrok; **make great ~s** dobře prospívat, dělat velké pokroky (**in sth** v čem), mít se čile k světu ● v (pt **strode** [strəud], pp **stridden** ['stridn]) **I** vi **s. (along)** rázovat, kráčet dlouhými kroky **II** vt *(the length of: field* etc*)* jít dlouhými kroky přes co; *(room)* přecházet po čem

stridency ['straidnsi] n (see **strident**) pronikavost; křiklavost, řvavost; svárlivost, hašteřivost; hlučnost

strident ['straidnt] adj *(sound, voice)* ostrý, pronikavý, řezavý; *(colour)* křiklavý, řvavý; *(person)* svárlivý, hašteřivý; *(demands)* nestydatý; *(protest)* hlasitý, hlučný ■ **~ly** adv *(sound)* ostře, pronikavě; *(protest)* hlučně, hlasitě

strife [straif] n fml *(conflict)* rozbroje, sváry, konflikty; **fratricidal s.** bratrovražedný boj; **ethnic s.** etnické konflikty; **political s.** politické rozbroje; **industrial s.** konflikty mezi zaměstnanci a zaměstnavateli

strike [straik] n **1** Ind stávka; **general s.** všeobecná stávka; **hunger s.** hladovka; **lightning s.** náhlá neohlášená stávka; **sit-down s.** stávka v sedě; **sympathy** or **sympathetic s.** stávka ze solidarity; **unofficial s.**, inf **wildcat s.** neoficiální stávka zahájená bez příkazu odborů; **be (out) on s.** stávkovat; **go on s.**, **come out on s.** zahájit stávku, vstoupit do stávky ■ **s. action** stávková akce; **s. ballot** hlasování o stávce; **s. fund** stávkový fond; **s. pay** podpora stávkujícím **2** gen & Mil *(attack)* útok, úder; **air s.** letecký úder or útok, nálet; **pre-emptive s.** preventivní úder; **retaliatory s.** odvetný úder **3** *(discovery: of oil, gold* etc*)* nález ♦ **a lucky s.** šťastná náhoda, štístko, štěstí **4** *(act of hitting)* úder, rána; Bowling sražení všech devíti (desíti) kuželek; Baseball dobrý nadhoz **5** Fishing zabrání ryby ● v (pt & pp **struck** [strak]) **I** vt **1** *(hit: person)* uhodit, udeřit, praštit, bouchnout; *(object)* uhodit or udeřit or praštit do čeho; *(target)* zasáhnout, trefit; *(metal, hot iron)* kout; **s. sb in the face/ on the head** udeřit koho do tváře/ do hlavy; **he struck the table with his fist, he struck his fist on the table** uhodil or udeřil or bouch(nu)l pěstí do stolu; **s. sb to the ground** srazit koho k zemi; **s. sb a blow** lit & fig zasadit komu ránu, fig also podrazit komu nohy; **s. a blow at sth** fig zasadit čemu ránu, uškodit čemu; **s. fear in sb** vyděsit koho, vyvolat hrůzu v kom **2** *(collide with, knock against)* narazit na, *(boat, car)* najet na, *(car* also*)* narazit na; **he struck his head against the door** uhodil se hlavou o dveře, vrazil hlavou do dveří; **lightning struck the spire** do věže uhodil blesk, do věže uhodilo; **the tree was struck by lightning** do stromu uhodil blesk; **the boat struck the sands** loď najela na mělčinu; **disaster struck** udeřila or nastala pohroma ♦ **s. a bad patch** mít se mizerně, dostat se do úzkých **3** *(afflict)* **be struck by sth** být postižen čím; **the city was struck by an earthquake** město bylo postiženo zemětřesením; **be struck with blindness** být raněn slepotou ♦ inf **he was struck all of a heap** zůstal jako opařený, krve by se v něm nedořezal; **s. difficulties** dostat se do potíží **4** *(chime)* odbít; **the clock struck midnight** hodiny odbily půlnoc **5** *(play: chord)* zahrát; **s. a chord on the piano** udeřit do kláves; **s. the guitar** udeřit do strun, rozezvučet kytaru ♦ **s. the right chord** uhodit na správnou strunu; **s. the right chord with sb** kápnout komu do noty; **they struck a common chord** padli si do noty; **s. a new tone** začít jinak; inf **does it s. a chord?** připomíná vám to něco? **6** *(discover: oil, gold)* narazit na, najít, objevit; inf **s. it rich** narazit na bohaté ložisko; inf **s. it lucky** mít štěstí, inf kápnout na štěstí **7** *(medal, coin)* razit **8 s. a match** (roz)škrtnout zápalku; **s. sparks** vykřesat jiskry **9** *(occur)* napadnout; **it suddenly struck me that ...** náhle mi napadlo, že ... **10** *(impress)* **how did he**

s. you? jaký na vás udělal dojem?, co na něj říkáte?; **how does it s. you?** co tomu říkáš?, co ty na to? **11** (pp also **stricken**) *(render)* **be struck dumb** oněmět úžasem; **s. sb dead** skolit koho smrtící ránou **12 s. a deal/ compromise** dosáhnout dohody/ kompromisu; **s. a bargain** uzavřít obchod, plácnout si **13** *(tent)* strhnout **14** Hort **s. root** zapustit kořeny **II** vi **1** *(hit)* uhodit; *(attack)* zaútočit; **s. home** *(blow)* zasáhnout cíl, sednout ♦ **s. while the iron is hot** kout železo, dokud je žhavé **2** *(clock)* odbít; **midnight struck** hodiny odbily půlnoc, odbila půlnoc **3** *(workers)* stávkovat, být ve stávce; **s. for higher wages** stávkovat za vyšší mzdy **4** Fishing brát **III** phr vs ■ **strike back** vi **1** *(return a blow)* vrátit ránu **2** *(retort)* odseknout, pohotově odpovědět ■ **strike down** vt **s. sb down** srazit koho k zemi, porazit or povalit or skolit koho; **he was struck down by a disease** skolila ho nemoc ■ **strike off** *I* vt **1** *(from list)* vyškrtnout; *(from professional register)* vymazat **2** *(cut off: branch)* useknout, utnout **3** Typ vytisknout, udělat obtah *II* vi *(set off)* vydat se kam ■ **strike on** vt *(discover by chance: plan, solution, idea)* přijít na ■ **strike out** *I* vi **1** *(go)* pustit se, vydat se; **he struck out for home** vydal se domů **2** *(hit)* **s. out at sb** zaútočit na koho, pustit se do koho also fig; **s. out wildly** ohánět se zuřivě pěstmi **3** inf **s. out on one's own** udělat se pro sebe *II* vt *(cross out)* vyškrtnout ■ **strike through** vt *(cross out)* (pře)škrtnout ■ **strike up** *I* vt **1** *(start)* **s. up a conversation with sb** navázat or zapříst s kým rozhovor, dát se s kým do řeči; **s. up a friendship with sb** uzavřít s kým přátelství, spřátelit se s kým **2** *(piece of music)* spustit *II* vi *(band)* spustit, začít hrát

strikebound ['straikbaund] adj postižený stávkou, stronger paralyzovaný stávkou

strikebreaker ['straikbreikə(r)] n stávkokaz

striker ['straikə(r)] n **1** *(worker)* stávkující **2** inf Ftb útočník

striking ['straikiŋ] adj **1** *(resemblance, beauty)* nápadný, *(difference* also*)* markantní, frapantní, do očí bijící **2** *(clock)* bicí; **s. mechanism** bicí stroj **3** *(on strike)* stávkující **4** ♦ **within s. distance** na dosah, velmi blízko, co by kamenem dohodil; **he lives within s. distance of Prague** bydlí velice blízko Prahy ■ **~ly** adv *(differ)* nápadně, markantně; **she is ~ly beautiful** je mimořádně krásná

Strine [strain] n inf joc australská angličtina

string [striŋ] n **1** *(for packet)* provázek, motouz; *(on apron)* tkanice, kaloun; *(on pyjamas)* šňůrka; *(on puppet)* nit, nitka ♦ **be tied to one's mother's apron ~s** držet se máminy sukně; **have sb on a s.** manipulovat s kým; inf **have sb pulling ~s for one** mít protekci or tlačenku; **pull ~s for sb** protěžovat koho; **with no ~s attached** bez jakýchkoliv podmínek, *(relationship)* bez závazků ■ **s. bag** síťovka, síťka; **s. puppet** marioneta **2** *(of musical instrument, racket)* struna; Mus **the ~s** smyčcové nástroje, smyčce ♦ **have more than one s. to one's bow** mít více želízek v ohni ■ **s. instrument** smyčcové nástroje; **s. orchestra** smyčcový orchestr; **s. quartet** *(composition)* smyčcový kvartet, *(performers)* smyčcové kvarteto **3** *(set: of onions, garlic)* pletenec, věnec; *(of islands)* řetěz; *(of visitors)* řada; **s. of beads** šňůra s korálky; **s. of pearls** šňůra perel, perlový náhrdelník **4** *(series: of successes)* série; *(of insults)* příval; *(of shops, hotels)* řetěz **5** Bot vlákno, žilka ■ **s. bean** zelená fazole; inf joc *(beanpole)* bidlo ● v (pt & pp **strung** [straŋ]) **I** vt **1** *(beads)* navléci; **he can't even s. two sentences together** neumí kloudně promluvit, nedá větu dohromady **2** *(violin* etc*)* opatřit strunami, dát čemu strunový potah; *(racket)* vyplést **3** *(beans)* odvlákňovat **II** phr vs ■ **string along** inf *I* vt **s. sb along** vzbuzovat v kom falešné naděje, mazat komu med kolem pusy *II* vi svézt se s kým, jít spolu s kým ■ **string out** *I* vt **1** *(washing)* vyvěsit, *(lamps)* rozvěsit **2** sl **be strung out** být nadrogovaný *II* vi roztáhnout se v řadě, rozestoupit se v řadě ■ **string up** vt **1** lit zavěsit něco na šňůru/ na provázek etc **2** inf *(hang: person)* pověsit, oběsit

stringed [striŋd] adj *(instrument)* strunný; *(violin, viola* etc also*)* smyčcový

stringency ['strindžənsi] n (see **stringent**) přísnost, striktnost; rigoróznost; **financial s.** nedostatek peněz na trhu

stringent ['strindžənt] adj *(measures)* přísný; *(rules)* přísný, striktní; *(test)* rigorózní; *(discipline)* přísný, železný; **s. economies** přísná úsporná opatření ■ **~ly** adv přísně, rigorózně, striktně

stringer ['striŋə(r)] n sl příležitostný dopisovatel

string-pulling ['striŋpuliŋ] n inf protekce, tlačenka inf

stringy ['striŋi] adj (**-ier, -iest**) *(meat)* šlachovitý, tuhý, vláknitý; *(vegetables)* vláknitý; *(person)* šlachovitý

strip [strip] n **1** *(of paper, carpet, material)* úzký pruh, proužek; *(of metal, forest)* pás; *(of land)* pruh; *(of bacon)* plátek

2 Aviat dráha; **landing s.** přistávací dráha 3 **comic s.** obrázkový seriál 4 Br Sport dres 5 *(striptease)* striptýz; **do a s.** udělat striptýz ■ **s. search** důkladná tělesná prohlídka s odložením veškerého oděvu; **s. poker** striptýzový poker s odkládáním oděvu za prohru; **s. show** striptýzové představení ● v (**-pp-**) **I** vt 1 *(person)* svléci, vysvléknout; **s. sb naked** svléci koho do naha 2 see also **strip off** *(bed)* svléci; *(wall: remove paint)* seškrabat, *(wallpaper)* strhnout, seškrabat; *(tree)* sloupat kůru z čeho, strhat listí z čeho; *(wire)* zbavit izolace, obnažit; **s. a house of furniture** vystěhovat z domu nábytek 3 *(deprive)* **s. sb of all his possessions** obrat koho o všechno; **s. sb of his title** zbavit koho titulu 4 Techn **a)** *(damage: nut, screw)* strhnout/ strhat závity čeho, překroutit závit na čem **b)** *(dismantle: engine, gun)* rozebrat, rozmontovat **II** vi svléci se, vysvléknout se **III** phr vs ■ **strip down** vt *(engine)* rozebrat, rozmontovat, demontovat ■ **strip off** *I* vt *(clothes)* sundat, svléci; *(paint)* seškrabat, odstranit; **s. the leaves/ bark off a tree** strhat ze stromu listí/ sloupat ze stromu kůru *II* vi svléci se (do naha), obnažit se

stripe [straip] n 1 gen pruh; *(on material)* proužek 2 Mil prýmek; **get/ lose one's ~s** povýšit, být povýšen/ být degradován ● vt opatřit proužky, proužkovat

striped [straipt] adj pruhovaný, *(material)* proužkovaný, s proužkem

stripling ['stripliŋ] n lit mladík, mladíček; pej zelenáč

stripper ['stripə(r)] n 1 *(in strip club)* striptérka; **male s.** striptér, striptýzový tanečník 2 *(for paint)* odstraňovač nátěrů

striptease ['stripti:z] n striptýz; **do a s.** udělat striptýz ■ **s. artist** striptérka, *(male)* striptér

stripy ['straipi] adj inf (**-ier, -iest**) pruhovaný; *(material)* proužkovaný, s proužkem

strive [straiv] vi (pt **strove** [strəuv], pp **striven** ['strivn]) 1 *(try)* snažit se; **s. to do sth** snažit se něco udělat; **s. for** or **after sth** usilovat o co 2 *(fight)* **s. against sth** bojovat proti čemu

strobe [strəub] adj stroboskopický ● n stroboskopické osvětlení

stroboscope ['strəubəskəup] n stroboskop

stroboscopic [strəubə'skopik] adj stroboskopický

strode [strəud] pt of **stride**

stroke [strəuk] n 1 *(blow)* rána, úder, *(of whip)* rána, švihnutí, šlehnutí, šleh; *(of sword)* seknutí, sek; **a s. of lightning** úder blesku; **butt ~s** rány pažbou; **ten ~s of the cane** deset ran holí or rákoskou 2 Golf, Tennis úder; Cricket odpal; Billiards štrk, sl šťouch; Rowing záběr vesla; *(swimming: movement)* tempo; *(style)* styl; **butterfly s.** motýlek ♦ **put sb off his s.** vyvést koho z konceptu or z míry; **be off one's s.** ztratit jistotu, upadnout do rozpaků 3 Rowing *(person)* strok veslař určující frekvenci a rytmus záběrů 4 *(on typewriter)* úhoz; *(of pen, brush)* tah; *(of pen: crossing action)* škrt; Mus *(of bow)* smyk; *(of clock)* úder; Techn *(of piston)* zdvih, *(of engine)* takt; **with one s. of the pen** jedním škrtem pera; **on the s. of six** úderem šesté, přesně v šest 5 fig **a s. of luck** štěstí, klika inf; **a s. of genius** geniální nápad; **a master s.** mistrovský tah; **at one s.** jedním rázem or tahem; **a good s. of business** dobrý obchod, dobrá obchodní transakce; **what a s. of luck!** to byla klika!; **he didn't do a s. of work all day** celý den ani nehnul prstem, celý den na nic nesáhl 6 Typ lomítko 7 Med (záchvat) mrtvice; **he had a s.** ranila or inf klepla ho mrtvice 8 *(caress)* pohlazení; **give sb a s.** pohladit koho ● vt (po)hladit

stroll [strəul] vi procházet se, promenovat se; **s. around the town** procházet se or toulat se po městě, expr courat se po městě ● n procházka; **go for a s.** jít na procházku, jít se projít

stroller ['strəulə(r)] n 1 *(person)* procházející se 2 esp Amer *(pushchair)* dětský skládací sporťák, inf golfáč

strong [stroŋ] adj 1 *(sturdy: man)* silný, *(hand, muscles* also*)* pevný; *(material, shoes)* pevný, trvanlivý; *(furniture)* pevný, bytelný, *(chair* also*)* nerozviklaný; *(house)* důkladný, pevný, bytelný ♦ **be as s. as a horse** být silný jako kůň or lev 2 *(healthy)* silný, statný, zdatný, zdravý; *(teeth)* silný, pevný, dobrý; *(eyesight)* dobrý; *(nerves)* silný, pevný, ocelový, železný; **s. constitution** pevné zdraví; **he's feeling ~er** je mu lépe 3 *(powerful: in degree)* silný, *(army* also*)* mohutný, *(wind* also*)* prudký, velký, *(voice* also*)* mohutný, *(influence, temptation* also*)* velký, *(argument)* pádný, *(reason)* závažný, vážný, pádný, *(feeling, love)* hluboký, *(measure)* přísný, tvrdý, *(protest)* rozhodný, energický, rázný; *(similarities)* nápadný, značný; *(words)* silný, nevybíravý; **s. language** nadávky 4 *(firm: character)* vyhraněný, rozhodný; *(conviction)* pevný, hluboký; *(supporter)* nadšený, zanícený, horlivý, *(knowledge)* pevný, spolehlivý; *(views)* vyhraněný; Fin *(market)* stabilní, *(currency)* pevný 5 *(good: chessplayer)* dobrý, silný; **be s. in** or **on sth** *(physics, mathematics)* být dobrý or silný v čem; **his s. points** jeho přednosti or silné stránky or kvality 6 *(alcohol, coffee, tobacco)* silný, *(beer* also*)* řízný; *(food)* ostrý, *(cheese)* páchnoucí; *(smell)* ostrý; euph *(breath)* páchnoucí; *(solution)* koncentrovaný; *(light)* ostrý ♦ **that's s. meat** fig to je silný tabák 7 *(in number)* **an army 6 000 s.** vojsko o síle šesti tisíc mužů 8 **there is a s. possibility that ...** je velmi or silně pravděpodobné, že ... 9 Ling *(accent, verb)* silný ■ see **~ly** ● adv **be going s.** *(business)* vést si dobře; *(elderly person)* být stále ještě při síle, být stále ještě čiperný

strong-arm ['stroŋa:m] adj *(methods, tactics)* násilný, brutální

strongbox ['stroŋboks] n trezor, sejf

stronghold ['stroŋhəuld] n pevnost, bašta, tvrz; fig *(of socialism, conservatism, Catholicism* etc*)* bašta

strongly ['stroŋli] adv see also **strong** adj 1 *(built)* pevně, bytelně, solidně 2 *(blow)* silně, prudce; *(fight)* urputně; *(protest)* rozhodně, energicky; *(support)* nadšeně, zaníceně; *(urge)* důrazně; **I feel very s. about it** velmi mi na tom záleží 3 *(smell, season)* ostře

strongman ['stroŋmæn] n (pl **-men** [-men]) silák; fig silný muž

strong-minded [stroŋ'maindid] adj odhodlaný, rezolutní, rozhodný

strong-mindedness [stroŋ'maindidnəs] n síla vůle, odhodlanost, rozhodnost

strongroom ['stroŋru:m] n *(in bank)* trezor

strong-willed [stroŋ'wild] adj houževnatý, cílevědomý

strontium ['strontiəm] n Chem stroncium

strop [strop] n obtahovací řemen na břitvy ● vt **(-pp-)** *(razor)* obtahovat na řemenu

strophe ['strəufi] n sloka, strofa

strophic ['strofik] adj strofický

stroppy ['stropi] adj inf **(-ier, -iest)** Br **be s.** *(be bad-tempered)* vztekat se, *(be uncooperative)* být umíněný or tvrdohlavý, *(children)* být vzdorovitý

strove ['strəuv] pt of **strive**

struck [strak] pt & pp of **strike** ● adj **be s. with sb/ sth** být u vytržení nad kým/ čím; inf **be s. on sb/ sth** být do koho zblázněný/ být čím posedlý

structural ['strakčərəl] adj 1 Ling, Psych, Econ strukturní, strukturální 2 Build stavební, konstrukční; **s. engineer** stavební inženýr/ -ka; **s. defect** konstrukční vada ■ **~ly** adv konstrukčně

structuralism ['strakčərəlizəm] n strukturalismus

structuralist ['strakčərəlist] n strukturalista/ strukturalistka ● adj strukturalistický

structure ['strakčə(r)] n 1 *(organization)* struktura; *(of society* also*)* uspořádání, skladba; Ling *(grammatical* also*)* stavba 2 Build konstrukce; *(building)* stavba, konstrukce

strudel ['stru:dl] n **(apple) s.** jablkový závin, inf štrúdl

struggle ['stragl] n 1 *(battle, fight)* boj, zápas; *(scuffle)* rvačka, pračka; **armed/ class s.** ozbrojený/ třídní boj; **power s.** boj or zápas o moc; **relentless s.** nelítostný boj; **unequal s.** nerovný boj; **a life and death s.** boj na život a na smrt; **the s. for existence** boj o bytí a nebytí, boj o holou existenci; **put up a s.** bránit se; **without s.** bez boje 2 fig *(great effort)* **she finds everything a real s.** o všechno musí těžce bojovat; **life was an uphill s. for him** neměl na růžích ustláno ● **I** vi 1 *(fight physically)* bojovat, bít se, *(in defence* also*)* bránit se (**violently** zuřivě); **s. with sb** bít se s kým, zápasit s kým, *(scuffle* also*)* rvát or prát se s kým 2 *(try hard)* snažit se, probíjet se, protloukat se; **s. for sth** usilovat o co, *(for power* etc*)* bojovat o co; **s. for air** lapat po vzduchu; **s. to make ends meet** jen tak tak vyjít s penězi, žít z ruky do úst; **s. with one's homework** mořit se s domácím úkolem 3 *(move with difficulty)* **s. to one's feet** ztěžka se zvednout, namáhavě se postavit na nohy; **s. with one's luggage** pachtit se se zavazadly **II** phr vs ■ **struggle along** vi 1 lit vléci se, trmácet se, táhnout se 2 fig živořit, žít z ruky do úst, všelijak se probíjet or protloukat ■ **struggle on** vi nevzdávat se ■ **struggle through** *I* vi nějak si poradit, vypořádat se s potížemi *II* vt **s. through sth** *(crowd)* protlačit se čím, fig *(book)* prokousat se čím

struggling ['stragliŋ] adj *(artist)* živořící, který tře bídu

strum [stram] v **(-mm-)** **I** vt *(guitar)* brnkat na; *(tune)* vybrnkat **II** vi *(on guitar)* brnkat

strumpet ['strampit] n arch or joc běhna, žena lehkých mravů

strung [straŋ] pt & pp of **string** ● adj *(piano)* opatřený strunami; *(racket)* opatřený výpletem, vypletený

strung-out [straŋ'aut] adj sl **be s.-out** být nadopovaný, být vyšinutý působením drogy; *(suffering withdrawal symptoms)* být ve stresu z nedostatku drogy

strung-up [straŋ'ap] adj inf nervózní, napjatý, vynervovaný

strut$_1$ [strat] n pyšná chůze ● **I** vi pyšně si vykračovat, pyšně se nést; **s. about like a peacock** naparovat se jako páv **II** vt esp Amer **s. one's stuff** předvádět se

strut$_2$ [strat] n *(support)* podpěra; *(horizontal)* rozpěra

strychnine ['strikni:n] n Chem strychnin

stub [stab] n **1** *(of tree)* pařez, pahýl; *(of tail)* pahýl, *(of pencil)* špaček, *(of cigarette)* oharek, nedopalek, inf špaček, sl vajgl, *(of candle)* oharek **2** *(of cheque)* juxta, kontrolní ústřižek ● v (**-bb-**) **I** vt **s. one's toe** nakopnout si palec (**against sth** o co) **II** phr v ■ **stub out** vt *(cigarette)* zamáčknout

stubble ['stabl] n *(in field)* strnisko, strniště, *(on chin)* strnisko (vousů), vousy jako strnisko, rarely strniště

stubborn ['stabən] adj **1** *(obstinate: person)* umíněný, vzdorný, tvrdohlavý; *(horse)* jankovitý, vzdorovitý; **be s. as a mule** být umíněný jako mezek **2** *(resistance)* houževnatý, urputný; *(refusal)* umíněný, paličatý **3** *(cold, cough)* úporný; *(hair, material)* nepoddajný ■ **~ly** adv umíněně; houževnatě; úporně see adj

stubbornness ['stabənnəs] n see **stubborn 1** umíněnost, tvrdohlavost; jankovitost **2** houževnatost, urputnost; paličatost **3** úpornost; nepoddajnost

stubby ['stabi] adj (**-ier**, **-iest**) *(tail)* useknutý, pahýlovitý; *(person)* podsaditý; *(fingers)* jako roubíky, krátké a tlusté ● n Austr inf malá láhev piva

stucco ['stakəu] n (pl **~s** or **~es**) Build štuk, štuková omítka; **s. (work)** štukatura

stuck [stak] pt & pp of **stick** ● adj **1** *(key)* vzpříčený, zaseklý; **the blind is s.** roletu nelze stáhnout **2 a)** lit **get s. in deep snow** uváznout v hlubokém sněhu; **get s. in the mud** uváznout v blátě **b) be (completely) s.** *(be in difficulty)* nevědět kudy kam, být s rozumem v koncích, být nahraný; inf **be s. for cash** mít nedostatek peněz; **she is never s. for an answer** nikdy nezůstane nikomu dlužna odpověď, k odpovědi nemá nikdy daleko **3** Br inf **get s. into sth** *(work, food)* pustit se do čeho **4** inf *(keen)* **be s. on sb** být do koho celý pryč, být do koho zabouchnutý **5 be s. with sb/ sth** mít koho/ co na krku

stuck-up [stak'ap] adj inf ješitný, nafoukaný, domýšlivý; **be s.-up about sth** moc si na čem zakládat

stud$_1$ [stad] n **1** *(metal)* ozdobný hřebík; *(on jacket, shoe)* cvok, cvoček; **~s** *(on football boot)* špunty **2** *(fastener)* knoflíček; **collar s.** knoflíček do límce; **press s.** stiskací knoflík ● vt (**-dd-**) posít; **the sky was ~ded with stars** nebe bylo poseto hvězdami

stud$_2$ [stad] n Agr **1** *(group of horses)* chovné stádo koní; *(for racing)* stáj **2** *(stallion)* hřebec; inf fig *(man)* samec, hřebec

student ['stju:dənt] n student/ -ka; *(of university also)* posluchač, vysokoškolák; Amer also žák; **an eternal s.** věčný student; **an external s.** dálkový student, dálkař; **a medical s.** student medicíny, medik; **a s. of English** student angličtiny, anglista; **he's a s. of Russian** esp Univ studuje ruštinu, Sch učí se ruštinu; **he is still a s.** stále ještě studuje ■ **s. grant** studentské stipendium; **s. teacher** hospitant, student učitelství, budoucí učitel

studentship ['stju:dəntšip] n Univ prospěchové stipendium udělované podle výsledků

studied ['stadid] adj *(manner, pose)* afektovaný, strojený; *(simplicity)* hraný, předstíraný; *(indifference)* ostentativní; *(insult)* záměrný, úmyslný; *(style)* vyumělkovaný

studio ['stju:diəu] n **1** *(artist's)* ateliér; **film s.** filmový ateliér; **photographic s.** fotoateliér ■ **s. flat**, Amer **s. apartment** garsoniéra; svobodárna; **s. couch** gauč **2** TV, Rad **(broadcasting) s.** vysílací studio

studious ['stju:diəs] adj **1** *(person: diligent)* snaživý, pilný, horlivý, *(thoughtful)* přemýšlivý, *(keen to learn)* vědychtivý, studijní; *(piece of work)* pečlivě provedený, solidní; *(research, attention)* pečlivý **2** *(indifference)* ostentativní ■ **~ly** adv pilně, snaživě, horlivě; *(painstakingly)* pečlivě; *(deliberately)* záměrně, ostentativně

study ['stadi] n **1** *(~ing, learning)* studium, studování, esp Sch učení (se); **be fond of s.** rád se učit; **give one's spare time to s.** věnovat svůj volný čas studiu/ učení ■ **s. group** studijní skupina; **s. trip** studijní cesta **2 studies a)** *(field of s.)* **Czech/ English/ German/ Hispanic Studies** bohemistika/ anglistika/ germanistika/ hispanistika **b)** *(~ing)* studium; **during one's studies** během svého studia; **be doing well in one's studies** vést si dobře ve studiu, dobře studovat **3** *(observation)* pozorování, *(research)* studium, zkoumání ■ **s. leave** studijní dovolená **4** *(piece of research)* studie (**of** or **on sb/ sth** o kom/ čem), analýza, *(book/ article)* kniha/ článek **5** Art studie, skica, náčrt; Mus etuda **6** Theat *(of role, play)* nacvičování, zkoušení **7** *(room)* pracovna, studovna ● v (pt & pp **studied**) **I** vt **1** *(subject)* esp Univ studovat, gen, Sch učit se; Theat *(play, role)* nacvičovat, zkoušet **2** *(observe: nature* etc*)* pozorovat; *(occupy oneself with)* zabývat se čím; *(research into)* zkoumat **II** vi **1** esp Univ studovat, gen učit se; **s. to be a doctor** studovat na lékaře; **s. to be a nurse** studovat zdravotní školu **2** *(revise)* učit se; **s. for an exam** učit se na zkoušku; **s. hard** pilně se učit

stuff [staf] n **1** *(unnamed substance)* věc,

látka, *(liquid)* tekutina; *(unnamed objects)* věci, inf krámy **2** used as a nominalizing particle **sweet s.** sladkosti, cukroví; inf **that revolting s.** ta ohavnost; **printed s.** tiskovina; **some new s.** něco nového **3** in pronominal function **do you like the s.?** *(food)* chutná ti to?; **try this s.** zkus tohle; **do you call that s. music?** tomu říkáš hudba? **4** *(book, article, poem)* **she has written a lot of good s.** napsala spoustu dobrých věcí; *(content of book, film* etc*)* **it's fascinating s.** je to fascinující; **it's super s.** *(book)* je to senzační čtení **5** inf pej *(nonsense)* pitomost, blbost; **s. and nonsense!** houby!, nesmysl!; **don't give me that s. about ...** nech si ty nesmysly o ... **6** *(possessions)* věci, inf krámy; *(tools)* nářadí; **leave your s. here** nech si své věci zde **7** fig *(essence)* materiál; **the s. that heroes are made of** materiál, z kterého se dělají hrdinové **8** *(special skill)* specialita; **that's his s.** to je jeho specialita; **know one's s.** rozumět své věci, ovládat své řemeslo, být v čem kovaný **9** sl *(drugs)* drogy; **be on the s.** být na drogách **10** *(stolen goods)* kradené zboží **11** inf *(sexy girl)* **she's a nice bit of s.** ta není k zahození, to je kost! **12** inf phrases **that's the s.!** to je ono!, to si dám líbit!; **that's the s. to give them** or **to give the troops** to na ně platí, takhle se na ně musí; **do your s.!** ukaž, co umíš! **13** arch *(cloth)* látka, materiál ● vt **1** *(suitcase, cupboard, pocket* etc*)* nacpat; *(hole)* ucpat, utěsnit, zacpat; **s. clothes into a suitcase, s. a suitcase with clothes** nacpat do kufru šaty; **s. one's pockets with sth** nacpat si kapsy čím, nacpat si co do kapes; **s. one's hands into one's pockets** vrazit si ruce do kapes **2** *(eat)* **s. sb** nacpat or naládovat koho; **s. oneself (with food),** inf **s. one's face** nacpat se, naládovat se, nadlábnout se, dát si do trumpety **3** Cook nadívat, plnit (nádivkou) **4** *(cushion)* vycpat; *(chair)* čalounit, polštářovat, polstrovat **5** *(*Subj: *taxidermist)* vycpat **6** offens **get ~ed!** jdi do háje!, stronger jdi do hajzlu!; **s. it!** jdi se vycpat!

stuffed [staft] adj **1** *(animal)* vycpaný; *(toy)* plyšový; *(furniture)* čalouněný, polštářovaný **2** Cook nadívaný; **s. chicken** nadívané kuře **3** *(nose)* ucpaný **4** inf **a s. shirt** nadutec, náfuka

stuffily ['stafili] see **stuffy**

stuffiness ['stafinəs] n see **stuffy 1** nevětranost **2** afektovanost, strojenost, upjatost; úzkoprsost; staromódnost; prudérnost **3** *(dullness)* nudnost, fádnost

stuffing ['stafiŋ] n **1** *(for clothes)* vycpávka; *(for furniture)* polštářování, polstrování ◆ **knock the s. out of sb** *(demoralize* – Subj: *illness, bereavement)* zkřísnout koho **2** Cook nádivka

stuffy ['stafi] adj (**-ier, -iest**) **1** *(room)* nevětraný, špatně větraný, *(air)* vydýchaný; **it's a bit s. in here** je tu trochu dusno **2** inf pej *(person)* afektovaný, strojený, upjatý; *(narrow-minded)* úzkoprsý; *(old-fashioned)* staromódní, ze staré školy; *(prim)* prudérní **3** *(nose)* ucpaný **4** *(dull: lecture, book)* nudný, fádní ▪ **stuffily** adv *(behave)* afektovaně, strojeně, upjatě; úzkoprse; *(primly)* prudérně; *(dully)* nudně, fádně

stultify ['staltifai] v (pt & pp **-fied**) **I** vt *(make stupid* – Subj: *dull job* etc*)* ohlupovat; **become stultified** zakrnět **II** vi (za)krnět

stultifying ['staltifaiiŋ] adj *(job)* ohlupující; *(effect of bad policies on economy)* ochromující

stumble ['stambl] n klopýtnutí; *(in speech)* přeřeknutí, zakoktání ● **I** vi **1** *(trip)* klopýtnout/ klopýtat, zakopnout (**against sth** o co) **2** *(in speech)* zakoktat se/ zakoktávat se, přeřeknout se, breptat; **he ~d through an excuse** vykoktal ze sebe omluvu; **he ~d over the very first word** zakop(nu)l hned o první slovo **II** phr vs ▪ **stumble across** vt **s. across sth** *(find by chance)* náhodou co najít, narazit na co ▪ **stumble (up)on** *I* vt **1** *(meet)* náhodou potkat, narazit na koho **2** *(find)* náhodou najít or objevit *II* vi **s. on** klopýtat dál

stumbling ['stambliŋ] adj fig **s. block** kámen úrazu, úskalí; **be a s. block** být zdrojem nesnází, být nepřekonatelnou překážkou

stump [stamp] n **1** *(of tree)* pařez, pahýl; *(of tail, limb, tooth)* pahýl; *(of pencil, cigar)* špaček, *(of candle, cigar)* oharek ◆ inf **move** or **stir your ~s!** hni sebou!, pohyb! **2** Cricket tyčka, špalík branky **3** Amer Pol *(platform)* řečnické pódium; inf **be on the s.** provádět předvolební kampaň; **go on the s.** vyjet na předvolební kampaň ● **I** vt **1** inf *(confuse, bewilder)* zmást; **be ~ed** být vyveden z míry, být v rozpacích; **be ~ed for an answer** neumět odpovědět, nevědět si rady s odpovědí **2** Amer Pol *(constituency)* provádět předvolební kampaň kde **II** vi **1** *(walk heavily)* dupat; **s. in** *(angrily)* přihnat se s dupotem; **s. up to sb** přidupat ke komu **2** Amer Pol provádět volební kampaň **III** phr v ▪ **stump up** Br inf *I* vt *(money)* vypláznout, vyklopit, vysolit *II* vi klopit

stumpy ['stampi] adj (**-ier, -iest**) *(person)* podsaditý, jako ouřezek, *(legs)* krátký

stun [stan] vt **1** *(daze)* omráčit **2** *(astonish)* ohromit, konsternovat

stung [staŋ] pt & pp of **sting**

stunk [staŋk] pt & pp of **stink**

stunned [stand] adj **1** *(dazed)* omráčený **2** *(astonished)* ohromený (**by the news** zprávou), konsternovaný, jako opařený

stunner ['stanə(r)] n inf *(woman)* (fantastická) krasavice

stunning ['staniŋ] adj inf *(blow)* omračující; *(news)* ohromující; *(beauty)* oslňující, oslnivý, *(woman)* fantastický

stunt$_1$ [stant] vt *(growth, development)* omezit, zpomalit/ zpomalovat, brzdit

stunt$_2$ [stant] n **1** *(feat)* vynikající výkon, husarský kousek, Aviat akrobatický kousek; *(in film)* nebezpečný kousek; **aerial ~s** letecká akrobacie ■ **s. man/ woman** kaskadér/ -ka **2** *(trick)* trik; **publicity s.** reklamní kousek or trik

stunted ['stantid] adj *(tree* etc*)* zakrslý, zakrnělý; *(person)* zaostalý ve vývoji; *(life)* ochuzený; **intellectually/ emotionally s.** duševně/ citově zakrnělý

stupefaction [stju:pi'fækšn] n ohromení, ustrnutí

stupefy ['stju:pifai] vt (pt & pp **-fied**) **1 be stupefied with sth** *(alcohol, drugs)* být otupen čím **2** *(astonish)* ohromit

stupefying ['stju:pifaiiŋ] adj ohromující

stupendous [stju'pendəs] adj *(achievement)* úžasný, ohromný, nesmírný; *(house, view)* fantastický; *(folly)* neuvěřitelný ■ **~ly** adv úžasně, ohromně, nesmírně; fantasticky

stupid ['stju:pid] adj **1** *(not clever)* hloupý, inf blbý, pitomý; *(foolish* also*)* pošetilý; **how s. of you** to bylo od tebe hloupé; **it was a s. thing to do** tos udělal hloupost; **don't be s.!** neblázni! **2** *(from alcohol)* otupělý, *(from drugs)* omámený **3** inf *(wretched)* zatracený; **where's that s. key?** kde je ten zatracený klíč? ● n inf *(used when addressing people)* hlupáku!, blázne!, *(affectionately)* blázínku!, hlupáčku! ■ **~ly** adv hloupě, pitomě; **I ~ly forgot to ask about it** já hlupák jsem se na to zapomněl zeptat

stupidity [stju'pidəti] n hloupost, pitomost, blbost

stupor ['stju:pə(r)] n omámení, otupení; **be in a s.** být otupělý, být jako zmámený; **be in a drunken s.** být zpitý do němoty

sturdiness ['stə:dinəs] n see **sturdy** **1** robustnost, zdatnost; bytelnost, solidnost, důkladnost **2** důraznost

sturdy ['stə:di] adj (**-ier, -iest**) **1** *(person)* robustní, zdatný; *(furniture)* bytelný, solidní, důkladný; *(house)* solidní, bytelný; *(material)* pevný, bytelný **2** *(protest)* důrazný, energický; *(opposition)* tvrdošíjný

sturgeon ['stə:džən] n jeseter

stutter ['statə(r)] n koktání, koktavost; **have a s.** koktat, trpět koktavostí ● **I** vi koktat, zadrhávat **II** vt also **s. out** říci koktavě, vykoktat, vypravit ze sebe

stutterer ['statərə(r)] n kokta(l)

stuttering ['statəriŋ] n koktání, koktavost ● adj koktavý ■ **~ly** adv koktavě

sty [stai] n (pl **sties**) **1** *(for pigs)* chlívek; fig svinčík **2 = stye**

stye [stai] n Med ječné zrno

style [stail] n **1** Archit, Art, Mus, Liter etc styl, sloh; Sport styl, technika; **s. of life** životní styl; **a new management s.** nový styl řízení; **write in the s. of ...** psát ve stylu koho **2** *(elegance)* elegance, vkus; **have (real) s.** být elegantní, být na úrovni, inf mít šmrnc or glanc; **live in (grand) s.** žít na vysoké noze **3** *(fashion)* móda, módní linie; **be dressed in the latest s.** být oblečený podle poslední módy **4** *(type, design: of car, clothes)* model **5** *(approach)* **that's not my s.** to není podle mého vkusu, to není můj styl; **that's the s.!** to je ono!, výborně! ● vt *(dress)* navrhnout, vytvořit; *(sb's hair)* vytvořit účes komu

styli ['stailai] pl of **stylus**

styling ['stailiŋ] n *(of car)* design; *(of dress)* střih; *(of hair)* střih, model

stylish ['stailiš] adj *(elegant)* elegantní, vkusný; *(fashionable)* módní, moderní, stylový

stylist ['stailist] n **1** *(writer)* dobrý stylista **2** *(hairdresser)* **hair s.** kadeřník/ kadeřnice

stylistic [stai'listik] adj stylistický; **s. device** stylistický prostředek ■ **~ally** adv stylisticky

stylistics [stai'listiks] n stylistika

stylization [stailai'zeišn] n stylizace

stylized ['stailaizd] adj stylizovaný

stylus ['stailəs] n (pl **styli** ['stailai] or **~es**) **1** *(on record player)* jehla **2** *(for writing)* Hist rydlo, pisátko

stymie ['staimi] vt **1** *(in golf)* blokovat jamku vlastním míčkem **2** *(plan)* zhatit, zmařit

styptic ['stiptik] adj styptický, hemostatický zastavující krvácení ● n hemostatikum ■ **s. pencil** kamencová tyčinka na zastavení krvácení

suave [swa:v] adj uhlazený, světácký ■ **~ly** adv uhlazeně, světácky

sub$_1$ [sab] inf abbr of **1 subeditor** Br redaktor/ -ka **2 submarine** ponorka **3** usu pl **subscription** *(to club)* předplatné **4 substitute** náhradník

sub$_2$ [sab] v (**-bb-**) inf **I** vt *(subedit)* redigovat, redakčně zpracovat **II** vi **1** *(subedit: in newspaper)* pracovat jako redaktor **2** *(substitute)* **s. for sb** zaskakovat za koho, zastupovat koho, Amer Sch suplovat za koho

sub- [sab] pref sub-, pod-

subaltern ['sabəltən] n **1** Br Mil subalterní důstojník hodností pod kapitánem **2** *(subordinate)* podřízený ● adj podřízený

subcommittee ['sabkəmiti] n podvýbor

subconscious [sab'konšəs] n **the s.** podvědomí ● adj podvědomý, bezděčný ■ **~ly** adv podvědomě, bezděčně

subcontinent [sab'kontinənt] n Geog subkontinent

subcontract [sab'kontrækt] n subdodavatelská or dílčí smlouva ● [sabkən'trækt] vt **s. sth to sb** uzavřít s kým dílčí smlouvu na co

subcontractor [sabkən'træktə(r)] n subdodavatel

subculture ['sabkalčə(r)] n subkultura

subcutaneous [sabkju'teiniəs] adj podkožní, subkutánní

subdivide [sabdi'vaid] vt podrozdělit, rozdělit na menší jednotky, dále rozdělit (**into** na)

subdivision ['sabdivižn] n podrozdělení, další dělení or členění (**into** na)

subdue [səb'dju:] vt **1** *(country, people)* podrobit si, podmanit si; *(rebels, naughty children, animals)* (z)krotit; *(rebellion)* potlačit **2** *(passions)* krotit, držet na uzdě; *(fears)* zaplašit, potlačit **3** *(voice, light)* přitlumit; *(pain)* tišit, mírnit

subdued [səb'dju:d] adj **1** *(person)* tichý, zaražený, zasmušilý; *(mood)* pochmurný **2** *(voice, light)* tlumený; *(colours)* střízlivý

subedit [sab'edit] vt *(article)* redigovat

subeditor [sab'editə(r)] n redaktor/ -ka

subhead(ing) ['sabhed(iŋ)] n podtitulek, mezititulek

subhuman [sab'hju:mən] n podčlověk ● adj *(behaviour, crime)* nelidský, brutální

subject ['sabžekt] n **1** Pol *(citizen)* státní příslušník/ příslušnice, občan/ -ka; *(of king/ queen)* poddaný/ poddaná **2** *(topic, theme)* téma, předmět (**of conversation** rozhovoru); *(for poem, essay)* téma, námět; Mus téma; *(of research)* předmět; **on a given s.** na dané téma; **raise a s.** zmínit se o čem; **change the s.** změnit námět, odvést hovor jinam, přejít na jiné téma, obrátit list; **digress from** or **wander off the s.** odchýlit se or odbočit od tématu; **say one's last word on the s.** říci své poslední slovo; **while we are on the s.** když (už) o tom mluvíme ■ **s. matter** obsah, tématika, náplň; **s. index** *(in book)* věcný rejstřík, *(in library)* předmětový katalog **3** *(discipline)* obor, disciplína, specializace; Sch předmět **4** Gram podmět, subjekt; Philos subjekt **5** *(focus: of experiment, treatment)* předmět; **be the s. of inquiry** být předmětem šetření; **be the s. of sb's attention** být objektem čí pozornosti; **become the s. of gossip** dostat se do řečí ● adj **1** *(people, race)* ujařmený, zotročený **2 be s. to sth** *(law, change, charge, duty)* podléhat čemu, *(consent, approval)* záviset na čem; **be s. to delays** *(trains)* mívat zpoždění ● [səb'džekt] vt **1 s. sb to sth** *(insults)* vystavit koho čemu; **s. sb to torture** podrobit koho mučení, formerly vyslýchat koho útrpným právem; **s. oneself to sth** *(examination, questioning)* podrobit se čemu **2** now rare *(subjugate: nation)* podmanit (si), podrobit (si), ujařmit, porobit

subjection [səb'džekšn] n **1** *(state)* poddanství, područí, poroba **2** *(act of subjecting)* podmanění, ujařmení, porobení

subjective [səb'džektiv] adj subjektivní ■ **~ly** adv subjektivně

sub judice [sab'džu:dəsi] adj usu pred *(case)* nerozhodnutý

subjugate ['sabdžugeit] vt *(nation, people)* podmanit, ujařmit, podrobit si, porobit

subjugation [sabdžu'geišn] n porobení, ujařmení, podmanění

subjunctive [səb'džaŋktiv] Ling n konjunktiv ● adj konjunktivní

sublet ['sablet] n podnájem ● [sab'let] v (pres p **-tt-**; pt & pp **sublet**) podpronajmout

sublieutenant [sablef'tenənt] n Br Navy podporučík

sublimate ['sablimeit] vt Chem, Psych sublimovat ● ['sablimət] n sublimát

sublimation [sabli'meišn] n Chem, Phys, Psych sublimace

sublime [sə'blaim] n **the s.** vznešené, ušlechtilé ♦ **go from the s. to the ridiculous** hluboce klesnout ● adj **1** *(beauty)* velkolepý, *(scenery* also*)* úchvatný; *(ideas)* ušlechtilý, vznešený; inf *(food, clothing)* fantastický **2** attr inf *(extreme: ignorance, impertinence, indifference)* naprostý, vrcholný ■ **~ly** adv **1** *(play, perform)* báječně, božsky, úchvatně **2** inf *(extremely: ignorant* etc*)* naprosto, vrcholně

subliminal [sab'liminl] adj Psych subliminální, podprahový

submachine gun [sabmə'ši:ngan] n samopal, automat

submarine ['sabməri:n] n **1** Naut ponorka **2** Amer inf also **s. sandwich** velký sendvič z veky rozříznuté po délce ● adj *(life, cable)* podmořský

submerge [səb'mə:dž] **I** vt **1** *(plunge)* ponořit ♦ **s. oneself in work** pohroužit se do práce **2** *(flood)* zaplavit **II** vi *(submarine, diver)* ponořit se

submersible [səb'mə:səbl] adj ponorný ● n ponorka

submersion [səb'mə:šn] n ponoření; *(by flood)* zaplavení, zatopení

submission [səb'mišn] n **1** *(yielding)* podrobení se, kapitulace **2** *(obedience)* poslušnost, pokora; **force sb into s.** přinutit koho k poslušnosti **3** *(of application, petition etc)* podání, *(of dissertation)* předložení, odevzdání **4** Jur **in my s.** podle mého názoru; **it is my s. that ...** dovoluji si tvrdit, že ...

submissive [səb'misiv] adj pokorný, poslušný, poddajný ■ **~ly** adv pokorně, poslušně

submissiveness [səb'misivnəs] n poslušnost, poddajnost, podřízenost

submit [səb'mit] v (**-tt-**) **I** vt **1** *(present: plan, proposal, report)* předložit, *(application, resignation)* podat **2** fml **I would s. that ...** dovoluji si tvrdit, že ... **3 s. oneself to sth** *(medical examination, operation etc)* podrobit se čemu **II** vi podrobit se, podřídit se; fml sklonit před kým šíji; Mil vzdát se; **s. to blackmail** nechat se vydírat

subnormal [sab'no:ml] adj **1** *(intelligence)* podprůměrný, *(person)* (duševně) zaostalý, opožděný ve vývoji **2** *(temperatures)* nižší, než je běžné; abnormálně nízké

subordinate [sə'bo:dinət] adj **1** *(officer, position)* podřízený; **be s. to sb** být podřízen(ý) komu, podléhat komu **2** *(issue)* vedlejší, sekundární **3** Gram *(clause)* vedlejší ● n podřízený ● [sə'bo:dineit] vt podřídit/ podřizovat; **s. one's interest to sth** podřídit své zájmy čemu

subordination [səˌbo:di'neišn] n podřízenost (**to sb/ sth** komu/ čemu)

suborn [sə'bo:n] vt *(witness)* ovlivňovat, svádět ke křivé výpovědi

subplot ['sabplot] n Liter vedlejší zápletka

subpoena [sə(b)'pi:nə] Jur n soudní obsílka; **serve a s. on sb** doručit komu soudní obsílku ● vt *(witness)* předvolat soudní obsílkou

sub rosa [sab'rəuzə] fml adj *(secret)* tajný, důvěrný ● adv tajně, důvěrně, pod pečetí mlčení

subroutine ['sabruti:n] n Comput podprogram

subscribe [səb'skraib] **I** vt **1** *(money)* upsat, přispět (**to sth** na co) **2 s. one's name** or **signature to a document** podepsat dokument **II** vi **1 s. to a magazine** předplatit si časopis, objednat si časopis **2** *(contribute)* **s. to sth** přispět na něco **3 s. to sth** *(proposal etc)* schválit/ schvalovat něco, *(theory, view)* souhlasit s čím

subscriber [səb'skraibə(r)] n *(to magazine, newspaper)* předplatitel, odběratel, abonent; Tel účastník

subscript ['sabskript] n Typ, Comput, Math dolní index

subscription [səb'skripšn] n **1** *(to newspaper, magazine)* předplatné, abonmá; **have a s. for a newspaper** předplácet si noviny; **take out a s. to a magazine** předplatit si časopis **2** *(to club, organization)* členské příspěvky; Fin úpis, příspěvek **3** Fin *(to share issue)* subskripce **4** *(to opinion, theory)* souhlas s čím, přihlášení se k čemu

subsequent ['sabsikwent] adj následující, další, pozdější; **in s. years** v pozdějších letech; **the s. events** události, které následovaly ■ **~ly** adv *(afterwards)* potom; *(from that time)* od té doby; **alter sth ~ly** změnit něco dodatečně

subservience [səb'sə:viəns] n servilnost, podlézavost, patolízalství

subservient [səb'sə:viənt] adj servilní, podlézavý, patolízalský ■ **~ly** adv servilně, podlézavě

subside [səb'said] vi **1** *(house, land)* sedat, sesedat se **2** *(sink to lower level: floodwater)* opadnout/ opadávat, klesat, vracet se do svého koryta **3** *(abate: storm, wind)* ztichnout, utichnout, uklidnit se, *(shooting, laughter, noise)* ustat, doznít, *(fever)* (po)klesnout **4** *(sediment)* usadit se

subsidence [səb'saidəns] n *(of land)* klesání, sedání, propadání

subsidiarity [səbˌsidi'ærəti] n *(in EU)* subsidiarita, podřízenost

subsidiary [səb'sidiəri] adj **1** *(company)* dceřiný, *(factory)* pobočný **2** *(secondary: reason, question)* vedlejší, druhořadý ● n *(company)* dceřiná společnost, filiálka

subsidize ['sabsidaiz] vt gen subvencovat, dotovat; *(person)* podporovat finančně

subsidy ['sabsədi] n subvence, dotace; **housing subsidies** *(for building, renovation)* stavební subvence

subsist [səb'sist] vi být živ (**on sth** z čeho), živit se čím

subsistence [səb'sistəns] n živobytí, obživa, výživa, zdroj živobytí; **means of s.** prostředky obživy; **enough for s.** dost na přežití ■ **s. allowance** *(for travel)* diety; **s. farming** naturální hospodářství; **s. level** životní or existenční minimum; **s. wage** minimální mzda postačující na obživu

subsoil ['sabsoil] n půdní podloží

subsonic [sab'sonik] adj Phys, Aviat podzvukový, subsonický

subspecies ['sabspi:ši:z] n Bot, Zool poddruh

substance ['sabstəns] n **1** *(matter)* látka, hmota, materiál, substance; **harmful ~s** škodlivé látky, škodliviny; **illicit** or **illegal ~s** *(drugs)* nezákonné látky, drogy **2** *(solidity: of argument)* pádnost, *(of claim)* opodstatnění, podstata; **food of little s.** málo výživné jídlo; **a man of s.** fig zámožný muž **3** *(content: of book)* obsah; **there's not enough s. in the plot of the book** zápletka knihy je obsahově chudá **4** *(essence)* podstata; **in s.** v podstatě **5** *(weight, significance)* váha, závažnost, důležitost; **matters of s.** důležité záležitosti

substandard [sab'stændəd] adj **1** gen nevyhovující, nemající dostačující úroveň; *(work)* nekvalitní; *(goods)* nižší kvality, partiový **2** Ling nespisovný

substantial [səb'stænšl] adj **1** *(meal)* vydatný, *(food)* výživný; *(furniture, building)* pevný, bytelný, solidní **2** *(considerable)* **a)** *(in quantity: fee, income, payment, stocks)* značný, značně velký **b)** *(in degree: change, difference)* podstatný, výrazný, znatelný; **be in s. agreement over sth** v podstatě se na čem shodnout **3** *(rich: landowner)* zámožný; *(company)* solidní, prosperující ■ **~ly** adv **1** *(solidly: built)* pevně, bytelně, solidně **2** *(considerably)* značně, *(change)* podstatně, výrazně, znatelně **3** *(mainly: true, correct, unchanged)* v podstatě, v základních rysech

substantiate [səb'stænšieit] vt *(claim, suspicion)* opodstatnit, zdůvodnit, doložit; *(charge)* prokázat, dokázat

substantiation [səbˌstænši'eišn] n (see **substantiate**) opodstatnění, zdůvodnění; prokázání

substantival [sabstən'taivl] adj Gram substantivní

substantive [səb'stæntiv] adj **1** *(significant)* důležitý **2** *(considerable: change, progress)* značný, podstatný, *(issues)* závažný **3** Gram see **substantival** ● ['sabstəntiv] n Gram substantivum, podstatné jméno

substation ['sabsteišn] n Elec podružná stanice

substitute ['sabstitju:t] n **1** *(person)* gen náhradník/ náhradnice, zástupce/ zástupkyně, náhrada, výpomoc; Sport náhradník; **~s' bench** Sport střídačka ■ **s. teacher** suplující učitel/ -ka, *(in secondary school* also*)* profesor/ -ka **2** *(product* etc*)* náhražka, surogát, náhrada; **coffee s.** náhražka kávy, kávovina; **be a poor s. for sth** být ubohou náhražkou čeho **3** Ling zástupný výraz ● adj *(player)* náhradní ● **I** vt nahradit/ nahrazovat; **s. B for A** *(players)* nahradit (hráče) A (hráčem) B; **s. honey for sugar** nahradit cukr medem, použít med místo cukru; **s. X for Y** Math dosadit X za Y **II** vi **s. for sb** zastupovat or zastávat koho, být náhradníkem/ náhradnicí za koho, inf zaskočit za koho, *(teacher)* suplovat za koho

substitution [sabsti'tju:šn] n (see **substitute** v) náhrada, nahrazení, záměna, *(of players)* (vy)střídání; Math dosazení, dosazování

substratum ['sabstra:təm] n (pl **substrata** ['sabstra:tə]) Ling, Philos, Biol substrát; *(subsoil)* půdní podloží

subsume [səb'sju:m] vt zahrnout, subsumovat; **s. sth under** or **in sth** zahrnout něco do čeho, zařadit něco do čeho

subsystem ['sabsistəm] n podsystém

subteen [sab'ti:n] n Amer školák, dítě do 13 let

subtenant [sab'tenənt] n podnájemník/ podnájemnice v podpodnájmu

subterfuge ['sabtəfju:dž] n finta, trik, lest

subterranean [sabtə'reiniən] adj podzemní

subtitle ['sabtaitl] n *(of book)* podtitul; Cine titulek ● vt opatřit podtitulem; opatřit titulky

subtle ['satl] adj **1** *(gentle: pressure, perfume)* jemný; *(change, shift)* sotva znatelný, subtilní **2** *(perceptive: observer)* bystrý **3** *(ingenious: analysis)* důmyslný, jemný; *(question)* rafinovaný; *(answer)* duchaplný; *(irony, humour)* jemný; *(hint)* skrytý, zastřený, jemný ■ **subtly** adv **1** jemně; subtilně; *(change)* sotva znatelně **2** *(analyse)* důmyslně; *(answer)* duchaplně; *(hint)* zastřeně

subtlety ['satlti] n see **subtle 1** jemnost; subtilnost **2** bystrost **3** důmyslnost, jemnost; rafinovanost; duchaplnost; zastřenost; *(ingenious feature)* finesa

subtotal ['sabtəutl] n dílčí součet, mezisoučet

subtract [səb'trækt] vt Math odečíst; **s. two from seven** odečíst dvě od sedmi

subtraction [səb'trækšn] n Math odčítání

subtropical [sab'tropikl] adj subtropický

suburb ['sabə:b] n předměstí; **live in the ~s** bydlet na okraji města

suburban [sə'bə:bən] adj **1** *(street, train)* předměstský **2** pej *(life, outlook)* maloměšťácký, konvenční

suburbia [sə'bə:biə] n pej okraj města, předměstské čtvrtě; **in s.** na předměstí

subvention [səb'venšn] n subvence, podpora

subversion [səb'və:šn] n podvracení, subverze

subversive [səb'və:siv] adj Pol podvratný, rozvratný, rozbíječský, subverzní ● n rozvratník, podvratný živel

subvert [səb'və:t] vt **1** *(state, society, morality)* podvracet/ podvrátit, *(faith)* podkop(áv)at **2** *(corrupt: individual)* korumpovat

subway ['sabwei] n **1** Br *(for pedestrians)* podchod pro chodce **2** Amer, Scot *(underground)* podzemní dráha, metro

sub-zero [sab'ziərəu] adj **s. temperature** teplota pod nulou

succeed [sək'si:d] **I** vi **1** *(be successful)* **a)** *(person)* mít úspěch, dosáhnout úspěchu **b)** *(work out –* Subj: *attack, attempt* etc*)* zdařit se, podařit se; **his plan ~ed** jeho plán se zdařil **c) s. in (doing) sth** dosáhnout úspěchu v čem; **I ~ed in persuading him** podařilo se mi ho přesvědčit ♦ **nothing ~s like success** úspěch plodí úspěch; komu pánbůh, tomu všichni svatí **2** *(come after)* **s. to the throne** nastoupit na trůn **II** vt *(come next after)* **s. sb in office** převzít po kom úřad; **s. sb as king** nastoupit na trůn po kom

succeeding [sək'si:diŋ] adj následující; *(in future: generations, governments* etc*)* budoucí, pozdější

success [sək'ses] n úspěch, zdar; **a huge s.** obrovský or úžasný or grandiózní úspěch; **be a great s.** mít velký úspěch (**with sb** u koho); **be a s. with women** mít štěstí u žen; **be crowned with s.** být korunován úspěchem; **make a s. of one's life** někam to dotáhnout; **the party was a s.** večírek se povedl or vydařil; **with mixed s.** se střídavým úspěchem; **without s.** *(try)* neúspěšně, nadarmo

successful [sək'sesful] adj úspěšný, *(attempt* also*)* zdařilý, *(campaign* also*)* zdařilý, korunovaný úspěchem; *(marriage)* šťastný; **be s.** mít úspěch; **the attempt was s.** pokus se podařil ■ **~ly** adv úspěšně, s úspěchem, zdárně

succession [sək'sešn] n **1** *(series)* řada, série; **a s. of rainy days** řada deštivých dní; **three days in s.** tři dny za sebou or po sobě; **in rapid s.** bezprostředně za sebou, v rychlém or těsném sledu **2** *(to throne)* nástup na trůn; *(to office)* převzetí čeho, nastoupení do čeho; *(right of s.)* následnictví, nástupnictví

successive [sək'sesiv] adj postupný, následný, po sobě jdoucí; **we have won three s. games** vyhráli jsme třikrát za sebou or po sobě; **for five s. days** pět dní nepřetržitě, (po) pět dní po sobě

successor [sək'sesə(r)] n *(to throne)* následník/ následnice; *(to job)* nástupce/ nástupkyně; *(heir)* dědic/ dědička; **be sb's s.** být nástupcem koho

succinct [sək'siŋkt] adj *(concise)* stručný, lapidární, pregnantní

succulent ['sakjulənt] adj **1** *(juicy, tasty)* šťavnatý, chutný **2** Bot dužnatý ● n Bot sukulent

succumb [sə'kam] vi podlehnout (**to one's injuries** svým zraněním); **s. to temptation** podlehnout pokušení; **he ~ed to sleep** přemohl ho spánek

such [sač] adj pron **1** *(referring back)* **s. is my opinion** to je můj názor; **s. was not my intention** to jsem neměl v úmyslu; **s. is life!** to už je osud!, tak už to v životě chodí!; *(he is a good teacher)* **and is recognized as s.** a je za takového považován; **detective stories, soap operas and s.** detektivky, televizní seriály a podobně **2 as s.** jako takový, v pravém slova smyslu **3 s. as** jako (například), například; **composers s. as Mozart and Haydn** skladatelé jako Mozart a Haydn **4 s. as it is** ať už je jakýkoliv; *(you're welcome to share my lunch)* **s. as it is** i když je velmi skromný ● adj **1** *(of the specified kind)* takový, *(similar)* podobný; **s. books** takové knihy; **s. weather** takové počasí; **s. a thing is unheard-of** to je neslýchané; **I said no s. thing** nic takového jsem neřekl **2** *(so much, so great)* takový; **s. a lot of money!** tolik peněz!; **s. beauty!** taková krása!; **it's s. a pity that ...** jaká škoda, že ...; **she is always in s. a hurry** ona vždycky tolik spěchá; **he was in s. a rage that ...** měl takový vztek, že ... ● adv *(to a great degree)* **don't ask s. silly questions** neptej se tak hloupě; **it was s. an enjoyable evening** byl to moc příjemný večer; **we had s. lovely weather** měli jsme tak báječné počasí

such and such ['sačənsač] adj ten který, určitý; **at s. and s. a time** v tu kterou hodinu

suchlike ['sačlaik] adj inf podobný; **and other s. books** a další podobné knihy ● n **and s.** a podobně, a podobné věci

suck [sak] n **have** or **take a s. at a lollipop** líznout si lízátka; **have a s. at a straw** srknout or cucnout si ze slámky ● **I** vt *(breast, straw)* sát z čeho; *(lollipop)* lízat; *(sweet)* cumlat, cucat; **s. one's thumb** cucat or cumlat si palec; **s. poison from a wound** vysát z rány jed ♦ **teach one's grandmother to s. eggs** snažit se učit zloděje krást, nosit dříví do lesa; **get ~ed into sth** nechat se do čeho vtáhnout **II** vi **1** *(drink)* sát (**at sth** z čeho); **s. at one's mother's breast** pít z matčina prsu **2** *(lick: lollipop)* lízat (**at sth** co) **3** *(smoke: pipe, cigar)* **s. at** or **on one's pipe** bafat z dýmky **4** Amer sl *(be repellent)* být odporný, být hnusný, vulg být na hovno; **poverty ~s** být chudý je k ničemu **III** phr vs ■ **suck down** vt (Subj: eg *whirlpool)* stáhnout dolů ■ **suck in** vt *(air)* sát, nasávat (hlubokými doušky) ■ **suck off** vt vulg **s. sb off** vykouřit koho vulg ■ **suck up** *I* vt *(liquid)* vysát, odsát; (Subj: *pump* etc*)* (vy)čerpat, odčerpat; *(dust)* vysát *II* vi inf **s. up to sb** podlézat komu, podkuřovat komu, lézt komu do zadku

sucker ['sakə(r)] n **1** *(of insect)* sosák; *(of*

leech, octopus) přísavka **2** Bot odnož, šlahoun, kořenový výmladek **3** Amer *(lollipop)* lízátko **4** inf *(dupe, pushover)* trouba, ňouma; **play sb for a s.** napálit koho; **be a s. for sth** být po čem posedlý; **be a s. for sb** letět na koho

sucking ['sakiŋ] adj **s. pig** sele, podsvinče

suckle ['sakl] **I** vt (Subj: *mother)* kojit ♦ **be ~d on sth** být odkojen čím **II** vi (Subj: *child)* pít or sát z prsu

suckling ['sakliŋ] n **1** *(child)* kojenec, *(animal)* kojené mládě ♦ **out of the mouths of babes and ~s** (blázni a) děti mluví vždycky pravdu **2** *(act)* kojení ● adj **s. pig** sele, podsvinče

sucrose ['su:krəus] n Chem sacharóza, třtinový or řepný cukr

suction ['sakšn] n sání, nasávání, odsávání ■ **s. pump** sací čerpadlo

Sudan [su'da:n] n **the S.** Súdán

Sudanese [su:də'ni:z] adj súdánský ● n *(person)* Súdánec/ Súdánka

sudden ['sadn] adj *(pain, drop in prices* etc*)* náhlý, nenadálý; *(unexpected: bend)* neočekávaný, prudký; **a s. rise in temperature** náhlé oteplení; **he made a s. departure** náhle odejel ● n **all of a s.** znenadání, pojednou, z čista jasna; **it stopped all of a s.** přestalo to, jako když utne ■ **~ly** adv náhle, najednou, pojednou, z čista jasna

suddenness ['sadnnəs] n (see **sudden**) náhlost, nenadálost; neočekávanost

suds [sadz] n pl **1** *(foam)* mýdlová pěna; *(soapy water)* mýdlový roztok, mydlin(k)y **2** Amer sl *(beer)* pivo

sue [su:, sju:] **I** vt Jur **s. sb** žalovat koho, soudně koho stíhat; **s. sb for damages** žalovat koho o náhradu škody **II** vi **1** Jur podat žalobu, zahájit spor; **s. for divorce** podat žalobu o rozvod **2** fml *(ask)* naléhavě prosit (**for mercy** o milost)

suede [sweid] n semiš, *(fine)* velur ■ **s. jacket** semišová bunda

suet ['su:it, 'sju:it] n Cook (hovězí/ skopový) lůj od ledvin ■ **s. pudding** moučník připravený s použitím loje

suffer ['safə(r)] **I** vt **1** *(feel: hunger, thirst, pain)* trpět čím, mít; *(experience: deprivation, adversity* also*)* zakusit/ zakoušet, *(defeat, setback)* utrpět, *(losses)* utrpět, zaznamenat; **s. agonies** vytrpět si muka, trpět jako zvíře, inf slyšet všechny andělíčky zpívat **2** *(put up with)* snášet ♦ **he doesn't s. fools gladly** nemá v lásce hlupáky **3** fml *(allow)* dovolit; **s. sb to do sth** dovolit komu co ♦ Bibl **s. the little children to come unto me!** nechte maličkých ke mně přijíti **II** vi **1** *(feel: pain, discomfort)* trpět; **you'll s. for that!** za to budeš pykat!, to si odneseš!; **s. for one's sins** pykat za své hříchy **2 s. from sth** *(cold, headache, indigestion)* mít co, *(giddiness, insomnia, malnutrition* etc*)* trpět čím, *(disease)* prodělávat co, stonat s čím, být postižen čím; **s. from a weak heart** mít slabé srdce **3** *(be adversely affected)* **your health will s.** utrpíte újmu na zdraví, poškodíte si zdraví

sufferance ['safərəns] n **on s.** z milosti; **I'm only here on s.** jsem tu trpěn jen z milosti

sufferer ['safərə(r)] n gen trpitel; **fellow s.** spolutrpitel; Med nemocný, trpící čím; **rheumatism s.** revmatik; **leukaemia ~s** nemocní trpící leukemií

suffering ['safəriŋ] n utrpení, trápení, soužení, muka ♦ **put an end to sb's s.** dát komu ránu z milosti ● adj trpící

suffice [sə'fais] **I** vi fml (po)stačit, být dostačující **II** vt stačit komu; **s. it to say that ...** postačí, řeknu-li, že ...

sufficiency [sə'fišənsi] n dostatek, dostatečné množství

sufficient [sə'fišənt] adj **1** gen dostačující, postačující; **be s.** stačit, postačit; **one hour will be s.** hodina bude stačit; **it'll be more than s.** bude to bohatě stačit; **do we have s. food for five people?** máme dost jídla pro pět lidí? **2** Philos *(condition)* postačující ■ **~ly** adv dost, dosti, dostatečně; **is it ~ly hot?** je to dost horké?

suffix ['safiks] n Ling přípona, sufix

suffocate ['safəkeit] **I** vi **1** *(die)* udusit se, zadusit se **2** *(have difficulty in breathing)* dusit se; fig **be suffocating with rage** dusit se zlostí, moci puknout zlostí **II** vt *(kill)* udusit, zadusit; **be ~d by smoke** zadusit se or zalknout se kouřem

suffocating ['safəkeitiŋ] adj *(heat)* dusivý, *(atmosphere)* dusný, tíživý, nedýchatelný, fig dusivý

suffocation [safə'keišn] n udušení, zadušení

suffrage ['safridž] n *(right to vote)* volební or hlasovací právo; **universal s.** všeobecné volební právo; **women's s.** volební právo pro ženy

suffragette [safrə'džet] n Hist sufražetka bojovnice za práva žen

suffuse [sə'fju:z] vt fml zalít, zaplavit; **eyes ~d with tears** oči zalité slzami; **~d with light** zalitý světlem

sugar ['šugə(r)] n **1** gen & Chem cukr; **beet/ cane s.** řepný/ třtinový cukr; **castor/ cube/ granulated/ icing s.** pískový/ kostkový/ krystalový/ práškový cukr; **how many ~s?** kolik cukrů?, kolik kostek?; **it's as sweet as s.** je to sladké jako med; **no s., thank you**

prosím bez cukru ■ **s. basin** Br, **s. bowl** Amer cukřenka; **s. beet** cukrová řepa, cukrovka; **s. cane** cukrová třtina; **s. candy** kandysový cukr, inf cukrkandl; **s. cube** kostka cukru; inf **s. daddy** starý kořen bohatý vydržovatel milenky; **s. industry** cukrovarnictví; **s. lump** kostka cukru; Bot **s. maple** javor cukrový; **s. refinery** cukrovar; **s. shaker** sypátko na cukr; **s. tongs** klíšťky na cukr **2** inf Amer *(term of affection)* **s.!** miláčku!, drahoušku! ● euph inf **oh, s.!** kruci!, hergot! ● vt osladit ♦ **s. the pill** fig osladit hořkou pilulku

sugar-coated [šugə'kəutid] adj jsoucí s cukrovou polevou; fig natřený na růžovo

sugary ['šugəri] adj **1** *(drink, food)* sladký **2** fig *(insincere: smile, words)* sladký, *(sentimental)* nasládlý

suggest [sə'džest] vt **1** *(put forward)* navrhnout/ navrhovat; *(recommend)* doporučit; **I s. that we go at once** navrhuji, abychom šli hned **2** *(imply)* naznačit/ naznačovat; **are you trying to s. that I am lying?** chcete snad říci, že lžu? **3** *(indicate* – Subj: *facts, sb's behaviour)* naznačovat, napovídat, nasvědčovat čemu, prozrazovat, svědčit o čem; **nothing seems to s. that ...** nic nenasvědčuje tomu, že ... **4** *(evoke* – Subj: *picture, image)* připomínat

suggestibility [səˌdžestə'biləti] n sugestibilita, ovlivnitelnost

suggestible [sə'džestəbl] adj *(person)* ovlivnitelný, sugestibilní náchylný k přejímání myšlenek druhých

suggestion [sə'džesčn] n **1** *(proposal)* návrh; *(recommendation)* doporučení, *(advice)* rada, ponaučení; **my s. is that ...** navrhuji or doporučuji, aby ...; **make indecent ~s to sb** dělat komu neslušné návrhy **2** *(indication, insinuation)* implikace, naznačení, nápověď; **there's no s. of negligence on her part** nikdo nenaznačil, že by se dopustila nedbalosti **3** *(trace)* špetka, troška, náznak; **a s. of irony** náznak ironie **4** Psych sugesce

suggestive [sə'džestiv] adj **1 be s. of sth** připomínat co **2** Psych sugestivní **3** *(indecent: joke, remark)* dvojsmyslný, lechtivý; *(look)* provokativní ■ **~ly** adv *(look)* mnohovýznamně; *(move, dance)* provokativně

suicidal [su:i'saidl] adj sebevražedný ♦ fig **I feel s.** nejraději bych se vším praštil or skoncoval, nechce se mi žít; **that would be s.** to by byla sebevražda

suicide ['su:isaid] n **1** lit sebevražda; **an attempted s.** pokus o sebevraždu; **commit s.** spáchat sebevraždu **2** *(person)* sebevrah/ sebevražedkyně

suit [su:t, sju:t; Amer su:t] n **1** Fashion *(man's)* oblek, šaty; *(woman's)* kostým, komplet; **three-piece s.** oblek s vestou; **trouser s.** kalhotový kostým; **boiler s.** overal; **diving s.** skafandr; **jogging s.** tepláky, tepláková souprava; **ready-made s.** konfekční oblek; **a s. of armour** plná zbroj ♦ **be in his/ her birthday s.** být v rouše Adamově/ Evině, být jak ho/ ji pánbůh stvořil, být nahý jako Adam/ nahá jako Eva **2** Jur *(lawsuit)* žaloba, proces, pře, *(criminal)* trestní řízení or proces; **bring** or **file a s. against sb** podat na koho žalobu **3** *(in cards)* barva ♦ **follow s.** lit ctít barvu; fig udělat totéž, řídit se čím příkladem **4** arch or fml *(request)* snažná prosba **5** arch *(courtship)* **pay s. to sb** dvořit se komu ● **I** vt **1** *(be convenient)* hodit se komu, vyhovovat komu; *(be appropriate)*, být vhodný pro koho; **will tomorrow s. you?** bude se vám to hodit zítra?, bude se vám hodit zítřek?; **that ~s me** to mi vyhovuje; **that ~s me down to the ground** to mi naprosto vyhovuje; **he is not ~ed to be a teacher** nehodí se na učitelské povolání; **they are well ~ed to each other** dobře se k sobě hodí **2** *(look attractive: clothes, hairstyle)* slušet komu; **the dress ~s you** ty šaty vám sluší; **it ~s her to a T** padne jí to jako ulité **3** *(adjust)* přizpůsobit; **s. the action to the word** proměnit slova v činy; **he ~ed his lecture to the audience** přizpůsobil svou přednášku posluchačstvu **4** *(please)* vyhovět komu; **you can't s. everybody** všem se nelze zavděčit; **s. yourself!** jak je vám libo!, zařiďte se podle vlastního uvážení; dělejte, jak uznáte za vhodné **II** vi *(be suitable)* **does that s.?** hodí se (vám) to?

suitability [su:tə'biləti] n (see **suitable**) vhodnost, přiměřenost, adekvátnost

suitable ['su:təbl] adj *(accommodation, clothing, qualification)* vhodný, přiměřený, adekvátní; *(candidate)* vhodný, způsobilý, schopný, vyhovující; **is Monday s. for you?** hodí se vám pondělí?; **be s. for all occasions** hodit se pro všechny příležitosti; **the film is not s. for children** tento film není vhodný pro děti ■ **suitably** adv vhodně, přiměřeně, adekvátně; **be suitably dressed** být vhodně oblečený; **he was suitably impressed** udělalo to na něj příslušný dojem

suitcase ['su:tkeis] n kufr, *(small)* kufřík

suite [swi:t] n **1** *(of furniture)* souprava, garnitura; **bedroom s.** ložnice nábytek **2** *(in hotel)* **a s. of rooms** apartmá **3** *(retinue)* svita **4** Mus svita

suitor ['su:tə(r)] n **1** dated *(man courting a woman)* nápadník **2** Jur žalobce/ žalobkyně

sulfate ['salfeit] n Amer = **sulphate**

sulfide ['salfaid] n Amer = **sulphide**

sulfite ['salfait] n Amer = **sulphite**
sulfur ['salfə(r)] n Amer = **sulphur**
sulfuric [sal'fjuərik] adj Amer = **sulphuric**
sulk [salk] n nevrlost, trucování; **have a s.**, **have (a fit of) the ~s** trucovat, být nevrlý ● vi durdit se, trucovat, být nevrlý, vzdorovat
sulkily ['salkili] adv see **sulky**
sulkiness ['salkinəs] n (see **sulky**) mrzutost, trucovitost, nevrlost, vzdorovitost
sulky ['salki] adj (**-ier**, **-iest**) mrzutý, trucovitý, vzdorovitý; **be s.** trucovat, být nadurděný, vzdorovat; **put on a s. expression** nasupit se, nafouknout se ■ **sulkily** adv mrzutě, trucovitě, vzdorovitě
sullen ['salən] adj *(person)* mrzutý, nevrlý, rozmrzelý, mrzoutský, *(clouds)* olověný, jako olovo, temný, *(sky)* zakaboněný, zamračený; **be in a s. mood** mít mrzutou náladu ■ **~ly** adv mrzutě, nevrle, rozmrzele
sullenness ['salənnəs] n nevrlost, rozmrzelost, mrzoutství
sully ['sali] vt (pt & pp **sullied**) **1** *(dirty)* zašpinit, potřísnit, znečistit **2** *(reputation)* poskvrnit, zhanobit, zneuctít
sulphate, Amer **sulfate** ['salfeit] n Chem síran, sulfát; **copper s.** síran měďnatý, skalice modrá; **zinc s.** síran zinečnatý, skalice bílá
sulphide, Amer **sulfide** ['salfaid] n Chem sirník, sulfid
sulphite, Amer **sulfite** ['salfait] n Chem siřičitan, sulfit
sulphur, Amer **sulfur** ['salfə(r)] n Chem síra; **s. dioxide** kysličník siřičitý
sulphuric, Amer **sulfuric** [sal'fjuərik] adj Chem sírový; **s. acid** kyselina sírová
sultan ['saltən] n sultán
sultana [sal'ta:nə] n **1** *(raisin)* (smyrenská) rozinka, sultánka; **~s** sultánky **2** *(wife of sultan)* sultánka, manželka sultána
sultanate ['saltənət] n sultanát
sultriness ['saltrinəs] n see **sultry** **1** dusno, parno, vedro **2** smyslnost, ohnivost; horkokrevnost, vášnivost
sultry ['saltri] adj (**-ier**, **-iest**) **1** *(weather)* dusný; *(day, summer)* parný; **s. weather** vedro, parno **2** *(smile)* smyslný, *(look)* ohnivý, žhavý; *(woman)* horkokrevný, vášnivý
sum [sam] n **1** *(amount of money)* částka, obnos, suma; **a tidy s.** hezká hromádka (peněz), hezkých pár korunek **2** *(total)* also **s. total** součet, úhrn, celková suma, celkový obnos; fig **the s. total of my achievements** všechno, čeho jsem dosáhl **3** esp Br inf *(calculation)* **~s** počty; **be good at ~s** být dobrý počtář; **do a s. in one's head** počítat co z hlavy **4 in s.** úhrnem, zkrátka (a dobře), jedním slovem ● phr v (**-mm-**) ■ **sum up** **I** vt **1** *(summarize)* shrnout, zrekapitulovat **2** *(judge rapidly)* **s. sb up** utvořit si o kom názor; **s. up the situation** odhadnout situaci **II** vi podat rekapitulaci; Jur shrnout případ
summarily ['samərəli] adv bez okolků, bez ceremonií; *(dismiss)* okamžitě, na hodinu, *(execute)* na místě
summarize ['saməraiz] vt shrnout, zrekapitulovat
summary ['saməri] n shrnutí, resumé, souhrn; **in s.** souhrnně, úhrnem; Rad, TV **news s.** přehled zpráv ● adj Jur *(trial, procedure)* zkrácený, sumární; *(dismissal)* okamžitý, na hodinu; **s. execution** Mil zastřelení na místě; **s. offence** přestupek, delikt
summation [sa'meišn] n **1** *(addition)* sčítání; *(sum)* součet **2** *(summary)* souhrn, shrnutí **3** Amer závěrečná řeč obžaloby
summer ['samə(r)] n léto; **in s.** v létě; **in the s.** *(of this year)* letos v létě; **in the s. of 1995** v létě 1995; **in late s.** na sklonku léta; **this/ last s.** letos/ vloni v létě; poet **a girl of fifteen ~s** dívka, které je patnáct jar ● adj *(camp, clothes, holidays, residence)* letní; **s. resort** letovisko, letní rekreační středisko; **s. lightning** blýskání na časy
summerhouse ['samәhaus] n altán, letohrádek, zahradní pavilón
summertime ['samətaim] n **1** *(season)* léto **2 s. time** letní čas; **British Summer Time** britský letní čas
summery ['saməri] adj letní
summing-up [samiŋ'ap] n (pl **summings--up** [samiŋz'ap]) **1** gen shrnutí, rekapitulace **2** Jur závěrečná řeč (soudce)
summit ['samit] n **1** *(of mountain)* vrchol, temeno; fig *(of fame, career)* vrchol **2** Pol konference na nejvyšší úrovni ■ **s. conference** konference na nejvyšší úrovni; **s. talks** jednání na nejvyšší úrovni
summiteer [sami'tiə(r)] n Pol účastník konference na nejvyšší úrovni
summon ['samən] **I** vt **1** *(send for, call for: doctor)* zavolat, přivolat, povolat, *(help, reinforcements)* přivolat, *(employee)* zavolat (k sobě), pozvat si **2** *(meeting)* svolat **3** Jur povolat k soudu, obeslat k soudu, *(witness)* předvolat **4** = **s. up** **II** phr v ■ **summon up** vt *(courage, strength)* sebrat, *(strength also)* vynaložit, napnout; *(memory)* evokovat, vyvolat
summons ['samənz] n (pl **~es**) **1** Jur obsílka, předvolání k soudu **2** *(order to appear)* zavolání, předvolání, nařízení dostavit se ● vt Jur obeslat, předvolat k soudu
sump [samp] n **1** Techn jímka, odvodňovací jáma, *(cesspool)* žumpa **2** Aut spodek klikové skříně

sumptuous ['samptjuəs] adj přepychový, nádherný; *(reception)* slavnostní, okázalý ■ **~ly** adv *(dressed)* přepychově, nádherně; *(entertain)* okázale

sumptuousness ['samptjuəsnəs] n (see **sumptuous**) přepychovost, nádhera; slavnostnost, okázalost

Sun abbr of **Sunday** neděle

sun [san] n slunce, slunko, sluníčko; **in the s.** na slunci; **bask in the s.** vyhřívat se na slunci; **catch the s.** dostat barvu, opálit se; **I've got the s. in my eyes** svítí mi do očí slunce ♦ **make hay while the s. shines** kout železo, dokud je žhavé ■ **s. deck** *(of house)* Austr, NZ veranda, terasa; Naut horní promenádní paluba ● v **(-nn-)** **I** vt **s. oneself** slunit se, opalovat se **II** vi slunit se

sunbaked ['sanbeikt] adj vyprahlý, vysušený sluncem

sunbathe ['sanbeið] vi slunit se, opalovat se

sunbathing ['sanbeiðiŋ] n slunění, opalování se

sunbeam ['sanbi:m] n sluneční paprsek

sunbed ['sanbed] n lehátko

sunblind ['sanblaind] n *(awning)* markýza; *(venetian blind)* žaluzie

sunburn ['sanbə:n] n *(tan)* opálení, inf bronz; *(burn)* spálení (sluncem); **I've got s.** spálil jsem se na slunci

sunburnt ['sanbə:nt] adj **1** *(tanned)* opálený, snědý, inf bronzový; **get s.** opálit se **2** *(burnt)* spálený (sluncem)

sundae ['sandei] n zmrzlinový pohár s ovocem a mletými oříšky

Sunday ['sandi, 'sandei] n neděle; **on S.** v neděli; **Easter S.** Boží hod velikonoční; **Palm S.** květná neděle ♦ **a month of ~s** celá věčnost; **never in a month of ~s** ani do skonání světa, ani do soudného dne, nikdy ■ **S. school** nedělní škola; **put on one's S. best** hodit se do parády or do pucu, ohodit se **2 the ~s** *(S. newspapers)* nedělní noviny; see also **Tuesday**

sundial ['sandaiəl] n sluneční hodiny

sundown ['sandaun] n západ slunce; **at s.** při západu slunce

sundrenched ['sandrenčt] adj *(beaches etc)* zalitý sluncem

sundry ['sandri] adj *(various)* rozličný, rozmanitý, všelijaký; **all and s.** kdekdo; **he told all and s. about it** řekl o tom kdekomu; **gossip about all and s.** nenechat na nikom suchou nit ● n **sundries** různé; *(goods)* různé zboží; *(expenses)* různé výdaje

sunflower ['sanflauə(r)] n Bot slunečnice

sung [saŋ] pp of **sing** ● adj **s. mass** zpívaná mše

sunglasses ['sangla:siz] n pl sluneční brýle, brýle proti slunci

sunhat ['sanhæt] n slaměný klobouk proti slunci, inf slamák

sunk [saŋk] pp of **sink** ● adj Fin *(capital)* mrtvý

sunken ['saŋkən] adj *(ship)* potopený; *(cheeks)* vpadlý, *(eyes* also*)* zapadlý

sunlamp ['sanlæmp] n horské slunce zářič

sunlight ['sanlait] n sluneční světlo, sluneční svit; **in the s.** na slunci; **in direct s.** přímo na slunci, vystavený přímému slunci

sunlit ['sanlit] adj ozářený sluncem, zalitý sluncem

sunny ['sani] adj **(-ier, -iest)** **1** *(day, place, room)* slunečný; **it's going to be s. today** dnes bude slunečno, dnes bude svítit slunko **2** *(person)* optimistický, dobré mysli; *(smile)* příjemný, milý; **be in a s. mood** být v dobré míře, být dobré mysli ♦ **he's on the s. side of fifty** ještě mu není padesát

sunray ['sanrei] n sluneční paprsek ■ **s. lamp** horské slunce

sunrise ['sanraiz] n východ slunce, svítání; **at s.** za svítání, při východu slunce

sunroof ['sanru:f] n Aut posuvná střecha

sunset ['sanset] n západ slunce, *(twilight)* soumrak, stmívání; **at s.** při západu slunce, za soumraku

sunshade ['sanšeid] n *(parasol)* slunečník; *(awning)* markýza, stínící stříška

sunshine ['sanšain] n **1** lit sluneční svit ■ **s. roof** Aut posuvná střecha **2** fig inf *(person)* **hello s.!** ahoj, miláčku!, ahoj, zlato!

sunspot ['sanspot] n sluneční skvrna

sunstroke ['sanstrəuk] n úžeh, úpal

suntan ['santæn] n opálení se, inf bronz; **get a s.** opálit se; **have a nice s.** být hezky opálený ■ **s. lotion** opalovací mléko; **s. oil** opalovací olej

suntanned ['santænd] adj opálený, bronzový

suntrap ['santræp] n Br slunné místo, výsluní

sun-up ['sanap] n Amer inf východ slunce; **at s.-up** při východu slunce

sup [sap] v **(-pp-)** **I** vt **1** *(drink in small amounts)* popíjet, upíjet, usrkávat, pít malými doušky **2** N Engl & Scot pít **II** vi arch **s. on** or **off sth** (po)večeřet co, mít k večeři co **III** phr v ■ **sup up** vt dopít ● n malý doušek, hlt

super ['su:pə(r)] adj inf *(wonderful)* báječný, fantastický, senzační, fajn; **s. stuff** parádní kousek ● n inf **1** *(superintendent)* policejní komisař **2** Film, Theat inf *(supernumerary)* statista/ statistka

super- ['su:pə(r)-] pref super-

superabundance [su:pərə'bandəns] n nadbytek, přemíra

superabundant [su:pərə'bandənt] adj přebohatý, hojný

superannuated [su:pər'ænjueitid] adj **1** fml *(person)* na odpočinku, v důchodu, penzionovaný **2** fig inf staromódní, zastaralý, vyšlý z módy

superannuation [su:pərænju'eišn] n penze z připojištění ■ **s. scheme** penzijní připojištění

superb [su:'pə:b] adj nádherný, skvostný, znamenitý, bezvadný, prima; **a s. chance** vyložená šance ■ **~ly** adv nádherně, skvostně

supercharge ['su:pəča:dž] vt Aut *(engine)* překomprimovat

supercharged ['su:pəča:džd] adj Aut **s. engine** motor s kompresorem

supercharger ['su:pəča:džə(r)] n Aut *(engine)* plnicí dmychadlo

supercilious [su:pə'siliəs] adj povýšený, pyšný, *(smile)* opovržlivý

superciliousness [su:pə'siliəsnəs] n povýšenost, pýcha

supercomputer [su:pəkəm'pju:tə(r)] n superpočítač

superconductive [su:pəkən'daktiv] adj supravodivý

superconductivity [su:pəkondak'tivəti] n supravodivost

superconductor [su:pəkən'daktə(r)] n supravodič

super-duper [su:pə'du:pə(r)] adj inf báječný, senzační

superficial [su:pə'fišl] adj *(knowledge, person)* povrchní; *(similarity)* vnější; *(wound)* povrchový ■ **~ly** adv povrchně, *(wound)* povrchově

superficiality [su:pəfiši'æləti] n *(of knowledge, person)* povrchnost; *(of wound)* povrchový

superfine ['su:pəfain] adj velejemný, zvláště jemný; *(quality)* vybraný; *(distinction)* jemný

superfluity [su:pə'flu:əti] n hojnost; *(superfluousness)* přebytečnost, nadbytečnost; **have food in s.** mít jídla nazbyt

superfluous [su:'pə:fluəs] adj nadbytečný, přebytečný, zbytečný; **be s.** být přebytečný, inf *(not wanted)* být páté kolo u vozu ■ **~ly** adv zbytečně

supergrass ['su:pəgra:s] n inf superagent policie, důležitý konfident

superhighway [su:pə'haiwei] n Amer ≅ dálnice; Comput **informational s.** informační superdálnice

superhuman [su:pə'hju:mən] adj nadlidský

superimpose [su:pərim'pəuz] vt překrýt; Typ přetisknout přítiskem, superponovat; **s. sth on sth** překrýt co čím, přetisknout co čím

superintendent [su:pərin'tendənt] n *(of institution)* ředitel/ -ka, *(of office)* šéf/ -ka; *(of police)* komisař/ -ka; *(in park)* hlídač/ -ka

superior [su'piəriə] adj **1** *(better)* lepší; *(excellent: quality)* vynikající, *(goods)* výběrový, *(wine)* špičkový **2** *(higher: in rank)* vyšší, nadřízený **3** *(greater)* **s. strength** přesila; **s. in number(s)** početně silnější, s početní převahou; **yield to a s. force** podlehnout přesile **4** pej *(supercilious)* povýšený, domýšlivý **5** Typ, Math **s. character** horní index ● n **1** *(in rank)* nadřízený **2** *(in ability, skill)* **as a pianist he has few ~s** ve hře na klavír ho předčí málokdo **3** Relig představený/ představená; **Mother S.** matka představená

superiority [su,piəri'orəti] n see **superior** **1** *(of goods)* lepší kvalita, *(excellence)* vynikající kvalita; *(of wine)* špičkovost **2** nadřízenost **3** *(in strength, numbers)* přesila; **air s.** převaha ve vzduchu; **overwhelming s.** drtivá převaha **4** *(conceit)* povýšenost, domýšlivost

superlative [su'pə:lətiv] n superlativ; **in the s.** v superlativu; **speak in ~s** mluvit v superlativech ● adj **1** *(outstanding)* vynikající, nedostižný **2** *(indifference, ignorance)* vrcholný **3** Gram superlativní ■ **~ly** adv úžasně, mimořádně

superman ['su:pəmæn] n (pl **-men** [-men]) nadčlověk, superman

supermarket ['su:pəma:kit] n supermarket, velká samoobsluha

supernatural [su:pə'næčərəl] adj nadpřirozený; **s. being** nadpřirozená bytost; **s. powers** nadpřirozené síly ● n **the s.** nadpřirozeno(st)

supernumerary [su:pə'nju:mərəri] adj *(extra)* přespočetný, nadpočetný; *(superfluous)* nadbytečný ● n Theat, Film fml statista

superpower ['su:pəpauə(r)] n Pol supervelmoc

superscript ['su:pəskript] n horní index

supersede [su:pə'si:d] vt fml vystřídat, vyměnit, zaměnit, nahradit; *(person also)* nastoupit na čí místo

supersonic [su:pə'sonik] adj nadzvukový

superstar ['su:pəsta:(r)] n superhvězda, superstar

superstition [su:pə'stišn] n pověra

superstitious [su:pə'stišəs] adj pověrčivý

superstitiousness [su:pə'stišəsnəs] n pověrčivost

superstructure ['su:pəstrakčə(r)] n nadstavba

supertanker ['su:pətæŋkə(r)] n Naut obří tanková loď

supertax ['su:pətæks] n dated dodatečná daň z vysokých příjmů

supervene [su:pə'vi:n] vi fml *(*Subj: *illness* etc*)* objevit se, (neočekávaně) přijít

supervise ['su:pəvaiz] **I** vt **1** *(watch over: workers, activity, staff)* dohlížet na, dozírat na koho/ co; *(children)* hlídat, dávat pozor na koho; *(thesis)* vést **2** *(run: department, investigation)* řídit **II** vi dávat pozor, hlídat, mít dozor

supervision [su:pə'vižn] n dozor, dohled, kontrola; *(of children)* dohled nad kým; **be under constant medical s.** být pod stálou lékařskou kontrolou; **leave children without s.** nechat děti bez dozoru or samy

supervisor ['su:pəvaizə(r)] n gen dozorce, kontrolor, *(over workers)* dohlížitel, dohlížeč; Br Univ *(for Ph.D. thesis)* školitel; *(of office)* vedoucí

supervisory [su:pə'vaizəri] adj *(body, role)* dozorčí; **in a s. capacity** ve funkci dozorce

superwoman ['su:pəwumən] n (pl **-women** [-wimin]) superžena

supine ['su:pain] n Gram supinum ● adj natažený, ležící na zádech; **be** or **lie s.** ležet na zádech

supper ['sapə(r)] n večeře; **have** or **take s.** večeřet; **at s.** při večeři; **have fish for s.** mít k večeři rybu or ryby

suppertime ['sapətaim] n doba večeře

supplant [sə'pla:nt] vt fml nahradit, vyměnit; *(by force: person)* vytlačit; *(by trickery)* vyhodit ze sedla, vyštvat

supple ['sapl] adj **1** *(body, limbs)* pružný, ohebný; *(movement, leather)* vláčný **2** *(mind, intellect)* bystrý

supplement ['saplimənt] n **1** *(amount: to income)* přídavek; Tourism příplatek; **a single room s.** příplatek za jednolůžkový pokoj **2** Journ příloha; **literary s.** literární příloha; **colour s.** barevná příloha ● vt doplnit

supplementary [sapli'mentəri] adj doplňkový, dodatkový, dodatečný; *(angle)* výplňkový; **s. question** dodatečná otázka; **s. wages** doplňková mzda ● n dodatečná otázka

suppleness ['saplnəs] n see **supple 1** pružnost, ohebnost; vláčnost **2** bystrost ducha

supplicant ['saplikənt], **suppliant** ['sapliənt] n fml prosebník/ prosebnice ● adj úpěnlivě or snažně prosící

supplicate ['saplikeit] vt fml úpěnlivě or snažně prosit

supplication [sapli'keišn] n úpěnlivá or snažná prosba

supplier [sə'plaiə(r)] n dodavatel, zásobovatel

supply [sə'plai] n (pl **-lies**) **1** *(action of ~ing)* zásobování, *(delivery)* dod(áv)ání, dodávka; **gas/ electricity s.** dodávka plynu/ elektrického proudu; Econ **the law of s. and demand** zákon nabídky a poptávky **2** *(stock)* **a)** zásoba, zásoby; **lay in a s. of sth** udělat si zásobu čeho; **goods in short s.** nedostatkové or úzkoprofilové zboží; **our s. is running out** docházejí nám zásoby **b) supplies** *(food)* zásoby; Mil also proviant; **office supplies** kancelářské potřeby, kancelářské zboží **3 s. (teacher)** suplent ● vt (pt & pp **supplied**) **1** *(provide: goods)* zásobovat čím, dod(áv)at; *(food, tools* etc*)* postarat se o co; *(evidence)* poskytnout **2 s. sb with sth** Mil *(with food)* zásobovat koho čím, *(equip:* eg *with radio)* vybavit koho čím; **s. sb with information /details** poskytnout komu informace/ podrobnosti **3** *(satisfy: need)* uspokojit; *(make good: omission)* vynahradit

support [sə'po:t] n **1** lit podpěra, opěra, Build nosník, *(of bridge* also*)* pilíř; Mining stojka; Techn *(structure)* podstavec, stojan **2** fig opora, podpora; **moral s.** morální podpora; **give sb moral s.** podporovat koho morálně; **a demonstration in s. of sth** demonstrace na podporu čeho; **his daughter was his s. in his old age** jeho dcera mu byla oporou ve stáří; **speak in s. of sth** promluvit ve prospěch čeho **3** *(financial)* podpora; *(sustenance)* obživa; **means of s.** prostředky na obživu **4** Mus *(band)* doprovod, *(singer)* doprovod, doprovodný hlas/ doprovodné hlasy; Theat herec hrající vedlejší roli ● vt **1** Build, Techn *(weight, ceiling, roof* etc*)* podpírat, *(carry)* nést; **his legs are too weak to s. him** nohy ho sotva nesou **2** *(back: campaign, party* etc*)* podporovat, dávat svou podporu komu/ čemu, být solidární s kým/ čím, sympatizovat s kým/ čím; *(idea, measure, proposal, cause)* prosazovat, exponovat se pro co; *(sb's application)* doporučit; *(corroborate: theory, evidence)* potvrdit; **s. sb** být na čí straně **3** *(financially)* podporovat, *(finance)* vydržovat, financovat; *(children)* živit, starat se o, (Subj: *fields, land* etc*)* poskytovat obživu; **s. oneself by writing** živit se psaním **4** Sport *(team)* fandit čemu **5** *(put up with: bad behaviour* etc*)* snést/ snášet

supportable [sə'po:təbl] adj snesitelný, přijatelný

supporter [sə'po:tə(r)] n **1** Pol stoupenec, přívrženec, vyznavač; **a staunch s.** horlivý stoupenec čeho **2** Sport *(of team)* fanoušek

supporting [sə'po:tiŋ] adj **1** Build, Techn opěrný, podpěrný, nosný; **s. pillar** nosný pilíř **2** Theat *(role)* vedlejší; **a s. actor** herec hrající vedlejší roli; **a s. film** krátký film promítaný před hlavním filmem, předfilm

supportive [sə'po:tiv] adj *(loyal)* loajální, *(understanding)* mající pochopení pro; **I wish you were more s.** kéž bys pro mě měl trochu víc pochopení

suppose [sə'pəuz] vt **1** *(assume)* předpokládat, domnívat se, vycházet z předpokladu, že ...; **let's s. that ...** předpokládejme, že ..., dejme tomu, že ..., vycházejme z předpokladu, že ...; **s. she is right** a co když má pravdu?; **I ~d him to be a friend** považoval jsem ho za přítele **2** *(think)* myslet si (že), předpokládat (že), mít za to (že), doufat (že); **I s. so/ not** myslím, že ano/ ne; **I s. she will come** já si myslím, že přijde; ona asi přijde; **I don't s. you know that ...** vy asi nevíte, že ...; **it is ~d to be the best hotel in town** má to být nejlepší hotel ve městě, je to prý nejlepší hotel ve městě; **he's ~d to have died of cancer** prý zemřel na rakovinu **3** *(presuppose)* předpokládat **4** *(when making a suggestion)* **s. we go to the cinema?** a co kdybychom šli do kina?, a co takhle jít do kina? **5** Modal **what am I ~d to tell her?** co jí mám říct?; **you are ~d to be at school** ty máš být ve škole; **how am I ~d to take that?** jak to mám chápat?; **you are not ~ed to smoke in here** tady není dovoleno kouřit

supposed [sə'pəuzd] adj *(date of birth)* předpokládaný; *(author* also*)* údajný, pravděpodobný ■ **~ly** adv údajně, prý; **he's ~ly very rich** on je prý velmi bohatý, má prý být velmi bohatý

supposing [sə'pəuziŋ] conj dejme tomu, že ..., a co když ...; **s. she says no** a co když nebude souhlasit

supposition [sapə'zišn] n domněnka, předpoklad, hypotéza; **be based on pure s.** *(article, conclusion)* zakládat se na dohadech; **be based on the s. that ...** být založen na předpokladu, že ...

suppository [sə'pozitəri] n (pl **-ries**) Med *(medicine)* čípek

suppress [sə'pres] vt **1** *(crush: uprising, revolt)* potlačit, udusit **2** *(conceal: information)* utajit; *(truth* also*)* ututlat; *(newspaper)* zakázat; *(delete: passage)* vypustit, vyškrtnout **3** *(feelings)* přemoci; *(laugh)* potlačit; *(tears)* bránit se čemu

suppression [sə'prešn] n see **suppress** **1** potlačení, udušení **2** utajení; ututlání

suppressor [sə'presə(r)] n Elec, Rad odrušovač

suppurate ['sapjureit] vi Med hnisat, podbírat se

suppuration [sapju'reišn] n hnisání

supra- ['su:prə-] pref nad-, supra-

supranational [su:prə'næšənl] adj nadnárodní, nadstátní

suprarenal [suprə'ri:nl] adj Anat nadledvinkový, suprarenální; **s. gland** nadledvinka

supremacy [su'preməsi] n *(dominance)* nadvláda, supremace; **world s.** světová nadvláda

supreme [su'pri:m] adj **1** *(highest: ruler, organ)* svrchovaný, *(court)* nejvyšší, *(commander, command)* vrchní **2** *(great: effort)* krajní; **make the s. sacrifice** obětovat život ■ **~ly** adv svrchovaně, vrcholně; krajně

supremo [su'pri:məu] n Br inf velký šéf

Supt abbr of **superintendent** policejní komisař

surcharge ['sə:ča:dž] n přirážka, příplatek, *(postal)* doplatné ● vt zatížit přirážkou; *(post)* vybírat doplatek za co

sure [šo:(r), šuə(r)] adj **1** *(reliable: marksman, proof)* jistý, *(hand* also*)* pevný; *(sign)* neklamný; *(proven: method, remedy)* spolehlivý, zaručený; *(trustworthy: friend)* spolehlivý, hodný důvěry; **have a s. aim** přesně mířit **2** *(certain, convinced)* jist(ý) **(about sth** čím); **I'm not s. how/ when/ where ...** nejsem si jist, jak/ kdy/ kde ...; **be s. of sth** být si čím jist; **are you s.?** víš to určitě?; **I'm quite s. that he's right** jsem si zcela jist, že má pravdu; **I'm s. it was him** určitě to byl on; **one thing is s.** jedno je jisté **3** *(bound)* **he's s. to win** najisto or určitě or bezpečně vyhraje; **he is s. to forget about it** určitě na to zapomene; **it is s. to rain** určitě bude pršet; **you're s. to know it** určitě to víš **4** *(definite)* **be s. to come** určitě přijď; **be s. to do it** určitě to udělej; **be s. and tell them** určitě jim to řekni; **make s.** ujistit se; **make s. of sth** ubezpečit se o čem; **make s. that ...** dbej na to, aby ...; **make s. whether ...** přesvědčte se, zda ...; **make s. you are not late** hleď přijít včas, ať nepřijdeš pozdě **5** *(confident)* **be s. of oneself** být si jistý sám sebou **6** **to be s.** nepochybně; **to be s., he meant well** on to myslel dobře, o tom není pochyby ■ see **surely** ● adv **1** inf esp Amer *(certainly)* also **s. thing!** ovšem, zajisté, jistě; **will you help me? — s. (thing)!** pomůžeš mi? — jistě!, to víš, že jo! **2** **s. enough** skutečně;

(he said he would come) **and s. enough he did (come)** a skutečně přišel **3** inf **it is as s. as eggs is eggs**, **it is as s. as I am standing here**, **it is as s. as fate** je to tak jisté, jako že jedna a jedna jsou dvě **4** Amer *(really)* opravdu, jaksepatří, pořádně; **she s. is fat** ona je pořádně tlustá; **it s. was hot** bylo jaksepatří horko

surefire ['šo:faiə(r)] adj Amer jistý, nepochybný, zaručený, inf na beton

surefooted [šo:'futid] adj jistý na nohou, mající pevný krok

surely ['šo:li] adv **1** *(undoubtedly)* jistě, nepochybně; **she will s. fail** určitě se jí to nepodaří, *(in exam)* určitě propadne **2** *(steadily)* **slowly but s.** pomalu ale jistě **3** *(expressing surprise)* **s. you're not going alone** přece nepůjdeš sám; **s. you must have heard** přece jsi o tom musel slyšet; **oh, s. not** ale to snad ne!; **s. you don't mean it** to přece nemůžeš myslet vážně **4** esp Amer *(certainly)* zajisté, rád

sureness ['šo:nəs] n (see **sure**) *(reliability)* jistota, spolehlivost; *(of method)* spolehlivost, zaručenost; *(decisiveness)* rozhodnost; **s. of touch** jistota, přesnost

surety ['šo:rəti] n (pl **-ties**) **1** *(sum)* kauce, peněžitá záruka **2** *(guarantor)* ručitel, garant; **stand s. for sb** ručit komu

surf [sə:f] n *(waves)* (zpěněné) vlny, příboj; *(foam)* (mořská) pěna ● vi Sport surfovat [ser-], jezdit na surfu [ser-]

surface ['sə:fis] n **1** lit *(of desk, land* etc*)* povrch, *(of water* also*)* hladina, *(of road* also*)* koberec, kryt vozovky; *(outer s.)* vnější strana, vnějšek; Geom *(of cube* etc*)* strana, *(area)* plocha; **the earth's s.** zemský povrch, povrch zemský; **on the s.** na povrchu **2** *(outer layer)* potah, plášť, obklad, obložení **3** *(worktop)* pracovní plocha **4** Mining povrch; **work at** or **on the s.** pracovat na povrchu **5** fig zevnějšek, vnější vzhled, zdání; **rise** or **come to the s.** *(emotions, tensions)* vyjít na povrch, projevit se, ukázat se, *(truth, facts)* vyjít or vyplout na povrch; **on the s. it seems that ...** na první pohled se zdá, že ...; **skim the s. of sth** lehce se čeho dotknout ● adj **1** *(finish, mining)* povrchový; Geom *(measurements, area)* plošný; Med *(wound)* povrchní, povrchový; **s. repairs** *(of road)* oprava povrchu vozovky **2** *(transport)* pozemní/ *(by sea)* námořní, *(mail)* povrchový **3** fig *(resemblance)* povrchní, zdánlivý, *(politeness)* předstíraný **4** Ling *(structure)* povrchový ● **I** vt *(road)* opatřit kobercem **II** vi **1** *(submarine)* vynořit se, vyplout na povrch; *(swimmer)* vynořit se **2** *(emotions)* vyjít na povrch, *(scandal* also*)* vyplout na povrch, vyjít na světlo; *(anxiety)* projevit se **3** *(reappear)* fig znovu se objevit

surface-to-air [sə:fistu'eə(r)] adj **s.-to-a. missile** raketa země-vzduch

surface-to-surface [sə:fistu'sə:fis] adj **s.-to-s. missile** raketa země-země

surfboard ['sə:fbo:d] n Sport surf [serf], (surfovací) prkno

surfeit ['sə:fit] n fml přemíra, přebytek, nadměrné množství ● vt přesytit, přecpat; **s. oneself** přesytit se, přecpat se; fig **be ~ed with pleasure** nabažit se radovánek

surfer ['sə:fə(r)] n surfař/ -ka [ser-], surfer/ -ka [ser-], surfista/ surfistka [ser-]

surfing ['sə:fiŋ] n surfing [ser-], jízda na vlnách mořského příboje

surge [sə:dž] n **1** *(of sea, waves)* vzedmutí, dmutí, vzdouvání; *(of floodwater)* příval; *(of crowds)* nával; fig *(of enthusiasm)* vlna; *(of emotion)* nával; **a s. of anger** nával hněvu or vzteku **2** Fin *(of prices, demand)* prudký vzestup **3** Sport *(in speed)* spurt ● vi **1** *(sea)* dmout se, vzdouvat se, vlnit se prudce, *(upwards)* vzedmout se; *(river)* rozvodnit se; *(blood)* nahrnout se (**to one's cheeks** do tváře); **s. in/ out** *(crowds)* nahrnout se dovnitř/ vyhrnout se ven; **anger ~d in him** vzkypěl v něm hněv **2** Fin *(prices, profits* etc*)* prudce stoupnout, vyletět nahoru **3** Sport *(increase speed)* spurtovat

surgeon ['sə:džən] n chirurg/ -yně or chiruržka; fml **dental s.** zubní lékař/ -ka, zubař/ -ka; **operating s.** operatér; **veterinary s.** zvěrolékař/ -ka ■ **S. General i)** Mil náčelník/ náčelnice zdravotnické služby **ii)** Amer vedoucí amerického úřadu pro zdravotnictví

surgery ['sə:džəri] n (pl **-ries**) **1** Med *(field of medicine, operations)* chirurgie; **heart s. i)** kardiochirurgie **ii)** operace srdce; **plastic s.** plastická chirurgie; **have s.**, **undergo s.** podrobit se operaci **2** Br *(consulting room)* ordinace **3** also **s. hours** ordinační hodiny

surgical ['sə:džikl] adj *(treatment)* operativní, chirurgický; *(instruments)* chirurgický; *(boot, stocking)* ortopedický; *(cotton wool)* obvazový; **s. spirit** čistý líh; **s. ward** chirurgické oddělení, chirurgie ■ **~ly** adv *(treat)* operativně

surliness ['sə:linəs] n mrzutost, nevrlost, nabručenost

surly ['sə:li] adj (**-ier**, **-iest**) mrzutý, nevrlý, nabručený; **a s. old man** starý mrzout

surmise ['sə:maiz] n domněnka, dohad ● [sə'maiz] vt dohadovat se, domýšlet se čeho, předpokládat

surmount [sə'maunt] vt **1** *(difficulty, obstacle)* překonat, zdolat, zmoci **2** *(be on top of: snow – on mountain peaks)* pokrývat;

Archit **be ~ed by sth** být nahoře zdobený čím, být korunovaný čím

surmountable [sə'mauntəbl] adj překonatelný

surname ['sə:neim] n příjmení

surpass [sə'pa:s] vt **1** *(do better than)* předčit, předstihnout, inf trumfnout; **s. oneself** překonat se **2** *(go beyond)* **the result ~ed all my expectations** výsledek předčil všechna má očekávání

surplice ['sə:pləs] n Relig komže, rocheta

surplus ['sə:pləs] n *(of goods)* nadbytek; *(in budget)* přebytek ● adj přebytečný, nadbytečný; **s. payment** přeplatek; **s. production** nadprodukce; **s. stocks** přebytečné zásoby; **s. value** nadhodnota

surprise [sə'praiz] n překvapení; **in s.** udiveně; **with unfeigned s.** s nelíčeným údivem; **give sb a s.** uchystat komu překvapení; **take sb by s.** překvapit koho; **to my great s., much to my s.** k mému velkému překvapení; **it came as something of a s. that ...** poněkud mě/ nás etc překvapilo, že ...; **it came as no s. that ...** nijak mě/ nás etc nepřekvapilo, že ...; **I cannot get over the s.** nevycházím z překvapení or z údivu; **he is in for a s.** ten bude koukat, ten se bude divit; **to the s. of everybody** k překvapení všech, k všeobecnému údivu; **what a nice s.!** to je (ale) milé překvapení! ● adj *(attack)* náhlý, nenadálý, neočekávaný; *(visit)* neočekávaný, neohlášený; **a s. party** improvizovaný večírek nenadálý příchod hostí s vlastním pohoštěním ● vt **1** *(astonish)* překvapit, udivit; **be ~d at sth** být překvapen čím, žasnout nad čím; **I was ~d to hear that ...** překvapila mě zpráva, že ...; **I wouldn't be ~d if ...** nepřekvapilo by mě, kdyby ...; **I'm ~d at you** ty mě překvapuješ **2** *(intruder)* překvapit, přistihnout; **s. sb in the act** přistihnout koho při činu

surprising [sə:'praiziŋ] adj překvapivý, překvapující; **it is s. that ...** je překvapující, že ...; **I find it s. that ...** překvapuje mě, že ..., divím se, že ...; **it's hardly s. that ...** sotva se lze divit, že ... ■ **~ly** adv neočekávaně; also **s. enough** kupodivu, napodiv, s podivem, proti (všemu) očekávání

surreal [sə'riəl] adj *(strange)* bizarní, fantastický, neskutečný ● n **the s.** bizarnost, neskutečno

surrealism [sə'riəlizəm] n Art surrealismus

surrealist [sə'riəlist] adj Art surrealistický ● n *(artist)* surrealista/ surrealistka

surrealistic [səriə'listik] adj Art surrealistický

surrender [sə'rendə(r)] n **1** Mil kapitulace, vzdání se **2** *(giving up: territory)* postoupení, vydání; *(of weapons)* vydání, odevzdání; *(of property)* postoupení, cese; *(of insurance policy)* odkup ■ **s. value** Ins odkupní hodnota **3** *(to joy)* oddání se čemu; *(to despair)* propadnutí čemu ● **I** vi **1** *(soldier)* vzdát se, *(country)* kapitulovat **2** fig *(to joy)* oddat se čemu, *(to despair)* propadnout čemu; **s. to one's fate** odevzdat se (svému) osudu **II** vt **1** *(garrison, town)* vydat; *(weapons)* vydat, odevzdat; *(insurance policy)* odkoupit; *(liberty, rights)* vzdát se čeho **2 s. oneself to sth** *(despair)* propadnout čemu

surreptitious [sarəp'tišəs] adj *(glance)* (po)kradmý, letmý; *(exit)* tajný, skrytý ■ **~ly** adv tajně, pokradmu, kradí

surrogate ['sarəgət] n fml **1** *(substitute)* náhražka, surogát **2** Relig ≅ světící or pomocný biskup **3 s. mother** matka, která odnosí cizí dítě ze zkumavky, náhradní matka

surround [sə'raund] n obruba, orámování ● vt (Subj: *people, crowds)* obklopit, obstoupit; Mil obklíčit; **be ~ed by one's admirers** být obklopen obdivovateli; **be ~ed by a fence** *(garden* etc*)* být oplocen, být obehnán plotem

surrounding [sə'raundiŋ] adj *(countryside, villages)* okolní; **the s. area** or **region** okolí; **s. circumstances** okolnosti případu ● n **~s 1** *(of town* etc*)* okolí; **the picturesque ~s of the town** malebné okolí města **2** *(environment)* prostředí

surtax ['sə:tæks] n dated daňová přirážka

surveillance [sə'veiləns] n dohled, dozor; **police s.** policejní dohled; **keep sb under s.** dozírat na koho policejně, hlídat koho

survey ['sə:vei] n **1** *(of land)* zeměměřičský průzkum; *(map)* topografický plán **2** *(of house)* znalecký posudek **3** *(of trends, prices* etc*)* přehled, *(study)* průzkum, Sociol also anketa; **carry out a s.** udělat anketu; **a s. of public opinion** průzkum veřejného mínění ● [sə'vei] vt **1** *(house)* posoudit, udělat znalecký posudek čeho; *(land)* vyměřit/ vyměřovat **2** *(investigate: prices, trends* etc*)* (pro)zkoumat, studovat, provádět průzkum čeho **3** *(look at)* pozorovat, prohlížet

surveying [sə:'veiiŋ] n *(of land)* zeměměřičství; Geol, Geog topografie

surveyor [sə'veiə(r)] n *(land s.)* zeměměřič, geometr; *(for mapmaking)* topograf

survival [sə'vaivl] n **1** *(of person, animal)* přežití; **the s. of the fittest** právo silnějšího; **fight for s.** boj o bytí a nebytí **2** *(remnant, relic)* pozůstatek, přežitek

survive [sə'vaiv] vi *(person)* přežít, zůstat na živu; *(customs)* udržet se, uchovat se; **s.**

on £30 a week vystačit or vyžít s 30 librami na týden **II** vt **1** *(live through: disease)* přestát, vyváznout z čeho, *(accident, explosion)* přežít, *(winter)* přečkat **2** *(live longer than: one's children* etc*)* přežít, žít déle než; **he ~d his son by five years** žil o pět let déle než jeho syn; **he is ~d by two children** zůstaly po něm dvě děti

surviving [sə'vaiviŋ] adj *(person after sb's death)* pozůstalý, přeživší; *(customs)* dochovalý

survivor [sə'vaivə(r)] n **1** člověk, který přežil; **the sole s.** *(of battle, accident* etc*)* jediný, kdo přežil **2** Jur pozůstalý **3** *(resilient person: in politics* etc*)* **be a s.** umět se znovu postavit na nohy, nevzdávat se

susceptibility [səˌseptə'biləti] n (pl **-ties**) (see **susceptible**) **1** sklon, náchylnost (**to sth** k čemu) **2** přístupnost; ovlivnitelnost **3** citovost

susceptible [sə'septəbl] adj **1** *(to illness, colds)* náchylný k čemu; *(to attack)* vystavený čemu **2** *(to flattery)* přístupný čemu; **be s. to suggestion** dát se snadno ovlivnit **3** *(emotional)* citový, citově založený

suspect ['saspəkt] adj *(person, vehicle)* podezřelý, *(motives, practice, views)* pochybný, *(meat* etc*)* pochybné kvality ● n podezřelá osoba ● [sə'spekt] vt **1** *(person)* podezírat, podezřívat; *(mistrust: sb's motives)* mít pochybnosti o čem, brát v potaz; **s. sb of (doing) sth** podezírat koho z čeho **2** *(think likely)* tušit, obávat se, že ..., mít podezření, že ...; **I s. that it is a lie** obávám se, že je to lež; **I ~ed as much** to jsem věděl, to jsem si myslel

suspend [sə'spend] vt **1** *(hang)* **s. sth (from sth)** zavěsit or pověsit co (na co); **be** or **hang ~ed (from sth)** *(lamp* etc*)* viset (z čeho), viset (na čem); **hang ~ed in the air** *(smoke)* viset ve vzduchu, *(balloon)* vznášet se (ve vzduchu) **2** *(defer: payment)* přerušit, (dočasně) (po)zastavit, *(hostilities)* přerušit; Jur *(hearing)* odložit, odročit; Ins *(policy)* pozastavit **3** *(person)* suspendovat, *(pupil* also*)* (dočasně) vyloučit; *(from office)* zbavit koho (dočasně) úřadu, *(organisation)* dočasně pozastavit organizaci činnost, *(footballer)* zastavit komu činnost, sl dát komu distanc

suspended [sə'spendid] adj *(sentence)* podmíněný; **a state of s. animation** stav bezvědomí; **be in a state of s. animation** fig vegetovat

suspender [sə'spendə(r)] n usu pl **1** *(for stockings)* **(a pair of) ~s** podvazky ■ **s. belt** podvazkový pás **2** Amer *(for trousers)* **~s** šle

suspense [sə'spens] n **1** *(tension)* napětí; **keep sb in s.** udržovat koho v napětí, napínat koho; **the s. is killing me!** inf nemohu se dočkat **2** *(in film, literature)* (dějové) napětí, napínavost **3** Econ **s. account** předběžný or prozatímní účet

suspension [sə'spenšn] n see **suspend** **1** zavěšení, pověšení; vznášení se (ve vzduchu) ■ **s. bridge** visutý most; **s. railway** visutá dráha **2** přerušení, pozastavení; odložení, odročení; **s. of hostilities** klid zbraní, přerušení nepřátelských akcí **3** suspendování, (dočasné) vyloučení; Sport zastavení činnosti, distance, sl distanc, dištanc **4** Chem suspenze **5** Aut pérování

suspicion [sə'spišn] n **1** *(of guilt)* podezření; **be under s.** být v podezření; **be above all s.** být mimo jakékoliv podezření; **reasonable s.** důvodné podezření; **be arrested on s. of sth** být zatčen na základě podezření z čeho **2** *(mistrust)* nedůvěra, pochyby; **view sb with s.** dívat se na koho podezíravě or nedůvěřivě; **have a nasty s.** mít neblahé tušení **3** *(trace)* stopa, špetka, troška, *(hint)* náznak; **a s. of garlic** troška česneku; **a s. of bitterness** náznak hořkosti

suspicious [sə'spišəs] adj **1** *(distrustful)* podezíravý, nedůvěřivý; **make sb s.** vyvolat v kom podezření; **become s.** pojmout podezření, stát se podezíravým; **be s. of sb** podezírat koho **2** *(suspect: person, circumstances, character)* podezřelý; **a s. customer** podezřelý ptáček, podezřelé individuum ■ **~ly** adv **1** *(distrustfully: look* etc*)* podezíravě, nedůvěřivě **2** *(strangely: act, behave)* podezřele

suspiciousness [sə'spišəsnəs] n see **suspicious** **1** podezíravost, nedůvěřivost **2** podezřelost

suss [sas] sl **I** vt *(suspect)* tušit, větřit, přijít na co; **have sb ~ed** prokouknout koho **II** phr v ■ **suss out** vt **s. sb out** sáhnout komu na zoubek; **s. things out** omrknout situaci

sustain [sə'stein] vt **1** *(bear: weight)* (u)nést, držet, podpírat **2** *(keep alive)* udržet naživu, *(body)* udržovat při životě; *(family)* vydržovat, živit; fig *(provide strength: morally)* dávat komu sílu, podporovat, být komu útěchou **3** *(maintain: conversation, interest, economic growth)* udržovat; *(effort)* vydržet, nepovolit v čem **4** Mus *(note)* udržet tón **5** *(theory, assertion)* potvrdit; *(charges)* podepřít, doložit; *(claim)* potvrdit; *(motion)* souhlasit s čím; *(objection)* uznat **6** *(suffer: damage, injury, loss)* utrpět

sustainable [sə'steinəbl] adj **1** Ecol *(growth, development)* setrvalý, udržitelný **2** *(costs)* únosný

sustained [sə'steind] adj **1** *(effort)* vytrvalý, neumdlévající; *(interest)* neutuchající;

(applause) dlouhotrvající, neutuchající **2** Mus *(chord)* zadržený

sustaining [sə'steiniŋ] adj **1** *(meal, drink)* výživný **2** Mus **s. pedal** prolongační pedál

sustenance ['sastənəns] n **1** *(food)* strava, jídlo, výživa; **means of s.** prostředky obživy **2** *(nourishment)* výživnost

suture ['su:čə(r)] n **1** Anat šev **2** Med steh ● vt Med *(wound)* sešít

suzerain ['su:zərein] n suzerén, lenní pán

svelte [svelt] adj *(slender)* štíhlý, ztepilý, urostlý

SW abbr of **1 southwest** jihozápad **2 short wave** krátká vlna

swab [swob] n **1** Med *(cotton)* tampon, *(specimen)* výtěr; **take a s.** provést výtěr **2** Naut hadr na podlahu, mop **3** *(for firearms)* vytěrák ● vt (**-bb-**) **1** *(wound)* vysušit tamponem **2** Naut *(deck)* umýt, vydrhnout

swaddle ['swodl] vt dated *(baby)* zavinout

swaddling ['swodliŋ] n dated **s. clothes** pleny, plínky

swag [swæg] n sl kořist, lup

swagger ['swægə(r)] n pyšná chůze, natřásání se; **walk with a s.** pyšně si vykračovat ● vi **1** pyšně si vykračovat, natřásat se, inf honit vodu **2** *(boast)* vypínat se, nafukovat se

swaggering ['swægəriŋ] adj **1** *(gait, manner)* pyšný, arogantní **2** *(person)* vychloubačný, chvástavý

swagman ['swægmæn] n (pl **-men** [-men]) Austr, NZ tulák/ tulačka, vandrák

swain [swein] n dated **1** *(young man)* šohaj, venkovský mladík **2** *(suitor)* nápadník, galán, inf frajer

swallow$_1$ ['swoləu] n *(of drink)* doušek, hlt, polknutí ● **I** vt **1** *(food, drink)* (s)polknout/ polykat **2** fig *(story)* spolknout, inf zbaštit; *(pride)* přemoci; *(anger)* potlačit ♦ **s. one's words** lit polykat slova, fig vzít zpět svá slova; **s. the bait** fig skočit na špek, sednout na lep; **s. a bitter pill** lit & fig spolknout hořkou pilulku, kousnout do kyselého jablka; **s. sth hook, line and sinker** inf sežrat co i s chlupama, spolknout co i s navijákem **II** vi polknout/ polykat **III** phr vs ■ **swallow down** vt spolknout ■ **swallow up** vt fig **s. sb/ sth up** (Subj: *clouds, darkness)* pohltit; **all her savings were ~ed up by bills** všechny její úspory padly na zaplacení účtů; **disappear as if the earth had ~ed him/ her up** zmizet jako jehla v kupce sena; zmizet, jako by se do země propadl; zmiznout, jako by se po něm/ ní země slehla; **I wished the ground would open up and s. me up** byl/ -a bych se studem propadl/ -a

swallow$_2$ ['swoləu] n Orn vlaštovka ♦ **one s. doesn't make a summer** jedna vlaštovka jaro nedělá ■ **s. dive** Sport skok střemhlav napřed prohnutě, sl vlaštovka

swam [swæm] pt of **swim**

swamp [swomp] n bažina, močál ■ **s. buggy** Amer obouživelné vozidlo; **s. fever** Med malárie ● vt **1** *(flood)* zaplavit, zatopit **2** fig *(overwhelm: with letters, applications etc)* zaplavit, *(with work)* zavalit; **be ~ed with letters** být zaplaven dopisy

swampland ['swomplænd] n bažina, močál

swampy ['swompi] adj (**-ier, -iest**) bažinatý, močálovitý

swan [swon] n Orn labuť; **~'s neck** labutí šíje ♦ **the s. of Avon** sladká labuť avonská Shakespeare; **all his geese are ~s** v každé huse vidí labuť ■ **s. dive** Amer Sport see **swallow dive** ● vi (**-nn-**) inf **s. around** or **about** potloukat se, potulovat se, ulejvat se; **s. off on a holiday** odplachtit or odfrčet na dovolenou

swank [swæŋk] inf pej n **1** *(boasting)* vychloubání, chvástání, naparování se **2** *(person)* chvastoun/ -ka, tlučhuba ● vi vychloubat se, nosit se jako páv, honit vodu

swanky ['swæŋki] adj (**-ier, -iest**) inf **1** *(person)* chvástavý, vychloubačný; *(manner)* povýšenecký **2** *(car, club, hotel)* prudce elegantní, nóbl, luxusní, hogofogo

swansong ['swonsoŋ] n fig labutí píseň

swap [swop] n *(exchange)* výměna; **do a s.** udělat výměnu; **give sth as a s. for sth** dát co výměnou za co ● v (**-pp-**) **I** vt vyměnit; *(reminiscences, news)* vyměnit si; **s. sth for sth** vyměnit (si) co za co (**with sb** s kým); **s. places with sb** vyměnit si or prohodit si s kým místa; inf **I'll s. you** já si to s tebou vyměním **II** vi měnit, vyměňovat **III** phr vs ■ **swap over** or **round** *I* vt *(objects, players)* vyměnit, prohodit *II* vi *(change places)* vyměnit se; **would you mind ~ping over?** vyměnil byste si se mnou místa?

SWAPO ['swa:pəu] n formerly abbr of **South-West Africa People's Organization** Lidová organizace jihozápadní Afriky, SWAPO

sward [swo:d] n arch or poet trávník, tráva, pažit

swarm [swo:m] n *(of bees)* roj, hrozen; *(of flies)* hejno, *(of locusts)* hejno, mračno, záplava; **a s. of people** dav lidí ♦ **descend on sb like a s. of locusts** sesypat se na koho jako kobylky ● **I** vi *(bees)* rojit se; **the place was ~ing with people** hemžilo se to tam lidmi, bylo tam lidí jako mravenců, bylo tam jako v mraveništi **II** vt Amer **s. the streets** (Subj: *crowds)* zaplavit ulice

swarthiness ['swo:ðinəs] n snědost, tmavost

swarthy ['swo:ði] adj (**-ier**, **-iest**) *(skin, complexion)* snědý, tmavý

swash [swoš] vt, vi *(water)* pleskat

swashbuckling ['swošbakliŋ] adj *(person, manner)* chvástavý, fanfarónský

swastika ['swostikə] n hákový kříž, svastika

swat [swot] n **1** *(blow)* prudký úder otevřenou rukou, novinami, plácačkou etc, plácnutí; **he took a s. at a fly** snažil se připlácnout mouchu, plácl po mouše **2** *(fly s.)* plácačka na mouchy ● vt (**-tt-**) **1 s. a fly** (při)plácnout mouchu **2** inf *(slap)* plácnout/ plácat

swatch [swoč] n *(sample)* vzorek

swath [swoθ], **swathe**$_1$ [sweið] n **1** Agr pokos, záběr kosy **2** *(strip)* široký pruh, pás; **cut a s. through sth** prosekat pás čím, *(through difficulties, obstacles)* najít si cestu z čeho, vysekat se z čeho

swathe$_2$ [sweið] vt *(bind up)* ovázat, ovinout; *(in bandages)* obvázat; *(in blankets)* zabalit; **s. oneself in blankets** zabalit se do přikrývek

sway [swei] n **1** *(~ing movement)* houpání, kolébání, houpavý pohyb; **walk with a s.** kroutit se v bocích **2** *(power)* moc nad kým, *(influence)* vliv na koho; **fall under sb's s.** dostat se do područí koho, dostat se pod nadvládu koho; **hold s. over sb/ a country** ovládat koho/ zemi, udržovat koho/ zemi v područí ● **I** vi *(bridge, pylon, tree)* kývat se; *(vessel)* houpat se, kymácet se; *(person: walk)* kymácet se, klátit se, kolébat se (v bocích); *(from weakness, drunkenness)* vrávorat, potácet se; **s. from side to side** kymácet se ze strany na stranu **II** vt **1 s. one's hips** pohupovat se or kolébat se v bocích; **s. the branches** (Subj: *wind)* klátit or kymácet větvemi **2** fig *(influence)* ovlivnit; *(change sb's mind)* přemluvit

swear [sweə(r)] n klení, láteření; **have a s.** zaklít, zasakrovat ● v (pt **swore** [swo:(r)], pp **sworn** [swo:n]) **I** vt **1** gen *(promise, claim)* přísahat, zapřísahat se, zaklínat se; inf **s. blind (that) ...** dušovat se, že ...; **I s. (to God) that ...** přísahám (při Bohu), že ...; **I could s. (to it) (that) ...** dal bych na to krk, že ..., vzal bych na to jed, že ..., mohl bych přísahat na to, že ... **2 s. sb to secrecy** zavázat koho přísahou mlčenlivosti **II** vi **1** *(solemnly)* přísahat, složit/ skládat přísahu; **s. on the Bible** přísahat na bibli; **s. to sth** odpřisáhnout co **2** *(curse)* klít, láteřit; **s. at sb/ sth** proklínat koho/ co, láteřit na koho/ co ♦ **s. like a trooper** být sprostý jako dlaždič, klít jako pohan **III** phr vs ■ **swear by** vt *(rely on: remedy)* přísahat na, nedat dopustit na ■ **swear in** vt *(witness, official)* vzít do přísahy koho; **be sworn in** *(president)* složit slavnostně přísahu ■ **swear off** vt inf zanechat čeho, zříci se čeho; **he swore off smoking** zařekl se, že nebude kouřit

swearing ['sweəriŋ] n klení, láteření

swearword ['sweəwə:d] n zaklení, nadávka

sweat [swet] n **1** *(perspiration)* pot; **be covered in s.** být upocený or zpocený; **be all of a s.** být zalitý potem, být propocený ♦ **earn one's living by the s. of one's brow** mít tvrdý chleba, dobývat svůj chléb v potu tváře; **I was in a cold s. about it** fig běžel mi z toho mráz po zádech, nahánělo mi to hrůzu ■ **s. gland** potní žláza **2** *(~ing)* pocení, zapocení, Med vypocení; **work up a good s.** dobře se vypotit; **night ~s** noční pocení **3** *(on walls, surfaces)* opocení **4** *(work)* inf **a)** *(effort)* námaha; **it is not worth the s.** nestojí to za tu námahu **b)** *(hard task)* **this job was a real s.** tento úkol mě/ nám dal skutečně zabrat **c)** inf esp Amer **sorry to bother you — no s.!** promiňte, že vás obtěžuji — to nic (není)! **5** *(anxiety)* inf **get into a s.** vynervovat se, nechat se vyvést z míry (**about sth** kvůli čemu) **6** inf **old s.** *(person)* stará vojna ● **I** vi **1** *(perspire)* potit se; **he was ~ing profusely** or **heavily** pot se z něho jen lil, byl mokrý or zpocený jako myš; **s. like a pig** vulg potit se jako prase **2** *(walls)* opocovat se, zapotit se **3** *(work hard)* **s. over sth** pachtit se s čím, dřít se s čím; *(over homework)* lámat si s čím hlavu **II** vt **1** Cook dusit **2 s. blood** Med potit se krví, fig potit krev, dřít jako kůň **3 s. sb** *(worker)* vykořisťovat koho, platit komu hladovou mzdu **III** phr v ■ **sweat out** vt **1** *(illness, fever)* vypotit **2 s. it out** fig inf vydržet až do konce, nevzdat se, nepovolit **3 s. one's guts out** dřít se jako blázen, moci se strhat

sweatband ['swetbænd] n čelenka proti pocení; *(in hat)* potní páska

sweated ['swetid] adj *(worker)* mizerně placený, vykořisťovaný; *(goods)* vyrobený za hladovou mzdu; **s. labour** levná pracovní síla

sweater ['swetə(r)] n svetr, pulovr

sweatshirt ['swetšə:t] n bavlněná bunda, tričko s dlouhým rukávem, mikina

sweatshop ['swetšop] n robotárna, vykořisťovatelský podnik

sweaty ['sweti] adj (**-ier**, **-iest**) **1** *(person)* zpocený, zapocený, *(clothes)* propocený, upocený; *(hand)* vlhký, zapocený; *(wall)* opocený; **have a s. smell** zapáchat potem

2 *(hot: day)* parný, horký; *(work)* perný; **it was a s. climb** při výstupu jsme se řádně zapotili

swede [swi:d] n Engl tuřín

Swede [swi:d] n Švéd/ -ka

Sweden ['swi:dn] n Švédsko

Swedish ['swi:diš] adj švédský ● n 1 *(language)* švédština 2 **the S.** Švédové

sweep [swi:p] n 1 *(with broom)* (za)metení, smetení; **give the floor a s.** zamést podlahu; **the room needs a s.** v místnosti je třeba zamést ♦ **make a clean s.** Sport vyhrát or shrábnout všechny medaile 2 *(movement: of arm)* mávnutí, máchnutí; *(of sword)* seknutí; *(of scythe)* pokos; **dismiss sth with a s. of one's arm** odbýt co mávnutím ruky; **at** or **in one s.** jedním rázem 3 *(range)* dosah, *(of gun)* dostřel; *(of land)* rozsah, rozloha; *(of opinion)* škála 4 *(of road, river)* ohyb, zákrut 5 *(search: police s.)* razie, šťára 6 **(chimney) s.** kominík 7 = **sweepstake** ● v (pt & pp **swept** [swept]) I vt 1 *(room, floor)* (u)mést, zamést, zametat; *(snow)* odmést; *(chimney)* vymést ♦ **s. sth under the carpet** fig snažit se něco ututlat, zahrát něco do autu; **s. the obstacles from sb's path** fig umést komu cestičku 2 *(Subj: wind, sea etc)* **s. sb overboard** smést koho z paluby; **s. sb off his feet** srazit koho; fig **be swept off one's feet** zamilovat se až po uši 3 *(search: forest)* pročesávat; *(minefield)* odminovávat; *(mines)* odstranit; *(look around)* přeletět co očima; **s. sth for mines** odminovávat co 4 *(spread through)* **s. the country** *(fashion, craze, epidemic)* zachvátit zemi; **s. the town** *(rumour)* rozšířit se ve městě, letět po městě 5 *(win easily)* **s. the polls** vyhrát volby na celé čáře; Sport **s. the board** vyhrát or shrábnout všechny medaile or ceny II vi 1 *(with broom etc)* mést, zametat ♦ **a new broom ~s clean** nové koště dobře mete 2 *(person: move majestically)* nést se; *(move quickly: wind)* **s. across the fields** fičet v polích, *(vehicle)* **s. through** proletět, řítit se čím III phr vs ■ **sweep along** *I* vt *(Subj: crowd, water)* strhnout, vzít s sebou *II* vi *(move: boat)* (pro)plout kolem, klouzat kolem ■ **sweep aside** vt 1 *(papers etc)* smést 2 fig *(objections, problems)* smést se stolu, ignorovat ■ **sweep away** vt 1 *(leaves)* smést, odmést; *(bridge – Subj: avalanche, flood)* strhnout, odnést 2 fig *(democracy)* smést ■ **sweep back** vi *(hair)* přihladit si ■ **sweep out** *I* vt *(room)* vymést *II* vi *(leave in a grand manner)* odkráčet, odplout ■ **sweep up** *I* vt *(leaves etc)* smést, *(room)* zamést *II* vi *(after a party)* zamést

sweeper ['swi:pə(r)] n 1 *(road s.)* metař/ -ka; *(machine)* zametací vůz 2 Ftb sl zametač střední obránce

sweeping ['swi:piŋ] adj 1 *(gesture)* rozmáchlý; *(view)* panoramatický 2 fig *(victory)* pronikavý, přesvědčivý; *(change, reform)* drastický, radikální; *(legislation)* dalekosáhlý; *(statement)* paušální, povšechný

sweepings ['swi:piŋz] n pl smetí

sweepstake ['swi:psteik] n dostihová sázková loterie při které sázejí jenom majitelé závodících koní

sweet [swi:t] adj 1 lit *(food, drink)* sladký; *(wine also)* dezertní; **s. basil** Bot bazalka pravá; **s. pea** Bot hrachor vonný; **s. pepper** sladká paprika; **s. potato** Bot batata; **s. things** sladkosti, cukroví; **the coffee is too s.** káva je přeslazená ♦ **have a s. tooth** být mlsný, mít mlsný jazýček, mít rád sladkosti; **it is as s. as sugar** je to sladké jako med 2 *(water)* sladký; *(milk)* čerstvý; *(air, breath)* svěží; *(smell)* příjemný, libý 3 *(pleasant: voice)* sladký, medový, melodický; fig **s. talk, s. nothings** sladké řečičky; **revenge is s.** pomsta je sladká 4 *(kind)* milý, hodný, příjemný, sympatický; **that's very s. of you** to jste hodný, to je od vás moc milé or hezké 5 *(cute: children)* rozkošný, miloučký, roztomilý 6 inf iron *(for emphasis)* **take one's own s. time** dělat něco na dlouhé lokte, dát si na čas; **at his own s. will** zrovna, jak se mu to hodí ♦ euph **I know s. Fanny Adams** or **FA about it** nevím o tom ani zbla or ani ň, vím o tom houby ■ **~ly** adv sladce ● adv **taste s.** mít sladkou chuť; **smell s.** příjemně vonět ● n 1 Br *(candy)* bonbon, cukrátko; **~s** cukroví ♦ **forbidden fruit tastes ~est** zapovězené ovoce chutná nejlépe 2 *(dessert)* moučník 3 inf *(term of endearment)* **my s.!** drahoušku!, miláčku!

sweet-and-sour [swi:tən'sauə(r)] adj Cook sladkokyselý

sweetbread ['swi:tbred] n Cook *(thymus)* brzlík; *(pancreas)* slinivka

sweetbrier, sweetbriar ['swi:tbraiə(r)] n šípková růže

sweeten ['swi:tn] I vt 1 *(coffee, food)* osladit ♦ **s. the bitter pill** fig osladit komu hořkou pilulku 2 fig *(temper)* (u)chlácholit; inf **s. sb** dobře koho naladit 3 *(bribe)* inf podmáznout 4 *(air in room)* osvěžit II phr v ■ **sweeten up** vt *(person)* (u)chlácholit, získat lichocením

sweetener ['swi:tənə(r)] n 1 lit sladidlo 2 inf bakšiš, diškrece, *(bribe)* úplatek; **give sb a s.** dát komu diškreci or euph malou pozornost

sweetheart ['swi:tha:t] n 1 *(boyfriend/*

girlfriend) milý/ milá, něčí chlapec/ děvče **2** *(term of address)* **s.!** miláčku!, drahoušku!

sweetie ['swi:ti] n **1** inf baby talk and Scot *(candy)* bonbon, cukrátko **2** inf also **sweetiepie** *(darling)* drahoušek, brouček, berunka, andílek

sweetness ['swi:tnəs] n see **sweet 1** sladkost **2** *(of air)* svěžest **3** *(of voice)* sladkost, melodičnost **4** *(kindness)* příjemnost, sympatičnost ♦ **be all s. and light** tvářit se jako mílius, mít medový* řeči, být samý úsměv **5** roztomilost

sweet-smelling [swi:t'smeliŋ] adj voňavý

sweet-tempered [swi:t'tempəd] adj mírný, snášenlivý, příjemný

sweet-toothed [swi:t'tu:θt] adj mlsný

swell [swel] n **1** *(of sea)* vzdouvání, vlnění; *(wave)* vlna **2** *(of sail)* nadmutí **3** Mus crescendo [kreš-] **4** esp Amer dated *(dandy)* elegán, švihák, sekáč, frajer; *(big shot)* velké zvíře; *(rich person)* zazobanec, pracháč ● adj Amer inf dated skvělý, prima; *(restaurant)* nóbl, luxusní; **we had a s. time** měli jsme se báječně ● v (pt **~ed**, pp **~ed** or **swollen** ['swəulən]) **I** vt *(sails)* nadmout; *(numbers)* zvýšit; *(wood)* nechat nabobtnat, způsobit nabobtnání; *(river –* Subj: *rains)* vzedmout **II** vi **1** also **s. up** *(beans)* nabobtnat, *(wood* also*)* zduřet; *(part of body)* napuchnout, otéci, zduřet; *(balloon)* nafouknout se ♦ **s. (up) with pride** nafouknout se pýchou **2** *(crowd, population, debt)* narůstat **3** *(sail)* also **s. out** vzedmout se, nadouvat se, vzdouvat se **4** *(sound, cheers)* sílit, mohutnět **III** phr vs ■ **swell up** see vi (**1**) **s. up like a turkey cock** nadýmat se jako páv ■ **swell out** see vi (**3**)

swellhead ['swelhed] n esp Amer náfuka, domýšlivec

swell-headed ['swelhedid], **swelled-headed** ['sweldhedid] adj nafoukaný, domýšlivý

swelling ['sweliŋ] n Med opuchlina, otok, naběhnutí, zduření

swelter ['sweltə(r)] vi péci se, pařit se na slunci; *(sweat)* koupat se v potu

sweltering ['sweltəriŋ] adj *(day)* parný, dusný; **s. heat** vedro or parno k padnutí; **it is s. in here** je tu dusno k zalknutí

swept [swept] pt & pp of **sweep**

swept-back ['sweptbæk] adj **s.-b. wing** šípové křídlo, křídlo do tvaru šípu

sweptwing [swept'wiŋ] adj *(aircraft)* letadlo s šípovými křídly

swerve [swə:v] n **1** *(by car)* náhlé zatočení, náhlá změna směru, *(by driver)* strhnutí or stočení volantu; *(by plane/ ship)* prudké vybočení z dráhy/ z kursu **2** Sport *(on ball)* faleš ● **I** vt *(car)* stočit; *(ball)* dát čemu faleš, říznout **II** vi **1** *(runner)* prudce uhnout; *(car)* stočit se, prudce se vyhnout; *(plane/ ship)* prudce vybočit z dráhy/ kursu; *(ball)* dostat faleš; **s. to the left** stočit se doleva **2** fig *(from truth)* odchýlit se od čeho; *(from chosen path)* sejít z čeho

swift [swift] adj **1** *(runner)* rychlý, *(movements)* hbitý, mrštný; **be s. of foot** fml být rychlý, rychle se pohybovat **2** *(reaction, reply)* promptní, okamžitý; **be s. to do sth, be s. in doing sth** rychle něco udělat ■ **~ly** adv rychle, okamžitě; *(answer)* promptně ● n Orn rorýs

swift-flowing [swift'fləuiŋ] adj *(river)* prudký

swift-footed [swift'futid] adj rychlonohý, rychlý

swiftness ['swiftnəs] n see **swift 1** rychlost, hbitost, mrštnost **2** promptnost, okamžitost

swig [swig] inf n *(of beer* etc*)* lok, hlt; **take a s. of beer** loknout si piva ● vt (**-gg-**) also **s. down** *(drink)* obrátit do sebe; **s. beer out of a bottle** lokat pivo z láhve

swill [swil] n **1** *(pig~)* šlichta, žrádlo pro prasata, pomyje **2** *(act of ~ing)* vypláchnutí; **give sth a s. (out)** vypláchnout co ● vt **1** also **s. out** *(wash)* vymýt, *(cup, glass* also*)* vypláchnout **2 s. sth down** opláchnout co; **s. (down) the floor** spláchnout podlahu **3** inf *(guzzle: beer* etc*)* chlastat, nasávat

swim [swim] n **go for a s.** jít se koupat, jít si zaplavat; **have a s.** zaplavat si ♦ **be in the s. (of things)** být à jour, mít o všem přehled, držet krok s dobou ● v (**-mm-**; pt **swam** [swæm], pp **swum** [swam]) **I** vt **1** *(stroke)* plavat; **s. the butterfly** plavat motýlka; **he can't s. a stroke** neumí vůbec plavat, joc plave jak zednická tříska **2** *(cover by ~ming: distance, two lengths* etc*)* uplavat; *(river, lake, the Channel)* přeplavat **3** *(horse)* plavit **II** vi **1** *(fish, person)* plavat; **go ~ming** *(for pleasure)* jít se koupat, jít si zaplavat; **s. like a fish** plavat jako ryba; **s. away** odplavat; **s. up to sb** připlavat ke komu; **s. for it** zachránit si život plaváním ♦ **s. with/ against the tide** lit plavat po/ proti proudu, fig jít or plout s proudem/ proti proudu **2** *(be soaked)* **be ~ming in fat** *(food)* plavat v tuku, být samý tuk **3** inf **my head is ~ming** točí se mi hlava

swimmer ['swimə(r)] n plavec/ plavkyně

swimming ['swimiŋ] n plavání ■ **s. cap** koupací čepice; **s. costume** plavky, plavecký úbor; **s. instructor** plavčík; **s. pool** plavecký bazén, (esp *outdoor)* koupaliště, plovárna; **indoor s. pool** krytý plavecký bazén; **s. trunks** pánské plavky

swimmingly ['swimiŋli] adv Br inf **everything went s.** všechno šlo jako po másle, všechno proběhlo hladce; **we're getting on s.** báječně spolu vycházíme

swimsuit ['swimsu:t] n dámské plavky jednodílné

swindle ['swindl] n podvod, podfuk, machinace, švindl; **a tax s.** daňový podvod ● vt ošidit, podvést; **s. sb out of sth** podvodně na kom co vylákat

swindler ['swindlə(r)] n podvodník, šejdíř

swine [swain] n **1** lit (pl **swine**) *(pig)* prase, vepř ■ **s. fever** prasečí mor **2** fig pej (pl **~s**) *(contemptible man)* svině, pacholek, dobytek, mizera chlap, špinavec, *(woman)* svině, bestie; **be a s. to sb** být na koho jako ras; **you s.!** ty hajzle!, ty pacholku! ♦ **cast pearls before s.** házet perly sviním **3** sl **a s. of a job** svinská práce

swineherd ['swainhə:d] n formerly pasák/ pasačka prasat

swing [swiŋ] n **1** *(~ing movement)* houpání; *(of pendulum)* kývání, *(one instance)* kyv, výkyv; *(of needle)* rozkmit; *(of hips)* kolébání, kroucení ■ **s. bridge** otočný most; **s. door** inf lítací dveře, lítačky **2** *(attempt to hit)* rozmáchnutí; Box, Golf švih; **take a s. at sb (with an axe)** rozmáchnout se or rozehnat se po kom (sekerou) **3** *(in playground)* **a)** *(seat)* houpačka; **play on the ~s** houpat se na houpačkách ♦ **what you gain on the ~s you lose on the roundabouts** co získáš na jednom, to ztratíš na druhém; **it's a ~s and roundabouts situation** je to prašť jako uhoď **b)** *(action of ~ing)* **give sb a s.** pohoupat koho **4** *(shift: in opinion, voting preferences* etc*)* změna, obrat, posun; **a s. to sth** příklon k čemu; Comm **seasonal ~s** sezonní výkyvy or kolísání **5** *(rhythm)* **a)** Mus swing, swingová hudba **b)** fig inf **be in full s.** být v plném proudu; **get into the s. of things** zvyknout si na co, seznámit se s čím, *(in job)* zapracovat se; **walk with a s.** jít svižně; inf **go with a s.** *(party* etc*)* být fantastický, výborně dopadnout **6** esp Amer *(scope)* **give sb full s. to do sth** dát komu naprostou volnost v čem ● v (pt & pp **swung** [swaŋ]) **I** vi **1** *(move to and fro)* houpat se, pohybovat se sem a tam, komíhat se; *(pendulum)* kývat se, *(hips)* kolébat se; **s. along a rope hand over hand** ručkovat po provaze **2** *(be suspended)* viset; **a lamp swung from the ceiling** na stropě byl zavěšen lustr ♦ **you'll s. for that** inf za to se budeš houpat na šibenici, za to budeš viset **3** *(turn)* zahnout, zatočit; **s. to the right** Aut zahnout doprava; **s. (a)round** náhle se otočit, otočit se o 180°; **the country has swung to the right** v zemi došlo k obratu doprava **4** *(hit out)* **s. at sb/ sth** rozmáchnout se or rozehnat se po kom/ čem **5** *(have rhythm: music)* mít švih; **the town began to s.** město ožilo, ve městě začal pulzovat život; **the party was beginning to s.** na večírku se rozproudila zábava **II** vt **1** *(to and fro)* houpat čím, pohybovat čím sem a tam; **s. one's arms** švihat or házet pažemi; **s. one's hips** kroutit se or houpat se v bocích **2** *(move around)* **s. oneself up into the saddle** vyhoupnout or vyšvihnout se do sedla; **s. the chair around** otočit se na židli; **he swung a bag onto his back** přehodil si tašku přes rameno ♦ **there's no room to s. a cat here** nedá se tu ani pohnout, tady se člověk ani neotočí, *(in a crowded place)* je tu lidí, že by ani myš neproklouzla **3** *(aim, try to hit)* **s. an axe at sb** rozehnat se po kom sekerou **4** *(influence: opinion)* ovlivnit; **s. the voters in one's favour** získat voliče na svou stranu **5** inf *(succeed in, pull off)* **s. a deal** udělat kšeft; **s. it somehow** nějak to navléci or zaonačit; **how do we s. it?** jak to provedeme?; **he swung it so that ...** zaonačil to tak, že ... **III** phr vs ■ **swing across** vi přehoupnout se na druhou stranu; *(hand over hand)* přeručkovat na druhou stranu ■ **swing back** vi **1** lit přehoupnout se zpět **2** *(public opinion)* vrátit se do dřívějšího stavu ■ **swing to** vi *(door)* zavřít se, zaklapnout se

swingeing ['swindžiŋ] adj Br *(blow)* prudký; *(defeat)* drtivý; *(cuts, tax increase)* drastický, drakonický

swinger ['swiŋə(r)] n dated *(trendy person)* hypermoderní člověk

swinging ['swiŋiŋ] adj **1** *(step)* svižný, rázný; *(movement)* houpavý **2** *(music)* swingový, *(musician)* svingující **3** inf dated *(trendy: person)* módní; **the s. sixties** bláznivá šedesátá léta

swinish ['swainiš] adj fig podlý, podrazácký, nízký

swipe [swaip] n inf (těžký) úder, (silná) rána; *(at ball)* (od)kopnutí, odpálení; fig *(criticism)* výpad; **take** or **make a s. at sb** rozmáchnout se or rozehnat se po kom ● **I** vi inf **1** *(try to hit)* **s. at sb** rozehnat se po kom, (pokusit se) udeřit koho; **s. at the ball** napálit míč **2** *(criticize)* **s. at sb/ sth** pustit se do koho/ čeho, vzít si koho/ co na paškál **II** vt **1** *(person)* praštit, *(ball)* kopnout do čeho, napálit co **2** inf *(steal)* šlohnout, štípnout, čajznout

swirl [swə:l] n **1** *(shape: of dust, smoke)* kotouč **2** *(action)* vír, víření ● **I** vt *(dust, snow)* (z)vířit, rozvířit; **s. sth around**

(liquid) kroužit čím **II** vi *(water)* vířit se, tvořit vír(y); *(smoke)* **s. up** stoupat v kroužcích

swish [swiš] n **1** *(sound: of water)* šplouchání, šumění, šum; *(of fabric)* šustění, šustot; *(of leaves)* šelest, šelestění; *(of scythe, arrow, whip, cane)* svist, svistot, svištění, *(of bullet)* fičení, svištění **2** *(movement: of tail)* švihnutí ● adj Br inf elegantní, nóbl, fajnový, šik ● **I** vi *(water)* šplouchat, šumět; *(fabric, skirts)* šustit; *(leaves)* šelestit, šumět; *(arrow, cane)* svištět; *(bullet)* fičet, svištět **II** vt *(cane, tail)* švihnout čím; *(skirts)* zašustit čím; *(water)* šplouchat, šplíchat čím

Swiss [swis] adj švýcarský; Cook **s. roll** (piškotová) roláda or roláda; **S. cheese** ementál; **the S. Guard** švýcarská garda papežova osobní stráž; **S. German** Ling švýcarská němčina ● n *(person)* Švýcar/ -ka

switch [swič] n **1** Elec *(for light)* vypínač, Techn *(on panel* etc *also)* spínač, přepínač; *(on radio, TV)* knoflík **2** Rail Amer, Can výhybka **3** *(cane, stick)* rákoska, prut, metla k bití; *(riding whip)* jezdecký bičík **4** *(hairpiece)* falešný cop **5** *(swap)* výměna; *(change)* změna; *(to new equipment, policy)* přechod na co or k čemu; *(in opinion)* obrat, zvrat ● **I** vt **1** *(change: jobs, plans, subjects of study)* změnit; **s. places with sb** vyměnit si s kým místa **2** *(conversation)* změnit téma čeho, převést hovor na jiné téma; *(production: to a new plant)* převést **3** Elec see also **s. on/ off**, **s. over**; *(channels, frequencies)* přepnout/ přepínat **4** Rail *(points)* přestavit **II** vi **1** **s. to a different topic** přejít na jiné téma; **s. (over) to electricity** *(from gas* etc*)* přejít na elektřinu; **s. (over) to a different subject** *(at university)* přejít na jiný obor or předmět; **s. to Labour** začít podporovat labouristickou stranu, přiklonit se k labouristům; **s. to the attack** přejít z obrany do útoku **2** Rail posunovat **III** phr vs ■ **switch around** see **s. round** ■ **switch off** *I* vt *(light)* zhasnout; *(radio, TV, engine, machine)* vypnout; *(electricity, gas)* odpojit; **the machine ~es itself off** stroj se vypíná automaticky *II* vi **1** *(light)* zhasnout; *(Radio, TV, engine)* vypnout se, *(radio also)* přestat hrát, *(channel)* přestat vysílat; **the engine won't s. off** motor se nedá vypnout; **don't s. off** TV zůstaňte u televizorů **2** inf *(person: at meeting, concert* etc*)* přestat se soustředit, přestat vnímat, „vypnout" ■ **switch on** *I* vt **1** *(light)* rozsvítit; TV, Rad zapnout, pustit; *(machine, engine)* zapnout, pustit, spustit, uvést do chodu **2** sl *(interest)* vyvolat, nadchnout; *(sexually)* vzrušit, sl rozpparádit; *(by drugs)* přivést koho do narkotického opojení *II* vi *(light)* rozsvítit se; *(heating, radio, TV)* zapnout se; *(engine, machine)* spustit se ■ **switch over** *I* vi see **switch** vi (1) *II* vt Rad, TV *(programme)* přepnout na ■ **switch round** *I* vt *(swap: glasses* etc*)* vyměnit; *(rearrange: furniture)* přemístit, přestavit *II* vi *(change places: two persons)* vyměnit si místa, prohodit se

switchback ['swičbæk] n **1** *(road)* silnice plná serpentin **2** *(roller-coaster)* horská dráha

switchboard ['swičbo:d] n **1** Tel centrála ■ **s. operator** telefonista/ telefonistka **2** Elec rozvodná deska, rozváděč

switchman ['swičmən] n Amer (pl **-men**) výhybkář, posunovač

switchover ['swičəuvə(r)] n *(to another method, system* etc*)* změna, přechod na co

switchyard ['swičja:d] n Amer seřaďovací nádraží

Switzerland ['switsələnd] n Švýcarsko; **in S.** ve Švýcarsku

swivel ['swivl] n gen otočný čep, Mil *(of gun)* točna ■ **s. chair** otočné sedadlo, otočná or otáčivá židle; **s. pin** Aut otočný čep, svislý čep nápravy ● v (**-ll-**; Amer **-l-**) **I** vt *(chair)* otočit/ otáčet čím **II** vi **s. (round)** (o)točit se/ otáčet se

swiz(z) [swiz] n Br inf *(swindle)* švindl, podfuk

swollen ['swəulən] pp of **swell** ● adj **1** *(ankle, face* etc*)* opuchlý, oteklý; *(river)* rozvodněný; *(wood)* nabobtnalý ♦ **have a s. head** být nafoukaný **2** *(sail)* vzdutý

swollen-headed [swəulən'hedid] adj nafoukaný, namyšlený

swoon [swu:n] dated n mdloba, mdloby; **fall into a s.** padnout do mdlob ● vi **1** *(lose consciousness)* **s. (away)** omdlít, padnout do mdlob **2** fig esp joc **s. over sb** být z koho v tranzu, padat před kým na zadek

swoop [swu:p] n **1** *(by bird, plane)* střemhlavý let; fig **at one fell s.** jedním rázem or vrzem, na jeden ráz, najednou **2** *(by police)* razie, šťára ● vt **1 s. (down)** *(bird)* vrhnout se střemhlav (**on sb/ sth** na koho/ co), *(plane)* snést se střemhlav **2** *(make a raid* – Subj: *police)* udělat razii

swoosh [swu:š] vi *(fabric)* šustit; *(leaves, grass)* šelestit; *(air:* eg *from tyre)* syčet ● n šustění, šustot; šelestění; syčení

swop [swop] see **swap** vt

sword [so:d] n meč; **naked s.** obnažený meč; **the s. of Damocles** Damoklův meč; **brandish a s.** rozmáchnout se mečem; **by fire and (the) s.** ohněm a mečem ♦ **cross ~s with sb** fig zkřížit meče or kordy s kým, dostat se s kým do křížku, inf rozdat si to s kým ■ **s. dance** šavlový tanec

swordfish ['so:dfiš] n mečoun

swordsman ['so:dzmən] n (pl **-men**) šermíř
sword-swallower ['so:dswoləuə(r)] n polykač/ -ka mečů
swore [swo:(r)] pt of **swear**
sworn [swo:n] pp of **swear** ● adj **1** Jur *(testimony, interpreter)* přísežný; *(translation)* ověřený **2** *(enemy)* úhlavní, odvěký, zarytý
swot [swot] n Br inf *(person)* dříč, bifloun, šprtoun ● v **(-tt-)** **I** vt(i) šprtat, biflovat; **s. at sth** šprtat or biflovat co **II** phr v ■ **swot up** vi **s. up on sth** něco (se) šprtat or dřít
swotting ['swotiŋ] n Br inf šprtání, biflování
swum [swam] pp of **swim**
swung [swaŋ] pt & pp of **swing** ● adj Typ **s. dash** vlnovka, tilda
sybarite ['sibərait] n sybarita/ sybaritka, požitkář/ -ka
sybaritic [sibə'ritik] adj sybaritský, požitkářský, rozkošnický
sycamore ['sikəmo:(r)] n Bot fíkovník sykomora; Amer platan
sycophancy ['sikəfənsi] n pochlebování, podkuřování, podlézavost
sycophant ['sikəfənt] n pochlebník, podkuřovač, podlézavec
sycophantic [sikəu'fæntik] adj pochlebnický, úlisný, podlézavý
syllabic [si'læbik] adj Ling slabičný
syllabification [si,læbifi'keišn] n Ling slabikování
syllabify [si'læbifai] vt (pt & pp **-fied**) Ling slabikovat
syllable ['siləbl] n Ling slabika ♦ **I explained it to him in words of one s.** vysvětlil jsem mu to po lopatě
syllabus ['siləbəs] n (**~es** or **syllabi** ['siləbai]) Sch Univ studijní program, učební osnovy, fml sylabus
syllogism ['silədžizəm] n Philos sylogismus
syllogistic [silə'džistik] adj sylogistický
sylph [silf] n Myth sylfida, sylfa
sylphlike ['silflaik] n *(figure)* útlý, éterický, jsoucí jako sylfida
sylvan, silvan ['silvən] adj fml lesní
symbiosis [simbai'əusis] n Biol & fig symbióza
symbiotic [simbai'otik] adj symbiózní
symbol ['simbl] n symbol, znak, značka
symbolic [sim'bolik] adj symbolický ■ **~ally** adv symbolicky
symbolism ['simbəlizəm] n symbolika; Art, Liter *(movement)* symbolismus
symbolist ['simbəlist] n Art, Liter symbolista
symbolization [simbəlai'zeišn] n symbolizace
symbolize ['simbəlaiz] vt symbolizovat
symmetrical [si'metrikl] adj symetrický, souměrný ■ **~ly** adv symetricky, souměrně
symmetry ['simətri] n symetrie, souměrnost
sympathetic [simpə'θetik] adj **1** *(showing compassion)* soucitný, mající soucit s kým; *(understanding)* chápající, mající porozumění or pochopení (**towards sb** s kým); **she's s. to our cause** má pochopení pro naši věc **2** *(congenial: atmosphere, person)* příjemný; **he's not a very s. character** není moc sympatický **3** Anat **s. nervous system** sympatické nervstvo, sympatik(us) ■ **~ally** adv *(compassionately)* soucitně, s pochopením
sympathize ['simpəθaiz] vi **1 s. with sb** *(feel compassion)* cítit s kým, mít s kým soucit, *(express sympathy: on death)* projevit komu soustrast; **I s. with you** *(I feel sorry for you)* je mi vás líto **2** *(understand)* **s. with sb** mít pro koho porozumění, chápat koho **3** *(support: strikers, terrorists, organization)* **s. with sb/ sth** sympatizovat s kým/ čím, být s kým solidární
sympathizer ['simpəθaizə(r)] n sympatizant/ -ka, přívrženec/ přívrženkyně
sympathy ['simpəθi] n **1** *(compassion)* soucit, *(pity)* lítost, *(at death)* soustrast; **have** or **feel s. for sb** cítit s kým, mít s kým soucit; **a letter of s.** kondolence; **with deepest s.** upřímnou soustrast! **2** *(understanding, solidarity)* sympatie; **be in s. with sb** sympatizovat s kým; **be in s. with sb's aims** solidarizovat se s kým ■ **s. strike** stávka ze solidarity
symphonic [sim'fonik] adj symfonický
symphony ['simfəni] n symfonie ■ **s. orchestra** symfonický orchestr, filharmonie
symposium [sim'pəuziəm] n (pl **~s** or **symposia** [-ziə]) sympozium, sympozion
symptom ['simptəm] n symptom, příznak, známka čeho; **these ~s point to ...** tyto symptomy or příznaky ukazují na ...
symptomatic [simptə'mætik] adj symptomatický, příznačný (**of sth** pro co)
synagogue ['sinəgog] n synagoga
sync [siŋk] n inf TV, Film abbr of **synchronization** synchronizace; **be in s./ be out of s.** *(picture and soundtrack)* být/ nebýt synchronizovaný
synchromesh ['siŋkrəumeš] n Aut **a s. gearbox** synchronizovaná převodovka

synchronic [siŋ'kronik] adj Ling synchronický

synchronization [siŋkrənai'zeišn] n synchronizace

synchronize ['siŋkrənaiz] **I** vt synchronizovat; *(watches)* seřídit na stejný čas; **~d swimming** synchronizované plavání, akvabely **II** vi *(chimes)* být synchronizovaný

synchronizer ['siŋkrənaizə(r)] n synchronizátor

synchronous ['siŋkrənəs] adj synchronický; Comput synchronní

syncopate ['siŋkəpeit] vt Mus synkopovat

syncopated ['siŋkəpeitid] adj Mus synkopovaný, synkopický

syncopation [siŋkə'peišn] n Mus synkopování

syncretism ['siŋkrətizəm] n Philos synkretismus

syndicalism ['sindikəlizm] n syndikalismus

syndicate ['sindikət] n konsorcium, sdružení, syndikát; Amer **crime s.** zločinecký syndikát ● ['sindikeit] vt Press publikovat současně ve více novinách a časopisech

syndrome ['sindrəum] n Med syndrom

synecdoche [si'nekdəki] n synekdocha

synergy ['sinədži] n (pl **-gies**) synergie, spolupůsobení, součinnost

synod ['sinəd] n Relig synod, synoda

synonym ['sinənim] n synonymum, souznačné slovo

synonymous [si'nonəməs] adj synonymický, synonymní, *(word* also*)* souznačný

synonymy [si'nonəmi] n Ling synonymie, synonymita, souznačnost

synopsis [si'nopsis] n (pl **synopses** [si'nopsi:z]) n synopse, konspekt, souhrn, přehled

synoptic [si'noptik] adj synoptický, přehledný, souhrnný

syntactic(al) [sin'tæktik(l)] adj syntaktický

syntax ['sintæks] n **1** Ling syntax, *(of sentence* also*)* (větná) skladba, větosloví **2** Comput syntax ■ **s. error** syntaktická chyba

synthesis ['sinθəsis] n (pl **syntheses** [-si:z]) syntéza

synthesize ['sinθəsaiz] vt syntetizovat, spojit v jeden celek

synthesizer ['sinθəsaizə(r)] n Mus, Comput syntetizér

synthetic [sin'θetik] adj syntetický, *(fibre, textile)* umělý; fig *(smile)* strojený ● n umělá hmota, *(fibre)* syntetické vlákno

syphilis ['sifəlis] n Med syfilis, syfilida, příjice, lues

syphilitic [sifə'litik] adj syfilitický ● n Med syfilitik/ syfilitička, luetik/ luetička

syphon ['saifən] n = **siphon**

Syria ['siriə] n Geog Sýrie

Syrian ['siriən] adj syrský ● n *(person)* Syřan/ -ka

syringe [sə'rindž, 'sirindž] n Med stříkačka; **hypodermic s.** injekční stříkačka ● vt Med vypláchnout stříkačkou

syrup ['sirəp] n sirup; **cough s.** sirup proti kašli; **golden s.** žlutý sirup, melasa

syrupy, Amer also **sirupy** ['sirəpi] adj **1** lit sirupovitý, jako sirup **2** *(smile, voice)* nasládlý; *(sentimental)* sentimentální

system ['sistəm] n **1** *(method, methodology)* systém; **filing s.** klasifikační systém; **a new s. of teaching languages** nová metodologie výuky jazyka; Comput **operating s.** operační systém; Comput **~(s) analysis** systémová analýza; **you need some s. in your work** musíš pracovat poněkud systematicky **2** *(set of principles)* Econ, Jur, Philos systém; **banking s.** bankovní systém, bankovnictví; **judicial s.** soudnictví; **tax s.** daňová soustava **3** Pol *(s. of government)* společenský řád or systém, společenské zřízení; **a democratic/ totalitarian s.** demokratický/ totalitní systém **4** *(working whole)* **a)** Anat soustava, ústrojí, trakt; **the digestive s.** zažívací ústrojí or trakt; **the nervous s.** nervová soustava, nervový systém **b)** *(human body as a whole)* organismus; **get sth out of one's system** fig zbavit se čeho, vypořádat se s čím **c)** *(network)* síť; **the rail s.** železniční síť **d)** *(device, equipment)* systém; **the cooling s.** chladicí systém **5 the s.** *(established order)* zavedený systém or řád; **you can't beat the s.** proti zakořeněným praktikám nic nenaděláš

systematic [sistə'mætik] adj metodický, plánovitý, systematický; *(abuse)* systematický, soustavný; **in a s. fashion** systematicky ■ **~ally** metodicky, systematicky, plánovitě

systematization [sistəmətai'zeišn] n systemizace, systemizování

systematize ['sistəmətaiz] vt systemizovat

systemic [si'sti:mik] adj systémový

systole ['sistəli] n Physiol systola, srdeční stah

systolic [si'stolik] adj systolický

T

T, t [ti:] n (pl **T's, t's** [ti:z]) **1** *(the letter)* T, t **2** fig **to a T/ tee** do puntíku (přesně); **it suits him to a T** je to pro něj jako stvořené; **that's her to a T** *(on photo)* je tam jako živá, to je přesně ona; see **T-junction**, **T-shirt**

TA Br abbr of **Territorial Army** domobrana

ta [ta:] interj Br inf díky, díkes

tab$_1$ [tæb] n **1** *(on coat)* poutko; Mil výložka; *(on shoelace)* kovová výztuha; *(name tab)* jmenovka; *(label)* etiketa, štítek; *(on files)* běžec ♦ **keep ~s on sb/ sth** inf dávat na koho/ co bacha, mít koho/ co v merku, (Subj: *police)* sledovat koho **2** Aviat vyvažovací klapka **3** inf *(bill)* účet ♦ **pick up the t.** zaplatit účet or útratu, zatáhnout to

tab$_2$ [tæb] n *(on computer, typewriter)* tabulátor; **set ~s** nastavit značky tabulátoru ■ **t. mark** značka tabulátoru; **t. setting** nastavení tabulátoru ● vt inf nastavit tabulátor

tabby ['tæbi] n **t. (cat)** mourovatá kočka/ mourovatý kocour, mourek

tabernacle ['tæbənækl] n Relig svatostánek, tabernákl

table ['teibl] n **1** *(piece of furniture)* stůl; **bedside t.** noční stolek; **dining t.** jídelní stůl; **dressing t.** toaletní stolek; **folding t.** skládací stůl; **kitchen t.** kuchyňský stůl; **side t.** odkládací stůl; **at a/ the table** u stolu; **sit at t.** sedět u stolu jíst; **sit down to** or **at t.** sednout si ke stolu, posadit se k tabuli; **clear the t.** odklidit or uklidit ze stolu; **lay** or **set the t.** prostřít stůl; **may I leave the t.?** mohu odejít od stolu? ♦ **be under the t.** být opilý pod obraz; **drink everybody under the t.** vydržet pít víc než všichni ostatní; **crumbs from the rich man's t.** drobty ze stolu bohatých ■ **t. lamp** stolní lampa; **t. tennis** Sport stolní tenis, ping-pong **2** *(food)* **keep a good/ an excellent t.** výborně vařit **3** *(people at a t.)* **the whole t. laughed** celý stůl se rozesmál, všichni u stolu se rozesmáli **4** fig **the proposal is now on the t.** návrh se projednává; **put one's cards on the t.** vyložit karty na stůl, hrát otevřenou hru, jednat s kým na rovinu; **turn the ~s on sb** inf převézt koho **5** Math **multiplication t.** násobilka **6** *(chart)* tabulka; Chem **periodic t.** periodická tabulka; **t. of rates** sazebník, tarif; **t. of contents** obsah **7** Sport tabulka **8** Bibl **the T~s of the Law** desky zákona, Desatero **9** Geog *(on mountain top)* plošina, náhorní plošina; **water t.** hladina spodní vody ● vt **1** *(motion)* navrhnout **2** Amer *(postpone: bill)* odložit projednávání čeho **3** *(tabulate)* tabelovat, sestavit do tabulky/ tabulek

tableau ['tæbləu] n (pl **~s** or **~x** [-bləuz]) Art obraz, scéna, výjev; **t. vivant** ['vi:vã] živý obraz; fig obrázek, scénka

tablecloth ['teiblkloθ] n ubrus

table d'hôte [ta:bl'dəut] n (pl **tables d'hôte**) menu jídlo za předem stanovenou cenu

tableland ['teibllænd] n Geog náhorní plošina, náhorní rovina

tablespoon ['teiblspu:n] n (polévková) lžíce

tablespoonful ['teiblspu:nful] n *(quantity)* polévková lžíce

tablet ['tæblət] n **1** *(medicine)* tabletka, prášek, pilulka; **sleeping ~s** prášky pro spaní **2** *(plaque)* (pamětní) deska **3** *(of chocolate)* tabulka; *(of soap)* kostka **4** Hist *(for writing – writing tablet)* psací destička **5** Comp tablet **6** Amer *(writing pad)* poznámkový blok

tableware ['teiblweə(r)] n (kuchyňské) nádobí

tabloid ['tæbloid] n Press (bulvární) plátek, tabloid ■ **t. press** bulvární tisk

taboo, tabu [tə'bu:] n tabu ● adj tabuový; Ling **t. word** tabuové slovo

tabular ['tæbjulə(r)] adj tabelární, tabulkový v tabulkové podobě; **in t. form** v tabulkách, sestavený do tabulek

tabulate ['tæbjuleit] vt *(figures)* sestavit do tabulky, tabelovat

tabulation [tæbju'leišn] n tabelace, zapisování do tabulky/ tabulek

tabulator ['tæbjuleitə(r)] n tabulátor ■ **t. key** Comput klávesa tabulátoru

tachograph ['tækəgra:f] n tachograf, registrační tachometr

tachometer [tæ'komitə(r)] n tachometr, otáčkoměr, rychloměr

tacit ['tæsit] adj nevyslovený, tichý, mlčky se rozumějící; **t. agreement** tichá dohoda ■ **~ly** adv mlčky, nevysloveně

taciturn ['tæsitə:n] adj málomluvný, nesdílný, skoupý na slovo, zamlklý

taciturnity [tæsi'tə:nəti] n málomluvnost, nesdílnost, uzavřenost

tack$_1$ [tæk] n **1** *(nail)* malý hřebík, hřebíček ♦ **get down to brass ~s** přistoupit k věci, jít k jádru věci, nedělat okolky **2** Amer *(drawing pin)* napínáček **3** Br Sew dlouhý steh **4** Naut *(course)* kurs, směr plavby; fig taktika; **take** or **try another t.** zkusit jinou taktiku; fig **change t.** změnit taktiku ● **I** vt **1** *(nail)* přibít (**to sth** k čemu) **2** Br Sew přistehovat, nastehovat **II** vi křižovat proti větru **III** phr vs ■ **tack on** vt **1** *(with nail)* přibít; *(with drawing pin)* připnout; *(sew)* přistehovat **2** fig *(add: conclusion, clause, ending)* připojit, napojit; *(building)* přistavět ■ **tack up** vt *(hem)* přistehovat

tack$_2$ [tæk] n námořní suchar; **be on hard t.** žít o suchém chlebě

tackily ['tækili] adv see **tacky**$_2$

tackiness$_1$ ['tækinəs] n (see **tacky**$_1$) lepkavost, nezaschlost

tackiness$_2$ ['tækinəs] n see **tacky**$_2$ **1** podřadnost, lacinost; zanedbanost **2** nevkusnost

tacking ['tækiŋ] n Br Sew stehování ■ **t. stitch** dlouhý steh; **t. thread** stehovací nit, stehovačka

tackle ['tækl] n **1** *(on ship: rigging)* lanoví, lodní výstroj **2** *(lifting gear)* kladkostroj **3** *(equipment)* výstroj, potřeby; **fishing t.** rybářské potřeby **4** Sport zastavení útočícího hráče; *(in rugby, American football)* skládání, složení ● vt **1** Sport *(player)* zastavit, *(in rugby, American football)* složit; *(assailant)* bránit se komu, pustit se do koho; *(thief)* vrhnout se na koho; fig **t. sb** spustit na koho zhurta; **t. sb on sth** vyříkat si co s kým **2** *(task, problem)* vypořádat se s čím, *(grapple with)* poprat se s čím; **t. sth cleverly** jít na co chytře; **I don't know how to t. it** nevím, jak na to

tacky$_1$ ['tæki] adj (**-ier**, **-iest**) *(sticky)* lepkavý, *(paint* also*)* nezaschlý

tacky$_2$ ['tæki] adj (**-ier**, **-iest**) inf **1** *(shoddy)* podřadný, laciný; *(area)* zanedbaný; *(shoddily made)* odbytý, odfláknutý **2** *(tasteless, vulgar)* nevkusný ■ **tackily** adv podřadně, lacině; nevkusně

tact [tækt] n takt, taktnost, diskrétnost

tactful ['tætful] adj taktní, diskrétní; *(behaviour* also*)* jemný

tactfulness ['tætfulnəs] n taktnost, diskrétnost, jemnost

tactic ['tæktik] n Mil, Sport taktika

tactical ['tæktikl] adj Mil & fig taktický; **t. error** taktická chyba ■ **~ly** adv takticky

tactician [tæk'tišn] n Mil & fig taktik

tactics ['tæktiks] n Mil, Sport & fig taktika; **delaying t.** vyčkávací taktika

tactile ['tæktail] adj hmatový, taktilní

tactless ['tæktləs] adj netaktní, nediplomatický ■ **~ly** adv netaktně

tactlessness ['tæktləsnəs] n netaktnost, netaktní přístup

tad [tæd] n Amer inf špunt, prcek, šprček

tadpole ['tædpəul] n pulec

taffeta ['tæfitə] n Text taft ■ adj *(dress)* taftový, z taftu

taffy ['tæfi] n Amer bonbon, karamela

tag [tæg] n **1** *(label)* etiketa, štítek, visačka; *(for soldier, dog)* známka; Admin *(on file)* jezdec; *(loop: on jacket, coat)* poutko; **price t.** cenovka; **name t.** jmenovka **2** *(cliché)* okřídlená fráze, rčení; *(quotation)* citát **3** Ling **(question) t.** přívěsná otázka, disjunktivní otázka **4** *(game)* honička, honěná; **play t.** hrát si na honičku ● **I** vt **1** *(article, garment)* označit visačkou or štítkem or nálepkou, *(suitcase)* opatřit přívěsným štítkem, *(with price/ name)* opatřit cenovkou/ jmenovkou; *(animal)* (o)značkovat; *(person)* fig ocejchovat **2** inf Amer Aut nalepit komu pokutový lístek **3** Amer *(follow* – Subj: *detective)* sledovat, stopovat **4** Comput označit **II** phr vs ■ **tag along** vi **t. along with sb** *(accompany)* připojit se ke komu, jít s kým, *(without invitation)* nalepit se na koho; **t. along behind sb** *(follow)* jít za kým ■ **tag on** vt *(person)* připojit se ke komu; **t. sth on** *(attach)* připojit co k čemu, *(paragraph)* přidat co; **t. sth onto sth** připojit co k čemu

Tahiti [tə'hi:ti] n Tahiti; **in T.** na Tahiti

Tahitian [tə'hi:šən] adj tahitský ● n Tahiťan/ -ka

tail [teil] n **1** *(of animal)* ocas, *(of horse, dog* etc also*)* ohon, *(of cow* etc also*)* oháňka; *(of fox, squirrel, peacock)* chvost; inf dated *(buttocks)* zadní část, zadek; **wag its t.** *(animal)* vrtět ocasem ♦ **go away with one's t. between one's legs** odejít jako zmoklá slepice or jako zpráskaný pes; **be (right) on sb's t.** být komu v patách; **I can't make head or t. of it** nejsem z toho moudrý or chytrý, mám z toho v hlavě úplný galimatyáš inf; **turn t.** zbaběle utéci **2** *(of comet)* chvost, ohon; *(of aircraft)* ocas, ocasní část; *(of procession, train)* konec; *(of shirt)* cíp; *(of coat, jacket)* šos; Mus *(of note)* praporek **3** inf *(detective)* špeh; **put a t. on sb** dát koho sledovat **4** **~s a)** *(on coin)* rub mince, orel; **heads or ~s** hlava nebo orel **b)** *(~coat)* frak **5** vulg sl **a bit of t.** ženská, holka ● **I** vt **1** sl *(follow)* sledovat, stopovat **2** *(fruit)* čistit, zbavit stopek **II** phr vs ■ **tail back** vi *(traffic)* táhnout se (**two miles** dvě míle), sahat kam ■ **tail out**, **tail away** *(sound)* doznívat, přestávat

tailback ['teilbæk] n **a t. of cars** šňůra aut, dlouhá kolona aut

tailcoat [teil'kəut] n frak

tailgate ['teilgeit] n Aut zadní dvířka auta ● vt inf (Subj: *car)* jet v těsném závěsu za čím

tailless ['teilləs] adj bezocasý

taillight ['teilait] n Aut koncové světlo

tailor ['teilə(r)] n krejčí; **t.'s chalk** krejčovská křída; **t.'s dummy** krejčovská panna ● vt **1** *(garment)* (u)šít **2** *(adapt)* přizpůsobit; **t. sth to sb** *(house, equipment, programme)* připravit co pro koho

tailor-made [teilə'meid] adj šitý na míru; **a t.-m. suit** oblek na míru; fig **it's t.-m. for him** je to na něj jako ušité

tailplane ['teilplein] n Aviat vodorovné ocasní plochy, výškové plochy

tailspin ['teilspin] n **1** Aviat vývrtka **2** fig *(panic)* panika, zmatek

tailwind ['teilwind] n Aviat, Naut vítr od zadu, zadní vítr

taint [teint] n *(of sin, corruption)* skvrna, poskvrna; *(trace: of infection, contamination* etc*)* stopa ● vt **1** *(food)* způsobit zkažení čeho; **become ~ed** zkazit se; *(air, water)* znečistit **2** *(sully: reputation)* pošpinit, poskvrnit, zhanobit

tainted ['teintid] adj *(meat)* zkažený; *(water)* znečištěný; *(reputation)* pošramocený; *(money)* špinavý

Taiwan [tai'wa:n] n Tchaj-wan

Taiwanese [taiwə'ni:z] adj tchajwanský

take [teik] n **1** Film, TV záběr **2** Fishing, Hunt úlovek, *(of game* also*)* výřad **3** Comm *(amount of money received)* tržba, výnos ● v (pt **took** [tuk], pp **taken** ['teikən]) **I** vt **1** *(grasp, seize)* uchopit, vzít; **t. sb by the hand** vzít koho za ruku; **t. sb in one's arms** vzít koho do náruče ♦ **t. sb firmly in hand** nemazlit se s kým; **t. sb's fancy** zalíbit se komu; **t. the bull by the horns** popadnout býka za rohy; **t. time by the forelock** využít příležitosti, popadnout štěstí za pačesy; **t. an opportunity** využít příležitosti **2** *(lessons)* brát, chodit na; **t. a holiday** vzít si dovolenou ♦ **t. liberties** dovolovat si, být drzý **3** *(adopt: attitude)* zaujmout; **t. the line of least resistance** jít cestou nejmenšího odporu; **t. a tough line** nasadit tvrdý kurs **4** *(remove: from its place)* vzít (pryč); *(steal)* ukrást; **t. sth from sb** vzít komu co; **t. sth from the table** vzít co ze stolu; **that man took my purse** ten muž mi ukradl peněženku; Math **t. 20 from 30** odečíst 20 od 30 **5** *(carry)* vzít, (za)nést, (za)vézt; **t. sth home** vzít si co domů; **t. sb's coat to the cleaners** zanést komu kabát do čistírny; **t. a letter to the post office** jít s dopisem na poštu; **I took her some flowers** přinesl jsem jí květiny; **can I t. the book home?** mohu si tu knihu vzít domů?; **I shall t. this myself** tohle si odnesu sám; **t. sb to hospital** zavézt koho do nemocnice; **t. sth with one to the grave** vzít si co s sebou do hrobu **6** *(lead)* (za)vést, vzít; **t. a child to school** zavést or vzít dítě do školy, *(by car)* zavézt dítě do školy; **t. a dog for a walk** jít se psem na procházku, vzít psa na procházku ♦ **t. sb to task** vynadat komu, vzít si koho na paškál; **he went where his feet took him** šel, kam ho nohy nesly; **t. sb to the cleaners** inf fig oškubat koho, vzít koho na hůl; **t. things to extremes** zacházet do extrémů or do nemožností; **t. sb to court** hnát koho před soud, stíhat koho soudně **7** *(go by: bus* etc*)* jet čím; *(plane)* letět čím; *(motorway)* jet po čem; **t. a No. 10 bus** jet autobusem číslo deset, jet desítkou; **t. the night train** jet nočním vlakem; **let's t. a taxi** pojeďme taxíkem; **don't t. this road** touto cestou nejezděte; **t. a shortcut** vzít to zkratkou **8** *(occupy)* **t. a seat** sednout si, posadit se; **this seat is ~n** toto místo je obsazeno ♦ **t. a back seat** držet se v pozadí **9** *(accommodate, hold: hall, bus)* mít kapacitu; **this bus ~s 60 passengers** je to autobus pro 60 cestujících; **the back seat ~s three** na zadní sedadlo se vejdou tři **10** *(negotiate: bend, corner)* vzít; *(obstacle* – Subj: *horse)* přeskočit, překonat **11** *(record: temperature)* (z)měřit; **t. notes** dělat si poznámky; **t. your temperature!** změřte se!, změřte si teplotu!; **t. sb's blood pressure** změřit komu krevní tlak; **t. sb's measurements** vzít komu míru na šaty **12** *(buy: newspapers)* odebírat, brát, kupovat si, *(subscribe to)* mít předplaceno **13** *(capture: town, fortress)* dobýt; *(army)* zajmout; *(win: prize)* vyhrát, získat; *(game)* vyhrát; **t. a fort by storm** vzít pevnost ztečí; **t. first/ second place** být první/ druhý ♦ **t. sb's fancy** padnout někomu do oka **14** Sch *(exam)* složit, skládat; *(study: subject)* studovat, inf dělat; **t. a degree** promovat, získat akademickou hodnost; **he took his degree three years ago** promoval před třemi lety **15** *(put up with)* snést, strpět; *(endure: climate, journey)* vydržet; **he can't t. a joke** nerozumí legraci; inf **I can't t. it any more** já to už nevydržím, mám toho až po krk, už toho mám plný* zuby **16** *(consume: meal)* jíst, vzít si, dát si, *(drink)* dát si, (vy)pít; *(medicine)* užívat/ užít, brát; **do you t. sugar?** sladíte?, dáváte si cukr?; **t. drugs** požívat drogy, drogovat; **t. some food** pojíst, něco si vzít; **t. a drop now and then** tu a tam si přihnout **17** *(use)* **a)** *(violently)* **t. an axe/ knife to sb** zaútočit na koho sekerou/ nožem, vzít na koho sekeru/ nůž; **t. a stick to sb** rozehnat se po kom holí, vzít na koho hůl **b) t. the name of the Lord in vain** brát jméno boží nadarmo **18** *(consider as example)* vzít; **t. Tom (for example), he ...** vezmi si například Toma, on ...; **taking one thing with another** když se to uváží jedno k druhému, když se to vezme kolem a kolem **19** *(assume)* **I t. it that ...** mám za to, že ..., předpokládám, že ...; **t. a sober view of sth** dívat se na co střízlivě; **t. sb for a friend**

považovat koho za přítele; **do you t. me for a fool?** považujete mne snad za hlupáka?, myslíte si, že jsem hlupák?; **how old do you t. him to be?** kolik mu hádáte let?; **who do you t. me for?** za koho mě máte?; **t. sth as gospel** brát co za bernou minci, věřit čemu jako slovu božímu or evangeliu; **t. sth into consideration** brát/ vzít co v úvahu or v potaz **20** *(experience)* **be ~n ill** onemocnět; **t. a lot of criticism** být velmi kritizován; inf **t. a lot of stick** slíznout si to **21 a)** *(accept)* přijmout, vzít, *(bribe, money)* vzít/ brát; **t. the bait** *(fish)* spolknout návnadu, zabrat also fig; **t. a job** jít do práce, nastoupit do zaměstnání; **t. a summer job** jít v létě na brigádu; **t. charge of sth** vzít si co na starost; **t. it from me that ...** nechte si ode mne říci, že ...; **t. sb as one's (lawful wedded) husband/ wife** pojmout koho za (právoplatného) manžela/ (právoplatnou) manželku; **t. sb at his word** vzít koho za slovo; **t. my word for it** dej na moje slova **b)** *(react to)* reagovat na, brát co jak; **t. sb under one's wing** vzít koho pod svá ochranná křídla; **t. sth as it is** brát co, (tak) jak to je; **t. a bleak view of sth** dívat se na co černě; **t. a different view of sth** dívat se na co jinak; **t. sth in good part** brát/ vzít co sportovně; **t. it easy** *(be lazy)* lenošit, flákat se; *(relax)* **t. it easy!** nic si z toho nedělej!, to chce klid!; **t. note of sth** brát co na vědomí; **t. sth like a man** postavit se k čemu čelem or jako muž; **t. everything lying down** nechat si všechno líbit; **t. sth personally** brát co osobně, vztáhnout co na sebe; **t. sth seriously** brát co vážně; **t. sth very hard** něco si moc brát **22 a)** *(make: photo)* udělat, (Film, TV *scene)* natočit; **t. a snapshot** udělat momentku; **t. a photo of sth** ofotografovat co **b)** *(do)* **t. a walk** jít na procházku; **t. a trip** jet na výlet; **t. a shower** dát si sprchu, osprchovat se; **t. a nap** zdřímnout si, inf dát si šlofíka; **t. a breather** dát si pauzu or oddech; **t. a potshot** fig vystřelit od boku **c)** *(conduct: service)* Relig sloužit **23** *(require)* **a)** *(patience, courage)* vyžadovat ♦ **she has all that it ~s** má všech pět pé; **she has got what it ~s to be a leader** má typické vlastnosti vůdce or vůdčí osobnosti; **she has got what it ~s** *(she's sexy)* (ona) má sex-appeal, stála by za hřích **b)** Ling (Subj: *verb)* **t. an object** pojit se s předmětem **24** *(last)* trvat; **the flight ~s three hours** let trvá dvě hodiny; **they took ages to do it** trvalo jim to věčnost; **he took a long time to answer** dlouho váhal s odpovědí; **it took well over an hour** trvalo to hodně přes hodinu; **t. your time!** nespěchejte, času (je) dost **25** *(wear: clothes, shoes)* **what size do you t. in shoes?** jakou máte velikost or číslo bot?; **t. size 5 in shoes** nosit boty číslo 5, mít pětky **26** *(phrases)* **t. hold of sth** chopit se čeho; **t. home £200 per week** vydělávat or brát 200 liber týdně; **t. part in sth** účastnit se čeho; **t. place** konat se, odehrávat se **II** vi **1** *(fish)* zabrat **2** *(drug)* zabrat, mít účinek, působit **3** *(colour)* chytit/ chytat **4** *(plant)* ujmout se, uchytit se **III** phr vs ■ **take aback** vt překvapit, zarazit, *(stronger)* šokovat; **she was ~n aback by his insolence** jeho drzost jí vyrazila dech ■ **take after** vt **t. after sb** *(father, mother)* být po kom, *(in looks)* podobat se komu, být komu podobný ■ **take along** vt **t. sb/ sth along** vzít koho/ co s sebou ■ **take apart** vt *(machine, car, engine)* demontovat, rozmontovat, rozebrat; fig inf *(defeat: opponent, team)* roznést koho na kopytech, natřít to někomu ■ **take aside** vt **t. sb aside** vzít si koho stranou, promluvit si s kým důvěrně ■ **take away** *I* vt **1** *(remove)* vzít pryč, odnést, *(person)* odvést, *(by car* etc*)* odvézt, *(pension, privilege)* vzít komu, odebrat or odejmout komu; **t. sb/ sth away with one** vzít koho/ co s sebou; **t. away sb's last hope** vzít komu poslední naději; **t. one's breath away** vyrazit or vzít komu dech **2** *(food)* **two sandwiches to t. away** dva chlebíčky s sebou přes ulici, dva chlebíčky zabalit **3** Math *(subtract)* odečíst/ odečítat; **eight t. away two is six** osm bez dvou je šest *II* vi **t. away from sth** *(sb's achievements, contribution, merit)* ubírat na čem ■ **take back** vt **1** *(return to shop)* vrátit; *(reclaim)* vyžádat si zpět, stáhnout zpět **2** *(agree to have back: product)* vzít zpět, *(husband, wife)* přijmout zpátky, *(girlfriend)* znovu začít chodit s kým **3** fig *(statement, words)* vzít zpět, odvolat, *(order)* odvolat, ustoupit od čeho **4** *(remind)* **it ~s me back to my childhood** to mi připomíná mé dětství ■ **take down** vt **1** *(remove: picture)* sundat, sejmout, *(curtains)* sundat, svěsit; *(vase)* sundat; *(flag)* spustit; *(hair)* rozpustit; **t. down one's trousers** spustit kalhoty **2** *(tent)* složit, strhnout; *(scaffolding)* demontovat, složit **3** *(write down)* zapsat (si) **4 t. sb down a peg or two** usadit koho, srazit komu hřebínek ■ **take in** vt **1** *(lodger)* vzít na byt, ubytovat; *(sb for a night)* ubytovat koho na noc, nechat přespat, dát komu nocleh; *(refugee)* poskytnout komu přístřeší, vzít k sobě do domu, ubytovat **2** *(bring in: thing)* přinést, přivézt, *(person)* přivést; *(harvest)* svézt; *(petrol)* natankovat; *(criminal)* sebrat; **t. a lady in to dinner** vzít dámu ke stolu or k tabuli **3** *(receive: money)* utržit; *(air)* nasávat, nabrat **4** *(include)* zahrnout **5** Sew *(skirt, dress)* zabrat, zúžit **6** *(understand: situation)* pochopit, chápat **7** Naut *(water)* nabírat; **the boat took in some water** do loďky natekla voda **8** *(visually)* registrovat; *(room)* obhlédnout; *(remember)* obsáhnout pamětí **9** *(deceive)* **be ~n in by sb** naletět komu, sednout komu na lep, dát se napálit ■ **take off** *I* vi **1** *(aeroplane)* (od)startovat, odletět/ odlétat, vzletět, vznést se; **the plane will t. off in five minutes** letadlo odlétá za 5 minut **2** *(person)* náhle odejet, utéci **3** *(idea, fashion, new methods)* ujmout se *II* vt **1** *(remove)* **a)** *(clothing)* (vy)svléci (si), sundat (si), odložit (si); *(shoes)* (vy)zout (si); *(hat)* smeknout, sundat; *(belt)* odepnout, sundat (si); *(gloves)* sundat (si), stáhnout (si); **t. off one's coat** dát si dolů kabát, sundat si kabát; **t. off one's clothes** sundat si šaty, svléci se; **t. off all one's clothes** vysvléci se do naha **b)** *(lid)* odklopit, odkrýt, sejmout; *(bandage)* sejmout; *(telephone)* vyvěsit **c)** Med *(amputate: limb)* odejmout, amputovat, uříznout **d)** *(train, bus, service, tax)* zrušit; *(goods: off the market)* stáhnout, vzít z prodeje; *(play)* stáhnout, přestat hrát; *(journalist, detective)* odvolat; **t. sth off the programme** vzít or stáhnout or vyškrtnout co z programu **e)** *(brake)* povolit, uvolnit **f)** fig **never t. one's eyes off sb** nespustit z koho oči; **he couldn't t. his eyes off her** mohl na ní oči nechat; **a load has been ~n off his mind** ulehčilo se mu, spadl mu kámen ze srdce; **t. one's hat off to sb** fig smeknout před kým klobouk, hluboce se před kým sklonit **g)** *(make look younger)* **the new hairstyle ~s years off you** s tím novým účesem vypadáš mnohem mladší **2** *(deduct)* **t. 10% off the price** srazit 10% z ceny; **t. one point off sb's mark** Sch snížit komu známku o jeden stupeň **3 t. a day off** vzít si den volna; **t. a week off** vzít si na týden dovolenou **4** *(lead away)* vzít s sebou, *(prisoner)* odvést, odvézt; **t. sb off to hospital** *(patient)* zavézt/ odvézt koho do nemocnice **5** inf *(imitate)* parodovat, napodobovat, pej opičit se po kom ■ **take on** *I* vi **1** inf *(get upset)* **don't t. on so!** nerozčiluj se tolik! **2** *(idea: become fashionable)* ujmout se, stát se populárním *II* vt **1** *(workers, staff)* najímat, přijímat do práce; *(take aboard: passengers)* přibrat/ přibírat **2** *(accept: responsibilities, duties)* vzít (si) na sebe, přijmout, ujmout se čeho, *(t. over)* převzít ♦ **t. on too much** vzít si toho moc, vzít si příliš velké sousto **3** *(assume, acquire)* **t. on a worried look** zatvářit se ustaraně, nasadit ustaraný výraz **4** *(opponent)* postavit se komu, vyzvat koho; Sport *(compete against)* hrát proti komu, hrát s kým ■ **take out** vt **1** *(carry)* vzít ven, vynést, *(drive out: car)* vyjet s čím **2** *(lead outside: person)* vzít ven, jít ven s kým; **t. sb out to dinner** pozvat koho (do restaurace) na večeři; **t. sb out** *(girlfriend)* pozvat koho na rande **3** *(remove)* vyjmout, vyndat, vybrat, *(tooth)* vytrhnout, *(sb's appendix)* vyoperovat; *(crease)* vyhladit, vyžehlit; *(stain)* vyčistit, odstranit; *(money from bank)* vybrat (si); **have one's tonsils ~n out** dát si vyndat mandle; **t. your hands out of your pockets** vyndej ty ruce z kapes **4** *(deduct: tax)* strhnout, odečíst **5** *(procure)* opatřit si; **t. out a subscription for sth** předplatit si co; **t. out a patent for sth** dát si co patentovat; **t. out an insurance policy** pojistit se, vzít si pojistku **6** inf *(target)* zničit, eliminovat; sl *(kill: person)* oddělat, zlikvidovat **7 t. it out on sb** odreagovat se na kom, zchladit si na kom žáhu **8 t. it out of sb** *(tire)* utahat koho, dát komu do těla, vyčerpat koho **9** inf **t. the mickey out of sb** dělat si z koho legraci or psinu or blázny; **t. the wind out of sb's sails** fig vzít komu vítr z plachet ■ **take over** *I* vi *(gain control of country)* převzít vládu, *(become manager)* převzít řízení, *(become chairman of party* etc*)* převzít vedení; **t. over from sb** *(as mayor/ headmaster* etc*)* převzít po kom funkci primátora/ ředitele atd. *II* vt **1** *(assume control: of country/ party/ army)* převzít vládu/ vedení/ velení čeho, v čem, *(business)* převzít **2 t. over the driving** převzít řízení vozidla, vystřídat koho u volantu **3** Fin *(company)* převzít zakoupením většiny akcií ■ **take round** vt **1** *(show round)* provést po čem; **he'll t. you round the shops** provede vás po obchodech **2 t. sth round to sb** zajít s čím ke komu, vzít co komu ■ **take to** vt **1** *(develop a liking for)* oblíbit si; **they took to each other** oblíbili si jeden druhého, pocítili k sobě sympatie; **he took to the place** to místo se mu zalíbilo **2** *(acquire as habit)* **t. to drink** dát se na pití, začít pít; **t. to drugs** dát se na drogy, začít drogovat; **t. to smoking a pipe** začít kouřit dýmku ♦ **t. to sth like a duck to water** být v čem jako doma **3** *(go)* **t. to one's bed** ulehnout onemocnět; **t. to the woods** skrýt se v lese; **t. to one's heels** vzít nohy na ramena, vzít do zaječích ■ **take up** *I* vi *(continue)* pokračovat; **t. up where sb left off** pokračovat od místa, kde někdo skončil *II* vt **1** *(lift: receiver)* zvednout, zdvihnout; *(carpet)* sundat, *(road)* rozkopat; *(skirt, coat)* zkrátit; **t. up one's pen** chopit se pera **2** *(carry upstairs)* (za)nést nahoru, *(in lift)* zavézt or odvézt nahoru, *(lead)* vzít or zavést nahoru, jít nahoru s kým **3** *(passengers* – Subj: *bus* etc*)* přibrat/ přibírat, nechat nastoupit **4 t. sth up with sb** *(raise)* pohovořit o čem s kým, zmínit se o čem komu; **t. sth up with higher authorities** hnát co výš **5** *(petrol)* načerpat, natankovat; *(absorb: liquid)* nasát **6** *(occupy: space)* zaujmout, zabrat/ zabírat, vyplnit, *(time)* zabrat, trvat, *(energy)* vyžadovat; **t. up too much time** zabrat příliš mnoho času; **be ~n up with sth** *(job, hobby)* být čím zcela zaujat, plně se čemu věnovat **7** *(start: job)* nastoupit kam, jako; *(German, French)* začít se učit, začít chodit na; *(photography* etc*)* začít se zabývat čím, pustit se do čeho; **t. up residence** usídlit se kde; **t. up one's post as ambassador** nastoupit ve funkci velvyslance **8** *(continue: story)* pokračovat v čem **9** *(adopt)* **t. up sb's cause** postavit se za koho, ujmout se koho; **t. up the cudgels for sb** zastat se koho, pálit si za koho prsty **10** *(accept: invitation)* přijmout ♦ **t. up the gauntlet** zdvihnout or zvednout hozenou rukavici **11 t. sb up on sth** *(accept: invitation, promise)* vzít koho za slovo, *(challenge: point, assertion)* mít k čemu výhrady, říci co k čemu ■ **take up with** vt **t. up with sb** (s)kamarádit se s kým; **t. up with bad company** dostat se do špatné společnosti ■ **take upon** vt **t. sth upon oneself** *(duty)* vzít si co na sebe; **t. it upon oneself to do sth** vzít si na sebe povinnost co udělat, zavázat se co udělat

takeaway ['teikəwei] n **1** *(shop)* prodejna s jídlem prodávaným přes ulici **2** *(food)* jídlo prodávané přes ulici

takedown ['teikdaun] adj Amer rozkládací, rozebírací, skládací

take-home pay ['teikhəumpei] n čistá mzda; **his t.-h. pay is £1 000 per month** bere 1 000 liber měsíčně

taken ['teikən] pp of **take** ● adj **be very t. with sth** být nadšený or zaujatý pro co, horovat pro co

takeoff ['teikof] n **1** Aviat vzlet, start **2** *(imitation)* parodie, napodobování

takeout ['teikaut] n Amer = **takeaway**

takeover ['teikəuvə(r)] n **1** Fin *(of company)* převzetí zakoupením většiny akcií, fúze ■ **t. bid** nabídka na převzetí firmy **2** Pol převzetí moci

taker ['teikə(r)] n *(purchaser)* zájemce, kupec; Horse racing sázkař

taking ['teikiŋ] n **1 it was hers for the t.** kdyby chtěla, mohla si to vzít or mohla to mít **2** Comm **~s** tržba, příjem u pokladny ● adj přitažlivý, sympatický

talc [tælk] n **1** Min mastek, klouzek **2** inf see **talcum powder** ● vt inf zasypat; **t. oneself** napudrovat se

talcum powder ['tælkəmpaudə(r)] n tělový pudr, (kosmetický) zásyp

tale [teil] n **1** *(story)* příběh, vyprávění, historka; Liter povídka; *(legend)* legenda; **fairy t.** pohádka; **folk t.** pověst; **a t. of woe** strastiplná historie **2** *(gossip)* klep, kleveta, tlach; **old-wives' ~s** povídačky, babské drby ♦ **dead men tell no ~s** mrtví nemluví; fig **tell ~s out of school** pouštět si hubu na špacír

talent ['tælənt] n **1** *(gift)* talent, nadání, dispozice, vloha; *(ability)* schopnost; **hidden t.** zakopaná hřivna; **have a t. for sth** být nadaný na co; **a musician of great t.** velmi talentovaný hudebník; **you can't deny his t.** nelze mu upřít talent; **bury one's t.** pohřbít svůj talent **2** *(person)* talent, talentovaný člověk **3** Br inf *(sexually attractive people: girls)* krasavice, kočky, *(boys)* frajeři; **look over the t.** *(girls)* koukat po ženských

talented ['tæləntid] adj talentovaný, nadaný; **be t.** mít vlohy

taleteller ['teiltelə(r)] n *(sneak)* donašeč; Sch žalobník, žalobníček

talisman ['tælizmən] n talisman, amulet

talk [to:k] n **1** *(conversation)* hovor, konverzace, rozhovor, rozmluva; **small t.** společenská konverzace; **have a t. with sb** hovořit or mluvit s kým, popovídat si s kým; **have a friendly t. with sb** přátelsky si s kým pohovořit **2** *(discussion)* diskuse, debata, rozhovor, beseda, výměna názorů ■ Amer **t. show** talk show [to:k šou], televizní diskuse **3 talks** Pol rozhovory (**between** mezi), jednání; **exploratory ~s** přípravné rozhovory; **peace ~s** mírové rozhovory; **round-table ~s** jednání u kulatého stolu **4** *(gossip)* povídání, tlachání, klábosení, žvanění; **empty t.** jalové or plané řeči, řečičky, mlácení prázdné slámy; **you're the t. of the town** celé město o vás mluví **5** *(bravado, bragging)* **big t.** chvástání; **smooth t.** medové řeči(čky), hladká slova; **be all t. and no action** být samé řeči, a skutek utek **6** *(speculation, rumour)* dohady; **there's some t. of her returning** povídá se, že se má vrátit; **there has been some t. about it** něco se o tom proslechlo; **it's just t.** to jsou jenom řeči **7** *(lecture, speech)* přednáška; **a pep t.** povzbudivý projev; **give a t. on sth** promluvit o čem, mít o čem přednášku ● **I** vi **1** *(speak)* mluvit, hovořit; *(chatter)* žvanit, tlachat; **learn to t.** naučit se mluvit; **t. in Czech** mluvit česky; **t. too much** moc mluvit; **t. in one's sleep** mluvit ze spaní; inf **t. big** chvástat se; **t. in**

riddles mluvit v hádankách; inf **t. through one's hat** plácat nesmysly; **you can t.!** ty máš nejmíň co mluvit; inf **now you're ~ing!** to je jiná řeč! **2** *(converse, chat)* konverzovat, bavit se, hovořit, rozmlouvat, povídat si; *(discuss)* diskutovat, debatovat; **t. to** or **with sb** mluvit s kým (**about sth** o čem); **t. to oneself** vést samomluvu, mluvit si pro sebe; **it's easy for you to t.** tobě se to mluví **3** *(gossip)* klábosit, klevetit, klepat; **get ~ed about** dostat se do řečí; **people will t.** lidé budou mít řeči **4** *(give information)* mluvit, vypovídat; **he refused to t.** odmítl vypovídat; **make sb t.** donutit někoho mluvit, rozvázat někomu jazyk or ústa **II** vt **1** *(speak: Czech, English)* mluvit jak; **t. sense** mluvit rozumně; **t. nonsense** mluvit nesmysly, plácat hlouposti; **t. (a load of) rubbish** kecat, mlít páté přes deváté **2** *(discuss: business, politics)* mluvit or diskutovat o čem, bavit se o čem **3** *(persuade)* **t. sb into doing sth** přemluvit koho, aby něco udělal; **t. sb out of doing sth** rozmluvit komu co; **t. one's way out of sth** vykecat se z čeho; see also **t. round** **III** phr vs ■ **talk at** vt **t. at sb** oslovit koho, promluvit na koho ■ **talk away** *I* vi bez přestání povídat, povídat a povídat *II* vt **t. away the whole afternoon** prohovořit or propovídat celé odpoledne ■ **talk back** vi odmlouvat (**to sb** komu) ■ **talk down** *I* vi **t. down to sb** mluvit s kým svrchu *II* vt **1** *(outshout)* překřičet **2** Aviat *(pilot)* navádět rádiem při přistávání ■ **talk on** vi mluvit dál, pokračovat v řeči ■ **talk out** vt **1** *(problems)* prohovořit, prodiskutovat, probrat **2** Pol **t. out a bill** zabránit přijetí zákona protahováním diskuse ■ **talk over** vt *(question, problem)* prodebatovat, probrat; **we must t. it over** musíme si o tom pohovořit ■ **talk round** vt **1 t. sb round** přemluvit or umluvit koho **2 t. round sth** *(subject, problem)* obcházet co při diskusi, vyhýbat se čemu, inf okecávat co, chodit kolem čeho jako kolem horké kaše

talkative ['to:kətiv] adj upovídaný, mnohomluvný, sdílný

talkativeness ['to:kətivnəs] n upovídanost, mnohomluvnost, sdílnost

talker ['to:kə(r)] n **be a good t.** umět mluvit; **be a slow t.** mluvit pomalu; **he is not much of a t.** moc toho nenamluví

talkie ['to:ki] n dated zvukový film

talking ['to:kiŋ] n mluvení, povídání; **no t., please!** nebavte se!, ticho, prosím!, bez mluvení, prosím! ● adj *(doll)* mluvící

talking-to ['to:kiŋtu:] n (pl **-tos**) **give sb a good t.-to** řádně komu domluvit, vzít si koho na paškál, promluvit komu do svědomí

tall [to:l] adj *(person)* vysoký, velký, vysoké postavy; *(building, chimney, tree)* vysoký; **he is six foot t.** měří šest stop; **how t. are you?** kolik měříte?, jak jste vysoký?; **he's two inches ~er than me** je o 5 cm vyšší or větší než já ♦ inf **t. story** báchorka; **tell sb t. stories** věšet komu bulíky na nos, balamutit koho; **it's a t. order** to je trochu moc, to je silný tabák; inf **feel ten feet t.** být hrozně pyšný na co

tallboy ['to:lboi] n Br now old-fashioned vysoká komoda, vysoký prádelník se zásuvkami

tallish ['to:liš] adj inf dost vysoký, *(person also)* vytáhlý

tallness ['to:lnəs] n výška

tallow ['tæləu] n lůj ■ **t. candle** lojová svíčka

tallow-faced ['tæləufeist] adj mrtvolně bledý, voskově bledý

tally ['tæli] n **1** Hist *(stick)* rabuše, vrubovka hůl k zaznamenání dluhů **2** *(account)* záznam o počítaném, počet, *(total)* celkový počet; Amer Sport poměr branek, skóre ■ **t. clerk** kontrolor ● v (pt & pp **tallied**) **I** vi *(versions, accounts)* shodovat se; **t. with sth** shodovat se s čím; **t. with the facts** souhlasit se skutečností **II** vt **1** *(record)* zaznamenat, zapsat **2** *(count up)* spočítat

talon ['tælən] n *(of eagle, hawk)* pařát, spár; fig *(of person)* pařát, pazour

tambourine [tæmbə'ri:n] n Mus tamburína

tame [teim] adj **1** *(animal, pet etc)* ochočený, domácí; *(deer etc)* krotký; *(animals in circus)* zkrocený **2** fig *(person)* poddajný, mírný, nesmělý; *(speech)* učesaný; *(party)* krotký; *(style)* fádní, bezvýrazný; *(ending of book, film)* banální, fádní; *(decision, reform)* umírněný ■ **~ly** adv **1** krotce **2** poddajně, nesměle; fádně ● vt **1** *(domesticate etc)* ochočit; *(wild animals)* (z)krotit, *(horses etc)* (vy)drezírovat **2** fig *(children)* zkrotit; fig *(passions)* krotit, potlačit; *(natural forces)* spoutat

tamer ['teimə(r)] n krotitel/ -ka

taming ['teimiŋ] n **1** *(of animal, person)* (z)krocení; *(training)* drezura; **'The T. of the Shrew'** „Zkrocení zlé ženy" **2** *(of passions)* krocení, ovládání; *(of natural forces)* spoutání

tammy ['tæmi] n (pl **tammies**) = **tam-o'-shanter**

tam-o'-shanter [tæmə'šæntə(r)] n skotský vlněný baret s bambulkou

tamper ['tæmpə(r)] vi **t. with sth** *(machine)* úmyslně poškodit co; *(lock)* pokoušet se otevřít co; *(text)* překrucovat co, komolit co; *(accounts, evidence)* falšovat co

tampon ['tæmpon] n tampon

tan$_1$ [tæn] n **1** *(suntan)* opálení, bronz; **get a t.** opálit se; **she has a beautiful t.** je krásně opálená **2** světlehnědá (barva) ● adj *(colour)* světlehnědý ● v (-nn-) **I** vt **1** *(sun: face, body)* opálit/ opalovat (si); **t. one's back** opalovat si záda **2** *(animal hide)* tříslit, (vy)činit **3** inf *(beat)* nasekat komu, seřezat; **t. sb's hide** ohnout koho přes koleno, dát komu výprask **II** vi opalovat se

tan$_2$ abbr of **tangent** tg, tangenta, tangens

tandem ['tændəm] n **1** *(bicycle)* tandem, tandemové kolo, dvojkolo **2 in t.** *(one behind another)* za sebou; fig *(together)* spolu, společně

tang [tæŋ] n *(taste)* výrazná chuť, ostrá příchuť; *(smell)* silný pach

tangent ['tændžənt] n Geom tečna, tangenta ♦ **fly off at a t.** odbočit náhle od tématu

tangential [tæn'dženšl] adj **1** Geom tangenciální, tečný **2** *(secondary)* sekundární, okrajový; **be t. to the problem** dotýkat se problému jen okrajově

tangerine [tændžə'ri:n] n **t. (orange)** mandarinka ● adj *(in colour)* sytě oranžový

tangible ['tændžəbl] adj hmatatelný; **t. evidence** hmatatelný důkaz; Comm **t. assets** hmotná aktiva ■ **tangibly** adv hmatatelně, konkrétně

Tangier [tæn'džiə(r)] n Geog Tandža, Tanger

tangle ['tæŋgl] n **1** *(of thread, wire)* změť, spleť; *(of weeds, branches)* spleť; **be in a t.** *(threads)* být zamotaný, být zchumlaný **2** fig *(muddle)* zmatek, motanice, blázinec; *(of problems)* změť; **be in a t.** *(person)* být zmatený **3** fig *(trouble, disagreement)* **get into a t. with the police** mít potíže s policií ● **I** vt *(string, wool)* zamotat, zauzlit, zchumlat; **get ~d** zamotat se **II** phr vs ■ **tangle up** vt *(string* etc*)* zamotat, zašmodrchat; fig *(explanation)* poplést, zašmodrchat; **get ~d up** *(string* etc*)* zamotat se, zašmodrchat se; fig **get ~d up with sb** *(sb undesirable)* zaplést se s kým ■ **tangle with** vt **t. with sb** začínat or zahrávat si s kým, dostat se s kým do sporu

tangled ['tæŋgld] adj (see **tangle (up)** v) zamotaný, zchumlaný; *(situation, explanation)* zašmodrchaný

tango ['tæŋgəu] n tango; **dance the t.** tančit tango ● vi tancovat tango ♦ fig **it takes two to t.** na něco takového je vždy třeba dvou

tank [tæŋk] n **1** *(container)* nádrž, *(small)* nádržka; *(for water)* cisterna, *(large reservoir)* vodojem; *(for processing)* káď; *(for fish)* akvárium; Phot vývojnice, tank; **storage t.** rezervoár; **hot-water t.** bojler, ohřívač vody; **septic t.** jímka; *(for diver)* **oxygen t.** kyslíková láhev or bomba; Aut **fuel** or Amer **gas t.** palivová nádrž; **fill the t.** natankovat plnou nádrž ■ **t. wagon**, Amer **t. car** Rail cisternový vagon; **t. truck** Amer cisternové auto, cisterna **2** *(contents of t.)* obsah nádrže etc **3** Mil tank ■ **t. regiment** tankový pluk; **t. trap** protitankový zátaras **4** Amer sl *(prison)* basa, loch **5** ■ **t. top** krátký pulovr bez rukávů ● phr vs ■ **tank up** *I* vt **1** (Obj: *plane, ship)* natankovat, *(car* also*)* natankovat plnou nádrž čeho **2** sl **get ~ed up** nadrátovat se *II* vi **1** (Subj: *plane, ship, car)* tankovat **2** sl nadrátovat se, namazat se

tankard ['tæŋkəd] n kovový džbán, *(for beer)* korbel, korbílek

tanker ['tæŋkə(r)] n **1** Aut cisterna **2** Naut cisternová loď, tanker **3** Aviat **t. aircraft** tankovací letoun

tanned ['tænd] adj **1** *(sun~)* opálený do hněda **2** *(skins)* vydělaný, vyčiněný

tanner$_1$ ['tænə(r)] n koželuh

tanner$_2$ ['tænə(r)] n dated Br sl šestipence

tannery ['tænəri] n koželužna

tannic ['tænik] adj tříslový, obsahující tříslo

tannin ['tænin] n tanin, tříslovina

tanning ['tæniŋ] n **1** *(of hides)* (vy)činění, tříslení, vydělávání; *(craft)* koželužství ■ **t. agent** tříslovina **2** *(by sun)* opalování, opálení (se) **3** inf *(beating)* výprask; **give sb a (good) t.** dát komu (pořádný) výprask, pořádně koho spráskat

Tannoy TM ['tænoi] n **the T.** tlampače, ampliony; **over the T.** místním/ školním/ letištním etc rozhlasem, prostřednictvím amplionů

tantalize ['tæntəlaiz] vt škádlit, provokovat, napínat, mučit nejistotou, čekáním

tantalizing ['tæntəlaiziŋ] adj *(woman)* vyzývavý, koketní; *(glimpse)* dráždivý; *(suggestion)* lákavý, vábný; *(smile)* enigmatický, mnohoslibný ■ **~ly** adv koketně; dráždivě; lákavě, vábně; enigmaticky; **~ly slow** zoufale pomalý

tantalum ['tæntələm] n Chem tantal

Tantalus ['tæntələs] n Hist Tantalus, Tantalos; **the torments of T.** Tantalova muka

tantamount ['tæntəmaunt] adj **be t. to sth** znamenat co, rovnat se čemu; **it is t. to treason** to se rovná zradě

tantrum ['tæntrəm] n záchvat (zuřivosti), inf rapl; **fly into a t.** rozlítit se, vyletět; **throw a t.** udělat scénu

Tanzania [tænzə'ni:ə] n Tanzanie

Tanzanian [tænzə'ni:ən] n Tanzaňan/ -ka, Tanzanec/ Tanzanka ● adj tanzanský

Taoism ['tauizəm] n taoismus

tap$_1$ [tæp] n **1** *(light knock)* zaklepání, zaťukání; **there was a t. at the door** někdo zaklepal (na dveře), ozvalo se zaklepání **2** *(light blow)* poklepání, plácnutí; **give sb a t. on the shoulder** poklepat komu na rameno ■ **t. dancer** stepař; **t. dancing** step, stepování **3** Amer Mil **~s** večerka ● v **(-pp-)** **I** vt *(knock)* klepat, poklepat; **t. sth with sth** poklepat na co čím; **t. sb on the shoulder** poklepat komu na rameno; **he ~ped his fingers on the table** bubnoval prsty na stole; **t. one's forehead** poklepat si na čelo **II** vi klepat; **t. on** or **at the door** (za)klepat na dveře **III** phr v ■ **tap out** vt *(word: on typewriter; message: on pipe)* vyklepat

tap$_2$ [tæp] n **1** *(for water)* kohout(ek); *(on barrel)* pípa; *(plug)* zátka; **the cold/ hot water t.** kohout na studenou/ teplou vodu; **beer on t.** pivo od čepu, sudové pivo; **turn a** (water/ gas) **t. on/ off** otevřít/ zavřít kohoutek, pustit/ zavřít vodu/ plyn; **the t. is dripping** kohoutek kape **2 put a t. on sb's phone** napojit se na čí telefon, odposlouchávat čí telefon, inf napíchnout čí telefon ● v **(-pp-)** **I** vt **1** *(barrel, cask)* narazit; *(tree)* naříznout, *(for resin)* udělat lizinu do čeho; *(furnace)* odpíchnout **2** *(extract: resources)* využít, exploatovat ♦ **t. sb for money** inf pumpnout koho o peníze; **t. sb for information** inf vyzvídat na kom, tahat z koho rozumy **3** *(telephone)* napojit se na, odposlouchávat **II** phr v ■ **tap out** *(message)* vyklepat, vyťukat

tape [teip] n **1** *(strip)* páska; Text tkanice, stuha; Med leukoplast; *(for sticking)* also **adhesive t., sticky t.** lepicí páska, izolepa; **insulating t.** izolační páska; **cut the t.** *(at ceremony)* přestřihnout pásku ■ **t. (measure)** měřicí pásmo, Sew krejčovský (centi)metr **2** Sport **the t.** cílová páska; **breast the t.** protrhnout cílovou pásku **3** *(for recording)* (magnetofonová) páska, *(cassette)* kazeta, *(for video)* videokazeta; **put sth on t.** nahrát něco (na pásek or na kazetu) ■ **t. deck** magnetofonové šasi; **t. recorder** magnetofon **4 red t.** byrokracie ♦ **cut out the red t.** udělat něco bez otálení ● **I** vt **1** *(record)* nahrát **2** *(fasten: parcel)* zalepit (lepicí páskou); *(stick on)* **t. sth to sth** přilepit co na co **3** *(bandage)* zavázat **4** inf **have sb ~d** mít koho prokouknutého; vědět, co je kdo zač; inf **have the situation ~d** mít přehled o situaci **II** phr vs ■ **tape together** vt slepit ■ **tape up** vt *(parcel)* zalepit

taper ['teipə(r)] n **1** *(candle)* úzká svíce **2** Techn zkosení, úkos ● **I** vt zúžit (do špice); *(stick)* zašpičatit, zahrotit; *(edge)* zešikmit, zkosit **II** vi zúžit se, zužovat se; **t. to a point** zúžit se do špice **III** phr v ■ **taper off** *I* vt **1** *(stick)* zašpičatit; *(edge)* zešikmit, zkosit **2** fig *(production etc)* postupně snižovat, nechat doběhnout *II* vi **1** *(sleeve, trouser leg, road)* zúžit se/ zužovat se **2** fig *(decrease)* postupně se snižovat

tapered ['teipəd] adj *(trousers)* zúžený; *(stick)* zahrocený, zašpičatělý

tapestry ['tæpistri] n gobelín, goblén, tapiserie ■ **t. making** or **weaving** výroba or tkaní goblénů

tapeworm ['teipwə:m] n Zool tasemnice

tapioca [tæpi'əukə] n tapioka, maniokový škrob

tapir ['teipə(r)] n Zool tapír

taproom ['tæpru:m] n výčep, inf šenk

tar [ta:(r)] n dehet; *(on road)* asfalt ■ **t. paper** Amer dehtový or térový papír ● v **(-rr-)** natřít dehtem, dehtovat ♦ **be ~red with the same brush** být na jedno kopyto, být jeden za osmnáct a druhý bez dvou za dvacet; **t. and feather sb** namočit koho do dehtu a obalit peřím

tarantella [tærən'telə], **tarantelle** [tærən'tel] n tarantela

tarantula [tə'ræntjulə] n tarantula, tarantule

tardy ['ta:di] adj **(-ier, -iest)** fml **1** *(person)* nedochvilný, *(slow)* liknavý; *(belated: reply)* pozdní, opožděný **2** Amer *(late)* **be t.** přijít pozdě, opozdit se; *(train)* mít zpoždění ■ **tardily** adv opožděně, pozdně; *(slowly)* liknavě, pomalu

target ['ta:git] n **1** *(for shooting practice, archery* etc*)* terč; Mil *(of bomb, missile)* cíl; **hit/ miss the t.** zasáhnout cíl/ minout cíl, *(when practising)* trefit se vedle, jít vedle ■ **t. practice** střelba na terč **2** fig *(of criticism, jokes)* terč **3** *(goal)* cíl, plán, norma; **delivery t.** *(obligatory)* kontingent; **meet the t.** splnit plán; **be on t.** držet se plánu; **be behind t.** zaostávat v plnění plánu ■ **t. figure** cílový plán; **t. output/ price** cílová výroba/ cena; Ling **t. language** cílový jazyk ● vt dát si za cíl; *(audience)* zaměřit se na

tariff ['tærif] n **1** *(list of prices)* ceník, sazebník; **customs t.** celní tarif ■ **t. class** tarifní třída **2** *(rate)* sazba, cena

tarmac ['ta:mæk] n **1** also **Tarmac** TM makadam s dehtem **2** Br Aviat *(runway)* rozjezdová dráha ● vt **(-ck-)** *(road)* upravit makadamem, makadamovat, asfaltovat

tarnish ['ta:niš] n zašlost, matnost ● **I** vt **1** *(metal)* zbavit lesku; *(mirror)* zamžít **2** fig *(sb's reputation)* poskvrnit, pošpinit, *(sb's name)* potupit **II** vi ztratit lesk, pozbýt lesku

tarot ['tærəu] n *(game)* taroky; **play the t.** hrát taroky ■ **t. card** taroková karta

tarpaulin [ta:'po:lin] n nepromokavá plachta, celtovina

tarragon ['tærəgən] n Bot pelyněk kozalec, estragon

tarry[1] ['ta:ri] adj (**-ier**, **-iest**) dehtový, dehtovaný, asfaltovaný; *(fingers, shoes)* zašpiněný od dehtu

tarry[2] ['tæri] vi arch or Rhet **1** *(remain)* prodlévat, zůstávat, zdržovat se kde **2** *(delay)* otálet

tart[1] [ta:t] adj **1** *(sharp-tasting)* kyselý, trpký, *(wine)* kyselý, suchý **2** fig *(remark)* jízlivý, kousavý, sžíravý

tart[2] [ta:t] n Cook ovocný koláč

tart[3] [ta:t] n inf **1** *(prostitute)* lehká holka **2** *(term of abuse)* holka, fuchtle, kurvička ● vt inf **t. oneself up**, **get ~ed up** nafintit se, naparádit se, hodit se do parády

tartan ['ta:tən] n Text tartan, kostkovaná látka

Tartar ['ta:tə(r)] n **1** *(person)* Tatar/ -ka **2** *(language)* tatarština

tartar[1] ['ta:tə(r)] n *(of wine)* vinný kámen; *(in kettle)* kotelní kámen; *(on teeth)* zubní kámen

tartar[2] ['ta:tə(r)] n *(fearsome person)* tyran; *(woman)* fúrie, xantipa

tartar[3] ['ta:tə(r)] n Cook **t. sauce** tatarská omáčka

tartare [ta:'ta:(r)] adj Cook **steak t.** tatarský biftek

tartaric [ta:'tærik] adj Chem **t. acid** kyselina vinná

tartness ['ta:tnəs] n see **tart 1** kyselost, trpkost; suchost **2** jízlivost, kousavost, sžíravost

task [ta:sk] n *(piece of work)* úkol, zadání, práce; **give** or **set sb a t.** dát komu úkol; **it is no easy t.** není to lehké ♦ **take sb to t.** pustit se do koho, vypůjčit si koho, vzít si koho na paškál; **a Herculean t.** herkulovská práce ■ **t. force** komando

taskmaster ['ta:skma:stə(r)] n **he's a hard t.** je velmi přísný (na podřízené), ten nikomu nic neslevi, inf je to ras

Tasmania [tæz'meiniə] n Tasmánie

Tasmanian [tæz'meiniən] n Tasmánec/ Tasmánka ● adj tasmánský

tassel ['tæsl] n střapec, bambulka

taste [teist] n **1** *(sense)* chuť; **be salty to the t.** být slaný na chuť **2** *(flavour)* chuť, příchuť; **have a nice/ delicious t.** mít příjemnou/ lahodnou chuť; **it leaves a nasty t. in the mouth** zanechává to v ústech nepříjemnou chuť or pachuť, fig člověku se z toho dělá zle **3** *(small quantity, sample)* **a)** lit trocha, špetka; **have a t. of sth** ochutnat co; **would you like a t.?** chcete ochutnat?; **give sth a t. of brandy** přidat do čeho trochu brandy **b)** fig *(experience)* **give sb a t. of his own medicine** osladit to komu, oplatit komu stejnou mincí; **give sb a t. of the whip** přetáhnout koho bičem; **get a t. of freedom** ochutnat svobodu **4** *(liking)* zalíbení, záliba, gusto, náklonnost; **develop a t. for sth** najít zalíbení v čem; **be to sb's t.** zamlouvat se komu; **it wasn't to his t.** nebylo to podle jeho gusta; **add salt to t.** přidat sůl podle chuti ♦ **there is no accounting for ~s** proti gustu žádný dišputát **5** *(discernment)* vkus; **be in good/ bad** or **poor t.** být vkusný/ nevkusný; **a joke in bad t.** hloupý or nejapný vtip; **the depths of poor t.** vrchol nevkusu; **that's a matter of t.** to je otázka vkusu; **have (good) t.** mít vkus; **he has excellent t.** má vytříbený vkus ● **I** vt **1** *(flavour)* cítit or poznat chuť čeho; **can you t. the brandy in it?** cítíte v tom to brandy? **2** *(sample)* (o)chutnat, okusit; *(have some: drink* also*)* upít čeho; *(chocolate/ ice cream)* ukousnout si/ líznout si; *(during wine tasting* also*)* ochutnávat, chutnat, inf koštovat; *(eat)* jíst; **have you ever ~d salmon?** už jste někdy jedl lososa?; **that's the best wine I've ever ~d** to je nejlepší víno, jaké jsem kdy pil **3** fig *(experience: power, freedom)* ochutnat **II** vi chutnat, mít chuť; **it ~s good** je to dobré; **the wine ~s of the wood** víno chutná po sudu; **what does it t. like?** jakou to má chuť? ♦ **forbidden fruit ~s sweetest** zakázané ovoce nejlépe chutná

tasteful ['teistful] adj vkusný ■ **~ly** adv vkusně, s vkusem; **dress ~ly** vkusně se oblékat

tasteless ['teistləs] adj **1** *(food)* bez chuti, mdlé chuti; *(medicine)* nemající žádnou chuť **2** *(garment, joke, remark)* nevkusný ■ **~ly** adv nevkusně

taster ['teistə(r)] n ochutnávač, *(of wine* also*)* koštér

tastiness ['teistinəs] n chutnost

tasting ['teistiŋ] n chutnání, ochutnávání, Spec degustace

-tasting ['-teistiŋ] suff chutnající, mající nějakou chuť; **sweet-t.** mající sladkou chuť, nasládlý

tasty ['teisti] adj (**-ier**, **-iest**) chutný

tat[1] [tæt] n inf *(junk)* brak, šmejd, šunt; *(of clothes)* hadry

tat[2] [tæt] vi (**-tt-**) zhotovovat ozdobné kraječky or cetky

tat[3] [tæt] n ♦ **tit for tat** půjčka za oplátku

ta-ta [tæ'ta:] interj **1** baby talk pa!, papa! **2** Br inf ahoj!

tattered ['tætəd] adj *(clothes)* roztrhaný, rozedraný, roztřepený, jsoucí nadranc; *(person)* otrhaný; *(book)* roztrhaný, joc v salátovém vydání; fig *(hopes)* zmařený, *(reputation)* zničený; **t. and torn** v cárech

tatters ['tætəz] n pl cáry, cancoury; **be in t.** *(clothing)* být v cárech, být nadranc, být na cucky; inf *(reputation)* být zničený; *(hopes)* být zmařený

tattle ['tætl] n **1** *(idle chatter)* tlachání, klevetění, žvanění **2** *(gossip)* klepy, klevety, pomluvy ● vi tlachat, klepat, klepařit, klevetit

tattoo$_1$ [tæ'tu:, tə'tu:] n Mil **1** *(parade)* přehlídka, slavnostní pochod s hudbou **2** *(signal)* večerka, dated čepobití; **beat** or **sound the t.** troubit večerku **3** *(drumming noise)* bubnování; **beat a t. on the table** bubnovat prsty na stole

tattoo$_2$ [tæ'tu:, tə'tu:] n (pl **~s**) *(on skin)* tetování ● vt tetovat

tatty ['tæti] adj (**-ier**, **-iest**) inf *(appearance)* zanedbaný; *(carpet, clothes)* rozedraný, roztřepený, chatrný; *(cheap)* laciný

taught [to:t] pt & pp of **teach**

taunt [to:nt] vt popichovat, utahovat si z koho, špičkovat, posmívat se komu; **t. sb** dělat or tropit si z koho posměch; **t. sb with sth** utahovat si z koho kvůli čemu; **t. sb into doing sth** vyprovokovat koho popichováním k čemu ● n úsměšek, uštěpačná poznámka, špička

taunting ['to:ntiŋ] n špičkování, popichování; úsměšky ● adj uštěpačný, sarkastický, posměšný

Taurus ['to:rəs] n Astron, Astrol Býk, souhvězdí Býka

taut [to:t] adj **1** *(rope)* napjatý, natažený, vypnutý, inf našponovaný; **make sth t.** vypnout co **2** fig *(nerves)* napjatý; **be t.** *(nerves)* být napnutý k prasknutí, být napnutý jako struna

tautness ['to:tnəs] n vypnutí, napětí

tavern ['tævən] n hospůdka, taverna; **wine t.** vinárnička, vinný sklípek

tawdriness ['to:drinəs] n (see **tawdry**) křiklavost, nevkus(nost), lacinost; ordinérnost; nízkost

tawdry ['to:dri] adj (**-ier**, **-iest**) *(clothes)* křiklavý, nevkusný, laciný; *(decorations)* nevkusný, ordinérní; *(motives)* nízký ■ **tawdrily** adv *(dressed)* lacině, nevkusně

tawny ['to:ni] adj žlutohnědý, zlatohnědý; **t. owl** Zool puštík obecný

tax [tæks] n **1** Fin, Comm daň, poplatek, dávka; **direct/ indirect ~es** přímé/ nepřímé daně; **import t.** dovozní daň; **income/ property t.** daň z příjmu/ z majetku; **land t.** pozemková daň; **payroll t.** daň ze mzdy; **sales t.** daň z obratu; **value-added t.** daň z přidané hodnoty; **before/ after t.** *(wages)* hrubého/ čistého; **be subject to t.** podléhat dani; **put a t. on sth** uvalit na co daň ■ **t. adviser** daňový poradce; **t. allowance** daňová úleva; **t. assessment** daňový výměr; **t. avoidance** daňový únik; **t. bracket** daňové pásmo; **the t. burden** daňové zatížení; **t. collector** výběrčí daní; **t. exile** daňový exulant; **t. form** formulář daňového přiznání; **t. haven** daňový ráj země s nízkými daněmi; **t. holiday** daňové prázdniny; **t. incentive** daňový stimul; **t. office** berní úřad; **t. rebate** daňový odpis; **t. return** daňové prohlášení; **t. scale** daňový sazebník; **t. revenue** příjmy z daní; **t. system** daňová soustava; **t. year** daňový or fiskální rok **2** fig zátěž, břímě, vytížení; **a t. on sb's health** nápor na čí zdraví ● vt **1** *(salary etc)* zdanit, uvalit daň na co; **t. sb** vyměřit or uložit komu daň **2** fig *(brains)* namáhat; *(sb's patience)* podrobit zkoušce; **t. one's brains** namáhat si mozek or závity, usilovně přemýšlet **3** fml *(accuse)* obvinit (**sb with sth** koho z čeho); **t. sb with negligence** or **with having been negligent** obvinit koho z nedbalosti

taxable ['tæksəbl] adj zdanitelný

taxation [tæk'seišn] n **1** *(taxes)* daně; *(system)* daňový systém; *(revenue)* příjmy z daní **2** *(imposition of taxes)* zdanění

tax-free [tæks'fri:] adj nepodléhající dani

taxi ['tæksi] n (pl **~s** or **taxies**) taxi, taxík ■ **t. driver** taxikář, taxíkář, řidič taxi; Amer **t. plane** aerotaxi; Br **t. rank**, Amer **t. stand** stanoviště taxi ● vi Aviat (pt & pp **taxied**) rolovat; **the plane taxied** or **was taxiing along the runway** letadlo rolovalo po přistávací ploše

taxicab ['tæksikæb] n taxi, taxík

taxidermist ['tæksidə:mist] n vycpávač/ -ka zvířat, preparátor/ -ka

taxidermy ['tæksidə:mi] n taxidermie, preparování zvířat

taximeter ['tæksimi:tə(r)] n taxametr

taxing ['tæksiŋ] adj *(job, journey)* vyčerpávající, únavný, namáhavý

taxman ['tæksmæn] n (pl **-men** [-men]) *(tax inspector)* berní úředník/ úřednice; inf **the t.** berní úřad

taxpayer ['tækspeiə(r)] n daňový poplatník

TB [ti:'bi:] abbr of **tuberculosis** tbc [tébécé], TBC, tuberkulóza

tbs(p) abbr of **tablespoonful(s)**, **tablespoon(s)** polévková lžíce, pl polévkové lžíce, *(after 5, 6 etc)* polévkových lžic

tea [ti:] n **1** *(plant)* čajovník (čínský) **2** *(drink)* čaj; **lemon t.** čaj s citronem; **a cup of t.** šálek čaje, čaj; **would you like a cup of t.?** dáte si čaj?; **make t.** (u)vařit or (u)dělat čaj ♦ **it's not my cup of t.** to mi nesedí, to není podle mého vkusu, na to mě neužije; **work is not his cup of t.** práce mu nevoní; **not for all the t. in China** ani za živý svět, za žádné peníze ■ **t. bag** čaj v sáčku; **t. ball** Amer vajíčko na čaj; **t. biscuits** čajové pečivo; **t. break** přestávka na svačinu; **t. cloth** utěrka na nádobí; **t. cosy** čajová panenka; **t. dance** společenský čaj s tancem; **t. garden** zahradní kavárnička; **t. party** společenský čaj, čajový dýchánek; **t. set** or **service** čajový servis; **t. strainer** sítko na čaj; **t. table** čajový stolek; **t. towel** utěrka na nádobí; **t. tray** podnos na čaj; **t. trolley** servírovací stolek na kolečkách **3** *(infusion)* čaj, t(h)é; **herbal t.** bylinkový čaj, té; **linden** or **lime t.** lipový čaj; **rosehip t.** šípkový čaj **4 beef t.** hovězí vývar **5** *(snack)* svačina; **afternoon t.** odpolední čaj; esp N Engl, Scot *(supper)* večeře; **have t.** svačit/ večeřet; **we have t. at six** večeříme v šest

teacake ['ti:keik] n koláček s rozinkami

teach [ti:č] v (pt & pp **taught** [to:t]) **I** vt **1** gen učit, naučit; *(give classes)* dávat hodiny komu; **t. sb sth**, **t. sth to sb** (na)učit koho čemu or co; **t. sb good manners** naučit koho slušnosti, naučit koho slušnému chování or inf moresům; **t. sb (how) to read** (na)učit koho číst ♦ **t. sb a lesson** dát komu za vyučenou, dát komu co proto; **that will t. him!** to pro něj bude ponaučením, to ho naučí; **t. one's grandmother to suck eggs** učit zloděje krást, učit starého kocoura myši chytat; **t. sb a thing or two** být pro koho ponaučením, otevřít komu oči **2** Sch *(subject: French, English* etc*)* učit; **t. history** učit dějepis or dated dějepisu; Amer **t. school** učitelovat, být učitelem; **t. sb's class** suplovat za koho **II** vi učit, vyučovat, být učitelem

teachable ['ti:čəbl] adj **1** *(subject)* naučitelný **2** *(child)* učenlivý, chápavý

teacher ['ti:čə(r)] n *(in primary school)* učitel/ -ka, *(in secondary school* also*)* profesor/ -ka; **university t.** vysokoškolský učitel; **an English t.** učitel/ -ka angličtiny, angličtinář/ -ka; **he is an English t.** učí angličtinu, je učitelem angličtiny; **t.'s pet** miláček or oblíbenec učitele ■ **t. training** příprava učitelů; **t. training college** pedagogická fakulta

teaching ['ti:čiŋ] n **1** *(instruction)* vyučování, výuka, učení; **language t.** jazyková výuka ■ **t. aids** učební or didaktické pomůcky; **t. hospital** fakultní nemocnice; **t. load** úvazek učitele; **t. profession** učitelské povolání; **t. staff** učitelský sbor **2** *(career)* učení, učitelské povolání; **go in for t.** stát se učitelem, jít učit ■ **t. qualification** učitelská aprobace **3 ~s** učení; **Christ's ~s** Kristovo učení

teacup ['ti:kap] n šálek na čaj ♦ **a storm in a t.** bouře ve sklenici vody

teak [ti:k] n *(tree)* teka (obrovská), týk, teak; *(wood)* týkové dřevo

teal [ti:l] n Orn čírka obecná

team [ti:m] n **1** gen skupina, kolektiv, parta; Ftb, Hockey etc mužstvo, Handball etc, Athlet družstvo; **national t.** reprezentační mužstvo; **(work) t.** parta; **research t.** výzkumná skupina, výzkumný kolektiv ■ **t. spirit** smysl pro kolektiv, kolektivní duch **2** *(of horses)* spřežení; **a t. of four horses** čtyřspřeží ● vi **t. up** spojit se, dát se dohromady; **t. up with sb** dát se dohromady s kým, spojit se s kým, inf držet s kým

team-mate ['ti:mmeit] n Sport spoluhráč, člen téhož družstva or mužstva; Car Racing spolujezdec

teamster ['ti:mstə(r)] n **1** Amer *(truck driver)* řidič nákladního auta **2** formerly Agr povozník

teamwork ['ti:mwə:k] n spolupráce, týmová práce

teapot ['ti:pot] n čajník

tear$_1$ [tiə(r)] n slza; **~s of joy** slzy radosti; **floods of ~s** potoky slz; **be in ~s** slzet, ronit slzy; **be on the verge of ~s** mít slzy na krajíčku, nabírat k pláči, být naměkko; **burst into ~s** rozplakat se, propuknout v pláč; **shed crocodile ~s** ronit krokodýlí slzy ♦ **end in ~s** *(experiment* etc*)* skončit špatně ■ **t. gas** slzný plyn

tear$_2$ [teə(r)] n **1** *(hole)* roztržení, trhlina, díra po roztržení **2 wear and t.** opotřebení ● v (pt **tore** [to:(r)], pp **torn** [to:n]) **I** vt **1** *(rip: material, paper* etc*)* trhat, roztrhat/ roztrhnout, *(slightly)* natrhnout, udělat v čem trhlinu; *(flesh)* rvát; *(muscle)* natrhnout; **t. sth in two** přetrhnout co, přervat co, roztrhnout co na dva kusy; **t. one's dress on a nail** roztrhnout or inf rozškubnout si šaty o hřebík ♦ **t. sth to pieces** or **shreds** lit roztrhat co na kusy or na cucky, fig *(criticize: play, book)* rozcupovat co, ztrhat co; **t. sb's arguments to shreds** rozdrtit čí argumenty; **t. sb to pieces** roznést koho na kopytech **2** *(remove with force)* vyrvat, vytrhnout; **t. sth out from sb's hands** vytrhnout or vyrvat co komu z rukou; **t. a page out of a book** vytrhnout stránku z knihy; **t. one's hair** fig rvát si vlasy **3** fig **a)** *(emotionally)* rozdírat, drásat; **his heart was torn by grief** srdce mu pukalo žalem; **t. sth open** *(old wounds)* jitřit co **b)** *(divide)* rozpoltit, rozervat, rozdělit; **the country was torn by war** země byla rozpolcena válkou; **be torn between X and**

Y váhat mezi X a Y, nemoci se rozhodnout mezi X a Y **II** vi **1** *(rip: material, paper)* roztrhnout se **2** *(rush)* hnát se, řítit se; **t. after sb** hnát se za kým; see also phr vs **III** phr vs ■ **tear along** vi hnát se or upalovat or uhánět (kolem), letět jako blázen; *(car)* řítit se kolem ■ **tear apart** vt **1** lit *(prey)* roztrhat; fig *(house, flat)* zpřeházet, udělat kde boží dopuštění; *(country)* způsobit rozkol v čem **2** *(criticize)* ztrhat, rozcupovat koho/ co, roznést koho/ co na kopytech **3** *(divide: family)* roztrhnout, *(relations)* narušit, zpřetrhat ■ **tear away** *I* vt strhnout; **t. away sb's mask** strhnout komu masku; **t. oneself away from sth** *(book, newspaper)* odtrhnout se od čeho *II* vi inf odpádit (pryč) ■ **tear down** *I* vt *(house)* strhnout *II* vi pádit dolů, řítit se dolů ■ **tear into** vt **1** (Subj: *shell, rocket)* vytvořit kráter v čem, (Subj: *saw)* zahryznout se do čeho; (Obj: *food)* vrhnout se na co **2** *(attack)* vrhnout se na koho, skočit na koho; *(criticize)* pustit se do koho ■ **tear off** *I* vt *(calendar leaf)* odtrhnout; *(cover, label, poster)* strhnout; **t. off sb's clothes** strhat z koho šaty; inf **t. strips off sb** dát někomu za vyučenou *II* vi *(run away)* odpádit ■ **tear out** *I* vt *(cheque* etc*)* vytrhnout, *(tree)* vyrvat *II* vi *(rush out)* vyřítit se (ven) ■ **tear up** *I* vt **1** *(letter, document)* roztrhat **2** *(pull from ground: plant)* vytrhnout, vyrvat, *(tramlines)* vytrhat **3** fig *(reject: agreement, treaty, contract)* zrušit, změnit na cár papíru *II* vi *(rush to sb/ sth)* přiřítit se

tearaway ['teərəwei] n ztřeštěnec, divoch/ divoška

teardrop ['tiədrop] n slza

tearful ['tiəful] adj **1** *(occasion)* smutný, slzavý, ubrečený; *(story)* sentimentální, uplakaný **2** *(person)* slzící, tonoucí v slzách, *(face)* uplakaný, *(tone)* plačtivý; **she felt t.** bylo jí do pláče ■ **~ly** adv plačtivě, uplakaně, se slzami v očích

tearing ['teəriŋ] adj inf **be in a t. hurry** mít hrozně or strašně napilno

tear-jerker ['tiədžə:kə(r)] n inf joc *(film, book)* doják, limonáda; *(tune)* ubrečená or plačtivá melodie

tear-off ['teərof] adj *(calendar)* trhací

tearoom ['ti:ru:m] n Br čajovna, kavárn(ičk)a, malá restaurace

tear-stained ['tiəsteind] adj *(face)* uslzený, uplakaný; *(letter, pillow)* zmáčený slzami

tease [ti:z] n *(joker)* vtipálek, čtverák/ čtveračka; *(woman* also*)* pej koketa ● **I** vt **1** *(provoke)* popichovat, dobírat si, škádlit (**sb about sth** koho s čím); *(animal)* dráždit; **t. children** laškovat s dětmi **2** *(backcomb: hair)* (na)tupírovat **3** Text počesávat **II** vi popichovat, pokoušet, žertovat

teaser ['ti:zə(r)] n **1** *(person)* šprýmař/ -ka, šibal/ -ka, vtipálek **2** inf *(difficult problem)* chyták, hlavolam **3** TV esp Amer reklamní ukázka filmu

tea shop ['ti:šop] n Br = **tearoom**

teasing ['ti:ziŋ] n škádlení, popichování ● adj škádlivý ■ **~ly** adv škádlivě, šprýmovně

teaspoon ['ti:spu:n] n čajová or kávová lžička

teaspoonful ['ti:spu:nful] n *(quantity)* čajová or kávová lžička (**of sth** čeho)

teat [ti:t] n **1** *(of cow, goat* etc*)* struk, inf cecek **2** Br *(on feeding bottle)* dudlík (na láhev), inf cucák

teatime ['ti:taim] n doba podávání čaje; *(meal)* večeře

tech [tek] Br abbr of **technical college** ≅ průmyslovka

technical ['teknikl] adj **1** gen, Techn technický; **t. drawing** technický výkres, rys; **t. college** or **school** průmyslovka **2** *(specialist: vocabulary, journal)* odborný, *(term* also*)* technický **3** *(in strict sense)* technický; Jur *(irregularity)* formální; **for t. reasons** z technických důvodů; Sport **t. foul** technická chyba; Box **t. knockout** technický knokaut ■ **~ly** adv **1** Techn technicky, z technického hlediska **2** *(in theory)* teoreticky, principiálně, z formálního hlediska; *(strictly speaking)* přísně vzato

technicality [tekni'kæləti] n **1** *(of language, style)* technický or odborný charakter **2** *(formal detail)* formální detail, formalita

technician [tek'nišn] n odborník, technik; **laboratory t.** laborant; **radio t.** radiotechnik

Technicolor TM ['teknikalə(r)] n **1** *(colour photography)* barevná fotografie; **in T.** barevně **2** also **technicolour** *(vivid colour)* jasná or sytá barva, pej křiklavá barva; fig **write in t.** psát kýčovitě

technique [tek'ni:k] n **1** *(method)* metoda, (pracovní) postup **2** *(skill)* dovednost, technika

technocracy [tek'nokrəsi] n technokracie

technocrat ['teknəkræt] n technokrat

technocratic [teknə'krætik] adj technokratický

technological [teknə'lodžikl] adj technický; *(concerning the application of science)* technologický

technologist [tek'nolədžist] n technolog/ technoložka

technology [tek'nolədži] n (pl **-gies**) technika; *(application of scientific advances)* technologie; **agricultural t.** agrotechnika;

rocket t. raketová technika; **the age of t.** věk techniky

tectonics [tek'toniks] n tektonika

Ted [ted], **Teddy** ['tedi] n dim of **Edward** Eda

ted [ted], **teddy boy** ['tediboi] n Br dated inf pásek, chuligán

teddy (bear) ['tedi(beə(r))] n *(toy)* medvídek

tedious ['ti:diəs] adj *(boring: work* etc*)* nudný, nezáživný, jednotvárný; *(journey)* únavný, namáhavý; *(taking a long time)* zdlouhavý

tediousness ['ti:diəsnəs] n (see **tedious**) nudnost, nezáživnost, jednotvárnost; únavnost, namáhavost; zdlouhavost

tedium ['ti:diəm] n jednotvárnost, otrava, nuda

tee$_1$ [ti:] n Golf podstavek ● **I** vt *(ball)* nasadit na podstavek **II** phr vs ■ **tee off** vi **1** Golf provést první úder, zahrát míček z odpaliště **2** Amer **t. sb off** naštvat koho ■ **tee up** vi Golf nasadit míček pro první úder

tee$_2$ [ti:] n see **T (2)**

tee-hee [ti:'hi:] interj haha!, chacha! ● n hihňání, pochechtávání ● vi hihňat se, pochechtávat se

teem [ti:m] vi **1** *(be crowded)* hemžit se čím, být plný čeho; **the pond is ~ing with fish** rybník se hemží rybami; **the streets were ~ing with people** na ulicích bylo plno lidí **2** *(of rain)* lít; **it's ~ing (with rain), it's ~ing down** leje jako z konve

teeming ['ti:miŋ] adj **1** *(streets)* hemžící se lidmi; *(people, crowds)* hemžící se **2** *(rain)* prudký

teenage ['ti:neidž] adj dospívající, mladistvý, teenagerský, teenagrovský

teenager ['ti:neidžə(r)] n dospívající mladík/ dívka od 13 do 19 let, teenager

teens [ti:nz] n *(age)* teenagerský věk, věk od 13 do 19 let; **he's in his early t.** je mu 13 nebo 14 let

teensy weensy [tin:zi'wi:nzi] adj inf = **teeny (weeny)**

teeny weeny [ti:ni'wi:ni] adj **(-ier, -iest)** inf mrňavý, malinký

teenybopper ['ti:nibopə(r)] n inf = **(young) teenager**

teeshirt ['ti:šə:t] n tričko s krátkým rukávem, polokošile

teeter ['ti:tə(r)] n **1** *(move unsteadily)* vrávorat, potácet se; **t. on the brink** or **edge of sth** balancovat na okraji čeho, fig být na pokraji čeho **2** Amer *(seesaw)* houpat se na prkně, kolíbat se ● n Amer *(seesaw)* houpačka

teeter-totter ['ti:tətotə(r)] n Amer *(seesaw)* houpačka

teeth [ti:θ] n pl zuby; see **tooth**

teethe ['ti:ð] vi **he is teething** prořezávají se mu zuby, lezou mu první zuby

teething ['ti:ðiŋ] n růst prvních zubů, prořezávání prvních zubů ■ **t. ring** kroužek na prořezávání zubů; fig **t. troubles** počáteční obtíže, dětské nemoci

teetotal [ti:'təutl] adj *(person)* nepijící alkohol; **I'm t.** jsem abstinent

teetotalism [ti:'təutəlizəm] n abstinence

teetotaller, Amer **teetotaler** [ti:'təutlə(r)] n abstinent

TEFL ['tefl] n abbr of **Teaching English as a Foreign Language** výuka angličtiny jako cizího jazyka

Teheran [teə'ra:n] n Teherán

tel [tel] abbr of **telephone (number)** telefonní číslo, tel., tf.

telecast ['telika:st] n televizní přenos, televizní vysílání ● vt vysílat v televizi

telecommunications [telikəmju:ni'keišnz] n telekomunikace, sdělovací technika

telegenic [teli'dženik] adj *(person)* dobře vypadající na obrazovce

telegram ['teligræm] n telegram; **send a t.** telegrafovat, poslat telegram; **by t.** telegraficky

telegraph ['teligra:f] n telegraf ■ **t. operator** telegrafista/ telegrafistka; **t. pole** telegrafní sloup ● vi(t) telegrafovat (komu)

telegraphese [teligrə'fi:z] n telegrafický styl psaní, zhuštěné vyjadřování

telegraphic [teli'græfik] adj telegrafický

telegraphist [tə'legrəfist] n telegrafista

telegraphy [tə'legrəfi] n telegrafie

telemarketing ['telima:kitiŋ] n Amer = **talesales**

telemessage TM ['telimesidž] n Br telegram přes telex or telefon

telemeter [tə'lemitə(r)] n Techn telemetr, dálkoměr

telemetry [tə'lemətri] n Techn telemetrie, dálkové měření

teleological [ti:liə'lodžikl] adj Philos teleologický

teleology [ti:li'olədži] n Philos teleologie

telepath ['telipæθ] n telepat(ik)/ telepatka

telepathic [teli'pæθik] adj telepatický

telepathy [tə'lepəθi] n telepatie

telephone ['telifəun] n **1** gen telefon; **answer the t.** zvednout telefon; **by** or **over the t.** telefonicky; **be on the t. i)** *(have a t.)* mít telefon **ii)** *(be talking)* (zrovna) telefonovat; **you are wanted on the t.** máte telefon; **I've just been on the t. to her** zrovna jsem jí telefonoval **2** attr *(number, box, line)* telefonní; *(conversation, connection)* telefonický; **t. booth** or **box**

telefonní kabina or budka; **t. charge** hovorné, poplatek za hovor; **t. directory** telefonní seznam; **t. exchange** telefonní ústředna; **t. message** telefonická zpráva; **t. operator** esp Amer telefonista/ telefonistka; **t. subscriber** účastník telefonní sítě ● **I** vt telefonovat; *(person/ place)* telefonovat komu/ kam, zavolat komu/ kam; *(message, news)* telefonovat, sdělit or vyřídit co komu telefonem or telefonicky, zavolat komu co; **I'll t. Prague** zavolám do Prahy; **I'll t. her tomorrow** zatelefonuji jí zítra **II** vi telefonovat, volat, *(be on the t.)* telefonovat, mít telefonický hovor; **t. for a taxi** objednat si telefonicky taxi **III** phr v ■ **telephone back** v(t)i zavolat (komu) zpátky

telephonic [teli'fonik] adj telefonní, telefonický ■ **~ally** adv telefonicky

telephonist [tə'lefənist] n Br telefonista/ telefonistka

telephotography [telifə'togrəfi] n telefotografie

telephoto lens [telifəutəu'lenz] n teleobjektiv

teleprinter ['teliprintə(r)] n dálnopis

teleprompter TM ['teliprompte(r)] n Amer prompter, čtecí zařízení nápověda ve studiu

telerecord ['teliriko:d] vt pořídit televizní záznam

telerecording ['teliriko:diŋ] n pořizování televizního záznamu, telerecording

telesales ['teliseilz] n Br sg or pl prodej prostřednictvím telefonu

telescope ['teliskəup] n teleskop, dalekohled ● **I** vt **1** *(umbrella)* složit, *(aerial)* zasunout **2** fig *(compress)* zhustit, komprimovat, podat ve zhuštěné podobě **II** vi **1** *(umbrella)* dát se skládat, být skládací, *(aerial)* být výsuvný; *(train carriages: in underground accident)* zarazit or zasunout se do sebe, vklínit se do sebe **2** fig dát se zhustit, dát se komprimovat

telescopic [teli'skopik] adj *(umbrella)* skládací, roztahovací; *(aerial)* výsuvný; Phot **t. lens** teleobjektiv; Mil **t. sight** *(on gun)* záměrný dalekohled, teleskopické hledí

teleshopping ['telišopiŋ] n teleshopping, televizní nabídková služba

teletext ['telitekst] n teletext, videotext

teletypewriter [teli'taipraitə(r)] n Amer dálnopis

televise ['telivaiz] vt přenášet televizí, vysílat or ukazovat v televizi

television ['telivižn] n **1** *(medium, programmes)* televize; **colour t.** barevná televize; **watch t.** dívat se na televizi; **what's on t. tonight?** co je dnes večer v televizi? ■ **t. play** televizní hra; **t. recording** televizní záznam; **t. screen** televizní obrazovka; **t. viewer** televizní divák **2 t. (set)** televizor, televize, televizní přijímač

telex ['teleks] n dálnopis, telex; **by t.** dálnopisem ● vt *(message)* dálnopisovat, poslat dálnopisem, telexovat

tell [tel] v (pt & pp **told** [təuld]) **I** vt **1** *(inform)* říci, povědět, sdělit, *(announce)* oznámit; **t. sb sth, tell sth to sb** říci or oznámit komu co; **t. sb about sth** říci komu o čem; **he didn't t. me his name** nepředstavil se mi; **can you t. me the time please?** prosím vás, kolik je hodin?; **t. sb sth straight** říci co komu na rovinu; **let me t. you this!** já vám něco řeknu ♦ **t. the world about sth** rozhlásit or inf roztroubit co; **t. tales out of school** *(reveal secret)* moc mluvit, inf pouštět si pusu na špacír **2** *(recount: story, joke)* vyprávět; **t. sth in great detail** zeširoka co vyprávět **3** *(speak, say)* říci, tvrdit; **t. the truth** říci pravdu; **t. a lie** zalhat, říci lež; **t. a white lie** nevinně or trochu (si) zalhat; **t. lies** lhát; **t. sb sth to his face** říct komu co do očí; **t. sb sth in a nutshell** říci or vyložit komu co v kostce; **sth ~s me that ...** něco mi říká, že ... ♦ **t. that to the marines, t. me another!** to povídej někomu jinému!; **don't t. me that** to se mi nesnaž namluvit; **t. sb a pack of lies** vyprávět komu pohádky or snůšku lží **4** *(know, deduce)* poznat, uhodnout; **t. sth by the look on sb's face** vyčíst komu co z tváře, poznat komu co na očích; **t. sb's innermost thoughts** vidět někomu do duše **5** *(distinguish)* rozeznat, rozpoznat, rozlišit; **t. the difference between A and B** rozeznat A od B **6** *(order, instruct)* říci (**sb** komu), přikázat; **t. him to stop shouting** řekni mu, aby přestal křičet ♦ inf **t. sb where to go, t. sb where to get off** poslat koho ke všem čertům, vyběhnout s kým **7** *(assure)* říci, ujistit; **let me t. you that ...** ujišťuji vás, že ...; **it was extremely difficult, I can t. you** mohu vás ujistit, že to bylo nesmírně obtížné **8** *(count)* (s)počítat; **t. one's beads** modlit se růženec; **there were eight all told** celkem jich bylo osm **9** *(predict)* říkat, předpovídat; **I told you so** já jsem ti to říkal, já jsem to předpovídal; **t. the future** věštit budoucnost; **t. sb's fortune** předpovídat komu budoucnost **10 t. me, have you done it?** tak co, udělals to? **II** vi **1** *(reveal)* **I won't t.** já to nikomu neřeknu; **time will t.** časem se ukáže **2** *(know, guess)* vědět, poznat; **how can I t.?** jak to mám vědět?; **you can always t.** to se vždycky pozná; **you could t.** to se dalo uhodnout; **who can t.?** kdož ví?; **you can never t., you never can t.** člověk nikdy neví; **you**

can t. by looking at him je to na něm vidět na první pohled 3 *(have effect)* **his age is beginning to t.** jeho věk se už začíná projevovat 4 **t. of sth a)** *(book, story etc)* vyprávět o čem **b)** *(face, look etc: reveal)* prozrazovat, svědčit o; **her face told of her suffering** v tváři se jí zračilo utrpení **III** phr vs ■ **tell apart** vt rozlišit, rozeznat; **I can't t. them apart** nerozeznám je (od sebe) ■ **tell off** vt inf *(scold)* **t. sb off** vyhubovat komu, vynadat komu ■ **tell on** vt 1 inf *(inform on)* **t. on sb** žalovat na koho 2 *(have effect on)* ukazovat se na kom/ čem, projevovat se na kom/ čem; **it is beginning to t. on his health** *(strain, hard work etc)* začíná se to projevovat na jeho zdraví

teller ['telə(r)] n 1 *(in bank)* pokladník/ pokladní 2 *(of storyteller)* vypravěč/ -ka 3 Pol *(vote counter)* skrutátor/ -ka

telling ['teliŋ] adj 1 *(effective)* účinný, působivý, *(blow)* citelný 2 *(revealing: remark, omission)* výmluvný ● n 1 *(of story)* vyprávění; *(of secret)* prozrazení 2 *(knowing)* **there's no t.** nelze říci; **there's no t. what will happen** nikdo neví, co se stane

telling-off [teliŋ'of] n inf vynadání, seřvání; **give sb a t.-off** vynadat komu, seřvat koho; **get a good t.-off** pořádně si to chytit

telltale ['telteil] n donašeč/ -ka ■ **t. signs** neklamné známky

tellurium [te'luəriəm] n Chem telur

telly ['teli] n (pl **tellies**) Br inf **the t.** telka; **buy a new t.** koupit si novou televizi; **watch t.** koukat se na televizi; **what's on (the) t.?** co je v telce?

temerity [tə'merəti] n troufalost, opovážlivost, drzost; **he had the t. to say that ...** měl tu opovážlivost tvrdit, že ...

temp$_1$ [temp] n abbr of **temporary employee** (pracovník na) výpomoc, inf pracovník na záskok, *(secretary)* sekretářka na výpomoc or na záskok

temp$_2$ [temp] abbr of **temperature** teplota

temper ['tempə(r)] n 1 *(character)* temperament, povaha, letora; **have an even t.** být vyrovnaný or klidný; **have a quick t.** být prchlivý; **keep one's t.** zachovat si klidnou or chladnou hlavu, ovládat se; **lose one's t.** ztratit trpělivost; **try sb's t.** dráždit koho, rozčilovat koho 2 *(mood)* nálada; **be in a bad t.** mít špatnou náladu, být rozčilený, zlobit se; **fly into a t.** vzplanout hněvem; **in a fit of t.** v záchvatu vzteku 3 Metal tvrdost oceli ● vt 1 *(moderate: passion, criticism)* (z)mírnit 2 Metal (za)kalit 3 dated Mus temperovat

tempera ['tempərə] n *(paint)* tempera, temperová barva; **paint in t.** malovat temperami ■ **t. painting** temperová malba

temperament ['tempərəmənt] n temperament, povaha, letora, nátura; **have a fiery t.** mít prudký temperament, mít ohnivou povahu, inf mít kohoutí krev

temperamental [tempərə'mentl] adj 1 *(person: moody)* vrtošivý, náladový 2 *(machine etc also)* kapriciózní; **be t.** *(car etc)* nedělat dobrotu 3 *(natural: aversion)* bytostný; *(laziness)* vrozený; **t. differences** rozdíly v temperamentu ■ **~ly** adv 1 *(behave: person)* vrtošivě, náladově, *(car etc also)* kapriciózně 2 **~ly unsuitable** bytostně nevhodný

temperance ['tempərəns] n mírnost, střídmost, zdrženlivost; *(from alcohol)* abstinence

temperate ['tempərət] adj 1 *(moderate: person)* mírný, umírněný; *(in eating)* střídmý 2 *(climate, zone)* mírný

temperature ['temprəčə(r)] n 1 Meteor teplota; **a drop in t.** pokles teploty 2 Med teplota, horečka; **have** or **run a t.** mít teplotu or horečku; **take sb's/ one's t.** změřit komu/ si teplotu

tempered ['tempəd] adj 1 Metal *(steel)* kalený 2 Mus temperovaný

-tempered [-'tempəd] suff naladěný; **good-t./ bad-t.** dobře/ špatně naladěný

tempest ['tempist] n poet bouře

tempestuous [tem'pestjuəs] adj 1 *(weather)* bouřlivý 2 *(person)* prudký, bouřlivý, ohnivý

temple$_1$ ['templ] n Archit chrám, svatyně; *(antique, Jewish)* templ

temple$_2$ ['templ] n Anat spánek, skráň; **he's grey at the ~s** je prošedivělý na skráních

tempo ['tempəu] n (pl **~s** or **tempi** [-pi:]) Mus & fig tempo; **at a slow/ fast t.** pomalým/ rychlým tempem

temporal ['tempərəl] adj 1 gen & Ling časový, Ling also temporální; **t. clause** vedlejší věta časová 2 Relig *(secular)* světský, laický 3 Anat spánkový, temporální

temporarily ['tempərərəli] adv dočasně, přechodně, provizorně

temporariness ['tempərərinəs] n (see **temporary**) dočasnost; přechodnost; provizornost

temporary ['tempərəri] adj gen dočasný; *(accommodation, job)* přechodný; *(worker)* výpomocný; *(arrangement, building, measure, repair, solution)* provizorní; **a t. teacher** suplent; **a t. worker** výpomocný pracovník, výpomoc; **on a t. basis** dočasně, přechodně; **take a t. job** nastoupit přechodně do zaměstnání

temporize ['tempəraiz] vt otálet, vyčkávat, váhat, odkládat rozhodnutí

tempt [tempt] vt **1** *(entice)* lákat, vábit, přemlouvat; *(seduce)* svádět, uvádět v pokušení; **t. sb to do sth, t. sb into doing sth** přemlouvat koho k čemu; **be (sorely) ~ed to do sth** mít cukání or sto chutí něco udělat, být v pokušení něco udělat; **I am ~ed to take a day off** mám sto chutí si vzít den volna; **can I t. you to a whisky?** dáš si whisky?, dáš se přemluvit na jednu whisky?; **I was ~ed to hit him** měl jsem chuť ho praštit; **I was ~ed to go home** táhlo mě to domů; **I am ~ed to believe that ...** jsem ochoten or nakloněn uvěřit, že ... ♦ **t. providence** pokoušet štěstí or štěstěnu, pokoušet osud **2** Relig pokoušet, uvádět v pokušení

temptation [temp'teišn] n vábení, svody, pokušení; **give way** or **yield to t.** podlehnout svodům or pokušení; **resist t.** odolat pokušení; Bibl **lead us not into t.** a neuveď nás v pokušení

tempter ['temptə(r)] n svůdce, pokušitel

tempting ['temptiŋ] adj *(offer)* lákavý, svůdný, vábný; *(meal, smell)* lákavý, dráždivý, budící chuť

temptress ['temptrəs] n svůdkyně, pokušitelka

ten [ten] adj deset; **t. students** deset studentů; **t. doors** desatery dveře; **t. pairs of shoes** deset párů bot, desatery boty; **the T. Commandments** desatero přikázání; **the upper t. thousand** horních deset tisíc, vyšší kruhy; **one in t.** jeden z deseti; **on the dot of t.** úderem desáté ● n desítka; **~s** desítky; **in ~s** *(sell)* po deseti kusech

tenable ['tenəbl] adj **1** Mil *(position)* udržitelný, obranyschopný; fig *(argument)* obhájitelný, který lze hájit **2 a post t. for two years** místo na dobu dvou let

tenacious [ti'neišəs] adj **1** *(person: persistent)* houževnatý; *(adversary)* tvrdošíjný, zavilý, urputný **2** *(memory)* spolehlivý, dlouhodobý ■ **~ly** adv houževnatě; tvrdošíjně, urputně; **cling ~ly to life** lpět silně na životě

tenacity [ti'næsəti] n see **tenacious 1** houževnatost; tvrdošíjnost, zavilost, urputnost **2** spolehlivost

tenancy ['tenənsi] n (pl **-cies**) **1** *(of farm, land* etc*)* nájem, pacht, držba; *(of house, flat)* (pro)nájem **2** *(period)* **during his t. of the house** když bydlel v domě, když byl nájemníkem v domě

tenant ['tenənt] n *(of house, flat)* nájemník, inf partaj; *(of farm)* nájemce, pachtýř ● vt *(house)* mít v pronájmu, být nájemníkem v čem; *(farm)* mít v pachtu

tench [tenč] n *(fish)* lín

tend$_1$ [tend] vi **1** *(be inclined)* mít tendenci, klonit or přiklánět se k čemu, tíhnout k čemu; **t. to believe sb** být nakloněn komu věřit; **t. to drink** mít sklon k pití; **I t. to walk to work** obvykle chodím do práce pěšky; **wool ~s to shrink** vlna má tendenci se srážet **2 t. to** or **towards sth** přiklánět se k čemu, tíhnout k čemu; **t. to the view that ...** přiklánět se k názoru, že ...; **t. towards a Marxist view** tíhnout k marxistickému názoru

tend$_2$ [tend] **I** vt *(look after: sick person)* opatrovat, pečovat o, *(animals)* hlídat, starat se o; *(land)* obdělávat; *(machine)* obsluhovat; Amer *(shop)* vést, *(customer)* obsluhovat **II** vi esp Amer **t. to sb** starat se o koho, *(guests)* věnovat se komu; **t. to sb's needs** starat se o čí potřeby

tendency ['tendənsi] n **1** *(of person/things)* tendence, sklon; **she has a t. to forget things** má tendenci zapomínat; **he has a t. to drink** má sklon k pití **2** *(direction, trend)* trend, příklon; **a t. towards conservatism** příklon ke konzervatismu

tendentious [ten'denšəs] adj *(interpretation)* tendenční

tender$_1$ ['tendə(r)] adj **1** *(affectionate: person, heart, look)* láskyplný, něžný; *(love)* vroucí, vřelý; *(memories)* sladký, příjemný, *(secret)* sladký; *(words)* slaďounký ♦ **leave sb/ sth to the t. mercies of sb/ sth** nechat koho/ co na pospas komu/ čemu **2** *(sensitive: skin, plant* etc*)* citlivý, choulostivý; *(bruise, spot)* citlivý, bolestivý; fig *(subject)* choulostivý, inf háklivý ♦ **touch sb on a t. spot** dotknout se koho na citlivém místě **3** *(meat)* měkký; *(bud, shoot)* křehký **4** poet *(young)* mladičký; **a t. age** útlý věk, útlé dětství ■ see **tenderly**

tender$_2$ ['tendə(r)] **I** vt *(resignation)* podat; *(bid, offer)* podat, předložit; *(services)* nabídnout, poskytnout; *(thanks)* vyslovit; **please t. exact fare** připravte si prosím odpočítané peníze **II** vi Comm **t. for sth** *(contract* etc*)* ucházet se oč, podat nač konkurzní or soutěžní nabídku ● n **1** Comm (konkurzní) nabídka, oferta, tendr; **submit a t.** podat nabídku or ofertu **2** Fin **(legal) t.** (zákonné) platidlo

tender$_3$ ['tendə(r)] n Rail tendr; Naut zásobovací loď

tenderhearted [tendə'ha:tid] adj *(compassionate)* soucitný, lítostivý; *(kind)* dobrosrdečný

tenderize ['tendəraiz] vt *(meat)* naklepat, rozklepat

tenderizer ['tendəraizə(r)] n palička na maso

tenderloin ['tendəloin] n **1** Cook křehká svíčková **2** Amer sl *(district)* vykřičená čtvrť

tenderly ['tendəli] adv něžně, láskyplně, vroucně, vřele

tenderness ['tendənəs] n see **tender**₁ **1** něžnost, něha, láskyplnost, vroucnost **2** citlivost, bolestivost, choulostivost **3** měkkost, křehkost

tendon ['tendən] n Anat šlacha

tendril ['tendrəl] n Bot úponek, úponka

tenement ['tenəmənt] n **1 t. (house)** činžák staršího typu, činžovní dům ■ **t. flat** byt v činžáku **2** Jur pronajatý dům; *(farm)* propachtovaná nemovitost

tenet ['tenit] n poučka, vůdčí zásada; Relig článek víry

tenfold ['tenfəuld] adj desetinásobný ● adv desetinásobně; **increase t.** desetinásobně se zvýšit

ten-gallon hat [tengælən'hæt] n Amer kovbojský klobouk

tenner ['tenə(r)] n inf desetilibrovka

tennis ['tenis] n also **lawn t.** tenis; **table t.** stolní tenis, ping-pong ■ **t. ball** tenisový míček; **t. court** tenisový kurt or dvorec; Med **t. elbow** tenisový loket; **t. player** tenista/ tenistka; **t. racket**, **t. racquet** tenisová raketa; **t. shoe** teniska

tenon ['tenən] n čep tesařský

tenor ['tenə(r)] n **1** Mus *(voice, person)* tenor **2** *(general sense: of theory, letter)* hlavní or základní myšlenka, smysl **3** *(of events)* běh **4** Jur *(exact wording)* doslovné znění

tenpin bowling [tenpin'bəuliŋ] n (hra v) kuželky

tenpins ['tenpinz] n Amer (hra v) kuželky

tense₁ [tens] n Ling čas; **the present/ past/ future t.** přítomný/ minulý/ budoucí čas

tense₂ [tens] adj **1** *(rope)* napjatý, *(muscles)* napnutý **2** *(person)* napjatý, *(nervous also)* nervózní; *(relationship, expression)* napjatý; *(smile)* křečovitý; *(atmosphere)* fig napjatý, dusný **3** Ling *(vowel)* napjatý ■ **~ly** adv napjatě, nervózně; *(smile)* křečovitě ● **I** vt *(muscles)* napnout **II** phr v ■ **tense up** *I* vi *(muscle)* napnout se; *(person)* znervóznět *II* vt *(person)* znervóznit, napínat; *(muscle)* napnout; **be all ~d up** být napjatý jako struna, mít nervy jako špagáty

tenseness ['tensnəs] n see **tense 1** napjatost **2** napjatost, nervozita; křečovitost

tensile ['tensail] adj roztažitelný, pružný; **t. load** zatížení tahem; **t. strength** pevnost v tahu

tension ['tenšn] n napětí; *(of rope)* napnutost; Elec *(voltage)* napětí

tensor ['tenso:(r)] n Anat napínač, tenzor

ten spot ['tenspot] n Amer inf desítka deset dolarů

tent [tent] n stan; **put up** or **pitch a t.** postavit stan; **strike a t.** strhnout stan ■ **t. peg** stanový kolík

tentacle ['tentəkl] n chapadlo

tentative ['tentətiv] adj **1** *(provisional)* provizorní, *(preliminary: research)* předběžný, *(offer)* nezávazný, *(plan)* orientační, *(scheme)* experimentální **2** *(hesitant: movement, person)* váhavý, *(smile, start, suggestion)* nesmělý ■ **~ly** adv **1** provizorně, předběžně, experimentálně, zkusmo **2** váhavě, nesměle

tenterhooks ['tentəhuks] n pl **be on t.** být jako na trní or na jehlách, být napjatý jako struna; **keep sb on t.** napínat koho, natahovat koho na skřipec

tenth [tenθ] adj desátý ● n **1** *(fraction)* **(one) t.** desetina **2** *(in series)* desátý

tenthly ['tenθli] adv za desáté

tenuous ['tenjuəs] adj **1** *(thread, voice)* tenký; *(air)* řídký; Chem *(gas)* prchavý, těkavý **2** fig *(distinction, connection)* nejasný; *(argument, evidence)* slabý, chabý, nepřesvědčivý **3** *(precarious: existence, situation)* nejistý, prekérní

tenuousness ['tenjuəsnəs] n see **tenuous** **1** tenkost; řídkost; prchavost, těkavost **2** nejasnost; chabost, nepřesvědčivost **3** nejistota, prekérnost

tenure ['tenjə(r), tenjuə(r)] n **1** *(of land, property)* pronájem, pacht, držba **2** *(of post)* výkon úřadu, funkční období; **during his t. as chairman** v době, kdy byl předsedou **3** Univ definitiva vysokoškolského učitele; **have t.** mít definitivu

tepid ['tepid] adj lit & fig vlažný

tepidity [te'pidəti], **tepidness** ['tepidnəs] n lit & fig vlažnost

term [tə:m] n **1** *(period of time)* doba, období, lhůta; *(end of period)* termín, lhůta; **ahead of t.** před termínem; **t. of delivery/ notice** dodací/ výpovědní lhůta; **t. of office** funkční období; **t. of imprisonment** trest odnětí svobody; **in the long/ short t.** dlouhodobě/ krátkodobě **2 a)** Sch *(two/ three/ four in one year)* pololetí/ trimestr/ čtvrtletí **b)** Univ *(two/ three in one year)* semestr/ trimestr; **during t. (time)** během semestru; **out of t. (time)** o prázdninách **3** *(word, expression)* výraz, odborný termín, termín; **legal/ medical/ technical t.** právní/ lékařský/ technický termín; **in simple ~s** jednoduše; **in general ~s** povšechně; **describe sth in glowing ~s** vylíčit co v zářivých barvách; **he told him so in no uncertain ~s** řekl mu to na rovinu

4 Logic termín, člen **5 in ~s of ... a)** Math jako funkce čeho; **express sth in ~s of sth** vyjádřit co jako funkci čeho **b)** *(as regards)* pokud jde o ...; **they are equal in ~s of experience** pokud jde o zkušenosti, jsou na stejné úrovni **6 ~s** *(conditions)* podmínky; **~s of delivery** dodací podmínky; **~s of reference** *(of committee* etc*)* kompetence; **dictate ~s** diktovat podmínky **7** *(relations)* **be on good ~s with sb** být s kým zadobře; **be on first-name ~s with sb** tykat si s kým; **they are no longer on speaking ~s** už spolu nemluví; **part on good/ bad ~s** rozejít se s kým v dobrém/ ve zlém; **we're not on the best of ~s** moc dobře spolu zrovna nevycházíme **8 come to ~s with sb/ sth** smířit se s kým/ čím; **come to ~s with one's fate** smířit se se svým osudem; **he cannot come to ~s with it** nemůže to přenést přes srdce; **come to ~s with the past** vypořádat se or zúčtovat s minulostí ● vt *(call)* pojmenovat, označit; **they were ~ed as ...** byly označovány jako ...

termagant ['tə:məgənt] n fúrie, megera

terminal ['tə:minl] adj **1** *(final: syllable)* koncový; *(exam, report)* závěrečný; *(station)* konečný **2** Med *(cancer, patient)* nevyléčitelný; fig inf *(boredom)* smrtelný; **suffer from t. boredom** umírat nudou ■ **~ly** adv **be ~ly ill** být na smrt or smrtelně nemocný ● n **1** Rail, Bus konečná stanice; *(tram)* konečná zastávka; *(at airport)* terminál **2** Comput terminál ■ **t. computer** terminálový počítač

terminate ['tə:mineit] **I** vt *(end: job)* (s)končit, *(negotiation)* uzavřít, *(contract)* vypovědět; *(pregnancy)* přerušit **II** vi končit (se); *(membership)* zaniknout; Ling **t. in a consonant** končit na souhlásku

termination [tə:mi'neišn] n **1** gen ukončení, zakončení; *(end)* konec **2** *(of pregnancy)* přerušení těhotenství **3** Ling koncová slabika, koncovka

terminological [tə:minə'lodžikl] adj terminologický

terminology [tə:mi'nolədži] n terminologie, názvosloví

terminus ['tə:minəs] n (pl **~es** or **termini** [-nai]) Rail, Bus koncová stanice

termite ['tə:mait] n termit

tern [tə:n] n Orn rybák

ternary ['tə:nəri] adj trojkový, ternární

terrace ['terəs] n **1** *(patio)* terasa **2** *(of houses)* řadové domky na jedné straně ulice ■ **t. house** řadový dům **3** *(on hillside)* terasa **4** Ftb **the ~s** tribuny k stání ● vt *(garden, hillside)* upravit terasovitě

terraced ['terəst] adj **1** *(garden, vineyard)* stupňovitý, terasovitý **2 t. house** řadový domek

terracotta [terə'kotə] n *(earthenware)* terakota ■ **t. vase** terakotová váza ● adj *(colour)* terakotový, cihlově červený

terra firma [terə'fə:mə] n suchá země, souš, pevnina; **be on t. f. again** mít opět pevnou půdu pod nohama

terrain [tə'rein] n terén; fig půda

terrapin ['terəpin] n Zool sladkovodní želva v USA, bahnivka

terrestrial [tə'restriəl] adj **1** *(of land)* pevninský, kontinentální, *(living on land: animal)* žijící na pevnině, suchozemský, *(plants)* rostoucí na pevnině **2** *(of the planet Earth)* zemský; **the t. globe** zeměkoule **3** *(mundane)* světský ● n pozemšťan

terrible ['terəbl] adj **1** *(severe: pain, headache)* hrozný, strašný, šílený; *(heat)* příšerný; *(weapons)* úděsný, hrůzostrašný; **it was a t. shock for her** byl to pro ni strašný otřes **2** *(awful: meal)* mizerný; **I am t. at football** na fotbal jsem naprosto levý; **I have a t. memory** mám hrozně děravou paměť or hlavu; **you look t. in that hat** v tom klobouku vypadáš příšerně ■ **terribly** adv hrozně, strašně, děsně; **it's terribly hot** je příšerně horko; **she's terribly lazy** je hrozně líná; **I'm terribly sorry** je mi to velice líto

terrier ['teriə(r)] n Zool norník, jamník, teriér

terrific [tə'rifik] adj inf **1** *(wonderful: person, party, idea)* úžasný, senzační, prima, fantastický; **we had a t. time** výborně jsme se bavili; **look t.** vypadat fantasticky **2** *(extreme: amount, pleasure)* ohromný, *(heat)* příšerný, *(speed)* šílený; *(struggle)* urputný; **at a t. speed** šílenou rychlostí ■ **~ally** adv inf **1** *(very well: sing)* ohromně, úžasně **2** *(extremely: difficult, clever)* neobyčejně, nesmírně, strašně; *(hot, expensive)* příšerně

terrify ['terəfai] vt (pt & pp **-fied** [-faid]) vylekat, vyděsit, poděsit; **be terrified of sb** třást se před kým; **I am terrified of spiders** mám hrůzu z pavouků; **t. sb out of his/ her wits** k smrti koho vyděsit

terrifying ['terəfaiiŋ] adj *(frightening)* hrůzný, děsný, děsivý, *(story)* hrůzostrašný; *(alarming)* hrozný, strašný, příšerný

territorial [terə'to:riəl] adj územní, teritoriální; **T. Army** domobrana; **t. waters** teritoriální vody

territory ['terətəri] n teritorium, území, oblast; fig revír

terror ['terə(r)] n **1** *(fear)* hrůza, děs, zděšení, (velký or panický) strach; **be speechless with t.** oněmět hrůzou; **scream with t.** křičet hrůzou; **have a t. of (doing)**

sth mít před čím hrůzu **2** Pol **reign of t.** hrůzovláda **3** inf *(formidable person: eg headmaster)* postrach; *(unruly child)* rošťák, čertovo kvítko; **he is the t. of all the students** je postrachem všech studentů

terrorism ['terərizəm] n terorismus; **an act of t.** teroristický čin

terrorist ['terərist] n terorista/ teroristka ■ **t. group** teroristická skupina

terrorize ['terəraiz] vt terorizovat

terror-stricken ['terəstrikən], **terror-struck** ['terəstrak] adj oněmělý hrůzou, zkamenělý hrůzou

terry ['teri] n Br **t. towelling**, Amer **t. cloth** froté; **t. towel** froté ručník, třecí ručník; **t. socks** froté ponožky

terse [tə:s] adj *(style)* hutný, jadrný, lapidární; *(statement, report)* lakonický, úsečný, (velmi) stručný ■ **~ly** adv hutně, lapidárně; lakonicky

terseness ['tə:snəs] n *(of style)* hutnost, lapidárnost; *(of statement)* lakoničnost, *(of reply)* úsečnost, stručnost

tertiary ['tə:šəri] adj **1** Econ *(sector, industry)* terciární; Br *(education)* vyšší, vysokoškolský, univerzitní; Med *(burns)* třetího stupně **2 T. period** Geol třetihory

Terylene TM ['terəli:n] n terylén

TESL ['tesl] abbr of **Teaching English as a Second Language** výuka angličtiny jako druhého jazyka

tessellated ['tesəleitid] adj *(pavement)* mozaikový

test [test] n **1** *(examination)* **a)** Sch, Univ zkouška, prověrka znalostí; *(written)* test, písemná zkouška, inf písemka; *(oral)* ústní zkouška; **sit** or **take a t.** skládat zkoušku; **pass a t.** složit zkoušku **b)** gen *(of person, ability)* zkouška; **driving t.** řidičská zkouška; **endurance t.** zatěžkávací zkouška; **intelligence t.** inteligenční zkouška; **put sb to t.** podrobit koho zkoušce ♦ **the acid t.** prubířský kámen; **stand the t. of time** *(theory* etc*)* osvědčit se ■ Jur **t. case** modelový případ **2** Med **blood t.** krevní zkouška, zkouška krve; **eye t.** zraková zkouška, zkouška zraku ■ **t. tube** zkumavka; **t.-tube baby** dítě ze zkumavky **3** *(of equipment)* test, zkouška; **strength t.** zkouška pevnosti; Aut *(on road)* zkušební jízda; Aviat *(in air)* zkušební let; **nuclear t.** jaderný pokus; **make t. flights** zalétávat letadlo; **put sth to the t.** vyzkoušet něco ■ **t. ban** zákaz nukleárních zkoušek; **t. drive** zkušební jízda; **t. flight** zkušební let; **t. pilot** zkušební letec **4** Br Cricket ■ **t. match** mezinárodní utkání ● **I** vt **1** *(assess)* **a)** Sch, Univ (vy)zkoušet, přezkoušet; **t. sb on sth** vyzkoušet koho z čeho **b)** gen *(hypothesis)* testovat; **t. sb's intelligence** testovat čí inteligenci, podrobit koho inteligenční zkoušce **2** Med *(eyes)* vyzkoušet, prohlédnout; *(blood sample)* udělat analýzu čeho; *(new drugs)* testovat, zkoušet; **have one's eyes ~ed** dát si prohlédnout oči; **the water was ~ed for pollution** bylo testováno znečištění vody ♦ inf **get your eyes ~ed** dej si vyšetřit oči **3** *(equipment)* vyzkoušet; *(check)* překontrolovat **4** *(tax: patience, courage)* vystavit koho zkoušce **II** vi zkoušet; **t. for sth** *(leaks, faults* etc*)* provádět zkoušku na co

testament ['testəmənt] n **1** Jur **last will and t.** závěť, poslední vůle, poslední pořízení **2** *(proof)* **a t. to sth** důkaz čeho **3** Relig **Old/ the New T.** Starý/ Nový zákon

tester ['testə(r)] n zkoušeč; *(machine)* zkušební přístroj

testes ['testi:z] n pl varlata

testicle ['testikl] n varle

testify ['testifai] v (pt & pp **-fied**) **I** vt Jur **t. that ...** svědčit, že ... **II** vi **1** Jur svědčit, vypovídat; **t. against/ in favour of sb** svědčit proti komu/ ve prospěch koho **2 t. to sth** *(be sign of sth)* svědčit o čem

testily ['testəli] adv *(reply, say)* mrzutě, nevrle, nevlídně

testimonial [testi'məuniəl] n **1** *(character reference)* doporučení, posudek, reference ■ **t. letter** doporučující dopis **2** *(gift)* dárek na památku

testimony ['testiməni] n **1** Jur *(statement)* svědecká výpověď; **false t.** křivá výpověď, křivé svědectví; **sworn t.** přísežné prohlášení; **call sb in t.** zavolat koho za svědka **2** *(evidence)* svědectví, důkaz, doklad; **bear t. to sth** svědčit o čem

testiness ['testinəs] n mrzutost, nevrlost, nevlídnost

testing ['testiŋ] adj *(difficult: period, time)* těžký, obtížný; **t. ground** zkušební terén

testis ['testis] n (pl **testes** ['testi:z]) varle

testosterone [te'stostərəun] n testosteron

testy ['testi] adj (**-ier**, **-iest**) mrzutý, nevlídný, nevrlý ■ see **testily**

tetanus ['tetənəs] n tetanus

tetchiness ['tečinəs] n (see **tetchy**) podrážděnost, popudlivost, mrzutost, nevrlost

tetchy ['teči] adj (**-ier**, **-iest**) *(person)* podrážděný, popudlivý; *(comment, mood)* mrzutý, nevrlý ■ **tetchily** adv *(speak)* popudlivě, podrážděně

tête-à-tête [teita:'teit] adv důvěrně, mezi čtyřma očima, tête-à-tête ● n důvěrný rozhovor, tête-à-tête

tether ['teðə(r)] n *(for horse)* oprať ♦ **be at the end of one's t.** být u konce svých sil, být se silami v koncích, mlít z posledního ● vt *(animal)* uvázat

tetrahedron [tetrə'hi:drən] n čtyřstěn

tetravalent [tetrə'veilənt] adj Chem čtyřmocný

Teuton ['tju:tən] n Teuton, Germán

Teutonic [tju'tonik] adj teutonský, germánský

Teutonism ['tju:tənizm] n teutonství, germánství

Texan ['teksn] n Texasan/ -ka ● adj texaský

Texas ['teksəs] n Texas

text [tekst] n text; Univ **set** or **prescribed ~s** předepsaná or povinná četba ■ Comput **t. editor** textový editor; **t. processor** textový procesor; **t. mode** textový režim

textbook ['tekstbuk] n učebnice, cvičebnice, Univ also skripta ■ **a t. example** or **case** klasický příklad, učebnicový příklad

textile ['tekstail] n tkanina, textilie; **~s** textil, textilní zboží ■ **t. worker** textilní dělník

textual ['tekstjuəl] adj textový; **t. analysis** textová analýza

texture ['teksčə(r)] n **1** *(of material)* textura, struktura, *(of leather, paper also)* zrnitost; Geol textura **2** *(of writing)* osnova, struktura, stavba; fig *(of life)* předivo

Thai [tai] adj thajský ● n **1** *(person)* Thajec/ Thajka **2** *(language)* thajština

Thailand ['tailænd] n Geogr Thajsko

thalidomide [θə'lidəmaid] n Med thalidomid ■ **t. baby** dítě znetvořené působením thalidomidu

Thames [temz] n **the T.** Temže ♦ **he'll never set the T. on fire** ten moc rozumu nepobral, ten díru do světa neudělá, není to žádný lumen

than [ðən; strong form ðæn] conj **1** *(in comparisons)* než; **it is farther t. I thought** je to dál, než jsem si myslel; **he's taller t. I am** je vyšší než já **2** *(with 'rather', 'sooner')* **no sooner had he arrived t. he started to work** sotva přišel, hned začal pracovat; **I'd sooner** or **rather die t. wear this hat** než bych si na sebe dala tento klobouk, to raději umřu ● prep **1** *(in comparisons)* **he's older t. me** je starší než já; **I like wine better t. beer** já mám raději víno než pivo **2** *(indicating quantity)* **more/ less t. twenty** víc/ méně než dvacet; **in less t. an hour** za necelou hodinu; **it cost less t. ten pounds** stálo to méně než deset liber, stálo to necelých deset liber

thank [θæŋk] vt **1 t. sb for sth** (po)děkovat komu za co; **you can t. your friend for that**, **you only have your friend to t. for that** za to můžeš poděkovat svému příteli ♦ **you can t. your lucky star that ...** můžeš mluvit o štěstí, že ... **2 t. you** děkuji; **t. you very much** pěkně děkuji, mockrát děkuji ♦ **t. God!**, **t. Goodness!** díky bohu, bohudíky, chvála bohu **3** see **thanks**

thankful ['θæŋkful] adj vděčný, povděčný; **be t. for sth** být vděčný za co; **you ought to be t. that ...** můžeš být rád, že ... ■ **~ly** adv *(fortunately)* bohudíky, naštěstí; *(with relief)* s úlevou

thankfulness ['θæŋkfulnəs] n vděčnost

thankless ['θæŋkləs] adj *(task)* nevděčný

thanks [θæŋks] n pl inf **1** *(thank you)* dík(y); **t. a lot!** mockrát děkuji, iron to ti teda pěkně děkuji; **t. awfully** strašně moc děkuji; **a thousand t.**, inf **t. a million** tisíceré díky; **receive sth with t.** přijmout co s povděkem; **a letter of t.** děkovný dopis ♦ **t. be to God** díky bohu; **get no t.** sklidit nevděk **2 t. to you** tvou zásluhou; **t. to sth** díky čemu; **t. to his efforts** díky jeho úsilí

thanksgiving ['θæŋksgiviŋ] n díkůvzdání; Amer **T. Day** Den díkůvzdání

thank-you ['θæŋkju:] n díky; **say t.-you to sb** poděkovat komu ■ **t.-you letter** děkovný dopis

that [ðæt; unstressed ðət] dem pron (pl **those**) **1** to; **what's t.?** co je to?; **who's t.?** kdo je to?; **is t. you, Jane?** to jsi ty, Jano?; **t.'s a good idea** to je dobrý nápad; **t.'s no joke** to není maličkost; **t.'s what he said** tak to řekl; **t.'s how/ why she did it** takhle/ proto to udělala; **people like t.** takoví lidé ♦ **t.'s all we need!** to nám ještě chybělo!; **t.'s enough!** tak už dost!; **t.'s it** *(finished)* a je to (hotovo); **t.'s more like it** to je jiná, inf to je jiný* kafe; **... and t.'s t.!** a hotovo!, a je po krámech!, a tím to hasne!; **t.'s life** takový je život **2** in contrast to 'this' tamto, tamhleto, to; **this is a spoon and t. is a fork** toto je lžíce a tamto je vidlička; **I prefer this to t.** mně se líbí toto or tohle víc než tamto or tamhleto **3** combined with prepositions **above t.** nadto, navíc; **after t.** potom, poté, nato; **before t.** předtím, dotud; **below t.** pod tím; **what do you mean by t.?** co tím chcete říct?; **on account of t.** z té příčiny, proto, tím pádem; **if it comes to t., you can ...** pokud k tomu dojde, můžeš ...; **t.'s because ...** to je tím, že ... ● dem adj (pl **those**) **1** ten/ ta/ to; **those** ti/ ty/ ta; **t. table/ book/ town** ten stůl/ ta kniha/ to město; **those people/ women/ towns** ti lidé/ ty ženy/ ta města; **t. man/ book/ pen over there** tamten muž/ tamta kniha/ tamto pero; **those men/ books/ pens over**

there tamti muži/ tamty ženy/ tamta pera **2** with possessive pronouns **t. idea of yours** ten tvůj nápad; **t. cat of hers** ta její kočka **3** in contrast to 'this' tamten/ tamta etc; **I prefer this dress to t. one** tyto šaty se mi líbí víc než tam(hle)ty **4** in phrases **at t. moment** v tu chvíli, v tom okamžiku, vtom; **at t. time** tehdy, tenkrát, v té or v tehdejší době; **for t. purpose** za tím účelem; **for t. reason** proto, z toho důvodu; **in t. case** v tom případě; **to t. end** k tomu cíli; **you can't do it t. way** tak to nemůžeš dělat; **and t. sort of thing** a tak podobně ● adv inf **she can't be t. thick** *(stupid)* nemůže být přece takhle pitomá; **I don't have t. much money** tolik peněz nemám; **you can't be t. daft** přece nemůžeš být takhle pitomý ● rel pron **1** který/ která etc, co; **the man (t.) I told you about** muž, o kterém jsem ti vyprávěl; **all/ nothing t. ...** všechno/ nic, co ...; **the best t. ...** nejlepší, co ... ♦ **all t. glitters is not gold** není všechno zlato, co se třpytí **2** in temporal phrases **the moment t. ...** v okamžiku, kdy ..., jakmile; **the moment t. I saw him** jakmile or sotvaže jsem ho uviděl; **on the day t. ...** v den, kdy ... ● conj **1** že; **he said t. he knew about it** řekl, že o tom ví; **I am told t. he's getting married** prý se žení; **it's rumoured t. ...** proslýchá se, že ...; **it's necessary t. all children should have enough food** je nutné, aby se všechny děti dosyta najedly **2** *(expressing wish)* **oh t. I could fly!** kéž bych uměl létat!; **oh t. she would come!** kéž by přišla! **3** dated **so that** aby; **he died so t. others might live** zemřel, aby mohli jiní žít

thatch [θæč] n **1** *(material)* došek, došková krytina; *(reed)* rákosová krytina ♦ **burn like t.** hořet jako troud **2** *(roof)* došková/ rákosová střecha **3** inf *(hair)* kštice, hříva ● vt *(roof)* pokrýt doškovou/ rákosovou krytinou

thatched [θæčt] adj *(roof: covered with straw/ reed)* doškový/ rákosový; *(cottage)* s doškovou/ rákosovou střechou

Thatcherism ['θæčərizəm] n thatcherismus

Thatcherite ['θæčərait] n thatcherista/ thatcheristka ● adj also **Thacherist** ['θæčərist] thatcheristický

thaw [θo:] n **1** Meteor obleva, tání; **the t. has set in** nastala obleva **2** Pol uvolnění, oteplení ● **I** vi **1** *(snow, ice)* tát, rozpouštět se **2** *(frozen food)* rozmrazit se; *(frozen ground)* rozmrznout; *(hands, feet)* zahřát se **3** fig Pol *(relations)* oteplovat se, uvolňovat se; *(person)* (z)jihnout, roztát, uvolnit se **II** vt *(snow)* způsobit tání; *(frozen food)* rozmrazit **III** phr v ■ **thaw out** *I* vt **1** *(food)* rozmrazit **2** *(feet, hands)* zahřát si **3** *(person)* rozehřát *II* vi **1** *(frozen food)* rozmrazit se **2** *(feet)* zahřát se; *(person)* rozehřát se, zahřát se, fig roztát, zjihnout

the [ðə, before vowel ði, emphatic ði:] def art **1** *(no Czech equivalent)* **on t. table** na stole; **in t. room** v pokoji **2** *(as dem pron)* ten/ ta/ to; pl ti/ ty/ ta; **t. book in t. middle** ta kniha uprostřed **3** *(with family names)* **t. Smiths** Smithovi **4** *(with numbers)* **May t. tenth**, **t. tenth of May** desátého května; **in t. 50s** v padesátých letech **5** *(used distributively)* **apples are 50p t. pound** jablka stojí 50 pencí za libru, jablka jsou po 50 pencích za libru **6** *(with measurements)* **by t. dozen** po tuctech **7** *(sufficient)* **we haven't t. time to go there** nemáme čas tam jít; **I didn't have t. courage to refuse** netroufl jsem si odmítnout **8** *(with adj)* **a)** *(with comp)* **t. more t. better** čím víc, tím líp **b)** *(with superl)* **t. prettiest girl in our school** nejhezčí děvče v naší škole **c)** *(used as nouns)* **t. poor/ t. rich** chudí/ bohatí **9** emph [ði:] **he's *the* conductor of the century** on je největším dirigentem tohoto století; **Coke is *the* drink for hot weather** za horkého počasí není nad kokakolu

theatre, Amer **theater** ['θiətə(r)] n **1** Theat **a)** *(place)* divadlo, scéna; **go to the t.** jít do divadla **b)** *(art form)* divadlo; **amateur t.** ochotnické divadlo; **the t. of the absurd** absurdní divadlo; **he works in the t.** pracuje u divadla ■ **t. group** divadelní skupina **c)** Amer **(movie) t.** kino, biograf **d)** fig *(for important event)* dějiště, scéna; Mil **t. of war** válčiště **2** *(hall)* sál; *(for lectures)* posluchárna **3** Med **(operating) t.** operační sál

theatregoer, Amer **theatergoer** ['θiətəgəuə(r)] n návštěvník/ návštěvnice divadla; **he's a regular t.** chodí pravidelně do divadla

theatrical [θi'ætrikl] adj **1** Theat *(performance)* divadelní, *(company* also*)* herecký **2** fig *(behaviour)* melodramatický, afektovaný, teatrální ● n **~s** divadelní představení; **amateur ~s** ochotnické divadelní představení

theatrically [θi'ætrikli] adj **1** Theat divadelně, z divadelního hlediska **2** pej *(behave)* teatrálně, afektovaně

thee [ði:] pron arch, Bibl D tobě, ti; A tebe, tě

theft [θeft] n krádež, odcizení; **petty t.** drobná krádež

their [ðeə(r)] poss pron **1** *(belonging to them)* jejich, *(referring to gram subject)* svůj; **they love t. children** milují své děti **2** inf *(belonging to him or her)* **everyone**

must bring t. own food každý si musí přinést vlastní jídlo

theirs [ðeəz] pron jejich; **a friend of t.** jeden jejich přítel; **t. is the house on the left** jejich dům je ten nalevo; **is it yours or t.?** je to vaše nebo jejich?

theism ['θi:izəm] n Philos teismus

theist ['θi:ist] n Philos teista/ teistka

theistic [θi:'istik] adj Philos teistický

them [ðem; weak form ðəm or inf əm] pron **1** dir obj je, *(with prep)* ně; **I can see t.** vidím je; **it's for t.** je to pro ně **2** indir obj jim, *(with prep)* **without t.** bez nich; **to t.** k nim; **about t.** o nich; **with t.** s nimi; **most of t.** většina z nich; **it belongs to t.** patří to jim **3** emph **it's t.** to jsou oni

thematic [θi'mætik] adj tématický ■ **~ally** adv tématicky

theme [θi:m] n **1** *(topic)* téma, námět, tematika; Amer námět kompozice **2** Amer Sch *(essay)* kompozice

themselves [ðəm'selvz] pron **1** refl se, si, sobě **2** emph sami, samotní; **they t. are interested** oni sami mají zájem, je to samotné zajímá; **they did it by t.** udělali to sami bez cizí pomoci

then [ðen] adv **1** *(at that time)* tehdy, tenkrát; **now and t.** tu a tam, příležitostně, leckdy; **t. and there, there and t.** na místě (samém); **even t.** i tehdy **2** *(with prep)* **before t.** předtím, dříve; **by t.** do té doby, tou dobou; **since t.** od té doby; **up until t.** až do té doby **3** *(next)* potom, pak, dál; **t. we reached the village** pak jsme přišli do vesnice; **and what happened t.?** a co bylo dál? **4** *(therefore, in that case)* tedy; **now t.** nuže tedy; **we'll meet at eight t.** sejdeme se tedy v osm **5** *(anyway, on the other hand)* **he's boring and stupid but t. again he's very helpful** je nudný a hloupý, ale na druhé straně je zase velmi ochotný ● adj tehdejší; **the t. king** tehdejší král

thence [ðens] adv arch fml **1** *(from that place)* odtamtud **2** *(from that time)* odtehdy **3** *(therefore)* tudíž, proto

theocracy [θi'okrəsi] n (pl **-cies**) teokracie, vláda kněží, bohovláda

theocratic [θi:ə'krætik] adj teokratický

theodolite [θi'odəlait] n teodolit

theologian [θi:ə'ləudžən] n teolog/ teoložka

theological [θi:ə'lodžikl] adj teologický

theology [θi'olədži] n teologie, bohosloví ■ **t. student** bohoslovec, student teologie

theorem ['θiərəm] n Math věta, poučka

theoretic(al) [θiə'retik(l)] adj teoretický ■ **~(al)ly** adv teoreticky

theoretician [θiərə'tišn], **theorist** [θiərist] n teoretik/ teoretička

theorize ['θiəraiz] vi teoretizovat

theory ['θiəri] n (pl **theories**) **1** *(set of principles)* teorie; **the t. of relativity** teorie relativity; **in t.** teoreticky **2** *(opinion)* teorie, názor; **he has a t. that ...** má teorii, že ...

theosophy [θi'osəfi] n Philos teosofie

therapeutic [θerə'pju:tik] adj terapeutický, léčebný

therapist ['θerəpist] n terapeut/ -ka

therapy ['θerəpi] n (pl **-pies**) terapie, léčba; **speech t.** logopedie; **physical t.** rehabilitace

there [ðeə(r)] adv **1** *(in, at or to that place)* tam, **(over) t.** tamhle; **from t.** odtamtud; **here and t.** tu a tam, leckde, místy, ojediněle; **here, t. and everywhere** všude možně; **who's t.?** kdo je to?; **t. and back** tam a zpět ♦ **get t.** někam to dotáhnout, něco dokázat; inf **he's not all t.** nemá to v hlavě v pořádku, není zcela normální **2** *(at that point: in a story, argument* etc*)* **I don't agree with you t., t. I don't agree with you** v tom(to) se s vámi neztotožňuji; **he has a point t.** na tom co řekl něco je; **you're wrong t.** v tom se mýlíš; **you didn't do badly t.** tos udělal dobře, tím jsi neprohloupil; inf **you've got me t.!** tos mě dostal, na to neumím odpovědět **3** *(available)* k dispozici; **he's always been t. for me** vždy mi byl připraven pomoct, na něho je vždy spolehnutí **4** *(for emphasis: to draw attention to sb/ sth)* **hello t.!** ahoj!, zdravím vás!; **t. she is!** tamhle jde; **t. it is!** tu to máme!, tamhle je to!; **t.'s John coming** tamhle jde John **5** *(in place of subject in existential sentences)* **t. is a book on the table** na stole je or leží kniha; **t. were five of us** bylo nás pět; **t. are several options** je or existuje několik možností; **once upon a time t. was a king** byl jednou jeden král; **t. are seven days in a week** týden má sedm dní; **t.'s a drizzle/ hailstorm** mrholí/ padají kroupy; **t.'s a moon** svítí měsíc; **t.'s lightning** blýská se; **t. seems to be no doubt about it** zdá se, že o tom není možno pochybovat; **t. was a knock** někdo zaklepal; **suddenly t. was a shot** náhle se ozval výstřel ♦ **t.'s sth wrong here, t.'s sth fishy about this** tady něco nehraje; **t.'s the rub** v tom je ta potíž; **where t.'s a will, t.'s a way** dobrá vůle všechno zmůže; **t.'s gratitude for you!** nevděk světem vládne, vděku se člověk nedočká; **but t. again ...** ale na druhé straně ... ● interj **t.!** tak!; **t. you are!** tak vidíš!, no prosím!; **t.!, t.!** no tak!, *(don't cry)* no tak, neplač!; **so t.!** tak vidíš!, heč!, abys věděl!

thereabouts [ðeərə'bauts], **thereabout** [ðeərə'baut] adv usu after 'or' **1** *(indicating place)* někde poblíž **2** *(indicating quantity, degree, price)* **twenty or t.** kolem dvaceti, asi dvacet; **at five or t.** asi tak kolem páté

thereafter [ðeər'a:ftə(r)] adv fml potom, poté, nato

thereby [ðeə'bai] adv fml tím, tímto, čímž ♦ **t. hangs a tale** k tomu se váže další historka, o tom by se dalo ještě moc vyprávět

there'd [ðeəd] = **there had**; **there would**

therefore ['ðeəfo:(r)] adv proto, tudíž, z toho důvodu, a tedy; **I think, t. I am** myslím, a tedy jsem

therein [ðeər'in] adv fml *(in that)* uvnitř, tam, v něm/ v ní/ v nich; **the bus and the people t.** autobus a lidé v něm

thereof [ðeər'ov] adv fml or Jur z toho, odtud; **the town and the citizens t.** město a jeho obyvatelé

thereon [ðeər'on] adv fml *(on that)* na tom, na ní/ na něm; *(on that topic)* o tom

there's [ðeəz] = **there is**; **there has**

thereto [ðeə'tu:] adv fml *(to it)* k tomu, k němu/ k ní; **the contract and the documents appended t.** smlouva a doklady k němu připojené

thereupon [ðeərə'pon] adv fml **1** *(then, at that point)* načež, nato **2** *(on that topic)* o tom

therm [θə:m] n Phys term

thermal ['θə:ml] adj **1** *(insulation, power station, unit, barrier)* tepelný; *(radiation)* teplotní **2** *(bath)* termální; *(underwear also)* oteplovací; **t. spring** horké zřídlo, teplý or termální pramen ● n Meteor vzestupný proud teplého vzduchu

thermic ['θə:mik] adj tepelný, termální, termický

thermistor [θə:'mistə(r)] n Elec termistor

thermocouple ['θə:məukapl] n termočlánek, termoelektrický článek

thermodynamic [θə:məudai'næmik] adj termodynamický

thermodynamics [θə:məudai'næmiks] n termodynamika

thermoelectric [θə:məui'lektrik] adj termoelektrický

thermometer [θə'momitə(r)] n teploměr

thermonuclear [θə:məu'nju:kliə(r)] adj termonukleární, termojaderný; **a t. bomb/ war** termonukleární puma/ válka

thermos TM ['θə:məs] n also **t. flask**, Amer **t. bottle** termoska

thermostat ['θə:məustæt] n termostat

thermostatic [θə:məu'stætik] adj termostatický ■ **~ally** adv termostaticky

thesaurus [θi'so:rəs] n (pl **~es** or **thesauri** [θi'so:rai]) *(of synonyms)* synonymický slovník, *(of slang)* slangový slovník etc

these [ði:z] adj pron pl of **this** tito/ tyto/ tato; **t. days** v poslední době, dnes

thesis ['θi:sis] n (pl **theses** ['θi:si:z]) **1** *(argument)* teze **2** Univ *(doctoral)* dizertace; **final year t.** diplomová práce, inf diplomka

thespian, **Thespian** ['θespiən] adj joc divadelní ● n herec, zasvěcenec Thálie

they [ðei] pron **1** oni/ ony/ ona; **they are at home** (oni) jsou doma; **it is t.** fml to jsou oni **2** *(people in general)* **t. say** říká se; **t. are building a new church in our street** v naší ulici se staví nový kostel **3 t. who ...** ti, kteří ..., lidé, kteří ... **4** inf *(he or she)* **if anyone arrives late t. will have to wait outside** pokud někdo přijde pozdě, bude muset čekat venku

they'd [ðeid] = **they had**; **they would**

they'll [ðeil] = **they will**

they're [ðeə(r)] = **they are**

they've [ðeiv] = **they have**

thiamine ['θaiəmi:n] n Chem tiamin

thick [θik] adj **1** *(book, legs, line, slice, wall)* tlustý, silný; **a wall 50 cm t.** stěna silná 50 cm; **the furniture is t. with dust** na nábytku je silná vrstva prachu ♦ **give sb a t. ear** inf dát komu přes hubu, dát komu pár facek; **have a t. head** mít kocovinu po flámu; **t. skin** hroší kůže **2** *(fog, snow, vegetation)* hustý, *(hair also)* bujný, *(forest also)* hluboký, *(air also)* těžký, nedýchatelný; *(accent)* silný, výrazný; *(voice)* zastřený; Cook **t. soup** hustá polévka; **t. darkness** hluboká tma, tma tmoucí; **get ~er** (z)houstnout; **t. with smoke** (hustě) zakouřený ♦ **blood is ~er than water** krev není voda **3** inf *(stupid)* omezený, natvrdlý, tupý, zabedněný ♦ **be as t. as two (short) planks** být pitomý, až to bučí; **get it into your t. head** zapiš si to za uši **4** inf *(friendly, intimate)* **they are very t. with each other** jsou spolu jedna ruka; **they are as t. as thieves** hrají si do ruky, jsou spolu spřáhnutí or sčuchnutí; **John is very t. with Anna** Jan a Anna to spolu táhnou **5** inf *(unreasonable)* **that's a bit t.** to je trochu moc, to je trochu přehnané, to je silný tabák ■ see **thickly** ● adv **slice the bread t.** krájet chléb na tlusté krajíce; **spread butter on t.** nanést silnou vrstvu másla; **the snow lay t. on the ground** země byla pokryta silnou vrstvou sněhu ♦ **lay it on t.** přehánět, nadsazovat; **the blows were falling t. and fast** rány padaly hlava nehlava; **offers of help were pouring in t. and fast** nabídky pomoci se hrnuly ze všech stran ● n **be in the t. of things** být v samém centru událostí, být uprostřed dění; **in the t. of the battle** uprostřed bitevní vřavy

thicken ['θikən] **I** vt *(sauce, soup)* zahustit, zapražit **II** vi **1** *(sauce, fog, bushes)* houstnout; *(custard, jam)* tuhnout **2** fig *(mystery, plot)* dále se komplikovat; **the plot ~s** zápletka se komplikuje

thickener ['θikənə(r)], **thickening** ['ðikəniŋ] n **1** *(for sauce)* jíška, zápražka **2** Techn zhušťovadlo, zahušťovadlo

thicket ['θikit] n houští, mlází, křoví

thickhead ['θikhed] n inf ťulpas, trouba, zabedněnec

thickheaded [θik'hedid] adj inf omezený, natvrdlý, tupý, zabedněný

thickheadedness [θik'hedidnəs] n inf omezenost, tupost, zabedněnost

thickie ['θiki] n (pl **-kies**) Br inf idiot, ťulpas, mamlas

thickly ['θikli] adv **1** *(spread butter* etc*)* tlustě **2** *(populated)* hustě; **snow was falling t.** padal hustý sníh, hustě sněžilo **3** *(speak)* zastřeným or chraptivým hlasem, *(with drink)* podroušeně, ztěžka

thickness ['θiknəs] n see **thick 1** tloušťka, síla; *(thick part)* zesílení, tlustá část, tlustá vrstva **2** hustota, hustost; *(of air)* nedýchatelnost; *(of accent)* výraznost; *(of voice)* zastřenost **3** inf omezenost, tupost, zabedněnost

thicko ['θikəu] n Br inf debil, idiot, blbec

thickset [θik'set] adj *(person)* podsaditý, sporý; *(hedge)* hustý

thick-skinned [θik'skind] adj mající silnou kůži; fig necitlivý; **be t.-s.** fig mít hroší kůži

thicky ['θiki] n (pl **-kies**) = **thickie**

thief [θi:f] n (pl **thieves** [θi:vz]) zloděj/-ka; **stop t.** chyťte zloděje ♦ **a den of thieves**, **a thieves's kitchen** zlodějské doupě, peleš lotrovská; **be as thick as thieves** see **thick (4)**

thieve [θi:v] vt(i) krást; **t. like a magpie** krást jako straka

thieving [θi:viŋ] adj zlodějský, inf nenechavý; **The T. Magpie** *(opera by Rossini)* Straka zlodějka ● n *(thefts)* zlodějna, krádeže

thigh [θai] n stehno

thighbone ['θaibəun] n stehenní kost

thimble ['θimbl] n náprstek

thimbleful ['θimblful] n fig *(of cognac, rum* etc*)* kapka, náprstek

thin [θin] adj (**-nn-**) **1** *(not thick)* tenký, *(wall, book* also*)* slabý, *(layer, wire, thread* also*)* jemný; *(material, dress* also*)* lehký; *(narrow: lips)* úzký ♦ **be skating on t. ice** dostat se na kluzkou půdu, být na tenkém ledě, riskovat **2** *(in consistency: mud)* řídký, *(soup* also*)* vodový **3** *(lean: person)* hubený, tenký ♦ **be as t. as a rake** být hubený or tenký jako tyčka, být (hubený) jako lunt **4** *(sparse: beard, hair, grass)* řídký, *(crowd)* malý, *(audience)* nečetný ♦ **they are/ it is t. on the ground** je jich/ je toho poskrovnu **5** *(not dense: air, fog)* řídký ♦ **vanish into t. air** zmizet neznámo kam, inf vypařit se, zmizet po anglicku, ztratit se jako kapka v moři **6** *(sound: high pitched)* vysoký, *(weak)* slabý **7** fig *(excuse)* ubohý, chabý; *(plot)* obsahově chudý, nepřesvědčivý; **wear t.** *(joke)* vyčichnout; **my patience is wearing t.** dochází mi trpělivost ♦ **give sb a t. time of it** inf znepříjemňovat komu život ■ see **thinly** ● adv *(cut)* na jemné plátky; *(spread)* tence, tenkou vrstvou ● v (**-nn-**) **I** vt **1** *(dilute: paint)* also **t. down** zředit **2** *(disperse)* = **t. out** **II** vi *(crowd, hair)* prořídnout **III** phr vs ■ **thin down** *I* vt *(sauce)* zředit, *(paint* also*)* rozředit *II* vi *(person)* (z)hubnout, spadnout se ■ **thin out** *I* vt *(seedlings)* protrhat, (vy)jednotit; *(forest)* prosekat, prokácet; *(branches)* prořezat, proklestit; *(population)* zredukovat, snížit *II* vi *(crowd)* rozptýlit se, prořídnout; *(hair)* prořídnout; *(fog* also*)* zvednout se

thine [ðain] poss pron arch tvůj/ tvá/ tvé

thing [θiŋ] n **1** *(material object)* předmět, věc, to, inf krám; **a t. or two** leccos, pár věcí; **that t. over there** tamhleta věc, tamhleto; **any old t.** kdejaký krám; **cotton is the in t.** bavlna je letos velmi populární; **she is fond of sweet ~s** má ráda sladkosti or cukroví; **you must be seeing ~s** ty máš asi halucinace **2 things a)** *(belongings)* (osobní) věci, svršky, krámy, *(clothes* also*)* šaty, šatstvo; **pack one's ~s** sbalit si věci or inf krámy, sbalit se, zapakovat se **b)** *(equipment)* výbava, potřeby, náležitosti; *(tools)* nářadí, nástroje; **PE ~s** cvičební úbor, věci na cvičení; **shaving ~s** holení; **fishing ~s** rybářské potřeby; **swimming ~s** věci na plavání, plavky a ručník; **wash up the dinner ~s** umýt po obědě nádobí **3** *(drink)* nápoj, pití, tekutina; **that t. is undrinkable** tohle se nedá pít **4** *(animate)* **a)** *(animal)* tvor, stvoření; *(monster)* příšera **b)** *(person)* **poor little t.** chudá(če)k/ chudinka; **cheeky little t.** nezbeda; **you grubby t.!** ty čuňátko!, ty čuně jedno!; **you silly t.!** ty blázínku! **5** *(abstract)* **a)** *(nominalizing pro-form)* **the whole t.** všechno; **all kinds of ~s** všelicos; **and other ~s** a jiné; **the same t.** totéž; **both ~s** obojí; **all these ~s** všechno toto; **no such t.** nic takového; **it's much the same t.** je to skoro stejné; **it amounts to the same t.** vyjde to na stejno **b)** *(impersonal subject)* **the t. is that ...** jde o to, že ... **c)** *(idea, notion)* **the best t. would be to ...** nejlépe by bylo, kdyby ...; **I know a t. or two about it** já o tom leccos vím; **he doesn't know the first t. about it** nemá o tom ani ponětí or pojem or inf páru, nerozumí tomu ani za mák; **think ~s over again** znovu si všechno promyslet **d)** *(matter)* záležitost, věc, *(question* also*)* otázka; **politics and ~s like that** politika a podobné záležitosti; **taking one t. with another** když se to vezme kolem a kolem, jedno s druhým **e)** *(remark)* poznámka; **it was a silly t. to say** to byla hloupá poznámka, to bylo hloupé; **say the wrong t.** pronést nevhodnou poznámku **f)** *(activity)* **it was a silly t. to do** to bylo nerozumné, tos neměl dělat; **the t. to do is ...** co je třeba udělat, je ...; **do the proper t.** udělat gesto, zachovat se dobře; **get ~s moving** pohnout stojatými vodami, rozjet něco; **I have more important ~s to do** mám něco důležitějšího na práci; **it's not the done t.** to se nedělá **g)** *(quality)* **the t. I like about him is ...** co se mi na něm líbí, je ... **h)** inf **have a t. about sth** *(like it)* mít co v oblibě, *(stronger)* být po čem posedlý, *(dislike it)* nesnášet co; **have a t. about money** být lakomý, sedět na penězích **i) that's just the t. for me** to se mi zrovna hodí; **that's the very t. for my cold** právě to potřebuji, abych se zbavil rýmy; to je nejlepší na moji rýmu; **that's the last t. I need** to mohu nejmíň potřebovat, to se mi nejmíň hodí **j)** inf **make a big t. about sth** *(fuss)* nadělat kolem čeho moc hluku, dělat s čím cavyky **k)** inf **do one's own t.** hledět si svého, hrát si na svém písečku 6 **things a)** *(situation)* **how are ~s?** jak se máš?, jak se (ti) vede?; **~s are getting worse** situace se zhoršuje; **as ~s are** v dané situaci; **let ~s go** netrápit se s čím; **~s seem to be all right** zdá se, že je všechno v pořádku; **take ~s as they come** brát to, jak to přijde, nedělat z něčeho vědu; **take ~s too far** zajít v čem příliš daleko; **~s came to a head** situace se vyhrotila; **and to make ~s worse** a ještě ke všemu; **make ~s hot for sb** připravit komu horké chvíle **b) (all) ~s Czech/ German** etc všechno české/ německé etc 7 **I'll do it first t. in the morning** udělám to hned ráno or hned jak se probudím 8 **for one t.** především; **for one t. ... for another ...** především ..., a potom ...; **for one t., we've no money for it** především na to nemáme peníze

thingumabob ['θiŋəmibob], **thingumajig** ['θiŋəmidžig], **thingummy** ['θiŋəmi] n *(thing)* to, tento(nonc), tohle, (ten) krám; *(person)* ten, jak se jmenuje?

think [θiŋk] n **have a t. about sth** pouvažovat o čem, promyslet co; **I'll have a good t. about it** budu o tom vážně uvažovat ● v (pt & pp **thought** [θo:t]) **I** vi (see also phr vs esp **t. about, t. of**) uvažovat, přemýšlet; **I t., therefore I am** myslím, a tedy jsem; **t. for oneself** uvažovat samostatně; **t. again** rozmysli si to ještě jednou; **t. big** mít velké ambice; **t. aloud** myslet nahlas; **do as you t. fit** dělej, jak (sám) uznáš za vhodné; dělej, jak rozumíš; **he ~s as I do** uvažuje stejně; **without ~ing twice, without stopping to t. twice** bez dlouhých řečí, bez dlouhého uvažování or rozmýšlení; **act without ~ing** jednat lehkovážně; **I cannot t. straight** nevím, kde mi hlava stojí **II** vt 1 *(believe, hold view)* myslet, domnívat se; **I t. (that) ...** myslím, že ...; **I t. you are right** myslím, že máte pravdu; **I t. so/ I don't t. so** myslím, že ano/ ne; **I cannot help ~ing that ...** nemohu se ubránit myšlence, že ...; **tell sth what one ~s** říci komu své mínění; **let sb t. that ...** nechat koho při tom, že ...; **I thought as much** to jsem si myslel 2 *(imagine)* představit si; **I don't know what to t.** nevím, co si mám myslet; **I never thought he had it in him** to bych do něj (nikdy) neřekl; **just t. what might have happened** jen si pomysli or představ, co se mohlo stát; **I can't t. who did it** nemám ponětí, kdo to mohl udělat; **who does he t. he is?** kdo si myslí, že je?, co si to o sobě myslí?; **he ~s he knows it all** myslí, že má patent na rozum; inf myslí si, že sežral všechnu moudrost 3 *(remember)* **I didn't t. to phone her** zapomněl jsem jí zatelefonovat; **I didn't t. to invite her** nenapadlo mě ji pozvat 4 *(consider)* **you must t. me very nosy** připadám vám asi velmi zvědavý; **I don't t. it necessary** já to nepovažuji za nutné; **t. sth a bit odd** dívat se na co divně 5 *(expect)* myslet, očekávat; **I don't t. they'll be there** nemyslím si, že tam budou 6 *(intend)* **I t. I'll have a nap** myslím, že si zdřímnu 7 *(in polite requests)* **do you t. you could do it for me?** mohl byste to pro mne laskavě udělat? **III** phr vs ■ **think about** vt 1 *(reflect on)* **t. about sth** přemýšlet or uvažovat o čem; **what are you ~ing about?** na co myslíte?; **find sth else to t. about** přijít na jiné myšlenky; **that's all I t. about** na nic jiného nemyslím 2 *(recall, remember)* **t. about one's childhood** vzpomínat (si) na dětství 3 *(consider)* **t. about other people** myslet na druhé, brát v úvahu druhé; **t. about it!** zamysli se nad tím!; **it's worth ~ing about** stojí to za uvážení 4 *(intend)* zamýšlet, uvažovat o čem; **I'm ~ing about a holiday**

in France uvažuji, že pojedu na dovolenou do Francie 5 see also **think of** ■ **think ahead** vi myslet dopředu, předvídat ■ **think back** vi vrátit se or zaletět v myšlenkách do minulosti ■ **think of** vt 1 *(have in mind)* **t. of sth** přemýšlet o čem; **what are you ~ing of?** na co myslíte?; **come to t. of it ...** když se to tak vezme ..., když se tak nad tím zamyslím ...; **t. of nothing but girls** mít v hlavě jen holky 2 *(half intend)* zamýšlet, uvažovat o čem; **t. of buying a new house** uvažovat o koupi nového domu 3 *(remember)* vzpomínat si/ vzpomenout si na; **while I t. of it** při čerstvé or dobré paměti, než na to zapomenu 4 *(come up with, suggest)* přijít na co; **I've thought of a different solution** napadlo mě jiné řešení; **he couldn't t. of anything better than to ...** nenapadlo ho nic lepšího než ... 5 *(imagine)* **I thought of him as being my friend** považoval jsem ho za svého přítele; **just t. of it** jen si (to) představ 6 *(have opinion of)* myslit si o kom co, mít na koho/ co názor; **t. highly of sb** mít o kom vysoké mínění, vysoce si koho cenit; **be highly thought of** mít dobré jméno, těšit se dobré pověsti, být uznávaný; **t. the world of sb** vidět se v někom; **what do you t. of him?** co si o něm myslíte? 7 *(take into account)* myslet na; **have one's pride to t. of** mít svou hrdost; **I have my children to t. of** musím myslet na své děti; **he ~s only of himself** myslí jen na sebe ■ **think out** vt *(plan)* vypracovat; *(problem)* promyslet; **well/ badly thought out** dobře/ špatně promyšlený; **you must t. out what you are going to do** musíš si promyslet další postup ■ **think over** vt **t. sth over** rozmyslet si co, nechat si co projít hlavou, srovnat si něco v hlavě ■ **think up** vt inf vymyslet si, přijít na

thinkable ['θiŋkəbl] adj myslitelný

thinker ['θiŋkə(r)] n myslitel/ -ka

thinking ['θiŋkiŋ] adj *(person)* uvážlivý, přemýšlející, inteligentní ♦ **put on one's t. cap** začít přemýšlet ● n 1 *(reflection)* uvažování, přemýšlení ♦ **it's wishful t.** to je jen zbožné přání; **do some hard t. about sth** něco si řádně promyslet 2 *(opinion)* **what's your t. on this question?** co si myslíte o této otázce? ♦ **to my way of t.** podle mého

think-tank ['θiŋktæŋk] n inf expertní komise, skupina expertů

thinly ['θinli] adv 1 *(cut, slice)* na tenké plátky, tence; *(spread: with butter* etc*)* jemně, tence, trochu; *(clad)* lehce 2 *(sparsely: populated)* řídce

thinner ['θinə(r)] n ředidlo

thinness ['θinnəs] n see **thin** 1 slabost, tenkost, jemnost; lehkost 2 řídkost 3 *(of person)* hubenost 4 *(of hair, air* etc*)* řídkost 5 *(of excuse)* ubohost, nepřesvědčivost; **t. of plot** obsahová chudost

third [θə:d] adj třetí; **he was** or **came t.** *(in race)* obsadil třetí místo, byl třetí; **the T. World** třetí svět, rozvojové země; Ins **t. party** třetí strana; **t.-party insurance** pojištění zákonné odpovědnosti ♦ **t. time lucky** do třetice všeho dobrého ● n 1 *(in series)* třetí 2 *(fraction)* třetina; **a t. of the population** třetina obyvatelstva 3 Mus tercie 4 Aut **t. (gear)** trojka, třetí rychlost

third-class [θə:d'kla:s] adj *(compartment, hotel)* třetí třídy

third-degree [θə:ddi'gri:] adj **t.-d. burns** popáleniny třetího stupně ● **third degree** n **put sb to the t. d.** (eg *during interrogation)* zmlátit koho, mučit koho, zmáčknout koho

thirdly ['θə:dli] adv za třetí

third-rate [θə:d'reit] adj *(goods)* podřadný, nízké kvality

thirst [θə:st] n 1 lit žízeň; **unquenchable t.** neuhasitelná žízeň; **be dying of t.** umírat or hynout žízní 2 fig žízeň, touha; **the t. for knowledge** touha po vědění, vědychtivost; **the t. for glory** touha po slávě, slavomam ● vi fig **t. for knowledge/ power** dychtit or bažit po vědění/ moci; **t. for revenge** prahnout po pomstě

thirsting ['θə:stiŋ] adj fig **t. for glory/ knowledge/ power/ revenge** slávychtivý/ vědychtivý/ vládychtivý/ pomstychtivý

thirsty ['θə:sti] adj **(-ier, -iest)** žíznivý; **be t.** mít žízeň; **I am awfully t.** mám strašnou žízeň

thirteen [θə:'ti:n] adj třináct ● n třináctka

thirteenth [θə:'ti:nθ] adj třináctý; **a t. part** třináctina ● n 1 *(in series)* třináctý 2 *(fraction)* třináctina

thirtieth ['θə:tiəθ] adj třicátý; **a t. part** třicetina ● n 1 *(in series)* třicátý 2 *(fraction)* třicetina

thirty ['θə:ti] adj třicet; **t.-one** třicet jedna ♦ **t. pieces of silver** třicet stříbrných, jidášský groš ● n třicítka; **the thirties** třicátá léta; **in my thirties** *(age)* když mi bylo mezi třicítkou a čtyřicítkou; **he was in his middle thirties** bylo mu kolem pětatřiceti let

this [ðis] dem pron (pl **these** [ði:z]) toto, tohle; **what's t.?** co je tohle?; **who is t.?** kdo je to(hle)?, *(on telephone)* kdo je u telefonu?; **t. is John Smith** *(on photo)* toto je Jan Smith, *(on telephone)* tady je John Smith, *(introduction)* dovolte mi, abych vám představil Johna Smitha; **before t.** před tímto; **after t.** po tomto; **like t.** takhle, takto;

will you take t. or that? vezmete si toto nebo tam(hle)to? ● pron adj tento/ tato/ toto; pl **these** tito/ tyto/ tato in the appropriate case; **t. book** tato kniha; **these books** tyto knihy; **t. week/ month/ year** tento týden/ měsíc/ rok; **t. year** also letos; **t. morning** early dnes ráno, before noon dnes dopoledne; **t. time** tentokrát; **these days** v dnešní době, dnes; **one of these days** jednou, někdy, některý den; **t. world** tento svět; **t. life** pozemský or vezdejší život; **at t. moment** nyní, v tuto chvíli; **in t. way** takhle, tímto způsobem; **depart t. life** odejít na věčnost; **t. place is very cold** tady je velmi zima ● adv takhle; **it was t. long/ thick** bylo to takhle dlouhé/ tlusté; inf **we got t. far** dostali jsme se až potud or až sem

thistle ['θisl] n Bot bodlák, pcháč (obecný)

thistledown ['θisldaun] n chmýří bodláku; **be as light as t.** být lehký jako peříčko

thither ['ðiðə(r)] adv arch tam, tím směrem, směrem tam; **run hither and t.** běhat sem a tam

tho' [ðəu] abbr of **though** ačkoliv

Thomas ['toməs] n Tomáš; **a doubting T.** nevěřící Tomáš, pochybovač

thong [θoŋ] n **1** *(of whip)* řemínek; *(of shoe)* kožené šněrovadlo **2** **~s** Amer vietnamky

thorax ['θo:ræks] n (pl **-axes** or **-aces** ['θo:rəsi:z]) Med hrudník, torax

thorium ['θo:riəm] n Chem torium

thorn [θo:n] n **1** *(prickle)* trn, osten, bodlina ♦ **be a t. in sb's flesh** or **side** být komu trnem v oku, být komu solí v očích **2** *(~bush)* trní

thornless ['θo:nləs] adj jsoucí bez trnů, nemající bodliny

thorny ['θo:ni] adj (**-ier, -iest**) ostnatý, trnitý, bodlinatý; fig *(problem)* ožehavý, palčivý

thorough ['θarə] adj **1** *(inspection, search)* důkladný, detailní, *(knowledge* also*)* solidní, dokonalý **2** *(work, worker)* pečlivý, svědomitý **3** *(used as intensifier: fool)* naprostý, vyložený ■ **~ly** adv **1** důkladně, detailně, dokonale **2** *(as intensifier: disgraceful)* absolutně, naprosto; *(boring)* naprosto; **I ~ly enjoyed myself** výborně jsem se bavil

thoroughbred ['θarəbred] adj *(animal)* čistokrevný, *(horse* also*)* plnokrevný ● n *(dog)* čistokrevný pes; *(horse)* plnokrevník, plnokrevný kůň

thoroughfare ['θarəfeə(r)] n průjezdní silnice or ulice; dopravní tepna; **public t.** veřejná cesta; **no t.** *(cul-de-sac)* slepá ulice; *(not open to public)* průjezd zakázán

thoroughgoing [θarə'gəuiŋ] adj *(revision)* důkladný; *(reform, changes)* dalekosáhlý, pronikavý; *(rascal)* naprostý, úplný

thoroughness ['θarənəs] n see **thorough** **1** důkladnost, detailnost; solidnost, dokonalost **2** pečlivost, svědomitost

those [ðəuz] pl of **that** ty, tamty ♦ **it was one of t. days** byl to smolný den; see **that**

thou [ðau] pron arch ty

though [ðəu] conj **1** *(although)* ačkoliv, i když; **even t.** přestože, třebaže, i když; **I enjoyed the trip (even) t. it rained** výlet se mi líbil, přestože pršelo; **strange t. it may seem ...** jakkoli se to zdá být podivné ... **2** **as though** jakoby; **stand as t. rooted to the spot** stát jako solný sloup or jako přibitý ● adv ale, však; **he didn't come t.** on ale or však nepřišel

thought [θo:t] pt & pp of **think** ● n **1** *(idea)* myšlenka, úvaha, *(sudden)* nápad; **dark ~s** černé myšlenky; **a happy t.** spásný nápad, spásná myšlenka; **a sudden flash of t.** náhlá inspirace; **read sb's ~s** číst někomu myšlenky; **shudder at the t. of sth** otřást se při pomyšlení na co; **that's a t.!** to není špatný nápad! **2** *(doctrine, body of ideas)* myšlení, názory; **modern t.** moderní myšlení; **be of the old school of t.** být ze staré školy **3** *(act of thinking)* myšlení, přemýšlení, myšlenkový pochod; **depth of t.** myšlenková hloubka; **freedom of t.** svoboda myšlení; **be lost in t., be deep in t.** být hluboce zamyšlen, být pohroužený v myšlenkách ♦ **a penny for your ~s** na co myslíš? **4** usu pl *(opinion)* názor; **what are your ~s on the matter?** co si o tom myslíte?, jaký na to máte názor? **5** *(intention)* úmysl; **have some ~s of doing sth** uvažovat o čem; **give up all ~(s) of sth** přestat o čem uvažovat; **it's the t. that counts** snaha byla, byla aspoň snaha při darování nevhodného dárku ap. **6** *(consideration)* ohled(y); **he has no t. for others** neohlíží se na druhé; **give no t. to sth** nezamýšlet se nad čím; **not to give a t. to sth** vůbec neuvažovat or nepřemýšlet o čem; **have second ~s about sth** nechat si co znovu projít hlavou, ještě jednou si co promyslet **7** dated *(somewhat)* trochu, kapku, kapánek; **she is a t. arrogant** je poněkud arogantní

thoughtful ['θo:tful] adj **1** *(considerate)* ohleduplný, pozorný; **it was very t. of you to send the card** bylo od vás velmi milé, že jste poslali pohlednici **2** *(pensive)* přemýšlivý, přemítavý, *(expression, smile)* zadumaný **3** *(well thought-out: analysis, study)* dobře promyšlený, *(careful: decision* also*)* uvážený ■ **~ly** adv **1** ohleduplně, pozorně

2 přemýšlivě; zadumaně **3** promyšleně, uváženě

thoughtfulness ['θo:tfulnəs] n see **thoughtful 1** ohleduplnost, pozornost, taktnost **2** přemýšlivost **3** promyšlenost, uváženost, hloubka

thoughtless ['θo:tləs] adj **1** *(inconsiderate)* nepozorný, bezohledný, netaktní **2** *(hasty: person)* nerozvážný, bezhlavý, *(remark)* neuvážený; *(careless: mistake)* z nepozornosti ■ **~ly** adv **1** nepozorně, netaktně **2** nerozvážně, neuváženě

thoughtlessness ['θo:tləsnəs] n see **thoughtless 1** nepozornost, netaktnost **2** nerozvážnost, neuváženost

thousand ['θauznd] adj tisíc; **a t. years** tisíc let; **a t. times** tisíckrát; **two t. people** dva tisíce lidí ♦ **a t. thanks** tisíceré díky; **have a t. and one questions/ excuses** mít tisíc or tisícero otázek/ výmluv ● n **~s** tisíce; **~s of people** tisíce lidí; **tens of ~s** desetitisíce

thousandth ['θauzntθ] adj tisící ● n **1** *(in series)* tisící **2** *(fraction)* tisícina

thraldom, Amer **thralldom** ['θro:ldəm] n poddanství, poroba

thrall [θro:l] n fml **1** *(person)* nevolník, vazal, otrok; fig otrok **2** = **thraldom** ♦ **be in t. to sth** být pod silným vlivem čeho; **become t. to sth** propadnout čemu

thrash [θræš] **I** vt **1** *(beat)* zbít, ztlouci, seřezat, napráskat komu **2** Sport nandat to komu, roznést koho na kopytech **3** *(move wildly: arms)* šermovat čím **4** Agr *(thresh: corn)* mlátit **II** vi **t. about** or **around** zmítat se, mlátit sebou, mrskat sebou, cukat se **III** phr v ■ **thrash out** vt *(problem)* detailně prodebatovat or probrat

thrashing ['θræšiŋ] n **1** *(beating)* výprask, nářez; **give sb a (sound) t.** nařezat or natlouci komu, dát komu pořádný výprask, někoho pořádně zmlátit; **get a t.** dostat výprask **2** Sport inf nářez, nakládačka; **get a t.** dostat nakládačku **3** *(of corn)* mlácení, výmlat

thread [θred] n **1** Text nit, příze, vlákno; *(for sewing)* nit; **darning t.** bavlnka ♦ **be hanging by a t.** *(life)* viset na nitce or na vlásku ■ **t. mark** kovová nitka v bankovkách **2** fig *(of story, conversation)* nit; **pick up the t. of a conversation** navázat přetrženou nit hovoru **3** Techn *(of screw)* závit ● **I** vt **1** *(needle, bead)* navléci **2** fig **t. one's way through the crowd** proplétat se davem **3** Techn *(screw)* opatřit závitem **II** vi **t. through the crowd** proplétat se davem

threadbare ['θredbeə(r)] adj **1** lit odřený, *(clothes* also*)* obnošený, prošoupaný, ošoupaný, chatrný; *(carpet)* prošlapaný, vychozený **2** fig *(argument)* nepřesvědčivý, nepodložený, planý

threaded ['θredid] adj *(screw)* opatřený závitem

threat [θret] n **1** *(verbal)* hrozba, pohrůžka, výhrůžka; **empty t.** planá hrozba; **make a t.** pohrozit; **give in to ~s** ustoupit hrozbám or před hrozbami **2** *(danger: of war etc)* hrozba; **pose a t.** představovat hrozbu, ohrožovat

threaten ['θretn] **I** vt **1** *(make threats: against person etc)* vyhrožovat komu, hrozit komu; **t. to do sth** hrozit, že . .; **t. sb with death** hrozit komu smrtí; **t. with reprisals** vyhrožovat represáliemi **2** *(endanger)* ohrožovat, vydávat v nebezpečí; **be ~ed with extinction** *(species)* být ohrožený, být v nebezpečí vyhynutí; **it's ~ing to rain** vypadá to na déšť, hrozí déšť **II** vi *(storm)* schylovat se k čemu, hrozit

threatening ['θretniŋ] adj *(letter)* výhružný, *(look* also*)* naháněјící hrůzu; *(clouds)* hrozivý ■ **~ly** *(gesture, look)* výhružně

three [θri:] adj tři ● n trojka

three-act ['θri:ækt] adj **a t.-a. play** hra o třech jednáních

three-cornered [θri:'ko:nəd] adj *(object)* trojúhelníkový; **a t.-c. hat** třírohý klobouk

three-course ['θri:ko:s] adj **a t.-c. meal** jídlo o třech chodech

three-dimensional [θri:dai'menšənl] adj trojrozměrný, třírozměrný, třídimenzionální, plastický

threefold ['θri:fəuld] adj trojnásobný, trojitý ● adv *(increase)* trojnásobně; **the population has increased t.** počet obyvatelstva se ztrojnásobil

three-four ['θri:fo:(r)] adj Mus **t.-f. time** tříčtvrteční takt; **in t.-f. time** ve tříčtvrtečním taktu

three-legged [θri:'legid] adj *(stool)* třínohý, trojnohý; Sport *(race)* trojnohý závod dvojic, při kterém je levá noha jednoho svázána s pravou nohou druhého

threepence ['θrepəns] n Br stará třípence

threepenny ['θrepəni] adj Br třípencový; **t. bit** or **piece** třípence, třípencová mince

three-phase ['θri:feiz] adj Elec třífázový

three-piece [θri:'pi:s] adj **a t.-p. suit** *(man's)* oblek s vestou, *(lady's)* třídílný kostým; **a t.-p. suite** sedací souprava

three-ply ['θri:plai] adj *(wool)* třípramenný; *(wood)* třívrstvý

three-point [θri:'point] adj Aviat **t.-p. landing** přistání na tři body; Aut **t.-p. turn** obrácení do protisměru manévr, při kterém se pojíždí dopředu, dozadu a opět dopředu

three-quarter [θri:ˈkwo:tə(r)] adj tříčtvrteční; **a t.-q.-length coat** tříčtvrteční plášť
three R's [θri:ˈa:z] n Sch tři základní dovednosti – čtení, psaní, počítání
three-sided [θri:ˈsaidid] adj trojstranný
threesome [ˈθri:səm] n inf *(group)* trojice, skupina tří
three-wheeler [θri:ˈwi:lə(r)] n *(tricycle)* tříkolka; Aut tříkolové auto
thresh [θreš] **I** vt (vy)mlátit **II** vi mlátit (obilí)
thresher [ˈθrešə(r)] n *(person)* mlatec; *(machine)* mlátička
threshing [ˈθrešiŋ] n výmlat ■ **t. machine** mlátička
threshold [ˈθreš(h)əuld] n práh; fig **be at** or **on the t. of life/ death** být na prahu života/ smrti ■ **t. value** mezní hodnota
threw [θru:] pt of **throw**
thrice [θrais] adv arch třikrát
thrift [θrift] n šetrnost, spořivost, hospodárnost
thrifty [ˈθrifti] adj (**-ier**, **-iest**) šetrný, spořivý, hospodárný
thrill [θril] n **1** *(sensation)* rozechvění, záchvěv, vzrušení **2** *(excitement)* potěšení, požitek, rozkoš; **get a t. out of sth** mít z čeho obrovský zážitek ● **I** vt vzrušit, uchvátit, uvést v nadšení; **be ~ed about sth** být nad čím u vytržení; inf **be ~ed to bits** být radostí bez sebe, radostí skákat do stropu **II** vi *(with delight)* zaradovat se, rozechvět se radostí (**at sth** nad čím)
thriller [ˈθrilə(r)] n napínavý příběh, dobrodružný román; *(detective story)* kriminální příběh, detektivka
thrilling [ˈθriliŋ] adj *(adventure, experience)* vzrušující; *(experience* also*)* strhující; *(story)* poutavý, napínavý
thrive [θraiv] vi (pt **~d** or **throve** [θrəuv], pp **~d** or **~n** [ˈθrivn]) *(be healthy: person, animal, plant)* prospívat, *(child)* mít se k světu; *(business, community)* prosperovat, vzkvétat; **t. on sth** *(person)* libovat si v čem; **he ~s on it** jde mu to k duhu
thriving [ˈθraiviŋ] adj *(person)* úspěšný; *(business)* prosperující
thro' [θru:] abbr of **through**
throat [θrəut] n **1** lit hrdlo, krk; *(internal pej* also*)* chřtán; **clear one's t.** odkašlat si; **I have a sore t.** bolí mě v krku ■ **t. diseases** krční nemoci **2** *(phrases)* **be at each other's ~s** fig vjet si do pačesů or do vlasů ♦ **cut sb's t.** podřezat/ podříznout komu krk, fig podrazit komu nohy, zničit koho; **you're cutting your own t.** fig řežeš si pod sebou větev; **have a frog in one's t.** mít nakřáplý hlas, mít knedlík v krku; **have a lump in one's t.** fig mít srdce až v hrdle; **hold a knife at sb's t.** fig položit komu nůž na krk; **jump down sb's t.** zpříkra se na koho osopit; **lie in one's t.** bezostyšně lhát; **force** or **thrust** or **ram one's view down sb's t.** fig krmit koho svými názory, vnucovat komu své přesvědčení
throaty [ˈθrəuti] adj (**-ier**, **-iest**) *(voice)* hrdelní; *(with sore throat)* chraplavý
throb [θrob] n **1** *(of heart)* tlukot, bušení; *(of blood)* pulzování; *(of pain)* škubání **2** *(of machines)* dunění, hukot; fig *(of life)* pulz ● vi (**-bb-**) **1** *(heart)* tlouci, tepat, bušit; *(blood)* pulzovat; **my head is ~bing** mám příšerné bolesti hlavy; **the street is ~bing with people** na ulici se to hemží lidmi **2** *(machines)* hučet, dunět
throbbing [ˈθrobiŋ] n see **throb 1** tlukot, bušení; pulzování **2** hučení, hukot, dunění
throes [θrəuz] n pl **1 death t.** agónie, smrtelný zápas, umírání **2** fig **be in the t. of (doing) sth** být uprostřed čeho
thrombosis [θromˈbəusis] n trombóza; **coronary t.** infarkt myokardu
throne [θrəun] n trůn; Relig stolec; **come to the t.** nastoupit na trůn; **the power behind the t.** šedá eminence
throng [θroŋ] n dav, houf, mačkanice ● **I** vt **t. the streets** nahrnout se do ulic; **the shops were ~ed with people** v obchodech se to hemžilo lidmi **II** vi cpát se, tlačit se, tísnit se
throttle [θrotl] n Aut škrticí ventil; **open/ close the t.** Aut přidat/ ubrat plyn; **at full t.** na plný plyn, na plné obrátky ● **I** vt **1** *(strangle)* uškrtit **2** fig *(opposition)* udusit **II** phr vs ■ **throttle back** or **down** vt *(engine)* ubrat plyn, snížit rychlost
through, Amer **thru** [θru:] prep **1** *(place)* skrz(e), přes; in Czech often expressed by the instrumental case; **a path t. the fields** cesta přes pole; **lead t. the field** vést polem; **climb in t. the window** vlézt dovnitř oknem; **ramble t. the woods** potulovat se po lesích; **visible t. the smoke** viditelný skrz dým or v dýmu; **his journey t. life** jeho životní cesta or dráha; **slip t. sb's fingers** vyklouznout komu z prstů, proklouznout komu prsty; **make a hole t. sth** udělat v čem díru, proděravět co; **blood circulates t. the body** krev koluje v těle; **run one's fingers t. one's hair** hrábnout si do vlasů, prohrábnout si vlasy **2** *(time)* **a)** *(from beginning to end)* **all t. the night** celou noc; **he won't last t. the night** rána se nedožije; **halfway t. the play** v polovině hry **b)** *(during)* během; **work t. the lunch hour** pracovat během polední přestávky **c)** Amer

(up to and including) **Monday t. Friday** od pondělka do pátku; **May t. August** od května do srpna **3** *(expressing means, agency)* **t. diplomatic channels** diplomatickou cestou; **t. administrative channels** administrativně; **t. his good offices** díky jeho laskavé pomoci; **I heard about it t. a friend** dozvěděl jsem se o tom od přítele; **he can be contacted t. his secretary** lze se s ním spojit prostřednictvím jeho sekretářky; **speak to sb t. an interpreter** mluvit s kým přes tlumočníka **4** *(because of)* **t. an oversight** nedopatřením; **get ill t. overwork** onemocnět z přepracování; **be absent t. illness** chybět kvůli nemoci; **t. force of circumstance** pod tlakem okolností ● adv **1** *(from one side to the other)* **let sb t.** nechat koho projít; **get t. to sb** Tel dostat (telefonní) spojení s kým; **you are t. to Mr X, I am putting you t. to Mr X** přepojuji vás na pana X; **you are t.** mluvte prosím; inf fig **am I getting t. to you?** rozumíš mi?, dochází ti to? **2** *(directly)* přímo; **the train goes t. to London** vlak jede přímo do Londýna **3** *(completely)* zcela; **be soaked t.** být skrz naskrz mokrý; **t. and t.** skrz naskrz; **I know him t. and t.** znám ho jako svoje boty **4** *(from beginning to end)* **read sth t.** přečíst co až do konce; **carry sth t., see sth t.** přivést co ke zdárnému konci, dovést co do konce ● adj **1** pred esp Amer inf *(finished)* **be t. with sth** skoncovat s čím; **I'm t. with him** s ním jsem už skončil; **be t. with the church** rozejít se s církví **2** Sport **be t. to the finals** postoupit do finále **3 a t. train** přímý vlak; **a t. flight** přímý let

throughout [θru:'aut] prep **1** *(all over)* **t. the country** po celé zemi; **t. the world** po celém světě, všude na světě **2** *(in time)* **t. the war** po celou dobu války; **t. the year** (po) celý rok ● adv **1** *(in every part)* všude; **the coat is lined t.** kabát je plně vypodšívkovaný **2** *(all the time)* po celou dobu; **he remained loyal t.** po celou dobu zůstal loajální

throughput ['θru:put] n Comput propustnost

throughway ['θru:wei] Amer = **thruway**

throve [θrəuv] pt of **thrive**

throw [θrəu] n **1** Sport *(in games)* hod, Ftb, Ice Hockey vhazování; Dice hod; Athlet *(discus, javelin* etc*)* hod, vrh; Judo, Wrest hod; Basketball etc **penalty t.** trestný hod; Dice **it's your t.** teď házíš ty, teď jsi na řadě ty; **whose t. is it?** kdo je na řadě?, kdo hází? ♦ **they live at a stone's t. from here** bydlí odsud, co by kamenem dohodil; je to k nim skok **2** sl *(piece)* **£5 a t.** 5 liber za kus **3** Amer lehká přikrývka ● v (pt **threw** [θru:], pp **thrown** [θrəun]) **I** vt **1** gen hodit/ házet čím, mrštit čím, metat čím, Sport also vrhat (**discus/ javelin** diskem/ oštěpem); **t. me the keys** hoď mi ty klíče; **he threw the ball into the air/ over the wall** vyhodil míč do vzduchu/ přehodil míč přes zeď; **t. a six** *(in dice)* hodit šestku; **how many did you t.?** kolik jsi hodil?; **t. sth at sb** hodit čím or co po kom; **t. oneself at sb i)** vrhnout se na koho, skočit na koho **ii)** vrhat se komu do náručí, nadbíhat komu; **t. oneself into one's work** vrhnout se do práce ♦ **be ~n on sb's mercy** být odkázán na čí milost; **t. mud at sb** špinit koho, vláčet někoho blátem; **t. oneself at sb's feet** vrhnout se někomu k nohám; **t. one's weight about** dělat se důležitým, moc si o sobě myslet, inf honit si triko **2** *(opponent)* složit, srazit k zemi, *(in wrestling)* položit na lopatky; *(rider)* shodit, vyhodit ze sedla; **be ~n from the saddle** být vyhozen ze sedla; **t. sb overboard** hodit někoho přes palubu; **t. the hook on sb** silně koho zkritizovat **3** Archit **t. a bridge across a river** postavit přes řeku most, přemostit řeku **4** *(put on hastily)* **t. a coat over one's shoulders** přehodit si přes ramena or přes sebe plášť **5** fig *(direct: punch)* vést; *(shadow)* vrhat; *(kiss)* poslat komu; **t. the blame on sb** svalovat na koho vinu; **t. the caution to the wind(s)** odhodit opatrnost; **t. a glance at sb** mrknout na koho po očku, letmo se na koho podívat, *(pugnaciously)* střelit po kom očima; **t. money at sb/ sth** cpát do někoho/ něčeho prachy; **t. sb into prison** uvrhnout koho do vězení ♦ **t. one's cares to the winds** hodit starosti za hlavu; **t. some light on sth** vrhnout na něco světlo **6** *(switch, lever)* spínat, zapnout **7** *(confuse)* **t. sb off balance** vyvést koho z míry or z rovnováhy, vyvést koho z konceptu **8** Sport *(match)* zahodit, vypustit, úmyslně prohrát **9** *(vase, pot)* vytáčet na hrnčířském kruhu **10** *(silk)* skát **11 t. its skin** (Subj: *snake)* shodit **12** Vet *(give birth to)* vrhnout **13** inf *(phrases)* **t. a tantrum** udělat scénu, rozzuřit se, řádit; **t. a party** uspořádat večírek **II** vi házet, vrhat **III** phr vs ■ **throw about** or **around** vt **1** *(scatter)* rozhazovat, pohazovat; **t. money about** rozhazovat or vyhazovat peníze; **have no money to t. around** nemít na rozhazování **2** *(toss)* **t. oneself about** *(in bed)* házet sebou; **t. one's arms about** šermovat or mávat rukama ■ **throw away** vt **1** *(discard: rubbish)* odhodit/ odhazovat, zahodit **2** *(waste: money)* vyhodit; *(chance)* zahodit, promarnit; **it's money ~n away** to jsou vyhozené peníze; **t. oneself away on**

sb zahazovat se s kým; **you're ~ing yourself away on him** tebe je pro něho škoda **3** Theat *(remark)* říci mimochodem, utrousit ■ **throw back** vt **1** gen hodit zpět; fig *(enemy)* odrazit; *(image, light)* odrazit/ odrážet **2** *(head)* pohodit čím dozadu; *(bedclothes)* odhodit; *(curtains)* odhrnout, roztáhnout **3 be ~n back on sth** být odkázán na co; **be ~n back on one's own resources** být odkázán sám na sebe **4 t. sth back at sb** předhazovat komu co, připomínat komu jeho vlastní slova/ skutky ■ **throw down** vt **1** lit hodit dolů, shodit; **t. oneself down on the ground/ on one's knees** vrhnout se na zem/ na kolena **2** *(weapons)* složit **3 t. down the gauntlet** fig hodit komu rukavici **4** Br inf **it's ~ing down** *(raining)* leje jako z konve ■ **throw in** *I* vt **1** lit hodit or mrštit dovnitř, vhodit ♦ **t. in one's hand** hodit flintu do žita; **t. in the towel** or **sponge** Sport & fig hodit ručník do ringu, vzdát se **2** *(ball)* vhodit/ vhazovat **3** *(remark, suggestion)* utrousit, prohodit **4 t. sth in** *(add)* dát co nádavkem or přívažkem, dát komu co navíc, přidat komu co zdarma *II* vi Amer **t. in with sb**, Br **t. in one's lot with sb** dát se s kým dohromady ■ **throw off** vt **1** *(discard: clothes)* shodit, odložit ♦ **t. off one's mask**, **t. off one's disguise** odhodit or sundat masku, sundat škrabošku **2** *(habit, inhibition, cold)* zbavit se čeho; **t. off the yoke** fig zbavit se jařma **3** *(pursuer)* setřást, uniknout komu; **t. a dog off a trail** svést psa ze stopy **4** *(emit: sparks)* sršet **5** fig *(compose quickly: poem, music)* vysypat z rukávu ■ **throw on** vt *(clothes)* hodit rychle na sebe ■ **throw open** vt **1** *(window, door)* otevřít dokořán **2 t. sth open to the public** *(stately home etc)* zpřístupnit co veřejnosti ■ **throw out** vt **1** *(discard: rubbish)* vyhodit, zahodit ♦ **t. the baby out with the bathwater** vylít s vaničkou i dítě **2** *(person: from night club)* vyhodit; *(lodger, tenant)* vystěhovat; *(from school, army)* vyloučit; **t. sb out of work** vyhodit koho z práce, vyhodit koho na dlažbu **3** *(reject: bill, suggestion)* zamítnout, nepřijmout **4** *(arms)* roztáhnout, napřáhnout; *(chest)* vypnout **5** *(utter: remark)* udělat, *(idea)* nadhodit, předhodit; *(challenge)* vyzvat (**to sb** koho) **6** *(shoots –* Subj: *plant)* vyhnat **7** *(confuse: person)* přivést z míry, poplést ■ **throw over** vt *(plan)* zavrhnout, zamítnout; *(girlfriend)* opustit, nechat, dát komu košem ■ **throw together** vt **1** *(put quickly together: meal)* narychlo připravit; *(report)* spíchnout, dát narychlo dohromady, ušít horkou jehlou **2** *(bring together: people)* dát dohromady; **chance has ~n them together** svedla je náhoda ■ **throw up** *I* vt **1** *(ball etc)* vyhodit/ vyhazovat nahoru or do výšky; *(arms)* vzpažit ♦ **t. up one's hands** chytit se za hlavu **2** *(chance)* zahodit, promarnit; *(job)* opustit, vzdát se čeho, *(studies)* nechat čeho, pověsit co na hřebík **3** inf *(vomit)* vyzvracet **4** *(produce: problem)* vytvořit **5** *(build quickly)* rychle postavit, stlouci ♦ **t. up a wall of silence** uzavřít se do hradby mlčení *II* vi inf *(vomit)* zvracet, sl blít

throwaway ['θrəuəwei] adj **1** *(discardable: plates, cups, packing)* pro jedno použití, odhazovací **2** *(wasteful: society)* konzumní **3** *(cheap)* **t. prices** směšně nízké ceny **4** *(casual: remark)* nenucený

throwback ['θrəubæk] n **1** Biol atavismus, dědičný příznak po vzdálených předcích **2** fig pozůstatek, dědictví z minulosti, přežitek

thrower ['θrəuə(r)] n Sport vrhač; **javelin t.** oštěpař; **discus t.** diskař; **hammer t.** kladivář

throw-in ['θrəuin] n Sport vhazování míče

thrown [θrəun] pp of **throw**

thru [θru:] Amer = **through**

thrum [θram] vi (**-mm-**) **1** *(guitar)* brnkat; *(on desk, table: with fingers)* bubnovat na čem; *(engine)* pobrukovat, vrčet **2** *(on guitar)* brnkat

thrush$_1$ [θraš] n Orn drozd

thrush$_2$ [θraš] n Med *(in mouth)* moučnivka; *(vaginal)* mykóza

thrust [θrast] n **1** lit *(push)* nápor; *(of knife)* bodnutí; Sport výpad **2** Techn vztlak; *(of rocket)* tah, hnací síla **3** Mil **t. (forward)** nápor, úder, útok **4** *(of speech, essay, narrative)* hlavní myšlenka, tenor ● v (pt & pp **thrust** [θrast]) **I** vt **1** *(push, shove: hands into pockets)* strčit, vrazit, *(clothes: into suitcase)* nacpat; **t. sth under sb's nose** strčit komu co pod nos **2** fig **t. sth in sb's face** předhazovat komu co, mávat komu čím před nosem; **t. oneself on sb** *(impose oneself)* vnucovat se komu; **t. one's way to the front** cpát se or hrnout se or drát se dopředu **II** vi tlačit, strkat (**at sth** do čeho); *(with dagger)* bodnout (**at sb** koho); Fencing udělat výpad (**at sb** proti komu) **III** phr vs ■ **thrust aside** vt **1** *(person, thing)* (prudce) odstrčit **2** *(suggestion)* (rázně) odmítnout ■ **thrust forward** vt **t. oneself forward** lit hrnout se or cpát se dopředu, fig tlačit se do popředí ■ **thrust out** vt *(leg)* (prudce) natáhnout, *(arm* also*)* napřáhnout, *(chest)* vypnout ■ **thrust past** vi protlačit se kolem koho

thruway ['θru:wei] n Amer *(motorway)* dálnice

thud [θad] n tupý úder, tlumený zvuk,

žuchnutí ● vi (**-dd-**) vyd(áv)at tlumený zvuk; *(falling object)* žuchnout; *(move heavily)* dupat, dusat

thug [θag] n rváč, násilník, ostrý hoch

thuggery ['θagəri] n brutalita, násilnictví

thuggish ['θagiš] adj brutální, násilnický

thulium ['θju:liəm] n Chem tulium

thumb [θam] n palec ♦ **be under sb's t.** být pod čím pantoflem, být kým ovládán; **get sb under one's t.** osedlat si koho; **have sb under one's t.** ovládat koho, mít koho pod palcem; **be all ~s** mít obě ruce levé; **give sth the ~s down** *(idea)* odmítnout co; **give sth the ~s up** *(project)* dát čemu zelenou; **stick out like a sore t.** *(object)* být jako pěst na oko, bít do očí, *(person)* nezapadat mezi ostatní; **twiddle one's ~s** zahálet, chytat lelky ■ **t. index** *(on book)* žlábkový index, ukazatel na ořízce knihy ● **I** vt **1** *(book, magazine)* listovat v čem; **a well ~ed book** kniha se silně ohmatanými stránkami **2 t. a ride** or **lift** stopnout si auto **3 t. one's nose at sb** (u)dělat na koho dlouhý nos, strouhat komu mrkvičku; fig **t. one's nose at sb/ sth** kašlat na koho/ co **II** phr v ■ **thumb through** vt *(book)* prolistovat

thumbnail ['θamneil] n nehet na palci ■ **t. sketch** *(drawing)* miniaturní skica; *(of personality)* medailon

thumbprint ['θamprint] n otisk palce

thumbtack ['θamtæk] n Amer připínáček, napínáček

thump [θamp] n **1** *(blow)* silný úder, silná rána, bouchnutí **2** *(sound)* dunivá rána, žuchnutí ● **I** vt **t. sb** praštit or bouchnout koho; **t. the door** tlouct na dveře; **he ~ed his fist on the table** uhodil pěstí do stolu **II** vi **1** *(heart)* bušit; **start ~ing** *(heart)* rozbušit se **2** *(walk heavily)* dupat **III** phr v ■ **thump out** vt **t. out a tune on a piano** třískat melodii na piano

thumping ['θampiŋ] adj also **t. great** Br inf *(success)* ohromný, úžasný; *(lie)* nehorázný; **a t. great lorry** obrovský náklaďák

thunder ['θandə(r)] n **1** Meteor hrom, zahřmění; **a clap** or **peal of t.** zahřmění; **there is t. in the air** je slyšet hřmění, schyluje se k bouřce **2** fig *(of cannons)* hřmění; *(of traffic, machines)* hukot; *(of applause, organ)* burácení, *(of sea)* hukot ♦ **steal sb's t.** vypálit komu rybník ● **I** vi **1** Meteor hřmět, hřmít; **it's ~ing** hřmí **2** *(guns)* dunět, rachotit; **the train ~ed past** kolem projel s rachotem vlak **3** fig **t. against sth** hřímat proti čemu **II** vt *(shout)* zaburácet, pronést hromovým hlasem **III** phr v ■ **thunder out** *I* vt pronést hromovým hlasem *II* vi *(guns, person)* zahřímat

thunderbolt ['θandəbəult] n **1** lit *(lightning)* blesk, úder blesku **2** fig *(news)* senzační zpráva, bomba, zpráva působící jako úder blesku z čistého nebe

thunderclap ['θandəklæp] n zahřmění

thundercloud ['θandəklaud] n bouřkový mrak

thundering ['θandəriŋ] adj Br inf dated *(success)* ohromný; *(lie)* nehorázný ♦ **be in a t. rage** soptit vzteky ● adv **have a t. good time** mít se jako prase v žitě

thunderous ['θandərəs] adj *(voice)* hromový, hřmotný, *(applause)* hromový, bouřlivý, frenetický

thunderstorm ['θandəsto:m] n bouře, bouřka

thunderstruck ['θandəstrak] adj **he was t.** zůstal, jako by do něho hrom uhodil

thundery ['θandəri] adj *(weather)* bouřkový

Thur, Thurs abbr of **Thursday** čtvrtek

Thursday ['θə:zdei, 'θə:zdi] n čtvrtek; **on T.** ve čtvrtek; **Maundy T.** Zelený čtvrtek; see also **Tuesday**

thus [ðas] adv **1** *(so)* tak(to); **t. far** až dosud; **t. and in no other way** tak a ne jinak **2** *(as a result)* a tak, tudíž, tedy

thwack [θwæk] n šlehnutí (**of the whip** bičem) ● vt šlehnout

thwart$_1$ [θwo:t] vt *(plans)* zmařit, zhatit, zkřížit; *(robbery)* zabránit čemu; **he was ~ed** udělali mu čáru přes rozpočet

thwart$_2$ [θwo:t] n Naut veslařská lavice

thy [ðai] poss adj arch tvůj; **T. will be done** buď vůle Tvá

thyme [taim] n Bot mateřídouška, dymián; Cook tymián

thyroid ['θairoid] n also **t. gland** štítná žláza ● adj Anat štítný

tiara [ti'a:rə] n diadém; Relig *(Pope's)* tiára

Tibet [ti'bet] n Tibet

Tibetan [ti'betən] adj tibetský ● n **1** *(person)* Tibeťan/ -ka **2** Ling tibetština

tibia ['tibiə] n Anat holeň, kost holenní

tic [tik] n Med tik škubání v obličeji

tick$_1$ [tik] n **1** *(of clock)* tikot, tikání **2** inf Br *(moment)* okamžik, chvilka, chvilička; **in a t.**, **in a couple of ~s** za okamžik, v cuku letu **3** *(mark)* odškrtávací značka, inf fajfka; **put a t. against sth** zaškrtnout co, zatrhnout co ● **I** vt *(item, answer)* odškrtnout, zaškrtnout, zatrhnout, inf odfajfkovat **II** vi *(clock, time bomb)* tikat, odtikávat ♦ **I don't know what makes him t.** nevím, co ho motivuje **III** phr vs ■ **tick off** vt **1** *(name, item)* odškrtnout, zaškrtnout, inf odfajfkovat **2** inf *(scold)* **t. sb off** setřít koho

tick$_2$ [tik] n Zool klíště ♦ **be as tight as a t.** Br sl být zlitej* jako Dán

tick$_3$ [tik] n Br inf úvěr, dluh, inf sekera; **buy sth on t.** koupit co na sekeru; **let me have it on t.** nechte mi to na dluh

tick$_4$ [tik] n *(for pillow)* sypek

ticker ['tikə(r)] n sl **1** *(heart)* srdce neutr **2** inf *(watch)* cibule **3** Amer inf *(teleprinter)* dálnopis, telex ■ **t. tape** dálnopisný pásek; **t.-tape parade** oslavný průvod na počest hrdinů; **t.-tape welcome** triumfální přijetí

ticket ['tikit] n **1** *(for bus, train)* jízdenka, lístek; *(plane t.)* letenka; *(steamer t.)* lodní lístek; **return t.**, Amer **round-trip t.** zpáteční jízdenka; **single t.** jednoduchá jízdenka; **season t.** sezonní lístek ■ **t. office** pokladna, výdej jízdenek; **t. collector** průvodčí, výběrčí lístků; **t. barrier** vchod na nástupiště/ východ z nástupiště, turniket **2** Theat etc vstupenka, lístek; **have a season t. for the theatre** mít předplatné do divadla ■ **t. agency** předprodej vstupenek kancelář **3** *(receipt)* stvrzenka, ústřižek; *(for lottery)* los; **left-luggage t.** úschovní lístek; **meal t.** stravenka; **library t.** čtenářská legitimace **4** *(label)* etiketa, cedulka, cenovka **5** Aut lístek (s pokutou) za dopravní přestupek; **give sb a t.** dát komu lístek s pokutou **6** Amer Pol kandidátka, kandidátní listina jedné strany; **he's running on a Democratic t.** kandiduje ve volbách za demokratickou stranu **7** dated Br inf **that's (just) the t.!** to je ono!, to se mi výborně hodí, to přišlo jako na zavolanou

ticking$_1$ ['tikiŋ] n *(of clock)* tikot, tikání

ticking$_2$ ['tikiŋ] n Text *(material)* sypkovina; *(cover)* sypek

ticking-off [tikiŋ'of] n inf **give sb a t.-off** dát komu co proto, vyhubovat or vynadat komu; **get a t.-off** dostat vynadáno or vyhubováno

tickle ['tikl] n (po)lechtání, (po)šimrání; **give sb a t.** polechtat koho; **I have a t. in my throat** škrábe or šimrá mě v krku ● vt **1** lit (po)lechtat; **t. sb's foot** polechtat koho na noze; **the jumper ~s my neck** svetr mě šimrá na krku **2** fig **t. sb's vanity** lichotit čí ješitnosti; **t. sb's fancy** zaujmout koho, vzbudit čí zájem **3** *(amuse)* pobavit; *(please)* potěšit, uspokojit; inf **be ~d pink** or **to death** být u vytržení, být v sedmém nebi **II** vi lechtat; *(wool)* škrabat

tickler ['tiklə(r)] n dated inf *(situation)* choulostivá situace; *(question)* chyták; *(problem)* těžký oříšek, hlavolam, ožehavý problém

tickling ['tikliŋ] n lechtání

ticklish ['tikliš] adj **1** lit lechtivý; **be t.** být lechtivý **2** *(problem)* ožehavý: *(business, matter)* delikátní, choulostivý

tick-tack-tow [tiktæk'təu] n Amer ≅ mlýnek společenská hra

ticktock ['tiktok] n *(of clock)* tikání

tidal ['taidl] adj přílivový; **t. basin** přílivová nádrž; **t. power station** přílivová elektrárna; **t. wave** přílivová vlna, slapová vlna; **sweep forward like a t. wave** valit se jako lavina; fig **a t. wave of enthusiasm** obrovská vlna nadšení

tidbit ['tidbit] n Amer = **titbit**

tiddler ['tidlə(r)] n Br **1** *(small fish)* malá rybka **2** joc *(child)* capart, škvrně, špunt, šprček

tiddly ['tidli] adj inf **1** *(tipsy)* podroušený, stříknutý, lehce pod párou, podnapilý **2** *(tiny)* maličký, nepatrný, drobounký

tiddlywinks ['tidliwiŋks] n *(game)* blechy; **play t.** hrát blechy

tide [taid] n **1** lit příliv a odliv, mořské slapy, dmutí moře; **high/ low t.** vysoký příliv/ dokončený odliv, vrchol odlivu; **the t. is coming in/ going out** nastává příliv/ odliv **2** fig *(of emotions)* vlna, silný nápor; *(of events)* běh; **go** or **swim against/ with the t.** fig plavat proti/ po proudu; **a rising t. of discontent** narůstající vlna nespokojenosti; **in the t. of events** ve vleku or ve víru událostí ● phr v ■ **tide over** vt vystačit komu; **£10 will t. me over until Monday** s deseti librami vystačím až do pondělka

tidemark ['taidma:k] n stopa po přílivu; *(line of dirt: in bath, on neck)* pruh špíny

tideway ['taidwei] n slapový průliv

tidied ['taidid] pt & pp of **tidy**

tidily ['taidili] adv *(write)* úpravně; *(arrange)* úhledně

tidiness ['taidinəs] n see **tidy 1** pořádek, čistota **2** upravenost; úpravnost, úhlednost **3** *(of habits, mind)* pořádnost, pořádkumilovnost

tidings ['taidiŋz] n pl fml poselství, zpráva, zprávy; **good/ bad t.** dobré/ špatné zvěsti

tidy ['taidi] adj **(-ier, -iest) 1** *(room, house)* uklizený, čistý; **get a room t.** uklidit místnost; **our house is always t.** u nás je vždycky pořádek **2** *(appearance, clothes)* upravený; *(handwriting)* úpravný, úhledný **3 have t. habits** být pořádný or pořádkumilovný **4** inf **a t. sum (of money)** slušné peníze, hezká hromádka peněz, hezkých pár korunek ● n odkládací skřínka/ košíček/ krabice na drobné předměty; **desk t.** krabice na pera, tužky etc ● v (pt & pp **tidied**) **I** vt *(room)* uklidit; *(hair)* upravit si **II** phr vs ■ **tidy away** vt *(toys)* složit, uklidit, dát na své místo ■ **tidy out** vt *(drawers)* vyklidit, udělat pořádek v čem ■ **tidy up** vt **1** *(house, desk)* uklidit, dát do pořádku, *(cup-*

board, drawers) uklidit (si) co, udělat si pořádek v čem; *(toys, tools)* složit, uklidit, dát na místo **2** *(hair, appearance)* upravit si; **t. oneself up** upravit se, dát se do pořádku **3** fig *(finances)* dát do pořádku

tie [tai] n **1** *(necktie)* kravata, vázanka; **bow t.** motýlek ■ **t. pin** jehlice do kravaty **2** *(fastener)* šňůra, provázek, *(for apron)* tkanice, *(on shoes)* tkanice, tkanička, šněrovadlo, *(made of leather)* řemínek, *(wire)* drát ■ **t. rod** Aut ojnice **3** Archit, Build vazník, vazný trám **4** Mus ligatura **5** Amer *(sleeper)* **(railroad) t.** pražec **6** *(bond)* usu pl **~s** pouta; **~s of friendship** pouta přátelství; **the blood ~s** pokrevní svazky; **family ~s** rodinné vztahy or svazky; **have strong ~s to one's country** mít silná pouta ke své zemi **7** *(restriction, hindrance)* zátěž, břemeno **8** Sport *(draw)* remíza, nerozhodný výsledek, *(drawn match)* nerozhodné utkání **9** Ftb *(match)* zápas; **a cup t.** pohárový zápas ● v (pres p **tying**, pt & pp **tied**) **I** vt **1** *(fasten: parcel)* převázat, zavázat; *(hands, feet)* spoutat, svázat; *(balloon, dirigible)* upoutat; **they ~d him to a tree** přivázali ho ke stromu ♦ **have one's hands ~d** mít svázané ruce; **I can do it with my hands ~d behind my back** to zvládnu levou rukou or se zavřenýma očima; **walk as if one's legs were ~d** chodit jako svázaný **2** *(knot)* (za)vázat, uvázat; *((bow) tie, scarf)* uvázat (si); **t. one's laces (in a bow)** uvázat si tkaničky (na kličku) ♦ **be ~d to one's mother's apron strings** držet se maminčiných sukní; inf **t. the knot** *(get married)* praštit or bouchnout do toho **3** fig *(link)* spojovat, (s)pojit **4** *(confine)* **be ~d by sth** *(promise, duty)* být vázán čím; **be ~d to the house** nemoci se hnout z domu; **~d house** or **cottage** Br deputátní příbytek **5** Mus *(notes)* spojit ligaturou **6** Sport **the match was ~d** zápas skončil nerozhodně **II** vi **1** *(apron etc)* zavazovat se **(at the back** vzadu) **2** *(draw)* **a)** Sport *(in match)* remizovat, hrát nerozhodně **b)** *(in competition)* mít stejný počet bodů; *(in election)* mít stejný počet hlasů; **they ~d for second place** dělili se o druhé místo **III** phr vs ■ **tie back** vt *(hair)* svázat dozadu ■ **tie down** vt **1** lit přivázat, *(balloon)* upoutat **2** fig *(restrict)* omezit, vázat; **t. sb down** (Subj: *duty, responsibility)* svazovat komu ruce; **t. oneself down to doing sth** zavázat se něco udělat; **t. sb down to an exact date** určit komu přesné datum ■ **tie in** *I* vt **t. sth in with sth** (eg *plans)* dát co do souladu s čím *II* vi **t. in with sth** hodit se k čemu, být v souladu s čím ■ **tie up** vt **1** *(parcel)* zavázat; *(shoelaces)* zavázat (si) **2** *(animal)* uvázat **(to sth** k čemu); *(boat)* přivázat; *(balloon)* upoutat; *(prisoner, hands)* spoutat, svázat **3** *(money)* vázat, dlouhodobě investovat **4** *(finalize: deal)* uzavřít, finalizovat; **t. up a few loose ends** fig vyřídit několik posledních maličkostí **5** *(connect)* spojovat; **be ~d up with sth** souviset s čím, být ve spojitosti s čím **6** *(keep busy: machines)* vytížit/ vytěžovat; **be ~d up with sth** být zaměstnán čím; **be ~d up by a car accident** být zdržen autohavárií **7** *(hinder: production, progress)* brzdit

tie-break ['taibreik], **tie-breaker** ['taibreikə(r)] n Tennis tie-break

tie-on ['taion] adj attr **a t.-on label** visačka

tie-pin ['taipin] n svorka na vázanku

tier [tiə(r)] n **1** *(row of seating: in theatre, stadium)* stupeň, řada; **arrange sth in ~s** uspořádat co stupňovitě; **a cake with three ~s** tříposchoďový dort **2** *(in hierarchy)* úroveň, stupeň

tiered ['tiəd] adj stupňovitý, terasovitý; **a three-t. cake** tříposchoďový dort

tie-up ['taiap] n **1** *(connection)* spojení, zapletení se do čeho **2** Amer *(stoppage)* zastavení or přerušení práce; *(traffic jam)* dopravní zácpa

tiff [tif] n Br inf rozmíška, třenice, hádka, půtka; **have a t. over sth** chytit se kvůli čemu, vjet si do vlasů pro co; **lovers t.** milenecká rozepře

tiger ['taigə(r)] n **1** Zool tygr; **fight like a t.** bojovat jako lev ■ **t. skin** tygří kůže **2** Ent **t. moth** přástevník medvědí

tight [tait] adj **1** *(garment, shoe)* těsný, malý, *(close-fitting: dress, jeans)* přiléhavý; **be a t. fit** být těsný or malý, *(close-fitting)* být přiléhavý; **be too t.** *(shoes)* být příliš těsný, tlačit, *(collar)* škrtit **2** *(firm: screw, knot)* pevně utažený; *(water tap, window)* dobře utěsněný; **keep a t. hold on sth** držet se čeho pevně; **hold t.!** držte se dobře or pevně! **3** *(stiff: screw, knot)* **(too) t.** příliš utažený; **be (a bit) t.** *(drawer)* příčit se, dřít; *(window, door)* příčit se, těžko se otvírat **4** *(taut: rope)* napjatý; **a t. formation** sevřená formace; **a t. turn** ostrá zatáčka **5** *(constricted: space)* omezený, úzký; *(schedule)* nabitý; *(limited)* **t. finances** finanční tíseň; **money is t.** je málo peněz **6** *(discipline, control)* přísný, tvrdý; **t. security** přísná bezpečnostní opatření ♦ **keep a t. rein on sb/ sth** držet koho/ co na uzdě, držet koho/ co zkrátka **7** *(difficult)* **be in a t. corner** or **spot** fig být v úzkých, být v prekérní situaci **8** inf *(mean)* skoupý, lakomý **9** inf *(drunk)* namazaný, stříknutý; **be t.** mít špičku; **get t.** namazat se ■ see **~ly** ●

adv 1 *(firmly: fasten, grip, hold, screw)* pevně 2 *(closely)* těsně; **fit t.** *(jeans* etc*)* být těsný; **stand t. against the wall** stát těsně u stěny; **pull the rope t.** pevně napnout provaz 3 **sit t.** zůstat sedět, (sedět a) nehýbat se; inf **sleep t.** dobře spát

tight-arsed ['taita:st], Amer **tight-assed** ['taitæst] adj vulg *(stingy)* **be t.-a.** mít zašitou šrajtofli, být držgrešle

tighten ['taitn] **I** vt also **t. up** 1 *(belt)* vypnout, napnout; *(rope)* natáhnout, vypnout, napnout ♦ **t. one's belt** fig uskromnit se, utáhnout or přitáhnout si opasek 2 *(screw)* přitáhnout, dotáhnout; *(knot)* utáhnout, stáhnout; **t. (up) one's grip on sth** chytit se čeho pevněji 3 *(restriction, blockade)* zpřísnit **II** vi *(rope)* napnout se, natáhnout se; *(screw)* utáhnout se; *(rules)* zpřísnit se **III** phr vs ■ **tighten up** *I* vt 1 see **tighten** vt (1,2) 2 *(control, discipline)* zostřit, zpřísnit *II* vi see **tighten** vi *(discipline)* zpřísnit se; **t. up on security** zpřísnit bezpečnostní opatření

tightening ['taitəniŋ] n see **tighten** 1 napnutí, vypnutí 2 přitažení, dotažení; utažení, stažení 3 zpřísnění

tightfisted [tait'fistid] adj skoupý, lakomý

tightfitting ['taitfitiŋ] adj *(clothes)* přiléhavý

tight-knit [tait'nit] adj *(community)* harmonický; *(group)* sjednocený

tight-lipped [tait'lipt] adj 1 lit mající úzké rty 2 *(secretive)* mlčenlivý, málomluvný, tajnůstkářský

tightly ['taitli] adv 1 *(firmly: fit)* těsně; *(control)* přísně; *(shut: eyes)* pevně; **fit t.** *(clothes)* přiléhat, *(window)* dobře těsnit, *(lid)* dobře doléhat or sedět 2 **the hall was t. packed** sál byl nabitý do posledního místečka

tightness ['taitnəs] n see **tight** 1 těsnost, přiléhavost 2 utaženost; utěsněnost 3 nadměrné utažení; dření 4 napjatost; *(of formation)* sevřenost 5 omezený prostor, nedostatek místa 6 přísnost, tvrdost 7 inf *(meanness)* lakomost, skoupost 8 inf *(drunkenness)* podroušenost, opilost

tightrope ['taitrəup] n visuté lano; **walk the t.** balancovat na laně ♦ **walk a t.** fig být v ošemetné situaci ■ **t. walker** ekvilibrista, provazochodec, provazolezec

tights [taits] n 1 Br *(worn by women)* punčochové kalhoty, punčocháče 2 *(worn by dancers* etc*)* trikot

tightwad ['taitwod] n Amer inf držgrešle, škrtil

tigress ['taigrəs] n Zool tygřice; **fight like a t.** bojovat jako tygřice

tilde ['tildə] n tilda, vlnovka

tile [tail] n 1 *(for roof)* taška 2 *(for floor)* dlaždice, dlaždička; *(for wall)* obkládačka, kachlík, kachlíček, kachel; *(for stove)* kachel ♦ **have a night (out) on the ~s** hýřit, vyhazovat si z kopýtka, být na flámu; inf **have a t. missing** mít o kolečko víc ● vt *(roof)* pokrýt taškami; *(wall)* obkládat/ obložit kachlíčky; *(floor)* (vy)dláždit

tiled [taild] adj *(roof)* taškový, *(stove)* kachlový; *(floor)* vydlážděný; *(wall)* vykachlíčkovaný, obložený kachlíčky

tiling ['tailiŋ] n 1 *(process of putting on tiles: on roof)* pokrývání taškami, *(on floor)* dláždění, *(on wall)* (vy)kachlíčkování, obkládání 2 *(tiled surface: roof)* tašková krytina, tašky, *(floor)* dlaždice, dlaždicová podlaha, *(wall)* kachlíčky

till$_1$ [til] see also **until** conj až, než, dokud ne; **let's wait t. the others join us** počkejme, až/ než přijdou ostatní ● prep (až) do; **t. when?** dokdy?; **t. today** dodnes; **t. the end of the week** (až) do konce týdne; **t. one's dying day** (až) do (nejdelší) smrti

till$_2$ [til] n pokladna, *(drawer)* zásuvka pokladny ♦ **catch sb with his fingers in the t.** přistihnout koho při krádeži, inf nachytat koho na hruškách

till$_3$ [til] vt Agr obdělávat, orat

tillage ['tilidž] n 1 *(tilling)* kultivace, obdělávání, orba 2 *(land)* zorané pole, obdělaná půda

tiller [tilə(r)] n Naut kormidlová páka; **at the t.** u kormidla

tilt [tilt] n 1 *(slope)* sklon, náklon; **have a 30° t.** mít sklon 30° 2 Hist *(tournament)* klání, turnaj; *(thrust)* zásah dřevcem 3 fig *(attack)* útok, kritika; **have a t. at sb** vzít si koho na mušku 4 **(at) full t.** plnou parou, v plné rychlosti ● **I** vt naklonit, nahnout, dát do šikmé polohy; **t. one's cap sideways** posunout si čepici na stranu; **t. one's head back** zaklonit hlavu **II** vi 1 *(lean)* naklonit se, sklánět se, mít sklon; **t. back(wards)** *(person)* zaklonit se, naklonit se dozadu, *(mirror)* naklonit or nachýlit or sklopit se dozadu, *(be capable of ~ing)* dát se sklápět dozadu; **t. forward** naklonit or nahnout se dopředu, dát se sklápět dopředu 2 fig **t. at sb/ sth** útočit na koho/ co ♦ **t. at windmills** bojovat s větrnými mlýny **III** phr v ■ **tilt over** *I* vt 1 *(slant)* naklonit, dát do šikmé polohy 2 *(overturn)* překlopit, převrhnout *II* vi 1 *(slant)* naklonit se, sklopit se 2 *(overturn)* překlopit se, překotit se, převrhnout se

timber ['timbə(r)] n 1 *(wood)* dřevo, dříví, řezivo, *(for building* also*)* stavební dříví ■ **t. framing** hrázděná konstrukce; **t. industry**

dřevařský průmysl; **t. merchant** obchodník s dřívím; **t. mill** dřevařský podnik; **t. yard** sklad dříví **2** *(forest)* vysoký les; **land under t.** zalesněná půda; **fell t.** porážet stromy ■ **t. wolf** šedý vlk **3** *(beam)* kláda, trám, nosník; **roof ~s** krovy **4** Amer *(character)* kalibr, kvalita, materiál; **a man of presidential t.** muž prezidentského kalibru

timbered ['timbəd] adj *(house)* hrázděný; *(land)* zalesněný

timbering ['timbəriŋ] n **1** *(inside house)* trámoví, trámy; *(outside)* hrázděná konstrukce; Mining výdřeva **2** *(material)* stavební dříví

timberland ['timbəlænd] n Amer lesnatá oblast

timberwork ['timbəwəːk] n *(beams)* trámoví, trámy; *(t. framing)* hrázděná konstrukce

timbre ['tæmbə(r)] n timbre, zabarvení hlasu/ tónu

time [taim] n **1** gen čas; **t. and space** prostor a čas, časoprostor; **the ravages of t.** zub času, stárnutí; **as t. goes by**, **as t. passes** jak plyne čas; **how t. flies!** jak ten čas letí!; **it's just a matter** or **question of t.** je to jen otázka času ♦ **t. heals all wounds**, **t. is a great healer** čas vše zhojí, čas hojí všechny rány; **to the end of t.** Bibl až na věky věkův **2** *(period)* **a)** *(while)* **a short interval of t.** krátký časový interval; **for a t.**, **for some t.** (na or po) nějakou dobu, nějaký čas; **for quite a t.** delší čas, delší dobu; **for a long t.** (na) dlouho, už dlouho, drahný čas; **for the t. being** prozatím; **a short t. ago** před nedávnem, před nějakým časem; **in no t. at all** obratem ruky, hned, v mžiku, bez otálení; **in next to no t.** v krátkém čase, zanedlouho; **with the lapse of t.** s odstupem času ♦ **he has been around some t.** inf on už pamatuje nějaký ten pátek **b)** *(season)* **it's cold for this t. of year** na tuto roční dobu je zima **c)** *(available t. for sth)* **leisure t.** volný čas; **I have no t. now** teď nemám čas or kdy; **I have no t. left** or **to spare** už mi nezbývá čas, už nemám čas; **we've got plenty of t.** or **lots of t.** máme spoustu času; **have t. to kill** mít moře času; **t. is running out** už nezbývá moc času, čas letí; **be pressed** or **pushed for t.** být v časové tísni; **be on the go all the t.** být v jednom kole, být rozlítaný or rozběhaný, inf být pořád v poklusu; **have t. on one's hands** mít nadbytek volného času; **have to make t. for sth** ukrást si na něco čas; **race against t.** závodit s časem; **take one's t. over sth** dávat si s čím na čas; *(in pub)* **t. is up!** končíme!, zavíráme!; **waste sb's t.** okrádat koho o čas; **while away the t.** zahánět dlouhou chvíli, krátit si čas čím **d) in my t.** za mých dob, za mne; **he became a legend of his t.** stal se živou legendou; **be ahead of one's t.** předběhnout svou dobu **e) the flying t. to Prague is ...** let do Prahy trvá ... **f)** Sport dosažený čas; **the qualifying t.** časový limit; **what t. did he clock?** jakého času dosáhl? **g)** *(end of period)* **closing t.** zavírací hodina; **when her t. comes** *(of pregnant woman)* až přijde její hodinka **h)** sl **do t.** být ve vězení, sedět **3** *(time of day)* **a)** *(system)* **local t.** místní čas; **standard t.** úřední čas, pásmový čas; **summer t.**, Amer **daylight saving t.** letní čas ■ **t. zone** časové pásmo **b)** *(by clock)* **what t. is it?**, **what's the t.?** kolik je hodin?; **what t. do you make it?** kolik máte hodin?; **check the t.** porovnat si čas; **my watch keeps good t.** moje hodinky jdou přesně; **at any t. now** každou chvíli, každým okamžikem ■ **t. bomb** lit & fig časovaná bomba; **t. fuse** Mil časovaný zapalovač; **t. limit** lhůta, termín; **t. lock** časový zámek; **t. signal** časové znamení; **t. switch** časový vypínač or spínač **4** *(moment)* **a)** *(occasion, instance)* **this t.** nyní, tentokrát; **last t.** minule; **at one t.** kdysi, v dřívějších dobách; **next t.** příště; **another t.** jindy; **at other ~s** jindy, při jiných příležitostech; **at that t.** tenkrát; **at all ~s** pořád, neustále; **at ~s** občas; **at the present t.** v nynější době; **at the said t.** v uvedenou dobu; **from t. to t.** čas od času; **for the first t.** poprvé; **in a week's t.** za týden; **up to a certain t.** do jisté doby; **t. and t. again** znovu a znovu **b)** *(suitable* or *desirable t., schedule)* **at the right t.** v pravý čas, v pravou chvíli, *(appear, arrive)* jako na zavolanou, vhod; **at the wrong t.** v nevhodnou dobu; **all in good t.** všechno má svůj čas; **be behind t.** mít zpoždění; **be ahead of t.** mít předstih; **finish sth ahead of t.** skončit něco před termínem; **we came in good t.** přišli jsme včas, stihli jsme to; **I'll let you know in good t.** dám vám vědět včas; **the bus arrived on t.** autobus přijel na čas; **in the nick of t.** v or na poslední chvíli, v hodině dvanácté; **it's high t. we started** je nejvyšší or svrchovaný čas, abychom začali; **this is the right t. to tell him** teď je vhodná doba na to, abychom mu to řekli **c)** Fin **t. deposit** Amer časový vklad **5** *(experience)* **have a good t.** dobře se bavit, mít se dobře; **be having a whale of a t.** mít se báječně; **have a hard t. (of it)** mít to těžké, nemít na růžích ustláno; **have a hell of a t. with sb** mít s kým peklo, mít s kým soužení hotové or učiněné peklo **6** *(referring to work)* **a)** *(hours of work)* **work part/ full t.** pracovat na částečný/

plný úvazek; Br **in company t.**, Amer **on company t.** v pracovní době; **have** or **take t. off** mít or vzít si volno ■ **t.-and-motion study** časová a pohybová studie zaznamenávající využití pracovní doby; **t. card** *(for workers)* píchací karta pracovní výkaz, píchačka; **t. clock** píchací hodiny, inf píchačky **b)** *(hourly wage)* **work t.**, **be paid t.** pracovat v hodinové mzdě; **on Sundays we get paid double t.** v neděli dostáváme dvojnásobek hodinové mzdy **7** *(era, epoch)* usu pl doba, období, éra, epocha; **in former ~s**, **in ~s of old** za starých časů; **the t. of the Reformation** období reformace; **a man of his t.** pravý syn své doby; **be behind the ~s** být zastaralý, zaspat dobu; **move with the ~s** jít s dobou; **in ~s of plenty** v dobách blahobytu; **stop the march of t.** zastavit kolo dějin **8** Math **~s** krát; **five ~s two is ten** pětkrát dvě je deset; **many ~s** mnohokrát, mockrát; **ten ~s longer** desetkrát delší; inf **umpteen ~s** ikskrát **9** Mus takt, rytmus; **three-four t.** tříčtvrteční takt; **beat** or **mark t.** udávat takt, taktovat; **stay in t.**, **keep t.** dodržovat takt; **mark t.** Mil pochodovat na místě; fig přešlapovat na místě ■ **t. signature** označení taktu **10** Amer sl **make t. with sb** *(chat up)* narazit si, sbalit; *(have sex)* vyspat se or pomilovat se s kým ● vt **1** *(schedule: attack)* naplánovat na, určit or stanovit dobu čeho; **the meeting is ~d for two o'clock** schůze se má konat ve dvě hodiny **2** *(choose right t. for)* načasovat; **t. sth well/ badly** načasovat co dobře/ špatně; **t. sth perfectly** výborně co načasovat, zvolit si pro co nejvhodnější okamžik **3** *(runner)* měřit komu čas stopkami; **I ~d her over 1 000 metres** změřil jsem jí čas na 1 000 metrů

time-consuming ['taimkənsju:miŋ] adj zdlouhavý, časově náročný

time-honoured, Amer **time-honored** ['taimonəd] adj starobylý, tradiční, odvěký

timekeeper ['taimki:pə(r)] n **1** Sport časoměřič **2** **be a good t.** *(person, employee)* být dochvilný, chodit vždy na čas; *(watch)* jít přesně

timekeeping ['taimki:piŋ] n **1** Sport měření času **2** *(in factory* etc*)* **bad t.** opakované pozdní příchody

time-lag ['taimlæg] n časový rozdíl; *(delay)* časové zpoždění

timeless ['taimləs] adj věčný, nekonečný, nadčasový

timely ['taimli] adj (**-ier, -iest**) včasný; **a t. piece of advice** rada v pravý čas, dobře načasovaná rada

time-out [taim'aut] n Amer Ftb, Basketball dočasné přerušení zápasu; *(break)* přestávka

timepiece ['taimpi:s] n fml *(watch)* hodinky; *(clock)* hodiny, chronometr

timer ['taimə(r)] n *(device)* časový spínač, automatický vypínač

timeserver ['taimsə:və(r)] n pej oportunista, (větrná) korouhvička, pokřivený charakter, ohebná povaha

time-sharing ['taimšeəriŋ] n *(of villa)* sdílené vlastnictví s právem používání jen na určitou dobu

timetable ['taimteibl] n **1** *(for transport)* jízdní řád **2** *(schedule)* časový rozvrh; Sch rozvrh hodin

timework ['taimwə:k] n Ind práce v časové mzdě

timid ['timid] adj bojácný, ostýchavý, plachý, nesmělý ■ **~ly** adv bojácně, plaše, nesměle

timidity ['timidəti] n bojácnost, ostýchavost, plachost, nesmělost

timing ['taimiŋ] n **1** *(of event)* volba vhodného okamžiku or data pro co, načasování, timing; **get one's t. right/ wrong** vybrat/ nevybrat si vhodný okamžik pro co **2** Theat přednes, rytmizace přednesu; Mus smysl pro rytmus; *(of lecture* etc*)* časové rozvržení, načasování **3** Sport měření času stopkami **4** Aut **ignition t.** nastavení zapalování ■ **t. gears** rozvodové soukolí

timorous ['timərəs] adj fml bázlivý, ustrašený, zakřiknutý

Timothy ['timəθi] n Bibl Timotej

timpani ['timpəni] n pl Mus tympány, kotle

timpanist ['timpənist] n Mus tympanista

tin [tin] n **1** *(metal)* cín; **t. (plate)** bílý plech ■ **t. god** fig bonz; **t. hat** inf Mil (ocelová) přilba; **t. leaf** staniol; **t. mine** cínový důl; **t. soldier** cínový vojáček; Mus **t. whistle** plechová píšťal(k)a **2** esp Br *(can)* konzerva; **a t. of beef** hovězí konzerva **3** *(container: for paint)* plechovka; **a biscuit t.** krabice na sušenky ■ **t. can** plechovka, plechová dóza; Amer inf torpédoborec; **t. opener** otvírač konzerv **4** *(for baking)* forma na pečení, plech (na pečení) ● vt (**-nn-**) **1** esp Br konzervovat, zavařovat do plechovek **2** *(coat with t.)* (po)cínovat

tincture ['tiŋkčə(r)] n **1** Pharm tinktura; **t. of iodine** jódová tinktura **2** fig *(tinge)* stopa, příměs, příchuť, *(of fear* etc*)* náznak **3** inf *(drink)* nápoj, pitivo ● vt *(views* etc*)* dát čemu nádech čeho

tinder ['tində(r)] n troud; **as dry as t.** suchý jako troud; **burn like t.** hořet jako troud

tinderbox ['tindəboks] n fig **be like a t.** hořet jako troud, *(of country, area)* být jako sud prachu

tine [tain] n *(of fork, rake)* zub; *(of antler)* výsada

tinfoil ['tinfoil] n staniol; *(aluminium foil)* hliníková fólie

ting [tiŋ] n cinknutí, cinkání ● interj cink!, břink! ● **I** vt *(bell)* zazvonit na **II** vi (za)zvonit, cinkat

ting-a-ling [tiŋə'liŋ] n cinkání ● interj cililink!

tinge [tindž] n **1** *(of colour)* odstín, nádech, náběh; **a t. of blue** nádech do modra, modrý or modravý nádech **2** fig *(trace)* nádech, příchuť; **a t. of hypocrisy** nádech pokrytectví ● vt lit & fig **t. sth with sth** dát čemu nádech čeho, zabarvit co čím

tingle ['tiŋgl] n **1** lit svědění, svrbění, brnění, mravenčení, *(after a blow)* pálení, *(with cold)* mrazení **2** fig *(psychological)* nervózní vzrušení, tetelení, chvění ● vi **1** lit *(Subj: skin, face, hands etc)* svědit, pálit, brnět **2** fig *(with emotion)* chvět se čím, tetelit se čím

tingling ['tiŋgliŋ] n svědění, svrbění, pálení, mravenčení ● adj **t. sensation** mravenčení

tingly ['tiŋgli] adj **my fingers/ hands have gone all t.** mám mravenčení v prstech/ rukou

tinker ['tiŋkə(r)] n **1** dated *(sb who mends pots & pans etc)* dráteník; *(vagrant)* tulák, potulný žebrák ♦ **I don't give a t.'s curse** or **cuss about it** houby mi na tom záleží, záleží mi na tom starou belu **2** *(child)* dareba **3 have a t. at** or **with sth** *(radio etc)* povrtat se v čem ● vi **1 t. about** kutit, stále něco spravovat **2 t. at sth** vrtat se v čem, neodborně co opravovat

tinkle ['tiŋkl] n **1** *(of glass, bell)* cinkot, cinkání, cinknutí; *(on piano)* brnkání; *(of telephone)* zvonění; Br inf **give sb a t.** *(on telephone)* brnknout komu **2** inf čurání, baby talk also lulání; **go for a t.** jít se vyčurat ● **I** vi zvonit, cinkat; *(on piano)* brnkat **II** vt *(bell, glasses)* cinknout s čím

tinkling ['tiŋkliŋ] n zvonění, cinkání, cinkot

tinned [tind] adj jsoucí v konzervě, zavařený v konzervě or v plechovce

tinny ['tini] adj (**-ier, -iest**) **1** *(sound)* plechový, kovový, *(voice also)* dutý, nakřáplý **2** *(badly made)* fušerský, hudlařský

tin-pot ['tinpot] adj fig inf mizerný, druhořadý, tuctový; *(regime)* loutkový

tinsel ['tinsl] n **1** *(for Christmas tree)* zlaté or stříbrné řetězy; *(on dress)* lamé **2** fig pej falešné pozlátko, cetka

Tinseltown ['tinsltaun] n Město pozlátka Hollywood

tinsmith ['tinsmiθ] n klempíř

tint [tint] n **1** *(shade of colour)* odstín, barevný tón **2** *(hair colour)* přeliv (na vlasy) ● vt barevně tónovat; **t. one's hair brown** dát si hnědý přeliv

tiny ['taini] adj (**-ier, -iest**) maličký, drobounký, malinký, *(child also)* mrňavý; *(proportion)* mizivý; **a t. bit** malinko, kapánek

tip$_1$ [tip] n **1** *(end: of finger, nose, shoe, stick etc)* špice, špička, *(of arrow, leaf, pencil, spear, sword also)* hrot, *(of spear, stick also)* bodec; *(of land)* cíp ♦ **the t. of the iceberg** fig špička ledovce; **have sth on the t. of one's tongue** mít co na jazyku, za boha si na co nemoci vzpomenout **2** *(cap: on walking stick etc)* kovová špice, kování ● vt opatřit hrotem or špicí; *(with steel: stick etc also)* okovat

tip$_2$ [tip] n **1** *(money)* spropitné, inf všimné, tuzér, diškrece; **give** or **leave sb a t.** dát komu spropitné **2** *(advice, hint)* tip, rada; Sport tip; *(warning)* avízo, hláška, echo sl; **give sb a t.** *(warning)* dát komu avízo **3** *(light touch)* lehký dotek, klepnutí, ťuknutí ● **I** vt **1** *(give money to: porter etc)* **t. sb** dát komu spropitné **2** Racing *(winning horse)* tipovat, sázet na, vsadit si na **3** *(touch lightly)* lehce se dotknout čeho, zavadit o co **II** phr v ■ **tip off** vt **t. sb off** dát komu avízo, dát komu vědět, varovat koho předem

tip$_3$ [tip] n **1** Br *(waste dump)* skládka odpadků; *(for coal)* halda **2** Br inf *(messy place)* chlív(ek); **this place is like a t.** tady je to jako po boji ● v (**-pp-**) **I** vt **1** *(tilt)* naklonit/ naklánět, sklopit/ sklápět, nachýlit/ nachylovat; *(upside down)* překlopit, překotit, převrátit; **t. sth forwards/ backwards** sklopit or naklonit co dopředu/ dozadu; **t. sth to one side** naklonit co na stranu ♦ **t. the balance** být jazýčkem na vahách, být rozhodujícím faktorem **2** *(empty)* vyklopit, vyprázdnit, *(sand etc)* vysypat, *(liquid)* vylít **3 t. the scales at 80 kg** vážit 80 kg **II** vi *(tilt)* naklonit se/ naklánět se **III** phr vs ■ **tip back** *I* vt *(mirror etc)* sklopit or naklonit or nachýlit dozadu *II* vi naklonit se dozadu ■ **tip down** v(t)i Br inf **it's ~ping (it) down** leje jako z konve ■ **tip out** *I* vt *(empty)* vyklopit, vyprázdnit, *(liquid)* vylít, *(sand etc)* vysypat *II* vi vyklopit se, vylít se, vysypat se ■ **tip over** vt(i) překlopit (se), překotit (se), převrátit (se) ♦ Amer sl **t. over a bank** udělat banku ■ **tip up** vt(i) zvednout (se), sklopit (se) nahoru

tip-off ['tipof] n varování, výstraha, inf avízo, hláška

tipped [tipt] adj *(stick)* okovaný; *(cigarette)* s filtrem

-tipped [-tipt] in compounds **steel-t.** okovaný; **felt-t. pen** fix, inf fixka

tipper ['tipə(r)] n **1 t. (lorry), t. (truck)** výklopné or vyklápěcí nákladní auto **2** *(device)* výklopné zařízení **3 a generous** or **good t.** kdo dává štědré or velké spropitné

Tipp-Ex TM ['tipəks] n Br opravný lak

tipping ['tipiŋ] n vyklápění, vysýpání, *(of rubbish* also*)* skládka; **'no t.'**, **'t. prohibited'** skládka odpadu zakázána

tipple ['tipl] n inf **1** *(drink)* alkoholický nápoj; **he likes a t. now and then** tu a tam si rád přihne; **what's your t.?** co rád piješ? **2** Mining *(device)* výklopník

tippler ['tiplə(r)] n inf pijan, ochmelka, kamarád z mokré čtvrti

tipsily ['tipsili] adv podroušeně, opile

tipsiness ['tipsinəs] n podnapilost, podroušenost

tipster ['tipstə(r)] n tipér

tipsy ['tipsi] adj (**-ier, -iest**) podnapilý, podroušený, inf stříknutý; **be t.** mít opičku, být pod parou, být v podroušeném stavu

tiptoe ['tiptəu] n **on t.** na špičkách; **stand on t.** stát na špičkách, *(raise oneself on t.)* stoupnout si na špičky ● vi (pt & pp **tiptoed**) jít/ chodit po špičkách; **t. in** vejít po špičkách; **t. out** vyjít po špičkách ven

tiptop [tip'top] adj inf skvělý, výborný, prvotřídní, tiptop, tip top

tip-up ['tipap] adj *(lorry, truck)* vyklápěcí; *(seat)* sklápěcí

TIR [ti:ai'a:(r)] n French abbr of **transports internationaux routieurs** TIR, mezinárodní automobilová přeprava

tirade [tai'reid, ti'reid] n polemický výpad, *(of abuse)* příval nadávek, inf tiráda

Tirana [ti'ra:nə] n Tirana

tire$_1$ ['taiə(r)] n Amer = **tyre**

tire$_2$ ['taiə(r)] **I** vt **1** *(exhaust)* unavit **2** *(bore)* (u)nudit **II** vi **1** *(become exhausted)* unavit se, vyčerpat se **2** *(become bored)* **t. of (doing) sth** nabažit se čeho; **t. of sb** mít koho dost; **I never t. of listening to music** nemohu se nabažit hudby **III** phr v ■ **tire out** vt vyčerpat, utahat, zmořit

tired ['taiəd] adj **1** *(exhausted)* unavený; **t. out** vyčerpaný, velmi unavený; **get t.** unavit se; inf **be dead t.** být k smrti unavený, být zbitý **2** *(bored)* **be t. of sb** mít koho dost; **be t. of life** být omrzelý životem; **I am t. of waiting** už mám toho čekání dost, to čekání mě už unavuje; **I am sick and t. of it** mám toho až po krk, mám toho plný* zuby ■ **~ly** adv unaveně

tiredness ['taiədnəs] n únava, vyčerpanost

tireless ['taiələs] adj neúnavný

tiresome ['taiəsəm] adj *(boring)* nudný, fádní, nezáživný; *(irritating)* nepříjemný, otravný

tiring ['taiəriŋ] adj únavný, namáhavý

tiro ['tairəu] see **tyro**

Tirol [ti'rəul] see **Tyrol**

tisane [ti'zæn, ti'za:n] n té, bylinný čaj

tissue ['tišu:] n **1** Anat, Bot tkáň, pletivo **2** Text tkanivo **3** fig **a t. of lies** or **falsehoods** předivo lží **4** *(handkerchief)* papírový kapesník **5 t. (paper)** hedvábný papír

tit$_1$ [tit] n Orn sýkora; **blue t.** sýkora modřinka; **great t.** sýkora koňadra

tit$_2$ [tit] n **1** vulg Br sl **~s** *(breasts)* kozy **2** pej *(stupid person)* vůl, blbec

tit$_3$ [tit] n **t. for tat** půjčka za oplátku; **give sb t. for tat** oplatit komu stejným

Titan ['taitən] n Myth titán; fig **titan** titán, gigant

titanic [tai'tænik] adj obrovský, gigantický

titanium [tai'teiniəm] n Chem titan

titbit ['titbit] n **1** Cook delikatesa, pamlsek, mls **2** *(of gossip)* klep, kleveta

titch [tič] n Br inf špunt, prcek

titchy ['tiči] adj Br inf; in baby talk malinkatý

tithe [taið] n Hist desátek; **pay ~s** platit desátky

titian ['tišn] adj ticiánový, rudozlatý, rudohnědý

titillate ['titileit] vt (příjemně) dráždit, vzrušovat; *(interest)* budit; **titillating headline** vzrušivý titulek

titillation [titi'leišn] n dráždění smyslů, příjemné vzrušení

titivate ['titiveit] vt parádit, fintit, krášlit; **t. oneself** fintit se, parádit se

title ['taitl] n **1** *(of book, film)* titul, název; *(of chapter)* záhlaví, titulek, nadpis; Sport titul ■ **t. page** titulní stránka **2** *(rank)* titul, hodnost **3** Jur zákonný nárok, právní titul, vlastnické právo ■ **t. deed** doklad o vlastnictví, listina obsahující právní důvod **4** ■ **t. role** titulní role

titled ['taitld] adj *(person)* mající šlechtický titul

titleholder ['taitlhəuldə(r)] n držitel titulu, přeborník

titmouse ['titmaus] n (pl **titmice** ['titmais]) Orn sýkora

titrate [tai'treit] vi Chem titrovat

titter ['titə(r)] vi hihňat se, chichotat se, pochechtávat se ● n chichot, chichotání

tittle-tattle ['titltætl] n inf dated tlachání, žvanění; *(gossip)* babské drby, klepy; **idle t.-t.** plané řeči ● vi tlachat, žvanit; *(gossip)* klepařit

titty ['titi] n vulg *(breast)* kozička ♦ **tough t.** *(hard luck)* nic naplat, nedá se nic dělat

titular ['titjulə(r)] adj **1** *(president, head)* čestný, formální; *(bishop)* titulární **2** *(professor)* řádný

tizzy ['tizi] n inf nervozita, panika; **be in a t.** být nervózní, nervovat se; **get into a t.** znervóznět

T-junction ['ti:džaŋkšn] n křižovatka ve tvaru T

TM abbr of **trademark** obchodní značka, ochranná známka

TNT [ti:en'ti:] abbr of **trinitrotoluene** trinitrotoluen

to [tə, before vowels tu; emph tu:] prep **1** *(towards, in the direction of)* **a) go to work/ school/ the theatre/ the station** jít do práce/ školy/ do divadla/ na nádraží; **go to a concert** jít na koncert; **take sb to hospital** zavézt koho do nemocnice; **go to bed** jít do postele, jít spát **b) go to Spain/ France/ London/ Prague** jet do Španělska/ Francie/ Londýna/ Prahy; **go to Moravia/ Slovakia/ Crimea/ the Ukraine/ the Caucasus** jet na Moravu/ Slovensko/ Krym/ Ukrajinu/ Kavkaz; **go to the country** jet na venkov; **the road to London** silnice na Londýn or do Londýna; **to all corners of the world** na všechny světové strany, do všech koutů světa; **from place to place** z místa na místo **c) go to the doctor('s)/ dentist('s)** jít k lékaři/ k zubaři; **come to me** pojď ke mně; **let's go to Mary's** pojďme k Marii **d)** *(directed towards)* **he stood with his back to me** stál ke mně zády; **hold it to the light** podrž to proti světlu **e)** *(on to)* **tie a dog to a tree** přivázat psa ke stromu **2** *(indicating position)* **to the South/ North of Oxford** na jih/ sever od Oxfordu; **he lives next door to us** bydlí vedle nás; **parallel to sth** rovnoběžně or paralelně s čím; **to one's left/ right** po levé/ pravé ruce **3** *(in)* **have you ever been to London/ Italy/ Slovakia?** byl jste už někdy v Londýně/ v Itálii/ na Slovensku? **4** *(up to)* **a) the field extends to the river** pole sahá až k řece; **stripped to the waist** vysvlečený do půl těla or do pasu; **it is 30 km to Glasgow** do Glasgowa je to 30 km **b) accurate to a millimetre** přesný na milimetr; *(sold out)* **to the very last place** do posledního míst(ečk)a; **to the last man** do posledního muže; **to the letter** do slova a do písmene; **soaked to the skin** promočený na kůži; **from A to Z** od A do Z **c) from beginning to end** od začátku do konce; **from five to six** od pěti do šesti; **it's ten to six** je za deset minut šest; **to this day** až do dneška; **from year to year** rok od roku **5** with indirect objects **a)** usu translated by dative case **give sth to sb** dát co komu; **write to sb** psát komu; **speak to sb** mluvit s kým; **pray to God** modlit se k Bohu; **I showed the book to her** ukázal jsem jí tu knihu **b)** *(in toasts)* **drink to sb** připíjet komu, pít na čí zdraví **6** *(indicating attitude)* **be kind to sb** být k někomu laskavý, být na koho hodný; **why are you like that to me?** proč jsi na mě takový? **7** *(with respect to)* **ambassador to Austria** velvyslanec v Rakousku; **secretary to the manager** sekretářka ředitele **8** *(of)* **heir to the throne** dědic trůnu; **parties to a dispute** účastníci sporu **9** *(indicating purpose, result)* **to that end** za tím účelem, k tomu cíli; **invite sb to dinner** pozvat koho na oběd; **to my surprise** k mému překvapení **10** *(in accordance with)* **to my way of thinking** podle mého (názoru); **is it to your taste?** chutná vám to?; **add salt to taste** přisolit si podle chuti; **to the best of my knowledge** podle mého nejlepšího vědomí **11** *(in relationships, comparisons, proportions)* **a) X is to Y as A is to B** X se má k Y, jako se má A k B **b) compare sb to sb** srovnat koho s kým; **prefer X to Y** dávat přednost X před Y; **be superior/ inferior to sth** být lepší/ horší než co; **to the highest degree** na nejvyšší míru; **that's nothing to what I have experienced** to se nedá srovnat s tím, co jsem zažil já **c) ten houses to the square kilometre** deset domů na čtvereční kilometr; **three people to a room** tři osoby na pokoj; **I have got a room to myself** mám vlastní pokoj, mám pokoj pro sebe ♦ **keep oneself to oneself** uzavřít se do sebe **12** *(concerning)* **there's nothing to it** je to velmi snadné, na tom nic není; **what would you say to a trip to France?** co bys řekl na výlet or výletu do Francie? **13** *(accompanied by)* **sing to a guitar** zpívat při kytaře ● infin particle **1** gen **to work** pracovat; **learn to speak** naučit se mluvit; **to err is human** chybovati je lidské **2** (expr *purpose)* **I came to help you** přišel jsem ti pomoct; **I came to talk to you** přišel jsem si s tebou pohovořit; **she came to visit me** přišla mě navštívit, přišla ke mně na návštěvu; **he did this to annoy me** udělal to, aby mě naštval **3** *(after verb)* **he lived to be ninety** dožil se devadesáti let; **he woke (only) to find himself in hospital** probudil se (a zjistil, že je) v nemocnici; **he turned round to see that they were gone** otočil se a zjistil, že jsou pryč **4** *(after noun, pronoun)* **I have a lot to do** mám moc práce; **sth to read** něco na čtení **5** *(after adjective)* **it's hard to believe** je těžké tomu uvěřit; **it's interesting to watch** je zajímavé se na to dívat **6** *(in introductory phrases)* **to be honest** or **frank, ...** mám-li být upřímný, ..., upřímně řečeno, ... **7** (expr *wish)* **o to be in England!** kéž bych byl v Anglii!, být tak v Anglii! **8** *(used as substitute for infin)* **I wanted to phone but I forgot to** chtěl jsem zatelefonovat, ale zapomněl jsem ● adv **1** *(closed)* zavřený; **push a door to** přirazit dveře **2 to and fro** sem a tam

toad [təud] n **1** Zool ropucha **2** fig *(term of abuse)* odporný člověk

toad-in-the-hole [təudinðə'həul] n Cook zapékaná klobása, zapékaný párek

toadstool ['təudstu:l] n jedovatá houba, esp muchomůrka

toady ['təudi] n pej podlézavec, pochlebník, patolízal ● vi (pt & pp **toadied**) **t. to sb** pochlebovat komu, šplhat před kým, podlézat komu

to-and-fro [tu:ən'frəu] n pohyb sem a tam; **move to and fro** pohybovat se sem a tam ■ **a to-and-fro movement** pohyb sem a tam

toast$_1$ [təust] n Cook topinka, toast, opečený chléb; **a piece of t.** jedna topinka, krajíček opečeného chleba ● **I** vt opékat **II** vi opékat se

toast$_2$ [təust] n *(drink)* přípitek; **drink a t. to sb** připít komu na zdraví; **propose a t.** pronést přípitek ● vt **t. sb** připít komu na zdraví; **t. to sth** připít na co

toaster ['təustə(r)] n (automatický) opékač toastů, toastovač

toasting ['təustiŋ] n opékání, toastování ■ **t. fork** rožeň

tobacco [tə'bækəu] n (pl **~s**) tabák ■ **t. brown** tabáková hněď; **t. pouch** váček na tabák

tobacconist [tə'bækənist] n trafikant; **at the ~'s** v trafice, v prodejně tabáku

-to-be [tə'bi:] suff adj budoucí, nastávající; **mother-to-be** nastávající matka; **bride-to-be** (něčí) nastávající

toboggan [tə'bogən] n sáňky, sáně ■ **t. run** sáňkařská dráha ● vi **1** lit sáňkovat; **go ~ing** jít sáňkovat **2** Amer *(prices, sales)* prudce poklesnout

toby jug ['təubidžag] n džbánek ve tvaru starce s třírohým kloboukem ♦ **be like a t. j. without a handle** být páté kolo u vozu

toccata [tə'ka:tə] n Mus tokáta

tod [tod] n inf dated **be on one's t.** být sám

today [tə'dei] n dnešek, dnešní den; fig dnešek, dnešní or současná doba; **as from t.** ode dneška; **t. is Sunday** dnes je neděle; **t.'s newspaper** dnešní noviny; **live for t.** žít pro dnešek; **the youth of t.** dnešní mládež; **one of the greatest minds of t.** jeden z největších intelektů současné doby ● adv dnes; **there's no school t.** dnes není vyučování; **what are you doing t.?** co dnes děláš?; **a week t.** ode dneška za týden

toddle ['todl] vi *(child)* batolit se, capat; fig inf **I must t. off** už se musím zvednout ● n inf **go for a (little) t.** jít (trochu) na vzduch, jít se trochu projít

toddler ['todlə(r)] n batole, batolátko, capart

toddy ['todi] n grog, punč

to-do [tə'du:] n inf *(fuss)* zmatek, chaos, pozdvižení, povyk; **make a great to-do about sth** dělat kolem čeho povyk, nadělat toho kolem čeho; **what a to-do!** to je cavyků!

toe [təu] n **1** Anat prst u nohy; **big/ little t.** palec/ malíček u nohy; **from head** or **top to t.** od hlavy až k patě; **stand on one's ~s** postavit se na špičky ♦ **step** or **tread on sb's ~s** lit šlápnout komu na nohu, fig šlapat komu na paty, dotknout se čího bolavého místa; **be on one's ~s** být ve střehu; **keep sb on his/ her ~s** prohánět koho; inf **turn up one's ~s** *(die)* natáhnout bačkory **2** *(of shoe, sock)* špička ● vt (pt & pp **toed**) **t. the line** disciplinovaně se podřídit, nevybočovat z řady, poslouchat; **t. the party line** dodržovat stranickou linii

toecap ['təukæp] n špička boty

toehold ['təuhəuld] n Mount stup, opora pro nohu

toenail ['təuneil] n nehet na prstu u nohy

toff [tof] n Br sl dated milostpán, velký pán, *(young)* hejsek, floutek

toffee ['tofi] n *(sweet)* karamela, karamelový bonbón ♦ inf **he can't sing/ dance for t.** neumí vůbec zpívat/ tancovat ■ **t. apple** kandované jablko pokryté jemnou vrstvou karamelu

toffee-nosed ['tofinəuzd] adj Br inf nafoukaný, fouňovský

tofu ['təufu:] n sójový tvaroh, tofu

tog [tog] see **togs**

toga ['təugə] n *(Roman)* toga

together [tə'geðə(r)] adv **1** *(with each other)* dohromady, společně, spolu; **group t.** seskupit se; **go well t.** hodit se k sobě, jít s kým/ čím dohromady, *(clothes)* ladit (spolu); **belong t.** patřit k sobě ♦ **lump things all t.** házet všechno do jednoho pytle; **put two and two t.** umět si něco spočítat, být hned doma, dát si dvě a dvě dohromady; **put two and two t. and make five** přijít k mylným závěrům **2** *(indicating unity)* **be t. on sth** (Subj: *party, two sides, husband and wife* etc) být v čem jednotný **3 glue/ nail/ tie/ bolt** two boards etc **t.** slepit/ sbít/ svázat/ stáhnout šrouby **4** *(simultaneously)* zároveň; **all t.**

now a teď všichni společně or dohromady; **let's do it all t.** udělejme to všechno jedním vrzem **5** *(without interruption)* bez přestávky, v jednom tahu, v jednom kuse, souvisle; **read for hours t.** číst celé hodiny **6** see also relevant verbal entries for other phrasal verbs ● adj inf *(person)* klidný, vyrovnaný, soustředěný

togetherness [tə'geðənəs] n *(unity)* jednotnost, soudržnost; *(comradeship)* kamarádství, soudružství

toggle ['togl] n **1** *(peg)* kolík, kolíček **2** *(on duffle coat)* oliv(k)a **3** Elec, Comput **t. switch** páčkový přepínač; Comput **t. key** přepínací klávesa ● vi Comput přepnout/ přepínat (z)měnit režim provozu

Togo ['təugəu] n Geog Togo

Togolese [təugəu'li:z] n Tožan/ -ka, Togan/ -ka ● adj tožský

togs [togz] n pl inf *(clothes)* hadry, ohoz ● phr vs **(-gg-)** ■ **tog out** or **up** vt **t. oneself out** or **up** ohodit se, oháknout se

toil [toil] n fml or Rhetor namáhavá práce, dřina, lopota ● vi **1** also **t. away** *(work)* dřít se, mořit se, lopotit se; **t. away at sth**, **t. over sth** mořit or dřít or plahočit se s čím **2** *(move with difficulty)* **t. up the hill** vléci se s námahou do kopce, plahočit se do kopce

toilet ['toilət] n **1** *(lavatory)* toaleta, klozet, záchod; **public ~(s)** veřejné záchodky; **men's/ women's ~(s)** pánské/ dámské záchody; **go to the t.** jít na záchod; **the t. doesn't work** záchod nesplachuje ■ **t. bowl** klozetová mísa; **t. paper** or **tissue** toaletní papír; **t. seat** záchodové sedátko or prkénko **2** *(washing, dressing* etc*)* toaleta, úprava zevnějšku ■ **t. bag** or **case** necesér; **t. soap** toaletní mýdlo; **t. water** kolínská voda

toiletries ['toilətriz] n pl toaletní potřeby

toils [toilz] n pl fml síť, past; **the t. of the law** kličky zákona

toilsome ['toilsəm] adj pracný, namáhavý

toing and froing [tu:iŋən'frəuiŋ] n chození sem a tam, pobíhání, přecházení

token ['təukən] n **1** *(symbol: of esteem, friendship, gratitude, respect)* znamení; **as a t. of our esteem**, **in t. of our esteem** na znamení or důkaz naší úcty; **a small t.** malá pozornost; **by the same t.** ze stejného důvodu, analogicky **2** *(voucher)* poukázka; **book t.** knižní poukázka **3** Tel (telefonní) známka ● adj zdánlivý; **t. payment** symbolická platba; **t. rent** minimální or symbolické nájemné; **t. gesture** symbolické gesto; **t. resistance** hraný odpor, odpor jen tak na oko

Tokyo ['təukiəu] n Tokio

told [təuld] pt & pp of **tell**

tolerable ['tolərəbl] adj **1** *(pain)* snesitelný **2** fig *(not too bad: performance)* ucházející, obstojný, slušný ■ **tolerably** adv *(perform, behave)* obstojně, dost dobře, jakž takž

tolerance ['tolərəns] n **1** *(broad-mindedness)* tolerantnost, snášenlivost; *(patience)* trpělivost, shovívavost **2** *(resistance: to cold, alcohol)* odolnost **3** Math, Techn tolerance, přípustná odchylka

tolerant ['tolərənt] adj tolerantní, snášenlivý; *(towards children)* shovívavý ke komu; **be t. of sth** mít porozumění pro co; **be t. of other people's views** být tolerantní k názorům druhých

tolerate ['toləreit] vt **1** *(noise, pain)* vydržet, snést **2** *(permit)* (s)trpět, dovolit; *(ideas)* tolerovat; **t. sb's bad manners** trpět komu jeho špatné chování **3** Med *(medicine)* dobře snášet

toleration [tolə'reišn] n tolerance, tolerování

toll$_1$ [təul] n *(of bells)* zvonění, vyzvánění ● **I** vt *(bell)* zvonit čím; **t. sb's death** zvonit komu umíráčkem; **t. the knell** zvonit hranu, vyzvánět umíráčkem **II** vi zvonit, vyzvánět

toll$_2$ [təul] n **1** Aut *(for motorway)* mýto, dálniční poplatek; *(for bridge)* mostné, poplatek za průjezd ■ **t. bridge/ road** most/ silnice, kde se vybírá mostné **2** Amer Tel hovorné ■ **t. call** dálkový hovor **3** *(loss)* ztráty, *(deaths)* ztráty or oběti na životech; **the death t. on the roads** počet obětí při silničních nehodách; **take a heavy t.** způsobit velké ztráty or škody

tolling ['təuliŋ] n *(of bell)* zvonění, vyzvánění

Tom [tom] dim of **Thomas** Tomáš(ek), Tomík; **any** or **every T., Dick and Harry** kdekdo, každý; inf **Peeping T.** zvědavec, čumil, slídil, voyeur

tomahawk ['toməho:k] n tomahavk

tomato [tə'ma:təu] n (pl **~es**) rajské jablko or jablíčko, rajče ■ **t. ketchup** kečup; **t. purée** rajčatový protlak; **t. sauce** rajská omáčka

tomb [tu:m] n hrob, hrobka; *(tombstone)* náhrobek

tombola [tom'bəulə] n Br tombola, věcná loterie

tomboy ['tomboi] n divoška, famfárum, rozpustilá dívka; **she's a t.** to měl být kluk, je jako kluk

tomboyish ['tomboiš] adj *(girl)* divoká, rozpustilá, ztřeštěná, jako kluk, *(behaviour)* klukovský

tombstone ['tu:mstəun] n náhrobek, náhrobní kámen

tomcat ['tomkæt] n **1** Zool kocour **2** Amer inf *(womanizer)* svůdník, kocour

tome [təum] n *(thick book)* tlustá or objemná kniha, fig bible

tomfool [tom'fu:l] adj *(idea, plan)* absurdní, šílený

tomfoolery [tom'fu:ləri] n bláznění, třeštění, inf blbnutí

Tommy ['tomi] n **1** dim of **Thomas** Tomík, Tomášek; Mil sl prostý britský vojín **2 T. gun** samopal, automat

tomorrow [tə'morəu] adv **1** lit zítra; **until t.** do zítřka; **as from t.** počínaje zítřkem, od zítřka; **t. week, a week t.** od zítřka za týden; **the day after t.** popozítří, coll pozítří; **t. morning/ afternoon** zítra dopoledne/ odpoledne; **it is Sunday t.** zítra je neděle; **see you t.!** na shledanou zítra! **2** fig v budoucnu, zítra ● n **1** lit zítřek, zítřejší den; **t. is Sunday** zítra je neděle; **t.'s newspaper** zítřejší noviny; **I'll do it by t.** udělám to do zítřka ♦ **t. is another day** zítra je také den **2** fig zítřek, budoucnost; **t.'s world** zítřejší svět, svět budoucnosti; **t.'s youth** zítřejší mládež

tomtit ['tomtit] n Orn sýkora modřinka

tom-tom ['tomtom] n tamtam

ton [tan] n **1 metric t.** tuna, 1 000 kg; Br **(long) t.** velká tuna = 1016 kg; Amer **(short) t.** malá tuna = 907 kg; fig inf **weigh a t.** být těžký jako cent or inf hrom ♦ **come down on sb like a t. of bricks** seřvat koho jako malýho* kluka **2** inf **~s of sth** tuny or moře or kvanta or haldy or spousty čeho; **~s of money** peněz jako želez; **we have ~s of it** máme toho habaděj, máme toho do aleluja; **I've asked you ~s of times** už jsem se tě ptal milionkrát **3** Br inf *(100 miles per hour)* **do the t.** jet stovkou (mil), jet stošedesátkou

tonal ['təunl] adj Mus tonální

tonality [təu'næləti] n Mus tonalita

tone [təun] n **1** *(sound: with reference to quality)* zvučnost, *(of musical instrument, radio, TV)* zvuk, *(of voice)* timbre, témbr, barva, zabarvení ■ **t. colour** zabarvení zvuku; **t. control (button)** ladění barvy zvuku **2** Mus tón; Amer nota; **half t.** půltón ■ **t. arm** rameno přenosky; **t. poem** symfonická báseň **3** fig *(of voice)* tón, způsob mluvení; **in a friendly t.** přátelským tónem, přátelsky; **don't (you) speak to me in that t. (of voice)** takhle se mnou nemluvte, takový tón si vyprošuji **4** *(character: of letter)* tón, *(of speech* also*)* ráz; *(atmosphere)* **set the t. (for sth)** udávat (v něčem) tón; **strike a new t.** změnit přístup, začít zpívat jinou **5** Ling tón ■ **t. language** tónový jazyk **6** *(of colour)* tón, barevný odstín **7** Med *(of muscle)* tonus, napětí ● **I** vt see **t. up II** vi **t. (in) well with sth** *(colour)* dobře s čím ladit **III** phr vs ■ **tone down** vt **1** *(colour)* změkčit, ztlumit **2** *(sound)* ztlumit, zeslabit **3** *(criticism, language, demands)* zmírnit ■ **tone up** vt *(muscles)* posílit

tone-deaf [təun'def] adj **he is t.-d.** nemá hudební sluch, inf joc má hudební hluch

toneless ['təunləs] adj **1** *(music, voice)* monotonní **2** *(dull: colour)* bezvýrazný

toner ['təunə(r)] n *(for copier, printer)* tónovač, toner

Tonga ['toŋgə] n Geogr Tonga

Tongan ['toŋgən] adj tonžský, tongský ● n **1** *(person)* Tonžan/ -ka, Tongan/ -ka **2** *(language)* tongština

tongs [taŋz] n pl kleště; *(for sugar)* kleštičky; *(for hair)* **(curling) t.** kulma; **a pair of coal t.** kleště na uhlí ♦ **go at it hammer and tongs** *(work hard)* brát co hákem, dělat jako vzteklý; **they were at it t. and hammer** *(arguing/ fighting)* hádali se/ rvali se jako psi o kost

tongue [taŋ] n **1** Anat jazyk; **put** or **stick one's t. out** vypláznout jazyk (**at sb** na koho); **click one's t.** mlasknout; **run with one's t. hanging out** běžet s vyplazeným jazykem or s jazykem na vestě **2** fig *(faculty of speech)* jazyk, řeč; **bite one's t.** lit & fig kousnout se do jazyka; **evil ~s** zlí jazykové, inf zlé huby; **give sb the sharp edge of one's t.** sjet koho; **have a sharp t.** mít ostrý jazyk; **he lost his t.** ztratil řeč; **he found his t.** vrátila se mu řeč; **hold one's t.** držet jazyk za zuby; **hold your t.!** buď zticha!; **I cannot get my t. round it** málem jsem si na tom zlomil jazyk; **loosen sb's t.** rozvázat komu jazyk; inf **never give one's t. a rest** nedat hubě pokoj, pořád mlít pantem; inf **set people's ~s wagging** dostat se do lidských řečí; **watch one's t.** dávat si pozor na jazyk or ústa or inf hubu ■ **t. twister** jazykolam **3** *(language)* jazyk, řeč; **mother t.** mateřština, mateřská řeč; **the gift of ~s** Bibl dar mluvit cizími jazyky; **confusion of ~s** Bibl zmatení jazyků **4** Cook jazyk **5** *(of shoe, flame)* jazyk; *(of bell)* srdce; *(of land)* ostroh, jazyk; *(of sea)* jazyk, úzký pruh

tongue-in-cheek [taŋin'či:k] adj *(remark)* ironický, poťouchlý

tongue-tied ['taŋtaid] adj **be (completely) t.-t.** ztratit řeč, oněmět, nemoci ze sebe vypravit kloudné slovo

tonic ['tonik] n **1** Med tonikum, posilující lék; **hair t.** vlasové tonikum, vlasová voda **2** *(drink)* tonik; **gin and t.** džin s tonikem **3** Mus tónika, základní tón tóniny ■ **t. sol-fa** solmizace ● adj **1** Med *(medicine)* posilující, tonizující **2** Ling *(syllable)* přízvučný; **t. stress** dynamický přízvuk

tonight [tə'nait] adv, n *(this evening)* dnes večer/ dnešní večer; *(this night)* dnes v noci/ dnešní noc

tonnage ['tanidž] n tonáž; Naut **displacement t.** výtlaková tonáž

tonne [tan] n *(metric ton)* tuna = 1 000 kg

-tonner [-'tanə(r)] suff in compounds **1** Aut **a 30-t.** třicetitunka **2** Naut **a thousand-t.** loď o výtlaku 1 000 tun

tonsil ['tonsl] n Anat mandle; **have one's ~s out** dát si vyjmout mandle

tonsillitis [tonsə'laitis] n Med angína

tonsure ['tonšə(r)] n Relig tonzura ● vt Relig udělat komu tonzuru

too [tu:] adv **1** *(as well)* také, rovněž; **he wants to help t.** on chce pomoct také; **he t. wants to help** také on chce pomoct; **I've been to Oxford t.** já jsem byl v Oxfordu také; **not only Peter but Paul t.** nejen Petr, ale i Pavel **2** *(moreover)* a ještě k tomu; *(it's poor quality)* **and it was expensive t.** a bylo to ještě navíc velmi drahé; *(you should go to the doctor)* **and soon t.** a to co nejdřív **3** *(excessively)* příliš, moc; **be t. late** přijít příliš pozdě; **it's t. expensive** je to moc drahé; **t. much/ many** příliš mnoho; **I have £10 t. much** přebývá mi deset liber; **it's t. heavy for me to carry** je to na mne příliš těžké, neunesu to; **you're talking t. much** máš moc řečí, moc mluvíš; **t. bad!** škoda!; (to je) smůla, máš smůlu **4** *(very)* velice; **I'll be only t. glad to do it** velice rád to udělám, udělám to s největší ochotou; **it's none t. pleasant** není to zrovna or dvakrát příjemné; **it's not t. bad** ujde to, je to ucházející **5** *(expressing annoyance)* **he's arrived — and about time t.** už přijel — však je už také na čase

took [tuk] pt of **take**

tool [tu:l] n **1** *(utensil)* nástroj also Comput; **machine t.** obráběcí stroj; **~s** nářadí, náčiní; **farming/ gardening ~s** zemědělské/ zahradnické náčiní or nářadí ♦ **down ~s** jít do stávky, zastavit práci ■ **t. bag** brašna s nářadím; **t. shed** *(in garden)* kůlna na nářadí **2** *(aid)* pomůcka, prostředek **3** pej *(puppet)* loutka, nástroj; **a willing t.** poslušný nástroj; **be just a t. in sb's hands** být loutkou v rukou koho, být nástrojem koho **4** vulg *(penis)* instrument, penis neutr ● **I** vt *(metal)* opracovávat, obrábět; *(cover of book)* zdobit ražením **II** vi also **t. along** jet v poklidu autem **III** phr v ■ **tool up** vt *(factory)* vybavit zařízením

toolbox ['tu:lboks] n skříňka na nářadí

tooling ['tu:liŋ] n *(on book cover)* ražení, zdobení ražením

toot [tu:t] vi(t) Aut **t. (one's horn)** zatroubit, zahoukat; **t. a whistle** zapískat na píšťalu ● n **1** Aut zahoukání, zatroubení; Mus *(on trumpet)* zatroubení; **give a t.** zahoukat **2** Amer sl **go on a t.** vyrazit na tah or flám

tooth [tu:θ] n (pl **teeth** [ti:θ]) **1** Anat **a)** lit zub; **false t.** falešný zub; **milk t.** mléčný zub; **wisdom t.** zub moudrosti; **have a t. out** dát si vytrhnout zub ■ **t. enamel** zubní sklovina; **t. powder** zubní prášek **b)** fig *(phrases)* **armed to the teeth** po zuby ozbrojený; **be long in the t.** nebýt už nejmladší; **be fed up to the (back) teeth (with sth)** mít čeho až po krk; **be lying through one's teeth** bezostyšně lhát; lhát, až se hory zelenají; **by the skin of one's teeth** o vlásek, o vlas, o chlup; **fight t. and nail** bojovat zuby nehty; **fly in the teeth of sth** být v rozporu s čím; **get one's teeth into sth** obout se do čeho, zakousnout se do čeho; **have a sweet t.** rád mlsat, mít rád sladkosti; **have teeth** *(law* etc*)* mít účinnost, být účinný; **set sb's teeth on edge** inf brnkat komu na nervy; **show one's teeth** vystrčit růžky or drápky; **throw sth in sb's teeth** vyčítat komu co **2** *(of wheel, saw)* zub, *(of rake* also*)* hřebík

toothache ['tu:θeik] n bolení zubu/ zubů; **I've got t.,** Amer **I've got a t.** bolí mě zub(y)

toothbrush ['tu:θbraš] n kartáček na zuby ■ **t. moustache** joc kartáček (pod nosem)

toothcomb ['tu:θkəum] n **go through sth with a fine t.** prozkoumat co podrobně

toothed [tu:θt] adj ozubený

toothless ['tu:θləs] adj **1** lit *(baby, old person)* bezzubý **2** fig *(legislation)* neefektivní, bezzubý, *(liberalism)* bezzubý; *(criticism)* krotký

toothpaste ['tu:θpeist] n zubní pasta

toothpick ['tu:θpik] n párátko

toothsome ['tu:θsəm] adj joc **1** *(food)* chutný, vábný, lákavý **2** *(person)* atraktivní, sexy, *(girl* also*)* hezká k nakousnutí

toothy ['tu:θi] adj **(-ier, -iest) give a t. smile** vycenit zuby v širokém úsměvu, zazubit se

tootle ['tu:tl] vi inf **1** Br *(walk casually)* loudat se, courat se, táhnout se; **t. into town** zajít/ zajet do města **2** *(on whistle)* pískat, *(on guitar, piano)* brnkat

toots(y) ['tuts(i)] n esp Amer inf miláček, drahoušek

tootsy, tootsie ['tu:tsi] n Baby talk nožička

top$_1$ [top] n **1** *(highest part)* horní or hořejší část, hořejšek, svršek, *(of head)* temeno; *(highest point: of mountain)* vrchol, vrcholek; *(of spire)* špička, *(of tree)* koruna, vrchol, špička; *(of wave, roof)* hřeben; *(head end: of table)* čelo, *(of bed)* hlava; **at the t.** nahoře; **at the t. of the mountain** na vrchol(k)u hory; **at the t. of the pile/ stairs** nahoře na hromadě/ na schodech; **at the t. of the list** první v seznamu; **from t. to toe** od hlavy k patě; **they searched the house from t. to bottom** prohledali dům odshora až dolů; **shout at the t. of one's voice** křičet zplna hrdla, křičet ze všech sil; **the second line from the t.** druhý řádek odshora ♦ **be at the t. of the agenda** mít prioritu; inf **blow one's t.** vybuchnout, rozčilit se; inf **he's got plenty up t.** má pod čepicí; **he has nothing up t.** nahoře má vykradeno **2** *(upper surface)* povrch, *(of water)* hladina; *(of boat)* paluba; *(of table)* vrchní deska; *(working surface)* pracovní plocha; **the t. of a bus** horní poschodí autobusu; **on the t. of the cupboard** nahoře na skříni; **be on t.** být or ležet nahoře; **come to the t.** (Subj: *diver, submarine)* vynořit se na hladině; **float to the t.** vyplout na hladinu ♦ **be on t. of the situation** být pánem situace; inf **feel on t. of the world** být v sedmém nebi; **say sth off the t. of one's head** inf říci co bez přemýšlení **3** *(of body)* horní část těla **4** *(of pyjamas)* pyžamový kabátek, hořejšek; *(of bikini)* **the t.** podprsenka, hořejšek; *(blouse, jacket)* halenka, kabátek **5** *(lid: of jar)* víčko, víko, *(of bottle)* uzávěr; *(of car, pram)* střecha **6 big t.** cirkusový stan **7** inf *(beginning)* začátek; **play it again from the t.** zahraj to znovu od začátku **8** *(highest position)* **aim for the t.** snažit se dosáhnout maxima; **be at the t. of one's profession** dosáhnout ve svém povolání vrcholu; **be t. of the class** být nejlepším žákem ve třídě; **come out on t.** prosadit se; **get to the t., make it to the t.** dostat se nahoru, vyšvihnout se, udělat kariéru **9** Aut *(gear)* nejvyšší rychlost; **be in t. (gear)** jet na čtyřku/ pětku **10** *(of carrots)* nať, *(of beetroot)* chrást **11 on t. of that** nadto, ještě navíc, a ještě k tomu; **on t. of all this** kromě toho všeho ● adj **1** *(highest: step, floor)* nejvyšší, nejhořejší; *(gear)* nejvyšší; *(button, drawer)* vrchní, *(bunk)* horní **2** *(upper: lip)* horní; **the t. half of the body** horní část těla **3** *(most important: table)* hlavní; *(event)* vrcholný, prestižní, top; *(leading: adviser)* přední; *(driver, athlete, school)* nejlepší; *(marks)* nejlepší, nejvyšší; *(performance, expert)* špičkový; Sport *(form)* vrcholný; **t. copy** originál; **t. government officials** vládní špičky; Mil **t. brass** generalita; **t. management** nejvyšší vedení; **t. pupil** primus; **be the t. man in sth** mít v čem primát, nemít v čem konkurenci; inf **be the t. dog** mít hlavní slovo **4** *(quality)* nejlepší, prvotřídní **5** *(maximum: speed)* maximální, nejvyšší; **at t. speed** maximální rychlostí, na plný plyn ● adv **come t.** Sch být nejlepším žákem, mít nejlepší známky ● **I** vt **(-pp-) 1** esp pass *(cover)* pokrýt, dát čemu špičku; **a cake ~ped with cream** dort se šlehačkou; **be ~ped by a dome** mít nahoře kopuli, být zakončen nahoře kopulí **2** *(reach t. of)* **t. the hill** (Subj: *car)* vyjet na vrchol hory **3** *(trim: tree)* seříznout; *(beetroot)* odříznout chrást z čeho, *(carrot)* odříznout nať z čeho **4** *(head: charts, list)* být v čele čeho, být na prvním místě čeho **5** *(exceed: contribution, figure)* překonat; *(surpass)* překonat **6** inf *(kill: person)* oddělat, odpravit; **t. oneself** spáchat sebevraždu **II** phr vs ■ **top off** vt **t. sth off with sth** (eg *meal with a glass of wine)* korunovat or završit co čím ■ **top out** vt **t. out a building** dokončit stavbu položením posledního kamene ■ **top up** vt *(glass)* dolít; *(tank)* doplnit, dotankovat

top$_2$ [top] n *(toy)* káča; **spin a t.** pouštět káču ♦ **sleep like a t.** spát jako zabitý; spát, jako by ho do vody hodil

topaz ['təupæz] n Min topas, topaz

topcoat ['topkəut] n **1** dated *(overcoat)* svrchník **2** *(coat of paint)* krycí or vrchní nátěr

top-down [top'daun] adj *(approach, analysis, programming)* shora dolů, explozní

top-dress [top'dres] vt Agr hnojit na povrchu

top-dressing [top'dresiŋ] n Agr hnojení na povrchu

topee ['təupi:] n tropická helma

top-flight [top'flait] adj prvotřídní, špičkový

top hat [top'hæt] n cylindr

top-heavy [top'hevi] adj lit & fig vratký s vysoko umístěným těžištěm, nevyvážený

top-hole ['tophəul] adj inf dated prima, senzační, tiptop

topi ['təupi:] n see **topee**

topic ['topik] n téma, *(for story* etc*)* námět

topical ['topikl] adj *(event, question, remarks)* aktuální; **make sth t.** aktualizovat co ■ **~ly** adv aktuálně

topicality [topi'kæləti] n aktuálnost

topless ['topləs] adj *(woman)* s odhalenými ňadry, inf nahoře bez; *(dress)* ponechávající obnažená ňadra; *(restaurant)* s obsluhou nahoře bez; **t. swimsuit** monokiny

top-level [top'levl] adj *(negotiations)* na nejvyšší úrovni; *(researcher)* velkého formátu or kalibru

top model [top'modl] n topmodelka

topmost ['topməust] adj *(branch, shelf)* nejvyšší

top-notch [top'noč] adj inf vynikající, prvotřídní

top-notcher [top'noča(r)] n inf osobnost velkého formátu, extra třída, uznávaná veličina, eso, kanón

topographer [tə'pogrəfə(r)] n topograf

topographic [topə'græfik] n topografický

topography [tə'pogrəfi] n topografie

topper ['topə(r)] n inf **1** *(hat)* cylindr **2** Amer joc **that's a t.!** (eg *joke)* to je tedy vrchol!

topple ['topl] **I** vi *(fall)* spadnout, skácet se, překotit se **II** vt *(chair, vase)* převrhnout, zvrhnout; fig *(government)* svrhnout **III** phr vs ■ **topple down** vi zbortit se, skácet se, *(chair etc)* převrhnout se, převrátit se ■ **topple over** vi *(sack)* svalit se, *(house: in earthquake)* zřítit se, *(chair)* překotit se

top-ranking [top'ræŋkiŋ] adj *(expert)* na slovo vzatý, špičkový, největšího kalibru

topsail ['topseil] n Naut košová plachta

top-secret [top'si:krət] adj přísně tajný

topside ['topsaid] n Cook *(meat)* ořech, maso z kýty

topsoil ['topsoil] n ornice, vrchní vrstva půdy

topsy-turvy [topsi'tə:vi] adj inf *(upside down)* (obrácený) vzhůru nohama; *(in disorder)* zpřeházený, jsoucí bez ladu a skladu, jsoucí páté přes deváté; fig na hlavu postavený, zvrácený; **a t.-t. world** zvrácený or převrácený svět; **everything is t.-t.** všechno je naruby

top-up ['topap] n inf **would you like a t.-up?** mohu vám dolít?

torch [to:č] n **1** *(burning stick)* pochodeň; **a human t.** lidská pochodeň ♦ fig **the t. of learning** pochodeň vědění; **pass the t. on** předávat komu štafetu; **carry a t. for sb** trpět na koho, toužit po kom **2 (electric) torch** baterka **3** *(blowlamp)* esp Amer letovací lampa

torchlight ['to:člait] n světlo pochodní/ baterky; **by t.** za svitu pochodní ■ **t. procession** pochodňový průvod

tore [to:(r)] pt of **tear**

toreador ['toriədo:(r)] n toreador

torment ['to:ment] n trýzeň, muka, trápení, soužení; **mental t.** duševní útrapy; **~s of hell** pekelná muka ● [to:'ment] vt trápit, trýznit, týrat, mučit; **t. oneself with sth** mučit se čím; **he is ~ed by remorse** trápí ho výčitky; **we were ~ed by the heat** soužilo nás horko

tormentor [to:'mentə(r)] n trýznitel/ -ka, mučitel/ -ka, trapič/ -ka

torn [to:n] pp of **tear**

tornado [to:'neidəu] n (pl **~es** or **~s**) tornádo, smršť; fig *(of applause)* bouře; fig *(person)* uragán

torpedo [to:'pi:dəu] n (pl **~es**) Mil torpédo ■ **t. boat** torpédový člun ● vt (pt & pp **~ed**) **1** Mil torpédovat **2** fig *(plan)* zmařit, zhatit

torpid ['to:pid] adj fml *(sleepy)* malátný, letargický; *(apathetic)* apatický, netečný

torpidity [to:'pidəti], **torpor** ['to:pə(r)] n fml *(sleepiness)* malátnost, letargie, letargičnost; *(apathy)* netečnost, apatie, apatičnost

torrent ['torənt] n **1** *(river)* dravý proud, dravá řeka; **the rain is falling in ~s** leje jako z konve **2** *(of words)* gejzír, vodopád, záplava; *(of abuse)* příval, záplava

torrential [tə'renšl] adj **t. rain** liják, průtrž mračen, příval deště

torrid ['torid] adj **1** *(zone, climate)* horký, tropický; *(heat)* palčivý; *(day)* parný **2** *(passionate: letters)* vášnivý

torsion ['to:šn] n Techn kroucení, krut, torze

torso ['to:səu] n (pl **~s**) **1** Art torzo **2** *(trunk)* trup

tort [to:t] n Jur delikt

tortilla [to:'ti:jə] n kukuřičná placka

tortoise ['to:təs] n Zool (suchozemská) želva

tortoiseshell ['to:təššel] n *(material)* želvovina ● adj želvovinový, z želvoviny

tortuous ['to:tjuəs] adj **1** *(path, road)* klikatý, křivolaký **2** fig *(argument, explanation)* zamotaný, zašmodrchaný, *(longwinded)* rozvláčný; *(style)* strojený, vyumělkovaný

torture ['to:čə(r)] n lit mučení, trýznění; fig soužení, trýzeň, trápení, muka; **it was sheer** or **absolute t.** byla to pekelná muka ■ **t. chamber** mučírna ● vt **1** lit mučit **2** fig *(torment)* mučit, trýznit, trápit, sužovat; **he was ~d with remorse** mučily or trápily ho výčitky **3** fig *(language)* znásilňovat

torturer ['to:čərə(r)] n **1** lit mučitel, katův pacholek **2** fig trýznitel/ -ka, trapič/ -ka

Tory ['to:ri] n Br Pol konzervativec, esp Hist tory, toryovec

toss [tos] n **1** *(throw)* vrh, hod, mrštění, hození **2** *(of coin)* házení mincí, losování mincí; **win/ lose the t.** esp Sport vyhrát/ prohrát losování mincí ♦ **I don't give a t. about it** sl mně je to fuk, na to kašlu **3** *(jerky movement)* trhnutí, pohození **(of the head** hlavou) **4** *(fall: from horse)* **take a t.** spadnout s koně, být vyhozen ze sedla ● **I** vt **1** *(ball)* hodit čím, *(stick)* hodit or mrštit čím; **t. sth to sb** hodit co komu; **could you t. me the newspaper?** inf mohl bys mi hodit ty noviny?; **t. sb aside** odstrčit koho; **~ing the caber** vrh břevnem **2** *(flip: pancake)* obrátit vyhozením do vzduchu; **t. a coin** losovat or házet mincí; **I'll t. you for it** hoďme si o to korunou **3** *(throw back: head)* pohodit čím **4 t. a rider**

(Subj: *horse)* shodit jezdce, vyhodit jezdce ze sedla; **he was ~ed by a bull** býk ho nabral na rohy **5** *(move violently: branches* – Subj: *wind)* lomcovat čím, *(boat)* házet or kymácet čím **II** vi **1** *(person)* **t. and turn** *(in bed)* házet sebou, převalovat se v posteli, zmítat se **2** *(with coin)* losovat mincí, inf hodit si korunou (**for sth** o co) **III** phr vs ■ **toss about** or **around** *I* vt *(rock: person)* zmítat, házet kým; *(boat)* kymácet čím, smýkat čím; *(ball)* házet si čím; *(ideas)* probírat; **be ~ed about by the waves** zmítat se ve vlnách *II* vi *(person)* zmítat se ■ **toss away** vt odhodit, zahodit ■ **toss back** vt **1** *(head)* pohodit čím **2** inf *(drink)* hodit do sebe ■ **toss off** *I* vt **1** *(write: article)* hodit na papír, vysypat z rukávu; *(do hastily)* rychle odbýt **2** *(drink)* obrátit do sebe *II* vi Br vulg *(masturbate)* honit si péro, honit si ho ■ **toss out** vt *(newspaper)* vyhodit, zahodit; *(person)* vyhodit ■ **toss up** *I* vt *(ball)* nadhodit, vyhodit nahoru *II* vi hodit si mincí

tosser ['tosə(r)] n vulg *(term of abuse)* vůl, idiot, blbec

toss-up ['tosap] n losování mincí, házení mincí ♦ **it's a t.-up who will win** není vůbec jasné, kdo vyhraje

tot1 [tot] n inf **1** *(child)* **(tiny) t.** mrně, škvrně, prcek, šprček **2** *(of alcohol)* prcek, frťan, panák

tot2 [tot] v (**-tt-**) Br inf phr v ■ **tot up** vt sečíst (dohromady), spočítat

total ['təutl] n celkový počet, *(of money)* celkový obnos, celková částka, úhrn, součet; **in t.** celkem; **a t. of 20 books** celkem 20 knih ● adj **1** *(number, income, production)* celkový, *(sum* also*)* úhrnný **2** *(complete: effect)* celkový, globální; *(war, abstinence)* totální; *(eclipse, chaos, silence)* úplný; *(failure, ignorance, darkness)* naprostý, *(impossibility)* naprostý, holý; **be in t. ignorance of sth** nemít o čem ani ponětí; **he is a t. wreck** je to hotový or učiněný lazar ■ **~ly** adv úplně, naprosto, totálně, absolutně; **it's ~ly useless** je to naprosto k ničemu ● **I** vt **1** *(add together)* sečíst (dohromady) **2** *(reach* – Subj: *costs, debts)* činit, dosahovat částky **3** Amer *(destroy: car)* rozflákat **II** phr v ■ **total up** vt sečíst

totalitarian [təuˌtæli'teəriən] n totalitní

totalitarianism [təuˌtæli'teəriənizəm] n totalita

totality [təu'tæləti] n (pl **-ties**) **1** *(total number, amount)* souhrn, celkový počet, celkové množství; **in its t.** cele, úplně, jako celek **2** Astron úplné zatmění

totalizator ['təutəlaizeitə(r)] n Horseracing totalizátor přístroj registrující stav sázek

tote1 [təut] n inf totalizátor

tote2 [təut] vt inf *(carry)* **t. sth around** tahat or vláčet se s čím; **t. a gun** mít u sebe střelnou zbraň ● n Amer **t. bag** nákupní taška

totem ['təutəm] n totem ■ **t. pole** totemový sloup

totter ['totə(r)] vi **1** lit *(person)* vrávorat, potácet se; *(drunkenly)* vrávorat, šněrovat si to, (sotva) plést nohama; *(baby)* batolit se; **t. in/ out** vpotácet se dovnitř/ vypotácet se ven **2** *(tower)* kymácet se, kývat se **3** fig *(regime)* být nepevný or vratký, kymácet se, být na pokraji pádu

tottering ['totəriŋ] adj **1** *(step, movement)* nejistý, vrávoravý; *(person)* potácející se **2** *(chimney* etc*)* kymácející se, kývající se **3** *(regime)* vratký, labilní; *(throne)* kymácející se

toucan ['tu:kən] n Orn tukan

touch [tač] n **1** **(sense of) t.** hmat; **be soft/ rough to the t.** být měkký/ drsný na omak **2** *(physical contact)* dotyk, dotek; **by t.** na dotyk, po hmatu; Med pohmatem; **I felt the t. of her hand** cítil jsem dotek její ruky; **this flat needs a woman's t.** v tomto bytě schází ženská ruka **3** *(small detail)* **put the finishing ~es to sth** dohotovit něco, provést na čem poslední úpravy **4** *(trace)* trocha, troška, malé množství; **a t. of frost** mírný mrazík; **a t. of fever** lehká horečka; **a t. of irony** nádech or přídech ironie; **add a t. of garlic** přidat trochu or špetku česneku; **have a t. of cold** být trochu nachlazený **5** *(style, skill)* **the t. of a master** mistrovská ruka; **the professional t.** profesionalita; **he's lost his t.** ztratil svůj bývalý fortel, vyšel ze cviku; **the player has lost his t.** hráč ztratil svou jistotu **6** *(communication)* **get in t. with sb** spojit se s kým, navázat s kým kontakt, vejít s kým ve styk; **be out of t. with sb** ztratit s kým kontakt; **keep in t. with sb** udržovat s kým kontakt or spojení; **keep in t. with current events** být informován o současné situaci; **I'll put you in t. with him** já vám s ním zprostředkuji setkání, já vás s ním zkontaktuji **7** Sport aut; **in t.** v autu, **into t.** do autu **8** inf **he's a soft** or **easy t.** z něho se dají snadno vyrazit peníze ● **I** vt **1** gen dotknout se/ dotýkat se čeho, sáhnout/ sahat na co; Mus *(strings)* uhodit do čeho; **t. sb on the arm** dotknout se čí paže; **t. glasses** (při)ťuknout si; **don't t. my things** nedotýkejte se mých věcí; **don't (you) t. me!** nesahej na mě! ♦ **the police can't t. me** policie na mě nemůže; **t. the right chord** uhodit na správnou strunu; **t. wood** musím to zaklepat **2** *(food, drink)* dotknout se čeho; **he hardly ~ed his meal** sotva se dotkl jídla; **I won't t. another drink** alkohol už nevezmu do úst; **I haven't ~ed the violin for a month** housle jsem neměl už měsíc v rukou **3** *(deal with)* **I haven't even ~ed it** *(work, essay* etc*)* ještě jsem na to ani (prstem) nesáhl; **I would not even t. it, I wouldn't t. it with a bargepole** fig tomu bych se vyhnul obloukem **4** *(concern)* týkat se koho; **matters which t. us all** záležitosti, které se týkají nás všech **5** *(affect emotionally)* dojmout; **it ~ed me to the heart** hluboce mě to dojalo; **be ~ed with pity/ remorse** pocítit lítost/ výčitky svědomí; **be deeply ~ed** být hluboce dojat, inf být z čeho naměkko **6** *(equal)* vyrovnat se komu/ čemu; **when it comes to chess, no one can t. him** v šachu se mu nikdo nevyrovná **7** inf **t. sb for money** pumpnout koho o peníze **II** vi **1** *(wires, hands)* dotknout se **2** *(be adjacent: areas, estates)* sousedit, být vedle sebe, hraničit s čím **3 please, do not t.!** nedotýkejte se, prosím! **III** phr vs ■ **touch at** vt Naut krátce kotvit v přístavu ■ **touch down** vi **1** Aviat, Astronaut přistát; Naut přirazit ke břehu **2** Rugby, Amer Ftb položit míč do brankoviště ■ **touch off** vt **1** *(explosive)* odpálit **2** *(cause: rioting)* rozpoutat, vyprovokovat ■ **touch on** vt *(problem)* zmínit se o čem, naťuknout ■ **touch up** vt **1** *(photograph)* (vy)retušovat; *(paintwork, picture)* poopravit **2** Br inf *(sexually)* osahávat

touch-and-go [tačən'gəu] adj **be t.-a.-g.** být riskantní, být buď a nebo; být sázkou do loterie; **it was t.-a.-g. whether we'd catch the train** málem jsme zmeškali vlak

touchdown ['tačdaun] n **1** Aviat, Astronaut přistání **2** Rugby, Amer Ftb položení míče do brankoviště

touché ['tu:šei] interj **1** Fencing zásah!, tuš! **2** inf fig správně!, máš pravdu!

touched [tačt] adj **1** *(emotionally)* dojatý **2** inf *(slightly mad)* ťuknutý, praštěný

touchiness ['tačinəs] n přecitlivělost, *(irritability)* nedůtklivost, urážlivost; *(of subject)* choulostivost

touching ['tačiŋ] adj dojemný ● prep co se týče koho/ čeho, ve věci koho/ čeho, stran koho/ čeho ■ **~ly** adv dojemně

touchline ['tačlain] n Rugby pomezní čára

touch-me-not ['tačminot] n Bot netýkavka bylina

touchstone ['tačstəun] n lit & fig zkušební or prubířský kámen

touch-type ['tačtaip] vi psát na stroji desetiprstovou metodou, psát na stroji všemi deseti

touchy ['tači] adj **(-ier, -iest) 1** *(oversensitive)* přecitlivělý; *(irritable)* nedůtklivý, urážlivý, vztahovačný; **don't be so t.** nebuď taková netýkavka **2** *(matter, subject)* choulostivý, inf háklivý

tough [taf] adj **1** *(person)* zdatný, silný, *(tenacious)* houževnatý, vytrvalý, *(resistant,* also *animal, plant)* odolný, *(plant* also*)* rezistentní; *(meat)* tuhý, jako houžev, *(vegetable)* dřevnatý; *(material)* pevný; **be as t. as nails** být jako ze železa, být tvrdá nátura; **the meat is as t. as old boots** maso je jako houžev or podešev **2** *(ruthless)* tvrdý; *(criminal)* otrlý; inf **a t. guy** or **customer** ostrý hoch, tvrdý or drsný chlapík, násilník, neurvalec, rabiát **3** *(severe: measure, law)* přísný; *(criticism, competition)* ostrý; *(sport)* tvrdý; **give sb a t. time** inf znepříjemňovat komu život, udělat komu peklo, zatopit komu; **t. talk** ostrá slova; **take a t. line** nasadit tvrdý kurs (**with sb** vůči komu), nasadit tvrdý režim komu **4** inf *(difficult: conditions, situation)* těžký, svízelný; *(life)* strastný, těžký; *(job)* perný; **it's t. on him** má to těžké; **have a t. time** těžce se protloukat; **it was a t. job** byla to dřina; **it's a t. nut to crack (for him)** je to (pro něj) tvrdý oříšek **5** *(rough: area)* divoký **6** inf *(unfortunate)* **that's t., t. luck** to je pech or smůla, takový je život; **t. shit!** vulg to je tvůj problém! neutr ● n násilník, rabiát, neurvalec, drsný chlapík ● adv inf **act t.** jednat tvrdě, *(decisively)* jednat rozhodně ● phr v ■ **tough out** vt inf **you must t. it out** musíš to vydržet, nesmíš se tomu poddat

toughen ['tafn] **I** vt **1** *(steel, glass)* tvrdit, kalit; *(wall)* zpevnit; *(person)* otužit, učinit odolným **2** *(make stricter: law, regulation)* zpřísnit; **t. sb's resolve** utvrdit koho v rozhodnutí **II** vi *(steel, glass)* vytvrdit se; *(meat)* ztvrdnout, stát se tuhým **III** phr v ■ **toughen up** *I* vt **1** *(person)* otužit, učinit odolnějším; *(body)* zocelit **2** *(legislation)* zpřísnit *II* vi *(person)* otužit se, stát se houževnatějším; *(body)* zocelit se, zakalit se

toughie ['tafi] n inf **1** *(man)* ostrý hoch **2** těžká or záludná otázka, chyták

toughness ['tafnəs] n see **tough 1** *(of person)* houževnatost, vytrvalost; *(of meat)* tuhost; *(of material)* pevnost **2** tvrdost; otrlost **3** přísnost; ostrost; tvrdost **4** obtížnost, svízelnost

toupee ['tu:pei] n příčesek, tupé

tour [tuə(r)] n **1** *(trip)* (okružní) cesta or jízda, *(shorter)* výlet, exkurze; *(by car* also*)* vyjížďka; *(of town)* obhlídka, prohlídka, *(by bus)* objížďka; **package t.** turistický zájezd; **hiking/ cycling t.** túra, turistický pochod/ výlet na kole; **world t.** cesta kolem světa; **a t. of Scotland** cesta po Skotsku; **be on t.** být na zájezdu; **go on a t.** jet na zájezd

■ **t. guide** *(person)* průvodce, *(book)* knižní průvodce; **t. operator** *(travel agency)* cestovní kancelář, tour-operátor **2** *(of building, museum, exhibition)* prohlídka, obhlídka; **guided t.** prohlídka s výkladem; Ind **t. of inspection** inspekční pochůzka; Mil **t. of duty** služba, služební turnus **3** Mus, Theat turné; **concert t.** koncertní turné; **go on t.** jet na turné ● vt **1** *(country* etc*)* procestovat, projet, objet, zcestovat, cestovat po čem **2** *(museum* etc*)* prohlédnout si, udělat prohlídku čeho **3** Theat podniknout turné po čem

tour de force [tuədə'fo:s] n (pl **tours de force**) silácký kousek; fig velký výkon

tourer ['tuərə(r)] n **1** Aut dated *(sports car)* otevřený sportovní vůz, kabriolet **2** Br *(caravan)* kempinkový vůz

touring ['tuəriŋ] n *(tourism)* turistika ● adj *(exhibition)* putovní; *(theatre company)* zájezdový; *(on tour)* jsoucí na zájezdu

tourism ['tuərizəm] n turistický or cestovní ruch, turistika

tourist ['tuərist] n turista; Sport **the ~s** hosté, hostující tým ■ **t. hotel** turistický hotel; **t. centre** turistické centrum; **t. class** turistická třída; **t. industry** turismus, cestovní ruch

touristy ['tuəristi] adj pej příliš turistický, určený pro turisty, *(full of tourists)* zaplavený turisty, *(popular)* vyhledávaný turisty

tournament ['tuənəmənt] n Sport turnaj; **a chess/ tennis t.** šachový/ tenisový turnaj

tourniquet ['to:nikei, 'tuənikei] n Med přístroj na podvázání cévy

tousled ['tauzld] adj *(hair)* rozcuchaný, rozčepýřený

tout [taut] n **1 (ticket) t.** kšeftař/ -ka se vstupenkami na černém trhu, překupník **2** Comm dohazovač kšeftů **3** Horseracing *(tipster)* tipér, tipař ● **I** vt **1** *(tickets)* kšeftovat se vstupenkami načerno **2** *(publicize loudly)* dělat hlučnou reklamu čemu; **t. business for sb** dohazovat komu kšefty **II** vi **t. for business** dotěrně nabízet zboží; **t. for votes** shánět hlasy

tow$_1$ [təu] n Text koudel

tow$_2$ [təu] n **1** lit vlek, vlečení; **be on t.** být ve vleku; **take sb/ sth in t.** vzít koho/ co do vleku **2** fig joc **have sb in t.** *(wife, children)* mít koho v závěsu or za patami ● **I** vt *(pull: boat, car* etc*)* táhnout, vléci; **t. a car to a service station** odtáhnout auto do opravny **II** phr vs ■ **tow away** vt *(car)* odtáhnout

towards, Amer **toward** [tə'wo:d(z)] prep **1** *(in the direction of)* k(e), směrem k(e), na, směrem na; **walk t. the river** jít směrem k řece; **t. the south** (směrem) na jih; **sail t. Liverpool** plout směrem na Liverpool; **sit with one's back t. the light** sedět zády ke světlu **2** *(near in time)* **t. five o'clock** k páté hodině; **t. the evening** k večeru, vpodvečer, navečer; **t. the end of his life** na sklonku života; **t. the end of the war** koncem války **3** *(in relation to)* k(e), vůči; **be hostile t. sb** chovat se ke komu or vůči komu nepřátelsky; **his attitude t. education** jeho postoj ke vzdělání **4** *(as contribution to)* **save t. sth** šetřit si na co; **you must give me something t. my expenses** musíš mi přispět na výdaje; **this is the first step t. greater unity** toto je první krůček k dosažení větší jednotnosti

towbar ['təuba:(r)] n tažná tyč

towboat ['təubəut] n vlečný člun, remorkér

towel ['tauəl] n ručník; **bath t.** osuška; **terry t., Turkish t.** froté ručník ♦ **throw in the t.** hodit flintu do žita ■ **t. rail** držák na ručníky ● vt (Br **-ll-**, Amer **-l-**) **t. sb/ oneself (down)** utřít koho/ se ručníkem

towelling, Amer **toweling** ['tauəliŋ] n **1** Text froté **2** *(drying)* utírání or drhnutí ručníkem

tower ['tauə(r)] n věž; **church t.** kostelní věž; Techn **cooling t.** chladicí věž ♦ **ivory t.** věž ze slonové kosti; **the T. of Babel** babylónská věž; **be a t. of strength** být tvrdý jako skála, inf vydržet jako kůň ■ **t. block** výšková budova; **t. crane** věžový jeřáb ● vi **1** *(dominate: skyscraper, steeple* etc*)* **t. above sth** tyčit se or vypínat se or pnout se or strmět nad čím; *(be taller)* **t. above sb** čnět nad kým **2** fig *(greatly surpass)* **t. above sb** převyšovat koho, vynikat nad koho; **he ~s head and shoulders above the others** nikdo z ostatních mu nesahá ani po kotníky

towering ['tauəriŋ] adj **1** lit nebetyčný, impozantní **2** fig nesmírný, obrovský; **fly into a t. rage** rozzuřit se, rozvzteklit se, spustit hromobití

towline ['təulain] n vlečné lano

town [taun] n **1** lit město; **the t. of Oxford** město Oxford; **go into t.** jet do (středu) města; **live in t.** bydlet ve městě; **he is out of t.** je mimo město; **the whole town is/ are** (e.g. **expecting . . .**) celé město (čeká . . .) ♦ inf **go to t. on sth** *(be extravagant)* pustit na co korunu; *(go to great trouble)* věnovat čemu velkou pozornost; inf **go (out) on the t., paint the t. red** jít na flám, jít na tah, jít to roztočit ■ **t. centre** střed města, centrum; **t. clerk** tajemník městské rady; **t. council** městská rada; **t. councillor** městský radní; **t. dweller** Hist měšťan/ -ka, obyvatel/ -ka města; **t. hall** radnice; **t. planning** urbanismus

2 Engl *(London)* Londýn; **go up to t.** jet do Londýna; **be out of t.** být mimo Londýn

townee ['tauni:], Amer **townie** ['tauni] n obyvatel města v protikladu ke studentům v univerzitním areálu nebo k vesničanům

townscape ['taunskeip] n městská krajina

townsfolk ['taunzfəuk] n pl obyvatelé měst(a), lidé z měst(a), Hist měšťané

township ['taunšip] n 1 gen obec a její obyvatelé 2 SAfr černošské předměstí 3 Amer městský okrsek 4 Amer Surv okrsek oblast o rozloze 6 čtverečních mil

townsman ['taunzmən] n (pl **-men**) obyvatel měst(a), městský člověk, Hist měšťan; **my fellow townsmen** milí spoluobčané

townspeople ['taunzpi:pl] n pl obyvatelé měst(a), lidé z měst(a), Hist měšťané

townswoman ['taunzwumən] n (pl **-women** [-wimin]) obyvatelka měst(a), městská žena, žena z města

towpath ['təupa:θ] n potahová stezka na vlečení lodi

towrope ['təurəup] n vlečné lano

toxaemia, Amer **toxemia** [tok'si:miə] n Med otrava krve, toxémie

toxic ['toksik] adj toxický, jedovatý; *(gasses* also*)* otravný; **t. waste** toxický odpad

toxicity ['tok'sisəti] n toxicita, jedovatost

toxicological [toksikəu'lodžikl] adj toxikologický

toxicology [toksi'kolədži] n toxikologie

toxin ['toksin] n Med toxin

toy [toi] n hračka ■ **t. car** autíčko; inf **t. boy** mladý milenec, gigolo; **t. dog** pejsek hračka; **t. dogs** mazlíčci skupina psů; *(lapdog)* mopslík; **t. railway** dětská železnice; **t. soldier** cínový or plastikový vojáček; **t. train** mechanický vláček ● vi **t. with sth** hrát si s čím; **t. with one's food** nimrat se v jídle; **t. with the idea of doing sth** pohrávat si or koketovat s myšlenkou, že ...; **t. with sb's affections** or **feelings** pohrávat si s něčími city

toyshop ['toišop] n hračkářství

trace$_1$ [treis] n 1 *(sign)* stopa; **disappear** or **vanish without t.** zmizet beze stopy, zmizet jako kapka v moři, *(regime* etc*)* zmizet v propadlišti dějin; **there's no t. of him** není po něm ani potuchy; **lose t. of sb** ztratit koho z očí 2 *(small amount: of salt* etc*)* špetka, *(of wine, vinegar, bitterness)* kapka, troška; *(of smile)* náznak, záblesk, *(of irony)* náznak, nádech; *(of poison)* stopa ■ **t. element** stopový prvek 3 Amer *(path)* stezka, úzká cesta ● I vt 1 *(locate: thief, addressee* etc*)* vypátrat; *(find: fault, file)* najít, nalézt; *(cause)* určit; **he has been ~d to Prague** jeho stopa vede do Prahy 2 *(follow: developments, history, progress)* sledovat, *(criminal)* jít po stopě koho 3 *(draw in outline)* nakreslit, načrtnout; *(with tracing paper)* obkreslit, okopírovat II vi *(ancestry* etc*)* sahat or jít zpátky do minulosti III phr vs ■ **trace back** vt *(ancestry)* vysledovat do minulosti, odvozovat (**to sb** od koho); *(rumour)* zjistit původ; *(cause)* určit, najít ■ **trace out** vt obkreslit, okopírovat; *(route on map)* vytyčit, vyznačit; *(pattern)* načrtnout, *(in sand* etc*)* vyrýt

trace$_2$ [treis] n *(of harness)* postraněk ♦ **kick over the ~s** fig odepřít poslušnost, vzpěčovat se, vzpírat se, inf utrhnout se z řetězu

traceable ['treisəbl] adj 1 *(which can be traced)* vypátratelný, zjistitelný 2 *(connection, relationship)* zřetelný, zřejmý; **be t. to sth** dát se objasnit čím

tracer ['treisə(r)] n 1 Mil **t. (bullet)** střela se stopovkou, svítící střela 2 Med izotopový indikátor 3 *(of pattern: person)* kreslič, obkreslovač, kopírovač; *(instrument)* kopírovací zařízení, pantograf 4 Amer *(enquiry form)* pátrací oběžník po ztracených předmětech

tracery ['treisəri] n 1 Archit kružba 2 *(decorative pattern)* jemná kresba, jemný ornament; *(of frost on windows)* ledové květy; Bot, Zool *(on leaf, wing of insect)* nervatura

trachea [trə'ki:ə] n (pl **~s** or **~e** [-kii:]) Anat průdušnice, trachea

tracheotomy [træki'otəmi] n Med tracheotomie, chirurgické otevření průdušnice

trachoma [trə'kəumə] n Med trachom

tracing ['treisiŋ] n *(process)* obkreslování (na průsvitný papír), kopírování; *(result of t.)* průkres, výkres na průsvitném papíře ■ **t. paper** průsvitný or pauzovací papír

track [træk] n 1 *(trail, mark)* stopa; *(of foot)* šlépěj, *(of wet foot)* šlápota; *(rut)* (vyjetá) kolej; *(of boat)* brázda za čím; **follow sb's ~s** sledovat čí stopy; **be on sb's t.** být komu na stopě; **keep t. of sb** *(watch)* sledovat koho, nespouštět koho z očí; **keep t. of sb's movements** být informován o tom, kde se kdo nachází; sledovat pohyb koho; **keep t. of the situation** mít přehled o situaci; **lose t. of sb** ztratit koho z dohledu, *(contact)* ztratit s kým kontakt 2 fig inf **it's time we made ~s (for home), we must be making ~s** je (pomalu) na čase, abychom šli (domů); inf **stop dead in one's ~s** zarazit se, náhle se zastavit; **cover up one's ~s** zahladit or zamést za sebou stopy 3 *(route) (of planet, star, missile)* dráha; *(of aircraft)* dráha, kurs 4 *(path)* cesta, stezka; **a cart t.** vozová cesta; **a muddy t.** polní cesta ♦ **be on the right t.** být na správné cestě, postupovat dobře; **be on the wrong t.** vzít to za špatný konec, být vedle, nepostupovat správně; **get back onto the right t.** dostat se zpět do správných kolejí; **keep to the beaten t.** držet se vyšlapané cesty **5** Rail koleje pl; **single/ double t. line** jednokolejová/ dvoukolejová dráha; **the train left the t.** vlak vyjel z kolejí or vykolejil ♦ Amer **be born on the right/ wrong side of the ~s** být zámožný/ být chudý **6** Amer Rail nástupiště **7** Sport dráha; *(for cycling)* cyklistická dráha; **cinder t.** škvárová dráha; **motor-racing t.** automobilová dráha; **t. and field** lehká atletika; **t. and field events** lehkoatletické disciplíny ■ esp Amer **t. athlete** lehký atlet; **t. athletics** lehká atletika; **t. meet(ing)** lehkoatletické utkání; **t. record** Sport souhrn dosažených výkonů, fig pověst; **t. shoe** tretra **8** *(on wheels of tank, tractor)* pás; **caterpillar t.** housenkový pás **9** Mus, Comput *(on tape, CD, diskette)* stopa; *(song)* kus, skladba **10** Aut *(distance between wheels)* rozchod kol **11** Amer Sch prospěchová skupina ● **I** vt sledovat, stopovat **II** vi Film, TV *(camera)* jet při záběru; Mus *(stylus)* jet v drážce **III** phr v ■ **track down** vt vypátrat, vyslídit; *(capture: criminal)* (vypátrat a) dopadnout; *(reference)* najít, inf vyšťourat

tracker ['trækə(r)] n *(Indian)* stopař ■ **t. dog** slídič

tracking ['trækiŋ] n **1** Amer Sch *(streaming)* dělení žáků podle prospěchu a zájmů do paralelních tříd **2** *(of plane)* sledování, určování polohy; Mil zaměřování ■ **t. station** *(of satellite)* pozemní kontrolní stanice pro sledování kosmického letu **3** Cine, TV ■ **t. shot** jízda (kamerou)

trackless ['trækləs] adj **1** *(vehicle)* bezpásový, nemající pásy **2** *(forest)* bez stezek or cestiček

tracksuit ['træksu:t] n tepláková souprava sportovní, tepláky

trackwalker [træk'wo:kə(r)] n Amer Rail traťový obchůzkář

tract₁ [trækt] n **1** *(large area)* rozsáhlá plocha; **huge ~s of forests** rozsáhlé lesní plochy **2** Anat trakt; **digestive t.** zažívací trakt; **urinary t.** močové cesty; **respiratory t.** dýchací cesty, dýchací ústrojí

tract₂ [trækt] n *(pamphlet)* pojednání, traktát

tractability [træktə'biləti] n see **tractable 1** kujnost, tvárnost **2** poddajnost

tractable ['træktəbl] adj **1** *(metal)* kujný, tvárný **2** fig *(child, person, animal)* poddajný, lehce ovladatelný; **a t. character** ohebná povaha

traction ['trækšn] n Techn trakce, tah, tažení, pohon; **electric/ steam t.** elektrická/ parní trakce, elektrický/ parní pohon ■ **t. engine** lokomobila; **t. power** tažná síla

tractor ['træktə(r)] n **1** *(on farm)* traktor; *(of truck)* tahač, tažné vozidlo ■ **t. driver** traktorista/ traktoristka **2** Comput **t. feed** posuv papíru hrotovým kolečkem, traktorový posuv papíru

trade [treid] n **1** *(commerce)* obchod, obchodování, obchody; *(illicit)* kšeftování, podloudný obchod, čachrování; **carry on t. with sb** obchodovat s kým; **retail/ wholesale t.** obchod v malém/ ve velkém, maloobchod/ velkoobchod; Br **Board of T.**, Amer **Department of T.** Ministerstvo obchodu ■ **t. agreement** obchodní dohoda or smlouva; **t. barriers** obchodní překážky; **t. discount** rabat, rabatová sazba; **T. Fair** veletrh; **t. gap** schodek v zahraničním obchodě; **t. price** velkoobchodní cena; **t. route** obchodní cesta **2** *(line of business)* odvětví, branže; **the cotton/ wool t.** bavlnářství/ vlnařství; **the tourist t.** turistika ■ **t. journal** profesionální časopis; **t. name** *(of product)* jméno výrobku; *(of firm)* firma, jméno firmy, obchodní název; **t. secret** výrobní tajemství **3** *(job)* zaměstnání, živnost, *(manual* also*)* řemeslo, *(intellectual* also*)* profese; **he's an electrician by t.** povoláním je elektrikář, pracuje jako elektrikář ♦ **as we say in the t.** jak se říká v naší branži; **he knows all the tricks of the t.** fig je všemi mastmi mazaný, vyzná se ve všem ■ **t. association** obchodní sdružení; **t. unions** odbory; **T~s Union Congress** Všeodborový svaz **4** *(exchange)* výměna, směna; *(transaction)* transakce; **barter t.** směnný obchod **5** Meteor **~s, t. winds** pasáty ● **I** vt *(exchange)* vyměnit, inf (vy)handlovat; **t. sth for sth** vyměnit co za co; **t. compliments/ blows** častovat se poklonami/ ranami **II** vi **1 t. in sth** *(businessman)* obchodovat s čím; **t. with Russia** obchodovat s Ruskem; **t. as ...** obchodovat pod firmou ... **2 t. at ...** nakupovat u ... **III** phr vs ■ **trade in** vt *(used car, refrigerator* etc *in part exchange)* dát na protiúčet ■ **trade off** vt směnit, vyměnit ■ **trade on** vt zneužívat čeho; **t. on sb's sympathy** spoléhat se na čí soucit, využívat čího soucitu

trademark ['treidma:k] n **1** Comm obchodní značka, ochranná známka; **registered t.** registrovaná obchodní značka **2** fig charakteristický příznak, charakteristická vlastnost

trade-off ['treidof] n rovnováha; **lack of privacy is a t.-off for having an au-pair** za pomoc au-pair se platí menším soukromím

trader [ˈtreidə(r)] n **1** *(person)* obchodník **2** *(ship)* obchodní loď

tradesman [ˈtreidzmən] n (pl **-men**) **1** *(trader)* obchodník, *(shopkeeper* also*)* maloobchodník, detailista **2** *(skilled workman)* řemeslník

tradespeople [ˈtreidzpi:pl] n pl obchodníci, obchodní kruhy

trading [ˈtreidiŋ] n obchodování (**in sth** s čím), podnikání v čem ■ **t. account** účet prodeje; **t. centre** středisko obchodu; **t. estate** nebytové prostory; **t. floor** St Ex obchodní parket burzy; **t. licence** obchodní koncese or povolení, živnostenské oprávnění; **t. partner** obchodní partner; **t. profits** zisky z obchodování; **t. stamp** obchodní známka, kupón

tradition [trəˈdišn] n tradice, zvyklost(i), zvyk; **by t.** tradičně, z tradice; **oral t.** ústní podání; **village ~s** venkovské zvyky; **it's a t. to ...** je tradičním zvykem, že ...; **t. has it that ...** traduje se, že ...; **a break with t.** porušení dosavadní tradice

traditional [trəˈdišənl] adj tradiční; *(custom* also*)* starý; *(enemy)* odvěký ■ **~ly** adv tradičně; *(customarily)* obyčejně, obvykle

traditionalism [trəˈdišənəlizəm] n tradicionalismus, lpění na tradici

traditionalist [trəˈdišənəlist] n tradicionalista/ tradicionalistka ● adj tradicionalistický

traduce [trəˈdju:s] vt fml hanět, pomlouvat, utrhat komu na cti

traffic [ˈtræfik] n **1** *(on roads)* doprava, silniční provoz, dopravní or pouliční ruch, frekvence; **direct the t.** řídit dopravu; **the t. was very heavy** doprava byla velmi rušná; **we were detained by heavy t.** zdržela nás dopravní zácpa ■ **t. artery** dopravní tepna; **t. circle** Amer kruhový objezd; **t. indicator** směrovka; **t. island** refýž, nástupní ostrůvek; **t. jam** dopravní zácpa; **t. lights** dopravní světla; **t. offence** dopravní přestupek; **t. police** dopravní policie; **t. regulations** dopravní předpisy; **t. signs** dopravní značky; **t. warden** dopravní strážník **2** *(movement of planes, ships, trains* etc*)* doprava; **air t.** letecká doprava; **freight/ passenger t.** nákladní/ osobní doprava; **tourist t.** cestovní ruch **3** Comm obchod; pej *(illicit)* (podloudný) obchod, *(small-scale)* kšeftování, čachrování; **the t. in arms/ drugs** (podloudný) obchod se zbraněmi/ s drogami ● vi (pres p **trafficking**; pt & pp **trafficked**) usu pej **t. in sth** *(stolen goods)* kšeftovat or kšeftařit s čím; **t. in arms/ drugs** obchodovat se zbraněmi/ s drogami

trafficator [ˈtræfikeitə(r)] n formerly směrovka

trafficker [ˈtræfikə(r)] n překupník, kšeftař, *(in drugs* also*)* obchodník s čím, dealer

tragedian [trəˈdži:diən] n *(actor)* tragéd; *(writer)* autor tragédií, *(poet)* tragický básník

tragedienne [trəˌdži:diˈen] n *(actress)* tragédka; *(writer)* autorka tragédií, *(poetess)* tragická básnířka

tragedy [ˈtrædžədi] n gen tragédie, Theat also truchlohra; **it's a t. that ...** je tragické, že ...; **the t. of it is that ...** tragické na tom je, že ...

tragic [ˈtrædžik] adj tragický; **it is t. that ...** je tragické, že ... ■ **~ally** adv tragicky; inf **don't take it too ~ally** neber to moc tragicky

tragicomedy [trædžiˈkomədi] n tragikomedie

tragicomical [trædžiˈkomikl] adj tragikomický

trail [treil] n **1** *(mark: of blood)* stopa; *(of comet)* ohon, chvost; *(behind rocket)* ohon, pruh; *(of smoke)* chumáč, chuchvalec; **a t. of dust** mračno prachu, zvířený prach; **he left a t. of destruction behind him** všude, kudy prošel, zanechal zkázu **2** *(track)* stopa; **be on sb's t.** být komu na stopě; **be hot on sb's t.** být komu v patách **3** *(path)* cesta, stezka, pěšina; **nature t.** značkovaná stezka; Ski **cross-country t.** značená lyžařská stopa ● **I** vt **1** *(follow)* sledovat; *(car)* jet (v závěsu) za čím; *(animal)* jít po stopě čeho, stopovat **2** *(drag: log)* vléci, *(broken wing* – Subj: *bird)* vléci za sebou, *(long garment)* vléci or vláčet za sebou **3** *(lag behind)* být pozadu za kým, vláčet se za kým **II** vi **1** *(long garment)* vláčet se po zemi; *(plant)* vinout se, plazit se **2** *(walk)* loudat se, courat se, táhnout se, vléci se **3** *(lag behind: in contest)* zaostávat za kým, být na tom hůř než kdo **III** phr vs ■ **trail away** vi *(voice)* doznívat, zanikat, ztrácet se ■ **trail behind** *I* vt courat se or harcovat se za kým; *(small child* also*)* cupitat za kým *II* vi *(lag behind)* být pozadu, zaostávat ■ **trail off** vi *(sound)* doznívat, ztrácet se

trailblazer [ˈtreilbleizə(r)] n průkopník

trailer [ˈtreilə(r)] n **1** Aut vlečný vůz, přívěs, inf vlečňák **2** Amer karavan, přívěs ■ **t. park** kemp pro obytné přívěsy **3** Bot plazivá or popínavá rostlina **4** Cine filmová reklama ukázka z nového filmu

trailing [ˈtreiliŋ] adj **1** *(plant)* plazivý, popínavý **2** Aviat **t. edge** odtoková hrana křídla letadla

train [trein] n **1** Rail vlak; *(underground)* vlak (podzemní dráhy); **go/ travel by t.** jet/ cestovat vlakem or dráhou; **change ~s** přesedat; **fast t.** rychlík; **slow t.** osobní vlak, osobák; **passenger/ goods t.** osobní/ nákladní vlak; **catch the t.** stihnout or chytit vlak; **miss the t.** zmeškat vlak; **take the 6 o'clock t.** jet vlakem v šest hodin; **the t. is running (5 minutes) late** vlak má (5 minut) zpoždění ♦ inf **be on the gravy t.** být u koryta or u žlabu ■ **t. connection** vlakové spojení; **t. crew** vlaková četa; **t. driver** strojvůdce; **t. ferry** trajekt **2** *(of vehicles)* kolona; Mil konvoj; *(of camels)* karavana; *(of people)* průvod, procesí; **funeral t.** pohřební průvod **3** *(sequence)* sled, série; **a t. of thought** myšlenkový sled **4** *(retinue)* družina, doprovod, suita; **the war brought famine in its t.** po válce následoval hladomor **5** fml *(progress: of events)* **be in t.** být v chodu; **set** or **put sth in t.** uvést co do chodu, spustit co **6** *(of dress)* vlečka **7** Techn **a t. of gears** soukolí ● **I** vt **1** *(children)* vychovávat, vzdělávat; *(apprentices)* (vy)učit, (vy)školit, vychovat; *(new employee)* zacvičit, zaškolit, zapracovat; Sport (vy)trénovat; *(animals)* (vy)cvičit, (vy)drezírovat; **t. sb as sth** vyučit koho čím, vyškolit koho na co; **t. a child to be polite** naučit dítě zdvořilosti; **he was ~ed as a linguist** fml vystudoval jazykovědu **2** *(aim: camera, telescope, gun)* zaměřit or namířit (**at** na) **3** *(plant)* vyvazovat k tyčce or mřížce **II** vi **1** Sport trénovat, cvičit **2** *(study)* získ(áv)at kvalifikaci; **she is ~ing as a teacher** studuje na učitelku; **I have ~ed as a teacher** mám učitelskou kvalifikaci, vystudoval jsem učitelství **III** phr v ■ **train up** vt *(employee)* vyškolit, vycvičit; *(sportsman)* vytrénovat

trained [treind] adj *(worker)* vyučený, kvalifikovaný; *(staff, nurse, teacher)* kvalifikovaný; *(animal)* (vy)cvičený; inf often joc *(child, pupil, husband)* vycepovaný; *(voice)* školený; *(eye)* zkušený; **highly t.** vysoce kvalifikovaný

trainee [trei'ni:] n *(apprentice)* učeň/ učnice; *(technical)* praktikant/ -ka; *(participant in course)* účastník/ účastnice or frekventant/ -ka kursu; **~s** zacvičovaný or zaškolovaný personál ■ **a t. editor** redaktorský elév, zaučující se redaktor; **t. teacher** začínající učitel/ -ka

trainer ['treinə(r)] n **1** Sport trenér/ -ka, instruktor/ -ka; *(of animals)* cvičitel/ -ka **2** Aviat *(plane)* školní or cvičný letoun; *(simulator)* cvičná pilotní kabina, trenažér **3** **~s** sportovní boty

training ['treiniŋ] n **1** gen *(for job)* výcvik, školení, *(shorter)* instruktáž, zácvik, *(additional)* doškolování, další vzdělávání; *(apprenticeship)* učení; **t. for parenthood** předrodičovská výchova; **induction t.** zaškolení; **management t.** školení managementu; **on-the-job t.** výcvik při zaměstnání; **professional t.** odborná výchova; **specialist t.** odborný výcvik ■ **t. centre** učňovské středisko; **t. college** *(for teachers)* pedagogická fakulta; **t. ship** cvičná loď, školní loď **2** *(of animals)* výcvik, drezúra **3** Sport trénink; **fitness t.** kondiční trénink; **be in t.** trénovat, *(be fit)* být ve formě ■ **t. camp** sportovní soustředění; **t. shoes** sportovní obuv

traipse [treips] vi inf or dial loudat se, courat se; **t. in** přiloudat se; **t. around the world** potloukat se po světě; **t. round the shops** obcházet obchody ● n inf **it's quite a t.** je to pěkný kus cesty

trait [trei(t)] n vlastnost, rys (povahy)

traitor ['treitə(r)] n zrádce; **brand sb a t.** označit koho za zrádce; **turn t.** stát se zrádcem; **a t. to one's country** vlastizrádce

traitorous ['treitərəs] adj zrádný, proradný

traitress ['treitris] n zrádkyně

trajectory [trə'džektəri] n dráha, trajektorie

tram [træm], **tramcar** ['træmka:(r)] n tramvaj; **go by t.**, **take a t.** jet tramvají ■ **t. driver** řidič tramvaje

tramline ['træmlain] n tramvajová linka

trammel ['træml] n **~s** lit & fig pouta ● vt (**-ll-**) fig fml *(hamper)* omezovat, brzdit, zdržovat

tramp [træmp] n **1** dated *(vagrant)* tulák, vandrák; *(in town)* pobuda, povaleč, vagabund; **be dressed like a t.** chodit jako šupák, nedbat na sebe **2** *(sound of feet)* těžké kroky, dupot **3** *(walk)* **it's a long t.** je to pěkný kus cesty **4** inf Amer *(promiscuous woman)* coura, rajda, děvka **5 t. (steamer)** toulavá loď bez jízdního řádu ● **I** vi **1** *(hike)* chodit (pěšky), trampovat; plahočit se **2** *(walk heavily)* dupat; **t. upstairs** dupat nahoru or do poschodí **II** vt **t. the streets** trmácet se ulicemi **III** phr vs ■ **tramp down** or **in** vt zašlapat, pošlapat, zdupat

trample ['træmpl] **I** vt **t. (down)** zašlapat, pošlapat; **t. sb to death** ušlapat or udupat koho; fig **t. sth underfoot** *(rights* etc*)* pošlapat **II** vi **1** *(walk heavily)* dupat **2 t. on** or **over sth** šlapat po čem; fig **t. on sb's feelings/ rights** pošlapat čí city/ práva; **t. all over sb** deptat koho, orat s kým, zacházet s kým jako s hadrem or s onucí

trampoline ['træmpəli:n] n trampolína ● vi cvičit na trampolíně

trampolinist ['træmpəli:nist] n cvičenec na trampolíně

tramway ['træmwei] n Br *(system)* tramvaj, pouliční dráha

trance [tra:ns] n lit & fig trans; **be in a t.** být v transu (**over sth** z čeho), fig also být u vytržení; **go into a t.** upadnout do transu

tranquil ['træŋkwil] adj klidný, *(life* also*)*

pokojný, usedlý; *(mind)* pokojný ■ **~ly** adv klidně, pokojně

tranquillity, Amer **tranquility** [træŋ'kwiləti] n klid, ticho, mír, pokoj

tranquillize, Amer **tranquilize** ['træŋkwəlaiz] vt uklidnit zvl. pomocí sedativ; *(animal)* uspat

tranquillizer, Amer **tranquilizer** ['træŋkwəlaizə(r)] vt uklidňující prostředek, sedativum

tranquillizing, Amer **tranquilizing** ['træŋkwəlaiziŋ] adj *(drug)* uklidňující; **t. dart** uspávací střela, šipka s narkotikem pro uspání zvířete

transact [træn'zækt] vt vyřídit, projednat; *(deal)* uzavřít, vyjednat

transaction [træn'zækšn] n **1** Banking úkon, transakce; *(deal)* obchodní transakce **2** **t. of business** obchodní jednání, styk se zákazníky or klienty; **the bank will be closed for the t. of business at 5 p.m.** banka zavírá v 17.00 **3** Comput transakce **4** **~s** *(minutes)* protokol(y), záznamy; *(proceedings)* práce, rozpravy

transactional [træn'zækšənl] adj Psych **t. analysis** transakční analýza

transalpine [trænz'ælpain] adj záalpský

transatlantic [trænzət'læntik] adj zámořský, transatlantický

transceiver [træn'si:və(r)] n Rad vysílač s přijímačem

transcend [træn'send] vt *(go beyond)* přesahovat; *(surpass: performance)* převyšovat, vynikat nad koho/ co; Philos, Relig transcendovat

transcendental [trænsen'dentl] adj transcendentální

transcontinental [trænzkonti'nentl] adj transkontinentální

transcribe [træn'skraib] vt **1** Phon transkribovat, přepsat **2** *(manuscript)* opsat, přepsat; *(speech)* zapsat; *(proceedings)* udělat zápis o čem, zaprotokolovat

transcript ['trænskript] n **1** *(copy)* kopie, opis **2** *(of proceedings)* protokol **3** Amer *(academic record)* ≅ přepis indexu, výpis z indexu

transcription [træn'skripšn] n Phon transkripce, přepis; *(copy)* opis, kopie; *(of shorthand notes)* přepis; *(of speech)* zápis, záznam; *(of proceedings)* protokol, zápis

transducer [trænz'dju:sə(r)] n transduktor, transduktorový zesilovač

transduction [træns'dakšn] n Biol transdukce, přenos genů

transept ['trænsept] n Archit transept

transfer ['trænsfə:(r)] n see vt **1** přenesení, přeložení, přemístění, převezení; přestěhování; přesouvání **2** převod, předání, odstoupení, postoupení, cese; převod, převedení, poukázání; **t. of securities** převod cenných papírů **3** přenesení **4** přepnutí **5** přetisk(nutí), obtisk **6** Rail, Aviat přestup ■ **t. ticket** přestupní jízdenka, Aviat přestupní letenka **7** Ftb přestup **8** *(person ~red)* přeložená osoba ● [træns'fə:(r)] v **(-rr-)** **I** vt **1** *(move: luggage)* přenést; *(employee, goods)* přeložit, *(prisoner)* přemístit, převézt; *(premises, business)* přemístit; *(person: move to another room)* přestěhovat; Comput *(data)* přesouvat **2** *(property)* předat, odstoupit, přepsat na koho, cedovat; *(money)* převést na koho, poukázat komu; *(pass on: knowledge)* předat; Pol *(power)* předat **3** *(feelings, affections)* přenést na koho **4** Tel *(call)* přepnout/ přepínat; **I'd like to t. the charges** chtěl bych telefonovat na účet volaného; **~red charge call** telefonický hovor na účet volaného **5** *(design, picture: from one surface to another)* přetisknout, obtisknout, přenést **II** vi **1** *(employee)* přecházet, být přeložen, *(player)* přestoupit do jiného klubu **2** *(traveller)* přestupovat **3** Univ *(student)* přejít, přestoupit na jinou univerzitu, *(change course)* změnit obor

transferable [træns'fə:rəbl] adj přenosný; *(money, stocks* etc*)* převoditelný; Rail **this ticket is not t.** tato jízdenka je jen pro osobu, na kterou byla vydána

transference ['trænsfərəns] n **1** Fin převod, převedení, *(of property* also*)* přepis **2** Psych transfer, přenos

transfiguration [trænsfigə'reišn] n přeměna, proměna, přetvoření

transfigure [træns'figə(r)] vt fml přeměnit, proměnit, přetvořit; **her face was ~d by happiness** její tvář se rozzářila štěstím

transfix [træns'fiks] vt **1** lit propíchnout, probodnout; *(butterfly)* připíchnout **2** fig **he stood ~ed** zůstal stát jako přimrazený; zůstal, jako by do něho nůž vrazil; **be ~ed with horror** být ztuhlý hrůzou

transform [træns'fo:m] vt **1** *(change)* změnit, přeměnit, proměnit, přetvořit; **t. sth into sth** proměnit co na co; **be ~ed into sth** proměnit se na co **2** Elec, Gram transformovat

transformation [trænsfə'meišn] n see **transform** **1** změna, přeměna, proměna, přetvoření **2** transformace

transformational [trænsfə'meišənl] adj *(grammar, rules)* transformační

transformer [træns'fo:mə(r)] n Elec transformátor, měnič

transfuse [træns'fju:z] vt Med *(blood)* provést transfúzi krve

transfusion [træns'fju:žn] n Med **(blood) t.** transfúze krve

transgress [trænz'gres] fml **I** vt *(law)*

porušit, překročit, *(standards)* prohřešit se proti čemu **||** vi hřešit

transgression [trænz'grešn] n **1** *(of law)* porušení, překročení **2** *(sin)* hřích, prohřešek

transgressor [trænz'gresə(r)] n **1** *(of law)* porušovatel zákona **2** *(sinner)* hříšník

tranship [træn'šip] vt (**-pp-**) přeložit náklad z lodi na loď/ z vozidla na vozidlo

transhipment [træn'šipmənt] n přeložení nákladu z lodi na loď

transience ['trænziəns], **transiency** ['trænziənsi] n see **transient** **1** pomíjejícnost, pomíjivost, prchavost, efemérnost **2** přechodnost

transient ['trænziənt] adj **1** *(life)* pomíjející; *(beauty)* pomíjivý; *(happiness)* chvilkový, prchavý, *(fashion)* efemérní, přechodný **2** *(phase)* přechodný; *(guest in hotel)* dočasný ● n Amer přechodný host v hotelu

transistor [træn'zistə(r)] n **1** Elec tranzistor **2** *(radio)* tranzistorové rádio, inf tranzistor(ák)

transistorize [træn'zistəraiz] vt opatřit tranzistory

transit ['trænzit] n tranzit, průjezd; *(of goods)* přeprava; **goods damaged in t.** zboží poškozené na cestě ■ **t. lounge** tranzitní hala; **t. packaging** přepravní balení; **t. passengers** tranzitní cestující; **t. visa** průjezdní vízum

transition [træn'zišn] n přechod; **period of t.** přechodné stadium, přechodné období

transitional [træn'zišənl] adj přechodný

transitive ['trænzətiv] adj tranzitivní; **t. verb** tranzitivní or přechodné sloveso, tranzitivum ■ **~ly** adv tranzitivně

transitivity [trænzə'tivəti] n Ling tranzitivita, přechodnost

transitory ['trænsitəri] adj pomíjející, pomíjivý, chvilkový; **t. income** přechodný or dočasný příjem

translate [træns'leit] **I** vt **1** Ling přeložit/ překládat (**from Czech into English** z češtiny do angličtiny); **it is ~d as . . .** překládá se to slovem . . . **2** fig *(gesture, remark)* **t. sth as . . .** vysvětlit si or interpretovat co jako . . .; *(prose into poetry)* přebásnit; **t. words into action** přejít od slov k činům **3** *(convert: measurements, temperature)* převést **4** Relig *(transfer: bishop)* přeložit; *(to heaven)* vzít na nebesa **||** vi **1** (Subj: *person)* překládat, *(word, phrase)* překládat se; **it doesn't t. well** špatně se to překládá, nepřekládá se to snadno **2** Comput překládat

translation [træns'leišn] n **1** *(translating)* překlad, překládání; *(translated work)* překlad **2** Relig translace, přeložení

translator [træns'leitə(r)] n překladatel/ -ka

transliterate [træns'litəreit] n Ling přepsat, transkribovat

transliteration [træns,litə'reišn] n Ling přepis, transkripce, transliterace

translucence [trænz'lu:səns], **translucency** [trænz'lu:sənsi] n průsvitnost

translucent [trænz'lu:sənt] adj průsvitný; **t. glass** průhledné or průsvitné sklo

transmissible [trænz'misəbl] adj převoditelný

transmission [trænz'mišn] n **1** *(of news)* předávání; *(of ideas)* šíření; *(of diseases)* přenášení, šíření **2** *(broadcasting)* vysílání, přenos; **satellite t.** vysílání přes družici, satelitní přenos **3** Biol přenášení, dědičnost, dědění **4** Aut hnací ústrojí; **t. shaft** převodový or transmisní hřídel

transmit [trænz'mit] v (**-tt-**) **I** vt **1** *(message)* vyřídit, předat, doručit, *(news)* sdělit; *(knowledge, information)* předat; *(disease)* šířit, přenášet **2** *(sound)* přenášet, šířit; *(light)* propouštět **3** TV, Rad vysílat **||** vi TV, Rad vysílat

transmitter [trænz'mitə(r)] n vysílač; *(in telephone)* mikrofon

transmutable [trænz'mju:təbl] adj proměnitelný, přeměnitelný; Chem, Phys schopný transmutace

transmutation [trænzmju'teišn] n **1** gen proměna, přeměna **2** Chem, Phys transmutace

transmute [trænz'mju:t] vt přeměnit, proměnit; *(metals: in alchemy)* transmutovat

transom ['trænsəm] n **1** Archit příčný trám, příčka, traverza **2** Amer *(fanlight)* **t. (window)** (vějířovitý) světlík nade dveřmi

transpacific [trænzpə'sifik] adj *(flight etc)* přes Tichý oceán

transparency [træns'pærənsi] n (pl **-cies**) **1** *(of glass,* fig *of lies, intentions)* průhlednost **2** transparent k promítání

transparent [træns'pærənt] adj **1** lit průhledný; *(dress, blouse)* průsvitný **2** fig *(obvious)* zřejmý; *(lies, excuses, intentions)* průhledný ■ **~ly** adv *(lie)* průhledně

transpiration [trænspə'reišn] n **1** *(perspiration)* pocení **2** Biol trans(s)pirace

transpire [træn'spaiə(r)] vi **1** *(be revealed)* vyjít najevo; **it ~d that . . .** ukázalo se, že . . . **2** inf *(happen)* stát se, udát se **3** *(exude moisture)* potit se; Biol vypařovat vodu povrchem

transplant ['trænspla:nt] n *(operation)* transplantace; *(transplanted organ/ tissue)* transplantát, transplantovaný orgán/ transplantovaná tkáň ● [træns'pla:nt] vt **1** Hort *(plant)* přesazovat **2** Med transplantovat

transplantation [trænspla:n'teišn] n Hort přesazení; Med transplantace

transport ['trænspo:t] n **1** *(of people, goods)* doprava, přeprava; **air/ rail/ road t.** letecká/ železniční/ silniční doprava; **public t.** veřejná doprava; **Department of T.** Br ministerstvo dopravy **2** *(means of travelling)* dopravní prostředek; **have you got your own t.?** máte auto?; **t. will be arranged** doprava bude zajištěna **3** Mil *(ship/ plane)* dopravní loď/ letadlo **4** fig Liter *(of joy/ anger)* nával ● [træn'spo:t] vt dopravovat, přepravovat

transportation [trænspo:'teišn] n **1** Amer doprava, transport; **Department of T.** Br ministerstvo dopravy **2** Hist *(of criminals)* deportace

transporter [træns'po:tə(r)] n **1** *(lorry: for cars)* transportér, těžké nákladní auto **2** *(in factory)* transportér, pásový dopravník

transpose [træns'pəuz] vt **1** Ling *(letters)* přesunout, přehodit **2** Mus transponovat

transposition [trænspə'zišn] n **1** Ling *(letters)* přesunutí, přehození **2** Mus transpozice

transsexual [træns'sekšuəl] n transsexuál/ -ka

transship [træns'šip], **transshipment** [træns'šipmənt] see **tranship, transhipment**

transubstantiate [trænsəb'stænšieit] vt Relig proměnit

transubstantiation [trænsəbstænši'eišn] n Relig proměna, transsubstanciace

transverse [trænz'və:s] adj *(beam, line)* příčný, transverzální; Anat *(muscle)* příčný; *(engine)* příčně uložený; **t. section** příčný řez ■ **~ly** adv příčně

transvestism [trænz'vestizəm] n transvestitismus

transvestite [trænz'vestait] n transvestit/ -ka

trap [træp] n **1** *(for animals,* fig*)* past, léčka, nástraha; **set** or **lay a t.** *(for an animal)* nastražit past; **set a t. for sb** nastrojit komu léčku, políčit na koho; **fall into a t.** chytit se do pasti, sednout komu na lep **2** Aut **speed t.** radarová past **3** *(carriage)* Br bryčka **4** *(in drainpipe)* sifon **5** *(trapdoor)* padací dveře, Theat propadlo **6** sl *(mouth)* huba, klapačka; **shut your t.!** vulg drž hubu or zobák or klapačku! ● vt **(-pp-) 1** *(animal)* chytit do pasti **2** fig **t. sb** chytit koho do léčky, chytit koho na vějičku or na špek, nachytat koho; **I got ~ped into going with them** nalákali mě, abych s nimi šel **3** *(immobilize)* **be ~ped** uvíznout, být uvězněn, být v pasti, *(in a mine)* být zavalen; **I ~ped my fingers in the door** přivřel jsem si prsty ve dveřích

trapdoor [træp'do:(r)] n padací dveře

trapeze [trə'pi:z] n *(in circus)* visutá hrazda, trapéz ■ **t. artist** akrobat/ -ka na visuté hrazdě

trapezium [trə'pi:ziəm] n (pl **~s** or **trapezia**) **1** Geom Br lichoběžník; Amer různoběžník **2** Anat trapézový sval

trapezoid ['træpizoid] n Geom Br různoběžník; Amer lichoběžník

trapper ['træpə(r)] n traper lovec kožešinové zvěře do pastí

trappings ['træpiŋz] n pl **1** pej *(outer signs)* charakteristické znaky; *(of power, wealth, success)* vnější příznaky, vymoženosti **2** *(ceremonial harness)* ustrojení koně

Trappist ['træpist] n Relig **t. (monk)** trapista

trapshooting ['træpšu:tiŋ] n střelba na hliněné holuby

trash [træš] n **1** *(inferior goods)* šmejd, šunt, brak; **literary t.** braková literatura, literární brak or škvár **2** inf *(nonsense)* pitomost, blbost, volovina; **he talks a lot of t.** žvaní nesmysly; **don't talk t.!** nekecej! **3** pej inf *(people)* pakáž, verbež, chamraď **4** Amer *(refuse)* odpadky, smetí ■ **t. heap** smetiště ● v **1** vandalizovat, rozbíjet **2** esp Amer prudce kritizovat

trashcan ['træškæn] n Amer popelnice, nádoba na odpadky

trasher ['træšə(r)] n Amer vandal, výtržník

trashy ['træši] adj **(-ier, -iest)** *(goods)* brakový, podřadný, mizerný; *(literature)* brakový, *(work of art)* kýčovitý; *(programme)* ubohý; **t. writing** škvár

trauma ['tro:mə] n (pl **~s** or **~ta**) Psych trauma, duševní otřes

traumatic [tro:'mætik] adj traumatický

traumatize ['tro:mətaiz] vt způsobit komu trauma, traumatizovat

travel ['trævl] n **1** no pl cestování; **air/ sea t.** cestování letadlem/ lodí; **the age of space t.** éra kosmických letů; **she is fond of t.** ráda cestuje ■ **t. agency** cestovní kancelář; **t. book** cestopis; **t. brochure** turistická příručka; **t. insurance** cestovní pojistka; **t. fever** cestovní horečka; **t. nerves** cestovní horečka; **t. writer** cestopisec **2 ~s** cesty, cestování; **be on one's ~s** být na cestách, cestovat **3** Techn *(of piston)* zdvih; *(of needle)* vychýlení ● v **(-ll-,** Amer **-l-)** **I** vi **1** *(journey: person)* cestovat, být na cestách; *(make a journey)* jet; **t. by bus/ car** cestovat or jet autobusem/ autem; **t. round the world** cestovat po světě; **t. light** cestovat nalehko; **he's ~ling to Prague tomorrow** zítra odjíždí do Prahy; **t. from place to place** jezdit z místa na místo; **t. far and wide** hodně cestovat **2** *(move)* pohybovat se, *(train, bus* etc also*)* jet, *(plane* also*)* letět; *(light, sound, news)* šířit se; **t. at 60 km/h** cestovat rychlostí 60 km/hod; **t. along a conveyor belt** pohybovat se po dopravním pásе **3** Comm **t. in sth** cestovat s čím; **t. for** *(firm, company)* být obchodním zástupcem čeho; **t. in carpets** dělat obchodního cestujícího pro firmu vyrábějící koberce **II** vt **1** *(distance)* ujet, urazit **2** *(roads)* jezdit po čem; *(country)* procestovat, zcestovat

travelator ['trævəleitə(r)] n pohyblivý chodník

travelled, Amer **traveled** ['trævld] adj **1 a well-t. man** zcestovalý člověk **2** *(road, place)* frekventovaný, rušný

traveller, Amer **traveler** ['trævlə(r)] n **1** gen cestující, turista, cestovatel; **be a poor t.** špatně snášet cestování ■ **t.'s cheque,** Amer **t.'s check** cestovní šek **2** *(salesman)* also **(commercial) t.** obchodní cestující

travelling, Amer **traveling** ['trævliŋ] n cestování ■ **t. bag** cestovní taška; **t. case** necesér; **t. expenses** cestovní výlohy, cestovné; **t. salesman** obchodní cestující ● adj *(preacher, musician)* potulný; **t. crane** pojízdný jeřáb

travelogue, travelog ['trævəlog] n *(film)* cestopisný film; *(lecture)* cestopisná přednáška s diapozitivy

travel-sick ['trævlsik] adj **be t.** trpět nevolností při cestování or při jízdě, *(on ship)* trpět mořskou nemocí

travel-sickness ['trævlsiknəs] n nevolnost při cestování

travel-weary ['trævlwi:ri] adj vyčerpaný z cesty

traverse [trə'və:s] **I** vt **1** fml *(cross)* přejít, překročit, přejet, přeplout, přeletět; *(land – Subj: river)* přetínat, *(flow through)* protékat čím; **the searchlights ~d the sky** světlomety přejížděly po obloze **2** Mount přetraverzovat **II** vi Mount traverzovat ● ['trævə:s] n **1** *(beam)* traverza **2** Jur protest, námitka

travesty ['trævəsti] n fml (pl **-ties**) **1** *(parody)* parodie **2** *(pretence)* předstírání; **it was a t. of justice** byl to výsměch právu ● vt *(justice)* být výsměchem čemu

trawl [tro:l] n **1** Br also **t. net** nevod, vlečná síť **2** Amer also **t. line** udicové lano ● **I** vi lovit ryby nevodem, Amer lovit ryby udicovým lanem **II** vt *(bay* etc*)* lovit ryby vlečnou sítí kde

trawler ['tro:lə(r)] n *(boat)* trauler, trawler

trawling ['tro:liŋ] n (see **trawl**) lovení nevodem

tray [trei] n **1** *(for food)* podnos, tác; **baking t.** plech na pečení **2** *(for letters)* košíček na poštu

treacherous ['trečərəs] adj **1** *(disloyal)* zrádný, věrolomný, proradný; *(memory)* nespolehlivý **2** *(conditions, current, quicksand)* zrádný, nebezpečný ■ **~ly** adv **1** zrádně, věrolomně, proradně **2** nebezpečně

treacherousness ['trečərəsnəs] n see **treacherous 1** zrádnost, věrolomnost, proradnost; *(of memory)* nespolehlivost **2** zrádnost, nebezpečnost

treachery ['trečəri] n zrádnost, proradnost

treacle ['tri:kl] n Br *(molasses)* melasa; *(golden syrup)* sirup

treacly ['tri:kli] adj melasovitý, sirupovitý; fig *(smile, voice)* medový, nasládlý; *(sentimental)* sentimentální, nasládlý

tread [tred] n **1** *(manner of walking)* krok, chůze; **have a light t.** mít lehkou chůzi; **walk with a heavy t.** chodit ztěžka **2** *(of stair)* stupeň, schod **3** *(of tyre)* běhoun, protektor ● v (pt **trod** [trod], pp **trod** or **trodden** ['trodn]) **I** vt *(path: make)* vyšlapat, *(go along)* jít po čem; **t. water** šlapat vodu, fig přešlapovat na místě; **t. sth into sth** zašlapat co do čeho ♦ **t. the boards** Rhetor or joc být na prknech, která znamenají svět **II** vi *(walk)* jít, pohybovat se, našlapovat; **t. on sth** šlápnout na co ♦ **t. carefully** lit našlapovat opatrně; **t. carefully with sb** fig chodit kolem koho po špičkách; **t. on air** být na výsost šťastný, vznášet se (štěstím) v oblacích; **t. on sb's heels** být komu v patách, šlapat komu na paty; **t. on sb's corns** fig šlápnout komu na kuří oko **III** phr vs ■ **tread down** vt udupat, ušlapat, udusat ■ **tread in** vt zadupat, zašlapat

treadle ['tredl] n *(of sewing machine)* šlapadlo ● vi pohánět šlapadlem

treadmill ['tredmil] n **1** formerly šlapací mlýn; *(for hamster)* kolo **2** fig jednotvárná práce

treas abbr of **treasurer** pokladník

treason ['tri:zn] n zrada; **high t.** velezrada, vlastizrada

treasonable ['tri:zənəbl] adj *(act, offence)* zrádný

treasure ['trežə(r)] n **1** lit poklad, drahocennost; **art t.** umělecký poklad; **priceless t.** vzácný poklad **2** *(dear person)* poklad; **she is a real t.** ona je účiněný or hotový poklad, ona je učiněná perla ■ **t. house** klenotnice, studnice (**of knowledge** vědomostí); **t. hunt** hledání pokladu; **t. hunter** hledač pokladů; **t. trove** nalezený poklad, fig studnice ● vt **t. sth** opatrovat or chovat co jako oko v hlavě; **t. sb** vysoce si koho cenit, chovat koho jako v bavlnce

treasurer ['trežərə(r)] n **1** *(of club)* pokladník, pokladní **2** *(of company)* vedoucí finančního oddělení

treasury ['trežəri] n **1** *(of an institution)* pokladna **2** Pol Br **the T.**, Amer also **T. Department** ministerstvo financí **3** fig *(of information)* zdroj; *(anthology)* pokladnice

treat [tri:t] n **1** *(pleasure)* požitek, radost, rozkoš; *(surprise)* milé překvapení; *(present)* dárek; *(trip)* výlet; **school t.** školní výlet, exkurze; **I've got a t. for you** mám pro vás překvapení; **it was a t.** byl to učiněný požitek; **as a special t.** jako něco extra pohoštění, dárek; **give oneself a t.** vyhodit si z kopýtka, popřát si **2** *(act of ~ing)* **it's my t.** toto platím já; **stand sb a t.** zaplatit za koho **3** inf **it's coming on** or **up a t.** je to jedna báseň, jde to nad očekávání dobře; **it looks a t.** vypadá to báječně ● vt **1** *(behave towards, deal with)* zacházet s kým, jednat s kým, nakládat s kým, chovat se ke komu; **t. sb well** chovat se ke komu dobře, nakládat s kým dobře; **t. sb as an equal** jednat or zacházet s kým jako rovný s rovným; **t. sb like dirt** jednat s kým jako se sluhou; **t. sb with contempt** chovat se ke komu s despektem; **both sides should be ~ed justly** oběma stranám se má měřit spravedlivě **2** *(handle: object, substance)* zacházet s čím; **t. sth like gold dust** zacházet s čím jak se šafránem **3** *(consider)* **t. sth as a joke** brát co jako žert; **t. sth lightly** brát co na lehkou váhu; **t. sth seriously** brát co vážně **4** Med *(patient, disease)* léčit, *(wound)* ošetřit; **he is being ~ed for cancer** léčí se na rakovinu **5** Techn, Chem upravovat, *(seed)* mořit, *(wood)* napouštět, impregnovat; *(sewage)* čistit **6** *(subject)* zabývat se čím, *(in an article)* pojednávat o čem; **what subject did he t.?** jakými náměty se zabýval? **7** *(pay for)* pohostit, zaplatit za koho; *(invite)* pozvat (**to sth** na co); **t. sb to a drink** poručit komu skleničku; **t. oneself to sth** dopřát si co or čeho; **t. oneself** popřát si, vyhodit si z kopýtka

treatise ['tri:tiz] n pojednání (**on sth** o čem), vědecký spis

treatment ['tri:tmənt] n see also **treat** vt **1** zacházení s kým, jednání s kým, nakládání s kým; **preferential t.** nadržování, protekce **2** zacházení s čím **3** Med léčení, léčba; ošetření, ošetřování; **hormone t.** hormonální léčba; **hospital t.** léčení v nemocnici, nemocniční ošetření; **radiation t.** ozařování **4** Techn, Chem etc úprava, impregnace; moření; čistění **5** *(interpretation: of subject)* zpracování, interpretace, přístup k čemu

treaty ['tri:ti] n smlouva, úmluva, pakt

treble₁ ['trebl] adj trojnásobný, trojitý; Math trojmístný ● adv třikrát, trojnásobně; **foodstuffs are t. the price** potraviny stojí třikrát tolik ● vt(i) ztrojnásobit (se)

treble₂ ['trebl] n Mus *(voice)* soprán, diskant ■ **t. clef** houslový klíč; **t. recorder** zobcová flétna altová; **t. trombone** sopránový trombón

tree [tri:] n **1** Bot strom; **apple/ apricot/ banana/ cherry t.** jabloň/ meruňka/ banánovník/ třešeň; **Christmas t.** vánoční stromeček ♦ **the t. of life** strom života; **the t. of knowledge** Bibl strom poznání; **bark up the wrong t.** být na špatné adrese, plakat u cizího hrobu; **be at the top of the t.** dosáhnout vrcholu ve svém povolání; **be up a t.** Amer být v úzkých; **he cannot see the wood for the ~s** pro samé stromy nevidí les ■ **t. frog** rosnička; **t. nursery** lesní školka; **t. trunk** kmen stromu **2** Comput strom; **t. network** stromová síť; **t. structure** stromová struktura **3 (family) t.** rodokmen **4 (shoe) t.** napínák na boty; *(last)* kopyto **5** Arch Relig *(cross)* kříž ● vt *(animal)* zahnat na strom

tree-covered ['tri:kavəd] adj zalesněný

treeless ['tri:ləs] adj holý, beze stromů, nezalesněný

treetop ['tri:top] n koruna or vrcholek stromu

trefoil ['trefoil] n **1** Bot trojlístek, *(plant)* jetel **2** Archit *(ornament)* trojlist

trek [trek] n *(hike)* (dlouhá) túra; *(arduous journey)* namáhavá cesta; **it's quite a t.** je to pořádný kus cesty, inf je to dlouhá or pěkná štreka ● **(-kk-)** vi **1** *(journey)* jet, cestovat, táhnout; **t. across a jungle** s námahou se prodírat džunglí **2** inf *(walk arduously)* pachtit se; **t. to the fifth floor** pachtit se or vyšplhat do pátého poschodí

trellis ['trelis] n mřížka, mřížoví, laťoví ● vt opatřit mřížkou or laťovím

trelliswork ['treliswə:k] n laťoví, treláž

tremble ['trembl] n třesení, chvění, záchvěv; **be all of a t.** inf třást se jako osika or jako list ● vi třást se, chvět se; *(ground* also*)* otřásat se; **t. like a leaf** třást se jako osika; **t. with cold/ fear** chvět se zimou/ strachem; **t. for sb** trnout o koho, strachovat se o koho; **he's trembling with rage** lomcuje jím vztek

trembling ['tremblɪŋ] adj třesoucí se, chvějící se; **t. poplar** osika ● n *(of hand)* třesení, chvění; *(of voice)* chvění ♦ **fear and t.** děs a hrůza, hrůza hrůzoucí; **strike fear and t. into sb** pouštět na koho hrůzu

tremendous [trə'mendəs] adj **1** *(great)* obrovský, ohromný, *(pleasure)* nesmírný, *(success* also*)* kolosální, *(difference* also*)* nebetyčný; *(blow)* hrozný, děsný **2** inf *(wonderful)* senzační, báječný; **a t. woman** báječná or správná ženská; **he was in a t. mood** měl skvělou náladu; **he was in t. form** byl v úžasné formě ■ **~ly** adv ohromně, obrovsky, nesmírně

tremor ['tremə(r)] n otřes, záchvěv; Med třes, tremor

tremulous ['tremjuləs] adj **1** *(trembling: voice, hand)* třaslavý **2** *(timid: smile)* plachý, ostýchavý ■ **~ly** adv *(say)* třaslavým hlasem; *(smile)* plaše, nesměle

trench [trenč] n *(ditch)* příkop, průkop, výkop; Mil zákop ■ **t. warfare** poziční válka ● vt vykopat příkop, Mil vykopat zákop(y)

trenchant ['trenčənt] adj *(criticism)* ostrý; *(answer, remark)* výstižný, přiléhavý; *(imagination)* pronikavý; *(style)* úsečný; *(satire)* břitký; *(tone)* ostrý, břitký, řízný ■ **~ly** adv *(speak, retort)* přiléhavě, trefně, výstižně; see also adj

trench coat ['trenčkəut] n trenčkot, nepromokavý plášť

trencherman ['trenčəmən] n (pl **-men**) joc **he is a good t.** má dobrý apetýt, toho je lepší šatit než živit; **be a poor t.** být malý jedlík, jíst jako vrabec

trend [trend] n **1** *(trend)* tendence, trend; **price t.** vývoj cen **2** *(fashion)* móda, trend; **set the t.** udávat módu or tón; **follow the t.** *(fashion)* řídit se módou ● vi **t. towards** or **to sth** mít tendenci k čemu, směřovat k čemu, klonit se k čemu

trendsetter ['trendsetə(r)] n osoba udávající tón, *(in fashion)* osoba udávající módu

trendy ['trendi] adj (**-ier**, **-iest**) inf módní, (hyper)moderní ■ **trendily** adv *(dress)* módně

trepan [tri'pæn] n **1** Med *(tool)* trepan, *(operation)* trepanace **2** Techn korunový vrták ● vt Med trepanovat, provést trepanaci čeho

trepidation [trepi'deišn] n *(anxiety)* tíseň, stísněnost, úzkost, znepokojení; *(trembling)* chvění; **with great t.** s velkou úzkostí

trespass ['trespəs] n **1** *(on property)* nedovolený vstup na cizí pozemek **2** Bibl vina; **forgive us our ~es** odpusť nám naše viny ● vi **1** *(on property)* vstoupit neoprávněně na cizí pozemek; **'no ~ing!'** „vstup zakázán"; **to t. on sb's kindness** zneužívat čí laskavosti ♦ **t. on sb's patch** joc lézt komu do zelí, přebírat komu partnera/ partnerku **2** Bibl **as we forgive them that t. against us** jakož i my odpouštíme našim viníkům

trespasser ['trespəsə(r)] n vetřelec, nepovolaný, Jur rušitel držby; **'~s will be prosecuted'** „nepovolaným vstup přísně zakázán"

tress [tres] n poet kadeř, lokna; **~es** vlasy, vlas

trestle ['tresl] n koza, kozel, podstavec ■ **t. bridge** most na bárkách

triad ['traiæd] n **1** Mus trojzvuk; Chem trojmocný prvek **2 Triad** čínská tajná gangsterská organizace

trial ['traiəl] n **1** Jur soudní proces or řízení; **t. by jury** proces s porotou, porotní řízení; **bring sb to t.** postavit koho před soud; **show t.** monstrproces **2** *(test)* zkouška, pokus, test; **take sth on t.** vzít co na zkoušku; **do sth by t. and error** dělat co metodou zkoušek a omylů; **conduct ~s** provádět zkoušky; **a t. of strength** zkouška síly; **voice ~s** hlasové zkoušky ■ **t. flight** zkušební let; **t. marriage** manželství na zkoušku; **t. run** *(of machine)* zkušební běh, *(of car)* zkušební jízda **3** *(competition)* **~s** konkurs **4** *(hardship, suffering)* (těžká) zkouška, trápení, pohroma; **the ~s of married life** útrapy manželského života; **~s and tribulations** slzy a pláč, pohár hořkosti

triangle ['traiæŋgl] n **1** Geom trojúhelník **2** Mus triangl **3** fig **eternal t.** manželský or milostný trojúhelník; **the Bermuda T.** bermudský trojúhelník

triangular [trai'æŋgjulə(r)] adj Geom trojúhelníkový; *(treaty)* trojstranný

triathlon [trai'æθlon] n triatlon

tribal ['traibl] adj kmenový, rodový

tribe [traib] n **1** Hist, Anthrop kmen; Bot, Zool podčeleď, tribus **2** fig pej klika, klan, sebranka

tribesman ['traibzmən] n (pl **-men**) příslušník kmene

tribulation [tribju'leišn] n **~s** útrapy, soužení, protivenství; see also **trial (4)**

tribunal [trai'bju:nl] n soud, soudní dvůr, tribunál

tributary ['tribjutəri] adj *(river)* vlévající se; *(state, person)* odvádějící daň ● n *(river)* přítok; *(person)* poplatník

tribute ['tribju:t] n **1** Hist *(payment)* daň, tribut **2** *(homage)* hold, úcta; **floral ~s** květinové dary; **pay t. to sb** vzdát komu hold

trice [trais] n okamžik; **in a t.** v cuku letu, bleskurychle; **be somewhere in a t.** být kde jako na koni

trick [trik] n **1** *(ruse)* lest, úskok, trik; **resort to a t.** uchýlit se ke lsti ♦ **see through sb's ~s** vidět komu do karet, prohlédnout koho ■ **t. question** chyták **2** *(practical joke, prank)* taškařina, lotrovina, inf fór; **a dirty t.** podraz, lumpárna; **play a t. on sb** vyvést komu co, udělat si z koho legraci, *(maliciously)* udělat na někoho podraz; **none of your ~s** přestaň blbnout, přestaň dělat blbý* fóry or skopičiny **3** *(knack)* šikovnost, kumšt, fígl, finesa;

conjuring t. eskamotáž, hokus pokus; **know all the ~s** znát všechny fígle; **it's not difficult once you know the t.** není to nic těžkého, jakmile tomu přijdete na kloub; inf **that should do the t.** tohle by to mělo spravit; inf **this will do the t.** to je přesně, co je třeba udělat; **do ~s with cards** dělat kouzla s kartami; inf **do a vanishing t. i)** provést kouzelnické zmizení, nechat zmizet **ii)** zmizet po anglicku ■ **t. cyclist** krasojezdec/ krasojezdkyně; fig pej *(psychiatrist)* psychiatr neutr **4** *(habit)* zvláštní zvyk, zlozvyk; **have a t. of doing sth** mít ve zvyku něco dělat **5** Cards štych **6** *(prostitute's client)* Amer zákazník **7** inf **(one's) bag of ~s** nádobíčko, fidlátka, (svých) pět švestek; **gather up one's bag of ~s** sebrat si svých pět švestek **8** inf dated **how's ~s?** jak se vede? **9 t. or treat** *(at Halloween)* obdarujte nás, nebo vám něco vyvedeme ● **I** vt obelstít, ošidit; **t. sb into doing sth** nalákat koho (lstí) k čemu; **you have been ~ed** obelstili vás, dal jste se napálit; **t. sb out of sth** vylákat z koho co; **we have been ~ed** podvedli nás **II** phr vs ■ **trick out** vt vyparádit, vystrojit; **she was ~ed out in her Sunday best** byla svátečně vystrojená

trickery ['trikəri] n podvod, lest, úskok, inf chytračení; **verbal t.** slovní kličky; **get sth by t.** dostat co podvodem or lstí

trickiness ['trikinəs] n see **tricky 1** obtížnost, komplikovanost **2** choulostivost, prekérnost, ošemetnost; ožehavost, delikátnost **3** mazanost, prohnanost, vykutálenost; rafinovanost

trickle ['trikl] n **1** *(of liquid)* (tenký) pramének or pramínek **2** fig *(of visitors, tourists)* hrstka; *(of orders)* malé množství; **the number of illegal immigrants is down to a t.** počet nelegálních přistěhovalců se snížil na minimum ● **I** vi *(liquid)* kapat, téci tenkým pramínkem; **tears ~d down her cheeks** po tváři jí stékaly slzy **II** vt nalévat po kapkách or tenkým praménkem; **sweat ~d down his forehead** z čela mu crčel pot **III** phr vs ■ **trickle away** vi *(water)* pomalu odtéci or odkapat; *(people)* pomalu se vytratit ■ **trickle back** vi *(people)* po troškách se vracet, trousit se zpátky ■ **trickle in** vi *(people)* postupně přicházet, trousit se ■ **trickle out** vi *(people)* postupně se vytratit; *(information)* postupně vyjít najevo

trickle charger ['triklča:džə(r)] n Elec dobíječ akumulátoru

trickster ['trikstə(r)] n podvodník, šejdíř

tricksy ['triksi] adj see **tricky (3)**

tricky ['triki] adj **(-ier, -iest) 1** *(difficult: decision, task)* obtížný, těžký **2** *(situation)* choulostivý, prekérní, ošemetný; *(problem, subject)* ožehavý, delikátní ♦ **find oneself on t. ground** dostat se na kluzkou půdu **3** *(crafty, sly: person)* mazaný, prohnaný, inf vykutálený; *(plan, question)* rafinovaný

tricolour ['trikələ(r)], Amer **tricolor** ['traikalə(r)] n trikolora, trojbarevný prapor; **the T.** francouzská vlajka

tricorn ['traiko:n] n třírohý klobouk

tricot ['trikəu] n Text trikot, osnovní pletenina

tricycle ['traisikl] n trojkolka, tříkolka

trident ['traidənt] n trojzub, trojzubec

tried [traid] adj **1** *(medicine, method)* vyzkoušený, spolehlivý, osvědčený **2** *(nation)* (těžce) zkoušený

trier ['traiə(r)] n **be a t.** snažit se, být vytrvalý

trifle ['traifl] n **1** *(insignificant thing)* drobnost, hloupost, maličkost, inf prkotina; **worry over ~s** znepokojovat se kvůli maličkostem **2 a trifle a)** *(small sum)* pakatel; *(small amount: of sugar, salt)* špetka; **he bought it for a t.** koupil to za pakatel **b)** *(slightly)* trochu, inf kapánek; **it's a t. long** je to poněkud dlouhé **3** Cook ovocný pohár se šlehačkou ● phr v ■ **trifle with** vt *(person, problem)* brát koho/ co na lehkou váhu, *(sb's feelings)* pohrávat si s čím; **t. with one's health** zahrávat si se zdravím; **he is not a man to be ~d with** s ním si není radno zahrávat

trifling ['traifliŋ] adj triviální, nedůležitý, nicotný; **a t. sum** směšná or halířová cena

trig [trig] inf abbr of **trigonometry** trigonometrie

trigger ['trigə(r)] n **1** *(of gun)* spoušť, kohoutek; *(of mechanism)* spoušť, spouštěcí páka; **pull** or **squeeze the t.** stisknout spoušť or kohoutek, vystřelit, vypálit ♦ **be quick on the t.** fig rychle reagovat **2** fig **act as** or **be the t. for sth** *(protest, revolution)* být impulsem k čemu, vyprovokovat or vyvolat or způsobit co ● vt also **t. off** *(mechanism)* spustit; *(protest, reaction)* vyvolat, vyprovokovat, rozpoutat

trigger-happy ['trigəhæpi] adj inf **be t.-happy i)** lit nerozpakovat se střílet při sebemenší provokaci **ii)** fig být impulsivní or agresivní, *(ruler of country)* být válkychtivý

trigonometric(al) [trigənə'metrik(l)] adj Math trigonometrický

trigonometry [trigə'nomətri] n Math trigonometrie

trike [traik] abbr of **tricycle** tříkolka

trilateral [trai'lætərəl] adj třístranný, trojstranný, *(conference, treaty* also*)* trilaterální

trilby ['trilbi] n also **t. hat** měkký plstěný klobouk

trilingual [trai'liŋgwəl] adj třijazyčný, trojjazyčný; *(person)* ovládající tři jazyky

trill [tril] n **1** Mus trylek, *(of bird* also*)* klokot **2** Ling hrčivá souhláska ● **I** vi Mus trylkovat, *(nightingale* also*)* klokotat **II** vt **1** *(note)* zatrylkovat **2** Ling *(consonant)* vyslovit hrčivě

trillion ['triljən] n **1** Br trilion **2** Amer bilion

trilogy ['trilədži] n trilogie

trim [trim] adj (**trimmer**, **trimmest**) **1** *(neat: appearance)* upravený, *(person)* čistý, upravený, dbající o svůj zevnějšek; *(garden)* (pečlivě) udržovaný; *(beard, hair, hedge)* přistřižený, zastřižený; *(branches)* seříznutý; *(boat, house)* uklizený **2** *(slender: figure)* ztepilý, štíhlý, *(waist)* útlý **3** *(fit)* ve formě, fit ● n **1** *(condition)* stav; **be in good t.** *(car, house, garden)* být v dobrém stavu, *(person: be fit)* být v dobré fyzické kondici, být ve formě; **keep oneself in t.** udržovat se ve formě **2** *(cut)* stříhání, oříznutí, *(of hair* also*)* sestřih, *(of dogs)* trimování, stříhání, *(of trees)* seřezání; **give one's nails a t.** ostříhat si nehty; **give a hedge a t.** přistřihnout živý plot; **have a t.** *(at hairdresser's)* nechat si přistřihnout vlasy **3** *(on clothing)* lem, obruba **4** *(of car: exterior)* vnější úprava, *(interior)* vnitřní vybavení **5** *(of ship)* vyvážení, *(of sails)* seřízení ● **I** vt (**-mm-**) **1** *(cut: hair, beard, hedge)* přistřihnout, zastřihnout, *(dog)* trimovat, *(branches)* seříznout, *(tree)* prořezat; *(piece of wood)* přiříznout na správný rozměr **2** fig *(budget, expenditure)* zredukovat, snížit **3** *(dress)* olemovat, *(shorten)* zahnout, zkrátit **4** *(Christmas tree)* ozdobit; *(shop window)* aranžovat **5** *(ship, plane)* vyvážit, trimovat; *(sails)* seřídit ♦ **t. one's sails** fig být kam vítr, tam plášť **II** phr vs ■ **trim away** vt *(eg fat from meat)* odříznout, odkrojit ■ **trim down** vt *(wick)* ustřihnout; fig *(budget, costs)* zredukovat, snížit ■ **trim off** vt *(edge, hair)* zarovnat; *(branches)* seříznout konce čeho

trimmer ['trimə(r)] n fig pej oportunista; člověk kam vítr, tam plášť

trimming ['trimiŋ] n **1** *(on clothes)* ozdoby, (ozdobné) lemování, prýmek; **~s and linings** krejčovská příprava **2** *(offcuts)* odřezky, *(of fabric)* odstřižky **3** Cook **~s** obloha, obložení, příloha **4** *(extras)* **have a church wedding with all the ~s** mít svatbu s veškerou parádou or pompou or se vším, co k tomu patří or se vším všudy

trimness ['trimnəs] n upravenost; *(slimness)* štíhlost

Trinidad and Tobago [trinidædəntə'beigəu] n Trinidad a Tobago

Trinity ['trinəti] n Relig **the (Holy) T.** nejsvětější Trojice ■ **T. Sunday** Nejsvětější Trojice

trinket ['triŋkit] n cetka, ozdobná tretka, ozdůbka, *(jewel)* laciný šperk; **glittering ~s** blyštivé cetky

trio ['triəu] n **1** Mus trio, *(composition* also*)* tercet(o) **2** *(group of three)* trojice

trip [trip] n **1** *(journey)* cesta, jízda; **boat t.** cesta lodí; **business t.** služební cesta; **have a good t.!** šťastnou cestu!; **I had to make two ~s to town** musel jsem jít/ jet dvakrát do města **2** *(excursion)* výlet, zájezd, exkurze; **a school t.** školní výlet; **go on a t.** jet na výlet **3** sl *(on drugs)* trip, opojení z drog; **be on a t.** být na tripu, být v rauši ● v (**-pp-**) **I** vt **t. sb (up)** *(make sb stumble)* způsobit čí klopýtnutí, *(with foot)* podrazit komu nohy, dát komu stoličku, nastavit komu nohu **II** vi **1** *(stumble)* klopýtnout; **t. over sth** klopýtnout o co **2** *(skip: child)* poskakovat, cupitat **III** phr vs ■ **trip over** *I* vt **t. over sth** zakopnout o co *II* vi zakopnout ■ **trip up** *I* vt **1** see vt (**1**) **2** fig **t. sb up** *(catch)* chytit koho za slovo, vyvést koho z míry *II* vi **1** *(stumble)* zakopnout, klopýtnout **2** *(make an error)* udělat chybu, zmýlit se

tripartite [trai'pa:tait] adj *(agreement, treaty)* trojstranný, tripartitní

tripe [traip] n **1** Cook dršťky ■ **t. soup** dršťková polévka **2** Br inf *(nonsense)* blbost, hovadina vulg; **what a load of t.!** to je pěkná blbost!

triple ['tripl] adj **1** trojitý, trojnásobný; **a t. murder** trojnásobná vražda; Sport **t. jump** trojskok **2** Mus **in t. time** v třídobém taktu **3 T. Alliance** Pol Trojdohoda ● adv třikrát tolik; **t. the distance** třikrát tak daleko ● n trojnásobek ● vt(i) ztrojnásobit (se)

triplet ['triplət] n trojče; **~s** trojčata

triplicate ['triplikət] n **in t.** trojmo, v trojím vyhotovení ● adj (vyhotovený) ve třech exemplářích ● ['triplikeit] vt *(document)* vyhotovit trojmo

triply ['tripli] adv trojnásobně

tripod ['traipod] n třínožka, trojnožka; Phot stativ, stojan

Tripoli ['tripəli] n Tripolis

tripos ['traipos] n Univ of Cambridge závěrečná zkouška k dosažení hodnosti BA

tripper ['tripə(r)] n výletník

tripping ['tripiŋ] adj **t. device** Techn vysmekovací ústrojí

triptych ['triptik] n Art triptych

tripwire ['tripwaiə(r)] n nástražný drát

trisyllabic [traisi'læbik] adj trojslabičný, tříslabičný

trisyllable [trai'siləbl] n trojslabičné slovo

trite [trait] adj *(banal)* banální; **a t. com-**

ment banalita; **a t. expression** (otřepaná) fráze ■ **~ly** adv banálně; **express oneself ~ly** mlátit prázdnou slámu

triteness ['traitnəs] n banálnost; *(of phrases)* otřepanost

tritium ['tritiəm] n Chem tritium

triumph ['traiəmf] n **1** *(jubilation)* triumf; *(victory)* vítězství; *(success)* triumfální úspěch; **in t.** triumfálně; **the t. of good over evil** vítězství dobra nad zlem **2** *(in ancient Rome)* triumf vítězný pochod ● vi triumfovat; *(win)* zvítězit; **t. over sb** zvítězit nad kým

triumphal [trai'amfl] adj triumfální; **t. arch** vítězný or triumfální oblouk

triumphant [trai'amfənt] adj jásavý, vítězoslavný; **a t. shout** jásavý výkřik ■ **~ly** adv vítězoslavně

triumvirate [trai'amvərət] n Hist triumvirát

trivalent [trai'veilənt] adj trojmocný, třímocný

trivia ['triviə] n pl triviálnosti, nicotnosti, maličkosti; **the t. of everyday life** všední záležitosti každodenního života

trivial ['triviəl] adj **1** *(insignificant: loss, matter, objection)* triviální, nedůležitý, bezvýznamný, zanedbatelný **2** *(person)* plytký, povrchní, *(conversation* also*)* mělký

triviality [trivi'æləti] n see **trivial 1** triviálnost, bezvýznamnost, zanedbatelnost **2** plytkost, povrchnost, mělkost

trivialization [triviəlai'zeišn] n trivializace, banalizace

trivialize ['triviəlaiz] vt trivializovat, banalizovat

trochaic [trəu'keiik] adj Liter trochejský

trochee [trəuki:] n Liter trochej

trod [trod] pt of **tread**

trodden ['trodn] pp of **tread**

Trojan ['trəudžən] adj trojský; **the T. War** trojská válka; **T. horse** trojský kůň, fig also danajský dar ● n Trojan ♦ **work like a T.** dřít jako mezek

troll [trol] n Myth trol

trolley ['troli] n **1** *(cart)* vozík, *(in supermarket)* vozík (v samoobsluze), *(in station)* vozík (na zavazadla); *(two-wheel)* dvoukolák, rudl; *(in factory)* (akumulátorový) vozík **2** *(for serving food, drinks)* servírovací stolek **3** Elec kladka sběrače tramvaje ap. **4** also **t. car** Amer dated tramvaj **5** see **trolleybus 6** inf **be off one's t.** nemít všech pět pohromadě

trolleybus ['trolibas] n trolejbus

trollop ['troləp] n dated & pej *(prostitute)* běhna, rajda, pouliční holka; *(slut)* špindíra, cuchta, nepořádnice

trombone [trom'bəun] n Mus trombon, pozoun

trombonist [trom'bəunist] n trombonista, pozounista

troop [tru:p] n **1** Mil *(of cavalry)* eskadrona, dated švadrona, *(of artillery)* baterie **2** *(of children)* houf, hejno; *(of people)* pej horda, stádo; *(of animals)* stádo **3** Mil **~s** vojáci, vojsko, vojska, jednotky ♦ **that's the stuff to give the ~s** joc to je ono, to je to pravé ■ **t. carrier** (vojenský) transportér; **t. train** vojenský vlak ● **I** vi **t. in/ out** nahrnout se dovnitř/ ven; **t. past** hrnout se or valit se kolem **II** vt Mil **~ing the colours** vojenská přehlídka s vlajkou

trooper ['tru:pə(r)] n **1** *(soldier)* jízdní voják, dated kavalerista ♦ **swear like a t.** klít jako pohan **2** Amer *(policeman)* **(state) t.** policista

trope [trəup] n Liter tropus metafora/ metonymie ap.

trophy ['trəufi] n Hunt, Mil trofej; Sport **challenge t.** putovní pohár

tropic ['tropik] n **1** Geog, Astron obratník; **the T. of Cancer/ Capricorn** obratník Raka/ Kozoroha **2 the ~s** tropy, tropické pásmo; **in the ~s** v tropech, v tropickém pásmu

tropical ['tropikl] adj tropický

tropism ['trəupizəm] n Biol tropismus

trot [trot] n **1** *(pace)* klus; **go at a t.** (Subj: *horse)* klusat, běžet klusem, *(rider)* jet klusem ♦ **be always on the t.** inf (Subj: *person)* být stále v jednom kole, být stále v poklusu; **I've been on the t. all day** inf celý den jsem se nezastavil(a); **keep sb on the t.** inf prohánět koho, dávat komu zabrat **2** *(ride)* vyjížďka na koni; **go for a t.** *(on horseback)* vyjet si na koni, udělat si vyjížďku na koni **3** inf **on the t.** *(in succession)* **five times on the t.** pětkrát za sebou **4** inf joc **the ~s** *(diarrhoea)* běhavka, vulg sračka; **have the ~s** vulg mít sračku (jako bič) ● v (-tt-) **I** vi **1** *(horse)* běžet klusem, klusat, *(rider)* jet klusem **2** inf *(person: run)* běžet, klusat; *(child, woman on heels)* cupitat, *(baby)* ťapat; inf **can you t. down to the shop for me?** můžeš mi zaběhnout or zaskočit do obchodu? **II** vt jet (na koni) klusem **III** phr vs ■ **trot along** vi **1** see (**I** vi) **2** inf **I must t. along now** už budu muset běžet ■ **trot away** or **off** vi **1** *(horse)* odklusat **2** *(person)* odklusat, *(child)* odcupitat ■ **trot out** vt *(excuses)* vysypat ze sebe

trotter$_1$ ['trotə(r)] n *(horse)* klusák

trotter$_2$ ['trotə(r)] n Cook **pigs' ~s** vepřové nožičky

trouble ['trabl] n **1** *(difficulty, difficulties, problem(s))* potíže, obtíže, nesnáze, problémy, inf trable, trápení; **be in t.** mít potíže; **get into t.** dostat se do nesnází or inf do maléru; **that's the t.** v tom je ten problém; **the t. is that ...** potíž je v tom, že ...; **what's the t.?** co vás trápí?; **your t. is that ...** tvůj problém je v tom, že ... 2 *(conflict)* potíže, trable, konflikt; **stir up t.** dělat rozbroje; **it will cause t.** nebude to dělat dobrotu; **be in t. with the law** dostat se do konfliktu se zákonem; **be in t. with the police** mít tahačky or oplétačky s policií; **ask for t.** říkat si o nepříjemnosti, *(provoke violence)* koledovat si o pár facek; **there's going to be t.** bude zle, schytáš si to 3 *(mechanical failure)* problémy s čím, porucha; **engine t.** porucha motoru; **we've had t. with our new washing machine** zlobí nás naše nová pračka; **have you found the t.?** našel jsi příčinu poruchy? 4 Med potíže, obtíže; **have stomach t.** mít potíže se žaludkem, mít žaludeční obtíže; **have heart t.** mít nemocné srdce; **I have back t.** zlobí mě záda; Br euph **get a girl into t.** přivést dívku do jiného stavu or inf do maléru; fig **teething ~s** *(of new firm, product)* dětské nemoci 5 *(nuisance, bother)* potíže, trápení; **it's no t. (at all)** to nestojí za řeč, rádo se stalo; **it's not worth the t.** nestojí to za tu námahu; **be worth the t.** vyplatit se, stát za to; **he was no t.** *(child)* vůbec nezlobil; **it was too much t. for him** bylo mu to zatěžko; **are you sure it'll be no t.?** opravdu vás to nebude obtěžovat?; **you could have saved yourself the t.** mohl sis ušetřit námahu; **have t. with sb/ sth** mít s kým/ čím trable, užít si s kým/ čím své 6 *(effort)* **take a lot of t. over sth** dát si s čím velkou práci, vynaložit na co velké úsilí; **not to take much t. over sth** dělat co povrchně or halabala, moc s něčím nenadělat 7 **~s** *(worries)* starosti, nesnáze, trampoty, trápení; **tell me your ~s** řekni mi, co tě trápí 8 Br inf joc **one's t. and strife** drahá or lepší polovička ● | vt 1 *(bother, disturb)* obtěžovat, vyrušovat, rušit; **can I t. you to pass me the salt?** můžete mi laskavě podat sůl?; **sorry to t. you** promiňte, že vás obtěžuji; fml **don't t. yourself** neobtěžujte se, iron nedělejte si násilí; **I won't t. you with the details** nebudu vás obtěžovat s podrobnostmi; **why should I t. to explain it?** proč bych se měl namáhat s vysvětlováním? 2 *(worry)* znepokojovat, trápit; **t. sb with sth** znepokojovat koho čím; **be ~d by sth** dělat si kvůli čemu starosti; **what ~s me is that ...** znepokojuje or rmoutí mě, že ... 3 *(cause discomfort* or *pain* – Subj: *cough, tooth, back)* zlobit, trápit; **he was ~d by a bad cough** trápil ho silný kašel || vi *(worry)* **t. about sth** znepokojovat se kvůli čemu

troubled ['trabld] adj 1 *(worried: face)* ztrápený, *(look)* zadumaný 2 *(sleep, night)* nepokojný 3 *(water)* rozbouřený; *(history, times, life)* pohnutý ♦ **fish in t. waters** fig lovit v kalných vodách, vytloukat z čeho kapitál; **pour oil on t. waters** krotit vášně 4 *(firm)* jsoucí ve finančních potížích

trouble-free ['trablfri:] adj *(machine)* bezporuchový, fungující bez poruch

troublemaker ['trablmeikə(r)] n výtržník, intrikán, provokatér, buřič

troubleshooter ['trablšu:tə(r)] n 1 *(in conflict)* urovnávač sporů, prostředník při sporu 2 Comm poradce při odstraňování problémů ve výrobě, distribuci ap. 3 Techn opravář

troubleshooting ['trablšu:tiŋ] n see **troubleshooter** 1 urovnávání sporů 2 pomoc při odstraňování problémů výrobních, administrativních ap. 3 *(of mechanism)* oprava, znovuuvedení do chodu

troublesome ['trablsəm] adj 1 *(person, cough)* nepříjemný, otravný; *(insects)* dotěrný, obtížný 2 *(difficult: job)* obtížný, namáhavý, *(situation)* svízelný

trough [trof] n 1 *(for animals)* koryto, *(for water)* žlab ♦ **have one's snout in the t.** být u koryta 2 *(depression: between waves, hills)* údolí, *(in land)* proláklina, deprese; *(on graph)* důl 3 Meteor **t. of depression** brázda nízkého tlaku 4 Econ dno hospodářské aktivity

trounce ['trauns] vt ztlouci koho, nařezat komu, natlouci komu, zřezat koho; Sport *(defeat)* rozdrtit, porazit na hlavu

trouncing ['traunsiŋ] n (pořádný) výprask; *(defeat)* nakládačka, nářez

troupe [tru:p] n Theat divadelní společnost, herecký soubor

trouper ['tru:pə(r)] n Theat herec/ herečka; fig **an old t.** starý kozák

trouser ['trauzə(r)] in compounds kalhotový; **t. leg** nohavice; **t. suit** kalhotový kostým

trousers ['trauzəz] n pl **(a pair of) t.** kalhoty; **two pairs of t.** dvoje kalhoty ♦ **wear the t.** fig být pánem v rodině; **catch sb with their t. down** překvapit koho, chytit koho nepřipraveného, *(sexually)* chytit or přistihnout koho in flagranti

trousseau ['tru:səu] n výbava nevěsty

trout [traut] n pstruh ■ **t. fishing** lov or chytání pstruhů

trove [trəuv] see **treasure t.**

trowel ['trauəl] n zednická lžíce; zahradnická lopatka ♦ **lay it on with a t.** inf přehánět, přepínat, nafukovat něco; *(flattery)* mazat komu med kolem úst

Troy [troi] n Hist Trója

troy [troi] n also **t. weight** trojské váhy

truancy ['tru:ənsi] n absence (ve škole), chození za školu, záškoláctví

truant ['tru:ənt] n žák, který chodí za školu, záškolák, inf ulejvák; **play t.** chodit za školu, inf ulejvat se ze školy, inf dělat si ze školy holubník

truce [tru:s] n Mil příměří also fig, klid zbraní; *(respite)* oddech, pauza; **call/ declare/ break a t.** uzavřít/ vyhlásit/ porušit příměří

truck$_1$ [trak] n **1** Br Rail nákladní vagon **2** esp Amer *(lorry)* nákladní auto, náklaďák, kamion; *(van)* dodávkové auto, pick-up [pikap]; **water t.** cisterna ■ **t. driver** řidič nákladního auta **3** *(handcart)* kára, vozík, *(motorized)* akumulátorový vozík; *(in mines)* důlní vozík ● **I** vt Amer dopravovat, přepravovat zboží nákladními auty **II** vi Amer jezdit s nákladním autem

truck$_2$ [trak] n **1** *(dealings)* **have no t. with sb/ sth** odmítnout mít s kým/ čím co do činění, nechtít mít s kým/ čím co společného **2** Amer *(garden produce)* zelenina, zahradní produkty ■ **t. farm**, **t. garden** zelinářství, zeleninová plantáž; **t. farmer** zelinář; **t. farming** pěstování zeleniny **3** Hist *(payment)* placení mzdy v naturáliích; **be paid in t.** být placen v naturáliích

trucker ['trakə(r)] n Amer **1** *(driver)* řidič nákladního auta; *(haulage contractor)* autodopravce **2** *(truck farmer)* zelinář

trucking ['trakiŋ] n Amer **1** *(haulage)* autodoprava, spedice **2** *(truck farming)* zelinářství, pěstování zeleniny

truckle ['trakl] vi pokořit se (**to sb** před kým), ponížit se, být servilní

truckle bed ['traklbed] n nízká postel na kolečkách zasouvací pod vyšší postel

truckload ['trakləud] n (plné) nákladní auto, náklad nákladního automobilu

truculence ['trakjuləns] n agresivita, útočnost; *(defiance)* vzdorovitost

truculent ['trakjulənt] adj agresivní, útočný, bojechtivý; *(defiant)* vzdorný, vzdorovitý ■ **~ly** adv agresivně, vzdorně

trudge [tradž] **I** vi namáhavě jít, ploužit se, vléci se těžce, vláčet se; **t. through the snow** vláčet se or plahočit se or ploužit se sněhem; **t. through the mud** brodit se blátem **II** vt **t. the streets** vláčet se po ulicích ● n namáhavá cesta, *(uphill)* namáhavý výstup

true [tru:] adj **1** *(not a lie: news, statement, story)* pravdivý; **it is t.** je to pravda; **is it t. that ...?** je pravda, že ...?; **it is t. to say that ...** je možno říci, že ..., **the opposite is t.** opak je pravdou; **can it be t.?** je to možné?; **it can't be t.** to není možné; **what is** or **holds t. of boys is t. of girls** co platí pro chlapce, platí i pro dívky; **come t.** splnit se, vyplnit se, stát se skutečností; **come t. to the very last letter** splnit se do posledního písmene; **it sounds too good to be t.** to zní jako pohádka; **too t.!** to máte pravdu **2** *(accurate, exact: description, account)* přesný, *(copy)* věrný, odpovídající originálu, *(likeness)* věrný; **the t. state of affairs** pravý stav věcí; **be t. to life** *(film, book)* odpovídat skutečnosti **3** *(real, genuine: democracy, Englishman)* pravý, opravdový, skutečný; *(cost, value)* skutečný; *(leather)* pravý ♦ **show oneself in one's t. colours** ukázat se v pravé podobě, ukázat svou pravou tvář; **see sth in its t. colours** uvidět co v pravém světle; **in the t. sense of the word** v pravém or ve vlastním slova smyslu **4** *(sincere: remorse)* upřímný, opravdový, *(love)* opravdový, pravý **5** *(faithful: lover)* věrný; **be t. to sb to the grave** být komu věrný až do smrti or až za hrob; **be t. to one's word** dostát slovu, dodržet slovo **6** *(surface)* rovný; **be t.** Build *(window, frame)* být svislý; *(circle, sphere)* dokonalý; **the Earth is not a t. sphere** Země není dokonalá koule **7** Mus *(note)* čistý, *(instrument)* dobře naladěný **8** Geog směřující k zeměpisnému severu ■ see **truly** ● n **be out of t.** *(wall)* nebýt svislý or rovný, *(picture)* viset nakřivo; *(door)* být zkřížený ● adv **1** *(accurately: aim, shoot)* přesně **2** *(truly)* pravdivě; **tell me t.** řekni mi pravdu **3** Biol *(without variation)* **breed t.** rozmnožovat se bez křížení ● phr v ■ **true up** vt *(machinery, wheels)* seřídit, vyrovnat; *(edges of plank)* ohoblovat, opracovat

true-blue [tru:'blu:] adj *(conservative)* zarytý, pravověrný, skalní ● n Br *(Tory)* zarytý konzervativec

true-life [tru:'laif] adj skutečný, *(story)* podle skutečnosti; **t. story** příběh ze života

truffle ['trafl] n *(mushroom)* lanýž

trug [trag] n košík zahradnický

truism ['truizəm] n truismus, otřepaná pravda

truly ['tru:li] adv **1** *(genuinely)* opravdu, skutečně; **really and t.** na mou duši **2** *(as intensifier)* **he's t. a great player** on je skutečně dobrý hráč; **a t. dreadful film** opravdu hrozný film **3** *(in letter)* **yours t.** váš oddaný, joc *(myself)* moje maličkost

trump$_1$ [tramp] n **1** *(in cards* & fig*)* trumf ♦ inf **come** or **turn up ~s** dopadnout (nad očekávání) dobře ■ **t. card** lit & fig trumf; **hold all the t. cards** or **all the ~s** fig mít v ruce všechny trumfy **2** inf dated *(person)* prima kluk/ holka; **she's absolutely ~s** je absolutně senzační ● **I** vt vynést trumf, přebít trumfem **II** phr vs ■ **trump up** vt inf *(excuse)* vymyslit si, vycucat si co z prstu; *(accusation)* vykonstruovat

trump₂ [tramp] n Bibl **the last t.** trouba posledního soudu

trumped-up [trampt'ap] adj inf *(accusation)* vykonstruovaný

trumpet ['trampit] n Mus trubka, trumpeta; **a fanfare of ~s** trubková fanfára; **t. player** = **trumpetist** trumpetista ♦ **blow one's own t.** vytahovat se, inf honit si triko ● **I** vi *(elephant)* troubit **II** vt *(secret, news)* vytrubovat, roztrubovat, rozhlašovat; **a much trumpeted price-cut** halasně oznamované snížení cen

trumpeter ['trampitə(r)] n trumpetista/ trumpetistka, trubač/ -ka

trumpeting ['trampitiŋ] n *(of elephants)* troubení

truncate [traŋ'keit] vt *(tree)* useknout čemu vršek; *(text)* okleštit, zkrátit

truncated ['traŋkeitid] adj *(cone)* komolý; fig *(article)* okleštěný, zkrácený

truncation [traŋ'keišn] n *(of tree)* odříznutí vrcholu; *(of text)* zkrácení, okleštění

truncheon ['trančən] n Br policejní obušek, pendrek

trundle ['trandl] **I** vt *(push)* (s námahou) tlačit, *(pull)* (s námahou) táhnout, tahat se s čím **II** vi *(vehicle: move* or *roll heavily)* těžkopádně se pohybovat; **a goods train ~d past** kolem prohrkotal nákladní vlak

trundle bed ['trandlbed] n Amer postel na kolečkách zasouvatelná pod vyšší postel

trunk [traŋk] n **1** *(of tree)* kmen, peň; *(of body)* trup **2** *(of elephant)* chobot **3** *(case)* lodní kufr **4** Amer kufr u auta **5** Tel **t. call** dated meziměstský hovor; Aut **t. road** hlavní silnice

trunks [traŋks] n pl **1 (swimming) t.** (pánské) plavky; *(for sport)* trenýrky **2** *(underwear)* (pánské) spodky

truss [tras] n **1** *(of hay, straw)* otep, otýpka **2** Build *(of roof)* plná vazba krovu **3** Med kýlní pás ● **I** vt **1** *(tie: hay)* (s)vázat do otýpek **2** Cook *(poultry)* svázat před pečením, připravit k pečení **3** Build podepřít, vyztužit **II** phr v ■ **truss up** vt **1** *(prisoner)* spoutat **2** *(poultry)* see vt **(2)**

trust [trast] n **1** *(confidence)* důvěra, víra; **betray sb's t.** zklamat čí důvěru; **blind t.** slepá víra; **a breach of t.** porušení důvěry; **enjoy sb's t.** těšit se čí důvěře; **I have every t. in him** plně mu důvěřuji; **a matter of t.** otázka důvěry; **mutual t.** vzájemná důvěra; **poison sb's t.** vzbudit u koho nedůvěru, nasadit komu brouka do hlavy; **unshakeable t.** neotřesitelná or pevná víra; **win sb's t.** získat si čí důvěru **2** *(care)* **place sth in sb's t.** svěřit co do čí péče **3** Jur svěřenství, správa majetku ■ **t. deed** svěřenská listina **4** Fin **investment t.** investiční fond ■ **t. fund** svěřenský fond **5** *(group of companies)* trust ● **I** vt **1** *(have confidence in, rely on)* **t. sb** věřit komu, důvěřovat komu; **t. sth** *(feelings, intuition, method)* mít důvěru v co, spoléhat se na co; **I can't t. them to do it properly** nemohu se spolehnout, že to udělají pořádně **2** *(entrust)* **t. sb with sth** svěřit co komu **3** fml *(hope, suppose)* doufat, předpokládat, věřit; **I t. that ...** doufám, že ...; **I t. so/ not** doufám, že ano/ ne **4** iron inf **t. you/ him/ her!** (to je pro tebe/ něho/ ni) typické!, to jsi celý ty!/ to je celý on!/ to je celá ona!; **t. him to say that!** to je pro něho typické! **II** vi **1** *(believe)* věřit; **t. in God** věřit v Boha **2** *(have confidence)* **t. in sb** důvěřovat komu; **t. to luck** spoléhat se na štěstí, pokoušet štěstí

trusted ['trastid] adj **1** *(friend)* věrný; *(colleague)* těšící se důvěře, důvěryhodný **2** *(method)* spolehlivý, osvědčený

trustee [tra'sti:] n *(administering property)* správce majetku; **t. in bankruptcy** konkurzní správce; **board of ~s** správní rada

trusteeship [tra'sti:šip] n Jur svěřenství, správa majetku

trustful ['trastful], **trusting** ['trastiŋ] adj důvěřivý, lehkověrný

trustworthiness ['trastwə:ðinəs] n důvěryhodnost; *(of information)* hodnověrnost; *(of source)* spolehlivost

trustworthy ['trastwə:ði] adj *(person)* důvěryhodný, hodný důvěry, seriózní; *(information)* hodnověrný; *(source)* spolehlivý

trusty ['trasti] adj **(-ier, -iest)** arch or joc věrný, důvěryhodný ● n *(in prison)* bachařův pomocník vězeň mající určitá privilegia

truth [tru:θ] n (pl **~s** [tru:ðz]) **1** pravda; **tell the t.** mluvit pravdu; **to tell the t. ...** mám-li být upřímný, ..., upřímně řečeno, ...; **there's some t. in it** je na tom něco pravdy; **face up to the t.** pohlédnout pravdě do očí; **let the t. come out** dát průchod pravdě; **tell the whole t. and nothing but the t.** říci pravdu a nic než pravdu **2** *(fact, belief)* **eternal ~s** věčné pravdy; **universal ~s** univerzální pravdy; **I told him a few home ~s** řekl jsem mu, co si o něm myslím; **I will tell him a few ~s about his behaviour** řeknu mu, co si myslím o jeho chování **3 in t.** fml ve skutečnosti

truthful ['tru:θful] adj **1** *(person)* pravdomluvný; *(story, statement)* pravdivý; *(portrait)* věrný ■ **~ly** adv *(answer)* pravdivě

truthfulness ['tru:θfulnəs] n *(of person)* pravdomluvnost, *(of story)* pravdivost

try [trai] n (pl **tries**) **1** *(attempt)* pokus; **have a t. at sth** or **at doing sth** zkusit něco; **have another t.** zkusit to ještě jednou; **give sth a t.** vyzkoušet něco; **give sb a t.** dát komu šanci; **why not make a t.?** proč to nezkusit?; **it's worth a t.** stojí to za zkoušku; **at the first t.** na první pokus **2** Rugby pokus o položení míče v brankovišti soupeře ● v (pt & pp **tried**) **I** vt **1** *(attempt)* zkusit, snažit se; **t. to do sth** zkusit něco udělat; **t. to impress sb** snažit se udělat na koho dojem, dělat se před kým hezký; **he tried his best** or **his hardest** snažil se, co měl síly **2** *(test: new product)* vyzkoušet, zkusit co; *(door, window)* pokusit se or zkusit otevřít; *(telephone number, person by telephone)* zkusit zavolat; **t. sb** zkusit se obrátit na koho; **t. one's hand at sth** zkusit si co; **t. one's luck** zkusit své štěstí, pokoušet štěstěnu; **t. one's strength against sb** změřit si s kým síly **3** *(taste: wine, beer)* (o)chutnat **4** *(tax: eyes)* namáhat; **t. sb's patience** pěnit komu krev **5** Jur *(defendant)* soudit, vést soudní řízení proti komu; *(case)* projednávat u soudu; **t. sb for an offence** soudit koho pro trestný čin **II** vi zkoušet, pokoušet se; **t. again** zkoušet něco znovu; **keep ~ing** zkoušet něco dál; **t. and come early** snažte se přijít brzy; **t. as she might, she didn't succeed** přes všechnu or veškerou snahu se jí to nepodařilo **III** phr vs ■ **try for** vt **t. for sth** *(loan, job)* usilovat o co, *(record)* pokoušet se o co, snažit se vytvořit co; **t. for a university place/ try for Oxford** snažit se dostat na univerzitu/ do Oxfordu ■ **try on** vt **1** *(garment)* zkusit (si), vyzkoušet (si) **2** inf **t. it on with sb** zkusit, co si člověk na koho může dovolit, zkoušet to na někoho; inf **don't you t. it on with me** s tím si na mě nepřijdete, na mne tohle neplatí; **he's just ~ing it on** on to jen tak zkouší, on vás jen tak škádlí ■ **try out** *I* vt *(new car)* (vy)zkoušet; *(employee)* vzít koho na zkoušku, *(give sb a chance)* dát komu šanci *II* vi **t. out for a team** hrát v mužstvu na zkoušku ■ **try over** vt *(musical piece)* zkoušet, nacvičovat

trying ['traiiŋ] adj *(journey)* namáhavý, vyčerpávající, *(work also)* perný; *(experience)* nepříjemný; *(person)* únavný, trapný; **he had a t. time** užil si své, neměl to lehké

try-on ['traion] n Br inf bluf; **it was just a t.-on** on jen tak blufoval

try-out ['traiaut] n zkouška, test

tryst [trist] n fml dated schůzka, dostaveníčko

tsar [za:(r)] n car

tsarevitch ['za:rəvič] n carevič

tsarina [za:'ri:nə] n carevna

tsarism ['za:rizm] n carismus

tsarist ['za:rist] adj carský

tsetse fly ['tsetsiflai] n Ent bodalka tse-tse, inf moucha tse-tse

T-shirt ['ti:šə:t] n tričko (s krátkým rukávem)

tsp abbr of **teaspoonful** čajová lžička

T-square ['ti:skweə(r)] n příložník

TT [ti:'ti:] abbr of **teetotal/ teetotaller** abstinetní/ abstinent

TU [ti:'ju:] abbr of **Trade Union** odborový svaz

tub [tab] n **1** *(for liquid)* okov, *(large)* káď; *(for washing)* vana, necky; inf *(bath)* vana **2** *(container for ice cream, yoghurt, margarine* etc also *its contents)* kelímek **3** pej inf *(boat)* necky fig

tuba ['tju:bə] n Mus tuba

tubby ['tabi] adj (**-ier, -iest**) inf tlustý, kulaťoučký, *(woman)* baculatá

tube [tju:b] n **1** *(pipe)* trubka, *(of rubber)* hadice, hadička, sl šlauch; *(in tyre)* **(inner) t.** duše **2** *(container: for toothpaste* etc*)* tuba, tubička **3** inf Br **the t.** *(London underground)* ≅ metro, podzemka; **go by t., take the t.** jet metrem or podzemkou ■ **t. station** stanice metra **4** Anat trubice; **the bronchial ~s** průdušky; **capillary ~s** kapiláry, vlásečnice; **Fallopian ~s** vejcovody **5** Amer *(cathode-ray t.)* obrazovka; inf esp Amer **the t.** *(TV set)* telka, bedna, televize neutr; **what's on the t. tonight?** co je dnes večer v telce?

tubeless ['tju:bləs] adj *(tyre)* bezdušový

tuber ['tju:bə(r)] n **1** Bot hlíza **2** Med hrbol, vyvýšenina

tubercle ['tju:bəkl] n Anat tuberkul, hrbolek

tubercular [tju'bə:kjulə(r)] adj Med tuberkulózní

tuberculin [tju'bə:kjulin] n Med tuberkulín

tuberculosis [tjuˌbə:kju'ləusis] n Med tuberkulóza

tuberculous [tju'bə:kjuləs] adj tuberkulózní

tuberous ['tju:bərəs] adj Bot hlíznatý

tubing ['tju:biŋ] n trubka, trubky, *(of rubber, plastic)* hadice; **a piece of t.** kus trubky/ hadice

tub-thumper ['tabθampə(r)] n inf demagog

tub-thumping ['tabθampiŋ] n halasný projev, demagogie ● adj demagogický

tubular ['tju:bjulə(r)] adj *(furniture, scaffolding)* trubkový

TUC [ti:ju:'si:] Br abbr of **Trades Union Congress** Federace odborových svazů

tuck [tak] n **1** Sew záševek; *(decorative)* sámek, paspulka **2** Sch dated sl *(food, sweets)* sladkosti, dobroty ■ **t. shop** *(at school)* školní prodejna sladkostí, bramborových lupínků etc ● **I** vt **1** *(shirt, blouse)* zastrčit, zakasat; **t. one's shirt into one's trousers** zakasat si košili do kalhot; **t. one's shirt in** zakasat or zandat si košili; **she ~ed the sheets under the mattress** zasunula prostěradlo pod matraci **2** *(put)* strčit, zastrčit, zasunout; **t. one's hair under one's hat** zastrčit si vlasy pod klobouk; **t. a blanket round sb's legs** zabalit komu nohy do deky **3** Sew udělat na čem sámky **II** phr vs ■ **tuck away** vt **1** *(hide: money)* uložit si, odložit si, dát si stranou **2 be ~ed away** *(village, cottage: in a forest)* skrývat se **3** inf *(food)* zbaštit, spořádat ■ **tuck in** *I* vt **1** *(shirt)* zastrčit, zasunout, zakasat; *(stomach)* zastrčit, vtáhnout **2 t. sb in** přikrýt koho, uložit koho zastrčit prostěradla a deky pod matraci *II* vi inf **t. in!** nechte si chutnat, pusťte se do jídla ■ **tuck into** vt **t. into sth** *(meal)* pustit se do čeho ■ **tuck up** vt *(skirt)* vykasat si, *(sleeves* also*)* vyhrnout si; *(legs)* zasunout pod sebe; **t. sb up (in bed)** uložit koho, přikrýt koho

tucker$_1$ ['takə(r)] n **1 put on one's best bib and t.** hodit se do gala or do pucu **2** inf Austr & NZ *(food)* jídlo, expr bašta, žrádlo or žrádýlko

tucker$_2$ ['takə(r)] vt Amer inf **t. sb (out)** utahat koho, vyčerpat koho

tuck-in ['takin] n Br inf bašta; **we had a great t.-in** výborně jsme se nabaštili

Tudor ['tju:də(r)] n Hist Tudor, Tudorovec ● adj tudorský, tudorovský

Tue(s) abbr of **Tuesday** úterý

Tuesday ['tju:zdi] n úterý; **Shrove T.** masopustní úterý; **on T.** v úterý; **on ~s** (vždy) v úterý, každé úterý; **on T. morning/ evening** v úterý dopoledne/ večer; **last/ next/ this T.** minulé/ příští/ toto úterý; **every other T.** každé druhé úterý; **the T. after next, T. week, a week on T.** od úterka za týden; **T.'s newspaper** úterní noviny

tuft [taft] n **1** *(of hair)* chomáč, *(of grass* also*)* trs **2** Orn **a t. of feathers** chochol

tufted ['taftid] adj *(grass)* trsovitý; *(bird)* chocholatý; *(carpet)* s všitým vlasem

tug [tag] n **1** *(pull)* zatáhnutí, trhnutí, škubnutí; **give sth a t.** zatáhnout za co; **give a t. at a rope** zatáhnout za provaz; **he felt a t. at his sleeve** cítil, jak ho někdo zatahal za rukáv **2 t. of war** Sport přetahování, fig urputný boj, *(about inheritance* etc*)* dlouhá tahanice; **t. of love** inf tahanice rozvedených rodičů o dítě **3** Naut remorkér, vlečná loď ● v (**-gg-**) **I** vt *(pull)* vléci, táhnout, *(boat* also*)* remorkovat **II t. at sth** tahat za co, zatáhnout za co, škubnout čím ♦ **t. at sb's heartstrings** snažit se někoho dojmout, hrát na čí city

tugboat ['tagbəut] n remorkér, vlečný člun

tuition [tju:'išn] n výuka, učení; **private t.** soukromé hodiny ■ **t. fees** Univ školné

tulip ['tju:lip] n Bot tulipán ■ **t. tree** n liliovník

tulle [tju:l] n Text tyl

tumble ['tambl] n **1** Gymn kotrmelec, *(somersault)* přemet **2** *(fall)* pád; **have a nasty t.** ošklivě spadnout ♦ **have a t. in the hay** euph zašpásovat si v posteli **3** Fin *(of shares, prices)* prudký pokles **4** *(mess)* (hrozný) nepořádek; **in a t.** v zoufalém nepořádku **5 t. drier** or **dryer** bubnová sušička (prádla) ● **I** vi **1** *(fall)* svalit se, klopýtnout; **t. into bed** svalit se or padnout do postele; **t. down the stairs** sletět or skutálet se ze schodů **2** *(prices)* prudce klesnout **3** *(rush)* hnát se; **they came tumbling after me** hnali se horempádem za mnou **4** Gymn *(acrobat, clown)* dělat přemety **II** vt *(push, knock)* shodit, povalit **III** phr vs ■ **tumble about** vi *(children)* poskakovat, skotačit; *(acrobat)* dělat přemety ■ **tumble down** vi *(person)* skácet se, svalit se; *(house)* zbořit se, zřítit se ■ **tumble out** vi vyklopýtat; *(contents)* vysypat se, vyklopit se; *(secret, word)* vyklouznout z úst ■ **tumble over** vi převalit se, přepadnout, překotit se ■ **tumble to** vt inf **t. to sth** *(fact, plan)* (po)rozumět čemu, hovět čemu; **I ~d to his meaning** došlo mi, co měl na mysli

tumbledown ['tambldaun] adj *(house)* na spadnutí, zchátralý, hrozící zřícením

tumbler ['tamblə(r)] n **1** *(glass)* sklenice rovná a bez nožky, pohárek **2** *(acrobat)* akrobat **3** *(of lock)* stavítko (u zámku) **4** *(tumble dryer)* (bubnová) sušička

tumbleweed ['tamblwi:d] n Amer Bot druh laskavce v uschlém stavu se ulomí a poletuje

tumbrel, tumbril ['tambrəl] n Hist popravčí kára

tumescence [tju'mesəns] n Med otok, opuchlina, oteklina, tumescence

tumescent [tju'mesnt] adj Med *(swelling)* otékající, nabíhající

tumid ['tju:mid] adj **1** Med oteklý, opuchlý, zduřelý **2** fig *(style)* nabubřelý

tummy ['tami] n inf břicho, baby talk bříško; **t. ache** bolesti břicha/ bříška; **I have a t. ache** bolí mě břicho/ bříško; **it will give you a t. ache** bude tě z toho bolet bříško

tumour, Amer **tumor** ['tju:mə(r)] n Med nádor; **benign/ malignant t.** nezhoubný/

zhoubný nádor; **secondary t.** metastáza, metastáze

tumult ['tju:malt] n **1** *(commotion, uproar)* shon, zmatek, mela, hluk **2** fml *(of feelings)* rozrušení, vzrušení; **a t. of rage** nával or záchvat vzteku

tumultuous [tju:'maltjuəs] adj *(crowd)* hlučný, lomozný, hlučící, *(applause)* bouřlivý, frenetický

tumulus ['tju:mjuləs] n (pl **tumuli** [-lai]) Archeol mohyla, tumulus

tun [tan] n *(large cask)* velký sud

tuna ['tju:nə] n **t. (fish)** tuňák

tundra ['tandrə] n tundra

tune [tju:n] n **1** *(melody)* melodie, nápěv, popěvek; **signature t.** znělka; **sing sth to the t. of ...** zpívat něco na nápěv čeho; **it's got no t. to it** nemá to vůbec melodii ♦ **call the t.** udávat tón, hrát prim; **change one's t., sing a different t.** (začít) zpívat jinou; **dance to sb's t.** tancovat or skákat podle něčí noty; tancovat, jak někdo píská; **keep singing the same old t.** mlít pořád stejnou, omílat pořád stejnou písničku; see also **piper** **2** *(pitch)* **sing in t./ out of t.** zpívat čistě/ falešně; **go out of t.** *(instrument)* rozladit se; **the violin is not in t. with the piano** housle neladí s klavírem; fig **be in t. with sth** *(ideas, attitudes, political thinking, environment)* shodovat se s čím, být ve shodě or v souladu s čím **3** inf *(debt, grant, costs)* **to the t. of ...** ve výši ... **4** Techn **be out of t.** *(engine, carburettor)* být nesprávně seřízený ● **I** vt **1** *(musical instrument)* naladit **2** *(engine, machine, carburettor)* nastavit, seřídit **3** Rad, TV naladit, vyladit na určitou stanici/ vlnovou délku **4** fig *(adapt: public pronouncements etc)* přizpůsobit (**to sth** čemu) **II** phr vs ■ **tune in** *I* vt **1 t. sth in to sth** *(radio/ TV set)* vyladit si na přijímači co **2** Rad **you are ~d in to Radio Prague** posloucháte rádio Praha *II* vi **t. in to Radio Prague** vyladit si rádio Praha, poslouchat rádio Praha ■ **tune up** vt **1** *(musical instrument)* naladit, vyladit **2** Aut *(engine)* seřídit

tuneful ['tju:nful] adj melodický, zpěvný ■ **~ly** adv melodicky

tuneless ['tju:nləs] adj nemelodický, nezpěvný

tuner ['tju:nə(r)] n **1** *(of piano)* ladič **2** *(of Radio, TV)* tuner

tune-up ['tju:nap] n Aut seřízení; **the car needs a t.-up** auto je třeba seřídit

tungsten ['taŋstən] n wolfram ■ **t. carbide** karbid wolframu; **t. lamp** žárovka s wolframovým vláknem; **t. steel** wolframová ocel

tunic ['tju:nik] n **1** *(loose garment)* halena, dlouhá blůza; *(in ancient Rome)* tunika **2** *(of uniform)* blůza stejnokroje **3** Bot suknice

tuning ['tju:niŋ] n **1** Mus ladění ■ **t. fork** ladička **2** Rad, TV (vy)ladění; **digital t.** digitální ladění ■ **t. knob** ladicí knoflík **3** Aut seřízení

Tunis ['tju:nis] n *(town)* Tunis

Tunisia [tju'niziə] n *(country)* Tunisko

Tunisian [tju'niziən] adj tuniský ● n *(person)* Tunisan/ -ka

tunnel ['tanl] n tunel, *(under road also)* podjezd; Mining chodba, štola; Mil podkop; *(of mole, badger)* podzemní chodba; **use the t.** použít tunelu, jet tunelem; **dig a t.** razit tunel ♦ **be able to see light at the end of the t.** fig mít naději na blízké vyřešení problému ■ **t. vision** Med rourovité zúžení zorného pole; fig **have t. vision** mít klapky na očích ● v (**-ll-**, Amer **-l-**) **I** vi razit or hloubit tunel; *(mole)* vyhrabávat podzemní chodbičky **II** vt *(passage)* podkopat, prokopat **III** phr v ■ **tunnel out** vi prokopat se ven z vězení ■ **tunnel under** vt podkopat se pod čím

tunnelling, Amer **tunneling** ['tanəliŋ] n ražení tunelů, tunelování, Mining ražení štol

tunny ['tani] n **t. (fish)** tuňák

tuppence ['tapəns] n dvě pence ♦ **I don't care t.** mně je to naprosto fuk; **I don't care t. for him** může mi být ukradený

tuppenny ['tapəni] adj *(stamp)* za dvě pence, dvoupencový; **t. piece** dvoupence

tuppenny-ha'penny [tapəni'heipəni] adj Br inf směšně laciný, za babku, brakový, jsoucí šmejd

turban ['tə:bən] n turban

turbid ['tə:bid] adj **1** *(liquid)* kalný, zakalený, špinavý **2** fig *(confused)* zmatený, popletený

turbidity [tə:'bidəti] n see **turbid 1** kalnost, zakalenost **2** fig zmatenost, popletenost

turbine ['tə:bain] n turbína; **gas/ hydraulic/ steam t.** plynová/ vodní/ parní turbína

turbocharged ['tə:bəuča:džd] adj **t. motor** motor přeplňovaný turbodmychadlem

turbocharger ['tə:bəuča:džə(r)] n turbokompresor

turbogenerator [tə:bəu'dženəreitə(r)] n turbogenerátor

turbojet ['tə:bəudžet] n Aviat **1** *(engine)* proudový motor s turbínou **2** *(aircraft)* tryskové letadlo

turboprop ['tə:bəuprop] n Aviat turbovrtulový or proudovrtulový motor ■ **t. (aeroplane)** letoun s turbovrtulovým pohonem

turbot ['tə:bət] n Zool kambala velká

turbulence ['tə:bjuləns] n **1** *(of air)*

turbulence; *(of sea)* rozbouřenost **2** *(of crowd)* vření, neklid; *(of emotions)* zjitření

turbulent ['tə:bjulənt] adj **1** *(sea)* rozbouřený; *(air, current)* turbulentní **2** fig *(crowd)* hlučný, bouřící, rozjitřený; *(times)* neklidný, pohnutý, *(life)* rušný, neklidný; *(character)* neklidný, bouřlivý

turd [tə:d] n vulg **1** *(faeces)* hovno; **dog t.** psí hovínko **2** pej *(person)* hajzl, blbec

tureen [tə'ri:n] n polévková mísa

turf [tə:f] n (pl **~s** or **turves** [tə:vz]) **1** *(lawn)* trávník; *(sod)* drn **2** *(peat)* rašelina **3** Sport **the T.** koňské dostihy, turf ■ **t. accountant** bookmaker [bukmejkr] **4** Amer *(of gang)* rajon ● **I** vt **1** *(ground)* drnovat, pokrýt or obkládat drny **2** inf *(throw)* hodit; **t. sth into the corner** hodit co do kouta **II** phr v ■ **turf out** vt inf **t. sb out** vyhodit koho ven, vyrazit koho (ze dveří); **t. sth out** vyhodit co, zahodit co

turgid ['tə:džid] adj **1** Med oteklý, opuchlý **2** *(style, prose)* nabubřelý

turgidity [tə:'džidəti] n *(of style, prose)* nabubřelost

Turk [tə:k] n Turek/ Turkyně

Turkey ['tə:ki] n Turecko

turkey ['tə:ki] n **1** Zool *(cock)* krocan, *(hen)* krůta ■ **t. cock** krocan, fig furiant **2** Cook krůta, krůtí maso **3** Amer inf **talk t.** mluvit bez obalu **4** Amer inf *(flop)* fiasko **5** Amer inf *(fool)* pitomec

Turkish ['tə:kiš] adj turecký; **T. bath** parní lázeň, turecké lázně; **T. coffee** turecká káva; **T. delight** turecký med; **T. towel** froté ručník ● n *(language)* turečtina

turmoil ['tə:moil] n *(confusion)* zmatek, rozruch; **his mind was in a t.** byl zcela zmatený; **the city was in a t.** ve městě bylo pozdvižení; **in the t. of events** ve víru událostí

turn [tə:n] n **1** *(circular movement)* otočení; *(of wheel)* otáčka; *(in ballet, sport)* otočka; **give the handle a t.** otočit klikou; Cook inf **the meat is done to a t.** maso je výborně vypečené **2** *(change of direction)* zatočení, zabočení, *(in skiing* also*)* oblouk, *(in swimming, basketball* etc*)* obrátka; *(bend: in road, river)* zákrut, zátočina, ohyb, ohbí, *(in road* also*)* zatáčka; **a sharp t.** ostrá zatáčka; **make a left t.** odbočit or zahnout doleva, *(driver, car* also*)* zatočit doleva; **take the third t. on the right** *(pedestrian)* dejte se třetí ulicí vpravo, *(driver)* odbočte třetí ulicí doprava; **'no left t.'** „zákaz odbočování vlevo" ♦ **at every t.** na každém kroku, neustále, při každé příležitosti **3** *(change in state)* změna, obrat, zvrat; **the t. of events** vývoj událostí; **events took an unexpected t.** došlo k neočekávanému zvratu událostí; **the conversation took a new t.** rozhovor přešel na nové téma; **a t. for the better/ for the worse** obrat k lepšímu/ k horšímu; **things took a t. for the better/ worse** všechno se obrátilo k lepšímu/ k horšímu; **the situation took a tragic t.** došlo k tragické změně situace; **be on the t.** *(luck)* měnit se, *(milk)* začít kysat **4** *(time of change)* **at the t. of the year/ century** na přelomu roku/ století **5** *(in queue, game* etc*)* řada, pořadí; **by ~s** jeden po druhém, postupně, střídavě, po řadě; **out of t.** mimo pořadí; **whose t. is it?** kdo je na řadě?, na kom je řada?; **it's my t. (now)** teď jsem na řadě já; **it's your t.** teď jste na řadě vy; **she has to wait her t.** musí počkat, až přijde na řadu or až na ni dojde (řada); **take ~s in doing sth, to take it in ~s to do sth** střídat se v čem; **take ~s in driving** střídat se u volantu or v řízení ♦ **speak out of t.** říci něco nevhodného, udělat botu; **he felt hot and cold by ~s** střídavě mu bylo horko a zima **6 in t. a)** *(in rotation)* postupně, po řadě; **she spoke to each of them in t.** mluvila postupně s každým z nich **b) I told John and he in t. told Mary** já jsem to řekl Janovi, a on to řekl Marii **7** *(service)* **do sb a good t.** prokázat or udělat komu laskavost, prokázat komu dobrou službu; **do sb a bad t.** prokázat komu špatnou službu; **do good ~s** dělat dobré skutky ♦ **one good t. deserves another** dobrý skutek zasluhuje odměnu **8** *(tendency)* sklon, dispozice, *(talent)* talent, vloha; **have an academic t. of mind** být studijní typ; **she has a practical t. of mind** je praktická, je prakticky zaměřená; **he has an optimistic t. of mind** má optimistickou povahu; **he has a melancholy t. of mind** má melancholické sklony, má sklon k melancholii; **have a good t. of speed** *(car, athlete, horse)* být velmi rychlý; **have a witty t. of phrase** mluvit vtipně; **have an elegant t. of phrase** mluvit hladce or vybroušeně; **he has a very flowery t. of phrase** mluví velmi květnatě **9** Med inf *(spell of illness)* záchvat, nával; **I just had a little t.** udělalo se mi nevolno **10** inf *(shock)* **you gave me quite a t., you gave me a nasty t.** vy jste mě hrozně vylekal(a) **11** Br Theat (umělecké) číslo, výstup; **the star t.** parádní číslo; **do one's t.** předvést své číslo **12** *(short walk)* vycházka, *(short ride)* projížďka; **I'll take a t. round the garden** projdu se po zahradě; **go for a t. on one's bicycle** jít se projet na kole **13** *(purpose)* účel, potřeba; **the textbook has served its**

t. učebnice splnila svůj účel **14** Mus obal melodická ozdoba ● **I** vt **1** *(rotate: knob, handle, wheel, switch)* (o)točit/ otáčet čím, *(knob* also*)* kroutit čím; **he ~ed the key in the lock** otočil klíčem ve dveřích; **she ~ed the oven to a lower temperature** nastavila troubu na nižší teplotu **2** *(reverse)* **a)** *(mattress)* otočit, obrátit (na druhou stranu); *(hay)* obrátit, obracet; *(soil)* obracet, *(using spade/ plough)* přerýt/ přeorat; *(pages)* obracet; **t. a page** obrátit stránku; **t. a patient onto his/ her side** obrátit pacienta na bok **b) t. sth inside out** *(stocking, sleeve)* obrátit co naruby; **t. sth upside down, t. sth on its head** obrátit něco vzhůru nohama, udělat někde hrozný nepořádek or inf paseku **c)** *(upset)* **it ~s my stomach** lit & fig dělá se mi z toho špatně od žaludku **3** *(change direction of: screen, face)* otočit, natočit; **she ~ed her head** otočila hlavu, ohlédla se ♦ **t. one's back on sb** lit & fig obrátit se ke komu zády, fig ukázat komu záda, odvrátit se od koho; **it ~ed his head** stouplo mu to do hlavy, popletlo mu to hlavu; **not to t. a hair** dělat, jako by se nechumelilo, nepohnout ani brvou; **t. a blind eye to sth** zamhouřit nad čím oko or obě oči **4** *(direct)* **t. sth on sb** *(gun, hose)* namířit co na koho; **t. one's eyes towards sb** podívat se na koho, obrátit na koho zraky; **we ~ed our steps homewards** zamířili jsme domů; **t. one's attention to sth** obrátit na co svou pozornost; **t. one's mind to sth** zaměřit se na co; **t. one's thoughts to sth** začít o čem přemýšlet; **he can t. his hand to anything** umí si poradit s každou prací, ví si vždycky or se vším rady **5** *(send away)* **they ~ed the beggar from their door** odehnali žebráka od domu; **t. sb out of the house** vyhnat koho z domu; **t. sb onto the street** vyhodit koho na dlažbu; fig **t. sb out to grass** házet koho do starého železa **6** *(change, transform)* **a) t. sb into sth** proměnit koho v co, *(magician, witch* also*)* zaklít koho v co; **t. water into wine** proměnit vodu ve víno; **t. a novel into a film** zfilmovat román; **t. sth into cash** zpeněžit něco; **t. sth into a melodrama** zbytečně něco dramatizovat, dělat z čeho aféru or kovbojku; **t. sth into a joke** obrátit něco v žert **b)** *(make sour: milk)* nechat zkysnout **7** *(pass the age of)* **he has ~ed fifty** bylo mu padesát, překročil padesátku; **as soon as I t. eighteen** jakmile mi bude osmnáct; **it's just ~ed seven (o'clock)** před chvílí bylo sedm (hodin), je něco málo po sedmé (hodině) **8 t. the corner** *(car)* zahnout or zajet za roh, *(person)* zahnout or zajít za roh, fig *(after illness)* zotavit se **9** *(shape: on lathe)* vysoustruhovat; fig *(sentence)* zformulovat **10 nothing will t. me from my intention** nic mě neodradí od mého úmyslu **II** vi **1** *(rotate: handle, wheel)* (o)točit se/ otáčet se; **t. on its axis** točit se kolem své osy ♦ **t. in one's grave** obracet se v hrobě; **t. like a weathercock** být kam vítr tam plášť, točit se jako korouhvička (ve větru) **2** *(change direction)* **t. left/ right** zabočit or zahnout vlevo or nalevo/ vpravo or napravo; Mil **left/ right t.!** vlevo/ vpravo v bok!; **she ~ed onto her side** obrátila se na bok; **he ~ed to face the camera** otočil se tváří ke kameře; **I ~ed for home** vydal jsem se domů ♦ **not to know which way to t.** nevědět kudy kam; **his stomach ~ed** zvedl se mu žaludek **3** *(go)* **t. to sb** obrátit se na koho; **t. to sb for advice** požádat koho o radu; **t. to drink** dát se na pití **4** *(become)* **a) t. red/ green/ grey/ yellow** zčervenat/ zezelenat/ zešedivět/ zežloutnout; **t. to ice** *(water)* zmrznout; **t. as pale as a sheet** zblednout jako stěna; **the weather ~ed cold** ochladilo se **b)** *(be transformed)* **t. into sth** proměnit se na co; **t. to stone** zkamenět; **t. to dust and ashes** obrátit se v prach **c)** *(change: luck, weather)* změnit se **d)** *(go sour: milk)* zkysnout, *(wine)* zoctovatět **III** phr vs ■ **turn about** *I* vt *(car, boat)* otočit *II* vi *(person, boat, car, driver* etc*)* otočit se ■ **turn against** vt **1 t. against sb/ sth** obrátit se proti komu/ čemu **2 t. sb against sb/ sth** obrátit koho proti komu/ čemu ■ **turn around** *I* vt **1** *(car, chair)* otočit **2** fig *(situation)* napravit; *(economy)* dosáhnout obratu v čem **3** *(rephrase: question)* přeformulovat *II* vi **1** *(person, vehicle)* otočit se (o 180°) **2** *(rotate: wheel)* točit se, otáčet se ■ **turn aside** vt(i) obrátit (se) stranou, odklonit (se); **t. one's head aside** odvrátit hlavu, odvrátit se ■ **turn away** *I* vt **1** *(head, eyes)* odvrátit **2** *(send away: person)* poslat pryč; *(beggar)* odehnat od domu; *(spectator)* nedovolit komu vstup **3** *(reject: applicants)* odmítnout; *(supplicant)* oslyšet **4** *(discourage: voters)* odradit *II* vi odvrátit se; **t. away in disgust** znechuceně se odvrátit; **t. away from sb** odvrátit se od koho ■ **turn back** *I* vt **1** *(force to return: refugee)* vrátit, poslat zpět; Mil *(soldiers)* dát komu čelem vzad **2** *(rotate backwards)* (o)točit zpět ♦ **(try to) t. the clock back** být zpátečník, (snažit se) otočit kolo dějin zpět **3** *(fold back: sleeves)* vyhrnout, vykasat; *(corner of page)* ohnout *II* vi **1** *(look back)* ohlédnout se **2** *(return)* vrátit se (zpět) **3** *(go back in book)* listovat dozadu, vrátit se dozadu ■ **turn down** *I* vt **1** *(radio, sound)* ztlumit, ztišit, zeslabit;

(heating) snížit **2** *(bedclothes)* odhrnout; *(collar)* ohrnout; *(corner of page)* ohnout, přeložit **3** *(application, offer)* zamítnout; *(candidate, book)* odmítnout; *(suitor)* dát komu košem; **be ~ed down** dostat košem *II* vi **t. down a narrow street** zahnout do úzké uličky ■ **turn in** *I* vt **1** *(homework, borrowed equipment)* odevzdat **2** *(criminal)* **t. sb in** *(take to the police)* odevzdat policii, *(inform on)* udat, nahlásit; **he ~ed himself in to the police** přihlásil se na policii, udal se policii **3 he ~s in his toes as he walks** chodí špičkami dovnitř **4** *(fold in: edges, ends)* zahnout, přehnout **5** *(produce: profit)* ohlásit, mít **6** Br sl **t. it in!** *(stop it)* nech toho!, už toho mám dost! *II* vi **1 his toes t. in when he walks** chodí špičkami dovnitř **2** inf *(go to bed)* zalehnout, jít na kutě **3 t. in on oneself** uzavřít se do sebe ■ **turn into** see **I 6a, II 4b** ■ **turn off** *I* vt **1** *(light)* zhasnout, vypnout; *(water)* zastavit, zavřít, *(gas)* zavřít, vypnout, *(heating, radio, TV, engine)* vypnout, *(tap)* zavřít, zatáhnout **2** inf **t. sb off** *(disgust)* odpuzovat or odrazovat koho, (Subj: *sb's behaviour, boring person* or *place)* jít komu na nervy *II* vi **1** *(leave road)* odbočit, zatočit, zahnout **2** *(switch off)* vypínat se ■ **turn on** *I* vt **1** *(cooker, gas, machine, electricity)* zapnout; *(light)* rozsvítit; *(tap)* otevřít, pustit; *(radio, TV, machine)* pustit ♦ inf **t. on the waterworks** rozbrečet se, pustit se do pláče; **t. on the charm** filmovat to **2** inf **t. sb on** *(interest)* zaujmout koho, vzbudit čí zájem; *(sexually)* vzrušovat koho; **it didn't t. me on** nechalo mne to chladným **3** *(depend)* záviset na čem **4 t. on sb** *(dog)* zaútočit na koho *II* vi *(oven, heating)* zapnout se ■ **turn out** *I* vt **1** *(switch off: light)* zhasnout, *(gas)* zavřít, vypnout **2 he ~s his toes out when he walks** chodí špičkami ven **3** *(throw out: person)* vyhodit, *(send away)* vykázat; *(dismiss: from job)* propustit, vyhodit, *(tenant)* dát komu výpověď; **t. sb out of his home** vyhnat koho z domu ♦ **one wouldn't t. a dog out in such weather** to je počasí, že by psa nevyhnal **4** *(empty: bag)* vyprázdnit, *(pockets* also*)* obrátit naruby, *(cake: from baking tin)* vyklopit **5** *(produce)* vyprodukovat, vyrobit, *(book)* napsat; *(students* – Subj: *school)* vychovat, vyprodukovat **6** *(dress up)* vystrojit, vyparádit *II* vi **1** *(show up, arrive)* přijít, ukázat se, dostavit se **2** *(come out: person)* odejít, *(vehicle)* vyjet odkud **3** *(prove to be)* **he ~ed out to be a rascal** vyklubal se z něho darebák; vyšlo najevo, že je darebák; **the weather has ~ed out fine** vyklubalo se hezké počasí, udělalo se hezky, vyčasilo se **4** *(end up)* **t. out well** osvědčit se, dopadnout dobře, vyjít, mít dobrý konec; **the strawberries ~ed out well this year** letos se nám jahody vydařily; **things ~ed out all right in the end** vše nakonec dobře dopadlo ■ **turn over** *I* vt **1** *(playing card, mattress, patient)* otočit, obrátit; *(page)* obrátit, *(pages)* obracet; *(vehicle)* převrátit, překlopit, překotit; *(soil)* obracet, *(plough)* přeorat; **t. over the pages of a book** listovat v knize ♦ **t. over a new leaf** fig začít nanovo, začít nový život, polepšit se **2** *(hand over: power, control, money, fugitives)* předat **3 t. sth over in one's mind** uvažovat o čem, převracet co v hlavě **4** Comm *(have a turnover of)* mít obrat ... **5** Br inf *(rob)* vykrást; **I've been ~ed over** vykradli mne **6** Aut *(engine)* nechat běžet *II* vi **1** *(person)* obrátit se, *(vehicle, boat)* převrátit se, překlopit se, překotit se; **he ~ed over on his back** obrátil se na záda **2** *(engine)* běžet (na malé obrátky) **3** *(when reading)* **please t. over** or **PTO** obraťte prosím ■ **turn round** vt see **turn around**; **t. round a corner** zahnout za roh ■ **turn to** *I* vt **1** *(set to)* **t. to one's work** pustit se do práce **2** see **II 3, 4b** *II* vi *(get busy)* pustit se do práce, přiložit ruku k dílu ■ **turn up** *I* vt **1** *(volume)* zesílit, *(radio, TV, music)* pustit hlasitěji, *(temperature)* zvýšit **2** *(collar)* ohrnout; *(sleeve)* vyhrnout, vykasat; *(hem)* založit ♦ **t. up one's nose at sth** ohrnovat nad čím nos **3** *(discover)* najít, objevit; *(buried treasure* also*)* vykopat, vykutat, vyhrabat; *(person)* vyslídit **4** *(soil)* zorat, přeorat *II* vi **1** *(appear)* dostavit se, ukázat se; **fail to t. up** nedostavit se, chybět; **t. up late** dostavit se or přijít pozdě **2** *(seem, be found)* najít se, objevit se; **he'll t. up sooner or later** dříve či později se objeví; **t. up out of the blue** objevit se zčista jasna **3** *(present itself: job, opportunity)* **something is sure to t. up** něco se určitě najde **4 his nose ~s up** má nos nahoru; **a ~ed-up nose** pršáček inf

turnabout ['tə:nəbaut] n fig *(in policy)* obrat o 180°

turnaround ['tə:nəraund] n **1** = **turnabout** **2** *(reversal of fortune)* zvrat **3 t. (time)** *(of ship, plane)* obrátka, obratovost

turncoat ['tə:nkəut] n renegát, odrodilec, přeběhlík

turndown ['tə:ndaun] n Amer *(rejection)* odmítnutí

turner ['tə:nə(r)] n soustružník

turning ['tə:niŋ] n **1** *(in road)* odbočka; **take the first t. on the right** *(pedestrian)* jít or dát se první ulicí doprava, *(car)* zahnout or odbočit první ulicí doprava; **take a wrong t.** nesprávně odbočit ■ **the t. point** mezník, přelom, rozhodující moment; **mankind at the t. point** lidstvo na rozcestí **2** Br *(bend: in river)* ohyb, *(in road)* zatáčka **3** Techn soustružení, soustruhování ■ **t. lathe** soustruh

turnip ['tə:nip] n **1** Bot tuřín, vodnice ■ **t. cabbage** *(kohlrabi)* kedluben; **t. tops** listy vodnice jako zelenina **2** fig inf *(pocket watch)* cibule

turn-off ['tə:nof] n **1** *(road)* odbočka **2** inf **it's a real t.** to člověka opravdu znechutí

turnout ['tə:naut] n *(attendance: at meeting, election)* účast, *(at concert)* návštěvnost, (přítomné) obecenstvo; **there was a good/ poor t.** přišlo mnoho/ málo obecenstva

turnover ['tə:nəuvə(r)] n **1** Fin obrat; **t. of goods** obrat zboží ■ **t. tax** daň z obratu **2** *(of staff)* fluktuace; *(of tenants)* časté střídání **3** Cook **apple t.** taštička se zavařeninou

turnpike ['tə:npaik] n **1** Hist mýtní závora **2** Amer **t. (road)** dálnice, na níž se vybírá poplatek za použití

turnround ['tə:nraund] see **turnaround**

turnstile ['tə:nstail] n turniket

turntable ['tə:nteibl] n **1** Rail točna, točnice **2** *(on record player)* talíř

turnup ['tə:nap] n *(on trousers)* záložka ♦ **what a t. for the books!** to je ale překvapení!, to bylo něco!

turpentine ['tə:pəntain] n terpentýn

turps [tə:ps] inf abbr of **turpentine**

turpitude ['tə:pitju:d] n **moral t.** morální bahno

turquoise ['tə:kwoiz] n tyrkys ■ **t. blue** tyrkysová modř

turret ['tarit] n Archit věžička, rohová věž; *(on tank)* (tanková) věž

turreted ['taritid] adj Archit *(castle)* ozdobený věžičkami

turtle ['tə:tl] n Zool mořská želva ♦ **turn t.** *(boat)* inf převrhnout se, převrátit se

turtledove ['tə:tldav] n Orn hrdlička

turtleneck ['tə:tlnek] n Amer also **t. pullover** rolák

turves ['tə:vz] pl of **turf**

Tuscan ['taskən] adj toskánský ● n **1** *(person)* Toskánec/ Toskánka **2** *(language)* toskánština

Tuscany ['taskəni] n Toskánsko

tusk [task] n kel

tusker ['taskə(r)] n *(elephant)* (dospělý) slon; *(boar)* (dospělý) kanec

tussle ['tasl] n lit & fig šarvátka, potyčka, tahanice; *(quarrel)* hádka ● vi rvát se, potýkat se; fig **t. with a problem** potýkat se s problémem

tussock ['tasək] n chomáč trávy

tutelage ['tju:təlidž] n **1** *(teaching)* vedení; **under his t.** pod jeho vedením **2** *(guardianship)* poručnictví

tutelary ['tju:tələri] adj poručnický ■ **t. god** anděl strážný

tutor ['tju:tə(r)] n **1** *(private teacher)* soukromý učitel **2** Br Univ tutor, konzultant **3** Jur poručník, tutor ● vt **1** *(teach privately)* dávat soukromé hodiny; *(give extra classes)* doučovat; **t. sb in English** dávat komu hodiny angličtiny **2** Br Univ dávat konzultace, konzultovat

tutorial [tju'to:riəl] n Univ seminář, konzultace, cvičení

tutti-frutti [tu:ti'fru:ti] n *(ice cream)* zmrzlina tutti-frutti s kandovaným ovocem

tut-tut [tat'tat] interj *(in disapproval)* ale ale!, no no!, ale no tak!; *(in annoyance)* kruci!, hrome! ● vi **(-tt-)** nesouhlasně pomlaskávat

tutu ['tu:tu:] n sukníčka baletky

tux [taks] inf abbr of **tuxedo** smoking

tuxedo [tak'si:dəu] n Amer smoking

TV [ti:'vi:] inf abbr of **television** televize, *(set)* televizor; **on TV** v televizi; **what's on TV tonight?** co dávají dnes večer v televizi?; **a colour TV** barevný televizor ■ **TV Guide** přehled televizních pořadů

twaddle ['twodl] n žvanění, tlachání, kecání

twang [twæŋ] n **1** *(of guitar)* brnknutí **2** *(in voice)* nosová výslovnost, huhňání; **speak with a t.** huhňat ● **I** vt *(string instrument)* brnkat na co **II** vi *(string, wire)* vibrovat; *(bow)* brnknout

twangy ['twæŋi] adj **(-ier, -iest)** *(voice)* nosový, huhňavý

'twas [twoz] contraction of **it was**

twat [twot, twæt] n **1** vulg *(female genitals)* píča **2** pej vulg *(fool)* blboun, vůl, *(woman)* kráva

tweak [twi:k] n **give sb's ear/ nose a t.** zatahat koho za ucho/ nos ● vt *(twist: nose)* zakroutit čím; *(pull: ears, nose, hair, moustache)* zatahat za co

twee [twi:] adj Br inf *(manner)* upejpavý, afektovaný; *(style)* sentimentální, vyumělkovaný, nasládlý

tweed [twi:d] n **1** *(cloth)* tvíd ■ **t. jacket** tvídové sako **2 ~s** *(clothes)* tvídové oblečení; *(suit)* tvídový oblek, *(for ladies)* tvídový kostým

tweedy ['twi:di] adj *(material)* tvídový

'tween [twi:n] poet adv, prep = **between**

tweet [twi:t] n pípání; onomatopoeic **t. t.** píp píp, tík tík ● vi pípat/ pípnout, tíkat/ tíknout

tweeter ['twi:tə(r)] n *(loudspeaker)* reproduktor pro vysokofrekvenční tóny

tweezers ['twi:zəz] n pl **(pair of) t.** pinzeta

twelfth [twelftθ] adj dvanáctý; **a t. part** dvanáctina; **T. Night** Večer tříkrálový div. hra ● n **1** *(in series)* dvanáctý **2** *(fraction)* dvanáctina **3** Mus duodecima

twelve [twelv] adj dvanáct; **t. o'clock** dvanáct hodin; **t. times** dvanáctkrát; **a boy of t.** dvanáctiletý chlapec ● n dvanáctka

twelvemonth ['twelfmanθ] n Br arch rok

twelve-tone [twelv'təun] adj Mus dvanáctitónový, dodekafonický

twentieth ['twentiəθ] adj dvacátý; **a t. part** dvacetina; **on the t. of May** dvacátého května ● n **1** *(in series)* dvacátý **2** *(fraction)* dvacetina

twenty ['twenti] adj dvacet; **t. times** dvacetkrát; see also **t.-one, t.-two, t.-first** ● n (pl **twenties**) **1** *(tram, bus* etc*)* dvacítka; *(banknote)* dvacetilibrovka; **he is in his early twenties** je mu něco přes dvacet **2 the twenties** dvacátá léta

twenty-first [twenti'fə:st] adj dvacátý první or prvý, jed(e)nadvacátý ● n **1** *(in series)* jed(e)nadvacátý **2** *(fraction)* jedenadvacetina **3** *(birthday)* dvacáté první narozeniny, jednadvacáté narozeniny

twenty-one [twenti'wan] adj dvacet jedna, jed(e)nadvacet

twenty-two [twenti'tu:] adj dvacet dva, dvaadvacet

twenty-four [twenti'fo:(r)] adj dvacet čtyři, čtyřiadvacet; **t.-f.-hour service**, **open t. f. hours a day** nepřetržitý provoz

twerp [twə:p] n inf blbeček, kretén

twice [twais] adv dvakrát; **t. as many people/ much time** dvakrát tolik lidí/ času; **t. a day/ week/ month**, **t. daily/ weekly/ monthly** dvakrát denně/ týdně/ měsíčně, dvakrát za den/ týden/ měsíc; **he looks t. his age** vypadá dvakrát starší; **he did not need to be told t.** nemuselo se mu říkat dvakrát; *(do sth)* **without thinking t.** bez dlouhých řečí, bez dlouhého rozmýšlení ♦ **once bitten t. shy** chybami se člověk učí; kdo se jednou spálí, podruhé si dá pozor

twiddle ['twidl] n (po)otočení, zakroucení; **give the knob a t.** (po)otočit knoflíkem ● **I** vt *(knob)* točit čím, otáčet čím; *(pencil, ring)* pohrávat si s čím; **t. one's moustache** popotahovat or nakrucovat si knír ♦ **t. one's thumbs** lit točit palci, fig chytat lelky, lelkovat, koukat pánubohu do oken **II** vi **t. with a knob** otáčet knoflíkem

twig$_1$ [twig] n větvička, ratolest, haluz

twig$_2$ [twig] v (**-gg-**) Br inf **I** vt *(realize)* uvědomit si, kapírovat; *(notice)* zmerčit; **he's ~ged it** došlo mu to **II** vi see vt; **he didn't t.** nedošlo mu to

twilight ['twailait] n **1** *(in morning)* svítání, úsvit; *(in evening)* soumrak; **at t.** za svítání, *(in evening)* za soumraku **2** *(half-light)* pološero **3** fig soumrak; **the T. of the Gods** soumrak bohů ■ **his t. years** poslední roky jeho života; Med **t. sleep** narkotický spánek; fig **t. zone** šedá zóna

twill [twil] n Text kepr, keprová vazba

'twill [twil] poet or dial = **it will**

twin [twin] n **1** lit dvojče; **identical ~s** jednovaječná dvojčata **2** fig *(object, vase* etc*)* protějšek čeho **3** Astrol **the Twins** Blíženci ● adj *(brother, sister, sibling)* z dvojčat; **t. beds** dvě (stejné) postele vedle sebe; **t. towns** družební města ● vt (**-nn-**) *(town)* spojit družbou s čím; **Leeds is ~ned with Brno** Leeds má družbu s Brnem

twin cylinder ['twinsilində(r)] n dvouválcový motor ■ **t.-c. engine** dvouválcový motor

twine [twain] n motouz, provázek ● **I** vt (o)vinout; **t. itself** *(snake, vine)* vinout se; **t. one's arms round sb** ovinout komu ruce kolem krku, obejmout koho **II** vi *(ivy, path, river)* vinout se

twin-engined [twin'endžind] adj dvoumotorový

twinge [twindž] n *(of pain)* škubnutí, píchnutí; **he had a t. of pain in his back** píchlo ho v zádech, zabolelo ho v zádech; fig **have** or **feel a t. of conscience** mít hryzení or výčitky svědomí

twining ['twainiŋ] adj *(plant)* popínavý

twinkle ['twiŋkl] n *(of stars)* třpyt; *(in eyes)* jiskření ♦ **when you were just a t. in your father's eye** když jsi byl ještě na houbách ● vi *(stars)* třpytit se, *(diamond* also*)* lesknout se, blyštět se; *(eye)* jiskřit, zářit, blýskat se

twinkling ['twiŋkliŋ] n **in the t. of an eye** v mžiku, v cuku letu, než bys řekl švec

twinning ['twiniŋ] n *(of two towns)* družba, twinning [-k]

twinset ['twinset] n Br twinset, komplet, inf dvojče

twirl [twə:l] n **1** *(spin)* víření, rychlé otáčení, *(of dancer, figure skater)* pirueta; **give sth a t.** roztočit co **2** *(spiral)* spirála, *(of smoke)* kotouč **3** *(in writing)* klička, kudrlinka ● **I** vt **1** *(spin: wheel, lasso, dancing partner)* roztočit **2** *(twist)* **t. one's moustache** kroutit si knír; *(rope)* skroutit **II** vi *(skater, dancer)* kroužit, točit se, otáčet se, dělat piruety

twirp [twɔːp] see **twerp**

twist [twist] n **1** gen kroucení, točení; Techn also torze, skrut; **give sth a t.** *(lid)* otočit čím, šroubovat čím; **give sb's arm a t.** zkroutit komu ruku; **give one's ankle a t.** vyvrtnout si kotník ♦ **don't get your knickers in a t.** sl *(don't get angry)* nerozčiluj se, *(don't panic)* to chce klid! **2** *(bend: in road)* zatáčka, serpentina, *(in river)* ohyb, zákrut, zátočina; *(in wool, rope, cord)* klička, zauzlení; **the road has many ~s and turns** silnice je samá serpentina **3** fig *(in play, story)* neočekávaný zvrat or obrat; **events took an unexpected t.** došlo k neočekávanému zvratu situace, události dostaly nečekaný spád **4** *(of thread)* přadeno; *(of tobacco)* smotek; *(of bread)* preclík, pletenka, pletená houska; **a t. of paper** zkroucený papír; Cook *(of lemon)* plátek **5** *(dance)* twist **6** Sport *(on ball)* faleš; **put some t. on the ball** dát míči faleš, točit míč **7** *(peculiar tendency)* úchylka; **he had a criminal t.** měl kriminální sklony **8** Br inf **be round the t.** být praštěný or ťuknutý; **drive sb round the t.** přivádět or dohánět koho k šílenství ● **I** vt **1** *(turn: knob)* točit, otáčet, kroutit; *(head)* otočit; **t. the lid off a jar** odšroubovat ze sklenice víčko **2 t. sth round sth** ovinout co kolem čeho ♦ **t. sb round one's little finger** omotat si koho kolem malíčku **3 t. pieces of string into a rope** uplést z provázků lano; **she ~ed her hair into a knot** zatočila si vlasy do uzlu **4** *(bend: wire)* zohýbat, zkřivit; **get ~ed** *(wire)* zkroutit se, pokroutit se, *(metal sheet)* zprohýbat; **t. one's mouth** zkroutit ústa; **t. sb's arm** zkroutit komu ruku; **I ~ed my ankle** zvrtl jsem si nohu **5** fig *(meaning, words)* překroutit, zkomolit **6** Sport *(ball)* dát míči faleš **II** vi **1** *(turn)* otáčet se; *(wire, rope)* (z)kroutit se; *(plant, road)* vinout se, kroutit se, točit se; *(smoke)* stoupat ve spirále; **t. and turn** *(road, river)* klikatit se **2** *(dance)* tančit twist **III** phr vs ■ **twist about** or **around** vi *(in pain)* svíjet se, kroutit se; *(road, river)* klikatit se, vinout se, kroutit se, točit se ■ **twist off** *I* vt *(lid)* odšroubovat; *(button)* ukroutit *II* vi *(cap, lid)* dát se odšroubovat ■ **twist out** *I* vt *(nail)* vykroutit *II* vi **t. out of sb's hands** vykroutit se komu z rukou ■ **twist round** *I* vt *(head, chair)* otáčet/ otočit *II* vi *(rope)* kroutit se; *(swivel chair)* otáčet se; *(road)* klikatit se ■ **twist together** vt *(threads)* zkroutit dohromady, splést, zakroutit ■ **twist up** *I* vt *(wire)* zaplést, zamotat *II* vi *(rope)* zaplést se; *(smoke)* spirálovitě stoupat; *(person: with pain)* svíjet se čím

twisted ['twistid] adj **1** *(wire)* pokroucený, zkroucený, zohýbaný; *(metal)* pokřivený; *(rope)* zamotaný **2** *(ankle)* vymknutý, vyvrtnutý **3** *(argument, logic)* pochybený, zvrácený **4** inf *(dishonest)* nepoctivý

twister ['twistə(r)] n **1** *(dancer)* tanečník twistu **2** Br inf *(crook)* podvodník, šejdíř **3** Amer inf tornádo, smršť **4** *(difficult puzzle)* hlavolam; **tongue t.** jazykolam

twisting ['twistiŋ] adj *(path)* klikatící se, klikatý

twist-off ['twistof] adj *(lid)* šroubovací

twisty ['twisti] adj (**-ier**, **-iest**) = **twisting**

twit [twit] n Br inf pitomec, trouba ● vt (**-tt-**) **t. sb about sth** škádlit koho čím

twitch [twič] n **1** *(spasm)* škubnutí, cuknutí; Med tik **2** *(pull)* **give sth a t.** škubnout čím ● **I** vt **1** *(shoulders)* škubnout čím, trhnout čím; **t. its ears** *(animal)* stříhat ušima **2** *(pull)* **t. sb's sleeve** zatahat koho za rukáv **II** vi **1** *(person: quiver)* chvět se; **t. in one's sleep** škubat sebou ze spaní **2 t. at sth** *(curtain etc)* škubnout čím, zatáhnout za co

twitchy ['twiči] adj (**-ier**, **-iest**) *(person)* nervózní

twitter ['twitə(r)] n **1** *(of birds)* štěbetání, švitoření, šveholení **2** inf *(agitation)* **be all of a t., be in a t.** být celý rozechvělý, být hrozně nervózní ● vi *(birds)* švitořit, šveholit, štěbetat; fig *(person)* štěbetat, klábosit

twittering ['twitəriŋ] adj švitořivý, štěbetavý

'twixt [twikst] prep arch = **betwixt**

two [tuː] adj dva, dvě; **two men** dva muži; **two women/ towns** dvě ženy/ města; **t. pairs of trousers** dva páry kalhot, dvoje kalhoty; **t. by t.** po dvou, ve dvojicích; **in t. languages** dvojjazyčně; **a thing or t.** leccos; **in a day or t.** za pár dní; **make t. copies of sth** *(typescript)* udělat co dvojmo; **t. fours are eight** dvakrát čtyři je osm ♦ **be in t. minds** být na vahách, být nerozhodný; **serve t. masters** sloužit dvěma pánům; **stand on one's own t. feet** stát na vlastních nohách, být samostatný; **he remembers a thing or t.** už hodně pamatuje ● n (číslo) dvě, dvojka; **in ~s** po dvou; **t. of us** dva/ fem dvě z nás ♦ **put t. and t. together** umět si to spočítat; **put t. and t. together and make five** dělat ukvapené závěry; **they are t. of a kind** mohou si podat ruce, jsou jeden za osmnáct a druhý bez dvou za dvacet

two-bit ['tuːbit] adj Amer sl mizerný

two-by-four [tuːbə'foː(r)] adj Amer inf *(small)* mrňavý; *(worthless)* ubohý, mizerný

two-chamber system [tuːčeimbə'sistim] n dvoukomorový systém

two-cycle [tuː'saikl] adj Amer dvoutaktní

two-cylinder [tu:'silində(r)] adj dvouválcový

two-dimensional [tu:dai'menšənl] adj 1 *(drawing)* dvourozměrný 2 fig *(simplistic)* černobílý

two-edged [tu:'edžd] adj *(sword, argument)* dvousečný

two-faced [tu:'feist] adj fig pokrytecký, falešný; **be t.-f.** mít dvojí tvář

two-fisted [tu:'fistid] adj Amer inf rázný, silný

twofold ['tu:fəuld] adj *(increase)* dvojnásobný ● adv dvojnásobně

two-four time [tu:fo:'taim] n Mus dvoučtvrteční takt

two-legged [tu:'legid] adj dvounohý

two-party [tu:'pa:ti] adj **t.-p. system** systém dvou (politických) stran

twopence ['tapəns, in modern currency usu tu:'pens] n dvě pence ♦ **I don't care t. for what she thinks** na tom, co si myslí ona, mi vůbec nezáleží

twopenny ['tapəni, in modern currency usu tu:'peni] adj dvoupencový

twopenny-halfpenny [tapəni'heipəni] adj Br inf směšně laciný, za babku

two-phase [tu:'feiz] adj Elec *(current)* dvojfázový

two-piece [tu:'pi:s] adj dvoudílný; **t.-p. swimming costume** dvojdílné plavky ● n *(suit: man's)* oblek, *(woman's)* kostým

two-ply ['tu:plai] adj *(wool)* dvoupramenný; *(wood)* dvouvrstvý

two-seater [tu:'si:tə(r)] adj dvousedadlový ● n Aut dvousedadlové auto, dvousedadlový vůz, Aviat dvousedadlové letadlo

twosome ['tu:səm] n dvojice; *(game)* hra pro dvojici hráčů

two-storey [tu:'sto:ri] adj jednoposchoďový, jednopatrový

two-stroke ['tu:strəuk] adj Br *(engine)* dvoutaktní ● n dvoutaktní motor

two-time ['tu:taim] vt inf *(lover)* podvádět, zahýbat komu, být komu nevěrný

two-tone ['tu:təun] adj *(in colour)* dvoubarevný; *(in sound)* dvoutónový

two-way [tu:'wei] adj *(street, traffic)* obousměrný; *(agreement)* bilaterální; *(radio)* přijímací a vysílací

two-wheeler ['tu:wi:lə(r)] n *(bike)* bicykl

tycoon [tai'ku:n] n magnát; **oil t.** petrolejový král

tympanum ['timpənəm] n Anat *(membrane)* bubínek

type$_1$ [taip] n **1** Biol typ, druh, *(of produce also)* sorta; *(brand)* značka; *(of car)* model, typ; Psych typ; **different ~s of tulips** různé druhy tulipánů; **she's not my t.** ona není můj typ; **is he the right t. for this job?** hodí se (on) na tuto práci? **2** inf *(man)* typ, existence; **a strange t.** podivná existence ● vt Med *(blood)* určit skupinu čeho

type$_2$ [taip] n Typ typ písma, písmo; **bold t.** tučné písmo; **in italic t.** kurzivou ● **I** vt psát/ napsat co na stroji; **t. with two fingers** expr psát jako datel **II** vi psát na stroji **III** phr vs ■ **type out** vt *(letter)* napsat na stroji ■ **type up** vt *(report)* napsat na stroji, připravit ve strojopise

typecast ['taipka:st] vt (pt & pp **typecast**) obsazovat do typových rolí, sl škatulkovat; **he is always t. as a villain** vždy hraje padoucha

typeface ['taipfeis] n Typ písmo; spec řez or obraz or kresba písma

typescript ['taipskript] n strojopis, rukopis psaný strojem

typeset ['taipset] vt (pt & pp **typeset**) Typ (vy)sázet

typesetter ['taipsetə(r)] n Typ **1** *(person)* sazeč **2** *(machine)* sázecí stroj

typesetting ['taipsetiŋ] n Typ sazba písma ■ **t. machine** sázecí stroj; **t. techniques** sazečské postupy

typewrite ['taiprait] v(t)i psát/ napsat (co) na stroji

typewriter ['taipraitə(r)] n psací stroj; **electronic/ manual/ portable t.** elektronický/ mechanický/ kufříkový psací stroj ■ **t. ribbon** páska do psacího stroje

typewriting ['taipraitiŋ] n see **typing**

typewritten ['taipritən] adj napsaný na (psacím) stroji; **t. copy** strojopis

typhoid ['taifoid] n Med **t. (fever)** břišní tyfus or tyf ● adj *(symptom, epidemic)* tyfový; *(injection)* protityfový

typhoon [tai'fu:n] n tajfun

typhus ['taifəs] n Med **t. (fever)** skvrnitý tyf or tyfus

typical ['tipikl] adj typický, příznačný, *(smell)* specifický, charakteristický; *(representative)* reprezentativní; **a t. civil servant** typický úředník; **a style t. of the 1950s** styl charakteristický pro 50. léta; **it's t. of his attitude** to je příznačné pro jeho postoj; **that's t. of him** pej to je celý on ■ **~ly** adv typicky; *(normally)* normálně; **~ly, he had forgotten his keys again** zase, jako vždycky, zapomněl klíče

typify ['tipifai] vt **(-ie-)** **1** *(be typical of)* být typický pro **2** *(embody)* ztělesňovat, zosobňovat, symbolizovat; **he typifies a successful businessman** je ztělesněním or zosobněním úspěšného podnikatele

typing ['taipiŋ] n psaní na (psacím) stroji

■ **t. error** překlep; **t. paper** kancelářský papír; **t. speed** rychlost psaní (na stroji)

typist ['taipist] n písař/ -ka (na stroji); **shorthand t.** stenotypista/ stenotypistka

typo ['taipəu] n Typ inf tisková chyba; *(in typescript)* překlep

typographer [tai'pogrəfə(r)] n typograf

typographic(al) [taipə'græfik(l)] adj typografický; **t. error** tisková chyba

typography [tai'pogrəfi] n typografie, knihtisk

typological [taipə'lodžikl] adj typologický

typology [tai'polədži] n typologie

tyrannic(al) [ti'rænik(l)] adj tyranský, násilnický, despotický ■ **tyrannically** adv tyransky, despoticky

tyrannize ['tirənaiz] vt tyranizovat, utlačovat, utiskovat; fig zotročovat, tyranizovat, deptat

tyrannosaurus [tiˌrænə'so:rəs] n tyranosaurus

tyranny ['tirəni] n tyranie, krutovláda

tyrant ['tairənt] n tyran also fig, krutovládce

tyre, Amer **tire** ['taiə(r)] n pneumatika; **spare t.** náhradní pneumatika, rezerva, fig inf *(roll of fat)* tukový polštář, špeky na břiše; **have a burst** or **flat t.** mít defekt, píchnout (pneumatiku) ■ **t. gauge** měřič tlaku v pneumatikách; **t. pressure** tlak vzduchu v pneumatikách

tyro, tiro ['tairəu] n (pl **~s**) začátečník/ začátečnice, nováček

Tyrol [ti'rəul] n **the T.** Tyrolsko, Tyroly

Tyrolean [tirəu'li:ən], **Tyrolese** [tirəu'li:z] adj tyrolský; **T. hat** tyrolák ● n Tyrolan/ -ka, inf Tyrolák/ Tyrolačka

Tyrrhenian Sea [ti'ri:niənsi:] n **the T. Sea** Tyrhénské moře

tzar, tzarina, tzarist see **tsar, tsarina, tsarist**

tzetze (fly) see **tsetse (fly)**

U

U, u [ju:] n (pl **U's, u's** [ju:z]) **1** *(the letter)* U, u **2** Br Cine abbr of **universal** ≅ mládeži přístupno ● adj Br inf *(upper class: expression, language)* vybraný, vzdělanecký, nóbl

UAE [ju:ei'i:] abbr of **United Arab Emirates** UAE, Spojené arabské emiráty

U-bend ['ju:bend] n **1** *(in pipe)* zakřivení, ohyb **2** *(in road)* ostrá zatáčka, inf vlásenka, serpentina

ubiquitous [ju:'bikwitəs] adj všudypřítomný; *(mineral, plant)* všude se vyskytující

ubiquity [ju:'bikwəti] n všudypřítomnost; *(prevalence)* obecný výskyt

U-boat ['ju:bəut] n esp in World War II německá ponorka

UCCA ['akə] Br abbr of **Universities Central Council on Admissions** Ústřední rada univerzit pro přijímací řízení ■ **UCCA form** formulář přihlášky na univerzitu

udder ['adə(r)] n vemeno

UEFA [ju:'eifə] abbr of **Union of European Football Associations** Svaz evropských fotbalových asociací, UEFA

U-film ['ju:film] n Br film přístupný mládeži

UFO ['ju:fəu, ju:ef'əu] n abbr of **unidentified flying object** neidentifikovaný létající objekt, UFO; *(flying saucer)* létající talíř

Uganda [ju'gændə] n Uganda

Ugandan [ju'gændən] adj ugandský ● n Ugand'an/ -ka

ugh [ag] interj fuj!, fujtajbl!

ugliness ['aglinəs] n see **ugly** **1** ošklivost, šerednost, ohyzdnost **2** *(of situation)* nebezpečnost, *(of crime)* ohavnost, otřesnost

ugly ['agli] adj (**-ier, -iest**) **1** *(not pretty: person, building, furniture)* ošklivý, šeredný, škaredý, ohyzdný ♦ **be as u. as sin** být škaredý jako noc **2** *(sound)* nepříjemný; *(wound)* ošklivý; *(situation)* ošklivý, nebezpečný; *(tactics)* nízký, podlý; *(crime)* ohavný, otřesný

UHF [ju:eič'ef] Rad, TV abbr of **ultra-high frequency** velmi vysoká frekvence, VVF

UK [ju:'kei] abbr of **United Kingdom** Spojené království (Velké Británie a Severního Irska); **in the UK** ve Spojeném království

uke [ju:k] n inf ukulele

Ukraine [ju:'krein] n **the U.** Ukrajina; **in the U.** na Ukrajině

Ukrainian [ju:'kreiniən] adj ukrajinský ● n **1** *(person)* Ukrajinec/ Ukrajinka **2** *(language)* ukrajinština

ukulele, ukelele [ju:kə'leili] n ukulele

ulcer ['alsə(r)] n Med vřed; **stomach u.** žaludeční vřed

ulcerate ['alsəreit] **I** vt pokrýt vředy, způsobit tvoření vředu/ vředů; *(wound)* způsobit hnisání **II** vi vředovatět; *(wound)* hnisat

ulceration [alsə'reišn] n vředovatění, ulcerace

ulcerous ['alsərəs] adj vředovitý; *(wound)* hnisající

Ulster ['alstə(r)] n **1** *(province)* Ulster **2** *(Northern Ireland)* Severní Irsko

ulster ['alstə(r)] n dated *(coat)* ulstr

Ulsterman ['alstəmən] n (pl **-men**) obyvatel Ulstru

Ulsterwoman ['alstəwumən] n (pl **-women** [-wimin]) obyvatelka Ulstru

ulterior [al'tiəriə(r)] adj **u. motives** postranní or nekalé or skryté úmysly; **have an u. motive** mít něco za lubem

ultimata [alti'meitə] pl of **ultimatum**

ultimate ['altimət] n inf **the u. in sth** *(computer technology* etc*)* poslední slovo v čem, poslední výkřik čeho; **the u. in comfort** vrchol pohodlí ● adj **1** *(final: goal, solution)* konečný, *(decision)* definitivní; *(weapon)* nepřekonatelný **2** *(basic: truth)* základní, fundamentální **3** inf *(greatest: luxury)* vrcholný, maximální; **the u. sacrifice** nejvyšší oběť **4** *(furthest: boundary of universe)* nejzazší, nejvzdálenější; **the u. cause** prapříčina ■ **~ly** adv *(in the end)* nakonec; *(basically)* v samé podstatě, konec konců

ultimatum [alti'meitəm] n (pl **~s** or **ultimata** [-'meitə]) ultimatum; **give sb an u.** dát komu ultimatum

ultra- [altrə-] pref ultra-, hyper-, super-

ultra-fashionable [altrə'fæšənəbl] adj hypermoderní

ultralight [altrə'lait] adj ultralehký, superlehký ● n ultralehké letadlo

ultramarine [altrəmə'ri:n] n ultramarín ● adj ultramarínový, ultramarínově modrý

ultramodern [altrə'modən] adj ultramoderní, hypermoderní

ultrashort [altrə'šo:t] adj **u.-s. waves** velmi krátké vlny

ultrasound ['altrəsaund] n ultrazvuk ■ **u. scan** ultrazvukové vyšetření

ultraviolet [altrə'vaiələt] adj ultrafialový

Ulysseus [ju'lisi:z, 'ju:lisi:z] Myth Odysseus

umbilical [am'bilikl, ambi'laikl] adj pupeční; **u. cord** pupeční šňůra

umbilicus [am'bilikəs] n (pl **umbilici** [-lisai]) Anat pupek

umbrage ['ambridž] n **take u. at sth** pohoršit se čím, být čím dotčen

umbrella [am'brelə] n 1 lit deštník; **folding u.** skládací deštník; **beach u.** slunečník 2 fig *(protection)* ochrana; **under the u. of sth** pod ochranou čeho ▪ **u. organization** střechová organizace; **u. title** souhrnný název 3 Zool *(of jellyfish)* umbrella 4 Biol **u. pine** pinie

umlaut ['umlaut] n Ling umlaut, německá přehláska

umpire ['ampaiə(r)] n rozhodčí, soudce ● I vt *(match)* soudcovat II vi soudcovat, dělat rozhodčího

umpteen [amp'ti:n] adj inf moře, tisíc, buhví kolik; **u. times** ikskrát, tisíckrát; **I've told him u. times** řekl jsem mu to tisíckrát

umpteenth [amp'ti:nθ] adj ikstý, buhví kolikátý; **for the u. time** po ikste

UN [ju:'en] abbr of **United Nations** Spojené národy, OSN; **UN forces** vojska OSN

un- [an] pref ne-, bez-

'un [an] pron inf **he's a good 'un** on je kanón or formát, on je úplná jednička; **he's a bad 'un** je to grázl or darebák; **the little 'uns** drobotina

unabashed [anə'bæšt] adj **be u.** *(not embarrassed, undaunted)* nenechat se vyvést z konceptu, *(unashamed)* nestydět se, neostýchat se

unabated [anə'beitid] adj nezmenšený; **the storm continued u.** bouře pokračovala s nezmenšenou silou

unable [an'eibl] adj pred **be u. to do sth** nemoci co udělat, nebýt schopen co udělat; **I am u. to help you** nemohu vám pomoci; **he's u. to swim** neumí plavat

unabridged [anə'bridžd] adj *(text, version)* kompletní, nezkrácený, v plném znění

unacceptable [anək'septəbl] adj nepřijatelný; **it is u. that ...** je nepřijatelné, aby ... ▪ **unacceptably** adv nepřijatelně

unaccommodating [anə'komədeitiŋ] adj neochotný, neúslužný; *(inflexible)* nepřizpůsobivý

unaccompanied [anə'kampənid] adj 1 *(alone)* sám; **u. children** bez dospělého doprovodu 2 Mus sólový, bez doprovodu; **sing/ play u.** zpívat/ hrát bez doprovodu

unaccountable [anə'kauntəbl] adj 1 *(phenomenon)* nevysvětlitelný 2 *(not answerable)* **be u. to sb** nemusit komu skládat účty ▪ **unaccountably** adv nevysvětlitelně

unaccounted for [anə'kauntidfo:(r)] adj 1 *(unexplained)* nevysvětlený; *(money)* nevyúčtovaný 2 *(missing: person)* nezvěstný, pohřešovaný

unaccustomed [anə'kastəmd] adj 1 *(not used)* **be u. to sth** nebýt zvyklý na co; **u. as I am to public speaking ...** iron nejsem sice žádný velký řečník, ale ... 2 *(unusual)* nezvyklý, neobvyklý; **his u. rudeness** jeho nezvyklá hrubost

unacknowledged [anək'nolidžd] adj 1 *(letter)* **our letter remained u.** na dopis jsme nedostali odpověď 2 *(genius, inventor, poet)* zneuznaný

unacquainted [anə'kweintid] adj **be u. with sb/ sth** neznat koho/ co; **be u. with one another** neznat se; **be u. with the situation** být neznalý situace, nebýt obeznámen se situací; **be u. with computing** nevyznat se v počítačích

unadapted [anə'dæptid] adj *(version)* neadaptovaný, originální

unadopted [anə'doptid] adj *(child)* neadoptovaný; **many children remain u.** pro mnoho dětí se nenajdou adoptivní rodiče

unadorned [anə'do:nd] adj *(walls)* neozdobený; *(manner)* prostý; *(truth)* nepřikrášlený

unadulterated [anə'daltəreitid] adj 1 *(wine)* neředěný, nepančovaný 2 fig *(pleasure)* nezkalený, nefalšovaný; *(nonsense)* čirý; *(truth)* naprostý

unadventurous [anəd'venčərəs] adj *(person)* nepodnikavý, *(lifestyle)* konvenční; *(holiday)* klidný, nezajímavý, nevzrušivý, chudý na události; *(theatrical production)* nenápaditý, nevynalézavý

unadvisable [anəd'vaizəbl] adj nedoporučitelný

unaffected [anə'fektid] adj 1 *(person)* neafektovaný, prostý, *(behaviour* also*)* bezprostřední, nestrojený 2 *(not influenced)* neovlivněný; *(not damaged)* nepostižený; *(not changed)* nezměněný; **be u. by sth** *(insults* etc*)* nenechat se čím vyvést z míry

unafraid [anə'freid] adj nemající strach; **be u. of sth/ of doing sth** nemít z čeho strach/ nebát se co udělat

unaided [an'eidid] adv bez cizí pomoci ● adj *(work)* samostatný, vlastní; **do sth by one's own u. efforts** udělat něco bez cizí pomoci or vlastním úsilím

unaired [an'eəd] adj *(room)* nevětraný

unalike [anə'laik] adj pred **be u.** *(sisters, brothers)* nepodobat se sobě, nebýt si podobní or *(two women)* podobné

unalloyed [anə'loid] adj attr 1 *(steel)* nelegovaný 2 *(happiness)* nezkalený

unalterable [an'o:ltərəbl] adj *(decision)* neměnitelný, nezvratný

unambiguous [anæm'bigjuəs] adj jednoznačný, nedvojsmyslný
unambitious [anæm'bišəs] adj nectižádostivý, málo ctižádostivý, skromný; *(project)* nenáročný
unamenable [anə'mi:nəbl] adj **be u. to persuasion** být nepřístupný přesvědčování, nedat or nenechat se přesvědčit
unamused [anə'mju:zd] adj *(laugh)* nucený; **he was u.** neviděl na tom nic vtipného
unanimity [ju:nə'niməti] n see **unanimous 1** jednomyslnost **2** jednotnost
unanimous [ju:'nænimes] adj **1** *(vote)* jednohlasný, jednomyslný **2 be u. in sth** *(opposition to sth, protest against sth* etc*)* být jednotní v čem ■ **~ly** adv **1** jednohlasně, jednomyslně **2** jednotně
unannounced [anə'naunst] adj neohlášený
unanswerable [an'a:nsərəbl] adj **1** *(argument)* přesvědčivý, nevyvratitelný, nepopiratelný **2** *(question)* nezodpověditelný
unanswered [an'a:nsəd] adj **1** *(question)* nezodpověděný; *(prayer)* nevyslyšený; *(argument, charge)* nevyvrácený **2** *(letter)* nevyřízený
unappealing [anə'pi:liŋ] adj nepřitažlivý; *(prospects)* nelákavý
unappetizing [an'æpətaiziŋ] adj nelákavý, nevábný
unappreciated [anə'pri:šieitid] adj *(person, talent)* nedoceněný, neoceněný, *(genius, inventor)* zneuznaný; **she felt that she was u. by him** měla pocit, že si jí dostatečně neváží
unappreciative [anə'pri:šətiv] adj *(person)* neuznalý, *(audience* also*)* nevděčný
unapproachable [anə'prəučəbl] adj *(place)* nepřístupný, fig *(person* also*)* uzavřený, upjatý, nevstřícný
unarmed [an'a:md] adj nezbrojený; **u. combat** boj zblízka beze zbraně
unashamed [anə'šeimd] adj *(greed, lie)* nestydatý; *(delight)* nelíčený; *(conservatism)* neskrývaný; **she was quite u. about it** vůbec se za to nestyděla ■ **~ly** adv *(lie)* nestydatě; *(admit)* beze studu; *(support sb)* otevřeně
unasked [an'a:skt] adj **1 u. for**, attr **u.-for** *(voluntary)* dobrovolný, *(spontaneous)* spontánní; *(undesirable)* nevítaný **2** *(uninvited)* nezvaný
unaspirated [an'æspireitid] adj Phon neaspirovaný, jsoucí bez přídechu
unassailable [anə'seiləbl] adj nenapadnutelný; *(fortress, city)* nedobytný; *(belief, conviction)* neochvějný; *(argument)* nevyvratitelný, nepopiratelný, přesvědčivý; *(proof)* nezvratný
unassisted [anə'sistid] adj see **unaided**
unassuming [anə'sju:miŋ] adj skromný, nenáročný
unattached [anə'tæčt] adj **1** *(not fastened)* nepřipevněný **2** *(organization)* nezávislý **3** *(not engaged)* nezadaný, *(single)* svobodný
unattainable [anə'teinəbl] adj nedosažitelný, *(ideal)* nedostižný
unattended [anə'tendid] adj **1** *(children)* bez dozoru; *(car park, luggage)* nehlídaný, *(package)* volně ležící; *(counter)* bez obsluhy; *(wound)* neošetřený; *(correspondence)* nevyřízený **2** *(not escorted)* bez doprovodu
unattractive [anə'træktiv] adj nehezký; *(offer)* nezajímavý; *(prospect)* nelákavý, nevábný
unauthorized [an'o:θəraizd] adj nepovolený, neoprávněný, *(absence)* neomluvený; **no entry to u. persons** nepovolaným vstup zakázán
unavailable [anə'veiləbl] adj *(in shops)* nejsoucí k dostání, nejsoucí k mání; *(book: sold out)* vyprodaný; **be u. for comment** odmítnout se vyjádřit
unavailing [anə'veiliŋ] adj *(efforts, attempts)* bezvýsledný, marný, zbytečný ■ **~ly** zbytečně, bezvýsledně
unavenged [anə'vendžd] adj nepomstěný
unavoidable [anə'voidəbl] adj nevyhnutelný
unaware [anə'weə(r)] adj **be u. of sth** nebýt si čeho vědom, neuvědomovat si co; **be u. of the facts** neznat fakta; **I was u. that ...** nebyl jsem si vědom, že ...; **be u. of danger** neuvědomovat si nebezpečí
unawares [anə'weəz] adv **1** *(unexpectedly)* neočekávaně ♦ **catch sb u.** zastihnout koho nepřipraveného **2** *(by accident)* nedopatřením **3** *(unknowingly)* nevědomky
unbalance [an'bæləns] vt **1** porušit rovnováhu čeho **2** Psych vyšinout koho z duševní rovnováhy
unbalanced [an'bælənst] adj **1** *(load)* nevyvážený **2** Psych (duševně) vyšinutý, pomatený **3** *(reporting)* tendenční, *(diet)* jednostranný, nevyvážený **4** Econ *(budget)* deficitní, nevyrovnaný; *(accounts)* nevyrovnaný
unbearable [an'beərəbl] adj nesnesitelný; **it's u.** je to k nevydržení, není to k vydržení
unbeatable [an'bi:təbl] adj neporazitelný; *(record)* nepřekonatelný; *(price, quality)* bezkonkurenční, bez konkurence
unbeaten [an'bi:tn] adj *(team, army)* neporažený; *(record)* nepřekonaný
unbecoming [anbi'kamiŋ] adj **1** *(behaviour)* nepřístojný, nemístný, nevhodný

2 *(unflattering: dress, hat, colour)* neslušivý; **that blouse is rather u.** ta halenka ti moc nesluší

unbeknown(st) [anbi'nəun(st)] adv fml **u. to me** aniž bych o tom věděl, bez mého vědomí

unbelief [anbi'li:f] n **1** *(incredulity)* nevíra; **a look of u.** nedůvěřivý pohled; **in u.** nedůvěřivě **2** Relig nevíra, bezbožnost, dated nevěra

unbelievable [anbi'li:vəbl] adj neuvěřitelný; **it's u.** to je neuvěřitelné, to je k nevíře or k neuvěření ■ **unbelievably** adv neuvěřitelně; *(beautiful* also*)* fantasticky

unbeliever [anbi'li:və(r)] n Relig nevěřící, nevěrec

unbend [an'bend] v (pt & pp **unbent** [an'bent]) **I** vt *(straighten: wire)* narovnat **II** vi fig *(become relaxed)* uvolnit se

unbending [an'bendiŋ] adj *(person)* neústupný

unbias(s)ed [an'baiəst] adj *(observer)* nezaujatý; *(report)* objektivní, nestranný

unbidden [an'bidn] adv fml spontánně, bez vyzvání; *(uninvited)* bez pozvání

unblemished [an'blemišt] adj *(reputation)* bezúhonný, neposkvrněný; *(skin)* bezvadný

unblinking [an'bliŋkiŋ] adj **1** *(look)* utkvělý, nepohnutý, *(eyes)* upřený **2** *(fearless)* chladnokrevný

unbolt [an'bəult] vt *(door)* otevřít odsunutím zástrčky or závory, inf odrýglovat

unborn [an'bo:n] adj nenarozený; **generations yet u.** budoucí generace

unbosom [an'buzəm] vt *(emotions)* svěřit se s čím; **u. oneself to sb** vylít komu své srdce

unbound [an'baund] adj *(book)* nevázaný, brožovaný

unbounded [an'baundid] adj neomezený, bezmezný; *(ambition, greed)* nesmírný; *(enthusiasm)* nespoutaný

unbowed [an'baud] adj nepokořený, nezlomený

unbreakable [an'breikəbl] adj **1** *(glass etc)* nerozbitný; *(record)* nepřekonatelný **2** *(will)* neochvějný

unbribable [an'braibəbl] adj neúplatný, nepodplatitelný

unbridled [an'braidld] adj *(passion)* bezuzdný, *(merriment)* nespoutaný, rozpustilý, nezřízený, *(tongue)* nevymáchaný

unbroken [an'brəukn] adj **1** *(crockery)* nerozbitý, nepoškozený; *(seal)* nerozlomený, neporušený **2** *(promise)* neporušený; *(spirit)* nezlomený, nezkrušený **3** *(untamed: horse)* nezaježděný, nezkrocený **4** *(uninterrupted: sleep)* nerušený; *(series)* souvislý, nepřetržitý **5** *(record)* nepřekonaný **6** *(intact: surface)* neporušený **7** *(voice)* před mutací, chlapecký

unburden [an'bə:dn] vt **1** lit fml zbavit nákladu; **u. oneself of one's luggage** zbavit se zavazadel **2** fig *(heart)* vylévat, vylít; *(conscience)* ulevit čemu; **u. oneself to sb** svěřit se komu; **u. one's heart to sb** otevřít komu své srdce

unburied [an'berid] adj nepohřbený

unbusinesslike [an'biznislaik] adj nemající obchodního ducha

unbutton [an'batn] **I** vt *(jacket* etc*)* rozepnout **II** vi fig inf uvolnit se, odvázat se

unbuttoned [an'batnd] adj inf *(attitude)* uvolněný, odvázaný

uncalled-for [an'ko:ldfo:(r)] adj *(outburst, rudeness)* nevhodný, nevyprovokovaný; *(remark)* nemístný; *(criticism)* nespravedlivý, neodůvodněný

uncanny [an'kæni] adj (**-ier**, **-iest**) **1** *(eerie)* tajemný, zlověstný; **there's sth u. about the place** je to tam jako zakleté **2** *(strange)* podivný, kuriózní

uncared-for [an'keədfo:(r)] adj *(garden)* zanedbaný, zpustlý; *(child* also*)* zanedbávaný

uncaring [an'keəriŋ] adj *(unfeeling)* necitelný, nemající cit, bezcitný

uncarpeted [an'ka:pitid] adj bez koberců, nepokrytý koberci

uncatalogued [an'kætəlogd] adj nekatalogizovaný

unceasing [an'si:siŋ] adj nepřetržitý, neustálý, ustavičný ■ **~ly** adv nepřetržitě, neustále, ustavičně

uncensored [an'sensəd] adj necenzurovaný

unceremonious [anseri'məuniəs] adj **1** *(treatment)* nešetrný, bezohledný; *(behaviour)* neotesaný, neomalený; *(reply)* příkrý, bez obalu; *(departure)* kvapný, překotný **2** *(informal)* nenucený, neformální ■ **~ly** adv **1** nešetrně, bezohledně, bez cavyků; *(behave)* neomaleně; *(leave)* kvapně, překotně **2** adv nenuceně, neformálně

uncertain [an'sə:tn] adj **1** *(person: not certain)* nejistý; **be u. about sth** nebýt si čím jist; **I was u. about what to do** nevěděl jsem, co si počít **2** *(unpredictable: future)* nejistý, neznámý; **a woman of u. age** žena neurčitého věku; **it is u. whether ...** není jisté, zda ...; **tell sb in no u. terms that ...** říct komu bez obalu, že ..., dát komu nepokrytě najevo, že ...; **find oneself on u. ground** dostat se na vratkou or nejistou půdu **3** *(changeable: weather)* proměnlivý **4** *(hesitant: steps)* váhavý, nejistý ■ **~ly** adv nejistě, váhavě

uncertainty [an'sə:tnti] n (pl **-ties**) nejistota, neurčitost; *(doubt)* pochyba ■ **u. principle** Phys princip neurčitosti

unchain [an'čein] vt odvázat z řetězu; *(prisoner)* zbavit pout; fig *(free)* osvobodit

unchallengeable [an'čæləndžəbl] adj nenapadnutelný; *(proof)* nevyvratitelný

unchallenged [an'čæləndžd] adj nenapadnutý; Jur ponechaný bez námitek or protestu; **go u.** *(statement)* nebýt brán v potaz or v úvahu

unchangeable [an'čeindžəbl] adj neměnný, nezměnitelný, stálý

unchanged [an'čeindžd] adj nezměněný; nevyměněný; **remain u.** zůstat beze změny

unchanging [an'čeindžiŋ] adj neměnící se, neměnný

unchaperoned [an'šæpərəund] adj bez gardedámy

uncharacteristic [ankærəktə'ristik] adj netypický; **such behaviour is u. of him** takové chování pro něj není typické ■ **~ally** adv netypicky

uncharitable [an'čæritəbl] adj nemilosrdný; *(remark)* nelaskavý, málo shovívavý; *(criticism)* nemilosrdný; **it was most u. of you** to od vás nebylo vůbec hezké

uncharted [an'ča:tid] adj *(not on map)* nezmapovaný, nezakreslený na mapě; *(not explored)* neprozkoumaný

unchaste [an'čeist] adj *(thought)* nečistý, necudný

unchecked [an'čekt] adj **1** *(unrestricted: growth, anger)* nekontrolovaný; *(advance)* bez překážek **2** *(not verified: source, figures)* neověřený

unchivalrous [an'šivəlrəs] adj nezdvořilý, negalantní

uncircumcised [an'sə:kəmsaizd] adj neobřezaný

uncivil [an'sivil] adj nezdvořilý, negalantní

uncivilized [an'sivilaizd] adj **1** *(people, country)* necivilizovaný, nekulturní **2** *(primitive: behaviour)* primitivní, *(barbaric: habit)* barbarský **3** fig **at the u. hour of ...** příšerně brzy ráno ...; v nelidskou hodinu, totiž v ...

unclad [an'klæd] adj neoděný, neoblečený, nezahalený

unclaimed [an'kleimd] adj *(property)* nevymáhaný, ke kterému se nikdo nehlásí; *(reward)* nevyzvednutý

unclassified [an'klæsifaid] adj **1** *(not ordered)* neutříděný **2** *(information)* nikoli tajný

uncle ['aŋkl] n strýc, strýček ♦ **U. Sam** strýček Sam USA; **at my u.'s** u strýce

unclean [an'kli:n] adj *(water, glass)* špinavý, znečištěný; Relig nečistý

unclear [an'kliə(r)] adj **1** *(reason, purpose)* nejasný; *(thinking, instructions)* zmatený; **be u. about sth** nemít o čem or v čem jasno **2** *(indistinct: outline)* nejasný, nezřetelný, mlhavý

unclimbed [an'klaimd] adj *(mountain)* nezdolaný

unclothed [an'kləuðd] adj neoblečený, neoděný

unclouded [an'klaudid] adj **1** *(sky)* nezatažený, bezmračný **2** *(happiness)* nezkalený

unclubbable [an'klabəbl] adj nespolečenský

uncluttered [an'klatəd] adj *(room)* nepřecpaný nábytkem; *(design, style)* střízlivý, úsporný

uncoil [an'koil] vt(i) odvinout (se), odvíjet (se)

uncollected [ankə'lektid] adj *(tax)* nevybraný; *(debt)* neinkasovaný

uncombed [an'kəumd] adj neučesaný; *(wool)* nečesaný

uncomfortable [an'kamftəbl] adj **1** *(bed, chair)* nepohodlný; **these shoes are u. to wear** v těchto botech se mi špatně chodí **2** *(awkward: situation)* nepříjemný, trapný; **I feel u. about the whole affair** je mi to všechno hrozně trapné; **I have an u. feeling that ...** mám trapný or nepříjemný pocit, že ... **3** *(unpleasant)* **make things u. for sb** znepříjemnit komu život

uncommitted [ankə'mitid] adj neangažovaný; *(country)* neutrální

uncommon [an'komən] adj **1** *(unusual)* neobvyklý, málo běžný; *(rare: plants* etc*)* vzácný **2** fml *(exceptional: talent, beauty)* výjimečný, mimořádný ■ **~ly** adv **1** nezvykle, neobvykle **2** výjimečně, mimořádně

uncommunicative [ankə'mju:nikətiv] adj mlčenlivý, nesdílný; **be u. about sth** nechávat si co pro sebe

uncompetitive [ankəm'petətiv] adj nekonkurenční

uncomplaining [ankəm'pleiniŋ] adj trpělivý, odevzdaný ■ **~ly** adv trpělivě, odevzdaně

uncomplimentary [ankompli'mentəri] adj nelichotivý; **be u. about sb/sth** vyjádřit se o kom/ čem nelichotivě

uncompromising [an'komprəmaiziŋ] adj *(rigid, firm)* nekompromisní, nesmlouvavý; *(commitment)* stoprocentní; *(honesty)* absolutní ■ **~ly** adv nekompromisně, nesmlouvavě

unconcealed [ankən'si:ld] adj *(joy, delight)* nelíčený, neskrývaný, netajený

unconcern [ankən'sə:n] n *(lack of worry)* bezstarostnost; *(indifference)* lhostejnost, netečnost

unconcerned [ankən'sə:nd] adj **1** *(unworried)* bezstarostný, nedělající si starosti;

be u. about sth nedělat si s čím starosti **2** *(indifferent)* lhostejný; **be u. with politics** nemít zájem or nestarat se o politiku, inf nemíchat se do politiky

unconditional [ankən'dišənl] adj *(surrender)* bezpodmínečný, *(obedience, agreement)* bezvýhradný, naprostý, absolutní ■ **~ly** adv bezpodmínečně; *(agree)* bezvýhradně

unconditioned [ankən'dišənd] adj Psych *(reflex)* nepodmíněný

unconfirmed [ankən'fə:md] adj nepotvrzený

uncongenial [ankən'dži:niəl] adj *(person)* nevlídný, nepřívětivý; *(surroundings)* nepříjemný

unconnected [ankə'nektid] adj *(wires)* nespojený, rozpojený; *(events, statements)* nesouvisející

unconquered [an'koŋkəd] adj *(army)* neporažený; *(mountain)* nezdolaný, nepokořený; *(territory)* nedobytý

unconscious [an'konšəs] adj **1** Med jsoucí v bezvědomí; **fall u.** ztratit vědomí, upadnout do bezvědomí **2** *(unaware)* **be u. of sth** nebýt si čeho vědom **3** *(unintentional: pun, insult)* neúmyslný ■ **~ly** adv nevědomky ● n Psych podvědomí

unconsciousness [an'konšəsnəs] n Med bezvědomí

unconsecrated [an'konsəkreitid] adj Relig neposvěcený

unconsidered [ankən'sidəd] adj *(action)* nepromyšlený

unconstitutional [ankonsti'tju:šənl] adj neústavní, protiústavní, jsoucí v rozporu s ústavou ■ **~ly** adv neústavně, protiústavně

unconstructive [ankən'straktiv] adj nekonstruktivní

unconsummated [an'konsjumeitid] adj *(marriage)* nedovršený souloží

uncontaminated [ankən'tæmineitid] adj neznečištěný; *(people: by disease)* nenakažený

uncontestable [ankən'testibl] adj nenapadnutelný

uncontested [ankən'testid] adj nepopíratelný, nesporný, uznaný druhou stranou; Pol *(seat)* bez protikandidáta

uncontrollable [ankən'trəuləbl] adj **1** gen neovladatelný, nekontrolovatelný; *(desire, urge)* neodolatelný; *(laughter)* nezadržitelný **2** *(horse)* nezkrotný, nezkrotitelný, neovladatelný, *(child)* nezkrotný, neovladatelný **3** *(inflation)* nekontrolovatelný ■ **uncontrollably** adv nekontrolovatelně; **laugh uncontrollably** nemoci se udržet smíchy

unconventional [ankən'venšənl] adj nekonvenční ■ **~ly** adv nekonvenčně

unconvinced [ankən'vinst] adj nepřesvědčený, skeptický

unconvincing [ankən'vinsiŋ] adj nepřesvědčivý; **rather u.** málo přesvědčivý ■ **~ly** adv nepřesvědčivě, málo přesvědčivě

uncooked [an'kukt] adj ne(u)vařený, nedovařený, syrový

uncool [an'ku:l] adj sl **be u.** nebýt na úrovni

uncooperative [ankəu'opərətiv] adj neochotný pomoci, neochotný spolupracovat; *(criminal)* neochotný vypovídat

uncoordinated [ankəu'o:dineitid] adj nekoordinovaný

uncork [an'ko:k] vt *(bottle)* odzátkovat, otevřít, vytáhnout z čeho zátku

uncorrected [ankə'rektid] adj neopravený

uncountable [an'kauntəbl] adj **1** nespočetný, nesčíslný **2** Gram *(noun)* nepočitatelný

uncouple [an'kapl] vt *(carriage)* odpojit; *(dogs)* odvázat, odpoutat, pustit

uncouth [an'ku:θ] adj *(person)* hrubý, neotesaný, *(behaviour* also*)* hulvátský; *(language)* neslušný, oplzlý; **be u.** *(in behaviour)* neznat moresy, chovat se jako hulvát, *(in speech)* být sprostý, mluvit sprostě

uncover [an'kavə(r)] vt **1** lit odkrýt, sundat or odklopit víko or kryt z čeho; **u. one's head** smeknout **2** *(plot, scandal)* odhalit

uncovered [an'kavəd] adj **1** lit odkrytý, *(head* also*)* obnažený; *(saucepan)* bez pokličky **2** Fin **u. cheque** nekrytý šek

uncritical [an'kritikl] adj nekritický ■ **~ly** adv nekriticky

uncrossed [an'krost] adj *(cheque)* nekřižovaný

uncrowned [an'kraund] adj lit & fig nekorunovaný; **the u. king/ queen of jazz** nekorunovaný král/ nekorunovaná královna džezu

uncrushable [an'krašəbl] adj *(dress)* nemačkavý

unction ['aŋkšən] n **1** Relig pomazání; **extreme u.** poslední pomazání, svátost umírajících **2** pej *(insincere earnestness)* falešný patos

unctuous ['aŋktjuəs, 'aŋkčuəs] adj pej úlisný

uncultivated [an'kaltiveitid] adj **1** *(land)* neobdělávaný, neobdělaný **2** = **uncultured**

uncultured [an'kalčəd] adj *(person)* nevzdělaný, nekultivovaný, nevychovaný; *(behaviour)* nekultivovaný, primitivní

uncut [an'kat] adj **1** *(grass, corn)* neposečený; *(hair, nails, hedge)* neostříhaný; *(pages)* neoříznutý; *(diamond)* nebroušený **2** *(film, novel)* necenzurovaný, nezkrácený

undamaged [an'dæmidžd] adj **1** *(car,*

roof etc*)* nepoškozený; *(person)* bez úrazu **2** *(reputation)* bezúhonný

undated [an'deitid] adj nedatovaný, bez data

undaunted [an'do:ntid] adj **1** *(not discouraged)* **be u. by sth** nedat se čím odradit or vyvést z míry **2** *(fearless)* nebojácný, nedající se zastrašit, neohrožený

undeceive [andi'si:v] vt vyvést z omylu; **be ~d by sth** nedat se čím oklamat

undecided [andi'saidid] adj *(outcome)* nejistý; **be still u.** *(person)* stále ještě váhat, *(issue)* nebýt ještě rozhodnutý; **I am u. whether to take the job** nemohu se rozhodnout, zda mám to zaměstnání přijmout

undecipherable [andi'saifərəbl] adj *(code)* nedešifrovatelný, nerozluštitelný; *(handwriting)* nečitelný

undeclared [andi'kleəd] adj *(war)* nevyhlášený; *(love)* tajný, nevyznaný, neprojevený; *(goods)* nedeklarovaný

undefeated [andi'fi:tid] adj *(army, team)* neporažený; *(spirit)* nezlomný, nezkrušený

undefended [andi'fendid] adj **1** *(town)* nebráněný, jsoucí bez obrany **2** Jur *(lawsuit)* neobhajovaný, bez obhájce

undefined [andi'faind] adj nedefinovaný, neurčitý

undelivered [andi'livəd] adj *(mail)* nedoručený

undemanding [andi'ma:ndiŋ] adj nenáročný

undemocratic [andemə'krætik] adj nedemokratický ■ **~ally** adv nedemokraticky

undemonstrative [andi'monstrətiv] adj rezervovaný, zdrženlivý

undeniable [andi'naiəbl] adj nepopiratelný; **it is u. that ...** nelze popřít, že ... ■ **undeniably** adv nepochybně

undependable [andi'pendəbl] adj nespolehlivý, neodpovědný

under ['andə(r)] prep **1** *(underneath)* **a)** *(indicating position)* pod čím; **be u. the table/ bed** být pod stolem/ postelí; **u. lock and key** pod zámkem ♦ **it's right u. your nose** máš to přímo před nosem **b)** *(indicating motion)* pod co; **put it u. the table/ bed** dej to pod stůl/ postel **c) from u.** zpod čeho; **from u. the table** zpod stolu ♦ **pull the rug from u. sb** fig podrazit komu nohy **2** *(indicating time)* **under James II** za Jakuba II; **Britain u. Cromwell** Británie za Cromwella **3 a)** *(younger than)* **children u. six** děti do šesti let **b)** *(less than)* **u. £20** pod dvacet liber; **it took me u. an hour** trvalo mi to méně než hodinu, netrvalo mi to ani hodinu **4** *(in accordance with)* podle čeho, v souladu s čím; **u. the terms of the contract** podle podmínek stanovených ve smlouvě **5** *(subordinate to)* **u. the command of ...** pod velením koho; **he has twenty people u. him** je mu podřízeno or má pod sebou dvacet lidí **6** *(indication of conditions)* **u. pressure** pod tlakem; **u. duress** pod nátlakem; **u. the influence of sb** pod vlivem koho; **u. the circumstances** za daných okolností; **u. no circumstances** za žádných okolností; **u. certain conditions** za určitých okolností; **u. the seal of secrecy** pod rouškou tajemství; **u. the guise of ...** pod pláštíkem čeho; **I was u. the impression that ...** měl jsem dojem, že ... **7** *(indicating process)* **the building is u. construction** budova se staví, budova je rozestavěná; **the road is u. repair** silnice se opravuje **8** Agr **fields u. cultivation** obdělávaná pole; **a field u. wheat** pole oseté kukuřicí ● adv **1** *(below)* dole, níže; **see u. for details** další podrobnosti viz níže; **he went u.** *(water)* ponořil se, potopil se; fig *(businessman)* zkrachoval; **he stayed u.** zůstal pod vodou **2** *(less)* **you'll get it for 10 pounds or u.** je to k dostání za méně než 10 liber **3** inf *(anaesthetized)* **put sb u.** uspat koho

under- [andə(r)] pref pod-; *(insufficiently)* nedostatečně

underachieve [andərə'či:v] vi nedosahovat očekávaných výsledků

underachiever [andərə'či:və(r)] n osoba nedosahující očekávaných výsledků

underage [andər'eidž] adj neplnoletý, *(drinker)* mladistvý, nezletilý

underarm ['andəra:m] adj **1** *(hair)* podpažní **2** Sport *(throw)* provedený zdola or spodem, *(pass)* spodní ● adv *(throw, serve)* ze spodu

underbelly ['andəbeli] n (pl **-bellies**) **1** Anat podbřišek **2** fig slabina, Achillova pata; **the soft u. of democracy** Achillova pata demokracie

undercapitalized [andə'kæpitəlaizd] adj Fin nedostatečně kapitalizovaný

undercarriage ['andəkæridž] n podvozek

undercharge [andə'ča:dž] vi(t) **u. (sb)** účtovat (komu) méně, než je správné; **u. (sb) for sth** prodat (komu) co příliš levně; **he ~d me by £1** účtoval mi o libru méně

underclothes ['andəkləuðz] n pl, **underclothing** ['andəkləuðiŋ] n spodní prádlo, osobní prádlo

undercoat ['andəkəut] n *(of paint)* základní nátěr

undercook ['andəkuk] vt nedovařit

undercover [andə'kavə(r)] adj *(work)* tajný; **u. agent** policejní agent, sl špicl

undercurrent ['andəkarənt] n spodní

proud; fig tendence; *(in speech)* spodní tón, podtón

undercut [andə'kat] vt (**-tt-**; pt & pp **undercut**) 1 Comm prodávat za nižší cenu než kdo 2 Sport *(ball)* liftovat ● ['andəkat] n 1 Cook jemná svíčková 2 Sport liftování

underdeveloped [andədi'veləpt] adj 1 *(country)* nedostatečně rozvinutý, zaostalý; *(muscles* etc*)* málo or nedostatečně vyvinutý 2 Phot *(film)* nedostatečně vyvolaný

underdog ['andədog] n 1 *(in society)* utiskovaný, utlačovaný, vyděděnec 2 *(in game)* prohrávající, kdo nemá šanci vyhrát

underdone [andə'dan] adj *(vegetables* etc*)* nedovařený; *(meat)* nedopečený, nepropečený; *(intentionally: steak)* krvavý

underdressed [andə'drest] adj **be u. i)** *(too lightly)* oblečený příliš lehce **ii)** *(not formally enough)* oblečený příliš neformálně

underestimate [andər'estimeit] vt podcenit, nedocenit; **it's not to be ~ed** *(difficulty of job* etc*)* to se nedá or nesmí podceňovat, to chce svoje, to nejde dělat na koleně ● [andər'estimət] n nedocenění, podcenění

underestimation [andəresti'meišn] n podceňování

underexpose [andərik'spəuz] vt Phot podexponovat

underexposed [andərik'spəuzd] adj Phot podexponovaný

underexposure [andərik'spəužə(r)] n 1 Phot podexponování, nedostatečná expozice 2 fig nedostatečná reklama

underfed ['andəfed] adj podvyživený

underfinanced ['andəfainænst] adj nedostatečně financovaný

underfloor [andə'flo:(r)] adj **u. heating** podlahové vytápění

underfoot [andə'fut] adv pod nohama; **trample sth u.** rozšlapat co, rozdupat co ♦ **trample sb u.** fig utiskovat koho

undergo [andə'gəu] vt (pt **underwent** [-'went], pp **undergone** [-'gon]) 1 *(experience: hardships)* zakusit, zažít, být vystaven čemu, projít čím 2 *(exam)* podstoupit, podrobit se čemu, (vy)konat, složit, (u)dělat; *(training)* podstoupit; *(tests, trials* – Subj: *machine* etc*)* projít čím ♦ **u. one's baptism of fire** podstoupit křest ohněm 3 Med *(operation, treatment)* podstoupit, podrobit se čemu, prodělat; **u. treatment for sth** léčit se s čím 4 *(be subject to: changes)* doznat čeho; **u. a change** změnit se, projít změnou; **our profession has ~ne great changes** v naší profesi došlo k velkým změnám, naše profese doznala velkých změn; **our firm is ~ing modernization** v naší firmě probíhá modernizace

undergraduate [andə'grædjuət] n vysokoškolský student, vysokoškolák před získáním prvního titulu ■ **u. study** vysokoškolské studium nikoliv postgraduální

underground ['andəgraund] n 1 Br *(u. railway)* **the u.** podzemní dráha, metro ■ **u. station** stanice podzemní dráhy; **go by u.** jet metrem 2 Pol podzemní hnutí, podzemí, ilegalita 3 Art underground [andr-], umělecké podzemí ● [andə'graund] adj 1 *(tunnel, explosion, passage, lake, cave)* podzemní; *(mining)* hlubinný, *(fire)* důlní; *(cable)* zemní; **u. railway** or Amer **railroad** podzemní dráha; Hist Amer **the U. Railroad** Podzemní dráha organizace pomáhající černochům prchat na Sever v době občanské války 2 *(movement)* podzemní; *(activity, press)* ilegální 3 *(film, art, culture, literature, music)* undergroundový [andr-], podzemní, avantgardní ● [andə'graund] adv 1 lit pod zemí, v podzemí, *(indicating motion)* pod zem, do podzemí 2 fig **go u.** jít do ilegality

undergrowth ['andəgrəuθ] n podrost v lese, houští, mlází

underhand [andə'hænd] adj 1 *(sly)* tajný, úskočný, lstivý; **in an u. way** potají, postranními cestičkami 2 see **underarm (2)**

underhanded [andə'hændid] adj = **underhand (1)** ■ **~ly** adv lstivě, úskočně, postranními cestičkami

underhung [andə'haŋ] adj *(jaw)* vystouplý

underinsured [andərin'šuəd] adj podpojištěný

underinvestment [andərin'vestmənt] n nedostatečné investice

underlain [andə'lein] pp of **underlie**

underlay$_1$ [andə'lei] pt of **underlie**

underlay$_2$ ['andəlei] n podložka or podklad pod koberec ● [andə'lei] vt (pt & pp **underlaid** [-'leid]) **be underlaid by sth** *(rock, clay)* mít co v podloží

underlie [andə'lai] vt (pres p **-lying**; pt **-lay** [-'lei], pp **-lain** [-'lein]) 1 lit *(be under: eg clay under topsoil)* být pod čím, nacházet se pod čím 2 fig *(be the basis of)* **u. sth** být základem čeho, *(be the cause of)* být příčinou čeho

underline [andə'lain] vt podtrhnout; fig also zdůraznit, vyzdvihnout, položit důraz na co

underling ['andəliŋ] n pej podřízený neutr, inf poskok

underlining [andə'lainiŋ] n podtržení, podtrhávání

underlying [andə'laiiŋ] adj 1 *(layer)* spodní, Geol podložní 2 *(hidden: difficulty)* skrytý; *(basic: cause)* vlastní, základní

undermanned [andə'mænd] adj **be u.** *(firm)* mít nedostatek pracovních sil, být pod stavem

undermentioned [andə'menšnd] adj níže or dále zmíněný, níže uvedený

undermine [andə'main] vt **1** lit podkopat, poddolovat **2** Mil podminovat **3** fig *(health)* podkopat, podlomit; *(authority)* podrývat

undermost ['andəməust] adj nejspodnější

underneath [andə'ni:θ] prep *(indicating place)* pod čím; *(indicating motion)* pod co; **from u. the table** zpod stolu ● adv dole, vespod, *(indicating motion)* dolů, dospod ● n spodek, spodní strana

undernourished [andə'narišt] adj podvyživený

undernourishment [andə'narišmənt] n podvýživa

underpaid [andə'peid] adj málo or špatně placený

underpants ['andəpænts] n pl **(a pair of) u.** (mužské) spodky, slipy

underpass ['andəpa:s] n **1** *(for pedestrians)* podchod **2** *(for traffic)* podjezd

underpay [andə'pei] vt (pt & pp **-paid** [-'peid]) špatně or málo platit koho, komu; **he underpaid me by £10** zaplatil mi o 10 liber méně

underpayment [andə'peimənt] n nedoplatek

underpin [andə'pin] vt (**-nn-**) lit & fig podepřít, fig also posílit

underplay [andə'plei] vt **1** *(importance, severity)* podhodnotit, podcenit, bagatelizovat **2** Theat *(role)* nepřehrávat

underplot ['andəplot] n vedlejší zápletka

underpopulated [andə'popjuleitid] adj málo zalidněný

underprice [andə'prais] vt prodávat za příliš nízkou cenu

underprivileged [andə'privəlidžd] adj chudý, sociálně slabý ● n **the u.** sociálně slabé vrstvy, chudí, vyděděnci

underrate [andə'reit] vt podcenit/ podceňovat

underripe [andə'raip] adj nedozrálý, nedostatečně zralý

underscore [andə'sko:(r)] vt podtrhnout

undersea [andə'si:] adj podmořský ● adv pod hladinou moře

undersecretary [andə'sekrətəri] n Pol **u. of state** státní podtajemník

undersell [andə'sel] vt (pt & pp **sold** [-'səuld]) **1** *(sell at low price)* prodávat za příliš nízkou cenu **2** *(undercut)* podbízet, prodávat pod cenou or za nižší cenu než konkurence

undersexed [andə'sekst] adj pohlavně chladný, mající sníženou sexuální touhu or potenci

undershirt ['andəšə:t] n Amer tílko

undershoot [andə'šu:t] v (pt & pp **-shot** [-'šot]) **I** vi *(plane)* předčasně přistát; *(missile)* dopadnout před cílem **II** vt **the plane undershot the runway** letadlo přistálo před přistávací plochou; **u. the target** střílet před cíl

undershorts ['andəšo:ts] n pl Amer pánské krátké spodky

underside ['andəsaid] n **the u.** spodní strana

undersigned [andə'saind] n **the u.** níže podepsaný/ pl níže podepsaní

undersized [andə'saizd] adj příliš malý, jsoucí pod míru

underskirt ['andəskə:t] n spodnička, spodní sukně

undersold [andə'səuld] pt & pp of **undersell**

understaffed [andə'sta:ft] adj **be u.** mít nedostatek pracovníků

understand [andə'stænd] v (pt & pp **-stood** [-'stud]) **I** vt **1** *(meaning, language, rules etc)* (po)rozumět čemu; *(speaker)* rozumět komu; **I can u. German perfectly** německy rozumím výborně; **I can't u. it** nerozumím tomu; **make oneself understood** dorozumět se **2** *(subject)* rozumět čemu; **is that understood?** rozumíte tomu?, je (vám) to jasné?; **he doesn't u. the first thing about it** nemá o tom ani ponětí **3** *(difficulty)* chápat **4** *(person)* chápat, mít pro koho pochopení, rozumět komu; **we u. each other** my si rozumíme **5** *(believe)* **I u. that ...** slyšel jsem, že ..., dozvěděl jsem se, že ...; **give sb to u. that ...** dát komu na srozuměnou, že ...; **I u. that he's leaving tomorrow** pokud vím, on zítra odjíždí **6** Gram **be understood** *(be implied: subject, verb)* nebýt vyjádřený **II** vi **1** *(comprehend)* rozumět; **do you u.?** rozumíte? **2** *(be understanding)* mít pochopení; **I fully u.** já to naprosto chápu

understandable [andə'stændəbl] adj **1** *(comprehensible)* srozumitelný **2** *(reasonable)* pochopitelný ■ **understandably** adv pochopitelně

understanding [andə'stændiŋ] adj chápavý, mající pochopení ● n **1** *(comprehension)* chápání; *(intelligence)* inteligence; *(knowledge)* znalosti; **it's beyond human u.** to je nad lidské chápání; **it's beyond all u.!** to je naprosto nepochopitelné; **have a good u. of sth** *(subject, problem)* dobře něco znát **2** *(agreement)* porozumění, dorozumění; **come to an u., reach an u.** dohodnout se (**with sb** s kým); **promote international u.** usilovat o dorozumění mezi národy **3** *(sympathy)* pochopení; **he met with a lack of u.** setkal se s nepochopením **4** *(condition,* *assumption)* **on the u. that** za předpokladu, že ..., pod podmínkou, že ...

understatement [andə'steitmənt] n (úmyslné) zmírnění výroku, zdrženlivé vyjádření

understood [andə'stud] pt & pp of **understand**

understudy ['andəstadi] n Theat dublující herec ● vt *(role)* nastudovat jako náhradník; *(actor)* hrát jako náhradník za koho, zaskakovat za koho

undertake [andə'teik] vt (pt **-took** [-'tuk], pp **-taken** [-'teikən]) **1** *(task, duty)* ujmout se čeho; *(job)* pustit se do; *(journey)* podniknout; *(responsibility)* převzít, vzít na sebe **2** *(promise)* slíbit, zavázat se, *(guarantee)* zaručit se; **he undertook to pay for it** slíbil, že za to zaplatí

undertaker ['andəteikə(r)] n zřízenec or majitel pohřebního ústavu, inf pej funebrák; **at the u.'s** v pohřebním ústavu

undertaking [andə'teikiŋ] n **1** *(task)* úkol, dílo, práce; *(large-scale)* projekt **2** *(promise)* slib, závazek, *(guarantee)* záruka **3** *(funeral business)* pohřební služby

under-the-counter [andəðə'kauntə(r)] adj *(agreement)* tajný, *(sale* etc*)* pokoutní, prováděný načerno ● adv tajně, pokoutně, načerno

underthings ['andəθiŋz] n pl spodní prádlo

undertone ['andətəun] n **1** *(of voice)* tlumený hlas; **speak in an u.** mluvit tlumeně or polohlasně **2** fig *(suggestion)* spodní tón, podtón, náznak, přídech

undertook [andə'tuk] pt of **undertake**

undervalue [andə'vælju:] vt *(object)* podhodnotit, nízko ohodnotit or ocenit; *(help, person)* nedocenit, podcenit

underwater [andə'wo:tə(r)] adj jsoucí pod vodou; *(current)* spodní ● adv pod vodou

underwear ['andəweə(r)] n (spodní or osobní) prádlo

underweight [andə'weit] adj **be u.** být pod váhu; **be 30 grams u.** *(packet)* být tři deka pod váhu

underwent [andə'went] pt of **undergo**

underworld ['andəwə:ld] n **1** Myth **the u.** podsvětí **2** *(of criminals)* (kriminální) podsvětí

underwrite [andə'rait] vt (pt **-wrote** [-'rəut], pp **-written** [-'ritn]) **1** Fin *(support financially)* poskytnout finanční záruku na **2** *(guarantee: insurance policy)* upsat riziko v čem; *(insure)* pojistit **3** St Ex *(shares)* upsat emisi cenných papírů

underwriter ['andəraitə(r)] n **1** Ins pojistitel **2** St Ex upisovatel

underwritten [andə'ritn] pp of **underwrite**

underwrote [andə'rəut] pt of **underwrite**

undeserved [andi'zə:vd] adj nezasloužený ■ **~ly** [andi'zə:vidli] adv nezaslouženě

undeserving [andi'zə:viŋ] adj nehoden čeho; **be u. of sth** nezasloužit si co, nebýt hoden čeho

undesirable [andi'zaiərəbl] adj nežádoucí; **u. alien** nežádoucí cizinec/ cizinka ● n nežádoucí osoba

undetected [andi'tektid] adj nezjištěný, neobjevený; *(crime)* neodhalený; **go u.** nebýt zjištěný, *(crime)* zůstat neodhalený

undeterred [andi'tə:d] adj **be u.** nedat se odradit; **be u. by sth** nedat se čím vyvést z míry

undeveloped [andi'veləpt] adj gen nevyvinutý; *(land)* neobdělávaný, nevyužitý; *(country)* málo vyvinutý, zaostalý

undid [an'did] pt of **undo**

undies ['andiz] n pl inf spodní prádlo zvl. ženské a dětské; **she appeared in her u.** objevila se ve spodním prádle

undifferentiated [andifə'renšieitid] adj nediferencovaný, nerozlišený

undigested [andai'džestid] adj nestrávený, fig also *(knowledge* etc*)* nezažitý

undignified [an'dignifaid] adj *(person)* nedůstojný; *(behaviour* also*)* neuhlazený, pohoršlivý, budící pohoršení; *(position, way of sitting* etc*)* neelegantní, bez elegance

undiluted [andai'lu:tid] adj **1** lit *(liquid)* ne(z)ředěný, nerozředěný **2** fig *(pleasure)* nezkalený, čistý; *(malice)* čirý; *(nonsense)* vyložený, absolutní, holý

undiminished [andi'miništ] adj nezmenšený, *(interest* also*)* neztenčený

undiplomatic [andiplə'mætik] adj nediplomatický ■ **~ally** adv nediplomaticky

undiscerning [andi'sə:niŋ] adj *(reader)* nenáročný, nekritický

undischarged [andis'ča:džd] adj **1** *(bankrupt)* neoddlužněný, bez vyrovnaných pohledávek **2** *(debt)* nevyrovnaný, nezaplacený **3** *(cargo)* nevyložený; *(gun)* z kterého nebylo vystřeleno

undisciplined [an'disiplind] adj *(person)* neukázněný, nedisciplinovaný; *(imagination)* bujný

undisclosed [andis'kləuzd] adj utajený; *(sum)* neudaný, neuvedený, nezveřejněný

undiscovered [andi'skavəd] adj gen neobjevený; *(crime)* neodhalený; *(land)* neprozkoumaný; *(identity)* nezjištěný

undiscriminating [andi'skrimineitiŋ] see **undiscerning**

undisguised [andis'gaizd] adj lit nemaskovaný; fig *(feelings)* nezastíraný; *(pleasure, admiration)* netajený; *(hatred, contempt)* nepokrytý

undismayed [andis'meid] adj **be u. by sth** nedat se čím vyvést z míry or odradit

undisposed [andi'spəuzd] adj Comm **u. of** *(goods)* neprodaný

undisputed [andi'spju:tid] adj *(champion)* nepochybný; *(fact)* nesporný, nepopíratelný; Jur *(right)* nesporný

undistinguished [andi'stiŋgwišt] adj *(career, achievement)* (pod)průměrný, nevalný; *(person)* tuctový, ničím nevynikající

undisturbed [andi'stə:bd] adj 1 *(peaceful: sleep)* nerušený; **he wishes to be left u.** nepřeje si být rušen 2 *(unchanged: countryside)* nedotčený, *(village life* also*)* nenarušený 3 *(untouched: papers)* **I left everything u.** ničeho jsem se ani nedotknul

undivided [andi'vaidid] adj *(country)* celistvý; *(unanimous: opposition, opinion)* jednotný; *(loyalty)* absolutní; **give sb one's u. attention** plně se komu věnovat

undo [an'du:] vt (pt **undid** [an'did], pp **undone** [an'dan]) 1 *(unfasten: knot)* rozvázat, *(shoelaces* also*)* rozšněrovat, *(envelope)* rozlepit; *(button)* rozepnout; *(zip)* otevřít; *(sewing)* rozpárat 2 *(ruin: sb's work)* obrátit vniveč, zničit, zruinovat, *(effect)* anulovat, *(plan)* zmařit ♦ **what is done cannot be undone** co se stalo, nedá se odestát 3 *(put right: damage)* napravit 4 Comput *(command)* odvolat, zrušit

undock [an'dok] Astronaut I vt *(spacecraft)* odpojit II vi odpojit se, *(from one another)* rozpojit se

undoing [an'du:iŋ] n fml *(ruin)* záhuba, zkáza; **be sb's u.** (Subj: *drink, gambling, women)* zničit or zruinovat koho, přivést koho na mizinu

undone [an'dan] pp of **undo** ● adj 1 see **undo** (1) *(unfastened)* rozvázaný; rozšněrovaný; rozepnutý; otevřený; rozpáraný; **come u.** *(laces)* rozvázat se, rozšněrovat se, *(buttons)* rozepnout se 2 *(not done)* **leave sth u.** nedokončit co, nevyřídit co, nechat co rozdělané 3 dated or fml *(ruined)* **I am u.** jsem vyřízený

undoubted [an'dautid] adj nepochybný, *(success* also*)* nesporný ■ **~ly** adv nepochybně, nesporně, bez pochyby

undreamed-of [an'dri:mdov], **undreamt-of** [an'dremtov] adj netušený, nepředstavitelný; **u.-of wealth** nepředstavitelné bohatství

undress [an'dres] vt(i) (vy)svléci (se), (vy)svléknout (se), odstrojit (se) ● n **in a state of u.** v nedbalkách, v ranním úboru

undressed [an'drest] adj 1 *(person: naked)* svlečený, nahý, *(partially dressed)* neustrojený, neupravený; **get u.** svléci se 2 *(wound)* neobvázaný, neošetřený 3 *(hides)* nevyčiněný, *(timber)* neopracovaný; *(salad)* neochucený nálevem, bez nálevu

undrinkable [an'driŋkəbl] adj 1 *(unfit for drinking)* ne pitný, nezpůsobilý or nevhodný k pití 2 *(bad-tasting)* **be u.** nedat se pít

undue [an'dju:] adj 1 *(excessive)* nadměrný, přílišný, přehnaný 2 *(improper: behaviour)* nevhodný, nemístný, *(influence)* nepřípustný

undulate ['andjuleit] vi *(sea, corn, hair)* vlnit se; *(river, path)* vinout se

undulating ['andjuleitiŋ] adj *(sea, corn, hair)* vlnící se; *(movement)* vlnivý; *(landscape)* kopcovitý, zvlněný

undulation [andju'leišn] n 1 *(of sea, corn)* vlnění 2 *(of terrain)* křivka

unduly [an'dju:li] adv *(excessively)* nadměrně, přílišně, přehnaně; **u. optimistic** přehnaně optimistický

undying [an'daiiŋ] adj *(love)* věčný; *(fame)* nehynoucí, nesmrtelný, nepomíjející; *(gratitude)* nehynoucí

unearned [an'ə:nd] adj 1 *(undeserved)* nezasloužený 2 **u. income** bezpracný důchod, bezpracná renta; **u. profit** bezpracný zisk

unearth [an'ə:θ] vt 1 Archeol vykopat, vyhrabat, odhalit 2 fig *(find)* objevit; *(information)* vyhrabat, přijít na; *(plot)* odhalit

unearthly [an'ə:θli] adj 1 *(supernatural: apparition)* nadpřirozený 2 *(heavenly: beauty)* nadpozemský 3 inf *(din)* (ú)děsný 4 fig **at an u. hour** absurdně brzy, uprostřed noci

unease [an'i:z], **uneasiness** [an'i:zinəs] n neklid, znepokojení, stísněný pocit

uneasily [an'i:zili] adv see **uneasy**

uneasy [an'i:zi] adj (**-ier**, **-iest**) 1 *(worried: person)* úzkostlivý, znepokojený, neklidný; *(sleep)* neklidný, nepokojný, *(night)* neklidný 2 *(worrying)* nepříjemný, znepokojující; **an u. feeling** neblahé tušení, zlá předtucha; **have an u. conscience** mít špatné svědomí 3 **be u.** *(be ill at ease)* být nesvůj, nebýt ve své kůži, necítit se dobře kde, s kým etc. 4 *(precarious: peace)* nejistý ■ **uneasily** adv *(anxiously)* úzkostlivě, neklidně; *(uncomfortably: sleep)* neklidně, nepokojně; *(ill at ease)* celý nesvůj

uneatable [an'i:təbl] adj nepoživatelný; **it's u.** to se nedá jíst

uneconomic [ani:kə'nomik] adj neekonomický; *(not profitable)* nerentabilní

uneconomical [ani:kə'nomikl] adj *(wasteful)* nehospodárný, nešetrný

unedifying [an'edifaiiŋ] adj nepříliš povznášející

uneducated [an'edjukeitid] adj 1 *(without*

education) nevzdělaný **2** *(unrefined: speech, manners)* nekultivovaný

unemployed [anim'ploid] adj **1** *(person)* nezaměstnaný **2** *(unused: machinery)* neužívaný, stojící; Fin *(capital)* mrtvý, neinvestovaný ● n **the u.** nezaměstnaní

unemployment [anim'ploimənt] n nezaměstnanost; **hidden/ structural u.** skrytá/ strukturální nezaměstnanost ■ **u. benefit,** Amer **u. compensation** podpora v nezaměstnanosti

unending [an'endiŋ] adj nekonečný

unenthusiastic [anin,θju:zi'æstik] adj nepříliš nadšený; **be u. about sth** nebýt pro co příliš nadšen

unenviable [an'enviəbl] adj nezáviděníhodný

unequal [an'i:kwəl] adj **1** *(not equal)* nestejný; *(struggle)* nerovný; **be u. in length** nebýt stejně dlouhý **2** *(inadequate)* **be u. to sth** *(job, task)* nestačit na co; **he's u. to the task** ten úkol je nad jeho síly

unequalled, Amer **unequaled** [an'i:kwəld] adj nemající sobě rovna, nepřekonaný; **she's u. for beauty** nikdo se jí nevyrovná v kráse

unequivocal [ani'kwivəkl] adj jednoznačný, *(answer* also*)* nevyhýbavý ■ **~ly** adv jednoznačně, nevyhýbavě

unerring [an'ə:riŋ] adj *(judgement)* neomylný; *(instinct)* neklamný; *(aim, blow)* jistý ■ **~ly** adv neomylně; neklamně; jistě

UNESCO [ju'neskəu] abbr of **United Nations Educational, Scientific and Cultural Organization** UNESCO, Organizace OSN pro výchovu, vědu a kulturu

unethical [an'eθikl] adj nemorální, neetický

uneven [an'i:vn] adj **1** *(surface)* nerovný, hrbolatý; *(line)* nerovný, křivý; *(rhythm, pulse, pattern)* nepravidelný, *(handwriting* also*)* kostrbatý; *(colouring, thickness)* nestejnoměrný; *(contest)* nevyrovnaný; *(voice)* nejistý; *(skirt)* cípatý ♦ **weigh on u. scales** měřit dvojím loktem **2** Math *(number)* lichý **3** Gymn **u. bars** bradla o nestejné výši žerdi

unevenness [an'i:vənəs] n (see **uneven**) nerovnost; křivost; nepravidelnost, kostrbatost; nestejnoměrnost; nevyrovnanost; nejistota; cípatost

uneventful [ani'ventful] adj *(day)* jednotvárný, *(life* also*)* klidný ■ **~ly** adv jednotvárně

unexceptionable [anik'sepšnəbl] adj *(behaviour)* bezvadný; *(remark)* nesporný, neoddiskutovatelný

unexceptional [anik'sepšənl] adj běžný, obyčejný, ničím výjimečný

unexciting [anik'saitiŋ] adj málo vzrušující, monotónní, fádní; *(film)* nezajímavý, nevýrazný

unexpected [anik'spektid] adj neočekávaný, nečekaný; *(unforeseen: event* also*)* nepředvídaný; *(sudden)* nenadálý ■ **~ly** adv neočekávaně, nečekaně; *(suddenly)* nenadále

unexplainable [anik'spleinəbl] adj nevysvětlitelný, neobjasnitelný

unexplained [anik'spleind] adj nevysvětlený, neobjasněný; *(case, mystery)* nevyjasněný

unexploded [anik'spləudid] adj nevybuchlý

unexploited [anik'sploitid] adj nevyužitý, ležící ladem

unexplored [anik'splo:d] adj neprozkoumaný

unexposed [anik'spəuzd] adj **1** Phot *(film)* neexponovaný, neosvětlený **2** *(crime, affair)* neodhalený

unexpressed [anik'sprest] adj nevyjádřený

unexpurgated [an'ekspəgeitid] adj *(text)* nevyškrtaný, necenzurovaný, úplný

unfading [an'feidiŋ] adj fig nehynoucí, nepomíjející

unfailing [an'feiliŋ] adj *(loyalty, support, interest)* neochvějný; *(friend)* neochvějný, věrný; *(energy, source)* nevyčerpatelný; *(remedy)* jistý, bezpečný; *(patience)* andělský, božský, svatý; *(good temper)* konstantní, neustálý, neutuchající ■ **~ly** adv neustále, konstantně

unfair [an'feə(r)] adj *(advantage, judgement, criticism, dismissal, punishment)* nespravedlivý, *(decision* also*)* nesprávný; *(share)* neúměrný, neúměrně velký; *(competition)* nekalý, špinavý; *(play, person)* neférový, nepoctivý, *(play* also*)* nečistý; **be u. to sb** jednat s kým nefér(ově), být ke komu nespravedlivý ■ **~ly** adv *(criticize, punish, dismiss)* nespravedlivě, *(decide)* nesprávně; *(treat)* neférově; *(play)* nečistě

unfairness [an'feənəs] n nespravedlnost

unfaithful [an'feiθful] adj **1** *(husband, wife)* nevěrný, *(friend* also*)* neloajální; **be u. to sb** být komu nevěrný, inf *(to partner* also*)* zahýbat komu, *(on one occasion)* zahnout komu **2** *(copy, description, translation)* nepřesný, nevěrný

unfaithfulness [an'feiθfulnəs] n see **unfaithful** **1** nevěra, neloajálnost **2** nepřesnost

unfaltering [an'fo:ltəriŋ] adj *(step)* pevný, jistý, *(voice)* pevný; *(support, courage)* neochvějný ■ **~ly** adv *(walk)* pevným krokem, *(speak)* pevným hlasem; *(support, courage)* neochvějně

unfamiliar [anfə'miliə(r)] adj **1** *(strange:*

face, place, surroundings) neznámý, cizí; *(situation)* neobvyklý, nezvyklý, *(problem)* nový; *(music, book)* málo známý **2 be u. with sth** neznat co, nebýt s čím obeznámený, *(subject)* nevyznat se v čem

unfamiliarity [anfəmili'ærəti] n see **unfamiliar 1** neznámost, cizost; neobvyklost; novost **2** neznalost; **my u. with the subject** moje neznalost předmětu

unfashionable [an'fæšənəbl] adj nemoderní, nejsoucí v módě; **become u.** vyjít z módy ■ **unfashionably** adv *(dressed)* nemoderně

unfasten [an'fa:sn] **I** vt *(knot)* rozvázat; *(button, belt, collar)* rozepnout; *(dog, boat)* odvázat; *(bag, zip)* otevřít; *(gate)* otevřít **II** vi *(button, blouse)* rozepnout se; **how does this belt u.?** jak se rozepíná tento opasek?

unfathomable [an'fæθəməbl] adj nevyzpytatelný, neproniknutelný

unfathomed [an'fæθəmd] adj neprobádaný, neprozkoumaný

unfavourable, Amer **unfavorable** [an'feivərəbl] adj *(impression, outlook, weather, wind)* nepříznivý, *(conditions* also*)* nevýhodný; *(trade balance)* pasivní; **make an u. impression on sb** udělat na koho nepříznivý dojem ■ **unfavo(u)rably** adv nepříznivě

unfeeling [an'fi:liŋ] adj *(insensitive)* necitlivý; *(without compassion)* necitelný, bezcitný

unfeigned [an'feind] adj upřímný, nepředstíraný, nelíčený; **with u. admiration** s nelíčeným obdivem

unfettered [an'fetəd] adj fig svobodný, nespoutaný, neomezený (**by sth** čím)

unfilled [an'fild] adj nenaplněný, prázdný; *(post)* neobsazený; **u. vacancies** volná místa

unfinished [an'finišt] adj **1** *(incomplete)* nedokončený; *(business)* nevyřízený **2** Techn neobrobený, neupravený, hrubý; Text neupravený

unfit [an'fit] adj **1** *(physically)* **be u.** nebýt fit, nebýt ve formě; **u. for military service** neschopný vojenské služby; **be u. for work** nebýt práceschopný **2** *(mentally)* nezpůsobilý; Jur **be u. to plead** být mentálně nezpůsobilý být stíhán **3** *(unsuitable)* nevhodný; Sport *(playing field, terrain)* nezpůsobilý (**for sth** pro co); *(road)* nesjízdný

unfitted [an'fitid] adj **be u. for sth** nehodit se na co

unfitting [an'fitiŋ] adj *(behaviour, language)* nevhodný, neslušný, nepřístojný; *(clothes)* nevhodný ■ **~ly** adv nevhodně, neslušně, nepřístojně

unflagging [an'flægiŋ] adj *(person, zeal)* neúnavný, *(interest, enthusiasm)* neutuchající, nepolevující; *(patience)* mravenčí, svatý, andělský ■ **~ly** adv neúnavně

unflappable [an'flæpəbl] adj ledově klidný, flegmatický; **be u.** nedat se vyvést z klidu or z konceptu, zachovat ledový klid

unflattering [an'flætəriŋ] adj *(comment, description)* nelichotivý; **be u. to sb** *(clothes, hairstyle)* neslušet komu, *(description)* nelichotit komu

unfledged [an'fledžd] adj **1** *(bird)* neopeřený **2** fig *(person)* nezkušený

unflinching [an'flinčiŋ] adj neohrožený, nebojácný; *(determination)* neochvějný ■ **~ly** adv neohroženě, nebojácně

unfocus(s)ed [an'fəukəst] adj *(gaze, photo)* nezaostřený

unfold [an'fəuld] **I** vt **1** *(paper, cloth)* rozložit, *(newspaper, letter)* otevřít, rozevřít; *(spread out: cloth)* (roz)prostřít, *(map)* rozložit; *(wings)* rozepnout; *(arms)* rozevřít; *(table)* roztáhnout, rozložit **2** fig *(intentions, plans)* vyložit; *(secret)* odhalit **II** vi **1** *(open up)* rozevřít se **2** fig *(truth, secret)* vyjít najevo; *(plot)* rozvinout se, *(narrative)* odvíjet se; *(landscape)* rozprostírat se před kým, rozkládat se před kým

unforced [an'fo:st] adj nevynucený; *(spontaneous)* spontánní, nenucený, přirozený

unforeseeable [anfo:'si:əbl] adj nepředvídatelný; *(consequences)* nedozírný

unforeseen [anfo:'si:n] adj nepředvídaný; *(difficulties)* nenadálý; **owing to u. circumstances** vzhledem k nepředvídaným okolnostem

unforgettable [anfə'getəbl] adj nezapomenutelný

unforgivable [anfə'givəbl] adj neodpustitelný, neomluvitelný ■ **unforgivably** adv neodpustitelně

unforgiving [anfə'giving] adj nesmiřitelný, nemilosrdný, neodpouštějící

unformatted [an'fo:mætid] adj Comput *(disk)* neformátovaný

unfortunate [an'fo:čənət] adj **1** *(unlucky: person)* nešťastný, ubohý, smolařský **2** *(incident)* nešťastný; *(day, consequences)* neblahý; *(habit)* nechvalný; **an u. coincidence** nešťastná náhoda; **how u.!** to je škoda! ■ **~ly** adv bohužel, naneštěstí; **~ly not** bohužel ne

unfounded [an'faundid] adj neodůvodněný, neopodstatněný

unframed [an'freimd] adj *(picture)* nezarámovaný

unfreeze [an'fri:z] v (pt **unfroze** [an'frəuz], pp **unfrozen** [an'frəuzn]) **I** vt **1** *(lock, pipe)* rozmrazit **2** Fin *(wages, prices)* uvolnit **II** vi **1** *(pipe)* rozmrznout **2** fig *(person)* rozvázat, stát se sdílnějším

unfrequented [anfri'kwentid] adj nenavštěvovaný, málo navštěvovaný, nefrekventovaný

unfriendliness [an'frendlinəs] n see **unfriendly 1** nepřátelství; zlomyslnost **2** nevlídnost; nepohostinnost; nehostinnost

unfriendly [an'frendli] adj (**-ier**, **-iest**) **1** *(hostile: act)* nepřátelský; *(remark)* zlomyslný **2** *(unkind)* nevlídný, nepřívětivý; *(people)* nepohostinný; *(climate)* nevlídný; *(country)* nehostinný

unfrock [an'frok] vt *(priest)* zbavit koho kněžského úřadu

unfroze [an'frəuz] pt of **unfreeze**

unfrozen [an'frəuzn] pp of **unfreeze** ● adj *(food)* rozmrazený

unfruitful [an'fru:tful] adj **1** *(soil)* neúrodný; *(tree, woman)* neplodný **2** fig *(discussion)* neplodný; *(efforts, search)* marný, zbytečný, bezvýsledný

unfulfilled [anful'fild] adj *(promise, dream)* nesplněný; *(person)* frustrovaný

unfunded [an'fandid] adj Fin *(debt)* nezajištěný

unfunny [an'fani] adj **I find that most** or **distinctly u.** já na tom nevidím vůbec nic legračního or zábavného

unfurl [an'fə:l] **I** vt *(banner, sail)* rozvinout **II** vi rozvinout se

unfurnished [an'fə:ništ] adj nezařízený, bez nábytku

ungainly [an'geinli] adj (**-ier**, **-iest**) **1** *(clumsy)* nemotorný, neohrabaný, *(gait)* klátivý **2** *(appearance)* humpolácký, *(ugly)* ošklivý, nehezký

ungenerous [an'dženərəs] adj *(criticism, remark)* malicherný

ungentlemanly [an'džentlmənli] adj nezdvořilý, negalantní

ungetatable [anget'ætəbl] adj inf of joc nedosažitelný, nedostupný

unglazed [an'gleizd] adj **1** *(window)* nezasklený **2** *(pottery)* bez glazury

ungodliness [an'godlinəs] n bezbožnost

ungodly [an'godli] adj (**-ier**, **-iest**) **1** lit bezbožný **2** fig inf *(noise)* pekelný; **at an u. hour** v nekřesťanskou hodinu, uprostřed noci ● n **the u.** bezbožníci, hříšníci

ungovernable [an'gavənəbl] adj **1** *(passions)* nekontrolovatelný, neovladatelný **2** Pol **this country is u.** v této zemi se nedá vládnout

ungracious [an'greišəs] adj nezdvořilý, nepřívětivý ■ **~ly** adv nezdvořile, nepřívětivě

ungrammatical [angrə'mætikl] adj mluvnicky or gramaticky nesprávný

ungrateful [an'greitful] adj *(person, task)* nevděčný ■ **~ly** adv nevděčně

ungrudging [an'gradžiŋ] adj *(help)* ochotný; *(hospitality)* srdečný; *(contribution)* velkorysý; **be u. in one's praise** nešetřit chválou ■ **~ly** adv ochotně; srdečně; velkoryse

unguarded [an'ga:did] adj **1** *(unprotected: property, prisoner)* nehlídaný, nestřežený **2** fig *(careless: remark)* neobezřetný; **in an u. moment** v nestřeženém okamžiku, v nestřežené chvíli

ungulate ['aŋgjuleit] adj kopytnatý ● n kopytnatec

unhampered [an'hæmpəd] adj svobodný, neomezovaný čím; **be u. by clothes** nebýt omezován v pohybu oděvem; fig **u. by rules** neomezovaný pravidly

unhappily [an'hæpili] adv **1** *(unfortunately)* bohužel, naneštěstí **2** *(sadly)* nešťastně, smutně

unhappiness [an'hæpinəs] n *(sadness)* smutek, bolest

unhappy [an'hæpi] adj (**-ier**, **-iest**) **1** *(sad)* smutný, nešťastný, sklíčený; **it makes me u.** jsem z toho nešťastný **2** fml *(displeased)* nespokojený; *(worried)* znepokojený; **be u. about sth** dělat si s čím starosti **3** fml *(unfortunate: coincidence, remark)* nešťastný; *(situation)* politováníhodný; **u. events** pohnuté události ■ see **unhappily**

unharmed [an'ha:md] adj **1** *(person)* nezraněný, bez poranění, bez úrazu; **escape u.** vyváznout se zdravou kůží **2** *(object)* nepoškozený

unharness [an'ha:nəs] vt *(horse: remove harness)* odstrojit, *(unhitch)* vypřáhnout

unhealthy [an'helθi] adj (**-ier**, **-iest**) **1** *(person, life)* nezdravý, *(climate, environment, place* also*)* zdraví škodlivý **2** fig *(curiosity)* chorobný

unheard [an'hə:d] adj lit **go u.** *(voice, cry)* nebýt slyšet, fig *(go unheeded)* zůstat bez povšimnutí; **his cries for help went u.** na jeho volání o pomoc nikdo nereagoval

unheard-of [an'hə:dov] adj **1** *(unknown)* neznámý; *(unprecedented: prices, achievement)* rekordní **2** *(shocking: behaviour)* neslýchaný, do nebe volající

unheeded [an'hi:did] adj **1** *(ignored: warning)* nebraný v úvahu, ignorovaný **2** *(unnoticed)* nepovšimnutý; **go u.** zůstat bez povšimnutí, nenajít odezvu

unhelpful [an'helpful] adj **1** *(person)* neochotný, *(shop assistant* etc also*)* neúslužný **2** *(advice, map)* neužitečný, málo užitečný ■ **~ly** adv neochotně, neúslužně

unhesitating [an'heziteitiŋ] adj *(person)* rázný, rozhodný, rezolutní; *(answer)* promptní, okamžitý ■ **~ly** adv promptně, bez váhání

unhinge [an'hindž] vt **1** *(door, window)* vysadit ze závěsů **2** fig **u. sb, u. sb's mind** pomást komu rozum, vykolejit koho

unhinged [an'hindžd] adj **1** *(door, window)* vysazený **2** fig *(person, mind)* pomatený

unhitch [an'hič] vt *(horse: from wagon)* vypřáhnout; *(caravan)* odpojit

unholy [an'həuli] adj (**-ier**, **-iest**) **1** *(profane)* bezbožný; *(spirit)* zlý **2** *(alliance, pact)* nepřirozený, nekalý **3** inf *(awful: noise, mess)* děsný, příšerný, pekelný

unhook [an'huk] **I** vt **1** *(bra, skirt, dress)* rozepnout **2** *(take down from hook, nail* etc*: picture)* sejmout z háčku **II** vi rozepnout se

unhoped-for [an'həuptfo:(r)] adj neočekávaný, nečekaný, nenadálý

unhurried [an'harid] adj *(person, manner)* neuspěchaný, klidný; *(pace)* pozvolný; *(meal)* pojídaný beze spěchu or v (po)klidu ▪ **~ly** adv pozvolna, beze spěchu, v (po)klidu

unhurt [an'hə:t] adj nezraněný

unhygienic [anhai'dži:nik] adj nehygienický

uni- ['ju:ni-] pref jedno-

unicameral [ju:ni'kæmərəl] adj Pol jednokomorový

UNICEF ['ju:nisef] abbr of **United Nations International Children's Emergency Fund** UNICEF, Dětský fond Spojených národů

unicellular [ju:ni'seljulə(r)] adj jednobuněčný

unicorn ['ju:niko:n] n Myth jednorožec

unidentifiable [anai'dentifaiəbl] adj neidentifikovatelný

unidentified [anai'dentifaid] adj neidentifikovaný; **u. flying object** neidentifikovaný létající objekt, UFO; *(flying saucer)* létající talíř

unification [ju:nifi'keišn] n sjednocení; *(of laws, standards)* unifikace

uniform ['ju:nifo:m] adj **1** *(unified: length, colour, price, size, tax)* jednotný **2** *(constant: temperature)* konstantní, *(acceleration)* rovnoměrný, *(flow)* stejnoměrný **3** *(identical: treatment* etc*)* (úplně) stejný, identický **4** *(lacking variation: scenery, life)* jednotvárný, *(houses)* uniformní **5** Math jednoznačný ▪ see **~ly** ● n uniforma, esp Mil stejnokroj; Mil **in u. i)** *(wearing u.)* ve vojenském, v uniformě; **in school u.** ve školní uniformě **ii)** *(in the armed forces)* na vojně; **out of u. i)** v civilních šatech **ii)** v civilu ▪ **u. trousers** kalhoty stejnokroje

uniformed ['ju:nifo:md] adj *(staff, police)* uniformovaný; *(wearing uniform)* (oblečený) v uniformě

uniformity [ju:ni'fo:məti] n (pl **-ties**) see **uniform 1** jednotnost **2** konstantnost, rovnoměrnost, stejnoměrnost **3** identičnost **4** pej jednotvárnost, uniformita **5** jednoznačnost

uniformly ['ju:nifo:mli] adv **1** *(measure, price)* jednotně **2** *(treat)* stejně, totožně **3** *(think)* uniformně

unify ['ju:nifai] vt (pt & pp **-fied** [-faid]) sjednotit, *(standards, laws* also*)* unifikovat

unilateral [ju:ni'lætərəl] adj Pol jednostranný, unilaterální ▪ **~ly** adv jednostranně, unilaterálně

unilateralist [ju:ni'lætərəlist] n stoupenec unilaterálního or jednostranného odzbrojení

unimaginable [ani'mædžinəbl] adj nepředstavitelný, nemyslitelný

unimaginative [ani'mædžinətiv] adj nenápaditý, jsoucí bez fantazie, prozaický

unimpaired [anim'peəd] adj *(health)* neoslabený; *(prestige)* nezmenšený

unimpeachable [anim'pi:čəbl] adj *(reputation, conduct)* bezúhonný; *(evidence)* nenapadnutelný; *(source)* stoprocentně spolehlivý

unimportant [anim'po:tənt] adj nedůležitý; *(detail* also*)* nepodstatný, vedlejší, bezvýznamný

unimpressed [anim'prest] adj **I was u. by him** neudělal na mě nijak zvláštní dojem

unimpressive [anim'presiv] adj *(performance)* nevýrazný, nemastný neslaný; *(person* also*)* obyčejný; *(building)* nijak impozantní

uninformed [anin'fo:md] adj neinformovaný (**about sth** o čem), nezasvěcený do čeho; *(uneducated)* nevzdělaný; **an u. guess** neodborný or laický odhad; **an u. reader** laický čtenář; **be u. about sth** nevyznat se v čem

uninhabitable [anin'hæbitəbl] adj neobyvatelný

uninhabited [anin'hæbitid] adj neobydlený; *(deserted)* opuštěný, vylidněný

uninhibited [anin'hibitid] adj nemající zábrany, jsoucí bez zábran; *(greed)* bezuzdný; *(laughter)* nevázaný

uninitiated [ani'nišieitid] adj nezasvěcený ● n nezasvěcenec, neodborník, laik; **for the u.** pro nezasvěcené, pro laiky

uninspired [anin'spaiəd] adj *(teacher)* nenápaditý, bez fantazie; *(performance)* nevýrazný, nemastný neslaný, nevybočující z průměru

uninspiring [anin'spaiəriŋ] adj mdlý, fádní, nevýrazný; *(mediocre)* tuctový; **be u.** nemít ducha, být nemastný neslaný

unintelligent [anin'telidžənt] adj neinteligentní, nepříliš inteligentní; **not u.** docela inteligentní

unintelligible [anin'telidžəbl] adj nesrozumitelný; *(handwriting)* nečitelný

unintended [anin'tendid], **unintentional** [anin'tenšənl] adj neúmyslný, nezáměrný, náhodný, bezděčný ■ **unintentionally** adv neúmyslně, nezáměrně, bezděčně, náhodně, nechtě, nechtíc

uninterested [an'intrəstid] adj **be u. in sb/ sth** nemít o koho/ co zájem

uninteresting [anin'tristiŋ] adj nepříliš zajímavý, nezajímavý, nevýrazný, banální

uninterrupted [anintə'raptid] adj nepřetržitý, neustálý; *(undisturbed)* nerušený

uninvited [anin'vaitid] adj nezvaný, nepozvaný

uninviting [anin'vaitiŋ] adj *(food)* nelákavý, nevábný; *(appearance)* odpudivý

union ['ju:niən] n **1** *(act of uniting)* spojení, spojování **2** **(trade) u.** odborová organizace, odborový svaz; **join a u.** vstoupit do odborové organizace ■ **u. bashing** útoky na odbory, protiodborová kampaň; **u. card** odborová legitimace **3** Pol svaz, federace, sdružení, unie; **economic u.** ekonomické společenství; **European U.** Evropská unie; **customs u.** celní unie; **the U.** *(US)* Spojené státy americké, Hist Unie v protikladu ke Konfederaci; **State of the U. message** zpráva o stavu unie ■ **U. Flag, U. Jack** britská vlajka **4** Br Univ **(student) u.** *(organization)* svaz studentů, *(building)* studentský klub **5** fml *(marriage)* manželský svazek **6** *(harmony)* harmonie, shoda, soulad; **they lived together in perfect u.** žili spolu v dokonalé shodě **7** Techn spojka, šroubení

unionism ['ju:niənizəm] n **1** *(trade u.)* odborové hnutí **2** **U.** *(in Northern Ireland)* unionismus

unionist ['ju:niənist] n **1** *(trade u.)* odborář **2** **U.** *(in Northern Ireland)* unionista ■ **U. party** unionistická strana

unionization [ju:niənai'zeišən] n syndikalizace

unionize ['ju:niənaiz] vt(i) syndikalizovat (se), odborově (se) organizovat

unique [ju'ni:k] adj **1** *(singular)* ojedinělý, unikátní; **a u. work of art** unikátní umělecké dílo; *(unparalleled)* jedinečný; **a u. opportunity** jedinečná or nebývalá příležitost **2** **be u. to sb/ sth** být charakteristický or typický pro koho/ co **3** inf *(remarkable)* báječný, senzační ■ **~ly** adv **1** *(solely)* pouze, výhradně **2** *(outstandingly)* jedinečně

uniqueness [ju'ni:knəs] n jedinečnost, unikátnost

unisex ['ju:niseks] adj unisex

unison ['ju:nisən] n Mus unisono, jednohlasý zpěv; **in u.** jednohlasně, unisono; fig **act in u. with sb** jednat v souladu s kým

unit ['ju:nit] n **1** *(single entity)* jednotka, celek; **the family is the basic u. of society** rodina je základní společenská jednotka **2** *(group)* skupina; Mil jednotka, útvar; *(department)* oddělení, odbor, středisko; **film u.** filmový štáb; **research u.** výzkumné středisko; **production u.** provozní jednotka **3** *(section: of furniture)* sektorový dílec; *(of machine)* část, díl, *(set of equipment)* agregát, zařízení; Build **precast u.** prefabrikát ■ **u. furniture** sektorový nábytek **4** Math jednotka, jednička; **tens and ~s** desítky a jednotky **5** *(of measure)* jednotka; **u. of length** délková jednotka; **u. of measurement** měrná jednotka; **monetary u.** měnová jednotka; **u. of account** účetní jednotka, zúčtovací jednotka ■ **u. cost** Ind náklady na jednotku produkce; **u. trust** podílový fond

Unitarian [ju:ni'teəriən] adj Relig unitářský ● n unitář

Unitarianism [ju:ni'teəriənizəm] n Relig unitarismus, unitářství

unite [ju'nait] **I** vt *(join)* sjednotit, spojit **II** vi spojit se, sjednotit se; **let's u. in prayer** modleme se společně ♦ **workers of the world u.!** proletáři všech zemí, spojte se!

united [ju'naitid] adj spojený, jednotný; *(effort)* společný; **U. Arab Emirates** Spojené arabské emiráty; **U. Kingdom** Spojené království; **U. Nations** Spojené národy; **U. States (of America)** Spojené státy (americké)

unity ['ju:nəti] n (pl **-ties**) **1** *(oneness)* jednota; **national/ political u.** národní/ politická jednota **2** *(harmony)* svornost, shoda, harmonie; **live in u.** žít v souladu **3** Theat **the dramatic unities** jednota děje, času a místa **4** Math jednotka

Univ abbr of **University** univ., univerzita

univalent [ju:ni'veilənt] adj Chem jednomocný

universal [ju:ni'və:sl] adj **1** *(principle, law)* univerzální, obecný; *(remedy)* univerzální; *(approval, conscription, education, suffrage)* všeobecný; *(peace)* (celo)světový; *(custom, use: prevailing everywhere)* obecně rozšířený; Logic *(rule)* všeobecně platný; **win u. acclaim** mít velký úspěch, dosáhnout všeobecného úspěchu **2** Techn *(coupling, joint, wrench)* univerzální ■ **~ly** adv *(liked, admired)* všeobecně; *(used)* obecně ● n Philos univerzále, often pl univerzália, univerzálie

universality [ju:nivə:'sæləti] n (see **universal**) univerzálnost; všeobecnost; *(prevalence)* všeobecný výskyt; Logic všeobecná platnost

universe ['ju:nivə:s] adj **the u.** vesmír, kosmos

university [ju:ni'və:səti] n univerzita, vysoká škola, vysoké učení; **be at u.** studovat na vysoké škole; **go to u.** jít studovat na vysokou školu ■ **u. bookshop/ library/ town** univerzitní knihkupectví/ knihovna/ město; **u. education** vysokoškolské or akademické vzdělání; **u. games** univerziáda

unjust [anˈdžast] adj nespravedlivý ■ **~ly** nespravedlivě

unjustifiable [anˈdžastifaiəbl] adj neomluvitelný, neospravedlnitelný

unjustified [anˈdžastifaid] adj *(trial)* neoprávněný; *(accusations)* neopodstatněný

unjustness [anˈdžastnəs] n nespravedlnost, nespravedlivost

unkempt [anˈkempt] adj *(hair)* rozcuchaný, nečesaný; *(appearance)* neupravený, zanedbaný; *(garden)* zanedbaný, neudržovaný

unkind [anˈkaind] adj 1 *(person)* nelaskavý, nevlídný; *(remark)* zlomyslný, jízlivý, urážlivý 2 *(climate)* drsný; *(fate)* tvrdý, krutý ■ **~ly** adv nevlídně, nelaskavě; *(cruelly)* zlomyslně, krutě; **take sth ~ly** brát co ve zlém

unkindness [anˈkaindnəs] n nevlídnost, nelaskavost; *(of weather)* drsnost; *(of fate)* krutost, nepřízeň

unknowable [anˈnəuəbl] adj nepoznatelný ● n nepoznatelno, nepoznatelné

unknowing [anˈnəuiŋ] adj **he was the u. cause of ...** aniž by si toho byl vědom, byl příčinou čeho ■ **~ly** adv nevědomky, bezděky

unknown [anˈnəun] n 1 Math neznámá (veličina) 2 *(person)* neznámý (člověk); **u. delinquent** neznámý or nezjištěný pachatel 3 *(territory)* neprozkoumaná oblast; **the u.** neznámo, neznámé ● adj 1 *(not known)* neznámý; Math **u. quantity** neznámá veličina; fig **it is still an u. quantity** zůstává to stále ještě velkým otazníkem; **the U. Soldier, the U. Warrior** Neznámý bojovník or vojín; **be u. to sb** *(place, area)* být komu cizí 2 *(obscure: actor, writer)* neznámý; *(cause* also*)* záhadný ● adv **he did it u. to me** udělal to bez mého vědomí

unlabelled [anˈleibld] adj neoznačený (štítkem or nálepkou)

unladen [anˈleidn] adj *(vehicle)* nenaložený, nezatížený; **u. weight** hmotnost loženého vozidla bez nákladu

unladylike [anˈleidilaik] adj nevhodný pro dámu, nezpůsobný, neženský

unlamented [anləˈmentid] adj nikým neoplakávaný; **he died u., his death was u.** nikdo pro něj netruchlil

unlatch [anˈlæč] vt *(door)* otevřít odstrčením zástrčky/ zdvižením západky

unlawful [anˈlo:ful] adj nezákonný, protiprávní; *(possession)* neoprávněný; *(marriage)* neplatný; **u. act** protiprávní čin; **u. activity** nezákonná činnost; **u. assembly** nezákonné shromažďování ■ **~ly** adv nezákonně, protiprávně, neoprávněně; **~ly detained** zadržený protiprávně

unleaded [anˈledid] adj *(petrol)* bezolovnatý; **u. petrol** *(in filling stations)* natural

unlearn [anˈlə:n] vt odnaučit se čemu, *(habit* also*)* zbavit se čeho

unleash [anˈli:š] vt 1 *(dog)* odvázat, pustit z řetězu or vodítka 2 *(war)* rozpoutat; *(force)* uvolnit; **u. one's anger** rozzuřit se, rozzvteklit se, expr popustit uzdu svému hněvu

unleavened [anˈlevnd] adj *(bread)* nekvašený; fig **his book is u. by humour** v jeho knize není ani náznak humoru, jeho kniha je nedotčená humorem

unless [anˈles] conj pokud ne, když ne, jestliže ne, ledaže (by); **I shall not go u. I hear from her** nepojedu, nedostanu-li od ní zprávu; nepojedu, ledaže bych od ní dostal zprávu; **u. I hear from her, I shall not go** pokud od ní nedostanu zprávu, nepojedu

unlettered [anˈletəd] adj fml *(uneducated)* nevzdělaný; *(illiterate)* negramotný

unliberated [anˈlibəreitid] adj *(women)* neemancipovaný

unlike [anˈlaik] adj *(dissimilar)* nepodobný; *(different)* rozdílný; *(poles of magnet)* nesouhlasný, nestejnojmenný; **the two brothers are quite u. each other** ti dva bratři se sobě vůbec nepodobají or jsou úplně jiní ● prep 1 *(different from)* **she is quite u. her sister** vůbec se své sestře nepodobá 2 *(uncharacteristic of)* **it's u. him to be so late** on nemá ve zvyku chodit tak pozdě, tak pozdě on nikdy nechodí 3 *(in contrast to)* na rozdíl od koho/ čeho; **u. me, my wife gets up late** na rozdíl ode mě vstává moje manželka pozdě

unlikelihood [anˈlaiklihud] n nepravděpodobnost

unlikely [anˈlaikli] adj 1 *(improbable)* nepravděpodobný; **it is most u. that it will rain** je velmi or nanejvýš nepravděpodobné, že bude pršet; **in the u. event of a strike** kdyby ke stávce přece jen došlo 2 (Subj: *person)* **he's u. to come** není pravděpodobné, že by přišel 3 *(implausible: story, explanation)* neuvěřitelný, bizarní, za vlasy přitažený 4 *(unsuitable: time)* nevhodný, *(candidate, choice)* málo vhodný, neperspektivní

unlimited [anˈlimitid] adj neomezený; **u. powers** neomezená moc; **u. company** společnost s ručením neomezeným

unlined [anˈlaind] adj 1 *(paper)* nelinkovaný; *(face)* hladký, bez vrásek 2 *(garment)* bez podšívky, nevypodšívkovaný

unlisted [an'listid] adj *(phone number)* neuvedený v telefonním seznamu; Fin **u. company** nekótovaná společnost; **u. securities** nekótované cenné papíry

unlit [an'lit] adj **1** *(cigarette, fire)* nezapálený; *(lamp)* nerozsvícený

unload [an'ləud] **I** vt **1** *(ship, truck)* vyložit; *(cargo)* vyložit, složit; *(film from camera)* vyjmout **2** *(get rid of: problems, worries)* zbavit se čeho; Fin *(shares)* hodit na trh, prodat ve velkém množství **II** vi *(ship etc)* vykládat (se)

unloading [an'ləudiŋ] n vykládka, vyložení nákladu

unlock [an'lok] vt **1** *(door)* odemknout **2** *(secret)* odhalit; *(mystery)* rozluštit, najít klíč k čemu

unlooked-for [an'luktfo:(r)] adj neočekávaný, nečekaný

unloose [an'lu:s] vt **1** also **~n** *(grasp)* uvolnit, *(hair also)* rozpustit **2** *(dog)* odvázat

unlovable [an'lavəbl] adj nesympatický, odpudivý

unloved [an'lavd] adj nemilovaný; **feel u.** cítit se opuštěný

unlovely [an'lavli] adj nepříjemný, nemilý; *(in appearance)* nehezký, nevzhledný

unloving [an'laviŋ] adj nemilující, chladný

unluckily [an'lakili] adv naneštěstí, bohužel; **u. for me, it was raining** měl jsem tu smůlu, že pršelo

unlucky [an'laki] adj (**-ier, -iest**) **1** *(person)* **be u.** mít smůlu or inf pech, nemít štěstí; **I was u. enough to get caught** měl jsem ten pech, že mě přistihli ♦ **lucky at cards, u. in love** štěstí ve hře, neštěstí v lásce; **he was born under an u. star** narodil se na nešťastné planetě **2** *(day)* smolný, nešťastný, černý; *(number, chance, choice)* nešťastný; *(omen)* zlověstný, neblahý, nedobrý; *(moment)* nevhodný; **be u.** *(bring bad luck)* přinášet smůlu ■ see **unluckily**

unmade [an'meid] adj *(bed)* neustlaný

unmanageable [an'mænidžəbl] adj **1** *(vehicle etc)* nesnadno or těžko ovladatelný, neovladatelný, nekontrolovatelný **2** *(child)* vzdorný, vzdorovitý, nepoddajný; *(hair)* nepoddajný, rozježený, střapatý **3** *(situation, problems)* nezvládnutelný

unmanly [an'mænli] adj nemužný; *(effeminate)* zženštilý, změkčilý; *(cowardly)* zbabělý

unmanned [an'mænd] adj **1** *(operated without a crew: rocket)* bez posádky; *(crossing)* neřízený dopravním strážníkem **2** *(lacking crew: border post, switchboard)* neobsazený

unmannerly [an'mænəli] adj fml nevychovaný, hrubý; **it is u. to talk back** odmlouvat se nepatří or nemá, odmlouvat je neslušné

unmarked [an'ma:kt] adj **1** *(unlabelled: container)* neoznačený **2** *(unstained)* nezašpiněný, bez jediné skvrny **3** Sport *(player)* nekrytý, neobsazený **4** Sch *(papers, essays)* neopravený **5** Ling bezpříznakový

unmarried [an'mærid] adj svobodný; **u. mother** svobodná matka

unmask [an'ma:sk] **I** vt **1** lit odmaskovat, sejmout komu škrabošku **2** fig demaskovat, strhnout komu masku; **u. a plot** odhalit spiknutí **II** vi sejmout masku or škrabošku

unmatched [an'mæčt] adj **1** *(matchless)* nepřekonaný, nemající sobě rovna, unikátní **2** *(glove)* lichý, nehodící se do páru

unmentionable [an'menšnəbl] adj **be u.** *(word, topic)* být tabu ● n **the ~s** inf joc spodní prádlo

unmerciful [an'mə:siful] adj nemilosrdný, nelítostný ■ **~ly** adv nemilosrdně, nelítostně

unmethodical [anmə'θodikl] adj nemetodický, nesystematický, nesoustavný

unmindful [an'maindful] adj fml **be u. of sth** zapomínat na co, nedbat na co; **be u. of sb's feelings** neohlížet se na čí city

unmistakable [anmi'steikəbl] adj **1** *(recognizable: voice, sound, handwriting)* charakteristický, typický, snadno rozpoznatelný **2** *(sign)* neklamný, nepochybný, neomylný

unmitigated [an'mitigeitid] adj **1** *(total: disaster, chaos)* naprostý, absolutní; **an u. scoundrel** arcibídák **2** *(undiminished: wrath)* nezmenšený, nezmírněný, neoslabený

unmolested [anmə'lestid] adj *(undisturbed)* v klidu

unmourned [an'mo:nd] adj neoplakávaný

unmoved [an'mu:vd] adj **be u.** nebýt dojatý; **it left him quite u.** vůbec ho to nedojalo, ani to s ním nehnulo

unmusical [an'mju:zikl] adj *(person)* nemuzikální; *(sound)* nemelodický

unnamed [an'neimd] adj **1** *(anonymous)* anonymní **2** *(nameless)* bezejmenný; *(not yet named: child)* nemající jméno; *(product)* nepojmenovaný

unnatural [an'næčərl] adj **1** *(affected: manner, laughter)* afektovaný **2** *(unusual: silence)* neobvyklý, zvláštní, abnormální **3** *(abnormal)* nepřirozený; **u. death** nepřirozená smrt ■ **~ly** adv nepřirozeně; *(behave, laugh)* afektovaně

unnecessarily [an'nesəsərəli] adv **1** *(without cause)* zbytečně, bezdůvodně; **worry u.** dělat si zbytečně starosti, zbytečně se znepokojovat **2** *(excessively)* zbytečně, nadbytečně, přehnaně; **he is u. strict** je přehnaně přísný; **u. long** přehnaně dlouhý

unnecessary [an'nesəsəri] adj nepotřebný, zbytečný; *(superfluous)* nadbytečný; **it was u.** to nebylo třeba; **it is u. to add that ...** není třeba dodávat, že ...

unnerve [an'nə:v] vt *(disconcert)* přivést z míry, enervovat, inf vynervovat; *(frighten)* vylekat

unnerving [an'nə:viŋ] adj enervující; *(silence)* skličující

unnoticed [an'nəutist] adj nepozorovaný; **slip out of the room u.** nepozorovaně se vytratit z místnosti

unnumbered [an'nambəd] adj **1** *(tickets, seats)* neočíslovaný; *(house)* bez čísla **2** fml *(countless)* nesčíslný

UNO ['ju:nəu] abbr of **United Nations Organization** OSN, Organizace spojených národů

unobservant [anəb'zə:vənt] adj nevšímavý

unobserved [anəb'zə:vd] adj *(not seen)* nepozorovaný

unobtainable [anəb'teinəbl] adj nesehnatelný, nejsoucí k dostání

unobtrusive [anəb'tru:siv] adj diskrétní, decentní ■ **~ly** adv diskrétně

unoccupied [an'okjupaid] adj **1** *(person)* nemající nic na práci **2** *(house)* neobydlený, prázdný, volný, neobsazený; Pol *(seat)* volný **3** Mil *(territory)* neobsazený, neokupovaný, nezabraný

unofficial [anə'fišl] adj neoficiální, *(information* also*)* nepotvrzený; **u. strike** neoficiální stávka ■ **~ly** adv neoficiálně

unopened [an'əupnd] adj neotevřený

unorthodox [an'o:θədoks] adj neortodoxní, nekonvenční

unpack [an'pæk] **I** vt *(suitcases)* vybalit; *(boxes of goods)* rozbalit **II** vi vybalit (kufry)

unpaid [an'peid] adj **1** *(debt, bill)* nezaplacený, nevyrovnaný **2** *(work)* neplacený, dobrovolný; **u. leave** neplacená dovolená

unpalatable [an'pælətəbl] adj **1** *(food)* nepoživatelný, nestravitelný, nechutný; **be u.** nebýt k jídlu **2** fig *(views)* nepřijatelný; **an u. truth** hořká or trpká pravda

unparalleled [an'pærəleld] adj jedinečný, nemající sobě rovna; *(unprecedented)* bezpříkladný, nebývalý, neslýchaný

unpardonable [an'pa:dənəbl] adj neodpustitelný, neomluvitelný

unpatriotic [anpætri'otik] adj nevlastenecký

unpaved [an'peivd] adj *(road, courtyard)* nedlážděný

unperturbed [anpə'tə:bd] adj nevyvedený z klidu, nevzrušený; **be u.** nedat se vyvést z míry

unpick [an'pick] vt Text rozpárat

unplanned [an'plænd] adj neplánovaný, *(unexpected)* neočekávaný, nepředvídaný

unplayable [an'pleiəbl] adj Sport *(ball)* nezpracovatelný, nehratelný; *(surface of pitch)* nezpůsobilý ke hře

unpleasant [an'pleznt] adj *(person)* nepříjemný, nemilý, nepřívětivý; *(situation)* neutěšený ■ **~ly** adv nepříjemně; **~ly surprised** nemile překvapený

unpleasantness [an'plezntnəs] n **1** *(disagreeable nature)* nepříjemnost; *(of situation)* neutěšenost **2** *(bad feeling)* rozladění, rozmrzelost, mrzutost

unplug [an'plag] vt (**-gg-**) *(electrical appliance)* vytáhnout zástrčku čeho, odpojit

unpolished [an'polišt] adj **1** *(furniture)* neleštěný; *(floor, shoes)* nevyleštěný; *(stone)* nehlazený **2** fig *(person, manners)* neotesaný, nekultivovaný; *(manners* also*)* neuhlazený, *(style)* nevybroušený

unpolluted [anpə'lu:tid] adj neznečištěný

unpopular [an'popjulə(r)] adj *(person)* neoblíbený (**with sb** u koho); *(decision)* nepopulární; **I'm rather u. with the boss just now** momentálně to nemám u šéfa moc dobré

unpopularity [anpopju'lærəti] n neoblíbenost, nepopulárnost

unprecedented [an'presidentid] adj nebývalý, bezpříkladný, bezprecedentní; *(unheard of)* neslýchaný

unpredictable [anpri'diktəbl] adj nepředvídatelný, nevypočitatelný

unprejudiced [an'predžədist] adj *(impartial)* nepředpojatý; *(without prejudices)* nemající předsudky, bez předsudků

unpremeditated [anpri'mediteitid] adj *(crime)* neúmyslný, nezáměrný, neplánovaný

unprepared [anpri'peəd] adj nepřipravený; *(improvised)* improvizovaný; **be u. for sth** nebýt na co připravený

unpreparedness [anpri'peəridnəs] n nepřipravenost

unprepossessing [anpri:pə'zesiŋ] adj neatraktivní

unpretentious [anpri'tenšəs] adj skromný, prostý

unprincipled [an'prinsipld] adj bezcharakterní, bezzásadový

unprintable [an'printəbl] adj **1** *(unpublishable)* nezveřejnitelný, nepublikovatelný **2** fig *(language)* hrubý; **what he said was quite u.** jeho slova nelze opakovat ve slušné společnosti

unproductive [anprə'daktiv] adj *(capital, work)* neproduktivní; *(land)* neúrodný; fig *(fruitless: discussion)* neplodný

unprofessional [anprə'fešənl] adj neprofesionální, neodborný; **u. conduct** chování v rozporu s profesionální etikou

unprofitable [an'profitəbl] adj **1** lit *(business)* nerentabilní, nevýnosný **2** *(discussion)* neužitečný, nemající smysl

unpromising [an'promisiŋ] adj málo slibný

unprompted [an'promptid] adj *(spontaneous)* spontánní

unpronounceable [anprə'naunsəbl] adj nevyslovitelný

unpropitious [anprə'pišəs] adj *(moment)* nepříznivý, *(omen)* zlověstný, neblahý

unprotected [anprə'tektid] adj nechráněný; *(by insurance)* nepojištěný

unprovable [an'pru:vəbl] adj nedokazatelný

unprovided [anprə'vaidid] adj **u. with sth** nevybavený čím

unprovided-for [anprə'vaididfo:(r)] adj *(children, wife)* nezaopatřený

unprovoked [anprə'vəukt] adj nevyprovokovaný; *(attack)* ničím nevyvolaný

unpublishable [an'pablišəbl] adj nepublikovatelný

unpublished [an'pablišt] adj neuveřejněný, nepublikovaný, nevydaný tiskem

unpunctual [an'paŋktjuəl, -kču-] adj nedochvilný

unpunctuality [anpaŋktju'æləti, -kču-] n nedochvilnost

unpunished [an'paništ] adj nepotrestaný; **go u.** nebýt potrestaný, zůstat bez trestu; **this can't be allowed to go u.** toto nemůže zůstat bez trestu

unputdownable [anput'daunəbl] adj inf *(book, novel)* nesmírně poutavý; **this book is u.** od této knihy se nedá odtrhnout

unqualified [an'kwolifaid] adj **1** *(without qualification)* nekvalifikovaný; *(not competent)* nekompetentní; *(unsuitable)* **be u. for sth** nehodit se na co **2** *(total: support)* bezvýhradný; *(ceasefire)* bezpodmínečný; *(refusal)* rozhodný; *(success)* dokonalý

unquenchable [an'kwenčəbl] adj *(thirst)* neuhasitelný

unquestionable [an'kwesčənəbl] adj nesporný, nepopíratelný ■ **unquestionably** adv nesporně, nepopíratelně, bezpochyby

unquestioned [an'kwesčənd] adj nesporný, o kterém nelze pochybovat

unquestioning [an'kwesčəniŋ] adj gen bezpodmínečný, *(obedience)* slepý

unquote [an'kwəut] adv konec citátu

unravel [an'rævl] v (**-ll-**, Amer **-l-**) **I** vt **1** *(knitting)* rozpárat **2** *(untangle: thread)* rozmotat; fig *(mystery)* rozluštit, objasnit **II** vi *(knitting)* rozpárat se; *(mystery)* vysvětlit se

unread [an'red] adj **1** *(book)* nepřečtený **2** *(person)* málo sečtělý

unreadable [an'ri:dəbl] adj **1** *(handwriting)* nečitelný **2** *(book, report)* který se nedá číst

unready [an'redi] adj **1** *(unprepared)* nepřipravený; **be u. for sth** nebýt na co připravený **2** *(unwilling)* neochotný

unreal [an'riəl] adj **1** *(not real)* neskutečný **2** inf *(very good)* neuvěřitelný, fantastický

unreasonable [an'ri:znəbl] adj **1** *(person)* nerozumný, pošetilý **2** *(demands, prices)* přemrštěný ■ **unreasonably** adv nerozumně; *(excessively: strict)* přehnaně; **unreasonably high prices** přemrštěně vysoké ceny

unreasoning [an'ri:zəniŋ] adj *(panic, fear, hatred)* neopodstatněný, bezdůvodný, iracionální

unrecognizable [an'rekəgnaizəbl] adj nepoznatelný, k nepoznání

unrecognized [an'rekəgnaizd] adj **1** nepoznaný; *(genius, talent)* zneuznaný, neuznaný, nedoceněný; **go u.** nebýt oceněný **2** *(government, regime)* neuznaný

unrecorded [anri'ko:did] adj nezaznamenaný; *(music)* nenahraný

unreel [an'ri:l] vt(i) odvinout (se), odvíjet (se)

unrefined [anri'faind] adj **1** *(sugar, petroleum)* nerafinovaný **2** *(person)* nekultivovaný, *(manners)* nevytříbený

unregistered [an'redžistəd] adj neregistrovaný; *(birth)* nezapsaný v matrice; *(voter)* nezapsaný v seznamech voličů; *(letter)* obyčejný ne doporučený

unrehearsed [anri'hə:st] adj **1** *(improvised)* improvizovaný, nepřipravený předem **2** Theat, Mus ne(na)zkoušený

unrelated [anri'leitid] adj **1** *(unconnected)* nesouvisející s čím, netýkající se čeho; **the two incidents are u.** tyto dva incidenty spolu nesouvisejí or nemají spolu nic společného **2** *(as family)* **they are u.** nejsou v příbuzenském vztahu

unrelenting [anri'lentiŋ] adj *(efforts, pressure)* neochabující, nepolevující; *(struggle)* lítý, urputný; *(opposition)* nesmiřitelný; *(not merciful: person, heat, rain)* nemilosrdný

unreliable [anri'laiəbl] adj nespolehlivý

unrelieved [anri'li:vd] adj **1** *(pain)* neustálý, konstantní, nepolevující **2** *(sameness, grey)* jednotvárný; *(boredom)* smrtelný, hrozný

unremarkable [anri'ma:kəbl] adj průměrný, nijak pozoruhodný

unremitting [anri'mitiŋ] adj *(toil,*

drudgery) ustavičný, neustálý; *(efforts)* neochabující, nepolevující; *(hatred)* nesmiřitelný

unremunerative [anri'mju:nərətiv] adj nevýnosný, nelukrativní

unrepeatable [anri'pi:təbl] adj **1** *(offer)* jedinečný, neopakující se **2** *(remark)* neopakovatelný ve slušné společnosti

unrepentant [anri'pentənt] adj nekajícný, zatvrzelý

unreported [anri'po:tid] adj *(incident, accident)* neoznámený (policii), *(in newspapers)* nezmíněný v novinách; **go u.** zůstat neoznámený

unrepresented [anrepri'zentid] adj Pol nezastoupený, nemající zastoupení

unrequited [anri'kwaitid] adj *(love)* neopětovaný

unreserved [anri'zə:vd] adj **1** *(not booked: seats)* nerezervovaný **2** *(unqualified: support)* bezvýhradný **3** *(frank)* otevřený, upřímný ■ **~ly** [-'zə:vidli] adv **1** *(frankly: speak)* otevřeně, upřímně **2** *(support, approve)* bezvýhradně

unresolved [anri'zolvd] adj **1** *(problem, difficulty)* nevyřešený, nerozřešený **2** *(person)* nerozhodný, váhavý

unresponsive [anri'sponsiv] adj nereagující; *(audience)* pasivní, nevstřícný; **be u.** nereagovat

unrest [an'rest] n neklid, nepokoje; **social u.** společenský neklid; **political u.** politické nepokoje

unrestrained [anri'streind] adj *(growth)* neomezený, živelný; *(passion, anger)* bezuzdný, *(joy* also*)* nevázaný, nespoutaný

unrestricted [anri'striktid] adj neomezený

unrewarded [anri'wo:did] adj neodměněný, bez odměny; **go u.** zůstat bez odměny

unrewarding [anri'wo:diŋ] adj **1** *(financially)* nevýnosný, finančně nezajímavý **2** *(work)* nevděčný

unrhymed [an'raimd] adj nerýmovaný

unripe [an'raip] adj nezralý

unrivalled, Amer **unrivaled** [an'raivld] adj nedostižný, jedinečný, nemající sobě rovna

unroadworthy [an'rəudwə:ði] adj nezpůsobilý k jízdě, nepojízdný

unroll [an'rəul] vt(i) *(carpet, map* etc*)* rozvinout (se)

unruffled [an'rafld] adj **1** *(person)* klidný, mírný, flegmatický; **be u.** zachovat or nepozbýt klid, zůstat nevzrušený **2** *(water)* nezčeřený

unruled [an'ru:ld] adj *(paper)* nelinkovaný

unruly [an'ru:li] adj (**-ier**, **-iest**) **1** *(child)* rozpustilý, vzpurný, divoký, rozjívený **2** fig *(hair)* neposlušný, rozcuchaný

unsaddle [an'sædl] vt **1** *(horse)* odsedlat **2** *(rider)* vyhodit ze sedla

unsafe [an'seif] adj **1** *(environment)* zdraví škodlivý; *(water)* nepitný; *(furniture, building)* nebezpečný; *(method)* nespolehlivý **2 feel u.** cítit se ohrožený, necítit se v bezpečí **3** Jur *(judgement)* napadnutelný

unsaid [an'sed] pt & pp of **unsay** ● adj nevyslovený, zamlčený; **leave sth u.** pomlčet o čem, nevyřknout co; **it was left u.** zůstalo to nevyřčeno

unsalaried [an'sælərid] adj *(employment)* nehonorovaný, čestný

unsaleable [an'seiləbl] adj neprodejný; **be u.** nedat se prodat

unsalted [an'so:ltid] adj neslaný; *(butter)* nesolený, čerstvý

unsanitary [an'sænitəri] adj nehygienický

unsatisfactory [ansætis'fæktəri] adj neuspokojivý, nevyhovující; Sch nedostatečný

unsatisfied [an'sætisfaid] adj **1** *(person)* nespokojený, *(unfulfilled)* neuspokojený, frustrovaný; *(unconvinced)* nepřesvědčený **2** *(need)* neuspokojený, *(curiosity, desire* also*)* neukojený

unsatisfying [an'sætisfaiiŋ] adj neuspokojivý, neuspokojující; *(meal)* nedostačující, málo sytý

unsaturated [an'sæčəreitid] adj Chem nenasycený

unsavoury, Amer **unsavory** [an'seivəri] adj **1** *(food)* nedobrý, (jsoucí) bez chuti, nechutný **2** *(unpleasant)* nepříjemný; *(smell)* odporný; *(appearance: repulsive)* odpuzující; *(district, reputation, character)* pochybný

unsay [an'sei] vt (pt & pp **unsaid**) vzít zpět ♦ **what's said cannot be unsaid** co se řekne, nedá se vzít zpátky

unscathed [an'skeiðd] adj *(car* etc*)* nepoškozený, beze škody, netknutý; *(person)* nezraněný, se zdravou kůží; **come through sth u.** vyjít z čeho se zdravou kůží, přežít co ve zdraví or bez újmy na zdraví

unscented [an'sentid] adj nenavoněný, nenaparfemovaný; *(soap)* bez vůně, neparfemovaný

unscheduled [an'šedju:ld; Amer -'sked-] adj neplánovaný; *(flight)* zvláštní, mimořádný

unscholarly [an'skoləli] adj *(approach)* nevědecký; *(person)* neučený

unscientific [ansaiən'tifik] adj nevědecký

unscramble [an'skræmbl] vt *(code, message)* dešifrovat; fig *(problem)* vyřešit

unscratched [an'skræčt] adj nepoškrabaný; *(unhurt)* nezraněný, se zdravou kůži

unscrew [an'skru:] vt(i) odšroubovat (se), *(loosen/ get loose)* uvolnit (se); **come ~ed** odšroubovat se

unscripted [an'skriptid] adj improvizovaný
unscrupulous [an'skru:pjuləs] adj bezohledný, neskrupulózní, bezzásadový
unseal [an'si:l] vt **1** *(letter, package)* otevřít **2** *(testament)* odpečetit, rozpečetit; fig **u. one's lips** přerušit mlčení, promluvit
unseasonable [an'si:zənəbl] adj **1** *(clothes)* nevhodný pro roční období; *(weather)* netypický pro roční období **2** fig *(untimely)* nevhodný, nemístný
unseasoned [an'si:znd] adj **1** Cook ne(o)kořeněný; *(timber)* syrový **2** fig nezkušený, neostřílený
unseat [an'si:t] vt **1** *(rider)* vyhodit ze sedla **2** Parl zbavit poslaneckého mandátu
unseaworthy [an'si:wə:ði] adj *(ship)* nezpůsobilý k námořní plavbě
unsecured [ansi'kjuəd] adj Fin *(debt)* nezajištěný
unseeded [an'si:did] adj Sport nenasazený
unseeing [an'si:iŋ] adj slepý
unseemly [an'si:mli] adj *(behaviour)* nepřístojný, nepatřičný; *(garment)* nevhodný
unseen [an'si:n] adj **1** *(not seen)* neviděný; *(not noticed)* nezpozorovaný; *(invisible)* neviditelný **2** esp Br Sch, Univ **an u. translation** nepřipravený překlad ● n esp Br Sch & Univ nepřipravený překlad
unselfish [an'selfiš] adj nesobecký, obětavý
unsentimental [ansenti'mentl] adj nesentimentální
unserviceable [an'sə:visəbl] adj nepoužitelný
unsettle [an'setl] vt **1** *(person)* zneklidnit, vyvést z míry or z konceptu **2** *(stomach)* pokazit, zkazit
unsettled [an'setld] adj **1** *(person)* vyvedený z míry, zneklidněný, nervózní; *(situation, conditions)* nestabilní; *(future)* nejistý; *(life)* nestálý; *(weather)* nestálý, nejistý, proměnlivý; *(stomach)* zkažený; **it's going to be u.** bude nestálé počasí; **lead an u. life** vést cikánský život fig **2** *(issue, argument)* nevyřízený **3** *(bill)* nezaplacený, nevyrovnaný **4** *(unpopulated: region)* neobydlený
unsettling [an'setliŋ] adj *(disturbing)* zneklidňující, znepokojující
unshackle [an'šækl] vt lit & fig zbavit koho pout
unshakeable [an'šeikəbl] adj *(faith)* neochvějný, pevný; *(conviction)* nezvratný
unshaken [an'šeikn] adj neotřesený; **he was u. by the defeat** porážka ho nevyvedla z míry
unshaven [an'šeivn] adj neoholený
unsheathe [an'ši:ð] vt *(sword)* tasit, vytasit (z pochvy)
unshed [an'šed] adj *(tears)* neprolitý
unshod [an'šod] adj *(horse)* neokovaný; *(feet)* bosý, *(person* also*)* neobutý
unshrinkable [an'šriŋkəbl] adj nesrážlivý
unsightly [an'saitli] adj nevzhledný, ošklivý
unsigned [an'saind] adj nepodepsaný; *(picture)* bez signatury
unsinkable [an'siŋkəbl] adj nepotopitelný
unskilful, Amer **unskillful** [an'skilful] adj *(inexpert)* nezkušený, *(clumsy)* nešikovný, neobratný, nemotorný
unskilled [an'skild] adj *(worker)* nekvalifikovaný; **u. labour** nekvalifikovaná práce
unsmiling [an'smailiŋ] adj zasmušilý
unsociable [an'səušəbl] adj nespolečenský
unsocial [an'səušl] adj Ind **u. hours** asociální pracovní hodiny
unsold [an'səuld] adj neprodaný
unsolicited [ansə'lisitid] adj nevyžádaný; pej *(attentions)* nežádoucí
unsolved [an'solvd] adj *(problem)* nevyřešený; *(crossword)* nevyluštěný; *(mystery)* neobjasněný
unsophisticated [ansə'fistikeitid] adj *(person)* prostý, jednoduchý, *(naive)* naivní; *(taste)* nevytříbený; *(device)* jednoduchý, nekomplikovaný
unsound [an'saund] adj **1** *(heart, lungs)* nezdravý; Jur **persons of u. mind** duševně nezdravé osoby **2** *(roof, timbers)* chatrný, ve špatném stavu **3** *(argument)* špatně fundovaný, nepodložený, málo pádný; *(advice)* nerozumný; Jur *(judgement)* napadnutelný **4** *(investment)* riskantní; *(company, firm)* nesolidní
unsoundness [an'saundnəs] n see **unsound 1 u. of mind** nepříčetnost **2** chatrnost, špatný stav **3** nefundovanost, nepodloženost, nepádnost; nerozumnost; napadnutelnost **4** riskantnost; nesolidnost
unsparing [an'speəriŋ] adj **1** *(generous)* štědrý, velkorysý; **be u. in one's efforts** nelitovat námahy; **be u. of praise** nešetřit chválou **2** *(harsh: criticism)* nemilosrdný ■ **~ly** adv **1** *(lavishly)* štědře, velkoryse **2** *(harshly: criticize)* nemilosrdně
unspeakable [an'spi:kəbl] adj **1** *(crime)* ohavný, hanebný; *(pain, noise)* hrozný, příšerný **2** *(joy, beauty)* nevýslovný ■ **unspeakably** adv **1** *(dreadfully)* příšerně, hrozně **2** *(inexpressibly)* nevýslovně, nepopsatelně
unspecified [an'spesifaid] adj nespecifikovaný, *(amount, time)* (přesně) neuvedený or nestanovený

unspent [an'spent] adj **1** *(money)* neutracený **2** fig *(energy)* nevyčerpaný

unspoiled [an'spoild], **unspoilt** [an'spoilt] adj **1** *(person, fruit)* nezkažený; *(child)* nerozmazlený; *(goods)* nepoškozený; **he was u. by fame** sláva mu nestoupla do hlavy **2** *(countryside)* nedotčený, panenský; *(town)* nezohyzděný

unspoken [an'spəukn] adj **1** *(word)* nevyslovený; *(wish)* nevyjádřený, němý **2** *(agreement)* tichý

unsporting [an'spo:tiŋ] adj nesportovní, nefér, neférový

unstable [an'steibl] adj **1** *(structure)* nestabilní, nepevný; *(weather)* nestálý, proměnlivý, vrtkavý; *(prices)* kolísavý **2** *(person)* labilní; *(character)* nevyrovnaný **3** Chem nestálý, labilní

unstamped [an'stæmpt] adj *(letter)* nefrankovaný; *(document)* neorazítkovaný

unsteadily [an'stedili] adv *(walk)* nejistě, klopýtavě

unsteadiness [an'stedinəs] n see **unsteady 1** vratkost, rozviklanost; *(of voice)* třaslavost; vrávorání, vrávoravý or potácivý krok **2** nepravidelnost

unsteady [an'stedi] adj (**-ier, -iest**) **1** *(ladder, chair)* vratký, rozviklaný; *(voice, hand)* třesoucí se, chvějící se; *(steps)* vrávoravý, potácivý; **be u. on one's feet** potácet se, vrávorat **2** *(rhythm, temperature, pulse)* nepravidelný; *(flame)* plápolavý

unstick [an'stik] vi odlepit se

unstinted [an'stintid] adj *(devotion, admiration)* bezmezný

unstinting [an'stintiŋ] adj *(person, support)* velkorysý; **be u. in one's praise** nešetřit chválou ■ **~ly** adv *(donate)* štědře, velkoryse; *(work)* neúnavně

unstitch [an'stič] vt *(seam)* rozpárat; **come ~ed** rozpárat se

unstop [an'stop] vt (**-pp-**) *(drain, sink)* uvolnit

unstoppable [an'stopəbl] adj nezadržitelný

unstressed [an'strest] adj Ling nepřízvučný, bezpřízvučný

unstuck [an'stak] pt & pp of **unstick** ● adj **come u. i)** lit *(label, stamp)* odlepit se **ii)** fig *(plan)* zkrachovat; *(person)* špatně pochodit, se zlou se potázat; *(in exam* etc*)* shořet jak papír inf

unstudied [an'stadid] adj *(charm, grace)* nevyumělkovaný, přirozený

unsubstantial [ansəb'stænšl] adj *(meal)* lehký; *(proof)* ne dost pádný, nepřesvědčivý

unsubstantiated [ansəb'stænšieitid] adj *(claim, assertion)* nepodložený, neopodstatněný

unsuccessful [ansək'sesful] adj **1** *(bid, negotiations)* neúspěšný, *(attempt* also*)* nepodařený, marný, bezvýsledný; *(lawsuit)* prohraný; **be u.** *(attempt)* vyjít naplano or naprázdno **2** *(candidate)* odmítnutý; **be u.** nemít úspěch (**in sth** v čem); **be u. in an exam** nesložit zkoušku, propadnout při zkoušce; **be u. with women** nemít úspěch u žen ■ **~ly** adv neúspěšně

unsuitability [an,s(j)u:tə'biləti] n (see **unsuitable**) nevhodnost, neslušnost, nemístnost, nepříhodnost; nepřiměřenost

unsuitable [an's(j)u:təbl] adj nevhodný, *(behaviour* also*)* neslušný, nepřístojný, neomalený, *(remark* also*)* nemístný, nevkusný, *(moment* also*)* nepříhodný; *(measure)* nepřiměřený; **be u.** nehodit se, nebýt vhodný; **they are u. for each other** oni se k sobě nehodí

unsuitably [an's(j)u:təbli] adv *(behave)* nevhodně, neslušně; *(dressed: for occasion)* nevhodně, *(for weather conditions)* nepřiměřeně

unsuited [an's(j)u:tid] adj **1** *(inappropriate)* **be u. for** or **to sth** nehodit se k čemu, *(person)* nehodit se na co **2** *(incompatible)* **they are u. (to each other)** oni se k sobě nehodí

unsullied [an'salid] adj *(reputation)* bezúhonný, neposkvrněný, jsoucí bez poskvrny

unsung [an'saŋ] adj poet *(hero)* neopěvovaný

unsupported [ansə'po:tid] adj **1** *(roof)* nepodepřený **2** *(statement, claim)* neopodstatněný, nepodepřený důkazy **3** *(person)* nepodporovaný; **u. financially** bez finanční podpory

unsure [an'šuə(r)] adj nejistý; **be u. about sth** nebýt si čím jistý; **be u. whether ...** nebýt si jist, zda ...; **be u. of oneself** nebýt si sebou jist

unsurpassable [ansə'pa:səbl] adj nepřekonatelný

unsurpassed [ansə'pa:st] adj nepřekonaný, nemající sobě rovna

unsuspected [ansə'spektid] adj **1** *(not suspected)* nepodezřelý, nejsoucí v podezření **2** *(unexpected)* netušený

unsuspecting [ansə'spektiŋ] adj *(feeling no suspicion)* nic netušící; *(trusting)* důvěřivý

unsweetened [an'swi:tənd] adj neoslazený

unswerving [an'swə:viŋ] adj *(loyalty)* neochvějný, *(resolve* also*)* pevný ■ **~ly** adv neochvějně, pevně

unsymmetrical [ansi'metrikl] adj nesouměrný, nesymetrický, asymetrický

unsympathetic [ansimpə'θetik] adj **1** *(uncaring)* nemající soucit; **be u. to sb** nemající s kým soucit **2** *(unsupportive)* **be u. to sth** *(cause, policy)* nesympatizovat s čím, *(request)* stavět se k čemu odmítavě **3** *(unlikeable)* nesympatický

unsystematic [ansistə'mætik] adj nesystematický, nesoustavný, neplánovitý ■ **~ally** adv nesystematicky, nesoustavně, neplánovitě

untainted [an'teintid] adj *(water)* čistý, neznečištěný, nekontaminovaný; *(reputation)* bezúhonný, bez poskvrny

untalented [an'tæləntid] adj netalentovaný, nenadaný

untamed [an'teimd] adj nezkrocený, divoký

untangle [an'tæŋgl] vt *(wool, rope)* rozmotat; fig *(problem)* vyřešit; *(plot)* odhalit

untanned [an'tænd] adj *(hide)* nevyčiněný, nevydělaný

untapped [an'tæpt] adj *(resource, talent)* nevyužitý

untarnished [an'ta:ništ] adj neposkvrněný, bez poskvrny; fig *(reputation)* bezúhonný; *(silver)* nezašlý, nezčernalý, neoxidovaný; **have an u. reputation** mít neposkvrněný štít

untasted [an'teistid] adj neochutnaný; **he left the meal u.** jídla se ani nedotkl

untaught [an'to:t] adj *(not trained)* neškolený; *(ability)* vrozený; *(behaviour)* přirozený

untaxed [an'tækst] adj **1** *(income* etc*)* nezdaněný, nepodléhající dani **2** *(uninsured: car)* nepojištěný

untempered [an'tempəd] adj *(steel)* nekalený, *(glass)* netvrzený

untenable [an'tenəbl] adj *(position, theory)* neudržitelný; *(argument)* neobhájitelný

untended [an'tendid] adj *(flock)* nehlídaný; *(garden)* zanedbaný

untested [an'testid] adj nevyzkoušený

unthinkable [an'θiŋkəbl] adj nemyslitelný; **it is u. that ...** je nemyslitelné, aby ...

unthinking [an'θiŋkiŋ] adj *(thoughtless)* bezmyšlenkovitý; *(remark)* neuvážený ■**~ly** adv bezmyšlenkovitě

unthought-of [an'θo:tov] adj *(inconceivable)* nemyslitelný, nepředstavitelný

unthought-out [anθo:t'aut] adj nepromyšlený, nedomyšlený

untidily [an'taidili] adv see **untidy**

untidiness [an'taidinəs] n see **untidy 1** nepořádnost, ledabylost, neupravenost **2** nepořádek

untidy [an'taidi] adj (**-ier**, **-iest**) **1** *(person: in habits)* nepořádný, ledabylý, *(in appearance, untidily dressed)* neupravený **2** *(room)* v nepořádku; *(hair)* rozcuchaný ■ **untidily** adv nepořádně, *(dressed)* ledabyle

untie [an'tai] vt (pres p **untying**) **1** *(laces, knot, rope)* rozvázat; *(parcel* also*)* rozbalit; **come ~d** *(laces* etc*)* rozvázat se **2** *(set free: animal)* odvázat; *(prisoner)* zbavit koho pout

until [ən'til, an'til] prep also **till 1** *(up to)* až do; **u. now** (až) dosud, (až) do nynějška, (až) do teďka or doteďka; **u. then** (až) dotud, (až) do té doby; **u. recently** (až) do nedávna or donedávna; **u. Monday** až do pondělka; **u. last year**, **u. a year ago** až do loňského roku; **u. one's dying day** až do smrti, nadosmrti; **from Monday u. Saturday** od pondělka do soboty; **put it off u. tomorrow** odlož to na zítřek or na zítra; **u. such time as ...** až do té doby, kdy ... **2 not u.** teprve, až, ne dříve než; **it won't be ready u. next month** bude to hotové až příští měsíc; **he didn't ring u. Monday** zavolal teprve v pondělí **3** dial *(as far as)* **u. Leeds** až po Leeds ● conj až, dokud ne, než; **we'll wait u. he comes** počkáme, až přijde or dokud nepřijde; **he had stayed on the platform u. the train left** zůstal na nástupišti, než odjel vlak

untimely [an'taimli] adj **1** *(premature: death)* předčasný **2** *(inopportune: remark)* nemístný, nevčasný, *(moment)* nevhodný, nevhodně volený

untiring [an'taiəriŋ] adj *(person, work, efforts)* neúnavný ■**~ly** adv neúnavně

unto ['antu] prep mostly arch = **to** ♦ **be faithful to sb u. death** být komu věrný až za hrob; not arch **be a law u. oneself** jednat podle svého or podle svých vlastních zásad

untold [an'təuld] adj **1** *(tale)* nikdy nevyprávěný; *(secret)* neprozrazený **2** *(amount)* obrovský, nesčetný, nespočetný; *(joy, suffering)* nevýslovný

untouchable [an'tačəbl] adj nedotknutelný ● n *(in India)* pária

untouched [an'tačt] adj **1** *(not touched)* nedotčený; *(food, drink* also*)* netknutý; **u. by human hand** nedotčený lidskou rukou **2** *(unscathed)* bez úrazu, se zdravou kůží, živ a zdráv; *(not damaged)* nepoškozený **3** *(unequalled)* nepřekonaný, nemající sobě rovna

untoward [antə'wo:d] adj fml **1** *(inconvenient, unfortunate: event)* nepříjemný, mrzutý, politováníhodný; **I hope nothing u. has happened to him** doufám, že ho nic zlého nepotkalo **2** *(unseemly)* nepřístojný

untrained [an'treind] adj *(person)* neškolený, nevyučený; *(dog, horse)* nevycvičený, nepodrobený drezuře; *(voice)* neškolený; *(ear)* ne(vy)cvičený

untrammelled, Amer also **untrammeled** [an'træməld] adj nespoutaný, neomezený (**by convention** konvencemi)

untransferable [antræns'fə:rəbl] adj nepřenosný

untranslatable [antræns'leitəbl] adj nepřeložitelný

untravelled, Amer also **untraveled** [an'trævld] adj *(person)* nezcestovalý; *(road)* nefrekventovaný

untreated [an'tri:tid] adj **1** *(illness)* neléčený **2** Techn neupravený

untried [an'traid] adj **1** *(person)* nezkušený; *(method)* nevyzkoušený, *(product* also*)* netestovaný; **leave nothing u.** vyzkoušet všechno **2** Jur *(person)* nesouzený

untrodden [an'trodn] adj *(path)* neprošlapaný; *(snow)* nepošlapaný

untroubled [an'trabld] adj *(face, water)* klidný, *(life* also*)* poklidný; *(period)* mírový

untrue [an'tru:] adj **1** *(not true: statement, report)* nepravdivý, klamný, lživý; Techn *(inaccurate: reading)* nepřesný **2** fml *(unfaithful)* **be u. to sb** být komu nevěrný

untrustworthy [an'trastwə:ði] adj **1** *(not reliable: source, information)* nespolehlivý **2** *(person)* nedůvěryhodný

untruth [an'tru:θ] n (pl **~s** [-tru:ðz]) fml nepravda, *(lie)* lež; **a patent u.** očividná lež

untruthful [an'tru:θful] adj nepravdivý, lživý; *(person)* prolhaný

untuneful [an'tju:nful] adj Mus *(song, voice)* nemelodický

unusable [an'ju:zəbl] adj nepoužitelný; **be u.** být nepoužitelný, být k nepotřebě

unused$_1$ [an'ju:zd] adj *(new)* nový, nepoužitý, *(clothes)* nový, ještě nenošený, *(machine)* nový, nejsoucí v provozu; *(not in use)* nepoužívaný

unused$_2$ [an'ju:st] adj *(unaccustomed)* **be u. to sth** nebýt na co zvyklý; **be u. to doing sth** nebýt zvyklý co dělat

unusual [an'ju:žuəl] adj *(uncommon)* neobvyklý, nezvyklý, nebývalý; *(exceptional)* neobyčejný, výjimečný, extra; *(odd)* kuriózní; **that's u. for him** to je pro něj netypické; **it's not u. for him to be late** pozdní příchod u něho není nic neobvyklého ■ **~ly** adv **1** *(exceptionally)* neobvykle, nezvykle; neobyčejně; **he was ~ly kind** byl nezvykle laskavý **2** *(surprisingly)* kupodivu, překvapivě

unutterable [an'atərəbl] adj *(joy, sadness)* nevýslovný; *(boredom)* smrtelný; inf **he's an u. fool** je to hrozný pitomec ■ **unutterably** adv nevýslovně; inf **unutterably stupid** strašně pitomý

unvarnished [an'va:ništ] adj **1** *(wood)* ne(na)lakovaný **2** fig *(truth)* nepřikrášlený, holý; **tell sb the u. truth** nalít komu čistého vína

unvarying [an'veəriiŋ] adj neměnný, konstantní

unveil [an'veil] vt **1** *(statue)* odhalit; **she ~ed her face** odložila závoj **2** *(crime, plot, secret)* odhalit

unveiling [an'veiliŋ] n odhalení

unventilated [an'ventileitid] adj nevětraný

unverifiable [an'verifaiəbl] adj neověřitelný

unverified [an'verifaid] adj neověřený

unversed [an'və:st] adj **u. in sth** neznalý čeho, málo zběhlý v čem

unvoiced [an'voist] adj **1** *(opinion)* nevyslovený, nevyjádřený **2** Ling *(consonant)* neznělý

unwanted [an'wontid] adj nechtěný; *(books, clothes)* nepotřebný; **feel u.** cítit se zanedbávaný, cítit se jako páté kolo u vozu

unwarranted [an'worəntid] adj *(action, criticism)* neodůvodněný; *(remark)* nemístný

unwary [an'weəri] adj neopatrný ■ **unwarily** adv neopatrně

unwashed [an'wošt] adj nemytý, neumytý; *(clothes)* nevypraný, nepraný

unwavering [an'weivəriŋ] adj *(devotion, faith, resolve)* neochvějný; *(gaze)* upřený, nepohnutý ■ **~ly** adv neochvějně; upřeně, nepohnutě

unwelcome [an'welkəm] adj *(visitor)* nevítaný; *(attention)* dotěrný; *(advice)* nežádoucí; *(news, memories)* nepříjemný; **he's u. here** jeho přítomnost zde není žádoucí

unwelcoming [an'welkəmiŋ] adj *(manner)* nepřívětivý, nevlídný, *(place)* nehostinný

unwell [an'wel] adj *(indisposed)* indisponovaný, *(ill)* nezdravý; **be** or **feel u.** necítit se dobře; **she's rather u. today** dnes jí není moc dobře

unwholesome [an'həulsəm] adj *(climate)* nezdravý; *(food)* nezdravý, zdraví škodlivý; *(fascination)* chorobný; *(influence)* zhoubný; *(jokes)* oplzlý; *(company for sb)* špatný, nežádoucí

unwieldy [an'wi:ldi] adj **1** *(tool)* nešikovný, nepraktický; *(body)* neohrabaný, nemotorný; *(parcel)* neskladný **2** *(method)* nepraktický; *(organization)* těžkopádný

unwilling [an'wiliŋ] adj neochotný; *(accomplice, participation)* nedobrovolný; **be u. to do sth** nebýt ochotný něco udělat, nechtít něco udělat ■ **~ly** adv neochotně; nedobrovolně

unwillingness [an'wiliŋnəs] n (see **unwilling**) neochota; nedobrovolnost; **his u. to help** jeho neochota pomoct

unwind [an'waind] v (pt & pp **unwound** [-'waund]) **I** vt *(thread)* odvinout, odmotat **II** vi **1** odvinout se, odmotat se; fig *(plot)* rozvíjet se, *(narrative* also*)* plynout, odvíjet se **2** fig inf *(relax: stop being tense, talk more freely)* uvolnit se, *(take a break)* odpočinout si, inf vypnout

unwise [an'waiz] adj nemoudrý, nerozumný, pošetilý; **she was u. enough to marry him** byla natolik pošetilá, že si ho vzala ■ **~ly** adv nerozumně, pošetile

unwished-for [an'wištfo:(r)] adj nežádoucí, nevítaný

unwitting [an'witiŋ] adj bezděčný; *(accidental)* náhodný ■ **~ly** adv bezděčně, nevědomky, bezděky; *(accidentally)* náhodně

unwomanly [an'wumənli] adj neženský

unwonted [an'wəuntid] adj nezvyklý ■ **~ly** adv nezvykle

unworkable [an'wə:kəbl] adj *(plan)* nerealizovatelný, neproveditelný; nepraktický

unworldly [an'wə:ldli] adj **1** *(spiritual)* nezemský, nadpozemský **2** *(naive)* prostý, bezelstný, nezkušený

unworn [an'wo:n] adj *(new)* nenošený

unworthiness [an'wə:ðinəs] n (see **unworthy**) nehodnost, nedůstojnost

unworthy [an'wə:ði] adj *(person)* nehoden, nehodný (**of sth** čeho); *(conduct)* nedůstojný; **he's u. of our trust** není hoden naší důvěry; **it's u. of you** to je pod vaši důstojnost

unwound [an'waund] pt & pp of **unwind**

unwrap [an'ræp] vt(i) (**-pp-**) rozbalit (se)

unwritten [an'ritn] adj *(constitution)* nepsaný; *(book)* nenapsaný; *(agreement)* nepsaný, ústní; **u. law** nepsaný zákon, nepsané právo

unyielding [an'ji:ldiŋ] adj *(substance)* neohebný, nepoddajný; fig *(person)* nepoddajný, neústupný, neoblomný

unyoke [an'jəuk] vt **1** *(animal)* vypřáhnout **2** fig *(nation)* osvobodit

unzip [an'zip] v (**-pp-**) **I** vt *(dress, bag)* otevřít zdrhovadlo or inf zip na čem **II** vi *(zip)* otevřít se

up [ap] adv **1** *(in a high(er) position)* nahoře; *(to a higher position)* nahoru, vzhůru; **a little further up** trochu výš; **up there** tam nahoře; **up on the wardrobe** nahoře na skříni; **up in the clouds** vysoko v oblacích; **he lives three floors up from her** bydlí o tři poschodí výš než ona; **hands up!** ruce vzhůru! **2** *(in/ to a larger place)* **up in/ to London** v Londýně/ do Londýna **3** Br *(in/ to a university – esp Oxford & Cambridge)* **he is up at Oxford** studuje v Oxfordu; **he is going up to Cambridge in autumn** na podzim začíná studovat v Cambridgi **4** *(in/ towards north)* **up in/ to Scotland** (na severu) ve Skotsku/ (na sever) do Skotska; **up north** na severu; **go up north** jet na sever **5** *(open)* **she had her umbrella up** měla otevřený deštník; **their blinds were up** měli vytažené rolety **6** *(facing upwards)* **this side up!** *(on parcel)* neklopit!; *(the bread landed)* **with the buttered side up** namazanou stranou nahoru **7** *(erected, installed, affixed)* **be up** *(building)* být postavený, (už) stát, *(notice)* viset, být na vývěsní tabuli, *(picture, curtains)* viset, být pověšený; **they're putting up a new theatre** stavějí nové divadlo; **get sth up and running** *(machine, computer* etc*)* uvést co do provozu **8** *(rising)* **the river is up** řeka je rozvodněná; **the wind is up** fouká silný vítr; fig **his blood is up** je rozčilený, vidí rudě, vzteká se; **be up in arms** být celý pryč, být vyveden z rovnováhy **9** *(out of bed)* **get up!, up with you!** vstávej!, vstávat!; **he isn't up yet** ještě nevstal; **I was up very late last night** včera jsem šel velmi pozdě spát; **be up and about** být vzhůru, být na nohou, *(after illness)* už neležet, být opět na nohou; **he's up and about again** je opět na nohou, už je zase čilý **10** *(higher in amount, price, temperature* etc*)* **prices are up by 10%** ceny se zvýšily o 10%; **numbers of students are 5% up on last year** oproti loňsku se počty studentů zvýšily o 5%; **milk is up again** mléko už zase zdražilo; Sport **be three goals up** vést o tři branky **11** *(upwards)* **from (the age of) sixteen up** od šestnácti let (dále or nahoru) **12** inf *(wrong)* **what's up?** co se děje?; **what's up with him?** co mu je?; inf **there's sth up with the TV again** televize už zase zlobí **13** *(well informed)* **be up in** or **on sth** vyznat se v čem; **he's really up on politics** má výborný přehled o politice **14** *(finished)* **time's up!** čas je vyčerpán; je konec!; **my holiday is nearly up** má dovolená se schyluje ke konci ♦ **your number is up** to je tvoje poslední hodinka, je s tebou konec **15** *(cheerful)* dobře naladěný **16** *(being repaired)* **'road up!'** „na silnici se pracuje" **17 up against a) lean the ladder up against the wall** opřít žebřík o stěnu **b)** *(in competition)* **be up against a strong opponent** mít proti sobě silného soupeře; **he doesn't know what he is up against** neví, co ho čeká ♦ inf **be up against it** být v rejžì* or v bryndě, být ve štychu **18 up and down a) jump up and down** poskakovat; **look sb up and down** prohlížet se koho odshora dolů **b) walk up and down** chodit sem a tam **19 up for a)** *(on trial)* **be up for trial** stát před soudem, být souzen **b) be up for sale**

(house) být na prodej; **be up for election** být kandidátem/ kandidátkou ve volbách **20 up to a)** *(as far as)* (až) k, (až) do, (až) po; **he can count up to fifty** umí počítat do padesáti; **up to page six** až po stránku šest; **up to now** až dosud, až do nynějška; **up to the present** (až) do současné doby, dodnes, dodneška; **up to a certain time** do jisté doby; **up to a point** do jisté míry ♦ **be up to one's neck in sth** vězet v čem až po krk, navařit si pěknou kaši; **be up to one's ears in debt** být zadlužený až po uši; **be up to date with one's work** mít čistý stůl **b)** *(capable of)* **be up to (doing) sth** být schopen or s to or dial štont co udělat; **he just isn't up to it** on na to prostě nemá; **I don't feel up to it** netroufám si na to ♦ **be up to all the tricks** mít za ušima, být všemi mastmi mazaný **c)** inf *(as good as)* **be up to the mark** být na výši, uspokojovat nároky; **it's not up to the mark** není to na patřičné úrovni, za moc to nestojí **d)** *(depending on)* **it's up to you** to záleží na vás **e)** *(duty of)* **it's up to you to explain it** je na vás, abyste to vysvětlil/ -a; **leave it up to sb** nechat to na někom **f)** inf **what are you up to?** *(planning)* co máte za lubem?, co zamýšlíte?; *(doing)* co děláte?; **he's up to sth** má tajné spády **21 up (with) the Revolution** ať žije revoluce ● prep **1** *(at/ to higher level)* nahoře, výš; **further up the stairs** výš na schodech; **he ran up the hill** vyběhl do kopce; **a house up the hill** dům na kopci; **he's up the pub** Br dial je v hospodě; inf **give sb a kick up the backside** kopnout koho do zadku **2** *(along)* **drive up the road** jet po silnici **3** *(against the current)* **sail up the river** plout po řece proti proudu **4 up and down a) up and down the country** po celé zemi; **walk up and down the platform** chodit sem a tam po nástupišti; **I've been up and down the stairs all day** celý den běhám nahoru a dolů po schodech **b)** inf **curse sb up hill and down dale** nadávat někomu jako psovi **5** vulg **up yours!** jdi do háje! inf, jdi se vycpat! inf, víš, kde mě můžeš políbit? vulg ● adj **1 up train** *(to London)* vlak do Londýna **2** Techn **on the up stroke** *(of piston)* při zdvihu (pístu) ● n **1 ups and downs** *(in road)* stoupání a klesání; *(of market)* stoupání a klesání kursu; *(in life)* dobré a zlé časy **2** inf *(increase)* **prices are on the up** ceny stoupají; St Ex **be on the up** mít vzestupnou tendenci ● v **(-pp-) I** vt **1** *(prices, wages, production)* zvýšit **2** *(promote)* povýšit **(to** na) **II** vi inf **he upped and left** náhle se zvedl a odešel

up-and-coming [apən'kamiŋ] adj inf *(person)* slibný, *(company* also*)* jsoucí na vzestupu

upbeat ['apbi:t] n Mus předtaktí, lehká doba ● adj fig inf *(optimistic)* optimistický

upbraid [ap'breid] vt (po)kárat, (vy)peskovat; **u. sb for doing sth** pokárat koho za co

upbringing ['apbriŋiŋ] n výchova

upchuck ['apčak] vt Amer sl blít

upcoming ['apkamiŋ] adj Amer *(book)* nový, *(film* also*)* připravovaný; *(election)* blížící se

up-country [ap'kantri] n vnitrozemí ● adj vnitrozemský; pej venkovský, provinciální ● adv *(live)* ve vnitrozemí; *(move)* do vnitrozemí

update [ap'deit] vt **1** *(records)* aktualizovat; *(person)* informovat or poučit o nejnovějších událostech **2** *(modernize: machinery, methods, army)* modernizovat ● n ['apdeit] aktualizace; **news u.** nejnovější zprávy

upend [ap'end] vt *(box* etc*)* postavit na stojato; *(person)* obrátit hlavou dolů

upfront [ap'frant] adj inf **1** *(person)* přímý, otevřený **2** *(payment)* zálohový ● adv *(pay)* předem

upgrade ['apgreid] n **1** Amer *(upward slope)* stoupající svah **2** inf **be on the u.** *(salary)* zlepšovat se, zvyšovat se; *(career)* úspěšně se rozvíjet; *(sick person)* uzdravovat se **3** Comput *(of software)* novější (zdokonalená) verze ● vt [ap'greid] **1** *(employee)* povýšit **(to** na) **2** *(product)* vylepšit; Comput *(software)* modernizovat

upgrad(e)ability [apˌgreidə'biləti] n Comput *(of computer system)* schopnost zdokonalování

upgrad(e)able [ap'greidəbl] adj Comput *(computer system)* rozšiřitelný

upheaval [ap'hi:vl] n **1** Geol výzdvih **2** *(disturbance: economic, social)* **~s** vření, otřesy, rozvrat; fig *(emotional)* rozjitření

upheld [ap'held] pt & pp of **uphold**

uphill [ap'hil] adv do kopce, vzhůru, nahoru; **go u.** jít do kopce, *(car, driver)* jet do kopce, *(road)* vést do kopce, stoupat ● adj **1** *(road)* stoupající, vedoucí do kopce **2** fig *(task)* nesnadný, těžký, krušný; **it was an u. struggle** byla to sisyfovská práce; **life was an u. struggle for him** musel se těžce probíjet životem, měl krušný život

uphold [ap'həuld] vt (pt & pp **-held** [-'held]) **1** *(right, view)* obhájit, prosadit **2** Jur *(sentence, conviction)* potvrdit

upholster [ap'həulstə(r)] vt (vy)čalounit, (vy)polštářovat, potáhnout; joc **be well--upholstered** *(person)* být při těle, být oplácaný

upholsterer [ap'həulstərə(r)] n čalouník

upholstery [ap'həulstəri] n **1** *(skill)*

čalounění; *(trade)* čalounictví **2** *(padding)* vycpávka, *(covering)* čaloun

upkeep ['apki:p] n *(maintenance)* udržování, údržba; *(costs)* náklady na údržbu, udržovací náklady

uplift ['aplift] n **1** *(of spirits)* duševní povznesení, elán; *(in career)* rozlet **2** *(of living standards)* zvýšení **3** Geol výzdvih **4 u. bra** vyztužená podprsenka, sl joc zvedačka ● [ap'lift] vt **1** *(spirit)* povznést; **feel ~ed** cítit se povznesený **2** Scot *(collect)* vyzvednout

uplifting [ap'liftiŋ] adj *(effect)* povznášející

upload [ap'ləud] vt Comput *(programme, data)* přesouvat do střediskového počítače

up-market [ap'ma:kit] adj *(goods)* prvotřídní, výběrový, pro náročného zákazníka; *(newspaper/ TV programme)* pro náročného čtenáře/ pro náročného diváka ● adv **go u.** *(shop)* orientovat se na náročné zákazníky

upmost ['apməust] see **uppermost**

upon [ə'pon] prep usu dated see **on** ♦ **once u. a time there was a king** byl jednou jeden král; **u. my honour** na mou čest

upper ['apə(r)] adj **1** *(lid, lip, jaw)* horní, *(floor, deck* also*)* hořejší, fml hoření; *(drawer, shelf, cupboard)* vrchní; **u. arm** nadloktí; **u. brain** velký mozek; **u. circle** Theat balkon; **temperatures in the u. twenties** teploty nad 25°C **2** Geog **U. Rhine** horní Rýn; **the u. reaches of ...** horní tok čeho; **U. Volta** Horní Volta **3** *(in importance)* vyšší; **u. case** Typ velká písmena; **the u. class(es)** vyšší kruhy; **the u. crust** horních deset tisíc, nóbl společnost; Br Pol **the U. House** Horní sněmovna ♦ inf **be weak in the u. storey** být padlý na hlavu; **have the u. hand over sb** mít nad kým vrch; **get the u. hand** získat vrch ● n **1** *(of shoe)* **~s** svršky ♦ inf **be on one's ~s** živořit, být na suchu, nemít ani floka or vindru **2** sl *(drugs)* dráždivý prostředek

upper-class [apə'kla:s] adj týkající se vyšší třídy; *(accent)* vybraný, *(person)* vybraných mravů

upperclassman [apə'klæsmæn] n Amer Sch, Univ student 3. or 4. ročníku stř. školy nebo univerzity

uppercut ['apəkat] n Box zvedák, uppercut [aprkat]

uppermost ['apəməust] adj **1** *(drawer, storey)* nejvyšší, nejhořejší **2** fig nejdůležitější, nejpřednější; **the children's future is u. in my mind** především myslím na budoucnost dětí

uppish ['apiš], **uppity** ['apəti] adj Br inf *(arrogant)* arogantní, povýšený, domýšlivý; **get u. with sb** chovat se ke komu drze

upright ['aprait] n **1** *(post)* sloup, Ftb (branková) tyč **2** also **u. piano** pianino ● adj **1** *(erect)* vzpřímený; *(vertical)* přímý, kolmý; **u. piano** pianino **2** fig *(honest)* přímý, čestný, poctivý, zásadový; **be u.** mít rovnou páteř ● adv rovně, zpříma; **sit u.** sedět zpříma; **hold oneself u.** držet se zpříma; **he could hardly stand u.** *(he was tired)* sotva se držel na nohou

uprising ['apraiziŋ] n povstání, vzpoura

uproar [ap'ro:(r)] n vřava, povyk, rámus; **it caused an u.** *(noisy reaction)* vyvolalo to pobouření, *(indignation)* vyvolalo to velké rozhořčení; **the whole town was in (an) u.** celé město bylo vzhůru (nohama)

uproarious [ap'ro:riəs] adj **1** *(meeting)* bouřlivý; *(crowd)* hlučný, povykující, hulákající; *(laughter)* hlasitý, hurónský **2** *(joke)* k popukání, strašně legrační; *(success)* ohromný ■ **~ly** adv hlučně; *(laugh)* hurónsky; **~ly funny** děsně legrační, k popukání

uproot [ap'ru:t] vt *(plant)* vytrhnout s kořeny; fig *(evil* etc*)* vykořenit, vymýtit

upsadaisy [apsə'deizi] interj inf *(to child when being lifted)* hopla!, hop!; *(who has fallen)* bác!

upset [ap'set] n **1** *(in situation)* zvrat v čem, *(in plans)* narušení čeho; *(unexpected defeat)* nepříjemné překvapení, neočekávaná prohra; *(setback)* nezdar, čára přes rozpočet; *(quarrel)* různice **2** *(emotional)* duševní zmatek, rozháranost, *(distress)* (duševní) bolest **3 have a stomach u.** pokazit si žaludek ● adj **1** *(annoyed)* rozmrzelý; *(offended)* uražený, dotčený; *(worried)* zneklidněný, znepokojený; *(sad)* smutný; **I was most u. that she didn't phone** velmi mě mrzelo or velmi se mě dotklo, že nezatelefonovala **2** Med **have an u. stomach** mít pokažený žaludek **3 u. price** Amer & Scot nejnižší vyvolávací cena ● v (pres p **-tt-**; pt & pp **upset**) **I** vt **1** *(overturn: chair)* převrátit, převrhnout, překotit; *(milk, paint)* rozlít **2** *(plans)* překazit, zmařit, zhatit, zvrátit; *(balance)* porušit; *(situation)* zvrátit; inf **u. sb's applecart** udělat komu čáru přes rozpočet **3** *(person: make sad)* zarmoutit, rozesmutnit, *(annoy)* rozzlobit, nahněvat, *(offend)* urazit, dotknout se koho, *(shock)* otřást kým, *(worry)* zneklidnit, znepokojit; **don't u. yourself** netrapte se **4** *(make ill* – Subj: *fruit, cheese* etc*)* **u. sb, u. sb's stomach** způsobit komu žaludeční nevolnost, pokazit komu žaludek **II** vi *(overturn)* převrátit se, převrhnout se, překotit se

upsetting [ap'setiŋ] adj *(annoying)* mrzutý, nepříjemný, nemilý, protivný; *(offensive)* urážlivý, zraňující; *(worrying)* zneklidňující, znepokojivý

upshot ['apšot] n *(result)* výsledek; **the u. is that ...** výsledkem je, že ...; **in the u.** nakonec, koneckonců

upside down [apsaid'daun] adj *(cup)* obrácený (dnem vzhůru), převrácený; *(world)* zvrácený, jsoucí naruby; *(picture)* **be u. d.** viset obráceně or vzhůru nohama ● adv obráceně, vzhůru nohama; **hang sth u. d.** pověsit co obráceně or vzhůru nohama; **the house was u. d.** fig dům byl obrácen vzhůru nohama

upstage [ap'steidž] adv *(stand)* v pozadí, vzadu na jevišti, *(move)* do pozadí ● adj **1** *(door* etc*)* jsoucí v pozadí (jeviště) **2** *(snobbish)* snobský ● vt fig zastínit koho

upstairs [ap'steəz] adv nahoře, na poschodí, v horním patře, *(in a two-floor house)* v prvním patře; *(with movement)* nahoru, do prvního patra; **run u.** vyběhnout po schodech nahoru ♦ **kick sb u.** fig inf vykopnout koho nahoru, zbavit se koho povýšením; inf **he hasn't got much u.** má to tam vykradené, má v hlavě piliny ● n horní poschodí ■ **u. rooms** pokoje nahoře

upstanding [ap'stændiŋ] adj **1** *(sturdy)* urostlý; *(honourable)* čestný **2** fml **be u.!**, Jur **the court will be u.** povstaňte, prosím

upstart ['apsta:t] n pej parvenu, zbohatlík; *(arrogant person)* povýšenec

upstate [ap'steit] adv Amer na severu státu, *(with movement)* na sever státu ● adj severní

upstream [ap'stri:m] adv proti proudu

upstroke ['apstrəuk] n *(of pen)* tah nahoru; Aut *(of piston)* zdvih

upsurge ['apsə:dž] n fig *(of enthusiasm)* vlna, *(of anger* also*)* výbuch; *(of violence)* nárůst, eskalace; *(of interest)* oživení; *(of production)* (náhlé) zvýšení, oživení

upsy-daisy [apsi'deizi] interj inf hopla!, hop!

uptake ['apteik] n inf **be quick on the u.** být (bystrá) hlavička, být hlava otevřená, mít filipa; **be slow on the u.** mít dlouhé vedení, být hlava zabedněná, být nechápavý neutr

uptight ['aptait] adj sl **1** *(nervous)* nervózní, *(irritable)* podrážděný, *(tense)* napjatý **2** *(conventional)* škrobený, úzkoprsý, příliš konvenční

uptime ['aptaim] n Comput využitelný čas

up-to-date, up to date [aptə'deit] adj **1** *(clothes, equipment, method)* moderní **2** *(information)* nejnovější, aktuální; **keep sb up to date** informovat koho, zpravit koho o nejnovějších událostech; **keep up to date** být dobře informován

up-to-the-minute [aptəðə'minit] adj *(news)* nejnovější

uptown [ap'taun] n Amer rezidenční or obytné čtvrti města ■ **u. train** vlak do rezidenčních čtvrtí ● adv **live u.** bydlet v rezidenčních čtvrtích

upturn ['aptə:n] n *(improvement: in economy)* konjunktura, rozmach, *(in production, prices)* vzestup

upturned [ap'tə:nd] adj **u. nose** nos do výšky, inf pršák

upward ['apwəd] adj *(movement, trend)* vzestupný; Sociol **u. mobility** sociální mobilita ■ **~ly** adv směrem nahoru; **be ~ly mobile** jít nahoru, dělat kariéru ● adv = **upwards**

upwards ['apwədz] adv **1** *(move, climb, look)* nahoru **2** **he was lying face u.** ležel tváří nahoru **3** *(onwards)* **from childhood u.** od dětství; **u. of 100** od sta nahoru

Ural ['juərəl] adj **the U. Mountains** Ural; **the U. (river)** (řeka) Ural

Urals ['juərəlz] n pl **the U.** Ural pohoří; **in the U.** na Urale

uranium [ju'reiniəm] n Chem uran

Uranus ['juərənəs] n Astron Uran oběžnice

urban ['ə:bən] adj městský; **u. conservation area** městská památková rezervace; **u. development** výstavba or rozvoj měst; Br **u. district** městský okres; **u. renewal** městská asanace

urbane [ə:'bein] adj *(person)* zdvořilý, urbánní, dvorný, uhlazených mravů; *(manner)* uhlazený, jemný, uctivý ■ **~ly** adv světácky, dvorně; uhlazeně, uctivě

urbanism ['ə:bənizm] n urbanismus

urbanization [ə:bənai'zeišn] n urbanizace

urbanize ['ə:bənaiz] vt urbanizovat

urchin ['ə:čin] n **1** dated *(mischievous child)* uličník, spratek, malý dareba **2** Zool **sea u.** mořský ježek

Urdu ['uədu:] n *(language)* jazyk urdu

urea [juə'riə] n Chem močovina, urea

ureter ['juəritə(r)] n močovod, spec ureter

urethra [ju:'ri:θrə] n (pl **~s** or **urethrae** [ju:'ri:θri:]) Anat močová trubice, spec uretra

urge [ə:dž] n *(desire)* potřeba, touha; *(drive)* nutkání, *(sexual)* pud; **have an u. to do sth** mít nutkání or potřebu něco udělat ● **I** vt **1** *(try to persuade)* nabádat, pobízet; *(press)* naléhat na koho, naléhavě požadovat, aby ...; **u. sb to do sth** nabádat koho k čemu, *(press)* naléhat na koho, aby něco udělal; **u. the demonstrators to disperse** vybídnout demonstranty, aby se rozešli **2** *(advocate)* doporučovat, *(strongly)* trvat na čem; **u. caution** doporučovat opatrnost, nabádat k opatrnosti **II** phr v ■ **urge on** vt pobízet; **u. sb on to do sth** pobízet koho, aby něco udělal

urgency ['ə:džənsi] n naléhavost, neodkladnost; **a matter of u.** neodkladná záležitost

urgent ['ə:džənt] adj **1** *(matter, need)* naléhavý, neodkladný, nezbytný; *(problem)* akutní, palčivý; *(parcel)* spěšný, *(telegram)* pilný; **it's u.** je to naléhavé, spěchá to; **it is u. that I talk to him** musím s ním naléhavě mluvit **2** *(voice)* důtklivý; *(request)* naléhavý ■ **~ly** adv *(need)* naléhavě, nutně

urinal [ju'rainl] n **1** *(toilet)* pisoár; *(vessel)* mušle **2** *(for patients)* urinál, inf bažant

urinary ['juərinəri] adj *(tract, bladder)* močový

urinate ['juərineit] vi močit

urine ['juərin] n moč, spec urina

urn [ə:n] n **1** *(for ashes)* urna, popelnice **2** *(for coffee, tea: in canteens)* kotlík

urogenital [juərəu'dženitl] adj Med urogenitální

urological [juərəu'lodžikl] adj Med urologický

urologist [ju'rolədžist] n Med urolog/ uroložka

urology [ju'rolədži] n Med urologie

Ursa [ə:sə] n **U. Major/ Minor** Astron Velký/ Malý medvěd or vůz

urticaria [ə:ti'keəriə] n Med kopřivka

Uruguay ['juərəgwai] n Uruguay [-gvaj]

Uruguayan [juərə'gwaiən] adj uruguayský [-gvaj-] ● n *(person)* Uruguayec/ Uruguayka [-gvaj-]

US [ju:'es] n abbr of **United States** USA, Spojené státy ● adj americký

us [as, əs] pers pron **1** *(direct* or *indirect object form)* G, A, L nás, D nám, I námi; **one of us** jeden z nás; **he gave it to us** dal to nám; **he saw us** viděl nás; **about us** o nás; **among/ with us** mezi námi/ s námi; **there are three/ five of us** jsme tři/ je nás pět ♦ **he is one of us** je to náš člověk **2** *(independently and after 'be')* my; **us and them** my a oni; **it's us** to jsme my **3** inf **give us a kiss!** dej mi pusu!

USA, U. S. A. [ju:es'ei] abbr of **1 United States of America** USA, Spojené státy americké **2** Amer **United States Army** armáda Spojených států amerických

usability [ju:zə'biləti] n použitelnost, upotřebitelnost

usable ['ju:zəbl] adj použitelný, upotřebitelný

USAF [ju:esei'ef] Amer Mil abbr of **United States Air Force** letectvo Spojených států amerických

usage ['ju:sidž] n **1** *(employment)* použití; *(treatment: of material)* zacházení s čím, *(of tool* also*)* manipulace s čím; **it was damaged by rough u.** bylo to poškozeno nešetrným or hrubým zacházením **2** *(custom, practice)* obyčej, zvyk, zvyklost, úzus; Comm obvyklá praxe, uzance **3** Ling *(of word)* (jazykový) úzus, jazyková zvyklost; **this phrase is in common u.** tato fráze se běžně používá; **drop out of u.** přestat se používat, být zastaralý

use [ju:s] n **1** *(using* or *being used)* použití, upotřebení, uplatnění, *(of method, technique, theory* also*)* aplikace, (Mil *of tanks, helicopters)* nasazení; *(of drugs)* požívání, braní; **the u. of brick in building** použití cihel ve stavebnictví; **directions** or **instructions for u.** návod k použití or upotřebení; Pharm **for external u.** k zevnímu použití; **shake before u.!** před použitím zatřepat; **for official u. only** jen pro služební účely; **for my own u.** pro vlastní potřebu; **for personal u.** pro osobní potřebu; **for u. at will** k volnému použití; **be fit for u.** být použitelný or upotřebitelný; **be in u.** používat se; **come into u.** začít se používat; **be out of u.** už se nepoužívat, *(phrase, word)* být zastaralý **2** *(way of using)* (způsob) použití; **find a u. for sth** najít pro něco použití; **this tool has various ~s** tento nástroj lze použít na různé účely; **have no further u. for sth** dále už něco nepotřebovat; inf **I have no u. for people like him** lidi jako je on nesnáším **3** *(exploitation)* využití; **make a sensible u. of resources** využít účelně zdroje; **make u. of sth** něco využít; **make good u. of sth** dobře něco zužitkovat, dobře čeho využít; **you must make good u. of your time** musíš dobře využít svého času **4** *(usefulness)* užitečnost, *(purpose)* účel; **be of u.** být užitečný; **be of no (earthly) u.** nebýt (naprosto) k ničemu; **can I be of any u. to you?** mohu vám být nějak užitečný?; **it's no u. telling him** nemá smysl or inf cenu mu něco říkat; **what's the u. of it?** jaký to má smysl?; **it's no u.** to je zbytečné, to nemá cenu; **it's no u. pretending that ...** nemá cenu předstírat, že ... **5** *(right to u.)* právo používat; **have the u. of sb's flat/ garden** mít k dispozici čí byt/ zahradu; **give sb the free u. of sth** dát komu co k volnému použití; **he has the u. of two cars** disponuje dvěma auty **6** *(ability to u.)* **have the full u. of one's faculties** být v plné síle; **lose the u. of one's arms/ legs** nemít vládu v rukou/ v nohou **7** *(custom)* zvyk, zvyklost, úzus **8** Relig liturgie ● [ju:z] **I** vt **1** *(employ)* použít, používat; *(methodology, theory* also*)* aplikovat, *(method, experience)* uplatnit; Mil *(tanks, aircraft* etc*)* použít, nasadit; *(take habitually: drug)* brát; **u. the back door** jít zadními dveřmi, jít zadem; **can I u. your**

phone? mohu si od vás zavolat?; **try using more sugar next time** příště zkus dát víc cukru; **u. refined/ foul language** mluvit vybraně/ sprostě; **u. sb's name** odvolat se na koho ♦ **u. a sledgehammer to crack a nut** jít s kanonem na vrabce; **u. your brains!** namáhej si trochu závity; **u. soft soap on sb** žehlit si to u koho **2** also **u. up** *(consume: fuel)* spotřebovat, *(water: drink* also*)* vypít, *(food* also*)* sníst; **u. the leftovers** využít zbytků **3** *(make u. of)* využít čeho or co; **u. other means** sáhnout k jiným prostředkům; **u. dishonest means** používat nekalé prostředky ♦ **u. sth as a cloak** použít co jako zástěrku; **u. strong-arm tactics** *(prime minister* etc*)* vládnout železnou rukou **4** *(exploit: person)* vykořisťovat, zneužívat; **let oneself be ~d by sb** dát se kým zneužívat, dělat komu poskoka **5** inf **I could u. a coffee/ beer** etc dal bych si kávu/ pivo **II** phr v ▪ **use up** vt *(consume)* spotřebovat, *(food* also*)* zkonzumovat, sníst; *(money)* utratit

used$_1$ [ju:zd] adj *(goods)* z druhé ruky, použitý, upotřebený; *(car)* ojetý; **frequently u. streets** silně frekventované ulice

used$_2$ [ju:st] v aux *(only in past) (when I was a child)* **we u. to play together** hrávali jsme si spolu; **there u. to be a lake here** tady kdysi bývalo jezero; **I u. to smoke a pipe when I was young** zamlada jsem kouříval dýmku; **she u. to be a good singer** kdysi dobře zpívala; **did he use to live here?** bydlíval tu?; **I am not as young as I u. to be** už nejsem nejmladší, už mám svá léta

used$_3$ [ju:st] adj *(accustomed)* **be u. to sth** být zvyklý na co; **get u. to sth** přivyknout or zvyknout si na co; **I am not u. to it** nejsem na to zvyklý, je to pro mě nezvyk

useful ['ju:sful] adj **1** gen užitečný; *(practical: tool)* praktický, šikovný, *(discussion)* užitečný, účelný, *(employment)* prospěšný; **a u. member of society** platný člen společnosti; **it'll come in u.** bude se to hodit; **be u. for sth** hodit se na co; **it's u. to know that …** je dobré vědět, že …; **that's a u. thing to know** to je dobré vědět **2** inf *(competent: footballer)* dobrý, talentovaný; **he's quite a u. cook** umí docela dobře vařit; **he's u. with a gun** je dobrý střelec, umí dobře zacházet se zbraní ▪ **~ly** adv *(employed)* užitečně, prospěšně

usefulness ['ju:sfulnəs] n (see **useful**) užitečnost, prospěšnost, účelnost, potřebnost; **it's outlived its u.** už se to přežilo

useless ['ju:sləs] adj **1** *(worthless, not helpful)* neužitečný, jsoucí k ničemu, inf expr jsoucí na draka or pro kočku **2** *(pointless)* zbytečný, *(protest, efforts)* marný **3** *(not usable: object)* nepoužitelný, neupotřebitelný, zbytečný; **u. knowledge** zbytečné or nepotřebné znalosti or vědomosti **4** inf *(incompetent)* **I am u. at languages** na jazyky jsem antitalent; **he's totally u.** není zhola k ničemu, k ničemu se nehodí, *(not skilful)* má obě ruce levé ▪ **~ly** adv neužitečně, zbytečně

uselessness ['ju:sləsnəs] n see **useless** **1** neužitečnost **2** zbytečnost, marnost **3** nepoužitelnost, neupotřebitelnost

user ['ju:zə(r)] n uživatel; *(of electricity, gas)* spotřebitel; **drug u.** poživač drog, narkoman; **he's a drug u.** bere drogy; **telephone ~s** telefonní účastníci; **be the world's largest u. of sth** mít světový primát ve spotřebě čeho

user-definable [ju:zədi'fainəbl] adj Comput *(key)* definovatelný uživatelem

user-defined [ju:zədi'faind] adj Comput *(key)* definovaný uživatelem

user-friendliness [ju:zə'frendlinəs] n Comput uživatelsky příjemné prostředí

user-friendly [ju:zə'frendli] adj Comput uživatelsky příjemný; **u.-f. questionnaire** dobře srozumitelný dotazník

user-interface [ju:zə'intəfeis] n Comput uživatelské rozhraní

U-shaped ['jušeipt] adj jsoucí ve tvaru písmene U, mající tvar písmene U

usher ['ašə(r)] n *(at concert, in theatre)* uvaděč, uváděč, biletář; *(in court)* soudní uvaděč, soudní zřízenec; *(at function)* uvaděč ● **I** vt uvádět, uvést; **u. sb into a room** uvést koho do místnosti, **u. sb out of the room** doprovodit koho z místnosti, *(to get rid of him)* vyvést koho z místnosti **II** phr v ▪ **usher in** vt *(people)* uvést, ohlásit; fig **u. in a new era** zahájit novou éru

usherette [ašə'ret] n uvaděčka, uváděčka

USM [ju:es'em] abbr of **United Securities Market** trh nekótovaných cenných papírů

USN [ju:es'en] Amer Mil abbr of **United States Navy** válečné loďstvo Spojených států (amerických)

USS [ju:es'es] Amer abbr of **1 United States Ship** loď Spojených států též ponorky **2 United States Senate** Senát Spojených států

USSR [ju:eses'a:(r)] Hist abbr of **Union of Soviet Socialist Republics** SSSR, Svaz sovětských socialistických republik

usual ['ju:žuəl] n inf **the u.** totéž; **the u. please!** *(drink)* jako obvykle, prosím; **what's his u.?** co obvykle pije? ● adj *(customary)* obvyklý, obligátní inf, *(normal* also*)* normální; *(practice)* obvyklý, běžný;

(expression) obvyklý, běžný, běžně užívaný; **my u. pub** moje hospoda; **as u.** jako obvykle, jako vždycky; **at the u. time** v obvyklou dobu; **earlier than u.** dříve než obvykle; **more than u.** víc než obvykle; **as is u. on such occasions** jak je za těchto okolností obvyklé; **as is u. with children** jak už to bývá s dětmi; **it is not u. for him to be late** on obyčejně nechodí pozdě; **it's the u. thing nowadays** v dnešní době je to běžné ■ **~ly** adv obvykle, normálně, obyčejně, zpravidla, běžně; **it ~ly rains at Christmas** na Vánoce zpravidla prší, na Vánoce rádo pršívá; **what do you ~ly do in the evening?** co děláváte večer?; **more than ~ly** více než obvykle or jindy

usufruct ['ju:zju:frakt] n Jur požívací právo

usufructuary [ju:zju:'fraktjuəri] n Jur poživatel/ -ka ● adj **u. right** požívací právo

usurer ['ju:žərə(r), Amer 'ju:žurə(r)] n lichvář/ -ka

usurious [ju'zjuəriəs] n lichvářský

usurp [ju'zə:p] vt přisvojit si, přivlastnit si, *(power)* uzurpovat, uchvátit, zmocnit se čeho

usurpation [ju:zə'peišn] n uzurpace, (násilné) uchvácení

usurper [ju:'zə:pə(r)] n uzurpátor/ -ka, uchvatitel/ -ka

usury ['ju:žəri, Amer 'ju:žuri] n lichva, lichvářství; **practise u.** lichvařit

utensil [ju'tens(ə)l] n nástroj, *(container)* nádoba; **cooking** or **kitchen ~s** kuchyňské potřeby, kuchyňské náčiní; **writing ~s** psací potřeby

uterine ['ju:tərain] adj **1** Anat děložní **2** Jur polorodý po matce; **u. brothers** nevlastní bratři mající stejnou matku, ale různé otce

uterus ['ju:tərəs] n (pl **uteri** [-rai] or **~es**) Anat děloha, spec uterus

utilitarian [ju,tili'teəriən] adj utilitářský, utilitární, *(clothes* etc*)* praktický; Philos utilitaristický, utilitární ● n Philos utilitarista/ utilitaristka

utilitarianism [ju,tili'teəriənizəm] n Philos utilitarismus

utility [ju'tiləti] n **1** *(usefulness)* užitečnost, užitek; *(of patent)* funkčnost, využitelnost **2** *(service)* služba; **public utilities** veřejné služby ● adj *(goods)* spotřební; *(vehicle)* užitkový; *(art)* užitý; **u. clothes** praktické šaty or oblečení; **u. furniture** *(used during World War II)* víceúčelový nábytek, sektorový nábytek; Amer **u. man** děvče pro všecko fig; **u. player** univerzální hráč; Comput **u. program** obslužný program; **u. room** víceúčelová místnost, *(in private house often)* prádelna

utilization [ju:tilai'zeišn] n (see **utilize**) využití, zužitkování, upotřebení

utilize ['ju:tilaiz] vt využít, zužitkovat, upotřebit, *(tools)* použít, *(wool* etc*)* zpracovat

utmost ['atməust] adj **1** *(greatest: danger, secrecy)* nesmírný, maximální; *(limit)* krajní, nejzazší; *(care, dedication)* krajní; **with the u. care** s krajní opatrností; **with the u. discretion** ve vší tichosti or tajnosti; **it is of the u. importance that ...** je svrchovaně or krajně důležité, aby ...; **go to the u. limit** jít do krajnosti **2** *(furthest)* nejvzdálenější, nejzazší ● n **1** *(maximum)* maximum, nejvyšší míra; **at the u.** nanejvýš; **the u. in comfort** maximální pohodlí **2** *(best effort)* **do** or **try one's u.** dělat všechno možné, maximálně se snažit, vynaložit všechny síly; **we did our u. to prevent it** udělali jsme vše, co bylo v našich silách, abychom tomu zabránili

Utopia, utopia [ju:'təupiə] n utopie

Utopian, utopian [ju:'təupiən] adj utopický ● n utopista/ utopistka

utricle ['ju:trikl] n **1** Bot váček, měchýřek **2** Anat chodbička, kanálek předstojné žlázy

utter$_1$ ['atə(r)] adj *(boredom, confusion, failure, disaster)* naprostý, totální; *(bliss)* dokonalý; *(impossibility, poverty)* holý; *(idiot, ass)* korunovaný; *(nonsense)* pustý, čirý, vyložený, holý, nehorázný; *(stupidity)* nekonečný; *(contempt)* hluboký; *(revulsion)* nepřekonatelný, bytostný; *(rogue)* nenapravitelný; **u. havoc** hotový or učiněný blázinec, zmatek nad zmatek; **in u. secrecy** ve vší tajnosti ■ **~ly** adv (cf adj) naprosto, totálně; **he's ~ly dense** je úplně tupý; **be u. alone** být naprosto sám, inf být jako kůl v plotě

utter$_2$ ['atə(r)] vt **1** *(word)* vyslovit; *(sound)* vyrazit; **u. a cry/ shriek** vykřiknout/ zaječet; **u. a sigh** povzdechnout si; **u. a torrent of curses** chrlit nadávky; **he didn't u. a sound** ani nemukl; **he couldn't u. a word** nemohl vůbec promluvit, nemohl ze sebe vypravit slovo **2** fml *(counterfeit money)* dát do oběhu; *(false document)* rozšiřovat

utterance ['atərəns] n **1** *(statement)* prohlášení, *(remark)* poznámka **2** *(act of speaking)* vyjádření, formulace, pronesení; **give u. to sth** vyjádřit něco **3** Ling výpověď

uttermost ['atəməust] adj see **utmost**

U-turn ['ju:tə:n] n lit & fig obrat o sto osmdesát stupňů; fig **a U-turn on foreign policy** obrat o sto osmdesát stupňů v zahraniční politice; **make a U-turn i)** lit obrátit se do protisměru s vozidlem **ii)** fig diametrálně změnit názor

UV [ju:'vi:] abbr of **ultraviolet** ultrafialový

UVF [ju:vi:'ef] abbr of **Ulster Volunteer Force** Ulsterská dobrovolná armáda

uvula ['ju:vjulə] n (pl **~s** or **uvulae** [-li:]) Anat čípek, uvula

uvular ['ju:vjulə(r)] adj Anat, Phon čípkový, uvulární

uxorious [ak'so:riəs] adj *(husband)* slepě oddaný manželce

uxoriousness [ak'so:riəsnəs] n *(of husband)* slepá oddanost manželce

Uzbek ['uzbek] adj uzbecký ● n **1** *(person)* Uzbek, Uzbečka **2** *(language)* uzbečtina

Uzbekistan [uzbeki'sta:n] n Uzbekistán

V

V, v [vi:] n (pl **V's, v's** [vi:z]) *(the letter)* V, v

V Elec abbr of **volt(s)** V, volt, pl volty/ voltů

v written abbr of **1 velocity** rychlost **2 verse** verš **3 versus** versus, proti **4 vide** vide, viz **5** inf **very** velmi

Va, VA written abbr of **Virginia** Virgínie stát v USA

vac [væk] Br inf Sch & Univ abbr of **vacation** prázdniny

vacancy ['veikənsi] n (pl **-cies** [-siz]) **1** *(emptiness)* prázdnota, prázdno, *(of look* also*)* bezvýraznost, roztržitost; *(stupidity)* tupost **2** *(free room)* **'vacancies'** „volné pokoje"; **'no vacancies'** „obsazeno" **3** *(job)* volné místo, neobsazené místo; **fill a v.** obsadit volné místo; **'vacancies for waiters'** „hledáme číšníky"

vacant ['veikənt] adj **1** *(unoccupied: seat, toilet)* volný, neobsazený, *(house, flat* also*)* neobydlený, *(not rented)* nepronajatý; Jur **with v. possession** *(house)* připravený k nastěhování; **fall v.** uprázdnit se **2** *(job, post)* volný; **'situations v.'** „volná místa" **3** *(empty)* prázdný; *(look* also*)* roztržitý, zamyšlený, nepřítomný, *(stupid)* tupý; **with a v. stare** nepřítomným pohledem ■ **~ly** adv *(absent-mindedly)* roztržitě, nepřítomně, nesoustředěně

vacate [və'keit] vt *(seat, room)* uvolnit; *(flat, house)* uprázdnit, vyklidit, vystěhovat se z čeho; *(post)* uprázdnit, odejít z místa

vacation [və'keišn] n **1** Br Univ prázdniny; Jur (soudní) prázdniny; **the Christmas/ Easter v.** vánoční/ velikonoční prázdniny; **the long v., the summer v.** letní prázdniny, hlavní prázdniny; **on v.** na prázdninách **2** Amer *(holiday)* dovolená; **go on a v., take a v.** jít na dovolenou ● vi Amer **be vacationing in Spain** být na dovolené or trávit dovolenou ve Španělsku

vacationer [və'keišənə(r)], **vacationist** [və'keišənist] n Amer rekreant, člověk na dovolené

vaccinate ['væksineit] vt Med očkovat (**against sth** proti čemu)

vaccination [væksi'neišn] n Med očkování, vakcinace; **v. against polio, polio v.** očkování proti obrně

vaccine ['væksi:n] n Med vakcína, očkovací látka; **smallpox v.** vakcína proti neštovicím

vacillate ['væsileit] vi váhat, kolísat, být nerozhodný; **v. between X and Y** váhat mezi X a Y

vacillating ['væsileitiŋ] adj váhavý, kolísavý, nerozhodný ● n váhavost, nerozhodnost

vacillation [væsi'leišn] n váhavost, kolísavost, nerozhodnost

vacua ['vækjuə] pl of **vacuum**

vacuity [væ'kju:əti] n (pl **-ties**) fml **1** *(empty space)* prázdnost, prázdnota; *(of person)* hloupost, tupost, bezduchost, prázdnota **2 vacuities** *(inane remarks)* tlachy, nicotné poznámky

vacuous ['vækjuəs] adj *(eyes, look)* prázdný, bezvýrazný, bezduchý; *(remarks)* nic neříkající, nicotný

vacuum ['vækjuəm] n (pl **~s** or fml **vacua** [-juə]) **1** Phys vzduchoprázdno, vakuum; **create a v.** vytvořit vakuum ■ Amer **v. bottle,** Br **v. flask** termoska; **v. brake** vakuová or podtlaková brzda; **v. pump** vývěva; **v. tube** elektronka **2** inf also **v. cleaner** vysavač, inf lux **3** fig prázdno, prázdnota, prázdné místo; **leave a v.** *(person who died)* zanechat po sobě prázdné místo ● vt *(carpet, room)* vysá(va)t, inf (vy)luxovat

vacuum-clean ['vækjuəmkli:n] vt = **vacuum** vt

vacuum-packed [vækjuəm'pækt] adj baleno pod tlakem; ve vakuovém balení

vade mecum [va:di'meikəm] n fml vádemékum, příručka, průvodce, rukověť

vagabond ['vægəbond] n tulák/ tulačka, vandrák, pobuda, povaleč ■ **lead a v.'s life** žít tuláckým životem

vagary ['veigəri] n fml usu pl **vagaries** rozmary, vrtochy, *(strange ideas)* fantazie; **the vagaries of the weather** výkyvy or rozmary počasí

vagina [və'džainə] n (pl **~s** or **vaginae** [-ni:]) Anat pochva, vagina

vaginal [və'džainl] n Anat poševní, vaginální; Med **v. discharge** vaginální výtok

vagrancy ['veigrənsi] n gen & Jur tuláctví, potulka ■ **v. laws** zákony o potulce

vagrant ['veigrənt] adj *(person)* potulný, toulavý, *(life* also*)* tulácký ● n tulák/ tulačka

vague [veig] adj **1** *(not precise)* vágní, nejasný; *(memory)* matný, mlhavý; *(formulation)* nepřesný, obecný, vágní; *(photograph)* neostrý, nezaostřený; *(faint: sound, smell)* slabý; *(likeness)* vzdálený; **a v. premonition** zlá předtucha; **a v. sense of guilt** určitý pocit viny; **have only a v. idea of sth** mít o čem jenom matnou představu; **have only a v. recollection of sb/ sth** pamatovat si na koho/ co jen nejasně **2** *(evasive)*

be v. about sth mluvit o čem neurčitě **3** *(absent-minded)* **have a v. look in one's eyes** dívat se nepřítomně, *(not having understood)* dívat se nechápavě ■ **~ly** adv **1** vágně; *(remember)* matně, mlhavě; *(formulated)* nepřesně, obecně **2** *(answer)* vyhýbavě, nejasně **3** *(absent-mindedly)* roztržitě, nechápavě

vagueness ['veignəs] n see **vague 1** vágnost, nejasnost; matnost, mlhavost; nepřesnost; nezaostřenost **2** neurčitost **3** roztržitost, nechápavost

vain [vein] adj **1** *(conceited)* marnivý, ješitný, domýšlivý; **be v. about one's looks** být domýšlivý na svůj zevnějšek **2** *(unsuccessful: attempt)* marný, zbytečný; **in v.** marně, zbytečně; **it was all in v.** všechno to bylo marné **3** *(empty: promise)* planý, lichý; **v. promises** plané or jalové sliby, těšínská jablíčka; **v. hopes** plané naděje **4 take God's name in v.** brát jméno boží nadarmo; **take sb's name in v.** joc brát si někoho do huby inf ■ **~ly** adv **1** *(conceitedly)* marnivě, ješitně, domýšlivě **2** *(unsuccessfully)* marně, zbytečně

vainglorious [vein'glo:riəs] adj fml *(person)* marnivý, ješitný, domýšlivý; *(talk* also*)* vychloubačný, chvástavý

valance ['væləns] n *(curtain, frill)* záclonka, nabírání, řasení, třásně

vale [veil] n poet údolí ♦ **this v. of tears** slzavé údolí, pozemský život

valediction [væli'dikšn] n **1** fml *(act)* loučení; *(words)* slova na rozloučenou **2** Amer Sch projev na rozloučenou se školou

valedictorian [vælidik'to:riən] n Amer Sch student pronášející projev na rozloučenou se školou

valedictory [væli'diktəri] adj *(speech)* na rozloučenou ● n Amer Sch = **valediction (2)**

valence ['veiləns], **valency** ['veilənsi] n **1** Chem mocenství ■ **v. bond** valenční vazba **2** Ling valence

valentine ['væləntain] n **1** *(card)* valentinka pozdrav posílaný o sv. Valentýnu (14.2.) **2** *(sweetheart)* adresát/ -ka valentinky

valerian [və'liəriən] adj Bot kozlík lékařský, valeriána; Pharm oddenek kozlíku lékařského, baldrián ■ **v. drops** valeriánské kapky

valet ['vælit, 'vælei] n komorník, osobní sluha ● vi dělat komorníka, být komorníkem

valetudinarian [vælitju:di'neəriən] n fml neduživý or stonavý člověk; joc hypochondr ● adj neduživý, stonavý; hypochondrický

Valhalla [væl'hælə] n Myth Valhala

valiant ['væliənt] adj **1** *(brave: soldier, deed)* chrabrý, udatný **2** *(attempt)* odvážný; **it was a v. attempt** to byl chvályhodný pokus ■ **~ly** adv chrabře, udatně

valid ['vælid] adj **1** *(contract, marriage, passport, ticket, visa, vote)* platný; **be v.** platit; **this ticket is v. for six months** tento lístek platí šest měsíců **2** *(well-founded: conclusion)* odůvodněný; *(argument)* závažný, pádný; *(excuse)* přijatelný; *(complaint, objection)* oprávněný; *(point, comment)* relevantní **3** Jur *(claim, defence)* právoplatný

validate ['vælideit] vt **1** *(claim, theory)* potvrdit **2** *(document)* učinit platným, validovat, legalizovat, *(recognize: degree)* nostrifikovat

validity [və'lidəti] n see **valid 1** platnost; **duration of v.** doba platnosti **2** odůvodněnost; pádnost; přijatelnost; oprávněnost; relevantnost **3** právoplatnost

valise [və'li:z] n Amer cestovní taška

Valium TM ['væliəm] n Pharm valium sedativum

valley ['væli] n údolí, *(small)* dolina; **the Thames v.** povodí Temže

valour, Amer **valor** ['vælə(r)] n Rhetor chrabrost, udatnost

valuable ['væljuəbl] adj **1** *(jewel, painting)* (draho)cenný, vzácný **2** *(useful: information, advice)* cenný, užitečný; *(quality)* hodnotný ● n **~s** cenné předměty or věci, cennosti, šperky

valuation [vælju'eišn] n **1** *(act)* ocenění, ohodnocení, odhad **2** *(estimated price)* (odhadní) cena, odhad

value ['vælju:] n **1** *(worth)* hodnota, význam, *(usefulness)* užitečnost; **attach great v. to sth** přikládat čemu velký význam; **be of great/ some/ little v. to sb** mít pro koho velký/ malý/ určitý význam; **the v. of regular exercise for health** význam or důležitost pravidelného cvičení pro zdraví; **be of educational v.** mít vzdělávací hodnotu; **the v. of good education** význam dobrého vzdělání ♦ **take sth at its face v.** brát co za bernou minci **2** *(monetary)* **a)** cena, hodnota; **what's the v. of your house?** jakou hodnotu má váš dům?; **gain/ lose in v.** zhodnotit se/ ztrácet na ceně **b)** *(relative to cost)* protihodnota; **be good/ poor v.** být cenově výhodný/ nevýhodný; **it's good v. at £10** za deset liber je to dobrá koupě **3 ~s** *(standards)* hodnoty, zásady; **moral/ aesthetic/ cultural ~s** morální, estetické/ kulturní hodnoty; **~s that cannot be expressed in money** nezměřitelné hodnoty, hodnoty, které se nedají vyjádřit penězi ■ **v. judgement** hodnotní soud **4** Mus *(of note)* hodnota, délka; Art *(of colour)* valér; Math hodnota; Phon *(of sound)* kvalita ● vt **1** *(assess v. of: house, jewels)* ocenit, odhadnout cenu čeho **2** *(appreciate: friendship,* *liberty)* vážit si, cenit si, oceňovat; **if you v. your life** je-li vám život milý

value-added tax [vælju:'ædidtæx] n (abbr **VAT**) daň z přidané hodnoty, DPH

valued ['vælju:d] adj *(friend, colleague)* vysoce vážený; *(contribution)* cenný

valueless ['vælju(:)ləs] adj bezcenný

valuer ['væljuə(r)] n odhadce

valve [vælv] n **1** Anat chlopeň; **cardiac v.** srdeční chlopeň **2** Bot víčko, záklopka **3** Mus klapka **4** Techn ventil, šoupátko; *(in pipe system)* uzavírací kohout; **safety v.** bezpečnostní or pojistný ventil; **reduction v.** redukční ventil **5** Rad, TV elektronka, inf lampa

valvular ['vælvjulə(r)] adj **1** Anat chlopenní, chlopňový **2** Techn ventilový, šoupátkový

vamoose [və'mu:s] vi Amer sl zdejchnout se, spěšně odejít; **v.!** vypadni!

vamp$_1$ [væmp] n inf *(woman)* vamp, démonicky svůdná žena, žena upír ● **I** vt *(seduce)* svádět jako vamp **II** vi chovat se jako vamp

vamp$_2$ [væmp] n **1** *(of shoe)* svršek **2** Mus improvizace, improvizovaný doprovod ● **I** vt **1** *(repair)* vyspravit, zaplátovat, flikovat **2** Mus *(accompaniment)* improvizovat, *(piece, song)* improvizovat doprovod čeho **II** vi improvizovat **III** phr v ■ **vamp up** vt *(clothing)* vyspravit, vylepšit; *(excuse)* vycucat si z prstu

vampire ['væmpaiə(r)] n upír, vampýr; fig vydřiduch ■ Zool **v. bat** vampýr

vampiric ['væmpirik] adj upíří

van$_1$ [væn] n **1** *(small vehicle)* dodávkové auto, dodávka; *(larger closed vehicle)* (uzavřené) nákladní auto; **removal v.** stěhovací vůz; **mail v.** poštovní vůz **2** Br Rail (zavřený) nákladní vagon; **luggage v.** zavazadlový vůz **3** inf *(caravan)* obytný přívěs; *(gipsy's)* maringotka

van$_2$ [væn] inf abbr of **vanguard** předvoj, fig also avantgarda, čelo

vanadium [və'neidiəm] n Chem vanad, vanadium ■ **v. steel** vanadiová ocel

vandal ['vændl] n **1** *(hooligan)* vandal/ -ka **2 V.** Vandal/ -ka

vandalism ['vændəlizəm] n vandalismus; **car v.** automobilový vandalismus

vandalize ['vændəlaiz] vt vandalizovat, pustošit, ničit

vane [vein] n **1** also **weather v.** větrná korouhvička **2** *(of windmill, turbine)* lopatka; *(of propeller)* list

vanguard ['vænga:d] n Mil předvoj; fig also avantgarda, čelo; **be in the v. of sth** být v čele čeho

vanilla [və'nilə] n Bot & Cook vanilka ■ **v. ice cream** vanilková zmrzlina; **v. sugar** vanilkový cukr

vanish ['væniš] vi zmizet, vymizet, ztratit se; *(fears)* pominout; *(hope)* rozplynout se; *(enthusiasm, illusions)* vyprchat; **v. from sight** zmizet z dohledu; **he ~ed into thin air** zmizel, jako by se po něm zem slehla, není po něm ani vidu ani slechu; inf **I've got to v.** už musím mazat

vanishing ['vænišiŋ] adj **1** inf **do a v. act** or **trick** zdejchnout se, vypařit se **2 v. cream** bezbarvý pleťový krém **3 v. point** Math úběžný bod

vanity ['vænəti] n (pl **-ties**) **1** *(conceit)* ješitnost, marnivost, domýšlivost **2** fml or Rhetor *(futility)* marnost, nicotnost ◆ **v. of vanities, all is v.** všechno je marnost, marnost nad marnost; **V. Fair** Trh marnosti **3** Amer toaletní stolek **4 v. case** or **bag** necesér, taštička s toaletními potřebami

vanquish ['væŋkwiš] vt fml *(enemy)* přemoci, zdolat, rozdrtit, zvítězit nad kým; *(fears)* přemoci, potlačit

vantage ['va:ntidž] n **1** rare výhoda, výhodné postavení ■ **v. ground** Mil výhodné postavení; **v. point** místo s dobrou vyhlídkou; **from our modern v. point** z dnešního hlediska **2** Tennis dated výhoda

vapid ['væpid] adj fml **1** *(taste)* mdlý, bezvýrazný; *(beer)* vyčichlý, zvětralý **2** *(literature)* nedokrevný; *(style)* nevýrazný, nudný; *(remark)* jalový, nic neříkající; *(conversation)* prázdný, jalový

vapidity [væ'pidəti] n see **vapid 1** bezvýraznost **2** nedokrevnost; nevýraznost; jalovost

vapor ['veipə(r)] n Amer = **vapour**

vaporization [veipərai'zeišn] n vypařování, odpařování

vaporize ['veipəraiz] **I** vt odpařovat, (nechat) vypařovat **II** vi vypařovat se, odpařovat se

vaporizer ['veipəraizə(r)] n **1** Phys výparník, odpařovák, odpařovač **2** *(for spray)* rozprašovač **3** Med *(inhaler)* inhalátor

vaporous ['veipərəs] adj fml **1** *(full of vapour)* zamlžený, plný páry or výparů, mlžný **2** fig mlhavý, nejasný

vapour, Amer **vapor** ['veipə(r)] n pára, výpary; **water v.** vodní pára ■ **v. bath** parní lázeň; **v. trail** kondenzační čára, kondenzační pás ● vi Amer inf *(brag)* chvástat se, naparovat se

vapouring ['veipəriŋ] n chvastounství, nabubřelé řeči

vapours ['veipəz] n pl arch **(a fit** or **an attack of) the v.** splín, melancholie

variability [veəriə'biləti] n see **variable 1** proměnlivost, variabilnost; proměnnost;

nestálost; kolísavost; vrtkavost **2** *(of height* etc*)* regulovatelnost

variable ['veəriəbl] adj **1** *(changeable)* gen proměnlivý, variabilní; Math, Comput proměnný; *(weather)* nestálý, proměnlivý; *(wind)* proměnlivý; *(quality)* nestejný, nestálý, různý; *(performance)* nestejné kvality; *(pulse)* kolísavý; *(mood)* vrtkavý **2** Astron *(star)* proměnný **3** *(height of seat)* regulovatelný ● n Math, Comput proměnná

variance ['veəriəns] n **1** *(in figures)* odchylka, rozdíl **2** Chem variance **3** **be at v. with sth** lišit se od čeho, neshodovat se s čím, být s čím v rozporu or inf na štíru; **be at v. with sb** nebýt s kým zajedno, neshodovat se s kým; **be at v. with the facts** nesrovnávat se s pravdou, být v rozporu se skutečností

variant ['veəriənt] n varianta, obměna; **a spelling v.** pravopisná varianta; **in two ~s** ve dvou obměnách ● adj **1** *(alternative)* variantní **2** *(different)* různý, odchylný; **two v. interpretations** dvě různé or odchylné interpretace

variation [veəri'eišn] n **1** *(change)* změna, proměna, *(modification)* modifikace; **~s in temperature** teplotní změny, střídání teplot; **~s in price** kolísání cen, cenové výkyvy **2** *(version: of legend* etc*)* varianta, variantní podoba **3** Mus variace; **~s on a theme** variace na téma **4** Sci variace; Stat **seasonal v.** sezónní variace

varicoloured, Amer **varicolored** ['veərikaləd] adj mnohobarevný, pestrobarevný

varicose ['værikəus] adj **v. veins** křečové žíly, městky; **v. ulcer** varikózní vřed

varied ['veərid] adj různý, rozmanitý; *(life)* pohnutý, pestrý; *(interests)* mnohostranný; *(food)* pestrý

variegated ['veərigeitid] adj gen pestrý, pestrobarevný, Bot also strakatý

variegation [veəri'geišn] n gen pestrost, pestrobarevnost, Bot also strakatost

variety [və'raiəti] n (pl **-ties**) **1** *(diversity)* různost, rozmanitost, rozličnost, pestrost; **for v.'s sake, for the sake of v.** pro zpestření; **a great v. of ...** bohatství čeho, rozmanitost čeho ♦ **v. is the spice of life** změna je život **2** *(assortment)* výběr; **a great v. of goods** velký výběr zboží; **for a v. of reasons** z různých or rozličných důvodů; **in a v. of ways** nejrůznějšími způsoby; **a bag with a v. of sweets** sáček s různými druhy bonbonů; **buy a greater v. of clothes** koupit si víc různých šatů **3** Biol, Bot *(species)* druh, odrůda, varieta **4** Math varieta **5** Br TV & Theat estráda, zábavný program ■ **v. act** varietní číslo; **v. artist** artista, kabaretní umělec; **v. show** kabaret, varieté, dated estráda, estrádní pásmo; **v. theatre** varieté

variform ['veərifo:m] adj mnohotvarý

variola [və'raiələ] n Med pravé or černé neštovice, variola

various ['veəriəs] adj **1** *(different, varied)* různý, různorodý, rozmanitý **2** *(several)* různí, mnozí; **v. people** mnozí (lidé), leckdo; **in v. ways** různými způsoby, všelijak ■ **~ly** adv *(in different ways)* různě, rozmanitě

varlet ['va:lət] n **1** Hist *(page)* páže **2** arch *(rascal)* ničema, lotr

varnish ['va:niš] n **1** lit lak, fermež; *(on pottery)* glazura, poleva; *(on furniture)* politura; **nail v.** lak na nehty **2** fig lakování, pozlátko, nátěr ● vt **1** lakovat, natírat (fermeží), fermežovat; *(pottery)* glazovat, glazurovat, polévat; **v. one's nails** lakovat si nehty **2** fig *(facts, truth)* přikrašlovat, lakovat na růžovo

varsity ['va:səti] n (pl **-ties**) **1** Br dated univerzita, fakulta **2** Amer reprezentační mužstvo univerzity

vary ['veəri] v (**-ie-**) **I** vi **1** *(differ, be different)* lišit se, různit se; **v. in length/ price** být různě dlouhý/ drahý; **opinions v. on this point** v tomto se názory různí, jsou na to různé názory **2** *(fluctuate: prices, temperature)* kolísat; **temperatures v. between X and Y** teploty kolísají mezi X a Y; **the distance varies between X and Y** vzdálenost se pohybuje mezi X a Y **II** vt *(alter)* měnit, obměňovat; *(diet)* zpestřovat

varying ['veəriiŋ] adj proměnlivý, variabilní; **v. weather conditions** proměnlivé počasí; **with v. (degrees of) success** se střídavými úspěchy

vascular ['væskjulə(r)] adj Bot, Anat cévní, vaskulární

vase [va:z, Amer veiz] n váza

vasectomy [væ'sektəmi] n Med vasektomie, resekce chámovodu

Vaseline TM ['væsəli:n] n vazelína

vassal ['væsl] n lit & fig vazal ● adj vazalský

vassalage ['væslidž] n vazalství, poddanství

vast [va:st] adj gen ohromný, obrovský, *(area* also*)* rozsáhlý, rozlehlý, nekonečný, *(difference* also*)* propastný, *(majority* also*)* drtivý, převážný, *(profits* also*)* enormní, *(wealth* also*)* nesmírný, inf těžký ■ **~ly** adv ohromně, obrovsky; *(grateful)* nesmírně; **it is ~ly different** mezi tím je markantní rozdíl

vastness ['va:stnəs] n obrovské rozměry, *(of lake, fields)* rozsáhlost, rozlehlost, obrovská rozloha; *(of success)* nesmírnost

vat [væt] n káď, (velký) sud

VAT [vi:ei'ti:, væt] abbr of **value-added tax** DPH, daň z přidané hodnoty

Vatican ['vætikən] n **the V.** Vatikán; **in the V.** ve Vatikánu ■ **V. City** Vatikánský městský stát; **the V. Council** vatikánský koncil

vaudeville ['vo:dəvil] n Amer varieté, estráda ■ **v. theatre** kabaret, varietní divadlo; **v. song** kuplet

vault$_1$ [vo:lt] n **1** Archit klenba; **the v. of heaven** fig nebeská klenba **2** *(cellar)* sklep, sklepení **3** *(burial chamber)* krypta, hrobka; **family v.** rodinná hrobka **4** *(in bank)* trezor **5** Anat klenba

vault$_2$ [vo:lt] n *(jump)* skok, přeskok; **pole v.** skok o tyči ● **I** vt *(fence etc)* přeskočit přes co **II** vi **v. over sth** skákat/ přeskočit přes co

vaulted ['vo:ltid] adj Archit klenutý

vaulting ['vo:ltiŋ] n **1** Archit klenba **2** Sport skok o tyči ■ **v. horse** Gymn kůň

vaunt [vo:nt] vt fml pej vychvalovat, vynášet, vychloubat se čím; **much ~ed** opěvovaný, vychvalovaný, vynášený do nebes

VC [vi:'si:] abbr of **1 vice-chairman** místopředseda **2 vice-chancellor** Univ (výkonný) rektor **3 vice-consul** vicekonzul **4 Victoria Cross** Br Mil Viktoriin kříž nejvyšší vojenské vyznamenání ve tvaru maltézského kříže; **he's VC** má Viktoriin kříž

VCR [vi:si:'a:(r)] abbr of **video cassette recorder** videorekordér, kazetový videomagnetofon

VD [vi:'di:] abbr of **venereal disease** pohlavní nemoc ■ **VD clinic** venerologická klinika

VDU [vi:di:'ju:] Comput abbr of **visual display unit** monitor, displej

veal [vi:l] n telecí (maso) ■ **v. cutlet** telecí kotleta

vector ['vektə(r)] n **1** Math, Med, Biol vektor **2** Aviat kurs ● vt Aviat navádět rádiem

vectorial [vek'to:riəl] adj vektorový

veep [vi:p] n Amer viceprezident

veer ['viə(r)] vi **1** *(wind)* měnit směr, točit se ve směru hodinových ručiček; *(vehicle)* zatáčet, otáčet se; *(ship)* měnit kurs; *(road)* zatáčet; **v. off the road** *(car)* vyjet z vozovky; **v. across the road** přejet na druhou stranu vozovky **2** fig *(mood, opinion)* měnit se; **the conversation ~ed round to politics** konverzace sklouzla k politice, hovor se stočil k politice

veg [vedž] inf abbr of **vegetable(s)** zelenina ● phr v ■ **veg out** vi inf hovět si, vegetovat nic nedělat; **v. out in front of the television** hovět si u televize

vegan ['vi:gən] n vegan/ -ka, přísný vegetarián

vegetable ['vedžtəbl] n **1** Cook, Hort zelenina; **early ~s** raná zelenina; **green ~s** čerstvá zelenina; **root ~s** kořenová zelenina ■ **v. dish** zeleninové jídlo; **v. garden** zeleninová zahrada; **v. knife** nůž na čistění zeleniny; **v. marrow** dyně, tykev; **v. patch** zeleninový záhon **2** Bot *(plant)* rostlina ■ **v. diet** vegetariánská strava; **the v. kingdom** rostlinstvo, rostlinná říše; **v. oil** rostlinný olej **3** inf fig **he's little more than a v., he's just a v.** on už jen vegetuje, je z něj živá mrtvola

vegetarian [vedžə'teəriən] n vegetarián/ -ka ● adj vegetariánský

vegetarianism [vedžə'teəriənizəm] n vegetariánství, vegetarianismus

vegetate ['vedžəteit] vi **1** lit vegetovat, růst **2** fig pej vegetovat, živořit

vegetation [vedžə'teišn] n vegetace, rostlinstvo

vegetative ['vedžətətiv] adj lit & fig vegetativní

veggie ['vedži] n inf vegetarián/ -ka ● adj vegetariánský

vehemence ['vi:əməns] n *(of actions)* prudkost, vehemence; *(of emotions)* vášnivost

vehement ['vi:əmənt] adj *(actions)* prudký; *(emotions)* prudký, vášnivý; *(speech)* ohnivý, strhující; *(gesticulation)* zuřivý

vehicle ['vi:ikl] n **1** Aut vozidlo, vůz, dopravní prostředek; **motor/ rail v.** motorové/ kolejové vozidlo; **towing v.** tahač **2** Chem vehikulum **3** fig *(medium)* nositel, prostředník, šiřitel

vehicular [vi'hikjulə(r)] adj *(traffic)* automobilový; **'No v. access'** „Zákaz vjezdu motorových vozidel"

veil [veil] n **1** *(over face)* závoj, *(on hat)* závojíček **2** fig rouška, maska, pláštík, zástěrka; **beneath the v. of darkness** pod rouškou tmy, pod pláštíkem noci; **lift the v. of secrecy** poodhrnout cíp tajemství **3** Relig **take the v.** vstoupit do kláštera ● vt **1** *(face)* zahalit, zakrýt; **v. one's face** zahalit si tvář, zakrýt si tvář závojem **2** fig *(truth, intentions)* zastírat, zatajovat

veiled [veild] adj **1** *(face)* zahalený (závojem) **2** fig *(threat, meaning)* skrytý; *(hostility)* utajený

vein [vein] n **1** Anat žíla; Mining žíla, sloj **2** Bot žilka, nerv; Zool *(on insect wing)* žilka; *(in wood, marble)* žilka **3** fig **there's a v. of truth in what she says** na tom, co říká, je něco pravdy **4** *(mood)* nálada; **be in a humorous v.** být dobře naladěný; inf **be in the v. for sth** mít na co chuť, být na co naladěný; **in the same v.** ve stejném duchu; **say sth in a humorous v.** říci co v žertu

veined ['veind] adj **1** *(hand)* žilnatý **2** *(marble, wood)* žilkovaný

veining ['veiniŋ] n Anat žíly; *(on leaf)* nervatura; *(in wood, marble)* žilkování

velar ['vi:lə(r)] adj *(consonant)* velární, zadopatrový ● n velára, velární or zadopatrová hláska

Velcro TM ['velkrəu] n **V. (fastener)** suchý zip

veld, veldt [velt] n *(in South Africa)* veld, (jihoafrická) step

vellum ['veləm] n jemný pergamen (z telетiny) ■ **v. paper** velínový papír, velín průsvitný papír na výkresy

velocipede [və'losəpi:d] n fml dated velociped, (jízdní) kolo, bicykl

velocity [və'losəti] n (pl **-ties**) rychlost; **v. of light** rychlost světla

velodrome ['velədrəum] n Sport velodrom

velour(s) [və'luə(r)] n Text velur

velum ['vi:ləm] n Anat měkké patro, Ling also velum [vé-]

velvet ['velvit] n **1** Text samet, aksamit; **it is as smooth** or **soft as v.** je to hebké or měkké jako samet; **v. voice** sametový hlas ♦ **an iron hand in a v. glove** železná ruka v glazé rukavici; **handle sb with v. gloves** jednat s kým v rukavičkách **2** sl profit; **be on v.** být v balíku; sázet z vyhraných peněz ■ **v. dress** sametové šaty; **the V. Revolution** Pol sametová revoluce; **v. ribbon** sametka

velveteen [velvə'ti:n] n Text velvet, bavlněný aksamit

velvety ['velvəti] adj *(complexion, material, texture)* sametový, hebký

venal ['vi:nl] adj prodejný, úplatkářský, zištný; *(practices)* korupční

venality [vi:'næləti] n prodejnost, úplatnost, zištnost

vend [vend] vt Jur or fml prod(áv)at

vendee [ven'di:] n Jur kupující, nabyvatel

vendetta [ven'detə] n krevní msta, vendeta

vending ['vendiŋ] n **v. machine** (prodejní) automat

vendor ['vendə(r), for contrast also 'vendo:(r)] n esp Jur prodejce; **street v.** pouliční prodavač stánkový; **newspaper v.** prodavač novin, *(in streets)* kamelot

veneer [və'niə(r)] n **1** lit *(of wood)* dýha **2** fig pozlátko, nátěr, patina; **a v. of prosperity** patina blahobytu ● vt dýhovat, obkládat dýhami

venerable ['venərəbl] adj ctihodný, úctyhodný; **a v. old man** ctihodný stařec; **v. age** požehnaný věk

venerate ['venəreit] vt uctívat, ctít

veneration [venə'reišn] n uctívání, úcta, uctivost; *(of idols)* klanění se čemu; **hold sb in v.** hluboce si koho vážit

venereal [və'niəriəl] adj pohlavní, venerický; **v. disease** pohlavní or venerická nemoc

Venetian [və'ni:šn] adj benátský; **V. blind** žaluzie ● n *(person)* Benátčan/ -ka

Venezuela [venə'zweilə] n Venezuela

Venezuelan [venə'zweilən] n venezuelský ● n *(person)* Venezuelec/ Venezuelka

vengeance ['vendžəns] n **1** lit pomsta, msta, odveta; **take v. (up)on sb** (po)mstít se komu **2** inf **with a v.** velmi silně, velmi energicky; **he worked with a v.** pracoval, až se z něho kouřilo; **it was raining with a v.** lilo jako z konve

vengeful ['vendžful] adj mstivý, pomstychtivý

venial ['vi:niəl] adj odpustitelný, omluvitelný; **v. sin** lehký hřích, hříšek

Venice ['venis] n Benátky; **The Merchant of V.** *(Shakespeare's play)* Kupec benátský

venison ['venisən] n Cook zvěřina

venom ['venəm] n jed biologický; fig jedovatost, zástiplnost; **with v.** jedovatě, zástiplně

venomous ['venəməs] adj lit & fig jedovatý; fig also nenávistný, zástiplný; *(sarcasm)* jízlivý; **v. snakes** jedovatí hadi; fig **he has a v. tongue** má jedovatý or špičatý or zlý jazyk ■ **~ly** adv fig jedovatě, zástiplně, jízlivě

venous ['vi:nəs] adj fml **1** Anat *(blood)* žilní **2** Bot *(leaf)* žilkovaný

vent [vent] n **1** *(opening)* otvor, *(for ventilation)* větrací otvor, průduch, *(for smoke)* kouřový kanál, kouřovod, *(in volcano)* sopouch, sopečný komín **2** Zool *(anus of a bird, fish or smaller mammal)* řitní otvor, kloaka **3** fig *(for feelings)* ventil; **give v. to one's feelings** dát průchod svým citům; **give v. to one's anger** vyzuřit se **4** Sew *(in skirt, jacket)* rozparek ● vt *(feelings, anger)* dát průchod čemu; **v. one's anger** vylít si zlost, zchladit si žáhu; **v. one's anger on sb** zchladit si žáhu na kom, vylít si na kom žluč

ventilate ['ventileit] vt **1** *(room)* větrat, *(tunnel)* ventilovat **2** *(blood)* okysličit **3** fig *(grievance)* přednést, vyslovit; *(question, view, opinion)* ventilovat, přetřásat, předložit k diskusi

ventilation [venti'leišn] n see **ventilate** **1** větrání, ventilace ■ **v. shaft** větrací šachta **2** *(of blood)* okysličení, okysličování **3** přednesení; nanesení, ventilování

ventilator ['ventileitə(r)] n ventilátor, větrák

ventricle ['ventrikl] n Anat dutina, ventrikl; *(in heart)* srdeční komora

ventriloquism [ven'triləkwizəm] n břichomluvectví, břichomluva

ventriloquist [ven'triləkwist] n břichomluvec

ventriloquy [ven'triləkwi] n břichomluvectví, břichomluva

venture ['venčə(r)] n **1** gen, Comm, Fin *(undertaking)* akce, podnik, projekt; *(adventure)* dobrodružství; **a risky v.** riskantní podnik; Comm **joint v.** společný podnik; **start a new v.** začít nový podnik ■ **v. capital** rizikový kapitál **2** *(experiment)* pokus; *(journey)* cesta; **it was his first v. into politics** to byl jeho první vstup do politiky; **their v. into the unknown** jejich dobrodružná cesta do neznáma **3 at a v.** odhadem, nazdařbůh ● **I** vt **1** *(dare to utter: remark, suggestion* etc*)* troufnout si vyslovit; **v. an opinion** odvážit se pronést své mínění; **might I v. a suggestion?** mohl bych něco navrhnout? **2 v. to do sth** odvážit se or troufnout si něco udělat; **he ~d to ask her** osmělil se jí zeptat ♦ **nothing ~d nothing gained** odvážnému štěstí přeje, risk je zisk **II** vi *(dare)* **v. out of doors** troufnout si vyjít ven; **v. into the water** troufnout si do vody ♦ **v. into the lion's den** fig odvážit se do jámy lvové **III** phr v ■ **venture on** vt **v. on a trip to ...** odvážit se podniknout cestu do ...

venturesome ['venčəsəm] adj **1** *(person)* dobrodružný, smělý **2** *(action, journey)* odvážný, riskantní

venue ['venju:] n **1** *(for match, concert, meeting* etc*)* místo konání; **the v. for the concert will be ...** koncert se bude konat v ... **2** Jur místo konání soudního řízení

Venus ['vi:nəs] n Myth & Astron Venuše

veracious [və'reišəs] adj fml pravdomluvný, poctivý, čestný; *(statement)* pravdivý

veracity [və'ræsəti] n **1** *(of person)* pravdomluvnost **2** *(of report)* pravdivost, věrohodnost

veranda(h) [və'rændə] n veranda

verb [və:b] n Ling sloveso

verbal ['və:bl] adj **1** *(spoken: promise, agreement)* ústní, verbální; **v. coercion** verbální donucování **2** *(related to words, language)* slovní, řečový, jazykový; **v. skills** jazykové dovednosti; **v. fireworks** ohňostroj slov; **v. gymnastics** slovní ekvilibristika **3** *(literal: translation* etc*)* doslovný **4** Ling slovesný, verbální; **v. noun** podstatné jméno slovesné ■ **~ly** adv ústně, verbálně

verbatim [və:'beitim] adj doslovný ● adv doslovně, slovo od slova

verbena [və:'bi:nə] n Bot verbena, sporýš

verbiage ['və:biidž] n mnohomluvnost, upovídanost, záplava slov

verbose [və:'bəus] adj mnohomluvný, upovídaný, stronger užvaněný; *(style)* verbalistický

verbosity [və:'bosəti] n mnohomluvnost, upovídanost, žvanění

verdant ['və:dənt] adj fml (sytě) zelený

verdict ['və:dikt] n **1** Jur výrok, verdikt; **reach a v.** shodnout se na výroku; **return the v. of guilty/ not guilty** vyhlásit výrok o vině/ nevině **2** fig *(opinion)* (konečný) názor, vyjádření, závěr; *(of electors)* rozhodnutí, vótum; **what's your v. on it?** co si o tom myslíš?, jaký na to máš názor?

verdigris ['və:digris] n měděnka ● adj *(colour)* zelenošedý

verdure ['və:džə(r)] n poet svěží zeleň

verge [və:dž] n **1** *(edge: of lawn, road, forest)* kraj, okraj **2** fig *(brink)* pokraj; **be on the v. of ruin** být na pokraji propasti; **be on the v. of tears** mít slzy na krajíčku, natahovat moldánky; **be on the v. of doing sth** mít něco před sebou, připravovat se na něco; **he's on the v. of fifty** je mu skoro padesát, táhne mu padesátka ● phr v ■ **verge (up)on** vt *(be close to)* hraničit s čím, blížit se čemu; **he's verging on fifty** táhne mu padesátka; **he's verging on bankruptcy** je na pokraji bankrotu; **it is verging on the ridiculous** to zabíhá do absurdnosti

verger ['və:džə(r)] n **1** C of E kostelník, kostelní sluha **2** *(at ceremony)* ceremoniář nesoucí berlu před biskupem ap.

verifiability [verifaiə'biləti] n ověřitelnost, prokazatelnost, prověřitelnost

verifiable ['verifaiəbl] adj ověřitelný, prokazatelný, prověřitelný

verification [verifi'keišn] n see **verify 1** ověření, prověření, zkontrolování **2** potvrzení **3** verifikace, prokázání správnosti čeho

verify ['verifai] vt **(-ie-) 1** *(check up)* ověřit, prověřit, zkontrolovat **2** *(confirm: suspicions, fears)* potvrdit **3** *(prove: theory)* prokázat správnost čeho, verifikovat

verily ['verəli] adv arch věru, vskutku, doopravdy neut

verisimilitude [verisi'militju:d] n fml pravděpodobnost

veritable ['veritəbl] adj opravdový, učiněný, hotový; **a v. miracle** fig učiněný zázrak ■ **veritably** adv arch vskutku, doopravdy

verity ['verəti] n (pl **-ies**) fml *(universal principle)* pravda; *(truth)* pravdivost

vermicelli [və:mi'čeli] n vlasové nudle, vermicelli

vermil(l)ion [və:'miliən] n rumělka, cinobr ● adj rumělkový, cinobrový

vermin ['və:min] n **1** *(animals)* havěť, škodná, *(insects)* hmyz **2** fig pej *(people)* pakáž, sebranka, chátra, verbež, banda; *(one person)* ničema, lump, všivák

verminous [ˈvə:minəs] adj **1** *(place infested with insects)* zahmyzený, zamořený hmyzem, *(infested with rats)* plný krys **2** *(person)* hanebný, podlý

vermouth [ˈvə:məθ, vəˈmu:θ] n vermut

vernacular [vəˈnækjulə(r)] n **1** Ling místní dialekt or nářečí or jazyk **2** *(jargon)* žargon, hantýrka **3** inf joc *(strong language)* drsné výrazivo ● adj Ling místní, nářeční; **v. newspaper** noviny v místním nářečí

vernal [ˈvə:nl] adj fml *(flowers, breezes)* jarní; **v. equinox** Astron jarní bod

veronica [vəˈronikə] n Bot rozrazil (lékařský), dial veronika

verruca [vəˈru:kə] n (pl **~s** or spec **verrucae** [-ki:]) Med bradavice (na chodidle)

versa [ˈvə:sə] see **vice versa**

versatile [ˈvə:sətail] adj **1** *(person)* mnohostranný, všestranně nadaný; *(tool)* univerzální; **have a v. mind** být mentálně přizpůsobivý **2** Bot otočný

versatility [və:səˈtiləti] n **1** *(of person)* mnohostrannost, všestranné nadaní; *(of tool)* univerzální použití **2** Bot otočnost, pohyblivost

verse [və:s] n **1** *(stanza)* sloka, strofa **2** *(poetry)* verše, poezie; **blank v.** blankvers; **free v.** volný verš; **prose and v.** próza a poezie; **written in v.** psáno ve verších; **put sth into v.** zveršovat co **3** *(of song)* sloka **4** *(of Bible; one line in a poem)* verš

versed [və:st] adj **be (well) v. in sth** *(knowledgeable)* vyznat se (výborně) v čem, být znalý čeho, orientovat se (dobře) v čem, *(experienced)* být zběhlý v čem, být vycvičený v čem, mít v čem (velkou) rutinu

versification [və:sifiˈkeišn] n veršování; *(style)* veršová forma; *(rules)* prozódie

versifier [ˈvə:sifaiə(r)] n pej veršotepec

versify [ˈvə:sifai] v (**-ie-**) **I** vt *(put into verse)* zveršovat **II** vi veršovat; pej psát veršíčky or rýmovačky

version [ˈvə:šn] n **1** *(account)* verze, podání, výklad **2** *(variant)* verze, mutace, vydání, *(of text)* redakce; **the screen** or **film v. of a novel** filmový přepis románu; **the son is a younger v. of his father** syn je celý otec, jen v mladším vydání **3** *(of car)* model, typ **4** *(translation:* eg *of Bible)* překlad

verso [ˈvə:səu] n (pl **~s**) **1** Typ *(of page)* verso, levá or sudá stránka **2** *(of medal, coin)* reverz, zadní strana, rub

versus [ˈvə:səs] prep **1** *(against)* proti komu, versus, kontra; Sport **Poland v. Slovakia** Polsko proti Slovensku; Jur **Johnson v. Smith** Johnson kontra Smith při procesu **2** *(compared with)* v porovnání s kým/ čím; **the advantages of living in a house v. living in a flat** výhody bydlení v domě v porovnání s bydlením v bytě

vertebra [ˈvə:tibrə] n (pl **~s** or **-brae** [-bri:]) obratel

vertebral [ˈvə:tibrəl] adj obratlový, vertebrální; **the v. column** páteř

vertebrate [ˈvə:tibrət] Zool n obratlovec; **the ~s** obratlovci ● adj mající obratle, s obratli

vertex [ˈvə:teks] n (pl **~es** or **-tices** [-tisi:z]) **1** gen & Geom vrchol; Astron apex **2** Anat temeno (hlavy)

vertical [ˈvə:tikl] n *(line)* vertikála, svislice, kolmice; **be out of the v.** nebýt kolmý ● adj kolmý, vertikální, *(line* also*)* svislý, *(cliff)* srázný, příkrý; Comm, Econ vertikální; **v. take-off aircraft** letoun s kolmým startem ■ **~ly** adv svisle, vertikálně; Aviat **take off ~ly** startovat kolmo

vertices [ˈvə:tisi:z] pl of **vertex**

vertiginous [və:ˈtidžinəs] adj fml *(heights)* závratný

vertigo [ˈvə:tigəu] n závrať; **suffer from** or **have v.** mít závrať; **heights give me v.** výšky mi působí závrať

verve [və:v] n elán, energie, zápal, verva

very [ˈveri] adv **1** *(extremely)* **a)** *(bad, cold, good, hot, rich)* velmi, velice, moc, hodně; **v. small** velmi malý, maličký; **v. short** velmi krátký, kratičký; **it was v. pleasant** bylo to velmi příjemné; **it's v. sad** to je velmi or moc smutné; **I am v. hungry/ thirsty** mám velký or hrozný hlad/ velkou or hroznou žízeň; **v. soon** velmi brzo, co nevidět, v dohledné době; **not v. far** nepříliš daleko; **he was v. courteous to me** byl ke mně velmi or nanejvýš zdvořilý; **he takes v. little interest in literature** o literaturu se zajímá pramálo; **you know v. well that ...** vy víte moc dobře, že ...; **(it's) v. true** (to je) svatá pravda **b) v. much** velmi, moc, velice, tuze; **I like it v. much** mně se to moc or velice líbí; **I like her v. much** moc se mi líbí, mám ji moc rád; **thank you v. much** mockrát vám děkuji; **you are v. much mistaken** moc or inf šeredně se mýlíte **2** with superlative or 'own' **a)** *(absolutely)* úplně, naprosto, absolutně; **the v. first/ last** absolutně první/ poslední; **the v. best** úplně nejlepší; **at the v. last moment** v poslední chvíli, na poslední chvíli; **to the v. last moment** do posledního okamžiku, do poslední chvíle; *(come true)* **to the v. last letter** do posledního písmene; **at the v. least** aspoň, alespoň **b)** *(for emphasis)* **on the v. same day** ještě téhož dne; **the**

v. same hat ten samý klobouk, nachlup or navlas stejný klobouk; **my v. own house** můj vlastní dům **3 v. well** *(reluctant consent)* no dobře, v pořádku, budiž; **that's all v. well but ...** to je všechno hezké, ale ..., budiž, ale ... • adj **1** *(extreme)* samotný; **from the v. beginning** (hned) od sam(otn)ého začátku; **at the v. edge** na samém okraji; **to the v. end** *(in space)* až na sam(otn)ý konec, *(in time)* až do sam(otn)ého konce; **to the v. end of the world** až na (samý) konec světa; **to this v. day** až po dnešek **2** *(exact)* **at that v. moment** zrovna v tu chvíli; **this v. book** zrovna tato kniha; **the v. opposite** pravý opak; *(ideal)* **you're the v. person I need** zrovna vás potřebuji **3** *(mere)* **the v. idea** už ten samotný nápad; **the v. idea!** to je ale nápad!; **the v. thought of it!** jen si pomyslete! **4** *(for emphasis)* **steal sth from under sb's v. nose** sebrat komu co přímo před nosem; **disappear before sb's v. eyes** ztratit se komu přímo před očima; **he worships the v. ground she walks on** má ji tak rád, že by ji na rukou nosil

very high frequency [verihai'fri:kwənsi] n velmi krátké vlny, VKV

vesicle ['vesikl] n měchýřek, puchýřek

vesicular [ve'sikjulə(r)] n měchýřkovitý, puchýřkovitý

vespers ['vespəz] n pl Relig nešpory, odpolední or podvečerní služby boží

vessel ['vesl] n **1** Naut plavidlo, loď **2** fml *(container)* nádoba; **communicating ~s** spojité nádoby **3** Anat, Bot céva **4** fig Bibl nádoba; **weak v.** křehká nádoba

vest$_1$ [vest] n **1** Br nátělník, tílko **2** Amer *(waistcoat)* vesta, vestička

vest$_2$ [vest] vt fml **v. sb with sth** *(right, power)* udělit or propůjčit komu co; **the president is ~ed with the power to declare war** prezident má právo vyhlásit válku; **Parliament is ~ed with the power to make law** parlament má zákonodárnou moc

vestal ['vestl] adj vestálský; **v. virgin** vestálka • n vestálka

vested ['vestid] adj **v. interests** nabytá práva; **have a v. interest in sth** *(business)* podílet se na čem, fig mít na čem osobní zájem

vestibule ['vestibju:l] n **1** *(of house, church)* předsíň; *(of hotel)* dvorana, vestibul **2** Anat předsíň, vestibulum

vestige ['vestidž] n **1** *(trace: of moustache)* stopa po čem, zbytek; **~s** *(of civilisation, power)* pozůstatky **2** *(small amount)* špetka, zrnko, nepatrné množství; **not a v. of truth** ani špetka pravdy **3** Anat, Zool rudiment, zakrnělý orgán

vestigial [ves'tidžiəl] adj zbytkový, pozůstatkový; Anat zakrnělý

vestment ['vestmənt] n usu pl **~s** Relig kněžský háv, ornát, kněžské roucho

vest-pocket [vest'pokit] adj Amer kapesní

vestry ['vestri] n (pl **-ries**) Relig sakristie

Vesuvius [və'su:viəs] n Vesuv

vet$_1$ [vet] abbr of **veterinary surgeon** Br, Austr or **veterinarian** Amer zvěrolékař

vet$_2$ [vet] vt (**-tt-**) *(check)* překontrolovat; *(person:* esp *for a government post)* prověřit s ohledem na bezpečnost státu

vet$_3$ [vet] Amer abbr of **veteran** vojenský or válečný vysloužilec, veterán

vetch [več] n Bot vikev

veteran ['vetərən] n **1** *(experienced person)* zkušený or ostřílený člověk; *(soldier)* veterán ■ **v. politician** starý zkušený politik **2** Amer also **vet** vojenský or válečný vysloužilec; **a disabled v.** válečný invalida **3** Br **v. (car)** historický automobil, veterán

veterinarian [vetəri'neəriən] n Amer zvěrolékař/ -ka, veterinář/ -ka

veterinary ['vetrənəri] adj veterinární, zvěrolékařský; **v. college** veterinární fakulta; **v. medicine** zvěrolékařství; **v. surgeon** Br, Austr zvěrolékař/ -ka, veterinář/ -ka

veto ['vi:təu] n (pl **~es**) veto; **right** or **power of v.** právo veta; **put a v. on sth** vetovat co, vyslovit proti čemu veto; **overrule the v.** zamítnout veto • vt (pt & pp **~ed**) vetovat

vetting ['vetiŋ] n prověrka, kontrola; **security v.** prověření z hlediska bezpečnosti státu, ≅ lustrace

vex [veks] vt *(annoy)* zlobit, rozčilovat; *(worry)* trápit, soužit, sužovat, působit komu trampoty

vexation [vek'seišn] n **1** *(annoyance: state)* rozmrzelost, mrzutost, *(act)* zlobení, rozčilování **2** *(worry)* trápení, soužení; **life's little ~s** drobné životní svízele

vexatious [vek'seišəs] adj mrzutý, nepříjemný, protivný; **it's v. that ...** je mrzuté, že ...

vexed [vekst] adj **1** *(annoyed)* **be v. with sb** hněvat se or zlobit se na koho **2** *(debated: question)* choulostivý, citlivý, sporný, velmi diskutovaný

VGA [vi:dži:'ei] abbr of **video graphics array** obrazové grafické pole, VGA

VHF [vi:eič'ef] Rad abbr of **very high frequency** velmi krátké vlny, VKV

via ['vaiə] prep **1** *(by way of)* přes, skrz, via; **fly v. Amsterdam** letět přes Amsterdam

2 *(through)* prostřednictvím; **v. a friend** prostřednictvím přítele

viability [vaiə'biləti] n **1** *(of company)* rentabilita, životnost; *(of plant, foetus)* životaschopnost **2** *(of plan, scheme)* proveditelnost

viable ['vaiəbl] adj **1** *(plant, bacteria)* životaschopný; *(firm)* rentabilní **2** *(project, plan)* proveditelný

viaduct ['vaiədakt] n viadukt

vial ['vaiəl] n lahvička, fióla; Pharm ampulka

viands ['vaiəndz] n pl fml potraviny

viaticum [vai'ætikəm] n (pl **~s** or **viatica**) Relig viatikum přijímání těla Kristova v nebezpečí smrti

vibes [vaibz] n pl **1** abbr of **vibraphone** vibrafon **2** inf see **vibration (4)**

vibrancy ['vaibrənsi] n see **vibrant 1** živost, energičnost **2** zvučnost

vibrant ['vaibrənt] adj **1** fig *(lively)* živý, energický; **be v. with life** pulzovat životem; **be v. with health/ energy** kypět zdravím/ energií **2** *(voice)* zvučný ● n Ling vibranta, kmitavá souhláska

vibraphone ['vaibrəfəun] n Mus vibrafon

vibrate [vai'breit] **I** vi **1** *(shake)* chvět se, vibrovat, kmitat; *(windowpane)* drnčet; *(machine)* otřásat se **2** *(sound, voice)* rezonovat, znít **3** Phys oscilovat **II** vt *(string)* rozkmitat, rozezvučet

vibration [vai'breišn] n see **vibrate 1** kmitání, vibrování, drnčení **2** rezonování, rezonance **3** oscilace **4** fig inf **~s** *(feeling)* atmosféra, nálada; **good ~s** dobrá atmosféra; **this place is giving me bad ~s** necítím se tady dobře

vibrato [vi'bra:təu] n & adv Mus vibrato

vibrator [vai'breitə(r)] n vibrátor

vibratory [vai'breitəri] adj vibrační; **v. massage** vibrační masáž

viburnum [vai'bə:nəm] n Bot kalina

vicar ['vikə(r)] n Relig C of E farář, RC vikář; **v. apostolic** apoštolský vikář; **v. general** generální vikář; **the V. of Christ** náměstek boží, Svatý otec

vicarage ['vikəridž] n fara; RC vikářství, vikariát

vicarious [vi'keəriəs] adj **1** *(pleasure, enjoyment)* nepřímý, zprostředkovaný, zástupný **2** *(authority, liability)* delegovaný, zástupný ■ **~ly** adv *(enjoy sth: eg adventure from books, TV)* nepřímo, zprostředkovaně

vicariousness [vi'keəriəsnəs] n nepřímost, zprostředkovanost, zástupnost

vice$_1$ [vais] n **1** *(depravity)* neřest, neřestnost, nepravost; **a den of v.** semeniště neřestí or hříchu **2** fig *(weakness)* chyba, slabina, slabá stránka, neřest; **his main v. is smoking** jeho hlavní neřestí je kouření

vice$_2$, Amer **vise** [vais] n *(tool)* svěrák; **hold sb/ sth in a v.-like grip** držet or svírat koho/ co jako v kleštích

vice- ['vais-] pref vice-, místo-

vice-admiral [vais'ædmirəl] n viceadmirál, místoadmirál

vice-chairman [vais'čeəmən] n místopředseda/ místopředsedkyně, náměstek/ náměstkyně

vice-chancellor [vais'ča:nsələ(r)] n **1** Br Univ výkonný rektor **2** Pol vicekancléř/ -ka

vice-consul [vais'konsəl] n vicekonzul/ -ka

vice-premier [vais'premiə(r)] n místopředseda/ místopředsedkyně vlády

vice-presidency [vais'prezidənsi] n viceprezidentství

vice-president [vais'prezidənt] n viceprezident/ -ka

viceroy ['vaisroi] n místokrál, vicekrál

viceroyalty ['vaisroiəlti] n místokrálovství, vicekrálovství

vice versa [vaisi'və:sə] adv naopak, obráceně, vice versa

vicinity [vi'sinəti] n **1** *(surrounding area)* okolí, přilehlé oblasti; *(neighbourhood)* sousedství; *(proximity)* blízkost; **in the v.** v okolí, poblíž, v sousedství **2** *(with figures)* **in the v. of £1 000** kolem tisíce liber

vicious ['višəs] adj **1** *(cruel)* krutý, brutální; *(wind, attack)* prudký **2** *(dog)* zlý, kousavý **3** *(malevolent: criticism)* zlomyslný, jízlivý, uštěpačný **4 v. circle** začarovaný or bludný kruh ■ **~ly** adv krutě, brutálně; *(criticize)* zlomyslně, uštěpačně

viciousness ['višəsnəs] n see **vicious 1** krutost, brutálnost; prudkost **2** kousavost **3** zlomyslnost, jízlivost, uštěpačnost

vicissitude [vi'sisitju:d] n fml nestálost, proměnlivost; **the ~s of life** výkyvy osudu

victim ['viktim] n **1** *(physical)* oběť; **fall v. to sth** stát se obětí čeho; **road accident ~s** oběti silničních nehod **2** fig oběť; *(of jokes)* terč; **fall v. to sb's charms** podlehnout or neodolat čím půvabům

victimization [viktimai'zeišn] n pronásledování, diskriminace, šikanování

victimize ['viktimaiz] vt pronásledovat, diskriminovat; *(pick on)* šikanovat

victimless ['viktimləs] adj **v. crime** trestný čin bez oběti

victor ['viktə(r)] n vítěz/ -ka ♦ **carry off the v.'s crown** odnést si palmu vítězství

Victoria Cross [vik,to:riə'kros] n Viktoriin kříž; see **VC**

Victoria Falls [vik,to:riə'fo:lz] n Viktoriiny vodopády

Victorian [vik'to:riən] n viktoriánec,

(writer) viktoriánský spisovatel ● adj viktoriánský; **V. values** viktoriánské hodnoty

Victoriana [vik,to:ri'a:nə] n viktoriánské starožitnosti

victorious [vik'to:riəs] adj vítězný; Sport **the v. team** vítězné mužstvo; **v. powers** vítězné mocnosti

victory ['viktəri] n vítězství, triumf, Sport also výhra; **landslide** or **sweeping v.** vítězství na celé čáře; **gain** or **win a v. over sb** dobýt vítězství nad kým

victualler, Amer also **victualer** ['vitlə(r)] n dodavatel potravin; Br fml **licensed v.** restauratér or obchodník oprávněný čepovat alkoholické nápoje

victuals ['vitlz] n arch potraviny, jídlo, zásoby

video ['vidiəu] n **1** *(recorder)* video, videorekordér fml; *(film)* video, videonahrávka, videokazeta ■ **v. camera** videokamera; **v. cassette** videokazeta; **v. clip** videoklip; **v. conference** videokonference; **v. conferencing** videotelefonní konferování; **v. game** videohra; **v. library** knihovna videokazet; **v. shop** videopůjčovna **2** Amer televize; **on v.** v televizi ● vt nahrát na video

videodisc, esp Amer **videodisk** ['vidiəudisk] n videodisk

videorecorder ['vidiəuriko:də(r)] n videonahrávač, videorekordér

videotape ['vidiəuteip] n videopáska ● vt nahrát na videopásku

videotex TM ['vidiəuteks] n videotex

vie [vai] vi (pres p **vying**, pt & pp **vied**) soupeřit, předhánět se; **v. with sb for sth** soupeřit s kým o co; **they were vying with each other for first place** soupeřili spolu o první místo

Vienna [vi'enə] n Vídeň

Viennese [viə'ni:z] adj vídeňský ● n Vídeňák/ Vídeňačka

Vietnam [vi:et'næm] n Vietnam

Vietnamese [vi,etnə'mi:z] adj vietnamský ● n **1** *(person)* Vietnamec, Vietnamka; **the V.** Vietnamci **2** *(language)* vietnamština

view [vju:] n **1** *(field of vision)* **a)** lit pohled, zorné pole, obzor, dohled; **be in v.** být vidět, být v dohledu; **be hidden from v.** nebýt vidět; **come into v.** objevit se (na obzoru); **disappear from v.** ztratit se or zmizet z obzoru; **it happened in full v. of television cameras** stalo se to přímo před televizními kamerami; **be on v.** *(exhibits)* být vystaven **b)** fig *(future perspective)* vyhlídka; **there's no solution in v.** není vyhlídka na brzké vyřešení situace; **what do you have in v.?** jaké máte plány?; **I have two aims in v.** sleduji dva cíle **2** *(of landscape* etc*)* výhled, vyhlídka, rozhled, pohled na co, panoráma čeho; **v. of the city** pohled or výhled na město; **a room with a v. of the sea/ city** pokoj s vyhlídkou na moře/ město; **have a better v.** mít lepší výhled; **have a good v. of the hall** mít dobrý přehled po sále **3** *(photo)* záběr, pohled, fotografie; **an aerial v. of Prague** letecký pohled na Prahu **4** *(opinion)* názor, pohled; **a world v.** světový názor; **point of v.** stanovisko, hledisko, zřetel, zorný úhel; **in my v.** podle mého (názoru); **what are your ~s on this problem?** co si o tomto problému myslíte?; **make one's ~s known** říci otevřeně své mínění; **take a different v. of sth** dívat se na co jinak, mít na co jiný názor; inf **take a dim v. of sth** vidět co černě or pesimisticky; **take a simple v. of sth** představovat si co moc jednoduše **5** *(aim, purpose)* úmysl, účel; **with a v. to doing sth** za účelem čeho; *(they took me to a spa)* **with a v. to hastening my recovery** aby urychlili mé uzdravení **6 in v. of sth** s ohledem na co, vzhledem k čemu, se zřetelem na co ● **I** vt **1** *(see)* vidět; *(look at)* dívat se na co; **~ed from above** viděno shora **2** *(inspect: castle, house, exhibition)* prohlížet si **3** *(regard, consider)* chápat jak, nazírat na co jak; posuzovat jak, pojímat jak, vykládat si jak; **v. sth as a whole** posuzovat co vcelku; **v. the future with alarm** dívat se na budoucnost se znepokojením **II** vi *(watch television)* dívat se na televizi

viewer ['vju:ə(r)] n **1** TV (televizní) divák; **cater for young ~s** orientovat se na mladé diváky; *(of exhibition)* návštěvník **2** *(for slides)* prohlížečka **3** Phot *(viewfinder)* hledáček

viewfinder ['vju:faində(r)] n Phot hledáček

viewing ['vju:iŋ] n **1** *(of house, exhibition* etc*)* prohlídka **2** TV vysílání; **late-night v.** vysílání v pozdních večerních hodinách; **give a programme another v.** opakovat vysílání programu

viewpoint ['vju:point] n **1** *(opinion)* stanovisko, názor; **from the v. of ...** pod zorným úhlem čeho **2** *(place of viewing)* vyhlídka

vigil ['vidžil] n **1** *(watch)* noční stráž; *(by sickbed)* noční bdění u nemocného; **keep a v. over sb** bdít nad kým **2** Relig vigilie **3** Pol tichá demonstrace

vigilance ['vidžələns] n bdělost, ostražitost

vigilant ['vidžələnt] adj bdělý, ostražitý ■ **~ly** adv bděle, ostražitě

vigilante [vidži'lænti] n člen skupiny občanské sebeobrany

vignette [vin'jet] n viněta; Liter *(character sketch)* medailonek

vigor ['vigə(r)] n Amer see **vigour**

vigorous ['vigərəs] adj *(person: strong)* statný, silný, vitální; *(exercises)* energický; *(campaign)* energický, důrazný; *(denial)* kategorický; *(resistance)* prudký, *(passion* also*)* vášnivý; *(speech)* ohnivý; *(style)* jadrný ■ **~ly** adv (see adj) energicky; kategoricky; vášnivě

vigour, Amer **vigor** ['vigə(r)] n *(of person)* vitalita, verva, energičnost; *(of campaign)* důraznost; *(of passion)* vášnivost, prudkost; *(of style)* jadrnost

Viking ['vaikiŋ] n Hist Viking

vile [vail] adj **1** *(crime)* hanebný, ohavný, odporný **2** *(disgusting: smell, taste)* odporný, *(food)* hnusný, *(language)* oplzlý **3** inf *(very bad: weather)* ohavný, hnusný, otřesný, *(mood)* mizerný; inf **he was in a v. temper** měl náladu pod psa ■ **~ly** adv odporně, ohavně, hnusně; *(speak)* oplzle

vileness ['vailnəs] n see **vile 1** hanebnost, ohavnost, odpornost **2** hnusnost; oplzlost; **the v. of her mood** její mrzutá nálada

vilification [vilifi'keišn] n hanobení, nactiutrhání

vilify ['vilifai] vt (pt & pp **-fied**) hanobit, hanět, tupit, utrhat komu na cti

villa ['vilə] n vila

village ['vilidž] n vesnice, obec, dial dědina; *(small)* vesnička ■ **v. green** náves; **v. life** vesnický život, život na vesnici

villager ['vilidžə(r)] n vesničan/ -ka

villain ['vilən] n **1** *(scoundrel)* lump, darebák, *(criminal)* gauner, ničema; *(in books, films)* padouch, zlosyn **2** inf *(rascal)* darebák, rošťák; fig joc **the v. of the piece** hlavní viník, kořen zla

villainous ['vilənəs] adj **1** *(evil: person, act)* hanebný, podlý, nízký, ničemný **2** inf *(bad: weather)* příšerný, ohavný, otřesný

villainy ['viləni] n ničemnost, hanebnost, nízkost

villein ['vilein] n Hist nevolník

vim [vim] n inf verva, elán, energie, jiskra, švih; **be full of v. and vigour** mít jiskru

vinaigrette [vinei'gret] n octový nálev

vindicate ['vindikeit] vt **1** *(justify)* prokázat správnost čeho; **v. sb** dát komu za pravdu **2** *(clear from suspicion)* ospravedlnit, prokázat čí nevinu, rehabilitovat

vindication [vindi'keišn] n **1** *(justification)* opodstatnění, prokázání správnosti čeho **2** Jur *(of person)* zbavení viny, rehabilitace

vindictive [vin'diktiv] adj mstivý, pomstychtivý ■ **~ly** adv mstivě, pomstychtivě

vindictiveness [vin'diktivnəs] n mstivost, pomstychtivost

vine [vain] n **1** *(grapevine)* vinná réva ■ **v. grower** vinař; **v. growing** vinařství, pěstování vinné révy; **a v.-growing area** vinařská oblast; **v. harvest** vinobraní; **v. leaf** révový list **2** *(climbing plant)* popínavá rostlina, *(creeping plant)* plazivá rostlina

vinegar ['vinigə(r)] n ocet; **wine v.** vinný ocet

vinegary ['vinigəri] adj **1** *(taste)* octový, kyselý **2** fig *(reply)* kousavý; *(temper)* svárlivý

vineyard ['vinjəd] n vinice, vinohrad

viniculture ['vinikalčə(r)] n vinařství, pěstování vinné révy

vino ['vi:nəu] n inf víno; **a drop more v.** ještě kapku moku

vintage ['vintidž] n **1** *(of wine)* ročník; *(of car)* rok výroby ■ **v. car** starobylé auto **2** *(wine)* **the 1982 v.** ročník 1982, 82. ročník **3** *((season of) harvesting)* vinobraní ● adj **1** *(old)* prastarý, starodávný **2** *(classical: film)* klasický **3** *(high quality: wine)* špičkový

vintner ['vintnə(r)] n *(wine merchant)* obchodník s vínem

vinyl ['vainəl] n Chem vinyl

viol ['vaiəl] n Mus stará viola

viola$_1$ [vi'əulə] n Mus moderní viola; **v. da gamba** viola da gamba; **v. d'amore** viola d'amour

viola$_2$ ['vaiələ] n Bot *(flower)* violka, coll fialka

violate ['vaiəleit] vt **1** *(law)* porušit, přestoupit, překročit; *(treaty)* porušit, nedodržet; *(privacy)* rušit; *(human rights)* porušovat; *(frontier)* narušit **2** fml *(rape)* znásilnit

violation [vaiə'leišn] n see **violate 1** porušení, přestoupení; nedodržení; rušení; porušování; narušení **2** znásilnění

violator ['vaiəleitə(r)] n osoba porušující zákon; *(of frontier)* narušitel

violence ['vaiələns] n **1** *(physical)* násilí, násilnost(i); **act of v.** násilnický čin; **resort to v.** uchýlit se k násilí **2** Jur **offence of v.** násilný trestný čin; **robbery with v.** loupežné přepadení **3** fig **do v. to sth** *(language)* znásilňovat co, *(text)* komolit co, překroutit co, *(principles)* být v rozporu s čím

violent ['vaiələnt] adj **1** *(physically: person)* brutální, neurvalý, násilnický; *(crime, death)* násilný **2** *(intense: wind, storm)* prudký, silný, *(pain)* ostrý, prudký, šílený inf; *(person: furious)* prchlivý, vzteklý; *(passion)* prudký; *(feeling)* vášnivý, intenzivní; *(contrast)* příkrý; *(colour)* řvavý; **she took a v. dislike to him** pocítila k němu silný odpor ■ **~ly** adv **1** *(behave: with violence)* násilně, neurvale, násilnicky **2** *(intensely)* prudce, intenzivně cf also adj; **be ~ly sick** silně zvracet

violet ['vaiələt] n **1** Bot violka, fialka ♦ **she's no shrinking v.** ona není žádná skleníková květinka **2** *(colour)* fialová barva ● adj fialový

violin [vaiə'lin] n housle; **first v.** první housle; **play the v.** hrát na housle ■ **v. concerto** houslový koncert; **v. clef** houslový klíč; **v. case** pouzdro na housle; **v. maker** houslař

violinist [vaiə'linist] n Mus houslista/ houslistka

violoncello [vaiələn'čeləu] n Mus violoncello [-če-], cello [če-]

violoncellist [vaiələn'čelist] n Mus violoncellista/ violencellistka [-če-], cellista/ cellistka [če-]

VIP [vi:ai'pi:] inf abbr of **very important person** prominent; **the VIPs** honorace ■ **VIP lounge** *(at airport)* vládní salonek; **give sb VIP treatment** zacházet s kým jako s čestným hostem

viper ['vaipə(r)] n Zool & fig zmije ♦ **a v.'s nest** fig zmijí hnízdo, zmije o lidech; **nurse a v. in one's bosom** hřát si na prsou hada

viperish ['vaipəriš] adj *(tongue)* zlý, jedovatý; *(person)* mající jedovatý jazyk

virago [vi'ra:gəu] n (pl **~es** or **~s**) n pej xantipa [-ty-], megera, štěkna, herdekbaba

viral ['vairəl] adj Med virový; **a v. infection** virová infekce or nákaza

Virgil ['və:džil] n Vergilius římský básník

Virgilian [və:'džiliən] adj Vergilský

virgin ['və:džin] n **1** *(girl)* panna; *(boy)* panic; **she/ he is still a v.** (ona) je ještě nevinná/ (on) je ještě panic **2** Relig **the (Blessed) V., the V. Mary, the Holy V.** Panna or Panenka Maria, Maria Panna ■ **the v. birth** neposkvrněné početí ● adj panenský; **v. soil** panenská půda, celina; **V. Islands** Panenské ostrovy

virginal ['və:džinl] adj panenský, *(boy)* panický ● n Mus virginal

Virginia [və'džiniə] n *(state)* Virginie; *(tobacco)* virginský tabák ■ **V. creeper** n loubinec, psí víno

Virginian [və'džiniən] adj virginský ● n Virgiňan/ -ka

virginity [və'džinəti] n nevinnost, *(of girls* also*)* panenství, *(of boys* also*)* panictví; **take sb's v.** zbavit koho panenství; **lose one's v.** ztratit panenství

Virgo ['və:gəu] n Astron & Astrol Panna; **he's a V.** je ve znamení Panny

virgule ['və:gju:l] n lomítko

virile ['virail] adj mužný

virility [və'riləti] n mužnost, *(sexual)* potence

virologist [vai'rolədžist] n virolog/ virologička

virology [vai'rolədži] n virologie

virtual ['və:čuəl] adj attr **1** *(in effect)* **he's the v. boss here** on je tu prakticky or fakticky or vlastně šéfem **2** *(as good as)* **it's a v. impossibility** to je skoro nemožné **3** Comput virtuální ■ **~ly** adv **1** *(in effect)* **he's ~ly the boss here** je tu prakticky šéfem **2** *(almost)* **it's ~ly impossible** je to skoro nemožné; **the car is ~ly new** to auto je skoro or prakticky nové; **he's ~ly blind** je skoro slepý; **it is ~ly finished** je to prakticky hotové

virtue ['və:ču:] n **1** *(goodness)* ctnost; **Christian/ civic ~s** křesťanské/ občanské ctnosti ♦ **make a v. out of necessity** udělat z nouze ctnost; **the path of v.** cesta ctnosti **2** *(chastity)* počestnost, (ženská) ctnost; **lose one's v.** ztratit počestnost; **a woman of easy v.** pochybná žena, lehká žena **3** *(merit, advantage)* přednost; **the theory has the v. of being simple** předností této teorie je její jednoduchost **4 by v. of** na základě, vzhledem k; *(he was exempt)* **by v. of his youth, by v. of the fact that he is so young** vzhledem ke svému mládí, vzhledem k tomu, že je tak mladý

virtuosity [və:ču'osəti] n virtuozita, bravura

virtuoso [və:ču'əusəu, və:tju-] n (pl **~s** or **virtuosi** [-'əusi:]) Mus virtuos/ -ka ■ **a v. performance** virtuózní hra

virtuous ['və:čuəs, 'və:tjuəs] adj ctnostný; *(chaste)* počestný ■ **~ly** adv ctnostně; počestně

virulence ['virulәns] n **1** Med prudkost, virulentnost; *(of poison)* prudkost **2** fig *(of criticism)* jedovatost

virulent ['virulənt] adj **1** Med prudký, virulentní, prudce nakažlivý; *(of poison)* prudký **2** fig *(criticism)* jedovatý, ostrý ■ **~ly** adv fig ostře

virus ['vairəs] n (pl **-es**) Med, Comput vir, virus; **the flu v.** chřipkový vir; **the HIV v.** vir HIV ■ **v. infection** virová infekce; **v. disease** virové onemocnění

Vis, Visc abbr of **Viscount/ Viscountess** vikomt/ vikomtesa

visa ['vi:zə] n vízum; **entry/ exit/ transit v.** vstupní/ výjezdní/ průjezdní vízum ● vt *(passport)* dát vízum do pasu

visage ['vizidž] n fml tvář, obličej, vzhled

vis-à-vis [vi:zə'vi:] prep **1** *(in relation to)* vzhledem ke komu/ čemu, ve srovnání s kým/ čím, s ohledem na koho/ co **2** *(opposite)* naproti komu ● adv tváří v tvář, (na)proti sobě

viscera ['visərə] n pl Anat útroby

visceral ['visərəl] n Anat útrobní, viscerální; fig *(feeling, reaction)* instinktivní, vnitřní

viscose ['viskəus] n Chem viskóza

viscosity [vis'kosəti] n lepkavost; Phys viskozita, vazkost

viscount ['vaikaunt] n vikomt

viscountcy ['vaikauntsi] n vikomtství

viscountess [vaikaun'tes] n vikomtesa

viscounty ['vaikaunti] n = **viscountcy**

viscous ['viskəs] adj lepkavý, slizký; Phys viskózní, vazký

vise [vais] n Amer svěrák

visibility [vizə'biləti] n viditelnost; Meteor also dohlednost; **poor/ good v.** špatná/ dobrá viditelnost

visible ['vizəbl] adj **1** gen viditelný; **become v.** stát se viditelným; **it is clearly v.** je to dobře vidět **2** *(evident: improvements, changes)* zjevný, zřejmý, patrný, očividný **3** Jur **with no v. means of support** bez zřejmých prostředků obživy ■ **visibly** adv **1** viditelně **2** *(improve, deteriorate)* očividně, patrně, zjevně

Visigoth ['vizigoθ] n Vizigót/ -ka

Visigothic [vizi'goθik] adj vizigótský

vision ['vižn] n **1** *(power of seeing)* schopnost vidět, zrak; **have good v.** mít dobrý zrak; **field of v.** zorné pole; **within the range of v.** na dohled **2** *(foresight)* prozíravost, jasnozřivost, vize; **a man of v.** prozíravý člověk, člověk mající fantazii **3** *(conception)* vize, představa; *(artistic imagination)* představivost **4** *(illusion, fantasy)* iluze, fantazie **5** *(apparition)* zjevení, vidění, přelud; **see ~s** mít vidění; **have ~s of wealth** snít o bohatství

visionary ['vižnəri] n vizionář, prorok; pej fantasta, snílek, blouznivec ● adj **1** approv *(leader etc)* vizionářský, prozíravý, jasnozřivý **2** pej *(unreal)* nereálný; *(not practical)* neuskutečnitelný

visit ['vizit] n **1** *(call)* návštěva; *(of inspector)* kontrola, inspekce; **a state v.** státní návštěva; **a flying v.** blesková návštěva; **on my first v. to France** při mé první cestě do Francie; **return sb's v.** opětovat čí návštěvu; **pay sb a v., pay a v. to sb** navštívit koho; **pay a v.** euph jít na malou stranu; **I must pay a v.** musím si někam odskočit **2** *(stay)* návštěva, pobyt; **did you enjoy your v. to Austria?** líbil se vám váš pobyt v Rakousku? ● **I** vt **1** *(call on)* **v. sb** navštívit koho, *(family, friends* also*)* jít se podívat na koho or za kým, *(doctor, dentist* also*)* jít ke komu; **v. each other** navštěvovat se **2** *(inspect)* zkontrolovat, *(school)* provést inspekci kde **3** *(museum, exhibition)* jít si prohlédnout, jít se podívat na **4** arch or Bibl postihnout; **the town was ~ed by the plague** město bylo (po)stiženo morem **II** vi být na návštěvě; **we're only ~ing here** my jsme tu jen na návštěvě **III** phr v ■ **visit with** vt Amer *(socially)* zajít za kým, jít si s kým popovídat

visitation [vizi'teišn] n **1** *(official visit, inspection)* úřední návštěva, inspekce, kontrola; Relig (biskupská) vizitace **2** *(social: prolonged stay)* příliš dlouhá návštěva **3** fml *(punishment from God)* trest boží, rána **4** Relig **the V.** Navštívení Panny Marie

visiting ['vizitiŋ] adj *(circus)* zájezdový; *(professor)* hostující; **v. card** navštívenka, vizitka; **v. day** návštěvní den; **v. hours** návštěvní hodiny; **be on v. terms with sb** navštěvovat se s kým

visitor ['vizitə(r)] n **1** gen návštěvník; *(in hotel)* host; *(tourist)* turista; **have ~s** mít návštěvu; **he's a frequent v. in our house** chodí k nám často na návštěvu; **v.'s book** kniha návštěv **2** Br Med **health v.** ≅ pečovatel/ -ka

visor ['vaizə(r)] n hledí; *(on hat)* štítek; **sun v.** *(in car)* Aut sluneční clona

vista ['vistə] n *(view)* výhled, pohled, rozhled; fig perspektiva; **this opened up new ~s** tímto se otevřely nové perspektivy

visual ['vižuəl] adj **1** *(field, nerve)* zrakový; *(memory)* vizuální, *(aids* also*)* názorný; **v. arts** výtvarné umění **2** Aviat *(landing)* provedený bez navigačních prostředků **3** Comput **v. display terminal** or **unit** obrazovkový terminál ■ **~ly** adv vizuálně; **~ly handicapped** *(blind)* nevidomý, *(partially sighted)* also **v. impaired** mající poruchy zraku ● n **~s** Sch názorné pomůcky

visualize ['vižuəlaiz] vt **1** *(imagine)* představit si, *(picture in one's mind)* vybavit si v duchu; **I can v. him** vidím ho jako živého **2** *(foresee: problems, changes)* očekávat, předpokládat

vital ['vaitl] adj **1** Biol *(organ)* životně důležitý, nezbytný pro život; **v. force** životní or vitální síla; **v. capacity** vitální kapacita plic **2** *(essential: information, supplies)* nezbytný, absolutně nutný; **be of v. importance** být nesmírně důležitý; **play a v. part** hrát prvořadou roli **3** *(decisive: match, moment, error)* rozhodující **4** *(person: lively)* vitální, energický, temperamentní **5 v. statistics** Econ životní statistika; fig joc *(of woman)* míry ■ **~ly** adv nesmírně, absolutně; **it is ~ly important that ...** je naprosto nezbytné, aby ... ● n pl **the ~s** dated or joc důležité orgány; *(genitals)* nářadí, vercajk

vitalism ['vaitəlizəm] n vitalismus

vitalist ['vaitəlist] n vitalista

vitality [vai'tæləti] n vitalita, vitálnost; *(of company)* dynamika, životaschopnost

vitalize ['vaitəlaiz] vt oživit, posílit

vitamin ['vitəmin, Amer 'vaitəmin] n vitamin; **v. C** vitamin C; **be low in ~s** být chudý na vitaminy ■ **v. deficiency** avitaminóza; **v. pill** vitaminová tabletka

vitiate ['višieit] vt **1** *(spoil)* zkazit, *(contaminate: air)* znečistit; *(serum)* znehodnotit **2** Jur *(invalidate)* způsobit neplatnost čeho

viticulture ['vitikalčə(r)] n vinařství, pěstování vinné révy

vitreous ['vitriəs] adj skelný, sklovitý; **v. enamel** skelný smalt

vitriol ['vitriəl] n Chem **1** *(salt)* skalice; **blue/ white v.** skalice modrá/ bílá **2** *(acid)* kyselina sírová, vitriol **3** fig jedovatá slova, žluč

vitriolic [vitri'olik] adj see **vitriol 1** skalicový **2** žíravý **3** fig sžíravý, jedovatý, jízlivý

vituperation [vai,tju:pə'reišn, vi-] n fml hanobení, tupení, sžíravá kritika

vituperative [vai'tju:pərətiv, vi-] adj fml hanobící, tupící; *(criticism)* sžíravý

viva ['vaivə] see **viva voce**

vivacious [vi'veišəs] adj živý, *(person also)* temperamentní

vivaciousness [vi'veišəsnəs], **vivacity** [vi'væsəti] n (see **vivacious**) živost, temperamentnost; pestrost

viva voce [vaivə'vəuči] adj ústní ● n Univ ústní zkouška; *(for thesis)* ústní obhajoba, rigorózum

vivid ['vivid] adj **1** *(bright: light)* jasný, *(colour also)* živý; *(colourful)* barvitý; *(clothes)* nápadný **2** *(feeling)* intenzivní, silný; *(imagination, memory)* živý, *(imagination also)* bujný; **the memory of that event is still v. in my mind** tuto událost mám stále ještě v živé paměti **3** *(account, picture, description)* živý, plastický, realistický; **give a v. description of sth** živě něco vylíčit ■ **~ly** adv see adj **1** jasně, živě; barvitě, nápadně **2** intenzivně, silně **3** živě, plasticky

vividness ['vividnəs] n see **vivid 1** jasnost, živost; barvitost; nápadnost **2** intenzivnost **3** živost, plastičnost, realističnost

vivify ['vivifai] vt fml oživit

viviparous [vi'vipərəs] adj Biol viviparní, živorodý

vivisect ['vivisekt] vt provádět vivisekci

vivisection [vivi'sekšn] n vivisekce

vivisectionist [vivi'sekšənist] n vivisektor

vixen ['viksən] n **1** Zool *(female fox)* liška **2** dated *(quarrelsome woman)* xantipa, štěkna, megera

viz [viz] adv often read as **namely** totiž

vizier [vi'ziə(r)] n vezír; **grand v.** velkovezír

V-neck ['vi:nek] n výstřih do V, inf véčko ● adj = **V-necked**

V-necked ['vi:nekt] adj *(pullover)* s výstřihem do V, s véčkem

vocab ['vəukæb] n abbr of **vocabulary**

vocabulary [və'kæbjuləri, Amer vəu'kæbjuləri] n slovní zásoba; *(in textbook)* slovíčka, slovní zásoba, slovníček; **there's a v. at the end of each lesson** na konci každé lekce je slovníček; **the v. of the 2nd lesson** slovíčka z druhé lekce; **his v. is rather limited** má dost omezenou slovní zásobu

vocal ['vəukl] adj **1** Anat hlasový; **v. organs** hlasové orgány; **v. cords** hlasivky **2** *(communication)* ústní **3** Mus vokální **4** *(outspoken)* hlasitý, umějící se ozvat, výřečný; *(noisy)* hlučný **5** Ling *(sound)* vokalický; *(consonant)* znělý ■ **~ly** adv ústně; vokálně

vocalic [və'kælik] adj vokalický

vocalist ['vəukəlist] n zpěvák/ zpěvačka

vocalize ['vəukəlaiz] **I** vt **1** *(express: views, thoughts)* vyjádřit, vyslovit **2** Mus zpívat na vokál bez textu **3** Phon *(sound)* vokalizovat **II** vi Ling, Mus vokalizovat, Mus also cvičit zpěv bez textu

vocation [vəu'keišn] n **1** Relig etc poslání, určení, povolání k čemu; fml *(profession)* povolání; **miss one's v.** minout se povoláním **2** *(predisposition)* nadání, vlohy

vocational [vəu'keišənl] adj týkající se povolání; **v. adviser** poradce pro volbu povolání; **v. guidance** poradenství k volbě povolání; **v. school** odborná škola; **v. training** odborný výcvik

vocative ['vokətiv] n Ling vokativ, pátý pád; **in the v.** ve vokativním tvaru, v pátém pádě ● adj vokativní

vociferate [vəu'sifəreit] v fml **I** vi zlostně křičet, ječet, hulákat **II** vt **v. one's grievances** hlasitě nadávat, hlasitě si stěžovat

vociferous [vəu'sifərəs] adj křiklavý, halasný, hlučný; *(protest)* neodbytný, vehementní ■ **~ly** adv halasně, křiklavě; neodbytně, vehementně

vodka ['vodkə] n vodka

vogue [vəug] n móda; **be in v., be the v.** být v módě, být módní; **come into v.** přijít do módy, *(writer, singer)* stát se populárním; **go out of v.** vyjít z módy; **be back in v.** být opět v módě ■ **v. words** módní slova

voice [vois] n **1** *(speech)* hlas; **in a low v.** tiše, potichu; **in a loud v.** hlasitě, nahlas; **have a resonant v.** mít hlas jako zvon; **have a bleating/ funereal/ mumbling/ rasping/**

strangled v. mít ječivý/ pohřební/ kuňkavý/ skřehotavý/ přiškrcený hlas; **at the top of one's v.** zplna hrdla **2** Mus *(for singing)* hlas; **for one v.** pro jeden hlas, jednohlasý; **for three/ four ~s** pro tři/ čtyři hlasy, trojhlasý/ čtyřhlasý; **have a good v.** mít (dobrý) hlas, dobře zpívat; **be in good v.** být při hlase **3** *(opinion)* hlas, názor, mínění; **the v. of conscience/ of the people** hlas svědomí/ lidu; **give v. to an opinion** vyjádřit názor **4** *(say)* hlas; **have a v. in sth** mít do čeho mluvit, moci něco ovlivnit **5** Ling rod; **in the active/ passive v.** v činném/ trpném rodě **6** Phon znělost ■ **v. box** hrtan ● vt **1** *(express: concern)* vyjádřit, vyslovit **2** Phon *(consonant)* sonorizovat

voiced [voist] adj Phon znělý

voiceless ['voisləs] adj **1** Phon neznělý **2** *(having no say)* nemající právo spolurozhodovat **3** *(silent)* bezhlas(n)ý, němý

voicelessness ['voisləsnəs] n Phon neznělost

voice-over ['voisəuvə(r)] n Cine mluvený komentář k filmu

void [void] n *(empty space)* prázdno, prázdnota, Phys *(vacuum)* vakuum, vzduchoprázdný prostor ● adj **1** *(empty)* prázdný **2 be v. of sth** postrádat co; **be v. of sense** *(suggestion, proposal)* být nesmyslný **3** Jur neplatný, zmatečný; **null and v.** neplatný od samého počátku; **declare sth v.** prohlásit co za neplatné, *(result)* skrečovat co ● vt **1** Jur prohlásit za neplatné **2** fml *(bowels)* vyprázdnit

vol abbr of **volume** *(book)* sv., svazek, kniha; *(measure)* objem

volatile ['volətail] adj **1** Chem prchavý, těkavý; **v. oils** éterické oleje **2** fig *(person)* nestálý, *(temperamental)* vrtošivý; *(mood)* vrtkavý **3** *(unstable: situation)* výbušný, nestabilní; *(markets)* nestálý, kolísavý **4** Comput **v. memory** energeticky závislá paměť ● n Chem prchavá látka

volatility [volə'tiləti] n see **volatile 1** prchavost, těkavost **2** nestálost; vrtošivost; vrtkavost **3** výbušnost, nestabilnost; nestálost, kolísavost

volatilize [və'lætilaiz] **I** vt nechat vyprchat or odpařit **II** vi prchat, těkat, odpařovat se

vol-au-vent ['voləvaŋ] n ≅ pirožek (s masovou náplní) z lístkového těsta

volcanic [vol'kænik] adj sopečný, vulkanický; **v. rock** sopečná hornina; fig *(temperament)* výbušný

volcano [vol'keinəu] n (pl **~s** or **~es**) sopka, vulkán

vole [vəul] n Zool hraboš

Volga ['volgə] n Volha

volition [vəu'lišn] n vůle; **of one's own v.** z vlastní vůle, o své vůli

volitional [vəu'lišnəl] adj volní

volley ['voli] n **1** *(of gunshots)* salva; *(of arrows, stones)* prška **2** fig *(of blows)* krupobití; *(of insults)* příval; *(of questions, curses)* kanonáda; *(of laughter, applause)* salva **3** Sport volej; **kick a ball on the v.** zahrát míč z voleje ● **I** vt *(ball)* zasáhnout míč před dopadem na zem **II** vi (za)hrát míč volejem

volleyball ['volibo:l] n volejbal, odbíjená

volt [volt] n Elec volt

Volta ['voltə] n **Upper V.** Horní Volta

voltage ['vəultidž] n Elec napětí; **high/ low v.** vysoké/ nízké napětí

volte-face [volt'fa:s] n fig obrat o sto osmdesát stupňů, úplná změna názorů; **do a v.-f.** změnit diametrálně názor, otočit (o sto osmdesát stupňů)

voltmeter ['vəultmi:tə(r)] n voltmetr

volubility [volju'biləti] n pej mnohomluvnost, řečnost

voluble ['voljubl] adj **1** *(person: talkative)* mnohomluvný, řečný **2** *(protest)* mnohoslovný

volume ['volju:m] n **1** *(book)* svazek; **a dictionary in four ~s, a four-v. dictionary** čtyřsvazkový slovník, slovník ve čtyřech svazcích ♦ **that speaks ~s** to mluví za celé knihy **2** Phys *(as measure)* objem, *(capacity)* kapacita **3** *(amount: of tourism, business, production, travel)* rozsah, objem **4** *(large quantity)* **~s of smoke** kotouče or oblaka dýmu; **I have got ~s of work to do** čeká mě moře práce **5** Rad, TV *(of sound)* hlasitost; **turn the v. down** *(of radio/ TV)* ztlumit rádio/ televizi; **turn the v. up** zesílit zvuk, zesílit rádio/ televizi ■ **v. control** ovládání hlasitosti

voluminous [və'lu:minəs] adj objemný, rozsáhlý

voluntary ['voləntəri] adj **1** *(not imposed: contribution, confession)* dobrovolný; *(optional: attendance, participation)* dobrovolný, nepovinný, nezávazný **2** *(unpaid: work, worker)* dobrovolný, neplacený **3** Jur **v. manslaughter** úmyslné zabití; **v. settlement** mimosoudní urovnání sporu ■ **voluntarily** adv dobrovolně, z vlastní vůle

volunteer [volən'tiə(r)] n gen & Mil dobrovolník; **(are there) any ~s?** hlásí se někdo dobrovolně? ■ **v. army** dobrovolnická armáda ● **I** vt *(offer: help)* nabídnout, *(information)* poskytnout, inf vytasit se s čím; *(suggestion)* přijít s čím; joc **v. sb** přihlásit někoho jako dobrovolníka **II** vi dobrovolně se (při)hlásit (**for sth** k čemu or na co)

voluptuary [və'lapčuəri] n požitkář, prostopášník

voluptuous [və'lapčuəs] adj *(giving sensual pleasure: lips, smile, movement)* smyslný; *(woman's figure, breasts, curves)* vnadný, kyprý ■ **~ly** adv *(move, smile)* smyslně

voluptuousness [və'lapčuəsnəs] n (see **voluptuous**) smyslnost; vnadnost, kyprost

volute [və'lu:t] n Archit voluta, konvoluta

voluted [və'lu:tid] adj Archit opatřený volutami, volutový

vomit ['vomit] n zvratky ● **I** vi zvracet, dávit, vrhnout **II** vt *(food)* zvracet, dávit, vrhnout; *(blood)* zvracet **III** phr v ■ **vomit out** vt **1** lit vyzvracet, vyzvrátit **2** fig *(flames, smoke)* chrlit

voodoo ['vu:du:] n (also **voodooism**) voodoo animistický kult západoindických černochů

voracious [və'reišəs] adj lit žravý, hltavý, nenasytný; **have a v. appetite** mít kachní žaludek fig ■ **~ly** adv hltavě, nenasytně; **read ~ly** být vášnivý čtenář, knihy přímo hltat

voracity [və'ræsəti] n žravost, hltavost, nenasytnost

vortex ['vo:teks] n (pl **~es** or **vortices** ['vo:tisi:z]) vír also fig

votary ['vəutəri] n ctitel, nadšený přívrženec, (vášnivý) hlasatel čeho

vote [vəut] n **1** *(individual)* hlas; **by a majority v.** většinou hlasů; **give one's v. to sb** dát komu svůj hlas; **cast one's v.** odevzdat svůj hlas, odvolit; **I shall give my v. to Labour** já budu volit labouristy **2** *(ballot)* hlasování; **have a v. on sth** hlasovat o čem; **put sth to the v.** dát o čem hlasovat; **v. of confidence** hlasování o důvěře **3 the v.** *(right to v.)* hlasovací právo ● **I** vt **1** *(in election)* volit, hlasovat pro koho, dát svůj hlas komu; **v. Conservative** volit konzervativce, hlasovat pro konzervativce **2** *(elect)* zvolit; *(appoint)* jmenovat; **I was ~d chairman** zvolili mě předsedou **3** *(approve: money* etc*)* schválit **4** inf *(declare by general consent)* označit; **v. sth a success** označit co za úspěch **5** inf *(suggest)* navrhovat, hlasovat pro co; **I v. (that) we stay here** navrhuji, abychom tu zůstali **II** vi volit; **v. for sb/ sth** hlasovat pro koho/ co; **v. against sb/ sth** hlasovat proti komu/ čemu; **v. on sth** hlasovat o čem, rozhodnout co hlasováním; **v. by a show of hands** volit or hlasovat aklamací **III** phr vs ■ **vote down** vt *(proposal)* zamítnout hlasováním ■ **vote in** vt *(person)* zvolit; *(law)* odhlasovat, přijmout ■ **vote out** vt *(amendment)* zamítnout hlasováním

voter ['vəutə(r)] n volič

voting ['vəutiŋ] n hlasování, volby; **v. is by secret ballot** volí se tajně; **abstain from v.** zdržet se hlasování ■ **v. booth** volební kabina; **v. machine** Amer stroj na registraci hlasů; fig hlasovací mašinérie; **v. paper** Br hlasovací lístek; **v. right** hlasovací právo

votive ['vəutiv] adj Relig votivní; **v. candle** děkovná svíce or svíčka

vouch [vauč] vi **v. for sb/ sth** ručit za koho/ co, zaručit se za koho/ co; **v. for the truth of sth** ručit za pravdivost čeho

voucher ['vaučə(r)] n **1** *(for holiday* etc*)* poukaz, *(for petrol* etc*)* poukázka, kupon; **gift v.** dárkový poukaz; **luncheon v.** stravenka **2** *(receipt)* doklad, stvrzenka; *(for debt)* dlužní úpis **3 v. privatization** (esp *in Czech Republic)* kuponová privatizace

vouchsafe [vauč'seif] vt dated or fml *(grant)* **v. sb sth** ráčit komu udělit co; **v. sb no reply** neuznat koho za hodna odpovědi; **v. to do sth** uráčit se co udělat

vow [vau] n **1** *(promise)* (slavnostní) slib, přísaha **2** Relig slib; **take one's ~s** složit řeholní sliby; **take a v. of chastity/ poverty** složit slib čistoty/ chudoby; **take the marriage ~s** uzavřít svazek manželský ● vt přísahat; **v. obedience** přísahat poslušnost; **v. that ...** slíbit (si), že ...; **he ~ed never to do it again** zařekl se, že to už neudělá

vowel ['vauəl] n samohláska, vokál ● adj samohláskový, vokalický

voyage ['voiidž] n (usu *by sea)* (námořní) cesta, plavba; *(by plane, in space)* let; **go on a v.** vydat se na cestu; **maiden v.** první plavba; **v. of exploration** or **discovery** výzkumná výprava ● vi cestovat (po moři), plout, plavit se; *(spaceship)* letět, létat

voyager ['voiədžə(r)] n dated cestovatel (po moři), mořeplavec; **space v.** astronaut

voyeur [vwai'ə:(r)] n voyeur/ -ka

voyeurism [vwai'ə:rizəm] n voyeurismus, voyeurství

VP abbr of **Vice President** viceprezident

vs abbr of **versus**; see **versus**

V-shaped ['vi:šeipt] adj jsoucí ve tvaru V

V-sign ['vi:sain] n **1** *(sign of victory)* gesto symbolizující vítězství dva vztyčené prsty **2** vulg *(offensive gesture)* pohrdavý posunek

VSO [vi:es'əu] abbr of **Voluntary Service Overseas** dobrovolná služba v zahraničí na pomoc rozvojovým zemím

VTOL ['vi:tol, vi:ti:əu'el] abbr of **vertical takeoff and landing** *(plane)* letoun s kolmým vzletem a přistáním

VTR [vi:ti:'a:(r)] abbr of **video tape recorder** videorekordér

vulcanite ['valkənait] n vulkanit

vulcanization [valkənai'zeišn] n vulkanizace

vulcanize ['valkənaiz] vt vulkanizovat

vulgar ['valgə(r)] adj **1** *(rude)* vulgární, hrubý **2** *(unrefined)* nekultivovaný, ordinérní; Ling **v. Latin** vulgární latina **3** Math **v. fraction** obyčejný zlomek ■ **~ly** adv *(coarsely)* hrubě, vulgárně; *(tastelessly: dressed)* nevkusně

vulgarism ['valgərizəm] n Ling *(rude word or phrase)* vulgarismus

vulgarity [val'gærəti] n **1** *(rudeness)* vulgarita, hrubost **2** *(tastelessness)* nevkusnost, ordinérnost

vulgarize ['valgəraiz] vt **1** *(make coarse)* vulgarizovat **2** *(popularize)* popularizovat, rozšířit

Vulgate ['valgit] n Vulgáta

vulnerability [valnərə'biləti] n zranitelnost

vulnerable ['valnərəbl] adj zranitelný; **be v. to sth** *(danger, abuse, criticism)* být vystaven čemu

vulture ['valčə(r)] n lit & fig sup

vulva ['valvə] n (pl **~s** or **vulvae** ['valvi:]) n vulva, zevní ženské pohlavní ústrojí

vying ['vaiiŋ] n rivalita, soupeření; see **vie**

W

W, w ['dablju:] n (pl **W's, w's** ['dablju:z]) *(the letter)* W, w

W written abbr of **1 west** západ **2 watt** W, watt

wack [wæk] n **1** Engl dial sl *(as address)* kámo! **2** Amer sl cvok, šús

wacky ['wæki] adj (**-ier, -iest**) Amer inf cáklý, (po)trhlý, (pytlem) praštěný

wad [wod] n **1** *(of cotton wool, paper)* chuchvalec, chumáč; *(of straw)* věchet, vích; *(of tobacco, chewing gum)* žvanec; *(plug: for cannon, cartridge)* ucpávka **2** *(of papers, banknotes)* svazek **3** Amer inf **~s of ...** *(large amount: of time, money* etc*)* hromada, fůra **4** Amer **shoot one's w. i)** *(spend all one's money)* rozfofrovat všechny prachy **ii)** vulg *(of man)* vytéct, ejakulovat neutr ● vt (**-dd-**) **1** *(cotton wool, paper)* zmačkat, zmuchlat v kouli **2** *(hole)* ucpat **3** *(garment)* vyvatovat, vycpat

wadding ['wodiŋ] n **1** *(padding)* vatování **2** Mil *(for gun)* ucpávka

waddle ['wodl] n kolébavá chůze; **walk with a w.** chodit kolébavě ● **I** vi kolébat se (při chůzi); **w. like a duck** kolébat se jako kachna **II** phr v ■ **waddle in** vi přikolébat se

wade [weid] **I** vt *(river)* přebrodit **II** vi brodit se, brouzdat se **III** phr vs ■ **wade in** vi **1** lit vbrodit se do vody **2** fig inf *(in a quarrel, fight)* zamíchat se do čeho ■ **wade into** vt fig inf *(work, task, meal)* pustit se do čeho ■ **wade through** vt **1** lit přebrodit **2** fig *(book, report)* prokousat se čím

wader ['weidə(r)] n brodivý pták

waders ['weidəz] n pl vysoké rybářské boty

wafer ['weifə(r)] n **1** *(biscuit)* tenká oplatka **2** Relig hostie **3** *(seal: on document* etc*)* pečeť **4** Comput *(of silicon)* plátek

wafer-thin [weifə'θin] adj tenký jako papír or pavučinka; fig *(majority)* minimální, nepatrný

waffle$_1$ ['wofl] n Cook vafle, silnější oplatka ■ **w. iron** forma na pečení oplatků

waffle$_2$ ['wofl] n Br inf *(spoken)* žvanění, tlachání, kecání; *(in essay)* vata; *(in book)* rozvláčnost ● vi Br inf also **w. on** žvanit, tlachat; *(in writing)* psát rozvláčně, psát celé romány

waffler ['woflə(r)] n Br inf žvanil, kecal

waft [woft] n *(of air, smell)* závan, *(of wind* also*)* van, zadutí; *(of smoke)* obláčky, kotoučky ● **I** vt *(sound, scent)* nést, unášet **II** vi *(sound, scent)* linout se, *(scent* also*)* zavanout **III** phr vs ■ **waft away** vi(t) odvanout (co) ■ **waft in** vi(t) zavanout (co) dovnitř

wag$_1$ [wæg] n Br dated *(joker)* šprýmař, šibal, srandista

wag$_2$ [wæg] n *(of tail)* (za)vrtění; **she admonished him with a w. of her finger** pohrozila mu prstem ● v (**-gg-**) **I** vt *(tail)* vrtět čím; **she ~ged her finger at him** pohrozila mu prstem; inf **w. one's tongue** mlít pantem, klábosit **II** vi *(tail)* vrtět se; inf **tongues will be ~ging** budou z toho řeči, dostaneš/ dostaneme etc se do lidských řečí

wage$_1$ [weidž] n also pl **~s** mzda; **basic w.** základní mzda; **minimum w.** minimální mzda ■ **w. ceiling** mzdový strop; **w. earner** námezdní pracovník, výdělečná osoba pracující za mzdu; živitel (rodiny); **w. freeze** zmrazení mezd; **w. negotiations** tarifní jednání; **w. packet** výplatní sáček, výplata

wage$_2$ [weidž] vt *(campaign, war)* vést; fig **w. war against sth** *(drugs, pollution* etc*)* vyhlásit čemu válku, pustit se do boje s čím

wager ['weidžə(r)] n sázka; **make** or **lay a w.** vsadit se ● **I** vt fml **w. £10 on a horse** vsadit 10 liber na koně; **I'll w. you £5 that ...** vsadím se s tebou o pět liber, že ... **II** vi vsadit se

wagging ['wægiŋ] adj **w. tongues** zlí jazykové, zlé jazyky or huby

waggish ['wægiš] adj šelmovský, šibalský, rozpustilý ■ **~ly** adv šelmovsky, šibalsky

waggle ['wægl] n *(of tail)* (za)vrtění, *(of ears)* (za)stříhání; *(of hips)* kroucení; **give sth a w.** zavrtět/ zastříhat/ zakroutit čím ● **I** vt **w. sth** *(tail/ ears/ hips/ nose)* (za)vrtět/ (za)stříhat/ (za)kroutit/ (za)hýbat čím; *(loose tooth)* viklat or hýbat čím **II** vi *(tail)* (za)vrtět se; *(tooth)* viklat se, hýbat se

waggon ['wægən] n Br see **wagon**

Wagnerian [wa:g'niəriən] adj wagnerovský, wagneriánský ● n wagnerovec, wagnerián/ -ka

wagon ['wægən] n **1** *(horse-drawn)* vůz, povoz **2** Br Rail (otevřený) nákladní vagon **3** Br *(delivery truck)* (lehké) nákladní auto **4** Amer *(drinks trolley; toy)* vozík; dated dětský kočárek **5** Amer **station w.** kombi, dodávka **6** Amer *(for prisoners)* policejní vůz pro dopravu zatčených, old use zelený anton **7** sl **be on the w.** přestat pít, nepít; sl **fall off the w.** opět začít pít

wagoner ['wægənə(r)] n vozka, povozník

wagtail ['wægteil] n Orn konipas; **white/ yellow w.** konipas bílý/ luční

waif [weif] n *(child)* opuštěné or bezprizorné dítě, *(animal)* zatoulané zvíře; **~s and strays** opuštěné or bezprizorné děti, *(animals)* zatoulaná zvířata

wail [weil] n **1** *(of person)* naříkání, nářek, *(of mourners also)* lkání, bědování; *(of baby)* křik **2** *(of sirens, wind)* kvílení, *(of music)* kvílivé tóny ● vi **1** *(person)* naříkat, bědovat, lkát; *(baby)* křičet; **wail over sth** lkát nad čím **2** *(sirens, wind)* kvílet **3** *(complain)* naříkat, bědovat

wailing ['weiliŋ] n (see **wail** vi) naříkání, bědování, lkání, kvílení; **weeping and w.** bědování; Bibl **w. and gnashing of teeth** pláč a skřípění zubů ■ **W. Wall** zeď nářků ● adj *(sound)* kvílivý, lkavý

wain [wein] n old or fml vůz, povoz; Astron **the W.** Velký vůz, Velký medvěd

wainscot ['weinskət] n táflování, obložení stěn/ stropu dřevěnými deskami, deštění

wainsco(t)ted ['weinskətid] adj obložený dřevem, táflovaný

wainsco(t)ting ['weinskətiŋ] n obložení dřevěnými deskami, táflování

waist [weist] n **1** *(of person)* pás; **stripped to the w.** svlečený do půl těla; **too tight round the w.** příliš těsný v pase **2** *(of violin)* výkroj, zúžená část **3** *(of ship)* středopalubí

waistband ['weistbænd] n *(of skirt, trousers)* pás

waistcoat ['weistkəut] n Br vesta část obleku

waist-deep [weist'di:p] adj po pás; **he was w.-d. in water** stál po pás ve vodě

waisted ['weistid] adj *(garment)* vypasovaný

-waisted [-'weistid] suff **a slim-w. girl** dívka s útlým pasem; **a high-/ low-w. dress** šaty se zvýšeným/ sníženým pasem

waist-high [weist'hai] adj *(grass etc)* sahající po pás

waistline ['weistlain] n pás, linie; **watch one's w.** dávat si pozor na figuru, hlídat si linii

wait [weit] n **1** *(~ing)* čekání, očekávání, vyčkávání; **after a short w.** po krátkém čekání; **I had a long w.** musel jsem dlouho čekat; **you'll have a long w.** iron to si (tedy) počkáš, to se tedy načekáš **2 lie in w.** být na číhané; **lie in w. for sb** číhat na koho **3** Comput see **w. state** ● **I** vi **1** *(person, bus)* čekat, počkat; **w. for sb/ sth** čekat na koho/ co; **w. for an hour** čekat hodinu; **how long have you been ~ing?** jak dlouho už čekáte?; **I'm ~ing for the shop to open** čekám, až otevřou obchod; **I can hardly w. for the holidays** nemohu se dočkat prázdnin; **don't w. to be asked** nenechte se pobízet; **repairs while you w.** opravy na počkání; **w. a moment** or **minute, (please)!** (počkejte) moment!, okamžik, (prosím); **let him w.!** ať počká; **just you w.!** *(as threat)* jenom počkej!, já tě naučím ♦ **everything comes to him who ~s** kdo čeká, ten se dočká; dočkej času jako husa klasu **2** *(be left until later)* **this work will have to w.** tato práce musí počkat; **it can w.** to počká; **can it w. until tomorrow?** může to počkat do zítřka?; **the goods are ~ing to be collected** zboží je připraveno k vyzvednutí **3 w. at table** obsluhovat u stolu, být servírkou/ číšníkem **II** vt **1 you must w. your turn** musíte počkat, až na vás přijde řada; **w. one's chance** čekat na svou příležitost **2** Amer **w. table** obsluhovat u stolu **3** inf *(delay)* **w. dinner/ supper for sb** čekat na koho s obědem/ s večeří **III** phr vs ■ **wait about** or **around** vi nečinně čekat, postávat, posedávat ■ **wait in** vi čekat doma (**for sb** na koho) ■ **wait on** vt **1 w. on** or **upon sb** posluhovat or sloužit komu, obsluhovat koho; **w. on sb hand and foot** dělat komu poskoka **2** Amer **w. on tables** obsluhovat u stolu, dělat servírku/ číšníka ■ **wait out** vt *(film etc)* vyčkat do konce; **w. it out** vydržet do konce ■ **wait up** vi **1** *(at night)* počkat vzhůru; **I'll w. up for you until midnight** já na vás počkám až do půlnoci **2** Amer **w. up!** počkej na mě! až tě dohoním

waiter ['weitə(r)] n číšník, vrchní; **w., the bill, please!** pane vrchní, platím!

waiting ['weitiŋ] n **1** lit čekání; Aut **'No W.'** „Zákaz stání" **2** *(royal service)* služba u (panovnického) dvora; **be in w. on sb** být u koho ve službě ● adj **1** *(person)* čekající; *(period)* čekací; **w. list** pořadník; **w. room** čekárna **2 play a w. game** vyčkávat, čekat na vhodnou příležitost, zvolit vyčkávací taktiku

waitress ['weitrəs] n číšnice, servírka; **w.!** paní vrchní!

wait state [weit'steit] n Comput stav čekání

waive [weiv] vt Jur *(benefit, claim, right)* vzdát se čeho, upustit od čeho, zříci se čeho; *(rule)* nebrat v úvahu; *(objection, question)* odbýt

waiver ['weivə(r)] n **1** *(of right, claim)* zřeknutí se, vzdání se **2** *(of payment)* osvobození od čeho

wake$_1$ [weik] n *(behind ship)* brázda, Naut kýlová brázda ♦ **in the w. of the storm** po bouřce; **he left chaos in his w.** zanechal za sebou chaos; **bring sth in its w.** (Subj: *war, fall of Communism, revolution* etc) zapříčinit co, vyvolat co

wake$_2$ [weik] n Ir *(vigil)* noční stráž u mrtvého; *(after funeral)* smuteční hostina

wake$_3$ [weik] v (pt **woke** [wəuk], arch **waked**; pp **woken** ['wəukn], arch **waked**) **I** vt **1** *(rouse from sleep)* probudit **2** fig *(arouse: curiosity)* podnítit; *(memories)* oživit **II** vi **1** lit also **w. up** probudit se, vzbudit se, procitnout; **he woke to find himself in hospital** probudil se v nemocnici; **he woke to the news that ...** probudil se a zjistil, že ... **2** see **wake up** vi (**2**) **III** phr v ■ **wake up** *I* vt **1** lit probudit, vzbudit; **he woke me up at six** vzbudil mě v šest **2** fig **a)** *(alert)* upozornit na co; **w. sb up to the dangers of sth** upozornit koho na nebezpečí čeho **b) w. up one's ideas** vzchopit se *II* vi **1** lit probudit se, vzbudit se, procitnout; **I usually w. up at six** obyčejně se probouzím v šest **2** fig **w. up to sth** *(truth, danger)* uvědomit si co; **w. up!** *(pay attention)* probuď se!, dávej pozor!

wakeful ['weikful] adj **1** *(sleepless: night)* bezesný **2** *(alert)* bdělý

wakefulness ['weikfulnəs] n **1** *(sleeplessness)* nespavost **2** *(vigilance)* bdělost

waken ['weikən] see **wake I** vt probudit, vyburcovat ze spánku **II** vi probudit se

waker ['weikə(r)] n **be an early w.** budit se brzy ráno

wakey wakey [weiki'weiki] interj inf vstávat!, budíček!

waking ['weikiŋ] adj **during one's w. hours** během dne; **she spends all her w. hours reading** ona nedělá (celý den) nic, než čte; **w. dream** živý sen

Wales [weilz] n Wales

walk [wo:k] n **1** *(stroll)* procházka, *(long)* vycházka; *(hike)* túra; **go for a w.** jít se projít, jít na procházku; **take a w.** projít se, udělat si procházku; **take a w. around the garden** obejít zahradu; **take sb for a w.** vzít koho na procházku, jít s kým na procházku; **take the dog for a w.** jít vyvenčit psa; **the station is ten minutes' walk from here** nádraží je odsud deset minut pěšky or (pěší) chůze; **it's quite a w. from here** (pěšky) je to odsud pěkný kousek **2** *(gait)* chůze; **I knew her by her w.** poznal jsem ji podle chůze **3** *(walking pace)* krok; **go at a w.** *(horse)* jít krokem; **slow down** or **drop to a w.** *(after running)* přejít do chůze **4** Sport závod v chůzi; **the 20 km w.** závod v chůzi na 20 km **5** *(path in forest)* stezka, pěšina; *(signposted route)* značkovaná cesta; *(in garden)* cestička **6 w. of life** profese, společenská vrstva, stav dated; **people from all ~s of life** lidé všech povolání a vrstev ● **I** vt **1** *(cover on foot)* ujít; **I w. 5 miles a day** každý den ujdu 5 mil; **I w. this road every day** po této cestě or touto cestou chodím každý den; **you can w. it** můžeš tam jít pěšky; **we ~ed the whole way** celou cestu jsme šli pěšky **2 w. the streets** *(aimlessly)* toulat se ulicemi, chodit po ulicích, *(in search of sth)* obcházet ulice; *(prostitute)* inf šlapat chodník; **w. a tightrope** balancovat na laně **3** *(lead: person)* vzít na procházku; *(horse)* vést, vodit, nechat chodit, *(ride)* jet na koni krokem; *(escort)* **w. sb home/ to the station** doprovodit koho domů/ na nádraží; **walk sb off his feet** utahat koho chůzí, uchodit koho k smrti fig, vyčerpat koho chůzí **II** vi **1** gen jít, chodit; **the baby can already w.** dítě už chodí or běhá; **he's too idle to w.** je líný na krok; **w. up and down** chodit sem a tam; **be hardly able to w.** sotva se držet na nohou; **w. with a limp** kulhat; **w. in one's sleep** být náměsíčný **2** *(stroll)* procházet se **3** *(not ride)* jít/ chodit pěšky; **I had to w. to work** musel jsem jít do práce pěšky; **did you w. all the way?** šel jsi celou cestu pěšky? **III** phr vs ■ **walk about** or **around** vi procházet se, chodit sem a tam; **w. about the town** chodit po městě; **w. about in a daze** chodit jako v mrákotách ■ **walk across** vt *(bridge)* přejít ■ **walk away** vi **1** lit odejít; **w. away from sb** odejít od koho **2** *(steal)* **w. away with sth** *(money, jewels)* ztratit se or zmizet s čím **3** inf *(win easily)* **w. away with the first prize** vyhrát snadno první cenu, odnést si první cenu ■ **walk back** *I* vt **w. sb back** doprovodit koho zpět *II* vi jít zpět pěšky ■ **walk in** vi vstoupit, vejít, vkročit ■ **walk into** vt **1** *(room)* vejít, vstoupit; **w. into a trap** vlézt do pasti; inf **w. into a job** dostat snadno zaměstnání **2** *(bump: into door, lamppost)* narazit or vrazit do čeho; *(person)* vrazit do koho, *(meet unexpectedly)* narazit na koho, náhodou koho potkat ■ **walk off** *I* vt **I have to w. off my hangover** musím se projít, abych se zbavil kocoviny *II* vi odejít ■ **walk off with** vt **w. off with sth** *(take)* odejít s čím, *(steal)* ztratit se or zmizet s čím; **w. off with all the prizes** vyhrát (hladce) všechny ceny, odnést si všechny ceny ■ **walk on** vi **1** *(continue)* jít dál **2** Theat **w. on(to) the stage** dělat statistu, krátce vystoupit na jevišti ■ **walk out** vi **1** *(go out)* (vy)jít ven; *(leave in protest)* **he ~ed out of the meeting** odešel ze schůze **2** *(strike)* jít do stávky **3** dated **w. out with sb** chodit s kým ■ **walk out on** vt inf *(lover, husband)* odejít od koho, opustit koho ■ **walk over** vt **1** *(bridge)* přejít **2** fig **w. all over sb i)** *(defeat)* porazit koho na hlavu **ii)** *(humiliate)* zacházet s kým jako s onucí, jednat s kým jako se psem ■ **walk through** vt **1** lit projít čím **2** inf *(exam etc)* snadno zmáknout or sfouknout both inf ■ **walk up** vi

1 w. up to sb přistoupit ke komu **2** *(in fairground)* **w. up, w. up!** přistupte blíž!

walkabout ['wo:kəbaut] n **1** *(Queen, President)* procházka mezi davy **2 go w.** *(of an Aborigine)* odejít do buše

walkaway ['wo:kəwei] n Amer inf snadné vítězství

walker ['wo:kə(r)] n **1** *(stroller)* chodec/ chodkyně, procházející se; *(hiker)* (pěší) turista; Sport chodec; **he's a fast w.** chodí rychle **2** *(device: for baby)* dětské chodítko

walker-on ['wo:kəron] n statista

walkie-talkie [wo:ki'to:ki] n Rad příruční krátkovlnná vysílačka s přijímačem

walk-in ['wo:kin] adj **1 a w.-in wardrobe** skříň, do které je možno vstoupit **2** Amer *(victory)* snadný

walking ['wo:kiŋ] n chůze, chození; *(hiking)* pěší turistika ● adj **1** *(clothes, shoes, stick)* vycházkový **2 w. race** závod v chůzi; **w. tour** pěší výlet; **drive at w. pace** jet krokem **3** Amer inf **hand** or **give sb his w. papers** dát komu vyhazov; **get one's w. papers** dostat vyhazov **4** inf joc **a w. encyclopedia** chodící encyklopedie; **a w. history book** živá kronika; **be a w. skeleton** být kost a kůže, být chodící mrtvola; **he's a w. disaster (area)** on nevychází z ostudy, je s ostudou jedna ruka

Walkman TM ['wo:kmən] n (pl **~s**) walkman [volkmen]

walk-on ['wo:kon] adj **w.-on part** role pro statistu

walkout ['wo:kaut] n *(strike)* stávka; *(from meeting)* manifestační opuštění sálu; **stage a w.** manifestačně opustit sál

walkover ['wo:kəuvə(r)] n fig inf snadné vítězství, hračka; **it was an absolute w.** byla to hračka ■ **w. victory** snadné vítězství

walk-through ['wo:kθru:] n Theat zběžná zkouška divadelní hry

walk-up ['wo:kap] n Amer inf byt/ pokoj/ kancelář v domě bez výtahu

walkway ['wo:kwei] n Amer *(pavement)* chodník

wall [wo:l] n **1** *(of house, building)* zeď, (esp *inside)* stěna; *(enclosure)* ohrada; *(between gardens, yards)* zídka; *(round castle, city)* **~s** hradby; **a dividing w.** dělicí stěna, přepážka, příčka; **a brick w.** cihlová stěna; **the Great W. of China** Velká čínská zeď ■ **w. bars** Gymn ribstol; **w. calendar** nástěnný kalendář; **w. clock** nástěnné hodiny; **w. painting** nástěnná malba; **w. socket** Elec zásuvka; **w. units** kuchyňská linka **2** *(of mountain;* Anat: *of stomach)* stěna, Mining also bok chodby **3** fig & phrases **a w. of fire** Mil palebná přehrada; **a w. of policemen** policejní kordon; **a w. of indifference** hradba nezájmu or lhostejnosti ♦ **bang one's head against a brick w.** jít hlavou proti zdi, chtít hlavou zeď prorážet; inf **be off the w.** *(person)* být praštěný, *(comment)* být zcestný, nedávat smysl; inf **drive sb up the w.** rozzuřit koho do nepříčetnosti; **go to the w.** zbankrotovat, položit se, udělat bankrot; inf **go up the w.** *(get angry)* skákat or vyskakovat až do stropu; **have one's back to the w.** být v zoufalé situaci, být přitlačen ke zdi, mít na krku nůž; **have sb up against the w., push sb to the w.** přitisknout koho ke zdi, položit komu nůž na krk; **it's like talking to a brick w.** to je jako když hrách na stěnu hází, to je jako mluvit do dubu or do zdi; **put up a w. of silence** zahalit se do hávu mlčení ● **I** vt *(garden)* ohradit zdí, postavit kolem čeho zeď; *(city)* obehnat hradbami, opevnit hradbami **II** phr vs ■ **wall in** vt **1** *(garden)* ohradit or obehnat zdí **2** fig **feel ~ed in** cítit se jako vězeň ■ **wall off** vt **1** lit oddělit stěnou or přepážkou, *(close to access)* zahradit, uzavřít **2** fig **w. oneself off from the outside world** uzavřít se světu or před světem ■ **wall up** vt *(door, window, treasure)* zazdít

wallaby ['woləbi] n (pl unchanged or **-bies**) Austr Zool klokan wallaby malý druh klokana

wallboard ['wo:lbo:d] n obkládací panel překližka na obkládání stěny

wallchart ['wo:lča:t] n nástěnný diagram plnění plánu

walled ['wo:ld] adj obehnaný zdí

wallet ['wolit] n náprsní taška, (pánská) peněženka

wallflower ['wo:lflauə(r)] n **1** Bot chejr **2** fig *(girl at a dance)* čekanka; **be a w.** sedět nemít žádné tanečníky

Walloon [wo'lu:n] adj valonský ● n **1** *(person)* Valon/ Valonka **2** *(language)* valonština

wallop ['woləp] n inf **1** *(heavy blow)* silná rána, šupa, pecka; **give sb a w.** dát komu pecku; **he fell down with a w.** spadl, až to zadunělo **2** *(speed)* **go at a tremendous w.** jet na plný* pecky **3** Br sl *(beer)* pivčo, piv(eč)ko **4** Amer **get a w. out of sth** mít z čeho plezír, být z čeho radostí bez sebe ● vt **1** *(hit: person)* vrazit or vlepit komu jednu; **w. sb on the jaw** dát komu do zubů or vulg do držky **2** *(defeat: team)* roznést koho na kopytech, udělat z koho fašírku; **get ~ed** dostat na frak, ani si neškrtnout

walloping ['woləpiŋ] n inf *(beating)* výprask; *(defeat)* drtivá porážka; **get a w.** dostat výprask, dostat nařezáno; **give sb a w.** namlátit komu, zmalovat koho, *(defeat)* udělat z koho fašírku ● adj *(huge)* **w. (great)** obrovský, kolosální; *(price)* mastný; *(lie)* nehorázný; *(defeat)* drtivý

wallow ['woləu] n **1** *(place)* bahniště, kaliště **2** *(act of ~ing)* **have a w.** *(animal)* jít se bahnit, *(person)* **have a good w. in a bath** poležet si ve vaně ● **I** vi **1** lit *(animal, person)* **w. in sth** bahnit se or válet se v čem **2** fig **w. in sentimentality** bahnit se v sentimentalitě **II** phr vs ■ **wallow about** or **around** vi povalovat se, válet se, ukrádat pánubohu čas

wallpaper ['wo:lpeipə(r)] n tapeta ● vt tapetovat

wall-to-wall [wo:ltə'wo:l] adj **1 w.-to-w. carpeting** kovral, koberec od stěny ke stěně **2** fig *(silence)* všeobjímající

wally ['woli] n Br sl *(fool)* trouba, pitomec, mamlas

walnut ['wo:lnat] n Bot ořešák; *(fruit)* vlašský ořech; *(tree)* ořech; *(wood)* ořech(ové dřevo) ■ **w. furniture** ořechový nábytek, nábytek z ořechového dřeva; **w. cake** ořechový dort

walrus ['wo:lrəs] n Zool mrož; **have a w. moustache** mít kníry jako mrož

waltz [wo:ls] n valčík; **do the w.** tančit valčík ● **I** vt **he ~ed her round the ballroom** tančil s ní kolem sálu **II** vi **1** *(dance)* tančit or tancovat valčík **2** Amer inf **w. with sth** vláčet se s čím, tahat se s čím **III** phr vs ■ **waltz about** or **around** vt tančit kolem dokola ■ **waltz in** vi inf ležérně or nenuceně vejít, vplout do místnosti ■ **waltz off** vi odtančit, odejít tanečním krokem ■ **waltz off with** vi inf *(prizes)* odnést si; inf **w. off with sb's wallet** zmizet s čí· peněženkou

waltzer ['wo:lsə(r)] n tanečník valčíku

wan [won] adj **(-nn-)** *(person)* bledý; *(smile)* mdlý, chabý; *(light)* mdlý, slabý

wand [wond] n **1 magic w.** kouzelnická hůlka, kouzelný or čarovný proutek; **wave a magic w.** mávnout kouzelným proutkem **2** *(of authority)* hůl, žezlo **3** Comput snímací tužka, ruční snímač

wander ['wondə(r)] n inf procházka, toulka; **he went for a w. round the park** šel se projít do parku ● **I** vt *(streets)* potulovat se po čem, bloudit po čem; *(world)* vandrovat or putovat po čem **II** vi **1** *(stroll)* procházet se, potulovat se; **w. around town** *(aimlessly)* potulovat se or bloumat po městě; **w. in and out of shops** courat po obchodech **2** *(stray: person, animal)* zatoulat se; **I ~ed into the park** zatoulal jsem se do parku; **we ~ed into the wrong house** zabloudili jsme do jiného domu **3** *(road, river)* klikatit se, proplétat se **4** fig *(thoughts)* bloudit, *(eyes)* těkat; **his mind is beginning to w.** *(of old person)* pozbývá rozumu, ztrácí rozum; *(of dying person)* začíná blouznit; **his glance ~ed round the room** klouzal pohledem po místnosti; **let one's thoughts w.** bloudit myšlenkami; **w. from the subject** odchýlit se od tématu **III** phr vs ■ **wander about** vi chodit bezcílně bloudit; **w. about aimlessly** chodit bezcílně ■ **wander in** vi objevit se, ležérně přijít ■ **wander off** vi **1** *(child)* zatoulat se, *(animal also)* zaběhnout se **2** joc *(objects)* ztratit se, zatoulat se, propadnout se

wanderer ['wondərə(r)] n poutník/ poutnice, tulák/ tulačka; *(traveller)* cestovatel/ -ka; *(nomad)* nomád, kočovník

wandering ['wondəriŋ] adj **1** *(person)* toulavý; *(tribe)* kočovný, kočující; *(minstrel)* potulný; **the W. Jew** věčný Žid **2** *(thoughts)* těkavý **3** *(confused: speech)* nesouvislý, inkoherentní **4** *(course of river, path)* klikatý

wanderings ['wondəriŋz] n pl **1** *(journeys)* potulky, toulky, tuláctví **2** *(of thoughts)* zmatené uvažování; *(of speech)* blouznění, mluvení z cesty

wanderlust ['wondəlast] n záliba v cestování, tuláctví, fig toulavé boty, fig nepokojná krev

wane [wein] n **be on the w.** *(moon)* ubývat; fig zmenšovat se, klesat, být na ústupu; **her popularity is on the w.** její obliba klesá ● vi *(moon)* ubývat; *(strength)* ubývat komu sil; *(interest)* zmenšovat se; *(fame)* blednout; *(civilization)* upadat

wangle ['wæŋgl] n inf podvod, trik, podfuk, švindl; **by a w.** podfukem, švindlem ● vt zařídit; *(job, ticket)* sehnat (postranními cestičkami); **we'll w. it somehow** nějak to zařídíme or navlečeme; **w. sth out of sb** vymámit na kom co; **w. one's way out of sth** vyvléct se z čeho (podfukem)

wangler ['wæŋglə(r)] n inf podfukář, gauner

wangling ['wæŋgliŋ] n inf švindlování, podfukářství

waning ['weiniŋ] adj *(moon, strength)* ubývající; *(fame)* blednoucí; *(popularity)* klesající

wank [wæŋk] Br vulg sl vi honit si ho, honit si ptáka both vulg; onanovat neutr, masturbovat neutr ● n **1** lit masturbace, onanie **2** *(nonsense)* **a load of w.** naprostá hovadina or kravina

wanker ['wæŋkər] n vulg onanista; *(idiot)* vůl

wanking ['wæŋkiŋ] n vulg onanie, masturbace

want [wont] n **1** *(need)* potřeba; **satisfy sb's ~s** uspokojit čí potřeby; **he's a man of**

few ~s je to člověk, který se spokojí s málem 2 *(lack)* nedostatek; **be in w. of sth** postrádat co; **there's certainly no w. of goodwill** o nedostatku dobré vůle nelze rozhodně mluvit; **it wasn't for w. of trying** ne že bych se nesnažil; **there's no w. of candidates** kandidátů je dostatek; **he bought the house for w. of anything better** koupil ten dům, protože nemohl sehnat nic lepšího 3 *(poverty)* bída, nouze; **suffer w.** trpět nouzí; **the spectre of w.** strašák or přízrak bídy ● **I** vt 1 *(desire)* chtít, *(wish)* přát si; **do you w. a drink?** dáte si něco k pití?; **he ~s to be an actor** chce být hercem; **w. sth badly** hrozně po čem toužit; **he doesn't know what he ~s** neví, co chce; **he didn't w. to be seen** nechtěl, aby ho někdo viděl 2 *(sexually)* toužit po kom, inf mít zálusk na koho 3 *(require presence of)* **the boss ~s you** máš přijít k šéfovi; **you are ~ed on the phone** máte telefon, někdo vám volá; **if anyone ~s me** kdyby se mnou chtěl někdo mluvit 4 inf *(need, require)* potřebovat; **I w. some sleep** potřebuji se trochu vyspat; **you w. a No. 10** *(tram* etc*)* musíte jet desítkou; **I think I am not ~ed here** myslím, že jsem tu přespočetný; **that's just what I ~ed** právě to jsem potřeboval 5 *(look for)* **he is ~ed by the police** shání se po něm policie; **'Secretary ~ed'** „Hledá se sekretářka" 6 inf *(ought)* **you w. to see the doctor about that pain** s těmi bolestmi byste měl jít k doktorovi; **you w. to watch out** musíš si dávat pozor; **the grass ~s cutting** trávu je třeba posekat, tráva potřebuje posekat 7 fml *(lack: talent, confidence)* postrádat **II** vi *(you can go)* **if you w.** pokud chcete; **I don't w. to** já nechci **III** phr vs ■ **want in** vi 1 inf *(cat)* chtít dovnitř 2 inf **w. in on sth** chtít se podílet na čem ■ **want for** vt trpět nedostatkem čeho; **he ~s for nothing** nic mu neschází or nechybí, nemá v ničem nedostatek, má všeho dost ■ **want out** vi 1 inf *(dog, cat)* chtít ven 2 esp Amer inf **w. out of sth** už nechtít mít s čím nic společného

wanted ['wontid] adj *(criminal)* hledaný; **w. notice** oznámení o pátrání

wanting ['wontiŋ] adj 1 *(lacking)* **be w.** chybět, být postrádán; **the play is w. in humour** v této hře chybí humor; **he's w. in tact** chybí mu taktnost 2 *(inadequate)* nevyhovující, nedostačující; **be found w.** *(candidate)* nevyhovovat požadavkům

wanton ['wontən] adj 1 *(motiveless: cruelty)* svévolný; *(waste)* trestuhodný; *(disregard)* záměrný, úmyslný 2 Rhetor *(capricious: mood)* vrtkavý 3 dated *(licentious, immoral)* zhýralý, prostopášný, nemravný; *(look)* smyslný; **a w. woman** prostopášná žena, prostopášnice, hanebnice ■ **~ly** adv 1 svévolně; záměrně, úmyslně 2 *(behave)* nemravně, prostopášně; *(look)* smyslně ● n arch *(licentious woman)* prostopášnice, hanebnice

wantonness ['wontənnəs] n see **wanton** 1 svévolnost; trestuhodnost; záměrnost, úmyslnost 2 *(licentiousness)* zhýralost, prostopášnost; smyslnost pohledu

war [wo:(r)] n 1 lit válka; **the Second World War** druhá světová válka; **the cold w.** studená válka; **the horrors of w.** hrůzy války; **the spectre of w.** přízrak války; **the carnage of w.** válečná jatka; **be at w.** být ve válečném stavu (**with sb** s kým); **declare w.** *(on a country)* vyhlásit or vypovědět komu válku; **make** or **wage w.** vést válku, válčit ■ **w. baby** válečné dítě; **w. bride** válečná nevěsta; **w. correspondent/ crime/ criminal/ cry** válečný korespondent/ zločin/ zločinec/ pokřik; **w. clouds** válečná mračna; **the w. clouds are gathering** stahují se válečná mračna; **w. dance** válečný tanec; **w. fever** válečná horečka; **w. hysteria** válečné šílenství; **w. machine** válečná mašinérie; **w. zone** válečné území 2 fig Comm **price/ trade w.** cenová/ obchodní válka; **a war of nerves** válka nervů; **a war of words** slovní potyčka; **the w. against crime** boj se zločinem; **declare** or **wage w. on sth** *(crime, drugs* etc*)* vyhlásit válku čemu ● vi válčit, vést válku, bojovat

warble ['wo:bl] n *(of bird)* trylkování, švitoření, *(of nightingale)* klokotání, klokot ● vti trylkovat, švitořit, klokotat

warbler ['wo:blə(r)] n Orn pěnice; **reed w.** rákosník; **wood w.** budníček lesní

warbling ['wo:bliŋ] n *(of bird)* trylkování, švitoření, klokotání

ward [wo:d] n 1 *(in hospital: section)* oddělení, *(room)* sál, (nemocniční) pokoj ■ **w. round** vizita 2 *(in prison)* (vězeňská) cela 3 Jur poručenec/ poručenka or poručenkyně, svěřenec/ svěřenka or svěřenkyně; **w. of court** osoba pod dozorem soudu; **be in w.** být ve svěřenecké péči 4 Pol *(in local elections)* volební obvod; Admin městská čtvrť, městský okres ● phr v ■ **ward off** vt *(attack)* odrazit; *(blow)* zachytit; *(danger, disaster)* odvrátit; *(illness)* předejít čemu

warden ['wo:dn] n *(of youth hostel*; Amer *of prison)* správce/ správkyně; *(of park, museum)* dozorce; *(of castle)* kastelán; *(of Oxbridge college)* rektor; **traffic w.** dopravní strážník; **game w.** revírník

warder ['wo:də(r)] n **(prison) w.** (vězeňský) dozorce

wardress ['wo:drəs] n **(prison) w.** (vězeňská) dozorkyně

wardrobe ['wo:drəub] n **1** *(piece of furniture)* skříň, šatník; **built-in w.** vestavěná skříň, skříň ve zdi **2** *(clothes)* šatstvo, garderoba, šatník; **she has a large w.** má velkou garderobu **3** Theat garderoba, *(clothes* also*)* kostýmy

wardroom ['wo:dru:m] n Navy důstojnická jídelna; *(officers)* důstojnictvo

-ward(s) [-wəd(z)] suff směrem (k/ do/ na) . . .; **townwards** směrem do města; **homewards** domů

wardship ['wo:dšip] n Jur poručenství, soudní dozor

ware [weə] n výrobky, předměty; **porcelain w.** porcelán; **pewter w.** výrobky z cínu

warehouse ['weəhaus] n (pl **-houses** [-hauziz]) skladiště, sklad; **bonded** or **customs w.** celní skladiště

warehouseman ['weəhausmən] n (pl **-men**) skladník, pracovník ve skladu

warehousing ['weəhauziŋ] n skladování

wares [weəz] n pl zboží, výrobky na prodej

warfare ['wo:feə(r)] n válka, válčení, válečnictví; **biological/ chemical w.** biologická/ chemická válka; fig **class w.** třídní boj; **paper w.** papírová válka

warhead ['wo:hed] n (výbušná) hlavice rakety; **nuclear w.** jaderná hlavice

warhorse ['wo:ho:s] n lit dated vojenský kůň, poet bitevní oř; fig **an old w.** starý or ostřílený kozák, starý mazák

warily ['weərəli] adv see **wary**

wariness ['weərinəs] n (see **wary**) opatrnost, obezřetnost; prozíravost; podezíravost, nedůvěřivost; váhavost

warlike ['wo:laik] adj bojovný, bojechtivý, válečnický

warlock ['wo:lok] n čaroděj, kouzelník

warlord ['wo:lo:d] n vojenský diktátor

warm [wo:m] adj **1** *(place, bed, clothing, food, air, weather)* teplý; **it's w. today** dnes je teplo; **I am** or **feel w.** je mi teplo; **get w.** *(weather)* oteplit se, *(person)* zahřát se; **it's nice and w. outside** dnes je venku pěkně; **it's nice and w. in here** tady je (pěkně) teploučko ♦ **make things w. for sb** zatopit komu, udělat komu vojnu **2** inf *(in guessing game)* **you are getting ~er** přihořívá **3** *(cordial: reception)* srdečný, přátelský, vřelý, *(person* also*)* laskavý; *(feeling, words)* hřejivý; *(support)* nadšený **4** *(colour, tone, voice)* teplý **5** Hunt *(scent)* teplý, čerstvý ▪ see **~ly** ● n teplo; **be in the w.** být v teple; **have a w. at the fire** ohřát se u ohně; **give sth a w.** *(coffee* etc*)* ohřát co; **come into the w.** pojď do tepla ● **I** vt *(food, water)* ohřát, zahřát, *(slightly)* přihřát; **he ~ed his hands** *(by the fire)* ohřál si ruce; **w. oneself** ohřát se; **w. sb's heart** hřát koho u srdce; Sport inf **w. the bench** zahřívat lavičku, dělat věčně náhradníka **II** vi *(food)* ohřívat se, hřát se; **my heart ~ed to him** pocítil jsem k němu sympatie; **w. to one's theme** *(speaker)* rozmluvit se, *(become enthusiastic)* rozohnit se, rozpálit se **III** phr vs ▪ **warm over** vt Amer ohřívat, ohřát ▪ **warm up** *I* vt **1** *(room)* vytopit, vyhřát; *(food)* (znovu) ohřát; *(engine)* zahřát **2** fig *(audience)* rozehřát *II* vi **1** *(become warmer: person)* zahřát se, ohřát se, *(room)* vyhřát se, *(weather)* oteplit se, *(engine)* zahřát se **2** *(athlete)* zahřát se, rozcvičit se; *(audience)* rozehřát se; *(speaker)* rozohnit se **3** *(debate)* rozproudit se

warm-blooded [wo:m'bladid] adj Zool teplokrevný; fig horkokrevný

warmer ['wo:mə(r)] n ohřívač, ohřívadlo

warm-hearted [wo:m'ha:tid] adj dobrosrdečný, mající dobré srdce; *(generous)* velkorysý

warming ['wo:miŋ] n ohřátí, zahřátí ● adj *(drink)* pro zahřátí; arch **w. pan** zahřívadlo krytá nádoba se žhavým uhlím k zahřívání postele

warmly ['wo:mli] adv **1** *(dress)* teple **2** fig *(welcome, greet)* srdečně; *(recommend)* vřele; *(praise, applaud)* nadšeně

warmonger ['wo:maŋgə(r)] n válečný štváč

warmth [wo:mθ] n **1** lit teplo; **animal w.** živočišné teplo **2** fig *(cordiality)* srdečnost, vřelost; **w. of feeling** vřelost citu

warm-up ['wo:map] n Sport rozcvička also fig, rozehrání, rozběhání ▪ **w.-up round** zahřívací kolo; **w.-up match** přípravný zápas; **w.-up suit** oteplovačky

warn [wo:n] **I** vt **1** *(advise: about danger* etc*)* varovat; **w. sb about** or **against sth** varovat koho před čím; **w. sb not to do sth** varovat koho, aby něco nedělal; **you have been ~ed!** já jsem tě varoval, já jsem tě na to upozornil **2** *(inform)* **w. sb that . . .** upozornit koho, že . . .; **w. sb of sth** oznámit or ohlásit komu co **II** vi **w. of sth** upozornit na co, oznámit co **III** phr vs ▪ **warn off** vt odradit/ odrazovat, zrazovat od čeho; **w. sb off sth** zrazovat or odrazovat koho od čeho

warning ['wo:niŋ] n **1** *(advance notice: of danger* etc*)* varování, výstraha, upozornění; **give sb a few days' w.** upozornit někoho několik dní předem; **he left without w.** náhle odešel; **they appeared without any w.** objevili se zcela nenadále **2** *(lesson)* ponaučení; **let that be a w. to you** berte to jako ponaučení **3** *(caution)* napomenutí ● adj *(shot)* varovný, *(sign)* výstražný; **an early w. system** systém včasného varování

warp [wo:p] n **1** Text *(in weaving)* osnova **2** *(of wood)* zprohýbání, zvlnění; **time w.** zakřivení časoprostoru ● **I** vt **1** *(deform: wood, plastic)* zvlnit, zprohýbat, zkrabatit **2** fig *(mind, character)* pokřivit, narušit, nalomit **II** vi *(wood)* zprohýbat se, zvlnit se

warpaint ['wo:peint] n **1** lit válečné pomalování **2** joc *(make-up)* šminky, líčidlo; **put on w.** nalíčit se, zmalovat se

warpath ['wo:pa:θ] n válečná stezka; **be on the w.** být na válečné stezce; **go on the w.** vykopat válečnou sekyru

warped [wo:pt] adj **1** lit zvlněný, zprohýbaný **2** fig *(character)* pokřivený, nalomený, narušený; *(sense of humour)* zvrácený

warping ['wo:piŋ] n lit zvlnění, zprohýbání; *(of character)* pokřivení

warrant ['worənt] n **1** Jur *(written order)* soudní příkaz; **a w. of arrest** zatykač; **search w.** příkaz k domovní prohlídce; **death w.** příkaz k vykonání trestu smrti **2** Fin *(for shares, dividends)* poukázka **3** Mil **w. officer** hodnost mezi důstojníkem a poddůstojníkem ● vt **1** *(justify)* ospravedlnit, odůvodnit, být důvodem čeho; **the situation ~s a new approach** tato situace (si) vyžaduje nový přístup **2** *(guarantee)* zaručit, garantovat; **I w. you that ...** ručím ti za to, že ...

warranty ['worənti] n Comm **w. (certificate)** záruční list, záruka; **the TV set is still under w.** televizní přijímač je ještě v záruce

warren ['worən] n králičí nora; fig labyrint, mraveniště

warring ['wo:riŋ] adj *(nations, tribes)* válčící; *(interests)* protichůdný

warrior ['woriə(r)] n válečník, bojovník; **the grave of the Unknown W.** hrob Neznámého bojovníka or vojína

Warsaw ['wo:so:] n Varšava

warship ['wo:šip] n válečná loď

wart [wo:t] n bradavice ♦ *(describe sb)* **~s and all** bez příkras

warthog ['wo:thog] n Zool prase bradavičnaté

wartime ['wo:taim] n období války; **in w.** v době války, za války ● adj válečný; **w. rationing** válečný přídělový systém

wary ['weəri] adj (**-ier, -iest**) *(cautious)* opatrný, obezřetný; *(looking ahead)* prozíravý; *(distrustful)* podezíravý, nedůvěřivý; **be w. of sth** něčemu příliš nedůvěřovat; **be w. of sb** nebýt si kým jist; **be w. of doing sth** váhat s čím ■ **warily** adv opatrně, obezřetně; podezíravě; *(hesitantly)* váhavě

was [woz, weak form wəz] pt of **be**

wash [woš] n **1** *(act of ~ing)* **a)** *(of person)* **have a w.** umýt se; **have a quick w.** trochu se umýt, opláchnout se; **you could do with a w.** měl by ses umýt, neuškodilo by ti umýt se; **give one's child a w.** umýt dítě **b)** *(of things, hair, feet* etc*)* **give sth a w.** umýt co, opláchnout co; **my hair needs a w.** měl bych si umýt vlasy or hlavu; **the salad must be given a thorough w.** salát je třeba důkladně oprat **2** *(laundry)* prádlo, *(process* also*)* praní; **be in the w.** být v prádle; **after two ~es** po dvojím praní; **shrink in the w.** srazit se při praní; **come out in the w.** *(stain* etc*)* pustit praním, vyprat se ♦ inf **it will all come out in the w.** *(become known)* to se všechno ukáže, *(turn out for the best)* všechno nakonec dobře dopadne, to se poddá **3** *(sound of water)* šplouchání, šplounání **4** *(movement: caused by ship)* zpětný proud, příval, *(caused by plane)* vrtulový proud, úplav **5** Pharm *(lotion)* voda, vodička; often in compounds eg **mouth~** ústní voda **6** *(of paint)* řídký nátěr **7** *(swill)* pomyje, splašky, šlichta ● **I** vt **1** gen mýt, umýt; *(quickly* also*)* opláchnout, (esp *from surface* also*)* spláchnout; *(w. away)* smýt, spláchnout; *(w. through)* propláchnout; *(parts of one's body)* umýt si, *(quickly)* opláchnout si; *(clothes, curtains)* vyprat, přeprat, *(salad)* oprat; **w. oneself** umýt se, *(quickly)* opláchnout se; **w. one's face** umýt or opláchnout si obličej; **w. one's hair** umýt si vlasy or hlavu; **w. the dishes** umývat nádobí; **have one's car ~ed** dát si umýt auto ♦ **w. one's dirty linen in public** prát špinavé prádlo na veřejnosti; **I w. my hands of it** já si nad tím myji ruce; **w. one's hands of sb** lámat nad kým hůl **2** (Subj: *sea, river, waves)* **w. the shores/cliffs** omývat pobřeží/ narážet na skály, tříštit se o skály; **w. sb overboard** spláchnout or smést koho přes palubu; **he was ~ed overboard** byl smeten z paluby; **w. sth ashore** vyvrhnout co na pobřeží **3** *(dig out: hole, channel)* vymlít/ vymílat **4** *(paint: walls)* obílit, *(room)* vybílit **5** Techn *(gas)* prát, *(ore* also*)* propírat, vypírat, promývat **II** vi **1** *(w. oneself)* (u)mýt se, opláchnout se **2** *(do the laundry)* prát; **we always w. on Fridays** my pereme vždycky v pátek **3 this material ~es well** or **easily** tato látka se dobře or snadno pere **4** Br inf **his excuse won't w.** jeho výmluva neobstojí **III** phr vs ■ **wash away** vt **1** *(dust)* spláchnout, *(boat)* odnést, *(bridge)* odplavit; *(banks)* podemílat, vymílat, erodovat **2** fig **w. away sb's sins** smýt čí hříchy; **w. away one's guilt by sth** smýt čím svou vinu ■ **wash down** vt

1 *(car, wall)* umýt proudem vody, spláchnout **2** *(food, meal)* zapít, spláchnout ■ **wash off** *I* vt *(stain)* smýt, *(from clothes)* odstranit praním, vyprat, vyčistit *II* vi *(stain)* pustit praním, vyprat se, dát se vyprat; *(colour)* vyblednout praním; **it won't w. off** to se nedá vyprat ■ **wash out** *I* vt **1** *(clean by washing: stain)* vyprat; *(mouth)* vypláchnout si; *(cups)* vypláchnout **2** *(carry away: bridge)* odnést, odplavit **3** *(rain off)* **be ~ed out** *(match: be prevented from starting)* být odvolán pro déšť, *(be stopped)* být přerušen pro déšť *II* vi dát se vyprat, pustit praním ■ **wash over** vt **1** *(deck, jetty)* přelít or (pře)valit se přes co **2** fig **w. over sb** *(criticism, admonition)* netknout se koho, odrážet se od koho ■ **wash up** *I* vt **1** *(dishes)* umývat, umýt **2** *(bring to shore: body, debris)* vyvrhnout na břeh, vyplavit *II* vi **1** Br *(do dishes)* umýt nádobí **2** Amer *(have a wash)* umýt se, umývat se

washable ['wošəbl] adj *(dress)* prací

wash-and-wear ['wošəndweə(r)] adj *(fabric, clothes)* nežehlivý; **w.-a.-w. finish** nežehlivá úprava

washbasin ['wošbeisn] n Br umývadlo

washboard ['wošbo:d] n valcha

washbowl ['wošbəul] n Amer umývadlo

washcloth ['woškloθ] n Amer žínka

washday ['wošdei] n dated den praní

washed-out [wošt'aut] adj **1** *(colour)* vybledlý, *(garment)* sepraný **2** inf *(exhausted)* vyčerpaný, utahaný; **be w.-out** být jako po výprasku

washed-up [wošt'ap] adj sl **1** *(ruined)* hotový, namydlený **2** Amer *(exhausted)* vyčerpaný, utahaný

washer ['wošə(r)] n **1** *(washing machine)* pračka; *(dishwasher)* myčka na nádobí stroj **2** Techn podložka, *(seal)* těsnění

washer-dryer [wošə'draiə(r)] n automatická pračka se sušičkou

washer-up [wošər'ap] n *(in restaurant)* myčka nádobí osoba

washerwoman ['wošəwumən] n (pl **-women** [-wimin]) pradlena

wash-hand basin ['wošhændbeisin] n umývadlo

washhouse ['wošhaus] n (pl **~s** [-hauziz]) prádelna

washing ['wošiŋ] n **1** *(process)* umývání, mytí; *(of clothes)* praní **2** *(laundry)* prádlo; **do the w.** prát; **a pile of dirty w.** hromada špinavého prádla; **hang out the w.** pověsit prádlo ■ **w. day** den praní, prací den; **w. line** šňůra na prádlo; **w. machine** pračka; **w. powder** prášek na praní; **w. soda** prací soda, soda na praní

washing-up [wošiŋ'ap] n Br umývání nádobí; **do the w.-up** umývat or mýt nádobí ■ **w.-up basin** or **bowl** dřez (na nádobí); **w.-up cloth** hadr na (mytí) nádobí; **w.-up liquid** mycí prostředek na nádobí

wash-leather ['wošleðə(r)] n jelenice na leštění ap.

washout ['wošaut] n inf *(failure: party* etc*)* fiasko; *(person)* zkrachovaná existence

washroom ['wošru:m] n umývárna; Amer euph záchod

washstand ['wo:šstænd] n umyvadlo; formerly stojan s umyvadlem

washtub ['wořtab] n škopek, necky

washy ['woši] adj *(colours)* bledý, vybledlý; *(coffee)* slabý, vodový

wasn't ['woznt] contr of **was not**

wasp [wosp] n vosa ♦ **a w.'s nest** vosí hnízdo

Wasp, WASP [wosp] inf pej Amer abbr of **White Anglo-Saxon Protestant** bílý protestant anglosaského původu

waspish ['wospiš] adj *(person)* nedůtklivý, podrážděný; *(remark, comment)* kousavý, jízlivý, štiplavý

wasp-waist [wosp'weist] n vosí pas; **have a w.-w.** *(woman)* být (přeštípnutá) v pase jako vosa, mít vosí pas

wasp-waisted [wosp'weistid] adj **be w.-w.** mít vosí pas, být v pase jako vosa

wastage ['weistidž] n **1** *(of material, resources)* plýtvání čím, mrhání čím, *(of money* also*)* rozhazování čeho, (zbytečné) utrácení čeho, ztráty plýtváním; *(of energy, heat: by leakage)* ztráty, úbytek, únik, *(from container)* ztráty unikáním **2** Sociol **natural w.** pokles pracovních sil jejich odchodem bez propouštění

waste [weist] n **1** *(extravagant use: of resources, food, energy)* plýtvání čím, mrhání čím, *(of money* also*)* vyhazování or rozhazování čeho, *(of time)* plýtvání čím, ztráta čeho; **it's a w. of time** to je plýtvání časem, *(it's pointless)* to je zbytečné; **it's a w. of effort** to je zbytečná námaha or marná práce; **go** or **run to w.** přijít nazmar **2** *(refuse)* odpad, odpadky; *(faulty products)* brak, zmetky; Mining hlušina; **cotton w.** bavlněný odpad, bavlna na čištění; **household w.** smetí, kuchyňské odpadky; **industrial/ radioactive w.** průmyslový/ radioaktivní odpad; **metal w.** kovový odpad, kovový šrot **3** *(wasteland)* pustina, poušť; **a w. of snow** sněhová pustina; **~s** pustiny ● adj **1** *(paper)* odpadový, *(water)* odpadní; **w. material** odpadní materiál, odpadky; **w. bin** Br *(in kitchen)* nádoba or kbelík na odpadky; *(for paper)* odpadkový koš; **w. disposal unit** drtič na odpadky; **w. dump** skládka odpadků; **w. pipe** odpadová roura; **w.**

product Ind odpad bavlněný ap. 2 *(land)* ležící ladem; *(area)* pustý 3 **lay sth w.** zpustošit co ● I vt 1 *(use extravagantly)* plýtvat čím, mrhat čím, promrhat, *(money* also*)* vyhazovat, (zbytečně) utrácet, *(time)* mařit, ztrácet; *(life)* (pro)marnit; *(opportunity)* promarnit, zahodit, nevyužít, nechat si ujít; **w. sb's time** okrádat koho o čas; **you're wasting your time** zbytečně se zdržuješ, marníš čas, *(it's pointless)* zbytečně se namáháš; **we don't have much time to w.** nemáme času nazbyt; **we have no money to w.** nemáme peníze na rozhazování; **she's ~d on him** on si ji nezaslouží 2 *(lay w.)* zpustošit 3 *(muscles)* způsobit atrofii čeho; *(body* – Subj: *disease)* způsobit chřadnutí 4 Amer sl *(kill)* zlikvidovat, odklidit, odpravit II vi *(body)* chřadnout; *(become weak)* slábnout ♦ **w. not, want not** kdo šetří, má za tři III phr v ■ **waste away** vi *(physically)* chřadnout, ztrácet se před očima

wastebasket ['weistba:skit] n esp Amer koš na odpadky

wasted ['weistid] adj 1 *(money)* promrhaný, vyhozený; *(time)* ztracený; *(effort)* bezvýsledný, marný; *(journey)* zbytečný; *(life, opportunity)* promarněný; *(commodity)* vyplýtvaný; *(opportunity)* promarněný, zahozený 2 *(body)* vychrtlý, vyzáblý, vyhublý; *(muscle)* atrofovaný; **be w. by a disease** být zeslabený nemocí

wasteful ['weistful] adj *(person)* marnotratný, rozhazovačný; *(expenditure)* nadměrný; *(use of resources)* nehospodárný; *(effort)* zbytečný, marný ■ **~ly** adv marnotratně; *(inefficiently)* nehospodárně

wastefulness ['weistfulnəs] n (see **wasteful**) marnotratnost, rozhazovačnost; nehospodárnost; plýtvání

wasteland ['weistlænd] n *(uncultivated)* úhor, pole ležící ladem; *(of desert)* poušť, pustina

wastepaper basket [weist'peipəba:skit] n odpadkový koš, koš na odpadky

waster ['weistə(r)] n inf 1 *(spendthrift)* marnotratník/ -ice; **it's a time-waster** je to žrout času 2 *(good-for-nothing)* budižkničemu, darmošlap

wasting ['weistiŋ] adj Med *(disease)* způsobující úbytě

wastrel ['weistrəl] n 1 *(spendthrift)* marnotratník/ -ice 2 *(good-for-nothing)* budižkničemu

watch$_1$ [woč] n hodinky; **wrist/ digital w.** náramkové/ digitální hodinky; **pocket w.** kapesní hodinky; **my w. is slow/ fast** moje hodinky jdou pozdě/ moje hodinky se předbíhají or jdou napřed; **my w. doesn't keep good time** moje hodinky nejdou přesně; **set one's w.** nařídit si hodinky; **by my w.** podle mých hodinek ♦ **you could set your w. by him** je přesný jako hodinky ■ **w. chain** řetízek u hodinek

watch$_2$ [woč] n 1 *(lookout, surveillance)* dohled, dozor, hlídání; **keep w.** hlídat; **keep a w. on sth** sledovat co, dávat na co pozor; **keep (a) w. on sb** dozírat na koho; **keep a close w. on sb** přísně koho sledovat, šlapat komu na paty; **be on the w. for pickpockets** dávat si pozor na kapesní zloděje 2 Hist *(patrol)* **the w.** hlídka, stráž ● I vt 1 *(look at: TV, sport, film)* dívat se na co; *(observe: animal, person)* pozorovat; **w. television**, **w. TV** dívat se na televizi; **w. sb through binoculars** dívat se na koho or pozorovat koho dalekohledem; **I ~ed him leaving** viděl jsem ho, jak odchází 2 *(spy on)* sledovat; **I'll have him ~ed** nechám ho sledovat 3 *(pay attention to)* dávat pozor na co; **w. where you're going!** dívej se před sebe; dávej pozor, kam šlapeš; **w. your language**, **w. what you say** dávej si pozor na jazyk; **w. one's weight** hlídat si váhu; **w. one's figure** dávat si pozor na linii; **w. you don't fall** ať nespadneš; **w. that you don't lose it** ať to neztratíš; inf **w. it!** dávej si pozor!, inf dávej si bacha! 4 *(guard: children, property)* hlídat ♦ **set the fox to w. the geese** udělat kozla zahradníkem 5 **w. one's chance** čekat na svou příležitost II vi 1 *(observe)* dívat se, přihlížet; **w. closely** dívat se pozorně 2 *(keep vigil: at sickbed)* bdít u lůžka nemocného; **she ~ed by his bedside** bděla u jeho lůžka III phr vs ■ **watch for** vt *(postman)* vyhlížet; *(chance)* čekat na ■ **watch out** vi 1 *(be on lookout for)* vyhlížet koho 2 *(be vigilant)* **w. out!** buď opatrný!, dávej si pozor!; **w. out for sb** mít se před kým na pozoru, inf dávat si na koho bacha or expr majzla ■ **watch over** vt dohlížet na koho/ co

watchable ['wočəbl] adj *(film, TV programme)* stojící za vidění

watchband ['wočbænd] n pásek k náramkovým hodinkám; cf **watchstrap**

watchdog ['wočdog] n hlídací pes; fig *(governmental official)* kontrolor, dozorčí zmocněnec, *(committee)* dozorčí výbor

watcher ['wočə(r)] n 1 *(spectator)* divák; *(onlooker)* přihlížející, kolemstojící, pej zvědavec; **television w.** televizní divák 2 *(observer)* pozorovatel/ -ka

watchful ['wočful] adj *(vigilant)* bdělý, ostražitý; **keep a w. eye on sb** nespouštět z koho oči ■ **~ly** adv pozorně, *(observe)* bedlivě

watchfulness ['wočfulnəs] n bdělost, ostražitost

watchglass ['wočgla:s] n hodinkové sklíčko, sklíčko do hodinek

watchmaker ['wočmeikə(r)] n hodinář/ -ka; **w.'s** hodinářství

watchman ['wočmən] n (pl **-men**) hlídač; **night w.** noční hlídač

watchstrap ['wočstræp] n řemínek or pásek k hodinkám

watchtower ['wočtauə(r)] n strážní věž

watchword ['wočwə:d] n *(password)* heslo; *(slogan)* slogan, heslo

water ['wo:tə(r)] n **1** gen voda; **drinking w.** pitná voda; **hard /soft w.** tvrdá/ měkká voda; **salt/ fresh w.** slaná/ sladká voda, mořská/ říční voda; **running w.** tekoucí voda ♦ inf **be in hot w.** mít horkou půdu pod nohama; **be like a fish out of w.** být jako ryba na suchu; **be like a fish in w.** být ve svém živlu; **be on bread and w.** být or žít o chlebu a vodě; **get sb into hot w.** připravit komu horké chvíle; **he would go through fire and w. for her** skočil by pro ni do ohně; **it's like w.** *(soup* etc*)* je to jako voda; **keep one's head above w.** fig držet se nad vodou; **a lot of w. has flowed under the bridge since then** od té doby uplynulo mnoho vody; **spend money like w.** rozhazovat (peníze) oběma rukama; **take to sth like a duck to w.** být v čem jako doma; **test the w.** sondovat terén ■ **w. bed** vodní lůžko; **w. beetle** potápník; **w. bird** vodní pták; **w. biscuit** vodový suchar; **w. blister** puchýř podlitý vodou; **w. bottle** láhev na vodu; *(soldier's)* polní láhev; **w. buffalo** buvol indický; **w. bug** vodní ploštice; **w. bus** vodní omnibus; **w. butt** Br sud na dešťovou vodu; **w. cannon** vodní dělo; **w. carrier** nosič vody; *(container)* kanystr na vodu; **W. Carrier** Astron, Astrol Vodnář; **w. cart** kropicí vůz; **w. chestnut** vodní kaštan; **w. chute** skluzavka do bazénu; **w. closet** klozet, splachovací záchod; **w. flea** vodní veš; **w. gas** vodní plyn; **w. gauge** vodní manometr; **w. glass** vodní sklo; **w. heater** ohřívač vody; **w. hen** vodní slípka; **w. ice** ovocná zmrzlina; **w. jacket** Techn chladicí plášť; **w. jump** Horseracing vodní příkop; **w. level** výška hladiny vody; **w. lily** leknín; **w. main** hlavní přívod vody; **w. meter** vodní hodiny, vodočet; **w. nymph** vodní víla, najáda, rusalka; **w. pistol** vodní pistole; **w. polo** vodní pólo; **w. power** vodní energie, vodní síla; **w. rat** vodní krysa; **w. rate** vodné; **w. ski** vodní lyže; **w. skiing** vodní lyžování; **w. snake** užovka obojková; **w. softener** změkčovač vody; **w. sport** vodní sport; **w. supply** zásobování vodou; **w. table** hladina podzemní vody; **w. tank** cisterna; **w. tower** vodárenská věž; **w. vapour** vodní pára **2** *(body of w.)* voda; **we spent the whole day on the w.** ztrávili jsme celý den na vodě; **he fell in(to) the w.** spadl do vody **3 ~s** vody, vodstvo, vodní tok(y), rozsáhlá vodní plocha; **territorial/ international ~s** výsostné/ mezinárodní vody; **the upper ~s of the Thames** horní tok Temže ♦ **muddy the ~s** kalit vodu; **pour oil on troubled ~s** (z)chladit horké hlavy, zklidnit situaci; **still ~s run deep** tichá voda břehy mele, pod svícnem je tma **4** *(tide)* **high/ low w.** příliv/ odliv; **at high/low w.** za přílivu/ odlivu **5** *(at spa)* **the ~s** minerální vody, léčivé vody; **drink** or **take the ~s** léčit se v lázních **6** euph *(urine)* moč; **make** or **pass w.** močit **7** *(of pregnant woman)* **the ~s** plodová voda; **her ~s broke** odchází jí plodová voda **8** Med **w. on the brain** vodnatelnost hlavy **9** *(toilet w.)* voda; **rose w.** růžová voda **10** *(quality of diamond)* čirost ♦ **of the first w.** první třídy ● **I** vt **1** *(lawn, garden, street)* (po)kropit, (po)stříkat, *(field* also*)* zavlažit, *(plants* also*)* zalít/ zalévat **2** *(animal)* napájet/ napojit **3** *(wine)* pančovat, křtít, zředit vodou **II** vi **1** *(eyes)* slzet **2** *(mouth)* **it makes my mouth w.** sbíhají se mi při tom sliny **III** phr v ■ **water down** vt **1** *(alcohol, milk)* (z)ředit, rozředit, *(wine* also*)* pančovat, křtít; fig *(criticism)* zmírnit **2** Fin *(stocks)* rozředit vydat jich více než je podloženo kapitálem

watercolour, Amer **watercolor** ['wo:təkalə(r)] n **1** *(paint)* vodová barva **2** *(painting)* akvarel; **paint in w.** malovat vodovými barvami, spec malovat akvarelovou technikou

watercolourist, Amer **watercolorist** ['wo:təkalərist] n Art akvarelista/ akvarelistka

water-cooled ['wo:təku:ld] adj chlazený vodou

watercourse ['wo:təko:s] n **1** *(river)* vodní tok **2** *(bed)* řečiště, koryto vodního toku, *(artificial)* kanál

watercress ['wo:təkres] n řeřicha

water-diviner ['wo:tədivainə(r)] n proutkař

watered-down [wo:təd'daun] adj (z)ředěný, *(wine* also*)* pančovaný, křtěný; *(criticism)* zeslabený, zmírněný

waterfall ['wo:təfo:l] n vodopád

waterfowl ['wo:təfaul] n vodní pták; collect vodní ptactvo, vodní ptáci

waterfront ['wo:təfrant] n nábřeží; **houses along the w.** domy na nábřeží

waterhole ['wo:təhəul] n místo, kam chodí zvěř pít, napajedlo

watering ['wo:təriŋ] n *(of plants)* zalévání,

(of fields) zavlažování ■ **w. can** kropicí konev, konev na zalévání; **w. place** napajedlo

waterline ['wo:təlain] n Naut čára ponoru lodi

waterlogged ['wo:təlogd] adj **1** *(terrain)* rozbahněný, rozmoklý **2** *(boat)* plný vody; *(clothing)* nasáklý vodou

Waterloo [wo:tə'lu:] n Waterloo ◆ **meet one's W.** prohrát na celé čáře, utrpět zničující porážku

watermark ['wo:təma:k] n **1** = **waterline** **2** *(on paper)* průsvitka, filigrán, vodní značka, vodotisk

watermelon ['wo:təmelən] n vodní meloun, lubenice

watermill ['wo:təmil] n vodní mlýn

waterproof ['wo:təpru:f] adj *(garment)* nepromokavý; *(watch, window, door)* vodotěsný ● n *(coat)* nepromokavý plášť, gumák ● vt impregnovat

waterproofing ['wo:təpru:fiŋ] n **1** *(of coat)* impregnace **2** *(of wall)* izolace

watershed ['wo:təšed] n Geol rozvodí, vodní předěl; fig *(in history, career* etc*)* předěl, rozhodující moment

waterside ['wo:təsaid] n břeh, nábřeží; *(at sea)* pobřeží

watertight ['wo:tətait] adj nepropustný, těsný; fig *(proof)* nezvratný, nevyvratitelný; *(alibi)* nenapadnutelný

waterway ['wo:təwei] n vodní cesta, splavný tok

waterwheel ['wo:təwi:l] n vodní kolo

waterwings ['wo:təwiŋz] n dated plovací křidélka pro neplavce

waterworks ['wo:təwə:ks] n **1** lit zařízení k zásobování vodou **2** fig *(urinary system)* močové cesty **3** inf joc *(tears)* **turn on the w.** rozbrečet se, začít natahovat moldánky

watery ['wo:təri] adj **1** *(coffee)* slabý, *(soup)* řídký, vodnatý **2** *(eyes)* slzící, *(full of tears)* uslzený **3** *(pale: eyes)* vodový, nevýrazný; *(colour)* mdlý; fig *(style)* rozbředlý **4** **w. grave** *(at sea)* smrt v mořských vlnách, hrob na dně mořském

watt [wot] n Elec watt

wattage ['wotidž] n Elec výkon ve vattech

watt-hour [wot'auə(r)] n Elec watthodina

wattle1 ['wotl] n **1** *(material)* proutí, proutěné pletivo **2** Bot *(tree)* akácie

wattle2 ['wotl] n *(of bird esp turkey)* lalok

wattmeter ['wotmi:tə(r)] n Elec wattmetr

wave [weiv] n **1** *(of water)* vlna; **the ~s** fml moře; **tidal w.** přílivová vlna, slapová vlna ◆ **rule the ~s** ovládat moře pl; **he descended on us like a tidal w.** přihnal se k nám jako povodeň; inf **make ~s** *(cause a stir)* dělat rozruch, *(make trouble)* dělat potíže or nepříjemnosti **2** *(in hair)* vlna, vlny, zvlnění; **permanent w.** (trvalá) ondulace; **her hair has a natural w. in it** má přirozeně zvlněné vlasy **3** **shock w.** nárazová vlna; fig **a w. of immigrants** vlna přistěhovalců; **a w. of enthusiasm/ strikes** vlna nadšení/ stávek; **a w. of anger** nával hněvu **4** Mil *(of attack)* sled **5** Cine **the New W.** Nová vlna **6** *(gesture of hand)* mávnutí (rukou), pokyn (rukou); **give sb a w.** zamávat komu; **dismiss sth with a w. of the hand** přejít co mávnutím ruky; **it disappeared as if at the w. of a wand** zmizelo to, jako když čarovným proutkem mávne **7** Rad vlna; **short/ long ~s** krátké/ dlouhé vlny ● **I** vt **1** *(flag, handkerchief, hat)* also **w. about** mávat čím; *(stick, sword, fists* also*)* ohánět se čím, šermovat čím; *(hand)* mávat or kynout čím; **w. sb goodbye** (za)mávat komu na rozloučenou; **w. sth under sb's nose** *(ticket, document)* zamávat komu něčím před nosem **2** *(to indicate movement)* **w. sb across the street** mávnout na koho, aby přešel přes ulici see also phr vs **3** *(hair)* ondulovat (si), kadeřit (si) **II** vi **1** *(gesture)* mávat; **w. at** or **to sb** zamávat na koho, *(greet)* zamávat komu na pozdrav; **w. to sb to come in** mávnout na koho, aby vešel; mávnutím koho pozvat dovnitř **2** *(flag)* vlát, třepotat se; *(wheat, crowd)* vlnit se **3** *(hair)* vlnit se, být vlnitý **III** phr vs ■ **wave aside** vt **1** **w. sb aside** pokynout komu, aby ustoupil stranou or *(driver)* aby (za)jel na stranu **2** **w. sb/ sth aside** *(dismiss)* odbýt koho/ co mávnutím ruky ■ **wave away** vt vybídnout koho mávnutím k odchodu ■ **wave down** vt *(car)* zastavit mávnutím or máváním ■ **wave on** vt **w. sb on** pokynout komu, aby pokračoval

waveband ['weivbænd] n Rad vlnové pásmo

wavelength ['weivleŋθ] n Rad vlnová délka ◆ inf **be on the same w.** rozumět si (spolu), být naladěn na stejnou notu

waver ['weivə(r)] vi **1** *(person)* váhat, být nerozhodný, kolísat, otálet; *(courage)* ochabovat, slábnout; **w. in sth** zakolísat v čem, dát se v čem zviklat; **w. between X and Y** nemoci se rozhodnout mezi X a Y **2** *(flame, light)* plápolat, *(light* also*)* míhat se; *(temperature)* měnit se, kolísat; *(voice)* chvět se, třást se

waverer ['weivərə(r)] n nerozhodný člověk

wavering ['weivəriŋ] adj **1** *(person)* váhavý, nerozhodný; *(courage, determination)* ochabující **2** *(flame, light)* plápolající, plápolavý; *(voice)* chvějící se, třesoucí se, třaslavý

wavy ['weivi] adj (**-ier**, **-iest**) *(line)* vlnitý, *(hair* also*)* zvlněný

wax$_1$ [wæks] n *(for floor, furniture, skis)* vosk; **ear w.** ušní maz; **sealing w.** pečetní vosk ■ **a w. candle/ figure** vosková svíce/ figur(ín)a; **w. crayons** pastely; **w. museum** muzeum voskových figur, panoptikum (voskových figur) ● vt **1** *(floor)* (na)voskovat, napouštět voskem, leštit; *(car)* (vy)leštit, naleštit; *(skis)* (na)voskovat, (na)mazat voskem **2** *(legs)* depilovat (voskem)

wax$_2$ [wæks] vi **1** Astron *(moon)* dorůstat, přibývat; **w. and wane** *(moon)* přibývat a ubývat **2** fml *(become)* **w. lyrical** začít se rozplývat

waxcloth ['wækskloθ] n voskované plátno

waxed [wækst] adj *(floor, table)* navoskovaný, napuštěný voskem; **w. paper** voskovaný papír

waxen ['wæksn] adj **1** arch voskový, z vosku **2** fml *(face, skin)* voskově or mrtvolně bledý

waxwork ['wækswəːk] n práce z vosku; *(statue of person)* vosková figura or figurína

waxworks ['wækswəːks] n panoptikum, muzeum voskových figur

waxy ['wæksi] adj (**-ier**, **-iest**) voskový, z vosku

way [wei] n **1** *(road)* cesta; **private/ public w.** soukromá/ veřejná cesta; **across** or **over the w. from the school** naproti škole přes ulici; Astron **Milky W.** Mléčná dráha; **the Way of the Cross** křížová cesta **2** *(route)* cesta, trasa; **w. in** vchod/ *(for vehicles)* vjezd; **w. out** východ/ výjezd; **do you know the w.?** znáte cestu?; **ask sb the w.** zeptat se koho na cestu; **on my w. home** cestou domů, po cestě domů; **which w. shall we take?** kudy půjdeme?, *(by car)* kudy pojedeme?; **all the w. to Prague** až do Prahy, celou cestu do Prahy; **is this the right w. to the station?** jdu dobře na nádraží?; **find/ lose one's w.** trefit/ ztratit se; **I must be on my w.** už musím jít or běžet; **be out of the w.** *(shop* etc*)* být z ruky, být z cesty, nebýt při cestě ♦ **know one's w. around** vyznat se, umět v tom bruslit, vyznat se v tlačenici, být světem protřelý **3** *(space in front)* **block sb's w.** zastoupit komu cestu, vstoupit komu do cesty; **stand in sb's w.** stát komu v cestě; **don't stand in my w.** nestůjte v cestě, nepřekážejte; **a bus was in my w.** autobus mi zatarasil cestu; **is the suitcase in your w.?** překáží vám ten kufr?; **put obstacles in sb's w.** klást komu překážky ♦ **be in sb's w.** být komu na obtíž; **I have got it out of the w.** *(job* etc*)* mám to z krku, mám to za sebou; **pave the w. for sb** vyšlapat komu cestičku; **let nothing stand in one's w.** neustoupit ani o krok, jít za čím tvrdohlavě; **stand in the w. of progress** být brzdou pokroku; **get out of sb's w.** ustoupit or uhnout komu z cesty; **stay out of sb's w.** vyhýbat se komu, jít komu z cesty **4** *(direction)* směr; **she went that w.** ona šla tamtudy or (tam)tím směrem; **this w., please** tudy prosím; **which w. did he go?** kudy šel?, kterým směrem šel?; **lead the w.** jít první; **go down the wrong w.** *(food)* zaskočit; **swallow the wrong w.** zakuckat se ♦ **it came my w.** dostal jsem se k tomu náhodou; **something will come my w.** něco se mi naskytne; **he didn't know which w. to turn** byl celý pryč, byl naprosto zmatený **5** *(distance)* **it's a long w. (from here)** je to odsud daleko; **it's a short w. off** není to daleko; **it's quite a w.** je to (odsud) pěkný kousek, je to pořádný kus cesty; **we went a long w.** šli jsme daleko ♦ **he'll go a long w.** on to dotáhne daleko; **it's a long w. ahead** to je hudba budoucnosti; **have a long w. to go to sth** mít do čeho ještě daleko **6** *(side)* **'this w. up'** „neklopit"; **put sth on the wrong w. round** *(garment)* obléci si co na ruby ♦ **rub up sb the wrong w.** být komu solí v očích, být komu proti srsti, nebýt komu po chuti **7** *(indicating progress, motion)* **inch one's way** posunovat se (kupředu) kousek po kousku; **thrust one's w. forward** cpát se dopředu; **dig one's w. through sth** prokopat se čím; **elbow one's w. through the crowd** klestit si cestu davem, prodírat se davem; **be well on the w.** *(project* etc*)* být na dobré cestě, dobře se vyvíjet; **summer is well on its w.** léto se nezadržitelně blíží; **work one's w. up** vypracovat se, dotáhnout to někam; **worm one's w. into sb's favour** vetřít se do čí přízně **8** *(method, means)* metoda, způsob; **the American w. of life** americký způsob života; **in the following w.** následujícím způsobem; **let's do it this w.** udělejme to takhle; **you can do it another w.** můžete to udělat jinak; **I'll do it my own w.** udělám to podle svého or po svém; **in the same w.** stejně; **that's the right w. to do it** tak je to správné; **that's the w. I like it** to je ono; **one w. or another** tak či onak; **she'll do it the w. it should be done** ona to udělá, jak se sluší a patří or jak to má být; **it's the best possible w.** to je nejlepší možný způsob; **go the right/ wrong w. about sth** vzít or chytit co za správný/ nesprávný konec; **you can't do it (in) this w.** takhle to nemůžete dělat; **play it both ~s** hrát to na obě strany, hrát dvojí hru **9** *(manner,* *fashion)* **in a friendly/ manly/ practical w.** přátelsky/ mužně/ prakticky; **we see things in the same w.** máme stejné názory; **to my w. of thinking** podle mého mínění **10** *(respect)* hledisko, ohled; **in a w.** svým způsobem; **you are right in a w.** máte do jisté míry pravdu; **either w.** tak jako tak; **in this w.** v tomto ohledu; **in many ~s** v mnoha směrech; **in every possible w.** všemožně; **in no small w.** v nemalé míře **11** *(state)* stav; inf **she is in the family w.** je těhotná, je v jiném stavu; **he's in a bad w.** má to špatný*, je na tom zle or bledě, *(healthwise)* jde to s ním dolů **12** *(habit, custom)* zvyk, návyk; **have strange ~s** mít divný* způsoby or moresy; **get used to sb's ~s** zvyknout si na čí způsoby; **it's not my w. to gossip about other people** já nemám ve zvyku pomlouvat druhé; **mend one's ~s** polepšit se ♦ **you could have your way with her** *(have sex)* mohl bys u ní dosáhnout svého **13** *(talent, knack)* **have a w. with words** umět mluvit, mít dobře proříznutá ústa; **she has a w. with children** dovede to s dětmi **14 by the w.** mimochodem (řečeno) **15 by w. of i)** *(via)* **by way of ...** via, přes, cestou přes; **by w. of Brussels** přes Brusel **ii)** *(say sth)* **by w. of apology** na omluvu; **by w. of illustration** pro ilustraci; **by w. of exception** výjimečně; **by w. of introduction** úvodem **16 he gets little in the w. of salary** plat moc velký nemá; inf **is there anything in the w. of food?** je tu něco k snědku or k zakousnutí? **17 be under w.** *(talks, meeting)* probíhat; **get under w.** *(project)* rozběhnout se, rozjet se; **great events are under w.** připravují se velké věci; **it is under w.** už se na tom pracuje, už se to rozjelo ● adv inf *(far)* **it's w. up in the mountains** je to hodně vysoko v horách; **it's w. past the station** je to ještě dost daleko za nádražím; **this is w. above my head** toto je na mě moc vysoká věda; **be w. behind with one's work** být hrozně pozadu s prací; **w. back in the 1950s** už (kdysi) v padesátých letech

waybill ['weibil] n Comm nákladní list

wayfarer ['weifeərə(r)] n fml poutník, tulák

waylay [wei'lei] vt (pt & pp **waylaid** [-'leid]) **1** *(attack)* přepadnout **2** fig *(stop)* počíhat si na koho, chytit

way-out [wei'aut] adj inf *(eccentric)* excentrický, bizarní

wayside ['weisaid] n okraj cesty ♦ **fall by the w.** odpadnout, být vyřazen ■ **w. inn** hostinec u silnice, formerly zájezdní hostinec; **w. flowers** květiny rostoucí u cesty

wayward ['weiwəd] adj *(wilful: child)* svévolný, vzpurný; *(horse)* neovladatelný; *(husband, wife)* přelétavý, záletný; *(fate)* vrtkavý, nevyzpytatelný; *(shot)* zbloudilý

waywardness ['weiwədnəs] n (see **wayward**) svévolnost, vzpurnost; neovladatelnost; přelétavost; vrtkavost, nevyzpytatelnost

WC [dablju:'si:] abbr of **water closet** klozet, WC [vécé]

we [wi:, weak form wi] pron **1** lit my; **we Scots like poetry** u nás ve Skotsku máme rádi poezii; **as we say in our country** jak se říká u nás **2** fml *(royal: instead of 'I')* my; **the Royal we** plurál majestatikus, pluralis maiestaticus **3** inf *(to children, sick people* etc*)* **and how are we feeling today?** a jakpak se cítíme dnes?

weak [wi:k] adj **1** *(physically)* slabý, *(not healthy* also*)* neduživý; *(health)* slabý, křehký, chatrný; *(eyes, hearing)* slabý, špatný; *(heart)* slabý, chorý, nemocný; *(nerves)* slabý, pocuchaný; **grow** or **become w.** *(person, pulse)* zeslábnout; **be w. from sth** *(hunger, illness* etc*)* být oslabený čím; **the ~er sex** něžné or slabé pohlaví; **he went w. at the knees** podlamovala se pod ním kolena; **be a bit w. in the head**, inf **be w. in the upper storey** nemít to v hlavě v pořádku, být mdlého rozumu, inf být na hlavu padlý **2** *(construction)* slabý, nepevný; *(leg of chair* etc*)* chatrný, rozviklaný ♦ **the w. link** slabý článek řetězu **3** *(government)* slabý, nerozhodný, nemající autoritu; *(character)* slabošský; *(poor: essay, school work)* slabý, nevalný, ubohý; *(knowledge, education)* chabý; *(protest, argument)* nepřesvědčivý; *(excuse)* průhledný, chabý; **sb's w. point** něčí slabá stránka, něčí slabina **4** *(light, voice)* slabý, mdlý; *(solution,* Aut *mixture)* chudý; *(coffee, soup)* slabý, vodový, řídký **5** Ling *(verb)* slabý, pravidelný; *(syllable)* nepřízvučný ■**~ly** adv slabě

weaken ['wi:kən] **I** vt gen oslabit; *(influence* also*)* snížit, zmenšit; *(health, authority, foundations)* podkopat; *(grip)* uvolnit; *(solution)* zředit; *(resistance)* nalomit; **his illness has ~ed him** nemoc ho vysílila **II** vi oslabit se; *(voice)* (ze)slábnout; *(influence)* zmenšit se, snížit se; *(health)* zhoršovat se; *(grip)* uvolnit se, ochabnout, zeslábnout; *(resistance)* ochabnout

weak-kneed [wi:k'ni:d] adj fig změkčilý, nerozhodný, bázlivý

weakling ['wi:kliŋ] n *(person)* slaboch, padavka inf; (esp *animal)* nedochůdče

weak-minded [wi:k'maindid] adj **1** *(indecisive)* nerozhodný, váhavý **2** *(feeble-minded)* slabomyslný

weakness ['wi:knəs] n gen slabost; *(weak point)* slabina, slabá stránka, Achillova pata;

a hidden w. skrytá vada; **have a w. for sb/ sth** mít slabost pro koho/ co, být na koho/ co zatížený; **have a moment of w.** mít slabou chvilku

weak-willed [wi:k'wild] adj slabošský, mající slabou vůli

weal₁ [wi:l] n fml dated dobro, prospěch; **the common** or **public w.** obecné blaho or dobro, obecný prospěch

weal₂ [wi:l] n Med podlitina, pruh po ráně holí, šlehnutí bičem ap.

wealth [welθ] n **1** *(richness: of person, family)* bohatství, majetek; **national w.** národní kapitál ■ **w. tax** daň z bohatství **2** fig *(large amount)* hojnost, (nepřeberné) množství; **w. of experience** nepřeberné zkušenosti; **w. of colours** velká rozmanitost barev

wealthy ['welθi] adj (**-ier**, **-iest**) bohatý, zámožný, majetný; **a w. man** bohatý člověk, boháč ● n **the w.** boháči

wean [wi:n] vt **1** *(baby)* odstavit, přestat kojit **2** fig **w. sb (away) from sth** *(habit, alcohol)* odvyknout koho čemu; **be ~ed on television** být odkojen televizí

weapon ['wepən] n lit & fig zbraň

wear [weə(r)] n **1** *(clothing)* oblečení, šaty, šatstvo, oděv; **winter w.** zimní oblečení; **ladies' w.** dámské oděvy **2** *(use)* nošení, používání; **for everyday w.** pro každodenní nošení; **I've had a lot of w. out of these shoes** tyto boty mi vydržely dlouho; **she's had good w. out of that dress** těch šatů hodně užila; **there's some w. left in this shirt** tato košile se ještě dá nosit **3** *(deterioration)* **w. (and tear)** opotřebení; **be subject to w. and tear** opotřebovávat se; **look the worse for w.** *(clothes)* vypadat obnošeně; **be somewhat the worse for w.** *(person: tired)* být utahaný, být zdrblý inf, *(drunk)* být na mol ● v (pt **wore** [wo:], pp **worn** [wo:n]) **I** vt **1** *(clothes)* nosit, mít (na sobě), chodit v čem, *(spectacles)* nosit, *(beard)* mít; **w. black/ white** chodit v černém/ v bílém; **she is ~ing her new dress** má na sobě nové šaty; **w. one's hair long** mít dlouhé vlasy; **w. one's hair parted** česat si vlasy na pěšinku; **I've got nothing to w.** nemám co na sebe ♦ **w. sackcloth and ashes** sypat si popel na hlavu; **w. the trousers** or Amer **pants** být pánem v domácnosti **2** *(put on)* obléci si, vzít si (na sebe); **what will you w.?** co si oblečete or vezmete?; **you must w. a tie** musíte si vzít kravatu **3** *(use)* **she is ~ing make-up** je nalíčená **4** *(expression)* **w. a blank stare** dívat se nepřítomně; **w. a big smile** usmívat se od ucha k uchu; **w. a look of injured innocence** tvářit se jako neviňátko; **w. a mask** mít tvář jako z kamene; **w. one's heart on one's sleeve** mít srdce na dlani, neskrývat své city **5** *(damage by ~ing: clothes)* obnosit; *(carpet)* prošlapat; *(machine component)* opotřebovat; **w. a hole in sth** prodřít co; **his trousers are badly worn** má značně obnošené kalhoty **6** inf *(accept, tolerate: excuse)* spolknout; *(behaviour)* tolerovat **II** vi **1** *(last: clothes, shoes)* **w. well** vydržet, být pevný; fig inf **she has worn well** vypadá na svůj věk mladě, drží se **2** *(become worn)* opotřebovat se ♦ **my patience is ~ing thin** dochází mi trpělivost **III** phr vs ■ **wear away** *I* vt *(soles)* ošoupat; *(land)* erodovat, *(cliff)* obrousit, omlít, (roz)drolit, působit zvětrání; *(paint)* odřít; fig *(patience)* zkoušet *II* vi *(rocks)* omlít se, zvětrat; *(inscription)* ztrácet se ■ **wear down** *I* vt opotřebovat; *(steps)* ochodit, vychodit, *(heel)* sešlapat, *(tread of tyre)* ojezdit; *(pencil)* vypsat; fig *(opposition)* unavit, oslabit; **her illness wore her down** nemoc ji vysílila *II* vi opotřebovat se; *(tyre)* ojezdit se; *(heels)* ochodit se; *(pencil)* vypsat se ■ **wear off** vi **1** *(come off: paint)* odřít se, *(pattern on tyres)* ojezdit se **2** *(effect, enthusiasm)* pominout, přejít, vyprchat; **it'll soon w. off** to brzy přejde ■ **wear on** vi *(time, day)* táhnout se, vléci se ■ **wear out** *I* vt **1** *(clothes)* obnosit, opotřebovat; *(machinery)* opotřebovat; *(steps)* vychodit; *(shoes)* obnosit, prošlapat; *(gramophone record)* obehrát **2** *(reserves)* vyčerpat **3** *(tire)* utahat, umořit, ztrhat prací; **w. oneself out** utahat se, zchvátit se *II* vi opotřebovat se; *(clothes)* obnosit se; fig **her patience is ~ing out** dochází jí trpělivost ■ **wear through** *I* vt prodřít, *(elbows, trousers* also*)* prošoupat, *(trousers* also*)* prosedět, *(shoes)* prochodit *II* vi prodřít se; *(trousers)* prošoupat se; *(shoes)* prochodit se, prošlapat se

wearable ['weərəbl] adj vhodný k nošení, nositelný, *(still good)* ucházející

wearer ['weərə(r)] n **~s of glasses** lidé, kteří nosí brýle

wearily ['wiərəli] see **weary**

weariness ['wiərinəs] n see **weary** **1** unavenost, únava, malátnost, zmoženost **2** zemdlenost **3** omrzelost, otrávenost

wearing ['weəriŋ] adj **1** *(exhausting: job)* únavný, namáhavý **2** *(irritating: behaviour)* trapný; *(person)* únavný

wearisome ['wiərisəm] adj fml *(task, process)* únavný; *(tedious)* nezáživný

weary ['wiəri] adj (**-ier**, **-iest**) **1** *(tired: physically)* unavený, malátný, zmožený prací; *(limbs)* malátný; **feel w.** cítit se unavený **2** *(smile, sigh, voice)* slabý; **he said in a w. voice** řekl zemdleným hlasem **3** **be w. of**

sth být otrávený or znechucený čím; **she grew w. of his compliments** jeho lichotky ji omrzely; **I am w. of life** omrzel mě život ▪ **wearily** adv malátně, unaveně; *(speak)* zemdleně ● v (pt & pp **wearied**) **I** vt *(tire)* unavit; *(annoy)* unavovat, jít na nervy, otrávit, omrzet **II** vi **w. of sth** nabažit se čeho; **he wearied of life** omrzel ho život

wearying [ˈwɪərɪɪŋ] adj *(journey)* únavný

weasel [ˈwi:zl] n Zool lasice ▪ **w. words** uhýbavá slova, výmluvy, vytáčky ● phr v ▪ **weasel out** vi Amer vykroutit se (**of sth** z čeho)

weather [ˈweðə(r)] n počasí; Rad, TV předpověď počasí; **good/ bad w.** dobré/ špatné počasí; **changeable w.** proměnlivé počasí; **it's beautiful/ rotten w.** je hezké/ mizerné počasí; **in hot/ cold w.** za horkého/ chladného počasí; **in all ~s** za každého počasí; **what's the w. like?** jaké je počasí?; **w. permitting** když to dovolí počasí ♦ **make heavy w. of sth** inf nadělat s čím (moc povyku), dělat s čím cirátyy; inf **feel under the w.** *(unwell)* nebýt ve své kůži ▪ **w. balloon** Meteor balónová sonda; **w. bureau** Amer Meteorologický ústav; **w. chart** povětrnostní mapa; fig **keep one's w. eye open** mít se na pozoru, být ve střehu; **w. forecast** předpověď počasí; **w. forecaster** meteorolog; **w. report** zpráva o počasí; **w. station** meteorologická stanice; **w. ship** meteorologická loď; **w. vane** větrná korouhev or korouhvička ● **I** vt **1** *(survive)* **w. (out) the storm** lit přestát bouři, fig proplout úskalím čeho; **w. a crisis** překonat krizi **2** *(wood)* nechat vyzrát **II** vi *(wood)* vyzrát; *(rock)* zvětrat; **w. well** *(paint* etc*)* odolávat povětrnostním vlivům

weather-beaten [ˈweðəbi:tn] adj *(bronze)* patinovaný, mající patinu; *(face, skin)* ošlehaný větrem; *(building)* poškozený vlivem povětrnosti

weatherboard [ˈweðəbɔ:d] n Build okapnice, okapní deska

weatherboarding [ˈweðəbɔ:dɪŋ], **weatherboards** [ˈweðəbɔ:dz] n Build vodorovné překládané obíjení, obití vnější zdi (šindelem)

weathercock [ˈweðəkɒk] n lit & fig větrná korouhvička, fig also korouhvička ve větru

weathered [ˈweðəd] adj vystavený vlivu povětrnosti; *(face)* ošlehaný větrem; *(bronze)* patinovaný, mající patinu; **w. stone** zvětralý kámen

weathering [ˈweðərɪŋ] n Geol zvětrávání, zvětrání

weatherman [ˈweðəmæn] n (pl **-men** [-men]) meteorolog; Rad/ TV rozhlasový/ televizní meteorolog

weatherproof [ˈweðəpru:f] adj **1** *(clothing)* nepromokavý **2** *(building)* odolný proti vlivům povětrnosti ● vt **1** *(clothing)* impregnovat **2** *(building)* izolovat proti vlivům povětrnosti

weatherwoman [ˈweðəwʊmən] n (pl **-women** [-wɪmɪn]) meteoroložka; Rad/ TV rozhlasová/ televizní meteoroložka

weave [wi:v] n Text vazba; *(material)* tkanina ● v (pt **wove** [wəʊv], pp **woven** [ˈwəʊvn]) **I** vt **1** Text *(fabric, thread)* tkát/ utkat; *(basket, rug)* (u)plést **2** fig *(story, narrative)* vymyslet si, spřádat, rozpřádat; *(intrigues)* kout, spřádat; **w. sth into a novel** rozpracovat co na román **3** (pt & pp also **~d**) *(as verb of movement)* **w. one's way through the traffic** kličkovat mezi auty; **w. one's way through the crowd** razit si cestu davem, proplétat se davem **II** vi **1** Text tkát **2** (pt & pp also **~d**) *(road)* vinout se, klikatit se; *(drunk)* **w. unsteadily** potácet se, šněrovat (si) to **3** inf **get weaving on sth** pustit se do čeho; **get weaving!** hoď sebou!, pohyb!

weaver [ˈwi:və(r)] n **1** Text tkadlec **2** = **weaverbird**

weaverbird [ˈwi:vəbɜ:d] n Orn snovač

weaving [ˈwi:vɪŋ] n *(of cloth)* tkaní; *(of baskets)* pletení ▪ **w. loom** tkalcovský stav; **w. mill** tkalcovna

web [web] n **1** **(spider's) w.** pavučina, pavoučí síť **2** fig **a w. of lies** předivo lží; **a w. of intrigue** síť intrik; **spin a w. of lies** spřádat lži **3** *(of duck, frog)* plovací blána

webbed [webd] adj *(foot: of bird, frog)* s plovací blánou

webbing [ˈwebɪŋ] n **1** *(material)* popruhová tkanina **2** *(of bird, frog)* plovací blána; *(of humans: deformity)* spojení prstů membránami

web-footed [ˈwebfʊtɪd] adj *(animal)* mající plovací blánu; *(human)* mající membrány mezi prsty

webster [ˈwebstə(r)] n arch tkadlec

we'd [wi:d] contr of **we had**; **we would**

Wed abbr of **Wednesday** středa

wed [wed] vt (**-dd-**) **1** (pt & pp **wed**) arch (Obj: *bride)* vzít si (za ženu), oženit se s kým; (Obj: *bridegroom)* vzít si (za muže), vdát se za koho **2** (pt & pp **wed**) (Subj: *priest* – Obj: *couple)* oddat, sezdat; (Subj: *parents, father* – Obj: *daughter/ son)* provdat/ oženit; **get w.** vzít se **3** fig usu pass *(combine)* spojit, snoubit; **in him are ~ded intelligence and ambition** v jeho povaze se snoubí inteligence a ctižádost **4** fig **be ~ded to sth** *(job)* lpět na čem, *(opinion)* držet se čeho, trvat na čem

wedded [ˈwedɪd] adj *(man/ woman)* ženatý/ vdaná; *(couple, bliss)* manželský; **the**

w. state manželství, manželský přístav; **my lawful w. wife** moje zákonitá manželka

wedding ['wediŋ] n *(marriage)* svatba, *(ceremony itself* also*)* sňatek, oddavky, svatební obřad; **silver/ golden/ diamond w.** stříbrná/ zlatá/ diamantová svatba; **have a church/ civil w.** brát se v kostele/ na radnici ■ **w. anniversary** výročí svatby; **w. band** Amer snubní prsten; **w. breakfast** svatební hostina oběd po skončení obřadu; **w. cake/ dress/ march/ night/ present/ reception** svatební dort/ šaty/ pochod/ noc/ dar/ hostina; **w. ring** snubní prsten

wedge [wedž] n **1** *(for splitting wood)* klín, *(under wheel* also*)* špalek; **drive a w. into sth** zatlouci do čeho klín ♦ fig **drive a w. between allies** vrazit klín mezi spojence; inf **it's the thin end of the w.** to je teprve začátek úspěchu/ konce ap. **2** *(of cake, cheese)* kousek **3** *(shoe)* bota s klínovým podpatkem; **w. (heel)** klínový podpatek, klínek ● vt **1** *(wheel)* podložit, založit (klínem or špalkem), zašpalkovat; *(table leg)* podložit (klínkem); **w. a door open** otevřít dveře a založit je klínem **2** *(squeeze)* **be ~d against sth** být natlačen na co; **she was ~d (in) between two fat men** seděla vklíněná mezi dvěma tlustými muži; **he ~d himself in between us** vecpal se mezi nás

wedge-shaped ['wedžšeipt] adj klínový, klínovitý, ve tvaru V

wedlock ['wedlok] n fml manželství, manželský svazek, svazek manželský; **lawful w.** pravoplatné manželství; **be born out of w.** narodit se jako nemanželské dítě

Wednesday ['wenzdi] n středa; **Ash W.** popeleční středa; **on W.** ve středu; see also **Tuesday**

wee₁ [wi:] adj esp Scot maličký, malinký, mrňavý; **a w. bit** kousíček, *(slightly)* maličko, kapánek, drobátko; **a w. while** chvilička; **in the w. (small) hours of the morning** v časných ranních hodinách

wee₂ [wi:] vi inf čurat ● n **have a w.** vyčurat se

weed [wi:d] n **1** *(plant)* plevel **2** sl *(marijuana)* tráva, dříví, márinka, marján(k)a **3** inf pej *(person)* vyzáblina, nedochůdče ● **I** vt *(garden)* (vy)plít, odplevelit **II** vi plít, vytrhávat plevel **III** phr v ■ **weed out** vt **1** *(plant)* vytrhat; *(flower bed)* vyplít **2** fig *(candidates)* vyřadit, prosít

weeding ['wi:diŋ] n pletí; *(with hoe* also*)* okopávání

weedkiller ['wi:dkilə(r)] n herbicid

weeds [wi:dz] n arch smuteční šaty; **be in widow's w.** nosit smutek po manželovi

weedy ['wi:di] adj **(-ier, -iest) 1** *(ground)* zaplevelený **2** *(person)* neduživý, nedomrlý, vychrtlý; **w. plot** chabá zápletka

week [wi:k] n týden; **last/ next w.** minulý/ příští týden; **a w. ago** před týdnem; **two ~s ago** před dvěma týdny or inf nedělemi, před čtrnácti dny; **a w. ago yesterday** včera tomu bylo týden; **a w. today**, **today w.** ode dneška za týden; **a w. on Thursday**, **Thursday w.** příští čtvrtek, od čtvrtka za týden; **every two ~s** každých čtrnáct dní; **a w.'s holiday/ stay** týdenní dovolená/ pobyt; **w. in w. out**, **w. after w.** týden po týdnu; **in the w. ending August 10** v týdnu od 4. do 10. srpna

weekday ['wi:kdei] n všední den; Admin pracovní den; **on ~s** ve všední dny, v pracovní dny ■ **w. clothes** šaty na všední den

weekend [wi:k'end] n víkend, sobota a neděle, konec týdne; **go away for the w.** jet o víkendu mimo město, odjíždět na víkend; **at** or Amer **on the w.** o víkendu; **at ~s**, Amer **on ~s** o víkendech; **take a long w.** udělat si dlouhý víkend ■ **w. cottage** (víkendová) chata; **w. return** rekreační jízdenka; **w. trip** víkendový výlet ● vi (z)trávit víkend kde

weekly ['wi:kli] adj *(budget, ticket)* týdenní; *(visit)* každotýdenní, opakující se (pravidelně) každý týden ● adv týdně ● n týdeník

weenie ['wi:ni] n Amer **1** *(frankfurter)* párek, uzenka

weeny ['wi:ni] adj **(-ier, -iest)** inf maličký, malinkatý, mrňavý

weenybopper ['wi:nibopə(r)] n inf dítě posedlé popovou hudbou

weep [wi:p] n **have a little w.** trochu si poplakat; **have a good w.** pořádně se vyplakat ● v (pt & pp **wept** [wept]) **I** vi **1** *(person)* plakat, brečet, slzet, ronit slzy; **w. for joy** plakat radostí; **w. with emotion** plakat dojetím; **w. for sb** oplakávat koho, plakat nad kým; **it's enough to make you w.** to by člověk brečel **2** *(wall)* potit se, opocovat se; *(wound)* mokvat **II** vt *(tears)* ronit; **w. bitter tears** hořce plakat or štkát

weepie ['wi:pi] n inf *(sentimental film* etc*)* limonáda, doják

weeping ['wi:piŋ] n pláč; **a fit of w.** záchvat pláče ● adj plačící, slzící; *(wound)* mokvající; **w. willow** smuteční vrba

weepy ['wi:pi] adj **(-ier, -iest)** inf **1** *(person)* uplakaný, plačtivý **2** *(film, story)* sentimentální ● n see **weepie**

weevil ['wi:vl] n *(beetle)* nosatec, pilous

wee-wee ['wi:wi:] v, n see **wee**₂

weft [weft] n Text útek

weigh [wei] **I** vt **1** *(object, person)* (z)vážit; **w. oneself** zvážit se; **w. sth in one's hand** potěžkat co v ruce; **can you w.**

these apples for me? můžete mi odvážit tato jablka? **2** fig *(consider)* vážit, zvažovat, zkoumat; **w. one's words** vážit svá slova; **w. the pros and cons** vážit or zvažovat důvody pro a proti **3** Naut **w. anchor** zvednout kotvy **II** vi **1** *(person, object)* vážit; **how much does it w.?** kolik to váží?, jak je to těžké?; **it doesn't w. much** není to moc těžké; **it ~s ten kilos** váží to deset kilogramů ♦ inf **it ~s (half) a ton** je to těžké jako cent, to váží metrák **2** *(scales)* **w. heavy/ light** ukazovat příliš moc/ málo **3** fig **w. (heavily) on sb** *(responsibility, guilt)* tížit koho; **it ~s heavily on my conscience** tíží mě to na duši **4** fig *(be important)* **w. with sb** platit na koho **III** phr vs ■ **weigh down** vt **1** lit zatížit, obtížit; **the branches were ~ed down with fruit** větve se ohýbaly or skláněly pod tíží ovoce; **he was ~ed down with suitcases** byl ověšen kufry **2** fig skličovat, tísnit, tížit; **she was ~ed down with financial problems/ debts** tížily ji finanční problémy/ dluhy ■ **weigh in** *I* vi **1** Sport nechat se zvážit před utkáním/ startem; **the boxer ~ed in at 80 kilos** před startem vážil boxer 80 kilogramů **2** *(at airport)* nechat si zvážit zavazadla **3** inf fig *(intervene)* zasáhnout, vložit se do čeho; *(in debate)* vložit se or zasáhnout do debaty; **he ~ed in with a powerful argument** vytasil se s přesvědčivým důkazem *II* vt *(luggage)* nechat zvážit ■ **weigh out** vt navážit, odvážit ■ **weigh up** vt *(consider: situation)* (z)hodnotit, zvážit, zkoumat; *(opposition, opponent)* posoudit, odhadnout; **w. up all the pros and cons** zvažovat důvody pro a proti, hledat všechna pro a proti

weighbridge ['weibridž] n mostní váha

weigh-in ['weiin] n Sport vážení před zápasem/ startem; *(at airport)* vážení zavazadel

weighing machine ['weiiŋməši:n] n váha; *(for people)* osobní váha

weight [weit] n **1** *(heaviness)* váha, hmotnost; Sport, Box váhová kategorie; **what's your w.?** kolik vážíte?; **my w. is 70 kilos** vážím 70 kilo(gramů); **lose w.** (z)hubnout, ztratit/ ztrácet na váze, shodit; **put on w.** přibírat na váze, (z)tloustnout; **we are the same w.** vážíme stejně, máme stejnou váhu; **sell sth by w.** prodávat co na váhu; **watch one's w.** hlídat si váhu; **it is worth its w. in gold** má to cenu zlata ■ **w. allowance** *(for air passengers)* volná zavazadla; **have a w. problem** mít potíže s váhou **2** *(load to be supported)* zátěž, tíha, váha; *(burden)* břemeno, náklad; **support the w. of the roof** nést tíhu střechy; **will the chair take my w.?** unese mě ta židle? **3** *(force: of blow)* síla, prudkost; **put one's full w. behind a blow** udeřit plnou silou; inf **take the w. off your feet** joc *(sit down)* posaďte se **4** *(piece of metal for scales)* závaží; *(to weigh down papers)* těžítko; **a set of ~s** sada závaží; **~s and measures** váhy a míry, fml hmotnosti a míry; **specific w.** specifická hmotnost or váha; **gross w.** brutto váha, hrubá váha **5** Sport **lift ~s** zvedat činky, vzpírat **6** fig *(burden: of responsibility* etc*)* tíže; **the w. of evidence** tíha or pádnost důkazů; **that's a w. off my mind** to mi spadl kámen ze srdce; **under the w. of one's duties** v návalu práce **7** fig *(importance)* důležitost, závažnost, *(of opinions* etc*)* váha; **he carries a lot of w.** má velké slovo, jeho slovo má velkou váhu; **carry w. with sb** platit na koho; **not carry enough w. to do sth** být na co krátký, být na co malý pán; **the w. of public opinion** tlak veřejného mínění; inf **throw one's w. about** roztahovat se, rozpínat se, dělat se důležitým; **pull one's w.** udělat své, plně se na něčem podílet ● **I** vt **1** *(put weights on; weigh down)* zatížit **2** fig *(bias)* **be ~ed for/ against sb** *(rules, laws* etc*)* zvýhodňovat/ znevýhodňovat koho **II** phr v ■ **weight down** vt *(person with packages)* ověsit čím, obtížit čím; *(body, net)* zatížit

weighting ['weitiŋ] n **1** *(on salary)* příplatek; **London w.** londýnský drahotní přídavek k platu **2** Stat statistické vážení

weightless ['weitləs] adj beztížný

weightlessness ['weitləsnəs] n beztíže, stav beztíže, beztížný stav

weightlifter ['weitliftə(r)] n vzpěrač

weightlifting ['weitliftiŋ] n vzpírání, vzpěračství

weightwatcher ['weitwočə(r)] n osoba, která si hlídá váhu

weighty ['weiti] adj **(-ier, -iest) 1** lit *(heavy: luggage* etc*)* těžký **2** fig *(problem, matter)* závažný; *(argument, evidence)* pádný

weir ['wiə(r)] n (říční) jez; *(fish trap)* rybí zábrana

weird [wiəd] adj **1** *(mysterious)* tajuplný, záhadný **2** inf *(peculiar)* podivný, zvláštní, bizarní, výstřední ■ **~ly** adv **1** tajuplně, záhadně **2** podivně, bizarně, výstředně

weirdie ['wiədi] see **weirdo**

weirdness ['wiədnəs] n see **weird 1** tajuplnost, záhadnost **2** inf podivínství, bizarní chování, výstřednost

weirdo ['wiədəu] n pej inf podivín, výstředník, číslo

welcome ['welkəm] n přivítání, přijetí, uvítání; **give sb a warm w.** srdečně koho přivítat; **we were given a friendly w.**

dostalo se nám vlídného přijetí; **he said a few words of w.** řekl několik slov na uvítanou ● adj **1** *(visitor)* vítaný; **make sb feel w.** přijmout koho přátelsky; **you are always w. in this house** u nás jste vždy vítán **2** *(desirable: change, opportunity, excuse)* vítaný; **his offer was most w.** jeho nabídka mě velmi potěšila **3** pred *(permitted)* **you're w. to stay here** můžeš tu klidně zůstat; **you're w. to join us** rádi vás mezi sebe přijmeme, rádi vás uvítáme; iron **you're w. to it!** jen si posluž! **4 you're w.!** *(acknowledgment of thanks)* prosím, rádo se stalo, není zač ● vt **1** gen přivítat, uvítat; **w. sb warmly** uvítat koho srdečně; **w. sb with open arms** uvítat koho s otevřenou náručí **2** fig *(opportunity, measures, change)* uvítat, být potěšen čím, být rád čemu; **they ~d the news** ta zpráva je potěšila ● interj **w.!** pěkně vítám!, buďte vítán/ vítána/ vítáni!; **w. to Prague!** vítejte v Praze!, srdečně vás vítáme v Praze

welcoming ['welkəmiŋ] adj *(smile)* vlídný, laskavý; *(speech)* uvítací, *(reception, ceremony)* na uvítanou

weld [weld] n Techn svár ● **I** vt **1** lit *(two parts together)* svařit; **w. sth onto sth** navařit or přivařit co na co **2** fig also **w. together** *(unite: party)* stmelit **II** vi *(metals)* dát se svařovat/ svařit

welded ['weldid] adj svařený; **w. joint** svárový šev

welder ['weldə(r)] n **1** *(person)* svářeč/ -ka, letovač/ -ka **2** *(machine)* svářečka

welding ['weldiŋ] n **1** lit svařování; **spot w.** bodové svařování ■ **w. torch** svařovací hořák **2** fig *(of groups)* stmelování, sjednocování

welfare ['welfeə(r)] n **1** *(wellbeing)* blaho, spokojenost, prospěch, prosperita; *(interest)* zájem; **public w.** obecné blaho, veřejný prospěch; **the w. of the individual** blaho jednotlivce; **be concerned about sb's w.** obávat se o čí osud **2** *(w. work)* **social w.** sociální péče; **child w.** péče o děti **3** Amer *(state assistance)* sociální zabezpečení; *(money)* also **w. payments** dávky sociálního zabezpečení; **be on w.** pobírat sociální dávky ■ **w. officer** sociální pracovník; **w. state** sociální stát, státní systém sociálního zabezpečení; **w. system** systém sociálního zabezpečení

well$_1$ [wel] n **1** *(for water)* studna, *(small)* studánka; **oil w.** ropný vrt; **artesian w.** artéská studna **2** *(for lift, staircase; space between buildings)* šachta **3** Br Jur prostor před soudcem ● phr v ■ **well up** vt *(water, blood)* prýštit, tryskat, vytrysknout; **tears ~ed up in her eyes** z očí jí vytryskly slzy, vyhrkly jí slzy

well$_2$ [wel] adj (**better**, **best**) **1** *(healthy)* **be w.** být zdravý, být zdráv; **I don't feel w.** není mi dobře, necítím se dobře, je mi nevolno; **you'll soon be w. again** brzy zase budeš v pořádku; **get w.** uzdravit se; **'get w. soon!'** *(on card)* „přeji ti brzké uzdravení" **2** *(satisfactory)* **all is w.** všechno je v pořádku; **he began to fear that all was not w. with her** začal se bát, že se jí něco stalo; **that's all very w. but ...** budiž, ale ..., to je všechno hezké, ale ...; **it's all very w. for you to speak like that but ...** vám se to mluví, ale ... ♦ **all's w. that ends w.** konec dobrý – všechno dobré, konec vše napraví, konec korunuje dílo; **w. done!** výborně, bravo! **3** *(advisable)* **it's as w. to remember that ...** je radno si zapamatovat, že ... ● adv (**better**, **best**) **1** *(satisfactorily)* dobře; **be w. built** mít (dobrou) figuru; **be shaping up w.** *(situation)* být slibný, rýsovat se dobře, působit dobrým dojmem; **dress w.** dobře se oblékat; **fit w.** *(dress)* padnout, přiléhat; **he's doing w.** *(materially)* vede se mu dobře, *(patient)* zotavovat se, *(student)* učit se dobře; **do w. at school** prospívat dobře ve škole; **he means w. (by you)** myslí to (s vámi) dobře; **it sells w.** dobře se to prodává, jde to na odbyt; **treat sb w.** chovat se ke komu dobře; **they work w. together** jsou sehraní; **do very w. for oneself** někam to dotáhnout; **if my memory serves me w.** pokud si dobře pamatuji, pokud mi slouží paměť **2** *(thoroughly)* důkladně; **shake w.** důkladně protřepat; **know sb w.** znát koho dobře **3** *(approvingly)* **speak w. of sb** mluvit o kom v dobrém; **think w. of sb** smýšlet o kom dobře **4** *(favourably)* **take sth w.** vzít co sportovně; **be w. thought of** mít dobrou pověst, mít dobré jméno; **do w. out of sth** mít z čeho prospěch, vytlouct z čeho peníze, přijít si při čem na své **5** *(with modal verbs)* **I might w. go there** možná, že tam půjdu; **you would do w. to go there** bylo by dobré, kdybyste tam šel; **you may w. be right** možná, že máte pravdu; **you might as w. not bother** máš to marné, snažíš se zbytečně; **I might as w. go home** to mohu jít zrovna domů; **it may w. be that ...** je docela možné, že ...; **one might w. ask why ...** je možno se ptát, proč ... **6** *(to a considerable degree)* dobře, hodně; **he's w. over fifty** je mu dobře or hodně přes padesát; **it was w. past midnight** bylo dlouho po půlnoci; **it took w. over an hour** trvalo to hodně přes hodinu; **have the situation w. in hand** být pánem situace;

he was w. ahead of us byl daleko před námi; **it's w. worth trying** stojí to opravdu za zkoušku ♦ **be w. in with sb** inf mít to u koho dobré, mít u koho dobré oko; **be w. on the way with sth** být s čím daleko, stát si s něčím dobře; **leave w. alone** vyhnout se čemu na sto honů; **you are w. out of it** máš štěstí, že už s tím nemáš nic společného; už jsi z toho venku **7 as w.** rovněž, také, taktéž, jak by smet; **as w. as** jakož i, stejně jako; **he is rich as w. as intelligent** je bohatý a zároveň inteligentní; **you know as w. as I do that ...** ty víš stejně dobře jako já, že ... **8** inf **be w. away** být na dobré cestě, *(drunk)* být pěkně zlitý ● interj nuže, tak (tedy), no tak, no dobře; **w., w., (w.)!** no ne!, ale ne!, ale hleďme!; dated **w. I never!** no ne!, no tohle!, koukejme se!; **w. then** nuže tedy; **very w. then** no tak dobře; **w. there you are** no tak vidíš; inf **w. blow me!** to mě tedy podrž!, to jsem blázen!

we'll [wi:l] contr of **we shall**; **we will**

well-adjusted [weləd'džastid] adj Psych vyrovnaný; *(to society)* dobře přizpůsobený

well-advised [weləd'vaizd] adj *(decision)* uvážený, moudrý, rozumný; **he was w.-a. to leave** dobře udělal, že odešel

well-aimed [wel'eimd] adj *(shot)* dobře mířený

well-appointed [welə'pointid] adj *(house, flat)* dobře zařízený, dobře vybavený, komfortní

well-argued [wel'a:gju:d] adj dobře odůvodněný or zdůvodněný

well-attended [welə'tendid] adj *(meeting)* s hojnou účastí

well-balanced [wel'bælənst] adj *(person)* vyrovnaný, racionální; *(diet, budget)* (dobře) vyvážený

well-behaved [welbi'heivd] adj *(child)* dobře vychovaný, hodný, způsobný; *(animal)* dobře vycvičený

well-being [wel'bi:iŋ] n **1** *(being contented)* pohoda; *(being healthy)* zdraví **2** *(welfare: public, economic* etc*)* blaho, dobro, prosperita

well-beloved ['welbilavd] adj (vřele) milovaný ● n milovaná osoba

well-born [wel'bo:n] adj pocházející z dobré rodiny

well-bred [wel'bred] adj **1** *(well-behaved)* dobře vychovaný **2** *(from good family)* z dobré rodiny **3** *(animal)* z dobrého chovu; *(horse)* čistokrevný

well-brought-up [welbro:t'ap] adj dobře vychovaný

well-built [wel'bilt] adj **1** *(house)* dobře postavený, pevné konstrukce **2** *(person)* dobře stavěný, pěkně rostlý, urostlý, ztepilý

well-chosen [wel'čəuzn] adj dobře volený; **a few w.-c. words** několik vhodně volených slov

well-connected [welkə'nektid] adj **be w.-c.** mít (vlivné) známosti, mít styky, mít konexe

well-deserved [weldi'zə:vd] adj *(praise)* zasloužený, spravedlivý

well-developed [weldi'veləpt] adj dobře vyvinutý; *(idea)* rozpracovaný

welldigger ['weldigə(r)] n studnař

well-disposed [weldi'spəuzd] adj **be w.-d. towards sb/ sth** být komu/ čemu nakloněný

well-done [wel'dan] adj *(meat)* propečený, dobře vypečený

well-dressed [wel'drest] adj dobře oblečený

well-earned [wel'ə:nd] adj *(holiday)* zasloužený

well-educated [wel'edjukeitid] adj *(having a good education)* vzdělaný, *(cultured)* kultivovaný

well-equipped [welə'kwipt] adj *(office)* dobře vybavený; *(military unit)* dobře vystrojený a vyzbrojený; *(expedition)* dobře vystrojený or zabezpečený

well-established [weli'stæblišt] adj *(business)* (dobře) zavedený; *(practice)* osvědčený; *(custom)* starý

well-fed [wel'fed] adj dobře živený

well-founded [wel'faundid] adj *(knowledge)* fundovaný; *(suspicion)* důvodný, oprávněný; *(complaint)* opodstatněný

well-groomed [wel'gru:md] adj *(person)* pěstěný; *(hair)* pečlivě učesaný; *(horse)* (dobře) vyhřebelcovaný; *(garden, park)* dobře udržovaný

well-grounded [wel'graundid] adj **1 be w.-g. in history** dobře ovládat historii, mít solidní znalosti historie **2 w.-g. in fact** solidně podložený fakty

wel-guarded [wel'ga:did] adj *(secret)* dobře střežený

wellhead ['welhed] n pramen, zřídlo; fig zdroj

well-heeled [wel'hi:ld] adj inf zazobaný, prachatý

well-hung [wel'haŋ] adj **1** *(meat)* odleželý **2** inf *(man)* dobře vybavený

well-informed [welin'fo:md] adj dobře informovaný; **w.-i. circles** dobře informované kruhy

wellington ['weliŋtən] n also **w. boot** gumák; **~s** gumáky, gumové holínky

well-intentioned [welin'tenšnd] adj dobře míněný

well-judged [wel'džadžd] adj uvážený

well-kept [wel'kept] adj **1** *(hands)* pěstěný; *(garden, house)* dobře udržovaný **2** *(secret)* dobře uchovávaný, přísně střežený

well-knit [wel'nit] adj *(body)* dobře rostlý, urostlý; *(argument)* dobře promyšlený

well-known [wel'nəun] adj *(person)* známý, proslulý; *(fact)* dobře známý; when not attr **it is w. k. that ...** je (všeobecně) známo, že ...; **he is w. k. for his hypocrisy** je pověstný svým pokrytectvím

well-liked [wel'laikt] adj oblíbený (**by everybody** u všech)

well-made [wel'meid] adj dobře udělaný

well-mannered [wel'mænəd] adj způsobný, dobře vychovaný, zdvořilý

well-matched [wel'mæčt] adj *(pair)* hodící se k sobě; **be w.-m.** hodit se k sobě

well-meaning [wel'mi:niŋ] adj *(person)* myslící to dobře

well-meant [wel'ment] adj *(advice)* dobře míněný

well-nigh [wel'nai] adv téměř; **it's w.-n. impossible** je to skoro nemožné

well-off [wel'of] adj **1** *(rich)* zámožný, majetný, dobře situovaný **2** inf fig *(fortunate)* mající štěstí ♦ **he doesn't know when he is w.-o.** neví, co má; pálí ho dobré bydlo; neváží si toho, co má

well-oiled [wel'oild] adj dobře promazaný; fig *(drunk)* namazaný

well-padded [wel'pædid] adj inf *(plump: person)* pěkně oplácaný, při těle

well-paid [wel'peid] adj dobře placený

well-preserved [welpri'zə:vd] adj *(building, person)* zachovalý

well-read [wel'red] adj sečtělý, sčetlý

well-researched [welri'sə:čt] adj *(report)* fundovaný

well-rounded [wel'raundid] adj *(figure)* plnoštíhlý; *(cheeks)* kulatý; *(personality)* všestranný

well-spent [wel'spent] adj *(time)* dobře využitý; *(money)* dobře or účelně vynaložený

well-spoken [wel'spəukən] adj mluvící uhlazeně or kultivovaně

well-stacked [wel'stækt] adj sl *(woman)* kyprá, mající bujné vnady

well-stocked [wel'stokt] adj dobře zásobený, Comm also mající široký sortiment

well-thought-of [wel'θo:tov] adj when not attr **be w. t. of** těšit se dobré pověsti, *(product also)* mít dobrý zvuk

well-thought-out [welθo:t'aut] adj *(plan)* dobře promyšlený; **be w. t. out** být dobře promyšlený

well-timed [wel'taimd] adj dobře načasovaný

well-to-do [weltə'du:] adj zámožný, majetný ● n Br **the w.-to-do** majetní lidé, boháči

well-tried [wel'traid] adj vyzkoušený, osvědčený

well-turned [wel'tə:nd] adj **w.-t. phrase** dobrá or obratná formulace

well-versed [wel'və:st] adj **be w.-v. in sth** být v čem dobře kovaný, mít dobrou znalost čeho

well-wisher ['welwišə(r)] n gratulant; *(of cause)* sympatizant

well-woman-clinic [wel'wumənklinik] n ženská klinika

well-worn [wel'wo:n] adj **1** *(garment, shoes)* obnošený; *(path)* vyšlapaný, vychozený ♦ **keep to the w.-w. paths** chodit po vyšlapaných cestičkách **2** *(expression, phrase, theme)* otřepaný, otřelý

welly ['weli] n inf **wellies** gumáky, (gumové) holínky

Welsh [welš] adj waleský, velšský; **W. dresser** kredenc; **W. rabbit** or **rarebit** topinka s taveným sýrem ● n **1** *(language)* waleština, velština **2 the W.** Walesané, Velšané

welsh [welš] vi Br zmizet bez placení; *(bookmaker)* utéci s penězi bez zaplacení výher; **w. on a debt** nezaplatit dluh; **w. on a promise** nedodržet slib

Welshman ['welšmən] n (pl **-men**) n Walesan, Velšan

Welshwoman ['welšwumən] n (pl **-women** [-wimin]) n Walesanka, Velšanka

welt [welt] n **1** *(weal)* podlitina po švihnutí bičem ap. **2** *(on shoe)* okolek; *(on garment)* obruba, okraj

welter ['weltə(r)] n *(confusion)* změť, *(disorderly mixture)* směsice, hromada; **a w. of detail** nesmírné množství detailů; **a w. of blood** krvavá lázeň ● vi *(roll)* válet se; **w. in blood** brodit se v krvi

Weltanschauung ['velta:nšauuŋ] n světový názor

welterweight ['welterweit] n Box *(category)* velterová váha; *(boxer/ wrestler)* boxer/ zápasník velterové váhy

Weltschmerz ['veltšmeəts] n světobol

wench [wenč] n dated or joc holka, dívka

wend [wend] vt fml **w. one's way** (za)mířit, namířit si to kam; **w. one's way home** zamířit domů, vydat se domů

Wendy house ['wendihaus] n domeček pro dětské hry

went [went] pt of **go**

wept [wept] pt & pp of **weep**

were [wə:(r), weə, weak form wə] pt of **be**

we're [wiə(r)] contr of **we are**

weren't [wə:nt, weənt] contr of **were not**

werewolf ['weəwulf] n (pl **-wolves** [-wulvz]) n vlkodlak

west [west] n **1** *(direction)* západ; **in the w.** na západě; **to the w.** na západ (**from** od); **the wind is coming from the w.** vítr fouká od západu; **the Wild W.** Divoký Západ **2** Pol *(western world)* **the W.** Západ ● adj západní; **W. Coast** západní pobřeží USA; **the W. End** West End západní část Londýna; **in the W. End** ve West Endu; **W. Indian** antilský; **the W. Indies** Antily ● adv *(to the w.)* na západ, k západu, západním směrem ♦ **go w.** lit jít na západ za příležitostí; fig inf *(person)* odejít do věčných lovišť, *(opportunity, hope* etc*)* být ten tam, jít k čertu

westbound ['westbaund] adj *(traffic)* směřující na západ, *(road)* vedoucí na západ; **be w.** jet na západ

westerly ['westəli] n (pl **westerlies**) západní vítr ● adj západní; **in a w. direction** západním směrem

western ['westən] adj západní; Pol **W. Europe** západní Evropa, Západ ● n Cine western

westernize ['westənaiz] vt přizpůsobit Západu

westernized ['westənaizd] adj přizpůsobený Západu, kopírující Západ

westernmost ['westənməust] adj nejzápadnější

westward ['westwəd] adj *(to the w.)* **in a w. direction** západním směrem ● adv (směrem) na západ

westwards ['westwədz] adv na západ

wet [wet] n **1** *(dampness)* vlhko, vlhkost, mokro; *(rain)* déšť; **go out in the w.** jít ven do deště; **don't leave your bike out in the w.** nenechávejte si kolo venku na dešti; **don't stand in the w.** nestůjte v mokru **2** Austr **the w.** *(rainy season)* období dešťů **3** Amer odpůrce prohibice **4** Br Pol pej *(in the Conservative party: not a hardliner)* umírněný **5** Br inf *(feeble person)* slaboch, bačkora; *(foolish person)* hlupák ● adj **1** *(damp)* vlhký, zvlhlý, provlhlý; *(soaked)* mokrý, promočený, *(shoes also)* zmáčený, nasáklý vodou; *(soaked from rain: person)* zmoklý, *(clothes)* promoklý, promočený; *(baby)* mokrý, počuraný; **w. with dew** orosený, zarosený; **get w.** zvlhnout, stronger zmáčet se, promáčet se, *(in rain)* zmoknout, *(get soaked)* promoknout; **w. to the skin** promočený or promoklý až na kůži or na kost, promoklý do poslední nitky; **get one's feet w.** zmáčet si nohy; **her eyes were w. with tears** byla uslzená ♦ **be still w. behind the ears** mít ještě mléko na bradě, být úplný zelenáč, být ještě mladý or neostřílený zajíc **2** *(freshly applied: paint)* čerstvý; **'w. paint'** „čerstvě natřeno"; **the ink is still w.** inkoust ještě neuschl **3** *(rainy)* deštivý, mokrý, *(weather, day also)* ubrečený, plačtivý; **the w. season** období dešťů; **it's been w. all summer** celé léto pršelo ♦ inf **look like a w. weekend** tvářit se jako po funuse or jako funebrák **4** Amer *(allowing alcohol during prohibition: state, town)* dovolující prodej alkoholu **5** Br inf *(feeble, spiritless)* slabošský; **don't be so w.!** nebuď takový slaboch or taková bačkora, nebuď směšný, co blbneš? **6** Br Pol pej umírněný **7** Amer inf *(wrong)* **be all w.** být úplně vedle, mýlit se **8** compounds **w. blanket** fig suchar, morous; **w. dock** Naut mokrý dok; **w. dream** erotický sen, poluce, noční výron semene; **w. nurse** kojná; **w. rot** vlhká hniloba; **w. suit** potápěčská kombinéza ■ **~ly** adv **1** vlhce, mokře; zmokle **2** Br inf slabošsky ● vt (**-tt-**; pt & pp **wet** or **wetted**) **1** *(make w.: towel)* namočit, navlhčit; *(with saliva)* naslinit; **w. one's lips with wine** smočit si rty ve víně ♦ inf **w. one's whistle** dát si do trumpety, dát si do nosu **2** *(urinate on* or *in)* **w. one's trousers** pomočit se do kalhot; **w. the bed** pomočit se v noci, inf *(child also)* počurat se; **w. oneself** pomočit se, inf *(child)* počurat se; inf **I nearly w. myself** *(from laughter, fear)* málem jsem se počural

wether ['weðə(r)] n skopec

wetness ['wetnəs] n see **wet** adj **1** vlhko, vlhkost, mokro, promáčenost; *(of paint)* čerstvost **2** *(of weather)* deštivost, deštivé počasí **3** Br inf slabošství; Br Pol umírněnost

wetting ['wetiŋ] adj **w. agent** smáčedlo, smáčecí prostředek

we've [wi:v] contr of **we have**

whack [wæk] n inf **1** *(blow)* rána, šupa; **give sb a w.** praštit koho **2** Br *(share)* díl, část, podíl; **a fair w.** notný kus; **do one's fair w.** udělat si své, udělat svůj díl práce **3** *(try)* pokus; **have a w. at sth** zkusit co, pustit se do čeho **4** Amer **be out of the w.** pokazit se, porouchat se ● interj **w.!** bác!, prásk! ● **I** vt inf **1** *(hit)* prudce udeřit, *(ball)* napálit do čeho **2** *(defeat)* rozdrtit, dát komu flastr **II** phr v ■ **whack off** vi vulg sl honit si péro vulg

whacked [wækt] adj inf *(exhausted)* zničený, vyčerpaný; **I feel absolutely w.** jsem celý rozlámaný

whacking ['wækiŋ] adj inf obrovský, ohromný; **a w. lie** lež jako věž ● adv Br **w. great** obrovský, úžasný

whacky ['wæki] adj (**-ier, -iest**) Amer inf cáklý, potrhlý, (pytlem) praštěný

whale ['weil] n **1** lit velryba ■ **w. fishing**

lov velryb; **w. oil** velrybí tuk 2 inf **a w. of a difference** obrovský rozdíl; **they had a w. of a time** výborně se bavili

whalebone ['weilbəun] n kostice

whaler ['weilə(r)] n 1 *(person)* velrybář, lovec velryb 2 *(ship)* velrybářská loď

whaling ['weiliŋ] n lov velryb, velrybářství ● adj velrybářský; **the w. industry** průmysl zpracování velryb; **w. ship** velrybářská loď

wham [wæm] n inf (velká) rána, šupa ● vt (**-mm-**) praštit, bouchnout; **w. the ball into the net** *(footballer)* napálit míč do sítě ● interj prásk!, bum!

wharf [wo:f] n (pl **~s**, **wharves** [wo:vz]) přístaviště, přístavní hráz

what [wot] pron 1 interrog **a)** in non-prepositional cases co; **w. do you want?** co chceš?; **w. are you doing?** co děláš?; **w.'s wrong?, w.'s up?, w.'s the matter?** co se děje?, co je?, co se stalo or přihodilo?; **w.'s the matter with you?** co je s tebou?; **w.'s your name?** jak se jmenujete?; **w. is it in Czech?** jak se to řekne česky?; **w. is the time?** kolik je hodin?; **w. is your weight?** kolik vážíte?; **w. is he?** čím je?; **w. is he like?** jaký je? **b)** with prepositions **w. is it made from?** z čeho je to?, z čeho se to dělá?; **w. is it about?** o čem to je?; **w. are you driving at?** na co narážíte?; **w. did he object to?** proti čemu se ohradil?; **w. did he die of?** na co zemřel? **c)** *(how much)* kolik; **w.'s 10 minus 3?** kolik je deset bez tří? **d)** *(expressing surprise)* **w., another new coat?** cože, to už máš zase nový kabát? **e)** *(inviting repetition of sth)* **you did w.?** cože jsi to udělal? **f)** Br dated *(question tag)* **a good film, w.?** dobrý film, co? **g) w. about ...?** a co ...?; **and w. about you?** a co ty?; **w. about next Tuesday?** (a) co příští úterý?; **w. about a beer?** nedáme si pivo?; *(w. about your friend?)* — **w. about him?** co s ním má být?, proč se o něj zajímáte? **h) w. for?** *(why)* proč?, nač?; **w. did he do it for?** proč to udělal? **i) w. if?** a co když?; **and w. if she doesn't come?** a co když (ona) nepřijde? **j) and w.'s more ...** a k tomu ještě ... 2 in clauses **do you see w. I mean?** chápeš, co mám na mysli?; **look w. you have done** podívej, cos provedl; **he knows w. he wants** ví, co chce; **that's w. I wanted** právě tohle jsem chtěl; **so that's w. he wants** tak on chce tohle; inf **I don't give a damn w. he says** kašlu na to, co říká 3 idioms **come w. may** ať se stane cokoliv; **I'll tell you w., you know w.** víte co?; *(documents, certificates)* **and w. not, and God knows w., and w. have you** a kdoví co, a tak dále; **w. do you think you are doing?** co to prosím tě vyvádíš?; *(holidays in America?)* **w. next?** inf to už přestává všecko!; *(do you want to join us)* **or w.?** nebo co?; inf **he certainly knows w.'s w.** copak ten, ten se vyzná; inf **I'll show him w.'s w.** ten si to ode mne schytá; inf **give sb w. for** dát komu co proto, vytmavit to komu, zvednout komu mandle; inf **w. with one thing and another** když se to vezme jedno s druhým; inf **he has got w. it takes** (on) má šmrnc; **w.'s it to you?** co to má společného s tebou? ● adj 1 interrog **w. magazines did you buy?** jaké časopisy jsi koupil?; **w. colour is it?** jakou to má barvu?; **w. time is it?** kolik je hodin?; **w. age is he?** jak je starý?, kolik je mu let? 2 *(as many/ much as)* **I sent him w. money I had** poslal jsem mu všechny své peníze 3 **w. sort/ kind of ...** jaký ...; **w. else?** co ještě?; **w. more?** a co ještě? 4 in exclamations **w. a stroke of luck!** jaké štěstí!; **w. a cheek!** to je ale drzost!; **w. a fool!** je to kus osla! ● interj **w.!** co, cože, jakže

what-d'you-call-it ['wodžuko:lit] n inf *(unspecified thing)* tentononc, to(, jak se to jmenuje?)

whate'er [wot'eə(r)] pron, adj poet see **whatever**

whatever [wot'evə(r)] pron 1 *(anything, no matter what)* všechno, co ..., cokoliv; **take w. you need** vezmi si všechno, co potřebuješ; **w. happens** ať se stane cokoliv; **w. you wish** jak si přejete, jak je vám libo; **w. you say** no prosím, jak myslíte 2 *(what on earth)* **w. have you done?** cos to zase udělal or spískal?; **w. can that mean?** co to má znamenat?; **w. does she want now?** co zase k čertu chce?; *(a trip to Australia?)* **w. next?** to už přestává všecko!, to už je trochu moc! ● adj 1 *(no matter what)* **w. his reasons (may be)** ať k tomu má jakékoliv důvody; **write to me, w. your decision** napište mi, ať se rozhodnete jakkoli(v) 2 *(any)* **w. ambition he used to have** veškeré ambice, které kdysi měl; **at w. time you like** kdykoliv se vám to hodí; **of w. colour** bez ohledu na barvu, jakékoliv barvy 3 *(with negative)* vůbec; **nothing w.** vůbec nic; **it's of no use w.** je to naprosto bezúčelné

whatnot ['wotnot] n inf 1 see **what-d'you-call-it, what's-his-name** 2 **and w.** a já nevím co ještě 3 *(piece of furniture)* etažér, police

what's [wots] contr of **what is; what has**

what's-his-name ['wotsizneim] n inf *(un-*

specified person) no ten, tamten, ten(, jak se jmenuje?)

whatsit ['wotsit] n inf *(unspecified thing)* tentononc, to(, jak se to jmenuje?), taková ta věc(ička) .

whatsoever [wotsəu'evə(r)] adj vůbec; **nothing w.** vůbec or dočista nic; **no money w.** vůbec or absolutně žádné peníze

wheat [wi:t] n Bot pšenice ♦ **separate the w. from the chaff** oddělit koukol od pšenice ■ **w. flour** pšeničná mouka; **w. germ** pšeničný klíček; **w. rust** pšeničná sněť

wheaten ['wi:tn] adj *(bread)* pšeničný

wheedle ['wi:dl] vt **w. sb into doing sth** přemluvit koho k čemu; **w. sth out of sb** vymámit na kom co

wheedling ['wi:dliŋ] adj *(voice)* lísavý, lichotnický ● n lichocení, lísání, inf šmajchlování

wheel [wi:l] n **1** *(on vehicle)* kolo; *(on furniture, trolley)* kolečko; **tracing w.** (krejčovské) kolečko ♦ **the w. of fortune** kolo štěstěny; **put a spanner in sb's w.** udělat komu čáru přes rozpočet; **reinvent the w.** objevit znovu Ameriku; Amer **a big w.** potentát; **be a small cog in the w.** být malý pán; **be the fifth w.** Amer být páté kolo u vozu; inf **have you got ~s** jste motorizovaný? **2** *(for steering)* volant; Naut kormidlo; **be at** or **behind the w.** *(of a vehicle)* řídit, sedět za volantem, Naut být u kormidla; **take the w.** ujmout se řízení **3 potter's w.** hrnčířský kruh or kotouč; **grinding w.** brus; **polishing w.** lešticí kotouč **4** *(in watch* etc*)* kolečko ♦ fig **the ~s of government** vládní mašinérie; **the ~s of history** kolo dějin; **it's ~s within ~s** je to komplikovanější, než se to jeví ● **I** vt *(bicycle)* vést; *(pram, trolley)* jet s čím, tlačit **II** vi **1** *(seagull* etc*)* also **w. round** kroužit **2** Mil **right/ left w.!** vpravo/ vlevo zatočit! **3** Amer **w. and deal** čachrovat, kšeftařit **III** phr vs ■ **wheel in** vt *(trolley, patient)* zavézt or zatlačit dovnitř ■ **wheel out** vt vyvézt or vytlačit ven

wheelbarrow ['wi:lbærəu] n kolečko, trakař

wheelbase ['wi:lbeis] n Techn rozvor kol

wheelchair ['wi:lčeə(r)] n invalidní vozík

wheelclamp ['wi:lklæmp] n Aut botička

wheeled [wi:ld] adj *(vehicle)* kolový; *(traffic)* na kolech

-wheeled [-wi:ld] suff *(vehicle)* -kolový; **four-w.** čtyřkolový

-wheeler [-wi:lə(r)] suff Aut **three-w.** tříkolové vozidlo

wheeler-dealer [wi:lə'di:lə(r)] n inf esp Amer čachrář, spekulant

wheelhouse ['wi:lhaus] n (pl **-houses** [-hauziz]) Naut kormidelna

wheeling ['wi:liŋ] n **w. and dealing** inf esp Amer čachrářství, spekulace

wheelwright ['wi:lrait] n kolář

wheeze [wi:z] n **1** *(breathing)* sípání, pískání, supění, funění **2** Br inf dated trik, chytrý nápad **3** Br inf dated *(joke)* šprým, žert **4** Amer *(cliche)* průpověď, rčení ● **I** vt říci sípavým hlasem **II** vi sípat, supět, funět

wheezy ['wi:zi] adj (**-ier**, **-iest**) *(breathing)* sípavý, dýchavičný, *(person)* astmatický ■ **wheezily** adv sípavě, dýchavičně, astmaticky

whelk [welk] n Zool surmovka

whelp [welp] n *(of dog, wolf* also*)* štěně; dated inf *(child)* malý usmrkanec, fracek ● vi mít mladé

when [wen] adv **1** in questions kdy?; **from w., since w.** odkdy; **till w.** dokdy; **w. did she arrive?** kdy přijela?; inf **say w.!** řekněte si kolik při nalévání ap. **2** rel adv **at the time w.** v době, kdy; **on the day w.** v den, kdy; **in the week w. it happened** v týdnu, kdy se to stalo ● conj **1** *(during the period w., while)* když; **w. I was at school** když jsem chodil do školy, když jsem byl školák; **when I was in Prague, I met XY** když jsem byl v Praze, setkal jsem se s XY; **cross w. the lights are green** přecházet na zelenou **2** *(as soon as)* až, jakmile; **w. I am retired** až budu v důchodu; **w. I am in London** až budu v Londýně **3** + gerund při; **w. saying goodbye** při loučení; **w. returning home** při cestě zpět **4** *(whenever)* kdykoli, vždy(cky) or pokaždé když; **he always tells jokes w. he comes** vždycky když přijde, vypráví vtipy **5** *(although)* **he stopped trying w. he might have won** přestal se snažit, i když mohl vyhrát **6** *(given that)* **why buy foreign goods w. ours are much cheaper?** proč kupovat zahraniční výrobky, když jsou naše daleko levnější?

whence [wens] adv dated or fml **1** *(from where)* odtud; **they have returned w. they came** vrátili se tam, odkud přišli **2 w. we can conclude that ...** z čehož můžeme usuzovat, že ...

whenever [wen'evə(r)] adv **1** *(every time that)* vždycky když, pokaždé když **2** *(at whatever time)* kdykoli; **you can come w. you like** můžete přijít kdykoli **3** inf *(at some time)* **in March or w.** v březnu nebo někdy jindy **4** expr **w. did he find the time for it?** kde na to proboha našel čas?

where [weə(r)] adv **1** *(at/ in a place)* kde; *(to a place)* kam; **w. is he?** kde je?; **w. to?** kam to bude?; **w. are you going?**

kam jdete?; **w. are you from?** odkud jste?; **w. shall I put it?** kam to mám dát? **2** fig *(in what position)* **w. do I come in?** co to má společného se mnou?, jak se to týká mě?; **w. do you stand on this issue?** jaký máš postoj k této otázce?; **w. do we go from here?** co budeme dělat dál?, a co dál? **3** rel adv **the room w. he was sleeping** místnost, kde spal; **the town w. he was born** místo, kde se narodil ● conj kde; *(expressing direction)* kam; **this is w. it happened** (právě) tady se to stalo; **go w. you like** jdi (si), kam chceš; **this is w. you are wrong** právě v tomto or tady se mýlíte ♦ **he knows w. the shoe pinches** ví, kde ho bota tlačí

whereabouts [weərə'bauts] adv *(where)* kde(pak), kam(pak); **w. did you find it?** kdepak jsi to našel?; **he won't tell me w. he put it** nechce mi říci, kam to dal; **w. are you from?** odkud(pak) jste? ● n **his exact w. is** or **are unknown** není přesně známo, kde se nachází or zdržuje; **do you know his w.** víte, kde se zdržuje?

whereas [weər'æz] **1** gen kdežto, zatímco; **he is very thin w. she is rather chubby** on je velmi hubený, kdežto ona je dost baculatá **2** Jur jelikož, ježto; vzhledem k tomu, že

whereby [weə'bai] adv fml *(by which)* pomocí něhož, jehož pomocí, jímž, čímž; *(according to which)* podle něhož; **a plan w. the company could be saved** plán, pomocí něhož by mohl být podnik zachráněn

wherefore ['weəfo:(r)] adv arch or fml proč ● conj pročež

wherein [weər'in] adv arch or fml v čem ● conj *(in which)* v nějž

whereof [weə(r)'ov] adv arch or fml o čem ● conj *(of which)* o němž, o kterém

wheresoever [weəsəu'evə(r)] conj fml = **wherever (1)**

whereupon [weərə'pon] conj načež

wherever [weər'evə(r)] conj **1** *(no matter w.)* kdekoliv, kamkoliv; **w. it may be** ať je to kdekoliv; **I'll follow her w. she is** půjdu za ní, ať půjde kamkoliv; **sit w. you like** posaďte se, kam chcete **2** *(everywhere)* všude kde, všude kam; **w. she goes** všude, kam jde ● adv **1** emph kde(pak)/ kam(pak) jen; **w. did you put the book?** kam jsi jen dal tu knihu? **2** *(somewhere)* **in London, Oxford or w.** v Londýně, Oxfordu, nebo někde jinde

wherewithal ['weəwiðo:l] n inf **the w.** finanční prostředky, peníze; **I'd like to buy a new car but I don't have the w.** rád bych si koupil nové auto, ale nemám na to

whet [wet] vt **(-tt-)** *(knife, scythe)* (na)ostřit, (na)brousit; *(appetite)* povzbudit; **w. sb's appetite for sth** dělat komu laskominy or chutě na co

whether ['weðə(r)] conj **1** *(if)* zda, jestli; **he asked w. he should come** zeptal se, zda má přijít; **it is doubtful w. ...** je pochybné, zda ...; **I wonder w. it's true** rád bych věděl, zda je to pravda ♦ **I don't know w. I am on my head or on my heels** nevím, kde mi hlava stojí; nevím, čí jsem **2** *(no matter if)* **w. you like it or not** ať se ti to líbí nebo ne; **w. it's done now or later** ať se to udělá nyní nebo později; **w. by accident or by design** ať už je to náhodou nebo úmyslně

whetstone ['wetstəun] n brousek, brus

whew [hwju:, fju:] interj = **phew** páni!

whey [wei] n syrovátka

whey-faced [wei'feist] adj **be w.-f.** být bledý jako tvaroh or zelený jako sedma

which [wič] adj **1** interrog který; **w. one?** který?; **w. one would you like?** *(table/ skirt)* který/ kterou chcete?; **w. one of the boys/ girls?** který z chlapců?/ která z dívek?; **w. way?** kudy?; **w. hat do you like?** který klobouk se vám líbí? **2** rel adj *(you may want to leave,)* **in w. case ...** a v tom případě ..., fml v kterémžto případě ...; *(we lived in London for five years,)* **during w. time I learnt English** a za tu dobu jsem se naučil anglicky; *(between 10 and 11,)* **at w. time I am always free** v době, kdy mám vždycky volno ● pron **1** interrog který, *(of people also)* kdo; **w. do you want?** *(coat/ book)* který kabát/ kterou knihu chcete?; **w. of you ...?** kdo z vás ...?; **I don't know w. is w.** neumím je rozlišit **2** rel pron **a)** *(to preceding noun)* který, jenž; **the view w. opened before us** pohled, který or jenž se před námi otevřel; **the room in w. I work** místnost, ve které or v níž pracuji; **the hotel in w. he stayed overnight** hotel, ve kterém or v němž přespal **b)** *(to preceding predication)* **she changed her mind, w. made me angry** rozmyslela si to, což mě rozčílilo; *(she said it was an accident,)* **w. I don't believe** čemuž nevěřím

whichever [wič'evə(r)] pron **1** *(the one that)* ten, který or co; *(which hotel?)* — **w. is the nearest/ cheapest** ten, který je nejblíž/ ten nejlevnější **2** *(no matter which one)* **w. of the flats you buy, it will be a good investment** ať koupíte kterýkoliv z těchto bytů, bude to dobrá investice **3** expr **w. did he decide on in the end?** pro který se vlastně nakonec rozhodl? ● adj **1** *(the one that)* ten, který; **let's go to w. shop is the nearest** pojďme do nejbližšího obchodu do toho obchodu, který je nejblíž **2** *(no matter which one)* kterýkoliv, kdokoliv, cokoliv; *(the result* *is the same)* **w. method you choose** ať si vybereš kterýkoliv postup; **it takes two hours, w. route you take** trvá to dvě hodiny bez ohledu na to, kudy pojedete **3** expr **w. way did he go?** kudy jen mohl jít/ jet?

whiff [wif] n **1** *(puff)* závan, zavanutí, *(from cigarette)* bafnutí; *(wisp: of steam)* závoj, *(of smoke* also*)* kotouč, obláček **2** *(smell)* (zá)pach, *(pleasant)* vůně; **take a w. of sth** čichnout si k čemu, nadechnout se čeho; **catch a w. of sth** ucítit co, ucítit (zá)pach čeho **3** inf euph *(bad smell)* puch, smrad **4** *(trace: of spring)* náznak, závan, *(of change)* náznak **5** inf *(small cigar)* cigárko, krátký doutník

while [wail] n **1** *(period of time)* chvíle, doba, *(a few minutes)* chvilka, chvilička; **a (short) w. ago** před chvilkou; **a fair w.** hodná chvíle, dost dlouho; **in a little w.**, Scot **in a wee w.** za chviličku; **after a good w.** po drahném čase; **all the w.** po celou tu dobu; **for a w.** nějaký čas, po nějakou dobu; **for a w. you had me really worried** jeden čas or jednu dobu jsem se o tebe skutečně bál; **I haven't tasted wine in a very long w.** víno jsem už neměl v ústech ani nepamatuji; **once in a w.** tu a tam, občas, jednou za čas; **stay a little w. longer** poseďte ještě chvilku **2 is it worth your w. to go there?** stojí vám to za to, abyste tam šel?, vyplatí se vám tam chodit? ● conj **1** *(during the time that)* **w. he was here** když byl zde; **he likes to sing w. he works** rád si při práci zpívá; **w. the going is good** dokud jsou příznivé podmínky; **can you repair it w. I wait?** můžete to opravit na počkání? ♦ **strike w. the iron is hot** kuj železo, dokud je žhavé **2** *(although)* **w. he is not exactly a genius, he ...** i když není zrovna génius, je ... **3** *(whereas)* zatímco, kdežto; **I am Czech, w. my wife is Slovak** já jsem Čech, kdežto moje žena je Slovenka ● phr v ■ **while away** vt **w. away the time by sth** krátit si čím čas or dlouhou chvíli

whilst ['wailst] conj Br fml; see **while** conj

whim [wim] n vrtoch, rozmar, kapric; **a passing w.** chvilkový vrtoch; **indulge one's every w.** hovět všem svým choutkám; **as the w. takes him** podle toho, jakou má náladu

whimper ['wimpə(r)] n *(of dog)* kňučení; *(of person)* skuhrání, fňukání, *(of baby* also*)* vrnění ● vi *(dog)* kňučet; *(person)* skuhrat, fňukat, naříkat

whimsical ['wimzikl] adj **1** *(capricious: person)* vrtošivý, rozmarný, náladový; *(weather)* náladový **2** *(quaint)* zvláštní, (po)divný; *(tale)* šprýmovný; *(notion)* výstřední, bizarní ■ **~ly** adv žertovně, náladově, rozmarně

whimsicality [wimzi'kæləti] n see **whimsical 1** vrtošivost, rozmarnost, náladovost **2** zvláštnost, podivnost; šprýmovnost; bizarnost

whine [wain] n *(of person)* bědování, hořekování; *(of dog)* skučení, vytí; *(of siren)* ječení, řev; *(of bullet)* hvízdání ● vi *(complain)* bědovat, naříkat, lamentovat, reptat; *(child)* kňourat; *(dog)* skučet, výt; *(siren)* ječet, řvát; *(bullet)* hvízdat; *(engine)* vrčet

whiner ['wainə(r)] n kňoura, ufňukanec; *(complainer)* reptal

whinge [windž] vi Br inf naříkat, fňukat, lamentovat, remcat

whingeing ['windžiŋ] n fňukání, naříkání, lamentování, remcání

whining ['wainiŋ] adj *(voice)* naříkavý, skuhravý, kuňkavý; *(child)* ufňukaný, ukňouraný ● n *(complaints)* lamentování, naříkání; *(of dog)* kňučení; *(of engine)* vrčení

whinny ['wini] n *(of horse)* řehtání, ržání ● vi *(horse)* ržát, řehtat

whip [wip] n **1** *(lash)* bič; *(for riding)* jezdecký bičík ♦ **have the w. hand over sb** mít nad kým vrch; **stand over sb with a w.** stát nad kým s karabáčem; **give sb a fair crack of the w.** dát komu férovou šanci **2** Br Parl parlamentní sekretář politické strany dohlížející na dodržování stranické disciplíny **3** Br Parl *(summons)* svolávací lístek, výzva k účasti na zasedání; **a three-line w.** naléhavá výzva k účasti na zasedání; **resign the party w.** vystoupit z parlamentní skupiny **4** Cook krém, pěna ● v **(-pp-) I** vt **1** *(people)* (z)mrskat; *(animal)* šlehat/ šlehnout, švihat/ švihnout; fig vybičovat; **w. sb into shape** vycvičit koho, přivést koho do formy **2** *(cream, eggs)* (u)šlehat **3** inf *(move quickly)* **w. sth from sb's hand** vytrhnout or vyškubnout komu co z ruky; **he ~ped the plates off the table** rychle uklidil nádobí ze stolu **4** inf *(defeat)* naklepat to komu, dát komu nářez **5** inf dated *(steal)* štípnout, šlohnout **II** vi **1** *(move quickly)* **w. past sb** proletět kolem koho **2 w. against sth** *(eg branches)* šlehat do čeho **III** phr vs ■ **whip away** vt **w. sth away from sb** vyškubnout or vytrhnout komu co ■ **whip back** vi **1** *(branch)* šlehnout zpět **2** inf (blesku)rychle se vrátit ■ **whip in** *I* vt **1** Hunt svolat psy **2** Cook **w. sth in** zašlehat co *II* vi vrazit dovnitř ■ **whip off** vt **1** *(clothes)* strhnout **2** inf **he ~ped me off to the station** *(by car)* hodil mě (autem) na nádraží ■ **whip on** vt inf **1** *(garment)* nahodit si **2** *(urge on: horse)* pohánět bičíkem ■ **whip out** inf *I* vt *(weapon)* (rychle) vytasit; *(wallet)* rychle vytáhnout *II* vi inf *(go out quickly)* rychle vyběhnout; **w. out for a beer** zaskočit (rychle) pro pivo ■ **whip round** vi inf **1** *(turn round)* prudce se otočit **2** *(to shops etc)* zaskočit kam ■ **whip through** vt *(book)* proletět; *(task)* spěšně udělat, sfouknout inf, zmáknout inf, odbýt ■ **whip up** vt **1** *(cream)* (u)šlehat **2** inf *(meal)* narychlo připravit, vykouzlit, schrastit inf; *(help)* narychlo sehnat **3** *(enthusiasm)* vybičovat, vyburcovat

whipcord ['wipko:d] n **1** Text vlněný kord **2** *(part of whip)* šňůra biče

whiplash ['wiplæš] n **1** *(thong)* řemínek biče **2** *(stroke of whip)* rána bičem **3** Med **w. injury** hyperextenze krku

whipped [wipt] adj **w. cream** šlehačka

whipper-in ['wipərin] n Hunt pikér psovod

whippersnapper ['wipəsnæpə(r)] n dated fracek, mladý náfuka

whippet ['wipit] n whippet druh loveckého psa

whipping ['wipiŋ] n **1** *(punishment: with whip)* rány bičem, zmrskání; *(beating)* bití, výprask, nářez; **give sb a w.** dát komu výprask, *(with whip)* přetáhnout koho bičem **2** *(defeat)* nářez; **our team got a w.** naše mužstvo dostalo na frak ● adj **1 w. boy** fackovací panák; **be sb's w. boy** být terčem čí zlosti **2 w. cream** šlehačka

whip-round ['wipraund] n esp Br inf sbírka; **have a w.-r.** udělat sbírku; **w.-r. for sb** složit se na koho

whir [wə:(r)] n see **whirr**

whirl [wə:l] n **1** *(of leaves, dust, air, water)* vír, víření, *(of dust* also*)* kotouč; **the w. of social life** vír společenského života; **in the w. of events** ve víru událostí; **my thoughts are in a w.** hlavou mi krouží myšlenky **2** inf *(try)* **give sth a w.** zkusit si co ● **I** vi **1** *(dancer)* **w. round** vířit, kroužit, točit se, otáčet se (ve víru tance) **2** *(leaves, dust, snow, water)* vířit (se); *(head)* točit se; *(ideas)* vířit hlavou **3** *(move quickly)* **w. past** rychle ubíhat, ujíždět, letět (kolem); **w. in** přihnat se **II** vt **1** *(leaves, water)* (roz)vířit, zviřovat, rozviřovat; **w. sth round** *(sword, rope)* otáčet čím; **he ~ed his partner round the hall** kroužil se svou partnerkou sálem **2 w. sb away** rychle koho vzít/ odvézt pryč

whirligig ['wə:ligig] n Br **1** *(spinning top)* káča, vlk **2** *(merry-go-round)* kolotoč **3** fig *(of events, activity)* vír, kolotoč

whirligig beetle [wə:ligig'bi:tl] n Ent vírník

whirlpool ['wə:lpu:l] n vír ■ **w. bath** vířivá lázeň

whirlwind ['wə:lwind] n tornádo, cyklón ◆ **hit the place like a w.** přihnat se někam jako bouřka; **sow the wind and reap the w.** kdo seje vítr, sklízí bouři

whirr, whir [wə:(r)] n *(of insect, telegraph wires, fan)* bzučení, bzukot; *(machine)* bzučení, vrčení, hrčení; *(of wings)* šustot, šelestění; *(of arrows)* svištění ● vi (see n) bzučet; vrčet, hrčet; šustět, šelestit; svištět

whisk [wisk] n **1** Cook *(manual)* metla (na šlehání), šlehačka; *(electric)* šlehač **2** *(of tail)* šlehnutí, švihnutí, mrsknutí ● **I** vt **1** Cook *(cream, eggs)* ušlehat; *(egg whites)* ušlehat sníh z čeho; *(mixture)* rozkvedlat **2** *(tail)* šlehnout, švihnout, mrsknout **II** vi *(move quickly)* rychle se pohybovat; **w. past** proletět kolem **III** phr vs ■ **whisk away** vt **1** *(fly, wasp)* odehnat, zahnat **2** *(take away)* rychle vzít pryč, vytrhnout komu co; **the bus ~ed us away to the airport** *(immediately/ quickly)* autobus nás okamžitě/ rychle zavezl or odvezl na letiště; **he ~ed the child away to Italy** s dítětem okamžitě odejel do Itálie ■ **whisk off** see **whisk away**

whisker ['wiskə(r)] n **1** *(of animal)* vous ◆ **get through by a w.** *(in exam)* projít jen taktak, inf projít s odřenýma ušima; **come within a w. of sth** *(solution)* být na dosah čeho **2** pl **~s** *(side ~s)* licousy; *(moustache)* knír(y); *(of animal)* vousy, kníry ◆ **he thinks he is the cat's ~s** myslí si, že je pupkem světa; myslí si, že snědl všechnu moudrost světa

whisky, Ir, Amer **whiskey** ['wiski] n whisky, viska; **w. on the rocks** whisky s ledem

whisper ['wispə(r)] n **1** *(of person)* šeptání, šepot; **speak in a w.** mluvit šeptem; **not a w. of this to anyone** o tomto nikomu ani muk **2** poet *(of leaves)* šelestění, šelest, ševelení; *(of trees)* šumění; *(of water)* zurčení, bublání **3** Br *(rumour)* **there are ~s that ...** povídá se, že ..., kolují pověsti, že ... ● **I** vt **1 w. sth to sb** pošeptat komu co **2** *(rumour)* **it is (being) ~ed that ...** povídá se or šušká se, že ... **II** vi **1** *(person)* šeptat, mluvit šeptem, *(secretively)* šuškat si; **w. to sb** šeptat si s kým; **stop ~ing!** přestaňte s tím šeptáním **2** poet *(leaves)* šelestit, ševelit; *(trees)* šumět; *(water)* zurčet, bublat

whispering ['wispəriŋ] n **1** *(of voices)* šeptání, šepot **2** poet *(of leaves)* šelestění, ševelení; *(of water)* zurčení, bublání **3** Br usu pl **~s** pověsti, klepy ● adj **1** *(voice)* šeptající **2** *(leaves)* ševelící, šumějící; *(water)* zurčící **3** fig **w. campaign** pomlouvačná kampaň, šeptanda; **w. tongues** pomlouvačné or zlolajné jazyky

whist [wist] n Cards whist

whistle ['wisl] n **1** *(instrument)* píšťalka, píšťala; **steam w.** parní píšťala; *(siren)* siréna; Mus **tin w.** plechová píšťalka; **blow a w.** zapískat; **blow the w. for half time** zapískat poločas ♦ **be as clean as a w.** být čistý jako z cukru; sl **blow the w. on sb** udat koho, prásknout to na koho; inf **wet one's w.** svlažit or zavlažit si hrdlo, dát si do trumpety **2** *(sound)* (za)písknutí, hvizd, zahvízdnutí; *(of steam)* syčení, sykot; **give a w.** zahvízdat, zapískat ● **I** vt *(tune)* (za)pískat, (za)hvízdat; **w. sb back** zahvízdat na koho, aby se vrátil zpět **II** vi **1** *(person)* (za)pískat, (za)hvízdat; **he was whistling away cheerfully** vesele si hvízdal; **w. to sb** zahvízdat na koho; **w. at girls** hvízdat na dívky; **w. for a foul** zapískat faul ♦ inf **you can w. for it** můžeš se jít klouzat; **he can w. for his money** na peníze si pořádně počká; **w. in the dark** dodávat si odvahy **2** *(bullets)* hvízdat, svištět, fičet; *(train)* **w. past** (pro)fičet kolem **III** phr vs ■ **whistle up** vt inf **1** *(taxi)* přivolat písknutím **2 w. up sth out of nowhere** vydupat co ze země

whistle-stop ['wislstop] n Amer Rail zastávka na znamení; *(town)* zapadákov, díra ■ **w.-s. tour** US Pol předvolební kampaň na venkově série krátkých zastávek během předvolební kampaně

whit [wit] n drobet, kousek, troška, zblo; **there's not a w. of truth in it** není na tom (ani) zbla pravdy; není na tom pravdy, ani co by se za nehet vešlo

Whit [wit] n svatodušní svátky ■ **W. Sunday/ Monday** svatodušní neděle/ pondělí

white [wait] adj **1** *(colour)* bílý; **paint sth w.** *(wall: whitewash)* nabílit co, *(door)* natřít co na bílo; **be as w. as (the) driven snow** být bílý jako padlý sníh; **turn w.** zbělet, *(in the face)* zblednout jako stěna ♦ **bleed sb w.** pustit komu žilou, stát koho velké peníze **2** *(race)* bílý, světlý; **a w. man/ woman** běloch/ běloška; **w. people** bílí, běloši **3** compounds **w. ant** termit; **w. bear** lední medvěd; **w. (blood) cell, w. corpuscle** bílá krvinka; **w. book** Amer Pol bílá kniha; **a w. Christmas** bílé Vánoce; **w. coffee** bílá káva; **w. collar** bílý límeček; **w. dwarf** Astron bílý trpaslík; **w. elephant** fig danajský dar, zbytečná přítěž; **w. ensign** Navy vlajka britského válečného loďstva; **show the w. feather** chovat se zbaběle, projevit strach; **the w. flag** bílý prapor symbol kapitulace; **w. gold** bílé zlato, fig bílé zlato, cukr; **w. heat** Metal bílý žár, fig vášeň; **w. horse** bělouš; **the W. House** Bílý dům sídlo prezidenta USA; **w. lead** olovnatá běloba; **w. lie** nevinná lež; **w. lily** lilie bělostná; **w. magic** bílá magie; **w. meat** bílé maso; **w. nights** bílé noci; **w. paper** Br Pol bílá kniha; **w. pepper** pepř; **W. Russia** Bělorusko; **W. Russian** *(person)* Bělorus/ -ka; **w. sale(s)** bílý týden, prodej lůžkovin; **w. sauce** bílá omáčka; **w. slave** bílá otrokyně; **w. slave trade** obchod s děvčaty, obchod s bílým masem; **w. supremacist** in USA stoupenec nadvlády bílých; **w. supremacy** in USA nadvláda bílých; **w. tie** *(formal clothes)* společenský oděv; **a w.-tie dinner** večeře, při které je povinné společenské oblečení; **w. trash** in USA pej bílá nuzota; **w. wedding** svatba v bílém ● n **1** *(colour)* bílá barva, běloba; **dressed in w.** oblečený v bílém; **a shade of w.** odstín bílé (barvy); **have sth in black and w.** mít co černé na bílém, mít co písemně **2** *(person)* bílý/ bílá, běloch/ běloška **3** *(of egg)* bílek; *(of eye)* bělmo **4** Sport **~s** bílé oblečení

whitebait ['waitbeit] n Cook smažené rybičky

whitecap ['waitkæp] n zpěněný hřeben vlny

white-collar [wait'kolə(r)] adj **w.-c. workers** bílé límečky, duševní pracovníci

white-hot [wait'hot] adj rozžhavený do běla, fig horoucí

whiten ['waitn] **I** vt (na)bílit, natřít na bílo **II** vi (z)bělet

whiteness ['waitnəs] n bělost; *(of skin)* bledost

whitening ['waitəniŋ] n **1** *(substance)* bělicí prostředek, vápenné mléko **2** *(process: of walls)* bílení, *(of linen)* bělení

whitewash ['waitwoš] n **1** *(substance)* vápenné mléko, pačok **2** fig *(cover-up)* ututlání, zatušování ● vt **1** *(walls)* obílit, nabílit, natřít vápnem **2** fig *(affair)* ututlat, zatušovat; **w. sb** dělat koho lepším, než je **3** Br inf *(in game)* natřít to komu s nulou, *(in tennis, table tennis)* dát komu kanára; **the game was a 6:0 w.** byla to nakládačka 6:0

whitey ['waiti] n offens bílá huba

whither ['wiðə(r)] adv arch or poet kam; *(in headlines)* **W. America?** Kam kráčíš, Ameriko?

whiting$_1$ ['waitiŋ] n *(fish)* treska

whiting$_2$ ['waitiŋ] n vápenné mléko, bělicí prostředek

whitish ['waitiš] adj bělavý, s nádechem do běla

Whitsun(tide) ['witsn(taid)] n svatodušní svátky; **at** or **on W.** o svatodušních svátcích

whittle ['witl] **I** vt ořezávat, hoblovat **II** vi **w. at sth** hoblovat co, ořezávat co **III** phr vs ■ **whittle away** *I* vt fig *(lead, advantage)* snížit, zmenšit *II* vi **w. away at sth** *(stick)* ořezávat; fig *(lead, costs)* snižovat ■ **whittle down** vt *(reduce)* zmenšit, redukovat; *(costs* also*)* snížit

whiz(z) [wiz] n **1** *(of arrow)* fičení, svištění, hvízdání **2** Amer inf *(bright person)* machr, eso ● **whiz** vi (**-zz-**) **1** *(arrow)* fičet, svištět, hvízdat **2** *(move fast: car)* fičet; **w. past** prosvištět kolem

whi(z)z-bang ['wizbæŋ] adj sl skvělý, prvotřídní

whi(z)z-kid ['wizkid] n zázračné dítě, mladý génius; **he's a computer w.-k.** je machr na počítače

WHO abbr of **World Health Organization** Světová zdravotnická organizace

who [hu:] pron **1** interog **a)** as subject kdo; **w. is it?** kdo je to?; **w. saw her?** kdo ji viděl?; **w. goes there?** Mil (stůj,) kdo tam?; **w. cares?** co na tom záleží?, vždyť je to jedno; **w. else?** kdo ještě?; **it was Mr W.?** jakže se ten pán jmenoval?; **I don't yet know w. is w. here** ještě tu nepoznám lidi ♦ **w. is he to criticize me?** jakým právem mě kritizuje? **b)** as object of verb or preposition: G,A koho; D komu; L kom; I kým; **w. did he see?** koho viděl?; **w. do you want to speak to?** s kým chcete mluvit?; **w. did you buy it from?** od koho jste to koupil? **2** rel pron který, jenž, kdo, co; **the man w. wanted to talk to you** muž, který or jenž or co s tebou chtěl mluvit; **the girl w. you liked** dívka, která or jež or co se ti líbila; **those who ...** ti, kdo ...

whoa [wəu] interj *(command to a horse)* pr(r)!

whodun(n)it [hu:'danit] n inf detektivka

whoe'er [hu:'eə(r)] pron poet = **whoever**

whoever [hu:'evə(r)] pron **1** *(the person who)* **w. gets the job will have to ...** ten, kdo bude na toto místo přijat, bude muset ... **2** *(anyone who)* kdokoliv; **bring w. you want** přiveď koho chceš or kohokoliv **3** *(no matter who)* kdokoliv; **w. you may be** ať jste kdokoliv **4** emph **w. can that be?** kdopak to ale může být?

whole [həul] adj **1** *(entire)* celý; **throughout the w. world** na celém světě; **the w. day/ week** celý den/ týden; **the w. time** celou tu dobu; **the w. truth** celá pravda **2** emph **a w. new era** zcela nová éra; **that's the w. point** v tom je ten vtip; **the w. lot of them** sakumpak všichni ♦ inf **go the w. hog** dovést co do konce **3** *(intact: china* etc*)* celý, neporušený **4** Cook *(milk)* plnotučný, neodstředěný; *(flour)* celozrnný **5** *(brother, sister)* vlastní **6** Mus **w. note** celá nota; Math **w. number** celé číslo ● adv inf **she swallowed his story w.** spolkla mu to, vulg sežrala mu to i s chlupama ● n **1** *(complete unit)* celek; **an organic w.** organický celek; **consider sth as a w.** posuzovat co v celku or jako celek **2 the w. of England/ Prague/ the school** celá Anglie/ Praha/ škola; **the w. of the amount** celá částka **3 on the w.** celkem vzato, vcelku; **on the w. it isn't so bad** celkem vzato to není tak zlé

wholefood ['həulfu:d] n biopotraviny ■ **w. shop** obchod s biopotravinami

wholehearted [həul'ha:tid] adj *(agreement, approval, support)* bezvýhradný, naprostý ■ **~ly** adv bezvýhradně, naprosto; **approve sth ~ly** plně co schvalovat

wholemeal ['həulmi:l] adj *(bread, flour)* celozrnný

wholesale ['həulseil] n Comm velkoobchod, obchod ve velkém ● adj **1** *(price)* velkoobchodní; **w. dealer** velkoobchodník; **w. trade** velkoobchod **2** fig *(indiscriminate, large-scale: massacre)* hromadný, masový; *(destruction)* totální ● adv **1** *(sell)* ve velkém **2** *(condemn, refuse)* šmahem; *(massacre)* hromadně, masově ● **I** vt *(goods)* prodávat ve velkém **II** vi Comm *(item)* prodávat se ve velkém (**at** za)

wholesaler ['həulseilə(r)] n velkoobchodník, obchodník ve velkém

wholesome ['həulsəm] adj **1** *(air, diet, food)* zdravý; *(exercise)* zdraví prospěšný **2** *(advice)* užitečný, prospěšný; *(influence)* blahodárný; **w. respect** povinná úcta

wholesomeness ['həulsəmnəs] n see **wholesome 1** zdravost **2** užitečnost, prospěšnost; blahodárnost

wholewheat ['həulwi:t] adj Amer = **wholemeal**

who'll [hu:l] contr of **who will, who shall**

wholly ['həuli] adv **1** *(fully)* (ú)plně, zcela **2** *(devote oneself: exclusively)* výhradně, výlučně

whom [hu:m] pron fml **1** interrog; as object of verb or preposition; cf **who (1b) w. did you see?** koho jste viděl?; **to w. do you want to speak?** s kým chcete mluvit? **2** rel pron **a) those w. I have met** ti, s kterými jsem se setkal **b)** after prepositions **the man to w. I spoke** muž, s kterým jsem mluvil; ..., **all/ some of w. were English** kteří byli všichni Angličané/ z nichž někteří byli Angličané

whom(so)ever [hu:m(səu)'evə(r)] pron fml kohokoliv

whomp [womp] vt Amer sl **1** *(hit)* praštit **2** Sport *(beat)* dát komu na frak, natřít to komu

whoop [wu:p, hu:p] n **1** *(yell)* výkřik; **~s of delight** výkřiky radosti **2** Med záchvat černého kašle ● v (**-pp-**) I vt inf **w. it up** *(celebrate)* veselit se, vyhazovat si z kopýtka II vi 1 *(yell)* **w. with joy** vykřikovat radostí 2 Med mít záchvat černého kašle

whoopee [wu'pi:] interj jupí!, hurá! ● n **make w. i)** *(have fun)* flámovat, řádit, vyhazovat si z kopýtka **ii)** joc dated *(make love)* špásovat, (po)milovat se

whooping cough ['hu:piŋkof] n Med černý kašel

whoops [wups], **whoops-a-daisy** ['wupsədeizi] interj ouha!, jejda!, ale, ale!; *(when dropping sth)* hopla!

whoosh [wuš] vi *(car, plane)* fičet, uhánět, řítit se; **w. out** *(train, person)* vyřítit se

whop [wop] vt esp Amer sl (**-pp-**) 1 *(hit)* praštit 2 Sport *(defeat in game)* dát komu na frak, natřít to komu

whopper ['wopə(r)] n sl 1 *(large thing)* velký kus; **catch a w.** *(fish)* chytit výstavní kousek, chytit pořádnýho* macka; **the cherries are real ~s** třešně jsou jako palce 2 *(lie)* bohaprázdná lež, lež jako věž

whopping ['wopiŋ] adj inf also **w. great** obrovský, obludný, monstrózní; **a w. great meal** obrovská žranice

whore [ho:(r)] n pej děvka, kurva ● vi 1 *(woman)* být prostitutka; **w. around** kurvit se, spát s kdekým 2 *(man)* chodit za děvkami, děvkařit

who're ['hu:ə(r)] contr of **who are**

whorehouse ['ho:haus] n esp Amer pej nevěstinec, bordel

whorish ['ho:riš] adj pej kurevnický, děvkařský

whorl [wə:l] n prstenec; Bot přeslen; Zool *(of shell)* závity; *(of smoke)* kotouč, spirála; *(of fingerprint)* rýha

whortleberry ['wə:tlberi] n borůvka ■ **w. pie/ bush** borůvkový koláč/ keř

who's [hu:z] contr of **who is**; **who has**

whose [hu:z] pron čí; **w. is this?** čí je toto?; **w. do you prefer?** (eg *painting* etc) čí se ti líbí víc? ● adj 1 interrog čí; **w. hat did you take?** čí klobouk sis vzal?; **w. turn is it?** kdo je na řadě?; **w. move is it?** Chess kdo je na tahu? 2 rel m jehož, fem jejíž, pl jejichž; **the girl, w. name I don't remember, ...** dívka, jejíž jméno si nepamatuji, ...

why [wai] adv 1 gen proč; *(for what purpose)* k čemu, nač; **w. are you crying?** proč pláčeš? 2 *(when making suggestions)* **w. don't we take a bus? — w. not?** a co jet autobusem? — třeba, proč ne?; **w. don't you buy a car?** být vámi, koupil bych si auto; **w. should I go there?** proč bych tam vůbec chodil?, nač tam mám chodit?; **w. worry?** proč si dělat starosti? 3 *(expressing irritation)* **w. doesn't he mind his own business?** kdyby si raději hleděl svého; inf **w. don't you keep your (big) mouth shut?** kdybyste raději nemluvil 4 *(expressing surprise)* also **whyever, w. on earth?** proč proboha?; **w.(ever)** or **w. on earth did he do it?** proč to proboha udělal? ● conj **that is w.** proto, a tudíž; **so that's w.?** tak proto tedy?; **the reason w.** příčina proč; **the reason w. she did it is that ...** udělala to proto, že ...; **that's not w. I told you about it** to není důvod, proč jsem vám o tom řekl ● n inf proč; **the ~s and wherefores** všechna to proč a jak ● interj *(expressing surprise)* **w., it's your brother!** páni, to je přece tvůj bratr!

WI abbr of **West Indies** Západní Indie

wick [wik] n knot ♦ inf dated **get on sb's w.** lézt komu na nervy, hýbat komu žlučí, pít komu krev

wicked ['wikid] adj 1 *(evil: person)* zlý, špatný, podlý; *(act)* zlý, ohavný, podlý; *(immoral)* nemorální, bezbožný; *(heart)* krutý; *(plan)* ďábelský, pekelný; *(intention)* nekalý, zlý, zlotřilý, černý; **it was a w. thing to do** to bylo od vás ošklivé 2 *(mischievous: grin, wink)* zlomyslný, škodolibý; *(naughty)* šibalský, uličnický ♦ **harbour w. ideas** mít hříšné myšlenky, toužit po zakázaném ovoci 3 *(vicious)* zlý; *(weapon)* strašlivý, hrozivý; *(satire)* zlomyslný, jízlivý; *(gossip)* zlovolný; *(tongue)* zlolajný; *(wind, weather, frost)* děsný, hrozný, příšerný 4 inf *(scandalous: price)* hříšný, nestydatý; *(waste)* nehorázný; **it's a w. shame** to je věčná škoda 5 sl *(very good)* fantastický; expr **he has a w. backhand** má fantastický bekhend ■ **~ly** adv see adj 1 *(behave)* podle, bezbožně, zlotřile 2 zlomyslně, škodolibě; šibalsky, uličnicky 3 zlomyslně, jízlivě 4 **it's ~ly expensive** je to nehorázně drahé

wickedness ['wikidnəs] n see **wicked** 1 zloba, špatnost, podlost; ohavnost; nemorálnost, bezbožnost; krutost; nekalost, zlotřilost 2 zlomyslnost, škodolibost 3 zlomyslnost, jízlivost; zlovolnost; zlolajnost 4 hříšnost, nestydatost; nehoráznost

wicker ['wikə(r)] n proutí, košatina ■ **w. basket/ furniture** proutěný košík/ nábytek

wickerwork ['wikəwə:k] n proutěné pletivo; *(material)* proutí ■ **w. furniture** proutěný nábytek

wicket ['wikit] n 1 *(small door)* dvířka ve vratech, *(small gate)* branka v plotě ap. 2 Amer *(transaction window)* přepážka, okénko 3 Cricket *(stumps)* branka; *(ground between the two ~s)* prostor mezi brankami; **take a w.** vyloučit pálkaře; **win by three**

~s vyhrát při čtyřech nevyřazených pálkařích ♦ inf **be on a sticky w.** být v bryndě or rejži*, být ve štychu ■ **w. keeper** brankář v kriketu

wide [waid] adj **1** *(river, road, trousers, shoulders)* široký; *(margin)* velký; *(eyes)* velký, rozšířený; Cine **w. screen** široké plátno; **the road is ten metres w.** silnice je deset metrů široká, silnice měří na šířku deset metrů; **his eyes were w. with fear** oči měl rozšířené strachem ♦ **give sb a w. berth** vyhnout se komu obloukem, vyhýbat se komu jako čert kříži, vyhýbat se komu na sto honů **2** *(vast)* **a)** *(area)* rozlehlý, rozsáhlý; *(world, seas)* širý **b)** fig *(considerable: interests)* široký, *(selection, knowledge* also*)* velký, rozsáhlý; *(experience)* velký, bohatý; **a w. range of colours/ products** široký rejstřík barev/ široká paleta výrobků; **attract w. attention** vzbuzovat obecnou pozornost; **his w. reading** jeho nesmírná sečtělost; **in the ~st sense of the word** v nejširším slova smyslu **3** *(ball, shot)* (jdoucí) mimo ♦ **be w. of the mark** lit netrefit se, trefit vedle, fig být vedle (jak ta jedle inf), být na velkém omylu, inf seknout se ● adv **1** *(to full extent)* široko, široce; **open one's mouth w.** otevřít ústa dokořán; **with his eyes w. open** s široce otevřenýma očima, s vykulenýma očima; **his eyes are w. apart** má oči daleko od sebe; **be w. awake** být úplně probuzený ♦ **far and w.** široko daleko; **travel far and w.** hodně cestovat **2** *(away from target)* mimo; **go w.** jít mimo, minout se cíle; **shoot w.** střílet vedle, expr střílet pánubohu do oken, Ftb netrefit se (do branky) ■ see **widely**

-wide [-waid] suff celo-; **nationw.** celonárodní, celostátní; **worldw.** celosvětový

wide-angle [waid'æŋgl] adj *(lens)* širokoúhlý

wide area network [waideəriə'netwə:k] n Comput dálková síť

wideboy ['waidboi] n Br dated inf podvodník, šejdíř

wide-eyed [waid'aid] adj s očima doširoka rozevřenýma, inf s očima navrch hlavy; **gape w.-e. at sb** vytřeštit na koho oči

widely ['waidli] adv **1** *(broadly)* **smile w.** zeširoka se usmát; **be w. scattered** *(houses* etc*)* být umístěné daleko od sebe **2** *(commonly)* všeobecně; **it is w. known that ...** je všeobecně známo, že ...; **it is w. believed that ...** všeobecně se předpokládá, že ...; **be w. regarded as an expert in ...** být všeobecně uznávaný jako odborník na ... **3** *(considerably)* velmi, značně; **differ w.** velmi se lišit **4** *(extensively)* velmi, hojně; **a w. read person** velmi sečtělý or sčetlý člověk; **be w. travelled** být (velmi) scestovalý, být světem protřelý, být světa znalý; **this book is not w. read** tato kniha se moc nečte; **she has travelled w.** mnoho cestovala

widen ['waidn] **I** vt *(road)* rozšířit, *(gap* also*)* zvětšit; fig *(knowledge, experience)* rozšířit **II** vi *(road)* rozšířit se; fig **the gap between skilled and unskilled workers has ~ed** zvětšily se rozdíly mezi kvalifikovanými a nekvalifikovanými dělníky

wideness ['waidnəs] n see also **wide 1** *(of road, river)* šířka **2** *(vastness)* rozsáhlost, rozlehlost **3** *(of interests, knowledge, experience)* šíře; *(of choice)* bohatost, bohatství

wide-ranging [waid'reindžiŋ] adj *(survey, study)* rozsáhlý; *(reforms)* dalekosáhlý

wide-screen [waid'skri:n] adj *(film)* širokoúhlý

widespread ['waidspred] adj **1** *(wings)* roztažený, *(arms)* rozpřažený **2** *(damage)* rozsáhlý; *(concern)* velmi rozšířený; **become w.** rozmáhat se, rozšiřovat se

widow ['widəu] n vdova; **grass w.** slaměná vdova; **w.'s pension** vdovská penze; **the w.'s mite** Bibl vdovský groš; joc **a golf w.** ≅ golfová vdova ● vt **be ~ed** ovdovět; **he/ she was ~ed last year** loni ovdověl/ ovdověla

widowed ['widəud] adj ovdovělý/ ovdovělá

widower ['widəuə(r)] n vdovec; **grass w.** slaměný vdovec

widowhood ['widəuhud] n vdovství, vdovský stav

width [widθ] n **1** *(breadth)* šířka; **the room is four metres in w.** místnost je čtyři metry široká **2** *(of experience, knowledge)* šíře, všestrannost **3** *(of material)* šíře, šířka

widthways ['widθweiz], **widthwise** ['widθwaiz] adv na šířku

wield [wi:ld] vt **1** *(sword)* třímat, *(axe)* mávat čím, ohánět se čím **2** fig *(influence, power)* mít, *(power* also*)* vykonávat, třímat; **w. power over sb** mít nad kým moc, mít koho ve své moci

wiener ['wi:nə(r)] n Amer párek ■ **w. schnitzel** vídeňský řízek

wife [waif] n (pl **wives** [waivz]) choť, manželka, žena; **husband and w.** manželé; **Lot's w.** Lotova žena ♦ **the world and his w. were there** byla tam hlava na hlavě; arch **take sb to w.** pojmout koho za ženu; arch **take a w.** oženit se; **old w.'s tale** povídačka ■ **w. battering** týrání or bití manželek

wifely ['waifli] adj **w. duties** povinnosti manželky

wife-swapping ['waifswopiŋ] n výměna

manželek ■ **w.-s. party** večírek s výměnou manželek mezi manželi

wig [wig] n paruka

wigeon ['widžən] n Orn hvízdák euroasijský

wigging ['wigiŋ] n dated Br inf **give sb a w.** udělat komu kázání, číst komu levity

wiggle ['wigl] n inf *(of hips)* kroucení boky; **give sth a w.** zahýbat or zakroutit čím ● **I** vt *(hips)* (za)kroutit čím; *(ears)* stříhat čím; *(tooth)* kývat or viklat čím **II** vi *(person)* vrtět se; *(tooth)* kývat se, viklat se; *(snake)* kroutit se; *(road, path)* klikatit se, klikatě se vinout

wiggly ['wigli] adj vrtivý, kroutivý; *(road, line)* klikatý

wigwam ['wigwæm] n vigvam

wild [waild] n **1 the w.** divočina; **in the w.** v divočině; **grow in the w.** růst v přírodě; **the call of the w.** volání divočiny, volání dálek; **animals living in the w.** divoce žijící zvířata **2 the ~s** pustina; joc **live out in the ~s** bydlet daleko od civilizace ● adj **1** *(not domesticated: animal)* divoký, neochočený; *(not civilized: people)* primitivní, necivilizovaný, barbarský, *(tribes)* divošský; *(flowers)* rostoucí ve volné přírodě, polní; *(fruit tree)* planý; *(honey)* lesní; **w. animals** divoká zvířata, divá zvěř; **w. boar** divočák, Hunt collect černá zvěř; **become w.** zdivočet **2** *(desolate: landscape)* divoký, nehostinný, pustý; *(garden)* zpustlý, zarostlý; **the W. West** Divoký západ **3** *(violent: weather, wind, night)* bouřlivý; *(wind* also*)* zběsilý; *(sea)* rozbouřený **4** *(unrestrained: behaviour)* bláznivý, ztřeštěný, inf odvázaný; *(child)* neposlušný, divoký, zvlčilý, puštěný z řetězu; *(party)* bláznivý; *(entertainment)* bujarý; *(joy)* šílený; *(passion)* bezuzdný; *(laughter)* nevázaný; *(imagination)* blouznivý; **be w. with grief** šílet žalem; **get w.** *(party)* zvrhnout se ♦ **sow one's w. oats** vybouřit se v mládí **5** inf *(furious)* zuřivý, vzteklý, zběsilý **6** *(enthusiastic: applause)* bouřlivý, frenetický; inf **be w. about sth** šílet po čem, být zblázněný do čeho; inf **I am not w. about her** moc mě nefascinuje **7** *(outrageous: plan, idea)* nerozumný, bláznivý, nesmyslný, šílený; *(claim)* přehnaný, přepjatý **8** *(random: guess)* náhodný; *(shot)* zbloudilý; *(remark)* neuvážený; **send sb on a w. goose chase** posílat koho od čerta k ďáblu; **make w. guesses** plácat do větru, střílet od boku fig **9 w. card** *(in cards)* žolík; fig eso v rukávě **10** inf *(very good)* fantastický, báječný ● adv **1** *(grow: plants)* divoce, ve volné přírodě **2 go w. with joy/ grief** šílet radostí/ žalem; **the audience went w.** diváci začali šílet nadšením; **drive sb w.** rozzuřit koho **3 run w.** *(animals)* žít ve volné přírodě; **let the children run w.** nechat děti růst jako dříví v lese; **let one's imagination run w.** dávat volné pole své fantazii; **let the garden run w.** nechat zarůst zahradu ■ see **wildly**

wildcat ['waildkæt] n Zool divoká kočka; fig *(woman)* fúrie, dračice ■ **w. strike** divoká stávka, nelegální stávka neschválená odborovým orgánem

wildebeest ['wildəbi:st] n Zool pakůň, gnu

wilderness ['wildənəs] n divočina, pustina; fig poušť; **a w. of things** změť předmětů ♦ **a voice crying in the w.** hlas volajícího na poušti

wild-eyed [waild'aid] adj **1** *(crazed)* s divokým pohledem; *(with terror)* s očima plnýma hrůzy **2** fig *(impracticable)* potrhlý

wildfire ['waildfaiə(r)] n **spread like w.** šířit se jako požár or epidemie, lavinovitě se šířit

wildlife ['waildlaif] n *(animals)* divoká zvěř; *(animals and plants)* zvěř a rostlinstvo, fauna a flóra ■ **w. park**, **w. preserve**, **w. sanctuary** přírodní rezervace

wildly ['waildli] adv **1** *(recklessly: spend)* nesmyslně, bláznivě **2** *(randomly: shoot)* nazdařbůh, od boku; *(hit)* hlava nehlava, prudce; *(applaud)* freneticky **3** *(extremely: expensive, happy)* šíleně

wildness ['waildnəs] n see **wild** adj **1** divokost; primitivnost, necivilizovanost **2** divokost, nehostinnost **3** bouřlivost; rozbouřenost **4** bláznivost, ztřeštěnost; bujarost **5** zuřivost, zběsilost **6** bouřlivost, frenetičnost **7** nerozumnost, bláznivost, nesmyslnost; přehnanost **8** náhodnost; neuváženost

wile [wail] n lest, úskok

wilful, Amer **willful** ['wilful] adj **1** *(stubborn)* svévolný, svéhlavý, umíněný; *(child* also*)* zlobivý **2** Jur úmyslný, záměrný; *(murder)* úkladný ■ **~ly** adv **1** svévolně, svéhlavě, umíněně **2** Jur úmyslně, záměrně; úkladně

wilfulness, Amer **willfulness** ['wilfulnəs] n see **wilful 1** svévolnost, svéhlavost, umíněnost **2** Jur úmyslnost; úkladnost

will$_1$ [wil] n **1** *(mental power, willpower)* vůle; **strong/ iron w.** pevná/ železná vůle; **have a w. of one's own** mít svou hlavu, být jako mezek; **have no w. of one's own** nemít svou vlastní vůli **2** *(desire)* vůle, přání; **at w.** libovolně, podle libosti; **for use at w.** k volnému použití; **good / ill w.** dobrá/ zlá vůle; **all men of good w.** všichni lidé dobré vůle; **do sth as a gesture of good w.** udělat co pro dobrou vůli; **the w. of the people** vůle lidu; **do sth with**

a w. dělat co nadšeně; **it's the w. of the people that ...** lid si přeje, aby ...; *(do sth)* **of one's own free w.** ze svobodné vůle, z vlastní iniciativy, dobrovolně; **God's w.** boží vůle; **against one's/ sb's w.** proti své/ čí vůli; **you must have the w. to win** musíš chtít vyhrát; **lose the w. to live** ztratit chuť žít ♦ **where there's a w. there's a way** dobrá vůle všechno zmůže; **Thy w. be done** buď vůle tvá **3** *(testament)* poslední vůle, závěť; **last w. and testament** poslední pořízení; **make one's w.** udělat závěť ● vt **1** *(urge using willpower)* **w. oneself to sth** přinutit se silou vůle k čemu; **w. sb to do sth** sugerovat komu, aby co udělal **2** *(by testament)* **w. sth to sb** odkázat komu co **3** fml *(ordain)* stanovit, určit; **God ~ed it** Bůh tomu chtěl; **Fate ~ed it that ...** osud tomu chtěl, aby ...; **God ~ing** s pomocí boží

will$_2$ [wil] aux v (contr form **'ll** [l]; neg **w. not**, contr **won't** [wəunt]; pt **would**, neg **would not**, contr **wouldn't** ['wudnt]) **1** (expr *future)* **he w. come tomorrow** on přijde zítra; **w. he do it? — I'm sure he w.** udělá to? — jsem si jist, že ano; **shall I write or w. you?** mám napsat já, nebo napíšete vy? **2** (expr *future perf)* **he w.** or **he'll have finished by Monday** do pondělka bude hotový **3** (expr *assumption)* **that w. be my mother** to (asi) bude maminka; **they w. be there by now** teď už tam asi budou **4** (expr *willingness/ unwillingness)* **w. you do it? — yes, I w.** uděláte to? — ano(, udělám); ano, rád; **I w. not have it** to nedovolím; **he w. have none of it** nechce o tom ani slyšet; **he w. not listen to reason** nechce si dát říct; **the mirror won't stay up** to zrcadlo nechce stát; **say what you w.** říkej si, co chceš; **if he won't pay my price ...** nebude-li ochoten zaplatit mi mou cenu, ... **5** *(in commands, requests)* **w. you pass me the book(, please)?, pass me the book, w. you?** podejte mi laskavě tu knihu; **w. you please listen to me?** mohl byste mě vyslechnout?; **w. you be quiet?** buď ticho!; **I'll sell it — no you won't** já to prodám — to tedy ne, ať tě ani nenapadne **6** (expres *habit)* **he w. sit there for hours** sedává tam celé hodiny; **she w. spend hours in the bathroom** vždycky je v koupelně celou věčnost; **accidents w. happen** nehodám nelze zabránit, nehody se prostě stávají **7** *(describing capacity, general truths)* **oil w. float on water** olej plave na vodě; **the lift w. hold 8 people** výtah unese osm osob; **the car w. do 140 km/h** toto auto dosahuje rychlosti 140 km/hod; **the material won't wash** ta látka se nedá prát

willful Amer see **wilful**

willie ['wili] n joc, inf *(penis)* čuráček

willies ['wiliz] n pl inf **he gives me the w.** nahání mi strach; **get the w.** dostat strach

willing ['wiliŋ] adj **1** *(prepared)* ochoten, ochotný, připraven(ý); **is he w. to help?** je ochoten pomoci?; **I am w. to do that** jsem ochoten to udělat **2** *(compliant)* poslušný, svolný; **be a w. instrument in sb's hands** být poslušným nástrojem (v rukou) koho; **be w. to do anything** být svolný ke všemu **3** *(eager: pupil)* snaživý ■ **~ly** adv ochotně; **most ~ly** milerád, velmi rád

willingness ['wiliŋnəs] n see **willing 1** ochota; **her w. to help** její ochota pomoci **2** poslušnost **3** snaživost

will-o'-the-wisp [wiləðə'wisp] n bludička; fig přelud

willow ['wiləu] n **1** Bot **w. (tree)** vrba **2** *(wood)* vrbové dřevo **3** *(twigs)* vrbové proutí **4** *(bat)* kriketová pálka z vrbového dřeva **5 w. pattern** čínský motiv s vrbou na porceláně

willowherb ['wiləuhə:b] n Bot vrbovka

willowy ['wiləui] adj *(figure)* štíhlý jako proutek

willpower ['wilpauə(r)] n (síla) vůle

willy-nilly [wili'nili] adv chtě nechtě, volky nevolky

wilt$_1$ [wilt] v arch 2nd person of **will$_2$**

wilt$_2$ [wilt] vi **1** *(plant)* (po)vadnout, zvadnout **2** *(person, enthusiasm)* ochabnout

Wilts [wilts] abbr of **Wiltshire**

Wiltshire ['wiltšə(r)] n Wiltshire hrabství

wily ['waili] adj (**-ier**, **-iest**) lstivý, úskočný, vychytralý, rafinovaný; **be a w. customer** být všemi mastmi mazaný ♦ **w. old fox** liška podšitá, filuta; **be as w. as a fox** být mazaný or lstivý jako liška

wimp [wimp] n inf padavka, slaboch ● phr v ■ **wimp out** vi sl vyvléci se z čeho, vzít do zaječích

wimpish ['wimpiš] adj inf změkčilý, slabošský ■ **~ly** adv změkčile, slabošsky

wimple ['wimpl] n *(worn by nuns)* plachetka

win [win] n *(victory: in election)* vítězství, *(in sport, lottery* also*)* výhra; **a straight w.** hladké vítězství; **play for a w.** hrát na výhru; **have a w. over sb in sth** vyhrát nad kým v čem; **have a w. on the pools** ≅ vyhrát v sazce ● v (**-nn-**; pt & pp **won** [wan]) **I** vt **1** *(battle, election, competition)* zvítězit v čem, vyhrát co; *(title)* vybojovat; *(money, prize, bet)* vyhrát co; **w. a race** vyhrát závod, zvítězit v závodě; **w. the jackpot** lit & fig udělat or vyhrát terno **2** fig *(love, friendship, support, recognition)* získat; **w. sb's confidence** získat or nabýt čí důvěru; **w. great acclaim** setkat se s velkým ohlasem, mít velký úspěch, inf udělat díru do světa; **w. popularity** stát se populárním, získat popularitu; **w. fame overnight** stát se přes noc slavným **3** Mining *(extract)* těžit, dobývat **4** fml *(reach: shore)* dostat se na co **II** vi **1** *(in competition, elections* etc*)* vyhrát, zvítězit; **w. against sb** zvítězit nad kým; inf **w. on points** vyhrát na body; inf **w. hands down** vyhrát hladce; **w. by two goals to one** vyhrát dva jedna **2** *(in argument)* **OK, you w.** dobře, máš pravdu **III** phr vs ■ **win back** vt získat zpět, *(title)* vybojovat zpět, získat znovu ■ **win out** vi **w. out over sb/ sth** prosadit se proti komu/ čemu ■ **win over** or **round** vt **w. sb over** or **round** získat si koho, naklonit si koho ■ **win through** vi dosáhnout nakonec vítězství, mít nakonec úspěch

wince [wins] n škubnutí v tváři, cuknutí v tváři, grimasa ● vi zašklebit se bolestí, trhnout or škubnout sebou bolestí; **he ~d with pain** škublo or cuklo mu v tváři bolestí; fig **w. at the thought of sth** otřást se při pomyšlení na co

winch [winč] n Techn rumpál, naviják, vrátek, bubnové zdvihadlo ● vt **w. sth up/ down** zdvihnout/ spouštět co navijákem or rumpálem

wind₁ [wind] n **1** Meteor vítr; **high w.** silný vítr; **north w.** severák; **trade w.** pasát; **the w. has risen/ dropped** vítr zesílil/ polevil; **there's a sharp w. (outside)** fouká tam ostrý vítr, je tam velmi větrno ♦ **be three sheets to the w.** být pod parou, být v povznesené náladě; **know which way the w. is blowing** vědět, odkud vítr fouká; vědět, kolik uhodilo; **run** or **go like the w.** utíkat or uhánět s větrem o závod, pádit jako vítr; **take the w. out of sb's sails** vzít or sebrat komu vítr z plachet; **see which way the w. is blowing** chytat vítr, zkoumat or sondovat půdu, orientovat se; **sense sth in the w.** cítit něco ve vzduchu; **there's sth in the w.** něco je ve vzduchu, něco se připravuje, inf něco se peče; **throw one's cares to the w.** nechat všechno plavat, hodit co za hlavu; **trim one's sails to every w.** být kam vítr tam plášť, točit se jako korouhvička; **whistling in the w.** plácnutí do vody; **the ~s of change are blowing** ohlašují se změny ■ **w. tunnel** aerodynamický tunel; Aviat **w. sleeve** větrný pytel **2** Naut **fair w., favourable w.** příznivý or dobrý vítr; **sail before/ into the w.** plout po větru/ proti větru ♦ **sail close to the w.** lit plout těsně při větru, fig inf zahrávat si s ohněm **3** *(scent)* **get w. of sth** lit & fig zvětřit co, fig doslechnout se o čem **4** inf *(empty talk)* žvanění, plané řeči, tlachy **5** *(breath)* dech; **get one's w. back** chytit dech; **get one's second w.** fig chytit (druhý) dech, nabrat dech, postavit se znovu na nohy; inf **put the w. up sb** nahnat komu strach; inf **have the w. up** mít nahnáno, mít malou dušičku ♦ fml **be sound in w. and limb** mít zdravý kořínek **6** Med větry, nadýmání, plynatost; **break w.** pouštět větry, inf upšouknout se, vulg prdnout; **suffer from w.** mít větry; **bring up w.** říhnout, inf krknout; **get a baby's w. up** nechat dítě odříhnout **7** Mus **the ~(s)** dechové nástroje, inf dechy ● vt **1** *(knock breathless)* **w. sb** vyrazit komu dech **2 get ~ed** *(by a walk, climb* etc*)* udýchat se, zadýchat se, sotva dechu popadat po výstupu na kopec ap. **3** *(horse)* uštvat, uhnat **4** *(baby)* nechat odříhnout **5** Hunt *(fox)* zavětřit, ucítit

wind₂ [waind] n *(of road)* zatáčka, *(of river)* zákrut, ohyb; *(of handle)* otočka, otočení; **give the clock/ watch a w.** natáhnout hodiny/ hodinky ● v (pt & pp **wound** [waund]) **I** vt see also phr vs **1** *(bandage, rope)* (o)vinout, obtočit, omotat; **w. wool into a ball** (s)motat vlnu do klubka **2** *(handle)* (o)točit, otáčet čím; *(clock, toy, watch)* natáhnout **3 w. its way** *(road, river)* vinout se, kroutit se, klikatit se **II** vi see also phr vs *(twist: river, road)* vinout se, klikatit se, kroutit se; *(procession)* kroutit se or vinout se jako had **III** phr vs ■ **wind around** *I* vt *(bandage, scarf)* obtočit, ovinout; **he wound his arms around her** objal ji, vzal ji do náručí *II* vi *(road)* vinout se, klikatit se ■ **wind back** vt *(film)* přetočit zpátky ■ **wind down** *I* vt **1** *(lower)* spustit dolů; *(car window)* stočit or stáhnout pomocí kliky **2** *(production)* redukovat, snížit; *(operations)* postupně končit; *(business)* postupně likvidovat *II* vi **1** *(clock)* dojít, doběhnout **2** *(relax)* uklidnit se ■ **wind forward** vt *(film)* přetočit dopředu ■ **wind off** vt odvinout, odmotat ■ **wind on** vt navinout, navíjet; *(film)* přetočit dopředu ■ **wind out** vt *(cable)* odvinout, odmotat ■ **wind round** vt **w. sb round one's little finger** otočit si koho kolem malíčku or prstu, mít koho v hrsti ■ **wind up** *I* vt **1** *(raise)* vytočit nahoru; *(car window)* vytáhnout or vytočit klikou **2** *(clock, watch)* natáhnout **3** *(wool)* smotat do klubka ap.; *(on a reel)* namotat **4** inf *(person: annoy)* vynervovat, rozčilit **5** *(conclude: speech)* (u)končit; *(meeting, discussion* also*)* uzavřít; *(company)* (z)rušit, (z)likvidovat *II* vi inf *(end up)* **w. up in jail/ hospital** skončit ve vězení/ v nemocnici

windbag ['windbæg] n inf pej žvanil, kecal, mluvka, povídálek, vulg sl držka plechová

windblown ['windbləun] adj *(hair)* rozcuchaný větrem, rozevlátý, *(tree)* ošlehaný větrem

windbreaker TM ['windbreikə(r)] n Amer větrovka, bunda

windbroken ['windbrəukən] adj *(horse)* dýchavičný

windcheater ['windči:tə(r)] n Br větrovka, bunda

wind cone ['windkəun] n větrný pytel

winded ['windid] adj udýchaný, jsoucí bez dechu, sotva dechu popadající

winder ['waində(r)] n *(for watch)* natahovací kolečko; *(for clock)* natahovací klíček; *(for car window)* klička; Techn *(for thread)* moták

windfall ['windfo:l] n **1** *(fruit)* padavka **2** fig terno, neočekávané peníze ■ **w. profit** nečekaný zisk

winding ['waindiŋ] adj *(river)* klikatící se; *(road, path)* serpentinovitý; *(staircase)* točitý ● n **1** *(process)* navíjení **2** Elec vinutí **3** also **~s** *(of river)* zákruty; *(of road)* serpentiny

winding-up [waindiŋ'ap] n *(of project)* ukončení; *(of company)* likvidace ■ **w.-up sale** nucený prodej, soudní prodej

windjammer ['winddžæmə(r)] n **1** Naut velká obchodní plachetnice **2** Br *(jacket)* větrovka

windlass ['windləs] n *(winch)* rumpál, vrátek, bubnové zdvihadlo; Naut kotevní vrátek ● vt *(raise)* zdvíhat rumpálem

windless ['windləs] adj bezvětrný

windmill ['windmil] n větrný mlýn; *(toy)* větrník ♦ **tilt at ~s** bojovat s větrnými mlýny or proti větrným mlýnům

window ['windəu] n **1** *(in room* etc*)* okno; *(in plane, ship, on envelope)* also Comput okénko; **bay w.** arkýřové okno; **dormer w.** vikýř; **look out of the w.** (po)dívat se z okna; **sit at** or **by the w.** sedět u okna; **'do not lean out of the w.'** *(in train)* „nevyklánějte se z okna" ♦ **a w. onto the world** okno do světa; inf **go** or **fly out of the w.** *(hopes)* zhroutit se, vyletět komínem, *(plans* also*)* padnout, zhatit se; **the eyes are the ~s of the soul** oči jsou zrcadlem duše ■ **w. box** květinový truhlík na okně; **w. cleaner** čistič oken; **w. seat** místo or sedadlo u okna **2** *(shop~)* výkladní skříň, výklad, výloha ■ **w. display** zboží vystavené ve výloze; **w. dresser** aranžér; **w. dressing** aranžování, fig **it's all w. dressing** to jsou potěmkinovské vesnice **3** *(for service)* přepážka, okénko **4** *(in diary)* mezera, volná chvíle, okénko; **a w. of opportunity** vhodná příležitost, šance; **launch w.** Astronaut nejvýhodnější okamžik k odpálení rakety

windowing ['windəuiŋ] n Comput okénkování, dělení obrazovky

windowpane ['windəupein] n okenní tabule, *(smaller)* okenní tabulka

window-shop ['windəušop] vi **(-pp-)** prohlížet si výkladní skříně

windowsill ['windəusil] n okenní římsa

windpipe ['windpaip] n průdušnice, trachea

windproof ['windpru:f] adj odolný vůči větru

windscreen ['windskri:n], Amer **windshield** ['windši:ld] n Aut přední ochranné sklo ■ **w. washer/ wiper** omývač/ stěrač předního skla

windsock ['windsok] n Aviat větrný pytel

windstorm ['windsto:m] n větrná smršť, vichřice

windsurf ['windsə:f] vi windsurfovat [vintser-]

windsurfer ['windsə:fə(r)] n (wind)surfař/ -ka, (wind)surfer/ -ka, (wind)surfista/ (wind)surfistka [(vint)ser-]

windsurfing ['windsə:fiŋ] n (wind)surfing [(vint)ser-]

windswept ['windswept] adj *(place)* vystavený větru, ošlehaný větrem; *(hair)* rozcuchaný větrem

wind-up ['waindap] adj *(mechanism)* natahovací, na natahování

windward ['windwəd] adj Naut návětrný; **W. Islands** Návětrné ostrovy ● n návětrná strana

windy ['windi] adj **1** *(day, weather)* větrný; **it is w.** je větrno, je or fouká vítr **2** pej *(pompous, verbose: person)* mnohomluvný, *(speech)* rozvláčný, bombastický **3** Br *(scared)* vylekaný; **get w.** vylekat se, zpanikařit

wine [wain] n víno; **red/ white w.** červené/ bílé víno; **table w.** stolní víno; **sparkling w.** sekt; **elderberry/ redcurrant w.** bezinkové/ rybízové víno; **mulled w.** svařené víno; **superior w.** špičkové víno; **cheese and w. party** večírek se sýrem a vínem ■ **w. bar** vinárna; **w. bottle** vinná láhev; **w. cellar** vinný sklípek; **w. cooler** chladič vína nádoba s ledem; **w. grower** vinař/ -ka; **w. growing** vinařství; **w. list** vinný lístek; **w. merchant** obchodník s vínem; **w. taster** ochutnávač vína, degustátor vína; **w. tasting** degustace vína; **w. vinegar** vinný ocet ● vt inf **w. and dine sb** bohatě koho hostit, častovat koho jídlem a pitím, *(in restaurants)* vodit koho po restauracích

winebibber ['wainbibə(r)] n joc piják vína

wineglass ['waingla:s] n vinná sklenka, sklenice na víno

winepress ['wainpres] n lis na víno, vinný lis

winery ['wainəri] n Amer vinný závod

wineskin ['wainskin] n měch na víno

wing [wiŋ] n **1** *(of bird, insect, plane)* křídlo, *(of building* also*)* trakt, poet *(of bird* also*)* peruť; **on the w.** za letu; **take w.** vzletět ♦ **clip sb's ~s** přistřihnout komu křidýlka; **get one's ~s singed** spálit si křídla; **spread one's ~s** vyletět z hnízda; **take sb under one's ~s** vzít koho pod svá ochranná křídla ■ **w. case** krovka hmyzu **2** *(of armchair)* ucho; Aut *(fender)* blatník ■ **w. chair** ušák; **w. collar** stojatý límec s ohrnutými růžky **3** *(unit in air force)* peruť; *(emblem on uniform)* pilotní odznak ♦ **get one's ~s** lit získat pilotní odznak, fig vysloužit si ostruhy ■ **w. commander** velitel perutě; **w. mirror** Aut zpětné zrcátko **4** Ftb *(player)* křídlo, křídelní útočník; **play on the right w.** hrát na pravém křídle **5** Pol křídlo; **the right/ left w. of the Labour Party** pravé/ levé křídlo or pravice/ levice labouristické strany **6 the ~s** Theat (postranní) kulisy ♦ **be waiting in the ~s** lit čekat za kulisami, fig čekat na svou příležitost **7** Techn **w. nut** křídlatá matice ● vt **w. one's/ its way** *(passenger/ plane)* letět

winged [wiŋd] adj *(cupid, horse)* okřídlený

-winged [-wiŋd] in compounds -křídlý; **blue-w.** modrokřídlý

winger ['wiŋə(r)] n Ftb křídelní útočník, křídlo

wingless ['wiŋləs] adj bezkřídlý, nemající křídla

wingspan ['wiŋspæn] n *(of bird, plane)* rozpětí křídel

wink [wiŋk] n mrknutí; **give sb a w.** mrknout na koho, zamrkat na koho; **he gave me a knowing w.** spiklenecky na mě zamrkal; inf **I didn't get a w. of sleep all night** celou noc jsem ani oka nezamhouřil ♦ **a nod is as good as a w. (to a blind horse** or **man)** chytrému napověz, hloupého trkni; **have forty ~s** dá(va)t si dvacet, hodit si šlofíka, schrupnout si; **in a w.** v mžiku ● **I** vt **w. one's eye** zamrkat (**at sb** na koho) **II** vi **1** *(person)* **w. at sb** mrknout na koho, podívat se na koho po očku or kradmo, dát komu tajné znamení; **w. at sth** přivřít or přimhouřit nad čím oko, úmyslně něco přehlédnout **2** *(light)* blikat, mžikat

winker ['wiŋkə(r)] n Br Aut směrovka

winking ['wiŋkiŋ] n *(of eye)* mrkání, mžikání; *(of light)* blikání ♦ inf **it is as easy as w.** je to lehký* jako facka, jde to jako po másle ● adj blikající

winkle ['wiŋkl] n Zool břeženka druh jedlých mořských plžů ● phr v ■ **winkle out** vt inf **w. sth out of sb** *(information)* vypáčit co z koho; **w. sb out of somewhere** *(hiding place, room* etc*)* vylákat or vytáhnout koho odkud

winkle-pickers ['wiŋklpikəz] n pl Br inf špičaté boty

winner ['winə(r)] n **1** Sport vítěz, přemožitel; *(in pools, of bet)* výherce **2** Tennis *(shot)* nechytatelný úder **3** *(successful person)* úspěšný člověk; inf *(successful thing)* šlágr, hit; inf **be onto a w.** udělat terno; inf **back a w.** vsadit na správnou kartu

winning ['winiŋ] n (pl **~s**) výhra ● adj **1** *(successful: person, team, entry)* vítězný; *(number)* vyhrávající; Sport *(decisive: goal, stroke)* rozhodující; **w. post** cílový sloup; **the w. time** vítězný čas, nejlepší čas; **be on a w. streak** stále vyhrávat **2** *(charming: smile, ways)* příjemný, milý, podmanivý ■ **~ly** adv *(smile)* podmanivě, mile

winnow ['winəu] vt Agr *(corn)* čistit od plev, provívat; fig *(correspondence, applications* etc*)* třídit, probírat ♦ **w. the chaff from the wheat** lit & fig oddělit zrno od plev; **w. out fact from fiction** oddělit fakta od výmyslů ● n tarár stroj k čištění obilí

winsome ['winsəm] adj *(person)* příjemný, sympatický; *(smile)* podmanivý ■ **~ly** adv podmanivě

winter ['wintə(r)] n zima ■ **w. coat** zimník; **w. crop** ozim; **w. holidays** zimní prázdniny; **w. solstice** zimní slunovrat; **w. sports** zimní sporty ● **I** vi přezimovat, strávit zimu **II** vt *(cattle)* (pře)zimovat, umístit na zimu kde

wintertime ['wintətaim] n zimní čas, zima

wintry ['wintri] adj (**-ier, -iest**) zimní; fig *(look, smile)* mrazivý, ledový

wipe [waip] n **1** *(act of wiping)* **give sth a w.** utřít or otřít co **2** Med tampon ● **I** vt **1** *(mop)* utřít, osušit; *(surface)* utřít, setřít, *(clean* also*)* (o)čistit; *(floor)* utřít, vytřít; *(dust)* utřít, setřít; **w. one's nose** utřít si nos; **w. one's feet** *(shoes)* utřít si boty; **w. one's brow** utřít si pot z čela; **w. the tears from one's eyes** utřít si slzy z očí; **w. oneself, w. one's bottom** utřít se, utřít si zadek; **w. the baby's bottom** utřít dítěti zadničku; **w. sth dry** vytřít co na sucho ♦ inf **w. the floor with sb** natřít to komu; **w. the slate clean** smazat to a začít znovu **2** *(delete: from tape, disk)* (s)mazat **II** phr vs ■ **wipe away** vt setřít, *(tears, sweat)* utřít; *(mark)* vyčistit ■ **wipe down** vt *(walls)* omýt, umýt ■ **wipe off** *I* vt **1** *(mark)* utřít, očistit; *(from blackboard)* smazat ♦ **w. sb/ sth off the face of the earth** vyhladit koho/ co z povrchu zemského; inf **w. that smile off your face** přestaň se šklebit; inf **I'll soon w. that smile off your face** však on tě brzy přejde smích 2 *(delete: from tape, disk* etc*)* (s)mazat, vymazat *II* vi dát se utírat ■ **wipe out** vt 1 *(clean: cupboard, container)* vytřít 2 *(erase: from tape, disk* etc*)* (s)mazat, vymazat 3 fig *(memory, past)* smazat 4 *(destroy: village)* srovnat se zemí, smést; *(species, population)* vyhladit, *(species of animal)* vyhubit 5 Sport natřít to komu ■ **wipe up** *I* vt *(liquid)* utřít, vytřít; *(dishes)* utírat *II* vi Br utírat nádobí

wiper ['waipə(r)] n Aut stěrač (předního skla)

wire ['waiə(r)] n 1 *(length of metal)* drát; *(for electricity supply)* vedení; **copper w.** měděný drát; **barbed w.** ostnatý drát; **a live w.** drát pod proudem ♦ **be a live w.** *(person)* mít jiskru, být jako rtuť; Amer **pull ~s** intrikovat, využívat svého vlivu, *(for sb)* zatlačit komu, ztratit slovo za koho; inf **get one's ~s crossed** zamotat se, špatně něco pochopit ■ **w. netting, w. mesh** drátěné pletivo; **w. wool** drátky na čištění parket 2 inf esp Amer telegram; **send sb a w.** poslat komu telegram; **get a w. from sb** dostat od koho telegram 3 Amer Horseracing cílový drát ♦ esp Amer **down to the w.** až do poslední chvíle; Amer **get in under the w.** *(arrive)* přijít (jen) taktak, přijít v poslední chvíli ● I vt also **w. up** 1 *(tie)* připevnit drátem; *(fix on: beads)* navléci 2 Elec **w. a house** zavést v domě elektřinu; *(connect to electricity)* připojit na síť 3 *(send telegram to)* poslat telegram komu; *(send by telegram: money* etc*)* poslat telegraficky II vi telegrafovat III phr vs ■ **wire up** vt Elec *(appliance)* připojit; **be wired up** inf být nervózní, mít nervy nadranc

wire cutters ['waiəkatəz] n pl nůžky na drát

wireless ['waiələs] n Br dated rozhlas, rádio; **w. (set)** rozhlasový přijímač; **on the w.** v rozhlase ■ **w. telegraphy/ telephony** bezdrátová telegrafie/ telefonie; **w. operator** radiotelegrafista

wireman ['waiəmən] n (pl **-men**) Amer 1 *(electrician)* elektrikář 2 inf *(phone-tapper)* odborník na odposlouchávání telefonů

wirepuller ['waiəpulə(r)] n intrikán

wiretap ['waiətæp] n 1 *(device)* odposlouchávací zařízení, inf (elektronická) štěnice 2 *(~ping)* odposlouchávání, odposlech ● vt (**-pp-**) odposlouchávat telefon

wiretapping ['waiətæpiŋ] n odposlouchávání (telefonu/ telegrafu)

wiring ['waiəriŋ] n elec *(network)* (elektro)instalace ■ **w. diagram** schéma zapojení, elektrické schéma

wiry ['waiəri] adj (**-ier**, **-iest**) *(person)* šlachovitý; **w. hair** vlasy jako hřebíky

wisdom ['wizdəm] n moudrost; *(prudence: of person)* uvážlivost, *(of action)* rozumnost; **worldly w.** životní moudrost; **a fount of w.** zřídlo or studnice or nádoba moudrosti; **doubt the w. of doing sth** pochybovat o rozumnosti čeho ■ **w. tooth** zub moudrosti

wise$_1$ [waiz] n arch způsob; **in no w., not in any w.** nikterak, nijak; **in this w.** takto

wise$_2$ [waiz] adj 1 *(showing good judgement)* moudrý; *(learned)* učený; **a w. man** mudrc, mudřec; **the Three W. Men** Bibl Tři králové 2 *(sensible, prudent)* rozumný, prozíravý; inf *(clever, smart)* chytrý, mazaný; Amer inf **w. guy** chytrák; **was that w.?** bylo to moudré or rozumné; **it was not very w. of them** to od nich nebylo moc rozumné; **I think it w. that you should ...** podle mne by bylo rozumné, abyste ...; **the ~st thing to do would be ...** nejrozumnější by bylo ... 3 inf *(aware)* **be w. to sth** být si vědom čeho; **get w. to sth** zaregistrovat co, povšimnout si čeho; **put sb w. to sth** zasvětit koho do čeho, informovat koho o čem; inf **get w. to sb** prokouknout koho; **come back as w. as one went** být tak chytrý jako předtím; inf **I am none the ~r** nejsem o nic chytřejší než předtím ■ **~ly** adv 1 *(with wisdom)* moudře 2 *(prudently)* rozumně, prozíravě ● phr vs ■ **wise up** *I* vt esp Amer inf **w. sb up to sth** vnuknout komu co, informovat koho o čem *II* vi **w. up to sth** uvědomit si co

-wise [waiz] suff 1 *(direction)* **length~/ width~** na délku/ na šířku 2 *(with regard to)* pokud jde o ...; inf **money~** pokud jde o peníze, z finančního hlediska; inf **health~** ze zdravotního hlediska

wiseacre ['waizeikə(r)] n pej rozumbrada, mudrlant

wisecrack ['waizkræk] n inf bonmot, vtip; **make a w. about sb** zavtipkovat na čí účet ● vi vtipkovat

wish [wiš] n 1 *(desire)* přání, prosba, touha; **against sb's ~es** proti čí vůli; **three ~es** tři přání; **a secret w.** tajné přání; **make a w.** něco si přát; **grant sb's w.** splnit čí přání, vyhovět čí prosbě; **refuse sb's w.** odmítnout čí prosbu; **at sb's w.** na čí prosbu; **a w. for freedom** touha po svobodě; **I have no w. to talk to him, I haven't the slightest w. to talk to him** nemám nejmenší chuť s ním mluvit; **comply with sb's ~es** vyjít komu vstříc, vyhovět čí prosbě ♦ **your w. is my command**

vaše přání je mi rozkazem **2 ~es** *(regards)* přání, pozdrav(y); **good** or **best ~es** přání všeho nejlepšího, *(ending letter)* also **with best ~es** se srdečným pozdravem, s přáním všeho nejlepšího, všechno nejlepší přeje . . .; **best ~es on your birthday/ engagement/ on your graduation (day)** přání všeho nejlepšího k Vašim narozeninám/ k Vašim zásnubám/ k (Vaší) promoci; **best ~es for the coming year** vše nejlepší v novém roce; **give your husband my best ~es** pozdravuj ode mne svého manžela, vyřiď ode mne pozdravy svému manželovi; **thank you for your good ~es** díky za vaše přání ● **I** vt **1** fml *(want, require)* přát si, chtít; **do you w. to see her** přejete si or chcete ji vidět?; **I don't w. it** já si to nepřeji; **she no longer ~es to discuss it** už si o tom nepřeje mluvit, už o tom nechce mluvit; **he didn't w. to know me** nechtěl mě znát **2** *(expressing unfulfilled desire)* **I w. I were home** kéž bych byl doma; **I w. I knew him** škoda, že ho neznám; **I w. I could, but unfortunately . . .** rád bych, ale bohužel . . .; **I ~ed I were dead** byl bych se studem propadl; **I w. I had known** (škoda,) že jsem to nevěděl; **I w. it was Sunday** kdyby tak už byla neděle; **I w. you would stop doing that** mohl byste s tím laskavě přestat?; **he ~ed he hadn't said it** litoval, že to řekl; **I ~ed I was not there** nejraději bych se neviděl **3** *(expressing ~es towards sb)* **I w. him well** přeji mu vše dobré; **she ~ed him dead** nejraději by ho viděla mrtvého **4** *(expressing greetings* etc*)* přát; **w. sb good morning/ night** (po)přát komu dobré ráno/ dobrou noc; **w. sb a pleasant journey** (po)přát komu šťastnou cestu; **w. sb every happiness** přát komu mnoho štěstí; **w. sb many happy returns** (po)přát komu k narozeninám **5 w. a w.** přát si něco **II** vi see also phr vs **1** *(make a w. – with wishbone* etc*)* přát si něco **2** *(want)* **as you w.** jak si přejete; **do as you w.** dělejte, jak chcete **III** phr vs ■ **wish away** vt *(difficulty)* přát si, aby něco neexistovalo ■ **wish for** vt **w. for sth** přát si co; **what more could a woman w. for?** co víc si ještě může žena přát? ■ **wish on** vt **1 w. sth on sb** *(problems* etc*)* přivolávat co na koho, přát komu něco zlého; **it's a job I wouldn't w. on my worst enemy** takovou práci bych nepřál ani svému nejhoršímu nepříteli **2** *(foist on)* **w. one's children on sb** hodit komu na krk své děti

wishbone ['wišbəun] n Anat Orn prsní kost obv. rozdělená mezi dvě osoby; kdo dostane větší část, může si něco přát

wishful ['wišful] adj **w. thinking** iluze; **that's w. thinking** to je jen zbožné přání

wishing ['wišiŋ] adj **w. well** studánka přání

wishy-washy ['wišiwoši] adj inf *(colour)* vybledlý; *(speech)* učesaný, nanicovatý; *(person)* neslaný nemastný, ani takový ani makový

wisp [wisp] n *(of straw)* věchet, věchýtek; *(of hair)* chumáč, chomáč(ek); *(of smoke)* spirála, obláček, chochol; **a w. of a girl** děvče jako proutek; **she's a w. of an old woman** je jí jen stín, je už jako pápěrka or věchýtek

wispy ['wispi] adj (**-ier**, **-iest**) *(hair)* chomáčovitý; *(smoke)* stoupající v obláčcích

wistful ['wistful] adj *(sad)* tesklivý, tklivý, rozlítostněný; *(full of longing)* toužebný, roztoužený, nostalgický ■ **~ly** adv tesklivě, tklivě; toužebně, nostalgicky

wistfulness ['wistfulnəs] n *(sadness)* tesklivost; *(longing)* zasněnost, nostalgie, nostalgičnost

wit$_1$ [wit] vi dated fml or Jur **to w.** *(that is to say)* totiž

wit$_2$ [wit] n **1** *(humour, sense of humour)* vtipnost, vtip; **sparkle with w.** sršet or jiskřit vtipem; **have a dry w.** mít suchý humor; **exercise one's w. on sb** brousit si na kom vtip **2** *(witty person)* vtipný člověk **3** often pl **~s** *(intelligence)* duchaplnost, důvtipnost, inteligence; **quick w.** bystrý mozek, vtipná hlavička; **have one's ~s about one** umět si poradit, vyznat se v tlačenici; **be frightened out of one's ~s** být k smrti vyděšený or vylekaný; **be at one's ~s' end** být s rozumem v koncích, nevědět kudy kam, nevědět si rady

witch [wič] n lit & fig čarodějnice; **old w.** *(spiteful woman)* stará čarodějnice; **~es' sabbath** rej čarodějnic ■ **w. doctor** kmenový kouzelník, šaman

witchcraft ['wičkra:ft] n čarodějnictví, magie, kouzelnictví

witchery ['wičəri] n *(witchcraft)* čarodějnictví; *(charm)* kouzlo

witch-hazel ['wičheizl] n Bot habr obecný

witch-hunt ['wičhant] n lit & fig hon na čarodějnice, Pol also politická perzekuce

witching ['wičiŋ] adj **w. hour** hodina duchů

with [wið, wiθ] prep **1** *(in company of)* s; **dance w. sb** tančit s kým; **go out w. sb** chodit s kým; **he brought a friend w. him** přivedl si přítele; **live w. sb** bydlet s kým, *(at sb's house)* bydlet u koho; **I'll be w. you in a second** přijdu hned **2** *(on person, in one's bag)* **I haven't got it w. me** nemám to u sebe **3** *(in support of sb)* **we are all w. you**

všichni jsme na tvé straně, všichni ti fandíme 4 *(indicating contact, relationship)* **mix w. sb** stýkat se s kým; inf **be in cahoots w. sb** spolčit se s kým, paktovat se s kým; **be on good terms w. sb** být s kým zadobře; **be w. Glaxo** pracovat u firmy Glaxo; **be w. the National Bank** *(as customer)* mít konto u Národní banky 5 *(involving sb)* **a meeting/ conflict w. sb** schůzka/ konflikt s kým 6 *(describing a feature)* **a girl w. blue eyes** dívka s modrýma očima, modrooká dívka; **walk w. a limp** kulhat; **an old man w. no teeth** bezzubý stařec; **a man w. a hump** hrbatý muž; **a room w. a sea view** pokoj s výhledem na moře; **a flat w. all modern conveniences** byt s veškerým komfortem; **be clever w. one's hands** být šikovný, mít šikovné ruce 7 *(using)* **cut sth w. a knife** uříznout co nožem; **walk w. a stick** chodit o holi; **write w. a pen** psát perem; **w. one's own hand** vlastní rukou 8 *(indicating manner)* **w. elegance** elegantně; **w. pleasure** rád; **w. regret** s lítostí; **w. great care** velmi pečlivě; **w. pride** s hrdostí, hrdě; **w. a smile** s úsměvem; **w. one's eyes closed** se zavázanýma or zavřenýma očima; **w. one's own eyes** na vlastní oči; **w. all one's heart** ze srdce rád 9 *(in proportion to)* **wine improves w. age** čím je víno starší, tím je lepší; **vary w. the temperature** měnit se podle teploty 10 *(as regards)* **problems w. the new car** potíže s novým autem; **trouble w. the law** konflikt se zákonem; **how are things w. you?** jak se vám vede?; **find faults w. sb** hledat or shledávat na kom chyby 11 *(indicating circumstances)* **w. the window open** při otevřeném okně; **w. certain limitations** s jistým omezením; **w. winter coming** s přicházející zimou; **I can't phone her w. my wife here** nemohu ji zavolat, když je tu moje manželka; **w. one's eyes pinned on sth** s očima upřenýma na co; **w. the sweat of one's brow** v potu tváře 12 *(indicating reason)* **he's trembling w. rage** chvěje se vzteky, lomcuje s ním vztek; **be consumed w. grief** chřadnout žalem; **I was seized w. horror** obešla or zachvátila mne hrůza 13 *(in spite of)* přes; **w. all his faults he ...** přes všechny své chyby ...; **w. all his money he's very mean** přes všechny své peníze je velmi lakomý 14 *(suffering from)* **be ill w. flu** mít chřipku, stonat s chřipkou; **people w. cancer** lidé trpící rakovinou 15 *(phrases)* inf **I'm not w. you** *(I didn't understand)* nerozumím vám, to mi není jasné; inf **get w. it** *(wake up)* probuď se, *(face the facts)* přestaň snít; **down w. the dictatorship!** pryč s diktaturou!; see also **w. it, w.-it**

withdraw [wið'drɔ:, wiθ-] v (pt **withdrew** [wið'dru:, wiθ-], pp **withdrawn** [wið'drɔ:n, wiθ-]) **I** vt **1** *(remove: hand)* dát pryč, odtáhnout, *(from pocket)* vytáhnout; *(offer)* vzít zpět; *(application, motion, promise)* odvolat, Comm *(order also)* zrušit; *(charge)* ustoupit od čeho; *(coins, banknotes)* stáhnout z oběhu; **w. one's support of sb** přestat koho podporovat; **w. one's labour** jít do stávky **2** *(diplomat)* odvolat; *(troops)* stáhnout **3** *(money)* vybrat, vyzvednout z banky, vyinkasovat **4** *(statement)* odvolat, vzít zpět **II** vi **1** *(move away, retire)* vzdálit se; **w. into one's room** odejít do svého pokoje; fig **w. from politics** odejít z politiky, zanechat politiky, stáhnout se z politického života; **w. into oneself** stáhnout se do sebe; fig **w. into one's shell** stáhnout se do ulity; **w. from one's studies** nechat studií **2** *(retreat: troops)* ustoupit, odtáhnout pryč, stáhnout se; *(candidate)* odvolat svou kandidaturu; Sport *(competitor)* odstoupit od čeho

withdrawal [wið'drɔ:əl, wiθ-] n see **withdraw 1** *(of application, complaint)* odvolání; Comm *(of order)* zrušení; *(of accusation)* ustoupení od čeho; *(of plan)* upuštění od čeho **2** *(of diplomat)* odvolání; *(of troops)* stažení **3** *(of money)* vyzvednutí, vybrání **4** *(of statement)* odvolání **5** Med **w. symptoms** abstinenční příznaky

withdrawn [wið'drɔ:n, wiθ-] pp of **withdraw** ● adj *(person)* uzavřený do sebe, samotářský; *(manner)* rezervovaný; **become w.** uzavřít se do sebe

withdrew [wið'dru:, wiθ-] pt of **withdraw**

wither ['wiðə(r)] **I** vt *(plant)* způsobit zvadnutí, vysušit; *(body - Subj: disease)* vysílit, způsobit chřadnutí ♦ **w. sb with a look** zpražit koho pohledem **II** vi **1** *(plant)* zvadnout, uschnout; *(body)* chřadnout **2** fig *(beauty)* odkvést **III** phr vs ■ **wither away** vi see **wither (II)**

withered ['wiðəd] adj **1** *(plant)* uschlý, zvadlý, povadlý **2** fig *(body)* scvrklý; *(arm)* atrofický, zakrnělý; *(beauty)* odkvetlý

withering ['wiðəriŋ] adj **1** *(heat)* vysušující, zničující **2** *(look, criticism)* zdrcující, zničující; *(answer)* břitký; **give sb a w. look** zdrtit koho pohledem ■ **~ly** adv *(speak, look)* opovržlivě, s opovržením

withhold [wið'həuld] vt (pt & pp **withheld** [wið'held]) *(wages)* zadržet, nevyplatit; *(truth)* zamlčet, zatajit; *(information)* zadržet, zatajit; *(consent, help)* odepřít; **w. sth from sb** *(help* etc*)* odepřít komu co

within [wiđ'in] prep **1** *(inside)* uvnitř; **a state w. a state** stát ve státě; **w. the family** v kruhu rodinném; **countries w. the EC** země patřící k Evropskému společenství **2** *(not farther than)* **w. a radius of five miles** v okruhu pěti mil; **w. earshot** na doslech; **the station is w. walking distance** na nádraží se dá dojít pěšky; **be w. sight** být na dohled **3** in expressions of time **a)** *(after not more than)* **I'll finish it w. a week** skončím to do týdne; **w. a year of her death** do roka po její smrti **b)** *(inside the limits of)* **w. my memory** za mé paměti; **use w. two days** *(food)* spotřebujte do dvou dní **4** *(inside the limits of)* **w. the confines of the law** v mezích zákona; **w. the bounds of possibility** v mezích možností, v rámci daných možností; **it is not w. my competence** není to v mé kompetenci, nemám k tomu oprávnění ● adv **seen from w.** viděno zevnitř or zvnitřku

with it, attr **with-it** ['wiđit] adj inf **1** dated *(trendy)* **be with it** držet krok s dobou, *(in fashion)* být podle poslední módy, být jako vystřižený ze žurnálu, chodit podle poslední módy; **a with-it artist/ hairstyle** módní umělec/ účes **2** *(alert)* **be w. it** být plně při smyslech; **get with it!** probuď se!; **he's not w. it** *(mentally)* není při zdravých smyslech

without [wiđ'aut] prep **1** gen bez; **be w. money** být bez peněz, nemít peníze; **w. hesitation** bez váhání; **w. prejudice** bez předsudků, nezaujatě; **everyone w. exception** všichni bez výjimky; **w. much ado** bez cavyků ♦ **w. fail** naprosto určitě; **disappear w. trace** beze stopy zmizet **2** +pres p **w. saying a word** beze slova, aniž by cokoliv řekl(a); **he left w. paying** odešel, aniž by zaplatil; odešel bez placení ● adv **from w.** zvenčí; **w. the city walls** mimo městské hradby

without-profits [wiđ'autprofits] adj **w.-p. policy** Ins pojistka bez podílu na zisku

with-profits ['wiđprofits] adj **w.-p. policy** Ins pojistka s podílem na zisku

withstand [wiđ'stænd] vt (pt & pp **withstood** [wiθ'stud]) *(cold, heat)* vydržet; *(attack, temptation)* odolat čemu, ubránit se čemu

withy ['wiđi] n *(willow)* vrba košíkářská; *(twig)* vrbový prut, houžev

witless ['witləs] adj *(stupid)* hloupý, pitomý; *(lacking wit)* bezduchý

witness ['witnəs] n **1** gen, Jur svědek; **expert w.** soudní znalec; **chief w.** korunní svědek; **w. for the defence/ prosecution** svědek obhajoby/ obžaloby; **be a w. of** or **to sth** *(accident* etc) být svědkem čeho; **call a w.** předvolat svědka; **act as a w.** svědčit; **examine a w.** vyslýchat svědka ■ **w. box,** Amer **w. stand** svědecká lavice **2** *(evidence)* svědectví; **bear w. to sth** dosvědčovat co, svědčit o čem; **his lifestyle bears w. to his wealth** jeho životní styl svědčí o tom, že je bohatý; Jur **bear false w.** křivě svědčit, podat falešné svědectví **3 Jehovah's W~es** svědkové Jehovovi ● **I** vt **1** *(see: accident, burglary* etc*)* být svědkem čeho **2** *(signature)* svědčit při čem, spolupodepsat co jako svědek; *(marriage)* být svědkem na svatbě **3** fig **this century has ~ed many wars** toto století zažilo mnoho válek **II** vi **w. to sth** podat svědectví o čem; **w. against sb** svědčit proti komu

witter ['witə(r)] vi pej inf also **w. on** povídat, klábosit, tlachat, žvanit; **w. on about sth** žvanit o čem

witticism ['witisizəm] n bonmot, vtipná or duchaplná poznámka

wittiness ['witinəs] n vtipnost, duchaplnost

wittingly ['witiŋli] adv vědomě, úmyslně, záměrně

witty ['witi] adj vtipný, duchaplný; **be w.** být vtipný, mít ducha ■ **wittily** adv vtipně, duchaplně

wives [waivz] pl of **wife**

wizard ['wizəd] n **1** *(magician)* čaroděj, kouzelník **2** inf fig *(expert)* génius, kanón or kadet na co, suverén v čem; **he's a w. at chess** on je šachový génius, on je génius na šachy; **a w. at maths** suverén v matematice; **a financial w.** špičkový odborník na finance, geniální finančník ● adj dated Br báječný, senzační, ohromný

wizardry ['wizədri] n **1** *(magic)* čarodějnictví, kouzelnictví, čáry, kouzla **2** fig genialnost, vynikající odbornost; **technical w.** zázrak techniky

wizened ['wizənd] adj scvrklý, svrasklý, svraštělý, seschlý

wk abbr of **week** týden, týdny

w/o abbr of **without** bez

wobble ['wobl] n **1** *(of furniture)* viklání, kývání, vratkost; *(in movement)* vrávorání, potácení, klácení se; *(in voice)* chvění **2** fig kolísání, váhání, váhavost, nerozhodnost ● **I** vt *(chair, tooth)* viklat čím, kývat čím **II** vi **1** *(table, chair, tooth)* viklat se, kývat se; *(walker)* klátit se, kolébat se, pohybovat se nejistě; *(drunkard)* vrávorat, potácet se; *(cyclist)* kymácet se, kývat se ze strany na stranu; *(compass needle)* kmitat, chvět se; *(wheel)* házet; *(voice)* chvět se, třást se; *(jelly)* třást se **2** fig *(hesitate)* váhat, kolísat, být nerozhodný

wobbly ['wobli] adj *(table, chair)* viklavý,

rozviklaný, vratký; *(voice)* chvějící se, třaslavý, roztřesený; *(jelly)* třaslavý, rosolovitý; **I feel a bit w.** je mi trochu mdlo, necítím se dobře; **he's w. on his legs** je nejistý na nohou ● n Br sl **throw a w.** dostat záchvat zuřivosti, rozzuřit se

wodge [wodž] n inf *(of cake, bread)* velký kus, flák dial; *(of papers)* štos; *(of money)* hromada

woe [wəu] n **1** fml *(sorrow)* hoře, žal, žalost, zármutek, strast; **a picture of w.** žalostná podívaná **2** joc *(misfortune)* neštěstí, pohroma; **~s** potíže, těžkosti, trable; **a tale of w.** strastiplná historie, *(moaning)* nářky, lamentace ♦ arch **w. is me!** běda mi!; **w. betide him who ...!** běda tomu, kdo ...!

woebegone ['wəubigon] adj sklíčený, zkormoucený, sklesly

woeful ['wəuful] adj fml **1** *(sad)* smutný, zarmoucený; *(tale)* truchlivý **2** *(deplorable: ignorance)* politováníhodný, tristní, otřesný ■ **~ly** adv smutně; *(very)* otřesně; **they were ~ly ignorant of ...** věděli toho žalostně málo o ....

wog [wog] n Br dated offens negr, černá huba

wok [wok] n Cook wok mísovitá nádoba pro přípravu čínských jídel

woke [wəuk] pt of **wake**$_3$

woken ['wəukn] pp of **wake**$_3$

wolf [wulf] n (pl **wolves** [wulvz]) **1** Zool vlk ♦ **be a w. in sheep's clothing** být vlk v rouše beránčím; **cry w.** dělat planý poplach; **keep the w. from the door** odhánět bídu ode dveří; **a lone w.** lit vlk samotář, fig (vlk) samotář; **throw sb to the wolves** nechat koho na pospas osudu ■ **w. cub** vlček, vlčátko, vlčí mládě; **w. pack** vlčí smečka **2** inf *(seducer)* svůdník ■ **w. whistle**, Amer **w. call** zahvízdnutí na (kolemjdoucí) dívku ● vt **w. (down)** *(food)* hltavě sníst, zhltat, slupnout, spořádat, inf zdlábnout

wolfhound ['wulfhaund] n vlčák

wolfish ['wulfiš] adj vlčí; **w. appetite** nenasytnost, žravost ■ **~ly** adv nenasytně, žravě

wolfram ['wulfræm] n wolfram

wolves [wulvz] n pl of **wolf**

woman ['wumən] n (pl **women** ['wimin]) **1** gen žena; **a young w.** mladá žena, dívka; **an old w.** stará žena, stařena, pej stará bába; **a single/ married w.** svobodná/ vdaná žena; **a w. of letters** literátka, spisovatelka; **a w. of the world** světačka, zkušená žena; **a working w.**, **a career w.** pracující žena; dated **a loose w.** lehká žena or dívka; **a w.'s lot** ženský úděl; **a w.'s work is never done** ženy mají stále co dělat, ženská práce nikdy nekončí; **man that is born of w.** Bibl smrtelník; **a w.'s** or **women's magazine** časopis pro ženy; **women's rights** práva žen, ženská otázka; inf **women's lib** feminismus; inf **Women's libber** feminista/ feministka; **women's studies** studium ženské otázky **2** in compounds **English/ Scottish/ Czech/ Polish w.** Angličanka/ Skotka/ Češka/ Polka ■ **w. doctor/ driver/ preacher/ teacher** doktorka/ řidička/ kazatelka/ učitelka; **w. friend** přítelkyně **3** *(domestic help)* pomocnice v domácnosti, *(to mind children)* paní k dětem; **a cleaning w.** uklízečka **4** inf žena, manželka; *(lover)* milenka; **my old w.** moje stará, ta moje **5** *(as form of address)* ženská!; **thank you, young w.** děkuji, slečno

woman-hater ['wumənheitə(r)] n nepřítel žen, misogyn

womanhood ['wumənhud] n **1** ženství; **reach w.** dospět v ženu **2** *(women collectively)* ženy; **the sufferings of w.** utrpení žen

womanish ['wuməniš] adj pej *(man)* zženštilý, změkčilý

womanize ['wumənaiz] vi běhat za ženskými, pej děvkařit

womanizer ['wumənaizə(r)] n donchuán, záletník, sukničkář

womankind ['wumənkaind] n dated ženské pohlaví, ženy

womanliness ['wumənlinəs] n ženství

womanly ['wumənli] adj ženský

womb [wu:m] n Anat děloha, (matčino) lůno; **the child in the w.** dítě v lůně matčině

wombat ['wombæt] n Zool vombat australský vačnatec

women ['wimin] pl of **woman**

won [wan] pt & pp of **win**

wonder ['wandə(r)] n **1** *(marvel)* div; **the seven ~s of the world** sedm divů světa; **the ~s of nature** zázraky přírody; **do** or **work ~s** *(medicine* etc*)* dělat (pravé) divy ♦ **a nine days' w.** jepičí úspěch; bublina, která brzy splaskne **2** *(prodigy)* zázračné dítě; **boy w.** malý génius; **be a w. with computers** vyznat se v počítačích; **be a w. with children** umět to s dětmi ■ **w. drug** zázračný lék **3** *(amazing fact)* **it's a w. that ...** (to) je div, že ...; **small w. that ...** není divu, že ...; **it's a w. she came in time** to je div, že přišla včas ♦ **~s will never cease** often iron jaký div! **4** *(amazement)* úžas, nadšení, obdiv; **lost in w.** užaslý, naplněný obdivem ● **I** vt **1** *(ask oneself)* **I w. if** or **whether ...** rád bych věděl, zda ...; jsem zvědavý, zda ...; **I w. if he knows about it** rád bych věděl, zda o tom ví; **I w. why she did it** zajímalo by mě, proč to udělala; **I w. if you could tell me where ...** nemohl byste mi (laskavě) říci, kde ...? **2** *(be surprised)* **I don't w. that she was angry** nedivím se, že se zlobila **II** vi **1** *(think, reflect)* **w. about sth** uvažovat or přemýšlet o čem; **it makes you w.** to je na pováženou; **I'm ~ing about taking a holiday** pomýšlím na to, že si vezmu dovolenou; *(will he do it?)* – **I w.** to bych rád věděl; nevím, nevím; *(why do you ask?)* – **I just ~ed** jenom jsem tak uvažoval **2** *(be surprised)* **w. at sth** divit se čemu, *(marvel)* žasnout nad čím

wonderful ['wandəful] adj *(meal, experience, holiday)* báječný, úžasný, senzační; *(idea)* skvělý; *(musician)* vynikající; **that's w.** to je skvělé; **it was a w. sight** byla to skvělá podívaná, expr inf byla to pastva pro oči; **be w. with children** umět to výborně s dětmi; **we had a w. time** měli jsme se báječně or božsky ■ **~ly** adv **1** *(behave, perform)* báječně, výborně **2** *(very: funny, clever)* ohromně

wondering ['wandəriŋ] adj **1** *(puzzled: expression)* udivený **2** *(doubtful: look)* tázavý ■ **~ly** adv udiveně; tázavě

wonderland ['wandəlænd] n země divů ♦ **Alice in W.** *(by Lewis Carroll)* Alenka v říši divů

wonderment ['wandəmənt] n **1** *(amazement)* obdiv, nadšení, úžas **2** *(puzzlement)* údiv, překvapení

wonderworker ['wandəwə:kə(r)] n divotvorce

wondrous ['wandrəs] adj fml skvělý, úžasný ■ **~ly** adv skvěle, úžasně

wonky ['woŋki] adj **(-ier, -iest)** Br inf **1** *(wobbly: furniture)* rozviklaný, viklavý; *(knee)* rozvrzaný; *(grammar)* chatrný **2** *(not straight: tie, hat)* **be w.** být nakřivo **3** *(out of order: radio, TV etc)* porouchaný, vadný **4 feel w.** cítit se slabý or malátný or roztřesený

won't [wəunt] contr of **will not**

wont [wəunt] adj fml **be w. to do sth** mít ve zvyku něco dělat ● n **as is his w.** jak má ve zvyku, jak to obvykle dělá; **it is his w. to ...** má ve zvyku ...

wonted ['wəuntid] adj fml navyklý, obvyklý

woo [wu:] **I** vt **1** arch *(court: lady)* dvořit se komu **2** *(voters, customers)* lákat, vábit **II** phr v ■ **woo away** vt *(employees, customers etc)* odlákat, přetáhnout

wood [wud] n **1** *(timber)* dřevo, dříví ♦ **touch w.** musím to zaklepat, nechci to zakřiknout, abych to nezařekl ■ **w. alcohol** dřevný líh; **w. engraving** dřevoryt; **w. nymph** lesní víla, lesní panna, dryáda; **w. pulp** celulóza; **w. shaving** hoblina **2** *(small forest)* (menší) les, lesík, háj; **oak w.** dubový les or háj, dubina; **beech w.** bučina ♦ **we are not out of the ~(s) yet** ještě nejsme mimo nebezpečí, ještě nemáme vyhráno; **he can't see the w. for the trees** pro samé stromy nevidí les ■ **w. anemone** sasanka (hájní); **w. strawberry** lesní jahoda **3** *(cask)* sud; **wine drawn from the w.** víno čepované ze sudu; **the wine smacks of the w.** víno chutná po sudu **4** Mus **the ~s** dřevěné dechové nástroje, inf dřeva

woodbine ['wudbain] n Zool zimolez

woodcarver ['wudka:və(r)] n řezbář

woodcarving ['wudka:viŋ] n **1** *(craft)* řezbářství **2** *(object)* řezba ve dřevě

woodchuck ['wudčak] n Zool svišť lesní

woodcock ['wudkok] n Orn sluka lesní

woodcraft ['wudkra:ft] n zálesáctví, lesní moudrost

woodcut ['wudkat] n dřevoryt, dřevořezba

woodcutter ['wudkatə(r)] n dřevorubec, dřevař, dated drvoštěp

woodcutting ['wudkatiŋ] n **1** *(in forest)* mýcení, kácení **2** Art dřevoryt, dřevořezba

wooded ['wudid] adj zalesněný, lesnatý

wooden ['wudn] adj **1** *(made of wood)* dřevěný; **w. leg** dřevěná noha; **w. floor** prkenná or palubová podlaha; **w. spoon** dřevěná lžíce, fig Sport **win the w. spoon** skončit poslední, dostat cenu útěchy **2** fig *(posture)* prkenný; *(smile)* strnulý; *(manner)* neohrabaný ■ **~ly** adv *(style)* strnule; *(bow)* prkenně, neohrabaně

woodenhead ['wudnhed] n inf omezenec, tupec, hlava dubová

woodenheaded [wudn'hedid] adj inf omezený, tupý

woodland ['wudlənd] n lesnatá or zalesněná oblast, lesy ■ **w. plant** lesní rostlina; **a w. walk** procházka v lese

woodlark ['wudla:k] n Orn skřivan lesní

woodlouse ['wudlaus] n (pl **-lice** [-lais]) Ent stínka, svinka, beruška

woodpecker ['wudpekə(r)] n datel

woodpigeon ['wudpidžn] n Orn holub hřivnáč

woodpile ['wudpail] n hranice dříví

woodshed ['wudšed] n dřevník, kůlna na dříví

woodsy ['wudzi] adj **(-ier, -iest)** Amer *(flower)* lesní; *(area)* lesnatý ● n Amer inf zálesák

woodwind ['wudwind] adj *(music)* pro dřevěné dechové nástroje ● n **~s** dřevěné dechové nástroje, inf dřeva ■ **the w. section** or **instruments** dřevěné dechové nástroje, inf dřeva

woodwork ['wudwə:k] n **1** *(craft: car-*

pentry) truhlářství, stolařství 2 *(in building: doors* etc*)* dřevěné vybavení domu 3 inf Ftb brankové tyče

woodworm ['wudwə:m] n *(insect and infestation)* červotoč; **have w.** být napadený červotočem

woody ['wudi] adj (**-ier, -iest**) 1 *(plant)* dřevnatý, dřevitý; *(smell)* vůně dřeva 2 *(area)* lesnatý, zalesněný

wooer ['wu:ə(r)] n dated nápadník

woof$_1$ [wu:f] n Text útek

woof$_2$ [wuf] n *(bark)* štěkání, štěkot ● vi štěkat, hafat; Amer dated kecat ● interj **w.! w.!** haf!, haf!

woofer ['wu:fə((r)] n Techn reproduktor pro hluboké tóny

wool [wul] n 1 Text vlna; **cotton w.** vata; **pure w.** čistá vlna; **ball of w.** klubko vlny ♦ **pull the w. over sb's eyes** věšet komu bulíky na nos, (o)balamutit koho, vypravovat někomu pohádky ■ **w. carpet** vlněný koberec; **w. fat** or **grease** tuk z ovčí vlny 2 Techn **steel w.** ocelová vlna; **glass w.** skleněná vata

woolgatherer ['wulgæðərə(r)] n snílek

woolgathering ['wulgæðəriŋ] n plané snění; **be w.** snít, chytat lelky

woolgrower ['wulgrəuə(r)] n pěstitel ovcí pro vlnu

woollen, Amer **woolen** ['wulən] adj 1 *(cloth, garment)* vlněný 2 **w. mill** továrna na vlněné zboží ● n **~s** pl vlněné oděvy/ prádlo

woolliness, Amer **wooliness** ['wulinəs] n fig *(of outline)* nejasnost, rozplizlost; *(of thinking)* nepřesnost, rozplizlost

woolly, Amer **wooly** ['wuli] adj (**-ier, -iest**) 1 *(garment)* vlněný; *(cloud)* jako z vaty; **w. hair** vlasy jako koudel 2 fig *(vague: thinking)* nejasný, nepřesný, konfúzní, rozplizlý; *(outline)* rozplizlý, nezřetelný ● n inf dated *(sweater)* pulovr; **(winter) woollies** *(sweaters* etc*)* zimní vlněné zboží

woolly-headed [wuli'hedid], **woolly-minded** ['wulimaindid] adj *(person)* ztřeštěný

woops [wups] see **whoops**

woozy ['wu:zi] adj inf **I feel w.** točí se mi hlava

wop [wop] n offens sl Talián ● vt see **whop**

Worcester sauce ['wustəso:s] n worcester [vustr, vorčestr], worcesterská [vustrská, vorčestrská] omáčka

word [wə:d] n 1 gen, Ling slovo, výraz; **empty ~s** duté fráze, prázdná slovíčka; **well-chosen ~s** vhodně volená slova; **tender ~s** sladká slovíčka; **without a w.** beze slova; **in a w.** zkrátka, jedním slovem; **in other ~s** jinými slovy; **w. for w.** slovo od slova; **in every sense of the w.** v každém ohledu; **in the true sense of the w.** ve vlastním or pravém slova smyslu; **by w. of mouth** ústně; **be a man of few ~s** být skoupý na slovo; **say sth in one's own ~s** říci co vlastními slovy; **~s fail me, I am lost for ~s** nenalézám slov; **~s failed him** nezmohl se na slovo; **in the ~s of Byron** řečeno s Byronem, jak řekl Byron ♦ **the last w. in fashion** poslední výkřik módy; **the last w. in elegance** vrchol elegance; **say one's last w. on sth** říci o čem své poslední slovo; **always have the last w.** mít vždy poslední slovo; **fine ~s butter no parsnips** pěkná slova nic nespraví; **right from the w. go** od samotného počátku; **translate** or **convert ~s into action** přejít od slov k činům; **my w.!** no ne!, páni! ■ **w. association** Psych slovní asociace; **w. class** slovní druh; **w. formation** tvoření slov; **w. order** slovosled 2 *(remark, statement)* **say a few ~s about sth** říci o čem několik slov; **he didn't say a w.** neřekl ani slovo; **those were his very ~s** řekl to přesně tak; **twist sb's ~s** překroutit čí slova; **play with ~s** hrát si se slovíčky, slovíčkařit; **weigh one's ~s** vážit slova; **mean every w.** nemluvit do větru; **he doesn't mince his ~s** nebere si servítky, nechodí pro slova daleko, mluví bez obalu; **I could not get a w. in edgeways** nepustili mě ke slovu; **he wants to have a w. with you** chce s tebou mluvit; **have a w. with sb about sth** promluvit si s kým o čem; **put in a (good) w. for sb** ztratit za koho dobré slovo or slovíčko, přimluvit se za koho; **hang on sb's every w.** viset komu na rtech 3 **~s** pl *(lyrics, text)* slova, text; **~s and music** slova a hudba; **forget one's ~s** zapomenout text 4 *(news)* zpráva; **send sb w. that ...** vzkázat komu, že ..., zpravit koho o tom, že ...; **she sent him w. of her fate** podala mu zprávu o svém osudu; **there's no w. of the missing child** o pohřešovaném dítěti není žádná zpráva; **w. got (a)round that ...** proslechlo se, že ...; **as yet there has been no w. from him** zatím se ještě neozval 5 **~s** *(argument)* hádka; **have ~s about sth** hádat se o čem; **a war of ~s** slovní potyčka 6 *(promise)* slovo; *(affirmation)* tvrzení; **he gave me his w.** dal mi své slovo; **be as good as his w.** stát si v slově, dodržet slovo; **go back on** or **break one's w.** nedodržet slovo; **hold** or **take sb at his w.** chytit koho za slovo; **it's one man's w. against another's** to je tvrzení proti tvrzení 7 *(command)* příkaz; Mil **w. (of command)** rozkaz; **give the w. to do sth** dát příkaz k udělání čeho; *(if you need anything)* **just say the w.** jen řekni, dej vědět; **his w. is law here** jeho slovo tu platí, má tu hlavní slovo **8** Relig slovo; **the W. of God** slovo boží; **preach the W.** kázat slovo boží **9** *(key w.)* klíčové slovo; *(password)* heslo; **the w. now is privatization** heslem doby je slovo privatizace **10** Comput **w. counter** čítač slov; **w. processing** zpracování textu; **w. processor** textový procesor; **w. wrapping** (automatické) převádění slov na další řádku ● vt *(letter, statement)* formulovat, stylizovat; **a badly ~ed letter** nevhodně stylizovaný dopis

word-blind ['wə:dblaind] adj dyslektický

word-blindness ['wə:dblaindnəs] n dyslexie

wordbook ['wə:dbuk] n **1** *(dictionary)* (stručný) slovník, slovníček **2** *(libretto)* operní libreto

word-for-word [wə:dfə'wə:d] adj doslovný ● adv **w. for w.** doslova, doslovně

wordiness ['wə:dinəs] n rozvláčnost, mnohomluvnost

wording ['wə:diŋ] n stylizace, znění; **quote the exact w.** citovat přesné znění; **change the w. of sth** přestylizovat co

wordless ['wə:dləs] adj bezeslovný; *(grief)* němý

wordlist ['wə:dlist] n *(in textbook)* slovníček, slovní zásoba

word-perfect [wə:d'pə:fikt] adj **be w.-p.** ovládat perfektně text

wordplay ['wə:dplei] n slovní hříčka

wordsmith ['wə:dsmiθ] n umělec slova, mistr pera

wordy ['wə:di] adj **(-ier, -iest)** rozvláčný, mnohomluvný

wore [wo:(r)] pt of **wear**

work [wə:k] n **1** *(labour)* práce; *(activity)* činnost; *(at school)* vyučování, studium; *(research)* výzkum, výzkumná práce; **manual w.** fyzická or ruční práce; **assembly w.** montážní práce; **backlog of w.** (pracovní) resty; **at w.** při práci; **be at w. on sth** pracovat na čem; **set to w.** dát or pustit se do práce; **do one's w. well** počínat si dobře; **be a demon** or **glutton for w.** být do práce jako kat or jako divý, dřít jako mezek; **be snowed under with w.** být zavalený prací; **shy away from w.** vyhýbat se práci, být lechtivý na práci ■ **w. camp** pracovní tábor **2** *(task)* práce, úkol, zadání; **do one's w.** dělat svou práci; **get to w. on sb/ sth** vzít si koho/ co do práce, věnovat komu/ čemu pozornost ♦ **make short w. of sth** vzít co zkrátka, lámat co přes koleno; **complete the w. of destruction** dovršit dílo zkázy **3** *(papers* etc *~ed on)* práce; **his w. was all over the desk** měl rozloženou práci po celém stole; **take w. home** brát si práci domů **4** *(employment, job)* práce, zaměstnání; **be out of w.** být bez zaměstnání, octnout se na dlažbě ■ **w. force** pracovní síly; **w. permit** pracovní povolení **5** *(workplace)* práce; **be at w.** být v práci; **go to w.** jít do práce; **a girl I know from w.** známá z práce **6** *(thing made, achievement)* práce; Art dílo; *(result)* výsledek; *(sb's output)* tvorba, *(books)* spisy; **a w. of art** umělecké dílo; **his first w.** jeho prvotina; **a late w. by Picasso** pozdní Picasso; **the complete ~s of Dickens** Dickensovy sebrané spisy; **life's w.** životní dílo; **be the w. of a moment** být dílem okamžiku; **an excellent piece of w.** prvotřídní práce ♦ **he's a nasty piece of w.** je to čistý ptáček **7** *(deed)* skutek, práce; **charitable ~s** dobré skutky, skutky milosrdenství; **each man will be judged by his ~s** každý člověk bude posuzován podle svých skutků **8** *(effect)* účinek; **go to w.** *(medicine, detergent)* působit, mít účinek **9** Phys práce **10 works a)** *(factory)* závod, továrna, průmyslový podnik; **a printing ~s** tiskárna; **a chemical ~s** chemická továrna, chemička; **a gas ~s** plynárna; **a steel ~s** ocelárna **b)** Mil polní opevnění **c)** *(construction)* zemní práce; **road ~s** práce na silnici **d)** *(mechanism)* hnací ústrojí, soukolí, soustrojí; *(of clock)* hodinový stroj; **a cog in the ~s** kolečko ve stroji or v soukolí ♦ **put a spanner in the ~s** udělat komu čáru přes rozpočet **e)** inf *(everything)* komplet všechno, všechno se vším všudy; **the (whole) ~s** inf celý (ten) krám; **give sb the ~s** *(treat sb generously)* přijmout koho se všemi poctami, královsky koho pohostit; *(beat sb up)* zmlátit koho ● v (pt & pp **worked**, arch **wrought** [ro:t]) **I** vt **1** *(drive: employee, student)* **w. sb hard** prohánět koho, dát komu zabrat; **w. oneself to death** udřít se (k smrti); **w. oneself to the bone** pracovat do úpadu, dřít jako mezek **2 w. shifts** pracovat na směny; **w. a 42 hour week** pracovat 42 hodin týdně **3** *(operate: machine, equipment)* obsluhovat; *(brakes)* sešlápnout; **w. a lever up and down** hýbat pákou nahoru a dolů **4 w. one's way through sth** *(amount, quantity: food)* zkonzumovat; **w. one's way through university** vydělávat si během studií; **w. one's way up from the bottom** vypracovat se od píky **5** *(bring about)* **w. wonders** dělat (pravé) divy; **I cannot w. miracles** neumím čarovat; **w. one's passage** *(to America, Australia)* odpracovat si cestovné na lodi **6** *(exploit: mines* etc*)* exploatovat, těžit v čem;

fig **w. sth to one's own advantage** vytlouct z čeho kapitál, těžit z čeho **7** *(shape: dough, clay)* hníst; *(wood)* opracovat; *(metal)* obrábět; *(metal)* kout; *(gold)* tepat; fig **w. oneself into a rage** vzplanout hněvem **8** *(exercise: muscles)* procvičit, rozhýbat **9** *(manoeuvre)* **w. sth into sth** vmanévrovat co do čeho; **w. sth loose** postupně něco uvolnit; **w. one's hands free** osvobodit si ruce **II** vi **1** gen pracovat, dělat; **w. hard** pracovat těžce, *(diligently)* pracovat pilně or usilovně; *(student)* pilně studovat; **w. like a Trojan** pracovat jako mezek; **w. like mad** or **hell** dřít jako blázen, dřít se jako divý **2** *(be employed)* pracovat, dělat, být zaměstnán kde; **w. in a factory** pracovat v továrně; **w. as a teacher** pracovat jako učitel **3** *(strive)* **w. for sth** *(for better relations, conditions)* usilovat o co, exponovat se pro co, bojovat o co; **w. against sth** *(corruption)* bojovat proti čemu; **w. towards sth** *(solution)* postupně se blížit k čemu, propracovávat se k čemu **4** *(function)* fungovat, pracovat, běžet, *(clock)* jít; fig *(marriage)* fungovat, klapat; *(medicine)* působit, být účinný, mít účinek, zabrat; **it won't w.** nechce to fungovat; **the brakes don't w.** nefungují mi brzdy; **the lights don't w.** nesvítí mi světla; **my watch stopped ~ing** přestaly mi jít hodinky; **it doesn't w. like that** takhle to nechodí; **know how things w.** vědět, jak to na světě chodí; **flattery won't w. with me** s lichocením si na mě nepřijdeš **5** *(yeast)* kvasit **6** *(move gradually)* **w. loose** *(screw)* uvolnit se; **w. round to one's topic** postupně se dostat k svému tématu **III** phr vs ■ **work away** vi **w. away at sth** usilovně [illegible]m pracovat ■ **work down** vi *(stockings,* [illegible] sklouzávat ■ **work in** vt **1** *(insert)* **w.** [illegible] *bolt)* opatrně něco zasunout or zastrčit [illegible]*rporate: jokes into a speech* etc*)* vpa[illegible]t, inf prošpikovat co čím **3** Cook vmísit, zapracovat; *(rub in: lotion into skin)* vetřít ■ **work off** vt **1** *(debt, loan)* vydělat si na splacení čeho **2** *(get rid of: excess weight)* zbavit se čeho cvičením/ chůzí etc; **w. off one's anger** odreagovat se, vyvztekat se ■ **work on** *I* vi *(continue working)* pokračovat v práci *II* vt **1 work on sth** *(project, book)* pracovat na čem; **w. on sb** zaměřit se na koho, vzít si koho do práce **2** *(assumption, evidence)* vycházet z čeho ■ **work out** *I* vt **1** *(calculate: sum)* vypočítat, spočítat; *(solve: code)* rozluštit, dešifrovat; *(answer)* najít; *(puzzle)* rozluštit **2** *(formulate: plan)* vypracovat; *(scheme* also*)* vymyslet; *(details)* rozpracovat; **I have got it all ~ed out** mám to všechno naplánované or promyšlené **3** *(figure out)* pochopit; **I can't w. out why ...** nemohu pochopit, proč ...; **I can't w. him out** nevím, co si o něm mám myslet **4** *(exhaust: mine)* vydolovat, vytěžit, *(seam)* vyrubat *II* vi **1** *(sum)* vyjít, být řešitelný; *(puzzle)* dát se rozluštit **2** *(plan)* vyjít; **things ~ed out well** dopadlo to dobře; **it didn't w. out between us** mezi námi to neklapalo, nedělalo to mezi námi dobrotu; **if things don't w. out** pokud to neklapne **3** *(amount to)* dělat, činit; **that ~s out at £60** dělá to 60 liber; **it ~s out more expensive** vychází to dráž **4** *(exercise)* cvičit, trénovat ■ **work over** vt inf **w. sb over** dát komu co proto, namlátit komu ■ **work through** vt *(book)* důkladně pročíst, *(student)* důkladně prostudovat; **w. one's way through the crowd** (pro)razit si cestu davem ■ **work up** *I* vt **1** *(develop: business)* vybudovat; *(plan)* vypracovat **2** *(subject, theme)* rozvinout, rozpracovat **3** inf *(excite)* podnítit; **get ~ed up** rozohnit se, rozčilit se; **w. up enthusiasm** zanítit se, nadchnout se *II* vi **w. up to sth** dostávat se k čemu; **w. up to a crisis** nacházet se or být na pokraji krize

workable ['wə:kəbl] adj **1** *(mine* etc*)* exploatovatelný, schopný těžby, rentabilní; *(land)* obdělávatelný; *(clay)* tvárný **2** *(plan, suggestion)* uskutečnitelný; *(compromise)* možný

workaday ['wə:kədei] adj *(clothes)* všední, každodenní; *(life)* každodenní, obyčejný; *(man)* obyčejný, průměrný; *(incident)* banální

workaholic [wə:kə'holik] n inf workoholik, fanatik na práci, neúmorný dříč

workbag ['wə:kbæg] n taška s ruční prací or s šitím

workbasket ['wə:kba:skit] n košík s ruční prací or s šitím

workbench ['wə:kbenč] n pracovní stůl v dílně, *(locksmith's, joiner's)* ponk

workbook ['wə:kbuk] n Sch *(blank)* školní sešit; *(with exercises)* cvičebnice, pracovní sešit

workbox ['wə:kboks] n skříňka s ruční prací or s šitím

workday ['wə:kdei] n esp Amer pracovní den, všední den

worker ['wə:kə(r)] n **1** gen pracovník/ pracovnice; *(manual)* dělník/ dělnice; *(in white-collar job)* úředník, administrativní pracovník; **coal w.** horník; **farm w.** zemědělský dělník; **research w.** výzkumný pracovník, výzkumník; **fellow w.** spolupracovník; **he's a good w.** je velmi pracovitý, umí pracovat **2** Zool **w. (bee)** (včela) dělnice; **w. (ant)** (mravenec) dělník **3** Ind **w. participation** spoluvlastnictví průmyslu podílnictví dělníků na podniku

workforce ['wə:kfo:s] n pracovní síly, zaměstnanci, dělnictvo, osazenstvo podniku

workhorse ['wə:kho:s] n lit tažný kůň; fig dříč, (dobrý) tahoun

workhouse ['wə:khaus] n (pl **-houses** [-hauziz]) **1** Hist chudobinec **2** Amer Hist polepšovna, nápravné zařízení

work-in ['wə:kin] n obsazení továrny dělnictvem a udržování provozu v ní (forma protestu proti jejímu zavření)

working ['wə:kiŋ] n **1** *(work)* práce, činnost; *(of machine* also*)* provoz **2** *(of mine)* exploatace **3** **~s** **a)** lit mechanismus **b)** fig *(of government, system)* fungování; **I don't understand the ~s of her mind** nechápu, jak uvažuje; její myšlenkové pochody nechápu **c)** Mining porub, důlní dílo, důl ● adj **1** *(population)* pracující, výdělečně činný, jsoucí v pracovním poměru, *(wife* also*)* zaměstnaný; **w. dog** hlídací pes; **w. girl** arch zaměstnaná žena, euph *(prostitute)* sexuální pracovnice, prostitutka; **w. life** *(of machine)* životnost; **w. man/ woman** dělník/ dělnice; **w. men and women** pracující lid; see **w. class** **2** *(conditions, day, week, methods)* pracovní; *(capital)* provozní; **w. hours** pracovní doba; **have long/ short w. hours** mít dlouhou/ krátkou pracovní dobu; **w. group** see **w. party** **3** *(provisional: hypothesis)* pracovní; *(definition, agreement, title)* provizorní **4** *(knowledge:* eg of *language)* praktický; Pol *(majority)* více než nadpoloviční, pohodlný; **be in w. order** *(machine, factory)* být provozuschopný

working class [wə:kiŋ'kla:s] n also **w. classes** dělnická třída ● adj (attr **working-class**) dělnický; pej nekultivovaný, ordinérní

working lunch [wə:kiŋ'lanč] n pracovní oběd

working-over ['wə:kiŋəuvə(r)] n sl výprask; **give sb a w.-o.** spráskat koho, zmlátit koho

working party [wə:kiŋ'pa:ti] n **1** *(committee)* pracovní skupina; *(for enquiry)* vyšetřovací komise **2** *(of prisoners, soldiers)* pracovní četa

workload ['wə:kləud] n pracovní zatížení, pracovní úvazek

workman ['wə:kmən] n (pl **-men**) n dělník; *(artisan)* řemeslník ♦ **a bad w. blames his tools** špatnému dělníkovi žádný nástroj není dost dobrý

workmanlike ['wə:kmənlaik] adj *(approach, job)* profesionální; *(product)* profesionálně or odborně provedený

workmanship ['wə:kmənšip] n **1** *(skill)* dovednost, zručnost **2** *(quality)* dokonalá řemeslnická práce

workmate ['wə:kmeit] n spolupracovník v manuální práci

workout ['wə:kaut] n trénink, rozcvičení

workplace ['wə:kpleis] n pracoviště

workroom ['wə:kru:m] n provozovna, pracovna, dílna

works [wə:ks] see **work** n **(10)**

worksheet ['wə:kši:t] n pracovní výkaz

workshop ['wə:kšop] n **1** Ind dílna, provozovna **2** *(training session)* kurs, soustředění, seminář, workshop [vérkšop]

workshy ['wə:kšai] adj Br líný, lechtivý na práci; **be w.** štítit se práce

workstation ['wə:ksteišn] n Comput pracovní stanice

work-study ['wə:kstadi] n Ind pracovní or systémová studie

worktop ['wə:ktop] n pracovní plocha zvl. kuchyňská linka

work-to-rule [wə:ktə'ru:l] n práce podle předpisů doslovné dodržování předpisů – protestní akce dělníků

world [wə:ld] n **1** *(universe, earth)* svět; **the creation of the w.** stvoření světa; **as long as the w. exists** co svět světem stojí; **the end of the w.** konec světa; **the whole w.** celý svět; **throughout the w., all over the w., the w. over** na celém světě; **see the w.** podívat se do světa; **to every corner of the w.** do všech koutů světa ■ **w. language/ press/ record/ view** světový jazyk/ tisk/ rekord/ názor; **w. events** světové události; **W. Fair** světová výstava; **w. power** velmoc; **w. tour** cesta kolem světa; **w. supremacy** nadvláda nad světem, světovláda **2** *(part of the world)* Geog, Hist, Pol **the Western w.** západní svět; **the developing w.** rozvojové země; **the roof of the w.** Střecha světa; **the Arab w.** arabský svět; **the Old W.** Starý svět; **the New W.** Nový svět; **the Ancient W.** antika, starověký svět **3** *(this life)* svět; **this w.** tento svět; **the other w.** onen svět, záhrobí; **come into the w.** přijít na svět, spatřit světlo světa; **bring sb/ sth into the w.** přivést koho na svět/ uvést něco v život; **renounce the w.** zříci se světa; **he isn't long for this w.** už nebude žít dlouho ♦ inf **it is out of this w.** je to učiněná báseň, je to malý zázrak **4** *(society)* **he wants to change the w.** chce předělat svět; **go out into the w.** vykročit do života; **man of the w.** světák; **shake the w.** otřást světem; **the whole w. applauded him** tleskal mu celý svět; **come up in the w.** dostat se nahoru; **be on top of the w.** hledět na svět vesele; **he will go far in the w.** ten se ve světě neztratí; **take a bleak view of the w.** dívat se na svět černě ♦ **the w. is his oyster**

má otevřený svět, má neomezené možnosti; **be dead to the w.** spát jako zabitý, nevědět o světě; **for all the w. to see** před tváří světa; **all the w. and his wife were there** bylo tam celé město, byla tam hlava na hlavě; **not for all the w.** ani za živý svět, za nic na světě **5** *(domain)* **the art w.** umělecký svět; **the scientific w.** vědecký svět; **the theatre w.** svět divadla; **the child's w.** svět dítěte; **the animal/ vegetable/ mineral w.** živočišná/ rostlinná/ nerostná říše **6** *(idioms)* **it will do him the w. of good** to mu půjde k duhu, to mu moc prospěje, *(punishment* also*)* už to potřeboval jako sůl, už si o to dávno koledoval; **think the w. of sb** mít vysoké mínění o kom, velice si vážit koho; **he thinks the w. of her** on se v ní vidí, nedá na ni dopustit; **it made a w. of difference** tím se všechno diametrálně změnilo

world-beater ['wə:ldbi:tə(r)] n světový šampion; inf *(product)* světový šlágr

world-class [wə:ld'kla:s] adj světový, světové úrovně

world-famous [wə:ld'feiməs] adj světoznámý, světově proslulý

worldliness ['wə:ldlinəs] n *(materialism)* poživačnost; *(experience)* světáctví, mondénnost

worldly ['wə:ldli] adj **1** *(not spiritual)* světský, pozemský; **one's w. goods** pozemské or světské statky **2 w. (wise)** světácký, mondénní; **w. wisdom** protřelost světem

worldly-wise [wə:ldli'waiz] adj znalý světa, světem protřelý

world-shattering ['wə:ldšætəriŋ] adj světoborný

world-weary [wə:ld'wiəri] adj omrzelý světem; **become w.-w.** nabažit se světa

worldwide [wə:ld'waid] adj celosvětový; **a scientist of w. renown** or **reputation** vědec světového jména ● adv celosvětově, v celosvětovém měřítku

worm [wə:m] n **1** Zool červ; Med **~s** hlísty, škrkavky ♦ **from a w.'s eye view** z žabí perspektivy; **the w. of envy** červ závisti; **be food for the ~s** být už pod drnem **2** fig inf *(wretch)* ubožák/ ubožačka **3** Techn šnek převodu ■ **w. gear** šnekové soukolí; **w. wheel** šnekové kolo **4** Comput parazitní program, virus ● vt **1** *(animal)* odčervit **2** *(wriggle)* **w. one's way forward/ through the crowd** proplétat se dopředu/ davem ♦ **w. one's way into sb's favour** vloudit se or vnutit se do čí přízně **3 w. a secret out of sb** vyloudit z koho tajemství

worm-eaten ['wə:mi:tn] adj *(wood)* červotočivý, prožraný or provrtaný od červotoče; *(fruit)* červivý; fig *(ancient)* staromódní, předpotopní

wormwood ['wə:mwud] n Bot pelyněk; **be as bitter as w.** být hořký jako pelyněk

worn [wo:n] pp of **wear** ● adj *(clothes, shoes)* obnošený; *(carpet)* prošlapaný; *(tyre)* ojetý

worn-out [wo:n'aut], pred **worn out** adj **1** *(shoes)* (naprosto) sešlapaný; *(clothes)* (silně) obnošený; fig *(phrase)* otřepaný **2** *(person)* utahaný, uštvaný, jako vymačkaný citron

worried ['warid] adj znepokojený, neklidný, ustaraný; **be w.** dělat si starosti, znepokojovat se; **look w.** vypadat ustaraně; **be w. about sb/ sth** dělat si starost(i) kvůli komu/ čemu; **get w. about sth** znepokojit se čím; **there's no need to be w.** není třeba si dělat starosti

worrier ['wariə(r)] n úzkostlivý člověk, pesimista; **he's a great w.** pořád si dělá starosti; **don't be such a w.!** nebuďte tak úzkostlivý!

worry ['wari] n **1** *(anxiety)* úzkost, starost(i), znepokojení, neklid, obavy; inf **be sick with w.** užírat se starostmi; **children are a constant source of w.** s dětmi je stále trápení ■ **w. beads** korálky, které mne nervózní osoba v rukou kvůli uklidnění **2** *(concern, problem)* starost, problém; **financial worries** finanční problémy; **that's my w.** to je můj problém; **my greatest w. is that ...** největší starost mi dělá, že ... ● v (pt & pp **worried**) **I** vt **1** *(alarm)* trápit, zneklidňovat, znepokojovat, působit komu starosti; **w. oneself** dělat si starosti; **I don't want to w. you but ...** nechci vás znepokojovat, ale ...; **w. one's head over sth** dělat si s čím hlavu; **be worried sick** or **stiff** být strachy celý bez sebe **2** *(bother)* obtěžovat, zdržovat; **w. sb with sth** obtěžovat koho s čím **3** *(dog* – Obj: *sheep)* dorážet na, *(bone)* ohlodávat, hryzat **II** vi znepokojovat se, strachovat se, dělat si starosti; **w. about sth** dělat si kvůli čemu starosti, trápit se čím; **don't you w.** jen si nedělejte žádné starosti

worrying ['wariiŋ] adj znepokojující, zneklidňující, budící obavy; **the w. thing is that ...** znepokojující je, že ... ● n znepokojení, úzkost, obavy; **what's the use of w.?** nemá význam se trápit

worse [wə:s] adj (comp of **bad**) **1** gen horší; **you're w. than children** vy jste horší než děti; **the weather is w. than ever** počasí je horší než obvykle; **get** or **grow w.** zhoršit se; **it gets w. and w.** je to horší a horší; **and to make matters w.** a k dovršení všeho; **things are going from bad to w.** jde to od desíti k pěti; **he's none the w. for the accident** ta nehoda mu nijak neublížila; **so much the w. for him** tím hůř pro něho; **it'll be the w. for him** bude to pro něj tím horší ♦ **his bark is w. than his bite** *(of person)* pes, který štěká, nekouše; **be feeling rather the w. for wear** *(tired)* být vyčerpaný, *(drunk)* být pod párou; **w. luck!** to je ale pech!, smůla! **2** *(in health)* **feel w.** cítit se hůř; **the patient got w.** pacientovi se přitížilo ● adv (comp of **badly**) hůř; **he played w. than ever** hrál hůř než jindy; **I am w. off than you** já jsem na tom hůř než vy ● n horší, něco horšího; **a change for the w.** obrat or změna k horšímu; **take a turn for the w.** vzít obrat k horšímu; **there's w. to come** to ještě není všechno, to nejhorší ještě přijde

worsen ['wə:sn] vt(i) zhoršit (se)

worsening ['wə:sniŋ] n zhoršení ● adj *(situation)* zhoršující se

worship ['wə:šip] n **1** Relig *(service)* bohoslužba, pobožnost; **freedom of w.** svoboda vyznání; **forms of w.** církevní obřady; **place of w.** kostel, chrám **2** fig *(veneration)* uctívání, zbožňování **3** Br *(address)* **his/ her W. the Mayor** pan primátor/ paní primátorka ● v (Br **-pp-**, Amer **-p-**) **I** vt zbožňovat, uctívat, kořit se komu, klanět se komu; **he ~s the very ground she walks on** má ji tak rád, že by ji na rukou nosil ♦ **w. the golden calf** klanět se zlatému teleti **II** vi Relig sloužit mši svatou

worshipful ['wə:šipful] adj arch *(look etc)* uctivý, plný úcty

worshipper ['wə:šipə(r)] n **1** zbožňovatel **2** věřící

worst [wə:st] adj (superl of **bad**) nejhorší; **the w. film I have ever seen** nejhorší film, který jsem kdy viděl; **the w. thing about it is that ...** nejhorší na tom je, že ...; **a liar of the w. sort** lhář nejhrubšího kalibru or zrna ♦ **he is his own w. enemy** je sám proti sobě, škodí sám sobě ● adj (superl of **badly**) nejhůř(e); **I played w. of all** já jsem hrál nejhůř(e); **the w. dressed man in the office** nejhůře oblečený muž v kanceláři ● n (to) nejhorší; **at (the) w.** v krajním případě; **be over the w.** být venku z nejhoršího; **fear the w.** obávat se nejhoršího; **if the w. comes to the w.** dojde-li k nejhoršímu, v nejhorším případě; **imagine the w.** domýšlet se nejhoršího; **prepare for the w.** připravit se na nejhorší; **be prepared for the w.** počítat s nejhorším; **the w. is yet to come** to nejhorší nás ještě čeká ● vt *(enemy, opponent)* porazit

worst-case ['wə:stkeis] adj **w.-c. scenario** katastrofický scénář

worsted ['wustid] n Text česaná příze, příze z česané vlny ● adj *(suit)* vyrobený z česané příze

worth [wə:θ] n hodnota, cena; **six hundred pounds' w. of equipment** zařízení v ceně or v hodnotě šesti set liber; **ten pound's w. of petrol** za deset liber benzinu; **increase in w.** stoupnout na ceně; **know one's w.** znát svou cenu, mít zdravé sebevědomí; **prove one's w.** osvědčit se; **get one's money's w.** přijít si na své ♦ inf **for all one's w.** ze všech sil, o sto šest, ostošest ● adj pred **1** *(of financial value)* **be w. ten pounds** mít cenu or stát deset liber; **what is it w.?**, **how much is it w.?** jakou to má cenu?; **a house w. £90 000** dům v ceně 90 000 liber; **it's hardly w. the price** za ty peníze to sotva stojí; **it's w. its weight in gold** je to (penězi) k nezaplacení, má to cenu zlata; **she must be w. a million** určitě má milion; **your friendship is w. a lot to me** vaše přátelství má pro mne velkou cenu; **it's well w. a visit** skutečně or opravdu to stojí za návštěvu ♦ *(run)* **for all one is w.** ze všech sil, ostošest; **it's not w. a bean, it's not w. a brass farthing** nestojí to ani za zlámanou grešli or fajfku tabáku **2** *(deserving)* **be w. it** stát za to; **be w. the trouble** vyplatit se, stát za tu námahu; **it's not w. mentioning** nestojí to za zmínku, nestojí to ani za řeč; **it's not w. reading** nestojí to za čtení; **be w. thinking about** stát za úvahu or za uváženou; **if a thing is w. doing, it's w. doing well** když něco dělat, tak pořádně; **it would be w. your while to ...** stálo by vám za to, abyste ... ♦ **a sight w. seeing** pohled pro bohy

worthily ['wə:ðili] adv see **worthy**

worthiness ['wə:ðinəs] n *(of person)* úctyhodnost, ctihodnost; *(of cause)* chvályhodnost

worthless ['wə:θləs] adj *(currency, theory etc)* bezcenný; *(person: despicable)* ničemný, špatný; see also **worthy** adj

worthlessness ['wə:θləsnəs] n bezcennost; *(of person)* ničemnost

worthwhile [wə:θ'wail] adj hodnotný, cenný, stojící za to; *(discussion)* užitečný; *(person)* správný; **be w.** vyplatit se, stát za to; **make sth financially w. for sb** učinit co finančně výhodné pro koho; **a w. book** kniha, která stojí za přečtení; **the journey was w.** cesta byla užitečná

worthy ['wə:ði] n arch or joc hodnostář, významná osobnost, notábl; **local worthies** místní honorace ● adj (**-ier, -iest**) **1** attr *(admirable: person)* úctyhodný, vážený, fml ctihodný; *(opponent)* důstojný; *(cause)* chvályhodný **2** pred **a)** *(deserving)* **be w. of sth** zasloužit si co, stát za co; **be w. of mention/ note** stát za zmínku/ povšimnutí; **be w. of praise** zasloužit si chválu; **be w. of consideration** stát za uváženou; **be w. of imitation** být hodný napodobení **b)** *(appropriate)* **w. of sb/ sth** hoden koho/ čeho; **w. of the occasion** vhodný pro danou příležitost ■ **worthily** adv podle zásluhy, po zásluze

would [wud, unstressed wəd] v aux (contr form **'d** [d], neg **wouldn't** ['wudnt] **1** *(conditional)* **I w.** or **I'd be glad if he came** byl bych rád, kdyby přišel; **I w. go if I had time** šel bych, kdybych měl čas **2** *(in reported speech)* **he said he w. come** řekl, že přijde; **she didn't tell me when she w. be back** neřekla mi, kdy se vrátí **3** *(willingness)* **I don't know anybody who w. do it** neznám nikoho, kdo by to byl ochoten udělat; **he w. go through fire and water for her** skočil by pro ni do ohně **4** *(inability to function properly)* **the car ~n't start** auto nechtělo nastartovat; **the door ~n't close** dveře nebylo možno zavřít **5** *(expressing wish)* **I w. rather wait** já bych raději počkal; **I wish the rain w. stop** už aby přestalo pršet **6** *(in polite requests)* **w. you phone me?** mohl byste mi zatelefonovat?; **w. you follow me?** pojďte prosím tudy **7** *(in polite proposals)* **w. you be interested in ...?** měl byste zájem o ...?; **w. you like to go to the cinema?** nešel bys do kina? **8** *(insistence)* **everyone discouraged her but she w. do it** všichni ji zrazovali, ale ona to přesto udělala; **he ~n't listen** nedal si říct; **he w. not take 'no' for an answer** nedal se odbýt **9** emph **he w. say that, ~n't he** od něho se nedá nic jiného očekávat **10** *(expressing attenuation)* **it w. seem that ...** zdá se, že ...; **I ~n't say so** to bych neřekl; **so it w. appear** vypadá to tak **11** *(conjecture)* **it w. have been about five o'clock** mohlo být asi pět hodin; **w. this be your daughter?** toto bude asi vaše dcera, že?; **he w. have been about 40 at that time** tehdy mu mohlo být asi 40 **12** *(habitual action)* **he w. often come to see me** často za mnou chodíval

would-be ['wudbi:] adj **a w.-be MP** kandidát na parlamentní křeslo; pej **a w.-be intellectual** rádobyintelektuál

wouldn't ['wudnt] contr of **would not**

would've ['wudəv] contr of **would have**

wound$_1$ [waund] pt & pp of **wind**$_2$

wound$_2$ [wu:nd] n lit rána, poranění, zranění; fig rána, urážka; **die from** or **of one's ~s** podlehnout zranění; **a w. to** or **in the head** zranění na hlavě; **the w. left a scar** po ráně zůstala jizva ♦ **lick one's ~s** lit & fig olizovat si rány; **reopen old ~s** otevřít staré rány; **rub salt into the w.** rozjitřit ránu; **pour balm on sb's w.** nalít komu balzám do rány ● vt **1** lit (z)ranit, poranit **2** *(hurt)* fig zranit, dotknout se koho; ublížit komu; **w. sb's feelings** zranit čí city

wounded ['wundid] n **the w.** ranění ● adj **1** lit (z)raněný, poraněný; **badly w.** vážně zraněný **2** fig *(feelings)* zraněný; *(pride)* uražený

wounding ['wundiŋ] adj *(remark, sarcasm)* zraňující

wove [wəuv] pt of **weave**

woven ['wəuvn] pp of **weave**

wow$_1$ [wau] n sl *(success)* bomba, senzace, fantastický úspěch; **it's a w.** to je fantastické, to je (úplná) senzace; **a w. of a party** báječný or fantastický večírek ● vt *(spectators etc)* ohromit, přivést do vytržení ● interj páni!, noné!, senza!, fantazie!

wow$_2$ [wau] n acoustics kolísání výšky tónu

WP [dablju:'pi:] abbr of **1 word processing** zpracování textu **2 word processor** textový procesor **3 weather permitting** za příznivého počasí

WPC [dablju:pi:'si:] Br abbr of **woman police constable** policistka

wpm [dablju:pi:'em] abbr of **words per minute** slov za minutu

WRAC [dablju:a:rei'si:, inf ræk] formerly Br Mil abbr of **Women's Royal Army Corps** Ženský královský armádní sbor

wrack [ræk] vt = **rack**$_1$ vt **(2)**

WRAF [dablju:a:rei'ef:, inf ræf] formerly Br Mil abbr of **Women's Royal Air Force** Ženské královské letectvo

wraith [reiθ] n přízrak; **be like a w.** *(thin)* být jako stín

wrangle ['ræŋgl] n spor (**with sb about** or **over sth** s kým o co), hádka, svár ● vi hádat se, přít se, mít rozepři; **w. about** or **over sth** hádat se or přít se o co, inf handrkovat se; **legal wrangling** soudní tahanice; **political wrangling** politikaření

wrap [ræp] n **1** *(shawl)* šál, přehoz, šátek přes ramena; *(cloak)* plášť, pláštěnka, *(stole)* štóla; *(rug)* přikrývka; *(dressing gown)* župan **2** *(packaging)* obal **3** fig **be under ~s** být utajovaný, být zahalen rouškou tajemství; **stay under ~s** zůstat tajemstvím, zůstat pod pokličkou; **keep sth under ~s** nechávat si co pro sebe, nechodit s čím na světlo; **take the ~s off sth** přestat co utajovat, fml odtajnit co **4** inf esp Cine **it's a w.** *(it's completed)* to bychom měli ● v **(-pp-)** **I** vt **1** *(goods, gift)* zabalit; *(book)* obalit; **w. sth in paper** zabalit co do papíru; **shall I w. it for you?** mám vám to zabalit?; **w.**

oneself in a coat zachumlat se do kabátu ♦ **w. sb in cotton wool** chovat koho jako v bavlnce 2 *(wind, twist)* **w. sth (a)round sth** obalit co kolem čeho; **w. a blanket round one's legs** obalit si nohy pokrývkou; **w. a bandage round one's hand** omotat si ruku obvazem; **w. a scarf round one's neck** obtočit si šálu kolem krku; **he ~ped his arms round her** vzal ji do náruče, obejmul ji; **w. sb round one's little finger** otočit si koho kolem prstu 3 **be ~ped in sth** *(coat, blanket)* být zabalen v čem; **the hills are ~ped in mist** kopce jsou zahaleny mlhou; fig **be ~ped in mystery** být zahalen rouškou tajemství; **be ~ped in thought** být zamyšlený, být ponořený do myšlenek **II** phr v ■ **wrap up** *I* vt 1 *(gift, food)* zabalit 2 *(person: in blanket)* zabalit do čeho; **w. oneself up in a coat** zachumlat or zahalit se do kabátu or pláště ♦ **be all ~ped up in sth** být v čem zahrabaný jako krtek, inf být do čeho zažraný; **be ~ped up in oneself** být uzavřený or ponořený do sebe 3 *(complete: job)* dokončit, *(deal)* uzavřít, dostat pod střechu 4 *(conceal: meaning)* zastírat *II* vi 1 *(dress warmly)* **w. up well** or **warmly** obléci se teple, navléci se (teple) 2 Br sl *(shut up)* držet hubu

wraparound ['ræpəraund] adj *(windshield)* panoramatický; *(skirt)* ovinovací, zavinovací ● n zavinovací sukně

wrapped [ræpt] adj *(bread etc)* balený

wrapper ['ræpə(r)] n 1 *(of book)* obálka, obal, přebal; *(of newspaper)* banderole; *(of sweet)* obal, papírek 2 Amer *(dressing gown)* župan

wrapping ['ræpiŋ] n obal ■ **w. paper** balicí papír

wrath [roθ] n fml or poet hněv, rozhořčení; **fear sb's w.** třást se před kým; **vent one's w. on sth** vylévat si na někom zlost, zchladit si na kom žáhu; **The Grapes of W.** *(Steinbeck)* Hrozny hněvu

wrathful ['roθful] adj fml rozhořčený, rozhněvaný, naplněný hněvem ■ **~ly** adv rozhořčeně, hněvivě

wreak [ri:k] vt fml *(damage, chaos)* způsobit; **w. vengeance on sb** pomstít se komu; **w. havoc with sth** nadělat velké škody

wreath [ri:θ] n věnec; *(of smoke)* kotouč, spirála; **laurel w.** vavřínový věnec

wreathe [ri:ð] **I** vt 1 *(with flowers: person)* ověnčit, *(window, grave, cross)* vyzdobit, ozdobit 2 **be ~d in mist** *(hill)* být zahalen mlhou; **he sat ~d in smoke** seděl v oblacích kouře; **be ~d in smiles** zářit úsměvy **II** vi *(smoke)* stoupat ve spirále

wreck [rek] n 1 Naut ztroskotání; *(of car, plane)* havárie 2 *(~ed ship)* vrak lodi, trosky lodi; *(~ed car/ plane)* havarované auto/ letadlo, vrak auta/ letadla; *(house)* zřícenina; **the flat was a complete w. after the party** po večírku byl celý byt vzhůru nohama 3 fig **old w.** *(car)* stará rachotina; *(of hopes, marriage etc)* trosky 4 inf *(person)* troska; **a human w.** lidská troska, učiněný lazar, *(a broken man)* zkrachovaná existence; inf **be a nervous w.** mít nervy nadranc ● vt 1 *(ship)* způsobit ztroskotání; *(car)* zničit při havárii; *(machine)* zničit, *(building also)* zdemolovat, obrátit v sutiny, *(furniture)* zdemolovat, inf roztřískat 2 fig *(life, career)* zruinovat, zničit, *(health also)* podlomit; *(marriage)* rozvrátit; *(hopes, plans, chances)* zhatit, zmařit; *(holiday)* zkazit

wreckage ['rekidž] n 1 *(of ship, plane, car)* vrak, trosky; *(of building)* sutiny, trosky 2 *(material washed ashore)* trosečnί zboží 3 fig *(of plans, hopes)* zhacení, zmaření, zhroucení

wrecked [rekt] adj 1 *(ship)* ztroskotaný; *(car, plane)* havarovaný; *(building)* rozbořený, (jsoucí) v rozvalinách 2 fig *(hopes, plans)* zhacený, zmařený, *(life)* zničený, *(holiday)* pokažený 3 fig inf *(exhausted)* vyřízený, vyplivnutý, oddělaný; *(drunk)* zlinkovaný, sťatý

wrecker ['rekə(r)] n 1 Amer Naut *(vessel)* záchranná loď, *(person)* člen posádky záchranné lodi 2 Amer Rail havarijní vlak; Amer Aut **w. (truck)** havarijní auto, odtahové vozidlo 3 *(destroyer)* ničitel, kazisvět; *(of machinery)* sabotér; *(of marriage;* also Pol*)* rozvraceč/ -ka

wrecking ['rekiŋ] adj Amer Aut **w. gang** odklízecí četa; **w. truck** havarijní auto; **w. service** odtahová služba

wren [ren] n 1 Orn střízlík obecný 2 **Wren** Mil inf příslušnice WRNS

wrench [renč] n 1 *(pull)* prudké trhnutí; *(twist)* prudké otočení or zakroucení; **give sth a w.** prudce čím trhnout 2 Med vyvrtnutí; **give one's ankle a w.** vymknout or vykloubit si kotník 3 fig **be a w.** způsobit bolest; **the w. of parting** bolestné loučení 4 **(monkey) w.** francouzský klíč, hasák ♦ Amer **throw a w. in the works** házet komu klacky pod nohy ● **I** vt 1 lit trhnout, škubnout; **w. a door open** otevřít dveře trhnutím; **w. sth from sb's hands** vyrvat or vykroutit komu co z rukou; **w. oneself free** vykroutit se; **w. sth off** ukroutit co 2 Med **w. one's ankle** vymknout si kotník; **w. one's shoulder** vykloubit si rameno 3 fig **w. oneself away from sth** *(book, TV)* odtrhnout se od čeho **II** vi **w. at sth** zatáhnout za co

wrest [rest] vt **1 w. sth from sb** or **from sb's hands** *(stick, gun)* vyrvat komu co, vykroutit komu co, *(control, leadership* etc*)* strhnout na sebe, inf urvat si **2** *(extract)* **w. a confession from sb** vynutit na kom doznání; **w. concessions from sb** vynutit si or inf vydupat si na kom ústupky; **w. a living from the land** vydobýt si z půdy živobytí

wrestle ['resl] n **1** Sport *(wrestling match)* (řeckořímský) zápas **2** fig **have a w. with one's conscience** bojovat se svým svědomím ● **I** vt Sport **w. sb** zápasit s kým; **he ~d the attacker to the ground** povalil útočníka na zem; **w. sth into place** s námahou co zasunout **II** vi **1** Sport zápasit **2** *(struggle: with task, problem* etc*)* **w. with sth** potýkat se s čím; **w. with one's conscience** bojovat se svým svědomím

wrestler ['reslə(r)] n Sport zápasník

wrestling ['resling] n Sport zápas; **free-style w.** zápas ve volném stylu ● adj *(champion, hold, match)* zápasnický

wretch [reč] n **1** *(unfortunate person)* **(the poor) w.** chudák/ chuděra, ubožák/ ubožačka, nešťastník/ nešťastnice **2** lit or joc *(scoundrel)* ničema, bídák, lump; inf *(child)* dareba, darebák

wretched ['rečid] adj **1** *(poor: dwelling, clothing, living conditions)* ubohý, bídný; *(existence)* žalostný, bídný; *(life)* bezútěšný, mizerný, strastiplný; *(wages)* mizerný; **2** *(unhappy)* nešťastný; *(depressed)* sklíčený, deprimovaný; **I feel w.** jsem deprimovaný, *(ill)* je mi mizerně; **I feel w. about it** *(my remark* etc*)* hrozně mě to mrzí; **things are w. for him** je v zoufalé situaci **3** *(of poor quality: weather, food)* příšerný, hrozný, mizerný; **I am a w. singer** zpívat vůbec neumím **4** inf euph *(damned)* zatracený; **the w. car won't start** to zatracené auto se nedá nastartovat; **the w. thing** ten zatracený krám; **where is that w. boy?** kde je ten zatracený kluk? ■ **~ly** adv **1** *(badly: behave, organize)* špatně; *(furnished)* uboze, *(paid)* mizerně **2** *(unhappily)* nešťastně

wretchedness ['rečidnəs] n *(unhappiness)* sklíčenost; *(poverty)* bída, mizérie

wriggle ['rigl] n kroucení, vrtění; **give a w.** zakroutit se, *(fish)* mrskat/ házet sebou ● **I** vt *(toes)* vrtět čím, *(hips)* kroutit čím; **w. oneself free** vykroutit se ze sevření; **w. one's way through sth** proplétat se čím **II** vi also **w. about** *(person)* vrtět se; *(snake, worm)* kroutit se, svíjet se; *(fish: on hook)* mrskat sebou, svíjet se, házet sebou; **w. free** vykroutit se; **w. through sth** proklouznout kudy; **w. under sth** proklouznout pod čím ♦ **w. off the hook** lit vyvléknout se z háčku, fig vykroutit se z něčeho; **w. like a worm** kroutit se jako červ **III** phr v ■ **wriggle out** vi **w. out of sth** lit & inf vykroutit se z čeho

wriggly ['rigli] adj kroutící se, svíjející se

wring [riŋ] n **give sth a w.** vyždímat co ● vt (pt & pp **wrung** [raŋ]) **1** also **w. out** *(clothes, wet cloth)* (vy)ždímat; **'do not w.'** *(on label)* „neždímat" **2** *(twist)* **w. a hen's neck** zakroutit slepici krkem ♦ **I'll w. his neck!** já mu zakroutím krkem fig; **w. one's hands** lomit rukama; **w. sb's hand** silně komu potřást rukou **3** *(extract: confession)* vynutit (**out of sb** na kom); *(money)* vydírat

wringer ['riŋə(r)] n (válcová) ždímačka ♦ **put sb through the w.** dát komu pořádně zabrat

wringing ['riŋiŋ] adj also **w. wet** mokrý, že by se dal ždímat

wrinkle ['riŋkl] n **1** *(on face)* vráska; *(in clothes)* záhyb; **the dress fits without a w.** šaty sedí jako ulité ♦ **iron out the ~s** lit vyžehlit záhyby, fig odstranit překážky **2** inf dated *(trick)* úskok, lest; *(useful hint)* tip; esp Amer *(idea)* nápad ● **I** vt **1** *(fabric)* zmačkat **2** *(skin* – Subj: *sun)* způsobit vrásky, (Subj: *age)* vyrýt vrásky; **w. one's forehead** (s)vraštit čelo; **w. one's nose** krčit nos **II** vi **1** *(skin)* pokrýt se vráskami **2** *(fabric)* (z)mačkat se; *(wallpaper)* zvlnit se ■ **wrinkle up** vi see **wrinkle** vi

wrinkled ['riŋkld] adj **1** *(face, skin)* vrásčitý, svraštělý; *(brow)* svraštělý; *(apple)* scvrklý **2** *(fabric)* zmačkaný

wrinkly ['riŋkli] adj = **wrinkled**

wrist [rist] n Anat zápěstí; **slash one's ~s** podřezat si žíly

wristwatch ['ristwoč] n náramkové hodinky

writ [rit] n **1** Jur soudní příkaz, soudní obsílka; **issue** or **serve a w. against sb** doručit komu soudní obsílku **2 Holy W.** Písmo svaté ● dated pt & pp of **write**; **disappointment was w. large across his face** v tváři se mu zračilo zklamání, z tváře mu hledělo zklamání

write [rait] v (pt **wrote** [rəut], pp **written** ['ritn]; arch pp & pt **writ** [rit]) **I** vt **1** gen psát, napsat; *(cheque* also*)* vystavit; *(note)* poznamenat si; *(will)* sepsat; **w. sb a letter, w. a letter to sb** napsat komu dopis; Amer **w. sb** napsat komu ♦ **it's written all over your face** máš to napsáno na čele, vidím ti to na nose; **envy is written all over his face** z očí mu kouká závist **2** *(book, article)* napsat, sepsat; *(report)* napsat, vyhotovit; *(application)* vyhotovit; *(poems)* psát, skládat; *(music)* skládat/ složit, (z)komponovat; **w. poetry** psát poezii, být básníkem **3** *(insurance)* uzavřít **4** Comput *(data)* zaznamenávat, zapisovat do paměti **II** vi **1** gen psát; **w. in pencil/ pen** psát tužkou/ perem; **w. in shorthand** psát těsnopisem, stenografovat **2** *(professionally)* psát, být spisovatelem; **she always wanted to w.** ona chtěla být vždycky spisovatelkou; **w. for a paper** přispívat do novin, psát do novin **3** *(send letter)* **w. to sb** psát komu; **we w. to each other** my si píšeme; **w. for sth** objednat si co (písemně) ♦ inf **it's nothing to w. home about** není to nic slavného or světoborného, není to žádný zázrak, nemá to šmrnc **III** phr vs ▪ **write away** vi **w. away for sth** *(order by post)* objednat si něco poštou; **w. away asking for further information** napsat si o další informace ▪ **write back** vi odepsat; **he wrote back saying that ...** odepsal, že ... ▪ **write down** vt **1** *(details, name)* zapsat si, poznamenat si **2** *(findings, adventures)* sepsat **3** Comm, Fin *(price)* snížit; *(stocks)* snížit hodnotu čeho ▪ **write in** *I* vt **1** *(on list: name* etc*)* připsat, dopsat **2** *(into contract* etc: *condition, clause)* zahrnout do čeho, včlenit do čeho **3** Amer Pol **w. sb in** *(candidate)* připsat koho na kandidátku *II* vi **w. in for sth** *(to us)* napsat si o co ▪ **write off** *I* vt **1** *(debt)* odepsat; *(plan)* upustit od čeho; fig **w. sb/ sth off** lámat nad kým/ čím hůl, (u)dělat nad kým/ čím kříž **2** *(car –* Subj: *driver)* zdemolovat, úplně odepsat **3** *(write quickly)* napsat narychlo *II* vi = **w. away** ▪ **write out** vt **1** *(report)* napsat, sepsat, vypracovat; *(list)* vyhotovit, sepsat; **w. out in full** *(sum)* vypsat slovy **2** *(copy)* přepsat na čisto, znovu opsat **3** TV, Rad *(character)* vyřadit, vypustit ▪ **write up** vt **1** *(notes)* zpracovat; *(diary)* dovést à jour, dopsat; *(event in newspaper)* popsat, vylíčit **2** Fin *(asset)* zvýšit hodnotu čeho

write-in ['raitin] n Amer připsaný kandidát neuvedený na kandidátce

write-off ['raitof] n **1** Fin *(of debt* etc*)* odpis **2** *(vehicle)* **the car is a w.-off** to auto je odepsané, auto je dobré jen do šrotu

write-protected ['raitprətektid] adj Comput *(disk)* chráněný před zápisem

writer ['raitə(r)] n **1** *(of novel, story)* spisovatel, autor, *(of poetry* also*)* básník, *(of prose* also*)* prozaik; *(of lyrics)* textař; *(of letter)* pisatel; **the present w.** autor tohoto článku; **a prolific w.** plodný autor; **a compulsive w.** grafoman; **master of ~'s craft** mistr pera **2** *(of handwriting)* **be a neat/ messy w.** mít úhledný/ neúhledný rukopis, psát úhledně/ neúhledně; **~'s cramp** písařská křeč **3** Ins pojistitel **4** Scot notář, advokát

write-up ['raitap] n inf **1** *(review)* pochvalná recenze, kladná kritika, hodnocení, posudek, vyjádření **2** *(account)* propagační reportáž **3** Amer Fin neoprávněné zvýšení hodnoty aktiv

writhe [raið] vi **w. (about** or **around)** kroutit se, svíjet se, zmítat se; **w. in agony** svíjet se bolestí; **w. in ecstasy** svíjet se rozkoší; **w. with shame** nevědět kam s očima hanbou

writing ['raitiŋ] n **1** *(system)* písmo; **cuneiform w.** klínové písmo; *(hand~)* rukopis, ruka, písmo; **spidery w.** bleší písmo; **I recognized his w.** poznal jsem jeho ruku or rukopis **2** Sch psaní; **reading and w.** čtení a psaní **3** *(of books, articles, letters; activity of w.)* psaní; **in w.** písemně; **permission in w.** písemné povolení ▪ **w. case** pouzdro s psacími potřebami; **w. desk** psací stůl; **w. pad** (poznámkový) blok **4** *(literature)* literatura; **modern English w.** moderní anglická literatura; **it's an excellent piece of w.** je to výborně napsáno, je to výborné čtení; **the ~s of Jonathan Swift** spisy Jonathana Swifta, Swiftovy spisy ▪ **a w. career** spisovatelské povolání **5** *(written text)* **fill sth with w.** popsat něco; **there was w. all over the board** celá tabule byla popsaná ♦ **the w. on the wall** zlověstné znamení, mene tekel; **the w. is on the wall** problém je akutní nelze se vyhnout jeho řešení

written ['ritn] pp of **write** ● adj *(communication, consent, exam, evidence, reply, statement)* písemný; Ling *(language)* psaný, spisovný

WRNS [dablju:aren'es, inf renz] formerly Br Mil abbr of **Women's Royal Naval Service** ženský sbor britského královského loďstva

wrong [roŋ] n **1** *(evil)* zlo, špatnost; **have no sense of right and w.** neumět rozlišovat mezi dobrem a zlem; **I did no w.** já jsem neudělal nic zlého **2** fml *(injustice)* křivda, bezpráví, příkoří; **do sb a great w.** velmi komu ukřivdit, dopustit se na kom velké křivdy; **two ~s don't make a right** bezpráví se nenapraví dalším bezprávím; **social ~s** společenské nešvary; **right a w.** napravit bezpráví; **the rights and ~s of the matter** morální aspekty záležitosti **3 be in the w.** *(be to blame)* být v neprávu, nebýt v právu, *(be mistaken)* nemít pravdu, mýlit se; **put sb in the w.** svalit na koho vinu ● adj **1** *(incorrect: address)* nesprávný, nepravý, špatný; *(place)* nepravý; *(answer, information)* nesprávný, mylný; Mus *(note)* falešný; **the w. side** *(of fabric)* rub; Tel **you've got the w. number** to je omyl; **give sb the w. change** dát komu špatně nazpět; **you're going the w. way** jdete špatně; **do sth the w. way** udělat něco špatně ♦ inf **be w. in the head** být na hlavu padlý, být padlý na hlavu, nemít to v hlavě v pořádku; **back the w. horse** vsadit na špatného koně, vsadit na špatnou kartu; **bark up the w. tree** být na falešné stopě, být vedle, plakat u nesprávného hrobu; **catch sb on the w. foot** zastihnout koho nepřipraveného; **get hold of the w. end of the stick** vzít co za špatný konec; **get on the w. side of sb** znepřátelit si koho; **get out of bed on the w. side** vstát levou nohou napřed; **he's on the w. side of fifty** je mu přes padesát; **rub sb up the w. way** být komu proti mysli, být komu solí v očích; **you've come to the w. address** jste na špatné or nepravé adrese 2 *(unsuitable: attitude)* nevhodný, nesprávný; *(decision, choice)* špatný; *(time)* nevhodný; **come at the w. time** or **moment** přijít nevhod 3 *(mistaken)* **be w.** nemít pravdu, mýlit se, být na omylu, inf udělat botu; **be badly w.** být na velkém omylu; **always do the w. thing** udělat vždy všechno obráceně; **you're w.** nemáte pravdu, mýlíte se, to není pravda 4 *(morally bad)* nesprávný; *(unjust)* nespravedlivý; **it would be w.** to by bylo nesprávné; **it's w. that ...** je nesprávné, že ...; **it's w. to steal** krást se nemá 5 pred *(amiss)* **there's something w. here** něco tu nehraje or nesedí or inf neštymuje; **there's sth w. with her** něco se s ní děje, má nějaké problémy; **something is** or **there's something w. with my knee** mám něco s kolenem, zlobí mě koleno; **there's nothing w. with the child** dítěti nic není; **what's w.?** copak je?; **what's w. with you?** co ti je?; **what's w. with that?** co je na tom špatného? ■ see **~ly** ● adv **guess w.** hádat špatně; **you've spelt the word w.** v tom slově máte chybu; **you've got it w.** mýlíte se, to jste na omylu; **get the answer w.** odpovědět špatně or nesprávně; **I always get the twins w.** vždy si ta dvojčata spletu or popletu; **get the house number w.** splést si číslo domu; **you won't go far w. if ...** nebudeš daleko od pravdy, když ...; **something has gone w. between them** něco se mezi nimi stalo; inf **you're doing it all w.** děláte to naprosto špatně; **don't get me w.** abyste mi rozuměl; **think sth w.** pokládat co za nesprávné ♦ **never put a foot w.** jednat velmi opatrně ● vt **w. sb** ukřivdit komu, činit komu příkoří, prohřešit se proti komu; **he's being ~ed** děje se mu křivda

wrongdoer ['roŋdu:ə(r)] n 1 *(delinquent)* provinilec, delikvent/ -ka, pachatel/ -ka 2 *(sinner)* hříšník

wrongdoing ['roŋdu:iŋ] n páchání zla; *(single instance)* provinění, delikt; *(sin)* hřích

wrongfoot [roŋ'fut] vt inf 1 Sport *(opponent)* oklamat 2 fig vyvést koho z rovnováhy

wrongful ['roŋful] adj neoprávněný, protiprávní; **w. dismissal** nezákonné propuštění ze zaměstnání; **w. possession** neoprávněná držba; **w. act** protiprávní čin ■ **~ly** adv nezákonně, protiprávně, neprávem

wrong-headed [roŋ'hedid] adj 1 *(stubborn)* zatvrzelý, tvrdohlavý, umíněný 2 *(idea, decision)* nerozumný, pošetilý

wrong-headedness [roŋ'hedidnəs] n zatvrzelost, tvrdohlavost, umíněnost

wrongly ['roŋli] adv 1 *(incorrectly: translate, word)* špatně, nesprávně 2 *(unjustly: punished)* nespravedlivě; **rightly or w.** právem či neprávem, ať už to bylo správné nebo ne 3 *(mistakenly)* mylně; **he concluded w. that ...** dospěl k mylnému závěru, že ...

wrongness ['roŋnəs] n *(incorrectness)* nesprávnost; *(unfairness)* nespravedlivost

wrote [rəut] pt of **write**

wrought [ro:t] arch or poet pt & pp of **work**; **the typhoon w. havoc** tajfun způsobil nepředstavitelné škody or napáchal rozsáhlé škody ● adj 1 *(gold, silver)* tepaný; **w. iron** kujná ocel 2 *(prose, plot)* **finely w.** jemně cizelovaný

wrought-iron [ro:t'aiən] adj *(gate, grill)* kovaný

wrought-up [ro:t'ap] adj *(person)* (hrozně) rozčilený or vynervovaný; *(nerves)* rozjitřený

wrung [raŋ] pt & pp of **wring**

wry [rai] adj (**wrier**, **wriest** or **wryer**, **wryest**) 1 *(ironical: comment)* ironický, jízlivý; *(smile)* nahořklý, zatrpklý; *(humour)* suchý 2 *(expression)* kyselý; **make** or **pull a w. face** ušklíbnout se, zkřivit obličej, zatvářit se kysele ■ **~ly** adv *(comment)* ironicky, jízlivě; *(grin)* nahořkle, kysele

wt abbr of **weight** váha

WWI abbr of **World War One** první světová válka

WWII abbr of **World War Two** druhá světová válka

wych-elm ['wičelm] n Bot jilm habrolistý

wych-hazel ['wičheizl] n Bot habr obecný

WYSIWYG ['wiziwig] n Comput abbr of **what you see is what you get** co vidíš, to dostaneš; zobrazení WYSIWYG

X

X, x [eks] n (pl **X's, x's** ['eksiz]) **1** *(the letter)* X, x **2** **Mr X** pan X **3** Cine formerly **X-certificate film** film nepřístupný pro mládež do 18 let

x chromosome ['ekskrəuməsəum] n Biol chromozom x

xenon ['zi:non] n Chem xenon

xenophobe ['zenəfəub] n xenofob

xenophobia [zenə'fəubiə] n xenofobie, nenávist k cizincům, strach ze všeho cizího

xenophobic [zenə'fəubik] adj xenofobní

xerographic [ziərə'græfik] adj xerografický; **x. copy** xerografická kopie

xerography [ziə'rogrəfi] n xerografie, suchý tisk

Xerox TM ['ziəroks] n **1** *(machine)* xerox **2** *(copy)* xeroxová kopie, inf xerox **3** **xerox** vt xeroxovat

XL abbr of **extra large** *(size of clothes)* velmi velký

Xmas ['eksməs, 'krisməs] n = **Christmas** Vánoce

X-rated [eks'reitid] adj dated *(film)* nepřístupný pro mládež do 18 let

X-ray [eks'rei] n **1** *(beam)* paprsek X, rentgenový paprsek ■ **X-ray machine** rentgenový přístroj; **X-ray radiation** rentgenové záření; **X-ray unit** rentgenologické oddělení **2** also **X-ray photograph** rentgenový snímek, inf rentgen **3** *(process)* radiografie, rentgenování, rentgenové snímkování; **have an X-ray** jít na rentgen, jít k rentgenovému vyšetření; **give sb an X-ray** rentgenovat koho; **take an X-ray of sth** prosvěcovat co, rentgenovat co ● vt **1** *(patient, chest)* rentgenovat, vyšetřit rentgenem **2** *(luggage)* prosvítit

xylene ['zaili:n] n Chem xylen

xylograph ['zailəgra:f] n dřevoryt(ina), xylograf

xylography [zai'logrəfi] n dřevorytectví, xylografie

xylophone ['zailəfəun] n Mus xylofon

xylophonist [zai'lofənist] n Mus xylofonista, hráč na xylofon

Y

Y, y [wai] n (pl **Y's, y's** [waiz]) *(the letter)* Y, y

yacht [jot] n jachta ■ **y. club** jachtařský klub; **y. race** závod jach(e)t, závod plachetnic ● vi jachtařit, jezdit na jachtě, provozovat jachetní sport, plachtit

yachting [jotiŋ] n jachting, jachtink, plavba na plachetnicích, plachtění ■ **y. holiday** dovolená na jachtě

yachtsman ['jotsmən] n (pl **-men**) jachtař

yachtsmanship ['jotsmənšip] n jachtařství

yachtswoman ['jotswumən] n (pl **-women** [-wimin]) jachtařka

yack [jæk] see **yak**$_2$

yackety-yak [jækəti'jæk] vi inf tlachat, kecat, repetit, žvanit, klábosit ● n tlachání, klábosení

yahoo [ja:'hu:] n *(coarse person)* zvíře, hovado, hulvát ● interj inf hurá!

yak$_1$ [jæk] n Zool jak

yak$_2$ [jæk] vi inf **1** *(chat)* tlachat, kecat, klábosit, žvanit **2** Amer *(laugh loudly)* řehtat se ● n **1** *(chatter)* kecání, tlachání; **have a y.** pokecat si **2** Amer *(laughter)* řehot **3** Amer *(joke)* dobrý fór

Yale lock TM ['jeillok] n dózický zámek; **Y. key** dózický klíč

yam [jæm] n **1** Bot jam **2** Amer sladká brambora

yammer ['jæmə(r)] vi Amer inf *(moan)* also **y. on** bědovat, hořekovat, naříkat; *(chat)* žvanit

yang [jæŋ] n mužský princip v čínské filozofii

yank [jæŋk] n inf škubnutí, trhnutí, cuknutí; **give sth a (good) y.** prudce za co zatáhnout, škubnout čím ● **I** vt **y. sth** škubnout čím, silně za co zatáhnout; **y. sth free** zatáhnutím něco uvolnit **II** phr vs ■ **yank off** vt *(button)* urvat, *(tablecloth)* strhnout ■ **yank out** vt vytrhnout, vyškubnout, *(tooth)* vyrvat ■ **yank up** vi Amer *(from seat* etc*)* vymrštit se, vyskočit

Yank [jæŋk] pej = **Yankee**

Yankee ['jæŋki] n inf **1** Amer obyvatel Nové Anglie, Yankee [jenkí]; Hist *(soldier)* Severan **2** Br inf pej *(North American)* Amerikán/ -ka, Yankee ● adj yankeeovský [jenkíjof-], yankeeský [jenkí-], pej also americký

yap [jæp] n **1** *(~ping)* hafání, ňafání, štěkání; **y., y.!** haf, haf! **2** Amer sl huba; **he's**

always shooting off his y. v jednom kuse kecá, nezavře hubu ● vi (**-pp-**) **1** *(dog)* hafat, ňafat; *(once)* vyštěknout, bafnout **2** fig *(person)* brebentit, repetit, tlachat

yapping ['jæpiŋ] adj *(dog)* štěkající; *(people)* brebentící, tlachající

yard₁ [ja:d] n **1** *(measure)* yard 0,914 m, ≅ metr; **it was about 20 yards away** bylo to vzdáleno asi 20 metrů; **buy sth by the y.** kupovat co na metry; **y. by y.** metr po metru; **she writes poetry by the y.** píše básně jako na běžícím pásu **2** Naut ráhno

yard₂ [ja:d] n **1** *(of farm, school, prison)* dvůr; *(small: of house)* dvorek; *(of castle)* nádvoří; **back y.** zadní dvůr **2** Amer *(garden)* zahrada, zahrádka **3** *(for storage)* sklad; **timber y.** sklad dříví **4** Build staveniště; **builder's y.** sklad stavebnin; **shipbuilding y.** loděnice **5** Rail **marshalling y.** seřaďovací nádraží; **goods y.**, Amer **freight y.** nákladové nádraží **6 the Y., Scotland Y.** Scotland Yard, velitelství londýnské kriminální policie

yardage ['ja:didž] n Text délka v yardech, ≅ metráž

yardarm ['ja:da:m] n Naut pouch zeslábly konec ráhna

yardstick ['ja:dstik] n **1** *(measuring rod)* ≅ tyčový metr **2** fig měřítko, standard, *(example)* příklad, model

yarn [ja:n] n **1** Text příze **2** *(tale)* historka, povídačka, myslivecká latina; **spin a y.** prášit, vymýšlet si ● vi *(tell ~s)* prášit, vykládat dobrodružné historky

yarrow ['jærəu] n Bot řebříček (obecný)

yashmak ['jæšmæk] n závoj, rouška muslimských žen

yaw [jo:] vi Naut, Aviat, Astronaut odchýlit se od kursu

yawl [jo:l] n Naut *(sailing/ fishing boat)* jola; *(on ship)* lodní člun

yawn [jo:n] **I** vi **1** *(person)* zívat, zívnout; **y. with boredom** zívat nudou **2** *(abyss, chasm)* zet **II** vt *(utter with yawn)* říci se zívnutím; **he was ~ing his head off** zíval na celé kolo; zíval jako hroch; zíval, jako by chtěl někoho spolknout ● n **1** lit zívnutí; **give a y.** zívnout **2** fig inf pej *(boring thing)* **what a y.!** to je ale nuda!

yawning ['jo:niŋ] n zívání ● adj *(abyss, chasm)* zející

yaws [jo:z] n Med frambézie tropická nemoc

y chromosome [wai'krəuməsəum] n chromozom y

yd written abbr of **yard(s)** yard(y)

ye [ji:] pers pron arch vy, *(object case)* vás ♦ **ye gods!** not arch Panebože! ● [ði:] pseudo old-fashioned spelling of **the**

yea [jei] adv arch ano ● adv *(indeed)* zajisté, věru ● n Pol not arch **the ~s and the nays** hlasy pro a proti

yeah [jeə] adv inf jo, ano; **oh y.?** often iron fakt?, opravdu?; *(expressing incredulity)* ale jdi!

year [jiə(r)] n **1** *(period of time)* rok; **two ~s** dva roky, dvě léta; **five ~s** pět roků or let; **calendar y.** kalendářní rok; **leap y.** přestupný rok; **last y.** minulý rok, v minulém roce, loni; **next y.** příští rok, v příštím roce, napřesrok; **this year** tento rok, letos; **in the y. before last** předloni; **every y.** každoročně, každý rok; **every other y.** každý druhý rok; **five times a y.** pětkrát ročně; **in the y. 1960** v roce 1960; **in the y. of Our Lord** or **in the y. of grace 1996** léta Páně 1996; **all the y. round** po celý boží rok; **y. by y., from y. to y.** rok od roku, rok co rok; **Happy New Y.!** Šťastný nový rok! **2** inf **~s** *(long time)* **for ~s (on end)** dlouhá or drahná léta, léta letoucí; **~s later** po mnoha letech; **~s ago** před mnoha lety; **I haven't seen him for ~s** neviděl jsem ho celá léta; **~s of experience** dlouholetá zkušenost; **he is getting on in ~s** není už nejmladší **3** *(indicating age)* **she is 20 ~s old, she is twenty ~s of age** je jí 20 let, je 20 let stará **4** Sch, Univ *(as student)* ročník; **she is in my year** studuje ve stejném ročníku jako já, je v mém ročníku; **first-y. student** student prvního ročníku

yearbook ['jiəbuk] n ročenka, sborník, almanach

yearling ['jiəliŋ] n ročák, roček; *(racing horse)* jednoletý čistokrevný kůň ● adj jednoletý, jednoroční

yearlong [jiə'loŋ] adj celoroční

yearly ['jiəli] adj *(subscription, instalment, income)* roční; *(conference)* každoroční ● adv ročně

yearn [jə:n] vi **1** *(desire)* **y. for sth** toužit po čem, dychtit po čem; **y. for sb** toužit po kom **2** *(miss)* **he ~ed for his home/ children** stýskalo se mu po domově/ po dětech; **he ~ed to see her** toužil po tom, aby se s ní uviděl

yearning ['jə:niŋ] n *(longing)* touha (**to do sth, for sth** po čem); **a look full of y.** pohled plný roztoužení ● adj *(look)* toužebný, roztoužený ▪ **~ly** adv toužebně, roztouženě

year-round [jiə'raund] adj celoroční, trvající celý rok; *(facility)* jsoucí v celoročním provozu

yeast [ji:st] n Cook kvasnice, droždí

yeasty ['ji:sti] adj **1** *(smell, taste)* kvasnicový; *(beer, wine)* chutnající po kvasnicích **2** *(frothy)* pěnivý, zpěněný **3** *(trivial)* povrchní, frivolní

yell [jel] n **1** *(shout)* pronikavý (vý)křik, řev, řvaní, *(of sirens)* ječení, jekot; **let out** or **give a y. of delight** vykřiknout radostí **2** Amer *(from students, supporters)* bojový pokřik ● **I** vt *(shout: warning* etc*)* vykřiknout, *(stronger: abuse, orders)* řvát, vykřikovat ♦ **y. one's head off** řvát jako pominutý **II** vi křičet, *(stronger)* řvát, hulákat, vřeštět, ječet; **y. at sb** zařvat na koho, rozkřiknout se na koho; **y. at the top of one's voice** řvát jak pavián; řval, jako by ho na nože bral; inf **if you need me, just y.** pokud mě budeš potřebovat, klidně zavolej

yellow ['jeləu] adj **1** lit **a)** *(in colour)* žlutý; **go** or **turn y.** zežloutnout **b)** in compounds **y. card** Ftb žlutá karta; Amer **y. dog** lit psisko smíšené rasy; fig sketa, podrazák; **a y.-dog trick** podraz; **y. fever** žlutá zimnice; Amer sl **y. jacket** barbiturát; **y. jersey** Cycling žlutý trikot; **y. ochre** žlutý okr; **the y. pages** Tel zlaté stránky; **the y. peril** žluté nebezpečí; Amer **the y. press** senzacechtivý or bulvární tisk **2** fig inf *(cowardly)* zbabělý; **have a y. streak** být strašpytel, být zbabělec ● n žlutá barva, žluť ● vi žloutnout

yellow-bellied ['jeləubelid] adj inf zbabělý

yellow-belly ['jeləubeli] n inf zbabělec, strašpytel, bábovka, baba

yellowhammer ['jeləuhæmə(r)] n Orn strnad obecný

yellowish ['jeləuiš] adj nažloutlý, žlutavý

yellowness ['jeləunəs] n žlutost; fig sl *(cowardice)* zbabělost

yellow-skinned ['jeləuskint] adj *(race)* žlutý

yellowy ['jeləui] adj nažloutlý, žlutavý

yelp [jelp] n **1** *(of dog)* ňafnutí/ ňafání, zaštěknutí, *(with pain)* (za)kňučení **2** *(of person)* výkřik, zaječení ● vi *(dog)* ňafat/ ňafnout, *(with pain)* (za)kňučet; *(person)* vykřiknout

Yemeni ['jeməni] n Jemenec/ Jemenka ● adj jemenský

yen$_1$ [jen] n *(currency)* jen

yen$_2$ [jen] n inf *(craving)* touha; **have a y. for sth** or **to do sth** toužit po čem, toužit něco dělat

yeoman ['jəumən] n (pl **-men**) **1** Br Hist yeoman, zeman **2** also **Y. of the Guard** formerly člen královské tělesné stráže ● adj **y. service** *(to company* etc*)* oddaná služba

yep [jep] adv Amer jo, jasně

yes [jes] adv **1** gen ano; **say y. to sth** souhlasit s čím, potvrdit co; **I said y.** já jsem souhlasil; **if the answer is y.** v kladném případě **2** *(answering knock on door)* dále; *(answering telephone)* prosím, haló; Mil **y., sir!** provedu!, *(at the rollcall)* zde! ● n *(affirmation)* ano; **the ~es and nos** *(when voting)* hlasy pro a proti

yes-man ['jesmæn] n (pl **-men** [-men]) kýval, přitakávač, podkuřovač; **be a y.** na všechno kývat

yesterday ['jestədi] n **1** lit včerejšek, včerejší den; **a week from y.** od včerejška za týden; **y.'s newspaper** včerejší noviny **2** fig **y.'s fashions** móda včerejška; **I remember it as if it were y.** pamatuji si to, jako by to bylo včera ● adv včera; **y. morning/ afternoon/ evening i)** n včerejší ráno/ odpoledne/ večer **ii)** adv včera ráno/ odpoledne/ večer; **the day before y. i)** n předvčerejšek **ii)** adv předevčírem ♦ **I wasn't born y.** nejsem přece dnešní

yesteryear ['jestəjiə(r)] n poet dávné časy, minulost; **of y.** z dávných časů, z dávných dob

yet [jet] adv **1** *(up to now, so far)* in questions už, with superlatives zatím, dosud; with negatives **not y.** ještě ne; **have you finished y.?** už jsi skončil?; **he hasn't arrived y., he hasn't y. arrived** ještě nepřijel; **the worst tragedy y.** zatím největší tragédie; **it is his best book y.** to je zatím jeho nejlepší kniha **2 not (just) y.** zatím ještě ne; **don't go (just) y.** nechoďte ještě **3** *(still)* ještě (stále); **for some time y.** ještě nějaký čas; **the worst is y. to come** to nejhorší nás ještě čeká **4** *(even)* often before comparatives ještě; **bigger and y. more expensive** větší a ještě dražší; **a new and y. more absurd theory** nová a ještě absurdnější teorie; **she has got y. another boyfriend** už má zase dalšího kluka **5** *(eventually)* **I'll get you y.** však já tě jednou dostanu ● conj přesto, a přece, ale (přesto); **it's strange y. true** je to divné, ale je to pravda; *(we have been neighbours for several years)* **and y. I hardly know her** a přesto ji skoro neznám

yeti ['jeti] n sněžný muž

yew [ju:] n Bot also **y. tree** tis; *(wood)* tis, tisové dřevo

Y-fronts TM ['waifrants] n pl (pánské) slipy

YHA [wajeič'ei] Br abbr of **Youth Hostels Association** Asociace mládežnických ubytoven

Yid [jid] n offens židák, icik

Yiddish ['jidiš] adj, n jidiš

yield [ji:ld] n **1** *(amount produced)* produkce, esp Agr výnos; *(of crops, fruit)* úroda, sklizeň; *(of land)* výnosnost; *(of coal, wood, fish* etc*)* výtěžek; **increase the y. of wheat** zvýšit výnos pšenice; **the annual milk y.** roční produkce mléka **2** Fin *(from investments)* výnos; **y. of tax** daňový výnos ● **I** vt **1** *(crop –* Subj: *land)* dávat, nést; *(fruit –* Subj: *tree)* rodit, nést **2** Fin *(interest, profit*

– Subj: *investments, shares, money)* vynést, vynášet 3 *(provide: information)* poskytnout, dát 4 *(surrender)* **y. sth to sb** postoupit or přenechat or vydat komu co; Mil **y. ground to sb** vydat komu území; **y. the floor to sb** přenechat komu slovo; **not to y. an inch** lit & fig neustoupit ani o píď II vi 1 *(land, tree)* rodit; **these trees y. well/ poorly** tyto stromy dobře/ špatně rodí; **the cow ~s well** kráva dobře dojí 2 *(give in: to force)* ustoupit čemu; *(surrender: to enemy)* vzdát se; **y. to temptation** podlehnout svodům; **y. to violence** ustoupit násilí 3 *(under weight)* povolit (**under the weight of sb/ sth** pod tíhou koho/ čeho) 4 *(be superseded: of technology, fashions)* **y. to sth** ustoupit čemu 5 Amer Aut dát přednost (**to sth** čemu) III phr v ■**yield up** vt *(hostages)* vydat; *(secret)* sdělit, vyzradit

yielding ['ji:ldiŋ] adj 1 *(material)* ohebný, elastický, pružný 2 *(person: accommodating)* ústupný, povolný, *(submissive)* poddajný

yin [jin] n ženský princip v čínské filozofii

yippee [ji'pi:] interj Amer hurá!, juchú!

YMCA [waiemsi:'ei] abbr of **Young Men's Christian Association** Křesťanské sdružení mladých mužů

yobbish ['jobiš] adj Br inf páskovský, chuligánský

yob(bo) ['job(əu)] n Br inf chuligán, násilník, výtržník

yodel ['jəudl] vi (pt & pp **yodelled**, Amer **yodeled**) jódlovat ● n jódlování

yoga ['jəugə] n jóga

yoghourt, yog(h)urt ['jogət, Amer 'jougrt] n jogurt

yogi ['jəugi] n jogín, jógí

yo-heave-ho [jəuhi:v'həu] interj hej rup!

yoke [jəuk] n 1 *(for oxen)* jho, jařmo; *(for carrying buckets)* vahadlo; fig jho, jařmo, tyranie, chomout; **the y. of wedlock** manželský chomout; **the y. of bondage** otrocké jho or jařmo; **throw off the y.** osvobodit se od or ze jha (útlaku etc) 2 pl unchanged *(pair of oxen)* volské spřežení 3 Sew *(on blouse, dress)* sedlo ● vt 1 *(oxen)* zapřáhnout, připřáhnout 2 fig also **y. together** spojit

yokel ['jəukl] n pej **(country) y.** venkovský or vesnický balík, buran

yolk [jəuk] n *(of eggs)* žloutek

yon [jon] adj poet or dial see **yonder** adj

yonder ['jondə(r)] adj poet or dial tamten; **y. house** tamten dům ● adv tamhle

yonks [joŋks] n Br sl dated hrozně dlouho; **I haven't seen her for y.** neviděl jsem ji už celou věčnost

yore [jo:(r)] n fml **in days of y.** za starých časů, před dávnými časy

Yorkshire ['jo:kšə(r)] n hrabství Yorkshire, Yorkshirské hrabství ■ **Y. pudding** yorkshirský pudink příloha k hovězímu masu z vaječného těstíčka; **Y. terrier** yorkshirský teriér

you [ju:, unstressed ju] pron 1 vy, familiar sg ty; **without y.** bez vás/ tebe; **to y.** vám/ tobě or ti; **about y.** o vás/ tobě; **with y.** s vámi/ tebou; **I can see y.** já vás/ tě vidím; **that's for y.** to je pro vás; **are y. free?** máte/ máš volno?; **how are you?** jak se máte/ máš?; **don't y. go away** ne abyste odešli/ ne abys odešel/ polite sg ne abyste odešel/ odešla; **y. two can go** vy dva můžete jít 2 *(one, anyone)* **y. never know, you never can tell** člověk nikdy neví; **y. get used to it** člověk si na to zvykne

you-all [ju:'o:l] pron pl Amer dial vy

you'd [ju:d] contr of **you would**; **you had**

you'll [ju:l] contr of **you will**; **you shall**

young [jaŋ] adj mladý, *(children, brother, sister)* malý; *(offender)* mladistvý; *(ambition, love)* mladický; *(moon)* nový; **y. man** mladý muž, mladík, mládenec, jinoch; **her y. man** její milý; **y. lady** mladá paní, slečna; **y. people** mladí lidé, mládež, omladina; **y. ones** *(animals)* mláďata; **when I was y.** za mého mládí; **the night is y.** co s načatým večerem?; **she looks much ~er than her years** na svá léta vypadá velmi mladě ● n 1 *(young people)* **the y.** mládež, mladí lidé; **y. and old alike** mladí i staří 2 *(animals)* mláďata; **be with y.** být březí

youngish ['jaŋiš] adj poměrně mladý

youngster ['jaŋstə(r)] n *(child)* dítě, kluk, chlapec; *(youth)* mladík, výrostek

your [jo:(r)] poss adj 1 váš, familiar sg tvůj; **I saw y. brother** viděl jsem vašeho/ tvého bratra 2 referring to Subj of clause svůj; **you saw y. own brother** viděl jsi/ polite address viděl jste svého vlastního bratra 3 *(one's)* **smoking is bad for y. health** kouření škodí zdraví 4 inf *(typical)* typický, průměrný; **y. average TV viewer** průměrný televizní divák

you're [juə(r)] contr of **you are**

yours [jo:z] poss pron 1 váš, familiar sg tvůj; **this book is y.** tato kniha je vaše/ tvoje; **I have problems similar to y.** mám podobné problémy jako vy; **a friend of y.** jeden váš přítel; **that husband of y.** ten váš manžel ♦ **you scratch my back and I'll scratch y.** ruka ruku myje; **what's y.?** co si dáte?, co budete pít?; vulg **up y.!** trhni si nohou!, euph polib mi šos!, vulg jdi do hajzlu! 2 *(in letters)* **y. sincerely, y. truly** se srdečným pozdravem; **y. faithfully**

s veškerou úctou **3** joc *(myself)* **y. truly** moje osoba, moje maličkost

yourself [jo:'self] n (pl **-selves** [-'selvz]) **1** refl se, sebe; **have you hurt y./ yourselves?** poranil jste se/ poranili jste se?; **you never speak about y./ yourselves** nikdy nemluvíte o sobě; **speak for y.** mluv (sám) za sebe **2** imper si; **help y.** posluž(te) si; **don't force y.** nedělejte si násilí **3** emph sám; **you y. said that ...** vy sám jste řekl, že ... **4 (all) by y./ yourselves** (docela) sám/ sami; **did you do it all by y.?** udělal jste to docela sám? **5 you don't look y. today** dnes nevypadáte dobře; **suit y.** dělej, jak myslíš

youth [ju:θ] n **1** *(period)* mládí; **in my y.** za mého mládí, když jsem byl (já) mladý; **the town of my y.** město mého mládí; **you have kept your y.** udržel jste si mládí **2** *(state)* mládí; **despite his y.** přes or navzdory jeho mládí, i když je ještě mladý **3** *(young man)* mladík, mladý člověk, mládenec; **a group of ~s** skupina mladíků **4** *(young people)* mládež; **the y. of today/ tomorrow** dnešní/ zítřejší mládež ■ **y. hostel/ organization** mládežnická ubytovna/ organizace; **y. movement** mládežnické hnutí

youthful ['ju:θful] adj **1** *(young)* mladý; *(appearance, energy)* mladistvý; **y. blood** mladá krev **2** *(enthusiasm, exuberance, indiscretion)* mladický

youthfulness ['ju:θfulnəs] n see **youthful** **1** mládí; mladistvost **2** mladickost

you've [ju:v] contr of **you have**

yowl [jaul] n *(of person)* křik, ječení; *(of dog)* vytí, skučení; *(of cat)* mňoukání ● vi *(person)* křičet; *(dog)* výt, skučet; *(cat)* mňoukat

yo-yo ['jəujəu] n jojo

yr abbr of **1 year(s)** rok(y) **2 your** tvůj/ váš

yrs abbr of **1 years** roky, léta/ let **2 yours** tvůj/ váš

YTS Br written abbr of **Youth Training Scheme** program odborného výcviku mládeže pro mladé lidi opouštějící školu v 16 letech

ytterbium [i'tə:biəm] n Chem ytterbium prvek

yttrium ['itriəm] n Chem yttrium prvek

yucca ['jakə] n Bot juka

yuck [jak] interj Br inf fuj!

yucky ['jaki] adj (**-ier, -iest**) Br inf odporný, hnusný, nechutný

Yugoslav ['ju:gəusla:v] adj jugoslávský ● n Jugoslávec/ Jugoslávka

Yugoslavia [ju:gəu'sla:viə] n Jugoslávie

Yugoslavian [ju:gəu'sla:viən] n, adj see **Yugoslav**

yuk [jak] interj Br inf fuj!

yukky ['jaki] adj Br inf; see **yucky**

Yule [ju:l] n arch Vánoce ■ **Y. log** lit vánoční poleno v krbu; *(cake)* vánoční piškotový dort ve tvaru polena

Yuletide ['ju:ltaid] n fml vánoční svátky; **at Y.** o Vánocích ■ **Y. greetings** vánoční pozdravy

yum [jam] = **yum yum**

yummy ['jami] adj (**-ier, -iest**) inf *(food)* báječný, lahodný ● interj ňam ňam

yum yum [jam'jam] interj inf ňam ňam

yuppie, yuppy ['japi] n pej mladý zbohatlík, japík, mladý ctižádostivý podnikatel ● adj *(style, image, fashion)* charakteristický pro mladé zbohatlíky zvl. v 80. letech; **y. flu** nemoc z vyčerpanosti; **y. field neighborhood** zbohatlická čtvrť

YWCA [waidablju:si:'ei] abbr of **Young Women's Christian Association** Křesťanské sdružení mladých žen

Z

Z, z [zed, Amer zi:] n (pl **Z's**, **z's** [zedz, Amer zi:z]) *(the letter)* Z, z

Zaire [zai'ə(r)] n Zair

Zairean [zai'iəriən] adj zairský ● n Zaiřan/ -ka

Zambesi, Zambezi [zæm'bi:zi] n Zambezi

Zambia ['zæmbiə] n Zambie

Zambian ['zæmbiən] adj zambijský ● n Zambijec/ Zambijka

zany ['zeini] n Hist, Theat šašek, kašpar ● adj (**-ier**, **-iest**) inf *(crazy: humour, idea)* ztřeštěný, bláznivý, *(person* also*)* hrozně komický

Zanzibar ['zænziba:(r)] n Zanzibar

zap [zæp] n sl *(energy, vigour)* energie, elán; **he's full of z.** (on) překypuje energií ● interj prásk!, bác! ● v (**-pp-**) **I** vt **1** *(hit)* praštit, ubalit komu jednu; *(hit unconscious)* omráčit, srazit k zemi **2** *(destroy by bombing: town)* zničit, zpustošit; *(kill)* odprásknout, sprovodit ze světa, *(in computer games)* eliminovat **3** *(send/ deliver quickly)* rychle poslat/ zavézt **4** Comput *(delete)* vymazat **II** vi **1** *(go quickly)* **z. into town** skočit do města; *(move fast)* also **z. along** hasit si to, frčet, upalovat **2** TV *(change channel)* přepnout kanál

zapped [zæpt] adj sl *(exhausted)* vyplivnutý, zdrblý both sl

zapper ['zæpə(r)] n inf *(for TV)* dálkové ovládání

zappiness ['zæpinəs] n inf (see **zappy**) energičnost, elán; dynamičnost

zappy ['zæpi] adj inf (**-ier**, **-iest**) *(person)* energický, plný elánu; *(management)* dynamický

zeal [zi:l] n *(enthusiasm)* nadšení, *(intense)* zanícení, horlivost; **unflagging z.** neúnavné nadšení; **be full of z.** překypovat nadšením

zealot ['zelət] n fanatik; Hist Relig zélóta/ zélótka

zealotry ['zelətri] n fanatismus; Hist Relig zélótismus

zealous ['zeləs] adj *(supporter)* horlivý, zanícený, *(enthusiastic)* nadšený, *(fanatical)* fanatický; **be z. for change** být žádostivý změn ■ **~ly** adv horlivě, zaníceně, nadšeně; fanaticky

zebra ['zebrə, 'zi:-] n zebra ■ **z. crossing** značený přechod pro chodce or pro pěší, zebra

zebu ['zi:bu:] n Zool zebu

zed [zed], Amer **zee** [zi:] n zet název písmene z

Zen [zen] n zen

zenith ['zeniθ] n Astron zenit, nadhlavník; fig zenit, vrchol, vyvrcholení; **the z. of his career** vyvrcholení jeho kariéry

zephyr ['zefə(r)] n **1** fml or poet *(breeze)* zefýr, vánek **2** Text zefír

zeppelin ['zepəlin] n Aviat zepelín

zero ['ziərəu] n (pl **~s** or **~es**) **1** Math nula ■ **z. gravity** stav beztíže; **z. hour** Mil hodina H, fig also rozhodující okamžik; Pol **z. option** nulové řešení; **z. point** nulový bod; **z. population growth** nulový populační přírůstek **2** Meteor nula; **five degrees above/ below z.** pět stupňů nad/ pod nulou, plus/ minus pět stupňů ● phr v (pt & pp **~ed**) ■ **zero in** vi **z. in on sth** Mil *(target)* zamířit zbraň na co, zacílit zbraní na co; fig *(problem, issue: pinpoint)* vymezit co, *(concentrate on)* zaměřit se na co

zero-rated [ziərəu'reitid] adj nezdanitelný

zest [zest] n **1** *(enthusiasm)* nadšení, elán, gusto, bujarost; **z. for life** chuť do života, radost ze života; **be full of z.** mít plno elánu **2** *(piquancy)* říz, jiskra, inf šmrnc; **add z. to sth** dát čemu jiskru **3** *(lemon, orange peel)* citronová/ pomerančová kůra jako příchuť

zestful ['zestful] adj nadšený, plný elánu, živý, bujarý ■ **~ly** adv nadšeně, s elánem, bujaře, radostně

zigzag ['zigzæg] n klikatá čára; *(in road)* ostrá zatáčka, serpentina; **run in ~s** kličkovat, běžet cikcak ● adj *(line, lightning)* klikatý; *(road* also*)* hadovitý, plný serpentin ● adv cikcak, klikatě, hadovitě ● vi (**-gg-**) *(person: walk)* jít cikcak, *(run)* kličkovat; *(drunkard)* šněrovat si to; *(river)* klikatit se, vinout se

zilch [zilč] n sl nic, nula, ani ň; **tell z. about sth** neříci ani ň o čem; **have z. success** mít nulový úspěch

zillion ['ziljən] n Amer inf obrovské or nepředstavitelné množství, miliony; **~s of flies** miliony much; **we got ~s of applications** dostali jsme obrovské množství žádostí

Zimbabwe [zim'ba:bwi] n Zimbabwe

Zimbabwean [zim'ba:bwiən]adj zimbabwský ● n Zimbabwan/ -ka

zinc [ziŋk] n Chem zinek ■ **z. ointment** zinková mast; **z. oxide** kysličník zinečnatý; **z. sulphate** síran zinečnatý; **z. white** zinková běloba

zing [ziŋ] n inf **1** *(noise of bullets)* svist, svištění, fičení **2** *(zest)* elán, vitalita; **add z. to sth** *(sauce, advertisement)* dodat říz čemu ● vi *(bullets)* svištět, fičet, hvízdat

Zion ['zaiən] n Sión

Zionism ['zaiənizəm] n sionismus

Zionist ['zaiənist] n sionista/ -ka

zip [zip] n **1** also **z. fastener**, **zipper** zip, zips, zdrhovadlo; **do up a z.** zapnout or zavřít si zip; **undo a z.** otevřít or rozepnout zip; **the z. is stuck** zip se zadrhl ■ **z. pocket** kapsa na zip; see also **z.-gun** **2** *(sound of bullet)* svištění, fičení, svist **3** inf *(liveliness)* vitalita, verva, elán; *(of style, translation)* jiskra **4** Amer **z. (code)** poštovní směrovací číslo **5** Amer **know a z. about sth** nevědět ani zbla o čem ● v (**-pp-**) **I** vt **z. sth open/ shut** rozepnout zip čeho/ zapnout co na zip, inf zazipovat co **II** vi inf *(move fast: car)* fičet, svištět, frčet, *(person)* uhánět, upalovat; **z. past** profrčet kolem, mihnout se kolem; **z. through one's book** rychle si přečíst or proletět knihu **III** phr vs ■ **zip on** vt *(hood)* připnout zipem or na zip; *(anorak)* zapnout si zipem ■ **zip up** *I* vt *(dress)* zapnout na zip; **will you z. me up please** mohl bys mi zapnout zip? *II* vi zapínat se na zip; **the dress ~s up at the back** šaty se zavírají vzadu na zip

zipper ['zipə(r)] n Amer = **zip**

zippered ['zipəd] n Amer opatřený zipem, jsoucí na zip

zip-gun ['zipgan] n Amer podomácku zhotovená pistole

zippy ['zipi] adj (**-ier**, **-iest**) inf *(person)* energický, čilý, živý, dynamický; *(car)* s rychlou akcelerací

zircon ['zə:kən] n Min zirkon

zirconium [zə:'kəuniəm] n Chem zirkonium

zit [zit] n esp Amer inf uher

zither ['ziðə(r)] n Mus citera

zodiac ['zəudiæk] n Astrol zvěrokruh, zvířetník, zodiak; **the signs of the z.** znamení zvěrokruhu

zombie ['zombi] n **1** Relig *(revived corpse in voodoo)* živá mrtvola, mátoha **2** fig inf *(dull person)* tupec, moula, budižkničemu, člověk mouchy snězte si mě

zonal ['zəunl] adj zonální, pásmový

zone [zəun] n **1** Geog & Meteor pásmo, oblast; **temperate/ torrid z.** mírné/ horké pásmo; **z. of perpetual snow** oblast věčného sněhu; **vegetation z.** vegetační pásmo; **time z.** časové pásmo **2** *(area)* zóna, sektor, území; Mil **the occupied z.** okupační zóna; Amer **postal delivery z.** poštovní doručovací pásmo ♦ **a danger z.** horká půda ● vt **1** *(town)* rozdělit na pásma **2 be ~d for industry/ housing** *(area)* být určený pro průmysl/ pro bytovou zástavbu

zoning ['zəuniŋ] n *(in urban planning)* pásmování, urbanistické členění města; **z. regulation** předpis platný pro určitou zónu

zonked [zoŋkt] adj sl **1** *(exhausted)* vyřízený, zničený, vyplivnutý **2** *(drunk)* nametený, pod parou **3** *(drugged)* **be z. (out)** být v rauši, být omámený

zoo [zu:] n zoo, zoologická zahrada ■ **z. keeper** ošetřovatel zvířat

zoological [zəuə'lodžikl] adj zoologický; **z. garden** zoologická zahrada

zoologist [zəu'olədžist] n zoolog/ zooložka

zoology [zəu'olədži] n zoologie

zoom [zu:m] n **1** *(sound of engine)* hučení, *(of aircraft)* bzučení **2** Aviat *(upward flight)* strmý let, svíčka **3** Phot also **z. lens** objektiv s proměnlivou ohniskovou vzdáleností, transfokátor ● **I** vi inf **1** *(buzz: engine)* hučet, bzučet **2** *(aircraft, rocket)* **z. up** stoupat kolmo; fig **z. (up)** *(prices)* letět nahoru **3** inf *(move very fast)* řítit se, svištět, uhánět; **z. past** prosvištět kolem; **z. through something** *(job)* bleskově něco udělat **II** vt *(plane)* kolmo s čím stoupat **III** phr vs ■ **zoom in** vi Phot, Cine najet transfokátorem (**on** na) ■ **zoom out** vi Phot, Cine odjet transfokátorem

zoomorphic [zəuə'mo:fik] adj zoomorfní

Zoroaster [zorəu'æstə(r)] n Zarathuštra, Zoroaster

Zoroastrian [zorəu'æstriən] adj zoroasterský, zoroastrovský

zucchini [zu:'ki:ni] n Amer (pl **zucchini** or **~s**) cuketa, cukina

Zulu ['zu:lu:] n **1** (pl **Zulu** or **~s**) Zulu(kafr); pl Zul(u)ové, Zulukafři **2** *(language)* zulu ● adj zulský

Zululand ['zu:lu:lænd] n Geog Zulsko

Zürich ['zuərik] n Curych

zygote ['zaigəut] n Biol zygota

ANGLICKO-ČESKÝ SLOVNÍK

JOSEF FRONEK

Obálka Marek Jodas
Sazba AMD, v. o. s., Návrší Svobody 26, 623 00 Brno
Vytiskly Tiskárny Havlíčkův Brod, a. s.,
Husova 1881, 580 01 Havlíčkův Brod
Odpovědná redaktorka Tamara Götzová
Vydala LEDA, spol. s r. o., 263 01 Voznice 64
http://www.leda.cz
Dotisk 1. vydání, 2002

ISBN 80-85927-13-6

1 **víceslovné složeniny (s podstatným jménem ve funkci přídavného jména) uvedeny značkou ■**

2 **lomítko rozděluje nesynonymní alternativy**

3 **slůvko** or **mezi synonymními variantami**

4 **idiomatické fráze uváděny značkou ♦**

5 **sémantické podtřídy uváděny polotučnými, barevnými arabskými číslicemi; podrobnější dělení pomocí polotučně tištěných písmen**

6 **charakteristiky významu – synonyma, kontextové charakteristiky**

7 **kombinace synonym a kontextových charakteristik**

8 **vysvětlivky**

9 **oborové zkratky**

10 **stylistické a regionální značky**

11 **nespisovná koncovka značena ***

12 **údaje syntaktického rázu**

13 **množství příkladů**

14 **označení přibližné ekvivalence**

15 **odkaz na heslo, ve kterém lze najít bližší podrobnosti**

1 **meat** [mi:t] n **1** maso
masný extrakt

2 **measure** ['mežə(r)] n **1**
délková/ plošná/ krychlova

3 **temptation** [temp'teišn
way or **yield to t.** podleh

4 **lord** [lo:d] n . . . **2** *(nob*
a l. být opilý jako Dán

5 **keen**$_{1}$ [ki:n] adj **1** *(sh*
(smell) pronikavý **2** *(enth*

6 **underhand** [andə'hæn

6 **waver** ['weivə(r)] vi **1** *(*
měnit se, kolísat

7 **underlying** [andə'laii
podložní **2** *(hidden: diffic*

8 **out** [aut] adv **1** *(not i*
ven . . .

8 **immediate** [i'mi:diət
bezprostředně . . .

9 **mould**$_{2}$, Amer **mold** [m
Techn also kadlub; Typ matr

10 **math** [mæθ] n Amer inf

11 **easy** ['i:zi] . . . ♦ **it is**
to jednoduchý* jak facka

12 **grumble** [grambl] vi
sth na co) . . .

12 **help** [help] **I** vt **h. sb**

12 **serve** [sə:v] . . . ● **I**
komu/ čemu

13 **hip**$_{1}$ [hip] n Anat bo
široké boky; **she stoo**
stála s rukama v bocích
v bocích

14 **grammar** ['græmə(r)]

15 **wickedness** ['wikidn